EUROPA-FACHBUCHREIHE
für Mechatronik

Fachkunde Mechatronik

2. Auflage

VERLAG EUROPA-LEHRMITTEL · Nourney, Vollmer GmbH & Co. KG
Düsselberger Straße 23 · 42781 Haan-Gruiten

Europa-Nr.: 45119

Autoren:

J. Bartenschlager	Oberstudienrat	Rheinbreitbach
H. Hebel	Dipl.-Ing., Oberstudienrat	Melsbach
Th. Klatt	Dipl.-Ing.	Neustadt/Wstr.
G. Lämmlin	Dipl.-Ing., Studiendirektor	Neustadt/Wstr.
A. Scheib	Dipl.-Ing., Studienrat	Hauenstein

Aus dem Arbeitskreis „Metallbau und Fertigungstechnik – Grundbildung“:

U. Kinz	Oberstudienrat	Groß-Umstadt
A. Steinmüller	Dipl.-Ing.	Hamburg
E. Ignatowitz	Dr.-Ing.	Waldbronn
M. Kluge	Dipl.-Ing., Oberstudiendirektor	Schorndorf
G. Lämmlin	Dipl.-Ing., Studiendirektor	Neustadt/Wstr.
M. Hahn	Dipl.-Ing., Oberstudienrat	Wipperfürth

Aus dem Arbeitskreis „Fachkunde Elektrotechnik“:

W. Eichler	Dipl.-Ing., Oberstudienrat	Kaiserslautern
O. Spielvogel	Dipl.-Ing., Oberstudienrat	Kirchheim-Teck
U. Winter	Dipl.-Ing., Oberstudienrat	Kaiserslautern

Lektorat und Leitung des Arbeitskreises:
G. Lämmlin

Bildentwürfe: Die Autoren
Fotos: Leihgaben der Firmen (Verzeichnis Seite 625)

Illustrationen: Grafische Produktionen Jürgen Neumann, 97222 Rimpar
Betreuung der Bildbearbeitung: Zeichenbüro des Verlags Europa-Lehrmittel, 70771 Leinfelden-Echterdingen

Das vorliegende Buch wurde auf der **Grundlage der neuen amtlichen Rechtschreibregeln** erstellt.

2. Auflage 2005
Druck 5 4 3 2 1
Alle Drucke derselben Auflage sind parallel einsetzbar, da sie bis auf korrigierte Druckfehler untereinander unverändert sind.

ISBN 3-8085-4512-7

http://www.europa-lehrmittel.de
Umschlaggestaltung: Michael M. Kappenstein, 60594 Frankfurt/M.
Satz: Satz+Layout Werkstatt Kluth GmbH, 50374 Erftstadt
Druck: B.o.s.s Druck und Medien GmbH, 47533 Kleve

Vorwort

Mit der Neuordnung der industriellen Metall- und Elektroberufe ergab sich neben der Möglichkeit, traditionelle Berufsbilder neu zu ordnen, auch die Chance, neue Berufsbilder zu formulieren. Aus dem Wunsch der Industrie nach einer elektrotechnischen Zusatzausbildung für Industriemechaniker bzw. einer mechanischen Zusatzausbildung für Industrie- und Energieelektroniker sowie für die verwandten Berufe erwuchs die neue Fachrichtung „Mechatronik". In ihr sind maschinentechnische, elektrotechnische und informationstechnische Inhalte vereint. Der Begriff Mechatronik (engl. mechatronics) wurde vor über 30 Jahren in Japan geprägt. In Deutschland und der Schweiz entstanden in der Folge an mehreren Hochschulstandorten Lehrstühle für Mechatronik. In der beruflichen Erstausbildung erfolgte der Start für den neuen Beruf des Mechatronikers bzw. der Mechatronikerin im Jahre 1998. Grundlage der Ausbildung in diesem Beruf sind:

1. Die Verordnung über die Berufsausbildung zum Mechatroniker / zur Mechatronikerin
2. Der Rahmenlehrplan der Kultusministerkonferenz
3. Die Richtlinien und Lehrpläne der einzelnen Bundesländer

Auf diesen Grundlagen wurde das vorliegende Buch von einem Team aus Ingenieuren und Lehrern an Berufsbildenden Schulen erstellt. Unterstützt wurden sie dabei von Kollegen der Arbeitskreise

Fachkunde Elektrotechnik

und

Metallbau und Fertigungstechnik – Grundbildung

des Verlages EUROPA-Lehrmittel. Diesen Kollegen gilt auch der besondere Dank der Autoren.

Die Fülle der in diesem Beruf vereinten Fertigkeiten und Kenntnisse sowie die unendlich große Vielfalt der Anwendungsmöglichkeiten und die unterschiedlichen Übernahmen der im KMK-Rahmenlehrplan beschriebenen dreizehn Lernfelder durch die einzelnen Bundesländer veranlassten die Autoren zu einem fachsystematischen Aufbau des Buches, der es den Lernenden ermöglicht sich ein fundiertes Fachwissen anzueignen. Die Kenntnis und die Beherrschung der funktionalen Zusammenhänge wird als Voraussetzung für eine erfolgreiche Anwendung und Übertragung des neu erworbenen Wissens angesehen. Wo immer möglich, wird die Verbindung zu praxisrelevanten Anwendungen hergestellt. Der Bezug zu den Lernfeldern wird über die Zuordnung der Kapitel zu den Inhalten des KMK-Rahmenplanes geschaffen. Das vorliegende Buch ist so eine verlässliche Quelle bei allen Fragen, die im Rahmen der Ausbildung zum Mechatroniker /zur Mechatronikerin zu beantworten sind.

Aufgrund seines Aufbaus ist dieses Buch neben dem Einsatz im Unterricht auch zum Erarbeiten von fundiertem Fachwissen im Selbststudium geeignet.

Wie jedes andere Fachbuch, so wird sich auch das Vorliegende durch die praktische Auseinandersetzung weiterentwickeln und den technischen Entwicklungen anpassen. Dies geschieht umso schneller und konsequenter, je mehr Kolleginnen und Kollegen sowie Schülerinnen und Schüler, die damit arbeiten, dem Autorenkreis ihre Kritik bzw. Änderungs- und Verbesserungswünsche übermitteln.

Herbst 2005 — Autoren und Verlag

Inhaltsverzeichnis

Interpretation der Lernfelder

Die Ausbildung des noch jungen Berufes des Mechatronikers und der Mechatronikerin ist in 13 Lernfelder gegliedert. Die Lernfelder orientieren sich an den beruflichen Handlungsabläufen und Tätigkeitsbereichen, die je nach Ausbildungsbetrieb sehr unterschiedlich sein können. In den verschiedenen Bundesländern können die Inhalte der Lernfelder unterschiedlichen Unterrichtsfächern zugeordnet werden. Im Rahmen des Berufsschulunterrichtes und der betrieblichen Ausbildung sollen die Ausbildungsinhalte auf regionale und betriebliche Gegebenheiten angepasst werden. Die Aufgabe dieses Fachbuches besteht darin, unabhängig von der jeweiligen Fächerstruktur und den regionalen Besonderheiten die fachlichen Informationen und Anregungen bereitzustellen, und dadurch den Unterricht und die betriebliche Ausbildung zu unterstützen. Aus diesem Grunde wurde von den Autoren bewusst auf eine Einteilung in Lernfelder verzichtet.

Im Folgenden sollen am Beispiel eines ausgewählten mechatronischen Systemes die Lernfelder interpretiert und der Einsatz des Fachbuches im Rahmen des Lernfeldkonzeptes gezeigt werden.

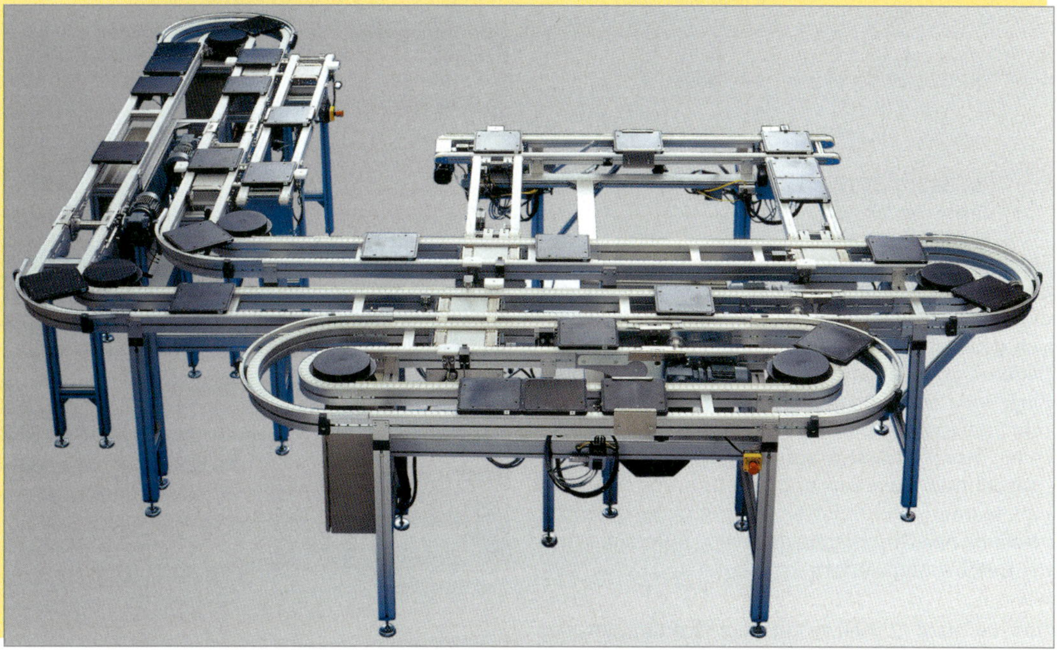

LF 1 Analysieren von Funktionszusammenhängen in mechatronischen Systemen

Dieses Lernfeld soll die Mechatroniker und Mechatronikerinnen in die Lage versetzen, Systeme ganzheitlich zu betrachten und zu analysieren. Dazu ist es erforderlich, dass die Systeme in ihre Teilsysteme und -elemente zerlegt werden können sowie ihre Aufgaben und Funktionszusammenhänge und die Signal-, Stoff- und Informationsflüsse beschrieben werden können. Wirksame Hilfsmittel sind dabei alle Formen von Dokumentationsmitteln und technischen Unterlagen wie Technische Zeichnungen, Schaltpläne, Blockschaltbilder, Funktionspläne, Pflichtenhefte u.a.

Da das Lernfeld 1 ein so genanntes „Querschnittslernfeld" ist, das in die restlichen Lernfelder einfließt, sind die zu vermittelnden inhaltlichen Schwerpunkte auch auf fast alle Kapitel des Buches verteilt und können je nach Lernsituation dort erarbeitet werden.

LF 2 Herstellen mechanischer Teilsysteme

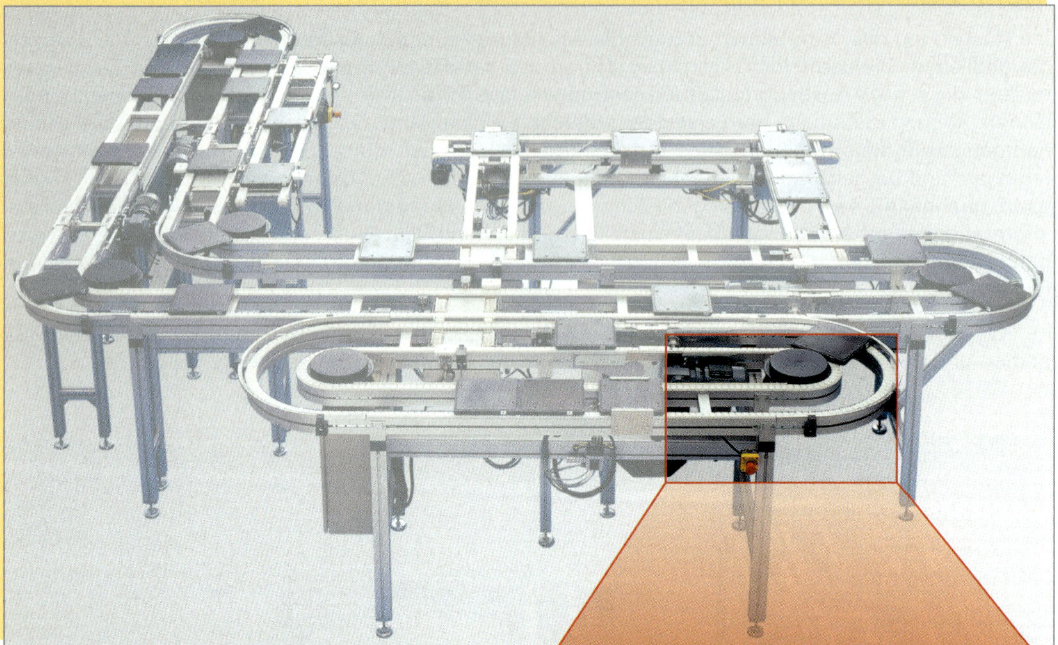

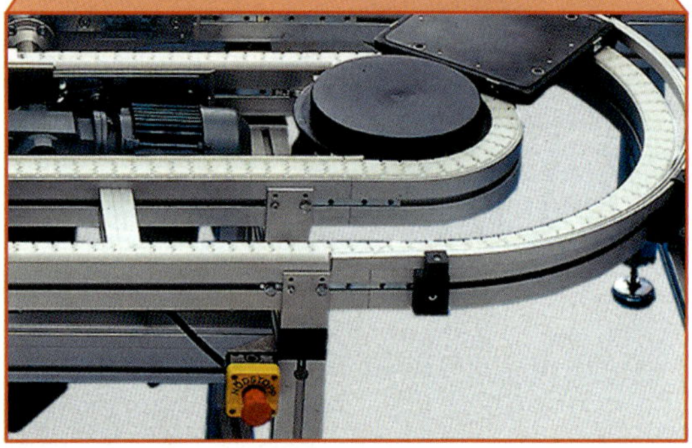

Mechatronische Systeme bestehen immer auch aus mechanischen Bauteilen und Systemen, die durch die Bearbeitung von Rohteilen oder Halbzeugen geschaffen wurden. So sind die in dem abgebildeten mechatronischen System verwendeten Einzelteile aus dem Halbzeug „Aluminium-Profilrohr" hergestellt. Die in Form von Stangen angelieferten Rohre müssen auf die geforderten Maße „geschnitten" werden und mit Bohrungen versehen werden. Dafür ist es erforderlich, dass die wesentlichen Grundlagen der Werkstofftechnik und der Bearbeitungsverfahren gekannt und beherrscht werden.

Das Lernfeld 2 beinhaltet die Grundlagen der Metalltechnik, die zur Herstellung, Bearbeitung und Montage von Metallen aber auch Kunststoffen erforderlich sind. Dazu zählen die Kenntnisse über Aufbau, Eigenschaften und Einsatzgebiete der verwendeten Werkstoffe ebenso, wie die Aspekte ihres ökonomischen, ökologischen und gesundheitsrelevanten Einsatzes.

Neben der Zusammensetzung von Werkstoffen sind die Möglichkeiten der Bearbeitung der daraus bestehenden Werkstücke wichtig. Im Lernfeld 2 werden alle Bearbeitungsverfahren, wie sie vom Mechatroniker benötigt werden, behandelt. Dazu gehören neben den spanabhebenden Verfahren vor allem auch die vielfältigen Möglichkeiten des Fügens, wie etwa das Kleben, das Verschrauben und das Löten.

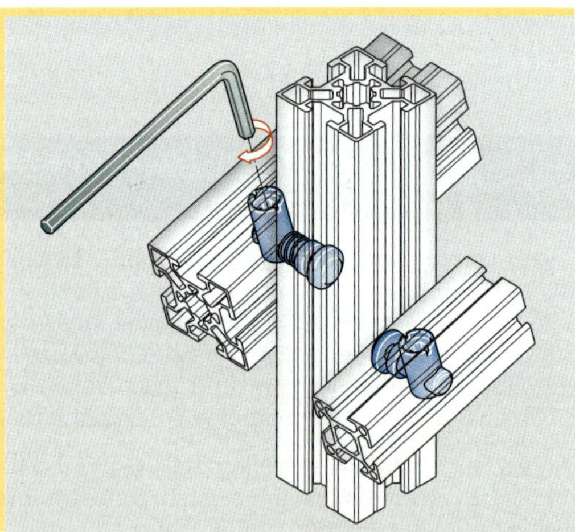

Um Werkstücke bearbeiten zu können, muss der Facharbeiter, der diese Arbeiten durchführen muss, mit anderen verständlich kommunizieren können. Dies bedeutet vor allem, dass er Technische Zeichnungen, Pläne, Diagramme und Schaubilder lesen kann.

Darüber hinaus muss er Skizzen erstellen und Vorgänge beschreiben können. Die in diesem Lernfeld vermittelten Fertigkeiten und Kenntnisse sind u. a. Voraussetzung für das Lernfeld 10.

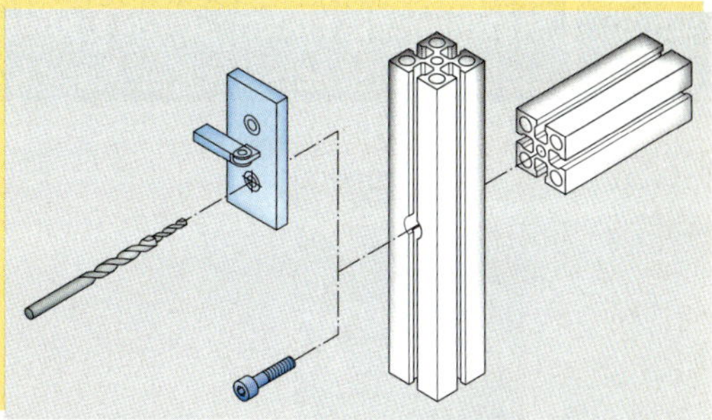

Tabelle 1: Lerninhalte des Lernfeldes 2

Lerninhalte	Fachkapitel im Lehrbuch
Einzel- und Baugruppenzeichnungen, Stücklisten	2 Technische Kommunikation
Maschinenelemente, Passungen und Toleranzen	6 Mechanische Systeme 7 Herstellen mechanischer Systeme
Montagepläne, Verbindungselemente	6 Mechanische Systeme 14 Montage, Inbetriebnahme und Instandhaltung von mechatronischen Systemen
Grundlagen des manuellen und maschinellen Spanens und Umformens	6 Mechanische Systeme
Herstellen von mechanischen Verbindungen	6 Mechanische Systeme
Betriebsspezifische Werk- und Hilfsstoffe	5 Werk- und Hilfsstoffe
Montagewerkzeuge und Hilfsgeräte	6 Mechanische Systeme 14 Montage, Inbetriebnahme und Instandhaltung von mechatronischen Systemen
Montagegerechte Lagerung, Sicherheit und Arbeitsschutz	14 Montage, Inbetriebnahme und Instandhaltung von mechatronischen Systemen
Prüf- und Messmittel	3 Prüftechnik 4 Qualitätsmanagement

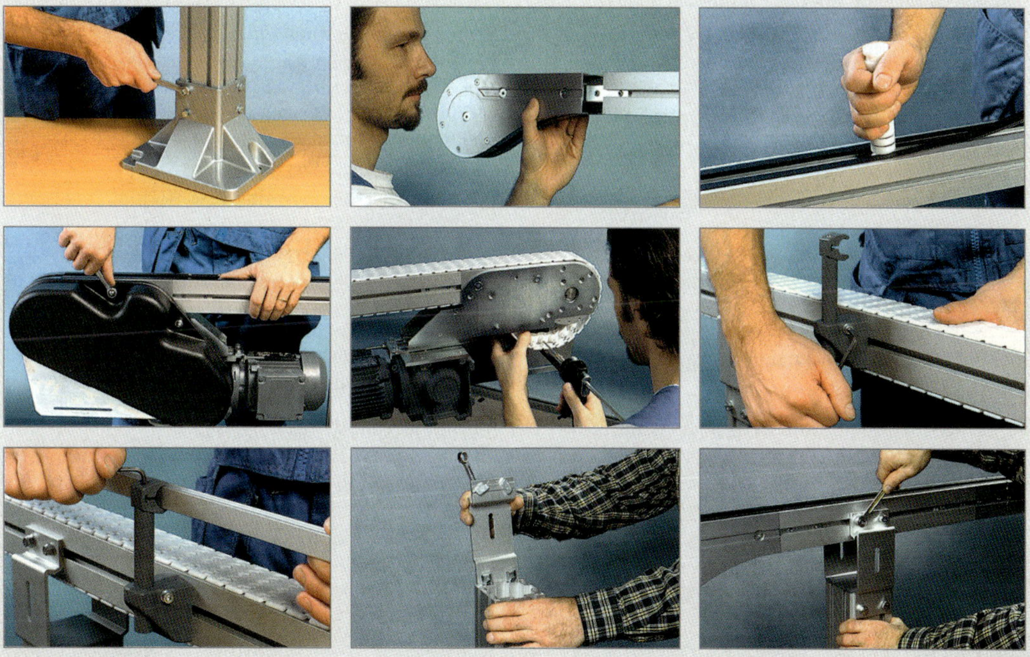

LF 3 Installieren elektrischer Betriebsmittel unter Beachtung sicherheitstechnischer Aspekte

Beim Aufbau von Mechatronischen Systemen finden heute in aller Regel elektrische Betriebsmittel Anwendung. Der Umgang damit setzt fundierte Kenntnisse ihrer Funktionsweisen, der Gesetzmäßigkeiten der Installation und vor allem der geforderten Schutzmaßnahmen voraus.

Mechatroniker und Mechatronikerinnen müssen elektrische Vorgänge verstehen und die notwendigen Installationsarbeiten unter Beachtung aller Sicherheitsanforderungen durchführen können. Sie müssen elektrische Größen berechnen können und deren Zusammenhänge und Darstellungsmöglichkeiten beherrschen sowie durch den Einsatz geeigneter Messmittel und -verfahren überprüfen können.

In Lernfeld 3 werden auch die Grundlagen für die folgenden Lernfelder gelegt.

Tabelle 1: Lerninhalte des Lernfeldes 3

Lerninhalte	Fachkapitel im Lehrbuch
Elektrische Größen, deren Zusammenhänge, Darstellungsmöglichkeiten und Berechnungen	8 Grundlagen der Elektrotechnik
Bauteile im Gleich- und Wechselstromkreis	8 Grundlagen der Elektrotechnik 9 Elektrische Anlagen
Elektrische Messverfahren	8 Grundlagen der Elektrotechnik
Auswahl von Kabeln und Leitungen für die Energie- und Informationsübertragung	8 Grundlagen der Elektrotechnik 12 Bussysteme
Elektrische Netze	8 Grundlagen der Elektrotechnik
Gefahren durch Überlastung, Kurzschluss und Überspannung, Berechnung der erforderlichen Schutzelemente	8 Grundlagen der Elektrotechnik
Handhabung von Tabellen und Formeln	8 Grundlagen der Elektrotechnik 9 Elektrische Anlagen
Stromwirkung auf den Organismus, Sicherheitsregeln in der Elektrotechnik, Hilfsmaßnahmen bei Unfällen	8 Grundlagen der Elektrotechnik
Maßnahmen gegen gefährliche Körperströme nach den geltenden Vorschriften	8 Grundlagen der Elektrotechnik
Prüfen elektrischer Betriebsmittel	8 Grundlagen der Elektrotechnik 9 Elektrische Anlagen
Ursachen für Überspannungen und Störspannungen, deren Auswirkungen, Gegenmaßnahmen	8 Grundlagen der Elektrotechnik 9 Elektrische Anlagen
Elektromagnetische Verträglichkeit	9 Elektrische Anlagen

LF 4 Untersuchen der Energie- und Informationsflüsse in elektrischen, pneumatischen und hydraulischen Baugruppen

Steuerungsprobleme können meist auf unterschiedliche Art und mit verschiedenen Techniken, wie z.B. Pneumatik, Hydraulik, gelöst werden. Häufig sind auch Kombinationen mehrerer Gerätetechniken erforderlich. So finden heute an Stelle der rein pneumatischen oder hydraulischen Steuerungen vielfach elektropneumatische oder elektrohydraulische Steuerungen Anwendung.

Voraussetzung für die fachgerechte Installation der Steuerungen ist auch hier die Kenntnis der Funktionsweisen und die Fähigkeit, Informationsflüsse zu erkennen und Installationspläne zu erstellen bzw. zu lesen und interpretieren.

Das Lernfeld 4 kann in enger Verbindung mit dem Lernfeld 1 gesehen werden. Dieses ist, wie an anderer Stelle schon erwähnt, ein Lernfeld, das viele andere tangiert, so auch hier, wo die im Lernfeld 1 erworbenen Fähigkeiten der Systemanalyse und des Analysierens von Funktionszusammenhängen angewandt werden müssen.

Die Inhalte dieses Lernfeldes werden in den Lernfeldern 7 und 8 vertieft und erweitert.

Tabelle 1: Lerninhalte des Lernfeldes 4

Lerninhalte	Fachkapitel im Lehrbuch
Pneumatische und hydraulische Größen, deren Zusammenhänge, Darstellungsmöglichkeiten und Berechnungen	2 Technische Kommunikation 10 Steuerungstechnik
Versorgungseinheiten der Elektrotechnik, Pneumatik und Hydraulik	10 Steuerungstechnik 8 Grundlagen der Elektrotechnik
Grundschaltungen der Steuerungstechnik	10 Steuerungstechnik
Technische Unterlagen	10 Steuerungstechnik 2 Technische Kommunikation
Signale und Messwerte in Steuerungssystemen	10 Steuerungstechnik
Gefahren beim Umgang mit elektrischen, pneumatischen und hydraulischen Leistungsbaugruppen	10 Steuerungstechnik 8 Grundlagen der Elektrotechnik 9 Elektrische Anlagen
Ökonomische Aspekte, Arbeits- und Umweltschutz, Recycling	10 Steuerungstechnik

LF 5 Kommunizieren mithilfe von Datenverarbeitungsanlagen

In diesem Lernfeld wird der Einsatz von Datenverarbeitungsanlagen und deren Einordnung in die betrieblichen Abläufe sowie Strukturen vernetzter Systeme und die daraus resultierenden Sicherheitssysteme betrachtet. Dies setzt im Wesentlichen die Einsicht in die Grundlagen der Datenverarbeitung und die Fähigkeit zur Anwendung branchenüblicher Standardsoftware voraus.

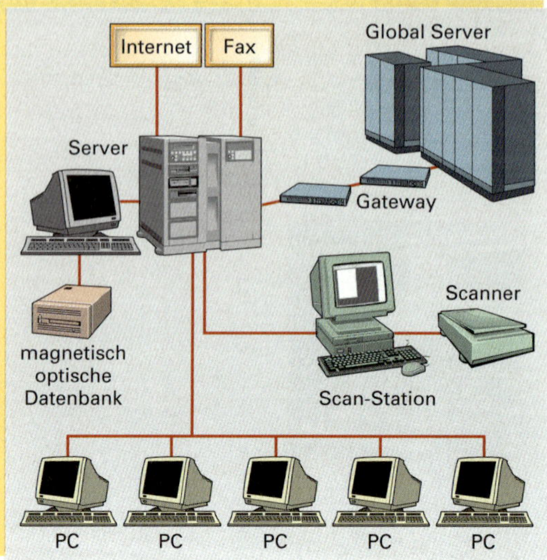

Im Falle der Mechatroniker können dies sowohl Betriebssysteme als auch Anwendungspakete, wie die zahlreichen Office-Programme, einfache CAD-Programme, aber auch Simulationssoftware oder Programmiersoftware für Roboter, firmeninterne Netzwerkprogramme o.Ä. sein.

Neben der Beherrschung der Software erstrecken sich die Inhalte dieses Lernfeldes auch über die Installation und Konfiguration von Peripheriegeräten.

Tabelle 1: Lerninhalte des Lernfeldes 5

Lerninhalte	Fachkapitel im Lehrbuch
Betriebssysteme	Alle diese Inhalte werden schwerpunktmäßig im Kapitel 1 behandelt. Auf branchenspezifische Soft- und Hardware wird in den jeweiligen Kapiteln, wie z.B. 7 Flexible Fertigungssysteme oder 10.7 SPS eingegangen.
Vernetzte Datenverarbeitungsanlagen	
Datenschutz und Datensicherheit	
Aufbereitung von Informationen mittels Branchensoftware	
Signale und Messwerte in Steuerungssystemen	
Aufbereitung von Informationen mithilfe von Datenverarbeitung	
Ergonomische Gesichtspunkte von Computerarbeitsplätzen	

LF 6 Planen und Organisieren von Arbeitsabläufen

Betriebliche Organisationsstrukturen und die Organisation der Teamarbeit nach funktionalen, fertigungsgerechten und ökonomischen Kriterien stehen im Mittelpunkt dieses Lernfeldes.

Dazu ist es wichtig, dass die Mechatroniker und Mechatronikerinnen die betrieblichen Abläufe kennen und diese bei Eingriffen in Maschinen und Arbeitsabläufe berücksichtigen. Ablaufpläne müssen gelesen und interpretiert werden. Umfassende Kenntnisse über Unfallschutzmaßnahmen und die Bereitschaft zu deren Einhaltung müssen vorhanden sein. Bei allen Tätigkeiten muss der Qualitätsgedanke im Vordergrund stehen.

Tabelle 2: Lerninhalte des Lernfeldes 6

Lerninhalte	Fachkapitel im Lehrbuch
Materialdisposition und Kalkulation	Ähnlich wie bei Lernfeld 5 tangiert auch das Lernfeld 6 mehrere andere Lernfelder. Die inhaltliche Behandlung in diesem Buch findet aus diesem Grund auch in verschiedenen Kapiteln statt. Die Dokumentationen werden z.B. in den Kapiteln 1 und 2, Arbeitsabläufe in den Kapiteln 10 und 14 behandelt.
Analyse von Arbeitsabläufen	
Bewertung und Dokumentation von Ergebnissen	
Ergonomie und vorbeugender Unfallschutz	
Einfache Zeit- und Kostenkalkulation	
Darstellungsverfahren von Arbeitsabläufen	
Qualitätsmanagement	

LF 7 Realisieren mechatronischer Teilsysteme

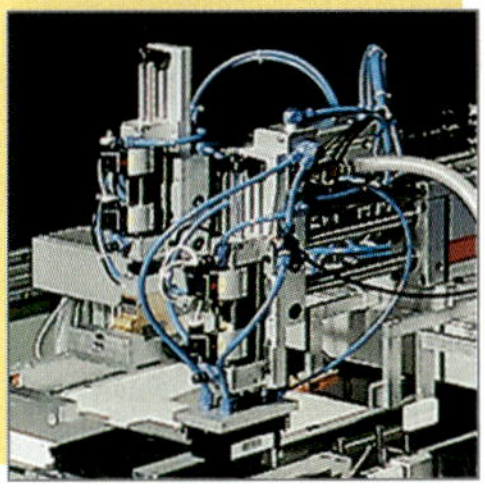

z. B. Pneumatische Steuerungen

z. B. Sensortechnik

z. B. Elektrische Anlagen

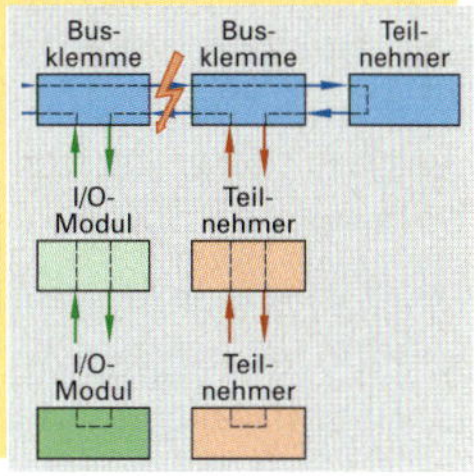

Informationsfluss in mechatronischen Systemen

Das Lernfeld 7 ist in engem Zusammenhang mit dem Lernfeld 8 zu sehen. Hier werden die Grundlagen der Steuerungstechnik gelegt, die das in Kapitel 8 formulierte Erstellen mechatronischer Systeme ermöglichen. Neben der Fähigkeit, den Einsatz und die Wirkungsweise von Aktoren und Sensoren zu beurteilen, steht vor allem die Lösung von steuerungs- und regelungstechnischenTeilproblemen durch die Anwendung von einfachen pneumatischen, elektropneumatischen, hydraulischen, elektrohydraulischen bzw. SPS-Steuerungen im Mittelpunkt.

Tabelle 1: Lerninhalte des Lernfeldes 7

Lerninhalte	Fachkapitel im Lehrbuch
Steuerkette und Regelkreis, Blockschaltbilder	10 Steuerungstechnik 11 Regelungstechnik
Kenngrößen von Steuerungen und Regelungen	10 Steuerungstechnik 11 Regelungstechnik
Wirkungsweise von Sensoren und Wandlern	10.6 Sensorik
Signalverhalten von Sensoren und Wandlern	10.6 Sensorik
Programmierung von einfachen Bewegungsabläufen und Steuerungsfunktionen	10 Steuerungstechnik
Entwurf von Schaltungen	10 Steuerungstechnik
Grafische Darstellung von Steuerungs- und Regelungsabläufen	10 Steuerungstechnik 11 Regelungstechnik
Messen von Signalen	10.6 Sensorik
Grundschaltungen und Wirkungsweise von Antrieben	10 Steuerungstechnik 9 Elektrische Anlagen
Darstellung von Antriebseinheiten in Funktionsplänen	10 Steuerungstechnik 9 Elektrische Anlagen

LF 8 Design und Erstellung mechatronischer Systeme

Der Schwerpunkt dieses Lernfeldes liegt im Bereich der Steuerungen und Regelungen von mechatronischen Systemen. Mechatronikerinnen und Mechatroniker beschreiben die Struktur und die Signalverläufe von komplexen mechatronischen Systemen. Sie müssen den Einfluss wechselnder Betriebsbedingungen auf den Prozessablauf erkennen und diese gegebenenfalls auch zielgerichtet verändern können.

Dazu ist es erforderlich, dass sie die Verfahren zur messtechnischen Erfassung von Steuerungs- und Regelungsabläufen beherrschen und anwenden können.

Sie müssen über fundamentale Kenntnisse der Steuerungs- und Regelungstechnik sowie der elektrischen Antriebstechnik verfügen. Sie sind befähigt, die Kopplung mechanischer Systeme mit mechatronischen durchzuführen. Wo erforderlich, müssen Bewegungsabläufe simuliert und optimiert werden. Dazu nutzen sie unterschiedliche Programme und Software-Tools.

Mechatronikerinnen und Mechatroniker werden in die Lage versetzt, komplexe Steuerungen und Regelungen von mechatronischen Systemen zu verstehen, zu montieren und demontieren, zu überprüfen und im Bedarfsfalle verändernd einzugreifen.

All dies hat unter strengster Beachtung der entsprechenden Schutz- und Sicherheitsmaßnahmen zu geschehen.

Tabelle 1: Lerninhalte des Lernfeldes 8

Lerninhalte	Fachkapitel im Lehrbuch
Betriebskennwerte und Kennlinien von Antrieben	10 Steuerungstechnik 9 Elektrische Anlagen
Funktionsweise, Auswahl und Einstellung von Schutzeinrichtungen	6 Mechanische Systeme 9 Elektrische Anlagen 10 Steuerungstechnik
Steuern und Regeln von Antrieben	9 Elektrische Anlagen 10 Steuerungstechnik 11 Regelungstechnik
Positioniervorgänge, Freiheitsgrade	7 Herstellen mechanischer Systeme 10 Steuerungstechnik 11 Regelungstechnik
Prüf- und Messverfahren zur Positionsbestimmung	7 Herstellen mechanischer Systeme 10 Steuerungstechnik 11 Regelungstechnik
Getriebe und Kupplungen	6 Mechanische Systeme
Einarbeiten von Änderungen in vorhandene Anlagen	14 Montage, Inbetriebnahme und Instandhaltung von mechatronischen Systemen
Programmierung von Bewegungsabläufen und Steuerungsfunktionen	7 Herstellen mechanischer Systeme 10 Steuerungstechnik
Computersimulation	1 EDV
Messwerterfassung an Schnittstellen	10 Steuerungstechnik 11 Regelungstechnik 14 Montage, Inbetriebnahme und Instandhaltung von mechatronischen Systemen

LF 9 Untersuchen des Informationsflusses in komplexen mechatronischen Systemen

Im Lernfeld 9 werden alle zuvor erlernten Fertigkeiten und Kenntnisse benötigt, um Informationsstrukturen zu erkennen und beschreiben zu können. Durch Verknüpfungen von mechanischen, elektrischen, pneumatischen und hydraulischen Komponenten entstehen komplexe mechatronische Systeme. Signale, Signalerzeugungs- und Signaltransportarten werden unterschieden, Signale gemessen und Fehler durch geeignete Verfahren festgestellt, eingegrenzt und wo möglich beseitigt.

Voraussetzung dafür sind Kenntnisse geeigneter Mess- und Diagnoseverfahren sowie ein Überblick über die gängigen Bussysteme und ihre Hierarchien.

Beispielhaft an einem Bussystem soll die Vernetzung der Komponenten projektiert und durchgeführt werden.

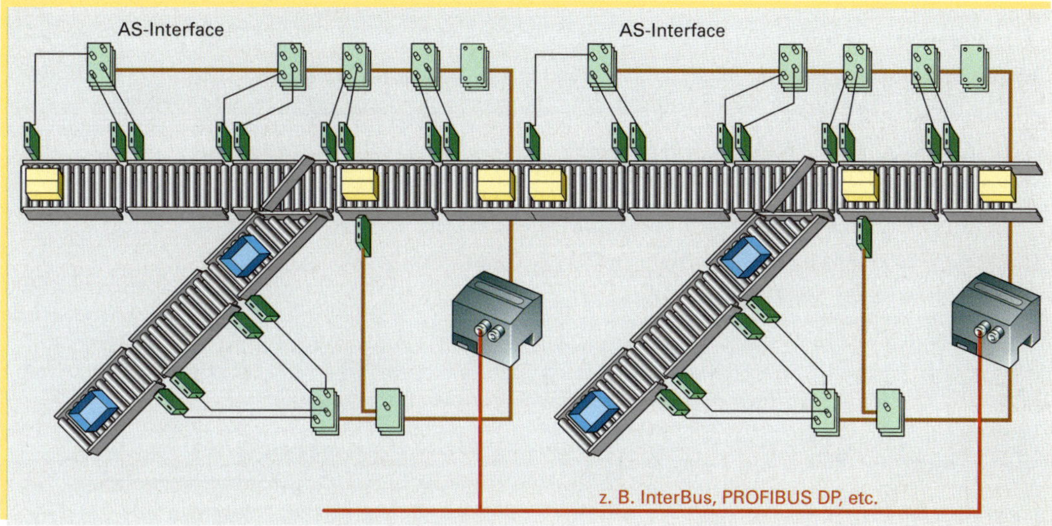

Tabelle 1: Lerninhalte des Lernfeldes 9

Lerninhalte	Fachkapitel im Lehrbuch
Signalverläufe in Systemen	10 Steuerungstechnik 13 Mechatronische Systeme
Signalstruktur	10 Steuerungstechnik, speziell: 10.6 Sensorik
Bussysteme	10 Steuerungstechnik 12 Bussysteme
Prüf- und Messverfahren	8 Grundlagen der Elektrotechnik 9 Elektrische Anlagen 10 Steuerungstechnik 11 Regelungstechnik 13 Mechatronische Systeme 14 Montage, Inbetriebnahme und Instandhaltung von mechatronischen Systemen
Untersuchung an Schnittstellen zwischen Systemkomponenten	10 Steuerungstechnik 12 Bussysteme
Vernetzung von Einzelkomponenten	1 EDV 12 Bussysteme
Hierarchien in vernetzten Systemen	12 Bussysteme
Dokumentation von Messergebnissen	2 Technische Kommunikation Kapitel 10 ... 14

LF 10 Planen der Montage und Demontage

Inhalt des Lernfeldes 10 ist es, die Fähigkeiten zu erwerben, die anfallenden Aufgaben im Bereich der Montage und Demontage zu planen. Dies beinhaltet sowohl die Fähigkeiten, Montagepläne zu erstellen, zu interpretieren und zu beurteilen als auch die Fähigkeit, Zusammenbauzeichnungen und andere betriebliche Montageunterlagen zu lesen.

Voraussetzung dafür ist u. a., dass die Mechatroniker und Mechatronikerinnen alle erforderlichen Messverfahren beherrschen, geeignete Montagewerkzeuge kennen und einsetzen können, die Sicherheitsvorschriften beachten, Transportmittel und Hebezeuge aufgabengerecht verwenden und Montageprotokolle erstellen können.

Gerade auch in diesem Lernfeld wird die Komplexität und Vielfältigkeit dieses Berufes deutlich, wird doch von Mechatronikern die Montage von kleinen Handhabungsgeräten aber auch von großen Werkzeugmaschinen und Fertigungsstraßen, die allesamt mechatronische Systeme darstellen, durchgeführt.

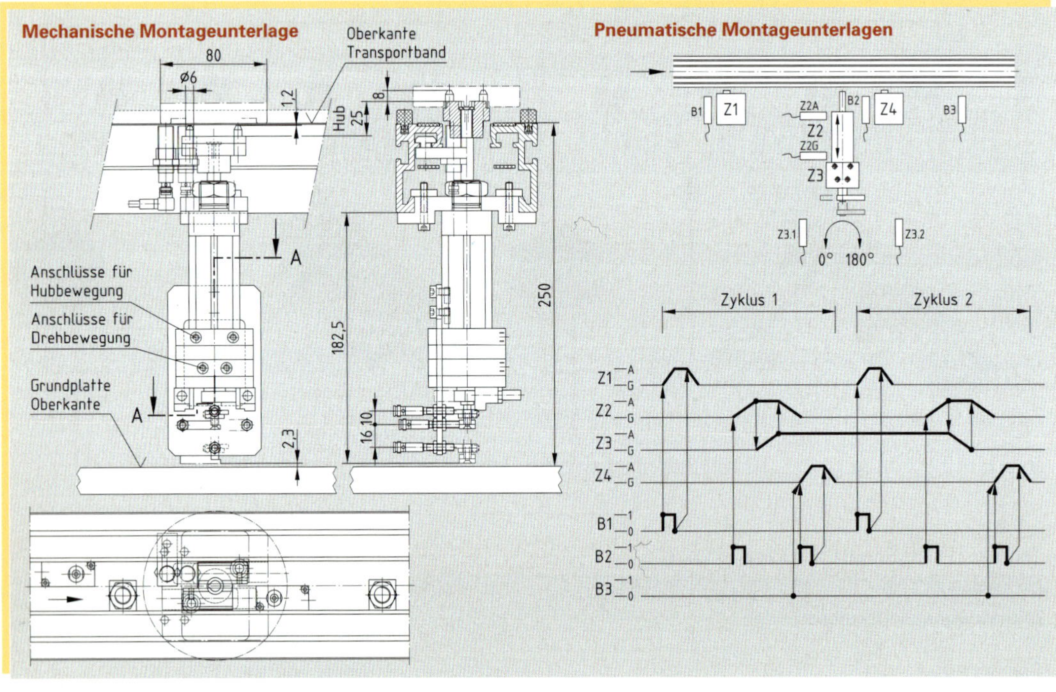

Tabelle 1: Lerninhalte des Lernfeldes 10

Lerninhalte	Fachkapitel im Lehrbuch
Betriebliche Montageunterlagen	Die Inhalte dieses Lernfeldes sind im Wesentlichen alle im Kapitel
Bedingungen für das Arbeiten am Montageort unter Berücksichtigung der Vorschriften	14 Montage, Inbetriebnahme und Instandhaltung von mechatronischen Systemen
Ver- und Entsorgungseinrichtungen mechatronischer Systeme	zusammengefasst.
Transportmittel, Hebezeuge und Montagehilfen	Darüber hinaus sind die Kapitel
Sicherheitsmaßnahmen und deren Prüfung	2 Technische Kommunikation
Prüfungen während der Montage	3 Prüftechnik 7 Herstellen mechanischer Systeme
Form- und Lagetoleranzen	9 Elektrische Anlagen und
Justierarbeiten	10 Steuerungstechnik
Entsorgung und Recycling bei der Montage	in bestimmten Fällen relevant.

LF 11 Inbetriebnahme, Fehlersuche und Instandsetzung

Aufgabe dieses Lernfeldes ist es, den Mechatronikerinnen und Mechatronikern die Fähigkeit zu vermitteln, mechatronische Systeme anhand von technischen Unterlagen zu analysieren, indem sie die Systeme in Funktionsblöcke zerlegen und das Zusammenwirken sowie die wechselseitigen Beeinflussungen dieser Funktionsblöcke untersuchen. Dadurch werden sie u. a. in die Lage versetzt, mechatronische Systeme in Betrieb zu nehmen, Fehler zu vermeiden bzw. auftretende Fehler zu lokalisieren und ihre Ursachen zu beschreiben und letztendlich auch zu beheben.

Dazu werden die verschiedenen Verfahren der Inbetriebnahme vermittelt. Die Einsatzmöglichkeiten von Diagnosesystemen werden geprüft. Sensoren und Aktoren müssen justiert und Systemparameter eingestellt werden. Ergebnisse werden in die vorgesehenen Unterlagen eingetragen. Die systematische und methodische Vorgehensweise bei der Fehlersuche ist ein zentrales Anliegen diese Lernfeldes.

Tabelle 1: Lerninhalte des Lernfeldes 11

Lerninhalte	Fachkapitel im Lehrbuch
	Die Inhalte dieses Lernfeldes sind überwiegend im Kapitel 14 Montage, Inbetriebnahme und Instandhaltung von mechatronischen Systemen enthalten. Im Einzelfall wird zusätzlich auf folgende Kapitel verwiesen:
Blockschaltbilder, Wirkungs- und Funktionspläne von mechatronischen Systemen	6 Mechanische Systeme 10 Steuerungstechnik 11 Regelungstechnik 12 Bussysteme
Überprüfung und Einstellung von Sensoren und Aktoren	10 Steuerungstechnik 12 Bussysteme
Systemparameter	10 Steuerungstechnik 11 Regelungstechnik 12 Bussysteme
Bus-Parametrierung	12 Bussysteme
Softwareinstallation	1 EDV 10 Steuerungstechnik
Verfahren zur Fehlersuche in elektrischen, pneumatischen und hydraulischen Systemen	14 Montage, Inbetriebnahme und Instandhaltung von mechatronischen Systemen
Störungsanalyse	14 Montage, Inbetriebnahme und Instandhaltung von mechatronischen Systemen
Strategie der Fehlersuche, typische Fehlerursachen	14 Montage, Inbetriebnahme und Instandhaltung von mechatronischen Systemen
Elektrische und mechanische Schutzmaßnahmen, Schutzvorschriften	8 Grundlagen der Elektrotechnik 9 Elektrische Anlagen
Elektromagnetische Verträglichkeit	9 Elektrische Anlagen
Prozessvisualisierung, Diagnosesysteme, Ferndiagnose	10 Steuerungstechnik
Inbetriebnahmeprotokoll, Fehlerdokumentation, Instandsetzungsprotokoll	14 Montage, Inbetriebnahme und Instandhaltung von mechatronischen Systemen 2 Technische Kommunikation
Qualitätssicherungsverfahren	4 Qualitätsmanagement
Behebung von Programmfehlern	14 Montage, Inbetriebnahme und Instandhaltung von mechatronischen Systemen
Berücksichtigung von Kundenanforderungen	14 Montage, Inbetriebnahme und Instandhaltung von mechatronischen Systemen
Einflüsse von mechatronischen Systemen auf ökologische, ökonomische und soziale Bedingungen	14 Montage, Inbetriebnahme und Instandhaltung von mechatronischen Systemen

LF 12 Vorbeugende Instandhaltung

In diesem Lernfeld steht die Betriebssicherheit von mechatronischen Systemen im Vordergrund. Aus den Kenntnissen über die funktionalen Zusammenhängen der einzelnen Systemkomponenten werden Rückschlüsse auf die Erzielung der Betriebssicherheit gezogen und gegebenenfalls geeignete Maßnahmen ergriffen. Aus Wartungsanleitungen und Betriebshandbüchern werden typische Instandhaltungsaufgaben ermittelt und beschrieben. Die Mechatronikerinnen und Mechatroniker werden befähigt, selbst Wartungspläne zu erstellen.

Tabelle 1: Lerninhalte des Lernfeldes 12

Lerninhalte	Fachkapitel im Lehrbuch
	Wie in Lernfeld 11 gilt auch für dieses Lernfeld, dass die Inhalte überwiegend im Kapitel 14 Montage, Inbetriebnahme und Instandhaltung von mechatronischen Systemen bearbeitet werden. Zusätzlich sind bei verschiedenen Lerninhalten folgende Kapitel zu berücksichtigen:
Verschmutzung, Ermüdung, Verbrauch, Verschleiß und deren Auswirkungen	6 Mechanische Systeme
Systemzuverlässigkeit	14 Montage, Inbetriebnahme und Instandhaltung von mechatronischen Systemen
Erstellung und Anpassung von Wartungsplänen	2 Technische Kommunikation
Inspektionen	14 Montage, Inbetriebnahme und Instandhaltung von mechatronischen Systemen
Verfahren zur Überprüfung von Sicherheitseinrichtungen	14 Montage, Inbetriebnahme und Instandhaltung von mechatronischen Systemen
Anpassung von Systemkomponenten an veränderte Anforderungen	14 Montage, Inbetriebnahme und Instandhaltung von mechatronischen Systemen
Diagnoseverfahren und Wartungssysteme	14 Montage, Inbetriebnahme und Instandhaltung von mechatronischen Systemen
Qualitätsmanagement	4 Qualitätsmanagement
Dokumentation	2 Technische Kommunikation
Einarbeiten von Änderungen in technische Unterlagen	2 Technische Kommunikation

LF 13 Übergabe von mechatronischen Systemen an Kunden

Mechatroniker müssen in der Lage sein, mechatronische Systeme zu beschreiben und zu erklären. Sie erstellen Bedienungsanleitungen selbst oder sind bei deren Erstellung durch die entsprechende Fachabteilung der Betriebe behilflich, indem sie die fachlichen Informationen in geeigneter Weise zur Verfügung stellen. Dazu ist es erforderlich, dass sie diese sowohl grafisch als auch textlich erfassen und aufbereiten können. Dabei müssen sie die Gesamtzusammenhänge des eigenen Betriebes und des Kunden bzw. des Lieferanten berücksichtigen.

Im Mittelpunkt dieses Lernfeldes steht die Fähigkeit zur Kommunikation. Für die Entwicklung dieser Fähigkeit gibt es wertvolle Grundlagentipps, das Training jedoch muss sich über alle Lernfelder erstrecken.

Tabelle 2: Lerninhalte des Lernfeldes 13

Lerninhalte	Fachkapitel im Lehrbuch
Nutzung innerbetrieblicher Kommunikationssysteme	1 EDV
Teamarbeit	
Kommunikation	2 Technische Kommunikation
Moderation und Präsentation	1 EDV
Kunden-/Lieferantenbeziehung	
Bedienungsanleitungen, Betriebsanleitungen	2 Technische Kommunikation 14 Montage, Inbetriebnahme und Instandhaltung von mechatronischen Systemen

1 Grundlagen der Datenverarbeitung

Die Datenverarbeitung befasst sich mit Systemen zur Beschaffung, Verarbeitung, Übertragung, Speicherung und/oder Bereitstellung von Informationen. Der Informationsbegriff und damit zusammenhängend der Datenbegriff spielen in der Datenverarbeitung eine grundlegende Rolle. Daher werden im Folgenden einige Begriffe erklärt.

Daten sind Zeichen oder stetige Funktionen, die Informationen zum Zwecke der Verarbeitung nach bestimmten Regeln oder Verabredungen darstellen.

Digitale Daten bestehen aus aufeinander folgenden (diskreten) Zeichen („1" oder „0").

Analoge Daten entsprechen kontinuierlichen Funktionen und werden durch physikalische Größen wie z. B. Spannung dargestellt, die den zu beschreibenden Sachverhalt repräsentieren und stufenlos veränderbar sind.

Nachrichten sind Zeichen oder stetige Funktionen, die Informationen zum Zweck der Weitergabe oder der Übertragung nach bestimmten Regeln oder Verabredungen darstellen.

Zeichen sind Elemente zur Darstellung von Daten bzw. Informationen.

Ein **Zeichenvorrat** ist die Menge aller vereinbarten oder verfügbaren Zeichen zur Darstellung von Informationen (numerischer-, alphanumerischer Zeichenvorrat).

Die **Syntax** bezeichnet die Regeln, nach denen Zeichen zu Wörtern und Wörter zu Sätzen einer Sprache verknüpft werden dürfen.

Semantik oder Bedeutungslehre ist die Lehre von der inhaltlichen Bedeutung der Sprache. In der Informatik bezieht sich die Semantik speziell auf Programmiersprachen.

Informationen sind Zeichenfolgen, die aus einem Zeichenvorrat nach bestimmten Regeln erzeugt werden (Syntax), die eine abstrakte oder gegenständliche Bedeutung haben (Semantik) und die vom Sender bzw. Empfänger der Information in bestimmter Weise inhaltlich gleich interpretiert werden.

Unter **Datenverarbeitung** versteht man die Verarbeitung von Daten mit Algorithmen[1], Verfahren und Methoden zu neuen Daten. Erfolgt die Verarbeitung von Daten mittels elektronischer Geräte wie Computer, spricht man von **Elektronischer Datenverarbeitung (EDV)**. Sie umfasst die Eingabe, die eigentliche Bearbeitung über Rechenoperationen, Ausgabe, Übertragung und Speicherung von Daten.

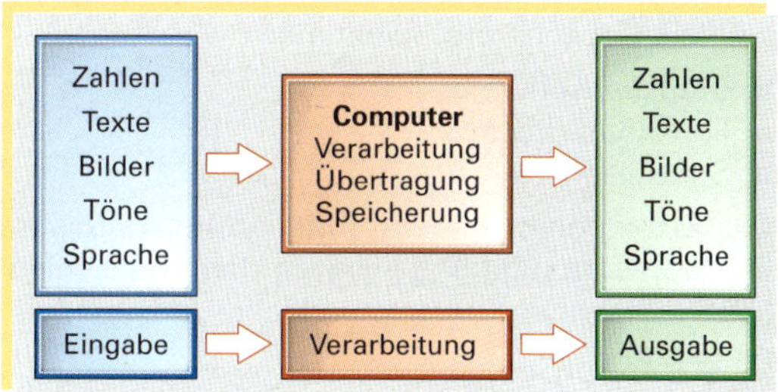

Bild 1: EVA-Prinzip

Dabei werden Daten in unterschiedlichen Formen in einen Computer eingegeben und mithilfe von Arbeitsanweisungen, die dem Computer ebenfalls eingegeben werden, verarbeitet, übertragen und/oder gespeichert. Die Ergebnisse werden dann auf unterschiedliche Arten ausgegeben **(Bild 1)**. Dieses EVA-Prinzip lässt eine generelle Gliederung einer elektronischen Datenverarbeitung erkennen **(Bild 2)**. Der Begriff **Hardware** kennzeichnet die Gesamtheit der technischen Geräte zur Daten- bzw. Informationsverarbeitung. Als **Software** werden die Programme zur Steuerung der Verarbeitungs-, Übertragungs- und Speicherungsprozesse in Computern sowie der Ein- und Ausgabe bezeichnet.

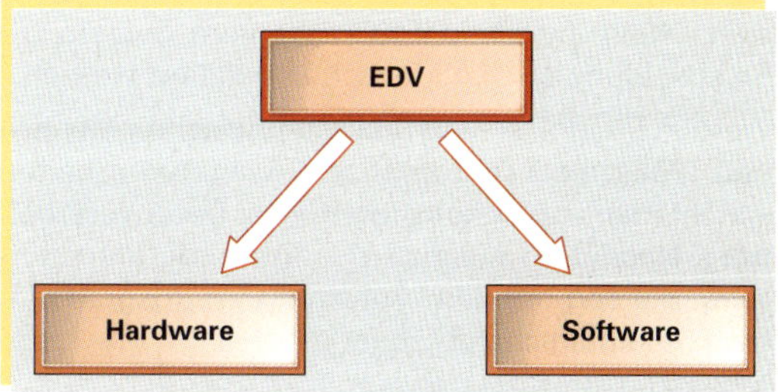

Bild 2: Komponenten einer EDV

Ohne Software ist ein Computer eine Maschine ohne weitere Nutzungsmöglichkeit. Die Software

[1] Ein Algorithmus ist eine Vereinbarungsvorschrift zur Lösung eines klar definierten und begrenzten Problems. Er besteht aus mehreren elementaren Schritten, die in einer bestimmten Reihenfolge durchzuführen sind, wobei Wahlmöglichkeiten und Verzweigungen zugelassen sind.

bildet die entscheidende Schnittstelle für die Kommunikation zwischen dem Anwender und der Hardware, zwischen Mensch und Maschine **(Bild 1)**. Die Schnittstelle Software lässt sich jedoch noch feiner unterteilen **(Bild 2)** in System- und Anwendersoftware. Dabei ist die Anwendersoftware immer auf die Systemsoftware angewiesen, die u.a. den Datentransfer in der PC-Peripherie organisiert, steuert und kontrolliert. Während zur Systemsoftware hauptsächlich das Betriebssystem gehört, zählen zu der Anwendungssoftware die vielen im beruflichen und privaten Alltag genutzten Programme **(Bild 3)**.

Das **Betriebssystem** setzt sich aus einer Vielzahl von Routinen zusammen, deren Zusammenwirken erst den Betrieb des Computers ermöglicht. Diese Systemroutinen stellen die Verbindung her zwischen Hardware, Anwender und Anwendungsprogramm (s. auch Kapitel Betriebssysteme).

Dienst- und **Hilfsprogramme (Bild 4)** sind Treiberprogramme, die die Systemeinbindung von z.B. Peripheriegeräten wie Drucker u.a. bewirken. Ein Hilfsprogramm wird auch als **Tool** oder **Utility** bezeichnet. Dieses sind Programme, die die Betriebssysteme ergänzen oder eventuelle Schwächen der Systemsoftware ausgleichen bzw. fehlende Funktionen ergänzen.

Als **Anwendungssoftware** bezeichnet man solche, die zum Lösen bestimmter Aufgaben eingesetzt werden. Dabei unterscheidet man:

- Branchensoftware,
- Funktionssoftware,
- Spezialsoftware.

Das Zusammenwirken von Menschen, Hardware und Software **(Bild 5)** bewirkt in den unterschiedlichen Branchen unterschiedliche **Automatisierungsgrade.**

Vollautomation ist häufig bei Anwendungen in technischen Bereichen wie Prozesssteuerung bzw. Prozessautomation anzutreffen. **Teilautomation**, bei der menschliches Eingreifen in begrenztem Umfang in Systeme erforderlich ist, findet dann statt, wenn Zwischenergebnisse vom System zur Entscheidung an den Menschen geliefert werden.

Werden Ereignisse von Dialogen zwischen Mensch und Maschine automatisch weiterverarbeitet, spricht man von **aktionsorientierter Datenverarbeitung**. Nach dem Ausmaß der Anwenderunterstützung, die eng mit dem Automatisierungsgrad einhergeht, unterscheidet man:

- Administrationssysteme
- Dispositionssysteme
- Informations- und Betriebssysteme
- Planungssysteme
- Kontrollsysteme

Bild 1: Schnittstellen einer EDV

Bild 2: Bestandteile der Software

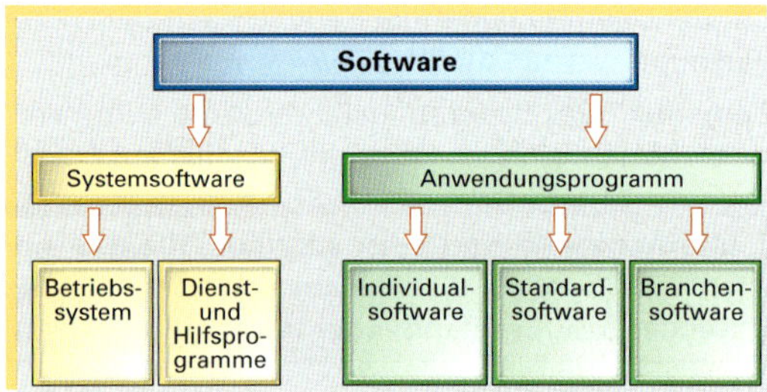

Bild 3: System- und Anwendungssoftware

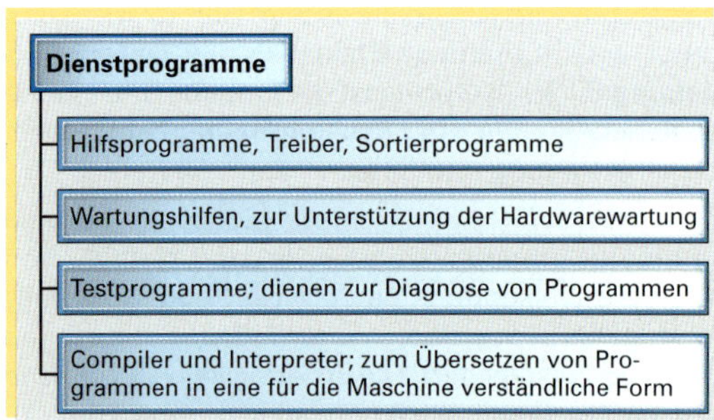

Bild 4: Dienstprogramme

Branchen-software:	Funktions-software:	Spezial-software:
Banken Bauwirtschaft Groß-, Einzel-handel Ärzte Rechtsanwälte Hausverwaltung Forstwirtschaft	Personalwirtschaft Produktions-planung Fakturierung Lohnabrechnung Lagerverwaltung Materialverwaltung Buchhaltung	Textverarbeitung Tabellenkalkulation Lineare Opti-mierung Grafik Messdaten-erfassung Statistik

Bild 5: Anwendungsprogramme

1.1 Betriebssysteme

Das Betriebssystem (engl. Operation System, OS) ist eine Zusammenfassung aller Programme, die einen Computer kontrollieren, organisieren, verwalten und letztendlich überwachen. Des Weiteren stellt das Betriebssystem eine Plattform dar, die dem PC-Benutzer Werkzeuge zur Verwaltung und zur Administration, Textverarbeitungsprogramme und andere Dienste wie z. B. Fernwartung eines Systems anbietet. Das Betriebssystem **(Bild 1)** ermöglicht erst dem Benutzer das Arbeiten mit dem Computer, wie z. B. Tastatureingabe, Bildschirmausgabe, Datentransport von und zu den Speichermedien.

> Das Betriebssystem ist die Schnittstelle, die die Verbindung zwischen Anwender und Computer herstellt.

1.1.1 Aufgaben eines Betriebssystems

Das Betriebssystem verwaltet alle wichtigen Ressourcen eines PCs und verbirgt die Komplexität der Kommunikation zwischen den Hardwarekomponenten vor dem Benutzer, um eine möglichst gute Anwenderfreundlichkeit zu erzielen. Dazu gehören vor allem die Verwaltung der Prozesse, das Speichermanagement und das Gerätemanagement **(Tabelle 1)**. Des Weiteren stellt ein Betriebssystem dem Benutzer eine Schnittstelle zur Kommunikation mit dem Betriebssystem bereit, die meist als **„Shell"** (engl. für Schale) bezeichnet wird. Sie befähigt den Benutzer, Anweisungen, z. B. „kopiere Datei" an das Betriebssystem zu geben **(Bild 1)**.

Tabelle 1: Ressourcenverwaltung

Prozessorverwaltung
Hauptspeichermanagement (RAM)
Hintergrundspeichermanagement (Festplatte)
Gerätemanagement (Drucker)

Unterschieden werden:

- Die kommando-orientierte Shell (CLI: **C**ommand **L**ine **I**nterface) Anweisungen oder Anweisungsfolgen werden zeilenorientiert dem Betriebssystem durch den Benutzer übergeben, z. B. MS-DOS-Prompt.
- Die grafisch-orientierte, visuelle Shell (GUI: **G**raphical **U**ser **I**nterface) Vom System angezeigte und durch den Benutzer auszuwählende Anweisungen ermöglichen die Inanspruchnahme von Diensten des Betriebssystems, z. B. Windows-Explorer.

Zur Bewältigung dieser Aufgaben stehen dem PC-Benutzer eine Vielzahl von Betriebssystemen zur Verfügung **(Tabelle 2)**.

Tabelle 2: Betriebssysteme

WIN CE	Betriebssystem für Geräte
WIN 98	32-Bit-Betriebssystem
WIN-XP	32-Bit-Betriebssystem
WIN-NT	32-Bit-Netzwerksbetriebssystem, Neue Technologie
WIN-2000	Mehrzweckbetriebssystem in verschiedenen Versionen; 32-Bit-System
UNIX	32-, 64-Bit-Betriebssystem
LINUX	32-, 64-Bit-Betriebssystem, unterschiedliche Distributionen

Moderne Betriebssysteme erfüllen heute folgende Aufgaben:

- Starten und Beenden des Computers
- Organisation und Verwalten des Arbeitsspeichers
- Dateien in Verzeichnissen (Ordnern) verwalten
- Steuerung der Hardware-Komponenten
- Organisation und Verwaltung der Speicher
- Organisation der Bildschirmanzeige
- Laden und Kontrollieren der Anwenderprogramme; Weiterleiten von Benutzereingaben; Behandlung von Fehlern; Verwaltung von Benutzerrechten
- Verwaltung und Bedienung mehrerer Benutzer mit individuellen Zugriffsrechten und Nutzungsprofilen
- Bereitstellung von Dienstprogrammen für: Datensicherung, Texteingabe, Telekommunikation, Spracheingabe usw.

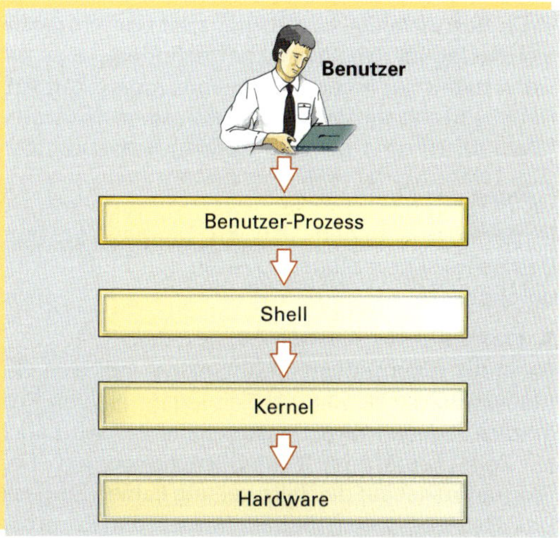

Bild 1: Schichtenmodell des Betriebssystems

1.1.2 Betriebssystem-Kategorien

Betriebssysteme unterscheiden sich in Folgendem:

- Einzel- oder Mehrprogrammbetrieb
- Einzel- oder Mehrbenutzerbetrieb
- Einzel- oder Mehrprozessorbetrieb
- Echtzeitbetrieb

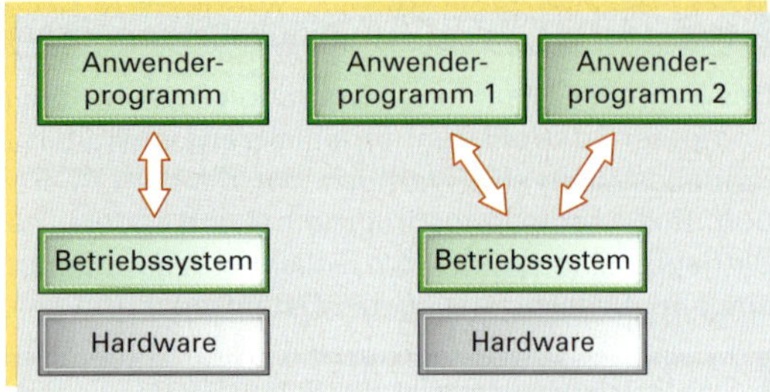

Bild 1: Single-Multitasking-Betriebssystem

Einzel- oder Mehrprogrammbetrieb (Bild 1)

Beim Einzelprogrammbetrieb **(Singletasking)** findet eine Programmausführung nach der anderen statt. Das gerade ablaufende Anwenderprogramm hat die volle Kontrolle über die CPU. Bevor es nicht beendet wird, hat das Betriebssystem keine Möglichkeit, von sich aus aktiv zu werden. Nachteilig bei solchen Betriebssystemen ist, dass einerseits die Ressourcen des Computers nicht genügend ausgenutzt werden, andererseits bei einem Fehler im Anwenderprogramm der Benutzer nicht mehr korrigierend eingreifen kann, der Computer ist „abgestürzt". Durch einen Neustart des Systems wird das Betriebssystem erneut geladen und erhält wieder die Kontrolle über die CPU. Heute spielt das Singletasking keine Rolle mehr. Statt dessen haben heute **Multitasking**-(Mehrprogrammbetrieb)-Betriebssysteme (Unix, Windows auf NT-Technologie) eine fundamentale Bedeutung.

> Unter Multitasking versteht man die Fähigkeit des Betriebssystems, mehrere Prozesse „gleichzeitig" zu verwalten (paralleles Abarbeiten von Anwendungen), obwohl physikalisch nur ein Prozessor vorhanden ist, der gleichzeitig mehrere Aufgaben ausführt. Streng genommen ist zu einem Zeitpunkt nur ein Prozess aktiv.

Ein Prozess darf aber nicht mit einem Programm gleichgesetzt werden. Ein Prozess ist ein sich in Ausführung befindliches Programm einschließlich des dazugehörigen Prozesskontrollblocks. In einem **Prozesskontrollblock** werden alle relevanten Daten eines Prozesses, wie z.B. sein aktueller Zustand, seine Startadresse gespeichert. Dies ist für den Systemkern wichtig, denn er muss jeden Prozess dokumentieren. Ein Prozess in diesem Sinne wird bei der Ausführung eines Programms erzeugt und bei Programmterminierung beendet. Durch Multitasking wird aber keineswegs die zur Ausführung eines Programms notwendige Arbeit reduziert. Das Betriebssystem verfügt jedoch über die Fähigkeit, zwischen den Prozessen umzuschalten, d.h. einen aktiven Prozess anzuhalten und die Abarbeitung eines anderen, zuvor angehaltenen Prozesses fortzusetzen. Diese Umschaltung wird als **task switch** bezeichnet. Indem etliche task switches pro Sekunde ausgeführt werden, entsteht für den Benutzer der Eindruck, dass die Prozesse gleichzeitig „laufen". Das heißt, das System muss alle verfügbare Rechenzeit des Prozessors in kleine Zeitscheiben (time slice) aufteilen (Millisekundenbereich), erst dann entsteht für den Benutzer der Eindruck, dass die Prozesse gleichzeitig „laufen". Druckspooling im Hintergrund oder Netzwerkverwaltung sind typische Multitasking-Aufgaben.

Das Ziel des Konzeptes ist es, unter Ausnutzung der Hardware-Fähigkeiten und entsprechender Software eines Rechners die Ausführungszeit von Programmen zu verringern. Da sich aber diese Programme alle gleichzeitig im Arbeitsspeicher befinden, muss das Betriebssystem darauf achten, dass jedes Programm seine Daten nur innerhalb des ihm zugeteilten Arbeitsspeicherbereiches ändert. Andernfalls könnten die Daten eines Programms die Daten eines anderen überschreiben, was Störungen zur Folge hat. Unix oder Windows XP sind z.B. Multitasking-Betriebssysteme.

Formen des Multitasking:

In der Praxis haben sich für Single-Prozessor-Betrieb zwei grundlegende Arten von Multitasking durchgesetzt:

- **Preemptives Multitasking**

Bei dem preemptiven Multitasking legt das Betriebssystem fest, wie viel Zeit jedem aktiven Programm zugeteilt wird. Die zugeteilte Zeit wird auch als Zeitscheibe oder Time-Slice bezeichnet. Das Programm hat auf die Zeitzuteilung keinen Einfluss. Das Betriebssystem behält immer die Kontrolle über den Prozessor **(Bild 2)**.

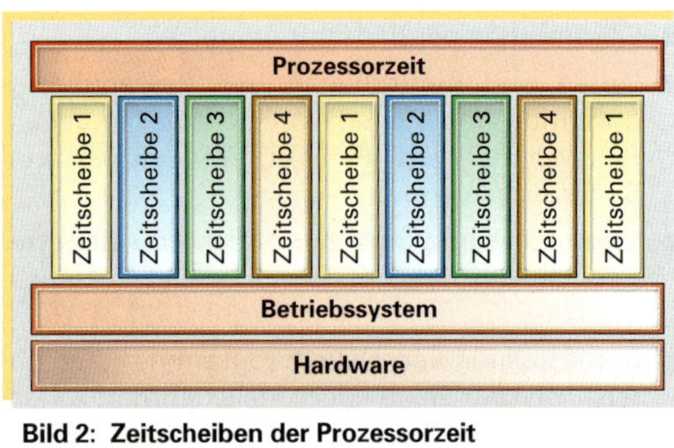

Bild 2: Zeitscheiben der Prozessorzeit

■ **Kooperatives Multitasking**

Grundsätzlich müssen sich die Programme bzw. Prozesse auf dem Computer die einzelnen Geräte wie Festplatte, CPU usw. teilen. Es kann bekanntlich immer nur ein Prozess vom Prozessor verarbeitet werden. Beim kooperativen Multitasking muss sich das Betriebssystem darauf verlassen, dass jede Anwendung die Kontrolle über die CPU regelmäßig abgibt **(Bild 1).** Dieser Vorgang wird Yielding (nachgeben) genannt. Ein Programm, das der Meinung ist, keine Rechenleistung vom Prozessor mehr zu benötigen gibt die Erlaubnis, Berechnungen ausführen zu dürfen an ein anderes Programm weiter. Kommt es bei einem Programm jedoch zu einem Fehler, so dass dieses abstürzt, ohne vorher diese Erlaubnis abzugeben, wird damit das gesamte Betriebssystem blockiert und zum Absturz gebracht. Gegenüber dem preemptiven Multitasking hat das kooperative Multitasking einen geringeren „Speicherplatzverbrauch" und somit auch eine geringere CPU-Belastung. Das kooperative Multitasking ist der vorrangige Modus des Betriebssystems des Apple Macintosh (bis Version 9).

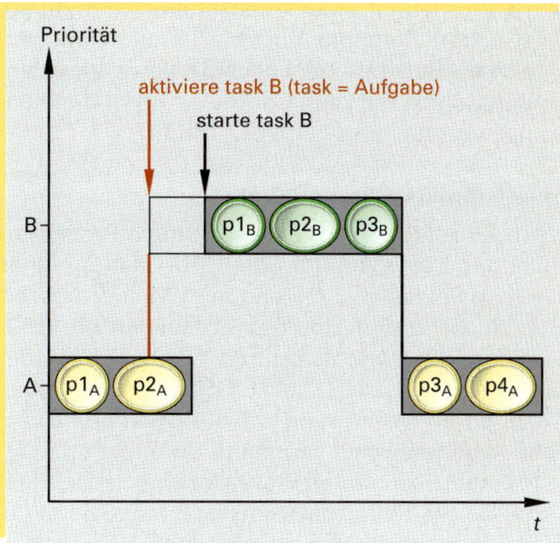

Bild 1: Kooperatives Multitasking

Der **Scheduler** managt den Prozessor. Er entscheidet, welche Prozessorleistung für welchen Prozess benutzt werden darf. Die Verarbeitungen können völlig unabhängig voneinander ablaufen oder in Korrespondenz zueinander stehen. Ein Prozess läuft jedoch immer im Vordergrund, jeder weitere ebenso im Hintergrund **(Bild 2).** Mit dem Scheduling-Algorithmus berechnet man die Priorität der einzelnen Prozesse und jeder erhält einen bestimmten Teil der Rechenzeit zugewiesen. Das heißt, der Prozess mit der zurzeit höchsten Priorität erhält den Prozessor. Nach einem Zeitintervall wird der Prozess suspendiert und, falls noch nicht beendet, zu einem späteren Zeitpunkt wieder reaktiviert.

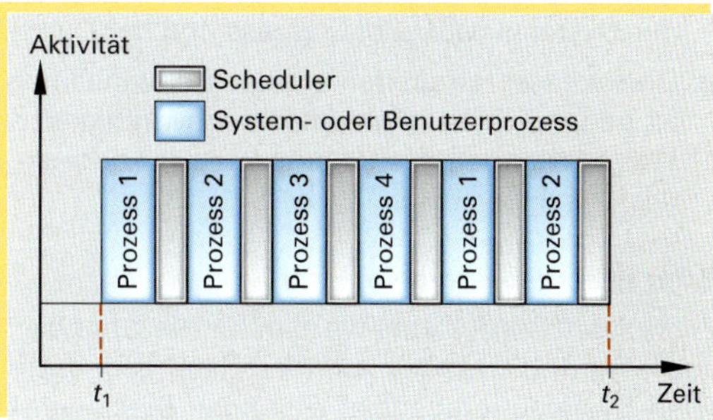

Bild 2: Scheduling

Auf den meisten Einzelplatzrechnern wird Multitasking allerdings nur verwendet, um mehrere Programme gleichzeitig starten zu können, z. B. Textverarbeitung und Grafikprogramm. Benutzt wird dabei eigentlich immer nur eines. Sinnvoll ist Multitasking in Verbindung mit mehreren gleichzeitigen Benutzern oder wenn ein Benutzer wirklich mehrere Dinge gleichzeitig macht (z.B. Software kompilieren und Mail schreiben).

Einzel- Mehrbenutzerbetrieb (Single-/Multi-User)

Beim **Single-User-Betrieb** kann immer nur ein Benutzer mit dem Computer arbeiten. Ein derartiges Betriebssystem ist für einen einzigen Benutzer konzipiert **(Bild 3).** Dementsprechend sind die komplette Arbeitsumgebung sowie alle Dienste nur für einen Benutzer eingerichtet (MS-DOS, WIN 9x u. a.).

Multitasking ist die Grundvoraussetzung für den **Multi-User-Betrieb** eines Betriebssystems. Er bietet gegenüber dem Single-User-Mode wesentliche Vorteile:

- Mehrfachzugriff zur gleichen Zeit auf den Computer. Das heißt, zur gleichen Zeit können mehrere Personen durch geteilte Systemressourcen den Computer nutzen.

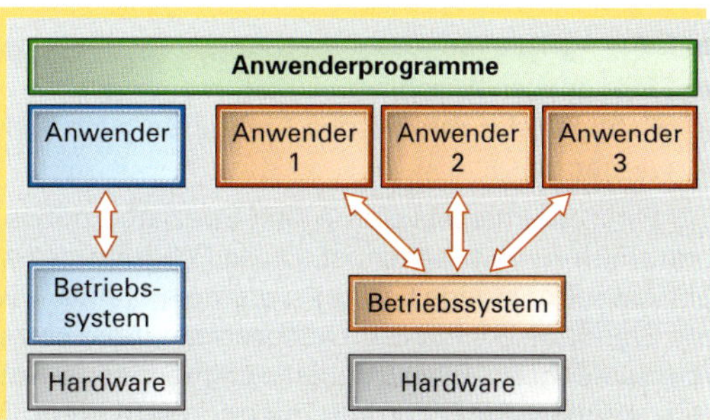

Bild 3: Single-/Multi-User-Betriebssystem

- Häufig genügt eine Arbeitsstation, ein „abgespeckter" Computer oder ein Terminal, mit dem sich die Benutzer z. B. über eine Netzwerkverbindung direkt mit dem Computer verbinden können um mit ihm zu arbeiten **(Bild 1)**.

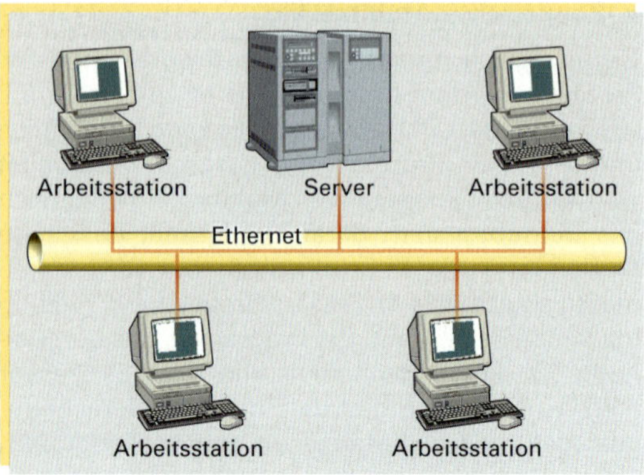

Bild 1: Multi-User-Betriebssystem

Einzel- Multiprozessor-Betrieb

Beim Einzel-Prozessor-Betrieb (Single-Processor) nutzt das Betriebssystem die CPU-Leistung eines einzigen Prozessors. Anders beim Multiprozessor-Betrieb, beim dem das Betriebssystem die CPU-Leistung von zwei bis acht (WINDOWS NT) oder auch mehr (z. B. LINUX, MAC OS) zentral verteilten Prozessoren nutzen kann, die auf einen gemeinsamen Arbeitsspeicher zugreifen. Somit ist es möglich, einem bestimmten Prozessor einen speziellen Prozess zuzuweisen oder aber alle Prozessoren für alle Prozesse des Betriebssystems zu nutzen. Dadurch wird im Wesentlichen der Durchsatz der Anlage, aber nicht die Bearbeitung eines einzelnen Auftrags beschleunigt. Der Leistungszuwachs durch Zufügen eines neuen Prozessors nimmt jedoch relativ schnell ab. Dies hat mehrere Ursachen:

- Bei Erhöhung der Parallelarbeit treten mehr Ein-Ausgabe-Wünsche je Zeiteinheit auf. Die EA-Leistung des Systems wird zum Engpass und der Durchsatz wird dadurch begrenzt.
- Die Prozessoren greifen auf den gemeinsamen Speicher zu. Die Geschwindigkeit der Arbeitsspeicher ist gegenüber der Prozessorgeschwindigkeit so gering, dass es trotz Cache beim Speicherzugriff zu Wartezuständen des Rechnerkernels kommen kann. Diese Zugriffskonflikte vermindern die Leistung des Gesamtsystems.

Echtzeitbetriebssysteme

Echtzeitbetriebssysteme werden für die Überwachung und Steuerung technischer Prozesse und Geräte, sowie für die Erfassung von Messdaten eingesetzt. Ein Spezialfall der Echtzeitsysteme sind die eingebetteten Systeme (embedded systems). Diese werden zur Steuerung von Geräten wie numerische Werkzeugmaschinen, Roboter, speicherprogrammierbare Steuerungen oder intelligente Sensoren eingesetzt. Bei allen Einsatzbereichen steht die Forderung nach der garantierten und nachweisbaren Einhaltung von Zeitbedingungen im Vordergrund. Typisch ist, dass innerhalb einer maximalen Reaktionszeit auf ein Signal des Prozesses reagiert werden muss, dass Messdaten in festen Zeitabständen abzufragen sind oder dass bestimmte Tätigkeiten zu bestimmten Zeitpunkten angestoßen werden müssen.

> Echtzeitbetriebssysteme reagieren definiert auf ein äußeres Ereignis innerhalb einer bestimmten Zeitspanne

Die Hardware von Echtzeitsystemen (Prozessrechnern) unterscheidet sich von der der Universalrechner durch das Vorhandensein von:

- Realzeituhren
- Analog-Ein-/Ausgängen
- Digital-Ein-/Ausgängen
- Einer Vielzahl angeschlossener Geräte, Messwertgeber, Messwertempfänger und Sensoren
- Einer großen Anzahl von Unterbrechungsebenen. Diese sind notwendig um zu gewährleisten, dass auf wichtige oder zeitkritische Ereignisse auch während der Behandlung unwichtiger Ereignisse reagiert werden kann.

Für Echtzeitbetriebssysteme sind Spezialbetriebssysteme nötig, da eine bekannte Menge von festen Programmen zu verarbeiten ist. Diese Programme werden einmal erstellt und können dann über Jahre im Einsatz sein. Heutige Echtzeitsysteme mit einer UNIX- oder mit einer Windows-Oberfläche (WIN-CE) sind mit Standardschnittstellen ausgestattet. Bei Echtzeitbetriebssystemen müssen Anwenderprogramm und Hardware ihrem Einsatzgebiet entsprechende Anforderungen bezüglich Zuverlässigkeit und Fehlertoleranz erfüllen. Im Fehlerfall, insbesondere wenn Menschenleben in Gefahr geraten können, muss das System immer in einen sicheren Zustand übergehen.

1.1.3 Client-Server-Betriebssystem (von Windows)

Das Client-Server-Modell ist eine Netzwerkstruktur bei der eine hierarchische Aufgabenverteilung vorliegt. Der Server ist dabei der Anbieter von Ressourcen, Dienstleistungen und Daten, die Arbeitsstationen (Clients) nutzen diese.

Betriebssysteme die nach dem Client-Server-Modell aufgebaut sind, sind in Bezug auf die Architektur flexibel und entsprechend leicht auf andere Plattformen portierbar. Client-Server-Betriebssysteme bestehen aus kleinen Einzelteilen, die autonom arbeiten können, den so genannten Servern. Der Betriebssystemkern ist klein (Mikrokernel) und sorgt für die Kommunikation zwischen den Servern und den Clients, welche in Form von Applikationen die Dienste der Server beanspruchen **(Bild 1)**.

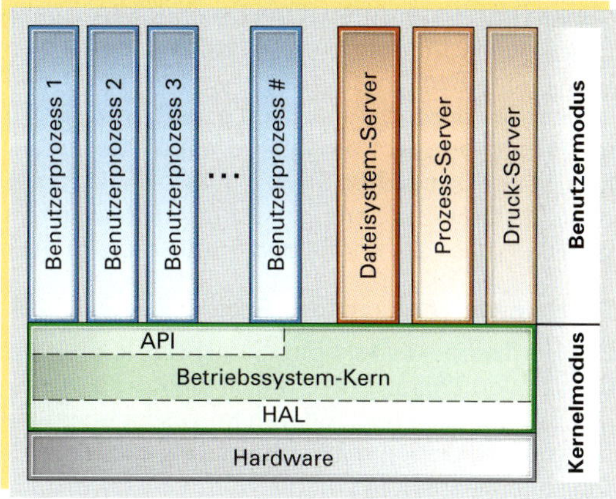

Bild 1: Client-Server-Modell

Server-Arten

- Ein **File-Server** stellt seinen Clients Dateien und Platz auf dem Dateisystem bereit. Zusätzlich übernimmt er die Sicherung der Benutzerdateien.
- Ein **Application-Server** ermöglicht den Anwendern den Zugriff auf ein oder mehrere Anwendungsprogramme.
- Auf einem **Datenbank-Server** läuft eine mehr oder weniger große Datenbank. Die Aufgabe des Servers ist die Verwaltung und Organisation der Daten, die schnelle Suche, das Einfügen und das Sortieren von Datensätzen.
- Ein **Internet-Server** stellt Internet- und Intranet-Dienste bereit. Typische Dienste umfassen das World Wide Web, den Domain-Name-Service, FTP (File Transfer Protocol, Datei-Übertragungsprotokoll) sowie E-Mail.
- **Media-Server** (Streaming) stellen Multimedia-Daten (z.B. Audio- und Video-Clips) in Echtzeit und höchster Dienstqualität zur Verfügung.

API (Application Programming Interface)

Ein API ist eine definierte Schnittstelle in einem Betriebssystem oder einer Applikation, die von einem Programmierer (in seinen Programmen) benutzt werden kann. APIs stellen eine Reihe von Routinen zur Verfügung, mit denen ein Programm systemnahe Dienste anfordert und ausführt, die von einer Komponente, z.B. dem Betriebssystem, angeboten werden. Mithilfe eines API können häufig benutzte Funktionen vom Betriebssystem den Entwicklern zur Verfügung gestellt werden. Unter Windows existieren viele verschiedene (und umfassend dokumentierte) API-Schnittstellen. Beispielsweise für Grafik- und Fensteraufbau, für Bildschirm-Meldungen, Dateisystem-Zugriffe, Registry-Funktionen, Netzwerk-Dienste- und -Funktionen, Internet, Drucker-Installation und Ausdruck, ISDN, Telefonie. Die APIs (beispielsweise für den Zugriff auf Registry-Inhalte) werden oft in Form von Funktionen gespeichert und in so genannten „Dynamic Link Libraries" (DLLs) zur Verfügung gestellt.

Der Betriebssystemkern, Kernel

Der Kernel ist quasi der Mittelpunkt des Betriebssystems. Andere Komponenten der Management-Dienste (Executives) nutzen die Schnittstellen des Kernels, wenn sie auf die Hardware zugreifen wollen. Er wird nie ausgelagert, und seine Ausführung wird nie durch andere Threads (eine ausführbare Einheit eines Prozesses) unterbrochen, so dass in der Zeit, in der der Kernel aktiv ist, das Multitasking stoppt. Die Funktionen des Kernels sind neben der Bereitstellung von Schnittstellen und (Kernel-)Objekten für die höheren Funktionen des Executives

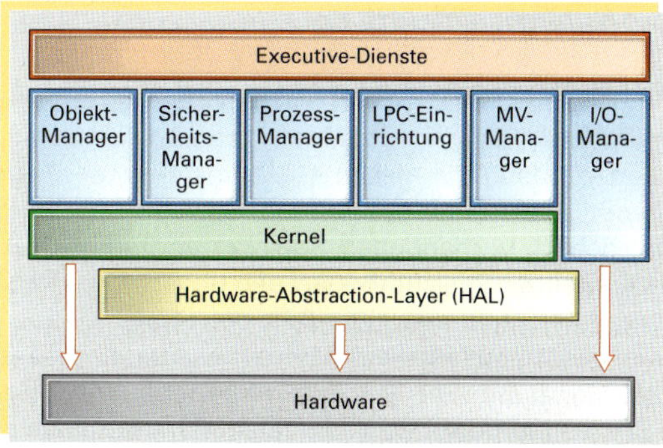

Bild 2: Betriebssystem-Management-Dienste

die Behandlung von Interrupts und Exceptions **(Bild 2, Seite 27)**, ferner das Vergeben von Rechenzeit an die Threads, das Wiederherstellen des Systemzustandes nach einem Stromausfall, sowie die Synchronisierung der Prozessoren. Eine Exception (Ausnahmezustand) wird immer dann ausgelöst, wenn ein Fehler bei der Ausführung eines Maschinenbefehls entdeckt wird, wie z.B. Division durch Null. Jeder Thread besitzt eine Rechenzeit, die anhand seiner Priorität ermittelt wird. Windows NT z.B. unterstützt 32 verschiedene Prioritätsstufen, zum einen Echtzeits-Threads von 16 bis 31 und zum anderem normale Threads mit Prioritäten von 1 bis 15. Priorität 0 ist vom System reserviert. Eine wesentliche Komponente des Kernels ist der **Dispatcher**. Er wacht über die Threads, die zur Ausführung bereit sind und bestimmt die Reihenfolge ihrer Ausführung. Vor der Ausführung eines Threads wird ein Kontextwechsel durchgeführt, was bedeutet, dass der Kernel den Status des aktuellen Threads sichert und den des neuen Threads lädt.

Die Hardware-Abstraktions-Schicht (Layer) (HAL)

Die Hardware-Abstraktions-Schicht ist die unterste, in Assembler (Maschinensprache) geschriebene, Schicht von Windows NT. Sie ist die Komponente, die auf jeden Fall verändert werden muss, wenn man das System auf einen anderen Prozessor oder eine andere Architektur portieren will. Die HAL übernimmt die Kommunikation mit der Hardware und bietet dem Rest des Betriebssystems ihre Dienste in Form einer DLL, die unabhängig von der Hardware ist, an, so dass man also auf höherer Ebene von Hardware-spezifischen Details abgeschirmt bleibt.

Der Objekt-Manager

Der Objekt-Manager erzeugt, verwaltet und löscht Objekte des Executives, die die Repräsentanten der Systemressourcen (z.B. Speicher in Form von Dateien, Shared Memory, physische Geräte jeder Art, Prozesse, Threads, definiert durch die jeweiligen Komponenten) darstellen.

Local Procedure Call (LPC)

Applikationen kommunizieren mit ihrem Umgebungssubsystem-Server, indem sie sich an die DLLs „anklicken". Die DLLs wiederum verpacken die API-Aufrufe des Clients in Nachrichten, die automatisch (und unsichtbar für den Benutzer) vom System mittels Local Procedure Call (LPC) an den Server weitergeleitet werden und fordern so (System-)Dienste an. Der LPC ist eine Einrichtung zur schnellen Übermittlung von Nachrichten innerhalb eines lokalen Rechners zwischen Client und Server-Prozess zur Vermeidung von unnötigem Overhead, wie er bei nichtlokaler Kommunikation unvermeidbar ist. Wird der Server von einer Applikation erstmalig in Anspruch genommen, so wird über einem öffentlichen Verbindungsport (VP) Kontakt aufgenommen (1). Der Server akzeptiert die Verbindungsanfrage (2) und erzeugt zwei private Kommunikationsports (KP) und zwei Handles, die auf die KPs verweisen, wobei einer davon an den Client weitergeleitet wird. Die weitere Kommunikation zwischen Client und Server verläuft jetzt nur noch über die Kommunikationsports (3) **(Bild1)**.

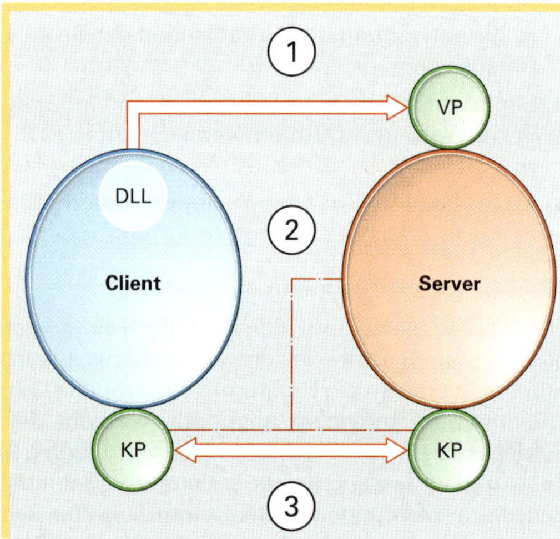

Bild 1: Client-Server-Kommunikation

Der VMM (Virtual Memory Manager)

Windows NT basiert auf einem linearen Adressraum mit 32 Bit; somit können 2^{32} Bit (bzw. 4 GByte) adressiert werden. Von diesen 4 GByte stehen dem Anwender 2 GByte zur Verfügung; die anderen 2 GByte benötigt das Betriebsystem als Speicher. Der VMM bildet den virtuellen Speicher der Prozesse auf den tatsächlich vorhandenen Speicher ab und schützt die Adressräume der verschiedenen Prozesse. Überschreitet der Speicherbedarf den physisch vorhandenen Speicher, so lagert die virtuelle Speicherverwaltung nicht mehr benötigte Teile des Speichers aus (mit Ausnahme des Kernels, der nicht ausgelagert werden kann) und lädt sie bei Bedarf wieder ein. Weiterhin stellt der VMM Dienste zur Verfügung, mit denen zwei Prozessen die Möglichkeit gegeben wird, Speicher gemeinsam über ein Section-Objekt zu nutzen (Shared Memory), was äquivalent dem Bereitstellen einer Ressource von einem Prozess an den anderen ist.

Der I/O Manager

Der I/O-Manager besteht aus mehreren Komponenten, die für die Verarbeitung der Ein- und Ausgaben auf den unterschiedlichen Geräten zuständig sind und implementiert damit einheitliche und geräteunabhängige Ein- und Ausgabefunktionen für den Executive. Dazu gehören verschiedene Gerätetreiber, die direkt für die Kommunikation mit den Geräten zuständig sind. Es finden sich auch Treiber, die datei-orientierte I/O-Anfragen für die verschiedenen, von Windows NT unterstützten Dateisysteme FAT (File Allocation Table) und NTFS (New Technology File System) bereitstellen. Der I/O-Manager dient aber nicht nur der Weiterleitung von Anfragen; er stellt auch Dienste zur Verfügung, mittels derer einzelne Treiber effizient auf andere Treiber zugreifen bzw. mit denen I/O-Anfragen gepuffert werden können.

Plug & Play

Einer der schwierigsten Aspekte beim Verwalten von Computernetzwerken ist die Hardwarekonfiguration. In der Vergangenheit war für das Konfigurieren von Hardware immer ein detailliertes Verständnis von Interrupts, E/A-Anschlüssen und DMA (Direct Memory Access) erforderlich. Dank der Plug-&-Play-Technologie konnte dieser Vorgang vereinfacht werden. Neuere Betriebssysteme (z. B. NT-2000) stellen einen leistungsstärkeren Geräte-Manager (Device Manager) und Hardware-Assistenten bereit **(Bild 1)**. Diese Programme ermitteln und lösen Hardwarekonflikte auf zuverlässigere Weise und verkürzen so die Verwaltungszeit. Dadurch kann die Betriebszeit von Servern erhöht werden, weil Administratoren sich nicht mehr so lange mit der Hardwarekonfiguration beschäftigen müssen, wenn sie neue Netzwerkkarten, Modems oder Festplattenlaufwerke hinzufügen.

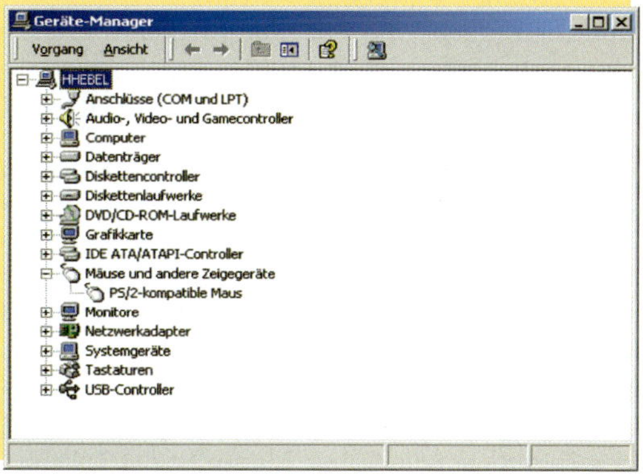

Bild 1: Geräte-Manager

Beim Starten ermittelt das Betriebssystem neue Hardware automatisch und startet den Hardware-Assistenten, wenn sich ein Administrator anmeldet. Oft können Konflikte ermittelt und automatisch gelöst werden. In den Fällen, in denen ein Administrator die Problembehandlung für die Hardware manuell durchführen muss, kann er schnell auf Hilfedateien zugreifen.

Treiber

Ein Treiber ist Software, die dem Betriebssystem die Kommunikation mit einer bestimmten Hardwarekomponente ermöglicht. So gibt es z. B. bei unterschiedlichen Videokarten unterschiedliche Fähigkeiten und Arten der Kommunikation. Der Treiber führt die Übersetzung zwischen dem Betriebssystem und der Videokarte aus. Für das gesamte Hardwarezubehör sind Treiber erforderlich: für Netzwerkkarten, SCSI-Karten, Modems, Scanner und Drucker. Bei früheren Betriebssystemen wurden für jedes Betriebssystem andere Treiber benötigt. Dies war eine Belastung für Hardwarehersteller (die die Treiber erstellten) und Administratoren, die mehrere Betriebssysteme verwalten mussten. Das neue Windows-Treibermodell (WDM) ermöglicht es Windows-2000- und Windows-98-Systemen, die gleichen Treiber zu verwenden. Diese Technologie ist vorteilhaft für Hardwarehersteller, weil sie nicht mehr zwei verschiedene Sätze von Treibern verwalten müssen. Das Modell bietet Vorteile für Benutzer, weil die Kompatibilität von Microsoft-Highend-Betriebssystemen erhöht wird. Auch Administratoren profitieren von diesem Modell, weil sie keine separaten Treiber mehr für die Windows-98-Benutzer und Windows-Server verwalten müssen.

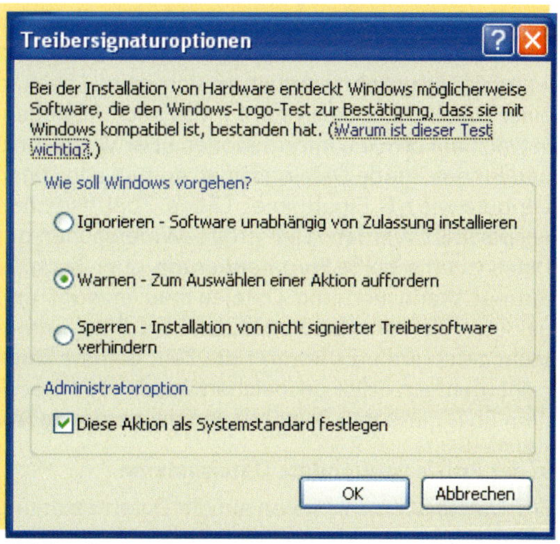

Bild 2: Treibersignaturoptionen

Bei Windows XP werden die zur Verfügung gestellten Gerätetreiber und Betriebssystemdateien mit einer digitalen Signatur versehen um Qualität zu gewährleisten. Eine digitale Signatur von Microsoft gewährleistet, dass eine bestimmte Datei gewisse Testkriterien erfüllt und dass diese Datei nicht durch die Installation eines anderen Programms geändert oder überschrieben wird. Die Installation von Gerätetreibern ist abhängig davon, wie der Administrator den Computer konfiguriert hat. So kann einerseits Windows XP Treiber ohne digitale Signatur ignorieren oder eine Warnung abgeben, wenn Gerätetreiber ohne Signatur erkannt werden (Standardverhalten), andererseits auch verhindern, dass Gerätetreiber ohne digitale Signatur installiert werden. Damit Gerätetreiber und Systemdateien ihren ursprünglichen Zustand einschließlich der digitalen Signatur beibehalten, stellt Windows XP Treibersignaturoptionen bereit **(Bild 2, Seite 29)**.

Datei-Systeme (File System)

Speichermedien wie Festplatten oder Disketten sind zunächst unstrukturierte magnetisierbare Scheiben, auf denen Informationen gespeichert werden können. Das Speichern erfolgt in konzentrischen Spuren, die wiederum in Sektoren eingeteilt sind **(Bild 1)**. Wie diese Spuren eingeteilt werden und nach welchem Muster Daten auf diese Spuren untergebracht werden, das liegt in der Verantwortung des Betriebssystems oder des Treibers, den das Betriebssystem benutzt.

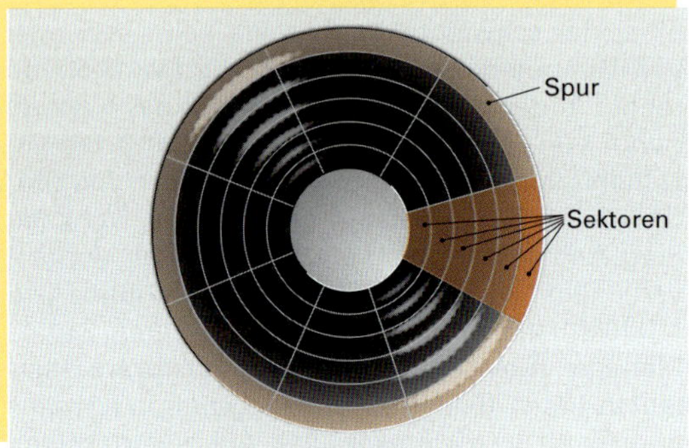

Bild 1: Speichermedium, Einteilung

Die Verwaltung von Prozessen ist die eine große Aufgabe des Kernels, die andere ist die Regelung des Zugriffs auf die Daten. Hierfür ist das Dateisystem zuständig. Es verwaltet einen Dateibaum **(Bild 2)** auf einem Blockgerät, wie z.B. die Festplatte. Blockorientierte Geräte dienen zur Speicherung von Daten. Auf jeden der gespeicherten Blöcke kann direkt zugegriffen werden. Die Veränderung eines Blocks betrifft nicht die anderen Daten auf diesem Gerät. Eine Aufgabe des **Dateisystems** ist die ständige Aktualisierung einer Liste der Sektoren, die auf dem Blockgerät im Augenblick frei sind. Wird eine neue Datei erzeugt, so werden Blöcke aus der Liste entnommen und für die Speicherung der Datei verwendet. Umgekehrt verhält es sich beim Löschen einer Datei. Das Dateisystem muss auch festlegen, in welcher Form die Informationen über Verzeichnis und Inodes (Inode Dateinummer, enthält alle Dateiattribute wie z.B. Eigentümer, Länge, Zugriffsrechte) gespeichert werden. Der große Widersacher der Dateisysteme heißt **Fragmentierung** oder Zersplitterung. Wenn dauernd Dateien neu erzeugt und gelöscht werden, dann wird der freie Platz immer mehr zerstückelt. Es kommt die Zeit, da eine Datei nicht mehr am Stück gespeichert werden kann, sondern über getrennte Sektoren verteilt werden muss.

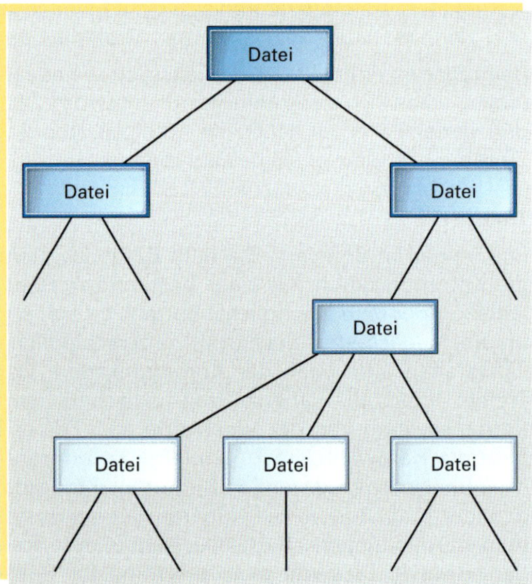

Bild 2: Dateibaum

In der Praxis verwendete Dateisysteme

FAT-Dateisysteme basieren auf der Dateizuordnungstabelle (**F**ile **A**llocation **T**able), die sich auf dem Datenträger stets direkt hinter dem Bootsektor der Partition befindet. Diese Dateisysteme werden von Microsoft Betriebssystemen wie Windows 95, Windows 98 und NT verwendet. Bei **FAT 16** ist die Länge des Namens einer Datei auf elf Buchstaben (8+3-Formel) und einen Punkt beschränkt. Bis zu acht Buchstaben kommen vor den Punkt, danach nochmals bis zu drei für die Typkennzeichnung. Groß- und Kleinschreibung wird nicht unterschieden (z.B. command.com). FAT ist ein effizientes System, wenn es darauf ankommt, zusammenhängende freie Sektoren für eine neue Datei zu finden oder eine Festplatte auf Fehler zu überprüfen. Nachteilig ist, dass die Größe der FAT auch die Größe des Dateisystems vorgibt (FAT 16 – WINDOWS 3.x).

VFAT

Die Abkürzung VFAT resultiert von Virtuel File Allocation Table und wird ab Windows 95 unterstützt. Der wesentliche Unterschied zu FAT 16 besteht in der Unterstützung langer Dateinamen.

FAT 32 benutzt zur Adressierung der Blöcke (Cluster) einen 32-Bit-Code und kann damit Datenträger theoretisch bis zu einer Größe von 2 TB (Terabyte) ansprechen. Allerdings ist es weder zu FAT 16 noch zu anderen Dateisystemen (z. B. NTFS) kompatibel. Ressourcen, die sich auf FAT formatierten Datenträgern befinden, können nur durch Freigabeberechtigungen geschützt werden (NTSF bietet höhere Sicherheit).

NTFS-Dateisystem (**N**ew **T**echnology **F**ile **S**ystem)

Das Dateisystem NTFS wird von Windows NT und Windows 2000 verwendet. Die Adressierung der Cluster erfolgt mit 64-Bit-Adressen. Die standardmäßige Clustergröße ist abhängig von der Speicherkapazität des Datenträgers. Beim Formatieren eines Datenträgers mit dem NTFS-Dateisystem wird eine Master-Dateitabelle (Master File Table-MFT) erzeugt. Sie enthält Informationen über alle Dateien und Verzeichnisse auf dem Datenträger. Unter NTFS sind lange Dateinamen mit bis zu 256 Zeichen möglich. Ferner ist das Dateisystem NTFS Voraussetzung dafür, dass NTFS-Berechtigungen sowohl für Ordner als auch für einzelne Dateien vergeben werden können. Dies ermöglicht ein höheres Maß an Sicherheit. Sie dienen dem Schutz von Ressourcen gegenüber Benutzern, die auf den Computer zugreifen wollen. Der Zugriff kann auf zwei Arten erfolgen:

- Lokaler Zugriff, d. h. der Benutzer arbeitet an dem PC, auf dem die Ressourcen (Systemkomponenten) gespeichert sind.
- Remote-Zugriff, d. h. der Benutzer stellt eine Verbindung (Intranet) mit einem freigegebenen Ordner her.

Tabelle 1: NTFS-Berechtigungen

Zugriffsart	Erklärung
Kein Zugriff	Der Benutzer hat keinen Zugriff.
Vollzugriff	Der Benutzer hat alle Rechte, es sei denn, er ist Mitglied einer Gruppe mit eingeschränkten Rechten.
Anzeigen	Der Benutzer sieht die gesamte Verzeichnis-Struktur, er hat aber keinen Zugriff auf sie.
Lesen	Der Benutzer sieht die gesamte Verzeichnis-Struktur, er kann Dateien lesen, sie aber nicht verändern.
Hinzufügen	Benutzer können dem Ordner neue Ordner und Dateien hinzufügen.
Hinzufügen und Lesen	Rechte ergeben sich aus Lesen und Hinzufügen.
Ändern	Der Benutzer kann Dateien lesen und verändern, löschen, schreiben und ausführen.
Beschränkter Verzeichniszugriff	Dem Benutzer können Kombinationen aus Einzelrechten erteilt werden; Lesen, Schreiben, Ausführen, Löschen, Besitz übernehmen.
Beschränkter Dateizugriff	Dem Benutzer können Kombinationen aus Einzelrechten erteilt werden; Lesen, Schreiben, Ausführen, Löschen, Berechtigungen ändern, Besitz übernehmen.

Das Betriebssystem Linux

An dieser Stelle stößt man an einen Punkt, an dem das Maß dessen, was noch ein Betriebssystem ist und was schon eigenständige Anwendungen sind, schwer zu unterscheiden ist. Streng genommen ist der Kernel zusammen mit einigen Modulen (USB-Support oder Support spezieller Gerätetypen) und dem Bootloader das eigentliche Betriebssystem. Natürlich sind zum Betrieb eine Menge anderer Tools nützlich aber nicht notwendig, um Linux als Betriebssystem zu bezeichnen. Das Wichtigste, was man braucht, um von der Multitasking- und Multiuserfähigkeit von Linux zu profitieren, ist die Shell, mit deren Hilfe Befehle eingegeben werden und Ausgaben des Systems zu lesen sind **(Bild 1)**. Die Bash-Shell ist eine der meist verwendeten Shells, die einige „ältere" Shells unterstützt. Die Shell lässt sich jedoch beliebig tauschen, es können auch durchaus mehrere Shells auf einem System koexistieren, solange festgelegt ist, mit welcher Shell sich der jeweilige Benutzer einloggen will.

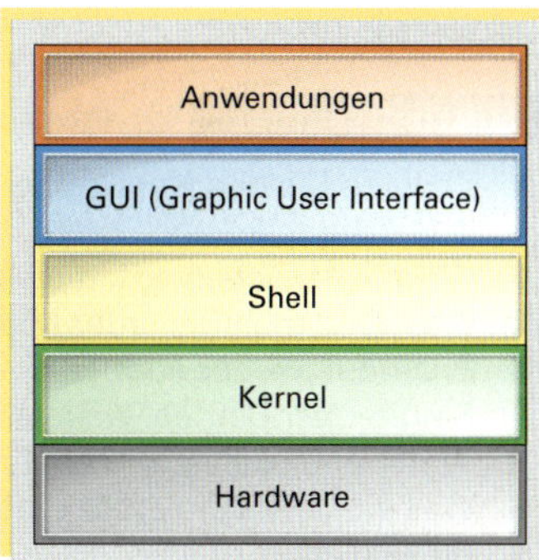

Bild 1: Betriebssystem Linux

Grafische Oberfläche

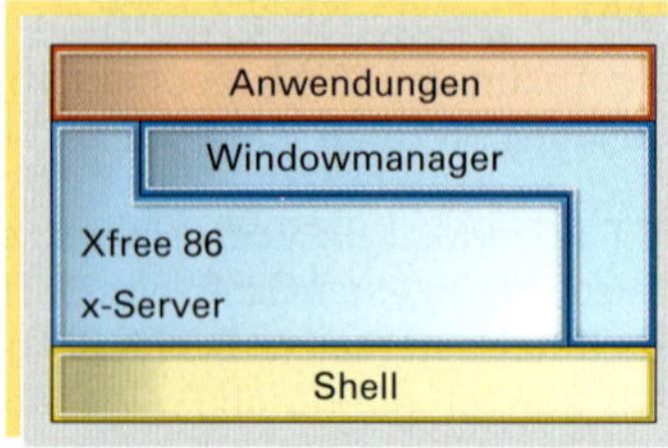

Bild 1: Zusammensetzung der GUI

Um bei Linux eine grafische Oberfläche zur Verfügung zu haben, wurde das bereits für Unix existierende Xfree86 auf Linux portiert. Xfree86 ist ein so genannter X-Server, ein Programm, das die Kontrolle über Bildschirm, Tastatur und Maus übernimmt. Dieses Programm beinhaltet eine Vielzahl von Routinen für die Grafikausgabe, die z. B. Text auf den Bildschirm drucken oder Kreise und Linien zeichnen können. Außer Xfree86 gibt es noch einige kommerzielle X-Server (Metro-X oder Accelerated-X), die spezielle Funktionalitäten anbieten.

Im Gegensatz zu Windows-Betriebssystemen wird bei Linux das Graphic User Interface in die zwei Teile, dem X-Server und dem Window-Manager unterteilt **(Bild 1)**. Dieser Fenster-Verwalter ist ein eigenes Programm, das mit dem X-Server kommuniziert. Dieser teilt dem Window-Manager mit, wenn ein neues Fenster geöffnet wird; was dieser nutzen kann, um einen zusätzlichen Rahmen zu zeichnen. Der Vorteil der Trennung von X-Server und Window-Manager ist, dass letzterer dem Geschmack und den Bedürfnissen eines Benutzers angepasst werden kann. Zurzeit übliche Window-Manager sind KDE (K Desktop Environment), Gnome oder Icewm. Sie unterscheiden sich in Funktionalität, Stabilität und Ressourcenfreundlichkeit. Während Icewm der wohl „kleinste" Window-Manager ist, ist KDE einer der „speicherhungrigsten". Gnome nimmt eine Sonderstellung ein, da es eigentlich nur ein Desktop ist, der zusammen mit einem Window-Manager wie z. B. Icewm arbeiten muss. Unter Linux ist es möglich, mehrere Window-Manager auf einem System zu integrieren und abwechselnd oder sogar gleichzeitig zu betreiben (Rechner müssen jedoch mit viel Arbeitsspeicher ausgestattet sein).

Client-Server-Architektur

Linux setzt in seinem Aufbau voll auf die Client-Server-Architektur. Die meisten Prozesse sind entweder Server- oder Client-Prozesse, manche sogar beides gleichzeitig. Der Sinn dieses Schemas besteht darin, klar definierbare Schnittstellen zu erhalten, die es ermöglichen, einzelne Komponenten auszutauschen ohne das gesamte System anpassen zu müssen.

Benutzerrechte

Die Benutzerrechte werden bei Linux hauptsächlich über Dateirechte verwaltet. Ferner gibt es Benutzergruppen und Benutzer, die jeweils unterschiedliche Rechte haben können. Jeder Datei wird zugewiesen, welcher User welche Rechte an ihr besitzt. Damit ist es möglich, Dateien sehr spezifisch freizugeben oder zu schützen. Der Zugriff auf Geräte wird ähnlich gelöst, da Geräte unter Linux als Gerätedateien behandelt werden. Zu beachten ist, dass der User, der den Zugriff auf ein lesendes Gerät (Scanner) hat, auch Schreibrechte haben muss, damit Linux das Gerät steuern kann, auch wenn letztendlich nur Daten gelesen werden.

Plug & Play

Auch wenn es unter Linux kein Plug & Play gibt, wie man dies von Windows gewöhnt ist, so gibt es doch eine Hardwareerkennung. Für ISA-Geräte gibt es z. B. das Programm isapnp-config, das es ermöglicht, die Plug-&-Play-Informationen aus den Geräten auszulesen und damit entsprechende Konfigurationen aufzusetzen. PCI-Geräte werden meist vom BIOS richtig erkannt und können mit den so gewonnenen Informationen initialisiert werden. Grundsätzlich kann gesagt werden, dass Linux-User (auch heute noch) es als sinnvoller erachten, eine Komponente einmalig von Hand „richtig" zu installieren als zigmal automatisch falsch installieren zu lassen.

Arbeitsauftrag:

1. Erklären Sie den Unterschied zwischen analogen und digitalen Daten.
2. In welche Teile kann Software aufgeteilt werden? Nennen Sie Beispiele für unterschiedliche Software.
3. Welche Aufgaben erfüllt ein Betriebssystem und wozu dient die Shell?
4. Was verstehen Sie unter Multitasking?
5. Erläutern Sie das kooperative Multitasking.
6. Single-User-Betrieb, was verstehen Sie darunter?
7. Worin unterscheiden sich Echtzeitbetriebssysteme von anderen Betriebssystemen?
8. Was versteht man unter einem Client-Server-Betriebssystem?
9. Wozu dienen Treiber?
10. Welche Aufgaben übernehmen Dateisysteme?

1.2 Office-Anwendungen

Viele Betriebe haben großes Interesse, ihre anfallenden Verwaltungstätigkeiten (Kundendaten, Schreibarbeiten, Preiskalkulationen, Präsentationen) mit einem einheitlichen Software-Paket zu erledigen und nicht wie früher jeweils eine Spezialsoftware zu nutzen. Das Verwenden von solchen Speziallösungen bringt häufig Probleme beim Datenaustausch zwischen den einzelnen Anwendungen mit sich, vor allem wenn die unterschiedlichen Softwarebausteine auch noch von unterschiedlichen Herstellern stammen. Soll in der Textverarbeitung ein Serienbrief entwickelt werden, der auf die Kundendaten der Datenbank zugreift, kann es zu Kompatibilitätsproblemen kommen. Die Grundidee der so genannten Office-Software besteht darin, diesen Datenaustausch zwischen den gängigsten Büroanwendungen zu ermöglichen **(Bild 1)**. Office-Pakete bestehen aus mehreren Anwendungen. Textverarbeitung, Tabellenkalkulation, Datenbank, Präsentationssoftware und Informationsmanager (E-Mail-Client, Terminplanung usw.) sind die gängigsten Bausteine **(Tabelle 1)**.

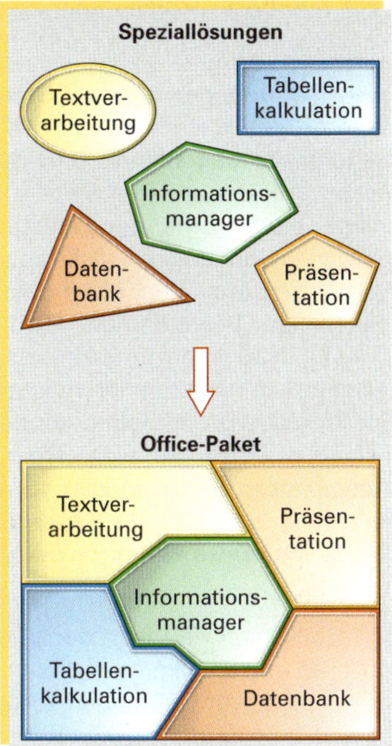

Bild 1: Office-Paket

Durch die zunehmende Vernetzung in Betrieben und Büros in einem LAN (**L**ocal **A**rea **N**etwork) ist mit einem einheitlichen Softwarepaket auch der Datenaustausch zwischen mehreren PCs einfacher und die Kommunikation unter den Mitarbeitern verläuft reibungsloser.

Neben der Grundidee, dass der Datenaustausch zwischen den einzelnen Anwendungen vereinfacht und standardisiert wird, ist auch die Kopplung zum Internet wichtig. Das Internet benutzt Mechanismen zum Datenaustausch, die unabhängig vom gewählten Betriebssystem sind. Nutzt man diese Internet-Technologie für das nicht öffentliche Firmennetz (LAN), spricht man von einem Intranet. Über einen Intranet-Server stehen sämtliche für die Anwender wichtigen Informationen in einer einheitlichen Form (als Web-Seiten) zur Verfügung. Der Anwender greift auf die Informa-

Tabelle 1: Verschiedene Office-Pakete

Anwendung \ Office-Paket	Open Office	Star Office	Smart Office	Word Perfect Office	Office	Rag Time	Apple Works
Hersteller	Open Source	SUN	LOTUS	COREL	MICROSOFT	B&E Software	APPLE
Bestriebs-system	Windows, Linux	Windows, Linux, Solaris	Windows, OS/2	Windows, Linux	Windows, Mac OS	Mac OS	Mac OS
Textverarbeitung	Writer	StarWriter	WordPro	WordPerfect	Word	In einem Programm werden Textverarbeitung, Tabellenkalkulation, Datenbank, Präsentation, Zeichnen integriert	In einem Programm werden Textverarbeitung, Tabellenkalkulation, Datenbank, Präsentation, Zeichnen integriert
Tabellenkalkulation	Calc	StarCalc	1-2-3	Quattro Pro	Excel		
Präsentation	Impress	StarImpress	Freelance Graphics	Presentations	PowerPoint		
Datenbank	–	StarBase	Approach	Paradox	Access		
Informationsmanager	–	StarSchedu	Organizer	CorelCentral	Outlook		
Homepageerstellung	im Writer integriert	im Writer integriert	FastSite	Trellix	Frontpage		
Zusatzfunktionen	Draw (Grafik)	StarDraw (Grafik)	ViaVoice (Spracherk.)	FreeSpeech (Spracherk.)	Publisher (DTP-Progr.)		
Kosten	kostenlos Download	kostenpflichtig	kostenpflichtig	kostenpflichtig	kostenpflichtig	kostenpflichtig	kostenpflichtig

Anmerkung: Auch wenn in einigen Office-Paketen keine speziellen Programme zur Homepagegestaltung angeboten werden, verfügen in der Regel die Einzelprogramme (mindestens aber die Textverarbeitung) über die Möglichkeit, HTML-Dokumente zu erstellen.

tionen mittels eines Web-Browsers zu. Die in den Browser eingebetteten Text-, Grafik-, Datenbank- und Tabellenkalkulationsdateien können dadurch an einer zentralen Stelle bedient werden.

Die Anwendungen heutiger Office-Pakete sind mit Werkzeugen ausgestattet, welche auf der einen Seite das Erzeugen von z.B. HTML-Dateien ermöglichen. Auf der anderen Seite können diese Werkzeuge auch vorhandene Web-Seiten wieder in Office-Anwendungen „rücktransformieren“. Beide Vorgänge geschehen, ohne dass sich der Anwender mit der Besonderheit HTML-Text zu befassen braucht. Hier ist anzumerken, dass diese Werkzeuge natürlich nicht mit den mächtigen Spezial-Tools für Web-Design mithalten können, sondern lediglich einen Einstieg in diese Thematik ermöglichen. Auch bieten die Office-Anwendungen die Möglichkeit, über so genannte **Hyperlinks (Bild 1)** unterschiedliche Dokumente zu verknüpfen oder auf eine bestimmte Seite im Internet bzw. im Intranet zu verbinden.

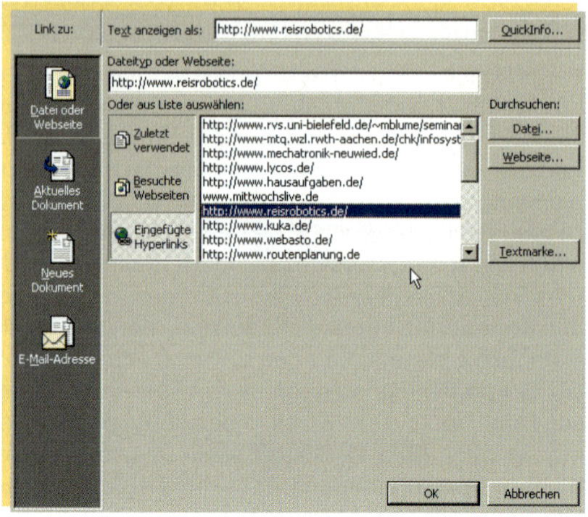

Bild 1: Hyperlink

Dieses Kapitel hat nicht den Anspruch, jedes Programm der Office-Pakete bis in alle Einzelheiten zu erklären und somit eine Bedienungsanleitung mit Erläuterung jedes „Mausklicks“ zu liefern. Von den gängigen Office-Anwendungen wird überblickartig die Funktionsweise erläutert, um dem Nutzer eine Orientierung zu liefern. Daneben werden wichtige Grundbegriffe, die für ein richtiges Verständnis der jeweiligen Anwendung unerlässlich sind, erläutert. Kapitel zu einem E-Mail-Client und einem Web-Browser entfallen, da man voraussetzen kann, dass dieser Umgang für einen Mechatroniker bekannt ist. Ferner wird bei den Erläuterungen ein grundsätzliches Verständnis und gewisse Vertrautheit mit einem fensterorientierten Betriebssystem vorausgesetzt. Ob STAR-OFFICE oder MICROSOFT OFFICE eingesetzt wird, ist für das Durcharbeiten dieser Kapitel unerheblich; die Grundstrukturen sind in beiden Anwendungen gleich.

Einheitlichkeit herrscht in der Office-Software hinsichtlich des Layouts der einzelnen Programmbausteine. Alle Anwendungsfenster sind nach einem einheitlichen Muster aufgebaut, welches das Orientieren in den einzelnen Programmen für den Nutzer vereinfacht **(Bild 2)**.

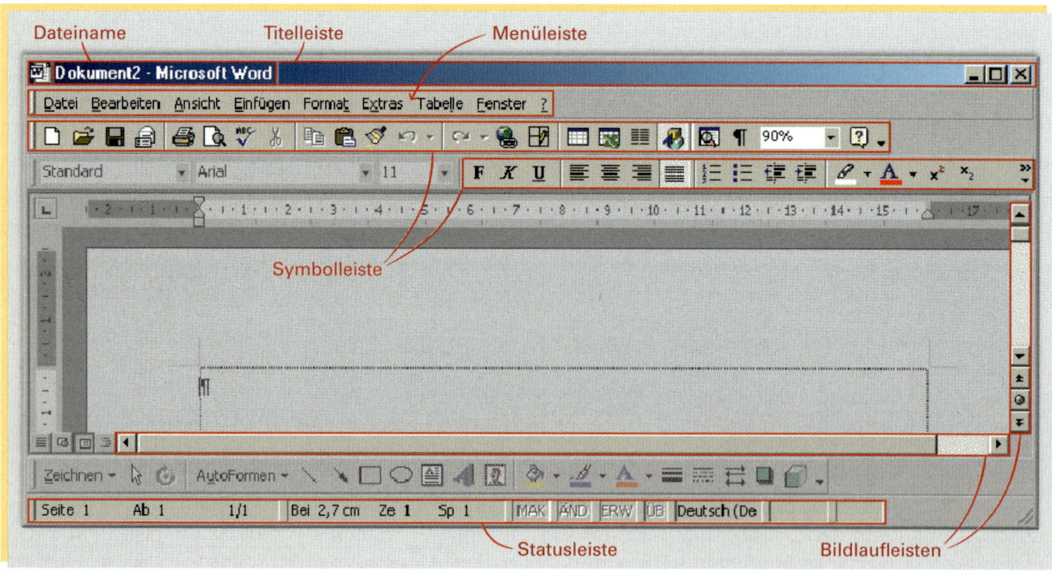

Bild 2: Grundelemente der Anwendungsfenster

Neben der einheitlichen Funktionalität der Titel- und Menüleiste hat jede Anwendung Symbolleisten **(Bild 1)**, die vom Nutzer individuell angepasst werden können. Die Symbolleisten dienen der schnellen Befehlsauswahl mit der Maus. Es handelt sich meist um Befehle, die auch über die Menüs zu erreichen sind, allerdings wären hier mehrere Mausklicks erforderlich.

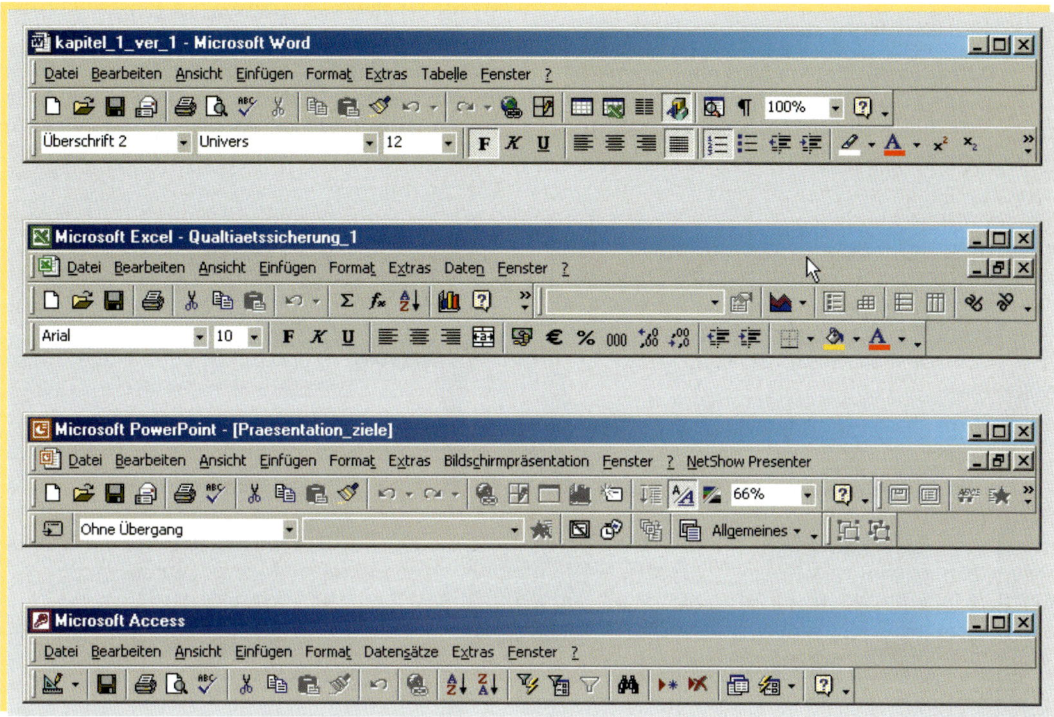

Bild 1: Menüstruktur bei Office-Anwendungen

Eine weitere wichtige Eigenschaft der Office-Pakete ist die Möglichkeit, über Makros **(Bild 2)** oder **VBA**-Programme (**V**isual **B**asic for **A**pplications) selbstprogrammierte Anwendungen zu entwickeln. Damit können

- immer wiederkehrende Arbeiten automatisiert werden. So kann z. B. das Umranden einer Grafik (ca. fünf verschiedene Mausklicks) mit einem aufgezeichneten Makro durch einen Mausklick ausgeführt werden;
- erweiterte Funktionen in den Anwendungen programmiert werden, die die Anwendungen so nicht bereit stellen;
- der Datenaustausch zwischen den Office-Anwendungen optimiert werden.

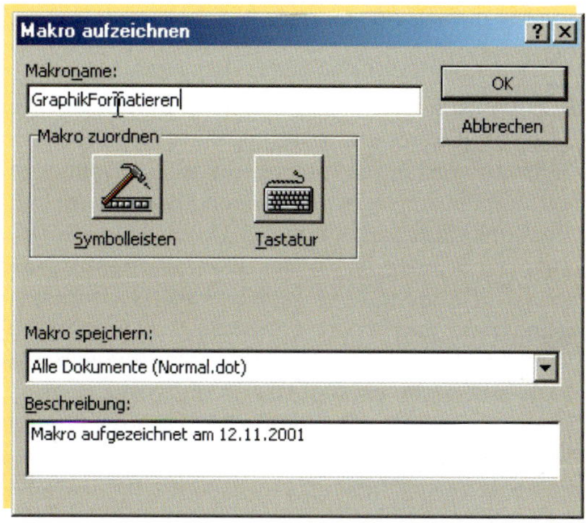

Bild 2: Makro für Microsoft-Office-Produkt

Bei VBA handelt es sich um eine objektorientierte Programmiersprache. Sie ist in das MS-Office-Paket integriert und dient der Erweiterung des Funktionsumfanges, um eine einheitliche Programmierung zu gewährleisten. Auf diese Anwendung kann im Rahmen dieses Buches nicht eingegangen werden, da diese zu umfangreich ist.

Die Einheitlichkeit innerhalb des Office-Paketes hat den weiteren großen Vorteil, dass Daten zwischen den einzelnen Anwendungen problemlos hin- und hertransportiert werden können. So ist es möglich, in der Textverarbeitung einen Serienbrief zu erstellen und die Adressdaten dazu aus der Datenbank einzuspielen. Oder man zeigt in der Präsentation ein Diagramm, das aus Daten der Tabellenkalkulation erzeugt wurde.

Heutige Office-Anwendungen bieten zum Datenaustausch zwischen den einzelnen Bausteinen drei grundsätzliche Möglichkeiten:

Beim **Datenaustausch ohne Verknüpfung** werden über das Menü Bearbeiten (Kopieren/Einfügen) Daten (z. B. ein Diagramm aus der Tabellenkalkulation) von einer Anwendung in die andere transferiert. Änderungen an der Originaldatei werden dann in der kopierten Version weder aktualisiert noch ist beim Anklicken des eingefügten Objektes die Funktionalität seiner Herkunftsanwendung vorhanden **(Bild 1).**

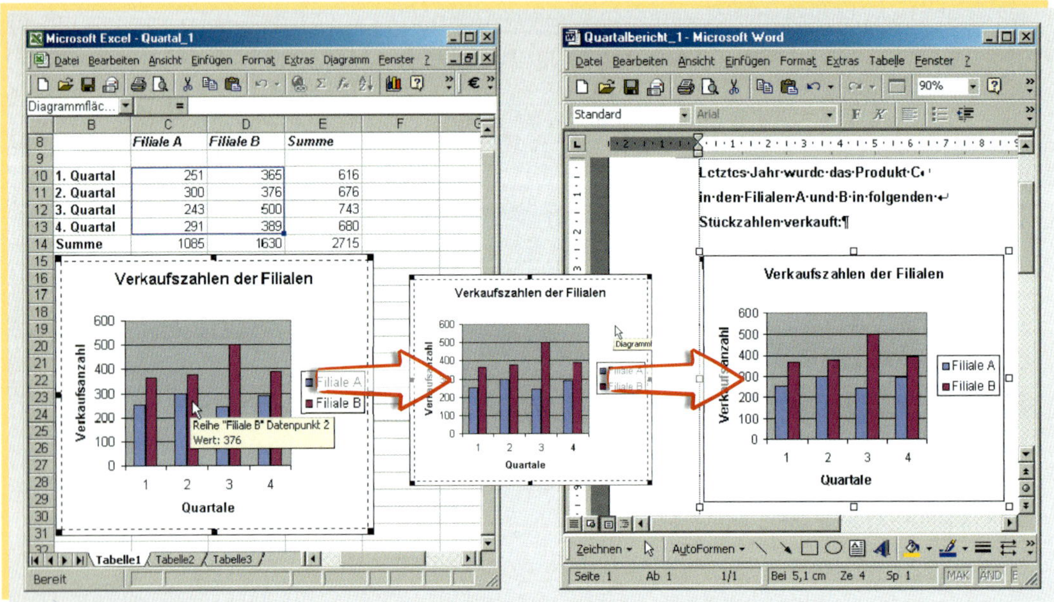

Bild 1: Datenaustausch ohne Verknüpfung

Eine weitere Möglichkeit ist das **Einbetten** von Objekten **(Object Embedding).** Beim Einbetten von Objekten wird in eine Anwendung (z. B. Textverarbeitung) ein Objekt einer anderen Anwendung (z. B. Tabellenkalkulation) eingefügt. Dies hat den Vorteil, dass der Anwender in der Textverarbeitung die volle Funktionalität der Tabellenkalkulation nutzen kann, ohne permanent zwischen den beiden Anwendungen hin- und herwechseln zu müssen. Das heißt z. B., dass ein Teil der Tabellenkalkulations-Symbolleisten in der Textverarbeitungs-Anwendung zur Verfügung steht **(Bild 2).** Die Daten des eingebetteten Objektes werden mit der Anwendung abgespeichert.

Auch hier ist kein Bezug mehr zu den Daten des Quellobjektes vorhanden, d. h. Änderungen an dem Quellobjekt haben keine Auswirkung auf das eingebettete Objekt.

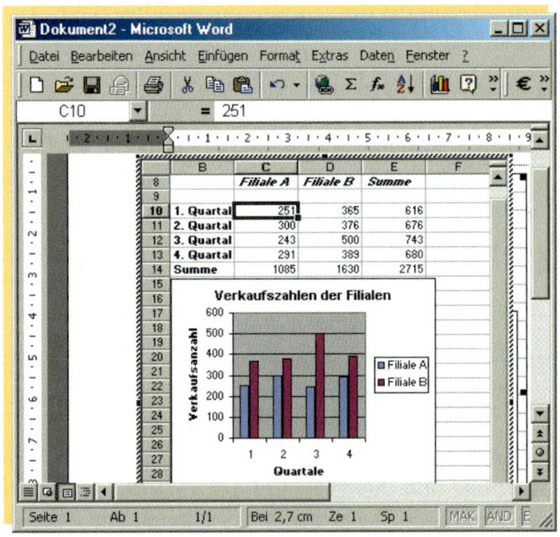

Bild 2: Einbetten von Objekten

Beim **Datenaustausch mit Verknüpfung (Object Linking)** wird das Objekt in der Zielanwendung (z.B. das Diagramm in der Textverarbeitung) aktualisiert, wenn sich dieses in der Quellanwendung (Tabellenkalkulation) ändert. Das Dokument in der Zielanwendung erhält lediglich einen Verweis auf das Objekt in der Quellanwendung, d.h. die Daten werden nicht mit abgespeichert. Soll eine Verbindung aufgebaut werden, müssen beide Anwendungen geöffnet sein. Wird das Quelldokument verschoben oder gelöscht, so ist auch die Verknüpfung unterbrochen **(Bild 1)**.

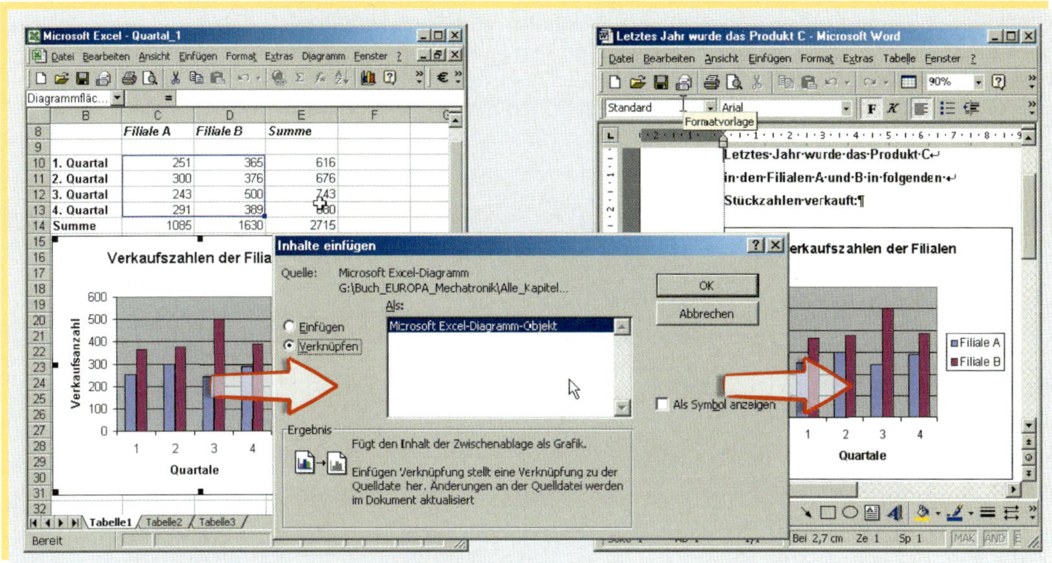

Bild 1: Datenaustausch mit Verknüpfung (Object linking)

Die Fähigkeit eines Office-Paketes, das Einbetten und Verbinden von Objekten zu ermöglichen, wird unter dem Begriff **O**bject **L**inking and **E**mbedding, kurz **OLE,** zusammengefasst. Die Anwendung, die das Objekt erstellt hat, wird dabei auch Server-Anwendung genannt, während die Anwendung, die das Objekt speichert, als Container- oder Client-Anwendung bezeichnet wird.

Arbeitsauftrag:

1. Erstellen Sie mithilfe einer Tabellenkalkulation ein Diagramm. Führen Sie alle drei Möglichkeiten des Einbaus mit dieser Tabelle einmal in eine Textverarbeitungssoftware und einmal in eine Präsentationssoftware aus.
2. Beschreiben Sie den Unterschied zwischen einem LAN und einem Intranet.
3. Erkundigen Sie sich nach den Netzstrukturen in Ihrem Betrieb. Wie viele PCs sind hierdurch vernetzt?
4. Entwickeln Sie ein Makro, das automatisch um eine markierte Grafik in der Textverarbeitung eine Linie mit der Strichstärke 0,75 pt zieht.
5. Erstellen Sie eine Folie mit einem Präsentationsprogramm, welche einen Hyperlink auf eine Internetseite Ihrer Wahl enthält.
6. Erstellen Sie einen Vergleich zwischen zwei Office-Paketen, indem Sie folgende Kriterien abfragen:
   a) Welche Anwendungsbausteine sind vorhanden?
   b) Wie hoch sind die Kosten?
7. Versuchen Sie, in der Textverarbeitungssoftware die Symbolleisten individuell anzupassen, indem Sie das in Frage 4 entwickelte Makro in eine benutzerdefinierte Symbolleiste einfügen.
8. Suchen Sie im Internet Informationen zum Begriff Intranet.
9. Erkundigen Sie sich, ob in Ihrem Betrieb in einem Netz mit unterschiedlichen Betriebssystemen gearbeitet wird.
10. Welche Gründe gibt es für den Einsatz von unterschiedlichen Betriebssystemen?

1.2.1 Textverarbeitung

Das Erstellen von Briefen, Dokumentationen usw. geschieht heutzutage im privaten und semiprofessionellen Bereich fast ausschließlich mithilfe von Textverarbeitungssoftware. Professionelle, drucktechnische Aufbereitungen von z.B. Zeitungen, Büchern oder Firmenprospekten werden mit DTP-Software (**D**esk**t**op**p**ublishing) erstellt, deren Beherrschung eine Spezialausbildung erfordert.

Die Textverarbeitung ermöglicht das Erstellen von großen Dokumenten, bestehend aus Text, Tabellen und Grafiken mit automatischer Generierung von Inhalts- und Stichwortverzeichnissen und automatischer Verwaltung der Fußnoten. Ferner haben heutige Textverarbeitungsprogramme komfortable Tabellengeneratoren. Sie können externe Grafiken einbinden, den Text mehrspaltig setzen, automatisch die Kapitelüberschriften und die Bild- und Tabellenunterschriften nummerieren **(Bild 1)**.

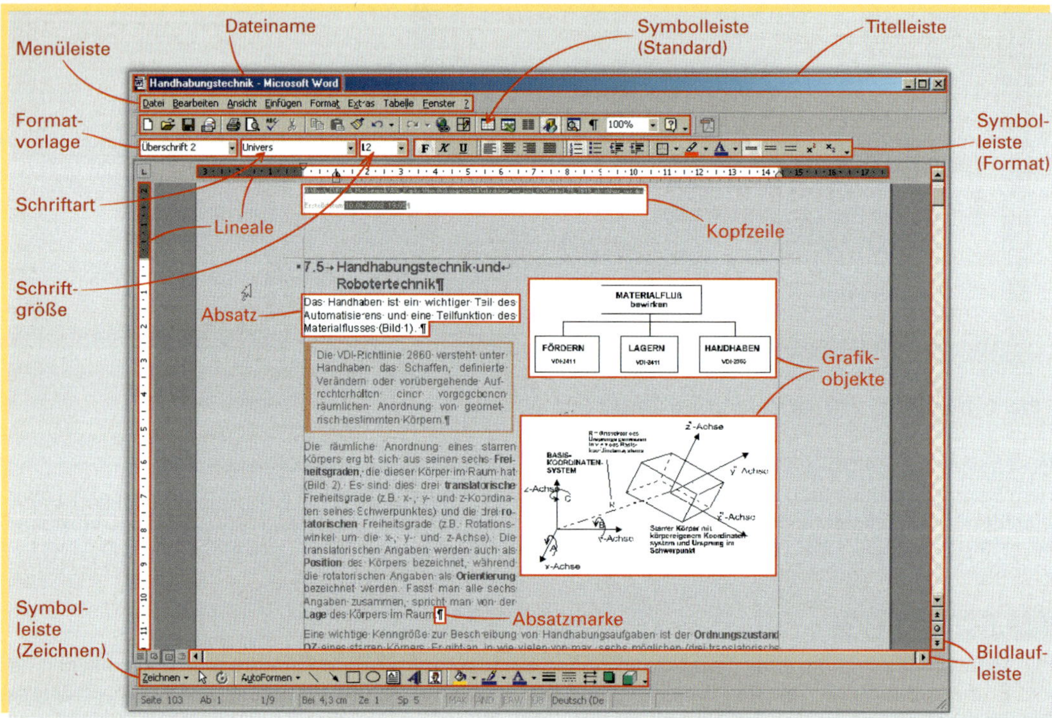

Bild 1: Anwendungsfenster Textverarbeitung

Der große Vorteil besteht darin, dass mithilfe der Textverarbeitung der Text nicht sofort formatiert eingegeben werden muss. Die Gestaltung erfolgt meist im Anschluss an die eigentliche Texteingabe.

Das Layout (engl. Gestaltung, Satzspiegel) des eingegebenen Textes wird hauptsächlich durch das **Seitenlayout**, die **Zeichenformatierung** und die **Absatzformatierung** bestimmt.

Beim Seitenlayout wird die Gestaltung der Seite festgelegt, also das Papierformat (z.B. DIN A4 quer/hoch), der bedruckbare Bereich (Seitenränder links/rechts und oben/unten), das Format der Zeilennummerierung, die Art des Rahmens um den Text usw. **(Bild 2)**.

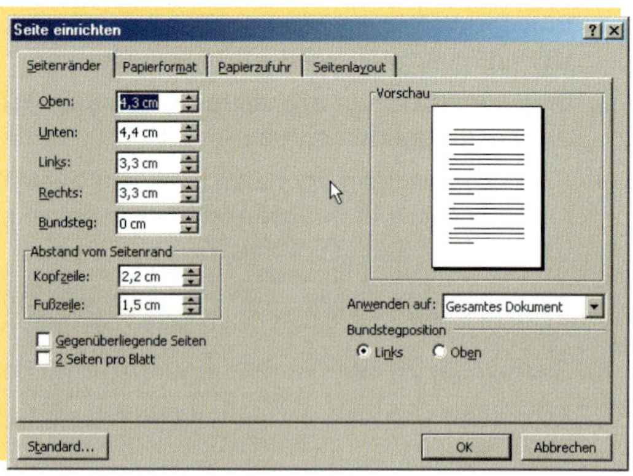

Bild 2: Seitenformatierung

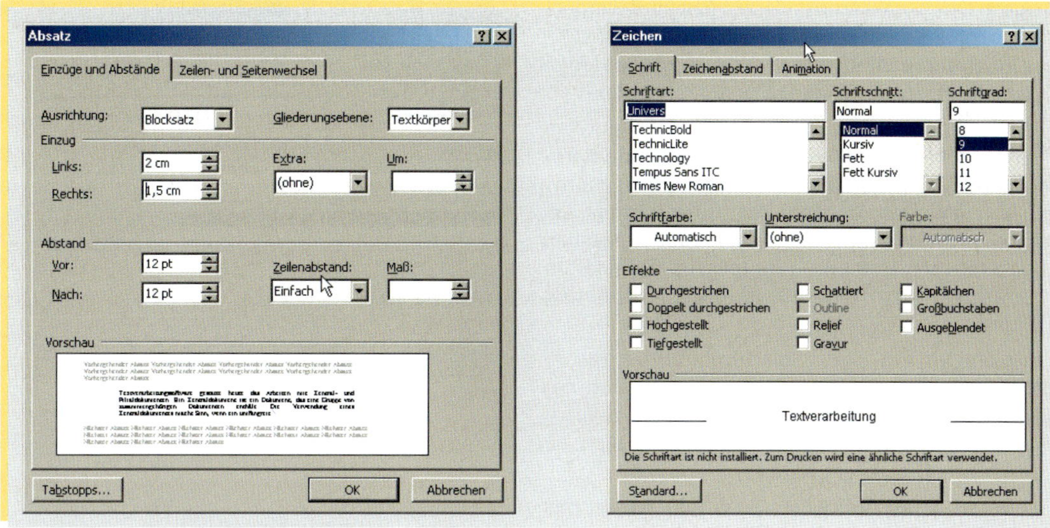

Bild 1: Absatz- und Zeichenformatierung

Mithilfe der Absatzformatierung wird das Layout eines Absatzes festgelegt. So können Zeilenabstand, Abstand vor und nach dem Absatz, Ausrichtung (z.B. Blocksatz, zentriert, rechts- oder linksbündig) und Einzug bezogen auf die Seitenränder eingestellt werden. Oftmals werden dem Anwender in einem Vorschaufenster direkt die Auswirkungen der Formatierung auf den Absatz gezeigt **(Bild 1 links)**.

Mithilfe der Zeichenformatierung werden die Schriftart, die Schriftgröße (Schriftgrad), der Schriftschnitt (fett, kursiv), Schriftfarbe und weitere Effekte (hoch-, tiefgestellt, Unterstreichung und Animationen, wie z.B. Blinken der Schrift) bestimmt. Weiterhin ist es möglich, den Zeichenabstand zu beeinflussen **(Bild 1 rechts)**.

Da das Formatieren eines jeden Absatzes „von Hand" über die Absatz- und Zeichenformatierung sehr mühsam und zeitaufwendig ist, bieten heutige Textverarbeitungsprogramme die Möglichkeit, mit Formatvorlagen zu arbeiten. In einer Formatvorlage sind die Einstellungen für den Absatz und die Schrift gespeichert. Man braucht nur den jeweiligen Absatz zu markieren und ihm die gewünschte Formatvorlage zuzuweisen. Dem Anwender werden meist schon fertige Formatvorlagen für Überschriften, Aufzählungen usw. angeboten. Diese kann er dann individuell anpassen **(Bild 2)**.

Individuelle Seitenlayouts können als so genannte Dokumentenvorlagen definiert werden. Damit lassen sich bestimmte Seitenlayouts (Fax, individueller Briefkopf) abspeichern und auch bestimmte benötigte Formatvorlagen in dieser Dokumentenvorlage zur Verfügung stellen **(Bild 3)**.

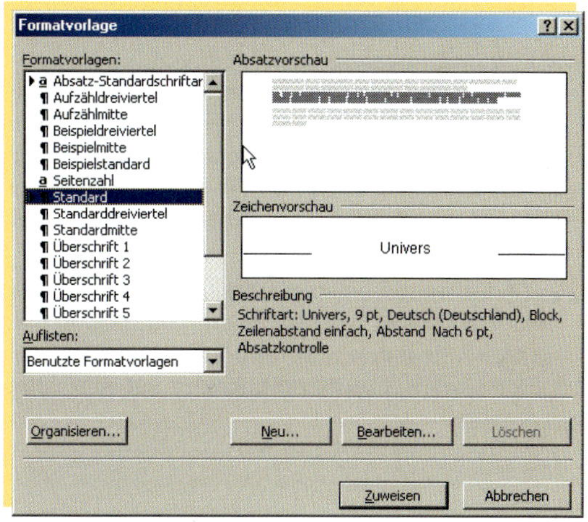

Bild 2: Formatvorlage

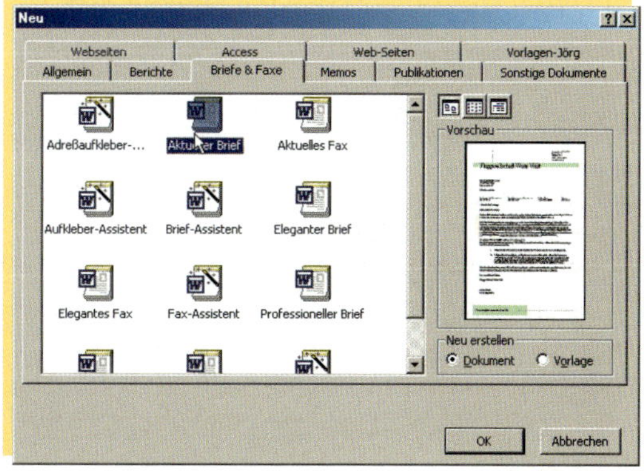

Bild 3: Dokumentvorlage

Je nach Office-Paket muss darauf geachtet werden, dass beim automatischen Erstellen von Inhaltsverzeichnissen nur die von der Software angebotenen Überschrifts-Formatvorlagen benutzt werden.

Einige weitere typische Merkmale der heutigen Textverarbeitungssoftware sind **Rechtschreibprüfung (Bild 1)** und ein **Wörterbuch,** welches synonyme (d.h. gleichbedeutende) Begriffe vorschlägt. Oft ist die Rechtschreibprüfung individuell anpassbar, d.h. dem vom Software-Hersteller mitgelieferten Wörterbuch kann ein individuelles hinzugefügt werden.

Ein wichtiges Tool ist die **Silbentrennung,** damit im Blocksatz keine große Lücken durch die von der Software automatisch eingefügten Leerzeichen entstehen bzw. beim Flattersatz der Rand nicht so „ausgefranst" aussieht **(Bild 2).**

Textverarbeitungssoftware gestattet heute das Arbeiten mit **Zentral- und Filialdokumenten**. Ein Zentraldokument ist ein Dokument, das eine Gruppe von zusammengehörigen Dokumenten enthält. Die Verwendung eines Zentraldokumentes macht Sinn, wenn ein umfangreiches Dokument zu organisieren und zu verwalten ist. Es wird hierdurch in kleinere, einfacher zu handhabende Filialdokumente aufgeteilt, z.B. kann somit eine umfangreiche Produktdokumentation in verschiedene Kapitel aufgeteilt werden und diese können dann z.B. im Netzwerk von unterschiedlichen Mitarbeitern bearbeitet werden **(Bild 3).**

Beim Arbeiten mit einem Zentraldokument und Filialdokument kann trotzdem eine Gliederung des gesamten Dokumentes angezeigt werden. Es besteht direkte Zugriffsmöglichkeit auf alle Filialdokumente.

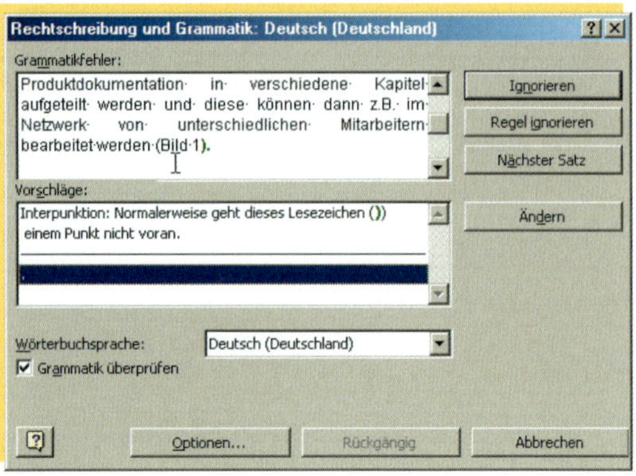

Bild 1: Rechtschreibprüfung

Bild 2: Silbentrennung

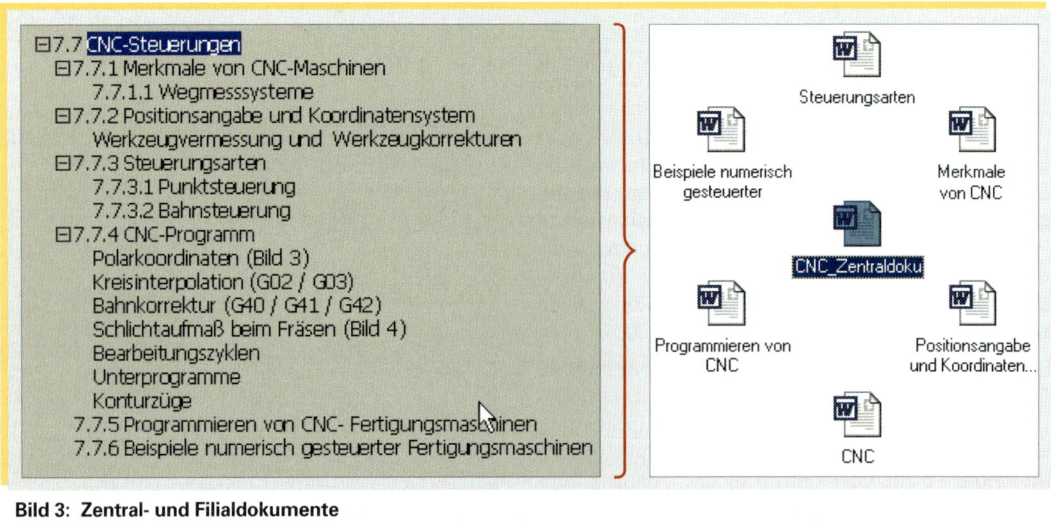

Bild 3: Zentral- und Filialdokumente

Sollen umfangreichere Dokumente erstellt werden, lohnt sich der Einsatz von **Feldern (Bild 1).** Unter einem Feld versteht man ein Textelement, das in Dokumente eingefügt werden kann, um dort bestimmte Funktionen zu steuern (z. B. Anzeige der Seitenzahl, des aktuellen Datums und des Dateinamens **(Bild 2)**). Die Felder können wie Text im Dokument formatiert werden.

Ein Feld besteht aus den drei Teilen:

- Feldzeichen; z. B. { }, zur Unterscheidung von „normalem" Text
- Feldname; z. B. Filename (engl. Dokumentname)
- Feldanweisung; legt weitere Eigenschaften des Feldes fest; z. B. \p gibt beim Dokumentennamen auch den Pfad zum Dokument mit an.

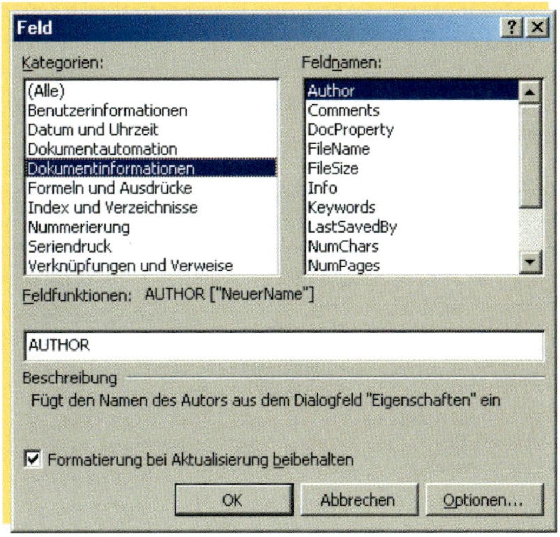

Bild 1: Felder

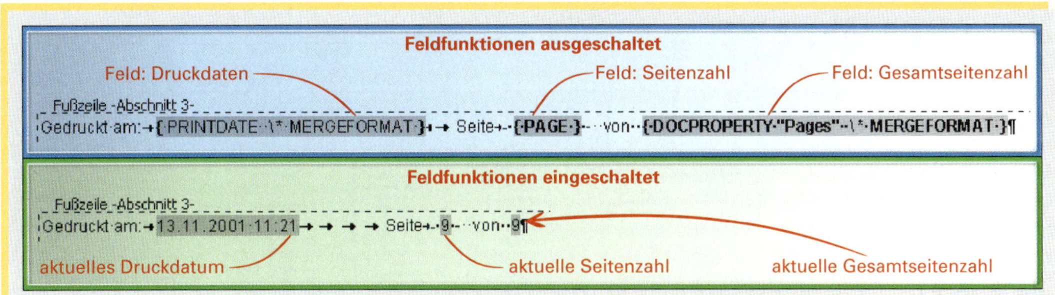

Bild 2: Feldfunktionen Druckdatum und Seitenzahl

Beim Arbeiten mit Feldern darf nicht vergessen werden, diese zu aktualisieren. Dies kann automatisch vor dem Speichern bzw. Drucken geschehen oder muss manuell durchgeführt werden. Eine weitere Besonderheit von Feldern besteht darin, dass sie gegen eine Aktualisierung auch gesperrt werden können. Fügt man z. B. in einen Brief das Datum per Feld ein, würde sich bei jedem Aufruf das Datum im Brief entsprechend ändern. Wenn dies nicht gewünscht ist, kann das Feld gegen Aktualisierung gesperrt werden. Auch können Feldfunktionen gänzlich aufgehoben werden, d. h. sie werden in „normalen" Text umgewandelt.

Wird in größeren Dokumentationen (z. B. Anlagenbeschreibungen) mit Tabellen und Abbildungen gearbeitet, sind diese häufig einheitlich zu beschriften und nach einem bestimmten Muster zu nummerieren (z. B. Bild 3.27 heißt Bild Nr. 27 im Kapitel 3). Auch hier kann die Beschriftung und Nummerierung automatisiert werden **(Bild 3).** Bei einer Änderung hat dies den Vorteil, dass man nicht alle sich ändernden Bildunterschriften manuell bearbeiten muss. Es können mehrere Kategorien (z. B. Tabelle, Abbildung, Foto) parallel in einem Text automatisiert werden.

Viele Textverarbeitungsprogramme bieten ein einfaches, integriertes Zeichenwerkzeug an. Mit dessen Hilfe lassen sich einfache Flussdiagramme, Pfeile, Sterne usw. erzeugen.

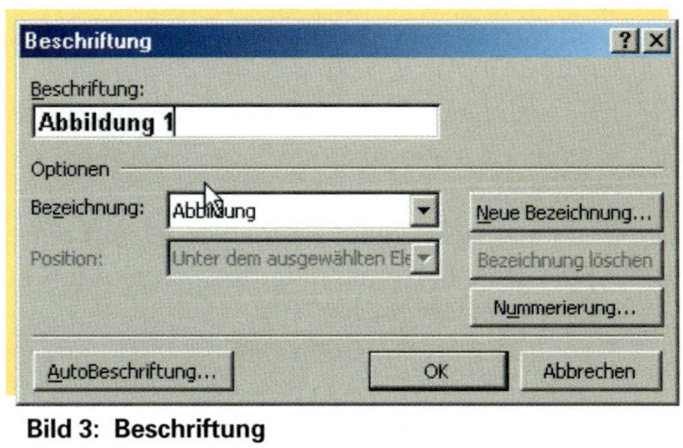

Bild 3: Beschriftung

Die Serienbrieffunktion der Textverarbeitung verknüpft auf der einen Seite die Datenquelle (z. B. Adressdaten) mit dem Hauptdokument (z. B. Infobrief) **(Bild 1)**. Die Datenquelle besteht aus einzelnen Datensätzen mit unterschiedlichen Datenfeldern. Jedes Datenfeld hat einen Namen (Adresse, Name, Ort usw.). Über diese Datenfeldbezeichnungen werden bei den Serienbriefen Verknüpfungen zum Hauptdokument hergestellt.

Hauptdokument

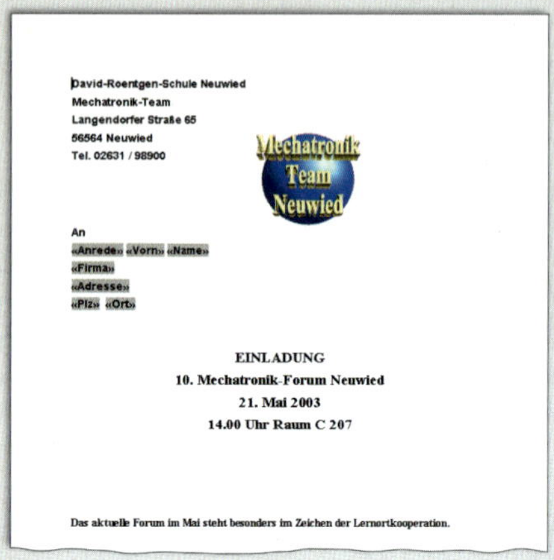

\+

Datenquelle

Anrede	Vorn.	Name	Firma	Adresse	Plz	Ort	Tel
Herr	Stephan	Klein	Oberland Glas AG	Industriegebiet 17	45432	Wirges	02234/ 98007
Frau	Dorothea	Jeub	Rasselstein Hoesch AG	Dierdorfer Straße 112	56789	Neuwied	02631/ 816988
Herr	Bodo	Polifka	Kloeckner Moeller	Bertha von Suttner Platz 12	54444	Bonn	0228/ 232012
Herr	Hermann	Löhr	Siemens AG	Bahnhofstr. 1	76543	Erlangen	0711/ 989001
Herr	Dirk	Sornberger	Fiat Deutschland	Flossweg 61	56781	Bad Honnef	02224/ 78654
Frau	Katja	Saal	Reis Robotics	Dierdorfer Straße 1	23412	Hamm	01234/ 12 24
Herr	Marek	Elsen	Elsen GmbH & Co	Linzer Straße124	53604	Rheinbreitbach	02224/ 654321
Frau	Anette	Weinberg	Kuka Robotics	Industriegebiet 112	34571	Augsburg	07654/ 89760

Serienbriefe

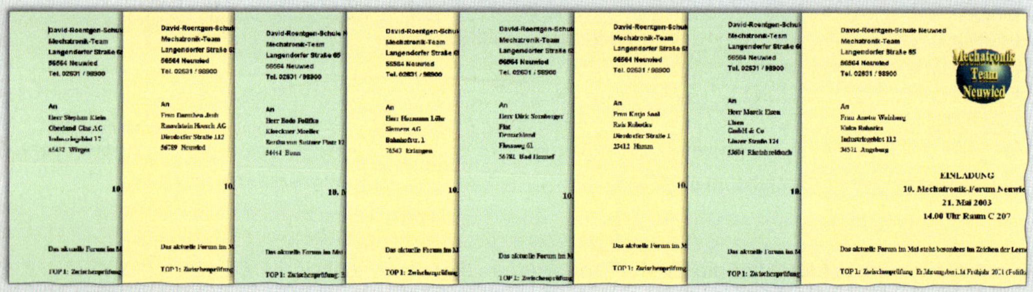

Bild 1: Serienbrief

Arbeitsauftrag:

1. Erstellen Sie einen Serienbrief an 10 verschiedene Pneumatik-Firmen, in dem Sie für eine Projektarbeit um Sachspenden (Ventile, Zylinder, Anschauungsmaterial) bitten.
2. Erstellen Sie eine Datenquelle mit den Adressen aller Ausbildungsfirmen Ihrer Klasse, damit Sie diese zwecks Informationsaustausch nutzen können.
3. Arbeiten Sie in eine größere Dokumentation folgende Felder ein: Dokumentenname mit Pfad, Autor, Seite von Gesamtseitenanzahl, Erstelldatum, Druckdatum.
4. Arbeiten Sie in die Dokumentation aus dem vorigen Arbeitsauftrag 4 Bilder und 3 Tabellen ein. Nummerieren Sie diese mit ihren Bildunterschriften automatisch.
5. Erstellen Sie aus einer größeren Dokumentation ein Zentraldokument und die entsprechenden Filialdokumente.
6. Erstellen Sie im Team Formatvorlagen für Ihre Dokumentationen.
7. Recherchieren Sie die Begriffe „Schusterjunge", „Hurenkinder", „Laufweite" und „Unterschneidung" aus der Setzersprache.
8. Erzeugen Sie von einem Bild verschiedene Dateiformate (.JPG, .BMP usw.) und fügen Sie diese in Textdokumente ein. Welche Auswirkungen auf das Speichervolumen haben diese unterschiedlichen Formate?

1.2.2 Tabellenkalkulation

Ähnlich wie die Schreibmaschine durch Textverarbeitungsprogramme verdrängt wurde, haben auch Tabellenkalkulationsprogramme Rechenmaschinen überflüssig gemacht. Diese Programme helfen dem Anwender

- Zahlen strukturiert darzustellen (in tabellarische Form bringen);
- Zahlenmaterial auszuwerten bzw. mit Zahlenmaterial zu rechnen;
- Zahlenmaterial durch Diagramme übersichtlich darzustellen **(Bild 1)**.

Große Vorteile gegenüber herkömmlichen Methoden „von Hand" sind:

- Möglichkeit zum Variieren mit verschiedenen Startwerten bei einer Berechnung;
- Möglichkeit der Eingabe von mathematischen Formeln zur Berechnung.

Eine Datei wird in Tabellenkalkulationen häufig **Mappe** oder **Arbeitsmappe** genannt. Jede Mappe besteht aus verschiedenen Tabellen, auch Tabellenblätter genannt, die hintereinander in der Mappe vorliegen **(Bild 2)**. Diese Art der Abspeicherung hat den Vorteil, dass eine große Tabelle in kleinere zerlegt werden kann. Dadurch ergibt sich eine bessere Übersichtlichkeit. Es können ohne Probleme Bezüge zwischen verschiedenen Tabellen hergestellt werden.

	Filiale A	Filiale B	Filiale C
1. Quartal	251	365	616
2. Quartal	300	376	676
3. Quartal	243	500	743
4. Quartal	291	389	680
Summe	1085	1630	2715

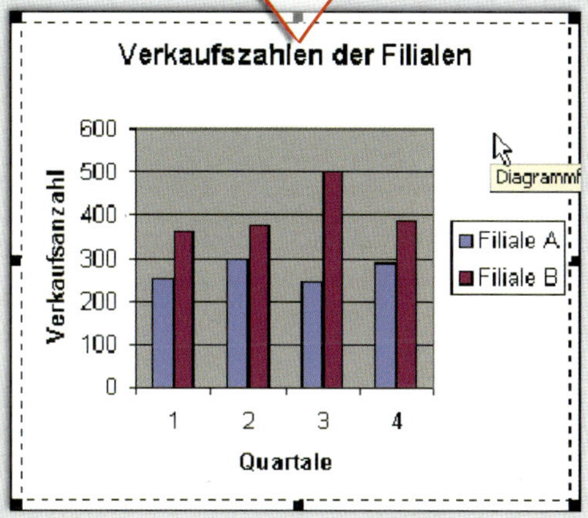

Bild 1: Darstellung von Zahlenmaterial

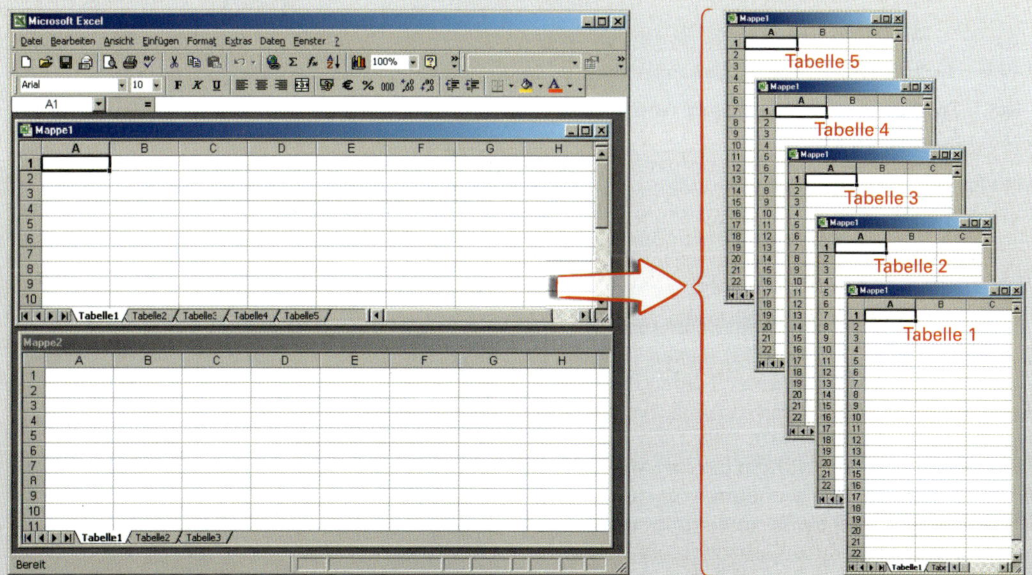

Bild 2: Mappen- und Tabellenaufbau einer Tabellenkalkulation

Eine Tabelle besteht aus Spalten und Zeilen, die jeweils eindeutig gekennzeichnet sind. Ein Tabellenfeld wird auch als **Zelle** bezeichnet. Eine Zelle ist eindeutig durch Angabe der Zeilen- und Spaltenposition festgelegt, z. B. D7 **(Bild 1)**.

In diese Zellen können Texte bzw. Zeichenfolgen, Werte (Zahlen, Datum oder Zeitangaben), mathematische Formeln oder logische Ausdrücke eingetragen und ähnlich wie in der Textverarbeitung formatiert werden (z. B. Schriftart oder -grad, fett oder kursiv, rechts- bzw. linksbündig oder Blocksatz). Weiterhin bieten heutige Tabellenkalkulationen auch eine Autokorrektur-Funktion, eine Rechtschreibprüfung und die Möglichkeit des automatischen Erzeugens regelmäßiger Datenreihen durch die Vorgabe von wenigen Werten. Trägt man in zwei neben- oder untereinander liegenden Zeilen Zahlen (z. B. 1, 2) oder Text (z. B. Montag, Dienstag) ein und markiert diese Zeilen, so ist es durch Ziehen möglich, die Zeile bzw. Spalte automatisch zu vervollständigen (also 1; 2; 3; 4 usw. bzw. Montag, Dienstag, Mittwoch, Donnerstag usw.).

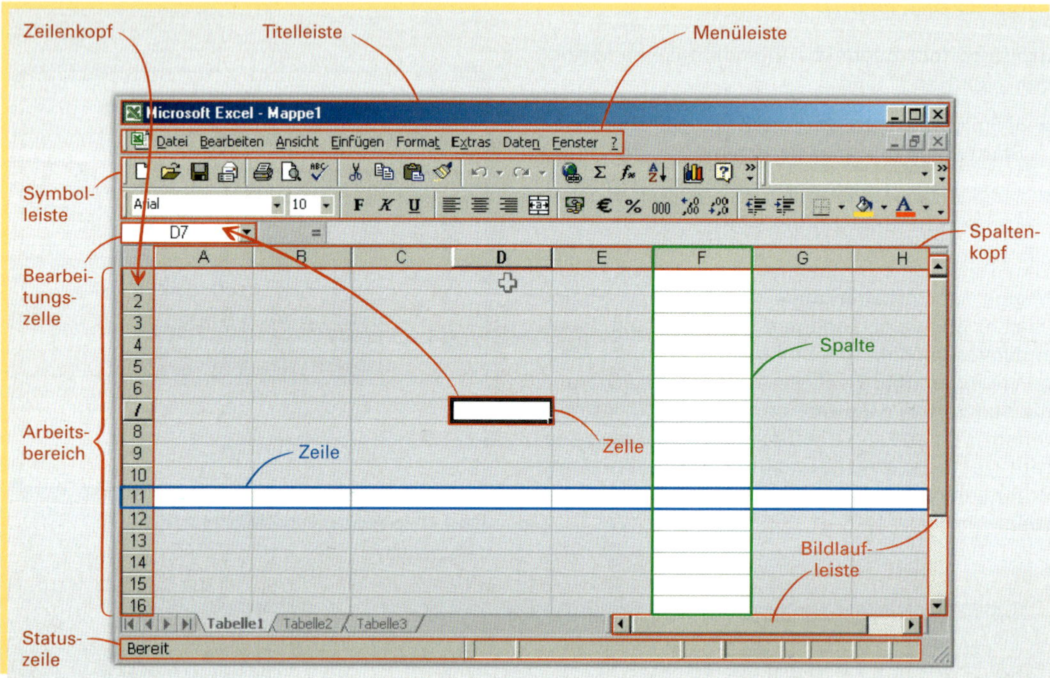

Bild 1: Das Anwendungsfenster einer Tabellenkalkulation

Mithilfe der Zelladressen können über mathematische Formeln neue Werte ermittelt werden. So berechnet zum Beispiel die Funktionsanweisung

SUMME(D10:D13)

die Summe aller Werte, die im Zellbereich D10 bis D13 (also D10, D11, D12, D13) stehen **(Bild 2)**. Es können auch mehrere einzelne Felder, die nicht in einem Bereich liegen, durch Aufzählen eingegeben werden (z. B. SUMME (D10, D12, D13). Diese Art Berechnungen durchzuführen hat den Vorteil, dass Änderungen am Zahlenmaterial vorgenommen werden können und die Formel immer wieder das entsprechende Ergebnis berechnet, ohne dass der Anwender die Werte selbst in die Formel eingeben muss **(Bild 2)**.

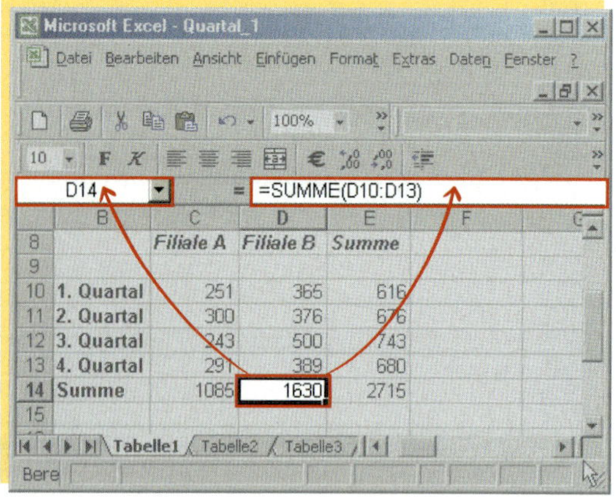

Bild 2: Berechnungen mit Zelladressen

Ein weiterer wichtiger Anwendungsfall ist das Kopieren von Formeln. Sind z. B. mehrere Spalten mit der grundsätzlich gleichen Formel zu bearbeiten, kann die einmal eingegebene Formel auf die anderen Spalten durch Markieren und Ziehen kopiert werden. Dieses Verfahren bezeichnet man als Drag & Drop. Dabei ändert die Software die relativen Zellbezüge (z. B. C10:C13) automatisch **(Bild 1).** Dadurch erspart man sich viel Tipparbeit.

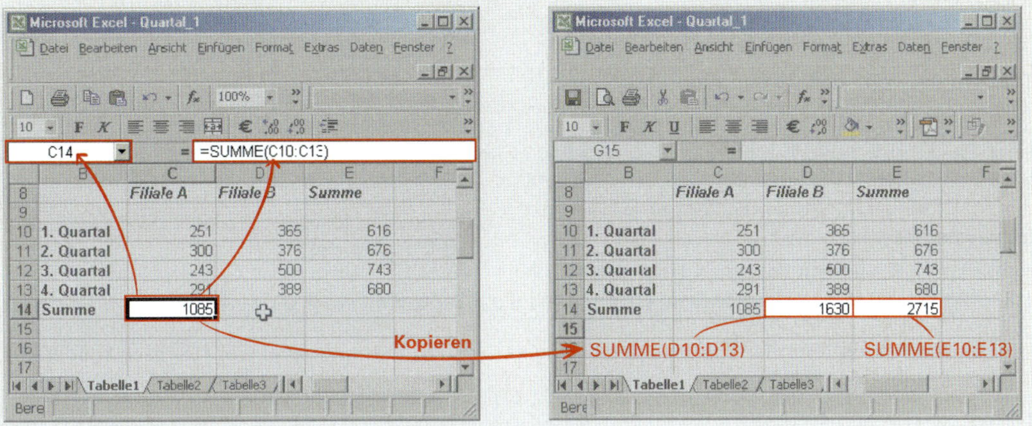

Bild 1: Relative Zellbezüge

Nicht immer ist es beim Kopieren von Formeln erwünscht, dass sich alle Bezüge ändern. Durch Setzen eines Sonderzeichens (z. B. $) werden Teile der Feldadresse bzw. die ganze Feldadresse absolut und ändern sich beim Kopieren auf andere Spalten nicht. So ist bei „E13“ die ganze Feldadresse absolut, während bei „E$13“ nur die Zeile und bei „$E13“ nur die Spalte absolut ist **(Bild 2).**

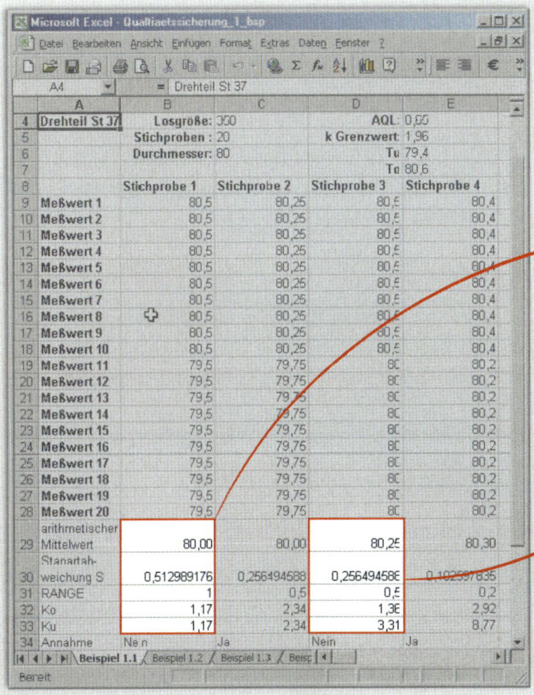

Ausgangszelle	Formel
B29	Mittelwert(B$9:B$28)
B30	Stabw(B$9:B$28)
B31	Max(B$9:B$28)-Min(B$9:B$28)
B32	(E7-B$29)/B$30
B33	(B$29-$E$6)/B$30

Kopieren z. B in Spalte D

Kopierte Zelle	Formel
D29	Mittelwert(D$9:D$28)
D30	Stabw(D$9:D$28)
D31	Max(D$9:D$28)-(Min(D$9:D$28)
D32	(E7-D$29)/D$30
D33	(D$29-$E$6)/D$30

Bild 2: Absolute Zellbezüge

Es gibt verschiedene Arten von Formeln:

- Numerische Formeln
- Logische Formeln
- Textformeln
- Funktionen

Numerische Formeln liefern durch Verrechnen von Variablen oder Konstanten, die selbst vom Datentyp Zahl sind, eine Zahl als Ergebnis.

z.B. = F12 * 1,16

Textformeln verketten Zelleinträge. Das Ergebnis ist eine Zeichenfolge.

z.B. = „Geburtsjahr" & G11

liefert als Ergebnis Geburtsjahr 1960, wenn in G11 die Zahl 1960 steht, wobei die Zahl in G11 in Text umgewandelt wird.

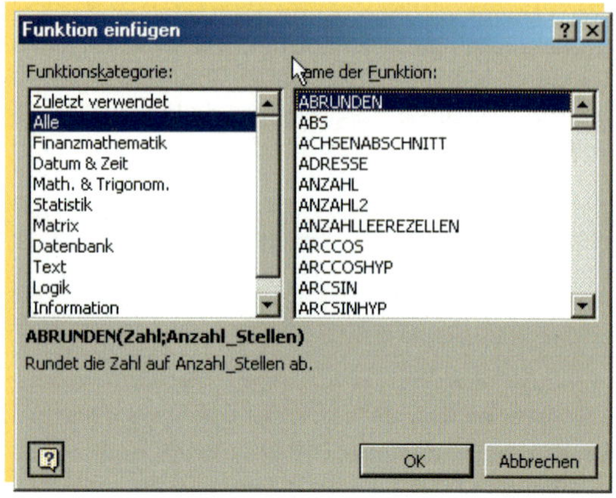

Bild 1: Funktionen

Anmerkung: Es besteht somit ein Unterschied, ob z.B. „1960" im Datentyp Text oder im Datentyp Zahl abgespeichert wird.

Logische Formeln überprüfen logische Bedingungen. Diese können entweder wahr (logisch 1) oder falsch (logisch 0) sein.

z.B. = (A6 > A4) + 1

liefert den Wert 2, wenn A6 > A4 und den Wert 1, wenn A6 ≤ A4. Logische Bedingungen können über logische Operatoren (UND; ODER; NICHT) verknüpft werden.

z.B. = WENN(UND(D31>C7;D32>C7); "Ja"; "Nein")

Funktionen (Bild 1) sind von der Anwendung zur Verfügung gestellte Formeln, die teilweise sehr komplizierte Berechnungen erlauben. Der Anwender muss sich um die richtige Programmierung der jeweiligen Formel nicht mehr kümmern. So kann mit der Funktion MAX z.B. das Maximum einer Zahl aus einem Bereich oder einer Anzahl von Zahlen herausgefunden werden. Zu jeder Funktion existiert eine Beschreibung der Syntax, damit der Anwender die Parameter der Funktion im richtigen Format und in der richtigen Reihenfolge eingeben kann.

Grundsätzlich bestehen Formeln somit aus **Operanden** (z.B. D2, 1.15) und **Operatoren** (z.B. + , <). Finden sich in den Formeln keine Klammern, so entscheidet die **Priorität (Bild 2)** über die Reihenfolge der auszuführenden Operationen. So liefert die Formel

= 7 + 4 * 9 – 3

das Ergebnis 40, da zuerst multipliziert und dann addiert und subtrahiert wird. Klammern unterlaufen die Reihenfolge. Es werden die Klammern immer von innen nach außen berechnet. So liefert die Formel

= (7 + 4) * (9 – 3) oder (7 + 4) * 9 – 3

einmal 66 bzw. 96 als Ergebnis.

Bei der Eingabe von Formeln ist strengstens darauf zu achten, dass die Syntax der Formel (z.B. Anzahl der Klammern ist immer gerade) bzw. die Syntax der Funktion an sich stimmen und dass das Format des jeweiligen Datentyps (z.B. Zahl, Datum, Text) richtig gewählt ist, da die Sofware sonst Fehlermeldungen ausgibt.

Operator	Beispiel	Bedeutung	Priorität
Bereichsoperatoren			
:	B3:B7	Bereich	1
Leer	B3:E8 C4:F12	Schnittmenge	2
;	B3:B12;C3:C12	Vereinigung	3
Arithmetische Operatoren			
-	-(5*2)	Vorzeichen	4
%	10 %	Prozent	5
^	5^2	Potenzierung	6
*	5*6	Multiplikation	7
/	6/3	Division	7
+	7+4	Addition	8
-	4-2	Subtraktion	8
Verkettungsoperator			
&	B2&B3	Textverkettung	9
Vergleichsoperatoren			
=	B5=B7	gleich	10
<=	B5<=B7	kleiner/gleich	10
>=	B5>=B7	größer/gleich	10
<>	B5<>B7	ungleich	10

Bild 2: Operatoren

Bei großen Zahlenmengen lassen sich mit der tabellarischen Darstellung der Werte sehr schlecht Entwicklungstendenzen, Abweichungen vom Mittelwert, Maximal- und Minimalwert usw. veranschaulichen. Hier bieten sich Diagramme zur grafischen Darstellung an. Die Parameter, die zur Erstellung eines Diagrammes eingestellt werden müssen bzw. können, sind:

- Der Diagrammtyp (Säule, Kreis usw.)
- Der darzustellende Datenbereich
- Die Skalierung der Achsen (linear, auf- bzw. absteigend, logarithmisch)
- Die Beschriftung der Achsen
- Die Angabe des Diagrammtitels.

Die Tabellenwerte, auf die sich das Diagramm bezieht, sind dynamisch mit dem Diagramm verknüpft, so dass sich automatisch das Diagramm ändert, falls sich ein Wert in der Tabelle ändert **(Bild 1)**.

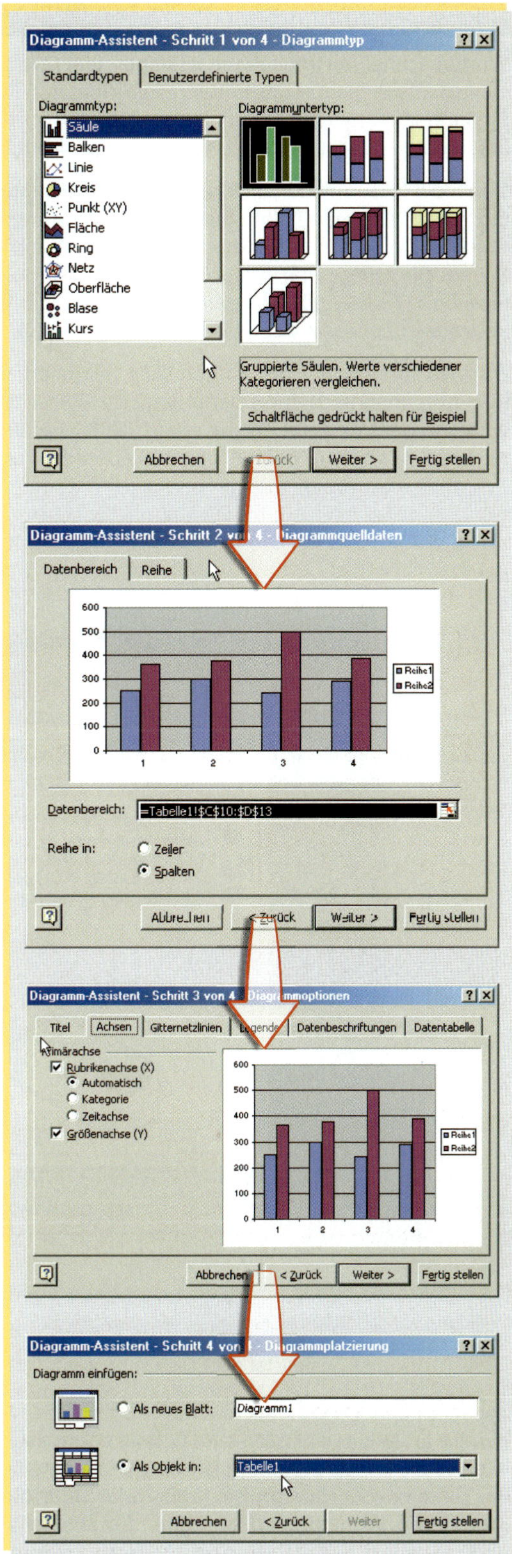

Bild 1: Diagramm-Assistent

Arbeitsauftrag:

1. a) Konstruieren Sie zwei Spalten, in die Sie jeweils zufällig 20 Messwerte zwischen 100 und 102 (Mehrfachnennungen möglich) eintragen und von diesen Messreihen jeweils den arithmetischen Mittelwert, den Minimal- und Maximalwert mithilfe von Funktionen bestimmen. Die Formeln für die zweite Spalte sollten kopiert werden.

   b) Recherchieren Sie in diesem Zusammenhang die Begriffe „Range" und „Standardabweichung" aus der Statistik.

2. Schreiben Sie in eine beliebige freie Zelle den Wert 101 und kontrollieren Sie, ob Ihre oben errechneten Werte größer, gleich oder kleiner als 101 sind. Geben Sie dies in jeweils einer Zelle pro Messreihe aus. Auch hier sollten die Formeln für die zweite Reihe durch Kopieren erzeugt werden.

3. Welchen Wert liefert folgender Ausdruck?

   $= (8 \cdot 4 - 3) \cdot (5 - 2 \cdot 3)$

4. Welchen Wert liefert folgender Ausdruck?

   WENN(UND(ODER(B8>B7;B6>B7));
   (UND(B6>B5;B3<B4));"ja";"nein")
   mit B3 = 3; B4 = 4 usw.

5. Stellen Sie die in Arbeitsauftrag 1 konstruierten Messreihen mithilfe eines Diagrammes dar.

6. Suchen Sie Diagramme, die eine logarithmische Skalierung der Achsen besitzen. Erläutern Sie die Vorteile.

1.2.3 Präsentationssoftware

Wurden früher Vorträge durch Auflegen von Overhead-Folien grafisch unterstützt, übernimmt dies heute vielfach die Präsentationssoftware, die eine erstellte Präsentation z. B. mithilfe eines Beamers (lichtstarker Projektor für PCs) den Zuhörern vorführt. In Anlehnung an die Overhead-Technik werden auch in der Präsentationssoftware die einzelnen Bildschirmdarstellungen als **Folien (Bild 1)** bezeichnet.

Durch die OLE-Funktionalität der Office-Pakete können problemlos Objekte von anderen Anwendungen in die Präsentation eingebaut werden (ein Diagramm aus der Tabellenkalkulation, eine Grafik oder ein Formular aus einer Datenbanksoftware usw.). Weiterhin ist es möglich, Sound- und Videoeffekte mit einzubauen. Die fertige Präsentation kann als Handout an die Teilnehmer verteilt werden. Es lassen sich zur jeweiligen Folie Notizen abspeichern, die sich der Präsentierende ausdrucken kann, damit er während des Vortrages über zusätzliche Informationen verfügt.

Beim Vorführen der Präsentation kann festgelegt werden, ob die gesamte oder nur ein Teil der Präsentation (so genannte zielgruppenorientierte Präsentation) gezeigt wird. Weiterhin ist es möglich, die Maus während der Präsentation wie einen „Stift" zu benutzen, um auf der Folie zusätzliche Erläuterungen einzeichnen zu können. Beim nächsten Laden der Folie sind diese dann wieder verschwunden.

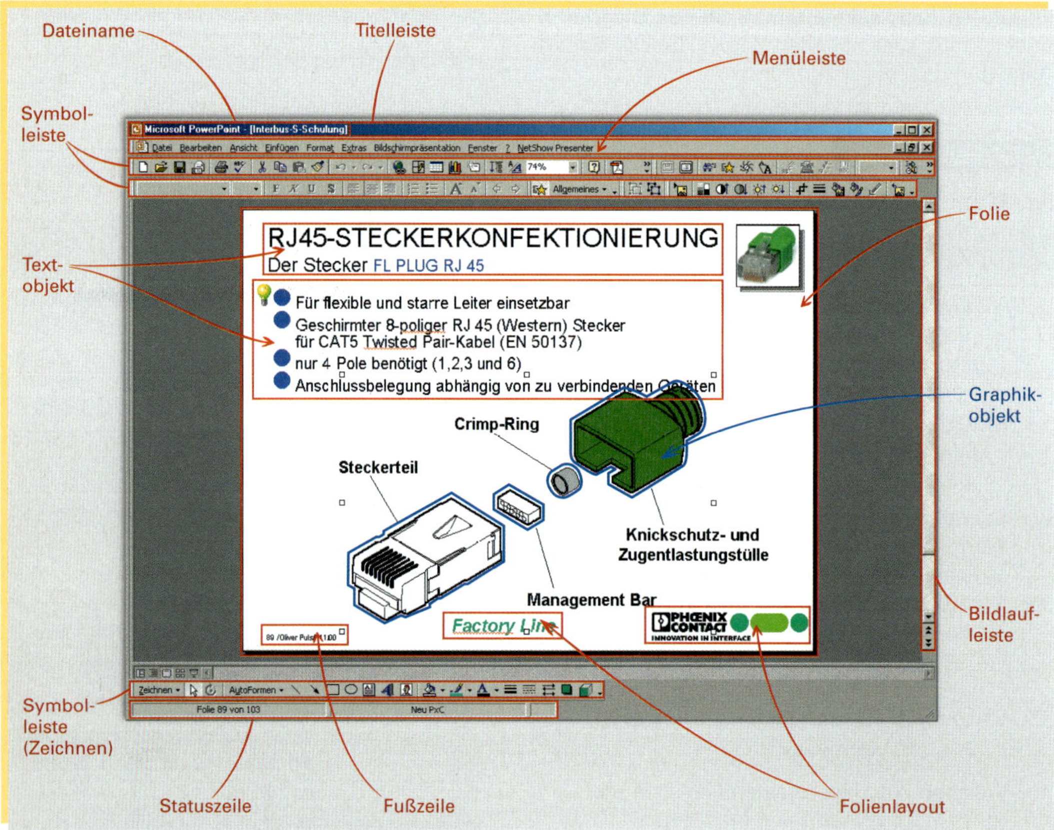

Bild 1: Anwendungsfenster der Präsentationssoftware

Für das Erstellen der Folien sind Grundkenntnisse in einer Textverarbeitungssoftware von Vorteil. Ähnlich wie bei der Textverarbeitung lassen sich hier die Folien mit einem einheitlichen Layout versehen. So kann das Seitenlayout (Blattgröße, Hoch- oder Querformat, automatische Nummerierung, einheitliche Hintergrundfarbe, Firmenlogo bzw. -name) für alle Folien gleich eingestellt werden. Weiterhin kann eine Kopf- und Fußzeile (z. B. mit Datum und Nummerierung) eingefügt werden. Auch die Zeichenformatierung kann für die gesamte Präsentation einheitlich gestaltet werden.

Die wichtigsten einzustellenden Parameter bei einer Präsentation sind:

- Die Folienübergänge zwischen den einzelnen Folien
- Die Reihenfolge und der zeitliche Ablauf der Elemente auf der jeweiligen Folie
- Die Effekte, mit denen die Elemente auf der jeweiligen Folie dargestellt werden

Die Folienübergänge **(Bild 1)** zwischen den einzelnen Folien können automatisch nach einer bestimmten einzustellenden Zeit oder per Mausklick erfolgen. Will man „Verzweigungen" in die Folienreihenfolge einbringen, kann man mit interaktiven Schaltflächen **(Bild 2)** zu bestimmten Folien „springen", wenn diese Schaltflächen während der Präsentation betätigt werden. Für einige dieser interaktiven Schaltflächen sind die Aktionseinstellungen bereits vordefiniert (z. B. zurück/vor, Anfang/Ende), für andere kann die Interaktion festgelegt werden (z. B. Hyperlink zu Internetadresse, Makrostart).

Die Reihenfolge und der zeitliche Ablauf der auf der jeweiligen Folie vorhandenen Objekte bestimmt z. B., ob die gesamt Folie sofort eingeblendet wird oder ob sich die Folie mit jedem Mausklick weiter entwickelt. So kann der Benutzer die Schlagworte aus seinem Vortrag parallel auf der Folie mit einem Mausklick hinzufügen lassen **(Bild 3)**.

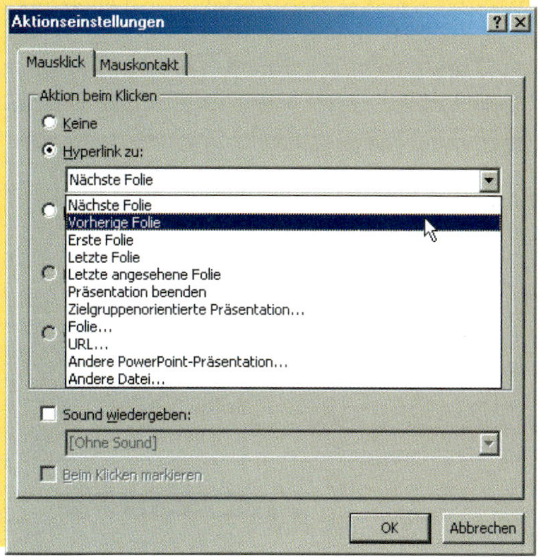

Bild 1: Aktionseinstellungen

Bild 2: Interaktive Schaltflächen

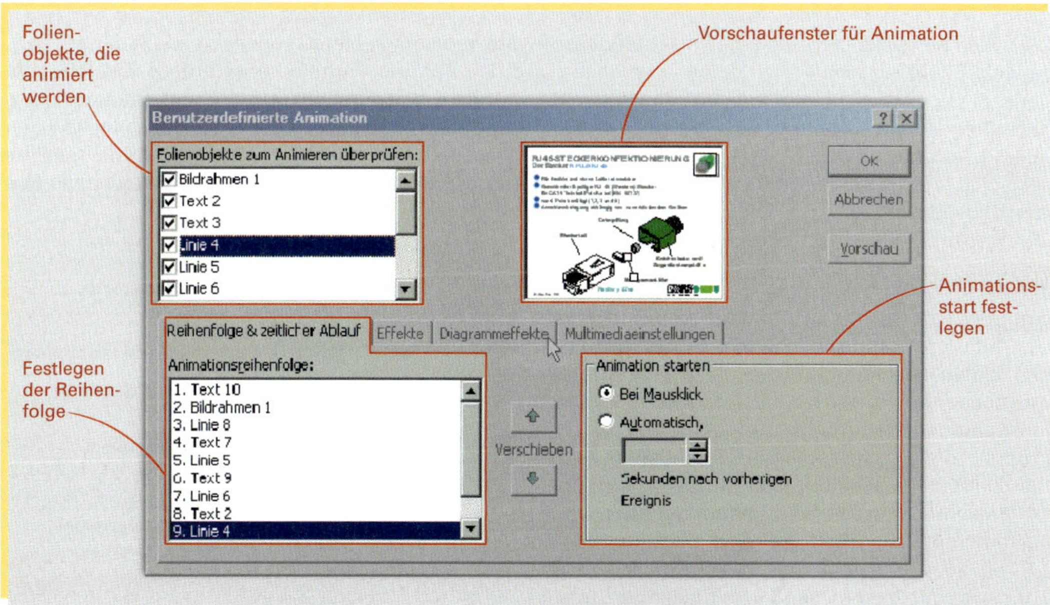

Bild 3: Festlegung der Reihenfolge und des zeitlichen Ablaufes der Folienobjekte

Weiterhin sind bestimmte Effekte einstellbar, mit denen die Objekte einer Folie eingeblendet werden. So ist es möglich, zu bestimmen, von wo die Objekte auf der Folie erscheinen **(Bild 1)**. Das Einblenden dieser Objekte kann mit Sound (Klatschen, Explosion usw.) verknüpft werden. Nach dem Platzieren des Objektes auf der Folie kann bestimmt werden, ob und wie es ausgeblendet wird **(Bild 1)**.

Über diesen Weg ist es auch möglich, animierte Diagramme zu präsentieren. Es können auch einzelne Elemente des Diagramms (z.B. Verkaufszahlen 1. bis 2. Quartal) nacheinander in das Diagramm eingeblendet werden.

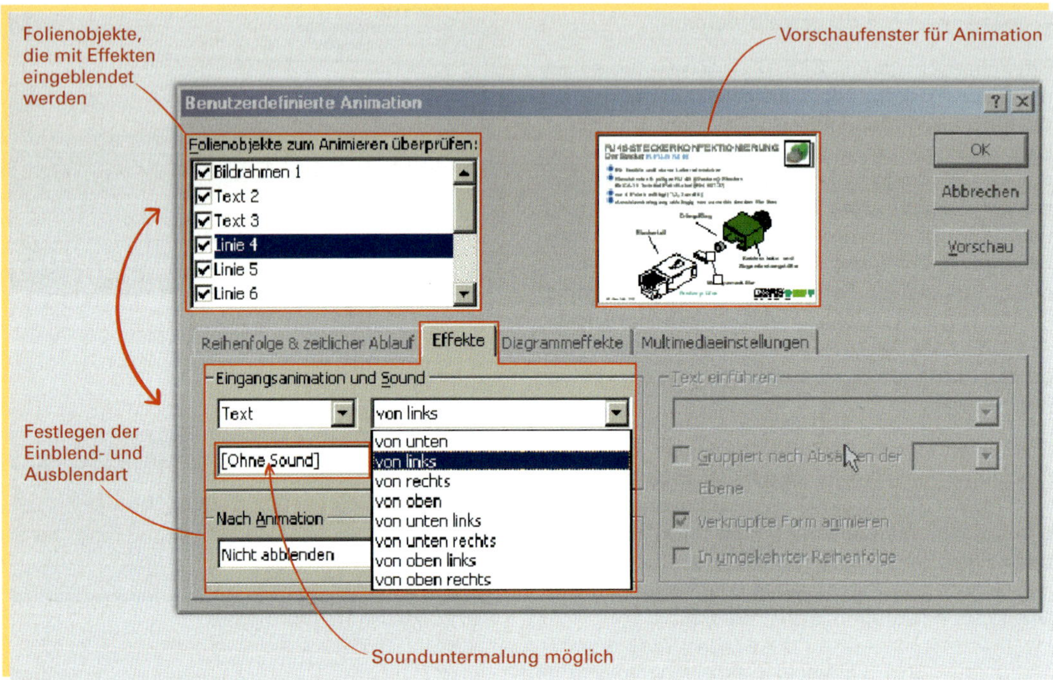

Bild 1: Einblendeffekte für Folienobjekte

Die vielen Möglichkeiten, die eine Präsentationssoftware heutzutage bietet, verleiten viele Anfänger dazu, zu viele Effekte in eine Präsentation einzubauen und den Zuhörer damit zu überfordern. Die Präsentationssoftware ist und bleibt lediglich ein Hilfsmittel, mit dem Vorträge wirkungsvoll unterstützt werden. Sie entbindet den Anwender nicht davon, sich an grundlegende didaktische (Didaktik, lat. Unterrichtslehre) und designtechnische Vorgaben zur Erstellung einer solchen Präsentation zu halten. Drei wichtige Phasen sollte jede Präsentation durchlaufen: die **Vorbereitungsphase**, die **Durchführungsphase** und die **Auswertungsphase.**

Vorbereitungsphase

Grundsätzlich sollten in der Vorbereitungsphase Überlegungen angestellt werden, die sich mit den **Zielen** beschäftigen, die diese Präsentation erreichen möchte. Will sie z.B. informieren, will sie Entscheidungen herbeiführen oder will sie ein Produkt zum Verkauf anbieten? Eine weitere wichtige Zielfrage beschäftigt sich mit der Zielgruppe. Die Präsentation muss adäquat auf die Zielgruppe ausgerichtet sein **(Bild 2)**. Dies bedeutet, dass z.B. ein schwieriges technisches Problem je nach Zuhörerschaft entsprechend vereinfacht dargestellt wird.

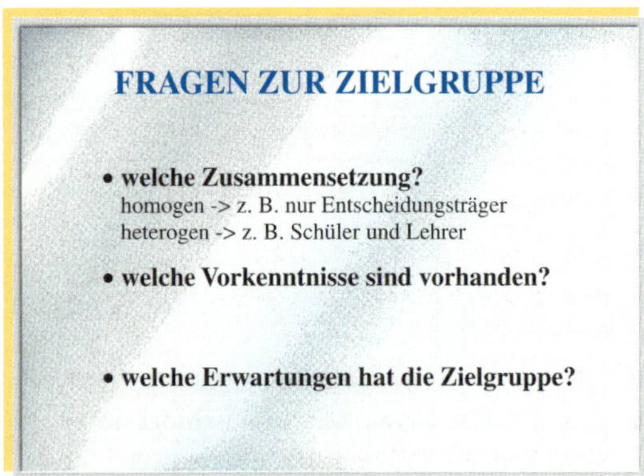

Bild 2: Ausrichtung auf Zielgruppe

In der Vorbereitungsphase einer Präsentation werden sämtliche wichtig erscheinende Informationen (Bilder, Broschüren, Bücher, Internetlinks usw.) zuerst einmal nur gesammelt **(Bild 1)**. Danach sollten Überlegungen hinsichtlich der zur Verfügung stehenden Zeit stehen. Eine Präsentation sollte maximal 50 bis 60 Minuten dauern; besser kürzer. Untersuchungen haben gezeigt, dass sich Zuhörer ca. 20 Minuten konzentrieren können und dass dann die Aufnahmefähigkeit stark nachlässt.

Hat man nun einen Überblick über die Inhalte und die Zeit, bietet es sich an, die Informationen, die zu Inhalten in der Präsentation werden sollen, in drei Kategorien einzuordnen. **Muss-Inhalte** dürfen in der Präsentation nicht fehlen. **Soll-Inhalte** ergänzen die Präsentation und fallen nur unter bestimmten wichtigen Bedingungen weg (z. B. unvorhersehbarer Zeitmangel). **Kann-Inhalte** (z. B. detaillierte technische Zeichnungen, Spezialinformationen usw.) hat der Präsentator „in der Hinterhand", um damit eventuell aufkommende Fragen schnell und mit Unterstützung von Folien beantworten zu können.

Für die Aufbereitung der Inhalte spielen weitere didaktische Überlegungen, die sich damit beschäftigen, wie man die Inhalte aufbereiten sollte, eine große Rolle. So ist es für viele Zuhörer einfacher, einen komplexen Zusammenhang zu verstehen (z. B. eine physikalische Gesetzmäßigkeit), wenn dieser zuerst an einem Beispiel erklärt und dann erst die komplexe allgemein gültige Aussage erwähnt wird (induktives Vorgehen). Weitere didaktische Grundprinzipien sind in **Bild 2** aufgeführt.

Bild 1: Ideensammlung

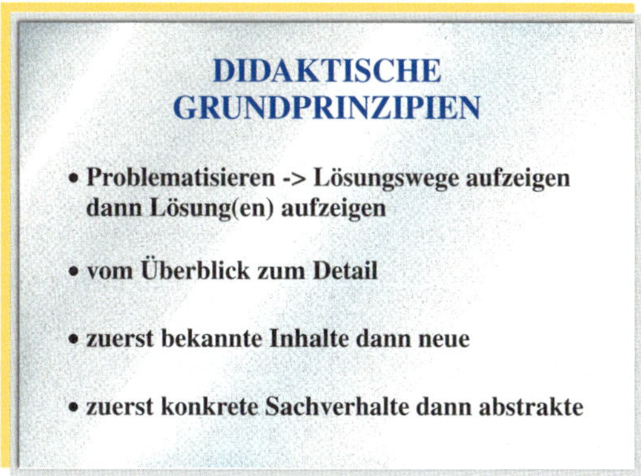

Bild 2: Didaktische Grundprinzipien

Durchführungsphase

Ist der grobe inhaltliche und zeitliche Rahmen abgesteckt, sollten Überlegungen zur Gliederung der Präsentation folgen. Jede Präsentation besteht aus drei Teilen **(Bild 3)**. In der **Eröffnung** erfolgt

- Die Begrüßung der Zuhörer
- Die Vorstellung der eigenen Person
- Die Nennung des Themas und
- Die Beschreibung des Ablaufs der Präsentation

Ein sicherer und überzeugender Auftritt gelingt bei Betrachtung folgender Punkte:

- gewissenhafte Vorbereitung
- offene, dem Publikum zugewandte Körperhaltung
- langsame, ruhige Bewegungen
- Wechsel des Sprachtempos (erzeugt Dynamik, verhindert Monotonie)
- keine Füllworte wie „äh, mhm" verwenden

Bild 3: Gliederung der Präsentation

Es bietet sich eine motivierende Einleitung an, mit der der Präsentator auf sich aufmerksam macht und der Zuhörer „angelockt“ wird.

Der **Hauptteil** der Präsentation beschäftigt sich mit dem eigentlichen Thema und sollte ebenfalls eine in sich logische Gliederung aufweisen **(Bild 3, Seite 51)**.

In der **Schlussphase** der Präsentation sollte nochmals das Wesentliche zusammengefasst und das Ergebnis herausgestellt werden. Ein geschicktes Abrunden des Vortrages ist möglich, wenn nochmals eine Brücke zum Einstieg geschlagen werden kann. Danach sollte zur Diskussion übergeleitet werden, indem man Fragen an die Zuhörer stellt oder um Feedback bittet. Eine optimal vorbereitete Präsentation hält für mögliche, auftretende Fragen schon visualisierte Lösungen bzw. Erklärungen bereit. Dies ist natürlich nur in begrenztem Maße möglich.

Die zeitliche Gewichtung der einzelnen Phasen beträgt ungefähr 15% für die Eröffnung, 75% für den Hauptteil und 10% für den Schluss.

Bild 1: **Behaltensquote**

Auswertungsphase

Es erfolgt eine Auswertung der Fragen:

- War die Zeiteinteilung in Ordnung?
- Was war gut, was war schlecht?
- Wie waren die organisatorischen Bedingungen?
- Waren die Unterlagen für die Zuhörer ausreichend?
- Was kann noch verbessert werden?

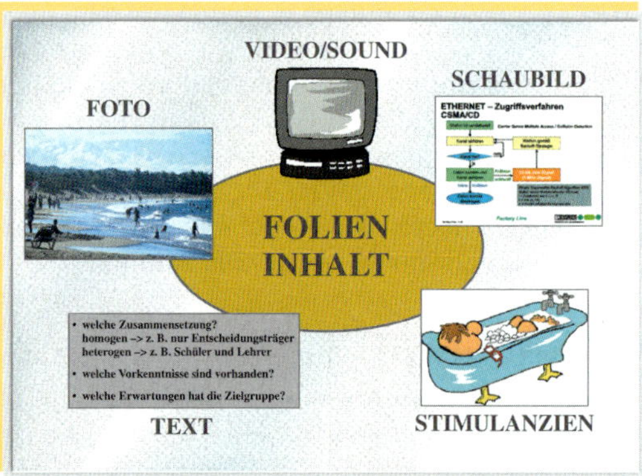

Bild 2: **Folieninhalt**

Visualisierung

Soll die Präsentation erfolgreich verlaufen, muss sie so dargeboten werden, dass möglichst viele Sinne angesprochen werden **(Bild 1)**. Für die Präsentation bedeutet dies, dass der Vortrag durch Texteinblendungen (z.B. Schlagworte) und durch Bilder (Fotos, Zeichnungen usw.) ergänzt wird, um die Aufmerksamkeit der Zuhörer zu erhöhen und dadurch die zu vermittelnden Inhalte längerfristig zu verankern. Auch wirken Präsentatoren durch eine gute Visualisierung kompetenter.

Der Folieninhalt besteht grundsätzlich aus fünf verschiedenen Typen von Objekten **(Bild 2)**. Zur Veranschaulichung von Organisationsstrukturen und Abläufen eignen sich so genannte Flowcharts. Mathematische Formeln, trockene Zahlenreihen und Tabellen lassen sich am besten in Diagrammen darstellen **(Bild 3)**.

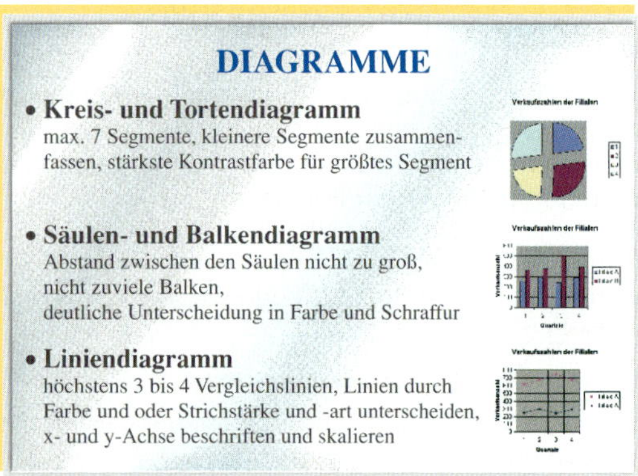

Bild 3: **Diagrammarten**

Bei Fotos, Videos und Sound besteht die Gefahr, dass zuviel Information auf einmal auf den Zuhörer einströmt. Der Einsatz dieser Medien sollte deshalb nur sehr dosiert erfolgen. Ähnlich gut überlegt sollten auch Stimulanzien sein (Cartoons, Zitate, Witze usw.). Hier muss darauf geachtet werden, dass diese Reize nicht lächerlich oder unseriös wirken. Auf der anderen Seite können sie „trockene" Phasen der Präsentation geschickt auflockern.

Viele Präsentationen sind sehr textlastig. Gerade Texte werden aber am wenigsten aufgenommen, weswegen es einige wichtige Punkte zu beachten gilt:

- Nur ein Thema pro Folie
- So wenig Zeilen wie möglich
- Nur Schlagworte, keine ganzen Sätze

Auch das Folienlayout und der Folienaufbau sollten bestimmten Bedingungen genügen, damit eine gewisse Einheitlichkeit der Folien gewährt ist **(Bild 1 und Bild 2)**. Darüber hinaus ist es sehr wichtig, den Zuhörer nicht mit zuviel Farb- und Schriftwechsel zu überfordern. Dies führt zum „Abschalten" des Adressaten. Ferner sollte das Präsentieren aller Folien nach einem bestimmten, einheitlichen Schema erfolgen **(Bild 3)**.

Auch durch den Einsatz einer Präsentationssoftware steht immer noch der Vortragende im Mittelpunkt des Geschehens. Die digitale Präsentation ist „lediglich" eine Unterstützung. Ein paar weitere Tipps zur Durchführung einer Präsentation sind in **Bild 4** aufgeführt.

Zusammenfassend kann festgestellt werden, dass bei einer Präsentation die drei Bereiche Textdarstellung, Vortrag und Bild geschickt miteinander verknüpft werden müssen.

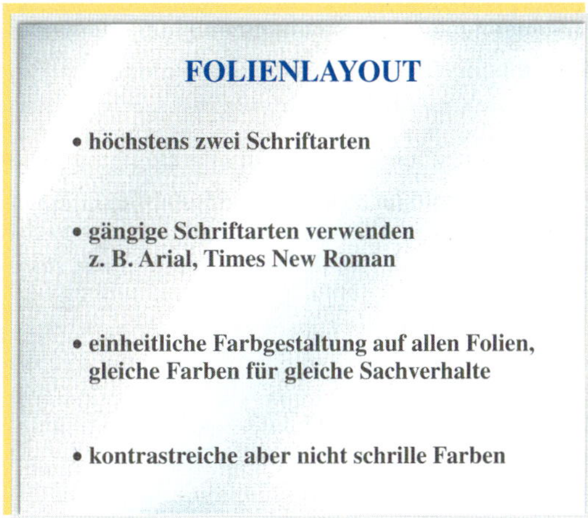

Bild 1: Folienlayout

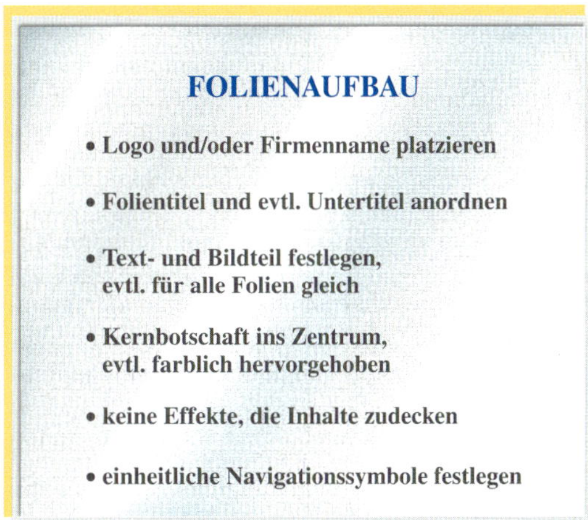

Bild 2: Folienaufbau

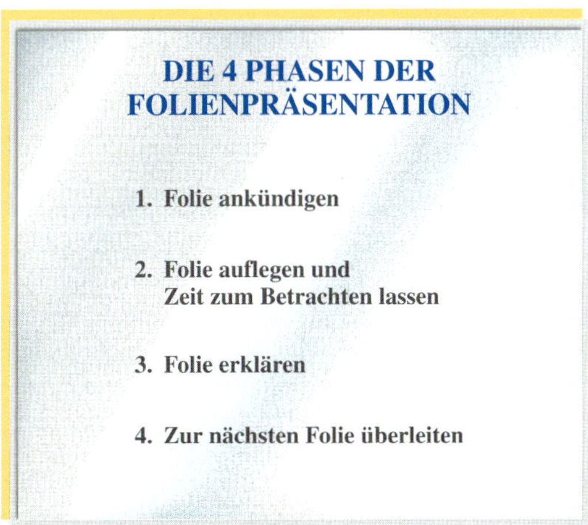

Bild 3: Präsentationsphasen

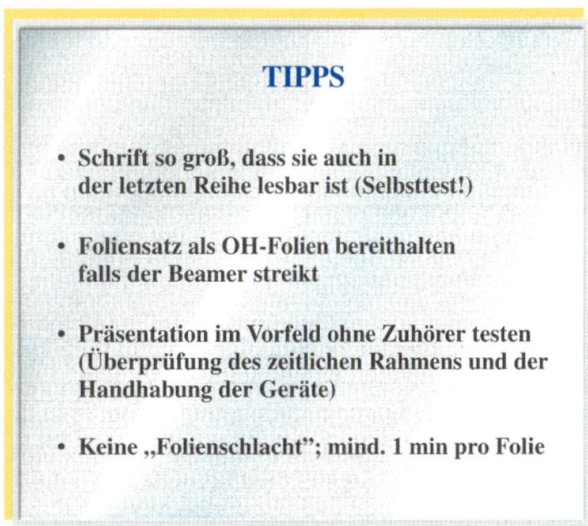

Bild 4: Tipps zur Durchführung

1.2.4 Datenbanksysteme

Mithilfe von Datenbanksystemen werden umfangreiche Datenmengen (Kundenkartei einer Firma, Adressdatei der Mitarbeiter einer Firma, Telefonbuch usw.) gespeichert, verwaltet und ausgewertet. Das Datenbankprogramm (Fachausruck: Datenbankmanagement-System DBMS) gestattet neben der Sortierung der Daten nach bestimmten Kriterien (z.B. alphabetische Sortierung der Namen) auch Abfragen an die Datenbank, so genanntes Filtern der Daten. So ist es z.B. möglich, alle Teilnehmer in einem bestimmten Ortsnetz aus der Telefondatenbank anzeigen zu lassen. Auch logisch verknüpfte Abfragen sind möglich, z.B. alle Teilnehmer mit Anfangsbuchstabe A, die in einem bestimmten Ortsnetz in der Straße B oder in der Straße C wohnen.

Jede Datenbank besteht somit aus einer Ansammlung von Daten, die nach einer bestimmten Art strukturiert sind. Die Verwaltung dieser Daten erfolgt durch das DBMS. Für einen Nutzer eines Datenbanksystems selbst ist es unwichtig, wie das System die Daten speichert und verwaltet **(Bild 1)**.

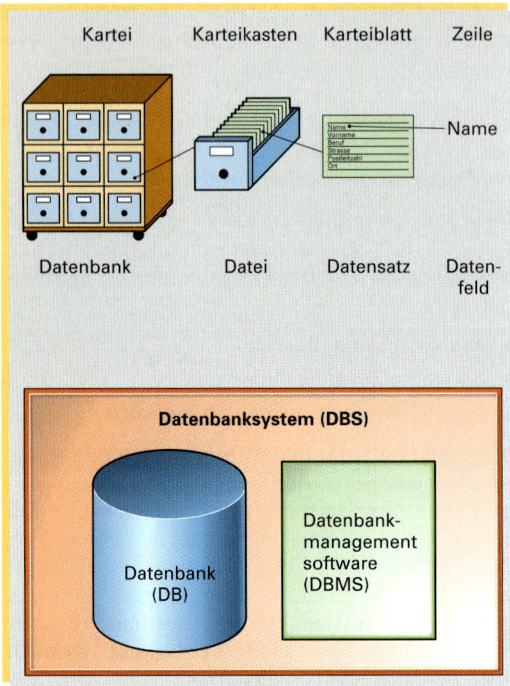

Bild 1: Datenbanksystem

Die Arbeit mit einem Datenbanksystem ist nur dann sinnvoll, wenn gewisse Begrifflichkeiten geklärt und die Grundstrukturen von Datenbanken bekannt sind. Grundlage für die Arbeitsweise von Datenbankprogrammen ist das **relationale Datenbankmodell.** Hier werden alle Daten einer Datei in Form einer oder mehrerer zweidimensionalen Tabellen **(Bild 2)** angeordnet. Die einzelnen Tabellen werden untereinander logisch verknüpft. Dies wird auch als **Relation** (Verhältnis, Zuordnung) bezeichnet. Jede Zeile der Tabelle wird **Datensatz** genannt. Dieser Datensatz hat bestimmte Eigenschaften (Name, Vorname Straße usw.), die in den Spalten der Tabelle zu finden sind.

Die Spalten werden auch als **Datenfeld** bzw. **Attribut** bezeichnet **(Bild 2)**. Der Inhalt eines ganzen Datenfeldes/Attributes nennt sich **Domäne.**

Kundennummer	Name	Vormane	Straße	PLZ	Wohnort	
787943	Nikolaus	Georg	Flossweg 57a	22010	Hamburg	
787944	Guth	Uwe	Holzstr. 17	77830	München	Datensatz
			Datenfeld			

Bild 2: Datentabelle

Grundsätzlich darf eine Datenbank keine zwei identischen Datensätze enthalten, da die Zuordnung eindeutig sein muss. Die Reihenfolge der Datensätze spielt keine Rolle, weil es keine Beziehung zwischen den einzelnen Datensätzen gibt. Dies ist nicht zu verwechseln mit Abfragen oder Sortieren der Datenbank, wodurch natürlich nach der Abfrage bzw. Sortierung die Daten in einer bestimmten Reihenfolge vorliegen. Diese Reihenfolge ergibt sich aber erst durch die Abfrage bzw. die Sortierung. Bildlich kann man sich eine Datenbankdatei als ungeordnete Menge von Datensätzen vorstellen, aus der Teilmengen (sortiert oder unsortiert) gefiltert werden können.

In einer Datenbank werden Tabellen über Primär-Fremdschlüsselverbindungen verknüpft (s. auch Seite 60). Unter dem Primärschlüssel versteht man das Datenfeld, mithilfe dessen die Datensätze in der Tabelle eindeutig identifiziert werden können. In der Tabelle in **Bild 2, Seite 54,** wäre dies die Kundennummer, während in **Bild 1** die Inventarnummer der Primärschlüssel ist.

Der Primärschlüssel kann sich auch aus mehreren Datenfeldern zusammensetzen. So kann z.B. bei einer CD-Datenbank der Interpret und der CD-Titel zusammen als Primärschlüssel verwendet werden. Sollte sich keines der vorgesehenen Datenfelder für die Vergabe eines Primärschlüssels eignen, fügt man am besten ein Zusatzfeld zum Durchnummerieren ein und vergibt hierauf den Primärschlüssel. Grundsätzlich ist bei der Vergabe des Primärschlüssels zu beachten, dass mit möglichst wenig Zeichen gearbeitet werden sollte, da die Länge des Primärschlüssels einen sehr entscheidenden Einfluss auf die Zeitdauer der durchzuführenden Operationen haben kann.

Die heutigen Office-Pakete bieten für das einfache Erstellen einer Datenbank so genannte Assistenten an, die den Bediener durch die Erstellung führen und mit von der Software vorgegebenen Standardeinstellungen dem Benutzer Arbeit abnehmen. Für einfache Anwendungen ist das Erstellen mit einem solchen Assistenten durchaus ausreichend. Das Arbeiten mit Datenbanken geschieht prinzipiell in den drei Schritten Planung, Dateneingabe und Datenauswertung. Die Arbeit mit einem Assistenten soll an einem Beispiel demonstriert werden.

Beispiel: Die PCs einer Abteilung einer Firma sollen zwecks einfacher Inventarisierung in einer Datenbank aufgelistet werden. Die Inventarnummer soll der Primärschlüssel sein.

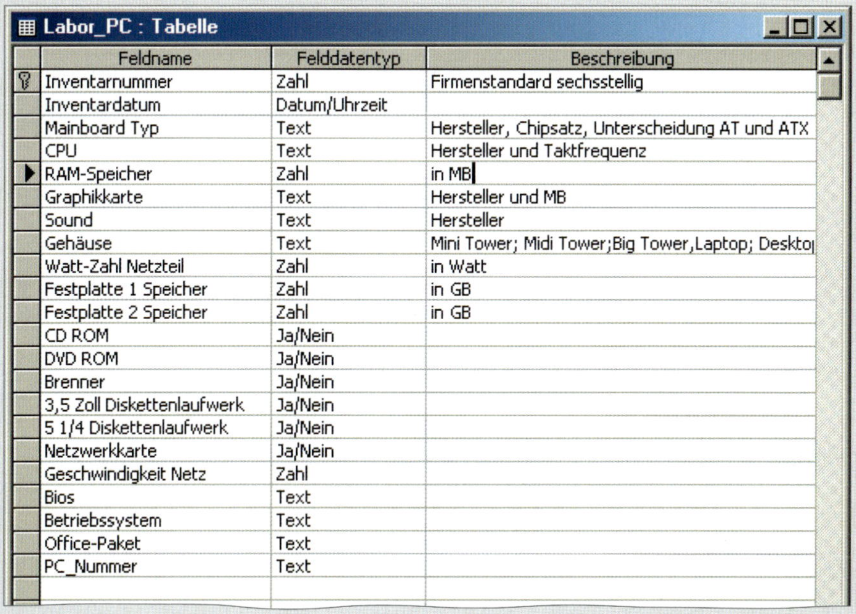

Labor_PC : Tabelle

Feldname	Felddatentyp	Beschreibung
Inventarnummer	Zahl	Firmenstandard sechsstellig
Inventardatum	Datum/Uhrzeit	
Mainboard Typ	Text	Hersteller, Chipsatz, Unterscheidung AT und ATX
CPU	Text	Hersteller und Taktfrequenz
RAM-Speicher	Zahl	in MB|
Graphikkarte	Text	Hersteller und MB
Sound	Text	Hersteller
Gehäuse	Text	Mini Tower; Midi Tower;Big Tower,Laptop; Desktoı
Watt-Zahl Netzteil	Zahl	in Watt
Festplatte 1 Speicher	Zahl	in GB
Festplatte 2 Speicher	Zahl	in GB
CD ROM	Ja/Nein	
DVD ROM	Ja/Nein	
Brenner	Ja/Nein	
3,5 Zoll Diskettenlaufwerk	Ja/Nein	
5 1/4 Diskettenlaufwerk	Ja/Nein	
Netzwerkkarte	Ja/Nein	
Geschwindigkeit Netz	Zahl	
Bios	Text	
Betriebssystem	Text	
Office-Paket	Text	
PC_Nummer	Text	

Anmerkung: Die verschiedenen Datenfelder einer Tabelle werden hier beim Entwurf der Datenbank von der Software in einer Spalte dargestellt. Dies geschieht nur der besseren Darstellung wegen und widerspricht nicht der zeilenweise Darstellung jedes Datensatzes.

Bild 1: Planung einer Datenbank

Bei der Planung der Datenbank wird der grundsätzliche Aufbau festgelegt; d.h. es wird bestimmt, aus welchen Datenfeldern die Datenbank bestehen soll und welcher Datentyp (Text, Zahl, Datum, Ja/Nein usw.) in dem jeweiligen Datenfeld stehen muss. Der Datentyp ist wichtig, da hiermit festgelegt wird, welche Operationen möglich sind. So erlauben der Datentyp „Zahl" und der Datentyp „Datum" z.B. Rechen- und Vergleichsoperationen (etwa alle PCs, die nach einem bestimmten Datum gekauft wurden oder alle PCs, die mehr als 64 MB RAM haben). Der Datentyp „Text" dagegen erlaubt keine Vergleichsoperationen.

Zur übersichtlichen Darstellung und Eingabe der Daten bieten heutige Datenbankprogramme so genannte Formulare an, mit deren Hilfe sich die Eingabe der Daten vereinfacht. Es ist mit solchen Formularen möglich, dem Benutzer schon gewisse Werte vorzugeben (z. B. Gehäusetyp: Mini-, Midi-, Big-Tower, Notebook, Desktop) oder bei Ja/Nein-Entscheidungen durch Setzen einer Markierung die Eingabe zu vereinfachen. Weiterhin kann ein Wert, der sehr häufig einzugeben ist, als Standardwert vorgegeben werden. Auch ist es möglich, Eingaben mit einer Gültigkeitsregel zu überprüfen (z. B. ob die Inventarnummer sechsstellig ist). Hier können durch mathematische Operationen wie Plus/Minus, Kleiner/Größer und Bool'sche Verknüpfungen wie Und/Oder, logische Ausdrücke erzeugt werden, mithilfe derer das Programm überprüft, ob die Eingabe der Gültigkeitsregel entspricht. Wird diese Regel verletzt, erfolgt eine Fehlermeldung **(Bild 1)**.

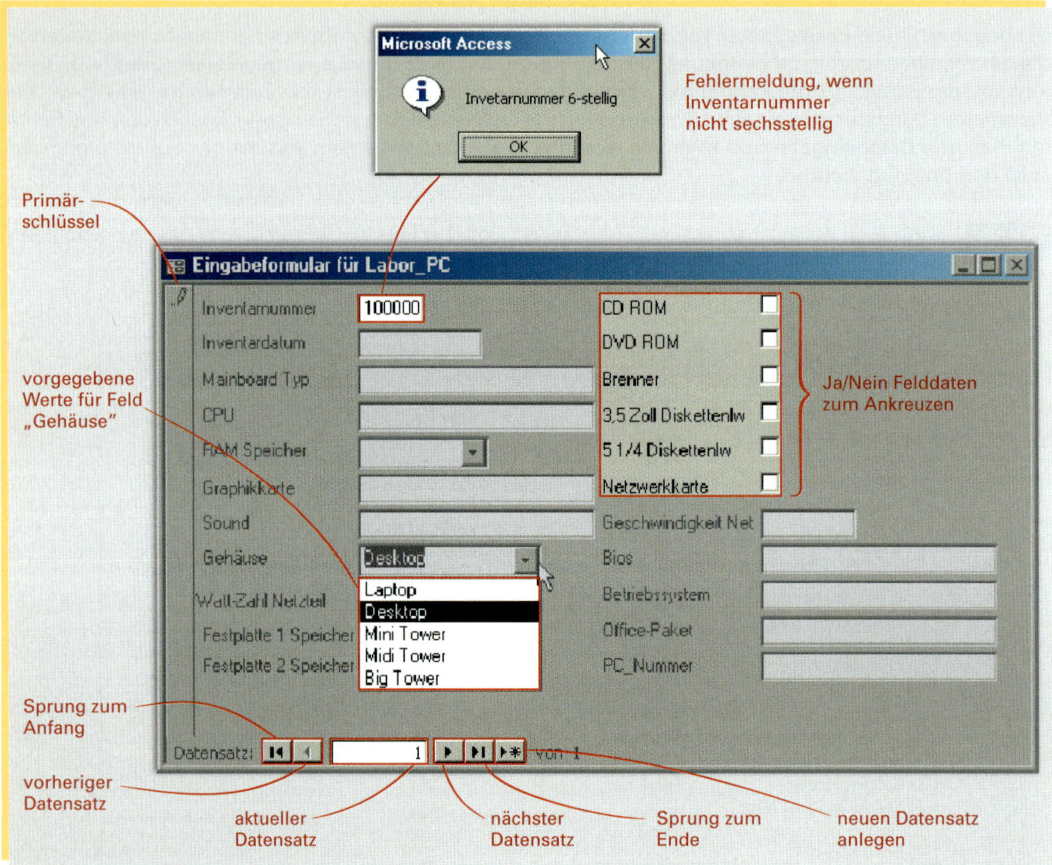

Bild 1: Formular zur Dateneingabe

Sind dann alle Datensätze eingegeben, können sie einfach in der Tabellen- oder Formularansicht sortiert werden. In der Tabellen- oder Formularansicht erscheinen allerdings alle Datensätze der Tabelle **(Bild 1, Seite 57)**.

Sollen aus den Datensätzen einer Tabelle nach bestimmten Kriterien Teilmengen herausgefiltert werden, müssen Abfragen an die Tabelle generiert werden. Für Anfänger stellt die Software einen Abfrageassistenten zur Verfügung, der hilft, komplexe Abfragen an die Tabelle zu erzeugen. Im Wesentlichen können durch Abfragen Datenfelder aus der zu untersuchenden Tabelle ausgewählt (d. h., in einer Abfrage müssen nicht alle Felder einer Tabelle erscheinen) und für diese Felder einzeln Kriterien festgelegt werden. Diese Kriterien sind im Prinzip logische Ausdrücke, die den Wert „wahr" (d. h., der Datensatz erscheint in der Abfrage) oder „falsch" (d. h., der Datensatz erscheint nicht in der Abfrage) haben können **(Bild 2, Seite 57)**.

Beispiel: Der Abteilungsleiter braucht eine Aufstellung **aller** PCs nach Anschaffungsdatum geordnet.

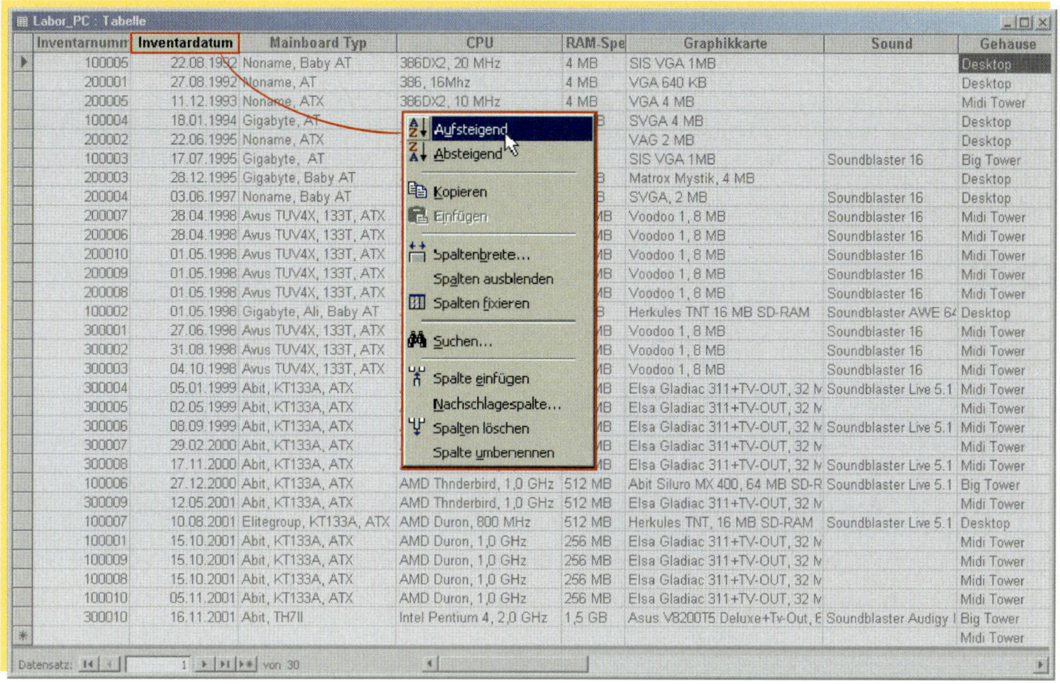

Bild 1: Sortierte Datenbank

Beispiel: Zwecks Überprüfung der Abschreibungsmöglichkeiten will der Abteilungsleiter eine Aufstellung aller Midi Tower PC, die vor dem 31. Mai 1998 inventarisiert wurden. Als Ausgabebildschirm interessiert ihn nur die Inventarnummer, die PC-Nummer und das Inventarisierungsdatum.

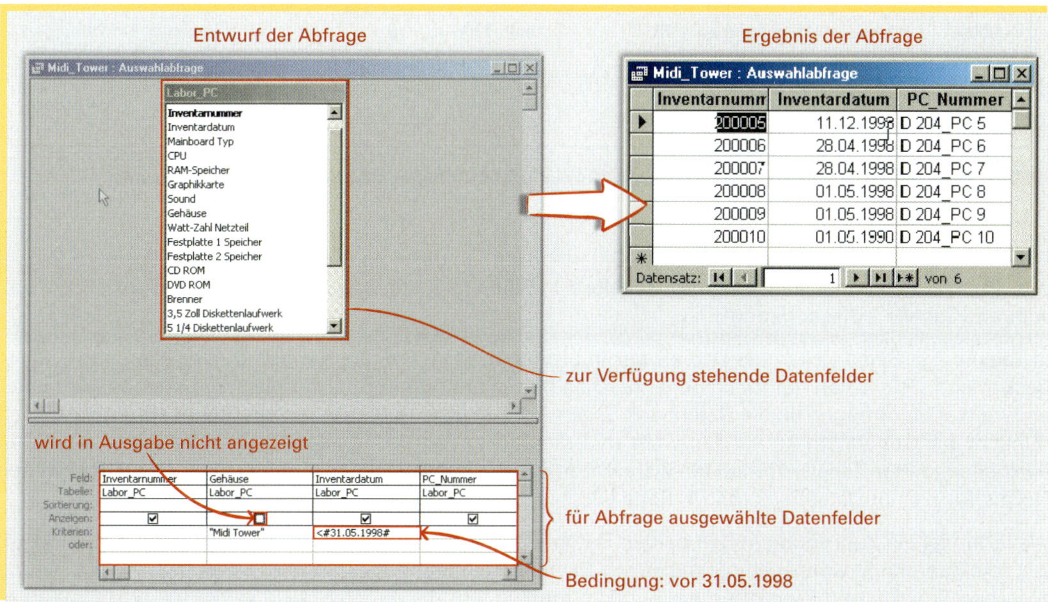

Bild 2: Abfrage mit Ergebnis

Sollen umfangreichere Datenbanken geplant werden, ist das alleinige Arbeiten mit dem Assistenten nicht mehr ausreichend, denn es müssen gewisse Bedingungen für Datenbanken beachtet werden.

Planung einer einfachen Datenbank

Die Entwicklung einer Datenbank ist ein mehrstufiger Prozess, dessen Ziel es ist, eindeutige und widerspruchsfreie Daten zu erhalten, die frei von Redundanzen (d.h. überflüssige Daten) sind.

Im ersten Schritt muss der grundsätzliche Aufbau der Datenbank festgelegt werden (Anzahl der Datenfelder und Datentyp). Bei umfangreichen Tabellen ist der wichtige Grundsatz der **Normalisierung** von relationalen Datenbanken zu beachten. Ein paar Grundregeln der Normalisierung sollen anhand eines einfachen Beispiels erklärt werden.

Beispiel: Ein Abteilungsleiter einer Automatisierungsfirma möchte den Projekteinsatz seines Personals in einer Datenbank erfassen. Der Primärschlüssel wird für das Datenfeld Personalnummer vergeben.

Personal-nummer	Name	Studienfach	Geschlecht	Geburtstag	Projekt und Stunden	Projekt-beschreibung
100001	Becker, Ullrich	Maschinenbau	M	25.05.1960	P1 (100) P9 (50) P10 (50)	CCD-Kamera Roboter_Ceratec Interbus_Schwimmbad
100002	Müller, Kerstin	Informatik	W	16.08.1958	P4 (240)	Interbus_Verpackung

Personal-nummer	Name	Studienfach	Geschlecht	Geburtstag	Projekte	Stunden	Projekt-beschreibung
100001	Becker, Ullrich	Maschinenbau	M	25.05.1960	P1	100	CCD-Kamera
100001	Becker, Ullrich	Maschinenbau	M	25.05.1960	P9	50	Roboter_Ceratec
100001	Becker, Ullrich	Maschinenbau	M	25.05.1960	P10	50	Interbus_Schwimmbad
100002	Müller, Kerstin	Informatik	W	16.08.1958	P4	240	Interbus_Verpackung

Bild 1: Normalisierung von Datenbanken; erste Normalform (beinhaltet auch die zweite Normalform)

Eine erste Bedingung zur Normalität von Datenbanken ist, dass die Daten in **atomarer** Form vorliegen; d.h., in jedem Merkmal steht **ein** Wert. **Tabelle 1 in Bild 1** liegt somit nicht in der ersten Normalform vor, während **Tabelle 2** dieser genügt.

In **Tabelle 2 in Bild 1** liegen die Daten zwar in atomarer Form vor, aber in den Datensätzen von z.B. Hr. Becker sind viele Daten mehrfach genannt. Dies belegt unnötigen Speicherplatz und verlangsamt unter anderem auch Abfragen an die Datenbank. Eigentlich genügte es hier, wenn ein Datensatz von Personalnummer bis Geburtstag vorhanden wäre und die Zuordnung der Kollegen zu den Projekten einmal in einer gesonderten Tabelle vorhanden wäre. Diese Art, die Datenfelder anzuordnen, entspricht der zweiten Normalform einer Datenbank **(Bild 1, Seite 59)**.

Weiterhin ist die Zuordnung in den beiden Datenfeldern (Projekte und Projektbeschreibung) **redundant,** d.h., die Zuordnung wäre auch nur mit einem Datenfeld eindeutig. Es würde genügen, sich die Zuordnung zwischen Projekte und Projektbeschreibung zu merken, um die Zugehörigkeit in Worten beschreiben zu können. Genau da setzt die Normalisierung an, es wird auch hier eine weitere Tabelle kreiert, in der diese Zuordnung zu finden ist. Damit ist die Tabelle in der so genannten dritten Normalform **(Bild 1)**. Anzumerken bleibt hier noch, dass die zweite Normalform die erste voraussetzt und die dritte Normalform die zweite.

Der nun entstandene Datenbankentwurf hat folgendes Aussehen:

Personal_Haupttabelle				
Personalnummer	**Name**	**Studienfach**	**Geschlecht**	**Geburtstag**
100001	Becker, Ullrich	Maschinenbau	M	25.05.1960
100002	Müller, Kerstin	Informatik	W	16.08.1958

Personal_Haupttabelle			
ID	**Personalnummer**	**Projekt**	**Stunden**
1	100001	P1	100
2	100001	P9	50
3	100001	P10	50
4	100002	P5	240

Personal_Haupttabelle	
Projekt	**Projektbeschreibung**
P1	CCD_Kamera_Teilerkennung_für Fa. Hacke & Co
P2	Roboteranbindung_Schweißen_für Fa. Müller
P3	Roboteranbindung_Rundtakttisch_Fa. Klein & Partner
P4	Interbus_S_Verpackungsstation für Fa. Schell

Bild 1: Normalisierte Datenbanken; dritte Normalform

Über das Datenbankmanagement-System (DBMS) werden somit nach der Normalisierung drei Tabellen angelegt **(Bild 2)**.

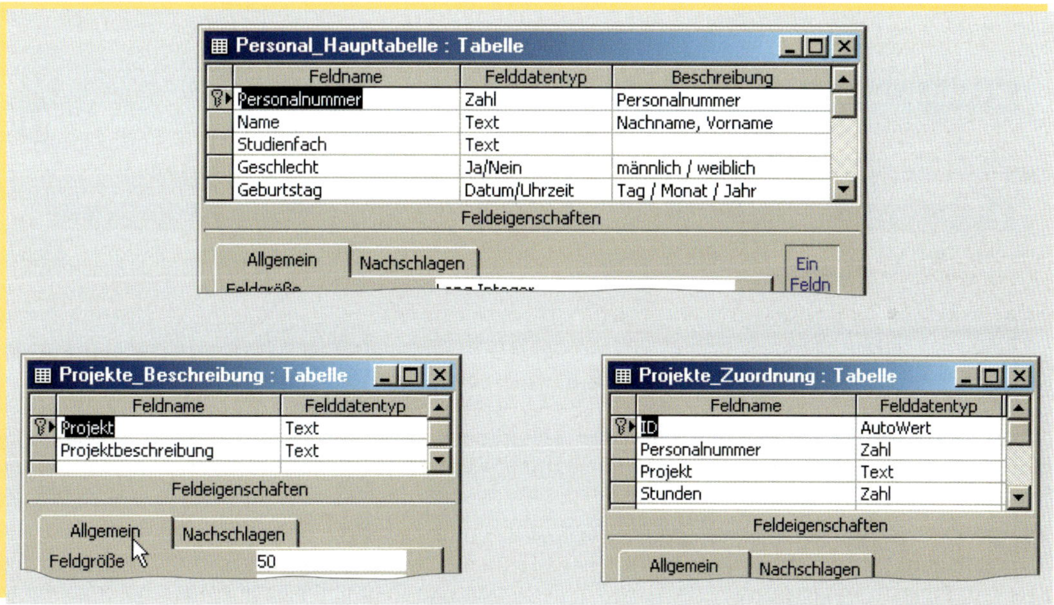

Bild 2: Festlegen der Tabellen nach der Normalisierung

Der Primärschlüssel für die Personal-Haupttabelle bleibt die Personalnummer. Hier ist Eindeutigkeit gegeben, denn es gibt keine zwei Mitarbeiter mit gleicher Personalnummer. Für die Tabelle Projekte-Zuordnung kann die Personalnummer kein Primärschlüssel mehr sein, da ein Mitarbeiter an verschiedenen Projekten arbeiten kann und somit seine Personalnummer in der Tabelle mehrmals auftauchen kann. Da die Personalnummer in der Haupttabelle ein Primärschlüssel ist, wird sie in der Tabelle Projekte-Zuordnung als **Fremdschlüssel** bezeichnet. (Def. Fremdschlüssel: Ein Datenfeld einer Tabelle, das nicht Primärschlüssel dieser Tabelle, aber Primärschlüssel einer anderen Tabelle ist.)

Jeder Wert eines Fremdschlüssels muss auch als Wert des zugehörigen Primärschlüssels vorhanden sein; d.h., in der Tabelle Projekte-Zuordnungen können nur Personalnummern von Mitarbeitern stehen, die in der Personal-Haupttabelle aufgeführt sind. Hieraus ergibt sich ein Regelsystem, das **referentielle Integrität** genannt wird. Es gelten folgende Bedingungen:

Ändern bzw. Einfügen eines Fremdschlüsselwertes

In **Bild 1** wurde versucht, in die Tabelle Projekte-Zuordnung eine neue Personalnummer (PN), die nicht in der Haupttabelle aufgeführt ist, einzufügen. Dies führt wegen der Verletzung der referentiellen Integrität zu einer Fehlermeldung, die es dem Nutzer nicht erlaubt, die „falsche" Personalnummer in die Tabelle einzugeben. Natürlich kann die Software eine falsche Zuordnung einer vorhandenen PN in einem Projekt (z.B. durch Tippfehler) nicht erkennen.

Löschen eines Primärschlüsselwertes für den ein Fremdschlüsselwert existiert

Will man einen solchen Primärschlüsselwert löschen, kann dies zurückgewiesen werden. Es können alle entsprechenden Datensätze, in denen der Fremdschlüssel mit diesem Wert übereinstimmt, auch gelöscht oder mit Vorgabewerten überschrieben werden **(Bild 2)**.

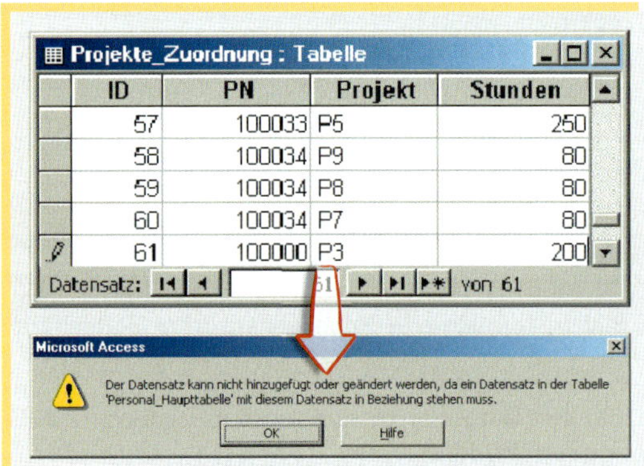

Bild 1: Verletzung der referentiellen Integrität

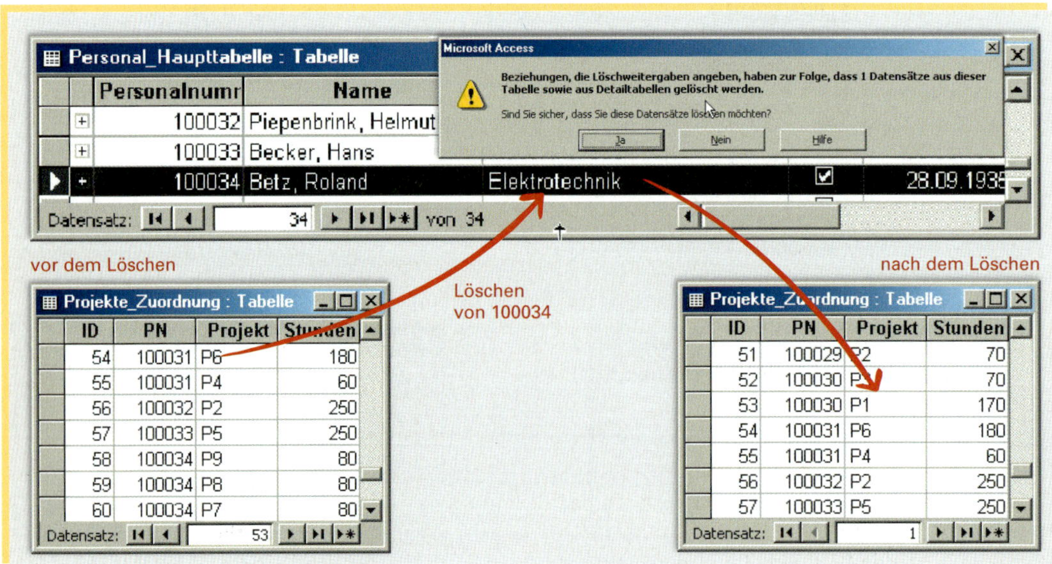

Bild 2: Löschen eines Primärschlüsselwertes

Will man nach der Eingabe der Daten in die drei Tabellen Abfragen an die Datenbank stellen, die sich auf mehr als eine der Tabellen bezieht, müssen **Beziehungen** zwischen den Tabellen festgelegt werden. Zwischen Tabellen in relationalen Datenbanken gibt es zwei Beziehungsarten.

Bei der **1:1-Beziehung** ist jedem Eintrag in der Tabelle D genau ein Eintrag in der Tabelle M zugeordnet. In der Tabelle D kann kein Eintrag stehen, der nicht auch in M vorhanden wäre. Umgekehrt muss in der Tabelle D nicht jeder Eintrag aus Tabelle M erscheinen (z. B. ein Mitarbeiter, der bisher nicht abwesend war). Da die Tabelle M der Tabelle D übergeordnet ist, bezeichnet man sie als Mastertabelle.

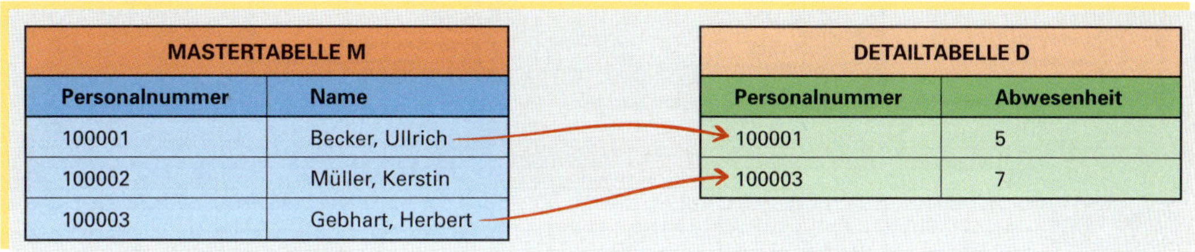

Bild 1: Master- und Detailtabelle

Eine **1:n-Beziehung** – auch **1:∞-Beziehung** (∞ = mathematisches Symbol für unendlich) genannt – bringt zum Ausdruck, dass ein Element eines Datensatzes, über das eine Beziehung definiert wird, in einer Tabelle – der Mastertabelle – nur einmal erscheint, während es in der verknüpften Tabelle – der **Detailtabelle** – beliebig oft erscheinen kann. So ist im Beispiel Projekteinsatz des Personals die Personalnummer in der Haupttabelle einzigartig, während sie in der Tabelle Zuordnung beliebig oft erscheinen kann. Auch ist das Projekt in der Tabelle Beschreibung einzigartig, während es in der Tabelle Zuordnung beliebig oft vorkommen darf **(Bild 2)**. Die Tabelle Projekte Zuordnung ist somit bezogen auf die Haupttabelle und auf die Tabelle Beschreibung eine Detailtabelle.

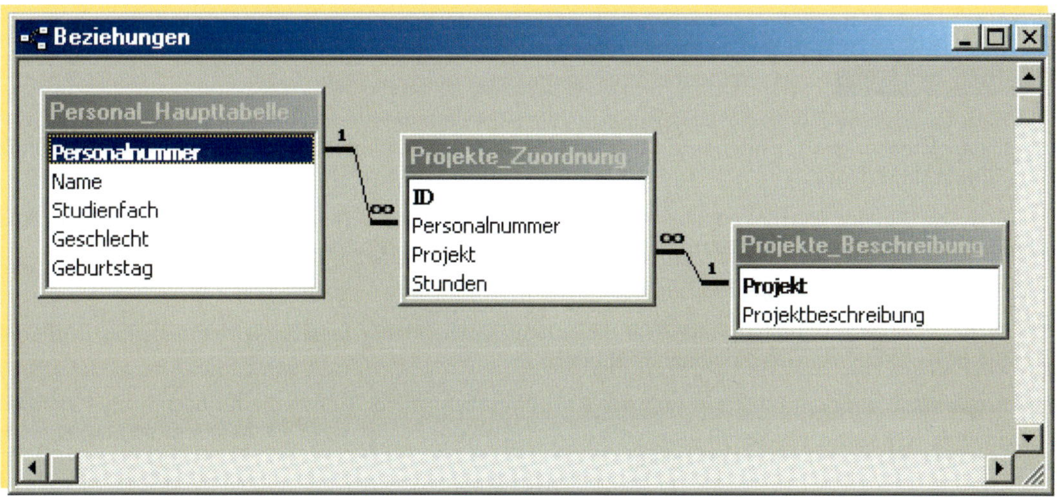

Bild 2: 1:1-Beziehung

Sind alle Datensätze eingegeben, können auch hier wieder einfache Sortierungen des gesamten Datenbestandes vorgenommen werden oder Abfragen über mehrere Tabellen erstellt werden. Hierzu kann die Abfrage den speziellen Bedürfnissen entsprechend zusammengestellt werden. Es können wieder Filterkriterien für verschiedene Datenfelder vergeben werden und es wird festgelegt, welche Datensätze bei der Anfrage angezeigt werden sollen **(Bild 1, Seite 62)**.

Beispiel: Der Abteilungsleiter will wissen, welche Mitarbeiter mit dem Studienfach Maschinenbau in den nächsten beiden Jahren in den Ruhestand verabschiedet werden (d. h. Geburtstag vor dem 30.06.1938), um rechtzeitig für Ersatz sorgen zu können. Es interessieren ihn nur der Name, die Projekteinsätze und die Arbeitsstunden, die der Mitarbeiter bzw. die Mitarbeiterin am jeweiligen Projekt im letzten Monat geleistet hat.

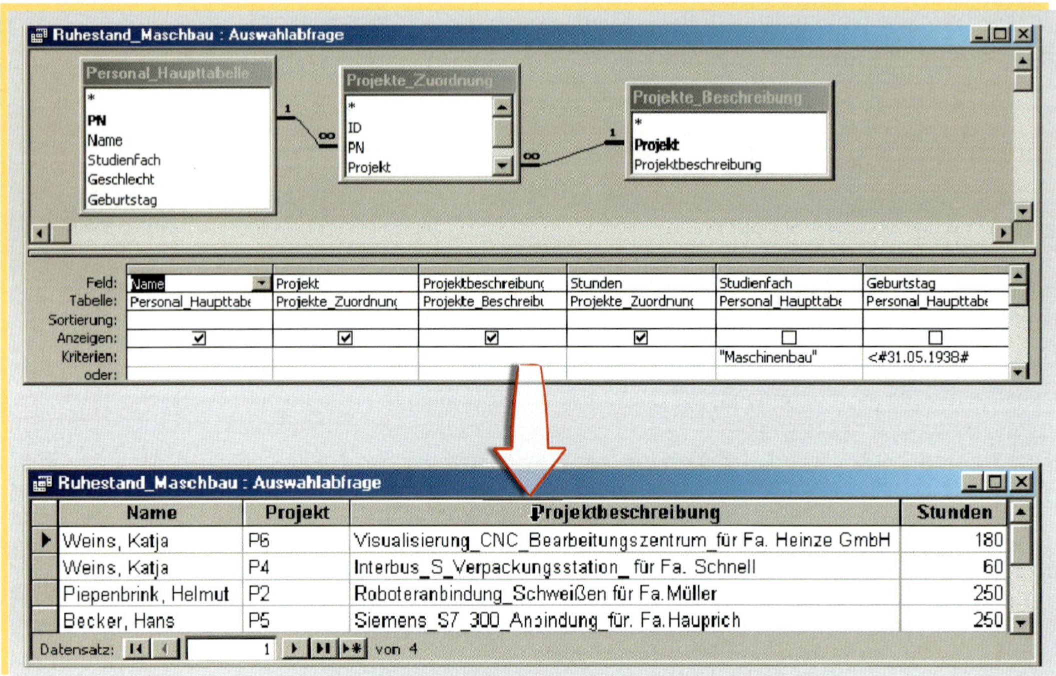

Bild 1: Abfrage an eine Datenbank mit Abfrageergebnis

Arbeitsauftrag:

1. Erstellen Sie eine Tabelle mit allen Adressen der Ausbildungsfirmen in Ihrer Klasse, damit bei schriftlichen Mitteilungen für die ganze Klasse ein Serienbrief entworfen werden kann. Legen Sie einen Primärschlüssel fest.
2. Erstellen Sie eine Tabelle mit allen Adressen Ihrer Mitschüler. In der Datenbank sollte auch ein Feld für den Ausbildungsbetrieb vorhanden sein. Legen Sie einen Primärschlüssel fest.
3. Stellen Sie eine Beziehung zwischen den beiden Tabellen aus Aufgabe 1 und 2 her.
4. Erstellen Sie eine Datenbank aller PCs, die in zwei verschiedenen Laboren vorhanden sind. Sortieren Sie diese Daten nach verschiedenen Kriterien.
5. Entwerfen Sie für die Tabelle in Aufgabe 4 ein Eingabeformular. Geben Sie für bestimmte Eingaben Standardwerte vor und lassen Sie für einige Angaben nur Zahlenwerte aus bestimmten Bereichen zu (z. B. Inventarnummer nur fünfstellig).
6. Erläutern Sie die Begriffe 1:1-; 1:∞-Beziehung und referentielle Integrität.
7. Entwerfen Sie mithilfe einer Textverarbeitungssoftware einen Serienbrief, der die Daten aus Auftrag 1 benutzt.
8. Erarbeiten Sie den Unterschied zwischen dem Begriff „Bericht“ und dem Begriff „Formular“.
9. Erläutern Sie die Begriffe „Mastertabelle“ und „Datentabelle“.
10. Erklären Sie den Unterschied zwischen „Primär-“ und „Fremdschlüssel“.

2 Technische Kommunikation

Für den planmäßigen Ablauf aller Fertigungs- und Montagearbeiten in einem Betrieb werden an unterschiedlichen Stellen vielfältige Informationen benötigt. Diese Informationen müssen so gestaltet sein, dass sie vom jeweiligen Empfänger fehlerfrei verstanden und für die weitere Verwendung eingesetzt werden können.

Unter Technischer Kommunikation versteht man die Bearbeitung, Weiterleitung und Speicherung technischer Informationen.

Technische Kommunikation kann stattfinden zwischen Menschen, aber auch zwischen Menschen und Maschinen sowie zwischen unterschiedlichen Maschinen **(Bild 1)**. Neben der Sprache werden dabei verschiedene andere Kommunikationsmittel zum Informationsaustausch benutzt.

Die wichtigsten Kommunikationsmittel sind:

- Technische Zeichnungen
- Pläne
- Diagramme
- Stücklisten
- Tabellen
- Programme

Für die Herstellung, Montage und Wartung mechatronischer Systeme sind nach wie vor die Technischen Zeichnungen in unterschiedlichen Formen das wichtigste Kommunikationsmittel.

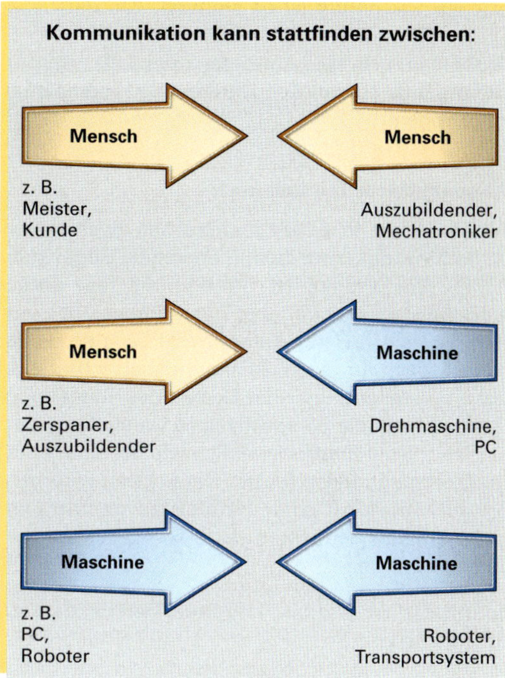

Bild 1: Kommunikationsmöglichkeiten

2.1 Die Technische Zeichnung als Kommunikationsmittel

Nach DIN 199 sind **Technische Zeichnungen** Unterlagen in der für den jeweiligen technischen Zweck erforderlichen Art.

An die Technische Zeichnung, die z. B. die zur **Herstellung eines Werkstückes** erforderlichen Informationen und Anweisungen speichert, werden andere Anforderungen gestellt als an die Zeichnung, die den **Einbau** dieses Werkstück in ein komplexes mechatronisches System dokumentiert. Folglich gibt es unter dem Oberbegriff Technische Zeichnung auch ganz unterschiedliche Arten von Darstellungen.

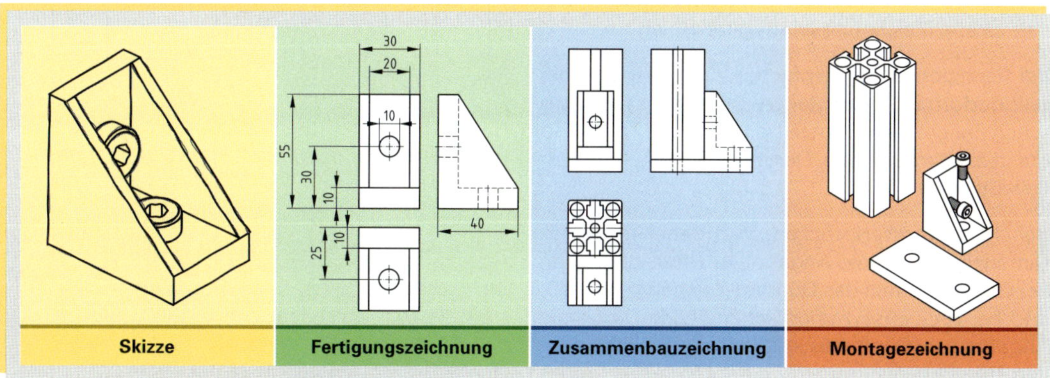

Bild 2: Unterschiedliche Zeichnungsarten

2.1.1 Darstellungsarten

Je nach Verwendungszweck und Aufgabe der Technischen Zeichnung ist es sinnvoll, das darzustellende Teil bzw. die darzustellenden Teile in einer Ansicht, in mehreren Ansichten oder, falls erforderlich, in einer räumlichen Darstellung (Perspektive) zu zeichnen.

Perspektivische Darstellung

Alle Teile, die in einem technischen System verwendet werden, sind dreidimensionale Gegenstände. Da das Zeichenblatt, auf dem die Teile dargestellt werden, aber nur über zwei Dimensionen verfügt, ist es schwierig, komplizierte Teile so darzustellen, dass für jeden Zeichnungsbetrachter eine klare Vorstellung über die Gestalt des Teiles möglich ist. Durch die perspektivische Darstellung wird ein räumlicher Eindruck ähnlich wie bei einer Fotografie erzeugt. Diese Art der Darstellung wird häufig auch in Form einer Handskizze genutzt, um ungeschulten Betrachtern eine komplizierte Form zu beschreiben.

Grundsätzlich werden folgende Perspektivarten unterschieden:

- Die isometrische Projektion
- Die dimetrische Projektion
- Die Kavalier-Projektion
- Die Kabinett-Projektion

Die Unterschiede der einzelnen Projektionsarten bestehen in den Winkeln der Achsen, auf denen die Länge und die Breite des Teiles dargestellt werden sowie den Darstellungslängen der Werkstückkanten, die auf diesen Achsen liegen **(Bild 1)**.

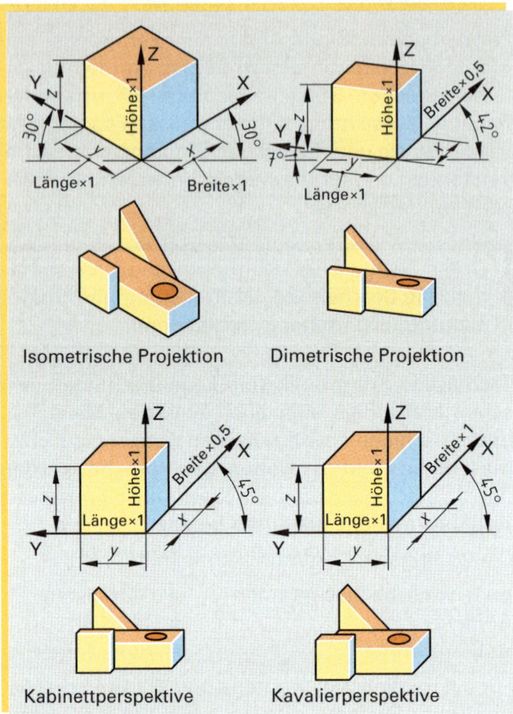

Bild 1: Perspektivarten

Darstellung in einer Ansicht

Als Ansicht wird die Projektion einer Seite eines dreidimensionalen Körpers auf eine zweidimensionale Ebene (Zeichnungsblatt) bezeichnet.

Bei flächigen Teilen, einfachen Quadern und bei zylinderförmigen Drehteilen (rotationssymmetrischen Teilen) genügt meist eine solche Projektion um die alternativfreie Darstellung des Teiles zu gewährleisten.

Bei flächigen Werkstücken wird dabei die dritte Dimension durch die Angabe der Dicke (z.B. t=3), bei Quadern durch das Quadrat-Zeichen (z.B. □20) und bei rotationssymmetrischen Teilen durch die Angabe des Durchmessers (z.B. ∅ 18) dokumentiert. Die Bauteilsymmetrie wird durch das Eintragen der Mittellinie (Symmetrieachse) dargestellt.

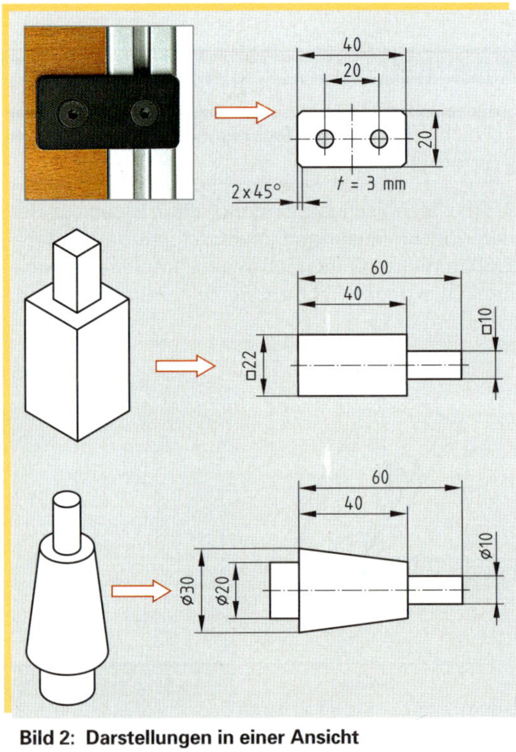

Bild 2: Darstellungen in einer Ansicht

Darstellung in mehreren Ansichten

Bei komplexeren Teilen ist die Darstellung einer Projektionsansicht nicht mehr ausreichend, um die Körperform eindeutig zu beschreiben. In diesem Falle muss das Werkstück in mehreren Ansichten dargestellt werden. Grundlage der Darstellung in mehreren Ansichten ist die rechtwinklige Parallelprojektion **(Bild 3)**. Nach DIN 5 sind die möglichen Ansichten eines Bauteiles in sechs Blickrichtungen festgelegt:

Ansicht in Richtung a: Vorderansicht
Ansicht in Richtung b: Draufsicht
Ansicht in Richtung c: Seitenansicht von links
Ansicht in Richtung d: Seitenansicht von rechts
Ansicht in Richtung e: Untersicht
Ansicht in Richtung f: Rückansicht **(Bild 1)**

Die Anordnung der einzelnen Ansichten in Bezug zur Vorderansicht wird in der Projektionsmethode festgelegt und durch ein entsprechendes Symbol gekennzeichnet **(Bild 2)**. In den europäischen Ländern wird überwiegend nach der Projektionsmethode 1, in außereuropäischen Ländern häufig nach der Methode 3 gearbeitet.

Unabhängig von der Projektionsmethode gilt der folgende Grundsatz:

> Ein Werkstück wird immer nur in so vielen Ansichten dargestellt, wie zum eindeutigen Erkennen und Bemaßen erforderlich sind.

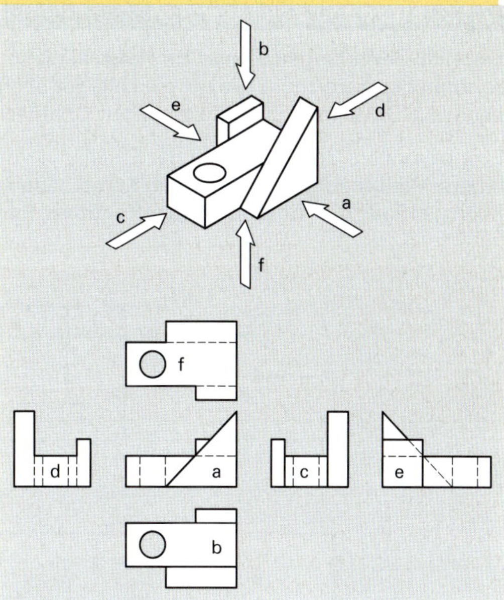

Bild 1: Projizierte Ansichten

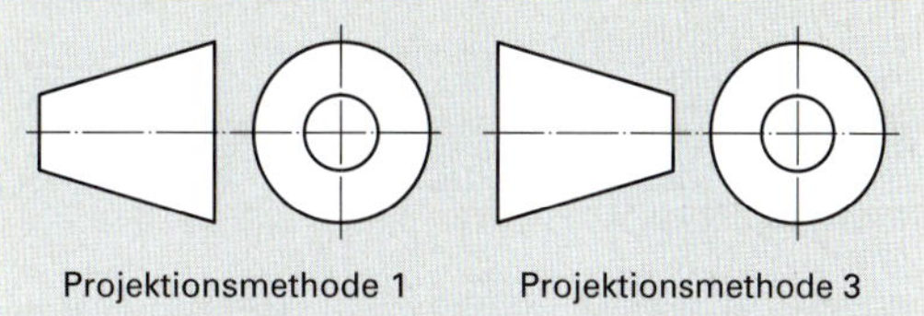

Bild 2: Projektionsmethoden

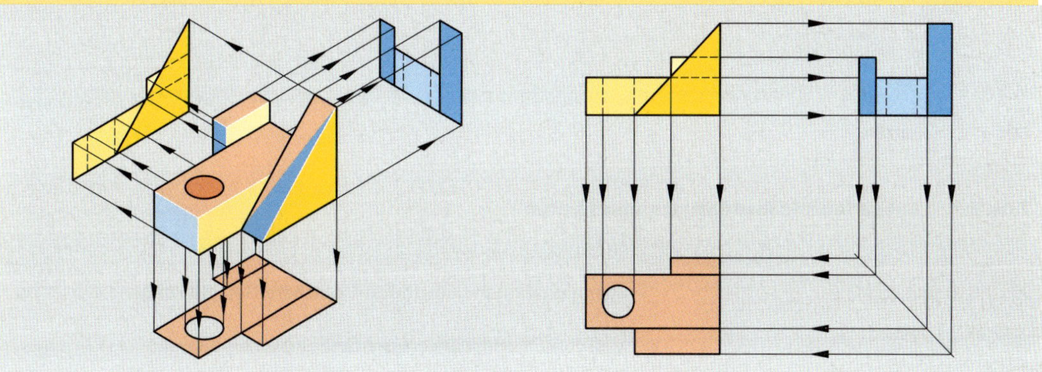

Bild 3: Grundlagen der rechtwinkligen Parallelprojektion

Arbeitsauftrag:

Erstellen Sie von dem rechts abgebildeten Teil eine Technische Zeichnung mit allen möglichen Ansichten.

Arbeiten Sie dabei nach den Projektionsmethoden 1 und 3.

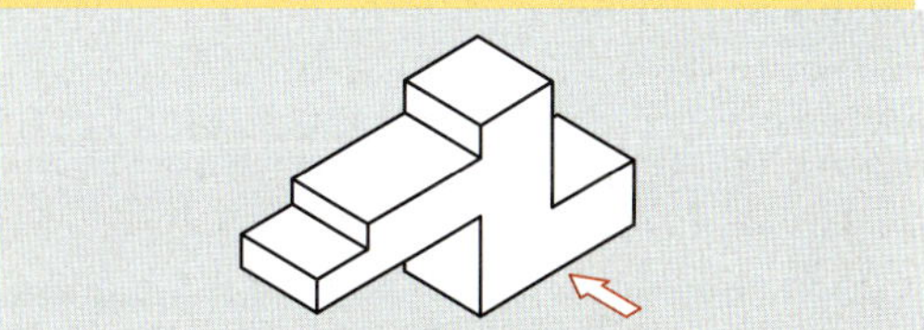

2.1.2 Einzelteil-Zeichnungen

Einzelteil-Zeichnungen dienen zur Herstellung von Werkstücken. Sie werden häufig auch als Fertigungszeichnungen bezeichnet. Sie müssen alle zur alternativfreien Herstellung von Teilen erforderlichen Angaben wie z. B. Maßangaben, Angaben zur Oberflächenbeschaffenheit, Werkstoffangaben u. a. beinhalten.

Eine besondere Bedeutung bei der Erstellung von Fertigungszeichnungen kommt der Verwendung von unterschiedlichen **Linienarten** zu. In Kombination mit der **Linienbreite** ist die Linienart ein wichtiger Informationsträger, der Aufschluss über Konturen, Symmetrien, Bauteilmaße u. a. gibt **(Bild 1)**.

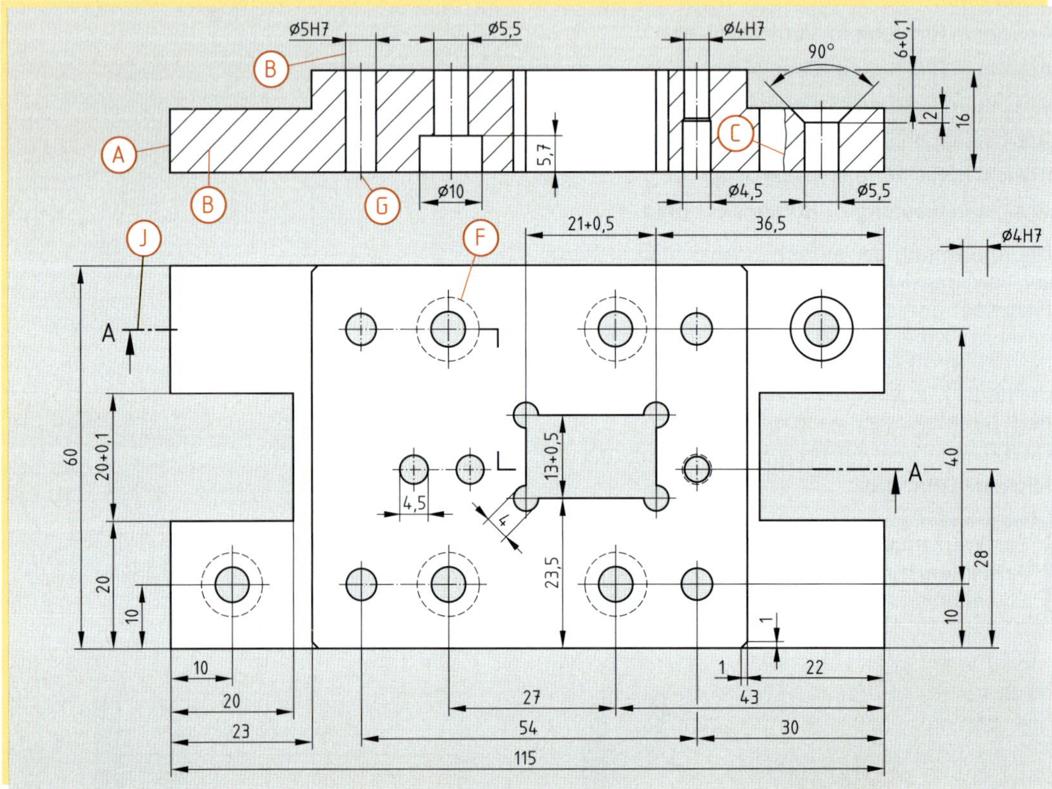

Bild 1: Linienarten

Tabelle 1: Linienarten und ihre Einsatzmöglichkeiten

	Linienart	Einsatzbeispiele
A	Breite Volllinie	Sichtbare Kanten und Umrisse, nutzbare Gewindelängen
B	Schmale Volllinie	Maß- und Maßhilfslinien, Schraffuren, Gewindegrund
F	Strichlinie, schmal	Verdeckte Kanten und -umrisse
G	Strichpunktlinie, schmal	Mittellinien, Symmetrielinien, Lochkreise
J	Strichpunktlinie, breit	Kennzeichnung von Schnittverläufen
K	Strich-Zweipunkt-Linie, schmal	Umrisse abgrenzender Teile
C, D	Freihandlinie	Begrenzung von abgebrochenen Ansichten

Werkstücke mit prismatischer Grundform

Mit Ausnahme gegossener oder geschmiedeter Teile werden Werkstücke aus „Halbzeugen" hergestellt. Dies sind für prismatische Werkstücke platten- oder profilartig gewalzte, gegossene, gepresste oder gezogene Werkstoffe **(Bild 1)**, die durch vielfältige Bearbeitungsverfahren in die gewünschte Form gebracht werden. Obwohl oftmals die Ursprungsform nach der Bearbeitung fast nicht mehr erkennbar ist, kann diese für die Vorstellung der einzelnen Ansichten eine große Hilfe sein. Prismatische Werkstücke werden als Fertigungszeichnung in verschiedenen Ansichten (siehe Seite 65) dargestellt. Dabei wird die aussagekräftigste Ansicht als Vorderansicht gewählt **(Bild 2)**.

Bei der Wahl der anderen Ansichten muss darauf geachtet werden, dass durch die jeweilige Ansicht auch zusätzliche, neue Informationen über die Werkstückform vermittelt werden. So ist es z. B. bei unbearbeiteten Profilen häufig so, dass Vorderansicht und die Draufsicht identisch sind. Eindeutige Aussagen über die Profilansicht lassen sich somit nur aus der Seitenansicht ermitteln **(Bild 3)**.

Mithilfe von **Projektionslinien** werden die Breitenmaße in die Draufsicht und, falls erforderlich, in die Untersicht übertragen. In der gleichen Weise werden die Höhenmaße in die erforderlichen Seitenansichten projiziert. Über eine unter 45° gelegte Hilfslinie (Umlenklinie) kann aus den sich ergebenden Schnittpunkten die jeweils fehlende Ansicht entwickelt werden **(Bild 3, Seite 68)**.

Sind die darzustellenden Werkstücke in einzelnen Ansichten symmetrisch, so wird dies durch das Eintragen von Symmetrieachsen angedeutet **(Bild 4)**.

Zeichenregeln für Symmetrieachsen sind:

- Die Symmetrieachse wird durch eine Mittellinie (schmale Strichpunktlinie) gekennzeichnet.
- Die Länge der Striche richtet sich nach der Größe des Werkstückes.
- Symmetrieachsen beginnen und enden stets mit einem Strich, der die äußeren Werkstückkanten um ca. 3 mm überragt.
- Mittellinien schneiden die Werkstückkanten immer mit einem Strich.
- Ist ein Werkstück in zwei Richtungen symmetrisch, so wird dies durch ein Mittellinienkreuz gekennzeichnet.

Die Regeln über die Mittellinien gelten auch, wenn die Form einseitig geringfügig in ihrer Symmetrie verändert wird.

Bild 1: Halbzeuge

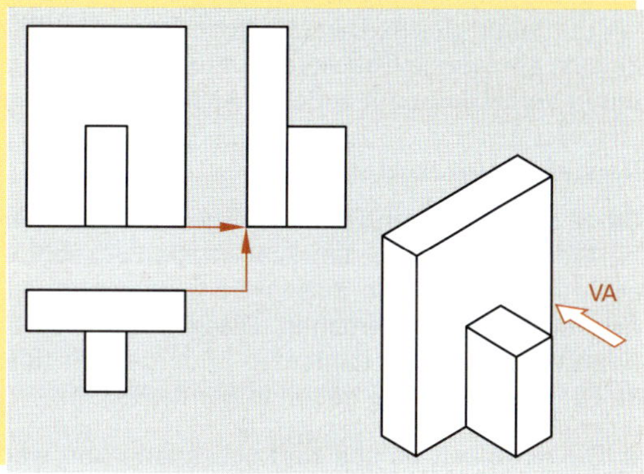

Bild 2: Wahl der Vorderansicht

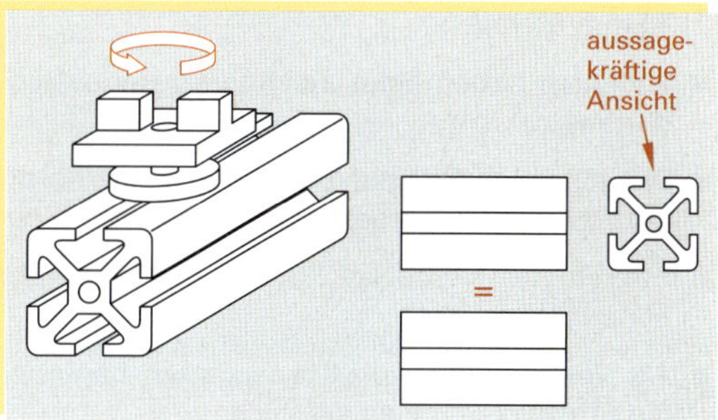

Bild 3: Zusätzliche Ansicht

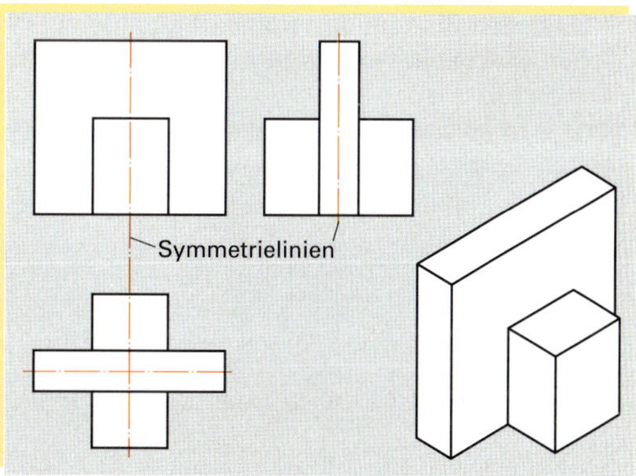

Bild 4: Symmetrisches Werkstück

Bearbeitungsformen an prismatischen Grundformen

Die vielen möglichen Veränderungen an der Form des Halbzeuges lassen sich auf einige wenige grundsätzliche Arten reduzieren. In der Fachsprache der Technischen Zeichnung werden diese als Ausklinkung, Abschrägung, Außen- und Innenrundung, Durchbruch, Nut und Bohrung bezeichnet **(Bild 1)**.

Unterschiedliche Bearbeitungen wie z.B. Abschrägung und Ausklinkung können in einzelnen Ansichten durchaus gleiche Darstellungen bewirken **(Bild 2)**. Eine eindeutige Gestaltsaussage lässt sich dann nur in Verbindung mit anderen Ansichten machen.

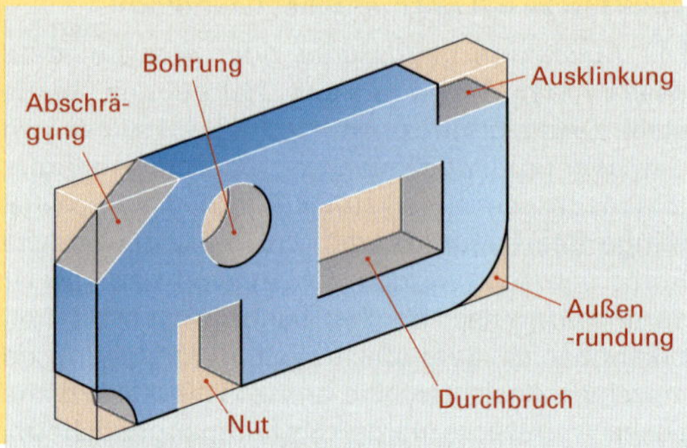

Bild 1: Bearbeitung an Halbzeugen

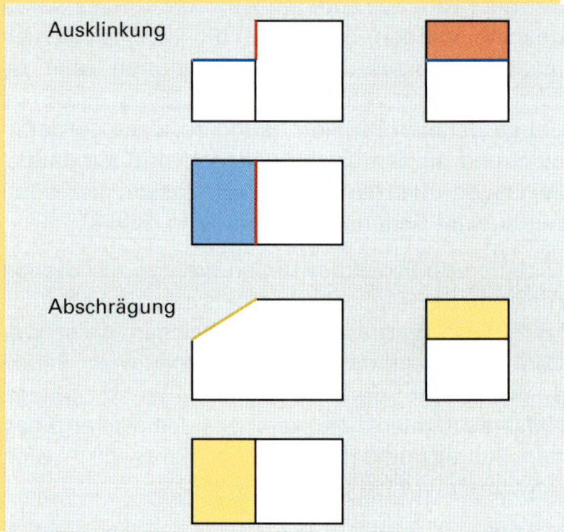

Bild 2: Bearbeitungsergebnisse

Darstellung verdeckter Kanten

Durch die Bearbeitung der Rohlinge entstehen häufig Werkstückkanten, die nicht in allen Ansichten auch sichtbar sind. In diesem Falle wird von verdeckten Kanten gesprochen. Diese werden durch schmale Strichlinien (Linientyp F) dargestellt **(Bild 3)**. Für die Eintragung gelten folgende Regeln:

- Die einzelnen Striche sind gleich lang und werden von kurzen Lücken unterbrochen.
- Die Länge der einzelnen Striche richtet sich nach der Größe der Zeichnung und kann bis zu max. 10 mm betragen.
- Volllinien haben beim Zeichnen grundsätzlich Vorrang.
- Die schmalen Strichlinien werden ganz an die Körperkanten herangezogen.
- Stoßen zwei verdeckte Kanten aneinander, so bilden sie eine Ecke.
- Als Verlängerung von Körperkanten beginnen die Strichlinien mit einer Lücke.

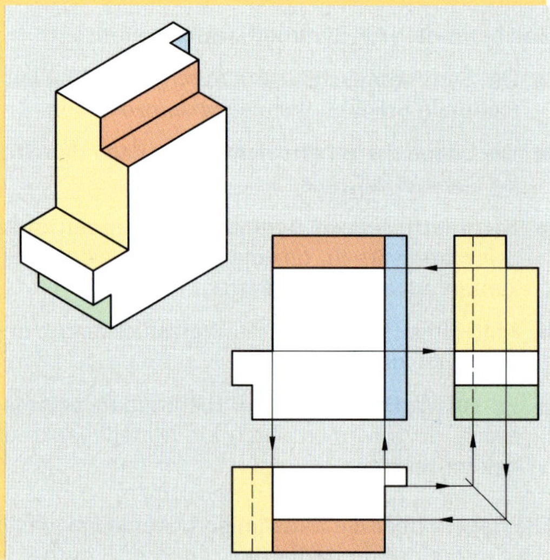

Bild 3: Ansichten mit verdeckten Kanten

Arbeitsauftrag:

Erstellen Sie von den unten abgebildeten Teilen Einzelteilzeichnungen in jeweils drei Ansichten.

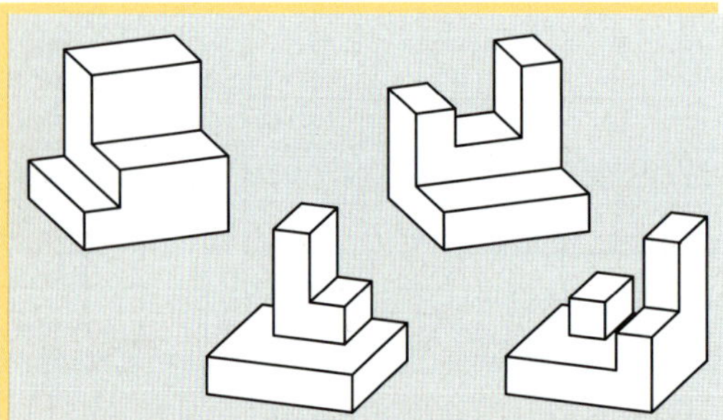

Werkstücke mit zylindrischer Form

Zur Darstellung unbearbeiteter zylindrischer Werkstücke genügt in der Regel eine Ansicht (siehe Seite 67). Durch Bearbeitung der Form können jedoch sehr komplexe Veränderungen entstehen, die weitere Ansichten erforderlich machen. Dabei sind die Veränderungen sowohl von der Richtung als auch von der Art der Bearbeitung abhängig. Eine parallel zur Hauptachse verlaufende prismatische Ausklinkung z.B. verursacht wesentlich geringere und leichter darstellbare Formveränderungen **(Bild 1a)** als etwa eine rechtwinklig zur Hauptachse, außermittig schräg eindringende Bohrung oder schräg angesetzte Ausklinkungen **(Bild 1b).**

In der Regel ist es nicht die Aufgabe des Mechatronikers, diese kompliziert zu erzeugenden Durchdringungskurven zu zeichnen. Er muss vielmehr in der Lage sein, diese zu erkennen und aus ihrer Form auf mögliche Bearbeitungen Rückschlüsse ziehen zu können. Selbst die normalerweise für die Zeichnungserstellung zuständigen Technischen Zeichner werden heute in zunehmendem Maße durch CAD-Systeme (CAD = computer aided design) bei der Entwicklung und Darstellung dieser Kurven entlastet **(Bild 2).**

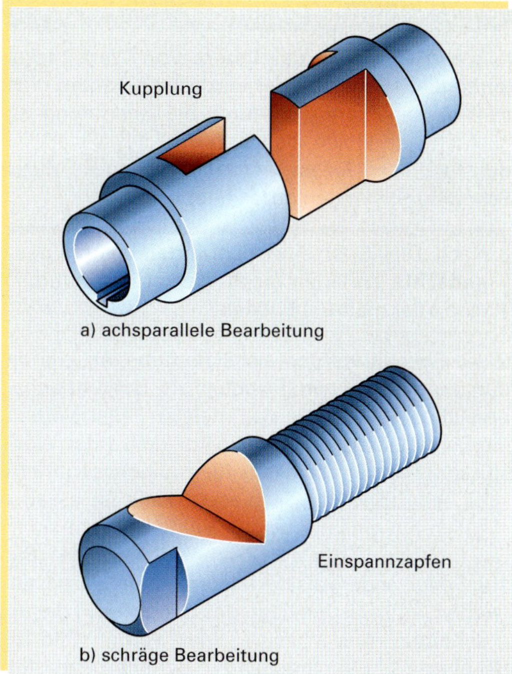

Bild 1: Zylindrische Werkstücke

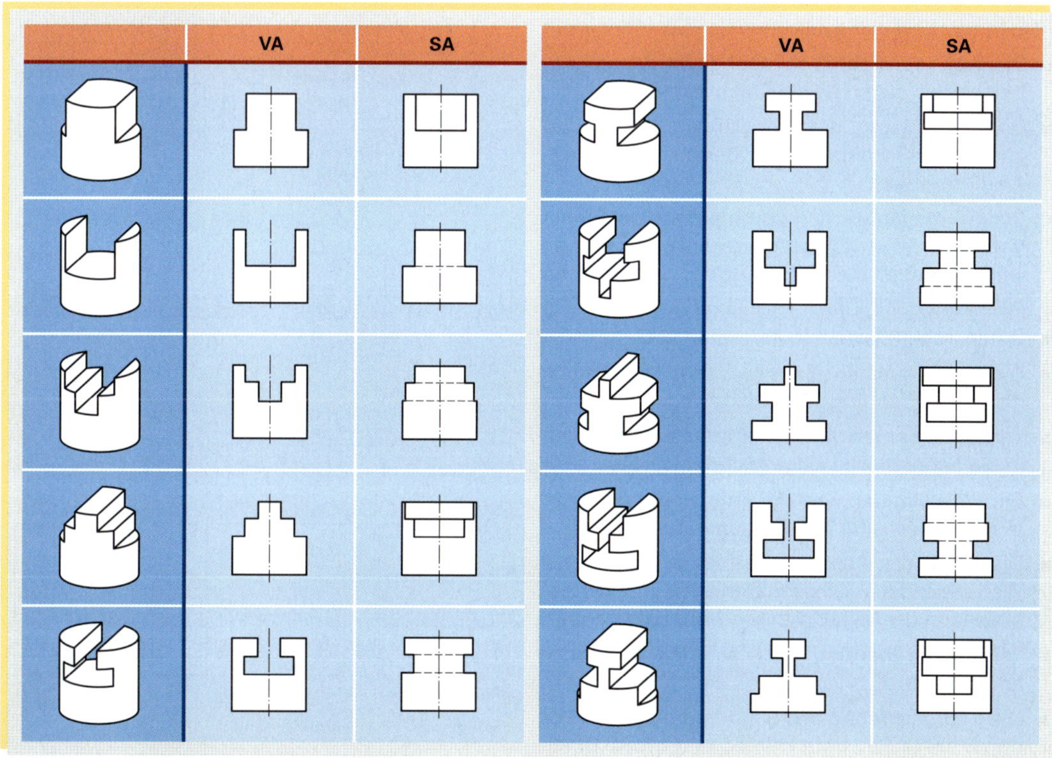

Bild 2: Zylindrische Körper mit Ausklinkungen

2.1.3 Schnittdarstellungen

In vielen Fällen ist das Innere von Werkstücken durch die Darstellung der verdeckten Kanten nicht sehr aussagekräftig, da durch die Anhäufung der gestrichelten Linien die Übersichtlichkeit stark leidet. In diesen Fällen werden Werkstücke durch Schnittdarstellungen gezeichnet.

> Nach DIN 6 ist eine Schnittdarstellung das **gedachte** Zerlegen eines Werkstückes durch eine oder mehrere Ebenen.

Diese Ebenen werden als Schnittebenen, die dadurch entstandenen Flächen als Schnittflächen bezeichnet **(Bild 1a)**. In den meisten Fällen verläuft die Schnittebene durch die Mittelachse der Werkstücke. Dies gilt vor allem für rotationssymmetrische Teile **(Bild 1b)**. In diesem Falle ist es auch möglich nur eine der beiden Hälften zu schneiden. Das Ergebnis wird als **Halbschnitt** bezeichnet **(Bild 1b)**. Sollen andere als die mittlere Ebene dargestellt werden, so muss die Lage des Schnittes in die ungeschnittene Ansicht eingetragen werden **(Bild 1d)**. Bei einer nicht durchgehenden Schnittebene müssen darüber hinaus auch die jeweiligen Wendepunkte der Schnittverläufe gekennzeichnet werden. Teilbereiche eines Werkstückes werden in Form eines Teilschnittes dargestellt **(Bild 1c)**.

Regeln zum Lesen und Zeichnen von Schnitten sind:

- Die durch den Schnitt sichtbar gewordenen Kanten werden als breite Volllinien gezeichnet.
- Die Schnittfläche, also der Bereich, der mit der gedachten Schnittebene in Berührung kommt, wird schraffiert.
- Schraffurlinien werden durch parallele schmale Volllinien unter 45° dargestellt. Die Abstände sind gleich und von der Größe der Schnittfläche abhängig.
- Durch Schnittflächen laufen keine Volllinien.
- Die Schnittflächen eines Werkstückes sind in derselben Richtung schraffiert.
- Verdeckte Kanten dürfen nur in Ausnahmefällen in die Schnittfläche eingezeichnet werden.
- Bei Halbschnitten wird die untere oder die rechte Werkstückhälfte geschnitten dargestellt.
- Die durch das Abschneiden eines Viertels des Werkstückes bei Halbschnitten entstehende Kante entlang der Mittellinie wird nicht gezeichnet.
- Teilschnitte werden durch schmale Freihandlinien begrenzt.
- Die Kennzeichnung des Schnittverlaufes erfolgt durch breite Strichpunktlinien und große Buchstaben.

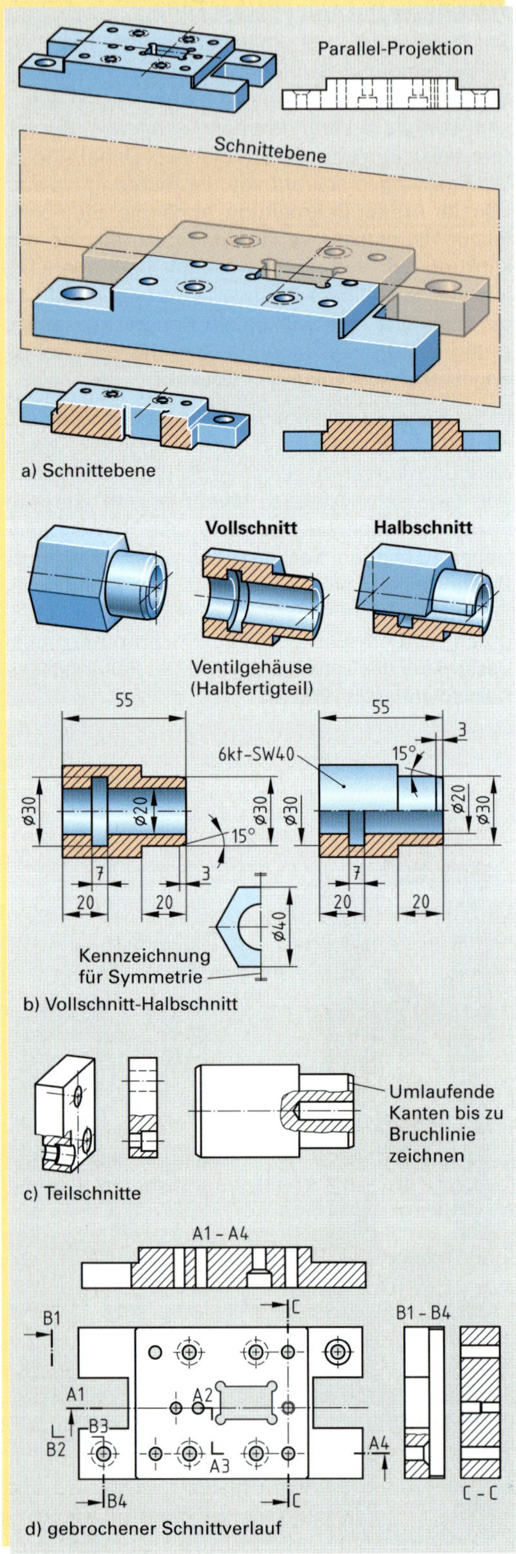

Bild 1: Schnittdarstellungen

2.1.4 Bemaßung von Einzelteilen

Für die Herstellung eines Teiles ist neben der eindeutigen Darstellung vor allem die Bemaßung von großer Bedeutung. Eine Maßeintragung besteht aus der Maßhilfslinie, der Maßlinie und der Maßzahl. Maßlinien und Maßhilfslinien sind schmale, durchgezogene Volllinien. Sie sollen von den Körperbegrenzungen einen Abstand von mindestens 10 mm und untereinander von mindestens 7 mm haben. Bei Längenmaßen werden sie parallel zu den Körperkanten eingetragen und sollen sich möglichst nicht schneiden. Als Maßbegrenzungen dienen im Bereich der Mechanik Maßpfeile **(Bild 1)**.

Die Anordnung der Maße ist sehr umfangreichen Regeln unterworfen, die nach DIN 406-11 genormt sind. Aus diesem Grund können hier auch nur die Wichtigsten ausgeführt werden.

Bemaßungsregeln:

- Maße beziehen sich immer auf **Maßbezugselemente** wie z.B. Flächen oder Kanten. Diese dienen auch bei der Fertigung und beim Prüfen als Bezug.
- Jedes Maß wird nur einmal eingetragen, eine Doppelbemaßung ist zu vermeiden.
- Bei der Darstellung eines Teiles in mehreren Ansichten sind die Maße dort einzutragen wo die Werkstückform am besten erkennbar ist.
- Symmetrische Teile werden über die Mittellinie (Symmetrieachse) bemaßt.
- In einer Zeichnung werden die Maße immer in der Originalgröße eingetragen, auch wenn das Teil nicht im Maßstab 1:1 gezeichnet wurde.
- Maße, die sich bei der Fertigung ergeben, werden nicht oder als Hilfsmaße in Klammern gezeichnet.
- Kettenmaße sind zu vermeiden, da sie aus Toleranzgründen zu Fertigungsfehlern führen können.
- Die Maßhilfslinien von Winkelbemaßungen zeigen zum Scheitelpunkt des Winkels, die Maßlinien werden in diesem Falle als Kreisbogen gezeichnet.
- Bei der Bemaßung von Durchmessern ist das ∅-Zeichen einzufügen und zwar unabhängig davon, ob die Kreisform erkennbar ist oder nicht.
- Die Bemaßung von Radien ist abhängig vom zur Verfügung stehenden Platz durchzuführen. In allen Fällen ist der Radienangabe ein R voranzustellen.
- Wenn die Lage des Radiusmittelpunktes eindeutig ist, kann auf seine Angabe verzichtet werden. Andernfalls muss er angegeben und bemaßt werden.
- Sind mehrere Radien gleich groß, muss eine Bemaßung nicht erfolgen. In diesem Falle reicht die Textangabe „alle nichtbemaßten Radien = ... mm“ aus.

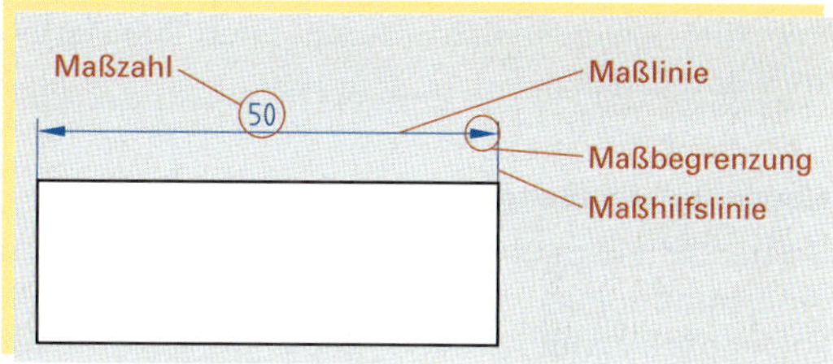

Bild 1: **Maßbegrenzungen**

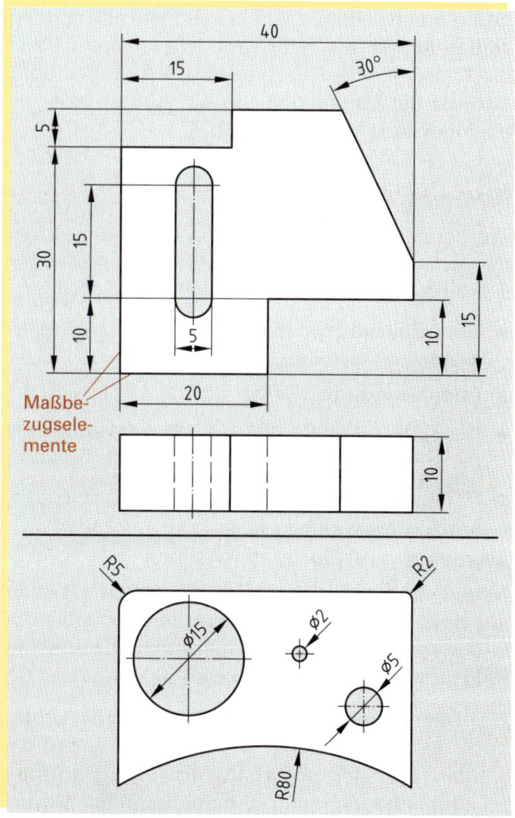

Bild 2: **Bemaßungsregeln**

2.1.5 Gewindedarstellung

Die exakte Darstellung von Gewinden ist in Technischen Zeichnungen nicht möglich. Sie werden deshalb vereinfacht dargestellt. Dabei wird weder das Gewindeprofil noch die Steigung gezeichnet. Bei Außengewinden wird der Gewindegrund durch eine dünne Volllinie und die Gewindespitzen durch ein breite Volllinie angedeutet. Bei Innengewinden ist die Darstellung umgekehrt **(Bild 1)**. Der Gewindeabschluss wird durch eine breite Volllinie dargestellt.

In der Seitenansicht werden der Gewindegrund bzw. die Gewindespitzen durch einen Dreiviertelkreis dargestellt.

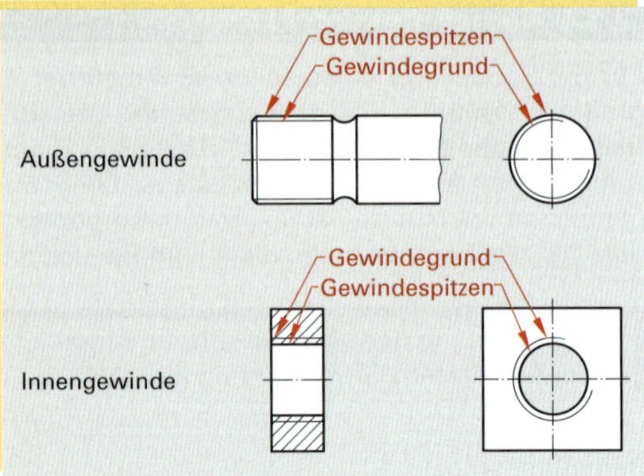

Bild 1: Gewindedarstellung

Gewindedarstellung im Schnitt

Bei der Schnittdarstellung eines Gewindes müssen die Schraffurlinien immer bis zu den breiten Volllinien gezeichnet werden. Dies gilt sowohl für Außen- als auch für Innengewinde **(Bild 2)**.

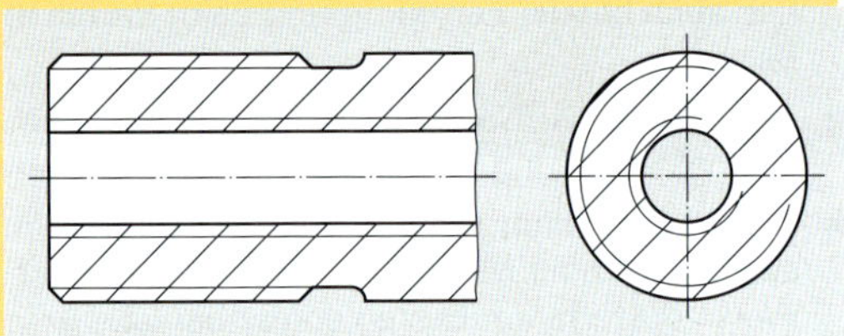

Bild 2: Gewindedarstellung im Schnitt

Verdeckte Gewinde

Sind Außen- oder Innengewinde durch andere Teile verdeckt, so sind Gewindespitzen und Gewindegrund durch schmale Strichlinien, wie alle anderen verdeckten Werkstückteile auch, zu zeichnen. Durch die Anordnung des $^3/_4$-Kreises ist erkennbar, ob es sich bei der Darstellung um ein Außen- oder ein Innengewinde handelt **(Bild 3)**.

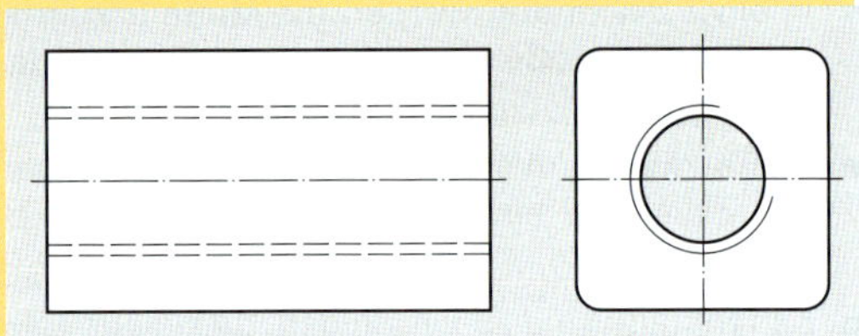

Bild 3: Verdeckte Gewinde

Bemaßung von Gewinden

Die Bemaßung von genormten Gewinden erfolgt durch das Eintragen von Kurzzeichen. Diese setzen sich zusammen aus

- Dem Zeichen für die Gewindeart (z.B. M für metrisches Gewinde)
- Dem Nenndurchmesser
- Weiteren Angaben wie z.B. die Gewindelänge, die Steigung oder die Richtung der Steigung **(Bild 4)**

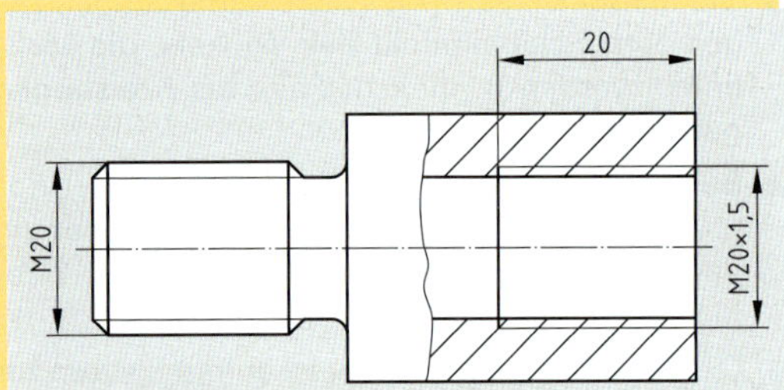

Bild 4: Bemaßung von Gewinden

Schrauben- und Mutterndarstellung

Neben den Gewinden ist bei Schrauben vor allem der Kopf ein wichtiges Unterscheidungsmerkmal und das Kernstück der Schraubenbezeichnung **(Bild 5)**.

Die Darstellung der Schraubengewinde erfolgt nach denselben Regeln wie bei den übrigen Gewinden. Die Schraubenmaße sind der genormten Schraubenbezeichnung zu entnehmen (siehe auch Tabellenbuch).

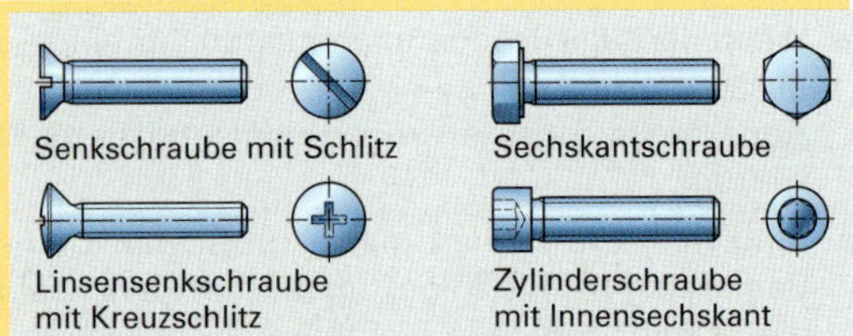

Bild 5: Schraubenarten

2.1.6 Genormte Einzelheiten

Ebenso wie die Darstellung von Schrauben und Muttern unterliegen auch andere genormte Einzelheiten wie z. B. Senkungen, Freistiche, Rändel, Zentrierungen bestimmten Darstellungsregeln.

Darstellung von Freistichen

Absätze von Wellen und Gewindeausläufe können aus Fertigungsgründen und dürfen aus Festigkeitsgründen niemals exakt scharfkantig sein. Anstelle des scharfkantigen Überganges tritt in der Regel ein genormter Freistich **(Bild 1)**. Die genaue Darstellung des Freistiches erfordert sehr viel Aufwand. Aus diesem Grunde genügt meist die vereinfachte Darstellung nach DIN 509 bzw. DIN 76 für Gewinde **(Bild 2)**.

Die Maße für die Freistiche sind abhängig von der Belastung und dem Wellendurchmesser. Sie sind im Einzelfall dem Tabellenbuch zu entnehmen. Die maßgenaue Herstellung von Freistichen ist durch die Verbreitung von CNC-gesteuerten Drehmaschinen wesentlich einfacher geworden.

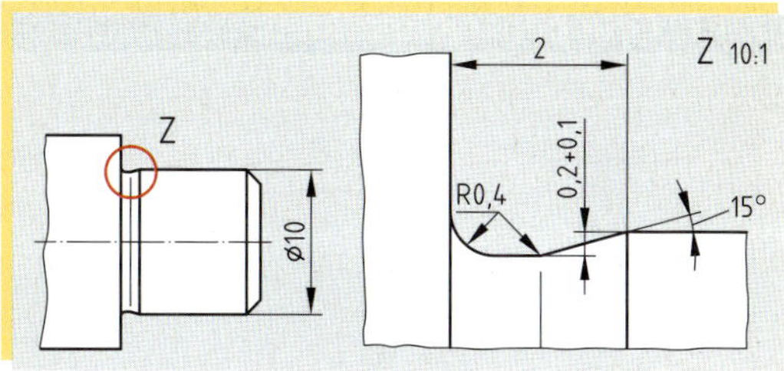

Bild 1: Freistich am Wellenabsatz

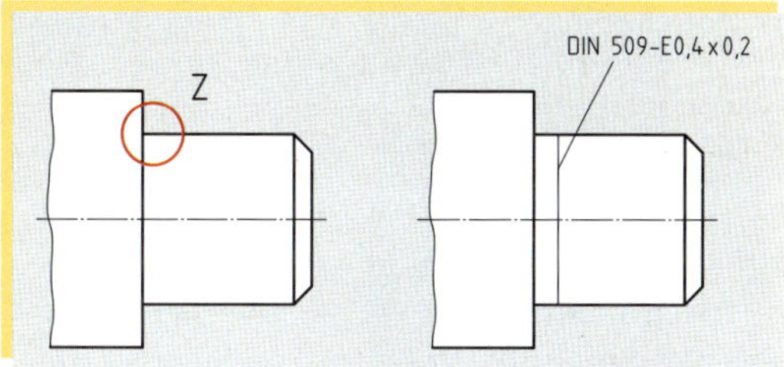

Bild 2: Vereinfachte Darstellung von Freistichen

Darstellung von Rändel

Zur besseren Handhabung von Teilen, die von Hand betätigt werden müssen, wie z. B. Stellschrauben, Handräder, werden diese mit Rändel versehen. Die exakte Darstellung von Rändeln ist durch die Verzerrung der gebogenen Oberflächen nur sehr schwer möglich. Sie werden deshalb vereinfacht dargestellt. Die Informationen über ihre genaue Beschaffenheit ist in der Bezeichnung enthalten **(Bild 3)**.

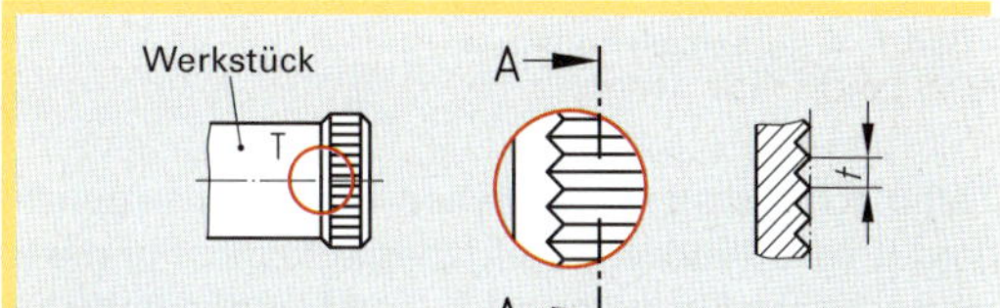

Rändel mit achsparallelen Riefen: RAA (siehe Tabellenbuch) $t = 0{,}5$
Norm-Bezeichnung z. B.: Rändel DIN 82 – RAA 05

Bild 3: Rändel nach DIN 82

Darstellung von Zentrierbohrungen

Zentrierbohrungen dienen zum Spannen von Drehteilen zwischen Spitzen. Sie sind genormt und können unterschiedliche Formen besitzen. Nach DIN 332 können sie in der Zeichnung ebenfalls vereinfacht dargestellt werden **(Bild 4)**. Die genauen Maße sind dem Tabellenbuch zu entnehmen.

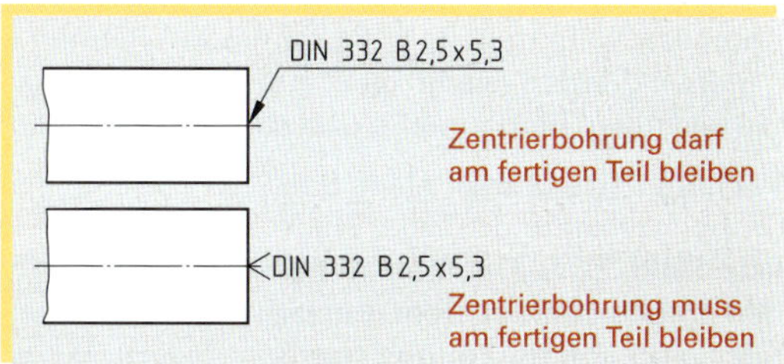

Bild 4: Zentrierbohrungen

Arbeitsauftrag:

1. Welche Kommunikationsmittel, die in der Technik benutzt werden, gibt es? Nennen Sie jeweils ein Beispiel aus Ihrem Ausbildungsbetrieb.
2. Welche Arten von Technischen Zeichnungen kennen Sie? Beschreiben Sie sinnvolle Einsatzmöglichkeiten.
3. Welcher Grundsatz gilt für die Anzahl der dargestellten Ansichten in Technischen Zeichnungen?
4. Welchen Zweck erfüllen Schnittdarstellungen?
5. Nennen Sie die wichtigsten Bemaßungsregeln, die bei Technischen Zeichnungen in der Mechanik einzuhalten sind.
6. Wie werden Innen- und Außengewinde dargestellt?

2.1.7 Gruppenzeichnungen

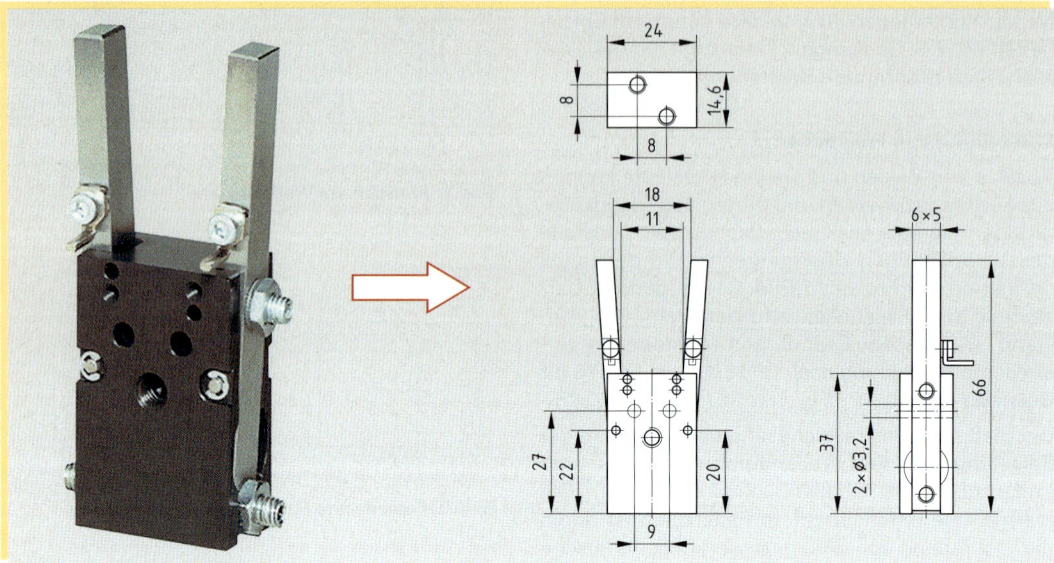

Bild 1: Gruppenzeichnungen

Technische Systeme bestehen immer aus mehreren Einzelteilen oder Baugruppen (Subsystemen), die ganz unterschiedliche Aufgaben erfüllen. Für die Fertigung der Einzelteile ist die Fertigungszeichnung die maßgebliche Grundlage, für die Montage der Baugruppen oder des Gesamtsystemes sind jedoch Gruppen- oder Gesamtzeichnungen die Grundlage **(Bild 1).** Sie zeigen die zu einer Baugruppe oder zu einem kompletten System zusammengefassten Teile in ihrer räumlichen Lage zueinander. Dazu gehören neben allen Einzelteilen auch die genormten Teile wie Scheiben, Schrauben, Stifte, Federn usw. Der Aufbau und die Funktion der dargestellten Baugruppe sollen aus der Gruppenzeichnung erkennbar sein.

Die Regeln der Darstellung sind für Gruppen- und Gesamtzeichnungen dieselben wie für die Einzelteile. Komplizierte Einzelteile (z.B. Zahnräder) können in einer genormten, vereinfachten Darstellung wiedergegeben werden (siehe Tabellenbuch). Die Bemaßung von Baugruppen und Gesamtsystemen wird auf die wichtigen Einbaumaße und die für die Funktion erforderlichen Maße beschränkt.

Wichtiger Bestandteil einer Baugruppenzeichnung ist die Stückliste **(Bild 2).** Sie enthält neben den Informationen über Einzelteilnamen, -nummern und -werkstoffen auch die Anzahl der jeweils verwendeten Teile. Die in der Stückliste enthaltenen Positionen sind in der Gruppen- oder Gesamtzeichnung durch Positionsnummern gekennzeichnet. Die Stückliste kann bei kleineren Zeichnungen Bestandteil des Schriftkopfes sein; bei sehr umfangreichen Zeichnungen wird die Stückliste als separates Blatt geführt.

Die Form der Stückliste ist nach DIN ISO genormt.

Pos.	Menge	Benennung	Sachnummer
1	1	Gehäuse	AZY 12070
2	2	Arm	BARM 180
3	2	Schaltnocken	ANOCK 123
4	4	Membran	BGUM 189
5	2	Sonderstifte	SOST 180
6	2	Sechskantschraube ISO 4017-M8 × 16	ISO 0816
7	4	Scheibe DIN 125 A 8,4	SCH 180
8	4	Sicherungsscheibe	SI 180
9	1	Druckfeder	FD 180 li
10	1	Druckfeder	FD 180 re
11	3	Gewindestift M4	GS 180-4

Bild 2: Stückliste

2.2 Tabellen und Diagramme

Neben der Technischen Zeichnung dienen vor allem Tabellen und unterschiedliche Formen von Diagrammen zur Verdeutlichung technischer Zusammenhänge.

2.2.1 Tabellen

In Tabellen wird die Zuordnung von Zahlenwerten in übersichtlicher Form dargestellt **(Bild 1)**. Durch den Tabellenkopf und die Vorspalte wird die Tabelle gegliedert. Durch waagrechtes und senkrechtes Verfahren in den jeweiligen Spalten und Zeilen werden die gesuchten Zahlenwerte ermittelt.

Bestell-Nr.	Bezeichnung	Hub [mm]	Schließkraft [N]	Öffnungskraft [N]	F_A [N]	M_X [Nm]	M_Y [Nm]
GP30	Parallel-Greifer	5	85,52	77,02	80	2	2
GP45	Parallel-Greifer	5	106,24	143,46	160	4	4
GH6040	Großhub-Greifer	40	114,60	142,22	500	35	35
GH6060	Großhub-Greifer	60	114,60	142,22	500	35	35
GH6080	Großhub-Greifer	80	114,60	142,22	500	35	35

Bild 1: Beispiel für Tabelle

2.2.2 Diagramme

Diagramme sind grafische Darstellungen in einem Koordinatensystem. Mit ihrer Hilfe werden wertmäßige Zusammenhänge zwischen veränderbaren Größen bildhaft dargestellt.

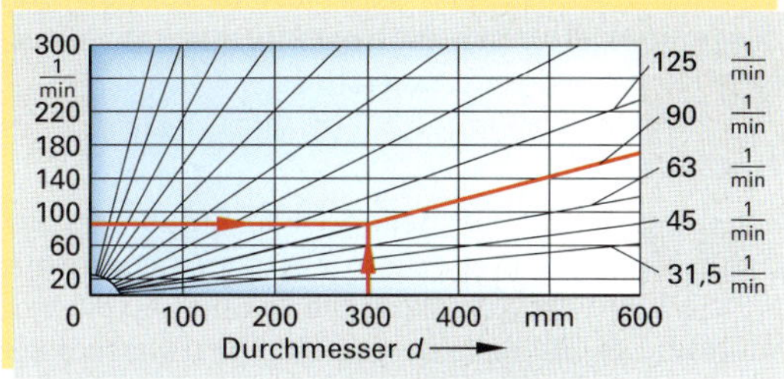

Bild 2: Diagramm mit linearen Achsen

Kartesisches Koordinatensystem

Zwei rechtwinklig zueinander stehende Achsen bilden die Grundlage dieses Koordinatensystemes. Im Schnittpunkt der waagrechten **Abszisse** und der senkrechten **Ordinate** liegt der Nullpunkt des Koordinatensystemes. Positive Werte werden von hier aus nach rechts bzw. nach oben, negative Werte nach links bzw. nach unten abgetragen. Zum Abtragen der Werte müssen die Achsen mit Zahlenskalen versehen werden. Diese sind meist **linear (Bild 2)**, in seltenen Fällen auch logarithmisch **(Bild 3)**. Die dargestellten Kennlinien (Graphen) geben durch ihren Verlauf den funktionalen Zusammenhang der veränderbaren Größen an.

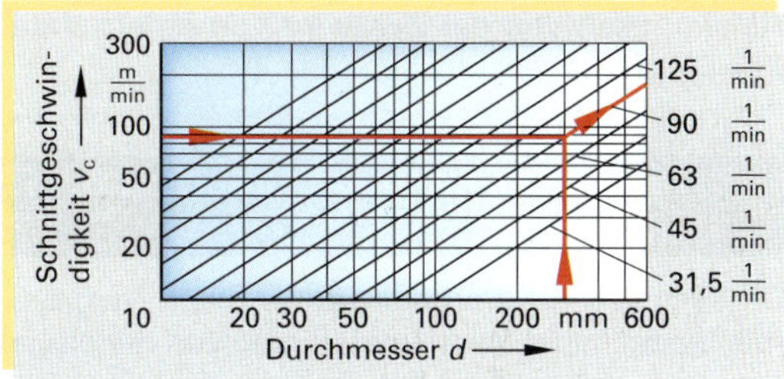

Bild 3: Diagramm mit logarithmischen Achsen

Polarkoordinatensystem

Im Polarkoordinatensystem wird eine Kreisfläche mit einer 360°-Teilung versehen. Der Winkel 0° wird dabei der vom Mittelpunkt waagerecht nach rechts gehenden Achse zugeordnet. Die positiven Winkel werden von dort aus entgegen dem Uhrzeigersinn, negative Winkel im Uhrzeigersinn gezählt **(Bild 4)**.

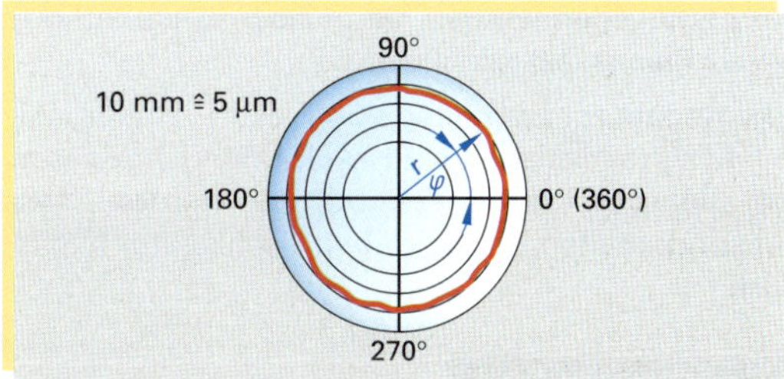

Bild 4: Diagramm mit Polarkoordinatensystem

Flächendiagramme

Für die anschauliche Darstellung einfacher Veränderungen oder anteilmäßiger Zusammensetzungen eignen sich die verschiedenen Flächendiagramme. In Balken- und Säulendiagrammen **(Bild 5)** werden in der Regel auf der senkrechten Achse die Mengenangaben abgetragen. Die waagrechte Achse beinhaltet die Angaben, die einander gegenübergestellt werden sollen.

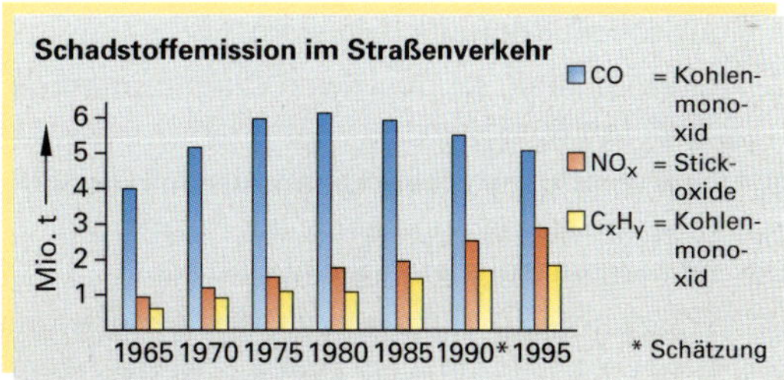

Bild 5: Flächendiagramm

Im **Kreisdiagramm** sind die anteilmäßigen Aufteilungen über die Größe der Flächenanteile dargestellt **(Bild 1)**. Die gesamte Kreisfläche entspricht dabei einem Anteil von 100%. Wird die Kreisfläche perspektivisch dargestellt und in die Höhe gezogen, so spricht man von einem Torten- oder Kuchendiagramm.

Beim **Sankey-Diagramm** werden die anteilmäßigen Zusammensetzungen auf die Ausgangsbreite des Diagrammes bezogen **(Bild 2)**.

Sankey- und Kreisdiagramme dienen hauptsächlich der Visualisierung von Veränderungen und Zusammensetzungen. Eine exakte, qualitative Aussage ist nur begrenzt möglich.

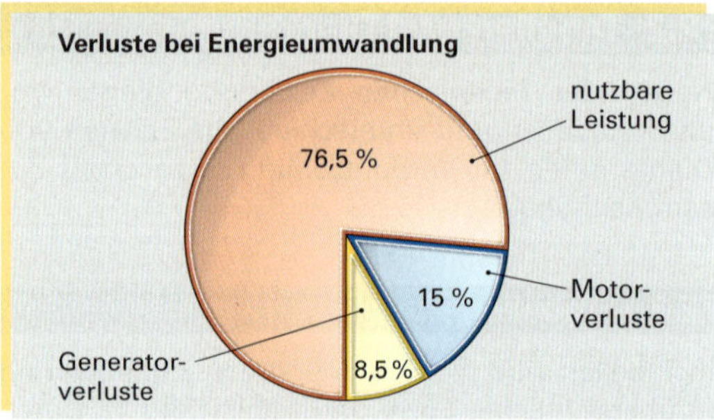

Bild 1: Kreisdiagramm

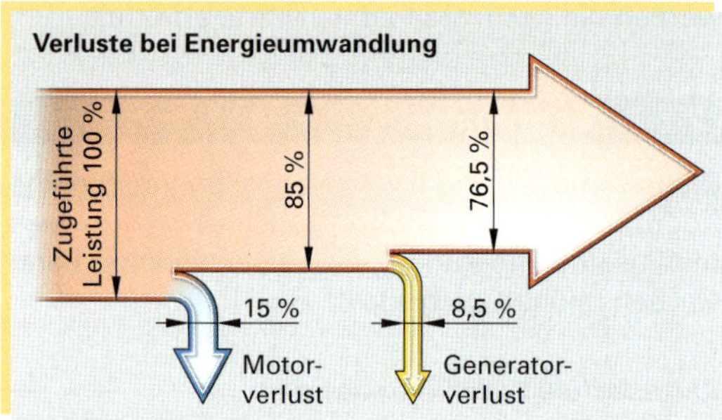

Bild 2: Sankey-Diagramm

Zustandsdiagramme

Für die grafische Darstellung von Steuerungsabläufen eignen sich vor allem Zustandsdiagramme. In ihnen wird der Ablauf der Steuerung und die Verknüpfung der Bauteile dargestellt. Wird ausschließlich der Ablauf in Abhängigkeit von dem jeweiligen Schritt gezeigt, so geschieht dies in einem Weg-Schritt-Diagramm **(Bild 3)**; bei der Darstellung in Abhängigkeit von der Zeit wird von einem Weg-Zeit-Diagramm gesprochen **(Bild 4)**.

2.3 Technische Kommunikation mithilfe von Plänen

Die technische Kommunikation mittels Diagrammen findet in der Regel unabhängig von der eingesetzten Gerätetechnik statt. Sollen jedoch spezielle gerätetechnische und schaltungstechnische Informationen (E-Technik, Pneumatik, Hydraulik usw.) weitergegeben werden, so müssen diese in Form eines Planes festgelegt werden.

Die Regeln zur Erstellung von Elektro-, Pneumatik- und Hydraulikplänen sind nach DIN ISO genormt. Im Rahmen dieses Fachbuches werden diese Besonderheiten im jeweiligen Fachkapitel behandelt.

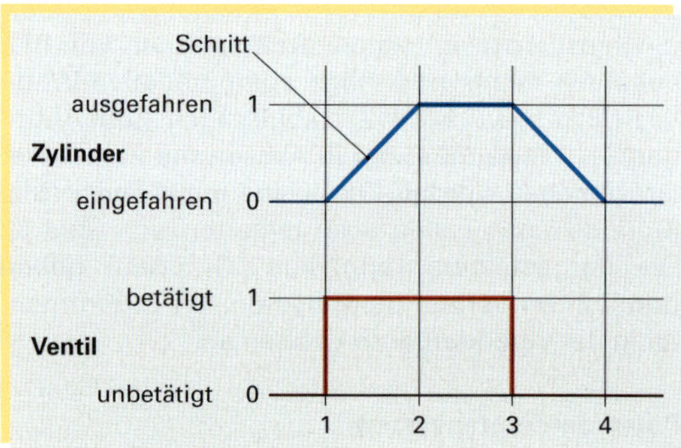

Bild 3: Weg-Schritt-Diagramm

Arbeitsauftrag:

1. Suchen Sie im Tabellenbuch mindestens fünf unterschiedliche Diagramme mit linearem, kartesischem Koordinatensystem.
2. Interpretieren Sie die in den Diagrammen gemachten Aussagen.
3. Suchen Sie jeweils ein Diagramm mit logarithmischen Achsen und eines mit Polarkoordinaten und interpretieren Sie auch diese.
4. Erstellen Sie mithilfe eines Office-Programms Balken- und Tortendiagramme über die Altersverteilung Ihrer Klassenkameraden.

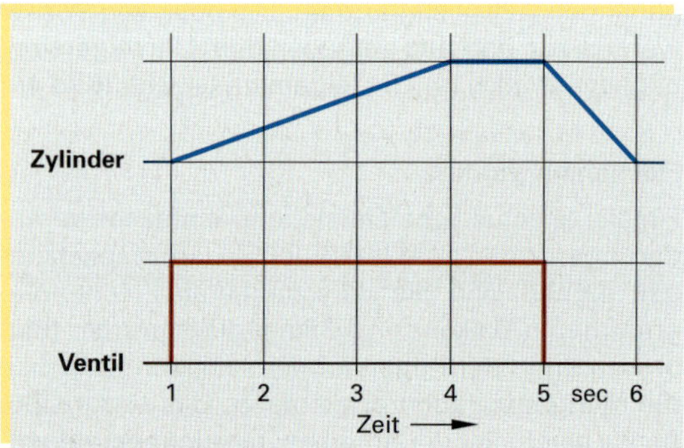

Bild 4: Weg-Zeit-Diagramm

2.4 Die Sprache als Kommunikationsmittel

Neben allen Hilfsmitteln, die die Technische Kommunikation erleichtern, bleibt die Sprache, also das gesprochene und geschriebene Wort, ein unersetzliches Kommunikationsmittel. Immer häufiger müssen qualifizierte Arbeitskräfte in der Lage sein, dieses Kommunikationsmittel professionell einzusetzen. Sei es in der direkten Absprache mit anderen Mitarbeitern, Auftraggebern und Kunden oder in Form von Protokollen, Referaten und Projektarbeiten; überall ist es erforderlich, sich präzise und strukturiert ausdrücken zu können.

2.4.1 Das Erstellen von Protokollen

Aufgabe von Protokollen ist es, den Inhalt und den Verlauf bestimmter Ereignisse wie Teamsitzung, Gespräche, Unterrichtsstunden, Konferenzen, Tagungen u.a. festzuhalten, damit diese zu einem späteren Zeitpunkt nachvollziehbar und die Ergebnisse nachzulesen sind. Außerdem können anhand der Protokolle auch Personen, die nicht an dem Ereignis teilnehmen konnten, über die Ergebnisse informiert werden. Protokolle werden in sachlicher Form entweder in ganzen Sätzen oder in Stichworten verfasst. Die Zeitform kann die Gegenwart (Präsens) oder die Vergangenheit (Präteritum) sein. Wichtige Redebeiträge können wörtlich zitiert werden.

Formen des Protokolles

Grundsätzlich werden zwei Formen des Protokolles unterschieden:

- das **Verlaufsprotokoll**
- das **Ergebnisprotokoll**

Im Verlaufsprotokoll werden alle wichtigen Einzelheiten und der gesamte Verlauf des Ereignisses wiedergegeben. Dabei werden auch die wichtigsten Äußerungen aufgeführt.

Im Ergebnisprotokoll dagegen sind nur die Ergebnisse wie z.B. Anträge, Beschlüsse, Vereinbarungen, Abmachungen, festgehalten. In der Regel ist das Ergebnisprotokoll erheblich kürzer als das Verlaufsprotokoll aber auch nicht so aussagekräftig bezüglich der Wege, die zu einer Entscheidung geführt haben.

Aufbau eines Protokolles

Protokolle erhalten einen Protokollkopf (Vorspann), einen Hauptteil und am Ende des Protokolles das Datum, den Ort und die Unterschrift des Protokollanten. Im Protokollkopf sind normalerweise das Thema des Ereignisses, der Ort, das Datum und die Zeit sowie die Namen der Teilnehmer aufgeführt. Bei größerer Teilnehmerzahl werden diese im Rahmen einer Anwesenheitsliste genannt.

Der Hauptteil fasst die wichtigsten Beiträge bzw. die Ergebnisse in chronologischer Reihenfolge zusammen. Sehr oft gehen den Ereignissen Einladungen mit festgesetzten Tagesordnungspunkten (TOP) voraus. In diesen Fällen bestimmen diese Tagesordnungspunkte den zeitlichen Verlauf und somit auch die Reihenfolge der Dokumentation der Ergebnisse.

Am Ende des Protokolles stehen das Datum der Protokollerstellung und die Unterschrift des Protokollanten.

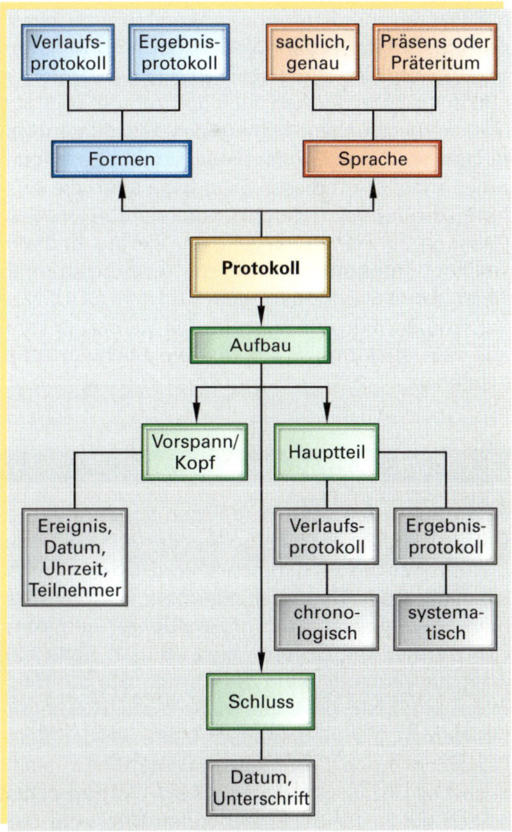

Bild 1: Protokoll

Erstellung eines Protokolles

Protokolle werden auf der Grundlage von schriftlichen Aufzeichnungen gemacht. Diese erstellt der Protokollant während des Ereignisses. Dazu muss er die Fähigkeit besitzen, schon während der Sitzung Wichtiges von Unwichtigem zu unterscheiden und das Wichtige in Stichpunkten mit hoher Schreibgeschwindigkeit so zu notieren, dass er diese Notizen später noch lesen kann. Dabei ist durchaus sinnvoll, gebräuchliche Abkürzungen und Zeichen (z. B. = , →) zu verwenden. Im Bedarfsfall kann der Protokollant die Redner um Wiederholung oder genaue Formulierung bitten. Die endgültige Erstellung des Protokolles erfolgt heute normalerweise mit einem Textverarbeitungssystem am PC. Über die Form der Veröffentlichung bzw. Verteilung des Protokolles wird vor der Protokollerstellung entschieden. Häufig muss das Protokoll durch den Vorsitzenden oder die gesamte Teilnehmergruppe genehmigt werden.

2.4.2 Referate und Vorträge

Ein Referat ist ein sachlicher Vortrag zu einem bestimmten Thema. Der Anlass für ein Referat kann z. B. die Weitergabe von erarbeitetem Wissen sein. So ist es denkbar, dass sich ein Mitglied eines Projektteams intensiv über die Eigenarten einer bestimmten Steuerungsart informiert und die gewonnenen Erkenntnisse in Referatsform an die anderen Teammitglieder weitergibt. Voraussetzung für das Gelingen eines Referates ist also immer die Auseinandersetzung mit einem Thema. Grundlage des Referatvortrages ist in der Regel die schriftliche Ausarbeitung des Referates.

2.4.3 Referaterstellung

Der erste Schritt bei der Erstellung eines Referates ist immer die genaue Festlegung des Themas und die Eingrenzung des Zeitrahmens. Steht das Thema fest, so muss Informationsmaterial beschafft und gesichtet werden. Neben Firmenunterlagen und Bibliotheken sind heute vor allem das Internet und in größeren Firmen auch das Intranet wichtige Informationsquellen. Mithilfe des gesichteten Materiales wird eine Grobstruktur (vorläufige Gliederung) erstellt. Auf dieser Grundlage kann die Ausformulierung des Referates durchgeführt werden. Dabei ist es wichtig, dass Texte, die aus anderen Quellen entnommen wurden, ordnungsgemäß zitiert werden. Die Zitierregeln sind dem DUDEN zu entnehmen. Für den Vortrag des Referates kann aus dem ausformulierten Text ein Stichwortzettel entstehen.

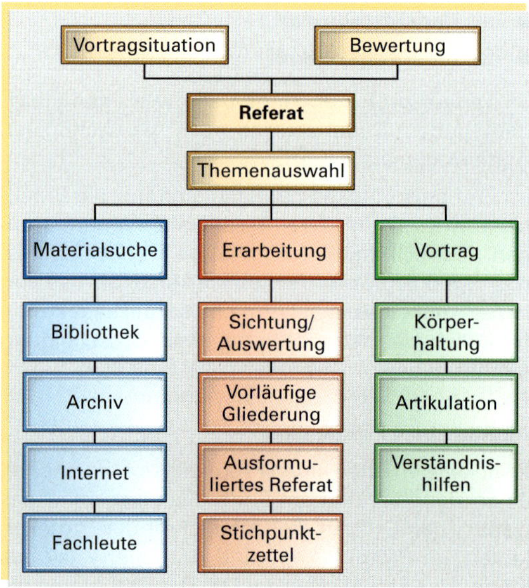

Bild 1: Überblick Referat

2.4.4 Der Vortrag des Referates

Referate werden nicht vorgelesen sondern vorgetragen. Dabei ist es wichtig, dass das Thema für die Zuhörer interessant dargestellt wird. Da die Auffassungsgabe des Menschen zunimmt, wenn er über mehrere Sinnesorgane Informationen aufnimmt (z. B. Augen und Ohren – siehe Bild 1, Seite 52), kann zur Verdeutlichung der Kernpunkte auf Hilfsmittel wie Tafeln, Overheadfolien u. a. zurückgegriffen werden. In zunehmendem Maße werden Referate auch durch Computerpräsentationen (siehe auch Kap. 1.2.3) unterstützt. Beim Vortrag selbst sollten die in der nebenstehenden Übersicht dargestellten Regeln beachtet werden.

Regeln für den Vortrag eines Referates

- möglichst frei sprechen
- langsam, laut und deutlich reden
- Pausen einbauen
- Stimmlage variieren
- auf Körperhaltung achten
- Blickkontakt zu Zuhörern halten
- nicht gegen Tafel sprechen

3 Prüftechnik

Für die Fertigung von Bauteilen aber auch für deren Montage ist die Überprüfung der geforderten Eigenschaften unerlässlich. Dazu zählen vor allem die in der Technischen Zeichnung angegebenen **Maße,** die **Qualität der Oberflächen** und die Einhaltung der gewünschten **Form.** Zu diesem Zweck wird mit geeigneten Mitteln der tatsächliche Wert (Istwert) mit dem gewünschten Wert (Sollwert) verglichen.

Unter **Prüfen** versteht man das **Vergleichen** eines tatsächlichen Zustandes mit einem gewünschten Zustand **(Bild 1).**

Wird beim Prüfen die zu prüfende Größe mit ihrer Einheit verglichen, so wird dieser Vorgang als **Messen** bezeichnet. Dies geschieht mit geeigneten **Messgeräten.** Das Ergebnis des Messvorganges ist das **Istmaß (Bild 2 und Bild 3).**

Beim **Lehren** dagegen wird die zu prüfende Größe mit einer Lehre verglichen, die das gewünschte Maß oder die gewünschte Form, also den **Sollzustand,** verkörpert **(Bild 4).** Das Ergebnis dieses Vorganges ist die Aussage „gut", „Nacharbeit" oder „Ausschuss".

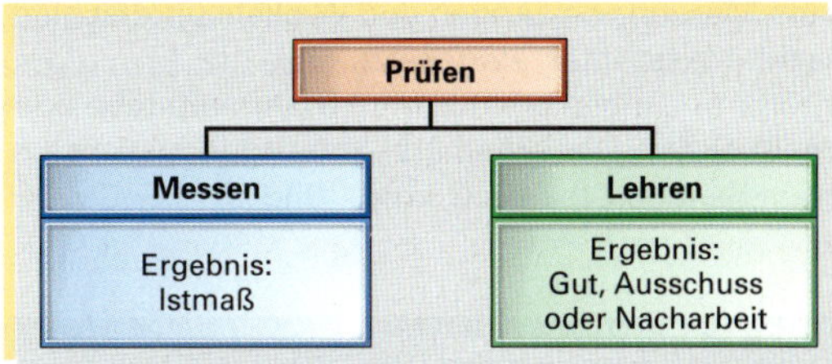

Bild 1: Einteilung des Prüfens

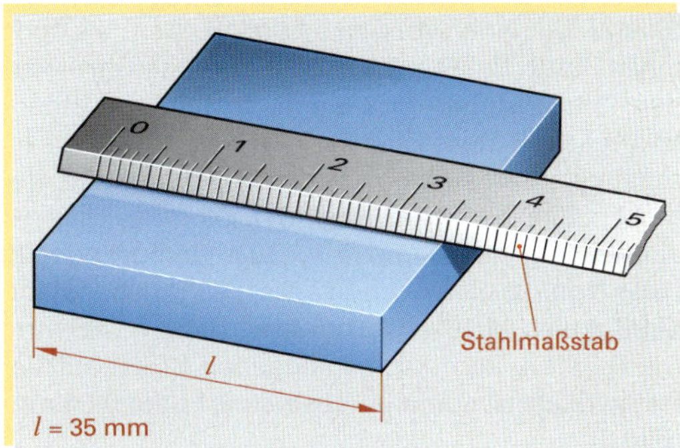

Bild 2: Messen

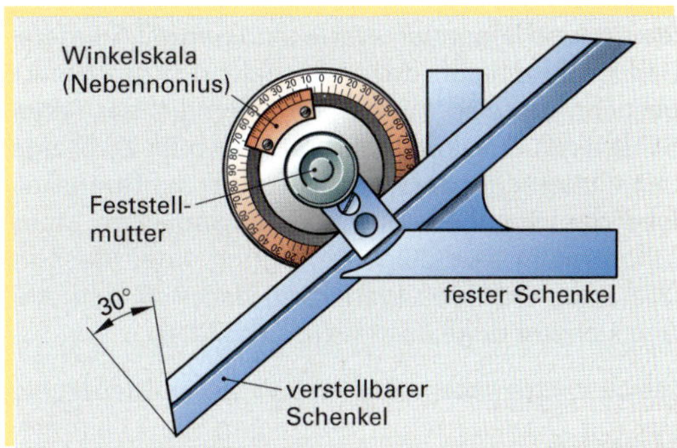

Bild 3: Winkelmessung

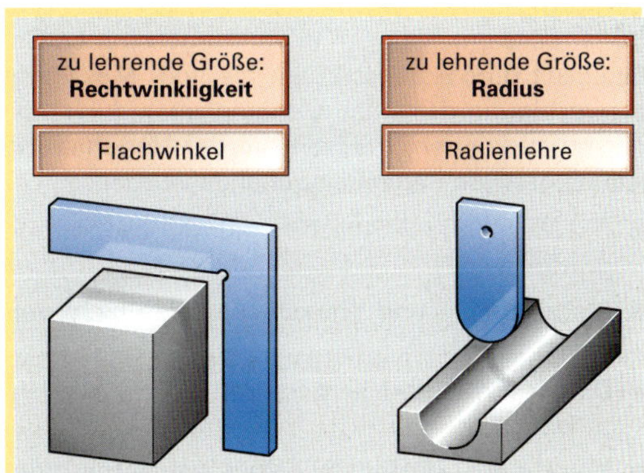

Bild 4: Lehren

3.1 Längen- und Winkelprüfung

Um vergleichbare Werte zu erhalten, ist es erforderlich, einheitliche Basisgrößen festzulegen. Im internationalen Einheitensystem SI sind insgesamt sieben voneinander unabhängige Basisgrößen und -einheiten definiert.

Die Basiseinheit der Länge ist das Meter (m). Sie ist nach der Weglänge, die von einer bestimmten Wellenart in einer Zeiteinheit zurückgelegt wird, festgelegt.

Um bei bestimmten Anwendungen nicht zu große oder zu kleine Werte zu erhalten, wird von der Möglichkeit Gebrauch gemacht, die Zahlenwerte durch geeignete Vorsätze zu verkleinern oder zu vergrößern. In der Mechanik sind dies **c**m und **m**m, bei kleineren Werten, wie z. B. Rauheitsangaben, aber auch µm.

Die Einheit für Winkel ist der Grad (°). Ein Grad ist der 360ste Teil eines Vollkreises.

Die Unterteilung von Graden erfolgt in dezimale Teile oder in Minuten (′) und Sekunden (″).

$1° = 60'$ $\quad 1' = 60''$ $\quad 30' = 0{,}5°$

3.2 Mechanische Prüfmittel

Abhängig von der geforderten Genauigkeit werden zum Messen von Längen und Winkeln unterschiedliche Messmittel eingesetzt. Für die Ermittlung größerer Längen benutzt man **Stahlmaßstäbe** oder **Maßbänder**. Die erzielbare Ablesegenauigkeit beträgt damit ca. 0,2 bis 0,5 mm **(Bild 1)**.

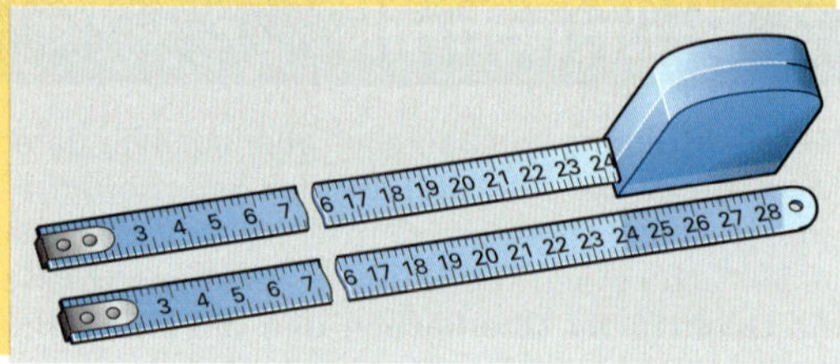

Bild 1: Stahlmaßbänder

3.2.1 Messschieber

Vielseitiger einsetzbar und auch genauer als Maßbänder und Stahlmaßstäbe sind Messschieber **(Bild 2)**. Mit ihnen können sowohl Außen- als auch Innen- und Tiefenmessungen durchgeführt werden. Sie bestehen aus einem festen und einem beweglichen Messschenkel. Auf dem festen Messschenkel ist eine Millimeter-Skala aufgebracht, der bewegliche Schenkel trägt den Nonius. Dies ist eine Teilung von 19 mm in 10 (10er-Nonius) oder 20 (20er-Nonius) gleich große Teile. Der Strichabstand beträgt also 19/10 = 1,9 mm bzw. 19/20 = 0,95 mm. Die Differenz zum nächstgelegenen Strich auf der festen Skala ist somit je Teilstrich 0,1 oder 0,05 mm **(Bild 3)**.

Zum Ablesen des eingestellten Wertes wird der Nullstrich des Nonius als Komma betrachtet. Die links davon liegenden Werte sind ganze Millimeter. Danach wird rechts davon der Teilstrich des Nonius gesucht, der sich mit einem Strich auf der festen Skala deckt. Dieser gibt die Zehntel- oder Zwanzigstelmillimeter an. Bei Messschiebern mit Rundskala wird die Längsbewegung des beweglichen Messschenkels in eine Zeigerbewegung einer Messuhr übersetzt. Der Messwert kann dadurch schneller und sicherer abgelesen werden **(Bild 4)**.

Die sicherste Ablesemöglichkeit bieten Messschieber mit Digitalanzeige. Sie zeigen die Millimeter, Zehntel- und Hundertstelmillimeter in Ziffern an **(Bild 4)**. Messschieber reichen in vielen Fällen im Bereich der Mechatronik aus, um Längen- und Durchmessermessungen in der vorgesehenen Genauigkeit durchzuführen. Um die vom Messgerät zur Verfügung gestellten Genauigkeiten auch ausnützen zu können, müssen bei der Handhabung jedoch gewisse **Regeln** eingehalten werden:

- Die Mess- und Prüfflächen müssen sauber und gratfrei sein.
- Messschieber und Werkstück dürfen nicht verkantet werden.
- Die Messkraft darf nicht zu groß, aber auch nicht zu klein sein.
- Messungen dürfen nicht an bewegten oder erwärmten Teilen durchgeführt werden.

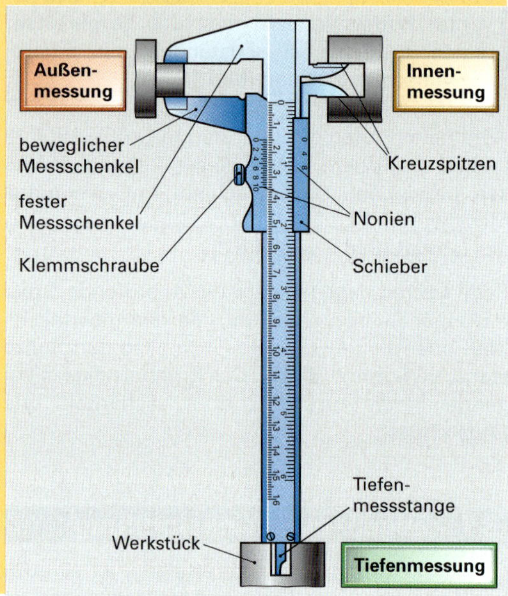

Bild 2: Universalmessschieber

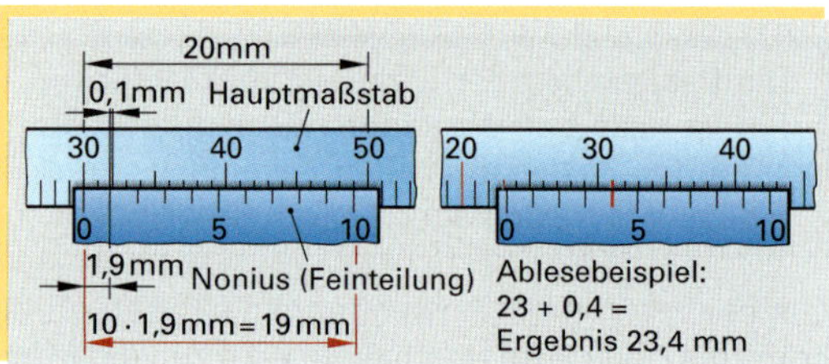

Bild 3: Nonius: Aufbau und Ablesung

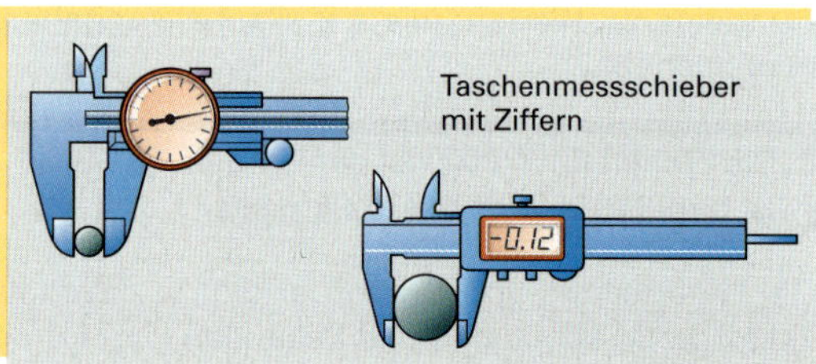

Bild 4: Messschieber mit Rundskala und Digitalanzeige

3.2.2 Messschrauben

Messschrauben werden dort verwendet, wo die Messgenauigkeit von Messschiebern nicht ausreicht. Ihre Ablesegenauigkeit beträgt 0,01 mm. Sie sind in verschiedenen Ausführungen für Innen- und Außenmessungen erhältlich. Der Messbereich der Messschrauben ist im Vergleich zu den anderen mechanischen Messmitteln klein, so dass sie im Bedarfsfalle in unterschiedlichen Größen vorhanden sein müssen. In der Regel sind die verfügbaren Messschrauben in 25-mm-Sprüngen gestuft.

Das Messprinzip besteht darin, dass die erforderliche Linearbewegung der beweglichen Messfläche über die Drehbewegung einer Messspindel erreicht wird. Die Steigung der Spindel beträgt meist 0,5 mm. Dies bedeutet, dass bei einer vollen Umdrehung der Spindel der bewegliche Zylinder einen Weg von 0,5 mm zurücklegt. Befindet sich auf der Hülse, mit der die Drehbewegung durchgeführt wird, eine Skala mit 50 gleichen Teilen, so entspricht jeder Teilstrich = 0,5 mm : 50 = 0,01 mm **(Bild 1)**.

Bei der Ablesung der Messschraube werden die ganzen und die halben Millimeter auf der feststehenden Skala abgelesen. Die auf der drehbaren Skalentrommel abgelesenen Hundertstelmillimeter werden zu diesem Wert addiert **(Bild 2 und 3)**. Um die unterschiedlichen Messkräfte bei der Handhabung auszugleichen, verfügen alle Messschrauben über eine **Rutschkupplung.** Wie bei den Messschiebern, so sind auch die Messschrauben mit digitaler Anzeige erhältlich.

Arbeitsregeln beim Messen mit Messschrauben:

- Die Mess- und Prüfflächen müssen sauber und gratfrei sein.
- Das Verkanten von Werkstück oder Messschraube ist zu vermeiden.
- Die vorgeschriebene Bezugstemperatur ist einzuhalten.
- Die Messschraube ist beim Messvorgang nur über die Rutschkupplung zu betätigen.

3.2.3 Messuhren

Bei Messuhren **(Bild 4)** wird die Linearbewegung eines Messbolzens über ein Getriebe (meist Zahnrad und -stange) in die kreisförmige Bewegung eines Messzeigers umgeformt. Dabei bewirkt ein Liniearweg von einem Millimeter eine volle Drehbewegung. Ist die Skala der Messuhr in 100 gleiche Teile geteilt, so beträgt die Ablesegenauigkeit somit: 1 mm : 100 = 0,01 mm.

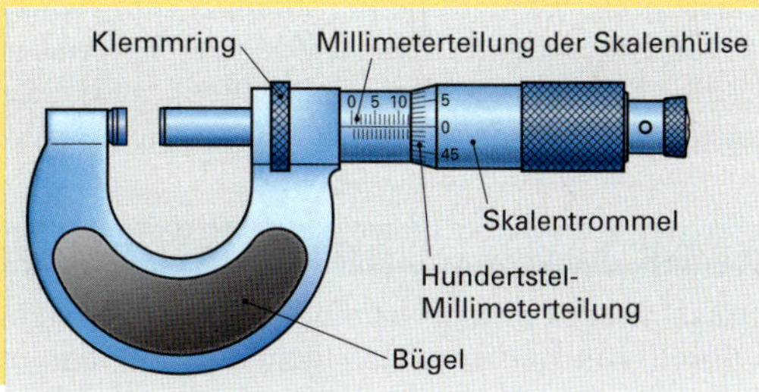

Bild 1: Aufbau einer Bügelmessschraube

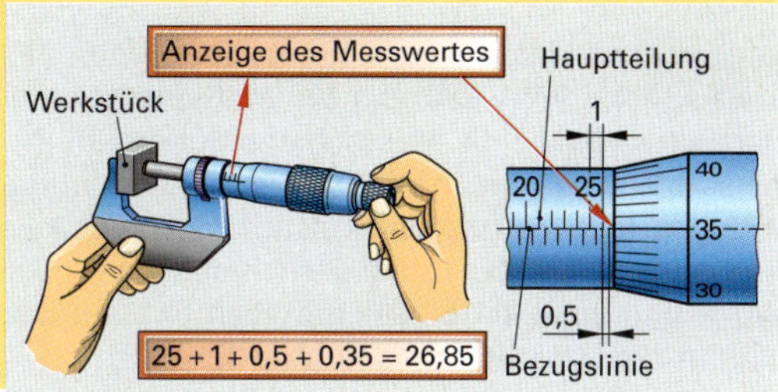

Bild 2: Ablesen einer Bügelmessschraube

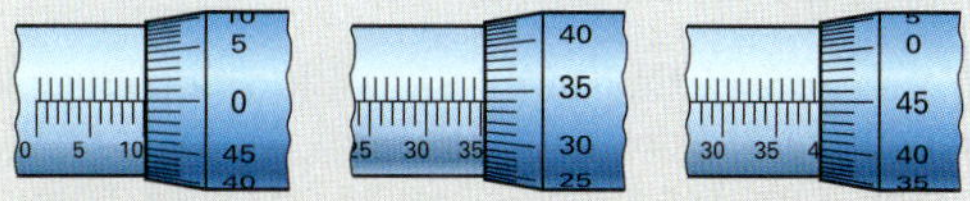

Anzeige an der	Anzeigenwert		
Messhülse:	10	35	38
	0,0	0,0	0,5
Skalentrommel:	0,00	0,34	0,45
Messwert in mm:	10,00	35,34	38,95

Bild 3: Ablesebeispiel

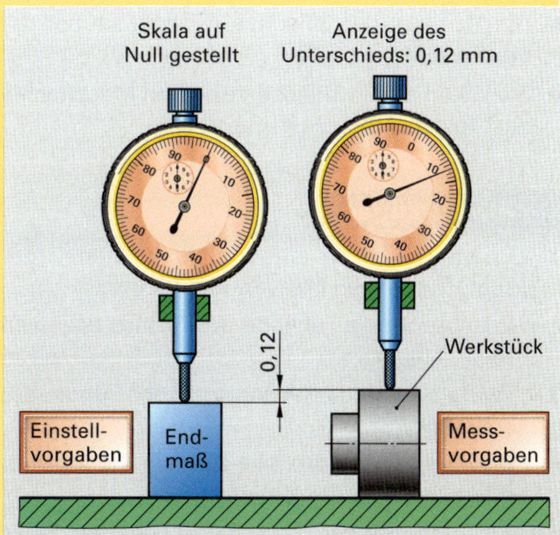

Bild 4: Unterschiedsmessen mit Messuhren

Messuhren werden häufig benutzt um Unterschiedsmessungen z.B. zwischen Endmaßen (Maßverkörperung des Sollmaßes) und den tatsächlichen Istmaßen festzustellen.

3.2.4 Winkelmesser

Winkelmesser werden benötigt um die Lage (den Winkel) von Kanten oder Flächen in Relation zu Bezugskanten oder -flächen zu bestimmen. Dazu werden einfache Winkelmesser mit einer relativ geringen Genauigkeit oder Universalwinkelmesser mit einer Ablesegenauigkeit von 5′ benutzt.

Universalwinkelmesser verfügen über einen Teilkreis von 4 x 90° = 360° der die Maßverkörperung darstellt und, wie die Messschieber, über eine Noniusskala. Diese sind nach 5 Winkelminuten aufgelöst. Beim Ablesen werden erst auf der Hauptskala, ausgehend von 0°, bis zur 0 des Nonius die Winkelgrade und dann in der gleichen Richtung auf dem Nonius die Minuten ermittelt **(Bild 1)**.

Vorsicht: der abgelesene Wert entspricht nicht immer direkt der Anzeige. Beim stumpfen Winkel ergibt sich dieser aus der Differenz von 180° minus dem Ablesewinkel **(Bild 2)**.

Wesentlich leichter abzulesen sind Winkelmesser mit digitaler Ziffernanzeige. Bei ihnen kann der gemessene Winkel wahlweise in Winkelgrade, -minuten und -sekunden oder als Dezimalgrade abgelesen werden **(Bild 3)**.

Wie bei den anderen Messgeräten, so sind auch bei der Arbeit mit Winkelmessern **Arbeitsregeln** einzuhalten:

- Die Messschenkel müssen rechtwinklig zu den Prüfflächen stehen
- Die Mess- und Prüfflächen müssen sauber und gratfrei sein
- Zwischen den Prüfflächen und den Messflächen darf kein sichtbarer Lichtspalt sein

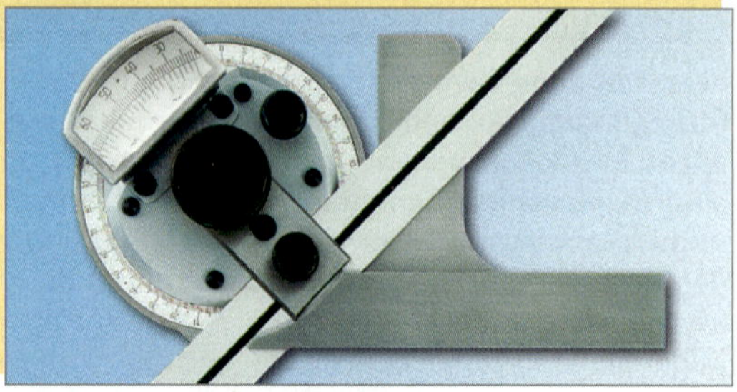
Bild 1: Universalwinkelmesser

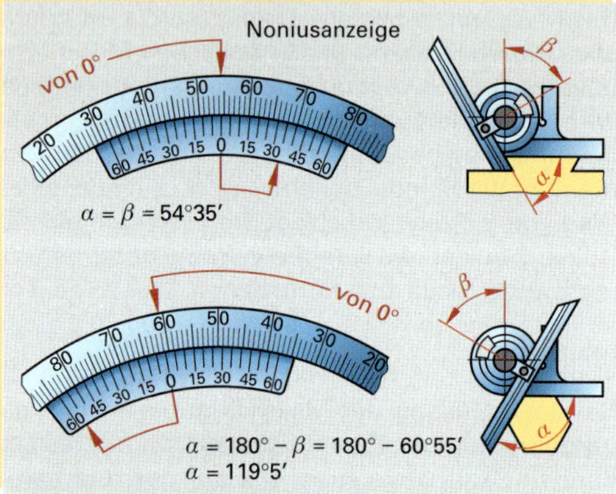

Bild 2: Winkelanzeigen

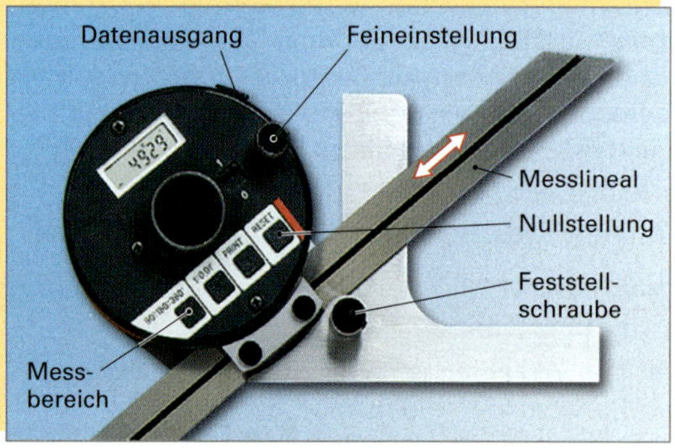

Bild 3: Universalwinkelmesser mit Ziffernanzeige

Arbeitsauftrag:

1. Erläutern Sie an einem Beispiel den Unterschied zwischen Messen und Lehren.
2. Erklären Sie die Funktion des Nonius bei einem Messschieber.
3. Worin besteht das Messprinzip der Bügelmessschraube?
4. Beschreiben Sie das Messprinzip der Messuhr und eine Form der Umsetzung.
5. Ermitteln Sie für die nebenstehenden Messbeispiele die Messwerte.

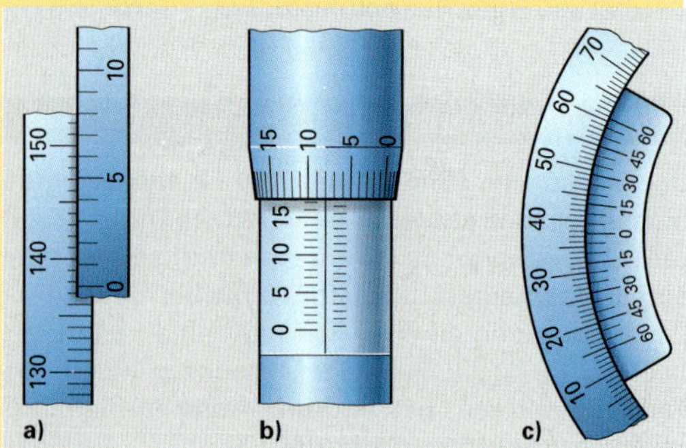

3.3 Pneumatische Messgeräte

Beim pneumatischen Messen werden Druck- oder Durchflussänderungen zur Bestimmung von Längenänderungen benutzt. Die Verfahren werden als Druck- oder Volumenmessverfahren bezeichnet **(Bild 1)**.

Ändert sich der Abstand eines Werkstückes zu einer Messdüse durch Veränderung seiner Abmessungen, so ändert sich auch der **Druck** der ausströmenden Luft. Diese Druckänderungen werden über ein Manometer auf eine Längenskala übertragen **(Bild 2)**. Beim **Volumen**messverfahren werden die durch die Veränderung des Abstandes hervorgerufenen Änderungen der Durchflussmenge ermittelt und in eine Längenskala umgeformt.

Der Skalenwert von pneumatischen Messgeräten beträgt meist 0,001 mm, die Messgenauigkeit liegt bei 0,01 mm. Da für jedes zu prüfende Maß ein extra Messwertaufnehmer benötigt wird, eignet sich dieses Verfahren nicht für Einzelprüfungen. Es wird vielmehr in der Serienprüfung eingesetzt. Die Vorteile liegen in der hohen Messgenauigkeit, der Tatsache, dass durch die unter Druck stehende austretende Luft die Messstelle gesäubert wird, und dass durch die berührungslose Messung keine Beschädigung der Werkstücke möglich ist.

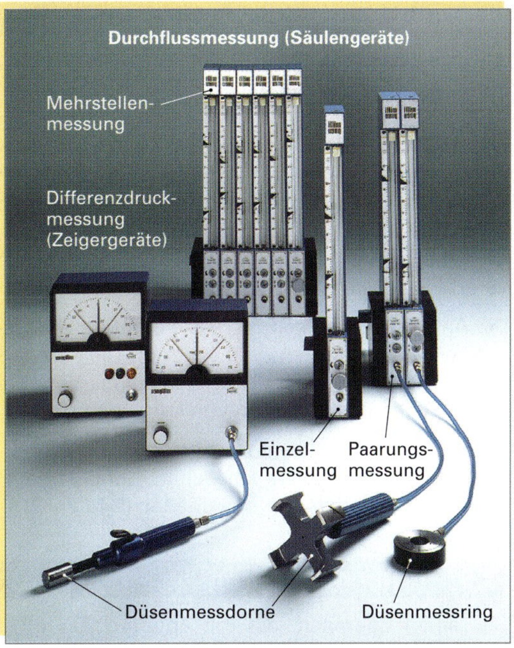

Bild 1: Pneumatische Messgeräte

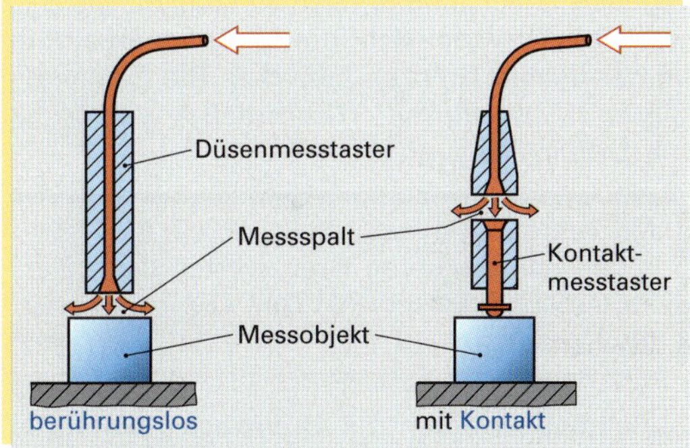

Bild 2: Messgrößenaufnehmer

3.4 Elektrische Messgeräte

Elektrische Messgeräte bestehen aus dem Messwertaufnehmer (Taster), dem Messwertwandler und dem Anzeigegerät.

Das Messprinzip von elektrischen Messgeräten liegt darin, dass mechanisch abgetastete Messgrößen in elektrische Signale umgeformt werden. Dies geschieht meist durch das Ausnutzen der Induktivitätsänderung. Dabei ist der Taster mit einem Eisenkern verbunden, der zwischen zwei Spulen beweglich gelagert ist. Die Bewegung des Tasters hat Veränderungen der elektrischen Spannungen in den Spulen zur Folge (siehe Seite 278). Diese werden als Signal erfasst, verstärkt und über geeignete Geräte angezeigt. Die Messgenauigkeit beträgt ca. 0,001 mm **(Bild 3)**.

Vorteile der elektrischen Messgeräte:

- Sehr großer Messbereich
- Hohe Messgenauigkeit
- Erfassung und Nutzung der Daten in Rechnern und Steuerungen
- Leichte Handhabung, da die Messwerte in der Regel digital angezeigt werden

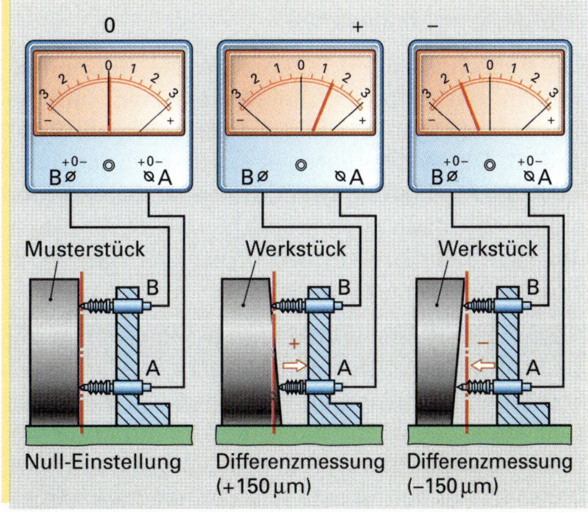

Bild 3: Elektrisches Messen

3.5 Elektronische Messgeräte

Auf der Basis von opto-elektronischen Wegmesssystemen arbeiten die elektronischen Messgeräte. Ein beweglicher Abtastkopf fährt dabei über einen Glasmaßstab und erfasst die zurückgelegten Wegabschnitte (Inkremente). Der Glasmaßstab ist in sehr kleinen Abschnitten in lichtdurchlässige und lichtundurchlässige Abschnitte unterteilt. Die von der Optik erfassten Signale werden elektronisch verarbeitet **(Bild 1)**.

Die Anzeigegenauigkeit beträgt bei opto-elektronischen Wegmesssystemen 0,001 mm. Die Auswerteelektronik ermöglicht wahlweise ein inkrementales oder absolutes Messen von Längen.

Opto-elektronische Wegmesssysteme sind in CNC-gesteuerten Bearbeitungsmaschinen und in Koordinatenmesseinrichtungen enthalten **(Bild 2)**.

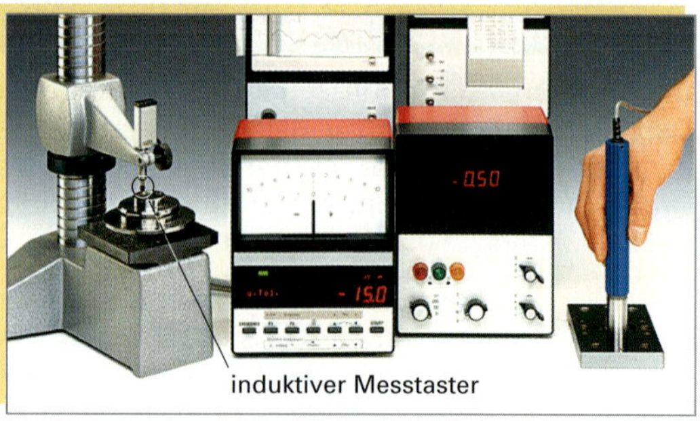

Bild 1: Elektronisches Messgerät

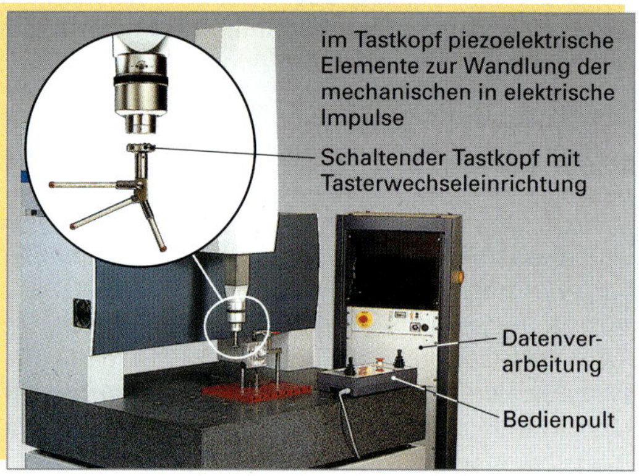

Bild 2: Koordinatenmessmaschine

3.6 Prüfen mit Lehren

Bei vielen Bauteilen, die mit anderen Bauteilen zusammen eine Baugruppe bilden ist vor allem wichtig, dass sie „passen", um somit die ihnen zugedachte Funktion erfüllen zu können. Die Bauteile passen, wenn sich ihre Maße innerhalb der vorgesehenen Grenzen befinden. Die Einhaltung dieser „Maßhaltigkeit" (Grenzmaße) wird häufig mit Lehren überprüft.

> Mit Lehren wird festgestellt, ob ein Maß zwischen den erlaubten Grenzwerten liegt. Das Prüfergebnis ist entweder **Gut, Ausschuss** oder **Nacharbeit.**

Außenmaße werden mit Grenzrachenlehren, Innenmaße mit Grenzlehrdornen überprüft. Die Gutseiten verkörpern bei Außenmessungen das zulässige Höchstmaß und bei Innenmessungen das erforderliche Mindestmaß.

Die Ausschussseiten verkörpern bei Außenmessungen das erforderliche Mindestmaß und bei Innenmessungen das zulässige Höchstmaß **(Bild 3 und 4)**. Die Ausschussseite bei Lehren ist durch eine rote Markierung gekennzeichnet. Ist ein Überprüfen der Maße nicht möglich, weil die Grenzlehren nicht über bzw. in den Prüfkörper passen, ist eine Nacharbeit erforderlich.

Neben dem Prüfen von Maßen eignen sich Lehren auch zum Überprüfen von Formen. Da die Lehren immer nur ein Nennmaß verkörpern, ist ihr Einsatz sehr stark begrenzt. Durch die zunehmende Verbreitung modernerer und vielseitig einsetzbarer Prüfmittel ist der Einsatz von Lehren stark zurückgehend.

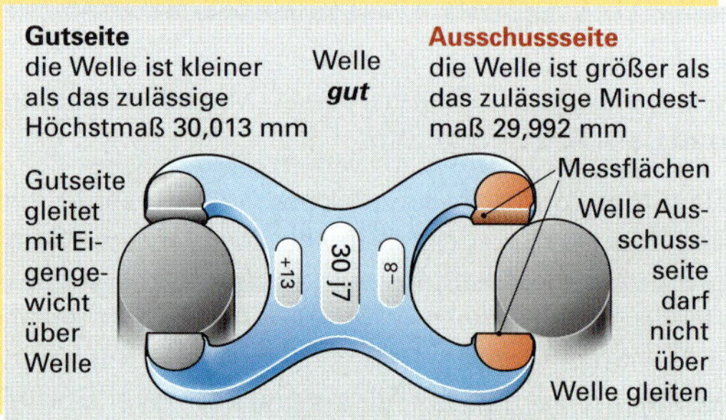

Bild 3: Grenzrachenlehre zum Passmaß 30 j7

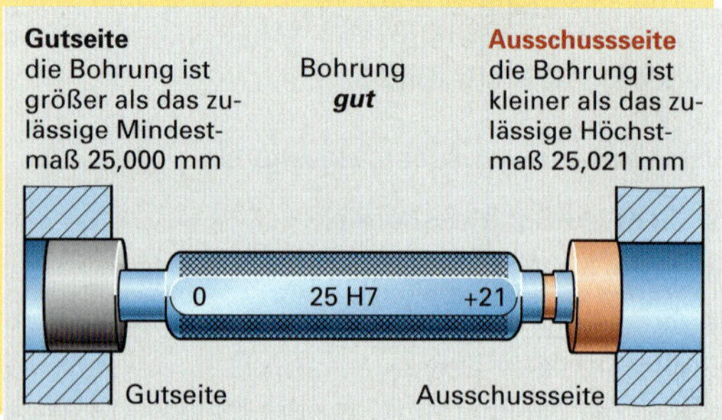

Bild 4: Grenzlehrdorn zum Passmaß H7

3.7 Prüfung von Oberflächen

Neben der Einhaltung der Maße ist vor allem auch die Erzeugung einer geforderten Oberflächengüte wichtig bei der Herstellung von Einzelteilen. So kann z.B. die Schnittfläche eines Aluminiumprofiles, das im Einbau durch eine Kunststoffkappe verdeckt ist, relativ rau sein, die Oberfläche einer Bohrung jedoch, in der sich ein beweglicher Bolzen befindet, darf nur eine viel geringere Rauheit aufweisen.

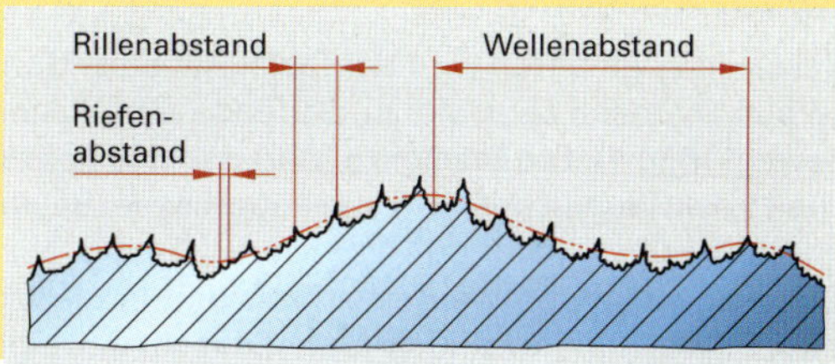

Bild 1: Istprofil (P-Profil)

3.7.1 Grundbegriffe der Oberflächenprüfung

Wie bei den Bauteilmaßen, so spricht man auch bei den Oberflächen von einem Soll- und einem Ist-Zustand.

Die Solloberfläche ist die durch die Zeichnungsangaben vorgegebene Werkstückoberfläche. Die Istoberfläche ist die tatsächlich vorliegende und durch messtechnische Verfahren nachprüfbare Oberfläche.

> Bei der Oberflächenprüfung wird durch messtechnische Verfahren ein Oberflächenprofil (Istprofil = P-Profil) ermittelt **(Bild 1)**.

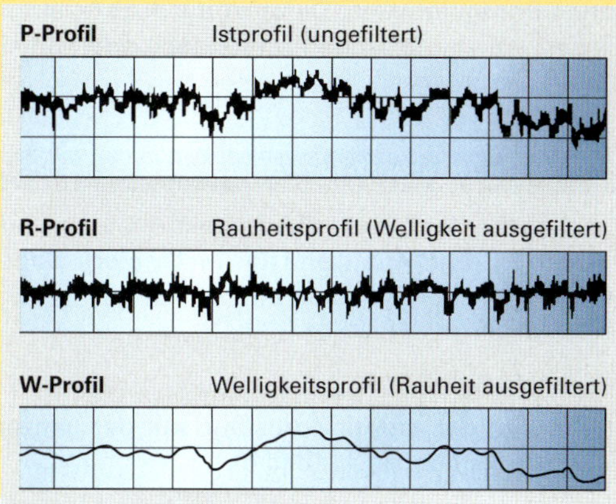

Bild 2: Oberflächen-Profildiagramme

Wird die Rauheit der Oberfläche ausgefiltert, so erhält man das Welligkeitsprofil (W-Profil). Die Ausfilterung der Welligkeit ergibt ein Rauheitsprofil (R-Profil) der Oberfläche **(Bild 2)**.

Fertigungstechnisch bedingt weichen die Istoberflächen in unterschiedlichen Charakteristiken von der in der Zeichnung geforderten Idealform ab. In DIN 4760 sind mögliche **Gestaltsabweichungen** in sechs Ordnungen klassifiziert **(Bild 3)**.

Gestaltabweichung		Beispiele	Ursache
1. Ordnung		Unebenheit Unrundheit	Durchbiegung Führungsfehler
2. Ordnung		Wellen	Schwingungen
3. Ordnung	Rauheit	Rillen	Vorschub
4. Ordnung	Rauheit	Riefen Schuppen	Spanbildung
		Gefüge	Kristallisationsvorgänge
		Gitteraufbau	Entkohlung Enthärtung

Bild 3: Gestaltsabweichungen

3.7.2 Oberflächenprüfverfahren

Zur Ermittlung der Oberflächengüte stehen unterschiedliche Verfahren zur Verfügung. Sie werden abhängig von der betrieblichen Gegebenheit und den messtechnischen Erfordernissen ausgewählt.

Sichtprüfung

Bei der Sichtprüfung wird die Oberfläche eines Werkstückes mit Oberflächen-Vergleichsmustern verglichen **(Bild 4)**. Dabei wird mit dem Fingernagel abwechselnd über die Vergleichsmuster und die Werkstückoberfläche gestrichen. Durch dieses subjektive Prüfverfahren lassen sich von geübten Anwendern noch Rauheitsunterschiede von max. 0,002 mm feststellen.

Längs-drehen II							
R_p µm	5	10	15	25	35	80	125
R_a µm	2,5	4	6	10	15	35	50
R_z µm	8	12	23	37	53	110	160

Bild 4: Oberflächen-Vergleichsmuster

Tastschnittverfahren

Bei diesem Verfahren wird ein Taster mit einer Spitze aus Diamant über die zu prüfende Oberfläche bewegt **(Bild 1)**. Die Tastspitze führt dabei, entsprechend der Rauheit der Werkstückoberfläche, Bewegungen rechtwinklig zur Vorschubrichtung aus. Diese Bewegungen werden erfasst und in elektrische Signale umgewandelt und somit zur Anzeige nutzbar gemacht **(Bild 2)**.

Neben den beschriebenen Rauheitsmessgeräten gibt es noch Geräte, die nach dem opto-elektronischen Prinzip arbeiten. Diese sind jedoch in ihrem Einsatz auf spezialisierte Fachbetriebe oder -abteilungen beschränkt.

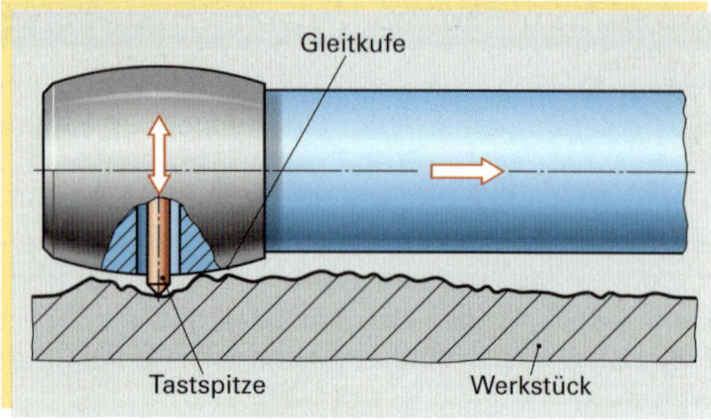

Bild 1: Kufen-Tastsystem

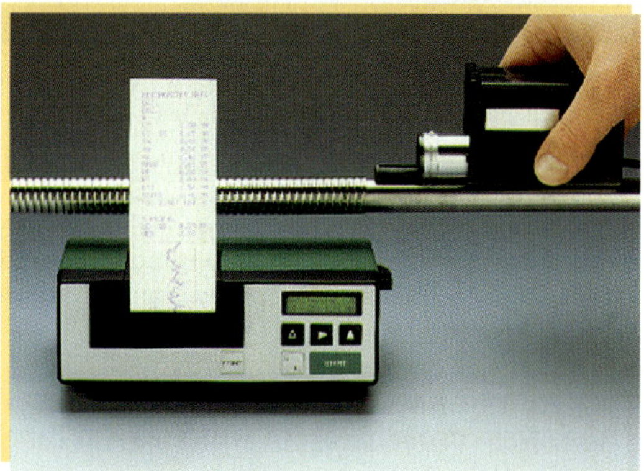

Bild 2: Oberflächenmessung

3.7.3 Rauheitsmessgrößen

Die Angabe der Oberflächenrauheit erfolgt grundsätzlich in µm (= Tausendstel Millimeter). Dabei werden folgende Angaben unterschieden:

Maximale Rautiefe R_{max}

In ihr wird der größte Z-Abstand auf der ganzen Messstrecke dargestellt **(Bild 4)**.

Gemittelte Rautiefe R_z

Das ist der Mittelwert aus fünf Einzelrautiefen Z1 bis Z5. Dazu wird die gesamte Messstrecke in fünf gleiche Teile geteilt. Für jeden Abschnitt wird dabei die größte Rautiefe R_{max} ermittelt **(Bild 3)**.

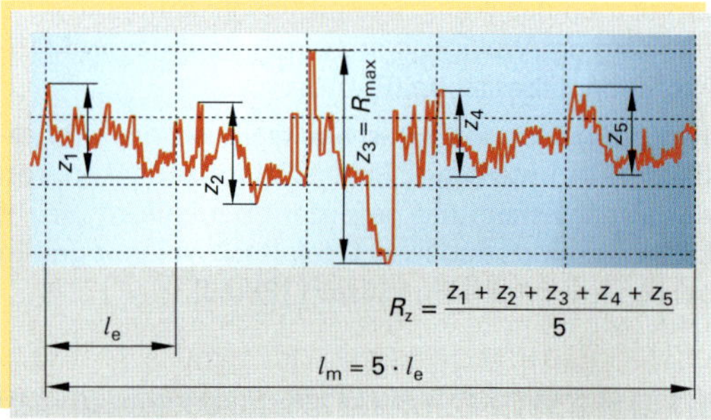

Bild 3: Gemittelte Rauheit R_z

Mittenrauwert R_a

Er entspricht dem Mittelwert aller Abweichungen von der Mittellinie **(Bild 4)**.

Glättungstiefe R_p

Dies ist der Abstand der höchsten Profilspitze zur Mittellinie **(Bild 4)**.

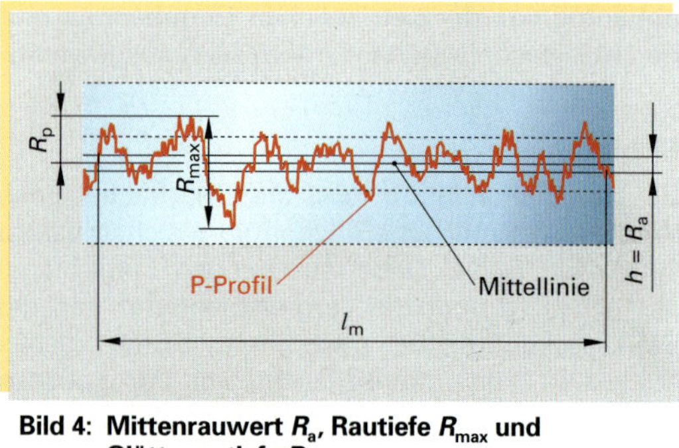

Bild 4: Mittenrauwert R_a, Rautiefe R_{max} und Glättungstiefe R_p

Die Gebrauchseigenschaften von Werkstücken werden zum Teil direkt durch ihre Oberflächengüten bestimmt. Beeinflusst wird die Qualität der Oberfläche vor allem durch folgende Faktoren:

- Fertigungsverfahren
- Wirkpaar (Werkzeug und Werkstück)
- Schnittdaten
- Qualität der Fertigungsmaschine
- Sorgfalt bei der Herstellung

In der Serienfertigung werden die Einzelteile heute in der Regel nach einem exakten Prüfplan an eigens dafür geschaffenen Arbeitsplätzen geprüft.

Nicht mit allen Fertigungsverfahren können beliebige Rauheitswerte erreicht werden. In **Tabelle 1** sind die erzielbaren R_a- und R_z-Werte den gängigen Fertigungsverfahren zugeordnet. Weitere Werte sind dem Tabellenbuch zu entnehmen.

Tabelle 1: Rauheitswerte ausgewählter spanender Verfahren

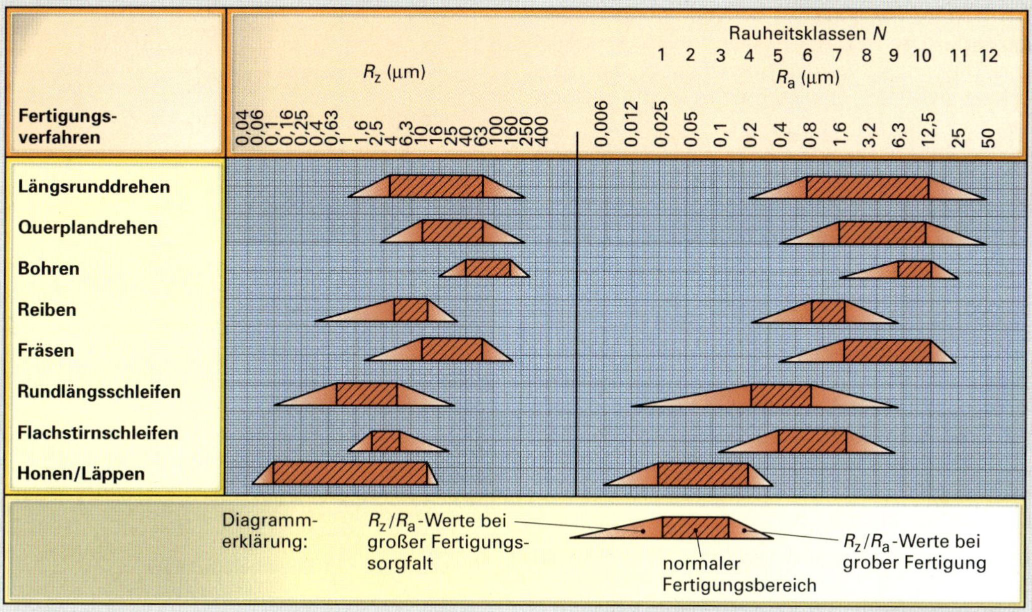

3.7.4 Angabe von Oberflächengüten in Technischen Zeichnungen

Ein Grundsatz in der Fertigung lautet:

„Arbeite immer so genau wie erforderlich".

Diese Aussage gilt sowohl für die Maßhaltigkeit als auch für die Oberflächenbeschaffenheit. Wie genau gearbeitet werden muss, ist den genormten Angaben in den Technischen Zeichnungen zu entnehmen. Die dafür verwendeten Symbole geben hauptsächlich Aufschluss über die Rauheit und gegebenenfalls über das Herstellungsverfahren **(Bild 1)**.

Häufig wird eine Rauheitsangabe für das ganze Werkstück angegeben. Stellen, die davon abweichende Rauheitsmerkmale aufweisen, müssen dann separat gekennzeichnet werden. Bei der Angabe der Gesamtrauheit werden diese Angaben dann in Klammern gesetzt **(Bild 1)**.

Arbeitsauftrag:

Ermitteln Sie aus **Bild 1** die geforderten Rauheitswerte und ordnen Sie diese den geeigneten Fertigungsverfahren zu.

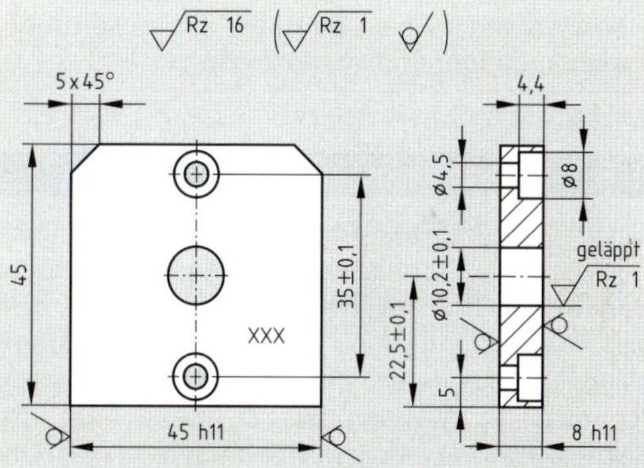

Symbol	Erklärung
geläppt Rz 1	Spanend durch Läppen hergestellt. Gemittelte Rauhtiefe $R_z \leq 1$ μm
Rz 16	Größte Rauhtiefe $R_z = 16$ μm
(Symbol)	Nicht behandelte Oberfläche

Bild 1: Fertigungszeichnung mit Rauheitsangaben

3.8 Toleranzen und Passungen

Die Sollmaße eines Werkstückes und die Beschreibung der Oberfläche stellen den angestrebten Idealfall dar. Tatsächlich weichen aber alle Werkstücke nach der Bearbeitung mehr oder weniger von diesem Sollzustand ab. Die Größe der Abweichung ist im Wesentlichen vom Fertigungsprozess abhängig. Liegen diese Abweichungen innerhalb einer Toleranz, so werden sie akzeptiert, ansonsten ist Nacharbeit erforderlich oder es liegt Ausschuss vor.

> Die aus Fertigungs- und Kostengründen akzeptierte Abweichung des Istzustandes vom Sollzustand wird als **Toleranz** bezeichnet.

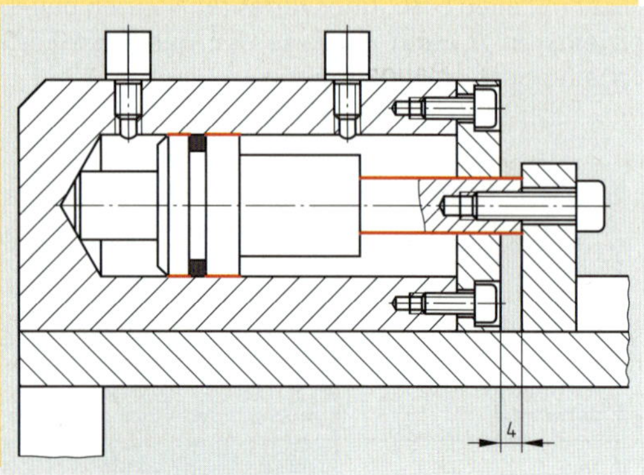

Bild 1: Pneumatikzylinder

Die Größe der Toleranz wird hauptsächlich von der Funktion des Bauteiles bestimmt **(Bild 1 und 2)**. So werden beispielsweise untergeordnete Bauteile eines Gestelles mit größeren Toleranzen versehen als Bauteile, die für die weitgehend spielfreie Bewegung von Teilen verantwortlich sind. Als Grundsatz gilt: Die Toleranz muss so groß wie funktionstechnisch möglich sein.

Die nach diesen Gesichtspunkten gefertigten Bauteile sind dann in der Lage, ihrer vorgesehenen Funktion gerecht zu werden und mit anderen zusammenzupassen, d.h. eine geeignete Passung zu bilden.

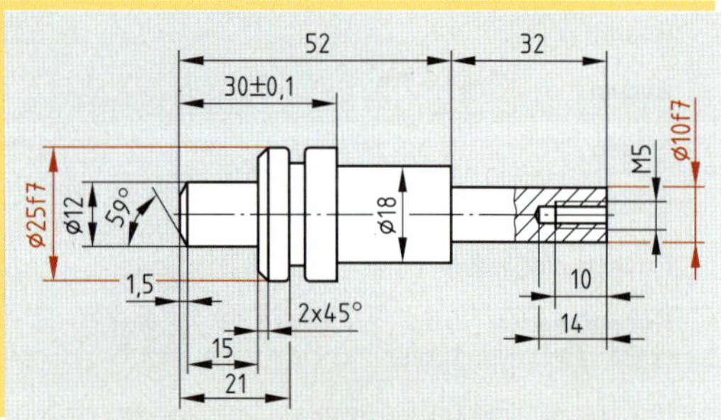

Bild 2: Kolben für Pneumatikzylinder

> Als **Passung** wird der gewünschte Zusammenbauzustand zweier Bauteile, die zusammen eine Funktion erfüllen, bezeichnet.

3.8.1 Maßtoleranzen

Ausgangmaß für die Fertigung von Werkstücken sind die in der Technischen Zeichnung festgelegten **Nennmaße.** Diese dürfen sich jedoch, wie oben beschrieben, innerhalb bestimmter **Grenzmaße** bewegen. Als Grenzmaße werden das **Höchstmaß** G_o und das **Mindestmaß** G_u bezeichnet. Das Höchstmaß wird aus dem Nennmaß und dem **Oberen Abmaß** ***ES*** **(*es*)**, das Mindestmaß aus dem Nennmaß und dem **Unteren Abmaß** ***EI*** **(*ei*)** gebildet. Die Differerenz aus Höchstmaß und Mindestmaß ist die **Maßtoleranz** ***T*** **(Bild 3).**

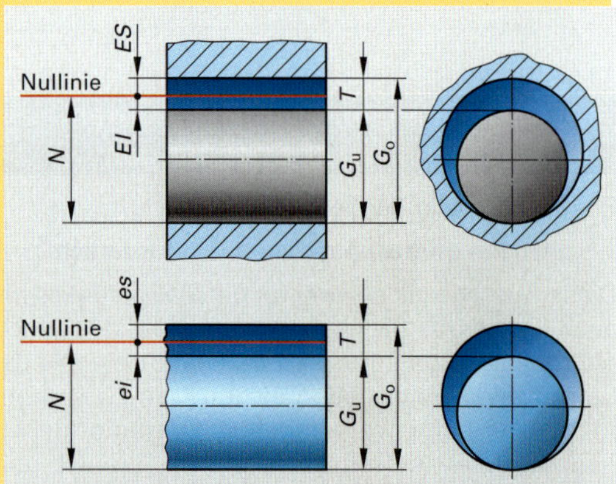

N	Nennmaß	ES	Oberes Abmaß (Bohrung)
G_o	Höchstmaß	EI	Unteres Abmaß (Bohrung)
G_u	Mindestmaß	es	Oberes Abmaß (Welle)
T	Toleranz	ei	Unteres Abmaß (Welle)

(franz.: ES = écart supérieur, EI = écart inférieur)

Bild 3: Grundbegriffe bei Toleranzen

Beispiel: Eine Bohrung mit dem Nennmaß ∅ 100 mm hat die Abmaße ES = 30 µm und EI = –60 µm. Zu berechnen sind G_{oB}, G_{uB} und T_B:

$G_{oB} = N + ES$ = 100 mm + 0,030 mm = 100,030 mm

$G_{uB} = N + EI$ = 100 mm – 0,060 mm = 99,940 mm

$T_B = G_{oB} - G_{uB}$ = 100,030 mm – 99,940 mm = 0,090 mm

Eine Welle hat das Nennmaß ∅ 22 mm und die Grenzmaße G_{oW} = 22,015 mm und G_{uW} = 21,995 mm. Wie groß sind es, ei und T_w?

$es = G_{oW} - N$ = 22,015 mm – 22 mm = 0,015 mm

$ei = G_{uW} - N$ = 21,995 mm – 22 mm = –0,005 mm

$T_w = es - ei$ = 0,015 mm – (–0,005 mm) = 0,020 mm

Die Größe der Toleranz (des Toleranzfeldes) ist im Wesentlichen abhängig von der Funktion, die das Bauteil in der Baugruppe erfüllen muss und von der Größe des Nennmaßes.

> Je kleiner das Toleranzfeld, desto größer die Qualität.

Die Toleranzqualitäten werden nach DIN ISO in 18 Abstufungen mit den Zahlen 01...18 in Toleranzgrade unterteilt. Die Toleranzgröße 01 ist für ein bestimmtes Nennmaß die kleinste, die Angabe 18 charakterisiert die größte zulässige Toleranz **(Bild 1)**.

> Die Qualität eines Passmaßes wird durch seinen Toleranzgrad mit den **Zahlen 01...18** gekennzeichnet.

Neben der Qualität spielt vor allem die Lage des Toleranzfeldes zum Nennmaß (Nulllinie) eine wichtige Rolle. So muss z.B. ein Bauteil, das unbedingt mit einem anderen beweglich verbunden werden muss, ein Toleranzfeld unterhalb der Nulllinie, und ein Teil, das auf keinen Fall beweglich gelagert sein darf, ein Toleranzfeld oberhalb des Nennmaßes erhalten.

> Die Lage des Toleranzfeldes zur Nulllinie wird durch **Buchstaben** verschlüsselt **(Bild 2)**.

Die Zuordnung von Toleranzgrad und die Lage des Toleranzfeldes zu den einzelnen Nennmaßen sind in Tabellen (siehe Tabellenbuch) festgehalten.

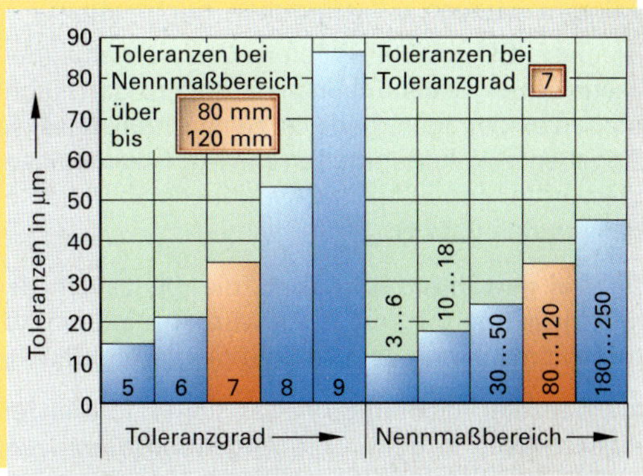

Bild 1: Zusammenhang zwischen Toleranzgrad und Nennmaßbereich

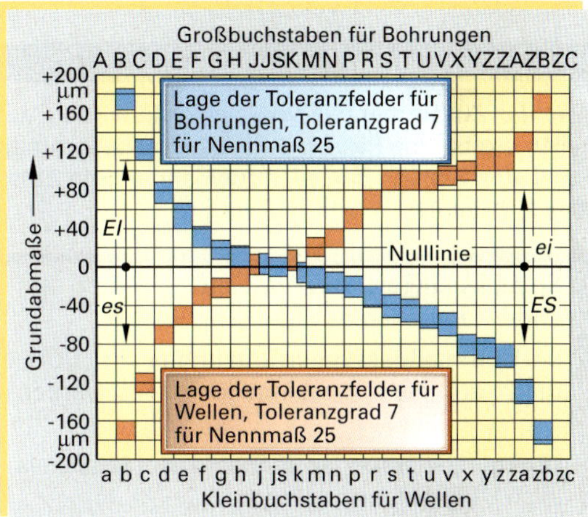

Bild 2: Lage des Toleranzfeldes zur Nulllinie

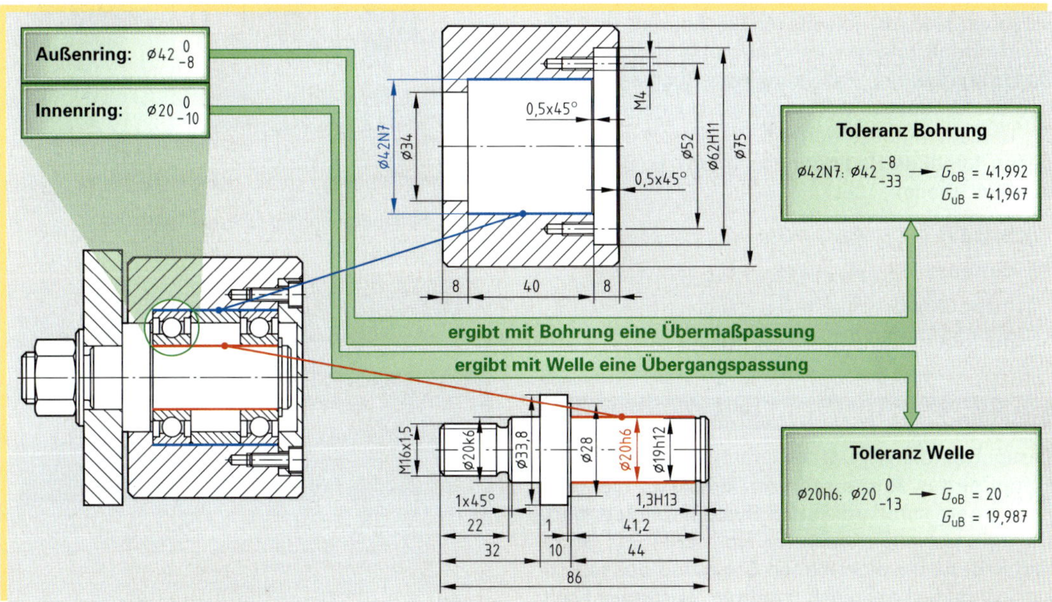

Bild 3: Beispiele für Toleranzfeldlagen

Toleranzangaben in Technischen Zeichnungen

Die nach ISO gewählten Toleranzen werden in den Technischen Zeichnungen als Zusatz zu den Nennmaßen eingetragen. Dabei ist zu beachten, dass die Angaben von Außenmaßen mit Großbuchstaben, die von Innenmaßen mit Kleinbuchstaben versehen werden **(Bild 1)**.

Bei **frei gewählten Abmaßen,** die nicht nach der ISO-Klassifizierung festgelegt wurden, sind die Abmaße direkt hinter dem Maß zu platzieren **(Bild 1)**.

Werden bei Zeichnungsmaßen keine Toleranzen eingetragen, so gelten die **Allgemeintoleranzen.** Ihre Größe richtet sich nach dem Nennmaß und der Toleranzklasse (fein, mittel, grob und sehr grob).

3.8.2 Passungen

Erst der Zusammenbau von zwei tolerierten Bauteilen ergibt eine Passung. Passungen bestimmen somit den Sitz von Bauteilen zueinander **(Bild 2 und Bild 3, Seite 89)**.

Spielpassungen gewährleisten immer ein „Spiel" zwischen den Bauteilen **(Bild 3)**.

Bei **Übermaßpassungen** tritt immer ein „Übermaß" auf, die zu verbindenden Teile werden gepresst **(Bild 3)**.

Übergangspassungen können sowohl Spiel als auch Übermaß ermöglichen.

Da beide zu fügenden Teile mit einer Maßtoleranz versehen sind, die jeweils ein Höchstmaß und ein Mindestmaß toleriert, kann auch bei den sich dadurch ergebenden Passungen ein Höchstspiel P_{SH} und ein Mindestspiel P_{SM} bzw. ein Höchstübermaß $P_{ÜH}$ und ein Mindestübermaß $P_{ÜM}$ entstehen. Dabei gelten folgende Bedingungen (Index B: Bohrung, Index W: Welle):

Höchstspiel $P_{SH} = G_{oB} - G_{uW}$

Mindestspiel $P_{SM} = G_{uB} - G_{oW}$

Höchstübermaß $P_{ÜH} = G_{uB} - G_{oW}$

Mindestübermaß $P_{ÜM} = G_{oB} - G_{uW}$

3.8.3 Passungssysteme

Passungen dienen unter anderem auch dem unkomplizierten Austausch von Teilen, da die Teile nach einem standardisierten System toleriert sind. Dies gilt vor allem auch für Normteile wie Stifte und Federn, die einer hohen Belastung ausgesetzt sind und deshalb auch häufiger ausgewechselt werden müssen.

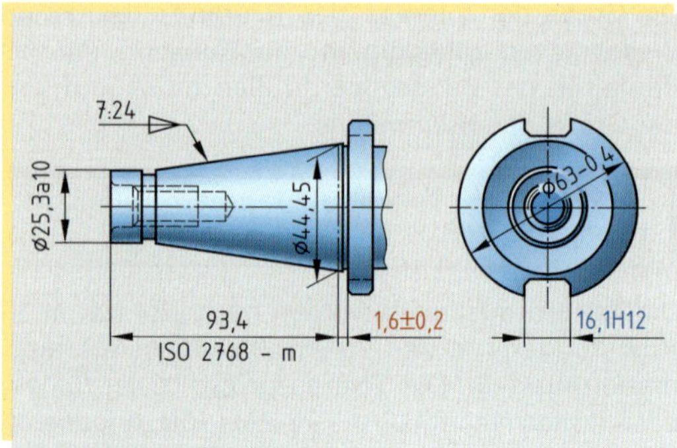

Bild 1: Toleranzangaben

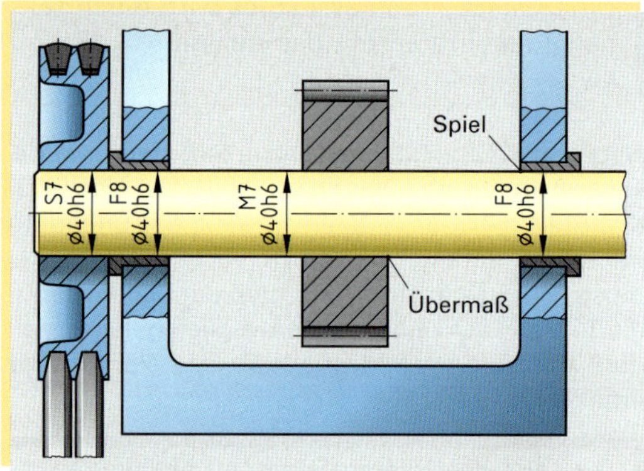

Bild 2: Passungsarten

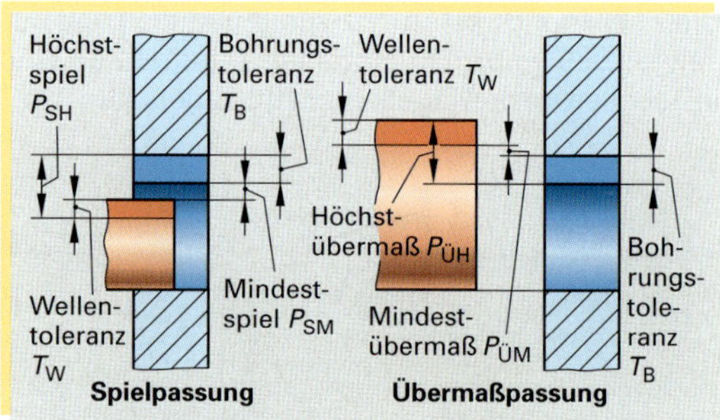

Bild 3: Spielpassung und Übermaßpassung

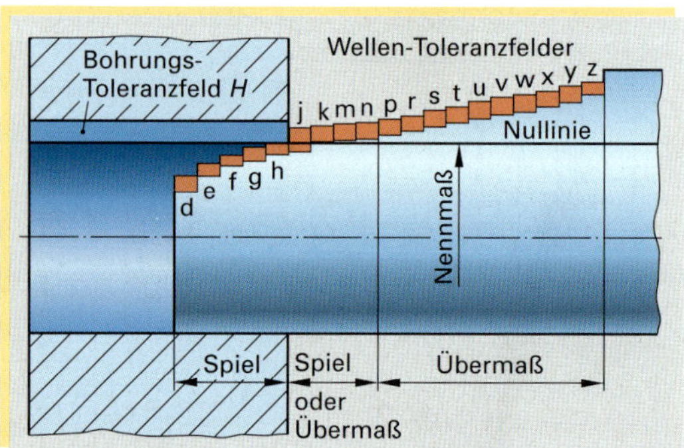

Bild 4: Passungssystem Einheitsbohrung

Um die verschiedenen Passungsarten zu erreichen, sind grundsätzlich zwei Arten möglich.

1. Die Bohrung erhält ein Standardabmaß, bei dem die Lage des Toleranzfeldes immer konstant **(H)** ist. In diesem Falle müssten die Passungsarten über die Toleranzfeldlagen der Wellen erreicht werden. Man spricht dann vom System **Einheitsbohrung (Bild 4, Seite 90)**.
2. Die Lage des Toleranzfeldes der Welle bleibt konstant **(h)** und die Lage der Toleranzfelder der Bohrungen wird verändert. Dieses System wird als System **Einheitswelle** bezeichnet **(Bild 1)**.

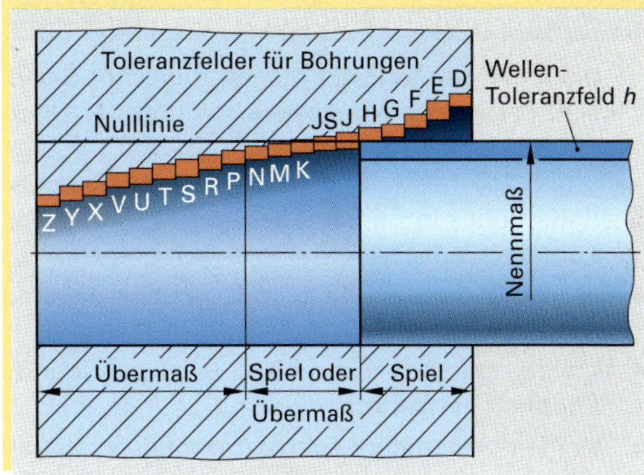

Bild 1: Passungssystem Einheitswelle

In der Fertigung ist es weitaus einfacher, die Wellendurchmesser oder generell Außenmaße zu variieren als Bohrungsdurchmesser bzw. Innenmaße. Aus diesem Grund wird das System Einheitsbohrung wesentlich häufiger angewandt.

Arbeitsauftrag:

Die Abbildung zeigt mehrere Einzelteile, die zu einer Baugruppe zusammengefügt werden sollen. Markieren Sie die Fügeflächen und ermitteln Sie mithilfe des Tabellenbuches die jeweiligen Passungen. Bestimmen Sie dazu die Passmaße und die Passungsart.

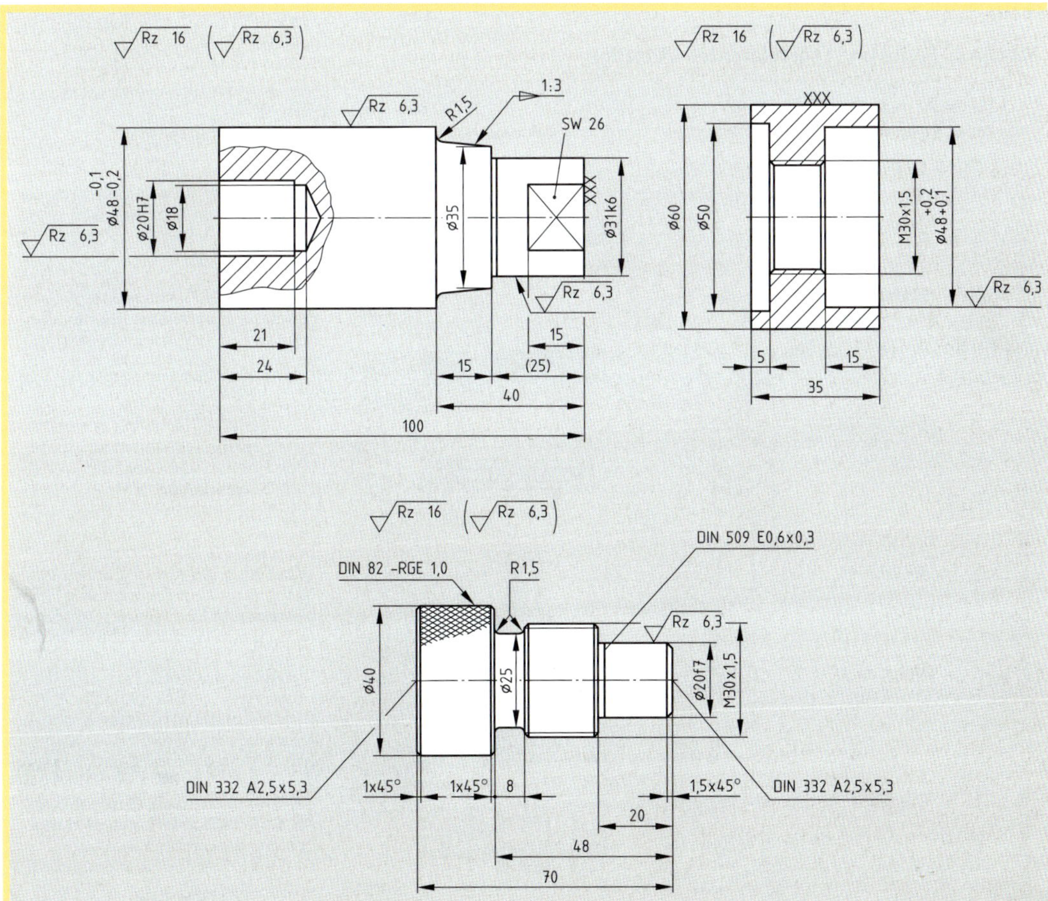

3.8.4 Form- und Lagetoleranzen

Für die Funktionsfähigkeit mechatronischer Systeme sind neben den Maßtoleranzen und der Oberflächengüte vor allem auch die Form und die Lage wichtig. So werden z. B. an die einzelnen Teile des Gewindetriebes in **Bild 1** neben der Maßhaltigkeit ganz unterschiedliche Anforderungen gestellt.

- Die rundlaufenden Teile müssen ausreichend **„rund"** sein
- Von den geraden Führungen wird genügende **„Ebenheit"** erwartet
- Die Planflächen der Lagerböcke müssen **„parallel"** sein
- Die Verbindungsbohrungen müssen die geforderte **„Winkligkeit"** zur Auflagefläche aufweisen

Alle diese Anforderungen an die **Form und Lage** sind den Fertigungszeichnungen zu entnehmen und im Bedarfsfalle zu prüfen.

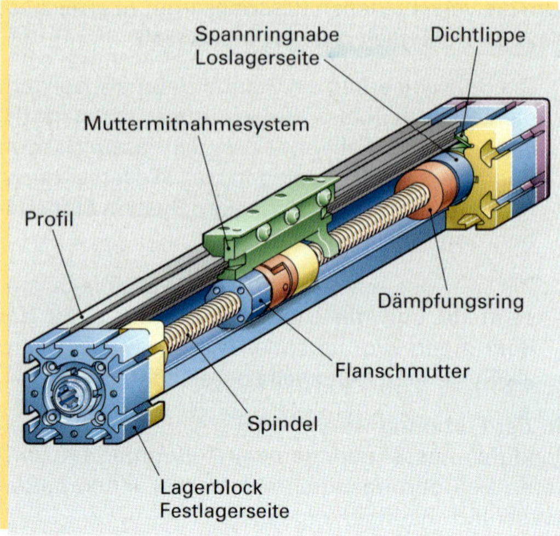

Bild 1: Gewindetrieb

Durch die Form- und Lagetoleranz wird der Bereich definiert, innerhalb dessen sich jeder Punkt des tolerierten Elementes befindet.

Die Symbolik **(Tabelle 1)** und die Eigenschaften der Form- und Lagetoleranzen sind in DIN ISO 1101 festgelegt (siehe auch Tabellenbuch).

Tabelle 1: Form- und Lagetoleranzen (Auszug)

	Sinnbild und tolerierte Eigenschaft		Toleranzzone	Anwendungs-Beispiele Zeichnungsangabe	Erklärung
Formtoleranzen	—	Geradheit	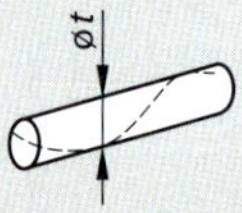	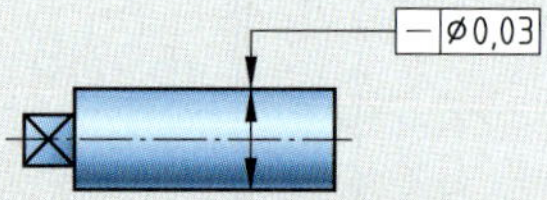	Die Achse des zylindrischen Teiles des Bolzens muss innerhalb eines Zylinders vom Durchmesser t = 0,03 mm liegen.
Formtoleranzen	⏥	Ebenheit	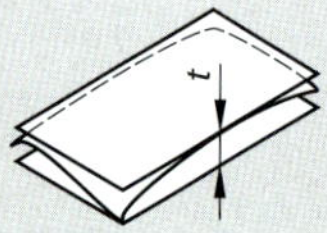	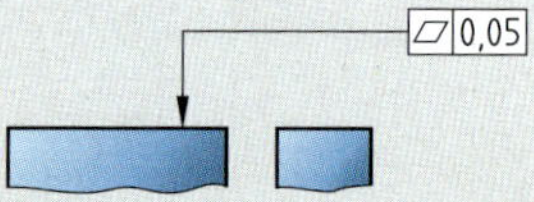	Die tolerierte Fläche muss zwischen zwei parallelen Ebenen vom Abstand t = 0,05 mm liegen.
Richtungstoleranzen (Lage)	//	Parallelität		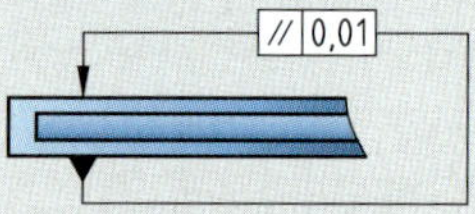	Die tolerierte Fläche muss zwischen zwei zur Bezugsfläche parallelen Ebenen vom Abstand t = 0,01 mm liegen.
Richtungstoleranzen (Lage)	⊥	Rechtwinkligkeit	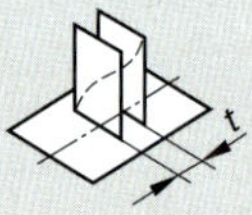	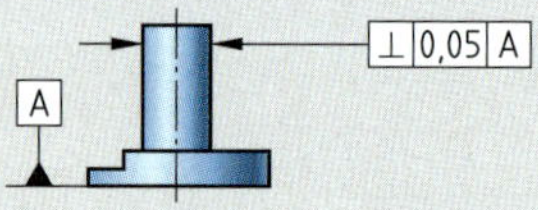	Die tolerierte Achse muss zwischen zwei parallelen, zur Bezugsfläche A und zur Pfeilrichtung senkrechten Ebenen vom Abstand t = 0,05 mm liegen.
Richtungstoleranzen (Lage)	∠	Neigung (Winkligkeit)	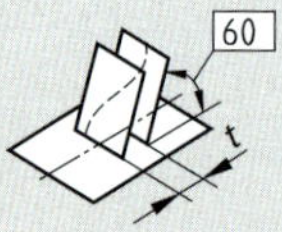	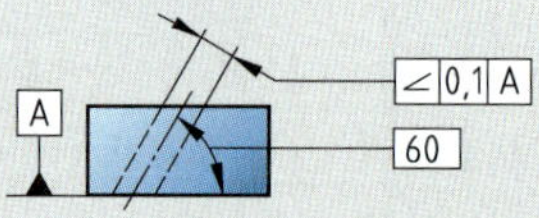	Die Achse der Bohrung muss zwischen zwei zur Bezugsfläche A im Winkel von 60° geneigten und zueinander parallelen Ebenen vom Abstand t = 0,1 mm liegen.
Lauftoleranz	↗	Rundlauf	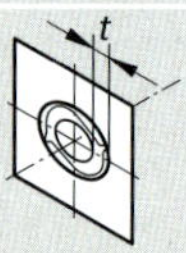	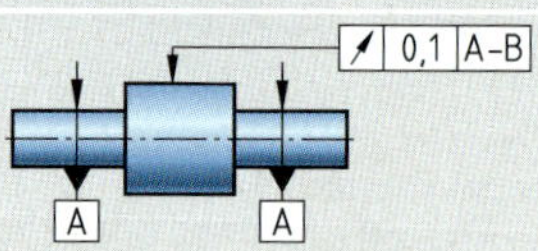	Bei Drehung um die Bezugsachse AB darf die Rundlaufabweichung in jeder senkrechten Meßebene t = 0,1 mm nicht überschreiten.

4 Qualitätsmanagement

In vielen Produktionshallen von Industrieunternehmen sind heute Schautafeln, Hinweise und Übersichten zum Thema „Qualität“ für jeden sichtbar aufgehängt. Mitarbeiter sollen dadurch in ihrem Qualitätsbewusstsein bestärkt werden und den Kunden soll signalisiert werden, dass der Betrieb um bestmögliche Qualität bemüht ist. Qualität und vor allem das systematische Bemühen um Qualität sind jedoch Begriffe, die sich nicht ausschließlich auf größere Unternehmen beschränken. Qualität ist ebenso für jeden Betrieb im Bereich der Mechatronik von existentieller Bedeutung. In vielen Bereichen herrscht heute ein intensiver Verdrängungswettbewerb und ein massiver Konkurrenzkampf, so dass die Zufriedenheit der Kunden zur Überlebensversicherung auch der Betriebe geworden ist.

4.1 Der Qualitätsbegriff

Der Begriff **Qualität** taucht heute in verschiedenen Zusammenhängen auf. So sind u.a. die Beschaffenheit, der Wert und die Güte eines Produktes wie z.B. die Qualitäts- und Toleranzklassen von Schrauben, die Qualitätsbezeichnungen von Stählen und die umgangssprachliche Unterscheidung in 1A- und 1B-Qualität Ausdruck vom unterschiedlichen Gebrauch des gleichen Begriffes. In der Norm DIN 55350 ist der Begriff Qualität folgendermaßen definiert:

> Qualität ist die Gesamtheit der Merkmale und Merkmalswerte eines Produktes oder einer Dienstleistung bezüglich ihrer Eignung, festgelegte und vorausgesetzte Erfordernisse zu erfüllen.

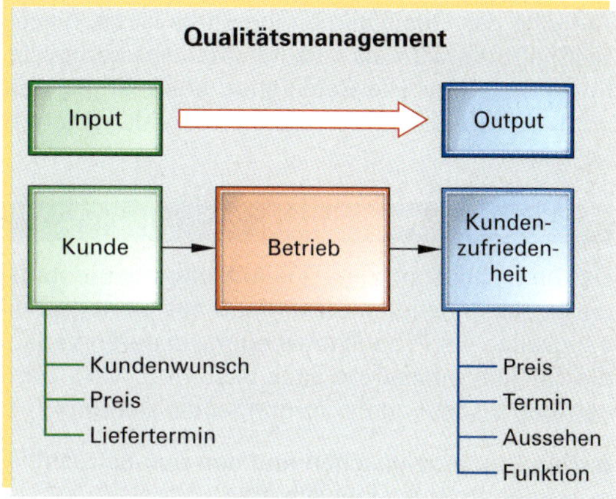

Bild 1: Qualitätsmanagement

Diese sehr allgemeine Formulierung lässt sich verständlicher durch den einfacheren Satz ausdrücken: Qualität ist, was den Kunden zufriedenstellt. In der Tat steht neben anderen Aspekten bei allen Qualitätsüberlegungen die „Kundenzufriedenheit“ an herausgehobener Stelle. Sie ist das eigentliche Ziel der Arbeit jedes Industriebetriebes. Betriebe, die sich am Markt behaupten wollen, müssen qualitätsfähig sein und nach dem Leitsatz handeln:

> Der Kunde soll wiederkommen, nicht das Produkt.

Wiederkehrende Kunden sind gleichbedeutend mit mehr Aufträgen, wiederkehrende Produkte sind in der Regel mit Reklamationen, Nacharbeit, Preisminderung, Rechtsstreit oder anderem verbunden. Qualität entsteht jedoch nicht von selbst, sie muss in einem vielschichtigen Prozess geplant, erzeugt und immer wieder geprüft werden **(Bild 1)**. Neben der Qualität des Produktes ist vor allem die Qualität der Dienstleistung und die Betriebskultur sowie das Management der Firma von entscheidender Bedeutung für die Qualität eines Betriebes **(Bild 2)**.

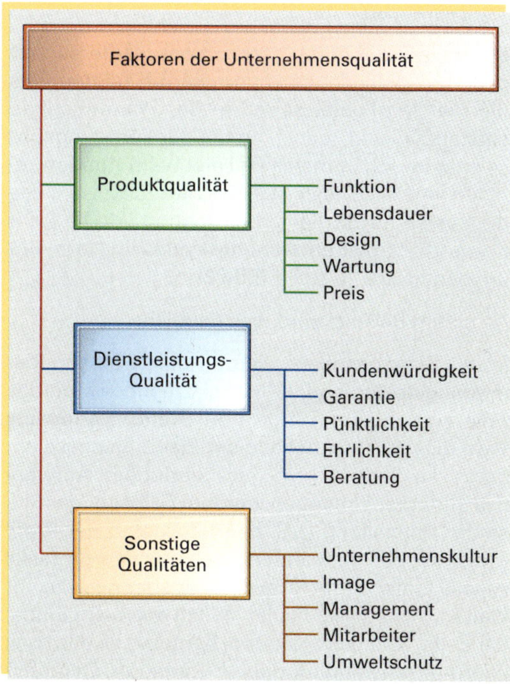

Bild 2: Qualität eines Unternehmens

4.2 Aufgaben des Qualitätsmanagements

Der Begriff „Management" bedeutet frei übersetzt „etwas zuwege bringen", Qualitätsmanagement kann also sinngemäß mit „Qualität zu Wege bringen, Qualität bewerkstelligen" definiert werden. Tatsächlich nutzt es nichts oder nur sehr wenig, wenn in einem Betrieb einzelne Maßnahmen im Sinne einer Erhöhung der Qualität getroffen werden. Erst die Summe von aufeinander abgestimmten Maßnahmen ermöglicht eine kontinuierliche Qualitätssteigerung.

Die erforderlichen Maßnahmen werden dabei in den Gebieten:

Qualitätsplanung → Qualitätslenkung → Qualitätsprüfung → Qualitätsverbesserung

über alle Abteilungs- und Bereichsgrenzen hinweg getroffen **(Bild 1)**.

Aufgabe des Qualitätsmanagements ist es, diese Maßnahmen zu koordinieren. Die Summe aller dieser Maßnahmen wird als Qualitätsmanagementsystem bezeichnet. Ein solches QM-System kann nur funktionieren, wenn alle Beteiligten, unabhängig von ihrer Aufgabe und Stellung im Betrieb, angefangen vom Auszubildenden im ersten Ausbildungsjahr bis zum Betriebsinhaber am gleichen Strang ziehen.

4.2.1 Qualitätsplanung

Der erste Baustein des Qualitätsmanagements ist die Qualitätsplanung. Sie umfasst alle planerischen Tätigkeiten vor Produktionsbeginn, in deren Verlauf die Qualität eines Produktes bestimmt wird. Dazu gehören insbesondere Vorgänge, die sich mit:

- Den Kundenwünschen und den daraus resultierenden Produkteigenschaften
- Der technischen Durchführbarkeit dieser Anforderungen und ihrer Prüfung
- Den materiellen, personellen und finanziellen Ressourcen

eines Unternehmens beschäftigen. Untersuchungen in verschiedenen Unternehmen zeigten, dass die meisten Fehler schon in der Planungsphase entstanden sind, jedoch erst in der Fertigungsphase oder im schlimmsten Fall erst beim Kunden korrigiert werden. Dabei ist es wichtig zu wissen, dass die Kosten für die Fehlerbeseitigung von Phase zu Phase im **Produktentstehungszyklus** im Normalfall um den Faktor 10 steigt **(Bild 2)**.

An einem Beispiel wird dies deutlich:

In der Planungsphase werden durch einen Übermittlungsfehler in einer Maßskizze einer Montagezelle zwei Maße (Länge und Breite) vertauscht. Wird dieser Fehler noch in der Planungsphase entdeckt, so kann er mit ganz geringem Aufwand (Nachmessen) behoben werden. Selbst in der Phase der Herstellung (z.B. beim Zuschnitt der Profilrohre) ist der entstandene Schaden durch falsch zugeschnittene Profile zwar teuer aber noch zu verkraften. Wird dieser Fehler jedoch erst beim Einbau der Zelle, also beim Kunden, bemerkt, ist damit ein enormer Aufwand (doppelter Transport, Demontage, neuer Zuschnitt, evtl. sogar komplette Neuan-

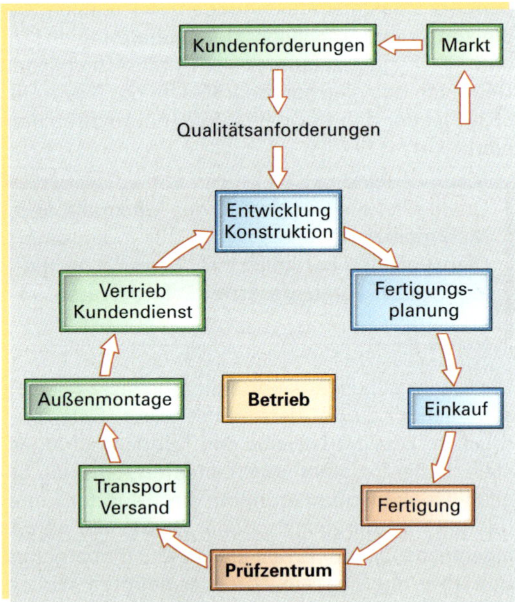

Bild 1: Qualitätskreis

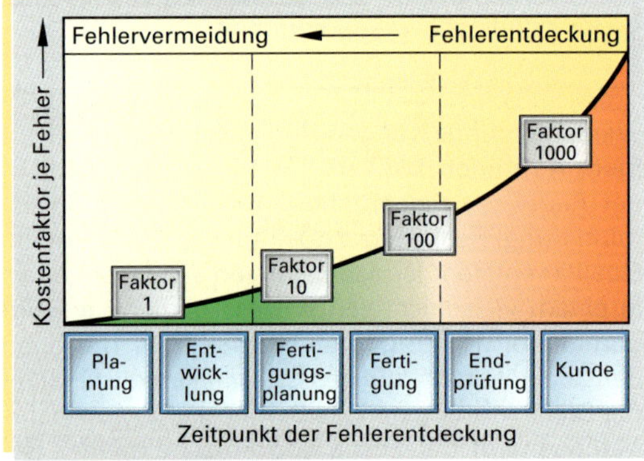

Bild 2: Zehnerregel für Fehlerkosten

fertigung) und damit eine Explosion der Kosten entstanden. Der Imageschaden für den Betrieb ist dabei in Zahlen gar nicht messbar.

4.2.2 Qualitätslenkung

Der Weg eines Produktes (z. B. Montagezelle) vom Kundenwunsch (Sollwert) über den Fertigungsprozess bis zum abnahmereifen Endzustand lässt sich in einem Regelkreis darstellen **(Bild 1)**. Während der Fertigung ist das Produkt vielfältigen Störeinflüssen ausgesetzt, die den Prozess und damit die Qualität negativ beeinflussen können. Man bezeichnet diese Störgrößen als die „7 M":

Mensch
Maschine
Material
Milieu (Umwelt)
Methode
Messbarkeit
Management

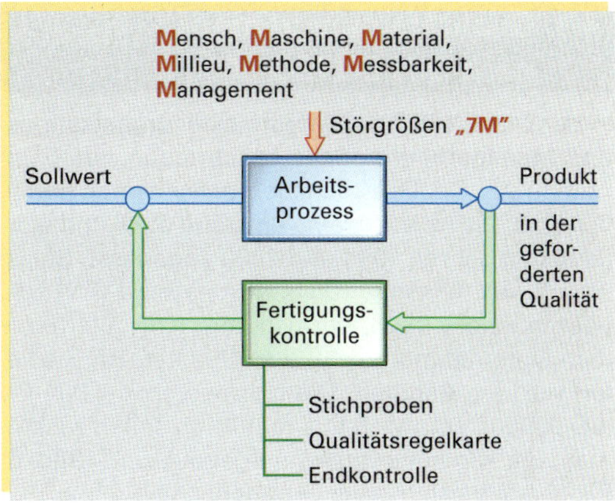

Bild 1: Qualitätsregelkreis

Ziel der Qualitätslenkung muss es sein, den Einfluss dieser Störgrößen so weit wie möglich zu verringern. Für den Betrieb im Bereich der Mechatronik kann dies z. B. die Bereitstellung von geeignetem Werkzeug, Maschinen und Messmitteln aber auch die Qualifizierung der Mitarbeiter sein, z. B. SPS-Lehrgänge.

4.2.3 Qualitätsprüfung

In den Bereich der Qualitätsprüfung fallen in einem Betrieb alle Maßnahmen, mit denen festgestellt wird, ob ein Produkt den festgelegten Anforderungen genügt.

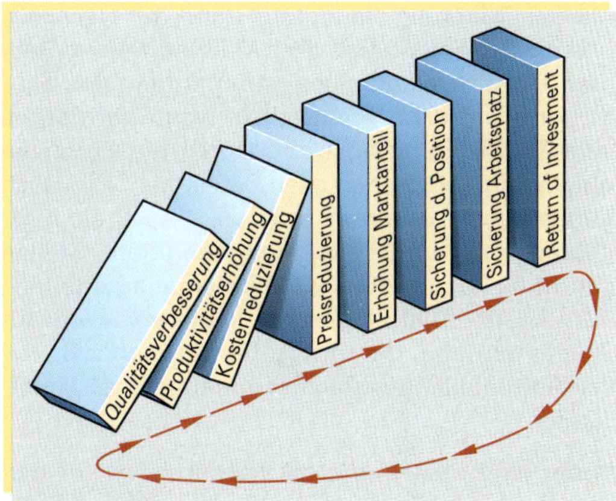

Bild 2: Kettenreaktion durch Qualitätsverbesserung

In der industriellen Serienfertigung werden diese für jedes Teil und jede Baugruppe in exakten Prüfplänen festgelegt und dokumentiert. Bei Einzelfertigung oder Kleinserienproduktion ist dies in der Form nicht sehr zweckmäßig. Gleichwohl sollten auch hier schon in der Planungsphase Überlegungen zu Prüfmaßnahmen erfolgen. Hierdurch wird vor allem festgelegt, was, wie, womit, wann und durch wen geprüft wird. Die Prüfungen werden sowohl im laufenden Fertigungsprozess als auch nach Beendigung desselben durchgeführt.

4.2.4 Qualitätsverbesserung

Ziel eines konsequenten Qualitätsmanagements muss die kontinuierliche Verbesserung der Qualität (aus Japan als „Kaizen" bekannt) sein. Dies gilt für alle Bereiche des Betriebes. Qualitätsverbesserung kann erreicht werden durch Maßnahmen, die die Mitarbeiter betreffen oder Maßnahmen, die das Produkt bzw. den Kundenservice betreffen. Während sich die Maßnahmen am Produkt meist durch konstruktive Verbesserungsvorschläge oder Verbesserung der Fertigungs- und Prüfverfahren erreichen lassen, spielen bei den beteiligten Mitarbeitern verschiedene Aspekte eine Rolle. In erster Linie sind hier die Motivation, die Kommunikations- und Teamfähigkeit aller Beteiligten und das Betriebsklima zu nennen. Hochmotivierte Mitarbeiter, die sich mit dem Betrieb identifizieren sind eher zu qualitativ hochwertiger Arbeit bereit, als solche, die ihre Arbeit ausschließlich als Geldbeschaffungsmaßnahme sehen. Die so erreichte Qualitätsverbesserung kann in vielen Betrieben eine sehr fruchtbare Kettenreaktion auslösen **(Bild 2)**.

4.3 Qualitätsmanagement nach DIN EN ISO 9000 ff.

In der DIN EN ISO 9000-Reihe sind Organisations- und Managementmodelle beschrieben, die beim Aufbau von Qualitätsmanagementsystemen behilflich sind. Die Normenreihe entstand 1987 und wurde in den Jahren 1994 und 2000 angepasst. Sie ist sowohl als deutsche (DIN), europäische (EN) und internationale (ISO) Norm gültig, sagt allerdings dem Unternehmen nicht, was Qualität ist. Sie liefert nur den Rahmen. Die Normenfamilie DIN EN ISO 9000 ff. setzt sich aus mehreren Teilen zusammen, die allgemein gültig aufgebaut sind **(Bild 1)**. Sie gliedert sich in zwei Gruppen:

- Grundlagen und „Leitfäden" für den Aufbau eines QM-Systemes (9000 + 9004)
- Modelle zur „externen Darlegung" (9001-9003)

Mit der „externen Darlegung" sind der Nachweis und die Dokumentation aller Maßnahmen im Rahmen eines Qualitätsmanagements gemeint. Dies ist vor allem dann erforderlich, wenn der Betrieb eine Zertifizierung anstrebt. Durch die **Zertifizierung** macht der Betrieb allen Beteiligten, also auch Kunden und Zulieferern, sichtbar, dass er ein funktionierendes und von unabhängigen Stellen geprüftes (auditiertes) Qualitätsmanagementsystem besitzt **(Bild 2)**. Dies ist heute vor allem für Zulieferbetriebe, die mit großen Firmen z.B. aus der Automobilindustrie zusammenarbeiten, unerlässlich.

In der Norm 9001 sind die Forderungen für den Prozess von der Entwicklung bis zum Kundendienst enthalten. Kleinere Betriebe der Mechatronik werden jedoch eher selten entwickeln und konstruieren. Für sie ist dann die Norm 9001 nur sehr begrenzt einsetzbar. In der Norm 9002 stehen alle Elemente der täglichen Arbeit von Betrieben, die sich mit der Produktion und Montage befassen. Dieser Teil der Normenfamilie DIN EN ISO 9000 ist auch der Teil, der von kleineren Betrieben am ehesten zu realisieren ist. 9003 enthält die geringsten Forderungen, da hier die Funktionen der Endprüfung beschrieben sind.

Bild 1: Teile der DIN EN ISO 9000-Reihe

TÜV CERT

ZERTIFIKAT

Die TÜV-Zertifizierungsgemeinschaft e.V.
- TÜV CERT -
bescheinigt hiermit, dass das Unternehmen

Mustermann GmbH
6800 Mannheim

für den Geltungsbereich

Werk:
Produktlinien

ein Qualitätssicherungssystem eingeführt hat und anwendet.

Durch ein Audit am 24.05.2000, Bericht-Nr. QS-M-92/234 wurde der Nachweis erbracht, dass die Forderungen der

DIN ISO 9001 / EN 29001

erfüllt sind.

Dieses Zertifikat ist gültig bis
30. Juni 2004
Zertifikat-Register-Nr.
70 100 234

Bonn, am 12. Juni 2000 — TÜV SÜDWEST — Mannheim, am 12. Juni 2000

TÜV CERT Präsidium — Zertifizierungsstelle

Bild 2: Beispiel eines Zertifikates

4.4 Qualität ist nicht nur Chefsache

Qualität muss in einem Betrieb an herausragender Stelle stehen. Die Betriebe der Industrie und des Handwerks haben auch in der Vergangenheit schon gute Qualität geliefert. Neu ist nur die systematische Vorgehensweise auf allen Ebenen eines Betriebes. Qualität kann nur entstehen, wenn alle Mitarbeiterinnen und Mitarbeiter sich über die Bedeutung ihrer Arbeit im Klaren sind und diese, auch wenn sie noch so klein ist, exakt und gewissenhaft ausführen. Dies kann im Einzelfall durchaus mit erhöhtem Einsatz und Engagement verbunden sein, dient letztlich aber der Erhaltung von Arbeitsplätzen.

4.5 Statistisches Qualitätsmanagement

Nicht immer können alle produzierten Teile einer exakten Überprüfung und somit einer kontinuierlichen Qualitätsüberwachung (KQÜ) unterzogen werden. So ist z. B. bei der Serien- und Massenfertigung eine 100-Prozent-Prüfung meist aus Kosten- und Zeitgründen nicht möglich. Für diesen Fall wurden statistische Methoden zur Auswertung von Stichproben entwickelt. Durch Stichproben werden Ergebnisse und auch Teilergebnisse von Fertigungsprozessen ermittelt. Dadurch werden auch wertvolle Informationen gesammelt, mit denen ein Fertigungsprozess ständig optimiert werden kann. Ziel der statistischen Qualitätsüberwachung ist es:

- Qualitätsmängel während der Fertigung festzustellen
- Durch Gegenwirkung die Mängel zu beseitigen **(Bild 1)**

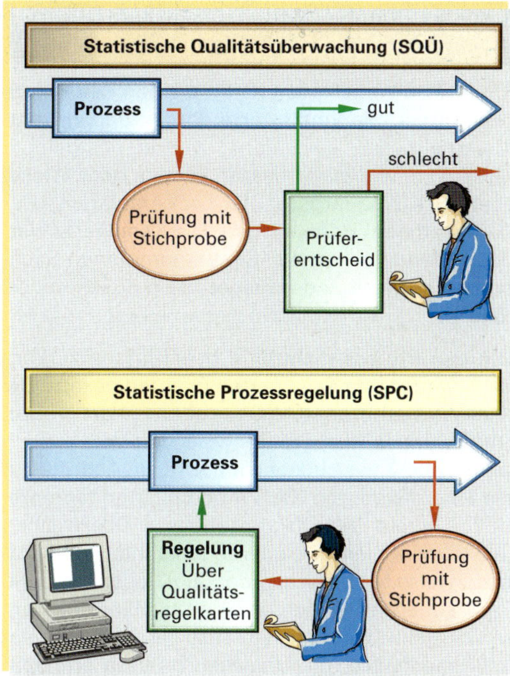

Bild 1: Qualitätsüberwachung und -regelung

4.5.1 Zufällige und systematische Fehler

Auf den Fertigungsprozess wirken sehr viele Bedingungen ein. Dabei wird unterschieden in zufällige und systematische Einflüsse. Als zufällige Einflüsse werden alle Einflüsse bezeichnet, die unregelmäßig und meist unvorhersehbar auftreten wie z. B.:

- Temperaturschwankungen beim Messen
- Unterschiede in der Materialzusammensetzung
- Spannungsdifferenzen

Systematische Einflüsse sind z. B.

- Prüfmittelfehler
- Fehler im Schneidwerkzeug
- Bestimmbare Temperaturabweichungen zu bestimmten Zeiten

Zufällige Einflüsse erzeugen zufällige Fehler, die nur berücksichtigt werden können, systematische Einflüsse erzeugen systematische Fehler, die ermittelt und durch Eingriffe in den Prozess abgestellt werden können **(Bild 1)**. Zufällige und systematische Fehler überlagern sich **(Bild 2)**.

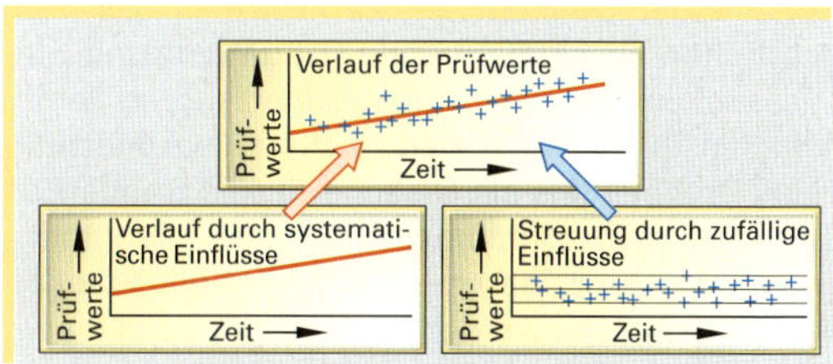

Bild 2: Überlagerung von Einflüssen

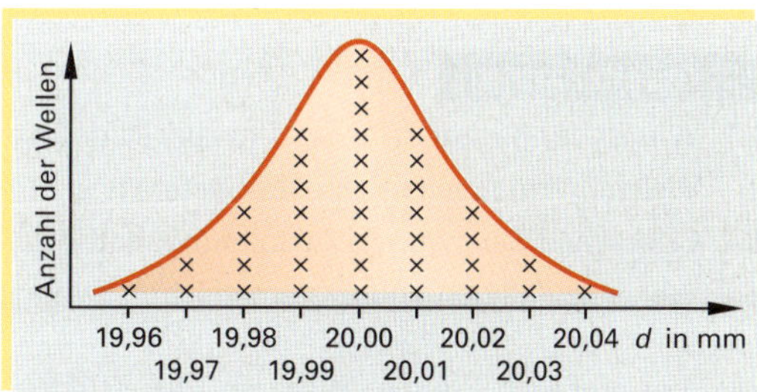

Bild 3: Gauß'sche Glockenkurve

4.5.2 Gauß'sche Normalverteilung

Der Mathematiker C. F. Gauß entdeckte, dass bei zufälligen Einflüssen bestimmte Merkmale immer um einen Mittelwert herum schwanken. Das nach ihm benannte Fehlerverteilungsgesetz ergibt eine Glockenkurve **(Bild 3)**. Bei einem Messwert von 20 mm würde die Verteilung der zufälligen Einflüsse ein Fertigungsergebnis wie in **Bild 3** dargestellt ergeben.

4.5.3 Qualitätsregelkarten als Instrument der Qualitätskontrolle

Mit Qualitätsregelkarten (QRK) werden **Kennwerte** bestimmter **Merkmalswerte** fortlaufend erfasst. Merkmalswerte sind dabei vorher festgelegte Messwerte wie Durchmesser, Längen oder Winkel aber auch z.B. Farbtöne bei Lackieranlagen oder Härtewerte bei Härteanlagen. Die Kennwerte werden anhand von regelmäßig entnommenen Stichproben ermittelt und in Regelkarten dokumentiert **(Bild 1)**.

Um den Prozess rechtzeitig beeinflussen zu können, werden den Kennwerten Grenzen gesetzt. Bei den Warngrenzen (OWG = obere Warngrenze, UWG = untere Warngrenze) weist der Prozess noch erträgliche Abweichungen auf. Um ein Abdriften in die Eingriffsgrenzen (OEG = obere Eingriffsgrenze, UEG = untere Eingriffsgrenze) besser überwachen und damit schneller reagieren zu können, wird normalerweise bei Erreichen der OWG oder UWG die Prüffrequenz verringert. Werden die Eingriffsgrenzen tatsächlich erreicht, so muss der Prozess eventuell angehalten, die Ursachen müssen erforscht und gegebenenfalls die Einstellgrößen verändert werden.

Anhand der Qualitätsregelkarte lassen sich von geschulten Fachkräften viele Störungen und Einflüsse erkennen und die dadurch erzeugten Fehler beheben. In der QRK in **Bild 2** z.B. ist die Abnutzung eines Drehmeißels als Ursache für die trendartige Zunahme des Durchmessers eines Drehteiles erkennbar. Durch das Auswechseln oder Wenden der Schneidplatte werden die Kennwerte wieder in den normalen Bereich zurückgeführt, der Fertigungsprozess kann fortgesetzt werden.

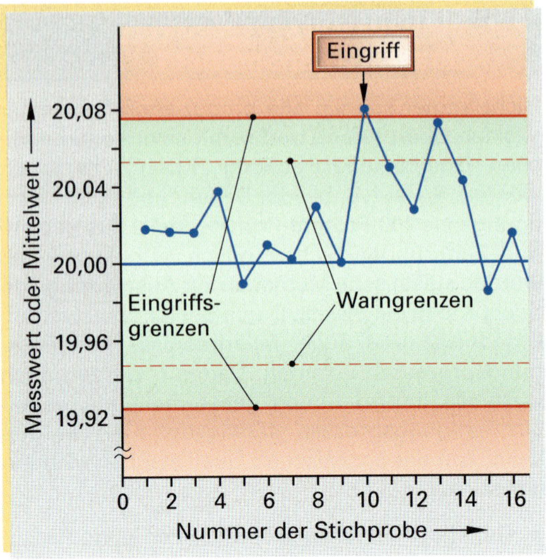

Bild 1: Qualitätsregelkarte (allgemeiner Aufbau)

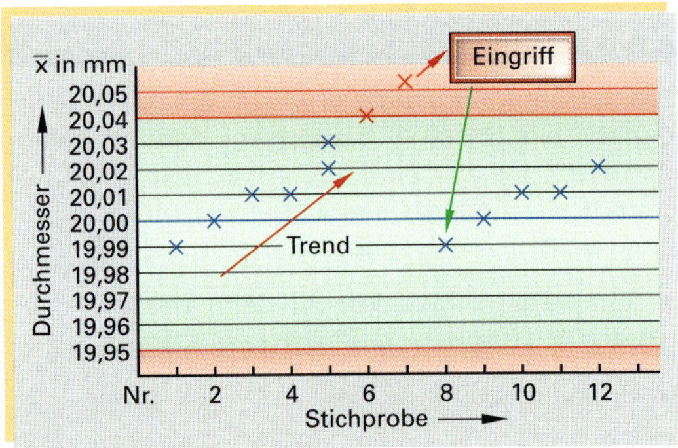

Bild 2: Abbild eines Trends

Arbeitsauftrag:

1. Wie ist der Begriff „Qualität“ nach DIN definiert?
2. Welche Aufgaben hat ein QM-System?
3. Erforschen Sie in Ihrem Ausbildungsbetrieb, wo und wie die Qualitätsprüfung stattfindet.
4. Welche zufälligen und systematischen Ereignisse stellen für die in Ihrem Ausbildungsbetrieb durchgeführten Fertigungsprozesse ein Problem dar?
5. Interpretieren Sie die Aussage „Der Kunde soll wiederkommen, nicht das Produkt“ in Bezug auf Ihren Ausbildungsbetrieb.
6. Die Auswertung von Messwerten ergab folgende Messwerte:

24,97	25,00	24,99	25,02	25,00
24,98	25,01	25,00	25,03	25,01
25,01	24,98	24,99	25,01	25,00
25,02	24,99	25,00	24,99	

Übertragen Sie diese Messwerte in ein Diagramm und ermitteln Sie daraus die Normalverteilung.

5 Werkstofftechnik

Alle Bauteile und Elemente von mechatronischen Anlagen und Geräten bestehen aus Werkstoffen, die möglichst so ausgewählt worden sind, dass sie den geforderten Funktionen gerecht werden. Dazu müssen sie jeweils über bestimmte Eigenschaften verfügen.

Der Winkelgreifer eines Handhabungsgerätes z. B. **(Bild 1)** besitzt ein Gehäuse aus Aluminium, das bei einer ausreichenden Festigkeit und Härte vergleichsweise leicht ist. Seine Funktionsteile wie die Greifbacken und der Hubkolben sind aus einem oberflächengehärteten Stahl, der besonders verschleißfest ist. Von den Rückstellfedern wird eine hohe Elastizität verlangt. Sie werden deshalb aus Federstahl gewickelt. Die Dichtungen und Dämpfungselemente dagegen sollen die Fähigkeit besitzen, sich an andere Werkstoffe anzuschmiegen. Sie werden aus dafür geeigneten Kunststoffen hergestellt.

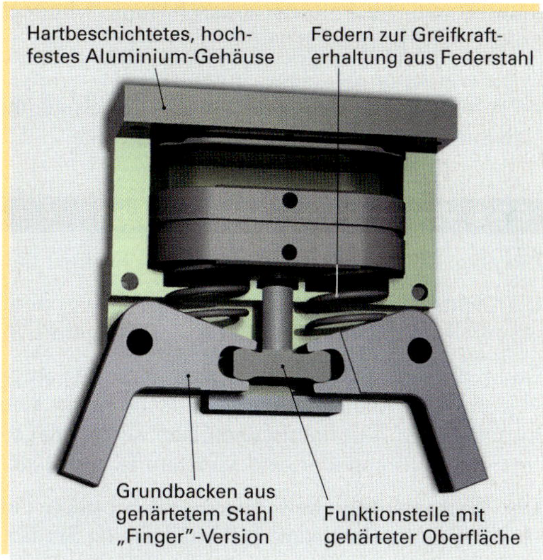

Bild 1: Winkelgreifer

5.1 Einteilung der Werkstoffe

Die Vielzahl der in der Praxis vorkommenden Werkstoffe wird nach ihrer Zusammensetzung in drei Gruppen eingeteilt **(Bild 2)**.

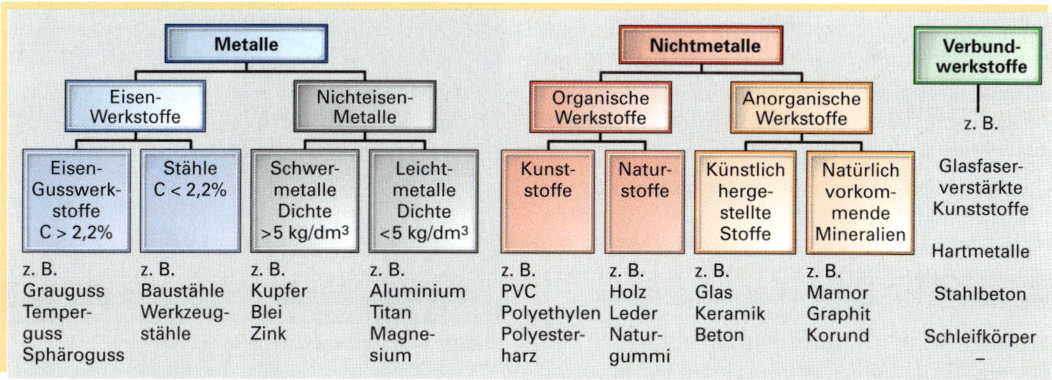

Bild 2: Einteilung der Werkstoffe

Als **Eisenwerkstoffe** werden dabei alle Werkstoffe bezeichnet, die auf der Basis von Eisen entstanden sind, also alle Stähle und Gusseisenwerkstoffe.

Die **Nichteisenmetalle** sind alle metallischen Werkstoffe, die kein Eisen enthalten. Sie werden bei einer Dichte von mehr als 5 kg/dm³ als **Schwermetalle** und bei einer Dichte von weniger als 5 kg/dm³ als **Leichtmetalle** bezeichnet.

Die Gruppe der **Nichtmetalle** wird in organische Werkstoffe, das sind Kunststoffe oder Naturstoffe und in anorganische Werkstoffe, das sind künstlich hergestellte Stoffe und natürlich vorkommende Mineralien eingeteilt.

Aus zwei oder mehr Einzelstoffen werden **Verbundwerkstoffe** hergestellt, die heute sehr viel Anwendung finden.

5.2 Eigenschaften von Werkstoffen

Wie am Beispiel des Greifers (siehe Seite 99) beschrieben, werden an die eingesetzten Werkstoffe ganz unterschiedliche Anforderungen bezüglich ihrer Eigenschaften wie z.B. große Härte, geringes Gewicht, hohe Elastizität gestellt.

Diese werden in der Regel unterschieden in physikalische, mechanisch-technologische, chemisch-technologische und fertigungstechnische Eigenschaften. Daneben spielen die Umweltverträglichkeit und wirtschaftliche Gesichtspunkte eine große Rolle.

5.2.1 Physikalische Eigenschaften

Die physikalischen Eigenschaften beschreiben den physikalischen Zustand eines Stoffes.

Die **Dichte** gibt die Masse eines Stoffes bezogen auf eine Volumeneinheit an. Sie wird mit der Formel $\varrho = m/V$ ermittelt und besitzt die Einheit kg/dm³. Sie ist somit ein wichtiges Vergleichsmaß.

Durch die **elektrische Leitfähigkeit** wird die Fähigkeit eines Stoffes beschrieben, den elektrischen Strom in sich weiterzuleiten. Gute elektrische Leiter sind Kupfer, Silber, Aluminium und Eisen, schlechte Leiter oder gar Nichtleiter sind Kunststoffe und Glas.

Die **Wärmeleitfähigkeit** beschreibt, ähnlich der elektrischen Leitfähigkeit, die Fähigkeit von Stoffen, die Wärme weiterzuleiten.

Gute Wärmeleiter, wie z.B. Stahl, fühlen sich bei einer Raumtemperatur von 20 °C meist kalt an, da sie die Körperwärme sofort weiterleiten und in den Werkstoff abgeben. Bei schlechten Wärmeleitern, wie etwa Holz, ist dies nicht der Fall, so dass der subjektive Eindruck eines „warmen" Werkstoffes entsteht **(Bild 1)**.

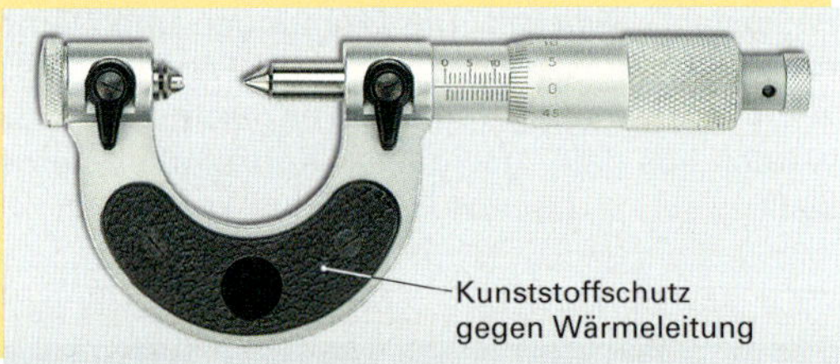

Bild 1: Kunststoff als Wärmeleitungsschutz

Unter Temperatureinfluss dehnen sich die meisten Stoffe aus, was zu großen Problemen z.B. bei Messwerkzeugen führen kann. Ein Maß für die Ausdehnungsfähigkeit ist die **thermische Längenausdehnung.**

Die tatsächliche Wärmeausdehnung eines Körpers hängt ab von der Ausgangslänge l_0, der Temperaturdifferenz $(\vartheta_2 - \vartheta_1)$ und dem spezifischen thermischen Längenausdehnungskoeffizient α seines Werkstoffes. Sie wird ermittelt mit der Formel:

$$\Delta l = \alpha \cdot l_0 \cdot (\vartheta_2 - \vartheta_1) \text{ [mm]}$$

Bild 2: Metallschmelzen beim Schweißen

Der **Schmelzpunkt** eines Stoffes gibt die Temperatur an, bei der er schmilzt. Er spielt vor allem bei Metallen eine Rolle **(Bild 2)**. Bei den meisten Nichtmetallen dagegen ist ein Schmelzpunkt nicht ermittelbar, da sie aus dem festen Zustand heraus zu brennen beginnen.

Auch die **Magnetisierbarkeit** ist eine Eigenschaft, die ausschließlich den Metallen vorbehalten ist. Magnetisierbar sind Werkstoffe dann, wenn sie durch äußere Einflüsse in die Lage versetzt werden, ein sie durchdringendes Magnetfeld zu verstärken (s. Seite 290). In der Gruppe der Metalle sind nur die Eisenwerkstoffe sowie Nickel und Cobalt magnetisierbar **(Bild 3)**.

Bild 3: Magnetische Anker im Elektromotor

5.2.2 Chemisch-technologische Eigenschaften

Die chemisch-technologischen Eigenschaften beschreiben die Werkstoffzusammensetzung sowie die stoffliche Umwandlungen der Stoffe durch die Wirkung der sie umgebenden Stoffe und Umweltbedingungen.

Die werkstoffverändernden Vorgänge laufen unter normalen Umweltbedingungen relativ langsam ab. Die Einwirkung von Wärme und/oder aggressiver Chemikalien, wie z.B. Säuren, kann die Zerstörungszeit massiv verändern.

Der Gehalt der einzelnen, im Werkstoff enthaltenen Elemente wird durch die **chemische Zusammensetzung** bestimmt. Die Angaben erfolgen in Prozent.

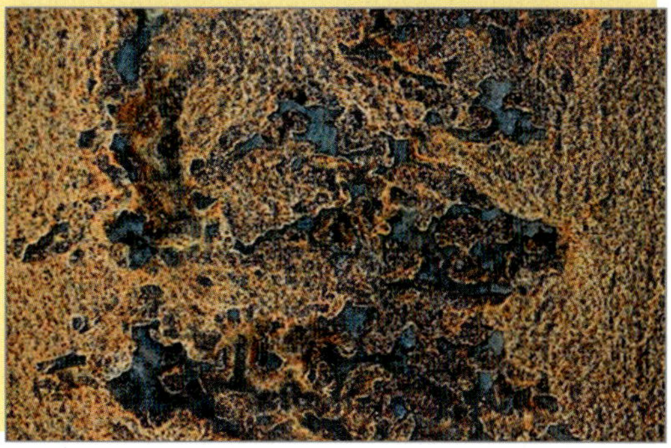

Bild 1: Korrosion bei Stahl

Durch Korrosion werden auf chemischem oder elektrochemischem Wege die Oberflächen von Werkstoffen zerstört **(Bild 1)**. Den Widerstand, den die Werkstoffe dagegen setzen, bezeichnet man als **Korrosionsbeständigkeit**.

Bei vielen Werkstoffen ist es wichtig, dass sie hitzebeständig sind. Neben den Metallen werden vermehrt auch Kunststoffe entwickelt, die ebenfalls über eine hohe **Hitzebeständigkeit** verfügen und somit für Rohrleitungen und Gleitwerkstoffe verwendet werden können.

Bei Metallen spielt die chemische Eigenschaft **Brennbarkeit** kaum eine Rolle. Bei der Ver- und Bearbeitung von Kunststoffen muss jedoch beachtet werden, dass diese meist leicht brennbar sind.

5.2.3 Mechanisch-technologische Eigenschaften

Durch die mechanisch-technologischen Eigenschaften wird das Verhalten der Werkstoffe unter der Einwirkung von mechanischen Kräften beschrieben. Eine der wichtigsten mechanisch-technologischen Eigenschaften ist die **Festigkeit (Tabelle 1)**.

Neben der Festigkeit sind es vor allem die **Härte, Elastizität, Sprödigkeit** und **Zähigkeit,** die die Eigenschaften eines Werkstoffes charakterisieren.

Tabelle 1: Beanspruchung von Bauteilen

Belastung	Zug	Druck	Abscherung	Biegung	Verdrehung	Knickung
	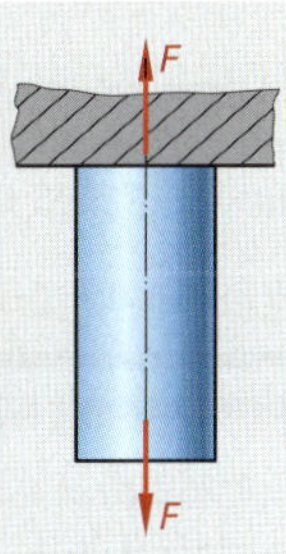	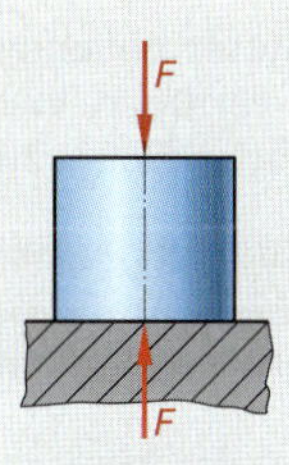	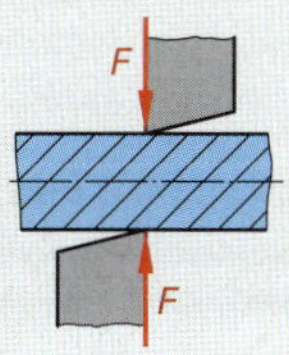	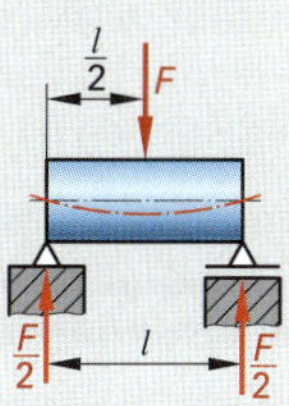	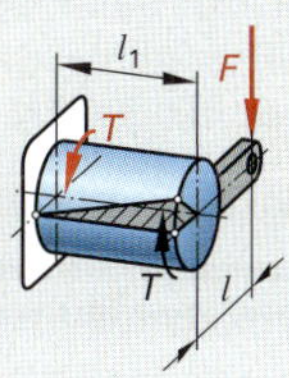	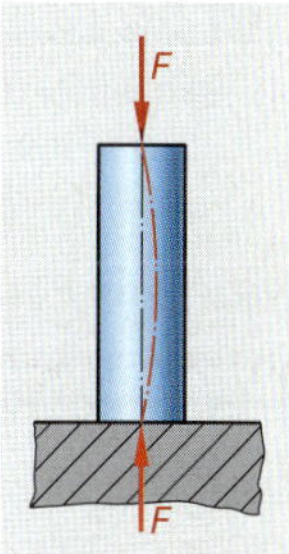
Wirkung	Verlängerung	Verkürzung	Abscherung	Biegung	Verdrehung	Ausknickung
Beispiel	Seile, Aufhängungen, Schrauben	Auflager, Gestelle, Maschinenbetten	Schrauben, Bolzen, Nieten	Achsen, Wellen	Bohrer, Wellen, Säulen	Säulen
Geforderte Festigkeit	Zugfestigkeit	Druckfestigkeit	Scherfestigkeit	Biegefestigkeit	Torsionsfestigkeit	Knickfestigkeit

Unter der Festigkeit eines Stoffes versteht man den maximalen Widerstand, den er äußeren Verformungskräften bis zu seiner Zerstörung entgegensetzt.

Diese Kräfte können unterschiedliche Beanspruchungen auslösen **(Tabelle 1, Seite 101).** So beanspruchen Kräfte, die an dem Werkstoff ziehen, seine Zugfestigkeit. Dies ist vor allem bei Bauteilen der Fall, die zur Aufhängung bestimmter Teile dienen. Kräfte die auf den Werkstoff drücken, wie z. B. die Maschinenaufbauten auf die Maschinenständer, beanspruchen seine Druckfestigkeit und Kräfte, die versuchen, den Stoff zu verdrehen, seine Torsionsfestigkeit. Träger, die einseitig eingespannt sind oder auf zwei Auflagern liegen, werden auf ihre Biegefestigkeit belastet.

Die am häufigsten benötigten Werte sind die Zugfestigkeit R_m sowie die Streckgrenze R_e **(Bild 1).**

$R_m = F_m/S$ [N/mm²] $R_e = \sigma_{zzul} \cdot \nu$ [N/mm²]

Dabei ist F_m die maximale Zugkraft, S der Querschnitt der Probe und ν die Sicherheitszahl.

Die Zugfestigkeit der meisten Werkstoffe ist bekannt. Sie kann Tabellen entnommen werden (siehe Tabellenbuch) und dient hauptsächlich dazu, die maximale Belastbarkeit von Bauteilen oder den erforderlichen Querschnitt zu ermitteln. Da die Bauteile in der Regel jedoch nicht bis zur äußersten Belastungsgrenze belastet werden dürfen, da sonst die Gefahr des Reißens besteht, muss mit einem geeigneten Sicherheitsfaktor ν gerechnet werden. Dieser gewährt z. B. bei Stahl eine Sicherheit unterhalb der Streckgrenze und ist abhängig vom Belastungsfall und vom Einsatzgebiet (siehe Tabellenbuch).

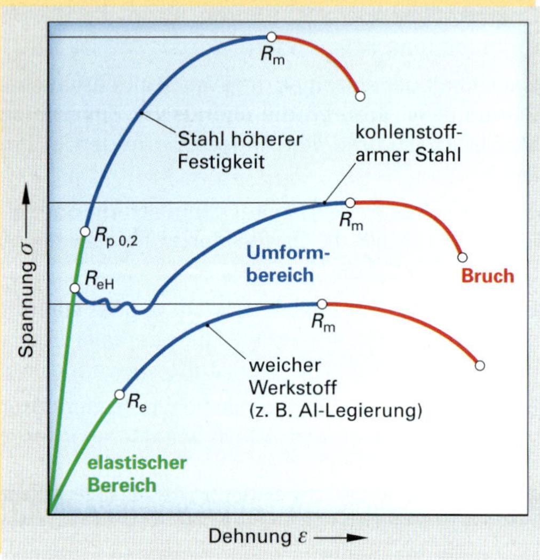

Bild 1: Spannungs-Dehnungs-Schaubilder

Beispiel: Eine Zugstange mit einer Streckgrenze bei R_e = 300 N/mm² soll mit einer Kraft von 5000 N belastet werden. Welchen Durchmesser muss diese Stange besitzen, wenn mit zweifacher Sicherheit gearbeitet werden soll.

Lösung: $R_e = \sigma_{zzul} \cdot \nu$ $\qquad \sigma_{zzul} = \frac{F_{zul}}{S} = \frac{F_{zul} \cdot 4}{d^2 \cdot \pi}$

$$\sigma_{zzul} = \frac{R_e}{\nu} = \frac{300\ \text{N}}{\text{mm}^2 \cdot 2} = 150\,\frac{\text{N}}{\text{mm}^2} \qquad d = \sqrt{\frac{F_{zul} \cdot 4}{\sigma_{zzul} \cdot \pi}} = \sqrt{\frac{5000\ \text{N} \cdot \text{mm}^2}{150\text{N} \cdot \pi}} = \mathbf{6{,}5\ mm}$$

Arbeitsauftrag:

An einer Lasche aus Flachstahl wird ein Handhabungsgerät befestigt. Über welche Zugfestigkeit muss das Material bei zweifacher Sicherheit mindestens verfügen, wenn das Gewicht des Handhabungsgerätes mit 2000 N angegeben ist und die Lasche einen Querschnitt von 5 mm × 40 mm hat?

Neben der Festigkeit ist in vielen Fällen die **Härte** von Werkstoffen von großer Bedeutung.

Unter der Härte versteht man den Widerstand, den ein Körper einem eindringenden Körper entgegensetzt.

Aluminium, Kupfer und die meisten Kunststoffe sind weiche Werkstoffe, Stähle und Hartmetalle dagegen besitzen eine große Härte. Kann ein Werkstoff nach einer Verformung wieder seine Ausgangsform annehmen, so ist er **elastisch,** wie wir das bis zu einer gewissen Grenze z. B. von Sägeblättern kennen. Kann diese Formveränderung nicht rückgängig gemacht werden, spricht man von einer **plastischen** Verformung. Beides sind Eigenschaften, die für die funktionsabhängige Auswahl von Werkstoffen von großer Bedeutung sind. Ist ein Werkstoff **spröde,** so wird er sich nicht verformen lassen und bei schlagartiger Belastung brechen. Ein typischer Vertreter dieser Werkstoffe ist Glas. **Zähe** Werkstoffe wie beispielsweise nicht rostender Stahl hingegen versuchen plastischen Verformungen großen Widerstand entgegenzusetzen, können jedoch nur schwer zerstört werden.

5.2.4 Fertigungstechnische Eigenschaften

Die fertigungstechnischen Eigenschaften sind für die Auswahl bestimmter Fertigungsverfahren von großer Bedeutung. Dabei muss unterschieden werden, ob es sich um die Herstellung von Halbzeugen handelt, von der der Mechatroniker nicht betroffen ist, oder um Fertigung von Werkstücken und Teilen, die vom Mechatroniker durchgeführt werden muss. Dementsprechend sind die folgenden fertigungstechnischen Eigenschaften zu beachten:

Bild 1: Zerspanen durch Fräsen

Die **Spanbarkeit** gibt darüber Aufschluss, wie gut sich ein Werkstoff durch spanende Bearbeitung wie z.B. Bohren oder Drehen bearbeiten lässt **(Bild 1)**. Gut spanbar sind, abhängig von ihrer Zusammensetzung, in der Regel alle Metalle. Durch die Anpassung der Schneidenform und der Schnittbedingungen kann dies noch beeinflusst werden. Beeinflussbare Schnittbedingungen sind vor allem die Schnittgeschwindigkeit, die Zustellung und der Vorschub (s. Seite 169 ff.) sowie der Einsatz von Kühlschmierstoffen. Nicht spanbar sind ganz weiche Stoffe wie Gummi oder spröde Stoffe wie Glas.

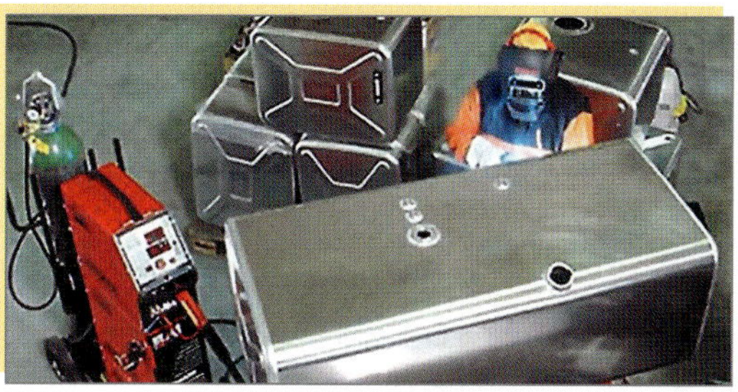

Bild 2: Schweißen von Aluminium

Die **Schmiedbarkeit** ist eine Eigenschaft, die ausschließlich den Stählen und einigen Aluminium- und Kupferlegierungen vorbehalten ist. Sie spielt jedoch für die Berufspraxis des Mechatronikers kaum eine Rolle.

Häufiger dagegen ist die **Schweißbarkeit** von Stoffen erforderlich und zwar immer dann, wenn Werkstücke untrennbar durch Schweißen gefügt werden müssen (s. Seite 214 ff.). Schweißbar sind unlegierte und legierte Stähle mit geringem Kohlenstoffgehalt, Aluminium- und Kupferlegierungen und einige Kunststoffe **(Bild 2)**.

Reicht die Grundhärte eines Werkstoffes für einen speziellen Anwendungsfall nicht aus, so kann durch das Wärmebehandlungsverfahren Härten die Grundhärte erhöht werden. Dieses Verfahren setzt allerdings die **Härtbarkeit** des Stoffes voraus. Diese ist vom Kohlenstoffgehalt des Stoffes abhängig. Härtbar sind bestimmte Stahlsorten sowie Aluminiumlegierungen.

5.2.5 Ökologische Eigenschaften

In zunehmendem Maße spielen neben den klassischen Werkstoffeigenschaften auch ökologische Gesichtspunkte bei der Bewertung von Stoffen eine große Rolle. So ist z.B. der Werkstoff Aluminium als Verkleidungswerkstoff von Häusern sehr umstritten, da der für die Herstellung erforderliche Energieaufwand diesen Einsatz kaum noch rechtfertigt. Neben dem **Energieaufwand** für die Herstellung sind es vor allem die beim Herstellungsprozess von Stoffen anfallenden **Umweltbelastungen** durch Gase und Staub, die in die Bewertung mit einbezogen werden müssen. Schon bei der Konstruktion von Produkten wird heute größter Wert auf die spätere **Entsorgung (Bild 3)** bzw. **Wiederverwertbarkeit** der verwendeten Stoffe geachtet.

Bild 3: Entsorgungsproblem von Elektronikschrott

5.3 Aufbau metallischer Stoffe

Aufgrund ihrer vielfältigen Eigenschaften werden in mechatronischen Systemen sehr häufig metallische Werkstoffe eingesetzt. Dies ist vor allem dort der Fall, wo hohe Festigkeitswerte in Verbindung mit guten fertigungstechnischen Eigenschaften erforderlich sind.

5.3.1 Innerer Aufbau der Metalle

Die Eigenschaften der Metalle werden durch ihren inneren Aufbau bestimmt **(Bild 1)**. Betrachtet man die Oberfläche eines Metalles durch ein hochauflösendes Elektronenmikroskop, so kann man seinen strukturierten Aufbau erkennen. Die Metallionen, das sind die kleinsten Bausteine der Metalle, werden umgeben von zusammenhängenden Elektronenwolken. Durch sie werden die Metallteilchen zusammengehalten, und durch sie erhalten sie auch ihre Festigkeit.

Da die Elektronen der Elektronenwolken frei beweglich sind, sind Metalle gute elektrische Leiter. Würde man die Mittelpunkte der Metallionen zeichnerisch verbinden, so ergäben die Verbindungslinien ein räumliches Gitter, das als **Kristallgitter** bezeichnet wird.

Bild 1: Aluminiumgefüge

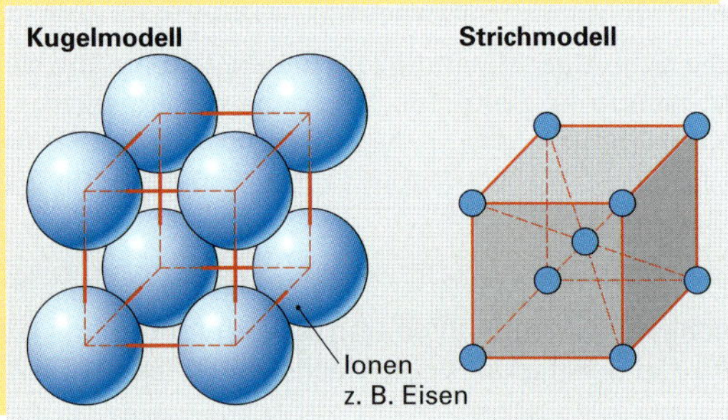

Bild 2: Kubisch-raumzentriertes Kristallgitter

5.3.2 Kristallgitterarten

Die Metallgitter entstehen beim Abkühlen der Schmelze. Im flüssigen Zustand sind die Metallionen noch frei beweglich und ungebunden. Erst beim Abkühlen nehmen sie feste Plätze ein, die Kristallbildung beginnt. Die Kristalle wachsen langsam bis das Metall schließlich vollkommen erstarrt. Die entstandenen Kristalle, auch Körner genannt, stoßen an der Korngrenze zusammen. Grundsätzlich sind drei verschiedene Kristallgittertypen möglich.

Das **kubisch-raumzentrierte** Kristallgitter **(Bild 2)** hat die Metallionen so geordnet, dass ihre Mittelpunkte einen Würfel bilden. In der Mitte des Würfels befindet sich noch ein zusätzliches Ion. Solche Kristallgitter sind z.B. bei Eisen unter 911 °C, Chrom, Vanadium und Wolfram gegeben.

Beim **kubisch-flächenzentrierten** Kristallgitter **(Bild 3)** ist der Grundkörper, d.h. die gedachte Verbindung der Ionenmittelpunkte, ebenfalls ein Würfel. Zusätzliche Ionen befinden sich in den Zentren der seitlichen Begrenzungsflächen. Eisen über 911 °C, Aluminium, Nickel und Kupfer besitzen solche Kristallgitter.

Hexagonale Kristallgitter **(Bild 4)** liegen dann vor, wenn die Metallionen auf den Ecken eines Sechseckprismas platziert sind. Magnesium, Zink und Titan besitzen solche Gitter.

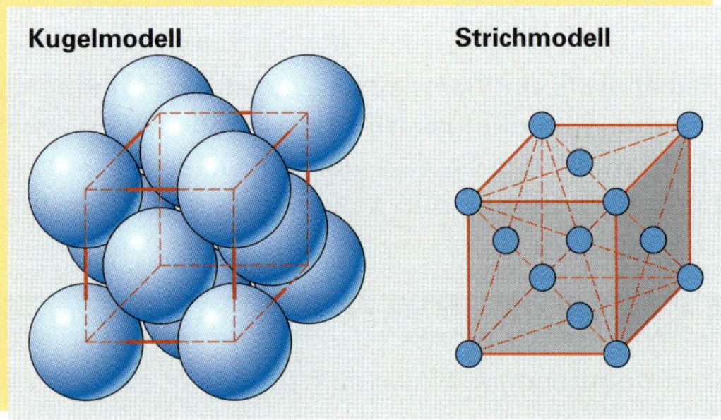

Bild 3: Kubisch-flächenzentriertes Kristallgitter

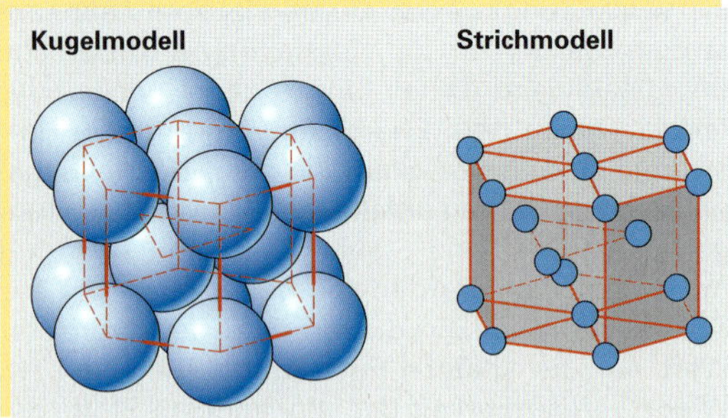

Bild 4: Hexagonales Kristallgitter

5.4 Eisen- und Stahlwerkstoffe

Vom einfachen Baustahl bis zum hochlegierten Spezialstahl sind heute auf dem Markt sehr viele Eisen- und Stahlwerkstoffe erhältlich. Der Unterschied zwischen Stahl- und Eisenwerkstoffen liegt im Kohlenstoffgehalt.

Als Stahl werden alle ohne Nachbehandlung in warmem oder kaltem Zustand umformbaren Eisenwerkstoffe mit einem Kohlenstoffgehalt von bis zu 2,06% bezeichnet.

Eisen- und Stahlwerkstoffe werden erzeugt, indem dem im Hochofen aus Eisenerzen erzeugten Roheisen der relativ hohe Kohlenstoffanteil reduziert und die Eisenbegleiter wie Silicium, Mangan, Phosphor und Schwefel durch unterschiedliche Verfahren entzogen werden. Das dadurch erhaltene Produkt ist Stahl. Je nach verbleibendem Kohlenstoffgehalt ist Stahl leicht umformbar bis hart, schmiedbar und härtbar. Der Kohlenstoffgehalt spielt bei der Einsatzeignung und bei der Normung eine bestimmende Rolle.

Stähle werden als „Halbzeuge" in unterschiedlichen Formen und Profilen zur Weiterverarbeitung zur Verfügung gestellt (siehe Tabellenbuch). Die Stähle- und Eisenwerkstoffe werden eingeteilt nach ihrer Verwendung, nach ihrer Zusammensetzung oder nach Güteklassen.

5.4.1 Einteilung nach der Verwendung

Nach den geeigneten Verwendungsbereichen kann die Einteilung in Baustähle, Werkzeugstähle und Eisen-Gusswerkstoffe erfolgen **(Bild 1)**.

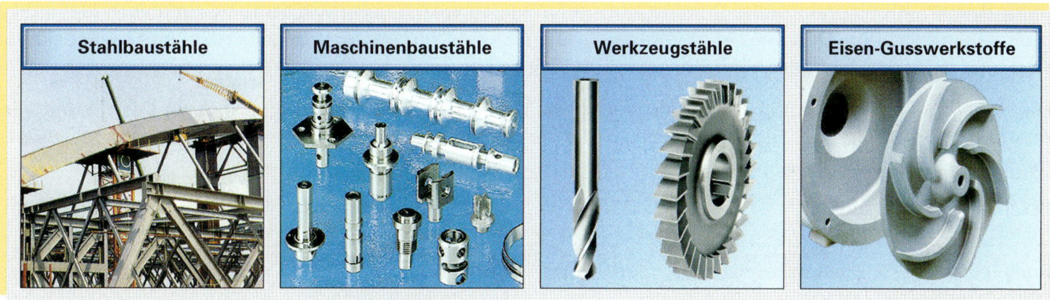

Bild 1: Einteilung von Eisen- und Stahlwerkstoffen

Das Basismetall aller Stahl- und Eisenwerkstoffe ist das Eisen (Fe). Enthält der Werkstoff darüber hinaus ausschließlich noch Kohlenstoff (C) in unterschiedlichen, die Eigenschaften beeinflussenden Mengen, so ist dies ein **unlegierter Stahl.** Der Kohlenstoffgehalt liegt bei den Baustählen zwischen 0,1% und 0,6%, bei den Werkzeugstählen zwischen 0,35% und 1,5% und bei den Eisen-Gusswerkstoffen zwischen 2,8% und 3,6%. Durch unterschiedliche Zusetzung verschiedener Legierungselemente wie z.B. Chrom, Mangan, Molybdän, Vanadium, können die Eigenschaften zusätzlich erheblich beeinflusst werden **(Bild 2)**. In diesem Falle spricht man von **legierten Stählen**. Betragen die Legierungsbestandteile mehr als 5%, wie z.B. bei den nicht rostenden Stählen, werden diese als **hochlegierte Stähle** bezeichnet.

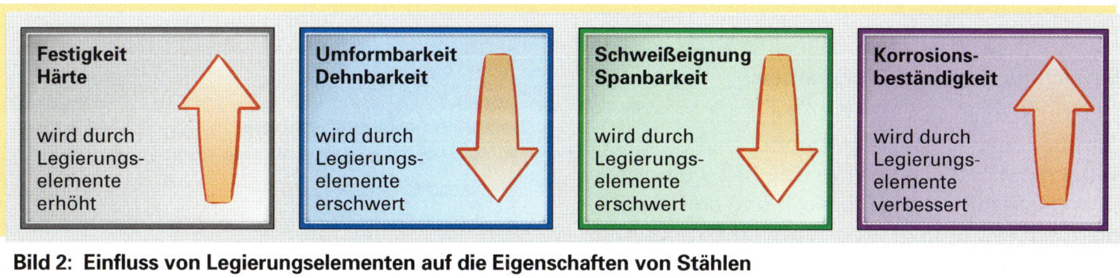

Bild 2: Einfluss von Legierungselementen auf die Eigenschaften von Stählen

5.4.2 Einteilung nach Güteklassen

Aufgrund ihrer gewährleisteten Gebrauchseigenschaften und der Genauigkeit der Zusammensetzung werden Stähle unterschieden in Grundstähle (unlegiert), Qualitätsstähle (unlegiert und legiert) und Edelstähle (unlegiert und legiert).

Grundstähle sind Stahlsorten, an die keine besonderen Qualitätsanforderungen gestellt werden. Ihre Zusammensetzung und ihre Eigenschaften bewegen sich in relativ großen Grenzen. Verwendet werden sie u. a. im Stahlbau als warmgewalzte Profile sowie als gezogener Rundstahl.

Qualitätsstähle besitzen gewährleistete Gebrauchseigenschaften. An sie werden höhere Anforderungen gestellt als an die Grundstähle. Sie sind begrenzt für die Wärmebehandlung und bestimmte Umformverfahren geeignet. Eingesetzt werden sie bei höheren Festigkeitsanforderungen wie z. B. beim Bau von Druckbehältern oder zum Tiefziehen von Blechen im Karosseriebau.

Edelstähle sind besonders reine Stähle, deren Zusammensetzung genau bestimmt ist. Unlegiert sind sie gut umformbar und schweißbar, als legierte Stähle werden sie verwendet als Werkzeugstähle, Schnellarbeitsstähle und Anwendungen, bei denen hohe Festigkeitswerte verlangt sind wie z. B. Wälzlagerkugeln. Als hochlegierte Stähle sind sie als nicht rostende Stähle bekannt. Fälschlicherweise werden jedoch häufig alle Edelstähle als nicht rostend bezeichnet.

5.4.3 Normung von Eisen- und Stahlwerkstoffen

Welcher Werkstoff für einen bestimmten Anwendungsfall verwendet werden muss, wird in der Regel vom Konstrukteur entschieden und ist vom Mechatroniker aus der Stückliste oder dem Schriftfeld in der Zeichnung zu entnehmen. In einzelnen, untergeordneten Fällen wird diese Entscheidung auch vom Mechatroniker selbst getroffen. Dies setzt aber voraus, dass die Eigenschaften der unterschiedlichen Stähle bekannt sind, und dass vor allem auch ihre Bezeichnungen entschlüsselt werden können.

Die traditionelle Bezeichnung der Stähle orientierte sich an dem Verwendungszweck und den damit verbundenen Eigenschaften. Sie wurden entweder nach der Zugfestigkeit oder ihrer chemischen Zusammensetzung bezeichnet.

Beispiel für Zugfestigkeit:	St 37:	Baustahl mit einer Mindestzugfestigkeit von 370 N/mm^2.
Beispiel für chem. Zusammensetzung:	20CrMo4:	Baustahl mit 0,2% C, 1% Cr und unbestimmte Menge Molybdän

Diese Bezeichnungsart ist in vielen Werkstätten noch anzutreffen, entspricht jedoch nach einer Übergangsfrist bis 1992 nicht mehr der Norm (siehe Tabellenbuch).

Bezeichnungen nach EN 10027 (siehe auch Tabellenbuch)

Die Europa-Norm 10027 lässt grundsätzlich zwei Möglichkeiten der Bezeichnung zu:

1. Bezeichnung durch **Kurznamen** mit den beiden Varianten:
   a) Kurznamen, die Hinweise auf die Verwendung und die mechanischen oder physikalischen Eigenschaften der Stähle enthalten (Gruppe 1).
   b) Kurznamen, die Hinweise auf die chemische Zusamensetzung enthalten (Gruppe 2).
2. Bezeichnung mit **Werkstoffnummern**.

Bezeichnungen durch Kurznamen:

Die Kurznamen aus der Gruppe 1 setzen sich zusammen aus einem Hauptsymbol und einem Zusatzsymbol. Das Hauptsymbol enthält die Angaben über die Stahlgruppe **(Tabelle 1)** und eine Zahl, die die für diese Stahlgruppe typische Eigenschaftsgröße bestimmt.

Tabelle 1: Beispiele für Hauptsymbole

S	Stähle für den allgemeinen Stahlbau
E	Maschinenbaustähle
P	Stähle für den Druckbehälterbau
R	Stähle für Schienen

Beispiel: Die Kurzbezeichnung eines unlegierten Baustahles nach DIN EN 10 025 lautet: **S235JR**

S: unlegierter Baustahl
235: Streckgrenze R_e = 235 N/mm²
JR: Kerbschlagarbeit 27J bei 20 °C

Die Kurznamen der Gruppe 2 sind ähnlich den bisherigen Normen aufgebaut. Das Hauptsymbol besteht hier aus der Angabe des Kohlenstoffgehaltes und bei legierten Stählen zusätzlich aus der Angabe der Legierungselemente. Die Kennzahlen für die Legierungselemente werden mit unterschiedlichen Faktoren belegt **(Tabelle 1).** Dem Hauptsymbol können darüber hinaus noch Zusatzsymbole aus Buchstaben und Zahlen folgen.

Unlegierte Stähle beginnen immer mit dem Symbol C für Kohlenstoff und der Kennzahl für den Kohlenstoffanteil. Die folgenden Zusatzsymbole wie z. B. R oder E bestimmen den maximalen Schwefelgehalt.

Beispiel: Die Kurzbezeichnung eines unlegierten Vergütungsstahles: **C45E**

C45: C-Gehalt 45/100 = 0,45 %
E: maximaler Schwefelgehalt

Niedriglegierte Stähle enthalten Legierungsbestandteile, die jeweils unter 5 % liegen. Der Kohlenstoffgehalt wird ohne den vorangestellten Buchstaben C direkt in 1/100 % angegeben **(Bild 1).** Es folgen die Angaben der Legierungsbestandteile mit den jeweiligen verschlüsselten Prozentangaben.

Hochlegierte Stähle sind Stähle, die mindestens einen Legierungsbestandteil mit über 5 % besitzen. Sie sind erkennbar an einem vorangestellten X **(Bild 2).** Bei den hochlegierten Stählen werden die Prozentangaben **nicht** mit einem Faktor belegt.

Bezeichnungen von Gusseisenwerkstoffen setzen sich nach diesem System zusammen aus dem Hauptsymbol für den Gusseisenwerkstoff **(Tabelle 2)** und der Angabe der Gebrauchseigenschaft.

Bezeichnungen durch Werkstoffnummern:

Vor allem für den Einsatz in EDV-Systemen besser geeignet ist die Bezeichnung der Werkstoffe durch Nummern. Dabei wird jedem Werkstoff eine fünfstellige Nummer zugeteilt, die bei Bedarf auf sieben Stellen erweitert werden kann **(Tabelle 3).**

Tabelle 1: Umrechnungsfaktoren

Kennzahlfaktor 4	Cr	Ni	Mn	Co	Si	W
Kennzahlfaktor 10	Al	Cu	Mo	Ta	Ti	V
Kennzahlfaktor 100	C	P	S	N	Ce	

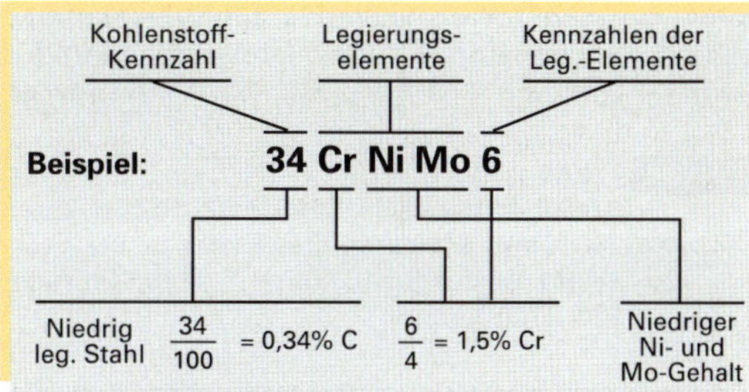

Bild 1: Kurznamen mit Zusammensetzungsangaben für niedriglegierten Stahl

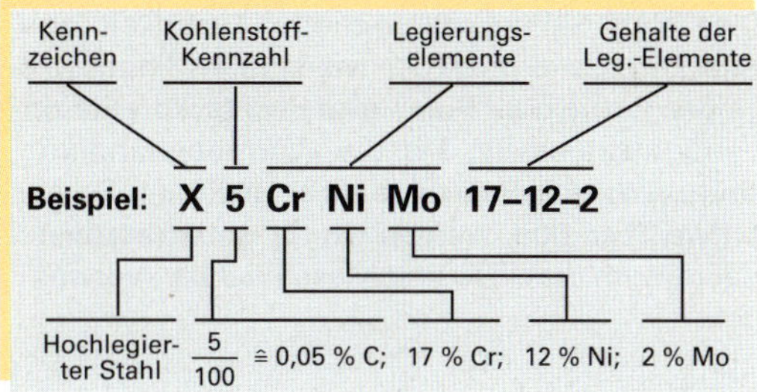

Bild 2: Kurznamen mit Zusammensetzungsangaben für hochlegierten Stahl

Tabelle 2: Kennbuchstaben für Gusswerkstoffe

G	Gusswerkstoff
GG	Gusseisen mit Lamellengrafit (Grauguss)
GGG	Gusseisen mit Kugelgrafit
GGL	Austenitisches Gusseisen mit Lamellengrafit
GGK	Kokillen-Gusseisen
GH	Hartguss
GS	Stahlguss
GSZ	Schleuder-Stahlguss
GTS	nicht entkohlend geglühter (schwarzer) Temperguss
GTW	entkohlend geglühter (weißer) Temperguss

Tabelle 3: Stahlgruppennummern DIN EN 10027 (Auszug)

Gruppennummer	Stahlgruppe für unlegierte Stähle
00, 90	Grundstähle
	Qualitätsstähle
01, 91	Allgemeine Baustähle mit R_m < 500 N/mm²
06, 96	Stähle mit im Mittel ≥ 0,55 % C oder R_m ≥ 700 N/mm²
	Edelstähle
10	Stähle mit besonderen physikalischen Eigenschaften
12	Maschinenbaustähle mit ≥ 0,50 % C
Gruppennummer	**Stahlgruppe für legierte Stähle**
	Qualitätsstähle
08, 98	Stähle mit besonderen physikalischen Eigenschaften
	Edelstähle
20 ... 28	Werkzeugstähle
40 ... 46	nicht rostende Stähle
50 ... 84	Bau-, Maschinenbau- und Behälterstähle

Dabei wird durch die erste Ziffer, gefolgt von einem Punkt, die Werkstoffhauptgruppe gekennzeichnet. Die beiden nächsten Ziffern kennzeichnen die Stahlgruppe. Durch die beiden letzten Ziffern, die Zählnummer, wird der konkrete Stahl benannt. Die Zählnummer wird von der Europäischen Stahlregistratur vergeben.

Beispiel: **1.8550** ist der Stahl 34CrAlNi7, ein Stahl, aus dem z. B. Spindeln für Werkzeugmaschinen hergestellt werden.
1.0038 ist der Stahl S235JRG2 (RSt 37-2), ein beruhigt vergossener Baustahl der Gütegruppe 2 mit ca. 360 N/mm² Mindestzugfestigkeit.
1.4541 ist der Stahl X6CrNiTi18-10, ein nichtrostender, austenitischer Stahl mit einer Zugfestigkeit von 520...720 N/mm².

5.4.4 Wichtige Stähle und Eisenwerkstoffe (Auswahl)

Unlegierte Baustähle:

Dies sind Stähle mit mittlerer Festigkeit und Streckgrenze. Sie werden meist in Profilform als Träger, Rohre oder Rund- und Rechteckprofile zur Verfügung gestellt. Für die Wärmebehandlung sind unlegierte Baustähle nicht geeignet. Da sie schweißbar sind, werden sie für untergeordnete Bauteile im Stahlbau und Maschinenbau verwendet.

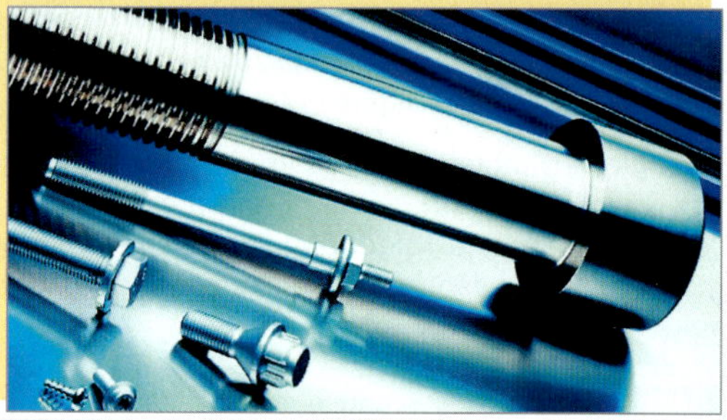

Schweißgeeignete Feinkornbaustähle:

Schweißgeeignete Feinkornbaustähle besitzen eine hohe Festigkeit und Streckgrenze sowie eine sehr gute Schweißeignung. Sie werden deshalb bevorzugt im Maschinen-, Stahl- und Apparatebau eingesetzt. Die höhere Festigkeit wird durch Legierungsbestandteile Mangan, Nickel und Chrom erreicht. Feinkornbaustähle müssen wegen des feinen Gefüges sorgfältig bearbeitet werden.

Vergütungsstähle:

Unter Vergüten versteht man das Härten mit anschließendem Anlassen. Hierfür eignen sich aufgrund der Zusammensetzung die Vergütungsstähle, die unlegiert oder legiert sein können. In vergütetem Zustand besitzen sie eine hohe Festigkeit und ausreichende Zähigkeit für den Einsatz z. B. als Zahnräder, Schrauben, Muttern, Wellen.

Automatenstähle:

Automatenstähle sind Stähle, die sich für die spanende Herstellung von Teilen in großen Serien eignen. Durch die Legierung mit Schwefel oder Blei wird eine gute Zerspanbarkeit erreicht. Die Späne werden dadurch kurzbrüchig. Die Festigkeit wird durch den Schwefelzusatz kaum beeinflusst. Ihr Kohlenstoffgehalt liegt zwischen 0,09% und 0,45%. Automatenstähle mit einem C-Gehalt von mehr als 0,3% sind vergütbar.

Federstähle:

Bauteile, die in vergütetem Zustand über ein großes elastisches Formveränderungsvermögen verfügen müssen, werden aus Federstahl hergestellt. Dies sind hauptsächlich alle Arten von Federn wie z.B. Schraubenfedern, Tellerfedern, Blattfedern. Unlegierte Federstähle haben einen C-Gehalt von 0,5% bis 0,8%. Legierte Federstähle enthalten meist Silizium aber auch Chrom und Vanadium.

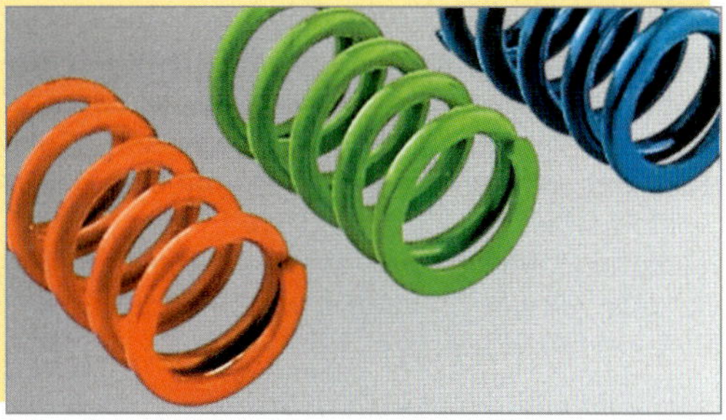

Einsatzstähle:

Einsatzstähle sind Stähle mit einem geringen Kohlenstoffgehalt unter 0,22%. Um die Festigkeit und Härte im Randbereich zu erhöhen werden sie durch Einsatzhärten in der Randschicht aufgekohlt und dadurch in diesem Bereich härtbar. Da der Kern der Werkstücke davon nicht betroffen wird, kann dieser zäh bleiben. Sie eignen sich daher für den Einsatz z.B. als Zahnräder, Wellen, Steuerkurven.

Nitrierstähle:

Ein ähnlicher Effekt wie bei den Einsatzstählen durch das Aufkohlen wird bei den Nitrierstählen durch das Einbringen von Stickstoff in die Randschicht erreicht. Dadurch erhält man eine temperaturstabile Nitritschicht, die eine hohe Härte garantiert. Nitrierstähle sind mit Aluminium, Chrom, Molybdän, Vanadium, Niob oder Titan legierte Stähle.

Nicht rostende Stähle:

Dies sind hochlegierte Stähle mit einem Chromgehalt von mindestens 13% und einem Nickelgehalt von ca. 10%. Der Kohlenstoffgehalt ist meist sehr gering (unter 0,1%). Sie sind zähelastisch und besitzen eine mittlere Festigkeit. Ihr typisches Merkmal ist die dauerhafte Korrosionsbeständigkeit. Sie sind in der Praxis unter dem Namen „Edelstahl rostfrei" bekannt.

Werkzeugstähle:

Aus Werkzeugstählen werden ganz unterschiedliche Werkzeuge zum Bearbeiten wie z.B. Biegen, Tiefziehen, Spanen sowie für die Handhabungstechnik und die Messtechnik gemacht. Abhängig von ihrer Zusammensetzung werden sie eingeteilt in unlegierte, niedriglegierte und hochlegierte Werkzeugstähle. Nach ihrem Verwendungszweck wird unterschieden in Kaltarbeitsstähle, Warmarbeitsstähle und Schnellarbeitsstähle.

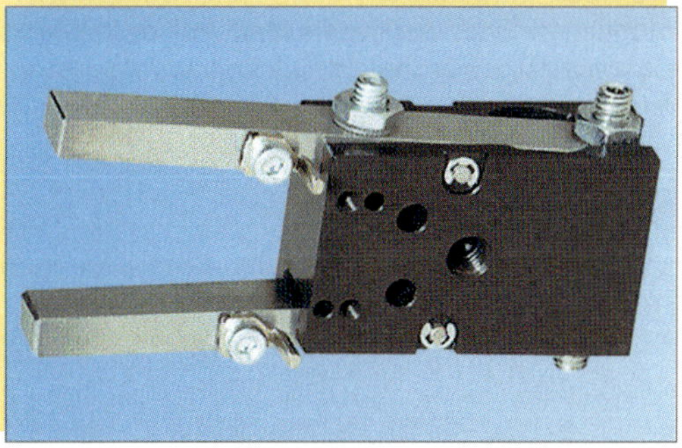

Gusseisen mit Lamellengrafit:

Teile, die eine komplizierte Form haben und deshalb nur sehr schwer spanend herstellbar sind, werden meist aus Gusseisen gegossen. Gusseisen mit Lamellengrafit ist Eisen mit einem Kohlenstoffgehalt von 2,6% bis 3,6%, in dem der Kohlenstoff in Lamellenform als Grafit abgelagert ist. Da dies wie ein Gleitmittel wirkt, ist der Einsatz als Lagerböcke u. a. geeignet.

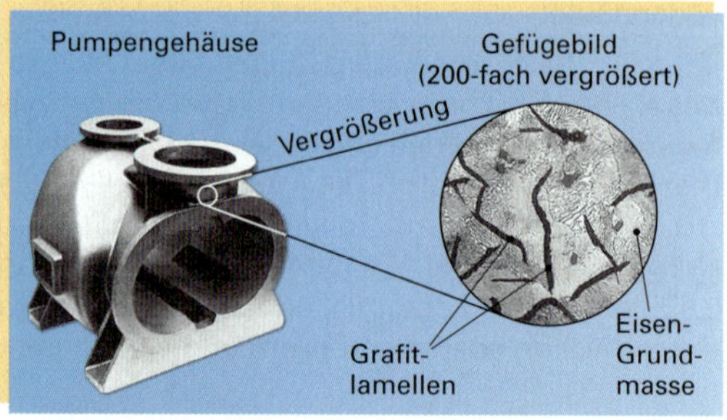

Gusseisen mit Kugelgrafit:

In Kugelform ist der Grafit in diesem Gusseisen abgelagert. Dadurch wird eine wesentlich höhere Festigkeit erreicht. Erreicht wird diese Ablagerungsform durch das Zulegieren von Magnesium in die Gussschmelze. Der auch Sphäroguss genannte Werkstoff wird zu Gussteilen verarbeitet, die hohen Schlag- und Stoßbelastungen ausgesetzt sind wie z. B. Motorgehäuse, Zahnräder.

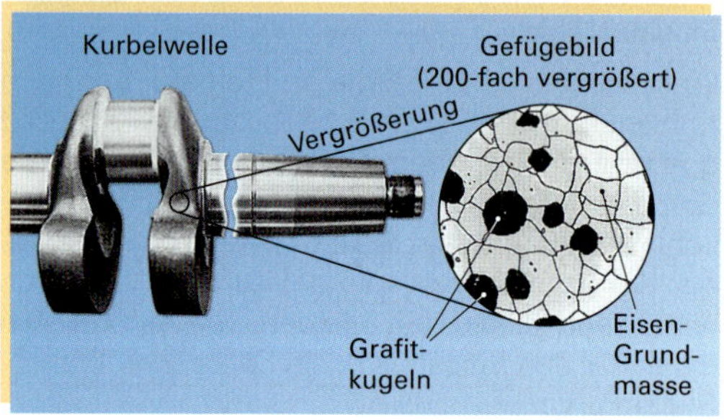

Temperguss:

Aus Temperguss werden Gussteile wie Rohrfittings, Hebel, Pleuel u. a. hergestellt, die besonders zäh sein müssen. Diese Zähigkeit wird durch eine besondere Glühbehandlung nach dem Gießen, dem Tempern, erreicht. Beim Tempern werden die Gussteile in sauerstoffabgebender (weißer Temperguss) oder neutraler Umgebung (schwarzer Temperguss) geglüht.

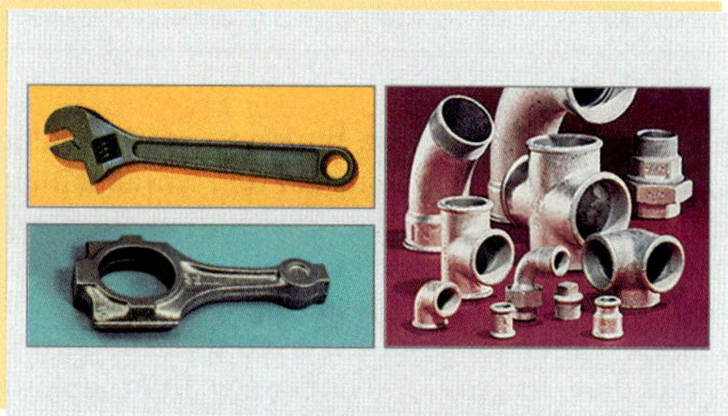

Stahlguss:

Stahlguss ist in Formen gegossener Stahl. Dies wird immer dort gemacht, wo die Eigenschaften von Stahl mit den günstigen Herstellungsbedingungen des Gießens kombiniert werden müssen wie z. B. bei Motorblöcken, Verdichtergehäusen, Turbinenschaufeln. Nach dem Gießen werden die Gussteile geglüht. Sie besitzen annähernd die gleiche Festigkeit wie der entsprechende Walzstahl.

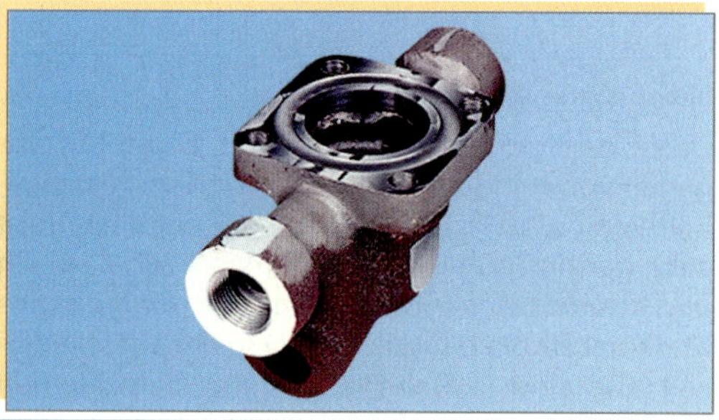

Die oben aufgeführten Stahl- und Gusseisenwerkstoffe stellen nur eine kleine, typische Auswahl der möglichen Eisenwerkstoffe dar. Auf dem Markt sind heute eine Vielzahl unterschiedlicher Stahl- und Gusswerkstoffe erhältlich. Die vollständige Kenntnis darüber ist jedoch für den Mechatroniker nicht erforderlich und würde auch den Rahmen dieses Buches sprengen.

Arbeitsauftrag:

Definieren Sie die folgenden Bezeichnungen von Stahl- und Eisenwerkstoffen und ordnen Sie diese den oben aufgeführten Sorten zu:

1. S420N	2. 9S20	3. C10E	4. 31CrMo12
5. C22	6. C75E	7. C55U	8. 120WV4
9. HS12-1-4-5	10. GS-70	11. GTW-40-5	12. GS-17CrMo 5 5

5.5 Nichteisenmetalle

Neben den Eisenwerkstoffen werden in mechatronischen Anlagen und Geräten noch sehr viele andere Metalle, die Nichteisenmetalle, eingesetzt. So sind z. B. die Profile, die in vielen automatisierten Arbeitsplätzen zum Einsatz kommen **(Bild 1)**, in der Regel aus Aluminium, die Führungsbuchsen von Spindeln aus Kupfer-Zinn-Legierungen und viele Verrohrungen aus Kupfer hergestellt.

Nichteisenmetalle sind alle reinen Metalle außer Eisen und alle Legierungen von Metallen, bei denen der Eisenanteil nicht größer als alle anderen Anteile ist.

Nichteisenmetalle werden unterschieden in Leichtmetalle und Schwermetalle. Maßgebend für diese Unterscheidung ist die Dichte der Stoffe.

Leichtmetalle besitzen eine Dichte von weniger als 5 kg/dm³, Schwermetalle von mehr als 5 kg/dm³.

Die für den Mechatroniker wichtigsten Nichtmetalle sind Kupfer und Aluminium mit ihren jeweiligen Legierungen. In der Praxis werden die Nichteisenmetalle selten in ihrer Reinform sondern meist als Legierungen eingesetzt, da durch bestimmte Legierungen die Eigenschaften der Werkstoffe gezielt verändert und damit für den speziellen Anwendungsfall angepasst werden können.

Bild 1: Anlage aus Aluminium-Profilen

Tabelle 1: Kennwerte von Kupfer

Dichte	8,9 kg/dm³
Schmelzpunkt	1083 °C
Zugfestigkeit	warmgewalzt 200...300 N/mm²; kaltverfestigt bis 600 N/mm²
Bruchdehnung	50...35 %; kaltverfestigt 2 %

5.5.1 Kupfer und Kupferlegierungen

Kupfer ist ein Schwermetall mit einer Dichte von 8,92 kg/dm³ **(Tabelle 1)**. Als **Reinkupfer** wird es hauptsächlich dort verwendet, wo eine hohe Wärmeleitfähigkeit und elektrische Leitfähigkeit gefordert wird **(Bild 2)**. Dies ist z. B. bei Wärmetauschern aber auch bei elektrischen Leitungen der Fall. Wegen der guten Lötbarkeit ist Kupfer auch als Rohrleitungswerkstoff geeignet. Für die zerspanende Bearbeitung ist Kupfer aufgrund seiner hohen Zähigkeit nicht geeignet.

Bild 2: Anwendung von Reinkupfer

Kupfer-Zink-Legierungen

Kupfer-Zink-Legierungen (frühere Bezeichnung: Messing) wird für viele mechanische Kleinteile in der Feinmechanik und der Elektroindustrie verwendet **(Bild 3)**. Sie sind gut gießbar und bei entsprechend hohem Zinkgehalt (Zn) auch gut umformbar (ca. 30 %) und zerspanbar (über 37 %). Durch das Zulegieren von Aluminium, Eisen, Nickel und Mangan wird die Zugfestigkeit erhöht.

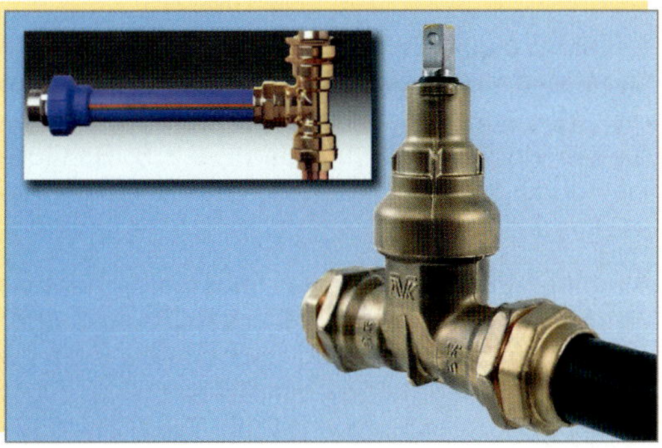
Bild 3: Anwendungen von Kupfer-Zink-Legierungen

Kupfer-Zinn-Legierungen

Besser bekannt unter dem Namen „Bronze“ sind die Kupfer-Zinn-Legierungen. Der Zinngehalt (Sn) beträgt zwischen 2% und 15%. Andere Legierungsbestandteile wie z.B. Blei, Zink oder Nickel kommen nur in geringen Bestandteilen zum Einsatz. Die Festigkeit von CuSn-Legierungen ist höher als die von CuZn-Legierungen und liegt zwischen 350 N/mm² und 410 N/mm².

Sie sind gut gießbar, korrosionsbeständig und werden wegen ihrer sehr guten Gleiteigenschaften bei Gleitlagerbuchsen und Lagerschalen eingesetzt **(Bild 1)**.

Bild 1: Lagerteile aus CuSn

Tabelle 1: Kennwerte von Aluminium

Dichte	2,7 kg/dm³
Schmelzpunkt	658 °C
Zugfestigkeit	gegossen 90...120 N/mm² weich geglüht 65 N/mm² hart gewalzt 150...230 N/mm²
Dehnung	25...3%

5.5.2 Aluminium und Aluminiumlegierungen

Aluminium ist ein Leichtmetall mit einer Dichte von 2,7 kg/dm³ **(Tabelle 1)**. Sein silberähnliches Aussehen und die glänzende Oxidschicht geben ihm den Charakter eines dekorativen Werkstoffes.

In seiner Reinform ist es für technische Anwendungen nicht tauglich. Seiner gesundheitlichen Unbedenklichkeit wegen wird es allenfalls für Lebensmittelverpackungen und Behälter eingesetzt. Seinem relativ hohen Energieaufwand für die Erzeugung und den damit verbundenen Kosten sowie Umweltbelastungen steht eine fast hundertprozentige Recycelbarkeit gegenüber.

Aluminiumlegierungen

Durch die Zulegierung geringer Bestandteile kann die Einsatztauglichkeit für die Technik erreicht werden. So erhöhen z.B. schon geringe Zusätze von Magnesium und Silicium die Festigkeit des Werkstoffes erheblich.

Die Kombination der positiven Eigenschaften von Aluminium-Legierungen wie die geringe Dichte, die Korrosionbeständigkeit, die hohe Festigkeit, das dekorative Aussehen und die gute Bearbeitbarkeit machen diesen Werkstoff in vielen Bereichen zu einem wertvollen Material **(Bild 2)**.

Aluminiumlegierungen werden unterschieden in **Guss- und Knetlegierungen.** Hauptlegierungselement der Gusslegierungen ist Silizium. Gusslegierungen werden zu Fertigteilen wie z.B. Gehäuse, Zylinderköpfe verarbeitet, die nur noch geringe Nacharbeit erfordern.

Bild 2: Aluminiumprofile

Aluminium-Knetlegierungen haben als Hauptbestandteile Mangan, Kupfer, Magnesium und Zink. Sie werden zu Halbzeugen wie Blechen, Rohren, und vor allem zu Profilen **(Bild 2)** verarbeitet. Knetlegierungen können in der Regel gut spanend bearbeitet werden. Dabei ist zu beachten, dass die Werkzeuge über die geignete Geometrie (siehe Seite 166) verfügen. Die Schnittgeschwindigkeiten sind wesentlich höher als bei der Bearbeitung von Stahl. Auch das Fügen durch Schweißen und Löten ist mit entsprechenden Verfahren (siehe Seite 215 ff.) gut möglich.

5.6 Weitere wichtige Metalle

Neben den beschriebenen Metallen Kupfer und Aluminium und deren Legierungen werden noch eine Reihe anderer, für technische Anwendungen nutzbare Metalle und Legierungen eingesetzt. Aufgrund ihrer speziellen Eigenschaften erfüllen sie in Reinform oder als Legierungsbestandteile besondere Aufgaben.

Tabelle 1: Eigenschaften und Verwendung technisch wichtiger Metalle

Metall Kurzzeichen	**Dichte** in kg/dm³	**Schmelztemperatur** in °C	**Besondere Eigenschaften**	**Verwendung**
Niedrig schmelzende Metalle				
Zinn Sn	7,3	232	gut gießbar gut spanlos formbar	Überzüge auf Stahlblech (Weißblech) Legierungselement für CuSn-Legierungen Zinnlegierungen: Lote, z. B. L-Sn 60 Pb
Blei Pb	11,3	327	beständig gegen Schwefelsäure, absorbiert Röntgenstrahlen	Strahlenschutz, Plattierungen, Bleiakkus, Legierungselement für Automatenlegierungen Bleilegierungen: z. B. LgPbSn9Cd (Lagermetall)
Zink Zn	7,1	419	korrosionsbeständig im Freien	Korrosionsschutz (Verzinken), Legierungselement für Al-Legierungen Zinklegierungen: Druckguss, z. B. GD-ZnAl4Cu1
Leichtmetalle				
Magnesium Mg	1,8	650	leichtestes, technisch verwendetes Metall, in Pulverform leicht entzündbar	Legierungselement für Al-Legierungen Mg-Legierungen: Leichtbauteile im Geräte-, Fahrzeug- und Flugzeugbau
Titan Ti	4,5	1727	hohe Festigkeit, zäh, korrosions- und temperaturbeständig, teuer	Mechanisch hochbelastete Leichtbauteile wie Triebwerksschaufeln, Chemieapparate Ti-Legierungen: Hochleistungs-Leichtbauteile
Legierungsmetalle				
Mangan Mn	7,3	1250	hart, spröde	Legierungsmetall für zähharte Stähle
Nickel Ni	8,9	1455	heller Metallglanz, korrosionsbeständig	Schutzüberzüge (Vernickeln), Legierungselement für korrosionsbeständige Stähle
Cobalt Co	8,8	1490	zäh, korrosionsbeständig	Legierungselement für Schnellarbeitsstähle, Bindemetall für Hartmetalle
Vanadium V	6,0	1720	hart, spröde	Legierungselement für zähharte Stähle und Schnellarbeitsstähle
Chrom Cr	7,1	1900	brillanter Metallglanz, korrosionsbeständig	Schutzüberzüge (Verchromen), Legierungselement für nicht rostende Stähle
Hochschmelzende Metalle				
Molybdän Mo	10,2	2600	korrosionsbeständig	Heizleiter, Legierungselement für hitzebeständige Stähle und Schnellarbeitsstähle
Tantal Ta	16,6	3000	zähhart, korrosionsbeständig gegen Säuren	Spezielle Chemieapparate und Geräte Legierungselement für warmfeste Stähle
Wolfram W	19,3	3380	zähhart, warmkorrosionsbeständig gegen Säuren, höchste Schmelztemperatur	Spezielle Chemieapparate, Glühfäden für Glühlampen, Legierungselement für warmfeste Stähle und Schnellarbeitsstähle
Edelmetalle				
Silber Ag	10,5	960	höchste Leitfähigkeit für Elektrizität, Glanz	Elektrische Leitungen und Kontakte Reflektoren, Spiegelbeschichtungen
Gold Au	19,3	1063	dekoratives Aussehen, korrosionsbeständig	Schmuck, Schutzüberzüge für Chemieapparate, Elektrokontakte
Platin Pt	21,5	1773	äußerst korrosionsbeständig gegen Säuren	Tiegel und Kleingeräte für das Chemielabor, Schmuck, Thermoelemente

5.7 Sinterwerkstoffe

Reine Metalle und ihre Legierungen haben nicht immer die gewünschten Eigenschaften. So sollen z. B. Filter **(Bild 1)** für die Ausfilterung des Ölanteiles der entweichenden Luft aus einer pneumatischen Anlage über eine hohe mechanische Festigkeit verfügen, gleichzeitig aber so porös sein, dass sie luftdurchlässig sind. Dies kann durch das Sintern erreicht werden.

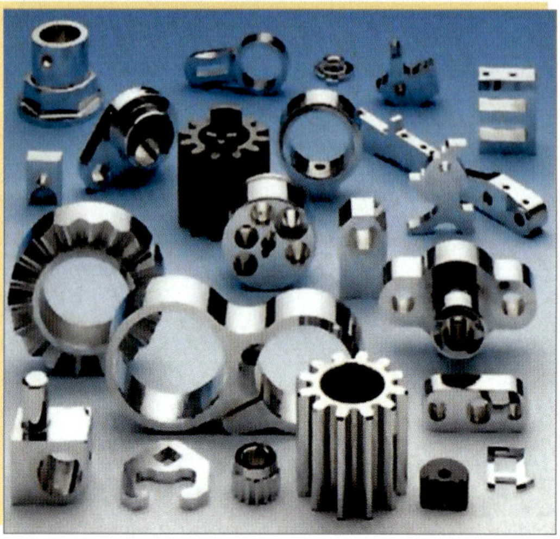

Bild 1: Bauteile aus Sinterwerkstoffen

Unter Sintern versteht man das Glühen von gepressten Metallpulvern, bei dem durch Diffusion und Kristallisation ein zusammenhängendes Gefüge entsteht.

5.7.1 Herstellung von Sinterteilen

Das Sintern wird in drei Arbeitsschritten vollzogen **(Bild 2)**:

Schritt 1: Herstellung und Mischung des Pulvers

Aus Metallschmelzen werden durch Zerstäuben oder Verdüsen kleine Metallpulverteilchen erzeugt. Diese werden entsprechend der gewünschten Zusammensetzung gemischt.

Schritt 2: Pressen des Metallpulvers

Bei einem Druck bis zu 6000 bar werden die Pulverteilchen in formgebenden Werkzeugen so stark verdichtet, dass sich an den Berührungsstellen der Werkstoff kaltverfestigt. Durch Verklammerung und Adhäsion erhält der so entstandene Pressrohling einen Zusammenhalt.

Schritt 3: Sintern

Die endgültige, hohe Festigkeit erhält der Pressling durch die anschließende Wärmebehandlung – das Sintern. Dabei kommt es zu Diffusionsvorgängen an den Korngrenzen und zur Rekristallisation der kaltverfestigten Stellen. Die Temperatur liegt ca. 20% unterhalb der Schmelztemperatur der Metallpulver.

Die Maßhaltigkeit der gesinterten Teile ist sehr hoch. Im Bedarfsfalle können diese jedoch durch Kalibrieren (Nachpressen) auf das erforderliche Maß und die gewünschte Oberflächengüte gebracht werden.

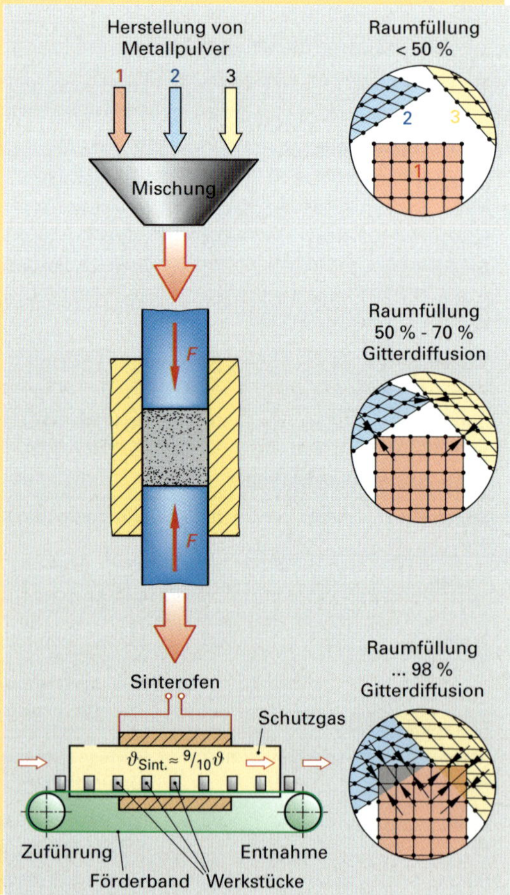

Bild 2: Herstellung von Sinterwerkstoffen

5.7.2 Einsatzbereiche von Sintermetallen

Sintermetalle werden eingesetzt für Filter, Schalldämpfer, schmiermittelaufnehmende Lager, Formteile u. a.

5.8 Korrosion

Alle metallischen Werkstoffe verändern durch die Verwendung in freier Umgebung ihr Aussehen. Bei manchen Werkstoffen kann dies durchaus positiv gesehen werden wie z.B. bei Aluminium, bei den meisten jedoch ist das eine negative Erscheinung wie z.B. bei Eisenwerkstoffen. Sie wird als Korrosion bezeichnet.

Als Korrosion wird die Zerstörung der metallischen Werkstoffe durch chemische oder elektrochemische Reaktionen bezeichnet.

Durch die Korrosion entstehen in unterschiedlichen Bereichen jährlich enorme Schäden. Die Anstrengungen, sie zu verhindern erfordern große finanzielle Aufwendungen.

5.8.1 Korrosionsursachen

Die Korrosion kann zwei grundsätzlich unterschiedliche Ursachen haben, nach denen sie auch benannt ist:

- die elektrochemische Korrosion
- die chemische Korrosion

Bei der **elektrochemischen Korrosion** feuchter Stahloberflächen läuft die Korrosion auf der Oberfläche in einer elektrisch leitenden Flüssigkeitsschicht (z.B. Regenwasser, Handschweiß), dem Elektrolyt, ab **(Bild 1)**. Dabei binden sich Ionen des Eisens mit Sauerstoffionen, die im Wasser enthalten sind und bilden die nicht gewollte Korrosionsschicht, den Rost **(Bild 2)**.

Wird an einer Stelle, an der zwei unterschiedliche Metalle sich berühren, z.B. Stahlgehäuse auf Aluminiumprofil **(Bild 3)**, ein Elektrolyt eingebracht, so entsteht ein galvanisches Element. Dieses hat zur Folge, dass sich das nach der Spannungsreihe der Elemente unedlere Metall (siehe Tabellenbuch) zersetzt.

Diese Form der Korrosion ist an vielen Stellen an Maschinen und mechatronischen Anlagen zu finden. So z.B. bei falscher Auswahl von Verbindungselementen (Schrauben, Unterlagscheiben, Nieten u.a.), bei Lagerschalen in Gehäusen oder falsch ausgewähltem Zusatzwerkstoff beim Schweißen.

Beim Schweißen kommt es zu einer **chemischen Korrosion,** der Hochtemperaturkorrosion. Hierbei verbindet sich der Werkstoff direkt mit dem Sauerstoff der ihn umgebenden Luft. Diese hat ein Verzundern der Oberfläche zur Folge, wie es auch z.B. beim Warmwalzen von Stahl noch entsteht **(Bild 4)**.

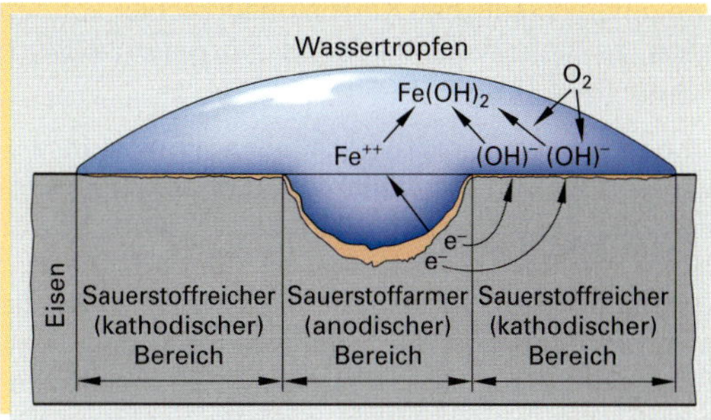

Bild 1: Elektrochemische Vorgänge an feuchten Stahloberflächen

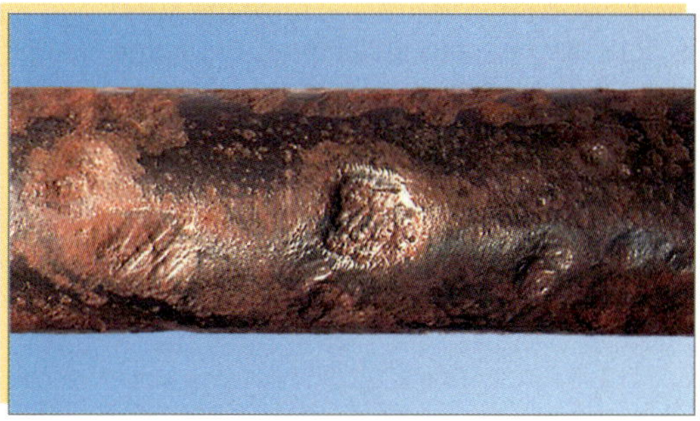

Bild 2: Korrodierte Stahloberfläche

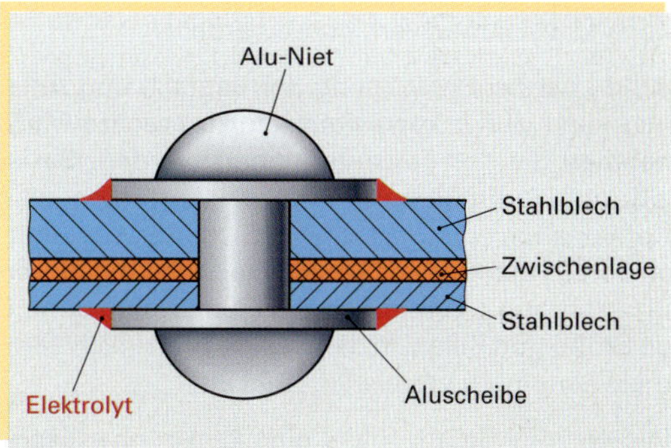

Bild 3: Korrosionselemente

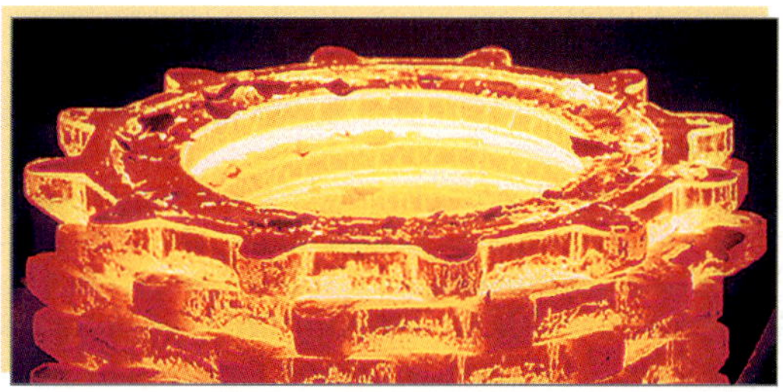

Bild 4: Verzundertes Schmiedestück

5.8.2 Erscheinungsformen der Korrosion

Die unterschiedlichen Korrosionsursachen können auch zu ganz verschiedenen Korrosionsbildern führen **(Bild 1)**.

Neben der gleichmäßigen **Flächenkorrosion** wie wir sie etwa von verrosteten Stahloberflächen kennen, die der Witterung ausgesetzt waren, ist vor allem die **Kontaktkorrosion** zu nennen. Sie tritt überall dort auf, wo zwei unterschiedliche Metalle sich berühren und die Gefahr besteht, dass eine Flüssigkeit diese benetzt. Neben unschönen Korrosionsstellen tritt vor allem eine Veränderung der Auflageflächen auf.

Muldenfraß oder **Lochfraß** nennt man die Erscheinung, die auftritt, wenn sich bei legierten Stählen die Korrosion in die Werkstücktiefe frisst. Sie ist besonders bei stark belasteten Bauteilen gefährlich, da durch sie die belastbare Querschnittfläche kleiner wird.

Bei der **kristallinen Korrosion** entstehen feine Haarrisse, die äußerlich nicht erkennbar sind. Sie vermindern die Festigkeit des Werkstoffes jedoch erheblich und führen nicht selten zum Bruch der Bauteile.

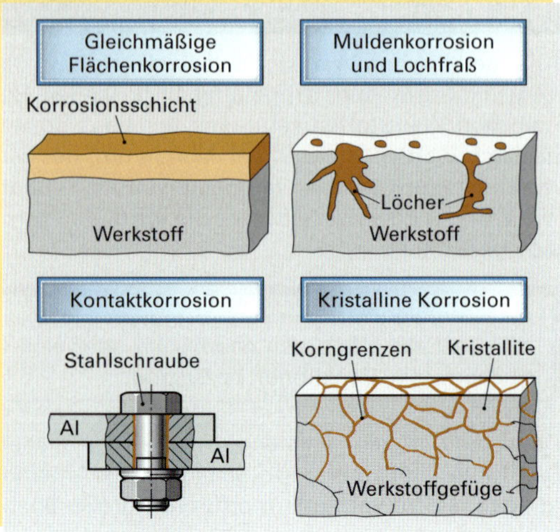

Bild 1: Korrosionsformen

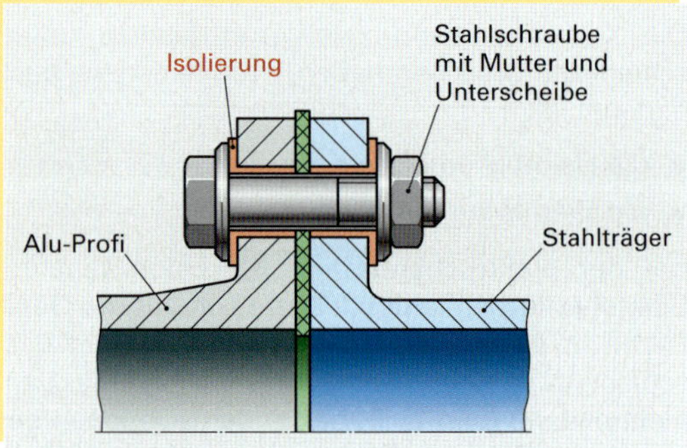

Bild 2: Beispiel für korrosionsschutzgerechte Konstruktion

5.8.3 Korrosionsschutzmaßnahmen

Die Korrosion von Bauteilen kann durch verschiedene Maßnahmen verhindert werden:

Schon bei der Entwicklung der Bauteile und Anlagen kann durch **korrosionsschutzgerechte Maßnahmen** die Korrosion verhindert werden. So ist z.B. zur Vermeidung der Kontaktkorrosion eine Kombination von unterschiedlichen Metallen überall dort zu unterlassen, wo ein Elektrolyt mit diesen in Berührung kommen könnte. Ebenso sind unnötige Stöße und Rillen, in denen sich Flüssigkeit sammeln könnte, zu vermeiden **(Bild 2)**.

Besteht die Gefahr, dass eine elektrochemische Korrosion in irgendeiner Form auftritt, so werden die gefährdeten Teile in der Regel durch eine **Oberflächenbeschichtung** geschützt. Dies kann vom einfachen Einfetten bei Teilen, die dem Handschweiß ausgesetzt sind, über einen Korrosionschutzanstrich bis zur Pulverbeschichtung von Trägern oder Gehäusen reichen.

Häufig werden korrosionsgefährdete Teile auch durch eine galvanische Behandlung, wie z.B. vernickeln, verchromen oder durch Feuerverzinkung von den Elektrolyten getrennt **(Bild 3)**. Verletzte Schutzüberzüge sind auf jeden Fall zu erneuern oder auszubessern.

Bild 3: Korrosionsschutz durch Feuerverzinkung

5.9 Kunststoffe

Viele Teile in mechatronischen Anlagen und Geräten sind aus Kunststoffen. Kunststoffe gibt es heute für unzählige Anwendungen, mit sehr unterschiedlichen Eigenschaften und durch unterschiedliche Verfahren hergestellt.

Als Kunststoffe bezeichnen wir alle synthetisch hergestellten, organischen Werkstoffe.

Die Ausgangsstoffe für die Herstellung von Kunststoffen sind Rohöl oder Erdgas. Durch chemische Umwandlungen (Synthese) entstehen neue Stoffe, die ganz andere Eigenschaften als die Rohstoffe besitzen. Da sie aus naturverwandten Kohlenstoff- bzw. Siliciumverbindungen bestehen, sind es organische Stoffe.

5.9.1 Eigenschaften von Kunststoffen und ihre Verwendungsmöglichkeiten

Kunststoffe sind wie kein anderer Werkstoff in ihren Eigenschaften den geforderten Bedingungen anpassbar. So kann ein Kunststoff z.B. durch entsprechende chemische Behandlung weich, hart oder gar elastisch sein.

Die wichtigsten Eigenschaften:

- elektrisch nicht leitend
- geringe Dichte und damit geringes Gewicht
- korrosionsbeständig
- gut formbar
- vergleichsweise preiswert
- geringe Wärmeleitfähigkeit
- wärme- und kälteisolierend
- einfärbbar
- beständig gegen viele Chemikalien

Aufgrund dieser Eigenschaften sind Kunststoffe vielfältig einsetzbar **(Tabelle 1)**.

Tabelle 1: Typische Eigenschaften und Verwendung der Kunststoffe

Niedrige Dichte: 0,9 kg/dm³ bis 2,2 kg/dm³ **Typische Verwendungen:** Transportbehälter, Tanks, Kanister, Kfz- und Flugzeugteile, Leichtbauelemente, Folien	 Werkzeugkasten	 Kanister	 Folie
Variable, mechanische Eigenschaften: Von hart bis fest und zäh bis weich, sowie leder- oder gummiartig **Gut formbar und bearbeitbar** **Typische Verwendungen:** Maschinenteile, Gehäuse, Polsterungen, Autoreifen	 Zahnräder	 Maschinengehäuse	 Schaumstoffe
Elektrisch isolierend (nichtleitend), wärme- und kälteisolierend **Typische Verwendungen:** Isolierungen für Werkzeuge, Elektro-Bauteile, Wärmedämmmaterial	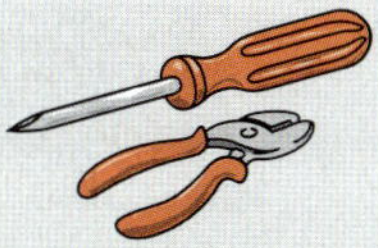 Isoliergriffe	 Elektro-Isolierteile	 Wärmedämmplatten
Korrosionsbeständig gegenüber vielen Chemikalien und aggressiven Umwelteinflüssen **Typische Verwendungen:** Schutzhandschuhe, Stiefel, Tanks, Rohrleitungen und Gefäße für Chemikalien, Schutzanstriche, Beschichtungen	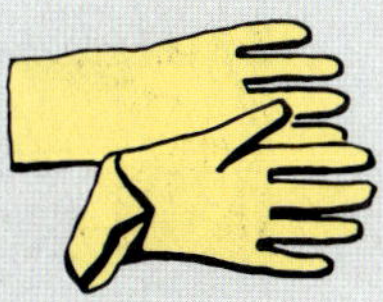 Schutzhandschuhe	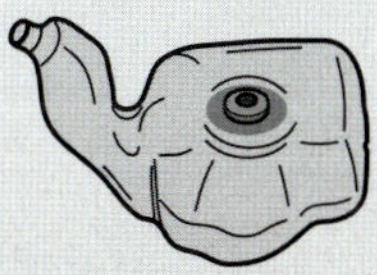 Kraftstofftank	 Beschichtungen

Die Einsetzbarkeit der Kunststoffe ist jedoch begrenzt. Vor allem die geringe Wärmebeständigkeit der meisten Kunststoffe, ihre Unbeständigkeit gegen organische Lösungsmittel und ihre Empfindlichkeit gegen UV-Strahlen verhindern einen noch breiteren Einsatz.

5.9.2 Einteilung von Kunststoffen

Kunststoffe werden nach ihrem Verhalten bei Erwärmung eingeteilt in drei Gruppen. Dabei spielt vor allem die Veränderung der Festigkeit die entscheidene Rolle:

Duroplaste sind bei Raumtemperatur hart und ändern bei Wärmeeinwirkung ihre Eigenschaften nur sehr geringfügig. Ursache dafür ist die engmaschig vernetzte Molekülstruktur. Sie werden bei Wärmeeinwirkung nicht weich, zersetzen sich jedoch bei zu großer Wärme.

Thermoplaste bestehen aus nicht vernetzten Makromolekülen, die fadenförmig angeordnet sind. Sie sind bei Raumtemperatur ebenfalls fest, werden aber bei Erwärmung auf über 100 °C aufgrund der fehlenden Vernetzung umformbar, bei höherer Erwärmung sogar flüssig. Nach der Abkühlung erlangen sie wieder ihre alte Festigkeit.

Elastomere sind gummielastische Kunststoffe, die unter Krafteinwirkung ihre Form verändern. Nach Beendigung der Krafteinwirkung nehmen sie ihre ursprüngliche Form wieder ein.

Tabelle 1: Duroplaste

Name **Kurzzeichen** Handelsnamen	**Eigenschaften**	**Typische Verwendung**	
Phenolharz PF **Harnstoffharz UF** **Melaminharz MF** (Diese Harze werden auch Formaldehydharze genannt)	Farblos bis gelbbraun Bilden glatte Oberflächen Hart und spröde Dichte: rund 1,5 kg/dm³ Beständig gegen kochendes Wasser und Lösungsmittel Unbeständig gegen starke Säuren und Laugen	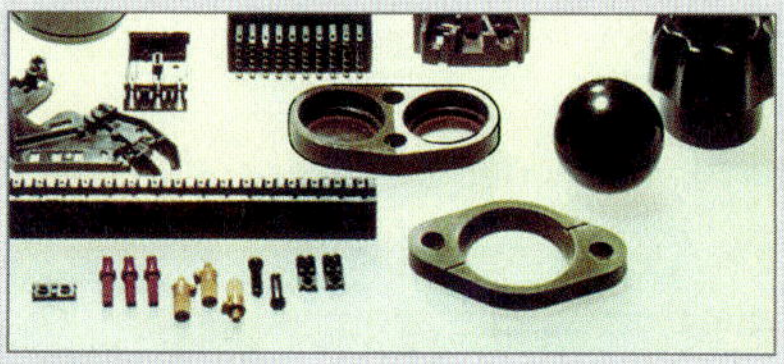 Kleinteile für Pkws und Elektrik	*In reiner Form:* Bindemittel für Holz und Lack *Mit Füllstoffen verstärkt:* Kleinteile für Pkw Elektroteile Laminat-Holzbeschichtungen
Ungesättigtes Polyesterharz UP Palatal Vestopal Legural Polyleit Trevira, Diolen	Farblos, glasklar, gute Haftfähigkeit, gut vergießbar Je nach Herstellung hart-elastisch bis weich-elastisch Dichte: 1,2 kg/dm³ Beständig gegen verdünnte Säuren, Laugen, Salzlösungen und viele Lösungsmittel Zu Fasern verspinnbar	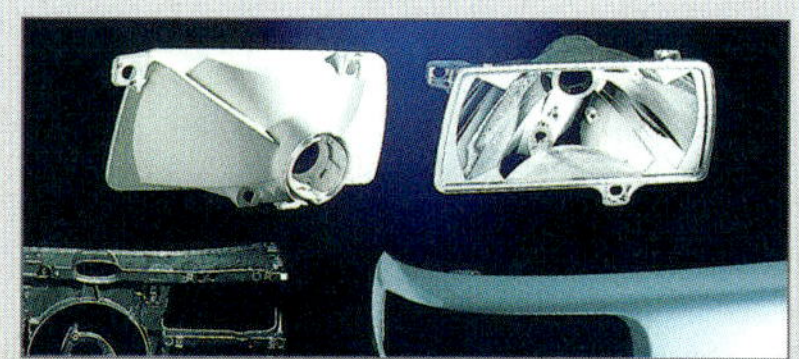 Pkw-Bauteile	*In reiner Form:* Klebeharz und Lackharz *Bindeharz für glasfaserverstärkte Kunststoffe* *Als Fasern:* Gewebe, Schnüre, Seile
Epoxidharz EP Epoxin Araldit Lekutherm Epikote	Farblos bis honiggelb, durchscheinend Gute Haftfähigkeit mit fast allen Werkstoffen, gut vergießbar Hart, zäh, schwer zerbrechlich Dichte: 1,2 kg/dm³ Beständig gegen Säuren, Laugen, Salzlösungen und Lösungsmittel	 Zweikomponenten-Kleber  ICE-Bugnase	*In reiner Form:* Klebeharz und Lackharz *Bindeharz für hochbeanspruchte glasfaserverstärkte Kunststoffe:* Karosserieteile Flugzeugteile
Polyurethanharz PU Moltopren Vulkollan Bayflex Desmodur Lycra	Farblos bis honiggelb, durchscheinend Gute Haftfähigkeit Dichte: 1,26 kg/dm³ Beständig gegen schwache Säuren, Laugen, Salzlösungen und viele Lösungsmittel Je nach Vernetzungsgrad: hart und zähelastisch bis weich und gummielastisch Zu elastischen Fasern verspinnbar	 Lenkradverkleidung  Isolier-Formteile	*In reiner Form:* Laufrollen, Puffer, Stoßstangen Kleber, Lacke *Als Schaumstoff:* Polster- und Isolierschaum *Als Fasern:* Elastische Gewebe und Seile

Tabelle 1: Thermoplaste

Name **Kurzzeichen** Handelsnamen	**Eigenschaften**	**Typische Verwendung**		
Polyethylen **PE** **Polypropylen** **PP** Lupolen Hostalen Vestolen Supralen	Farblos bis milchig weiß, Gleitfähige Oberfläche Dichte: rund 0,92 kg/dm³ **Weich-PE:** weich und flexibel **Hart-PE:** steif aber flexibel Beständig gegen Waschmittel, Öle, Fette, Säuren und Laugen.	 Behälter	 Biegsame Rohre	**Weich-PE:** Chemikalienflaschen, flexible Rohre, Folien **Hart-PE:** Rohre für Hausabwässer, Behälter, Folien, Haushaltswaren
Polyvinylchlorid **PVC** Vinoflex Hostalit Vestolit Vinnol	Farblos, durchsichtig, Dichte: 1,35 kg/dm³ **Hart-PVC:** hart, unzerbrechlich **Weich-PVC:** weichgummiartig Beständig gegen Öle, Fette, Säuren und Laugen. Löst sich in den Kaltreinigern Trichlorethylen (Tri) und Tetrachlorkohlenstoff (Tetra).	 Abwasserrohre	 Fensterprofile	**Hart-PVC:** Apparateteile, Rohre, Behälter, Platten, Profile **Weich-PVC:** Kunstleder, Schläuche, Dichtungen
Polystyrol **PS** Polystyrol Hostyren Vestyren Styropor	Farblos, durchsichtig, glasklar, Hart, splittert beim Bruch. Dichte: 1,05 kg/dm³ Beständig gegen verdünnte Säuren, Laugen und Salzlösungen. Unbeständig gegen Lösungsmittel Zu einem steifen Hartschaum mit einer Dichte von 20 kg/m³ aufschäumbar.	 Gerätegehäuse	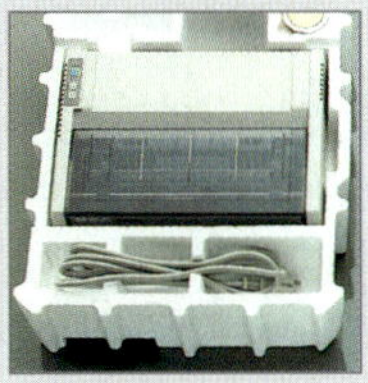 Verpackung	Trinkbecher, Verpackungen, Gehäuse *Polystyrolschaum:* Verpackungen, Wärme- und Kälteisolierungen
Polyamide **PA** Durethan Ultramid Vestamid Degamid Trogamid Perlon, Nylon	Milchig weiß, gleitfähige und verschleißfeste Oberfläche, schall- und schwingungsdämpfend Dichte: 1,14 kg/dm³ Hohe Festigkeit: bis 70 N/mm² Beständig gegen schwache Säuren und Laugen, Salzlösungen, Öle, Lösungsmittel, Benzin Lässt sich zu Fasern verspinnen.	 Maschinengehäuse	 Zahnräder	Zahnräder Lagerschalen Gleitschienen Kurvenscheiben Führungsrollen Maschinengehäuse Kraftstofftanks *Polyamidfasern:* Reißfeste Seile, Schnüre, Gewebe
Acrylglas **(Polymethylmethacrylat)** Plexiglas Plexidur Resartglas	Glasklar, lichtecht, durchlässig für ultraviolettes Licht, Oberflächenglanz Hart, zäh, schwer zerbrechlich, witterungsbeständig Dichte: 1,18 kg/dm³ Beständig gegen schwache Säuren, Laugen sowie Salzlösungen, Öle und Benzin	 Leuchtenabdeckung	 Schutzbrille	Schutzgläser, Schutzbrillen, Splitterschutz an Werkzeugmaschinen, Durchsichtige Gehäuse, Sicherheits-Verglasungen, Sanitärartikel
Polytetrafluorethylen **PTFE** Teflon Hostaflon TF Fluon	Milchig weiß, wachsartig anzufühlende, gleitfähige Oberfläche Flexibel und zäh, abriebfest Dichte: 2,2 kg/dm³ **Äußerst chemikalienfest** gegen Säuren, Laugen, Lösungsmittel, Salzlösungen **Temperaturbeständig** von – 150 °C bis + 280 °C	 Bratpfannen-Beschichtung	 Chemiepumpen-Auskleidung	Schalen und Buchsen für wartungsfreie Lager, Pumpengehäuse, Ventilringe, Dichtungen, Beschichtungen. In Pulverform als Schmiermittel.

Tabelle 1: Elastomere (Gummi, Kautschuk, Elaste)

Name **Kurzzeichen** Handelsnamen	**Eigenschaften**	**Typische Verwendung**		
Synthese-kautschuk z.B. Styrol-Butadien-Gummi SBR Buna Perbunan Cariflex	Gelb bis dunkelbraun, meistens mit Ruß (schwarz) eingefärbt Je nach Schwefelgehalt hartgummielastisch bis weichgummielastisch Schwingungs- und erschütterungsdämpfend. Abriebfest, hochelastisch	 Autoreifen	 Gummihammer	Fahrzeugreifen Radialdichtungen Manschetten Schläuche Schutzkappen Gummifedern Maschinenfüße Faltenbälge Dichtungen
Silicon-kautschuk **SIR** Silicone Silopren Silastic	Milchig weiß, wasserabstoßend, klebstoffabweisend Temperaturbeständig bis + 180 °C Dichte: 1,2 kg/dm³...2,3 kg/dm³ Beständig gegen Öle, unbeständig gegen Säuren, Laugen, Lösungsmittel. Je nach Herstellung: steif-elastisch bis weich und gummielastisch	 Dichtungen	 Fugendichtmasse	Wasserbeständige Isolatoren Gießformen Ölbeständige Dichtungen Elastische Fugenfüllmasse Isolierlacke wasserabstoßende Anstriche

Arbeitsauftrag:

1. Welche Stoffe bezeichnen wir als Kunststoffe?
2. Nennen Sie die für Kunststoffe typischen Eigenschaften.
3. Nach welcher Eigenschaft werden Kunststoffe üblicherweise eingeteilt?
4. In welche drei Gruppen teilt man die Kunststoffe ein?
5. Beschreiben Sie typische Eigenschaften und Einsatzbereiche für Duroplaste, Thermoplaste und Elastomere.
6. Suchen Sie in Ihrer beruflichen Umgebung Kunststoffe und bestimmen Sie diese.
7. Begründen Sie die Auswahl dieser Kunststoffe.
8. Suchen Sie für die gefundenen Kunststoffe geeignete Alternativstoffe.
9. Recherchieren Sie die Unterschiede bei der spanenden Bearbeitung von Kunststoffen im Gegensatz zu Metallen bezüglich der Winkel am Werkzeug und der Einstellgrößen (Vorschub, Schnittgeschwindigkeit, Zustellung.

5.10 Verbundstoffe

Verbundwerkstoffe sind Werkstoffe, die aus mindestens zwei Werkstoffen mit unterschiedlichen Eigenschaften bestehen **(Bild 1)**. Durch den Verbund entstehen veränderte Eigenschaften. Klassische Vertreter der Verbundwerkstoffe sind z.B. Stahlbeton (Stahl besitzt eine hohe Zugfestigkeit, der Beton ist in großen Mengen gut formbar und besitzt eine hohe Druckfestigkeit) oder auch glasfaserverstärkter Kunststoff, wie er schon seit einiger Zeit z.B. im Behälterbau eingesetzt wird. Ziel des Verbundes von Werkstoffen ist es, die guten Eigenschaften einzelner Werkstoffe zu vereinigen. Die nachteiligen Eigenschaften der Grundwerkstoffe können so meist überdeckt werden.

Bild 1: Platten aus geschäumtem Kunststoff

Aufbau von Verbundwerkstoffen

Im Gegensatz zu den Legierungen, bei denen die Grundstoffe gelöst werden, kommen bei den Verbundwerkstoffen die Ausgangsstoffe unverändert, oft in erkennbarer Form vor. Verbundwerkstoffe werden nach der Art, wie die Grundstoffe in den Verbund eingearbeitet werden, eingeteilt in:

- Faserverstärkte Verbundwerkstoffe
- Teilchenverstärkte Verbundwerkstoffe sowie
- Schicht- und Strukturverbundwerkstoffe

Bei faserverstärkten Verbundwerkstoffen wird durch das Einarbeiten von hochfesten Fasern in Kunststoffe die Festigkeit gesteigert. Als Faserwerkstoff kommen dabei meist Glasfasern oder in jüngster Zeit vermehrt Kohlefasern zum Einsatz. Neben der hohen Festigkeit ist vor allem das vergleichsweise geringe Gewicht ein Argument für die Verwendung dieser Stoffe **(Bild 1)**.

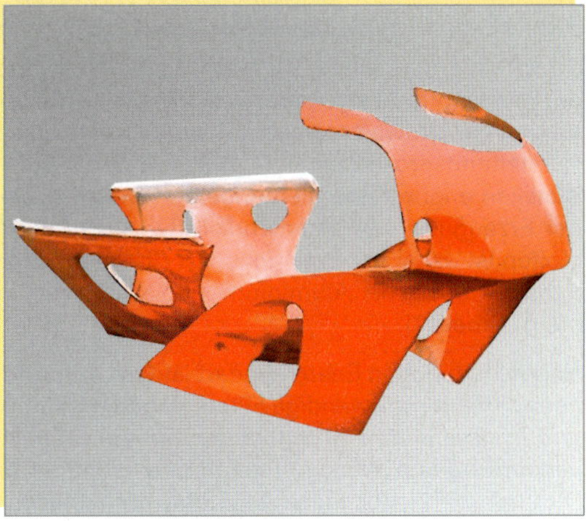

Bild 1: Karosserie aus faserverstärktem Kunststoff

Teilchenverstärkte Verbundwerkstoffe bestehen aus einer Grundmasse, in die kleine, meist kornförmige Teile eingebracht werden. Dadurch verbessern sich die mechanischen Eigenschaften wie z. B. die Festigkeit, Härte oder Formstabilität. Kunststoffe werden als Grundmasse verwendet z. B. für die Herstellung von Zahnrädern, Schaltern, Gehäusen **(Bild 2)**. Bei Hartmetallen und schneidkeramischen Werkstoffen sowie keramischen Bauteilen **(Bild 3)** dagegen werden sprödharte Karbidteilchen mit einem Bindemittel zu einem Verbundwerkstoff vereint.

Bild 2: Teilchenverstärkte Kunststoffe

Schichtverbundwerkstoffe bestehen aus mehreren Lagen unterschiedlicher Werkstoffe, die durch geeignete Verbindungstechniken (z. B. Kleben oder Walzen) miteinander verbunden werden. Auch dadurch können die ungleichen Eigenschaften der Grundwerkstoffe ausgenützt werden, wie dies z. B. bei Bimetallen oder mit plattiertem Stahlblech im Behälterbau der Fall ist.

Bild 3: Keramik-Bauteile

5.11 Hilfsstoffe

Zusatzstoffe, die zum Gelingen eines Prozesses beitragen, werden als Hilfsstoffe bezeichnet. Abhängig vom Prozess können dies z. B. sein:

- Kühlschmierstoffe beim Spanen
- Lötmittel und Schweißdraht beim Fügen
- Schleifmittel bei der Oberflächenbehandlung
- Schmiermittel beim Transportieren
- Druckluft und Hydrauliköl in Automatisierungseinrichtungen

Beim Einsatz dieser Hilfsstoffe ist großer Wert auf die fachgerechte Auswahl und Anwendung zu legen. Zur Auswahl stehen in der Regel Tabellen und Datenblätter der Hersteller oder Lieferanten zur Verfügung.

5.12 Werkstoffe und Umweltschutz

Sowohl die Herstellung als auch die Verarbeitung der Werkstoffe bringt teilweise erhebliche Belastungen der Umwelt mit sich. So sind bei fast allen Herstellungsprozessen von Metallen und Nichtmetallen enorme Energiemengen erforderlich. Bei der Erzeugung von Eisenwerkstoffen und Kunststoffen ist dabei der Energiebedarf noch erheblich geringer als bei der Aluminium- und Kupfergewinnung **(Tabelle1)**.

Tabelle 1: Energieverbrauch in kWh zur Erzeugung von 1 t Werkstoff

Werkstoffe	Primärerzeugung	Recyclinggewinnung
Eisen/Stahl	4300	1670
Aluminium	18000	2000
Kupfer	13600	1730
Polyethylen (PE)	3500	–
Polyvinylchlorid (PVC)	4000	–

Neben dem hohen Energiebedarf ist vor allem die starke Umweltbelastung durch Abgase und Stäube zu nennen. Durch aufwändige Filteranlagen und umwelttechnische Auflagen ist die Belastung durch Stäube und Abgase in den letzten Jahren auf ein erträgliches Maß reduziert worden. Dennoch ist eine Wiederverwertung von Werkstoffresten und -abfällen für eine Senkung der Umweltbelastung unverzichtbar. Dies erfordert jedoch eine Trennung von Abfällen auch in kleinen Mengen. Nicht verwertbare Reste und Abfälle sind einer umweltgerechten Entsorgung zuzuführen. Grundsätzlich gilt:

Eine Vermeidung ist der Verwertung und eine Verwertung ist der Entsorgung vorzuziehen.

Bei den **Verarbeitungsprozessen** der Werkstoffe treffen unterschiedliche Materialien aufeinander, die in ihrer Wirkung gesundheitsschädlich und umweltbelastend wirken. So können z.B. durch einen Zerspanungsprozess gesundheitsgefährdende Schwermetalle freigesetzt werden, die zu Hautkrankeiten o.Ä. führen. In einem modernen Industriestaat verdampfen jährlich viele tausend Tonnen Kühlschmiermittel und werden so der Umwelt als Belastung zugeführt.

Im Sinne einer möglichst umweltverträglichen Gestaltung der Herstellungs- und Verarbeitungsprozesse ist deshalb die folgende Regel unbedingt zu beachten:

Es sind möglichst nur Werkstoffe und Hilfsstoffe einzusetzen, die gesundheits- und umweltschonend zu erzeugen, zu verarbeiten und zu entsorgen sind.

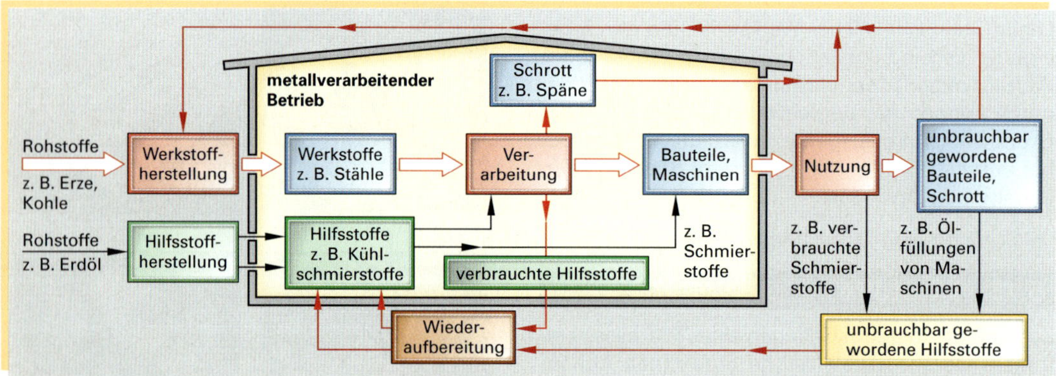

Bild 1: Stoffwege und Recycling der Metallindustrie

Arbeitsauftrag:

Die folgenden Fragen beziehen sich auf den Greifer, der auf der Seite 99 (Bild 1) abgebildet ist.

1. Das Gehäuse und die Greiferbacken sind aus unterschiedlichen Materialien hergestellt. Begründen Sie die unterschiedliche Materialwahl.
2. Die Backen müssen besonders verschleißfest sein. Wodurch kann dies erreicht werden?
3. Aus welchem Stahl könnten die Rückstellfedern gefertigt werden?
4. An welchen Stellen bietet sich der Einsatz von Kunststoffen an?

6 Mechanische Systeme

Im Bereich der Mechatronik sind viele verschiedene Anlagen, Vorrichtungen und Maschinen anzutreffen. Diese können ganz unterschiedliche Aufgaben erfüllen und in ihrer Bauweise sehr verschieden sein. Um sie von Aufgabe und Bauweise unabhängig gemeinsamen Betrachtungen unterziehen zu können werden sie als **Technische Systeme** bezeichnet. Die Grundlage der Technischen Systeme sind in der Regel die **mechanischen Systeme.** Diese werden heute in vielen Fällen durch elektrische, pneumatische oder hydraulische Systeme ergänzt.

6.1 Grundlagen des Systemgedankens

Mithilfe des Systembegriffes werden Technische Systeme mit ihren Eigenschaften beschrieben.

Ein Technisches System ist ein abgegrenztes Gebilde, das eine zuvor festgelegte Funktion erfüllt.

Technische Systeme werden durch die folgenden Elemente festgelegt:

- Die Systemgrenzen
- Die Eingangsgrößen mit ihren Eigenschaften
- Die Ausgangsgrößen mit ihren Eigenschaften
- Die Teilsysteme innerhalb der Systemgrenzen mit ihren Eigenschaften
- Die Systemumwelt

Am Beispiel eines einfachen Roboters soll dies verdeutlicht werden:

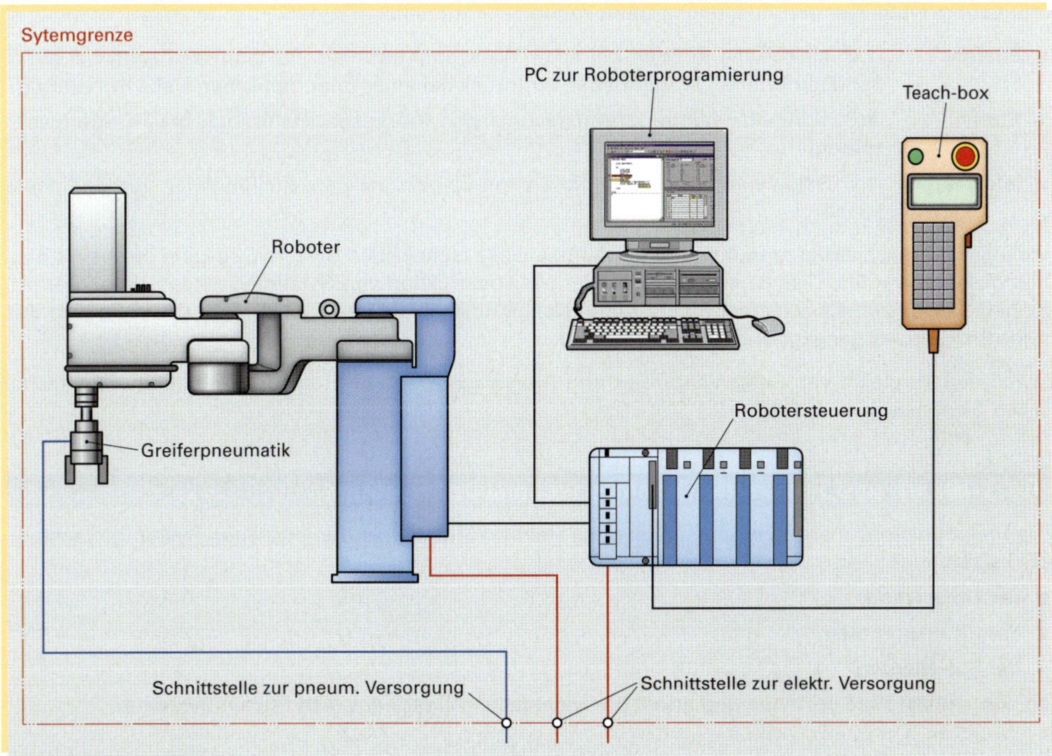

Bild 1: Roboter-System

6.1.1 Die Systemgrenzen

Das System ist über seine Systemgrenzen von der Systemumgebung abgegrenzt. Diese werden oftmals auch als **Schnittstellen** bezeichnet. Der Roboter **(Bild 1)** z.B. ist auf der Eingangsseite über die Netzkabel mit der Energieversorgung verbunden. Sollte der Greifer des Roboters pneumatisch betätigt werden, so ist eine weitere Schnittstelle zur Druckluftversorgung einzurichten. Das Teilsystem (Subsystem) Steuerung übernimmt die Koordinierung der Roboterbewegungen. Es hat damit eine genau abgrenzbare Teilfunktion des gesamten Systemes.

Ein Gesamtsystem besteht in der Regel aus mehreren Subsystemen (z.B. Antrieb, Steuerung, Messeinrichtungen). Die Subsysteme stehen meist in funktionalen Beziehungen untereinander und zum Gesamtsystem. Sie besitzen für sich eine Systemumgebung und eigene Systemgrenzen. So sind beim Roboter z.B. die Schnittstellen zu den Eingabegeräten und zur Ansteuerung der Stellmotoren die Abgrenzung zur Systemumgebung.

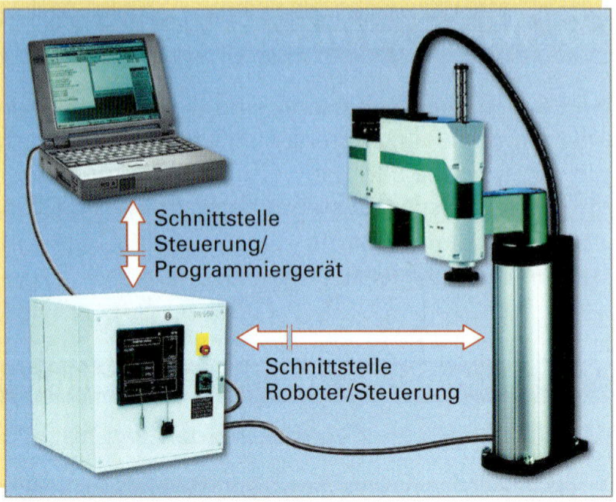

Bild 1: Roboter-Schnittstellen

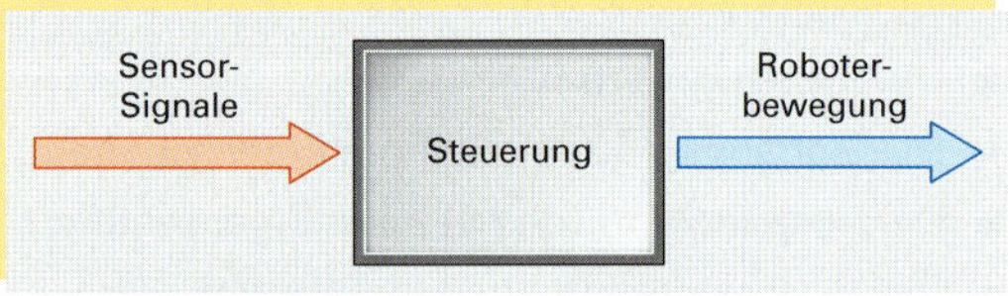

Bild 2: Robotersteuerung als Black Box

6.1.2 Die Ein- und Ausgangsgrößen

Das Technische System steht über seine Eingangs- und Ausgangsgrößen in Verbindung mit der Systemumgebung. Eingangs- und Ausgangsgrößen können in Form von

- **Energie** (z.B. elektrische Energie bei einer Werkzeugmaschine, mechanische Kraft bei einem handbetriebenen Wagenheber, Luftdruck bei einer pneumatischen Hebevorrichtung)
- **Stoff** (z.B. Rohstoffe bei verfahrenstechnischen Prozessen, Halbzeuge bei Fertigungsprozessen)
- **Information** (z.B. Signale von Sensoren, Daten von Eingabegeräten, Stellbefehlen von Bedienpersonal)

vorliegen. Vernachlässigt man den inneren Aufbau eines technischen Systems, so kann dieses als Black Box gesehen werden. Dies ist vor allem bei der Neukonstruktion von Systemen eine wichtige Betrachtungsweise, da hier zunächst der innere Aufbau keine Rolle spielt. Das System wird ausschließlich über seine Ein- und Ausgangsgrößen definiert **(Bild 2)**.

Durch den Vergleich von Eingangsgrößen und Ausgangsgrößen lässt sich die Funktion eines technischen Systemes bestimmen.

6.1.3 Haupt- und Teilfunktionen eines technischen Systemes

Die Hauptfunktion eines technischen Systemes steht im Mittelpunkt der jeweiligen Systembetrachtung. Sie kann in

- **der Umsetzung,**
- **dem Transport oder**
- **der Speicherung**

der Eingangsgrößen bestehen und erfüllt den eigentlichen Zweck des technischen Systemes.

Jedes technische System erfüllt in der Regel nur eine Hauptfunktion. Zum Erreichen dieser Hauptfunktion werden innerhalb des Systemes eine Reihe von Teilfunktionen erfüllt.

Tabelle 1: Funktionen von technischen Systemen

Funktion / Ein- und Ausgangsgrößen	Umsetzung	Transport	Speicherung
Energie	Eine Energieart wird in eine andere Energieart umgewandelt. **Beispiel:** elektrische Energie wird in einem Elektromotor in Bewegungsenergie umgewandelt.	Energie wird von einem Ort an einen anderen transportiert. **Beispiel:** Ein unter Druck stehendes Medium, z.B. Luft oder Hydrauliköl, wird über Druckleitungen an seinen Einsatzort transportiert.	Energie wird zur weiteren Verwendung gespeichert. **Beispiel:** In einem Druckluftspeicher wird komprimierte Luft für die Betätigung von Pneumatikanlagen gespeichert und bereitgestellt.
Stoff	Ein Stoff wird durch Änderung seiner Zusammensetzung oder seiner äußeren Form umgewandelt. **Beispiel:** In Raffinerien wird aus Erdöl Benzin hergestellt.	Ein Stoff wird durch Veränderung seiner Lage oder seines Ortes transportiert. **Beispiel:** Roboter transportieren Teile von einer Position an eine andere.	Stoffe werden in geeigneten Lagersystemen für die weitere Verwendung gelagert. **Beispiel:** In einem Hochregallager werden Bauteile bis zum Abruf gelagert.
Information	Informationen werden in ihrer Form verändert. **Beispiel:** Eine Fotozelle nimmt ein optisches Signal auf und wandelt es in ein elektrisches um.	Informationen werden von einer Stelle an eine andere transportiert. **Beispiel:** Der Sensor an einem Förderband stellt ein ankommendes Paket fest. Dieses Signal wird in eine transportierbare Form gewandelt und über Datenleitungen an die Steuerung gemeldet.	Informationen werden in geeigneten Speichermedien gespeichert. **Beispiel:** CD-Rom zur Speicherung von Daten.

Der Roboter **(Bild 2)** erfüllt die Hauptfunktion der **Stoffumsetzung,** indem die Lage und der Ort von gegriffenen Teilen verändert wird.

Die Erfüllung der Hauptfunktion ist aber an den Ablauf verschiedener **Teilfunktionen** gebunden. Diese Teilfunktionen werden in der Regel auch von abgrenzbaren Teilsystemen übernommen. Dabei ist sehr häufig die Funktionsart der einzelnen Teilsysteme unterschiedlich und unterscheidet sich auch von der Art der Hauptfunktion.

In den Motoren, die den Roboterarm bewegen, wird z.B. elektrische Energie in Bewegungsenergie umgewandelt **(Bild 1)**. Die Funktionsart ist also der Gruppe Energieumsetzung zuzuordnen.

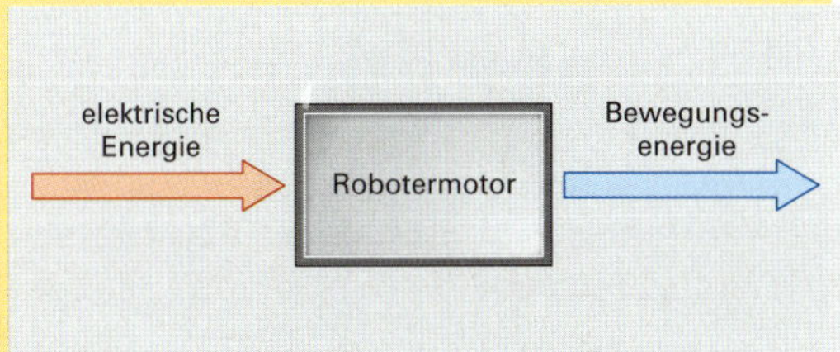

Bild 1: Schema des Subsystems Robotermotoren

Bild 2: Subsysteme Robotermotoren

In der Steuerung werden von der Zentraleinheit empfangene Befehle verarbeitet und in Stellbefehle umgesetzt **(Bild 1)**. Die Teilfunktion des Subsystemes Steuerung besteht somit darin, Informationen umzusetzen.

Die Zentraleinheit schließlich übernimmt die Funktion, Informationen aufzunehmen, in einem Programm zu verarbeiten und an die Steuerung weiterzugeben. Je nach Ausbaustufe des Roboters sind noch diverse andere Subsyteme wie z. B. Messsysteme,Linearbewegungssyteme, Greifsysteme **(Bild 2)** zu erkennen. Nur durch das koordinierte Zusammenspiel dieser Subsysteme kann die oben beschriebene Hauptfunktion erfüllt werden. Wo immer dabei Stoffe und Energien umgesetzt, transportiert oder gespeichert werden, spielt die Mechanik und somit die **mechanische Systemtechnik** eine herausragende Rolle.

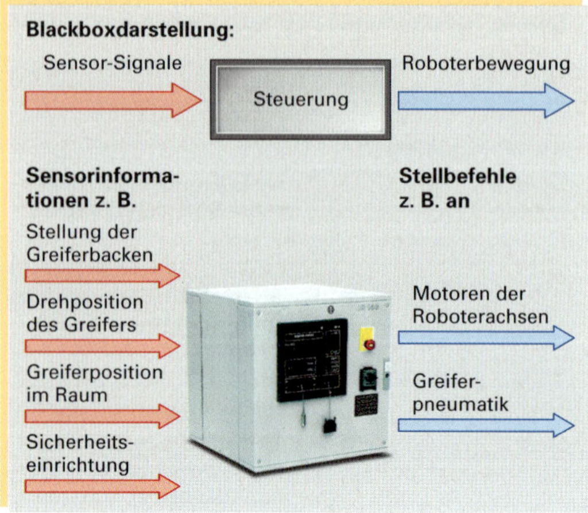

Bild 1: Subsystem Steuerung

6.2 Physikalische Grundlagen von mechanischen Systemen

In allen Fällen der Stoffumsetzung wird Arbeit verrichtet. Der Greifer des Roboters z. B. wird durch Pneumatikzylinder betätigt, indem der Kolben des Zylinders entlang eines bestimmten Weges eine Kraft ausübt. Er verrichtet Arbeit.

6.2.1 Mechanische Arbeit

Sind die Richtungen von Kraft und Weg identisch, gilt:

> Arbeit = Kraft · Weg

$W = F \cdot s \qquad [W] = \text{Nm} = \text{J}$

Kraft ist das Produkt aus der Masse m und der Beschleunigung a:

$F = m \cdot a \qquad [N] = \text{kg}\,\frac{\text{m}}{\text{s}^2}$

Da die Einheit der Kraft Newton[1] (N) und die Einheit des Weges Meter (m) ist, ergibt sich daraus eine zusammengesetzte Maßeinheit Newtonmeter (Nm). Die Einheit 1 Nm wird auch als Joule bezeichnet. Arbeit kann nur verrichtet werden, wenn die erforderliche Energie zur Verfügung steht. So kann der Greifer seine Haltearbeit nur erfüllen, wenn die Energie in Form von komprimierter Luft vorhanden ist, die Bewegung der Motoren kann nur erfolgen, wenn elektrische Energie bereitgestellt wird **(Bild 3)**.

> Als Energie bezeichnet man die Fähigkeit, Arbeit zu verrichten.

Bild 2: Subsystem Greifer

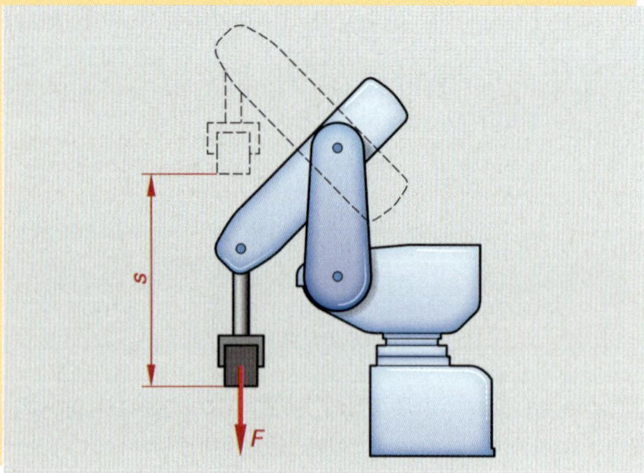

Bild 3: Robotergreifer als Arbeitseinheit

[1] nach Sir Isaac Newton (1643 bis 1727)

Man unterscheidet mechanische, elektrische, chemische und thermische Energie. An dieser Stelle soll jedoch ausschließlich die mechanische Energie behandelt werden.

Die mechanische Energie wird unterschieden in:

- Lageenergie (Potenzielle Energie) **(Bild 1)** und
- Bewegungsenergie (Kinetische Energie) **(Bild 2)**

Energie wird uns in unterschiedlichen Formen zur Verfügung gestellt. Sie kann nicht geschaffen, aber auch nicht vernichtet werden. Sie wird zur technischen Verwendung nur umgewandelt. Bei der Umwandlung von Energie entstehen so genannte „Energieverluste". Diese Bezeichnung ist nicht korrekt, da damit nur der Teil der Energie gemeint ist, der der angestrebten Nutzung nicht zur Verfügung steht. So wird z.B. bei allen mechanischen Umwandlungsprozessen durch die Reibung mechanische Energie in nicht gewünschte Wärmeenergie umgewandelt. Diese Wärmeenergie wird als Verlust bezeichnet **(Bild 3)**.

Mechanische Arbeit tritt in der Mechanik z.B als Hubarbeit, als Federspannarbeit oder als Beschleunigungsarbeit auf.

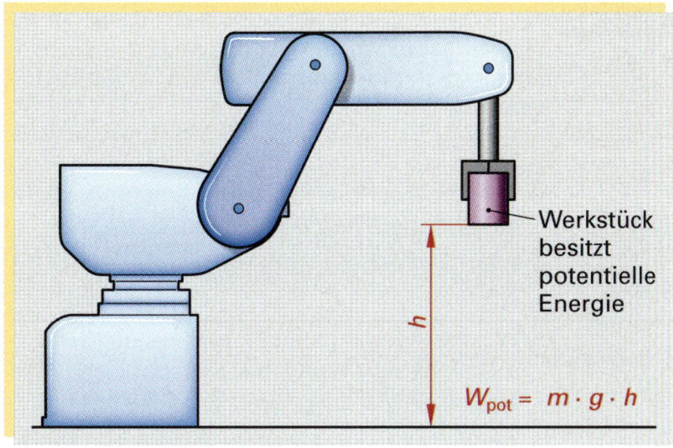

Bild 1: Potenzielle Energie

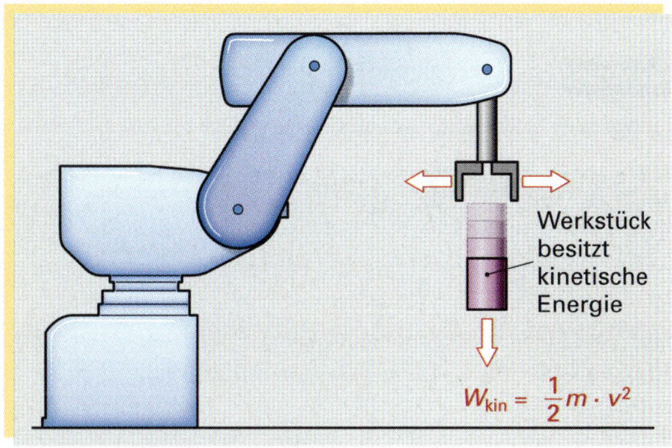

Bild 2: Kinetische Energie

6.2.2 Mechanische Leistung und Wirkungsgrad

Erst in Bezug auf die benötigte Zeit lassen sich Aussagen über den wirtschaftlichen Nutzen und die Leistungsfähigkeit von mechanischen Systemen machen.

> Leistung ist der Quotient aus Arbeit und Zeit.

$$\text{Leistung} = \frac{\text{Arbeit}}{\text{Zeit}}$$

$$P = \frac{W}{t} = \frac{F \cdot s}{t} \qquad [\mathrm{W}] = \frac{\mathrm{J}}{\mathrm{s}} = \frac{\mathrm{Nm}}{\mathrm{s}}$$

Die Einheit der Leistung ist das Watt (W)[1].

Wie schon erwähnt, können mechanische Systeme die ihnen zugeführte Energie und somit auch die Leistung nicht vollständig nutzen. Der Grad der Ausnutzung der zugeführten Leistung bestimmt den Wirkungsgrad des Systemes.

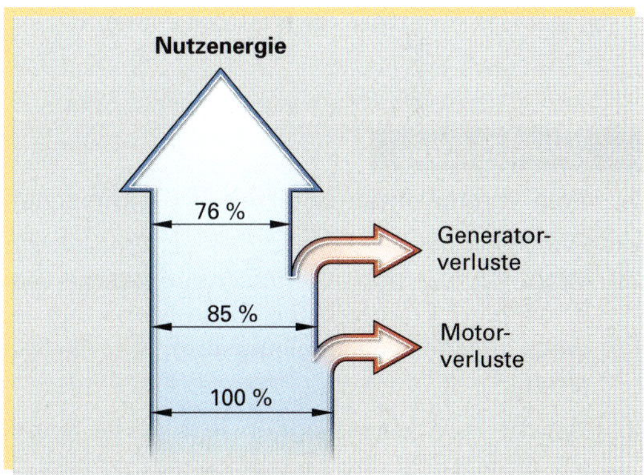

Bild 3: Energieumwandlung

> Der Wirkungsgrad eines Systemes gibt das Verhältnis von Ausgangsleistung zu Eingangsleistung an.

$$\text{Wirkungsgrad} = \frac{\text{Ausgangsleistung}}{\text{Eingangsleistung}}$$

$$\eta = \frac{P_{ab}}{P_{zu}}$$

Da die Maßeinheiten der Leistung gekürzt werden, ist der Wirkungsgrad eine dimensionslose Zahl, die häufig auch in Prozent angegeben wird.

[1] James Watt (1736 bis 1819)

Beispiel: Mit dem in **Bild 1** abgebildeten Fördermittel sollen Pakete mit einem Gewicht von 250 N einzeln auf eine Höhe von 2,5 m befördert werden.

a) Welche Arbeit wird dabei verrichtet?

b) Wie groß ist die erbrachte Leistung, wenn die benötigte Zeit 5 Sekunden beträgt?

c) Wie groß ist die mittlere Hubgeschwindigkeit?

d) Welche Ausgangsleistung muss der Elektromotor haben, wenn das mechanische System einen Wirkungsgrad von 0,78 hat?

e) Ändern sich die Werte für die Arbeit und die Leistung, wenn die Fördereinrichtung durch einen Schrägaufzug mit gleicher Geschwindigkeit **(Bild 2)** ersetzt wird?

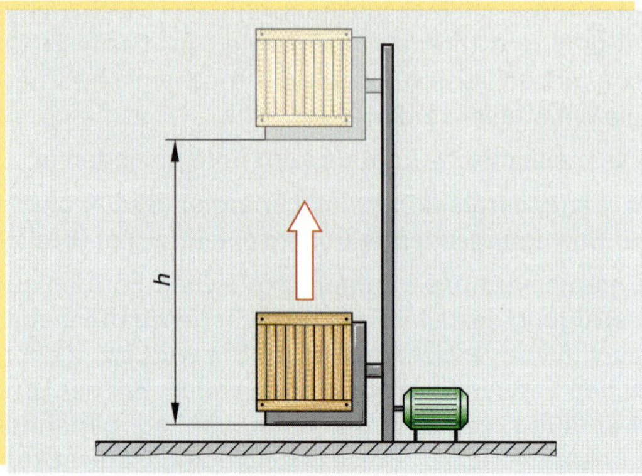

Bild 1: Geradaufzug

Lösung: geg.: $F = 250\text{ N}$, $s = 2{,}5\text{ m}$, $t = 5\text{ s}$, $\eta = 0{,}78$

a) $W = F \cdot s = 250\text{ N} \cdot 2{,}5\text{ m} = 625\text{ Nm}$

b) $P = \frac{W}{t} = \frac{625\text{ Nm}}{5\text{ s}} = 125\frac{\text{Nm}}{\text{s}} = 125\text{ W}$

c) $v = \frac{s}{t} = \frac{2{,}5\text{ m}}{5\text{ s}} = 0{,}5\frac{\text{m}}{\text{s}}$

d) $\eta = \frac{P_{ab}}{P_{zu}} \quad P_{zu} = \frac{P_{ab}}{\eta} = \frac{125\text{ W}}{0{,}78} = 160{,}26\text{ W}$

e) Der Wert für die Hubarbeit ändert sich nicht, da die Masse (und damit die erforderliche Kraft) und die Hubhöhe sich nicht ändern. Der Wert für die Leistung nimmt ab, da bei längerer Strecke und bei gleichbleibender Geschwindigkeit sich die Zeit erhöht.

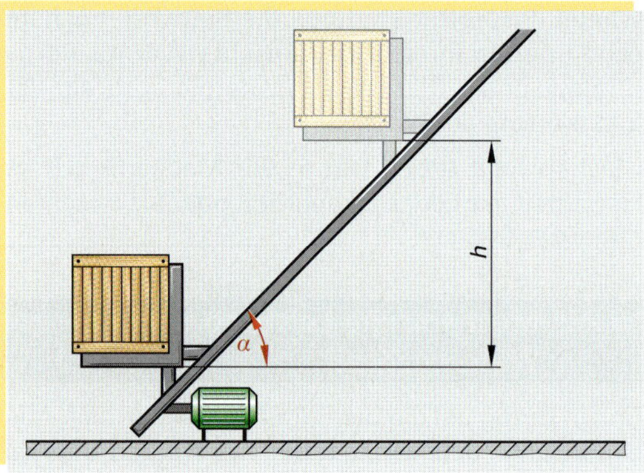

Bild 2: Schrägaufzug

Arbeitsauftrag:

1. Was versteht man unter einem Technischen System?
2. Wodurch werden Technische Systeme beschrieben? Erläutern Sie diese Merkmale jeweils an einem Beispiel aus Ihrem beruflichen Umfeld.
3. Welche Funktionen können Technische Systeme erfüllen? Nennen Sie Beispiele.
4. Erklären Sie die Begriffe Arbeit, Leistung und Wirkungsgrad.
5. Beschreiben Sie anhand der Berechnungsformel für den Wirkungsgrad, welchen höchsten Wert dieser einnehmen kann. Begründen Sie diese Aussage.
6. Für das abgebildete System sind folgende Werte zu bestimmen:
   a) die erforderliche Arbeit
   b) die aufzubringende Leistung

   wenn eine Hubzeit von 20 Sekunden angenommen wird.

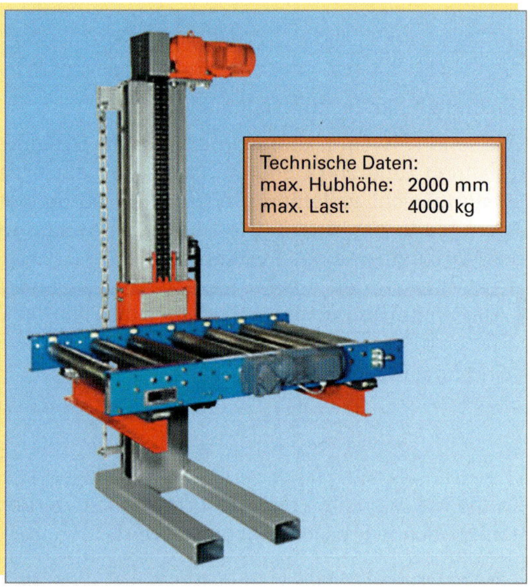

6.3 Funktionseinheiten von mechanischen Systemen

Wie zu Beginn dieses Kapitels beschrieben, dient die Systembetrachtung der aufbauunabhängigen Untersuchung der Aufgaben von Technischen Systemen. Sind diese Aufgaben durch die Gegenüberstellung von Ein- und Ausgangsgrößen bekannt, so muss zur technischen Realisierung die „black-box" durch technische Geräte ersetzt werden. Das Technische System bekommt einen Namen wie z.B. Werkzeugmaschine, Montagestation, Hebevorrichtung o.Ä. und die erforderlichen Subsysteme werden als **Funktionseinheiten** bezeichnet **(Bild 1)**. Funktionseinheiten können folgende Aufgaben erfüllen:

- **Antreiben:** Durch Antriebe wird zugeführte Energie in die erforderliche Form umgeformt und bereitgestellt (z.B. Elektromotoren, Hydromotoren)
- **Energieübertragung:** Die bereitgestellte Energie wird verteilt und angepasst (z.B. Getriebe, Verbindungen)
- **Arbeiten:** Die zur Verfügung gestellte Energie wird zum Verrichten von Arbeit ausgenutzt (z.B. Werkzeuge, Hebezeuge)
- **Steuern und Regeln:** Der Energie-, Stoff- und Informationsfluss wird kontrolliert (z.B. SPS, Industrie-PC, Schalteinrichtungen)
- **Tragen und Stützen:** Die anderen Funktionseinheiten werden aufgenommen, getragen und in die Funktionslage gebracht (z.B. Gestelle, Lager, Führungen)

Viele dieser Funktionseinheiten werden von Zulieferern komplett zur Verfügung gestellt. Die Aufgabe des Mechatronikers besteht in diesem Falle eventuell in der Dimensionierung, Auswahl, fachgerechten Montage und Anbindung an die anderen Funktionseinheiten. Häufig werden die Funktionseinheiten auch als **Baugruppen** bezeichnet. Funktionseinheiten bzw. Baugruppen bestehen in der Regel aus einzelnen **Bauelementen.**

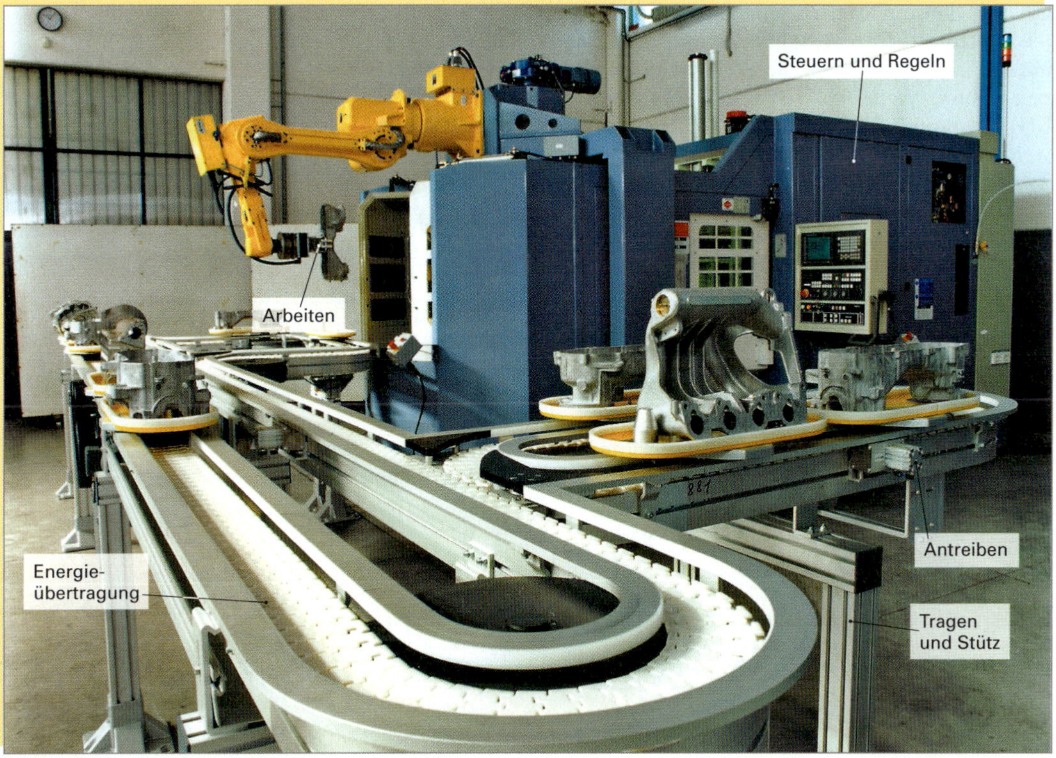

Bild 1: Funktionseinheiten eines mechatronischen Systems

6.3.1 Funktionseinheiten zum Antreiben

Die Funktionseinheiten zum Antreiben, häufig auch Antriebseinheiten genannt, haben die Aufgabe, die zum Betrieb des Systemes erforderliche Energie bereitzustellen. Dies geschieht überwiegend durch Umformen einer Energieform in eine andere. Beim Elektromotor **(Bild 1)** wird die elektrische Energie in Bewegungsenergie umgeformt (siehe Kapitel 9.2).

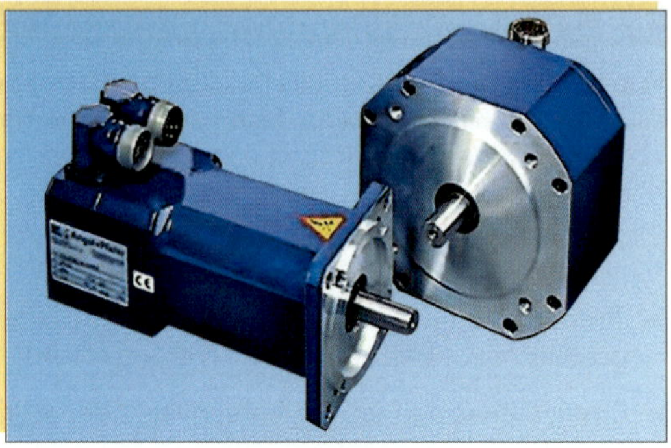

Bild 1: Funktionseinheit Elektromotor

Bei pneumatischen Antriebsgliedern, wie z. B. Druckluftmotoren **(Bild 2)**, Schwenkmotoren, Druckluftzylinder wird die Energie der gespeicherten Druckluft in lineare oder rotatorische Bewegungsenergie umgeformt (siehe Kapitel 10.4.4.3).

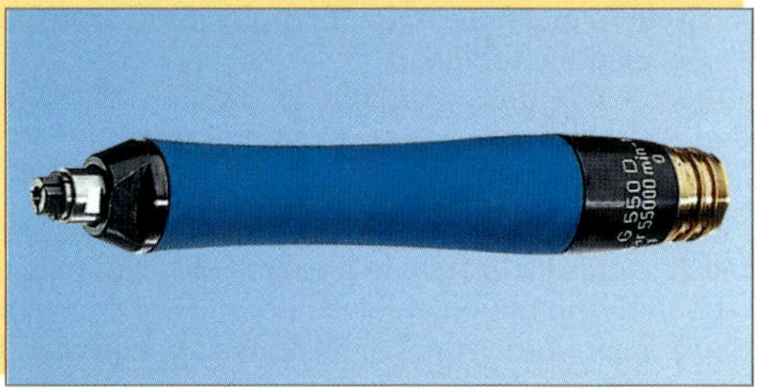

Bild 2: Druckluftmotor

Nach dem gleichen Prinzip arbeiten auch hydraulische Antriebseinheiten. Hier werden geradlinige oder kreisförmige Bewegungen durch das Umformen von der in der Hydraulikflüssigkeit gespeicherten Energie erzeugt (siehe Kapitel 10.6.3).

Antriebseinheiten, die chemische Energie in Bewegungsenergie umwandeln, wie dies z. B. bei Verbrennungsmotoren der Fall ist, werden im Bereich der Mechatronik nur äußerst selten eingesetzt.

6.3.2 Funktionseinheiten zur Energieübertragung

Die von den oben beschriebenen Antriebseinheiten bereitgestellte Bewegungsenergie wird meist in rotatorischer Form an die Systeme weitergegeben. Durch Wellen bzw. Kupplungen kann die Drehbewegung im Verhältnis 1:1 übernommen werden. Im Gegensatz zu den Achsen, die nur zum Tragen dienen, übertragen Wellen Drehmomente **(Bild 3)**.

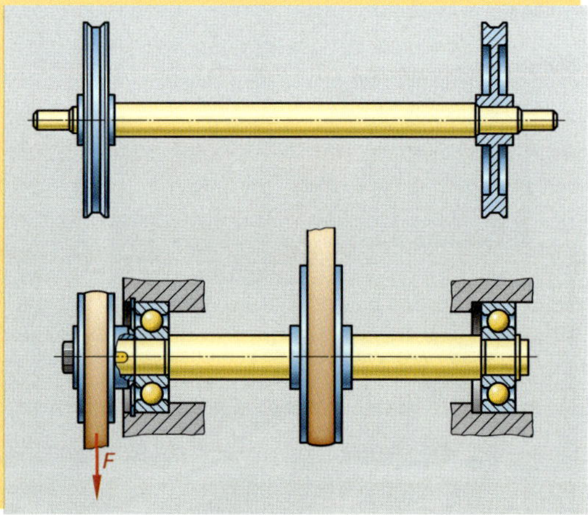

Bild 3: Achsen und Wellen

> Das Produkt aus Kraft und Hebelarm ist das Drehmoment.

Drehmoment = Kraft · Hebelarm

$$M = F \cdot l \quad \text{(Nm)}$$

Als Hebelarm wird dabei der senkrechte Abstand von der Wirkungslinie der Kraft zum Drehpunkt definiert **(Bild 4)**.

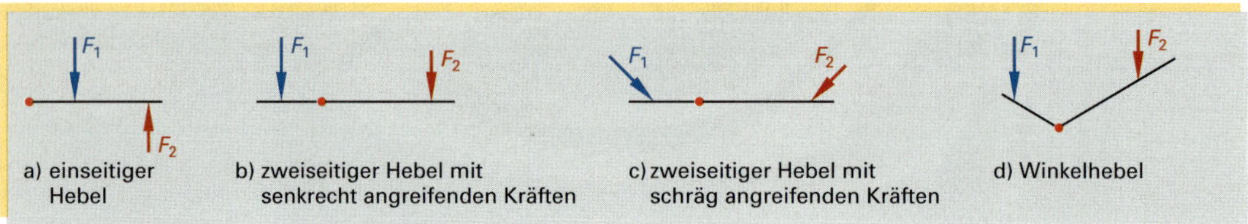

Bild 4: Hebelarten

6.3.2.1 Wellen

Wellen werden unterschieden in **starre Wellen, biegsame Wellen** und **Gelenkwellen.** Da sie Kräfte und damit Drehmomente übertragen, werden sie auf Verdrehung (Torsion) und Biegung belastet (siehe Seite 101).

Bei starren Wellen besitzen die An- und die Abtriebseite dieselbe Position und Lage. Gelenkwellen dagegen lassen eine Veränderung der Lage auch während des Betriebes zu.

Die starren Wellen werden unterschieden nach ihrer Bauform:

Glatte Wellen besitzen durchgehend einen gleichen Querschnitt und dienen zum Übertragen von Drehmomenten über große Entfernungen.

Abgesetzte Wellen (Bild 1) haben unterschiedliche Durchmesser. Dies dient vor allem der Montage von Lagern, Zahnrädern u.a., da die unterschiedlichen Durchmesser ein verwechslungsfreies Montieren ermöglichen.

Gekröpfte Wellen ermöglichen eine Umwandlung von Drehbewegungen in geradlinige Bewegungen und umgekehrt. Als Kurbelwellen werden sie z.B. in Kolbenpumpen eingebaut **(Bild 2).**

Form- und Profilwellen (Bild 3) besitzen an ihrem Umfang z.B. Zahn- oder Polygonprofile. Sie sind dadurch bereits für die Aufnahme von Zahnrädern o.Ä. vorbereitet und zur Übertragung großer Drehmomente geeignet.

Biegsame Wellen sind zum Übertragen kleiner Drehmomente geeignet **(Bild 4).** Sie sind durch übereinander gewickelte Drahtlagen gekennzeichnet und werden z.B. als Tachometerwellen verwendet.

Gelenkwellen können im Betrieb den Abstand und die Lage von Antrieb- und/oder Abtriebseite geringfügig korrigieren **(Bild 5).**

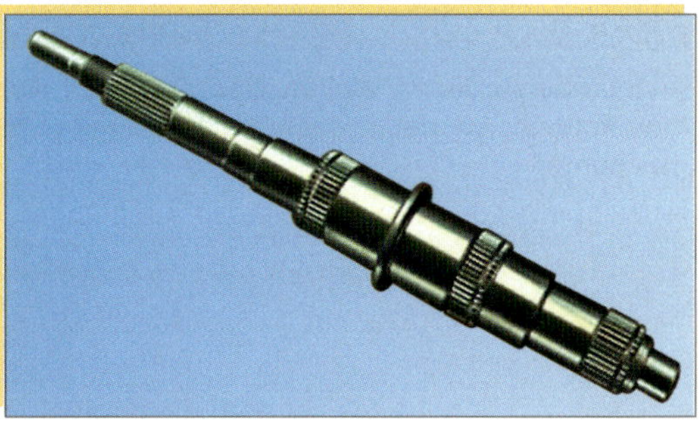

Bild 1: Abgesetzte Welle

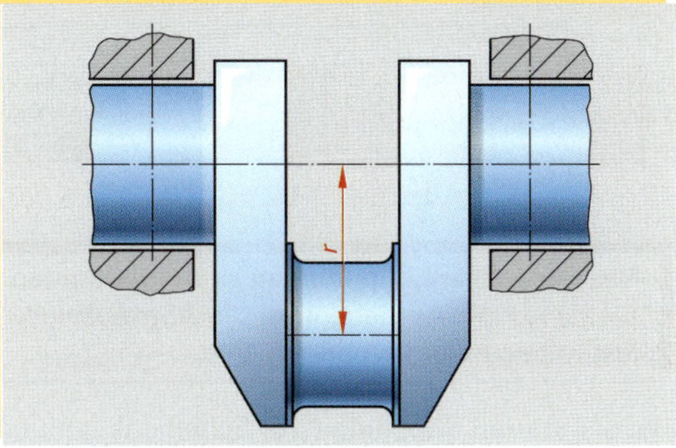

Bild 2: Gekröpfte Welle

Bild 3: Profilwelle

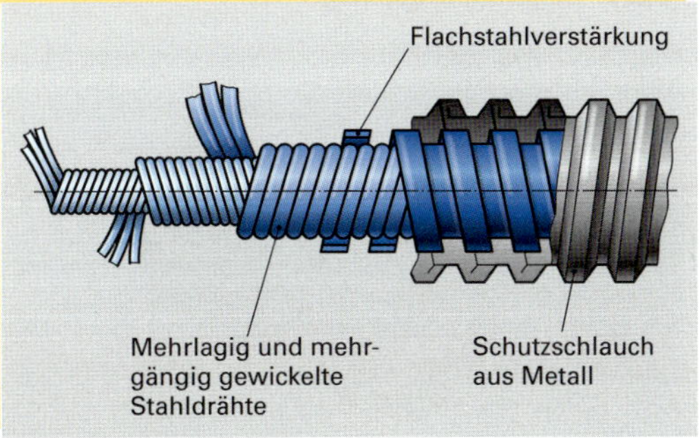

Bild 4: Biegsame Welle

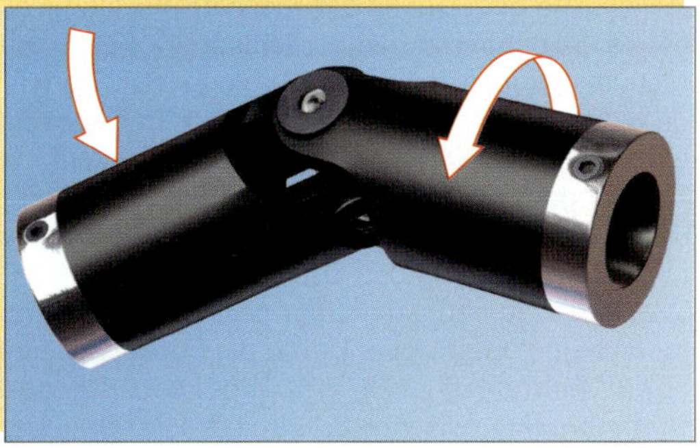

Bild 5: Gelenkwelle

6.3.2.2 Kupplungen

Aneinanderstoßende Wellen werden durch Kupplungen verbunden. Diese übertragen dabei Drehmomente. Sie können je nach Bauart kleinere Stöße abfangen und geringfügige Wellendifferenzen ausgleichen.

Nach ihrer Art und Funktion werden Kupplungen folgendermaßen eingeteilt:

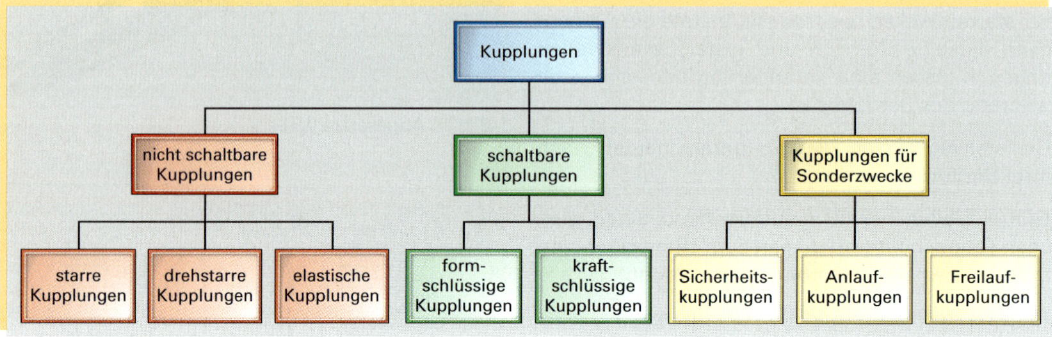

Nicht schaltbare Kupplungen sind Kupplungen bei denen die Antriebs- und die Abtriebswelle fest miteinander verbunden sind.

Bei der **starren Kupplung** (z. B. Scheibenkupplung, **Bild 1**) werden die beiden fluchtenden Wellen fest miteinander verbunden. Ein Ausgleich von Wellenversetzungen ist nicht möglich.

Drehstarre Kupplungen erlauben geringe Ausgleichbewegungen der Wellen wie sie etwa aufgrund von Durchbiegungen entstehen können. Bei der Bogenzahnkupplung z. B. werden die beiden Wellenenden mit einer balligen Außenverzahnung versehen, die in die Innenverzahnung eines Gehäuses eingreift **(Bild 2)**. Zu den drehstarren Kupplungen können auch die Gelenkwellen (siehe Seite 131) gezählt werden.

Neben der Korrektur geringfügiger radialer und axialer Wellenversetzung können die **elastischen Kupplungen** Stöße und Schwingungen dämpfen. Dies geschieht durch die Verwendung von elastischen Werkstoffen im Bereich der Übertragungsstellen. Auf dem Gebiet der Mechatronik sind elastische Kupplungen hauptsächlich in Form von Metallbalgkupplungen **(Bild 3)** eingesetzt. So werden z. B. häufig Kugelumlaufspindeln in Koordinatentischen oder CNC-Maschinen durch Metallbalgkupplungen mit dem Servomotor verbunden. Dadurch ist eine ruckfreie und gleichmäßige Bewegung auch bei geringen Drehzahlen möglich. Das Drehmoment wird dabei über besonders geformte Metallbälge übertragen. Durch die Form wird eine hohe Verdrehfestigkeit gewährleistet, so dass Drehmomente zwischen 0,1 Nm bis 4000 Nm übertragen werden können.

Bild 1: Scheibenkupplung

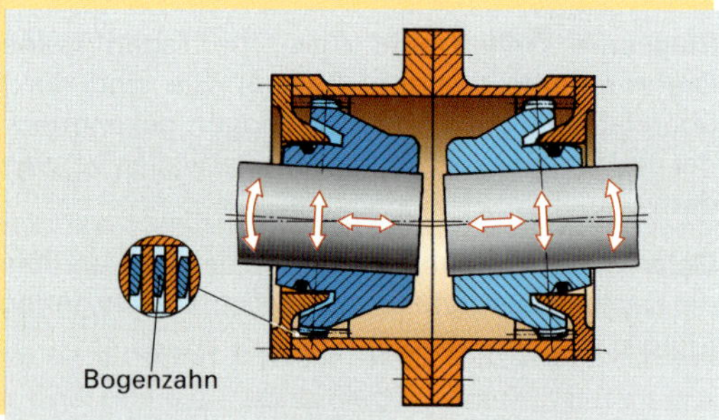

Bild 2: Bogenzahnkupplung

Bild 3: Metallbalgkupplung

Schaltbare Kupplungen ermöglichen ein zeitweises Trennen der Wellen und damit ein Unterbrechen der Drehmomentübertragung im Stillstand oder im Betrieb.

Sie können entweder formschlüssig oder kraftschlüssig (siehe Seite 197 ff.) arbeiten.

Bei **formschlüssigen Kupplungen (Bild 1)** übertragen ineinandergreifende Formteile (Klauen oder Zähne) das Drehmoment. Formschlüssige Kupplungen dürfen nur im Stillstand geschaltet werden.

Soll die Momentübertragung durch **Kraftschluss** erfolgen, so muss durch eine äußere Kraft die Reibungskraft zwischen den Berührungsflächen erhöht werden. Dies kann durch Federkraft, Spannhebel, hydraulisch oder auch durch elektromagnetische Betätigung geschehen.

Besonders geeignete Belagflächen erhöhen zusätzlich die Reibung. Wird durch konstruktive Maßnahmen darüber hinaus die Anzahl der Reibflächen erhöht, so können noch größere Drehmomente übertragen werden **(Bild 2)**.

Bei den Kupplungen für Sonderzwecke sind vor allem die **Sicherheitskupplungen** von großer Bedeutung. Sie haben die Aufgabe, die Drehmomentübertragung zu unterbrechen, wenn ein zulässiges Drehmoment überschritten wird. Dies geschieht im einfachsten Fall durch einen Abscherstift bei einer formschlüssigen Verbindung **(Bild 3)**. Aufgabe des Stiftes ist es, beim Überschreiten eines maximalen Drehmomentes an einer Sollbruchstelle abzuscheren.

Rutschkupplungen sind wie Lamellenkupplungen aufgebaut **(Bild 4)**. Das übertragbare Drehmoment wird durch die Anpresskraft der Reibscheiben eingestellt.

Häufig ist es erforderlich, Kraftmaschinen im Leerlauf anlaufen zu lassen und erst beim Erreichen einer bestimmten Drehzahl andere Funktionsgruppen „zuzuschalten". Für diesen Fall sind Anlauf- oder Freilaufkupplungen **(Bild 5)** geeignet. Sie können z.B. auf dem Prinzip der Fliehkraft aufgebaut sein. Dabei werden mit zunehmender Drehzahl die Reibelemente nach außen gegen die Wand eines Gehäuses gepresst, das dann bei ausreichender Anpresskraft die Bewegung annimmt.

Freilaufkupplungen sind in Freilaufnaben, wie sie vom Fahrrad bekannt sind, eingebaut. Dabei werden bei einer Drehzahldifferenz von Außen- und Innenwelle Kugeln so gegen die Wände gepresst, dass es zu einer Drehmomentübertragung kommt **(Bild 4)**.

Bild 1: Klauenkupplung

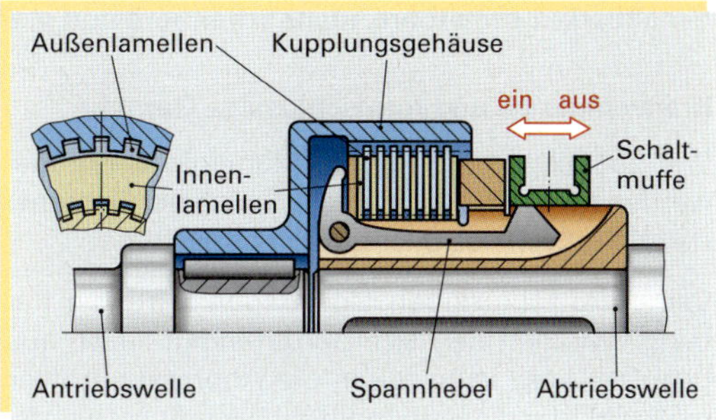

Bild 2: Mehrscheibenkupplung

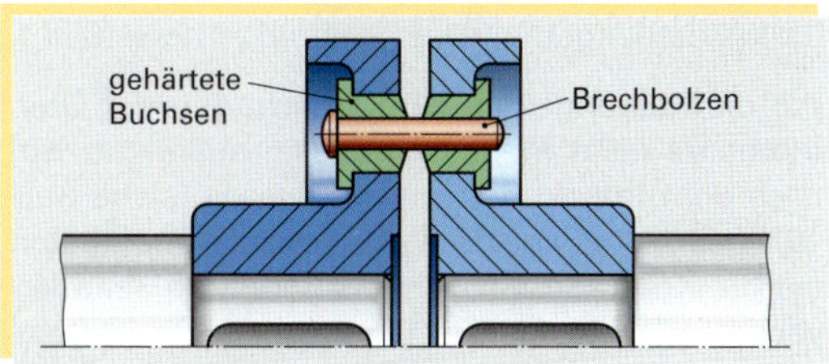

Bild 3: Brechbolzenkupplung

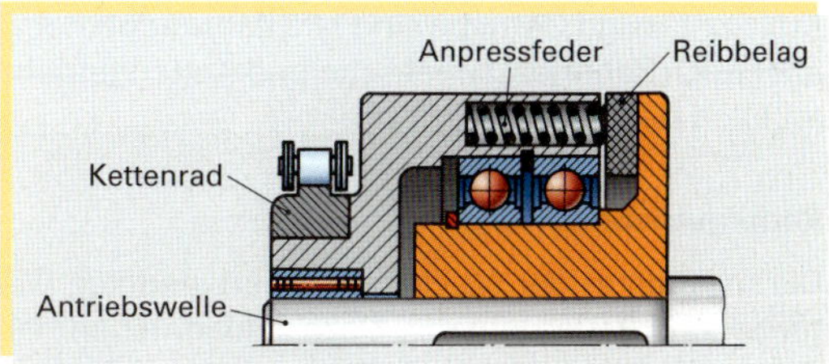

Bild 4: Rutschkupplung

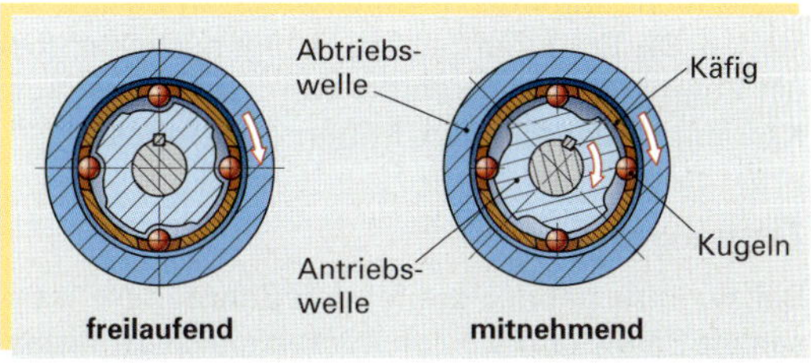

Bild 5: Freilaufnabe

6.3.2.3 Getriebe

Ist die vom Antrieb zur Verfügung gestellte Drehbewegung aufgrund ihrer Drehfrequenz oder des Drehmomentes nicht direkt nutzbar, muss diese über ein Getriebe umgeformt werden.

Getriebe übertragen Energie und können Drehfrequenzen, Drehrichtungen und Drehmomente umformen.

Getriebe können nach verschiedenen Merkmalen unterschieden werden:

Nach der konstruktiven Gestaltung unterscheidet man **Räder-, Kurven-** und **Kurbelgetriebe,** nach der Kraftübertragung **kraftschlüssige** und **formschlüssige Getriebe,** nach der Übersetzung und nach der Schaltbarkeit **schaltbare, nicht schaltbare** und **stufenlos einstellbare Getriebe.**

Kraftschlüssige und formschlüssige Getriebe

Wie überall, wo Kräfte oder Momente übertragen werden müssen, geschieht dies auch bei Getrieben durch Kraftschluss oder durch Formschluss.

Beim kraftschlüssigen Übertragen wird die Reibung zwischen den sich berührenden Teilen ausgenutzt. Diese kann durch die Anpresskraft (Normalkraft) und die Reibungszahl beeinflusst werden (siehe Seite 142). Beim Erhöhen der Normalkraft erhöht sich allerdings auch die Belastung der Lager und der Wellen. Kraftschlüssige Getriebe sind z.B. die Keilriemengetriebe und Reibradgetriebe **(Bild 1).**

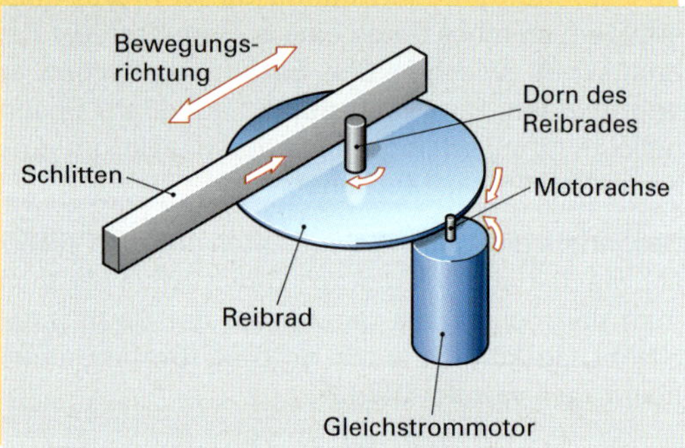

Bild 1: Reibradgetriebe (kraftschlüssig)

Wo die Reibungskraft zum Übertragen der Drehmomente nicht mehr zuverlässig ausreicht, wird nach dem Prinzip des Formschlusses (siehe Seite 197) gearbeitet. Formschluss herrscht überall dort, wo die Konturen der sich berührenden Teile sich verkanten **(Bild 2).** Die Grenzen dieser Übertragungsart liegen demzufolge nicht in der Reibungskraft sondern in der Festigkeit der beanspruchten Bauteile.

Bild 2: Zahnradgetriebe (formschlüssig)

Kraftschlüssige Getriebe sind alle Zahnradgetriebe, aber auch Zahnriemengetriebe und Kettengetriebe arbeiten nach diesem Prinzip.

Rädergetriebe

Die meisten in der Mechatronik verwendeten Getriebe sind Rädergetriebe. Dazu zählen neben den Zahnradgetrieben auch die Reibräder und Zugmittelgetriebe **(Bild 3).** Als Zugmittelgetriebe werden alle Rädergetriebe bezeichnet, bei denen die Radpaare nicht unmittelbar miteinander in Berührung stehen. Die Kraftübertragung erfolgt **mittelbar** über ein Zugmittel. Als Zugmittel werden Flachriemen, Keilriemen, Zahnriemen, Ketten u.a. eingesetzt.

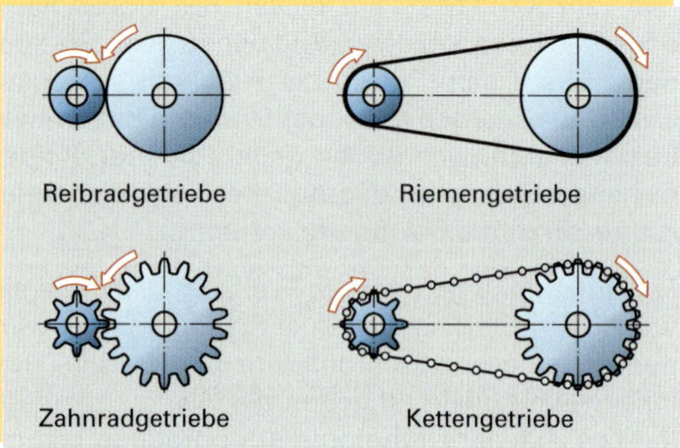

Bild 3: Rädergetriebe

Zahnradgetriebe

Bei zwei ineinander greifenden Zahnrädern müssen die Zähne und die Zahnlücken gleich groß sein. Die wichtigsten Maße beim Zahnrad sind die Teilung p, der Modul m und die Zähnezahl z. Die Teilung gibt den Abstand von Zahnmitte zu Zahnmitte gemessen als Bogenmaß auf dem Teilkreis an. Mit der Zähnezahl z multipliziert ergibt sich der Umfang des Teilkreises. Um den Teilkreisdurchmesser d zu erhalten muss dieses Maß durch π geteilt werden:

$$d = \frac{U}{\pi} = \frac{z \cdot p}{\pi}$$

Da π eine Zahl mit unendlich vielen Stellen ist, würde beim Dividieren durch π für den Teilkreisdurchmesser d ein unendlicher Bruch entstehen, was eine exakte Zahnradfertigung unmöglich machen würde. Aus diesem Grund wird für den Quotienten aus p/π eine glatte Zahl, der Modul m, festgelegt. Dadurch ergibt sich für den Teilkreisdurchmesser die Formel:

$$d = z \cdot m$$

Der Modul ist genormt und hat die Einheit mm. Die Veränderung des Moduls wirkt sich auf die Zahnradgröße aus **(Bild 1)**.

Um Reibung zu vermindern muss zwischen dem Zahnkopf eines Zahnrades und dem Zahnfuß des Gegenrades ein Kopfspiel c vorhanden sein. Mit Zähnezahl, Modul und Kopfspiel lassen sich alle erforderlichen Zahnradmaße bestimmen (siehe Tabellenbuch und **Bild 2**).

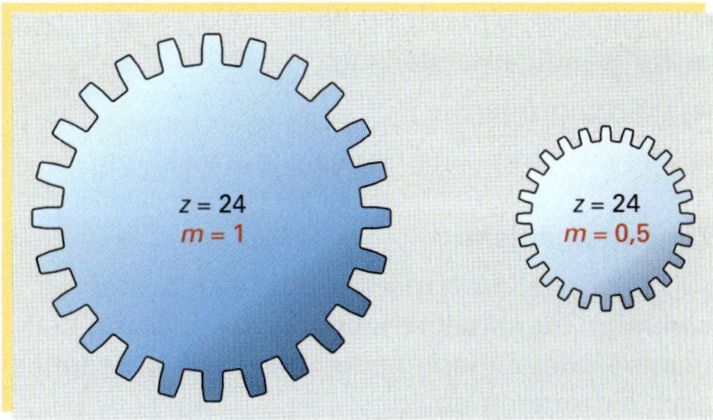

Bild 1: Veränderung durch Variation von m

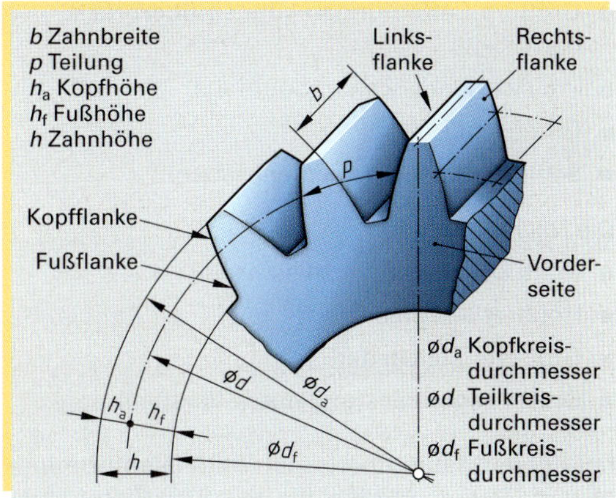

Bild 2: Abmessungen am Zahnrad

Beispiel: Von dem nebenstehenden Stirnradgetriebe sind die eingetragenen Maße bekannt:

Zu berechnen sind die zur Bestellung eines Ersatzrades z_2 fehlenden Maße.

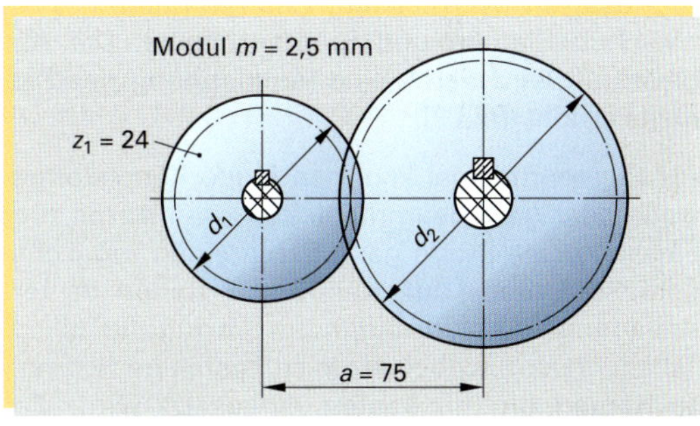

Lösung: $a = \frac{m \cdot z_1}{2} + \frac{m \cdot z_2}{2} = \frac{m\,(z_1 + z_2)}{2}$

$z_2 = \frac{2 \cdot a}{m} - z_1 = \frac{2 \cdot 75\ \text{mm}}{2{,}5\ \text{mm}} - 24$

$z_2 = 36$

Zahnradgetriebe werden eingeteilt nach der Lage der Verzahnung in innen- und außenverzahnte Räder, nach dem Verlauf der Zähne in gerad-, schräg- und bogenverzahnte Räder und nach der Lage der Achsen zueinander in Stirnrad-, Kegelrad-, Schraubrad- und Schneckenradgetriebe eingeteilt **(Bild 3)**. Eine Sonderform stellt das Zahnstangengetriebe dar. Bei ihm wird die Drehbewegung in eine Linearbewegung (oder umgekehrt) gewandelt.

Die Vorteile von Zahradgetrieben sind:

- Kompakte Bauweise
- Große Kraftübertragung möglich

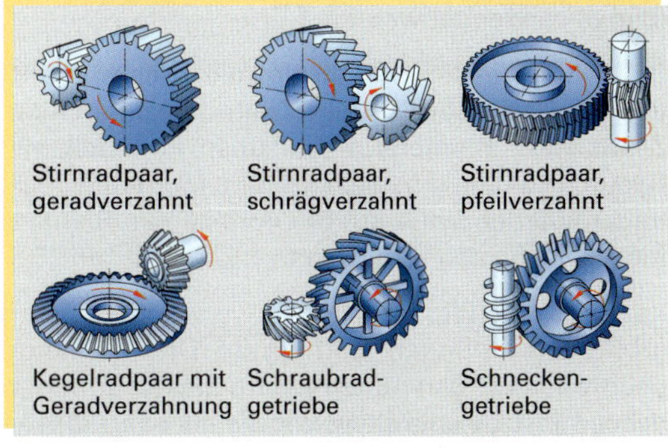

Bild 3: Grundformen von Zahnradgetrieben

Als Nachteile sind zu nennen:

- Aufwändige Herstellung
- Wartungsintensiv
- Hohe Wärme- und Geräuschentwicklung

Zugmittelgetriebe

An vielen Stellen in mechatronischen Systemen kommen Zugmittelgetriebe z. B. in Form von Keilriemen- oder Zahnriementrieben **(Bild 1)**, seltener auch als Kettentrieb vor.

Die Vorteile von Zugmittelgetrieben:

- Größere Entfernungen können überbrückt werden
- Preiswerter als Zahnradgetriebe
- Geräuscharm
- Schlupffrei (außer Riementrieben)

Die Nachteile sind:

- Kraftübertragung nicht so groß
- Höherer Verschleiß
- Größerer Platzbedarf
- Große Lagerbelastung durch Vorspannung

Keilriementriebe übertragen die Drehmomente über die Reibungskräfte, die zwischen Riemen und Riemenscheibe wirken (Kraftschluss). Die Reibungskraft kann beeinflusst werden durch die Anpresskraft (Normalkraft) und die Reibungszahl zwischen Riemen und Riemenscheibe. Die Anpresskraft wird durch eine Vorspannung des Riemens erhöht **(Bild 2)**.

Als Riemenmaterial kommen heute Kunststoffgewebe oder gewebeummantelte Gummikerne zum Einsatz. Diese Stoffe garantieren einen möglichst geräuscharmen Lauf. Keilriemen stehen in verschiedenen Ausführungen zur Verfügung (siehe Tabellenbuch), wobei der leistungsfähige Schmalkeilriemen am häufigsten eingesetzt wird. Zur Übertragung großer Drehmomente können auch mehrere Keilriemen oder Mehrrippenkeilriemen **(Bild 3)** verwendet werden.

Bei Zahnriementrieben erfolgt die Drehmomentübertragung zusätzlich zum Kraftschluss durch die Zähne des Riemens noch über Formschluss. Dadurch können erheblich größere Momente übertragen werden ohne auf die Vorteile des Riementriebes verzichten zu müssen.

Kettentriebe **(Bild 4)** werden verwendet, wenn große Entfernungen und große Drehmomente übertragen werden müssen. Zum Einsatz kommen dabei meist Gelenkketten, wie sie als Fahrradkette bekannt sind. Die Reibung kann vermindert werden

Bild 1: Zahnriementrieb

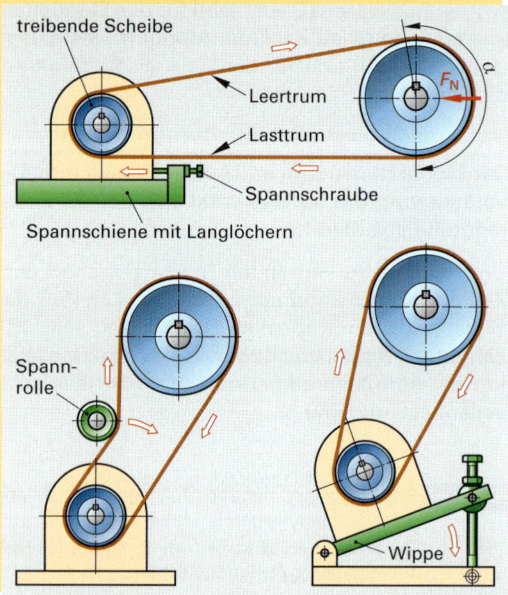

Bild 2: Riemenspannvorrichtungen

Bild 3: Keilriemenarten

Bild 4: Kettengetriebe

durch die Verwendung von Rollenketten. Der Betrieb von Kettentrieben ist wesentlich geräuschvoller als von Riementrieben. Dafür arbeiten sie schlupffrei und gewährleisten somit eine sichere Übersetzung. Die Kettenräder müssen in ihren Abmessungen der Kette angepasst sein.

Kurvengetriebe und Kurbelgetriebe

Durch Kurvengetriebe werden gleichförmige Bewegungen in ungleichförmige, hin- und hergehende oder schwingende Bewegungen umgewandelt **(Bild 1)**. Sie sind überall dort im Einsatz, wo sich wiederholende Bewegungen in großer Anzahl vorkommen. Das bekannteste Anwendungsbeispiel ist sicher die Steuerung der Ein- und Auslassventile des Verbrennungsmotors über die Nockenwelle. Aber auch in der mechanischen Fertigung z. B. beim zyklischen Einpressen von Hülsen können Kurvengetriebe eingesetzt werden **(Bild 2)**. Ihr Vorteil liegt in der großen Präzision und Wiederholgenauigkeit ungleichförmiger Bewegungen. Der hohe Herstellungsaufwand und die relativ geringe Flexibilität sind als Nachteile zu nennen.

Kurbelgetriebe wandeln gleichförmige Rotationsbewegungen in hin- und hergehende Bewegungen um. Im Bereich der Mechatronik sind sie vor allem von den Kolbenverdichtern in der Pneumatik bekannt (siehe Seite 414).

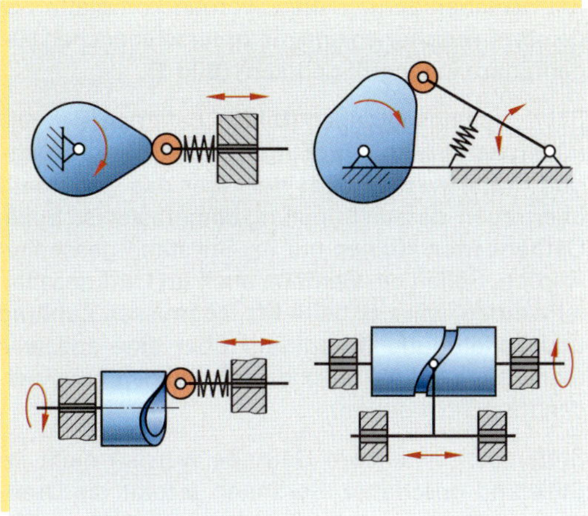

Bild 1: Kurvengetriebe

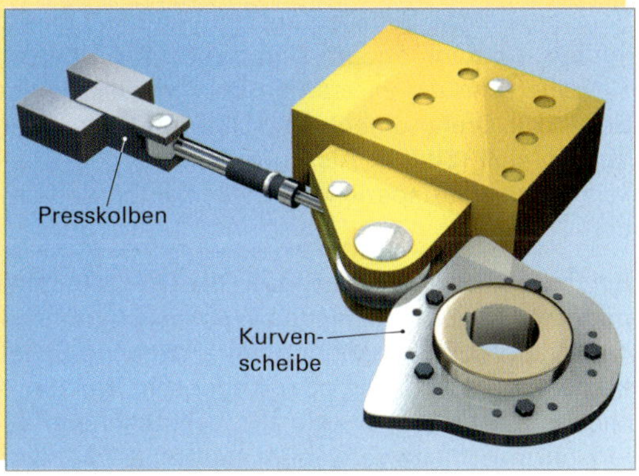

Bild 2: Kurvengetriebe in Taktmontage

Nicht schaltbare, schaltbare und stufenlos einstellbare Getriebe

Wie schon erwähnt, ist es die Hauptaufgabe der Getriebe, Drehmomente zu übertragen und Drehzahlen zu verändern. In manchen Fällen wird dies durch ein feststehendes Räder- oder Keilriemenscheibenpaar realisiert **(Bild 3)**. Änderungen der Abtriebsdrehzahl erfordern eine Veränderung der Antriebsdrehzahl. Eine Veränderung innerhalb des Getriebes ist nicht möglich. In diesem Falle spricht man von nicht schaltbaren Getrieben.

Sehr viel häufiger besteht jedoch die Anforderung, die Drehzahlen und Drehmomente, je nach Betriebsbedingung zu ändern. So sind z. B. bei einer Bohrmaschine bei gleichbleibender Antriebsdrehzahl je nach Bohrerdurchmesser und Werkstoff ganz unterschiedliche Drehzahlen an der Bohrspindel erforderlich.

Bild 3: Nichtschaltbares Getriebe

Dieser Umstand ist nur durch schaltbare Getriebe oder stufenlos veränderbare Getriebe zu realisieren. Veränderungen der Drehzahlen und Drehmomente werden durch die Durchmesser bzw. Zähnezahlen der miteinander im Eingriff befindlichen Räder beeinflusst. Bei schaltbaren Getrieben handelt es sich in der Regel um Zahnradgetriebe. Hier können die Räderpaarungen nach vorher festgelegten Abstufungen verändert werden. Schaltbare Getriebe sind meist als Schieberäder- oder Kupplungsgetriebe ausgelegt.

Bei Schieberädergetrieben werden komplette Rädersätze verschoben und mit unterschiedlichen Gegenrädern in Eingriff gebracht **(Bild 1)**.

Bei Kupplungsgetrieben **(Bild 2)** befinden sich alle Räderpaare ständig im Eingriff. Die Drehmomente und Kräfte werden aber nur über das Räderpaar übertragen, dessen Kupplung eingerastet ist. Beide Getriebearten können nur im Stillstand geschaltet werden. Sollen die Getriebe auch im Lauf geschaltet werden, wie z. B. beim Kfz, so müssen Zahnrad und Schaltmuffe (Kupplung) über eine spezielle Einrichtung auf die gleiche Drehzahl gebracht werden (Synchronisation).

Stufenlos einstellbare Getriebe werden nicht im Stillstand geschaltet. Bei ihnen erfolgt die Drehmomentübertragung kraftschlüssig über Zugmittel oder Reibkörper. Bei den stufenlos veränderbaren Zugmittelgetrieben werden die Abstände der Scheibenhälften der Riemenscheiben mechanisch variiert. Dadurch ändern sich die für die Übersetzungsberechnung wirksamen Durchmesser (siehe Seite 139). Drehmomente und Drehfrequenzen verändern sich **(Bild 3)**. Als Zugmittel werden Breitkeilriemen oder spezielle Lamellenketten verwendet.

Bei Reibrädergetrieben werden die Drehmomente mittels aneinander reibenden Wälzkörpern übertragen. Die Wälzkörper können dabei einfache Scheiben, aber auch Kugeln oder Kegel sein. Bei einfachen Reibscheiben, wie sie z. B. bei manchen Säulenbohrmaschinen verwendet werden **(Bild 4)** wird die Position der Abtriebsscheibe zur Achse der Antriebsscheibe verändert. Dadurch ergibt sich eine Durchmesserveränderung und damit eine Änderung der Übersetzung.

6.3.2.4 Kenngrößen von Getrieben

Bei allen Reibrad-, Zahnrad- und Zugmittelgetrieben sind die Umfangsgeschwindigkeiten der miteinander verbundenen Räder identisch. Ebenso sind die übertragenen Kräfte unverändert, wenn sie von einem Rad an das andere übergeben werden. Daraus lassen sich folgende Formeln ableiten:

$$v_1 = v_2 \qquad n_1 \cdot \pi \cdot d_1 = n_2 \cdot \pi \cdot d_2 \qquad \frac{n_1}{n_2} = \frac{d_2}{d_1}$$

Das Verhältnis von n_1 zu n_2 bei einstufigen Übersetzungen wird als **Übersetzungsverhältnis *i*** bezeichnet. Bei Zahnrädern kann der Durchmesser d durch $m \cdot z$ ersetzt werden (siehe Seite 139). In der dann entstehenden Gleichung:

$$n_1 \cdot z_1 \cdot m = n_2 \cdot z_2 \cdot m$$

kann m gekürzt werden.

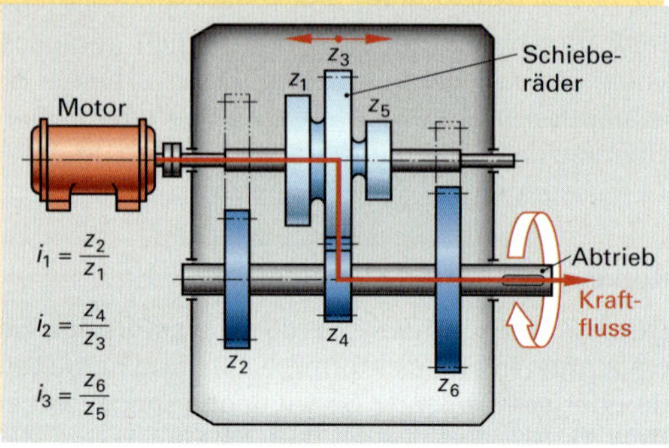

Bild 1: Schieberädergetriebe

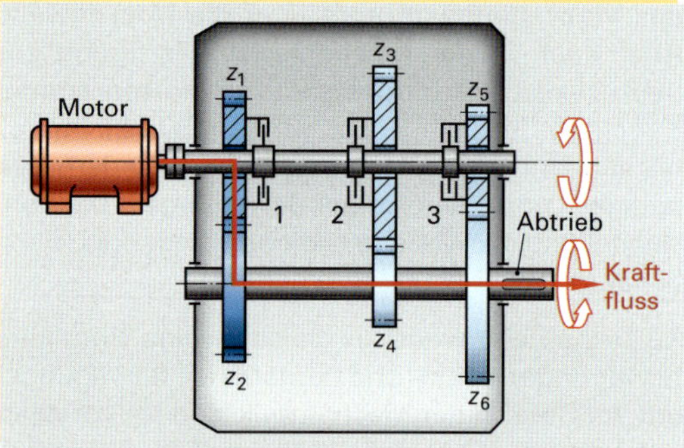

Bild 2: Kupplungsgetriebe

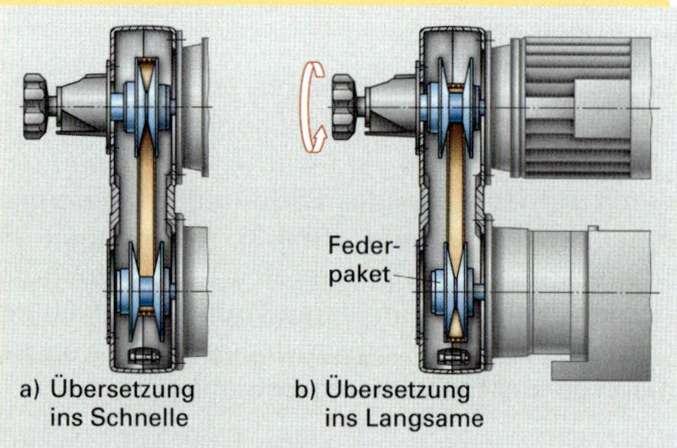

Bild 3: Lamellenkettengetriebe

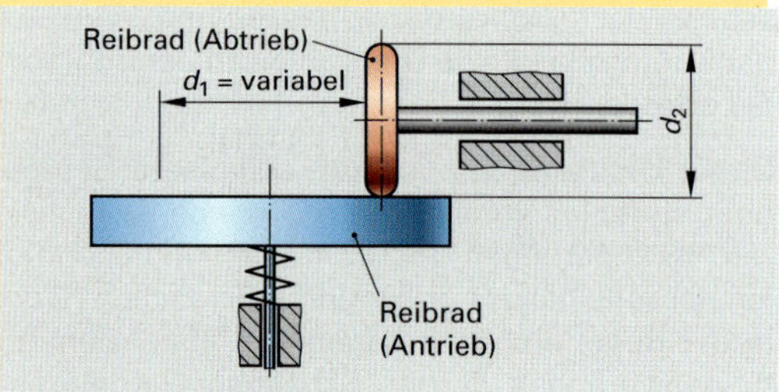

Bild 4: Reibradgetriebe

Für das Übersetzungsverhältnis i ergibt sich dann die Formel

$$\frac{n_1}{n_2} = \frac{z_2}{z_1}$$

Berechnung des Übersetzungsverhältnisses:

$$i = \frac{n_1}{n_2} \qquad i = \frac{d_2}{d_1} \qquad i = \frac{z_2}{z_1}$$

In vielen Fällen werden mehrstufige Getriebe zum Erreichen der gewünschten Übersetzungsverhältnisse eingesetzt **(Bild 1)**. Zur Berechnung werden die Räder fortlaufend mit Indizes belegt. Für die einzelnen Getriebeteile können Teilübersetzungen gebildet werden:

$$i_1 = \frac{z_2}{z_1} = \frac{n_1}{n_2} \qquad i_2 = \frac{z_4}{z_3} = \frac{n_3}{n_4}$$

Das Produkt der Teilübersetzungen ergibt die Gesamtübersetzung i

$$i = i_1 \cdot i_2 = \frac{z_2}{z_1} \cdot \frac{z_4}{z_3} = \frac{n_1}{n_2} \cdot \frac{n_3}{n_4}$$

Da die Räder 2 und 3 und falls vorhanden 4 und 5 bzw. 7 und 8 usw. immer fest mit jeweils einer Welle verbunden sind, müssen auch die Drehfrequenzen der entsprechenden Räder gleich groß sein. Da die gleich großen Drehfrequenzen jeweils im Zähler und im Nenner stehen, können sie gekürzt werden. Übrig bleibt somit die Formel für das

Gesamtübersetzungsverhältnis:

$$i = \frac{n_a}{n_e} \qquad i = i_1 \cdot i_2 \ldots$$

Wie schon erwähnt, sind neben den Umfangsgeschwindigkeiten auch die Kräfte an der Übergabestelle gleich groß (siehe Seite 138). Da die Kräfte jedoch mit unterschiedlichen Durchmessern gepaart sind, ergeben sich auch Unterschiede in den Drehmomenten.

Getriebe sind Drehmomentwandler.

Da die Drehmomente sich wie die Durchmesser bzw. die Zähnezahlen verhalten ergibt sich für die Übersetzung folgende Formel:

$i = \frac{M_2}{M_1}$ daraus folgt ein Abtriebsmoment

$M_2 = M_1 \cdot i$ dies ist jedoch nur ein theoretischer Wert, da die im Getriebe auftretende Reibung nicht berücksichtigt wurde.

Die durch die Reibung verursachten Verluste werden durch den Wirkungsgrad η berücksichtigt. Durch den Einsatz des Wirkungsgrades ergibt sich ein tatsächliches Abtriebsmoment von:

$$M_2 = M_1 \cdot i \cdot \eta$$

Tabelle 1: Getriebekennzeichnung

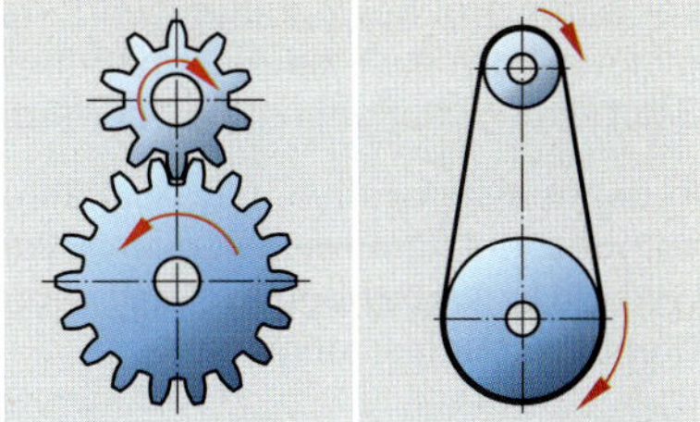

	Zahnradgetriebe		Riementrieb	
Größen	Eingang	Ausgang	Eingang	Ausgang
Drehzahl *h*	n_1	n_2	n_1	n_2
z, d	z_1	z_2	d_1	d_2
M, P	M_1, P_1	M_1, P_2	M_1, P_2	M_2, P_2

Beispiel: Das treibende Rad eines einstufigen Zahnradgetriebes hat die Zähnezahl $z_1 = 32$ und die Drehzahl $n_1 = 440$ 1/min. Das getriebene Zahnrad besitzt $z_2 = 80$ Zähne.

Zu berechnen sind die Drehzahl n_2 und das Übersetzungsverhältnis i.

Lösung:

$$\frac{n_1}{n_2} = \frac{z_2}{z_1}$$

$$n_2 = \frac{z_1 \cdot n_1}{z_2} = \frac{32 \cdot 440 \frac{1}{\text{min}}}{80} = 176 \frac{1}{\text{min}}$$

$$i = \frac{z_2}{z_1} = \frac{80}{32} = \frac{2,5}{1}$$

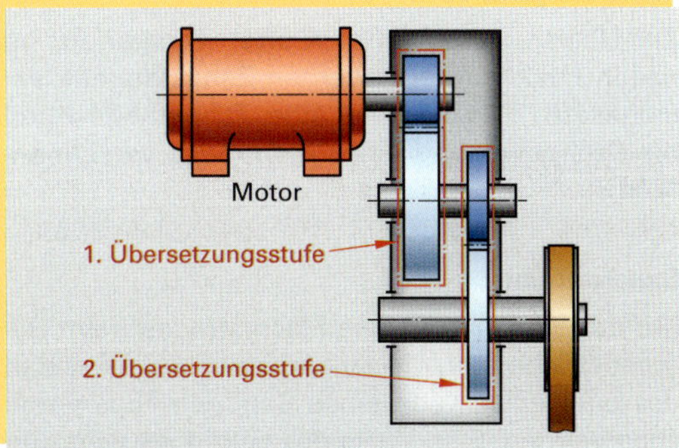

Bild 1: Mehrstufiges Getriebe

Beispiel: Von einem zweistufigen Zahnradgetriebe sind die Zähnezahlen $z_1 = 25$, $z_2 = 50$, $z_3 = 42$, $z_4 = 63$ bekannt. Zu berechnen ist das Übersetzungsverhältnis für den Fall, dass das Zahnrad z_1 auf der Motorwelle gefestigt ist.

Lösung: $i = \frac{z_2}{z_1} \cdot \frac{z_4}{z_3} = \frac{50 \cdot 63}{25 \cdot 42} = \frac{3}{1}$

6.3.2.5 Linearantriebe

In mechatronischen Systemen werden viele Bewegungen linear, d.h. geradlinig ausgeführt. Dies sind vor allem Hubbewegungen und Transportbewegungen, so wie sie bei Handhabungsgeräten oder Bearbeitungsstationen **(Bild 1)** erforderlich sind.

In den meisten Fällen, mit Ausnahme der Linearantriebe mit Pneumatik- oder Hydraulikzylinder wird die Linearbewegung durch Umformung einer Drehbewegung erzeugt.

Bild 1: Bearbeitungsstation mit Linearantrieb

Gewindespindeln

Antriebe mit Gewindespindeln sind Bewegungsgewinde. Dabei wird eine Mutter durch die Drehbewegung der Spindel linear bewegt. Werden dazu Trapezspindeln verwendet, entsteht eine relativ hohe Reibung.

Da Trapezspindeln ein bestimmtes Spiel besitzen müssen, ergibt sich bei Änderung der Bewegungsrichtung das unerwünschte **Umkehrspiel.** Der Einsatz der Trapezspindel ist daher aus Genauigkeitsgründen begrenzt.

Spielfrei lässt sich mit Kugelgewindetrieben arbeiten. Bei ihnen wälzen sich Kugeln durch Laufrillen in der Spindel und der Mutter und anschließend durch einen Rückführkanal wieder zurück **(Bild 2).** Aufgrund der hohen Genauigkeit werden Kugelgewindetriebe z.B. für die Vorschubantriebe in NC-Maschinen oder Koordinatentischen verwendet.

Bild 2: Kugelgewindetrieb

Zahnstangentrieb

Zur Übertragung großer Kräfte, weniger zur genauen Positionierung werden Zahnstangentriebe eingesetzt. Hierbei wird eine Zahnstange durch die Drehbewegung eines Zahnrades verschoben **(Bild 3).**

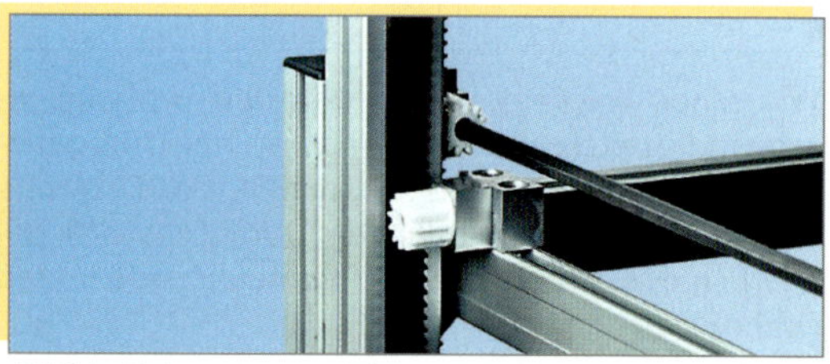

Bild 3: Zahnstangentrieb

Bandgetriebe

Mit der Bewegung eines Flachriemens beim Riemengetriebe kann die Linearbewegung eines Bandes oder einer Kette eines Bandgetriebes verglichen werden. Eine Welle des Getriebes wird über einen Elektromotor angetrieben und bewegt das auf der Welle befindliche Band, welches über eine zweite Welle oder Achse umgelenkt wird **(Bild 4).**

Eingesetzt werden Bandgetriebe hauptsächlich im Bereich des Materialflusses als Transportbänder. Die Positioniergenauigkeit hängt von der Bandkonstruktion und dem Elektromotor bzw. dem nachgeschalteten Getriebe ab. Durch geeignete konstruktive Maßnahmen können Bandgetriebe auch um Ecken gelenkt werden.

Bild 4: Bandgetriebe

6.3.3 Funktionseinheiten zum Arbeiten

Die Funktionseinheiten zum Arbeiten sind die Teilsysteme eines technischen Systemes, die zur Erfüllung der eigentlichen Hauptfunktion unerlässlich sind. So ist dies z.B. bei einer hydraulischen Biegeeinrichtung der Arbeitszylinder **(Bild 1)** mit seinem entsprechend geformten Biegewerkzeug, bei einem Roboter zur Bestückung von Leiterplatten der Greifarm mit dem entsprechenden Greifer und bei einer CNC-Fräsmaschine die Aufnahme- und Spannvorrichtung für das Fräswerkzeug.

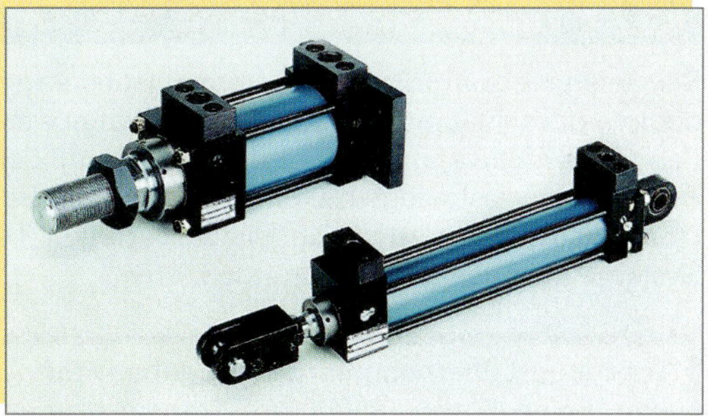

Bild 1: Arbeitszylinder als Arbeitselement

6.3.4 Funktionseinheiten zum Stützen und Tragen

Die Aufgabe der Funktionseinheiten zum Stützen und Tragen besteht darin, die in einem Technischen System vorhandenen Subsysteme aufzunehmen und sie in der erforderlichen Funktionslage zu halten. Diese Aufgabe erfüllen vor allem Gestelle und Gehäuse, aber auch Achsen, Lager und Führungen übernehmen diese Funktion.

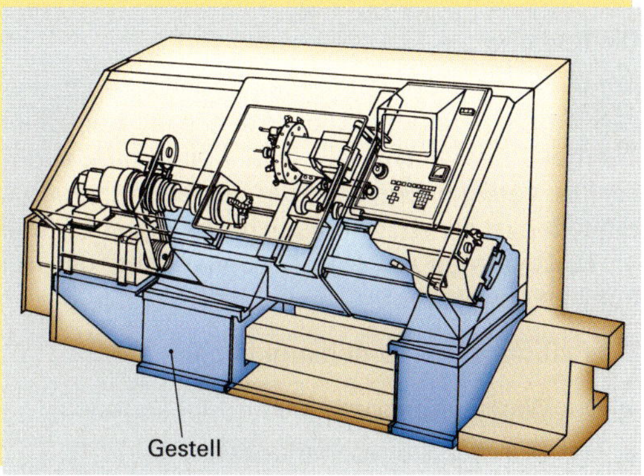

Bild 2: Maschinengestell

6.3.4.1 Gehäuse und Gestelle

Gehäuse und Gestelle tragen die einzelnen Baugruppen und Bauteile und übernehmen die auftretenden Kräfte. Dabei spielt es keine Rolle, ob die Baugruppen starr mit dem System verbunden sind oder ob sie beweglich gelagert sein müssen. Je nach Anwendungsfall können dabei große statische Kräfte durch die Gewichtskräfte und dynamische Belastungen durch Schwingungen o.Ä. auftreten. Gehäuse und Gestelle von Werkzeugmaschinen z.B. **(Bild 2)** sind diesen Belastungen ebenso ausgesetzt wie Gestelle von Montageeinrichtungen **(Bild 3)**.

Um diesen Beanspruchungen standzuhalten, müssen die Gestelle eine große Steifigkeit besitzen. Diese wird durch Auswahl geeigneter Werkstoffe oder durch konstruktive Maßnahmen erreicht (z.B. Diagonalverstrebung in **Bild 3**).

Maschinengestelle für Werkzeugmaschinen werden als Guss- oder Schweißkonstruktionen erstellt. Die erforderliche Steifigkeit wird z.B. durch das Einfügen von Rippen bei Gusskonstruktionen oder die Profilierung der verwendeten Bleche bei Schweißkonstruktionen geschaffen.

Gestelle von Montageeinrichtungen u.Ä. werden heute meist aus Aluminiumprofilen hergestellt. Diagonale Verstrebungen und der Aufgabe entsprechende Profildimensionen sind für die Stabilität verantwortlich.

Bild 3: Gestell für Montageeinheiten

6.3.4.2 Führungen

Bei vielen mechatronischen Systemen ist es erforderlich, dass Teilsysteme geradlinig bewegt werden. Diese Bewegungen vollziehen sich in der Regel in eng festgelegten Grenzen mit hoher Genauigkeit. Um diese zu gewährleisten, verfügen die Systeme über geeignete Führungen.

> Führungen übernehmen die Aufgabe, Kräfte von beweglichen Teilen auf Gehäuse und Gestelle zu übertragen und die beweglichen Teile exakt geradlinig zu führen.

Die Reibung

Immer wenn zwei Teile aufeinander bewegt werden, entsteht Reibung. Diese kann in einigen Fällen durchaus erwünscht sein (z. B. Keilriemen, Bremsen) im vorliegenden Falle der Bewegung von Systemteilen ist sie eher hinderlich. Durch verschiedene Maßnahmen wird deshalb versucht, die Reibung zu vermindern.

Die Reibungskraft ist abhängig von:

- Der Werkstoffpaarung (siehe Tabellenbuch)
- Der Oberflächenbeschaffenheit
- Der Normalkraft F_N
- Der Reibungsart (siehe Versuch)
- Dem Schmierzustand (siehe Versuch)

Als **Normalkraft** wird die senkrecht auf die Oberfläche treffende Kraft bezeichnet. Sie ist abhängig von der Gewichtskraft des Körpers und der Neigung der Oberfläche.

Die Reibungskraft zwischen starren Körpern wird nach folgender Formel berechnet (siehe auch Kapitel 14.1.2):

$$F_R = F_N \cdot \mu$$

→ μ_H: Haftreibung
→ μ_G: Gleitreibung
→ μ_R: Rollreibung

Beispiel: Zwei Stäbe werden eine durch Schraubenverbindung gefügt.

Welche Anpresskraft F_N muss durch die Schrauben erreicht werden, wenn bei einer Reibungszahl $\mu = 0.2$ eine Zugkraft F_R von 4 kN zwischen den Stäben übertragen werden soll?

Lösung: $F_R = F_N \cdot \mu$

$$F_N = \frac{F_R}{\mu} = \frac{4\ \text{kN}}{0{,}2} = 20\ \text{kN}$$

Versuch 1:

Ein Holzklotz wird mit einem Kraftmesser über eine Oberfläche gezogen.

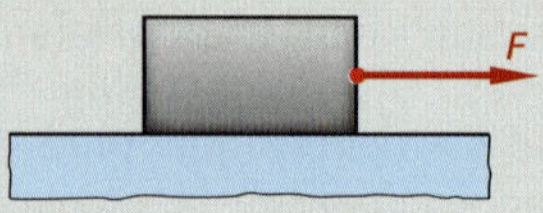

Beobachtungen:

Die Kraft, die zum Ingangsetzen der Bewegung erforderlich ist, ist größer als die eigentliche Bewegungskraft.

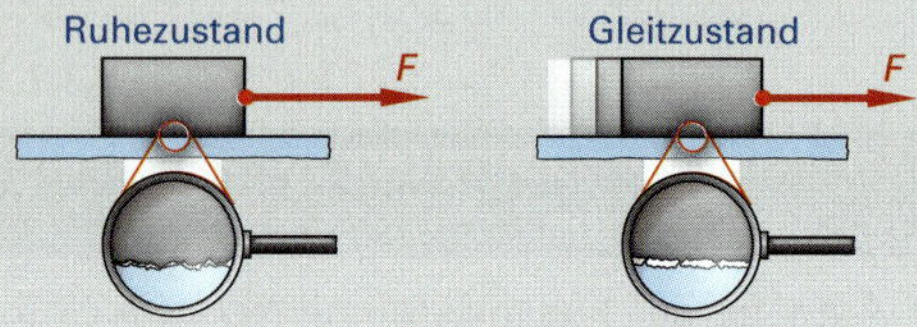

Erklärung:

Im Ruhezustand können sich „Spitzen" der Oberflächen ineinander verhaken.

Im Gleitzustand gleiten die Spitzen der Oberflächen aufeinander.

Versuch 2:

Der Holzklotz wird durch einen gleichschweren Zylinder ersetzt.

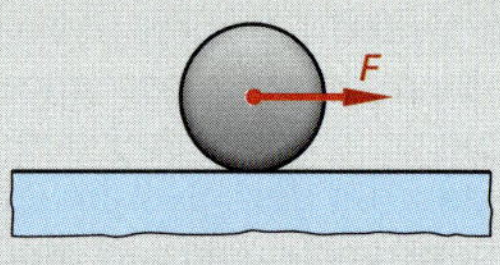

Beobachtung:

Zum Bewegen des Zylinders ist eine wesentlich geringere Kraft erforderlich. Die **Rollreibung** ist geringer als die Gleitreibung.

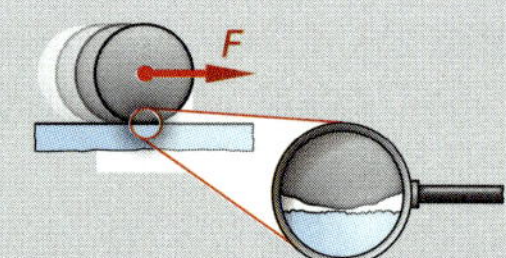

Erkenntnis:

Ruhende Körper unterliegen der **Haftreibung,** bewegte Körper der **Gleitreibung** und rollende Körper der **Rollreibung.**

Versuch 3:

Der Holzklotz wird mit verschiedenen Zusatzgewichten belastet. Die erforderliche Zugkraft wird gemessen.

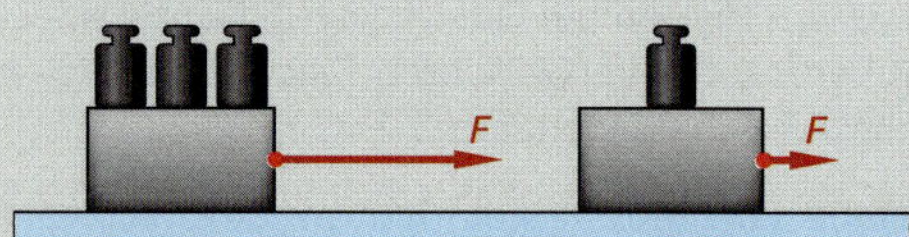

Beobachtung:

Die erforderliche Bewegungskraft steigt proportional zur Normalkraft (in diesem Falle = Gewichtskraft).

Arten von Führungen

Führungen werden hauptsächlich nach der **Form der Führungsbahn** und der **Art der Reibung** unterschieden.

Im klassischen Maschinenbau sind vor allem die Flachführung, die V-Führung, die Schwalbenschwanzführungen und die Rundführung anzutreffen **(Bild 1)**.

Flachführungen sind am einfachsten herzustellen, haben aber den Nachteil, dass sie nur Kräfte, die senkrecht zur Führungsbahn wirken, aufnehmen können. Das Abheben des Gleitkörpers wird durch die Montage von Schließleisten verhindert. Durch Verschieben der Nachstellleisten wird das Führungsspiel verändert.

V-Führungen werden meist in Verbindung mit Flachführungen als kombinierte Führung eingesetzt. Sie können auch kleine Querkräfte aufnehmen. Durch ihre Form ist gewährleistet, dass sie sich bei Abnutzung selbst nachstellen.

Schwalbenschwanzführungen vereinen die Vorteile der V- und der Flachführungen. Sie können je nach Dimensionierung große Normal- und Querkräfte aufnehmen. Ein Abheben des Gleitkörpers ist aufgrund der Form nicht möglich, so dass die Halteleisten entfallen. Durch Nachstellleisten kann das Führungsspiel reguliert werden. Der Nachteil der Schwalbenschwanzführung liegt im hohen Herstellungsaufwand.

Rundführungen sind dagegen sehr leicht herstellbar. Sie lassen im Gegensatz zu den anderen Führungen auch Bewegungungen um den Führungskörper herum zu, wie dies z.B. bei der Säulenbohrmaschine möglich ist. Sind diese Drehbewegungen unerwünscht, so kann dies durch das Anbringen von Nuten verhindert werden.

In der Regel sind die genannten Führungen als **Gleitführungen** ausgelegt. Das bedeutet, dass der Gleitkörper direkt auf der Führungsbahn gleitet. Um die dabei auftretende Reibung zu verringern, müssen diese mit geeigneten Schmierstoffen geschmiert werden. Häufig werden die Gleitbahnen auch mit Kunststoffbelägen versehen **(Bild 2)**. Diese besitzen gute Gleit- und Dämpfungseigenschaften. Da außerdem bei den verwendeten Kunststoffen die Haft- und die Gleitreibungszahl nahezu identisch sind, wird das unerwünschte Ruckgleiten (Slip-Stick-Effekt), das bei niedrigen Geschwindigkeiten auftritt, verhindert.

Eine andere Möglichkeit, die Reibung zu verringern, besteht bei **hydrostatisch** geschmierten Gleitführungen. Hierbei wird den Gleitstellen über ein Leitungssystem unter Druck stehendes Öl zuge-

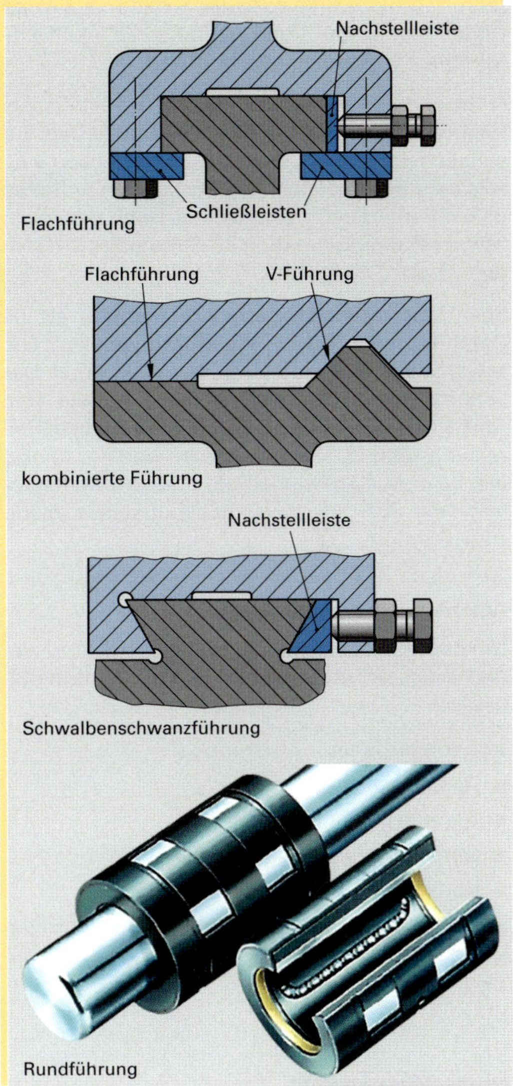

Bild 1: Arten von Führungen

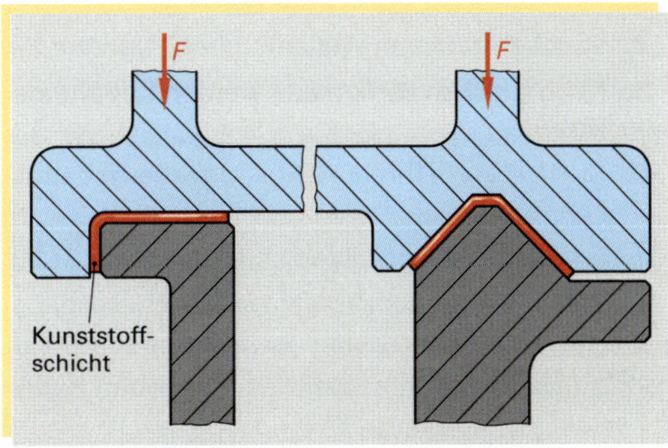

Bild 2: Beschichtete Führungsbahnen

führt. Dieses bewirkt, dass der Schlitten auf einem Ölfilm „schwimmt" und dadurch nur noch eine sehr geringe Reibung ausübt **(Bild 1)**.

Noch geringer ist die Reibung bei **aerostatischen** Gleitführungen. Hier wird an Stelle eines Öles Luft verwendet. Bei hydrostatischen und bei aerostatischen Führungen kann kein Ruckgleiten auftreten, da ein Berühren der Gleitflächen durch den Ölfilm bzw. das Luftpolster schon im Ruhezustand verhindert wird.

Ebenfalls wesentlich geringere Reibung als bei Gleitführungen tritt bei **Wälzführungen** auf. Hier erfolgt die Kraftübertragung über Wälzkörper. Dies können sowohl Zylinder als auch Kugeln sein. Anstelle der Gleitreibung erfolgt die geringere Rollreibung **(Bild 2)**. Die Wälzkörper werden, ähnlich wie beim Kugelgewindetrieb, über ein Kettensystem oder über integrierte Rückführkanäle wieder zurückgeführt.

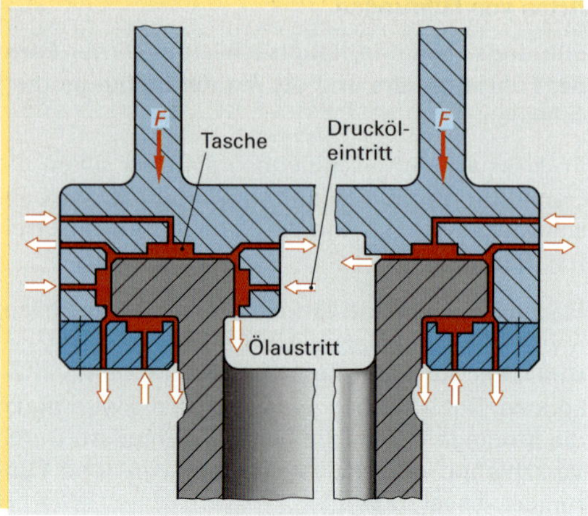

Bild 1: Hydrostatische Schmierung

Anforderungen an Führungen

Um den an sie gestellten Aufgaben gerecht zu werden, müssen Führungen folgende Eigenschaften besitzen:

- Geringes Spiel
- Hohe Genauigkeit
- Geringe Reibung
- Gute Dämpfungseigenschaften
- Hohe Biege- und Torsionsfestigkeit
- Einfache Schmier- und Wartungsmöglichkeiten
- Abdichtung gegen das Eindringen von Fremdkörpern

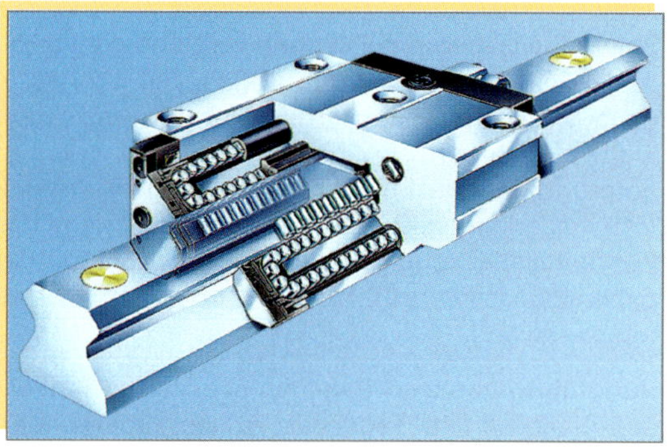
Bild 2: Wälzführung

Arbeitsauftrag:

1. Welche Aufgaben übernehmen die Funktionseinheiten in mechanischen Systemen?
2. Nennen Sie die Funktionseinheiten zum Antreiben.
3. Worin besteht der Unterschied zwischen Achsen und Wellen?
4. Welche Arten von Wellen gibt es? Nennen Sie jeweils ein Einsatzbeispiel.
5. Nach welchen Merkmalen werden Kupplungen unterschieden? Nennen Sie zu jeder Kupplungsart ein Beispiel.
6. Suchen Sie in Ihrem Ausbildungsbetrieb unterschiedliche Kupplungen und begründen Sie die jeweilige Auswahl.
7. Erläutern Sie den Unterschied zwischen kraftschlüssigen und formschlüssigen Getrieben.
8. Wann werden schaltbare, wann nicht schaltbare und wann stufenlos einstellbare Getriebe eingesetzt?
9. Das angetriebene Rad eines Zahnriemengetriebes hat einen Durchmesser von 80 mm. Wie groß muss der Durchmesser des treibenden Rades sein, wenn eine Übersetzung von 2.5/1 erzielt werden soll?
10. Welche Aufgaben übernehmen Führungen in mechanischen Systemen?

6.3.4.3 Lager

Lager haben die Aufgabe, sich drehende Teile zu tragen und zu führen. Im Bereich der Mechatronik sind dies fast ausschließlich umlaufende Achsen und Wellen. Sie werden eingeteilt:

- nach der Reibungsart in Gleit- und Wälzlager **(Bild 1a)**
- nach der auf das Lager wirkenden Kraft in Radial- und Axiallager **(Bild 1b)**
- nach der Beweglichkeit in der axialen Richtung in Fest- und Loslager **(Bild 1c)**

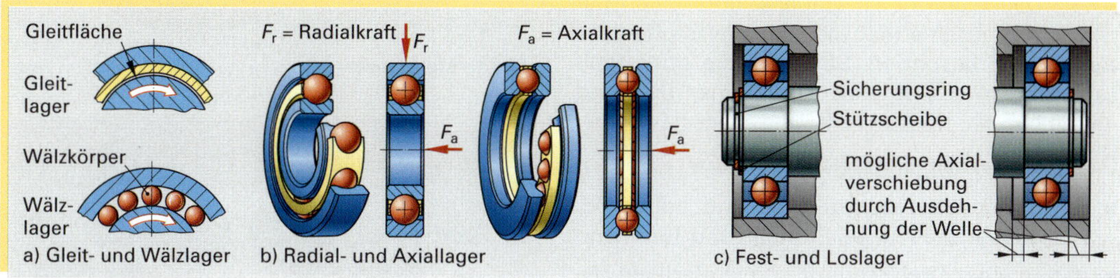

Bild 1: Lagerarten

Radial- und Axiallager

Als Radiallager werden alle Lager bezeichnet, die quer zur Längsachse wirkende Kräfte aufnehmen. Entlang der Längsachse wirkende Kräfte sind Axialkräfte. Lager, die diese Kräfte aufnehmen können, sind Axiallager **(Bild 1b)**.

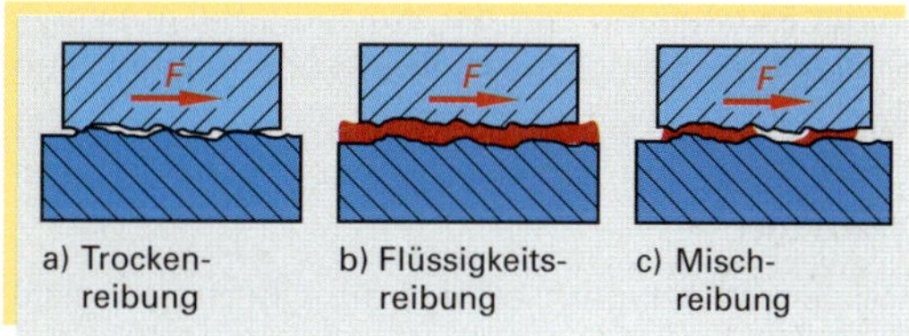

Bild 2: Reibungszustände

Gleitlager

Gleitlager nehmen Zapfen von Wellen oder Achsen in Lagerschalen auf. Die dabei auftretende Reibung wird durch ausreichende Schmierung reduziert und somit der Verschleiß gemindert.

Durch die Schmierung können drei unterschiedliche Reibungszustände eintreten:

- Trockenreibung
- Mischreibung und
- Flüssigkeitsreibung **(Bild 2)**

Die Trockenreibung tritt bei einfachen Gleitlagern im Anfahrzustand oder bei ganz geringen Drehzahlen auf, da der Schmierfilm dabei der hohen Lagerkraft ausweicht.

Bei höheren Drehzahlen wird der Schmierfilm durch den sich drehenden Zapfen mitbewegt und es findet keine direkte Berührung von Feststoffen mehr statt. Es kommt zur Mischreibung oder Flüssigkeitsreibung (**hydrodynamische** Schmierung).

Durch geeignete Maßnahmen, wie z. B. das Einpumpen von Drucköl, wird der Zustand der Flüssigreibung auch schon im Stillstand erreicht. In diesem Fall spricht man von einer **hydrostatischen** Schmierung **(Bilder 3 und 4)**.

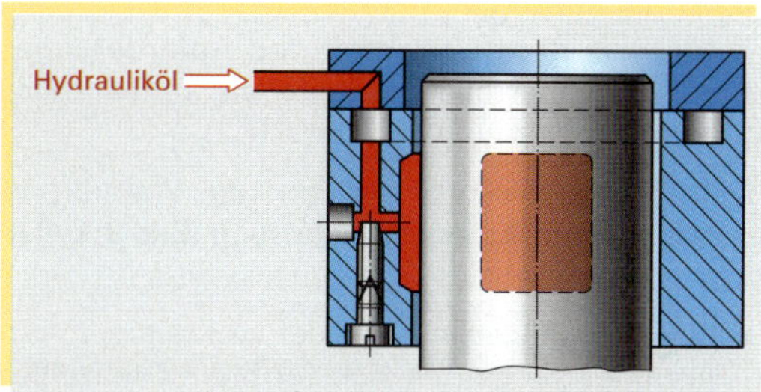

Bild 3: Hydrostatisch geschmiertes Radiallager

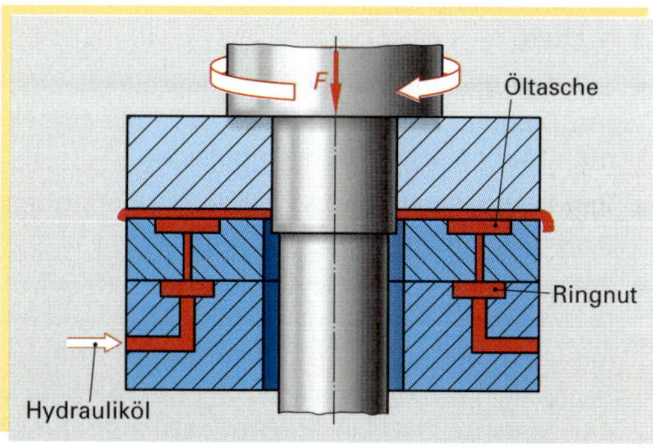

Bild 4: Hydrostatisch geschmiertes Axiallager

Die Reibung kann darüber hinaus auch durch eine geeignete Werkstoffwahl beeinflusst werden. Der Zapfen der Achse oder Welle besteht in der Regel aus verschleißfestem, gehärtetem Stahl. Die tragenden Teile der Lager werden häufig aus druckfesten Werkstoffen wie Gusseisen oder Stahl hergestellt **(Bild 1)**. Um den Verschleiß zu reduzieren, werden diese mit Lagerbuchsen bzw. Lagerschalen aus Werkstoffen mit guten Gleiteigenschaften versehen. Dadurch wird ein schneller und kostensparender Austausch ermöglicht. Als Werkstoffe dazu eignen sich besonders Sintermetalle aber auch Legierungen aus Kupfer, Zinn, Zink, Blei und Aluminium.

Gleitlager werden eingesetzt bei Lagern

- mit hohen Lagerbelastungen und hoher Betriebsdauer wie z.B. bei Pumpen und Turbinen
- mit geringer Drehfrequenz und stoßartigen Belastungen wie z.B. Pressen

Im Vergleich zu den Wälzlagern sind sie preiswert in der Herstellung und der Wartung. Bei günstigen Einsatzbedingungen ist ihre Lebensdauer sehr lang.

Wälzlager

Bei den Wälzlagern erfolgt die Übertragung der Kräfte über unterschiedlich gestaltete Wälzkörper. Diese rollen sich zwischen zwei Ringen (Radiallager) bzw. Scheiben (Axiallager) ab und erzeugen somit die günstigere Rollreibung. Als Wälzkörper kommen je nach Einsatzfall und Anforderungen Kugeln, Zylinderrollen, Kegelrollen, Tonnenrollen oder Nadelrollen zum Einsatz **(Bild 2)**.

Wälzlager werden nach der Form des Wälzkörpers und der aufzunehmenden Belastung **(Bild 3)** unterschieden in:

- **Rillenkugellager** in ein- oder zweireihiger Ausführung. Sie eignen sich für hohe Drehzahlen bei mittleren radialen und ganz geringen axialen Kräften
- **Axialrillenkugellager** zur Aufnahme von axialen Kräften
- **Schrägkugellager,** die durch einen seitlichen Absatz (Schulter) etwas höhere Axialkräfte aufnehmen können als die Rillenkugellager
- **Pendelkugellager** zur Überwindung geringfügiger Fluchtungsfehler
- **Zylinderrollen-, Axialzylinderrollen, Kegelrollen-, Tonnen-, Pendelrollen-** und **Axialpendelrollen-lager,** die aufgrund der größeren Auflagefläche der Wälzkörper allesamt größere Kräfte in den entsprechenden Richtungen aufnehmen können

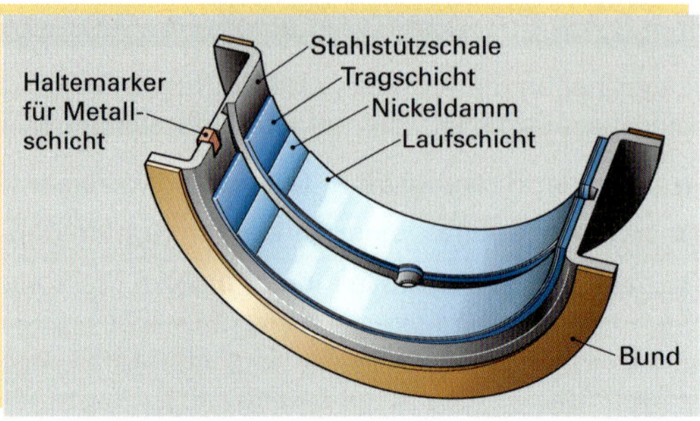

Bild 1: Mehrstofflager

Bild 2: Wälzkörper

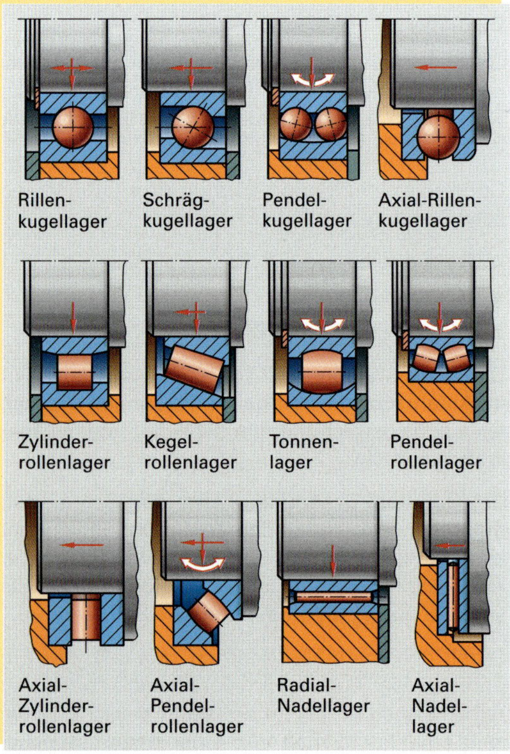

Bild 3: Lagerarten

- **Radial-** und **Axialnadellager.** Diese benötigen den geringsten Einbauraum und können eventuell auch ohne Laufring eingebaut werden

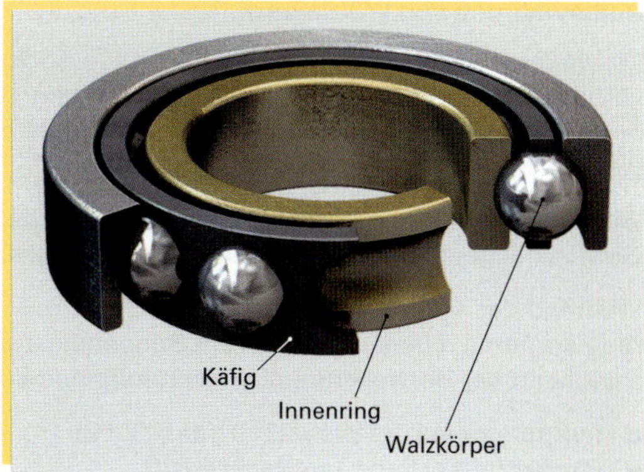

Bild 1: **Wälzlageraufbau**

Der Aufbau von Wälzlagern

Radiallager bestehen mit Ausnahme bestimmter Nadellager immer aus zwei Laufringen, dem Außen- und dem Innenring, und den dazwischen laufenden Wälzkörpern. Bei Axiallagern treten an die Stelle der Laufringe zwei Laufscheiben. Die Wälzkörper sind aus gehärtetem, geschliffenen und poliertem Stahl. Sie werden in Laufkäfigen auf Abstand gehalten **(Bild 1)**.

Fest- und Loslager

Lager und die von ihnen getragenen Achsen und Wellen werden sehr häufig hohen Temperaturen ausgesetzt. Bei ausschließlich festen Lagerungen kann dies durch die daraus resultierenden Ausdehnungen zu Spannungen führen. Aus diesem Grund werden Wellen meist durch ein Fest- und ein Loslager getragen **(Bild 2)**. Beide Lager können Radialkräfte aufnehmen. Das Festlager übernimmt die Axialkräfte, das Loslager kann in Achsrichtung auftretende Längenänderungen aufnehmen. Bei Loslagern verfügt der äußere Lagerring in der Regel über ein geringes Spiel. Zylinderrollenlager ohne Bord und Nadellager können die Ausdehnungsbewegungen der Welle zwischen Ring und Wälzkörper ausführen.

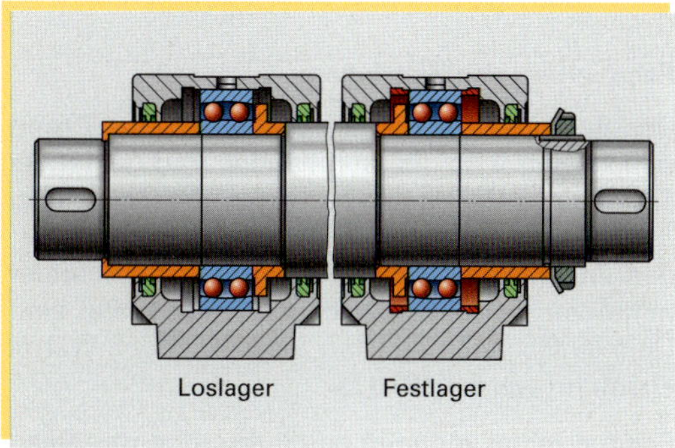

Bild 2: Fest- und Loslager

Auswahl und Normung von Wälzlagern

Wälzlager sind Massenprodukte mit hohen Genauigkeiten. Bei der Auswahl der Lager spielen verschiedene Kriterien eine Rolle. An erster Stelle steht dabei sicher die Lagerbelastung bedingt durch Größe und Richtung der auftretenden Kräfte und die Einbaumaße. Daneben sind die garantierte Laufzeit und Eigenschaften wie Geräuscharmut, Ausgleichfähigkeit für Fluchtfehler usw. von Bedeutung.

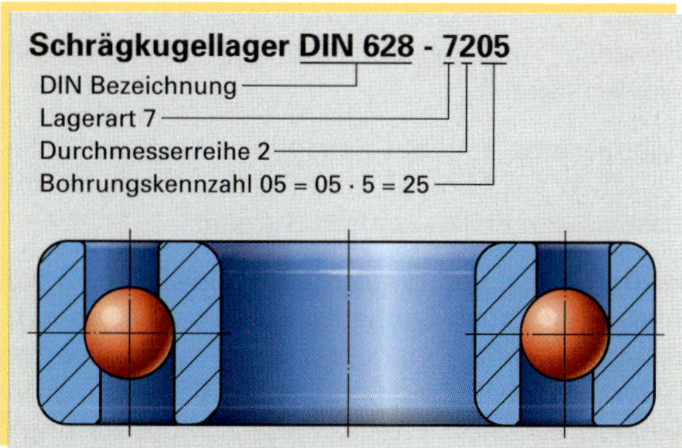

Bild 3: Normbeispiel für Lager

Damit die Austauschbarkeit von Wälzlagern garantiert ist, unterliegen sie strengen Normierungsregeln. Die äußeren Abmessungen, Lagerbohrung, Außendurchmesser und Lagerbreite sind nach DIN 616 genormt **(Bild 3)**. Dadurch ist es möglich, ein Rillenkugellager z. B. durch ein Zylinderrollenlager zu ersetzen. Das Kurzeichen für Wälzlager besteht aus drei Teilen:

- Das Vorsetzzeichen bezeichnet Teile von kompletten Lagern wie z. B. R-Ring mit Wälzkörpersatz
- Das Basiskennzeichen beinhaltet die Kennbuchstaben und -ziffern für Lagerreihe und die Lagerbohrung
- Das Nachsetzzeichen kann zusätzliche Angaben über äußere Form, Abdichtung, Toleranzen u. a. enthalten (vgl. Tabellenbuch)

Aufbewahrung von Wälzlagern

Wälzlager werden vor dem Verpacken in ein Korrosionsschutzöl getaucht. Dieses Spezialöl verharzt und verhärtet nicht. Es verhält sich gegenüber den Lagerfetten neutral und bietet somit einen optimalen Schutz. Aus diesem Grund müssen die Wälzlager bis zu ihrem Einbau in der Originalverpackung gelagert werden **(Bild 1)**.

Wenn möglich sollten Wälzlager, vor allem solche mit großem Durchmesser und entsprechend großem Gewicht, liegend gelagert werden, damit auch kleinste Unwuchten verhindert werden.

Während der Aufbewahrung dürfen sie nicht mit aggresiven Stoffen wie Säuren oder Laugen in Berührung kommen. Ebenso sind direkte Sonneneinstrahlung und Schwitzwasserbildung zu verhindern. Entsprechend der Herstellerangaben sind folgende Bedingungen einzuhalten:

- Temperatur von +7 bis +25 °C (max. 30 °C)
- Temperatursprünge Tag/Nacht < 8 °C
- Relative Luftfeuchtigkeit < 65 %

Bei Einhaltung dieser Bedingungen garantieren die meisten Hersteller unbeschädigte Konservierung und somit zulässige Lagerzeit von fünf Jahren.

Schmierung von Wälzlagern

Der Schmierstoff hat die Aufgabe, eine Trennschicht zwischen den abrollenden und gleitenden Teilen eines Wälzlagers zu bilden. Dadurch sollen die Reibung und der Verschleiß minimiert werden. Außerdem soll das Lager durch die Schmiermittel vor Korrosion geschützt werden. Bei einer Ölumlaufschmierung kann zusätzlich noch Wärme abgeführt werden **(Bild 2)**.

Schmiermittel verlieren durch Alterung und Beanspruchung ihre Gebrauchseigenschaften. Durch Nachschmierung oder Schmierstoffwechsel (Wartung) können diese Eigenschaften auch wieder verbessert werden. Dabei dürfen jedoch nur die vom Hersteller vorgesehenen Fette oder Öle verwendet werden **(Bild 3)**.

Schmierfette sind auf Seifenbasis hergestellt. Sie bestehen aus Mineral- oder Syntheseölen, die mit bestimmten Seifen verdickt werden.

Schmieröle sind normalerweise Mineralöle, in wenigen Fällen auch synthetische Öle, da diese erheblich teurer sind. Mineralöle werden aus Erdöl hergestellt. Durch verschiedene Additive (Zusätze) können einzelne Eigenschaften wie Alterungsbeständigkeit, Korrosionsschutz u.a. verbessert werden.

Die **Auswahl des Schmierstoffes** richtet sich nach verschiedenen Kriterien. Dabei spielen die Betriebstemperatur, Belastung und Drehzahl, die Lagergröße, die Feuchtigkeit und die Schmutzbelastung eine große Rolle. Für den Einsatz von Fetten spricht vor allem die einfache Wartung und Abdichtung. Die Ölschmierung dagegen hat den Vorteil, dass alle Stellen des Lagers gleichmäßig von Öl erreicht werden. Dem stehen Probleme der Abdichtung als Negativfaktor gegenüber.

Bild 1: Aufbewahrung von Wälzlagern

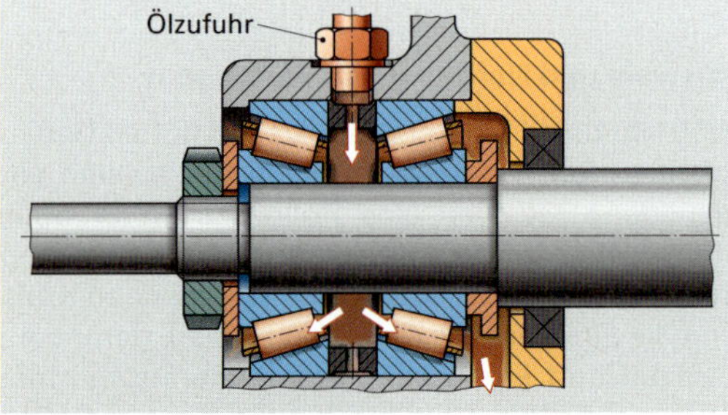

Bild 2: Ölumlaufschmierung

Bezei. Arcanol	Farbkennzeichn. RAL	Verdicker	Grundölvisko. b. 40 °C $mm^2/_3$	Gebr.-temp. °C	Hauptcharakteristik	Anwendungsbereich
L78V	1018 zinkgelb	Lithiumseife	ISO VG 100	−30… +130	Standardfett für Lager ø *D* ≤ 62 mm	kleine E-Motoren, Land- u. Baumaschinen, Haushaltsger.
L71V	4008 signalviolett	Lithiumseife	ISO VG 100	−30… +140	Standardfett für Lager ø *D* > 62 mm	große E-Motoren, Kfz-Radlager, Lüfter
L135V	2000 gelborange	Lithiums. m. EP-Zusatz	85	−40… +150	Spezf. f. h. Drehzahl h. Belastu. h. Temp.	Walzwerke, Bauma., Kraftfahrz., Schienenfahrz.

Bild 3: Lagerschmierstoffe

Montage von Wälzlagern

Wälzlager können ganz unterschiedliche Bauarten und Größen besitzen. Aus diesen Gründen können sie auch nicht alle nach der gleichen Methode montiert werden. Grundsätzlich wird beim Einbau und beim Ausbau unterschieden zwischen:

- mechanischen
- hydraulischen
- thermischen Verfahren der Montage

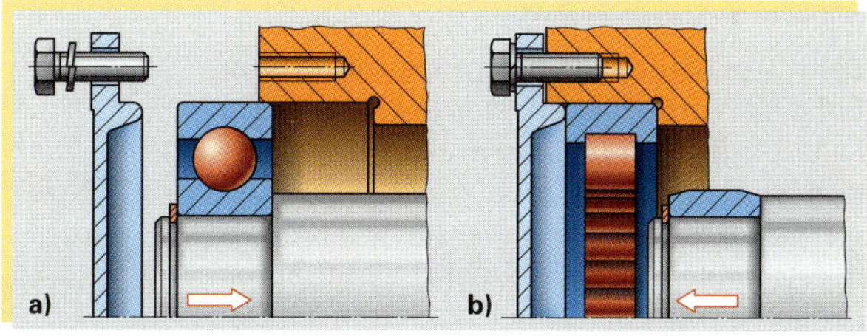

Bild 1: Lagermontage

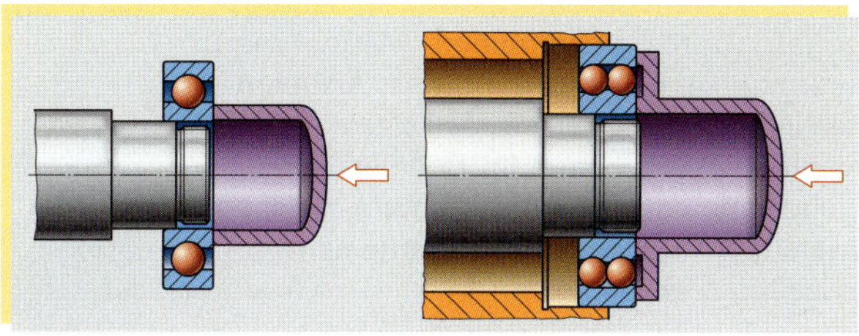
Bild 2: Montagescheibe und Schlagbuchse

Einbau von Wälzlagern

Beim Einbau von zerlegbaren Lagern können die Ringe einzeln montiert werden. Durch eine schraubende Bewegung werden die Teile dann vorsichtig zusammengebracht **(Bild 1b)**. Nicht zerlegbare Lager werden immer zuerst am fest angepassten Ring gefügt und dann mit der anderen Passstelle vereint **(Bild 1a)**.

Bei der Montage des Lagers ist vor allem darauf zu achten, dass die Einpresskraft gleichmäßig wirkt und somit ein Verkanten des Lagers verhindert wird. Die Kraft darf dabei nicht über die Wälzkörper übertragen werden. Um dies zu erreichen, stehen verschiedene Hilfsmittel und Werkzeuge zur Verfügung. Die Lagerringe mit dem Festsitz werden entweder mit Schlagbüchsen oder Montagescheiben **(Bild 2)**, mit mechanischen oder hydraulischen Pressen **(Bild 3)** oder nach einer Aufweitung durch Erwärmung aufgebracht.

Bild 3: Hydraulische Presse

Beim Aufweiten durch Erwärmen darf die Temperatur 100 °C nicht überschreiten. Behelfsmäßig kann zur Erwärmung eine temperaturgeregelte Heizplatte benutzt werden. Dabei muss das Lager jedoch mehrmals gewendet werden, damit eine gleichmäßige Erwärmung erreicht wird.

Besser geeignet ist das Erwärmen im Ölbad, in Heißluftöfen oder in speziellen, induktiv arbeitenden Anwärmgeräten **(Bild 4)**. Besitzen die Wälzlager eine kegelige Bohrung, so werden sie mithilfe einer Nutmutter direkt auf die Kegelfläche des Wellenzapfens aufgepresst.

Bild 4: Anwärmgerät

Ist der Wellenzapfen nicht kegelförmig (Kegel 1:12), so muss das Lager mittels eines Abziehringes eingepresst werden. Durch das Aufpressen auf den Kegel wird der Innenring aufgeweitet und das Lagerspiel verringert. Die Lagerluft muss mit einer Lehre gemessen und nach den Herstellerangaben eingestellt werden **(Bild 5)**.

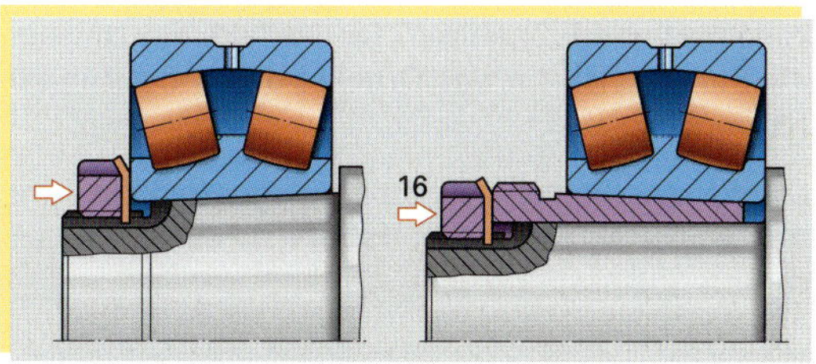

Bild 5: Kegelige Bohrung

Ausbau von Wälzlagern

Beim Ausbau der Lager muss mit großer Sorgfalt vorgegangen werden, da weder Lagerringe noch die Zapfenoberfläche verletzt werden dürfen. Dabei muss vermieden werden, dass die Kraft über die Wälzkörper übertragen wird. Bei nicht zerlegbaren Lagern erfolgt der Lagerausbau in umgekehrter Reihenfolge wie der Einbau.

Kleine Lager werden meist mit mechanischen Abziehvorrichtungen **(Bild 1)** abgezogen. Durch konstruktive Maßnahmen (geringe Durchmesserdifferenz, Abziehnuten in der Welle) wird das Ansetzen der Vorrichtungen erleichtert. Im Behelfsfalle können kleine Lager auch mit einem weichen Metalldorn und leichten Hammerschlägen ausgebaut werden.

Wesentlich einfacher und exakter erfolgt der Ausbau mit einer mechanischen oder hydraulischen Presse **(Bild 3)**. Bei ihr tritt an die Stelle des spindelgetriebenen Abziehers eine Vorrichtung, die durch hydraulischen Druck gleichmäßig bewegt wird.

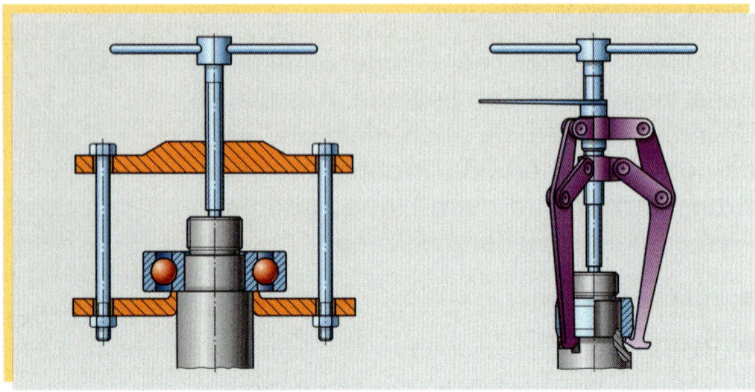

Bild 1: Abziehvorrichtungen

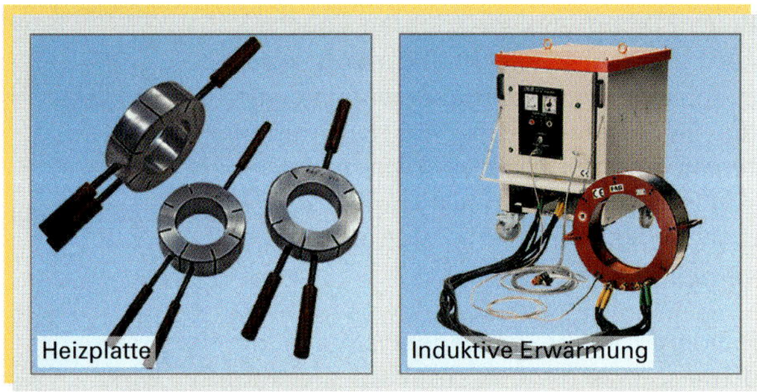

Bild 2: Aufwärmeinrichtungen

Liegt der Innenring am Wellenbund an und sind keine Abziehnuten vorhanden, so muss das Lager mithilfe eines Spezialabziehers **(Bild 1)** abgezogen werden. Dabei wird ein Klemmring gegen den Innenring des Lagers verspannt und kann somit diesen Ring mitsamt dem Lager herausziehen.

Ebenso wie beim Einbau können auch beim Ausbau verschiedene thermische Verfahren angewandt werden. Die Innenringe können durch geeignete, vorher erwärmte Anwärmringe oder durch induktive Erwärmung **(Bild 2)** auf eine Temperatur von ca. 100 °C gebracht werden. Die dadurch eintretende Aufweitung ermöglicht ein leichteres Abziehen der Lager.

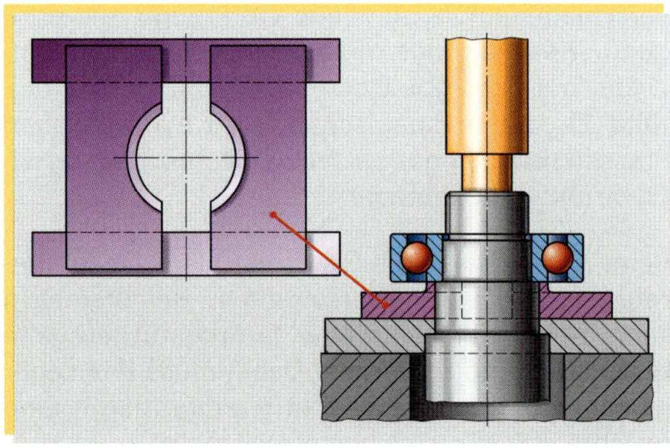

Bild 3: Hydraulische Presse

Beim Hydraulikverfahren **(Bild 4)** wird zwischen die Passflächen Öl eingepresst. Dadurch wird die Berührung der Passteile weitgehend aufgehoben. Mit geringem Kraftaufwand können die Lager entfernt werden. Voraussetzung für den Einsatz des Hydraulikverfahrens sind allerdings entsprechende konstruktive Maßnahmen im Vorfeld. So müssen die Passflächen für das Drucköl durch Bohrungen zugänglich sein.

Die für den jeweiligen Fall geeigneten Ein- und Ausbauverfahren sind in **Tabelle 1, Seite 151,** zusammengefasst.

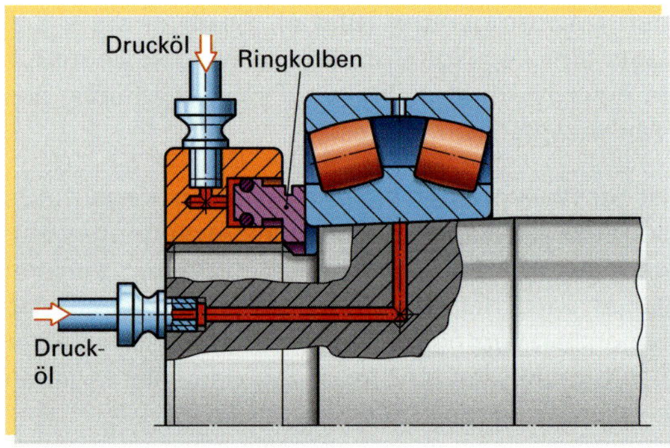

Bild 4: Hydraulikverfahren

Tabelle 1: Werkzeuge und Verfahren für Wälzlagermontage

Lagerbauart	Lagerbohrung	Lagergröße	Einbau mit Anwärmen	Einbau ohne Anwärmen	Einbau Hydraulikverfahren	Ausbau mit Anwärmen	Ausbau ohne Anwärmen	Ausbau Hydraulikverfahren
Rillenkugellager, Schrägkugellager, Spindellager, Vierpunktlager, Pendelkugellager, Kegelrollenlager, Tonnenlager, Pendelrollenlager	zylindrisch	klein	Induktives Anwärmgerät, Ölbad, Heizplatte, Heißluftschrank	Hammer und Schlagbüchse, Mechanische und hydraulische Pressen			Hammer und Dorn, Abziehvorrichtung, Mechanische und hydraulische Pressen	
		mittelgroß	Induktives Anwärmgerät, Ölbad, Heizplatte, Heißluftschrank	Mechanische und hydraulische Pressen			Abziehvorrichtung, Mechanische und hydraulische Pressen	Hydraulikverfahren
		groß	Induktives Anwärmgerät, Ölbad	Mechanische und hydraulische Pressen			Mechanische und hydraulische Pressen	Hydraulikverfahren
Zylinderrollenlager, Nadellager	zylindrisch	klein	Induktives Anwärmgerät, Ölbad, Heizplatte, Heißluftschrank	Hammer und Schlagbüchse, Mechanische und hydraulische Pressen		Anwärmring	Abziehvorrichtung, Mechanische und hydraulische Pressen	
		mittelgroß	Induktives Anwärmgerät, Induktive Vorrichtung, Ölbad, Heizplatte, Heißluftschrank	Hammer und Schlagbüchse, Mechanische und hydraulische Pressen		Anwärmring, Induktive Vorrichtung	Abziehvorrichtung, Mechanische und hydraulische Pressen	Hydraulikverfahren
		groß	Induktive Vorrichtung, Ölbad	Mechanische und hydraulische Pressen		Induktive Vorrichtung	Mechanische und hydraulische Pressen	Hydraulikverfahren
Axial-Rillenkugellager, Axial-Schrägkugellager, Axial-Zylinderrollenlager, Axial-Pendelrollenlager	zylindrisch	klein	Induktives Anwärmgerät, Ölbad, Heizplatte, Heißluftschrank	Hammer und Schlagbüchse, Mechanische und hydraulische Pressen			Abziehvorrichtung, Mechanische und hydraulische Pressen	
		mittelgroß	Induktives Anwärmgerät, Ölbad, Heizplatte, Heißluftschrank	Hammer und Schlagbüchse, Mechanische und hydraulische Pressen			Abziehvorrichtung, Mechanische und hydraulische Pressen	
		groß	Induktives Anwärmgerät, Ölbad	Mechanische und hydraulische Pressen			Mechanische und hydraulische Pressen	
Pendelkugellager, Pendelkugellager mit Spannhülse, Tonnenlager, Tonnenlager mit Spannhülse, Pendelrollenlager, Pendelrollenlager mit Spannhülse, Pendelrollenlager mit Abziehhülse; Spannhülse, Abziehhülse	kegelig	klein		Doppel-Hakenschlüssel, Achskappe, Ringkolbenpresse			Hammer und Dorn, Ringkolbenpresse	
		mittelgroß		Mutter und Hakenschlüssel, Achskappe, Ringkolbenpresse	Hydraulikverfahren		Hammer und Dorn, Mutter und Montageschrauben, Ringkolbenpresse	Hydraulikverfahren
		groß		Mutter und Montageschrauben, Achskappe, Ringkolbenpresse	Hydraulikverfahren		Mutter und Montageschrauben, Ringkolbenpresse	Hydraulikverfahren
Zylinderrollenlager, zweireihig	kegelig	klein		Mutter und Hakenschlüssel, Ringkolbenpresse			Abziehvorrichtung, Mechanische und hydraulische Pressen	
		mittelgroß		Mutter und Hakenschlüssel, Mutter und Montageschrauben, Ringkolbenpresse	Hydraulikverfahren		Abziehvorrichtung, Mutter und Montageschrauben, Mechanische und hydraulische Pressen	Hydraulikverfahren
		groß		Mutter und Montageschrauben, Ringkolbenpresse	Hydraulikverfahren		Mutter und Montageschrauben, Mechanische und hydraulische Pressen	Hydraulikverfahren

Symbole

- Induktives Anwärmgerät
- Heizplatte
- Heißluftschrank, Wärmeschrank
- Ölbad
- Induktive Vorrichtung
- Anwärmring
- Hammer und Schlagbüchse
- Mechanische und hydraulische Pressen
- Doppel-Hakenschlüssel
- Mutter und Hakenschlüssel
- Mutter und Montageschrauben
- Achskappe
- Ringkolbenpresse
- Hammer und Dorn
- Abziehvorrichtung
- Hydraulikverfahren

Arbeitsauftrag:

Beim Bau von Automatisierungsanlagen ist es oft erforderlich, aus einem Hauptwellenstrang Teilmomente zu entnehmen. Für diese Aufgabe ist u.a. das nebenstehende Kegelradgetriebe **(Bild 1)** vorgesehen. Bearbeiten Sie dazu folgende Aufgaben:

1. Erstellen Sie eine detaillierte Funktionsbeschreibung des Getriebes.
2. Finden Sie die Normbezeichnungen für die mit Positionsnummern gekennzeichneten Teile **(Bild 2)**.
3. Begründen Sie die Auswahl der Wälzlager.
4. Welche Passung empfehlen Sie für den Sitz der Lager?
5. Welche Funktion erfüllen die Teile 4?
6. Diskutieren Sie die Befestigung des Kegelrades 10 auf der Welle 12.
7. Erstellen Sie einen Plan zur Demontage des Getriebes.

Bild 1: Kegelradgetriebe

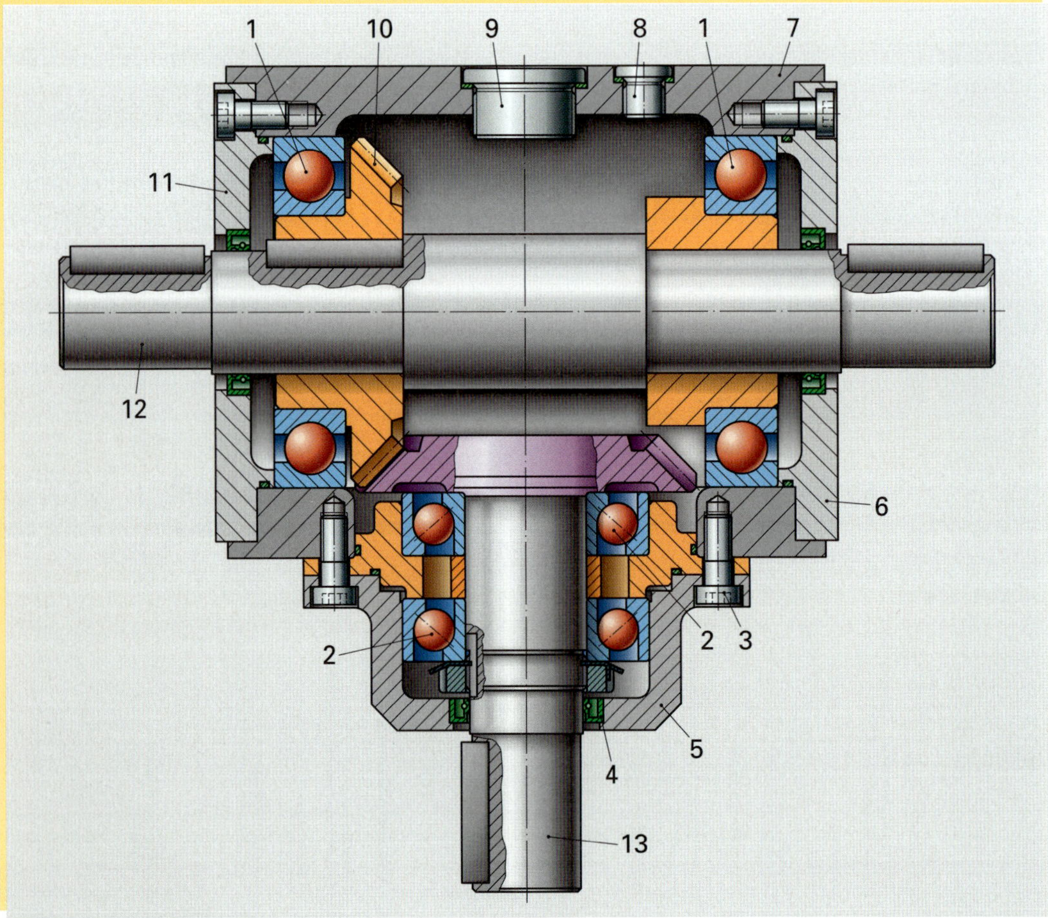

Bild 2: Kegelradgetriebe im Schnitt

7 Herstellen mechanischer Systeme (Fertigungstechnik)

Die in der Mechatronik verwendeten Bauteile und Baugruppen werden auf recht unterschiedliche Art und Weise hergestellt bzw. gefertigt. Der Bereich der Technik, der sich damit befasst, wird als Fertigungstechnik bezeichnet.

> Die Fertigungstechnik beschäftigt sich mit den Methoden, Verfahren und Einrichtungen für die Herstellung technischer Produkte.

Die meisten Produkte durchlaufen vom Rohzustand bis zum Gebrauchszustand mehrere Arbeitsgänge.

7.1 Grundlagen der Fertigungstechnik

Zur wirtschaftlichen Fertigung eines Produktes müssen verschiedene Fragen beantwortet werden:

- Welches **Fertigungsverfahren** ist zur Herstellung eines bestimmten Teiles aus einem festgelegten Werkstoff geeignet?
- Welche **Fertigungseinrichtungen** stehen dazu zur Verfügung bzw. sind sinnvoll?
- Welche **Fertigungsmittel** werden benötigt?
- Welche **Fertigungshilfsmittel** sind erforderlich?

Grundlage für die Beantwortung der Fragen ist die Festlegung auf ein bestimmtes Fertigungsverfahren. Das nebenstehende Beispiel **(Bild 1)** zeigt eine Auswahl von Fertigungsverfahren, die auch für den Mechatroniker von großer Bedeutung sind.

Bild 1: Bauteil als Ergebnis von Fertigungsprozessen

7.2 Die Fertigungshauptgruppen

Die möglichen Fertigungsverfahren sind nach DIN 8580 in sechs Hauptgruppen zusammengefasst **(Tabelle 1)**.

Tabelle 1: Fertigungshauptgruppen nach DIN 8580

Form					
schaffen	ändern			beibehalten	
Hauptgruppe 1 **Urformen**	Hauptgruppe 2 **Umformen**	Hauptgruppe 3 **Trennen**	Hauptgruppe 4 **Fügen**	Hauptgruppe 5 **Beschichten**	Hauptgruppe 6 **Stoffeigenschaft ändern**
schaffen	beibehalten	vermindern	vermehren		beibehalten vermindern vermehren
Zusammenhalt					

Die Hauptgruppen unterscheiden sich danach

- Ob der Zusammenhalt aufgehoben oder hergestellt wird
- Wie die geometrische Form des festen Körpers geschaffen wird
- Ob und wie sich die Stoffeigenschaften des Produktes ändern.

Fertigungshauptgruppen	Art der Fertigung	Einzelne Verfahren
1 Urformen		
■ Die Form des festen Körpers wird geschaffen ... ■ Der Zusammenhalt der Stoffteilchen wird hergestellt ...	■ aus dem festen (pulverigen) Zustand: ■ aus dem flüssigen oder teigigen Zustand: ■ aus dem gasförmigen Zustand: ■ aus dem ionisierten Zustand:	■ Sintern von Metallpulvern, Pressen von Kunstharzen; ■ Gießen, Spritzen und Schäumen; ■ Aufdampfen; ■ Galvanoplastik.

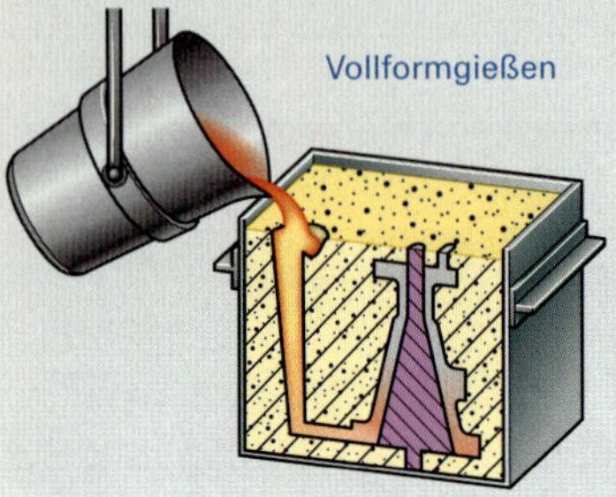

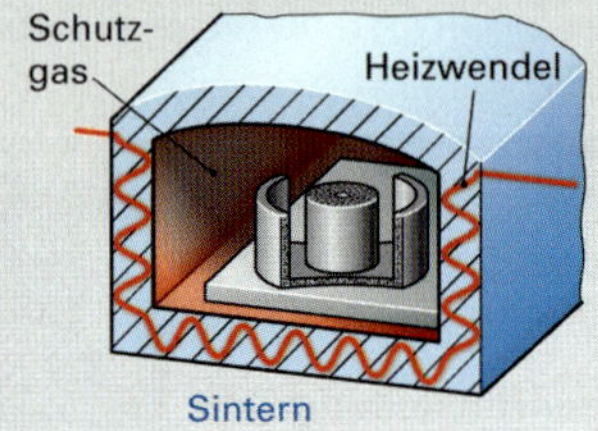

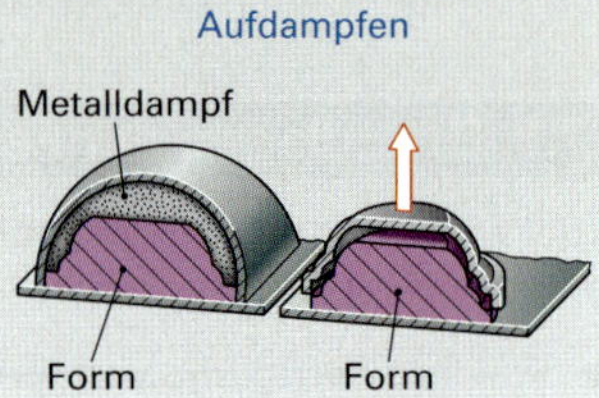

Fertigungshauptgruppen	Art der Fertigung	Einzelne Verfahren
2 Umformen		
■ Die Form des festen Körpers wird plastisch geändert ... ■ Der Zusammenhalt der Stoffteilchen und die Massen bleiben erhalten ...	■ durch Zugkraft: ■ durch Druckkraft: ■ durch Zug- und Druckkraft: ■ durch Schubkraft: ■ durch ein Biegemoment:	■ Streckrichten, Weiten, Tiefen; ■ Walzen, Schmieden, Einprägen; ■ Tiefziehen, Walzziehen; ■ Verdrehen, Durchsetzen; ■ Biegen, Runden, Wickeln.

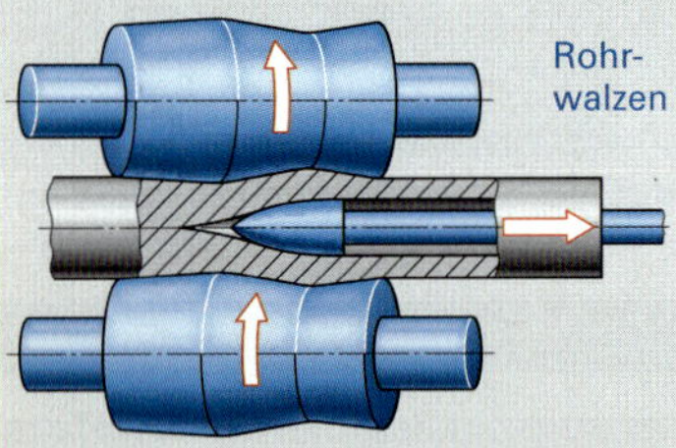

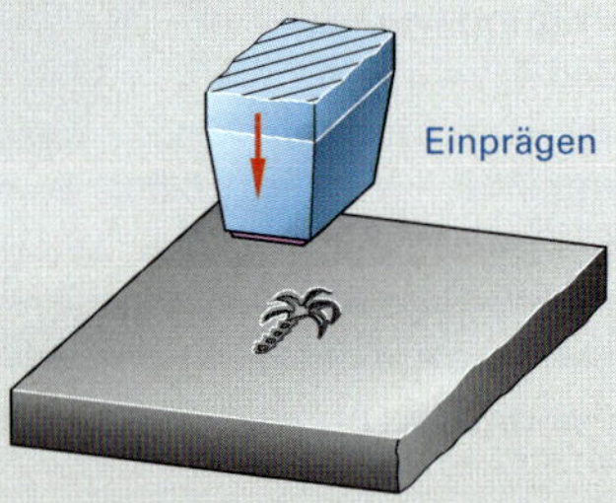

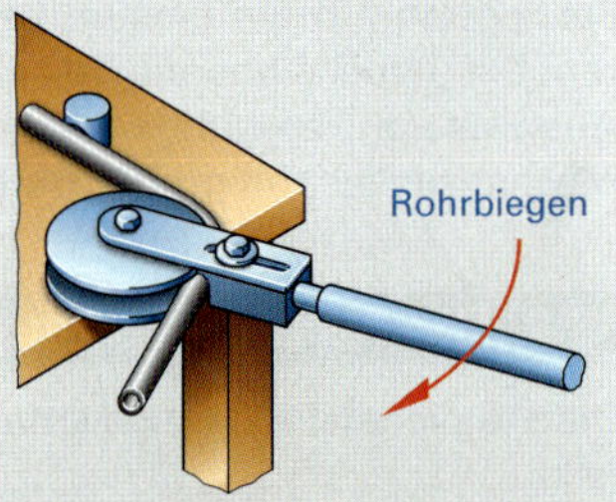

Fertigungshauptgruppen	Art der Fertigung	Einzelne Verfahren
3 Trennen		
■ Die Form des Werkstücks wird geändert, die Endform ist in der Ausgangsform enthalten ... ■ Der Zusammenhalt der Stoffteilchen wird aufgehoben ...	■ durch Zerteilen: ■ durch Spanen: ■ durch Abtragen: ■ durch Zerlegen: ■ durch Reinigen:	■ Abschneiden Reißen, Brechen; ■ Bohren, Stoßen, Sägen, Schleifen; ■ Brennschneiden, Ätzen, Erodieren; ■ Auseinanderschrauben, Aushaken; ■ Bürsten, Strahlen, Waschen.

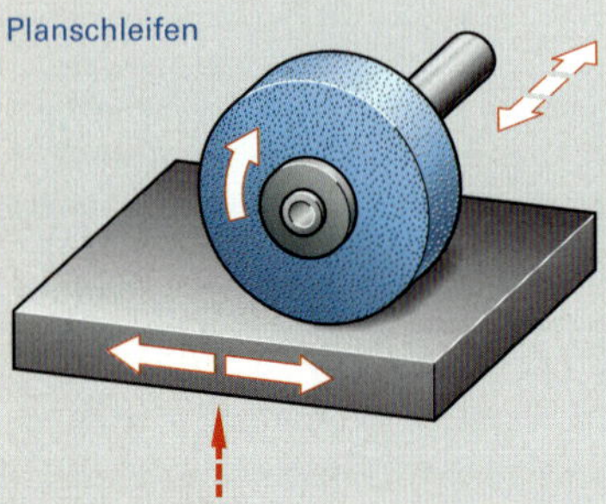

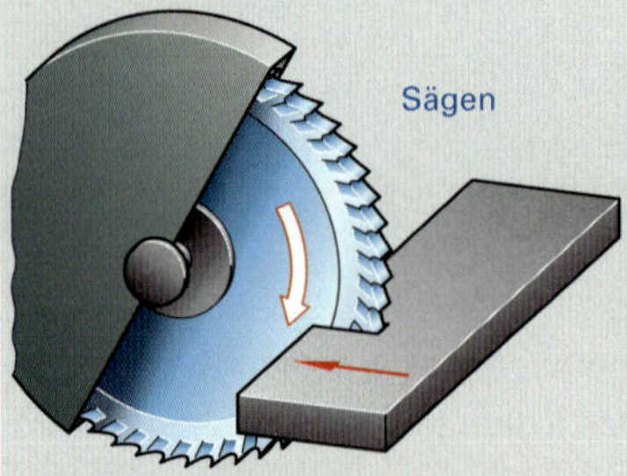

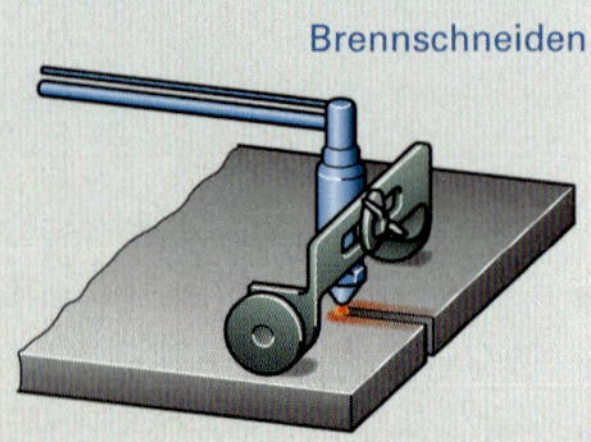

4 Fügen

- Eine neue feste Form wird geschaffen durch Zusammenbringen mehrerer Werkstücke oder mit formlosem Stoff …
- Der Zusammenhalt der Stoffteilchen wird im Ganzen vermehrt oder auch örtlich neu geschaffen …

■ durch Zusammenlegen:	■ Einlegen, Ineinanderschieben;
■ durch Füllen:	■ Einfüllen, Tränken;
■ durch An- und Einpressen:	■ Verschrauben, Klemmen;
■ durch Urformen:	■ Ausgießen, Umgießen;
■ durch Umformen:	■ Falzen, Vernieten, Verlappen,
■ durch Stoffverbinden:	■ Schweißen, Löten, Kleben.

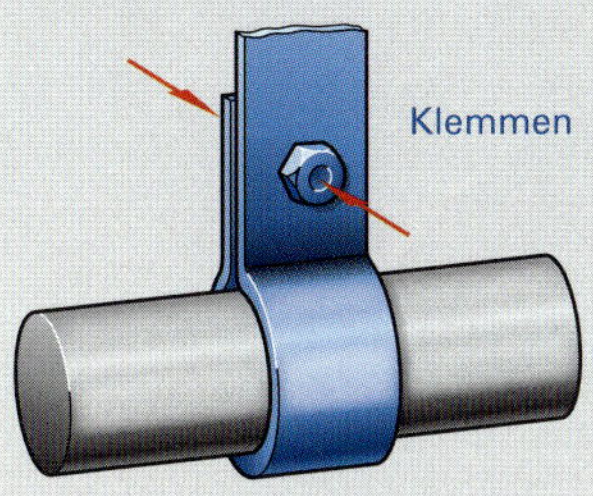
Klemmen

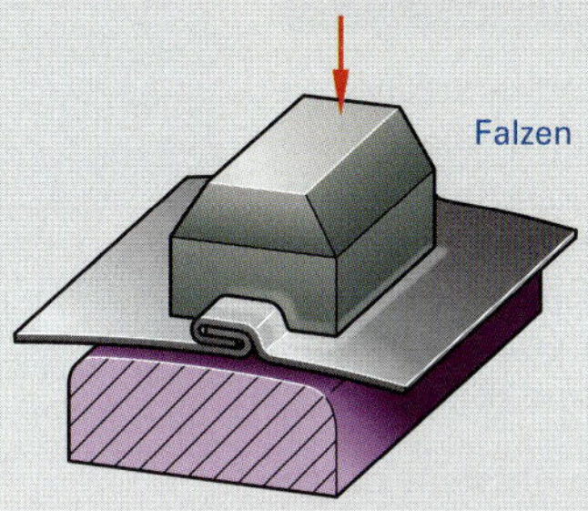
Falzen

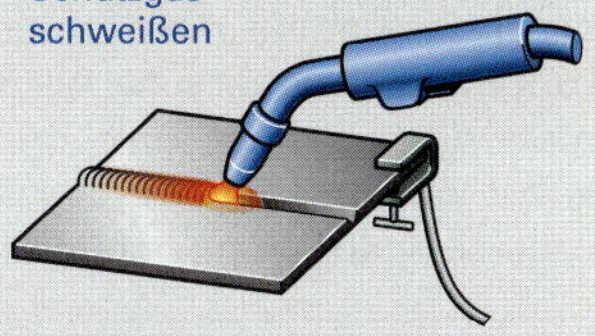
Schutzgasschweißen

5 Beschichten

- Ein neuer Zusammenhalt der Stoffteilchen wird hergestellt …
- Stoffteilchen werden auf einen festen Körper aufgebracht …

■ aus dem gas- oder dampfförmigen Zustand:	■ Aufdampfen;
■ aus dem flüssigen, breiigen oder pastenförmigen Zustand:	■ Anstreichen, Spitzlackieren, Auftragschweißen;
■ aus dem ionisierten Zustand:	■ Galvanisieren;
■ aus dem festen (körnigen oder pulverigen) Zustand:	■ Pulveraufspritzen, Hammerplattieren.

Aufschmelzen

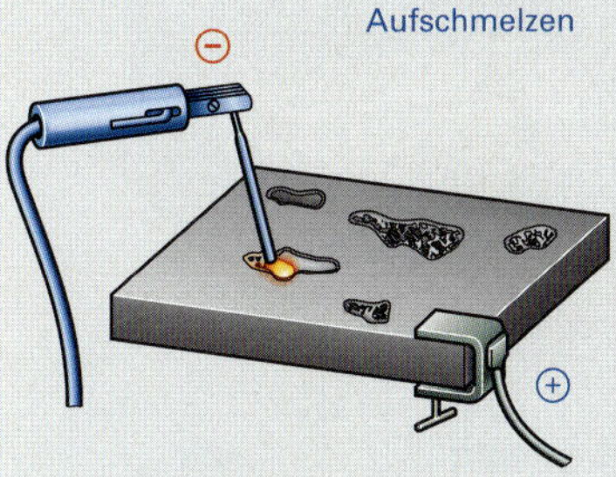

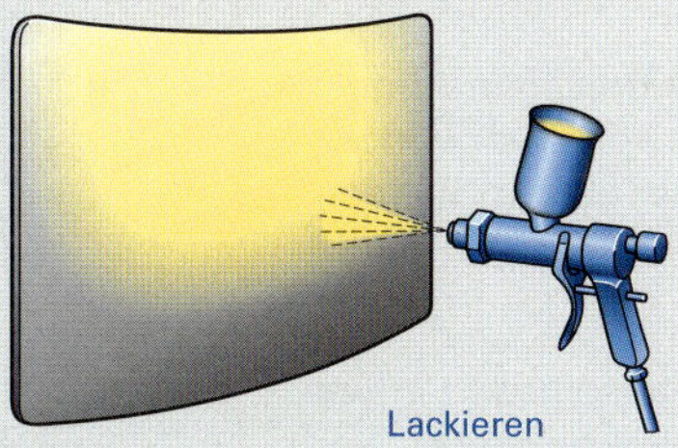
Lackieren

Galvanisieren

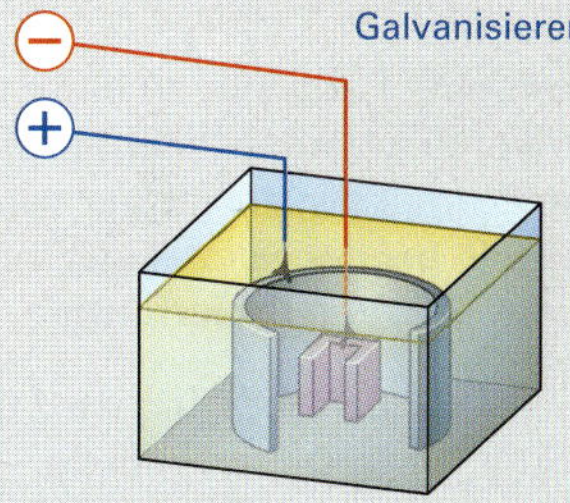

6 Stoffeigenschaft ändern

- Die feste Form des Werkstücks bleibt erhalten …
- Die Lage der Stoffteilchen ändert sich und damit ändern sich die Eigenschaften des Werkstoffs …

■ durch Umlagern von Stoffteilchen:	■ Glühen, Härten, Anlassen, Vergüten, Magnetisieren;
■ durch Aussondern von Stoffteilchen:	■ Entkohlen, Tempern;
■ durch Einbringen von Stoffteilchen:	■ Aufkohlen (Zementieren), Nitrieren.

Flammhärten

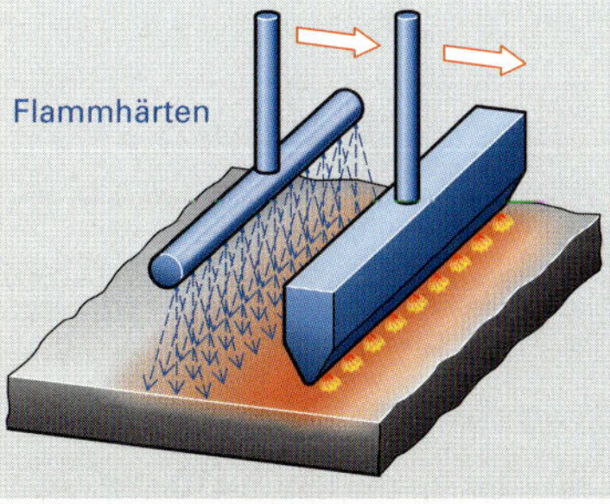

Magnetisieren

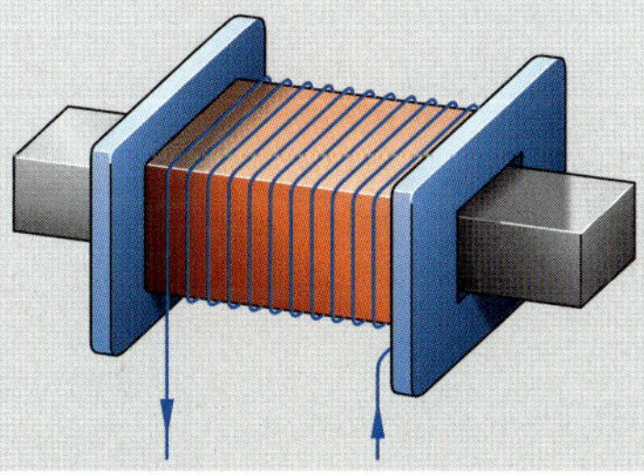

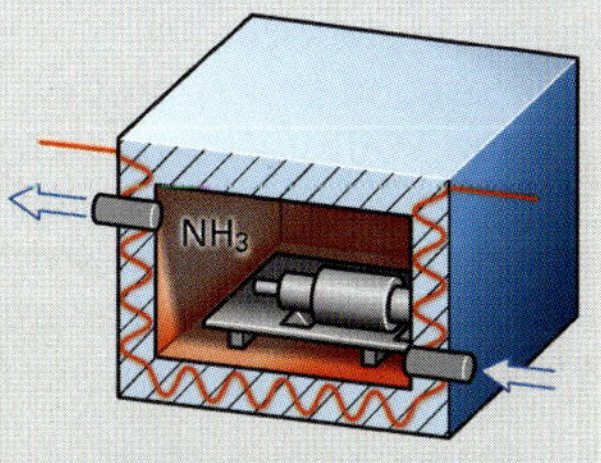

Nitrieren

7.3 Das Urformen

Die beiden wichtigsten Urformverfahren sind das Gießen (flüssiges Metall) und das Sintern (Metallpulver). Beim Urformen wird ein formloser Stoff in eine bestimmte Form gebracht. Es werden somit Zusammenhalt und Form geschaffen.

7.3.1 Urformen durch Gießen

Ausgangsstoff für das Fertigungsverfahren Gießen sind immer Metalle in flüssiger Form. Diese werden in geeignete Hohlformen gegossen und dort zum Erstarren gebracht. Als Ergebnis stehen dann mehr oder weniger form- und maßgenaue Rohteile zur Verfügung, die in der Regel erst durch eine weitere Bearbeitung verwendbar sind **(Bild 1)**.

Der größte Aufwand beim Gießen entsteht durch die Erzeugung der negativen Gießformen. Diese können aus Sand oder aus hitzebeständigem Stahl hergestellt sein. Für die Herstellung der Sandform wird ein zusätzliches **Modell** benötigt, das die zu erzeugende Form verkörpert. Da die Metalle sich beim Abkühlen zusammenziehen, müssen die Modelle und Formen um die „Schwindmaße" vergrößert werden. Die Schwindmaße sind materialabhängig und werden vom „Modellbauer" ermittelt.

Kann eine Form nur zu einem einmaligen Abguss verwendet werden, spricht man von einer **verlorenen Form;** kann sie immer wieder benutzt werden, wie z. B. bei der Herstellung von Aluminium-Spritzgussteilen, von **Dauerformen**.

Auch bei den Modellen wird unterschieden in **verlorene** und **Dauermodelle**. Dauermodelle sind meist aus Holz. Sie werden vom „Modellbauer" gefertigt und dienen der Herstellung von Sandformen. Zur Erzeugung von Hohlformen müssen vor dem Abguss noch Kerne in die Form eingebracht werden **(Bild 2)**. Verlorene Modelle sind aus Wachs oder bei ganz großen Formen aus Styropor o. Ä. Sie werden nach dem „Einsanden" aus der Form herausgeschmolzen.

Der Vorteil des Gießens gegenüber anderen Verfahren besteht vor allem in der Materialersparnis, was besonders bei großen Stückzahlen und bei großen Werkstücken ins Gewicht fällt. Da durch moderne Gießverfahren auch eine hohe Genauigkeit erzielt werden kann, wird das Gießen häufig als wirtschaftliches Fertigungsverfahren angewandt.

Nachteilig beim Gießen ist, dass nicht alle Werkstoffe gießtauglich sind.

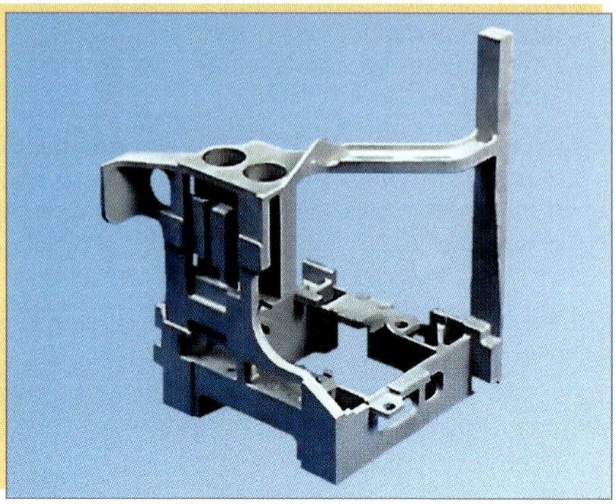

Bild 1: Gussstück aus Stahlguss

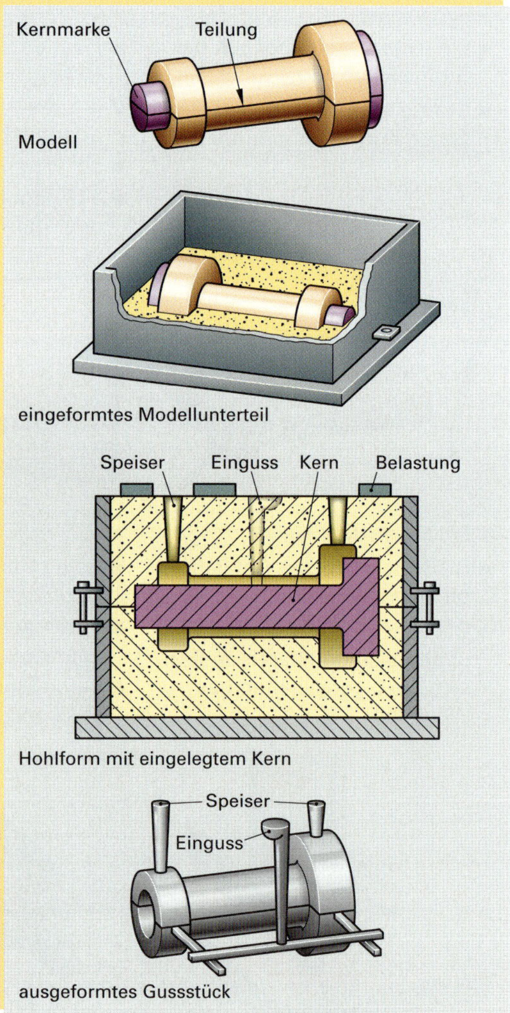

Bild 2: Prinzip des Gießens am Beispiel Handformen

7.3.2 Urformen durch Sintern

Beim Sintern werden pulverförmige Metalle unter hohem Druck in eine bestimmte Form gepresst. Dadurch sind komplizierte Formteile in hoher Stückzahl und Genauigkeit herstellbar **(Bild 1)**.

Das Sintern erfolgt in verschiedenen Stufen:

a) **Herstellen des Metallpulvers:** Die Metallpulver werden durch Zerstäuben der Metallschmelze erzeugt.

b) **Mischen der Metallpulver:** Die einzelnen Pulver werden gemischt und zum Erleichtern des Gleitens beim anschließenden Pressen mit einem Gleitmittel versetzt.

c) **Pressen der Form:** Mit Drücken bis 600 bar werden die Pulvermischungen in Form gepresst.

d) **Sintern:** Bei 50 %...90 % der Schmelztemperatur der Ausgangsmetalle werden die Presslinge einer Wärmebehandlung unterzogen. Dabei erhalten die Teile durch Diffusion an den Berührungsstellen ihre endgültige Festigkeit.

e) **Kalibrieren:** In der Regel besitzen die gesinterten Werkstücke eine hohe Maßgenauigkeit. In besonderen Fällen reicht diese nicht aus. Die Werkstücke werden dann durch ein Nachpressen (Kalibrieren) auf die gewünschte Maßgenauigkeit gebracht **(Bild 2)**.

Die Eigenschaften der gesinterten Werkstücke sind von verschiedenen Faktoren abhängig. So spielen vor allem die verwendeten Werkstoffe aber auch die Pressdrücke und die Sintertemperaturen eine Rolle. Durch niedrige Pressdrücke entstehen poröse und durch hohe Pressdrücke sehr dichte Werkstoffe.

Poröse Werkstoffe eignen sich hervorragend für den Einsatz als Filter- oder als Lagerwerkstoffe. Die Lagerwerkstoffe werden vor ihrem Einbau in Öl getränkt. Das in den Poren gespeicherte Öl tritt bei Erwärmung des Lagers aus und dient als Schmiermittel **(Bild 3)**.

Die Vorteile gesinterter Werkstoffe liegen hauptsächlich darin, dass die Bauteile im Gegensatz zu gegossenen Teilen einbaufertig, in hoher Präzision und Maßhaltigkeit sowie wirtschaftlich in großer Stückzahl hergestellt werden können. Durch die hohe Presskraft ist der Einsatz auf kleinere Werkstücke begrenzt. Die hohen Kosten für die Pressform und die Einschränkungen in der Formgebung durch den Wegfall von Hinterschneidungen sind ebenfalls als Nachteil zu nennen.

Bild 1: Gesinterte Teile

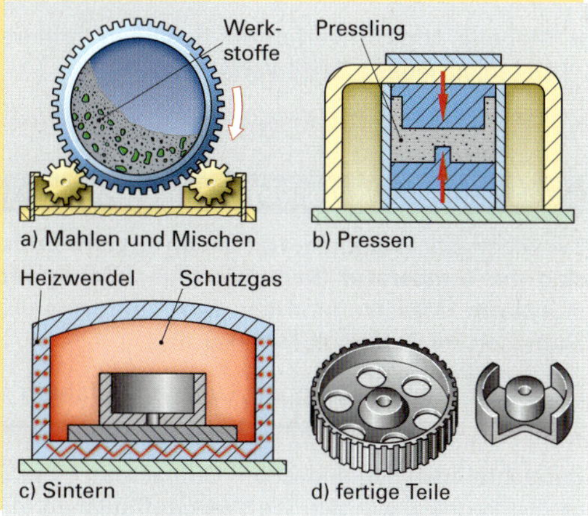

Bild 2: Herstellungsprozess beim Sintern

Bild 3: Gesinterte Filter und Lager

7.4 Umformen

Die Fertigungsverfahren des Umformens werden oft auch als „spanlose Formgebung" bezeichnet, weil bei ihnen kein Werkstoff abfällt. Das Volumen des Rohteils bleibt im Fertigteil erhalten. Die Formgebung geschieht durch Einwirkung äußerer Kräfte, wobei häufig die Form des Werkstücks im Werkzeug enthalten ist. Voraussetzung für die Anwendung der Umformverfahren ist die Eigenschaft der meisten Metalle, sich plastisch (bildsam) verformen zu lassen.

> Umformen ist Fertigen durch plastisches Ändern der Form des festen Körpers unter Einwirkung äußerer Kräfte.

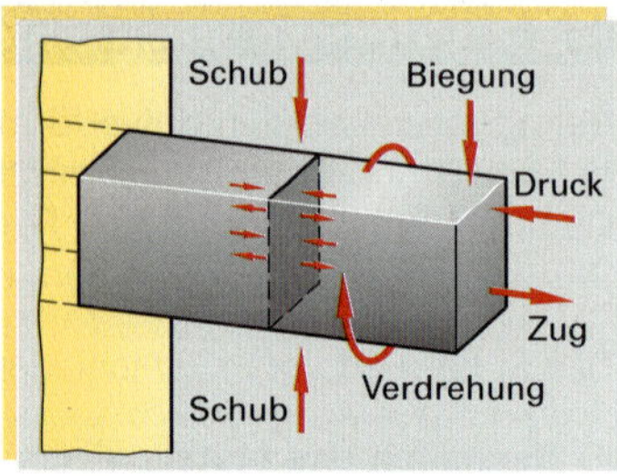

Bild 1: Beanspruchung des Werkstückquerschnitts

Wichtige technologische Merkmale der Umformverfahren:

- Die Anzahl der Arbeitsvorgänge ist geringer als bei den Fügeverfahren.
- Die Werkstoffausnutzung ist besser als bei den spanenden Verfahren. Dies und die kostengünstigere Großserienfertigung machen Umformverfahren wirtschaftlicher.
- Manche Umformverfahren bewirken höhere Werkstückfestigkeiten als jedes andere Verfahren.

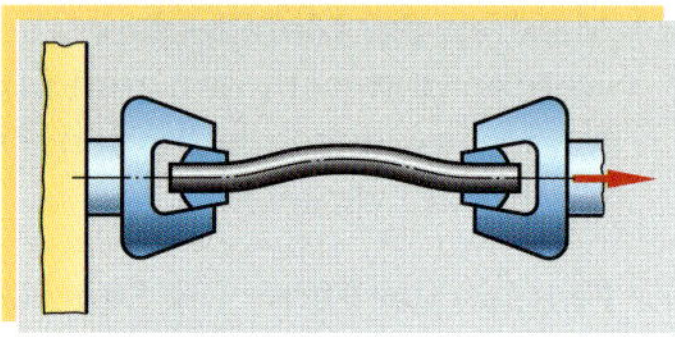

Bild 2: Zugumformen: Streckrichten

7.4.1 Einteilung der Umformverfahren

Die wichtigsten Faktoren, von denen das Umformen beeinflusst wird, sind die **Temperatur** (Kaltumformen, Warmumformen), die **Werkstückform** (Massivumformen, Blechumformen) und die Beanspruchungsart im Gefüge des Werkstoffs.

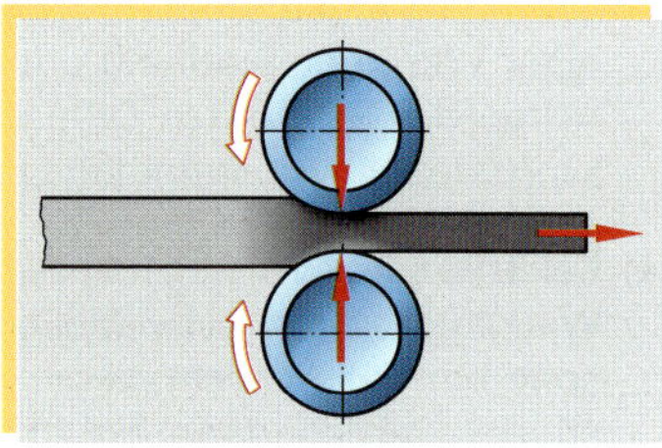

Bild 3: Druckumformen: Walzen von Blech

Die genormte Einteilung der Umformverfahren in DIN 8582 richtet sich nach der **Beanspruchung des Werkstückquerschnitts.**

Betrachtet man den gedachten Querschnitt eines Stabstahls, so kann man erkennen, wie sich die Werkstoffteilchen je nach Richtung der aufgebrachten Kraft gegeneinander verschieben **(Bild 1):**

- **Zugumformen** ist dann gegeben, wenn das gesamte Werkstück in Zugrichtung gedehnt wird. In dieser Richtung verschieben sich auch die Teilchen des Werkstoffs gegeneinander **(Bild 2).**
- **Druckumformen** findet statt, wenn das gesamte Werkstück in Richtung der Kraft gestaucht wird. Die Teilchen des Werkstücks verschieben sich so gegeneinander, dass es breiter wird **(Bild 3).**
- **Zugdruckumformen** ist ein komplizierter Vorgang, bei dem durch die Führung des Werkstoffs im Werkzeug Teile des Werkstücks gestaucht und andere gedehnt werden **(Bild 4).**
- **Biegeumformen** erfolgt dann, wenn die Verformung im Wesentlichen durch eine Biegebeanspruchung bewirkt wird. Eine gedachte Achse des Werkstücks wird dabei um einen bestimmten Winkel abgebogen **(Bild 5).**
- **Schubumformen** geschieht, wenn zwei benachbarte Querschnitte des Werkstücks unter Schubbeanspruchung gegeneinander verschoben werden. Das kann parallel zueinander erfolgen (Verschieben) oder in einem Winkel zueinander (Verdrehen, **Bild 6**).

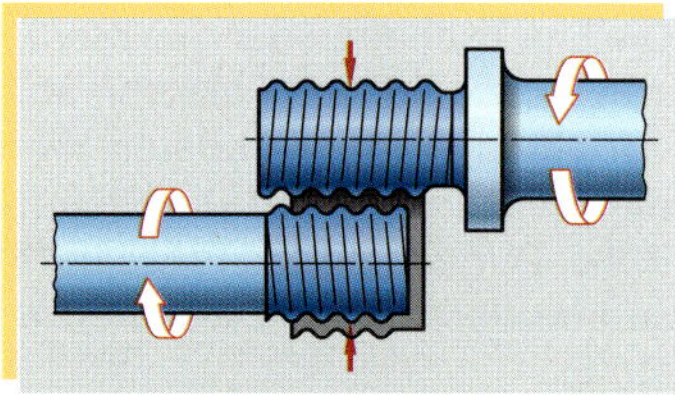

Bild 4: Zugdruckumformen: Gewindedrücken

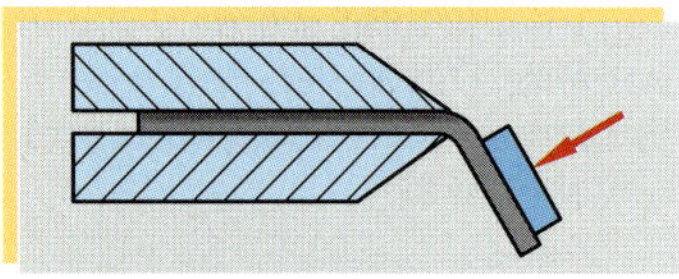

Bild 5: Biegeumformen: Schwenkbiegen

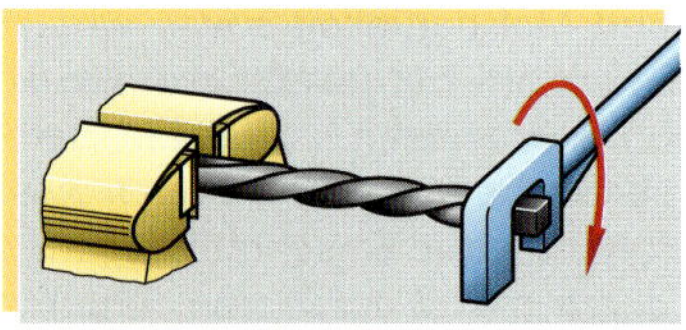

Bild 6: Schubumformen: Verdrehen

7.4.2 Biegen

Das vom Mechatroniker am häufigsten benötigte Verfahren der spanlosen Fertigung ist das **Biegeumformen.** Aus Blechen, Rohren und Profilen werden Behälter, Abdeckungen, Konstruktionsteile und vieles andere mehr hergestellt.

7.4.2.1 Technologische Grundlagen

Während beim Zug- oder Druckumformen das gesamte Werkstück verformt wird, verändert sich beim Biegen nur ein Teil des Werkstücks, die Biegezone.

In einem Versuch wird ein Stab mit quadratischem Querschnitt aus weichem Metall fest eingespannt und durch eine sich langsam vergrößernde Kraft um 90° abgebogen. Die obere Seite dehnt sich ohne zu reißen. Die untere Seite wird gestaucht **(Bild 1).** Die äußeren Fasern des Werkstoffs werden verlängert, die inneren Fasern verkürzt. Dazwischen liegt eine unveränderte neutrale Zone, die „Neutrale Faser".

> Beim Biegen wird ein Teil des Werkstücks auf Zug, das andere auf Druck beansprucht.

Wird ein Blechstreifen eingespannt und durch eine Kraft etwas gebogen, federt er nach Entlastung in die Ausgangslage zurück **(Bild 2).** Erst nach stärkerer Belastung biegt er sich weiter durch und bleibt abgebogen **(Bild 3).** Auch hier ist nach Entlastung eine geringe **elastische Rückfederung** eingetreten.

Damit ein Werkstück gebogen werden kann, muss die Elastizitätsgrenze des Werkstoffs überschritten werden, darf seine Bruchgrenze nicht erreicht werden und muss der Werkstoff ausreichend dehnbar sein. Zum Biegen geeignete Werkstoffe sind weicher Stahl, Kupfer, Zink, Aluminium, Magnesium und ihre Legierungen.

Wird ein Blechstreifen um eine scharfe Kante gebogen, können an der äußeren Biegelinie kleine Risse auftreten **(Bild 4).** Wird das gleiche Blechstück jetzt hochkant eingespannt, wird eine wesentlich größere Kraft zum Umbiegen als vorher benötigt. Auch hier können an der Biegelinie wieder Risse auftreten **(Bild 5).**

> Beim Biegeumformen darf ein bestimmter **Mindestbiegeradius** nicht unterschritten werden.

Die zulässigen Mindestbiegeradien wurden in Versuchen ermittelt **(Tabelle Seite 161).** Sie sind abhängig von der Art des Werkstoffs und der Querschnittshöhe. Bei Konstruktionen zum Stützen und Tragen wird Durchbiegung durch Verwendung hoher Querschnitte verhindert **(Bild 6).**

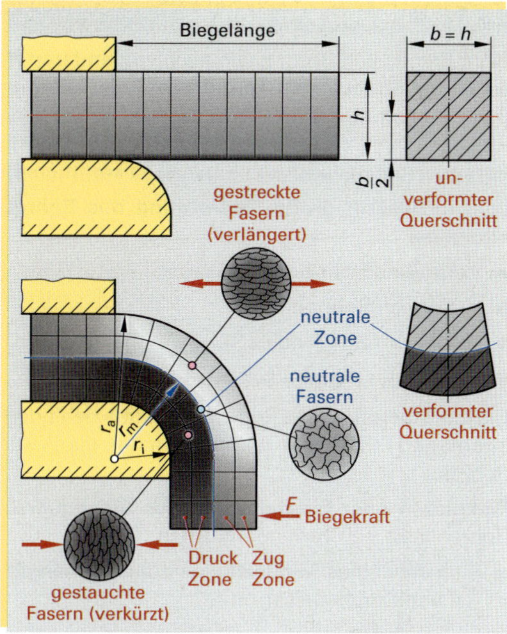

Bild 1: Werkstoffbeanspruchung beim Biegen

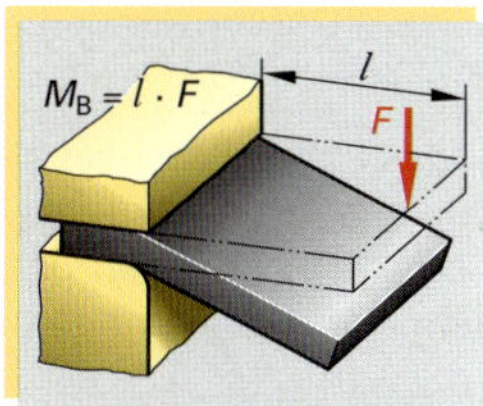

Bild 2: Rückfederung im elastischen Bereich

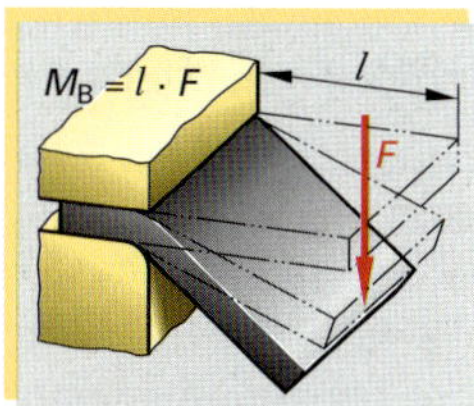

Bild 3: Bleibende Verformung im plastischen Bereich

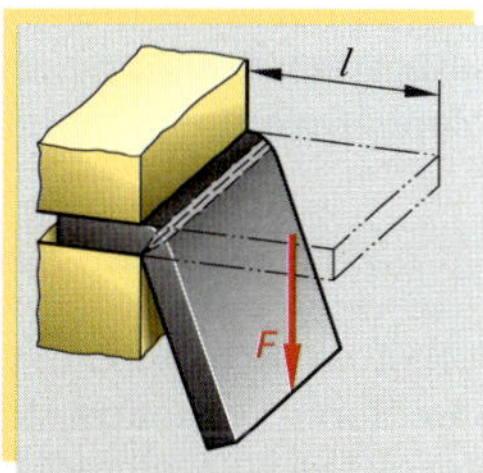

Bild 4: Biegen mit kleinem Biegeradius

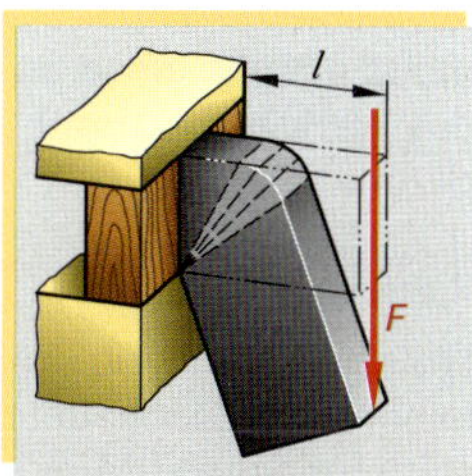

Bild 5: Biegen mit hohem Werkstückquerschnitt

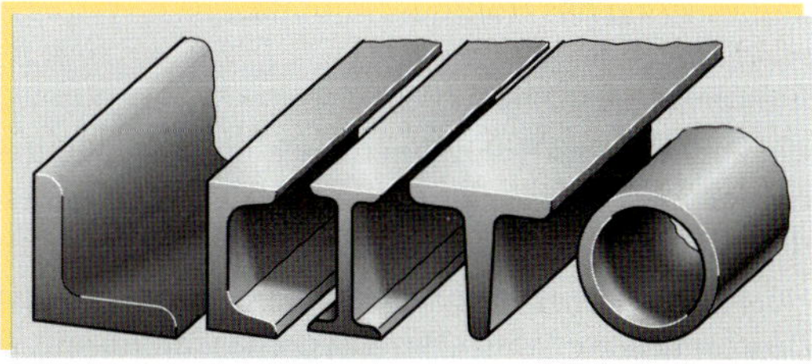
Bild 6: Biegesteife Profile

7.4.2.2 Biegen von Rohren

Beim Biegen von Rohren wie auch von anderen **Hohlprofilen** liegen die Streckungszone mit den Zugspannungen und die Stauchungszone mit den Druckspannungen in den vergleichsweise dünnen Wandungen. So kann es zur Verringerung des Rohrquerschnitts und zum Einknicken kommen **(Bild 1)**.

Eine **unzulässig große Verformung des Rohrquerschnitts** erfolgt bei

- zu großem Rohrdurchmesser,
- zu dünnen Rohrwänden,
- zu kleinem Biegeradius,
- zu geringer Dehnbarkeit des Werkstoffs.

Die Verringerung eines Rohrquerschnitts behindert die durchströmende Flüssigkeit und vermindert die Festigkeit eines Rohres.

Einknicken oder Einquetschen des Biegequerschnitts von Rohren lässt sich verhindern durch

- Einhalten eines Mindestbiegeradius, abhängig von Material und Durchmesser,
- Füllen des Hohlraums mit einer nicht zusammendrückbaren Masse, einer Zugfeder oder einem Dorn **(Bilder 2 und 4)**,
- Biegen der Rohre in einer dem Durchmesser entsprechenden Form **(Bilder 4 und 5)**.

Bei **geschweißten Rohren** muss außerdem beachtet werden, dass die Schweißnaht in der neutralen Zone liegt. So lässt sich verhindern, dass Zug- oder Druckbeanspruchungen die wenig elastische Schweißnaht zerstören können **(Bild 3)**.

Der genaue **Mindestbiegeradius** muss den Hinweisen der Hersteller entnommen werden. Er beträgt bei Stahlrohren ungefähr das Zehnfache und bei Kupferrohren das Dreifache des Außendurchmessers. Beim **Warmbiegen** kann der Mindestbiegeradius geringer sein. Durch Erwärmung des Rohrs, meist mithilfe eines Schweißbrenners, wird die Dehnbarkeit des Werkstoffs erhöht. Die **Anwärmlänge** entspricht der Biegezone.

Biegevorrichtungen

Freies Biegen von Hand oder im Schraubstock wird nur behelfsmäßig oder bei dünnen Rohren durchgeführt. In Werkstätten oder auf Montagestellen werden einfache Biegevorrichtungen eingesetzt **(Bilder 4 und 5)**. Durch einen Handhebel wird das Biegemoment aufgebracht. Der Biegewinkel ist genau einstellbar. Auswechselbare Rollen verhindern die Veränderung des Rohrquerschnitts.

Rohrbiegemaschinen

Die **hydraulische Rohrbiegemaschine** arbeitet mit einer handbetriebenen Pumpe. Ihr Kolben drückt das Biegesegment mit dem Rohr an die Gegenlager **(Bild 5)**.

Höhere Biegekräfte für Rohre mit größeren Wandstärken und Durchmessern liefern **Ringbiegemaschinen** mit angetriebenen Profilwalzen **(Bild 4, Seite 161)**.

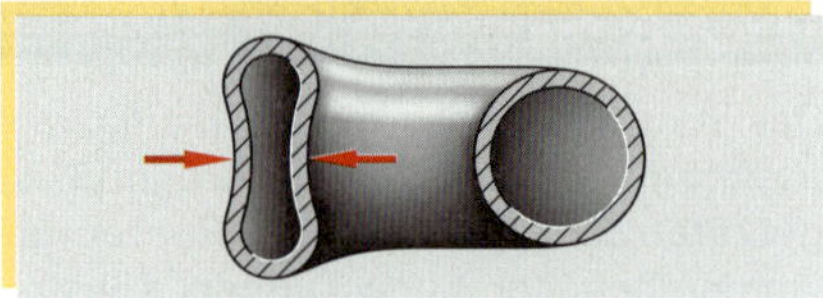

Bild 1: Stark verformter Rohrquerschnitt

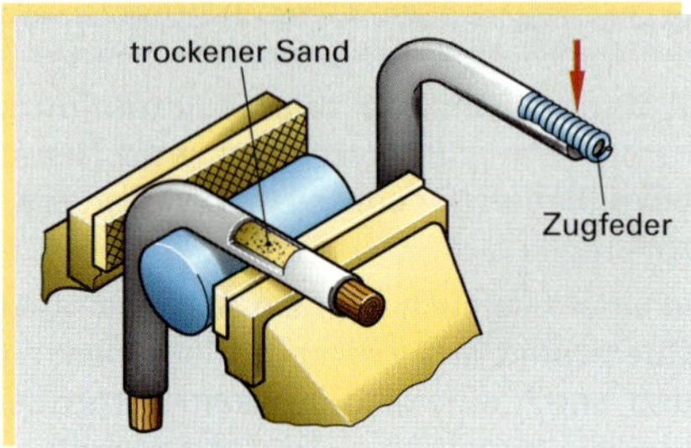

Bild 2: Freies Biegen von Rohren mit Füllung

Bild 3: Lage der Schweißnaht beim Biegen

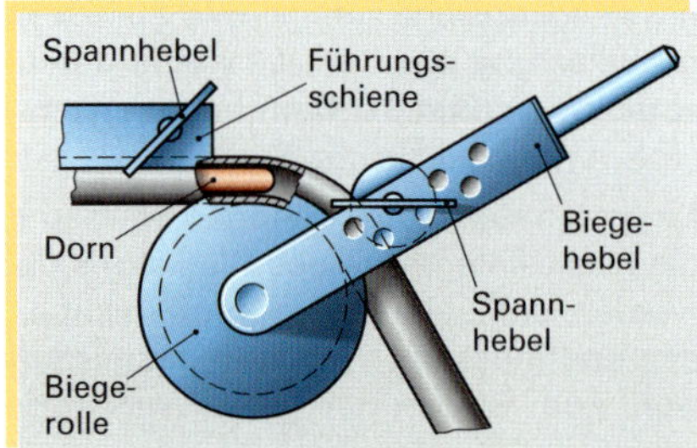

Bild 4: Rohrbiegevorrichtung

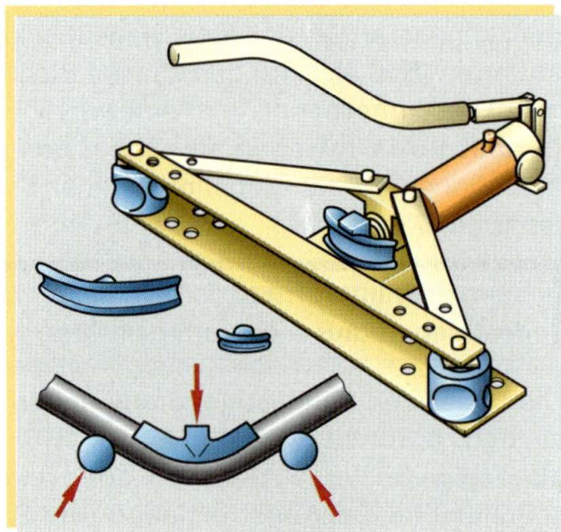

Bild 5: Hydraulische Rohrbiegemaschine mit auswechselbaren Segmenten

Biegen von Blechen

Der größte Teil der verarbeiteten Bleche wird gebogen. Als vorgeformtes Halbfertigprodukt erlangt Blech durch den Walzvorgang besondere Eigenschaften, die immer zu beachten sind.

Der Einfluss der Walzrichtung

Beim Kaltwalzen erhält das Blech ein nach der Walzrichtung ausgerichtetes Werkstoffgefüge. Für einen Versuch werden aus einer Blechtafel drei Rechtecke herausgeschnitten **(Bild 1)**. Man biegt sie im Schraubstock hin und her **(Bild 2)**. Blech ① zeigt zuerst kleine Risse **(Bild 3)**. Am längsten widersteht der Streifen ② der Belastung. Beim Biegen von Blech sollte möglichst senkrecht zur Walzrichtung gebogen werden. Muss ein Werkstück in mehreren Richtungen gebogen werden, legt man die Biegekante schräg zur Walzrichtung.

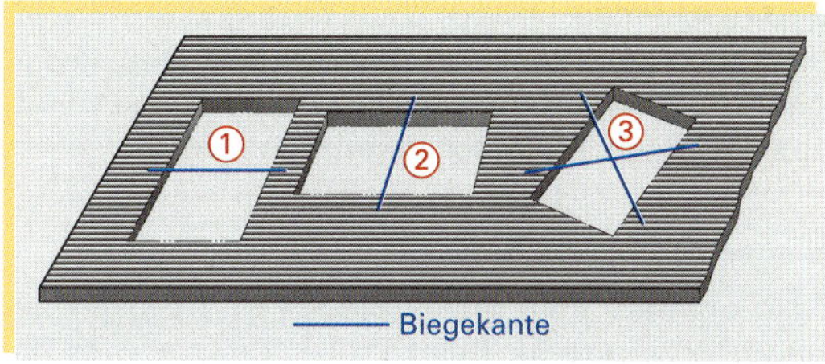

Bild 1: Berücksichtigung der Walzrichtung von Blech

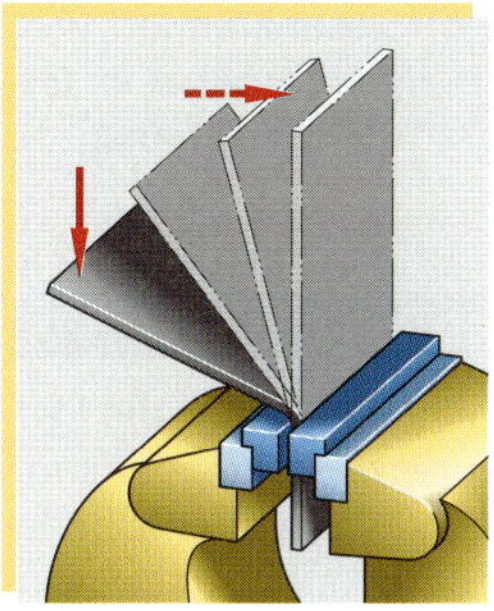

Bild 2: Biegeversuch

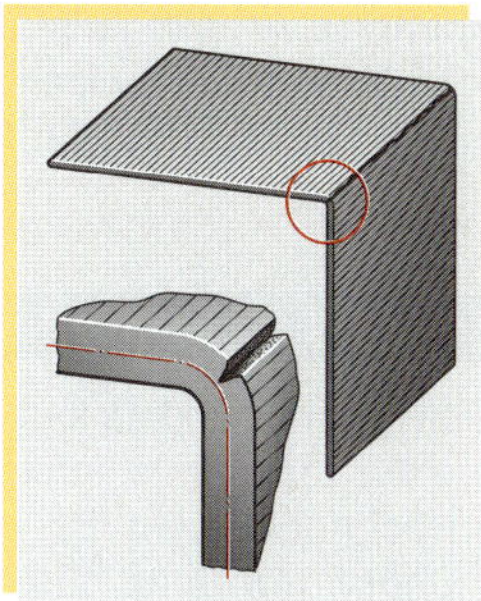

Bild 3: Riss in der Biegekante bei falscher Biegerichtung oder zu kleinem Biegeradius

> Werden beim Biegen von Blech genaue Biegewinkel verlangt, muss die Rückfederung durch Überbiegen ausgeglichen werden.

Der Rückfederungswinkel ε beträgt 1%...3% des Biegewinkels α. Seine Größe hängt ab von der Blechdicke, dem Biegewinkel, dem Biegeradius (folgende Seite) und der Elastizität des Werkstoffs.

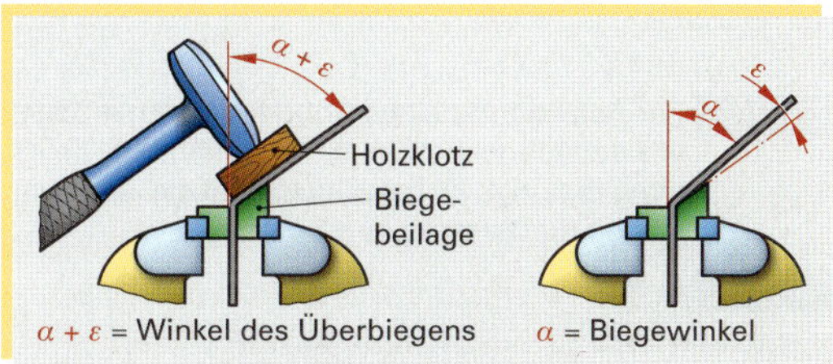

Bild 4: Elastische Rückfederung

Der Biegeradius

Wenn Bleche scharfkantig abgebogen werden, besteht stets die Gefahr, dass sie an der Biegekante durch zu starkes Strecken einreißen **(Bild 3)**. Deshalb ist zu beachten:

> Beim Biegen von Blechen ist ein Mindestbiegeradius einzuhalten. Seine Größe ist vom Werkstoff, dessen Festigkeit und Dehnbarkeit sowie von der Walzrichtung und der Blechdicke abhängig

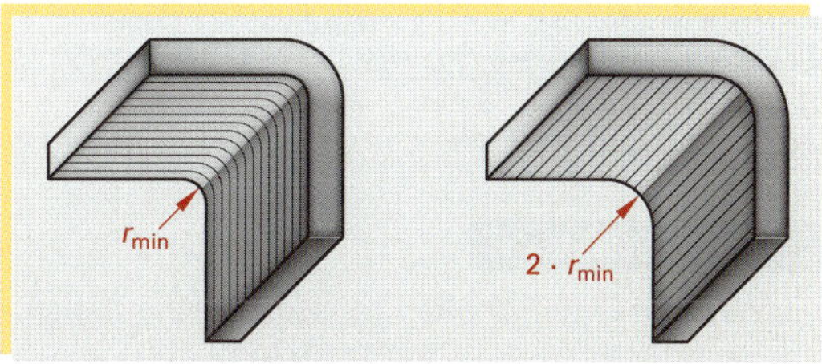

Bild 5: Mindestbiegeradius und Walzrichtung

Die Mindestbiegeradien der wichtigsten Blechsorten sind genormt (**Tabelle 1** und Tabellenbuch).

Tabelle 1: Mindestbiegeradien beim Kaltbiegen von Stahlblech, Beispiele (Auszug aus DIN 6935)

Blechdicke s [mm]					
Mindestfestigkeit in N/mm²	≦ 1	> 1 ... 1,5	> 1,5 ... 2,5	> 2,5 ... 3	> 3 ... 4
Mindestbiegeradius r_{min} [mm]					
bis 380	1	1,6	2,5	3	5
≦ 390 390 ... 490	1,2	2	3	4	6

Verfahren des Biegeumformens

Behälter, Profile, Abdeckungen und andere Bauteile aus Blech erhalten ihre Form durch verschiedene Verfahren des Biegeumformens.

Biegen von Hand

Es wird in Werkstätten und auf Baustellen bei Einzelfertigung und Reparaturarbeiten durchgeführt. Dünne Bleche und empfindliche Werkstoffe (z. B. Kupfer) werden mit Holz- oder Kunststoffhämmern bearbeitet **(Bild 1, Seite 162)**.

Spannschienen ermöglichen eine genaue Biegelinie auch bei breiten Blechen **(Bild 2)**. Biegebeilagen sind nötig für genaues Formbiegen und schützen das Blech vor Beschädigungen **(Bild 3)**.

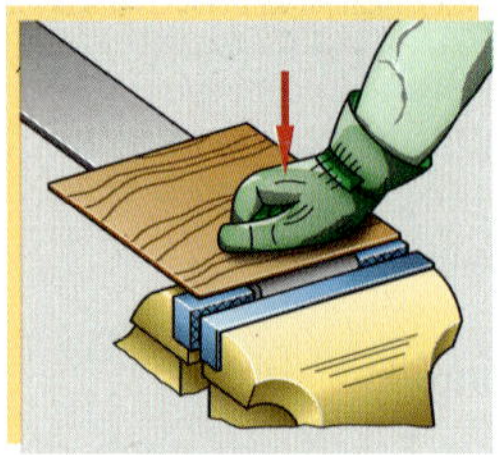

Bild 1: **Biegen mit Handkraft**

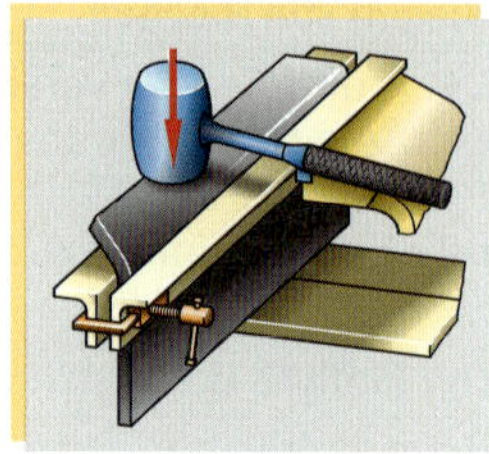

Bild 2: **Spannschiene**

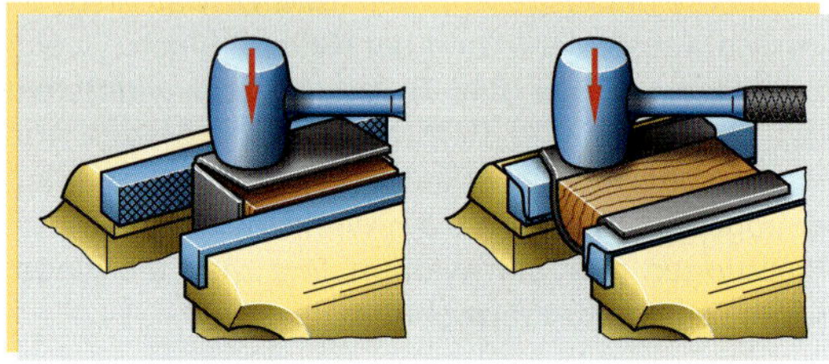

Bild 3: **Biegebeilagen**

Biegen mit Maschinen

Man unterscheidet Freies Biegen und Gesenkbiegen **(Bild 4 und 5)**. Beim Freien Biegen wird die Werkstückform frei ausgeformt. Für kompliziertere Formen, z. B. die Schelle in **Bild 4,** bedeutet das mehrere Arbeitsgänge. Beim Gesenkbiegen wird das Werkstück zwischen Biegestempel und Gesenk geformt **(Bild 5)**. So ist nur ein Arbeitsgang nötig.

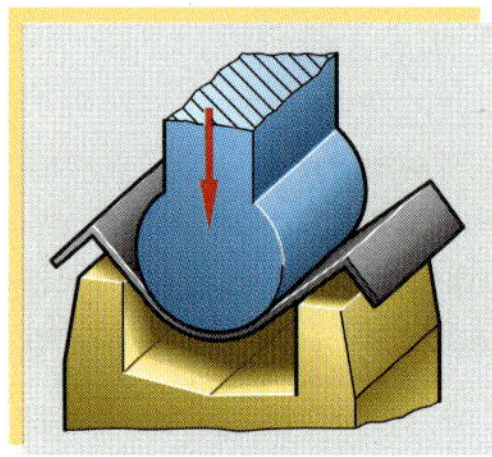

Bild 4: **Freies Biegen einer Schelle**

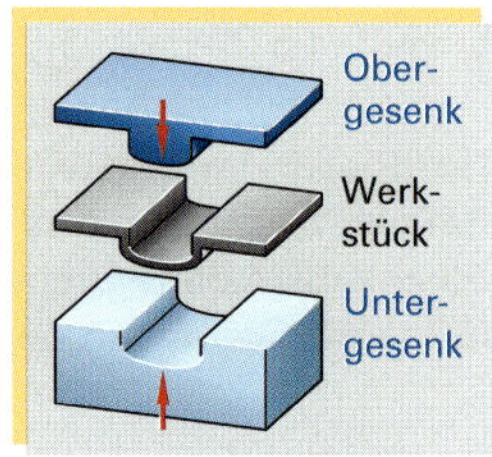

Bild 5: **Gesenkbiegen einer Schelle**

7.4.2.3 Zuschnittlängen

Bevor ein Werkstück gebogen wird, muss die Länge des Zuschnitts, auch gestreckte Länge genannt, errechnet werden. Bei den grundlegenden Überlegungen auf Seite 159 wurde erkannt, dass beim Biegen nur eine neutrale Faser oder Zone unverändert bleibt. Deshalb gilt:

> Die Zuschnittlänge ist gleich der Länge der neutralen Faser.

Beispiel: Zur Befestigung eines Rohres werden 4 Schellen entsprechend der nebenstehenden Zeichnung benötigt. Zu berechnen sind die Zuschnittlängen für die einzelnen Schellen.

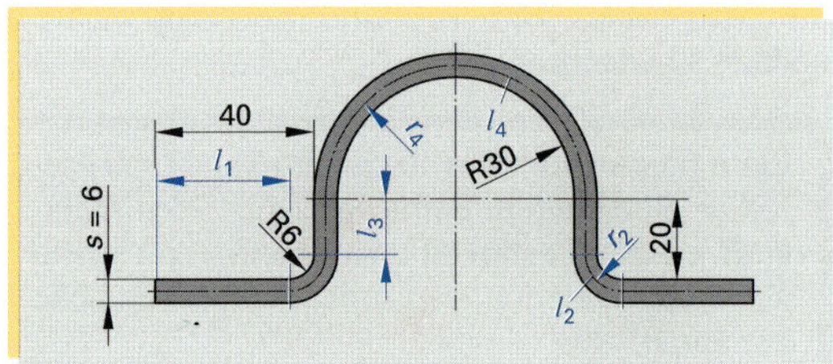

Lösung: $l = 2\,l_1 + 2\,l_2 + 2\,l_3 + l_4$

$l_1 = 40\text{ mm} - R = 40\text{ mm} - 6\text{ mm} = 34\text{ mm}$
$l_2 = \pi \cdot 2\,r_2 \cdot 0{,}25 = \pi \cdot 2 \cdot 9\text{ mm} \cdot 0{,}25 = 14{,}1\text{ mm}$
$l_3 = 20\text{ mm} - R = 20\text{ mm} - 6\text{ mm} = 14\text{ mm}$
$l_4 = \pi \cdot 2\,r_4 \cdot 0{,}5 = \pi \cdot 2 \cdot 33\text{ mm} \cdot 0{,}5 = 103{,}7\text{ mm}$
$L = 34\text{ mm} + 2 \cdot 14{,}1\text{ mm} + 2 \cdot 14\text{ mm} + 103{,}7\text{ mm}$
$L = 193{,}9\text{ mm}$, gewählt: 194 mm
$r_4 = 30\text{ mm} + 3\text{ mm} = 33\text{ mm}$
$r_2 = 6\text{ mm} + 3\text{ mm} = 9\text{ mm}$

Arbeitsauftrag:

1. Welche Eigenschaften müssen Bleche haben, um gut umformbar zu sein?
2. Welche Bedeutung haben Streckgrenze und Bruchgrenze für das Biegen von Blech?
3. Erklären Sie die Entstehung der Walzfaserstruktur und ihre Bedeutung für das Biegen!
4. Was bedeutet die Rückfederung von gebogenem Blech?
5. Wie kann man trotz Rückfederung genaue Winkel biegen?
6. Erklären Sie die Bildung von Haarrissen an der Außenkante und von Quetschfalten auf der Innenkante falsch gebogener Bleche!
7. Warum darf der Mindestbiegeradius nicht unterschritten werden?
8. Welche Werkstoff- und Werkstückkenngrößen beeinflussen den Mindestbiegeradius?
9. Welche technischen Vorteile besitzt das Gesenkbiegen gegenüber dem freien Biegen?
10. Weshalb wird freies Biegen oft dem Gesenkbiegen vorgezogen?
11. Welche Biegevorrichtungen werden zum Biegen von Rohren verwendet?

7.5 Trennen

Bei allen Werkstücken, die durch Fertigungsverfahren der dritten Hauptgruppe, das Trennen, hergestellt werden, ist die Form des Fertigteils im Rohteil enthalten. Das heißt, dass bei diesen Verfahren überflüssige Teile abgetrennt werden, bis die gewünschte Endform entstanden ist. Je nach der Art und Weise, wie das Material abgetrennt wird, unterscheidet man die folgenden Gruppen von **Trennverfahren:**

Tabelle 1: Trennen

Zerteilen	Spanen		Abtragen	Zerlegen	Reinigen	Evakuieren
- Schneiden - Lochen - Brechen - Reißen	- Meißeln - Sägen - Bohren - Hobeln - Räumen - Honen	- Feilen - Schaben - Drehen - Stoßen - Schleifen - Läppen	- Erodieren - Elysieren - Brennschneiden - Elektronenstrahl-abtragen	- Auseinander-schrauben	- Bürsten - Strahlen - Waschen	- Auspumpen - Entleeren

7.5.1 Grundlagen der mechanischen Trennverfahren

Beim **Zerteilen** entsteht ein Werkstoffrest in vorher festgelegter Form. Dagegen ist beim **Spanen** die Form des Werkstoffrestes, des Spans, nicht festgelegt. Der unnötige Werkstoff wird mechanisch abgetrennt. Verfahren, bei denen auf nicht mechanischem Weg Werkstoff entfernt wird, gehören in die Gruppe des **Abtragens.**

Sowohl beim Zerteilen als auch beim Spanen wird ein **Werkzeug** benötigt, dessen Schneide oder **Schneiden** den Werkstoff abtrennen und damit den ursprünglichen Zusammenhalt der Moleküle des Werkstoffs zerstören. Bei aller Vielfalt der Gestalt und Funktion haben diese Werkzeuge eine geometrische Eigenschaft gemeinsam:

Die Grundform jedes mechanischen Trennwerkzeuges ist der Keil.

Schon das erste künstliche Werkzeug, das zu Beginn der menschlichen Kulturgeschichte benutzt wurde, hatte diese Keilform **(Bild 1)**. Nach dem Prinzip der Schiefen Ebene wird dadurch die Kraft der Hand oder der Maschine umgelenkt und vergrößert, wie auf der folgenden Seite dargestellt wird. Außerdem müssen zwei weitere Bedingungen erfüllt werden, bevor die keilförmige Schneide in den Werkstoff eindringt:

- Die Werkzeugschneide muss härter sein als der Werkstoff des Werkstücks.
- Die über das Werkzeug wirkende Trennkraft muss größer sein als die Zusammenhaltskraft der Moleküle des Werkstoffs.

Diese Regeln begreift jeder, der versucht hat, mit einem Messer Holz oder Stein zu schneiden.

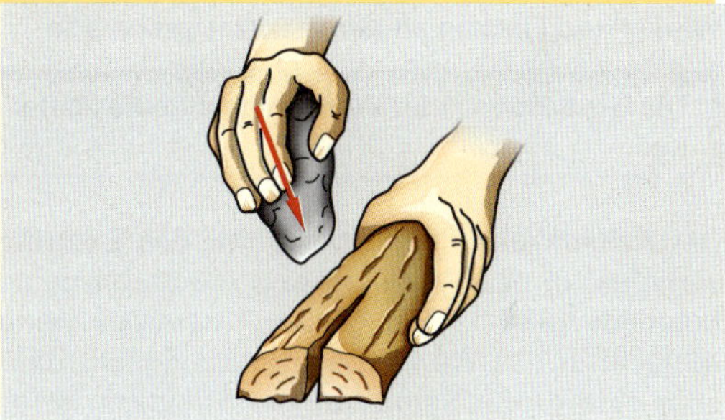

Bild 1: Zerteilen mit dem Faustkeil

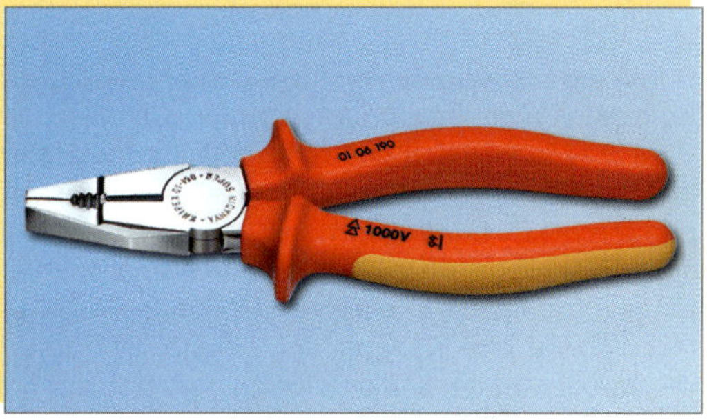

Bild 2: Trennen mit dem Seitenschneider

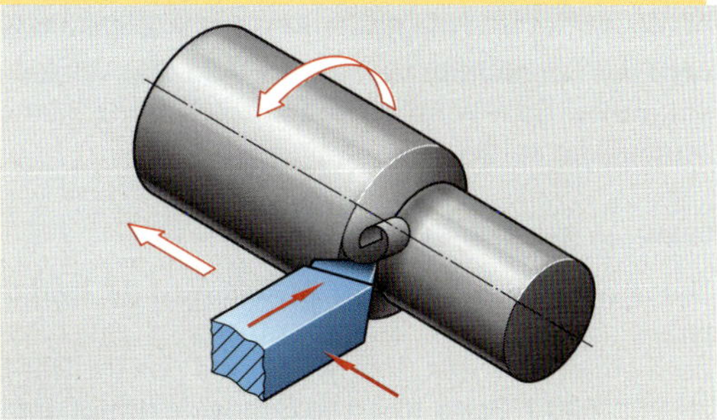

Bild 3: Spanen mit dem Drehmeißel

7.5.2 Spanen

Das im Arbeitsbereich des Mechatronikers am häufigsten benötigte Verfahren des Trennens ist das Spanen.

Beim Spanen werden Werkstoffteilchen mit einer Schneide vom Werkstückrohteil abgetragen. Der Zerspanungsvorgang kann mit **geometrisch bestimmter Schneidenform** durchgeführt werden. Die Form der Schneide ist dann genau festgelegt. Die einzelnen Schritte des Abtragvorgangs sind so exakt bestimmbar.

Bei den Spanverfahren mit **geometrisch unbestimmten Schneiden** kann sich die Schneidenform auch während des Bearbeitungsvorgangs verändern.

Übersicht: Spanen, die wichtigsten Verfahren

mit geometrisch bestimmter Schneide		mit geometrisch unbestimmter Schneide
■ Meißeln	■ Räumen	■ Schleifen
■ Sägen	■ Drehen	■ Honen
■ Feilen	■ Bohren	■ Läppen
■ Schaben	■ Senken	■ Strahlspanen
■ Hobeln	■ Fräsen	
■ Stoßen		

Winkel und Flächen an der Werkzeugschneide

Die Grundform jeder Werkzeugschneide ist der **Keil.**

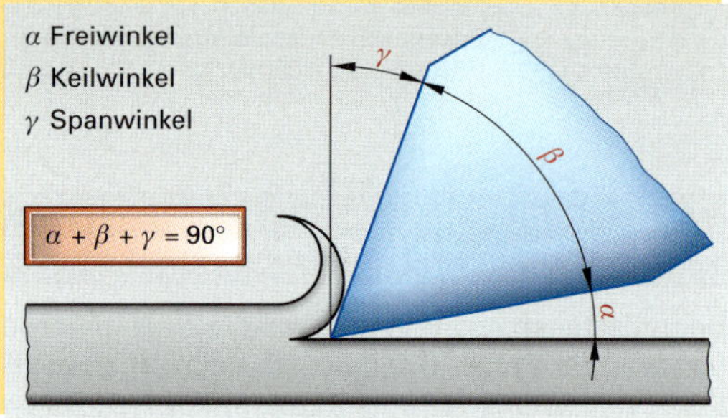

Bild 1: Winkel an der Werkzeugschneide

Der **Keilwinkel** β (beta) bestimmt das Eindringverhalten in den Werkstoff und die Stabilität der Schneide **(Bild 1)**. Ein großer Keilwinkel dringt schlecht in das Werkstück ein, ermöglicht dafür aber eine große Standzeit. Die Standzeit ist die Zeit, in der das Werkzeug den Werkstoff bearbeitet, bis es nachgeschliffen werden muss. Werkzeuge mit großem Keilwinkel eignen sich für harte Werkstoffe.

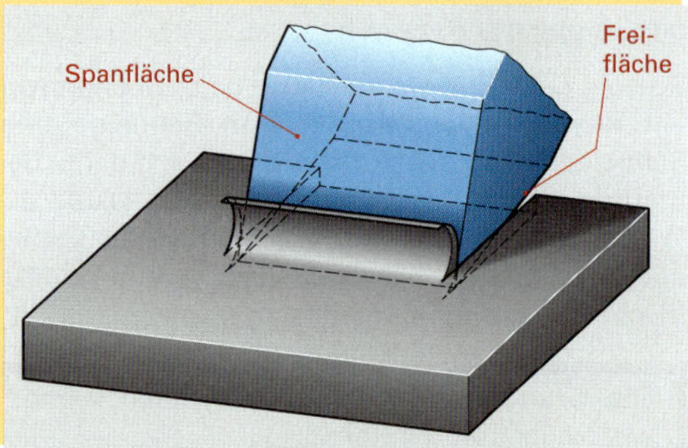

Bild 2: Flächen an der Werkzeugschneide

Durch die Stellung der keilförmigen Schneide zum Werkstück ergeben sich noch weitere Winkel. Der Winkel zwischen Keil und Schnittfläche (neu bearbeitete Fläche) ist der **Freiwinkel** α (alpha). Er vermindert die Reibung zwischen Werkzeug und Werkstück. Der Werkstoff wölbt sich durch den Bearbeitungsvorgang auf und federt nach, harte Werkstoffe entsprechend weniger als weiche. Bei harten Werkstoffen ist daher die Reibung geringer, der Freiwinkel kann hier klein gehalten werden. Die Fläche am Schneidkeil, die den Freiwinkel begrenzt, wird als **Freifläche** bezeichnet **(Bild 2)**.

Die Fläche am Werkzeugkeil, an der der Span entlanggleitet, nennt man **Spanfläche.** Zwischen Spanfläche und einer gedachten Ebene senkrecht zur Schnittfläche liegt der **Spanwinkel** γ (gamma). Er beeinflusst die Spanbildung und die Spanabfuhr. Für weiche Werkstoffe wählt man einen großen Spanwinkel. Dadurch wird die Spanabfuhr verbessert. Alle drei Winkel an der Schneide sind voneinander abhängig. So ergibt ein großer Spanwinkel einen entsprechend kleineren Keilwinkel. Die Summe aller drei Winkel am Werkzeugkeil ist immer 90°.

Wirkung des Schneidkeils

Durch die Größe des Spanwinkels wird die Wirkung des Schneidkeils festgelegt. Schließt sich der Spanwinkel an den Keilwinkel an und ergänzt ihn zusammen mit dem Freiwinkel zu einem rechten Winkel, so bezeichnet man den Spanwinkel als positiv. Der **Schnittwinkel** δ (delta) = $\alpha + \beta$ ist in diesem Fall kleiner als 90° **(Bild 1, Seite 165)**. Die Schneide dringt unter diesen Gegebenheiten leicht in das Werkstück ein und schert den Span nach oben ab. Dieses Werkzeug hat eine **schneidende Wirkung.**

Ist dagegen der Schnittwinkel δ größer als 90° und überdeckt somit den Spanwinkel, so wird der Spanwinkel negativ **(Bild 1)**: die Werkzeugschneide schabt kleine Späne von der Werkstückoberfläche ab. Das Werkzeug hat also eine **schabende Wirkung.** Werkzeuge mit schneidender Wirkung können viel Werkstoff abtragen, schabende Werkzeuge eignen sich besonders für die Feinbearbeitung.

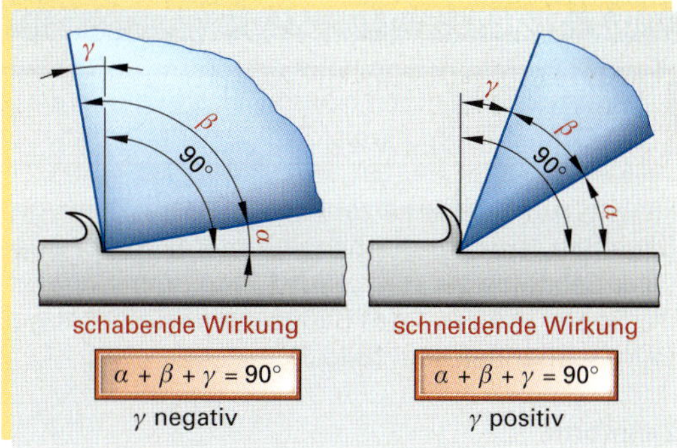

Bild 1: Wirkungen am Schneidkeil

Spanbildung

Der Spanungsvorgang beginnt zunächst damit, dass der Schneidkeil den Werkstoff anstaucht, es kommt zu einer plastischen Verformung. Dringt das Werkzeug weiter in den Werkstoff ein, entsteht vor der Schneide ein voreilender Riss. Das jetzt entstehende Spanteilchen wird vom Werkzeug abgeschert und anschließend hochgeschoben. Das nächste Spanteilchen schließt sich an, es entsteht ein Span **(Bild 2)**.

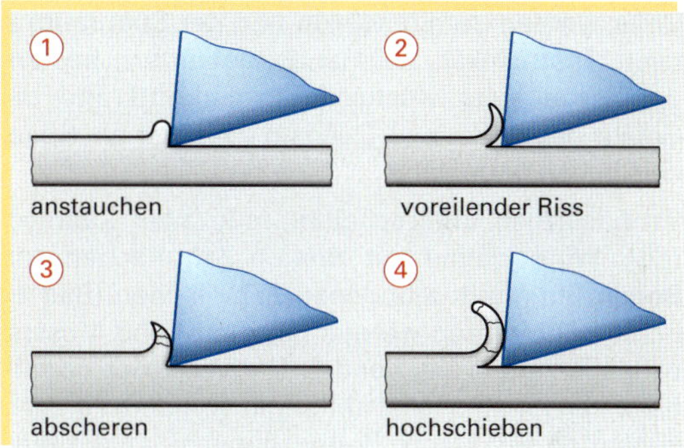

Bild 2: Spanvorgang

Spanarten

Je nach Werkstoffart des Werkstückes und Größe des Spanwinkels entstehen verschiedene Spanarten **(Bild 3)**. Bei kleinem Spanwinkel wird das Werkstück stark angestaucht, es ist ein hoher Kraftaufwand erforderlich und es bildet sich ein tiefer Riss. Der entstehende Span wird **Reißspan** genannt, er bröckelt leicht ab und es entsteht eine raue Oberfläche. Besonders bei harten und spröden Werkstoffen bildet sich dieser Span. Er ist meist unerwünscht.

Bei einem Spanwinkel von 5° bis 25° und zähen Werkstoffen entsteht ein **Scherspan**. Meist sind es kleine, glatte, abgescherte Späne. Wegen der dadurch bedingten geringen Unfallgefahren wird dieser Span bevorzugt. Mit zunehmender Schnittgeschwindigkeit beginnt der Scherspan zu fließen, dabei wird die Oberflächenqualität verbessert.

Weiche Werkstoffe wie Kupfer, Aluminium oder Blei werden mit einem kleinen Keilwinkel, einem großen Spanwinkel und oft auch mit hoher Schnittgeschwindigkeit bearbeitet. Dabei bildet sich ein **Fließspan.** Das Werkstück wird nur geringfügig angestaucht, es ist wenig Kraftaufwand erforderlich und es entsteht nur ein kleiner voreilender Riss. Die bearbeitete Oberfläche ist glatt. Der Fließspan ist endlos und deshalb wegen der möglichen Beschädigung der Maschine und des Werkzeughalters sowie der Verletzungsgefahr ungünstig.

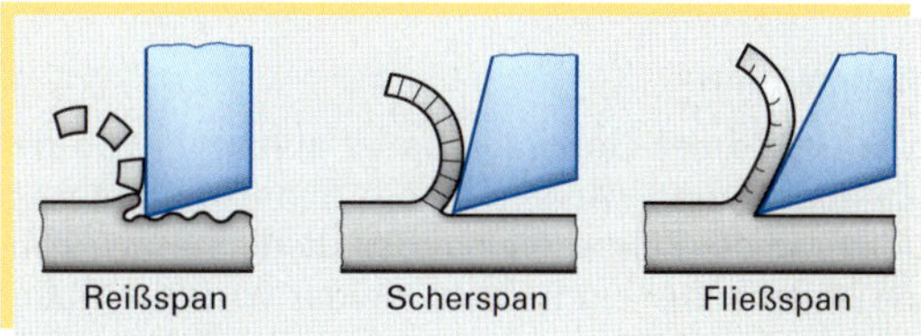

Bild 3: Spanarten

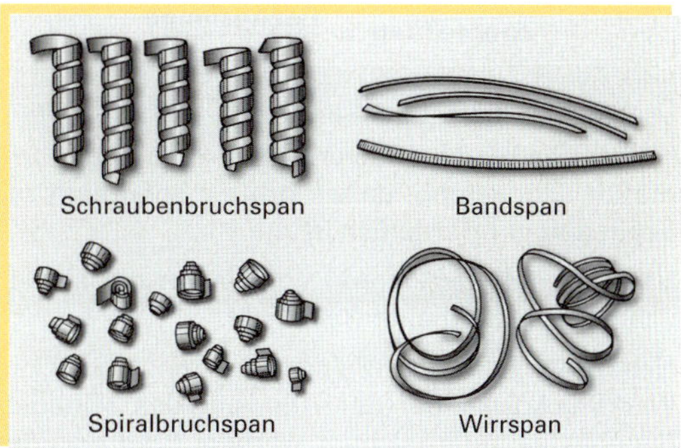

Bild 4: Spanformen

Spanformen

Besonders Fließspäne bilden unterschiedliche Formen **(Bild 4)**. Bandspäne und Wirrspäne sind wegen ihres hohen Raumbedarfs unerwünscht. Durch Schraubenspäne werden in der Nähe stehende Personen gefährdet. Günstige Spanformen haben Schraubenbruchspäne und Spiralbruchspäne. Besonders geformte Werkzeuge, niedrige Schnittgeschwindigkeiten oder Automatenlegierungen führen zum Abbrechen der Späne.

7.5.3 Sägen

Sägen ist Spanen mit einem vielzahnigen Werkzeug geringer Schnittbreite und geometrisch bestimmten Schneiden mit kreisförmiger oder gerader Schnittbewegung.

Es wird zum Abtrennen sowie zum Herstellen von Nuten und Schlitzen angewendet. Die Säge besitzt ein Sägeblatt, an dem die Zähne hintereinander angeordnet sind **(Bild 1)**. Während beim Meißeln nur mit einer Schneide gearbeitet wird, sind beim Sägen mehrere Zähne gleichzeitig im Eingriff. Dadurch können die Späne während des Sägeschnittes nicht abgeführt werden. Es muss ein entsprechend großer Spanraum vorhanden sein **(Bild 3)**.

Zahnform

Die Grundform des Sägezahns entspricht der Keilform des Meißels. Die Winkel der Schneiden sind abhängig vom zu bearbeitenden Werkstoff. Für harte Werkstoffe benötigt man einen großen Keilwinkel (50°). Dafür werden der Freiwinkel und der Spanraum kleiner. Maschinensägeblätter haben meist einen positiven Spanwinkel. Bei Handsägeblättern besteht durch die stets wechselnden Schnittkräfte die Gefahr des Einhakens. Deshalb wird hier ein Spanwinkel von 0° gewählt.

Grundsätzlich unterscheidet man zwei Zahnformen: **Winkelzähne** mit ebenen Zahnflächen und **Bogenzähne** mit gebogenen Zahnflächen **(Bild 2)**. Beide Zahnformen werden bei Hand- und Maschinensägeblättern verwendet. Die Wahl der vorteilhaftesten Zahnform ist abhängig von dem zu bearbeitenden Werkstoff. Bogenzähne erreichen eine höhere Schnittleistung und können größere Kräfte aufnehmen als Winkelzähne.

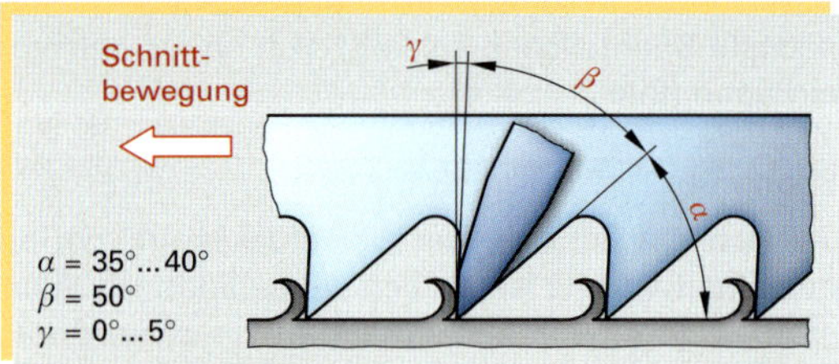

Bild 1: Winkel am Sägezahn

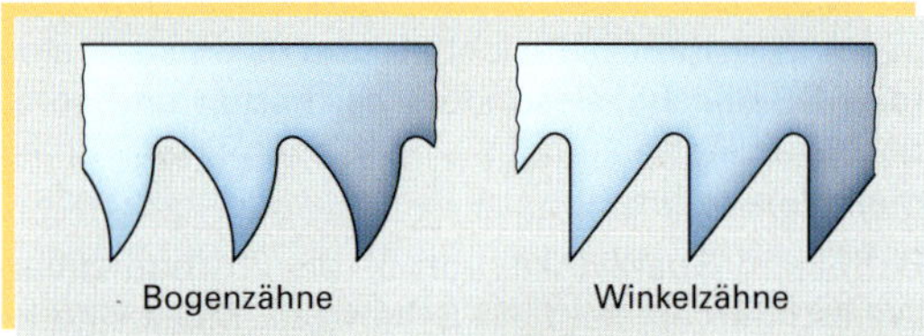

Bild 2: Zahnformen

Zahnteilung

Die Größe des Spanraumes ist abhängig von der Zahnform, den Winkeln an der Schneide und vom Abstand der Zähne zueinander. Je dichter die Zähne beieinander sind, desto kleiner wird der Spanraum. Den Abstand zwischen zwei Zahnspitzen nennt man Zahnteilung. Sie berechnet sich:

$$\textbf{Zahnteilung} = \frac{\textbf{Bezugslänge}}{\textbf{Zähnezahl}}$$

Die Bezugslänge ist bei Sägen meist 1 inch = 25,4 mm.

Für **weiche Werkstoffe** verwendet man Sägen mit großer Zahnteilung, da ein großer Spanraum zur Späneabfuhr erforderlich ist.

Harte Werkstoffe werden von Sägen mit kleiner Zahnteilung bearbeitet **(Tabelle 1)**.

Neben der Härte des Werkstoffes muss auch die **Werkstückdicke** bei der Auswahl des richtigen Sägeblattes berücksichtigt werden. Sind weniger als drei Zähne im Eingriff, hakt die Säge vor allem bei Handsägen leicht ein. Mit kombinierten Sägeblättern (Sägeblätter mit zunehmender Teilung) wird das Einhaken beim Anschneiden verhindert. Häufig beginnt die Teilung bei 32 Zähnen und vergrößert sich bis zum Blattende auf 20 Zähne pro inch Sägeblattlänge.

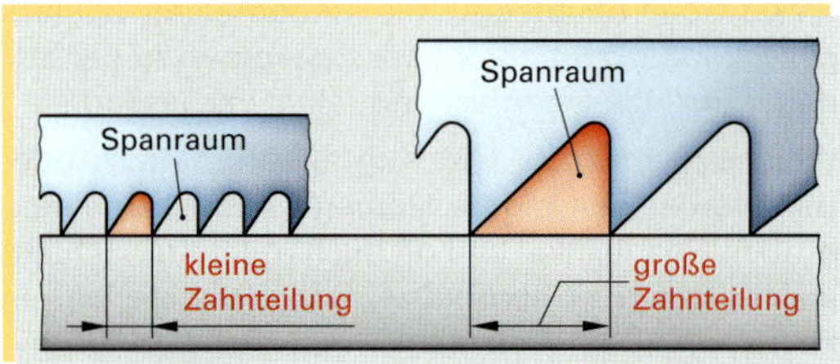

Bild 3: Zahnteilung

Tabelle 1: Einteilung der Sägen

Einteilung	Zähnezahl	Zahnteilung	Anwendung
grob	16	$\frac{25\text{ mm}}{16} = 1{,}56\text{ mm}$	Kupfer, Aluminium
mittel	22	$\frac{25\text{ mm}}{22} = 1{,}14\text{ mm}$	Stahl
fein	32	$\frac{25\text{ mm}}{32} = 0{,}78\text{ mm}$	dünnwandige Rohre, Hartguss

Freischneiden

Beim Sägen erwärmen sich die Säge und das Werkstück durch Reibung. Wäre der Sägespalt genau so breit wie das Sägeblatt, so würde die Säge nach kurzer Zeit durch die Wärmedehnung und durch die entstandenen Späne festklemmen. Deshalb muss die Säge **frei schneiden,** das heißt: der Sägespalt muss breiter sein als das Sägeblatt **(Bild 1).** Handsägeblätter für harte Werkstoffe sind meist gewellt: das Sägeblatt wird auf der Zahnseite wellenlinienförmig gebogen. Bei Bandsägeblättern werden die Zähne geschränkt: ein Zahn wird vom Sägeblatt aus nach links gebogen, der nächste nach rechts. Kreissägeblätter sind nur für weiche Werkstoffe geschränkt. Sie werden häufig hinterschliffen oder es werden Zähne aus Hartmetall eingesetzt, die breiter sind als das Sägeblatt.

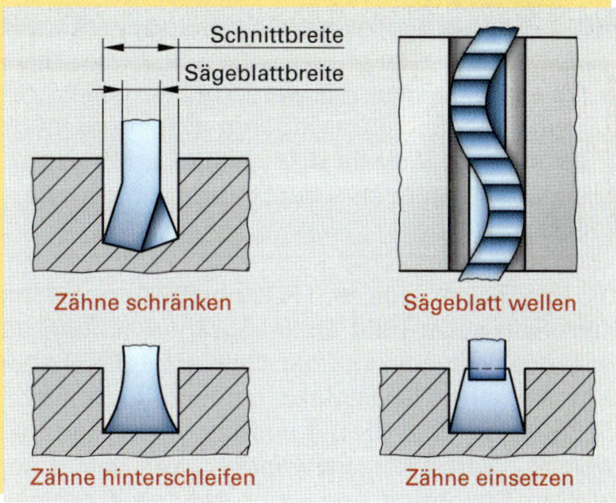

Bild 1: Freischneiden

Handsägen

Im Maschinenbau werden vorwiegend **Bügelsägen** verwendet. Sie bestehen aus dem Spannbügel, dem zwischen Heftkloben und Spannkloben eingespannten Sägeblatt und dem Heft **(Bild 2).**

Die Sägeblätter lassen sich einfach auswechseln. Zum Teil sind sie beidseitig verzahnt, sodass sie gewendet werden können.

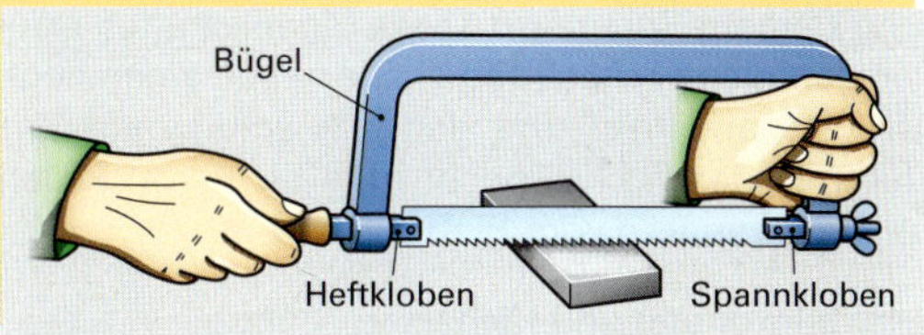

Bild 2: Bügelsäge

Maschinensägen

Mit der **Maschinenbügelsäge** und der **Maschinenkreissäge** werden Profile, Rohre und Stangenmaterial auf die entsprechende Länge zugeschnitten. Sie eignen sich für Einzel- und Serienfertigung.

Die **Kreissäge (Bild 3)** hat eine hohe Umfangsgeschwindigkeit und keinen Leerhub und erreicht daher hohe Zerspanleistungen. Allerdings können größere Werkstücke nur mit sehr großen Sägeblattdurchmessern auf entsprechenden Maschinen bearbeitet werden. Formschnitte und Einzelarbeiten werden mit der **Bandsäge** ausgeführt. Ein endlos verschweißtes Sägeband ermöglicht wie bei der Kreissäge einen kontinuierlichen Schnitt.

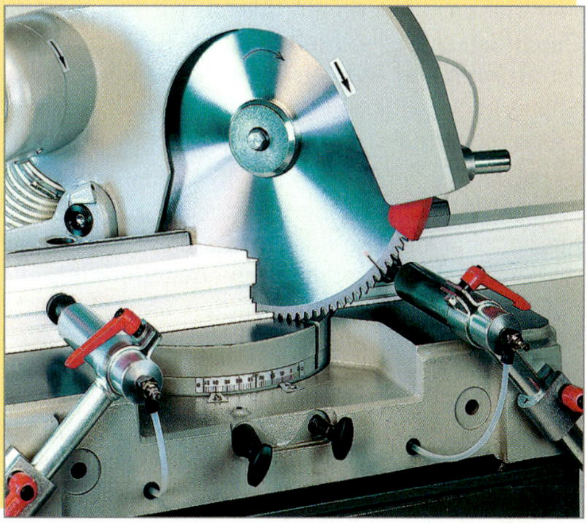

Bild 3: Kreissäge

Arbeitsauftrag:

1. Welche Maße müssen verändert werden, um den Spanraum zu vergrößern?
2. Warum benötigt man beim Sägen einen großen Spanraum?
3. Wie bestimmt man die Zahnteilung einer Säge?
4. Wodurch wird das Klemmen des Sägeblattes verhindert?
5. Wann besteht die Gefahr, dass die Sägezähne einhaken?
6. Bei welchen Sägen entfällt der Leerhub?

Unfallverhütung

- Sägeblätter immer fest einspannen.
- Maschinensägeblätter vor dem Einbau auf Risse prüfen. Besonders bei Kreissägen können lose Teile weggeschleudert werden.
- Keine Maschinenabdeckungen entfernen.
- Beim Handsägen gegen Ende des Schnittes Druck verringern um ein Abgleiten zu verhindern.

7.5.4 Feilen

Feilen ist Spanen mit wiederholter, meist geradliniger Schnittbewegung. Das Werkzeug besitzt eine Vielzahl dicht hinter- und nebeneinanderliegender, geometrisch bestimmter Schneidzähne.

Die Feile besteht aus dem **Feilenheft,** der Angel und dem Feilenblatt **(Bild 1).** Feilenzähne können gefräst oder gehauen werden. **Gefräste Feilen** haben einen positiven Spanwinkel und somit schneidende Wirkung **(Bild 2).** Sie werden vorwiegend für weiche Werkstoffe verwendet, weil sie einen großen Spanraum und einen kleinen Keilwinkel haben. Bei harten Werkstoffen entstehen kleinere Späne. Man benötigt Feilen mit großem Keilwinkel und kleinem Spanraum. Diese Eigenschaften erfüllen **gehauene Feilen (Bild 2).** Sie haben einen negativen Spanwinkel und dadurch schabende Wirkung. In der Praxis spricht man nicht von Feilenzähnen, sondern vom Hieb einer Feile.

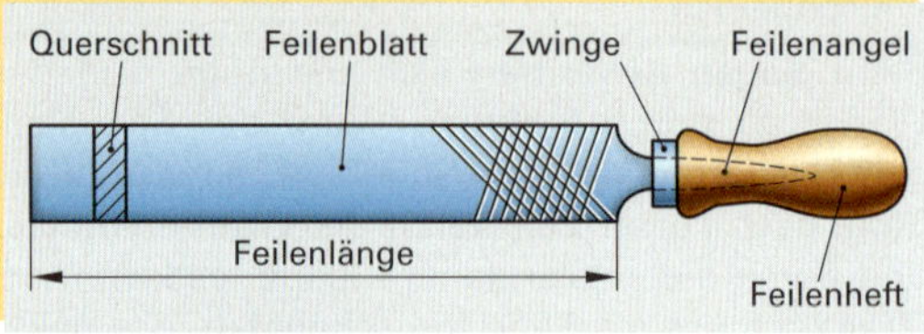

Bild 1: Flachfeile

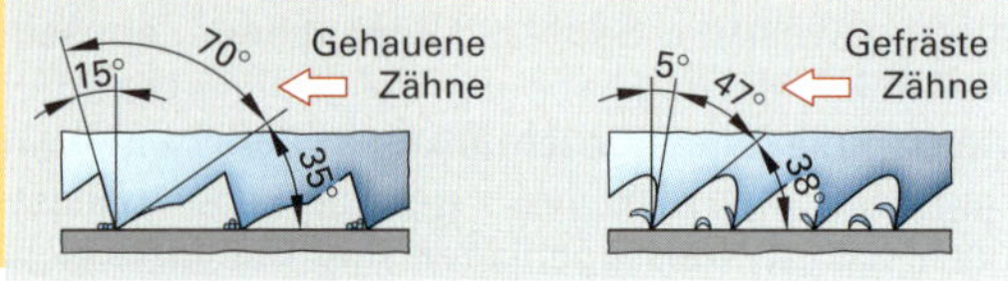

Bild 2: Gehauene und gefräste Zähne

Hiebanordnung und Hiebarten

Einhiebige Feilen **(Bild 3)** haben zur Spanabfuhr einen schrägen Hieb, das heißt, alle Feilenzahnreihen stehen unter einem Winkel zur Feilenachse. Durch den schrägen Hieb neigt die Feile dazu, seitlich zu verlaufen. Beim **gebogenen Hieb** werden die Späne nach beiden Seiten geführt. Auch hier sind Spanbrechernuten eingefräst.

Gehauene Feilen haben einen **Kreuzhieb** oder **Doppelhieb (Bild 1).** Der Oberhieb (der zweite Hieb) hat hierbei eine kleinere oder größere Hiebteilung als der Unterhieb und ist unter einem anderen Winkel aufgebracht, damit keine Riefen entstehen. Die Kreuzhiebfeilen greifen leichter als einhiebige Feilen.

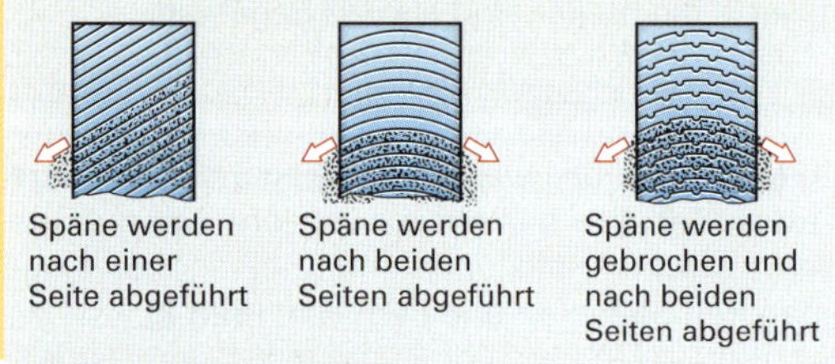

Bild 3: Hiebanordnung

Feilenbezeichnung	Kurzbezeichnung	Querschnittsform	Werkstück
Flachstumpfe Werkstattfeile	A		
Flachspitze Werkstattfeile	B		
Dreikant-Werkstattfeile	C		
Vierkant-Werkstattfeile	D		
Halbrunde Werkstattfeile	E		
Runde Werkstattfeile	F		

Bild 4: Feilenformen (Auszug)

Hiebteilung und Feilenformen

Die Hiebteilung ist ein Maß für den Abstand der einzelnen Hiebe. Sie ist gleich der Anzahl der Hiebe pro Bezugslänge. Die Bezugslänge ist im Allgemeinen 10 mm. Die **Schlichtfeile** wird zur Herstellung maßgenauer Werkstücke mit glatter Oberfläche verwendet. Sie hat eine größere Hiebteilung als die Schruppfeile. Die **Schruppfeile** eignet sich besonders für große Spanabnahme bei gleichzeitig geringer Anforderung an die Oberflächenqualität.

Je nach Hiebteilung und Länge des Feilenblattes werden die Feilen nach Hiebnummern eingeteilt. **Tabelle 1** zeigt den Zusammenhang zwischen Oberflächenqualität, Hiebteilung und Feilenlänge.

Tabelle 1: Hiebteilung

Oberflächenangaben in der Zeichnung nach DIN 3141	Schruppen ▽		Schlichten ▽▽	Feinschlichten ▽▽▽
Nach DIN ISO 1302	25/✓ ...	3,2/✓	6,3/✓ ... 0,8/✓	1,6/✓ ... 0,2/✓
Hieb-Nr.	1	2	3	4
Hiebteilung bei Feilenlänge 100 mm	17	23	28	34
Hiebteilung bei Feilenlänge 250 mm	8	13	17	21

Es gibt eine Reihe von verschiedenen Feilenformen. Am häufigsten wird die flachstumpfe Werkstattfeile eingesetzt. Zur Herstellung besonderer Werkstückformen werden Feilen mit dazu passenden Querschnitten verwendet. **Bild 4** zeigt eine Übersicht einiger Werkstattfeilen. Mit ihnen lassen sich vor allem Nuten und Vertiefungen herausarbeiten.

7.5.5 Spanende Fertigung mit Werkzeugmaschinen

Nahezu alle Werkstücke werden heute mit Maschinen gefertigt. Dadurch werden gegenüber dem Spanen von Hand die Herstellungsgenauigkeit und die Arbeitssicherheit erhöht, sowie die Kosten durch Verkürzung der Bearbeitungszeit erheblich reduziert. Die Vielzahl der verschiedenen Werkstückformen und Werkstoffarten erfordert viele unterschiedliche Fertigungsverfahren mit entsprechenden Maschinen. Die nebenstehende Übersicht nennt die wichtigsten Verfahren.

Übersicht: Maschinelle Spanungsverfahren

mit geometrisch bestimmten Schneiden		mit geometrisch unbestimmten Schneiden
■ Bohren	■ Fräsen	■ Schleifen
■ Senken	■ Hobeln	■ Honen
■ Reiben	■ Stoßen	■ Läppen
■ Drehen	■ Räumen	■ Gleitspanen

Bewegungen an Werkzeugmaschinen

Wie beim Spanen von Hand sind bei den maschinellen spanenden Fertigungsverfahren verschiedene Bewegungen erforderlich **(Bild 1)**.

> Man unterscheidet vier Arten von Bewegungen an Werkzeugmaschinen: die Schnitt- oder Hauptbewegung, die Vorschubbewegung, die Zustellbewegung und die Anstellbewegung.

Schnittbewegung (Hauptbewegung)

Die Spanabnahme erfolgt durch die Schnittbewegung. Sie kann **kreisförmig** sein wie beim Drehen oder **geradlinig** wie beim Stoßen. Sie wird entweder vom Werkzeug wie beim Stoßen oder vom Werkstück wie beim Drehen ausgeführt. Die Größe der Schnittbewegung wird durch die **Schnittgeschwindigkeit v_c** angegeben.

Die Geschwindigkeit gibt an, welcher Weg in einer bestimmten Zeiteinheit zurückgelegt wurde.

$$\text{Geschwindigkeit} = \frac{\text{Weg}}{\text{Zeit}} \qquad v = \frac{s}{t} \qquad [v] = \frac{\text{m}}{\text{s}}$$

Bei Drehbewegungen bedeutet dies:

$$\text{Geschwindigkeit} = \text{Umfang} \cdot \text{Drehfrequenz}$$

$$v = d \cdot \pi \cdot n \qquad [v] = \text{m} \cdot \frac{1}{\text{min}} = \frac{\text{m}}{\text{min}}$$

Die Drehfrequenz gibt dabei die Anzahl der Umdrehungen in 1/min an.

Die Schnittgeschwindigkeit ist die Geschwindigkeit, mit der der Span vom Werkstück abgetrennt wird. Sie wird im Allgemeinen in m/min gemessen, beim Schleifen in m/s, da hier sehr große Schnittgeschwindigkeiten erreicht werden. Die Wahl der Größe der Schnittgeschwindigkeit ist abhängig von Werkzeug, Werkstück, Kühlmittel, Leistung und Aufbau der Werkzeugmaschine. Die geeigneten Werte können aus Tabellen abgelesen werden.

Durch die Schnittbewegung allein würde nur eine einmalige Spanabnahme erfolgen. Für die fortwährende Zerspanung ist eine zweite Arbeitsbewegung erforderlich, die Vorschubbewegung.

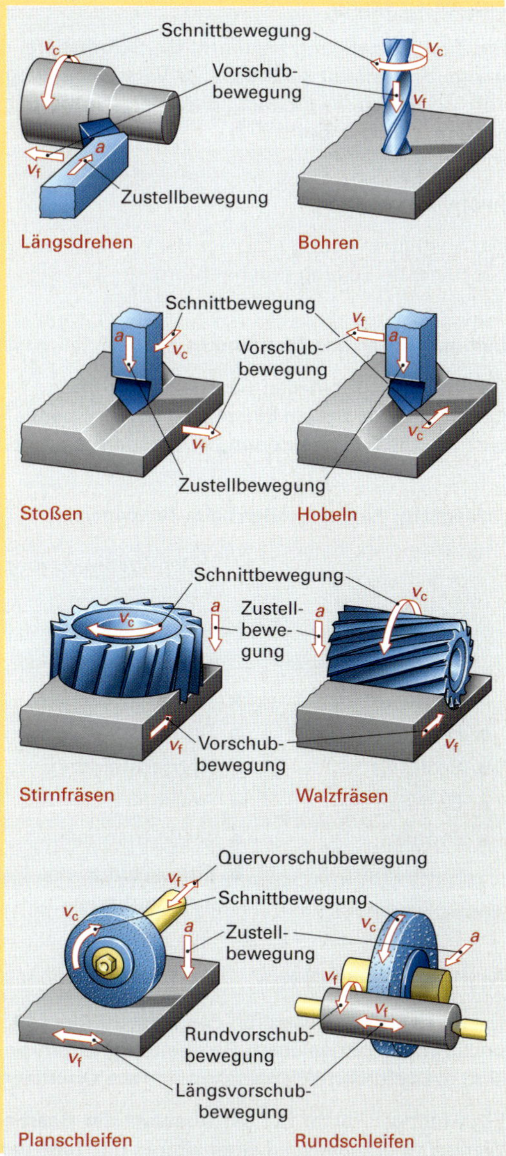

Bild 1: Bewegungen an Werkzeugmaschinen

Vorschubbewegung

Die Vorschubbewegung sorgt für eine stetige oder schrittweise Spanabnahme. Sie kann kontinuierlich erfolgen, wie beim Drehen, Fräsen, Bohren oder in Schritten, wie beim Hobeln und Stoßen. Die Vorschubbewegung wird senkrecht zur Schnittbewegung durch das Werkzeug (z. B. beim Drehen) oder durch das Werkstück (z. B. beim Fräsen) ausgeführt. Sie bestimmt die **Spanbreite.**

Die **Größe des Vorschubs *f*** ist von der geforderten Oberflächenqualität, der Zerspanungsmenge und der Leistung der Maschine abhängig. Sie wird in mm pro Umdrehung oder Hub und als **Vorschubgeschwindigkeit v_f** in mm/min gemessen.

Wenn die Leistung der Maschine vergrößert wird, wird auch die **Zerspanungskraft** an der Werkzeugschneide, mit der der Span abgenommen wird, größer. Dann kann unter sonst gleichen Bedingungen auch der Vorschub vergrößert werden, was wiederum zu einer größeren **Zerspanungsmenge** führt.

Zustellbewegung

Die Zustellbewegung bestimmt die **Schnitttiefe,** das heißt, wie tief das Werkzeug in das Werkstück eindringt. Sie verläuft senkrecht zur Vorschubbewegung. Die **Zustellung *a*,** gemessen in mm, ist abhängig von Werkzeug, Werkstück, geforderter Oberflächenqualität, Art der Einspannung und Leistung der Maschine **(Bild 1, Seite 171).**

Anstellbewegung

Die Anstellbewegung führt vor dem Zerspanvorgang das Werkzeug an das Werkstück heran. Sie wird in der Regel im Eilgang durchgeführt.

Einflussgrößen der Zerspanung

Vor jedem maschinellen Bearbeitungsvorgang steht die Frage nach dem günstigsten **Bearbeitungsverfahren** und den besten **Einstellwerten** für Spantiefe, Vorschub und Schnittgeschwindigkeit. Deshalb ist es wichtig, alle Einflussgrößen der Zerspanung zu kennen **(Übersicht).**

Übersicht: Einflussgrößen beim Zerspanen

Der **Spanungsvorgang** wird beeinflusst von

Bearbeitungsverfahren	Werkzeugmaschine	Werkzeug	Werkstück
■ **Fräsen**	■ Größe	■ Schneidenwerkstoff	■ Werkstoff
■ **Hobeln**	■ Antriebsart	■ Form	■ Abmessungen
■ **Stoßen**	■ Antriebsleistung	■ Standzeit	■ Oberfläche
■ **Bohren**	■ Starrheit		
■ **Drehen**	■ Maßgenauigkeit		
	■ Einstellwerte des Zerspanungsvorgangs		

Bearbeitungsverfahren

Die Form und der Werkstoff des Werkstückes sowie die im Betrieb vorhandenen Anlagen und Maschinen bestimmen, mit welchem Bearbeitungsverfahren ein Werkstück gefertigt wird. Bei der Endbearbeitung sind die geforderte Genauigkeit und die Oberflächenqualität mitentscheidend.

Ein wichtiger Faktor bei der **Auswahl der Bearbeitungsmaschine** ist die Wirtschaftlichkeit. So kann ein Werkstück durchaus auf einer älteren und leistungsschwächeren Hobelmaschine gefertigt werden, wenn das günstigere CNC-Bearbeitungszentrum schon voll ausgelastet ist.

Werkzeugmaschine

Die Werkzeugmaschine wirkt durch veränderbare und feste Einflussgrößen auf den Zerspanvorgang ein. Die Größe, Antriebsart, Antriebsleistung, Starrheit der tragenden Teile und die erreichbare Maßgenauigkeit sind jeder Maschine durch die Konstruktion vorgegeben und somit nicht veränderbar.

Die einstellbaren Größen, die **Schnittbedingungen,** sind **Schnitttiefe a_p, Vorschub *f*** und **Schnittgeschwindigkeit v_c**. Sie bestimmen vor allem die Oberflächengüte, die Schnittleistung und die Standzeit des Werkzeuges.

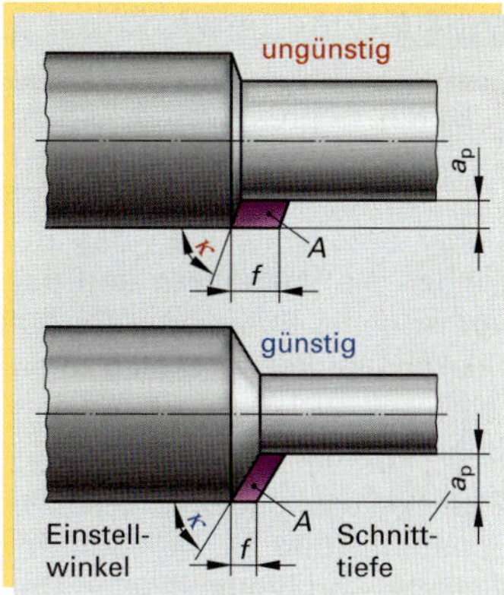

Bild 1: Flächengleiche Spanungsquerschnitte

Das Produkt aus Schnitttiefe und Vorschub ergibt den **Spanungsquerschnitt.** Größe und Form des Spanungsquerschnittes beeinflussen vor allem die Standzeit. Ein schmaler, langer Spanungsquerschnitt entsteht aus einem kleinen Vorschub und einer großen Schnitttiefe. Diese Form ist günstiger als ein flächengleicher, breiter und kurzer Spanungsquerschnitt **(Bild 1).** Dort ist der Schnittdruck größer. Dadurch entsteht mehr Wärme, die wegen der kleineren Kontaktfläche schlechter abgeführt wird.

Eine geringe Oberflächenrauheit wird erzielt durch kleinen Vorschub, geringe Schnitttiefe und hohe Schnittgeschwindigkeit, allgemein Schlichten genannt. Großer Vorschub, große Schnitttiefe und geringe Schnittgeschwindigkeit erzeugen eine raue Oberfläche, diese Spanabnahme heißt **Schruppen.**

Werkzeug

Für Werkzeuge werden unterschiedliche **Schneidstoffe** verwendet: unlegierter Werkzeugstahl, Schnellarbeitsstahl, Hartmetall, Oxidkeramik und Diamant. Schneidstoffe für sehr hohe Schnittgeschwindigkeiten, wie Oxidkeramik, sind teuer; unlegierter Werkzeugstahl dagegen ist billig, hat jedoch eine geringere Standzeit. Das bedeutet: Die Wahl des optimalen Werkzeugmaterials wird oft nach wirtschaftlichen Gesichtspunkten getroffen.

Durch den Einsatz von **Kühlschmiermitteln** können die Schnittleistung und die Standzeit des Werkzeugs erhöht werden. Aber nicht nur auf die Schneidstoffe kommt es an, auch Form, Abmessungen, Winkel an der Schneide, Einstellwinkel und die Schnittgeschwindigkeit beeinflussen die Zerspanung.

Werkstück

Zu den wichtigsten Einflussgrößen des Zerspanvorganges gehören die **Eigenschaften des Werkstoffes.** Harter Werkstoff und Werkstoffe mit großer Festigkeit erfordern einen sehr harten Schneidstoff und eine große Schnittkraft. Weiche Werkstoffe, wie z. B. Aluminium, werden mit hoher Schnittgeschwindigkeit bearbeitet.

Auch die **Abmessungen** des Werkstücks beeinflussen die Zerspanung: lange Teile federn leicht und müssen besonders aufgespannt werden. Oft entstehen durch die Bearbeitung Schwingungen, die zu einer mangelhaften Oberfläche führen. Außer einer geeigneten Aufspannung wird dies durch kleine Schnitttiefe, kleine Schnittkraft und hohe Schnittgeschwindigkeit vermieden.

Arbeitsauftrag:

1. Unterscheiden Sie Hauptbewegung, Vorschubbewegung, Zustellbewegung und Anstellbewegung.
2. Welches Bauteil (Werkzeug oder Werkstück) führt beim Drehen, Bohren, Walzfräsen oder Rundschleifen jeweils die Schnittbewegung aus und welches Bauteil die Vorschubbewegung?
3. In welchen Einheiten wird die Schnittgeschwindigkeit gemessen?
4. Welche Größen beeinflussen den Zerspanungsvorgang?
5. Beschreiben Sie den Einfluss des Verhältnisses der Härten von Schneidstoff und Werkstoff auf die Zerspanungsmenge und die Spangröße.
6. Erläutern Sie anhand Ihrer Kenntnisse der Reibung, welchen Einfluss Kühlschmiermittel auf die Schnittleistung und die Standzeit der Werkzeuge haben.
7. Erklären Sie den Begriff Anstellbewegung.
8. Welche Schneidstoffe kennen Sie?

7.5.6 Bohren

Durch Bohren werden spanend zylindrische Löcher (Bohrungen) hergestellt oder erweitert.

Dabei bezeichnet man das Herstellen von Bohrungen als **Vollbohren** und das Erweitern schon vorhandener Bohrungen als **Aufbohren.** Auch das Senken und Reiben zählen zu den Bohrverfahren.

Bohrvorgang

Zwei Bewegungen bewirken beim Bohren die Spanabnahme **(Bild 1)**. Der Bohrer wird über Motor, Getriebe und Bohrspindel in Drehung versetzt und führt infolgedessen die kreisförmige **Schnittbewegung** (Hauptbewegung) aus. Zur Erzeugung des Schneidendrucks, welcher erst zur Spanbildung führt, wird die Bohrspindel über Handhebel, Zahnrad und Zahnstange in Richtung Bohrerachse gedrückt, wobei die Drehachse des Bohrers und die Achse der erzeugten Innenfläche fluchten. Diese Bewegung ist die geradlinige **Vorschubbewegung.**

Da beide Arbeitsbewegungen gleichzeitig stattfinden, dringen beide Keilschneiden des Spiralbohrers spanabhebend in den Werkstoff ein **(Bild 2)**.

Bohren ist Zerspanen mit kreisförmiger Schnittbewegung. Die Vorschubbewegung verläuft geradlinig in Richtung der Bohrungsachse.

Bohrwerkzeug

Der **Spiralbohrer,** eigentlich ein Wendelbohrer, ist das am häufigsten verwendete Bohrwerkzeug. Seinen Aufbau kann man sich folgendermaßen verdeutlichen:

In einen zylindrischen Rohling aus Schnellarbeitsstahl werden zwei wendelförmige Nuten gefräst. Die Steigung der Nut legt den Drallsteigungswinkel und damit den wirksamen **Spanwinkel** γ fest **(Bilder 2 und 3)**. Bezogen auf das Werkzeug heißt er Seitenspanwinkel γ_f. Der genutete Rohling würde bei Drehung in einer Bohrung starke Reibung verursachen. Deshalb erzeugt man durch Hinterfräsen längs der Spannuten die (relativ schmalen) Führungsfasen mit den **Nebenschneiden,** wodurch sich die Reibung verringert. Außerdem führen die Fasen den Bohrer in der Bohrung. An ihnen wird der Bohrerdurchmesser gemessen **(Bild 1, Seite 173)**.

Die **Hauptschneiden** am Bohrer entstehen durch kegelförmiges Anschleifen des genuteten Rohlings. Der dadurch gebildete **Spitzenwinkel** σ (sigma) bestimmt die Länge *L* der Schneiden. Die Hauptschneiden werden gleichzeitig hinterschliffen, damit sie in den Werkstoff eindringen können. So entstehen die **Freiflächen (Bild 3)**.

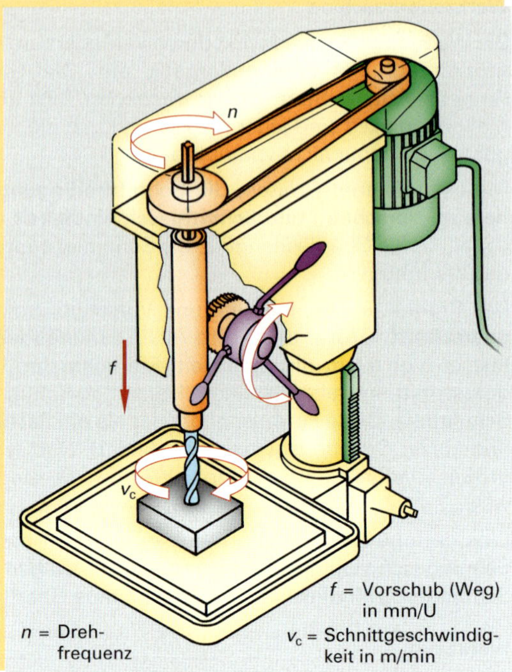

Bild 1: Bohrvorgang

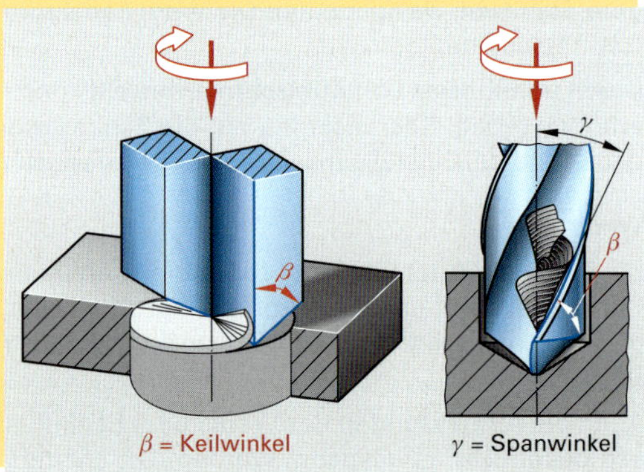

Bild 2: Entstehung der Keilschneiden am Spiralbohrer

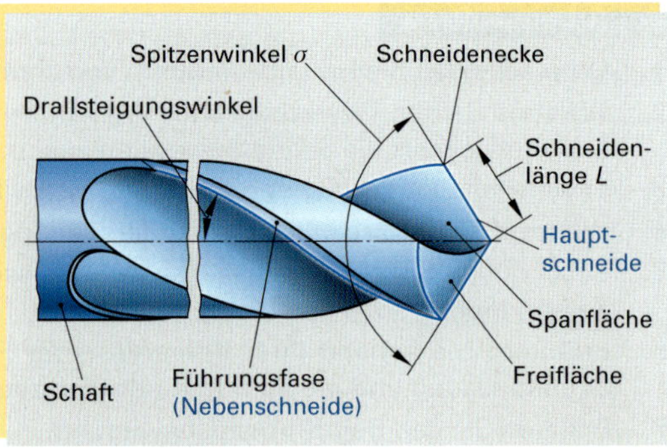

Bild 3: Bohreraufbau

Der **Freiwinkel** α legt die Neigung der Freiflächen fest, der **Keilwinkel** β begrenzt die Größe des Schneidenwinkels. Bezogen auf das Werkzeug heißen sie Seitenfreiwinkel α_f und Seitenkeilwinkel γ_f **(Bild 1)**.

Spitzenwinkel

Bei größerem Spitzenwinkel σ eines Bohrers sind die Schneidenkeile stabiler, da die Hauptschneiden kürzer werden. Die Bruchgefahr vermindert sich. Die Größe des Spitzenwinkels hängt von der Härte und der Wärmeleitfähigkeit des zu bearbeitenden Werkstoffs ab. Die bei der Spanabnahme entstehende Wärme wird mit den Spänen und dem Kühlmittel, aber auch über das Werkstück und die Hauptschneiden **(Bild 2)** abgeleitet.

> Lange Werkstückschneiden leiten die Wärme besser ab. Die Gefahr der Überhitzung der Hauptschneiden verringert sich.

Querschneide und Vorschubkraft

Die Freiflächen bilden mit den Hauptschneiden eine Querschneide, deren Länge von der Kerndicke *k* (Seele) des Bohrers und dem Winkel ψ (psi = 55°) zwischen Quer- und Hauptschneide abhängig ist **(Bild 1)**.

> Mit zunehmendem Bohrerdurchmesser nimmt die Länge der Querschneide zu, die nötige Vorschubkraft erhöht sich stark.

Dies ist auf den negativen Querschneidenspanwinkel zurückzuführen, der lediglich eine schabende Schneidenwirkung zulässt. Die Folge ist, dass etwa 60 % der gesamten Vorschubkraft darauf verwendet werden müssen, die Schneiden in das Werkstück eindringen zu lassen.

Daher wird zur **Verringerung der Vorschubkraft** bei Bohrungen über 10 mm Durchmesser entweder vorgebohrt, die Querschneide ist dann nicht mehr im Eingriff oder die Bohrerspitze erhält einen speziellen Anschliff **(Bild 3)** um die Querschneide zu verkleinern.

Spiralbohrertypen

Durch Änderung des Drallnutenwinkels und damit des Spanwinkels γ ändert sich auch der Keilwinkel β. Bei weichen Werkstoffen wird ein kleiner Keilwinkel (Typ W), bei harten Werkstoffen werden ein großer Keilwinkel und ein kleiner Spanwinkel benötigt (Typ H in **Bild 4**).

> Mit zunehmender Härte des zu bohrenden Werkstoffs wählt man Bohrer mit kleinerem Drallnutenwinkel und damit größerem Keilwinkel.

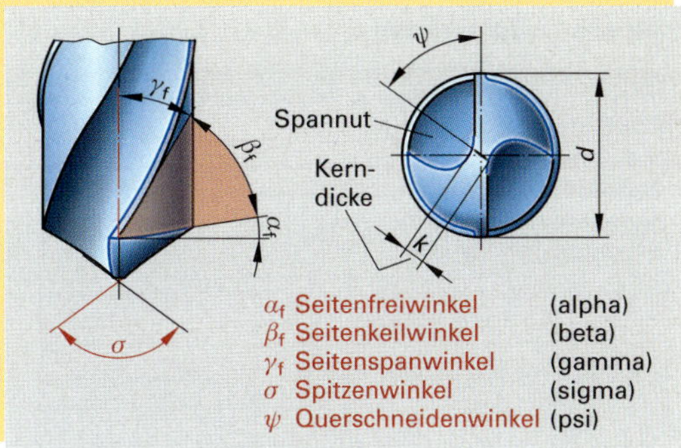

Bild 1: Winkel am Spiralbohrer

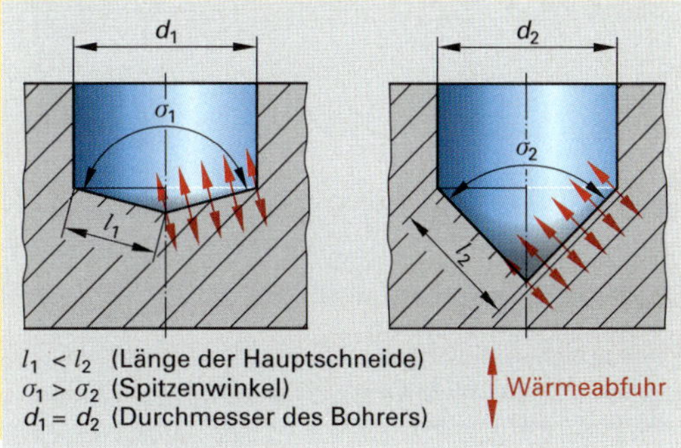

Bild 2: Wärmeabfuhr bei unterschiedlichen Spitzenwinkeln

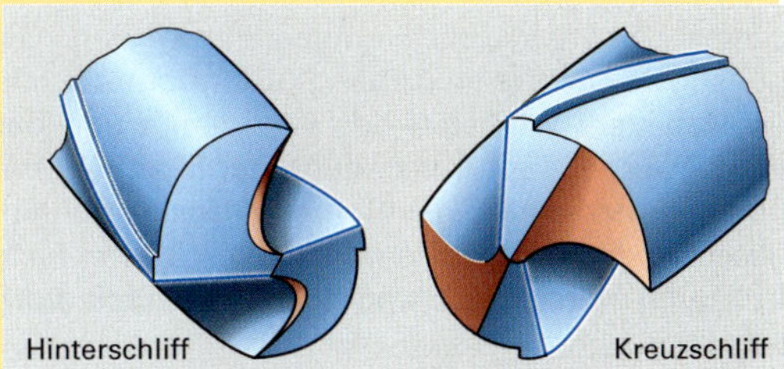

Bild 3: Verkleinern der Querschnitte

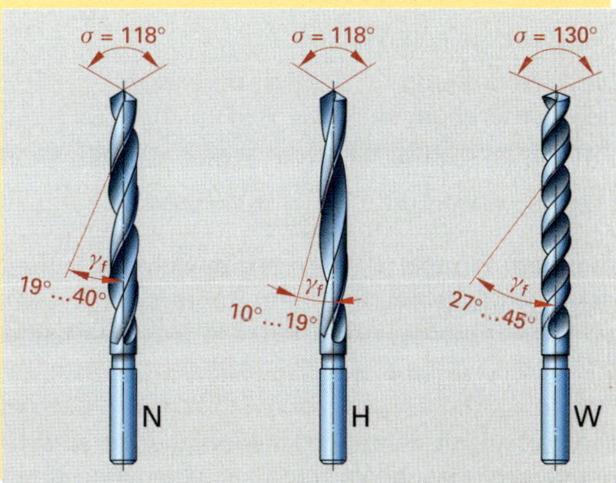

Bild 4: Spiralbohertypen, Spitzen- und Drallwinkel

Tabelle 1: Bohrerarten

Einsatzmöglichkeiten	Bohrertyp		Werkstoff
Festlegen von Bohrungsmitten mit engen Lagetoleranzen, Zentrieren von Wellenmitten, Aufnahmezentrierungen von Exzentern.	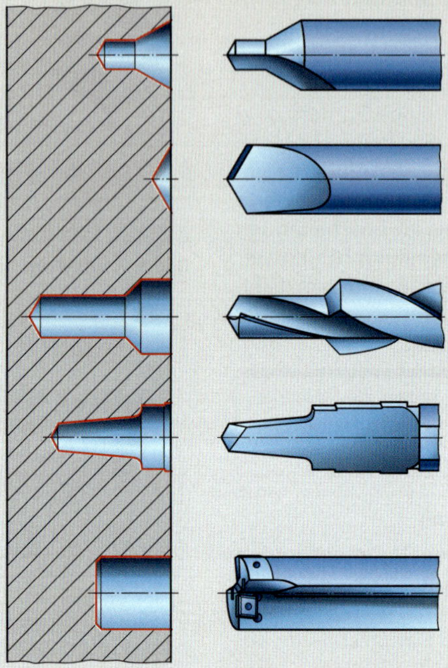	**Zentrierbohrer** (DIN 333)	HSS
		NC-Anbohrer	HSS HM
Bohrungen mit verschiedenen Ansätzen in einem Arbeitsgang (z. B. ansenken und entgraten).		**Stufenbohrer** (DIN 8374)	HSS HM
		Flachformbohrer	HSS HM
Wirtschaftliches Bohren mit hoher Zerspanleistung, guter Standzeit und einfachem Schneidenwechsel. Außerdem ist kein Vorbohren mehr nötig, da keine Querschneide vorhanden ist.		**Wendeplattenbohrer**	HM

Schnittgeschwindigkeit beim Bohren

Die Drehfrequenzen dürfen an einer Werkzeugmaschine nicht willkürlich eingestellt werden. Die günstigste Drehfrequenz hängt vom Bohrerdurchmesser, dem Werkstoff des Werkzeugs und des Werkstücks ab. Zur Berechnung der Drehfrequenz benötigt man die für den Bohrer zulässige Schnittgeschwindigkeit, die sichert, dass der Bohrer nicht frühzeitig verschleißt und trotzdem noch wirtschaftlich bohrt.

Die Geschwindigkeit der Schneidenecke in Richtung der Schnittbewegung bezeichnet man als **Schnittgeschwindigkeit v_c (Bild 1).**

Der zurückgelegte Weg ist

bei 1 Umdrehung $s = \pi \cdot d \cdot 1$ in m,
bei n Umdrehungen $s = \pi \cdot d \cdot n$ in m.

Auf die Zeiteinheit bezogen ergibt sich die Drehfrequenz (Drehzahl n in $\frac{1}{\text{min}}$ oder min^{-1}).

Aus dem Produkt $\pi \cdot d \cdot n$ ergibt sich die Schnittgeschwindigkeitsformel beim Bohren:

$$v_c = \pi \cdot d \cdot n \quad \text{in } \frac{\text{m}}{\text{min}}$$

Die zulässigen Schnittgeschwindigkeiten sind für die verschiedenen Werkstoffe in Versuchen ermittelt worden **(Tabelle 2)**.

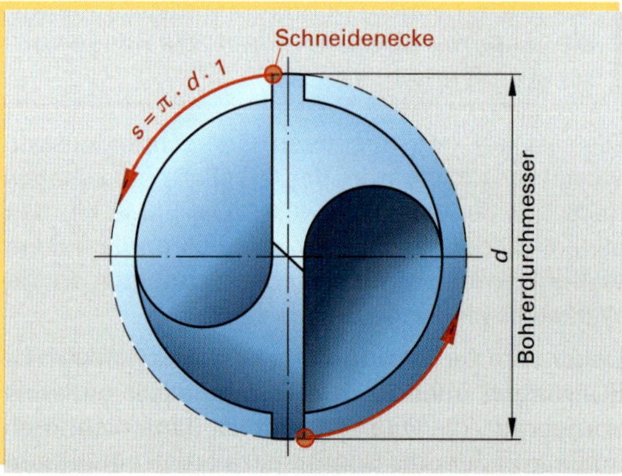

Bild 1: Weg der Schneidenecke bei 1 Umdrehung

Tabelle 2: Schnittgeschwindigkeit und Vorschub

Werkstoff	Schnittgeschwindigkeit v_c in m/min		Vorschub f in mm
	HSS	HM	
St bis R_m = 400 N/mm² = 600 = 800	 25 22 18	 80 60 40	 0,04 ...0,8 0,03 ...0,6
GG, GT, GS	15... 25	40... 70	0,05 ...1,0
Werkzeugstahl	5... 10	20... 30	0,025...0,5
Cu-Zn-Legierung	30... 80	80...125	0,05 ...1,0
Al-Legierung	35...150	100...200	0,05 ...1,0

Ist die **zulässige Schnittgeschwindigkeit** einer Tabelle entnommen worden, lässt sich die günstigste Drehfrequenz mit Hilfe der Schnittgeschwindigkeitsformel errechnen:

$$n = \frac{v_c}{\pi \cdot d}$$

Zur Bestimmung der richtigen Drehfrequenz des Bohrers benötigt man immer die zulässige Schnittgeschwindigkeit und den Bohrerdurchmesser.

Kann die errechnete Drehfrequenz nicht am Getriebe der Bohrmaschine eingestellt werden, wird immer mit der nächst niedrigeren Drehfrequenz gebohrt.

In der Regel ermittelt man jedoch die Drehfrequenz aus einem Schnittgeschwindigkeitsdiagramm **(Bild 1)**.

Bei kleinem Bohrerdurchmesser wird eine große Drehfrequenz eingestellt!

Bei großem Bohrerdurchmesser wird eine kleine Drehfrequenz eingestellt!

Spannen der Werkzeuge

Der Einspannschaft des Spiralbohrers ist bis zum Bohrerdurchmesser von ca. 10 mm zylindrisch. Ist der Durchmesser größer, werden die Werkzeuge mit einem kegeligen Einspannschaft versehen.

Die Kraftübertragung erfolgt bei zylindrischem Schaft kraftschlüssig über ein Dreibacken- oder ein **Schnellspannfutter**. Genaue Bohrungen werden dabei nur erreicht, wenn der Bohrer auf dem Grund des Bohrfutters aufsitzt und fest und zentrisch gespannt wird **(Bild 1)**.

Bohrer mit kegeligen Schäften übertragen das Drehmoment kraftschlüssig. **Reduzierhülsen** mit Morseschäften 2-6 (d.h. mit genormten Kegelwinkeln) passen den Bohrer an die jeweilige Bohrspindel an. Beim Spannen mit Kegelschäften ist darauf zu achten, dass der Austreiblappen nicht verkantet und sich keine Späne zwischen Hülse und Bohrer befinden **(Bild 2)**. Bohrer mit Morsekegelschäften können auch auf Werkzeugmaschinen mit Steilkegel durch den Einsatz von Zwischenhülsen gespannt werden.

Spannen der Werkstücke

Ab 8 mm Bohrungsdurchmesser sind Werkstücke gegen Herumreißen zu sichern. Dies geschieht bei kleineren Werkstücken mit dem **Maschinenschraubstock**. Er wird, wenn nötig, auf dem Bohrmaschinentisch befestigt **(Bild 1, Seite 176)**.

Beispiel: Vorschubauswahl für Bohrerdurchmesser 10 mm, Werkstoff Fe360B, ergibt eine Schnittgeschwindigkeit von v_c = 25 m/min **(Tabelle 2, Seite 174)** und einen Vorschub von f = 0,04 mm ... 0,8 mm; gewählt 0,4 mm. Die aus dem Diagramm ermittelte Drehzahl beträgt n = 900 1/min.

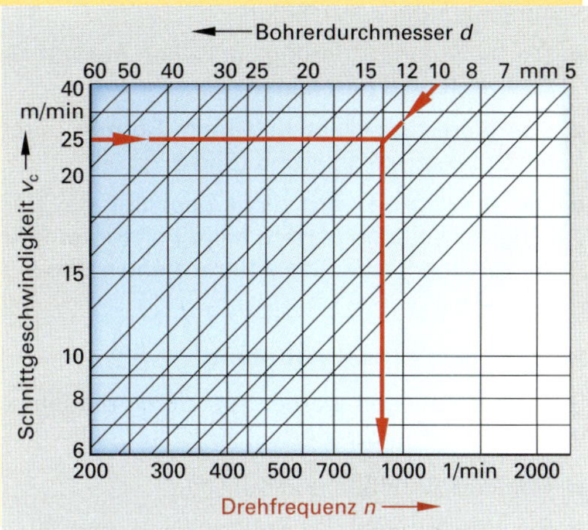

Bild 1: Schnittgeschwindigkeitsdiagramm

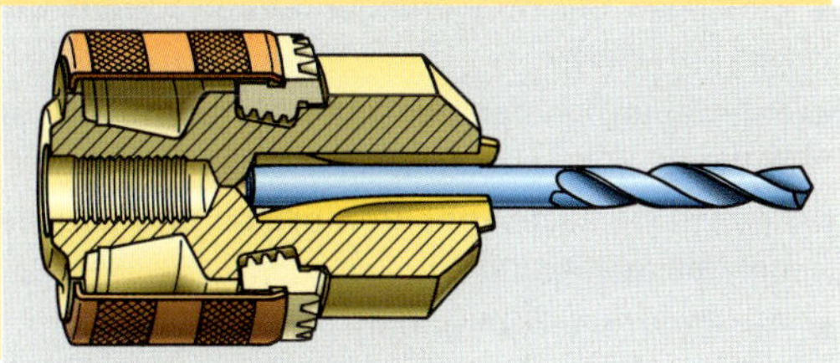

Bild 2: Dreibackenbohrfutter

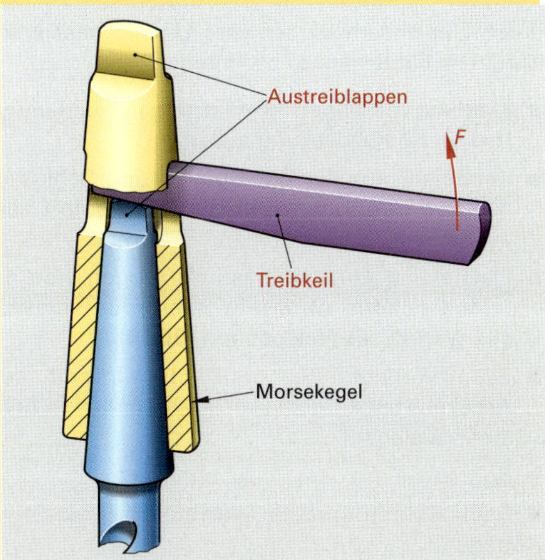

Bild 3: Bohrer mit Kegelschaft und Kegelhülse – Lösen mittels Treibkeil

Große Werkstücke sind mit Hilfe von **Spanneisen, Spannschrauben** und **Spannunterlagen** direkt auf den Bohrmaschinentisch zu spannen.

Runde Werkstücke werden in ein **Bohrprisma** gelegt und mit einem Bügelspanneisen fixiert **(Bild 1)**.

Spannfehler und deren Folgen:

- Die Durchgangsbohrung hat keinen Auslauf; der Bohrtisch wird beschädigt.
- Das Werkstück biegt sich beim Bohren durch; die Bohrung wird unrund **(Bild 2)**.
- Die Winkligkeit wird nicht beachtet; die Bohrungsachse befindet sich nicht im rechten Winkel zur Oberfläche (Lagetoleranzfehler, **Bild 3**).

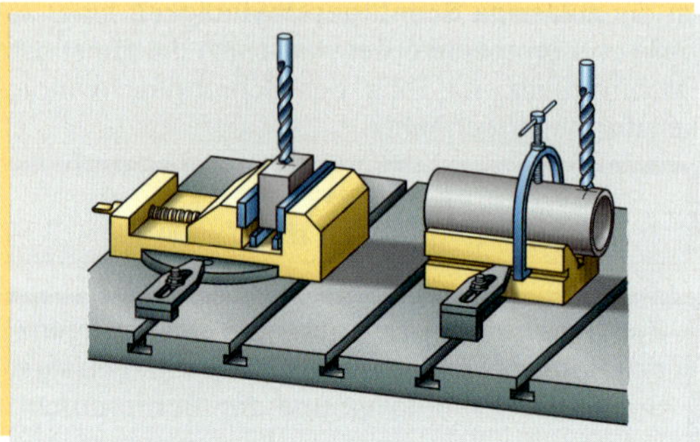

Bild 1: Bohren im Maschinenschraubstock und mit Bohrprisma

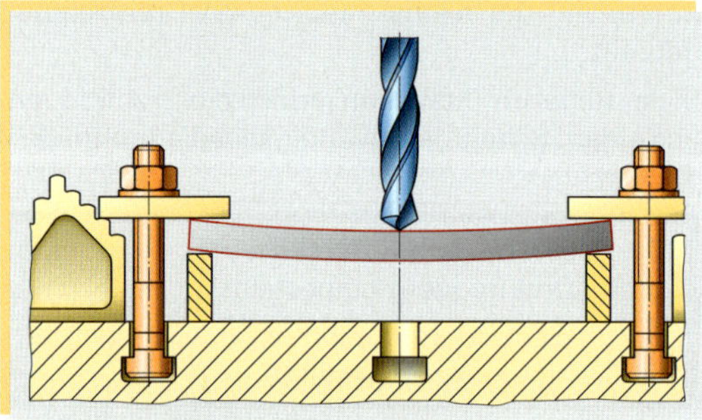

Bild 2: Spannfehler: Durchbiegung

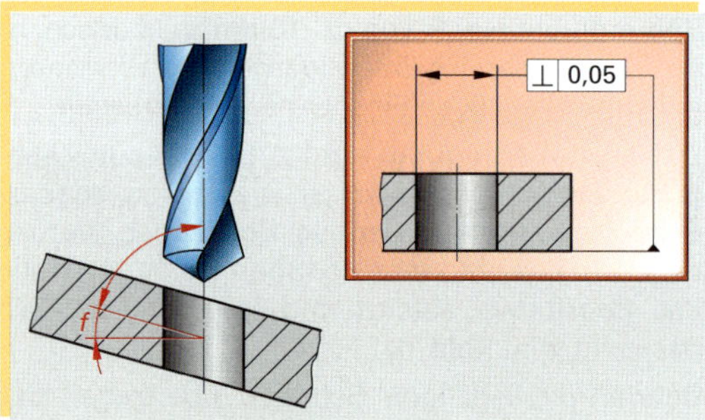

Bild 3: Lagetoleranzfehler

Arbeitsregeln – Unfallverhütung

Genaue Bohrungen werden nur durch die Einhaltung der wesentlichen Arbeitsregeln erzielt:

- Genaues Anreißen und Körnen
- Richtige Auswahl des Bohrers (N, H oder W)
- Sicheres Einspannen und genaues Ausrichten des Werkzeugs und Werkstücks
- Einstellen der notwendigen Drehfrequenz und des Vorschubs
- Falls nötig, geeignetes Kühlschmiermittel verwenden
- Lochstiche nach Anbohren prüfen und gegebenenfalls korrigieren
- Alle Bohrungen entgraten

Unfallverhütung

Auch bei den sichersten Bohrmaschinen können durch Unachtsamkeit schwere Unfälle passieren. Darum ist Folgendes zu beachten:

- Kleidung mit engen Ärmeln tragen. Bei langen Haaren Kopfbedeckung aufsetzen!
- Keiltreiber aus der Bohrspindel und Schlüssel auf dem Bohrfutter nach Gebrauch sofort herausnehmen!
- Flache und kurze Werkstücke gegen Herumreißen sichern. Ab 8 mm Bohrerdurchmesser alle Werkstücke festspannen **(Bild 4)**.
- Schutzvorrichtungen müssen während des Arbeitens angebracht sein. Riemen nur bei Stillstand umlegen!
- Bohrspäne mit dem Pinsel entfernen!
- Beim Bohren spröder Werkstoffe Schutzbrille tragen!
- Fehler an Teilen der elektrischen Ausrüstung sofort melden (nicht selber reparieren)!

Bild 4: Unfallverhütung beim Bohren

7.5.7 Senken

Für das Entgraten, Profilsenken (kegelig und zylindrisch) und Planen (Ein- und Ansenken) sind besondere Bohrverfahren entwickelt worden:

Senken entspricht einem Bohrvorgang zur Erzeugung von Zylinder- oder Kegelflächen in Richtung der Bohrungsachse **(Bilder 2 und 5)** und von Planflächen rechtwinklig zur Bohrungsachse **(Bild 3)** mit dementsprechenden Werkzeugen.

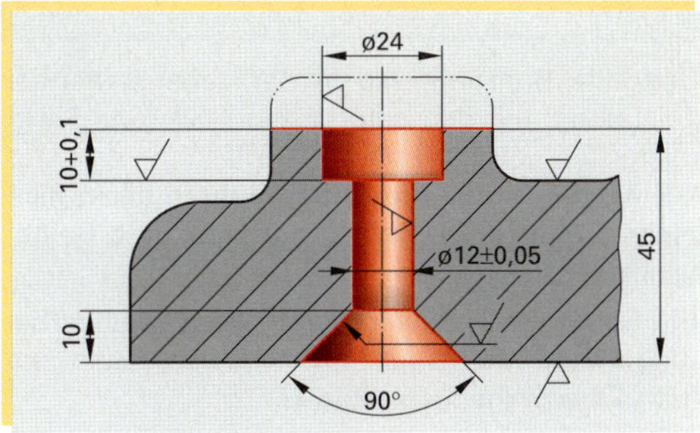

Bild 1: Durch Bohren und Senken zu bearbeitendes Werkstück aus Grauguss

Arten und Verwendung von Senkern

Das im Beispiel dargestellte Werkstück wird nach dem Vorbohren mit verschiedenen Senkern bearbeitet **(Bilder 1 bis 5)**. Die Werkzeuge bestehen aus HSS-Stahl oder Hartmetall.

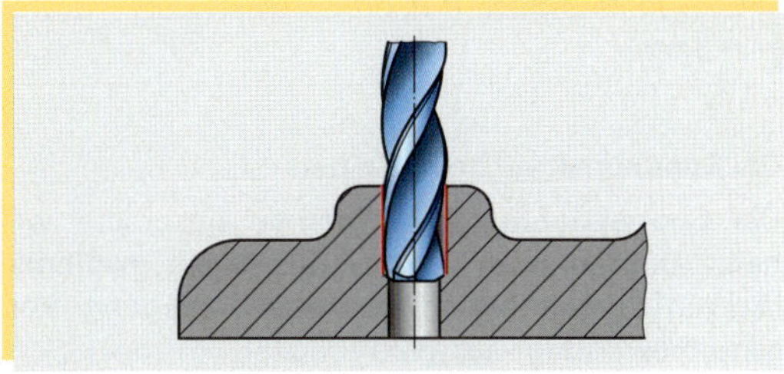

Bild 2: Aufbohren mit dem Spiralbohrer

Plansenken

Mit dem Plansenker (Flachsenker) wird am Werkstück eine Planfläche angesenkt **(Bild 3)**. Sie dient häufig als Auflagefläche für Schrauben und Muttern bei sonst im Rohzustand belassener Oberfläche. Es gibt Plansenker mit und ohne Führungszapfen.

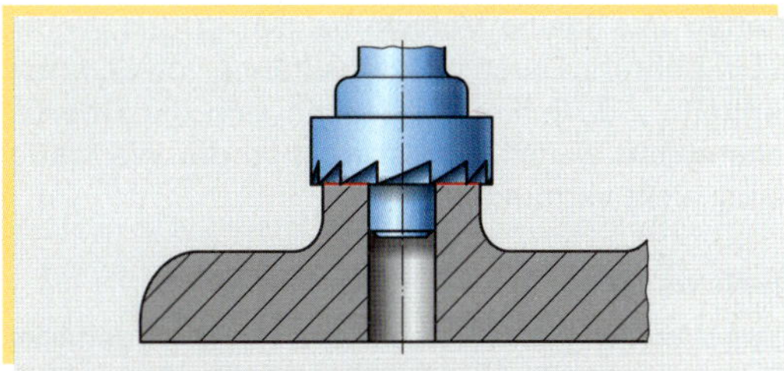

Bild 3: Planansenken mit dem Plansenker

Aufbohren

Eine vorhandene Bohrung wird mit einem Spiralsenker (Aufbohrer, drei und mehr Schneiden) aufgebohrt **(Bild 2)**. Dabei werden die Maß- und Formgenauigkeit, sowie die Oberflächengüte der Bohrung erhöht.

Planeinsenken

Zylindrische Einsenkungen werden mit dem Flachsenker (Zapfensenker) ausgeführt **(Bild 4)**. Es gibt Flachsenker mit festem und auswechselbarem Führungszapfen.

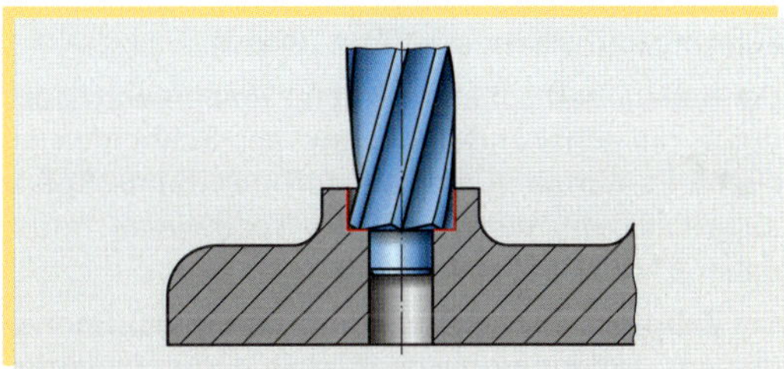

Bild 4: Planeinsenken mit dem Flachsenker

Profilsenken

Der **Kegelsenker** fertigt kegelige Profilsenkungen **(Bild 5)**. Der Senkwinkel ist für Nieten 75°, 60° oder 45°, für Senkschrauben 90° und 120° und zum Entgraten 60°. Je nach Ausführung kann der Kegelsenker eine, drei oder viele Schneiden besitzen.

Die **Senkarbeiten** lassen sich auf allen Bohr-, Fräs- und Drehmaschinen durchführen.

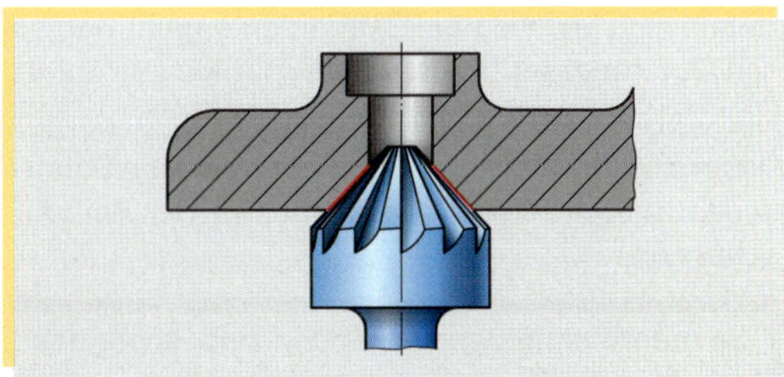

Bild 5: Profilsenken mit dem Kegelsenker

Arbeitsregeln

- Kleine Drehfrequenzen einstellen (Schnittgeschwindigkeit $v_c = 0{,}2 \cdot v_c$-Bohrer bis $0{,}5 \cdot v_c$-Bohrer), beim Spiralsenker $v_c = v_c$-Bohrer!
- Senker mit zylindrischem Schaft bis auf den Grund des Spannfutters einspannen.
- Gleiche Kühlmittel wie beim Bohren verwenden, jedoch nur bei Auf- und Einsenkungen kühlen!
- Vorschub kann größer als beim Bohren gewählt werden (vor allem beim Aufsenken).

7.5.8 Reiben

Soll eine Bohrung, wie in der nebenstehenden Zeichnung, mit den geforderten Maß- und Formtoleranzen und der hohen Oberflächengüte gefertigt werden, so ist dies durch Bohren allein nicht mehr möglich. Die Bohrung muss durch Reiben feinbearbeitet werden.

Die Bohrungen erhalten durch diese Feinbearbeitung **kleine Maß- und Formtoleranzen** und eine **hohe Oberflächengüte (Bild 2).**

> **Reiben** entspricht einem Bohrvorgang mit sehr geringer Spandicke zwecks Erhöhung der Oberflächengüte mit entsprechenden Werkzeugen.

Die Spanabnahme beim Reiben

Die Spanabnahme beim Reiben geschieht wie beim Bohren und Senken durch die **drehende** (Schnittbewegung) und die **axiale Bewegung** (Vorschubbewegung) des Werkzeugs.

Die Erzeugung einer hohen Oberflächengüte durch Reiben erfordert **niedrige Schnittgeschwindigkeiten** und **kleine Vorschübe** (ca. $^1/_4$ des Wertes vom Bohren). Durch die Verwendung von Schmiermitteln, z.B. Schneidöl, lassen sich die Oberflächengüten weiter verbessern und der Werkzeugverschleiß vermindern.

Reibwerkzeug

Das Werkzeug zum Reiben wird Reibahle genannt. Der spanende Teil der Reibahle ist der Schneidenteil. Er besteht aus Anschnitt und Führungsteil. Die Spanabnahme erfolgt nur am Anschnitt, der Führungsteil glättet und führt **(Bild 3).**

Die hohe Oberflächengüte beim Reiben wird auch durch die **schabende Wirkung** der Schneiden erreicht. Es dürfen vom Werkstoff nur dünne Späne abgenommen werden. Der Spanwinkel muss daher 0° oder negativ sein **(Bild 4).**

Die **Zahnteilung** ist bei der Anordnung der Schneiden am Umfang **ungleich (Bild 4),** dadurch werden Rattermarken vermieden (kein Eingriff der nachfolgenden Schneide an derselben Stelle). Trotzdem stehen sich jeweils zwei Schneiden gegenüber, um den Durchmesser der Reibahle messen zu können.

Nur vorgebohrte Löcher können gerieben werden. Dabei sind die Bearbeitungszugabe und die Schneidenanzahl immer vom Durchmesser der Reibahle abhängig.

> Je mehr Schneiden vorhanden sind, desto besser wird die Formgenauigkeit.

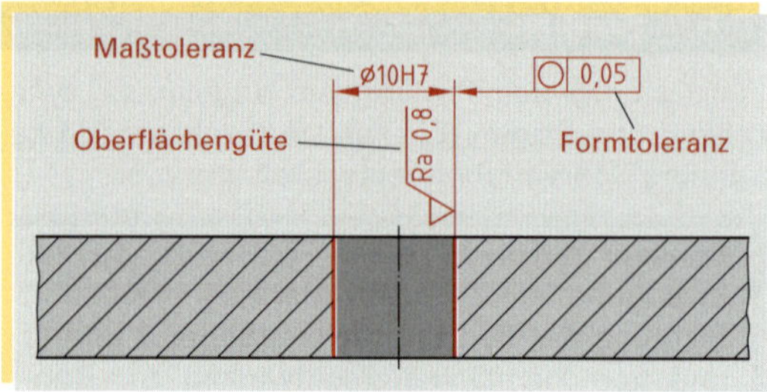

Bild 1: Geriebene Bohrung

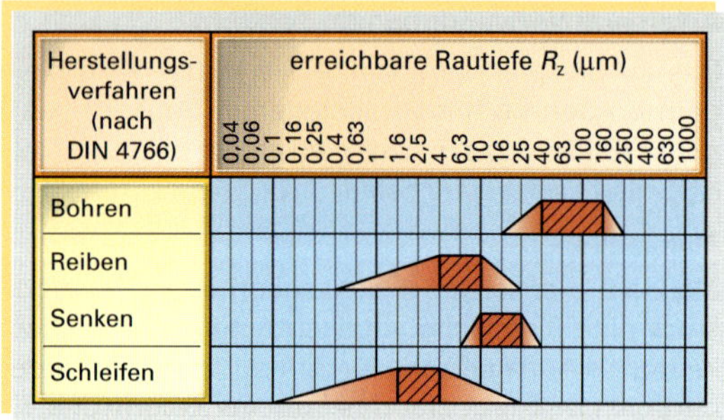

Bild 2: Vergleich erreichbarer Rautiefen

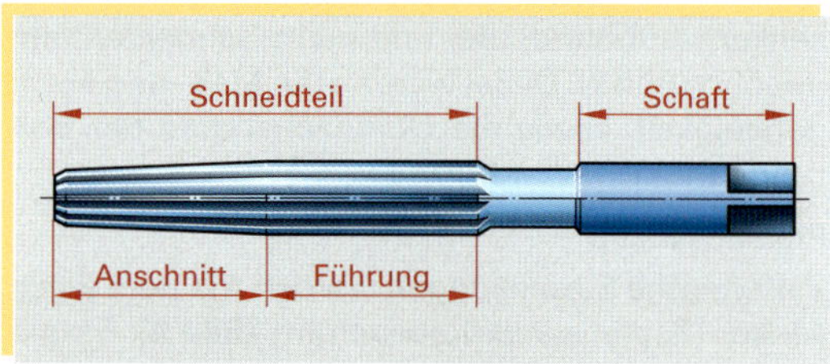

Bild 3: Aufbau einer Handreibahle

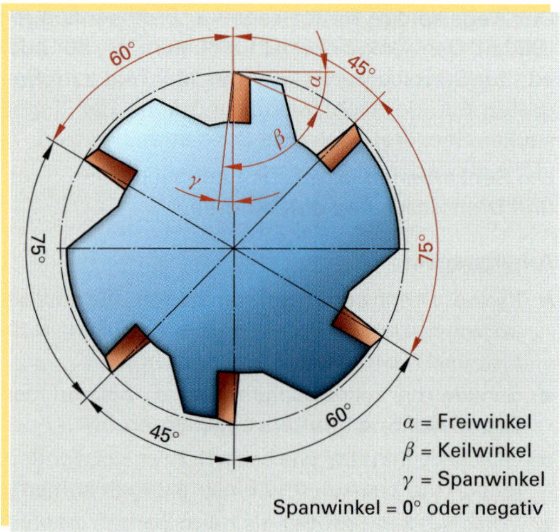

Bild 4: Teilung und Winkel an der Reibahle

7.5.9 Gewindeschneiden

Gewinde werden für unterschiedliche Funktionen benötigt und gefertigt. Sie dienen z. B. bei Schrauben (Außengewinde) und Muttern (Innengewinde, **Bild 1**) zur Verbindung von Werkstücken oder, z. B. bei Spindeln (meist mit Trapezgewinde), zum Bewegen von Maschinenteilen gegeneinander.

Kennzeichnend für jedes Gewinde sind folgende Größen:

- Das Profil (Spitzgewinde, Trapezgewinde, ...)
- Die Steigung
- Die Gangzahl (ein- oder mehrgängig)
- Die Gangrichtung (Rechts-/Linksgewinde)

Unabhängig davon gibt es noch weitere Unterscheidungskriterien, welche bei der Auswahl von Gewinden hilfreich sind, wie die **Lage** des Gewindes (Innen- oder Außengewinde) und die jeweilige **Verwendung** des Gewindes (Befestigungs- oder Bewegungsgewinde).

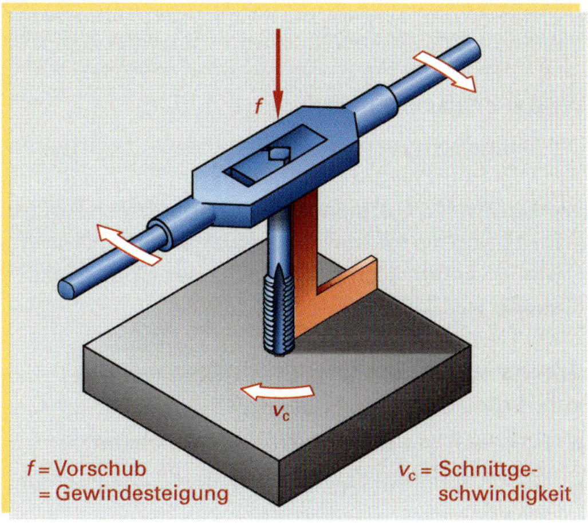

Bild 1: Gewindeschneiden von Hand

In der Gewindefertigung gibt es eine kaum noch zu überschauende Anzahl spanender und auch spanloser Herstellverfahren.

> Bei der spanenden Gewindeherstellung, dem Gewindeschneiden, werden Gewindegänge auf Bolzen oder in Bohrungen mit ein- oder mehrschneidigen Werkzeugen gefertigt.

Innengewindeschneiden von Hand

Die **spanabnehmende Bewegung** setzt sich zusammen aus einer Drehbewegung des Gewindebohrers (Hauptbewegung) und einer **Axialbewegung** in die Bohrung hinein (Vorschubbewegung). Der kegelige Anschnitt des Werkzeugs und die Steigung der Gewindegänge bewirken eine allmähliche Vertiefung bis zur endgültigen Profilform **(Bild 2).**

Beim Innengewindeschneiden wird der Werkstoff durch den Gewindebohrer zum größten Teil geschnitten, es findet also eine überwiegend spanende Bearbeitung statt. Ein Rest des Werkstoffs wird verdrängt (spanlos), er staucht sich auf (Bild 2). Deshalb muss der Durchmesser des **Kernlochbohrers** immer etwas größer (0,2 mm ... 0,4 mm) als der Kerndurchmesser des Gewindes sein.

Je besser der Werkstoff fließt (z. B. Al, Cu), desto größer muss das Kernloch werden.

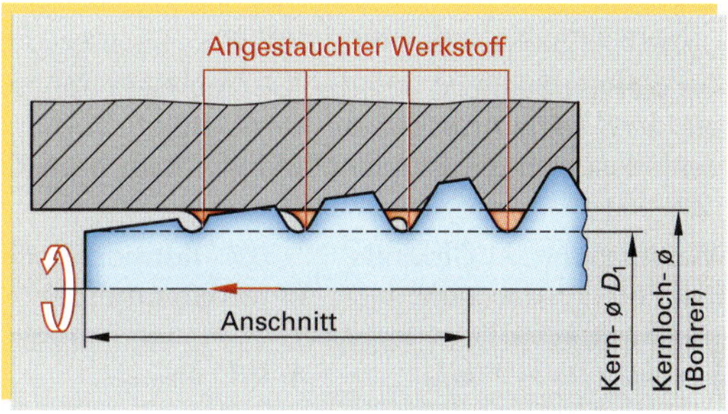

Bild 2: Spanungsvorgang Innengewindeschneiden

Gewindebohrer

Satzgewindebohrer (dreiteilig oder zweiteilig für Feingewinde), **Muttergewindebohrer** und **Maschinengewindebohrer** sind die gebräuchlichsten Bohrerarten bei der Gewindeherstellung. Sie bestehen meistens aus HSS-Stahl oder aus Hartmetall.

Beim Satz- und Muttergewindebohrer wird die Schnittbewegung von Hand ausgeführt. Der Satzgewindebohrer schneidet das Gewindeprofil in zwei bzw. drei Arbeitsgängen **(Bild 3).**

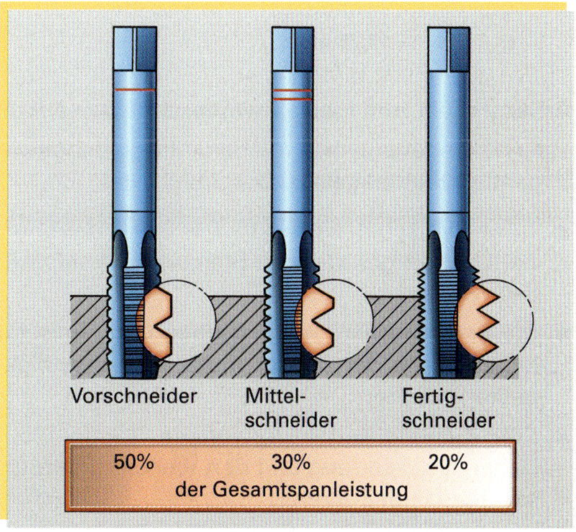

Bild 3: Satzgewindebohrer

Der Muttergewindebohrer wird für geringe Gewindetiefen (bis 1,5 · Gewindedurchmesser) eingesetzt. Er hat einen langen Anschnitt und schneidet das Gewinde in einem Arbeitsgang **(Bild 1).**

Winkel an der Schneide

Die Schneidengeometrie wird vom zu bearbeitenden Werkstoff bestimmt. Für weiche, langspanende Werkstoffe (Al, Cu) sind größere Spanbrechernuten erforderlich als für harte, kurzspanende Werkstoffe. Dadurch ändert sich gleichzeitig der Spanwinkel γ **(Tabelle 1).**

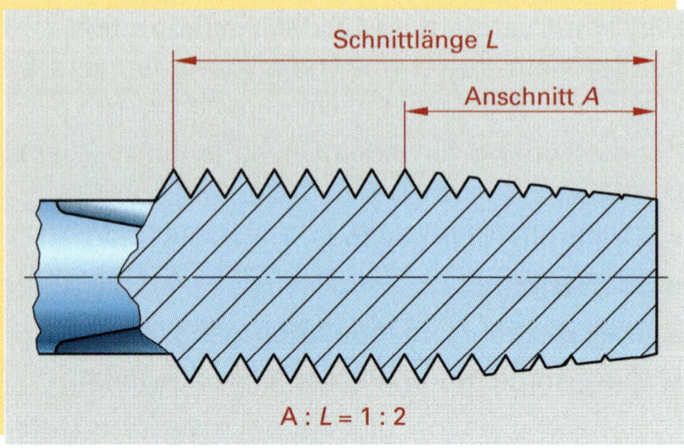

Bild 1: Muttergewindebohrer

Tabelle 1: Winkel am Gewindebohrer

Werkstoff	Fe360B…Fe690	GG	Al
γ = Spanwinkel	10°…12°	4°…6°	16°…22°

Arbeitsregeln zum Innengewindeschneiden von Hand

- Bohrloch mit Kegelsenker 90° ansenken.
- Gewindebohrer Nr. 1 ins Bohrloch einsetzen und anschneiden.
- Rechtwinkligkeit zum Werkstück prüfen.
- Den Gewindebohrer unter gleichmäßigem Druck beider Hände mit dem Windeisen drehen.
- Ausreichend Kühl-/Schmierstoff verwenden.
- Bei Schwergängigkeit kurzes Zurückdrehen des Gewindebohrers, damit die Späne brechen.
- Die Reihenfolge der Satzgewindebohrer beachten.
- Bei Grundlöchern Spänestau vermeiden und vorsichtig bis zum Grund drehen.

Die **Gewindetiefe** ist von der Kernlochtiefe abhängig. Sind keine Angaben zur Kernlochtiefe vorhanden, lässt sich die Bohrlochtiefe wie folgt berechnen:

Mindestbohrlochtiefe = Gewindetiefe + 0,7 · Kernlochbohrerdurchmesser

$$l_{min} = l_{Gew} + 0{,}7 \cdot d_{Bohrer}$$

Beispiel:

l_{min} = 15 mm + 0,7 · 6,8 mm

l_{min} = **19,76 mm**

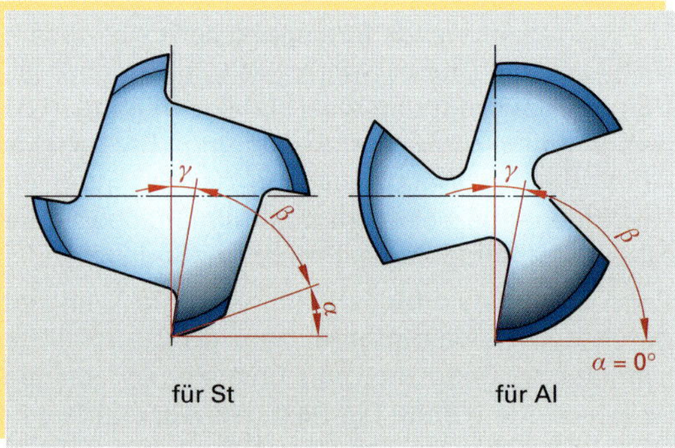

Bild 2: Winkel am Gewindebohrer

Arbeitsregeln zum Innengewindeschneiden auf der Bohrmaschine

Innengewinde kann man mit dem Maschinengewindebohrer auf der Bohrmaschine schneiden. Dabei sind folgende **Arbeitsregeln** zu beachten:

- Keinen Vorschub einstellen. Der Gewindebohrer zieht sich aufgrund seiner Steigung von selbst in das Werkstück.
- Die Bohrmaschine muss Rechts- und Linkslauf haben, denn der Bohrer muss wieder zurückgedreht werden.
- Kühl-/Schmiermittel verwenden (Schneidöl). Dabei das Werkzeug und den Werkstoff berücksichtigen (vgl. Bohren).
- Die Schnittkraft muss zur Vermeidung von Bohrerbrüchen möglichst einstellbar sein. Mit einem Gewindeschneidapparat, der in die Bohrspindel gesteckt werden kann, lässt sich die Schnittkraft einstellen und der Rücklauf schaltet sich selbsttätig ein (Grundlöcher!).
- Auf die richtige Schnittgeschwindigkeit achten $\left(\text{Richtwerte: St} \mathrel{\hat=} 12\,\frac{\text{m}}{\text{min}},\ \text{GG} \mathrel{\hat=} 8\,\frac{\text{m}}{\text{min}}\right)$.
- Den richtigen Gewindebohrer auswählen.

Maschinengewindebohrer

Maschinengewindebohrer unterscheiden sich durch rechts- und linksgedrallte Spannuten **(Bilder 1 und 2)**. **Linksgedrallte Bohrer** führen die Späne nach unten ab (geeignet für Durchgangsbohrungen). **Rechtsgedrallte Bohrer** ziehen die Späne aus der Bohrung heraus (geeignet für Grundlöcher).

Gewindelängen bis maximal 1 · Gewindedurchmesser lassen sich rationell mit einem **Maschinenkombigewindebohrer** herstellen **(Bild 3)**.

Alle Maschinengewindebohrer haben einen **kurzen Anschnitt** und schneiden das Gewinde meistens in einem Arbeitsgang.

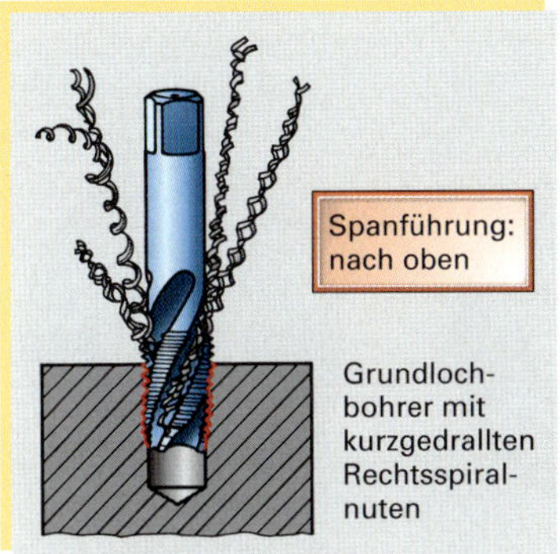

Bild 1: Maschinengewindebohrer mit Rechtsdrall

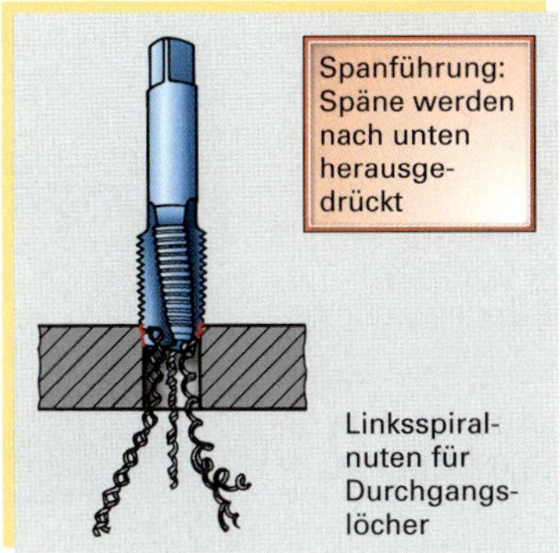

Bild 2: Maschinengewindebohrer mit Linksdrall

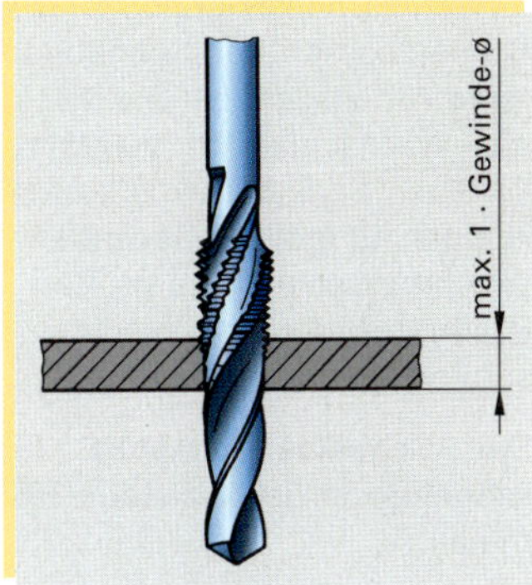

Bild 3: Maschinenkombigewindebohrer

War die Gewindeherstellung lange Zeit ein sehr zeitraubendes und damit teures Verfahren, so ist dies mit den neuesten Entwicklungen im Bereich der Gewindebohrer nicht mehr so. Beschichtete Gewindebohrer, teilweise mit Innenkühlung ausgestattet, erlauben sehr hohe Schnittgeschwindigkeiten (bis ca. 50 m/min!) bei gleichzeitig hoher Standzeit **(Bild 4)**. Die Beschichtung besteht wie auch bei den Spiralbohrern aus Titan-Nitrid (TiN), dessen sehr gute Eigenschaften in bestimmten Einsatzgebieten durch Zusätze noch verbessert werden (TiCN, TiAlN).

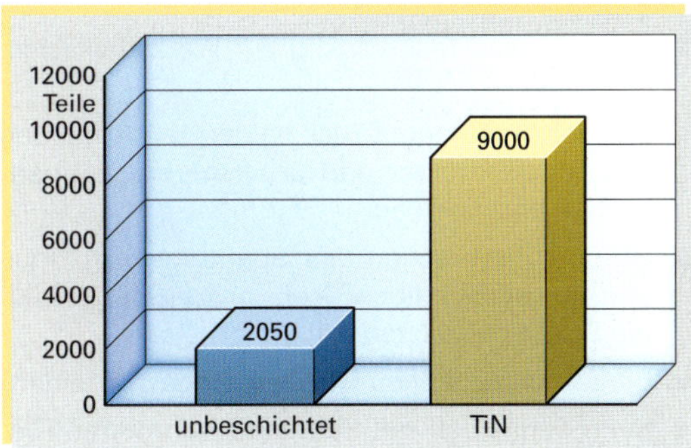

Bild 4: Vergleich der Standzeiten

Außengewindeschneiden von Hand

Zum Schneiden der Außengewinde von Hand verwendet man Schneideisen **(Bild 5)** und Gewindeschneidkluppen.

Wie beim Innengewindeschneiden tritt auch beim Spanen mit dem Schneideisen, nachdem der größte Teil des Gewindeprofils eingeschnitten ist, ein Stauchen des Werkstoffs auf. Der Bolzendurchmesser muss deshalb einen etwas kleineren Durchmesser haben als der zu schneidende Gewindedurchmesser (0,1 mm ... 0,3 mm). Außerdem muss der Bolzen zum geraden Ansetzen des Schneideisens angefast werden **(Bild 1, Seite 182)**.

> Je stärker der Werkstoff aufstaucht (fließt), desto kleiner muss der Bolzendurchmesser im Verhältnis zum Kerndurchmesser sein!

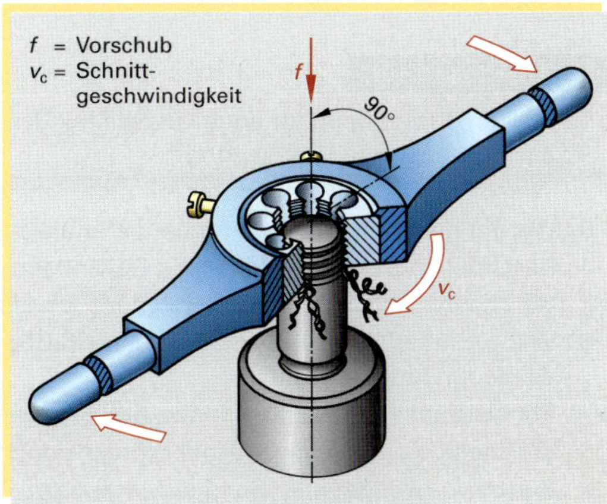

Bild 5: Außengewindeschneiden von Hand

Werkzeuge zum Außengewindeschneiden

Bei **Gewindeschneideisen (Bild 2)** wird das vollständige Gewinde in einem Arbeitsgang geschnitten. Die geschlitzte Ausführung **(Bild 3)** lässt sich zentrisch verstellen. Eine Einflussnahme auf den Gewindedurchmesser ist dadurch in engen Grenzen möglich. Schneideisen sind nur bis ca. 16 mm Gewindedurchmesser einsetzbar, da große Zerspanarbeit geleistet werden muss.

Gewindeschneidkluppen (Bild 4) haben verstellbare Schneidbacken. Die Spanabnahme erfolgt in mehreren Arbeitsgängen. Die Messer werden zum Vor- und Nachschneiden verstellt. Wegen der regulierbaren Spanabnahme werden Gewindeschneidkluppen für größere Gewinde verwendet (ab 12 mm Durchmesser und bei großen Rohrgewinden, z.B. R1 1/4), sowie bei verschiedenen Gewindedurchmessern mit gleicher Steigung.

Der **Schneidenwerkstoff** für Außengewindeschneideisen ist meistens HSS-Stahl oder Hartmetall.

Arbeitsregeln zum Außengewindeschneiden

- Bolzen zum Ansetzen des Schneideisens anfasen.
- Schneideisen rechtwinklig zur Werkstückachse aufsetzen.
- Bei gleichmäßigem Druck beider Hände auf den Schneideisenhalter und unter gleichmäßigem Drehen anschneiden.
- Durch Unterbrechen des Spanungsvorganges und mit einer halben Drehung zurück werden die Späne gebrochen.
- Bis zur angegebenen Gewindelänge schneiden.
- Beim Schneiden mit Schneidöl schmieren (Beachten Sie die zu schneidenden Werkstoffe!).
- Größere Gewinde mit der Gewindeschneidkluppe in mehreren Arbeitsgängen schneiden.

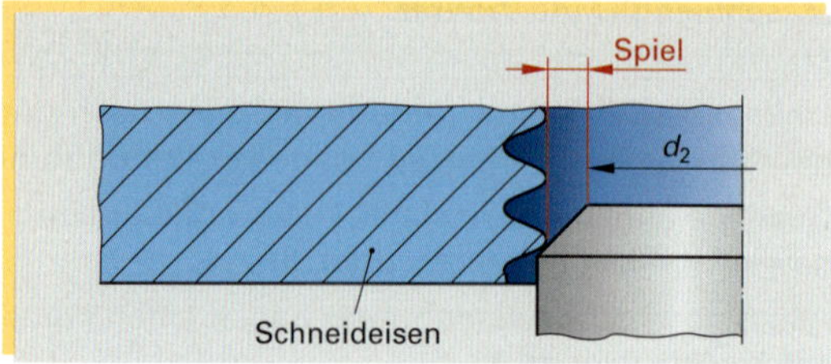

Bild 1: Fasendurchmesser am Bolzen

Bild 2: Geschlossenes Schneideisen

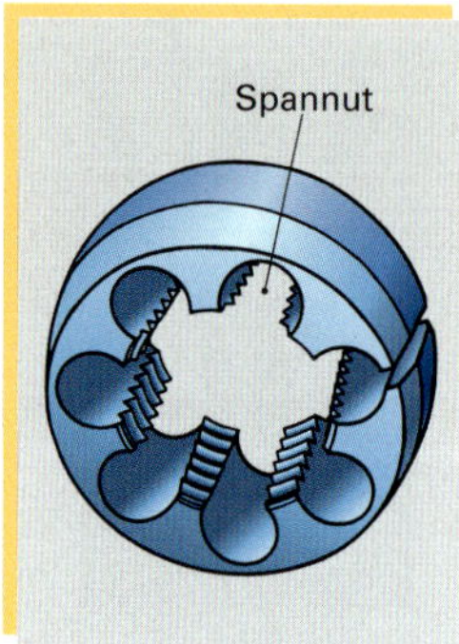

Bild 3: Geschlitztes Schneideisen

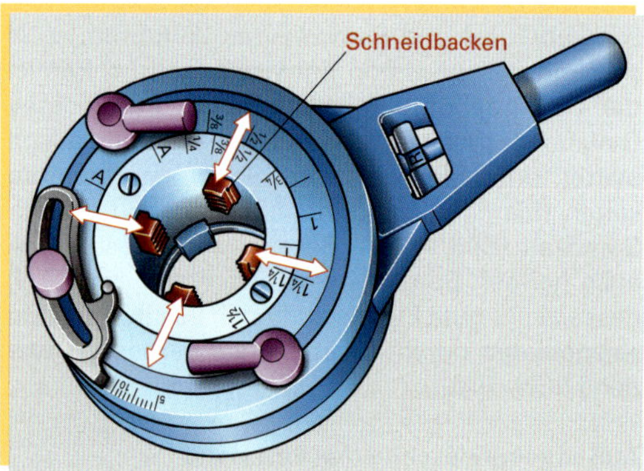

Bild 4: Gewindeschneidkluppe

Arbeitsauftrag:

1. Warum erfolgt beim Innengewindeschneiden mit einem Gewindebohrer neben der Spanabnahme auch eine geringe Umformung?
2. Wieso werden Gewindebohrer mit unterschiedlichen Spanwinkeln hergestellt?
3. Warum muss ein Kernloch immer tiefer als die nutzbare Gewindetiefe gebohrt werden?
4. Beschreiben Sie unterschiedliche Gewindebohrertypen und erklären Sie deren Einsatzbereich!
5. Welche Punkte sind bei der Herstellung eines Innengewindes von Hand zu beachten?
6. Warum muss beim Außengewindeschneiden der Bolzendurchmesser immer kleiner als der Gewindedurchmesser sein?
7. Mit welchen Werkzeugen können Außengewinde von Hand geschnitten werden?
8. Welchen Vorteil haben Gewindeschneidkluppen gegenüber Schneideisen?
9. Warum verwendet man Schmiermittel beim Gewindeschneiden?
10. Wie prüft man das fertig geschnittene Gewinde?

7.5.10 Drehen

Durch Drehen können Wellen, Bolzen, Scheiben, Spindeln, Buchsen und auch Gewinde hergestellt werden. Die so gefertigten Werkstücke besitzen kreisförmige oder kreisringförmige Querschnitte. Sie sind zylindrisch, kegelig oder kugelförmig **(Bild 1)**.

Drehvorgang – Drehverfahren

Drehen ist Spanen mit kreisförmiger Schnittbewegung und quer zur Schnittrichtung liegender Vorschubbewegung.

Dabei werden die **Schnittbewegung (Hauptbewegung) vom Werkstück** und die **Vorschubbewegung(en) vom Werkzeug** ausgeführt **(Bild 2)**.

Nach der Vorschubrichtung des Werkzeugs, des Drehmeißels, bezüglich der Werkstückachse unterscheidet man **Längs- und Querdrehen,** in Bezug auf die Bearbeitungsstelle **Innen- und Außendrehen (Bild 3)**.

Das **Längsdrehen** (Längs-Runddrehen) erfolgt in Richtung der Werkstückachse. Die Zustellbewegung geht in Richtung der Werkstückmitte (x-Achse), der Vorschub in Richtung der z-Achse **(Bild 2)**.

Beim **Quer-Plandrehen** (Abdrehen von Stirnflächen) wird quer zur Werkstückachse mit dem Planvorschub gearbeitet. Die Zustellung geschieht in Richtung der z-Achse, der Vorschub in Richtung der x-Achse **(Bild 2)**.

Die gleichen Arbeitsbewegungen wie beim Plandrehen werden auch beim **Einstechen** (Drehen ringförmiger Nuten) und beim Abstechen (Abtrennen des Werkstücks) ausgeführt.

Weitere Drehverfahren sind **Formdrehen** (z. B. Kegeldrehen), **Schraubdrehen** (Gewindeschneiden) und **Profildrehen.**

Nach Spanabnahme und Oberflächengüte unterscheidet man das **Schruppen,** bei dem mit größtmöglichem Vorschub und hoher Schnittgeschwindigkeit möglichst viel Werkstoff abgespant wird (Ziel: rasche Annäherung an die Werkstückform) und das **Schlichten.** Hierbei wird bei hoher Drehfrequenz und mit kleinem Vorschub nur eine geringe Werkstoffmenge zerspant (Ziel: maßgenaues Herstellen der Werkstückform). Das große Zerspanvolumen beim Schruppen wird mit einer relativ rauen Oberfläche „erkauft“, während beim Schlichten wesentlich glattere Oberflächen entstehen.

Bild 1: Durch Drehen gefertigte Werkstücke

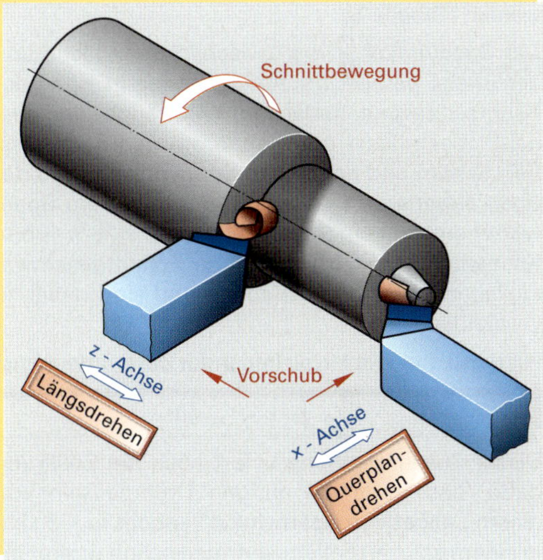

Bild 2: Längs- und Quer-Plandrehen

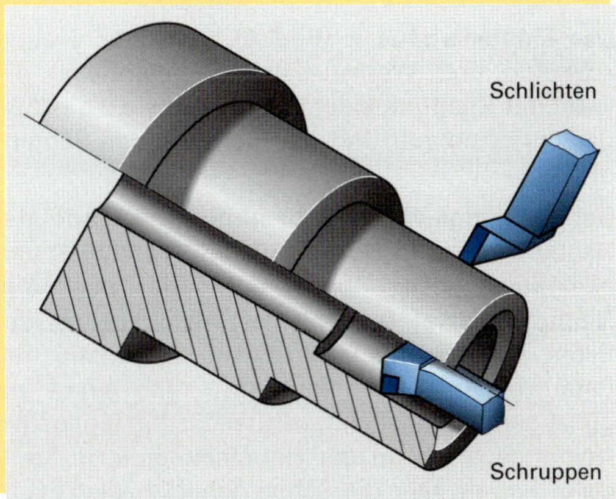

Bild 3: Innen- und Außendrehen

Drehwerkzeug

Beim Drehen kommt ein **einschneidiges Werkzeug** mit **geometrisch bestimmter Schneide** zum Einsatz, der **Drehmeißel.**

Die Schneide des Drehmeißels entspricht einer Keilspitze. Der **Keilwinkel β** wird von der (Haupt-) **Freifläche und der Spanfläche** gebildet **(Bilder 1 und 2).** Seine Größe richtet sich nach dem zu bearbeitenden Werkstoff und der geforderten Oberflächengüte **(Tabelle 1).**

> Ein kleiner Keilwinkel erleichtert das Eindringen der Schneide in den Werkstoff, ist aber weniger stabil und birgt die Gefahr des Schneidenbruchs.

Der **Freiwinkel α** verringert die Reibung zwischen Werkstoff und Werkstück. Er ist von 5° bis 12° zu wählen **(Tabelle 1).**

Der **Spanwinkel γ** liegt zwischen Spanfläche und der (meist parallel zur Auflageebene in Höhe der Hauptschneide befindlichen) Werkzeugbezugsebene. Er beeinflusst unter anderem den Spanfluss. Bei kleinem und negativem Spanwinkel γ wird der Span angerissen (Reißspan). Bei mittlerem Spanwinkel entsteht ein Scherspan ($\gamma = 5° \dots 25°$). Große Spanwinkel ($\gamma > 25°$) und hohe Schnittgeschwindigkeiten erzeugen Fließspäne und sind daher zu vermeiden.

Für diese drei Winkel gilt folgender Zusammenhang:

$$\alpha + \beta + \gamma = 90°$$

Dieser Zusammenhang liefert auch die Erklärung dafür, dass man bei einigen Drehmeißeln von einem **„negativen Spanwinkel"** spricht ($\alpha + \beta$ sind in einem solchen Falle zusammen schon größer als 90°; siehe auch **Bild 1, Seite 165**).

Der **Eckenwinkel ε** entsteht zwischen Hauptschneide und Nebenschneide des Drehmeißels. Er ist beim Schruppdrehmeißel 90° und größer **(Bild 3).**

Der **Einstellwinkel $\varkappa$ (Bild 3),** zwischen Hauptschneide und Werkstückachse, beeinflusst die Form des Spanungsquerschnittes sowie die Größe der Vorschubkraft und die Richtung des Schnittdrucks.

Der **Neigungswinkel λ** bestimmt die Lage der Hauptschneide in Bezug auf das Werkstück und beeinflusst den **Spanablauf.** Bei positivem Neigungswinkel beginnt der Anschnitt an der Schneidenecke, der Spanablauf ist günstig. Bei unterbrochenem Schnitt nimmt man einen ungünstigeren Spanablauf, verursacht durch negative Neigungswinkel an der Hauptschneide, in Kauf. Dafür kommt hier die Schneidenecke zuletzt zum Schnitt und verschleißt deshalb langsamer.

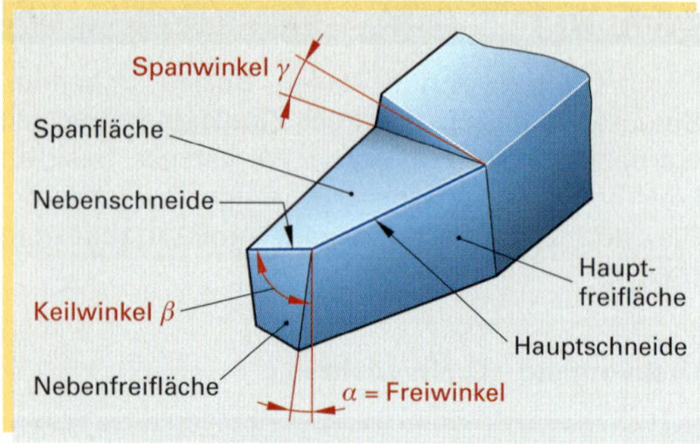

Bild 1: Winkel und Flächen am Drehmeißel

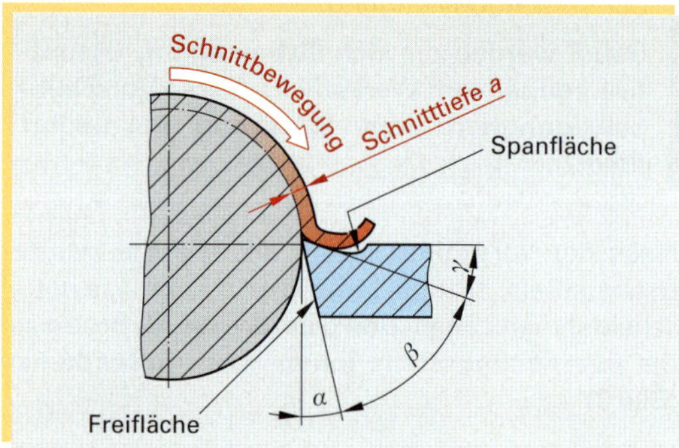

Bild 2: Spanabnahme beim Drehen

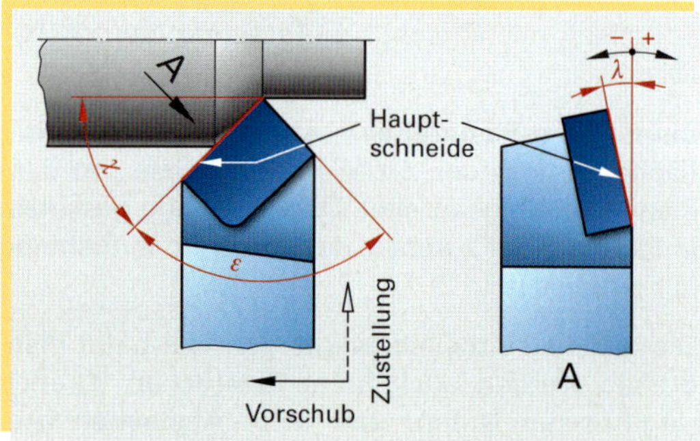

Bild 3: Einstellwinkel an der Drehmeißelschneide

Tabelle 1: Richtwerte für Span- und Freiwinkel am Drehmeißel

Werkstoff	Freiwinkel α	Spanwinkel γ	Schneidstoff
St bis R_m = 500 N/mm²	6°...8°	12°...14°	HSS
	5°...8°	10°...15°	HM
St bis R_m = 900 N/mm²	6°...8°	8°...10°	HSS
	5°...8°	6°...10°	HM
GG	6°...8°	0°	HSS
	5°...8°	0°...5°	HM
Cu-Zn-Leg.	6°...8°	0°	HSS
	5°...8°	0°...10°	HM
Kunststoffe	10°...12°	8°...12°	HSS
	8°...10°	10°...12°	HM

Übersicht: Drehmeißelarten

Abgesetzter Seitendrehmeißel
ISO 6 DIN 498

Wird zur Schlichtbearbeitung beim Längs- und Querdrehen eingesetzt.

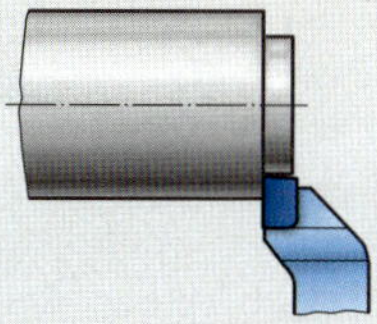

Abgesetzter Stirndrehmeißel
ISO 5 DIN 4977

Dient zur groben Spanabnahme von Stirnflächen (Querdrehen).

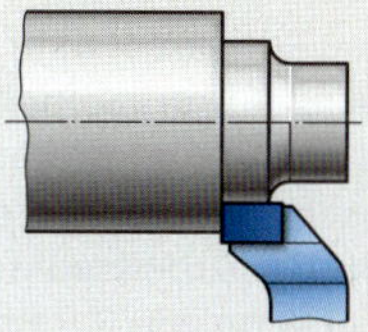

Gerader Drehmeißel
ISO 1 DIN 4971

Eignet sich für Schrupparbeiten beim Längsdrehen.

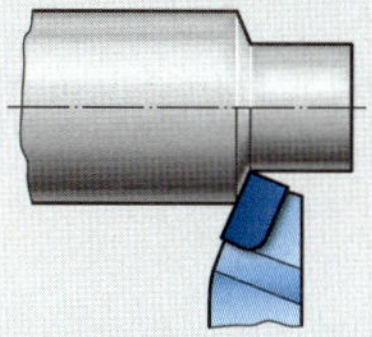

Gebogener Drehmeißel
ISO 2 DIN 4972

Einsatz bei groben Schrupparbeiten zum Längs- und Querdrehen.

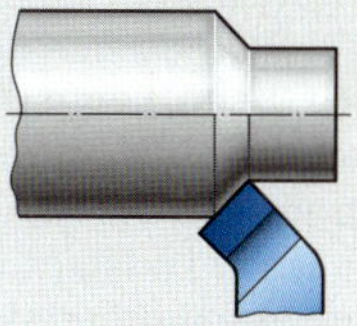

Abgesetzter Eckdrehmeißel
ISO 3 DIN 4978

Wird zur Schlichtbearbeitung von innen nach außen, beim Längsrunddrehen und zum Eckenausdrehen verwendet.

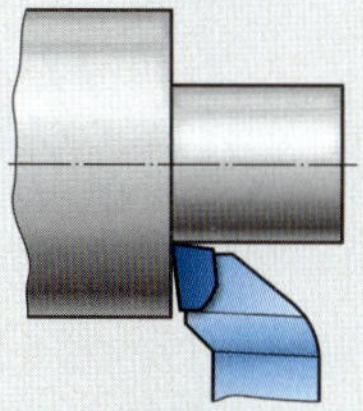

Stechdrehmeißel
ISO 7 DIN 4981

Eingesetzt als Stechdrehmeißel: für Nuten am Umfang. Eingesetzt als Abstechdrehmeißel: zum Abdrehen von Werkstücken.

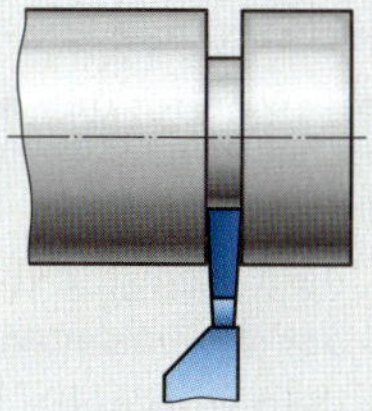

Innen-Eckdrehmeißel
ISO 9 DIN 4974

Eingesetzt zum Ausdrehen und Schlichten von abgesetzten Bohrungen (Plan- und Seitenflächen).

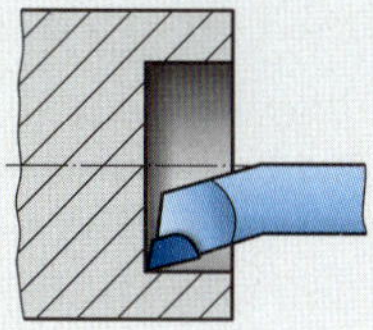

Innen-Drehmeißel
ISO 8 DIN 4973

Einsatz zum Ausdrehen von Bohrungen (Schruppen und Schlichten).

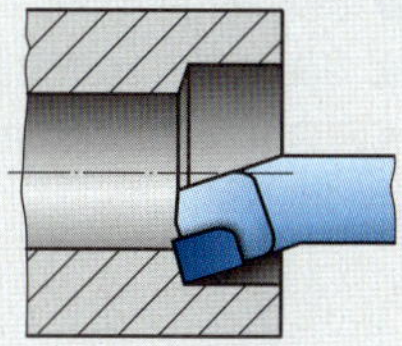

Schneidstoffe der Drehmeißel

Als Schneidstoffe kommen beim Drehen überwiegend Hochleistungsschnellarbeitsstahl (HSS), Hartmetall (HM) und oxidkeramische Schneidstoffe zum Einsatz.

Drehmeißel aus HSS sind zäh und hart und für fast alle Drehaufgaben geeignet. Sie können bei starkem Verschleiß ohne große Mühe nachgeschliffen werden. Allerdings lassen sie eine Bearbeitung der Werkstücke nur mit relativ niedrigen Schnittgeschwindigkeiten zu, da ihre Schnittleistung bei Temperaturen oberhalb 600 °C stark nachlässt (geringe Warmfestigkeit).

Hartmetallbestückte Drehmeißel lassen höhere Schnittgeschwindigkeiten zu. Die Warmfestigkeit dieses Schneidstoffs liegt bei ca. 900 °C. Er wird meist als Wendeschneidplatte auf einen Drehmeißelschaft geklemmt oder durch Hartlöten mit diesem verbunden.

Bild 1: Meißelhalter mit Wendeschneidplatte

Oxidkeramische Schneidstoffe (aus AlO_3) sind extrem hart und verschleißfest, aber sehr stoßempfindlich. Bei sehr hohen Schnittgeschwindigkeiten können Schneidentemperaturen bis 1300 °C erreicht werden. Auch diese Schneidstoffe werden als Wendeschneidplatten eingesetzt.

Kühl- und Schmiermittel senken die Reibung und die Standzeit der Werkzeuge lässt sich bei gleicher Schnittgeschwindigkeit erhöhen. Bei Hartmetallwerkzeugen muss allerdings (wenn überhaupt gekühlt wird) eine ununterbrochene Kühlung gewährleistet sein, um Abkühlungsspannungsrisse zu vermeiden.

Schnittgeschwindigkeit beim Drehen

Beim Drehen wird der Span mit der **Schnittgeschwindigkeit v_c** abgetrennt. Die Schnittgeschwindigkeit entspricht der Umfangsgeschwindigkeit des Werkstücks am Eingriffspunkt des Drehmeißels **(Bild 1)**. Sie ist abhängig vom **Werkstückdurchmesser *d*** an der Zerspanstelle und der **Drehfrequenz der Arbeitsspindel *n*** (siehe Beispiel und **Bild 2**) und kann wie folgt berechnet werden:

$$v_c = \pi \cdot d \cdot n \qquad 1\ \text{m/min} = 1\ \text{m} \cdot 1/\text{min}$$

Sie ist beim Längsdrehen konstant, ändert sich jedoch beim Querdrehen bis auf $v_c = 0$ m/min im Zentrum des Werkstücks **(Bild 1)**, wenn die Drehfrequenz *n* konstant gehalten wird. Die **zulässige Schnittgeschwindigkeit** beim Spanen des Werkstücks ist aus Tabellen zu entnehmen. Diese ist in Versuchen ermittelt worden.

Die Schnittgeschwindigkeit hängt von folgenden Vorgaben ab:

- dem Werkstoff des Werkzeugs,
- der gewünschten Standzeit des Werkzeugs,
- dem Vorschub,
- der Schnitttiefe,
- dem Werkstoff des Werkstücks,
- der gewünschten Oberflächengüte und
- der Kühlung.

Zu hohe Schnittgeschwindigkeiten überlasten den Drehmeißel. Durch Reibungswärme kommt es zu frühzeitigem Verschleiß.

Vorschub und Spanungsquerschnitt

Der **Vorschub *f*** beeinflusst die Oberflächengüte der Drehfläche beträchtlich. Zum Schlichten werden daher kleine Vorschübe (0,05 mm/U bis 2,2 mm/U), zum Schruppen größere Vorschübe gewählt. Mit größerem Vorschub erhöht sich beim Schruppen auch das Spanvolumen.

Aus dem **Vorschub *f*** und der **Schnitttiefe a_p** ergibt sich der **Spanungsquerschnitt *A* (Bild 3)**, der in seiner Form auch durch den Einstellwinkel $\varkappa$ beeinflusst wird **(Bild 3, Seite 184)**.

$$A = f \cdot a_p \qquad 1\ \text{mm}^2 = 1\ \text{mm} \cdot 1\ \text{mm}$$

Der Spanungsquerschnitt und damit das Spanvolumen sind von der Leistungsfähigkeit und der Stabilität der Drehmaschine, außerdem vom Schneidstoff des Drehmeißels abhängig.

Günstige Spanungsquerschnitte werden durch eine große Schnitttiefe bei gleichzeitig kleinem Vorschub (Verhältnis etwa 3:1 bis 8:1) erzielt.

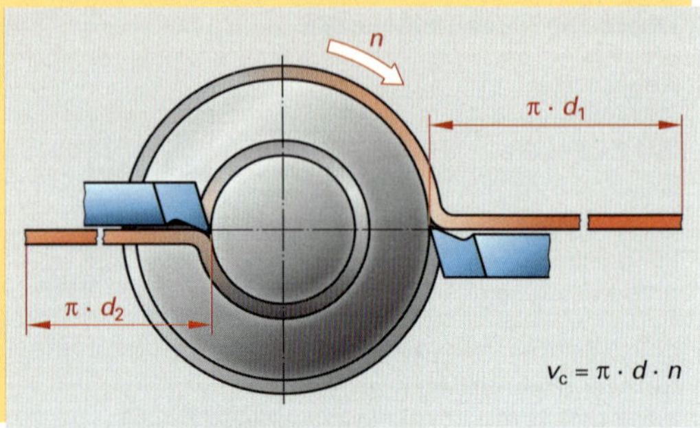

Bild 1: Veränderungen der Schnittgeschwindigkeit bei gleichbleibender Drehfrequenz beim Querdrehen

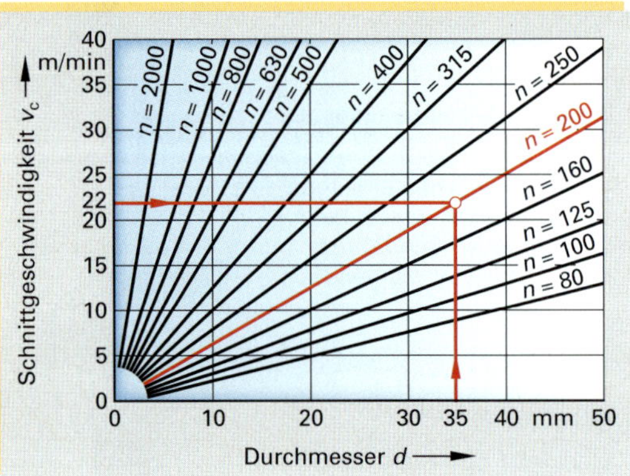

Bild 2: Ermittlung der Arbeitsspindeldrehfrequenz *n* in min^{-1}

Beispiel: Die Drehfrequenz der Arbeitsspindel muss eingestellt werden.

Gegeben: $v_c = 22$ m/min, $d = 35$ mm
Gesucht: $n = ?$ 1/min

a) Berechnung:

$$n = \frac{v_c}{d \cdot \pi}$$

$$n = \frac{22\ \text{m/min}}{0{,}035\ \text{m} \cdot \pi} = \mathbf{200{,}08\ min^{-1}}$$

b) Aus der Netztafel ermittelt:

$$\mathbf{n = 200\ min^{-1}}$$

Beachten Sie: Lässt sich die errechnete Drehfrequenz nicht einstellen, so wird die nächst kleinere gewählt!

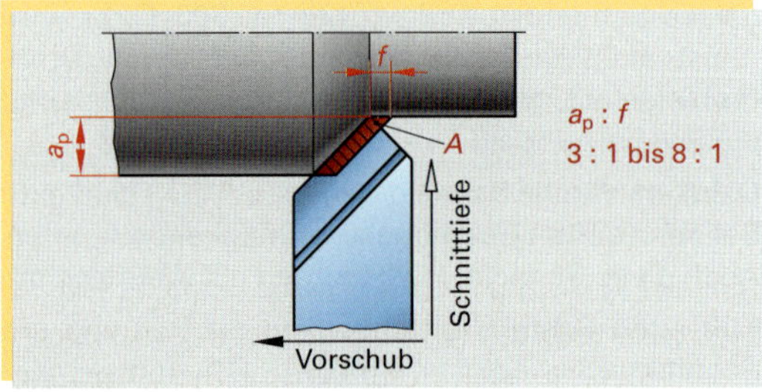

Bild 3: Spanungsquerschnitt

Drehmaschinen

Den verschiedenen Anforderungen entsprechend, die heute in der Fertigung an Drehmaschinen gestellt werden, gibt es unterschiedliche Bauarten, z.B. Spitzendrehmaschinen, kurvengesteuerte Drehautomaten, CNC-Drehautomaten, flexible Drehzellen, Senkrecht-(Karussell-)Drehmaschinen. Nach dem jeweiligen Einsatzbereich werden Universal- und Sonderdrehmaschinen unterschieden. Beispielhaft seien hier eine „klassische" Leit- und Zugspindeldrehmaschine **(Bild 1)** erläutert und deren Weiterentwicklung zu einer CNC-Drehmaschine (siehe Kap. 7.7). Beide stehen stellvertretend für Universaldrehmaschinen, was bedeutet, dass fast alle Dreharbeiten auf einer solchen Maschine ausgeführt werden können.

Die **Leit- und Zugspindeldrehmaschine** wird für die Einzelteilfertigung und auch für kleine Serien eingesetzt. Sie ist in mehrere Baugruppen gegliedert. Der **Spindelstock** nimmt den Hauptantrieb (Elektromotor) und die Arbeitsspindel auf. Außerdem ist in ihm das Hauptgetriebe, welches der Umwandlung der Drehfrequenz dient, untergebracht. Das Hauptgetriebe treibt gleichzeitig das Nebengetriebe (Vorschubgetriebe) an, das den jeweiligen Dreharbeiten entsprechende Vorschubeinstellungen erlaubt. Über das Vorschubgetriebe wird die **Zugspindel** in Bewegung versetzt, die wiederum über ein Schneckenradgetriebe den automatischen Längs- und Quervorschub antreibt.

Die **Leitspindel** dient dem Gewindeschneiden. Sie wird über eine einrückbare Schlossmutter mit dem Werkzeugschlitten in Eingriff gebracht.

Der **Werkzeugschlitten (Bild 2)** nimmt den Drehmeißel auf und führt ihn. Er ist als Kreuzschlitten ausgeführt und kann von Hand mittels Ritzel und Zahnstange auf dem Drehmaschinenbett (in Richtung der Z-Achse) verschoben werden.

In der **Schlossplatte** befinden sich die Triebwerkteile zum Bewegen des Werkzeugschlittens in Längs- und Querrichtung.

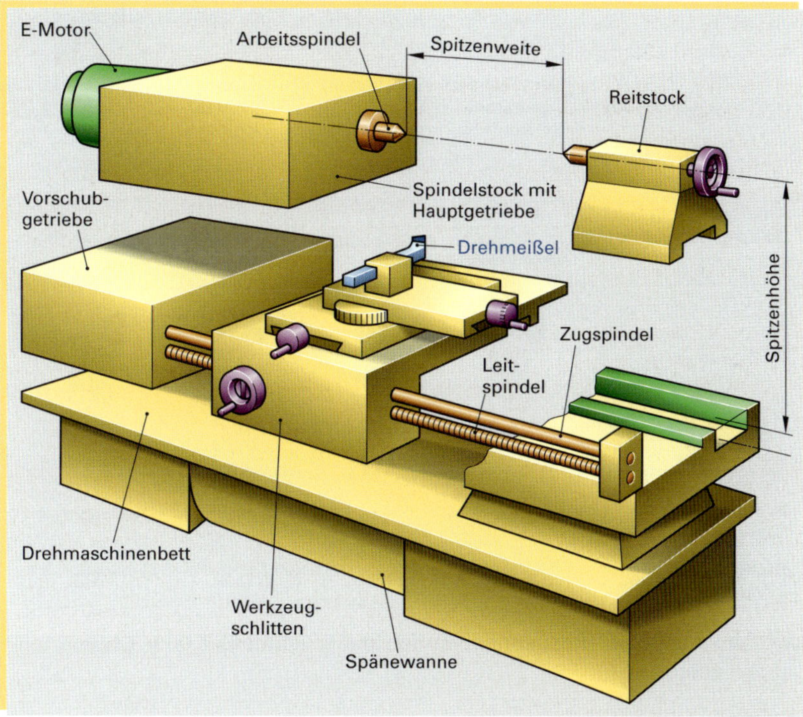

Bild 1: Wesentliche Baugruppen der Zug- und Leitspindeldrehmaschine (schematisch)

Der **Querschlitten** wird durch eine Gewindespindel bewegt und führt die Planbewegung aus (X-Achse).

Der **Oberschlitten** nimmt das Werkzeug auf und ist mit dem Querschlitten durch eine Drehscheibe verbunden, sodass er, z.B. zum Kegeldrehen, schräg gestellt werden kann.

Der **Reitstock (Bild 1)** dient als Gegenlager bei der Bearbeitung längerer Werkstücke und zur Aufnahme von Werkzeugen, z.B. Bohrer, Reibahlen und Senker.

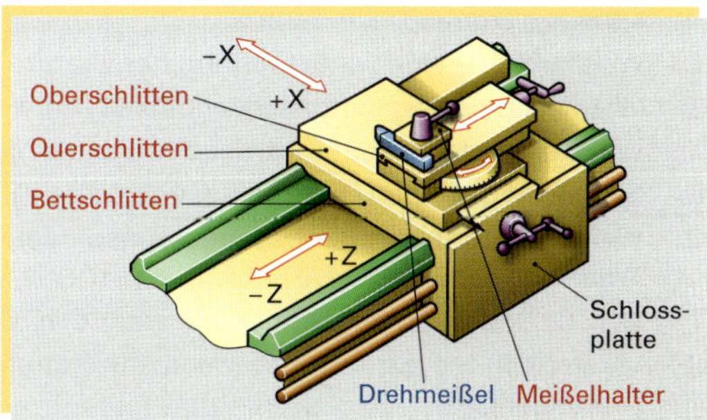

Bild 2: Werkzeugschlitten

Arbeitsbeispiel DREHEN – Arbeitsregeln

Unter dem Gesichtspunkt der rationellen Fertigung sollte man sich auch in der Einzelteilfertigung und bei Kleinserien einen Fertigungsplan erstellen.

Dabei sind folgende Punkte zu beachten:

- Möglichst wenige Werkzeuge einsetzen
- Das Werkstück so wenig wie möglich ein- und umspannen
- Mit optimalen Drehzahl- und Vorschubeinstellungen arbeiten
- Gute Standzeit der Werkzeuge erreichen

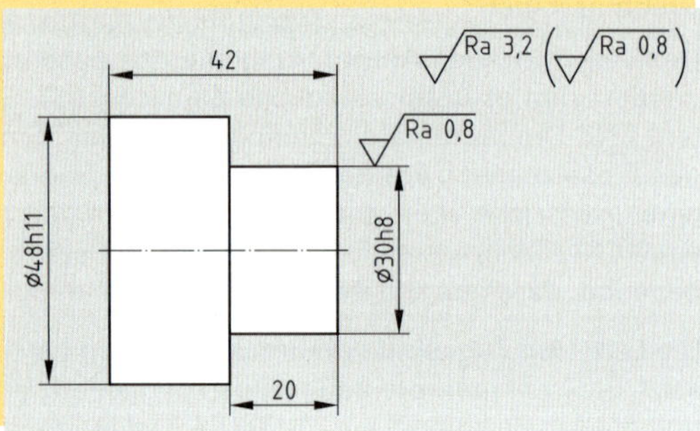

Bild 1: Bolzen

Tabelle 1: Fertigung eines Bolzens

	1	2	3	4	5	6
Arbeitsschritte	In das Dreibackenfutter spannen, Stirnfläche planen (Schlichten)	Vordrehen auf Maß ∅ 31 mm (Schruppen)	Feindrehen auf Maß ∅ 30 h8 mm (Feinschlichten)	Fertigdrehen auf Maß ∅ 48 mm (Schlichten)	Bolzen auf Länge 43 mm abstechen (Abstechen)	Stirnfläche auf Länge 42 mm plandrehen (Schlichten)
Arbeitsvorgang (Skizze)	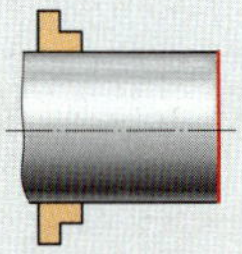	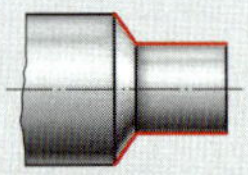	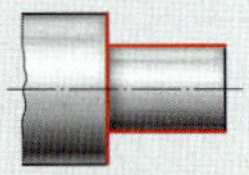	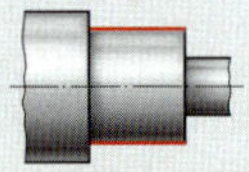	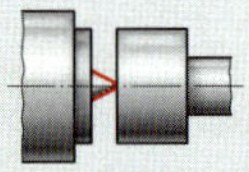	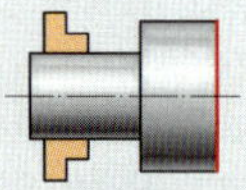
Werkzeug-Form				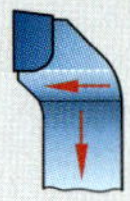		
Schneidstoff	HM	HM	HM	HM	HSS	HM
Vorschub *f* in mm/U	0,1	0,4	0,05	0,1	0,8	0,1
Schnittgeschwindigkeit v_c in m/min	280	200	280	280	24	280
Drehfrequenz *n* in 1/min	1600	1250	2500	1600	160	1600

Vor dem Aus- bzw. Umspannen werden die Durchmesser oder Längen mit den erforderlichen Messzeugen geprüft.

Arbeitsauftrag:

1. Welche Winkel ändern sich, wenn der Drehmeißel nicht auf Mitte steht und welche Folgen für die Zerspanung ergeben sich daraus?
2. Welche Werte sind zur Ermittlung der Drehfrequenz an einer Drehmaschine notwendig?
3. Wie wählt man Schnittgeschwindigkeit und Vorschub, um eine glatte Oberfläche zu erhalten?
4. Welchen Vorteil bieten Hartmetallschneiden gegenüber HSS-Drehmeißeln?
5. Skizzieren Sie einen Drehmeißel und tragen Sie Frei-, Keil- und Spanwinkel in die Skizze ein!
6. Welche Baugruppen der Leit- und Zugspindel-Drehmaschine sind an der Energieübertragung auf das Werkstück beteiligt?
7. Welche Baugruppen kommen bei einer CNC-Drehmaschine neu hinzu?
8. Vergleichen Sie die Informationsumsetzung an einer „klassischen" Drehmaschine mit der einer CNC-Drehmaschine!
9. Stellen Sie einen Arbeitsplan für ein selbstgewähltes Drehteil nach oben ausgeführtem Beispiel auf!

7.5.11 Fräsen

Durch Fräsen kann man ebene und gekrümmte Flächen, Profile, Zahnräder, Nuten und Gewinde herstellen.

> Fräsen ist Spanen mit einem **mehrschneidigen Werkzeug** und **kreisförmiger Schnittbewegung** zur Erzeugung beliebiger Werkstückoberflächen.

Fräswerkzeuge

Das Werkzeug, der **Fräser,** hat die Konturen eines walzenförmigen Körpers **(Bild 1).**

Die Hauptschneiden sind die **Umfangsschneiden,** sie liegen auf der Mantelfläche des gedachten Zylinders. Die Nebenschneiden, die **Stirnschneiden,** befinden sich auf der Kreisfläche.

Die **Fräserschneide** hat die Form eines Keils **(Bild 2).** Innerhalb des von der Werkstückoberfläche und der Fräserachse gebildeten rechten Winkels (90°) kann man deutlich den **Keilwinkel** β, den **Freiwinkel** α mit der Freifläche und den **Spanwinkel** γ mit der **Spanfläche** erkennen.

Der **Neigungswinkel** λ (Drallwinkel) zeigt die Neigung der Schneidkante gegenüber der Fräserachse **(Bild 3).** Wenn $\lambda = 0°$ ist, dringt die Schneidkante nicht schlagartig, sondern allmählich in die Werkstückoberfläche ein. Die Größe der Winkel α, β und γ richtet sich nach dem zu bearbeitenden Werkstoff.

Die **Schneidenzahl** hängt auch vom Material des Werkstücks ab. Bei weicheren Werkstoffen entstehen große Spanmengen. Deshalb müssen die Zahnlücken, in denen die Späne transportiert werden, größer sein als bei härteren Stoffen. Bei gleichem Fräserdurchmesser gilt:

Weiche Werkstoffe:	Große Zahnlücken kleine Zähnezahl
Harte Werkstoffe:	Kleine Zahnlücken große Zähnezahl

Die Hersteller unterscheiden deshalb die **Typen N** (normal), **W** (weich) und **H** (hart, **Bild 4**).

Als **Schneidstoff** wird in der Regel **Schnellarbeitsstahl** (Schnellschnittstahl **HSS**) verwendet. Er besitzt die wegen des unterbrochenen Schnittes nötige Zähigkeit und Temperaturwechselbeständigkeit. **Hartmetall (HM)** wird für Schneidplatten an Messerköpfen **(Übersicht, Seite 191)** und Wendeschneidplatten bei Fräsköpfen **(Übersicht, Seite 191)** verwendet.

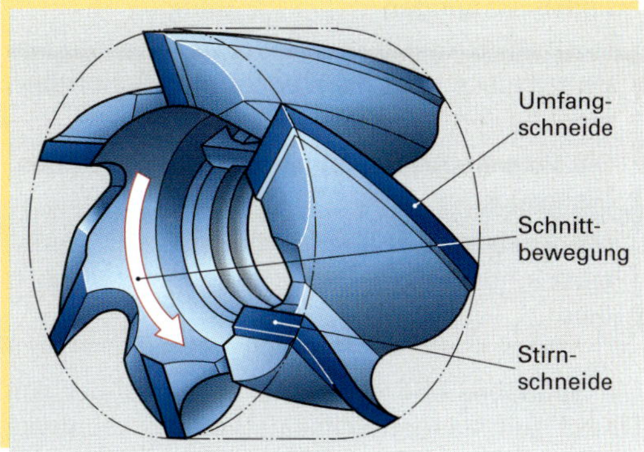

Bild 1: Walzenstirnfräser

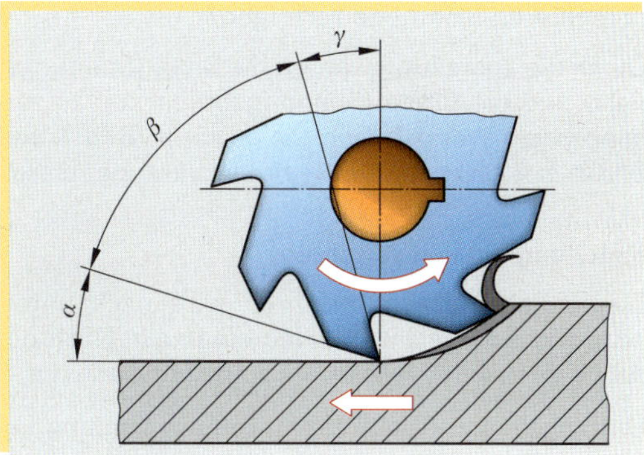

Bild 2: Winkel an der Fräserschneide

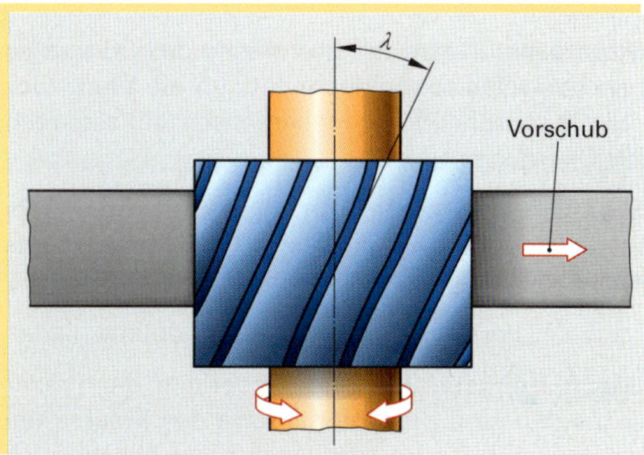

Bild 3: Neigungswinkel am drallverzahnten Fräser

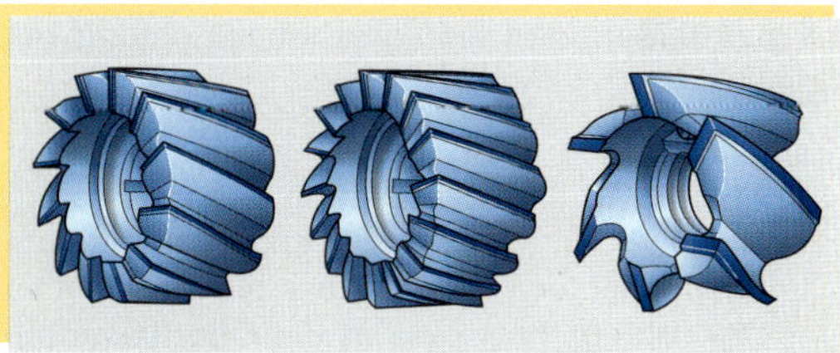

Bild 4: Fräser Typ N, Typ H und Typ W

Arbeitsbewegungen

> Beim Fräsen wird die kreisförmige **Schnittbewegung** vom Werkzeug ausgeführt.
>
> Die **Vorschubbewegungen** erfolgen durch das Werkstück.
>
> Die **Zustellbewegungen** können vom Werkstück und vom Werkzeug durchgeführt werden.

Die **Spanabnahme** durch die nacheinander zum Einsatz kommenden Schneiden erfährt kaum eine Unterbrechung **(Bild 1 und Bild 2)**.

Die **Vorschubbewegung** wird in der Regel in einer Richtung durchgeführt, kann aber auch gleichzeitig in mehreren Richtungen erfolgen.

Durch die **Zustellung** werden die Dicke (Spanungstiefe) und die Breite (Spanungsbreite) der zu zerspanenden Werkstoffschicht gewählt **(Bild 1 und Bild 2)**, soweit es die Größe des Werkzeugs zulässt.

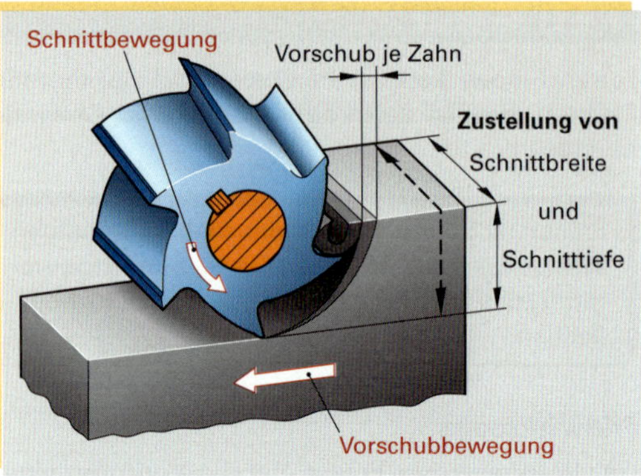

Bild 1: Bewegungen beim Umfangsfräsen (Walzfräsen)

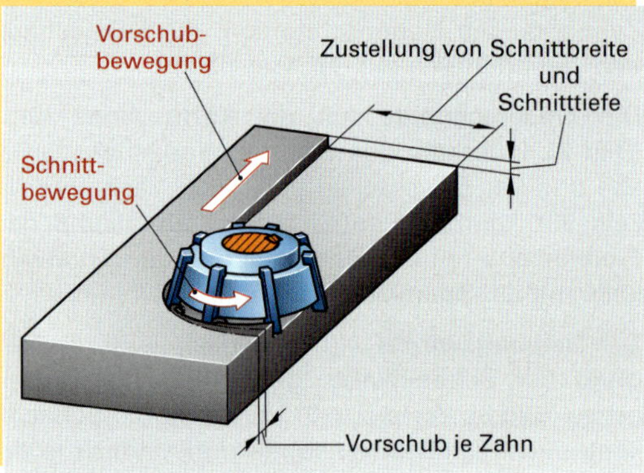

Bild 2: Bewegungen beim Stirnfräsen

Einteilung der Fräsverfahren

Die Vielfalt der Fräsverfahren wird nach unterschiedlichen Gesichtspunkten eingeteilt. Nach der **Arbeitsweise des Fräsers** wird unterschieden in:

Umfangsfräsen (Walzfräsen): Die am Umfang liegenden Hauptschneiden erzeugen die Werkstückoberfläche. Die Späne haben einen kommaförmigen Querschnitt **(Bild 1)**. Die Achse des Fräsers liegt parallel zur bearbeiteten Fläche.

Stirnfräsen: Die an der Stirnfläche des Fräsers liegenden Nebenschneiden erzeugen die Werkstückoberfläche **(Bild 2)**. Die Fräserachse steht senkrecht zur Oberfläche.

Stirn-Umfangsfräsen: Die Werkstückoberfläche wird gleichzeitig von den Haupt- und Nebenschneiden erzeugt **(Bild 3)**.

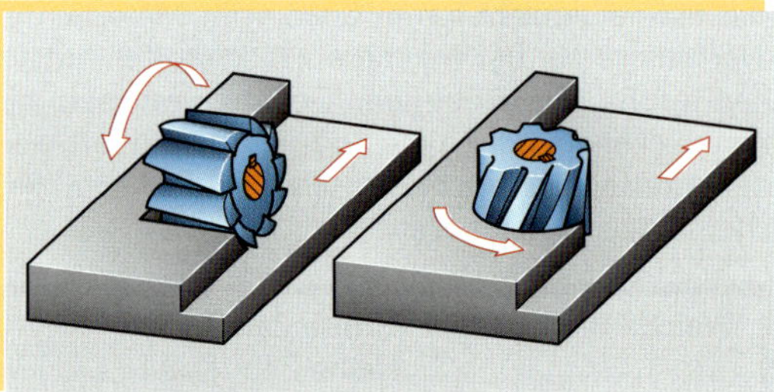

Bild 3: Stirn-Umfangsfräsen (Walzstirnfräsen)

Nach der **Vorschubrichtung** werden unterschieden:

Gleichlauffräsen: Im Eingriffsbereich der Fräserschneiden sind die Drehrichtung des Fräsers und die Vorschubrichtung des Werkstücks gleichgerichtet **(Bild 4)**. Der Werkstoff wird an der Stelle des größten Spanquerschnitts angeschnitten. Weil der Fräser versucht, das Werkstück in Vorschubrichtung zu reißen, darf die Vorschubeinrichtung kein Spiel haben.

Gegenlauffräsen: Im Eingriffsbereich der Fräserschneiden sind die Drehrichtung des Fräsers und die Vorschubbewegung des Werkstücks einander entgegengerichtet. Die Schneiden gleiten leicht auf dem Werkstück, bevor sie in die Oberfläche eindringen **(Bild 5)**.

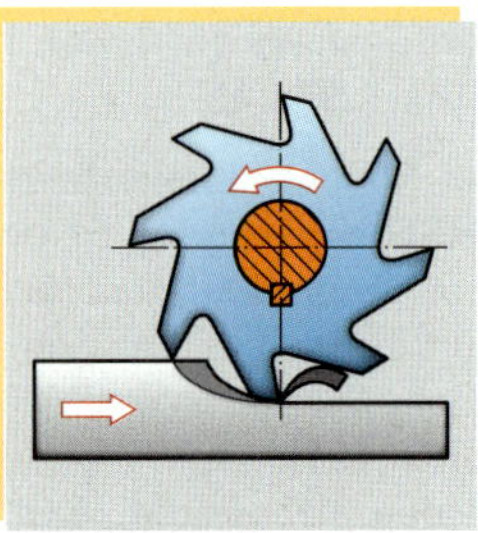

Bild 4: Gleichlauffräsen

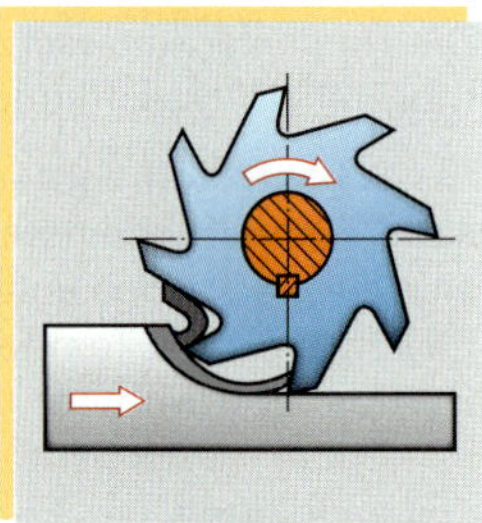

Bild 5: Gegenlauffräsen

Beim Gegenlauffräsen werden die Schneiden schneller stumpf als beim Gleichlauffräsen. Am Ende des Spanvorganges ist die Schnittkraft am größten und wird danach schlagartig Null. Das kann zu Schwingungen führen, die sich durch Rattermarken (kleine Furchen) bemerkbar machen. Vorteilhaft ist das Gegenlauffräsen nur, wenn harte Oberflächen (bei Guss- und Schmiedestücken) bearbeitet werden müssen.

Nach der beabsichtigten Form des **Werkstücks** werden unterschieden:

- Planfräsen zur Erzeugung ebener Flächen (z. B. **Bild 8**)
- Satzfräsen, wobei mehrere Scheibenfräser **(Bild 6)** auf einen Dorn gespannt werden **(Bild 2, Seite 192)**
- Profilfräsen (z. B. **Bild 4 und Bild 5**)
- Formfräsen, wobei die Vorschubbewegung durch Steuereinrichtungen gesteuert wird **(Bild 12)**

Arten der Fräser

Unterscheiden kann man Fräswerkzeuge nach ihrem konstruktiven Aufbau in **Aufsteckfräser** (Bild 1, Bild 2, ...), **Schaftfräser** (Bild 9, Bild 10, ...) und **Messerköpfe** (Bild 8) sowie **Fräsköpfe** (Bild 7). Nach der Herstellungsart werden **spitzgezahnte** (Bild 1, Bild 2), **hinterdrehte** (Bild 4) sowie **Fräser** mit **eingesetzten Schneiden** (Bild 7, Bild 8) unterschieden.

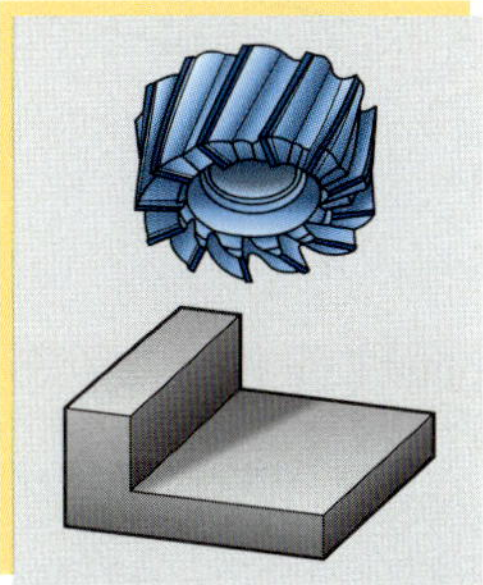

Bild 1: Walzenstirnfräser

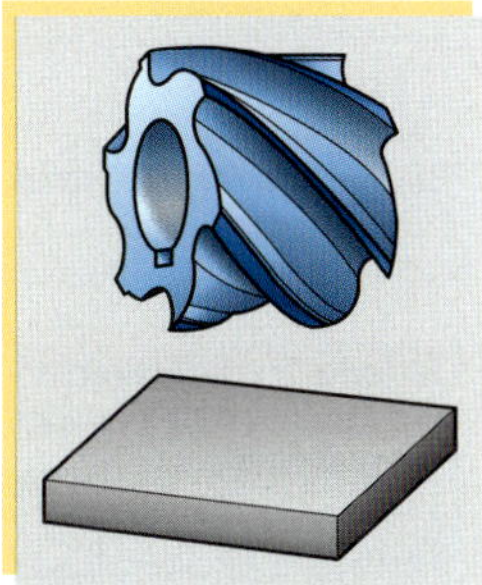

Bild 2: Walzenfräser

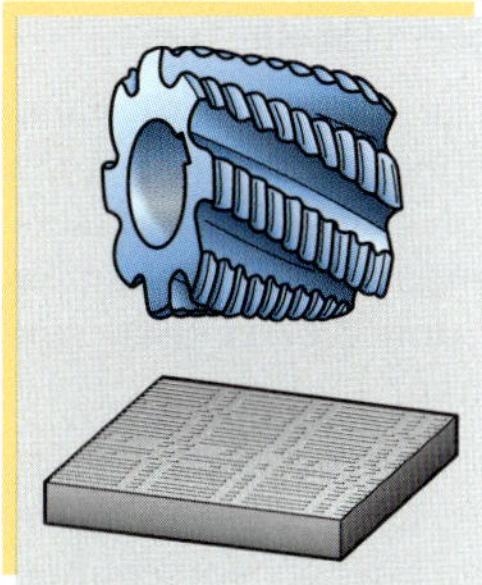

Bild 3: Walzenfräser mit Schruppgewinde

Bild 4: Halbkreisformfräser

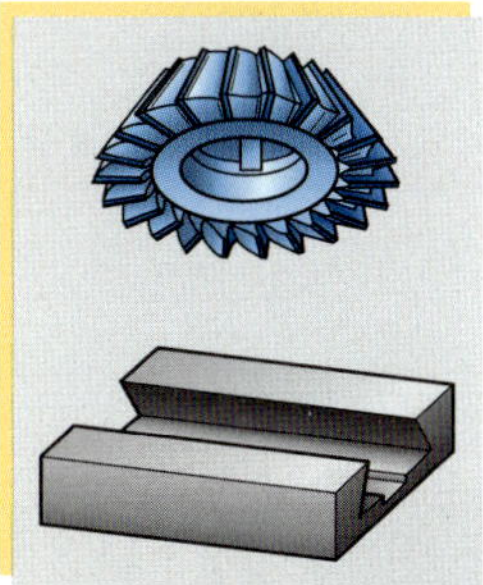

Bild 5: Winkelstirnfräser

Bild 6: Scheibenfräser kreuzverzahnt

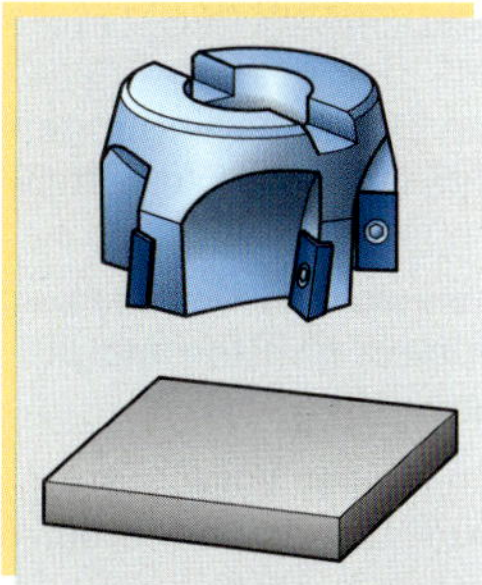

Bild 7: Fräskopf mit eingesetzten Wendeschneidplatten

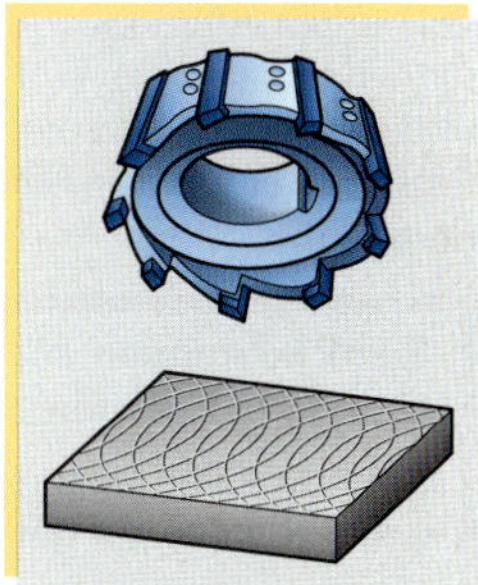

Bild 8: Messerkopf

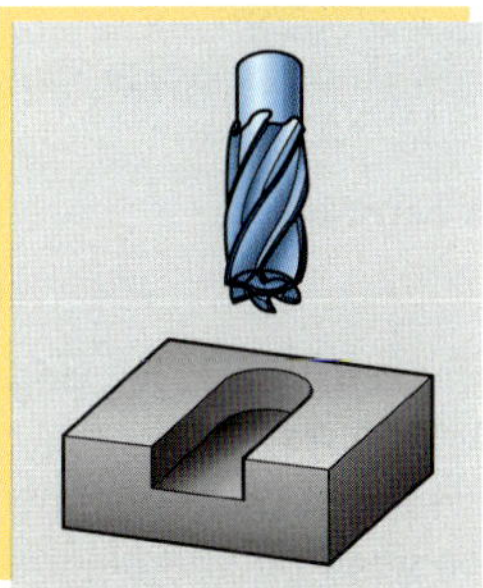

Bild 9: Schaftfräser

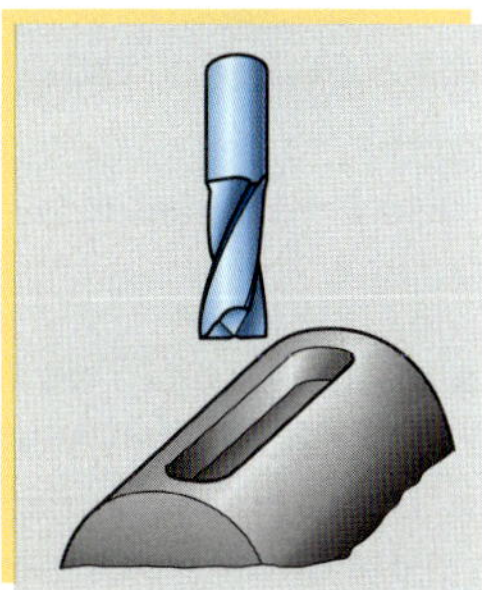

Bild 10: Langlochfräser

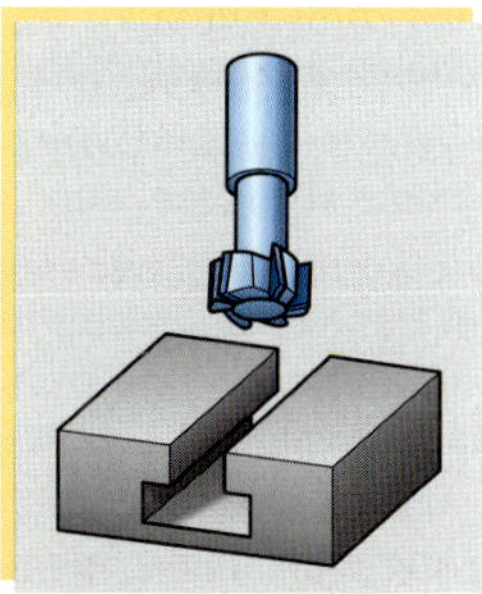

Bild 11: Schaftfräser für T-Nuten

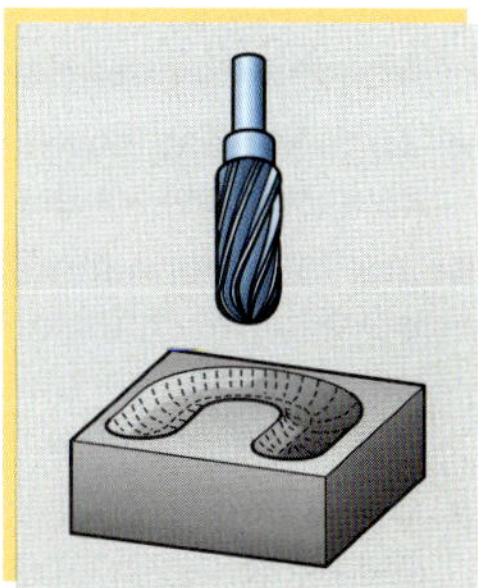

Bild 12: Gesenkfräser

Arbeit an Fräsmaschinen

Die am weitesten verbreitete Bauart ist die **Konsolfräsmaschine (Bild 1)**.

Je nach Lage der Spindel zum Aufspanntisch unterscheidet man dabei **Waagerechtfräsmaschinen** (zum Umfangsfräsen, **Bild 2**) und **Senkrechtfräsmaschinen** (zum Stirnfräsen).

Einen **schwenkbaren Spindelkopf** haben Universalfräsmaschinen **(Bild 1)**, ausgerüstet mit zwei Spindeln und vielseitig schwenk- und verstellbarem Tisch. **Universalwerkzeugfräsmaschinen** sind außerdem noch zum Bohren und Stoßen ausrüstbar.

Die Schnittgeschwindigkeit

Sie wird in m/min angegeben. Die Standzeit des Werkzeugs sinkt mit steigender Schnittgeschwindigkeit. Die Oberflächengüte wird bei größerer Schnittgeschwindigkeit besser **(Tabelle 1)**.

Die Schnittgeschwindigkeit ist abhängig vom bearbeiteten Werkstoff, dem Schneidstoff, der Art des eingesetzten Fräsers, der Konstruktion der Maschine und den Schnittbedingungen. Die Angaben der Hersteller von Maschinen und Werkzeugen sind deshalb sorgfältig zu beachten.

Der Vorschub

Er wird in mm pro Fräserzahn oder als Vorschubgeschwindigkeit in mm/min angegeben. Der zu wählende Vorschub wie auch die Schnitttiefe sind gleichfalls abhängig vom Schneidstoff des Fräsers, dem bearbeiteten Werkstoff, der Art des Fräsers und der Maschine sowie den Schnittbedingungen. Entscheidend ist die benötigte **Güte der Werkstückoberfläche.**

Beim **Schruppen** soll mit dem größten möglichen Vorschub gearbeitet werden.

Beim **Schlichten** ist ein so kleiner Vorschub zu wählen, dass die geforderte Oberflächenqualität erreichbar ist.

Unfallverhütung

- Beim Einrichten, Einstellen und Reinigen der Maschine ist der Hauptschalter auszuschalten.
- Zum Messen sowie bei Werkstück- und Werkzeugwechsel, ist die Maschine abzuschalten.
- Vor Inbetriebnahme muss kontrolliert werden, ob Spannschlüssel und Handkurbel entfernt wurden, ob Werkstücke und Spannzeuge nicht mit den Werkzeugen zusammenstoßen können.
- Bei laufender Maschine nie mit den Händen in die Nähe der Schneiden kommen, keine Späne mit Pinseln oder ähnlichen Hilfsmitteln entfernen. Keine Schutzvorrichtungen entfernen.

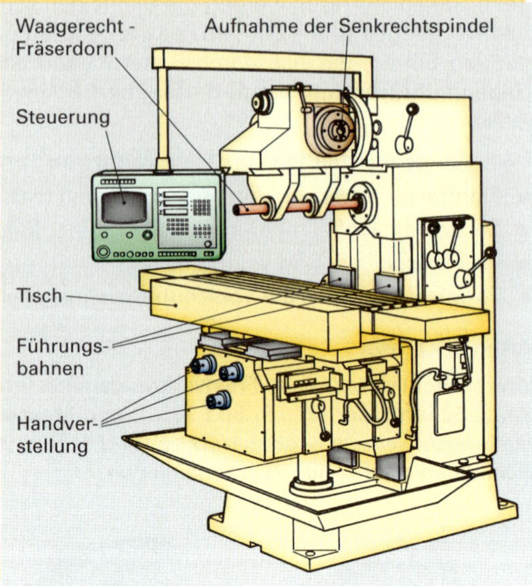

Bild 1: Universalfräsmaschine

Tabelle 1: Richtwerte für v_c und f_z für Fräsköpfe mit Hartmetall-Wendeschneidplatten (Auszug)

Art der Bearbeitung		Unleg. Stahl R_m bis 700 N/mm²	Leg. Stahl R_m bis 1000 N/mm²	Gusseisen bis 180 HB
Vorfräsen	v_c	100…200	60…200	70…140
	f_z	0,1…0,4	0,1…0,4	0,1…0,5
Fertigfräsen	v_c	100…300	80…220	90…300
	f_z	0,1…0,3	0,06…0,3	0,1…0,25

Bild 2: Waagerechtfräsen mit Satzfräser

- Beim Arbeiten an Fräsmaschinen muss enganliegende Kleidung getragen werden.
- Beim Fräsen kurzspanender Werkstoffe (z.B. Grauguss) muss man sich gegen umherfliegende Späne durch eine Schutzbrille sichern. Besser sind Schutzhauben und ähnliche Vorrichtungen.

Auswahl des Verfahrens

> Unter wirtschaftlichen Gesichtspunkten ist das Stirn-Umfangsfräsen dem Umfangsfräsen vorzuziehen.

Die Hauptschneiden am Umfang des Werkzeugs nehmen die Späne ab, während die Nebenschneiden die Werkstückoberfläche glätten. Dadurch, dass gleichzeitig Gleichlauf- und Gegenlaufwirkungen entstehen, wird die Maschine gleichmäßig belastet **(Bild 1)**. Die Antriebsleistung kann geringer sein als beim Umfangsfräsen, weil der Fräser durch kurzes Einspannen stärker belastbar ist. Walz-Stirnfräser können sowohl waagerecht als auch senkrecht eingespannt werden.

Auswahl der Fräser

Je kleiner der Außendurchmesser des Fräsers ist, desto geringer wird das erforderliche Drehmoment und somit die Belastung der Frässpindel. Außerdem sind zu berücksichtigen:

- Form und Oberflächengüte des Werkstücks
- Schneidstoff und Zähnezahl des Fräsers
- Fräsverfahren und Vorschubrichtung

Aufspannen der Fräser

Zum Ein- und Aufspannen der Fräser verwendet man besondere **Spannzeuge**. Dazu gehören Frässdorne mit Ringen, Aufsteckdorne, fliegende Dorne und Spannfutter **(Bilder 2, 3, 4)**. Um bei Walzenfräsern ein Durchbiegen der Welle zu verhindern, muss der Fräsdorn in einem Gegenhalter gelagert werden **(Bild 2)**.

Drallverzahnte Fräser müssen so aufgespannt werden, dass die auftretende Axialkraft in Richtung der Spindel wirkt **(Bild 3, Seite 189)**. Werden zwei Walzfräser entgegengesetzter Drallrichtung miteinander kombiniert, müssen sie so aufgespannt werden, dass sich die Axialkräfte gegenseitig aufheben.

Arbeitsregeln

- Vor dem Spannen müssen die Werkstücke entgratet werden, um eine sichere Auflage zu gewährleisten.
- Die Spannmittel müssen der Form und der Größe des Werkstücks entsprechen.
- Die Werkstücke müssen starr, möglichst tief und nahe am Ständer gespannt werden.
- Kleine und kurze Werkstücke werden im Maschinenschraubstock gespannt, größere direkt auf dem Maschinentisch.

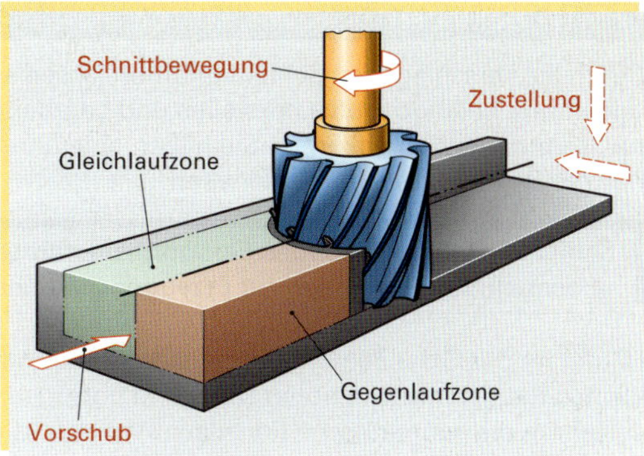

Bild 1: Bewegungen beim Stirn-Umfangsfräsen

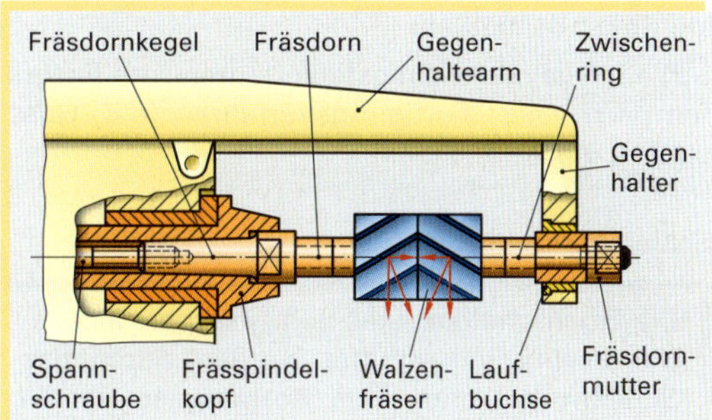

Bild 2: Einspannung der Walzenfräser

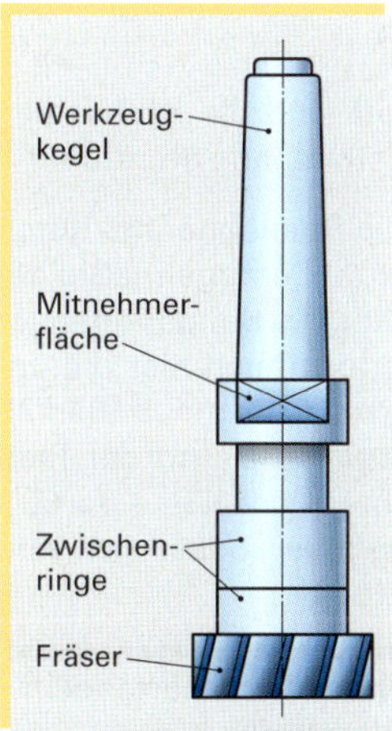

Bild 3: Aufsteckdorn für Schaftfräser

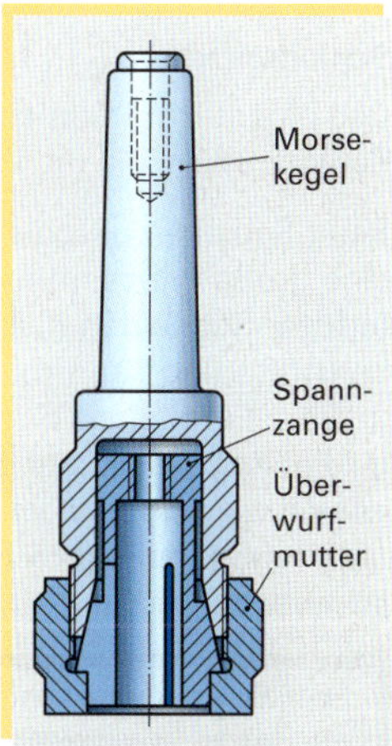

Bild 4: Spannfutter für Schaftfräser

- Der Durchmesser des Aufspanndorns ist möglichst groß zu wählen um seine Durchbiegung gering zu halten.
- Beim Aufspannen ist darauf zu achten, dass die Passfedern, die den Fräser auf dem Frädorn mitnehmen, sicher gelagert sind.
- Fräser sind rechtzeitig nachzuschleifen.

7.5.12 Schleifen

Durch die verschiedenen Schleifverfahren lassen sich ebene und gekrümmte Flächen sowie regelmäßige und unregelmäßige Profile herstellen und bearbeiten. Das Schleifwerkzeug besteht aus einer Vielzahl kleiner, sehr harter Schleifkörner. Sie haben eine unregelmäßige Gestalt und werden durch ein Trägermaterial, die Bindung, zusammengehalten.

> Schleifen ist ein spanendes Fertigungsverfahren mit vielschneidigen Werkzeugen und geometrisch unbestimmten Schneiden zur Erzeugung vielfältiger Werkstückoberflächen.

Häufig ist das Schleifen die abschließende **Feinstbearbeitung** zur Erzeugung von Oberflächen mit sehr kleinen Rautiefen sowie hoher Maß- und Formgenauigkeit, nachdem durch andere spanende Fertigungsverfahren die geometrische Form des Werkstücks erzeugt wurde.

Schleifen dient auch der Wiederherstellung der Zerspanungseigenschaften trennender Werkzeuge durch Scharfschleifen, dem **Nachschleifen** abgestumpfter Schneiden.

Schleifen ist das wichtigste Verfahren zum **Entgraten** nach vielen Fertigungsverfahren (z.B. Gussputzen, Blechschneiden).

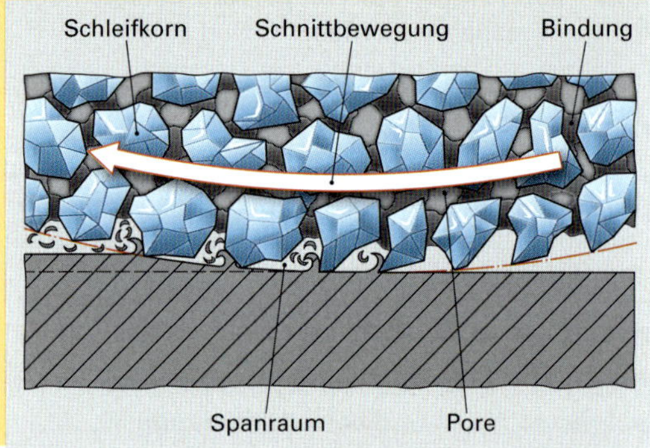

Bild 1: Bestandteile des Gefüges von Schleifkörpern

Schleifwerkzeuge

> Die Eigenschaften eines Schleifkörpers aus gebundenem Schleifmittel werden durch das **Schleifmittel** und seine **Körnung** sowie die **Bindung** und ihre Festigkeit **(Härte)** und das **Gefüge** bestimmt **(Bild 1).**

Schleifmittel

Der eigentliche **Schneidstoff** sind die Körner des Schleifmittels, die die Werkstoffspäne abtrennen.

Beim Schleifen geschieht die **Spanabnahme** durch eine große unbestimmte Anzahl unregelmäßig geformter Schneiden dieser Körner. Bei genügender Vergrößerung kann man jedoch auch hier die ungefähre Form eines Schneidkeils erkennen **(Bild 2).** In der Regel sind der **Keilwinkel** β und der **Freiwinkel** α größer als ein rechter Winkel ($\alpha + \beta > 90°$) und der **Spanwinkel** γ ist **negativ,** sodass sich eine **schabende Wirkung** einstellt.

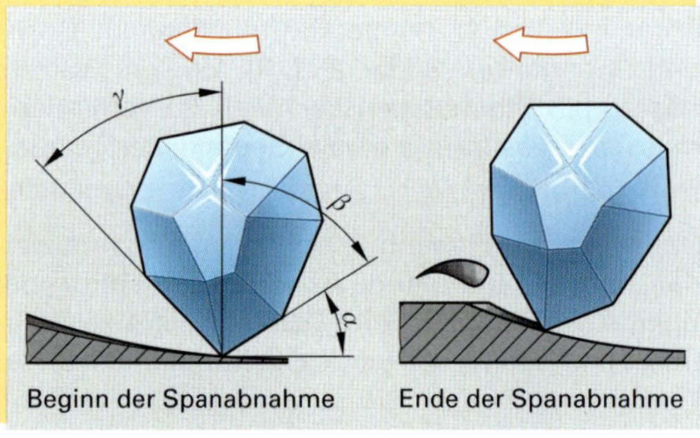

Bild 2: Winkel am Schleifkorn bei Spanabnahme

> Das **Schleifmittel** muss wesentlich härter sein als der zu zerspanende Werkstoff.

Verwendet werden entweder natürlich vorkommende oder künstlich hergestellte Mineralien. Das sind Korund (Kurzzeichen A), Siliciumkarbid (C), Bornitrid (B) und Diamant (D). Jeder Schleifkörper enthält nur Schleifmittel einheitlicher Korngröße **(Tabelle 1).**

> Durch die **Korngröße** werden die Zerspanleistung und die Oberflächengüte beeinflusst.

Tabelle 1: Kennziffern für die Korngröße

Körnung		Einsatz
grob	4 6 8 10 12 14 16 20 24	Schruppen
mittel	30 36 46 54 60	Schlichten
fein	70 80 90 100 120 150 180 220	
sehr fein	230 240 280 320 400 500 600 800 1000 1200	Fein- und Feinstschleifen

Die Bindung

Das Bindemittel hält die Schleifkörner zusammen **(Tabelle 1)**. Wenn diese stumpf geworden sind, sollen sie ausbrechen. Brechen sie zu schnell aus, nutzt sich die Schleifscheibe zu rasch ab. Ist die Bindung zu fest, werden die Körner zu stumpf und die Temperaturen zu hoch.

> Die **Härte** eines Schleifkörpers ist ein Maß für die Kraft, mit der die Schleifkörner durch das Bindemittel festgehalten werden.

Der **Härtegrad** muss bei der Auswahl der Schleifscheibe dem Werkstoff angepasst werden **(Tabelle 2)**. Bei harten und spröden Werkstoffen stumpfen die Schleifkörner schneller ab, deshalb müssen sie leichter aus der Bindung herausbrechen können. Bei weichen und zähen Werkstoffen bleiben die Körner länger scharf. Deshalb gilt für die Auswahl von Schleifscheiben:

> Harte Werkstoffe – weiche Schleifscheiben
> Weiche Werkstoffe – harte Schleifscheiben

Tabelle 1: Bindemittel für Schleifkörper

Art der Bindung	Kurzzeichen	Eigenschaften und Anwendung
keramisch	V	Die gebräuchlichste, unempfindlich gegen Wasser, Öl und Wärme, unelastisch und spröde.
Gummi	R	Sehr elastisch und zäh, für hohe Umfangsgeschwindigkeiten, wärmeempfindlich, geeignet für Nassschliff, geringe Leistung.
Gummi faserstoffverstärkt	RF	
Kunstharz	B	Gebräuchlichste elastische Bindung, hohe Festigkeit, Zähigkeit, für dünne Scheiben und hohe Umfangsgeschwindigkeiten.
Kunstharz faserstoffverstärkt	BF	
Metall	M	Hohe mechanische- und Verschleißfestigkeit, wenig stoßempfindlich.

Tabelle 2: Kennbuchstaben für die Härte von Schleifscheiben

A	B	C	D............M		N........W	X	Y	Z

äußerst weich .... mittel .... äußerst hart

Tabelle 3: Kennziffern für das Gefüge von Schleifkörpern

0	1	2	3	4	5	6	7	8	9	10	11	12	13	14

dichtes geschlossenes Gefüge......offenes Gefüge
kleine Poren .... große Poren

Gefüge

Die räumliche Verteilung von Schleifkörnern, Bindemittel und Poren bildet das Gefüge (die Struktur) des Schleifkörpers **(Tabelle 3)**. Die Kennziffern zeigen die **Porosität,** also ob der Schleifkörper ein geschlossenes oder offenes Gefüge besitzt.

Die **Auswahl des Gefüges** muss die anfallende Spanmenge berücksichtigen **(Bild 1, Seite 194)**. Je mehr Späne anfallen, desto größer müssen die Poren sein.

Beim Nassschliff kann durch größere Poren mehr Kühlflüssigkeit an die Eingriffsstelle transportiert werden. Das erhöht die Zerspanungsleistung.

Dichte Scheiben haben eine größere Härte und nutzen sich nicht so schnell ab. Jedoch können sie sich leichter mit Spänen zusetzen und müssen öfter abgerichtet werden.

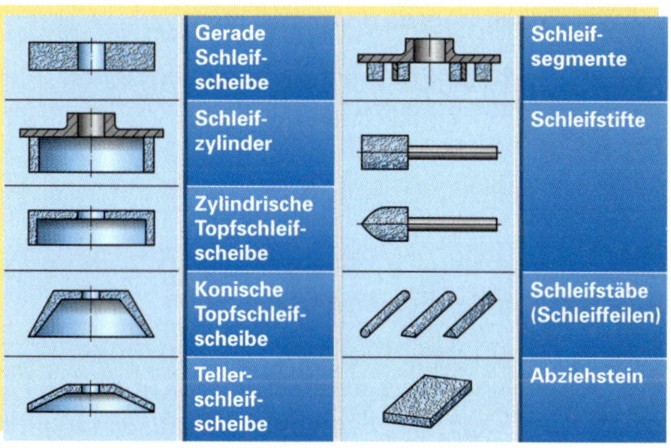

Bild 1: Grundformen von Schleifscheiben

Die Form der Schleifkörper

Die Einteilung der Schleifkörper erfolgt nach der geometrischen Grundform und der Art der Einspannung (Schleifscheiben – Bohrung; Schleifstifte – Schaft) **(Bild 1)**.

Am häufigsten werden gerade Schleifscheiben verwendet, die neben der normalen Walzenform auch profiliert sein können **(Bild 2)**.

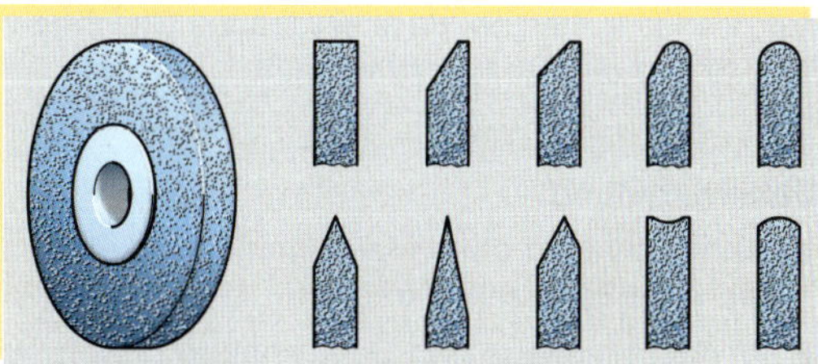
Bild 2: Profilformen von Schleifscheiben

Bezeichnung der Schleifwerkzeuge

Einteilung und Bezeichnung der Schleifkörper sind genormt, alle notwendigen Angaben sind auf den Etiketten der Schleifscheiben zu finden. Zunächst wird die Grundform aufgeführt, dann kommen die Abmessungen und dann der Schneidstoff **(Tabelle 1)**.

Für Schleifbänder, Schleifpapier und weitere Schleifmittel gelten ähnliche Regeln.

Tabelle 1: Schema für die Bezeichnung genormter Schleifkörper (Beispiel, Kurzform)

Form	Abmessung	Werkstoff
7	400 x 100 x 127	A 60 K 8 V 35

- ISO-Grundform — 7
- Außendurchmesser d_1 = 400 mm — 400
- Scheibenbreite b = 100 mm — 100
- Bohrungsdurchmesser d_2 = 127 mm — 127
- Schleifmittel A (Korund) — A
- Körnung (Sieb mit 60 Maschen je Zoll) — 60
- Härtegrad K = weich — K
- Gefügekennziffer 8 (mittel) — 8
- Bindung V (keramisch) — V
- Zulässige Umfangsgeschwindigkeit 35 m/s — 35

Zerspanungsvorgang

Die **Schnittbewegung** wird durch das Werkzeug, im Allgemeinen Schleifscheibe genannt, ausgeführt. Die Vorschub- und Zustellbewegungen geschehen in der Regel über das Werkstück **(Bild 1)**. Durch die **Zustellung** werden die **Schnitttiefe** bzw. die Schnittbreite festgelegt. Soll durch Schleifen lediglich die Oberflächengüte verbessert werden, braucht die Schleifscheibe die Werkstückoberfläche nur leicht zu berühren.

Die im Vergleich zu anderen spanenden Verfahren wesentlich höhere Schnittgeschwindigkeit führt zu **hohen Temperaturen** während der Spanabnahme. Dabei können die Späne schmelzen und verglühen (Schleiffunken).

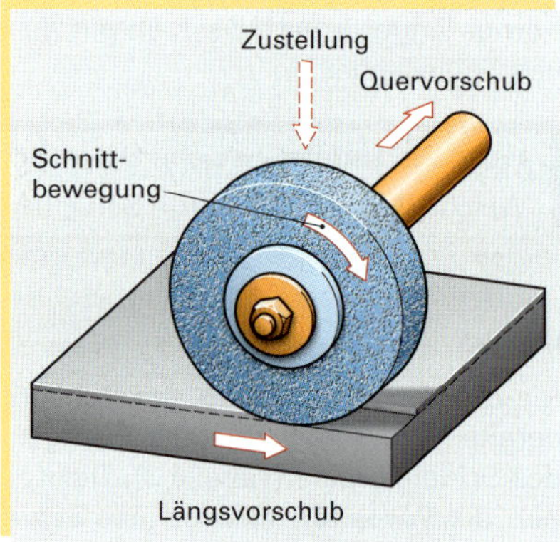

Bild 1: Der Zerspanungsvorgang beim Plan-Umfangsschleifen

Arbeit mit Schleifwerkzeugen

Schleifscheiben besitzen wegen ihrer Struktur eine verhältnismäßig geringe Zugfestigkeit. Damit sie durch die **Fliehkräfte** nicht auseinander gerissen werden, muss die Umfangsgeschwindigkeit begrenzt werden.

Tabelle 2: Zulässige Umfangsgeschwindigkeit von Schleifscheiben

Farbstreifen	blau	gelb	rot	grün
v in m/s	50	63	80	100

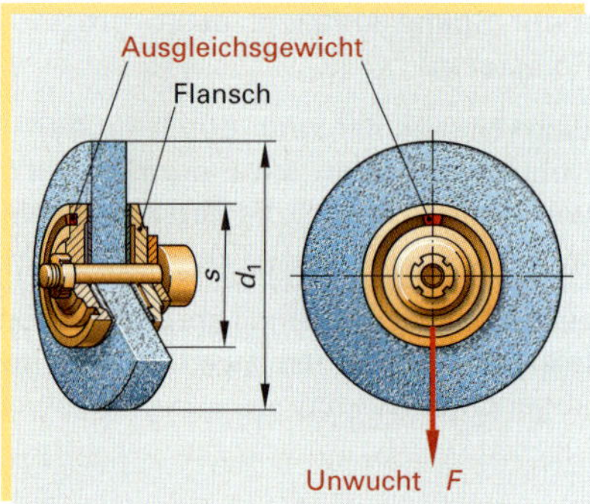

Bild 2: Aufspannen und Auswuchten einer Schleifscheibe

Auswuchten der Schleifscheiben

Wegen der ungleichmäßigen Massenverteilung (Unwucht) in den Schleifscheiben entstehen ungleichmäßige Fliehkräfte. Sie würden die Lager der Schleifmaschine, die Qualität der Schleifarbeit und den Verschleiß der Scheibe ungünstig beeinflussen. Deshalb wird auf **Auswuchtgeräten** die Lage der Unwucht festgestellt. Dann ordnet man Ausgleichsgewichte in der Ringnut des Flansches an, dass ein labiles Gleichgewicht entsteht **(Bild 2)** und die Scheibe ruhig läuft.

Unfallverhütung

- Beim Schleifen ohne Maschinenabdeckung immer eine Schutzbrille tragen!
- Werkstückauflage und Schutzhaube dürfen nur bei stehender Maschine nachgestellt werden!
- Spalt zwischen Scheibe, Werkstückauflage und Schutzhaube täglich kontrollieren **(Bild 1)**!
- Beim Trockenschleifen den anfallenden Staub nach Möglichkeit absaugen!

7.6 Fügen

Einzelne Werkstücke oder Bauteile werden mithilfe der Fügeverfahren zur gewünschten Endform zusammengesetzt. Dadurch entstehen funktionstüchtige Apparate, Baugruppen oder Maschinen **(Bild 1)**.

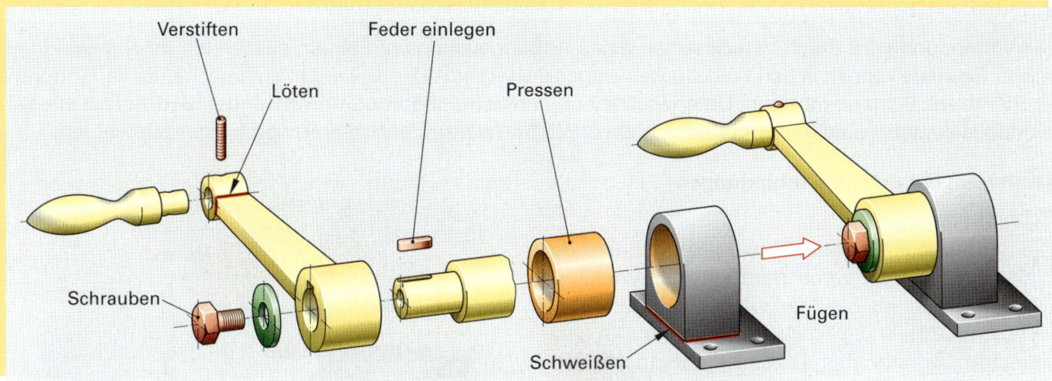

Bild 1: Zusammenwirken einzelner Fügeverfahren bei der Herstellung einer Baugruppe

7.6.1 Einteilung und Wirkweise

Die Bauteile können je nach Verbindungsart beweglich oder fest zusammengehalten werden.

- **Bewegliche Fügeverbindungen**, z.B. Gewindespindeln, ermöglichen ein gegenseitiges Verschieben der Einzelteile oder Baugruppen.
- **Feste Fügeverbindungen** können lösbar oder unlösbar sein. In beiden Fällen wird ein Verschieben der Einzelteile gegeneinander verhindert.
- **Lösbare Verbindungen:** Die verbundenen Teile lassen sich **ohne Zerstörung** des Verbindungsmittels trennen.
- **Unlösbare Verbindungen:** Die verbundenen Teile lassen sich nur **durch Zerstörung** des Verbindungsmittels voneinander trennen **(Bild 2)**.

  Die **Kraftübertragung** zwischen den einzelnen Teilen wird möglich, weil der Kraftfluss durch die Fügeverbindung geschlossen wird.

  Es wird zwischen **Stoffschluss, Formschluss** und **Kraftschluss** unterschieden **(Bild 3)**.
- **Stoffschlüssige Verbindungen:** Dabei werden die **Werkstoffe** der zu verbindenden Teile miteinander **vereinigt**.
- **Formschlüssige Verbindungen:** Dazu ist das Ineinanderpassen von Formflächen der Bauteile und der Verbindungselemente erforderlich.
- **Kraftschlüssige Verbindungen:** Sie entstehen durch das Zusammenpressen der Oberflächen.

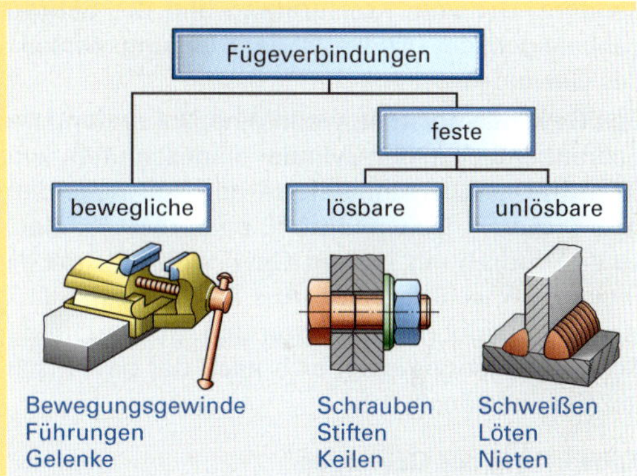

Bild 2: Einteilung der Fügeverbindungen

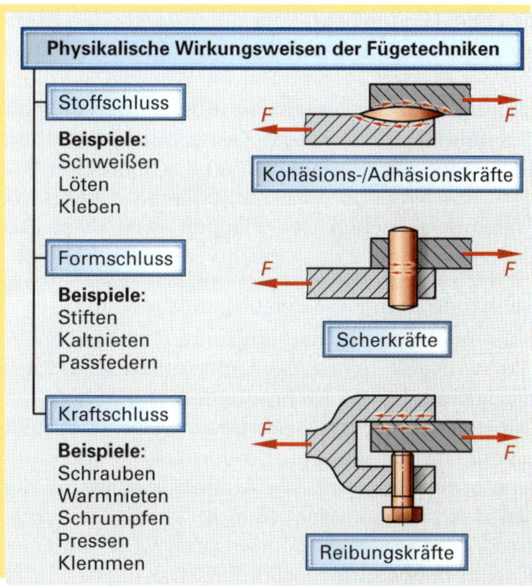

Bild 3: Einteilung der Fügetechniken nach Wirkweise

7.6.2 Schraubverbindung

Sollen sich Einzelteile wieder von einander lösen lassen, so ist Schrauben oft die beste oder die einzig mögliche Verbindungstechnik.

Durch das Schrauben werden Bauteile durch Kraftschluss lösbar miteinander verbunden.

Die Verbindung wird durch Verschrauben eines Außengewindes mit einem passenden Innengewinde erreicht. Gewinde können in den Werkstücken eingearbeitet sein oder es werden entsprechende Verbindungselemente wie Schraubenbolzen, Unterlegscheiben und Schraubenmuttern verwendet **(Bild 1).** Fast alle Verbindungselemente sind genormt und können durch Massenproduktion preiswert hergestellt werden.

Wirkweise der Schraubverbindungen

Schraubenlinie

Die Schraubenlinie eines Gewindes entspricht der Linie, die entsteht, wenn man ein rechtwinkliges Dreieck um einen Zylinder wickelt **(Bild 2).** Seine Hypotenuse stellt die Schraubenlinie dar. Die waagerechte Kathete des Dreiecks entspricht dem Umfang des Zylinders $U = \pi \cdot d$. Die senkrechte Kathete wird die **Steigung *P*** des Gewindeganges genannt. Der vom Kreisumfang und der Schraubenlinie gebildete Winkel ist der **Steigungswinkel α** des Gewindes.

Das **Gewinde** entsteht, wenn eine Nut entlang der Schraubenlinie in den Zylinder eingeschnitten wird **(Bild 3).** Die Querschnittsform der Nut muss dem gewünschten Gewindeprofil entsprechen. Nach einer Umdrehung ist das Gewindeprofil um die Steigung *P* weitergerückt. Aus der Schraubenlinie ist ein Schraubengang entstanden. Die Anzahl der Schraubengänge richtet sich nach der gewünschten Gewindelänge.

Keilwirkung des Gewindes

Wird eine Schraubenmutter auf einen Schraubenbolzen gedreht, so gleitet sie entlang der Schraubenlinie. Um die beim Schrauben wirkenden Kräfte zu verdeutlichen, betrachtet man ein kleines Stück aus der Mutter und dem Bolzen. Wird die Schraube gedreht, gleiten zwei schiefe Ebenen gegeneinander **(Bild 4).** Ohne äußere Kräfte würde das obere Teil wegen der Abtriebskraft an der Schraubenlinie des Schraubenbolzens herabgleiten. Durch die Reibkraft zwischen den Flächen wird diese Abwärtsbewegung jedoch erschwert oder verhindert.

Selbsthemmung des Befestigungsgewindes

Bei einem kleinen **Steigungswinkel α** des Gewindes wird eine Schraubenmutter **nicht selbsttätig** die schiefe Ebene (Schraubenlinie) hinabgleiten. Der kleine Steigungswinkel bewirkt eine im Verhältnis zur Gewichtskraft große Normalkraft und damit eine große Reibkraft. Die Abtriebskraft ist bei diesen Bedingungen klein **(Bild 4).** Ist die Reibungskraft F_R größer als die Abtriebskraft F_A, so wird eine Abwärtsbewegung verhindert. Das Gewinde ist dann **selbsthemmend.**

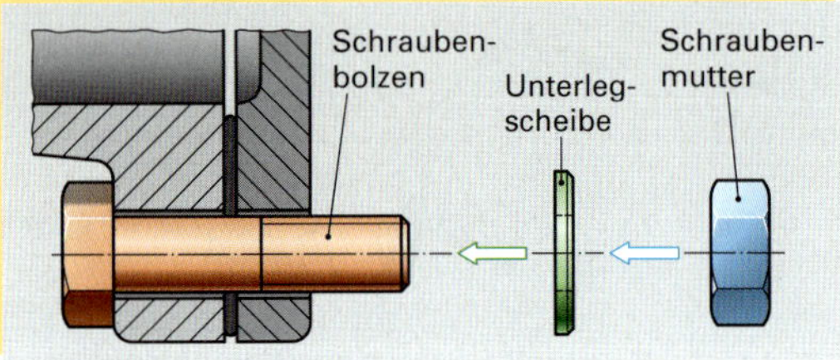

Bild 1: Prinzip des Verschraubens

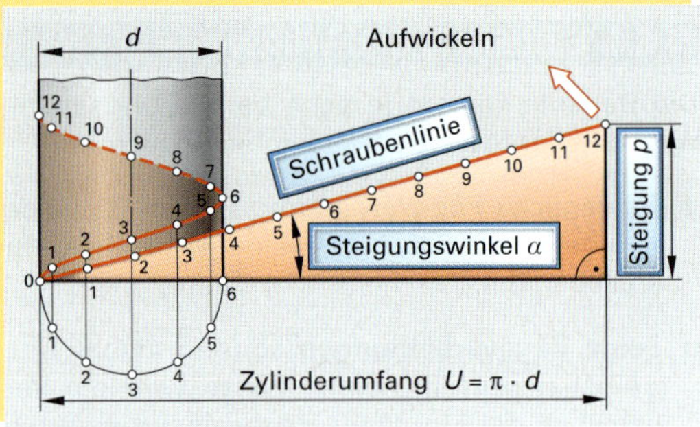

Bild 2: Schraubenlinie

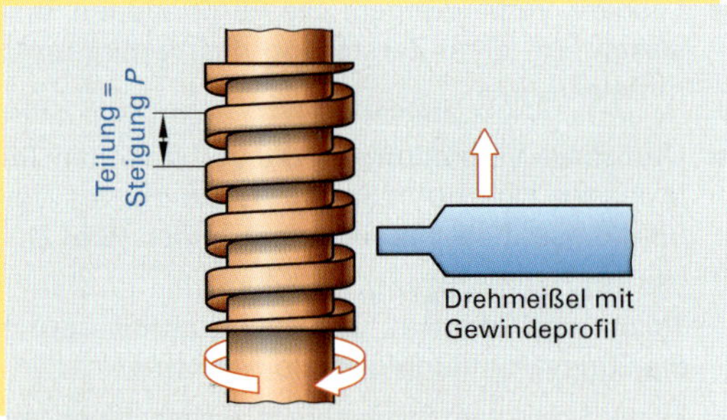

Bild 3: Entstehung eines Gewindes

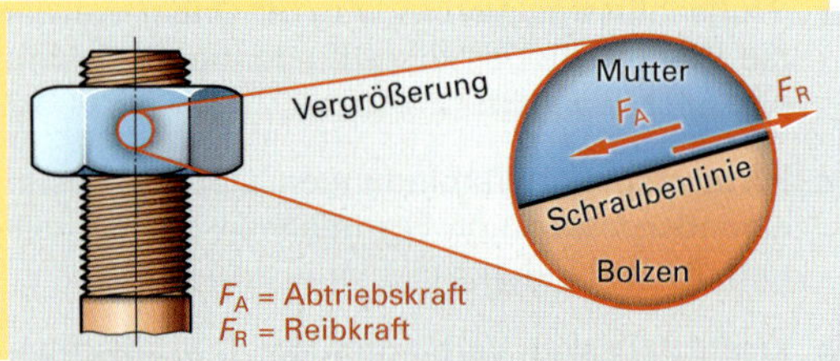

Bild 4: Keilwirkung am Gewinde

> Befestigungsschrauben sind selbsthemmend, sie haben einen kleinen Steigungswinkel.

Der Steigungswinkel des Gewindes von Befestigungsschrauben beträgt etwa 3°...1°. Unter normalen Bedingungen können sich diese Schrauben nicht von alleine lösen.

Bewegungsgewinde

Wird der Steigungswinkel α der Schraubenlinie größer, so vermindert sich die Normal- und damit die Reibkraft. Die Abtriebskraft wird dagegen größer **(Bild 1)**. Ist die Abtriebskraft F_A größer als die Reibungskraft F_R, so erfolgt eine Abwärtsbewegung. Dieses Gewinde ist **nicht selbsthemmend.**

> Bewegungsgewinde haben einen großen Steigungswinkel.

Kraftübersetzung bei Befestigungsschrauben

Durch Befestigungsschrauben werden kraftschlüssige Verbindungen hergestellt. Die Bauteile müssen so stark zusammengepresst werden, dass sie sich nicht gegeneinander verschieben lassen. Die dazu erforderlichen großen Spannkräfte werden mit Hilfe der Kraftübersetzung nach zwei physikalischen Prinzipien erzeugt: der **Hebelwirkung** und der **schiefen Ebene (Bild 2).**

Kraftübersetzung durch Hebelwirkung

Die Hebelwirkung wird beim Gebrauch eines Schraubenschlüssels ausgenutzt. Mit einem entsprechend langen Hebel können bei geringen Anzugskräften große Spannkräfte erreicht werden.

Kraftübersetzung durch schiefe Ebene

Mit Hilfe der schiefen Ebene der Schraubenlinie lassen sich große Lasten mit verhältnismäßig kleinen Kräften aufwärts bewegen. Es wird dabei eine mechanische Arbeit verrichtet. Die Anwendung dieser Erkenntnis auf das Schrauben führt zur Berechnung der **Anzugskraft F_2 (Bild 3):**

Arbeitsauftrag:

1. Erklären Sie den Unterschied zwischen lösbaren und unlösbaren Fügeverbindungen! Ordnen Sie den beiden Gruppen je 3 Fügeverfahren zu!
2. Was wird jeweils unter einer stoff-, form- und kraftschlüssigen Verbindung verstanden? Ordnen Sie den Gruppen jeweils 3 Fügeverfahren zu!
3. Zählen Sie die Einzelteile einer Schraubverbindung auf!
4. Wie entsteht die Schraubenlinie?
5. Welche unterschiedlichen Merkmale haben Befestigungs- und Bewegungsgewinde?
6. Nennen Sie die physikalischen Prinzipien, mit deren Hilfe die Kraftübersetzung erfolgt!

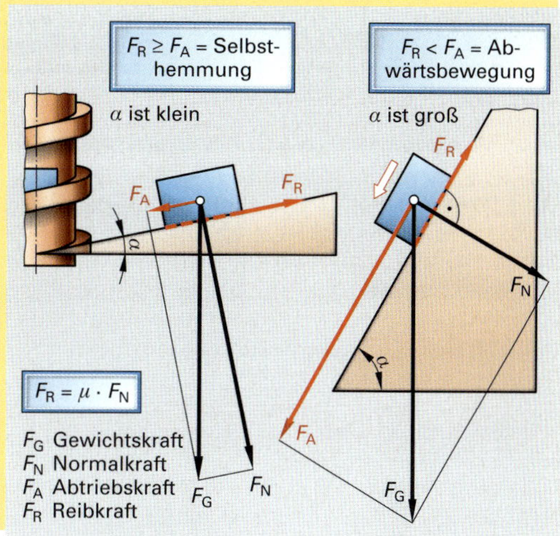

Bild 1: Kräfteverteilung

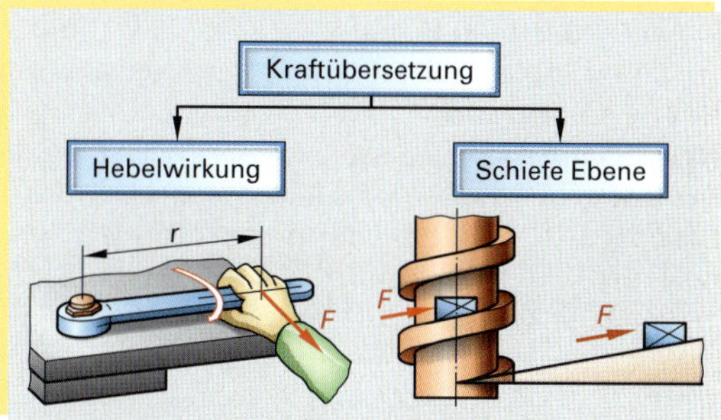

Bild 2: Erzeugung der Spannkräfte

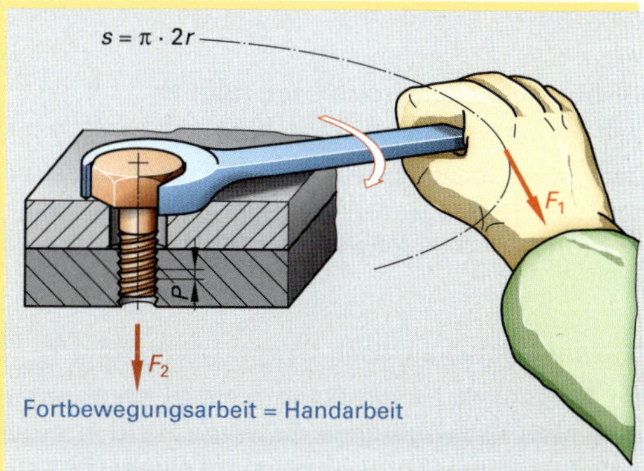

Aus Fortbewegungsarbeit = Handarbeit
ergibt sich Handarbeit = Schraubenarbeit

$$\text{Handkraft} \cdot \text{Handweg bei 1 Umdrehung} = \text{Kraft} \cdot \text{Steigung in der Schraubenachse}$$

$$F_1 \cdot \pi \cdot 2r = F_2 \cdot P$$

$$F_2 = \frac{F_1 \cdot \pi \cdot 2r}{P}$$

Bild 3: Festziehen einer Schraube

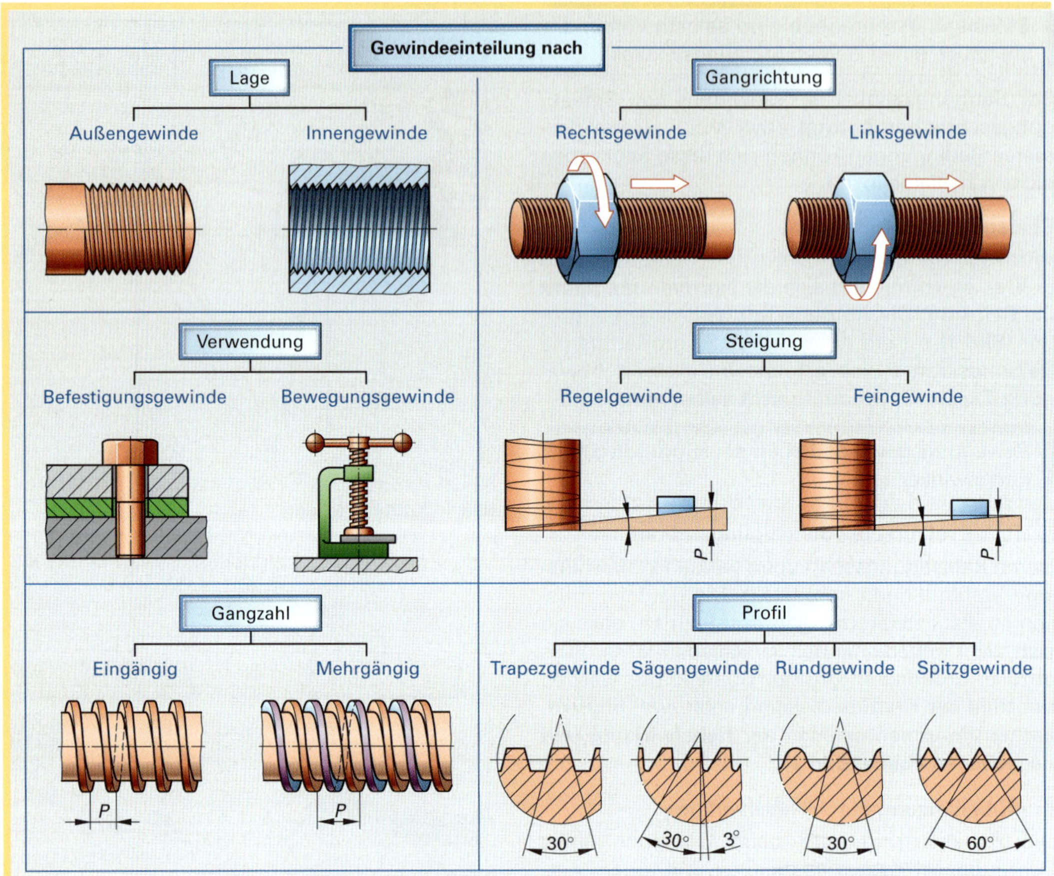

Bild 1: Übersicht und Einteilung der Gewindearten

Gewindeeinteilung nach Lage (Bild 1)

Befindet sich das Gewinde am Mantel eines Zylinders, wird es als **Außen-** oder **Bolzengewinde** bezeichnet. Ist das Gewinde an der Innenwand einer Bohrung, wird es **Innen-** oder **Muttergewinde** genannt.

Gewindeeinteilung nach Gangrichtung (Bild 1)

Im Normalfall ist die Gangrichtung nach rechts gerichtet. **Rechtsgängige Gewinde** werden durch Rechtsdrehung (im Uhrzeigersinn) eingeschraubt.

Linksgängige Gewinde werden durch Linksdrehung eingeschraubt und nur in Ausnahmefällen verwendet. Linksgewinde sind üblich wenn:

- Längsbewegungen bei vorgegebener Drehrichtung erforderlich sind (Spannschloss **Bild 3**)
- sich ein Rechtsgewinde selbsttätig lösen würde (Schleifscheibenbefestigung)
- Verwechslungen vermieden werden sollen (Anschlüsse von Propangasflaschen)

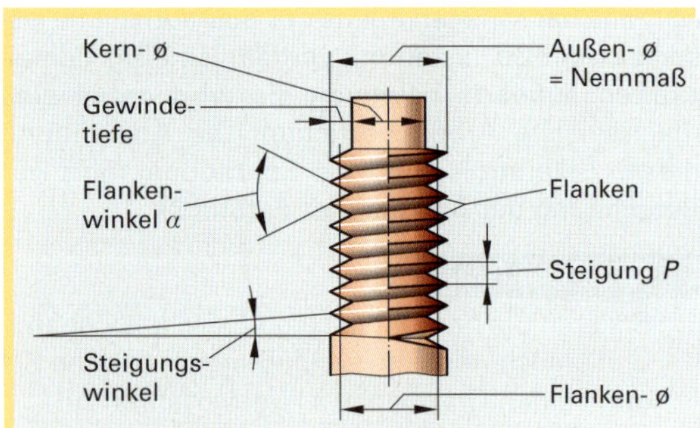

Bild 2: Bezeichnungen am Gewinde

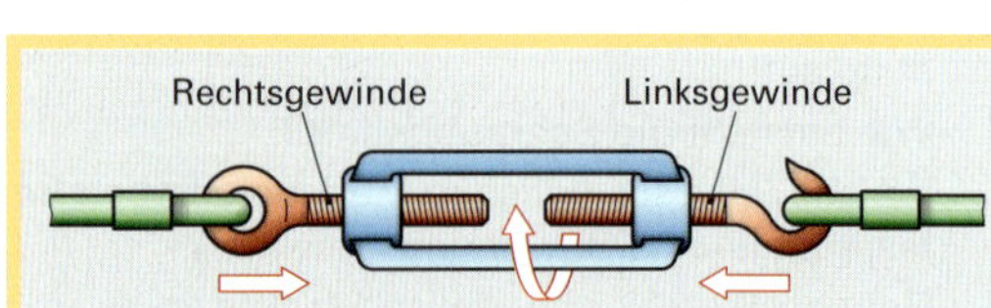

Bild 3: Rechts- und Linksgewinde am Spannschloss

Gewindeeinteilung nach Verwendung

Befestigungsgewinde haben Schrauben, mit denen Teile lösbar verbunden werden sollen. Diese Schrauben müssen sich fest anziehen lassen und dürfen sich unter normalen Bedingungen nicht selbsttätig lösen.

Bewegungsgewinde dienen dazu, drehende Bewegungen in geradlinige umzuwandeln. Die Drehbewegung einer Spindel wird z.B. in eine geradlinige Bewegung umgewandelt.

Gewindeeinteilung nach der Steigung

Bei gleichbleibendem Flankenwinkel hat die Steigung einen direkten Einfluss auf die Gewindetiefe **(Bild 1)**. Je größer die Steigung ist, desto größer muss die Gewindetiefe sein und umso kleiner ist der Kerndurchmesser d_3. Mit zunehmender Steigung vermindern sich somit der belastbare Querschnitt und die Tragfähigkeit der Schraube. Dieses ist u.a. bei Gewinden auf dünnwandigen Rohren von Bedeutung.

Gewinde mit kleineren Steigungen als beim Regelgewinde werden **Feingewinde** genannt. Der kleinere Steigungswinkel bewirkt, dass sich die Schraube bei Erschütterungen nicht so leicht löst. Deshalb eignet sich dieses Gewinde gut als Befestigungsgewinde. Allerdings hat der kleinere Steigungswinkel je Umdrehung auch einen kürzeren axialen[1] Weg zur Folge.

Gewindeeinteilung nach der Gangzahl

Sollen bei wenigen Umdrehungen lange axiale Wege erzielt werden, empfiehlt sich ein **mehrgängiges Gewinde.** Es hat mehrere, regelmäßig versetzte Gewindeanfänge. Die Gewindegänge laufen parallel nebeneinander **(Bild 2)**. Je mehr Gänge, desto größer wird die Steigung, ohne dass die Gewindetiefe verändert wird. Mehrgängige Gewinde sind Bewegungsgewinde, z.B. bei Spindelpressen und Schnecken.

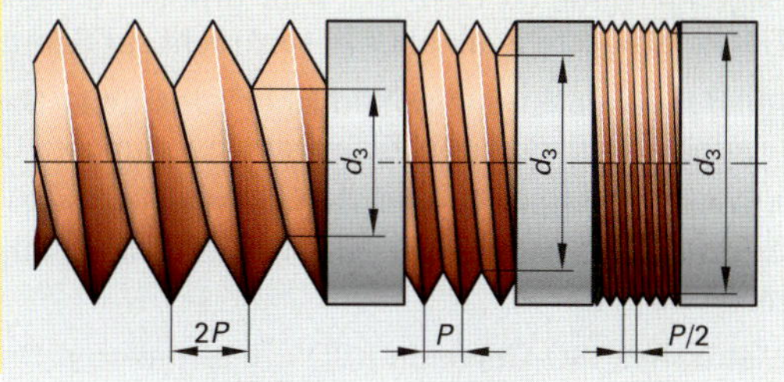

Bild 1: Abhängigkeit der Gewindetiefe von der Gewindesteigung

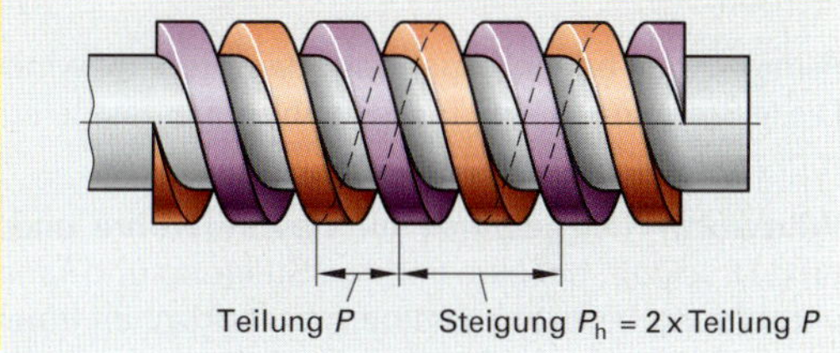

Bild 2: Zweigängiges Gewinde

Tabelle 1: Normung der Gewindebezeichnung

Gewindeprofil	Kurzzeichen	Gewindebezeichnung (Beispiele)
Spitzgewinde		
Metrisch **M**	M 10	M 10
Feingewinde	M	M 10 x 1
Withworth-Rohrgewinde	R	R 3/4 DIN 2999
Trapezgewinde	Tr	Tr 20 x 4
Sägengewinde	S	S 20 x 2
Rundgewinde	Rd	Rd 8 x $\frac{1}{10}$
Linksgewinde	LH[2]	M 20-LH
Mehrgängiges Gewinde	P	Tr 30 x 16 P2

Gewindeeinteilung nach dem Profil

Entsprechend den unterschiedlichen Anforderungen beim Einsatz der Gewinde wurden verschiedene Gewindeprofile entwickelt und genormt. Die genormte Gewindebezeichnung enthält das Kurzzeichen für das Profil und das Nennmaß. Gegebenenfalls werden auch Steigung, Gangrichtung und bei Sondergewinden die DIN-Nummer angegeben. Für ein genormtes Gewinde, von dem Profil, Nenndurchmesser und Steigung bekannt sind, lassen sich die weiteren Gewindemaße berechnen oder Tabellen entnehmen **(Tabelle 1)**.

Trapezgewinde wird vorwiegend für Bewegungsgewinde verwendet. Sein Gewindeprofil ist trapezförmig ausgebildet und hat einen Flankenwinkel von 30°. Trapezgewinde sind beidseitig axial belastbar. Das Gewinde hat Spitzenspiel und wird an den Gewindeflanken geführt.

Bezeichnungsbeispiel Tr 30 x 16 P2: Dieses mehrgängige Trapezgewinde hat einen Außendurchmesser von 30 mm, eine Gewindesteigung von 16 mm, eine Teilung von 2 mm und ist damit 8-gängig.

[1] axial: in Richtung der Achse [2] left hand

Sägengewinde ist besonders für größere einseitig wirkende axiale Belastung geeignet. Die tragende Flankenseite steht annähernd senkrecht zur Schraubenachse.

Rundgewinde ist unempfindlicher gegenüber Beschädigung und Verschmutzung. Daher wird es überwiegend für Armaturen, Eisenbahnkupplungen, Glühlampenfassungen usw. eingesetzt.

Alle **Spitzgewinde** haben kleine Steigungswinkel und dienen als Befestigungsgewinde. Ihr Gewindeprofil ist dreieckig ausgeformt. Der Flankenwinkel beträgt bei Metrischen Gewinden 60° und bei Whitworthgewinden 55°.

Metrisches ISO-Gewinde (ISO = International Organization for Standardization = Internationale Normgemeinschaft). Es ist zwischen Regel- und Feingewinde zu unterscheiden.

Regelgewinde werden durch das Profilkurzzeichen mit dem Nenndurchmesser eindeutig angegeben.

Die Angaben über die Größe der Steigung müssen Tabellen entnommen oder mit Formeln errechnet werden.

Feingewinde haben gegenüber dem Regelgewinde bei gleichem Nenndurchmesser kleinere Steigungen. Diese Steigungen sind in Auswahlreihen festgelegt. Das Steigungsmaß ist in der Gewindebezeichnung in mm zusätzlich mit anzugeben.

Whitworth-Rohrgewinde für **Gewinderohre und Fittings** nach DIN 2999, Anwendung Versorgungsleitung Druckluft, hat eine geringe Steigung und kann als ein Feingewinde angesehen werden. Die Gewindeverbindung besteht aus einem zylindrischen Innengewinde und einem kegeligen Außengewinde (Kegel 1:16) **(Bild 1)**.

Durch die Kombination des zylindrischen Innengewindes mit dem kegeligen Außengewinde ist gewährleistet, dass die Rohrverbindung zum größten Teil schon durch die Pressung von Metall auf Metall abgedichtet wird. Ein Dichtungsmittel wird beim Verschrauben mit eingezogen. Es soll kleine Unregelmäßigkeiten der Gewindeoberfläche ausgleichen und zusätzlich abdichten.

Die Maße dieses Gewindes müssen Tabellen entnommen werden. Die Nenngröße des Gewindes bezieht sich nicht auf den Außendurchmesser des Gewindes, sondern auf die Nennweite DN des Rohres. Sie ist nur ungefähr gleich der lichten Weite des Rohres und dient als Kenngröße für zueinander passende Teile.

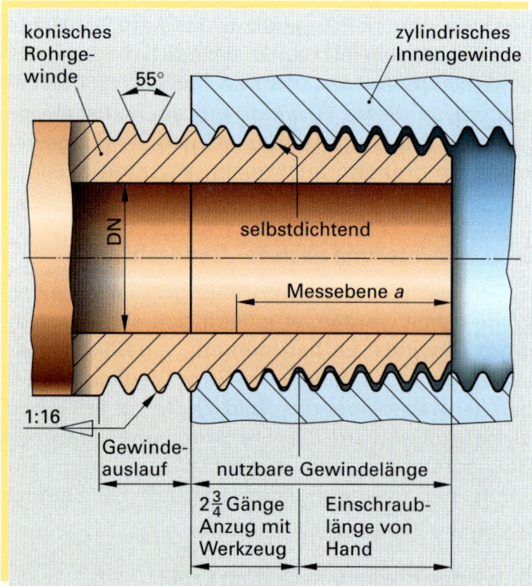

Bild 1: Withworth-Rohrgewindeverbindung

Arbeitsauftrag:

1. Zählen Sie 6 unterschiedliche Merkmale auf, nach denen Gewinde eingeteilt werden können.
2. Formulieren Sie einen Merksatz über den Zusammenhang zwischen Steigung und Gewindetiefe.
3. Aus welchem Grund ist die Selbsthemmung bei Feingewinden größer als bei Regelgewinden?
4. Wozu werden mehrgängige Gewinde verwendet?
5. Nennen Sie die Angaben, die eine Gewindebezeichnung enthalten muss.
6. Nennen Sie 3 Gewindeprofile, und geben Sie die jeweiligen Merkmale an.
7. Erklären Sie, warum Whitworth-Rohrgewinde für dichte Verbindungen geeignet sind.

Beispiel zur Schraubenberechnung:

Das Anzugsmoment einer Schraube M10 (1,5 mm Steigung) soll 50 Nm betragen. Der Schraubenschlüssel hat eine wirksame Hebellänge von 150 mm.

Handkraft $F_1 = \frac{M}{r} = \frac{50\ \text{Nm}}{0{,}15\ \text{m}}$ **= 333 N**

Kraft in der Schraubenachse $F_2 = \frac{F_1 \cdot \pi \cdot 2r}{P}$

$$F_2 = \frac{333\ \text{N} \cdot 3{,}14 \cdot 300\ \text{mm}}{1{,}5\ \text{mm}} = \mathbf{209\ 124\ N}$$

Elemente der Schraubverbindungen

Schraubenformen

Die Anforderungen an das Verbindungselement Schraube sind sehr unterschiedlich. Dementsprechend wurde eine Vielzahl verschiedener Schrauben entwickelt. Sie unterscheiden sich durch Kopfform, Schaftabmessung, Schraubenende, Gewindeart und Gewindeform **(Bild 1)**.

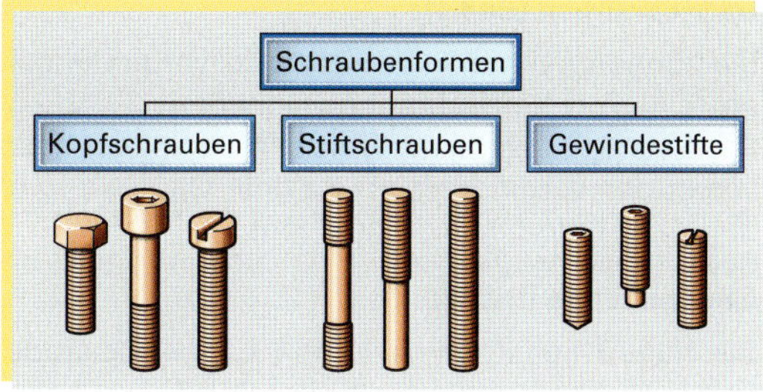

Bild 1: Einteilung der Schrauben nach ihrer Form

Kopfschrauben

Zu den wichtigsten Kopfschrauben gehören: Sechskant- und Vierkantschrauben, Zylinderschrauben mit Innensechskant, Schlitz- und Kreuzschlitzschrauben.

Sechskantschrauben sind die am häufigsten verwendeten Kopfschrauben **(Bild 2 links)**.

Vierkantschrauben (Bild 2 rechts) benötigen gegenüber Sechskantschrauben kleinere Schlüsselweiten, da die Ansatzflächen für den Gabelschlüssel größer sind. Allerdings vergrößert sich der Verdrehwinkel beim Nachfassen mit dem Schlüssel gegenüber der Sechskantschraube von 60° auf 90°. An schlecht zugänglichen Stellen sind Vierkantschrauben deshalb nur schwer mit einem Gabelschlüssel zu drehen.

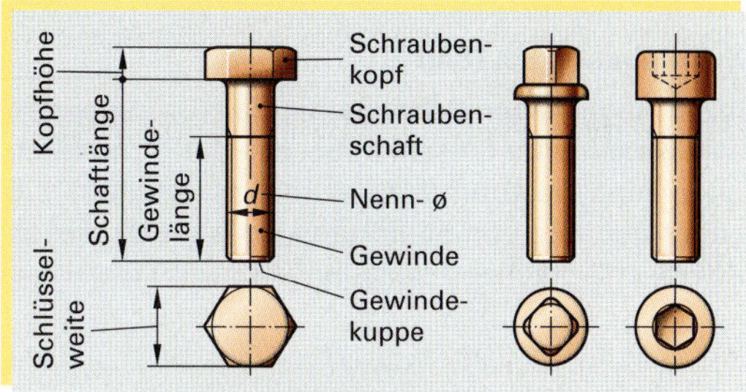

Bild 2: Sechskant und Vierkantschraube
Bezeichnungsbeispiel für eine Sechskantschraube mit Gewinde M12, Schaftlänge 80 mm, Festigkeitsklasse 8.8
Sechskantschraube DIN 931-M12 x 80-8.8

Zylinderschrauben mit Innensechskant (Bild 3, rechts) benötigen beim Anziehen und Lösen wenig Platz. Sie können Sechskantschrauben an schwer zugänglichen Stellen ersetzen.

Diese Schrauben werden auch verwendet, wenn kleine Schraubenabstände erforderlich sind. Sie ermöglichen Gewichtsersparnis durch entsprechende konstruktive Gestaltung der Bauteile. Ein Versenken des Kopfes ergibt glatte Werkstückoberflächen. Bei rotierenden Teilen wird dadurch die Verletzungsgefahr vermindert **(Bild 3)**.

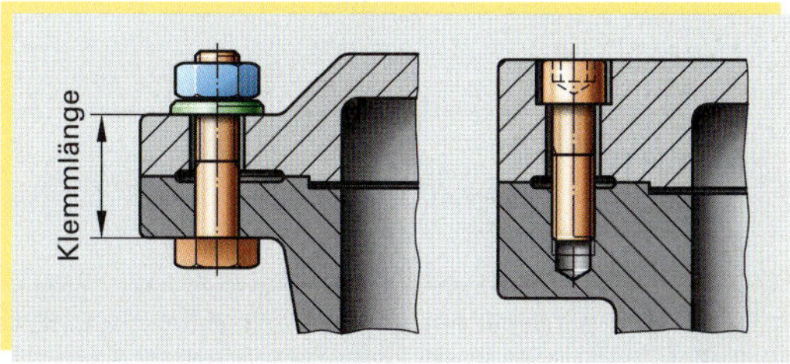

Bild 3: Konstruktive Gestaltung

Schlitzschrauben gibt es mit verschiedenen Kopfformen. Sie werden mit einem Schraubendreher angezogen. Infolge der kleinen Hebelwirkung sind mit ihnen nur relativ geringe Klemmkräfte zu erzielen.

Kreuzschlitzschrauben lassen sich wegen der größeren Mitnahmeflächen fester anziehen. Sie eignen sich infolge der besseren Schraubendreherführung auch sehr gut für maschinelles Festziehen und Lösen **(Bild 4)**.

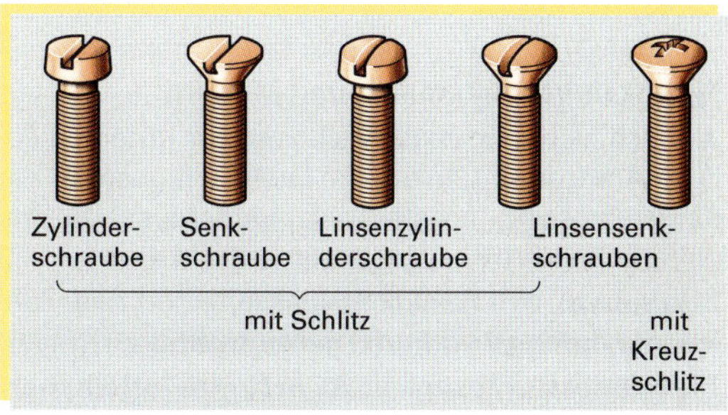

Bild 4: Schlitzschrauben

Kopfschrauben für Sonderzwecke

Blechschrauben (Bild 5) sind gehärtet und formen sich selbst ihr Muttergewinde beim Einschrauben. Sie eignen sich zum Verbinden von Blechen bis 2,5 mm Dicke. Der Lochdurchmesser soll etwa dem Schraubenkerndurchmesser entsprechen.

Schneidschrauben (Bild 6) sind einsatzgehärtet und schneiden sich ihr Muttergewinde selbst. Sie haben Spannuten wie Gewindebohrer.

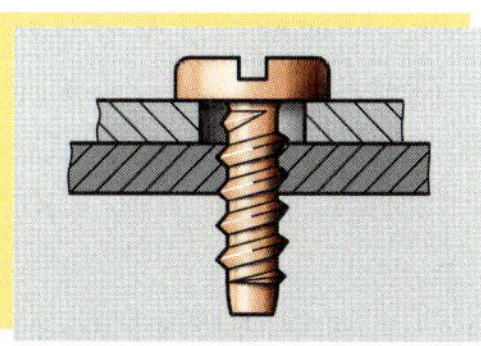

Bild 5: Blechschraube

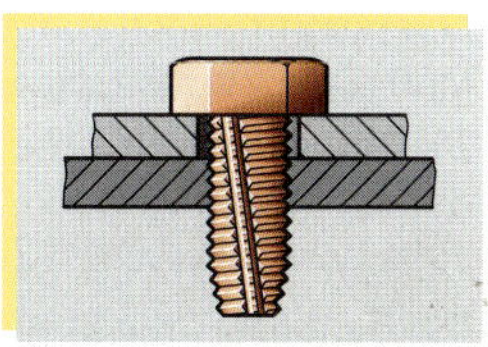

Bild 6: Schneidschraube

Stiftschrauben (Bild 1)

Sie können bei häufig zu lösenden Verbindungen anstelle von Kopfschrauben verwendet werden. Das Einschraubende der Stiftschraube bleibt beim Lösen der Verbindung im Bauteil. Dadurch wird dort das Muttergewinde geschont.

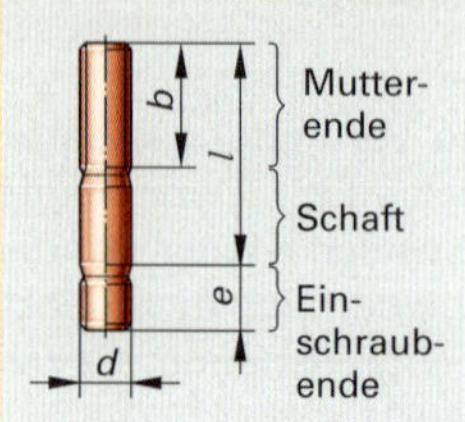

Bild 1: Stiftschraube

Gewindestifte (Bild 2)

Sie haben auf ihrer gesamten Länge Gewinde. Gewindestifte werden hauptsächlich zur Lagesicherung von Stellringen, Lagerbuchsen usw. verwendet.

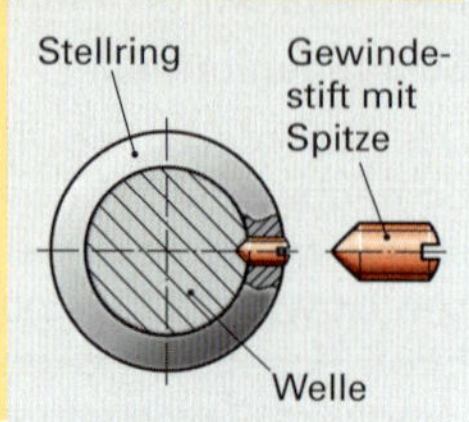

Bild 2: Gewindestift

Schraubenenden (Bild 3)

In der Regel haben Schraubenenden (Bolzenenden) eine Kegel- oder Linsenkuppe. Hat das Schraubenende eine bestimmte Funktion zu erfüllen, z. B. Lagesicherung von Stellringen, so ist es zu diesem Zweck entsprechend ausgebildet.

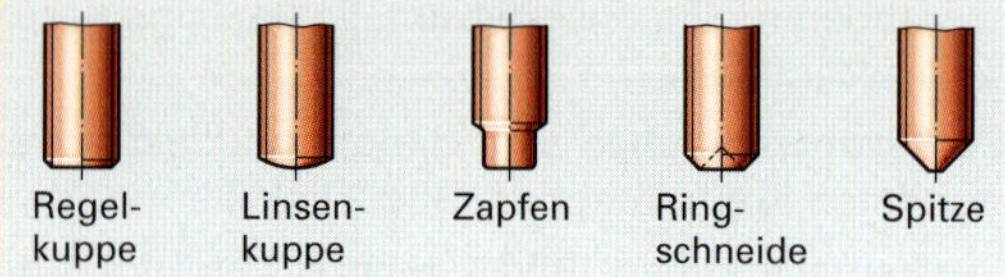

Bild 3: Schraubenenden

Tabelle 1: Übersicht gebräuchlicher Schraubenmuttern

Verbindungs-element	Beschreibung	Verbindungs-element	Beschreibung
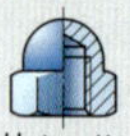 Hutmutter DIN 1587	**Hutmuttern** schützen das Gewinde vor Beschädigungen und vermindern die Verletzungsgefahr.	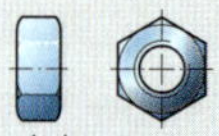 Sechskantmutter DIN 555	**Sechskantmuttern** werden am häufigsten verwendet. Ihre Höhe ist in Normalausführung 0,8 · Nenndurchmesser.
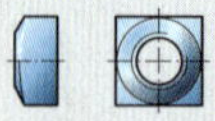 Vierkantmutter DIN 557	**Vierkantmuttern** haben größere Ansatzflächen für den Gabelschlüssel, jedoch einen ungünstigeren Verdrehwinkel.	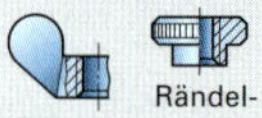 Flügel-, DIN 315, Rändel-mutter DIN 467	**Flügel- und Rändelmuttern** werden von Hand angezogen. Sie eignen sich nur für niedrig belastbare Verbindungen.
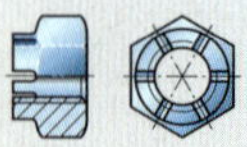 Kronenmutter DIN 935	**Kronenmuttern** werden mit passenden Splinten gegen Verstellung gesichert, z. B. Radlager beim Pkw. Sie werden mit 6 oder 10 Schlitzen, d.h. für 60° oder 36° Nachstellung, verwendet.	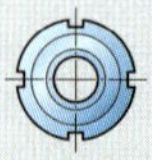 Nutmutter DIN 1804	**Nutmuttern** haben meist Feingewinde und sind besonders zum Einstellen des axialen Spiels von Lagern und Wellen geeignet.

Festigkeit von Schrauben und Muttern

Je nach Verwendungszweck werden unterschiedliche Anforderungen an ihre Festigkeit gestellt. Zur Kennzeichnung erhalten sie verschlüsselte Angaben über ihre Festigkeitsklasse **(Bild 4)**.

Schrauben: Ihre **Festigkeitsklasse** zeigen zwei Zahlen, die durch einen Punkt getrennt sind.

Die **Mindestzugfestigkeit** R_m in N/mm² erhält man, wenn die erste Zahl mit 100 multipliziert wird.

Die Mindestzugfestigkeit gibt die Kraft je mm² Querschnittsfläche an, die ein Werkstoff mindestens ohne Zerstörung aushalten muss.

Die **Mindeststreckgrenze** R_e in N/mm² ergibt sich durch Multiplikation der ersten Zahl mit dem 10fachen der zweiten Zahl.

Die **Mindeststreckgrenze** ist der wichtigste mechanische Kennwert der Schraube.

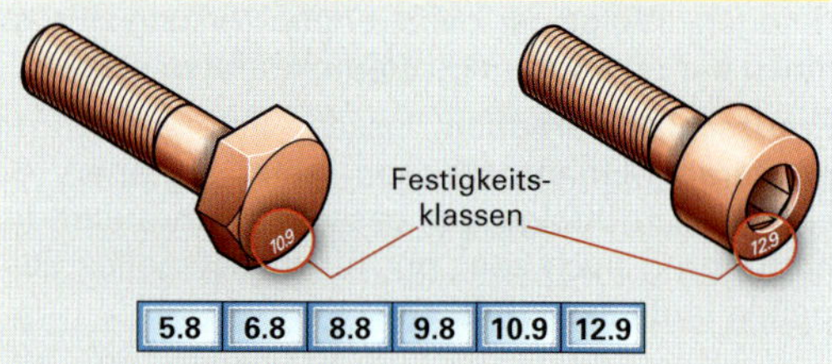

Bild 4: Festigkeitsklassen bei Schrauben

Beispiel: Die Mindestzugfestigkeit R_m und die Mindeststreckgrenze R_e einer Schraube mit der Festigkeitsklasse 9.8 sind zu ermitteln.

Lösung: $R_m = 9 \cdot 100 \frac{N}{mm^2} = \mathbf{900\ \frac{N}{mm^2}}$

$$R_e = 9 \cdot 8 \cdot 10 \frac{N}{mm^2} = \mathbf{720\ \frac{N}{mm^2}}$$

Bei Belastung unterhalb der Streckgrenze, also innerhalb des elastischen Bereichs, verhält sich die Schraube wie eine starke Zugfeder **(Bild 1)**. Bei Zugbeanspruchung wird sie geringfügig länger. Bei Entlastung nimmt sie ihre ursprüngliche Länge ein.

Wird durch die Zugbeanspruchung die Streckgrenze überschritten, wird die Schraube merklich länger und bleibend verformt. Die Presskraft zwischen den Bauteilen wird geringer und die Schraube kann sich lösen. Der Schraubenquerschnitt muss so groß gewählt werden, dass die maximal auftretende Beanspruchung unterhalb der Streckgrenze bleibt.

Muttern: Sie werden nur durch eine Zahl gekennzeichnet. Aus ihr lässt sich, wie bei Schrauben, die **Mindestzugfestigkeit R_m** ermitteln.

Für besondere Anforderungen gibt es noch hochfeste, warmfeste oder korrosionsbeständige Schrauben und Muttern.

Unterlegscheiben

Unterlegscheiben sollen eine Beschädigung der Werkstückoberflächen verhindern. Bei geschmiedeten, gewalzten oder gegossenen Bauteilen wird durch Scheiben die Auflage der Mutter und des Schraubenkopfes verbessert. Die Anpresskraft wird dadurch gleichmäßiger auf die Unterlage verteilt.

Schräge Flächen müssen durch schräge Unterlegscheiben ausgeglichen werden **(Bild 2)**. Für U-Träger werden Vierkantscheiben mit zwei Rillen, für I-Träger mit einer Rille verwendet.

Schraubensicherungen

Durch Erschütterung, Temperaturschwankung und wechselnde Beanspruchung kann sich eine Schraubverbindung selbsttätig lösen. Sie muss bei diesen Belastungen besonders gesichert werden. Nach der Wirkweise der Schraubensicherung werden diese in kraft-, form- und stoffschlüssig eingeteilt.

Kraftschlüssige Schraubensicherungen (Bild 3) wirken durch Vorspannung eines federnden Teils bei Federring, Zahnscheibe usw., oder infolge erhöhter Reibung. Diese wird z.B. durch Einlegen von Kunststoffringen, veränderte Steigungen oder Verspannung mit Gegenmuttern hervorgerufen.

Formschlüssige Schraubensicherungen stellen ein Hindernis für das selbsttätige Losdrehen dar. Allerdings wird dadurch ein leichtes Lockern der Verbindungen nicht verhindert **(Bild 4)**.

Stoffschlüssige Schraubensicherungen werden in der Regel durch Verkleben des Gewindes mit flüssigem, aushärtbarem Kunststoff erreicht **(Bild 5)**.

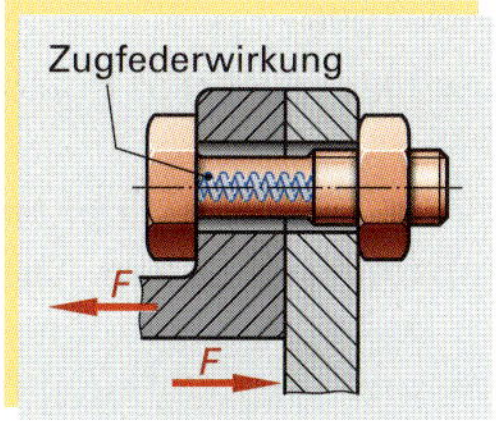

Bild 1: Schematische Darstellung der Federwirkung einer Schraubverbindung

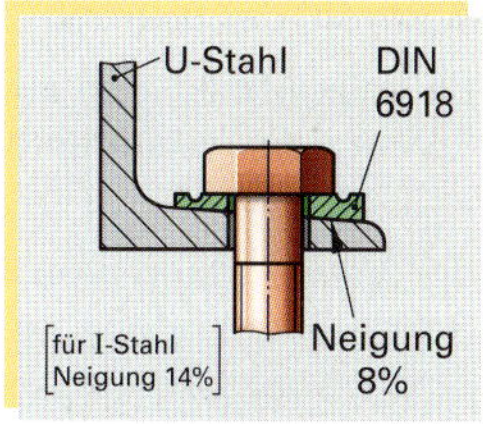

Bild 2: Scheibe für U-Stahl

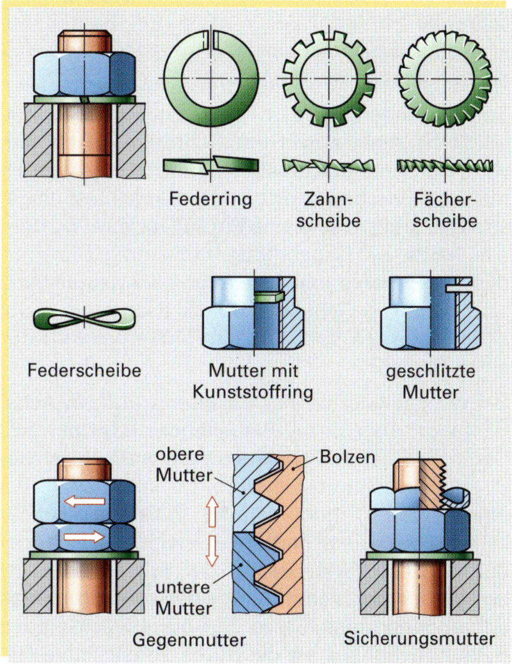

Bild 3: Kraftschlüssige Schraubensicherungen

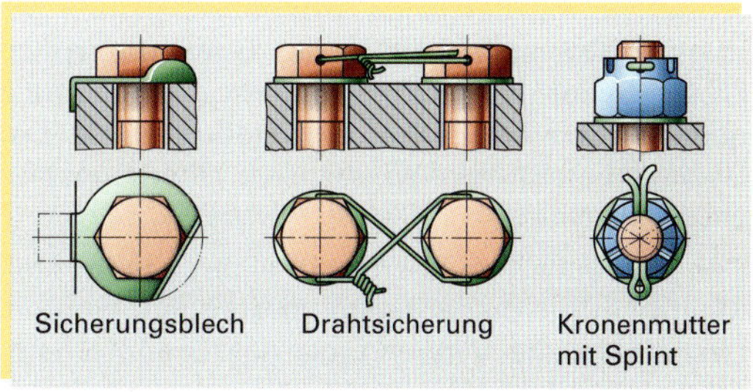

Bild 4: Formschlüssige Schraubensicherungen

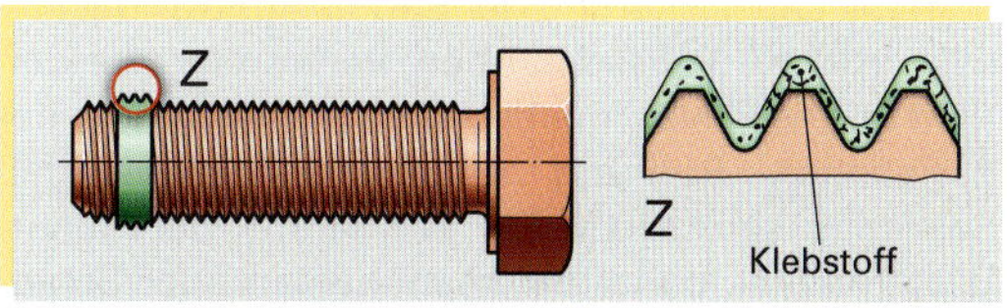

Bild 5: Stoffschlüssige Schraubensicherung

Auswahl der Schraubverbindungen

Bauteile lassen sich auf verschiedene Arten durch Schrauben verbinden **(Bild 1)**:

Das einfachste und wirtschaftlichste Verfahren ist die Verwendung von **Durchsteckschrauben**. Die Schraubverbindung besteht aus dem Schraubenbolzen, der Unterlegscheibe und der Schraubenmutter. Die zu verbindenden Werkstücke erhalten Durchgangslöcher.

Ist es aus bestimmten Gründen (Platzmangel usw.) nicht möglich, eine Schraubenmutter zu verwenden, so kann die Verbindung durch eine **Einziehschraube** erfolgen. Dafür muss ein Bauteil mit einem Innengewinde versehen werden. Dieses ist aufwendiger in der Herstellung.

Soll verhindert werden, dass ein Innengewinde durch häufiges Lösen der Schraube beschädigt wird, werden **Stiftschrauben** benutzt. Diese werden mit dem Einschraubende in das Bauteil fest eingeschraubt. Hierzu sind eine Einziehvorrichtung oder eine Mutter mit Gegenmutter notwendig. Die erforderliche Einschraublänge ist von dem Bauteilwerkstoff abhängig (**Tabelle 1**). Die Stiftschraube bleibt beim Lösen der Werkstücke im Muttergewinde des einen Bauteils.

Bei wechselnder axialer Belastung (d.h. in Achsrichtung), die z.B. bei Pleuellagern oder bei größeren Temperaturschwankungen auftritt, ist der Einsatz von starren Schrauben nicht sinnvoll. Bei ihnen würde durch starke Belastungen der schwächste Querschnitt (im Gewindebereich) gedehnt. Diese Verlängerung der Schraube würde zum Lösen der Verbindung oder zum Bruch des Schraubenbolzens führen. Für diese wechselnden Beanspruchungen ist die durch konstruktive Gestaltung wesentlich haltbarere hochfeste **Dehnschraube** entwickelt worden **(Bild 2)**. Bei den Dehnschrauben hat der lange, dünne Schaft den geringsten Querschnitt (90% des Gewindekern-∅). Dieser Schaft wird bei Belastung der Schraube gedehnt und bei Entlastung wieder kürzer. Der Gewindebereich wird so vor einer Überbeanspruchung geschützt.

Dehnschrauben müssen mit einer bestimmten Klemmkraft (Vorspannung) angezogen werden. Deshalb ist die Verwendung des Drehmomentschlüssels erforderlich.

Wenn der Schraubenschaft Scherkräfte aufnehmen oder die Lagesicherung der Bauteile gewährleisten soll, können **Passschrauben** verwendet werden **(Bild 3)**. Die Passschraubverbindung ist infolge der geriebenen Bohrung und der hochwertigen Schraube sehr teuer. Zur Aufnahme der Scherkräfte werden daher oft **Spannhülsen** oder **Scherbuchsen** mit Durchsteckschraube verwendet.

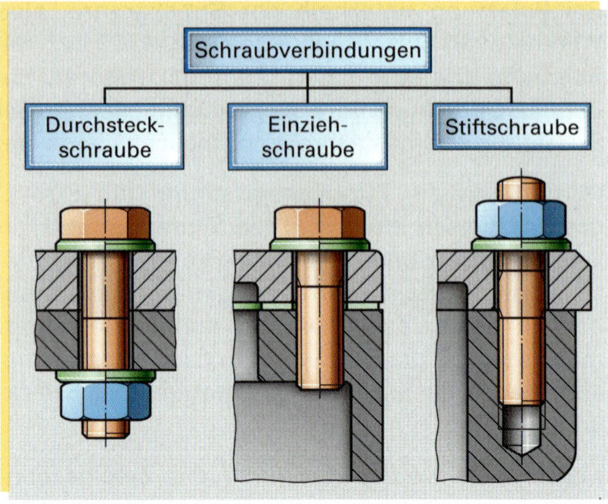

Bild 1: Arten der Schraubverbindungen

Tabelle 1: Einschraublänge *e* bei Stiftschrauben

Einschrauben in Stahl	$e \approx d$
Einschrauben in Al-Legierung	$e \approx 2\,d$
Einschrauben in Gusseisen	$e \approx 1{,}25\,d$
Einschrauben in Weichmetall	$e \approx 2{,}5\,d$

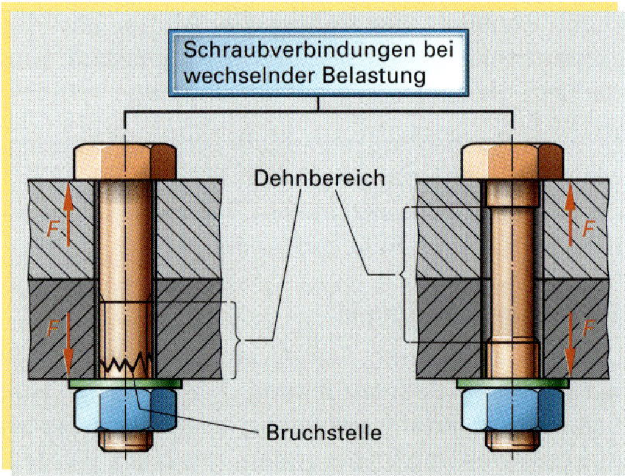

Bild 2: Starrschraube und Dehnschraube

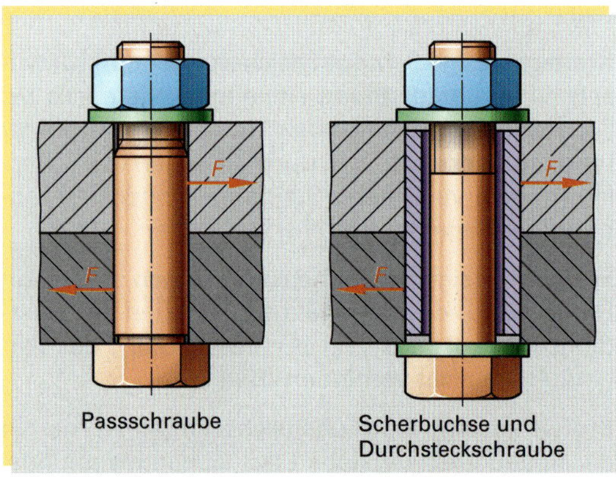

Bild 3: Aufnahme von Scherkräften

7.6.3 Stift- und Bolzenverbindung

Durch das Verstiften werden Bauteile mittels Formschluss lösbar miteinander verbunden

Passstifte verbinden Maschinenteile, die eine genaue Lage zueinander erhalten sollen. Diese Bauteile sind so gegen ein Verschieben gesichert. Auch können sie nach Demontage leicht wieder in die ursprüngliche Position gebracht werden. Die eigentliche Kraftübertragung erfolgt häufig durch eine zusätzliche Schraubverbindung **(Bild 1)**.

Befestigungsstifte können kleinere Kräfte übertragen. Es lassen sich so auf einfache und kostengünstige Art feste und bewegliche Verbindungen herstellen **(Bild 1)**.

Abscherstifte schützen Maschinen bei Überbeanspruchung. Sie werden als Sollbruchstelle z.B. zwischen Antriebs- und Arbeitsspindel eingebaut. Bei Überlastung wird nur der Abscherstift (Sollbruchstelle) zerstört **(Bild 1)**.

Für die unterschiedlichen Anforderungen steht eine große Anzahl verschiedener genormter Stifte zur Verfügung. Die gebräuchlichsten Stifte sind: Zylinder-, Kegel-, Kerb- und Spannstifte **(Bild 2)**.

Zylinderstifte können als Pass-, Befestigungs- und Abscherstifte verwendet werden. Sie unterscheiden sich durch ihre Passmaße, die an der Form der Stiftenden erkennbar sind **(Bild 3)**.

Bezeichnungsbeispiel für einen Zylinderstift von 8 mm ∅ und 50 mm Länge mit Linsenkuppe:

Zylinderstift DIN 7-8 m6 x 50

Zylinderstifte in der Ausführung m6 werden hauptsächlich als Passstifte, die in der Ausführung h8 und h11 als Befestigungsstifte verwendet. Für Grundlöcher gibt es Zylinderstifte mit Längsrille (zum Entweichen der Luft) und mit Innengewinde (zum Herausziehen des Stiftes) **(Bild 4)**.

Zylinderstifte erfordern bis auf die Ausführung h11 geriebene Bohrungen. Die zu verbindenden Bauteile müssen im montierten Zustand gebohrt und gerieben werden. Um eine genaue Auflage zu gewährleisten, sind die Bohrungen der einzelnen Teile vor der Fertigmontage zu entgraten. Vor dem Einschlagen sollte der Stift eingefettet werden. Hierdurch wird ein Fressen, d.h. ein Kaltverschweißen, verhindert.

Kegelstifte dienen in erster Linie zur Befestigung. Sie haben ein genormtes Kegelverhältnis von 1:50, d.h. auf 50 mm Kegellänge ändert sich der Durchmesser um 1 mm.

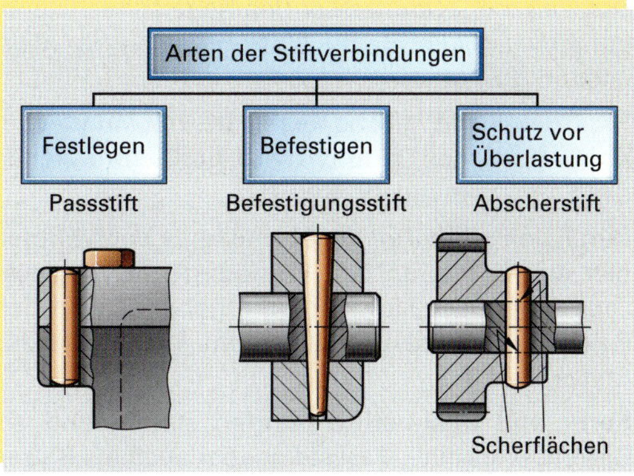

Bild 1: Stiftverbindungen

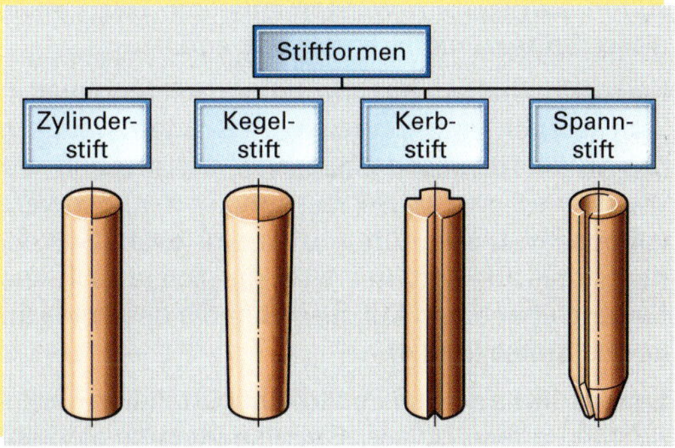

Bild 2: Stiftformen

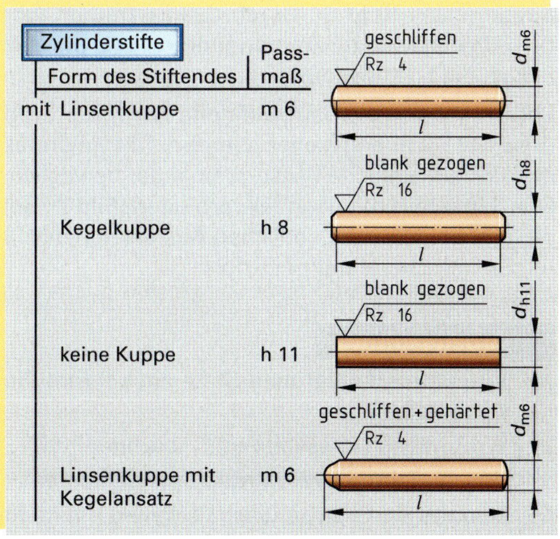

Bild 3: Einteilung der Zylinderstifte

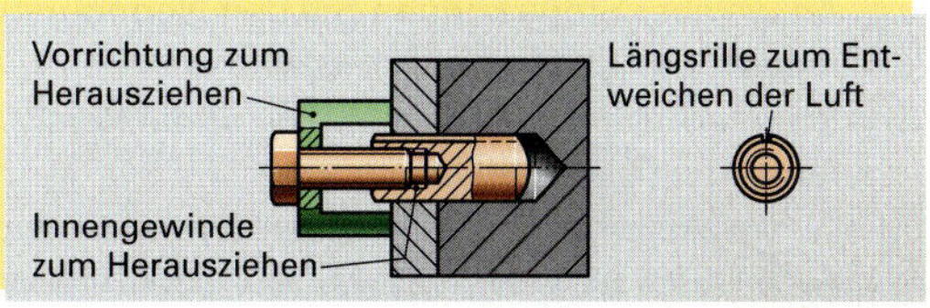

Bild 4: Zylinderstift für Grundlöcher

Der kleinere Durchmesser des Kegelstiftes (Nenndurchmesser) ist für die Normbezeichnung maßgebend **(Bild 1)**.

Für Grundlöcher gibt es Kegelstifte mit Innen- oder Außengewinde. Dadurch wird das Herausziehen des Stiftes ermöglicht **(Bild 2)**.

Durch den schlanken Kegel entstehen beim Eintreiben des Stiftes an den Wandungen sehr große Druckkräfte. Die sich daraus ergebenden großen Reibungskräfte führen zu einem festen Sitz des Stiftes **(Bild 3)**.

Kerb- und Spannstifte werden zunehmend als Befestigungsstifte, Passstifte, aber auch als Bolzen verwendet **(Bild 6)**. Ihr Vorzug liegt darin, dass die Bohrungen nicht wie bei den Zylinder- und Kegelstiften aufgerieben werden müssen. Der Einsatz dieser Stifte ist daher kostensparend.

Kerbstifte haben am Umfang drei eingewalzte Längskerben mit kleinen wulstartigen Rändern. Durch die plastisch-elastische Verformung der Wulste wird eine starke Pressung in der Lochwand verursacht. Dieses führt zu einem festen Sitz des Kerbstiftes. Die Kerben erstrecken sich je nach Ausführung über einen Teil oder über die gesamte Länge des Stiftes **(Bild 4)**.

Spannstifte sind aus Federstahl gerollte, in Längsrichtung offene Hülsen. Spiralspannstifte sind spiralförmig aufgewickelt und können stärker belastet werden. Man bezeichnet Spannstifte auch als Spannhülsen **(Bild 5)**. Durch das Eintreiben wird der Stift elastisch zusammengedrückt und legt sich fest an die Lochwandung an.

Bolzen können als abgewandelte Form der zylindrischen Stifte angesehen werden. Mit ihnen lassen sich auf einfache Weise zueinander bewegliche Maschinenteile miteinander verbinden **(Bild 7)**. Bolzen gibt es in unterschiedlichen Ausführungen: z. B. mit Splintlöchern und mit Kopf.

Arbeitsauftrag:

1. Wie unterscheidet man Stifte nach ihrem Einsatzbereich?
2. Wozu dienen Passstifte und Abscherstifte?
3. Welche Stiftformen werden unterschieden?
4. Nennen Sie Gründe, weshalb Zylinderstifte für Grundlöcher mit einer Längsrille und einem Innengewinde vorgesehen sind.
5. An welcher Stelle können Sie den Nenndurchmesser des Kegelstiftes messen?
6. Schildern Sie den Arbeitsablauf für die Herstellung einer Kegelstiftverbindung.
7. Aus welchen Gründen werden Zylinder- und Kegelstifte in vielen Anwendungsbereichen von den Kerb- und Spannstiften verdrängt?

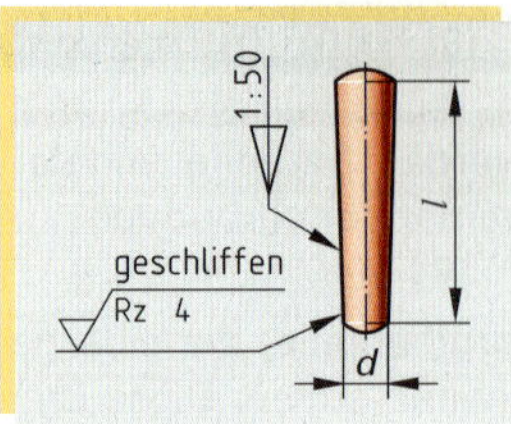

Bild 1: **Kegel**

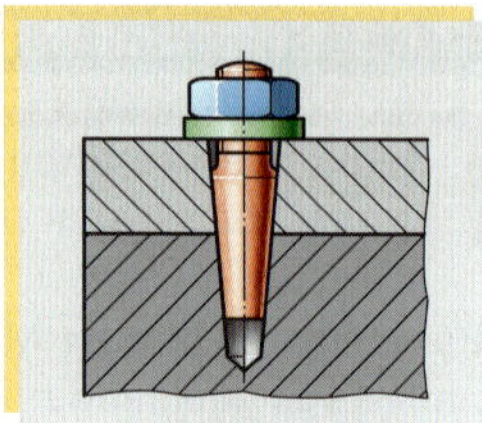

Bild 2: **Kegelstift für Grundlöcher**

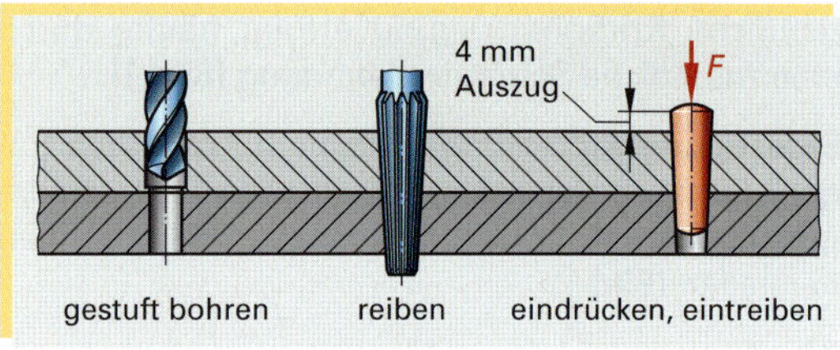

Bild 3: **Einbaubeispiel für einen Kegelstift**

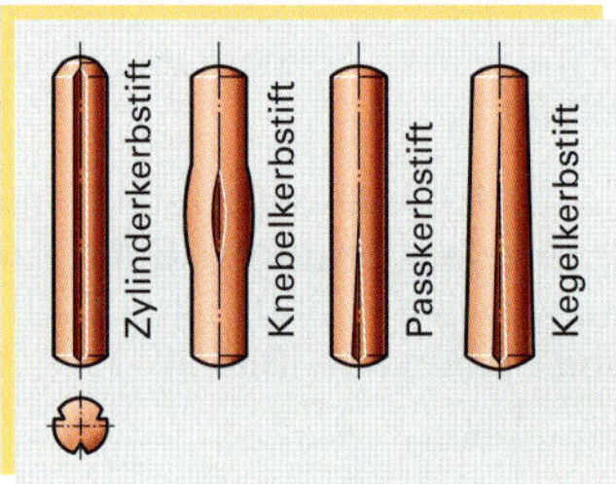

Bild 4: **Kerbstifte**

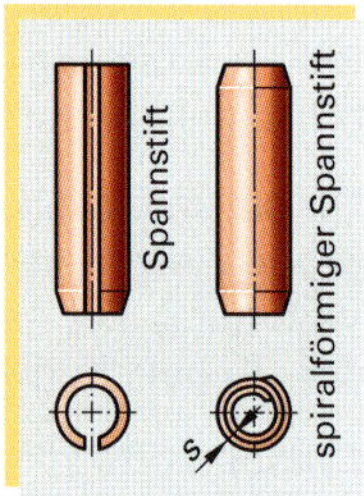

Bild 5: **Einteilung der Spannstifte**

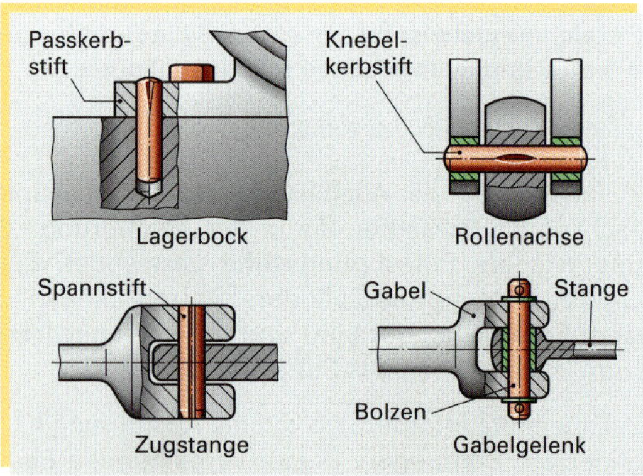

Bild 6: **Anwendungsbeispiel für Kerb-Spannstift und Bolzen**

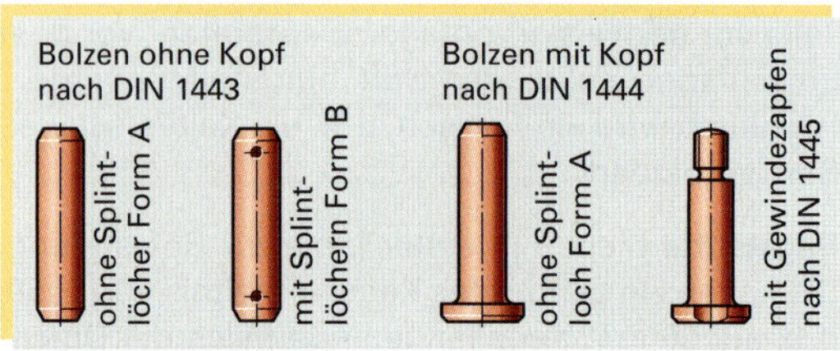

Bild 7: **Bolzen**

7.6.4 Keilverbindung

> Durch Keilverbindungen werden Bauteile mittels Kraftschluss lösbar miteinander verbunden.

Zur Übertragung von größeren Drehmomenten zwischen einer Welle und einer Nabe sind Schrauben und Stifte nicht geeignet. Es können dann Keilverbindungen verwendet werden. Das ist z.B. bei Schwermaschinen der Fall. Der Keil wird in die passenden Nuten der zu verbindenden Welle und Nabe eingetrieben. Die Nutentiefen sind genormt. Die Nabennut muss eine dem Keil entsprechende Neigung haben.

Die geringe Neigung des Keils bewirkt, dass aus einer kleinen Eintreibkraft F_1 eine große Normalkraft F_N und damit eine große Reibkraft F_R entsteht **(Bild 5)**.

> Zahnräder, Riemenscheiben usw. brauchen bei einer Keilverbindung nicht gegen ein Verschieben gesichert zu werden.
>
> Keile tragen nur unten und oben auf den Reibflächen und haben ein seitliches Spiel.

Das Eintreiben des Keils hat aufgrund der großen Normalkräfte ein Verspannen zwischen Welle und Nabe zur Folge **(Bild 6)**. Dieses Verspannen führt zwar einerseits zu einem festen Sitz der Nabe andererseits aber zu einer geringfügigen Verschiebung der Mittelachsen und damit zur Exzentrizität der Verbindung. Hierdurch kann eine Unwucht entstehen, die Schwingungen bewirken kann.

Bei einer eventuellen Überlastung der kraftschlüssigen Verbindung legt sich der Keil an eine Nutseite an und wird dann zusätzlich auf Abscherung beansprucht. Die Keilverbindung ist dann kraft- und formschlüssig **(Bild 5)**.

Die wichtigsten Keilformen sind Einlege-, Treib-, Nasen- und Tangentkeile **(Bilder 1 bis 4)**.

Tangentkeile eignen sich für hohe, stoßartige, und auch für wechselnde Übertragung von Drehmomenten. Die Verbindung beruht auf zwei versetzten Keilpaaren **(Bild 3)**.

Arbeitsauftrag:

1. Erklären Sie, weshalb Keilverbindungen kraftschlüssig sind.
2. Für welche Anwendungsbereiche eignen sich Keilverbindungen?
3. Wie groß ist die genormte Neigung des Keiles?
4. Skizzieren Sie die Kraftwirkung und Kraftübertragung an einer Keilverbindung.
5. Weshalb ist eine axiale Sicherung gegen Verschieben bei einer Keilverbindung überflüssig?

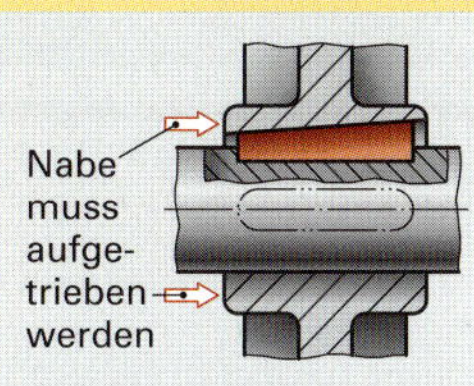

Bild 1: Einlegekeil

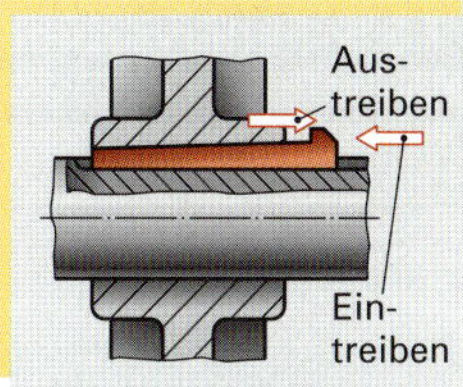

Bild 2: Nasenkeil

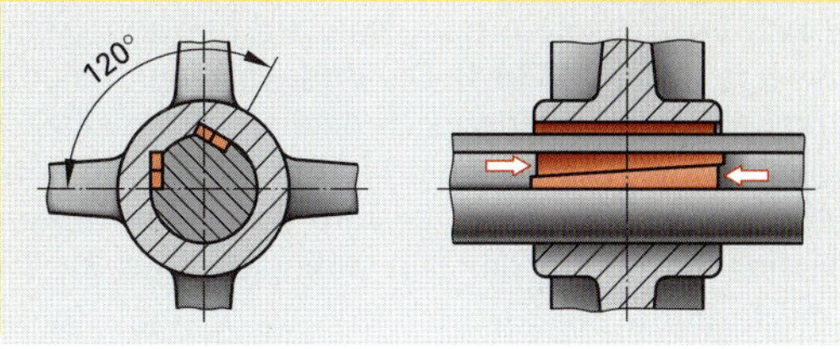

Bild 3: Tangentkeile

$$\angle 1:100 = \frac{h - h_0}{l} = \frac{8\text{ mm} - 7{,}4\text{ mm}}{60\text{ mm}}$$

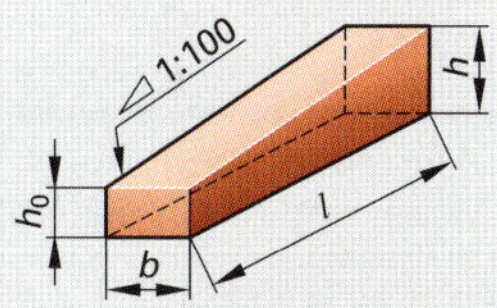

Bild 4: Maße am Keil

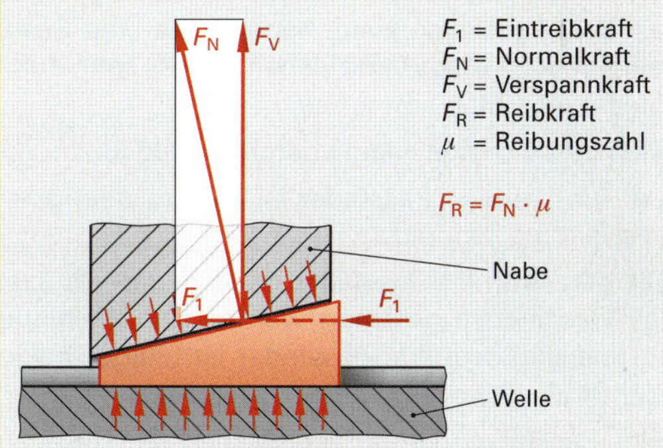

Bild 5: Kraftwirkung bei einer Keilverbindung

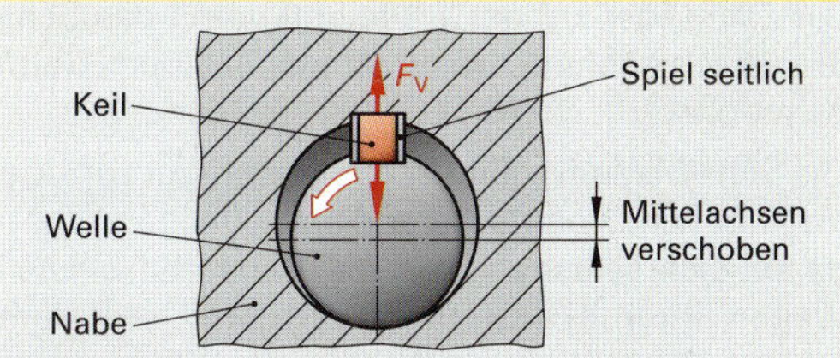

Bild 6: Verschiebung der Mittelachse bei der Keilverbindung (übertrieben gezeichnet)

Bezeichnungsbeispiele für Keile von 10 mm Breite, 8 mm Höhe und 60 mm Länge:

Einlegekeil: Keil DIN 6886-A 10 x 8 x 60

Treibkeil: Keil DIN 6886-B 10 x 8 x 60

7.6.5 Federverbindung

Durch das Einlegen von Federn werden Bauteile mittels Formschluss lösbar miteinander verbunden.

Die Federverbindung wird sehr häufig im Maschinenbau verwendet, da sie auch für schnell drehende Wellen und Naben geeignet ist. Die Passfeder ähnelt im Aussehen dem Keil, sie hat aber keine geneigte Fläche **(Bild 1)**. Die Wirkweisen von Feder und Keil unterscheiden sich deshalb grundsätzlich voneinander. Die Federverbindung wirkt als reine **Mitnehmerverbindung**, da ihre parallelen Seitenflächen an denen der Nut anliegen **(Bild 2)**. Die Übertragung der Drehmomente erfolgt durch **Formschluss,** die Feder wird auf Abscherung und Flächenpressung beansprucht. Das übertragbare Drehmoment ist gegenüber der Keilverbindung geringer.

Die Federverbindung trägt an den Seitenflächen und hat in der Höhe Spiel.

Dadurch verhindert man ein gegenseitiges Verspannen von Welle und Nabe und erhält einen gleichmäßigen Rundlauf. Damit die Nabe nicht auf der Welle rutschen kann, benötigt sie eine **Sicherung gegen axiales Verschieben.** Dieses kann durch Stellringe, Stifte usw. erfolgen.

Man unterscheidet vier Federarten **(Bild 3)**:

Die **rundstirnige Passfeder** ist die am häufigsten verwendete Federart.

Die **geradstirnige Passfeder** muss gegen ein axiales Verschieben gesichert werden. Die Wellennut für die geradstirnige Passfeder ist billiger herzustellen als diejenige für die rundstirnige.

Eine Passfeder, die ein Verschieben der Nabe auf der Welle ermöglicht, wird auch **Gleitfeder** genannt **(Bild 4)**. Durch sie wird z.B. eine axiale Bewegung der Zahnräder auf der Welle und damit das Schalten verschiedener Übersetzungen in einem Getriebe möglich.

Die **Scheibenfeder (Bild 5)** eignet sich gut zur Übertragung von Drehmomenten bei kegeligen Wellen, da sie sich selbsttätig auf die Nabennut einstellt. Wegen ihrer Kreissegmentform und der damit erforderlichen tieferen Nut in der Welle ist die Belastbarkeit der Verbindung eingeschränkt.

Profilwellen und Profilnaben stellen eine besondere Ausführungsart der formschlüssigen Federverbindung dar **(Bild 6)**. Bei ihnen wird die Übertragung der Kraftmomente auf den gesamten Umfang verteilt. Dieses erhöht die Belastbarkeit und verbessert die Rundlaufeigenschaft der Bauteile.

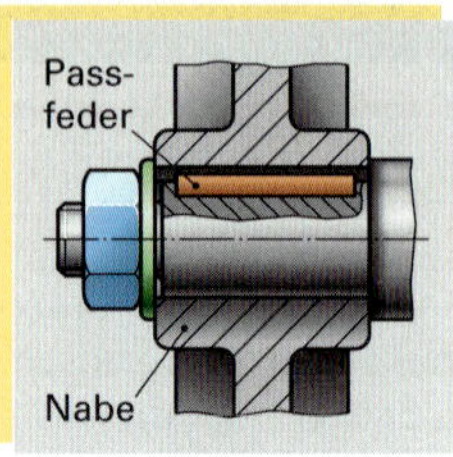

Bild 1: Federverbindung

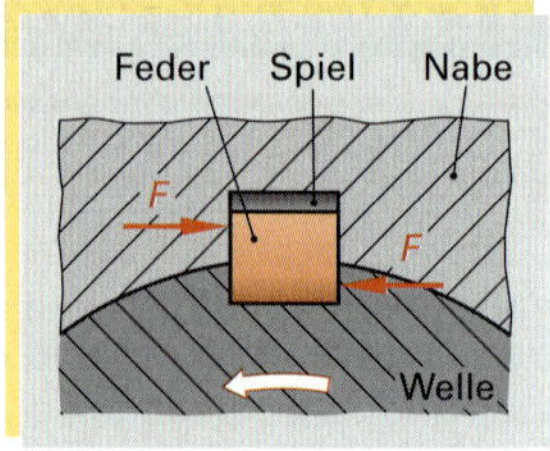

Bild 2: Wirkung der Federverbindung

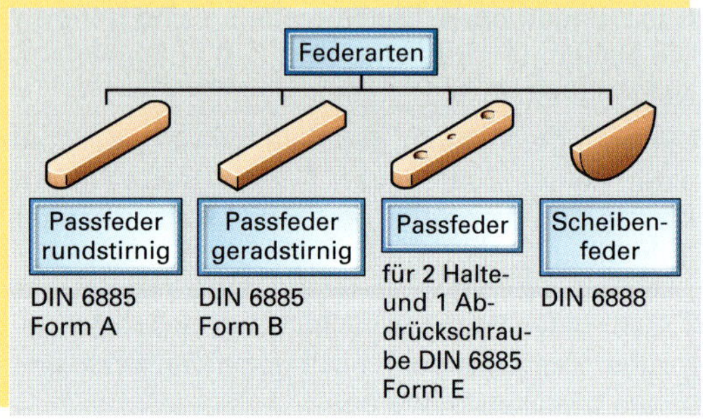

Bild 3: Federarten

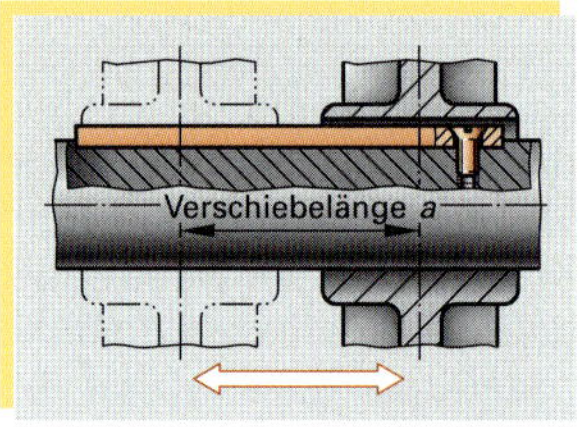

Bild 4: Gleitfederverbindung

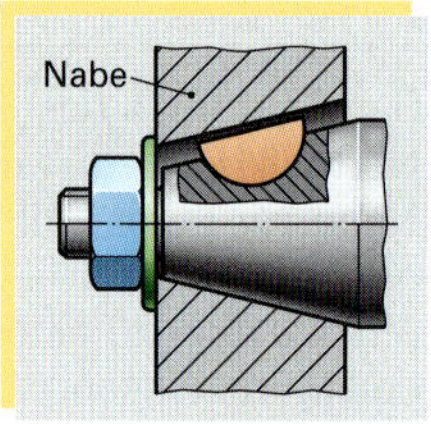

Bild 5: Scheibenfederverbindung

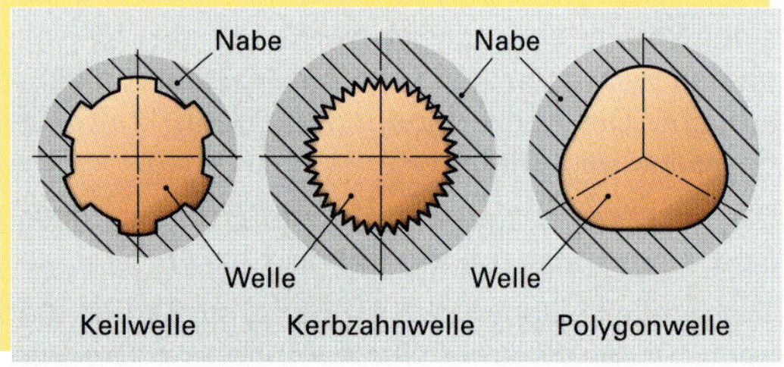

Bild 6: Profilwellen

Arbeitsauftrag:

1. Worin unterscheidet sich die Feder vom Keil?
2. Erklären Sie die Kraftübertragung bei einer Federverbindung.
3. Vergleichen Sie die Rundlaufeigenschaften bei einer Keil- und einer Federverbindung.
4. Weshalb müssen Naben gegen axiales Verschieben auf der Welle zusätzlich gesichert werden?
5. Zählen Sie die vier Federarten auf.
6. Wozu werden Gleitfedern benötigt?

7.6.6 Löten

Durch das Löten lassen sich Metalle mittels Stoffschluss unlösbar miteinander verbinden.

Die Grundwerkstoffe und ein leicht schmelzender Zusatzstoff, das Lot, werden auf die Arbeitstemperatur des Lotes erwärmt. Dabei bleibt der Werkstoff der zu verbindenden Teile im festen Zustand und das Lot wird flüssig. Beim Abkühlen erstarrt das Lot und verbindet die zusammengelegten Bauteile.

Der Einsatzbereich des Lötens reicht von der handwerklichen Reparatur bis zur Massenfertigung.

Löten hat folgende Vorzüge:

- Durch Löten können problemlos auch verschiedenartige Metalle miteinander verbunden werden.
- Infolge der geringen Arbeitstemperaturen ergeben sich große Vorteile beim Fügen von Teilen mit geringen oder unterschiedlichen Wanddicken. Auch die Gefahr der Zerstörung der Teile durch Gefügeveränderung, Wärmespannung und Verwerfung wird vermindert **(Bild 1 und Bild 2)**.
- Lötverbindungen sind weit gehend dicht gegenüber Dämpfen und Flüssigkeiten.

  Anwendungsbeispiele: Behälter, Rohr-Installationen **(Bild 2)**.
- Lötverbindungen besitzen im Allgemeinen eine gute elektrische Leitfähigkeit.

  Anwendungsbeispiele: Elektromotorenbau, Verlöten von Stromverbindern und gedruckten Schaltungen (Platinen).
- Das Lötverfahren lässt sich oft leicht automatisieren **(Bild 3)**.

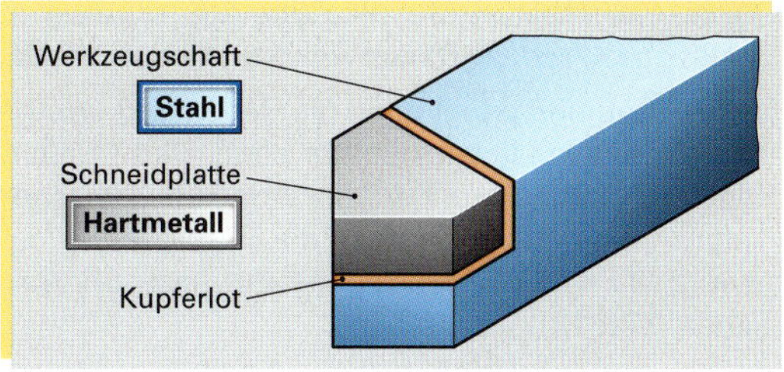

Bild 1: Löten von verschiedenartigen Metallen

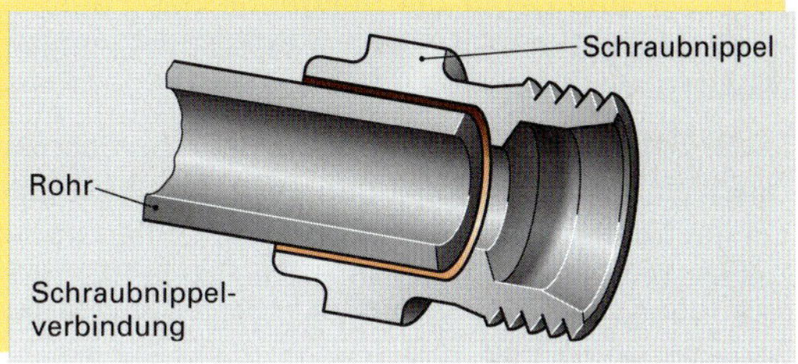

Bild 2: Löten von dichten Teilen mit unterschiedlicher Wanddicke

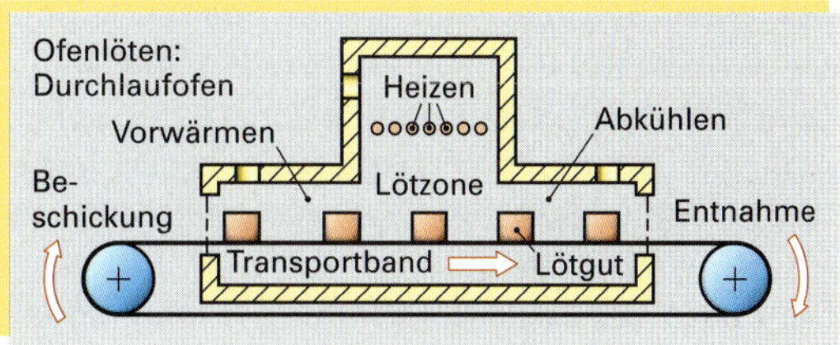

Bild 3: Automatisiertes Lötverfahren

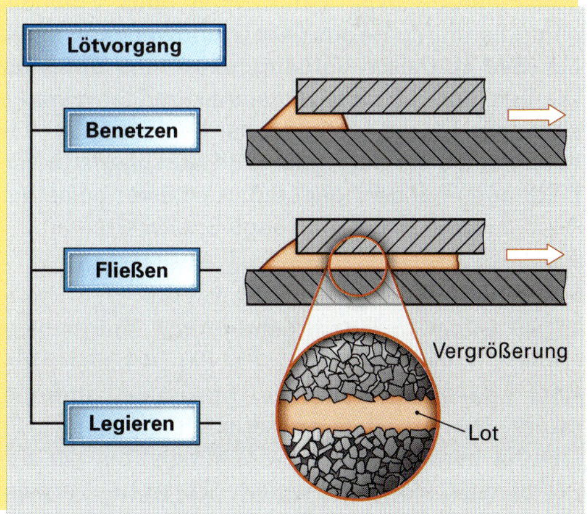

Bild 4: Phasen des Lötvorgangs

Vorgänge beim Löten

Eine Lötverbindung entsteht in drei Phasen **(Bild 4)**. Wird flüssiges Lot auf einen metallisch sauberen und auf Arbeitstemperatur erwärmten Grundwerkstoff gebracht, so kommt es zu einer **Benetzung.** Es setzt eine innige **Berührung** zwischen Zusatzstoff und Grundwerkstoff ein. Gleichzeitig kommt es zum **Fließen** des Lotes. Ein Tropfen flüssiges Lot breitet sich aus unter Vergrößerung seiner Oberfläche und fließt in kleinste Zwischenräume. Gleichzeitig erfolgt eine **Legierungsbildung** zwischen Grundwerkstoff und Lot.

Um die auf **Adhäsion** (Anhangskraft) beruhende Benetzung überhaupt zu ermöglichen, muss das flüssige Lot in unmittelbaren Kontakt mit dem Grundwerkstoff gebracht werden. Schon eine geringe Bedeckung des festen Metalls mit Fremdstoffen oder eine Umhüllung des flüssigen Lotes mit Oxid verhindert eine direkte Berührung und macht die Lotverbindung unmöglich.

Auch nach mechanischer oder chemischer Vorbehandlung zum Löten bilden sich bei Raumtemperaturen sofort Oxidschichten.

Diese unsichtbaren Metalloxidbeläge müssen entweder durch Erhitzen der Werkstücke und Lote in Schutzgasen reduziert oder von passenden Lösungsmitteln (Flussmitteln) aufgelöst werden.

Das Fließen und damit auch die Benetzung erfolgen bei hinreichend engen **Lötspalten** sowohl in waagerechter als auch in senkrechter Lage. Diese Erscheinung ist auf die Kapillarwirkung zurückzuführen. Die **Kapillarwirkung** beruht auf der Adhäsion zwischen Flüssigkeiten und festen Oberflächen (Spaltwänden). Aufgrund der Adhäsion steigt die Flüssigkeit an den Wänden hoch. In engen Röhren ist die Kohäsion stark genug, die restliche Flüssigkeit mit nach oben zu ziehen **(Bild 1)**.

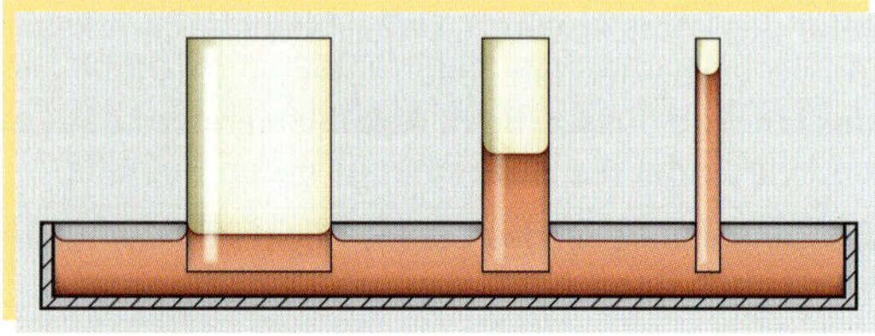

Bild 1: Kapillarwirkung

Spaltbreiten von 0,05 mm bis 0,2 mm sind zum Löten am besten geeignet. Hier ist der kapillare Fülldruck und damit die Steighöhe des Lotes so groß, dass sich die Spalten von selbst mit Lot füllen **(Bild 2)**.

In der Betriebspraxis wird infolge der Oberflächenrauigkeit der zu verbindenden Teile der günstigste Lötspalt meist schon durch normale Auflage oder Anlage erreicht. Der Lötspalt sollte sich in Richtung des Lotweges nicht erweitern, weil dadurch der Weiterfluss des Lotes behindert wird.

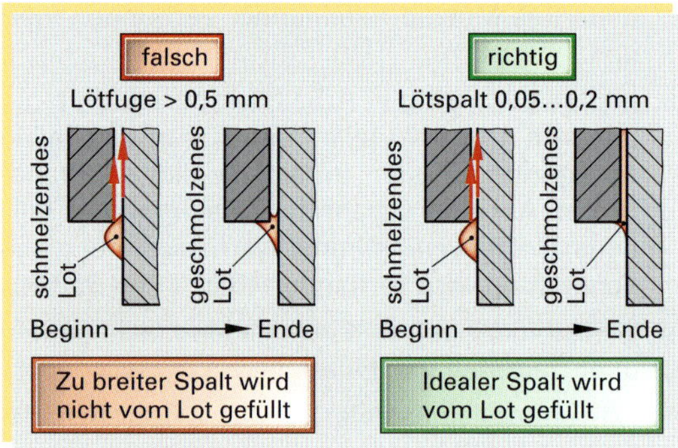

Bild 2: Kapillarwirkung beim Spaltlöten

Im Spaltbereich von 0,2 mm bis 0,5 mm ist der kapillare Fülldruck nur noch gering. Die Ausbreitung des Lotes und die Füllung von Spalten können durch Zufälligkeiten behindert werden **(Bild 3)**.

Oberhalb einer Lötstellenbreite von 0,5 mm spricht man von Lötfuge. Das Fugenlöten erfordert wegen des geringen kapillaren Fülldrucks meist eine besondere Löttechnik.

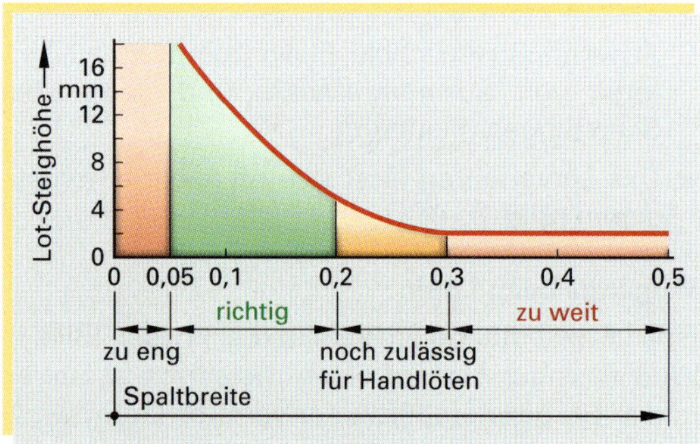

Bild 3: Zusammenhang zwischen Spaltbreite und Steighöhe beim Löten

Die Phase der **Legierungsbildung** erfolgt, sobald das Lot die Oberfläche benetzt hat. Die Atome des flüssigen Lotes diffundieren (wandern) in die Randschichten des festen Grundwerkstoffes. Ebenfalls diffundieren Atome aus dem Grundwerkstoff in das Lot **(Bild 4)**. Diesen Vorgang nennt man **Diffusion.** Die Tiefe der Diffusion ist material- und temperaturabhängig. Da die Festigkeit der Legierungsschicht höher ist als die des Lotes, sind durchlegierte Verbindungen mit geringer Lotdicke stärker belastbar. Auch deshalb strebt man enge Spaltbreiten an.

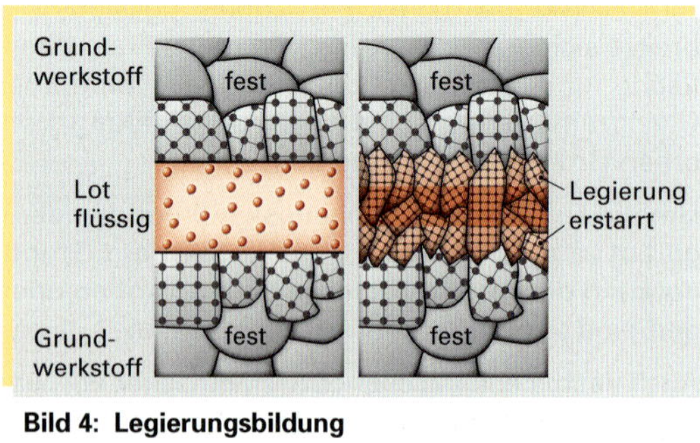

Bild 4: Legierungsbildung

Löttemperatur

Löten erfolgt in einem bestimmten Temperaturbereich. Seine untere Grenze ist die „Arbeitstemperatur", die obere Grenze die „maximale Löttemperatur". Die **Arbeitstemperatur** ist die niedrigste Oberflächentemperatur des Bauteils, bei der das Lot benetzt, fließt und legiert. Sie ist bei Verwendung eines geeigneten Flussmittels als Lotkonstante anzusehen.

Über die **maximale Löttemperatur** hinaus ist ein einwandfreies Löten nicht mehr möglich. Um den Legierungsvorgang zu begünstigen, soll nach dem Löten die Arbeitstemperatur je nach Lot noch 15 bis 60 Sekunden gehalten werden. Beim Abkühlen und Erstarren des Lotes muss die Lötstelle erschütterungsfrei bleiben.

Lötverfahren

Die Höhe der Arbeitstemperatur grenzt die beiden Verfahren Weichlöten und Hartlöten gegeneinander ab.

Beim **Weichlöten** ist die Verbindungsstelle weich und nicht für große Kraftübertragungen geeignet. Dieses liegt an der niedrigen Arbeitstemperatur, bei der sich nur eine geringe Legierungsschicht bilden kann. Außerdem ist die Festigkeit der hauptsächlich verwendeten Blei-Lote gering. Die niedrige Arbeitstemperatur macht die Lötnaht sehr wärmeempfindlich. Durch Weichlöten werden daher nur selten Eisenwerkstoffe verbunden. Bei Kupfer, Zinn, Zink und deren Legierungen wird Weichlöten sehr häufig zum Verbinden und Abdichten eingesetzt. Das Einlöten elektronischer Bauelemente erfolgt im Weichlötverfahren.

Hartlöten eignet sich zum Verbinden von legierten und unlegierten Stählen, Hartmetallen, Edelmetallen, Grauguss, Temperguss und Kupfer. Die Fügestelle ist fest und biegsam. Sie kann, richtige Ausführung vorausgesetzt, hoch belastet werden. Bei NE-Metallen ist die Festigkeit der Lötnaht oft größer als die des Grundwerkstoffes.

Lote

Für alle Lote gilt:

- Ihr Schmelzpunkt ist stets niedriger als der Schmelzpunkt der Grundwerkstoffe.
- Sie sind besonders dünnflüssig.
- Sie verbinden sich gut mit anderen metallischen Werkstoffen.

Die Lote werden nach ihrer Arbeitstemperatur in Weich- und Hartlote eingeteilt.

Die **Auswahl des Lotes** sollte mit Hilfe von Normtabellen erfolgen. Aus ihnen sind Zusammensetzung, Schmelzbereiche, Arbeitstemperaturen und Anwendungshinweise zu entnehmen.

Das Löten von Leichtmetallen ist problematisch, da sich die Oxidhaut an der Lötstelle nur schwer entfernen lässt. Deshalb sind Kleben oder Schweißen in vielen Fällen einfacher einzusetzen.

Nach DIN EN ISO 3677 werden die Kurzzeichen für Hartlote mit einem vorgestellten B versehen. Im zweiten Teil der Kurzbezeichnung werden die wesentlichen Legierungsbestandteile als chemische Symbole mit den prozentualen Anteilen angegeben. Bei den Hartloten wird allerdings nur der Prozentsatz des Hauptbestandteils genannt, sie beinhalten dafür als dritten Teil noch den Schmelztemperaturbereich in °C. Bei Weichloten für Elektronik-Bauteile steht nach dem zweiten Teil ein „E" (siehe Tabellenbuch).

Weichlote für Schwermetalle sind überwiegend Legierungen aus Zinn (Sn) und Blei (Pb), denen zur Steigerung von Härte und Festigkeit oft Antimon (Sb), Silber (Ag), Kupfer (Cu) und Zink (Zn) zugegeben wird.

Hartlote für Schwermetalle sind überwiegend Kupfer-Zink-Legierungen oder Silberlote (Kupfer-Silber-Legierungen). Weitere Zusätze können Cadmium (Cd), Phosphor (P), Silicium (Si), Mangan (Mn), Zinn (Sn) und Nickel (Ni) sein. Das Edelmetall Silber (teilweise bis 85% Anteil) senkt als Lotbestandteil die Arbeitstemperatur auf 610 °C ... 800 °C (siehe Tabellenbuch).

Flussmittel

Flussmittel sind nichtmetallische Stoffe. Wenn die Werkstoffoberflächen ausreichend mechanisch vorgereinigt sind, können Flussmittel oder Schutzgase die Oxidhaut beseitigen. Damit dem Lot das Benetzen der Werkstoffoberfläche ermöglicht wird, muss das Flussmittel sich durch das Lot verdrängen lassen **(Bild 1)**. Zur Vermeidung von Korrosion müssen die Flussmittelreste nach dem Löten von der Lötstelle entfernt werden.

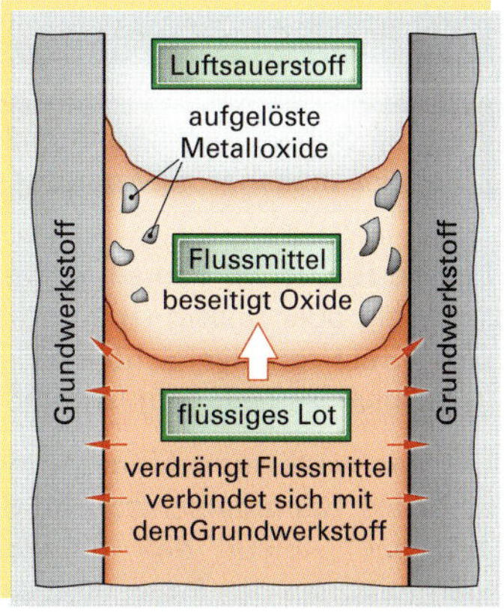

Bild 1: Wirkung des Flussmittels

Flussmittel zum Weichlöten werden nach DIN EN 29454 gekennzeichnet mit:

Ziffern für Flussmitteltyp, -basis und -aktivator.

Buchstabe A für flüssig, B für fest und C für pastenförmig.

Das für stark oxidierte Oberflächen geeignete Lötwasser (Zinkchlorid) mit der Bezeichnung 3.2.2.A (F-SW 11) wirkt zersetzend.

Das pastenförmige für Kupferlötungen geeignete Lötfett 2.2.1.C (F-SW 21) ist leicht korrodierend.

Flussmittel zum Hartlöten sind meist Borverbindungen und ebenfalls korrodierend. Es gibt sie für unterschiedliche Wirktemperaturbereiche (z. B. F-SH2 von 750 °C ... 1100 °C).

Arbeitstechniken beim Löten

Unabhängig vom Lötverfahren und vom Anwendungsfall sind beim Löten bestimmte Arbeitsschritte einzuhalten:

- Die zu verbindenden Flächen müssen mechanisch oder chemisch von Oxid-, Staub- und Fettschichten befreit werden. Dies geschieht in der Regel durch Reiben mit Schmirgel o.Ä., in seltenen Fällen auch geeignete Säuren.
- Das Flussmittel wird aufgetragen. Dies ist natürlich nicht erforderlich, wenn das Flussmittel in pastöser- oder in Pulverform bereits in das Lot eingearbeitet ist, wie es bei fast allen Elektroloten der Fall ist.
- Die Lötstelle wird mit einem geeigneten Werkzeug gleichmäßig erwärmt.
- Das Lot wird mit der Lötstelle in Verbindung und zum Schmelzen gebracht
- Die Lötstelle wird gegebenenfalls gesäubert, indem die Rest des Fussmittels beseitigt werden.

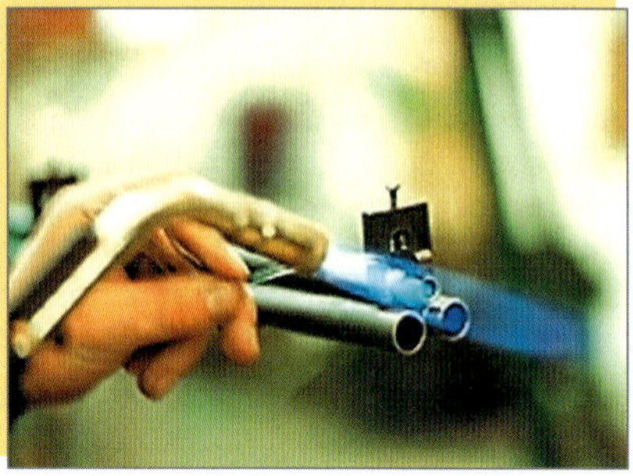
Bild 1: Gasflamme zum Hartlöten

Bild 2: Lötstation zum Weichlöten

Erwärmen der Lötstelle

Zum Weichlöten von Hand werden im Bereich der Mechanik wie z.B. zum Herstellen von Verrohrungen, häufig Flammen verwendet, die aus einem Brenngas-Luft-Gemisch bestehen. Im Bereich der Elektrotechnik und Elektronik werden dagegen meist Lötstationen eingesetzt, die einen elektrisch beheizten Lötkolben als Wärmeträger benutzen **(Bild 2)**. Der Vorteil dieses Verfahrens besteht darin, dass die Wärme ganz gezielt eingebracht werden kann, wie dies z.B. beim Bestücken von Leiterplatten erforderlich ist.

Beim maschinellen Weichlöten werden die zu verlötenden, Teile in einer Vorwärmstation erwärmt und dann über eine Welle aus Lötzinn gezogen **(Bild 3)**.

Zum Erwärmen von Hartlötstellen, wie es im Bereich der Mechatronik weniger häufig angewandt wird, werden fast ausschließlich Lötflammen aus Schweiß- oder Hartlötbrennern benutzt **(Bild 1)**.

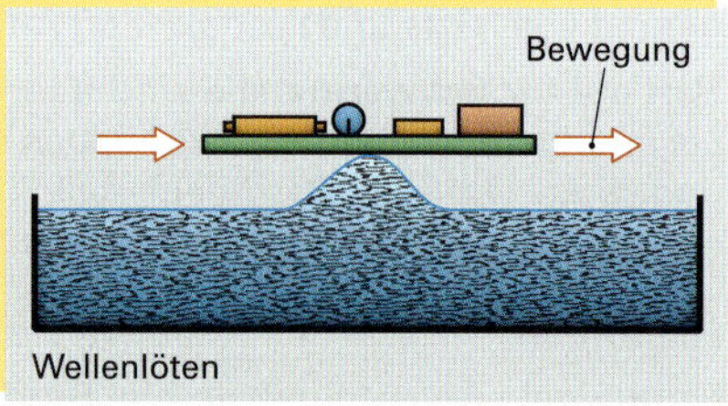

Bild 3: Wellenlöten

7.6.7 Schweißen

> Durch Schweißen lassen sich Werkstoffe mittels Stoffschluss unlösbar miteinander verbinden.

Die Werkstoffe werden an der Verbindungsstelle erwärmt, bis sie teigig oder flüssig sind und sich vereinigen lassen. Nach dem Erstarren der Schmelze sind die Bauteile durch ein gemeinsames Gefüge miteinander verbunden.

Um den vielfältigen Anforderungen zu entsprechen, wurden mehr als 100 unterschiedliche Schweißverfahren entwickelt. Je nach Ablauf des Schweißvorganges unterscheidet man zwischen den Press- und den Schmelzschweißverfahren **(Bild 4)**.

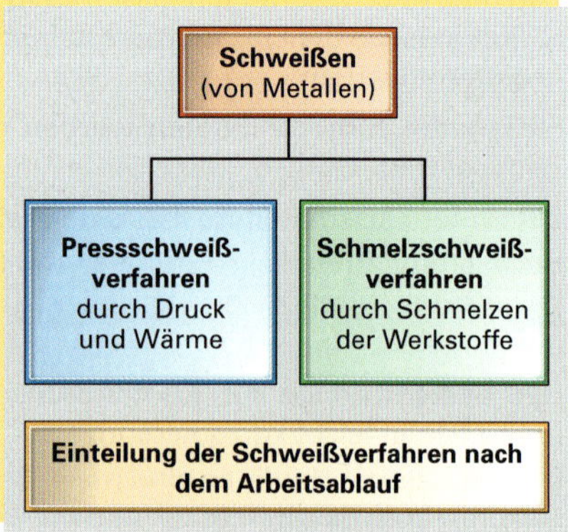

Bild 4: Übersicht Schweißen

Pressschweißverfahren

Durch die Pressschweißverfahren werden die Grundwerkstoffe an den Verbindungsstellen bis zum teigigen Zustand erwärmt und zusammengepresst. Die Bauteile brauchen an den Berührungsflächen nicht geschmolzen zu werden. Zusatzstoffe sind nicht erforderlich.

> Bei den Pressschweißverfahren erfolgt die Vereinigung der Werkstoffe durch Einwirkung von Wärme und Druck.

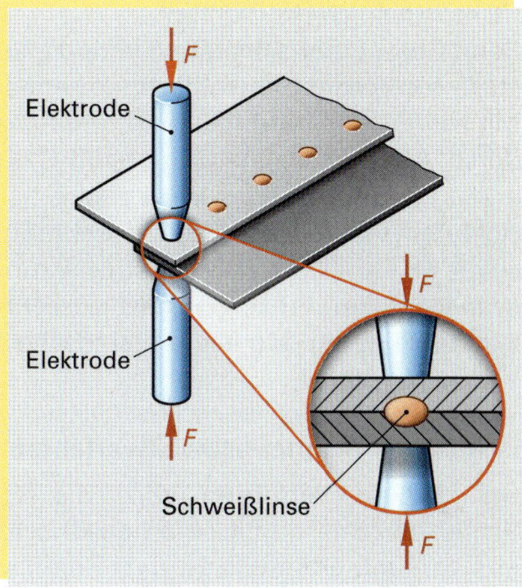

Bild 1: Punktschweißen als Beispiel aus der Gruppe der Pressschweißverfahren

Beim Punktschweißen **(Bild 1)** werden übereinander liegende dünne Bleche oder Drähte mit einzelnen Schweißpunkten verbunden. Zwei gegenüber liegende Kupferelektroden drücken die Teile zusammen und übertragen den Strom. An den Berührungspunkten verschweißen die Bauteile bei ausreichender Erwärmung unter Druck. Die Druckwirkung wird beibehalten, bis die Schweißstelle erkaltet ist. Dieses Verfahren wird sehr häufig im Karosserie- und Gerätebau angewendet. Mechatroniker werden mit den Verfahren des Pressschweißens selten als Anwender, häufiger als Betreuer oder Instandhalter von Pressschweißanlagen wie sie z. B. in Kfz-Fertigungsanlagen eingesetzt werden, konfrontiert.

Schmelzschweißverfahren

Die Grundwerkstoffe werden an der Verbindungsstelle bis auf Schmelztemperatur erwärmt. Im flüssigen Zustand kommt es dann zu einer Vermischung der Grundwerkstoffe. Zum Auffüllen der Schweißfuge wird meistens noch ein artgleicher Zusatzwerkstoff mit eingeschmolzen. Bei der Erstarrung bilden die Grundwerkstoffe und der Zusatzwerkstoff ein gemeinsames Gefüge.

> Beim Schmelzschweißen erfolgt die Vereinigung durch Vermischen der verflüssigten Werkstoffe.

Schmelzschweißverfahren **(Bild 2)** werden nach der Methode der Wärmezufuhr unterteilt. Die beiden bedeutendsten Arten sind das Gasschmelzschweißen und die Lichtbogenschmelzschweißverfahren.

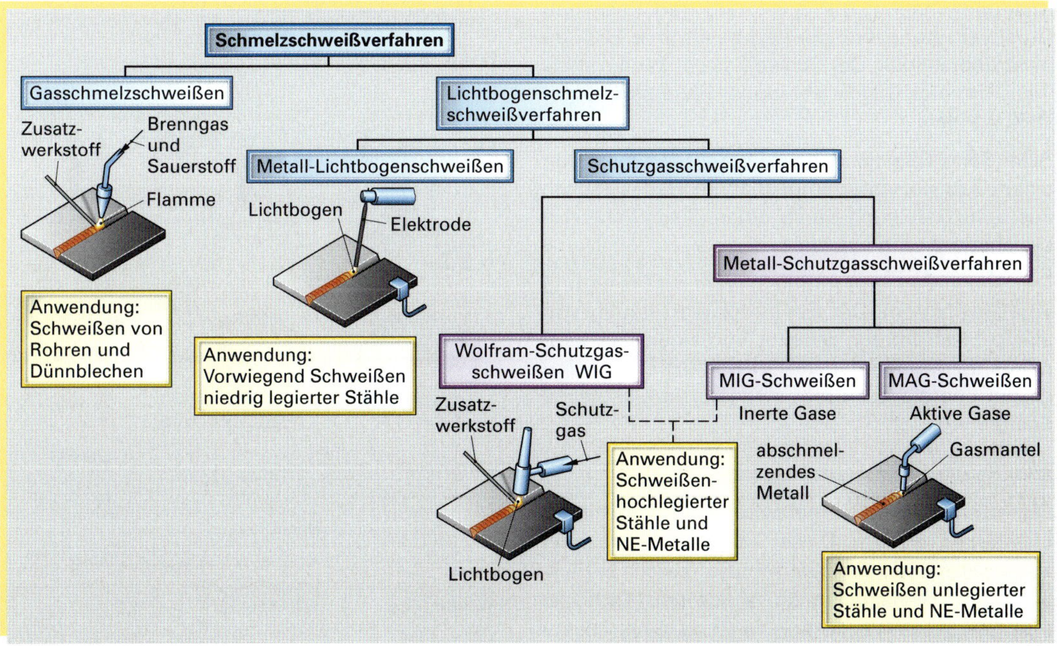

Bild 2: Einteilung wichtiger Schmelzschweißverfahren

Das Gasschmelzschweißen

Beim Gasschmelzschweißen wird die Verbindungsstelle mit einem Schweißbrenner erwärmt **(Bild 1)** Mit seiner Hilfe wird die benötigte Schmelzwärme durch Verbrennen eines Sauerstoff-Gas-Gemisches erzeugt. Als Brenngas wird dabei hauptsächlich Acetylen verwendet. Das Gasschmelzschweißen spielt im Bereich der Mechatronik einer untergeordnete Rolle und kommt fast ausschließlich dort zur Anwendung, wo keine elektrische Energie zur Verfügung steht.

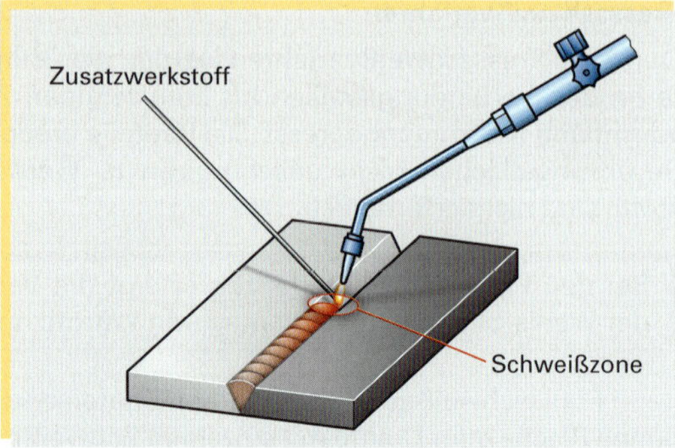

Bild 1: Gasschmelzschweißen

Lichtbogen-Schmelzschweißverfahren (Bild 2)

Bei diesem Verfahren wird die erforderliche Schmelzwärme durch einen elektrischen Lichtbogen erzeugt. Stromstärke und Spannung werden durch Schweißstromerzeuger entsprechend den Anforderungen verändert. Der Unterschied bei den Verfahrensgruppen liegt im Wesentlichen in der Art, wie die Schweißschmelze vor der Luftzufuhr geschützt wird. Beim Metalllichtbogenschweißen erfolgt dieses normalerweise durch ummantelte Zusatzschweißstäbe. Bei den Schutzgasschweißverfahren werden hierfür verschiedene Schutzgase eingesetzt.

Alle diese Verfahren haben wichtige Gemeinsamkeiten. Hierzu gehören die Schweißstromerzeuger, Vorgänge im Lichtbogen und die Unfallverhütung.

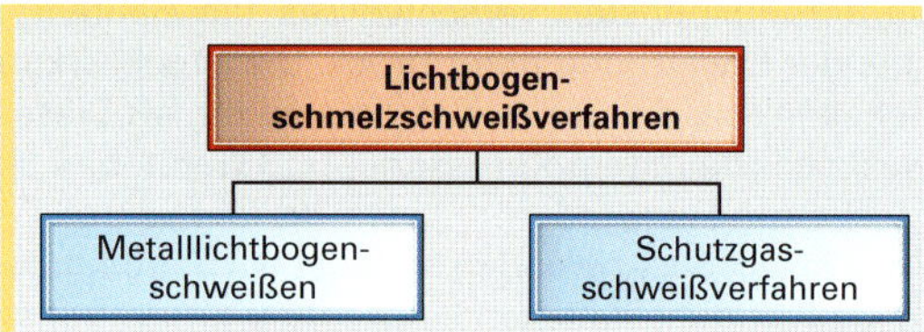

Bild 2: Einteilung der Lichtbogen-Schmelzschweißverfahren

Schweißstromerzeuger

Der zum Schweißen erforderliche Strom muss eine hohe, verstellbare Stromstärke und eine niedrige Spannung haben. Die Spannung darf nach den Unfallverhütungsvorschriften bestimmte Größen nicht übersteigen. Der Schweißstrom kann mittels Transformator, Gleichrichter oder Generator hergestellt werden.

Beim **Schweißgleichrichter** wird der zunächst von einem Transformator umgespannte Wechselstrom aus dem Netz noch durch einen Gleichrichter in Gleichstrom umgewandelt.

Der Schweißgenerator **(Bild 3)** dient zur Erzeugung von Gleichstrom. Der Generator wird häufig von einem Elektromotor, seltener von einem Verbrennungsmotor angetrieben und wandelt die mechanische Energie der Drehbewegung in elektrische Energie um.

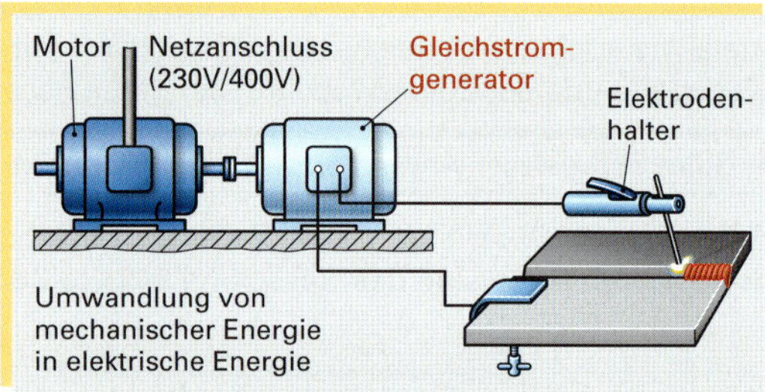

Bild 3: Schweißgenerator

Bildung des Lichtbogens (Bild 4)

Die erforderliche Schmelzwärme wird in einem Lichtbogen erzeugt. Dieser entsteht, wenn nach kurzem Antippen ein „Kurzschluss" zwischen Elektrode und Werkstück, also Anode und Kathode, eine Elektronenwanderung in Gang setzt. Dieser Elektronenfluss wird auch nach dem Abheben der

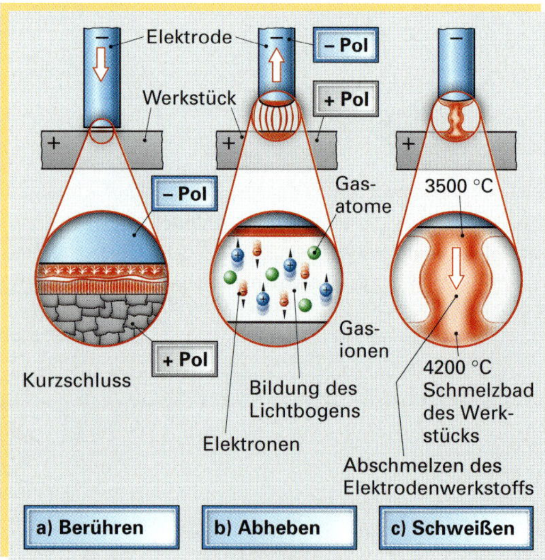

Bild 4: Vorgänge im Lichtbogen

Schweißelektrode bei einem geringen Luftspalt fortgesetzt durch einen dann entstehenden Lichtbogen. Es kommt zu einem „Aufprall“ der Elektronen in großer Zahl auf der zu erwärmenden Fläche mit hoher kinetischer Energie. Die dabei entstehende Wärmeenergie reicht aus, um Schmelztemperaturen von über 4000 °C zu erreichen.

Schutzgas-Schweißverfahren

Hierbei unterscheidet man Metall- und Wolframschutzgasschweißen. Bei diesen Verfahren wird durch bestimmte Gase das Schmelzbad vor den schädlichen Einflüssen der Luft abgeschirmt. Als Schutzgas werden inerte Gase (Edelgase), aktive oder Mischgase verwendet. Aktive und Mischgase haben gegenüber den inerten Schutzgasen den Nachteil, dass sie mit dem Schmelzbad reagieren und die mechanischen Gütewerte der Schweißnaht vermindern können. Diese Nachteile lassen sich aber teilweise durch eine entsprechende Zusammensetzung des Schweißzusatzdrahtes ausgleichen. Die Schutzgasschweißverfahren haben das Gasschmelzschweißen nahezu vollständig verdrängt.

Metallschutzgasschweißen (Bild 1)

Bei diesem Verfahren brennt ein Gleichstromlichtbogen zwischen der abschmelzenden nackten Drahtelektrode und dem Bauteil. Für die positiv gepolte Elektrode wird ein auf Drahtspulen gewickelter Schweißdraht von 0,8 mm bis 2,4 mm Durchmesser verwendet. Ein Drahtvorschubgerät schiebt den Draht entsprechend seiner Abschmelzgeschwindigkeit durch die Schweißpistole. Der Schweißstrom wird in der Schweißpistole kurz vor dem Lichtbogen über Schleifkontakte zum Schweißdraht geleitet. Eine eingebaute Luft- oder Wasserkühlung vermindert die Erwärmung der Schweißpistole. Das Metallschutzgasschweißen wird nach dem Einsatz der Schutzgasarten unterteilt.

Beim Metall-Inert-Gas-(MIG-)Schweißen werden inerte Gase, vorwiegend Argon, als Schutzgas verwendet. Dieses Edelgas ist zwar teuer, ermöglicht aber gute Schweißverbindungen. Besonders bei mittleren und dicken Blechen werden hohe Schweißleistungen erreicht. Eingesetzt wird das MIG-Verfahren für Edelstähle, NE- und Leichtmetalle.

Beim Metall-Aktiv-Gas-(MAG-)Schweißen werden preisgünstigere Aktivgase, sehr häufig Kohlendioxid CO_2 oder Mischgase eingesetzt. Ansonsten entspricht es in Technik und Anwendung dem MIG-Verfahren. Angewandt wird das MAG-Schweißen vorwiegend bei niedrig- und unlegierten Stählen, besonders im Karosseriebau zum Schweißen von dünnen Blechen.

Wolframschutzgasschweißen (Bild 2)

Beim Wolfram-Inert-Gas-(WIG-)Schweißen brennt der Lichtbogen zwischen einer nicht abschmelzenden Wolframelektrode und dem Werkstück. Zusatzwerkstoffe können seitlich zugeführt werden. Durch dieses Verfahren werden vorwiegend bei hochlegierten Stählen, Nichteisen- und Leichtmetallen gute, gleichmäßige Schweißnähte gefertigt.

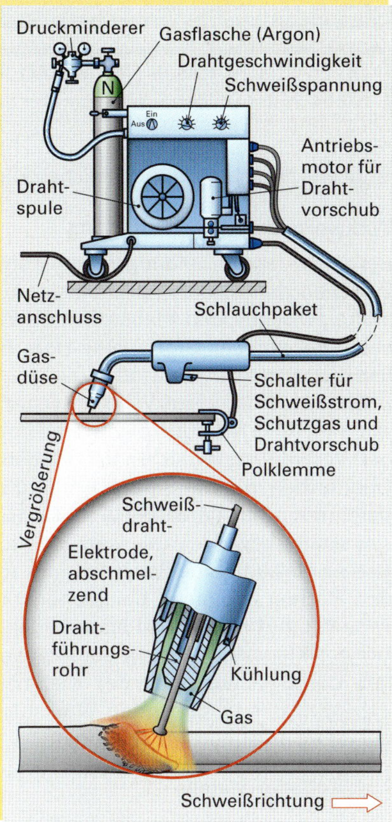

Bild 1: Schema einer MIG-, MAG-Schweißanlage (**M**etall-**I**nert-**G**as und **M**etall-**A**ktiv-**G**as)

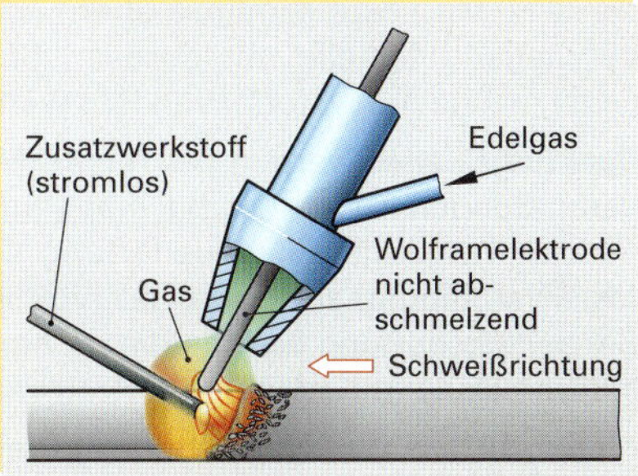

Bild 2: WIG-Verfahren (**W**olfram-**I**nert-**G**as)

Unfallverhütung beim Schweißen

- Schweißgeräte dürfen nur von dafür ausgebildeten Personen bedient werden.
- Zum Schutz der Augen muss eine Schweißbrille oder ein Schutzschild benutzt werden.
- Handschuhe und Lederschürze schützen vor heißen Metallspritzern.
- Die entstehenden Gase müssen abgesaugt werden.

7.6.8 Kleben

Durch Kleben lassen sich Werkstoffe mittels Stoffschluss unlösbar miteinander verbinden.

Kleben hat heute in der Technik große Bedeutung erlangt und ergänzt die bisher üblichen Fügeverfahren.

Wirkweise der Klebeverbindung

Bei einer Klebeverbindung wirken Kohäsionskräfte zwischen den Klebstoffteilchen sowie Adhäsionskräfte zwischen den Klebstoff- und Werkstoffteilchen. Bei porösen Stoffen wie Holz, Papier, Textilien u.a. dringt der Klebstoff in die Poren ein und es kommt zu einer zusätzlichen mechanischen Verzahnung **(Bild 1)**. Dadurch wird eine hohe Festigkeit der Verbindung erreicht. Bei Klebern für glatte Oberflächen wie bei Stahl wird die Festigkeit der Verbindung nur durch die Adhäsions- und Kohäsionskräfte bewirkt. Voraussetzung für das Kleben ist eine gleichmäßige Benetzung der zu verbindenden Flächen (s. Löten). Der Kleber muss sich gut verteilen und darf keine Perlen bilden. Die Festigkeit der Klebestelle ist von dem verwendeten Kleber, der Beschaffenheit der Klebeflächen, dem Werkstoff der zu klebenden Werkstücke und von der Beanspruchungsart abhängig.

Klebstoffe für Metalle

Bei **Lösungsmittelklebern** ist der Klebstoff in einem Lösungsmittel gelöst. Die zu klebenden Bauteile müssen das Lösungsmittel verdunsten lassen oder der Kleber muss vor dem Verbinden völlig abgelüftet sein. Mit Lösungsmittelklebern können daher vorwiegend Metalle mit porösen Stoffen (Holz, Leder, einige Kunststoffe) verklebt werden.

Reaktionskleber werden bei reinen Metall-Klebeverbindungen verwendet. Bei ihnen tritt durch chemische Vorgänge eine Aushärtung ein, die eine feste Verbindung zur Folge hat (vgl. Kunststoffe). Bei der Aushärtung werden die monomeren Klebstoffmoleküle zu Ketten und Netzen verbunden.

Kleber, bei denen die Aushärtung bei Raumtemperatur eintritt, werden auch **Kaltkleber** genannt **(Bild 3)**. Zu ihnen gehören die **Zweikomponenten-Kleber,** d.h. zur Aushärtung wird der Kleber mit einer zweiten Komponente, dem Härter vermischt **(Bild 4)**. Da die Aushärtung nach dem Vermischen allmählich beginnt, muss der Kleber umgehend verarbeitet werden. Die Zeit, in der man den angemischten Kleber verarbeiten kann, bezeichnet man als **Topfzeit.** Sie wird vom Hersteller angegeben. Bei einigen Kaltklebern lässt sich die Aushärtungszeit durch Erwärmung vermindern.

Kleber, die zur Aushärtung Wärme und Druck erfordern, bezeichnet man als **Warmkleber.**

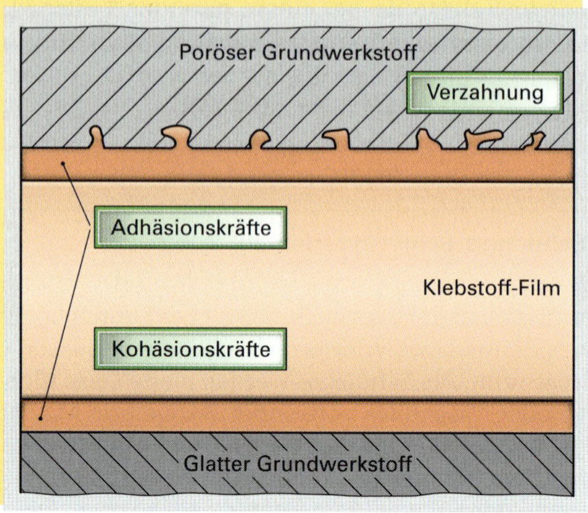

Bild 1: Kräfte in der Klebeverbindung (Schema)

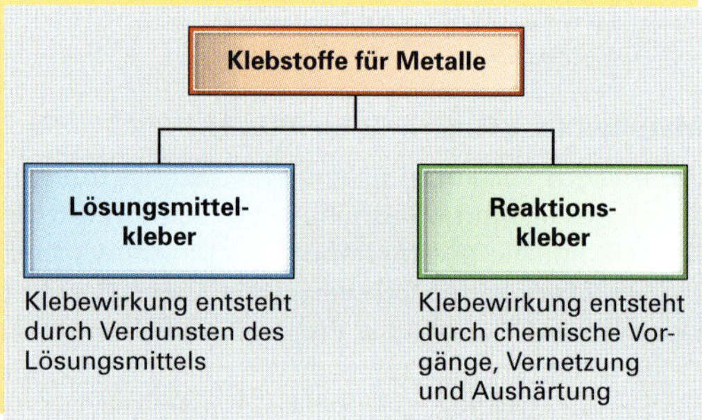

Bild 2: Einteilung der Klebstoffe nach ihrer chemischen Wirkung

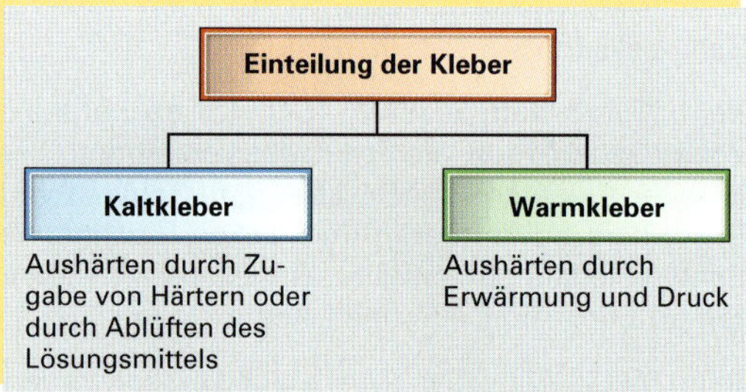

Bild 3: Einteilung der Kleber nach Verarbeitungstemperatur

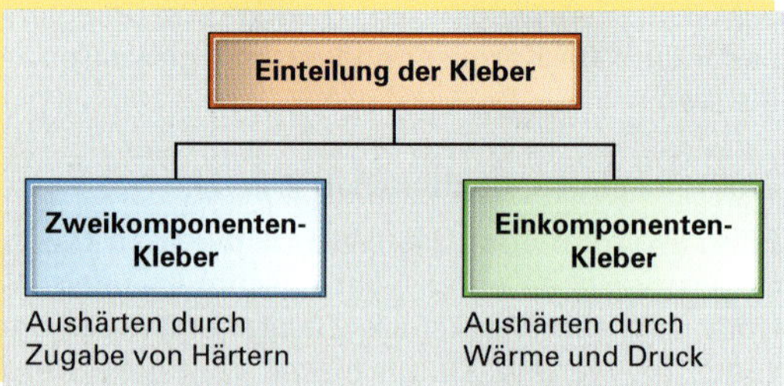

Bild 4: Einteilung der Kleber nach der Zahl der Komponenten

Warmkleber gehören zur Gruppe der **Einkomponenten-Kleber,** in denen schon alle Bestandteile gemischt enthalten sind. Sie erreichen eine etwa doppelt so hohe Festigkeit wie Kaltkleber, erfordern aber einen hohen technischen Aufwand, um die Aushärtung durch Erwärmung unter Druck ablaufen zu lassen.

Die in der Praxis eingesetzten technischen Metallklebstoffe sind zumeist Reaktionskleber und bestehen hauptsächlich aus vier Klebstoffsystemen **(Tabelle 1)**. Aus den Handelsnamen ist die Zusammensetzung des Klebers nicht ersichtlich. Die Hersteller der Klebstoffe bieten meist technische Klebstoffe an, die für einen speziellen Anwendungszweck optimiert sind. Um besondere Eigenschaften zu bekommen, werden häufig mehrere Klebstoffsysteme vermischt.

Gestaltung und Herstellung der Klebeverbindung

Die Eigenschaft des Klebers, dessen Zugfestigkeit z.B. nur bei etwa 10% derjenigen von Stahl liegt, muss bei der konstruktiven Gestaltung von Klebeverbindungen beachtet werden. Beanspruchungen der Klebeflächen auf asymmetrischen Zug, Schälung oder Spaltung sollten verhindert werden **(Bild 1 und Bild 2)**.

Torsion und **Scherung** sind für Klebeverbindungen geeignete Beanspruchungsarten.

Die wichtigsten **Arbeitsgänge** bei der Herstellung einer Klebeverbindung sind:

- Vorbereiten der Klebestellen
- Mischen und Dosieren des Klebers
- Auftragen der Klebstoffe
- Zusammendrücken der Werkstücke
- Aushärten der Klebeschicht

Zur Vorbereitung der Klebestellen sind die Oberflächen zu entfetten und durch Schleifen usw., bei hohen Ansprüchen auch durch Sandstrahlen, mechanisch aufzurauen. Geeignet sind auch chemische Verfahren wie Beizen und Elektrolyse mit nachfolgend gründlichem Abspülen.

Beim Mischen und Dosieren müssen die Verarbeitungsrichtlinien des Klebstoffherstellers beachtet werden. Der Klebstoff ist sofort nach dem Mischen mit Pinsel, Spachtel oder Dosiergerät dünn auf der Klebefläche zu verteilen. Die Werkstücke müssen nach dem Zusammenpressen gegen Verschieben gesichert werden. Vor dem Gebrauch ist eine ausreichende Aushärtezeit einzuhalten.

Tabelle 1: Klebstoffsystem für Metallklebungen (Reaktionskleber), Beispiele

Klebstoffsystem (chemische Grundstoffe)	**Handelsnamen** (für Kleinpackungen)	**Härtetemperatur**
Epoxidharze mit Polyaminen	Uhu-Plus Uhu-Endfest 300 Henkel Stabilit	Raumtemperatur
Epoxidharze mit Carbonsäureanhydriden	Henkel Metallon	über 100 C°
Polyurethane	Henkel Macroplast UK	Raumtemperatur
Acrylverbindungen	Henkel Metallon LA	Raumtemperatur

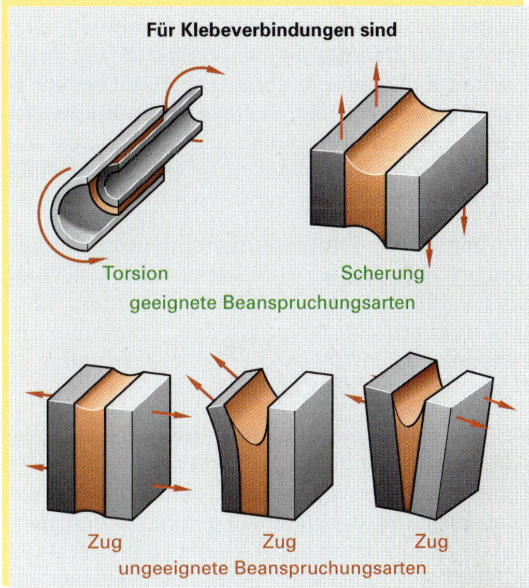

Bild 1: Beanspruchungen von Klebefugen

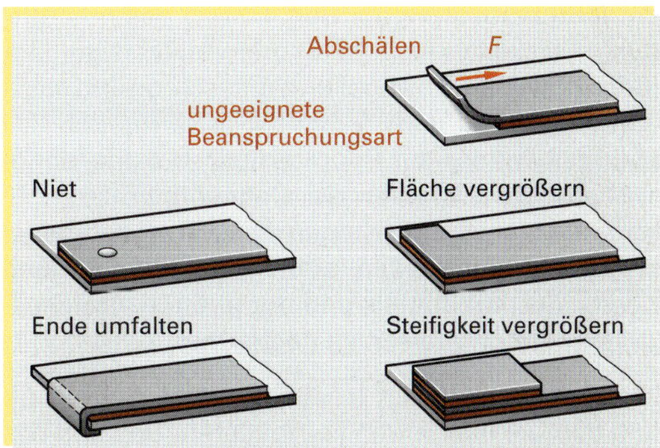

Bild 2: Konstruktive Gestaltung zur Vermeidung von Beanspruchung auf Schälung

7.6.9 Pressverbindungen

Dieses Fügeverfahren beruht auf einer Presspassung, also auf einem Übermaß zwischen dem Innen- und dem Außenteil. Bei dieser Verbindung entsteht eine elastische Verformung der Werkstoffe. Sie bewirkt hohe Reibungskräfte und macht es möglich, große Drehmomente und Axialkräfte **kraftschlüssig** zu übertragen ohne ein zusätzliches Verbindungsmittel.

Nach Abhängigkeit von der Temperatur bei der Herstellung der Verbindung unterscheidet man verschiedene Arten **(Bild 1):**

Längspressverbindungen (Bild 2) werden bei Raumtemperatur durch axiales Einpressen der Welle in die Bohrung erzielt. Die Welle muss eine leichte Fase (bis 5°) haben, um ein zu starkes Glätten der Werkstoffoberflächen zu vermeiden. Ein wiederholtes Lösen und Fügen der Verbindung hat eine starke Reduzierung der Haftkraft zur Folge. Leichtes Einfetten vom Bolzen mit Rüböl verhindert das „Festfressen" der Bauteile. Beim Einpressen durch z.B. Hammerschläge, Schraubstock und Presse ist darauf zu achten, dass es nicht zu einem Verkanten der Welle kommt.

Werden durch Temperaturveränderung Bauteile geschrumpft oder gedehnt, spricht man von **Querpressverbindungen**. Die Bauteile können ohne große Axialkräfte gefügt werden. Erwärmen und besonders Unterkühlen der Bauteile erfordert die Beachtung von Unfallverhütungsvorschriften.

Bei **Schrumpfverbindungen (Bild 3)** wird das Außenteil gleichmäßig, z.B. durch Wärmeplatte, Ölbad oder Brenner, erwärmt, dehnt sich aus und kann leicht mit dem Innenteil gefügt werden. Beim Abkühlen schrumpft das Außenteil und presst sich auf die Wellenoberfläche. Probleme bei dieser Verbindung können durch die Temperaturhöhe mit der Gefahr der Gefügeveränderung, des Verziehens und des Verzunderns (ab 250 °C) auftreten.

Bei **Dehnverbindungen (Bild 4)** wird das Innenteil durch Trockeneis (ca. –70 °C) oder mit flüssiger Luft (Stickstoff –194 °C) abgekühlt und schrumpft. Nach dem Fügen mit dem Außenteil erwärmt sich das Innenteil wieder auf Raumtemperatur und dehnt sich aus. Den Vorteilen der Dehnverbindung, z.B. keine Gefügeveränderungen bei wärmebehandelten (gehärteten) Teilen, stehen die relativ hohen Kosten des Kühlmittels und der geringe erreichbare Temperaturunterschied gegenüber.

In besonderen Fällen lassen sich das Schrumpf- und das Dehnverfahren kombinieren. So kann das Außenteil erwärmt und das Innenteil abgekühlt werden.

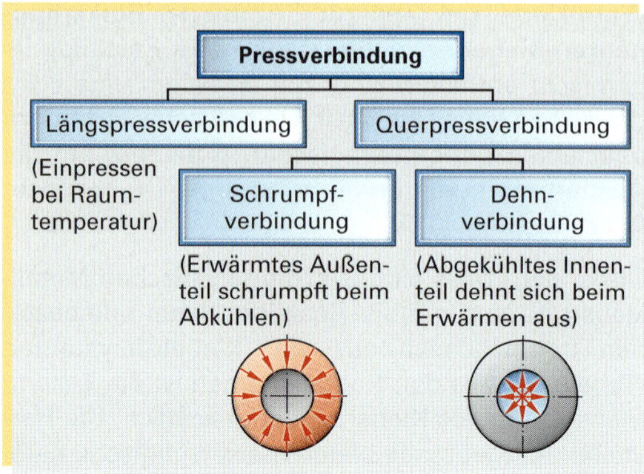

Bild 1: Pressverbindungen

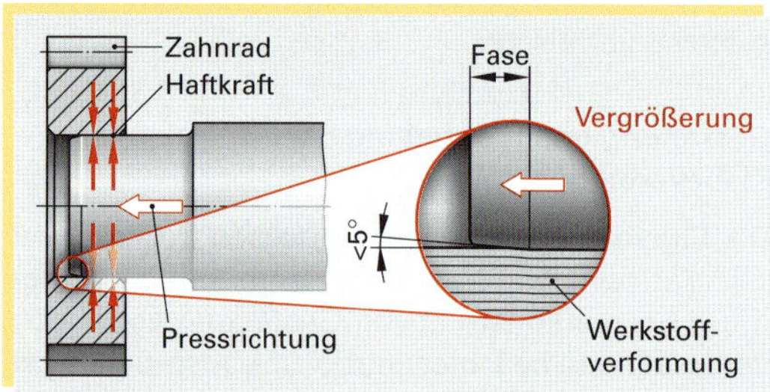

Bild 2: Längspressverbindung

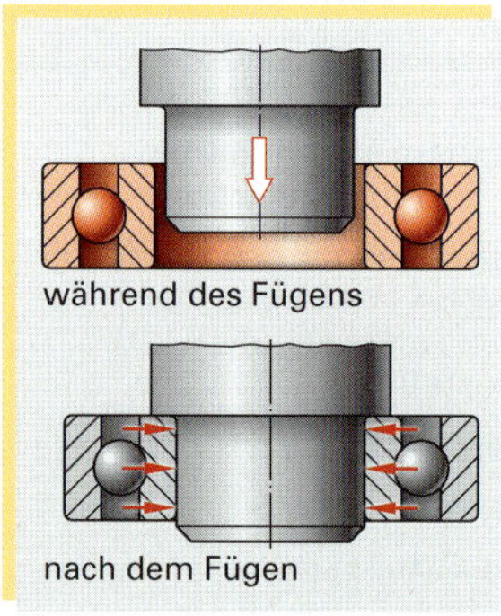

Bild 3: Schrumpfverbindung

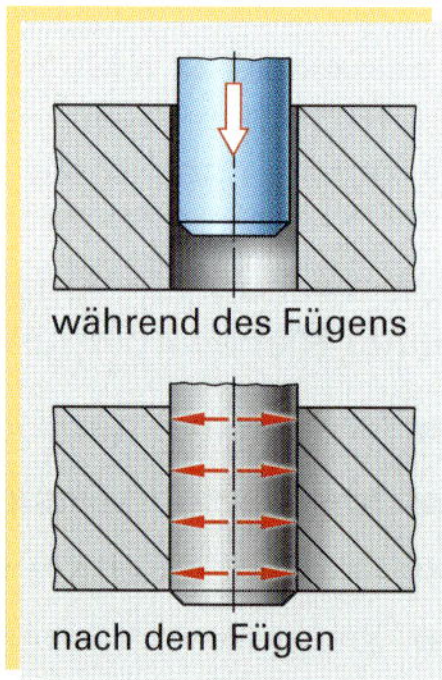

Bild 4: Dehnverbindung

Beispiel: Berechnen der Fügetemperatur

Ein Zahnrad soll mit einer Welle ∅ 30 H7/s6 durch eine Dehnverbindung gefügt werden. Das Spiel beim Fügen soll 10 µm betragen. Auf welche Temeratur muss die Welle abgekühlt werden? Raumtemperatur 20 °C.

$$\Delta d = d_0 \cdot \alpha \cdot \Delta T$$

$$\Delta T = \frac{\Delta d}{d_0 \cdot \alpha}$$

$$\Delta T = \frac{0{,}058\ \text{mm} \cdot \text{K}}{30\ \text{mm} \cdot 0{,}000012}$$

$$\Delta T = 161\ \text{K}$$

$\alpha = 0{,}000012\ \frac{1}{\text{K}}$ (Tab)

∅ 30 H7 $+^{21}_{0}$ (Tab)

s6 $^{48}_{35}$

$$\begin{array}{r} 0{,}010 \\ +\,0{,}048 \\ \hline \Delta d = 0{,}058 \end{array}$$

Die Welle muss auf –141 °C abgekühlt werden. Diese Minustemperatur ist nur mit flüssiger Luft (–194 °C Stickstoff) oder flüssigem Sauerstoff (–183 °C) erreichbar.

7.6.10 Klemm- und Quetschverbindungen

Vor allem im Bereich der Elektrotechnik sind neben den beschriebenen klassischen Fügetechniken in den letzten Jahren eine Reihe von Verbindungsmöglichkeiten entwickelt und verbreitet worden.

So werden z.B. die einzelnen Teile von Kabelkanälen für die Verwahrung von Leitungen in aller Regel nicht mehr geschraubt, sondern an dafür vorgesehenen Stellen verhakt **(Bild 1)**. Diese Form der Verbindung wird als **Schnappverbindung** bezeichnet und gehört zur Gruppe der lösbaren Verbindungen.

Ebenfalls lösbar sind die unterschiedlichen Arten der **Klemmverbindungen (Bild 2)**, die meist auf der Basis einer Schraubverbindung funktionieren.

Im Gegensatz dazu wird die Haltekraft bei den **Federklemmverbindungen** durch die Federwirkung eines gebogenen Metallbügels erzeugt **(Bild 3)**. Diese Art der Verbindung wird häufig zum Anschließen von dünnen Kupferdrähten verwendet. Zum Anschließen des Leiters, z.B. an eine Leiterschiene, wird dabei die Käfigfeder heruntergedrückt und der abisolierte Kupferdraht in die Öffnung eingeführt. **Käfigzugfeder-Verbindungen** sind sehr einfach zu lösen, trotzdem aber fast wartungsfrei und vor allem rüttelsicher.

Auch die **Steckverbindungen** an Leiterplatten unterliegen den Gesetzmäßigkeiten der Fügetechnik. Sie bestehen aus einer Messer- und einer Federleiste. Die Messerleiste wird dabei an die Leiterplatte und die Federleiste an den Aufbaurahmen montiert. Typische Anwendungsbeispiele dafür sind Grafikkarten oder andere Einsetzkarten, wie wir sie in den PCs verwenden.

Eine sichere Verbindung von Kupferdrähten in den dafür vorgesehenen Anschlussstellen wird z.B. über Aderendhülsen erreicht. Diese Hülsen werden in einer Quetschverbindung mittels geeignetem Werkzeug auf den Drähten angebracht **(Bild 4 und 5)**. In der Praxis wird diese Technik, die als unlösbar eingestuft wird, auch als Pressen oder Crimpen (to crimp (engl.) = pressen) bezeichnet.

Arbeitsauftrag:

1. Wodurch unterscheidet sich das Weichlöten vom Hartlöten?
2. Welcher physikalische Unterschied besteht zwischen dem Löten und dem Schweißen?
3. Beschreiben Sie die Vorgänge beim Löten und Schweißen.
4. Welche Arbeitsregeln sind beim Löten zu beachten?

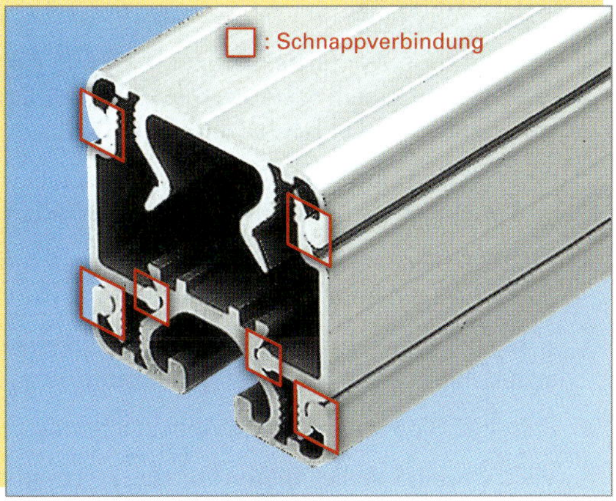

Bild 1: Schnappverbindung

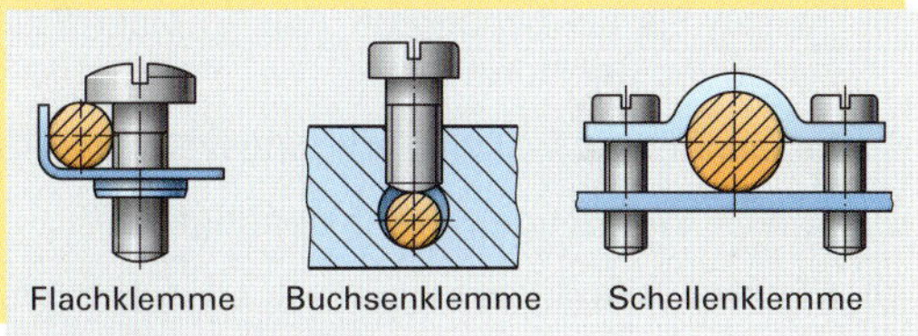

Bild 2: Klemmenarten

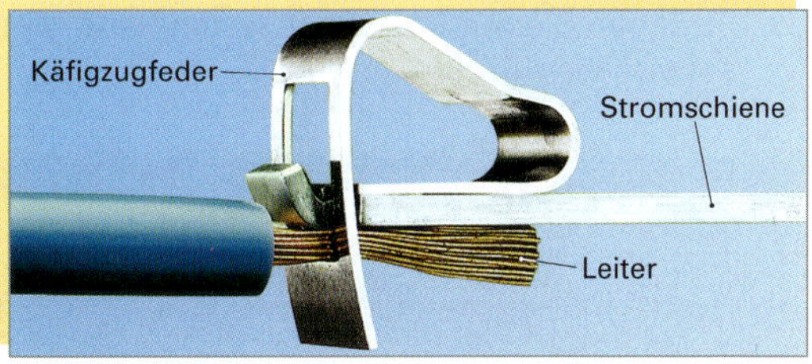

Bild 3: Käfigzugfeder-Anschlusssystem

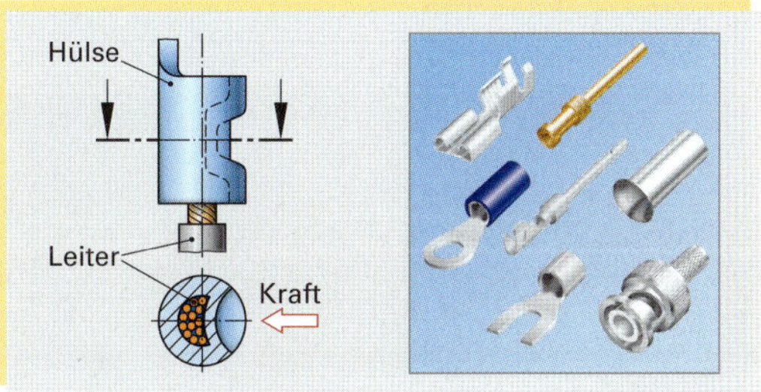

Bild 4: Quetschverbindung

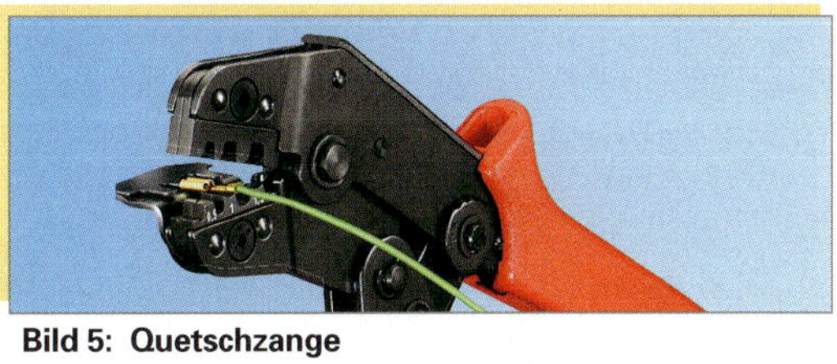

Bild 5: Quetschzange

Arbeitsauftrag:

Für das abgebildete elektropneumatische Handhabungsgerät **(Bild 1)** soll ein Tisch aus Aluminium-Profilen hergestellt werden. Die Maße der Grundplatte sind 300 mm × 600 mm. Sie besitzt an ihrer Unterseite ein 50er Raster mit 8 mm Nut.

1. Erstellen Sie eine Handskizze für das Gestell. Untersuchen Sie dabei mehrere Gestaltungsalternativen und entscheiden Sie sich für eine. Begründen Sie Ihre Wahl.
2. Wählen Sie aus einem Profilkatalog eines Profillieferanten ein geeignetes Profil aus. Nutzen Sie gegebenenfalls die Internetinformationen der Hersteller.
3. Suchen Sie die erforderlichen Verbindungselemente heraus. Beachten Sie dabei, dass der Tisch eine ausreichend hohe Stabilität gegen horizontal wirkende Kräfte aufweist.
4. Erstellen Sie eine Zusammenbauzeichnung und die erforderlichen Einzelteilzeichnungen.
5. Viele Profilhersteller bieten für die Zeichnungserstellung Unterstützung durch leicht handhabbare CAD-Programme, die im Internet oder auf einer CD-ROM zur Verfügung gestellt werden. Nutzen Sie diese, wenn Sie die Gelegenheit dazu haben.
6. Fassen Sie die benötigten Teile in einer Stückliste zusammen. Achten Sie dabei auf die Normbezeichnung der Normteile.
7. Legen Sie fest, welche Fertigungsverfahren für die Herstellung erforderlich sind.
8. Welche Werkzeuge werden benötigt?
9. Für zwei Teile soll exemplarisch ein Arbeitsplan für die Fertigung erstellt werden. Legen Sie darin die jeweiligen Tätigkeiten und die dazu erforderlichen Werkzeuge fest.
10. Erstellen Sie einen Arbeitsfolgeplan für die Montage der Einzelteile.
11. Erzeugen Sie mit dem CAD-System eine Montagezeichnung (Explosionszeichnung) des von Ihnen entwickelten Tisches.

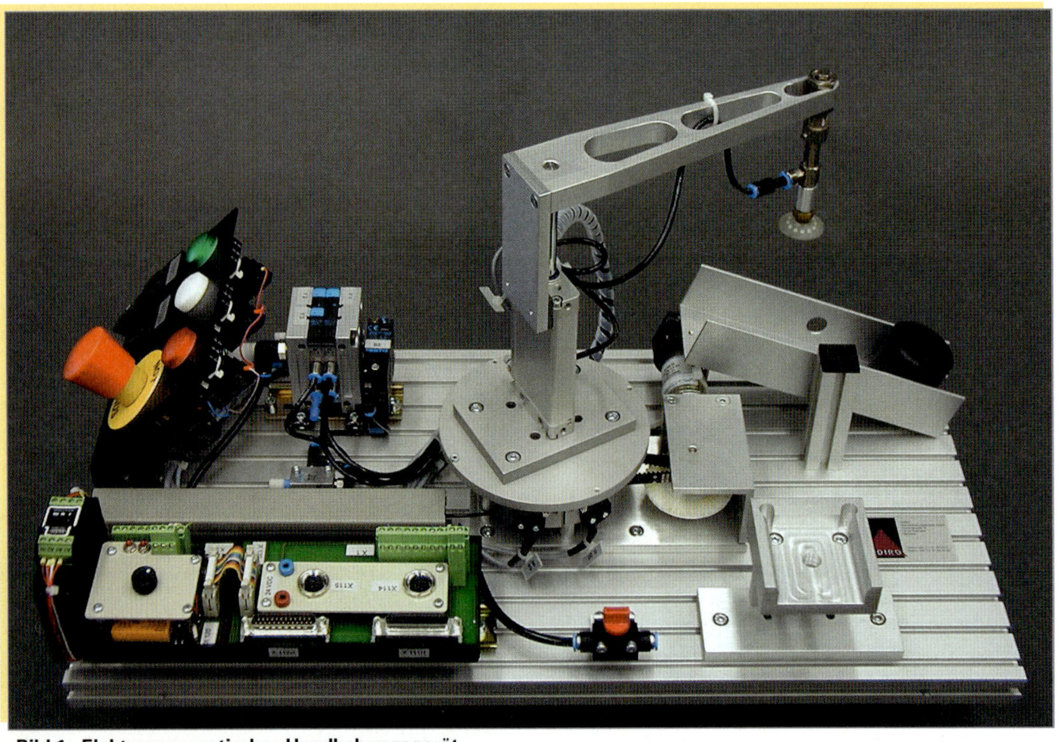

Bild 1: Elektropneumatisches Handhabungsgerät

7.7 Fertigungsautomatisierung

7.7.1 Historische Entwicklung

Eine wichtige historische Rationalisierungsmaßnahme – nach F.W. Taylor (1856–1915) und H. Ford (1863–1947) – war die Einführung der Fließbandfertigung **(Bild 1)** bei der *Ford Motor Company* ca. 1914. Der Produktionsprozess wurde in kleinste Schritte zerlegt; jeder Arbeiter war Spezialist, d.h. er führte nur wenige Handgriffe durch. Automatisiert war der Transport des Autos auf einem Band. Dadurch wurde die Zeit für eine Chassismontage von 12.5 h auf 1.5 h gesenkt. Die Fließbandfertigung war zu Beginn des 20. Jahrhunderts gang und gäbe. Bei dieser Art der Rationalisierung war die Flexibilität gleich Null.

Bild 1: Fließbandfertigung

Durch den 2. Weltkrieg konzentrierte sich der Großteil der industriellen Fertigung auf den Rüstungsbereich. Nach dem 2. Weltkrieg waren in Deutschland ca. 90% der Industrie zerstört. Der Bedarf an zivilen Produkten war groß, und es konnte somit in großen Serien geplant werden. Betrachtet man die Entwicklung der Produktivität und der Flexibilität in der industriellen Fertigung nach dem 2. Weltkrieg, so kann man sie grob in 5 Schritte einteilen **(Bild 2)**.

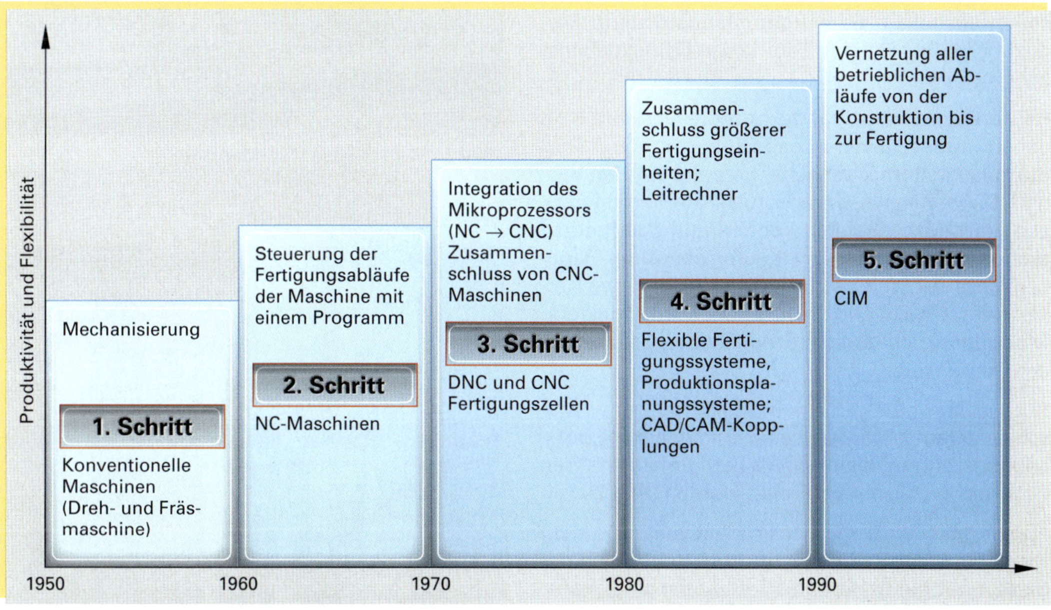

Bild 2: Entwicklung der Produktivität und Flexibilität

In den ersten beiden Phasen war die Steigerung der Produktivität vorrangiges Ziel der Veränderungen. Man erzielte große Fortschritte bei der Spindel- und der Schnittleistung. Gleichzeitig wurde durch automatischen Werkstück- und Werkzeugwechsel rationalisiert. Hierdurch sanken die Nebenzeiten (z.B. Rüstzeiten) und die Hauptnutzungszeiten stiegen an. Die Nebenzeiten waren allerdings immer noch relativ hoch. In der dritten und vierten Phase wurden durch Verlagerung der Rüstzeiten in die Hauptzeiten, durch unterbrechungslosen Programmwechsel, automatische Werkzeugverwaltung, automatische Werkstück- und Werkzeugzubringung usw. auch die Nebenzeiten drastisch verkürzt. Durch diese Maßnahmen minimierten sich die Stillstandszeiten der teuren Maschinen. Des Weiteren werden Nacht- und Wochenendschichten fast ohne Personal ermöglicht.

In der fünften Phase begann die Vernetzung des Betriebes über Computer; als Schlagwort gilt **CIM** (**C**omputer **I**ntegrated **M**anufactoring). Die Maschinen fertigen zwar äußerst schnell, aber neben dem Materialfluss kommt auch ein großer Daten- bzw. Informationsfluss (Arbeitspapiere, Zeichnungen usw.) zum Tragen. CIM versucht, bisherige manuelle Tätigkeiten zur Informationsübertragung zu eliminieren, z. B. liegen die technischen Zeichnungen als CAD-Daten vor und können somit auch der Fertigung zur Verfügung gestellt werden.

Diese ganzen Entwicklungen sind möglich gewesen, da es parallel dazu weitere Entwicklungen gab, die die genannten Prozesse positiv beeinflussten. So sind die Fertigungsmaschinen hinsichtlich Genauigkeit und Steifigkeit wesentlich verbessert worden. Daneben gab es riesige Fortschritte im Bereich der Computertechnologie (Prozessoren, Datennetze usw.), die Auswirkungen auf die Steuerungstechnik (SPS, Controller usw.) hatten. Bahnsteuerungen für mehrere Achsen sind heute Standard **(Bild 1)**.

Nach dem 2. Weltkrieg bis in die 70er Jahre war ein Großteil der industriellen Produktion auf Großserien ausgelegt. Es wurden standardisierte Produkte erzeugt, die eine sehr lange Produktlebenszeit hatten.

Heute werden Fertigungskonzepte verlangt, mit denen immer kleinere Losgrößen mit hoher Produktqualität immer schneller gefertigt werden können. Der Hersteller muss schnell auf Veränderungen am Markt reagieren können und das Produkt produzieren, welches der Käufer abnimmt. Daneben muss der Preis des Produktes mit anderen Herstellern oft weltweit konkurrieren. Die Produktentwicklungszyklen und die Produktlebenszeiten werden immer kürzer.

Auch sollen häufiger die Produkte auf einer Maschine gefertigt werden, so dass so genannte Bearbeitungszentren, die mehrere Fertigungsverfahren beherrschen, weiter verbreitet werden **(Bild 2)**.

Neben der Steigerung der Produktivität ist zunehmend auch die Flexibilität wichtig. Im Bereich der Massenfertigung wurden Fließbänder und Transferstraßen (teilweise mit Sondermaschinen speziell für ein Produkt) unter dem Gesichtspunkt möglichst hoher Stückzahlen eingesetzt. Hier ist eine Entwicklung weg von den Sondermaschinen erkennbar. Durch die kurzen Produktlebenszeiten amortisieren sich solche Sondermaschinen nicht; die Folgeprodukte müssen mit der gleichen Maschine herstellbar sein. Maschinenumrüstungen sind teuer **(Bild 3)**. An die Stelle von starren Fertigungsstraßen treten zunehmend flexible Fertigungszellen.

Bild 1: Modulare CNC-Steuerung

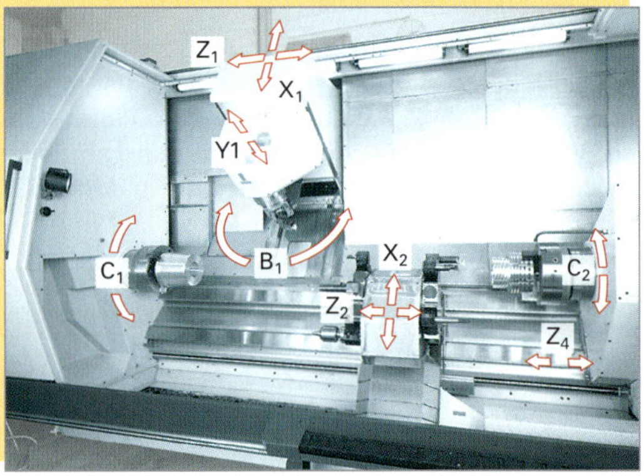

Bild 2: Mehrachsige CNC-Maschine

Bild 3: Teilespektrum eines Bearbeitungssystems

7.7.1 Bausteine der Fertigungsautomatisierung

Soll ein Fertigungsprozess automatisiert werden, sind davon die folgenden drei Bereiche betroffen:

- Automatisierte Bearbeitung
- Automatisierter Werkstücktransport von Maschine zu Maschine
- Automatisierter Informationsfluss

In einem ersten Schritt wurde bei der Fertigungsautomatisierung der eigentliche Bearbeitungsvorgang automatisiert.

Hier begann in der Mitte des 20. Jahrhunderts die Entwicklung der **CNC-Maschine**[1] **(Bild 1)** für ein spezielles Fertigungsverfahren (z.B. Drehen oder Fräsen). Die Bewegungsabläufe an der Maschine zur Erzeugung der gewünschten Werkstückgeometrie werden durch ein Programm erzeugt. In der Weiterentwicklung wurden weitere Fertigungsverfahren auf den CNC-Betrieb umgestellt (z.B. Stanzen, Laserschneiden, Brennschneiden). Bei der klassischen CNC-Maschine handelt es sich um eine Stand-alone-Maschine, an der Werkzeug-, Werkstück- und Programmwechsel manuell durchgeführt werden.

Wird an einer CNC-Maschine der Werkzeug-, Werkstück- und Programmwechsel automatisiert und ist eine 4D- bzw. 5D-Steuerung vorhanden, um eine 4- bzw. 5-Seiten-Bearbeitung zu ermöglichen, spricht man von einem **Bearbeitungszentrum (Bild 2)**. Die benötigten Werkzeuge sind in einem Werkzeugspeicher untergebracht und werden durch entsprechende Anweisungen im Programm automatisch in die Arbeitsspindel eingewechselt. Meist können alle am Werkstück anfallenden Zerspanungsarbeiten (Drehen, Fräsen, Gewindeschneiden usw.) auf dem Bearbeitungszentrum durchgeführt werden.

Wird das Bearbeitungszentrum erweitert, so dass z.B. über einen Palettenspeicher für die Bearbeitung genügend Teile für einen zeitlich begrenzten bedienerlosen Betrieb zur Verfügung stehen, spricht man von einer **Fertigungszelle (Bild 3)**. Meist ist hier auch eine Maßüberwachung der Werkstücke integriert. Durch eine Schnittkraftüberwachung wird im Bedarfsfalle ein automatischer Werkzeugtausch durchgeführt.

Die Grenze zwischen Bearbeitungszentrum und Fertigungszelle verwischt immer stärker, da viele Hersteller ihre Bearbeitungszentren modular bis zur Fertigungszelle erweiterbar anbieten.

[1] CNC: Computerized Numerical Control

Bild 1: CNC-Maschine

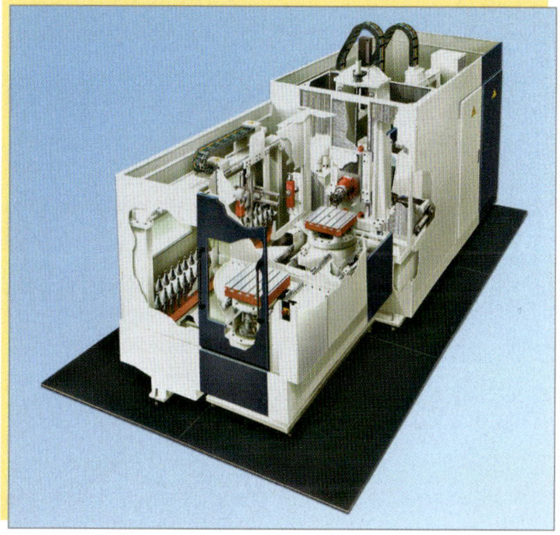

Bild 2: Bearbeitungszentrum

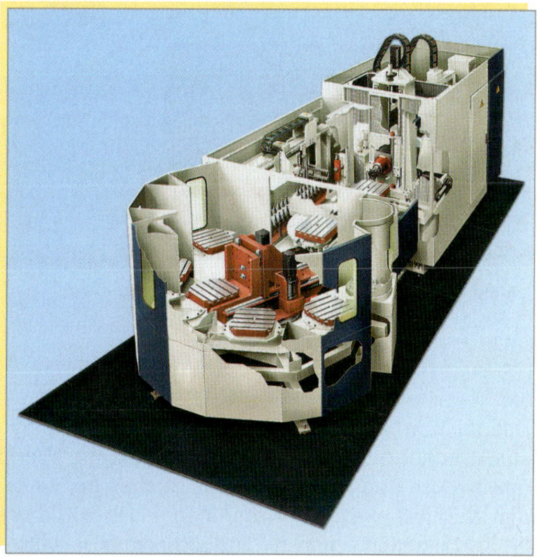

Bild 3: Fertigungszelle

Flexible Fertigungssysteme (FFS) (Bild 2) bestehen grundsätzlich aus:

- Mehreren CNC-Maschinen mit automatischen Werkzeugwechslern und großen Werkzeugspeichern
- Automatischer Be- und Entladung der Werkstücke
- Automatischem Werkstücktransport
- Einem übergeordneten Leitsystem

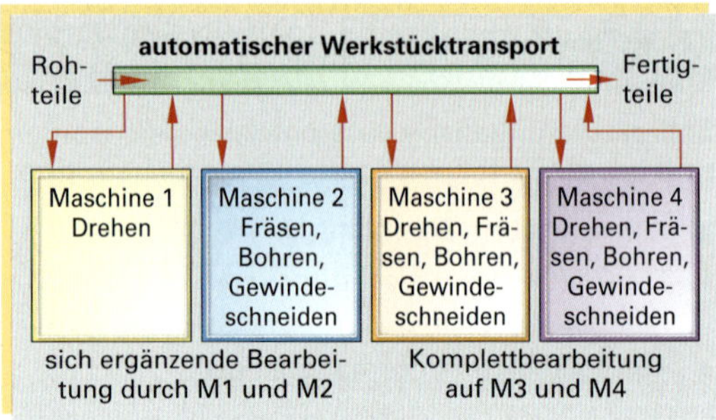

Bild 1: Fertigungsprinzip in FFS

Flexible Fertigungssysteme ermöglichen den ständigen Wechsel der Bearbeitungsverfahren und die Variation von Losgrößen. Sie sind somit in der Lage, unterschiedliche Werkstücke in beliebiger Reihenfolge zu bearbeiten. Das Fertigungsprinzip besteht häufig darin, dass mehrere sich ergänzende und sich ersetzende Maschinen gekoppelt werden, damit das ganze System bei Ausfall einer Maschine produktiv bleiben kann **(Bild 1)**.

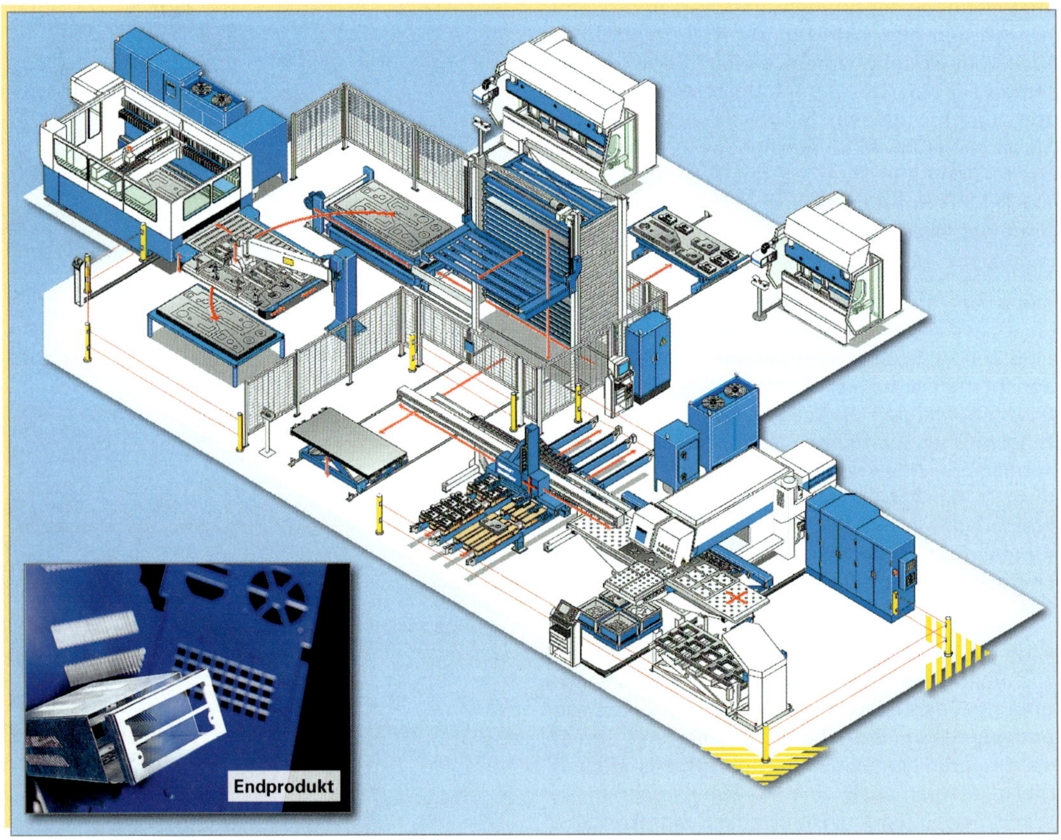

Bild 2: Flexibles Fertigungssystem

Das ausführliche Behandeln der Thematik Fertigungsautomatisierung mit weiteren Themen wie Werkstücktransport- und Handhabungssysteme, Werkzeugverwaltung, FFS-Leitrechner, flexible Taktstraßen usw. würde den Rahmen dieses Buches bei weitem sprengen. Deswegen werden in den beiden folgenden Kapiteln die CNC-Maschinen – die ja die wichtigsten Bausteine der Flexiblen Fertigungssysteme (FFS) darstellen – und die Industrieroboter – als interessantesten Vertreter der automatischen Handhabungssysteme – behandelt.

7.8 CNC-Steuerungen

Der Wunsch, schwere, unangenehme Arbeit auf Maschinen zu übertragen und zu automatisieren ist schon sehr alt. Die ersten mechanischen Steuerungen gehen bis in das 18. Jahrhundert zurück (z. B. mechanische Webstühle). Um 1770 baute *P. Jaquet-Droz* Puppen, die mit Schreibfedern Sätze zu Papier brachten **(Bild 1)**. Es waren rein mechanische Steuerungen, die sogar durch Austausch ihrer Steuerscheiben in der Lage waren, verschiedene Sätze zu schreiben.

Schon Mitte des 20. Jahrhunderts suchte man nach Werkzeugmaschinen, die sich durch Zahlen steuern lassen. Alle Fertigungsangaben liegen nämlich als Werte vor; z. B. Vorschub, Schnittgeschwindigkeit, Geometrie des Werkstückes. Häufig war sogar die theoretische mathematische Bahnbeschreibung möglich (z. B. komplizierte Flugzeugteile), jedoch das bisherige Fertigen mit Hilfe von Kopierschablonen zu ungenau.

Nach dem 2. Weltkrieg wurden dann die ersten NC-Werkzeugmaschinen (Numerical Control; d. h. numerisch gesteuert) in den USA gebaut. Diese Maschinen fertigten, indem sie die Positionsdaten über Lochstreifen zugeführt bekamen. Sie waren in der Lage, Zwischenwerte für diese Positionen zu berechnen und mit Servomotoren die Achsbewegungen so zu steuern oder zu regeln, dass die komplizierte Kontur gefertigt wurde. Die Befehle wurden satzweise der Maschine zugeführt. Es gab keine Programmspeicher; das Speichermedium war die Lochkarte und die Steuerung war nicht Teil der Maschine **(Bild 2)**.

Aus der NC-Maschine entwickelte sich mit Hilfe des Mikroprozessors eine komplexe, datenverarbeitende **CNC-Steuerung** (**C**omputer **N**umerical **C**ontrol; **Bild 2 und 3**) mit einem großen Funktionsumfang. Heute gibt es keine klassischen NC-Maschinen mehr, deshalb sind die Begriffe NC und CNC heutzutage als Synonyme (gleichbedeutend) anzusehen.

Bild 1: Schreibpuppen

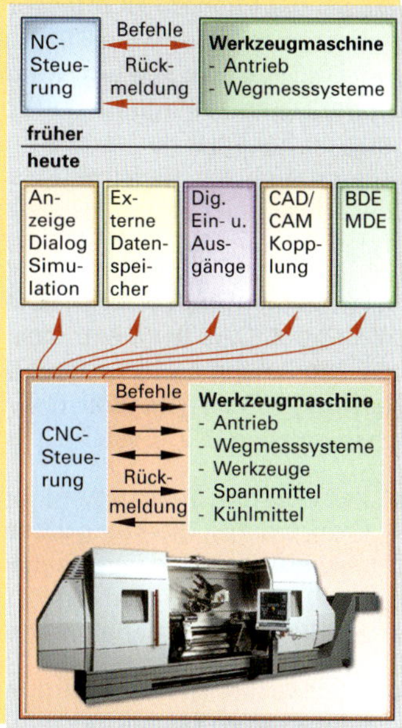

Bild 2: Vergleich NC/CNC

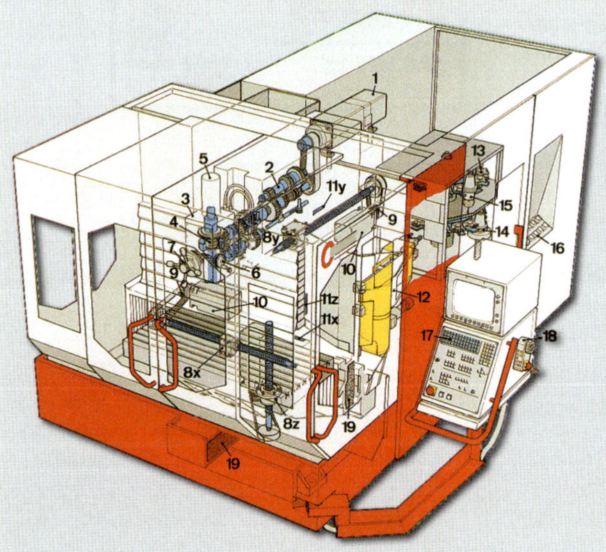

1 AC-Hauptspindelmotor
2 Getriebe 3-stufig
3 Vertikalfräskopf
4 Auffahrsicherung vertikal
5 hydromechanische Werkzeugspannung
6 Pinolenfeinverstellung
7 Bohrhebel
8 Kugelgewindetriebe
9 Kollisionsschutzkupplungen
10 AC-Vorschubmotoren
11 Linear-Wegmesssysteme
12 Vertikalwerkzeugwechsler
13 Werkzeugmagazin, 32 Plätze
14 Bohrwerkzeug
15 Messtaster, kabellos
16 Bedienpult Werkzeugwechsler
17 CNC-Bahnsteuerung
18 Handbedienmodul
19 Grauguss-Mineralguss-Verbundwerkstoffe am Maschinenständerfuß, Kreuzsupport und Gegenhalter

Bild 3: CNC-Maschine

Auch Werkzeugmaschinen werden zunehmend vernetzt. Früher erhoffte man sich große Einsparpotenziale dadurch, dass nur auf einem Server oder Zentralrechner die umfangreichen Bahninterpolationen für mehrere NC-Maschinen berechnet werden müssen; so genanntes **DNC-Prinzip**[1]. Die einzelnen NC-Maschinen waren nur noch mit einer „Rumpfsteuerung", die nicht mehr voll funktionsfähig war, ausgestattet.

Dies schien damals sinnvoll, weil die für die Interpolationen erforderlichen Steuerungen teuer waren. Da die früheren NC-Maschinen ohne eigenen Programmspeicher waren, mussten sie satzweise vom DNC-Rechner versorgt werden. Hier trat schon bei der Datenversorgung ein Problem auf. Auf der anderen Seite hat der rasche Preisverfall im Computerbereich bei gleichzeitig stark gestiegenem Leistungsvermögen der Hardware dieses Konzept endgültig zum Scheitern verurteilt.

Heute versteht man unter DNC **D**istributed **N**umerical **C**ontrol. Dies bedeutet, dass mehrere Rechner bzw. Werkzeugmaschinen über ein LAN (**L**ocal **A**rea **N**etwork) verteilt sind **(Bild 1)**. Typische Funktionen eines solchen DNC-Systems sind:

- Verwaltung, Speicherung und Verteilung der Programme, Werkzeugdaten, Korrekturwerte; teilweise sogar vollautomatisch. Die Verwaltung von 10 000 verschiedenen Programmen ist heutzutage keine Seltenheit mehr.
- Überwachung des Fertigungsprozesses und Führen eines Logbuches, um Unregelmäßigkeiten erkennen zu können.
- Versorgung einzelner CNC-Maschinen bei Programmüberlänge nacheinander mit den entsprechenden Programmteilen, um eine kontinuierliche Bearbeitung zu gewährleisten.
- Rückübertragung korrigierter Programme und Daten zwecks zentraler Verwaltung, um die Fertigung zu optimieren.
- Steuerung des Materialflusses.
- Maschinendatenerfassung (MDE) **(Bild 2)**. Maschinendaten sind Daten, die die spezifische Maschine betreffen (z. B. Wartungstermine, Lebensdauer, Fertigungsgenauigkeiten).
- Betriebsdatenerfassung (BDE). Betriebsdaten sind im Produktionsprozess anfallende Daten, die den Prozessablauf beschreiben (z. B. Termine, Stückzahlen, Anwesenheitszeiten).

[1] DNC: Direct Numerical Control

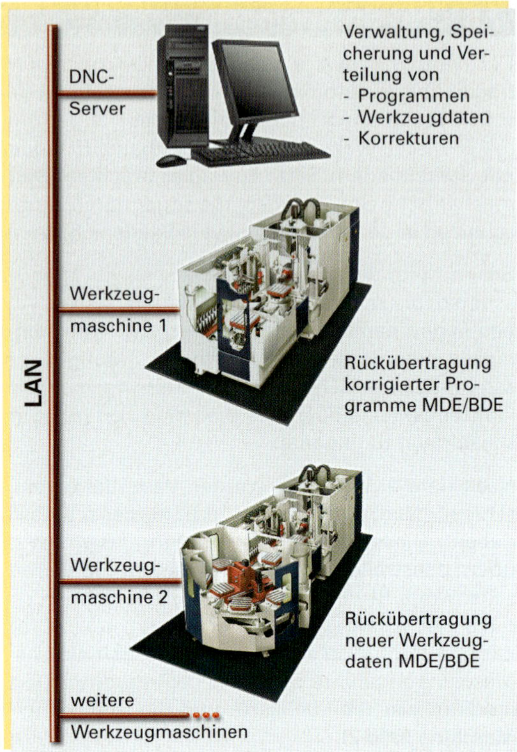

Bild 1: DNC

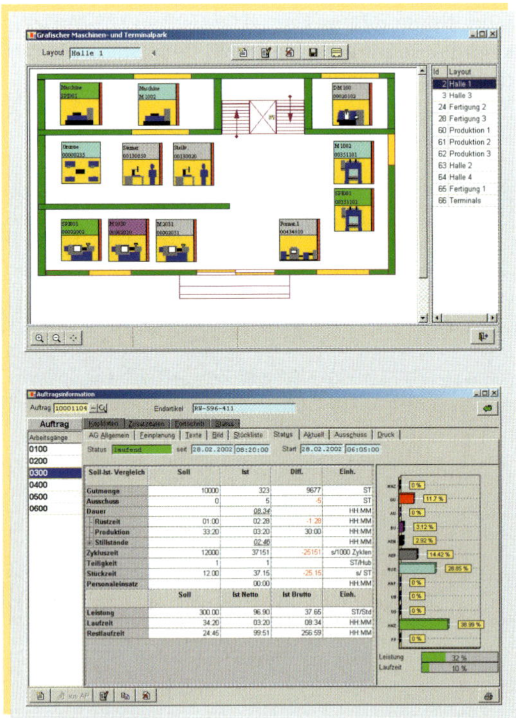

Bild 2: MDE/BDE

7.8.1 Merkmale von CNC-Maschinen

Folgende Merkmale sind typisch für heutige CNC-Maschinen:

- Die Fertigung eines Werkstückes erfolgt mit Hilfe eines **Programmes,** welches in einem Speicher abgelegt ist und zur Bearbeitungszeit aufgerufen wird. In diesem Programm sind alle notwendigen Bearbeitungsangaben wie: Geometrie des Werkstückes, Vorschub, Schnittgeschwindigkeit, Kühlmittel ein/aus, Werkzeuge und Werkzeugwechsel als Anweisungen vorhanden. Die Eingabe dieses Programmes erfolgt entweder über ein Maschinenbedienfeld **(Bild 1),** einen externen IPC (Industrie PC), Disketten oder ein Netzwerk (LAN).
- Alle Bewegungseinheiten (wie z.B. Achsen, Spindeln, Werkzeugwechselsystem) besitzen einen eigenen Antrieb **(Einzelantrieb) (Bild 4).**
- Auch die **Hauptspindel** besitzt einen in der Drehzahl stufenlos **regelbaren Antriebsmotor (Bild 4),** so dass bei sich ändernden geometrischen Bedingungen, wie z.B. beim Plandrehen die Schnittgeschwindigkeit – über die entsprechende Veränderung der Drehzahl der Spindel – konstant gehalten werden kann.
- Jede Positionier- bzw. Verfahrachse hat einen eigenen **Lage- und Geschwindigkeitsregelkreis. (Bild 4)**
- Durch Verwendung von spielfreien **Kugelumlaufspindeln (Bild 3)** in den Vorschubachsen kann im Gegen- und Gleichlauf gefertigt werden. Das bei Trapezspindeln auftretende „Umkehrspiel“ entfällt nahezu vollständig.
- Durch **automatische Werkzeugwechselsysteme (Bild 2)** sind programmgesteuerte Werkzeugwechsel möglich. Dadurch kann eine einzelne Maschine länger ohne Bedienereingriff laufen bzw. ein Bediener kann mehrere Maschinen bedienen. Abgestumpfte oder ausgebrochene Werkzeuge werden durch neue ersetzt.

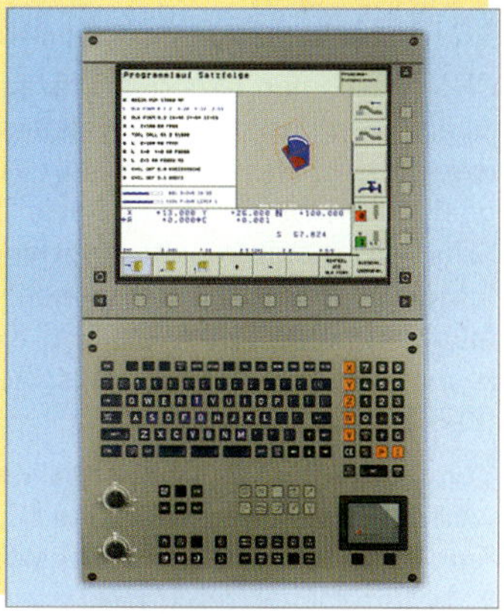

Bild 1: Bedienfeld

Bild 2: Werkzeugrevolver

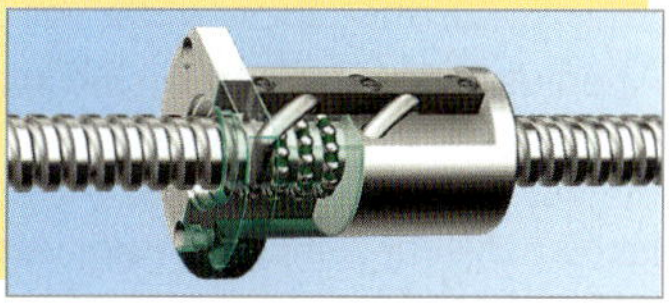

Bild 3: Kugelgewindetrieb

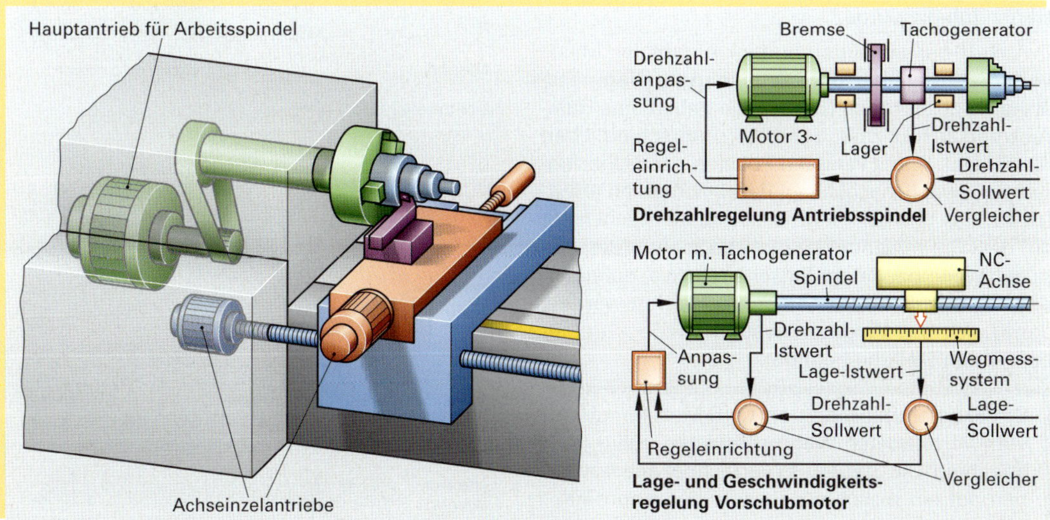

Bild 4: Antriebe einer CNC-Maschine

7.8.2 Wegmesssysteme

CNC-Maschinen benötigen für jede geregelte Achse ein Wegmesssystem, welches elektronisch auswertbare Messsignale liefert. Die Auswahl des geeigneten Messsystems erfolgt nach mehreren Kriterien: maximaler Verfahrweg, maximale Verfahrgeschwindigkeit der Achse, Genauigkeit, einfache Anbaumöglichkeit und Kosten. Wegmesssysteme arbeiten nach unterschiedlichen Verfahren **(Bild 1)**.

Beim **direkten Messverfahren** erfolgt die Messwertaufnahme direkt am Maschinenschlitten, während beim **indirekten Messverfahren** z.B. an der Vorschubspindel gemessen wird **(Bild 2)**.

Beim **analogen Messverfahren** entspricht jede Position einem bestimmten Wert einer physikalischen Größe (z.B. Phasenverschiebung von zwei Spannungen). Beim **digitalen Messverfahren** ist der Messbereich in festgelegte, zählbare Schritte unterteilt.

Das **inkrementale Wegmesssystem** misst den Zuwachs (Inkrement) vom vorherigen Stand aus gesehen **(Bild 3)**. Beim **absoluten Messverfahren** steht der Positionswert unmittelbar nach dem Einschalten zur Verfügung.

> Bei inkrementalen Wegmesssystemen muss nach dem Einschalten zuerst ein Referenzpunkt angefahren werden.

Absolute Messverfahren sind dort notwendig, wo Probleme nach einer Unterbrechung auftreten, weil die Maschine neu referenziert werden müsste. So ist es z.B. sehr zeitaufwendig, wenn ein Schweißroboter in der Karosserie eines Pkw nach einer Unterbrechung von Hand wieder referenziert werden muss, da die automatische Referenzfahrt zu Kollisionen führen würde.

Zwischen den absoluten und inkrementalen Messverfahren sind die **pseudoabsoluten Wegmesssysteme** anzuordnen **(Bild 4)**. Sie haben eine Referenzmarkenspur mit definiert unterschiedlichen Abständen. Somit kann die Position nach Überfahren von zwei benachbarten Referenzmarken ermittelt werden und das Wegmesssystem braucht nicht an den Referenzpunkt gefahren zu werden. Es reicht, wenn nach dem Einschalten zwei aufeinander folgende Referenzmarken überfahren werden, damit sich das Wegmesssystem wieder in einer definierten Stellung befindet.

> Die Programmierung von CNC-Maschinen ist vom verwendeten Wegmesssystem völlig unabhängig. Die Steuerung verrechnet alle Angaben auf ein maschinenspezifisches Koordinatensystem.

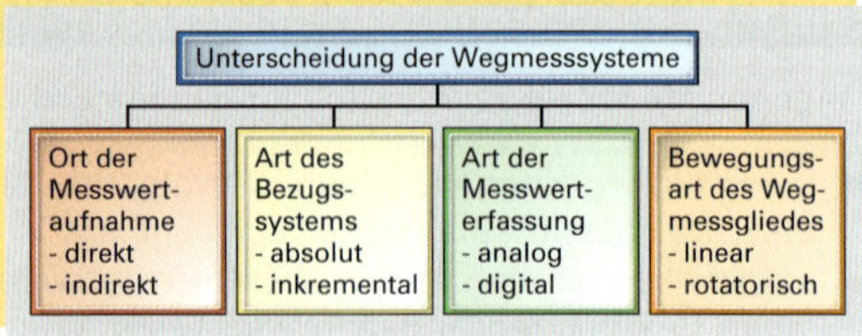

Bild 1: Überblick Wegmesssysteme

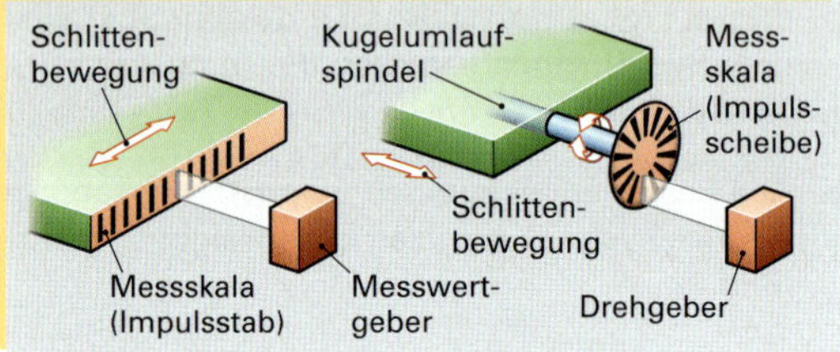

Bild 2: Direkte und indirekte Wegmessung

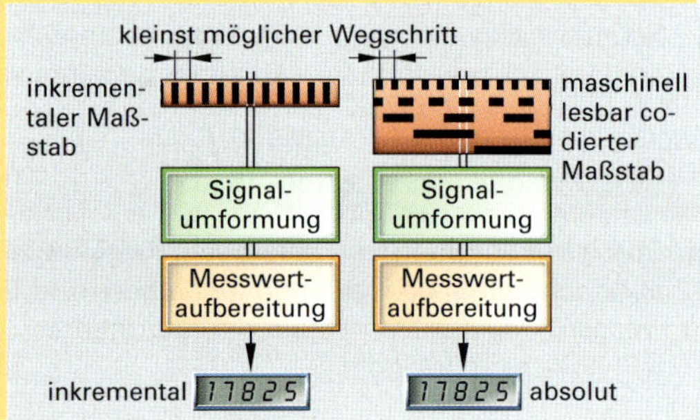

Bild 3: Inkremental/Absolut

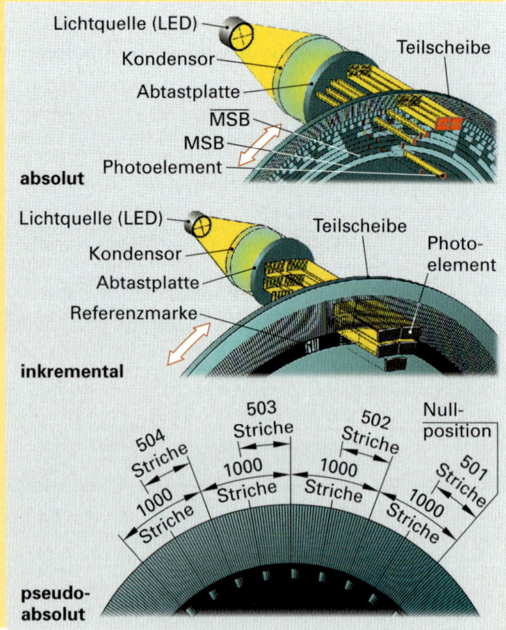

Bild 4: Wegmesssysteme

7.8.3 Positionsangabe und Koordinatensystem

Ist die Lage eines starren Körpers (z. B. Fräser; Drehmeißel, Schweißzange eines Roboters) im Raum eindeutig zu beschreiben, werden insgesamt sechs voneinander unabhängige Angaben benötigt. Dies sind zum einen die Positionsparameter (z. B. x, y und z). Zusätzlich sind noch Orientierungsangaben (z. B. Rotationen A, B und C um die jeweilige x-, y- und z-Achse) notwendig **(Bild 1).** Somit setzt sich jede exakte **Lageangabe** eines starren Körpers im Raum aus drei **Positionsparametern** und drei **Orientierungsparametern** zusammen. Je nachdem wie komplex die Bewegung der CNC-Maschine im Raum sein muss, wird eine unterschiedliche Anzahl von voneinander unabhängigen Achsen benötigt. Bei der 2D-Steuerung sind somit nur Lageänderungen in einer Ebene möglich, während eine 3D-Steuerung Lageänderungen im Raum ermöglicht. Ab der 4D-Steuerung kommen zur räumlichen Position noch Orientierungsänderungen hinzu.

An vielen CNC-Maschinen wird das kartesische Koordinatensystem benutzt, um die Position zu beschreiben; für die drei zusätzlichen Orientierungsangaben werden dann meistens die Drehungen um die jeweiligen Achsen angegeben **(Bild 2).**

Der Einfachheit halber seien die folgenden Ausführungen auf 3D-Steuerungen eingeschränkt. Jede der drei Achsen hat ein Wegmesssystem. Normalerweise schneiden sich die Wegmesssysteme im **Maschinennullpunkt M (Bild 3).** Dieser Nullpunkt wird vom Hersteller festgelegt und ist vom Maschinenbediener nicht beeinflussbar. Bei Drehmaschinen liegt er meistens auf der Spindelachse an der Anschlagfläche des Spannfutters **(Bild 3).** Bei Fräsmaschinen ist die Lage herstellerabhängig.

Ist in der Steuerung kein Werkzeug aktiv, beziehen sich sämtliche Positionsangaben der CNC-Maschine auf den **Werkzeugträgerbezugspunkt T (Bild 3).**

Verwendet der Maschinenhersteller ein inkrementales Wegmesssystem für seine Achsen und ist der Maschinennullpunkt von der Maschine nicht anfahrbar (z.B. Drehmaschine mit Nullpunkt im Drehfutter), definiert der Hersteller im Verfahrbereich der Maschinen einen neuen Punkt, den **Referenzpunkt R (Bild 3).** Von diesem Punkt sind die Abstände in x-, y- und z-Richtung zum Maschinennullpunkt genau bekannt. Nach dem Einschalten der Maschine verfährt eine vom Hersteller programmierte Prozedur die Maschine auf den Referenzpunkt. Da die Abstände in x-, y- und z-Richtung zum Maschinennullpunkt exakt bekannt sind, ist die Steuerung somit über ihre Position im Raum informiert.

Abhängig von der Form des Werkstückes wird für jedes Teil ein **Programm-** (oder Werkstück-) **Nullpunkt** festgelegt. In diesem Punkt liegt der Koordinatennullpunkt, von dem aus die Wege in den einzelnen Achsen programmiert werden.

Aus Sicherheitsgründen ist festgelegt, dass beim Verfahren in positiver Achsrichtung sich das Werkzeug vom Werkstück wegbewegt **(Bild 4).** Ferner gilt:

> Beim Programmieren wird angenommen, dass alle Vorschubbewegungen vom Werkzeug ausgeführt werden.

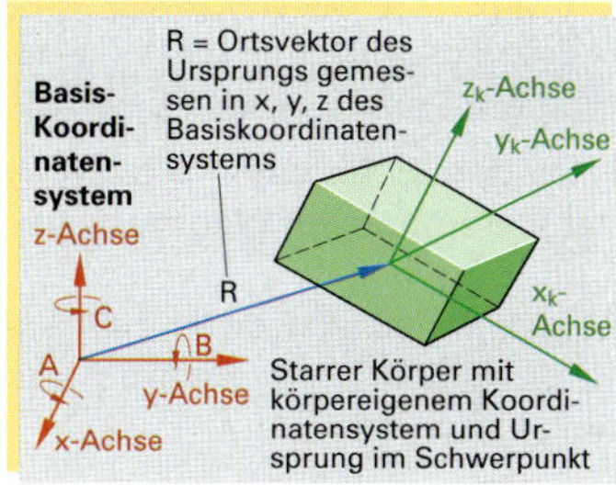

Bild 1: Freiheitsgrade

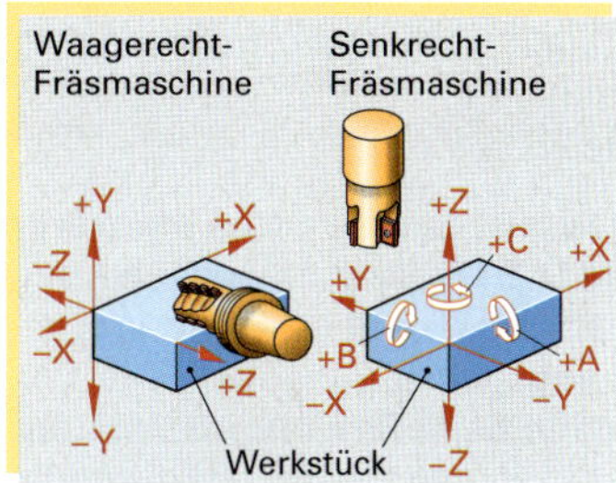

Bild 2: Kartesische Koordinatensysteme

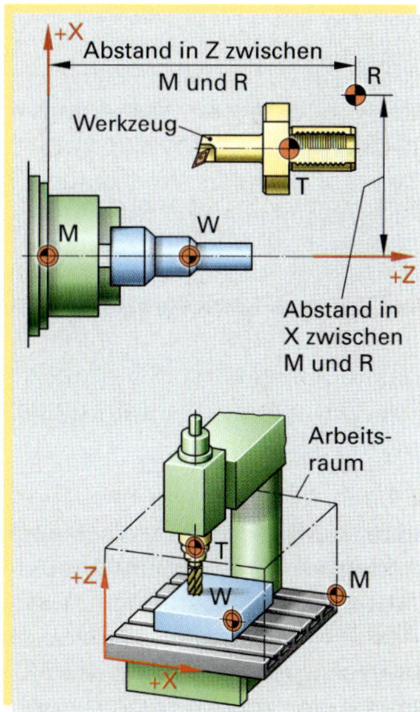

Bild 3: Bezugspunkte

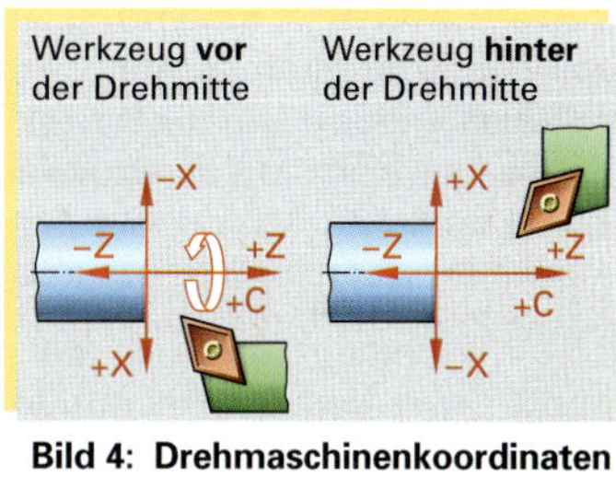

Bild 4: Drehmaschinenkoordinaten

7.8.4 Werkzeugvermessung und Werkzeugkorrekturen

Nach dem Einschalten der CNC-Maschine und dem bei inkrementalen Wegmesssystemen (siehe Seite 230) notwendigen Referenzieren der einzelnen Maschinenachsen deckt sich der Werkzeugträger-Bezugspunkt T mit den programmierten Koordinatenwerten.

Wird ein Werkzeug in die Spindel eingespannt, muss die Steuerung alle Verfahranweisungen beim Zerspanen auf die Werkzeugschneide korrigieren. Damit kann die vorgegebene Werkstückkontur unabhängig vom eingesetzten Werkzeug programmiert werden.

Dazu ist es notwendig, die **Werkzeugkorrekturwerte** (z.B. Fräsen: Fräserlänge und Fräserdurchmesser) zu ermitteln. Diese Werte werden im **Werkzeugspeicher** abgelegt. Die CNC-Steuerung kann dann beim Programmablauf darauf zugreifen und die notwendigen Korrekturen berechnen. Der Programmierer braucht sich um diese Verrechnungen nicht mehr zu kümmern. Auch bei nachträglichem Werkzeugwechsel müssen nur die Korrekturwerte für das Werkzeug, nicht jedoch das Programm geändert werden.

Bei der **externen Werkzeugvermessung** erfolgt die Werkzeugvermessung außerhalb. Zu diesem Zweck werden die Werkzeuge z.B. auf einem Werkzeugvoreinstellgerät **(Bild 1)** eingespannt und vermessen.

Bei der **internen Werkzeugvermessung (Bild 2)** ist die CNC-Maschine mit einer optischen Messeinrichtung oder einer Messdose ausgestattet, welche das Vermessen des Werkzeuges in der Maschine ermöglicht.

Beiden Werkzeugvermessungsarten ist gemeinsam, dass hierdurch Werkzeugkorrekturwerte ermittelt werden, die der Steuerung in den Werkzeugspeicher übergeben werden. Man ermittelt den Abstand des Schneidenbezugspunktes P zum Werkzeugbezugspunkt E **(Bild 3)**. Hierbei ist auf die Vorzeichen der Korrekturwerte zu achten. Falsche Vorzeichen können zu einem Maschinencrash führen. Die Vorzeichendefinition zur Ermittlung der Korrekturwerte ist steuerungsabhängig. In **Bild 4** soll das Koordinatensystem gedanklich in P verschoben werden, um die Korrekturen zu ermitteln. Es ergeben sich die Korrekturwerte X + 85 mm und Z + 41 mm.

Befindet sich das Werkzeug in der Aufnahme der CNC-Maschine, deckt sich der Werkzeugbezugspunkt E mit dem Werkzeugträger-Bezugspunkt T **(Bild 4)**.

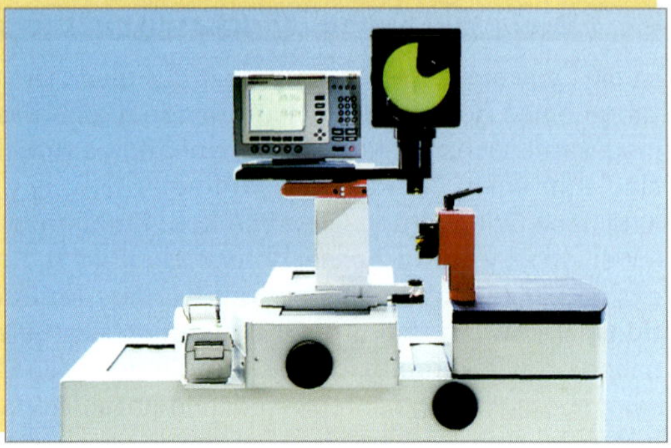

Bild 1: Externe Werkzeugvermessung

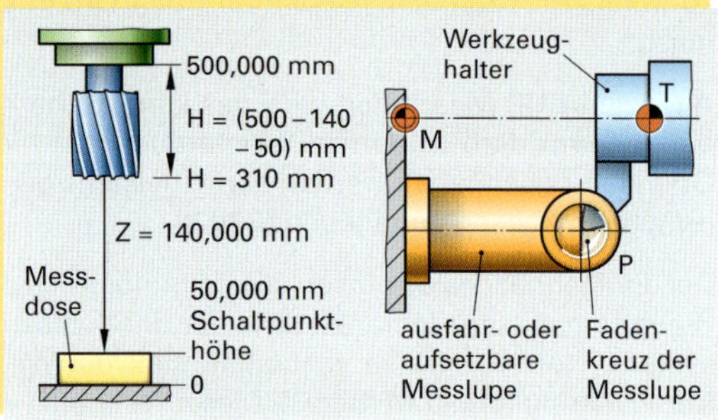

Bild 2: Interne Werkzeugvermessung

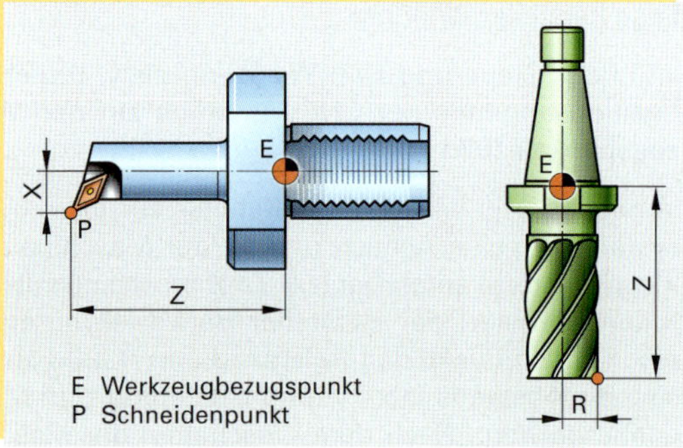

Bild 3: Werkzeugkorrekturwerte

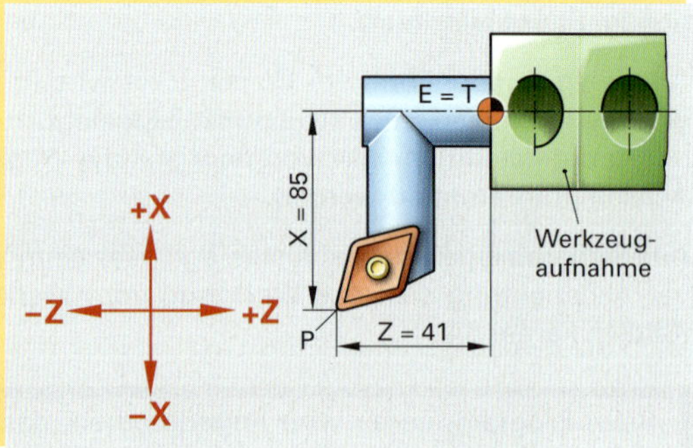

Bild 4: Korrekturwerte eines Drehmeißels

7.8.5 Steuerungsarten

Allen numerisch gesteuerten Maschinen ist gemeinsam, dass man, bezogen auf ein Koordinatensystem, Punkte und eventuell auch Orientierungen im Raum definiert. Diese Definition geschieht entweder durch direkte Angabe der exakten Koordinaten (z.B. beim Drehen oder Fräsen) oder durch Teachen (d.h. Anfahren der Raumpunkte und Übernehmen der dadurch gewonnenen Koordinaten beim Roboter). Im Programm selbst wird dann durch die Eingabe der entsprechenden Anweisung festgelegt, wie, d.h. auf welchem Weg, zwischen den Punkten zu verfahren ist.

Die dritte Möglichkeit ist die Festlegung von Bahnform und -geschwindigkeit durch das so genannte Play-Back-Verfahren. Dies kommt sehr häufig bei Lackierrobotern zum Einsatz. Der Bediener verfährt den Roboter von Hand und die Steuerung speichert alle Daten, wie z.B. Positionen und Verfahrgeschwindigkeiten.

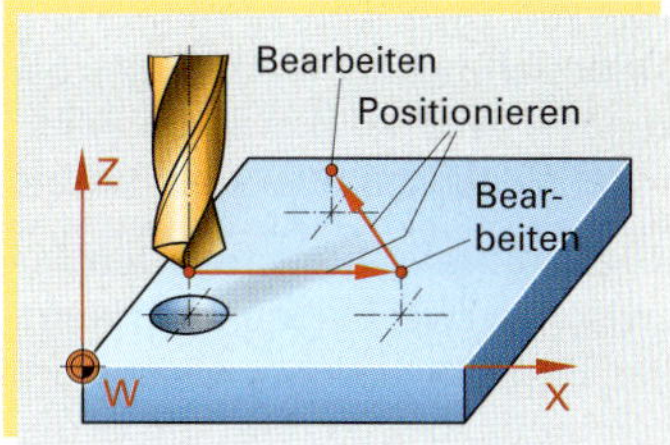

Bild 1: Punktsteuerung

7.8.5.1 Punktsteuerung

Beim Punktsteuerungsverhalten **(Bild 1)** wird – meist im Eilgang – vom Start- zum Zielpunkt verfahren. Der Weg zwischen Anfangs- und Endpunkt ist nicht exakt vorsehbar.

Man unterscheidet zwei Punktsteuerungsverhalten. Beim **asynchronen Punktsteuerungsverhalten** werden die zu verfahrenden Achsen gleichzeitig mit maximaler Geschwindigkeit verfahren. Sind die zu verfahrenden Wege der einzelnen Achsen unterschiedlich lang, so sind die Verfahrzeiten der einzelnen Achsen ebenfalls unterschiedlich (bei für alle Achsen gleicher Maximalgeschwindigkeit) und somit erreichen die Achsen meist nicht gleichzeitig den Endpunkt.

Beim **synchronen Punktsteuerungsverhalten** erreichen die Achsen den Endpunkt auch bei unterschiedlich langen Verfahrwegen der einzelnen Achsen gleichzeitig. Dies wird durch Anpassung der einzelnen Achsgeschwindigkeiten erreicht. Die Achse mit der längsten Verfahrzeit wird dabei zur Führungsachse. Die anderen Achsen verringern ihre Geschwindigkeit so, dass sich alle gleich lange bewegen. Mit reinen Punktsteuerungen werden einfache Roboter, NC-Bohrmaschinen, Stanz- oder Punktschweißmaschinen ausgerüstet.

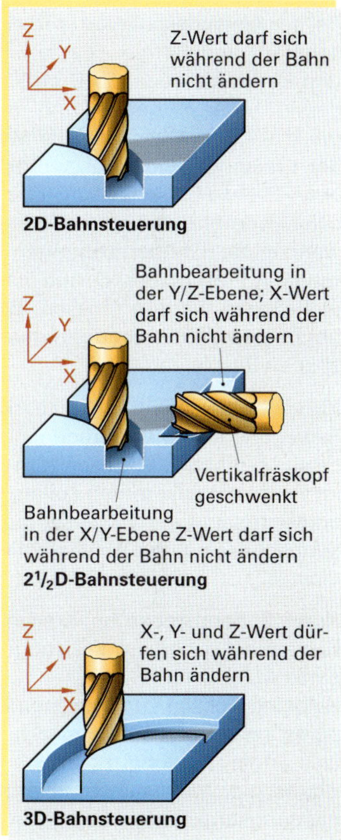

Bild 2: Bahnsteuerungen

7.8.5.2 Bahnsteuerung

Bei der Bahnsteuerung können koordinierte Bewegungen in zwei oder mehr Achsen zur selben Zeit ausgeführt werden.

Liegen die abzufahrenden Bahnen nur in einer Ebene, spricht man von **2D-Bahnsteuerungen** (zweidimensional). Hier können zwei Achsen gleichzeitig, aufeinander abgestimmt bewegt werden. Es gibt Steuerungen, die zwar immer nur in einer Ebene interpolieren können, dies aber in verschiedenen Ebenen. Diese Steuerungen werden **2¹/₂D-Steuerungen** genannt. Hierbei können jeweils nur zwei von drei Achsen gleichzeitig, aufeinander abgestimmt bewegt werden. Die Ebenenauswahl **(Bild 2 und 3)** wird vom Bediener getroffen.

Mit einer **3D-Steuerung** (dreidimensional) können räumliche Bewegungen ausgeführt werden. Hierbei ist es möglich, drei Achsen gleichzeitig, aufeinander abgestimmt zu bewegen **(Bild 2)**.

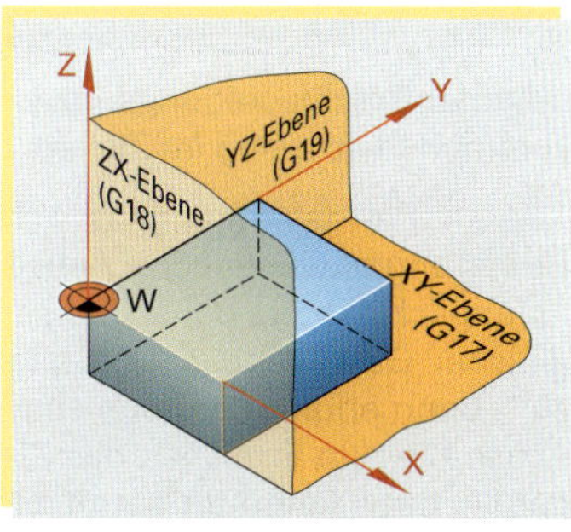

Bild 3: Ebenenauswahl

Müssen zusätzlich zu den drei translatorischen Achsen X; Y und Z auch noch rotatorische Achsen zur Orientierung des Werkzeuges geregelt werden, spricht man je nach Achsenanzahl von 4D- bzw. 5D-Steuerungen **(Bild 1)**. Hierdurch wird die Fertigung von komplexen Werkstückgeometrien wie Spritzgussformen, Gesenken oder gekrümmten Turbinenschaufeln möglich.

Allen numerisch gesteuerten Maschinen mit Bahnsteuerung ist gemeinsam, dass sie für die Bewegung zwischen zwei Punkten im Raum auf einer vorgeschriebenen Bahn einen **Interpolator** zur Berechnung dieser Bahn benötigen. Dieser ermittelt alle auf dieser mathematisch definierten Bahn liegenden Zwischenpunkte und führt dabei die einzelnen zu verfahrenden Achsen entsprechend der Raumkurve.

Bei der **Linearinterpolation** wird zwischen Anfangs- und Endpunkt eine Gerade gefahren. Der Interpolator braucht keine weiteren Angaben, um die Zwischenpunkte zu berechnen; z. B. beim Drehen/Fräsen: G01; beim Roboter: Linear.

Bei der **Kreisinterpolation** wird ein Kreis bzw. Kreissegment abgefahren. Hierzu ist neben Anfangs- und Endpunkt noch die Drehrichtung (im Uhrzeigersinn oder entgegen) und entweder ein Hilfspunkt auf dem Kreis oder der Mittelpunkt, um den der Kreisbogen gefahren werden soll, nötig; z. B. beim Drehen/Fräsen: G02/G03; beim Roboter: Circular. Kompliziert werden diese Berechnungen, wenn in die Bahnberechnungen noch die Orientierung des Fräsers (bei 4D- und 5D-Steuerungen) mit einbezogen werden müssen. **Bild 2** erläutert die unterschiedlichen Steuerungsarten mithilfe von ebenen Bespielen.

Kurve 1: Bahnsteuerung; Linearinterpolation: Bewegung auf einer Geraden;
da $s_x > s_y$ und beide Achsen zum gleichen Zeitpunkt im Endpunkt ankommen sollen, müssen v_x und v_y ungleich sein ($v_x > v_y$). Lässt man die Beschleunigungsphasen außer Acht, so gilt $v_x = const$ und $v_y = const$

Kurve 2: Bahnsteuerung; Kreisinterpolation: Bewegung auf einem Kreisbogen um den Mittelpunkt *M2;*
da beide Achsen zum gleichen Zeitpunkt im Endpunkt ankommen sollen, sind hier v_x und v_y ebenfalls ungleich, wobei zusätzlich $v_x \neq const$ und $v_y \neq$ const gilt. Wie man bei v_y sieht, erfolgt sogar eine Richtungsumkehr des Geschwindigkeitsvektors.

Kurve 3: Punktsteuerung (synchron):
Bewegung zweier rotatorischer Achsen;
beide Achsen haben einen unterschiedlichen Weg zurückzulegen; sie fahren mit unterschiedlichen, aber konstanten Geschwindigkeiten (ohne Betrachtung der Beschleunigungs- bzw. Bremsphase) und kommen gleichzeitig im Ziel an.

Kurve 4: Punktsteuerung (asynchron):
Bewegung zweier linearer Achsen;
anfänglich fahren beide Achsen gleichzeitig mit gleicher Geschwindigkeit (Steigung der Geraden 45°), dann erfolgt nur noch eine Bewegung der *x*-Achse bis zum Erreichen des Zielpunktes; die beiden Achsen kommen somit nicht zum gleichen Zeitpunkt im Endpunkt an.

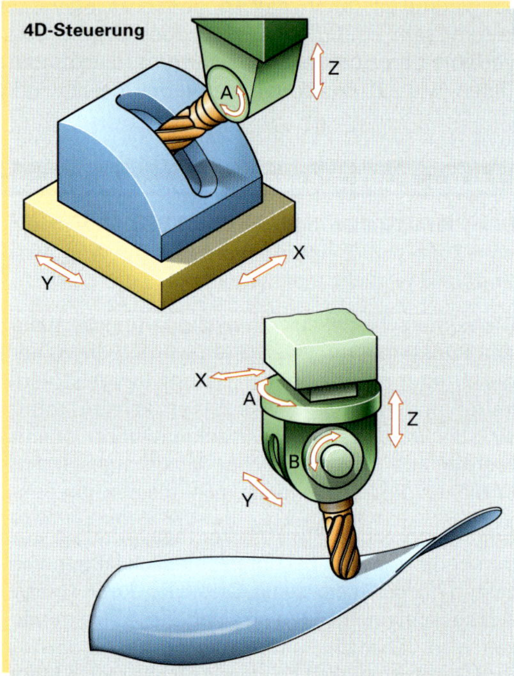

Bild 1: Bahnsteuerungen

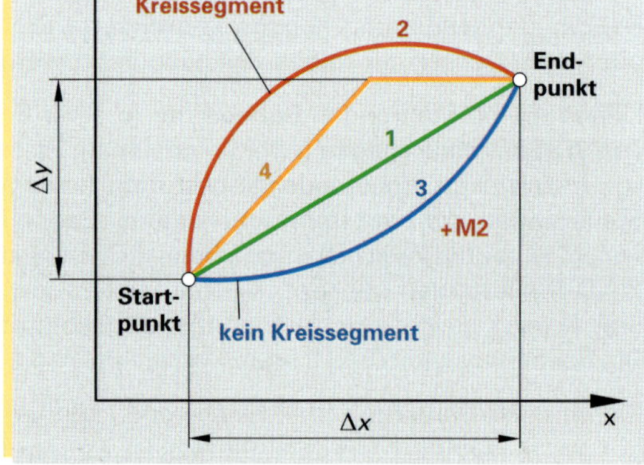

Bild 2: Unterschiedliche Steuerungsarten

Arbeitsauftrag:

1. Erarbeiten Sie Vor- und Nachteile der direkten und indirekten Wegmessung.
2. Erarbeiten Sie Vor- und Nachteile der absoluten und inkrementalen Wegmessung.
3. Erarbeiten Sie den Unterschied zwischen einer konventionellen Fräs- oder Drehmaschine und einer CNC-Maschine hinsichtlich Anzahl der Motoren und der Anzahl der Getriebe.
4. Erklären Sie die Begriffe Punktsteuerung, Streckensteuerung und Bahnsteuerung (hier speziell: 2D-, $2^1/_2$D-, 3D-, 4D- und 5D-Steuerung).
5. Begründen Sie, wie viele Antriebsmotoren die jeweilige Steuerungen aus Frage 4 brauchen.
6. Erklären Sie den Begriff Interpolator. Nennen Sie drei Interpolationsarten. Erläutern Sie die Problematik anhand einer Geraden.
7. Für welche der in Frage 4 genannten Steuerungen braucht man Interpolatoren? (Begründung)
8. Welche Steuerungsart ist mindestens erforderlich, wenn eine Kugel gedreht werden soll?
9. Erläutern Sie das Geschwindigkeitsverhalten der zu steuernden Achsen in Frage 8.
10. Bestimmen Sie die Koordinaten des Werkstücknullpunktes in Maschinenkoordinaten **(Bild 1 und 2)**.
11. Bestimmen Sie die Koordinaten des Fräsermittelpunktes in Maschinenkoordinaten, wenn die Anweisung lautet; *Fahre auf X30, Y20, Z-10* **(Bild 2)**.
12. Ermitteln Sie die Werkzeugkorrekturwerte **(Bild 3)** für beide Werkzeuge nach **Bild 4, Seite 232**.
13. Wie wirkt sich ein Vertauschen der Vorzeichen bei der Werkzeugkorrektur aus?
    a) Erstellen Sie eine Skizze.
    b) Ermitteln Sie die Koordinaten in Maschinenkoordinaten mit Hilfe von **Bild 3 und Bild 1**.
14. Skizzieren Sie Werkstücke, die mit einer 3D-, 4D- und einer 5D-Steuerung gefräst werden müssen.
15. Wozu und wann benötigen CNC-Maschinen einen Referenzpunkt?
16. Erläutern Sie den Begriff Resolver.
17. Recherchieren Sie, welche Antriebsmotoren bei Spindelantrieb und Vorschubantrieb zum Einsatz kommen. Führen Sie Vor- und Nachteile der verschiedenen Typen tabellarisch auf.
18. Recherchieren Sie im Internet bei Herstellern von absoluten Wegmesssystemen, welche maximalen Längen bei linearen Systemen möglich sind und wie breit eine Einzelspur ist.

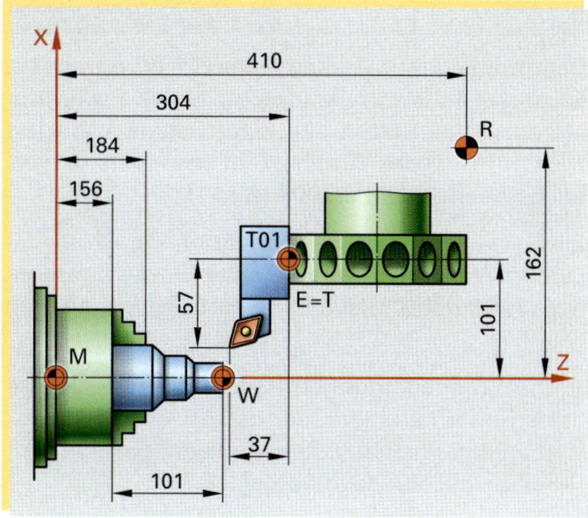

Bild 1: Koordinatenberechnung Drehen

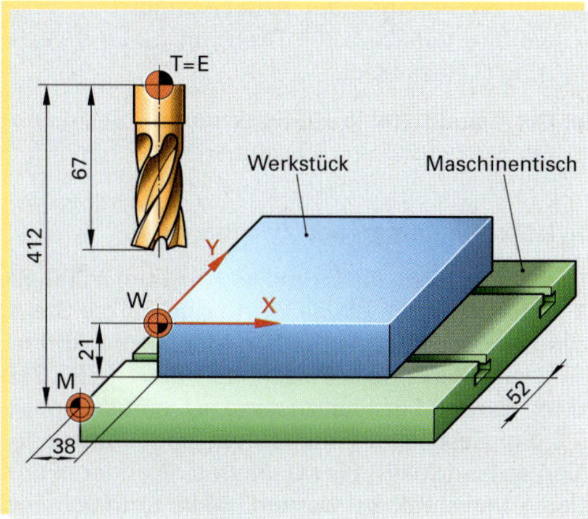

Bild 2: Koordinatenberechnung Fräsen

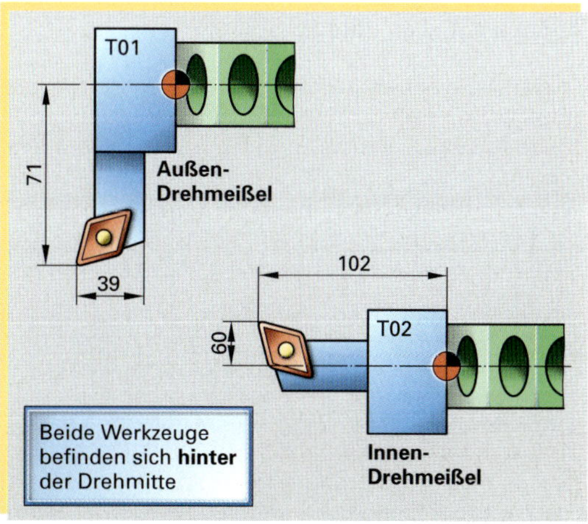

Bild 3: Werkzeugkorrektur

7.8.6 CNC-Programm

Der grundlegende Aufbau eines CNC-Programmes ist nach DIN 66025 festgelegt. Jedes Programm setzt sich aus **Sätzen** und jeder Satz aus **Wörtern** zusammen. Jedes Wort besteht aus einem **Adressbuchstaben** und einer **Zahl (Bild 1)**.

Ein Satz beginnt mit der **Satznummer.** Dieser folgen, in Wörtern angegeben, alle für die Fertigung des Werkstückes relevanten Bearbeitungsangaben, wie:

- Die **Wegbedingungen (G-Funktionen).** Sie geben Informationen über die Art der Bewegung (Eilgang, Vorschub, Kreisbewegung, Radiuskorrektur, absolut/inkremental, etc.)
- Die **geometrischen Daten** (X; Y, Z, I, J, usw.). Sie dienen der Steuerung der Achsbewegungen (Positionsangaben)
- Die **technologischen Anweisungen**. In ihnen werden Vorschub (F), Drehzahl (S) und Werkzeug (T) festgelegt.
- Die **Schaltbefehle (M-Funktionen).** Sie dienen der Festlegung von Maschinenfunktionen (Kühlmittel ein/aus, Werkzeugwechsel etc.)
- **Unterprogramm- und Zyklenaufrufe.**

Leider sind nicht alle G- und M-Funktionen **(Tabelle 1 und 2)** genormt. Einige Werte sind für die Steuerungshersteller frei verfügbar. Manche Funktionen sind direkt mit dem Einschalten aktiv (z.B. G90, G40). Dieser Einschaltzustand ist steuerungsabhängig. Gespeichert (modal) wirkende Funktionen sind so lange aktiv, bis sie durch eine andere Funktion überschrieben werden. Man unterscheidet Haupt- und Folgesätze. Auch die Koordinatenangaben sind bei den meisten Steuerungen modal wirksam (Ausnahme: Kreisinterpolation); d.h. ändert sich ein Koordinatenwert nicht, kann die erneute Angabe entfallen **(Bild 2)**:

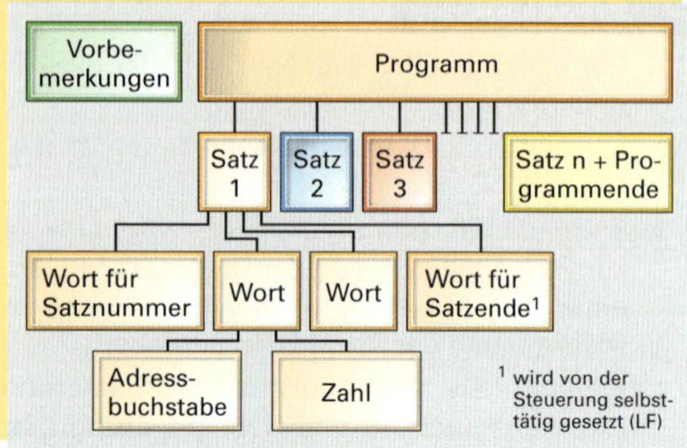

Bild 1: Programmaufbau

Tabelle 1: G-Funktionen (Auswahl)

Code	Bedeutung
G00	Positionieren im Eilgang
G01	Geradeninterpolation
G02	Kreisinterpolation im Uhrzeigersinn
G03	Kreisinterpolation im Gegenuhrzeigersinn
G17	Ebenenauswahl xy
G18	Ebenenauswahl xz
G19	Ebenenauswahl yz
G40	Aufheben der Werkzeugbahnkorrektur
G41	Werkzeugbahnkorrektur, Werkzeug links
G42	Werkzeugbahnkorrektur, Werkzeug rechts
G54	Nullpunktverschiebung
G90	Absolute Maßangaben
G91	Inkrementale Maßangaben
G95	konstanter Vorschub
G96	konstante Schnittgeschwindigkeit

Tabelle 2: M-Funktionen (Auswahl)

Code	Bedeutung
M03	Spindel EIN, Rechtslauf
M04	Spindel EIN, Linkslauf
M05	Spindel STOP
M06	Werkzeugwechsel
M08	Kühlmittel EIN
M09	Kühlmittel AUS
M30	Programmende mit Rücksetzen

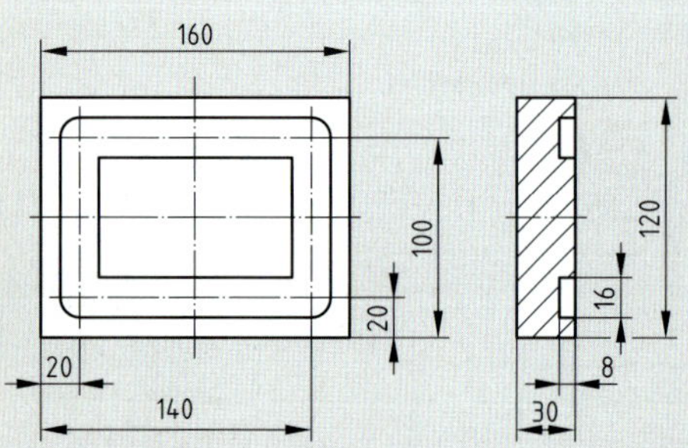

Arbeitsplan

1. Verfahren im Eilgang auf X20/Y20/Z1
2. Einstechen im Vorschub auf X20/Y20/Z–8
3. Fahren im Vorschub auf Y100
4. Fräsen im Vorschub auf X140
5. Fräsen im Vorschub auf Y20
6. Fräsen im Vorschub auf X20
7. Freifahren auf Z1

Programm (nur Geometrie)

N1	G0	X20	Y20	Z1
N2	G01			Z–8
N3			Y100	
N4		X140		
N5			Y20	
N6		X20		
N7	G0			Z1

Bild 2: Programmbeispiel

Absolutes und inkrementales Programmieren

Beim absoluten Programmieren (G90) ändert sich der Werkstücknullpunkt nicht. Alle Koordinatenangaben beziehen sich auf diesen, zuvor in Abhängigkeit von der Werkstückform festgelegten Nullpunkt **(Bild 1)**. CNC-gerechte technische Zeichnungen sind vom Nullpunkt aus bemaßt, damit der Bediener keine weiteren Berechnungen beim Programmieren durchführen muss.

Beim inkrementalen Programmieren (G91) wird der Zuwachs zum vorangegangenen Punkt vorzeichenrichtig angegeben **(Bild 2)**.

> G90, absolutes Programmieren, heißt:
> *Fahre **auf den Punkt** mit den Koordinaten z. B. X20 Y20*
>
> G91, inkrementales Programmieren, heißt:
> *Fahre **um** einen definierten Betrag weiter z. B. in x-Richtung um 20 mm*
> *in y-Richtung um 20 mm.*

Sowohl das absolute als auch das inkrementale Programmieren haben ihre sinnvollen Anwendungsbereiche:

- Absolute Programmierung: Komplexe Konturen, bei denen sich evtl. das eine oder andere Maß noch nachträglich ändert, programmiert man in absoluten Werten.
- Inkrementale Programmierung: Werden Unterprogramme benutzt, die die gleiche Bearbeitung an verschiedenen Stellen des Werkstückes durchführen, kommt die inkrementale Programmierung zum Zuge.

Polarkoordinaten (Bild 3)

Einen Punkt in der Ebene kann man durch seinen Ortsvektor r und den Winkel φ dieses Ortsvektors zu einer Nulllinie (meistens die positive x-Achse) darstellen. Dadurch erhält man Polarkoordinaten. Die Transformationsgleichungen ergeben sich durch einfache geometrische Herleitungen. Es gilt:

$$x = r \cdot \cos\varphi \quad \text{und} \quad y = r \cdot \sin\varphi$$

bzw.

$$r = \sqrt{x^2 + y^2} \quad \text{und} \quad \varphi = \arcsin\,(y/x)$$

Beim Umrechnen von Polar- in kartesische Koordinaten muss darauf geachtet werden, dass der Winkel immer von der Nulllinie aus gemessen wird **(Bild 3)**. Beim Umrechnen von kartesischen in Polarkoordinaten treten Eindeutigkeitsprobleme (sin-Funktion) auf.

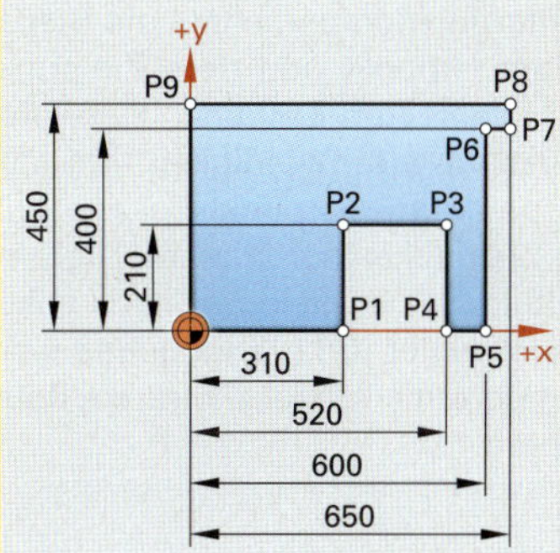

Punkt	Koordinaten absolut x	y
P1	310	0
P2	310	210
P3	520	210
P4	520	0
P5	600	0
P6	600	400
P7	650	400
P8	650	450
P9	0	450
P0	0	0

Bild 1: Absolute Maßangabe

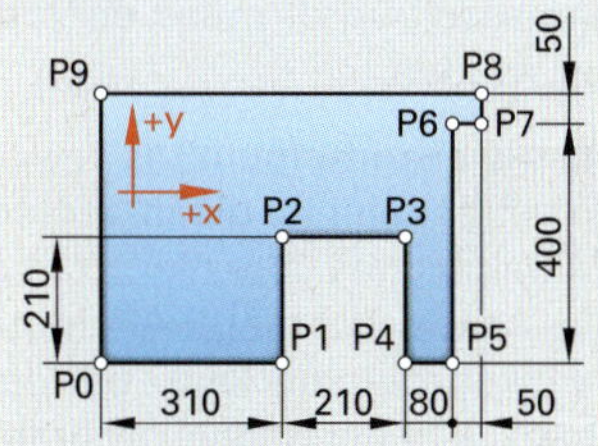

Punkt	Koordinaten inkremental x	y
P1	310	0
P2	0	210
P3	210	0
P4	0	−210
P5	80	0
P6	0	400
P7	50	0
P8	0	50
P9	−650	0
P0	0	−450

Bild 2: Inkrementale Maßangabe

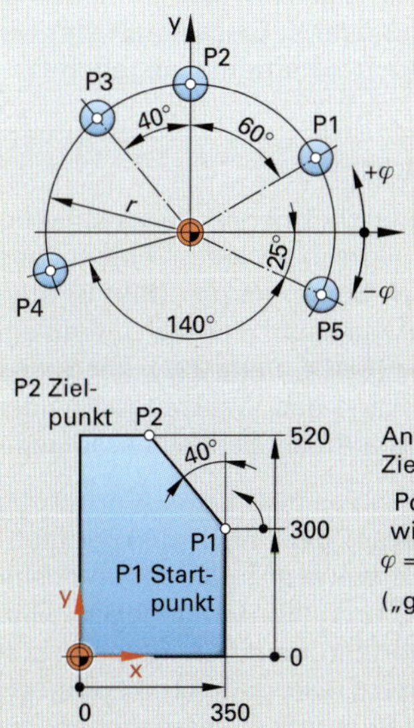

Polarkoordinaten		
Punkt	*r*	φ
P1	60	30°
P2	60	60°
P3	60	130°
P4	60	135° oder −165°
P5	60	335° oder −25°

Anfahren des Zielpunktes P2:

Polarwinkel	Zielkoordinate
φ = 130°	y = 520

(„gemischte" Angaben)

Bild 3: Polarkoordinaten

Geradeninterpolation (G01)

Bei der Geradeninterpolation berechnet die Steuerung zwischen dem Istpunkt und dem Zielpunkt eine Gerade und verfährt zum Zielpunkt in der programmierten Vorschubgeschwindigkeit. Da der Steuerung der momentane Istpunkt bekannt ist, brauchen nur die Zielpunktskoordinaten programmiert zu werden **(Bild 1)**. Der Zielpunkt kann absolut (G90) oder inkremental (G91) angegeben werden. Bei Bemaßungen mit Toleranz wird die Toleranzmitte angefahren.

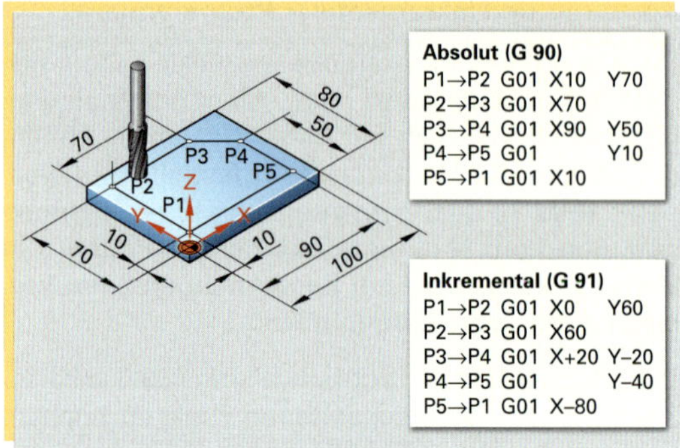

Bild 1: Geradeninterpolation

Kreisinterpolation (G02/G03)

Ist eine kreisförmige Verfahrbewegung auszuführen, benötigt die Steuerung zur Berechnung drei Angaben **(Bild 2)**:

- Die **Koordinaten des Zielpunktes**
  Beim Vollkreis stimmt der Anfangs- mit dem Endpunkt überein. Da er aber während der Kreisbewegung verlassen wird, muss er trotzdem programmiert werden.
- Die **Koordinaten des Kreismittelpunktes**
  Viele Steuerungen verlangen hier die inkrementale Angabe des Mittelpunktes über die Parameter I, J, K (für x-, y- bzw. z-Richtung). Alternativ zu den Mittelpunktskoordinaten kann bei den meisten Steuerungen auch der Radius programmiert werden.
- Den **Drehsinn** des Kreises bzw. Kreisbogens
  im Uhrzeigersinn → G02
  im Gegenuhrzeigersinn → G03

Beachte: Die Angabe G90/G91 bezieht sich im Allgemeinen nur auf die Angabe des Zielpunktes nicht auf die Parameter I, J oder K. Diese Parameter werden fast ausschließlich inkremental angegeben.

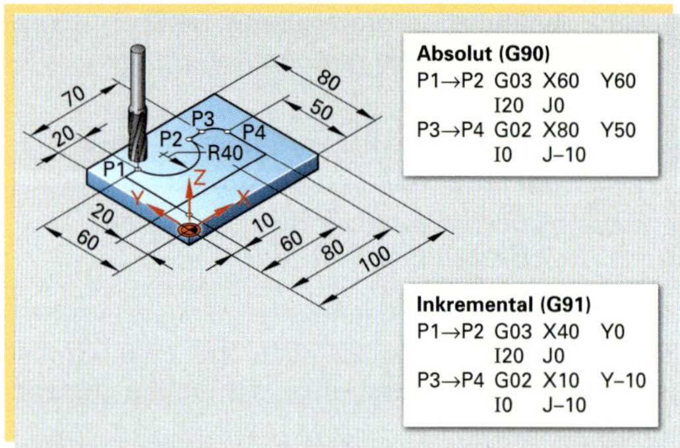

Bild 2: Kreisinterpolation

Bahnkorrektur (G40/G41/G42)

Im Werkzeugspeicher sind neben den technologischen Daten (z.B. Vorschub) beim Fräsen auch Werkzeuglänge und -durchmesser **(Bild 3)** abgelegt. Beim Drehwerkzeug sind dies die Querablage, die Längenkorrektur **(Bild 4, Seite 232)**, der Schneidenradius und die Lage des Werkzeugschneidenpunktes P_0 in Bezug auf den Schneidenradiusmittelpunkt M **(Bild 3)**.

Beim Programmieren der Werkstückgeometrie werden die vom Werkzeug anzufahrenden Positionen (x-, y- und z-Koordinaten) angegeben. Ohne weitere Angaben verfährt damit die Steuerung so, dass beim Fräsen der Frästermittelpunkt und beim Drehen der Schneidenpunkt P_0 als Bezugspunkte gesetzt werden **(Bild 3)**.

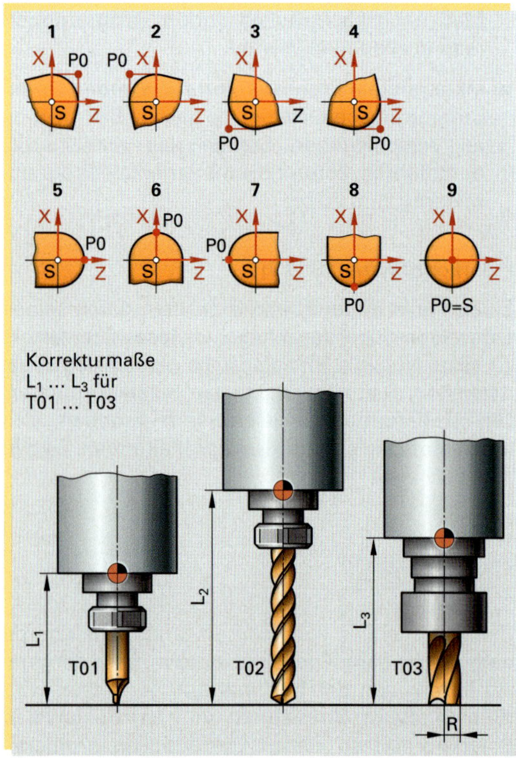

Bild 3: Werkzeugkorrektur

Beim Fräsen von Nuten wird die Fräsermittelpunktsbahn programmiert. Dies entspricht somit dem Werkzeugschneidenpunkt. Sind aber Innen- oder Außenkonturen zu fräsen, muss der Fräser um seinen Radius versetzt werden **(Bild 1)**.

Die Erzeugung dieser **Äquidistanten** übernimmt die Steuerung. Der Programmierer programmiert lediglich den Konturzug und kann die Maße aus der Zeichnung ohne zusätzliche Berechnungen übernehmen. Neben dem Werkzeugradius, der im Werkzeugspeicher abgelegt ist und, falls erforderlich, dem Schlichtaufmaß, muss der Steuerung noch mitgeteilt werden, ob sich der Fräser links (G41) oder rechts (G42) – in Vorschubrichtung gesehen – von der Kontur bewegt **(Bild 1)**. Die Funktion G40 hebt die Bahnkorrektur auf.

Beim Drehen treten ähnliche Probleme auf. Der Werkzeugschneidenpunkt P_0, auf den sich ohne Bahnkorrektur alle Verfahranweisungen beziehen, ist ein theoretischer Punkt, da das Drehwerkzeug an der Schneide einen Radius hat. Beim achsparallelen Plan- oder Längsdrehen – also in x- bzw. z-Richtung – schneidet das Werkzeug exakt. Bei nicht achsparallelen Verfahrbewegungen ergeben sich Konturabweichungen (Aufmaß) durch den Schneidenradius **(Bild 2)**. Die Bahnkorrektur – beim Drehen Schneidenradiuskompensation (SRK) genannt – korrigiert die Bahn, so dass kein Aufmaß mehr gefertigt wird **(Bild 3)**.

- **G41** → Werkzeug in Vorschubrichtung **links** von der Kontur.
- **G42** → Werkzeug in Vorschubrichtung **rechts** von der Kontur.
- **G40** → Aufheben der Bahnkorrektur

Schlichtaufmaß beim Fräsen (Bild 4)

Das Verrechnen des Schlichtaufmaßes auf die Konturgeometrie beim Schruppen übernimmt ebenfalls die Steuerung. Man programmiert ein Phantomwerkzeug, welches in der Länge und Radius um das Aufmaß größer als das tatsächliche Werkzeug ist **(Bild 4)**. Bei aktiver Bahnkorrektur wird somit die Kontur mit Schlichtaufmaß erzeugt, ohne dass die Konturgeometrie umgerechnet werden muss. Somit kann auch hier der Bediener mit den eigentlichen Konturmaßen arbeiten. Für das Schlichten werden lediglich die Korrekturwerte wieder auf die tatsächlichen Werkzeugwerte gesetzt.

Beim Drehen ist dies nicht so einfach möglich. Deshalb existieren hier fertige Abspanprogramme, die Schlichtaufmaße berücksichtigen.

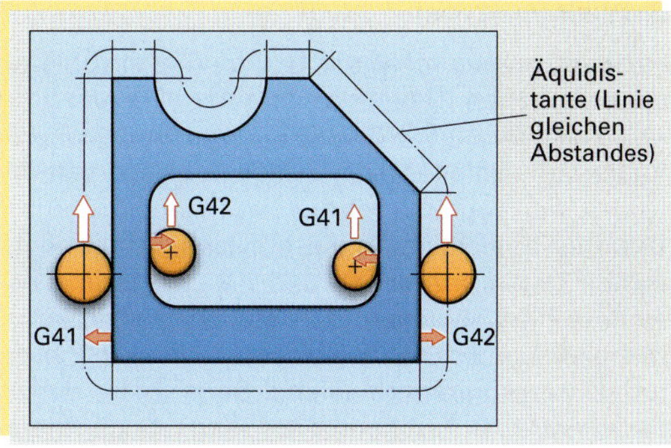

Bild 1: Bahnkorrektur beim Fräsen

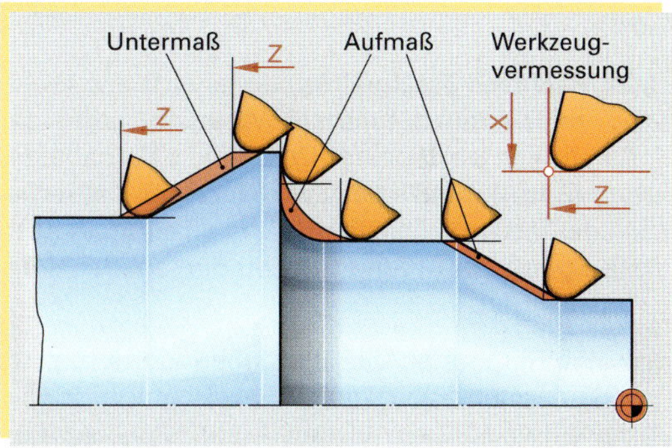

Bild 2: Konturabweichung

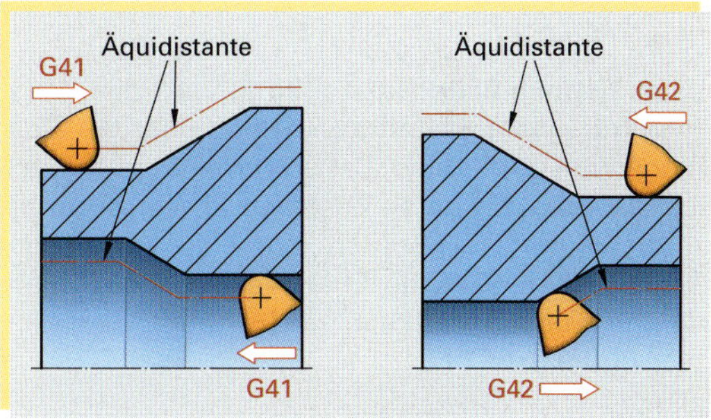

Bild 3: Schneidenradiuskompensation

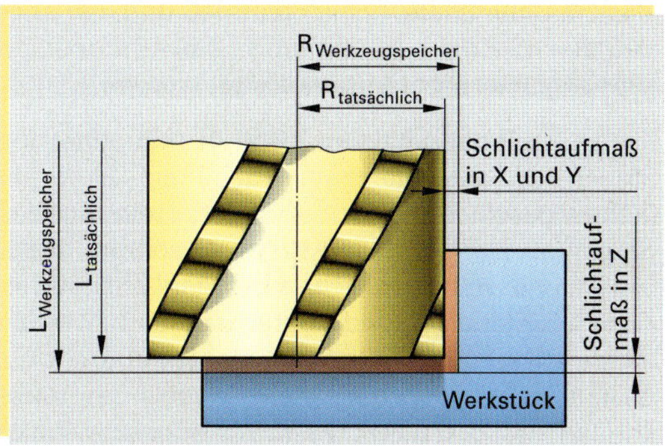

Bild 4: Schlichtaufmaß

Bearbeitungszyklen

Für häufig vorkommende Bearbeitungsprobleme (Taschenfräsen, Gewindeschneiden, Tieflochbohren, Abspanen etc.) bieten heutige Steuerungen fertige G-Funktionen, sog. **Zyklen,** an, mit deren Hilfe sich die Programmierung stark vereinfacht. Der Bediener braucht durch diese Zyklen nur die wichtigsten Daten anzugeben und die Steuerung berechnet die notwendigen Zwischenschritte. Informationstechnisch handelt es sich bei diesen Zyklen um Unterprogramme (siehe Seite 241), denen Parameter (z.B. Taschenbreite, -länge, Schnitttiefe) übergeben werden. Leider sind diese Zyklen herstellerspezifisch sehr unterschiedlich ausgeführt, so dass hier nur ein prinzipieller Überblick gegeben wird.

Beim **Rechteck-Taschenfräszyklus** wird das Werkzeug in einem definierten Abstand über der Taschenmitte positioniert. Durch die Übergabe der Werte **(Bild 1)** mittels des Zyklus erzeugt die Steuerung die Tasche selbstständig und positioniert nach Beendigung das Werkzeug wieder an der Ausgangsposition.

Gängige Parameter, die übergeben werden, sind: Taschenbreite, -höhe, -tiefe, Einzelschnitttiefe und Anfahranweisungen. In den Anfahranweisungen wird festgelegt, wie sich das Werkzeug der zu bearbeitenden Kontur nähern soll (z.B. viertelkreisförmig). Sie sind nicht genormt und deshalb steuerungsabhängig.

Beim **Tiefloch-Bohrzyklus (Bild 2)** wird das Werkzeug mit einem Sicherheitsabstand über der Bohrungsmitte positioniert. Danach erfolgt das Herstellen der Bohrung durch Zustellen im Vorschub bis zur Schnitttiefe des Bohrers, kurze Verweilzeit zum Spanbrechen, Rückzug über Werkstück zur Spanabfuhr (Eilgang), Eintauchen (Eilgang), Zustellen (Vorschub) usw.

Der **Abspanzyklus (Bild 3)** wird an Drehmaschinen zum Vor- und Fertigdrehen verwendet. Die Steuerung berechnet mit den übergebenen Parametern, wie z.B. Schnitttiefe, Schlichtaufmaß und den Konturdaten die Schnittaufteilung. Die Kontur kann auch als Unterprogramm abgelegt werden.

Beim **Gewindedrehzyklus (Bild 4)** berechnet die Steuerung aus der vorgegebenen Drehzahl (Schnittgeschwindigkeit) und der Steigung des Gewindes den erforderlichen Vorschub. Jeder Schnitt wird mit der gleichen Drehzahl ausgeführt. Zum Beschleunigen und Abbremsen der bewegten Massen (Drehmeißel, Revolver etc.) ist ein Ein- bzw. Auslauf notwendig. Sind diese Wege klein, muss die Drehzahl und damit die Vorschubgeschwindigkeit verringert werden.

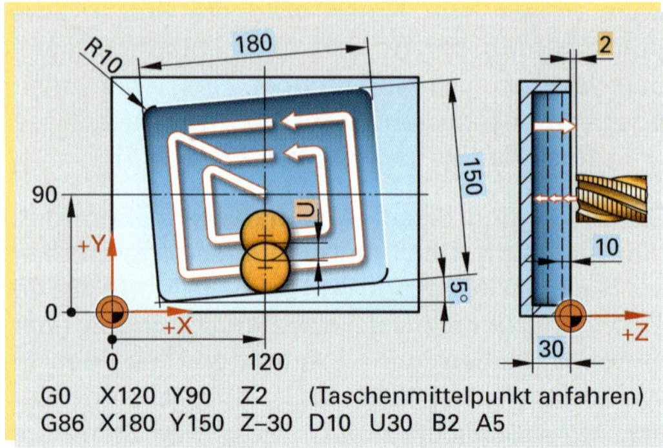

Bild 1: Taschenzyklus

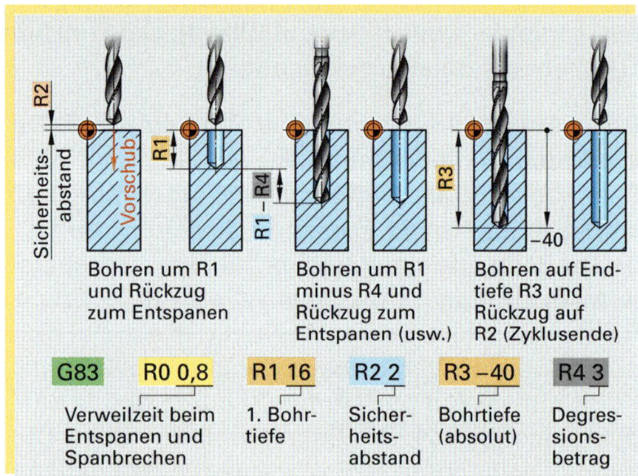

Bild 2: Bohrzyklus

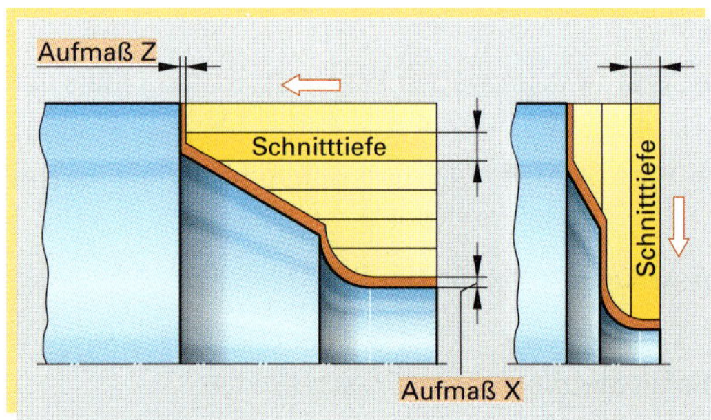

Bild 3: Abspanzyklus

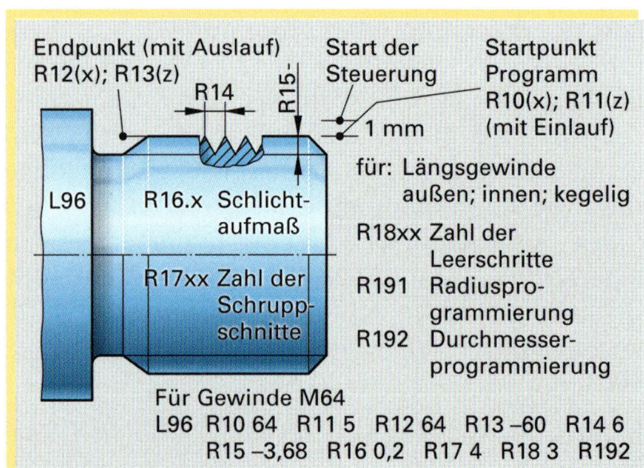

Bild 4: Gewindezyklus

Unterprogramme

Zyklen sind vom Steuerungshersteller fertig mitgelieferte Unterprogramme, die vom Bediener nicht mehr modifiziert werden können. Diese Standard-Unterprogramme decken Aufgabenstellungen ab, die in jedem Betrieb vorkommen. Für Bearbeitungsaufgaben, die werkstückspezifisch sind (z. B. komplizierte Kontur) bieten alle Steuerungshersteller die Möglichkeit an, dass der Programmierer eigene Unterprogramme generieren kann. Diese Unterprogramme werden dann aus dem CNC-Hauptprogramm heraus aufgerufen. Es ist auch möglich, aus einem Unterprogramm heraus ein weiteres Unterprogramm aufzurufen (Schachtelung).

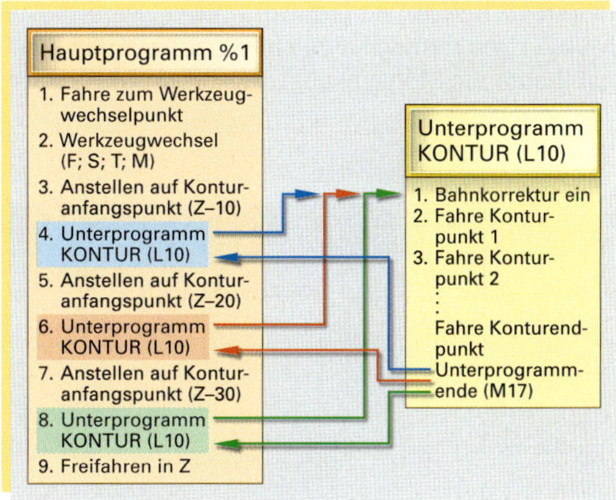

Bild 1: Unterprogrammtechnik

Müssen z. B. auf einer Fräsmaschine tiefe Außenkonturen erzeugt werden, die nicht mit einer Zustellung in Z-Richtung gefertigt werden können, so bietet es sich an, die Kontur als Unterprogramm zu schreiben und im Hauptprogramm die Positionierung auf der entsprechenden Z-Ebene vorzunehmen und dann jeweils nur noch das Unterprogramm für die Kontur aufzurufen **(Bild 1 und Bild 2, links)**.

Manche Steuerungen bieten die Möglichkeit an, beim Unterprogrammaufruf die Anzahl der Wiederholungen des Unterprogrammes anzugeben (z. B. L0102; d. h. UP-Nr. 01 zweimal hintereinander aufrufen). Dadurch kann man Fertigungsvorgänge, die sich in gleichen Abständen wiederholen, mit nur einem Unterprogrammaufruf mit entsprechenden Wiederholungen abarbeiten **(Bild 2, rechts)**. Hierbei müssen im Unterprogramm allerdings die Verfahrbewegungen inkremental programmiert werden.

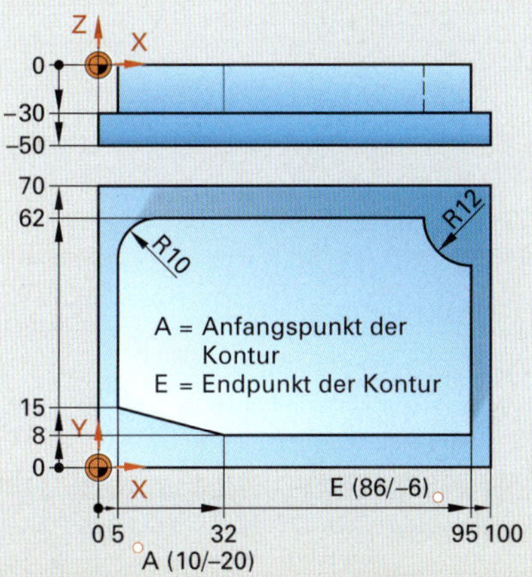

Hauptprogramm %1

```
N1  G0  X–100 Y–100 Z500
        M06 (WWP)
N2      F...  S...  T01
        M03
N3  G0  X10   Y–20  Z1
N4  G0              Z–10
        M08
N5  L10
N6  G0  X10   Y–20  Z–20
N7  L10
N8  G0  X10   Y–20  Z–30
N9  L10
N10 G0              Z1
        M09
N11 G0  X–100 Y–100 Z500
```

Unterprogramm (L10)

```
N1  G42
N2  G01 X32  Y8
N3  G01 X95
N4  G01      Y50
N5  G02 X83  Y62
        I0   J12
N6  G01 X15
N7  G03 X52  Y5
        I0   J–10
N8  G01      Y15
N9  G01 X86  Y–6
N10 G40
N11 M17
```

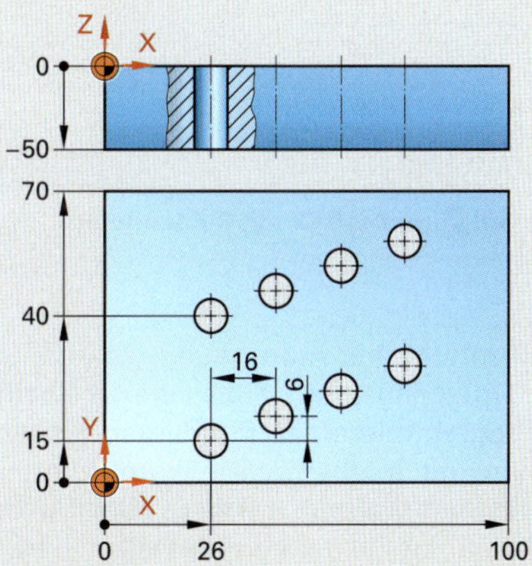

Hauptprogramm %2

```
N1  G0  X–100 Y–100 Z500
        M06 (WWP)
N2      F...  S...  T...
        M03
N3  G0  X26   Y15   Z1
        M08
N4  L20 04 (UP L20 4mal
        hintereinander durch-
        laufen)
N5  G0  X26   Y40
N6  L20 04 (UP L20 4mal
        hintereinander durch-
        laufen)
N7  M09
N8  G0  X–100 Y–100 Z500
```

Unterprogramm (L20)

```
N1  G91
N2  G83 R0 0,8
        R1 16
        R2 1
        R3 –56
        R4 3
N3  G0  X16 Y6
N4  G90
N5  M17
```

Bild 2: Unterprogramme mit Wiederholung

In den vorherigen Unterprogrammen waren feste Zahlenwerte (inkremental oder absolut) eingetragen. Müssen geometrisch ähnliche Konturen oder Ausfräsungen gefertigt werden, bieten moderne Steuerungen heute die Möglichkeit, Unterprogramme mit Platzhaltern (R-Parametern) zu schreiben **(Bild 1)**.

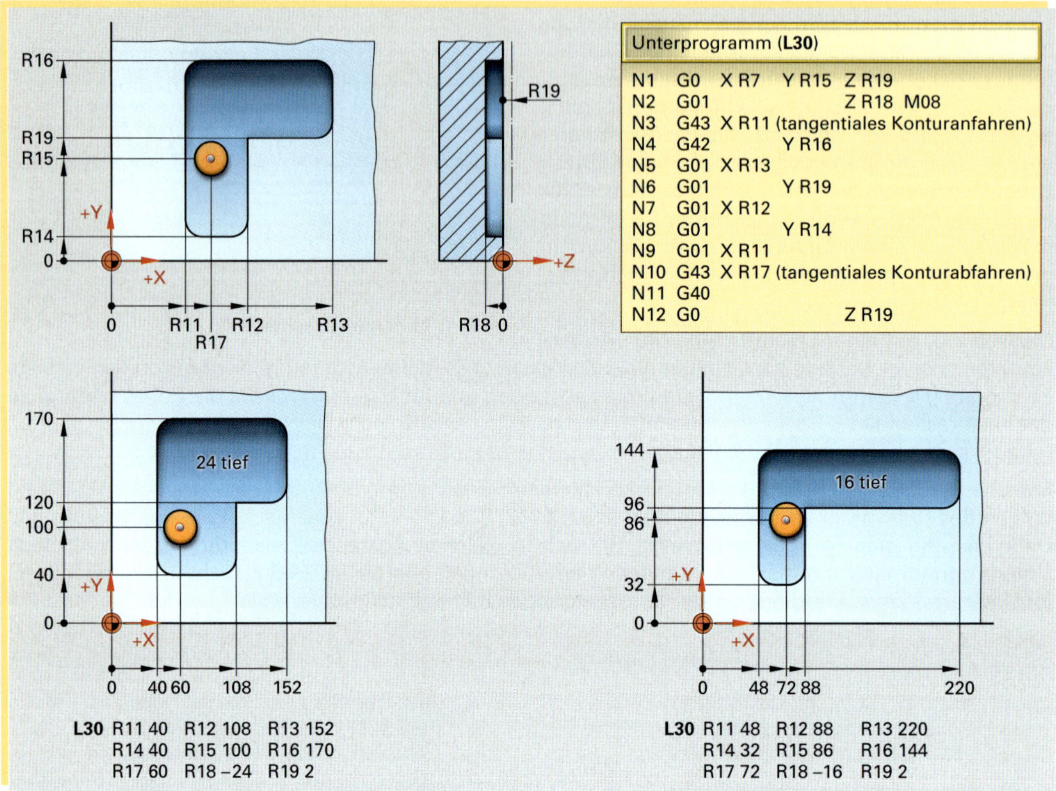

Bild 1: Unterprogrammtechnik mit R-Parametern

Konturzüge

Gerade bei Konturen hat man häufig Übergänge (z. B. Radien, Übergangsfasen, Freistiche), die beim manuellen Programmieren zu Problemen führen, da Hilfspunkte mit mathematisch komplizierten Formeln berechnet werden müssen. Hier bieten heutige Steuerungen – leider von Hersteller zu Hersteller sehr verschieden – die Möglichkeit, diese Übergangspunkte mithilfe von geometrischen Grundkörpern (ähnlich bei CAD-Programmen) zu ermitteln. Der Programmierer braucht dann die schwierigen mathematischen Berechnungen nicht mehr durchzuführen; dies erledigt die Steuerung **(Bild 2)**.

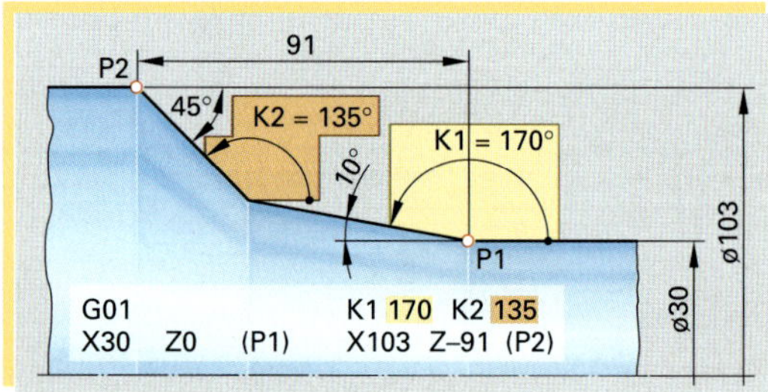

Bild 2: Konturzüge

Polarkoordinaten

Auch sie erleichtern die Eingabe von Werten. An Stelle des x- und y-Wertes eines Punktes werden ein Winkel – meist positiv linksdrehend von der x-Achse gerechnet – und der Radius eines Punktes eingegeben. Unregelmäßige Lochbilder lassen sich somit sehr einfach beschreiben **(Bild 3)**.

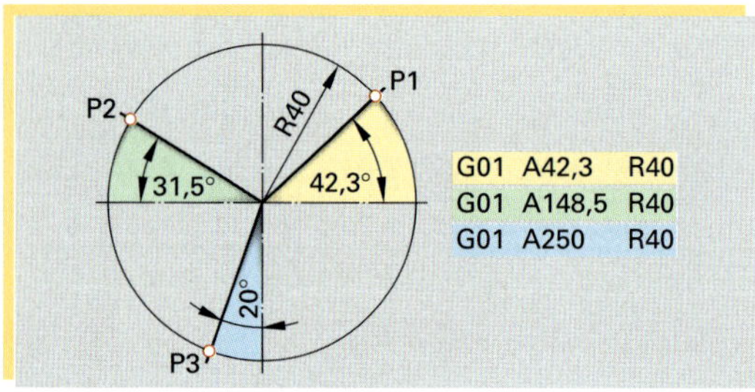

Bild 3: Polarkoordinaten

Programmbeispiel Fräsen

Das Werkstück aus **Bild 1** soll auf einer CNC-Fräsmaschine gefertigt werden. Die einzusetzenden Werkzeuge **(Tabelle 1)** befinden sich entsprechend ihrer Nummerierung in einem Werkzeugmagazin mit automatischem Werkzeugwechsler.

Die Schnittdaten **(Tabelle 2)** wurden aus Datenblättern der Werkzeughersteller entnommen. **Tabelle 3** zeigt ein steuerungsspezifisches CNC-Programm.

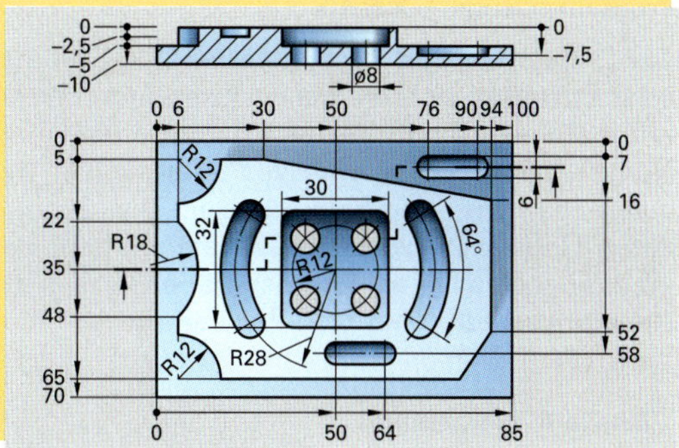

Bild 1: Fräswerkstück

Tabelle 2: Arbeitsplan

Arbeitsgang	Werkzeug	v_c [m/min]	f_z [mm]
		n [1/min]	v_f [mm/min]
1 Kontur schruppen	T05 (Phantom)	200	0,2
		2894	1736
2 Kontur schlichten	T01	200	0,05
		2894	436
3 Taschen	T02	43	0,1
		1710	342
4 Längsnuten	T03	70	0,1
		3714	742,8
5 Bohren	T04	30	0,2
		1194	239

Tabelle 1: Werkzeuge

Nr.	Erläuterung	
T01	Schaftfräser ∅ 22 HCI P20 Z = 3	
T02	Nutenfräser ∅ 8 HSS Z = 2	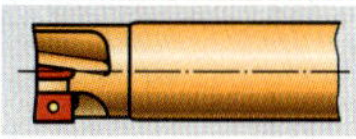
T03	Nutenfräser ∅ 6 HSS, beschichtet Z = 2	
T04	Spiralbohrer ∅ 8 HSS, rechts	

Tabelle 3: CNC-Programm

N1	G0	X0	Y0	Z100	M06	
N2	F	S	T05		M03 (Phantom)	
N3	G0	X–20	Y–20	Z1		
N4	G0	Z–4,8			M08	
N5	L01	01				
N6	G0	Z1	M09			
N7	G0	X0	Y0	Z100	M06	
N8	F	S	T01		M03	
N9	G0	X–20	Y–20	Z1		
N10	G0	Z–5	M08			
N11	L01	01				
N12	G0	Z1	M09			
N13	G0	X0	Y0	Z100	M06	
N14	F	S	T02		M03	
N15	G0	X50	Y35	Z1	M08	
N16	G86	X30	Y32	Z–5	I2,5	J0
N17	G0	X73,21	Y50,66	Z1		
N18	G01	Z–2,5				
N19	G03	X73,21	Y19,34	I–23,21	J–15,66	
N20	G01	Z1				
N21	G0	X26,79	Y50,66	Z1		
N22	G01	Z–2,5				
N23	G02	X26,79	Y19,34	I23,21	J–15,66	
N24	G01	Z1				
N25	G0	Z1			M09	
N26	G0	X0	Y0	Z100	M06	

	F	S	T03		
N1	G0	X76	Y7	Z1	
N2	G0	Z–4			M08
N3	L02	01			
N4	G0	Z1			
N5	G0	X50	Y58		
N6	L02	01			
N7	M09				
N8	G0	X0	Y0	Z100	M06
N9	G0	X50	Y35	Z1	
N10	G0	Z–4			M08
N11	G85	R12	Z–15	I45	J4
N12	G0	Z1			M09
N13	G0	X0	Y0	Z100	M30

	L01		
N1	G42		
N2	G01	X6	Y5
N3	G01	X18	
N4	G01	X30	
N5	G01	X94	Y16
N6	G01	Y52	
N7	G01	X85	Y65
N8	G01	X18	
N9	G03	X6	Y53
N10	I–12	J0	
N11	G01	Y48	
N12	G0	X6	Y22
N13		I	J–8
N14	G01	Y17	
N15	G03	X16	Y–7
N16		I0	J–12
N17	M17		

	L02	
N1	G91	
N2	G01	Z–3,5
N3	G01	X14
N4	G0	Z3,5
N5	G0	X–14
N6	G90	
N7	M17	

Programmbeispiel Drehen

Das Drehteil aus **Bild 1** soll auf einer CNC-Drehmaschine gefertigt werden. Die einzusetzenden Werkzeuge **(Tabelle 1)** befinden sich entsprechend ihrer Nummerierung in einem Werkzeugrevolver mit automatischem Werkzeugwechsler. Die Schnittdaten **(Tabelle 2)** wurden aus Datenblättern der Werkzeughersteller entnommen. **Tabelle 3** zeigt ein steuerungsspezifisches CNC-Programm.

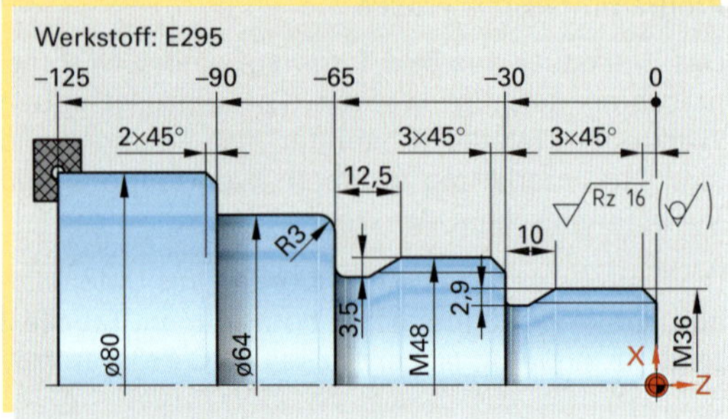

Bild 1: Drehteil

Tabelle 1: Werkzeuge

Werkzeug	Benennung	
	NC-Anbohrer ∅ 16 HSS, rechts	
T01	Plandrehmeißel r_2 0,8 HC-P20, links	
T02 T03	Seitenandrehmeißel r_2 0,6 Seitenandrehmeißel r_2 0,4 HC-P20, links, 55°	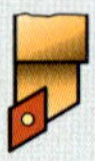
T04	Gewindedrehmeißel HC, rechts	 über Kopf gespannt
	Spiralbohrer ∅ 10 HSS, rechts	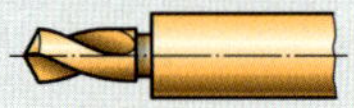

Tabelle 2: Einrichteblatt (vereinfacht)

Nullpunktverschiebung: X0 Z200		Drehteil		
Arbeitsgang	Werkzeug	r_ε in mm	v_c in m/min	f in mm
1 Planen	T01	0,8	280	0,5
2 Außenkontur vordrehen (schruppen)	T02	0,6	280	0,5
3 Außenkontur fertigdrehen (schlichten)	T03	0,4	350	0,07
4 Gewinde drehen (mit Gewindefreistichen)	T04		150	4 bzw. 8

Tabelle 3: CNC-Programm

Satz-Nr.	Wegbed.	Koordinaten			Interpolations-Parameter			Vorschub	Drehzahl	Werkzeug	Zusatzfunktionen
N	G	X	Y	Z	I	J	K	F	S	T	M
	Planen und Außenkontur vordrehen										
N1	G95, G96							F0.5	S280	T1	M4
N2	G0	X82		Z0.1							M8
N3	G1	X-1.6									
N4				Z1							M9
N5	G95, G96							F0.5	S280	T2	M4
N6	G0	X80									M8
N7	G81	X65		Z-89.8	I2.5						
N8	G81	X49		Z-64.8	I2,5						
N9	G81	X37		Z-29.8	I2,5						
N10	G0	X150		Z50							M9
	Schichten										
N11	G95, G96							F0.07	S350	T3	
N12	G0	X-0.8		Z1							M8
N13	G1			Z0							
N14	G88	X36			I3						
N15	G85			Z-30	I2.9		K10				
N16	G88	X48			I3						
N17	G85			Z-65	I3.5		K12.5				
N18	G87	X64			I3						
N19	G1			Z-90							
N20		X76									
N21		X80		Z-92							
N22	G0	X150		Z50							
	Gewindedrehen										
N23	G97								S1326	T4	M3
N24	G0	X46		Z8							M8
N25	G31	X36		Z-28	I0.25		K2.454	F4			
N26	G0	X150		Z50							M9
N27	G97								S995		
N28	G0	X58		Z-20							M8
N29	G31	X48		Z-62.5	I0.25		K3.067	F5			
N30	G0	X150		Z50							M9
N31											M30

Arbeitsauftrag:

1. Geben Sie die Reihenfolge der Adressbuchstaben bei der CNC-Programmierung nach DIN 66025 an.
2. Programmieren Sie die Übungsaufgabe in **Bild 2, Seite 236** in G91.
3. Ermitteln Sie die Polarkoordinaten des Lochkreises in **Bild 1.**
4. Rechnen Sie die in Aufgabe 3 ermittelten Polarkoordinaten in kartesische Koordinaten um. Berechnen Sie dann aus diesen wieder die anfänglichen Polarkoordinaten. Welche Probleme können auftreten?
5. Bestimmen Sie die G-Funktion und die Kreisparameter in **Bild 2.**
6. Programmieren Sie die Kreisbewegung in **Bild 2, Seite 238** mit G91
7. Was versteht man unter modalen G-Funktionen? Nennen Sie einige Beispiele.
8. Erstellen Sie ein CNC-Programm zu **Bild 4.** Nur die Kontur programmieren. Einmal in G90 und einmal G91.
9. Fertigen Sie ein CNC-Programm zu **Bild 3.** Schlichtaufmaß 0,2 mm; Werkzeugwechselpunkt X0, Y0 und Z500. Fräserdurchmesser 10 mm; HSS; rechtsdrehend, mit Kühlung, einmal mit G90 und einmal mit G91.
10. Erläutern Sie mit Hilfe einer Steuerung aus ihrem Betrieb einen Abspanzyklus beim Drehen. Präsentieren Sie die Erläuterungen mittels einer Präsentationssoftware Ihren Mitschülern.
11. Konstruieren Sie ein eigenes Unterprogramm mit mindestens 4 R-Parametern und zeigen Sie anhand von verschiedenen Aufrufen die unterschiedlichen Werkstücke auf.
12. Erarbeiten Sie im Team einen tabellarischen Vergleich von Steuerungen verschiedener Hersteller hinsichtlich der G-Funktionen und deren Parameter.

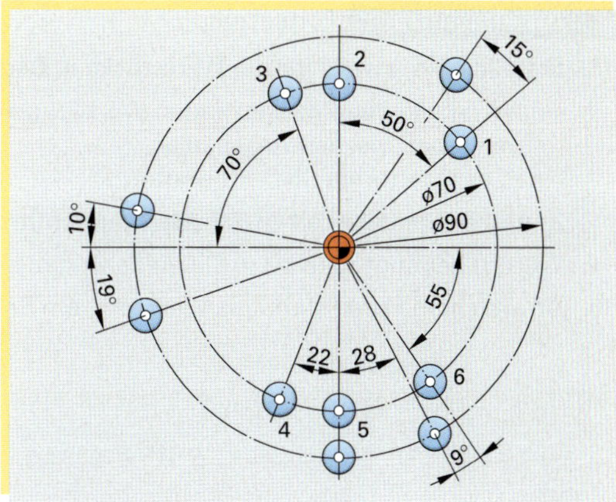

Bild 1: Polarkoordinaten

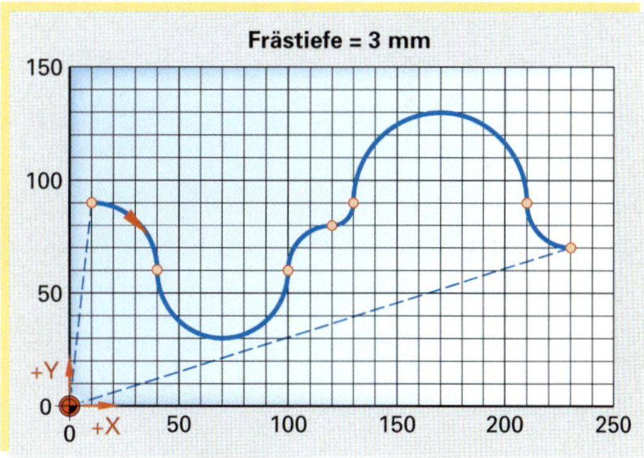

Bild 2: Kreisinterpolation

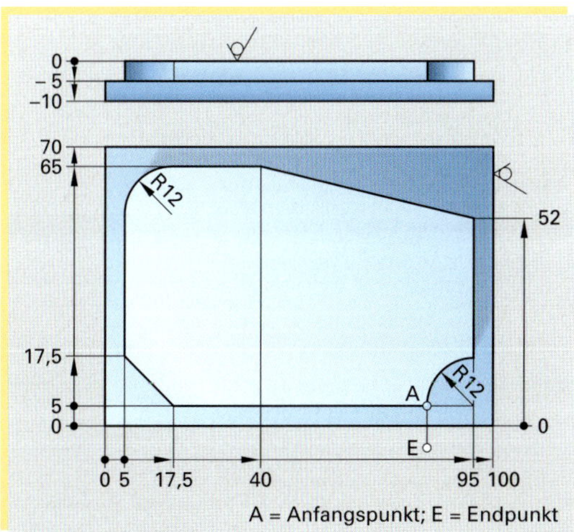

Bild 3: Fräswerkstück

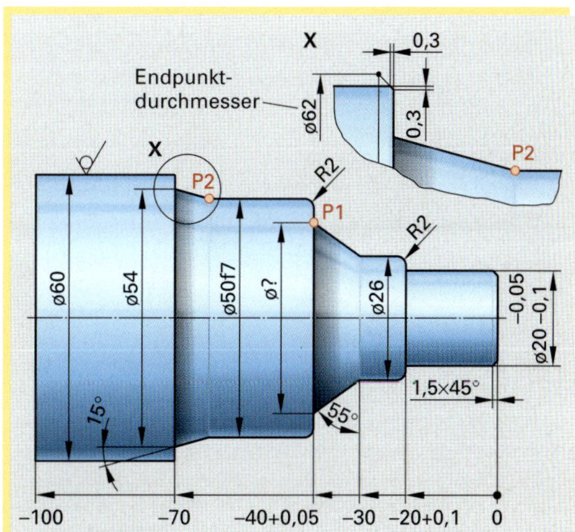

Bild 4: Drehteil

Arbeitsauftrag: (Fortsetzung)

13. Erstellen Sie jeweils für die Werkstücke in **Bild 1 und 2**:
    - eine Tabelle der einzusetzenden Werkzeuge mit deren Schnittdaten
    - einen tabellarischen Arbeitsplan
    - das dazugehörige CNC-Programm

    Benutzen Sie dabei die in **Tabelle 1** aufgeführten Zyklen.
14. Warum benötigt man beim Gewindedrehen einen Ein- und Auslauf?
15. An welchem Punkt steht das Werkzeug am Ende eines Bearbeitungszyklus?

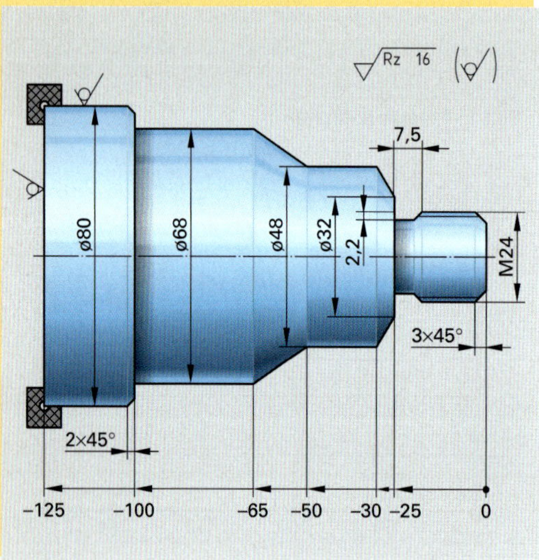

Bild 1: Werkstück 1

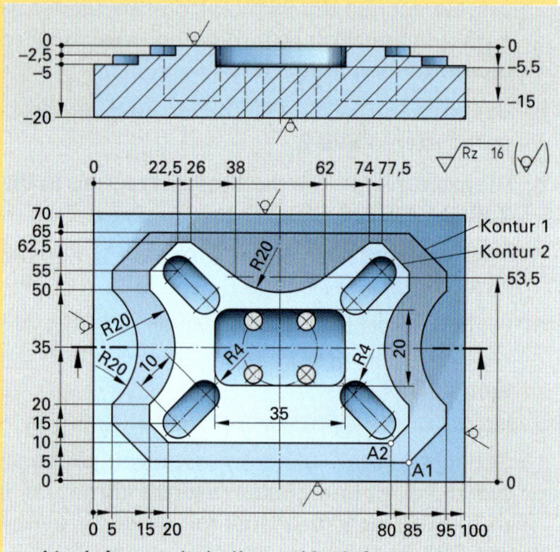

A1 = Anfangspunkt der Kontur; A2 = Anfangspunkt der Kontur

Bild 2: Werkstück 2

Tabelle 1: Benötigte Zyklen

G86 Taschenfräszyklus Startposition S = Endposition E
X Länge der Tasche
Y Breite der Tasche
Z Tiefe der Tasche (bezogen auf den Werkstücknullpunkt)
D Einzelschnitttiefe
I Drehwinkel um M bezogen auf die X Achse; Startposition für den Zyklus G86 ist der Mittelpunkt M der Tasche und in der Z Achse + 1 mm über der Bearbeitungsebene

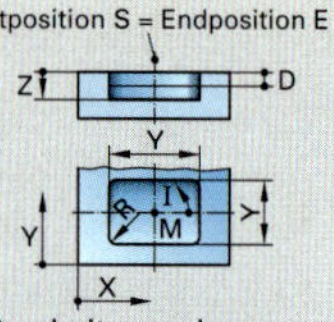

G87 Kreistasche Startposition S = Endposition E
R Kreistaschenradius
Z Tiefe der Tasche (bezogen auf den Werkstücknullpunkt)
D Einzelschnitttiefe
Startposition für den Zyklus G85 ist der Mittelpunkt M des Teilkreises und in der Z Achse + 1 mm über der Bearbeitungsebene

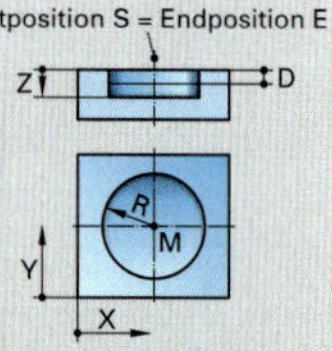

G85 Teilkreis – Bohrzyklus Startposition S = Endposition E
R Teilkreisradius
Z Tiefe der Bohrung (bezogen auf den Werkstücknullpunkt)
I Startwinkel (bezogen auf die X-Achse)
J Anzahl der Bohrungen
Startposition für den Zyklus G85 ist der Mittelpunkt M des Teilkreises und in der Z Achse + 1 mm über der Bearbeitungsebene

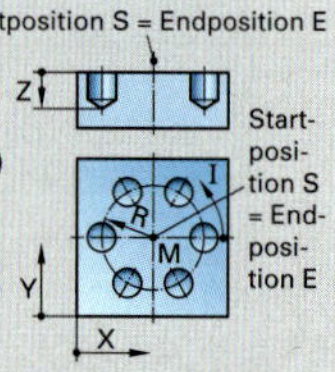

G88 Nutenfräszyklus Startposition S = Endposition E
Fräserdurchmesser: max. 0,90×Nutbreite
min. 0,55×Nutbreite
X Nutlänge
Y Nutbreite
Z Nuttiefe (bezogen auf den Werkstücknullpunkt)
D Einzelschnitttiefe; Startposition für den Zyklus G88 ist der Punkt M der Nut und in der Z Achse +1 mm über der Bearbeitungsebene
I Drehwinkel um M bezogen auf die X Achse

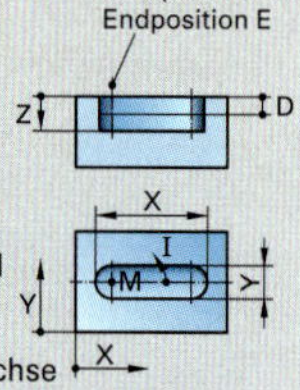

G83 Gewindezyklus längs, Zustellung in X
X Gewinde – Außendurchmesser
Z Zielposition (Länge Punkt B)
R Gewindesteigung (P)
D max. Zustellmaß pro Schnitt
H Gewindetiefe: Der Startpunkt „S" ist mindestens 1×P vor dem Gewindeanfang zu programmieren. Bei den Zyklen G82, G83 ist der Startpunkt gleich Endpunkt; I und K Werte werden inkremental eingegeben

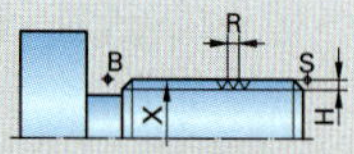

G82 Abspanzyklus längs, Zustellung in X
X Zielposition (Fertigdurchmesser)
Z Zielposition (Länge Punkt B)
L Zielposition (Länge Punkt C)
R Startposition (Anfangsdurchmesser)
D max. Zustellmaß pro Schnitt
H Schlichtaufmaß (pro Fläche) H = 0 ist einzugeben, wenn kein Aufmaß gewünscht ist.

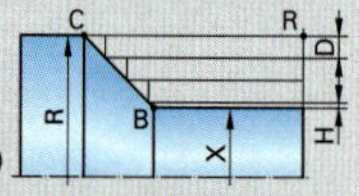

7.8.7 Programmieren von CNC-Fertigungsmaschinen

Die Rentabilität von CNC-Maschinen in einem Betrieb hängt zu einem großen Teil von der Leistungsfähigkeit des verwendeten Programmiersystems ab. Gerade im Zuge der Flexibilisierung muss ein CNC-Programm für ein bestimmtes Werkstück schnell und fehlerfrei zur Verfügung gestellt werden. Heutige Steuerungen sind so leistungsfähig, dass während einer laufenden Bearbeitung neue Programme erstellt bzw. geladen und somit die Stillstandszeiten der Maschine minimiert werden.

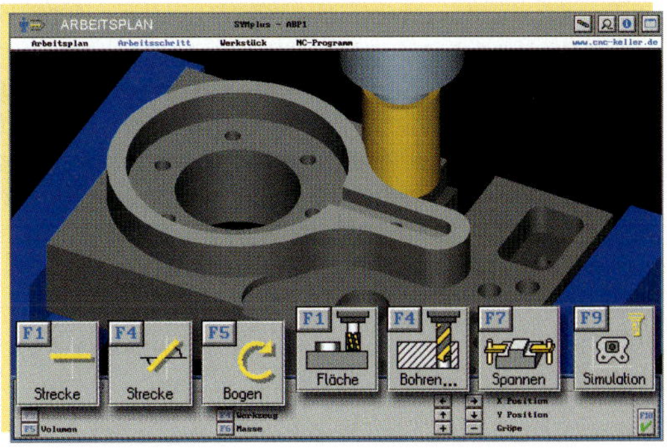

Bild 1: Simulation

Unabhängig vom Programmierverfahren bieten heute alle Steuerungshersteller an ihrer Steuerung die Möglichkeit, den programmierten Fertigungsprozess zu simulieren **(Bild 1)**. Dies hat den großen Vorteil, dass im Vorfeld falsche Bewegungen (z. B. Fahrt im Eilgang in das Werkstück) oder das Verwenden von falschen Werkzeugen erkannt und dadurch teuere Kollisionen mit Werkzeug- und Werkstückbeschädigungen vermieden werden. Viele Simulationen erlauben das Einbinden und Darstellen der Spannmittel, so dass auch hier vor der Fertigung sehr einfach und effektiv festgestellt werden kann, ob es zu Kollisionen zwischen Spannmittel und Werkzeug kommt bzw. ob das Werkzeug ein Spannmittel „bearbeitet". Man unterscheidet folgende drei Programmierverfahren **(Bild 2)**:

- Manuelle Programmierung
- Werkstattorientierte Programmierung (WOP)
- Programmieren mit einem Programmiersystem

Beim **manuellen Programmieren** beschreibt der Programmierer die Fertigungsaufgabe im NC-Code. Im Normalfall bieten die Steuerungen keine grafische Unterstützung zur Erzeugung von Konturpunkten. Der Programmierer muss alles selbstständig berechnen; er programmiert die Werkzeugbewegungen. Für komplexe mehrdimensionale Werkstücke scheidet dieser Weg zu programmieren vollkommen aus. Diese Art zu programmieren, findet sich noch an älteren CNC-Maschinen.

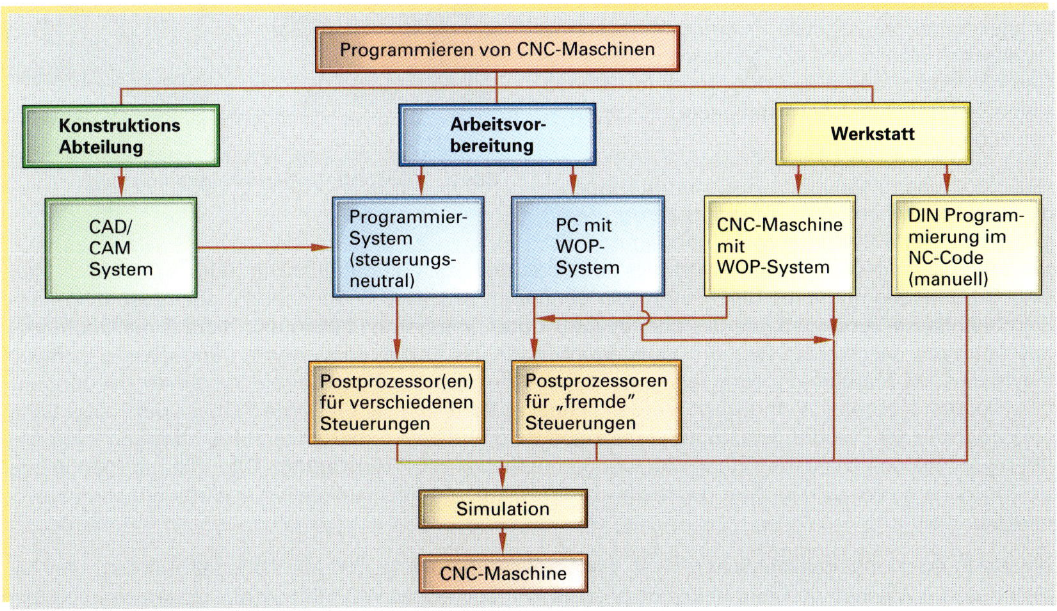

Bild 2: Unterschiedliche Programmierverfahren

In Betrieben mit einem umfangreichen Maschinenpark, wo CNC-Maschinen unterschiedlicher Hersteller für unterschiedliche Fertigungsverfahren von komplexen Werkstücken programmiert werden müssen, wird das CNC-Programm sehr häufig mit einem „neutralen" **Programmiersystem (Bild 1)** in der Arbeitsvorbereitung (AV) erstellt. Dies hat den Vorteil, dass sich die Programmierer in der Arbeitsvorbereitung nicht für jede Maschine und jeden Hersteller in deren Steuerungs-Software einarbeiten müssen. Alle anfallenden Programmieraufgaben werden auf dem gleichen System erledigt.

Kennzeichen dieser Programmiersysteme ist, dass nicht mehr wie bei der manuellen Programmierung die Werkzeugbewegungen programmiert werden, sondern zuerst die Geometrie des Werkstückes. Danach erfolgt die Auswahl der erforderlichen Werkzeuge und die Vorgabe der Arbeitsabläufe.

Den Zerspanungsablauf generiert das System dann selbst. Das Programmiersystem erzeugt ein Quellprogramm, welches noch steuerungsneutral ist, d.h. es enthält noch keine maschinenspezifischen Anweisungen. Diese noch fehlenden Steuerbefehle erzeugt ein so genannter Postprozessor, der das vom Programmiersystem erzeugte Quellprogramm in das maschinenspezifische umwandelt. Diese Vorgehensweise hat den großen Vorteil, dass bei Ausfall einer Maschine relativ schnell ein Programm für eine andere Maschine erzeugt werden kann, auch wenn die Steuerungen der beiden Maschinen unterschiedlich sind.

In aller Regel haben diese Programmiersysteme Datenschnittstellen zu CAD-Systemen, sodass die Geometrieübernahme aus den meist im Betrieb schon vorhandenen CAD-Daten automatisch erfolgen kann.

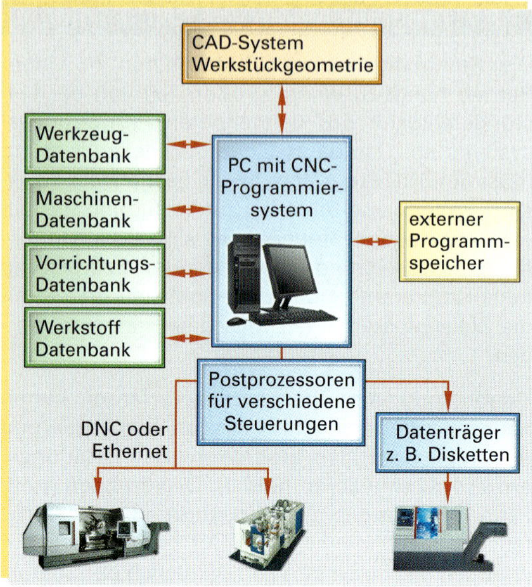

Bild 1: CNC-Programmiersystem

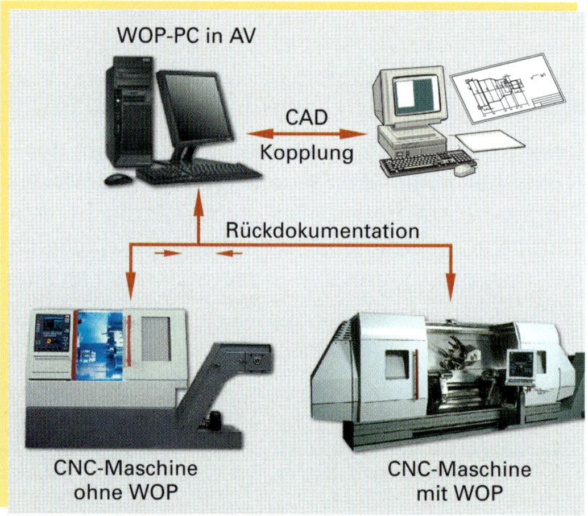

Bild 2: Werkstattorientierte Programmierung

Aus der frühen manuellen Programmierung ist die **werkstattorientierte Programmierung** (WOP) gewachsen **(Bild 2)**. Durch die zunehmende Leistungsfähigkeit der Steuerungen wird hier dem Bediener auch die Möglichkeit geboten, grafisch interaktiv die Teilegeometrie ins CNC-Programm einfließen zu lassen. Vielfach steht auch hier schon eine Schnittstelle zur Verfügung, die bestehende CAD-Daten übernehmen kann und hieraus die Geometriebeschreibung des Werkstückes ermittelt. Speziell für das Fertigungsverfahren angepasste Software macht die CNC-Maschine zu einer leistungsfähigen Alternative zu Programmiersystemen, die durchaus produktionsvorbereitend eingesetzt werden kann. Ein Vorteil dieser Methode ist, dass der Facharbeiter vor Ort mit in die Fertigungsplanung einbezogen wird und sein Expertenwissen einbringen kann. Leider bieten die verschiedenen Hersteller kein einheitliches WOP-Konzept an. Dadurch hat man wieder bei Maschinen unterschiedlicher Hersteller das Problem, unterschiedliche WOP-Software bedienen zu müssen.

Neuere Entwicklungen ermöglichen, dass die Arbeitsvorbereitung und die Werkstatt mit dem gleichen WOP-System arbeiten und hier über Postprozessoren auch nicht WOP-fähige Maschinen eingebunden werden. Dies würde über kurz oder lang die „neutralen" Programmiersysteme überflüssig machen.

7.8.8 Beispiele numerisch gesteuerter Fertigungsmaschinen

Im Zuge der Automatisierung hat die CNC-Maschine in fast allen Fertigungsverfahren Einzug gehalten. Es wurden CNC-Maschinen entwickelt, deren Steuerungen speziell für das jeweilige Fertigungsverfahren angepasst wurden. Diese Maschinen stellen die Basis einer modernen, flexiblen Fertigung dar. Da diese Maschinen oft im vollautomatischen Betrieb arbeiten müssen, sind die Steuerungen häufig mit Zusatzfunktionen (z.B. Werkzeugüberwachung, Temperaturkompensation) ausgerüstet.

Heutige **Fräsmaschinen** sind bis zu einer mittleren Baugröße fast alle mit Bahnsteuerungen für mindestens drei Achsen und automatischen Werkzeugwechselsystemen ausgerüstet **(Bild 1)**.

Mit **Bearbeitungszentren** (mind. drei NC-Achsen) können viele Zerspanungsaufgaben in einer Aufspannung durchgeführt werden (Fräsen, Bohren, schräges Bohren, Gewindeschneiden usw.). Neben leistungsfähigen Werkzeug-Wechselsystemen sind sie mit einem automatischen Werkstück-Wechselsystem ausgerüstet, um die Stillstandzeiten möglichst gering zu halten **(Bild 3)**. Als Werkstück-Wechselsysteme sind heute meist so genannte Palettenwechsler eingesetzt. Auf ihnen werden die Werkstücke aufgespannt und dann in einem Palettenbahnhof „geparkt“. Die 5-Seiten-Bearbeitung ist durch eine **horizontal-vertikal schwenkbare Spindelachse** möglich **(Bild 2)**.

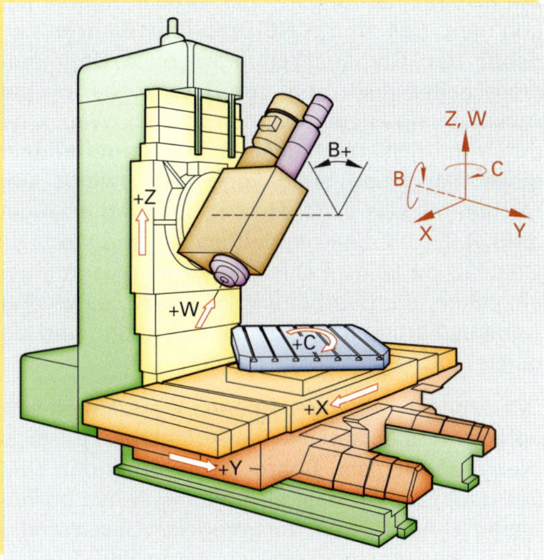

Bild 1: 5-Achsen-Fräsmaschine

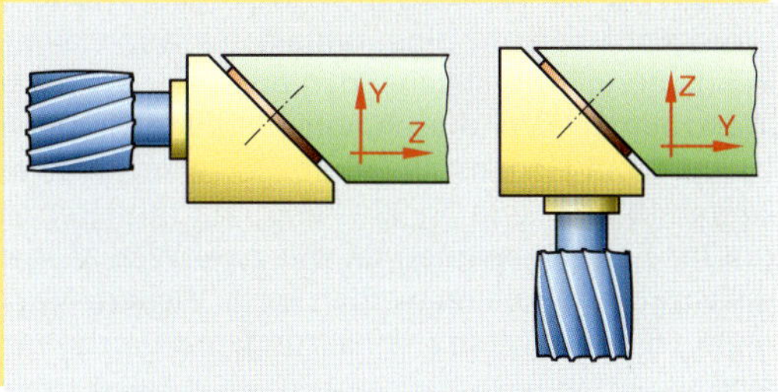

Bild 2: Schwenkbare Spindelachse

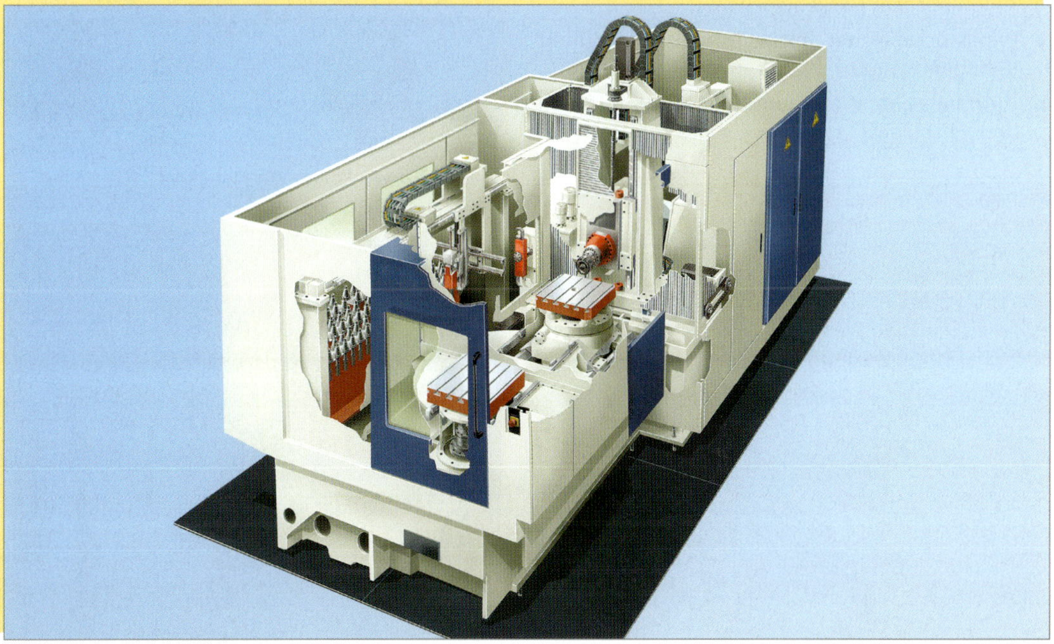

Bild 3: Bearbeitungszentrum

Die heutigen leistungsfähigen Steuerungen erlauben den Bau von **CNC-Dreh-Fräs-Zentren,** wo neben den Drehbearbeitungen noch Bohr- und Fräsarbeiten auch quer zur Hauptachse in einer Aufspannung erledigt werden können. Wegen der durch die CNC möglichen Bahnplanung können diese Maschinen auch kegelige Gewinde und Flächen mit sich verändernder Steigung erzeugen **(Bild 4).** Durch die Komplettbearbeitung steigt die Qualität, da keine Fehler durch Umspannungen entstehen, die Bearbeitungszeit sinkt, es werden weniger Fertigungsmaschinen benötigt und dadurch reduzieren sich die Kosten.

Das Arbeiten mit angetriebenen Werkzeugen setzt voraus, dass entsprechende Aufnahmen für diese Werkzeuge (Fräser, Bohrer etc.) vorhanden sind. Die Hauptspindel lässt sich als NC-Achse positionieren (C-Achse) bzw. mit geregelter Geschwindigkeit drehen. Es ergeben sich die in **Bild 1** aufgeführten Bearbeitungsmöglichkeiten.

Ein um 90° schwenkbarer Werkzeugkopf **(Bild 2)** ermöglicht sowohl eine radiale als auch axiale Bearbeitung mit feststehenden bzw. angetriebenen Werkzeugen. Drehmaschinen mit zwei Spindeln (Haupt- und Gegenspindel) sowie zwei Revolverköpfen **(Bild 3)** sind für die Fertigung mittlerer bis großer Serien geeignet, da mit zwei Werkzeugen gleichzeitig gearbeitet werden kann. Weitere Merkmale, die den Automatisierungsgrad erhöhen, sind:

- Numerisch gesteuerter Reitstock und Lünette
- Automatischer Backenwechsel
- Werkstückspeicher mit automatischer Zufuhr (Stangenmagazin)
- Automatische Werkzeugüberwachung (Bruch und Verschleiß)

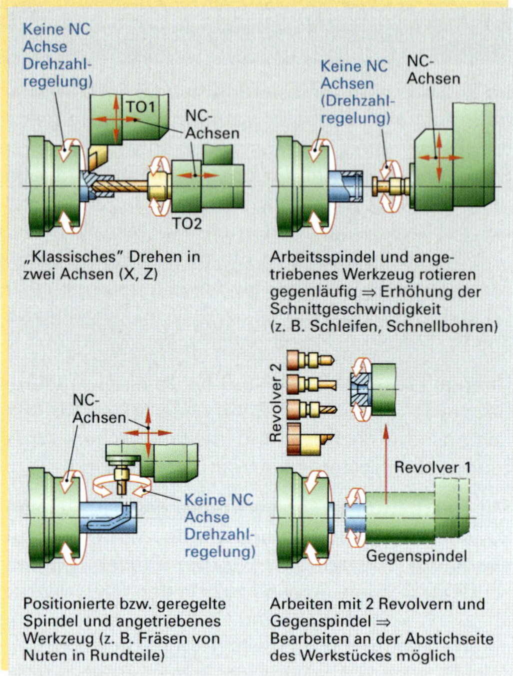

Bild 1: Angetriebene Werkzeuge

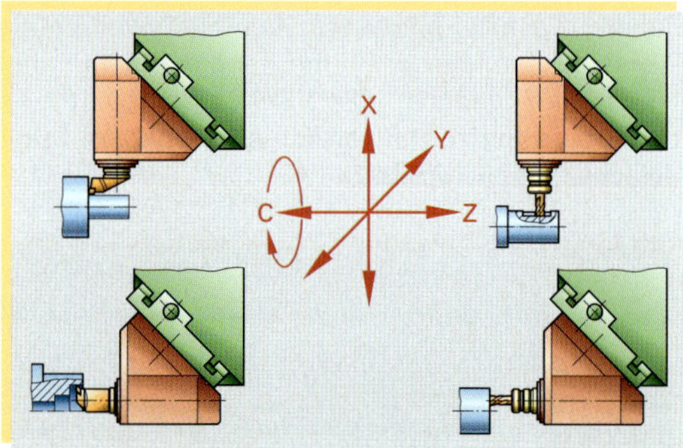

Bild 2: Schwenkbarer Werkzeugkopf

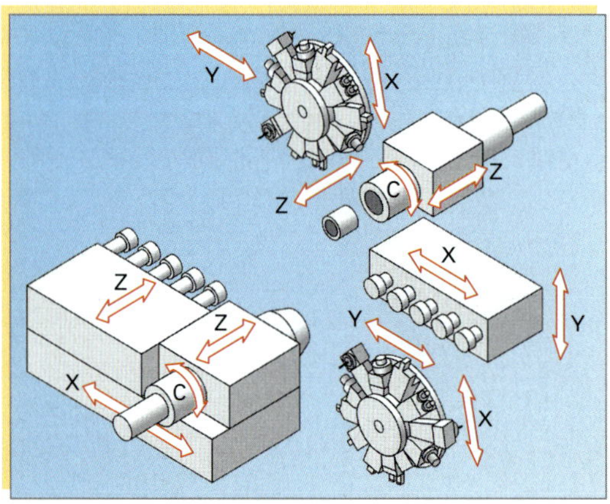

Bild 3: Maschinen mit zwei Revolverköpfen

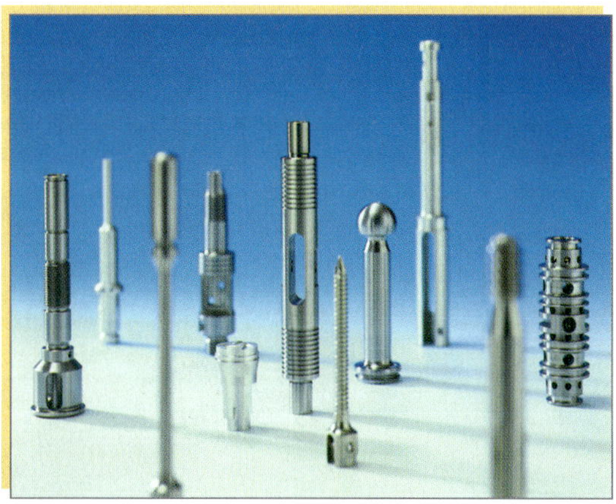

Bild 4: Teilespektrum eines Bearbeitungszentrums

Das Fertigen von Zahnrädern mit bestimmten Verfahren auf konventionellen Maschinen mit mechanischen Steuerungen erfordert, dass das richtige Drehzahlverhältnis zwischen Werkstück und Werkzeug über Getriebe mit Wechselrädern eingestellt ist. So müssen für jeden neuen Zahnradtyp im Normalfall die Übersetzungen geändert werden, was zu hohen Stillstandszeiten führt.

Heutige **Verzahnmaschinen (Bild 1)** haben sechs und mehr NC-Achsen, wobei die Steuerung die komplizierte Bahnplanung übernimmt.

Auch in der Blechbearbeitung werden CNC-Maschinen verstärkt eingesetzt. In **Blechbearbeitungszentren** wird

- das Zuführen der Blechtafeln,
- das Stanzen,
- das anschließende Biegen und
- das evtl. erforderliche Fügen

automatisiert. Damit lassen sich einbaufertige Werkstücke herstellen **(Bild 2)**.

Zum Einsatz in solchen Zentren kommen Multi-Tool-Werkzeuge **(Bild 3)**. Mehrere Werkzeuge befinden sich in einer Aufnahme. Das entsprechende Stanzwerkzeug wird durch Rotation der Aufnahme in Bearbeitungsstellung gebracht, wobei sich die Bearbeitungszeit bei Werkstücken mit unterschiedlichen Löchern stark verringert, da der Werkzeugwechsel entfällt.

Komplizierte Verrohrungen wie sie z.B. im Fahrzeug- und im Flugzeugbau benötigt werden, können auf CNC-Rohrbiegemaschinen hergestellt werden.

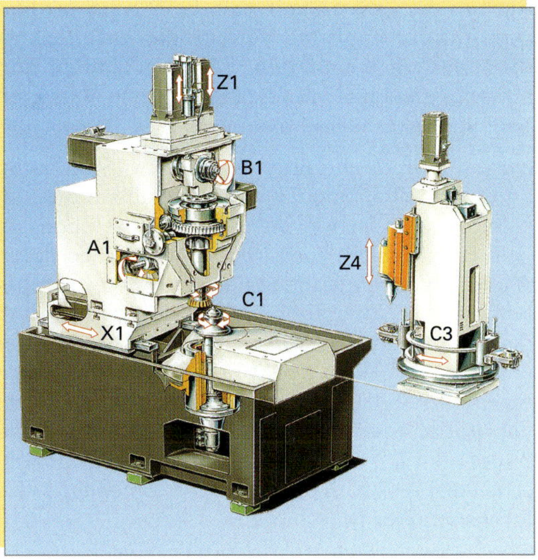

Bild 1: Verzahnmaschine

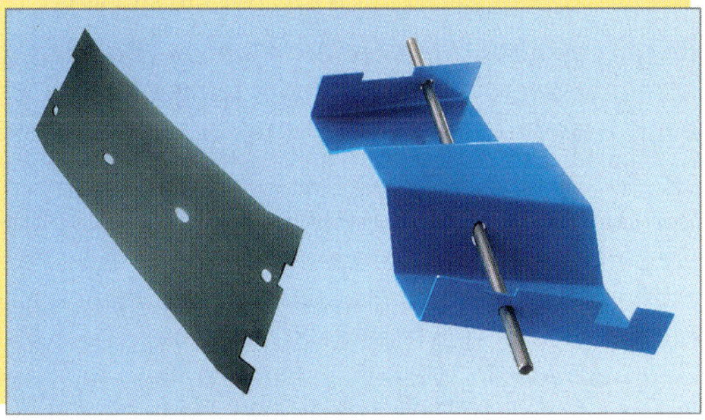
Bild 2: Endprodukt Blechbearbeitung

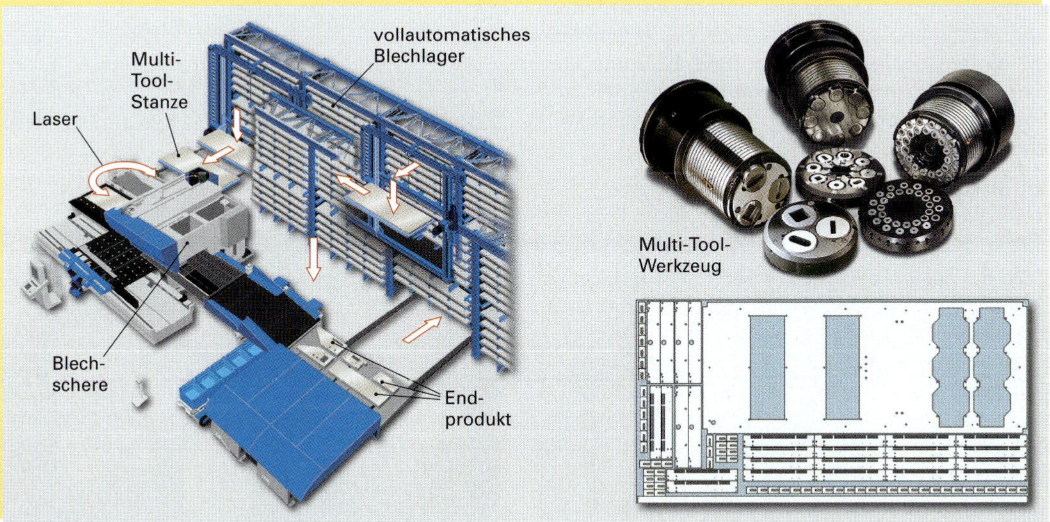

Bild 3: Multi-Tool-Werkzeug

Auch in der Lasertechnik hält die NC-Technik Einzug und verknüpft die Vorteile der Lasertechnik (hochwertige Schnittgüte, geringe Rautiefe und hohe Schneidgeschwindigkeit) mit den Vorzügen der numerischen Bahnplanung.

Laser (engl.: **L**ight **A**mplification by **S**timulated **E**mission of **R**adiation; dt.: Lichtverstärkung durch stimulierte Emission von Strahlung) beruhen auf dem Prinzip, Elektronen in den Atomhüllen durch Anregung auf angeregte Energiezustände anzuheben. Beim „Zurückspringen" der Elektronen von diesen instabilen Bahnen wird Licht bestimmter Frequenz frei. Dieses Licht unterscheidet sich von herkömmlichen Lichtquellen dadurch, dass es trotz der großen Intensität fast parallel ist (nur wenige Bogenminuten Divergenz). Durch eine nachgeschaltete Optik wird der Lichtstrahl umgelenkt und fokussiert **(Bild 1)**.

Typische Einsatzbereiche der Laser sind:

- Schweißen
- Gravieren
- Laserschweißen
- Schneiden
- Laserbohren
- Stereo-Lithografie

Beim Laserbohren können kleinste Bohrungsdurchmesser (bis zu 10 µm) oder feinste Strukturen beim Laser-Fräsen **(Bilder 2 und 3)** ausgearbeitet werden.

Bei der **Stereo-Lithografie** ist es möglich, ohne Gießen und andere Werkzeuge mit Hilfe der CAD-Daten eines Werkstückes dieses Werkstück als Modell zu erzeugen (Rapide Prototyping). Die CAD-Geometriedaten werden „schichtweise" in einer Schichtdicke von 0,05 mm bis 0,15 mm in Z-Richtung zerlegt. Ein numerisch gesteuerter Laser fährt diese Schichten punktgenau auf einem flüssigen Kunststoffbad nach. Der Kunststoff härtet im Auftreffbereich des Lasers aus und durch Abfahren aller erzeugten Schichten in Z-Richtung entsteht ein dreidimensionales Werkstück **(Bild 4)**. Somit können Prototypen eines Werkstückes schnell und kostengünstig erzeugt und danach optimiert werden **(Bild 5)**.

Bild 1: Laser

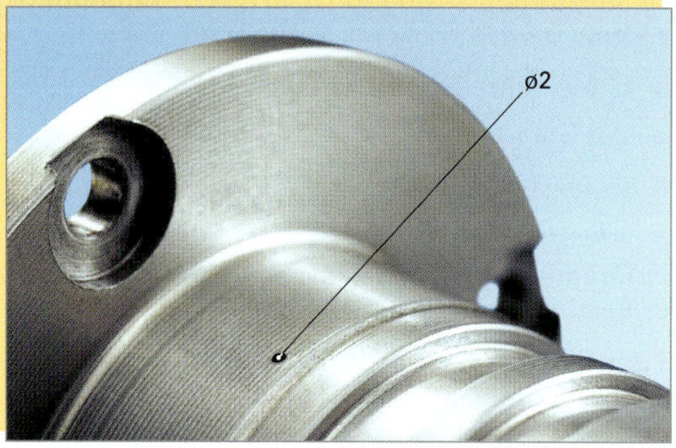

Bild 2: Laserbohren

Bild 3: Laser-Fräsen

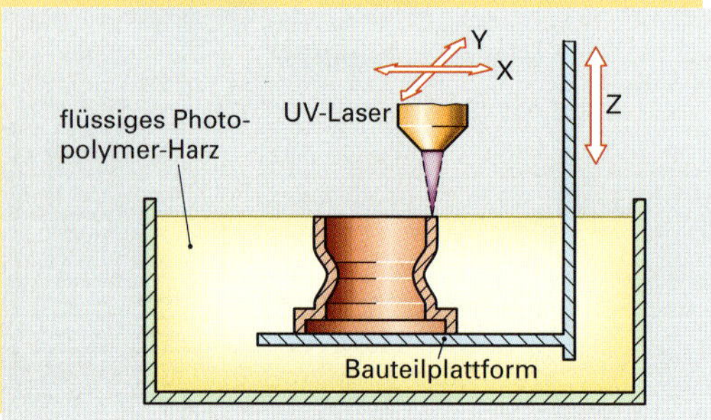

Bild 4: Stereo-Lithografie

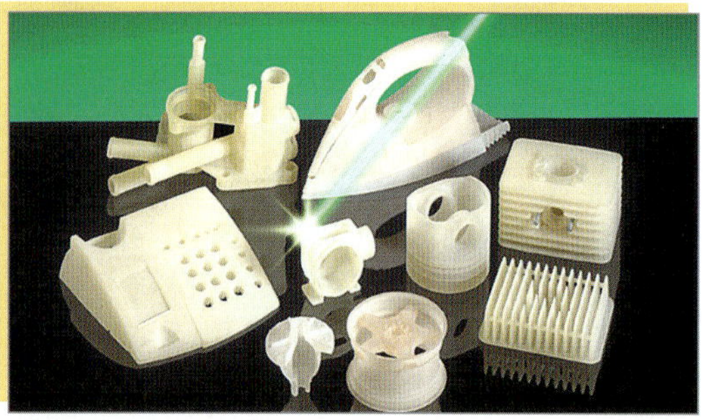

Bild 5: Prototypen

Beim thermischen Abtragen werden Teile eines Werkstückes abgetrennt und durch mechanische und/oder elektromagnetische Kräfte entfernt. Diese Fertigungsverfahren spielen eine große Rolle bei der Herstellung von Gesenken, Stanz-, Spritzguss- und Druckgusswerkzeugen, da diese Werkstücke komplizierte Formen und hohe Werkstofffestigkeit besitzen und gleichzeitig hohe Genauigkeit erforderlich ist.

Beim **Drahterodieren (Bild 1)** trägt eine Drahtelektrode durch einzelne elektrische Entladungen (Funken) zwischen zwei Elektroden (Draht und Werkstück) Material ab. Die Steuerung ermöglicht eine Interpolation der Werkstückgeometrien sowie eine Verrechnung des Drahtdurchmessers und verfährt die NC-Achsen im definierten Vorschub.

Beim **Senkerodieren (Bild 2)** hat die Elektrode gleichbleibenden Querschnitt und wird von der numerischen Steuerung über die NC-Achsen so geführt, dass z.B. Formdurchbrüche bei Pressformen, Düsen hergestellt werden können. Ein CNC-gesteuertes Positionieren (Schwenken in einer oder mehreren Achsen) ermöglicht so die Herstellung komplizierter Lochformen.

Das **Wasserstrahlschneiden (Bild 3)** wird heute zum Trennen von weichen und labilen Werkstoffen wie Leder, Papier, Styropor und Kunststoffen, aber auch von hochfesten Stählen eingesetzt.

Dabei wird Wasser unter Druck (bis zu 9000 bar) durch eine Düse (ca. 0,2 mm Durchmesser) mit einer Austrittsgeschwindigkeit von 800–900 m/s gepresst. Ist der Wasserstrahl nicht ausreichend, kann dem Strahl ein abrasives Mittel zugegeben werden. Als Abrasive dienen in der Regel Granatsand oder Olivin in den Korngrößen von 0,1 mm bis 0,3 mm. Der Wasserstrahl erzeugt eine Schnittfuge hoher Güte. Es können durch die NC-Technik dreidimensionale Geometrien (z.B. PKW-Stoßfänger) geschnitten werden.

Bild 1: Drahterodieren

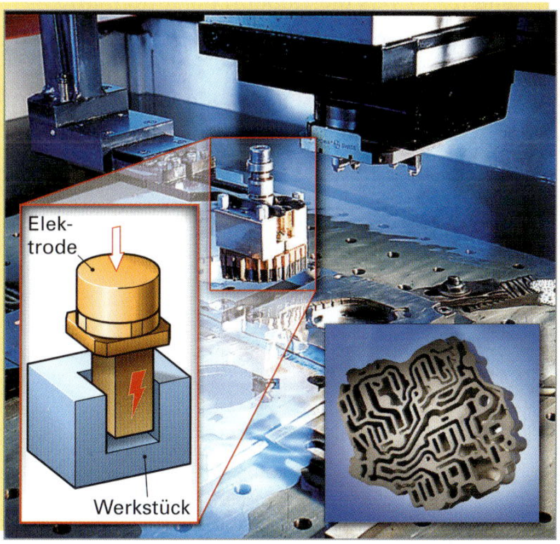

Bild 2: Senkerodieren

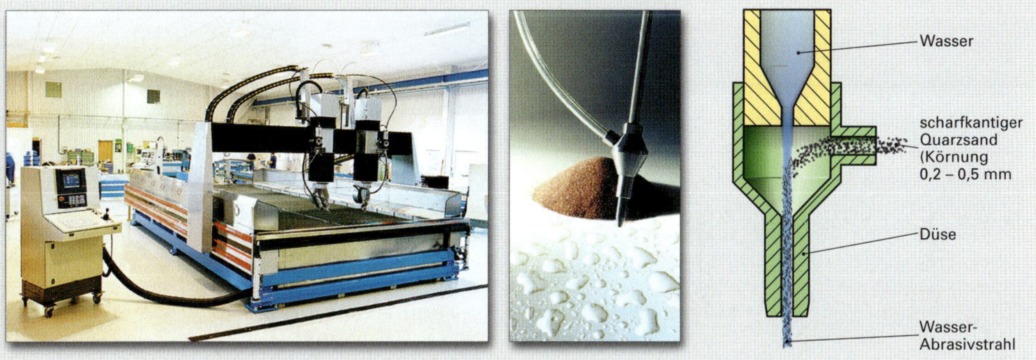

Bild 3: Wasserstrahlschneiden

Steigende Komplexität der Werkstücke und gleichzeitig steigende Qualitätsansprüche führten auch im Bereich der Qualitätskontrolle zur Einführung von CNC-Technik.

Die Universal-Messmaschine ist meist eine dreiachsige CNC-Maschine und wird als **3D-Messmaschine (Bild 1)** bezeichnet. Für spezielle Messaufgaben (z.B. Verzahnungen, Form- und Lage) gibt es Sonderbauformen **(Bild 1).**

Das wesentlichste Element einer Messmaschine ist – neben der Steuerung – der Messkopf. Je nach Messprinzip (berührend mittels eines Tastkopfes oder berührungslos durch eine optische Messeinrichtung) **(Bild 3)** fährt er die zu messenden Positionen an, an denen die Steuerungssoftware dann einen Vergleich zwischen Ist- und Sollwert ziehen kann.

In den Messprogrammen solcher Messmaschinen können komplexe Messvorgänge (Maßhaltigkeit, Form und Lage) abgespeichert werden, die die Maschine dann selbstständig abarbeitet (z.B. Vermessung eines Motorblockes).

Die implementierte Software ist in der Lage, alle notwendigen mathematischen Berechnungen (Toleranzen, statistische Größen usw.) durchzuführen und damit ein Messprotokoll zu erstellen, welches die Qualität dokumentiert.

Die Erstellung des Messablauf-Programmes erfolgt auf der Maschine an einem Musterwerkstück. Ähnlich den CNC-Maschinen in der Fertigung haben auch die Messmaschinen Messzyklen, die die Erstellung des Messprogrammes für den Bediener vereinfachen **(Bild 2).**

Portalmessmaschine

Horizontal-Arm Maschine

Bild 1: Messmaschinen

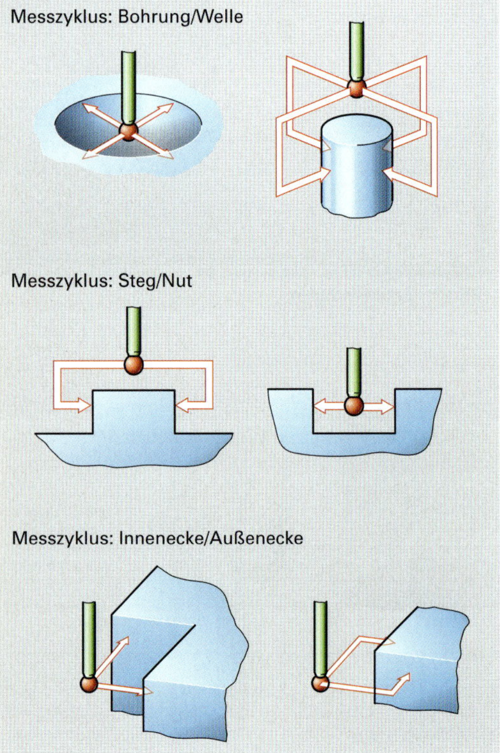

Bild 2: Messzyklen

tahiles (berührendes) Messen mit Tastern

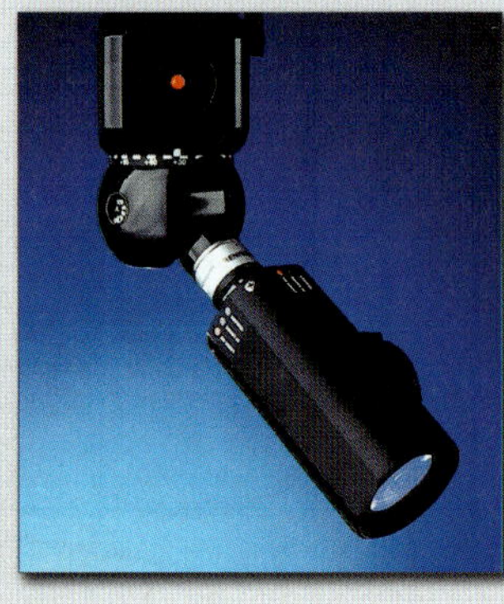
optisches (berührungsloses) Messen mit Lasern

Bild 3: Messprinzipien

7.9 Handhabungstechnik und Robotertechnik

Das Handhaben ist ein wichtiger Teil des Automatisierens und eine Teilfunktion des Materialflusses **(Bild 1)**.

> Die VDI-Richtlinie 2860 versteht unter Handhaben das Schaffen, definierte Verändern oder vorübergehende Aufrechterhalten einer vorgegebenen räumlichen Anordnung von geometrisch bestimmten Körpern.

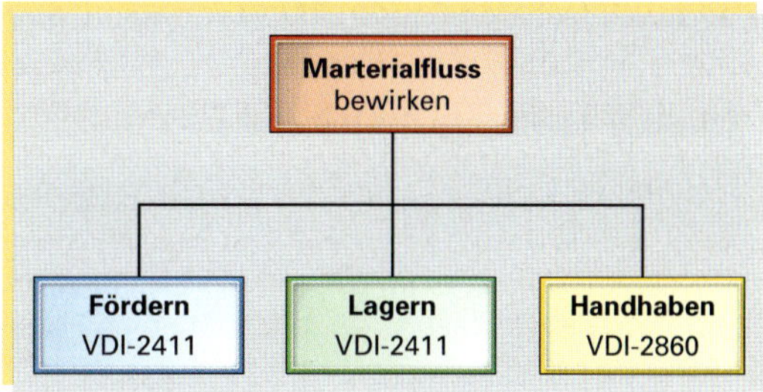

Bild 1: Teilfunktionen Materialfluss

Die räumliche Anordnung eines starren Körpers ergibt sich aus seinen sechs **Freiheitsgraden,** die dieser Körper im Raum hat **(Bild 2)**. Es sind dies drei **translatorische** Freiheitsgrade (z.B. x-, y- und z-Koordinaten seines Schwerpunktes) und die drei **rotatorischen** Freiheitsgrade (z.B. Rotationswinkel um die x-, y- und z-Achse). Die translatorischen Angaben werden auch als **Position** des Körpers bezeichnet, während die rotatorischen Angaben als **Orientierung** bezeichnet werden. Fasst man alle sechs Angaben zusammen, spricht man von der **Lage** des Körpers im Raum.

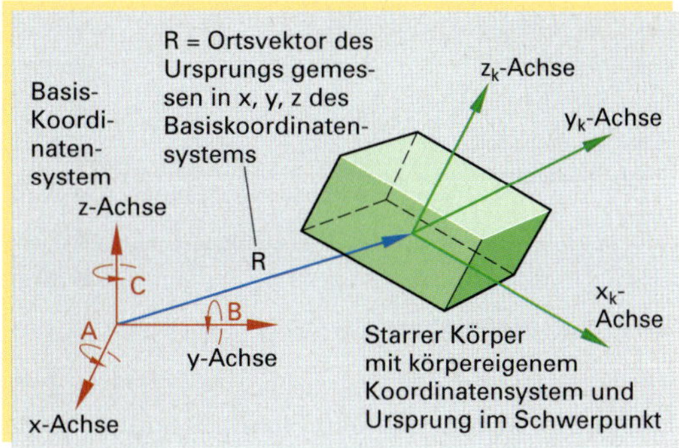

Bild 2: Freiheitsgrade eines starren Körpers

Eine wichtige Kenngröße zur Beschreibung von Handhabungsaufgaben ist der **Ordnungszustand OZ** eines starren Körpers. Er gibt an, in wie vielen von max. sechs möglichen (drei translatorische und drei rotatorische) Freiheitsgraden ein Körper bestimmt ist **(Bild 3)**. Der Ordnungszustand OZ setzt sich aus dem Verhältnis von Orientierungsgrad **OG** zu **Positionsgrad PG** zusammen.

Positionsgrad		**Orientierungsgrad**	
PG	Erläuterung	OG	Erläuterung
3	Ursprung des körpereigenen Koordinatensystems in allen drei Achsrichtungen x, y und z bzgl. des Basiskoordinatensystems bekannt	3	Orientierung des starren Körpers in allen drei Rotationsachsen bestimmt
2	Ursprung des körpereigenen Koordinatensystems in zwei von drei Achsrichtungen bzgl. des Basiskoordinatensystems bekannt	2	Orientierung des starren Körpers in zwei von drei Rotationsachsen bestimmt
1	Ursprung des körpereigenen Koordinatensystems in einer von drei Achsrichtungen des Basiskoordinatensystems bekannt	1	Orientierung des starren Körpers in einer von drei Rotationsachsen bestimmt
0	Ursprungsposition des körpereigenen Koordinatensystems unbekannt	0	Orientierung des starren Körpers unbekannt

Beispiele:

OZ = 0/0	Körper ist völlig ungeordnet im Raum, z. B. Werkstücke in einem Bunker.
0/0 < OZ < 3/3	Körper befindet sich teilgeordnet im Raum, z. B. haben Sprudelflaschen in einem Kasten OZ = 2/3, wenn sie beliebig – auf die Ausrichtung des Etikettes bezogen – im Kasten stehen; ein Würfel mit OZ = 1/2 liegt auf einer Ebene beliebig gedreht.
OZ = 3/3	völlig geordnet im Raum; d. h. Position und Orientierung des Körpers sind bekannt, z. B. Werkstück eingespannt auf Frästisch oder Sprudelflaschen im Kasten mit definierter Ausrichtung des Etiketts.

Bild 3: Positions- und Orientierungsgrad

Der Unterschied zwischen Handhaben und Fördern/Lagern besteht darin, dass beim Handhaben geometrisch bestimmte Körper bewegt werden und somit auch die Orientierung dieser Körper eine Rolle spielt. Beim Fördern/Lagern können auch geometrisch unbestimmte Dinge (z.B. Flüssigkeiten oder Gase) bewegt werden, deren Orientierungsgrad eine nur untergeordnete Rolle spielt. Im Folgenden sei nun die weitere Untergliederung des Begriffes Handhaben vorgestellt.

Nach VDI 2860 gliedert sich das Handhaben in fünf Teilfunktionen, wobei sich diese aus Elementarfunktionen zusammensetzen **(Tabelle 1)**. Die aus den Elementarfunktionen zusammengesetzten Funktionen sind zur einfacheren Beschreibung von Handhabungsvorgängen eingeführt.

Tabelle 1: Funktionen des Handhabens

TEILFUNKTIONEN				
Speichern	Mengen verändern	Bewegen	Sichern	Kontrollieren
ELEMENTARFUNKTIONEN				
	Teilen/ Vereinigen	Drehen/ Verschieben	Halten/ Lösen	Prüfen
ZUSAMMENGESETZTE FUNKTIONEN				
■ geordnetes Speichern ■ teilgeordnetes Speichern	■ Abteilen ■ Zuteilen ■ Verzweigen ■ Zusammenführen ■ Sortieren	■ Schwenken ■ Orientieren ■ Positionieren ■ Ordnen ■ Führen ■ Weitergeben	■ Spannen ■ Entspannen	■ Prüfen auf: – Anwesenheit – Identität – Form – Größe – Farbe – Gewicht – Position – Orientierung

Im Prinzip lassen sich alle Handhabungsaufgaben mit Hilfe dieser Elementarfunktionen beschreiben. Zwecks einfacherer Darstellung wurde in VDI 2860 eine symbolische Darstellungsweise dieser Funktionen entwickelt. Somit ist man in der Lage, einen herstellerneutralen Funktionsplan zu entwerfen **(Bild 1)**, der den Handhabungsvorgang beschreibt. Dieser Funktionsplan kann dann als Diskussionsgrundlage zur Optimierung des Vorganges dienen.

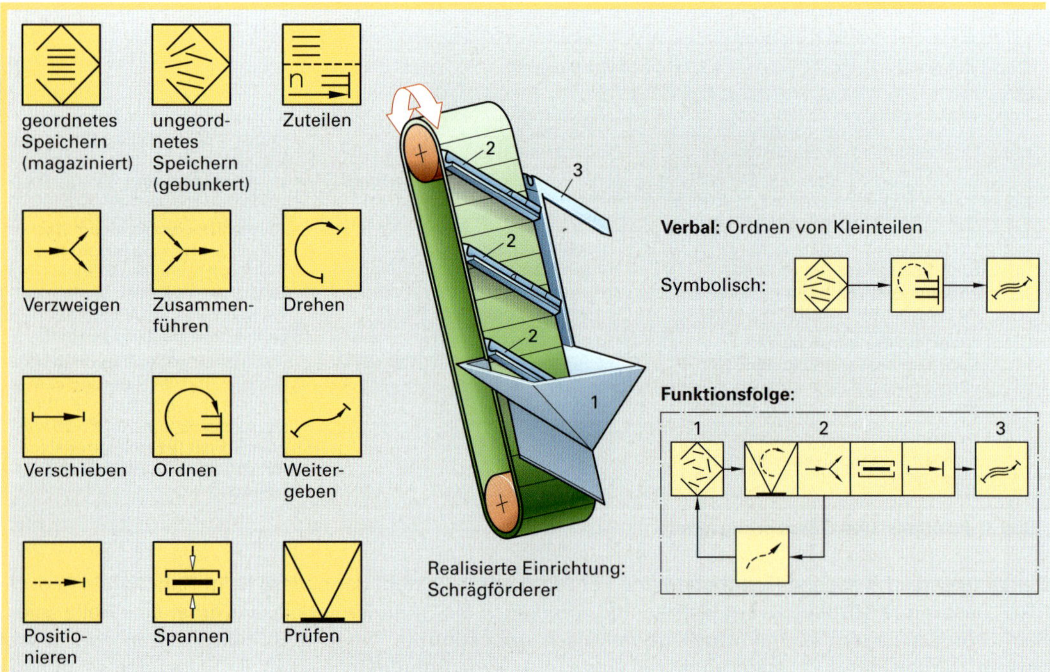

Bild 1: Ordnen von Kleinteilen symbolisch dargestellt

7.9.1 Handhabungseinrichtungen

Handhabungseinrichtungen sind technische Gerätschaften zur Realisierung von Handhabungsaufgaben. Oft ist eine eindeutige Zuordnung der Handhabungseinrichtung zu einer der Teilfunktionen (vgl. **Tabelle 1, Seite 256**) nicht möglich, da diese Einrichtung mehrere Teilfunktionen ausführen kann. Am Beispiel des Industrieroboters zeigt sich, dass er auf der einen Seite Werkstücke handhaben kann (Teilfunktion Bewegen und Menge verändern) oder ein Werkstück zum Polieren an eine Maschine halten kann (Teilfunktion Halten). Häufig legt man eine Hauptfunktion für das Handhabungsgerät fest und kann es dann grob nach **Tabelle 1** in Anlehnung an die Unterteilung des Handhabens (vgl. **Tabelle 1, Seite 256**) einordnen.

Tabelle 1: Hauptfunktionen von Handhabungseinrichtungen

Einrichtungen zum Speichern	Einrichtungen zum Verändern von Mengen	Einrichtungen zum Bewegen	Einrichtungen zum Sichern	Einrichtungen zum Kontrollieren
■ Gurt ■ Palette ■ Magazin	■ Vereinzelungseinrichtung ■ Zuteiler ■ Weiche	■ Dreheinrichtung ■ Ordnungseinrichtung ■ Industrieroboter	■ Greifer ■ Aufnahme ■ Spanner	■ Prüfeinrichtung ■ Messeinrichtung ■ Sensor

Handhabungseinrichtungen sind somit nicht immer nur „High Tech"-Produkte, sondern durchaus auch einfache, konventionelle Vorrichtungen. Sie müssen nicht zwingend eine eigene elektronische Steuerung (Controller) enthalten, sondern können auch durch einfache mechanische Maßnahmen (z. B. Endschalter, Nockensteuerung) gesteuert werden.

Handhabungseinrichtungen zum Bewegen werden nach VDI 2861 in verschiedene Gruppen eingeteilt **(Bild 1)**.

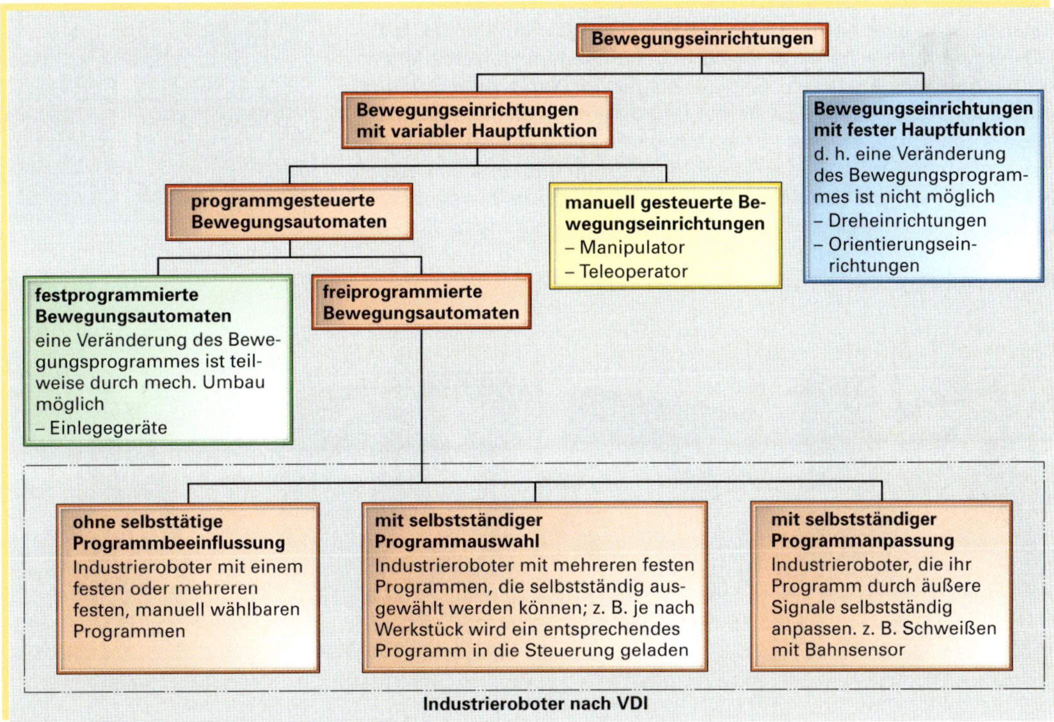

Bild 1: Einteilung der Bewegungseinrichtungen

Bewegungseinrichtungen mit fester Hauptfunktion erfüllen im Allgemeinen nur eine der Teilfunktionen des Handhabens. Oft sind dies Spezialgeräte, die im Bereich der Serienfertigung zum Einsatz kommen.

Bewegungseinrichtungen mit variabler Hauptfunktion sind fähig, mehrere Teilfunktionen des Handhabens auszuführen. Diese Gruppe wird weiter unterschieden in manuell gesteuerte und programmgesteuerte Bewegungseinrichtungen.

Bei **manuell gesteuerten Bewegungseinrichtungen** (z. B. Manipulatoren, Balancer) erzeugt der Bediener die Bewegungen direkt; d. h. es ist keine Elektronik vorhanden, die die Bewegungsabläufe speichert und kontrolliert.

Bei **programmgesteuerten Bewegungseinrichtungen** werden die Bewegungen durch ein Programm erzeugt, welches entweder mechanisch gespeichert (z. B. Nockenscheibe oder Kurvenscheibe) oder elektronisch gespeichert (EPROM, EEPROM) vorliegt. Die programmgesteuerten Bewegungseinrichtungen werden noch weiter hinsichtlich ihrer Programmänderung unterschieden. Eine der wichtigsten Bewegungseinrichtungen dieser Gruppe ist der Industrieroboter.

7.9.1.1 Balancer

Um das Heben schwerer Lasten zu ermöglichen und Ermüdungserscheinungen auch beim Heben kleiner Lasten zu vermeiden, werden immer mehr Arbeitsplätze mit Hebehilfen – sog. Balancer – ausgestattet.

Balancer sind eine Kombination aus individueller Greiftechnik (z. B. Vakuumgreifer, mechanische Greifer, Dreheinheiten), verschiedenen Aufhängungsvarianten (z. B. Radialausleger zur Wand- oder Säulenmontage, Deckenschienensysteme) und dem eigentlichen Balancer, der die Gewichtskraft des zu handhabenden Werkstückes über die Greifer aufnimmt. Der Bediener nimmt mit Hilfe des Gerätes Lasten auf, setzt sie um und legt sie wieder ab. Er braucht zum Bewegen und genauen Positionieren des Werkstückes nur die Reibungskräfte der Mechanik und die Trägheitskräfte des Werkstückes zu überwinden **(Bild 1 und 2)**.

Bild 1: Balancer

Innenspreizdorn zur Aufnahme von Folienrollen

Einbau von LKW-Beifahrersitzen

Einbau LKW-Einstieg

Handhaben eines Bremssattels

Bild 2: Anwendungsbeispiele für Balancer

7.9.1.2 Manipulatoren (Bild 1)

Dies sind Handhabungsgeräte, deren Bewegungsabläufe manuell – also durch einen Bediener – gesteuert werden. Sie sind somit nicht programmierbar. Sie kommen häufig zum Handhaben von unhandlichen (schwer und/oder heiß) Werkstücken zum Einsatz (z. B. Gesenkschmieden).

Bild 1: Manipulator

7.9.1.3 Teleoperatoren (Bild 2)

Darunter versteht man ferngesteuerte Manipulatoren. Sie kommen überwiegend dann zum Einsatz, wenn der Kontakt zum Handhabungsobjekt

- lebensgefährlich ist (z. B. Kerntechnik, Entschärfen von Bomben und Munition),
- für Menschen unmöglich ist bzw. nur mit großem technischen Aufwand durchführbar (z. B. Tiefsee, Kanalisation)

Der Bediener kommuniziert häufig mit Hilfe eines Kamerasystems, um ein möglichst realistisches Bild von der Umgebung zu erhalten. Auch diese Handhabungsgeräte sind im Allgemeinen nicht programmierbar.

Bild 2: Teleoperator

7.9.1.4 Modulare Systeme (Bild 3)

Diese Handhabungsgeräte können aus rotatorischen und linearen Antrieben und verschiedenen Greifsystemen je nach Anfordungsprofil modular zusammengebaut werden. Die Steuerung erfolgt entweder einfach über Endschalter oder über elektronische Steuerungen, die programmierbare Verfahrwege ermöglichen. Hierzu sind dann Wegmesssysteme auf den einzelnen Antrieben notwendig, so dass hierdurch CNC-Systeme entstehen.

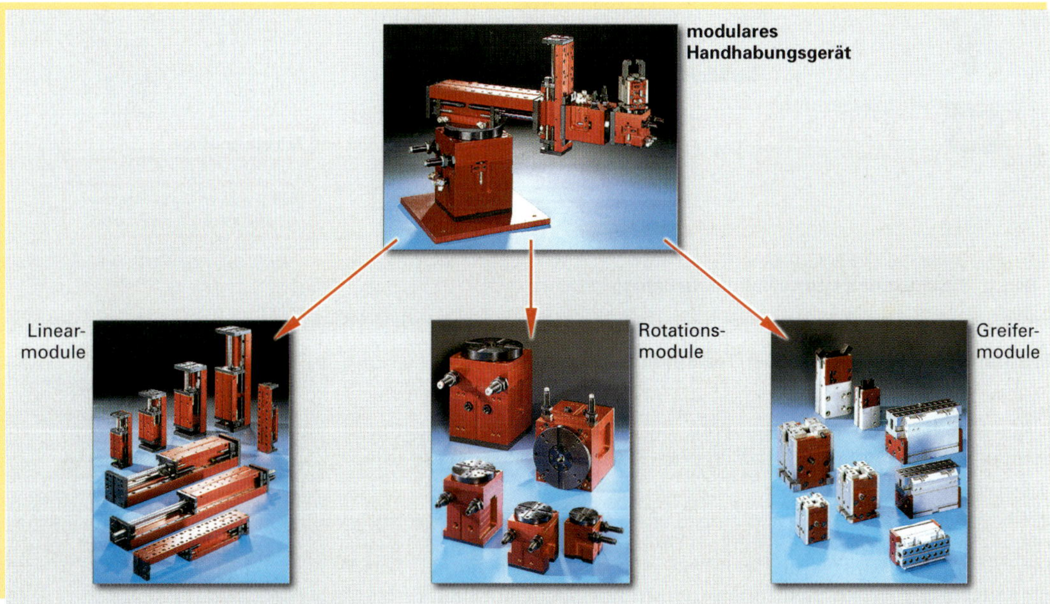

Bild 3: Modulare Handhabungssysteme

7.9.1.5 Industrieroboter

Der Industrieroboter (IR) ist mit das universellste – und auch teuerste – Handhabungsgerät. Die International Federation of Robotics (IFR) definiert einen Industrieroboter folgendermaßen:

Ein Industrieroboter (IR) ist ein universelles Handhabungsgerät mit mindestens drei Achsen, dessen Bewegungsmuster frei programmierbar ohne mechanische Hilfsmittel entsteht. Es kann ein Endeffektor z.B. ein Greifer oder ein Werkzeug angebracht werden.

Er hat eine CNC-Steuerung zur Bahnplanung und kann aus der Umgebung mit Hilfe von Sensoren Informationen gewinnen, die er in seinem Programm verarbeitet. Seine Bewegungen im Raum werden durch ein Programm vorgeschrieben und können relativ schnell ohne mechanische Veränderungen abgeändert werden. Durch seinen hohen Flexibilisierungsgrad ist der IR geradezu prädestiniert, im Bereich der flexiblen Fertigung Aufgaben zu übernehmen, da die Produktpalette der Betriebe immer breiter bei gleichzeitig kleiner werdenden Losgrößen wird. Die wichtigsten Komponenten, aus denen ein IR besteht, sind in **Bild 1** aufgeführt:

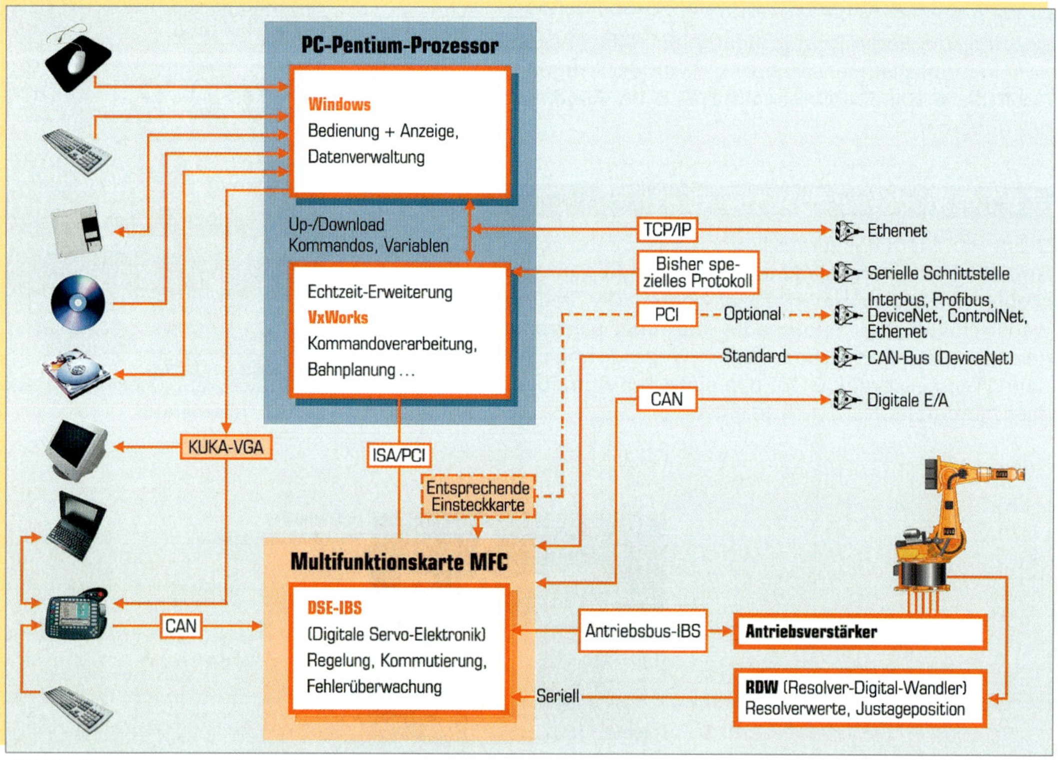

Bild 1: Systemkonzept einer Robotersteuerung

Programmierhandgerät (PGH)/Teachbox (Bild 2)

Das PGH kann als Teil der Steuerung gesehen werden. Es ist allerdings eine typische IR-Komponente, die z.B. CNC-Bearbeitungsmaschinen nicht haben. Im Prinzip ist über das PGH ein kompletter Dialog mit der Steuerung möglich. Oft ist dies allerdings etwas umständlich, da der Editor am PGH nicht für größere Programme geeignet ist. Das PGH wird hauptsächlich während des Teachens benutzt, um die Arbeitspunkte für den Bewegungsablauf zu finden. Das eigentliche Schreiben des Hauptprogrammes geschieht häufig mithilfe eines Editors im PC.

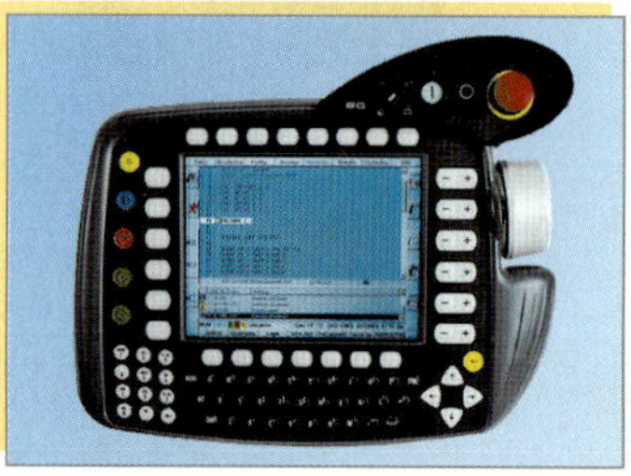

Bild 2: Teachbox

Steuerung und Software

Die Roboter-Steuerung ist vergleichbar mit den CNC-Steuerungen von Bearbeitungsmaschinen (Fräsen, Drehen etc.). Sie stellt also gewissermaßen das „Herz“ bzw. das „Gehirn“ des gesamten Roboters dar.

Die Hauptaufgaben der Roboter-Steuerung – auch RC *(Robot Control)* genannt – sind:

- Achsregelung (Geschwindigkeit und Lage)
- Bahninterpolation (z.B. linear oder kreisförmig)
- Koordinatentransformation (z.B. Raumkoordinaten in Gelenkkoordinaten)
- Kommunikation mit den Schnittstellen (z.B. Ein- und Ausgänge; Feldbussysteme)
- Kommunikation mit externem PC
- Kommunikation mit dem PGH
- Programmverwaltung (z.B. speichern und editieren)

Gerade die Koordinatentransformation und die Bahninterpolation sind sehr rechenintensive Vorgänge, die auch noch möglichst schnell durchgeführt werden müssen, damit die Sollwerte an die Regeleinrichtung möglichst häufig weitergegeben und mit den Istwerten verglichen werden können. So entsteht eine bahngenaue, zitterfreie Bewegung.

Wegen der Vielzahl der anfallenden Aufgaben gehen viele Roboterhersteller dazu über, die Steuerung mit mehreren Prozessoren zu bestücken **(Bild 1)**.

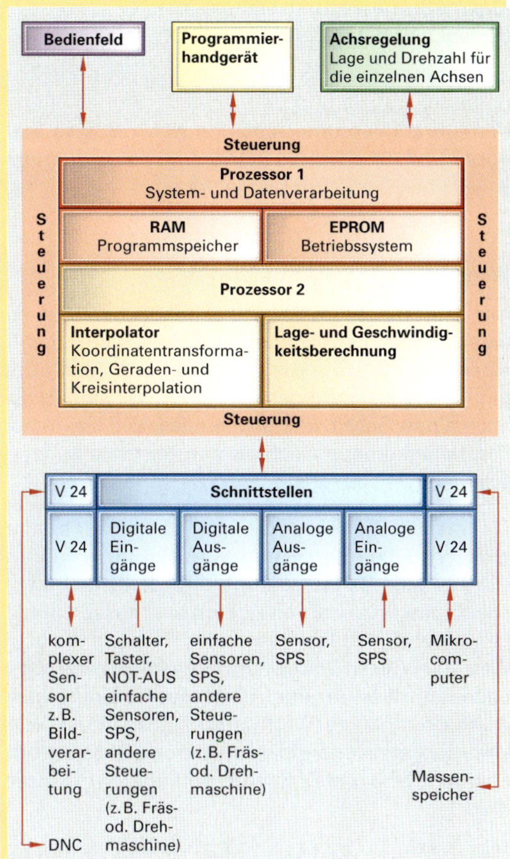

Bild 1: Robotersteuerung

Endeffektor (Bild 2)

Mit dieser Teilkomponente wird die eigentliche Handhabungsaufgabe durchgeführt. Man unterteilt die Effektoren in die Hauptgruppen Greifer und Werkzeuge.

Es gibt vom einfachen Greifer (mit den beiden Zuständen auf und zu) bis hin zu komplexen Greifsystemen, die sensorgeführt eine Bearbeitung durchführen, eine breite Palette von Anwendungen. Eingesetzte Werkzeuge sind z.B. Schweißzangen oder Messsysteme. Digitalkamerasysteme mit Bildverarbeitungssoftware (so genannte Vision-Systeme) zur Lage- und Objekterkennung sowie zur Objektvermessung werden ebenfalls häufig von IR geführt. Damit ist es möglich, zufällig auf einem sich bewegenden Förderband befindliche Teile zu greifen und weiterzugeben.

Die Flexibilität wird häufig durch Wechselsysteme erhöht. Dies sind Vorrichtungen zum automatischen Austausch des Endeffektors.

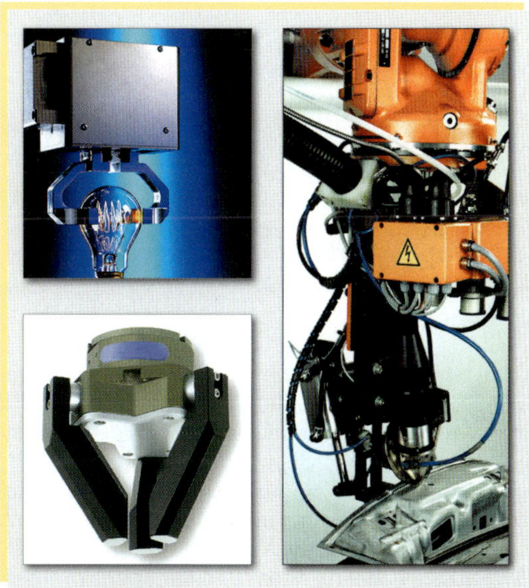

Bild 2: Endeffektoren

Kinematik/Bewegungseinheiten (Gelenke und Achsen)

Jede Roboterkinematik besteht aus rotatorischen und/oder translatorischen Achsen. Die jeweiligen Konfigurationen unterscheiden sich z. B. was Steifigkeit und Arbeitsraum betrifft und haben dadurch jeweils bestimmte Einsatzgebiete.

Wegmesssysteme/Antriebssysteme

Alle angetriebenen Achsen eines IR besitzen ein eigenes Wegmesssystem (vgl. Seite 230), das in einen Positionsregelkreis integriert ist. Weiterhin gibt es bei den bahngesteuerten IR für jede Achse auch einen Geschwindigkeitsregelkreis, um neben der Bahngeometrie auch die vorgegebene Bahngeschwindigkeit zu regeln.

Die meisten IR besitzen die Möglichkeit, auf mathematisch definierten Bahnen im Raum zu fahren. Dazu ist eine Bahnsteuerung erforderlich. Um solche Raumkurven fahren zu können, müssen im allgemeinen Fall alle Achsen des IR getrennt bzgl. Weg und Geschwindigkeit geregelt werden. Dies bedeutet, dass für jede Achse des IR eine eigene Antriebseinheit zur Verfügung stehen muss. Hier kommen meistens Elektromotoren (Gleichstrom-Servoantriebe und Drehstromantriebe) zum Einsatz **(Bild 1)**.

Diese Motoren **(Bild 1)** zeichnen sich durch geringe Massen und somit kleinen Massenträgheitsmomenten aus. Dies ist wichtig, da die Massen der Folgeachsen mitbewegt werden müssen.

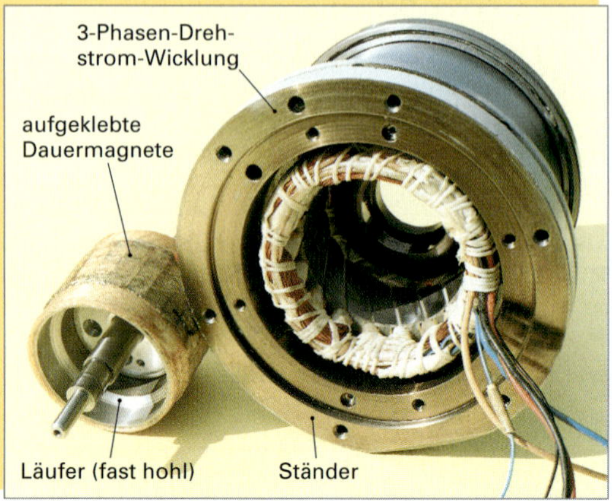

Bild 1: Drehstrom-Servoantrieb mit Hohlläufermotor

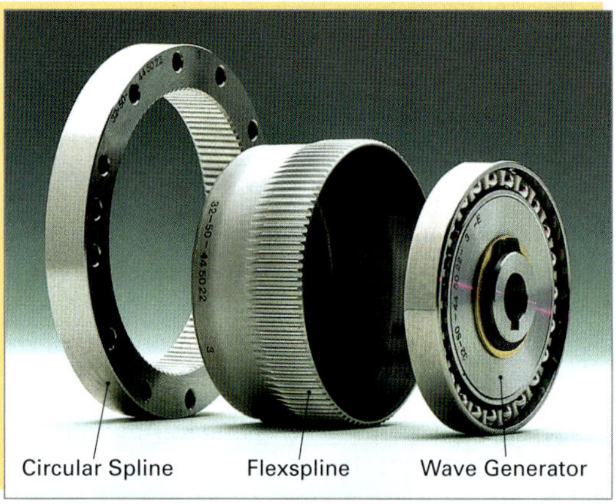

Bild 2: Harmonic-Drive-Getriebe

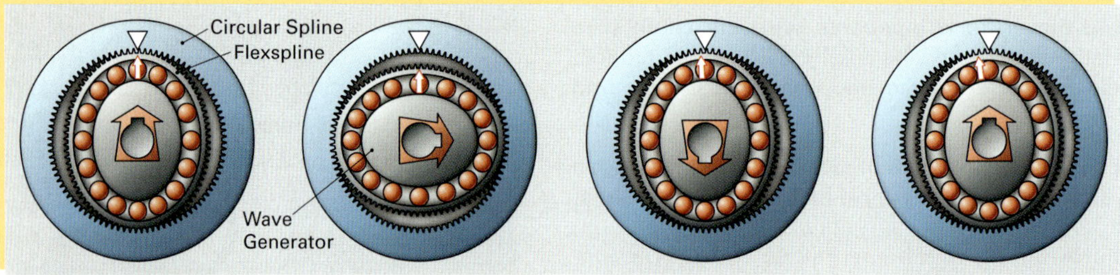

Bild 3: Funktionsweise des Harmonic-Drive-Getriebes

Die Drehzahl der Elektromotoren wird meist mit einem Harmonic-Drive-Getriebe **(Bild 2)** angepasst. Der elliptische Wave Generator als angetriebenes Teil verformt über das Kugellager den Flexspline, der sich in den gegenüberliegenden Bereichen der großen Ellipsenachse mit dem innenverzahnten, fixierten Circular Spline im Eingriff befindet. Mit Drehen des Wave Generators verlagert sich die große Ellipsenachse und damit der Zahneingriffsbereich. Da der Flexspline zwei Zähne weniger als der Circular Spline besitzt, vollzieht sich nach einer halben Umdrehung des Wave Generators eine Relativbewegung zwischen Flexspline und Circular Spline um die Größe eines Zahnes und nach einer ganzen Umdrehung um die Größe zweier Zähne. Bei fixiertem Circular Spline dreht sich der Flexspline als Abtriebselement entgegengesetzt zum Antrieb **(Bild 3)**.

Harmonic-Drive-Getriebe besitzen durch ihre Spielfreiheit in der Verzahnung eine Positioniergenauigkeit von weniger als einer Winkelminute und eine Wiederholgenauigkeit von wenigen Winkelsekunden. Mit nur drei Bauteilen werden Untersetzungen von 50:1 bis 320:1 bei Wirkungsgraden bis 85% erreicht. Da die Kraftübertragung über einen großen Zahneingriffsbereich erfolgt, können Harmonic-Drive-Getriebe höchste Spitzendrehmomente übertragen. Diese Getriebe weisen über dem gesamten Drehmomentbereich eine hohe Torsionssteifigkeit auf. Sie sind nicht selbsthemmend und sind sowohl im Untersetzungs- als auch im Übersetzungsbetrieb einsetzbar.

Peripherie

Kaum eine Roboteranwendung kommt ohne Sensoren, d.h. ohne Informationen aus der Applikationsumgebung, aus. Externe Sensoren, die über die Schnittstellen mit der Steuerung gekoppelt sind, liefern programmbeeinflussende Parameter zur Steuerung (z.B. Werkstück vorhanden oder nicht, Positionskorrekturen durch Andrucksensor beim Schleifen, sensorgeführtes Schweißen).

Werker, die in der Nähe von Roboterapplikationen arbeiten, müssen vor den von diesen Anlagen ausgehenden Gefahren geschützt werden.

Durch die zunehmende Automatisierung von Produktionsprozessen mit Industrierobotern ist der Aspekt Sicherheit von Mensch, Maschine und Produktionsgut von tragender Bedeutung, denn Industrieroboter sind Bewegungsautomaten mit mehreren freiprogrammierbaren Achsen. Die dadurch mögliche freie Raumbewegung des Roboters kann in seinem Gefahrenbereich (Hüllfläche des Roboterbewegungsraumes) durch energiereiche Bewegungen, wie hohe Verfahrgeschwindigkeit und/oder Bewegung großer Massen, zu roboterspezifischen Unfällen führen. So sind Bewegungsverlauf und Bewegungsstart von Robotern aufgrund ihrer freien Programmierbarkeit schwierig vorherzusagen, zumal sich aufgrund von Produktions- und Umgebungsbedingungen Variablen des Roboterprogramms ändern können. Man muss Sicherheitseinrichtungen einbauen, die zum sofortigen Abschalten der Anlage führen, wenn eine Person in den Gefahrenbereich kommt **(Bild 1)**.

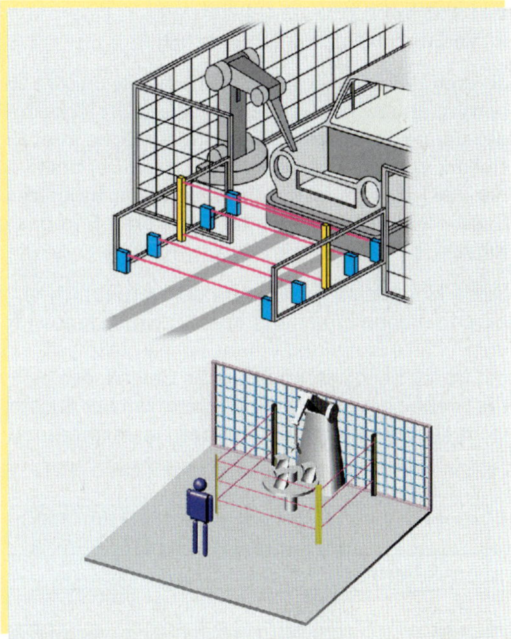

Bild 1: Sicherheitseinrichtungen

Dies sind in der Regel:

- Lichtschranken
- Schaltmatten
- Identitätskontrollen

Neben den wichtigen Kriterien wie Steuerungsart, Anzahl und Art der Schnittstellen (Bus, analog/digital) gibt es mechanische Kenngrößen nach VDI, die eine einheitliche Bewertung unterschiedlicher Robotersysteme zur Verfügung stellen **(Tabelle 1)**.

Tabelle 1: Kenngrößen eines Industrieroboters (nach VDI-Richtlinie 2861)

Geometrische Kenngrößen	Belastungs-Kenngrößen	Kinematische Kenngrößen	Genauigkeits-Kenngrößen
■ Mechanische Systemgrenzen ■ Raumaufteilung ■ Arbeitsbereich	■ Nennlast ■ Maximale Nennlast ■ Maximallast ■ Nennmoment ■ Nenn-Massenträgheitsmoment	■ Geschwindigkeit ■ Beschleunigung ■ Überschwingweite ■ Ausschwingzeit ■ Verfahrzeit ■ Zykluszeit	■ Wiederholgenauigkeit (Position und Orientierung) ■ Wiederholgenauigkeit (Bahn)

7.9.2 Kinematik des Roboters

Der kinematische Aufbau eines Roboters ist durch die Anordnung und die Anzahl der an der Bewegung beteiligten Achsen bestimmt. Achsen sind geführte, unabhängig voneinander angetriebene Glieder. Diese Achsen dienen beim Industrieroboter dazu, dass der Endeffektor (Werkstück/Werkzeug des Roboters) im Raum bewegt werden kann. Hilfseinrichtungen am Roboter, wie z. B. Greifer, zählt man nicht zu den Achsen. Man unterscheidet **rotatorische** und **translatorische** Achsen **(Bild 1)**. Rotatorische Achsen werden unterteilt in:

- **Vertikale** Achsen bzw. **fluchtende** Achsen
- **Horizontale** oder nicht **fluchtende** Achsen (Achsen, die in einem Drehgelenk liegen)

Bei den translatorischen Achsen gibt es die drei Teilgruppen:

- **Verschiebeachsen,** die nicht fluchtend sind
- **Teleskopachsen,** die fluchtend sind
- **Verfahrachsen,** z. B. Linearschlitten

Je nach Hersteller ergeben sich, was die äußere Gestalt des Roboters betrifft, unterschiedliche Bauweisen. Um die einzelnen Roboter vergleichbar zu machen und das Wesentliche ihrer Kinematik herauszustellen, werden kinematische Ersatzbilder erstellt. In der VDI-Richtlinie 2861 (Kinematikbeschreibung von Industrierobotern) sind die Symbole für die Achsen, für Effektoren und das Fundament aufgeführt.

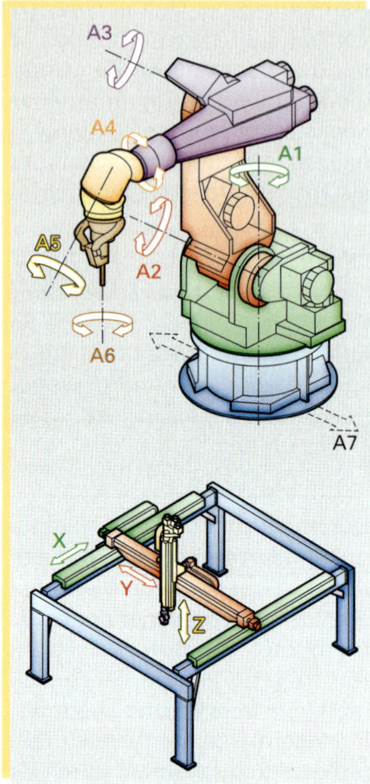

Bild 1: Roboterachsen

Diese kinematischen Ersatzbilder verdeutlichen, dass bei der oben beschriebenen Einteilung immer zwei Angaben für eine Achse gemacht werden. Auf der einen Seite ist durch diese Einteilung eindeutig festgelegt, ob sich die Achse linear oder rotatorisch bewegt. Des Weiteren ist aber auch etwas über das Gelenk, das bei rotatorischen Achsen vorhanden sein muss, ausgesagt. Die Drehbewegung der Achse kann bei der fluchtenden Achse einmal um sich selbst erfolgen oder bei der nicht fluchtenden einmal um das Gelenk herum **(Bild 1 und 2)**.

Achsen	Symbol	Symbol mit Angabe der Bewegungsmöglichkeit
Translationsachse fluchtend (Teleskop)		
Translation nicht fluchtend		
Verfahrachse		
Rotationsachse fluchtend		
Rotation nicht fluchtend		
Werkzeuge		Klebepistole, Schweißzange
Greifer		Vakuumgreifer, Parallelgreifer
Kennzeichnung von Systemgrenzen		kurzer Trennstrich bedeutet echte Schnittstelle (z. B. auswechselbare Werkzeuge
Trennung zwischen Haupt- und Nebenachsen		Hauptachse Nebenachse

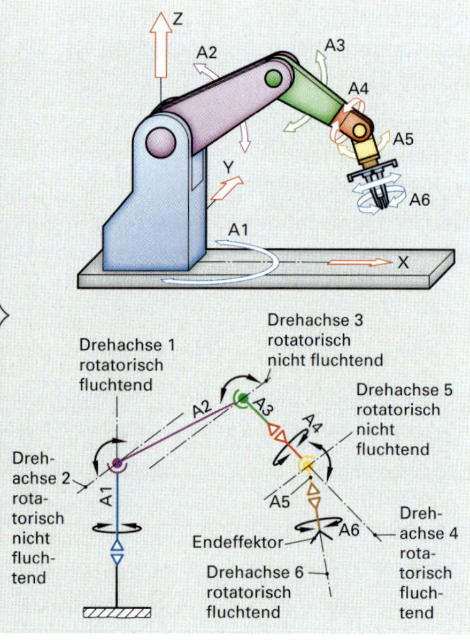

Bild 2: Kinematisches Ersatzschaltbild

7.9.2.1 Getriebefreiheitsgrad

Beschreibt man die Bewegung eines Körpers im Raum, wird sehr häufig die vereinfachende Annahme gemacht, dass es sich bei dem Körper um einen Massenpunkt handelt. Dies ist eine sehr einschränkende – auch nur theoretisch mögliche – Vereinfachung, da ein Punkt bekanntlich keine räumliche Ausdehnung und somit natürlich auch keine Masse hat. Diese Vereinfachung ist dann vertretbar, wenn nur die Momentangeschwindigkeit bzw. die zurückgelegte Strecke bestimmt werden soll und dadurch die Ausdehnung des bewegten Körpers im Raum uninteressant ist.

Somit sind zur eindeutigen Beschreibung der Lage eines Massenpunktes lediglich die drei Koordinaten *x*, *y* und *z* notwendig. Schwieriger wird es, wenn die räumliche Ausdehnung des bewegten Körpers beachtet werden muss; wie z. B. bei Bewegungen von Werkstücken im Raum.

Der Freiheitsgrad *f* ist die Anzahl der möglichen unabhängigen Bewegungen. Demnach hat ein im Raum frei beweglicher starrer Körper maximal den Freiheitsgrad $f = 6$, der sich aus drei translatorischen und drei rotatorischen Bewegungsmöglichkeiten zusammensetzt.

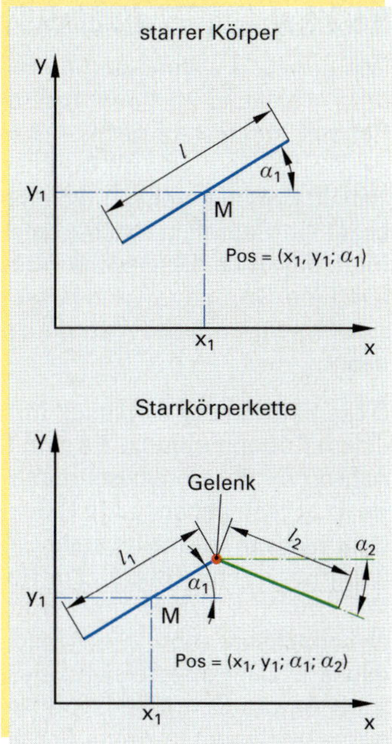

Bild 1: Freiheitsgrad

Im Unterschied zum Freiheitsgrad eines starren Körpers (vgl. Seite 255) ist der Begriff des **Getriebefreiheitsgrades** bzw. der Freiheitsgrad eines Systems von starren Körpern zu sehen. Es handelt sich dabei um mehrere hintereinander oder parallel zueinander angeordnete starre Körper, die über Gelenke verbunden sind. Ein solches System von starren Körpern wird häufig auch als Starrkörperkette bezeichnet (z. B. Achsen eines Roboters).

Ein ebener Stab hat drei Freiheitsgrade. Dies sind bei gegebener Stablänge l z. B. die Koordinaten seines Mittelpunktes M (x_1, y_1) zur Beschreibung der Lage des Stabes. Zur Beschreibung der Orientierung dient der Winkel α_1 **(Bild 1)**.

Diese Art, die Lage und die Orientierung des Stabes zu beschreiben, ist völlig willkürlich. Es existieren noch andere Möglichkeiten, die Position zu beschreiben (z. B. Bezugspunkt ein Stabende). Aber allen diesen Möglichkeiten ist gemeinsam, dass sie drei voneinander unabhängige Parameter benötigen, um die Position in der Ebene festzulegen.

Sind zwei ebene Stäbe mit einem Gelenk miteinander verbunden, welches eine Rotationsbewegung erlaubt, (so genannte Starrkörperkette), haben sie den Getriebefreiheitsgrad somit vier; d. h. es sind zur eindeutigen Beschreibung der Lage dieser Starrkörperkette in der Ebene – bei bekannten Längen l_1 und l_2 der Stäbe – lediglich die Angabe des Mittelpunktes des Stabes l_1 (M (x_1, y_1)) und der Orientierungswinkel α_1 notwendig. Zur Beschreibung des Stabes 2 genügt der Winkel α_2, der die Orientierung von Stab 2 beschreibt **(Bild 1)**.

Je nach Art der Gelenke (rotatorisch oder translatorisch, Anzahl der Bewegungsmöglichkeiten) können somit unterschiedliche Starrkörperketten mit unterschiedlichen Getriebefreiheitsgraden konstruiert werden **(Bild 2)**.

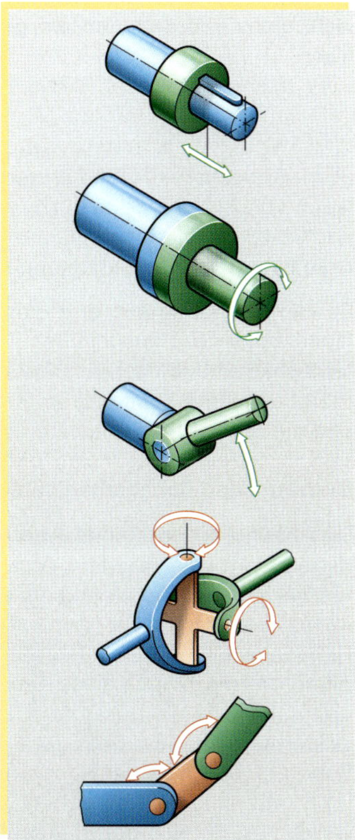

Bild 2: Gelenkarten

7.9.2.2 Bauarten und Arbeitsräume

Wie bereits erwähnt, sind 6 Freiheitsgrade nötig, um einen starren Körper beliebig im Raum anzuordnen. Dies hat zur Folge, dass ein Roboter mindestens sechs Achsen benötigt, um ein Werkstück bzw. ein Werkzeug in seinem Arbeitsraum beliebig anordnen zu können. Hat ein Roboter weniger als diese sechs Achsen, kann er nicht jede beliebige Raumlage nachvollziehen. Ebenfalls wurde schon aufgeführt, dass sich diese sechs Freiheitsgrade in zwei Gruppen unterteilen. Eine Gruppe (*x, y, z*) fasst man unter dem Begriff Positionen zusammen, während man die andere Gruppe (A, B, C) Orientierung nennt.

Diese Einordnung wird auch für eine erste Einteilung der Achsen an einem Roboter benutzt. Es sind für einen Roboter zuerst einmal drei Achsen zur Positionsbeschreibung notwendig. Diese Achsen werden Hauptachsen genannt. Mit Hilfe der kinematischen Beschreibung der **Hauptachsen** kann eine erste Einteilung der Robotersysteme vorgenommen werden **(Bild 1)**. Zur Herstellung der Orientierung des Greifers bzw. des Werkzeuges braucht man dann noch so genannte **Nebenachsen** auch – in Analogie zum Menschen – **Handachsen** genannt. Die Hauptachsen eines Roboters bestehen aus translatorischen und/oder rotatorischen Achsen. Die Nebenachsen sind fast ausnahmslos rotatorische Achsen.

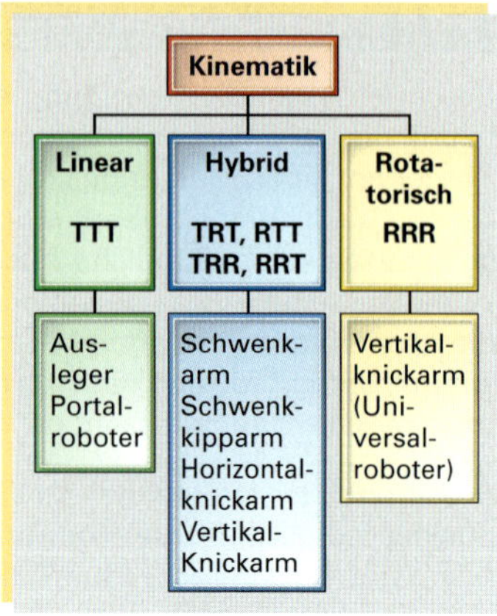

Bild 1: IR-Einteilung aufgrund der Hauptachsen

Eine räumliche Form der Begrenzungen entsteht, wenn die Hauptachsen in ihren Maximal- bzw. Minimalstellungen verfahren werden. Dadurch ergibt sich der **Arbeitsraum** des Roboters. Größe und Form dieses Arbeitsraumes sind ein entscheidendes Kriterium für die Auswahl eines Roboters, um ein gegebenes Handhabungsproblem zu lösen.

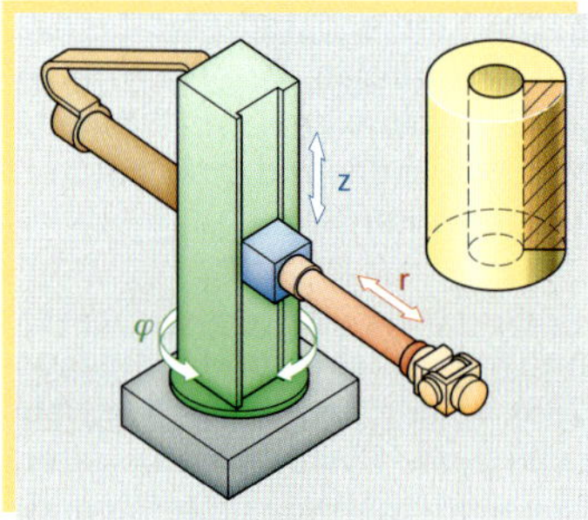

Bild 2: RTT-Kinematik

Schwenkarmroboter

IR mit RTT-Kinematik **(Bild 2)** werden hauptsächlich zum Be- und Entladen von Maschinen benutzt, da sie eine große Reichweite haben und trotzdem relativ schnell um die erste Achse drehen können. Der Arbeitsraum ist zylinderförmig.

Bei der RRT-Kinematik ist die erste Achse ebenfalls als rotatorisch-fluchtende Achse ausgebildet. Die Bauformen der zweiten und dritten Achse sind je nach Anwendungsfall verschieden. Es gibt Industrieroboter **(Bild 3)**, die die zweite Achse rotatorisch, nicht fluchtend und die dritte Achse translatorisch (teleskop) aufgebaut haben. Diese Roboter eignen sich sehr gut für das Bahnschweißen, wie es im Fahrzeug- und Behälterbau häufig vorkommt.

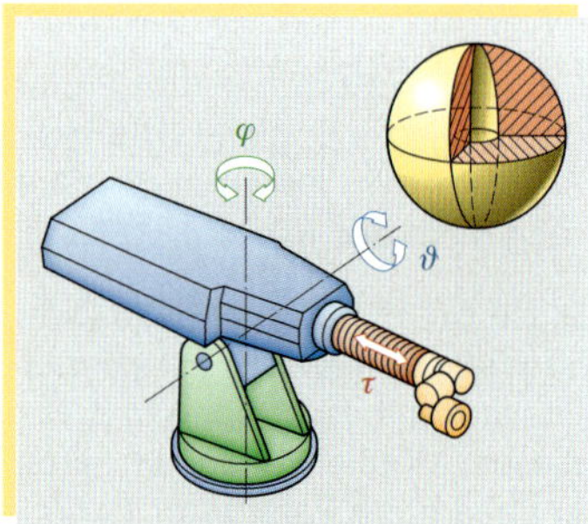

Bild 3: RRT-Kinematik

Eine häufig anzutreffende Anordnung in der RRT-Kinematik ist ein Roboter mit waagrechtem Arm, der sog. **SCARA**-Roboter **(Bild 4)**. Hierbei liegen die erste und die zweite rotatorische, nicht fluchtende Achse waagrecht. Die dritte Achse, eine Linearachse, dient zur Höheneinstellung. Der entstehende Arbeitsraum dieser Kinematik ist zylinderförmig. Durch diese Kinematik werden sehr hohe Fügekräfte ermöglicht, da die gesamte Anordnung mechanisch sehr steif ist. Weiterhin führt diese Steifigkeit zu einer sehr hohen Genauigkeit des Roboters. Somit ist der Hauptanwendungsbereich dieser Kinematik im Montagebereich zu sehen. Durch hohe Wiederholgenauigkeit werden im Bereich der Platinenbestückung z.B. fast ausschließlich SCARA-Roboter eingesetzt.

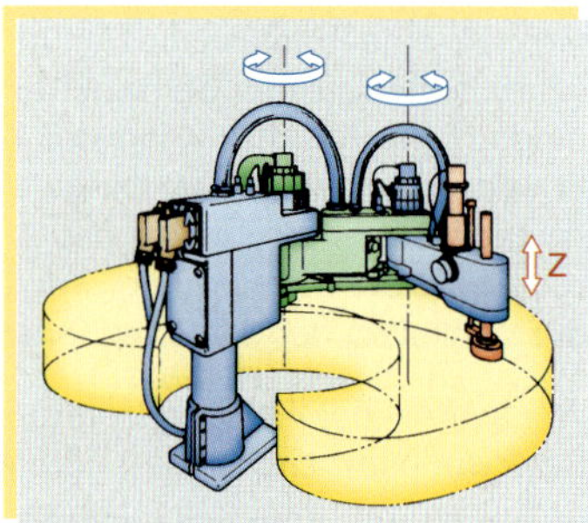

Bild 4: Scara-Roboter

Lineararm-Roboter/Portalroboter

Der Lineararm-Roboter besitzt drei translatorische Hauptachsen und somit eine TTT-Kinematik **(Bild 1)**. Diese Anordnung hat einen kubischen Arbeitsraum.

Eine weit verbreitete Realisierung des TTT-Roboters ist die Portalbauweise. Diese Art eignet sich sehr gut für Transportaufgaben über größere Strecken, da die entstehenden mechanischen Beanspruchungen gut über das Portalfundament abgefangen werden können. Ferner sind lange translatorische Achsen messtechnisch einfacher zu handhaben als entsprechende rotatorische Achsen. Baut man zu den drei Achsen noch Nebenachsen ein, so können mit dieser Art von Roboter auch Fügearbeiten, die nicht genau in einer der drei Hauptachsenrichtungen liegen, durchgeführt werden. Diese Applikation kann z.B. zwei Fertigungsmaschinen miteinander verknüpfen, die ein Werkstück nacheinander bearbeiten **(Bild 4)**. Das Ein- und Ausspannen in das jeweilige Maschinenfutter übernimmt der Portalroboter. Ein weiterer Vorteil dieser Anordnung ist, dass sich der Roboter oberhalb der Applikation befindet und somit der Bodenbereich und der Bereich vor den einzelnen Maschinen frei zugänglich ist.

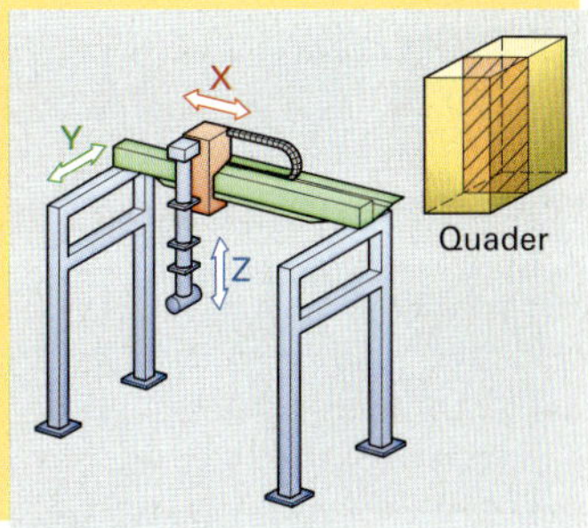

Bild 1: Portalroboter

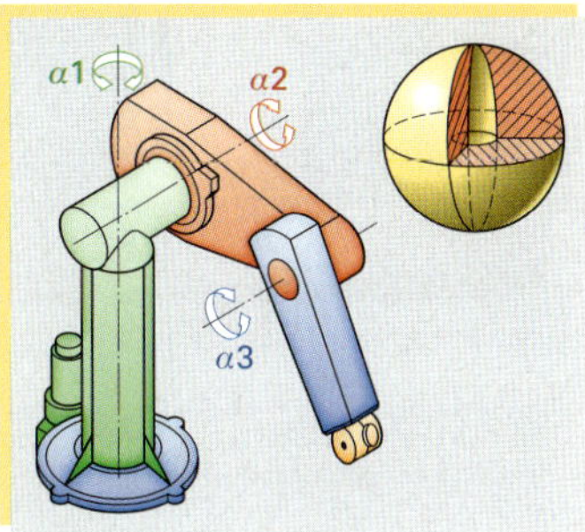

Bild 2: Knickarm-Roboter

Knickarm-Roboter

Bei Knickarm-Robotern **(Bild 2)**, auch Gelenkarm-Roboter genannt, sind alle Hauptachsen als rotatorische Achsen ausgeführt (RRR-Kinematik). In fast allen Fällen ist die erste Achse eine fluchtende Achse, während die Achsen zwei und drei nicht fluchtend sind. Im Vergleich zu den anderen Kinematiken hat die RRR-Kinematik den Vorteil, dass sie bezüglich ihres Arbeitsraumes den geringsten Platzbedarf hat und des weiteren für schnelle Bewegungen die kleinsten Beschleunigungskräfte benötigt. Durch die RRR-Kinematik ist es diesen Robotern ohne weiteres möglich, über Kopf zu arbeiten. Der durch die Anordnung der Achsen entstehende Arbeitsraum ist kugelförmig. Durch die Kinematik ist dieser IR in vielen Bereichen der Automatisierung einsetzbar (Schweißen, Montage, Bearbeiten, Handhaben allgemein usw.).

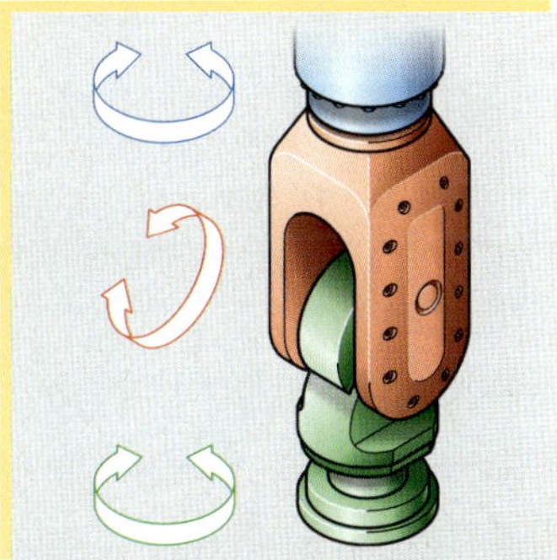

Bild 3: Handachsen

Achsen zur Herstellung der Orientierung

Zur Herstellung der Orientierung eines Handhabungsobjektes wird häufig die Kombination Achse 4 rotatorisch fluchtend, Achse 5 rotatorisch nicht fluchtend und Achse 6 rotatorisch fluchtend benutzt **(Bild 3)**.

Bild 4: Anwendungsbeispiele

Handhaben von PKW-Stoßfängern

Handhaben von PKW-Motorblöcken

Punktschweißen

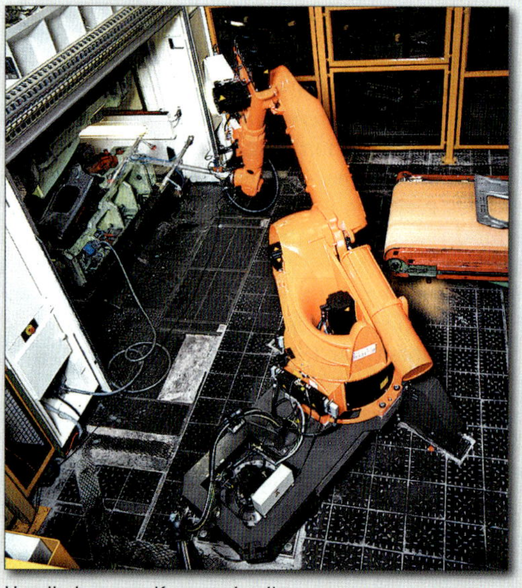

Handhaben von Karosserieteilen

Bild 1: Anwendungsbeispiele

Arbeitsauftrag:

1. Erläutern Sie die unterschiedlichen Achsarten eines Industrieroboters.
2. Erläutern Sie die Begriffe *Freiheitsgrad im Raum* und *Getriebefreiheitsgrad.* Gehen Sie dabei auch auf die Unterschiede zwischen einem starren Körper und einem Massenpunkt beim Begriff des Freiheitsgrades ein.
3. Geben Sie den Getriebefreiheitsgrad von drei gelenkig miteinander verbundenen Stäben (ebenes Problem) an. (Skizze!)
4. Zeichnen Sie das kinematische Ersatzschaltbild für einen Scara-Roboter mit rotatorisch nicht fluchtender vierter Achse und rotatorisch fluchtender fünfter Achse.
5. Beschreiben Sie Roboteranwendungen aus Ihrer Firma.

7.9.3 Roboter-Steuerung

Beim Erstellen eines Programmes für einen Industrieroboter werden – anders als z. B. beim Programmieren einer CNC-Fräsmaschine – die Raumpunkte fast immer durch **Teachen** gefunden und abgespeichert. Dies geschieht dadurch, dass der Bediener den IR – meist mit Hilfe eines Joysticks an dem Programmierhandgerät – an die entsprechenden Punkte (incl. Orientierung) der Applikation fährt und diese abspeichert.

Wie bereits erwähnt, braucht man zur Beschreibung von solchen Bewegungen starrer Körper ein Koordinatensystem, mit Hilfe dessen Position und Orientierung eindeutig angegeben werden können. Grundsätzlich gibt es mehrere Koordinatensysteme, die dafür in Frage kämen. Das in der Technik wohl am häufigsten benutzte ist das **kartesische Koordinatensystem (Bild 1)**. Dies bedeutet, dass sich der Bediener des IR in diesem Koordinatensystem am schnellsten zurecht findet. Deswegen bieten fast alle Roboterhersteller das kartesische Koordinatensystem als **Basiskoordinatensystem** – auch **Weltkoordinatensystem** genannt – an **(Bild 1)**.

Als Bezugspunkt zur Angabe der Position dient häufig der so genannte **Tool Center Point** (TCP), der in der Mitte des Greifers liegt. Zur Beschreibung der Orientierung des Greifers wird ein weiteres Koordinatensystem durch den TCP gelegt und damit die Orientierungswinkel zum Basiskoordinatensystem beschrieben. Die Lage eines starren Körpers, den ein Greifer festhält, wird somit durch die sechs Parameter beschrieben

$$\mathbf{BK = (\mathit{x}\,[mm];\ \mathit{y}\,[mm];\ \mathit{z}\,[mm];\ \mathit{a}\,[°];\ \mathit{b}\,[°];\ \mathit{c}\,[°])}$$

Soll diese Lage nun von einem sechsachsigen Knickarmroboter eingenommen werden, entsteht folgendes Problem. Dieser IR hat nur rotatorische Achsen; d. h. seine sechs Gelenkwerte sind jeweils Winkelangaben. Dies bedeutet, dass die Weltkoordinatenparameter in die Gelenkwinkel umgerechnet werden müssen; durch die so genannte **Koordinatentransformation (Bild 3)**. Die Angaben in Gelenkwinkel werden als **Gelenk-, Achs-** oder **Roboterkoordinaten** bezeichnet **(Bild 2)**.

$$\mathbf{GK = (\alpha\,[°];\ \beta\,[°];\ \gamma\,[°];\ \delta\,[°];\ \varepsilon\,[°];\ \varphi\,[°])}$$

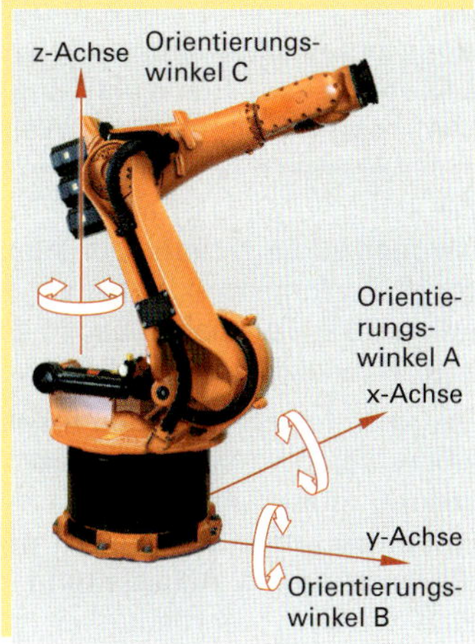

Bild 1: Weltkoordinaten

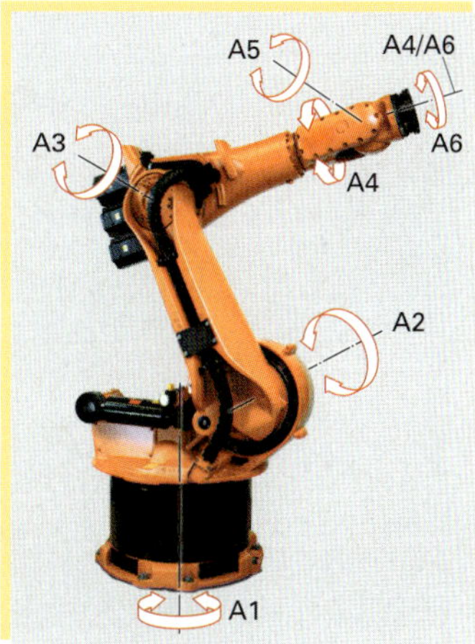

Bild 2: Achskoordinaten

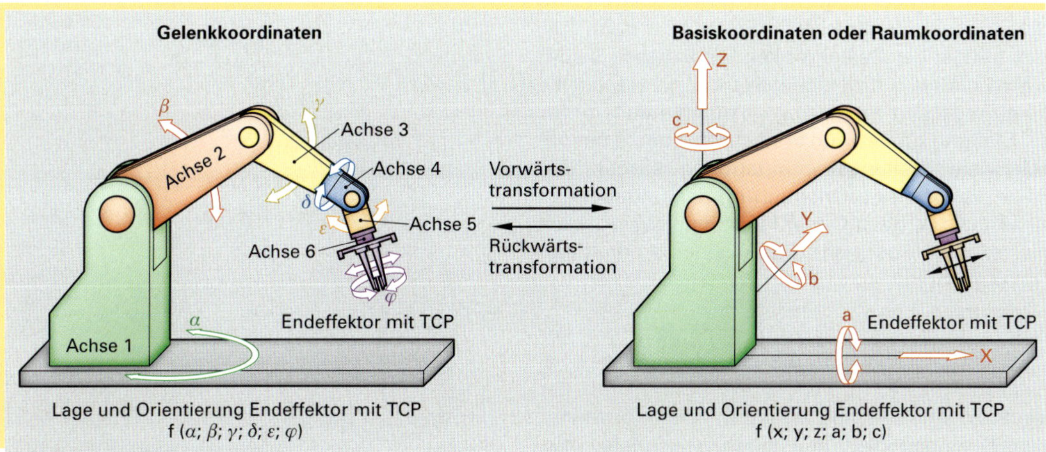

Bild 3: Koordinatentransformation

Die Koordinatentransformation **(Bild 1)** erfordert einen erheblichen Rechenaufwand und benötigt entsprechende Rechenleistung. Speichert die Steuerung die Raumlagen in Weltkoordinaten, kann es bei gewissen Achsstellungen zu **Mehrdeutigkeiten** kommen. Dies ist auf die Transformationsgleichungen zurückzuführen, da hier mit trigonometrischen Funktionen (z.B. Sinus) gerechnet werden muss. Diese Funktionen haben als Umkehrfunktion (z.B. arcsin bzw. $\sin^{-1}$) mehrere Lösungen.

Die wichtigsten Mehrdeutigkeitsstellungen sind elbow up/down und Front-/Backside **(Bild 2)**. Zur Lösung dieser Problematik werden zusätzliche Parameter eingeführt, um zu gewährleisten, dass die gewünschte Achsstellung angefahren wird. Eine weitere Mehrdeutigkeit bei sechsachsigen Knickarmrobotern ist Flip/No Flip. Hier können die Achsen 4 und 5, jeweils um 180° gedreht, die gleiche absolute Position durch zwei verschiedene Gelenkwerte erreichen.

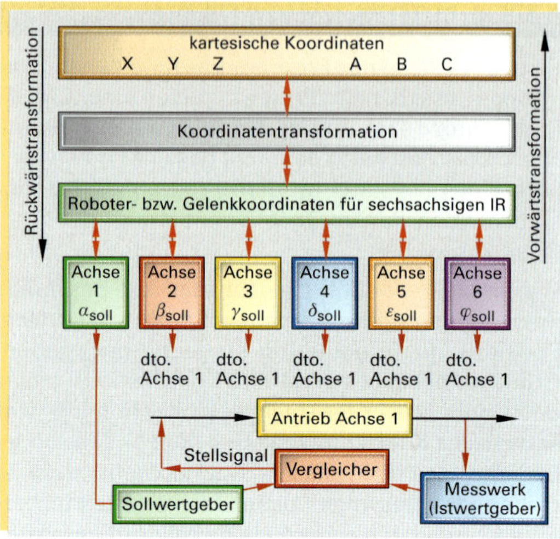

Bild 1: Koordinatentransformation

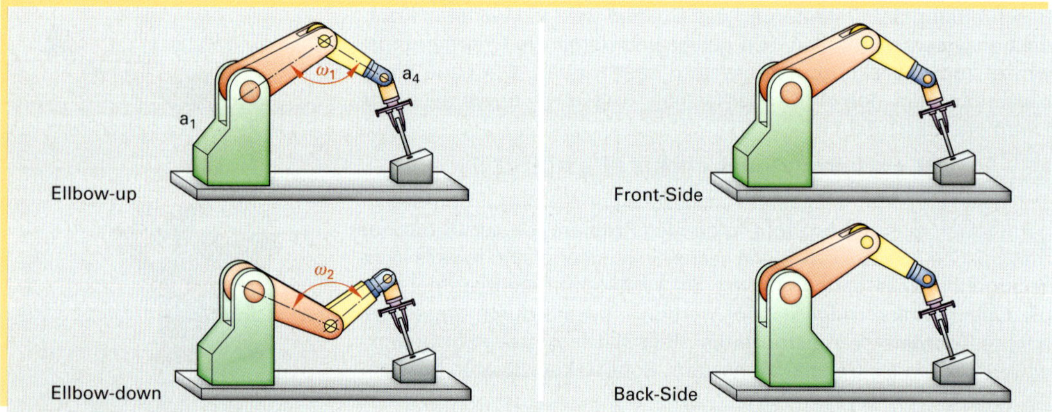

Bild 2: Mehrdeutigkeiten

Singularitäten wie die **Alpha 5/0°**-Situation stellen die Steuerung vor weitere Probleme. In **Bild 3** muss der sechsachsige Knickarmroboter eine Bahn fahren, bei der der Gelenkwinkel α_5 der Achse 5 vom einem Wert $\alpha_5 > 0$ zu einem Wert $\alpha_5 < 0$ wechselt – oder umgekehrt, so wird $\alpha_5 = 0$ durchlaufen. In dieser Stellung können nun die Achsen 4 und 6 unendlich viele Stellungskombinationen einnehmen, ohne die Lage und Orientierung des Endeffektors zu ändern, da sie auf einer Fluchtlinie liegen. Auch hier gibt es Routinen, die zu einer eindeutigen Lösung führen.

Zusammenfassend ist zu sagen, dass bei der Vorwärtstransformation die gesuchten Welt- bzw. Basiskoordinaten immer – unabhängig von der Bauform (Achsanzahl, Achsart, Achsanordnung) des IR – eindeutig aus den gegebenen Gelenk- bzw. Achskoordinaten bestimmbar sind.

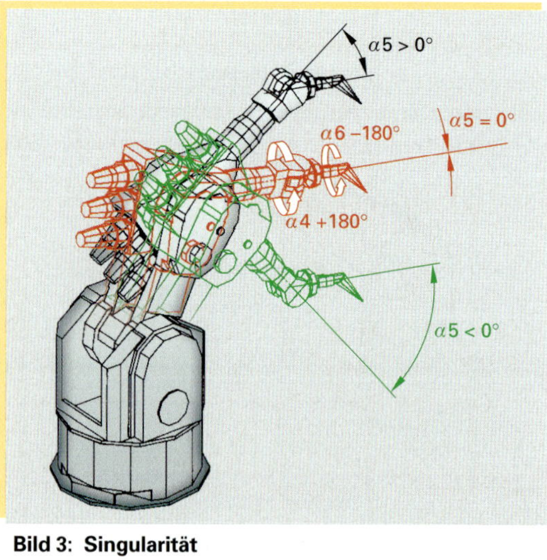

Bild 3: Singularität

Anders verhält es sich bei der Rückwärtstransformation. Hier ist das Problem nur speziell für den jeweiligen IR lösbar. Es entstehen Mehrdeutigkeiten, wenn die Berechnung eine begrenzte Anzahl von gleichwertigen Lösungen ergibt. Es entstehen Singularitäten, wenn die Berechnung unendlich viele Lösungen ergibt. Der Programmierer muss bei der Erstellung des Roboterprogrammes auf die richtige Konfiguration achten.

Ein weiteres Koordinatensystem, das beim Teachen zur Anwendung kommt, ist das **Greiferkoordinatensystem**. Wenn Raumgeraden parallel oder rechtwinklig zur Werkzeug- bzw. Greiferorientierung realisiert werden müssen, z.B. ein Werkstück in eine schräg im Raum liegende Bohrung (d.h. Mittelpunktsachse der Bohrung stimmt nicht mit einer Achse X, Y oder Z der Weltkoordinaten überein) einführen, dann ist es fast unmöglich, dieses Problem in Welt- oder Gelenkkoordinaten zu lösen. Es müssen nämlich hier beim Teachen mehrere Achsen gleichzeitig bewegt werden **(Bild 1)**.

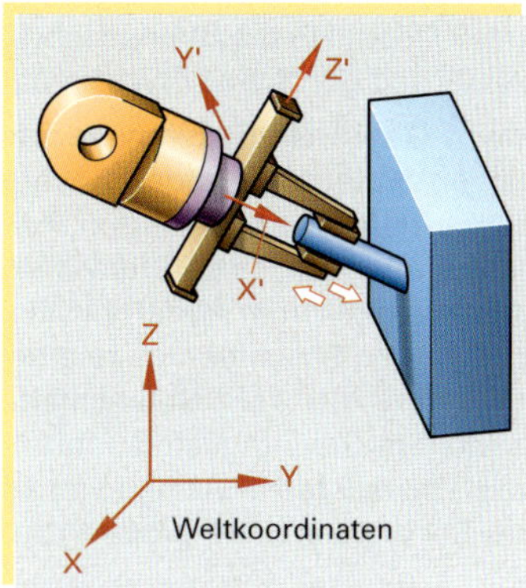

Bild 1: Greiferkoordinaten

In diesem Fall wird ein Koordinatensystem in den Greifer (in **Bild 1** X´, Y´ und Z´) gelegt. Meistens benutzt man ein kartesisches Raumkoordinatensystem, bei dem der Koordinatennullpunkt mit dem TCP übereinstimmt und die drei senkrechten Koordinatenachsen so angeordnet sind, dass eine genau in verlängerter Greiferrichtung zeigt. Die Verfahrbewegungen beim Teachen erfolgen dann in Richtung dieser Koordinatenachsen.

Im Gegensatz zu z.B. CNC-Fräsmaschinen, die meist mit 3D-Steuerungen auskommen, treten beim IR häufig mehr als drei Achsen auf. Dies hat zur Folge, dass die Koordinatenangaben für Roboter schwieriger zu verstehen sind. Prinzipiell sei darauf hingewiesen, dass die Verwendung der unterschiedlichen Koordinatensysteme

- Weltkoordinaten
- Gelenkkoordinaten
- Greiferkoordinaten

nur beim Teachen der Arbeitslagen wichtig ist. Die Steuerung gibt sowieso immer die Achswerte (bei rotatorischen Achsen Winkel und bei translatorischen Achsen Strecken) an die Lageregelung aus. Jedes der drei Koordinatensysteme hat in der Praxis seine speziellen Anwendungsvorteile.

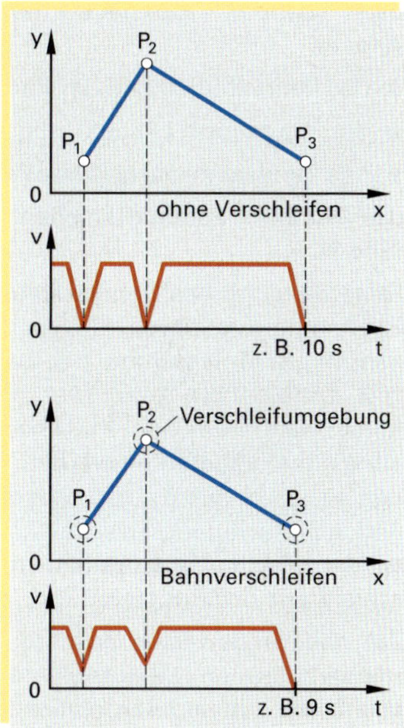

Bild 2: Bahnverschleifen

Roboterspezifische Bahninterpolatoren

Neben den „klassischen" Interpolatoren für Gerade und Kreis gibt es bei Robotersteuerungen spezifische Interpolatoren, wie z.B. das **Verschleifen.** Beim „normalen" Abfahren einer Folge von Punkten im Raum wird jeder Punkt, der angegeben ist, exakt in seinen Koordinaten und Orientierungen angefahren. Dies bedeutet für die Lageregelung, dass die Bahngeschwindigkeit in den Punkten immer Null ist **(Bild 2)**. Oft handelt es sich hier lediglich um Zwischenpunkte, die man nicht exakt treffen muss; sie dienen z.B. nur zum Umfahren eines Hindernisses. Man ist also durchaus bereit, zu Gunsten der Schnelligkeit Abstriche an der Genauigkeit zu akzeptieren.

Das **Bahnverschleifen** ermöglicht bezüglich der Geschwindigkeit und der Orientierung einen stetigen Übergang von einem programmierten Bahnsegment in das andere. Damit wird die Bewegung harmonischer. Ferner geht hiermit eine 10- bis 15-prozentige Zeitersparnis einher **(Bild 2)**. Durch das Verschleifen der Roboter-Bewegung braucht die Steuerung die Bewegung nicht bis zum Stillstand (v = 0 m/s) herabzubremsen, sondern kann, wenn der Verschleifradius erreicht ist, die Richtung für den nächsten Punkt harmonisch ändern. Je nach Hersteller ist der Verschleifradius softwareseitig vorgegeben oder frei (in technisch sinnvollen Grenzen) programmierbar.

Ein anderes Verschleifen wird angewendet, wenn z.B. bei einer Schweißkonstruktion eine Schweißnaht hergestellt werden soll, die nicht nur entlang einer Geraden liegt, sondern mehrere Knickpunkte hat. Ein Bahnverschleifen wäre hier nicht durchführbar. Einmal würden die Zwischenpunkte nicht exakt, je nach Einstellung des Verschleifradius, getroffen werden, zum andern würde sich in der Nähe der Hilfspunkte die Bahngeschwindigkeit des TCP ändern, was einer Änderung der Schweißvorschubgeschwindigkeit entspräche.

Beim **Geschwindigkeitsverschleifen (Bild 1)** wird im Idealfall mit unverminderter Bahngeschwindigkeit des TCP im Überschleifpunkt durch den programmierten Punkt gefahren. Dies ist jedoch nicht immer möglich, so dass die Geschwindigkeit im Überschleifpunkt in Abhängigkeit vom Verfahrprofil und der programmierten Geschwindigkeit und Beschleunigung einen Wert zwischen Null (exaktes Positionieren, d.h. kein Überschleifen) und v_{soll} (ideales Überschleifen ohne Geschwindigkeitsänderung) annimmt. Grundsätzlich sollten die Schweißkonstruktionen so ausgelegt sein, dass ein automatisiertes Schweißen ohne große Probleme möglich ist.

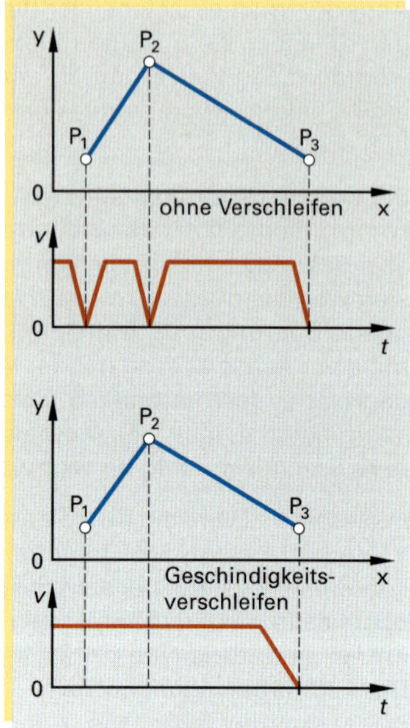

Bild 1: Geschwindigkeitsverschleifen

Eine sehr spezielle Interpolationsart ist das **Pendeln**. Sie hat ihr hauptsächliches Einsatzgebiet beim Bahnschweißen. Hier ist es häufig notwendig, dass das Schweißwerkzeug um eine Mittelpunktsbahn „pendelt“. Spezielle Interpolatoren vereinfachen z.B. durch Angabe

- des Pendelhubes und der Pendelfrequenz,
- der Pendelform (sinusförmig, rechteckig, dreieckig),
- des Pendelwinkels und der Pendelebene

das Durchführen einer solchen Pendelbewegung beim Schweißen **(Bild 2)**.

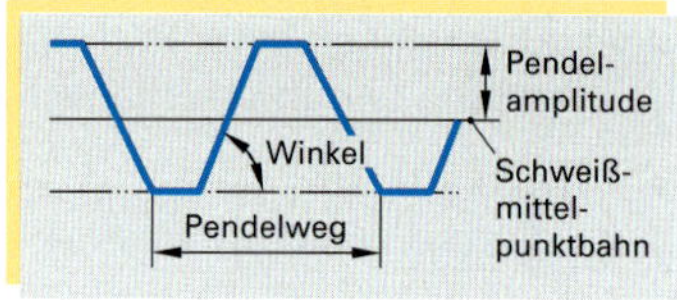

Bild 2: Pendeln

Neuerdings gibt es Robotersteuerungen mit völlig neu konzipierter Bahnsteuerung durch die so genannte **Spline-Interpolation**. Sie kommt zur Anwendung z.B. beim Lackieren von Freiformflächen (z.B. Kotflügel am Auto). Dies sind gekrümmte Flächen im Raum, die nicht durch mathematische Funktionen wie Gerade oder Kreis beschrieben werden können. Solche komplizierten Raumkurven können nur „ungefähr“ abgefahren werden. Eine Möglichkeit wäre hier das Beschreiben mit sehr vielen kleinen Geraden, was zum einen einen erheblichen Teach-Aufwand zur Folge hätte. Zum anderen wird hierdurch eine „eckige“ Bewegung erzeugt, die beim Versuch mit relativ konstanter Bahngeschwindigkeit zu verfahren, wieder zu sehr starken Beschleunigungssprüngen der Antriebe und somit zu großen Belastungen der Verschleißteile des Roboters führt.

Zur näherungsweisen Beschreibung einer solch gekrümmten Bahn mit Hilfe von Splines (speziellen mathematischen Näherungsfunktionen) sind weniger Positionen erforderlich als mit herkömmlicher Zirkular- bzw. Linear-Interpolation. Dadurch sind komplexe Bahnbewegungen (z.B. Freiformflächen oder komplexe Konturen) mit erheblich niedrigerem Teach-Aufwand programmierbar. Mit einher geht eine minimierte Maschinenbelastung durch harmonische Bahnübergänge, die keine Beschleunigungssprünge erzeugen. Weiterhin erlaubt die Anwendung der Spline-Interpolation eine höhere Bahngeschwindigkeit ohne dadurch Genauigkeitsverluste zu erzeugen.

Arbeitsauftrag:

1. Welche Mehrdeutigkeiten können bei einem sechsachsigen Knickarmroboter durch Anbringen einer siebten Achse (Verfahrachse) entstehen?
2. Geben sie für den IR in Aufgabe 1 einmal die Gelenkkoordinaten und einmal die Weltkoordinaten an. Geben sie auch die richtigen physikalischen Einheiten an.
3. Skizzieren Sie die Mehrdeutigkeitsstellung Flip/No Flip an einem sechsachsigen Knickarmroboter.
4. Skizzieren Sie das Geschwindigkeitsprofil der x- und y-Achsen einer zweidimensionalen Bahnsteuerung in einem v-t-Diagramm für eine Vollkreisbewegung.

7.9.4 Programmierung von IR

Analog zur Programmierung von Werkzeugmaschinen muss die Bewegungsaufgabe bzw. Handhabungsaufgabe in einzelne Sequenzen zerlegt und über geeignete Programmierverfahren als Programm für die jeweilige Robotersteuerung erstellt werden. Die Programmierung der Robotersteuerung hat einen wesentlichen Einfluss auf die Leistungsfähigkeit eines Industrieroboters. Um Rüst- und Umrüstzeiten zu minimieren, muss die Programmierung möglichst einfach und übersichtlich und mit wenig Aufwand durchführbar sein.

Beispiel: Ein Werkstück soll von einer Ablageposition zu einem Werkstückträger transportiert und dort abgelegt werden.

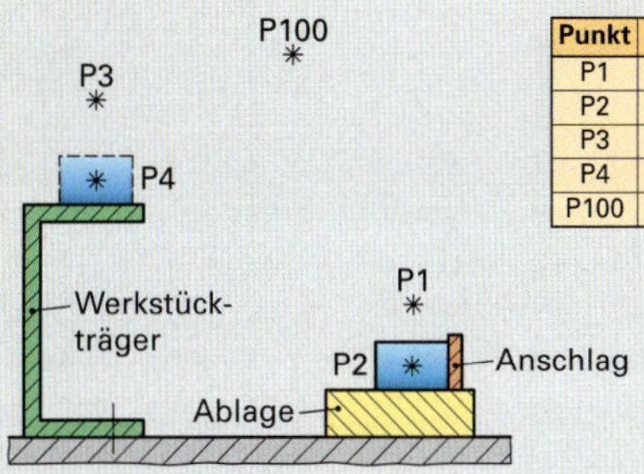

Punkt	Kommentar
P1	Anfahrposition Ablage
P2	Greifposition Ablage
P3	Anfahrposition Werkstückhalter
P4	Ablageposition Werkstückhalter
P100	Rückzugspunkt

Programmablaufplan	Roboterprogramm
START	Wird automatisch eingefügt
P1	MOVE P1
Greifer auf	GRIPPER 1
P2	MOVE P2
Greifer zu	GRIPPER 0
P1	MOVE P1
P3	MOVE P3
P4	MOVE P4
Greifer auf	GRIPPER 1
P3	MOVE P3
P100	MOVE P100
ENDE	Wird automatisch eingefügt

Bild 1: Pick & Place-Übung

Roboterprogramme sollen:

- leicht erstellbar
- einfach anzupassen
- leicht optimierbar
- schnell und einfach korrigierbar sein.

Grundsätzlich sind bei der Roboterprogrammierung zwei Phasen zu unterscheiden. Einmal sind die Punkte (inkl. Orientierung) an der Applikation zu bestimmen und abzuspeichern. Zum anderen werden im eigentlichen Programm die Verfahrwege, Beschleunigungen und Geschwindigkeiten zwischen diesen Punkten festgelegt (linear, circular), eventuelle Unterprogramme erstellt und die Kommunikation mit den EAs aufgebaut. Informationstechnisch gesehen sind die Punktangaben im Hauptprogramm Variablen, die mit Werten gefüllt werden müssen **(Bild 1)**.

Das Finden der Punkte geschieht in der Praxis häufig durch Teachen des IR direkt vor Ort an der Applikation. Zum anderen bieten heutige Roboterhersteller Simulationssoftware **(Bild 2)** an, mithilfe derer die ganze Roboterzelle am PC „eins zu eins" abgebildet werden kann. Hier liegen dann die Punkte schon durch die Simulation vor. Eine Simulation hat den Vorteil, dass der Hersteller schon vor Inbetriebnahme wichtige Betrachtungen an seiner Applikation wie Kollisionsbetrachtungen, Taktzeitermittlung, Ausfallssimulationen usw. durchführen kann. In der Praxis muss dann allerdings beim realen Einbau der IR noch „nachgeteacht" werden.

Eine Variante, bei der sowohl die Punkte als auch die Verfahrwege mit den jeweiligen Beschleunigungen und Geschwindigkeiten in einem Arbeitsgang ermittelt werden, ist das **Play-Back-Verfahren.** Hier wird der IR bei abgeschalteten Antrieben vom Bediener entlang der zu programmierenden Bahn geführt. Während dieser Phase werden in einem festgelegten Zeittakt alle für die Wiedergabe der Bahn notwendigen Daten gespeichert. Diese Art zu programmieren kommt hauptsächlich bei Beschichtungsrobotern zur Anwendung **(Bild 3)**.

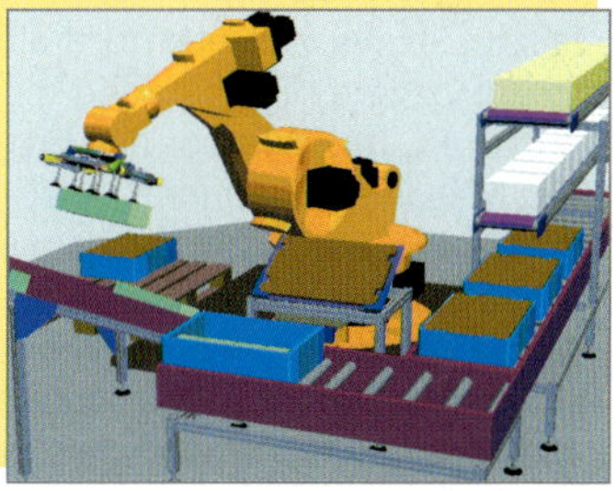

Bild 2: Programmsimulation

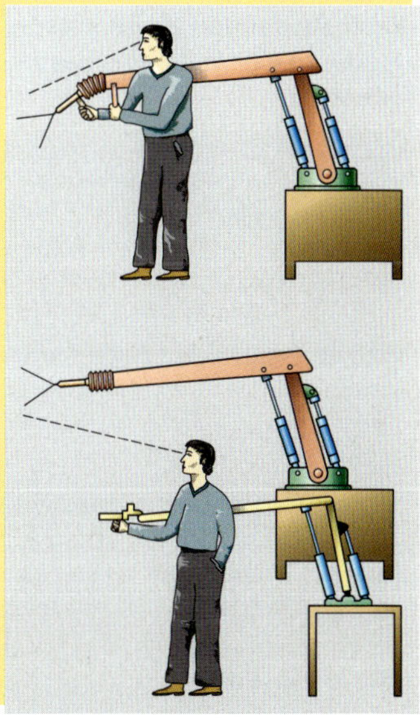

Bild 3: Playback-Verfahren

Die eigentliche Programmierung von Robotern kann grundsätzlich auf zwei Arten erfolgen:

- Online-Programmierung
- Offline-Programmierung

Von Online-Programmierung spricht man, wenn die Programmerstellung online, also direkt beim Teachen erfolgt.

Hier bieten einige Steuerungshersteller grafisch interaktive Programmiermöglichkeiten an, die sogar soweit gehen, dass der Bediener für einfache Programmstrukturen die spezielle Befehls-Syntax des Herstellers nicht mehr kennen muss. Das Programm **(Bild 1)** wird durch ein Flussdiagramm beschrieben, welches sich aus definierten Icons **(Bild 2)** – die wieder bestimmte Eigenschaften haben (z.B. Verfahrbefehl, EA-Kopplung) – zusammensetzt. Selbstverständlich ist es möglich, zwischen der grafischen und der textuellen Programmseite zu wechseln.

Die Online-Programmierung hat den Nachteil, dass die Anlage während der Programmerstellung nicht produzieren kann. Aus diesem Grunde gibt es **Offline-Programmiersysteme,** die die Programmerstellung in der Arbeitsvorbereitung ermöglichen. Diese Systeme bilden häufig die gesamte Applikation im PC ab. Wie bei der Programmierung von CNC-Maschinen können CAD-Daten importiert werden. Es können hiermit nicht nur schon die Punkte festgelegt werden, es ist auch möglich, Programmoptimierungen vorzunehmen. Bestimmte Situationen, wie z.B. der Ausfall eines Teiles der Applikation, werden simuliert und entsprechende Maßnahmen vorbereitet (redundantes[1)] Auslegen bestimmter Teilbereiche). Neutrale Programmiersysteme erstellen einen Programmcode, der erst durch Anwenden eines entsprechenden Postprozessors zu einem für eine bestimmte Robotersteuerung eines bestimmten Herstellers verwertbaren Quellcode wird.

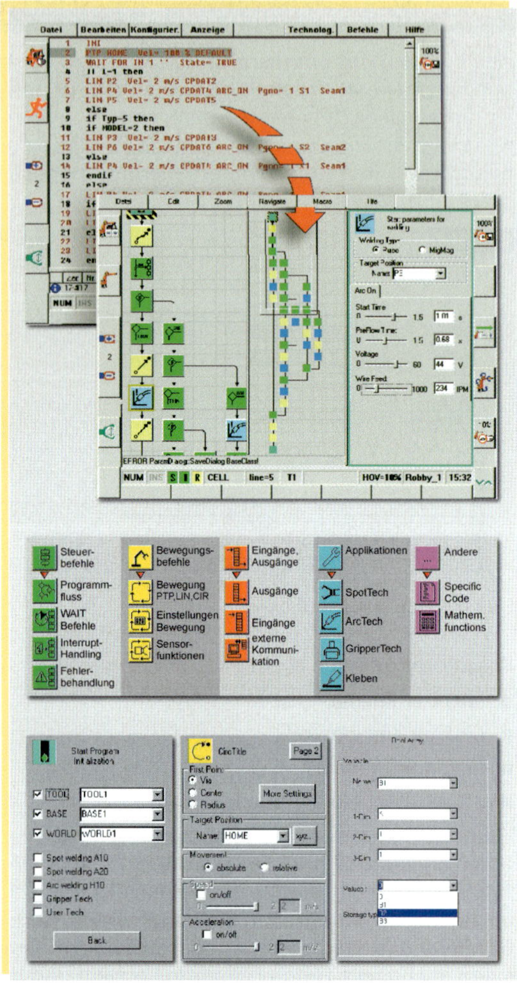

Bild 1: Roboter-Programm

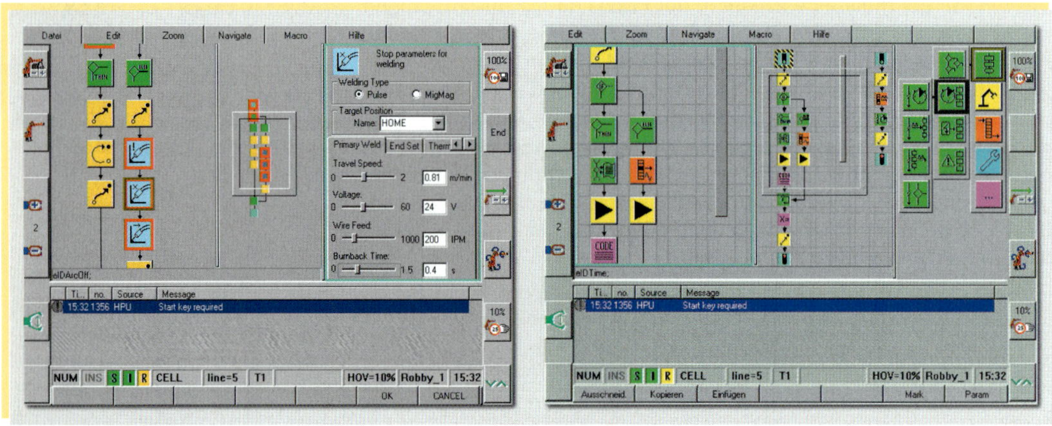

Bild 2: Icon-Editor

[1)] Redundant (lat.): überreichlich

8 Grundlagen der Elektrotechnik

Die Phänomene elektrischer Ladung sind in vielen Bereichen des täglichen Lebens erkennbar, z.B. Blitze bei einem Gewitter oder gelegentlich der Funkenüberschlag beim Angreifen der Autotür.

Zur Nachbildung dieser Erscheinungen dient folgender Versuch:

Ein Kunststoffstab wird an einem Fell gerieben. Danach führt man den Kunststoffstab langsam an das Fell heran.

Beobachtung:

Die Haare des Felles werden vom Kunststoffstab zunächst angezogen.

Erklärung (Bild 1):

Diese und ähnliche Beobachtungen haben bereits bei den alten Griechen zu den unterschiedlichsten Erklärungsversuchen geführt. Da wir Menschen nicht in der Lage sind mit unseren Sinnesorganen die beobachteten Veränderungen am Kunststoffstab und am Fell zu erkennen, die diese Anziehungskraft zwischen Stab und Fell begründen könnte, war es lange Zeit sehr schwer, dieses Phänomen zu erklären. Ein erprobtes und hilfreiches Werkzeug, welches als Erklärungshilfe herangezogen werden kann, ist die Entwicklung eines Modells (Beispiel Atommodell, **Bild 2**).

- Modelle bezeichnen Abbilder der Wirklichkeit, die nicht genau den tatsächlichen Gegebenheiten entsprechen müssen.
- Modelle ermöglichen eine Beschreibung des Verhaltens von Körpern, Stoffen und Systemen.
- Modelle werden in wissenschaftlichen Untersuchungen validiert (überprüft) und gegebenenfalls korrigiert.

Die Modellbeschreibung in unserem Beispiel basiert auf der Annahme, dass Ladungsträger mit gegensätzlicher Ladung vorhanden sind, die durch die Reibung des Kunststoffstabes mit dem Fell voneinander getrennt wurden. Das Bestreben dieser positiven und negativen Ladungsträger ist es, einen Ausgleich, ein Gleichgewicht ihrer Ladung herbeizuführen. Die Wirkung dieses Ausgleichsbestrebens können wir in Form der Anziehung der Haare des Felles vom Kunststoffstab erkennen. Nachdem sich Fell und Kunststoffstab kurze Zeit berührten, d.h. sich die Ladungen ausgleichen konnten, verschwindet auch das Phänomen der Anziehungskraft. Zur genaueren Untersuchung der elektrischen Ladungen nehmen wir ein weiteres Modell zu Hilfe.

Gleichartige elektrische Ladungen stoßen einander ab, ungleichartige Ladungen ziehen sich an **(Bild 3)**.

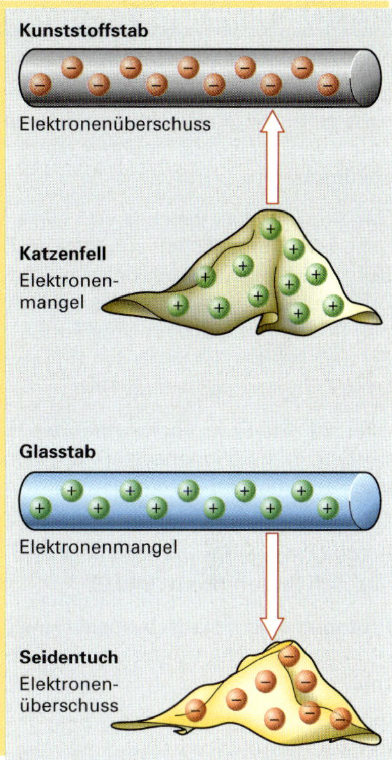

Bild 1: Reibung zweier Materialien

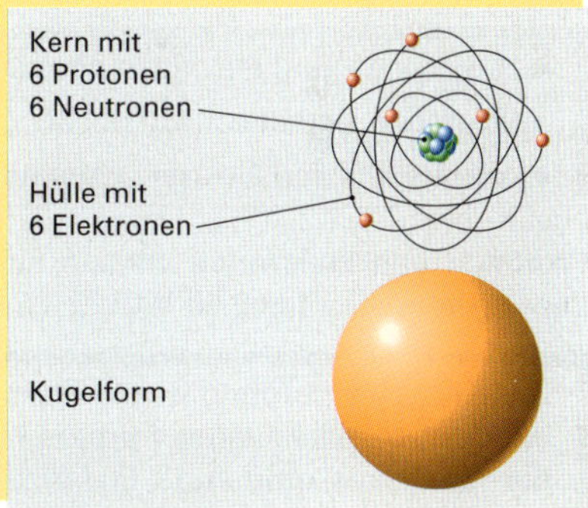

Bild 2: Atommodell

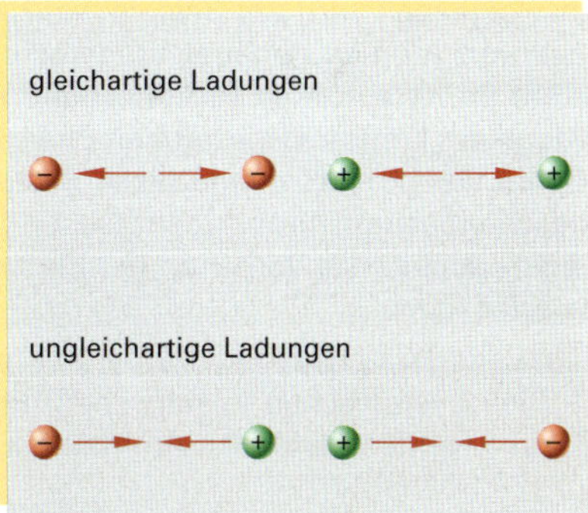

Bild 3: Elektrische Ladungen

8.1 Das Bohr'sche Atommodell

Alle auf der Erde vorkommenden Stoffe bestehen aus Molekülen, die ihrerseits aus einzelnen Atomen zusammengesetzt sind. Die physikalischen Eigenschaften der Atome und deren Verhalten untereinander werden durch ihre Bestandteile bestimmt.

Das Atommodell, welches von Niels Bohr[1] entwickelt wurde, geht von einem Modell aus, das im Zentrum einen Atomkern besitzt. Dieser wiederum besteht aus Neutronen und Protonen. Auf konzentrischen Kreisen um den Atomkern kreisen Elektronen in unterschiedlichen Abständen. Man spricht hierbei von Schalen **(Bild 1)**, weshalb das Bohr'sche Atommodell auch als Schalenmodell bezeichnet wird.

Alle auf der Erde vorkommenden Elemente sind in einem System, dem Periodensystem der Elemente, nach Atomaufbau und Atomgewicht eingeordnet.

Neutronen sind elektrisch neutral. Im Verhältnis zu Protonen und Elektronen besitzen sie eine sehr große Masse. Sie befinden sich im Atomkern **(Bild 2)**.

Protonen sind elektrisch positiv geladen. Atome bestehen im Atomkern aus Neutronen und Protonen meistens gleicher Anzahl.

Elektronen sind elektrisch negativ geladen. Sie kreisen auf unterschiedlichen Schalen um den Atomkern **(Bild 3)**. Die Anzahl der Elektronen ist im Normalfall gleich der Anzahl der Protonen. Das Atom ist nach außen hin elektrisch neutral.

- Neutronen sind elektrisch neutral.
- Protonen sind elektrisch positiv geladen.
- Elektronen sind elektrisch negativ geladen.

Protonen und Elektronen weisen eine jeweils gleich große Ladung von $e = \pm 1{,}602\ 10^{-19}$ C (C = Coulomb, 1 C = 1 As) auf.

Die elektrische Ladung ist die Elektrizitätsmenge, die sich auf der Oberfläche eines Körpers befindet. Die kleinste in der Natur vorkommende Elektrizitätsmenge ist die Elementarladung.

Im Folgenden wird am Beispiel eines Natriumatoms der Aufbau von Atomen genauer untersucht. Das Natriumatom besteht im Kern aus elf Protonen und elf Neutronen. Um den Atomkern kreisen insgesamt elf Elektronen. Das Verdienst Nils Bohrs war es nun, genau diese Bestandteile eines Atoms zu beschreiben und ihren Aufenthaltsort in seinem Modell festzulegen, sodass das Verhalten der Elemente physikalisch erklärt werden kann.

Die physikalischen (elektrischen) Eigenschaften von Atomen werden durch den Atomaufbau bestimmt.

[1] Niels Bohr: dänischer Physiker (1885-1962)

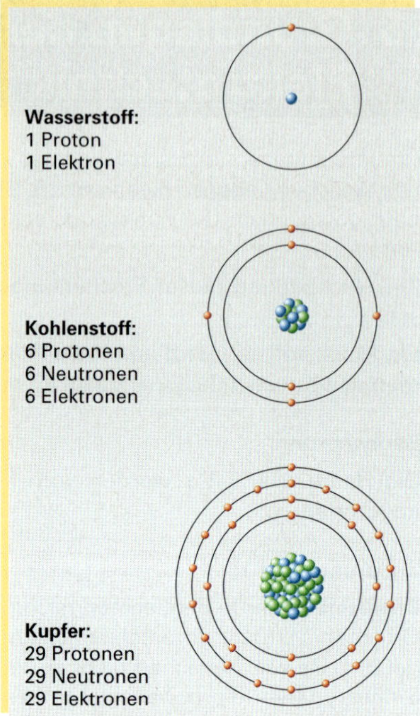

Bild 1: Atomaufbau

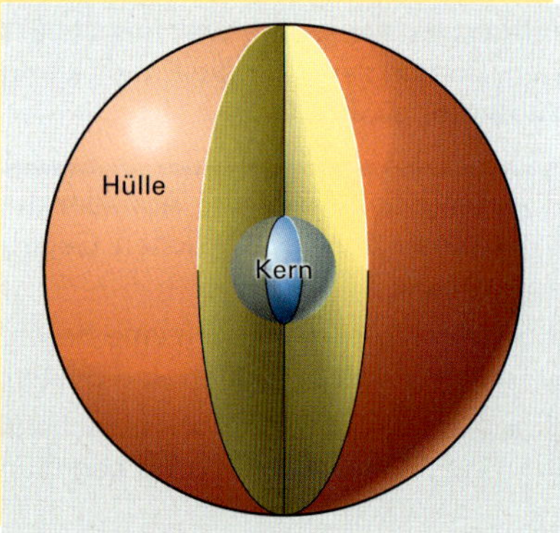

Bild 2: Atommodell

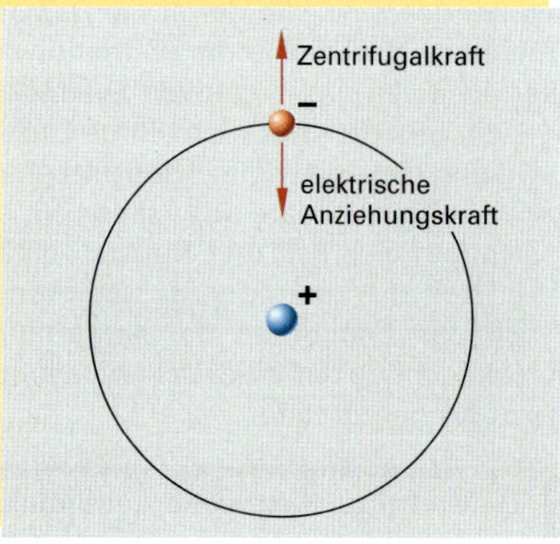

Bild 3: Kräfte und Ladungen

8.2 Ladungstrennung

Beim Reiben des Felles an dem Kunststoffstab werden Ladungen getrennt. Zur vereinfachten Darstellung der Ladungstrennung wird das Modell eines Natriumatoms herangezogen **(Bild 1)**. Entzieht man dem Natriumatom ein Elektron, so überwiegen die positiven Ladungsträger (Protonen). Das Atom ist somit elektrisch positiv geladen. Erhält im Gegensatz hierzu ein Natriumatom ein Elektron mehr, so verfügt es über mehr negative als positive Ladungsträger. Das Atom ist dann elektrisch negativ geladen **(Bild 2)**.

Unter dem Mikroskop betrachtet, würde ein sehr kleiner Ausschnitt des Felles und des Kunststoffstabes wie zwei sich gegenüberliegende Flächen erscheinen. Im Ausgangszustand sind Fell und Kunststoffstab nach außen hin elektrisch neutral **(Bild 3)**. Durch Reibung werden von einem Kunststoffstab, Elektronen auf das Fell übertragen. Die eingesetzte mechanische Arbeit wurde offensichtlich in Ladungstrennungsarbeit umgesetzt **(Bild 4)**. Je mehr Reibung, d.h. Ladungstrennungsarbeit verrichtet wird, desto stärker wird das Fell von dem Kunststoffstab angezogen. Aus diesem Zusammenhang lässt sich eine erste Definition der elektrischen Spannung ableiten:

> Die elektrische Spannung ist ein Maß für die Ladungstrennungsarbeit je Ladung.
>
> Spannung = Potentialunterschied

Durch das Einsetzen der Formelzeichen erhält man:

$U = W/Q$

U = elektrische Spannung

W = Ladungstrennungsarbeit

Q = elektrische Ladung (für den Spezialfall $Q = -1{,}602\ 10^{-19}$ As setzt man das Formelzeichen e ein)

Die elektrische Ladung Q repräsentiert in diesem Fall die Elementarladung eines Elektrons ($e = -1{,}602\ 10^{-19}$ As). Die mechanische Arbeit W ist hier die Reibung ($[W]$ = Nm = kg m²/s²). Dadurch ergibt sich für die elektrische Spannung folgende Einheit:

$$[U] = \frac{\text{kg} \cdot \text{m}^2}{\text{As}^3}$$

Zu Ehren des italienischen Physikers Volta wurde für die Einheit der elektrischen Spannung der Buchstabe V eingeführt.

$$[U] = \text{V (sprich: Volt)}$$

Durch stärkere Reibung des Felles am Kunststoffstab erhöht sich die Anziehungskraft, die vom Kunststoffstab auf die Haare des Felles wirkt. Die größere Anziehungskraft kann nur durch ein größeres Ausgleichsbestreben der gegensätzlichen Ladungen hervorgerufen werden. Da mehr Reibung (Ladungstrennungsarbeit) zu einer größeren elektrischen Spannung führt, kann eine weitere Definition der elektrischen Spannung festgelegt werden:

> Elektrische Spannung ist das Ausgleichsbestreben gegensätzlicher Ladungen.

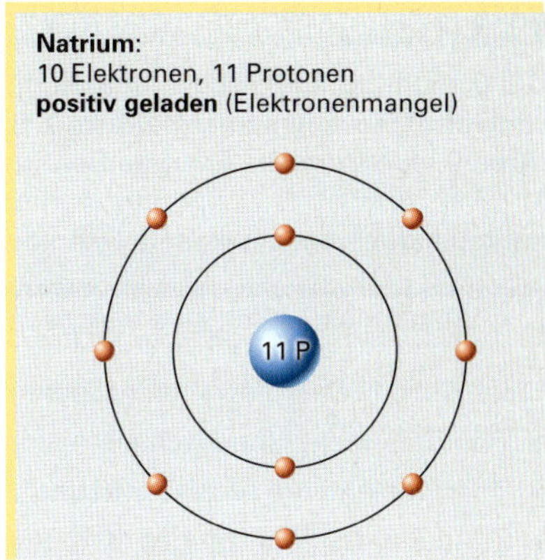

Bild 1: Natriumatommodell

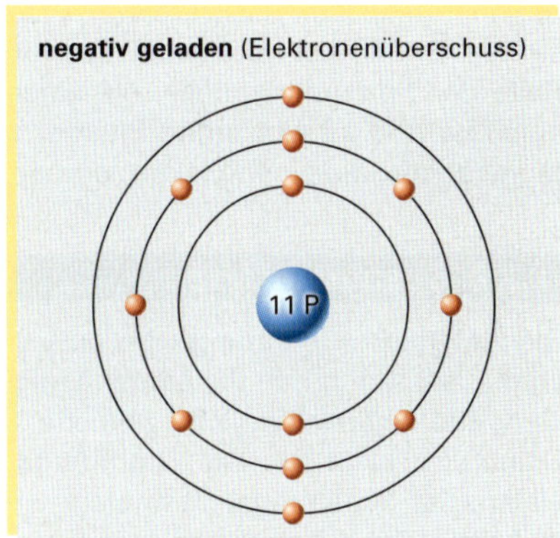

Bild 2: Elektronenüberschuss

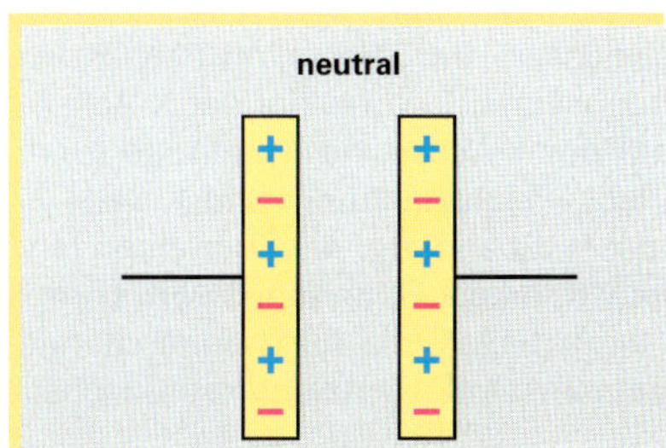

Bild 3: Ohne Ladungstrennung

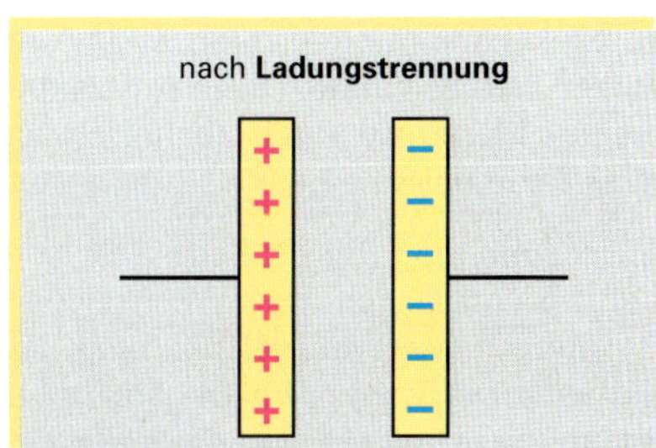

Bild 4: Ladungstrennung

8.2.1 Erzeugung elektrischer Spannung

Die Erzeugung elektrischer Spannung basiert immer auf der Umwandlung einer Energieform, z.B. mechanische Energie (Arbeit), in elektrische Energie. Derartige Energiewandler **(Bild 1)** nennt man auch Spannungsquellen. Für die Quellenspannung gilt die bereits bekannte Definitionsgleichung: $U = W/Q$.

> In Spannungsquellen wird elektrische Energie gespeichert.

Heute übliche Energiewandler (Spannungsquellen) sind:

- Primärelement (chemische Reaktion) **(Bild 2)**
- Thermoelemente (Wärmewirkung)
- Zünder eines Feuerzeuges (Kristallverformung)
- Induktionsspule (Induktion)
- Fotoelement (durch Lichteinwirkung)

Spannungsquellen besitzen zwei Anschlüsse. Diese Anschlüsse werden als Pole bezeichnet. Es gibt einen Minuspol auf der Seite der Spannungsquelle, die einen Elektronenüberschuss aufweist und es gibt einen Pluspol auf der Seite der Spannungsquelle, die einen Elektronenmangel besitzt **(Bild 3)**.

8.2.2 Spannungsarten

Die elektrische Spannung wird außer über ihren Spannungswert zusätzlich durch ihr zeitabhängiges Verhalten charakterisiert. Der unterschiedliche zeitliche Verlauf der elektrischen Spannung kann bei der Spannungserzeugung, oder durch elektrische Schaltungen festgelegt werden. Der zeitliche Verlauf der elektrischen Spannung wird unter Zuhilfenahme spezieller Messinstrumente, wie z.B. dem Oszilloskop gezeigt. Ein Oszilloskop misst grundsätzlich nur elektrische Spannungen. Es wird dazu parallel zum Verbraucher (Widerstand etc.) angeschlossen. Der Bildschirm des Oszilloskopes zeigt den Spannungsverlauf, wobei auf der X-Achse der zeitliche Verlauf und auf der Y-Achse die Amplitude (Spannungswert) dargestellt wird. **Gleichspannung (Bild 1, Seite 279)** bezeichnet eine elektrische Spannung, die über einen längeren Zeitraum kontinuierlich einen Spannungswert (Amplitude) aufweist. Spannungsquellen, die durch eine chemische Reaktion Ladungen trennen, sind normalerweise Gleichspannungsquellen.

Beispiele hierfür sind Batterien wie Taschenlampenbatterien, Autobatterien usw.

Wechselspannungen (Bild 2, Seite 279) ändern im Gegensatz zu Gleichspannungen ihren Spannungswert im Laufe relativ kurzer Zeitabschnitte. Diese Art elektrischer Spannung besitzt weitere Merkmale und ist technisch von großer Bedeutung, so dass sie in einem eigenen Unterkapitel besprochen wird.

Mischspannung (Bild 3, Seite 279) ist das Resultat der Überlagerung von Gleich- und Wechselspannung. Mischspannung ist, ähnlich wie Wechselspannung, leicht an ihrem zeitlichen Verlauf zu erkennen. Im Gegensatz zu einer reinen Wechselspannung schwankt die Amplitude (Spannungswert) nicht um einen Nullpunkt.

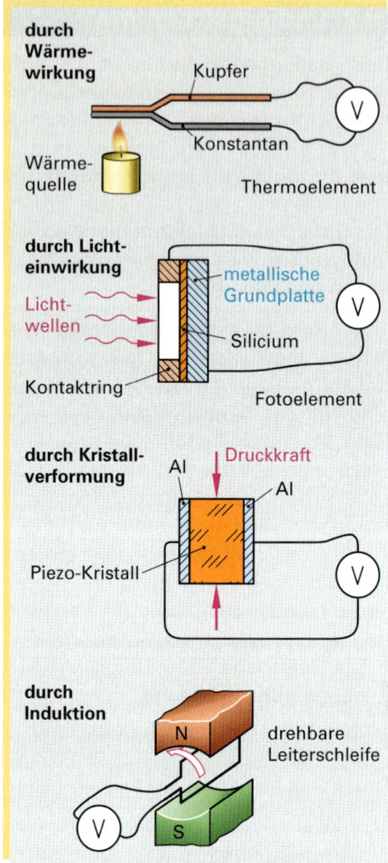

Bild 1: Einige Arten der Ladungstrennung

Bild 2: Primärelemente

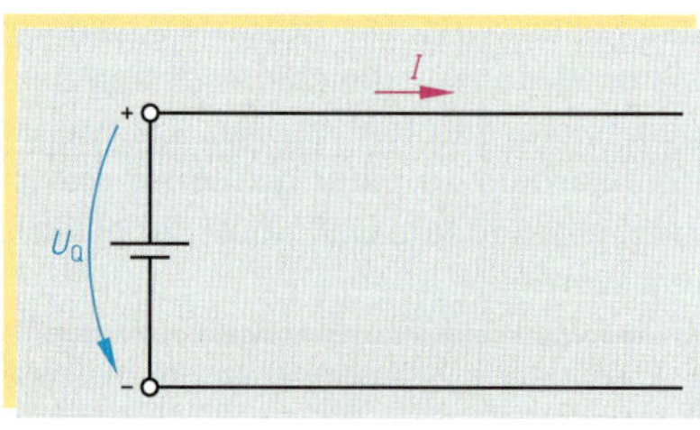

Bild 3: Symbol Primärelement

8.3 Elektrischer Strom

Elektrischer Strom wird zum Transport der elektrischen Energie benötigt. Verbindet man eine Glühlampe über Kupferdrähte mit einer Batterie, so leuchtet die Lampe. Die in der Batterie gespeicherte Energie wird offensichtlich über die Kupferdrähte zur Glühlampe transportiert und dort in Licht umgewandelt.

Elektrische Spannung ist das Ausgleichsbestreben gegensätzlicher elektrischer Ladungen. In der Spannungsquelle herrscht an einem Pol (Anschluss) ein Überschuss an Elektronen und an dem anderen Pol ein Elektronenmangel. Schließt man den Stromkreis von der Spannungsquelle über die Kupferleitungen und die Glühlampe, so wandern Elektronen von einem Pol der Spannungsquelle durch die Kupferleitung **(Bild 4)** und durch die Glühlampe. Ein elektrischer Strom fließt durch die Glühlampe. Die Glühlampe leuchtet.

> Elektrischer Strom ist die gerichtete Bewegung von Ladungen.

Die Elektronen werden von der Spannungsquelle über den geschlossenen elektrischen Stromkreis von einem Pol der Spannungsquelle zum anderen Pol der Spannungsquelle verschoben. Der elektrische Stromkreis wird von der Spannungsquelle über elektrische Leiter (z. B. Kupferdraht) zur Glühlampe und von da aus wieder über elektrische Leiter zur Spannungsquelle zurück geschlossen.

> Elektrische Leiter sind Materialien, die frei bewegliche Ladungsträger (z. B. Elektronen) besitzen.

Jeweils ein Elektron, welches von der Seite der Spannungsquelle mit einem Elektronenüberschuss wegwandert, besetzt genau eine freie Stelle auf der Seite der Spannungsquelle mit einem Elektronenmangel.

Die Anzahl der wegfließenden und die Anzahl der ankommenden Ladungsträger (Elektronen) müssen an der Spannungsquelle immer gleich groß sein.

> Elektrischer Strom geht nicht „verloren" und wird nicht verbraucht.

In der Spannungsquelle findet durch den elektrischen Strom ein Ladungsausgleich statt, dadurch sinkt die elektrische Spannung der Spannungsquelle **(Bild 1, Seite 280)**. Diesem Effekt kann nur durch erneute Ladungstrennung entgegengewirkt werden **(Bild 2, Seite 280)**. Bei einer Taschenlampenbatterie erfolgt die kontinuierliche Umwandlung chemischer Energie in Ladungstrennungsarbeit. Dies ist bekannterweise ein endlicher Prozess, dessen Ende am Erlöschen der Glühlampe festzustellen ist. Aus elektrotechnischer Sicht ist durch den Ladungsausgleich die Spannung der Batterie (Spannungsquelle) soweit abgesunken, dass entweder kein, oder ein nur noch sehr geringer Strom fließt. Die Glühlampe leuchtet infolgedessen nicht mehr oder nur noch sehr schwach.

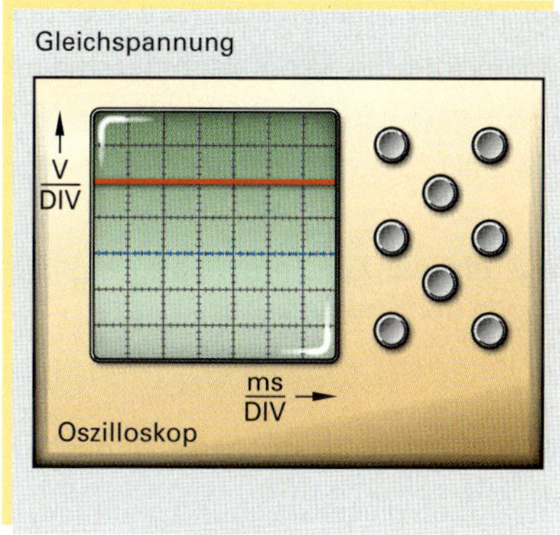

Bild 1: Gleichspannung

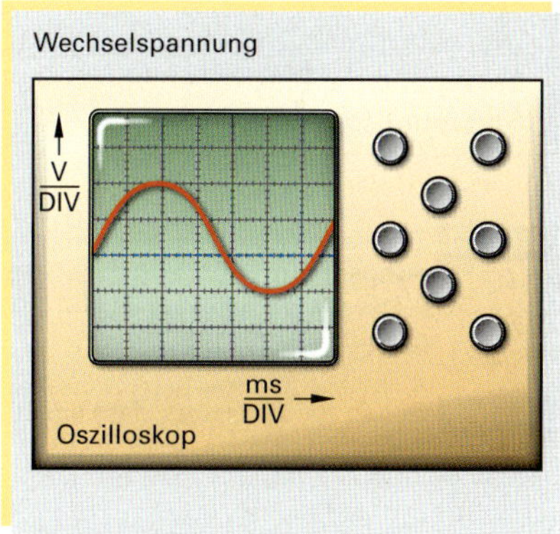

Bild 2: Wechselspannung

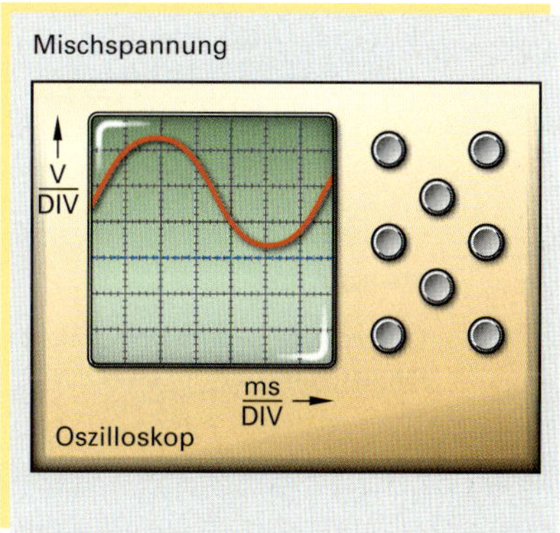

Bild 3: Mischspannung

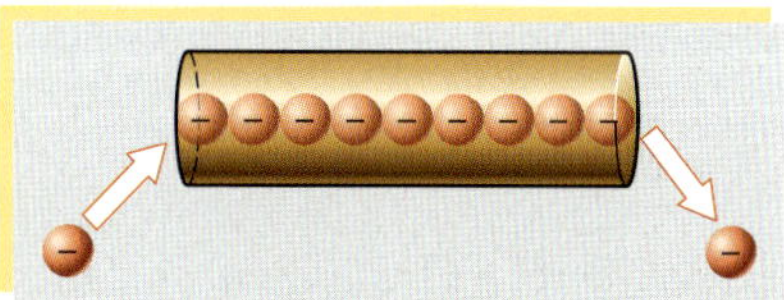

Bild 4: Ladungsträgertransport im Leiter

Kenngrößen des elektrischen Stromes

Der elektrische Strom kann durch die Angaben „Stromstärke" und „Stromdichte" quantitativ exakt beschrieben werden.

Die elektrische Stromstärke I ist proportional zur Ladungsmenge Q, die sich in einem Leiter pro Zeiteinheit bewegt.

Aus diesem Zusammenhang ergibt sich die Definitionsgleichung der Stromstärke:

$$I = \frac{Q}{t} \qquad [I] = \frac{\mathrm{As}}{\mathrm{s}}$$

Die Einheit der Stromstärke ist das Ampere[1)] $[I] = \mathrm{A}$

Stellt man diese Gleichung nach Q um, erhält man:

$$Q = I \cdot t$$

> Stromrichtung:
> Die technische Stromrichtung ist entgegengesetzt der Bewegung der Elektronen vom Plus-Pol zum Minus-Pol der Spannungsquelle **(Bild 3)**.

Beispiel: Zur Verdeutlichung dieser Angaben nehmen wir die Ladungsmenge einer handelsüblichen Mignonzelle Q = 0,133 Ah, die in einer leistungsstarken Taschenlampe eingebaut ist, zur Hilfe.

Lösung: Gehen wir davon aus, dass ein Strom von 1 A fließt, so ergibt sich:

$$t = \frac{Q}{I} \qquad t = \frac{0{,}13\ \mathrm{Ah}}{1\ \mathrm{A}}$$

$$t = 0{,}13\ \mathrm{h} = 7{,}98\ \mathrm{min} = 487{,}8\ \mathrm{s}$$

Die kleinste mögliche Ladungsmenge eines Ladungsträgers beträgt $e = 1{,}602\ 10^{-19}$ As. Die Anzahl N der bewegten Ladungsträger bei einer Stromstärke von I = 1 A in der Zeit t = 487,8 s lässt sich nun berechnen:

$$Q = I \cdot t \qquad N = \frac{Q}{e}$$

$$N = \frac{I \cdot t}{e} \qquad N = \frac{1\ \mathrm{A} \cdot 487{,}8\ \mathrm{s}}{1{,}602 \cdot 10^{-19}\ \mathrm{As}}$$

$$N = 3{,}045\ 10^{21}$$

Dies ist eine extrem hohe, nicht vorstellbare Anzahl von Ladungsträgern, die im geschlossenen Stromkreis fließen müssen.

Die Leitung der Ladungsträger von der Spannungsquelle zur Glühlampe und wieder zurück zur Spannungsquelle erfolgt im einfachsten Fall über elektrisch leitende Metalldrähte. Die Ladungsträger, welche gleichzeitig durch einen Leiter fließen, müssen sich praktisch gleichmäßig über den Leiterquerschnitt verteilen. Diese Verteilung ist die Stromdichte.

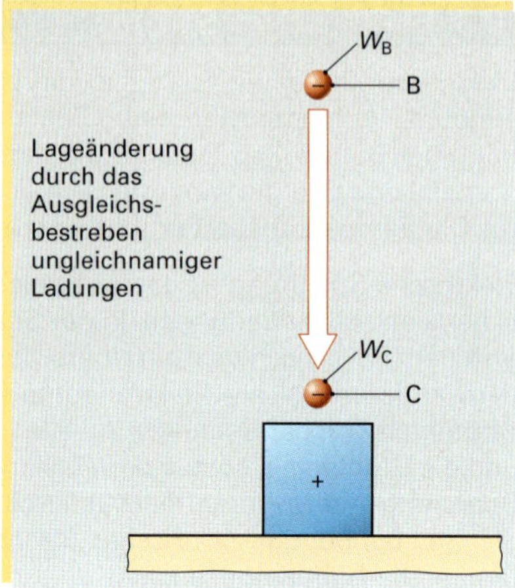

Bild 1: Ladungsausgleich

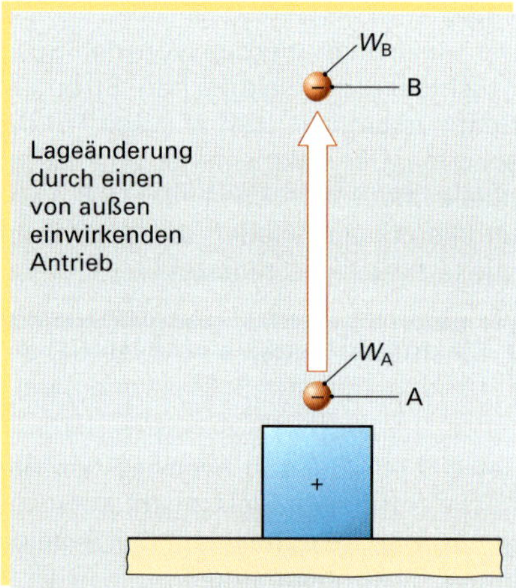

Bild 2: Ladungstrennung

Bild 3: Stromrichtung

1) André Marie Ampère: franz. Physiker und Mathematiker (1775-1836)

> Die Stromdichte J ist die auf den Leiterquerschnitt A bezogene Stromstärke I.

Definition der Stromdichte **(Bild 1)**:

$$J = \frac{I}{A}$$

Die Einheit für die Stromdichte ergibt sich aus den bisher bekannten Einheiten:

$$[J] = \frac{\text{A}}{\text{mm}^2}$$

Die Stromdichte ist verantwortlich für die Erwärmung eines stromdurchflossenen Leiters. Diesen Zusammenhang kann man leicht nachvollziehen, wenn man sich vorstellt, dass mit steigender Stromdichte die Reibung der Ladungsträger infolge des „Platzmangels" immer mehr steigt **(Bild 2)**. Diese „Reibung" bewirkt die Erwärmung des Leiters, die bei genügend großer Stromdichte zum Schmelzen der Leitungen führen kann **(Brandgefahr!) (Tabelle 1)**.

Technisch wird der Effekt einer sehr hohen Stromdichte in Glühlampen ausgenutzt. Eine Glühlampe besitzt einen dünnen Draht, der sich infolge der hohen Stromdichte bis zum Glühen erhitzt. Die Glühlampe leuchtet.

Beispiel: Wie groß ist die Stromdichte in der Drahtwendel **(Bild 3)** einer Glühlampe mit einer Leistungsaufnahme von 100 W, wenn der Wolframdraht einen Durchmesser von 24 µm aufweist? Die Stromstärke im Drahtwendel beträgt 434,78 mA.

gegeben: $d = 24\ \mu\text{m}$
$I = 434{,}78\ \text{mA}$

gesucht: J

Lösung: $A = \frac{d^2 \cdot \pi}{4}$

$$A = \frac{(24\ \mu\text{m})^2 \cdot \pi}{4} = 4{,}524 \cdot 10^{-10}\ \text{m}^2 = 4{,}524 \cdot 10^{-10}\ (1000\ \text{mm})^2$$

$$A = 452{,}4 \cdot 10^{-6}\ \text{mm}^2$$

$$J = \frac{I}{A}$$

$$J = \frac{434{,}78\ \text{mA}}{452{,}4 \cdot 10^{-6}\ \text{mm}^2} = 961{,}05\ \frac{\text{A}}{\text{mm}^2}$$

8.4 Der elektrische Widerstand

Ladungsträger, die sich durch einen Werkstoff bewegen, werden mehr oder weniger in ihrem Fluss behindert. Diese Behinderung ist die Folge der Reibung zwischen den Ladungsträgern (z.B. Elektronen) und den Atomen des Werkstoffes (z.B. metallischer Leiter). Die Elektronen bewegen sich auf einem „Zickzack"-Kurs zwischen den Atomen des elektrischen Leiters, sie erfahren dabei einen Widerstand in ihrer Bewegung.

Durch die Erhöhung der Temperatur eines Leiterwerkstoffes werden zusätzlich die Atome des Leiters zu Schwingbewegungen angeregt. Dies hat zur Folge, dass die Ladungsträger noch stärker in ihrer Bewegung behindert werden, da noch mehr Kollisionen stattfinden.

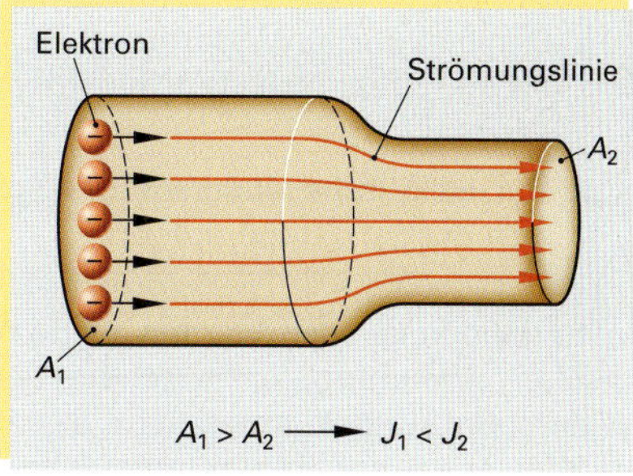

Bild 1: Stromdichte

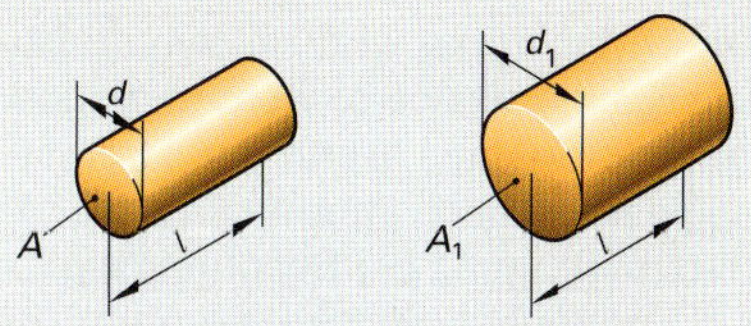

d	Drahtdurchmesser	$d_1 = 2d$
$A = \frac{d^2\pi}{4}$	Drahtquerschnittsfläche	$A_1 = \frac{d_1^2\pi}{4}$ $A_1 = \frac{4d^2\pi}{4}$
$A_0 = d \cdot \pi \cdot l$	Drahtoberfläche	$A_{01} = d_1 \cdot \pi \cdot l$ $A_{01} = 2d \cdot \pi \cdot l$

Verdoppelung des Drahtdurchmessers:
- Vervierfachung der Drahtquerschnittsfläche, aber nur
- Verdoppelung der Drahtoberfläche

Bild 2: Geometrie eines Leiters

Bild 3: Drahtwendel in Lampe

Tabelle 1: Zulässige Stromdichte *Q* (nach VDE 0289 Teil 4 bei Verlegung von Instakabel)

I [A]	A [mm²]	J [A/mm²]
16,5	1,5	11
30	4	7,5
53	10	5,3

- Der elektrische Widerstand ist die Eigenschaft eines Werkstoffes, sich dem elektrischen Strom zu widersetzen.
- Der elektrische Widerstand steigt bei elektrischen Leitern mit der Temperatur an.

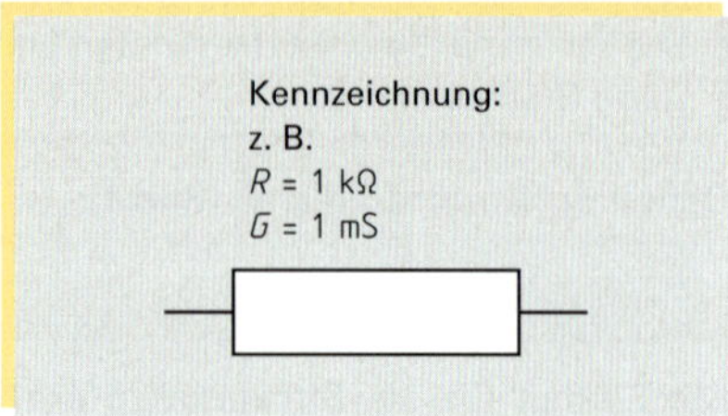

Bild 1: Schaltzeichen eines Widerstandes

Im folgenden Versuch werden die Beziehungen zwischen elektrischer Spannung, elektrischem Strom und elektrischem Widerstand **(Bild 1)** untersucht. Der Versuchsaufbau **(Bild 2)** besteht aus einer Spannungsquelle mit einer einstellbaren Spannung von $U = 0\ \text{V} \ldots 9\ \text{V}$ und einem langen Draht, der auf einen Zylinder gewickelt ist als Widerstand.

Die Stromstärke wird mit einem Strommessgerät bestimmt. Die Spannungswerte werden eingestellt und dann jeweils die dazugehörenden Werte der Stromstärke am Strommessgerät abgelesen (siehe Anmerkung zur Messtechnik). Danach folgt die Übertragung der Spannungswerte und der Stromstärken in ein Spannungs-Strom-Diagramm **(Bild 3)**, Widerstand-Strom-Diagramm **(Bild 1, Seite 283)** und Widerstand-Spannungs-Diagramm **(Bild 2, Seite 283)**.

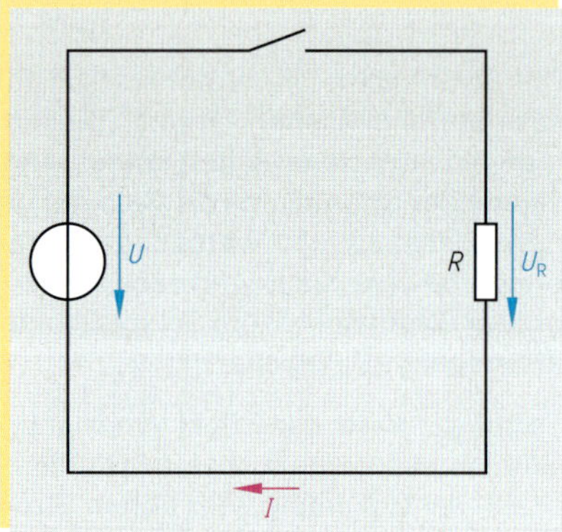

Bild 2: Strom und Spannungen im einfachen Stromkreis

Anmerkung zur Messtechnik

Strommesser werden immer in Reihe zu einem Verbraucher geschaltet.

Spannungsmesser werden immer parallel zu einem Verbraucher geschaltet.

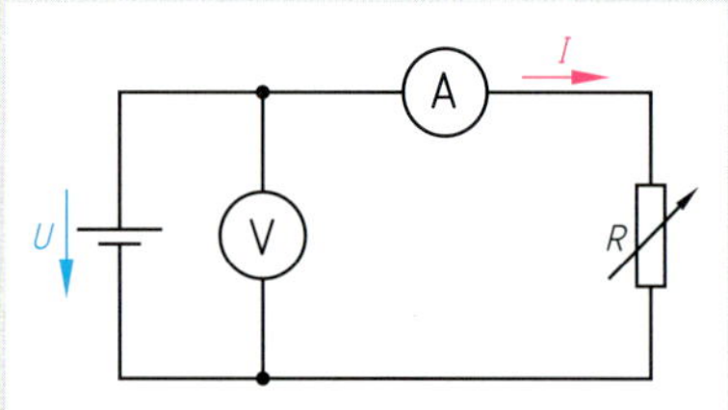

8.5 Das ohmsche Gesetz

Das sich ergebende *U-I*-Diagramm zeigt eine Gerade. Wie aus der Mathematik bekannt ist, bedeutet dies, dass die aufgetragenen Größen, also der elektrische Strom I und die elektrische Spannung U, proportional zueinander sind **(Bild 3)**.

$$U \sim I$$

Das Proportionalitätszeichen kann durch ein Gleichheitszeichen ersetzt werden, wenn ein Proportionalitätsfaktor eingeführt wird.

$$U = K \cdot I$$

Dieser Proportionalitätsfaktor ist der elektrische Widerstand R. Die Einheit des elektrischen Widerstandes ergibt sich aus der Betrachtung der Einheiten der Spannung U und des Stromes I:

$$K = \frac{U}{I}$$

Das ohmsche Gesetz lautet:

$$\boldsymbol{R = \frac{U}{I}} \qquad [R] = \frac{\text{V}}{\text{A}} = \Omega$$

Der elektrische Widerstand R ist der Proportionalitätsfaktor zwischen der Spannung U und der Stromstärke I.

Die Einheit für den elektrischen Widerstand $[R] = \text{V/A}$ wird zu Ehren des Physikers Ohm[1] mit dem griechischen Buchstaben Ω (Omega) bezeichnet (Ω sprich Ohm).

Werkstoffe, die einen kleinen elektrischen Widerstand aufweisen, behindern den Fluss des elektrischen Stromes nur wenig, sie besitzen einen guten Leitwert. Der Leitwert ist das Pendant zum elektrischen Widerstand.

U in V	I in A
6	0,02
12	0,04
18	0,06
24	0,08

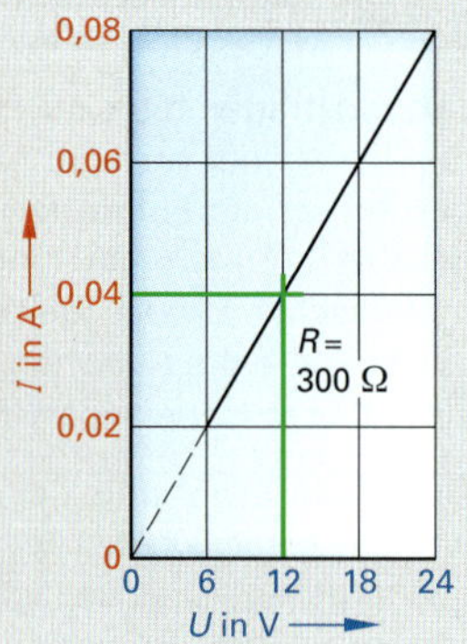

Bild 3: Spannungs-Strom-Diagramm

[1] Georg Simon Ohm: deutscher Physiker (1787-1854)

Definition des Leitwertes G:

> Der Leitwert ist der reziproke Wert des Widerstandes.
>
> $G = \frac{1}{R}$ bzw. $G = \frac{I}{U}$
>
> $[G] = \frac{1}{\Omega}$ bzw. $[G] = \frac{A}{V}$
>
> $[G]$ = S (S sprich Siemens[1])

Auch bei dieser Einheit wurde ein vereinfachtes Einheitszeichen (S) eingeführt.

8.6 Elektrische Arbeit und elektrische Leistung

In den vorangegangenen Überlegungen wurde bereits der Zusammenhang zwischen der elektrischen Spannung U und der elektrischen Ladungsmenge Q aufgezeigt:

$$U = \frac{W}{Q}$$

Die Umstellung der Formel nach der elektrischen Arbeit W ergibt:

$$\text{I.} \quad W = U \cdot Q.$$

Die Ladungsmenge Q verhält sich proportional zu dem elektrischen Strom I und zur Zeit t, wie schon bekannt ist:

$$\text{II.} \quad Q = I \cdot t$$

Ersetzt (substituiert) man die Ladung Q in Gleichung I durch den Ausdruck von Gleichung II erhält man eine formale Beschreibung der **elektrischen Arbeit:**

> $W = U \cdot I \cdot t$ $[W]$ = A · V · s = Ws
>
> W sprich Watt[2]
>
> Die elektrische Arbeit W wächst mit der Zeit, der elektrischen Spannung und dem elektrischen Strom proportional an.

Die Angaben zur umgesetzten elektrischen Energie in den „Stromrechnungen" der EVUs (Energieversorgungsunternehmen), welche jeder Haushalt und jeder Betrieb erhält, beziehen sich üblicherweise auf die Einheit kWh (Kilowattstunde):

$$1 \text{ kWh} = 3\,600\,000 \text{ Ws}$$

Die elektrische Arbeit und die elektrische Leistung unterscheiden sich, analog zur mechanischen Arbeit im Bezug zur mechanischen Leistung, nur durch den Faktor Zeit. Jeder weiß aus eigener Erfahrung, dass man die Anstrengung, um eine Aufgabe zu erledigen, bei Verkürzung der zur Verfügung stehenden Zeit erhöhen muss. Die Leistung verhält sich umgekehrt proportional zur Zeit **(Bild 3)**.

[1] Werner v. Siemens: deutscher Erfinder (1816-1892)

[2] James Watt: englischer Erfinder (1736-1819)

R in Ω	I in A
300	0,08
240	0,10
150	0,16
100	0,24

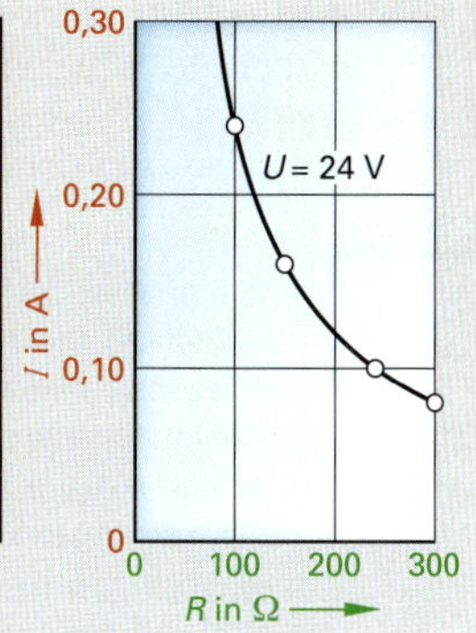

Bild 1: Strom in Abhängigkeit vom Widerstand

R in Ω	U in V
120	6
240	12
300	15
480	24

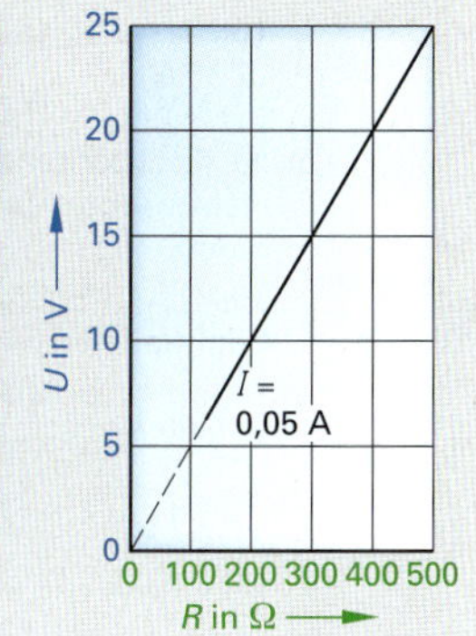

Bild 2: Spannung in Abhängigkeit vom Widerstand

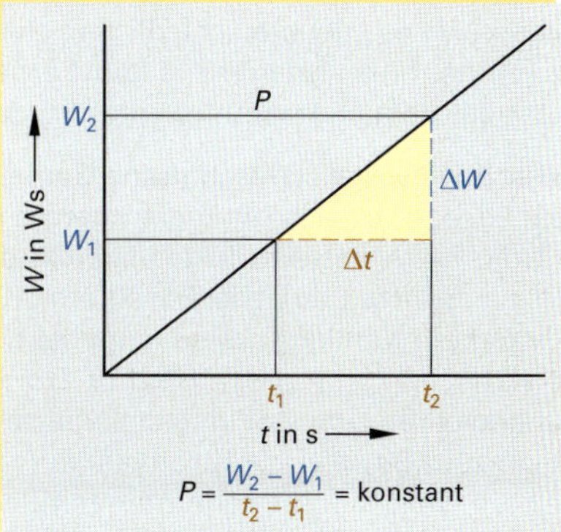

Bild 3: Elektrische Leistung

Arbeitsauftrag:

Berechnen Sie den Strom I, der in der Schaltung aus **Bild 2, Seite 282** fließt, wenn der Schalter geschlossen wurde.

Geg.: $U = 9$ V $R = 300$ Ω

Überprüfen Sie das Ergebnis anhand der **Tabelle 1, Seite 282.**

Die Leistung P ist elektrische Arbeit W pro Zeitdauer t.

$$P = \frac{W}{t} \qquad [P] = \frac{Ws}{s} = W$$

Beispiel: Ein Lötkolben besitzt die Aufschrift 100 W, 230 V **(Bild 1)**.

a) Wie groß ist der elektrische Strom I der beim Betrieb des Lötkolbens durch die Netzleitung fließt?

b) Wie groß ist die elektrische Arbeit W, wenn der Lötkolben 15 Minuten betrieben wird?

c) Ist die Aussage „die elektrische Arbeit ist gleich der in Wärme umgewandelten Energie" richtig?

d) Wieviel Euro muss man an das EVU (Energieversorgungsunternehmen) bezahlen, wenn 1 kWh 0,25 € kostet (t = 15 Min.).

Lösung: a) $I = \frac{P}{U}$ $\qquad I = \frac{100\ \text{W}}{230\ \text{V}} = 0{,}435\ \text{A}$

b) $W = P \cdot t$ $\qquad W = 100\ \text{W} \cdot 15 \cdot 60\ \text{s} = 90\ \text{kWs}$

$W = 25\ \text{Wh} = 0{,}025\ \text{kWh}$

c) Ja, da elektrische Arbeit, analog zur mechanischen Arbeit, nicht verloren geht, sie kann lediglich umgewandelt werden.

Elektrische Energie und elektrische Arbeit sind synonyme Begriffe.

d) Kosten $k = \frac{0{,}25\ €}{\text{kWh}}$ $\qquad$ Gesamtkosten GK = ?:

$\text{GK} = W \cdot k$ $\qquad \text{GK} = 0{,}025\ \text{kWh} \cdot \frac{0{,}25\ €}{\text{kWh}}$

$\text{GK} = 0{,}00625\ € = 0{,}625\ \text{Cent}$

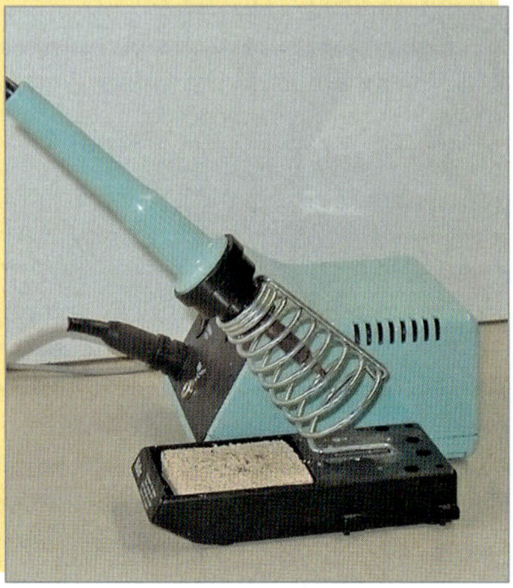

Bild 1: Elektrischer Verbraucher

Tabelle 1: Beispiele elektrischer Verbraucher

Bezeichnung	Leistung in Watt
Lötkolben	ca. 20–1200
Elektromotor (Kreissäge)	ca. 2000–10000
Herdplatte	ca. 1000–2000
Bohrmaschine	ca. 300–2000
Glühlampe	ca. 10–500
Computer	ca. 60–300
Schweißgerät	ca. 1000–10000
Drehmaschine	ca. 2000–15000
Elektromotor (Kfz)	ca. 25000–50000
Heißklebepistole	ca. 110–1500

8.7 Wirkungsgrad

Im täglichen Leben und in der Umgebung des Mechatronikers haben wir es mit unterschiedlichen elektrischen Geräten zu tun, z.B. einem Akkuladegerät, einem Fernsehgerät, einem Computer oder dem Elektromotor eines Förderbandes.

Welche physikalisch-technische Gemeinsamkeit, außer der Tatsache, dass es sich um Elektrogeräte handelt, verbindet diese Geräte? Alle diese Produkte der Elektroindustrie erwärmen sich im Laufe ihres Betriebes. Bei einem Computer wird aus diesem Grund ein Kühlluftgebläse eingebaut. Die Wärmeentwicklung elektrischer und elektronischer Geräte folgt aus der meist ungewollten Umwandlung elektrischer Arbeit in Wärme. Misst man zum Beispiel die Stromstärke I = 1 A in der Zuleitung zu einem Elektromotor, kann man mit der Versorgungsspannung U = 230 V die Leistungsaufnahme berechnen:

$$P = U \cdot I \qquad P = 230\ \text{V} \cdot 1\ \text{A} = 230\ \text{W}$$

Die zugeführte Leistung P_{zu} = 230 W wird teilweise in so genannte Verlustleistung P_V (Wärme, mechanische Reibung usw.) umgewandelt **(Bild 2)**. Die Nutzleistung bzw. abgegebene Leistung P_{ab} welche an der Welle des Elektromotors messbar ist, berechnet sich:

$$P_{ab} = P_{zu} - P_V$$

Sie ist immer kleiner als die zugeführte Leistung.

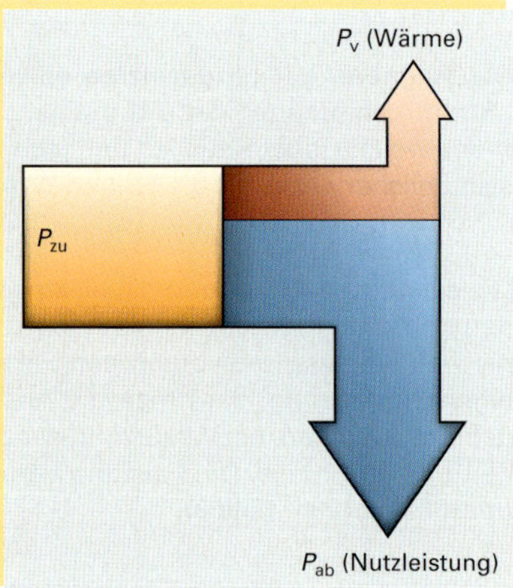

Bild 2: Zusammensetzung der Leistung

Der Wirkungsgrad η beschreibt das Verhältnis der abgegebenen Leistung zur zugeführten Leistung:

$$\eta = \frac{P_{ab}}{P_{zu}} \qquad [\eta] = 1 \text{ (sprich eta)}$$

Je kleiner die Verlustleistung, desto besser ist der Wirkungsgrad. Der Wirkungsgrad ist immer < 1.

8.8 Elektrisches Feld

Das elektrische Feld ist eine elektrische Erscheinung, die bei räumlicher Anordnung von elektrischen Leitern und Nichtleitern auftritt **(Bild 1)**.

Als Nichtleiter werden Werkstoffe bezeichnet, die einen sehr großen Widerstand *R* aufweisen. Beispiele für Nichtleiter sind Luft, Kunststoffe, Holz, Papier usw.

Die Anordnungen in einer Art „Sandwich-Schichtung" aus Leiter–Nichtleiter–Leiter **(Bild 2)** nennt man auch Kondensatoranordnung. In der Darstellung ist das Modell eines elektrischen Feldes zwischen zwei flächigen Leiterplatten dargestellt.

Ein Feld ist ein Raum, in welchem jedem Punkt ein Wert einer physikalischen Größe zugeordnet ist, wie z. B. das Temperaturfeld eines Zimmers, das Gravitationsfeld der Erde usw.

Die Erscheinung elektrischer Felder und deren Wirkung können wir Menschen nur indirekt erkennen. Ein einfaches und sicherlich jedem bekanntes Phänomen ist der Funkenüberschlag beim Angreifen einer Zimmertürklinke. Dies ist für uns Menschen relativ unangenehm, aber weitestgehend unschädlich.

Wie ist dieses Phänomen zu erklären ?

Durch Reibung der Schuhe mit dem Teppich des Fußbodens erfolgt eine Ladungstrennung, es entsteht eine elektrische Spannung. Stellen wir uns eine Großaufnahme unserer Hand vor, kurz bevor sie die Türklinke berührt. Mit etwas Phantasie zeigt die Großaufnahme zwei gegenüberliegende flächige Leiterplatten (Hand und Türklinke). Die Luft dient hier als Nichtleiter.

Infolge der Ladungstrennung besteht ein Ladungsunterschied (Potentialunterschied) zwischen der Hand und der metallischen Türklinke. Die elektrische Spannung bewirkt zusammen mit der Anordnung Hand (Leiter) – Luft (Nichtleiter) – Türklinke (Leiter) ein elektrisches Feld. Die Wirkung dieses elektrischen Feldes erkennt man daran, dass Ladungsträger *Q* durch die aus dem elektrischen Feld resultierende Kraft *F* von der Hand zur Türklinke transportiert werden. Wir spüren dies an dem „elektrischen Schlag" bzw. an dem Funkenüberschlag.

Die aus dem elektrischen Feld resultierende Kraft bezogen auf die Ladungsmenge *Q* steigt proportional zum elektrischen Feld an **(Bild 3)**.

$$E = \frac{F}{Q}$$

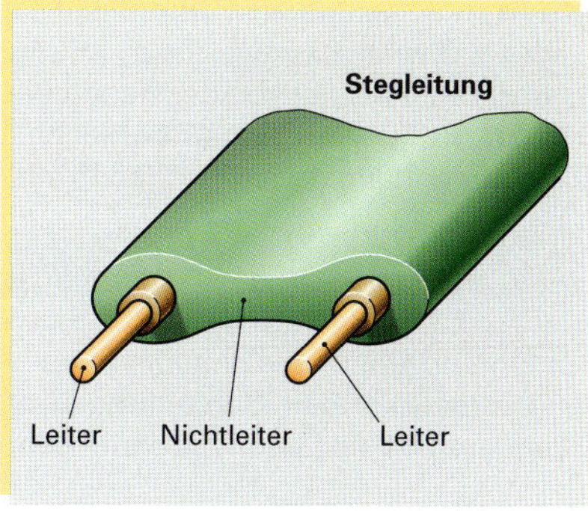

Bild 1: Elektrische Leitung

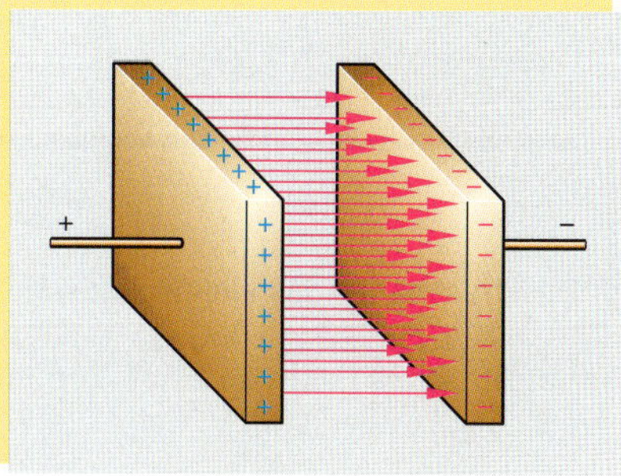

Bild 2: Kondensatoranordnung

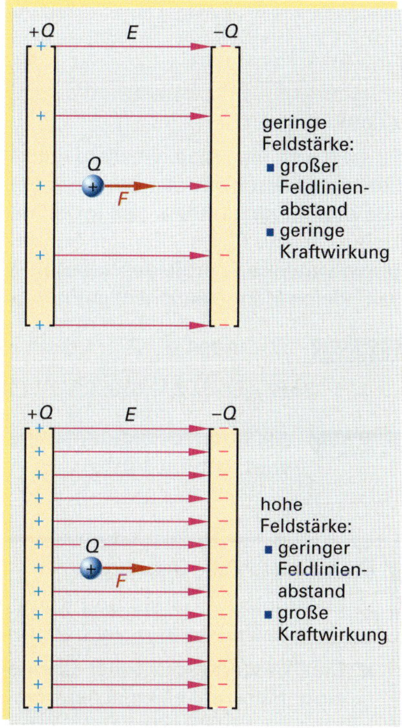

Bild 3: Elektrisches Feld

Die Kraft F, welche als Folge des elektrischen Feldes auf eine Ladung Q wirkt, bewegt diese Ladung entlang eines Weges s. In unserem Beispiel von der Hand über die Länge des Luftspaltes bis zur Türklinke. Aus der Mechanik kennen wir noch den Zusammenhang zwischen der Kraft F, dem Weg s und der Arbeit W:

$$W = F \cdot s \qquad \text{daraus folgt: } F = \frac{W}{s}$$

Einführend wurde das Phänomen der elektrischen Spannung U und ihrer formalen Darstellung untersucht. Die elektrische Spannung ist die Ladungstrennungsarbeit W je Ladung Q:

$$U = \frac{W}{Q} \qquad \text{daraus folgt: } Q = \frac{W}{U}$$

Jetzt können wir die bekannten Formeln einsetzen:

$$E = \frac{F}{Q} \qquad E = \frac{W}{s} \cdot \frac{U}{W}$$

Aufgabe:

Wie groß ist das elektrische Feld, wenn auf eine Probeladung Q eine Kraft $F = 0{,}528$ pN wirkt?

Lösung:

Geg.: $Q = e = 1{,}6\ 10^{-19}$ As

$F = 0{,}528$ pN

Ges.: E, [E]

$$E = \frac{F}{Q} = \frac{0{,}528 \cdot 10^{(-12)}\ \text{kgm}}{\text{s}^2 \cdot 1{,}610^{(-19)}\ \text{As}}$$

$$E = 3{,}29\ 10^6\ \frac{\text{kg} \cdot \text{m}}{\text{As}^3}$$

$$E = 3{,}29\ 10^6\ \frac{\text{kg} \cdot \text{m}}{\text{As}^3}$$

$$E = 3{,}3\ \text{M}\frac{\text{V}}{\text{m}}$$

$$E = \frac{U}{s} \qquad [E] = \frac{\text{V}}{\text{m}}$$

Die Ursache für das elektrostatische (temporäre, konstate) Feld ist die elektrische Spannung U.

Ein elektrisches Feld von $E = 1$ V/m entsteht dann, wenn eine Spannung von $U = 1$ V über eine Isolierstrecke (Isolierwerkstoff = Nichtleiterwerkstoff) von 1 m anliegt.

Zum Vergleich:

Nehmen wir an, dass in unserem Beispiel von oben eine Spannung von ca. $U \approx 10000$ V über der Hand und der Türklinke anliegen. Beim Überschlag des Funkens betrug der Abstand von der Hand zur Türklinke noch ca. $s = 10$ mm. Damit errechnet sich die elektrische Feldstärke zu:

$$E = \frac{U}{s} = \frac{10000\ \text{V}}{10 \cdot 10^{-3}\ \text{m}} = \frac{1000000\ \text{V}}{\text{m}}$$

Anmerkung:

Es stellt sich die Frage, weshalb Funkenüberschläge, als Ursache von sehr großen elektrischen Feldstärken, uns Menschen unter bestimmten Umständen nicht schaden. Laborversuche haben gezeigt, dass bei statischen Entladungen, wie im obigen Beispiel, zwar sehr große Spannungen anliegen, aber nur sehr kleine Ströme fließen. Da der Funkenüberschlag nur eine sehr kurze Zeit anhält, kann daraus auf die umgewandelte Energie geschlossen werden. Auf den menschlichen Körper wird in diesem Fall nur eine sehr kleine Menge elektrischer Energie wirken.

Beispiel: $U = 10000$ V $\qquad I = 1$ nA $\qquad t = 0{,}1$ s

$W = U \cdot I \cdot t = 10000\ \text{V} \cdot 1 \cdot 10^{-9}\ \text{A} \cdot 0{,}1\ \text{s} = 1\ \mu\text{Ws}$

Lösung: Die elektrische Energie, die bei einem Funkenüberschlag bei $U = 10000$ V in 0,1 s übertragen wird, beträgt 1 µWs.

ESD (Electrostatic Discharge)

- Elektronische Geräte und Komponenten müssen durch Verwendung von ESD-Schutzbändern, Spezialschuhen usw. vor Zerstörung geschützt werden (siehe Kapitel 9.3.9)!
- Die Wirkung elektrischer Erscheinungen auf den menschlichen Organismus hängt immer von einer Mehrzahl elektrischer bzw. physikalischer Größen ab und ist oftmals nicht abschätzbar. Sie kann im schlimmsten Falle zum Tode führen!

Betrachten wir noch einmal zwei sich gegenüberliegende flächig ausgedehnte Leiter, die durch einen Nichtleiter, z. B. Luft getrennt sind **(Bild 1)**. Auf der einen Elektrode (negativ geladene Leiterfläche) wurden Elektronen aufgebracht, auf der anderen Elektrode (positiv geladene Leiterfläche) wurde die gleiche Anzahl Elektronen abgezogen. Der **Verschiebungsfluss** im Nichtleiter zwischen den Leiterflächen verhält sich proportional zur Ladungsmenge Q auf den Elektroden (Leitern).

Je kleiner die Fläche der Elektroden desto größer erscheint die Ladungsdichte bei gleichbleibendem Verschiebungsfluss. Hieraus definiert man die Verschiebeflussdichte:

$$D = \frac{Q}{A} \qquad [D] = 1\,\frac{\mathrm{As}}{\mathrm{m}^2}$$

> Unterschiedliche Nichtleiter, als isolierendes Material zwischen den Leitern, beeinflussen die Größe des elektrischen Feldes verschieden stark.

Um diesen Zusammenhang darzustellen untersuchte man das Verhältnis der Verschiebungsflussdichte zur elektrischen Feldstärke. **Bild 2** zeigt den Verlauf der Feldstärke und somit auch den Verlauf des Verschiebeflusses zwischen zwei Leitern. Den Quotienten bezeichnet man mit dem griechischen Buchstaben ε (epsilon):

$$\varepsilon = \frac{D}{E} \qquad [\varepsilon] = \frac{\mathrm{As}}{\mathrm{m}^2} \cdot \frac{\mathrm{m}}{\mathrm{V}} = \frac{\mathrm{As}}{\mathrm{Vm}}$$

Für die Permittivität ε (früher auch Dielektrizität genannt) fand man folgende Gesetzmäßigkeit:

$$\varepsilon = \varepsilon_0 \cdot \varepsilon_r$$

Die Permittivität setzt sich aus einem absoluten Anteil ε_0 und einem materialabhängigen relativen Anteil ε_r zusammen.

$$\varepsilon_0 = 8{,}854 \cdot 10^{-12}\,\frac{\mathrm{As}}{\mathrm{Vm}}$$

Die relative Permittivität (Durchdringbarkeit) besitzt die Einheit 1, sie ist ein reiner Faktor (siehe Tabellenbuch).

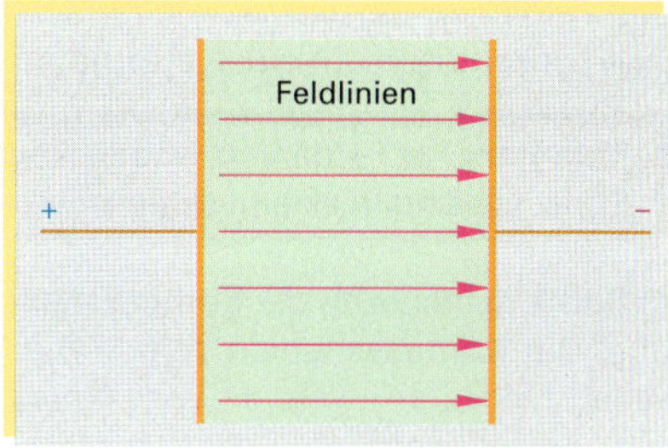

Bild 1: **Sonderfall homogenes Feld**

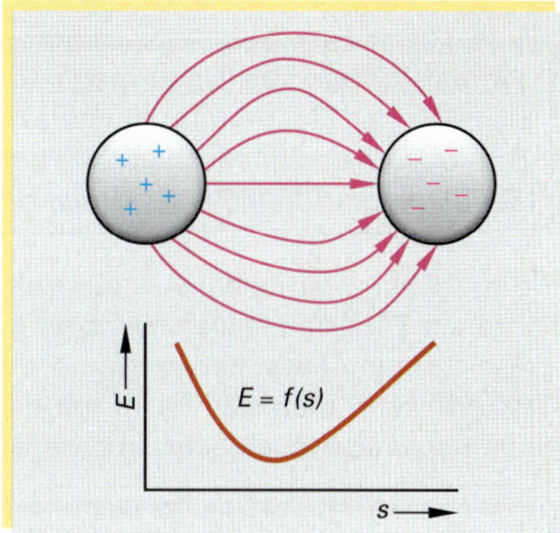

Bild 2: **Feldstärkenverlauf**

Bild 3: **Magnetkran**

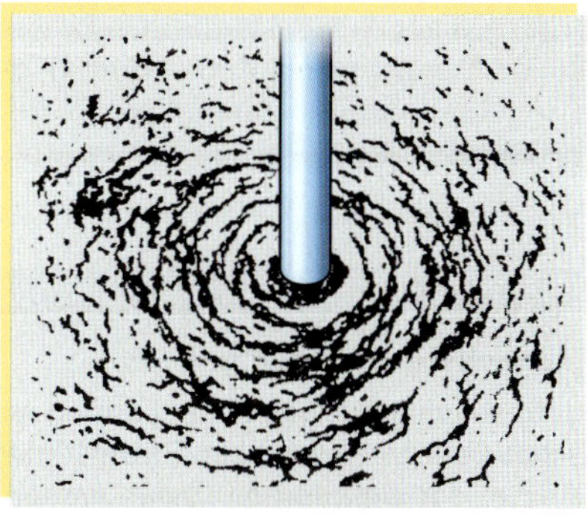

Bild 4: **Kreisförmige Ausrichtung von Eisenspänen um einen Stabmagneten**

8.9 Magnetisches Feld

Ein magnetisches Feld kann genau wie ein elektrisches nur indirekt sichtbar gemacht werden. Das magnetische Feld wirkt ohne materielle Verbindung auf bestimmte Körper bzw. Materialien. Diese Kraftwirkung kann leicht anhand von z. B. Kompassnadeln oder Hubvorrichtungen wie Magnetkräne **(Bild 3)** gezeigt werden. In der Elektrotechnik nutzt man eine physikalische Erscheinung zur Erzeugung magnetischer Felder:

> Elektrische Ströme, d. h. bewegte elektrische Ladungen, verursachen ein magnetisches Feld in ihrer Umgebung.

Die konzentrische (kreisförmige) Anordnung der Eisenspäne um den stromdurchflossenen Leiter verdeutlicht die Vorstellung von magnetischen Feldlinien **(Bild 4)**. Man geht in der Elektrotechnik von dem Modell aus, dass das magnetische Feld aus Feldlinien besteht, welche in sich geschlossen sind und sich konzentrisch um einen stromdurchflossenen Leiter legen.

Magnetische Feldlinien haben keinen Anfang und kein Ende, sie sind in sich geschlossen.

In **Bild 1** richten sich die Kompassnadeln alle in eine Richtung aus. Die Kompassnadeln zeigen die Richtung des magnetischen Feldes an, welches vom Nordpol (rot gekennzeichnet) zum Südpol verläuft. Das physikalische Modell eines Permanentmagneten (Dauermagnet) geht von einer Vielzahl sehr kleiner Elementarmagnete aus, welche alle gleichmäßig ausgerichtet sind.

Permanentmagnete (Dauermagnete) entstehen durch Ausrichtung der Elementarmagnete eines ferromagnetischen Stoffes. Ferromagnetische Stoffe behalten die Ausrichtung der Elementarmagnete auf Dauer bei **(Bild 2)**.

Die magnetischen Feldlinien, die sich um einen stromdurchflossenen Leiter ausbilden besitzen gleichermaßen eine Verlaufsrichtung. Diese Beobachtung des dänischen Physikers Oersted[1)] kann man sich leicht mit der so genannten Rechte-Faust-Regel oder auch Schraubenregel einprägen:

Greift man um einen stromdurchflossen Leiter mit der rechten Hand so, dass der Daumen in Richtung des elektrischen Stromes zeigt, so zeigen die gekrümmten Finger die Verlaufsrichtung der magnetischen Feldlinien an **(Bild 3)**.

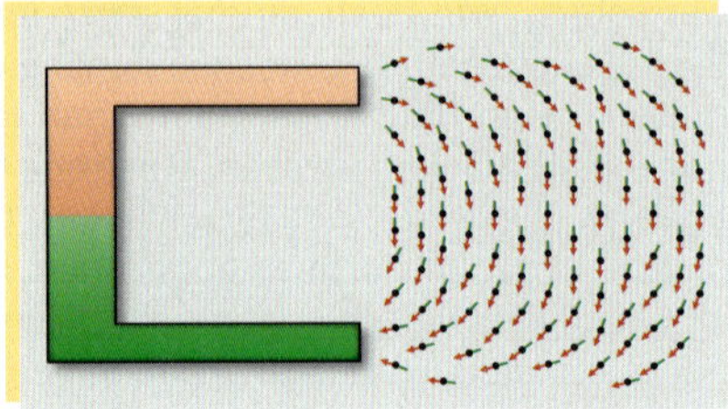

Bild 1: Ausrichtung von Kompassnadeln

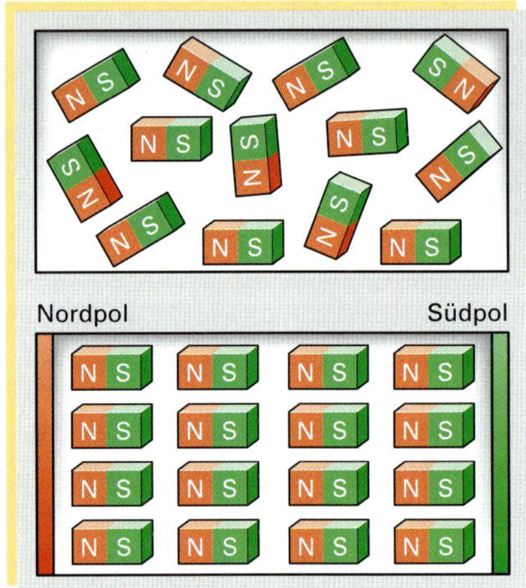

Bild 2: Ausrichtung von Elementarmagneten

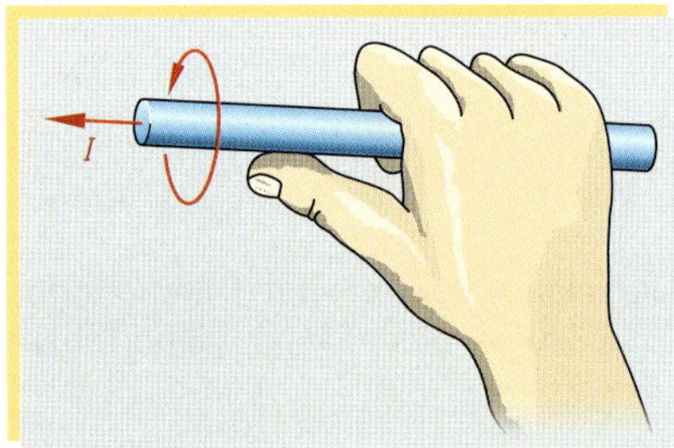

Bild 3: Stromrichtung und Drehsinn der magnetischen Feldlinien

8.9.1 Magnetische Kreise

In der Technik wird das Phänomen, dass sich um stromdurchflossene Leiter ein Magnetfeld bildet, mittels so genannter Spulen ausgenutzt. Der einfachste Aufbau einer Spule besteht aus einem isolierten Leiter (z. B. Kupferdraht), der auf einem Kunststoffstab aufgewickelt ist. Da die Leiterschleifen alle parallel liegen und somit alle magnetischen Feldlinien in gleicher Richtung verlaufen, ergibt sich ein gesamtes Magnetfeld einer Spule **(Bild 4)**.

Ein magnetischer Kreis **(Bild 4)** beschreibt den für die Ausbreitung der magnetischen Feldlinien vorgesehenen Raum.

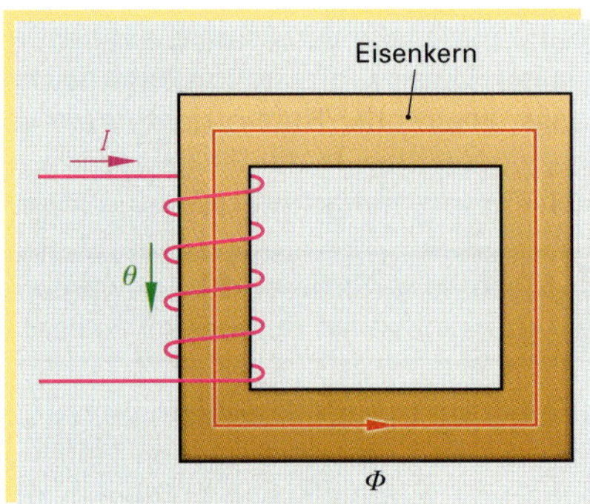

Bild 4: Magnetischer Kreis

8.9.2 Grundgrößen des magnetischen Feldes

Magnetische Durchflutung

Jede bewegte elektrische Ladung verursacht ein magnetisches Feld. Die elektrische Stromstärke I ist proportional zu der Anzahl der elektrischen Ladungsträger e^-, die pro Zeiteinheit bewegt werden.

[1)] Hans Christian Oersted: dänischer Physiker (1777-1851)

Die Größe des *gesamten* magnetische Feldes wächst proportional mit der Stromstärke und der Anzahl parallel liegender Leiterwicklungen N auf dem Spulenkörper **(Bild 1)**. Das Produkt aus der Stromstärke I und der Anzahl der Windungen einer Spule N nennt man magnetische Durchflutung. Sie wird mit dem Formelzeichen Θ (Theta) bezeichnet.

$$\Theta = I \cdot N \qquad [\Theta] = \mathrm{A}$$

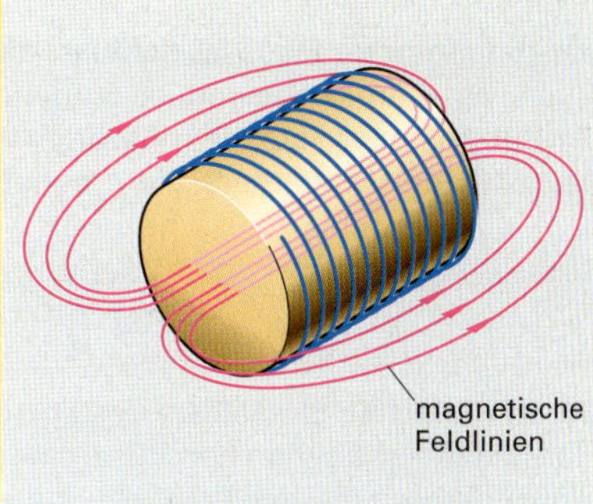

Bild 1: Magnetische Feldlinien einer Spule (in sich geschlossen)

Magnetische Feldstärke

Die magnetische Feldstärke ist eine rein rechnerische Größe, die keine Auswirkung auf die Stärke des Magnetfeldes hat. Man nennt die magnetische Feldstärke auch magnetische Erregung. Sie wird zur einfacheren Berechnung magnetischer Felder in Spulen und anderen Bauelementen herangezogen.

Die magnetische Feldstärke H entspricht der magnetischen Durchflutung bezogen auf eine mittlere

Feldlinienlänge l_m: $H = \dfrac{\Theta}{l}$

$[H] = \dfrac{\mathrm{A}}{\mathrm{m}}$ **(Bild 2 und 3)**

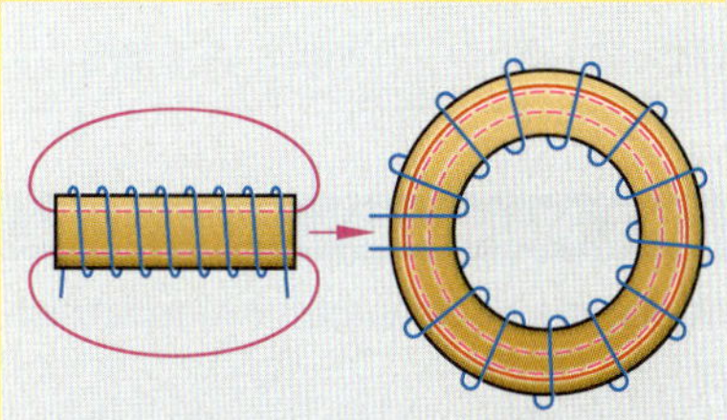

Bild 2: Mittlere Feldlinienlänge

Magnetische Flussdichte und Permeabilität

Die Querschnittsfläche einer Spule zeigt die mögliche Durchdringungsfläche für die magnetischen Feldlinien. Je mehr Feldlinien pro Fläche auftreten, desto dichter liegen diese. Die magnetische Flussdichte steigt somit proportional mit der magnetischen Durchflutung und mithin mit der magnetischen Flussdichte. Nun muss nur noch geklärt werden, wie sich das Material des Spulenkernes, welches von den magnetischen Feldlinien durchdrungen wird, auf die Flussdichte auswirkt. In diesem Zusammenhang spricht man von der magnetischen Durchlässigkeit (Permeabilität) μ von Materialien. Die Permeabilität eines leeren Raumes (Vakuum) ist eine Feldkonstante:

$$\mu_0 = 1{,}256 \cdot 10^{-6}\ \frac{\mathrm{Vs}}{\mathrm{Am}}$$

Die relative Permeabilität μ_r beschreibt den Faktor, um welche die magnetische Durchlässigkeit eines Stoffes besser ist als bei Vakuum. Die Permeabilität μ wird üblicherweise als Produkt der relativen Permeabilität μ_r und der absoluten Permeabilität μ_0 angegeben:

$$\mu = \mu_0 \cdot \mu_r$$

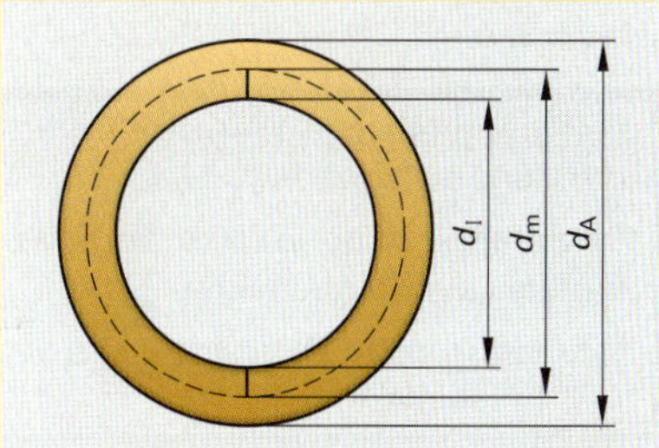

Bild 3: Berechnung der mittleren Feldlinienlänge

Die magnetische Flussdichte verändert sich in Abhängigkeit zur magnetischen Feldstärke und in Abhängigkeit zur magnetischen Durchlässigkeit eines Stoffes:

$B = \mu \cdot H \qquad [B] = \dfrac{\mathrm{Vs}}{\mathrm{m}^2} = 1\ \mathrm{T}$ (T sprich Tesla[1])

Tabelle 1: Relative Permeabilität

Stoff	μ_r
Luft	1,0000004
Kupfer	0,99999
Transformatorenblech	8000

[1] Nicola Tesla, kroatischer Physiker, der in den USA tätig war (1856-1943)

Magnetischer Fluss

Der magnetische Fluss ist definiert als die Summe aller Feldlinien. Wie bereits bekannt ist, ist die magnetische Flussdichte die Summe aller Feldlinien bezogen auf die Durchdringungsfläche. Daraus folgt, dass die magnetische Flussdichte gleich dem magnetischen Fluss bezogen auf die Durchdringungsfläche A sein muss:

$$B = \frac{\Phi}{A}$$

Durch einfaches Umstellen der Formel für die magnetische Flussdichte erhält man den Zusammenhang für die **Wirkungsgröße** im magnetischen Kreis, den magnetischen Fluss Φ **(Bild 1)**.

> Der magnetische Fluss ist die Gesamtheit aller Feldlinien in einem magnetischen Kreis. Er stellt die Wirkungsgröße im magnetischen Kreis dar.
>
> $\Phi = B \cdot A$ $[\Phi] = \text{Vs} = \text{Wb}$ (sprich Weber[1])

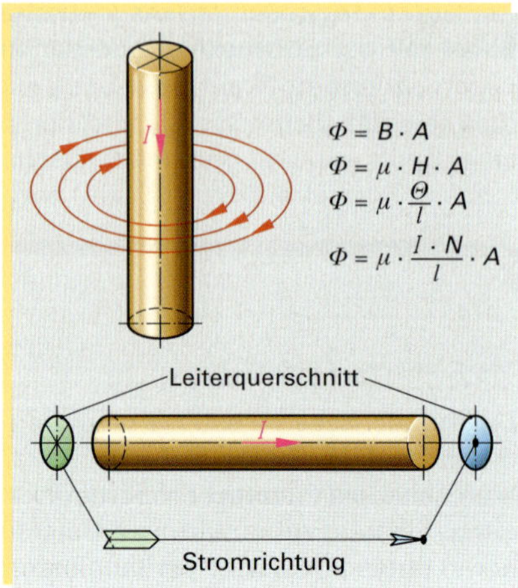

Bild 1: Formaler Zusammenhang magnetischer Größen

8.9.3 Magnetische Werkstoffe

Werkstoffe beeinflussen grundsätzlich den Verlauf der magnetischen Feldlinien. Die Stärke des Einflusses variiert allerdings in einem sehr großen Bereich. Eisen, Nickel und Kobalt führen zu einer Verstärkung des Magnetfeldes. Diese Werkstoffe nennt man **ferromagnetische** Werkstoffe. Andere Werkstoffe, wie z. B. Aluminium, verstärken das Magnetfeld nur sehr gering, solche Werkstoffe verhalten sich **paramagnetisch. Diamagnetische** Werkstoffe, wie z. B. Kupfer, zerstreuen das sie durchdringende Magnetfeld, so dass es gegenüber Vakuum sogar abgeschwächt wird.

> Ferromagnetische Werkstoffe verstärken das sie durchdringende Magnetfeld. $\mu_r >> 1$
>
> Paramagnetische Werkstoffe haben einen sehr geringen Einfluss auf Magnetfelder. $\mu_r > 1$
>
> Diamagnetische Werkstoffe schwächen Magnetfelder ab. $\mu_r < 1$ **(Tabelle 1).**

Die Permeabilitätszahlen leitender Materialien, wie z. B. Aluminium und Kupfer, liegen im Allgemeinen nahe eins ($\mu_r = 1$).

> Leiterwerkstoffe besitzen ein sehr ähnliches magnetisches Verhalten wie Luft.

Beispiel: Eine Luftspule, Querschnitt A = 10 cm², mittlere Feldlinienlänge 25 cm, trägt eine Spule mit 1000 Windungen, die vom Strom I = 1 A durchflossen wird.

Wie groß sind Feldstärke, Flussdichte und Fluss?

Lösung: Geg.: $A = 10\ \text{cm}^2$, $l_m = 25\ \text{cm}$, $N = 10000$, $I = 1\ \text{A}$

Ges.: H, B, Φ

$$H = \frac{I \cdot N}{l_m} = \frac{1\ \text{A} \cdot 10000}{25\ \text{cm}} = 400\,\frac{\text{A}}{\text{cm}} = 40000\,\frac{\text{A}}{\text{m}}$$

$$B = \mu_0 \cdot H = 1{,}256 \cdot 10^{-6}\,\frac{\text{Vs}}{\text{Am}} \cdot 40000\,\frac{\text{A}}{\text{m}} = 0{,}05\,\frac{\text{Vs}}{\text{m}^2}$$

$$\Phi = B \cdot A = 0{,}05\,\frac{\text{Vs}}{\text{m}^2} \cdot 25 \cdot 10^{-4}\ \text{m}^2 = 1{,}25 \cdot 10^{-4}\ \text{Vs}$$

Tabelle 1: Werkstoffeinordnung (Auszug)

Ferromagnetisch	Paramagnetisch	Diamagnetisch
Fe, Co, Ni, Ferrite	Al, Mn, Cr, W	Cu, Zn, Ag, Wasser
$5 \ldots 9 \cdot 10^3$	ca. 1,0001 – 1,001	ca. 0,9999

Nur ferromagnetische Stoffe haben eine sehr große magnetische Durchlässigkeit. Deshalb sind diese Werkstoffe für technische Anwendungen, die einen großen Magnetfluss benötigen, besonders wichtig. Ferromagnetische Stoffe erlauben es, den Magnetfluss in einen konstruktiv vorgegeben Verlauf zu zwängen. Diese Eigenschaft ferromagnetischer Stoffe wird bei der Konstruktion von z. B. Generatoren, Transformatoren und Elektromotoren ausgenutzt.

> Ferromagnetische Werkstoffe werden zum Aufbau magnetischer Kreise verwendet.

[1] Wilhelm Eduard Weber: deutscher Physiker (1804-1891)

8.9.4 Magnetisierung ferromagnetischer Werkstoffe

Ferromagnetische Werkstoffe verstärken das sie durchdringende Magnetfeld. Der Grund für diese Verstärkung liegt in der Magnetisierung dieser Werkstoffe, wie z. B. Eisen. Bringt man ferromagnetische Werkstoffe in ein Magnetfeld, richten sich die im Werkstoff enthaltenen Elementarmagnete in Richtung des Feldlinienverlaufes aus. Es findet eine Magnetisierung des ferromagnetischen Stoffes statt, der das ursächliche Magnetfeld verstärkt. Die Ausrichtung der Elementarmagnete (Magnetisierung) ferromagnetischer Stoffe verläuft nicht abrupt oder etwa linear. Bei kleiner Stromstärke durch die Spule und somit kleiner Durchflutung, bzw Feldstärke, steigt die Magnetisierung des Eisenkerns nahezu proportional an. Steigt die Feldstärke weiter bis zu großen Werten an, sinkt die Magnetisierung des Eisenkerns ab, es wird ein so genannter magnetischer Sättigungspunkt (Punkt A, **Bild 1**) erreicht. Die Abbildung zeigt den Verlauf der Neukurve.

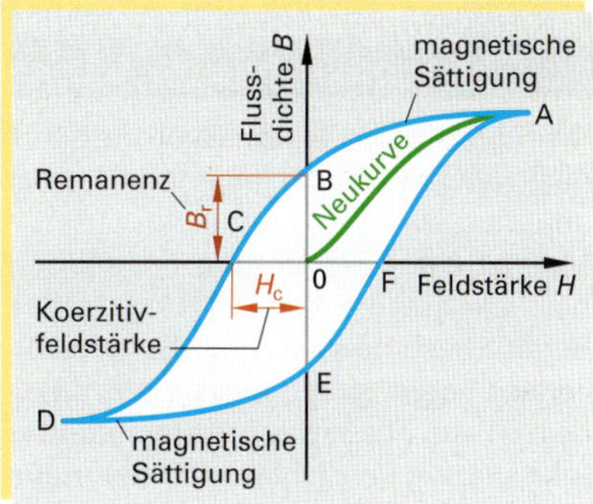

Bild 1: Hysteresekurve

> Magnetische Kreise werden **nicht** im Sättigungsbereich betrieben, um den Aufwand an elektrischer Energie gering zu halten.

Schaltet man den Spulenstrom ab, so dass die Feldstärke $H = 0$ erreicht, kehren einige der Elementarmagneten des Eisenkerns in ihre Ausgangslage zurück. Das bedeutet, dass sich die Magnetisierung des Eisenkerns bis auf einen Restmagnetismus (Remanenz, Punkt B) verringert.

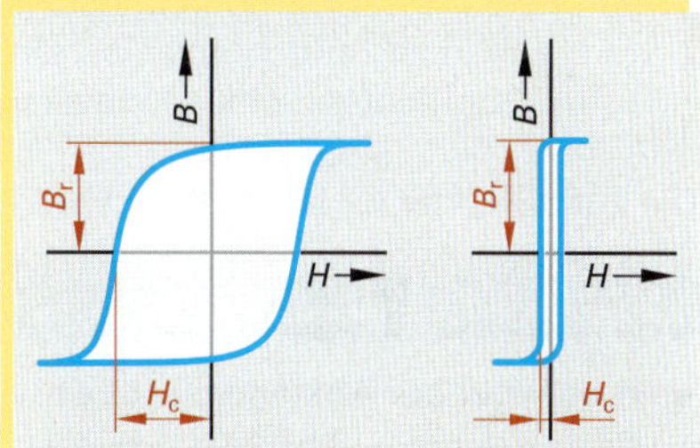

a) hartmagnetischer Werkstoff für Dauermagnete

b) weichmagnetischer Werkstoff für Elektromagnete

Bild 2: Hystereseschleifen

> Bei so genannten Dauermagneten verbleibt nach der Erstmagnetisierung eine große Remanenz.

Erzeugt man mit der Spule eine Gegenfeldstärke durch Umkehrung der Stromrichtung, so findet eine Entmagnetisierung des Eisenkernes statt. Die (Gegen-)Feldstärke, die zur Beseitigung der Remanenz aufgewendet werden muss, wird als Koerzitivfeldstärke (Punkt C) bezeichnet.

> Der Restmagnetismus kann mittels der Koerzitivfeldstärke gelöscht werden.

Vergrößert man die Feldstärke über die Koerzitivfeldstärke hinaus, gelangt man wiederum in einen magnetischen Sättigungsbereich (Punkt D, **Bild 2**). Wird der Strom in der Spule abgeschaltet und somit $H = 0$, reduziert sich die Magnetisierung des Eisenkerns wiederum auf einen bestimmten Remanenzwert (Punkt E). Jetzt kann zum zweiten Mal die Stromrichtung in der Spule gedreht werden, wodurch eine Feldstärke (Koerzitivfeldstärke) erzeugt wird, die den Restmagnetismus auf Null reduziert (Punkt F). Wird die Stromstärke weiter erhöht, ergibt sich eine Feldstärke, die größer ist als die Koerzitivfeldstärke. Die Magnetisierung läuft auch hier wieder in die magnetische Sättigung (Punkt A). Die so genannte **Hystereseschleife (Bild 2)** hat sich geschlossen.

Durch ständige Änderung der Stromrichtung in der Spule, durchläuft die Magnetisierung des Eisenkerns zyklisch die Hystereseschleife. Die andauernde Umkehrung der Ausrichtung der Elementarmagnete führt zu Reibung, die eine Erwärmung des Eisenkerns zur Folge hat.

> Kontinuierliche Ummagnetisierung magnetischer Werkstoffe führt zur Umwandlung elektrischer Energie in Wärmeenergie.

Je geringer die Koerzitivfeldstärke, desto geringer sind die Ummagnetisierungsverluste. Werkstoffe mit geringer Koerzitivfeldstärke (kleine Fläche der Hysteresekurve) heißen **weichmagnetisch**. Werkstoffe **(Bild 2)** mit großer Koerzitivfeldstärke (große Fläche der Hysteresekurve) heißen **hartmagnetisch,** dies sind z. B. Dauermagnete.

8.9.5 Kraftwirkung auf parallel verlaufende stromdurchflossene Leiter

Zwei parallel verlaufende stromdurchflossene Leiter **(Bild 1)** besitzen jeweils ein eigenes Magnetfeld. Wie bereits oben erläutert, bildet sich um einen stromdurchflossenen Leiter ein Magnetfeld. Die Richtung der magnetischen Feldlinien kann bei bekannter Stromrichtung mit Hilfe der „Rechte-Faust-Regel" bestimmt werden. Bei gleicher Stromrichtung in den Leitern heben sich die magnetischen Feldlinien zwischen den Leitern auf. Fließt der Strom in den Leitern in entgegengesetzter Richtung verdichten sich die magnetischen Feldlinien zwischen den Leitern.

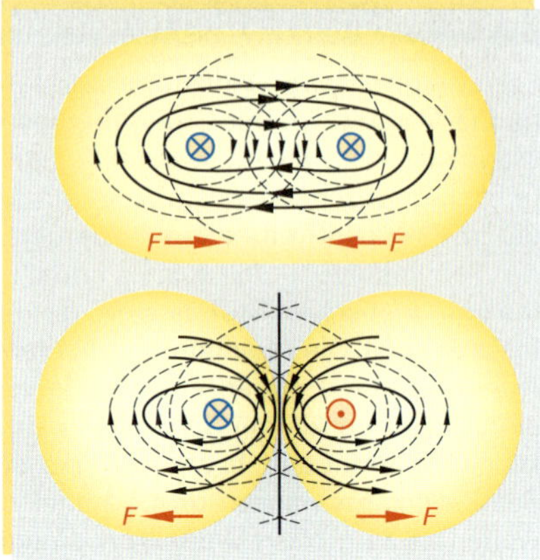

Bild 1: Stromdurchflossene Leiter

Parallel geführte stromdurchflossene Leiter ziehen sich an, wenn deren Stromrichtung übereinstimmt; bei gegensinniger Stromrichtung stoßen sie sich ab **(Bild 1)**.

Die auf die Leiter wirkende Kraft wird umso größer

- je größer die Leiterströme I_1 und I_2 sind
- je länger die Strecke ist, die die Leiter parallel verlaufen
- je geringer der Abstand der Leiter voneinander ist
- je größer die magnetische Durchlässigkeit (Permeabilität) des Stoffes zwischen den Leitern ist (bei Luft $\mu_r \cong 1$).

Für zwei parallel verlaufende Leiter ergibt sich die auf die Leiter wirkende Kraft F:

$$F = \frac{\mu_0}{2\pi} \cdot \frac{l}{a} \cdot I_1 \cdot I_2$$

l = Leiterlänge, a = Leiterabstand

Analog zu diesen Betrachtungen kann sehr einfach die Richtung der auf einen Leiter wirkenden Kraft bestimmt werden, welche sich in einem Magnetfeld befindet **(Bild 2)**.

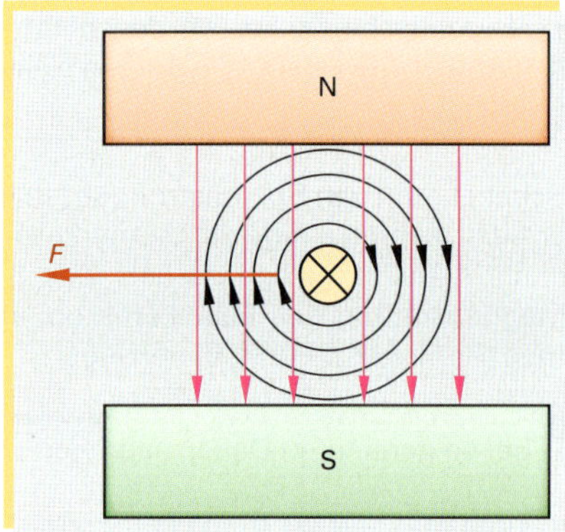

Bild 2: Kraftwirkung auf stromdurchflossene Leiter im Magnetfeld

8.9.6 Elektromagnetische Induktion

Stromdurchflossene Leiter werden von einem Magnetfeld umgeben. Dieses Magnetfeld ändert sich, wenn sich der Strom durch den Leiter ändert.

Dieser Vorgang ist umkehrbar, indem der Leiter, bzw. die Spule einem sich **ändernden Magnetfeld** ausgesetzt wird **(Bild 3)**. Das wechselnde Magnetfeld bewirkt eine Spannung im Leiter. Man sagt, es wird eine elektrische Spannung *induziert*. Die induzierte Spannung steigt

- mit zunehmender Windungszahl N
- mit Zunahme der Änderung des Magnetflusses
- mit Verringerung der Zeit für eine bestimmte Änderung des Magnetflusses.

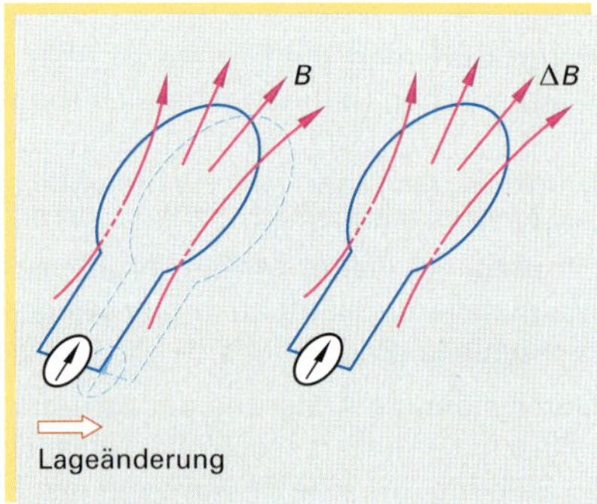

Bild 3: Induktion

In einem Leiter wird eine elektrische Spannung induziert, wenn dieser von einem sich ändernden Magnetfeld durchsetzt wird oder sich die wirksame Fläche im Magnetfeld ändert.

Diese physikalische Erscheinung kann leicht mithilfe eines Fahrraddynamos demonstriert werden. Der Aufbau eines Fahrraddynamos besteht aus einem Permanentmagneten der sich innerhalb einer Spule (Leiterschleife) dreht. Im Stand dreht sich der Permanentmagnet nicht, es findet keine Magnetfeldänderung statt, so dass keine Spannung induziert wird. Die Lampen am Fahrrad leuchten nicht. Bei langsamer Fahrt dreht sich der Permanentmagnet langsam, das Magnetfeld um die Spule ändert sich auch nur langsam, folglich wird eine kleine Spannung induziert **(Bild 1)**. Die Lampen am Fahrrad leuchten nicht sehr hell. Mit zunehmender Geschwindigkeit ändert sich das Magnetfeld stärker, die induzierte Spannung steigt und somit leuchten auch die Fahrradlampen heller. Formal fasste diesen Zusammenhang der englische Physiker Faraday[1] in dem so genannten **Induktionsgesetz** zusammen:

$$U_i = N \frac{\Delta \Phi}{\Delta t}$$

Ersetzt man den magnetischen Fluss $\Phi = B \cdot A$ erhält man zwei Arten der Induktion:

Induktion der Bewegung:
(konstante Magnetflussdichte B, variable Fläche A)

$$U_i = -N \cdot B \cdot \frac{\Delta A}{\Delta t} \text{ (Bild 2)}$$

Induktion der Ruhe:
(variable Magnetflussdichte B, konstante Fläche A)

$$U_i = -N \cdot A \cdot \frac{\Delta B}{\Delta t}$$

Δt: Zeit, innerhalb derer eine Änderung geschieht

Jede Spannung besitzt eine Polarität, die einem durch diese Spannung getriebenem Strom eine bestimmte Richtung vorgibt. Dies gilt für die Induktionsspannung:

- Die Arbeit (Energie), die mithilfe der Induktionsspannung verrichtet werden kann, ist vom Betrag her höchstens gleich groß wie die eingesetzte Energie die zur Erzeugung der Induktionsspannung aufgewendet wurde
- Energie ist eine Erhaltungsgröße; sie kann nicht erzeugt werden sondern nur in andere Formen umgewandelt werden → Energieerhaltungssatz
- Da der Energieerhaltungssatz gilt, muss das Magnetfeld des von der Induktionsspannung getriebenen Stromes (Induktionsstrom) in der Leiterschleife seinem Erregermagnetfeld entgegenwirken

Lenz'sche Regel[2]: Der Induktionsstrom ist so gerichtet, dass er seiner Erregerursache, der Magnetflussänderung, entgegenwirkt.

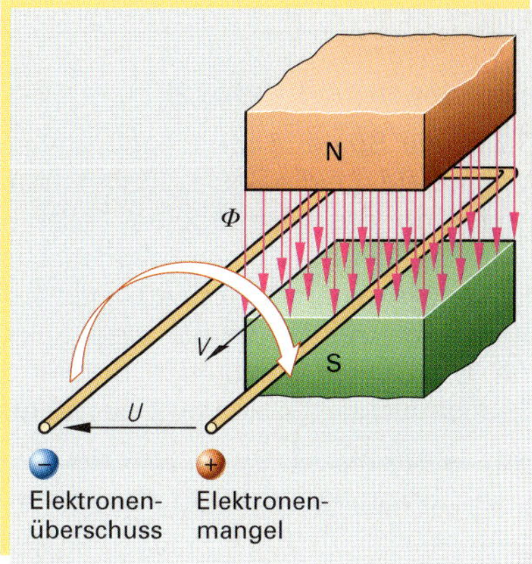

Bild 1: Leiterschleife im Magnetfeld

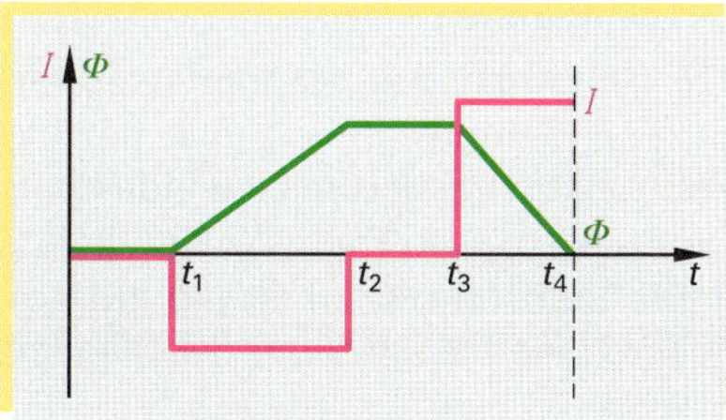

Bild 2: Induktionsgesetz

Kraftwirkung im Magnetfeld

Bewegt man einen Leiter durch ein Magnetfeld, werden die in ihm enthaltenen freien Elektronen an ein Leiterende verschoben. Das hat zur Folge, dass an einem Leiterende ein Elektronenüberschuss und am anderen Leiterende ein Elektronenmangel herrscht. Die Kraft, die die Elektronen zu einem Leiterende hin bewegt nennt man:

Lorenzkraft F (für B⊥v):

$$F = B \cdot Q \cdot v \qquad [F] = \frac{\text{Vs}}{\text{m}^2} \cdot \text{As} \cdot \frac{\text{m}}{\text{s}} = \frac{\text{kgm}}{\text{s}^2}$$

v = Bewegungsgeschwindigkeit
B = Flussdichte
Q = elektrische Ladung

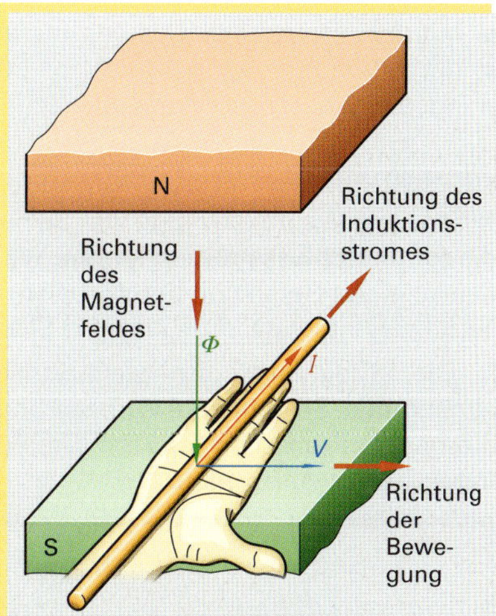

Bild 3: „Rechte-Hand-Regel"

1) Michael Faraday: englischer Physiker (1791-1876)
2) Heinrich Friedrich Emil Lenz: russischer Physiker (1804-1865)

Induktion der Bewegung

Die Fläche, die vom Magnetfluss durchsetzt wird, ändert sich um $\Delta A = l\,\Delta s$ **(Bild 1)**.

$$U_i = -N \cdot B \cdot \frac{\Delta A}{\Delta t} \qquad U_i = -N \cdot B \cdot l \cdot \frac{\Delta s}{\Delta t}$$

$$U_i = -N \cdot B \cdot l \cdot v$$

l magnetisch wirksame Leiterlänge
Δs Weg im Betrachtungszeitraum

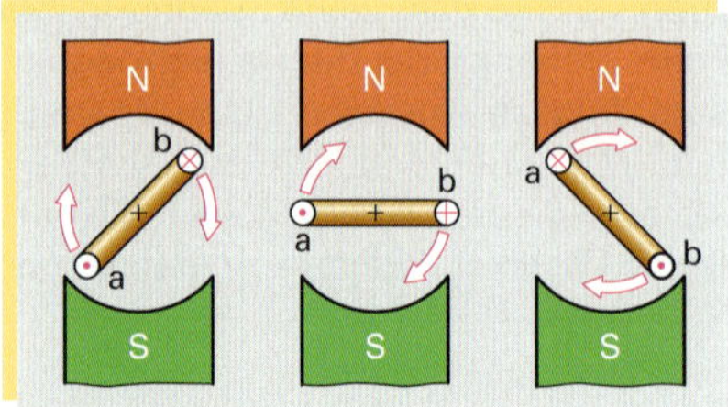

Bild 1: Induktion der Bewegung

Induktion der Ruhe (Bild 2)

Bleibt die Spule in ihrer Lage unverändert und variiert das Magnetfeld um die Spule, spricht man von Ruheinduktion. Die Änderung des Magnetfeldes kann z.B. durch eine Spule (Primärspule) über einen magnetischen Kreis auf eine zweite Spule (Sekundärspule) übertragen werden. Das Prinzip eines **Transformators** beruht auf einer solchen Anordnung. Liegen die Wicklungen der beiden Spulen auf ein und demselben Eisenkern spricht man von einer **magnetischen Kopplung**.

Der Stromänderung in der ersten Spule folgt ein sich änderndes Magnetfeld, welches seinerseits in der zweiten Spule aufgrund der magnetischen Kopplung, eine Spannung induziert. Diese Erscheinung nennt man Induktion.

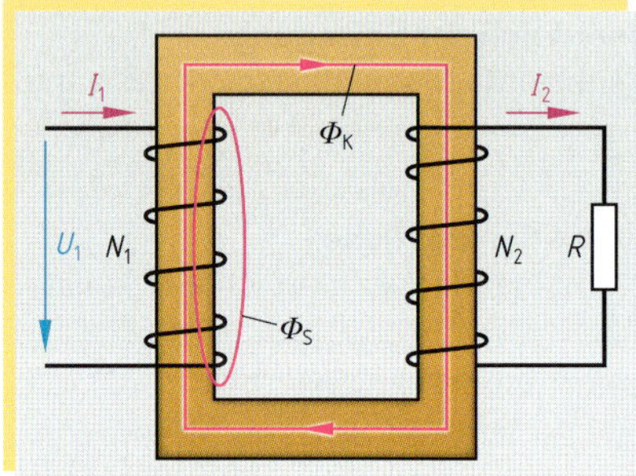

Bild 2: Induktion der Ruhe

Selbstinduktion

Die Änderung des Magnetfeldes einer Spule infolge einer Stromänderung in der Spule bewirkt rückwirkend in dieser Spule selbst wiederum eine Induktionsspannung.

Die Selbstinduktion ist die Induktionsspannung, welche durch die Rückwirkung der Magnetflussänderung erzeugt wird.

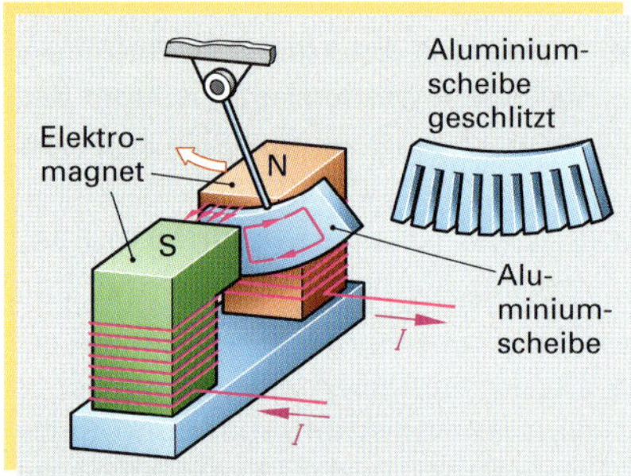

Bild 3: Schema einer Wirbelstrombremse

Die Selbstinduktion hängt ausschließlich von den Spulendaten ab, sie steigt

- mit der Windungszahl N
- mit der Permeabilität des Kernmaterials μ_r
- durch Verringerung der mittleren Feldlinienlänge l_m
- mit steigendem Wicklungsquerschnitt A

Wirbelströme

Wirbelströme sind die Folge von Selbstinduktionsspannungen in elektrischen Leitern, Eisenkernen usw., die zu Kurzschlussströmen führen. Wirbelströme können eine Ursache für die Erwärmung von Eisenkernen sein. Zur Reduktion der Wirbelströme in Transformatorkernen werden lamellierte Eisenkerne eingesetzt (zusammengesetzte einzelne Bleche).

In einem Magnetfeld bewegte elektrische Leiter bzw. Metallteile werden gemäß dem Lenz'schen Gesetz abgebremst. So genannte Wirbelstrombremsen **(Bild 3)** bei z.B. Fahrzeugen oder Seilbahnen basieren auf diesen physikalischen Effekten. Die Spulendaten fasst man formal als Selbstinduktionskoeffizient oder **Induktivität *L*** zusammen:

$$L = N^2 \cdot \mu_0 \cdot \mu_r \cdot \frac{A}{l_m} \qquad [L] = \frac{\text{Vs}}{\text{A}} = H \text{ (Henry[1])}$$

1) Joseph Henry: amerikanischer Physiker (1797-1878)

Wie bereits gezeigt wurde, ist der magnetische Fluss:

$$\Phi = \frac{\mu \cdot A \cdot I \cdot N}{l_m} \qquad \text{und} \qquad \Delta\Phi = \frac{\Delta I \cdot \mu \cdot A \cdot N}{l_m}$$

Ersetzt man $\Delta\Phi$ in der Formel für das Induktionsgesetz $U_i = -N \frac{\Delta\Phi}{\Delta t}$ erhält man:

$$U_i = -N \frac{\Delta I \cdot N \cdot \mu \cdot A}{\Delta t \; l_m} = \frac{\Delta I}{\Delta t} \frac{N^2 \cdot \mu_0 \cdot \mu_r \cdot A}{l_m} \quad (\text{mit } \mu = \mu_0 \cdot \mu_r)$$

$$U_i = -L \frac{\Delta I}{\Delta t} \qquad [U_i] = \text{V}$$

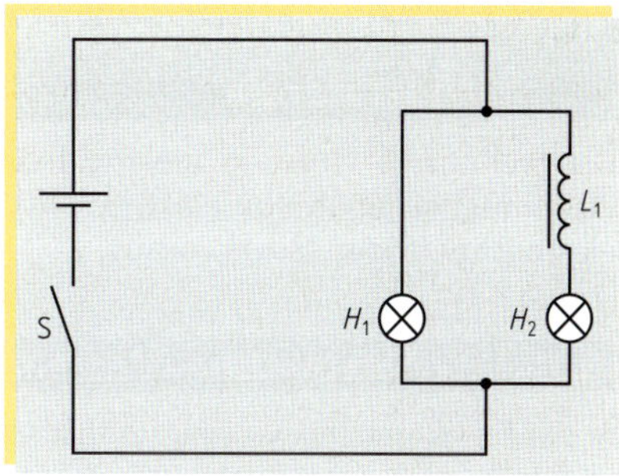

Bild 1: Gemischte Schaltung mit Spule und Lampen

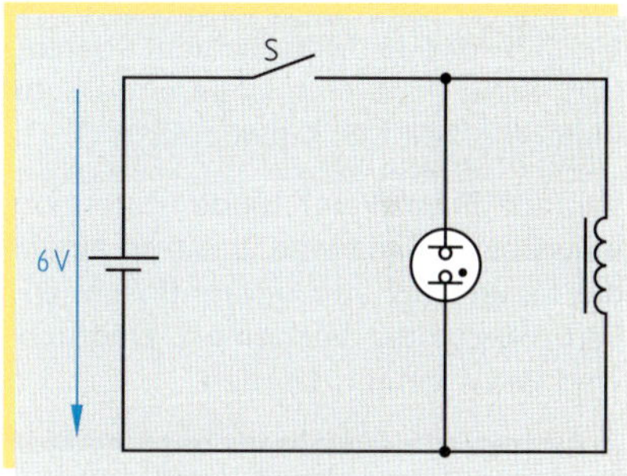

Bild 2: Parallelschaltung von Glimmlampe und Spule

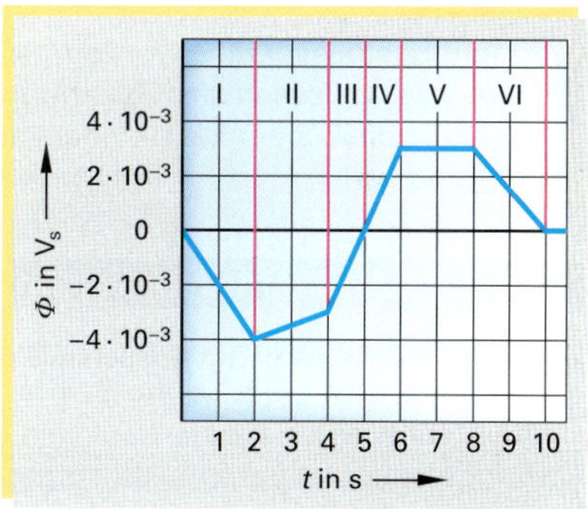

Bild 3: Verlauf des magnetischen Flusses

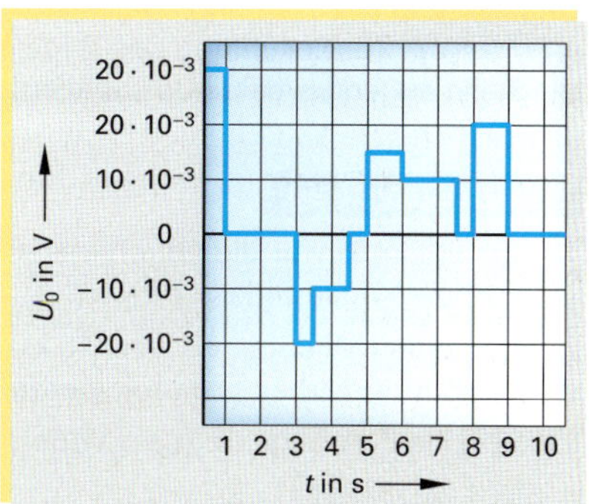

Bild 4: Verlauf einer Induktionsspannung

Arbeitsauftrag:

1. Untersuchen Sie das zeitliche Verhalten der Lampe H_1 und der Lampe H_2, welche in Reihe zu einer Spule mit Eisenkern liegt **(Bild 1)**.

   Welche Schlussfolgerung ergibt sich aus den Beobachtungen beim Schließen bzw. beim Öffnen des Schalters S?

2. Die Glühlampe in **Bild 2** besitzt eine Zündspannung von 100 V.

   Stellen Sie zunächst eine Vermutung an, welches Verhalten die Schaltung im Einschaltmoment (S wird geschlossen) und im Ausschaltmoment (S wird geöffnet) zeigt.

   Überprüfen Sie Ihre Vermutung anhand des Versuchsaufbaus.

3. Berechnen Sie die induzierte Spannung in einer Spule mit 100 Windungen, wenn sich der magnetische Fluss entsprechend der Abbildung in **Bild 3** ändert.

4. Zeichnen Sie den Verlauf des magnetischen Flusses, welcher den in der Abbildung dargestellten Spannungsverlauf induziert **(Bild 4)**.

   Betrachten Sie den gesamten Zeitraum von 10 s. Die eingesetzte Spule besitzt 60 Windungen. Der magnetische Fluss bei $t = 0$ beträgt 0,6 10^{-3} Vs.

5. Wie groß ist die mittlere Feldlinienlänge einer Spule aus Kupferdraht, wenn folgende Werte gegeben sind:

   $U_i = 10\,000$ V $\quad N = 1000 \quad A = 0{,}8\ \text{mm}^2 \quad \frac{\Delta I}{\Delta t} = 50\ \mu A/s$

6. Ermitteln Sie aus einem Tabellenbuch die relative Permeabilität von Keramik (Al_2O_3) und von Hexaferrit (HF 8/22, DIN 17410). Um wie viel Prozent unterscheidet sich die induzierte Spannung U_i zweier Spulen, die sich nur im Werkstoff des Spulenkerns unterscheiden (Keramik, Herxaferrit).

8.10 Grundschaltungen elektrischer Widerstände

Die technische Nutzung elektrischer Stromkreise setzt das Zusammenschalten von elektrischen Bauelementen, wie z.B. elektrischer Widerstände voraus.

8.10.1 Widerstandsbauelemente im Stromkreis

In der Elektrotechnik werden in fast allen Schaltungen Widerstandsbauelemente eingesetzt. Dabei unterscheidet man zwischen **Festwiderständen** und **veränderlichen Widerständen.**

Festwiderstände bestehen meistens aus einem Porzellan-, Kunststoff- oder Glasträger, der mit einer dünnen Kohle-, Metalloxid- oder Metallschicht überzogen ist. Auf diese Schicht folgt dann noch eine isolierende Schicht eines nichtleitenden Materials, wie z.B. Kunststoff.

Veränderliche Widerstände (Potentiometer), wie z.B. Schiebe- oder Drehwiderstände, besitzen einen zusätzlichen Abgriff, der die Länge des stromdurchflossenen Widerstandsmateriales vergrößert oder verkleinert. Dadurch kann der Widerstandswert linear variiert werden.

Messung von Strom und Spannung (Bild 1):

Strommessgeräte müssen vom zu messenden Strom durchflossen werden; das Strommessgerät wird zum Verbraucher in Reihe geschaltet.

Spannungsmessgeräte werden parallel zu den Verbrauchern angeschlossen; das Spannungsmessgerät misst den Spannungsfall über einem Widerstand.

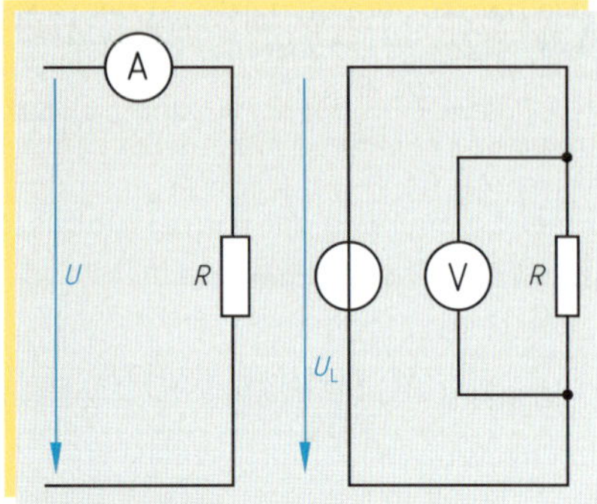

Bild 1: Messung von Strom und Spannung

Tabelle 1: Widerstandsfarbtabelle

Kennfarbe	1. Ring (Wert der 1. Ziffer)	2. Ring (Wert der 2. Ziffer)	3. Ring (Multiplikator)	4. Ring (Toleranz)
keine	–	–	–	± 20%
silber	–	–	10^{-2}	± 10%
gold	–	–	10^{-1}	± 5%
schwarz	0	0	10^0	–
braun	1	1	10^1	± 1%
rot	2	2	10^2	± 2%
orange	3	3	10^3	–
gelb	4	4	10^4	–
grün	5	5	10^5	± 0,5%
blau	6	6	10^6	–
violett	7	7	10^7	–
grau	8	8	10^8	–
weiß	9	9	10^9	–

8.10.2 Widerstandskennzeichnung

Die Kennzeichnung von Festwiderständen wird durch die IEC[1]-Normreihen, z.B. E6, E12 und E24 festgelegt. Bei den aufgezählten Normreihen werden auf den Widerstandskörper vier Farbringe oder vier Farbpunkte aufgebracht **(Bild 2 und Tabelle 1).**

Zur Bestimmung des Widerstandswertes der IEC-Normreihen E48, E96 und E192 ist das Aufbringen eines fünften Farbringes erforderlich. Zur Ermittlung des Widerstandswertes sei an dieser Stelle auf entsprechende Tabellenbücher verwiesen.

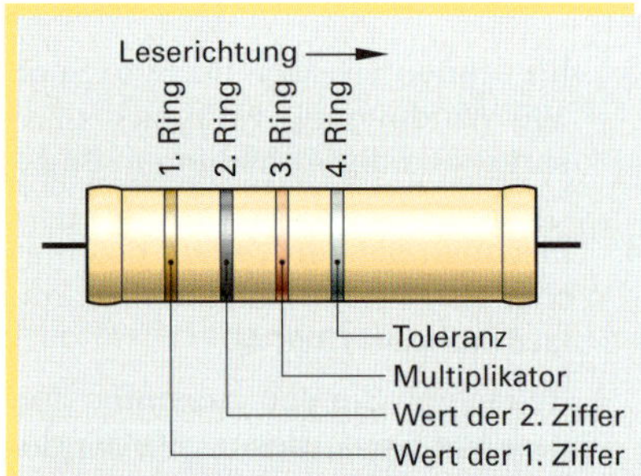

Bild 2: Widerstandskennzeichnung

Arbeitsauftrag:

1. Ermitteln Sie für die abgebildeten Widerstände der Reihe E12 die Widerstandswerte.
2. Für einen Widerstand von 10 kΩ ± 5% sollen die Kennzeichnungsfarben ermittelt werden.
3. Welche Farbringe trägt ein Widerstand mit 3,3 kΩ ± 10%?

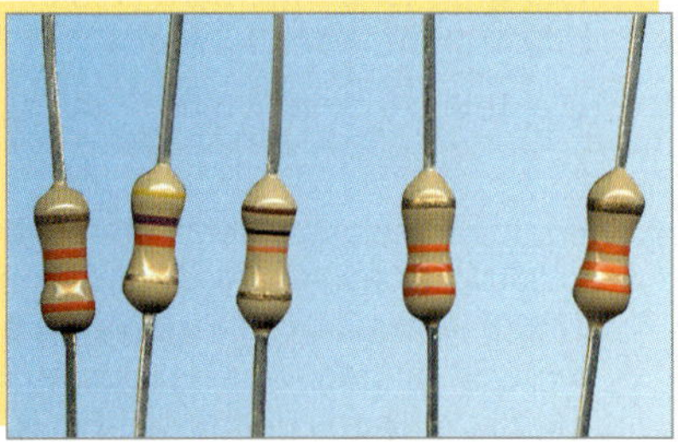

[1] International electronical commission (www.iec.org)

8.10.3 Reihenschaltung von Widerständen

In einer Reihenschaltung von Widerständen werden alle Widerstände vom selben Strom durchflossen. Vor und nach den Widerständen ist die Stromstärke I gleich groß **(Bild 1)**.

> Die Stromstärke I ist innerhalb einer Reihenschaltung an jeder Stelle im Stromkreis gleich groß.

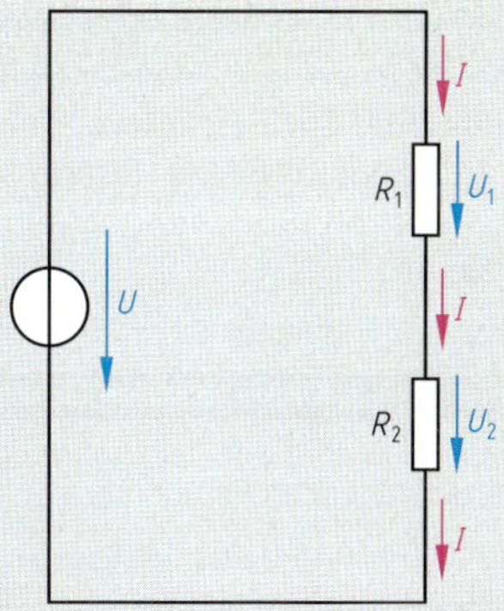

Beispiel:
Geg.: $R_1 = 100$, $R_2 = 150$, $U = 12$ V
Messwerte:
Alle Strommessgeräte zeigen einen Wert von $I_1 = I_2 = I_3 = 48$ mA an. Die Spannungsmessgeräte zeigen für $U_1 = 4{,}8$ V und für $U_2 = 7{,}2$ V an.

Bild 1: Reihenschaltung von Widerständen

Wie man aus den Messwerten des Versuchsaufbaus erkennen kann, ergibt sich für die Spannungen folgende Abhängigkeit:

$$U = U_1 + U_2$$

Dies gilt auch für n Widerstände:

$$U = U_1 + U_2 + U_3 + \ldots + U_n$$

Da die Stromstärke überall gleich groß ist, kann unter Anwendung des ohmschen Gesetzes der Gesamtwiderstand berechnet werden:

$$R_{ges} = R_1 + R_2 + \ldots + R_n \qquad \frac{U}{I} = \frac{U_1}{I} + \frac{U_2}{I} + \ldots + \frac{U_n}{I}$$

> Der Gesamtwiderstand in einer Reihenschaltung ist gleich der Summe der Einzelwiderstände.

Der Gesamtwiderstand einer Schaltung beschreibt den Widerstand, der die Spannungsquelle belastet. Er kann in einem Ersatzschaltbild als Widerstand R_{ges} dargestellt werden **(Bild 2)**.

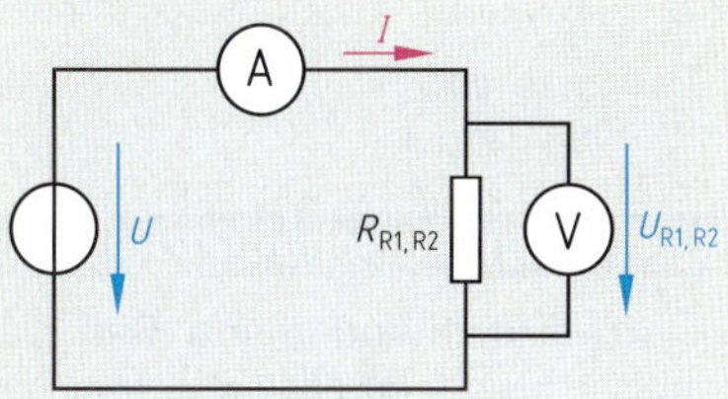

Bild 2: Ersatzschaltbild

Unter der Bedingung, dass in einer Reihenschaltung der Strom $I = I_1 = I_2 = I_3$ ist ergibt sich eine Verhältnisgleichung der Spannungen und Widerstände:

$$I_1 = I_2 \qquad \frac{U_1}{R_1} = \frac{U_2}{R_2} \qquad \frac{U_1}{U_2} = \frac{R_1}{R_2}$$

> In einer Reihenschaltung stehen die Spannungen im gleichen Verhältnis wie die dazugehörenden Widerstände.

Durch einfache Erweiterung der Verhältnisgleichung stellt sich das Verhältnis von Widerständen und den dazugehörenden Leistungen dar:

$$\frac{I}{I} \cdot \frac{U_1}{U_2} = \frac{R_1}{R_2} \qquad \frac{P_1}{P_2} = \frac{R_1}{R_2}$$

> Der Leistungsumsatz und die zugehörenden Widerstände sind in der Reihenschaltung proportional.

$$U = U_1 + U_2 + \ldots + U_n \qquad U \cdot I = U_1 \cdot I + U_2 \cdot I + \ldots + U_3 \cdot I \qquad P = P_1 + P_2 + \ldots + P_n$$

> Die Gesamtleistung in der Reihenschaltung von Widerständen ist gleich der Summe der Einzelleistungen.

Arbeitsauftrag:

Messen und berechnen Sie alle Ströme, Spannungen und Leistungen in einem Netzwerk, welches aus drei in Reihe geschalteten Widerständen besteht. $U_0 = 12$ V, $R_1 = 1$ kΩ, $R_2 = 2$ kΩ, $R_3 = 3$ kΩ

Alternativ kann auch eine Simulationssoftware zum Einsatz kommen.

8.10.4 Maschensatz (zweites Kirchhoff'sches Gesetz)

In einer Masche, d.h. in einer Reihenschaltung elektrischer Bauelemente, ist die Summe der Einzelspannungen Null. Zur Festlegung der Vorzeichen wird für eine Masche zunächst ein Umlaufsinn festgelegt **(Bild 1)**. Spannungsfälle (Spannungspfeile), die im Umlaufsinn der Masche abfallen, erhalten ein positives Vorzeichen; Spannungspfeile entgegen des Maschenumlaufes erhalten entsprechend ein negatives Vorzeichen:

$$U_1 + U_2 - U_0 = 0 \qquad U_1 + U_2 + \ldots + U_n = 0$$

Beispiel zum 2. Kirchhoff'schen Gesetz:

Zu berechnen sind alle Teilspannungen, Teilströme und Leistungen der nebenstehenden Schaltung.

Folgende Werte sind gegeben:

$U = 60\ \text{V}$, $U_2 = 20\ \text{V}$, $R_1 = 1\ \text{k}\Omega$.

Die Werte sind

a) durch die Anwendung des ohmschen Gesetzes

b) unter Zuhilfenahme der Verhältnisgleichungen zu ermitteln.

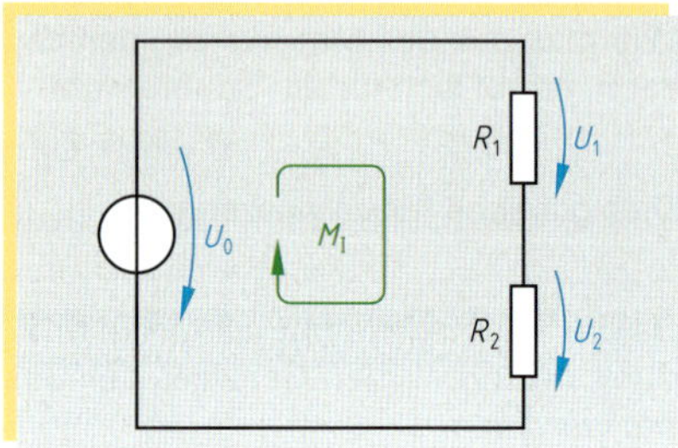

Bild 1: Maschenumlauf

Lösung:

a)
$$U_1 = U_0 - U_2 = 60\ \text{V} - 20\ \text{V} = 40\ \text{V}$$
$$I = \frac{U_1}{R_1} = \frac{40\ \text{V}}{1\ \text{K}\Omega} = 40\ \text{mA}$$
$$P = U \cdot I = 60\ \text{V} \cdot 40\ \text{mA} = 2{,}4\ \text{W}$$
$$P_1 = U_1 \cdot I = 40\ \text{V} \cdot 40\ \text{mA} = 1{,}6\ \text{W}$$
$$P_2 = U_2 \cdot I = 20\ \text{V} \cdot 40\ \text{mA} = 0{,}8\ \text{W}$$
$$R_2 = \frac{U_2}{I} = \frac{20\ \text{V}}{40\ \text{mA}} = 500\ \Omega$$

b)
$$U_1 = U_0 - U_2 = 60\ \text{V} - 20\ \text{V} = 40\ \text{V}$$
$$\frac{U_0}{U_2} = \frac{R_1 + R_2}{R_2} = 1 + \frac{R_1}{R_2}$$
$$R_2 = \frac{R_1}{\frac{U_0}{U_2} - 1} = \frac{1\ \text{k} \cdot \Omega}{\frac{60\ \text{V}}{20\ \text{V}} - 1} = 500\ \Omega$$

Leistungsberechnung siehe Lösung Teilaufgabe a)

8.10.5 Parallelschaltung von Widerständen

Die abgebildete Anordnung **(Bild 2)** zeigt anschaulich die Verhältnisse bei der Parallelschaltung von Widerständen. Es ergibt sich:

$$I = I_1 + I_2 + I_3 \qquad U = U_1 = U_2 = U_3$$

Die Schaltung ließe sich beliebig erweitern. Dadurch würden sich die grundsätzlichen Verhältnisse der Spannungen und Ströme nicht verändern.

> In einer Parallelschaltung von Widerständen ist der Spannungsabfall über allen Widerständen gleich groß.
>
> Die Summe der Teilströme ist gleich dem Gesamtstrom.

$$\frac{R_1}{R_2} = \frac{I_2}{I_1}$$

Unter Anwendung des ohmschen Gesetzes erhält man aufgrund dieser Gesetzmäßigkeiten:

$$\frac{I}{U} = \frac{I_1}{U} + \frac{I_2}{U} + \ldots + \frac{I_n}{U}$$
$$\frac{1}{R_{ges}} = \frac{1}{R_1} + \frac{1}{R_2} + \ldots + \frac{1}{R_n}$$

Das Verhältnis von Stromstärke zum Spannungsabfall, d.h. den Kehrwert (reziproker Wert) des Widerstandes, nennt man Leitwert (Siehe Seite 283).

Die Einführung des Leitwertes erleichtert die Berechnung der elektrischen Größen in der Parallelschaltung von Widerständen.

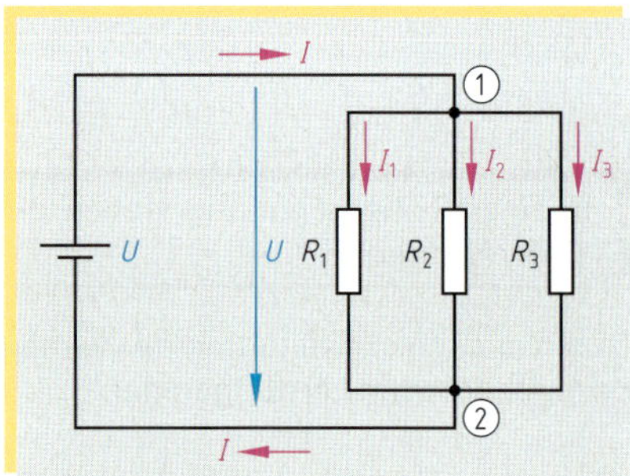

Bild 2: Parallelschaltung von Widerständen

Messübung:

Geg.: $R_1 = 10\ \Omega$ $R_2 = 30\ \Omega$ $R_2 = 180\ \Omega$
$U = 12\ \text{V}$

Messergebnisse Knotenpunkt 1:

$I = 1{,}667\ \text{A}$ $I_1 = 1{,}2\ \text{A}$ $I_2 = 0{,}4\ \text{A}$
$I_3 = 66{,}67\ \text{mA}$

Messergebnisse Knotenpunkt 2:

$I = 1{,}667\ \text{A}$ $I_1 = 1{,}2\ \text{A}$ $I_2 = 0{,}4\ \text{A}$
$I_3 = 66{,}67\ \text{mA}$

$$R_{ges} = \frac{U}{I} \qquad R_{ges} = \frac{12\ \text{V}}{1{,}667\ \text{A}} = 7{,}2\ \Omega$$

In einer Parallelschaltung ist der Gesamtleitwert gleich der Summe der Einzelleitwerte.

$$G_{ges} = G_1 + G_2 + \ldots + G_n$$

Für die Berechnung einer Parallelschaltung mit nur zwei Widerständen kann eine vereinfachte Formel angewendet werden:

$$\frac{1}{R_{ges}} = \frac{1}{R_1} + \frac{1}{R_2} \qquad \frac{1}{R_{ges}} = \frac{R_1 + R_2}{R_1 \cdot R_2} \qquad R_{ges} = \frac{R_1 \cdot R_2}{R_1 + R_2}$$

Da der Spannungsabfall über allen Widerständen gleich groß ist, folgt:

$$\frac{I_1 \cdot U}{I_2 \cdot U} = \frac{G_1}{G_2} = \frac{R_2}{R_1} \qquad \frac{P_1}{P_2} = \frac{G_1}{G_2} = \frac{R_2}{R_1}$$

In einer Parallelschaltung verhalten sich Leistung und Leitwert proportional; somit stehen Leistung und die zugehörigen Widerstände in einem umgekehrt proportionalen Verhältnis.

8.10.6 Knotenpunktregel (erstes Kirchhoff'sches Gesetz)

In einer Parallelschaltung verzweigt sich der Strom an den Knotenpunkten. Wie man aus den Messergebnissen **(Bild 2, Seite 298)** der Messschaltung herauslesen kann, ist die Summe der Teilströme gleich dem Gesamtstrom.

Unter der Voraussetzung, dass alle auf einen Knotenpunkt zufließenden Ströme ein positives Vorzeichen erhalten und alle wegfließenden Ströme ein negatives Vorzeichen erhalten, gilt unter Beachtung der Vorzeichen:

$$I_1 + I_2 + I_3 + \ldots + I_n = 0$$

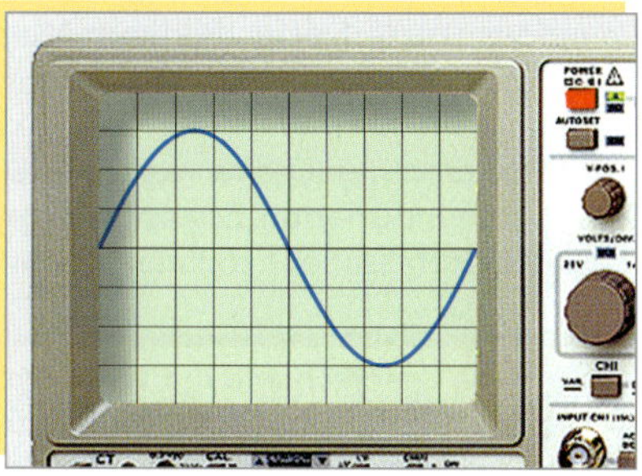

Bild 1: Wechselspannung auf Oszilloskop

8.11 Grundlagen der Wechselstromtechnik

Wechselspannungen und Wechselströme sind in nahezu allen Bereichen der Elektrotechnik und Elektronik vorzufinden, wie zum Beispiel der Energieverteilung, den Anlagen und Maschinen und der Nachrichtentechnik. Die physikalische Betrachtungsweise und die mathematische Behandlung von Wechselspannungen und Wechselströmen unterscheiden sich zum großen Teil erheblich von denen der Gleichspannungstechnik. Die Abbildung einer Wechselspannung mittels eines Oszilloskopes zeigt den Unterschied zu einer Gleichspannung. Ein Oszilloskop ist ein Messinstrument, mit dem der zeitliche Verlauf einer elektrischen Spannung dargestellt werden kann.

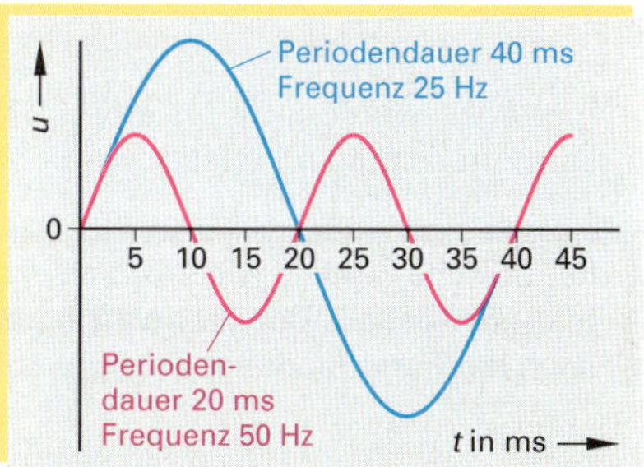

Bild 2: Wechselspannungen

Wechselspannungen bzw. Wechselströme sind physikalische Größen, deren Werte sich innerhalb eines Zeitabschnittes verändern **(Bild 2)**.

8.11.1 Erzeugung von Wechselspannungen und Begriffsdefinitionen

Die Erzeugung einer Wechselspannung kann mit einem einfachen Versuch dargestellt werden. Wie im **Bild 3** zu sehen ist, benötigt man einen Permanentmagneten und eine Leiterschleife mit einer Kurbel zum Drehen der Schleife. Die Schleifringe stellen den elektrischen Kontakt zu der Leiterschleife her. Das Ergebnis der Rotationsbewegung der Leiterschleife im Magnetfeld des Permanentmagneten kann mittels eines Oszilloskopes dargestellt werden.

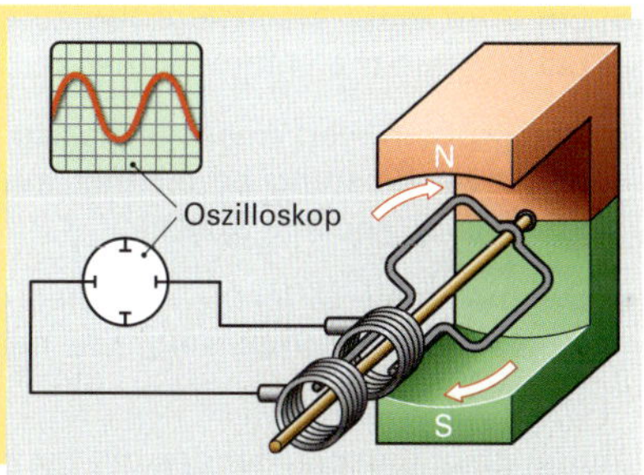

Bild 3: Erzeugung einer Wechselspannung

> Eine gleichförmig oder gleichmäßig rotierende Leiterschleife in einem Magnetfeld erzeugt eine Wechselspannung **(Bild 1)**.

Das Induktionsgesetz besagt, dass in einem Leiter eine elektrische Spannung induziert wird, wenn er von einem sich ändernden Magnetfeld durchsetzt wird. In unserem Versuchsaufbau ändert sich das Magnetfeld des Permanentmagneten natürlich nicht. In diesem Fall variiert das Magnetfeld, welches die Leiterschleife durchdringt, dadurch, dass die von der Leiterschleife aufgespannte Fläche im Magnetfeld sich ändert. Dieser Zusammenhang wurde bereits oben als Bewegungsinduktion beschrieben (konstante Magnetflussdichte B, variable Fläche A).

$$\Phi = B \cdot A$$

$$U_i = -N \frac{\Delta\Phi}{\Delta t} \qquad U_i = -N \cdot B \frac{\Delta A}{\Delta t}$$

Durch die kontinuierliche Rotation der Leiterschleife ergibt sich zu jedem Zeitpunkt eine unterschiedliche, von der Leiterschleife aufgespannte Fläche, die vom Magnetfeld des Permanentmagneten durchdrungen wird. Somit ergeben sich zu jedem Zeitpunkt t andere Werte für den Faktor $\Delta A/\Delta t$ **(Bild 2)**. Nach einer Umdrehung (Drehwinkel α = 360°) wiederholen sich die Werte der induzierten Spannung (unter der Voraussetzung, dass die Drehfrequenz konstant bleibt).

> Wird die Leiterschleife mit einer konstanten Geschwindigkeit in einem **homogenen** Magnetfeld bewegt, so erzeugt dies eine **periodische** (sich wiederholende) sinusförmige Wechselspannung.

Anstatt des Drehwinkels kann auf der X-Achse auch die Zeit aufgetragen werden, da für einen Drehwinkel von 360° eine bestimmte Zeitdauer benötigt wird.

> Periodische Signale wiederholen sich nach der Zeitdauer T (Periodendauer). Der Drehwinkel der Leiterschleife beträgt nach der Periodendauer T genau 360°.

Wechselgrößen werden mit kleinen Buchstaben gekennzeichnet **(Bild 3)**:

- Ein Wert einer Wechselgröße zu einem bestimmten Zeitpunkt nennt man Momentanwert, z. B. u oder i.
- Den größten Wert einer Wechselspannung in positiver oder negativer Richtung bezeichnet man als $\hat{u}$ (sprich u Dach) oder als u_s (sprich u Spitze).
- Die maximale Differenz zwischen dem größten und kleinsten Wert einer Wechselgröße heißt u_{ss} (sprich U Spitze-Spitze).

Anmerkung: Entsprechendes gilt für die Bezeichnung anderer Wechselgrößen.

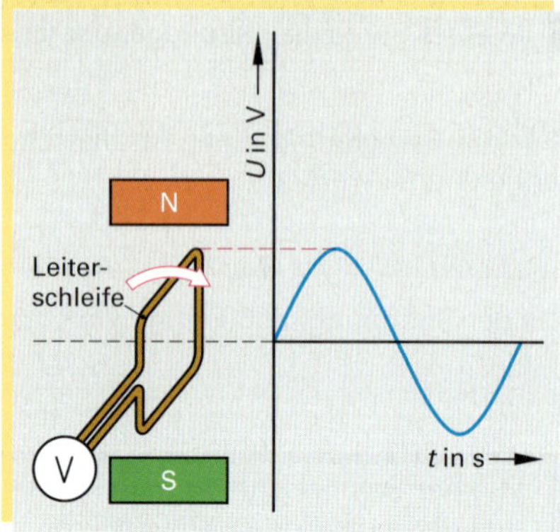

Bild 1: Leiterschleife im Magnetfeld

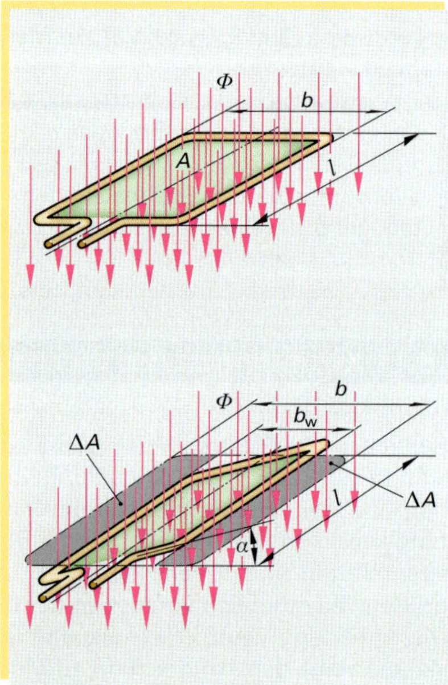

Bild 2: Wirksame Fläche

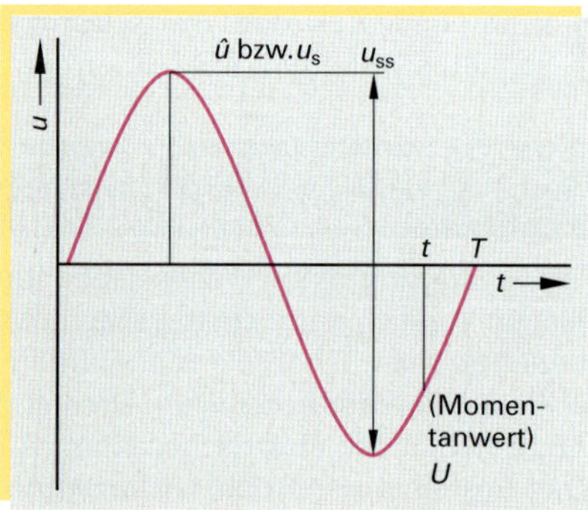

Bild 3: Sinusförmige Wechselgrößen und ihre charakteristischen Werte

8.11.2 Zeiger zur Darstellung von Wechselgrößen

Die Behandlung von Wechselgrößen erfordert besondere Hilfsmittel, die eine einfache mathematische Darstellung ermöglichen. Hierzu verwendet man das Modell der projizierten Leiterschleife, die eine Kreisbahn durchläuft. Wir betrachten nur den oberen Teil der Leiterschleife **(Bild 1)**. Der Radius des Rotationskreises stellt den Zeiger dar. Zu jedem Zeitpunkt *t* (X-Achse) ergibt die Projektion der Zeigerspitze, bei einer von links einfallenden Lichtquelle, einen Momentanwert (Y-Achse). Dieser kann über die Sinusfunktion mathematisch berechnet werden.

Verläuft die Drehbewegung mit einer konstanten Geschwindigkeit, ergeben die projizierten Momentanwerte einen sinusförmigen Verlauf. Anstatt der Zeit *t* kann auch der Drehwinkel α des Zeigers auf der X-Achse aufgetragen werden **(Bild 2)**.

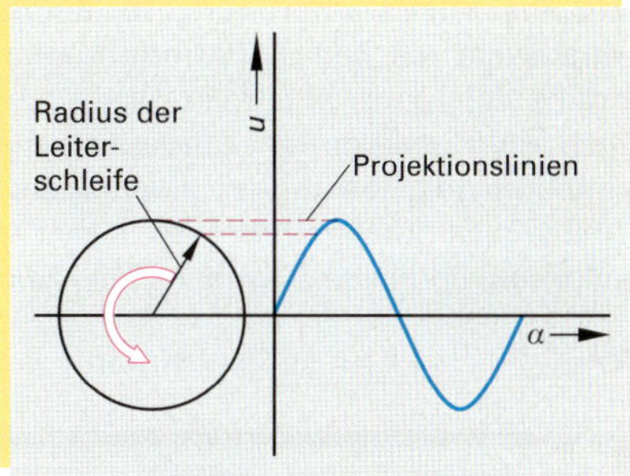

Bild 1: Projektion einer rotierenden Leiterschleife

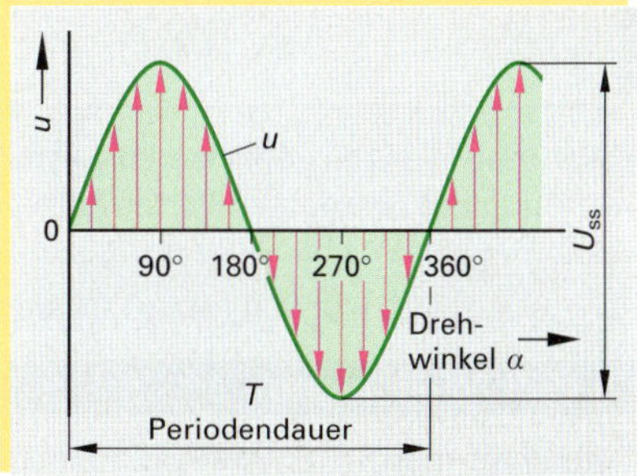

Bild 2: Induzierte Spannung in Abhängigkeit vom Drehwinkel

> Der Momentanwert einer Wechselgröße lässt sich durch die Angabe der dazugehörenden Zeigerlänge und des Drehwinkels α, bzw. der Zeit *t*, exakt beschreiben.
> Der Drehwinkel α bzw. die Zeit *t* heißt „Phase".
> Die Zeigerlänge wird als „Betrag" bezeichnet.

In unserem Beispiel ist der Betrag des Zeigers, also die Länge des Zeigers und die Drehfrequenz konstant. Dies hat eine harmonische und periodische Schwingung zur Folge **(Bild 2)**. Somit kann für jeden Drehwinkel α und z.B. der Zeigerlänge $\hat{u}$ der dazugehörige Momentanwert *u* berechnet werden: $u = \hat{u} \cdot \sin \alpha$

8.11.3 Frequenz und Periodendauer

Periodische Schwingungen zeigen nach einer vollen Periode den exakt gleichen Verlauf. Eine volle Schwingung einer Periode benötigt die Zeit *T* (Periodendauer) für einen Durchlauf. Danach beginnt die nächste Periode, deren Anfangspunkt sich durch die gleiche Amplitude (z.B. Spannungswert) und die gleiche Verlaufsrichtung wie bei der ersten Periode auszeichnet. Die Anzahl der Perioden pro Sekunde ist die Frequenz *f* **(Tabelle 1)**.

$$f = \frac{1}{T} \qquad [f] = \frac{1}{\mathrm{s}} = \mathrm{Hz}\ \text{(Hertz)}^{1)}$$

Beispiele bekannter Frequenzen

Herzschlag des Menschen	ca. 1 Hz
Versorgungsnetz der Bundesbahn	16 2/3 Hz
Flugzeug (Bordversorgung)	400 Hz
Frequenz im Inneren eines Mikrowellenherdes	ca. 2,455 GHz

8.11.4 Kreisfrequenz

Die Einteilung eines Kreises in 360 gleich große Abschnitte ist die bekannte Unterteilung der Winkel im Gradmaß. Zur Berechnung des Weges der Zeigerspitze, d.h. den Umfang des Kreisbogens mit dem Radius *r*, ist das Gradmaß nicht direkt anwendbar. Die Verwendung des Bogenmaßes bringt hier einige Vorteile. Es wird ein Einheitskreis definiert, der den Radius $r = 1$ besitzt. Die Größe des mit konstanter Geschwindigkeit rotierenden Zeigers beträgt somit $r = 1$. Der Umfang des Einheitskreises beträgt

> $U = d \cdot \pi = 2 \cdot r \cdot \pi = 2 \cdot 1\,\pi = 2 \cdot \pi$
>
> Der Radius des Einheitskreises ist $r = 1$ $\quad 360° \mathrel{\hat{=}} 2 \cdot \pi\,\mathrm{rad}$ $\quad [\mathrm{rad}] = 1$
>
> Das Bogenmaß gibt die Länge des Kreisbogens an, welche die Spitze des Radius (Zeiger) von einem Schenkel zu einem zweitem Schenkel überstreicht.
>
> Kreisfrequenz ω (Winkelgeschwindigkeit): $\omega = 2 \cdot \pi \cdot f$ $\quad [\omega] = \frac{1}{\mathrm{s}}$

1) Heinrich Hertz: Deutscher Physiker (1857-1894)

Bei einer vollen Umdrehung des Zeigers um 360° bzw. um 2 π, verstreicht die Zeit T (Periodendauer). Die Geschwindigkeit ergibt sich, ganz allgemein, aus einer Wegstrecke, die innerhalb einer bestimmten Zeitdauer zurückgelegt wurde. Da die Rotationsgeschwindigkeit des Zeigers vorgibt, wie schnell ein Drehwinkel überstrichen wird, nennt man diese auch die Winkelgeschwindigkeit ω (griech: Omega).

$\omega = \frac{2\pi}{T}$ Ersetzt man $T = \frac{1}{f}$ ergibt sich:

> Die Winkelgeschwindigkeit ω ist proportional zur Anzahl der Umdrehungen pro Sekunde (Frequenz) und zu der von der Zeigerspitze überstrichenen Kreisbogenlänge (Rotation um den Winkel α in der Zeit t):
>
> $\omega = \frac{\alpha}{t}$ $\alpha = \omega \cdot t$ (α im Bogenmaß)

Fasst man diese Ergebnisse zusammen und setzt sie zur Berechnung des Momentanwertes harmonischer Wechselgrößen ein (z.B. einer Wechselspannung), so folgt:

$$u = \hat{u} \cdot \sin(\omega t) = \hat{u} \cdot \sin(2\pi \cdot f \cdot t)$$

8.11.5 Wellenlänge

Betrachtet man in einem Punkt eines Leiters innerhalb eines geschlossenen Stromkreises den Verlauf einer harmonischen Wechselgröße, ergibt sich ein sinusförmiger zeitabhängiger Verlauf. Nach der Periodendauer T beginnt jeweils eine neue Schwingung. Die Wellenlänge beschreibt die räumliche Ausbreitung einer Wechselgröße, bzw. die Fortpflanzungsgeschwindigkeit einer Welle, somit die Geschwindigkeit mit der der Energietransport erfolgt. Während der Periodendauer T legt die Welle die Wellenlänge λ zurück. Die Ausbreitung erfolgt unter optimalen Bedingungen mit Lichtgeschwindigkeit ($c_0 \cong 300\,000$ km/s). Die Wellenlänge λ wird mit zunehmender Frequenz kleiner.

> Wellenlänge: $\lambda = \frac{c}{f}$ $[\lambda] = \text{m}$

Die Ausbreitungsgeschwindigkeit kann in vielen Fällen näherungsweise gleich der Lichtgeschwindigkeit c_0 gesetzt werden. Auf einer zweiadrigen Leitung beträgt sie nur z.B. 80% (oder weniger) der Lichtgeschwindigkeit, d.h. etwa 240000 km/s. Das Verhältnis von Ausbreitungsgeschwindigkeit zur Lichtgeschwindigkeit heißt Verkürzungsfaktor.

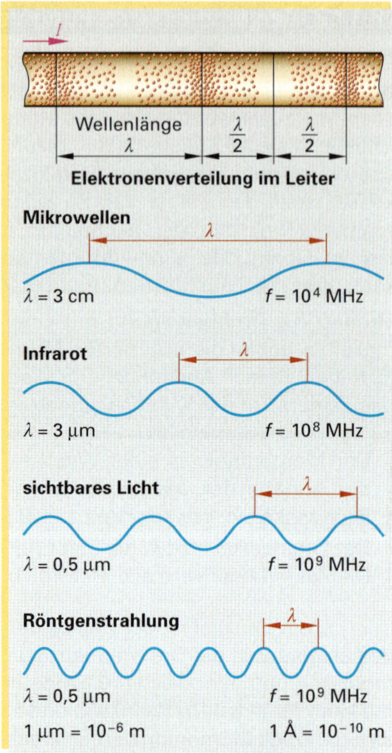

Bild 1: Elektronenverteilung und Wellenlängen

Beispiel zur Berechnung der Wellenlänge:

Geg.: $c = c_0 \cong 300\,000$ km/s
$f_1 = 50$ Hz, $f_2 = 100$ MHz

Geg.: λ_1, λ_2, T_1, T_2

Lösung:

$$\lambda_1 = \frac{c_0}{f_1} = 3\text{ m}$$

$$\lambda_1 = \frac{300\,000\text{ km/s}}{50\text{ Hz}}$$

$$\lambda_1 = 6000\text{ km}$$

$$T_1 = \frac{1}{f_1} = \frac{1}{50\text{ Hz}} = 20\text{ ms}$$

$$\lambda_2 = \frac{c_0}{f_z} =$$

$$\lambda_2 = \frac{300\,000\text{ km/s}}{100\text{ MHz}} = 3\text{ m}$$

$$T_2 = \frac{1}{f_2} = \frac{1}{100\text{ MHz}} = 10\text{ ns}$$

8.11.6 Effektivwert

Der Effektivwert (von lat. effectivus = bewirkend) ist eine weitere Größe zur einfacheren Beschreibung von Wechselgrößen. Man stelle sich vor, eine Elektroheizung wird mit Wechselstrom betrieben. Die Heizleistung ändert sich somit entsprechend dem Verlauf des Wechselstromes.

> Der Effektivwert einer Wechselgröße gibt eine Gleichgröße an, die dieselbe Wärmewirkung hervorruft. Der Effektivwert ist definiert:
>
> $U = \frac{\hat{u}}{\sqrt{2}}$ $I = \frac{\hat{i}}{\sqrt{2}}$

Leistung im Wechselstromkreis (Wirkwiderstände)

Betrachtet man Wechselstromkreise, die nur aus rein ohmschen Widerständen bestehen, lässt sich die Leistung unter Zuhilfenahme der Effektivwerte **(Bild 1)** für Strom und Spannung sehr einfach berechnen. Das Produkt von Spannung und Stromstärke ergibt auch im Wechselstromkreis die elektrische Leistung. Da aber Stromstärke und Spannung zeitlich nicht konstant sind müssen zu jedem Zeitpunkt *t* die entsprechenden Momentanwerte miteinander multipliziert werden. Die resultierende Wechselstromleistung „pulsiert", d.h. sie ist zeitlich nicht konstant **(Bild 2)**. Für den technischen Einsatz (z.B. Elektroradiator) ist die äquivalente Gleichstromleistung wesentlich aussagekräftiger, da diese zeitlich konstant ist. Das Produkt der Effektivwerte von Spannung und Stromstärke ergibt die äquivalente Gleichstromleistung für den Fall, dass sich im Stromkreis nur ohmsche Widerstände befinden.

Signalform	Crest-faktor	Effektiv-wert
Sinus	$\sqrt{2} = 1{,}41$	$U = \frac{\hat{u}}{\sqrt{2}}$
Dreieck, Sägezahn	$\sqrt{3} = 1{,}73$	$U = \frac{\hat{u}}{\sqrt{3}}$
Rechteck (T, τ)	1 ... 10 (je nach Tastgrad)	$U = \sqrt{\hat{u}^2 \cdot \frac{\tau}{T}}$

Bild 1: Effektivwerte

$$P = U_{\text{eff}} \cdot I_{\text{eff}}$$

Im Falle sinusförmiger Wechselgrößen

$$P = \frac{\hat{u}}{\sqrt{2}} \cdot \frac{\hat{\imath}}{\sqrt{2}} \qquad P = \frac{\hat{u} \cdot \hat{\imath}}{2} \qquad = \frac{P_s}{2}$$

Ein ohmscher Widerstand *R* wird in der Wechselspannungstechnik **Wirkwiderstand** genannt.

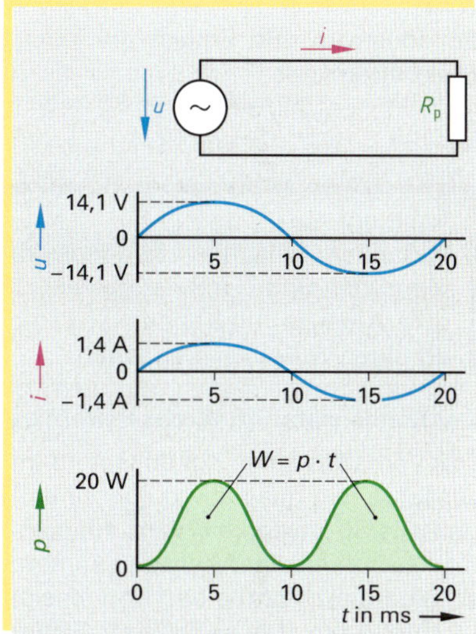

Bild 2: Wechselstromleistung

8.12 Der Kondensator im Stromkreis

Der Kondensator im Gleichstromkreis

Aus den Betrachtungen des elektrischen Feldes sind bereits einige Eigenschaften des Plattenkondensators bekannt. Auf diesen Grundlagen soll aufgebaut werden.

Das Verhalten eines Kondensators im Gleichstromkreis **(Bild 3)** wird anhand des einfachen Versuches verdeutlicht. Der Kondensator ist zu Beginn des Versuches nicht geladen.

Wird nun die Gleichspannungsquelle durch Betätigen des Schalters geschlossen, fließen vom Minuspol der Quelle Ladungsträger auf eine Platte des Kondensators, während auf der anderen Platte des Kondensators Ladungsträger abgezogen werden. Der Kondensator lädt sich kontinuierlich auf. Die Spannung über dem Kondensator steigt, bis sie den Spannungswert der Quelle erreicht hat. Da sich während des Ladevorgangs die Spannungsdifferenz zwischen der Quellenspannung und der Kondensatorspannung stetig verringert, verringert sich auch der Ladestrom. Das Messdiagramm zeigt die Kondensatorspannung und den Verlauf der Stromstärke während des Ladevorganges. Der Ladevorgang des Kondensators folgt einer e-Funktion[1]. Der maximale Ladestrom i_c des Kondensators wird beim Start des Ladevorganges nur durch den Vorwiderstand *R* begrenzt. Die Ladedauer des Kondensators verlängert sich, je größer *R* und je größer die Kapazität *C* des Kondensators ist.

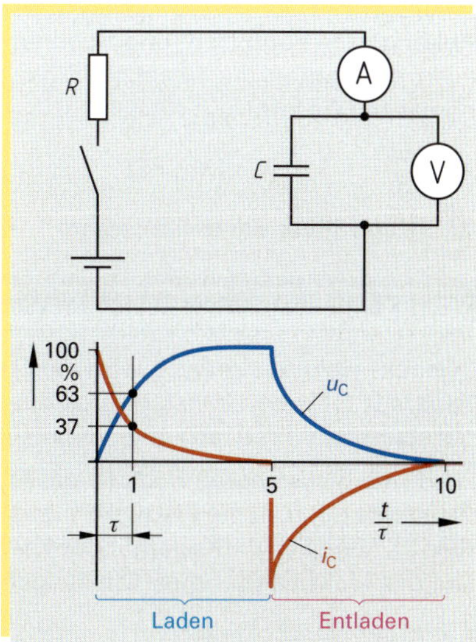

Bild 3: Kondensator im Gleichstromkreis

[1] nach Leonhard Euler: Schweizer Mathematiker (1707-1783)

Ein Maß für die Ladezeit ist die Zeitkonstante τ:

$$\tau = R \cdot C \qquad [\tau] = \frac{V}{A} \cdot \frac{As}{V} = s$$

Im Einschaltaugenblick fließt kurzzeitig ein Strom in der Stärke I_0:

$$I_0 = \frac{U}{R}$$

Ladestrom und Ladespannung beim Kondensator im Gleichstromkreis:

$$i_c = (e^{-t/\tau}) \cdot \frac{U}{R} \qquad \text{mit} \qquad \tau = R \cdot C$$

$$u_c = U \cdot (1 - e^{-t/\tau})$$

Faustformel: Ein Kondensator ist nach ca. 5 τ nahezu vollständig geladen.

Entladestrom und Entladespannung beim Kondensator im Gleichstromkreis:

$$i_c = -(e^{-t/\tau}) \cdot \frac{U_C}{R} \qquad u_c = U \cdot e^{-t/\tau}$$

Achtung:
Von einem geladenen Kondensator können Gefahren für Menschen und Geräte ausgehen. Deshalb sollte man vor dem Arbeiten mit Kondensatoren diese über einen hochohmigen Widerstand entladen.

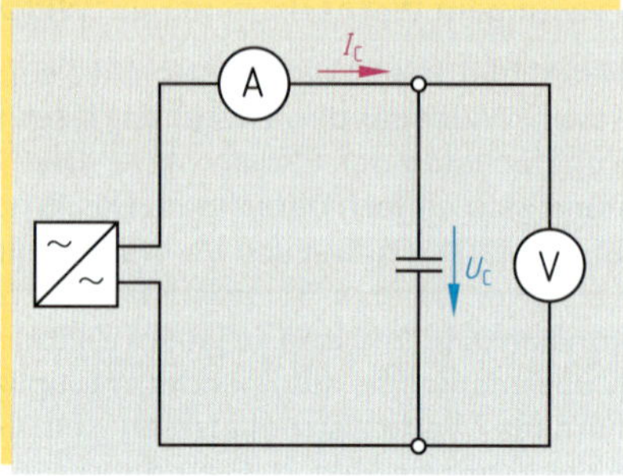

Bild 1: Kondensator im Wechselstromkreis

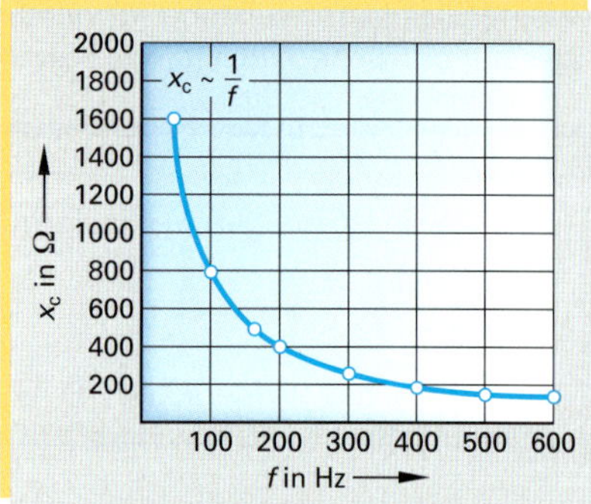

Bild 2: Blindwiderstand in Abhängigkeit von der Frequenz

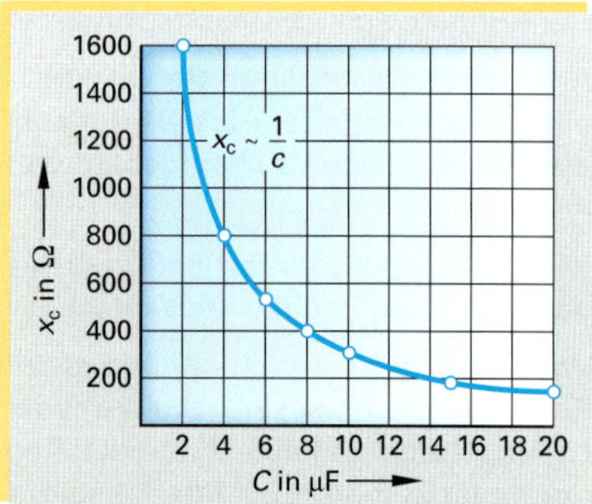

Bild 3: Blindwiderstand in Abhängigkeit von der Kapazität C

Der Kondensator im Wechselstromkreis (Bild 1)

Das Verhalten eines Kondensators im Wechselstromkreis soll zunächst rein qualitativ durch einen Versuch dargestellt werden. Die Stromstärke I_C wird mit dem Amperemeter beobachtet. Nachdem die Wechselspannungsquelle an die Reihenschaltung aus Lampe und Kondensator angeschlossen wurde leuchtet diese, d.h. es fließt ein Strom i_c.

Im Folgenden wird der Zusammenhang zwischen Wechselstromstärke und Wechselspannungsstärke am Kondensator untersucht. Das Messdiagramm zeigt eine proportionale Abhängigkeit von Strom und Spannung am Kondensator, d.h. auch hier gelten die Gesetzmäßigkeiten entsprechend dem ohmschen Gesetz.

$$X_c = \frac{U_c}{I_c} \qquad [X_c] = \Omega$$

X_c = Kapazitiver Blindwiderstand

Ein Kondensator verhält sich im Wechselstromkreis wie ein Widerstand (Blindwiderstand).

In einem weiteren Versuch wird die Frequenz f der Spannungsquelle variiert, die Spannung U sowie die Kapazität C bleiben konstant. Das Messdiagramm zeigt, dass der Blindwiderstand X_c des Kondensators mit steigender Frequenz in einem nichtlinearen Verhältnis abnimmt **(Bild 2)**.

Das dritte Messdiagramm bildet die Abhängigkeit des Blindwiderstandes X_c von der Kapazität C des Kondensators ab, d.h. die Frequenz f und die Spannung U der Spannungsquelle wurden konstant gehalten **(Bild 3)**. Lediglich die Kapazität des Kondensators C variiert. In diesem Versuch zeigt sich ein ähnlicher Verlauf des Messdiagrammes. Mit steigender Kapazität C sinkt der Blindwiderstand X_c.

$$X_c \sim \frac{1}{f \cdot C}$$

Führt man eine Konstante ein, die sich durch genauere Auswertung der Messergebnisse ermitteln lässt, kann man das oben beschriebene Verhältnis als Gleichung darstellen.

Blindwiderstand des Kondensators:

$X_c = \frac{1}{2 \cdot \pi \cdot f \cdot C}$ Mit $\omega = 2 \cdot \pi \cdot f \cdot C$ erhält man $X_c = \frac{1}{\omega \cdot C}$

Im Gleichstromkreis fließt nur im Ein- und Ausschaltmoment ein Strom, der elektrische Ladungen zu- bzw. abführt.

$$Q = I \cdot t = C \cdot U$$

Wird ein Kondensator hingegen an eine sinusförmige Wechselspannung angeschlossen, so fließt ständig ein Strom. Die Spannungsänderung der Wechselspannung Δu im Zeitraum Δt bewirkt eine Ladungsänderung Δq:

$$\Delta q = i_c \cdot \Delta t = C \cdot \Delta u_c \qquad i_c = \frac{C \cdot \Delta u_c}{\Delta t} \curvearrowright u_c = \frac{1}{C}\frac{\Delta i_c}{\Delta t}$$

Die Spannungsänderungsgeschwindigkeit $\Delta u_c/\Delta t$ ist somit maßgebend für die Größe des Lade- bzw. Entladestromes des Kondensators. Hieraus folgt, dass beim Maximalwert der Spannung ($\Delta u_c/\Delta t = 0$) die Stromstärke Null ist. Erreicht die sinusförmige Wechselspannung ihren Nulldurchgang, weist die Spannungsänderungsgeschwindigkeit $\Delta u_c/\Delta t$ ein Maximum auf. Die Stromstärke erreicht ihren Scheitelwert **(Bild 1)**.

Der Strom eilt beim idealen Kondensator im Wechselstromkreis der Spannung um $\varphi = 90° \; \frac{\pi}{2}$ voraus.

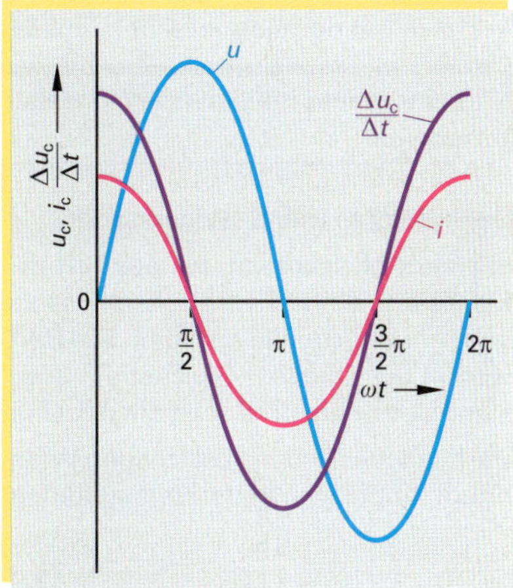

Bild 1: Phasenverschiebung

Leistung

Zur Berechnung der Leistung, die der Kondensator im Wechselstromkreis umsetzt, müssen die jeweiligen Augenblickswerte betrachtet werden.

Da Strom und Spannung um 90° phasenverschoben sind, verläuft die Leistungskurve beim Kondensator zu gleichen Teilen im positiven und negativen Bereich. Die mittlere Wirkleistung ist somit Null!

Bei einem idealen Kondensator wird *keine* elektrische Energie in Wärme umgewandelt, da in der positiven Halbwelle Energie aufgenommen wird, die dann in der negativen Halbwelle wieder abgegeben wird.

Das Produkt der Effektivwerte des Stromes I_c und der Spannung U_c wird kapazitive Blindleistung Q_c genannt.

$Q_c = U_c \cdot I_c$ $[Q_c]$ = var (Volt-Ampere-reaktiv)

8.13 Die Spule im Stromkreis

Die Spule im Gleichstromkreis

Spulen können ganz unterschiedliche Bauformen haben **(Bild 2)**. Das elektrische Verhalten einer Spule im Gleichstromkreis ist mit dem einer langen Leitung vergleichbar. Lässt man das Transientenverhalten (elektrische Eigenschaften im Einschaltmoment) außer Betracht, so zeigt eine Spule die charakteristischen Merkmale eines rein ohmschen Widerstandes.

$$R = \frac{\varrho \cdot l}{A}$$

Bild 2: Spulen in unterschiedlichen Bauformen

Die Spule im Wechselstromkreis

Analog zum Lade- und Entladeverhalten des Kondensators verläuft das Lade- und Entladeverhalten der Spule. Man erhält qualitativ die Lade- und Entladekurve der Spule, indem man die Achsenbezeichnungen austauscht, den Diagrammverlauf an der X-Achse spiegelt ($I \rightarrow -U$, $U \rightarrow -I$) und die Kapazität C durch die Induktivität L ersetzt. Zur Vereinfachung der Betrachtung geht man zunächst von einer idealen Spule im Wechselstromkreis aus **(Bild 1)**. Die Spule wird von einem sinusförmigen Wechselstrom durchflossen, der einen sinusförmigen magnetischen Fluss Φ zur Folge hat. Die Flussänderung bewirkt, wie bereits oben beschrieben, eine Induktionsspannung:

$$U_i = -N \cdot \frac{\Delta\Phi}{\Delta t}$$

Die Selbstinduktionsspannung ist entsprechend der Lenz'schen Regel der angelegten Spannung entgegengerichtet. Da für die Selbstinduktionsspannung die magnetische Flussänderungsgeschwindigkeit maßgebend ist, ergibt sich eine zeitliche Verschiebung zwischen Strom und Spannung. D.h. der elektrische Strom und der magnetische Fluss sind in Phase (zeitgleich), die Flussänderung ist maximal, wenn der magnetische Fluss beim Nulldurchgang ist und somit im Bezug auf den magnetischen Fluss (bzw. auf den Strom) um 90° voreilend. Die Selbstinduktionsspannung berechnet sich aus der Windungszahl und der Flussänderungsgeschwindigkeit, allerdings mit negativem Vorzeichen, also um 180° phasenverschoben. Da die Selbstinduktionsspannung ihrer Erregerspannung entgegen wirkt, muss die Erregerspannung in Phase mit der magnetischen Flussänderungsgeschwindigkeit sein. Daraus folgt:

In einem rein induktiven Wechselstromkreis (ideale Spule) eilt der Strom der Spannung um $\varphi = 90°$ nach.

Der induktive (Blind-)Widerstand

In einem Messaufbau, der aus Strom-, Spannungsmessgerät und einer Spule aufgebaut ist, werden die Messwerte einmal mit angeschlossener Gleichspannungsquelle und einmal mit angeschlossener Wechselspannungsquelle ermittelt. Die Berechnung des Widerstandes zeigt, dass bei identischen Spannungswerten der Quellen (Gleichspannung und Effektivwert der Wechselspannung) der Wechselstromwiderstand der Spule größer ist als der Gleichstromwiderstand.

Die Ursache für den zusätzlichen Widerstand, der die Spule im Wechselstromkreis dem Strom entgegenbringt, findet sich in der Selbstinduktionsspannung.

$$u_i = -L \cdot \frac{\Delta i}{\Delta t}$$

Wie bereits am Anfang des Kapitels beschrieben wurde, wirkt die Selbstinduktionsspannung ihrer Erregerspannung entgegen. Bei der idealen Spule ist die „wirksame Spannung" gleich der Differenz aus Quellenspannung und Selbstinduktionsspannung **(Bild 2)**. Den Widerstand, der infolge der Selbstinduktionsspannung scheinbar der Spule beaufschlagt wird, nennt man induktiver Blindwiderstand X_L. Der induktive Blindwiderstand steigt proportional mit der Selbstinduktionsspannung u_i, somit mit steigender Induktivität L und mit steigender Stromänderungsgeschwindigkeit, also mit der Frequenz f, bzw. mit der Kreisfrequenz ω der angelegten Wechselspannung.

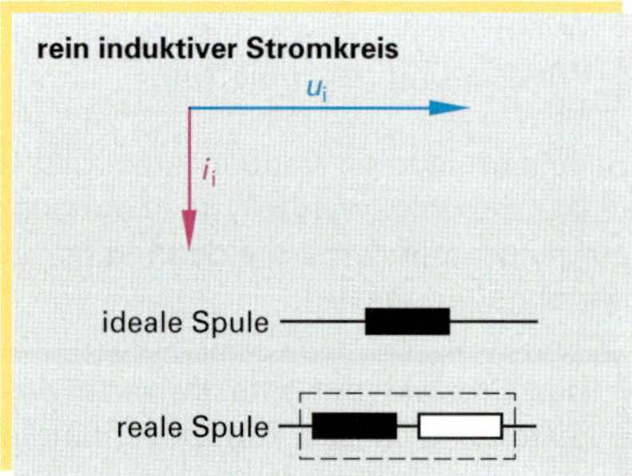

Bild 1: Reale/ideale Spule

Induktiver Blindwiderstand:

$$X_L = \omega L = 2 \cdot \pi \cdot f \cdot L \qquad [X_L] = \frac{1}{s} \cdot \frac{Vs}{A} = \frac{V}{A}$$

Leistung: Da der Strom **durch** die Spule und der Spannungsabfall **über** der Spule um 90° phasenverschoben sind, verläuft die Leistung zu gleichen Teilen im positiven und im negativen Bereich. Bei einer idealen Spule im Wechselstromkreis beträgt die mittlere Wirkleistung Null.

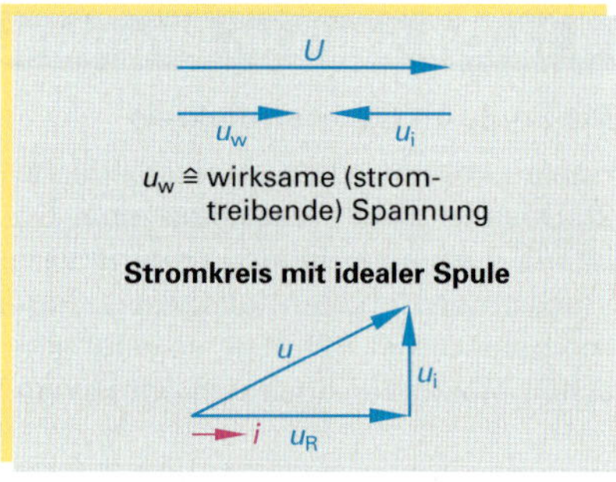

Bild 2: Ideale Spule im Stromkreis

8.14 Dreiphasenwechselstrom (Drehstrom)

8.14.1 Entstehung der Dreiphasenwechselspannung

Versuch 1: Drehen Sie einen starken Stabmagneten zwischen drei gleichen, um 120° räumlich versetzten Spulen **(Bild 1)**. Schließen Sie an jede Spule einen Gleichspannungsmesser an, dessen Nullpunkt in der Mitte der Skale liegt. Drehen Sie den Stabmagneten mit konstanter Drehzahl um seine Achse.

Die Zeiger der drei Spannungsmesser schlagen bei jeder vollen Umdrehung des Polrades nacheinander je einmal nach links und nach rechts aus.

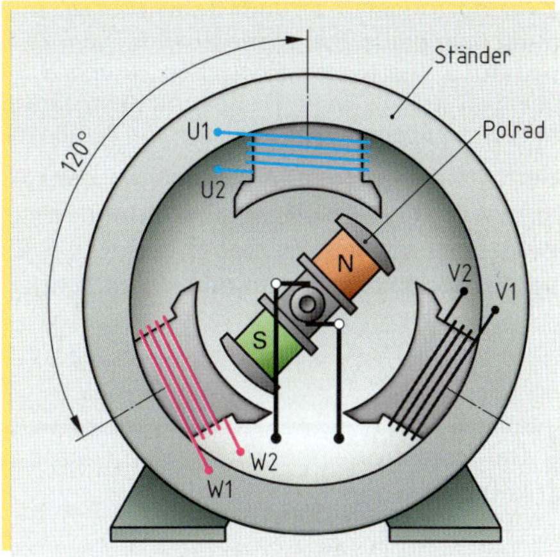

Bild 1: Erzeugung von drei um je 120° phasenverschobenen Wechselspannungen

Dreht sich das Polrad, wird in jeder Spule eine Wechselspannung mit gleicher Amplitude und Frequenz induziert. Die Spannungen sind wegen der räumlichen Anordnung der Spulen auch zeitlich um 1/3 Periode gegeneinander verschoben. Der Phasenverschiebungswinkel beträgt jeweils 120° **(Bild 2b)**. Die drei Spulen eines solchen Generators bilden die **Stränge** der Maschine. In jedem Strang wird eine Spannung induziert, die man **Strangspannung** nennt.

Die Anfänge der Stränge bezeichnet man mit U1, V1, W1, die Strangenden mit U2, V2, W2. Durch **Verkettung** (Verbindung) der drei Spulen miteinander kann man die Anzahl der zur Energieübertragung notwendigen Leiter auf drei Leiter (L1, L2, L3) verringern **(Bild 2a)**.

> Drei um 120° phasenverschobene und verkettete Wechselspannungen nennt man Dreiphasenwechselspannung.

8.14.2 Verkettung

Verbindet man die drei Strangenden U2, V2 und W2, so entsteht die **Sternschaltung,** Zeichen: Y **(Bild 2c)**. Den Verbindungspunkt von U2, V2 und W2 nennt man **Sternpunkt**. Am Sternpunkt kann man den **Neutralleiter** N anschließen.

Verbindet man das Ende eines Stranges mit dem Anfang des nächsten, z. B. U2 mit V1, V2 mit W1 und W2 mit U1, entsteht die **Dreieckschaltung,** Zeichen: △ **(Bild 2d)**. Die drei Leiter L1, L2 und L3, die bei beiden Schaltungen vom Erzeuger zu den Stranganfängen U1, V1 und W1 führen, nennt man **Außenleiter**.

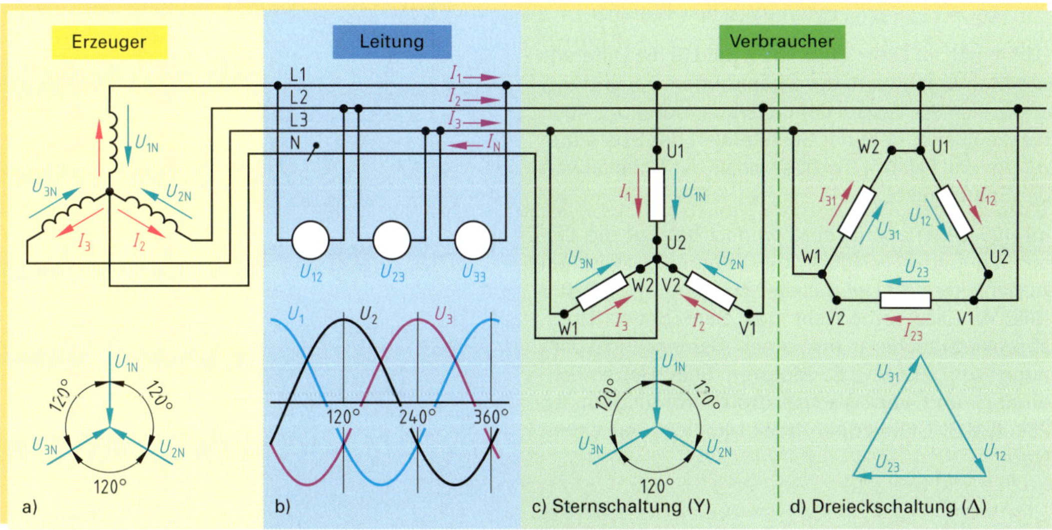

Bild 2: Drehstromsystem mit Liniendiagrammen und Zeigerbildern

Versuch 2: Messen Sie an einem Drehstromnetz **(Bild 1)** zuerst die Spannungen zwischen den Außenleitern, dann die Spannungen zwischen jedem Außenleiter und dem Neutralleiter N.

Zwischen L1 und L2, L1 und L3 sowie zwischen L2 und L3 misst man drei gleich große Spannungen. Zwischen L1 und N, L2 und N sowie zwischen L3 und N misst man ebenfalls drei gleich große Spannungen, die jedoch kleiner als die Spannungen zwischen den Außenleitern sind.

Setzt man die Spannung zwischen zwei Außenleitern, z.B. U_{31} = 400 V, zur Spannung zwischen Außenleiter und Neutralleiter N, z.B. U_{1N} = 230 V, ins Verhältnis, so erhält man den **Verkettungsfaktor**:

$$\frac{400\ \text{V}}{230\ \text{V}} = \sqrt{3} \quad \Rightarrow \quad \frac{U_{31}}{U_{1N}} = \sqrt{3}$$

Bei Drehstrom nennt man den Faktor $\sqrt{3}$ Verkettungsfaktor.

Die Spannung zwischen zwei Außenleitern, z.B. L1 und L2, bezeichnet man als **Außenleiterspannung** oder **Leiterspannung**.

Den Zusammenhang zwischen den Leiterspannungen und den Spannungen zwischen Außenleiter und Neutralleiter N kann man im Zeigerbild **(Bild 2)** und im Liniendiagramm **(Bild 3)** darstellen. In **Bild 2** bilden die Spannungen U_{1N}, U_{3N} und U_{31} ein gleichschenkliges Dreieck mit dem Basiswinkel 30°. Dieses Dreieck kann man in zwei rechtwinklige Dreiecke zerlegen. Mit Hilfe der Winkelfunktionen ergibt sich:

$$\frac{U_{31}}{2} = U_{1N} \cdot \cos 30° = U_{1N} \cdot \frac{\sqrt{3}}{2} \quad \Rightarrow \quad U_{31} = U_{1N} \cdot \sqrt{3}$$

Aus **Bild 2** ist ersichtlich, dass U_{31} die geometrische Differenz zwischen $\underline{U}_{3N}$ und $\underline{U}_{1N}$[1] ist.

$$\underline{U}_{31} = \underline{U}_{3N} - \underline{U}_{1N} \quad \text{(geometrische Differenz)}$$

Bildet man im Liniendiagramm **(Bild 3)** die Differenz der Momentanwerte der Spannungen u_{3N} und u_{1N}, ergibt sich der Verlauf der Leiterspannung u_{31}. Auch hier zeigt sich, dass der Scheitelwert der Spannung u_{31} um den Faktor $\sqrt{3}$ größer ist als der Scheitelwert der Spannung u_{1N}.

Im 400-V-Vierleiter-Drehstromnetz beträgt die Leiterspannung U = 400 V, die Spannung zwischen Außenleiter und Neutralleiter (U_{1N}, U_{2N}, U_{3N}) 230 V **(Bild 4)**. Dies ermöglicht den Betrieb von Drehstromverbrauchern mit einer Bemessungsspannung von 400 V, z.B. Motoren oder Heizeinrichtungen, und von Wechselstromverbrauchern für 230 V, z.B. Glühlampen oder Monitore, an einem Netz.

[1] Der Unterstrich, z.B. bei $\underline{U}_{31}$, bedeutet, dass es sich um eine Größe mit Betrag und Richtung handelt, die geometrisch addiert werden muss.

Bild 1: Spannungsmessungen am Drehstromnetz

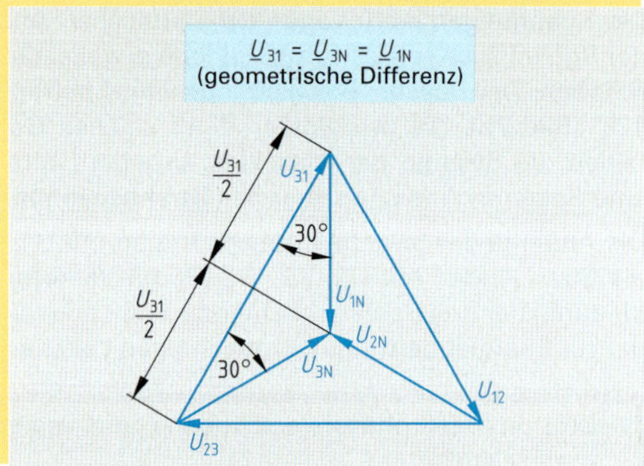

Bild 2: Zeigerbild der Spannungen in der Sternschaltung

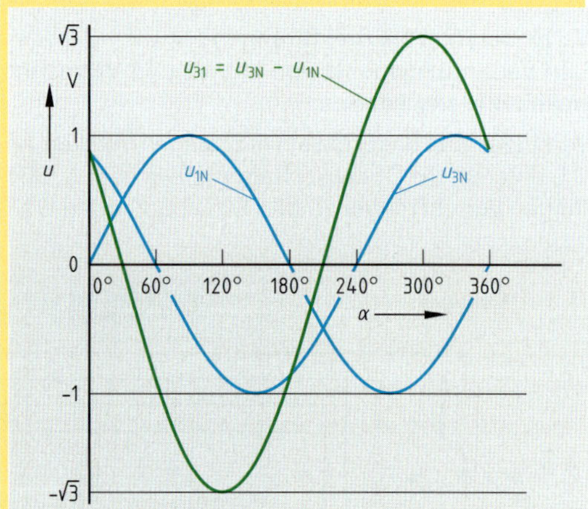

Bild 3: Strangspannungen und Leiterspannung im Liniendiagramm

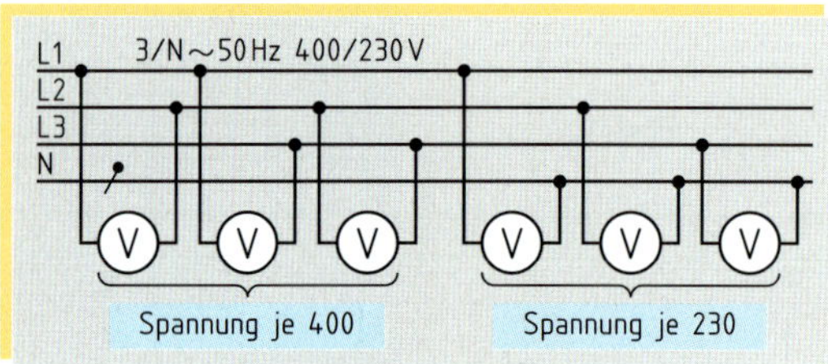

Bild 4: Spannungen im Vierleiter-Drehstromnetz

8.14.3 Sternschaltung (Zeichen: Y)

Spannungen und Ströme bei symmetrischer (gleichmäßiger) Belastung

Versuch 3: Schließen Sie drei gleiche Verbraucher, z. B. 100-Ω-Widerstände, an einen Drehstromversuchstransformator. Messen Sie die Stromstärke in jedem Leiter und im Neutralleiter **(Bild 1)**.

Die Stromstärken in den Leitern sind gleich groß. Im Neutralleiter fließt kein Strom.

Bei der Sternschaltung **(Bild 1)** fließt in jedem Strang derselbe Strom wie im Leiter. Den Strom durch den Strang nennt man **Strangstrom** I_{Str}, den Strom durch den Leiter **Leiterstrom** I.

> Bei der Sternschaltung sind die Leiterströme so groß wie die Strangströme.

Die Spannung an einem Strang nennt man **Strangspannung** U_{Str} **(Bild 1)** oder Sternspannung.

> Bei der Sternschaltung ist die Leiterspannung $\sqrt{3}$-mal so groß wie die Strangspannung.

Beispiel: Ein Drehstrommotor ist am 400-V-Netz in Sternschaltung angeschlossen. Berechnen Sie die Strangspannung des Motors.

Lösung: $U_{Str} = \frac{U}{\sqrt{3}} = \frac{400\,V}{\sqrt{3}} = 230\,V$

Im Neutralleiter fließt zu jedem Zeitpunkt die Summe der Leiterströme. Betrachtet man z. B. im Liniendiagramm **(Bild 2)** den Zeitpunkt II, so hat der Strom i_1 seinen positiven Maximalwert. Die Ströme i_2 und i_3 sind jeweils halb so groß wie i_1, jedoch negativ. Die Summe der Momentanwerte der drei Ströme ist somit null. Dies gilt auch für jede andere Stelle zwischen 0° und 360°.

Die Stromstärke im Neutralleiter kann auch im Zeigerbild **(Bild 4)** ermittelt werden. Zum Erstellen des Zeigerbildes der Ströme ist folgende Vorüberlegung nötig:

Aus **Bild 2c, Seite 309,** ergibt sich für die Sternschaltung ein Zeigerbild, bei dem die Spannungen zum Sternpunkt hinweisen **(Bild 3a)**. Zeiger darf man auf ihrer Wirkungslinie verschieben **(Bild 3b)**. Es entsteht ein gleichwertiges Zeigerbild **(Bild 3c)**. Für die Zeigerbilder der Ströme wird meist diese Darstellung (Zeiger nach außen) zugrunde gelegt.

Sind die Verbraucher wie in Versuch 3 Wirkwiderstände, haben die Ströme I_1, I_2 und I_3 die gleiche Phasenlage wie die zugehörigen Strangspannungen **(Bild 4)**. Die (geometrische) Summe der Leiterströme $\underline{I}_1$, $\underline{I}_2$ und $\underline{I}_3$ **(Bild 4)** ist null, es fließt also kein Strom im Neutralleiter.

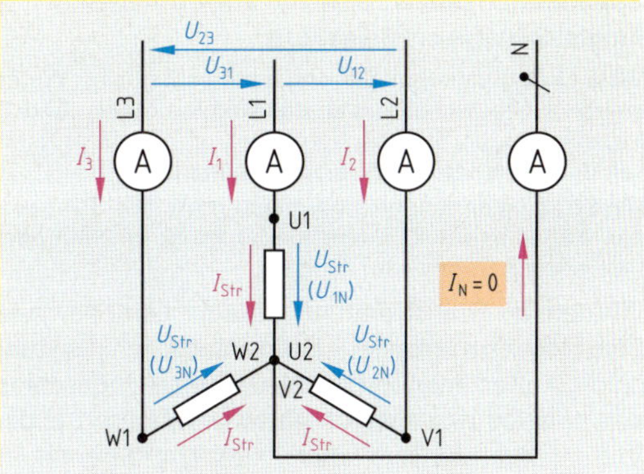

Bild 1: **Sternschaltung von Verbrauchern (symmetrische Belastung)**

Spannungen und Ströme bei Sternschaltung

$U = \sqrt{3} \cdot U_{Str}$		$I = I_{Str}$	
U	Leiterspannung	I	Leiterstrom
U_{Str}	Strangspannung	I_{Str}	Strangstrom

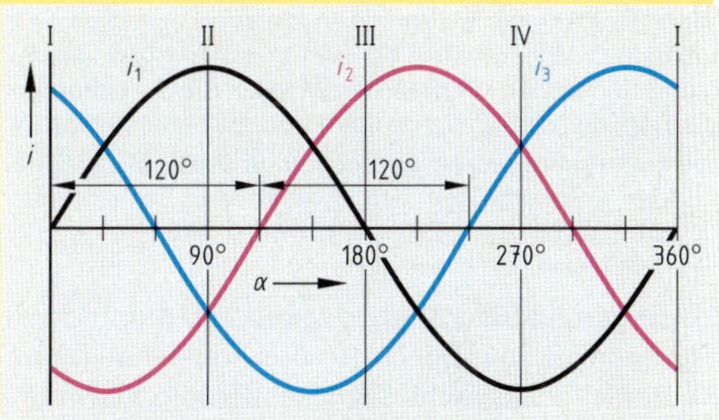

Bild 2: **Liniendiagramm der Leiterströme**

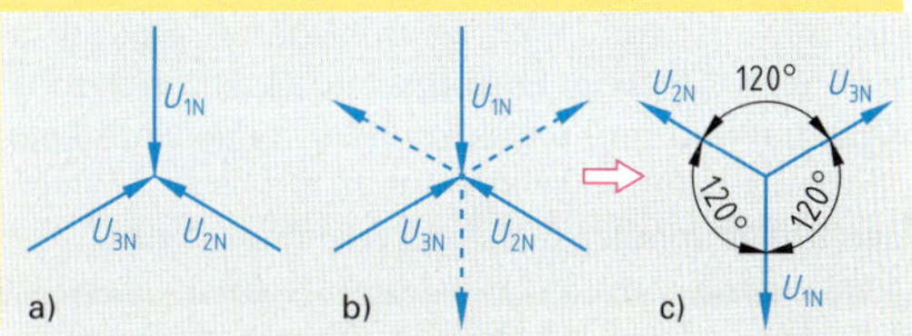

Bild 3: **Zeigerbild der Spannungen bei Sternschaltung**

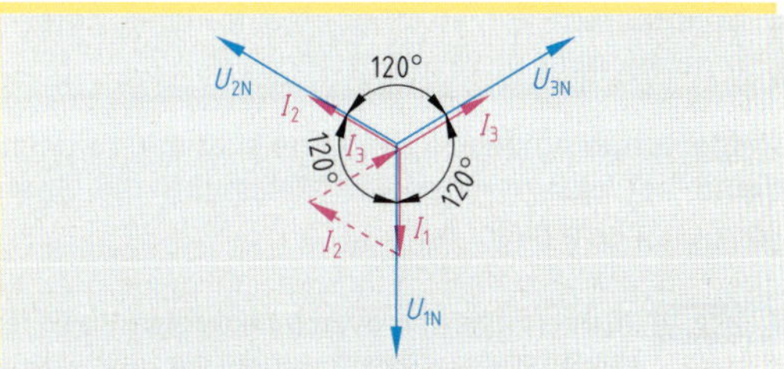

Bild 4: **Zeigerbild der Ströme bei Sternschaltung**

> Bei der symmetrischen Belastung eines Drehstromnetzes fließt im Neutralleiter kein Strom.

Spannungen und Ströme bei unsymmetrischer (ungleichmäßiger) Belastung

Versuch 4: Schließen Sie drei unterschiedliche Widerstände in Sternschaltung an das Drehstromnetz **(Bild 1)**. Messen Sie die Strangspannungen und die Stromstärken in den Außenleitern und im Neutralleiter.

Die Strangspannungen sind gleich groß. Die Ströme in den Außenleitern sind verschieden groß. Im Neutralleiter fließt ein Strom.

Werden im Drehstromnetz einzelne Lampen- oder Steckdosenstromkreise unterschiedlicher Leistung an die Außenleiter und am Neutralleiter angeschlossen, entsteht eine unsymmetrische Belastung. In den Außenleitern fließen unterschiedliche Ströme. Im Zeigerbild sind die Stromzeiger deshalb unterschiedlich lang **(Bild 2)**. Addiert man die Ströme geometrisch, ergibt sich der Strom im Neutralleiter I_N **(Bild 2)**. Der Strom I_N wird umso größer, je unterschiedlicher die Ströme I_1, I_2 und I_3 in den Außenleitern sind.

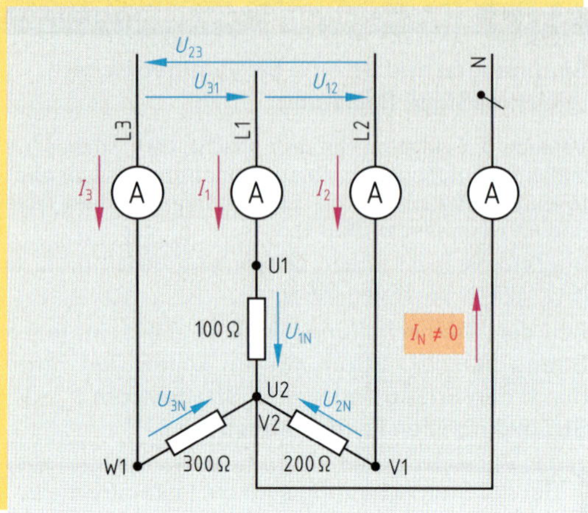

Bild 1: Sternschaltung von Verbrauchern (unsymmetrische Belastung)

> Bei der Aufteilung der Wechselstromkreise auf die einzelnen Außenleiter des Drehstromsystems soll man auf etwa gleiche Belastung achten.

Versuch 5: Wiederholen Sie den Versuch 4, jedoch ohne angeschlossenen Neutralleiter. Messen Sie die Leiterspannungen, die Strangspannungen und die Leiterströme.

Die Leiterspannungen sind gleich groß. Die Strangspannungen unterscheiden sich voneinander. Die Leiterströme sind unterschiedlich groß und unterscheiden sich zusätzlich von den Messwerten in Versuch 4.

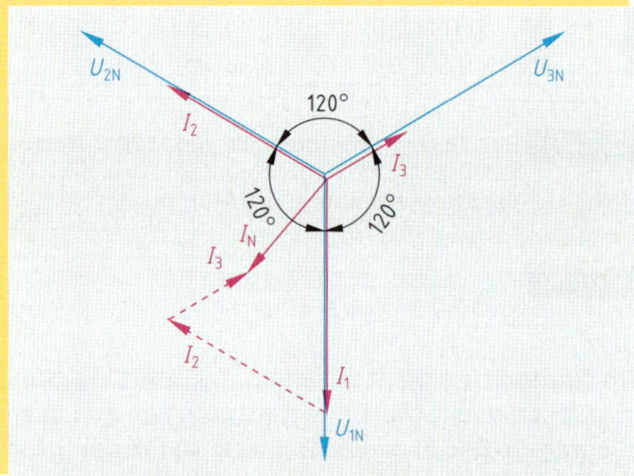

Bild 2: Zeigerbilder der Ströme bei Sternschaltung und unsymmetrischer belastung des Vierleiternetzes

Im Zeigerbild **(Bild 3)** ist zu erkennen, dass sich der Sternpunkt N' aus der Mitte verschoben hat. Da kein Neutralleiter angeschlossen ist, muss im Sternpunkt die geometrische Summe der Leiterströme null sein. Damit sich diese Bedingung erfüllt, verändern die Strangspannungen sowohl ihren Betrag als auch ihre Richtung. Es kommt zu einer Sternpunktverschiebung und damit zu Über- oder Unterspannungen an den Verbrauchern im Drehstromsystem. Der Verkettungsfaktor $\sqrt{3}$ gilt jetzt nicht mehr.

> Treten an den Wechselstromverbrauchern in einem Drehstromsystem unterschiedliche Spannungen auf, so ist der Neutralleiter unterbrochen oder nicht angeschlossen.

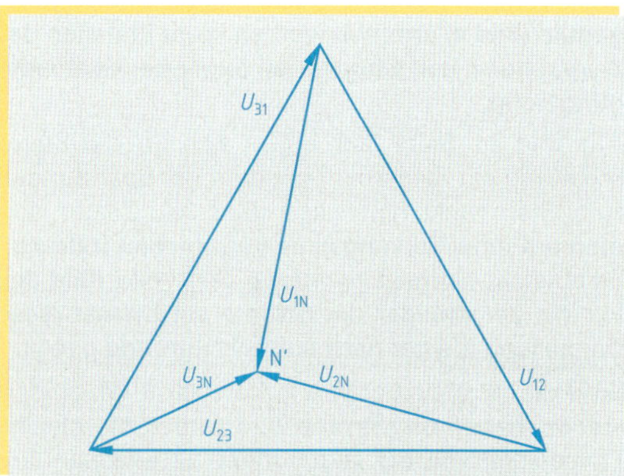

Bild 3: Zeigerbild der Leiter- und Strangspannungen bei einer unsymmetrisch belasteten Sternschaltung ohne N-Leiter-Anschluss

Niederspannungsnetze sind meist Vierleiternetze, damit bei unsymmetrischer Belastung die Spannungen gleich bleiben.

Beispiel: In einem unsymmetrisch belasteten Vierleiter-Drehstromnetz **(Bild 1)** wurden die Leiterströme I_1 = 2,5 A, I_2 = 2,0 A und I_3 = 1,0 A gemessen. Ermitteln Sie die Stromstärke I_N im Neutralleiter.

Lösung: Nach **Bild 2** ergibt sich: $\boldsymbol{I_N}$ **= 1,2 A**
(Maßstab: 1 cm ≙ 1 A)

8.14.4 Dreieckschaltung (Zeichen: △)

Sind die Stränge des Erzeugers, z.B. des Generators, in Dreieck geschaltet, führen nur drei Leiter zum Verbraucher. Ein solches Netz nennt man Dreileiter-Drehstromnetz. Hochspannungsnetze (380 kV, 220 kV, 110 kV) sind Dreileiter-Drehstromnetze.

Bei der Dreieckschaltung **(Bild 1)** liegt an jedem Strang die Außenleiterspannung an.

> Bei der Dreieckschaltung ist die Strangspannung gleich der Leiterspannung.

Ströme bei symmetrischer (gleichmäßiger) Belastung

Versuch 6: Schalten Sie drei gleiche Verbraucher, z.B. 100-Ω-Widerstände, in Dreieckschaltung **(Bild 1)** an einen Drehstromversuchstransformator. Messen Sie die Leiterströme und die Strangströme.

Jeder Leiterstrom ist $\sqrt{3}$-mal so groß wie ein Strangstrom.

In der Dreieckschaltung verzweigen sich die Leiterströme **(Bild 1)**. Beim Aufstellen der Knotenregel muss man beachten, dass die einzelnen Ströme zueinander phasenverschoben sind. Deshalb erfolgt die Summenbildung geometrisch. Der Leiterstrom I_1 ist die geometrische Differenz $\underline{I}_{12} - \underline{I}_{31}$, I_2 die geometrische Differenz $\underline{I}_{23} - \underline{I}_{12}$ und $\underline{I}_3$ die geometrische Differenz $\underline{I}_{31} - \underline{I}_{23}$.

Sind die Strangwiderstände wie im Beispiel Wirkwiderstände, haben die Strangströme I_{12}, I_{31} und I_{23} die gleiche Phasenlage wie die zugehörigen Strangspannungen U_{12}, U_{31} und U_{23} **(Bild 2a)**. Zur Ermittlung der Leiterströme darf man die Zeiger der Strangströme parallel verschieben. Es ergibt sich für die Strangströme I_{12}, I_{31} und I_{23} ein Stern **(Bild 2b)**. Die Verbindungslinien zwischen den Strangströmen entsprechen den Leiterströmen I_1, I_2 und I_3 **(Bild 2b)**.

In **Bild 2b** bilden die Ströme I_{12}, I_{31} und I_1 ein gleichschenkliges Dreieck mit dem Basiswinkel 30°. Dieses Dreieck kann man in zwei rechtwinklige Dreiecke zerlegen. Mithilfe der Winkelfunktionen ergibt sich:

$$\frac{I_1}{2} = I_{31} \cdot \cos 30° = I_{31} \cdot \frac{\sqrt{3}}{2} \quad \Rightarrow \quad I = I_{Str} \cdot \sqrt{3}$$

> Bei der Dreieckschaltung ist der Leiterstrom I $\sqrt{3}$ mal so groß wie der Strangstrom I_{Str}.

Beispiel: Bei einem Drehstromverbraucher in Dreieckschaltung fließen in jedem Strang 2,5 A. Ermitteln Sie **a)** rechnerisch und **b)** zeichnerisch die Leiterströme (Maßstab: 1 A ≙ 10 mm).

Lösung: **a)** $I_1 = I_2 = I_3 = \sqrt{3} \cdot I_{Str} = \sqrt{3} \cdot 2{,}5\ \text{A} = \mathbf{4{,}3\ A}$

b) Lösung nach **Bild 2b:** $I_{23} = 2{,}5\ \text{A} ≙ 25\ \text{mm}$
$I_1 = I_2 = I_3 ≙ 43\ \text{mm} ≙ \mathbf{4{,}3\ A}$

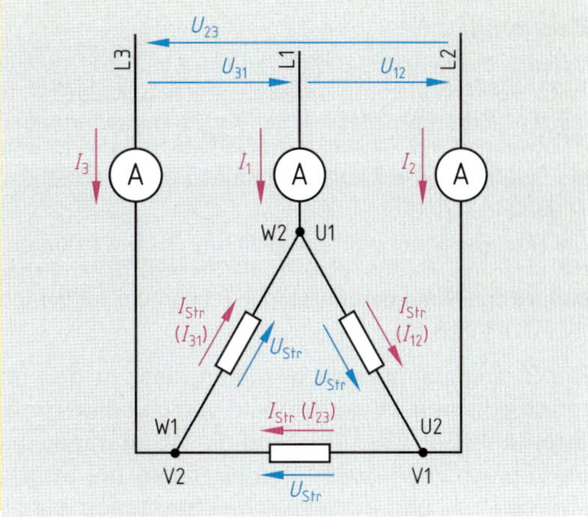

Bild 1: Dreieckschaltung von Verbrauchern (symmetrische Belastung)

Spannungen und Ströme bei Dreieckschaltung

$U = U_{Str}$		$I = \sqrt{3} \cdot I_{Str}$	
U	Leiterspannung	I	Leiterstrom
U_{Str}	Strangspannung	I_{Str}	Strangstrom

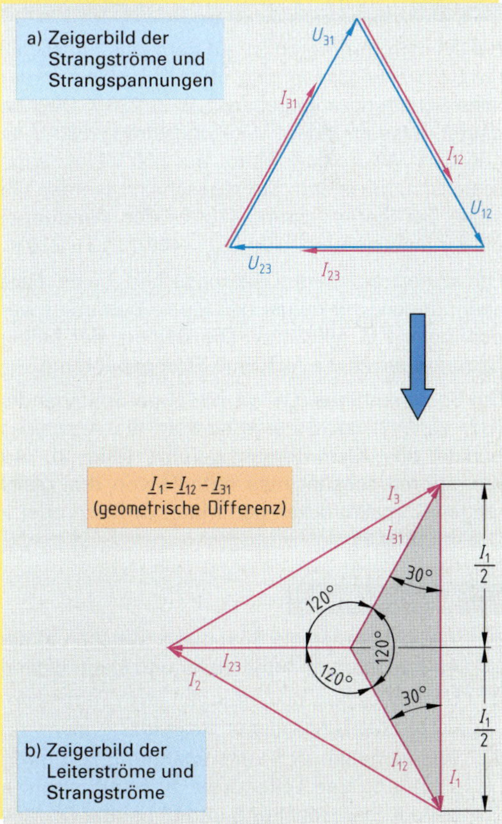

Bild 2: Zeigerbilder bei Dreieckschaltung

Ströme bei unsymmetrischer (ungleichmäßiger) Belastung

Versuch 7: Wiederholen Sie Versuch 6 mit drei Wirkwiderständen, jedoch mit unterschiedlichen Widerstandswerten **(Bild 1a)**. Messen Sie die Strangspannungen, die Strangströme und die Leiterströme. Vergleichen Sie die Spannungen miteinander, ebenso die Strangströme und die Leiterströme.

Die Strangspannungen sind gleich groß. Die Leiterströme sind verschieden, ebenso die Strangströme. Leiterströme und Strangströme stehen nicht mehr im Verhältnis $\sqrt{3}$ zueinander.

Die Strangspannungen bewirken, dass in den unterschiedlichen Widerständen verschieden große Ströme fließen **(Bild 1b)**. Sind die Widerstände wie im Versuch 7 Wirkwiderstände, haben die Strangströme I_{12}, I_{31} und I_{23} die gleiche Phasenlage wie die zugehörigen Strangspannungen U_{12}, U_{31} und U_{23} **(Bild 1b)**. Zur Ermittlung der Leiterströme werden die Zeiger der Strangströme parallel verschoben **(Bild 1c)**. Es ergibt sich für die Strangströme I_{12}, I_{31} und I_{23} ein unsymmetrisches Zeigerbild. Die Verbindungslinien zwischen den Strangströmen entsprechen den Leiterströmen I_1, I_2 und I_3.

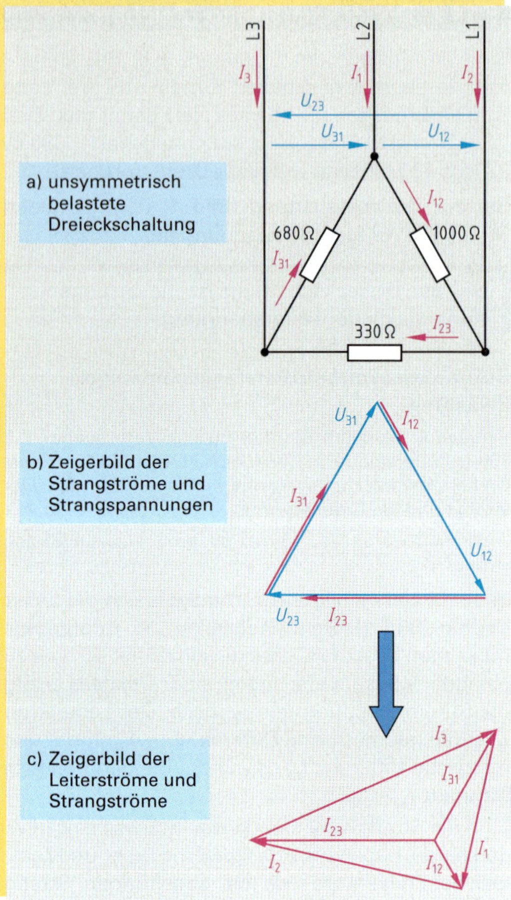

Bild 1: Schaltung und Zeigerbilder bei unsymmetrisch belasteter Dreieckschaltung

8.14.5 Anwendung von Sternschaltung und Dreieckschaltung

Bei Drehstrommotoren ist auf dem Leistungsschild die Bemessungsspannung und die dafür erforderliche Schaltung angegeben, z.B. △ 230V. Dies bedeutet, dass an jedem Wicklungsstrang 230 V liegen darf. Wird dieser Motor am 400-V-Netz angeschlossen, muss er in Stern geschaltet werden **(Tabelle)**. Bei Sternschaltung liegt an den Wicklungen die Strangspannung, also $U_{Str} = 400\,V : \sqrt{3} = 230\,V$.

Oft stehen auf dem Leistungsschild beide Netzspannungen, mit denen der Motor betrieben werden kann, z.B. 400/230 V. Die kleinere der beiden Spannungen ist die zulässige Strangspannung.

Die Spulenanfänge (U1, V1, W1) und Spulenenden (U2, V2, W2) der Stränge sind an die Anschlusspunkte des Klemmbretts geführt **(Bild 2)**. Am Klemmbrett schaltet man mithilfe von drei gleich langen Kontaktbrücken den Motor in Stern oder in Dreieck **(Bild 2)**.

Tabelle 1: Schaltungen von Drehstrommotoren

Netzspannung		690 V	400 V	230 V	500 V
zulässige Strangspannung der Motorwicklung	400 V	Y	△		
	230 V		Y	△	
	500 V				△
	289 V				Y

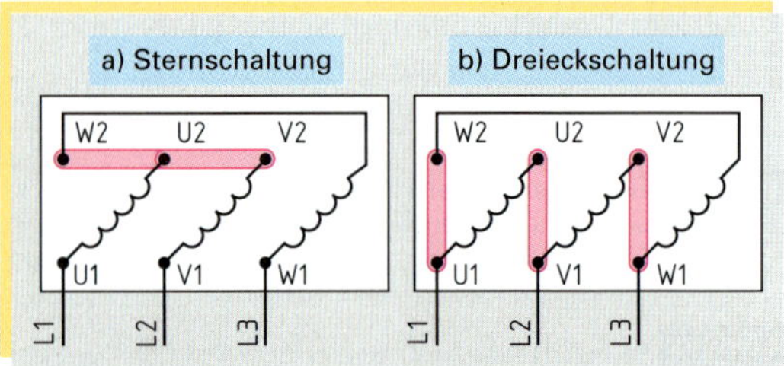

Bild 2: Motorklemmbrettschaltungen bei Drehstrom-Kurzschlussläufer-Motoren

Arbeitsauftrag:

1. Wie nennt man die Spannung zwischen a) den Außenleitern, b) Außenleiter und Neutralleiter?
2. Unter welchen Bedingungen ist in Drehstromnetzen der Neutralleiter stromlos?
3. Wie verhalten sich Leiterspannung zu Strangspannung und Leiterstrom zu Strangstrom a) bei der Sternschaltung und b) bei der Dreieckschaltung von Verbrauchern?

8.14.6 Leistung bei Dreiphasenwechselstrom

Die Leistung eines Gerätes bei Anschluss an Drehstrom lässt sich über die Einzelleistungen der drei Stränge ermitteln. Jeder der drei Stränge des Verbrauchers liegt bei Sternschaltung wie bei Dreieckschaltung an der jeweiligen Strangspannung U_{Str} und führt den Strangstrom I_{Str}. Die Scheinleistung S eines Stranges ist daher $S_{Str} = U_{Str} \cdot I_{Str}$. Damit ist bei symmetrischer Belastung die Gesamtscheinleistung $S = 3 \cdot U_{Str} \cdot I_{Str}$. Die Spannungen und Ströme der Außenleiter lassen sich meist einfacher messen als die Strangwerte. Deshalb setzt man in die Formel $S = 3 \cdot U_{Str} \cdot I_{Str}$ die Werte für Leiterstrom und Leiterspannung ein.

Drehstromleistungen bei symmetrischer Belastung

Sternschaltung	Dreieckschaltung
$I_{Str} = I \qquad U_{Str} = \frac{U}{\sqrt{3}}$	$U_{Str} = U \qquad I_{Str} = \frac{I}{\sqrt{3}}$
$S = 3 \cdot I_{Str} \cdot U_{Str} = 3 \cdot I \cdot \frac{U}{\sqrt{3}}$ $S = \sqrt{3} \cdot U \cdot I$	$S = 3 \cdot U_{Str} \cdot I_{Str} = 3 \cdot U \cdot \frac{I}{\sqrt{3}}$ $S = \sqrt{3} \cdot U \cdot I$

Entsprechend erhält man mit $P = S \cdot \cos\varphi$ die Wirkleistung für Drehstrom: $P = \sqrt{3} \cdot U \cdot I \cdot \cos\varphi$ und mit $Q = S \cdot \sin\varphi$ die Blindleistung für Drehstrom: $Q = \sqrt{3} \cdot U \cdot I \cdot \sin\varphi$.

> Man berechnet bei der Sternschaltung und bei der Dreieckschaltung die Leistungen mit den gleichen Formeln.

Beispiel: Ein Drehstrommotor nimmt an einer Leiterspannung von 400 V bei $\cos\varphi = 0{,}83$ eine Stromstärke von 8,7 A auf. Berechnen Sie **a)** die aufgenommene Wirkleistung P, **b)** die Scheinleistung S und **c)** die induktive Blindleistung Q_L.

Lösung:
a) $\mathbf{P} = \sqrt{3} \cdot U \cdot I \cdot \cos\varphi = \sqrt{3} \cdot 400\,\text{V} \cdot 8{,}7\,\text{A} \cdot 0{,}83 = \mathbf{5\ kW}$
b) $\mathbf{S} = \sqrt{3} \cdot U \cdot I = \sqrt{3} \cdot 400\,\text{V} \cdot 8{,}7\,\text{A} = \mathbf{6{,}03\ kVA}$
c) $\mathbf{Q_L} = \sqrt{3} \cdot U \cdot I \cdot \sin\varphi = \sqrt{3} \cdot 400\,\text{V} \cdot 8{,}7\,\text{A} \cdot 0{,}56 = \mathbf{3{,}38\ kvar}$

Vergleich der Leistungsaufnahme von Verbrauchern in Sternschaltung und Dreieckschaltung

Versuch 8: Schalten Sie drei 100-Ω-Widerstände **a)** in Sternschaltung, **b)** in Dreieckschaltung an das 400-V-Drehstromnetz (**Bild**). Verwenden Sie aus Sicherheitsgründen einen RCD mit $I_{\Delta n} = 30$ mA. Messen Sie in beiden Schaltungen den Leiterstrom und berechnen Sie die jeweils aufgenommene Leistung. Setzen Sie die Leistung bei Dreieckschaltung zur Leistung in Sternschaltung ins Verhältnis.

Sternschaltung Y	Dreieckschaltung △
$I = 2{,}3$ A	$I = 6{,}9$ A
$P = \sqrt{3} \cdot U \cdot I \cdot \cos\varphi$	$P = \sqrt{3} \cdot U \cdot I \cdot \cos\varphi$
$P = \sqrt{3} \cdot 400\,\text{V} \cdot 2{,}3\,\text{A} \cdot 1$	$P = \sqrt{3} \cdot 400\,\text{V} \cdot 6{,}9\,\text{A} \cdot 1$
$\mathbf{P \approx 1{,}6\ kW}$	$\mathbf{P \approx 4{,}8\ kW}$

$$\frac{P_\Delta}{P_Y} = \frac{4{,}8\,\text{kW}}{1{,}6\,\text{kW}} = 3$$

> Bei gleicher Netzspannung nimmt ein Verbraucher in Dreieckschaltung die dreifache Leistung auf wie in Sternschaltung.

Leistung bei symmetrischer Last

$$S = \sqrt{3} \cdot U \cdot I$$

$[S] = \text{V} \cdot \text{A} = \text{VA} = \text{W}$

$$P = \sqrt{3} \cdot U \cdot I \cdot \cos\varphi$$

$[P] = \text{W}$

$$Q = \sqrt{3} \cdot U \cdot I \cdot \sin\varphi$$

$[Q] = \text{var} = \text{W}$

S Scheinleistung
U Leiterspannung
I Leiterstrom
P Wirkleistung
Q Blindleistung
$\cos\varphi$ Wirkleistungsfaktor (Wirkfaktor)
$\sin\varphi$ Blindleistungsfaktor
φ Phasenverschiebungswinkel

Leistung und Strom bei Dreieck- und Sternschaltung

$$P_\Delta = 3 \cdot P_Y$$

$$I_\Delta = 3 \cdot I_Y$$

P_Δ Leistungsaufnahme in Dreieckschaltung
P_Y Leistungsaufnahme in Sternschaltung
I_Δ Strom in Dreieckschaltung
I_Y Strom in Sternschaltung

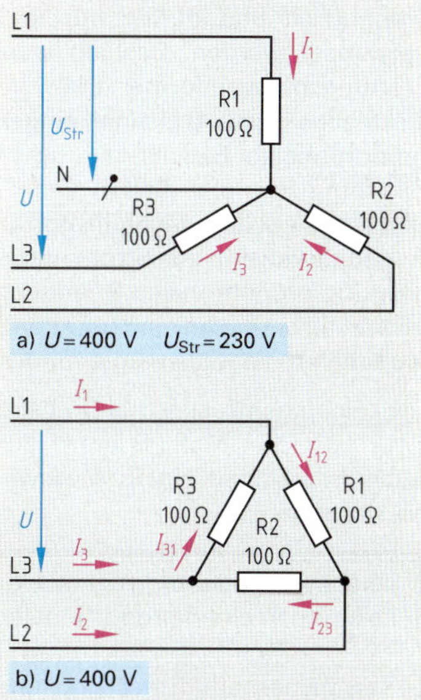

Bild 1: Schaltung von Widerständen a) in Sternschaltung und b) in Dreieckschaltung

8.14.7 Leistungsmessung bei Dreiphasenwechselstrom

Wegen der verschiedenen Netze und Verbraucher sind nach DIN 43807 bestimmte Messschaltungen für die Leistungsmessung vorgeschrieben.

Bei symmetrischer Last im Drehstrom-Vierleiternetz genügt zur Messung der Drehstromleistung ein Leistungsmesser **(Einwattmeterschaltung)**. Dabei ist es gleichgültig, in welchen der drei Außenleiter der Leistungsmesser geschaltet wird **(Bild 1)**. Der abgelesene Wert muss mit dem Faktor 3 multipliziert werden, um die gesamte aufgenommene Leistung in den drei Strom führenden Leitern zu ermitteln. Es gibt auch Leistungsmesser in Einwattmeter-Schaltung mit einer Skala für den dreifachen Wert.

Im Dreileiternetz ist kein Sternpunkt und daher auch kein Neutralleiter vorhanden. Man bildet deshalb aus drei Widerständen, nämlich aus dem Widerstand des Spannungspfades und zwei zusätzlichen gleich großen Widerständen, einen künstlichen Sternpunkt **(Bild 2)**. Auch bei dieser Schaltung wird die Leistung in nur einem Leiter gemessen und mit dem Faktor 3 multipliziert.

Unsymmetrische Last im Dreileiternetz kann man mit der Dreiwattmeter-Methode oder nur mit zwei Leistungsmessern in der so genannten **Aronschaltung** messen **(Bild 3)**. Meist wirken die Messsysteme auf eine gemeinsame Achse, sodass das Messgerät die Gesamtleistung anzeigt. Die Schaltung dient auch zur Messung der Leistung in Hochspannungsanlagen.

Man verwendet Stromwandler und/oder Spannungswandler, wenn bei der Messung höhere Werte für Strom und Spannung zu erwarten sind, als es der Messbereich der Geräte zulässt.

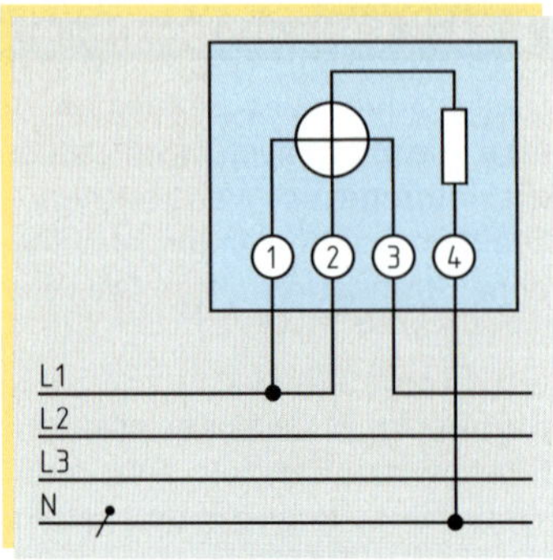

Bild 1: Einwattmeter-Schaltung im Vierleiter-Drehstromnetz

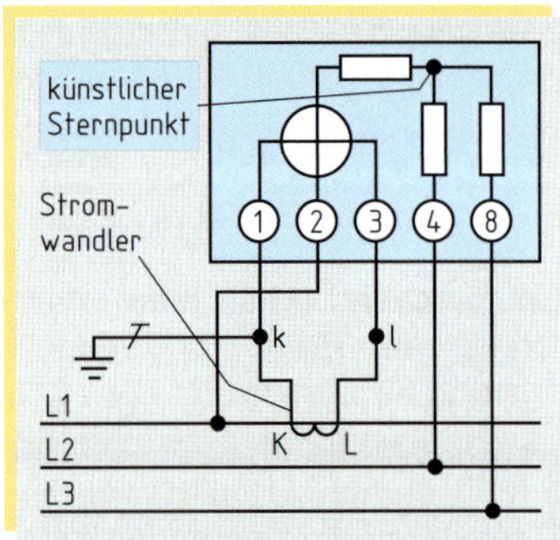

Bild 2: Einwattmeter-Schaltung mit künstlichem Sternpunkt

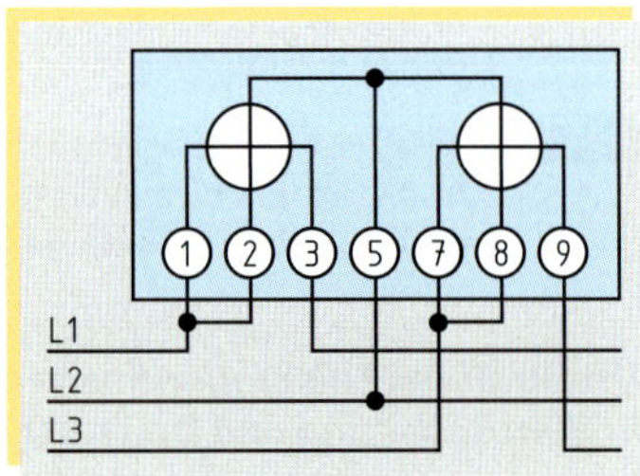

Bild 3: Zweiwattmeter-Schaltung (Aronschaltung)

Leistungsmessumformer

Leistungsmessgeräte mit elektrodynamischem Messwerk sind stoßempfindlich und dürfen nur in vorgeschriebener Gebrauchslage verwendet werden. Deshalb werden heute vielfach elektronische **Leistungsmessumformer** (LMU) verwendet **(Bild 4)**. Sie wandeln die elektrische Leistung in einen eingeprägten, dem jeweiligen Messwert proportionalen Gleichstrom um. Eine Trennstufe mit Strom- und Spannungswandler **(Bild 4)** trennt die Eingangsgrößen voneinander und passt sie dem Multiplikator an. Der Multiplikator verknüpft die Augenblickswerte von Strom und Spannung zu einer der elektrischen Leistung proportionalen Spannung. Sie wird im Filter geglättet und im Verstärker in den eingeprägten Gleichstrom umgeformt. Ein Netzgerät liefert die Hilfsenergie für den Multiplikator und den Verstärker.

Die Leistungsmessung bei Drehstrom wird je nach Netzart mit einem, zwei oder drei Multiplizierern durchgeführt. Dabei entspricht eine Multipliziereinheit einem Messwerk der so genannten klassischen Messgeräte.

> Leistungsmessumformer wandeln Messwerte der elektrischen Leistung in einen proportionalen elektrischen Gleichstrom um.

Leistungsmessumformer sind unabhängig von der Gebrauchslage und unempfindlich gegen Erschütterungen. Bei Leistungsfernübertragung (ab etwa 70 m) ist es wirtschaftlich, Leistungsmessumformer einzusetzen.

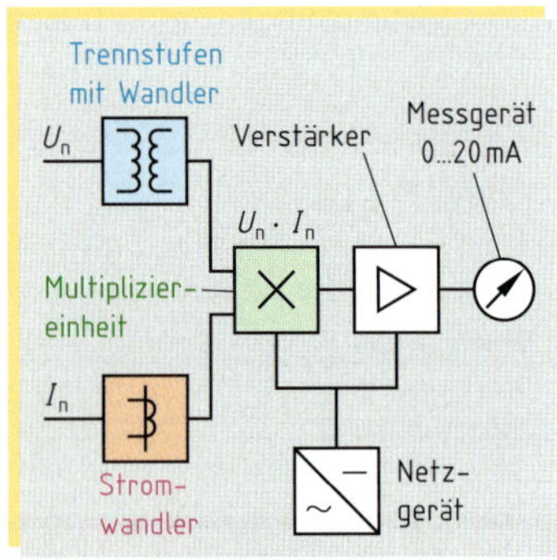

Bild 4: Leistungsmessumformer (Blockschaltbild)

8.15 Kompensation

Versuch: Schließen Sie eine Leuchtstofflampe 58 W über die zugehörige Drossel ohne Kompensationskondensator an die Netzspannung 230 V, 50 Hz. Messen Sie die Stromstärke und die Leistung. Schalten Sie dann einen Kompensationskondensator C_k von etwa 7 µF parallel zur Reihenschaltung von Drossel und Lampe **(Bild 1)**.

Mit dem Zuschalten des Kondensators nimmt die Stromaufnahme ab, der Leistungsmesser zeigt dagegen dieselbe Wirkleistung an.

Die Reihenschaltung von Lampe und Drossel nimmt sowohl Wirkleistung als auch induktive Blindleistung auf, der zugeschaltete Kondensator dagegen kapazitive Blindleistung **(Bild 2)**. Induktive Blindleistung und kapazitive Blindleistung sind gegeneinander um 180° phasenverschoben. Dadurch liefert der Kondensator immer dann Blindenergie in das Netz, wenn die Induktivität der Drossel Blindenergie aufnimmt. Die Blindleistungsaufnahme aus dem Netz verringert sich. Bei gleicher Wirkleistung werden die aus dem Netz aufgenommene Scheinleistung und die Stromstärke kleiner.

> Das Ausgleichen der induktiven Blindleistung durch kapazitive Blindleistung nennt man Kompensieren[1].

Die Blindleistung, z. B. für die Drosselspule, muss das Netz liefern. Erzeugeranlagen, Leitungen und Übertragungseinrichtungen werden dadurch zusätzlich belastet **(Bild 3a)**. Bei Kompensation verringert sich der Anteil der Blindleistung im Netz um die Blindleistung des Kompensationskondensators oder der Kompensationsanlage **(Bild 3b)**.

> Durch Kompensation der Blindleistung werden Erzeugeranlagen und Energieübertragungseinrichtungen entlastet.

Die Kompensation der Blindleistung bewirkt eine Verkleinerung des Phasenverschiebungswinkels φ zwischen Wirkleistung P und der Scheinleistung S **(Bild 2)** und damit eine Vergrößerung des Wirkleistungsfaktors $\cos\varphi$.

Auf nahezu $\cos\varphi = 1$ kompensiert pendelt der größte Teil der Blindleistung nur noch zwischen Verbraucher und der Kompensationsanlage hin und her **(Bild 3b)**. Die für die Kompensation benötigte Blindleistung lässt sich nach dem Zeigerbild der Leistungen **(Bild 2)** ermitteln.

[1] von compensare (lat). = ausgleichen

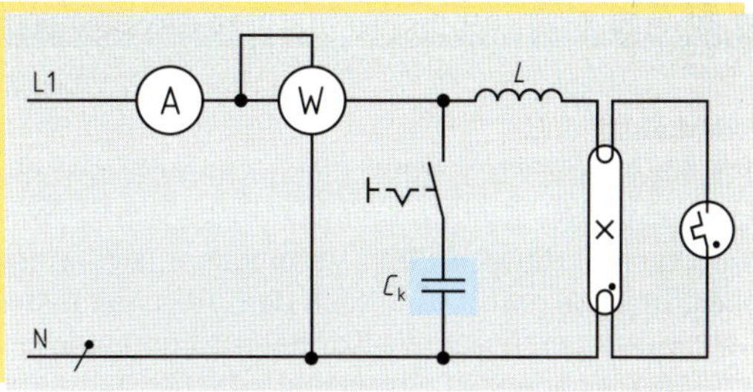

Bild 1: Versuchsschaltung: Kompensation bei einer Leuchtstofflampe

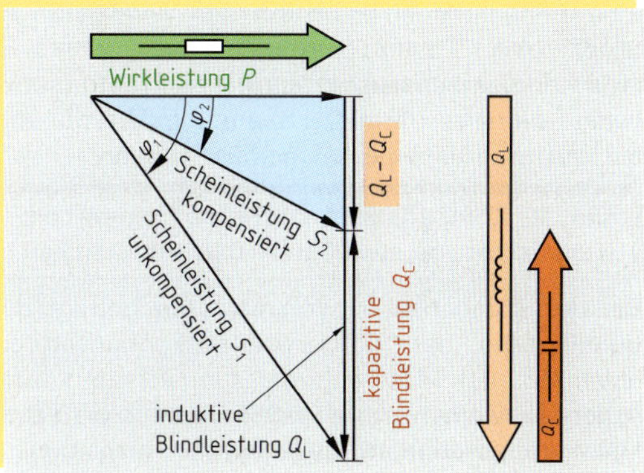

Bild 2: Zeigerbild der Leistungen bei Kompensation

Kapazitive Blindleistung

$$Q_C = P \cdot (\tan\varphi_1 - \tan\varphi_2)$$

$$\tan\varphi_1 = \frac{Q_L}{P} \qquad \tan\varphi_2 = \frac{Q_L - Q_C}{P}$$

P Wirkleistung
Q_L induktive Blindleistung
Q_C kapazitive Blindleistung
φ_1 Phasenverschiebungswinkel, unkompensiert
φ_2 Phasenverschiebungswinkel, kompensiert

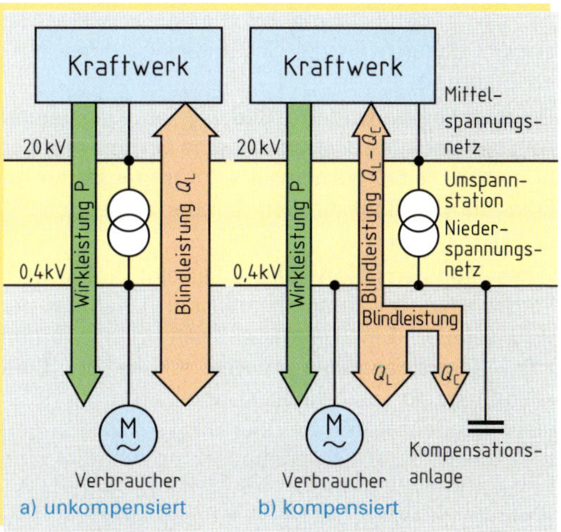

Bild 3: Kompensation der Blindleistung

8.15.1 Kompensationsarten

Man unterscheidet Einzel-, Gruppen- und Zentralkompensation.

Einzelkompensation (Bild 1) ist die einfachste Kompensationsart. Die Kompensationskondensatoren sind hierbei direkt an den Verbraucher, z. B. einen Elektromotor, geschaltet. Nach dem Abschalten des Verbrauchers müssen die Kondensatoren innerhalb von 60 Sekunden auf eine ungefährliche Spannung (< 50V) entladen sein. Entladen wird über hochohmige Widerstände oder über die Wicklung.

Eine Reihenkompensation auf den Wirkleistungsfaktor $\cos\varphi = 1$ ist zu vermeiden, weil dann z. B. zwischen Kompensationskapazität und Motorinduktivität Resonanz auftritt. Die Spannungsüberhöhung bei Resonanz kann die Anlage beschädigen.

> Bei der Kompensation strebt man einen Leistungsfaktor von etwa 0,9 bis 0,95 (induktiv) an.

Bei der Kompensation von Motoren beträgt die Blindleistung der Kompensationskondensatoren etwa 35% der Motorenbemessungsleistung (entspricht etwa einem $\cos\varphi = 0{,}96$). Dadurch wird eine Überkompensation im Teillastbetrieb vermieden.

Einzelkompensation eignet sich für Verbraucher großer Leistung (etwa 30 kW), bei konstantem Leistungsfaktor und bei langer Einschaltdauer sowie zum Kompensieren von Leuchtstofflampen.

Bei der **Kompensation von Leuchtstofflampen** kann neben der Einzelkompensation entweder die Duoschaltung angewandt werden oder die Lampen werden je zur Hälfte als induktiver Zweig (Drossel, $\cos\varphi = 0{,}48$) und als kapazitiver Zweig (Drossel und Kondensator in Reihe, $\cos\varphi = 0{,}48$ c) betrieben. Induktive und kapazitive Vorschaltgeräte **(Bild 2)** sind dabei gleichmäßig auf die Außenleiter verteilt. Die Kondensatoren der kapazitiven Zweige nehmen doppelt so viel Blindleistung auf wie die Drosseln. Man erreicht dadurch für die Gesamtanlage einen $\cos\varphi$ von nahezu 1.

Gruppenkompensation (Bild 3) ist für kleinere Anlagen geeignet. Hierbei hat eine Gruppe von Verbrauchern eine gemeinsame Kompensationsanlage, die z.B. über ein Schütz oder einen Schalter ans Netz gelegt wird.

Zentralkompensation (Bild 4) erfolgt, wenn viele Verbraucher mit unterschiedlicher Leistung und wechselnder Einschaltdauer betrieben werden, z.B. in Industrieanlagen. Hierbei schaltet ein Blindleistungsregler aus einer Kondensatorbatterie so viele Kondensatoren zu oder ab, wie zum augenblicklichen Blindleistungsbedarf notwendig sind. Diese Kompensationsart ist durch ihre zentrale Anordnung leicht zu überprüfen und auch für eine nachträgliche Installation gut geeignet.

Kompensationsarten

- Einzelkompensation:
  - Parallelkompensation
  - Reihenkompensation
- Gruppenkompensation
- Zentralkompensation

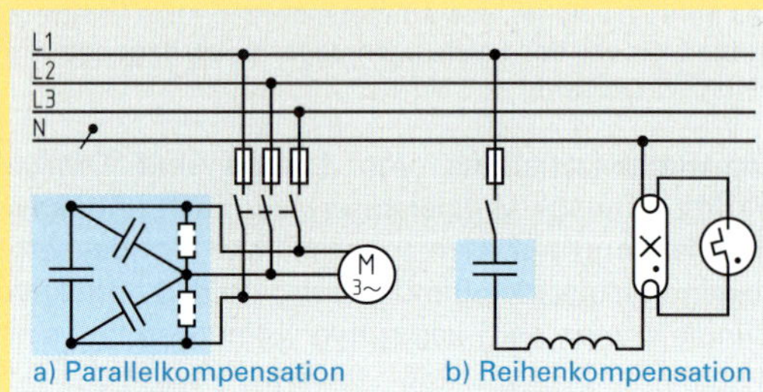

Bild 1: Einzelkompensation von elektrischen Verbrauchern

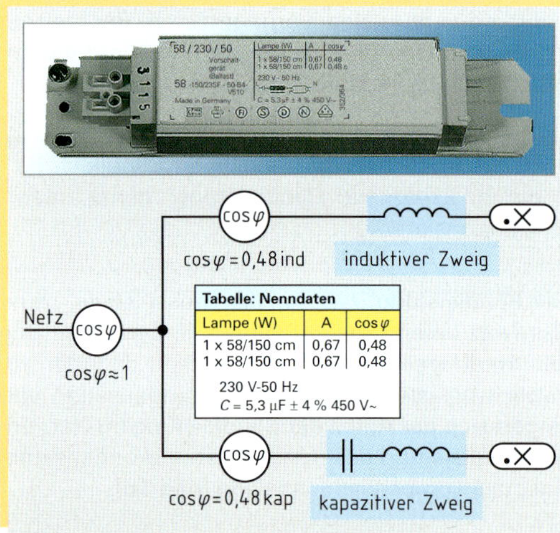

Bild 2: Vorschaltgerät mit Leistungsschild

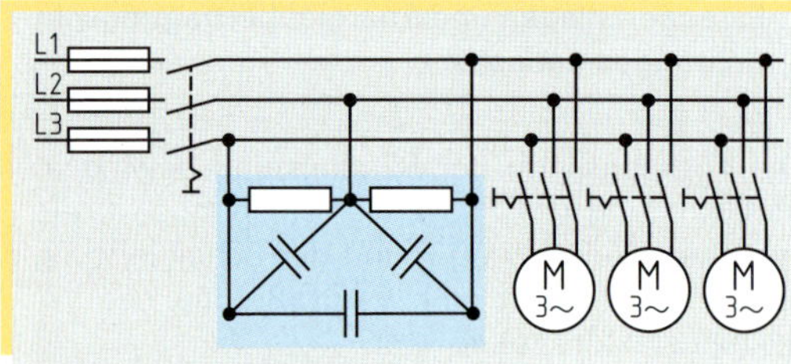

Bild 3: Gruppenkompensation

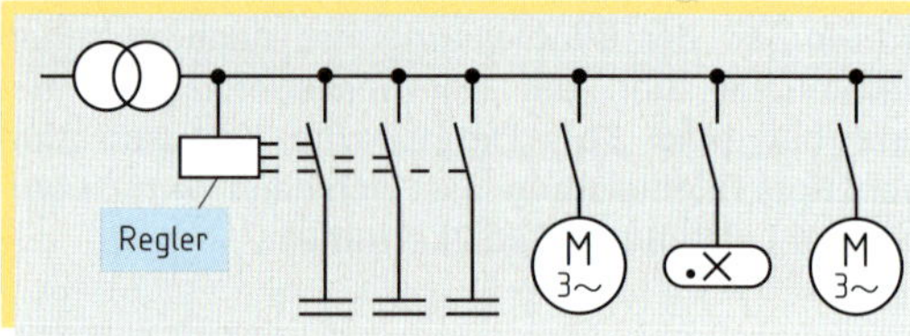

Bild 4: Zentralkompensation

8.15.2 Bemessung von Kompensationskondensatoren

Durch Kompensieren wird das Niederspannungsnetz von induktiver Blindleistung entlastet. Man unterscheidet die **Parallelkompensation (Bild 1a)** und die **Reihenkompensation (Bild 1b)**.

Beispiel: Eine 58-W-Leuchtstofflampe für 230 V, 50 Hz und 12 W Verlustleistung der Drosselspule hat einen Wirkleistungsfaktor $\cos\varphi_1$ von 0,48. Durch Parallelkompensation soll der Wirkleistungsfaktor auf $\cos\varphi_2 = 0{,}9$ verbessert werden. Ermitteln Sie **a)** die erforderliche Kondensatorblindleistung, **b)** die Stromaufnahme aus dem Netz vor und nach der Kompensation und **c)** die Kapazität des Kompensationskondensators.

Lösung:

a) $Q_c = P\,(\tan\varphi_1 - \tan\varphi_2)$; $\cos\varphi_1 = 0{,}48 \Rightarrow \varphi_1 = 61{,}3° \Rightarrow \tan\varphi_1 = 1{,}82$

$\cos\varphi_2 = 0{,}9 \Rightarrow \varphi_2 = 25{,}8° \Rightarrow \tan\varphi_2 = 0{,}48$

$\boldsymbol{Q_c} = (58\text{ W} + 12\text{ W}) \cdot (1{,}82 - 0{,}48) = \mathbf{93{,}8\ var}$

b) $$\boldsymbol{I_1} = \frac{P}{U \cdot \cos\varphi_1} = \frac{70\text{ W}}{230\text{ V} \cdot 0{,}48} = \mathbf{0{,}63\ A}$$

$$\boldsymbol{I_2} = \frac{P}{U \cdot \cos\varphi_2} = \frac{70\text{ W}}{230\text{ V} \cdot 0{,}9} = \mathbf{0{,}34\ A}$$

c) $$\boldsymbol{C} = \frac{Q_c}{2\,\pi \cdot f \cdot U^2} = \frac{93{,}8\text{ var}}{2\,\pi \cdot 50\text{ Hz} \cdot 230^2\text{ V}^2} = \mathbf{5{,}65\ \mu F}$$

Zur Kompensation einer Blindleistung von 1 kvar bei 230 V, 50 Hz benötigt man eine Kapazität von 60 µF; an 400 V, 50 Hz braucht man 20 µF.

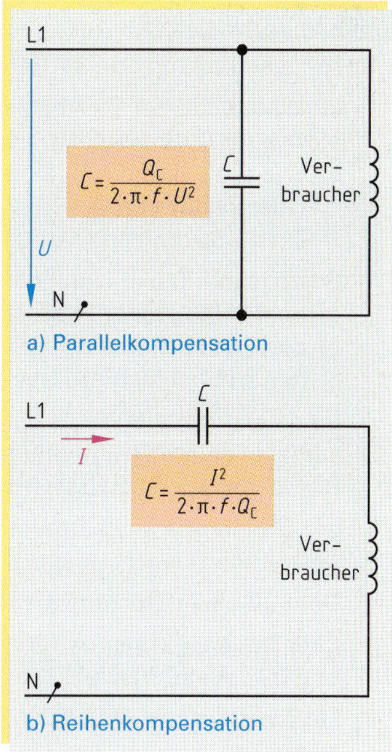

Bild 1: Kompensationsarten

8.15.3 Kompensation bei elektronischen Stromrichterschaltungen

Beim schnellen Ein- und Abschalten des Stromes, z.B. bei Phasenanschnittsteuerungen, entstehen Schwingungen mit hohen Frequenzen (Oberschwingungen). Bildet die Kompensationskapazität zusammen mit der Induktivität des Netzes einen Reihenschwingkreis, so werden die entstehenden Oberschwingungen bei Resonanz auch noch verstärkt. Dadurch breiten sich erhebliche Funkstörungen im Netz aus. Um dies zu verhindern, wird zum Kompensationskondensator eine Drossel in Reihe geschaltet **(Bild 2)**. Sie verschiebt die Resonanzfrequenz so, dass Resonanzerscheinungen der Oberschwingungen vermieden werden.

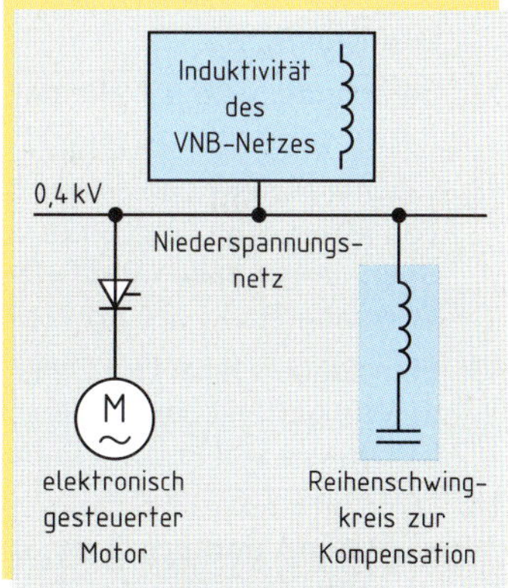

Bild 2: Kompensation bei elektronischen Stromrichterschaltungen

8.15.4 Tonfrequenzsperrkreise

Manche am Wechelstromnetz angeschlossenen Schaltgeräte, z.B. Zweitarifzähler, werden durch Tonfrequenz-Rundsteueranlagen vom VNB aus angesteuert. Von einer zentralen Stelle aus wird ein Wechselstromsignal mit einer Frequenz von 175 Hz bis 2 kHz in das Mittelspannungsnetz eingespeist und über Transformatoren auf die Niederspannungsseite übertragen. Dieses Signal schaltet die Empfangsrelais der zu steuernden Schaltgeräte im Verteilernetz. Bei Kompensation dämpfen die zum Verbraucher parallel geschalteten Kondensatoren die Rundsteuersignale, weil ihr Widerstand für höhere Frequenzen kleiner wird. Diese Signaldämpfung wird durch **Tonfrequenzsperren** verhindert. Als Tonfrequenzsperren verwendet man **Sperrkreise** (Parallelschwingkreise) **(Bild 3)** oder Sperrdrosseln, die für das Rundsteuersignal einen großen Widerstand und für die Netzfrequenz einen kleinen Widerstand darstellen (Tiefpassverhalten).

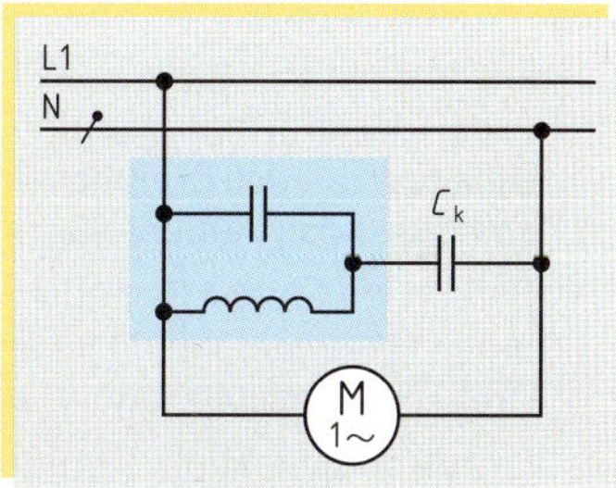

Bild 3: Tonfrequenzsperrkreis mit Filter

Arbeitsauftrag:

1. Auf eine Ladung von $3 \cdot 10^5$ As wirkt eine Kraft von 25 mN. Wie groß ist die Feldstärke?
2. Zwei Metallplatten im Abstand von 10 mm sind an eine elektrische Spannung von 2 kV angeschlossen.
   a) Wie groß ist die elektrische Feldstärke zwischen den Platten?
   b) Wie groß sind die Feldstärke, die Flussdichte und der magnetische Fluss in einer Spule mit einem Querschnitt von A = 15 cm², mittlerer Feldlinienlänge von 30 cm mit 1500 Windungen, die von einem Strom von 1 A durchflossen wird?
3. Beschreiben Sie in wenigen Sätzen:
   a) den Aufbau einer Hysteresekurve,
   b) den Zusammenhang zwischen Koerzitivfeldstärke und Remanenz,
   c) den Unterschied der Hysteresekurve eines hart- und eines weichmagnetischen Werkstoffes.
4. Eine Leiterschleife ist an den Enden mit einem Widerstand abgeschlossen. Wie groß ist die Stromstärke in einem 30 cm langen Leiter, der mit 10 m/s durch ein homogenes Magnetfeld mit der Flussdichte von 1,5 T bewegt wird?
5. Die Glühlampe eines Spannungsprüfgerätes bleibt aus Versehen 7 h eingeschaltet. Welche Elektrizitätsmenge Q wird transportiert? (I = 0,15 A)
6. Der Fuß einer Glühlampe trägt die Aufschrift 9 V/0,1 A. Wie groß ist der Widerstand der Glühlampe?
7. Eine Taschenlampenbatterie gibt bei einer mittleren Spannung von 3 V 30 Stunden lang einen Strom von 0,14 A ab. Wieviel kostet 1 kWh, wenn der Kaufpreis der Batterie 1 € beträgt?
8. Ein Elektromotor (4 V, 0,2 A) besitzt einen Wirkungsgrad von 0,6. Wie groß ist die zugeführte Nennleistung?
9. Ein unbelasteter Spannungsteiler wird von einer Spannungsquelle mit 9 V gespeist. Über dem Widerstand R_1 = 4,7 Ω soll der Spannungsfall 3 V betragen. Wie groß muss R_2 gewählt werden?
10. Gegeben: belasteter Spannungsteiler, U = 12 V, U_2 = 0,7 V, I_L = 6 mA, Querstromverhältnis q_i = 5. Gesucht: R_1, R_2.
11. Berechnen Sie die Wellenlänge und die Ausbreitungsstrecke (für T = 20 ms) einer Wechselspannung mit einer Frequenz von 50 Hz.
12. Wieviel Meter Kupferdraht benötigen Sie, um in einer Ringspule mit einer mittleren Feldlinienlänge von 40 cm eine Feldstärke von 4500 A/m zu erzeugen? Die Spule mit 1200 Windungen wird an einer Spannungsquelle mit U = 24 V betrieben. Berechnen Sie zusätzlich die Spulenstromstärke und den Wirkwiderstand des Spulendrahtes.
13. Eine Spule besitzt laut Datenblatt eine Induktivität von 3 H.
    a) Wie groß ist der Blindwiderstand bei 60 Hz?
    b) Um wie viel Prozent ändert sich der Blindwiderstand, wenn die Frequenz um 15 % reduziert wird?
14. Die Spitzenwerte für einen Kondensator wurden mit einem Oszilloskop ermittelt. Sie betragen i_s = 1,6 mA und u_s = 3,5 V. Berechnen Sie die Kapazität und den Blindwiderstand des Kondensators, wenn die Frequenz der Wechselspannung 1,5 kHz beträgt.
15. Die Frequenz einer sinusförmigen Wechselspannung beträgt f = 50 Hz. Der Maximalwert wurde mit u_s = 326 V gemessen.
    a) Wie groß ist der Effektivwert der Wechselspannung?
    b) Welcher Wert wird bei einer Spannungsmessung mit einem handelsüblichen Spannungsmessgerät angezeigt?
    c) Zu welchen Zeiten t_n stellen sich folgende Momentanwerte ein: t_1 = 25 V, t_2 = (−30) V, t_3 = 211 V.
16. Jeder der drei Widerstände eines Heizofens beträgt R = 16,255 Ω. Die Widerstände sind in Sternschaltung an das Dreiphasenwechselstromnetz (400/230 V) angeschlossen. Berechnen Sie die Stromstärken in den Außenleitern, die Strangleistungen und die gesamte Nennleistung des Heizofens.
17. Berechnen Sie die Strangstromstärken, die Strangleistungen und die Gesamtleistung einer Heizung, deren Heizwiderstände jeweils R = 100 Ω betragen. Die Widerstände sind in Dreieckschaltung an das Drehstromnetz (400/230 V) angeschlossen.
18. Einzelkompensation: Ermitteln Sie den Leistungsfaktor $\cos\varphi$, die zu kompensierende Blindleistung, den einzusetzenden Kondensator und den Leistungsfaktor nach der Kompensation für eine Leuchtstoffröhre (P = 60 W, I = 0,43 A, U = 230 V/50 Hz).

9 Elektrische Maschinen

Elektrische Maschinen dienen zur Erzeugung, Übertragung und Nutzung elektrischer Energie. In Kraftwerken erzeugen Generatoren elektrische Energie aus mechanischer Arbeit. Transformatoren werden z.B. zur Energieübertragung in Netzen verschiedener Spannung verwendet. Motoren geben die aufgenommene elektrische Energie an der Welle als mechanische Arbeit ab **(Übersicht)**.

Übersicht: Elektrische Maschinen

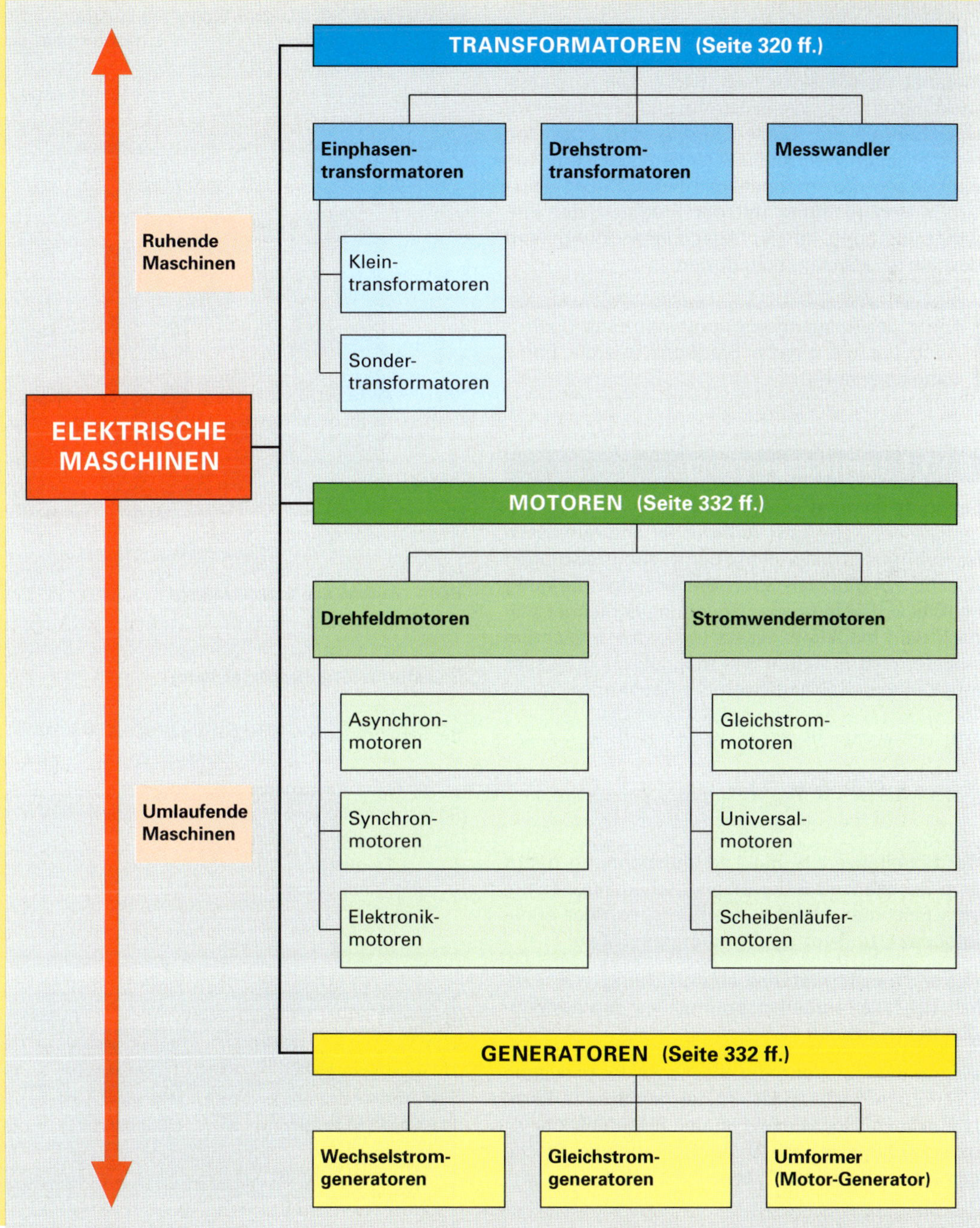

9.1 Transformatoren

Transformatoren[1] können elektrische Energie in eine solche mit anderer Spannung und Stromstärke umformen. Nach der Leistung unterscheidet man Klein- und Großtransformatoren **(Tabelle 1)**.

Tabelle 1: Transformatoren und ihre Leistungsbereiche

	Merkmale	Beispiele
Klein-transformatoren	S_n bis 16 kVA U bis 1000 V f bis 500 Hz	Netzanschluss-, Sicherheits-, Steuer-transformatoren
Groß-transformatoren	S_n über 16 kVA U über 1000 V	Versorgungs-, Industrie-transformatoren

9.1.1 Einphasentransformatoren

Ein Einphasentransformator (Wechselstromtransformator) besteht im Prinzip aus zwei Spulen auf einem gemeinsamen Kern aus magnetisierbarem Material, meist Elektroblech **(Bild 1)**. Die Eingangswicklung nimmt Wechselstrom und somit elektrische Energie auf. Diese Energie wird über den magnetischen Wechselfluss an den Eisenkern weitergegeben. Der magnetische Fluss ändert seine Größe und Richtung mit der Frequenz der Eingangsspannung. In der Ausgangswicklung wird deshalb eine Spannung induziert.

> Die in der Ausgangswicklung induzierte Spannung hat die gleiche Frequenz wie die Eingangsspannung.

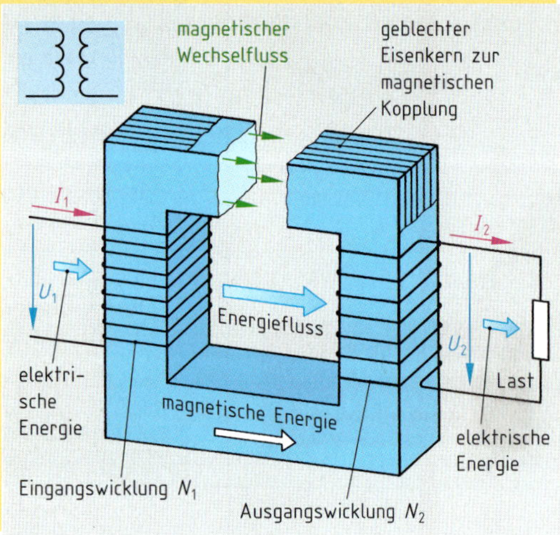

Bild 1: Aufbau des Transformators

9.1.1.1 Leerlaufspannung

Leerlaufspannung ist die Spannung auf der Ausgangsseite, wenn kein Verbraucher angeschlossen ist. Bei Transformatoren mit Bemessungsleistungen über 16 kVA gibt man sie als **Bemessungsspannung** an **(Bild 2)**. Die induzierte Spannung berechnet sich nach dem **Induktionsgesetz** ($u_0 = -N \cdot \Delta\Phi/\Delta t$). Bei sinusförmigem Verlauf des magnetischen Flusses erhält man den Scheitelwert der Spannung.

$$\hat{u}_0 = \hat{\Phi} \cdot \omega \cdot N = \hat{B} \cdot A_{Fe} \cdot \omega \cdot N = 2 \cdot \pi \cdot \hat{B} \cdot A_{Fe} \cdot f \cdot N$$

$$\Rightarrow U_0 = \frac{2 \cdot \pi}{\sqrt{2}} \cdot \hat{B} \cdot A_{Fe} \cdot f \cdot N \qquad \frac{2 \cdot \pi}{\sqrt{2}} = 4{,}44$$

Transformatorenhauptgleichung

Bei Sinusform gilt: $U_0 = 4{,}44 \cdot \hat{B} \cdot A_{Fe} \cdot f \cdot N$

U_0	Leerlaufspannung
$\hat{B}$	magnetische Flussdichte (Scheitelwert)
A_{Fe}	Eisenquerschnitt
f	Frequenz
N	Windungszahl

Der Scheitelwert u_0 der Leerlaufspannung hängt vom Scheitelwert B der magnetischen Flussdichte, vom Eisenquerschnitt A des Kerns, von der Kreisfrequenz ω und von der Windungszahl N ab.

Aus der **Transformatorenhauptgleichung** ist ersichtlich, dass die Leerlaufspannung linear mit der Windungszahl ansteigt.

Wegen der Isolierung der Bleche ist der wirksame Eisenquerschnitt kleiner als der gemessene Kernquerschnitt. Dies wird durch den Eisenfüllfaktor f_{Fe} berücksichtigt. Je nach Art der Isolierung der Bleche beträgt der Füllfaktor f_{Fe} etwa 0,8 bis 0,95.

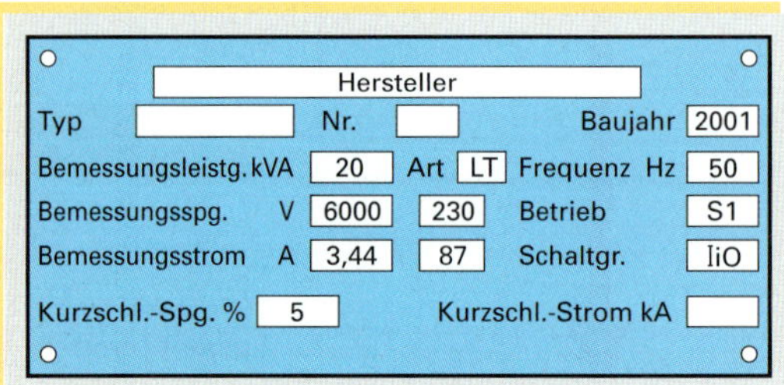

Bild 2: Leistungsschild eines Einphasentransformators

[1] von transformare (lat.) = umwandeln, umformen

9.1.1.2 Übersetzungen

Spannungs- und Stromübersetzung

Versuch: Bringen Sie zwei Spulen, von denen eine die doppelte Windungszahl wie die andere hat, z. B. 1200 und 600, auf einen geblechten U-Kern mit Joch. Schließen Sie die Spule mit der höheren Windungszahl als Eingangswicklung an einen Wechselspannungserzeuger mit kleiner Spannung, z. B. bei 1200 Windungen, 40 V, an. Messen Sie an der Ausgangswicklung die Ausgangsspannung.

Beobachtung: Die Ausgangsspannung ist nur etwa halb so groß wie die Eingangsspannung.

Durchsetzt derselbe magnetische Fluss sowohl die Eingangswicklung als auch die Ausgangswicklung, dann sind beide Wicklungen miteinander magnetisch fest gekoppelt **(Bild 1).** In der Energietechnik werden überwiegend magnetisch fest gekoppelte Transformatoren verwendet **(Bild 2).**

Beim **idealen Transformator** (mit 100%iger Kopplung, d.h. ohne Verluste) gilt:

$$\Phi_1 = \Phi_2 \quad \Rightarrow \quad B_1 \cdot A = B_2 \cdot A$$

$$\Rightarrow \quad \frac{U_1}{f \cdot N_1} = \frac{U_2}{f \cdot N_2} \quad \Rightarrow \quad \frac{U_1}{N_1} = \frac{U_2}{N_2}$$

> Beim Transformator ohne Belastung verhalten sich die Spannungen wie die Windungszahlen.
>
> Das Verhältnis der Eingangsspannungen zur Ausgangsspannung nennt man Übersetzungsverhältnis *ü*.

Die **Bemessungsübersetzung** eines Transformators ist das Verhältnis seiner höheren Bemessungsspannung zur niedrigeren Bemessungsspannung (DIN VDE 0532).

Beim **idealen** Transformator ist die Eingangsleistung S_1 so groß wie die Ausgangsleistung S_2.

$$S_1 = S_2 \quad \Rightarrow \quad U_1 \cdot I_1 = U_2 \cdot I_2 \quad \Rightarrow \quad \frac{I_1}{I_2} = \frac{U_2}{U_1} \quad \Rightarrow \quad \frac{I_1}{I_2} = \frac{N_2}{N_1}$$

> Beim belasteten Transformator verhalten sich die Ströme umgekehrt wie die Windungszahlen.

Beim **realen** Transformator treten Verluste auf; deshalb verhalten sich die Ströme nur angenähert umgekehrt wie die Windungszahlen.

Widerstandsübersetzung

In der Nachrichtentechnik benutzt man den Transformator oft zur Anpassung von Widerständen. Die größte Leistung wird nämlich übertragen, wenn der Innenwiderstand der Spannungsquelle gleich groß ist wie der Widerstand des Verbrauchers. Sind die Widerstände von Spannungsquelle und Verbraucher verschieden, so schaltet man einen Transformator als Übertrager zwischen die beiden, um die Widerstände von Spannungsquelle und Verbraucher einander anzupassen.

$$Z_1 = \frac{U_1}{I_1} \qquad Z_2 = \frac{U_2}{I_2} \qquad \frac{Z_1}{Z_2} = \frac{U_1}{U_2} \cdot \frac{I_2}{I_1}$$

> Ein Transformator (Übertrager) überträgt die Widerstände im Quadrat des Übersetzungsverhältnisses.

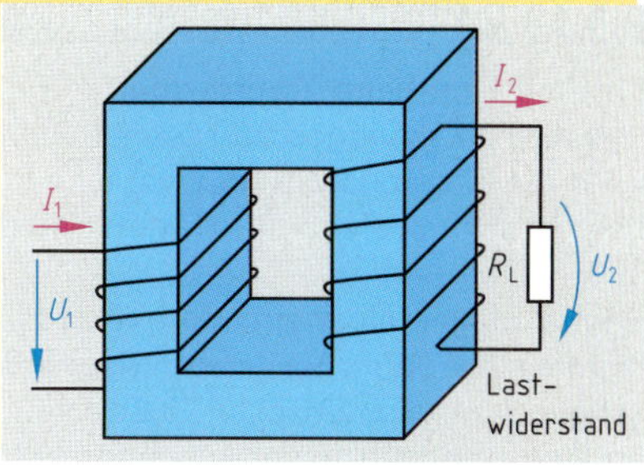

Bild 1: Spannungen und Ströme beim Transformator

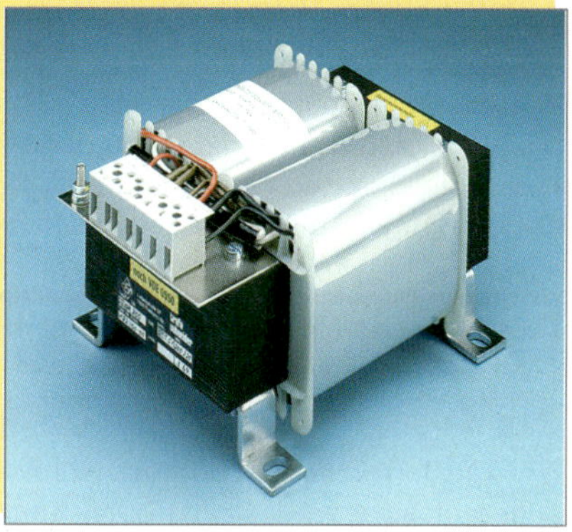

Bild 2: Einphasentransformator

Übersetzungen (verlustloser Transformator)

$$\frac{U_1}{U_2} \approx \frac{N_1}{N_2} \qquad ü = \frac{U_1}{U_2}$$

$$\frac{I_1}{I_2} \approx \frac{N_2}{N_1} \qquad ü = \frac{I_2}{I_1}$$

$$\frac{Z_1}{Z_2} \approx \frac{N_1^2}{N_2^2} \quad \Rightarrow \quad \frac{N_1}{N_2} \approx \sqrt{\frac{Z_1}{Z_2}}$$

$$ü = \sqrt{\frac{Z_1}{Z_2}}$$

U_1 Eingangsspannung
U_2 Ausgangsspannung
N_1 Windungszahl der Eingangswicklung
N_2 Windungszahl der Ausgangswicklung
ü Übersetzungsverhältnis
I_1 Stromstärke der Eingangswicklung
I_2 Stromstärke der Ausgangswicklung
Z_1 Eingangsscheinwiderstand
Z_2 Ausgangsscheinwiderstand

Beispiel: Ermitteln Sie das Übersetzungsverhältnis eines Transformators mit den Spannungen U_1 = 230 V und U_2 = 50 V.

Lösung: $ü = \frac{U_1}{U_2} = \frac{230\ \text{V}}{50\ \text{V}} = \mathbf{4{,}6}$

9.1.1.3 Leerlauf und Belastung

Leerlauf liegt beim Transformator vor, wenn an die Ausgangswicklung keine Last angeschlossen ist. Beim unbelasteten Transformator wirkt die Eingangswicklung wie eine Induktivität. Die Ausgangswicklung ist stromlos und durch keinen Widerstand belastet.

Beim Anlegen einer sinusförmigen Eingangswechselspannung entsteht ein um 90° nacheilender **Magnetisierungsstrom,** der einen phasengleichen **magnetischen Fluss** erzeugt **(Bild 1)**. Als Folge der Flussänderung entsteht in der Ausgangswicklung eine Spannung, die beim idealen Transformator gegenüber dem Magnetisierungsstrom ebenfalls um 90° nacheilend phasenverschoben ist.

Der vom unbelasteten realen Transformator aufgenommene Strom (Leerlaufstrom I_0) hat gegenüber der Spannung eine etwas kleinere Phasenverschiebung als der Magnetisierungsstrom I_m, da das Ummagnetisieren des Eisens durch den Verluststrom I_v Wärme erzeugt und so die Belastung mit einem Wirkwiderstand darstellt **(Bild 2)**. Der Wirkleistungsfaktor im Leerlauf ist etwa 0,2.

> Der unbelastete Transformator verhält sich wie eine Spule mit großer Induktivität.

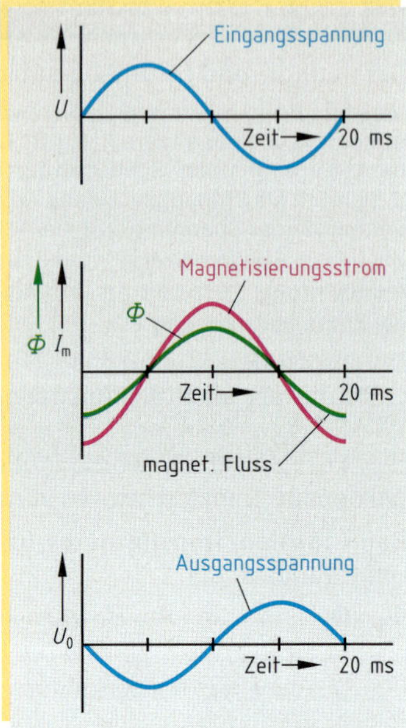

Bild 1: Spannungserzeugung beim idealen Transformator

Ein Transformator wird zerstört, wenn er an eine zu große Spannung angeschlossen wird. Die zu hohe Spannung erfordert eine größere Flussdichte im Kern. Dazu ist ein größerer Magnetisierungsstrom erforderlich. Da der Kern bei Bemessungsspannung schon annähernd gesättigt ist, steigt der Magnetisierungsstrom stark an. Dadurch wird die Wicklung zerstört.

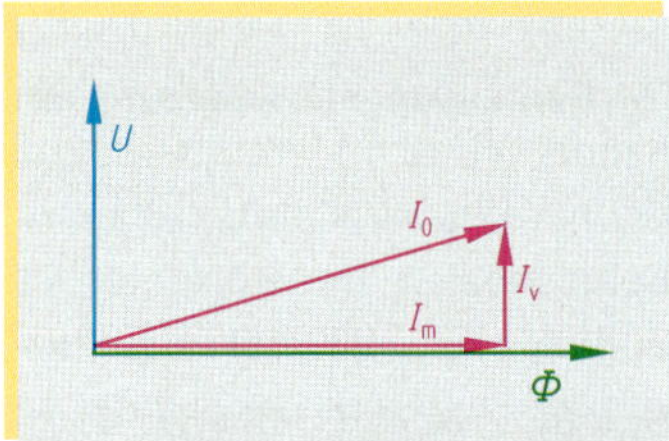

Bild 2: Spannung und Ströme beim unbelasteten Transformator

Versuch 1: Schließen Sie einen Einphasentransformator mit abnehmbarem Joch über einen Strommesser ans Netz an. Messen Sie den Leerlaufstrom. Vergrößern Sie nach dem Abschalten den Luftspalt zwischen Joch und Schenkel durch Einlegen von etwa 0,5 mm dickem Pressspan und wiederholen Sie die Messung.

Beobachtung: Bei vergrößertem Luftspalt ist der Leerlaufstrom größer.

Zum Erzeugen der magnetischen Flussdichte ist im magnetischen Kreis eine größere Durchflutung erforderlich, wenn die Feldlinien durch Luft verlaufen. Deshalb nimmt der Magnetisierungsstrom zu, wenn der Luftspalt vergrößert wird. Außerdem hängt der Leerlaufstrom von der Art des magnetischen Werkstoffs ab.

Große Leerlaufströme verursachen nur Verluste. Wegen fehlender Wirkbelastung entsteht ein kleiner Wirkleistungsfaktor.

> Luftspalte im Eisenkern erhöhen die Stromaufnahme und die Leistungsaufnahme im Leerlauf (Leerlaufverluste).

Damit bei Transformatoren der Leerlaufstrom klein ist, wird der Eisenkern so geschichtet, dass sich die Stoßstellen der Bleche überlappen **(Bild 3)**. Dadurch wird erreicht, dass die Feldlinien fast nur im Eisenkern verlaufen.

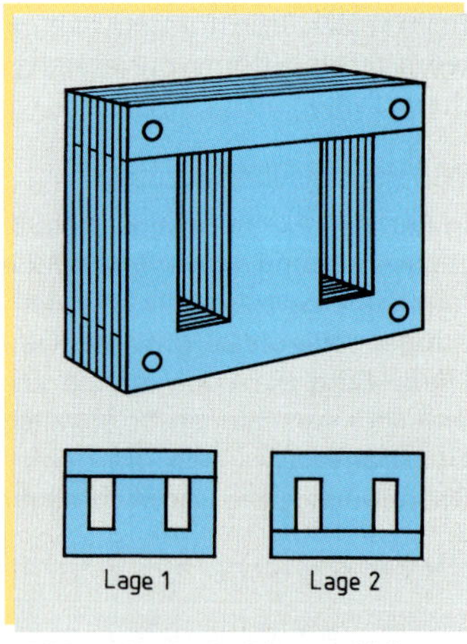

Bild 3: Wechselseitig geschichteter Eisenkern für kleinen Leerlaufstrom

Belastung liegt beim Transformator vor, wenn an der Ausgangswicklung ein Lastwiderstand angeschlossen ist. Der Laststrom (Ausgangsstrom) schwächt nach der Lenz'schen Regel seine Ursache, also das magnetische Wechselfeld. Der Eingangsstrom nimmt deshalb zu, während der wirksame magnetische Fluss im Eisenkern annähernd konstant bleibt.

Versuch 2: Schließen Sie einen Transformator ans Netz an. Legen Sie eine Prüfspule mit 300 Windungen an den Eingang eines Verstärkers mit Lautsprecher. Halten Sie die Prüfspule so in die Nähe des Transformatorkerns, dass der Lautsprecher leicht brummt. Belasten Sie den Transformator stark.

Beobachtung: Das Brummen nimmt zu. Die magnetischen Feldlinien treten vermehrt aus und verlaufen zum Teil außerhalb des Eisenkerns des Transformators **(Bild 1)**. Sie treffen auf die Prüfspule und induzieren in ihr eine Wechselspannung, die durch Verstärkung hörbar wird.

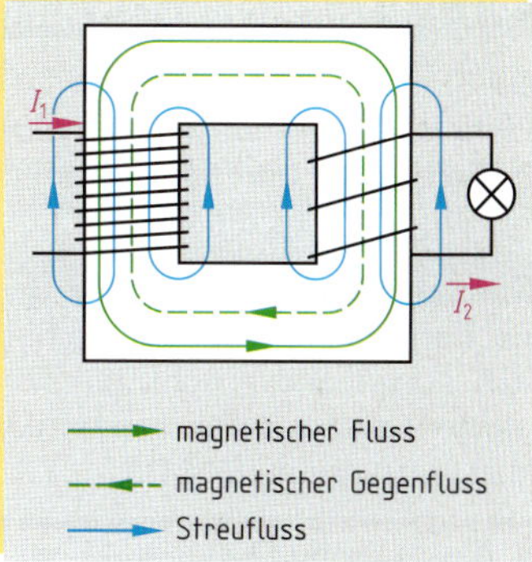

Bild 1: Magnetische Feldlinien beim belasteten Transformator

Als Streufluss bezeichnet man den Teil des magnetischen Flusses, der nur die Eingangs- oder die Ausgangswicklung durchdringt.

Beim leerlaufenden Transformator verläuft fast der ganze magnetische Fluss im Eisenkern. Bei Belastung erzeugt der Strom in der Ausgangswicklung einen magnetischen Gegenfluss. Dadurch wird das Magnetfeld in der Eingangswicklung geschwächt. Die Eingangswicklung nimmt daraufhin mehr Strom auf, sodass der magnetische Fluss seinen ursprünglichen Wert wieder annimmt. Ein Teil der Feldlinien schließt sich nicht im Eisenkern, sondern verläuft auch außerhalb, z. B. durch die Luft. Dieser magnetische Fluss heißt **Streufluss (Bild 1)** und verläuft getrennt in jeder Spule.

Die von Streufeldlinien durchsetzte Wicklung wirkt wie eine Drosselspule. Der Transformator verhält sich also wie ein Wechselspannungserzeuger, dessen Innenwiderstand aus einem Wirkwiderstand und einer Induktivität besteht (Ersatzschaltbild, **Bild 2**).

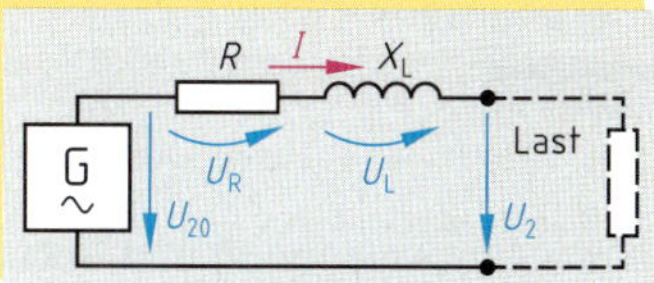

Bild 2: Vereinfachte Ersatzschaltung des Transformators

Wegen des Streuflusses ist bei Transformatoren für die Nachrichtentechnik oft eine Abschirmung erforderlich.

Versuch 3: Schließen Sie einen Einphasentransformator ans Netz an und messen Sie die Ausgangsspannung zuerst im Leerlauf, dann bei zunehmendem Laststrom, und zwar bei Belastung mit Wirkwiderständen, Induktivitäten und Kondensatoren.

Beobachtung: Die Ausgangsspannung sinkt bei Wirklast und bei induktiver Last mit zunehmendem Laststrom, steigt aber bei kapazitiver Last an **(Bild 3)**.

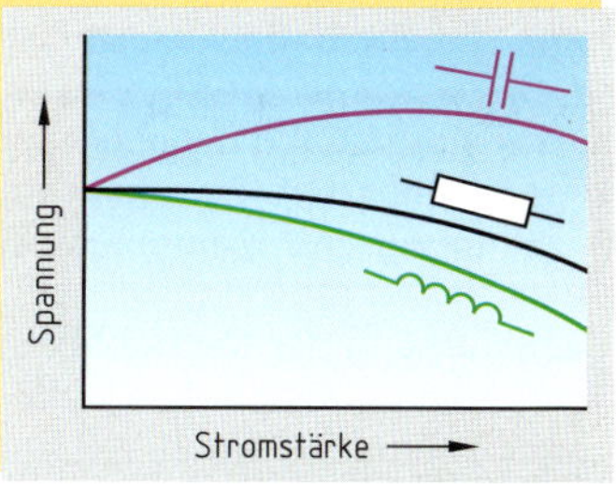

Bild 3: Ausgangsspannung in Abhängigkeit vom Laststrom

Der Transformator erzeugt die Leerlaufspannung U_{20} **(Bild 2)**. Am inneren Wirkwiderstand R und am inneren Streublindwiderstand X_L treten wegen des Laststromes I jeweils ein ohmscher und ein induktiver Spannungsabfall auf. Die Phasenverschiebung zwischen der Leerlaufspannung und dem Laststrom wird durch die Art der Last bestimmt **(Bild 2)**. Bei Belastung mit einer Induktivität sinkt die Ausgangsspannung U_2 stärker als bei Belastung durch einen Wirkwiderstand. Bei Belastung mit einem Kondensator steigt die Spannung sogar an **(Bild 4)**, da die Transformatorspule und der Kondensator einen Reihenschwingkreis bilden. Deshalb dürfen große Kondensatoren nicht allein ans Netz geschaltet werden.

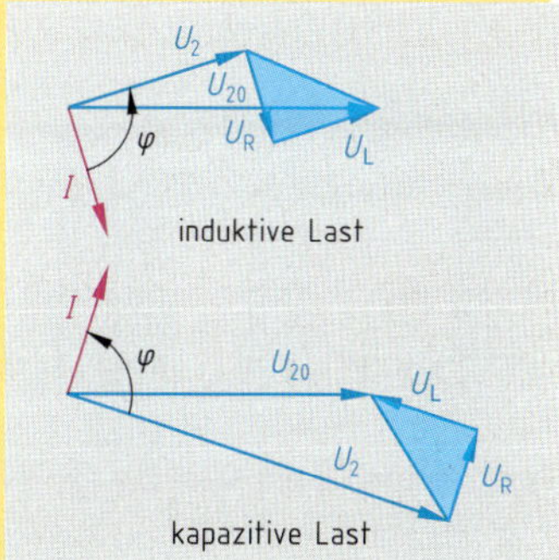

Bild 4: Zeigerbild für verschiedene Belastungsfälle

Die Ausgangsspannung eines Transformators hängt vom Belastungsstrom und von der Belastungsart ab.

9.1.1.4 Kurzschlussspannung

Die Kurzschlussspannung ist ein Maß für den Innenwiderstand (Scheinwiderstand) des Transformators (Ersatzschaltung **Bild 2, Seite 323**) und für die bei Belastung auftretende Spannungsänderung. Sie wird im Kurzschlussversuch gemessen.

Kurzschlussversuch: Durch z.B. einen Stelltransformator wird bei Bemessungsfrequenz die Eingangsspannung so lange von null ausgehend erhöht, bis der Bemessungsstrom der Eingangswicklung gemessen wird. Die Ausgangsseite ist hierbei kurzgeschlossen **(Bild 1)**.

> Die Kurzschlussspannung ist die Eingangsspannung, bei der ein Transformator seinen Bemessungsstrom bei kurzgeschlossener Ausgangswicklung aufnimmt.

Die Kurzschlussspannung wird als bezogene Kurzschlussspannung u_K in % der Bemessungsspannung angegeben.

Beispiel: Ein Transformator 230 V/24 V, 1 A/9 A muss bei kurzgeschlossener 24-V-Wicklung eingangsseitig an 23 V gelegt werden, damit er den Bemessungsstrom 1 A aufnimmt. Wie groß ist die bezogene Kurzschlussspannung u_K?

Lösung: $u_k = \frac{U_k}{U_n} \cdot 100\,\% = \frac{23\,\text{V}}{230\,\text{V}} \cdot 100\,\% = \mathbf{10\,\%}$

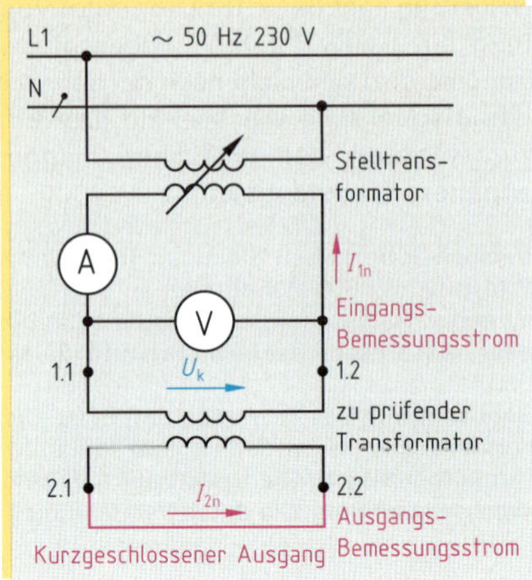

Bild 1: Messen der Kurzschlussspannung

Kurzschlussspannung

$$u_k = \frac{U_k}{U_n} \cdot 100\,\%$$

u_k bezogene Kurzschlussspannung in %
U_k gemessene Kurzschlussspannung in V
U_n Transformator-Bemessungsspannung in V

Kurzschlussspannung und Belastung

Eine niedrige bezogene Kurzschlussspannung (u_K in %) bedeutet einen kleinen Innenwiderstand: Bei Belastung sinkt die Ausgangsspannung nur wenig ab, z.B. bei Drehstromtransformatoren **(Tabelle 1)**. Bei Kurzschluss fließen hohe Ströme.

> Transformatoren mit niedriger Kurzschlussspannung sind spannungssteif. Transformatoren mit hoher Kurzschlussspannung sind spannungsweich.

Beeinflussung der Kurzschlussspannung. Die Streuung eines Tranformators lässt sich in weiten Grenzen dem Verwendungszweck anpassen **(Bild 2)**, z.B. durch verschiedene Anordnung der Wicklung auf einem oder auf mehreren Spulenkörpern oder durch Einfügen eines Streujoches. Tranformatoren mit geringem Streufluss haben eine niedrige Kurzschlussspannung.

Tabelle 1: Kurzschlussspannungen

Spannungswandler	unter 1%
Drehstromtransformatoren	
bis 200 kVA	4 %
250 kVA bis 3150 kVA	6 %
4 MVA bis 5 MVA	8 %
über 6,3 MVA	10 %
Einphasentransformatoren	
Sicherheitstransformatoren	15 %
Klingeltransformatoren	40 %
Experimentiertransformatoren (zusammensteckbar)	70 %
Zündtransformatoren	100 %

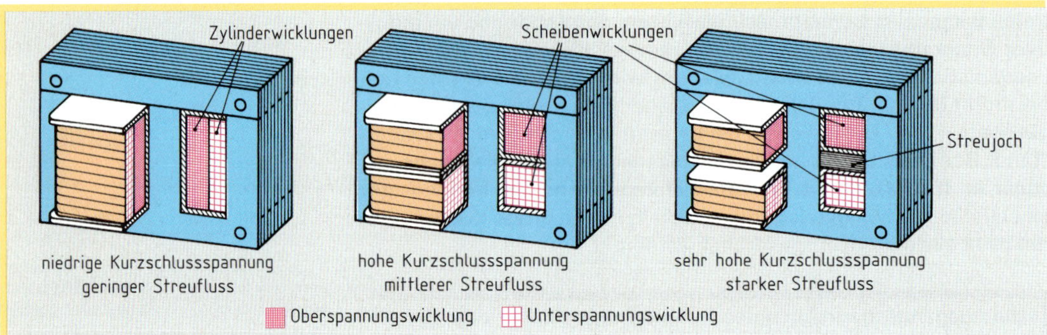

Bild 2: Beeinflussung der Kurzschlussspannung durch entsprechende Wicklungsanordnung

9.1.1.5 Kurzschlussstrom

Entsteht auf der Ausgangsseite eines Transformators eine fast widerstandslose Verbindung, so liegt ein **Kurzschluss** vor. Der Transformator liefert den Kurzschlussstrom.

Der einige Perioden nach der Entstehung des Kurzschlusses fließende Ausgangsstrom heißt **Dauerkurzschlussstrom** I_{kd}. Er ist bei Transformatoren mit kleiner Kurzschlussspannung groß und bei Transformatoren mit großer Kurzschlussspannung klein. Große Kurzschlussströme können zur Zerstörung von Wicklungen, Schaltern, Verteilungen, Sammelschienen und Betriebsmitteln führen.

Kurzschlüsse sind bei Transformatoren mit kleiner Kurzschlussspannung gefährlich.

Beispiel: Auf der Ausgangsseite eines Einphasentransformators zur Erzeugung von Schutzkleinspannung 230 V/24 V, 1 A/9 A, u_k = 5% entsteht ein Kurzschluss. Wie groß ist der Dauerkurzschlussstrom?

Lösung: $I_{kd} = 100\% \cdot \frac{I_n}{u_k} = 100\% \cdot \frac{9\,A}{5\%} = \mathbf{180\,A}$

Der sofort nach der Entstehung des Kurzschlusses fließende Ausgangsstrom (erste Amplitude) heißt **Stoßkurzschlussstrom** i_s. Er kann mehr als doppelt so groß sein wie der Dauerkurzschlussstrom **(Bild 1)**.

Beispiel: Wie groß ist der Stoßkurzschlussstrom von **Beispiel 1** im ungünstigsten Fall?

Lösung: $i_s \geq 2{,}55 \cdot I_{kd} = 2{,}55 \cdot 180\,A = \mathbf{459\,A}$

Dauerkurzschlussstrom

$$I_{kd} = 100\,\% \cdot \frac{I_n}{u_k}$$

I_{kd} Dauerkurzschlussstrom
I_n Bemessungsstrom am Ausgang
u_k bezogene Kurzschlussspannung

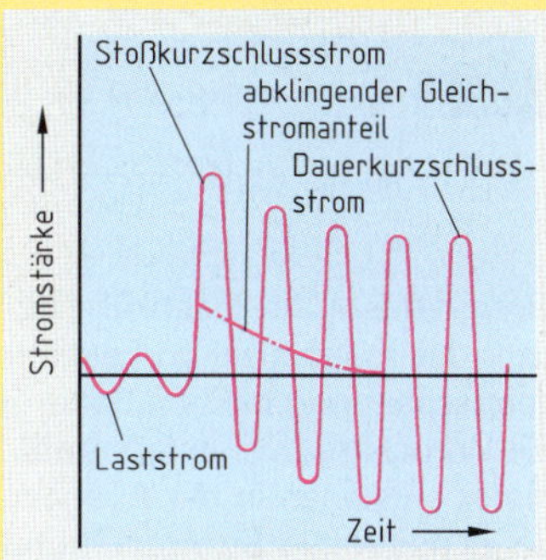

Bild 1: Stromverlauf bei einem Kurzschluss am Transformator

Stoßkurzschlussstrom

$$i_s \geq 1{,}8 \cdot \sqrt{2} \cdot I_{kd}$$

$$i_s \geq 2{,}55 \cdot I_{kd}$$

i_s Stoßkurzschlussstrom
I_{kd} Dauerkurzschlussstrom

Die Stärke des Stoßkurzschlussstromes hängt ab vom Dauerkurzschlussstrom und vom Augenblickswert der Spannung im Zeitpunkt des Kurzschlusses. Ungünstig ist es, wenn der Kurzschluss dann entsteht, wenn die Ausgangsspannung null ist. Dann haben Magnetisierungsstrom und magnetische Flussdichte ihre Höchstwerte. Nach der Lenz'schen Regel sucht die kurzgeschlossene Ausgangswicklung den Magnetismus beizubehalten, der beim Eintritt des Kurzschlusses vorhanden war. Nach mehreren Perioden ist der Kurzschlussstrom auf den Wert des Dauerkurzschlussstromes abgeklungen **(Bild 1)**.

Einschaltstrom

Beim Einschalten von Transformatoren fließen manchmal sehr große Eingangsströme, auch wenn die Transformatoren nicht belastet sind. Der Einschaltstromstoß kann mehr als das 10fache des Bemessungsstromes betragen. Besonders ungünstig ist es, wenn die Netzspannung im Augenblick des Einschaltens null ist und wenn im Eisenkern ein Restmagnetismus zurückblieb. Beim Einschalten muss sich der Fluss ändern, damit eine Spannung erzeugt wird. Hat der Remanenzfluss dieselbe Richtung wie der entstehende magnetische Fluss, so ist das Eisen bald gesättigt und nur sehr große Magnetisierungsströme können die erforderliche Spannung erzeugen. Der Bemessungsstrom von Sicherungen auf der Eingangsseite von Transformatoren muss deshalb etwa doppelt so groß sein wie der Bemessungsstrom des Transformators.

Arbeitsauftrag:

1. Von welchen Größen hängt die Leerlaufspannung eines Transformators ab?
2. Welche Größen im Transformator ändern sich, wenn man die Spannung an der Eingangswicklung ändert?
3. Was versteht man unter Streufeldlinien?
4. Wie ändert sich die Ausgangsspannung bei Belastung durch Kondensatoren?
5. Wie misst man die Kurzschlussspannung?
6. Welchen Einfluss hat eine kleine Kurzschlussspannung auf die Ausgangsspannung bei Belastung?

9.1.1.6 Wirkungsgrad von Transformatoren

Der **Wirkungsgrad** ist das Verhältnis von abgegebener zu aufgenommener Wirkleistung. Die aufgenommene Wirkleistung ist um die Eisenverluste (Eisenverlustleistung) und die Wicklungsverluste (Wicklungsverlustleistung) größer als die abgegebene Wirkleistung.

Beispiel: Ein Transformator 250 VA ist bei einem Wirkleistungsfaktor $\cos\varphi$ = 0,7 voll belastet. Seine Eisenverluste betragen 10 W, seine Wicklungsverluste 15 W. Wie groß ist der Wirkungsgrad?

Lösung: $P_{ab} = S \cdot \cos\varphi = 250\ \text{VA} \cdot 0{,}7 = 175\ \text{W}$

$$\eta = \frac{P_{ab}}{P_{ab} + P_{VFe} + P_{VWi}} = \frac{175\ \text{W}}{175\ \text{W} + 10\ \text{W} + 15\ \text{W}} = \frac{175\ \text{W}}{200\ \text{W}} = \mathbf{0{,}875}$$

Transformatorwirkungsgrad

$$\eta = \frac{P_{ab}}{P_{ab} + P_{VFe} + P_{VWi}}$$

η Wirkungsgrad
P_{ab} Leistungsabgabe
P_{VFe} Eisenverlustleistung
P_{VWi} Wicklungsverlustleistung

Eisenverluste. Im Eisenkern ist unabhängig von der Belastung die Zahl der magnetischen Feldlinien konstant. Bei unveränderter Eingangsspannung bleiben daher die Ummagnetisierungsverluste und die Wirbelstromverluste immer gleich. Beim unbelasteten Transformator entstehen in der Ausgangswicklung keine Wicklungsverluste. Da er nur wenig Strom aufnimmt, entstehen auch in der Eingangswicklung sehr kleine Wicklungsverluste, die man unberücksichtigt lassen kann. Die vom Transformator im **Leerlaufversuch (Bild 2 a)** aufgenommene Wirkleistung ist also die Verlustleistung des Eisenkerns, die so genannte **Eisenverlustleistung.** Die Eisenverluste werden auch als Leerlaufverluste bezeichnet.

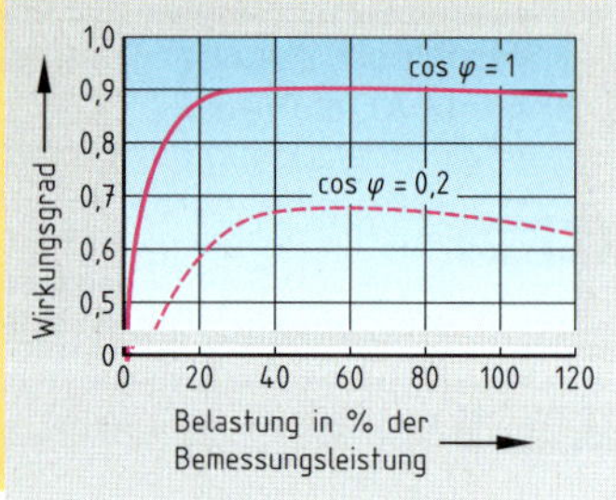

Bild 1: Wirkungsgrad eines Transformators bei Belastung

> Eisenverluste werden im Leerlaufversuch gemessen.

Wicklungsverluste. In den Wicklungen des Transformators fließen je nach Belastung verschiedene Ströme und verursachen Wärmeverluste. Diese durch den Drahtwiderstand der Wicklungen verursachten Verluste werden als Wicklungsverluste bezeichnet. Sie nehmen quadratisch mit der Belastung zu. Sie hängen daher von der Stromaufnahme und damit von der Scheinleistung des angeschlossenen Verbrauchers **(Bild 1)** und nicht von seiner Wirkleistung ab.

> Je größer der Wirkleistungsfaktor der angeschlossenen Verbraucher ist, desto besser ist der Transformatorwirkungsgrad.

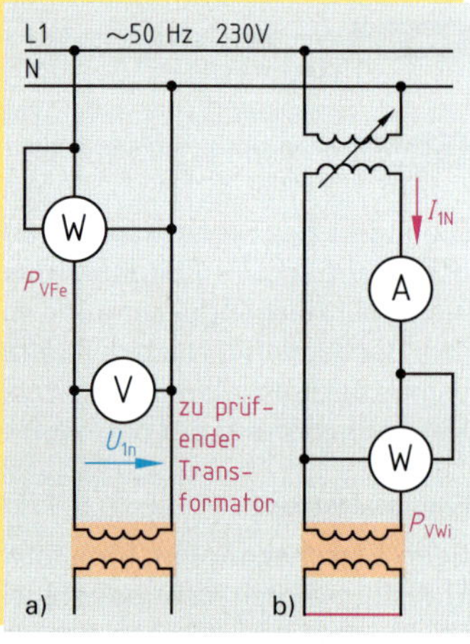

Bild 2: Ermittlung der Verlustleistungen
a) Leerlaufversuch,
b) Kurzschlussversuch

Beim Messen der Kurzschlussspannung fließen in den Wicklungen die Bemessungsströme und rufen die Wicklungsverlustleistung hervor. Im Eisenkern sind beim Messen der Kurzschlussspannung nur wenige Feldlinien, da der Transformator an einer kleinen Spannung liegt und kurzgeschlossen ist. Im Eisenkern entsteht beim **Kurzschlussversuch (Bild 2b)** fast keine Eisenverlustleistung. Die vom Transformator im Kurzschlussversuch aufgenommene Wirkleistung ist die Wicklungsverlustleistung bei Bemessungsleistung.

> Wicklungsverluste werden im Kurzschlussversuch gemessen.

Der **Jahreswirkungsgrad** (Jahresarbeitsgrad) eines Transformators ist das Verhältnis der in einem Jahr abgegebenen Arbeit zur aufgenommenen Arbeit (jeweils in kWh). Die aufgenommene Arbeit ist um die Verlustarbeit größer, die im Kern und in den Wicklungen verbraucht wird. Da die Eisenverlustleistung unabhängig von der Belastung ist, sinkt der Jahreswirkungsgrad, wenn der Transformator dauernd eingeschaltet, aber nur zeitweise belastet ist.

9.1.2 Kleintransformatoren

Kleintransformatoren haben Bemessungsleistungen bis 16 kVA, Eingangsspannungen bis 1000 V und Frequenzen bis 500 Hz.

Die Spannungsangaben auf dem Leistungsschild **(Bild 1)** gelten bei Belastung mit Bemessungsleistung und einem Wirkleistungsfaktor $\cos\varphi = 1$. Kleintransformatoren, die von Laien eingesetzt werden, z. B. Spielzeugtransformatoren, müssen besonders sicher gebaut sein.

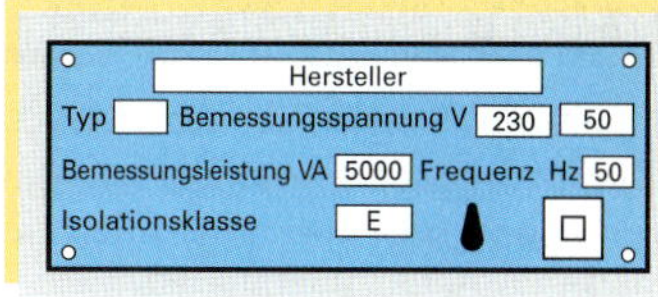

Bild 1: Leistungsschild eines Kleintransformators

9.1.2.1 Aufbau

Der **Eisenkern** von Kleintransformatoren **(Bild 2)** ist aus Blechen mit genormter Größe hergestellt. Je nach Blechform unterscheidet man EI-, M-, UI- und L-Schnitte **(Bild 3)**. Auch anders geformte Schnitte sowie aus Blechbändern gewickelte Kerne werden verwendet. Werden Kerne aus magnetisch weichen Blechen **(Seite 281)** geschichtet, so sind die Ummagnetisierungsverluste in Walzrichtung besonders gering. Die höheren Verluste quer zur magnetischen Vorzugsrichtung können durch einen größeren Eisenquerschnitt ausgeglichen werden. Die Verbindung der Bleche erfolgt durch Schrauben oder Nieten oder durch eine Schweißnaht. Schnittbandkerne werden verklebt.

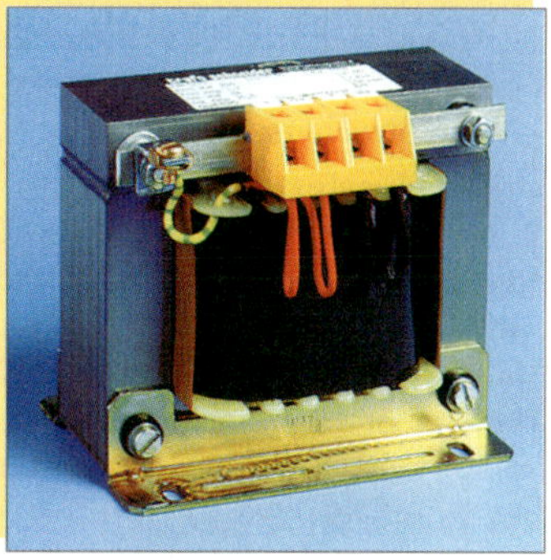

Bild 2: Kleintransformator (Steuertransformator)

Schnittbandkerne sind aus kornorientierten Eisen-Nickel-Blechbändern gewickelt, bei denen die magnetische Vorzugsrichtung der Bandrichtung und dem Feldverlauf entspricht. Dadurch sind die Ummagnetisierungsverluste besonders gering. Transformatoren mit Schnittbandkernen **(Bild 4)** haben eine kleine Streuung und eine besonders geringe Verlustleistung.

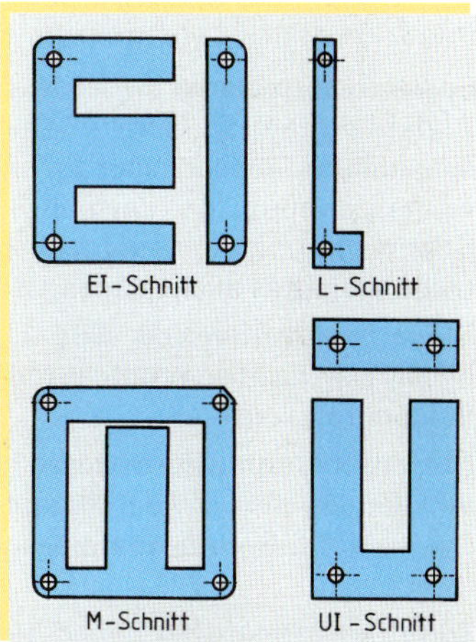

Bild 3: Kernbleche von Schichtkernen

Die **Wicklung** wird meist aus Kupferlackdraht hergestellt. Sie sitzt auf einem Spulenkörper, der oft aus Kunststoff hergestellt ist. Nach jeder Lage der Zylinderwicklung folgt eine Lagenisolierung aus Lackpapier oder Kunststoff-Folie. Die Isolierung kann entfallen, wenn die Spannung zwischen Anfang und Ende einer Lage einen kleineren Scheitelwert als 25 V hat. Für Lackseidedraht und Lackglasseidedraht ist die Isolierung zwischen zwei Lagen erst bei Lagenspannungen von über 200 V Scheitelwert erforderlich.

Zwischen Oberspannungs- und Unterspannungswicklung befindet sich die Wicklungsisolation. Je nach Prüfspannung verwendet man mehrere Lagen. Bei Netzanschlusstransformatoren liegt zwischen Oberspannungs- und Unterspannungswicklung oft zusätzlich eine einlagige Schutzwicklung mit nur einem herausgeführten Anschluss. Wird diese Wicklung mit dem Schutzleiter verbunden, so kann auch bei schadhafter Isolation die Oberspannung nicht zur Unterspannungsseite gelangen. Außerdem schirmt diese Wicklung elektrische Felder ab.

Es werden auch Transformatoren hergestellt, deren Wicklung aus einer Aluminiumfolie besteht, ähnlich wie der Wickel eines Kondensators. Da bei diesen Transformatoren jede Lage nur aus einer Windung besteht, ist die Spannung zwischen den Lagen gering. Derartige Transformatoren sind sehr spannungsfest, sie neigen nur wenig zu Durchschlägen. Bei größeren Leistungen verwendet man dünne Bleche aus Aluminium oder aus Kupfer.

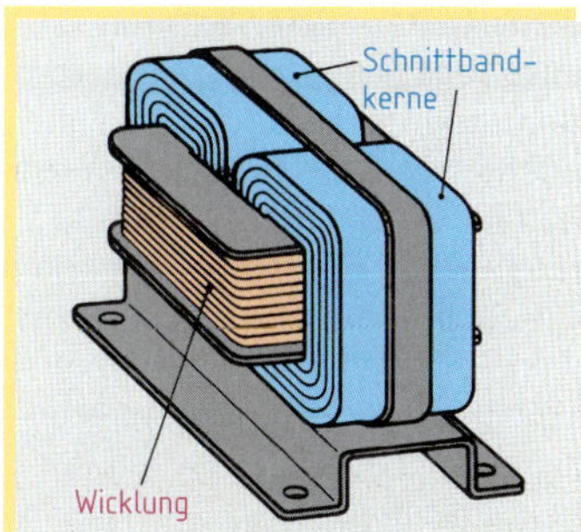

Bild 4: Transformator mit Schnittbandkern

Die zulässige Stromdichte bei Kleintransformatoren liegt je nach Größe und Kühlung zwischen 1 A/mm² und 6 A/mm².

9.1.2.2 Arten von Kleintransformatoren

Kleintransformatoren werden durch Symbole gekennzeichnet **(Bild 1)**. Ausgangsspannung ist bei Kleintransformatoren die **Bemessungs-Lastspannung**, die meist erheblich niedriger ist als die Leerlaufspannung.

Für die Ausgangsspannung gelten folgende Toleranzen:
+ 10% für unbedingt kurzschlussfeste Transformatoren und
± 5% für alle übrigen Kleintransformatoren.

Nicht kurzschlussfeste Transformatoren sind durch vorgeschaltete Schutzvorrichtungen zu sichern. Diese schützen gegen die Folgen eines Kurzschlusses.

Kurzschlussfeste Transformatoren haben eine große Kurzschlussspannung. Ihr Kurzschlussstrom ist so klein, dass auch bei einem länger andauernden Kurzschluss kein Schaden am Transformator entsteht.

Bedingt kurzschlussfeste Transformatoren haben eine Schmelzsicherung, einen Überstrom-Schutzschalter oder einen Temperaturbegrenzer eingebaut, der bei Kurzschluss abschaltet.

Trenntransformatoren sind Transformatoren mit elektrisch getrennten Wicklungen und dienen zur **Schutztrennung (Bild 2)**. Die Eingangswicklung von Trenntransformatoren muss besonders sicher gegen unbeabsichtigte Verbindung mit der Ausgangswicklung sein, z.B. durch getrennte Spulenkörper oder Spulenkörper mit Trennwand. Ortsveränderliche Trenntransformatoren müssen schutzisoliert sein.

Spartransformatoren dienen meist als Kleintransformatoren, z.B. zur Anpassung an die Geräte-Bemessungsspannung, wenn die Netzspannung zu niedrig oder zu hoch ist. Die höchstzulässige Bemessungsspannung für Haushalt-Spartransformatoren beträgt 250 V. Spartransformatoren sind so gebaut, dass der Schutzleiter des Versorgungsnetzes auch ausgangsseitig wirksam bleibt.

Steuertransformatoren (Bild 2, Seite 327) für Schützschaltungen haben elektrisch getrennte Wicklungen und dienen zum Speisen der Steuerstromkreise.

Netzanschlusstransformatoren haben eine oder mehrere Ausgangswicklungen, die von der Eingangswicklung elektrisch getrennt sind. Sie werden z.B. zum Anschluss von Radio- und Fernsehgeräten verwendet.

Zündtransformatoren haben elektrisch getrennte Wicklungen und dienen in Heizungsanlagen zum Zünden von Gas-Luftgemischen oder Öl-Luftgemischen. Zündtransformatoren müssen unbedingt kurzschlussfest sein.

Sicherheitstransformatoren (Schutztransformatoren) **(Bild 3)** liefern ausgangsseitig Kleinspannung für SELV- und PELV-Stromkreise. Ihre Bemessungsleistung ist höchstens 10 kVA, ihre Bemessungsfrequenz höchstens 500 Hz. Die Bemessungsspannung der Ausgangsseite beträgt bis zu 50 V, z.B. 6 V, 12 V oder 24 V. Sicherheitstransformatoren müssen kurzschlussfest oder bedingt kurzschlussfest gebaut sein. Die Oberspannungswicklung ist durch eine Isolierstoff-Zwischenwand sorgfältig von der Unterspannung getrennt, sodass auch bei Verlagerung der Wicklung oder beim Herausfallen von Metallteilen keine Verbindung zwischen der Eingangsseite und der Ausgangsseite auftreten kann.

Nur Sicherheitstransformatoren nach EN 60742 dürfen für den Schutz durch Kleinspannung (SELV und PELV) verwendet werden.

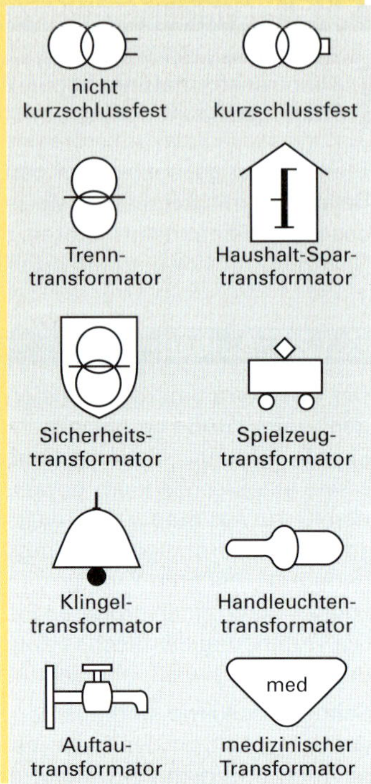

Bild 1: Symbole zur Kennzeichnung von Kleintransformatoren

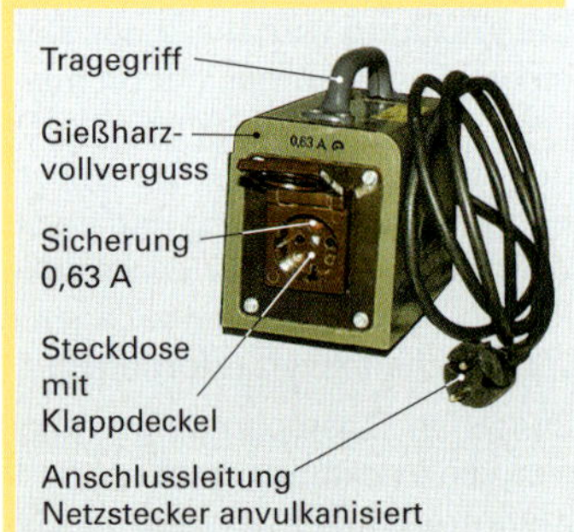

Bild 2: Trenntransformator für Schutztrennung

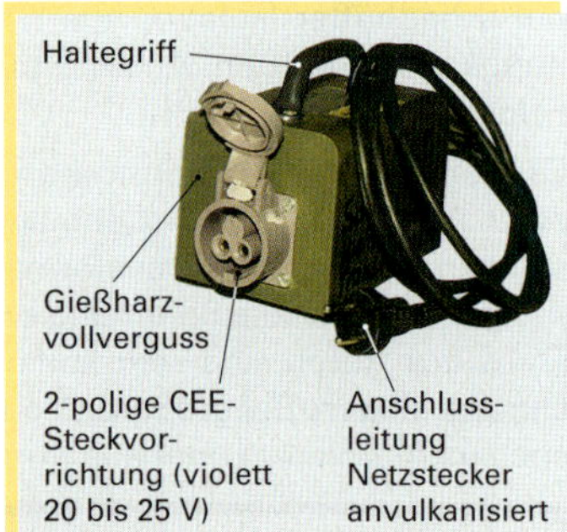

Bild 3: Sicherheitstransformator für Handleuchten

Wichtige Sicherheitstransformatoren

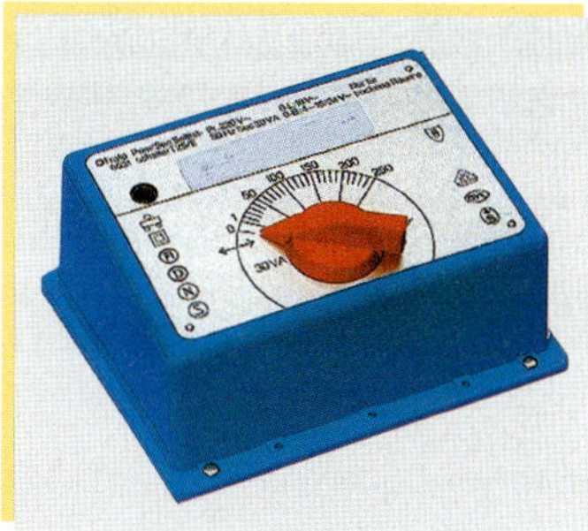

Bild 1: Spielzeugtransformator

- **Spielzeugtransformatoren (Bild)** sind für elektrisch betriebenes Spielzeug vorgeschrieben. Die Bemessungs-Ausgangsspannung beträgt höchstens 24 V; die Leistung darf nicht über 200 VA liegen. Spielzeugtransformatoren müssen nach Schutzklasse II gebaut sein.

> Nur nach DIN VDE zugelassene Sicherheitstransformatoren dürfen für Spielzeuge verwendet werden.

- **Klingeltransformatoren** dürfen keine Bemessungs-Ausgangsspannung über 24 V haben und müssen unbedingt kurzschlussfest sein. Die Ausgangsklemmen müssen zugänglich sein, ohne dass man die Eingangsklemmen freilegen muss.
- **Handleuchtentransformatoren** müssen schutzisoliert, spritzwassergeschützt oder wasserdicht sein.
- **Auftautransformatoren** dienen zum Auftauen eingefrorener metallischer Wasserleitungen. Die Bemessungsspannungen dürfen höchstens 250 V/24 V betragen. Auftautransformatoren sind bedingt kurzschlussfest zu bauen. Sie müssen schutzisoliert sein.
- **Transformatoren für medizinische Geräte** dürfen eine Bemessungs-Ausgangsspannung von höchstens 24V haben, wenn das anzuschließende Gerät mit dem menschlichen Körper in Berührung kommt. Wird das dazugehörende medizinische Gerät in den Körper des Patienten eingeführt, z.B. ein Endoskop bei der Magenspiegelung, darf die Bemessungs-Ausgangsspannung höchstens 6V betragen. Transformatoren für medizinische Geräte müssen schutzisoliert sein.

9.1.2.3 Prüfspannungen bei Kleintransformatoren

Nach der Reparatur oder Herstellung von Kleintransformatoren wird die Isolierung zwischen den Ein- und Ausgangswicklungen sowie die Isolation zwischen Wicklungen und berührbaren Metallteilen (Körper) geprüft **(Tabelle 1)**. Diese **Wicklungsprüfung** wird mit Hochspannungsprüfgeräten durchgeführt.

Der **Isolationswiderstand** ist mit Gleichspannung von 500 V zu messen, und zwar 1 Minute nach Anlegen der Spannung. Zwischen Ein- und Ausgangskreis muss der Isolationswiderstand mindestens 5 MΩ betragen, für Isolierung zu berührbaren Metallteilen oder bei Schutzisolierung mindestens 2 MΩ. Mit der **Windungsprüfung** wird die Isolation zwischen benachbarten Wicklungen bei erhöhter Prüffrequenz gemessen.

Tabelle 1: Prüfspannung[1] für Kleintransformatoren bis 16 kVA, 1000 V, 5000 Hz (nach DIN VDE 0550)

Größte Bemessungsspannung des Transformators	50 V	250 V	500 V	1000 V
Prüfspannung in V bei Transformatoren der Schutzklasse I (Schutzleiter) und III (Kleinspannung)				
Eingangskreis gegen Körper Ausgangskreis gegen Körper Eingangskreis gegen Ausgangskreis	1000 V	1500 V	2500 V	3000 V
Prüfspannung in V bei Transformatoren der Schutzklasse II (Schutzisolierung)				
Eingangskreis gegen Metallteile	–	1500 V	2000 V	2500 V
Metallteile gegen Körper	–	2500 V	2500 V	2500 V
Eingangskreis gegen Ausgangskreis	–	3000 V	3500 V	4500 V
Eingangskreis gegen Körper	1000 V	1500 V	2500 V	3000 V
Ausgangskreis gegen Körper	1000 V	1500 V	2500 V	3000 V

[1] Dauer der Prüfspannung 1 min. Bei Wiederholungsprüfungen genügen 80% der Werte.

Arbeitsauftrag:

1. Welche Sicherheitstransformatoren müssen unbedingt kurzschlussfest sein?
2. Wie hoch darf die Bemessungs-Ausgangsspannung bei Spielzeugtransformatoren sein?
3. Wie wird die Wicklungsprüfung durchgeführt?
4. Wie misst man den Isolationswiderstand von Kleintransformatoren?

9.1.3 Sondertransformatoren

9.1.3.1 Spartransformatoren

Beim Spartransformator sind zwei Wicklungsteile, die Parallelwicklung und die Reihenwicklung, hintereinander geschaltet **(Bild 1)**. Die Parallelwicklung ist die Unterspannungswicklung. Sie liegt beim Herabtransformieren parallel zur Last. Oberspannungswicklung ist die Reihenschaltung von Parallelwicklung und Reihenwicklung. Kleine Spartransformatoren sind als Stelltransformatoren mit Ringkern **(Bild 2)** ähnlich wie Drehpotenziometer ausgeführt.

> Mit einem Spartransformator kann man Spannungen herunter- und herauftransformieren.

Auch bei Spartransformatoren (verlustlos) gilt: $\frac{U_1}{U_2} = \frac{N_1}{N_2} \approx \frac{I_2}{I_1}$

Beispiel: Ein Spartransformator hat insgesamt 300 Windungen mit einem Abgriff bei 270 Windungen. Dort werden 207 V entnommen. An welche Spannung ist der Transformator angeschlossen?

Lösung: $U_1 = \frac{U_2 \cdot N_1}{N_2} = \frac{207\,\text{V} \cdot 300}{270} = \mathbf{230\,V}$

Beim Spartransformator ist die Eingangswicklung leitend mit der Ausgangswicklung verbunden, also vom speisenden Netz nicht galvanisch getrennt.

> Spartransformatoren dürfen nicht zur Erzeugung von Kleinspannung verwendet werden.

Die gesamte mögliche Leistungsabgabe eines Spartransformators nennt man **Durchgangsleistung** S_D. Sie wird zu einem Teil durch Stromleitung von der Eingangswicklung übertragen und zum anderen Teil über den magnetischen Fluss des Eisenkerns. Je mehr sich das Übersetzungsverhältnis *ü* dem Wert 1 nähert, umso kleiner ist bei konstanter Durchgangsleistung $S_D = U_2 \cdot I_2$ die durch Induktion übertragene Leistung, die **Bauleistung** S_B. Nach ihr richtet sich die **Baugröße** des Spartransformators.

> Beim Spartransformator werden Leiterwerkstoff und Kerneisen gespart.

Die Ersparnis gegenüber Transformatoren mit getrennter Wicklung wird umso größer, je näher Eingangs- und Ausgangsspannung beieinander liegen. Der Wirkungsgrad von Spartransformatoren geht bis 99,8%, wenn sich die beiden Spannungen nur um 10% unterscheiden. Die Kurzschlussspannung ist meist niedrig, der Isolationsaufwand auf der Ein- und Ausgangsseite ist gleich. Spartransformatoren sind keine induktiven Spannungsteiler, sondern funktionieren wegen der magnetischen Kopplung wie echte Transformatoren. Sie werden in der Energietechnik häufig verwendet, weil sie geringe Verluste haben und unabhängig von der Belastung spannungsfest sind.

Verwendung. Spartransformatoren verwendet man z.B. als Vorschaltgerät für Natriumdampflampen, als Anlasstransformator für Drehstrommotoren, als Stelltransformator in Hochspannungsnetzen und zur Höchstspannungstransformation z.B. von 220 kV auf 380 kV.

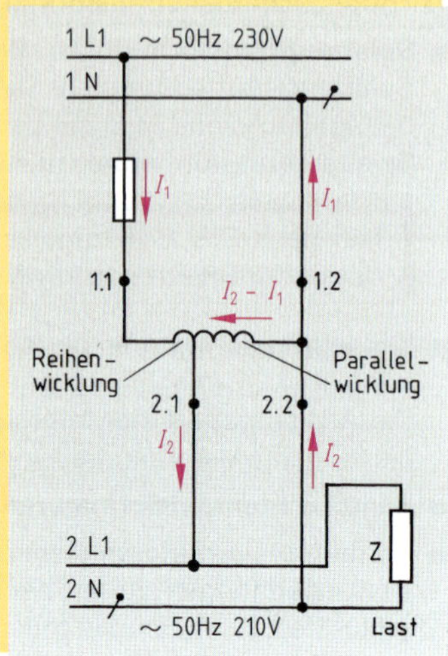

Bild 1: Schaltung eines Spartransformators

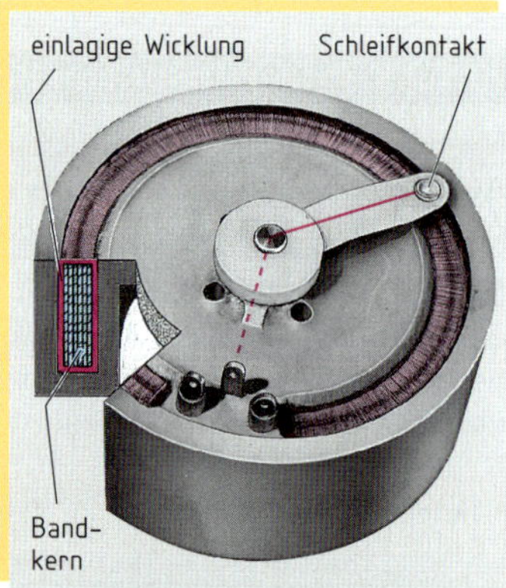

Bild 2: Stelltransformator mit Ringkern

Bauleistung

$U_1 > U_2$:

$$S_B = \frac{U_1 - U_2}{U_1} \cdot S_D$$

$U_2 > U_1$:

$$S_B = \frac{U_2 - U_1}{U_2} \cdot S_D$$

S_B Bauleistung
U_1 Eingangsspannung
U_2 Ausgangsspannung
S_D Durchgangsleistung

9.1.3.2 Streufeldtransformatoren

Streufeldtransformatoren sind spannungsweich und kurzschlussfest. Bei hohen Belastungsströmen nimmt der induktive Spannungsabfall stark zu, sodass im Kurzschlussfall kein allzu großer Kurzschlussstrom fließt.

Manche Streufeldtransformatoren haben ein verstellbares Streujoch zur Einstellung der Streuung **(Bild 1)**. Beim Streufeldtransformator für Leuchtröhrenanlagen kann man den Ausgangsstrom durch Verstellen des Streujochs auf den Röhrenbemessungsstrom einstellen, der zwischen 25 mA und 500 mA liegt. Die höchste zulässige Bemessungsleistung eines Streufeldtransformators für eine Leuchtröhrenanlage beträgt 2,5 kVA, die Nennspannung darf 10 kV, die Spannung gegen Erde darf 5 kV nicht überschreiten.

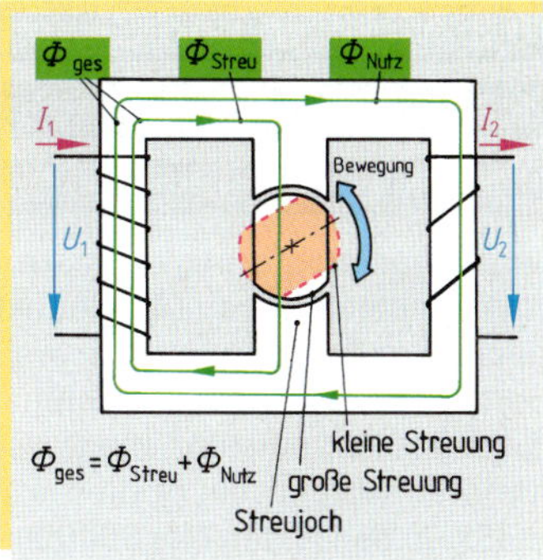

Bild 1: Streufeldtransformator mit Laststromeinstellung

9.1.3.3 Lichtbogen-Schweißtransformatoren

Schweißtransformatoren liefern die zum Schweißen erforderlichen hohen Ströme. Sie enthalten außer dem eigentlichen Transformator noch Steuereinrichtungen zum Einstellen des Schweißstromes. Die Leerlaufspannung darf nur 70 V, bei Schweißarbeiten in engen Behältern nur 50 V betragen. Kurzzeitig (bis 0,2 s) dürfen höhere Spannungen auftreten.

Schweißtransformatoren müssen die beim Zünden des Lichtbogens auftretenden Kurzschlüsse aushalten. Deshalb haben Schweißtransformatoren auf der Ausgangsseite eine Drossel in Reihe geschaltet **(Bild 2)** oder sie sind als Streufeldtransformator ausgeführt. Dadurch ist der Wirkleistungsfaktor klein.

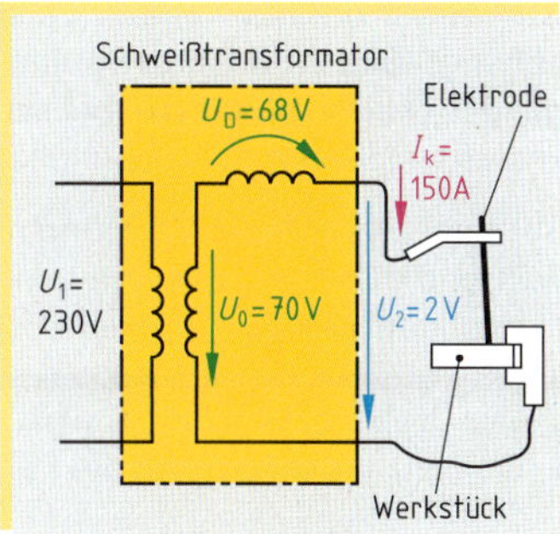

Bild 2: Schaltung eines Schweißtransformators

> Schweißtransformatoren müssen auf einen Wirkleistungsfaktor $\cos\varphi \geq 0,7$ kompensiert werden.

Schweißtransformatoren sollten möglichst steile Spannungs-Strom-Kennlinien haben **(Bild 3)**, damit der Schweißstrom bei Änderung der Lichtbogenlänge sich nur wenig ändert. Der eingestellte Schweißstrom ist aber nur bei einer mittleren Lichtbogenlänge vorhanden.

Einstellung des Schweißstromes. Ändert man die Ausgangsspannung des Schweißstromtransformators, so ändert sich auch der Schweißstrom. Das Einstellen des Stromes kann z. B. mit einem Stufenschalter erfolgen, der bei einer Transformatorwicklung Windungen zu- oder wegschaltet. Durch Änderung des Übersetzungsverhältnisses werden Schweißstrom und Leerlaufspannung geändert.

Die Leerlaufspannung bleibt unabhängig vom eingestellten Schweißstrom, wenn man den Spannungsabfall einstellbar macht. Für einen kleinen Spannungsabfall wird dann der Schweißstrom groß, die Kennlinie also flacher. Eine stellbare Drossel oder ein verstellbares Streujoch des Transformators stellt den Spannungsabfall ein **(Bild 1)**.

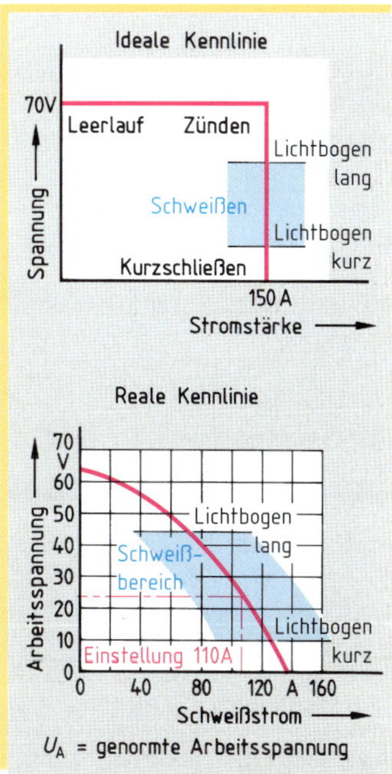

Bild 3: Spannung-Strom-Kennlinie von Schweißtransformatoren

Arbeitsauftrag:

1. Welchen Vorteil hat ein Spartransformator gegenüber einem Transformator mit getrennten Wicklungen?
2. Wofür werden Spartransformatoren verwendet?
3. Wozu dienen Streufeldtransformatoren?
4. Wie erfolgt die Einstellung des Schweißstromes?

9.2 Motoren und Generatoren

9.2.1 Grundlagen

9.2.1.1 Entstehung des Drehfeldes

Dreht man stabförmige Dauermagnete oder Elektromagnete um ihren Mittelpunkt, entsteht ein magnetisches Drehfeld. Werden drei um 120° versetzte Spulen **(Bild 1a)** von Dreiphasenwechselstrom durchflossen, entsteht ebenfalls ein Drehfeld. Bei Motoren werden die Spulen als Wicklung gleichmäßig in den Nuten des Ständers verteilt **(Bild 1b)**.

Jede Spule erzeugt ein magnetisches Wechselfeld. Diese Magnetfelder überlagern sich zu einem resultierenden Feld, dessen Lage von den Momentanwerten der um 120° phasenverschobenen Ströme abhängt **(Bild 2)**. Bei drei Spulen entsteht ein zweipoliges Drehfeld **(Bild 2a)**, bei sechs um jeweils 60° versetzten Spulen ein vierpoliges Drehfeld **(Bild 2b)**.

Bei einer zweipoligen Wicklung macht das Drehfeld während einer Periode eine Umdrehung, bei einer vierpoligen Wicklung nur eine halbe Umdrehung.

Die Drehfelddrehzahl n_s wird bestimmt durch die Netzfrequenz f und die Polpaarzahl p.

Drehfeldmaschinen nutzen das Drehfeld.

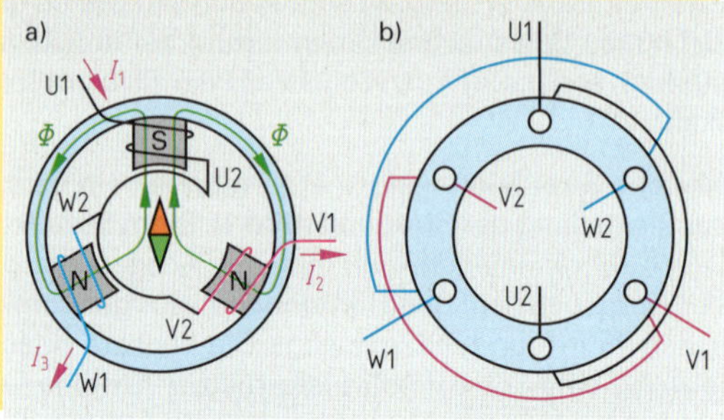

Bild 1: Ständeraufbau für ein zweipoliges Drehfeld
a) mit drei um 120° versetzten Spulen
b) mit im Ständerblechpaket untergebrachter Drehstromwicklung

Drehfelddrehzahl

$$n_s = \frac{f}{p} \qquad [n_s] = \frac{1}{s}$$

n_s Drehfelddrehzahl (Umdrehungsfrequenz)
f Netzfrequenz
p Polpaarzahl

Drehzahlen des Drehfeldes bei f = 50 Hz

p	n_s in 1/min	p	n_s in 1/min
1	3000	3	1000
2	1500	4	750

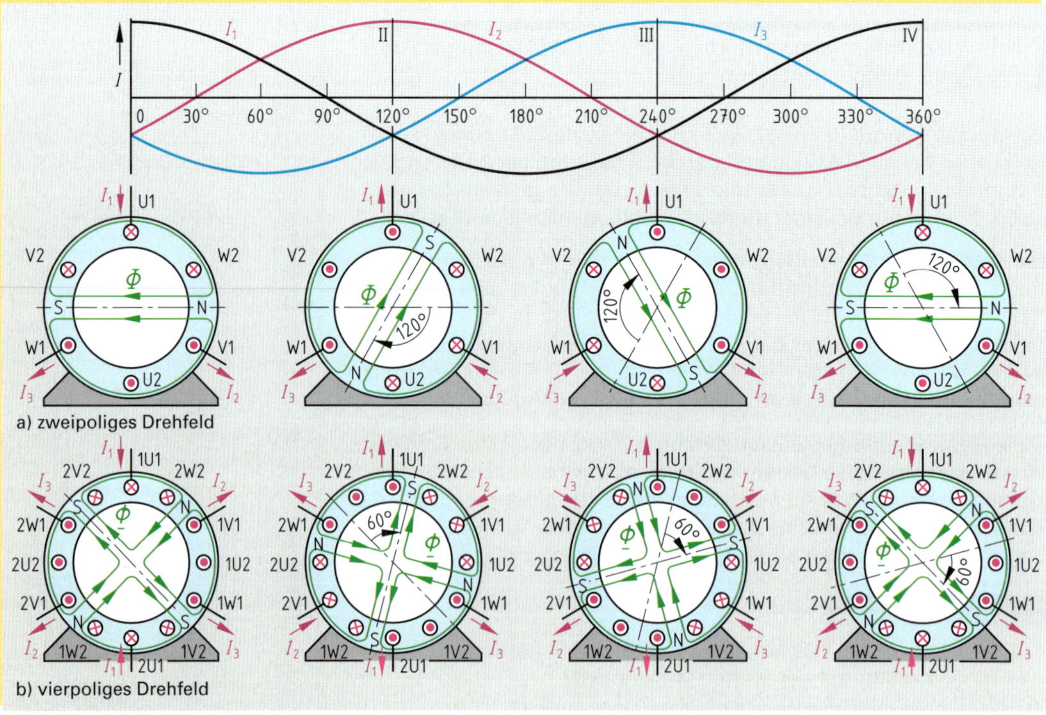

Bild 2: Entstehung des Drehfeldes

[1] synchron (griech.) = gleichzeitig [2] asynchron = nicht gleichzeitig

9.2.1.2 Leistung und Drehmoment

Motoren wandeln die aus dem Versorgungsnetz aufgenommene elektrische Energie in mechanische Arbeit um, Generatoren die mechanische Antriebsarbeit in elektrische Energie.

In der Maschine entstehen dabei Wirkverluste in Form von Wärme. Die durch Wirbelströme und Ummagnetisierung im magnetischen Material verursachten Verluste nennt man **Eisenverluste.** Verluste, die in den Wicklungswirkwiderständen durch den durchfließenden Strom entstehen, werden als **Wicklungsverluste** bezeichnet. Ferner treten Lüfterverluste auf sowie Reibungsverluste in den Lagern und an Bürsten. Ein Maß für die entstehenden Gesamtverluste **(Bild 1)** ist der **Wirkungsgrad.**

Der Wirkungsgrad gibt das Verhältnis der abgegebenen zur aufgenommenen Leistung an.

Die Leistungsabgabe P_2 eines Motors wird durch die Messung von Drehmoment und Drehzahl ermittelt. Die aufgenommene Leistung P_1 ist die dem Netz entnommene Leistung.

Bei Motoren wird das Drehmoment durch das Zusammenwirken von Ständermagnetfeld und Läuferstrom gebildet. Der durch die Läuferwicklung fließende Strom erzeugt um jede Windung ein Magnetfeld, das im Ständermagnetfeld eine Kraft F bewirkt. Es bildet sich ein Drehmoment.

Durch Messung der Kraft F am Umfang der Antriebsscheibe des Motors wird das abgegebene Drehmoment bestimmt **(Bild 2).** Wirbelstrombremsen, Magnetpulverbremsen oder Pendelmaschinen messen diese Drehmomente.

Die Pendelmaschine **(Bild 3),** auch Bremsgenerator oder Leistungswaage genannt, besteht aus einem Gleichstromgenerator, dessen Ständer drehbar um seine Läuferachse gelagert ist. Bei Felderregung wird im Ständer ein dem Antriebsmoment des Motors entgegenwirkendes Moment erzeugt und mithilfe einer Waage gemessen. Die im Bremsgenerator entstehende elektrische Energie wird in Belastungswiderständen in Wärme umgewandelt. Besteht Gleichgewicht zwischen dem Belastungsmoment und dem Drehmoment des Motors, stellt sich eine konstante Drehzahl ein.

Drehzahlen misst man z. B. mit Tachogeneratoren.

Bei Bemessungsleistung gibt ein Motor sein Bemessungsmoment bei Bemessungsdrehzahl ab.

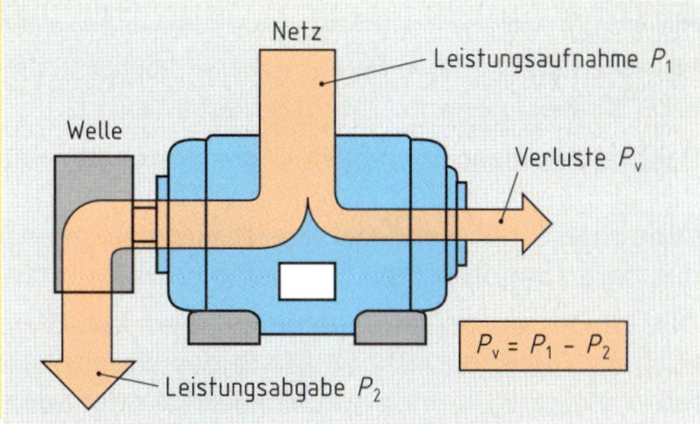

Bild 1: Leistungsfluss eines Elektromotors

Wirkungsgrad

$$\eta = \frac{P_2}{P_1}$$

η Wirkungsgrad
P_1 Leistungsaufnahme
P_2 Leistungsabgabe

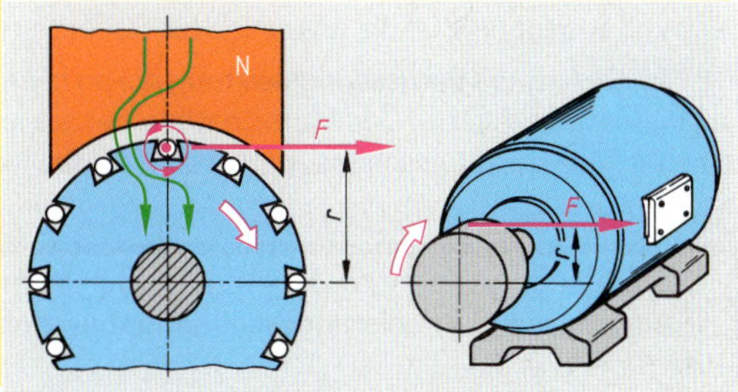

Bild 2: Entstehung der Drehmomente am Läufer und an der Antriebsscheibe des Motors

Drehmoment und Leistung

$M = F \cdot r$ $\quad [M] = \text{Nm}$

$P_2 = M \cdot \omega$ $\quad [P] = \text{W}$

$\omega = 2 \cdot \pi \cdot n$

M Drehmoment
F Kraft
r Radius
P_2 Leistungsabgabe
ω Winkelgeschwindigkeit
n Drehzahl

Bild 3: Motorprüfstand mit Leistungswaage

9.2.1.3 Aufbau umlaufender Maschinen

Die elektrisch aktiven Teile umlaufender Maschinen sind der **Stator,** auch **Ständer** genannt, und der **Läufer (Bild 1).**

Bei Drehfeldmaschinen besteht der Stator aus einem Blechpaket und den am Statorumfang verteilten Wicklungen. Der Stator der Gleichstrommaschinen setzt sich meist aus dem massiven Jochring und den daran angebrachten Magnetpolen zusammen.

Der **Läufer,** auch **Rotor** genannt, wird bei Gleichstrommaschinen auch als **Anker** bezeichnet. Die in das Läuferblechpaket eingebrachten Wicklungen können auf Schleifringe oder auf einen Stromwender (Kollektor, Kommutator) geführt sein.

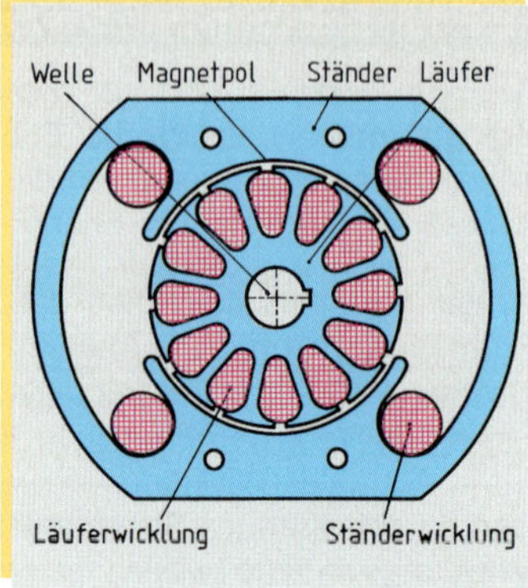

Bild 1: Prinzipieller Aufbau eines Motors

9.2.1.4 Leistungsschild

Die wichtigsten Kennwerte einer Maschine sind auf ihrem Leistungsschild angegeben **(Bild 2).** Dazu gehören die Angabe des Herstellers, die Maschinenart sowie die Bemessungswerte, z.B. von Spannung und Strom sowie der Leistung für die angegebene Betriebsart. Ist keine Betriebsart angegeben, ist die Maschine für Dauerbetrieb (S1) bemessen.

Bei Motoren ist die **Bemessungsleistung** die an seiner Welle verfügbare mechanische Leistung. Der Motor hat hierbei seine Bemessungsdrehzahl. Weitere Leistungsschildangaben sind die Isolierstoffklasse und die Schutzart.

Die Leistungsaufnahme bei Abgabe der Bemessungsleistung lässt sich aus den Leistungsschildangaben des Motors berechnen.

Hersteller	
3~ Motor	Nr.:
Δ 400 V	10,7 A
5,5 kW S1	cos φ 0,88
1450 /min	50 Hz
Is.Kl. B IP 54	DIN VDE 0530

Bild 2: Leistungsschild eines Drehstrommotors

Leistungsaufnahme bei Drehstrommotoren

$$P_1 = \sqrt{3} \cdot U \cdot I \cdot \cos \varphi$$

P_1 Leistungsaufnahme
U Leiterspannung
I Leiterstrom
$\cos \varphi$ Wirkleistungsfaktor

9.2.1.5 Drehsinn

Der Drehsinn ist die Drehrichtung einer Maschine, die sich für einen Betrachter ergibt, wenn er auf ihr Wellenende blickt **(Bild 3).**

Drehrichtung im Uhrzeigersinn gilt als Rechtslauf, Drehrichtung gegen den Uhrzeigersinn als Linkslauf.

Bei zwei ausgeführten Wellenenden ermittelt man die Drehrichtung durch Betrachtung der Hauptwelle. Hauptwelle ist die Welle mit dem dickeren Wellenende. Bei Wellen gleicher Dicke gilt als Hauptwelle die Welle, die sich gegenüber Lüfter, Kollektor oder Schleifringen befindet.

Drehstrommotoren haben Rechtslauf, wenn die Außenleiter L1, L2 und L3 auf die Klemmen U1, V1 und W1 des Klemmbrettes geführt werden.

Drehrichtungsumkehr ergibt sich durch Tausch zweier Außenleiter.

Bild 3: Bestimmung der Drehrichtung

Beispiel: Ermitteln Sie **a)** Wirkungsgrad und **b)** Drehmoment eines Drehstrommotors mit dem Leistungsschild **Bild 2** bei Abgabe der Bemessungsleistung.

Lösung: $P_2 = 5{,}5$ kW (Leistungsschildangabe)

a) $P_1 = \sqrt{3} \cdot U \cdot I \cdot \cos\varphi = \sqrt{3} \cdot 400\text{ V} \cdot 10{,}7\text{ A} \cdot 0{,}88 = 6{,}52\text{ kW}$

$\eta = P_2/P_1 = 5{,}5\text{ kW}/6{,}52\text{ kW} = \mathbf{0{,}84} = \mathbf{84\,\%}$

b) $M = \frac{P_2}{\omega} = \frac{P_2}{2 \cdot \pi \cdot n} = \frac{5500\text{ W}}{2 \cdot \pi \cdot 1450/60\text{ 1/s}} = \mathbf{36\text{ Nm}}$

9.2.2 Drehstrommotoren ohne Stromwender

9.2.2.1 Drehstromasynchronmotoren

Asynchronmotoren sind die wichtigsten Drehstrommotoren. Das Ständerdrehfeld induziert im Läufer eine Spannung. Dadurch dreht sich der Läufer. Diese Motoren werden daher auch als **Induktionsmotoren** bezeichnet. Die verschiedenen Arten der Asynchronmotoren unterscheiden sich im Läuferaufbau.

9.2.2.2 Motoren mit Kurzschlussläufer

Aufbau. Der Ständer besteht aus dem Gehäuse, dem Ständerblechpaket und der Ständerwicklung **(Bild 1)**. Die Spulenanfänge und -enden sind an das Klemmbrett herausgeführt.

Der Läufer ist aus dem auf der Welle aufgebrachten Blechpaket und den in Nuten eingebrachten Leiterstäben aus Aluminium oder Kupfer zusammengesetzt. An den Stirnseiten des Blechpaketes sind die Leiterstäbe durch Kurzschlussringe verbunden. Leiterstäbe und Kurzschlussringe bilden die Läuferwicklung und haben die Form eines Käfigs (Käfigläufer).

Das Ständer- und das Läuferblechpaket sind aus einseitig isolierten Elektroblechen geschichtet. Dadurch werden die Wirbelstromverluste verringert.

Wirkungsweise. Die Käfigwicklung kann als Drehstromwicklung einfachster Form angesehen werden. Der Kurzschlussläufermotor entspricht im Einschaltmoment einem Transformator. Das Drehfeld der Ständerwicklung bewirkt eine Flussänderung in den Leiterschleifen des zunächst stillstehenden Läufers. Die Flussänderungsgeschwindigkeit ist der Drehfelddrehzahl proportional. Die induzierte Spannung lässt Strom in den durch die Kurzschlussringe verbundenen Leitern fließen **(Bild 2)**.

> Asynchronmotoren sind Induktionsmotoren. Der Läuferstrom kommt durch Induktion zu Stande.

Nach der Lenz'schen Regel bewirkt das durch den Läuferstrom erzeugte Magnetfeld ein Drehmoment, das den Läufer in Drehrichtung des Ständerdrehfeldes dreht. Würde der Läufer die Drehfelddrehzahl erreichen, wäre die Flussänderung in der betrachteten Leiterschleife null, folglich auch die induzierte Spannung und damit auch das die Drehung bewirkende Drehmoment **(Bild 3)**. Die Läuferdrehzahl ist daher stets kleiner als die Drehfelddrehzahl. Die Differenz wird als **Schlupfdrehzahl** bezeichnet.

> Asynchronmotoren benötigen einen Schlupf zur Induktion des Läuferstromes.

Der Schlupf bei Betrieb mit Bemessungsleistung beträgt etwa 3% bis 8% der Drehfelddrehzahl.

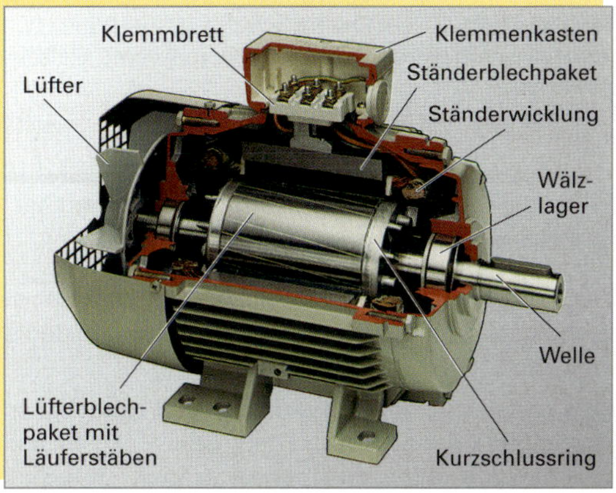

Bild 1: Drehstrom-Kurzschlussläufermotor

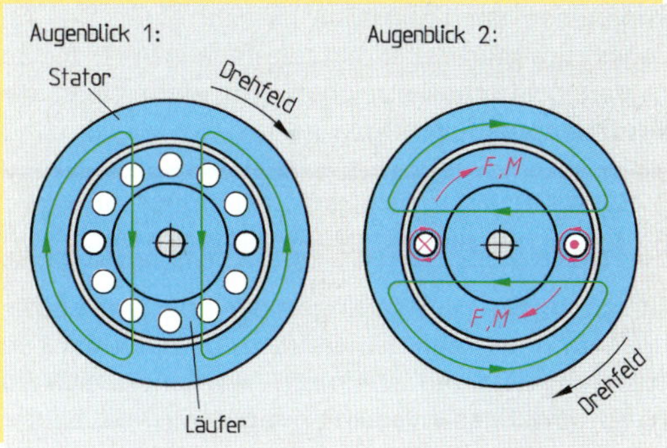

Bild 2: Induktionswirkung des Drehfeldes auf den stillstehenden Läufer

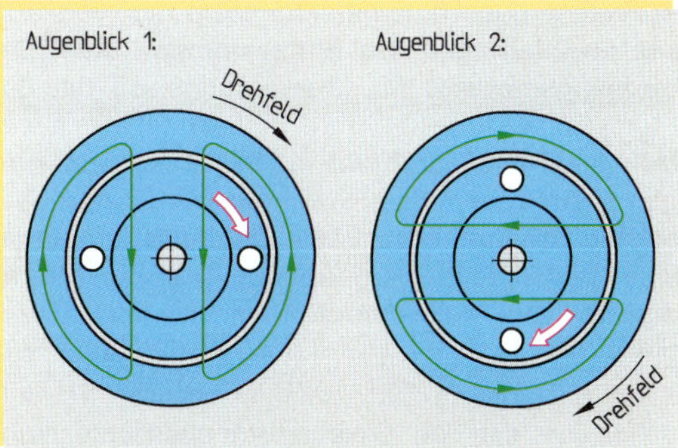

Bild 3: Gleich bleibender Magnetfluss durch den mit Drehfelddrehzahl umlaufenden Läufer

Beispiel: Ein vierpoliger Drehstrommotor für 50 Hz hat eine Läuferdrehzahl von 1440 1/min. Wie groß ist sein Schlupf?

Lösung: $n_s = \frac{f}{p} = \frac{50\ \text{Hz}}{2} = 25\ \text{1/s} = 1500\ \text{1/min}$

$$\boldsymbol{s} = \frac{n_s - n}{n_s} \cdot 100\%$$

$$= \frac{1500\ \text{1/min} - 1440\ \text{1/min}}{1500\ \text{1/min}} \cdot 100\% = \mathbf{4\%}$$

Versuch: Belasten Sie einen Kurzschlussläufermotor, z. B. mit einer Wirbelstrombremse, und beobachten Sie seine Drehzahl.

Die Läuferdrehzahl verringert sich mit zunehmender Last.

> Der Schlupf von Asynchronmotoren ist von der Belastung abhängig.

Betriebsverhalten. Kurzschlussläufer werden als Rundstabläufer oder als Stromverdrängungsläufer hergestellt **(Bild 1, Seite 337).**

Das prinzipielle Betriebsverhalten soll zunächst am **Rundstabläufer** erklärt werden. Sein Käfig besteht aus runden oder annähernd runden Stabquerschnitten. Im Augenblick des Einschaltens wirkt der Läufer hauptsächlich als Induktivität. Der Wirkwiderstand der Käfigstäbe ist sehr klein. Der Anzugsstrom kann daher den zehnfachen Wert des Bemessungsstromes erreichen. Trotzdem bleibt das Anzugsmoment gering.

> Rundstabläufer besitzen trotz hoher Anzugsströme nur ein geringes Anzugsmoment.

Steigende Drehzahl verringert die induzierte Läuferspannung und den Läuferstrom. Da auch der Läuferblindwiderstand abnimmt, verkleinert sich zugleich die Phasenverschiebung zwischen Läuferspannung und Läuferstrom.

Die **Drehmomentkennlinie (Bild 1)** zeigt das Ansteigen des Momentes bis zum größten Motormoment, dem **Kippmoment** M_K. Danach wirkt sich der Rückgang des Läuferinduktionsstromes verstärkt aus und verringert das Motormoment. Beim **Bemessungsmoment** M_N (Bemessungslast) hat der Motor Bemessungsdrehzahl. Im Leerlauf erreicht er fast die Drehfelddrehzahl n_s. Belastungsänderungen ΔM in diesem Bereich wirken sich proportional auf die Schlupfdrehzahl aus. Die Belastungskennlinie **(Bild 2)** zeigt diese Abhängigkeit der Motordrehzahl vom Motordrehmoment.

Bei Belastung sinkt die Drehzahl nur wenig. Die Kennlinie von Kurzschlussläufermotoren verläuft daher wie die von Gleichstromnebenschlussmotoren **(Tabelle, Seite 350).** Ein solches Drehzahlverhalten bezeichnet man als **Nebenschlussverhalten.**

Schlupf bei Asynchronmotoren

$$\Delta n = n_s - n$$

$$s = \frac{n_s - n}{n_s} \cdot 100\%$$

Δn Schlupfdrehzahl
n Läuferdrehzahl
n_s Drehfelddrehzahl, synchrone Drehzahl
s auf die Drehfelddrehzahl bezogener Schlupf in %

> Bei Asynchronmotoren ist die Läuferdrehzahl kleiner als die Drehfelddrehzahl.

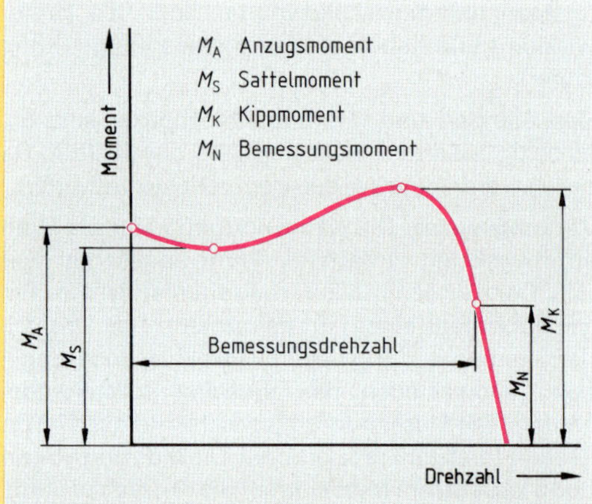

Bild 1: Drehmomentkennlinie eines Kurzschlussläufermotors (Stromverdrängungsläufer, M abhängig von n)

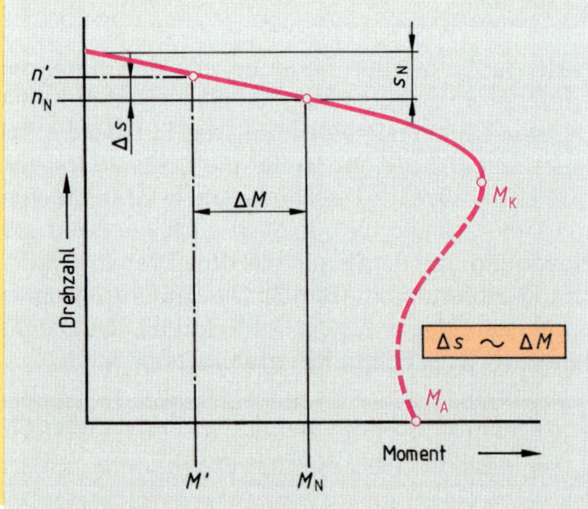

Bild 2: Belastungskennlinie eines Kurzschlussläufermotors (n abhängig von M)

Sattelmoment M_S heißt das kleinste Motormoment nach dem Anlauf. Durch unterschiedliche Nutzahlen in Ständer und Läufer und durch schräg oder gestaffelt angeordnete Läuferstäbe **(Bild 1)** wird eine Sattelmomentbildung vermieden.

Ein höheres Anzugsmoment bei zugleich kleinerem Anzugsstrom erreicht man durch Stabmaterial mit höherem Widerstand, z.B. durch Verwendung von Aluminiumlegierungen. Der höhere Läuferwirkwiderstand verringert gleichzeitig die Phasenverschiebung, sodass trotz des kleineren Anzugsstromes der Wirkleistungsanteil steigt.

Um die vom Läuferwiderstand verursachten Verluste im Betrieb zu vermeiden, haben Kurzschlussläufermotoren meist einen Stromverdrängungsläufer.

Stromverdrängungsläufer

Zur Erhöhung des Läuferwirkwiderstandes beim Einschalten ordnet man z.B. in den Läufernuten untereinander zwei Stäbe an, durch die der vom Ständerdrehfeld induzierte Läuferstrom fließt. Dieser Wechselstrom erzeugt um jeden Läuferstab ein magnetisches Streufeld **(Bild 2)**. Beide Streufelder induzieren in den zugehörigen Läuferstäben Spannungen. Diese Spannungen suchen nach der Lenz'schen Regel die sie verursachenden Wechselströme in jedem Stab zu verringern. Der magnetische Streufluss um den unteren Läuferstab ist stärker, da sich die Feldlinien dort im Eisenpaket schließen können. Die stromverringernde Wirkung der induzierten Spannung im unteren Stab ist deshalb größer als im oberen Stab. Der Strom wird dadurch in Richtung Luftspalt, also zum Läuferaußenrand, verdrängt. Dem Stromverdrängungsläufer steht daher beim Anlauf nur der kleinere Nutquerschnitt des äußeren Stabes zur Verfügung. Stromdichte und Nutwiderstand sind groß. Der Anlaufstrom wird daher kleiner **(Bild 3)**. Durch seine geringe Phasenverschiebung bewirkt er trotzdem ein größeres Anlaufmoment als beim Rundstabläufer (Kennlinien **Bild 4**). Die gleiche Wirkung tritt auch bei anderen Nutformen von Stromverdrängungsläufern ein. Nach der Form der Nuten spricht man von Doppelkäfigläufer, Hochstabläufer, Keilstabläufer und Hochnutläufer **(Bild 1, Seite 338)**.

Beim Hochlaufen verringert sich die Stromverdrängung, weil die Läuferfrequenz und damit der Streufluss abnehmen. Bei Betriebsdrehzahl steht dem Strom der ganze Nutquerschnitt zur Verfügung.

> Stromverdrängungsläufer haben ein großes Anzugsmoment und einen kleinen Anzugsstrom.

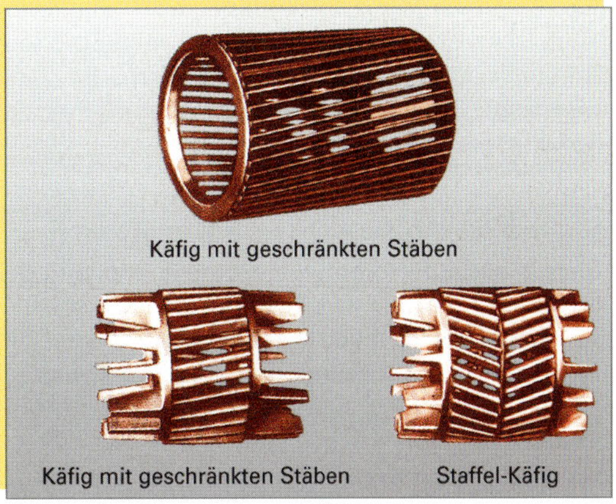

Bild 1: Ausführungen von Käfigläufern

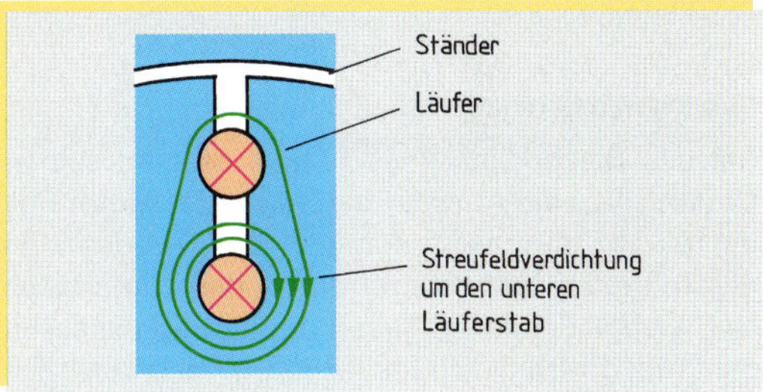

Bild 2: Stromverdrängung (Doppelkäfigläufer)

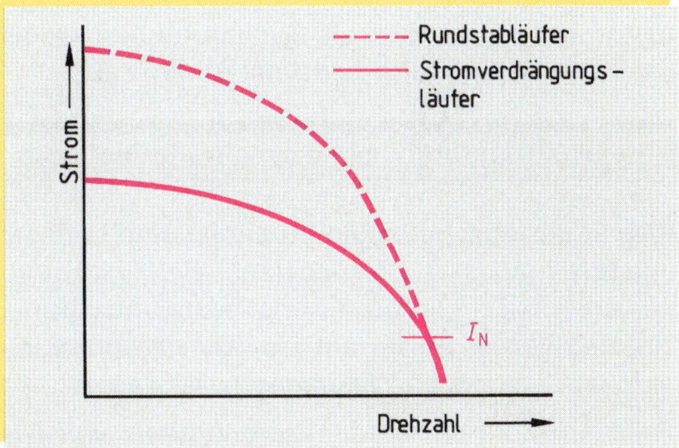

Bild 3: Stromaufnahme

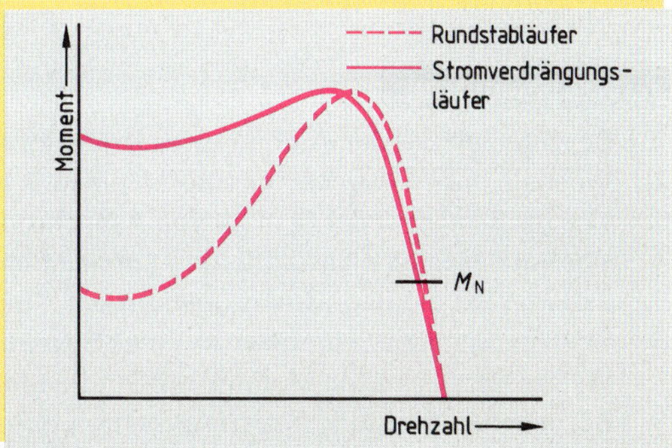

Bild 4: Drehmomentkennlinien

Bei Stromverdrängungsläufern tritt allerdings durch den großen Nutquerschnitt eine größere Streuung auf als bei Rundstabläufern. Ihr Leistungsfaktor ist dadurch etwas niedriger, ebenso der Wirkungsgrad.

Anwendung von Kurzschlussläufermotoren

Kurzschlussläufermotoren sind preisgünstig in der Herstellung, leicht, wartungsarm und funkstörfrei. Sie dienen als Antrieb von Arbeitsmaschinen mit kleiner bis mittlerer Leistung, z. B. für Werkzeugmaschinen, Hebezeuge, Gebläse und in der Landwirtschaft.

Das günstigste Betriebsverhalten wird bei Bemessungslast erreicht. Der Motor hat dann einen hohen Wirkungsgrad und einen großen Wirkleistungsfaktor **(Bild 2)**.

Reluktanzmotor

Hat das Blechpaket eines Käfigläufers an seinem Umfang so viele Aussparungen wie der Motor Pole hat **(Bild 3)**, dann verlaufen die Feldlinien des Ständerdrehfeldes weitgehend durch das Läuferblech. Nur wenige Feldlinien gehen durch die Aussparungen mit großem magnetischen Widerstand. Der Läufer bekommt dadurch ausgeprägte Pole und sträubt sich, hinter dem Drehfeld zurückzubleiben. Reluktanzmotoren[1] laufen als Kurzschlussläufermotor an und arbeiten als Synchronmotor weiter. Eine Überlastung führt zu asynchronem Lauf.

Reluktanzmotoren haben synchrone Drehzahl.

Wegen der Aussparungen im Läufer sind Luftspalt und Streuung groß. Deshalb haben Reluktanzmotoren einen kleineren Wirkleistungsfaktor und nehmen einen größeren Strom auf als Asynchronmotoren gleicher Leistung. Ihr Wirkungsgrad ist kleiner.

Reluktanzmotoren werden zum Antrieb von Maschinen mit konstanter Drehzahl eingesetzt, z. B. bei Spinnereimaschinen. Als Kleinmotoren werden sie wie Synchronmotoren verwendet.

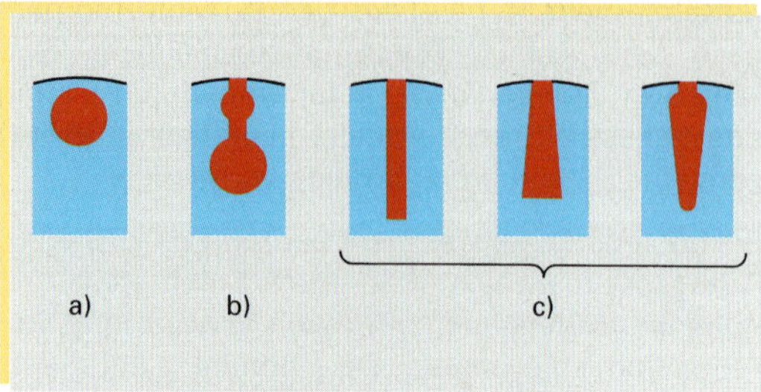

Bild 1: Nutformen von Kurzschlussläufern
a) Rundstabnut,
b) Doppelkäfignut,
c) Hochstabnutformen

Synchrone Drehzahl:
Läuferdrehzahl gleich Drehfelddrehzahl

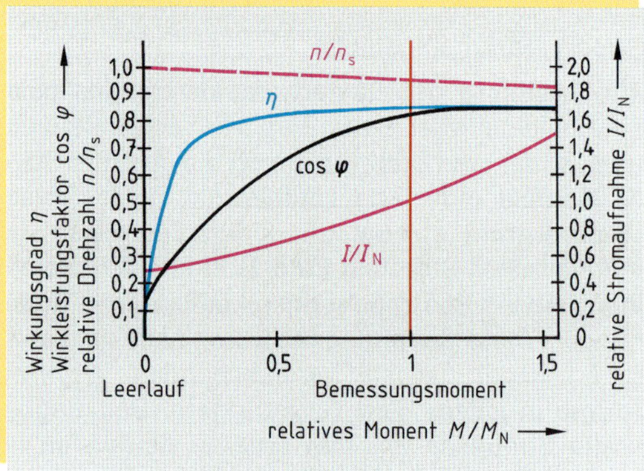

Bild 2: Typische Kennlinien für Kurzschlussläufermotoren mit Leistungen von etwa 2 kW bis 5 kW

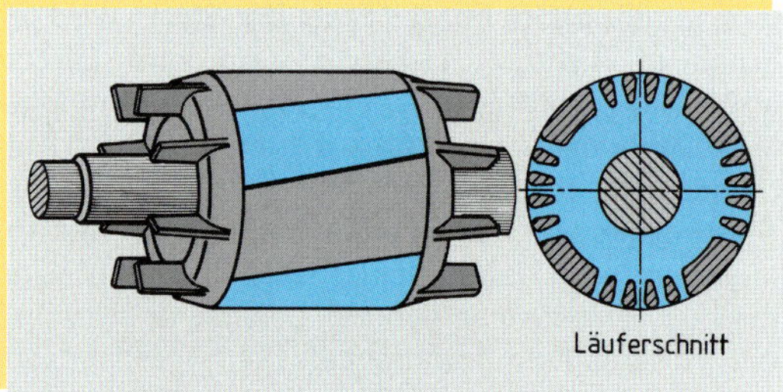

Bild 3: Läufer und Läuferblech eines Reluktanzmotors

Arbeitsauftrag:

1. Beschreiben Sie den Aufbau eines Drehstrom-Kurzschlussläufermotors.
2. Weshalb haben Asynchronmotoren einen Schlupf?
3. Wie groß ist etwa der Schlupf von Asynchronmotoren bei Bemessungslast?
4. Wie wirkt sich eine Laständerung auf den Schlupf von Asynchronmotoren aus?
5. Erklären Sie die Begriffe Anzugsmoment, Kippmoment und Sattelmoment.
6. Erklären Sie die Wirkungsweise eines Stromverdrängungsläufers.
7. Welche Vorteile haben Motoren mit Stromverdrängungsläufer gegenüber solchen mit Rundstabläufer?
8. Bei welcher Belastung haben Asynchronmotoren ihr günstigstes Betriebsverhalten?

[1] reluctari (lat.) = sich sträuben

9.2.3 Sonstige Drehfeldmotoren

9.2.3.1 Einphasen-Induktionsmotoren

Einphasen-Induktionsmotoren haben einen Ständer, in dessen Blechpaket zwei Wicklungsstränge untergebracht sind. Als Läufer werden Käfigläufer verwendet.

Der Hauptstrang, meist als Hauptwicklung bezeichnet, ist in $^2/_3$ der Ständernuten eingelegt und hat die Anschlussbezeichnungen U1, U2. Die Hilfswicklung (Hilfsstrang) Z1, Z2 ist in dem verbleibenden Drittel der Nuten um 90° räumlich versetzt untergebracht **(Bild 1)**.

Voraussetzung für die Entstehung eines Drehfeldes im Ständer ist eine zeitliche Verschiebung des Stromes in der Hilfswicklung gegenüber dem Strom in der Hauptwicklung **(Bild 2)**.

Die in Haupt- und Hilfswicklung entstehenden Wechselfelder sind dann räumlich und zeitlich zueinander versetzt und bilden ein gemeinsames Drehfeld **(Bild 3)**. Das Drehfeld bewirkt Selbstanlauf.

Einphasen-Induktionsmotoren können selbst anlaufen.

Die Drehfelddrehzahl ergibt sich wie bei Drehstrommotoren aus der Polzahl und der Netzfrequenz. **Bild 3** zeigt die Drehfeldbildung in den Augenblicken 1 und 2 bei Wicklungsströmen gemäß **Bild 2**.

Eine Phasenverschiebung zwischen den Strömen der Hauptwicklung und der Hilfswicklung wird erreicht durch die Wirkung einer Kapazität, eines Wirkwiderstandes oder einer erhöhten Induktivität der Hilfswicklung. Die entstehenden Drehfelder haben elliptische Form.

Wird eine Kapazität, ein Wirkwiderstand oder eine Induktivität in die Hilfswicklung von Einphasen-Induktionsmotoren geschaltet, so entsteht ein Drehfeld.

Einphasenmotoren mit Induktivitäten werden wegen ihres geringen Anlaufmomentes selten verwendet.

9.2.3.2 Einphasenmotor mit Widerstandshilfsstrang

Das Drehfeld bildet sich, wenn dem Hilfsstrang ein Wirkwiderstand vorgeschaltet wird. Der erforderliche Wirkwiderstand kann auch durch das Wickeln der Hilfswicklung mit Widerstandsdraht hergestellt werden. Meist aber führt man die Hilfswicklung als **bifilare Wicklung** aus. Hierbei wird $^1/_3$ der Spulenwindungszahl gegenläufig zu den anderen Windungen gewickelt.

Bei der bifilaren Hilfswicklung wird die induktive Wirkung teilweise aufgehoben, während ihr Wirkwiderstand erhalten bleibt.

Der Widerstandshilfsstrang muss nach dem Hochlaufen des Motors abgeschaltet werden, um eine thermische Überlastung zu vermeiden. Dies kann z.B. durch Fliehkraftschalter erfolgen. Der Motor arbeitet nach der Abschaltung wie ein Anwurfmotor.

Motoren mit Widerstandshilfsstrang werden mit Nennleistungen bis etwa 300 W gebaut. Ihr Anzugsmoment entspricht etwa dem Bemessungsmoment. Man verwendet sie bei geringer Einschalthäufigkeit, z.B. für Kühlschrank-Kompressoren und als Ölbrennermotoren.

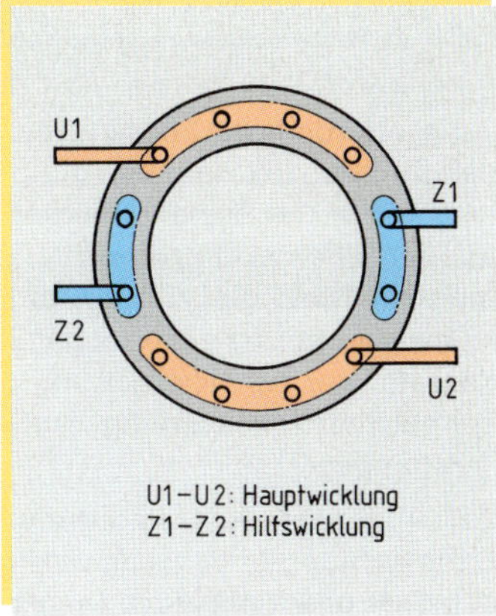

Bild 1: Wicklungen bei Einphasen-Induktionsmotoren

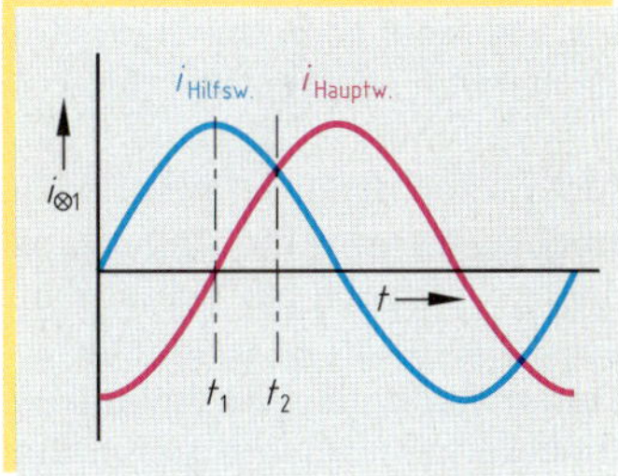

Bild 2: Phasenverschiebung der Ströme in Haupt- und Hilfswicklung

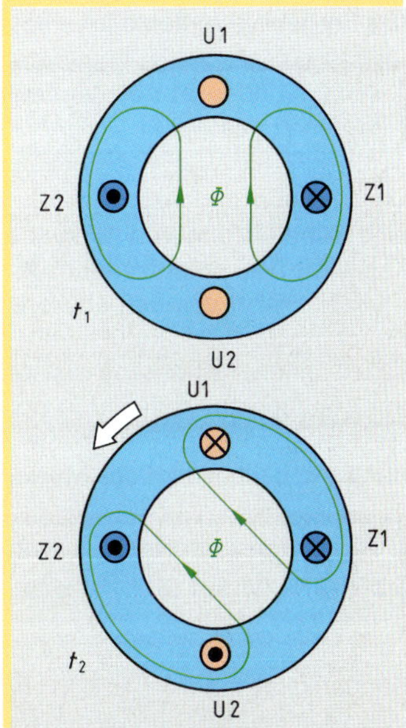

Bild 3: Ständerdrehfeld in den Augenblicken t_1 und t_2

9.2.3.3 Kondensatormotor

Beim Kondensatormotor wird die zur Drehfeldbildung erforderliche Phasenverschiebung zwischen den Strömen der Hauptwicklung und der Hilfswicklung durch die Reihenschaltung eines Kondensators zur Hilfswicklung erreicht. Der Kondensator ist meist am Motorgehäuse angebracht **(Bild 1)**. Ist die Hilfswicklung ungeteilt ausgeführt, wird der Kondensator vor die Hilfswicklung geschaltet **(Bild 2)**, bei geteilter Hilfswicklung liegt er zwischen ihren Teilsträngen.

Zur Änderung der Motordrehrichtung muss die Stromrichtung in der Hilfswicklung umgepolt werden. Dies geschieht durch Tausch des Kondensatoranschlusses am Klemmbrett **(Bild 2)**.

Ein hohes Anzugsmoment entwickelt der Motor bei Verwendung eines **Anlaufkondensators** C_A und eines **Betriebskondensators** C_B **(Bild 3)**. Das Anzugsmoment kann durch die Kapazität beider Kondensatoren auf den Wert des 2- bis 3fachen Bemessungsmomentes gesteigert werden **(Bild 4)**. Der Motor kann dadurch unter Last anlaufen. Nach dem Hochlaufen wird die Anlaufkapazität abgeschaltet, sodass nur noch die Betriebskapazität wirksam ist. Das Abschalten ist erforderlich, da durch die hohe Gesamtkapazität von Anlaufkondensator und Betriebskondensator ein großer Strom durch die Hilfswicklung fließt. Dies führt bei Dauerbetrieb zu einer Überhitzung. Die Abschaltung erfolgt durch thermische oder stromabhängige Relais oder wie in **Bild 3** durch Fliehkraftschalter.

Schaltet man die Gesamtkapazität ab, entspricht das Betriebsverhalten dem eines Anwurfmotors.

> Anlaufkondensatoren werden nach dem Hochlaufen abgeschaltet.

Der Betriebskondensator soll je kW Motorleistung eine Blindleistung von 1,3kvar aufweisen. Für die Kapazität des Anlaufkondensators wird meist der dreifache Wert des Betriebskondensators gewählt. Kondensator und Induktivität der Hilfswicklung bilden einen Reihenschwingkreis. Deshalb ist die am Kondensator anliegende Spannung größer als die Netzspannung. Die größte Kondensatorspannung tritt bei Leerlauf des Motors auf.

> Die Kondensatoren des Kondensatormotors müssen für die größte auftretende Spannung bemessen sein.

Kondensatormotoren haben Bemessungsleistungen bis etwa 2kW. Sie werden für Haushalts-, Werkzeug- und Baumaschinen verwendet, z.B. für Bohr- und Schleifmaschinen.

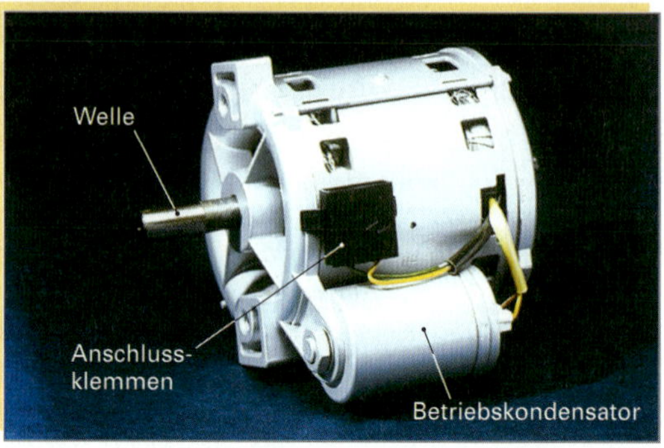

Bild 1: Kondensatormotor mit Kondensator

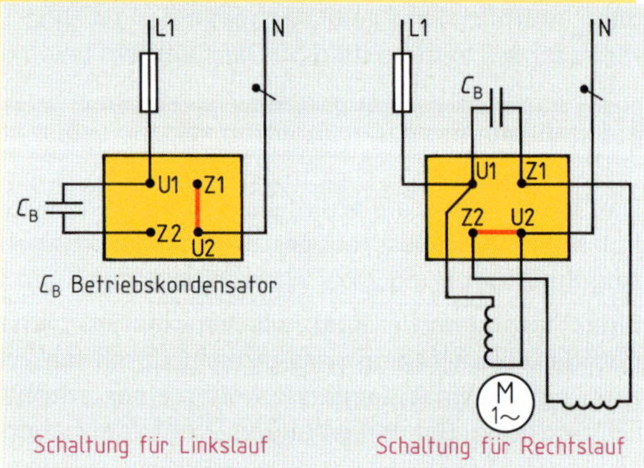

Bild 2: Schaltung bei ungeteilter Hilfswicklung

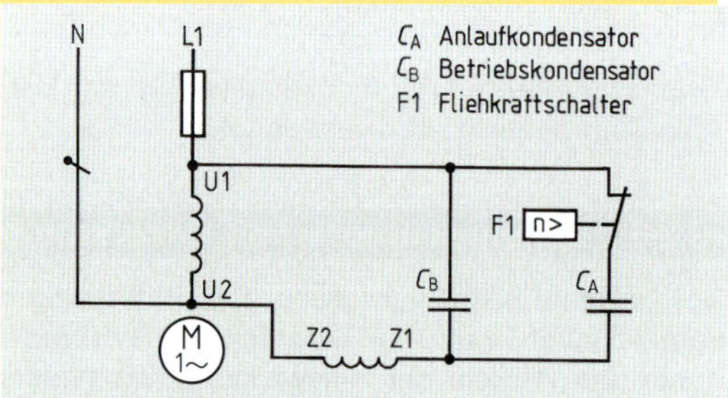

Bild 3: Kondensatormotor mit Anlauf- und Betriebskondensator

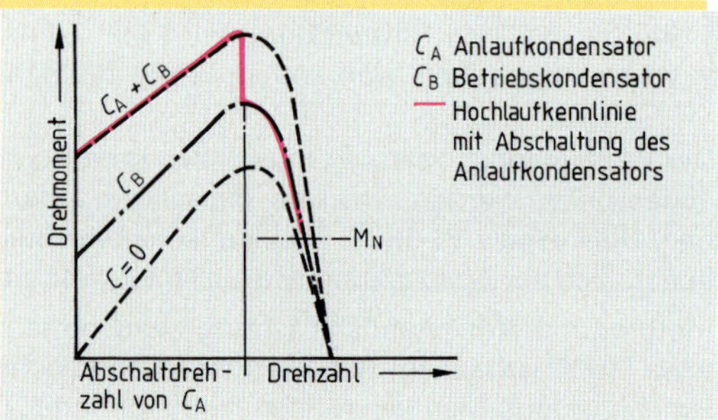

Bild 4: Momentenkennlinien beim Kondensatormotor

9.2.4 Stromwendermaschinen

Maschinen mit Stromwender werden meist für Gleichstrom, aber auch für Wechsel- und Drehstrom gebaut.

9.2.4.1 Aufbau von Gleichstrommaschinen

Der **Ständer** von Gleichstrommaschinen, auch **Magnetgestell** genannt, besteht aus einem Jochring aus Stahl, ausgeprägten Hauptpolen mit Polkernen und Polschuhen aus Elektroblech und der auf den Polkernen sitzenden **Erregerwicklung** (Feldwicklung) **(Bild 1)**.

Bis zu Nennleistungen von 20 kW werden auch permanent erregte Gleichstrommaschinen gebaut. Bei diesen sind die Erregerwicklungen und ihre Polkerne durch Dauermagnete ersetzt.

Bei Maschinen ab etwa 1 kW Leistung sind zwischen den Hauptpolen die **Wendepole** aus Stahl oder Elektroblech mit der Wendepolwicklung angeordnet. In den Polschuhen der Hauptpole dieser Maschinen können zusätzlich noch **Kompensationswicklungen** untergebracht sein.

Es werden auch Gleichstrommaschinen ohne ausgeprägte Pole gebaut. Bei ihnen besteht das Magnetgestell aus einem Blechpaket mit gleichmäßig verteilten Nuten wie bei einem Drehstrommotor. In den Nuten befinden sich die Erregerwicklung und die Wendepolwicklung. Magnetgestelle in geblechter Ausführung sind erforderlich bei Gleichstrommotoren, die über Stromrichtergeräte versorgt werden.

Der **Läufer** von Gleichstrommaschinen, meist **Anker** genannt, besteht aus einer Stahlwelle mit aufgepresstem Läuferblechpaket aus Elektroblech. Er trägt die in Nuten befindliche Ankerwicklung und einen Stromwender, an dem die Ankerwicklung angeschlossen ist **(Bild 2)**.

Der **Stromwender**, auch **Kollektor**[1] oder **Kommutator**[2] genannt, besteht aus einzelnen, voneinander mit Glimmer isolierten Lamellen aus Hartkupfer **(Bild 3)**. Die Stromwenderlamellen sind mit der Ankerwicklung durch Löten oder Punktschweißen verbunden. Am Ständer der Gleichstrommaschinen sind Halter angebracht, damit **Bürsten** aus Kohle oder Grafit am Umfang des Stromwenders gleiten können. Diese **Bürstenhalter** sitzen meist auf Bürstenbolzen und sind an einer drehbaren **Bürstenbrücke** befestigt **(Bild 4)**.

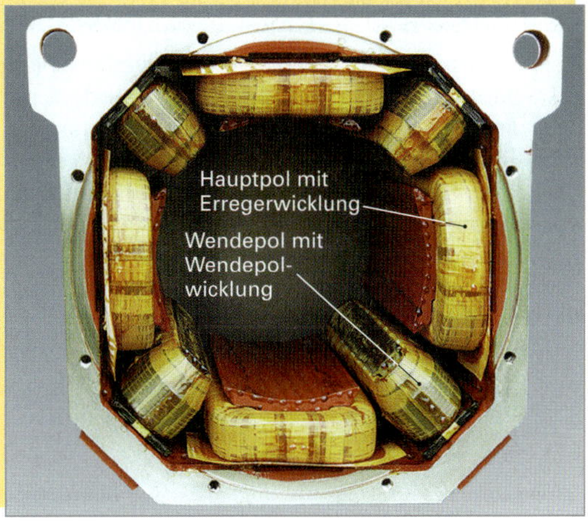

Bild 1: Ständer einer Gleichstrommaschine

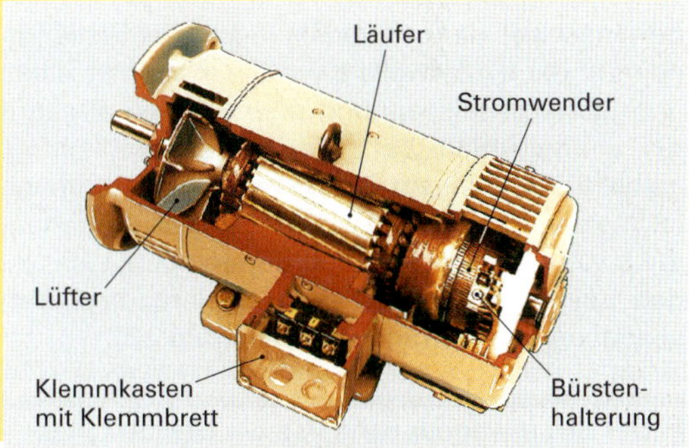

Bild 2: Gleichstrom-Nebenschlussmaschine

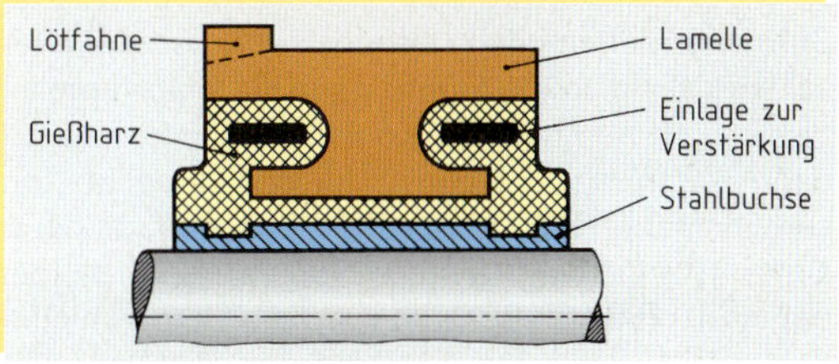

Bild 3: Aufbau des Stromwenders

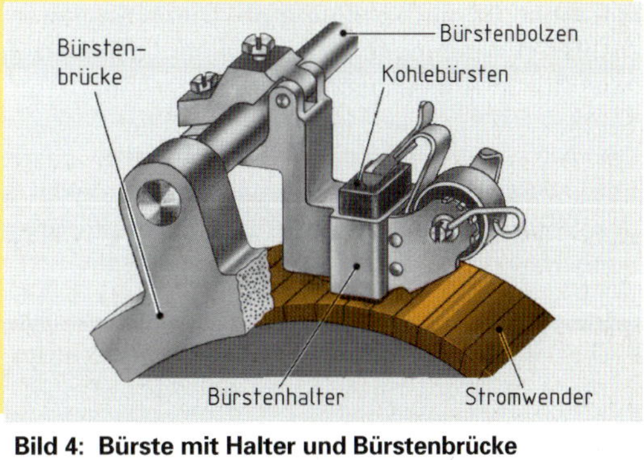

Bild 4: Bürste mit Halter und Bürstenbrücke

1) von colligere (lat.) = zusammenfassen
2) von commutare (lat.) = verändern, umwandeln

9.2.4.2 Wirkungsweise von Gleichstromgeneratoren

Beim Drehen eines Ankers mit einer Leiterschleife im Statormagnetfeld des Generators ändert sich der von der Leiterschleife umschlossene magnetische Fluss fortlaufend **(Bild 1)**. Unter den Polen wird die größte Spannung induziert, weil hier die Feldänderung am größten ist (Ankerstellung I und III). Befindet sich die Leiterschleife zwischen den Polen (Stellung II), wird keine Spannung induziert. Dieser Bereich wird daher als **neutrale Zone** bezeichnet. Bei einer Umdrehung der Leiterschleife wechselt die Durchdringungsrichtung des Feldes in der Schleife und damit auch die Richtung der induzierten Spannung.

> Im Anker des Gleichstromgenerators wird Wechselspannung induziert.

Bei Anschluss der Leiterschleife an zwei Schleifringen auf der Läuferwelle kann die induzierte sinusförmige Wechselspannung über Bürsten abgegriffen werden **(Bild 2a)**. Werden die Schleifringe halbiert und zu einem Stromwender zusammengefasst, so wird nach jeder halben Ankerumdrehung der Spulenanschluss an den Bürsten getauscht. An den Bürsten kann eine stark pulsierende Gleichspannung abgenommen werden **(Bild 2b)**.

> Der Stromwender wirkt wie ein Gleichrichter.

Um eine weniger pulsierende Gleichspannung zu erzeugen, wird die Zahl der Leiterschleifen und der Stromwenderlamellen erhöht. Ist jede Leiterschleife direkt an die zugehörigen Kollektorlamellen geführt, so nehmen die Kohlebürsten von ihr nur dann Spannung ab, wenn mit diesen Lamellen Kontakt besteht. Die gleichzeitig in den anderen Leiterschleifen induzierten Spannungen bleiben ungenutzt **(Bild 3)**. Schaltet man die Leiterschleifen dagegen in Reihe, so addieren sich die Spannungen aller Schleifen **(Bild 4)**. Trotz geringer Spannungen in den einzelnen Schleifen gibt der Generator eine hohe Gesamtspannung ab. Durch Spulen mit mehreren Windungen an Stelle einer Leiterschleife wird die Induktionsspannung weiter erhöht.

Der Anker wird meist als **Trommelanker** ausgeführt. Wird die Feldänderungsgeschwindigkeit in den Spulen erhöht, so steigt die induzierte Spannung.

> Die Spannung eines Gleichstromgenerators steigt mit der Drehzahl und mit dem Erregerstrom.

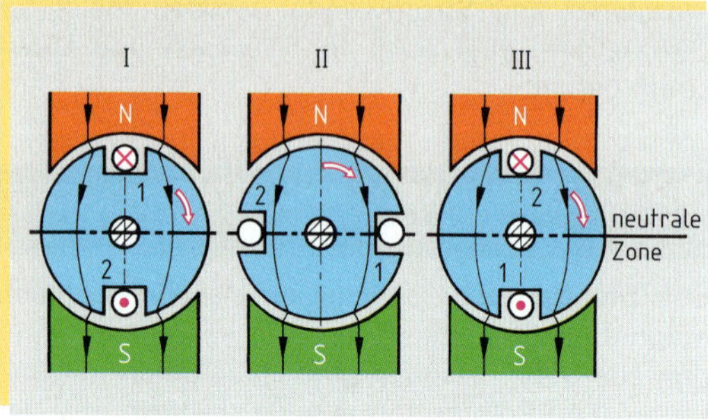

Bild 1: Induktion von Wechselspannung in einer drehenden Ankerschleife

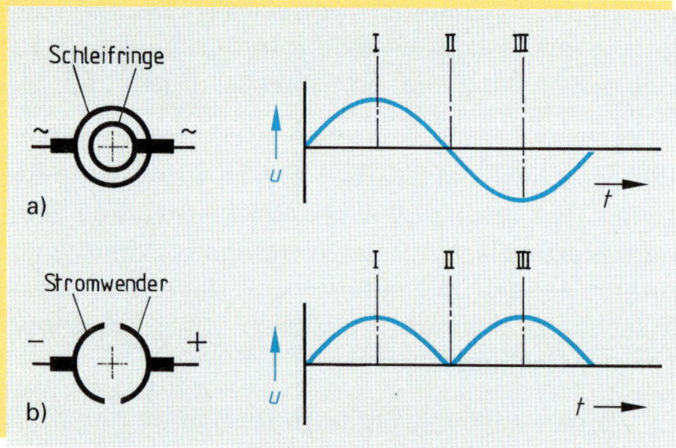

Bild 2: Abgabe der Ankerspannung über a) Schleifringe und b) Stromwender

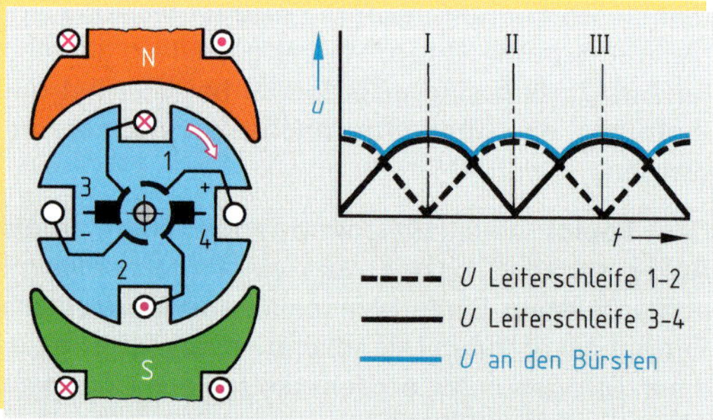

Bild 3: Spannungsabgabe eines Generators mit zwei getrennten Ankerschleifen

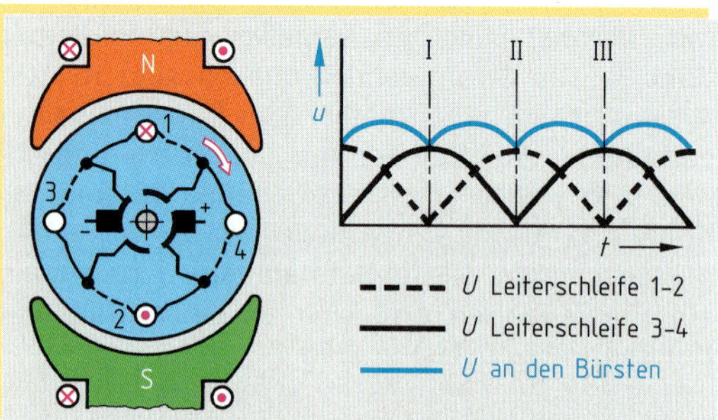

Bild 4: Spannungsabgabe eines Generators mit zwei in Reihe geschalteten Ankerschleifen

9.2.4.3 Arten von Gleichstromgeneratoren

Die verschiedenen Arten von Gleichstromgeneratoren unterscheiden sich durch die unterschiedliche Schaltung der Erregerwicklung zum Anker **(Tabelle)**. Den prinzipiellen Aufbau eines Gleichstromgenerators zeigt **Bild 1, Seite 344**.

Tabelle 1: Grundsätzliche Schaltungen von Gleichstromgeneratoren

Art	Fremderregter Generator	Nebenschlussgenerator	Doppelschlussgenerator
Schaltzeichen und Anschluss für Rechtslauf (ohne Wendepolwicklung) Beim fremderregten Generator: a) mit Erregerwicklung b) mit Dauermagnet-erregung	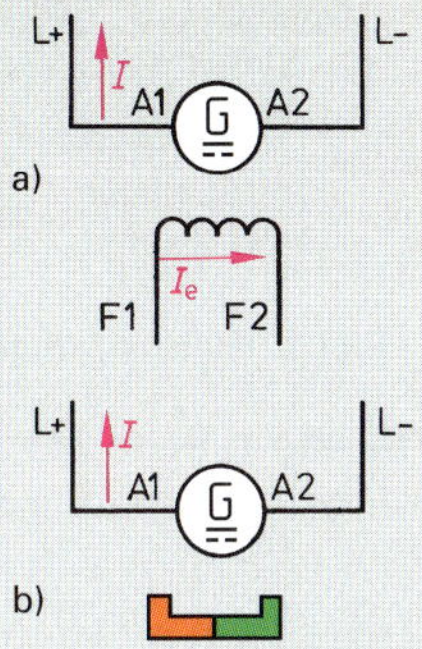	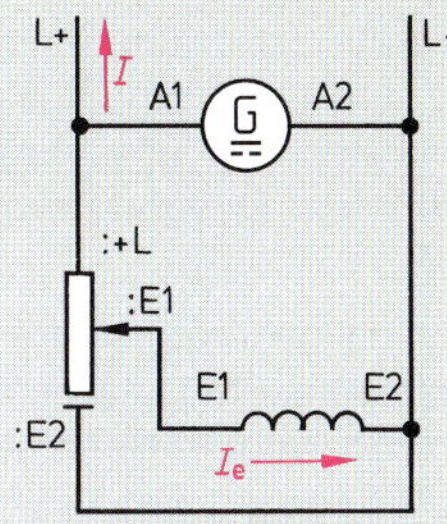	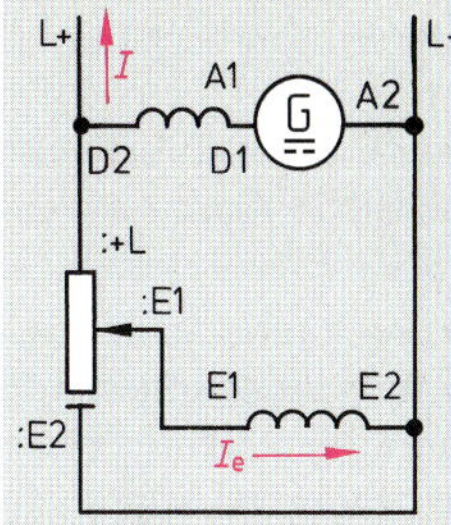
Last-Kennlinie U Ausgangsspannung I Laststrom I_e Erregerstrom	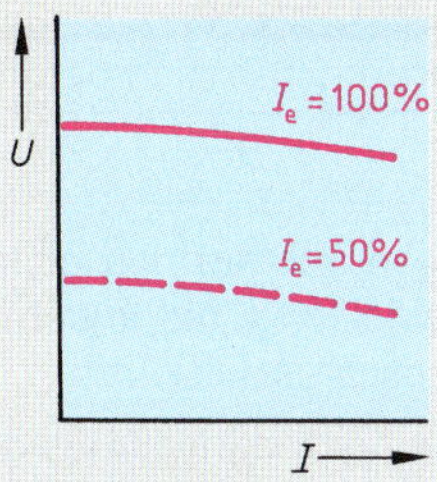	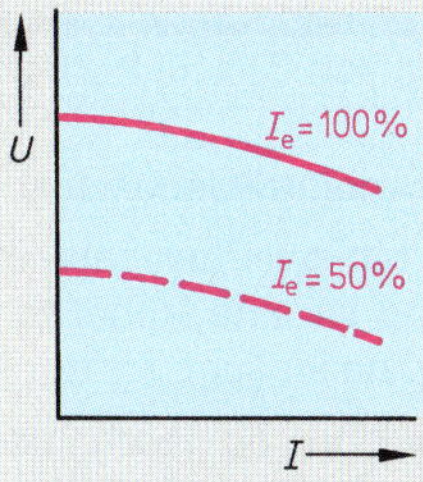	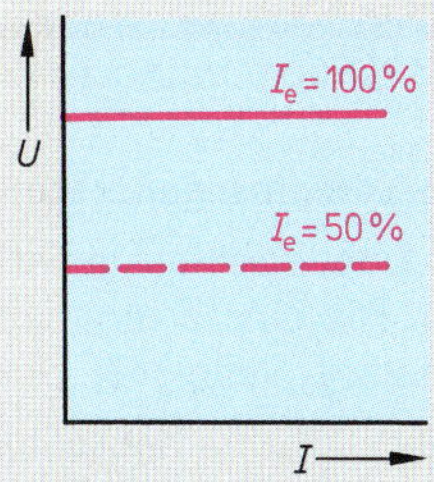
Steuerung der Spannung	Durch Steuerung der Erregerspannung (elektronisch oder mit Feldsteller)	Durch Steuerung des Erregerstromes I_e mit Feldsteller.	

Fremderregter Generator

Beim fremderregten Generator ist die Erregerwicklung nicht mit dem Anker elektrisch verbunden. Der Erregerstrom wird von einem getrennten Erzeuger, z.B. einem Netzgleichrichter, geliefert **(Tabelle 1)**.

Bei Belastung sinkt die abgegebene Spannung gegenüber der Leerlaufspannung wegen des Ankerwiderstandes ab. Fremderregte Generatoren werden z.B. als Steuergenerator beim Leonardumformer verwendet. Fremderregte Gleichstrommotoren arbeiten beim Abbremsen von Lasten ebenfalls im Generatorbetrieb.

Nebenschlussgenerator

Beim Nebenschlussgenerator ist die Erregerwicklung parallel zum Anker angeschlossen **(Tabelle 1)**.

Wird der Anker aus dem Stillstand heraus angetrieben, so entsteht in ihm eine kleine Spannung, wenn noch ein **Restmagnetismus** vorhanden ist. Bei richtigem Anschluss der Erregerwicklung fließt ein zunächst kleiner Erregerstrom, der den Magnetismus verstärkt und eine größere Spannung zur Folge hat. Die Maschine erregt sich selbst. Bei verkehrtem Anschluss der Erregerwicklung schwächt der Erregerstrom den Restmagnetismus: Die Maschine erregt sich nicht.

> Wenn sich ein Nebenschlussgenerator nicht erregt, ist kein Restmagnetismus vorhanden oder die Erregerwicklung falsch angeschlossen, die Drehrichtung verkehrt oder der Anker kurzgeschlossen.

Zum Einstellen der Spannung befindet sich im Erregerstromkreis meist ein **Feldsteller (Tabelle 1, Seite 343)**. Das ist ein Dreh- oder Schiebewiderstand. Beim Öffnen des Erregerstromkreises würde in der Erregerwicklung eine große Spannung induziert werden, welche die Isolation schädigen könnte. Deshalb schließt der Feldsteller über eine zusätzliche Klemme bei geöffnetem Erregerstromkreis die Erregerwicklung kurz.

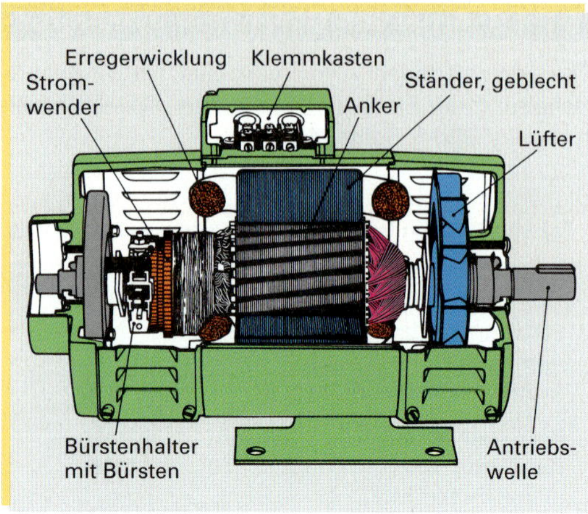

Bild 1: Gleichstromgenerator

Bei Belastung des Nebenschlussgenerators sinkt die abgegebene Spannung gegenüber der Leerlaufspannung stärker als beim fremderregten Generator **(Tabelle 1, Seite 343)**. Der am Ankerwiderstand auftretende kleine Spannungsabfall bewirkt eine Verringerung der Spannung an der Erregerwicklung und damit einen kleineren Erregerstrom.

Bei Drehrichtungsumkehr muss in der Erregerwicklung der Strom weiter in gleicher Richtung fließen, weil sonst der Restmagnetismus geschwächt wird.

> Bei Drehrichtungsänderung von Gleichstromgeneratoren polt man den Ankerstromkreis um.

Doppelschlussgenerator (Compound-Generator)[1)]

Der Doppelschlussgenerator hat zwei Erregerwicklungen, die auf den gleichen Hauptpolen angeordnet sind. Die eine Erregerwicklung ist eine Nebenschlusswicklung, die andere eine Reihenschlusswicklung **(Tabelle 1, Seite 343)**. Der Feldsteller liegt vor der Nebenschlusswicklung.

Meist ist die Reihenschlusswicklung so geschaltet, dass der Magnetismus der Nebenschlusswicklung bei Belastung verstärkt wird. Dann bewirkt die Reihenschlusswicklung bei Belastung eine Vergrößerung der Spannung gegenüber der Spannung eines Nebenschlussgenerators. Ist die Reihenschlusswicklung so bemessen, dass die abgegebene Spannung bei konstanter Drehzahl beinahe belastungsunabhängig ist, ist der Generator „compoundiert" **(Tabelle 1, Seite 343)**. Beim „übercompoundierten" Generator bewirkt die Reihenschlusswicklung einen Spannungsanstieg, beim „untercompoundierten" ein schwächeres Absinken der Spannung bei Belastung als beim Nebenschlussgenerator. Ist die Reihenschlusswicklung so geschaltet, dass bei Belastung der Magnetismus der Nebenschlusswicklung geschwächt wird, sinkt die Spannung bei Belastung besonders stark ab. Der Generator ist „gegencompoundiert".

Doppelschlussgeneratoren als compoundierte Generatoren sind die wichtigsten Gleichstromgeneratoren. Sie werden z.B. als Erregergeneratoren zur Lieferung des Erregerstromes für Synchrongeneratoren verwendet.

Arbeitsauftrag:

1. Wie ist der Läufer des Synchrongenerators aufgebaut?
2. Wovon hängt die Höhe und die Frequenz der vom Synchrongenerator erzeugten Spannung ab?
3. Welche Bedingungen müssen beim Parallelschalten von Synchrongeneratoren erfüllt sein?
4. Wie kann mit dem Synchrongenerator induktive Blindleistung erzeugt werden?
5. Welche Aufgabe hat der Stromwender beim Gleichstromgenerator?
6. Von welchen Größen hängt beim Gleichstromgenerator die Höhe der induzierten Spannung ab?
7. Unter welchen Voraussetzungen erregt sich ein Gleichstromgenerator nicht selbst?
8. Wie wird beim Gleichstrom-Nebenschlussgenerator die Spannung eingestellt?
9. Nennen Sie den Unterschied im Betriebsverhalten beim fremderregten Generator und beim Nebenschlussgenerator.

1) compound (engl.) = zusammengesetzt

9.2.4.4 Ankerquerfeld

Die Hauptpole des Gleichstromgenerators erzeugen das magnetische Erregerfeld, das sich über das Eisenpaket des Ankers schließt **(Bild 1)**. Die Bürsten sind in der neutralen Zone zwischen den Hauptpolen angebracht. Sie greifen am Stromwender jeweils die Ankerspulen ab, die sich in der neutralen Zone befinden und zwischen denen dadurch praktisch kein Spannungsunterschied besteht. Am Stromwender tritt daher kein Bürstenfeuer auf.

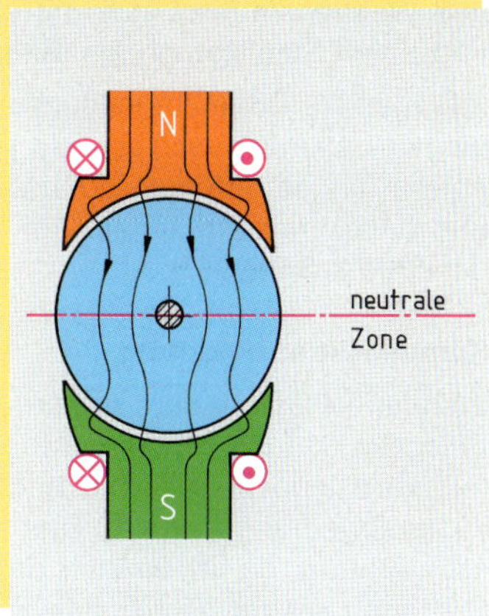

Bild 1: Erregerfeld des Gleichstromgenerators

Ankerrückwirkung

Bei Belastung der Gleichstrommaschine fließt ein Ankerstrom. Infolge der gleichen Stromrichtung in den Leiterschleifen jeweils unter einem Hauptpol baut der Anker wie eine Spule ein Magnetfeld auf, dessen Achse quer zur Richtung des Hauptfeldes liegt. Es wird deshalb als **Ankerquerfeld** bezeichnet **(Bild 2)**. Ankerquerfeld und Hauptfeld bilden ein gemeinsames Magnetfeld, dessen Achse in Generatordrehrichtung verschoben ist (Ankerrückwirkung). Die Verschiebung nimmt mit der Stärke des Ankerquerfeldes, also mit der Belastung des Generators zu **(Bild 3)**.

> Bei Belastung verschiebt sich die neutrale Zone des Generators in Drehrichtung.

Befinden sich die Bürsten außerhalb der neutralen Zone, so werden durch sie jeweils zwei Stromwenderlamellen kurzgeschlossen, zwischen denen induktionsbedingt eine Spannungsdifferenz besteht. Wegen der Ankerdrehung schalten die Bürsten die auftretenden Kurzschlussströme fortlaufend ab. Die dadurch entstehenden Induktionsspannungen in den Ankerspulen verursachen ein starkes **Bürstenfeuer**. Bei Generatoren mit gleich bleibender Belastung kann das Bürstenfeuer vermieden werden, indem man die Bürsten in die durch die Belastung bedingte Lage der neutralen Zone nachstellt.

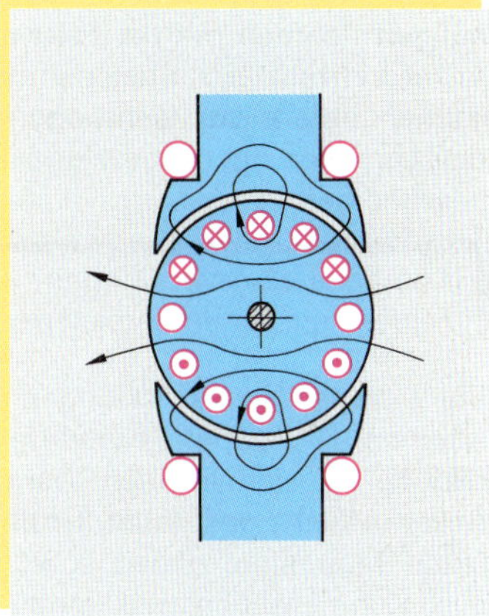

Bild 2: Ankerfeld des Gleichstromgenerators

> Die Bürsten der Gleichstrommaschine müssen sich immer in der neutralen Zone befinden.

Wendepole

Die Ankerrückwirkung kann durch Magnetfelder aufgehoben werden, die dem Ankerquerfeld entgegenwirken. Im Bereich zwischen den Hauptpolen werden dazu **Wendepole** verwendet **(Bild 1, Seite 346)**. Da die Stärke des Ankerquerfeldes vom Ankerstrom abhängt, schaltet man die Wendepolwicklungen in Reihe zum Anker. Dadurch erreicht man, dass auch bei wechselnder Belastung das Wendepolfeld und das Ankerquerfeld gleiche Stärke haben. Eine Verschiebung der neutralen Zone tritt also nicht mehr ein.

> Wendepole verhindern die Verschiebung der neutralen Zone durch das Ankerquerfeld.

Beim Generator folgt in Drehrichtung auf den Hauptpol immer ein Wendepol entgegengesetzter Polarität, z.B. auf einen Hauptpol Nord ein Wendepol Süd.

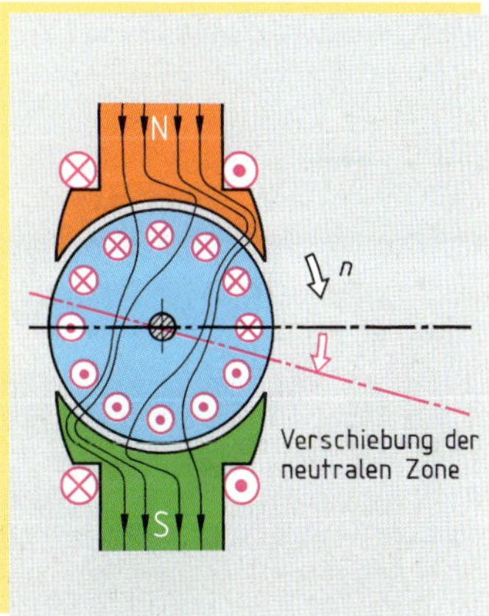

Bild 3: Resultierendes Feld des Gleichstromgenerators

Gleichstrommaschinen ab etwa 1 kW Leistung haben Wendepole. Die richtige Polung der Haupt- und Wendepole lässt sich mit einer Magnetnadel und einem Stahlstab prüfen **(Bild 2)**.

Polt man zur Drehrichtungsumkehr die Ankerwicklung um, so muss auch eine Umpolung der Wendepolwicklungen erfolgen. Daher sind Wendepole und Anker meist innerhalb der Maschine verbunden **(Bild 3, Seite 347)**.

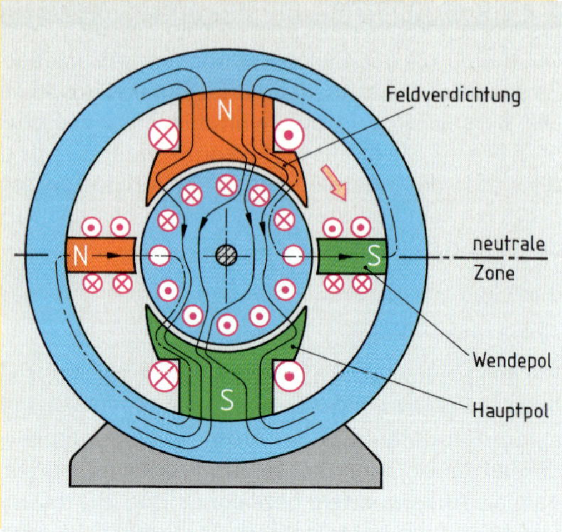

Bild 1: Generator mit Wendepolen

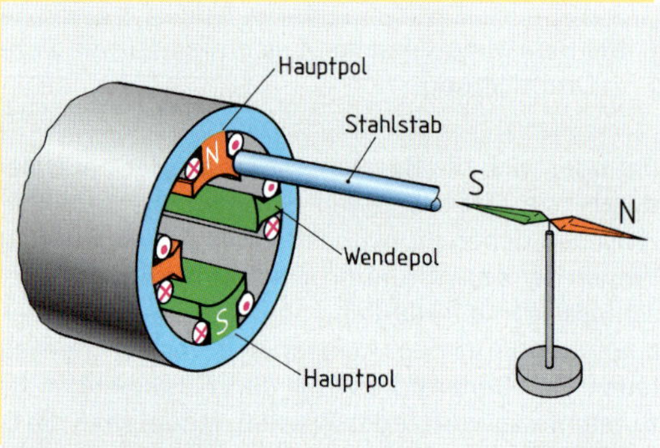

Bild 2: Prüfung der Polung

Kompensationswicklung

Wendepole wirken dem Ankerquerfeld im Bereich zwischen den Hauptpolen entgegen. Das Erregerfeld wird jedoch weiterhin nach einer Hauptpolkante abgedrängt **(Bild 1)**. Das bewirkt eine Feldschwächung, da im Bereich der Feldverdichtung Sättigung eintritt. Durch das Zusammendrängen der Feldlinien werden in den Ankerspulen verschieden hohe Spannungen induziert. Dies führt zu Spannungsunterschieden zwischen benachbarten Stromwenderlamellen. Diese **Stegspannungen** nehmen mit der Feldverzerrung und der Ankerdrehzahl zu. Stegspannungen über 35 V können bereits zur Lichtbogenbildung zwischen den Lamellen des Stromwenders führen und ihn beschädigen.

> Kompensationswicklungen verhindern eine Feldverzerrung im Bereich der Hauptpole.

Die Kompensationswicklungen sind in den Polschuhen der Hauptpole untergebracht **(Bild 3** und **Bild 4)**. Sie sind mit den Wendepolen und dem Anker in Reihe geschaltet. Große und schnell laufende Maschinen haben sowohl Wendepole als auch Kompensationswicklungen.

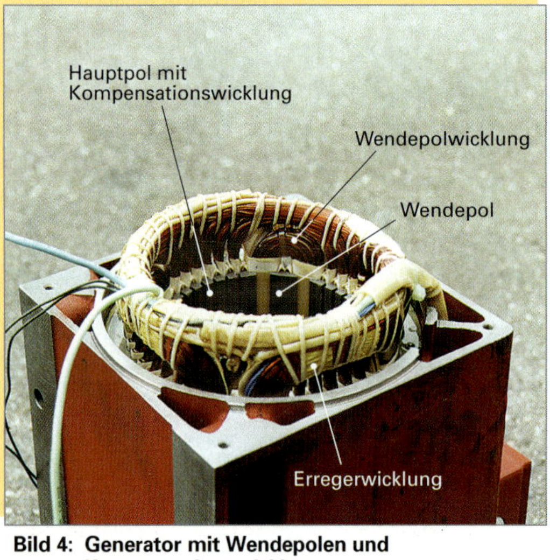

Bild 4: Generator mit Wendepolen und Kompensationswicklungen

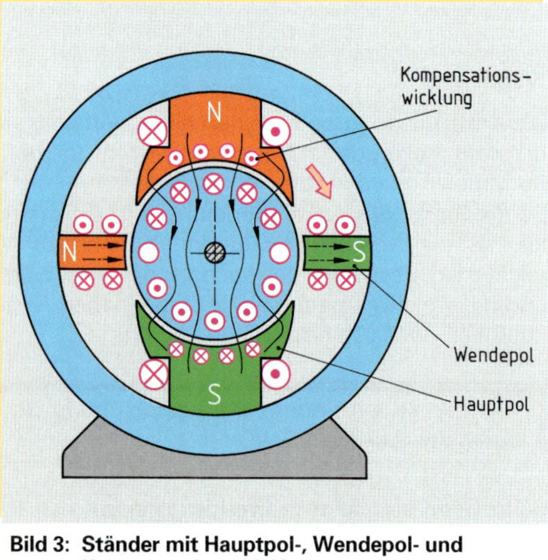

Bild 3: Ständer mit Hauptpol-, Wendepol- und Kompensationswicklung

9.2.4.5 Anschlussbezeichnung von Stromwendermaschinen

Die Anschlussbezeichnungen für Gleichstrommaschinen **(Tabelle 1)** sind bei Generatoren und Motoren gleich.

Ziffern vor den Kennbuchstaben bezeichnen unterteilte Wicklungen. 1B und 2B bedeutet z.B. eine symmetrisch aufgeteilte Wendepolwicklung. Ziffern hinter dem Kennbuchstaben geben Wicklungsanfang, z.B. B1, und Ende, z.B. B2 an **(Bild 1)**.

Drehsinn. Von den Stromrichtungen in der Anker- und der Erregerwicklung hängt der Drehsinn einer Gleichstrommaschine ab. Die Anschlussbezeichnungen sind so festgelegt, dass sich bei Motoren Rechtslauf ergibt, wenn der Strom in jeder Wicklung vom Anfang zum Ende fließt, also bei einem Nebenschlussmotor im Anker von A1 nach A2 und in der Erregerwicklung von E1 nach E2 **(Bild 2)**.

> Gleichstrommotoren haben Rechtslauf, wenn der Strom jede Wicklung vom Wicklungsanfang zum Wicklungsende durchfließt.

Zum Bestimmen der Drehrichtung betrachtet man bei Motoren die Abtriebsseite, bei Generatoren die Antriebsseite.

Bei Generatoren will der Ankerstrom den Anker gegen die Antriebsrichtung drehen. Für diesen „Drehwunsch" gilt dieselbe Stromrichtungsregel wie beim Motor. Generatoren werden gegen ihren Drehwunsch angetrieben **(Bild 3)**.

Um die Drehrichtung zu ändern, wird vorzugsweise die Ankerstromrichtung umgepolt. Der Restmagnetismus im Eisen des Erregerkreises bleibt dadurch erhalten. Wendepole werden mit dem Anker umgepolt.

Arbeitsauftrag:

1. Was versteht man beim Gleichstromgenerator unter der Ankerrückwirkung?
2. In welche Richtung verschiebt sich die neutrale Zone des Generators bei Belastung?
3. Welche Aufgaben haben bei Gleichstrommaschinen die Wendepole?
4. In welcher Richtung werden die Wicklungen von Gleichstrommotoren bei Rechtslauf durchflossen?
5. Warum muss bei der Drehrichtungsänderung die Wendepolwicklung zusammen mit dem Anker umgepolt werden?
6. Welche Aufgabe haben Kompensationswicklungen bei Gleichstromgeneratoren?
7. Wie ändert man bei einem Gleichstrommotor die Drehrichtung?

Tabelle 1: Gleichstrommaschinen Anschlussbezeichnungen

A	Ankerwicklung
B	Wendepolwicklung
C	Kompensationswicklung
D	Reihenschlusswicklung
E	Nebenschlusswicklung
F	Fremderregte Wicklung

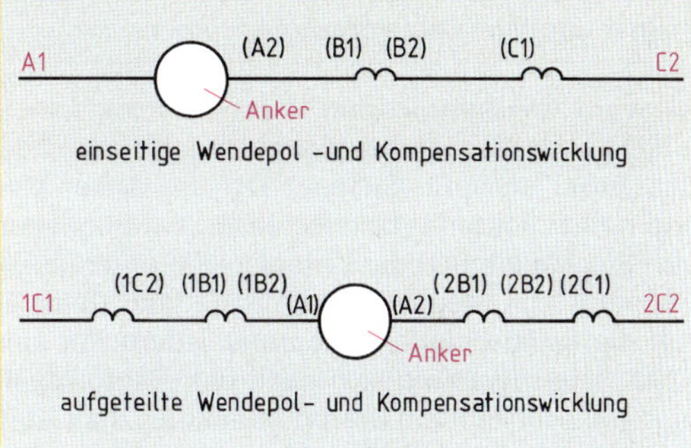

Bild 1: Ankerkreis mit Wendepol und Kompensationswicklungen (Bezeichnungen in Klammern werden nicht am Klemmbrett angegeben)

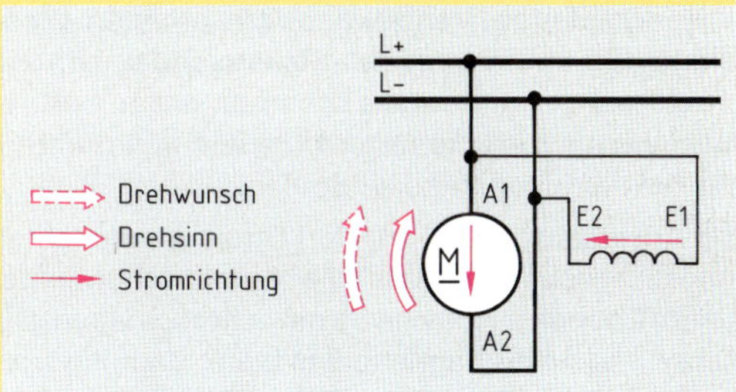

Bild 2: Nebenschlussmotor (Rechtslauf)

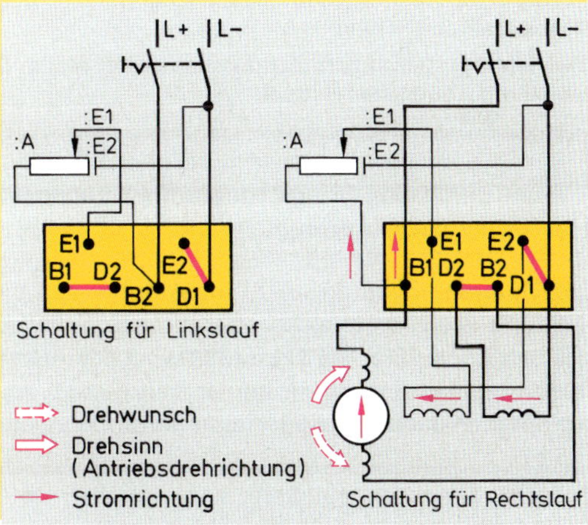

Bild 3: Doppelschlussgenerator mit Wendepolen

9.2.4.6 Wirkungsweise von Gleichstrommotoren

Gleichstrommaschinen haben unabhängig von ihrer Verwendung als Generator oder Motor **(Bild 1)** gleichen Aufbau und gleiche Anschlussbezeichnungen.

Gleichstrommotoren entwickeln ein großes Anzugsmoment und erlauben eine stufenlose Drehzahlsteuerung. Ihre Drehzahl kann weit über der von Drehfeldmotoren liegen.

Die vom Gleichstrom durchflossene Erregerwicklung baut das Erregermagnetfeld auf, das sich über den Anker schließt. Befindet sich im Anker eine stromdurchflossene Leiterschleife, so überlagert sich das Magnetfeld der Leiterschleife unter jedem Hauptpol mit dem Erregermagnetfeld **(Bild 2)**. Auf die Leiterschleife wirkt unter jedem Pol eine Kraft, deren Richtung sich nach der „Motorregel" ergibt. Es entsteht ein Drehmoment, das die Leiterschleife in die **neutrale Zone** dreht. In der neutralen Zone entsteht kein Drehmoment. Kann sich die Leiterschleife durch ihre Bewegungsenergie über die neutrale Zone hinausdrehen, muss die Stromrichtung in der Ankerschleife umgepolt werden, um eine fortlaufende Drehbewegung zu erhalten. Diese Umpolung übernimmt der **Stromwender.** Um ein gleichmäßiges und hohes Drehmoment zu bekommen, ersetzt man die Leiterschleife durch mehrere am Ankerumfang verteilte Spulen.

Die Ankerspulen sind mit den Stromwenderlamellen so verbunden, dass die Spulenseiten unter einem Erregerpol gleiche Stromrichtung haben. Die Achse des Ankermagnetfeldes bleibt dadurch trotz Drehung des Ankers unverändert **(Bild 3)**.

Versuch: Lagern Sie den Anker einer zweipoligen Stromwendermaschine nach **Bild 4.** Führen Sie dem Stromwender Strom zu und prüfen Sie mit einer Magnetnadel die magnetische Polung.

Beobachtung: Der stromdurchflossene Anker bildet einen Nordpol und einen Südpol.

Bei Stromwendermotoren wird das Drehmoment durch das Erregermagnetfeld und das Ankermagnetfeld erzeugt.

Die Motordrehrichtung wird umgekehrt, wenn die Richtung des Erregerfeldes oder die des Ankerfeldes umgepolt wird. Vorzugsweise wird das Ankerfeld umgepolt. Besonders bei Umkehrbetrieb vermeidet man dadurch Erregerfeldunterbrechungen.

Zur Drehrichtungsumkehr von Gleichstrommotoren wird der Ankerstrom umgepolt.

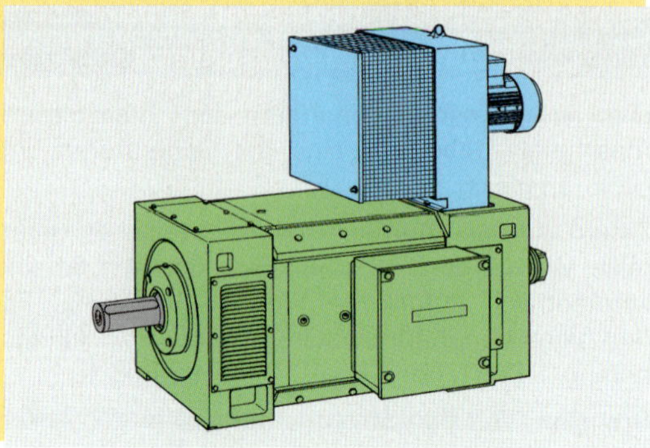

Bild 1: Fremdgekühlter Gleichstrommotor

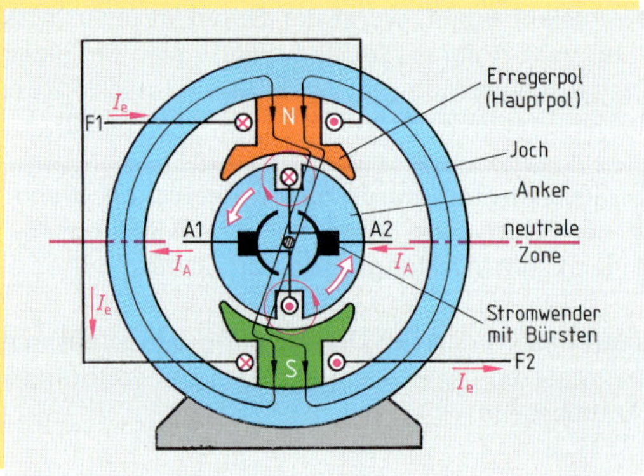

Bild 2: Fremderregter Gleichstrommotor (Linkslauf)

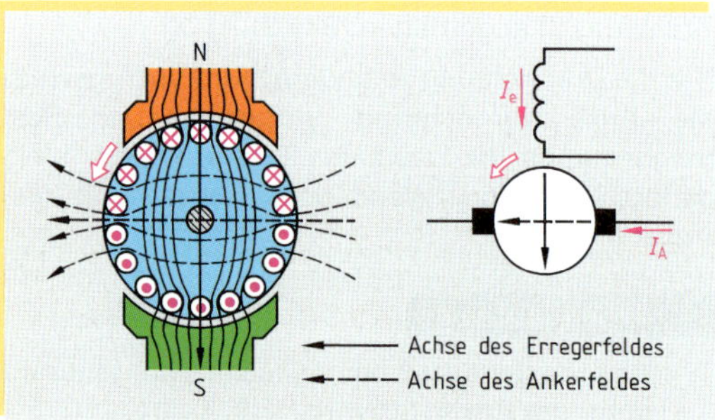

Bild 3: Erregerfeld und Ankerfeld (Linkslauf)

Bild 4: Nachweis des Ankerfeldes

Drehzahlsteuerung von Gleichstrommotoren

Versuch 1: Schließen Sie einen Gleichstromnebenschlussmotor so an, dass Ankerspannung und Erregerstrom unabhängig voneinander eingestellt und gemessen werden können **(Bild 1, Seite 348)**. Stellen Sie den Bemessungserregerstrom ein und erhöhen Sie langsam die Ankerspannung.

Beobachtung: Mit zunehmender Ankerspannung steigt die Ankerdrehzahl.

Wird die Ankerspannung vergrößert, so fließt zunächst ein größerer Ankerstrom. Es entsteht ein höheres Drehmoment, das den Anker beschleunigt. Mit höherer Ankerdrehzahl steigt auch die Ankergegenspannung. Die Formel $U_A = U_i + I_A \cdot R_A$ zeigt, dass bei zunehmender Ankergegenspannung U_i der Ankerstrom I_A wieder kleiner wird. Erfolgt die Erhöhung der Ankerspannung U_A bei konstantem Motordrehmoment, so ist der Ankerstrom vor und nach der Drehzahländerung gleich groß. Wird die Ankerspannung auf Bemessungsspannung erhöht, erreicht der Anker bei Bemessungserregung seine Bemessungsdrehzahl **(Bild 1)**.

Durch Erhöhen der Ankerspannung wird die Motordrehzahl bis zur Bemessungsdrehzahl erhöht.

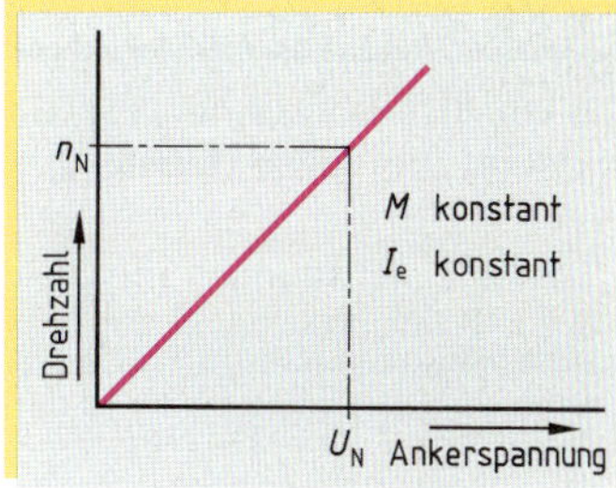

Bild 1: Drehzahl und Ankerspannung

Widerstände als Drehzahlsteller haben hohe Wärmeverluste.

Nahezu verlustlos wird mit Thyristoren die Ankerspannung zur Drehzahlsteuerung geändert. Dabei kann die Ankerspannung über Pulswandler einem Gleichstromnetz entnommen werden oder über gesteuerte Gleichrichter (Stromrichter) dem Drehstromnetz **(Bild 2)**. Derart gesteuerte Motoren haben Fremderregung.

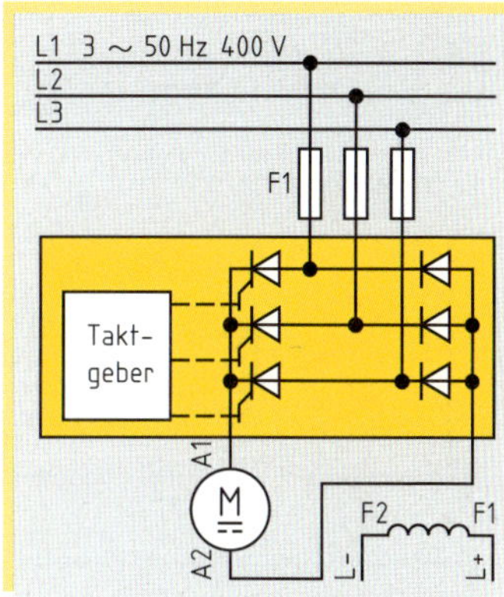

Bild 2: Stromrichtergesteuerter Gleichstrommotor

Versuch 2: Wiederholen Sie Versuch 1. Verringern Sie mit dem Feldsteller den Erregerstrom bei unveränderter Ankerspannung.

Beobachtung: Die Ankerdrehzahl erhöht sich, wenn der Erregerstrom verringert wird.

Die Ankergegenspannung U_i ist vom Erregerfluss und der Drehzahl abhängig. Wird der Erregerfluss geschwächt, muss die Ankerdrehzahl entsprechend ansteigen, damit bei unveränderter Ankerspannung auch die Ankergegenspannung ihre Größe beibehält. Wird bei Bemessungsbetrieb ein Erregerstrom eingestellt, der kleiner als der Bemessungserregerstrom ist, steigt die Drehzahl über die Bemessungsdrehzahl **(Bild 3)**.

Durch Schwächung des Erregerfeldes kann die Motordrehzahl über die Bemessungsdrehzahl erhöht werden.

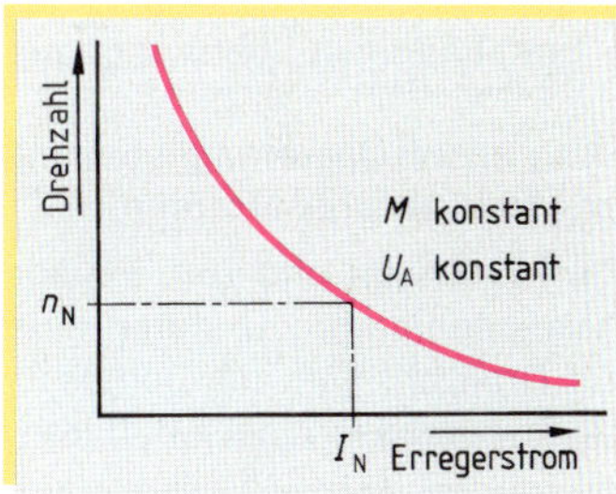

Bild 3: Drehzahl und Erregerstrom

Die Drehzahl darf durch Feldschwächung nicht beliebig ansteigen, da sonst Stromwender und Anker durch die auftretenden Fliehkräfte zerstört werden. Man sagt „der Motor geht durch".

Ankerrückwirkung

Bei Belastung entsteht bei Gleichstrommotoren wie bei Gleichstromgeneratoren ein Ankerquerfeld **(Seite 345)**. Motoren ab etwa 1 kW Leistung haben darum Wendepole, um die Lage der neutralen Zone zu erhalten. Da die Motordrehrichtung entgegengesetzt zur Generatordrehrichtung ist, ändert sich auch die Polarität der Wendepole **(Bild 4)**.

Bei Motoren folgt in Drehrichtung auf jeden Hauptpol ein gleichnamiger Wendepol.

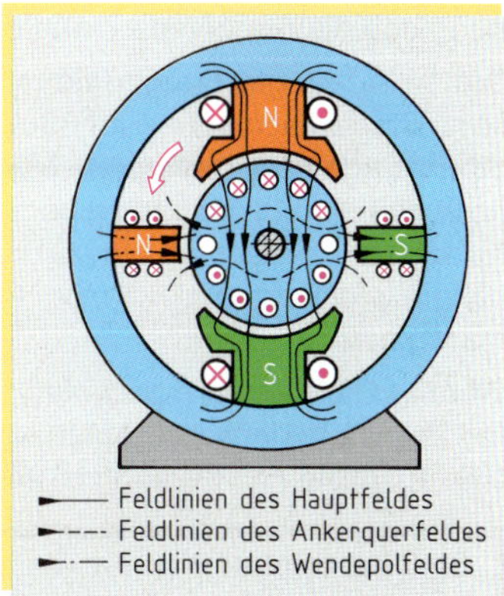

Bild 4: Motor mit Wendepolen

Motoren ab etwa 100 kW Leistung haben zusätzlich Kompensationswicklungen.

9.2.4.7 Arten von Gleichstrommotoren

Die verschiedenen Arten von Gleichstrommotoren unterscheiden sich durch die Schaltung der Erregerwicklung zum Anker **(Tabelle 1)**.

Tabelle 1: Schaltungen von Gleichstrommotoren

Reihenschlussmotor	Fremderregter Motor[1]	Nebenschlussmotor	Doppelschlussmotor (Compoundmotor)
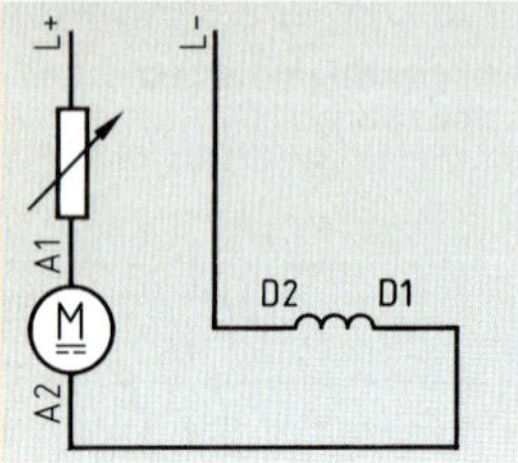	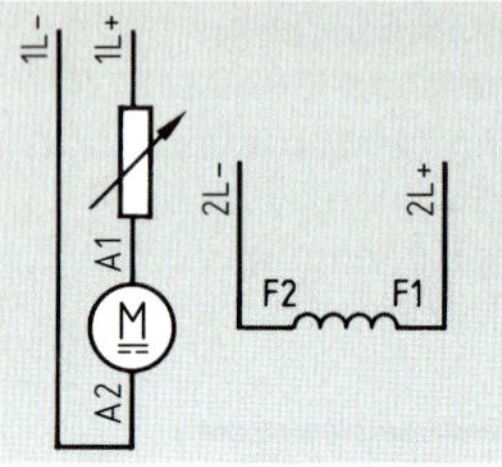	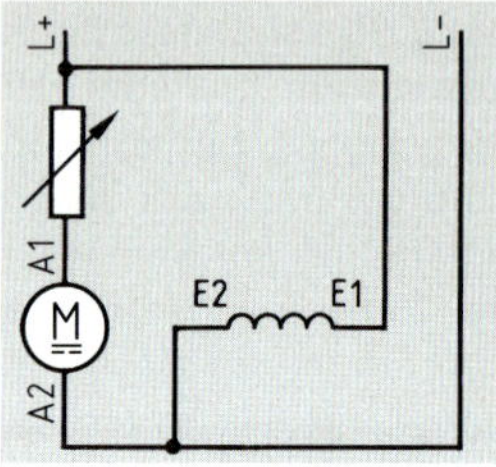	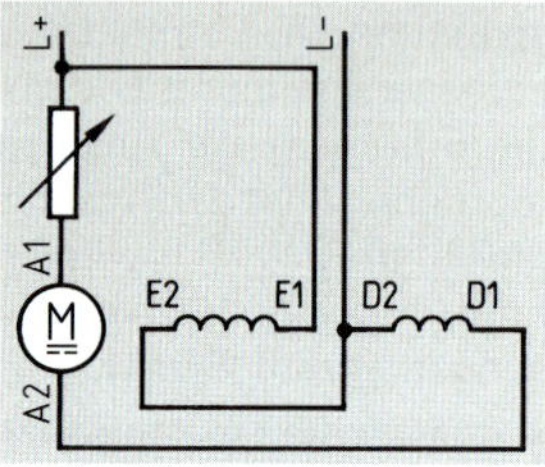
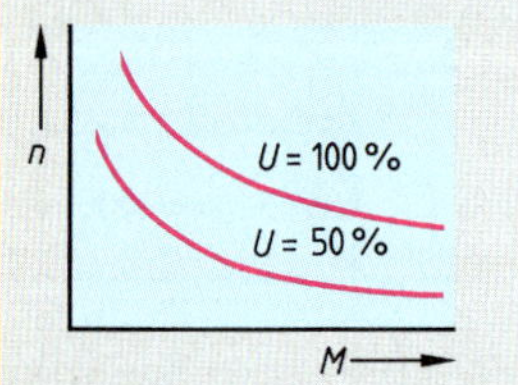	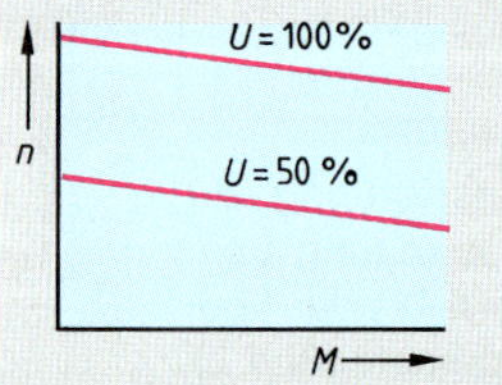	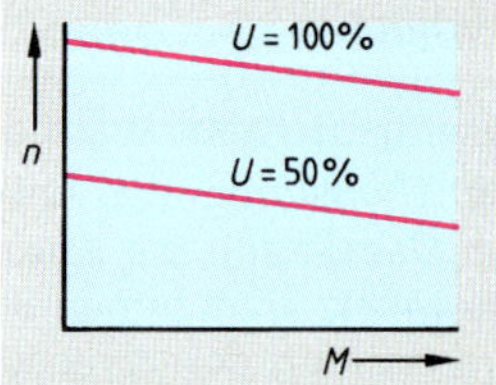	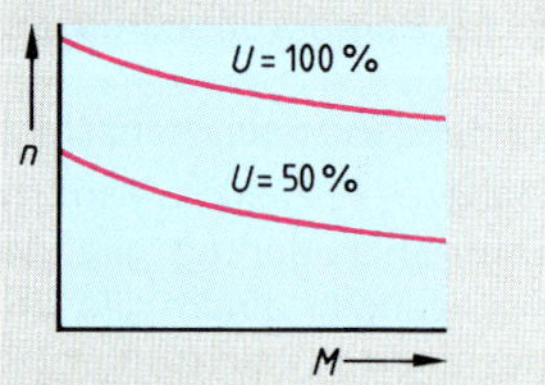

[1] Motoren mit Permanenterregung (Dauermagneterregung) sind auch fremderregte Motoren.

Fremderregter Motor

> Beim fremderregten Motor wird der Erregerstrom von einer unabhängigen Spannungsquelle geliefert **(Bild 1)**.

Motoren mit Dauermagneten anstelle der Erregerwicklung sind ebenfalls fremderregte Motoren.

Zum Anlassen und zum Herabsetzen der Drehzahl senkt man die Ankerspannung, z. B. durch einen Anlasswiderstand. Zum Erhöhen der Drehzahl über die Bemessungsdrehzahl hinaus verringert man die Erregerspannung, z. B. durch einen Feldsteller.

Oft werden Ankerstromkreis und Erregerstromkreis über Gleichrichter aus dem Wechsel- oder Drehstromnetz gespeist. Durch Transformatoren oder durch steuerbare Gleichrichter können die Ankerspannung und die Erregerspannung herabgesetzt werden.

Das fremderregte Erregerfeld ist unabhängig vom Anker. Es behält seine Stärke auch bei einem Rückgang der Ankerspannung. Die Drehzahl fremderregter Motoren bleibt dadurch bei Lastschwankungen noch stabiler als die von Nebenschlussmotoren **(Bild 2)**. Sie werden für Antriebe verwendet, deren Drehzahl in großem Umfang lastunabhängig gesteuert wird, z. B. für Fräsmaschinen und andere Werkzeugmaschinen.

Werden Gleichstrommaschinen bei gleich bleibendem Drehmoment für kleine Betriebsdrehzahlen verwendet (Ankersteuerung), ist für eine ausreichende Kühlung zu sorgen.

> Gleichstrommotoren für kleine Betriebsdrehzahlen benötigen Fremdkühlung.

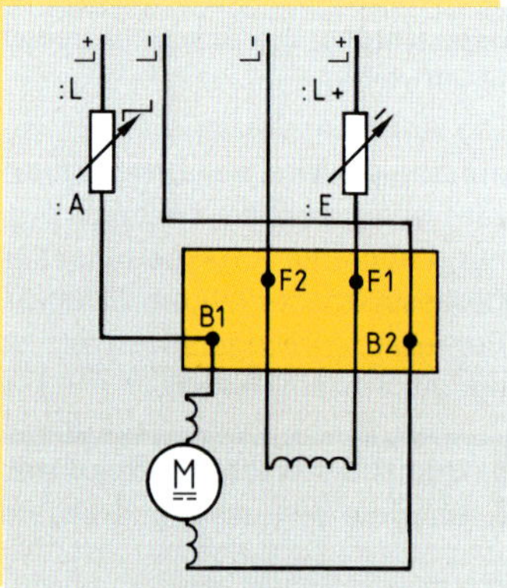

Bild 1: Schaltung eines fremderregten Motors mit Wendepolen, Anlasser und Feldsteller

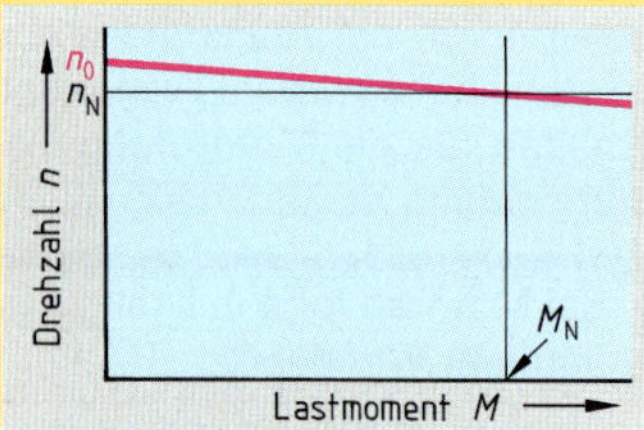

Bild 2: Belastungskennlinie des fremderregten Motors

Nebenschlussmotor

Beim Nebenschlussmotor liegt die Erregerwicklung parallel zum Anker **(Bild 1)**.

Die Drehzahleinstellung ist durch den Anlasswiderstand und den Feldsteller möglich. Im Leerlauf und bei Belastung verhält sich der Nebenschlussmotor wie ein fremderregter Motor. Er hat die gleiche Belastungskennlinie **(Bild 2, Seite 350)**. Motoren, die im Leerlauf nicht durchgehen und deren Drehzahl bei Belastung nur wenig abfällt, nennt man Motoren mit **Nebenschlussverhalten.**

Bei Nebenschlussmotoren und bei fremderregten Motoren ist darauf zu achten, dass die Erregung im Betrieb nicht abschaltbar ist. Sonst erreicht der Anker im schwachen Erregerfeld, das durch den Restmagnetismus der Erregerpole verursacht wird, unzulässig hohe Drehzahlen.

Nebenschlussmotoren können bei Unterbrechung des Erregerkreises durchgehen.

Sie werden für Antriebe wie fremderregte Motoren verwendet.

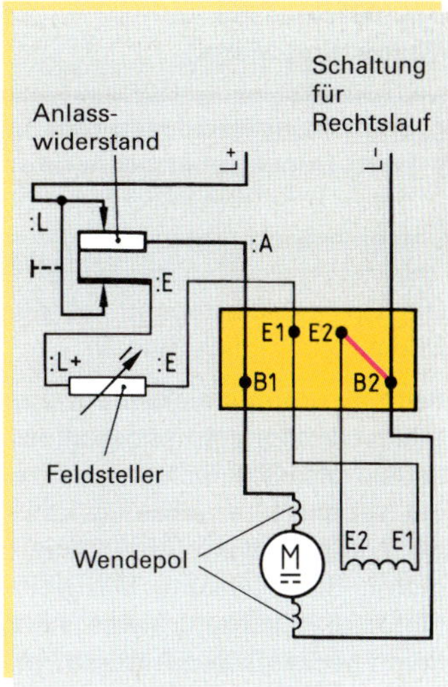

Bild 1: Nebenschlussmotor

Reihenschlussmotor

Beim Reihenschlussmotor ist die Erregerwicklung in Reihe zum Anker geschaltet **(Bild 2)**.

Zum Anlassen und zur Drehzahlsteuerung bis zur Bemessungsdrehzahl wird dem Motor ein Anlasswiderstand vorgeschaltet. Beim Reihenschlussmotor fließt der gesamte Ankerstrom auch durch die Erregerwicklung. Bei großem Ankerstrom ist der Erregerstrom ebenfalls groß.

Reihenschlussmotoren haben von allen Motoren das größte Anzugsmoment.

Beim Hochlaufen ohne Belastung nimmt der Ankerstrom und der Erregerstrom mit zunehmender Drehzahl ab. Die Schwächung des Erregerfeldes steigert die Drehzahl bis zur Motorzerstörung.

Reihenschlussmotoren gehen im Leerlauf durch.

Reihenschlussmotoren dürfen deshalb nicht über Flachriemen belastet werden, weil der Riemen abspringen könnte. Bei Belastung von Reihenschlussmotoren nimmt der Ankerstrom und damit der Erregerstrom zu: Die Drehzahl verringert sich stark, während das Drehmoment zunimmt **(Bild 3)**.

Die Drehzahl von Reihenschlussmotoren ist stark lastabhängig.

Die Abnahme der Drehzahl bei Belastung ist besonders groß, wenn der Reihenschlussmotor mit einem Anlasswiderstand R_v betrieben wird. In diesem Fall ruft der zunehmende Ankerstrom im Anlasswiderstand einen Spannungsfall hervor, sodass die Spannung am Anker niedriger wird. Die Drehzahl sinkt, weil der Anker eine geringere Ankergegenspannung erzeugen muss.

Reihenschlussmotoren werden vor allem für Elektrofahrzeuge verwendet, z.B. für Straßenbahnen, Fernbahnen und Elektrokarren. Ist das Magnetgestell dieser Motoren aus Elektroblech, so arbeiten Reihenschlussmotoren auch mit Wechselstrom.

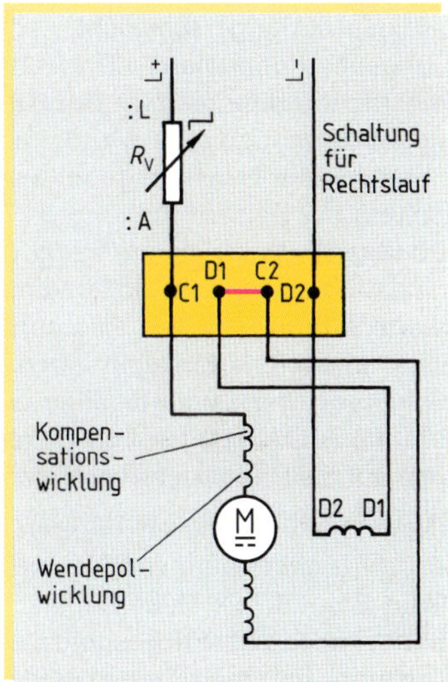

Bild 2: Reihenschlussmotor

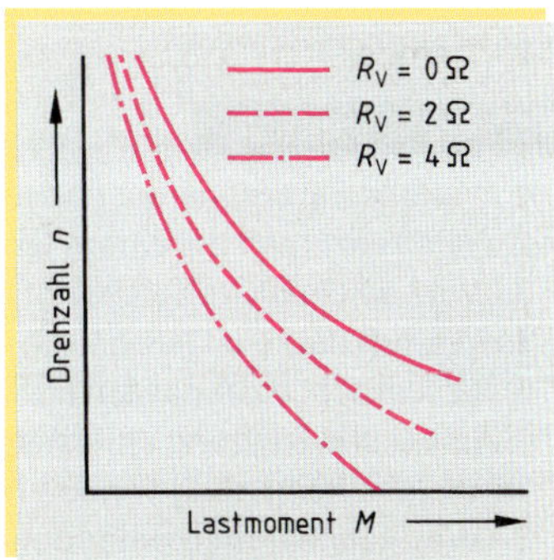

Bild 3: Belastungskennlinien eines Reihenschlussmotors

Doppelschlussmotor (Compound-Motor)

Beim Doppelschlussmotor befindet sich wie beim Doppelschlussgenerator auf den Hauptpolen eine Nebenschluss- und eine Reihenschlusswicklung.

Die Drehzahleinstellung ist durch Anlasser und Feldsteller möglich **(Bild 1)**.

Beim „compoundierten" Motor ist die Reihenschlusswicklung so angeschlossen, dass ihr Magnetfeld dieselbe Richtung hat wie das Magnetfeld der Nebenschlusswicklung. Im Leerlauf verhält sich der compoundierte Motor wie ein Nebenschlussmotor. Bei Belastung fällt beim compoundierten Motor die Drehzahl etwas stärker ab **(Bild 2)**, da durch den stärkeren Ankerstrom auch der magnetische Hauptfluss größer wird.

Ist die Reihenschlusswicklung so angeschlossen, dass ihr Magnetfeld das Magnetfeld der Nebenschlusswicklung schwächt, so ist der Motor „gegencompoundiert". Unbeabsichtigt wird aus einem compoundierten Doppelschlussmotor ein gegencompoundierter Motor, wenn bei Drehrichtungsumkehr falsch umgepolt wird, z.B. durch Umpolung der Reihenschaltung B1 bis D2 statt B1 bis B2 **(Bild 1)**. Bei Belastung steigt dann die Drehzahl, da das Hauptfeld schwächer wird. Gegencompoundierte Motoren neigen also zum Durchgehen, sie sind instabil. Deswegen vermeidet man diese Schaltung. In Ausnahmefällen wird sie verwendet, um die Auswirkungen von Belastungsschwankungen auf die Drehzahl zu verringern.

Doppelschlussmotoren werden eingesetzt, wenn das Anzugsmoment von Nebenschlussmotoren zu klein ist, z.B. bei Hebezeugen. Ein fremderregter Motor oder ein Nebenschlussmotor über 12 kW Leistung hat meist eine Reihenschlusshilfswicklung, verhält sich also wie ein Doppelschlussmotor. Ohne die Reihenschlusswicklung würde bei Belastung die Drehzahl zunehmen, weil das Ankerfeld das Hauptfeld schwächt.

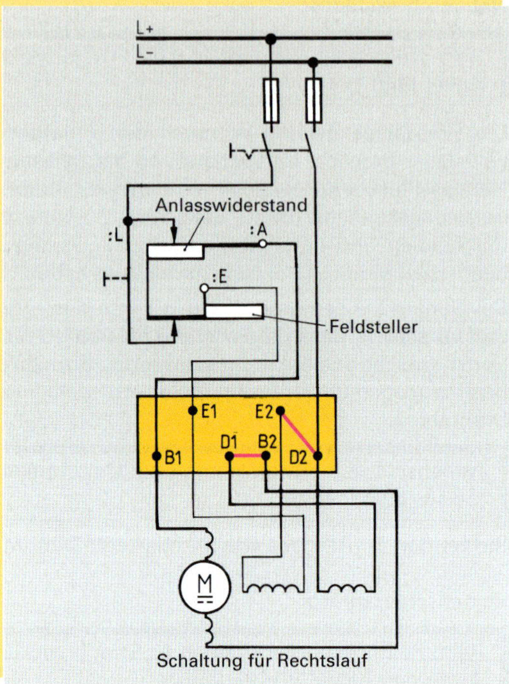

Bild 1: Doppelschlussmotor mit Wendepolen und Anlassfeldsteller

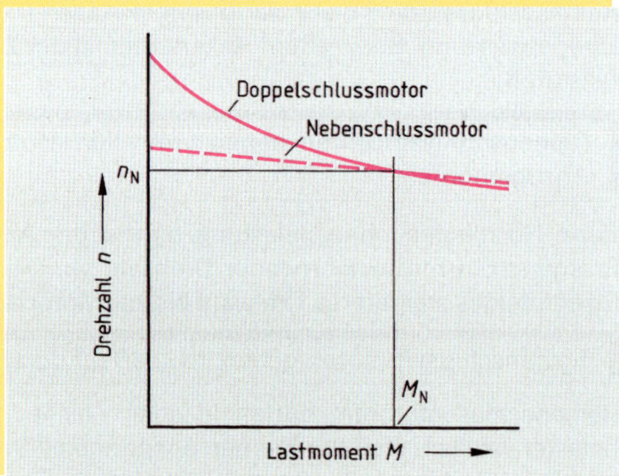

Bild 2: Belastungskennlinien des Doppelschlussmotors und des Nebenschlussmotors

Arbeitsauftrag:

1. Welche Eigenschaften haben Gleichstrommotoren?
2. Wie kehrt man bei einem Gleichstrommotor die Drehrichtung um?
3. Von welchen Größen hängt beim Gleichstrommotor das Drehmoment ab?
4. Warum darf ein Gleichstrommotor nicht an der vollen Netzspannung eingeschaltet werden?
5. Wie erhöht man die Ankerdrehzahl beim fremderregten Motor über die Bemessungsdrehzahl?
6. In welche Richtung verschiebt sich im Gleichstrommotor die neutrale Zone bei Belastung?
7. Welche Reihenfolge haben Hauptpole und Wendepole am Ständerumfang beim Gleichstrommotor?
8. Was versteht man unter dem Nebenschlussverhalten eines Gleichstrommotors?
9. Welches Betriebsverhalten haben Reihenschlussmotoren?
10. Wozu werden Reihenschlussmotoren verwendet?

9.2.4.8 Universalmotoren

Ändert sich bei einem Reihenschlussmotor die Stromrichtung, so werden die Magnetfelder von Erregerwicklung und Ankerwicklung gleichzeitig umgepolt. Damit wirkt das Drehmoment in gleich bleibender Richtung. Reihenschlussmotoren sind daher als Gleichstrommotoren und als Wechselstrommotoren (Einphasen-Reihenschlussmotoren) geeignet. Nebenschlussmotoren sind für Wechselstrombetrieb ungeeignet. Die hohe Windungszahl der Erregerwicklung bewirkt einen großen Blindwiderstand. Dadurch ist der Erregerstrom sehr klein und wirkt phasenverschoben zum Ankerstrom.

Für Wechselstrombetrieb wird der Läufer und der Ständer des Motors geblecht ausgeführt, um die auftretenden Wirbelstromverluste zu verkleinern. Durch Selbstinduktion in der Erregerwicklung wird der Strom begrenzt und damit Motorleistung, Drehzahl und Anzugsmoment herabgesetzt. Die Windungszahl der Erregerwicklung muss daher bei Betrieb an Wechselstrom kleiner sein als bei Betrieb an Gleichstrom.

Universalmotoren (Bild 1) werden meist nur für Wechselstrombetrieb gebaut. Sie haben Leistungen bis etwa 1,5 kW und werden u.a. für Elektrohandwerkzeuge (z.B. Handbohrmaschine) verwendet. Die Erregerwicklung befindet sich auf den ausgeprägten Polen des Ständerblechpaketes **(Bild 2)**. Aus Kostengründen haben sie keine Wendepole. Um die Ankerrückwirkung zu verringern, werden die Anschlüsse der Ankerspulen im Drehsinn versetzt an den Stromwender angebracht. Dadurch ist der Drehsinn festgelegt.

Das Betriebsverhalten des Universalmotors entspricht dem des Gleichstrom-Reihenschlussmotors. Die Motordrehzahl ist frequenzunabhängig und kann bis etwa 30 000 1/min erreichen. Durch die feste Verbindung mit Getriebe oder z.B. Lüfter besteht meist keine Durchgehgefahr.

> Universalmotoren haben bei kleiner Baugröße eine große Leistung. Ihre Drehzahl ist stark lastabhängig, das Drehmoment ist hoch.

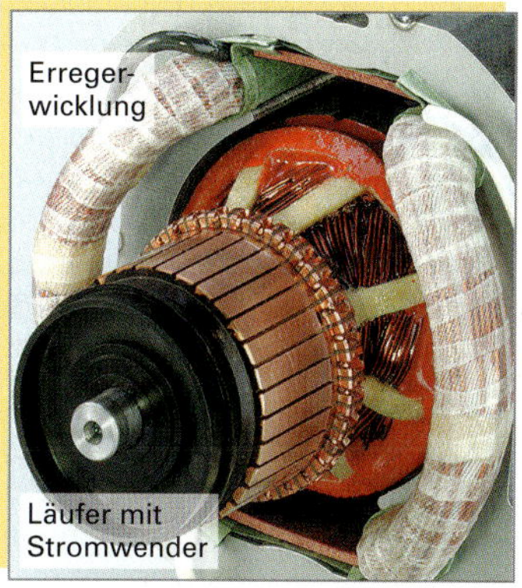

Bild 1: Universalmotor

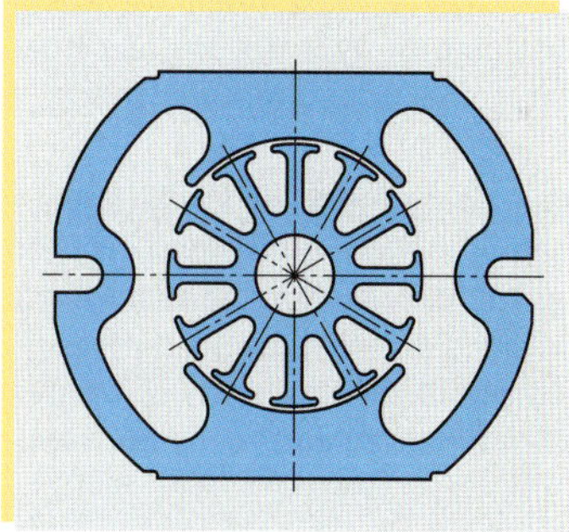

Bild 2: Ständer- und Läuferblechschnitt

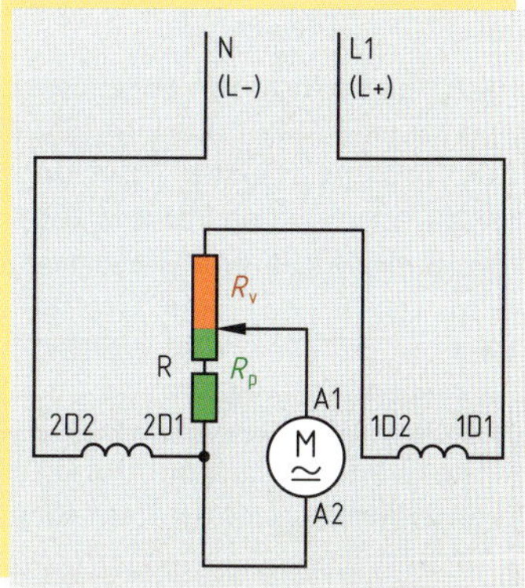

Bild 3: Barkhausenschaltung

Drehzahlsteuerung. Wie bei Gleichstrommotoren ist die Drehzahl von der Motorspannung abhängig. Eine einfache Drehzahlsteuerung ermöglicht ein Vorwiderstand R_v, feinstufiger arbeitet die **Barkhausenschaltung.** Hierbei ist ein Widerstand R als Potenziometer parallel zur Läuferwicklung geschaltet **(Bild 3).** Durch den über den Parallelwiderstand R_p fließenden Strom wird bei Leerlauf das Erregerfeld verstärkt. Die Leerlaufdrehzahl wird dadurch begrenzt und ein Durchgehen vermieden. Bei kleinen Motoren kann auch durch Anzapfungen die **Erregerwindungszahl** geändert werden. Durch Verringern der Windungszahl wird das Erregerfeld geschwächt und eine höhere Drehzahl erreicht. Bevorzugt wird zur Drehzahlsteuerung die **Phasenanschnittsteuerung** mittels Thyristoren oder Triac, z.B. bei Elektrowerkzeugen.

Funkentstörung. An den Bürsten entstehen hochfrequente Störimpulse. Die unterteilte Erregerwicklung **(Bild 3)** wirkt als Drosselspule und verringert die Funkstörung. Zusätzlich sind Entstörkondensatoren erforderlich.

Wechselstrom-Reihenschlussmotoren werden auch für große Leistungen mit Wendepolwicklungen und Kompensationswicklungen gebaut. Ihr Einsatz im öffentlichen Versorgungsnetz ist durch ihre unsymmetrische Netzbelastung begrenzt. Als Wechselstrom-Bahnmotoren haben sie Leistungen von mehreren hundert kW.

9.2.5 Bauformen elektrischer Maschinen

Die Bauformen der elektrischen Maschinen sind genormt **(Tabelle 1)**. Sie haben als Kurzzeichen nach IM[1] einen Buchstaben mit anschließender Ziffer, z.B. IM B3 (nach Code I) oder vier Ziffern (Code II). Für die verschiedenen Anwendungen sind zahlreiche Bauformen genormt (siehe Tabellenbuch).

Durch die Verwendung von Normmotoren besteht die Möglichkeit, für einen bestimmten Anwendungsfall Motoren verschiedener Hersteller zu verwenden, da Motoren gleicher Bauform und Leistung auch gleiche Abmessungen haben.

Tabelle 1: Bauformen elektrischer Maschinen (nach DIN IEC 60034)

IEC Code I Code II	Bauform	Merkmale
IM B3 IM 1001		Zwei Schildlager, ein freies Wellenende, Befestigungsfüße für stehende Befestigung.
IM B6 IM 1051		Wie IMB 3, Wandbefestigung, Füße links bei Blick auf die Welle.
IM V1 IM 3011		Zwei Schildlager, Befestigungsflansch, Flansch und freie Welle unten.
IM V6 IM 1031		Zwei Schildlager, Befestigungsfüße für Wandbefestigung, freies Wellenende oben.

9.2.6 Isolierstoffklassen

Elektrische Maschinen wandeln die entstehenden Verluste in Wärme um. Zu hohe Erwärmung zerstört die Isolation und macht die Maschine unbrauchbar.

Die Temperatur in Wicklungen und anderen Maschinenteilen erhöht sich im Betrieb, bis ein Gleichgewicht zwischen Verlustwärme und abgeführter Wärme entsteht. Dabei darf wegen der Temperaturempfindlichkeit der Wicklungsisolation **(Tabelle 2)** die **höchstzulässige Dauertemperatur** nicht überschritten werden. Die zulässige Temperaturzunahme nennt man **Grenzübertemperatur**. Sie wird als Übertemperatur über der Temperatur des Kühlmittels, bei Luftkühlung einer Raumtemperatur von 40 °C – abzüglich eines Sicherheitsabstandes von etwa 10 K – angegeben.

Nach den Bestimmungen für elektrische Maschinen sind für eine maximale Umgebungstemperatur von 40 °C bei den meisten Wicklungen Grenzübertemperaturen von etwa 75 K bis 100 K zugelassen. Glimmer, Silikat-Fiber und Glaserzeugnisse, ebenso Silikone, lassen z.T. eine Grenzübertemperatur von 125 K zu. Bei Gleit- und Wälzlagern liegt die Grenze bei etwa 45 K bis 65 K.

> Die Grenzübertemperatur ist die höchstzulässige Übertemperatur über 40 °C abzüglich eines Sicherheitsabstandes von etwa 10 K.

Tabelle 2: Isolierstoffklassen für elektrische Maschinen (nach DIN VDE 0530)

Klasse	Höchstzulässige Dauertemperatur in °C	Isolierstoffe (Beispiele)
E	120	Hartpapier, Hartgewebe, ausgehärtete Pressmassen, Triacetatfolie
B	130	Glas, Silikat-Fiber, Glimmer mit Bindemitteln, Kunstharzlacke der Klasse B
F	155	Glasfaser, Silikat-Fiber und Glimmer mit Kunstharzen getränkt
H	180	Silikone, Glimmer, Glasfaser mit Silikonharzen getränkt

Arbeitsauftrag:

1. Beschreiben Sie den Aufbau eines Scheibenläufermotors.
2. Welche besonderen Eigenschaften haben Scheibenläufermotoren?
3. Mit welchem Gleichstrommotor ist ein Universalmotor im Betriebsverhalten vergleichbar?
4. Nennen Sie Möglichkeiten der Drehzahlsteuerung bei Universalmotoren.
5. Erklären Sie die Wirkungsweise eines asynchronen Frequenzumformers.
6. Welche Betriebsarten von Elektromotoren werden unterschieden?
7. Nennen Sie Isolierstoffklassen und geben Sie deren höchstzulässige Dauertemperatur an.
8. Was versteht man unter der Grenzübertemperatur?

[1] **IM** von engl. **I**nternational **M**ounting = internationale Montage

9.2.7 Wartung und Prüfung elektrischer Maschinen

Um Betriebsstörungen zu vermeiden, sind elektrische Maschinen regelmäßig zu warten **(Tabelle 1)**.

Tabelle 1: Wartungszeitplan für Elektromotoren

Zeitraum	Motorart			Lager		Wartungsarbeit
	K	Sch	St	W	G	
alle 1 bis 2 Monate		x	x			Kontrolle von Kohlebürsten, Bürstenhalterung, evtl. Bürstenabhebevorrichtung und Schleifringen bzw. Stromwender
alle 3 bis 4 Monate	x	x	x			Kontrolle der Anschlussklemmen
		x	x			Überprüfung des Bürstendrucks
alle Jahre (mindestens)	x	x	x			Messung des Isolationswiderstandes der Wicklungen
	x	x	x			Verschmutzte Wicklungen reinigen und feuchte Wicklungen trocknen
	x	x	x			Messung der Wicklungstemperatur
		x	x			genaue Kontrolle von Kohlebürsten, Bürstenhalterung und Schleifring- bzw. Stromwenderzustand
				x	x	genaue Kontrolle der Lager und Messung der Lagertemperatur

K Käfigläufer, Sch Schleifringläufer, St Stromwendermotor, W Wälzlager, G Gleitlager

Prüfen von Wicklungen

Die Wicklungen elektrischer Maschinen sind nach einer Neuwicklung oder Instandsetzung einer Prüfung des Isolationswiderstandes zu unterziehen.

Die Wicklungen werden gegeneinander und auf Körperschluss geprüft **(Tabelle 2)**. Die Prüfung erfolgt mit Hochspannungsprüfgeräten **(Bild 1)**, die eine sinusförmige Wechselspannung 50 Hz liefern, einstellbar von 500 V bis 5000 V. Die Prüfspannung hängt von der Bemessungsspannung der Maschine ab.

An Neuwicklungen und teilweise erneuerten Wicklungen darf die Prüfung nur mit 75% der vollen Prüfspannung wiederholt werden.

Die **Messung des Isolationswiderstandes** erfolgt mit einem Widerstandsmesser, dessen Bemessungsspannung mindestens 500 V Gleichspannung beträgt. Der Isolationswiderstand kann je nach Maschinenart und Maschinengröße verschieden sein. Er soll mindestens so viele Kiloohm betragen, wie der Zahlenwert der Bemessungsspannung gegen Erde angibt, bei 230 V also mindestens 230 kΩ. Bei instand gesetzten Motoren für Elektrogeräte muss der Isolationswiderstand nach DIN VDE 0701 mindestens 0,5 MΩ betragen.

Tabelle 2: Wicklungsprüfung (nach DIN VDE 0530)

Art der Wicklung	Bemessungsdaten der Maschine	Prüfspannung U_p
Alle Wicklungen, außer den nachstehenden	bis 1 kW (kVA), bis 99 V	$2 \cdot U_n + 500\,V$
	Unter 10000 kW (kVA) U_n bis 1000 V	$2 \cdot U_n + 1000\,V$ mind. 1500 V
	Über 10000 kW (kVA) U_n bis 24 kV	$2 \cdot U_n + 1000\,V$
Schleifringläuferwicklungen	ohne Drehfeldumkehr	$2 \cdot U_{L0} + 1000\,V$
	mit Drehfeldumkehr	$4 \cdot U_{L0} + 1000\,V$
Erregerwicklungen	Gleichstrommaschinen fremderregt	$2 \cdot U_{ne} + 1000\,V$ mind. 1500 V

U_n Bemessungsspannung, U_{L0} Läuferstillstandsspannung, U_{ne} Bemessungs-Erregerspannung

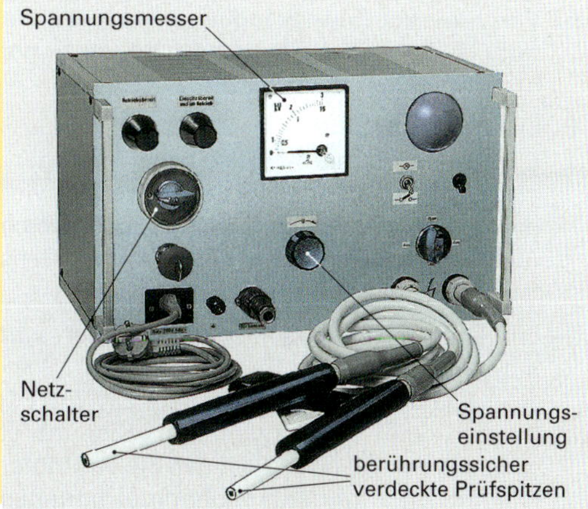

Bild 1: Hochspannungsprüfgerät

Arbeitsauftrag

Bearbeiten Sie folgende Aufgaben:

1. Ein idealer Transformator hat am Netz 230 V 50 Hz eine Stromaufnahme von 0,5 A. Seine Ausgangsspannung beträgt 50 V. Ermitteln Sie die ausgangsseitige Stromstärke und das Übersetzungsverhältnis.
2. Wie ändern sich Stromaufnahme und Leistungsaufnahme eines Transformators, wenn ein Luftspalt in seinem Eisenkern vergrößert wird?
3. **a)** Zeichnen Sie die Messschaltung zur Ermittlung der Kurzschlussspannung eines Einphasentransformators. **b)** Berechnen Sie die bezogene Kurzschlussspannung eines Transformators 400 V/230 V, wenn bei U = 24 V durch die Eingangswicklung der Bemessungsstrom fließt. **c)** Welche Aussage ist anhand der ermittelten Kurzschlussspannung über das Spannungsverhalten bei Belastung möglich?
4. Beim Versuch **Bild 1** hat ein Trenntransformator bei anliegender Bemessungsspannung eine Leistungsaufnahme von 200 W. **a)** Welche Verluste werden gemessen und wie entstehen sie? **b)** Berechnen Sie den Wirkungsgrad des Transformators bei Betrieb mit Bemessungsleistung 3000 VA, $\cos\varphi = 1$ und einer im Kurzschlussversuch ermittelten Leistungsaufnahme von 250 W?

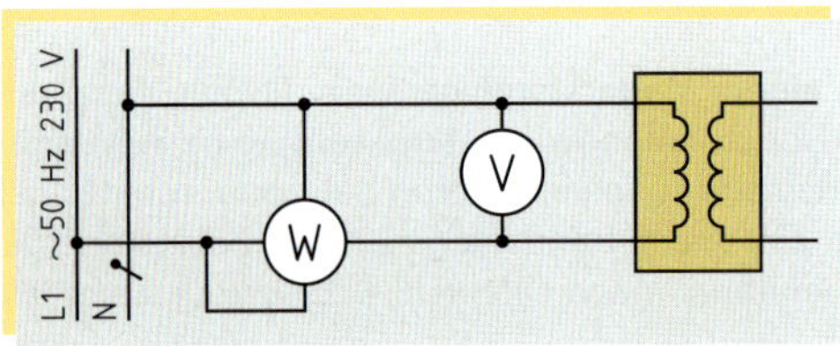

Bild 1: Messschaltung

5. Wozu werden Messwandler verwendet? Worauf ist beim Betrieb von Spannungs- und Stromwandlern zu achten?
6. Ein Drehstromtransformator 10 kV/0,4 kV, u_k = 5%, Schaltgruppe Dyn5, soll zur Versorgung des Niederspannungsnetzes verwendet werden. **a)** Erklären Sie die Schaltgruppenbezeichnung. **b)** Beurteilen Sie die Eignung des Transformators.
7. Ein Drehstrom-Kurzschlussläufermotor wird am Netz 3 x 400 V, 50 Hz betrieben. Seine zulässige Strangspannung beträgt 230 V. **a)** Wie müssen die Wicklungen am Klemmbrett geschaltet werden? **b)** Zeichnen Sie das Motorklemmbrett mit Klemmenbezeichnungen, Brücken und Netzanschluss für Rechtslauf.
8. Ein Drehstromkurzschlussläufermotor mit dem Leistungsschild **Bild 2** wird mit Bemessungsleistung betrieben und treibt eine Arbeitsmaschine über eine Riemenscheibe mit 120 mm Durchmesser an. **a)** Bestimmen Sie Polzahl und Schlupf. **b)** Berechnen Sie die auf dem Leistungsschild fehlende Stromangabe für Sternbetrieb. **c)** Berechnen Sie den Motorwirkungsgrad. **d)** Bestimmen Sie das Drehmoment. **e)** Welche Kraft F wirkt am Umfang der Riemenscheibe?

Hersteller	
3~ Motor	Nr.:
Δ/Y 400 V/690 V	10,7 A / ...... A
5,5 kW S1	cos φ 0,88
1450 /min	50 Hz
Is.Kl. B IP 54	DIN VDE 0530

Bild 2: Leistungsschild

9. Nennen Sie für den Motor mit dem Leistungsschild **Bild 2** die Betriebsart und den Schutzumfang gegen Berühren, Fremdkörper sowie gegen Eindringen von Wasser.
10. Wie unterscheiden sich Gleichstromnebenschlussmotor und Gleichstromreihenschlussmotor **a)** im Drehzahlverhalten bei Laständerung und Leerlauf, **b)** im Aufbau der Erregerwicklungen, **c)** bei Unterbrechung der Erregerwicklung?
11. Ein Gleichstrommotor wird mit Fremderregung betrieben **(Bild 3)**. **a)** Wozu werden die Widerstände R_E und R_A verwendet? **b)** Nennen Sie die Klemmenbezeichnungen. **c)** Welche Aufgabe haben die Wendepolwicklungen?

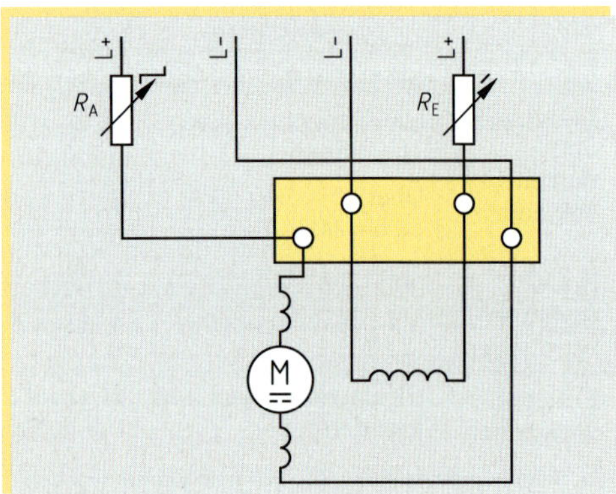

Bild 3: Fremderregter Gleichstrommotor

9.3 Schutzmaßnahmen

9.3.1 Gefahren im Umgang mit dem elektrischen Strom

Die meisten Unfälle im Umgang mit dem elektrischen Strom geschehen durch Unachtsamkeit. Um eine Gefährdung zu vermeiden oder zu verringern, ist bei der Nutzung elektrischer Energie besondere Sorgfalt erforderlich.

9.3.1.1 Wirkungen des elektrischen Stroms im menschlichen Körper

Der elektrische Strom ist für den Menschen und für Tiere aus mehreren Gründen gefährlich. Alle Flüssigkeiten des menschlichen Körpers, z.B. Schweiß, Speichel, Blut und Zellflüssigkeit, sind Elektrolyte, d.h., sie leiten den elektrischen Strom.

Menschliche und tierische Körper leiten den elektrischen Strom.

Fast alle menschlichen Organe funktionieren aufgrund elektrischer Impulse, die vom Gehirn ausgehen. So steuern schwache elektrische Impulse von etwa 50 mV z.B. die Bewegung der Muskeln. Die Impulse werden vom Gehirn durch Nerven an die Muskeln herangeführt. Ist ein Nerv unterbrochen, arbeitet der Muskel nicht mehr, er ist gelähmt. Zwischen den Gehirnzentren, z.B. zwischen Sehzentrum, Bewegungszentrum oder Schmerzzentrum, fließen ebenfalls elektrische Ströme. Der Tod (Gehirntod) wird durch Messen dieser Gehirnströme festgestellt.

Viele Ströme (körpereigene Ströme) können über Elektroden erfasst und gemessen werden. So zeigt z.B. das **EKG** (Elektrokardiogramm) die elektrische Aktivität des Herzens, das **EEG** (Elektro-Enzephalogramm) die elektrische Aktivität des Gehirns.

Körpereigene Ströme können gemessen werden.

Auch das Herz funktioniert durch elektrische Ströme, die es selbst erzeugt. Es ist also nicht vom Gehirn abhängig. Das Herz erzeugt je Minute etwa 80 Impulse, die der Herzmuskel mit je einer Kontraktion (Zusammenziehung) beantwortet. Wird die nötige Anzahl an Impulsen je Minute nicht mehr geliefert, schlägt es zu langsam.

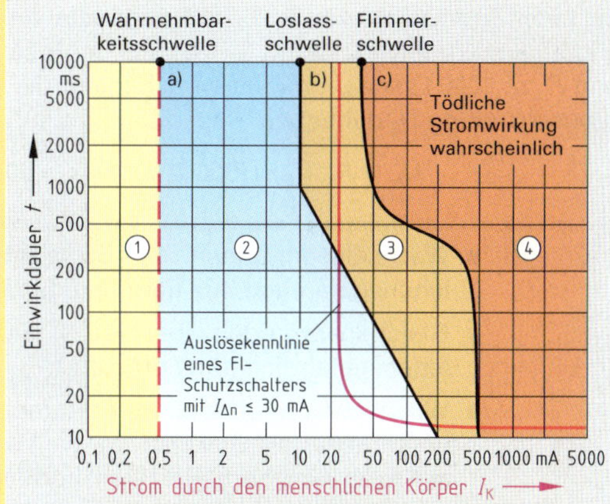

Bereich	Körperreaktionen
①	Keine Reaktion des Körpers
②	Keine gefährliche Wirkung
③	Gefahr von Herzkammerflimmern
④	Herzkammerflimmern ist möglich

Beispiel: Seite 358

Bild 1: Wirkungsbereiche bei Wechselstrom 50 Hz auf erwachsene Personen (nach IEC 479)

Von außen kommende Ströme (Fremdströme) können die Funktion von Organen beeinflussen.

Fließt ein Strom durch den menschlichen Körper, z.B. beim Berühren eines unter Spannung stehenden Leiters, so verkrampfen sich die Muskeln, wenn der von außen kommende Strom viel größer ist als der körpereigene Strom. Der Verunglückte ist dann unfähig, die Berührungsstelle wieder loszulassen. Die Reaktionen auf den menschlichen Körper sind abhängig von der Einwirkdauer und der Stromstärke durch den Körper. Aus Untersuchungen hat man vier Wirkungsbereiche festgelegt **(Bild 1)**.

Fließt Wechselstrom über das menschliche Herz, so versucht es den schnelleren und stärkeren Impulsen von außen zu folgen. Es arbeitet deshalb schneller. Dabei kommt es zu Rhythmusstörungen des Herzens, d.h., das Herz arbeitet unregelmäßig. Fällt der Stromfluss in die so genannte vulnerable (verletzliche) Phase, kommt es zu dem gefährlichen **Herzkammerflimmern**. Als Folge davon fällt die Herztätigkeit aus mit anschließendem Kreislaufstillstand. Aufgrund des Sauerstoffmangels kommt es bereits nach kurzer Zeit zur Schädigung der Gehirnzellen und im weiteren Verlauf zum Tod.

Entscheidend für die Folgen eines elektrischen Unfalls ist die Höhe des Stromes, der beim Berühren unter Spannung stehender Teile durch den Körper fließt. Aus Erfahrung weiß man, dass schon eine Stromstärke von 50 mA den Tod herbeiführen kann, wenn der Strom über das Herz fließt.

Der durch den Körper fließende Strom I_K hängt von der Spannung und vom Widerstand des Körpers ab. Dieser **Körperwiderstand** R_K setzt sich aus dem **Körperinnenwiderstand** R_{Ki} und den **Übergangswiderständen** $R_{ü1}$ und $R_{ü2}$ an der Stromeintritts- und Stromaustrittsstelle zusammen **(Bild 1)**.

Die Übergangswiderstände hängen auch von äußeren Verhältnissen ab. Trockene Haut und trockene Kleidung haben einen großen Widerstand. Bei Feuchtigkeit, z.B. Schweiß oder nassem Fußboden, ist der Übergangswiderstand dagegen gering. Der Übergangswiderstand wird außerdem umso kleiner, je größer die Berührungsfläche ist.

Bei einer Stromstärke von AC 50 mA durch den menschlichen Körper und einem Körperwiderstand R_K, der aus der Ersatzschaltung mit R_{Ki} und $R_ü$ zu 1000 Ω angenommen wird, beginnt die gefährliche Berührungsspannung U_B daher bei:

$$\boldsymbol{U_B} = R_K \cdot I_K = 1000\,\Omega \cdot 0{,}05\,\text{A} = \mathbf{50\,V}$$

- Wechselspannungen über 50 V sind für Menschen lebensgefährlich (für Tiere bereits 25 V).
- Gleichspannungen über 120 V sind für Menschen lebensgefährlich (für Tiere 60 V).
- Wechselstrom mit einer Frequenz von 50 Hz ist gefährlicher als Gleichstrom, weil es bereits bei dieser Frequenz zum Herzkammerflimmern kommen kann.

Folgen und Auswirkungen eines Stromschlages

Die Wärmewirkung des elektrischen Stromes führt bei großer Stromstärke an der Ein- und Austrittsstelle zu **Verbrennungen**. Dort entstehen die so genannten **Strommarken**. Dabei kann es durch Lichtbögen bis zum Verkohlen von Körperteilen kommen (Verbrennungen 4. Grades). Die Folgen starker Verbrennungen führen zur Überlastung der Nieren und damit zum Tode.

Der Strom kann das Blut elektrolytisch zersetzen, vor allem bei längerer Einwirkdauer. Dadurch kommt es zu schweren **Vergiftungserscheinungen**. Solche Folgeerkrankungen können auch erst nach einigen Tagen auftreten. Um sicherzugehen, sollte man daher bei elektrischen Unfällen auch dann einen Arzt aufsuchen, wenn zunächst keine Anzeichen einer Schädigung vorliegen.

Wegen der Unfallgefahr ist das Arbeiten an unter Spannung stehenden Teilen verboten!

Bei Betriebsspannungen über 50 V Wechselspannung oder 120 V Gleichspannung sind Arbeiten an unter Spannung stehenden Teilen nur dann gestattet, wenn diese Teile aus wichtigen Gründen nicht spannungsfrei geschaltet werden können. Solche Arbeiten dürfen jedoch nur durch Elektrofachkräfte mit Zusatzausbildung ausgeführt werden, nicht aber durch Auszubildende (DIN VDE 0105).

Achtung!

- Stromstärken ab 50 mA sind lebensgefährlich.
- Die Gefährdung nimmt mit höherer Stromstärke und längerer Einwirkungsdauer zu.

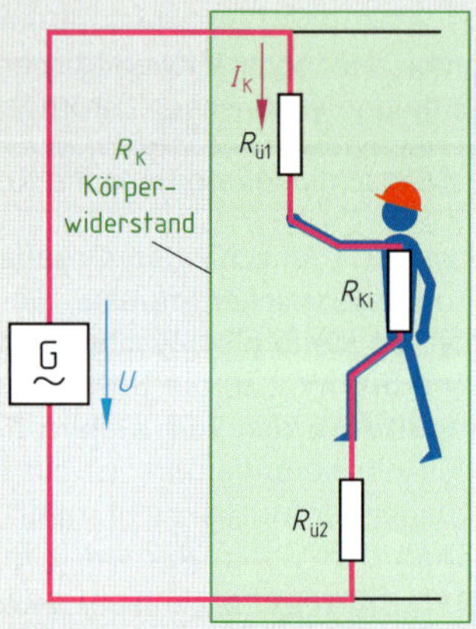

$R_{ü1}$ Leiter-Körper-Widerstand
R_{Ki} Körperinnenwiderstand
$R_{ü2}$ Körper-Leiter-Widerstand
R_K Körperwiderstand

$$R_K = R_{ü1} + R_{Ki} + R_{ü2}$$

Bild 1: Körperwiderstand

Beispiel:

Bei der Reparatur eines Robotermotors berührt ein Mechatroniker die Netzwechselspannung U = 230 V.

a) Berechnen Sie die Stromstärke I_K die durch den Körper fließt.

b) Welche Gefährdung tritt für den Verunglückten bei einer Einwirkdauer von t = 0,1 s (siehe **Bild 1, Seite 357**) ein?

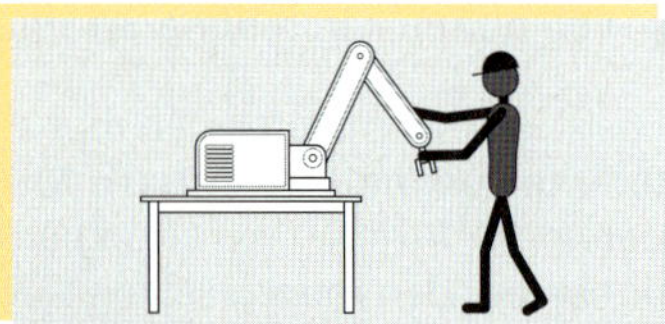

Lösung:

a) $\boldsymbol{I_K} = \frac{U}{R_K} = \frac{230\,\text{V}}{1\,\text{k}\Omega} = \mathbf{230\,mA}$

b) Die Gefährdung liegt im Wirkungsbereich ③ mit Muskelverkrampfung und der Gefahr des Herzkammerflimmerns.

9.3.1.2 Direktes und indirektes Berühren

Nach DIN VDE 0100 Teil 200 unterscheidet man zwischen direktem und indirektem Berühren.

Direktes Berühren ist das Berühren unter Spannung stehender Teile, z.B. eines Leiters, durch Personen oder Nutztiere.

Indirektes Berühren ist das Berühren von Körpern elektrischer Betriebsmittel, die infolge eines Fehlers unter Spannung stehen durch Personen oder Nutztiere.

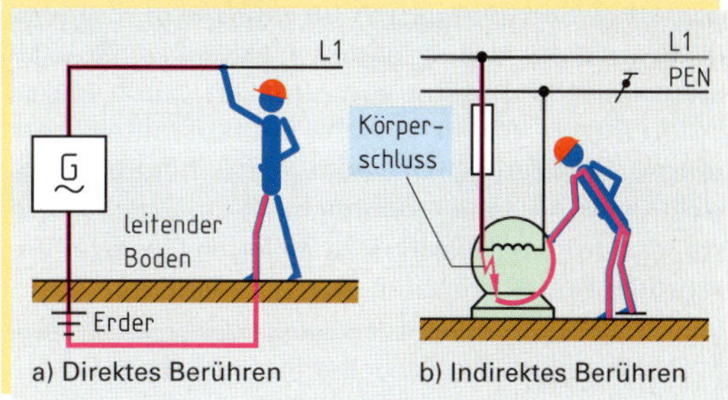

Bild 1: Direktes und indirektes Berühren

Bei **direktem Berühren** hat der menschliche Körper mit betriebsmäßig unter Spannung stehenden Teilen eines Betriebsmittels Kontakt, z.B. mit einem Leiter **(Bild 1a)**. Um direktes Berühren zu verhindern, sind betriebsmäßig spannungsführende Teile mit Isolierungen oder Abdeckungen zu versehen **(Seite 366)**.

Indirektes Berühren ist möglich, wenn durch einen Isolationsfehler Spannung an Teile gelangt, die betriebsmäßig keine Spannung führen, z.B. an das Gehäuse (Körper) einer elektrischen Maschine **(Bild 1b)**. Die durch einen Isolationsfehler entstandene leitende Verbindung nennt man **Körperschluss**.

9.3.1.3 Fachbegriffe Schutzmaßnahmen

- **Aktives Teil** ist jeder **Leiter** oder jedes leitfähige Teil, das bei ungestörtem Betrieb Strom führt. Dazu zählt auch der **Neutralleiter (N-Leiter)**, jedoch nicht der **PEN-Leiter**.
- **Elektrische Betriebsmittel** sind Mittel zum Erzeugen, Umwandeln, Übertragen, Verteilen und Anwenden elektrischer Energie, z.B. Generatoren, Transformatoren, Schaltgeräte, Messinstrumente, Schutzeinrichtungen, Leitungen und Kabel sowie elektrische Verbrauchsmittel.
- **Elektrische Verbrauchsmittel** wandeln elektrische Energie in andere Formen der Energie um, z.B. in Licht, Wärme oder in mechanische Energie.
- **Erde** ist die Bezeichnung für das leitfähige Erdreich mit dem elektrischen Potenzial null.
- **Erder** ist ein leitfähiges Teil oder mehrere leitfähige Teile, die in gutem Kontakt mit der **Erde** sind und mit dieser eine elektrische Verbindung bilden.
- **Fehlerstrom** ist der durch einen **Isolationsfehler** zum Fließen kommende Strom.
- **Isolationsfehler** ist ein fehlerhafter Zustand in der Isolierung.
- **Körper** ist ein berührbares, leitfähiges Teil eines **Betriebsmittels**, das nur im Fehlerfall unter Spannung stehen kann.
- **Körperschluss** ist eine durch einen Fehler entstandene leitende Verbindung zwischen **Körpern** und **aktiven Teilen** eines **Betriebsmittels**.
- **Leiter** nennt man Teile aus Metall, die der Weiterleitung des elektrischen Stromes dienen, z.B. Drähte oder Kontakte.
- **Neutralleiter (N-Leiter)** ist ein mit dem Mittelpunkt bzw. Sternpunkt des Netzes verbundener Leiter, der geeignet ist, elektrische Energie zu übertragen.
- **PEN-Leiter** ist ein geerdeter Leiter, der zugleich die Funktionen des Schutzleiters und des Neutralleiters erfüllt.

Nach den VDE-Bestimmungen sind bei Anlagen und Betriebsmittel mit einer Spannung über 50 V Wechselspannung bzw. 120 V Gleichspannung Maßnahmen zum Schutz bei indirektem Berühren erforderlich. Um sicherzustellen, dass alle erforderlichen Maßnahmen getroffen werden, dürfen nur **Elektrofachkräfte** elektrische Anlagen errichten, abändern, warten oder instand setzen.

9.3.2 Sicherheitsbestimmungen für Niederspannungsanlagen

Sicherheitsbestimmungen für elektrische Betriebsmittel und für das Errichten elektrischer Anlagen dienen der Verhütung von Unfällen durch elektrischen Strom. Wer elektrische Betriebsmittel, Werkzeuge, Spielzeuge, Haushaltgeräte herstellt oder elektrische Anlagen errichtet, hat beim Errichten, Instandsetzen und Warten von Anlagen Gesetze, Vorschriften und Bestimmungen zu beachten.

> Durch elektrische Betriebsmittel darf kein Schaden an Lebewesen oder Sachwerten entstehen. Rechtsgrundlage dafür ist das VDE-Vorschriftenwerk.

VDE[1]-geprüfte Betriebsmittel und Geräte tragen das VDE-Prüfzeichen **(Tabelle 1)**. Das **Sicherheitszeichen** GS (GS: Geprüfte Sicherheit) haben Geräte, die dem **Gerätesicherheitsgesetz,** den Arbeitsschutzbestimmungen und Unfallverhütungsvorschriften entsprechen. Leitungen mit der Angabe „harmonisiert“ **(Tabelle 2)** sind in allen **CENELEC**[2]-Ländern zugelassen.

Neben den VDE-Bestimmungen gelten für die Errichtung von Installationen die **Technischen Anschlussbedingungen** (TAB) des zuständigen **Verteilungsnetzbetreibers** (VNB). Die Anschlussbedingungen regeln den Anschluss an das Niederspannungsnetz des VNB und enthalten insbesondere Regelungen über Anmeldeverfahren, Inbetriebsetzung, Hausanschluss und Messeinrichtungen. Weitere Angaben sind die Bedingungen für den Betrieb elektrischer Geräte, z.B. Entladungslampen, Motoren, Elektrowärmegeräte, Geräte mit Anschnittsteuerungen und die vorgeschriebenen Schutzmaßnahmen.

9.3.3 Begriffe und Kenngrößen

9.3.3.1 Schutzklassen

Elektrische Betriebsmittel müssen im Fehlerfall einen Schutz gegen elektrischen Schlag haben, damit z.B. in Wohnungen, Werkstätten, Büros oder Schulen gefahrlos gearbeitet werden kann.

Zum Schutz gegen elektrischen Schlag werden die Betriebsmittel nach ihrer Konstruktion gegen direktes und indirektes Berühren in die **Schutzklassen** I, II und III eingeteilt **(Tabelle 3)**.

Tabelle 1: VDE-Prüfzeichen (nach DIN VDE 0024)

Bildzeichen	Bezeichnung und Beispiele
D V E	VDE-Zeichen für elektrotechnische Erzeugnisse, z.B. Installationsschalter und Elektrogeräte
VDE	VDE-Elektronik-Prüfzeichen für Bauelemente und Baugruppen der Elektronik, z.B. Netzteile und Stromrichter
schwarz rot	VDE-Kennfaden für isolierte Leitungen und Kabel zur Herstellung nach nationaler Norm
◁VDE▷	VDE-Kabelzeichen für Aderleitungen, isolierte Leitungen, Kabel und Installationsrohre
	VDE-Funkschutzzeichen für Elektrogeräte
GS geprüfte Sicherheit	VDE-GS-Zeichen nach dem Gerätesicherheitsgesetz für geprüfte Elektrogeräte, z.B. elektrische Werkzeuge

Tabelle 2: CEE-Prüfzeichen (nach DIN VDE 0024)

Bildzeichen	Bezeichnung und Anwendungen
◁VDE▷◁HAR▷	VDE-Harmonisierungskennzeichen für isolierte Leitungen und Kabel
schwarz rot gelb	VDE-Harmonisierungskennfaden für isolierte Leitungen und Kabel
	CEE[3]-Prüfzeichen für Geräte und Installationsmaterial nach CEE-Bestimmungen
CE	CE[4]-Kennzeichnung für Industrieerzeugnisse, die den einschlägigen Gemeinschaftsvorschriften in Europa entsprechen

Tabelle 3: Kennzeichnung der Schutzklassen (nach IEC[5] 417)

Schutzklasse	Kennzeichen	Verwendung bei Schutzmaßnahme:
I		Mit Schutzleiter (Betriebsmittel ist mit Schutzleitersystem der Anlage verbunden, z.B. Elektromotor)
II		Schutzisolierung (Betriebsmittel mit Basisisolierung und zusätzlicher oder verstärkter Isolierung, z.B. Leuchten)
III		Kleinspannung (Anschluss nur an SELV- und PELV-Stromkreise, siehe Seite 320, z.B. für Fassleuchten)

[1] VDE, Abk. für: Verband der Elektrotechnik Elektronik Informationstechnik e.V.
[2] CENELEC, Abk. für: Europäisches Komitee für Elektrotechnische Normung
[3] CEE, Abk. für: Internationale Kommission für Regeln zur Begutachtung elektrotechnischer Erzeugnisse
[4] CE, Abk.: hier im Sinn für Europäisches Verwaltungszeichen am Produkt
[5] IEC, Abk. für: Internationale Elektrotechnische Kommission

9.3.3.2 IP-Schutzarten (nach DIN VDE 0470)

Haushaltgeräte, z.B. Haartrockner oder Heizlüfter, haben Öffnungen für Lufteintritt und Luftaustritt. Um Unfallgefahren zu vermeiden, darf es dabei nicht zur Berührung spannungsführender Teile von Haushaltgeräten oder elektrischen Maschinen kommen.

> Je nach Verwendungszweck und Aufstellungsort der Betriebsmittel ist ein Berührungs- und Fremdkörperschutz und ein Schutz gegen das Eindringen von Wasser erforderlich.

Das Schutzzeichen besteht aus den Buchstaben IP[1] und zwei nachfolgenden Ziffern, z.B. IP 54. Nach den Buchstaben IP und den Kennziffern können zusätzliche oder ergänzende Buchstaben stehen z.B. IP 23 CS. Die zusätzlichen Buchstaben A, B, C und D sind Angaben zum Berührungsschutz, z.B. C: Geschützt gegen Zugang mit Werkzeug. Spezielle Informationen liefern die ergänzenden Buchstaben H, M, S und W, z.B. S: Stillstand während der Wasserprüfung (siehe auch Tabellenbuch).

Gehäuse und Klemmenkasten, z.B. von oberflächengekühlten Drehstrom-Normmotoren **(Bild 1)**, entsprechen meist der Schutzart IP 54 **(Tabelle 2)**. Der Motor ist gegen Staubablagerungen (staubgeschützt) und gegen Spritzwasser aus allen Richtungen geschützt. Den Schutz gegen Eindringen von Wasser **(Bild 2)** erreicht man durch entsprechende Bauausführung.

Elektrische Betriebsmittel müssen in feuchten und nassen Räumen sowie in geschützten Anlagen im Freien mindestens tropfwassergeschützt sein (IP X1), ungeschützte Anlagen im Freien müssen mindestens IP X3 entsprechen. Bei der Schutzart IP 68 wird zusätzlich der zulässige Druck bei Tauchbetrieb angegeben, z.B. für 3 bar.

Neben der Kennzeichnung der Schutzarten durch Buchstaben und Kennziffern wird die Schutzart für Installationsgeräte und elektrische Verbrauchsgeräte durch **Bildzeichen (Symbole)** gekennzeichnet, z.B. bei Leuchten, Wärmegeräten und Elektrowerkzeugen **(Tabelle 1)**.

Bild 1: Motor mit Schutzart IP 54

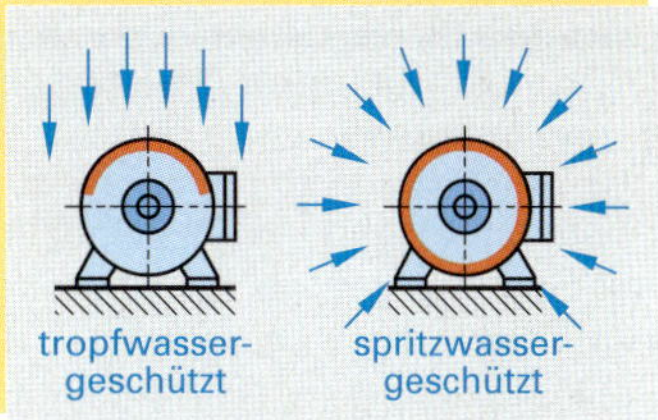

Bild 2: Schutzarten gegen das Eindringen von Wasser

Tabelle 1: Bildzeichen

tropfwasser-geschützt IP X1		sprühwasser-geschützt IP X3	
spritzwasser-geschützt IP X4		strahlwas-sergeschützt IP X5	
wasser-dicht IP X7		druckwasser-dicht IP X8	 ...bar
staub-geschützt IP 5X		staub-dicht IP 6X	

Tabelle 2: Schutzarten elektrischer Betriebsmittel

Erste Ziffer	Schutzgrad: Berührungs- und Fremdkörperschutz	Zweite Ziffer	Schutzgrad: Wasserschutz
0	Kein besonderer Schutz	0	Kein besonderer Schutz
1	Schutz gegen Eindringen fester Fremdkörper mit einem Durchmesser ≥ 50 mm.	1	Schutz gegen senkrecht tropfendes Wasser.
2	Schutz gegen Eindringen fester Fremdkörper mit einem Durchmesser ≥ 12,5 mm.	2	Schutz gegen senkrecht tropfendes Wasser, Betriebsmittel bis 15° gekippt.
3	Schutz gegen Eindringen fester Fremdkörper mit einem Durchmesser ≥ 2,5 mm.	3	Schutz gegen Sprühwasser bis zu einem Winkel von 60° zur Senkrechten.
4	Schutz gegen Eindringen fester Fremdkörper mit einem Durchmesser ≥ 1 mm.	4	Schutz gegen Spritzwasser aus allen Richtungen.
5	Schutz gegen Staubablagerung (staubgeschützt). Vollständiger Berührungsschutz.	5	Schutz gegen Strahlwasser (Düse) aus allen Richtungen.
6	Schutz gegen Eindringen von Staub (staubdicht). Vollständiger Berührungsschutz.	6	Schutz gegen starken Wasserstrahl oder schwere See.
Wird neben den Kennbuchstaben IP nur eine Kennziffer für den Schutzgrad benötigt, so ist anstelle der fehlenden Kennziffer ein X zu setzen, z.B. IP X4 oder IP 3X.		7	Schutz gegen Wasser bei Eintauchen des Betriebsmittels unter Druck-, Zeitbedingungen.
		8	Schutz gegen Wasser bei dauerndem Untertauchen des Betriebsmittels.

[1] IP, Abk. für: Internationale Protection (franz.) = Internationaler Schutz

9.3.3.3 Maßnahmen bei Arbeiten an elektrischen Anlagen

Die Berufsgenossenschaft der Feinmechanik und Elektrotechnik wertete in einem Zeitraum von 15 Jahren über 40000 Fragebögen zu Stromunfällen aus **(Tabelle 1)**. Hierbei stellte man fest, dass Laien und auch Elektrofachkräfte häufig Gefährdungssituationen falsch beurteilen. Noch heute verunglücken **Elektrofachkräfte** durch Leichtsinn und mangelndes Fachwissen. Der überwiegende Teil der untersuchten Unfälle (83%) ereignete sich im Spannungsbereich von 130V bis 400V. Damit stellt dieser Bereich den Hauptanteil bei Stromunfällen mit tödlichem Ausgang.

Grundsätzlich sind Arbeiten an unter Spannung stehenden Anlagen verboten.

Ausnahmen sind in DIN VDE 0105 festgelegt. Sie gelten für Anlagen mit Spannungen ab AC 50V oder DC 120V, wenn beim Abschalten eine Gefahr für Personen oder ein unvertretbar hoher Sachschaden entstehen würde, z.B. in Glashütten oder in Stahlwerken.

Arbeiten unter Spannung ist nur Elektrofachkräften oder elektrotechnisch unterwiesenen Personen erlaubt. Dabei sind besondere Sicherheitsvorschriften zu beachten.

Um Risiken und Gefahren eines Stromunfalles für die Elektrofachkraft gering zu halten **(Bild 1)**, müssen zur Herstellung des spannungsfreien Zustandes bei Arbeiten an elektrischen Anlagen die **fünf Sicherheitsregeln** eingehalten werden **(Tabelle 2)**. Vor Beginn der Arbeit ist ein Verbotsschild (Nicht schalten!) anzubringen **(Bild 2)**. Eine Arbeitsstelle darf von der Aufsicht führenden Person erst dann freigegeben werden, wenn alle 5 Sicherheitsregeln in der Reihenfolge 1 bis 5 durchgeführt sind. Eine **Elektrofachkraft** oder eine **elektrotechnisch unterwiesene Person** muss den spannungsfreien Zustand der Anlage feststellen **(Bild 3)**. Der Auftrag zum Wiedereinschalten darf erst dann erteilt werden, nachdem die Sicherheitsregeln in der umgekehrten Reihenfolge, also von 5 bis 1, aufgehoben sind.

Tabelle 2: Die fünf Sicherheitsregeln für Arbeiten im spannungsfreien Zustand (nach DIN VDE 0105)

1. Freischalten	■ Freischalten aller Teile der Anlage, an denen gearbeitet werden soll **(Bild 1)**, ■ LS-Schalter abschalten, Schmelzsicherungen entfernen.
2. Gegen Wiedereinschalten sichern	■ LS-Schalter z.B. mit Klebeband absichern, Sicherungseinsätze mitnehmen, Schalter durch Schloss sichern, Verbotsschilder anbringen **(Bild 2)**.
3. Spannungsfreiheit feststellen	■ Spannungsfreiheit durch Fachkraft feststellen, ■ Anlage mit zweipoligem Spannungsprüfer prüfen **(Bild 3)**.
4. Erden und kurzschließen	■ Zuerst immer erden, dann mit den kurzzuschließenden aktiven Teilen verbinden (muss von der Arbeitsstelle aus sichtbar sein). Regel 4 entfällt bei Anlagen unter 1000V, z.B. in Kabelanlagen, ausgenommen Freileitungen.
5. Benachbarte unter Spannung stehende Teile abdecken oder abschranken	■ Bei Anlagen unter 1kV genügen zum Abdecken isolierende Tücher, Schläuche, Formstücke; über 1kV sind zusätzlich Absperrtafeln, Seile, Warntafeln erforderlich. ■ Körperschutz, z.B. Schutzhelm mit Gesichtsschutz, eng anliegende Kleidung und Handschuhe tragen.

Tabelle 1: Stromunfälle

Spannung	Unfälle insgesamt	Unfälle tödlich
bis 130 V	1563	6
130 V bis 400 V	34399	516
400 V bis 1000 V	1762	25
Niederspannung	37724	547
1 kV bis 20 kV	3154	429
20 kV bis 110 kV	365	57
110 kV bis 400 kV	21	1
Hochspannung	3540	487
Gesamtzahl	41264	1034

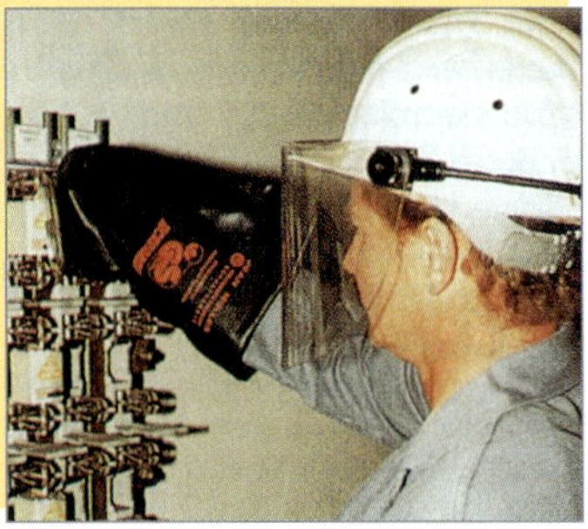

Bild 1: Herausnehmen eines NH-Sicherungseinsatzes

Bild 2: Verbotsschild für Arbeiten an frei geschalteten Anlagen

Bild 3: Feststellen der Spannungsfreiheit

9.3.3.4 Fehlerarten

In elektrischen Anlagen können trotz sorgfältiger Installation und Einsatz sicherer Betriebsmittel Fehler auftreten, z.B. Isolationsschäden in Form von **Körperschluss, Kurzschluss, Leiterschluss** oder **Erdschluss (Bild 1).**

Körperschluss ist eine leitende Verbindung zwischen Körper und aktiven Teilen der Betriebsmittel, die durch einen Isolationsfehler entstanden ist.

Kurzschluss ist eine leitende Verbindung zwischen betriebsmäßig gegeneinander unter Spannung stehenden Leitern. Im Fehlerstromkreis befindet sich kein Nutzwiderstand.

Leiterschluss ist eine fehlerhafte Verbindung zwischen Leitern, wenn im Fehlerstromkreis ein Nutzwiderstand oder ein Teil des Nutzwiderstandes liegt.

Erdschluss entsteht bei der Verbindung eines Außenleiters oder eines betriebsmäßig isolierten Neutralleiters mit der Erde oder mit geerdeten Teilen.

Bei einem **vollkommenen Körper-, Kurz- oder Erdschluss** ist der Fehlerwiderstand $\approx 0\,\Omega$. Hat eine leitende Verbindung an der Fehlerstelle einen Widerstand, z.B. durch einen Lichtbogen, so entsteht ein unvollkommener Schluss. **Unvollkommene Schlüsse** sind meist gefährlicher, weil sie oft nicht sofort erkannt werden. Die durch Stromfluss entstehende unzulässige Erwärmung kann zu Bränden führen.

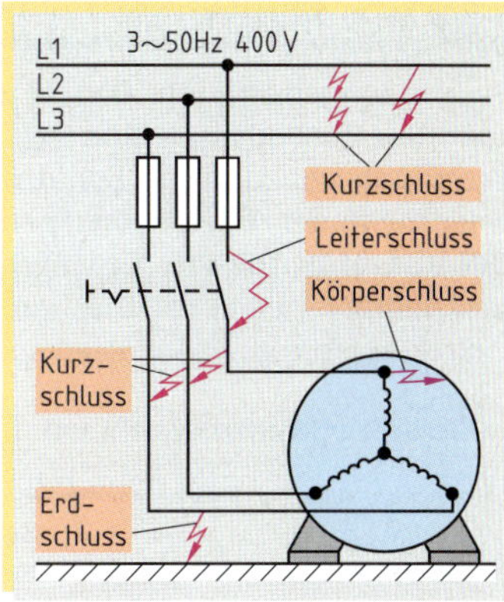

Bild 1: Fehlerarten

9.3.3.5 Spannungen im Fehlerfall

Durch eine schadhafte Isolierung kann der Körper eines Betriebsmittels Spannung gegen den nächsten Erdungspunkt annehmen, z.B. gegen Erde oder geerdete Teile (Wasserleitung). Diese Spannung nennt man **Fehlerspannung** U_F **(Bild 2).**

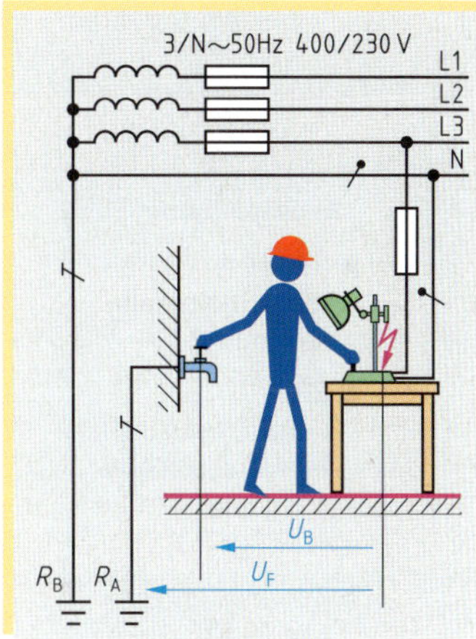

Bild 2: Fehler-, Berührungsspannung

Die **Berührungsspannung** U_B[1] ist die Spannung, die zwischen gleichzeitig berührbaren Teilen während eines Isolationsfehlers auftreten kann.

Die Grenze für die dauernd **zulässige Berührungsspannung** U_L[2] ist international vereinbart **(Tabelle).** Bis zu dieser Grenze ist sie für Menschen und Tiere meist nicht lebensbedrohlich.

Tabelle 1: Berührungsspannungen

■ für Menschen	AC 50V, DC 120V
■ Kinderspielzeuge ■ Kesselleuchten ■ im Tierbereich ■ in landwirtschaftl. Anwesen	AC 25V, DC 60V

Eine unterbrochene Freileitung kann einen Erdschluss verursachen **(Bild 3).** Um die Fehlerstelle bildet sich ein kreisförmiges Spannungspotenzial **(Erderspannung),** das mit zunehmender Entfernung abnimmt.

Die **Schrittspannung** U_S ist die Spannung, die von einer Person mit der Schrittweite 1 m überbrückt werden kann **(Bild 3).** Sie ist in der Nähe der Fehlerstelle am größten.

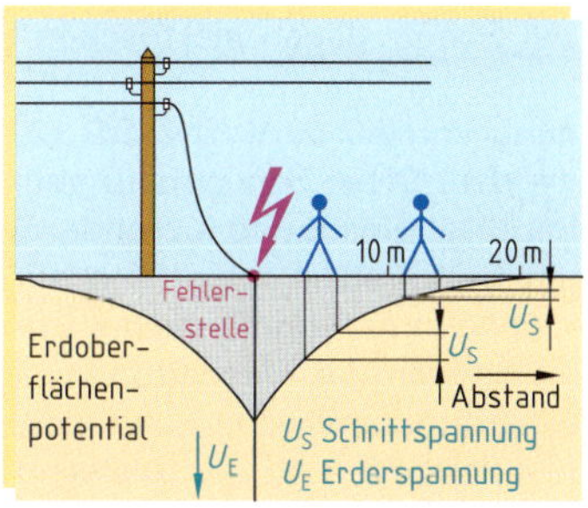

Bild 3: Spannungsverlauf nach Bruch einer Freileitung

Arbeitsauftrag:

1. Beschreiben Sie a) Kurzschluss, b) Körperschluss und c) Leiterschluss.
2. Erklären Sie die Begriffe Fehlerspannung und Berührungsspannung.
3. Welche Werte gelten nach DIN VDE als zulässige Berührungsspannung U_L?

[1] statt U_B auch U_T, der Index T von touch (engl.) = berühren
[2] U_L, der Index L von limit (engl.) = Grenze, Grenzwert

9.3.4 Schutz gegen elektrischen Schlag

Bei ordnungsgemäßem Betrieb einer elektrischen Anlage dürfen Personen und Tiere nicht zu Schaden kommen. Ebenso muss eine Gefährdung von Sachwerten unterbleiben. Deshalb sind zur Vermeidung und Verhütung von Unfällen Schutzmaßnahmen vorzusehen. Treten Fehler auf, muss das Bestehenbleiben einer zu hohen Berührungsspannung verhindert oder die Anlage selbsttätig abgeschaltet werden. In **DIN VDE 0100, Teil 410 „Errichten von Starkstromanlagen mit Nennspannungen bis 1000 V“** sind Schutzmaßnahmen gegen elektrischen Schlag festgelegt, die den Menschen gegen direktes Berühren und bei indirektem Berühren schützen sollen **(Übersicht)**.

Übersicht: Schutzmaßnahmen

Schutzmaßnahmen nach DIN VDE 0100, Teil 410

- Schutz sowohl gegen direktes als auch bei indirektem Berühren
  - Schutz durch:
    - Kleinspannung (ELV[1])
      - SELV (Sicherheitskleinspannung)
      - PELV (Funktionskleinspannung mit sicherer Trennung)
    - Begrenzung von Ladung
- Schutz gegen elektrischen Schlag unter normalen Bedingungen (Schutz gegen direktes Berühren oder Basisschutz)
  - Schutz durch:
    - Isolierung aktiver Teile
    - Abdeckungen oder Umhüllungen
    - Hindernisse
    - Abstände
  - Zusätzlicher Schutz durch:
    - Fehlerstrom-Schutzeinrichtung (RCDs[2])
- Schutz gegen elektrischen Schlag unter Fehlerbedingungen (Schutz bei indirektem Berühren oder Fehlerschutz)
  - Schutz durch:
    - automatische Abschaltung der Stromversorgung
      - im TN-System
      - im TT-System
      - im IT-System
    - Potenzialausgleich
    - Schutzisolierung
    - nichtleitende Räume
    - erdfreien örtlichen Potenzialausgleich
    - Schutztrennung

[1] ELV, Abk. für: Extra Low Voltage (engl.) = Kleinspannung
[2] RCD, Abk. für: Residual Current Protective Device (engl.) = Fehlerstrom-Schutzeinrichtung

9.3.5 Schutz sowohl gegen direktes als auch bei indirektem Berühren

Der Schutz gegen elektrischen Schlag wird erreicht, wenn Stromkreise mit Spannungen unterhalb der zulässigen Berührungsspannung von AC 50 V bzw. DC 120 V **(Spannungsbereich I)** betrieben werden. Diese Schutzmaßnahme soll den Menschen bei direktem Berühren Spannung führender Teile im Betrieb und auch bei indirektem Berühren im Fehlerfall schützen. Im Berührungsfall fließt nur ein kleiner, meist ungefährlicher Strom durch den menschlichen Körper. Im Bereich der Mechatronik ist vor allem auf der Steuerseite von elektropneumatischen und elektrohydraulischen Bauelementen sowie der SPS- und der Bustechnologie ein zunehmender Bedarf an Schutzmaßnahmen gegen Kleinspannung aufgetreten **(Bild 1)**.

Bild 1: Mit Kleinspannung betriebenes Elektropneumatikventil

9.3.5.1 Schutz durch Kleinspannung SELV und PELV

Bei der Schutzmaßnahme Kleinspannung **SELV** und **PELV** werden Nennspannungen bis maximal AC 50 V und DC 120 V verwendet.

SELV-Stromkreise (alte Bezeichnung: Schutzkleinspannung) und PELV-Stromkreise unterscheiden sich in ihrer Verbindung zur Erde. SELV-Stromkreise dürfen sekundärseitig nicht geerdet oder mit anderen Spannungssystemen verbunden sein **(Bild 1)**.

PELV-Stromkreise (bisher: Funktionskleinspannung mit sicherer Trennung) entstehen, wenn aus betrieblichen Gründen ein sekundärseitiger Anschluss der Kleinspannung oder der Körper der Betriebsmittel geerdet ist **(Bild 2)**. Das gilt z.B. in Mess- und Steuerstromkreisen sowie in Fernmeldeanlagen.

Wird in SELV- oder PELV-Stromkreisen die Nennspannung AC 25 V bzw. DC 60 V (oberschwingungsfrei[1]) nicht überschritten, ist kein Schutz gegen direktes Berühren erforderlich. Bei erhöhter Gefährdung, z.B. bei elektromotorisch betriebenen Spielzeugen, medizinischen Geräten, Fassleuchten oder für Betriebsmittel in landwirtschaftlichen und gartenbaulichen Anwesen ist bereits bis AC 25 V bzw. DC 60 V ein Schutz gegen direktes Berühren erforderlich. Bei elektromedizinischen Geräten, z.B. zur Untersuchung des Körperinneren, ist die Spannung auf 6 V begrenzt.

Um eine elektrische, so genannte galvanische Trennung vom Netz zu erhalten, muss Kleinspannung sicher erzeugt werden **(Übersicht)**.

> Kleinspannung darf nicht aus dem Netz durch Spartransformatoren, Spannungsteiler oder durch Vorwiderstände erzeugt werden.

Bei Einsatz von Steckern, Steckdosen **(Bild 3)** und Kupplungen in SELV- und PELV-Stromkreisen müssen folgende Anforderungen erfüllt sein:

- Stecker und Steckdosen von SELV-Stromkreisen dürfen keinen Schutzkontakt haben;
- Steckvorrichtungen für SELV-Stromkreise müssen gegenüber Steckvorrichtungen mit anderer Spannung unverwechselbar sein;
- SELV-Stecker dürfen nicht in PELV-Steckdosen eingeführt werden können und umgekehrt;
- Steckvorrichtungen für PELV-Stromkreise haben Schutzkontakte. Sie sind durch eine Hilfsnase gegenüber Steckvorrichtungen mit höherer Spannung unverwechselbar.

FELV-Stromkreise (früher: Funktionskleinspannung ohne sichere Trennung) stellen keine Schutzmaßnahme dar und werden in DIN VDE 0100, Teil 470 behandelt. FELV-Stromkreise erfüllen die Anforderungen an die sichere Trennung von SELV- und PELV-Stromkreisen nicht.

- **SELV**, Abk. für: **S**afety **E**xtra **L**ow **V**oltage (engl.) = Sicherheits-Kleinspannung
- **PELV**, Abk. für: **P**rotective **E**xtra **L**ow **V**oltage (engl.) = Funktionskleinspannung mit sicherer Trennung
- **FELV**, Abk. für: **F**unctional **E**xtra **L**ow **V**oltage (engl.) = Funktionskleinspannung ohne sichere Trennung

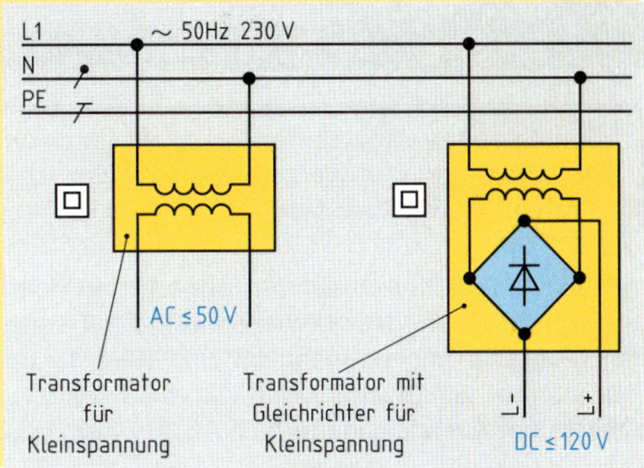

Bild 1: Transformatoren für SELV-Stromkreise

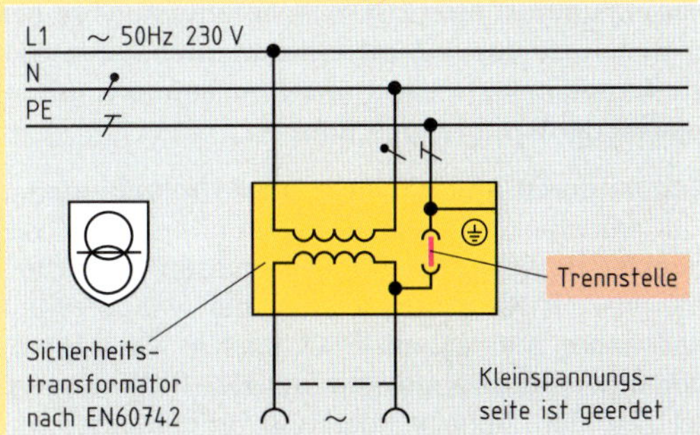

Bild 2: Stromquelle für PELV-Stromkreis

Übersicht: Erzeugung von Kleinspannung

- Sicherheitstransformatoren
- Motorgeneratoren mit getrennten Wicklungen
- elektrochemische Spannungsquellen, z.B. Batterie
- Generator mit Verbrennungsmaschine als Antrieb

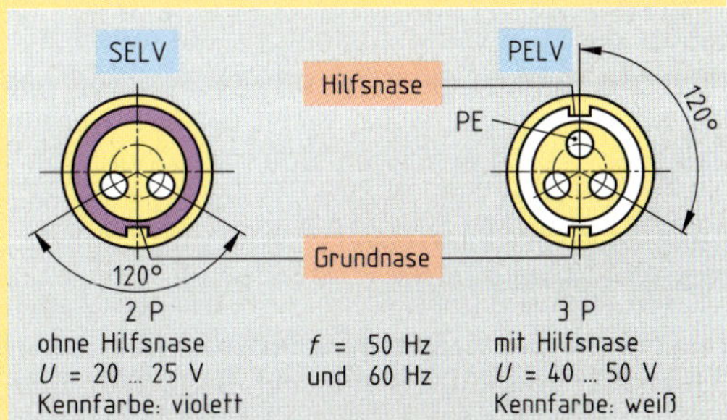

Bild 3: Steckdosen für Kleinspannungsgeräte

[1] Oberschwingungsfrei = Welligkeit von nicht mehr als 10% effektiv bei überlagerter sinusförmiger Wechselspannung

9.3.5.2 Schutz durch Begrenzung von Ladung

Liefert eine Spannungsquelle eine **Entladungsenergie**, die den Wert von 0,35 J nicht übersteigt, kann man auf die Schutzmaßnahme gegen direktes Berühren verzichten, z.B. beim geladenen Kondensator oder beim Weidezaun.

9.3.6 Schutz gegen elektrischen Schlag unter normalen Bedingungen (Schutz gegen direktes Berühren oder Basisschutz)

„Schutz gegen direktes Berühren“ ist durchzuführen, wenn die Nennspannung den Wert von 25V Wechselspannung oder 60V Gleichspannung überschreitet.

Der Schutz bezieht sich auf den ungestörten Betrieb (Normalbetrieb) und soll bewirken, dass betriebsmäßig Spannung führende Teile für den Menschen nicht zugänglich sind **(Bild 1)**. Bei Werkzeugen und elektromotorisch angetriebenen Verbrauchsmitteln wird **Schutz gegen direktes Berühren** auch unterhalb AC 25V bzw. DC 60V gefordert.

Schutz durch Isolierung aktiver Teile. Alle aktiven Teile sind vollständig mit einer elektrisch und mechanisch widerstandsfähigen Isolierung umhüllt **(Bild 2)**. Die Isolierung muss so beschaffen sein, dass man sie nur durch Zerstören entfernen kann. Oxidschichten, Faserstoffumhüllungen, Lack- und Emailleüberzüge gelten nicht als ausreichender Berührungsschutz.

Schutz durch Abdeckungen oder Umhüllungen. Abdeckungen und Umhüllungen, z.B. von Schaltern oder Steckdosen, schützen gegen direktes Berühren **(Bild 3)**. Sie müssen mindestens der Schutzart IP 2X oder IP XXB entsprechen, bei waagerecht angeordneten Abdeckungen mindestens IP 4X oder IP XXD. Die Schutzart IP 4X soll verhindern, dass abgelegte Teile durch Öffnungen in die Betriebsmittel gelangen. Abdeckungen und Umhüllungen müssen sicher befestigt und nur mit einem Werkzeug entfernbar sein.

Schutz durch Hindernisse. Schutzleisten, Geländer oder Schutzgitter bieten teilweise Schutz gegen direktes Berühren **(Bild 4)**. Zulässig sind sie nur in elektrischen und in abgeschlossenen elektrischen Betriebsstätten. Das sind Räume, die nur Elektrofachkräfte betreten dürfen, z.B. Transformatorstationen. Hindernisse dürfen ohne Werkzeug entfernbar sein. Sie sind jedoch so zu befestigen, dass ein unbeabsichtigtes Entfernen unmöglich ist.

Schutz durch Abstand. Spannung führende Freileitungen und Fahrleitungen müssen einen so großen Abstand haben, dass sie vom Menschen normalerweise nicht berührt werden können **(Bild 5)**. Geländer, Abschrankungen oder Maschengitter müssen so angebracht sein, dass sich im Abstand von 2,5m keine gleichzeitig berührbaren Teile mit unterschiedlichem Potenzial befinden (so genannter doppelter Handbereich).

Zusätzlicher Schutz durch Fehlerstrom-Schutzeinrichtungen (RCDs). Der Einsatz von RCDs (siehe auch **Seite 370**), z.B. mit einem Bemessungs-Differenzstrom $I_{\Delta n} \leq 30\,mA$ (früher: Nennfehlerstrom), ergänzt die Schutzmaßnahmen bei direktem Berühren. Als alleiniger Schutz ist diese Maßnahme jedoch nicht zulässig.

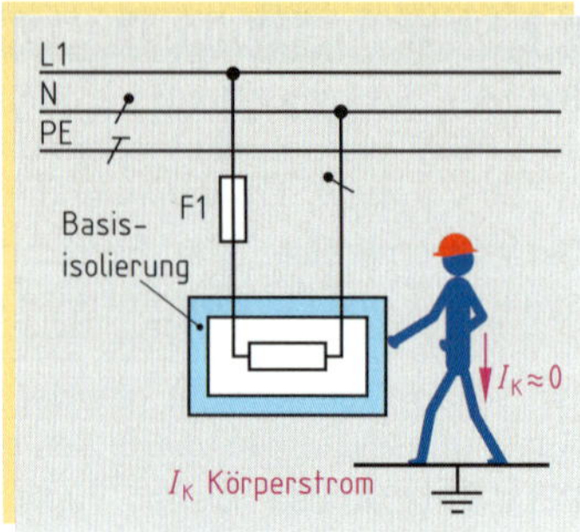

Bild 1: Schutz durch Basisisolierung

Bild 2: Schutz durch Isolierung

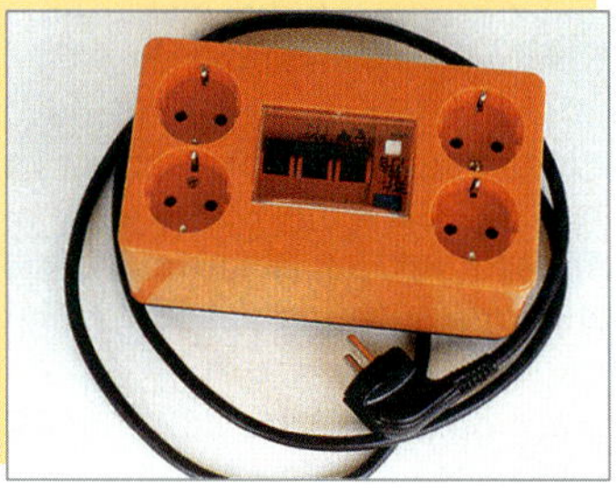
Bild 3: Abdeckung und Umhüllung

Bild 4: Schutz durch Hindernis

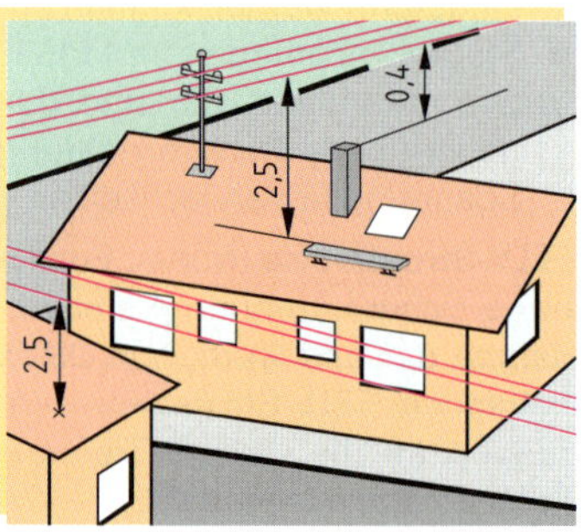

Bild 5: Schutz durch Abstand

9.3.7 Schutz gegen elektrischen Schlag unter Fehlerbedingungen (Schutz bei indirektem Berühren oder Fehlerschutz)

Schutz gegen elektrischen Schlag unter Fehlerbedingungen schützt Menschen oder Nutztiere beim Versagen der Basisisolierung. Fällt an einem Gerät der Schutz gegen direktes Berühren infolge einer defekten Isolation aus, und liegt die Betriebsspannung über AC 50 V, z. B. bei 230 V, kann bei einer Berührung die Gesundheit des Menschen gefährdet sein. Die fehlerhafte Anlage muss jetzt in sehr kurzer Zeit, z. B. 0,4 s, abgeschaltet werden **(Bild 1)**.

Ist der Schutzleiter (PE[1]) mit dem Körper (Gehäuse) der elektrischen Betriebsmittel verbunden, bezeichnet man diese Schutzmaßnahme als systemabhängig. Schutzleiter (PE) und PEN[2]-Leiter sind immer grüngelb gekennzeichnet. PEN-Leiter sind zusätzlich an den Enden hellblau.

In Anlagen, bei denen ein Gerät im 1. Fehlerfall nicht abschalten darf, z. B. in einem Operationsraum, muss eine Schutzeinrichtung ein Signal auslösen **(IT-System, Seite 373)**.

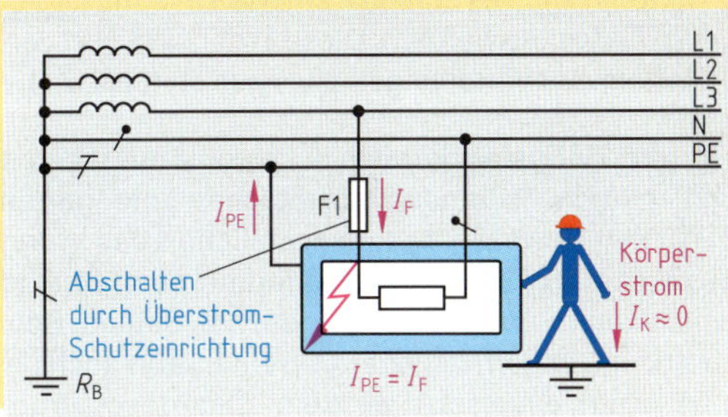

Bild 1: Schutz durch Abschalten

9.3.7.1 Drehstromsysteme

Im Niederspannungs-Drehstromnetz unterscheidet man die Verteilungssysteme des VNB und der Verbraucheranlage. Die Bezeichnung der verschiedenen Verteilungssysteme (früher: Netze) erfolgt international durch Buchstaben, z. B. TN-, TT- und IT-System **(Tabelle 1)**. Beim TN-System unterscheidet man drei Arten, TN-S-, TN-C- und TN-C-S-System.

Im **TN-System** ist ein Punkt, z. B. der Sternpunkt, der Stromquelle direkt geerdet. Die Körper der angeschlossenen Verbraucher sind mit diesem Punkt des Transformators verbunden **(Bild 1)**.

Die Verbindung im **TN-C-System** erfolgt über den PEN-Leiter, d. h., Neutralleiter und Schutzleiter sind ein Leiter **(Bild 2)**, oder im **TN-S-System** getrennt über einen Neutralleiter N und Schutzleiter PE **(Bild 4)**. TN-C-System und TN-S-System können kombiniert in einer Verbraucheranlage als **TN-C-S-System** angewendet werden **(Bild 3)**.

Tabelle 1: Kennzeichnung von Drehstromsystemen

Beispiel: TN-C-System	
T	**1. Buchstabe:** Erdungsverhältnisse der Stromquelle z. B. in der Transformatorenstation **T:** direkte Erdung eines Punktes, z. B. Sternpunkt, über den Betriebserder **I:** Isolierung aller aktiven Teile von Erde oder Verbindung des Punktes mit Erde über eine Impedanz
N	**2. Buchstabe:** Erdungsverhältnisse der Körper innerhalb der elektrischen Anlage **T:** direkte Erdung der Körper der Betriebsmittel **N:** Verbindung der Körper mit dem Betriebserder des Spannungserzeugers
C	**3. Buchstabe:** Anordnung des Neutralleiters N und des Schutzleiters PE im TN-System **S:** PE und N getrennt verlegt **C:** PE und N kombiniert in einem Leiter (PEN-Leiter)

Abkürzungen: T von terre (franz.) = Erde, I von isolé (franz.) = isoliert
N von neutre (franz.) = neutral, S von separé (franz.) = getrennt
C von combiné (franz.) = kombiniert

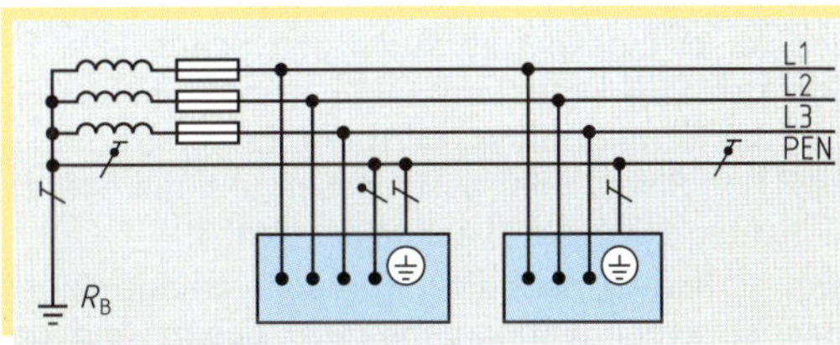

Bild 2: TN-C-System

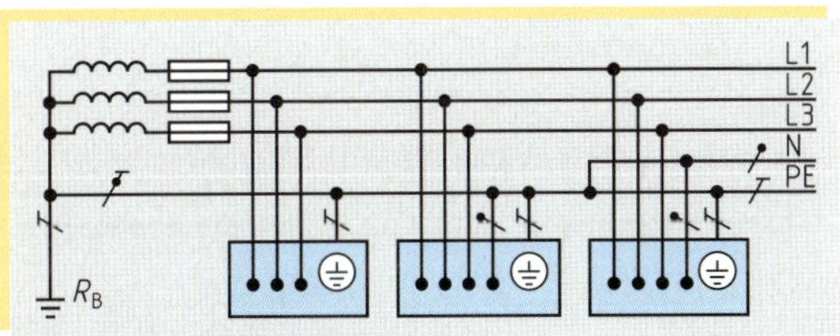

Bild 3: TN-C-S-System

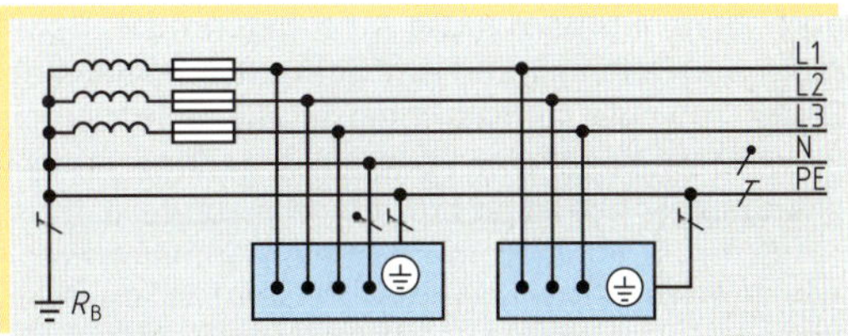

Bild 4: TN-S-System

[1] PE, Abk. für: Protection Earth (engl.) = Schutzerde (Schutzleiter)
[2] PEN, Abk. für: Protection Earth Neutral (engl.) = Neutralleiter mit Schutzfunktion

> Im TT-System ist ein Punkt des Spannungserzeugers direkt geerdet. Die Körper der Betriebsmittel in der Verbraucheranlage sind mit eigenen Erdern verbunden. Diese Erder sind von der Erdung des Verteilungsnetzes getrennt **(Bild 1)**.

TN- und TT-System können auch kombiniert betrieben werden. In landwirtschaftlichen und gartenbaulichen Anwesen darf die Installation des Wohngebäudes als TN-System ausgeführt sein. In landwirtschaftlich genutzten Räumen, z.B. Ställen, Speichern für Düngemittel oder Getreide, kann auch das TT-System eingesetzt werden. Steckdosenstromkreise sind dann durch RCD (Fehlerstrom-Schutzschalter) mit $I_{\Delta n} \leq 30\,\text{mA}$ zu schützen.

> Im IT-System dürfen der Sternpunkt des Spannungserzeugers und aktive Teile nicht geerdet sein. Eine Erdung des Verteilungsnetzes über eine hochohmige Impedanz ist erlaubt. Die Körper der Betriebsmittel sind geerdet **(Bild 2)**.

9.3.7.2 Schutzmaßnahmen im TN-System

> Im TN-System soll ein auftretender Körperschluss zum Kurzschluss führen und das defekte Betriebsmittel durch Auslösen der vorgeschalteten Überstrom-Schutzeinrichtung abschalten.

Dadurch wird verhindert, dass eine unzulässig hohe Berührungsspannung an den Körpern der Betriebsmittel bestehen bleibt.

Das TN-System erfordert einen unmittelbar geerdeten Sternpunkt des Transformators. Alle Körper der Betriebsmittel müssen mit diesem geerdeten Punkt des Versorgungsnetzes durch den Schutzleiter PE oder den PEN-Leiter verbunden sein. Im Fehlerfall, z.B. bei Körperschluss, wird der Fehlerstromkreis über den Schutzleiter geschlossen und die Schutzeinrichtung **(Tabelle 1)** ausgelöst **(Bild 3)**.

Nimmt man an, dass die Verbraucheranlage keinen eigenen Erder (Fundamenterder) besitzt und der PEN-Leiter vor dem Hausanschluss unterbrochen wird **(Bild 3)**, würde bei einphasigen Verbrauchern auch ohne Körperschluss eine gefährliche Spannung am Gehäuse und am Schutzleiter anstehen. Damit im Fehlerfall das Potenzial des Schutzleiters bzw. PEN-Leiters eine möglichst geringe Abweichung gegenüber dem Erdpotenzial aufweist, muss ein Stromrückfluss zum geerdeten Transformatorsternpunkt gewährleistet sein. Das wird durch zusätzliche Erdungen an möglichst gleichmäßig verteilten Punkten im Netz erreicht, besonders an den Eintrittsstellen in Gebäude, z.B. durch Verbinden mit dem Fundamenterder.

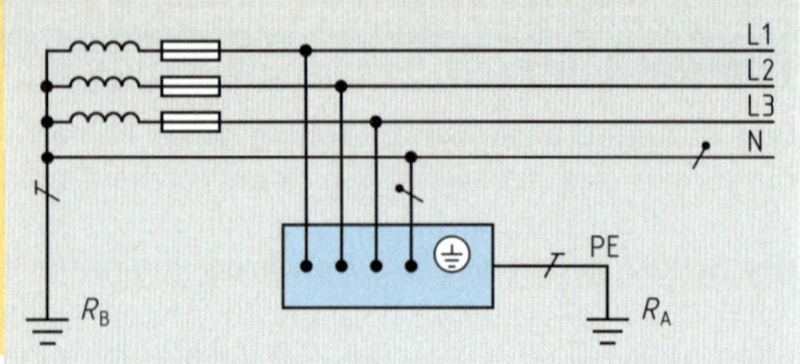

Bild 1: TT-System

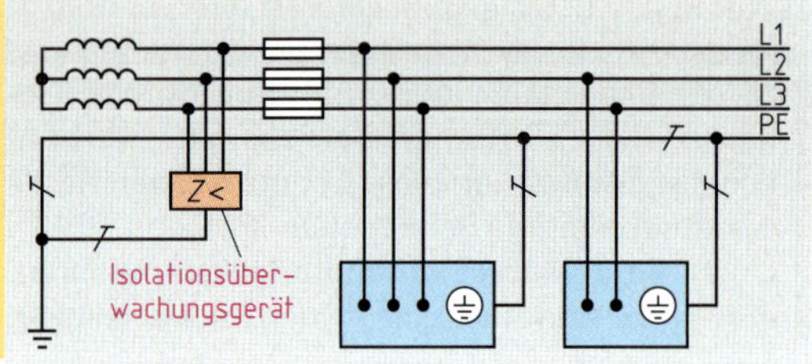

Bild 2: IT-System

Tabelle 1: Zulässige Schutzeinrichtung

im TN-S-System	im TN-C-System
■ Überstrom-Schutzeinrichtung und ■ RCD (FI-Schutzschalter)	■ nur Überstrom-Schutzeinrichtungen

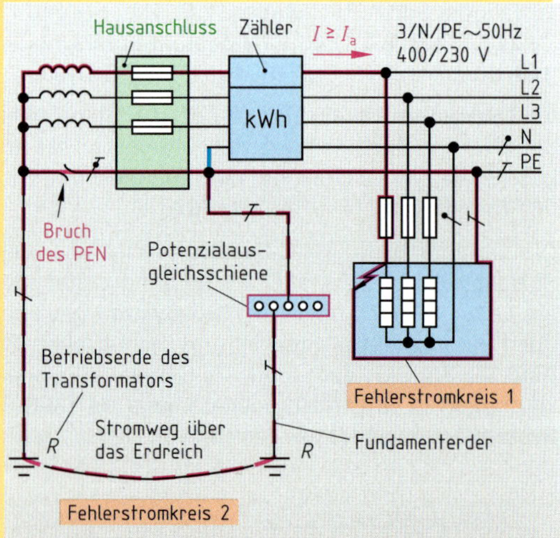

Fehlerstromkreis mit fehlerfreiem PEN-Leiter	Fehlerstromkreis mit PEN-Unterbrechung
Transformator → Hinleitung (L1) → Fehlerstelle → Gehäuse → Rückleitung (PE und PEN) → Sternpunkt (Transformator)	Transformator → Hinleitung (L1) → Fehlerstelle → Gehäuse → Rückleitung (PE → Potenzialausgleichsschiene → Fundamenterder → Erdreich → Betriebserde → Sternpunkt

Bild 3: Schutz durch Erdung im TN-C-S-System

Für den Gesamterdungswiderstand aller Betriebserder gilt ein Wert von 2 Ω als ausreichend.

Wenn 2Ω nicht erreicht werden, muss folgende Bedingung, die auch **„Spannungswaage"** genannt wird, erfüllt sein **(Formel, Bild 1).** Wird diese Bedingung eingehalten, kann am PEN-Leiter, am Schutzleiter und an Körpern keine unzulässig hohe Berührungsspannung > U_L auftreten.

Leiterquerschnitte und Schutzeinrichtungen sind so zu bemessen, dass beim Auftreten eines Fehlers zwischen Außenleiter und Schutzleiter oder mit dem PEN-Leiter verbundenen Körpern die automatische Abschaltung innerhalb der in DIN VDE 0100 Teil 410 festgelegten Zeit erfolgt **(Tabelle 1).**

Diese Bedingung ist erfüllt, wenn das Produkt **Schleifenimpedanz** Z_S mal **Abschaltstrom** I_a keinen größeren Wert als den der Nennspannung gegen geerdete Leiter ergibt ($Z_S \cdot I_a \leq U_0$).

Unter Impedanz der Fehlerschleife versteht man den Scheinwiderstand des Transformators, des vorgelagerten Stromnetzes und des Leitungssystems **(Bild 3, Seite 368).** Sie wird durch Messung oder durch Rechnung ermittelt.

Tabelle 1: Maximale Abschaltzeit im TN-System (nach DIN VDE 0100 Teil 410)

Stromkreise	Spannung U_0	Abschaltzeit
■ Endstromkreise, die über Steckdosen oder festen Anschluss Handgeräte oder ortsveränderliche Betriebsmittel der Schutzklasse I versorgen	≤ AC 120 V: ≤ AC 230 V: ≤ AC 400 V: > AC 400 V:	0,8 s 0,4 s 0,2 s 0,1 s
■ Verteilungsstromkreise in Gebäuden ■ Endstromkreise derselben Verteilung, mit nur ortsfesten Verbrauchsmitteln		5 s

Beispiel: Überprüfen der Schutzmaßnahme

Ein Steckdosenstromkreis mit U_0 = 230V ist mit einem LS-Schalter Typ B 16A abgesichert. Durch Messung wurde die Schleifenimpedanz Z_S = 1,84Ω ermittelt. Wird die Abschaltbedingung nach DIN VDE 0100 Teil 410 erfüllt?

Lösung: Nach der Auslösekennlinie (Tabellenbuch) beträgt der Abschaltstrom bei

t_a = 0,4 s:

$\boldsymbol{I_a} = 5 \cdot I_n = 5 \cdot 16\,\text{A} = \mathbf{80\,A}$

Kurzschlussstrom $\boldsymbol{I_K} = \frac{U_0}{Z_s} = \frac{230\,\text{V}}{1{,}84\,\Omega} = \mathbf{125\,A}$

I_K > Abschaltstrom I_a Abschaltbedingung ist erfüllt.

Wird als Schutzeinrichtung ein FI-Schutzschalter (RCD) verwendet, so ist anstelle des Abschaltstromes I_a der Bemessungs-Differenzstrom $I_{\Delta n}$[1] des FI-Schutzschalters einzusetzen.

Bei Unterbrechung des PEN-Leiters besteht in TN-C-Systemen eine große Gefährdung. Das TN-C-System ist deshalb nur unter bestimmten Bedingungen zulässig **(Tabelle 2).**

Spannungswaage

$$\frac{R_B}{R_E} \leq \frac{50\,\text{V}}{U_0 - 50\,\text{V}}$$

R_B Gesamterdungswiderstand aller Erder
R_E angenommener kleinster Erdübergangswiderstand fremder leitfähiger Teile, die nicht mit dem Schutzleiter verbunden sind und Ursache eines Erdschlusses sein können
50 V vereinbarte Grenze der zulässigen Berührungsspannung
U_0 Nennspannung eines Außenleiters gegen geerdete Leiter, PEN-Leiter, Neutralleiter oder Schutzleiter

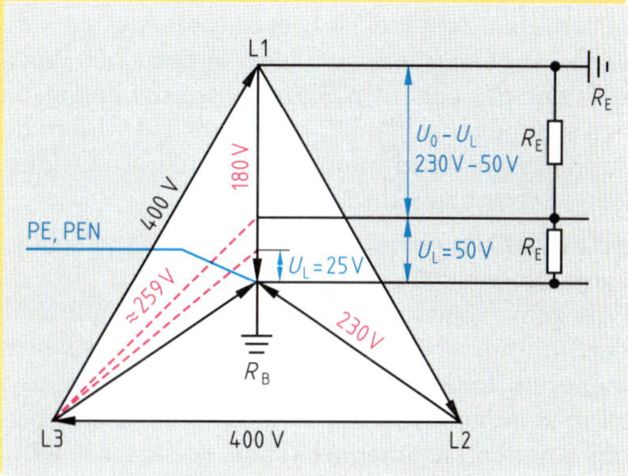

Bild 1: Spannungswaage im TN-System

Abschaltbedingung im TN-System

$$Z_s \cdot I_a \leq U_0$$

Z_S Schleifenimpedanz (Scheinwiderstand) der Fehlerschleife
I_a Abschaltstrom, der die automatische Abschaltung der Überstrom-Schutzeinrichtung innerhalb der festgesetzten Zeit bewirkt
U_0 Nennspannung gegen Erde

Tabelle 2: Querschnitte und Verlegebedingungen im TN-System

TN-C	■ Bei fest verlegten Leitungen mit Querschnitten von mindestens 10 mm² Cu oder 16 mm² Al
TN-S	■ Bei Leiterquerschnitten < 10 mm² Cu ■ bei beweglichen Leitungen.
⚡	PEN-Leiter und Schutzleiter dürfen nicht durch Überstrom-Schutzeinrichtung abgesichert sein. PEN-Leiter und Neutralleiter dürfen nicht alleine schaltbar sein.

[1] $I_{\Delta n}$ Bemessungs-Differenzstrom, der die automatische Abschaltung des FI-Schutzschalters innerhalb der festgelegten Zeit bewirkt.

9.3.7.3 Fehlerstrom-Schutzeinrichtung (RCD)

FI-Schutzschalter (RCDs[1]) normaler Bauart haben die Aufgabe, Betriebsmittel innerhalb von 0,2 s bzw. 0,4 s allpolig abzuschalten, wenn durch einen Isolationsfehler bedingt eine gefährliche Berührungsspannung auftritt.

Die tatsächlichen Abschaltzeiten von RCDs sind oft erheblich kürzer. Fehlerstrom-Schutzeinrichtungen bieten einen besonders wirksamen Schutz gegen elektrischen Schlag.

Alle aktiven Leiter (L1, L2, L3, N), die vom Netz zum schützenden Betriebsmittel führen, werden durch einen **Summenstromwandler** geführt **(Bild 1)**. Im fehlerfreien Zustand ist die Summe der zu- und abfließenden Ströme null. Die magnetischen Wechselfelder der Leiter im Summenstromwandler heben sich gegenseitig auf. In diesem Fall wird in der Ausgangswicklung des Summenstromwandlers keine Spannung induziert.

Bei Erdschluss eines Leiters oder bei Körperschluss eines Betriebsmittels fließt ein Teilstrom über die Erde zum Spannungserzeuger zurück. Dadurch ist die Summe der zu- und abfließenden Ströme nicht mehr null. In der Ausgangswicklung des Summenstromwandlers wird nun eine Spannung induziert, die einen elektromagnetischen Auslöser betätigt **(Bild 1)**. Dieser Auslöser schaltet den FI-Schutzschalter allpolig ab. Mit einer Prüftaste kann ein Fehler simuliert werden. Damit lässt sich nur die Auslösefunktion des FI-Schutzschalters prüfen, nicht aber die Wirksamkeit der Schutzmaßnahme.

Die Auslösung des FI-Schutzschalters ist vom Betreiber der Anlage bei nicht stationären Anlagen an jedem Arbeitstag, bei stationären Anlagen mindestens alle 6 Monate zu prüfen.

In Einphasenstromkreisen werden 2-polige FI-Schutzschalter verwendet. In Neuanlagen und zur Verbesserung des Schutzumfanges in Altanlagen, z.B. bei nachträglichem Einbau in Stromkreisen für Bade- und Duschräume, werden Kombinationen von FI-Schutzschalter und LS-Schalter verwendet **(Bild 2)**. Bei diesen Geräten entfällt der Verdrahtungsaufwand zwischen FI-Schutzschalter und LS-Schalter bei getrenntem Einbau.

FI-Schutzschalter **(Bild 3)** sind in Baderäumen, Baustellen-Verteilern, landwirtschaftlichen und gartenbaulichen Anwesen, Schwimmbädern, medizinisch genutzten Räumen, Laborräumen, Schulen und Ausbildungsstätten sowie in feuergefährdeten Betriebsstätten vorgeschrieben.

[1] RCD, Abk. für: **R**esidual **C**urrent Protective **D**evice (engl.) = Fehlerstrom-Schutzeinrichtung

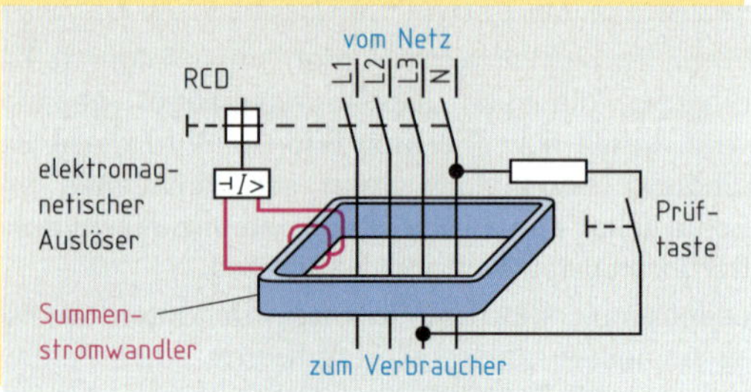

Bild 1: Prinzip eines FI-Schutzschalters (RCD)

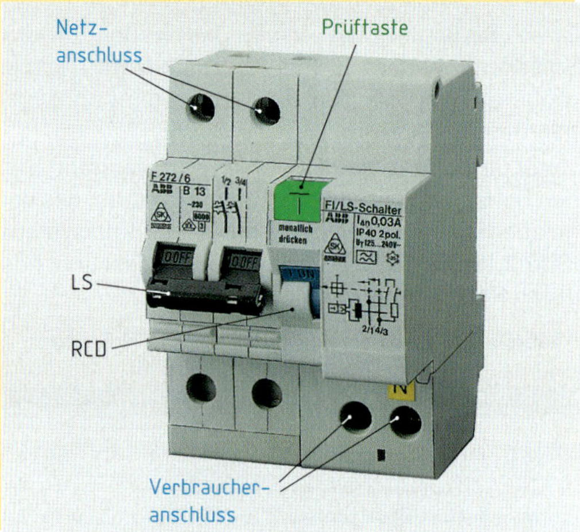

Bild 2: 2-polige FI/LS-Kombination 40 A/30 mA

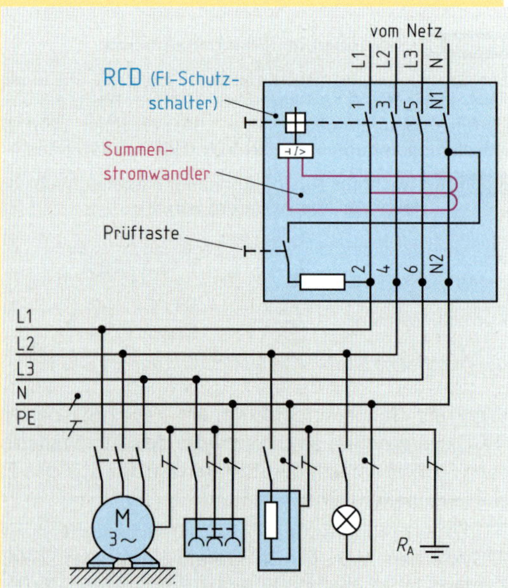

Bild 3: Beispiel eines FI-Schutzschalters im TT-System

FI-Schutzschalter (RCDs) bieten auch Schutz gegen Brände, die durch Erdfehlerströme gezündet werden. In der nebenstehenden **Tabelle 1** sind die maximalen Leistungen angegeben, die an Fehlerstellen bei einer Betriebsspannung von 230 V zu Stande kommen können, ohne den RCD oder die Überstrom-Schutzeinrichtung auszulösen. Der Brandschutz, den die RCD bietet, wird von keiner anderen Schutzmaßnahme erreicht. Der so genannte **empfindliche FI-Schutzschalter** mit einem Bemessungs-Differenzstrom von 10 mA bis 30 mA bietet zusätzlich auch Schutz gegen direktes Berühren.

Um den Schutzumfang zu erhöhen, werden Personenschutz-Steckdosen, Steckdosenleisten oder Sicherheitsstecker mit einem FI-Schutzschalter von $I_{\Delta n} \leq$ 10 mA bzw. 30 mA kombiniert **(Bild 1)**.

Der Körper eines zu schützenden Betriebsmittels darf auf der Eingangsseite der RCD bei TN-C-S-Systemen direkt mit dem PEN-Leiter und bei TN-S-Systemen direkt mit dem Schutzleiter verbunden werden **(Bild 2)**. Diese Verbindungen mit dem PEN-Leiter bzw. mit dem PE-Leiter **(Bild 1)** führen im Fehlerfall zu kürzeren Abschaltzeiten.

In Stromkreisen mit Halbleitern, z. B. Gleichrichterschaltungen, Phasenanschnittsteuerungen und für Verbrauchsgeräte der Schutzklasse I, müssen FI-Schutzschalter auch bei pulsierenden Gleichfehlerströmen zuverlässig auslösen.

Die Abschaltzeit von FI-Schutzschaltern normaler Bauart darf 0,2 s nicht überschreiten, wenn bei Wechselfehlerströmen der Bemessungs-Differenzstrom $I_{\Delta n}$ und bei pulsierenden Gleichfehlerströmen der 1,4fache Bemessungs-Differenzstrom fließt. Wechselströme, die den 5fachen Bemessungs-Differenzstrom $I_{\Delta n}$ erreichen, sowie pulsierende Gleichfehlerströme mit 5-mal 1,4fachem Bemessungs-Differenzstrom müssen die RCD innerhalb von 0,04 s zuverlässig abschalten **(Bild 3b)**.

Die Auslösung einer RCD muss auch wirksam bleiben, wenn der Neutralleiter und/oder ein bzw. mehrere Außenleiter ausgefallen sind.

FI-Schutzschalter neuer Bauart sind kurzimpulsverzögert und stoßstromfest. Diese Eigenschaften verhindern Fehlauslösungen durch atmosphärische Überspannungen, z. B. bei Gewitter, sowie bei hochfrequenten Überspannungen in Industrieanlagen, z. B. in Stromkreisen mit Zentralkompensation oder induktiven Verbrauchern. Die Kennzeichen für besondere Eigenschaften zeigt **Bild 3**. Zur Sicherstellung der Selektivität mit mehreren RCDs dürfen **zeitverzögerte RCDs der Bauart S** (Selektive RCDs) in Reihe mit RCDs der normalen Bauart verwendet werden. Diese selektiven RCDs dürfen in Verteilungsstromkreisen eingesetzt werden und haben eine Abschaltzeit ≤ 1 s.

Tabelle 1: Leistung an Fehlerstellen bei AC 230 V

Schutzeinrichtung	Leistung in W
$I_{\Delta n}$ = 30 mA	6,9
$I_{\Delta n}$ = 0,3 A	69
$I_{\Delta n}$ = 0,5 A	115
Schmelzsicherung oder LS-Schalter 10 A	2 300
Schmelzsicherung oder LS-Schalter 16 A	3 680

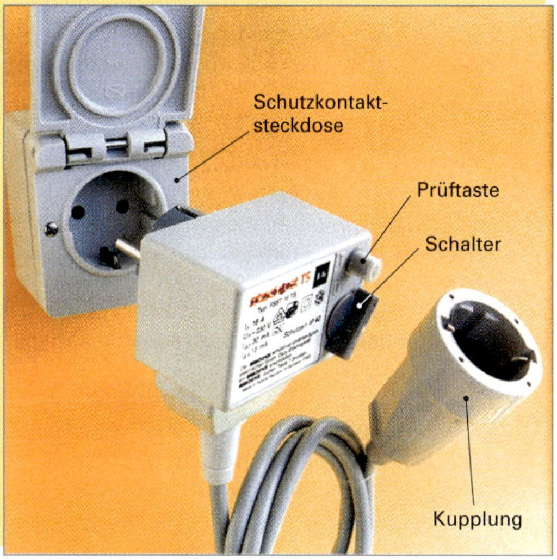

Bild 1: Sicherheitsstecker mit RCD 30 mA

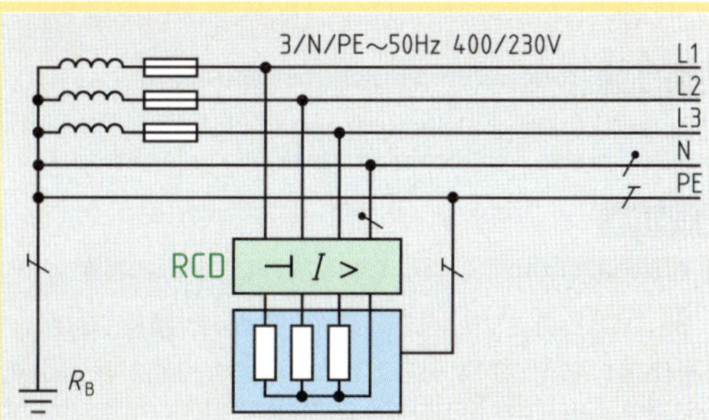

Bild 2: FI-Schutzschalter im TN-S-Netz

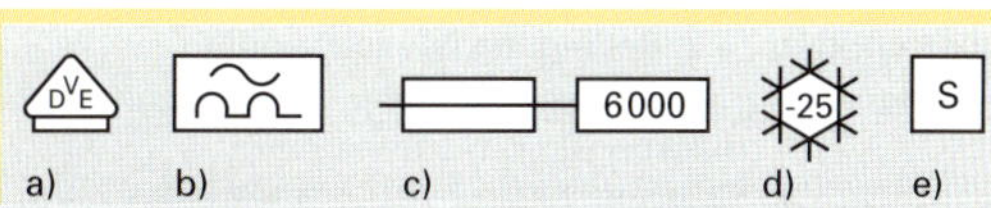

Bild 3: Sinnbilder für die Kennzeichnung von FI-Schutzschaltern
- **a) VDE-Prüfzeichen**
- **b) für Wechsel- und pulsierende Gleichfehlerströme**
- **c) kurzschlussfest bis z. B. 6 kA**
- **d) für Betrieb bei tiefen Temperaturen, z. B. –25 °C**
- **e) FI-Schutzschalter Bauart S, selektiver FI-Schutzschalter, Auslösung ≤ 1 s erst bei 2fachem $I_{\Delta n}$**

9.3.7.4 Schutzmaßnahmen im TT-System

Durch die Schutzmaßnahme im TT-System wird aus einem Körperschluss ein Erdschluss. Der auftretende Fehlerstrom soll das defekte Betriebsmittel durch vorgeschaltete Überstrom-Schutzeinrichtungen oder RCDs abschalten.

Alle Körper der zu schützenden Betriebsmittel werden an einen gemeinsamen Erder R_A angeschlossen. Der Sternpunkt des Transformators ist getrennt geerdet **(Bild 1)**. Der Erdungswiderstand R_A muss so klein sein, dass die Schutzeinrichtung im Fehlerfall auslöst, bevor die zulässige Berührungsspannung U_L am Körper (Gehäuse) überschritten wird.

Bei üblichen Erdungswiderständen ist der Fehlerstrom bei einem Körperschluss aber sehr gering. Deshalb sollen im TT-System vorzugsweise RCDs als Schutzeinrichtungen eingesetzt werden **(Bild 2)**.

Die Schutzeinrichtung muss im Fehlerfall in der zulässigen Abschaltzeit ansprechen **(Tabelle 1)**. Für die Wirksamkeit der Schutzmaßnahme gilt die Bedingung $R_A \cdot I_a \leq U_L$.

Im folgenden Beispiel soll das Betriebsmittel in **Bild 1** einen Körperschluss haben. Die Schutzmaßnahme mit einem LS-Schalter ist zu überprüfen:

1. Die vorgeschaltete Überstrom-Schutzeinrichtung muss unverzögert ($t_a \leq 0{,}1\,s$) auslösen.
2. Die Berührungsspannung (bezogen auf Bezugserde) darf den Wert AC 50 V nicht übersteigen.

Beispiel: Überprüfen der Schutzmaßnahme

Wie viele Taktsignale sind erforderlich, um die Information 101 in das 3-Bit-Schieberegister einzuspeichern?

Lösung:

1. Abschaltstrom: $I_a = \frac{U_0}{R_{Ges}} = \frac{230\,V}{5\,\Omega} = 46\,A$

2. Berührungsspannung: $U_B = R_A \cdot I_a = 2\,\Omega \cdot 46\,A = 92\,V$

Ergebnis: Ein LS-Schalter B16A darf nicht eingesetzt werden. Nach der Kennlinie (Tabellenbuch) muss ein Abschaltstrom von 80 A fließen ⇒ **1. Bedingung ist nicht erfüllt.**

Die zulässige Berührungsspannung von AC 50V wird überschritten. ⇒ **2. Bedingung ist nicht erfüllt.**

Abhilfe:
- Leitungsschutzschalter mit kleinerem Bemessungsstrom verwenden,
- FI-Schutzschalter (RCD) einsetzen.

RCDs bieten einen optimalen Schutz, da der Abschaltstrom I_a gleich dem Bemessungs-Differenzstrom $I_{\Delta n}$ ist. Mit RCDs **(Tabelle 1)** wird die Anlage im Fehlerfall innerhalb von 0,2 s bzw. 1 s abgeschaltet. Die erforderlichen Werte für Erdungswiderstände sind in der **Tabelle 2** angegeben.

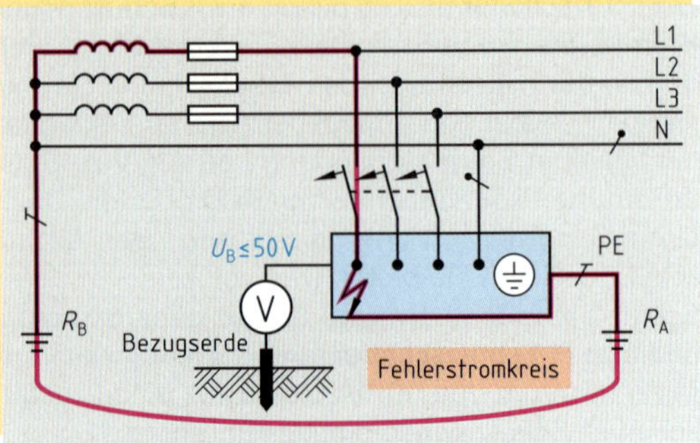

Bild 1: Schutz durch Abschalten im TT-System mit Überstrom-Schutzeinrichtung

Tabelle 1: Abschaltzeiten im TT-System (nach DIN VDE 0100 Teil 410)

Art der Schutzeinrichtung	Abschaltzeit
Überstrom-Schutzeinrichtung mit zeit- und stromabhängiger Auslösecharakteristik, z.B. Schmelzsicherung gG (gL)	≤ 5 s
Schutzeinrichtung mit unverzögerter Auslösekennlinie, z.B. Leitungsschutzschalter	≤ 100 ms
FI-Schutzschalter (RCD) normaler Bauart	≤ 200 ms
selektive RCDs, z.B. der Bauart S	≤ 1 s

R_A Erdungswiderstand aller Körper
I_a Strom, der das automatische Abschalten der Schutzeinrichtung bewirkt
U_L höchstzulässige Berührungsspannung

$$R_A \cdot I_a \leq U_L$$

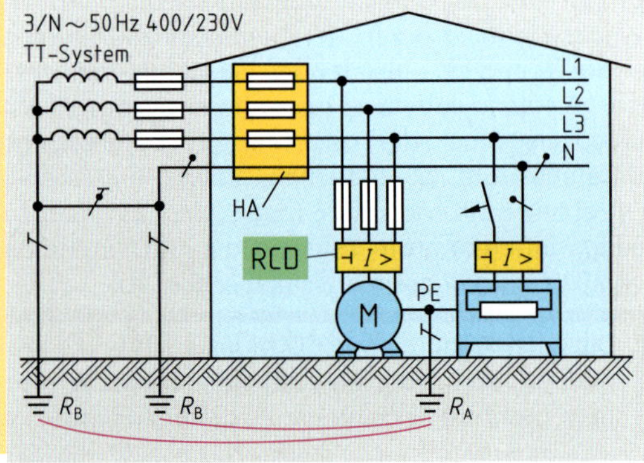

Bild 2: Verbraucheranlage im TT-System mit RCD

R_A höchstzulässiger Erdungswiderstand der Verbraucheranlage
$I_{\Delta n}$ Bemessungs-Differenzstrom

$$R_A = \frac{U_L}{I_{\Delta n}}$$

Tabelle 2: Höchstwerte für Erdungswiderstände R_A

Bemessungs-Differenzstrom	Erdungswiderstand R_A U_L = 50V	U_L = 25V
0,01 A	5000	2500
0,03 A	1665	832
0,3 A	165	82
0,5 A	100	50

9.3.7.5 Schutzmaßnahmen im IT-System

Im IT-System erfolgt beim Auftreten eines ersten Fehlers (Körperschluss) keine Abschaltung, sondern eine Meldung. Bei Auftreten des ersten Fehlers muss eine Überwachungseinrichtung ein optisches und/oder akustisches Signal auslösen.

Alle Körper der zu schützenden Betriebsmittel sind gemeinsam zu erden. Der Sternpunkt des Netztransformators oder Generators ist isoliert oder über eine hohe Impedanz geerdet **(Bild 1)**.

Vorgeschrieben ist das IT-System z.B. in Intensivbehandlungsstationen, Operationsräumen sowie im Bergbau und in Hüttenwerken. Es wird auch in Produktionsstätten der chemischen Industrie, als Ersatzstromversorgung bei Einsätzen der Feuerwehr und auf Schiffen eingesetzt.

Im Gegensatz zum TN- und TT-System, bei denen im ersten Fehlerfall (z.B. Körperschluss) abgeschaltet wird, erfolgt im IT-System nur eine Meldung. Beim Entstehen nur eines Fehlers tritt ein geringer Fehlerstrom auf und die zulässige Berührungsspannung wird nicht überschritten. Die Bedingung $R_A \cdot I_d \leq 50$ V muss dabei erfüllt sein. Der Schutzleiter nimmt das Potenzial des den Fehler auslösenden Leiters an. Eine Gefahr besteht nicht, da alle Körper das gleiche Potenzial über den Schutzleiter besitzen. Der Arbeitsprozess oder eine Operation kann also abgeschlossen werden. Der Isolationswiderstand der Verbraucheranlage wird durch eine **Isolationsüberwachungseinrichtung** laufend kontrolliert und gemeldet **(Bild 1)**. Der erste gemeldete Fehler muss möglichst rasch behoben werden, da bei einem weiteren Fehler in einem anderen Außenleiter die Schutzeinrichtung des Betriebsmittels abschaltet **(Übersicht)**.

Der Fehler- oder Abschaltstrom fließt dabei über die Stromkreise der fehlerhaften Betriebsmittel. Deshalb ist die Impedanz der Fehlerschleife größer als beim einfachen Fehler im TN-System **(Bild 2)**. Beim Abschalten des zweiten Fehlers muss der Schleifenwiderstand der Bedingung $Z_S \leq U : (2 \cdot I_a)$ erfüllen. Im IT-System mit verteiltem Neutralleiter (Vierleiternetz) verdoppeln sich die Abschaltzeiten.

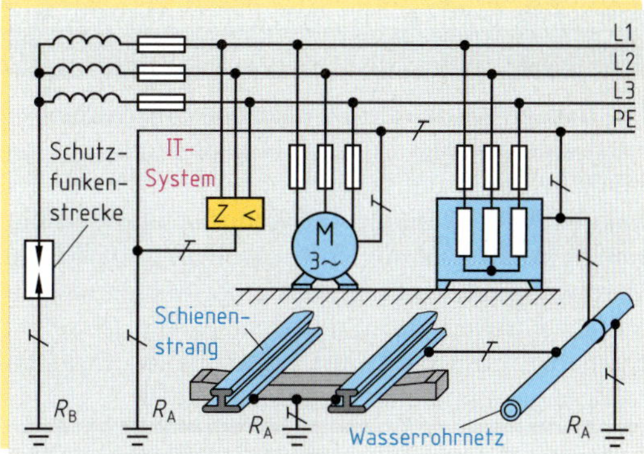

Bild 1: Schutz im IT-System

Bedingung im TT-System

$$R_A \cdot I_d \leq U_L$$

R_A Summe der Widerstände des Erders und des Schutzleiters der Körper
I_d Fehlerstrom nach dem Auftreten des ersten Fehlers zwischen Außenleiter und Körper
U_L vereinbarte Grenze der dauernd zulässigen Berührungsspannung

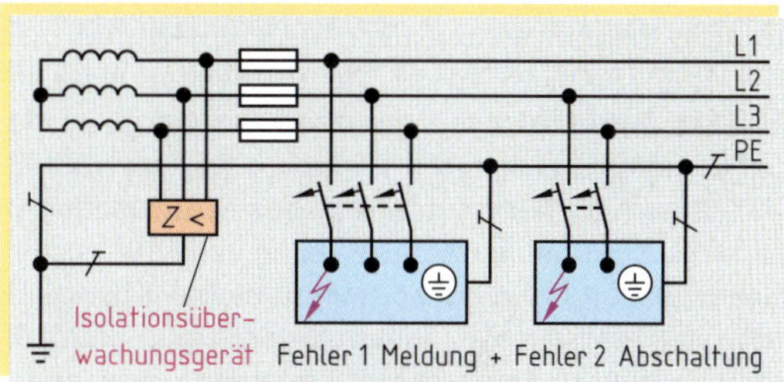

Bild 2: IT-System mit 2 Fehlern

Übersicht: Schutzeinrichtungen im IT-System

- Isolationsüberwachungseinrichtungen
- Überstrom-Schutzeinrichtungen
- FI-Schutzschalter (RCD)

Abschaltbedingung

$$Z_S \leq \frac{U}{2 \cdot I_a}$$

Z_S Impedanz der Fehlerschleife (ohne Neutralleiter)
U Nennspannung zwischen Außenleitern
I_a Strom, der die automatische Abschaltung des Stromkreises bewirkt (Abschaltzeiten wie im TN-System)

Arbeitsauftrag:

1. Wodurch unterscheiden sich TN-, TT- und IT-Systeme?
2. Welche Abschaltzeiten sind im TN-System zulässig?
3. Was versteht man unter Schleifenimpedanz und wie groß darf sie maximal sein?
4. Welche Bedeutung hat die Erdung des PEN-Leiters über den Fundamenterder?
5. Welche Bedingungen gelten für den Erdungswiderstand RA im TT-System?
6. Welche Vorteile hat der FI-Schutzschalter (RCD) gegenüber Überstrom-Schutzeinrichtungen?
7. Warum ist der Einsatz eines FI-Schutzschalters im TT-System zu empfehlen?

9.3.7.6 Schutz durch Verwendung von Betriebsmitteln der Schutzklasse II oder durch gleichwertige Isolierung (Schutzisolierung)

Die Schutzmaßnahme Schutzisolierung verhindert nach einem Fehler in der Basisisolierung eine gefährliche Berührungsspannung an berührbaren Teilen des Betriebsmittels. Die Kennzeichnung erfolgt mit dem Symbol für Schutzisolierung **(Bild 1a)**. Wird während des Errichtens einer Anlage eine zusätzliche Isolierung aufgebracht, sollen diese Betriebsmittel mit dem durchgestrichenen Erdungssymbol gekennzeichnet werden **(Bild 1b)**.

> Bei der Schutzisolierung (Schutzklasse II) sind alle der Berührung zugänglichen Teile, die im Fehlerfall Spannung führen können, mit einer Basisisolierung und mit verstärkter oder zusätzlicher Isolierung dauerhaft abgedeckt **(Bild 2)**.

Schutzisolierung kann auch durch fest eingebaute Isolierstücke, z.B. Zahnräder aus Kunststoff, erreicht werden **(Bild 3)**. Ortsveränderliche, schutzisolierte Betriebsmittel für Wechselspannung haben 2-adrige Anschlussleitungen mit vergossenen Profilsteckern ohne Schutzkontakt und ohne Schutzleiter. Bei Instandsetzung der Anschlussleitung, z.B. mit H05VV-F3G1,5 muss die grüngelbe Ader im Stecker angeschlossen werden. Am Gerät ist der Schutzleiter kurz abzuschneiden und zu isolieren. Er darf innerhalb der Umhüllung des schutzisolierten Gerätes nicht mit leitfähigen Teilen verbunden sein. Schutzisolierung wird angewendet bei Kleingeräten, Haushaltgeräten, Elektrowerkzeugen **(Bild 3)**, Kleinverteilern, Zählertafeln, Leuchten und Gehäusen, z.B. für CEE-Steckvorrichtungen.

9.3.7.7 Schutz durch nicht leitende Räume

Schutz durch nicht leitende Räume liegt vor, wenn z.B. durch isolierenden Fußbodenbelag, isolierende Wände und Abdeckungen oder Gummiunterlagen eine Verbindung des Menschen gegen Erde verhindert wird. Alle von der Standfläche einer Person mit der Hand erreichbaren Gegenstände gelten als innerhalb des Handbereiches liegend. Als Mindestabstand für den Handbereich gilt nach oben 2,5 m, seitlich und nach unten jeweils 1,25 m **(Bild 4)**.

> Der Mindestwert des Isolationswiderstandes für Wände und Fußböden beträgt bei Nennspannungen bis 500 V 50 kΩ, bei höheren Nennspannungen 100 kΩ.

Diese Schutzmaßnahme ist bei ortsfesten Betriebsmitteln und Arbeitsplätzen zulässig, z.B. bei Mess- und Prüfplätzen, und muss alle im **Handbereich (Bild 4)** liegenden Gegenstände und Flächen (Böden, Wände) erfassen, die mit der Erde in Verbindung stehen.

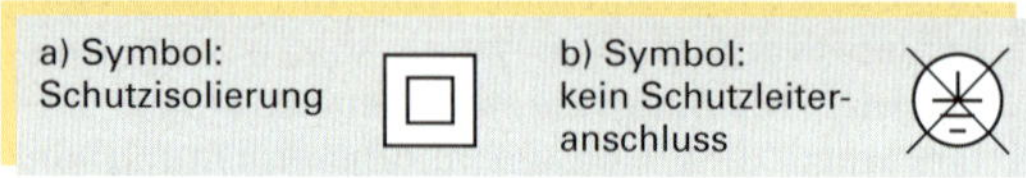

Bild 1: Symbole für Schutzisolierung

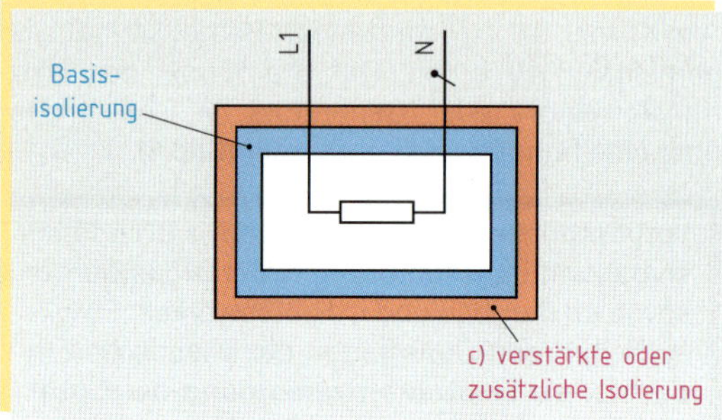

Bild 2: Arten der Schutzisolierung

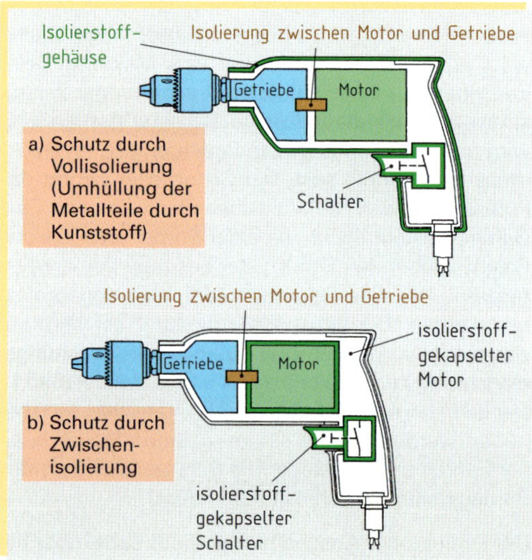

Bild 3: Ausführung einer schutzisolierten Bohrmaschine

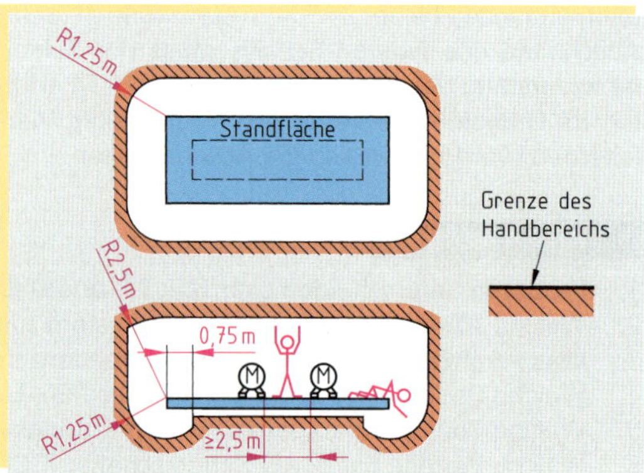

Bild 4: Abmessungen des Handbereichs

9.3.7.8 Schutztrennung

Bei der Maßnahme Schutztrennung wird zwischen Netz und Verbraucher ein Trenntransformator zur Potenzialtrennung geschaltet.

Der Transformator verhindert, dass am Verbraucher Spannungen aus dem geerdeten, speisenden Netz auftreten. Auf der Ausgangsseite besteht keine Spannung gegen Erde.

Zur galvanischen Trennung muss ein **Trenntransformator** nach DIN VDE 0550 oder ein Motorgenerator nach DIN VDE 0530 verwendet werden.

Ist die Schutzmaßnahme Schutztrennung **(Bild 1)** allein wegen besonderer Gefährdung zwingend vorgeschrieben, z.B. im Kesselbau, so darf an den Trenntransformator nur ein Verbraucher angeschlossen werden. Das höchstzulässige Produkt aus Spannung und Leitungslänge soll den Wert von 100000 Vm, die Leitungslänge selbst 500 m nicht überschreiten.

Die Steckvorrichtungen für den Ausgangsstromkreis dürfen keinen Schutzkontakt haben **(Bild 1)**. Ortsveränderliche Trenntransformatoren müssen schutzisoliert sein. Die Erdung des Ausgangsstromkreises oder eine Verbindung mit anderen Anlageteilen ist nicht zulässig.

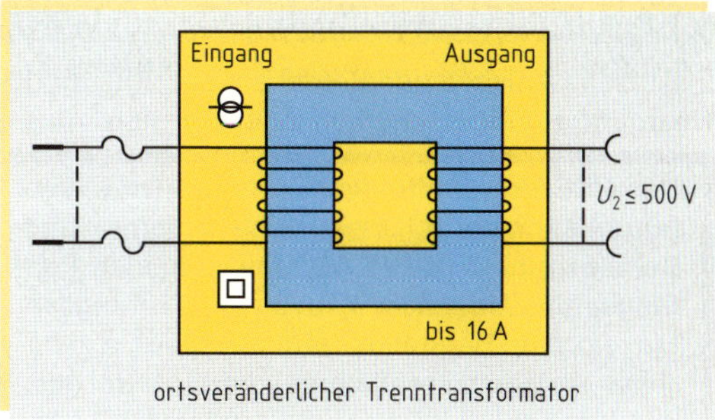

Bild 1: Schutztrennung

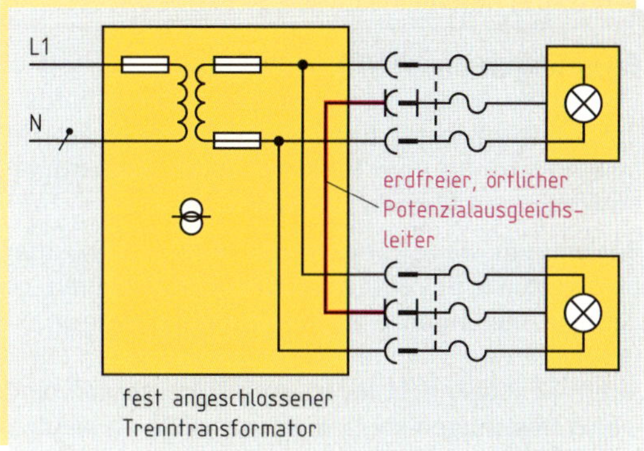

Bild 2: Schutztrennung mit mehreren Betriebsmitteln

9.3.7.9 Schutz durch erdfreien, örtlichen Potenzialausgleich

Werden von einem Trenntransformator mehrere Verbraucher gespeist, so müssen die Körper der Verbrauchsmittel untereinander durch einen **erdfreien, örtlichen Potenzialausgleichsleiter** verbunden sein.

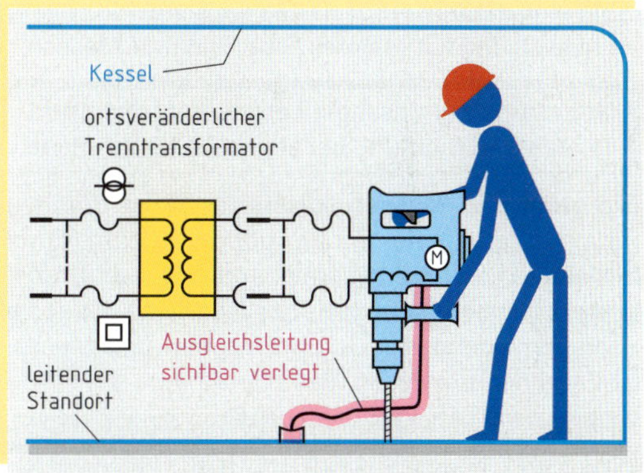

Bild 3: Ausgleichsleitung bei besonderer Gefährdung, z.B. bei Arbeiten im Kesselbau

Der **Potenzialausgleichsleiter** darf weder geerdet noch mit einem Schutzleiter von Stromkreisen anderer Schutzmaßnahmen verbunden sein. Die Anschlusssteckdosen der Verbrauchsmittel müssen Schutzkontakte haben, die mit dem erdfreien, örtlichen Potenzialausgleichsleiter verbunden sind **(Bild 2)**. Bei besonderer Gefährdung durch einen elektrisch leitenden Standort, z.B. im Schiffsbau, Kesselbau oder auf Stahlgerüsten, kann der Körper des elektrischen Betriebsmittels durch eine **Ausgleichsleitung** mit dem leitenden Standort verbunden werden **(Bild 3)**.

Arbeitsauftrag:

1. Welche Schutzmaßnahmen gegen direktes Berühren gibt es nach DIN VDE 0100 Teil 410?
2. Nennen Sie Arten von Spannungsquellen zur Erzeugung von Kleinspannung.
3. Welche Bedingungen gelten für Stecker und Steckdosen, damit die Forderungen für die Schutzmaßnahme Kleinspannung erfüllt sind?
4. Unter welchen Bedingungen gilt Kleinspannung als PELV-Stromkreis?
5. Nennen Sie einige Betriebsmittel, bei denen Schutzisolierung vorgeschrieben ist.
6. Welchen Mindestwiderstand müssen Wände und Fußböden in nicht leitenden Räumen haben?
7. Erklären Sie das Prinzip der Schutzmaßnahme Schutztrennung.

9.3.8 Prüfen der Schutzmaßnahmen

Elektrische Anlagen und Betriebsmittel sind vor der Übergabe auf ihre Sicherheit zu überprüfen.

> Das VDE-Vorschriftenwerk und die Unfallverhütungsvorschrift „Elektrische Anlagen und Betriebsmittel" (BGV[1] A2) unterscheiden Prüfungsarten **(Übersicht 1)**. In diesen Prüfungsarten werden Hersteller und Betreiber elektrischer Anlagen verpflichtet, dafür zu sorgen, dass vor der Inbetriebnahme sowie nach Änderung, Erweiterung und Instandsetzung eine Prüfung durch eine Elektrofachkraft erfolgt.

Erstprüfungen nach VDE 0100 Teil 610

Elektrische Anlagen sind vor der ersten Inbetriebnahme (nach einer Erweiterung, Änderung oder Instandsetzung) vom Errichter durch **Besichtigen, Erproben und Messen** zu prüfen.

Besichtigen. Beim Errichten der Anlage kann man bereits durch Besichtigen **(Übersicht 2)** prüfen, ob verlegte Leitungen oder Kabel richtig ausgewählt und Leiterquerschnitte für die zugeordneten Überstrom-Schutzeinrichtungen korrekt bemessen sind. Durch Besichtigen kontrolliert man z.B., ob Neutralleiter, Schutzleiter und PEN-Leiter nicht abgesichert oder geschaltet sind und die farbliche Kennzeichnung eingehalten wurde. Diese optische Kontrolle ist Voraussetzung für späteres Erproben und Messen.

> Besichtigen umfasst die Feststellung der normgerechten Errichtung bei abgeschalteter Anlage.

Erproben und Messen (Übersicht 3) ist durchzuführen, wenn eine Größe oder Funktion durch Besichtigen nicht mit ausreichender Sicherheit festgestellt werden kann, z.B. der Isolations- oder der Schleifenwiderstand. Durch Erproben und Messen ist dann nachzuweisen, dass die Anlage die Forderungen nach DIN VDE 0100 erfüllt.

> Durch Erproben und Messen stellt man fest, ob die Anlage ihre Funktion erfüllt und die vorgeschriebenen Schutzmaßnahmen wirksam sind.

Ein **Prüfprotokoll** und ein **Übergabebericht** sind nach Abschluss der Prüfung zu erstellen **(Bild 1)**. In diesem Prüfprotokoll werden die aktuellen Messwerte festgehalten. Sie dienen gleichzeitig auch als Nachweis bei späteren Reklamationen oder auch bei Haftungsproblemen.

Wiederholungsprüfungen nach BGV A2

In bestimmten Zeitabständen müssen Wiederholungsprüfungen **(Tabelle 1, Seite 377)** durchgeführt werden, da die Betriebsmittel einer Veränderung durch Alterung und betriebsbedingten Verschleiß ausgesetzt sind.

Übersicht 1: Prüfungen in elektrischen Anlagen

- Erstprüfungen nach VDE 0100 Teil 610
- Wiederholungsprüfungen nach BGV[1] A2 **(Seite 377)**
- Sicherheitsprüfungen elektrischer Geräte nach DIN VDE 0701
- E-Check für Anlagen und Geräte (empfohlen)

Übersicht 2: Prüfen durch Besichtigen

- Abdeckungen, Umhüllungen, Hindernisse
- Auswahl der Leitungen und Kabel nach Verlegeart, Strombelastbarkeit und zulässigem Spannungsfall
- Auswahl und Einstellung des Auslösestromes bei Schutz- und Überwachungseinrichtungen
- Durchgehende farbliche Kennzeichnung und Anschluss von Neutralleiter und Schutzleiter
- Bezeichnung der Stromkreise und Betriebsmittel in der Anlage und in Schaltplänen

Übersicht 3: Prüfen durch Erproben und Messen

- Prüfen auf durchgehende Verbindung von Schutzleiter, Hauptpotenzialausgleich, zusätzlichem Potenzialausgleich
- Messen des Isolationswiderstandes der elektrischen Anlage zwischen jedem aktiven Leiter und Erde
- Prüfen der sicheren Trennung bei Schutztrennung sowie in SELV- und PELV-Stromkreisen
- Widerstandsmessung isolierender Fußböden und Wände
- Messen und Berechnen des Auslösestromes in Anlagen mit Schutz durch automatische Abschaltung der Stromversorgung
- Prüfen der Spannungspolarität. Einpolige Schalter dürfen nur im Außenleiter eingebaut sein
- Prüfen des Rechtsdrehfeldes bei Drehstromsteckdosen

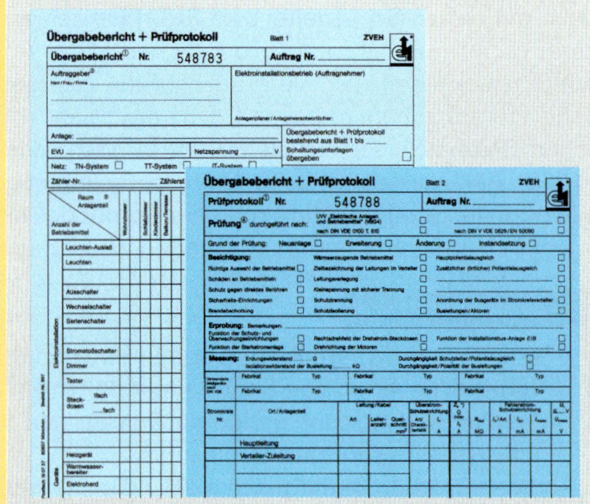

Bild 1: Übergabebericht und Prüfprotokoll (Ausriss)

1) BGV, Abkürzung für **B**erufs**g**enossenschaftliche **V**orschriften

Tabelle 1: Prüfungen und Prüffristen für elektrische Anlagen und Betriebsmittel (nach BGV A2)

Anlagen/Betriebsmittel	Prüffrist	Art der Prüfung
Elektrische Anlagen und Betriebsmittel allgemein.	Vor der ersten Inbetriebnahme sowie nach jeder Erweiterung, Änderung und Instandsetzung.	Auf ordnungsgemäßen Zustand prüfen, wenn keine Bescheinigung des Errichters vorliegt.
Elektrische Anlagen und ortsfeste elektrische Betriebsmittel.	Mindestens alle 4 Jahre.	Auf ordnungsgemäßen Zustand prüfen.
Nicht ortsfeste elektrische Betriebsmittel, Anschluss- und Verlängerungsleitungen mit Steckvorrichtungen.	Alle 6 Monate (soweit benutzt). Richtwert auf Baustellen 3 Monate.	Auf ordnungsgemäßen Zustand prüfen.
Schutzmaßnahmen mit RCDs (FI-Schutzschalter) bei nicht stationären Anlagen.	Mindestens einmal im Monat.	Auf Wirksamkeit überprüfen.
FI- und FU-Schutzeinrichtungen ■ bei stationären Anlagen, ■ bei nichtstationären Anlagen.	 Mindestens alle 6 Monate. Arbeitstäglich.	Betätigen der Prüfeinrichtungen.
Isolierende Schutzkleidung	Mindestens alle 12 Monate (soweit benutzt).	Auf sicherheitstechnisch einwandfreien Zustand überprüfen.
	Vor jeder Benutzung.	Auf augenfällige Mängel prüfen.
Spannungsprüfer, isolierte Werkzeuge und isolierende Schutzeinrichtungen.	Vor jeder Benutzung.	Auf augenfällige Mängel und einwandfreie Funktion prüfen.

E-Check als Gütesiegel für die Elektroanlage

Die Überprüfung elektrischer Anlagen und Geräte war bisher nur in Gewerbebetrieben Pflicht. Seit 1997 wird in DIN VDE 0105 Teil 100 gefordert, dass auch Wohnungen und Wohngebäude in bestimmten Zeitabständen geprüft werden sollen. Diese neue Regelung ist für Privatpersonen keine Rechtspflicht, jedoch wird man sich bei Schadensfällen auf diese VDE-Norm beziehen.

Private Eigentümer, Betreiber oder Inhaber von Betrieben sind für den Zustand der eigenen Elektroanlagen verantwortlich und somit für auftretende Schäden, z. B. Hausbrände, haftbar.

> Durch den **E-Check** werden elektrische Anlagen und Geräte durch eine Elektrofachkraft geprüft, um eventuell vorhandene gefährliche Mängel zu erkennen und zu beseitigen.

Der E-Check ist eine Sicherheitsvorsorge mit Beratungsleistung, damit veraltete Elektroinstallationen oder nach Um- und Ausbauten bzw. Reparaturarbeiten elektrische Anlagen den Sicherheitsvorschriften genügen. Durch den E-Check ist man optimal geschützt gegen Stromschlag, Überlastung und Überspannung. Auch der innere Blitzschutz für elektronische Bauteile, z. B. bei Computern, ist mit eingeschlossen. Alle geprüften Teile, z. B. Stereoanlagen, Elektrowerkzeuge, Kabeltrommeln und Werkzeugmaschinen erhalten vom prüfenden Elektrohandwerksbetrieb eine **Prüfplakette (Bild 1),** die mit dem **Protokoll für elektrische Geräte und Betriebsmittel** den korrekten Zustand der Geräte und der Anlage nachweist **(Bild 2).**

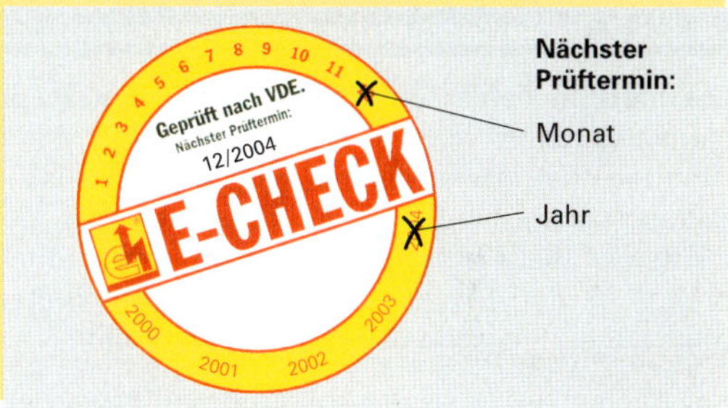

Bild 1: Prüfplakette

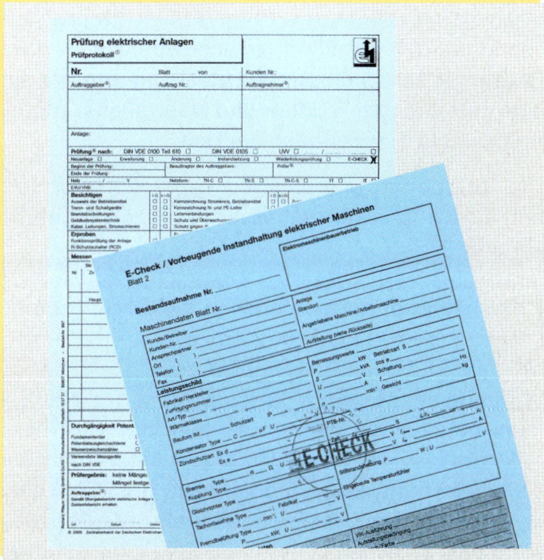

Bild 2: Prüfprotokoll

9.3.8.1 Prüfen der Schutzmaßnahmen SELV, PELV und Schutztrennung

Bei den Schutzmaßnahmen „Schutz durch Kleinspannung: SELV und PELV" und der Schutzmaßnahme „Schutztrennung" muss die sichere Trennung der Stromkreise durch Messen geprüft werden.

Kleinspannungs-Stromkreise (SELV-Stromkreise) dürfen keine Erdverbindung (keine geerdeten Körper) und keine leitende Verbindung mit Stromkreisen höherer Spannung haben. Durch Spannungsmessung ist nachzuweisen, dass die höchstzulässigen Werte von AC 50V bzw. 25V oder DC 120V bzw. 60V nicht überschritten werden. Die Isolationswiderstandsprüfung erfolgt durch Messen aller aktiven Leiter gegen Erde **(Tabelle 1)**.

Die Isolierung der Betriebsmittel mit einer Betriebsspannung von mehr als AC 25V oder DC 60V muss einer Prüfspannung von AC 500V eine Minute lang standhalten.

PELV-Stromkreise prüft man wie SELV-Stromkreise. Zur Isolationsmessung ist eine eventuelle Erdung der Stromkreise aufzuheben.

Bei der Schutzmaßnahme **Schutztrennung** ist die sichere Trennung von anderen Stromkreisen und von Erde durch Messen des Isolationswiderstandes mit $U_n < 500$V zu prüfen **(Tabelle 1)**. Sind an einem Trenntransformator mehrere Betriebsmittel angeschlossen, so muss untersucht werden, ob die Ausgangssteckdosen Schutzkontakte haben. Die Schutzkontakte müssen durch einen erdfreien, örtlichen Potenzialausgleichsleiter verbunden sein. Eine Abschaltung im Doppelfehlerfall muss nachgewiesen werden.

Schutzisolierte Betriebsmittel mit einer Bemessungsspannung bis AC 500V müssen einer Prüfspannung von AC 4000V eine Minute lang standhalten. Die Prüfspannung wird zwischen aktiven Teilen und äußeren, nicht zum Betriebsstromkreis gehörenden leitfähigen Teilen angelegt.

9.3.8.2 Isolationswiderstandsmessung in elektrischen Anlagen

Die meisten Fehler in elektrischen Anlagen entstehen durch schadhafte Isolation, bedingt durch Alterung, thermische, chemische und mechanische Beanspruchung, z.B. durch Unterschreiten der zulässigen Biegeradien von Leitungen. Die Prüfung erfolgt in der Regel mit **Isolationsmessgeräten** ohne angeschlossene Verbrauchsmittel **(Bild)**.

Vor Beginn der Messung sollte überprüft werden, ob elektronische Einrichtungen in dem zu messenden Stromkreis vorhanden sind. Um diese elektronischen Bauelemente vor der hohen Messgleichspannung, z.B. DC 500 V, zu schützen, sollen diese Geräte für den Zeitraum der Messung von der Anlage getrennt oder Außen- und Neutralleiter mittels Brücke **(Bild 1)** verbunden werden.

Die Isolationsprüfung wird mit Gleichspannung bei einem Messstrom von 1 mA durchgeführt **(Tabelle 1)**.

Der Isolationswiderstand ist zwischen jedem aktiven Leiter und Erde zu messen.

Während der Messung dürfen Außen- und Neutralleiter miteinander verbunden sein, um den Messaufwand zu verringern. Der Neutralleiter muss von Erde getrennt werden, jedoch nicht der PEN-Leiter. Im TN-System gilt der PEN-Leiter als Erde. Die Messung darf zwischen Leiter und PEN-Leiter durchgeführt werden.

Tabelle 1: Mindest-Isolationswiderstände

Anlage	Messspannung	Isolationswiderstand
Stromkreise und Betriebsmittel für Kleinspannung SELV und PELV.	DC 250 V	≥ 0,25 MΩ
Nennspannung ≤ 500 V (außer Kleinspannung SELV und PELV)	DC 500 V	≥ 0,5 MΩ
Nennspannung > 500 V	DC 1000 V	≥ 1,0 MΩ

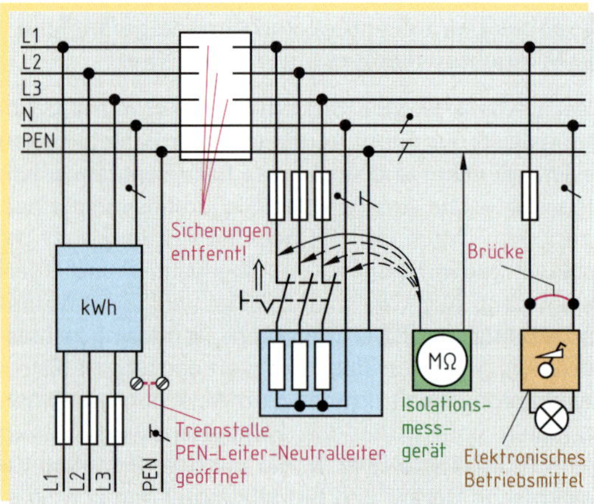

Bild 1: Messen des Isolationswiderstandes

9.3.8.3 Messen der Isolationswiderstände von Fußböden und Wänden

Bei der Schutzmaßnahme „Schutz durch nicht leitende Räume" gilt die Isolierfähigkeit des Fußbodens und der Wände als ausreichend, wenn durch mindestens drei Messungen festgestellt wird, dass der Übergangswiderstand von 50 kΩ an keiner Stelle unterschritten wird. Dieser Wert gilt für Anlagen mit Nennspannungen bis AC 500 V bzw. DC 750 V. Bei Anlagen mit U_n > AC 500 V bzw. DC 750 V muss der Isolationswiderstand mindestens 100 kΩ betragen. Die Messaufgabe kann mit Wechsel- oder mit Gleichspannung durchgeführt werden.

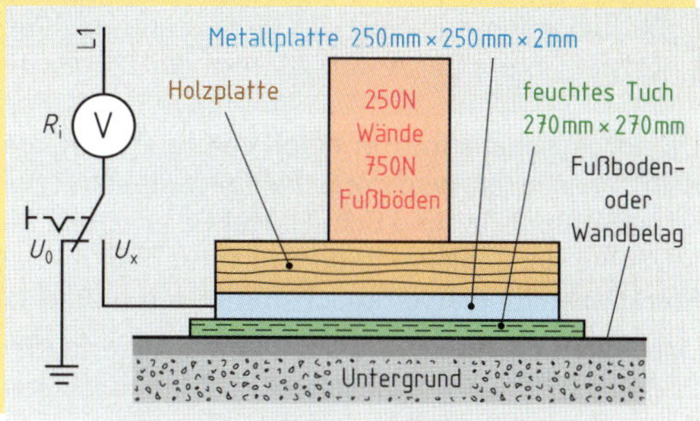

Bild 1: Mess- und Prüfgerät zur Prüfung der Schutzmaßnahmen nach DIN VDE 0100

Messung 1: Wechselspannungsmessung

Gemessen wird mit Nennspannung und Bemessungsfrequenz gegen Erde **(Bild 1)**.

Zuerst misst man die Spannung U_0 gegen Erde, z. B. 230 V, dann die Spannung U_x gegen die Metallplatte, z. B. 10 V. Daraus lässt sich bei bekanntem Innenwiderstand R_i des Spannungsmessers der Übergangswiderstand berechnen.

Übergangswiderstand

$$\frac{R_x}{R_i} = \frac{U_0 - U_x}{U_x} \quad \Rightarrow \quad R_x = R_i\left(\frac{U_0}{U_x} - 1\right)$$

R_x Übergangswiderstand (Fußboden, Wand)
R_i Innenwiderstand des Spannungsmessers
U_0 gemessene Netzspannung gegen Erde
U_x gemessene Spannung gegen die Metallplatte

Messung 2: Gleichspannungsmessung

Zur Messung des Isolationswiderstandes von Fußböden und Wänden wird als Gleichspannungsquelle ein **Kurbelinduktor** oder ein batteriebetriebenes Isolationsmessgerät verwendet. Bei Anlagen mit $U_n \leq$ 500 V wird mit einer Leerlaufspannung von DC 500 V und bei U_n > 500 V mit DC 1000 V geprüft. Der Isolationswiderstand wird zwischen Messelektrode (Metallplatte) und Schutzleiter oder Erde gemessen **(Bild 1)**.

9.3.8.4 Prüfungen im TN-System und TT-System

Für die Prüfung von Schutzmaßnahmen sind Messgeräte entwickelt worden, die eine vielseitige Anwendung, leichte Bedienung und eine eindeutige Messwertanzeige ermöglichen **(Bild 2)**.

In TN- und TT-Systemen wird die Anlage bei Auftreten z. B. eines Isolationsfehlers, abgeschaltet, um das Bestehenbleiben bzw. das Entstehen einer unzulässig hohen Berührungsspannung zu verhindern.

Im **TN-System** muss bei Einsatz einer Überstrom-Schutzeinrichtung die Schleifenimpedanz bestimmt und die Bedingung $Z_S \leq U_0 / I_a$ erfüllt sein (Abschaltzeiten, **Tabelle 1, Seite 369**). Wird eine RCD (Fehlerstrom-Schutzeinrichtung) eingesetzt, muss der Auslösestrom des FI-Schutzschalters $I_a \leq I_{\Delta n}$ und die Fehlerspannung $U_F \leq U_L$ sein. Der FI-Schutzschalter (RCD) ist mit der Prüftaste zu erproben.

Im **TT-System** mit einem FI-Schutzschalter normaler Bauart muss der Auslösestrom des FI-Schutzschalters (RCD) $I_a \leq I_{\Delta n}$ sein.

Die Fehlerspannung am Anlagenerder R_A einschließlich des Schutzleiters darf U_L nicht überschreiten. Bei Einsatz von Überstrom-Schutzeinrichtungen ist der Erdungswiderstand R_A zu messen und die Abschaltzeit t_a rechnerisch nachzuweisen (Abschaltzeiten, **Tabelle 1, Seite 369**). Wenn bei einem Körperschluss des Neutralleiters eine Berührungsspannung > 50 V auftreten kann, muss man auf eine Überstrom-Schutzeinrichtung im Neutralleiter achten. In diesen Fällen muss eine allpolig abschaltende Schutzeinrichtung eingesetzt werden.

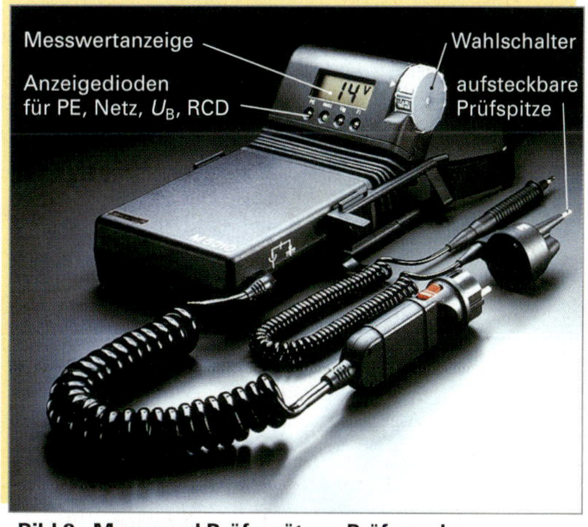

Bild 2: Mess- und Prüfgerät zur Prüfung der Schutzmaßnahmen nach DIN VDE 0100

9.3.8.5 Messen der Schleifenimpedanz

Die Schleifenimpedanz Z_S (Widerstand des Fehlerstromkreises) muss so klein sein, dass bei einem Körperschluss der Abschaltstrom der vorgeschalteten Überstrom-Schutzeinrichtung fließt.

Da der Abschaltstrom in einer Verbraucheranlage nicht messbar ist, wird der Schleifenwiderstand zwischen Außenleiter und Schutzleiter PE ermittelt. Die Messung der Schleifenimpedanz führt man an den Steckdosen für die Verbrauchsmittel durch **(Bild 1)**.

Dabei wird die Spannung mit einem Prüfgerät **(Bild 2, Seite 379)** im unbelasteten und im belasteten Zustand gemessen. Aus dem Belastungsstrom und der Differenz der Spannungen wird die Schleifenimpedanz bestimmt und direkt angezeigt. Die Schleifenimpedanz ist die Summe aller Widerstände des Verteilungsnetzes und der Leitungen bis zum Endstromkreis und beträgt bei einer 20 m langen Endstromkreisleitung NYM 3 x1,5 mm² ca. 1 Ω. Bei ermittelten Widerstandswerten von z.B. 2 Ω bis 3 Ω und gleicher Leitungslänge könnte man einen Fehler, z.B. eine schlechte Klemmstelle, in der Anlage vermuten.

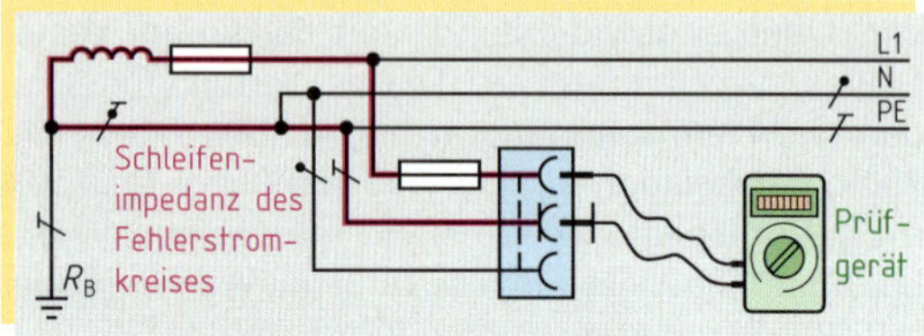

Bild 1: Messen der Schleifenimpedanz

Schleifenimpedanz und Abschaltstrom

$$Z_S = \frac{U_0 - U}{I} \qquad I_K = \frac{U_0}{Z_S} \qquad I_a \leq \frac{U_0}{Z_S}$$

Forderung: $I_K > I_a$

Z_S Schleifenimpedanz
U_0 Spannung zwischen unbelastetem Außenleiter und PEN- bzw. PE-Leiter
U Spannung bei eingeschaltetem Prüfwiderstand
I Belastungsstrom
I_a Abschaltstrom der Schutzeinrichtung
I_K Kurzschlussstrom

9.3.8.6 Messen des Erdungswiderstandes

Die höchstzulässigen Werte des Erdübergangswiderstandes sind in DIN VDE 0100 und in den Technischen Anschlussbedingungen der VNB festgelegt.

Erdungsmessungen werden nach dem **Kompensationsmessverfahren** oder nach dem Strom-Spannungs-Messverfahren durchgeführt. Damit der Messstromkreis geschlossen wird, ist neben dem Erder noch eine Messsonde erforderlich. Beim Kompensationsmessverfahren ist neben der Messsonde für den Spannungsabgriff noch ein zusätzlicher Hilfserder anzubringen. Um den vom Strom durchflossenen Erder und um den Hilfserder bildet sich ein Potenzial, das mit zunehmender Entfernung abnimmt **(Bild 2)**. Die Abstände von Sonde und Hilfserder müssen so groß gewählt werden, dass die Sonde außerhalb der Spannungstrichter liegt. Dieser Bereich wird Bezugserde genannt.

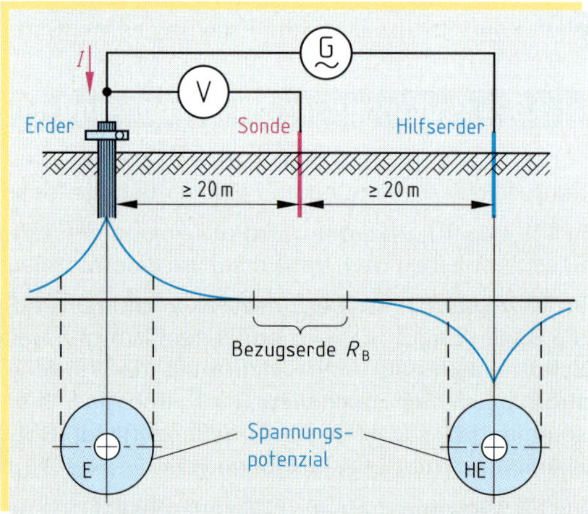

Bild 2: Anordnung von Erder (E), Sonde, Hilfserder (HE) und Potenzialverlauf bei der Erdungsmessung

Die Messspannung muss wegen der Gleichspannungseinflüsse im Erdreich immer eine Wechselspannung sein. Die Frequenz dieser Messspannung liegt meist zwischen 95 Hz und 110 Hz und damit außerhalb des Einflussbereiches der üblichen Netzfrequenz. In Bereichen dichter Besiedlung kann die Überlagerung der Spannungstrichter durch dicht beieinander liegende Fundamenterder das Anbringen einer Messsonde unmöglich machen. Hier führt die **Erder-Schleifenwiderstandsmessung** zu brauchbaren Ergebnissen **(Bild 3)**.

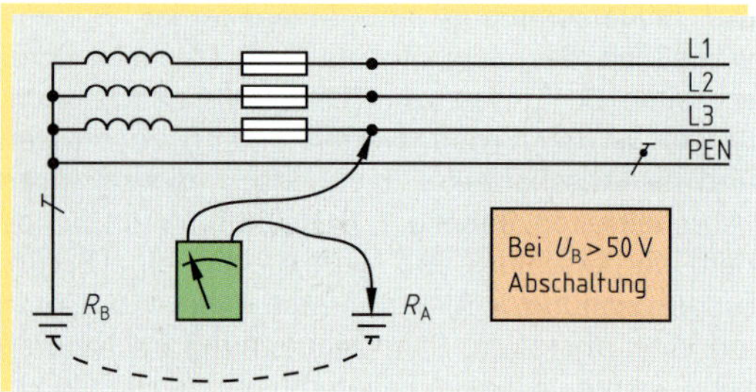

Bild 3: Erder-Schleifenwiderstandsmessung

9.3.8.7 Prüfen der Fehlerstrom-Schutzeinrichtung (RCD)

FI-Schutzschalter (RCDs) normaler Bauart müssen bei Erreichen des Bemessungs-Differenzstromes $I_{\Delta n}$ innerhalb von 0,2 s abschalten. Der Schaltmechanismus darf schon bei 50% des Bemessungs-Differenzstromes ansprechen (DIN VDE 0664).

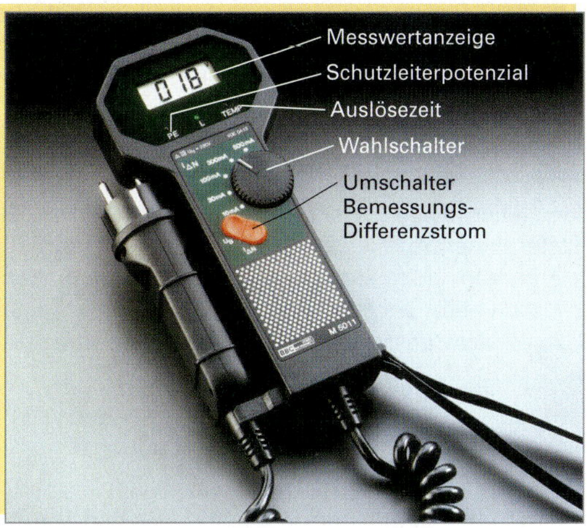

Bild 1: **Prüfgerät für die Schutzmaßnahmen mit Fehlerstrom-Schutzeinrichtung**

Die mechanische Funktion des Schalters wird durch Betätigen der Prüftaste nachgewiesen. Zur Prüfung der Schutzmaßnahmen wird hinter dem FI-Schutzschalter (RCD) ein künstlicher Fehler erzeugt.

Prüfgeräte nach **Bild 1** wurden speziell für Fehlerstrom-Schutzeinrichtungen entwickelt. Diese Prüfgeräte zeigen die beim Bemessungs-Differenzstrom auftretende Berührungsspannung an, ohne den FI-Schutzschalter auszulösen. Dazu wird die Berührungsspannung bei $1/3$ des Bemessungs-Differenzstromes gemessen und auf den Spannungswert hochgerechnet, der beim Bemessungs-Differenzstrom auftreten würde. Dies hat den Vorteil, dass keine unerwünschten Netzunterbrechungen auftreten, z.B. in Stromkreisen mit EDV-Anlagen. Damit kann an jeder Steckdose die Berührungsspannung gemessen werden, ohne dauernd wieder einschalten zu müssen. Mit diesen Prüfgeräten kann man auch die Auslösezeit des FI-Schutzschalters beim Bemessungs-Differenzstrom prüfen. Die Auslösezeit von $\leq 0{,}2$ s wird durch Leuchtdioden angezeigt. Eine fehlerfreie Messung setzt voraus, dass der Schutzleiter keine Spannung gegen Erde führt.

9.3.8.8 Prüfen des Hauptpotenzialausgleichs

Vor Inbetriebnahme einer elektrischen Verbraucheranlage ist der Hauptpotenzialausgleich zu überprüfen. Durch Besichtigen ist die ordnungsgemäße Beschaffenheit aller Klemmenverbindungen sowie die Kennzeichnung und Wahl der Leiterquerschnitte festzustellen. Durch Messen ist die Durchgängigkeit der Schutzleiter, der Verbindungen des Hauptpotenzialausgleichs und zusätzlichen Potenzialausgleichs nachzuweisen.

Für den Hauptpotenzialausgleich gilt bei neu errichteten Anlagen ein Widerstandswert von 3 Ω als ausreichend. Ein zusätzlicher Potenzialausgleich muss so niederohmig sein, dass beim größtmöglichen Fehlerstrom die höchstzulässige Berührungsspannung U_L nicht überschritten wird: $R_L \leq U_L / I_a$. Die Messung darf nur in spannungslosem Zustand der Anlage durchgeführt werden. Damit man auch weit voneinander entfernt liegende Schutzleiteranschlüsse prüfen kann, ist eine lange Messleitung vorteilhaft, z.B. 50 m. Der Widerstandswert der Messleitung ist vom Messergebnis abzuziehen.

Die Messspannung darf Gleich- oder Wechselspannung sein. Die geforderte Leerlaufspannung beträgt 4 V bis 24 V. Der Kurzschlussstrom darf nicht kleiner als 0,2 A bei Gleichstrom und 5 A bei Wechselstrom sein.

In der Praxis bewähren sich Prüfgeräte mit eingebauter Gleichspannungsquelle und einem Kurzschlussstrom von 200 mA. Die Messung mit Wechselspannung und einem Prüfstrom von 5 A ist sehr aufwändig. Sie hat außerdem den Nachteil, dass diese wichtige Messung erst durchgeführt werden kann, wenn der Anschluss der Anlage durch den VNB erfolgt ist.

Arbeitsauftrag:

1. Weshalb muss die Prüfung des Isolationswiderstandes mit Gleichspannung durchgeführt werden?
2. Wie groß muss der Prüfstrom bei der Isolationswiderstandsmessung mindestens sein?
3. Nennen Sie den Mindest-Isolationswiderstand für Elektrowerkzeuge der Schutzklasse I und II.
4. Warum sind bei der Erdungsmessung zwischen Sonden und Hilfserder bestimmte Abstände zu beachten?
5. Warum ist zur Messung des Erdungswiderstandes Wechselspannung erforderlich?

9.3.9 Schutz gegen elektrostatische Aufladung

Mit dem Einzug der Computertechnik in fast alle Arbeits- und Lebensbereiche kommt dem Schutz gegen elektrostatische Aufladung große Bedeutung zu. Kommunikationssysteme enthalten Bauteile, z.B. MOS-Bausteine, die gegen elektrostatische Entladungen **(ESD)**[1] äußerst empfindlich sind.

Hersteller und Anwender von Geräten, die z.B. Leiterplatten mit „elektrostatisch gefährdeten Bauelementen oder Baugruppen" **(EGB)** enthalten, müssen dafür sorgen, dass diese Bauelemente gegen elektrostatische Aufladung geschützt sind.

Selbst eine elektrostatische Aufladung von mehreren tausend Volt wird von unserem Nervensystem kaum wahrgenommen, weil die Entladungsenergie meist sehr gering ist.

Beim Gehen über einen Teppichboden **(Bild 1)** kann sich unser Körper unter ungünstigen Bedingungen z.B. bis auf 35 kV aufladen. Das Abheben einer PVC-Schutzhülle vom Boden kann bereits eine Aufladung bis zu 7 kV zur Folge haben. Berührt man in diesem aufgeladenen Zustand elektrostatisch gefährdete Baugruppen, so kann dies zu deren Beschädigung oder Zerstörung führen.

Zum Vermeiden elektrostatischer Aufladungen in EDV-Anlagen werden elektrisch leitfähige Tisch- und Bodenmatten verwendet. Sie werden an eine potenzialfreie Erdung angeschlossen.

Vor dem Berühren elektrostatisch gefährdeter Baugruppen **(Bild 2)**, z.B. bei Wartungsarbeiten oder in der Produktion, soll man sich zuvor durch Berühren geerdeter Teile entladen.

Baugruppen, z.B. Leiterplatten, dürfen nur in der Originalverpackung transportiert werden.

Zur Kennzeichnung elektrostatisch gefährdeter Bauelemente dient ein Symbol **(Bild 3)** mit der Beschriftung „Achtung! Handhabungsvorschriften beachten. Elektrostatisch gefährdete Bauelemente".

Die Ermittlung der elektrostatischen Aufladung wird über die elektrische Feldstärke zwischen der geerdeten Messsonde und der aufgeladenen Fläche vorgenommen.

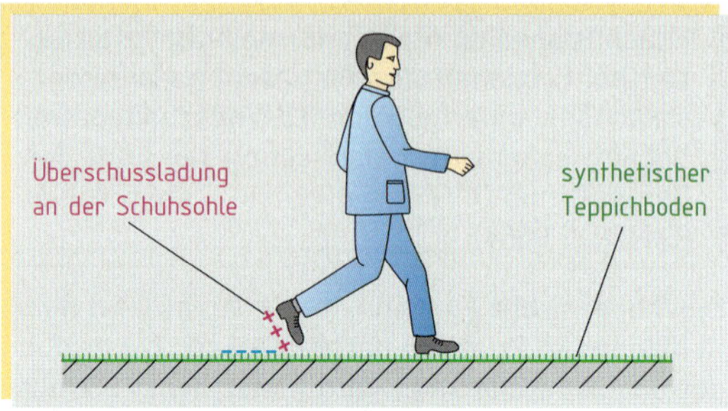

Bild 1: Elektrostatische Aufladung

Bild 2: Elektrostatisch geschützte Verpackung für ESD-empfindliche Bauteile

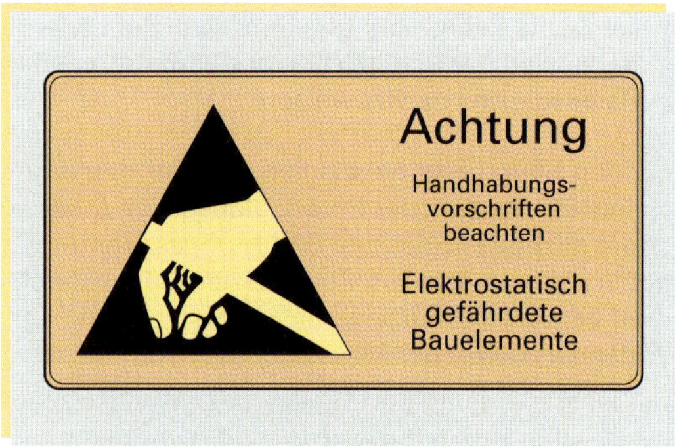

Bild 3: Kennzeichnung elektrostatisch gefährdeter Bauelemente nach DIN IEC

Arbeitsauftrag:

1. Weshalb sind elektrostatische Entladungen für Halbleiterbauteile gefährlich?
2. Wodurch können elektrostatische Entladungen auftreten?
3. Was versteht man bei Bauteilen unter der Bezeichnung EGB?
4. Welche Möglichkeiten bestehen, einen Arbeitsplatz gegen elektrostatische Aufladung zu schützen?
5. Weshalb soll man vor dem Berühren elektrostatisch gefährdeter Bauteile ein geerdetes Teil berühren?
6. Wie müssen elektrostatisch gefährdete Bauelemente transportiert werden?

[1] ESD, Abk. für **E**lectro**s**tatic **D**ischarge (engl.) = elektrostatische Entladung

10 Steuerungstechnik

Kurze Produktlebenszeiten zwingen die Hersteller in fast allen Bereichen zu flexiblen Produktionsmethoden. Damit können unterschiedliche Werkstücke, in beliebiger Reihenfolge und in wechselnden Losgrößen wirtschaftlich gefertigt werden. Diese Vorgaben sind nur durch Automatisierung eines Großteils der Produktion zu erreichen.

Unter Automatisieren versteht man nach DIN 19233 das Einsetzen technischer Mittel, um einen Vorgang selbstständig ablaufen zu lassen. Einen großen Anteil an der Automatisierung eines Prozesses nimmt die Steuerungs- und Regelungstechnik ein. Produktionsprozesse werden hierbei so konzipiert, dass mechanische, elektrische, pneumatische oder hydraulische Einheiten selbstständig – häufig mit Hilfe von Computern – arbeiten können. Die wichtigsten Begriffe der Steuerungstechnik und der Regelungstechnik sind in DIN 19226 Teil 1 bis 6 festgelegt.

10.1 Grundlagen

Will man komplizierte technische Vorgänge vereinfacht beschreiben, bedient man sich des Systembegriffes, der nach DIN genormt ist (vgl. Kap. 6).

> Ein System ist eine Anordnung von Gebilden, die miteinander in Beziehung stehen, wobei diese Anordnung durch bestimmte Vorgaben von der Umgebung abgegrenzt wird (DIN 19226 Teil 1).

Durch einen Prozess – also die Vorgänge im System – werden Stoff, Energie und Informationen transportiert, umgeformt oder gespeichert **(Bild 1 und 2)**. Große Systeme können durch das Zusammenlegen von kleineren Systemen gebildet werden (vgl. Kap. 6).

Hinsichtlich der Vorgänge im System unterscheidet man, ob diese gesteuert (d.h. ohne Vergleich von Soll- und Istwert der Ausgangsgrößen) oder geregelt (d.h. mit Vergleich von Soll- und Istwert) werden.

10.1.1 Steuervorgänge

> Das Steuern ist nach DIN 19226 ein Vorgang in einem System, bei dem eine oder mehrere Eingangsgrößen die Ausgangsgrößen aufgrund der Systemgesetzmäßigkeiten beeinflussen.

Kennzeichnend ist hierbei der offene Wirkungsweg, bei dem die von den Eingangsgrößen beeinflussten Ausgangsgrößen nicht fortlaufend und nicht wieder über die selben Eingangsgrößen auf sich selbst wirken.

> Abweichungen der Ausgangsgrößen vom Sollwert werden nicht erfasst und können somit nicht korrigiert werden.

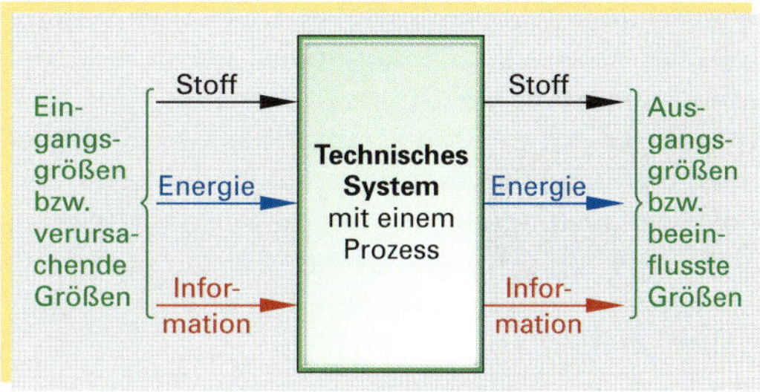

Bild 1: Allgemeines technisches System

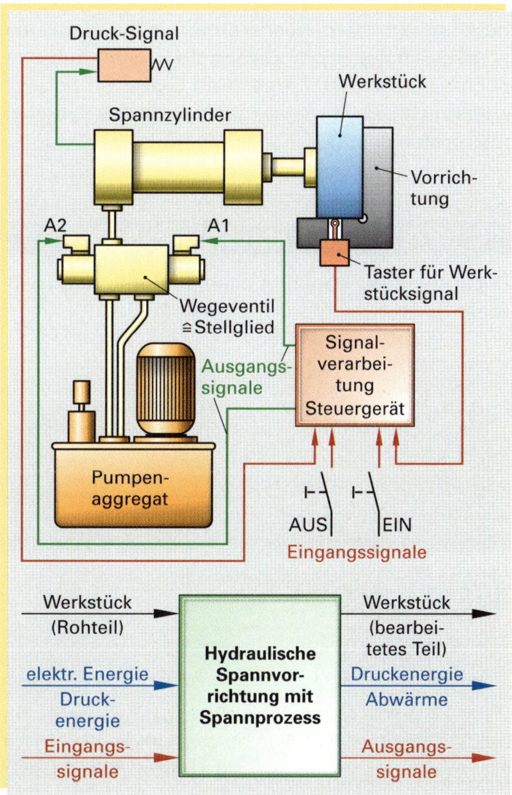

Bild 2: Technisches System Hydraulische Spannvorrichtung

Ein solch gesteuertes System kann noch detaillierter in **Signalglied, Steuerglied, Stellglied** und **Arbeitsglied** aufgegliedert werden **(Bild 1)**. Auch der Signalfluss geht entsprechend vom Signal- über Steuer- und Stellglied zum Arbeitsglied.

Häufig werden an den Signal- und Steuergliedern einer Steuerung kleinere Spannungen bzw. Drücke als beim Stell- und Arbeitsglied verwendet. Man spricht in diesem Zusammenhang von einem **Signalteil** und einem **Leistungsteil** einer Steuerung **(Bild 1)**. Dies bringt vor allem bei großvolumigen Arbeitsgliedern und langen Steuerleitungen Vorteile. Die Signalglieder und die entsprechenden Leitungen können in ihren Abmaßen klein gehalten werden, lediglich das Stellglied muss den Kenndaten des Arbeitsgliedes angepasst werden. In den pneumatischen, elektropneumatischen bzw. elektrohydraulischen Steuerungen hat das Stellglied auch die Funktion einer Schnittstelle zwischen Signal- und Leistungsteil, da hier die Ausgangssignale – die aus logisch verknüpften Eingangssignalen entstehen – vom Signal- in den Leistungsteil übergeben werden.

Beispiel einer Steuerung

In **Bild 2** wird eine Tür pneumatisch geöffnet und geschlossen. Dazu existieren auf jeder Wandseite je ein Schalter zum Öffnen (S1; S4) und zum Schließen (S2; S3). Ferner sind Sensoren (B1; B2) angebracht, die die jeweilige Endlage des Zylinders überprüfen.

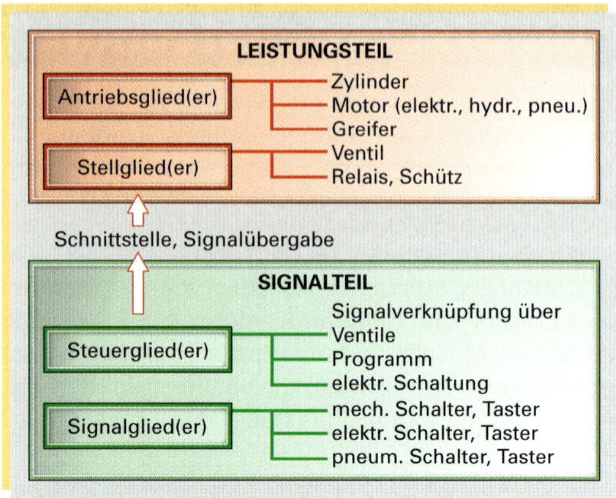

Bild 1: Steuerkette

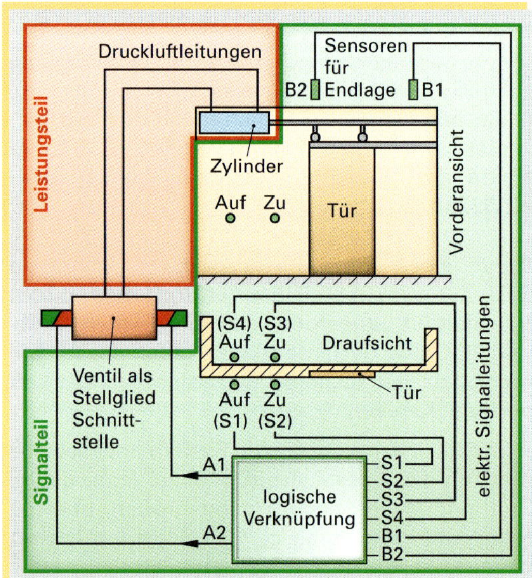

Bild 2: Türsteuerung (Systemskizze)

10.1.2 Einteilung von Steuerungen

Die Einteilung von Steuerung erfolgt nach verschiedenen Gesichtpunkten **(Bild 3)**.

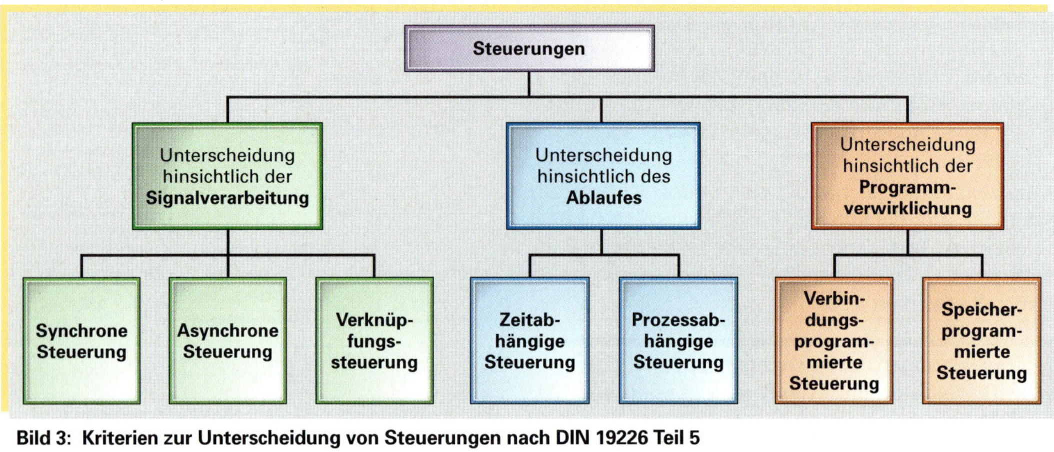

Bild 3: Kriterien zur Unterscheidung von Steuerungen nach DIN 19226 Teil 5

Ablaufsteuerungen, deren Übergangsbedingungen nur von der Zeit abhängen, sind **zeitgeführt (Bild 1). Prozessabhängige** Ablaufsteuerungen sind Steuerungen, deren Übergangsbedingungen vom Prozess abhängig sind. Der nachfolgende Arbeitsschritt beginnt erst, wenn der vorhergehende abgeschlossen ist. In **Bild 2** z. B. werden Blechteile gebogen. Zylinder 1 fährt aus und biegt das Blech vor, zieht dann wieder zurück. Danach fährt Zylinder 2 aus, biegt das Blech fertig und zieht dann zurück.

Bei **synchronen** Steuerungen erfolgt die Signalverarbeitung synchron zu einem Taktsignal. **Asynchrone** Steuerungen arbeiten ohne Taktsignal. Die Signaländerung wird nur durch eine Änderung der Eingangssignale ausgelöst. In vielen Steuerungen werden die Eingangssignale nach bestimmten logischen Vorgaben miteinander kombiniert. In diesem Fall spricht man von **Verknüpfungssteuerungen (Bild 3).**

Bei sehr komplexen Steuerungen von großen Anlagen treten häufig beide Formen der Ablaufsteuerungen zusammen auf. So muss z. B. beim Spannen und Kleben von Werkstücken ein Zylinder eine bestimmte Zeit ausgefahren sein, während der andere Zylinder spannt. Beide Zylinder müssen also nach einem bestimmten Ablaufschema ein- bzw. ausfahren.

Eine **verbindungsprogrammierte Steuerung** ist eine Steuerung, deren Funktion durch bestimmte Bauteile und deren Verbindungen (Druckleitungen, elektrischen Leitungen) vorgegeben ist. Soll die Funktion einer solchen Steuerung geändert werden, müssen die Leitungen neu verlegt und Bauteile getauscht werden. **Speicherprogrammierbare** Steuerungen sind Steuerungen, deren Funktion in einem Programm gespeichert ist. Für eine Änderung der Funktion muss hier lediglich das Programm im Speicher (z. B. RAM, EPROM, EEPROM) ausgetauscht werden **(Bild 4).**

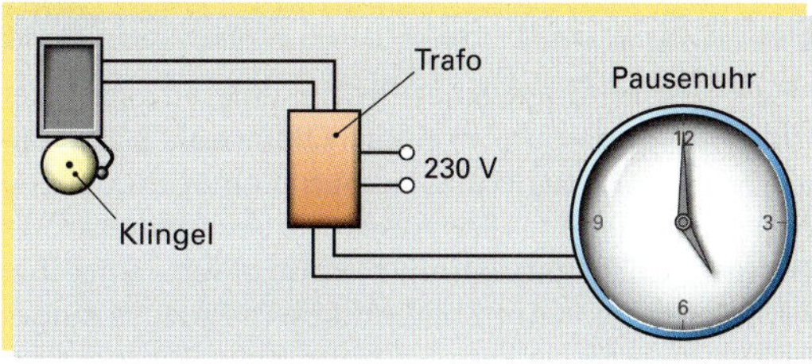

Bild 1: Zeitsteuerung

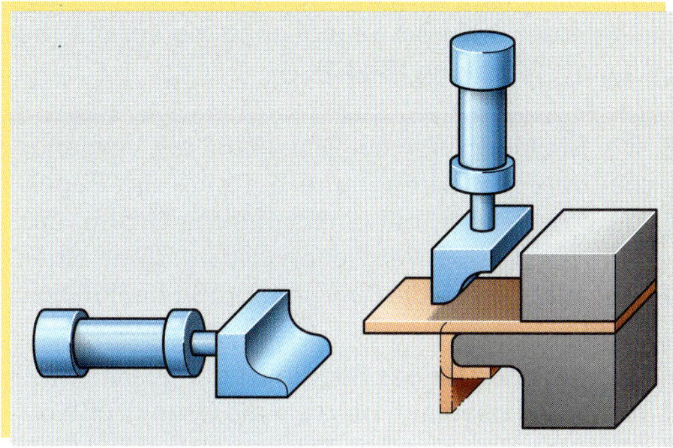

Bild 2: Ablaufsteuerung

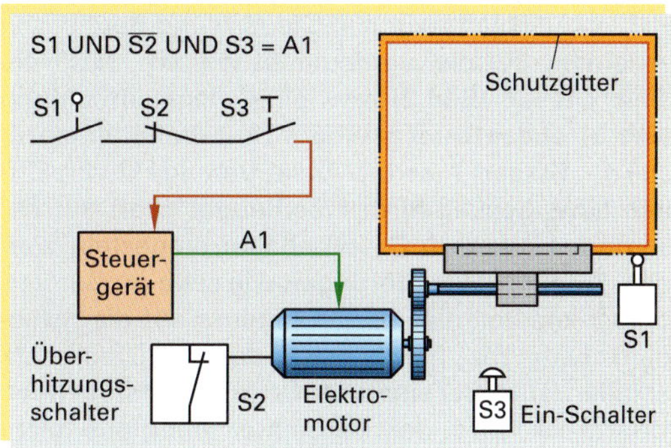

Bild 3: Verknüpfungssteuerung

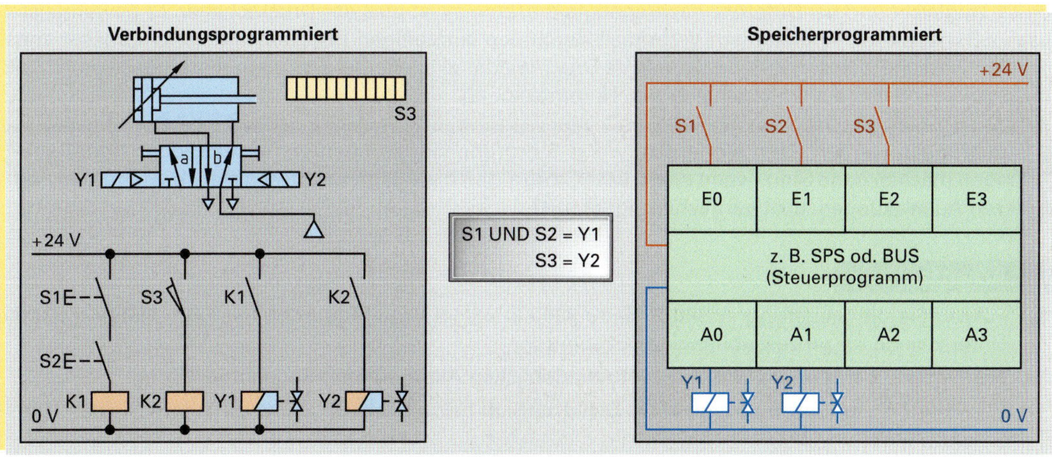

Bild 4: Unterscheidung hinsichtlich der Programmierung

10.1.3 Regelungsvorgänge

Muss z.B. im Zuge einer Produktionsautomatisierung die Temperatur in einem Ofen exakt eingehalten werden, so kann dies nicht mit einer Steuerung realisiert werden. Hier muss die Ausgangsgröße (Temperatur) fortwährend kontrolliert und bei Abweichungen vom Sollwert in den Prozess eingegriffen werden (zu kalt → Heizung ein; Temperaturobergrenze erreicht → Heizung aus).

Wird bei einem Vorgang der Istwert durch Nachstellen dem Sollwert angeglichen, so spricht man von einer **Regelung (Bild 1)**.

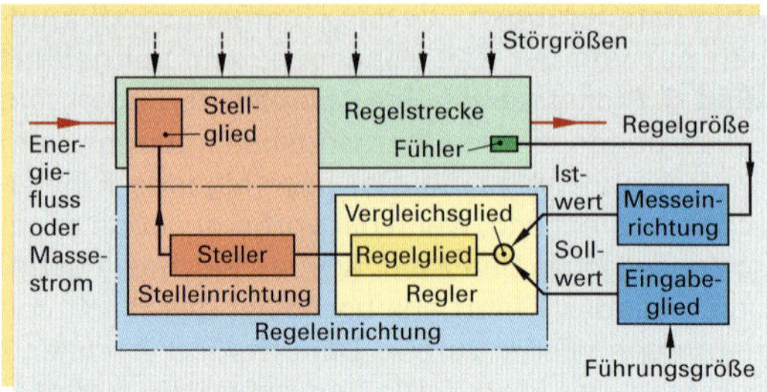

Bild 1: Regelkreis

> Die Regelung ist nach DIN 19266 ein Vorgang, bei dem fortlaufend eine Größe – die Regelgröße – erfasst, mit einer anderen Größe, der Führungsgröße, verglichen und im Sinne einer Angleichung an die Führungsgröße beeinflusst wird.
>
> Kennzeichen für das Regeln ist der geschlossene Wirkungsablauf, bei dem die Regelgröße im Wirkungsweg des Regelkreises sich selbst fortlaufend beeinflusst.

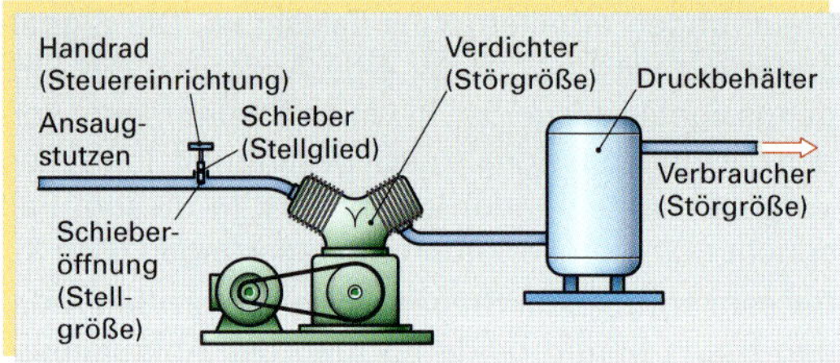

Bild 2: Steuerung des Druckes

Der Unterschied zwischen Steuern und Regeln soll an einem Beispiel verdeutlicht werden. Mit Hilfe einer Steuer- **(Bild 2)** bzw. einer Regeleinrichtung **(Bild 3)** ist der Druck in einem Druckbehälter einzustellen. Steuert man die Ansaugmenge durch Öffnen bzw. Schließen des Schiebers kann ein bestimmter Druck im Druckbehälter eingestellt werden. Treten jedoch Störungen wie etwa großer Verbrauch ein, hat dies keinen Einfluss auf die Schieberstellung. Dies hat zur Folge, dass der Druck stark abfallen kann. Bei einem im Behälter entstehenden Überdruck wird der Verdichter ebenfalls nicht abgeschaltet.

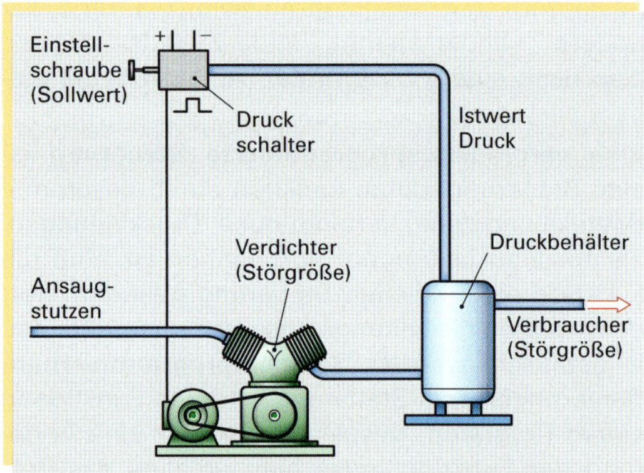

Bild 3: Regelung des Druckes

Regelt man den Druck im Behälter, so ist zusätzlich ein Bauteil notwendig, das den Istdruck mit dem Solldruck vergleicht und bei Differenz nachregelt. In diesem Fall ist dies der Druckschalter. Er gewährleistet, dass z.B. bei plötzlichem starkem Verbrauch durch den kurzzeitigen Druckabfall der Kompressor angeschaltet wird und sich somit der gewünschte Druck wieder einstellt. Bei Erreichen des eingestellten Maximaldruckes schaltet der Druckschalter den Kompressor ab.

> Steuerungen werden dann eingesetzt, wenn Störgrößenänderungen vernachlässigbar sind. Regelungen machen dann Sinn, wenn eben diese Störgrößen die Ausgangsgrößen stark beeinflussen und deren Auswirkungen nicht vernachlässigbar sind.

Arbeitsauftrag:

1. Führen Sie die Steuerung in **Bild 2, Seite 385** als zeitgeführte Steuerung aus und erläutern Sie die Unterschiede zur prozessabhängigen Steuerung.
2. Nennen und beschreiben Sie aus Ihrem betrieblichen Alltag weitere Regelungen.
3. Entwerfen Sie ein Beispiel, einmal als Steuerung und einmal als Regelung. Erläutern Sie den Unterschied.
4. Beschreiben und erläutern Sie Steuerungen aus Ihrem betrieblichen Umfeld.

10.2 Digitaltechnik

10.2.1 Signalformen

Ein mechatronisches System nimmt Signale auf, verarbeitet diese und gibt Signale aus. Diese Signale sind Messgrößen, die als elektrische Größen wie Spannung, Strom etc. oder als Größen wie Weg, Drehmoment, Temperatur usw. in mechatronischen Systemen gemessen werden. Zur Informationsverarbeitung müssen diese Messgrößen als analoges, digitales oder binäres Signal vorliegen **(Bild 1)**. Ein **analoges Signal** stellt eine physikalische Größe wie z.B. die Spannung in Abhängigkeit von der Zeit dar. Dabei kann diese Größe jeden beliebigen Wert innerhalb ihrer physikalischen Grenzen annehmen. Ein **digitales Signal** ist eine Momentaufnahme einer physikalischen Größe. Die Messwerte können nun nicht mehr jeden Wert annehmen. Sie werden in mehr oder weniger feine Stufen unterteilt. Ein **binäres Signal** hat lediglich zwei Signalzustände: High-Pegel (logisch „1") und Low-Pegel (logisch „0"). Der Informationsgehalt wird als Bit (binary digit) bezeichnet. Durch die Zusammenfassung mehrerer Bit entsteht ein digitales Signal (8 Bit ist ein Byte).

In der Praxis werden für H- und L-Pegel bestimmte Spannungsbereiche zugelassen **(Bild 2)**. Diese sind vom elektronischen Aufbau der binären Schaltelemente abhängig (s. Schaltkreisfamilien).

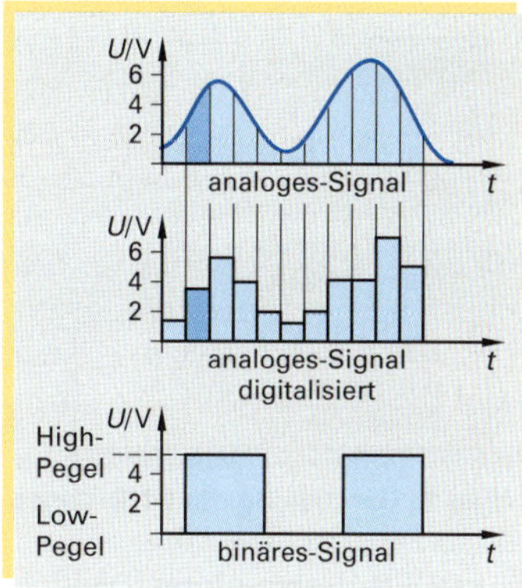

Bild 1: Signalformen

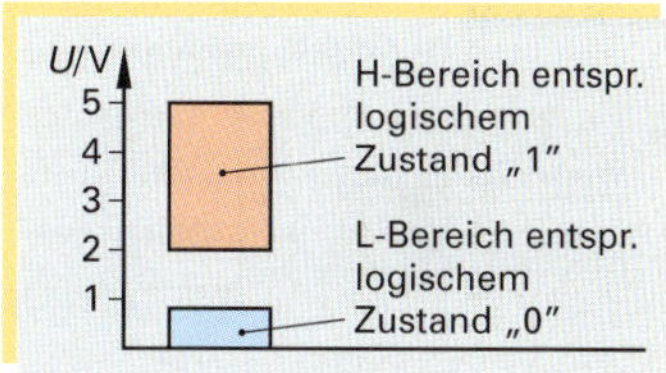

Bild 2: Pegelbereiche

10.2.2 Die logischen Grundverknüpfungen

In der Digitaltechnik können alle logischen Verknüpfungen durch Zusammenschalten der drei Grundfunktionen **UND, ODER** und **NICHT** realisiert werden.

Logische Verknüpfungen ordnen den an den Eingängen E anliegenden logischen Zuständen genau eine vorhersagbare logische Ausgangsgröße A zu **(Bild 3)**.

Eine Beschreibung der logischen Verknüpfungen ist möglich durch:

- Das Funktions-, Logiksymbol nach EN 60617-12
- Die Funktions- und Wahrheitstabelle (sie gibt den logischen Zustand des Ausgangs für alle möglichen logischen Eingangskombinationen an)
- Die Funktionsgleichung
- Das Impulsdiagramm, den Signal-Zeit-Plan, in dem der zeitliche Zusammenhang zwischen Ein- und Ausgangsvariablen dargestellt wird
- Anweisungsliste oder Kontaktplan (nur bei speicherprogrammierbaren Steuerungen)

Um den logischen Zustand zwischen den Eingangsvariablen und der Ausgangsvariablen übersichtlich beschreiben zu können, wird eine Betriebsmittelkennzeichnung durchgeführt. Die Zuordnung der Signalzustände zu den Variablen wird in der Tabelle eingetragen **(Tabelle 1)**.

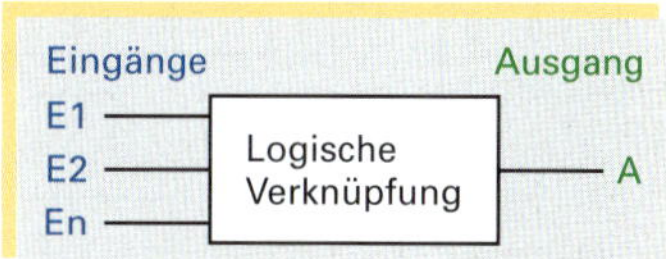

Bild 3: Logisches Verknüpfungssymbol

Tabelle 1: Zuordnungstabelle

Eingangsvariable	Betriebsmittelkennzeichnung	logischer Zustand
E1	Schutzgitter geschlossen	E1 = 1
E2	Schalterstellung EIN	E2 = 1
Ausgangsvariable		
A	Motor Presse läuft	A1 = 1

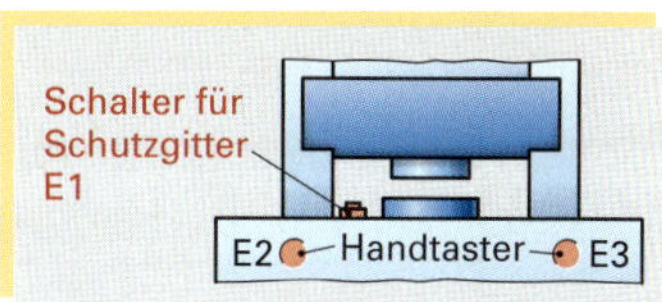

Bild 4: Pneumatische Presse

Die **UND-Funktion** (Konjunktion)

Logisches Zeichen ∧

Beispiel 1: Aus Sicherheitsgründen darf eine Presse erst anlaufen, wenn das Schutzgitter geschlossen (E1 betätigt) ist und der Handtaster E2 betätigt wird **(Bild 4)**.

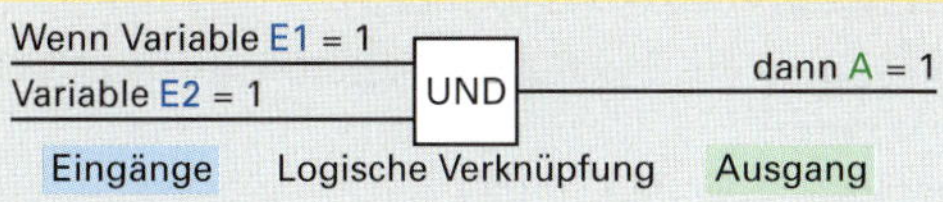

Gelesen:
Wenn E1 = 1
UND E2 = 1,
dann ist A = 1

E1∧E2 = A
Funktionsgleichung

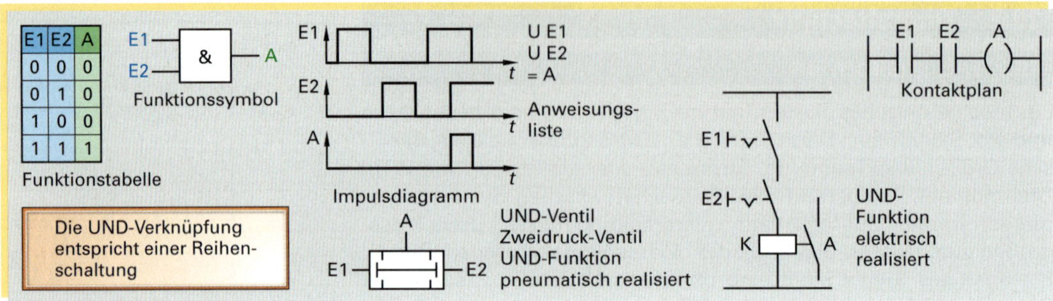

E1	E2	A
0	0	0
0	1	0
1	0	0
1	1	1

Bild 1: Darstellung der UND-Verknüpfung

Die **ODER-Verknüpfung** (Disjunktion)

Beispiel 2: Die Presse **(Bild 5, Seite 387)** kann anlaufen, wenn der Taster E2 ODER E3 betätigt wird. (Das Schutzgitter ist bereits geschlossen.)

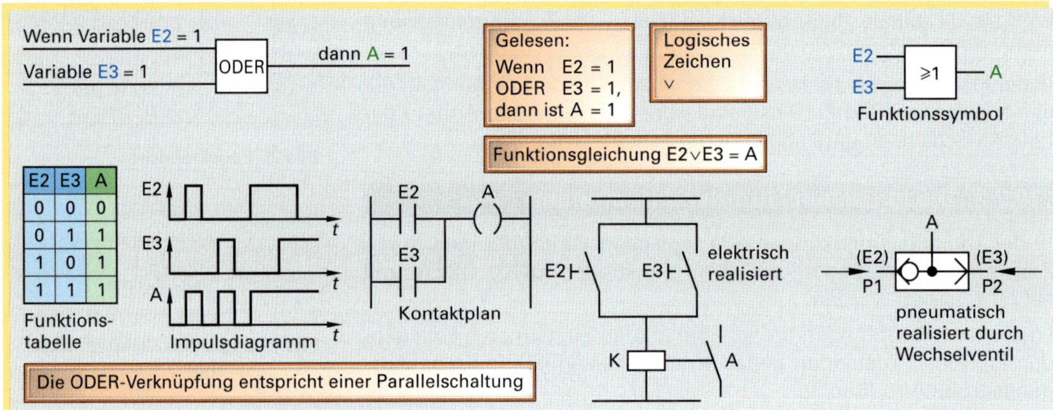

E2	E3	A
0	0	0
0	1	1
1	0	1
1	1	1

Bild 2: Darstellung der ODER-Verknüpfung

Die **NICHT-Funktion** (Negation)

Beispiel 3: Der Eingriff in eine Presse wird durch einen Lichtvorhang überwacht. Die Presse kann zufahren, wenn alle Lichtachsen frei, also nicht unterbrochen sind.

Bei der NICHT-Funktion ist der Ausgang logisch „1“, wenn die Eingangsvariable den Wert logisch „0“ hat und umgekehrt. Die Ein- und Ausgangsvariablen verhalten sich entgegengesetzt.

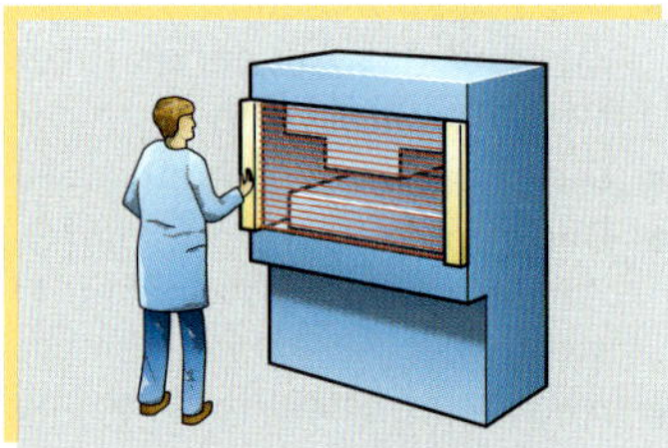

Bild 3: Presse mit Lichtvorhang

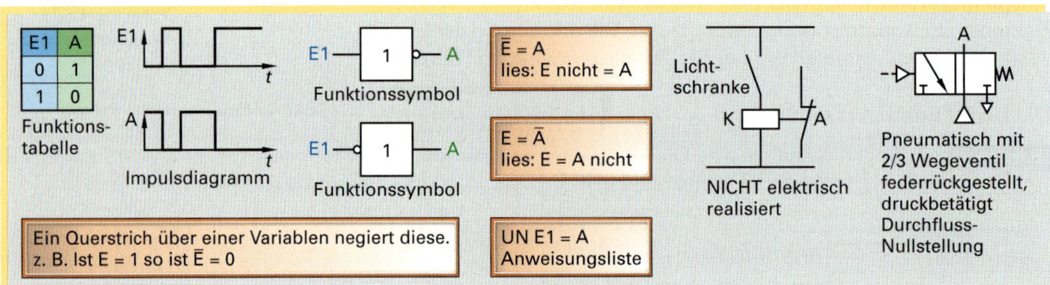

E1	A
0	1
1	0

Bild 4: Darstellung der NICHT-Funktion

In der Digitaltechnik kommen nicht nur die reinen Grundfunktionen vor. Eine Verknüpfung setzt sich in den meisten Anwendungen aus mehreren Funktionen zusammen.

Beispiel: Ein Schiebetor kann sowohl von der Wohnung als auch an der Einfahrt gesteuert werden. Das Tor schließt, wenn der Taster S1 (Wohnung) oder der Taster S2 (Tor) betätigt wird und der Endschalter E1 (Öffner) nicht betätigt und die Lichtschranke (LS) nicht unterbrochen ist.

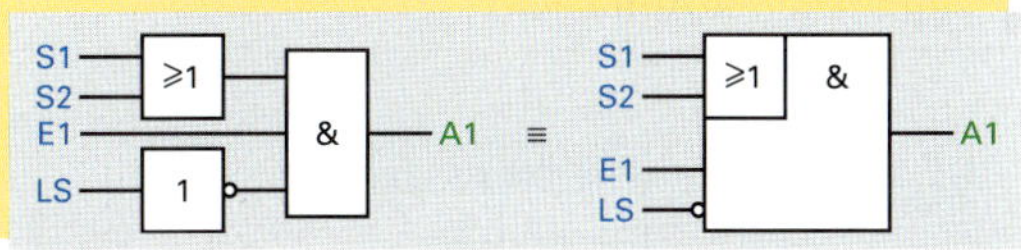

Funktionsgleichung: $(S1 \vee S2) \wedge E1 \wedge \overline{LS} = A1$

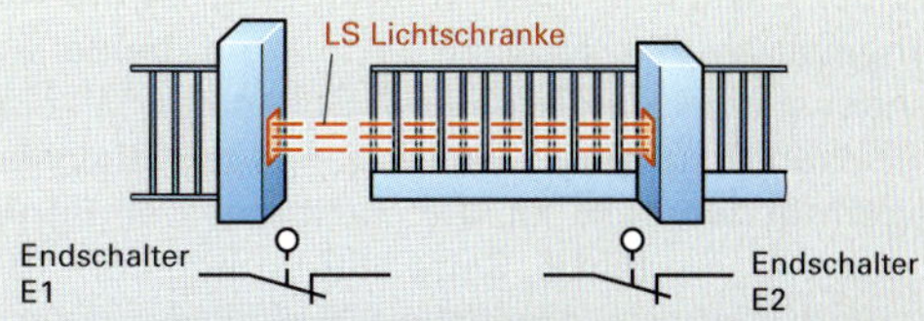

Zuordnungstabelle

Eingangsvariable Betriebsmittel

		Kennzeichnung	log. Zustand	
E1	Taster S1	betätigt	S1	= 1
E2	Taster S2	betätigt	S2	= 1
E3	Endschalter E1	betätigt	E1	= 0
E4	Endschalter E2	betätigt	E2	= 0
E5	LS	unterbrochen	LS	= 1
Ausgangsvariable				
A1	Motor Tor auf	Motor läuft	A1	= 1

Bild 1: Torsteuerung

Die UND-Funktion und die ODER-Funktion können auf mehrere Eingänge erweitert werden.

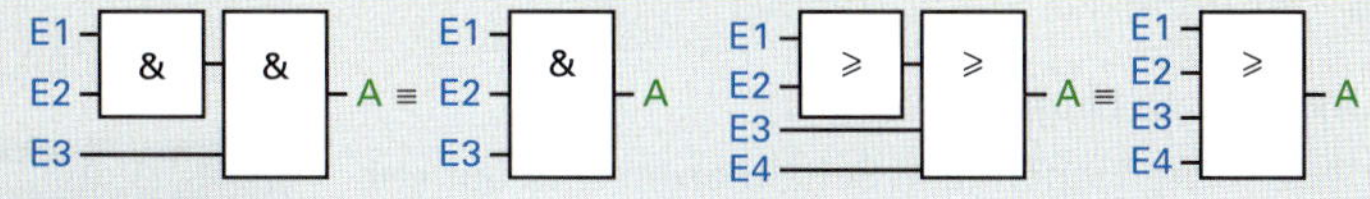

$E1 \wedge E2 \wedge E3 = A$

$E1 \vee E2 \vee E3 \vee E4 = A$

Bild 2: UND- und ODER-Funktion mit mehreren Eingängen

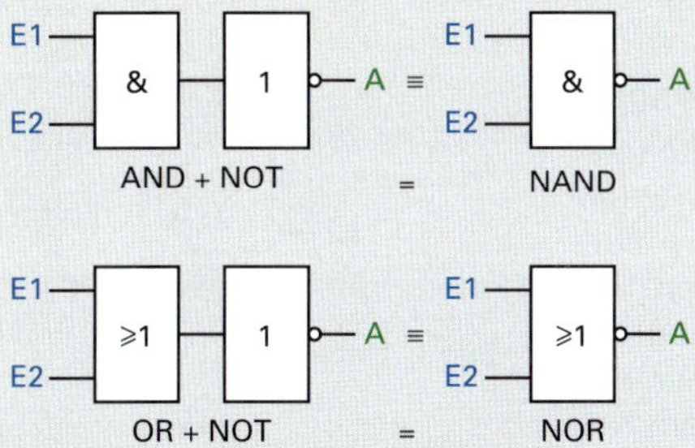

E1	E2	A1
0	0	1
0	1	1
1	0	1
1	1	0

E1	E2	A
0	0	1
0	1	0
1	0	0
1	1	0

Funktionstabellen

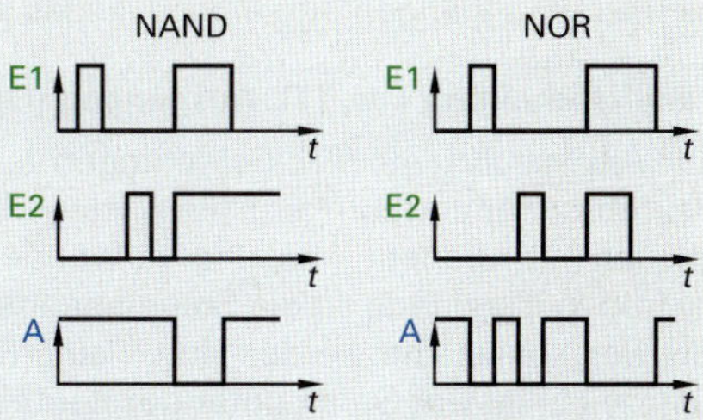

$\overline{E1 \wedge E2} = A$

$\overline{E1 \vee E2} = A$

Bild 3: Zusammengesetzte Funktionen

In der praktischen Ausführung von logischen Schaltungen werden häufig nur NAND-Gatter bzw. NOR-Gatter verwendet. Obwohl dadurch mehr einzelne Gatter benötigt werden, ergeben sich wegen der einfacheren Herstellung der Gatter trotzdem Kosteneinsparungen.

Aus der Funktionstabelle für die NAND-Funktion ist ersichtlich, dass die Ausgangsvariable A nochmals negiert werden muss, damit sie mit A der UND-Funktion übereinstimmt **(Bild 4 und 5)**.

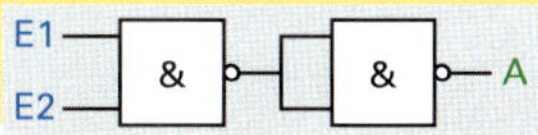

$A = \overline{\overline{E1 \wedge E2}} = E1 \wedge E2$

Bild 4: UND-Funktion realisiert durch NAND-Gatter

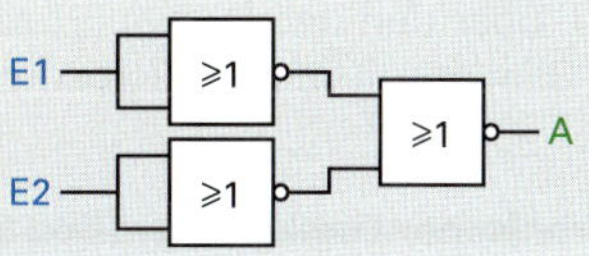

$A = \overline{\overline{E1} \vee \overline{E2}} = E1 \wedge E2$

Bild 5: UND-Funktion realisiert durch NOR-Gatter

Spezielle logische Verknüpfungen

Eine Meldeleuchte kann von zwei Schaltern E1, E2 mit je einem Öffner und einem Schließer eingeschaltet werden. Sie soll leuchten, wenn einer der beiden Schalter geschlossen ist. Werden beide Schalter gleichzeitig betätigt, bleibt die Leuchte aus. Eine solche Verknüpfung nennt man **Antivalenz** oder **Exklusive ODER (Bild 6)**.

E1	E2	A
0	0	0
0	1	1
1	0	1
1	1	0

Funktionstabellen

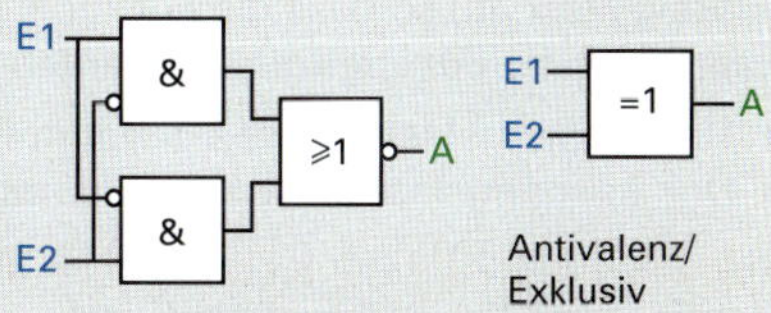

$E1 \wedge \overline{E2} \vee \overline{E1} \wedge E2 = A$

Bild 6: Antivalenz-Funktion

Bei der Exklusive-ODER-Verknüpfung ist die Ausgangsvariable A logisch „1“, wenn beide Eingangsvariablen ungleich sind. Sollen nun bei einer logischen Schaltung zwei Eingänge auf Gleichheit abgefragt werden, ist der Ausgang der Funktionstabelle von **Bild 5, Seite 389,** zu negieren **(Bild 1)**. Hierfür ist eine **Äquivalenz-Verknüpfung** einzusetzen. Sie führt am Ausgang logisch „1“, wenn die Eingangsvariablen gleich, also äquivalent sind.

E1	E2	A
0	0	1
0	1	0
1	0	0
1	1	1

Funktionstabelle

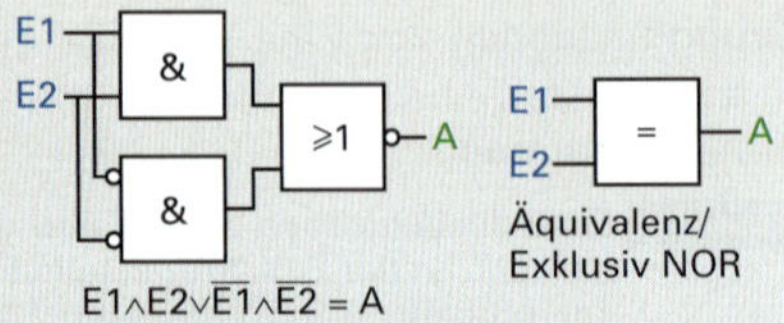

Bild 1: Äquivalenz-Funktion

$\overline{\text{Äquivalenz}}$ = Antivalenz

10.2.3 Elektronische Schaltkreisfamilien

Damit aus Logikbausteinen Schaltnetze aufgebaut werden können, müssen diese übereinstimmen in:

- Der Betriebsspannung
- Der Schalt- und Signallaufzeit
- Der Höhe der Ein- und Ausgangspegel
- Der Höhe des Störabstandes

Funktionstabelle Tri-State

EN1	E1	E2	A
1	x	x	Z
0	0	0	1
0	0	1	1
0	1	0	1
0	1	1	0

Z: = hochohmiger Zustand
x: = beliebig, „1“; „0“

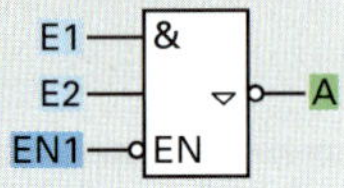

Bild 2: Tri-State-Baustein

Unbenutzte Eingänge (Bild 3)

Unbenutzte Eingänge in Schaltnetzen sind auf entsprechendes Potenzial zu legen; ein nicht benutzter UND-Eingang auf H-Pegel, ein freier ODER-Eingang auf L-Pegel. Solche Eingänge kann man auch mit benutzten Eingängen desselben Gliedes verbinden.

Arbeitsauftrag:

1. Realisieren Sie eine ODER-Funktion durch NAND-Gatter.
2. Bilden Sie die ODER-Funktion durch NOR-Gatter nach.

Parallelschaltung von TTL-Ausgängen (Open-Kollektor-Ausgang)

Zur Anpassung von TTL-Schaltungen an Schaltkreise mit höherer Betriebsspannung zum direkten Ansteuern von Relais, werden Logikglieder mit offenem Ausgang verwendet. Der Ausgang wird über Pull-up-Widerstände an die Steuerspannung U_s angeschlossen. Solche Logikbausteine werden durch eine Raute im Schaltsymbol gekennzeichnet. Der Strich unter der Raute weist auf den offenen Kollektor hin. Durch Parallelschalten von Ausgängen mit offenem Kollektor erhält man eine UND-Verknüpfung, die als Phantom-UND oder Wired AND (verdrahtetes UND) bezeichnet wird **(Bild 4)**.

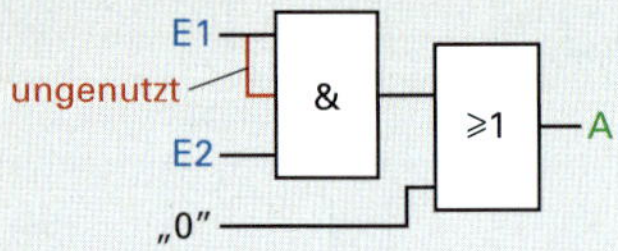

Bild 3: Unbenutzte Eingänge

Tri-State-Ausgang (Bild 2)

Logikglieder mit Tri-State-Ausgang haben neben dem logischen Ausgangszustand H und L einen dritten Zustand, in dem der Ausgang hochohmig ist. Diese Bausteine besitzen einen Freigabeeingang EN (enable = befähigen), über den der Ausgang gesteuert wird. Eingesetzt werden solche Glieder u.a. in der Microcomputertechnik (Speicher SRAM).

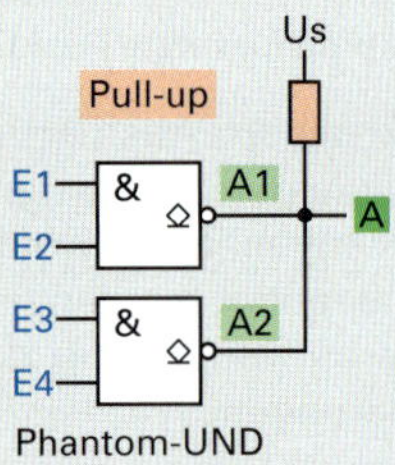

A1	A2	A
0	0	0
0	1	0
1	0	0
1	1	1

Funktionstabelle Wired AND

Bild 4: Verdrahtetes UND

Der Lastfaktor elektronischer Logikglieder (Bild 5)

Sowohl die Eingänge als auch die Ausgänge von Logikgliedern sind nicht beliebig belastbar. Bei Überlast sinkt die Ausgangsspannung unzulässig stark ab, so dass die Funktion des Gatters nicht mehr zu gewährleisten ist. Für Logikglieder werden zwei Lastfaktoren angegeben:

- Der Eingangslastfaktor F_I, genannt Fan in
- Der Ausgangslastfaktor F_O, genannt Fan out

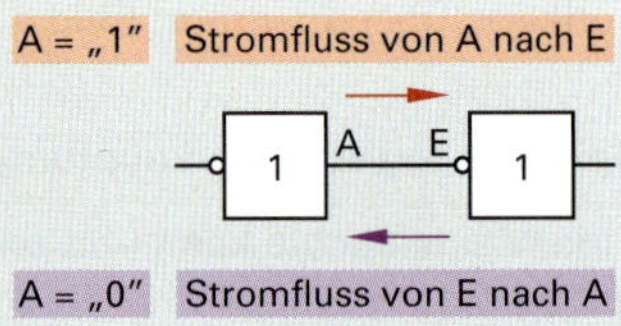

Bild 5: Stromfluss in Abhängigkeit vom Ausgangssignal

Der Eingangslastfaktor F_I, (Fan in) ist abhängig von der Schaltkreisfamilie. Für TTL-Standard beträgt $F_I = 1$. $F_I = 5$ bedeutet den fünffachen Wert für den Strom. Der Ausgangslastfaktor F_O (Fan out) gibt an, wie viele Eingänge maximal an den Ausgang eines Gatters angeschlossen werden dürfen. Für TTL-Standard beträgt $F_O = 10$.

Bei **L-Niveau** am Ausgang hat A einen Pegel von 0,4 V, 16 mA fließen in den Ausgang hinein. Bei **H-Niveau** liegen an A 2,4 V an und 16 mA fließen aus A heraus.

Tabelle 1: Überblick der Schaltkreisfamilien

Technologie	Bezeichnung	Grundfunktion	Betriebsspannung	Eingangsspannung „1"	Eingangsspannung „0"	Ausgangsspannung „1"	Ausgangsspannung „0"	Laufzeit je Gatter	Verlustleistung je Gatter	Ausgangsbelastbarkeit
Transistor Transistor Logik	TTL	NAND	5 V	2,0 V	0,8 V	3,3 V	2,4 V	10 ns	20 mW	12 mW
Schottky TTL	TTL	NAND	5 V	2,0 V	0,8 V	3,3 V	0,5 V	2,5 ns	15 mW	12 mW
Low Power Schottky	LPS	NAND	5 V	2,0 V	0,8 V	3,3 V	0,5 V	7 ns	4 mW	40 mW
Oxidierte komplementäre Feldeffekt Transistor Logik	C-MOS	NOR NAND	3 V ... 15 V	Von der Betriebsspannung abhängig				50 ns	10 mW, von Taktfrequenz abhängig	5 mW

10.2.4 Entwerfen logischer Verknüpfungsschaltungen

Durch ODER-Verknüpfung aller Logikgleichungen für A1 = 1 erhält man die Gesamtverknüpfung. Dies ist die **Disjunktive Normalform.**

Beispiel: An den Eingängen E1, E2 und E3 einer Steuerung liegen nebenstehende Signale an **(Bild 1a)**. Welche logischen Verknüpfungen müssen erfolgen, damit an ihrem Ausgang A1 die geforderte Impulsfolge auftritt?

Lösung:
1. Übertragung des Impulsdiagrammes in die Funktionstabelle.
2. Aufstellen der Logikgleichung für jede Zeile, in der A1 den Wert logisch „1" annimmt.

Dies ergibt folgende Funktionsgleichung:

Funktionsgleichung der disjunktiven Normalform

$$A1 = \overline{E1} \wedge E2 \wedge \overline{E3} \vee E1 \wedge E2 \wedge \overline{E3} \vee \overline{E1} \wedge \overline{E2} \wedge E3 \vee E1 \wedge \overline{E2} \wedge E3 \vee E1 \wedge E2 \wedge E3$$

Eine zweite Möglichkeit zum Auffinden der Funktionsgleichung bietet die **konjunktive Normalform**.

Dabei werden die Zeilen einer Funktionstabelle durch UND verknüpft, deren Ausgangsvariable den Wert logisch „0" haben. Während bei der disjunktiven Normalform die Eingänge auf logisch „1" abgefragt werden, geschieht dies bei der konjunktiven Normalform auf logisch „0".

Funktionsgleichung der konjunktiven Normalform

$$A1 = (E1 \vee E2 \vee E3) \wedge (\overline{E1} \vee E2 \vee E3) \wedge (E1 \vee \overline{E2} \vee \overline{E3})$$

Hier müssen Klammern gesetzt werden, da die UND-Verknüpfung die höhere Rechenart (Priorität) gegenüber der ODER-Verknüpfung ist.

UND vor ODER

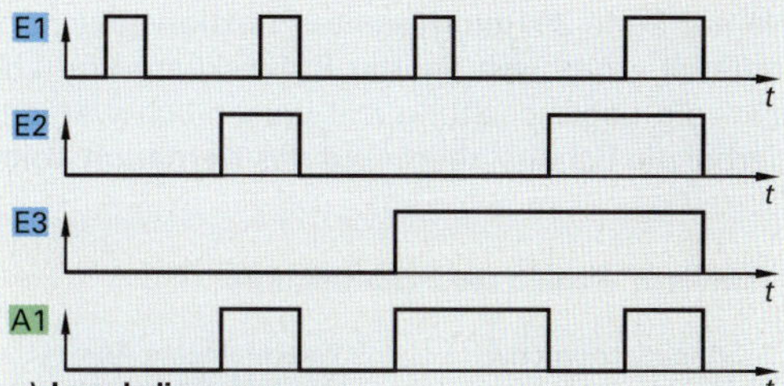

a) Impulsdiagramm

E3	E2	E1	A1	Logikgleichung
0	0	0	0	
0	0	1	0	
0	1	0	1	$A1 = \overline{E1} \wedge E2 \wedge \overline{E3}$
0	1	1	1	$A1 = E1 \wedge E2 \wedge \overline{E3}$
1	0	0	1	$A1 = \overline{E1} \wedge \overline{E2} \wedge E3$
1	0	1	1	$A1 = E1 \wedge \overline{E2} \wedge E3$
1	1	0	0	
1	1	1	1	$A1 = E1 \wedge E2 \wedge E3$

b) Funktionstabelle

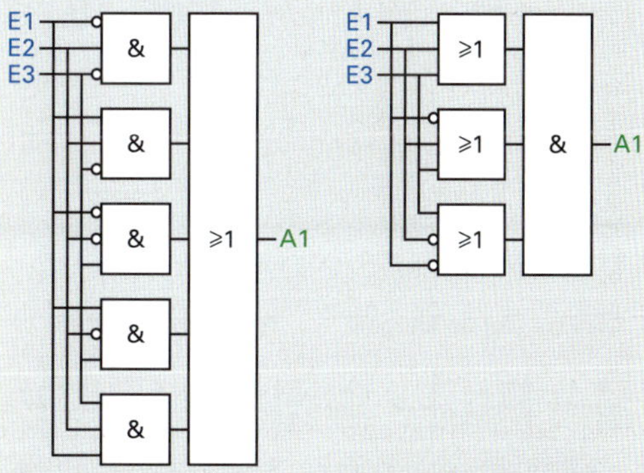

c) Logikplan für die disjunktive Normalform

d) Logikplan für die konjunktive Normalform

Bild 1: Schaltungsentwurf: a) Impulsdiagramm, b) Funktionstabelle, c) und d) Schaltungen

Arbeitsauftrag:

1. Für das Füllen einer Tankanlage darf immer nur aus zwei von drei Bunkern Treibstoff einlaufen, um ein Überladen der Tankanlage zu vermeiden.
   a) Erstellen Sie für diesen Sachverhalt die Funktionstabelle und entwickeln Sie daraus die Funktionsgleichung für die disjunktive und die konjunktive Normalform.
   b) Geben Sie den Logikplan für die beiden Normalformen an.
2. Wann führen die Ausgänge A1 und A2 aus den Schaltbeispielen aus Bild 1 „1“-Signal **(Bild 1)**?
3. Wie verhalten sich die Ausgänge nach einmaligem Betätigen des Tasters E1?
4. Welche Auswirkung hat das gleichzeitige Betätigen der Taster E1 und E2?
5. Welche praktische Bedeutung haben die Logikschaltungen?

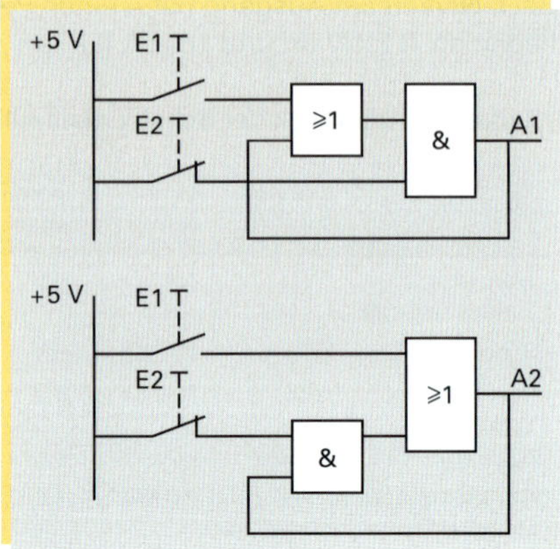

Bild 1: Schaltbeispiele

10.2.5 Vereinfachung von Funktionsgleichungen

Die auf Seite 391 aufgestellte Funktionsgleichung (Disjunktive Normalform) ist nicht die Minimalform. Generell ergibt sich bei der Entwicklung von Logikschaltungen nicht immer die Minimalform. Oftmals kann die Logikschaltung mit wesentlich weniger Logikverknüpfungen realisiert werden. Hilfreich sind hierbei die Schaltalgebra und das Karnaugh-Veitch-Diagramm (KV-Diagramm).

Tabelle 1: Regeln der Schaltalgebra

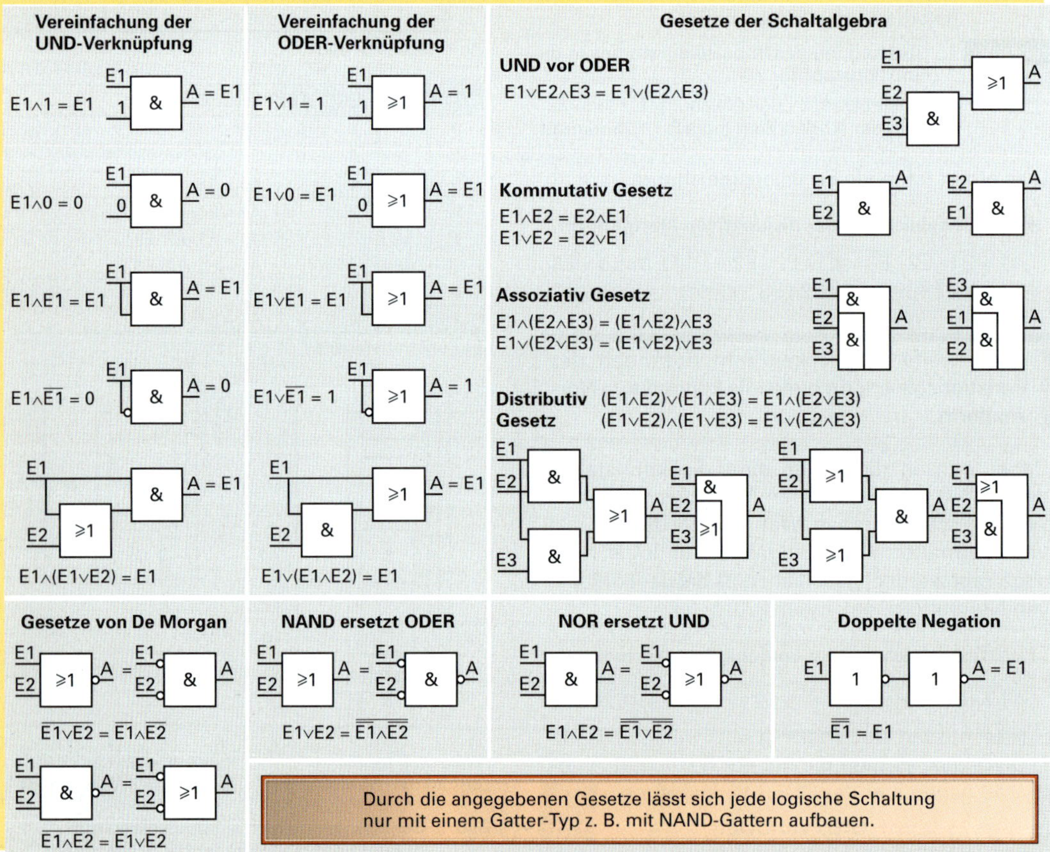

Vereinfachung der UND-Verknüpfung

$E1 \wedge 1 = E1$ (A = E1)

$E1 \wedge 0 = 0$ (A = 0)

$E1 \wedge E1 = E1$ (A = E1)

$E1 \wedge \overline{E1} = 0$ (A = 0)

$E1 \wedge (E1 \vee E2) = E1$ (A = E1)

Vereinfachung der ODER-Verknüpfung

$E1 \vee 1 = 1$ (A = 1)

$E1 \vee 0 = E1$ (A = E1)

$E1 \vee E1 = E1$ (A = E1)

$E1 \vee \overline{E1} = 1$ (A = 1)

$E1 \vee (E1 \wedge E2) = E1$ (A = E1)

Gesetze der Schaltalgebra

UND vor ODER
$E1 \vee E2 \wedge E3 = E1 \vee (E2 \wedge E3)$

Kommutativ Gesetz
$E1 \wedge E2 = E2 \wedge E1$
$E1 \vee E2 = E2 \vee E1$

Assoziativ Gesetz
$E1 \wedge (E2 \wedge E3) = (E1 \wedge E2) \wedge E3$
$E1 \vee (E2 \vee E3) = (E1 \vee E2) \vee E3$

Distributiv Gesetz
$(E1 \wedge E2) \vee (E1 \wedge E3) = E1 \wedge (E2 \vee E3)$
$(E1 \vee E2) \wedge (E1 \vee E3) = E1 \vee (E2 \wedge E3)$

Gesetze von De Morgan
$\overline{E1 \vee E2} = \overline{E1} \wedge \overline{E2}$
$\overline{E1 \wedge E2} = \overline{E1} \vee \overline{E2}$

NAND ersetzt ODER
$E1 \vee E2 = \overline{\overline{E1} \wedge \overline{E2}}$

NOR ersetzt UND
$E1 \wedge E2 = \overline{\overline{E1} \vee \overline{E2}}$

Doppelte Negation
$\overline{\overline{E1}} = E1$ (A = E1)

Durch die angegebenen Gesetze lässt sich jede logische Schaltung nur mit einem Gatter-Typ z. B. mit NAND-Gattern aufbauen.

Beispiel: Zu vereinfachen ist folgende Funktionsgleichung **(Bild 1)**:

$A = E1 \land \overline{E2} \lor \overline{E1} \land \overline{E2} \lor \overline{E1} \land E2$	$\overline{E2}$ ausklammern (Distributiv-Gesetz anwenden)
$A = \overline{E2} \land (E1 \lor \overline{E1}) \lor \overline{E1} \land E2$	Vereinfachung der Oderverknüpfung $(E1 \lor \overline{E1}) = 1$
$A = \overline{E2} \land 1 \lor \overline{E1} \land E2$	Vereinfachung $\overline{E2} \land 1 = \overline{E2}$
$A = \overline{E2} \lor \overline{E1} \land E2$	$\overline{E2} \lor (\overline{E1} \land E2)$ ($\overline{E2}$ einklammern)
$A = (\overline{E2} \lor \overline{E1}) \land (\overline{E2} \lor E2)$	
$A = (\overline{E2} \lor \overline{E1}) \land 1$	Vereinfachung $\overline{E1} \land 1 = \overline{E1}$
$A = \overline{E2} \lor \overline{E1} = \overline{\overline{\overline{E2} \lor \overline{E1}}}$	Anwendung der Gesetze von De Morgan
$A = \overline{E2 \land E1} = \overline{E1 \land E2}$	Kommutativ-Gesetz

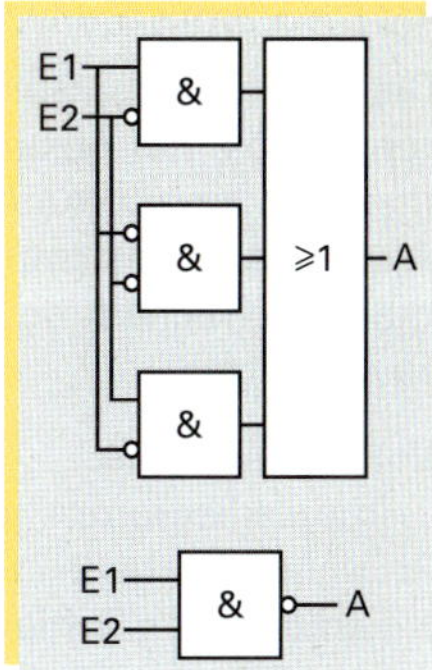

Bild 1: Vereinfachte Schaltung

10.2.6 Minimierung mit KV-Diagramm

Karnaugh-Veitch entwickelten eine grafische Darstellung der disjunktiven Normalform, aus der die vereinfachte Schaltfunktion abzulesen ist. Das Diagramm enthält ebenso viele Felder wie eine Funktionstabelle Zeilen hat. Diese Zeilen werden bestimmten Feldern zugeordnet.

Die Felder sind so angeordnet, dass sich benachbarte Felder in nur einer Variablen unterscheiden.

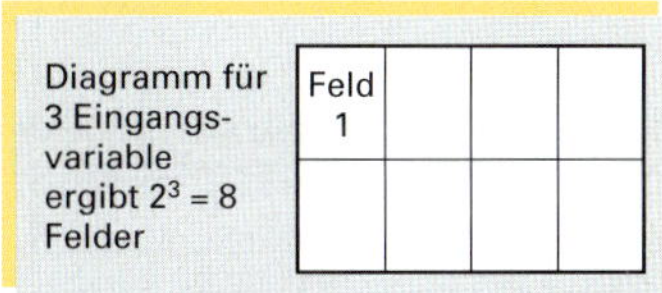

Bild 2: Felder einer KV-Tafel

Zeile	c	b	a	
0	0	0	0	$\overline{a} \land \overline{b} \land \overline{c}$
1	0	0	1	$a \land \overline{b} \land \overline{c}$
2	0	1	0	$\overline{a} \land b \land \overline{c}$
3	0	1	1	$a \land b \land \overline{c}$
4	1	0	0	$\overline{a} \land \overline{b} \land c$
5	1	0	1	$a \land \overline{b} \land c$
6	1	1	0	$\overline{a} \land b \land c$
7	1	1	1	$a \land b \land c$

Man beachte die Lage der Zeile

	$\overline{a} \land \overline{b}$	$\overline{a} \land b$	$a \land b$	$a \land \overline{b}$
$\overline{c}$	$\overline{a} \land \overline{b} \land \overline{c}$ Zeile 0	$\overline{a} \land b \land \overline{c}$ 2	$a \land b \land \overline{c}$ 3	$a \land \overline{b} \land \overline{c}$ 1
c	$\overline{a} \land \overline{b} \land c$ 4	$\overline{a} \land b \land c$ 6	$a \land b \land c$ 7	$a \land \overline{b} \land c$ 5

Bild 3: Lage der Zeilen in der KV-Tafel

Beispiel: Die nebenstehende Funktionstabelle **(Bild 4)** ist mittels KV-Diagramm nach folgender Vorgehensweise zu vereinfachen.

1. Entsprechend der Anzahl der Zeilen der Funktionstabelle ist eine KV-Tafel mit 8 Feldern zu erstellen.
2. In die entsprechenden Felder des KV-Diagramms sind die logischen Zustände der Ausgangsvariablen A einzutragen.
3. Benachbarte Felder mit logisch „1" werden in einer Schleife zusammengefasst.
4. Eine Schleife kann ein Einzelfeld, zwei Felder, vier Felder acht Felder, also 2^n Felder umschließen ($n \in \mathbb{N}$).
5. Ein Feld kann auch in mehrere Schleifen eingebunden sein.
6. Auch Randfelder können benachbart sein.
7. Vereinfachung der Schleife: $\overline{E1} \land E2 \land \overline{E3} \lor E1 \land E2 \land \overline{E3} = E2 \land \overline{E3}$
   Schleife: $E1 \land E2 \land E3 \lor E1 \land \overline{E2} \land E3 = E1 \land E3$
   Schleife: $\overline{E1} \land \overline{E2} \land E3 \lor E1 \land \overline{E2} \land E3 = \overline{E2} \land E3$
8. Die minimierte Funktionsgleichung erhält man durch ODER-Verknüpfung der drei Schleifenergebnisse
   $A = E1 \land E3 \lor E2 \land \overline{E3} \lor \overline{E2} \land E3$

E3	E2	E1	A1	Logikgleichung
0	0	0	0	
0	0	1	0	
0	1	0	1	$A1 = \overline{E1} \land E2 \land \overline{E3}$
0	1	1	1	$A1 = E1 \land E2 \land \overline{E3}$
1	0	0	1	$A1 = \overline{E1} \land \overline{E2} \land E3$
1	0	1	1	$A1 = E1 \land \overline{E2} \land E3$
1	1	0	0	
1	1	1	1	$A1 = E1 \land E2 \land E3$

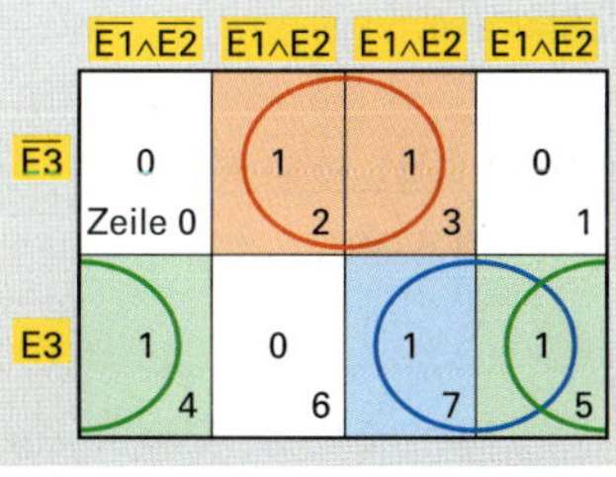

Bild 4: Vereinfachung mit KV-Tafel

KV-Diagramm für 4 Eingangsvariable

Die Weiche einer Sortieranlage wird von 4 Sensoren (E1 bis E4) gesteuert. Sie lenkt den Materialfluss zur Bearbeitungsstation A1 und zur Station A2. Anhand des Impulsdiagramms ist eine minimale Logikschaltung für beide Weichenstellungen zu entwerfen.

Vorgehensweise:

1. Impulsdiagramm in Funktionstabelle übertragen.
2. Funktionstabelle in KV-Diagramm eintragen.
3. Felder durch Schleifen zusammenfassen.
4. Funktionsgleichung durch ODER-Verknüpfung der Schleifen aufstellen.
5. Gleichung durch Logikschaltung darstellen.

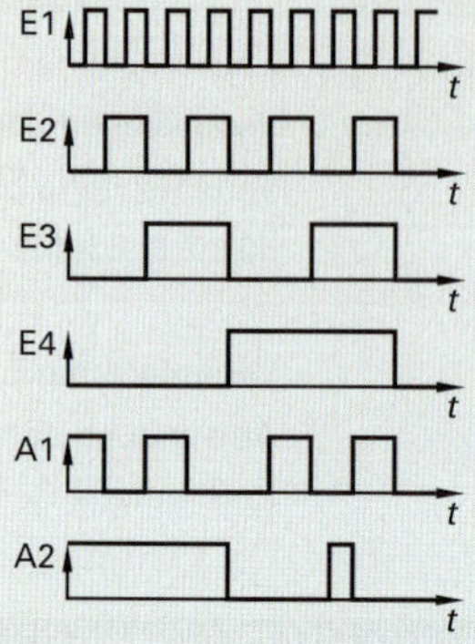

Zeile	E4	E3	E2	E1	A1	A2
0	0	0	0	0	1	1
1	0	0	0	1	1	1
2	0	0	1	0	0	1
3	0	0	1	1	0	1
4	0	1	0	0	1	1
5	0	1	0	1	1	1
6	0	1	1	0	0	1
7	0	1	1	1	0	1
8	1	0	0	0	0	0
9	1	0	0	1	0	0
10	1	0	1	0	1	0
11	1	0	1	1	1	0
12	1	1	0	0	0	0
13	1	1	0	1	0	1
14	1	1	1	0	1	0
15	1	1	1	1	1	0

Funktionstabelle

Bild 1: Arbeitsweise der Sortieranlage

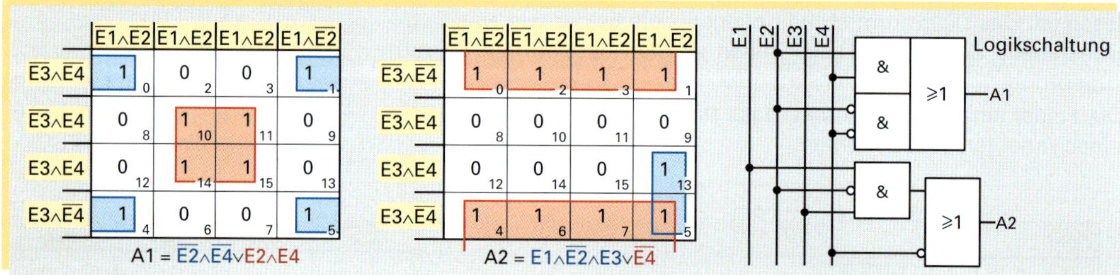

Bild 2: Minimierung

Das KV-Diagramm vereinfacht Gleichungen, wenn logische „1"-Werte der Zielfunktion zusammenzufassen sind. Anzustreben sind möglichst große Schleifen. Die Gleichung der Zielfunktion muss alle „1"-Werte enthalten, auch solche, die nicht in einer Schleife liegen.

Belanglose Zeilen einer Funktionstabelle

Der Öltank eines Heizkraftwerkes wird von zwei Zuleitungen gespeist. Die Ölstände minimal, normal und maximal werden von Sensoren (S1, S2, S3) überwacht. Sinkt der Ölstand unter den Minimalwert, öffnen Zulauf Z1 und Z2. Wird der Maximalwert erreicht, sind Z1 und Z2 geschlossen. Sinkt der Ölstand zwischen Minimal- und Normalhöhe, ist Z1 geöffnet. Über Normalwert fließt durch Z2 Öl ein.

Zu entwerfen ist eine minimale Logikschaltung.

Die in der Funktionstabelle mit belanglos markierten Zeilen sind Eingangskombinationen, die nicht auftreten können. Sie beeinflussen daher die gesuchte Schaltung nicht. In der Funktionstabelle wird für die Ausgangsvariable ein x eingetragen. x kann den Wert „0" oder „1" annehmen. Dieses x wird auch in die KV-Tafel übertragen und mit dem Wert belegt („0" oder „1"), der die meisten Felder in einer Schleife ermöglicht.

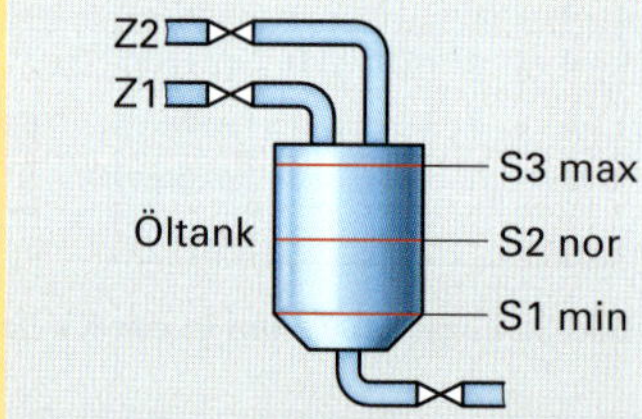

Zeile	S3	S2	S1	Z1	Z2	
0	0	0	0	1	1	
1	0	0	1	1	0	
2	0	1	0	x	x	← belanglos
3	0	1	1	0	1	
4	1	0	0	x	x	← belanglos
5	1	0	1	x	x	← belanglos
6	1	1	0	x	x	← belanglos
7	1	1	1	0	0	

Bild 3: Tankanlage

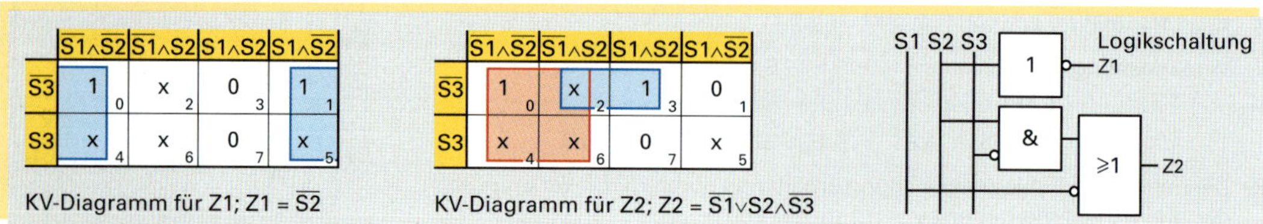

Bild 4: Minimierung

10.2.7 Analyse logischer Schaltungen

Die Analyse gibt Auskunft über den Zusammenhang von Eingangs- und Ausgangsvariablen. Der Ausgangspunkt ist die bestehende Logikschaltung, die zu untersuchen ist. Untersuchungsergebnisse können sein: Funktionsgleichung, Funktionstabelle, Impulsdiagramm und verbale Beschreibung der logischen Schaltung **(Bild 1)**.

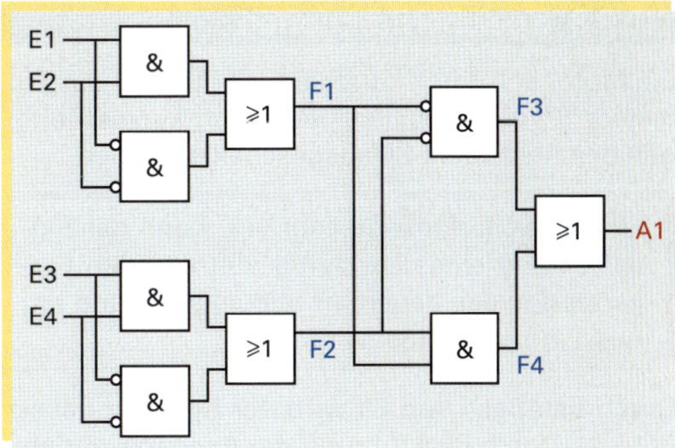

Bild 1: Logische Schaltung

Aufgabe: Zu analysieren ist nebenstehende Logikschaltung.

Gesucht sind: Funktionsgleichung, -tabelle, Impulsdiagramm und verbale Beschreibung.

Lösung:
1. Zerlegung der Gesamtschaltung in Teilfunktionen (hier F1...F4), beginnend in der Nähe der Eingänge.
2. Für jede Teilfunktion ist die Funktionsgleichung aufzustellen.
3. Die Teilfunktionen sind zur Gesamtfunktion zusammenzufassen.

Teilfunktionen:

$F1 = E1 \wedge E2 \vee \overline{E1} \wedge \overline{E2}$

$F2 = E3 \wedge E4 \vee \overline{E3} \wedge \overline{E4}$

$F3 = \overline{F1} \wedge \overline{F2}$

$F4 = F1 \wedge F2$

Tabelle 1: Funktionstabelle

Zeile	E4	E3	E2	E1	F1	F2	F3	F4	A1
0	0	0	0	0	1	1	0	1	1
1	0	0	0	1	0	1	0	0	0
2	0	0	1	0	0	1	0	0	0
3	0	0	1	1	1	1	0	1	1
4	0	1	0	0	1	0	0	0	0
5	0	1	0	1	0	0	1	0	1
6	0	1	1	0	0	0	1	0	1
7	1	1	1	1	0	0	0	0	0
8	1	0	0	0	1	0	0	0	0
9	1	0	0	1	0	0	1	0	1
10	1	0	1	0	0	0	1	0	1
11	1	0	1	1	1	0	0	0	0
12	1	1	0	0	1	1	0	1	1
13	1	1	0	1	0	1	0	0	0
14	1	1	1	0	0	1	0	0	0
15	1	1	1	1	1	1	0	1	1

Gesamtfunktion:

$A1 = F3 \vee F4$

$A1 = \overline{F1} \wedge \overline{F2} \vee F1 \wedge F2$

$A1 = \overline{E1 \wedge E2 \vee \overline{E1} \wedge \overline{E2}} \vee \overline{E3 \wedge E4 \vee \overline{E3} \wedge \overline{E4}} \vee (E1 \wedge E2 \vee \overline{E1} \wedge \overline{E2}) \wedge (E3 \wedge E4 \vee \overline{E3} \wedge \overline{E4})$

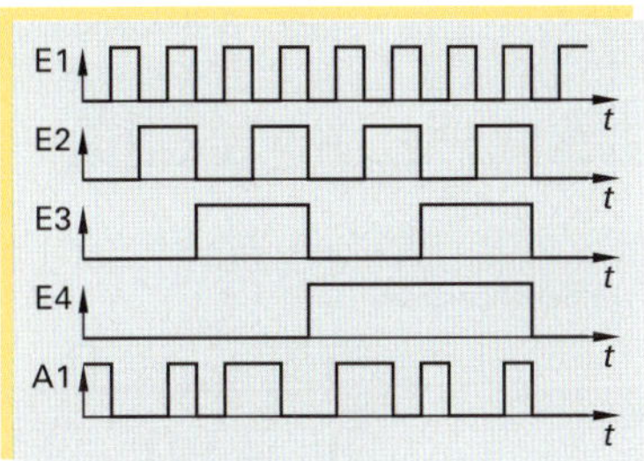

Beschreibung:

A1 führt 1-Signal, wenn eine gerade Anzahl von Eingängen auf logisch „1" liegen.

Die Abfrage kein Eingang auf logisch „1" wird nicht unterdrückt.

Arbeitsauftrag:

1. Vereinfachen Sie nebenstehende KV-Diagramme und geben Sie jeweils die minimale Funktionsgleichung und die dazugehörige Logikschaltung an.

2. Die Datenübertragung von 4 Bit (a, b, c, d) soll durch eine Schaltung überwacht werden. Diese Logikschaltung liefert am Ausgang eine logische 1, wenn von den 4 Bits eine ungerade Anzahl den Wert 1 hat.

   a) Fertigen Sie die Funktionstabelle an.

   b) Erstellen Sie anhand der Tabelle die dazugehörige Funktionsgleichung in der disjunktiven Normalform.

   c) Vereinfachen Sie mit Hilfe des KV-Diagramms, falls möglich.

   d) Zeichnen Sie den Logikplan für die Funktionsgleichung.

	$\overline{S1} \wedge \overline{S2}$	$\overline{S1} \wedge S2$	$S1 \wedge S2$	$S1 \wedge \overline{S2}$
$\overline{S3}$	1 (0)	0 (2)	0 (3)	0 (1)
S3	0 (4)	1 (3)	1 (7)	0 (5)

	$\overline{S1} \wedge \overline{S2}$	$\overline{S1} \wedge S2$	$S1 \wedge S2$	$S1 \wedge \overline{S2}$
$\overline{S3}$	1 (0)	1 (2)	0 (3)	1 (1)
S3	0 (4)	1 (6)	0 (7)	0 (5)

	$\overline{E1} \wedge \overline{E2}$	$\overline{E1} \wedge E2$	$E1 \wedge E2$	$E1 \wedge \overline{E2}$
$\overline{E3} \wedge \overline{E4}$	0 (0)	0 (2)	1 (3)	1 (1)
$\overline{E3} \wedge E4$	1 (8)	1 (10)	0 (11)	0 (9)
$E3 \wedge E4$	1 (12)	1 (14)	0 (15)	0 (13)
$E3 \wedge \overline{E4}$	0 (4)	0 (6)	1 (7)	1 (5)

	$\overline{E1} \wedge \overline{E2}$	$\overline{E1} \wedge E2$	$E1 \wedge E2$	$E1 \wedge \overline{E2}$
$\overline{E3} \wedge \overline{E4}$	0 (0)	0 (2)	0 (3)	0 (1)
$\overline{E3} \wedge E4$	1 (8)	0 (10)	0 (11)	1 (9)
$E3 \wedge E4$	1 (12)	0 (14)	1 (15)	1 (13)
$E3 \wedge E4$	0 (4)	1 (6)	1 (7)	1 (5)

10.2.8 Speicherfunktionen

Ein Motor soll durch kurzzeitiges Betätigen des Eintasters S1 eingeschaltet und durch kurzes Betätigen des Austasters S0 ausgeschaltet werden.

> Eine Speicherfunktion liegt vor, wenn der Signalzustand eines kurzzeitig auftretenden Eingangssignales dauerhaft festgehalten und am Ausgang abgebildet wird.

Durch Betätigen von S1 wird der Speicher gesetzt (K1 = 1). Durch Rückführung der Ausgangsvariable (rot) muss die Einschaltbedingung nicht mehr erfüllt sein. Der Zustand des Eingangssignals ist gespeichert. Wird S0 betätigt, so ist die UND-Verknüpfung nicht mehr erfüllt und die Ausgangsvariable nimmt den Wert logisch „0“ an **(Bild 1)**.

> Schaltungen, die (Eingangs-)Signale speichern, bezeichnet man als bistabile Kippstufen (bistabil = zwei stabile Zustände) oder Flipflops (FF).

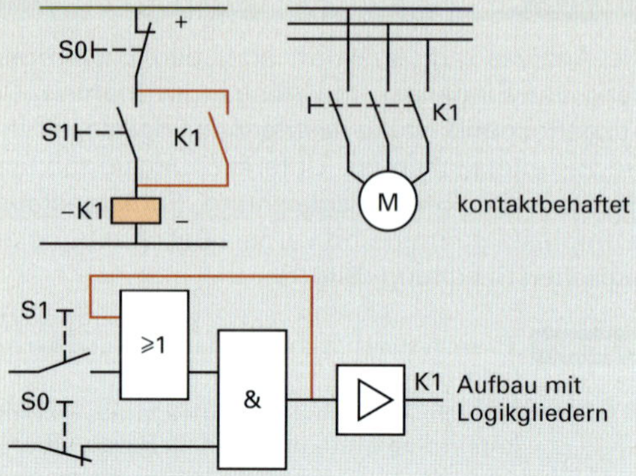

Eingänge		Ausgang
S1	S0	A; Motor
0	0	1 wenn S1 vorher betätigt 0 wenn S0 vorher betätigt
0	1	0 rücksetzen
1	0	1 setzen
1	1	unbestimmt

Bild 1: Speicherfunktion

Bistabile Kippstufen

Bistabile Kippstufen **(Bild 2)** haben zwei stabile Schaltzustände: den Zustand gesetzt A = 1 und den Zustand zurückgesetzt A = 0. Beide Zustände schließen sich aus. Ist eine bistabile Kippstufe gesetzt, sind weitere Setzsignale unwirksam. Entsprechendes gilt für den Rücksetzzustand. „1“-Signal am Setz- und Rücksetzeingang ist zu vermeiden, da nicht eindeutig vorhersagbar ist, welcher Logikpegel sich am Ausgang des Flipflops einstellt, wenn beide Eingänge von „1“ nach „0“ wechseln.

Liegt sowohl am S- als auch am R-Eingang eine „0“ an, bleibt der Ausgang des Flipflops unverändert. Das Flipflop befindet sich im Speicherzustand.

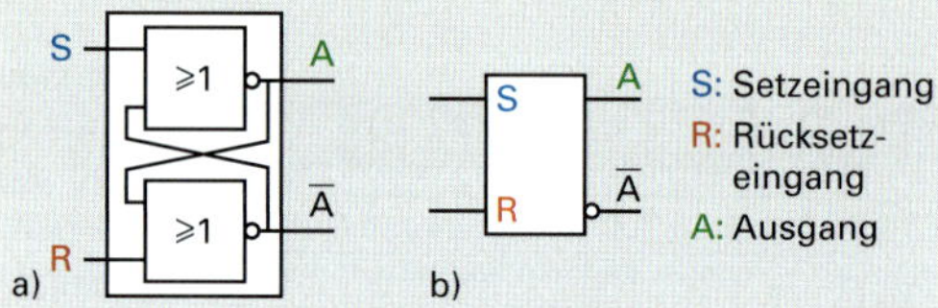

RS-Flipflop a) realisiert mit NOR-Gattern; b) Schaltzeichen

S	R	A
0	0	speichern
0	1	0
1	0	1
1	1	unbestimmt

Funktionstabelle

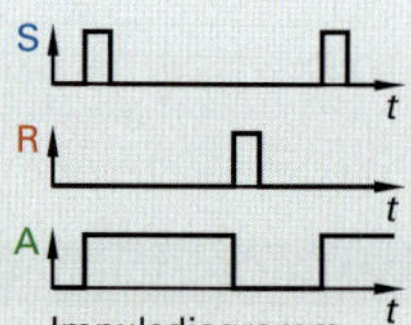

Impulsdiagramm

Bild 2: Bistabile Kippstufe

RS-Flipflop mit vorrangigem Setzen oder Rücksetzen

In der Praxis, insbesondere in der SPS-Technik, werden Speicherbausteine benötigt, die einen eindeutigen Ausgangspegel annehmen, wenn am Setz- und Rücksetz-Eingang gleichzeitig „1“-Signal anliegt. Bei **vorrangigem Rücksetzen** ist A = „0“, wenn S = „1“ und R = „1“. Bei **vorrangigem Setzen** ist A = „1“, wenn S = „1“ und R = „1“ **(Bild 3)**.

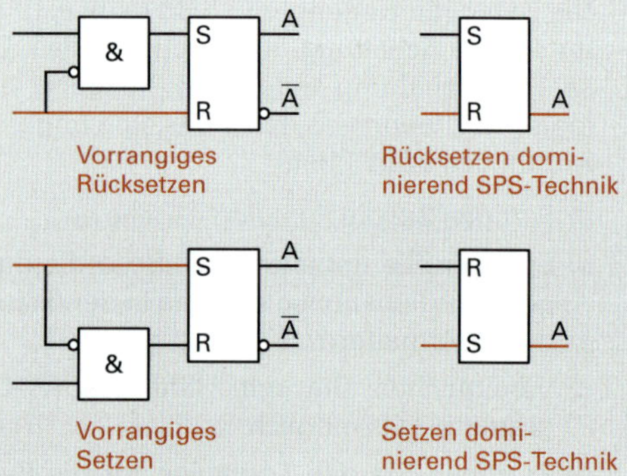

Bild 3: RS-Speicherarten

Speicherbausteine mit Steuereingang

Speicherbausteine, insbesondere in der Computertechnik, müssen gezielt ansprechbar sein. Erreicht wird dies durch einen zusätzlichen Eingang, den Steuer- oder Takteingang. Über diesen Takteingang kann je nach Wunsch die am Speicherbaustein anliegende Information gespeichert oder gesperrt, d.h. nicht gespeichert werden.

D-Flipflop mit dynamischer Ansteuerung

Das D-Flipflop **(Bild 1)** übernimmt die Information am Ausgang, die während der positiven Taktflanke (Wechsel von „0" nach „1") am D-Eingang (D = delay) ansteht. Die dynamische Ansteuerung wird durch die Pfeilspitze im Schaltsymbol gekennzeichnet. Die Ziffer 1 im Schaltsymbol kennzeichnet die Abhängigkeit von Takt- und Dateneingang. Die 1 vor D besagt, dass dieser Eingang abhängig ist von dem Eingang, bei dem die 1 nach einem Buchstaben steht, wie z.B. bei C1. Ein D-Flipflop kann ein Bit speichern. Es ist die kleinste Speichereinheit eines Schreib-Lese-Speichers (RAM).

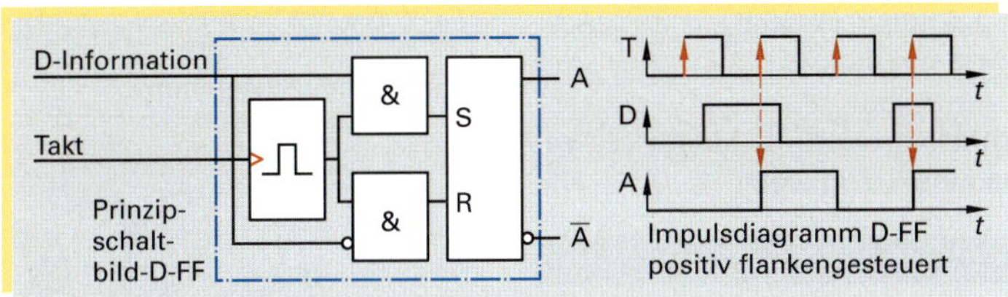

JK-Flipflop

Das JK-Flipflop **(Bild 2)** ist ein dynamisch gesteuerter Speicherbaustein mit dem J-Eingang zum Setzen und dem K-Eingang zum Rücksetzen des Ausgangs A. Wie aus dem Impulsdiagramm ersichtlich, führt eine logische „1" an den Informationseingängen J und K zu einem eindeutigen Ausgangssignal. Ist J = K = 1, so toggelt das Flipflop, d.h. sein Ausgangszustand wechselt mit jeder positiven Taktflanke. Man sagt auch, das JK-Flipflop arbeitet im Toggle Mode (toggle = hin- und herkippen). Das JK-Flipflop ist ein einflankengesteuerter dynamischer Speicher.

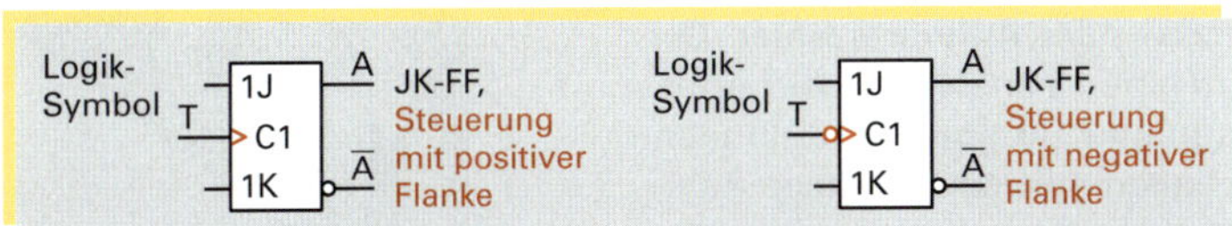

10.2.8.1 JK-Master-Slave-Flipflop (JK-MS-FF)

Das JK-MS-FF **(Bild 3)** besteht aus zwei dyamisch gesteuerten JK-Flipflops, die in Reihe geschaltet sind. Die Speicherinformationen liegen an den Eingängen des Masters an, die gespeicherte Information wird durch den Slave ausgegeben. Während das Master-Flipflop mit der positiven Taktflanke die Information am J- und K-Eingang speichert, ist das Slave-Flipflop gesperrt. Erst mit der negativen Taktflanke übernimmt der Slave die Information vom Master und gibt sie an seinem Ausgang aus. Das Master-Slave-Flipflop ist ein **zweiflankengesteuertes Kippglied.** Mit der ansteigenden Taktflanke wird die am Master anliegende Information zwischengespeichert, mit der fallenden Taktflanke übernimmt der Slave die zwischengespeicherte Information und führt sie seinem Ausgang zu. Das JK-MS-FF kann somit **zwei verschiedene Informationen speichern;** eine im Master (Zwischenspeicher), eine andere im Slave (Ausgangsspeicher).

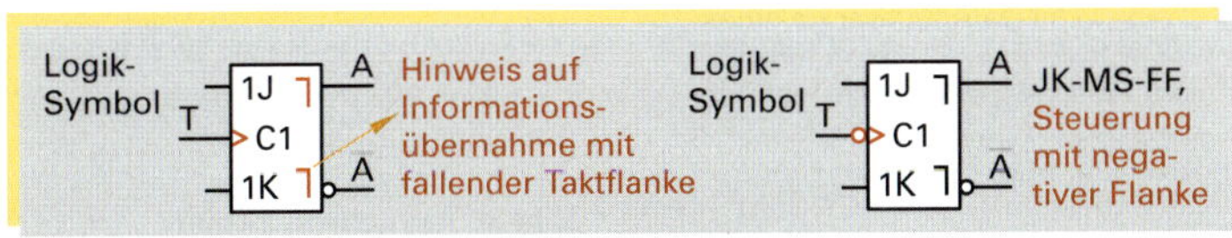

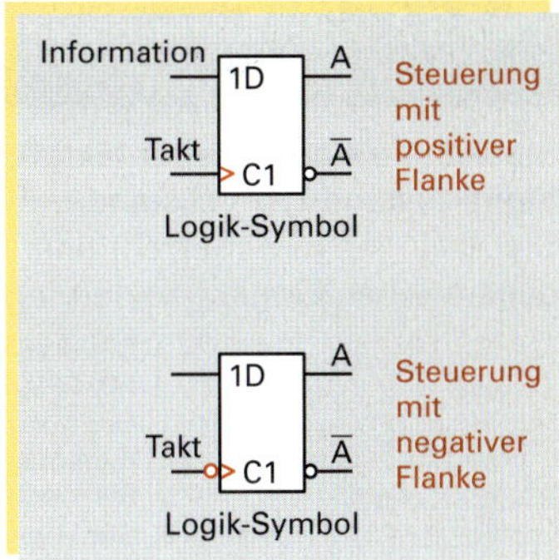

Bild 1: D-Flipflop

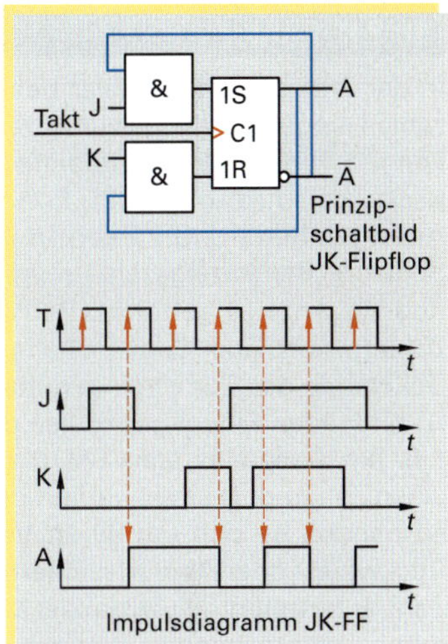

Bild 2: JK-Flipflop

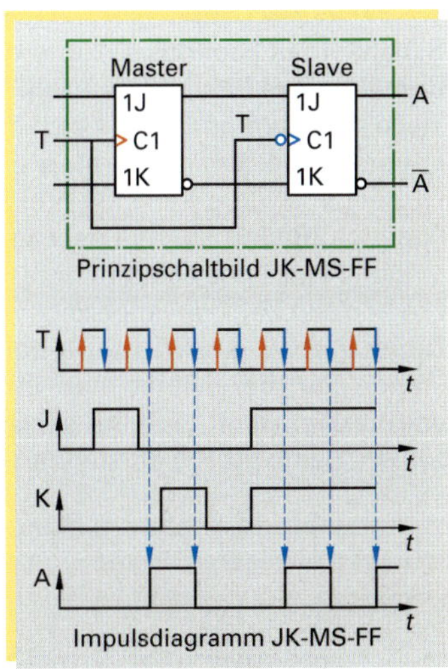

Bild 3: JK-MS-Flipflop

10.2.8.2 JK-Master-Slave-Flipflop mit statischen Eingängen

Statische Eingänge sind taktunabhängig und reagieren auf einen Signalzustand („0"-Zustand oder „1"-Zustand). Diese zusätzlichen Steuereingänge S (Setzen) und R (Rücksetzen) sind gegenüber den dynamischen Eingängen dominierend.

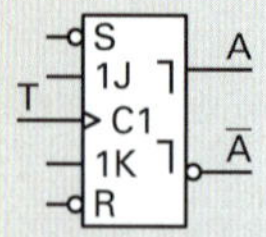

Logik-Symbol

R=S=1	Die statischen Eingänge sind unwirksam, das JK-MS-FF arbeitet taktabhängig.
S=0, R=1	Der Ausgang des JK-MS-FF wird auf „1" gesetzt, die dynamischen Eingänge sind unwirksam (blaue Senkrechte **Bild 1**).
S=1, R=0	Der Ausgang des JK-MS-FF wird auf „0" gesetzt, J- und K-Eingang sind unwirksam (rote Senkrechte **Bild 1**).

In der IC-Technik werden JK-Flipflops als auch JK-Master-Slave-Flipflops zum Aufbau von Zählerbausteinen eingesetzt.

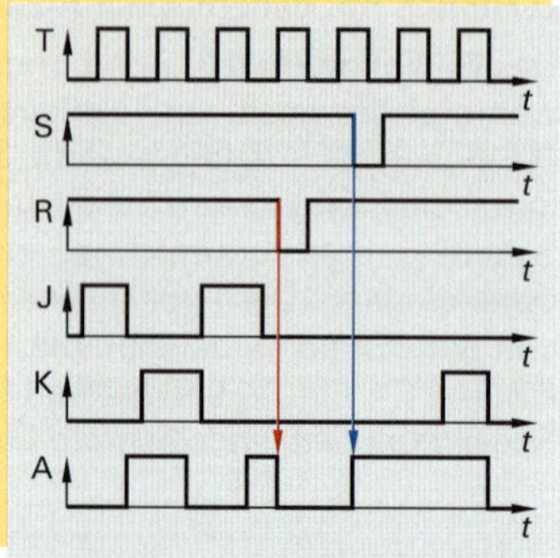

Bild 1: Impulsdiagramm

10.2.9 Zähler

In der Praxis werden Zähler beim Zählen von Impulsen und Stückzahlen eingesetzt, sowie zur Anzeige und Festlegung von Wegen und Längen. Typische Einsatzgebiete sind Papier-, Textil-, Metall- und Verpackungsindustrie **(Bild 2)**. Prinzipiell unterscheidet man zwischen Anzeigezählern und Zählern mit einstellbarem Vorwahlwert, dem Sollwert. Bei Anzeigezählern werden die Eingangsimpulse gezählt und zur Anzeige gebracht. Bei Vorwahlzählern (programmierbaren Zählern) wird über Codierschalter (Ansteuereingänge) ein beliebiger Sollwert in den Zähler eingegeben (einprogrammiert). Erreichen die zu zählenden Eingangsimpulse den Sollwert, so schaltet der Zähler z. B. ein Ausgangsrelais. Wird zu einer gespeicherten Zahl durch einen Zählimpuls eine 1 addiert und das Ergebnis erneut gespeichert, so handelt es sich um einen **Vorwärts-** oder **Aufwärtszähler**. Bei **Rückwärts-** oder **Abwärtszählern** wird eine 1 von der gespeicherten Zahl subtrahiert. Da bistabile Kippstufen 1 Bit speichern, können durch entsprechendes Zusammenschalten solcher Bausteine Zählschaltungen aufgebaut werden. Die Anzahl der benötigten Kippstufen ist von der zu speichernden Zahl, dem Zählergebnis abhängig.

Bild 2: Anzeigezähler

10.2.9.1 Asynchrone Zähler

Schaltet man Flipflops so hintereinander, dass der Ausgang der niederwertigsten Bitstelle die nachfolgende, nächst höherwertigere Bitstelle ansteuert und erhöht sich das Zählerergebnis nach jedem Taktimpuls, dann bezeichnet man eine solche Zählschaltung als asynchroner Vorwärtszähler. Mit drei in Reihe geschalteten Master-Slave-Flipflops **(Bild 3)** können acht Impulse gezählt werden. Mit der fallenden Flanke des achten Impulses sind alle Flipflops zurückgesetzt. Die höchste Zahl, die angezeigt wird, ist die Dualzahl D = 111, die der Dezimalzahl 7 entspricht. Da der Zähler acht verschiedene Zählzustände hat, bezeichnet man ihm als Modulo-8-Zähler. Ein Asynchronzähler mit n in Reihe geschalteten JK-MS-FF kann 2^n Impulse zählen. Seine größte darstellbare Dualzahl hat den Wert 2^n-1.

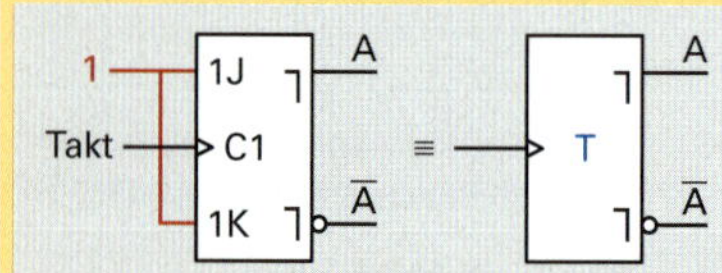

Liegen die Dateneingänge eines JK-MS-FF auf „1", dann toggelt der Ausgang bei jedem Takt. Ein solches Kippglied wird als T-FF bezeichnet.

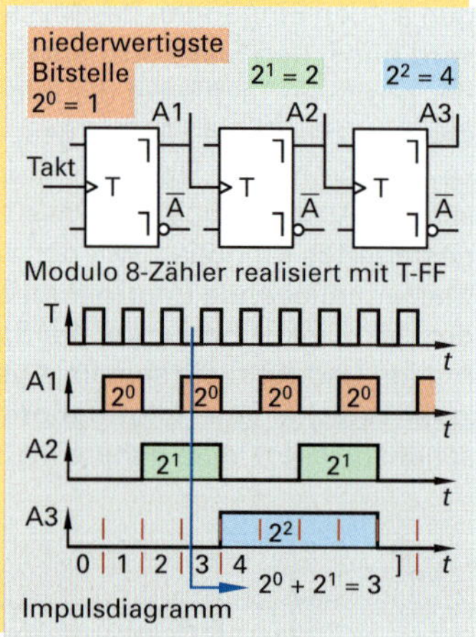

Bild 3: Asynchron-Zähler

Wird der Takt vom Ausgang $\bar{A}$ zur Ansteuerung der nachfolgenden Flipflops benutzt, erhält man einen **Rückwärtszähler (Bild 1).**

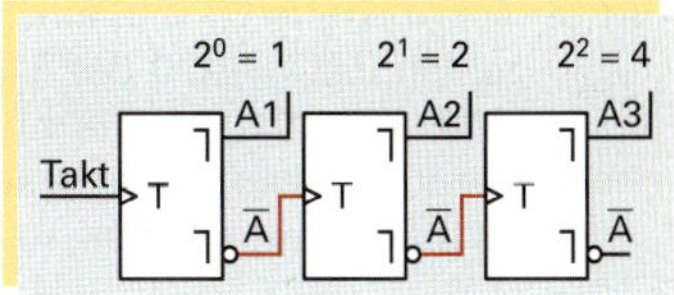

Bild 1: Modulo-8-Rückwärtszähler

10.2.9.2 Synchrone Zähler

Charakteristisch für synchrone Zähler ist die gleichzeitige Ansteuerung aller Flipflops. Der Zählertakt ist daher höher als bei Asynchronzählern bei gleicher Zählkapazität **(Bild 2).**

> Synchronzähler zählen schneller als Asynchronzähler.

Die synchrone Ansteuerung der Flipflops verlangt eine entsprechende Beschaltung der J- und K-Eingänge. Dadurch wird sichergestellt, dass nur die Flipflops ihren Ausgangszustand ändern, damit die Zählfolge exakt ist. Beim synchronen Modulo-8-Rückwärtszähler werden die negierten Ausgänge zur Beschaltung der entsprechenden J- und K-Eingänge benutzt. In der Praxis baut man heute kaum noch synchrone Zähler direkt auf, da eine Vielzahl solcher Zähler als integrierte Bausteine (ICs) zur Verfügung stehen. Solche ICs werden durch Blockschaltbilder dargestellt. Diese bestehen aus einem Steuerblock und einem oder mehreren Ausgangsblöcken. Im Steuerkopf wird die Art der Ansteuerung sowie die Abhängigkeit der Ein- und Ausgänge von Steuereingängen gekennzeichnet. Hierfür werden Kennzahlen und Buchstaben verwendet. Der Ausgangsblock enthält die Flipflops.

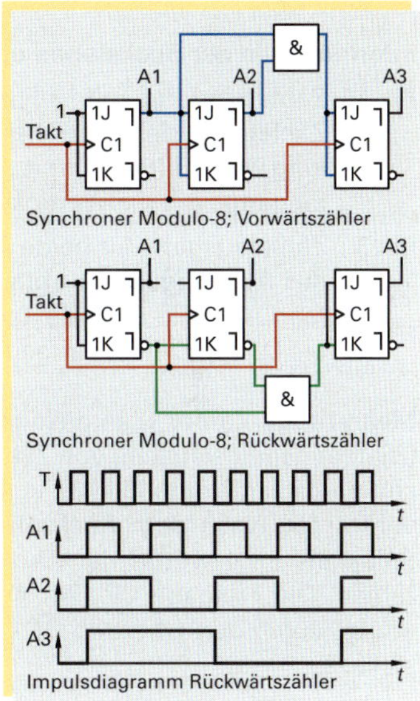

Bild 2: Synchrone Zähler

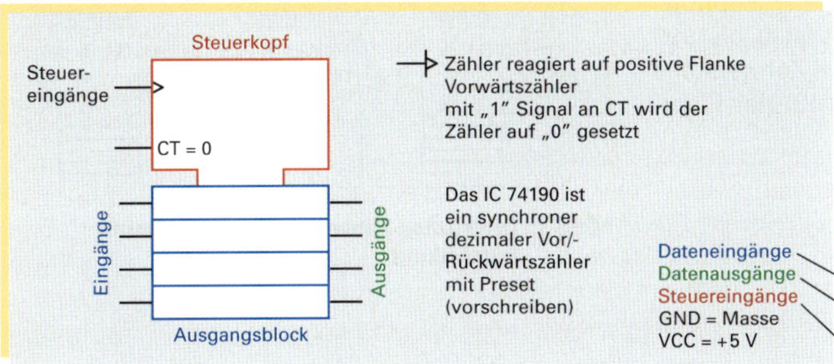

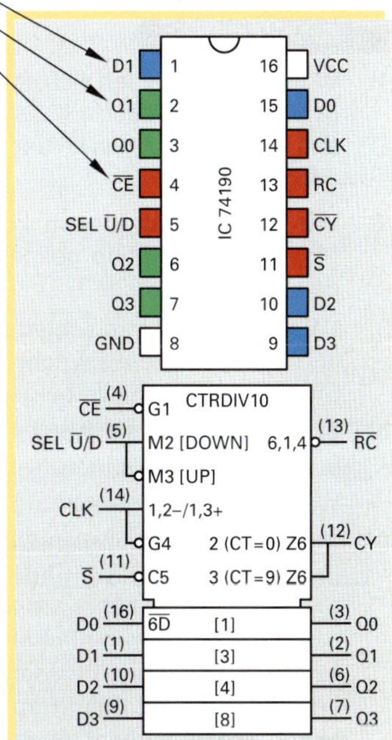

Bild 3: IC-74190-Schaltzeichen

Das IC 74190 **(Bild 3 und Bild 1, Seite 400)** enthält einen programmierbaren synchronen dezimalen Zähler, der im BCD-Code aufwärts (vorwärts) oder abwärts (rückwärts) zählt.

Informationen der Buchstaben und Ziffern im Steuerblock **(Bild 2, Seite 400):**

CTR DIV 10; Zähler/Teiler; zählt zehn Impulse

Pin 4 Der Eingang G1 ($\overline{CE}$; Count Enable, Taktfreigabe); ist mit dem Eingang CLK (Clock, Takt) Pin 14 und mit dem Ausgang Pin 13 ($\overline{RC}$, Ripple Clock, asynchroner Takt) UND verknüpft.

Pin 5 Eingang zur Wahl der Zählrichtung; liegt an $\overline{U}$/D (Down, M2; Up M3) ein „0"-Signal, so ist die Zählrichtung aufwärts, mit „1"-Signal an $\overline{U}$/D ist die Zählrichtung abwärts.

Pin 14 Takteingabe (CLK); Zähler zählt abwärts, wenn $\overline{CE}$ und $\overline{U}$/D mit „0" belegt sind (1,2–); er zählt aufwärts, wenn $\overline{CE}$ mit „0" und $\overline{U}$/D mit „1" belegt ist (1,3+). Außerdem wirkt CLK durch G4 auf den Ausgang $\overline{RC}$ Pin 13.

Pin 11 Über den Eingang $\overline{S}$ (C5) wird die Information an den Dateneingängen D0 bis D3 vom Zähler übernommen, der Zähler wird programmiert. Dies geschieht durch ein kurzzeitiges „0"-Signal am $\overline{S}$-Eingang (Laden asynchron).

Pin 12 Der Ausgang CY gibt ein „1"-Signal aus, wenn beim Abwärtszählen ($\overline{U}$/D = „0") der kleinste (CT = 0) und beim Aufwärtszählen ($\overline{U}$/D = „1") der höchste Zählerwert (CT = 10) erreicht ist. Z6 zeigt an, dass dieser Ausgang intern mit Ausgang Pin 13 ($\overline{RC}$) verbunden ist.

Pin 13 Liegt an $\overline{CE}$ und an CLK „0"-Signal, dann liegt am Ausgang $\overline{RC}$ das inverse Signal vom Ausgang CY (Pin 12) an. Der Ausgang $\overline{RC}$ wird zur Kaskadierung von Zählern verwendet. Er liefert die Zählimpulse für die nächst höhere Zählstufe.

INPUT				OUTP./FUNCT.					
$\overline{CE}$	S	SEL $\overline{U}$/D	CLK	Q3	Q2	Q1	Q0	CY	$\overline{RC}$
L	H	L	↑	L	L	L	L	L	H
X	L	X	X	load				L	H
H	H	X	X	no change				L	H
L	H	L	↑	count up				L	H
L	H	H	↑	count down				L	H
L	H	L	↑	H	L	L	L	L	H
L	H	L	↑	H	L	L	H	⊓	⊔

Bild 1: Steuertabelle IC 74190

Informationen der Buchstaben und Ziffern im Ausgangsblock:

Pin 15 Zählereingang mit D-Funktion für die Voreinstellung des Zählers mit der Wertigkeit $2^0 = 1$. Übernahme der Voreinstellung wenn $\overline{S}$ (Pin 11) mit „0"-Signal belegt ist. Für die übrigen Eingänge gilt die Wertigkeit in der eckigen Klammer.

Pin 3 Zählerausgang für beide Zählrichtungen mit der Wertigkeit 1; der Ausgangsblock enthält Master-Slave-FFs; Kennzeichen hierfür ist die fallende Taktflanke. Die übrigen Ausgänge Q1 bis Q3 besitzen die angegebene Wertigkeit.

Buchstaben(N)	Bedeutung
C	Steuerung
EN	Freigabe
G	UND
M	Modus
N	Negation
R	Rücksetzen
S	Setzen
V	ODER
Z	Verbindung

Bild 2: Kennbuchstaben gesteuerter Ein- und Ausgänge

Mehrstufige Zähler (Zähldekaden) erhält man durch **Kaskadieren** (Hintereinanderschalten) von Zählerbausteinen. Die abgebildete dreistufige Zählerdekade **(Bild 3)** ist als Aufwärtszähler verdrahtet. Nach dem Rücksetzen aller Flipflops (Initialisierung) würde der Zähler von 0 bis 999 zählen. Die Freigabe $\overline{CE}$ (Pin 4) der Zehnerstelle erfolgt durch den Übertrag $\overline{RC}$ (Pin 13) der Einerstelle.

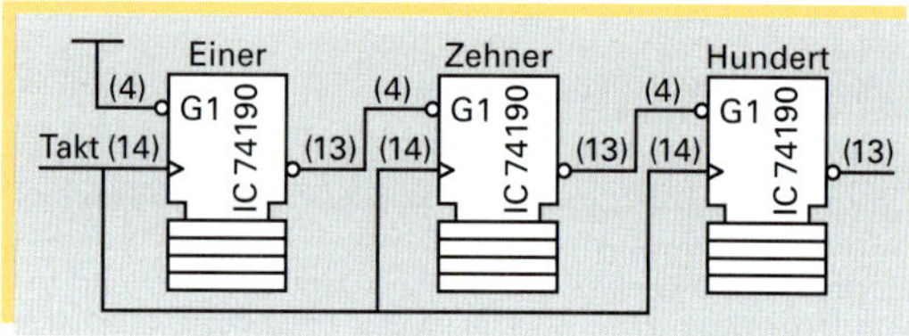

Bild 3: Dreistufige Zählerdekade, vereinfachte Darstellung

Arbeitsauftrag:

1. Worin unterscheiden sich statisch gesteuerte und dynamisch gesteuerte Kippglieder? Warum werden sehr oft dynamische und keine statischen Eingänge benutzt?
2. Wie viele Informationen können in einem JK-Master-Slave-Flipflop gespeichert sein? Begründen Sie Ihre Aussage.
3. Worin liegt der Unterschied zwischen einem synchronen und einem asynchronen Zähler? Nennen Sie Vor- und Nachteile beider Schaltvarianten.
4. Analysieren Sie die Abb. a, indem Sie das Impulsdiagramm zeichnen.
   Wofür kann diese Schaltung eingesetzt werden?
5. Abb. b zeigt die Impulsfolge am Takteingang und am Ausgang A eines JK-Master-Slave-FF. Welche Informationen bzw. Impulsfolgen müssen am 1J- und 1K-Eingang anliegen (siehe nebenstehendes Bild)?

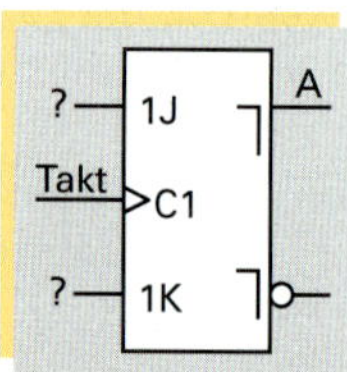

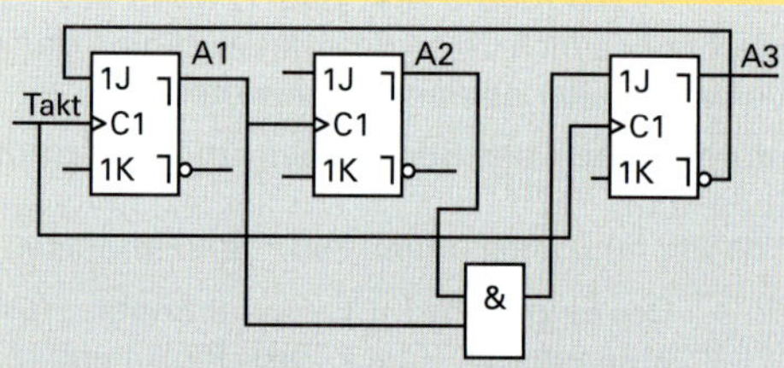

a) nichtbeschaltete Eingänge liegen auf „1"

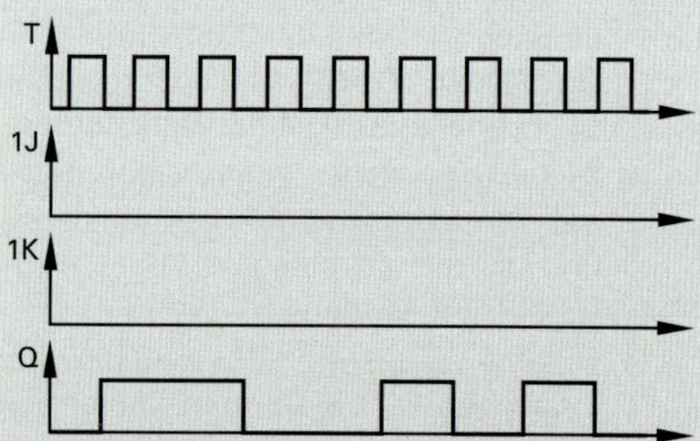

b) Impulsdiagramm

10.2.9.3 Register

Register sind schnelle Mehrbit-Speicher (4 Bit bis 64 Bit) für geringe Datenmengen. Die Speicherung der Informationen erfolgt kurzzeitig in binärer Form. Dabei steht jedem Informationsbit eine Speicherzelle zur Verfügung. Die Festlegung, in welcher Speicherzelle eine Information abgelegt wird, erfolgt durch eine feste zeitliche Reihenfolge von Datenein- und -ausgängen. Register benötigen daher keine Adresse zum Schreiben bzw. Lesen der Informationen.

Tabelle 1: Einteilung der Register nach dem Datenformat

Registerart	Dateneingabe	Datenausgabe
Schieberegister (SR)	seriell	seriell
SR als Seriell-Parallel-Wandler	seriell	parallel
SR als Parallel-Seriell-Wandler	parallel	seriell
Speicherregister	parallel	parallel

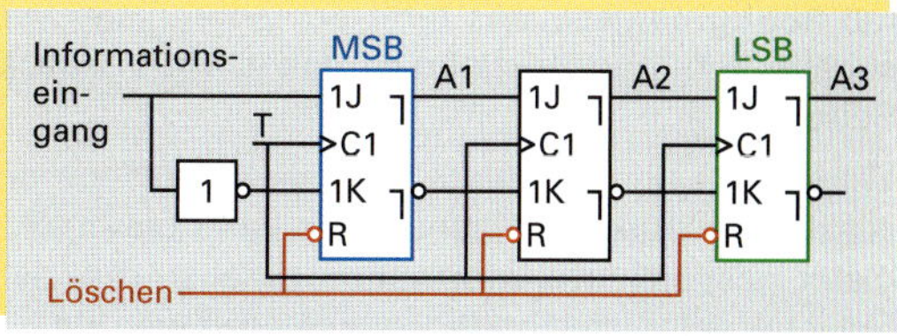

Bild 1: 3-Bit-Schieberegister
MSB: Most significant Bit, höchstwertiges Bit; LSB: Least significant Bit, niedrigstwertiges Bit

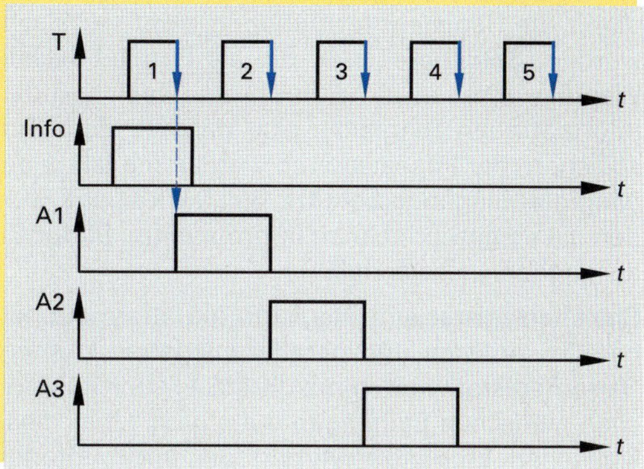

Bild 2: Impulsdiagramm 3-Bit SR

10.2.9.4 Schieberegister (Prinzip)

Lassen sich die gespeicherten Informationen in einem Register durch einen Befehl von einem Speicherplatz auf den benachbarten verschieben, so bezeichnet man dieses als Schieberegister. Schieberegister können diskret mit MM-FFs aufgebaut werden bzw. liegen als ICs vor. Das in **Bild 1** dargestellte Schieberegister hat eine Speicherkapazität von 3 Bit. Aus dem Impulsdiagramm **(Bild 2)** wird deutlich, dass bei jeder fallenden Taktflanke die Information von einer Speicherzelle in die benachbarte verschoben wird. Bei Sperrung des Taktes bleibt die Information des Registers gespeichert. Erst bei erneuter Taktfreigabe werden die Informationen Zelle für Zelle weitergeschoben. Die Information, die am Ausgang des Registers angelangt ist, geht beim nächsten Schiebetakt „verloren", sie fällt aus dem Register heraus.

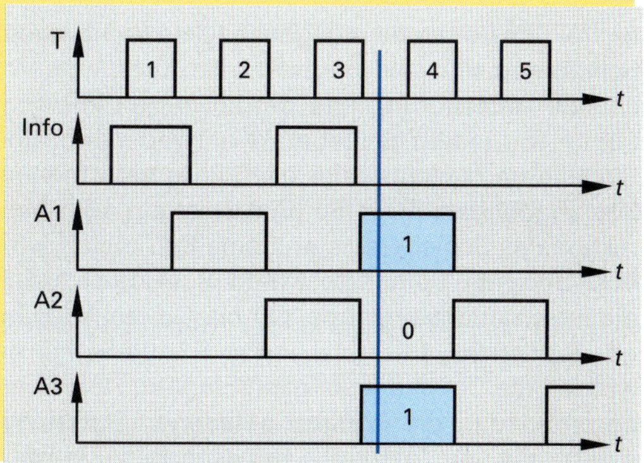

Bild 3: Eingabe der Information 101

Aufgabe: Wie viele Taktsignale sind erforderlich, um die Information 101 **(Bild 3)** in das 3-Bit-Schieberegister einzuspeichern?

Lösung: 3 Taktsignale sind erforderlich:
1. Takt: LSB = 1 → 1 an A1
2. Takt: LSB = 1 → 1 an A2 und 0 → A1
3. Takt: LSB = 1 → 1 an A3 und 0 → A2 und MSB = 1 → A1

Wird bei einem Schieberegister das zuerst eingeschriebene Bit auch wieder zuerst ausgegeben, dann spricht man von einem FIFO-Register (First in first out). Zum taktunabhängigen Löschen des Registers wird der Lösch-Eingang kurzzeitig an Masse gelegt.

SRG = Schieberegister
8 = Bit-Angabe
Die Dateneingabe erfolgt über A, B. Die Daten werden mit der positiven Taktflanke an CLK eingelesen und intern weitergeschoben. Nach dem 8-ten Takt erscheint die 1-te eingelesene Information am Ausgang Q.

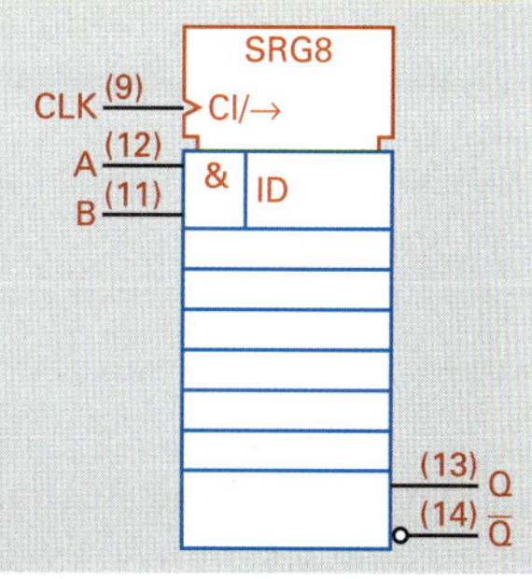

Bild 4: 8-Bit-Schieberegister mit serieller Ein- und Ausgabe, IC 7491

Ein häufig eingesetztes 8-Bit-Schieberegister mit serieller Ein- und Ausgabe ist das IC 7491 **(Bild 4, Seite 401)**.

Werden A1 und A2 des 3-Bit-Schieberegisters als zusätzliche Ausgänge benutzt, so kann die im Register gespeicherte Information parallel, d.h. alle Speicherzellen gleichzeitig, ausgelesen werden.

Ein **Schieberegister,** bei dem die Informationen seriell eingelesen und parallel ausgegeben werden, wird als **Seriell-Parallel-Wandler (Bild 1)** bezeichnet. Bei der Parallelausgabe wird der Takt gesperrt, damit die Registerinformationen nicht verfälscht werden. **Schieberegister,** die als **Parallel-Seriell-Wandler** arbeiten, erhalten ihre zu speichernden Informationen zeitgleich, also parallel. Zum Einspeichern der Informationen werden die taktunabhängigen Eingänge benutzt. Bei Taktfreigabe werden die eingeschriebenen Informationen Bit für Bit ausgegeben, also seriell.

Speicherregister sind Register, die Informationen parallel einlesen und parallel ausgeben können. Diese Register werden mit JK-MS-FFs mit zusätzlichen statischen Eingängen aufgebaut. Über diese statischen Eingänge werden die Informationen direkt in die FFs eingeschrieben **(Bild 2)**. Weiterhin ist bei solchen Speicherregistern auch eine serielle Datenein- und -ausgabe möglich.

Bidirektionale (zwei entgegengesetzte Richtungen) Schieberegister sind Register, die durch entsprechende Ansteuerung ihre gespeicherten Informationen mit jedem Schiebetakt entweder um eine Bitstelle nach rechts oder nach links verschieben. Das abgebildete IC 74194 **(Bild 3)** ist ein 4-Bit bidirektionales Schieberegister. Seine Betriebsart wird über S0 und S1 eingestellt **(Bild 4)**. D0 bis D3 sind die Informationseingänge, Q0 bis Q3 die Ausgänge. Liegt an S0 „1"-Signal und an S1 „0"-Signal, so werden die Daten am seriellen Eingang DSR übernommen und die übrigen geladenen Daten mit jeder positiven Taktflanke um eine Bitstelle nach rechts verschoben. Der momentane Registerinhalt ist an den Ausgängen verfügbar. Mit S0 = „0" und S1 = „1" werden die Daten nach links verschoben. Serieller Eingang ist hierfür DSL. Sind S0 und S1 = „0", dann führt das Schieberegister keine Funktion aus. Der Löscheingang $\overline{\text{CLR}}$ muss bei allen Betriebsarten auf „1"-Signal liegen. Ein „0"-Signal an $\overline{\text{CLR}}$ löscht alle internen FFs und bringt damit alle Ausgänge auf logisch „0".

Anwendung von Registern

In der Mikrocontroller-Technik werden Register z.B. als Datenpuffer oder Bustreiber verwendet. In der SPS-Technik kommen sie als FIFO, LIFO (Last in first out) oder zur Speicherung von Daten für Datenbausteine zur Anwendung.

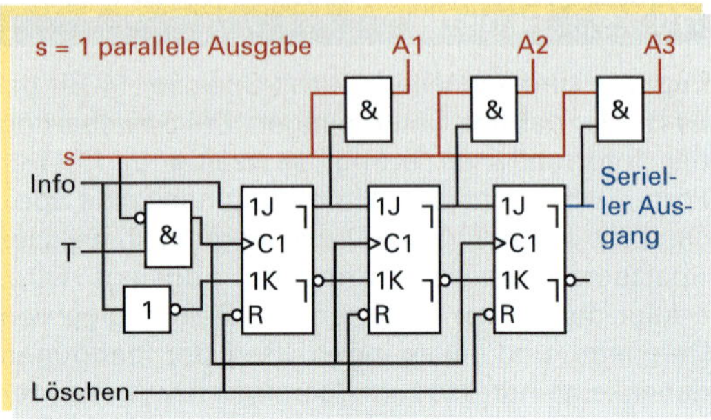

Bild 1: 3-Bit-Serien-Parallel-Wandler

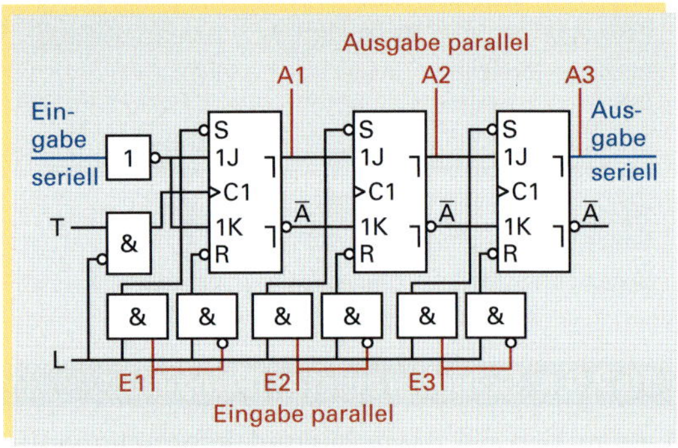

Bild 2: 3-Bit-Speicher-Register

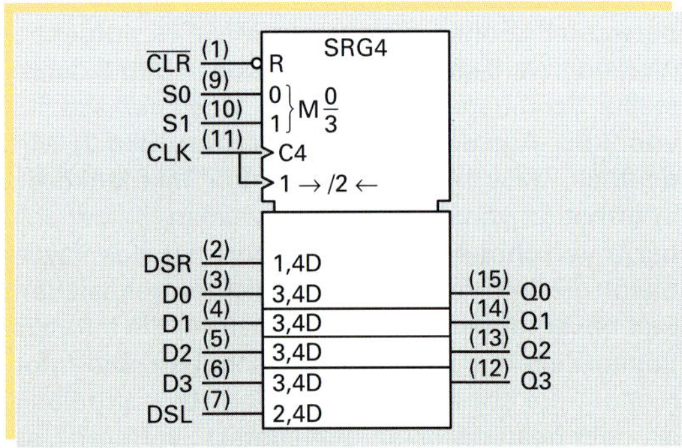

Bild 3: IC 74194 bidirektionales Schieberegister mit paralleler Datenein- und -ausgabe

CLK	MODE S0	MODE S1	$\overline{\text{CLR}}$	FUNCTION
X	L	L	H	no change
ʃ	H	L	H	shift right (DSR to Q0)
ʃ	L	H	H	shift left (DSL to Q3)
ʃ	H	H	H	parallel load
X	X	X	L	clear

Bild 4: Übersicht der Funktionen des IC 74194

10.2.10 Spezielle Digitalbausteine

Monostabile Kippglieder besitzen einen stabilen Zustand, die Ruhelage mit „0"-Signal am Ausgang A **(Bild 1)**. Wird das Monoflop angesteuert, kippt es in seine Arbeitslage, A = „1". Nach Wegnahme der Ansteuerung kippt das Monoflop nach einer Verzögerungszeit t_v in die Ruhelage zurück. Die Verzögerungszeit ist in Grenzen einstellbar. Als **retriggerbar** (triggern = starten, auslösen) bezeichnet man eine monostabile Kippstufe, wenn die Verzögerungszeit durch einen weiteren Triggerimpuls wieder von neuem gestartet wird. Das IC 74122 enthält ein retriggerbares Monoflop mit Löscheingang.

Die **A-stabile Kippstufe** hat keinen stabilen Zugang. Sobald die Versorgungsspannung an ein solches Glied gelegt wird, findet ein ständiger Wechsel von „0"- und „1"-Signal an seinem Ausgang statt **(Bild 2)**. A-stabile Kippstufen sind Frequenzgeneratoren.

Der **Schmitt-Trigger** ist ein Schwellwertschalter **(Bild 3)**. Überschreitet das Eingangssignal einen bestimmten Spannungspegel, schaltet der Schmitt-Trigger in seine Arbeitslage („1" an A), unterschreitet er einen bestimmten Pegel, so kippt der Schmitt-Trigger in seine Ruhelage. Das Umschalten erfolgt sprunghaft. Seine Ausgangsspannung ist somit rechteckförmig. Typisch beim Schmitt-Trigger ist, dass Ein- und Ausschaltpegel unterschiedlich sind. Dies wird als Hysterese (Schaltdifferenz zwischen EIN- und AUSpegel) bezeichnet.

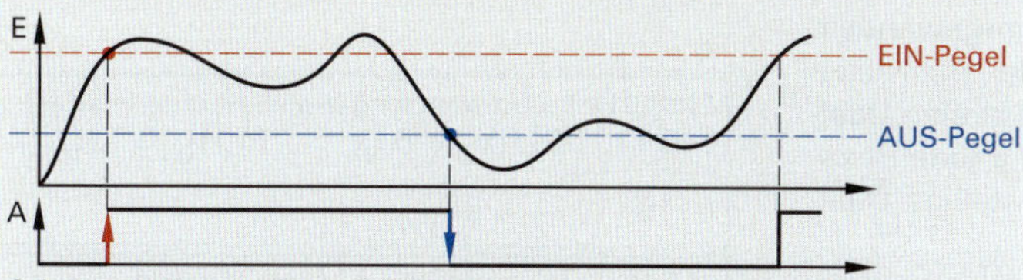

Schaltverhalten des Schmitt-Triggers

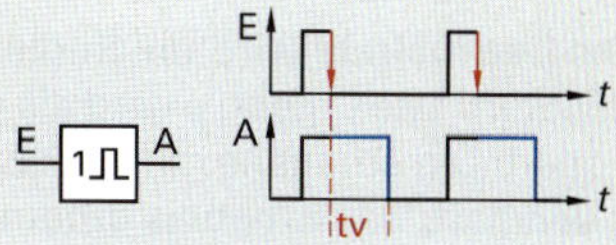

Monostabile Kippstufe: Schaltzeichen, Impulsdiagramm

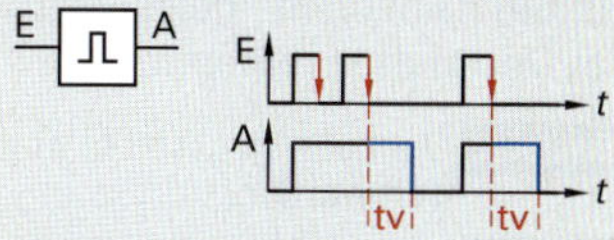

Monostabile Kippstufe: retriggerbar Schaltzeichen, Impulsdiagramm

Bild 1: **Monostabile Kippstufe**

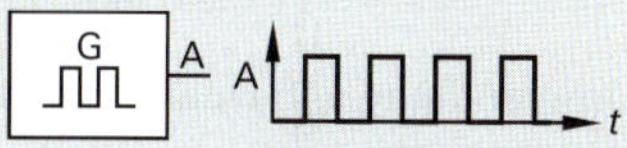

Bild 2: A-stabile Kippstufe: Schaltzeichen

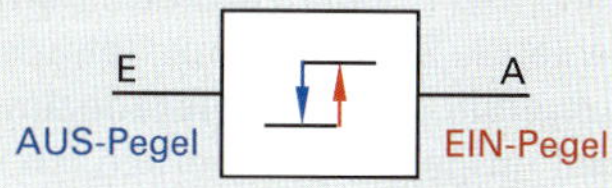

Bild 3: Schmitt-Trigger: Schaltzeichen

10.2.11 Zahlensysteme

In der Digitaltechnik häufig verwendete Zahlensysteme sind: das **Dezimalsystem**, das **Dualsystem** und das **Hexadezimalsystem**.

Ein Zahlensystem ist eine geordnete Menge von Ziffern zur Darstellung von Zahlen. Oben erwähnte Systeme sind Stellenwertsysteme, d. h. der Wert einer Ziffer hängt von der Basis des Zahlensystems und ihrer Position bzw. Stellung innerhalb der Zahl ab **(Tabelle 1)**. Die Basis eines Zahlensystems ist gleich der Anzahl der verwendeten Ziffern. Der Wert einer Stelle ergibt sich durch Multiplikation der Ziffer mit dem Potenzwert der Stelle. Der Potenzwert einer Stelle ist abhängig von der Basis und ihrer Stellennummer n, links oder rechts vom Komma einer Zahl. Der Zahlenwert ist die Summe aller Stellenwerte. Da in den oben genannten Systemen gleiche Ziffern verwendet werden, ist es notwendig, das momentan betrachtete System mit einem Index zu kennzeichnen, um Verwechslungen zu vermeiden ($1110_{(10)}$ ist eine Dezimalzahl; $1110_{(2)}$ ist ein Dualzahl). Das **Dezimalsystem** verwendet die Ziffern 0 bis 9 und hat somit die Basis 10. Im **Dualsystem** werden nur die Ziffern 0 und 1 verwendet, was zur Basis 2 führt. Computer verarbeiten Dualzahlen mit 16, 32 und mehr Stellen. Da solche Ziffernfolgen unübersichtlich sind, wird das Dualsystem durch das **Hexadezimalsystem** ersetzt, da dieses höhere Stellenwerte aufweist. Das Hexadezimalsystem verfügt über 16 Ziffern; dies sind die Dezimalziffern 0 bis 9 und die Buchstaben A bis F **(s. auch Bild 1, S. 404)**.

Tabelle 1: Zahlencodes

	Dezimalsystem	Dualsystem	Hexadezimalsystem
Ziffern	0 bis 9	0 und 1	0 bis 9, A bis F
Basis	10	2	16

Zahlensysteme: Ziffern, Basis

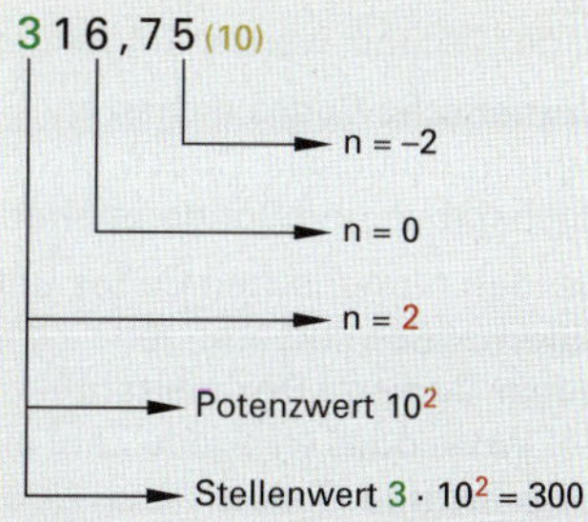

0 bis 9; A = 10; B = 11; C = 12; D = 13; E = 14; F = 15
Hexadezimalziffern

Umwandlung von Dezimalzahlen in Dualzahlen

Die Dezimalzahl wird durch die Basis der Dualzahl dividiert. Das Ergebnis wird als ganze Zahl mit Rest notiert. Die erhaltene ganze Zahl wird wieder durch 2 dividiert, das Ergebnis erneut als ganze Zahl mit Rest aufgeschrieben. Die Division geschieht so lange, bis die ganze Zahl 0 wird. Die Restzahlen von „unten nach oben" gelesen ergibt die Dualzahl, die der Dezimalzahl entspricht.

Beispiel: Die Zahl $71_{(10)}$ soll in eine Dualzahl umgewandelt werden.

Lösung:
71 : 2 = 35 Rest 1 — LSB (Least Significant Bit) (niederwertigstes Bit)
35 : 2 = 17 Rest 1
17 : 2 = 8 Rest 1
8 : 2 = 4 Rest 0
4 : 2 = 2 Rest 0
2 : 2 = 1 Rest 0
1 : 2 = 0 Rest 1 — MSB Most Significant Bit)

$71_{(10)} = 1000111_{(2)}$

Umwandlung von Dualzahlen in Hexadezimalzahlen

Die Dualzahl wird von rechts beginnend, also beim niederwertigsten Bit, in Vierergruppen aufgeteilt. Anschließend wird jede Vierergruppe, auch Tetrade genannt, in eine Hexadezimalziffer umgewandelt. Fehlende Ziffern in einer Tetrade werden mit Nullen aufgefüllt. Soll eine **Hexadezimalzahl** in eine **Dualzahl** umgewandelt werden, so wird für jede Hexadezimalziffer die entsprechende vierstellige Dualzahl angegeben **(Bild 2)**.

Hexadezimal-system			Dezimal-system			Dualsystem				
16^2 256	16^1 16	16^0 1	10^2 100	10^1 10	10^0 1	2^4 16	2^3 8	2^2 4	2^1 2	2^0 1
		0			0	0	0	0	0	0
		1			1	0	0	0	0	1
		2			2	0	0	0	1	0
		3			3	0	0	0	1	1
		4			4	0	0	1	0	0
		5			5	0	0	1	0	1
		6			6	0	0	1	1	0
		7			7	0	0	1	1	1
		8			8	0	1	0	0	0
		9			9	0	1	0	0	1
		A		1	0	0	1	0	1	0
		B		1	1	0	1	0	1	1
		C		1	2	0	1	1	0	0
		D		1	3	0	1	1	0	1
		E		1	4	0	1	1	1	0
		F		1	5	0	1	1	1	1
	1	0		1	6	1	0	0	0	0

Bild 1: Gegenüberstellung der Zahlensysteme

$1101101_{(2)}$ Umwandlung in eine Hexadezimalzahl

$110\,1101\,0110_{(2)} = 6_{(10)}$ $1101_{(2)} = D_{(16)}$

$0110\,1101_{(2)} = 6D_{(16)}$

7EA(16) Umwandlung in eine Dualzahl

$7_{(16)} = 0111_{(2)}$ $E_{(16)} = 1110_{(2)}$ $A_{(16)} = 1010_{(2)}$

$7EA_{(16)} = 11111101010_{(2)}$

Bild 2: Umwandlung von Zahlensystemen

10.2.12 Codes

Ob Informationen per Internet, durch Printmedien oder Funk übertragen werden, für alle Kommunikationsformen müssen Zeichensätze verwendet werden. Solche Zeichensätze können Ziffern eines Zahlensystems oder Buchstaben eines Alphabetes sein. Soll die gleiche Information per Internet und Zeitung verbreitet werden, so ist diese durch zwei verschiedene Zeichensätze darzustellen.

> Ein Code ist eine Vorschrift für eine eindeutige Zuordnung zwischen zwei Mengen von Zeichen.

In der Technik werden folgende Codes unterschieden **(Bild 3)**:

Numerische Codes dienen zur Darstellung von Ziffern und Zahlen.
Alphanumerische Codes ermöglichen die Codierung von Ziffern, Buchstaben und Sonderzeichen wie z. B. %, & u. a.

Bei den numerischen Codes unterscheidet man unter anderem:
Zifferncodes codieren jede Ziffer einer Zahl wie z. B. der BCD-Code (**B**inär **C**odierte **D**ezimalzahl).
Bei **Wortcodes** wird jede Zahl als ganzes codiert, wie beim Dualcode.
Einschrittige Codes; diese Codes zeichnen sich dadurch aus, dass benachbarte Codezeichen sich nur in einer Bitstelle unterscheiden. Dadurch kann beim Übergang von einem Codezeichen zum benachbarten ein falsches Codezeichen erkannt werden. Der Gray-Code ist ein solcher Code. Er wird in der Sensorik, bei Drehgebern, eingesetzt.

Dezimal-ziffern	Dual-code	BCD-code	Gray-code
0	0000	0000	0000
1	0001	0001	0001
2	0010	0010	0011
3	0011	0011	0010
4	0100	0100	0110
5	0101	0101	0111
6	0110	0110	0101
7	0111	0111	0100
8	1000	1000	1100
9	1001	1001	1101
10	1010	Pseudo-tetraden	1111
11	1011		1110
12	1100		1010
13	1101		1011
14	1110		1001
15	1111		1000

(pseudo = vorgetäuscht)

Bild 3: Zahlencode

Der **ASCII-Code** (American Standard Code for Information Interchance) ist ein **alphanumerischer Code,** der in der Computer-Technik eingesetzt wird.

10.2.13 Codewandler

Codewandler wandeln eine z. B. im Dezimalcode dargestellte Information in einen anderen Code, etwa den BCD-Code (**B**inär **C**odierte **D**ezimalzahl) um. Codewandler sind für die gebräuchlichsten Umsetzungen **(Bild 1)** in der Technik als IC im Handel erhältlich. **Bild 2** zeigt das IC-74147. Dieses IC kann u. a. als Dezimal-BCD-Wandler genutzt werden. D1 bis D9 sind die Eingänge, A0 bis A3 die Ausgänge. Das IC-7442 wandelt einen Standard-BCD-Code mit 4 Bit in eine Dezimalziffer von 0 bis 9 um. Dezimalziffern werden in der Technik durch 7-Segment-Anzeigen (Segmente a bis g) dargestellt. Für deren Ansteuerung werden BCD-7-Segment-Decoder/Anzeigetreiber benötigt. Das IC-7448 ist ein solcher Baustein.

Dezimal → BCD-Wandler
BCD → Dezimal-Wandler
BCD → 7 Segment-Wandler

Bild 1: Wandlerarten

PIN	F1		F1	
	N	LS	N	LS
1	3	3	5	3
4-16	1	1	4	5

INPUTS						IN/OUT	OUTPUT
D3	D2	D1	D0	$\overline{LT}$	$\overline{RBI}$	$\overline{BI}/\overline{RBO}$	Q*)
X	X	X	X	L	X	H	?
X	X	X	X	X	X	L	-
L	L	L	L	H	L	L	-
L	L	L	L	H	H	H	0
L	L	L	H	H	X	H	1
L	L	H	L	H	X	H	2
.	.	.	.	.	.	.	.
H	H	H	H	H	X	H	16

*)decoded figure, regment outputs H

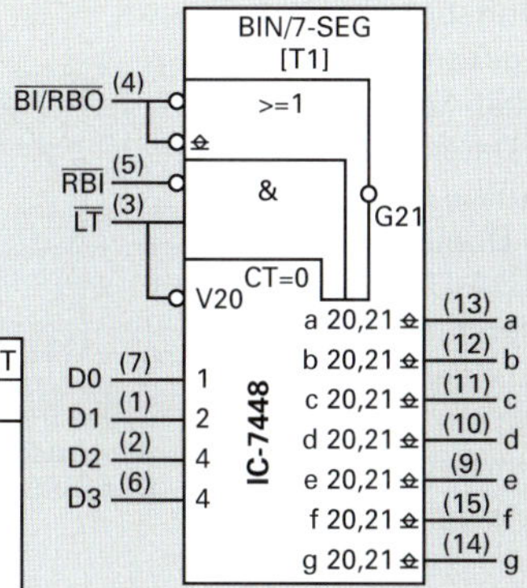

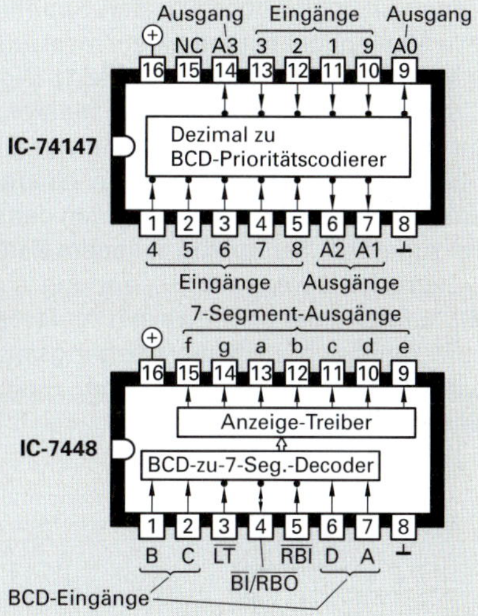

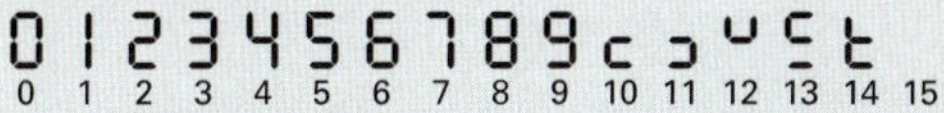

Bild 2: Verschiedene ICs

10.2.14 Signalumsetzer

Viele physikalische Größen wie Temperatur, Druck oder Zeit treten meist in analoger Form auf. Größe und Form dieser Signale müssen an die digitalen Pegel der Prozessortechnik, Rechnersysteme, SPS angepasst werden, damit sie verarbeitbar sind. Andererseits liegen sehr viele Informationen in digitaler Form vor, sie sind in dieser Form einfacher speicherbar als analoge Signale. Damit wir digitale Signale interpretieren können, müssen sie wieder in analoge Signale wie Spannung oder Strom zurückgewandelt werden. **Analog-Digital-Umsetzer** kommen bei der Signalerfassung zum Einsatz. Sie wandeln analoge Signale in digitale Signale um. **Digital-Analog-Umsetzer** setzen digitale Signale in analoge um. Sie werden häufig in der Signalausgabe verwendet. Ein analoges Signal, ein Spannungssignal, setzt sich aus sehr vielen Einzelwerten zusammen. Um dieses Signal zu digitalisieren, müsste jedem Spannungswert ein eigenes Codewort zugewiesen werden. Der technische Aufwand für eine solche Analog-Digital-Umsetzung wäre viel zu kostspielig. Daher wird der gesamte Spannungsbereich, in dem das Signal verläuft, in einzelne Schritte unterteilt, man sagt quantisiert.

Quantisierung	8 bit	10 bit	12 bit	14 bit	16 bit
Quantisierungsschritte	256	1024	4096	16384	65536
LSB für den Spannungsbereich von 0 bis 10 V	31,9 mV	9,76 mV	2,44 mV	610 µV	153 µV

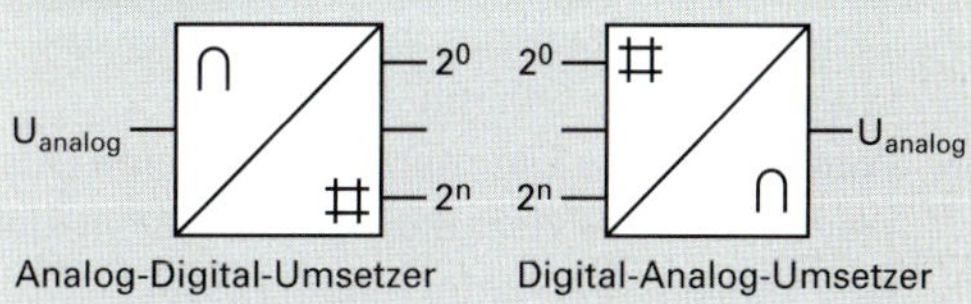

Bild 3: Signalumsetzer

Analoge Signale werden in ihrer Amplitude quantisiert. Der kleinste unterscheidbare Amplitudenwert ist das LSB (Least Significant Bit). Aus der **Tabelle von Bild 3, Seite 405** wird deutlich, je mehr Bits zur Quantisierung eines Spannungsbereiches zur Verfügung stehen, um so kleiner wird das LSB.

Beispiel: Ein Spannungsbereich von 0 V bis 10 V soll mit einem 3-Bit AD-Umsetzer digitalisiert werden.

Lösung: Mit 3 Bit lassen sich 8 verschiedene Bit-Kombinationen angeben. Das LSB-Bit entspricht einem Spannungswert von

$$\frac{10\ \text{V}}{2^3} = \frac{100\ \text{V}}{8} = 1{,}25\ \text{V}$$

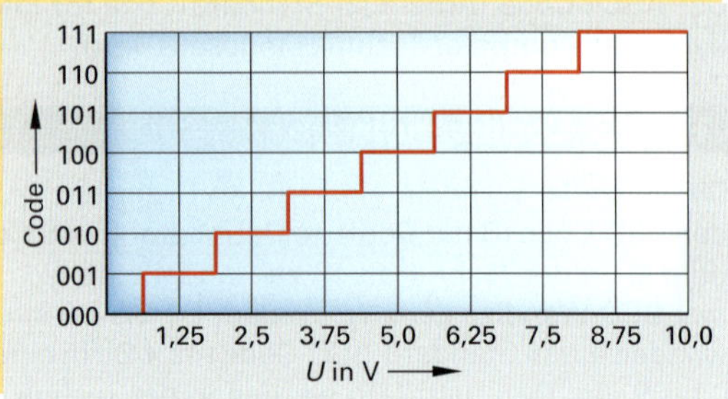

Bild 1: 3-Bit-AD-Umsetzung

Jedem Vielfachen von 1,25 V wird ein 3-stelliges Codewort zugeordnet. Für den Spannungsbereich von 10 V entsteht somit eine Umsetzungskennlinie in Form einer Treppenkurve **(Bild 1)**. Digital-Analog-Umsetzer (DAU) wandeln ein binäres Datenwort, meist eine Dualzahl, in eine analoge Größe, Spannung oder Strom um. Die von einem Dualzähler ausgegebenen Dualzahlen werden dem DA-Umsetzer zugeführt, der analog zu jedem Zählerstand die entsprechende Ausgangsspannung U_a bildet **(Bild 2)**. Aufgrund der schrittweisen Änderung der Dualzahl kann sich auch die Ausgangsspannung nur schrittweise um jeweils eine Spannungsstufe ändern **(Bild 3)**.

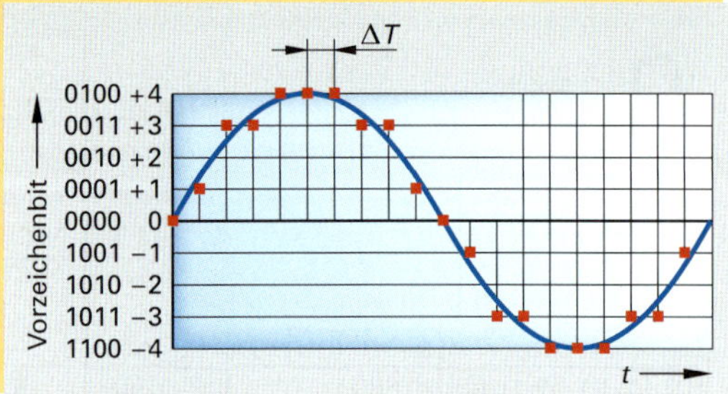

Bild 2: AD-Umsetzung einer Wechselspannung. Das MSB ist das Vorzeichenbit.

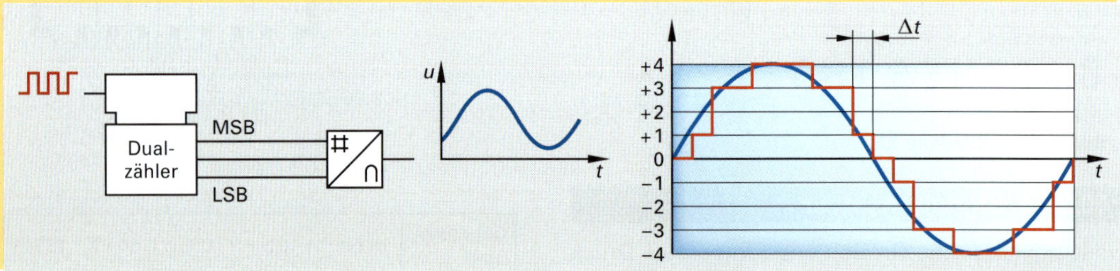

Bild 3: DA-Umsetzung eines Datenwortes in eine sinusförmige Wechselspannung

Arbeitsauftrag:

1. Welche Arten von Schieberegistern gibt es?
2. Beschreiben Sie die Arbeitsweise eines SR-Schieberegisters mit seriellem Ein- und Ausgang.
3. In der SPS-Technik werden FIFO-Speicher verwendet. Wie arbeiten diese Speicher?
4. Worin unterscheiden sich monostabile und A-stabile Kippstufen?
5. Wie arbeitet ein Schmitt-Trigger?
6. Wandeln Sie die Dezimalziffer 43 in eine Dualzahl um.
7. Wandeln Sie die Hexadezimalzahl A3F in eine Dualzahl um.
8. Was versteht man unter einem Code?
9. Beschreiben Sie den Unterschied zwischen einem alphanumerischen und einem numerischen Code.
10. Wofür wird ein BCD-Sieben-Segment-Wandler eingesetzt?
11. Welche Signalumsetzer gibt es? Geben Sie jeweils ein Beispiel an.
12. Ein Spannungsbereich von 20 V soll mit 4 Bit digitalisiert werden. Entwickeln Sie das entsprechende Diagramm.

10.3 Zeichnerische Darstellung von Steuerungen

Zur vereinfachten und übersichtlichen Darstellung von Steuerungen werden Schaltpläne angefertigt, die aus Symbolen der Bauteile (Ventile, Zylinder etc.) bestehen. Mit Hilfe solcher Schaltpläne werden Anlagen in der jeweiligen Gerätetechnik (z.B. Pneumatik, Hydraulik) projektiert bzw. dokumentiert. Anwendungsprogramme unterstützen den Entwickler während der Projektierung, in dem die Funktion der Steuerung am Rechner simuliert werden kann. Dadurch können Planungsfehler schon vor dem Aufbau der Anlage beseitigt werden. Daneben erstellen solche Programme von fertig konzipierten Schaltungen komplette Stücklisten. Zusätzlich unterstützen Funktionspläne, Lagepläne und Funktionsdiagramme solche Schaltpläne.

10.3.1 Bild- und Schaltzeichen der Bauteile von pneumatischen und hydraulischen Steuerungen

Bei Wegeventilen, die Start, Stop und Durchflussrichtung der Luft bzw. des Öls bestimmen, werden die unterschiedlichen Schaltmöglichkeiten durch verschiedene Quadrate dargestellt. Ein Ventil mit zwei Schaltstellungen hat somit zwei und ein Ventil mit drei Schaltstellungen drei Quadrate **(Tabelle 1)**. An die Schaltstellung des Ventils in Ausgangsstellung werden die Anschlussleitungen gezeichnet. Ein Wegeventil wird nach der Anzahl der äußeren gesteuerten Anschlüsse und nach der Anzahl der Schaltstellungen benannt **(Bild 1)**. Ein Beispiel zeigt **Bild 2**.

Die Anschlüsse an den Ventilen werden mit Zahlen nach DIN ISO 5599 gekennzeichnet (Druckzufuhr 1, Arbeitsleitungen z.B. 2 und 4, Entlüftungen z.B. 3 und 5, Steuerleitungen z.B. 12 und 14).

Vielerorts sind noch Ventile im Einsatz, die nach einer älteren Norm mit Buchstaben gekennzeichnet sind. In **Tabelle 1** auf der nächsten Seite sind beide Schemata aufgeführt.

Tabelle 1: Darstellung von Ventilen

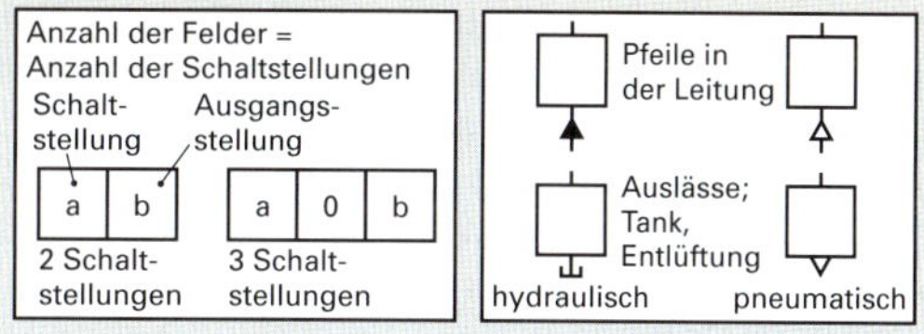

Symbol	Benennung	Ausgangsstellung
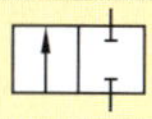	2/2-Wegeventil	geschlossen
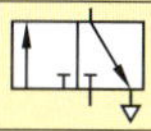	3/2-Wegeventil	geschlossen
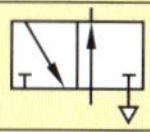	3/2-Wegeventil	geöffnet
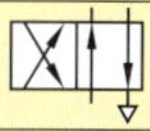	4/2-Wegeventil	1 Leitung belüftet 1 Leitung entlüftet
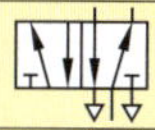	5/2-Wegeventil	1 Leitung belüftet 1 Leitung entlüftet
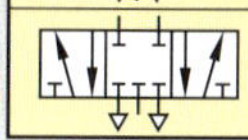	5/3-Wegeventil	Mittelstellung geschlossen

Bild 1: Verschiedene Wegeventile

5/2-Wegeventil (beidseitig druckbetätigt sog. Impulsventil)

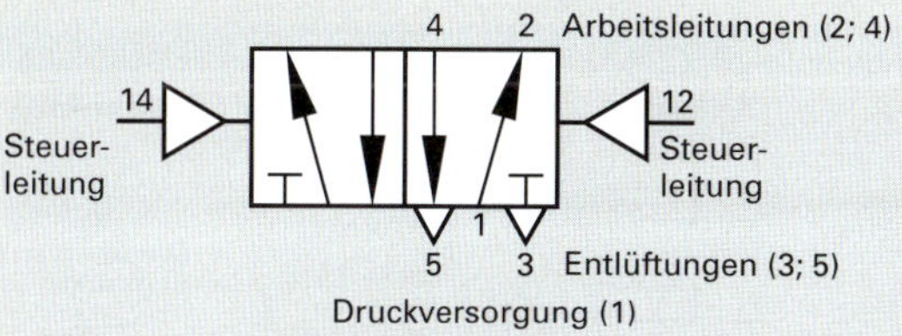

5/2-Wegeventil
→ 5 Anschlüsse
a) 2 Arbeitsleitungen (2; 4),
b) Versorgung (1)
c) 2 Entlüftungen (3; 5)
→ 2 Schaltstellungen
→ 2 Häuschen → 2 Betätigungen

Merke: Die Steuerleitungen 12 und 14 zählen nicht zu den Anschlüssen!

Wirkungsweise

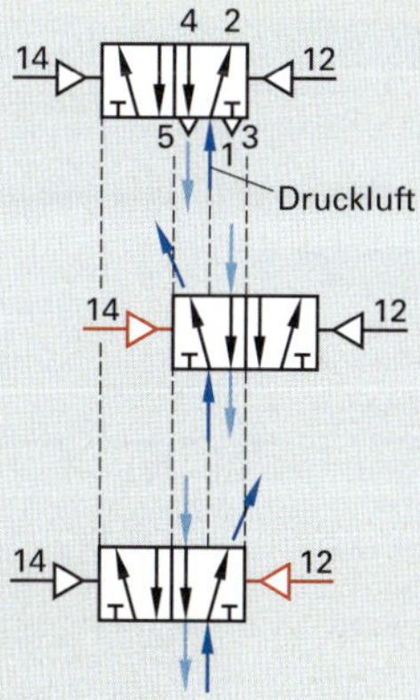

a) nicht betätigt
Druckluft strömt von 1 nach 2

b) betätigt (1. Mal)
Kurzer Druckimpuls in Steuerleitung 14
→ Umsteuern des Ventils
→ Durchfluss von 1 → 4 u. Entlüftung von 2 → 3

c) betätigt (2. Mal)
Kurzer Druckimpuls in Steuerleitung 12
→ Umsteuern des Ventils
→ Durchfluss von 1 → 2 u. Entlüftung von 4 → 5

Bild 2: Bezeichnung und Wirkungsweise des 5/2-Wegeventils

Neben den Schaltstellungen und den Bezeichnungen der Anschlüsse müssen bei einem Ventil auch die Betätigungsarten **(Tabelle 2)** angegeben werden. Exakterweise braucht man für jede mögliche Schaltstellung eine Betätigungsart. In der Praxis sind allerdings Kurzfassungen möglich. So meint die Bezeichnung *elektromagnetisches 5/2-Impulsventil,* dass das Ventil beidseitig elektromagnetisch umgesteuert wird.

Die Schaltstellung, die ein Ventil nach dem Einschalten des Netzdruckes einnimmt, nennt man **Ausgangsstellung.** Sie ist dem Schaltplan zu entnehmen. Ventile mit Federrückstellung oder definierter Mittelstellung haben eine **Ruhe-** bzw. **Nullstellung.** In den Schaltplänen werden die Leitungen an das Feld der Ausgangs- bzw. Nullstellung angeschlossen. Da es Ventile ohne definierte Nullstellung gibt (z.B. 5/2 Impulsventil), müssen sie vor dem Einbau in eine definierte Schaltstellung gebracht werden. Bei Ventilen, die in der Ausgangsstellung betätigt sind, werden die Leitungen an die Schaltstellung herangezogen und ein Betätigungssymbol an die betätigte Seite gezeichnet. Die vereinfachte Darstellung weiterer Elemente einer Steuerung zeigt **Tabelle 3.**

Tabelle 1: Kennzeichnung von Wegeventilen

Anschluss	Alte Norm	Kennzeichnung nach DIN ISO 5599	
		3/2-Wegeventil handbetätigt federrückgestellt 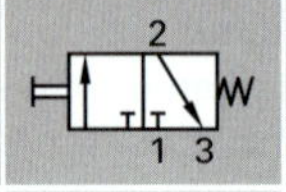	5/2-Wegeventil beidseitig pneumatisch betätigt 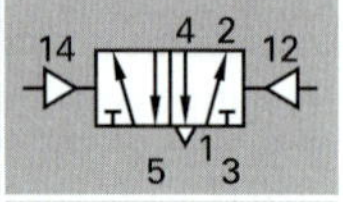
Druckversorgung	P	1	1
Arbeitsleitung	A	2	2
Arbeitsleitung	B	–	4
Entlüftung	R	3	3
Entlüftung	S	–	5
Steueranschluss	Z	–	12
Steueranschluss	Y	–	14

Tabelle 2: Betätigungsarten (Auszug)

Muskelkraftbetätigungen
- allgemein
- durch Knopf
- durch Hebel
- durch Pedal

Mechanische Betätigungen
- durch Stößel oder Taster
- durch Feder
- durch Tastrolle
- durch Tastrolle mit Leerrücklauf

Raste (wird hinzugefügt zur Aufrechterhaltung einer bestimmten Schaltstellung)

Elektrische Betätigungen
- durch Elektromagnet mit 1 Wicklung
- durch Elektromagnet mit 2 Wicklungen, die gegeneinander wirken
- durch Elektromotor

Pneumatische Betätigungen

direkt wirkende
- durch Druckbeaufschlagung
- durch Druckentlastung

indirekt wirkende, vorgesteuert
- durch Druckbeaufschlagung des Hauptsteuerventils über das Vorsteuerventil
- durch Druckentlastung des Hauptsteuerventils über das Vorsteuerventil

Kombinierte Betätigungen
- durch Elektromagnet und Vorsteuerventil
- durch Elektromagnet oder Vorsteuerventil

Tabelle 3: Schaltzeichen der Pneumatik und Hydraulik

Funktionssinnbilder
- Hydrostrom
- Druckluftstrom
- Drehrichtung
- Verstellbarkeit

Energieübertragung
- Druckquelle
- Arbeitsleitung
- Steuerleitung
- Leitungsverbindg.
- Leitungskreuzung
- Entlüftung ohne Anschluss
- Entlüftung mit Anschluss
- Geräuschdämpfer
- Filter o. Sieb
- Wasserabscheider
- Aufbereitungseinheit

Energieumformung

Pumpen, Kompress.
- Konstant-Hydropumpe, eine Drehrichtg.
- Verstell-Hydropumpe, zwei Drehrichtg.

Motoren
- Konstantmotor, eine Drehrichtg.
- Verstellmotor, zwei Drehrichtg.
- Drehantrieb
- Elektromotor

Zylinder
- Rückhub durch Feder
- mit einseitiger Kolbenstange

Ventile

Sperrventile
- Rückschlagventil, unbelastet
- Rückschlagventil, federbelastet
- Wechselventil (ODER-Funktion)
- Drosselrückschlagventil
- Zweidruckventil (UND-Funktion)

Druckventile
- Druckbegrenzungsventil
- Folgeventil

Stromventile
- 2-Wege-Stromregelventil mit veränderlichem Auslassstrom

10.3.2 Funktionspläne

Steuerungsabläufe werden mithilfe von Funktionsplänen übersichtlich dargestellt. Sie stellen eine eigenständige Planungsart dar und sind unabhängig von der gerätetechnischen Ausführung (pneumatisch, elektropneumatisch oder hydraulisch) der Anlage.

Der Aufbau der Funktionspläne geschieht mit genormten Symbolen **(Bild 1)**. Grundsätzlich enthalten Funktionspläne:

- Die Schritte, denen ein oder mehrere Befehle zugeordnet sind. Jeder Schritt wird durch ein Rechteck dargestellt, welches fortlaufend nummeriert wird. Die verschiedenen Kurzzeichen für die Befehlswirkung können dem Tabellenbuch entnommen werden.
- Die Übergangsbedingungen – auch Transitionen genannt –, mit denen die Bedingungen für den Übergang vom vorherigen zum nächsten Schritt angegeben werden. Hierbei können die Symbole für die logischen Verknüpfungen verwendet werden, wenn dadurch die Darstellung übersichtlicher wird.
- Die Wirkverbindungen, die die Schritte miteinander verbinden. Pfeile werden nur dann eingetragen, wenn die Wirkungsrichtung nicht von oben nach unten geht.

Alle verbundenen Objekte zusammen werden als Netzwerke bezeichnet. Es muss immer ein Anfangsschritt vorhanden sein, der als erster Schritt beim Ablauf des Netzwerkes ausgeführt wird.

Um den schrittweisen Ablauf der Steuerung zu gewährleisten, gelten folgende Regeln:

1. Der Ausgangszustand ist durch Anfangsschritte gekennzeichnet, die definitionsgemäß gesetzt sind.
2. Das Auslösen eines Überganges zum nächsten Schritt wird dann ausgelöst, wenn der vorherige Schritt gesetzt ist und die zugehörigen Übergangsbedingungen erfüllt sind.
3. Mit dem Auslösen eines Überganges erfolgt gleichzeitig ein Setzen des nachfolgenden Schrittes und ein Rücksetzen des vorherigen Schrittes.

Die Funktionselemente zur Realisierung der Setz- und Rücksetzvorgänge werden im Funktionsplan nicht dargestellt, sondern sind im Übergangssymbol integriert.

Beispiel: Werkstücke **(Bild 2 und 3)** werden durch den Hubzylinder 1A1 angehoben und in der oberen Endlage durch den Verschiebezylinder 2A1 verschoben. Danach zieht 2A1, dann 1A1 zurück. Die Endlagen der beiden Zylinder werden durch Grenztaster erfasst.

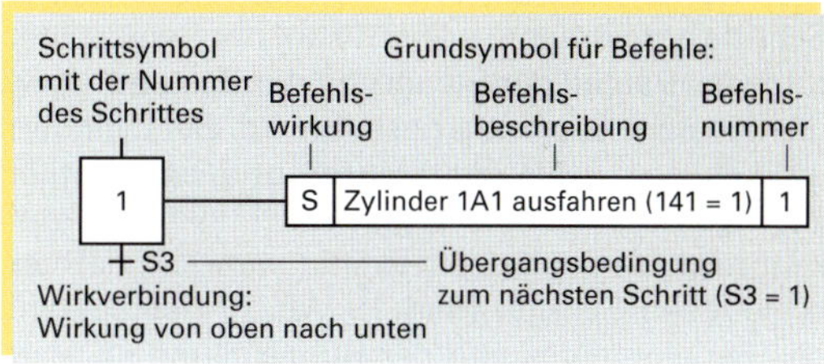

Bild 1: Symbole in Funktionsplänen

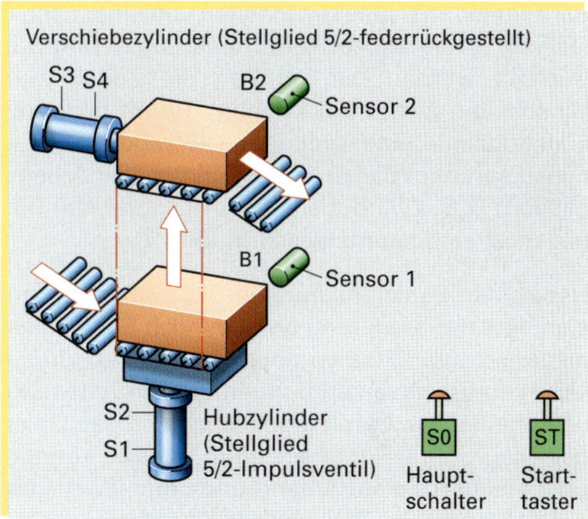

Bild 2: Lageplan Hubeinrichtung

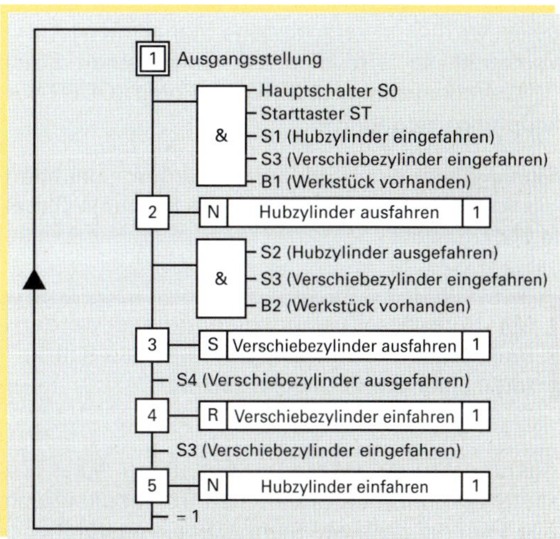

Bild 3: Funktionsplan Hubeinrichtung

10.3.3 Funktionsdiagramme

Mit Hilfe von Funktionsdiagrammen werden zeitliche und funktionelle Abläufe und Abhängigkeiten – auch Schrittfolge genannt – in Steuerungen grafisch verdeutlicht. Eine wichtige Form der Funktionsdiagramme ist das **Zustandsdiagramm.**

Hier werden auf der Waagrechten die einzelnen Schritte aufgetragen, während auf der Senkrechten für jedes Bauteil der Steuerung der Zustand – bzw. die Schaltstellung – dargestellt wird. Bei Zylindern ist dies *aus-* oder *eingefahren* und bei Ventilen *betätigt* oder *nicht betätigt.* Ein Funktionsgraph kennzeichnet den Schaltzustand während der verschiedenen Schritte **(Bild 1).** Weicht der Zustand des Bauelementes von der Ruhestellung ab, wird der Funktionsgraph als breite Volllinie gezeichnet **(Bild 1).**

Bei Ventilen stellt das Umschalten von einer Schaltstellung in die andere kein Steuerungsschritt dar. Deshalb werden bei Ventilen die Zeiten zum Umschalten nicht berücksichtigt. Somit bildet die Funktionslinie eine senkrechte Gerade im Funktionsdiagramm **(Bild 2).** Das Betätigten von Arbeitsgliedern (z.B. Zylinder ein- bzw. ausgefahren) hingegen ist ein Steuerungsschritt **(Bild 1).**

Neben den Funktionsgraphen der einzelnen Bauelemente der Steuerung werden noch **Signallinien** eingezeichnet. Diese verdeutlichen die Abhängigkeiten (logische Verknüpfungen) der einzelnen Signale zueinander. Damit Signallinien von den Linien des Diagrammes unterschieden werden können, zeichnet man sie am Anfang und Ende jeweils um 45° abgesetzt. Der Pfeil auf der Signallinie gibt die Wirkrichtung an; d.h. die Signallinie beginnt an dem Bauteil, das ein Signal abgibt, und endet an dem Bauteil, an welchem ein weiterer Schritt ausgelöst wird. Sind verschiedene Signallinien logisch verknüpft, so wird dies z.B. durch einen Strich (UND-Verknüpfung) bzw. einen Punkt (ODER-Verknüpfung) verdeutlicht.

Signalglieder einer Steuerung werden – unabhängig von ihrer Ausführung – durch Symbole **(Tabelle 1)** dargestellt.

> Mit Hilfe des Zustandsdiagrammes werden funktionale Zusammenhänge und die Schrittfolge einer Steuerung dargestellt.

Ausführliche Angaben zur Erstellung eines Zustandsdiagrammes finden sich im Tabellenbuch. **Bild 1** auf der nächsten Seite zeigt ein ausführliches Zustandsdiagramm.

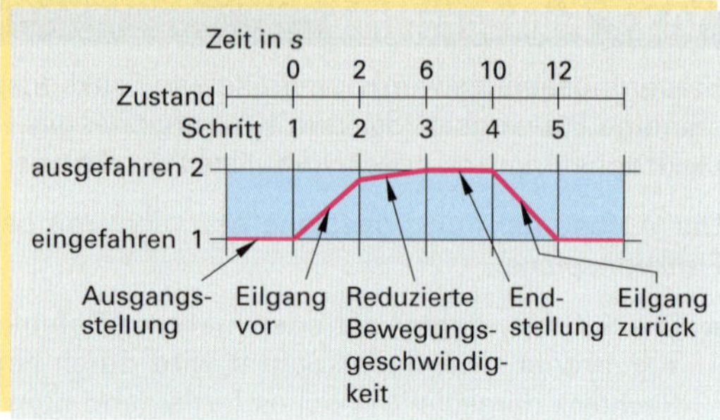

Bild 1: Funktionslinien bei einer Zylinderbewegung

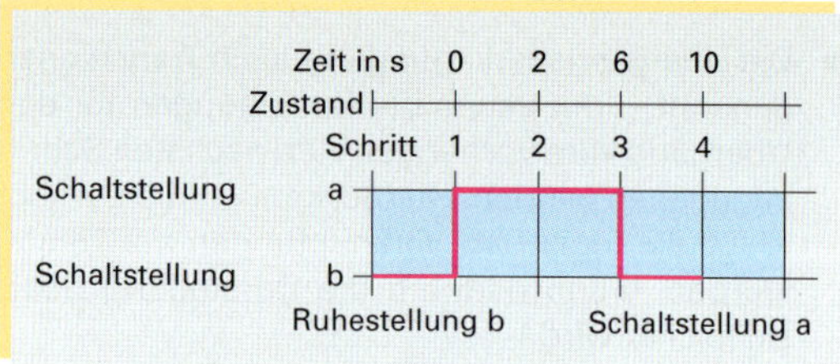

Bild 2: Funktionslinien bei einem Ventil mit 2 Schaltstellungen

Tabelle 1: Schaltzeichen in Funktionsdiagrammen (Auswahl)

Signalglieder (muskelkraftbetätigt)			
	EIN		ZWEIHAND-EINRÜCKUNG
	AUS		
	EIN/AUS	E A	WAHL-SCHALTER
	AUTOMATIK		GEFAHREN-ABSCHALTUNG
Signallinien und **Signalverknüpfungen**			
	Signallinien		UND-Bedingung
	Signal-verzweigung		ODER-Bedingung

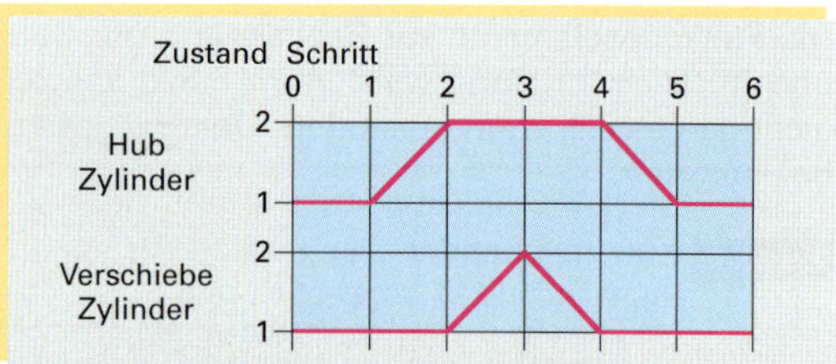

Bild 3: Vereinfachtes Zustandsdiagramm der Hubeinrichtung von Seite 409

10.3.4 Schaltpläne

In Schaltplänen stellt man die Steuerung mit Hilfe genormter Bauteilsymbole dar. Dies bedeutet, dass hier die gerätetechnische Ausführung (z. B. pneumatisch, elektropneumatisch oder hydraulisch) festgelegt ist. Die Regeln für den Aufbau von Schaltplänen können dem Tabellenbuch entnommen werden. Heutzutage unterstützen CAD-Programme das Entwerfen von Schaltplänen, wobei gleichzeitig die Funktion des Schaltplanes simuliert werden kann.

Häufig vervollständigen **Lagepläne** – neben den Schaltplänen – die Betriebs- und Montageanleitungen. Diese Lagepläne ergänzen die Dokumentationsunterlagen einer Anlage, da sie in vereinfachter Form die räumliche Lage der Bauelemente der Steuerung darstellen.

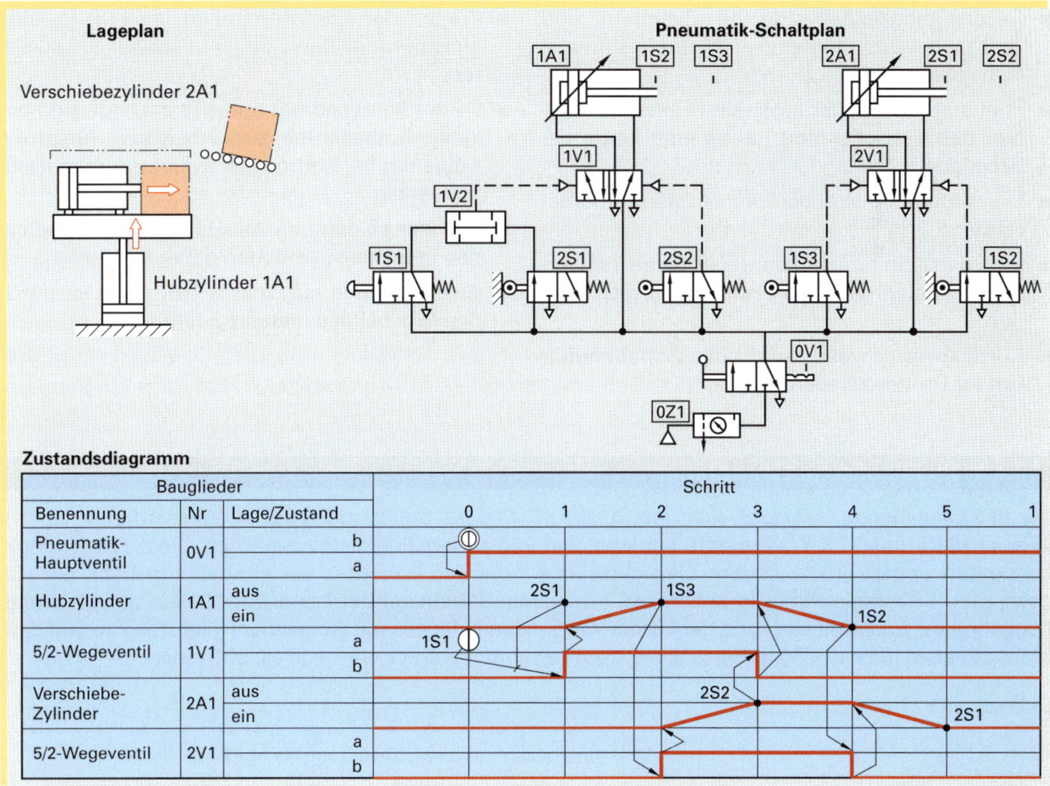

Bild 1: Lageplan, Schaltplan und Zustandsdiagramm einer Hubeinrichtung (Hinweis: andere Schrittfolge als im Beispiel auf Seite 409)

Arbeitsauftrag:

1. Skizzieren Sie nach der Vorgabe von **Bild 2, Seite 407,** ein 5/3-Wegeventil
   a) mit Sperr-Mittelstellung und
   b) mit Schwimmmittelstellung
   und beschreiben Sie die Wirkungsweise.
2. Die Maschine in nebenstehendem Bild dient zum Ablängen von Blech.
   a) Erstellen Sie einen Funktionsplan.
   b) Erstellen Sie ein Funktionsdiagramm.
   c) Erstellen Sie einen pneumatischen Schaltplan.

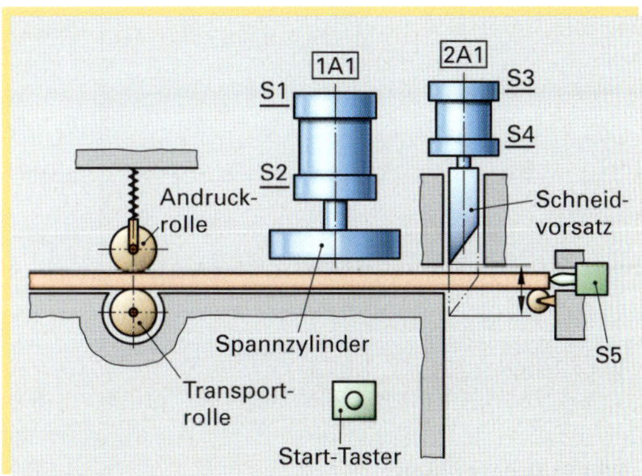

10.4 Pneumatik

In der Pneumatik wird Druckluft (d.h. verdichtete atmosphärische Luft) sowohl für den Signal- als auch den Leistungsteil einer Steuerung verwendet. Druckluft als Medium für die Steuerungen wird hauptsächlich im Bereich der sog. „kleinen Automation" in der industriellen Fertigung eingesetzt, da solche Steuerungen preisgünstig sind. Daneben gibt es noch explosionsgefährdete Bereiche z.B. unter Tage oder in Raffinerien, in denen aus Sicherheitsgründen nur mit Druckluft gearbeitet werden darf.

Vorteile der Pneumatik

- Luft ist einfach zu verdichten, zu speichern und zu verteilen.
- Geschwindigkeiten/Kräfte an Zylindern und Drehzahlen/Drehmomente an Motoren sind einfach einzustellen.
- Pneumatische Steuerungen sind einfach zu warten, betriebssicher und haben eine lange Lebensdauer.
- Druckluftgeräte sind bis zum Stillstand überbelastbar.
- Druckluftsteuerungen können in feuer- und explosionsgefährdeten Bereichen eingesetzt werden.
- Kurze Ansprechzeiten und hohe Schalthäufigkeit für Druckluftsteuerungen.

Nachteile der Pneumatik

- Schmutz, Wasser und Öl müssen abgetrennt werden (hohe Kosten).
- Wegen der Kompressibilität der Luft ist eine gleichförmige Bewegung nur schwer zu realisieren.
- Da der Betriebsdruck unter 10 bar liegt, sind nur kleine Kolbenkräfte erreichbar; bzw. für große Kolbenkräfte sind große Zylinderdurchmesser notwendig.
- Zylinder können nur mit Hilfe von Festanschlägen in genaue Positionen gefahren werden.
- Ausströmende Luft macht Lärm und ist durch den Ölnebel gesundheitsgefährdend.

10.4.1 Physikalische Grundlagen

Die uns umgebende Luft setzt sich aus Stickstoff (77,1%), Sauerstoff (20,8%), Wasserdampf (1,1%); Argon (0,9%) und 0,1% Wasserstoff, Kohlendioxid und andere Edelgase zusammen. Die die Erde umgebende Atmosphäre drückt mit ihrer Gewichtskraft auf uns und erzeugt so den Umgebungsdruck, der sich nach allen Seiten gleichmäßig ausbreitet. In unserer Höhenlage beträgt er ca. 1013 hPa. Der Umgebungsdruck p_{amb} nimmt aufgrund der kleiner werdenden Luftsäule mit steigender Höhe stetig ab (auf dem Mount Everest mit ca. 8850 m Höhe beträgt der Umgebungsdruck nur noch ca. 500 mbar).

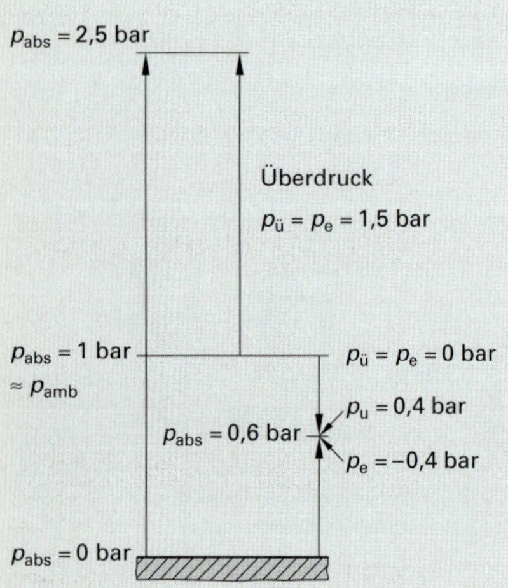

Index abs ≙ absoluter Druck
Index ü ≙ Überdruck
Index u ≙ Unterdruck
Index amb ≙ Umgebungsdruck (ambient ≙ umgebend)
Index e ≙ Überdruck (exedens ≙ überschreitend)

$p_e = p_{abs} - p_{amb}$

positiv $\rightarrow p_e = p_ü$

negativ $\rightarrow -p_e = p_ü$

Weitere Beispiele für
p_{amb} = 1 bar
a) p_{abs} = 3,8 bar
$\rightarrow p_e$ = 2,8 bar = $p_ü$
b) p_{abs} = 0,82 bar
$\rightarrow p_e$ = −0,18 bar
$\rightarrow p_ü$ = 0,18 bar = $-p_e$

Einheiten:
a) SI
$[p] = 1 \frac{N}{m^2}$ = 1 Pa (Pascal)
1bar ≙ 10^5 Pa
b) Amerika.
PSI ≙ Poud per Square Inch
1 bar ≙ 14,5 psi
c) **Alte Einheiten:**
1 kp ≙ 9,81 N
1 at ≙ $1 \frac{kp}{cm^2}$
1 atü ≙ Atmosphärenüberdruck

Bild 1: Druckgrößen

Gasgesetze

Der Druck von einem in einem Behälter eingeschlossenen Gas wird durch die sich bewegenden Moleküle und Atome erzeugt, in dem diese auf die Behälterwand prallen. Der physikalische Zustand von Luft in einem geschlossenen Behälter ist durch die drei Zustandsgrößen:

- Temperatur T (in Kelvin)
- Druck p (in N/m^2)
- Volumen V (in m^3)

bestimmt bzw. beeinflussbar.

Wird das Volumen in einem geschlossenen Behälter (d. h. Luft kann weder entweichen noch zugeführt werden) von V_1 auf V_2 bei konstanter Temperatur verkleinert, so steigt der Druck in gleichem Maß von p_1 auf p_2. Es ergibt sich das **BOYLE-MARIOTT**sche Gesetz.

Eine Erhöhung der Gastemperatur in einem geschlossenen Behälter von T_1 auf T_2 (bei konstantem Druck) hat eine proportionale Vergrößerung des Volumens von V_1 auf V_2 zur Folge **(1. Gesetz von GAY-LUSSAC)**.

Erhöht man in einem geschlossen Behälter die Gastemperatur von T_1 auf T_2 (bei konstantem Volumen), so erhöht sich der Druck proportional von p_1 auf p_2. Diese Zusammenhänge ergeben das **2. Gesetz von GAY-LUSSAC**.

Diese drei Gesetzmäßigkeiten **(Bild 1)** zusammengefasst, führen zur **allgemeinen Gasgleichung** für abgeschlossene Gase.

$$\frac{p \cdot V}{T} = \text{konst} \quad \text{bzw.} \quad \frac{p_1 \cdot V_1}{T_1} = \frac{p_2 \cdot V_2}{T_2}$$

Bei bewegten Fluiden und Gasen unterscheidet man zwei Strömungsarten. Die **laminare** Strömung **(Bild 2)** ist gleichgerichtet, hat geringe Druckverluste und einen geringen Wärmeübergang. Die **turbulente** Strömung **(Bild 3)** hat Verwirbelungen, die zu größerem Druckabfall und großem Wärmeübergang führen.

Für den Volumenstrom $\dot{V}$ (lies Vpunkt) bewegter Fluide und Gase ergibt sich:

Volumenstrom = Querschnittsfläche · Strömungsgeschwindigkeit

$$\dot{V} = A \cdot v$$

$$[\dot{V}] = \frac{m^3}{s}$$

Da der Volumenstrom bei laminarer Strömung überall konstant sein muss **(Bild 4)**, erhält man für veränderliche Strömungsquerschnitte:

$$\dot{V} = \text{constant}$$

$$V_1 = V_2$$

$$A_1 \cdot v_1 = A_2 \cdot v_2$$

bzw. $$\frac{A_1}{A_2} = \frac{v_2}{v_1}$$

Das Verhältnis der Querschnittsflächen ist umgekehrt proportional zu dem Verhältnis der Geschwindigkeiten.

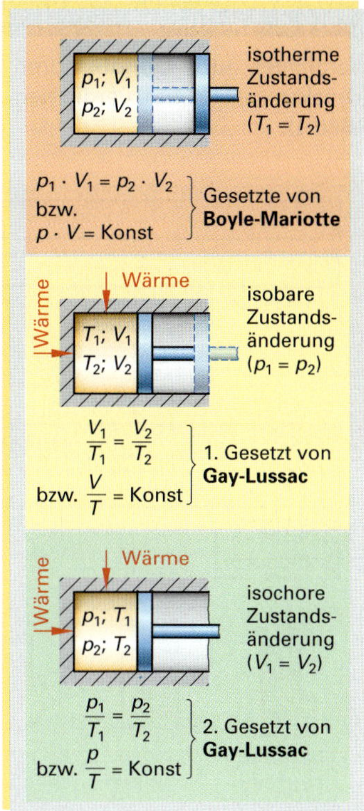

Bild 1: Gasgesetze

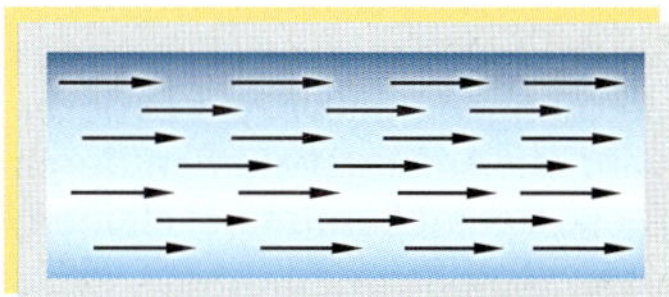

Bild 2: Laminare Strömung

Bild 3: Turbulente Strömung

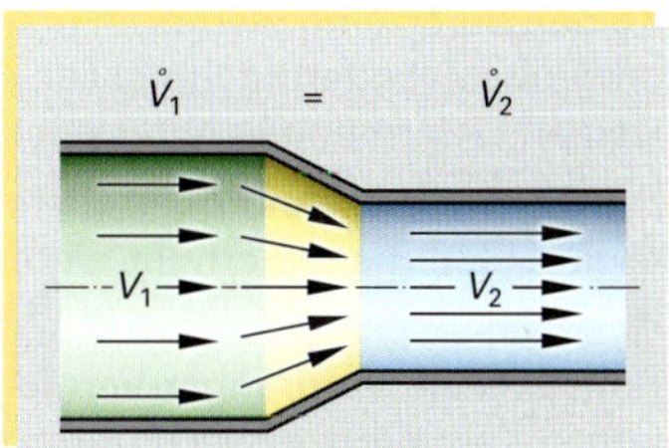

Bild 4: Volumenstrom

10.4.2 Verdichter

Verdichter, auch Kompressoren genannt, sind Arbeitsmaschinen, die Gase fördern bzw. bis zu hohen Drücken (ca. 400 bar) verdichten. Verdichter werden nach dem Funktionsprinzip in zwei Klassen eingeteilt **(Bild 1)**.

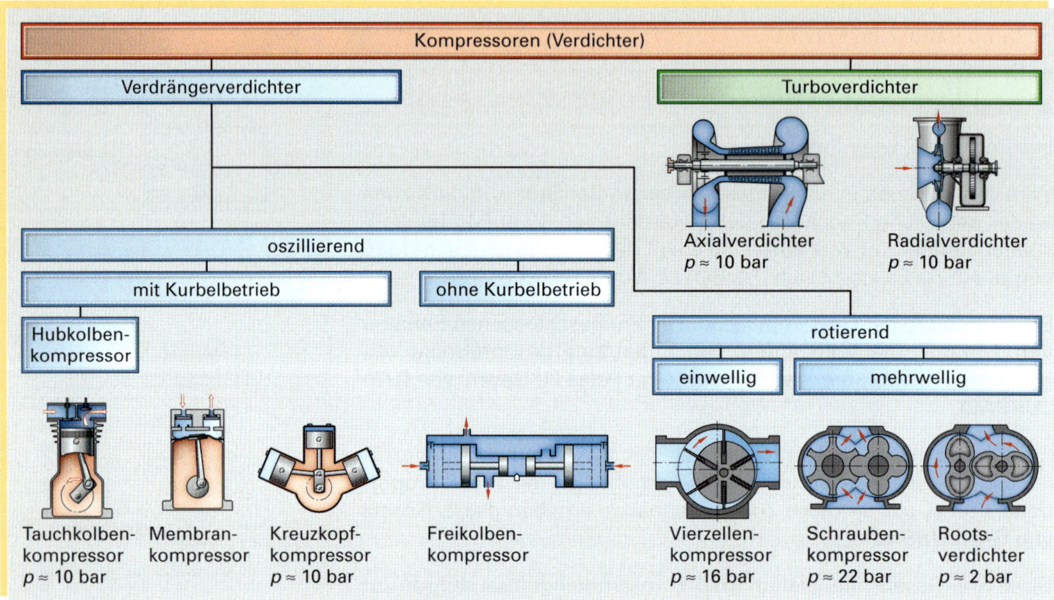

Bild 1: Kompressoren und deren Arbeitsbereiche

Turboverdichter (bzw. **dynamische Verdichter**) beschleunigen mit Hilfe von Schaufeln auf so genannten Laufrädern das zu verdichtende Gas und erhöhen damit den Druck. Diese Bauart kommt bei großen Fördermengen und kleinen Drücken zum Einsatz. Bei Verdichtern, die nach der **Verdränger-Bauart** arbeiten, wird ein Anfangsvolumen durch Krafteinwirkung kontinuierlich verkleinert und damit der Druck erhöht. Diese Bauart kommt bei kleinen Fördermengen und großen Drücken zum Einsatz.

Viele in Industrie und Handwerk verwendeten Druckluftanwendungen liegen im Bereich bis maximal 15 bar. Als Verdichter kommen ein- und zweistufige Kolbenkompressoren, ein- und zweistufige Schraubenkompressoren und Rotationsverdichter zum Einsatz.

Bei **Hubkolbenkompressoren (Bild 2)** wird durch den sich auf- und ab bewegenden Kurbeltrieb Luft angesaugt bzw. verdichtet und dann ausgestoßen. Diese Vorgänge werden von Ein- und Auslassventilen gesteuert. Mit Hubkolbenkompressoren lassen sich hohe Wirkungsgrade und hohe Drücke erzielen.

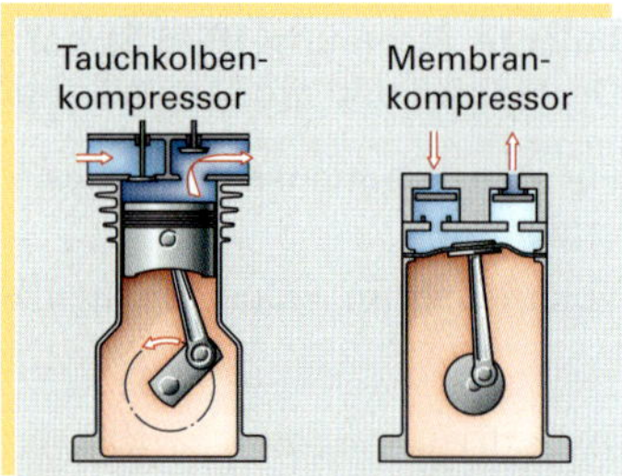

Bild 2: Hubkolbenkompressoren

Bei den **Tauchkolbenkompressoren** ist der Kolben direkt über die Pleuelstange mit der Kurbelwelle verbunden. **Membrankompressoren** funktionieren ähnlich wie Hubkolbenkompressoren. Hier ist der Kolben durch eine Membran ersetzt. Membrankompressoren haben oft große Zylinderdurchmesser, einen kurzen Hub und sind noch bei kleinen Liefermengen und kleinen Drücken wirtschaftlich.

Durch paralleles Anordnen mehrerer Zylinder **(Bild 3)** kann die produzierte Luftmenge erhöht werden. Schaltet man mehrere Verdichterstufen hintereinander, erhöht sich der Enddruck.

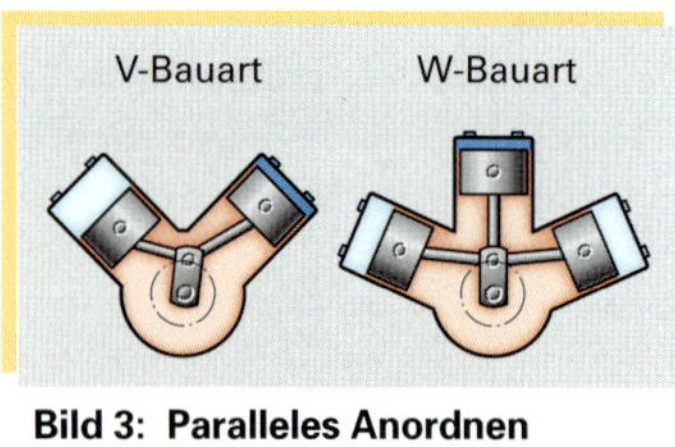

Bild 3: Paralleles Anordnen mehrere Zylinder

Rotatorische Verdränger-Verdichter (Bild 1, Seite 415) saugen die Luft in Kammern, die sich durch die Drehbewegung verkleinern und damit den Druck in der Luft erhöhen.

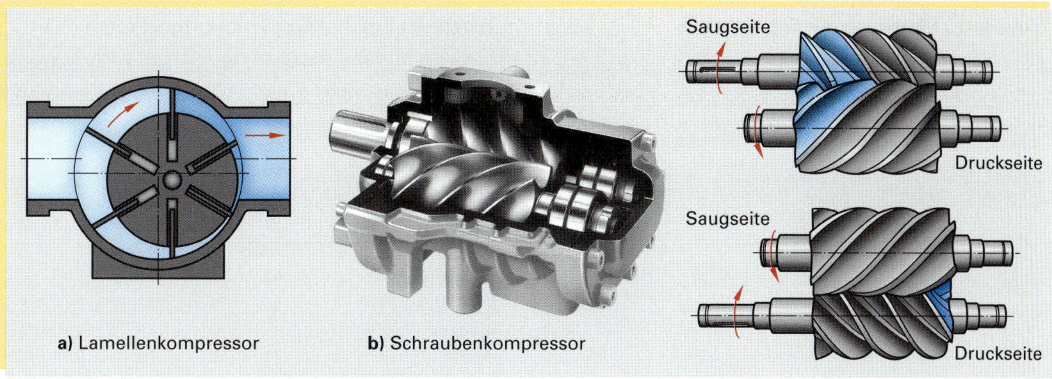

a) Lamellenkompressor b) Schraubenkompressor

Bild 1: Rotatorische Verdränger-Verdichter

Beim **Vielzellen-** oder auch **Lamellenkompressor (Bild 1a)** dreht sich ein Rotor exzentrisch in einem Gehäuse. In den Schlitzen sind radial bewegliche Schieber, die durch die Zentrifugalkraft nach außen gedrückt werden und damit die einzelnen Zellen abdichten. Auch hier wird die Druckerhöhung durch Verkleinerung des Volumens einer Zelle bei der Rotation erreicht. Lamellenkompressoren zeichnen sich durch eine ruhige und gleichmäßige Luftförderung sowie kleine Baugröße aus. Dem stehen ein niedriger Wirkungsgrad und hoher Verschleiß an den Schiebern entgegen.

Beim **Schraubenkompressor (Bild 1b)** wird die angesaugte Luft in Kammern, die sich ebenfalls durch die Rotation verkleinern, bis auf den Enddruck verdichtet. Konstruktiv gibt es ölfrei arbeitende Schraubenkompressoren. Hier sorgt ein Gleichlaufgetriebe dafür, dass sich die beiden Rotoren nicht berühren. Wird mit Öleinspritzung gearbeitet, so dreht sich nur der Hauptrotor und der andere läuft berührungsfrei mit. Schraubenkompressoren zeichnen sich durch eine kleine Baugröße, geringe Verdichtungsendtemperaturen und gleichmäßige Luftförderung aus. **Bild 2** zeigt den Aufbau eines solchen Schraubenkompressors und erklärt das prinzipielle Funktionsprinzip.

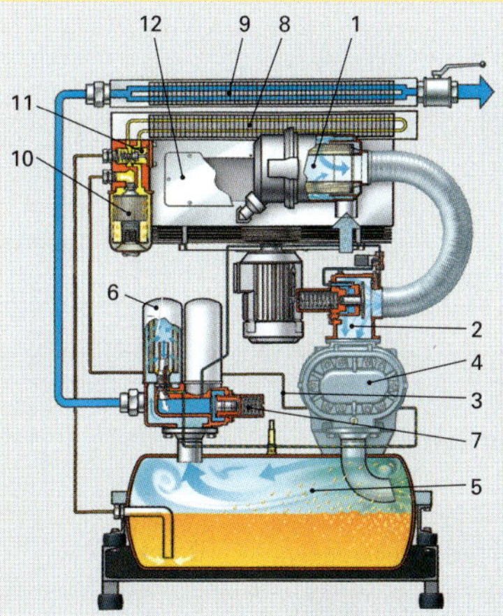

1 = Ansaugfilter mit Papier-Mikrofiltereinsatz
2 = Multifunktions-Ansaugregler
3 = Öleinspritzung
4 = Verdichterstufe
5 = Ölabscheidebehälter
6 = Ölabscheidepatrone
7 = Mindestdruck-Rückschlagventil
8 = Ölkühler
9 = Nachkühler parallel zum Kühlluftstrom
10 = Mikrofilter
11 = Thermostatventil
12 = Reinigungsöffnung

Schraubenkompressoren saugen Luft über den Ansaugfilter (1) mit Mikrofiltereinsatz, Staubzyklon und Verschmutzungsanzeige an. Nach Passieren des Ansaugreglers (2) strömt die Luft zum Verdichten in die Verdichterstufe (4). In den Verdichtungsraum wird kontinuierlich gekühltes Öl (3) mit ca. 55 °C dosiert eingespritzt. Das Öl nimmt die beim Verdichtungsvorgang entstehende Wärme auf und erwärmt sich auf ca. 85 °C. Die maximale Verdichtungsendtemperatur darf nach EG-Maschinenrichtlinien 110 °C betragen. Im kompinierten Druckluft-/Ölabscheide-Behälter 5 wird das Öl aus der Druckluft weitestgehend abgeschieden. Der Ölfeinabscheider (6) übernimmt die Restabscheidung so sorgfältig, dass der Restölgehalt in der Druckluft danach nur noch ca. 1-3 mg/m^3 beträgt. Die Druckluft gelangt dann über ein Mindestdruck-Rückschlagventil (7) in den Druckluftnachkühler (9) und wird hier auf die günstige Temperatur von nur ca. 8 °C über Ansaugtemperatur abgekühlt und danach über das Absperrventil ins Betriebs-Druckluftnetz geleitet. Das im Ölabscheider separierte Öl wird in einem reichlich dimensionierten Ölkühler (8) von 85 °C auf 55 °C zurückgekühlt. Es passiert einen Ölfilter mit Austauschpatrone (10) im Ölkreislauf ist zusätzlich ein Thermostatventil (11) angeordnet, das kaltes Öl am Ölkühler vorbei direkt wieder zur Stufe (4) führt.

Bild 2: Baugruppen eines Verdichters

10.4.3 Druckluftaufbereitung und -verteilung

Zur Drucklufthertstellung wird Umgebungsluft in den Verdichter angesaugt und verdichtet. Diese Umgebungsluft enthält immer Verunreinigungen wie Feststoffe (Ruß, Staub), Wasser und evtl. Öle. Je nach Anwendung entstehen unterschiedliche Anforderungen an die Druckluft (z.B. ungereinigte Blasluft oder absolut trockene, ölfreie und sterile Druckluft). Die Qualität der Druckluft wird in der DIN ISO 8573-1 in Qualitätsklassen eingeteilt. Hier wird festgelegt, welche Verschmutzungen und welcher Wasser- bzw. Ölgehalt in den jeweiligen Druckluftklassen zulässig sind **(Tabelle 1, Seite 416)**.

Tabelle 1: Einteilung der Güteklassen

Klasse	1. Feststoffe		2. Wassergehalt	3. Ölgehalt
	max. Teilchengröße [µm]	max. Teilchendichte [mg/m³]	max. Drucktaupunkt [°C]	max. Öl-Konzentration [mg/m³]
1	0,1	0,1	– 70	0,01
2	1	1	– 40	0,1
3	5	5	– 20	1
4	15	8	+ 3	5
5	40	10	+ 7	25
6	–	–	+ 10	–
7	–	–	nicht definiert	–

Tabelle 2: Empfohlene Druckluftqualitäten

	Feststoffe		Wasser-Taupunkt		max. Ölgehalt	
Anwendung	Klasse	[µm]	Klasse	[°C]	Klasse	[mg/m³]
Bergbau	5	40	7	–	5	25
Reinigung	5	40	6	+ 10	4	5
Schweißmaschinen	5	40	6	+ 10	5	25
Werkzeugmaschinen	5	40	4	+ 3	5	25
Druckluft-Zylinder	5	40	4	+ 3	5	25
Druckluft-Ventile	3 bis 5	5 bis 40	4	+ 3	5	25
Verpackungen	5	40	4	+ 3	3	1
Feinstdruckregler	3	5	4	+ 3	3	1
Messluft	2	1	4	+ 3	3	1
Lagerluft	2	1	3	– 20	3	1
Sensorik	2	1	2 bis 3	–40 bis –20	2	0,1
Lebensmittel	2	1	4	+ 3	1	0,01
Fotogr. Verarbeitung	1	0,01 bis 0,1	2	– 40	1	0,01

Je nach geforderter Qualitätsklasse **(Tabelle 1 und Tabelle 2)** sind die unterschiedlichsten Filtermechanismen **(Bild 1)** einzusetzen:

- Massenkraftfilter (Filtern von größeren Teilchen durch die Zentrifugalkraft)
- Fein- und Feinstfilter (1 bis 0,01 µm Porenweite)
- Membrantrockner zur Reduzierung der Feuchtigkeit
- Sinterfilter mit 5 µm bis 40 µm Porenweite
- Aktivkohlefilter (absorbiert Öldämpfe)

Die aufbereitete Druckluft erreicht über Ringleitungen **(Bild 2)** die Entnahmestellen.

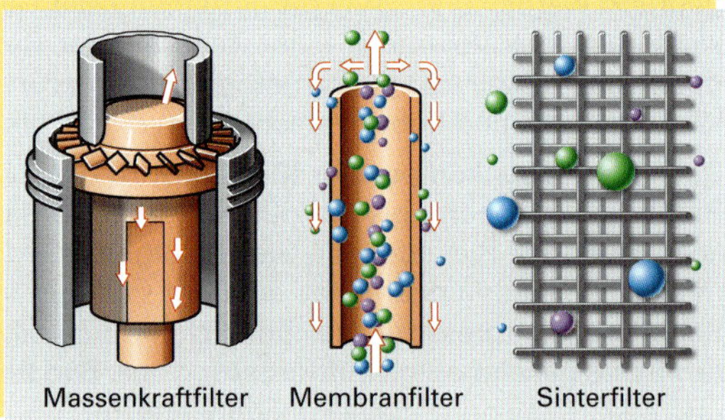

Bild 1: Verschiedene Filterarten

Anforderungen an das Druckluftnetz

- Druckluftversorgung möglichst als Ringleitung auslegen, damit im Reparaturfall Versorgung gewährleistet ist.
- Leitungsquerschnitte groß genug
- Verzweigungen immer oben anschließen (Kondenswasser)
- Mit Gefälle verlegen (ca. 1 %) und am tiefsten Punkt Möglichkeit für Kondensatableitung schaffen.

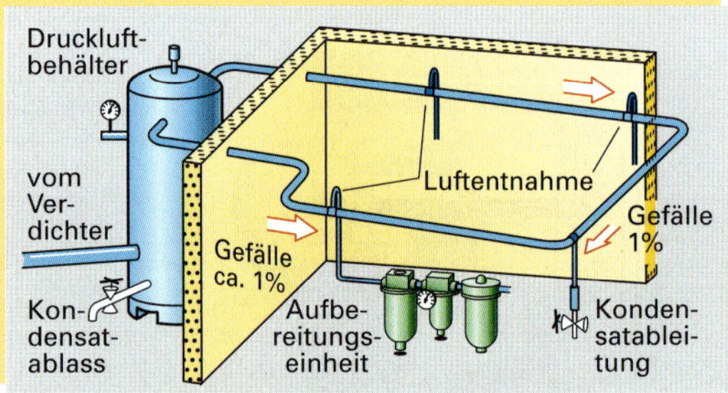

Bild 2: Druckluftverteilung

Kompressorbedingte Druckunterschiede und lange Leitungen führen zu Druckschwankungen, die evtl. zu Funktionsstörungen führen können. Deshalb verwendet man häufig am Verbrauchspunkt eine Aufbereitungseinheit **(Bild 3)**, die aus einem Druckregler mit integriertem Filter und evtl. einem Öler besteht.

Hand-Einschaltventile be- bzw. entlüften eine Anlage. Aus Sicherheitsgründen sollten solche Ventile abschließbar sein, damit nur autorisierte Personen die Anlage wieder unter Druck setzen können.

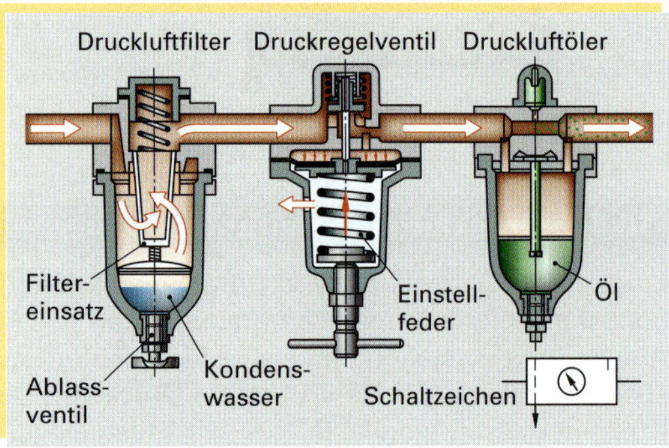

Bild 3: Aufbereitungseinheit

Durch den Einsatz von Druckregelventilbatterien **(Bild 1)** werden aus einem Hauptstrang unterschiedliche Nebenstränge mit unterschiedlichen Drücken aufgebaut.

Daneben gibt es Druckaufbauventile, die den Druck nach Druckbeaufschlagung langsam – z. B. nach einem Not-Aus – aufbauen. Dadurch werden unkontrollierte Bewegungen vermieden.

Meist sind diese Ventile mit einer Schnellentlüftung ausgestattet, so dass es in Not-Aus-Situationen möglich ist, die Anlage schnell zu entlüften. Eine Zusammenfassung der Luftaufbereitungsmöglichkeiten zeigt **Bild 2**.

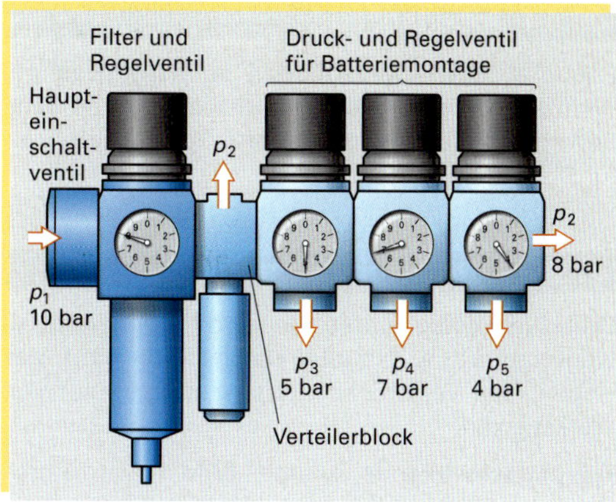

Bild 1: Druckluftregel- und -verteilstation

Arbeitsauftrag:

1. Welchem Druck p_{abs} in hPa entspricht der Druck von p_e = 1,25 bar?
2. Wie groß ist der Überdruck und der absolute Druck in 18 m und in 40 m Wassertiefe (in bar, hPa und in psi)?
3. Ein Kompressor saugt 2290 l Luft bei p_{amb} = 1 bar an und presst sie in einen Kessel von 200 l.
   a) Wie groß ist der Druck im Behälter bei gleich bleibender Temperatur?
   b) Wie groß ist der Druck im Behälter, wenn sich die Luft von 20° C auf 50° C erwärmt?
4. Eine Sauerstoffflasche fasst 50 l. Der Fülldruck beträgt 200 bar. Wie viel Liter Gas (bei p_{amb}) wurden entnommen, bei einem Restdruck von p_e = 10 bar?
5. In einem Zylinder ist 1 Liter Luft bei p_{amb} = 1 bar eingeschlossen. Wie groß ist der Unterdruck im Zylinder, wenn das Volumen auf 3 Liter vergrößert wird?
6. Aus einer Schutzgasflasche einer MAG-Schweißanlage mit einem Volumen von 50 Litern wurden bei einer Schweißarbeit 4360 Liter entnommen. Der Anfangsdruck in der Flasche betrug laut Manometer 190 bar. Welchen Wert zeigt das Manometer nach der Schweißarbeit bei p_{amb} = 1 bar an?
7. Eine Pumpe liefert einen Volumenstrom von 60 l/min. Wie groß muss der Innendurchmesser der Rohrleitung mindestens gewählt werden, damit die zulässige Durchflussgeschwindigkeit von 3,5 m/s nicht überschritten wird?
8. Welcher Volumenstrom ist erforderlich, um mit einem Zylinder eine Vorschubgeschwindigkeit von 110 m/min zu erreichen, wenn der Zylinderdurchmesser 100 mm beträgt?

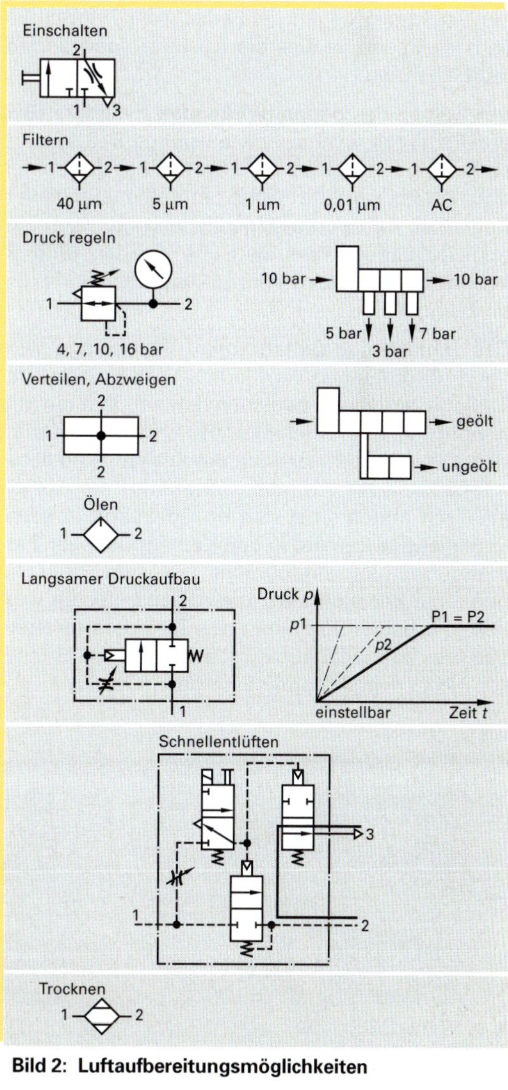

Bild 2: Luftaufbereitungsmöglichkeiten

10.4.4 Arbeitsglieder

Pneumatische Arbeitsglieder, auch **Aktoren** genannt, sind entweder Zylinder für geradlinige Bewegungen oder Motoren und Schwenkantriebe für Drehbewegungen.

10.4.4.1 Druckluftzylinder

Druckluftzylinder führen hin- und hergehende Bewegungen aus. Haupteinsatzgebiete sind das Heben, das Verschieben oder das Spannen von Werkstücken.

Der **einfachwirkende** Zylinder **(Bild 1)** wird durch Druckbeaufschlagung einer Kolbenseite ausgeschoben. Eine eingebaute Feder auf der anderen Seite schiebt den Kolben dann nach erfolgter Entlüftung wieder zurück. Dieser Zylinder kann nur bei der Bewegung gegen die Feder Arbeit verrichten. Je nach Bauart ist dies die Ausfahr- oder die Einfahrbewegung.

Der Kolben des **doppeltwirkenden** Zylinders **(Bild 2)** wird durch wechselnde einseitige Druckbeaufschlagung bewegt. Da die Fläche einer der beiden Kolbenböden um die Fläche der Kolbenstange verringert ist, hat er unterschiedliche Kräfte beim Ein- und Ausfahren. Pneumatische Greifer **(Bild 3)** haben das gleiche Wirkprinzip wie doppeltwirkende Zylinder.

Das schlagartige Einfahren in die Endlage wird durch **Dämpfungen** vermieden. Vor Erreichen der Endlage wird das Entweichen der Luft über die Mittelbohrung durch den Dämpfungszapfen verhindert. Die Luft kann nur noch durch einen einstellbaren Drosselspalt strömen. Somit wird der Kolben elastisch abgebremst und er fährt sanft in seine Endlage **(Bild 2)**. Wird in den Kolbenboden ein Permanentmagnet eingebracht, so sind über so genannte **Reedkontakte**, die außen befestigt werden, die beiden Endlagen des Zylinders feststellbar. Dies spart Einbauplatz, da die Endlagensensoren nicht separat montiert werden müssen.

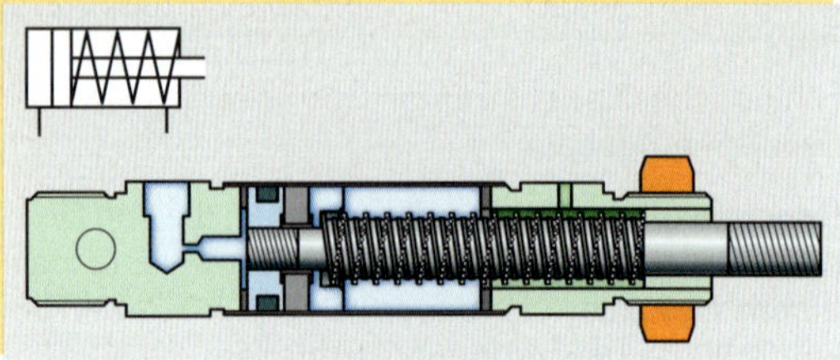

Bild 1: Einfach wirkender Zylinder

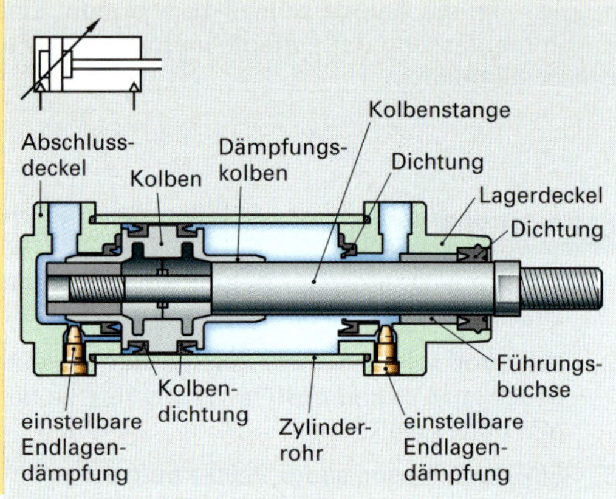

Bild 2: Doppelt wirkender Zylinder

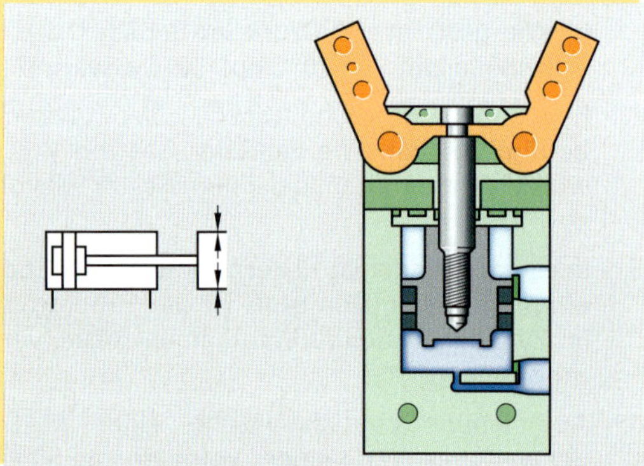

Bild 3: Pneumatischer Greifer

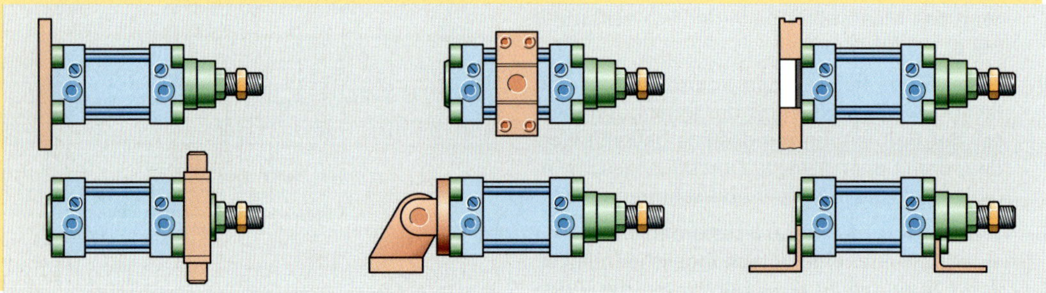

Bild 4: Beispiele für Befestigungsarten und Herstellungsvarianten von Druckluftzylindern

10.4.4.2 Zylindersonderbauarten

Mehrstellungszylinder erhält man durch das Aneinanderflanschen von zwei doppelt wirkenden Zylindern. Haben die Zylinder gleichen Hub, ergeben sich drei verschiedene und bei ungleichem Hub vier Schaltstellungen **(Bild 1)**.

Einen **doppeltwirkenden Mehrfachzylinder (Bild 2)** erhält man durch Aneinanderreihen von 2, 3 oder 4 Zylindern mit gleichem Kolbendurchmesser und gleichem Hub. Hierdurch kann die Verschiebekraft um 2-, 3- bzw. 4fache gesteigert werden. Durch die interne Druckluftverteilung sind nur 2 Anschlüsse notwendig, um alle Zylinder mit Druckluft zu beaufschlagen. **Kurzhubzylinder** und **Spannmodule (Bild 2)** eignen sich besonders für Spannaufgaben.

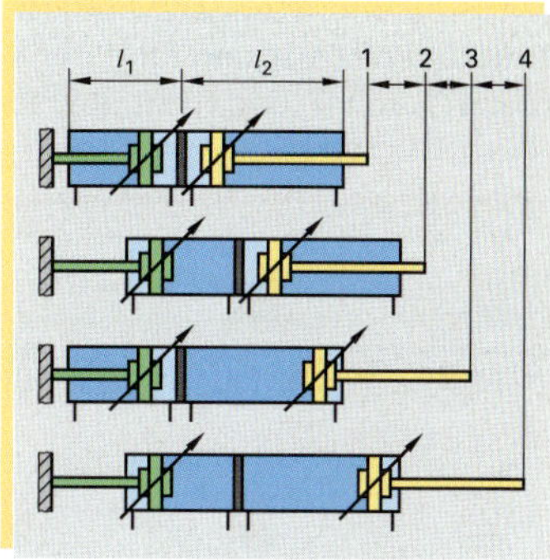

Bild 1: Mehrstellungszylinder

a) Spannzylinder
b) Balgzylinder
c) Kurzhubzylinder
d) Tandemzylinder
e) Flachzylinder
f) Doppelkolbenzylinder
g) Zylinder mit integriertem Ventil
h) Edelstahlzylinder
i) Hygienezylinder
j) Multimountzylinder
k) Zylinder mit Führung
l) pneumatischer Muskel

Bild 2: Zylindersonderbauarten

Flachzylinder (Bild 2) – einfach oder doppelt wirkend – können dicht gepackt werden. Durch rechteckige Kolbenstangen sind sie verdrehsicher und werden zum Stempeln, Zuführen etc. eingesetzt. **Flachzylinder mit integrierter Führung** besitzen eine sehr hohe Verdrehsicherheit.

Einschraubzylinder (Bild 3) mit einem durchgängigen Außengewinde sind zum Klemmen, Spannen, Stoppen oder Positionieren von kleinen Bauteilen geeignet. Die Luftzufuhr erfolgt über Bohrungen. Die Hublage kann über die Veränderung der Einschraubtiefe variiert werden.

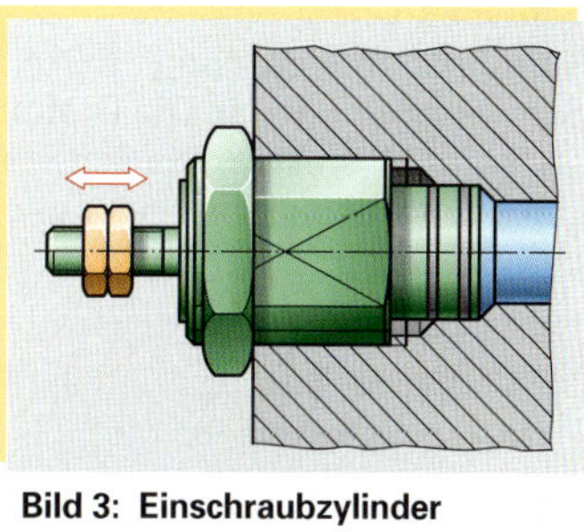

Bild 3: Einschraubzylinder

Mit Hilfe von **Stopperzylindern (Bild 1)** werden auf Transportlinien-Werkstückträger gestoppt. Durch Druckbeaufschlagung fährt der Kolben ein. Die zulässige kinetische Aufprallenergie an der Kolbenstange ($E_{kin} = {}^1/_2\, m\, v^2$) darf nicht überschritten werden, um den Zylinder nicht zu beschädigten.

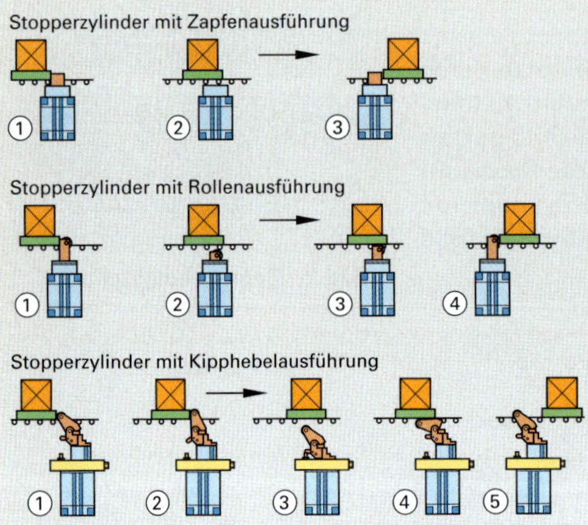

Stopperzylinder mit Zapfenausführung:

① Stoßartiges Abbremsen durch Kolbenstange
② Durch Betätigung des Zylinders Werkstückträger freigeben
③ Steuerung hält den Kolben nieder bis Werkstückträger passiert

Stopperzylinder mit Rollenausführung:

① Stoßartiges Abbremsen durch Kolbenstange
② Durch Betätigung des Zylinders Werkstückträger freigegeben
③ Ausfahren des Zylinders bis Rolle am Werkstückträger anliegt. Der Werkstückträger bewegt sich weiter.
④ Nach Passieren des Werkstückträgers fährt der Zylinder in die vordere Endlage

Stopperzylinder mit Kipphebelausführung:

① Gedämpftes Abbremsen durch einen Stoßdämpfer und Verriegeln des Kipphebels, damit der Stoßdämpfer den Werkstückträger nicht zurückschiebt
② Durch Betätigen des Zylinders wird der Werkstückträger freigegeben
③ Ausfahren des Zylinders bis Kipphebel am Werkstückträger anliegt. Der Werkstückträger bewegt sich weiter.
④ Nach Passieren des Werkstückträgers fährt der Zylinder in die vordere Endlage

Bild 1: Funktionsweise der Stopperzylinder

Beim **Schwenkantrieb (Bild 2)** wird das Drehmoment von einem Schwenkflügel, der direkt auf der Antriebswelle sitzt, erzeugt. Der Schwenkwinkel ist, je nach Variante, meist bis ca. 180° stufenlos einstellbar. Mit diesen Antrieben werden kleine Drehmomente erzeugt. Da sie keine Endlagendämpfung – höchstens Dämpfungsringe – besitzen, sollten die zu bewegenden Massen klein sein. Diese Schwenkantriebe besitzen eine hohe Wiederholgenauigkeit und übertragen die Kraft spielfrei. Als Zusatzbauteil lässt sich z. B. ein Freilauf an den Antrieb bringen. Somit lassen sich stufenlos einstellbare Taktvorschübe realisieren.

Bild 2: Schwenkantrieb

Drehzylinder (Bild 3) sind ähnlich einem doppelt wirkenden Zylinder, nur dass hier die Bewegung des Kolbens auf eine Zahnstange übertragen wird. Diese Zahnstange dreht ein nach außen geführtes Ritzel. Die Hersteller bieten Drehzylinder in festen Winkel an; z. B. 90°; 180°; 270° und 360°. Die Variation des Kolbenhubes ermöglicht Zwischengrößen. Wird das Ritzel von zwei parallelen Zylindern angetrieben, verdoppelt sich das Drehmoment.

Bild 3: Drehzylinder

Schwenk-Linear-Einheiten (Bild 4) stellen eine Kombination aus doppelt wirkendem Zylinder und Schwenkzylinder dar. Die Drehbewegung ist meist stufenlos einstellbar. Die Schwenk- und die Linearbewegung sind einzeln oder gemeinsam ansteuerbar. Sie kommen in Handhabungsaufgaben, bei denen gedreht und verschoben werden muss, zum Einsatz.

Bild 4: Schwenk-Linear-Einheit

Zylinderberechnung

Der Zylinderinnendruck breitet sich gleichmäßig in allen Richtungen aus. Da auf einer Kolbenseite immer der Umgebungsdruck p_{amb} wirkt, erzeugt nur der Überdruck p_e die wirksame Kolbenspannkraft F im aus- bzw. eingefahrenen Zustand.

Durch Umstellen der Formel $p_e = F/A$ erhält man die theoretische Kolbenkraft **(Bild 1):**

$$F = p_e \cdot A \qquad [F] = \text{N}; [p] = \text{N/m}^2; [A] = \text{m}^2$$

In der Praxis treten Reibungsverluste auf. Sie berücksichtigt man entweder durch einen Wirkungsgrad η (ca. 90%)

$$F = p_e \cdot A \cdot \eta \qquad [\eta] = 1$$

oder durch Subtraktion der Reibkraft F_R.

$$F = p_e \cdot A - F_R \qquad (F_R \approx 10\,\%)$$

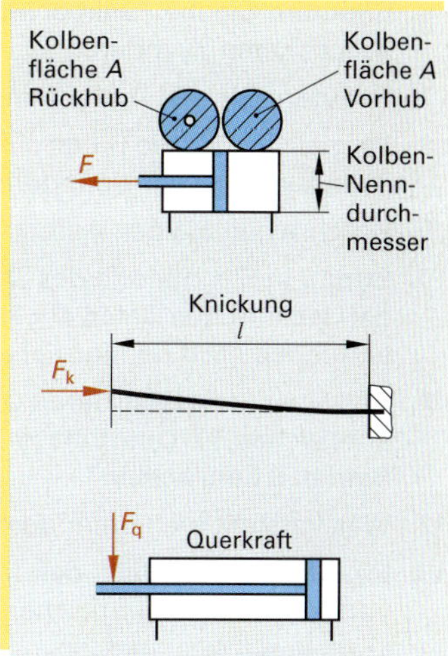

Bild 1: Zylinderberechnung

Die Verschiebekraft eines Zylinders beträgt ca. 70 % seiner Druckkraft in der jeweiligen Endlage. Die Kraftangaben der Zylinder findet man entweder im Datenblatt des Zylinders oder in Diagrammen der Zylinderhersteller.

Bei großen Hüben werden auch die Kolbenstangen entsprechend länger. Dies hat zur Folge, dass im ausgefahrenen Zustand unter Kraftwirkung die Gefahr des Ausknickens der Kolbenstange besteht **(Bild 1).** Mit Hilfe von Herstellertabellen lassen sich Mindestdurchmesser für Kolbenstangen in Abhängigkeit von der Kraft ablesen (vgl. Tabellenbuch). Ab einer gewissen Zylindergröße können über die Kolbenstange auch Querkräfte **(Bild 1)** aufgenommen werden. Sind im Datenblatt keine Querkräfte angegeben, so sollten sie vermieden werden.

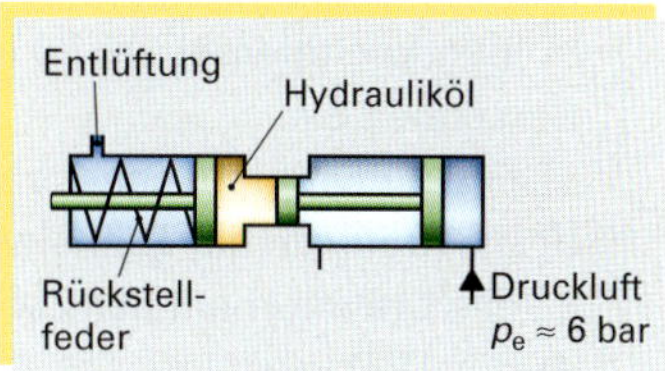

Bild 2: Druckübersetzer

$$Q = A \cdot s \cdot n \cdot \frac{p_e + p_{amb}}{p_{amb}}$$

$$Q = q \cdot n \cdot s$$

Bild 3: Luftverbrauch

Zur Auslegung des Verdichters einer Druckluftanlage muss der Luftverbrauch der angeschlossenen Arbeitsglieder bekannt sein. Dieser Volumenstrom der Luft wird auf den Normaldruck $p_{amb} \approx 1$ bar der angesaugten Luft bezogen. Der Luftverbrauch hängt von der Kolbenfläche A, dem Hub s, der Hubzahl n und dem Verhältnis von Über- zu Umgebungsdruck ab **(Bild 3).** Bei fast allen Herstellern wird der Luftverbrauch nicht in der SI-Einheit m^3/s sondern in l/min angegeben. Für doppelt wirkende Zylinder kann in erster Näherung der Luftverbrauch für Vor- und Rückhub gleichgesetzt werden. Sind genauere Angaben notwendig, muss die Kolbenstange berücksichtigt werden.

Viele Hersteller von Pneumatikzylindern bieten in ihren Datenblättern den spezifischen Luftverbrauch q an. Er gibt meistens den Luftverbrauch in Liter pro cm Hub an. Somit kann mit einer Tabelle (siehe Tabellenbuch) der Luftverbrauch nur in Abhängigkeit vom Kolbendurchmesser dargestellt werden.

Arbeitsauftrag:

1. Welcher Druck muss mindestens beim Einfahren eines doppeltwirkenden Zylinders vorhanden sein, damit eine Spannkraft von 2300 N erzeugt werden kann? (D = 80 mm; d = 25 mm; η = 90 %)
2. Ein doppeltwirkender Zylinder mit D = 100 mm soll eine Spannkraft von 2 kN erzeugen. Auf welchen Druck muss das Druckbegrenzungsventil vor dem Zylinder eingestellt werden?
3. Ermitteln Sie mithilfe des Tabellenbuches den Nenndurchmessers eines doppeltwirkenden Zylinders, der beim Ausfahren eine Spannkraft von mind. 43 kN bei 90 % Wirkungsgrad und 6 bar Betriebsdruck erzeugt.
4. Erklären Sie die Funktionsweise des Druckübersetzers in **Bild 2.**
5. Ermitteln Sie mithilfe des Tabellenbuches den Mindestkolbenstangendurchmesser für eine Hubkraft von 6 kN und einer Hublänge von 800 mm.

6. Erläutern Sie die Funktionsweise eines Tandemzylinders einmal mit 2 bzw. 3 bzw. 4 hintereinander geschalteten Zylindern.
7. Erläutern Sie den Aufbau und die Funktionsweise von Doppelkolbenzylindern.
8. Vergleichen Sie die Daten eines Doppelkolbenzylinders mit denen eines einfachen doppelt wirkenden Zylinders gleichen Nenndurchmessers.
9. Beschreiben Sie den Aufbau und die Funktionsweise von kolbenstangenlosen Zylindern.
10. Ermitteln Sie mit Hilfe des Tabellenbuches den Luftverbrauch eines doppelt wirkenden Zylinders mit den technischen Daten $D = 70$ mm, $d = 20$ mm; $p_e = 6$ bar, $p_{amb} = 1$ bar und vergleichen Sie diese Werte mit den nach der Formel errechneten.
11. Aus einer Leckstelle, deren Querschnitt einem kreisrunden Loch von 0,6 mm Durchmesser entspricht, entweichen 12 Liter Luft je Minute. Wie viel Euro Verlust entstehen im Jahr, wenn 1 m³ Luft den Betrieb 3 Cent kosten?
12. Was versteht man unter dem spezifischen Luftverbrauch?
13. Ermitteln Sie mit Hilfe des Tabellenbuches für einen Kolbendurchmesser $D = 60$ mm mit einem Hub von 30 mm den spezifischen Luftverbrauch q und den Luftverbrauch für 600 Hübe/min.
14. Mithilfe des doppelt wirkenden Zylinders wird durch das Zahnstangengetriebe (siehe **Bild**) eine Drehbewegung erzeugt. Bekannt sind:

    Modul $m = 2{,}5$ mm; Zähnezahl $z = 36$; Betriebsdruck $p_e = 4$ bar; Hub $s = 25$ mm; Hubzahl $n = 35$/min; Kolbendurchmesser $D = 70$ mm.

    Berechnen Sie:

    a) den Luftverbrauch in 8 h bei einem Nutzungsgrad von 90 %.
    b) die Kraft F in der Zahnstange bei einem Wirkungsgrad von 90 %.
    c) das Drehmoment des Zahnrades.
    d) den Drehwinkel α.

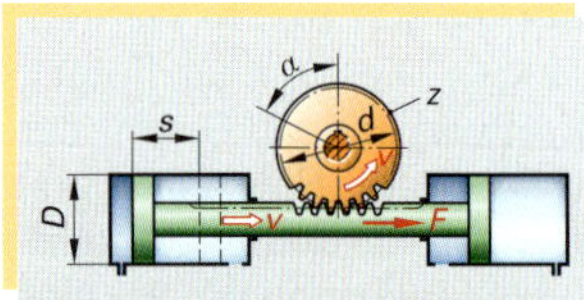

10.4.4.3 Druckluftmotoren

Zur Erzeugung von Drehbewegungen werden im Allgemeinen Elektromotoren eingesetzt. Braucht man hohe Startdrehmomente, hohe Drehzahlen, Überlastsicherheit und Explosionsschutz, werden Pneumatikmotoren eingesetzt.

Der Lamellenmotor **(Bild 1)** ist unter den Druckluftmotoren führend. Er ist einfach aufgebaut, robust, wartungsarm und kann im Normalfall bis zum Stillstand überbelastet werden. Lamellenmotoren werden als Schlag-, Winkel- bzw. Drehschrauber, Bohrsenker und Bohr-, Gewindeschneid-, Schleif- und Graviermaschinen eingesetzt.

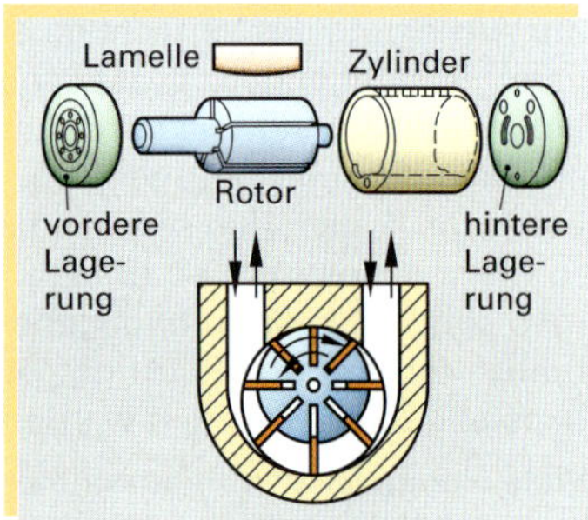

Bild 1: Lamellenmotor

Die Lamellen dichten bei laufendem Motor durch die Fliehkraft die Kammern gegeneinander ab. Diese Abdichtung ist allerdings schon beim Anlaufen notwendig, obwohl hier noch keine Fliehkraft wirkt. Deshalb werden die Lamellen im Bereich des Einlasses mit Druckluft unterblasen und gewähren damit eine Abdichtung auch im Stillstand. Eine andere konstruktive Maßnahme, um die Abdichtung beim Anfahren zu gewährleisten, ist der Einbau von Federn, die die Lamellen gegen das Gehäuse drücken.

Die Drehzahlen des Rotors liegen zwischen 10 000 min^{-1} und 100 000 min^{-1}. Durch Planetengetriebe werden diese Drehzahlen in den meisten praktischen Anwendungen verkleinert (bis zu 5 min^{-1}). Die Planetengetriebe können meist aus Baukastensystemen der Hersteller variiert werden, so dass für einen Motor mehrere Drehzahlvarianten zur Verfügung stehen. Um das zulässige maximale Drehmoment im Betrieb nicht zu überschreiten, werden meist Überlastkupplungen eingebaut. Die Leistungen von Lamellenmotoren liegen zwischen ca. 0,02 Watt und 5000 Watt.

Im Diagramm in **Bild 1, Seite 423,** ist das Leistungs- und Drehmomentverhalten und der Luftverbrauch des reglerlosen Druckluftmotors dargestellt. Drehmoment und Leistung sind von der Motordrehzahl abhängig. Jeder Motor hat seine eigene, spezifische Kennlinie. Es können somit Leistung und Drehmoment über der Drehzahl abgelesen werden. Umgekehrt ergibt sich bei bekannter Belastung die Drehzahl des Motors aus der Kennlinie.

Weichen die geforderten Daten von den Nenndaten des Motors (d.h. 100%) ab, so lässt sich mit Hilfe des in **Bild 2** dargestellten Diagrammes der einzustellende Betriebsdruck für einen Motor bestimmen.

Beispiel: Für einen Druckluftmotor mit M_{nenn} = 10,5 Nm und einer n_{nenn} = 500 min^{-1} ist der einzustellende Druck, für n = 320 min^{-1} bei M = 8,8 Nm zu berechnen.

Lösung:

$$y = \frac{M_{\text{gef, Motor}} \cdot 100\%}{M_{\text{nenn, Motor}}} = \frac{8{,}8\ \text{Nm} \cdot 100\%}{10{,}5\ \text{Nm}} = 83{,}3\%$$

$$x = \frac{n_{\text{gef, Motor}} \cdot 100\%}{n_{\text{nenn, Motor}}} = \frac{320\ \text{min}^{-1} \cdot 100\%}{500\ \text{min}^{-1}} = 68\%$$

Nach **Bild 2** ergibt sich p = 4,2 bar.

Beim einzustellenden Druck am Motor ergibt sich auch ein Druckabfall in der Zuleitung.

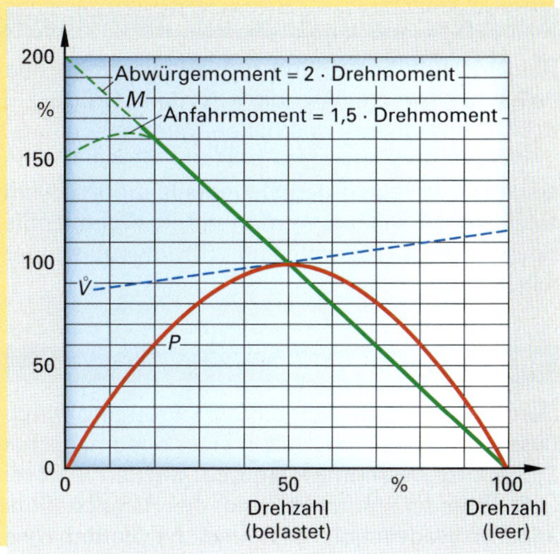

Bild 1: Diagramme

Beispiel: Durch einen Pneumatikschlauch mit d_i = 13 mm strömt eine Luftmenge von V = 3 m³/min. Die Schlauchlänge beträgt 6 m. Wie groß ist der Druck am Ende des Schlauches, wenn mit 6,5 bar eingespeist wird? Wie ändert sich der Druckverlust bei Verwendung eines Schlauches mit d_i = 15 mm?

Lösung: In **Bild 2** liest man einen Druckabfall für d_i = 13 mm auf 100 m Leitung von 30 bar ab:

$$\Delta p = \frac{\Delta p_{100} \cdot l_{\text{schlauch}}}{100\ \text{m}} = \frac{300\ \text{bar} \cdot 6\ \text{m}}{100\ \text{m}} = 1{,}8\ \text{bar}$$

Bei d_i = 15 mm ist p = 0,9 bar.

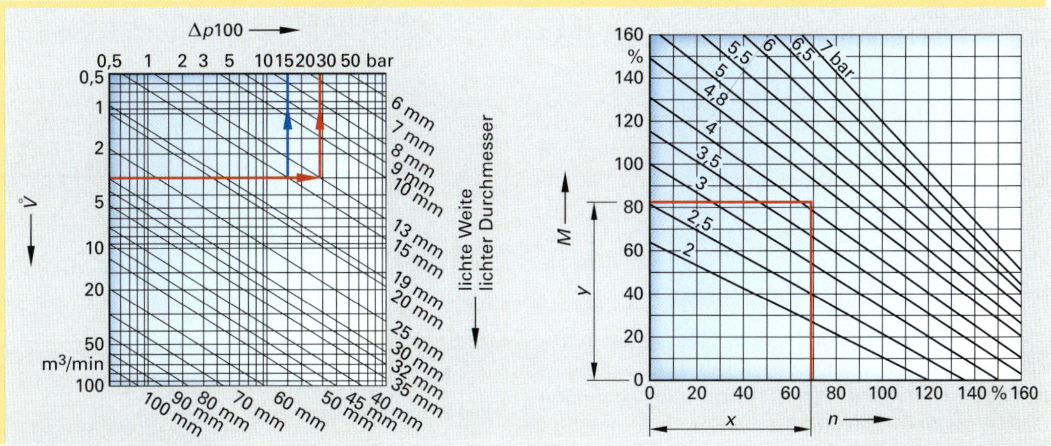

Bild 2: Druckdiagramme

Arbeitsauftrag:

1. Ein Motor benötigt 3,6 m³/min und muss mit einem Druck im Bereich von 4,4 bar bis 4,6 bar betrieben werden. Bislang verband ein Schlauch von 12 m Länge mit der NW 19 mm den Motor mit der Ringleitung. Welcher Druck war am Druckregler an der Ringleitung für diesen Zustand einzustellen? Wegen Umbauarbeiten an der Anlage wird ein Motor mit 5,0 m³/min Luftverbrauch, der im Bereich von 5,5 bar bis 5,7 bar betrieben werden muss, eingebaut. Reicht die Nennweite der Zuleitung noch aus, wenn an der Ringleitung maximal 6 bar zur Verfügung stehen?
2. Wie groß ist der einzustellende Druck für eine Drehzahl n = 550 min^{-1} und ein Drehmoment M = 20 Nm bei einem Druckluftmotor mit M_{nenn} = 28,2 Nm und n_{nenn} = 750 min^{-1}?
3. Erläutern Sie Einsatzbereiche von Druckluftmotoren in Ihrem Betrieb.

10.4.5 Pneumatische Ventile

Die Druckluftübertragung zum Aktor erfolgt über Leitungen. Um am Aktor die geforderte Größe (z. B. Kraft, Drehmoment) zu erhalten, werden Ventile als Energiesteuerelemente eingebaut. Diese Ventile steuern und regeln gegebenenfalls die Druckluft. Nach ihrer Funktion werden sie in Wegeventile, Sperrventile, Druckventile und Stromventile unterteilt.

10.4.5.1 Wegeventile

Durch Wegeventile werden Start, Stop und Durchflussrichtung der Druckluft in einer pneumatischen Steuerung bestimmt. Dadurch werden Aktoren (z. B. Zylinder, Motoren) und die Schaltstellung anderer Wegeventile gesteuert. Es werden zwei grundsätzliche Bauformen unterschieden

Bei **Sitzventilen** dichten entweder Kugeln (Kugelsitzventile; **Bild 1**) oder Teller (Tellersitzventile; **Bild 2**) die Ventilsitze ab. Wird der Ventilstößel betätigt, so wird die Entlüftung von 2 nach 3 verschlossen und die Druckluft kann von 1 nach 2 strömen.

Bei **Schieberventilen** steuern Kolben, die in Längsrichtung verschoben werden, den Durchfluss der Druckluft **(Bild 3)**. Der Steuerkolben kann durch Druckbeaufschlagung auf die Steuerleitung 12 oder auf die Steuerleitung 14 verschoben werden. Dadurch strömt die Arbeitsluft einmal von 1 nach 2 (bei Druck auf 12) und einmal von 1 nach 4 (bei Druck auf 14) **(Bild 4)**. Zum Umschalten genügt ein kurzzeitiger Impuls auf die entsprechende Steuerleitung. Das Ventil speichert dann die entsprechende Schaltstellung so lange, bis ein Gegenimpuls erfolgt. Bei diesen Ventilen ist zu beachten, dass sie keine definierte Grundstellung besitzen.

Sitzventile

- haben kleine Betätigungswege und deswegen eine kurze Ansprechzeit
- verschleißen wenig und sind schmutzunempfindlich
- erfordern große Betätigungskräfte und müssen deshalb bei großen Nennweiten vorgesteuert werden

Schieberventile

- haben wegen des größeren Betätigungsweges längere Ansprechzeiten
- verschleißen mehr, da sie schmutzempfindlich sind.
- erfordern geringe Betätigungskräfte

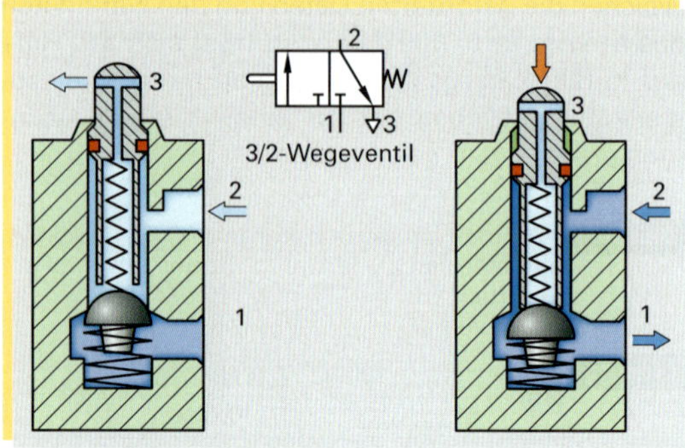

Bild 1: Kugelsitzventil

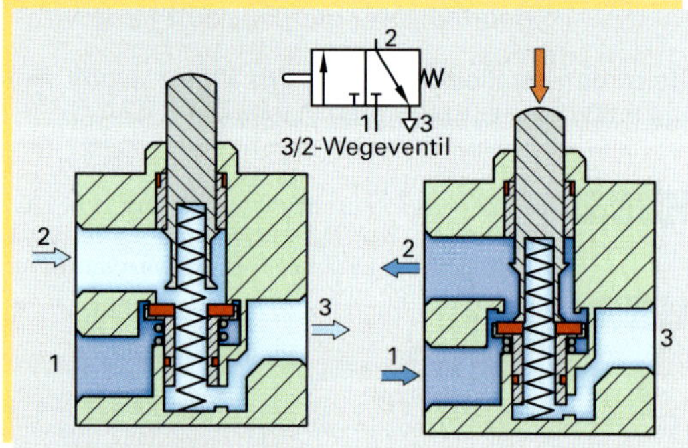

Bild 2: Tellersitzventil

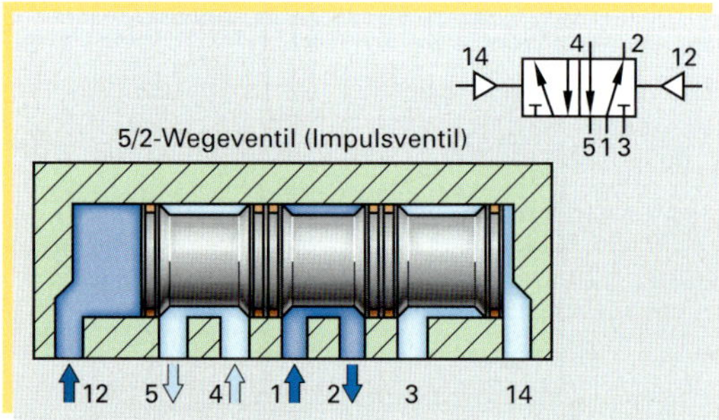

Bild 3: Längsschieberventil

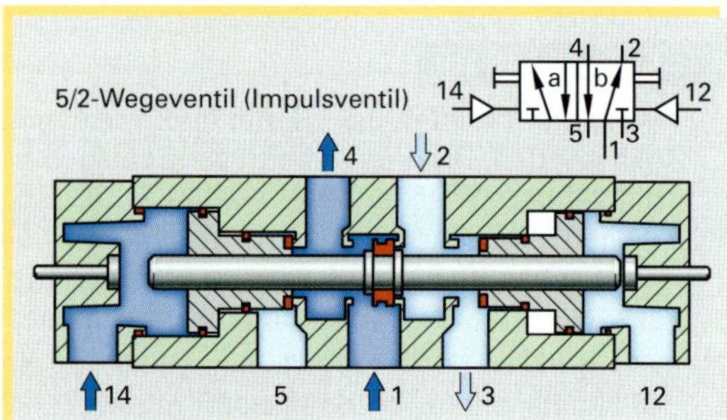

Bild 4: Schwebetellersitzventil

In pneumatischen Anlagen mit Aktoren, die einen hohen Luftverbrauch haben, müssen Wegeventile mit entsprechend großen Nennweiten eingesetzt werden, wodurch sich auch die Betätigungskräfte entsprechend vergrößern. In solchen Anlagen kommen indirekt betätigte Ventile zum Einsatz. Ein so gennantes Vorsteuerventil schaltet das eigentliche Hauptventil **(Bild 1)**.

Eine kleine Zusatzbohrung verbindet den Druckanschluss 1 mit dem Vorsteuerventil. Wird der Rollenhebel betätigt, so öffnet das Vorsteuerventil und die Druckluft kann bis zur Membrane strömen. Diese bewegt sich nach unten und schließt über einen Teller die Entlüftungsmöglichkeit von 3 nach 2. Dann wird mithilfe des großen Stößels der zweite Ventilteller geöffnet und die Druckluft kann von 1 nach 2 strömen.

Nach Lösen des Rollenhebels, wird der Raum über der Membran durch die Bohrung im Ventilhebel druckentlastet. Die Rückstellfeder kann dann den Steuerkolben nach oben drücken und schließt dabei zuerst die Verbindung zwischen 1 und 2. Danach wird von 3 nach 2 entlüftet. Das Vorsteuerprinzip lässt sich auf die verschiedensten Betätigungsarten anwenden.

Bild 2 zeigt ein Datenblatt eines 3/2-Wegeventils, aus dem konstruktive Merkmale wie Anschlussgewinde usw. hervorgehen.

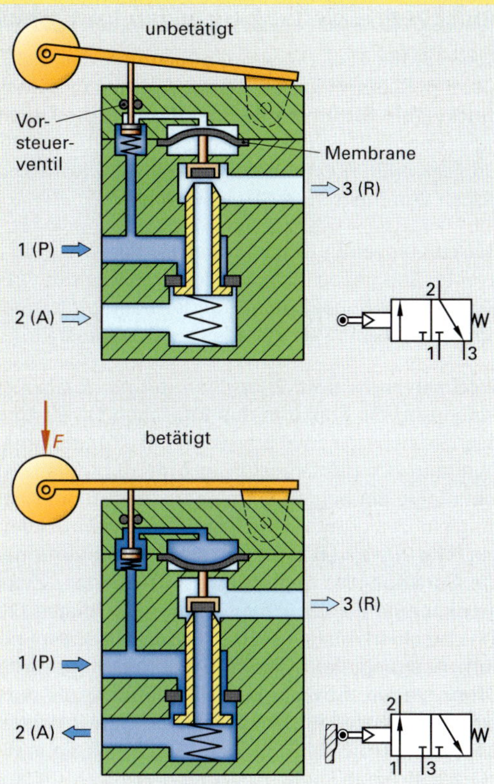

Bild 1: Vorsteuerprinzip

Merkmal	Wert	Merkmal	Wert
Schaltfunktion Symbol	3/2-Wegeventil, Grundstellung gesperrt	Betätigung/Rückstellung	Spule vorgesteuert, dominant/pneum. Betätigung
Schaltfunktion Kurzbeschreibung	3/2	Handhilfsbefestigung	Stoßend, selbstrückstellend/drehend, rastend
Strömungsrichtung reversibel	nein		
Funktionsprinzip	Schieber	Schaltzustandsanzeige	nein
Form Funktionselement	Kolben	Werkstoff Deckel	PA
Abluft drosselbar	nein	Werkstoff Gehäuse	Aluminium-Druckguss
Steuerart	indirekt	Werkstoff Dichtungen	NBR
Stelleigenschaft	monostabil	Produktgewicht	0,15 kg
Rückstellart	pneumatische Feder	Normal-Nenn-Durchfluss 1 - 2	850 l/min
Steuerhilfsluft extern	ja	Normal-Nenn-Durchfluss 2 - 3	850 l/min
Befestigungsart	Schraubbefestigung	Schaltzeit EIN/UM (dom)	28 ms
Nennweite	8 mm	Schaltzeit AUS/UM	18 ms
Betriebsdruck minimal	–0,9 bar	Spannungsart	DC
Betriebsdruck maximal	10 bar	Nenn-Gleichspannung	24 V
Umgebungstemperatur minimal	– 5 °C	Nenn-Leistung (DC)	1,5 W
Umgebungstemperatur maximal	50 °C	Einschaltdauer Magnet	100 %
Mediumstemperatur minimal	– 5 °C	Betriebsmedium	gefilterte (40 µm) Druckluft
Mediumstemperatur maximal	50 °C	Steuermedium	gefilterte (40 µm) Druckluft
Steuerdruck min.	2,5 bar	Schutzart	IP65
Steuerdruck maximal	10 bar		
Nenngr. Schl. anschl. Belüftung	8		
Nenngr. Schl. anschl. Arbeitsanschl.	8		
Nenngröße Schlauchan.	4		
Anschlussgewinde Steuerh. Entlüftung	M 5		
Norm Steckerbild	DIN 43650-1 Gerätesteckdose		

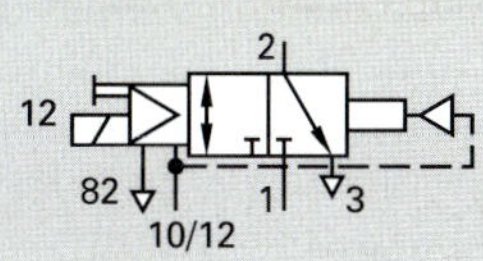

Bild 2: Datenblatt

10.4.5.2 Sperr- und Stromventile

Sperrventile beeinflussen die Richtung der Druckluft; z. B. Rückschlagventil, Wechselventil und Zweidruckventil. **Stromventile** beeinflussen die Durchflussmenge. Das wichtigste Stromventil ist das Drosselventil. Relativ häufig findet man Kombinationen von Sperr- und Stromventilen.

Rückschlagventile (Bild 1) sperren den Durchfluss in einer und geben ihn in der anderen Richtung frei. Sie verhindern bei Spannzylindern den plötzlichen Spanndruckabfall im Zylinder bei Druckausfall.

Wechselventile (Bild 2) erfüllen in pneumatischen Steuerung die Funktion des logischen ODER-Gliedes. Sie besitzen zwei Eingänge (10, 11) und einen Ausgang (2). Die Druckluft strömt zum Ausgang, wenn eine der beiden Eingangsleitungen oder beide gleichzeitig unter Druck stehen. **Zweidruckventile (Bild 2)** erfüllen in pneumatischen Steuerungen die Funktion des logischen UND-Gliedes. Zweidruckventile besitzen zwei Steueranschlüsse (10, 11) und einen Ausgang (2). Die Druckluft strömt nur zum Ausgang, wenn beide Steuereingänge unter Druck stehen. Sowohl beim Zweidruck- als auch beim Wechselventil ist konstruktiv gewährleistet, dass keine Druckluft von einer Steuerleitung in die andere strömen kann.

Das **Drosselrückschlagventil (Bild 3)** stellt eine Kombination von Drossel- und Rückschlagventil dar. In einer Strömungsrichtung ist eine stufenlose Regulierung des Durchflusses möglich, während in der Gegenrichtung die Druckluft Durchgang hat. Diese Ventile werden zur Beeinflussung von Kolbengeschwindigkeiten eingesetzt.

Das **Verzögerungsventil (Bild 4)** setzt sich aus einem Drosselrückschlagventil, einem 3/2-Wegeventil und einem Speicher zusammen. Steht an Steuereingang 12 Druckluft an, so füllt sich – je nach Drosselstellung – der Speicher mehr oder weniger schnell. Ist der notwendige Steuerdruck vorhanden, schaltet das Ventil. Die Zeit zum Aufbau des Schaltdruckes nennt man Zeitverzögerung des Ventils. Bei Entlüftung schaltet das Ventil in die Ausgangsstellung, wobei auch der Speicher geleert wird.

Ein rasches Entlüften von Leitungen ermöglichen **Schnellentlüftungsventile (Bild 5)**. Dabei wird nicht bis zum Stellglied entlüftet, sondern direkt am Schnellentlüftungsventil. Das Ventil sitzt direkt am Arbeitsglied, wodurch der Entlüftungsweg möglichst kurz gehalten wird. Durch diese Ventile werden größere Kolbengeschwindigkeiten durch schnelleres Entlüften erreicht.

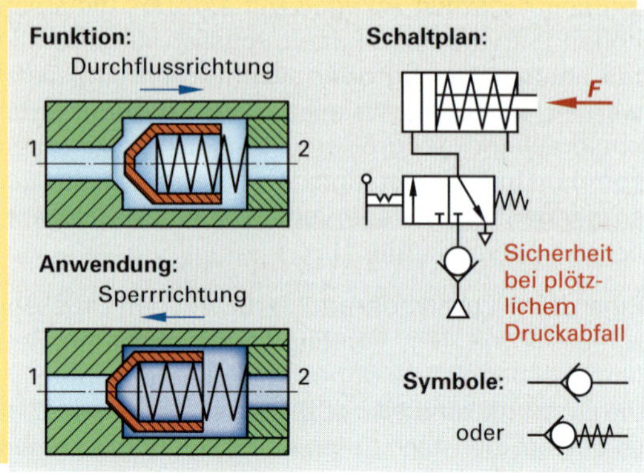

Bild 1: Rückschlagventil

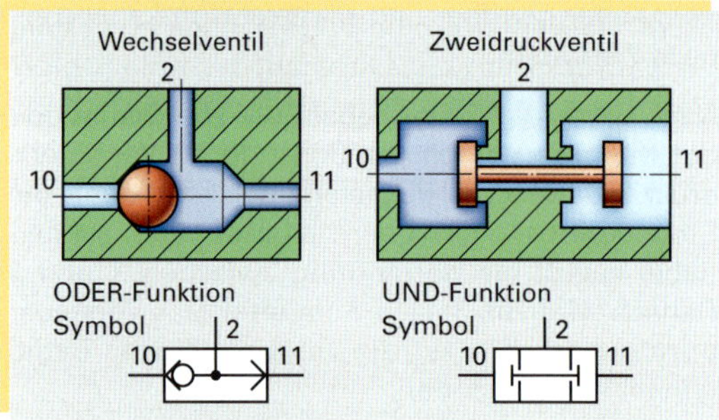

Bild 2: Logikventile

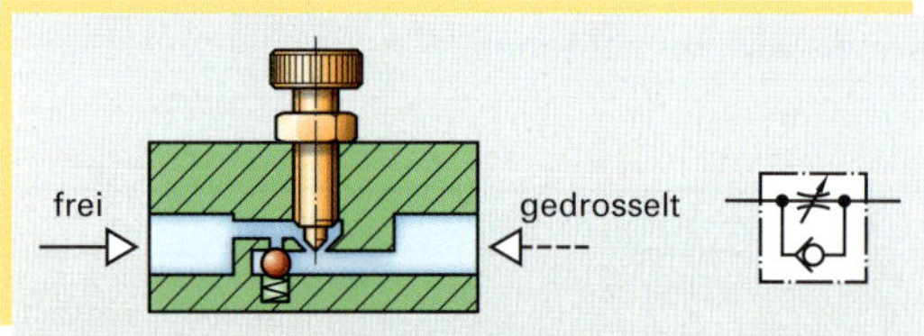

Bild 3: Drosselrückschlagventil

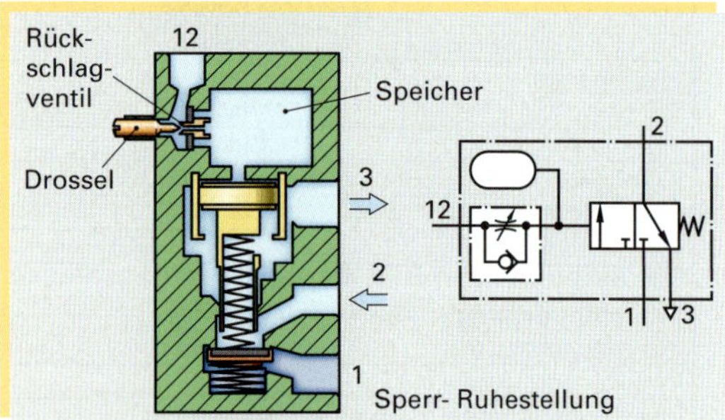

Bild 4: Verzögerungsventil

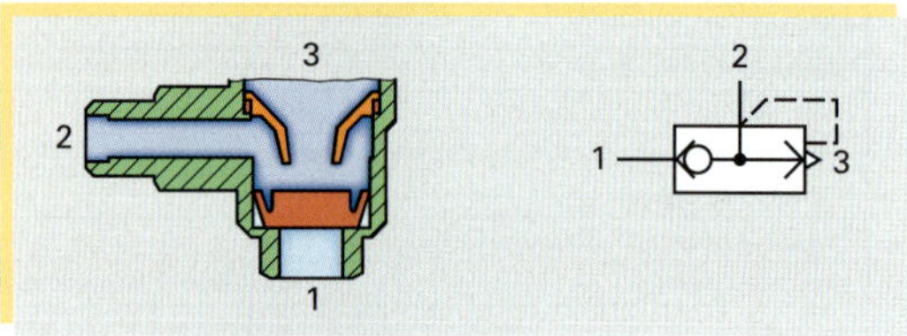

Bild 5: Schnellentlüftungsventil

10.4.5.1 Pneumatische Druckventile

In Pneumatikanlagen wird mithilfe der Druckventile

- der anstehende Druck oder
- der Druck der strömenden Luft

beeinflusst.

Mit einem **Druckregelventil (Bild 1)** kann ein vom Primärdruck unterschiedlicher konstanter Sekundärdruck eingestellt und geregelt werden. Die Regelung erfolgt über eine Membran und eine Feder. In jeder Wartungseinheit findet sich ein solcher Druckregler. Außerdem kann über ein solches Druckregelventil die Kolbenkraft eines Zylinders geregelt werden.

Druckbegrenzungsventile und **Zuschaltventile** – auch **Folgeventile** genannt – sind vom Funktionsprinzip ähnlich **(Bild 2)**. Beim Druckbegrenzungsventil wird beim Überschreiten des einstellbaren Druckes in der Druckseite (1) die Kraft auf den Kolben größer als die entgegen gerichtete Federkraft. Dadurch wird eine Entlüftung (Leitung 3 in **Bild 2**) zum Umgebungsdruck geöffnet. Der Druck kann sich nun solange abbauen, bis der eingestellte Druck unterschritten ist. Dann schließt das Ventil wieder, da die Federkraft nun größer als die Druckkraft ist. Solche Begrenzungsventile werden hauptsächlich als Sicherheitsventile eingesetzt.

Beim Folgeventil oder Zuschaltventil wird nicht entlüftet. Durch Öffnen des Kolbens strömt die Luft in eine Arbeitsleitung (Leitung 2 in **Bild 3**). Diese Leitung geht meist an die Steuerleitung eines Wegeventils, um diese zu schalten.

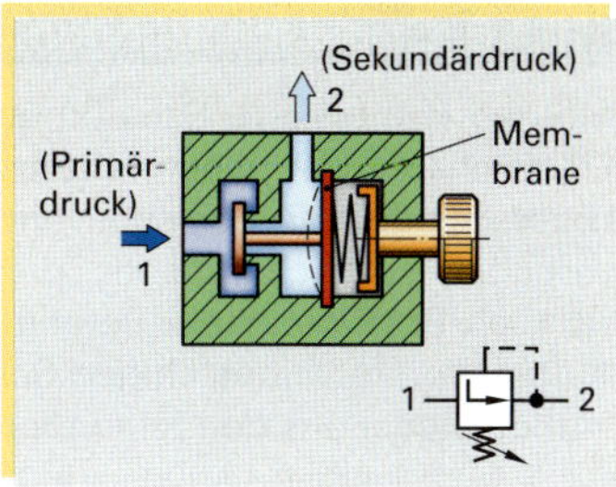

Bild 1: Druckregelventil

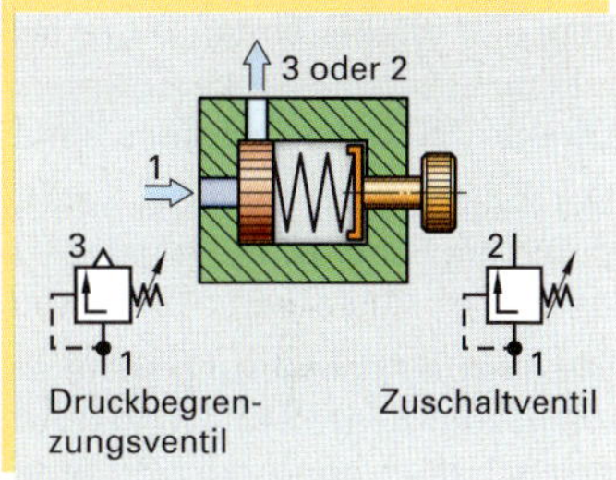

Bild 2: Folgeventil

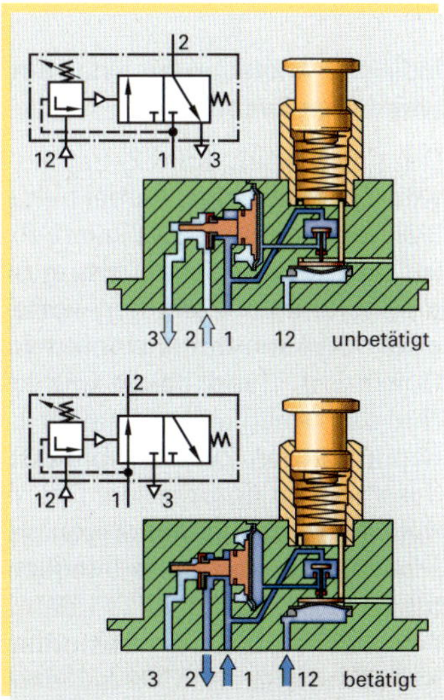

Bild 3: Druckschaltventil

Arbeitsauftrag:

1. Skizzieren Sie ein Verzögerungsventil mit Durchfluss-Nullstellung und beschreiben Sie die Funktion.
2. Skizzieren Sie ein pneumatisches 5/2-Impulsventil (Schieberventil) mit Handhilfsbetätigung und Vorsteuerung
3. Wieso kann durch ein Zweidruck-Ventil Luft strömen, wenn zuerst der erste Eingang und dann etwas später der zweite Eingang mit Druckluft beaufschlagt wird?
4. Wieso kann die ODER-Funktion des Wechselventils nicht durch einfaches Zusammenführen der Ausgänge von zwei 3/2-Wegeventilen ersetzt werden?
5. Beschreiben Sie die Steuerung in **Bild 4.**
6. Was passiert in **Bild 4,** wenn die Anschlüsse beim Rückschlagventil vertauscht werden?
7. Welche Aufgaben übernehmen Druckventile in Pneumatikanlagen?
8. Erklären Sie die Funktionsweise des Druckregelventils in **Bild 5** bei Druckschwankungen.
   a) Weshalb schreibt man Druckbegrenzungsventile bei Steuerungen vor?
   b) Wie ändert sich der Sekundärdruck, wenn man die Einstellschraube weiter einschraubt?
   c) Wie wirkt sich eine verklemmte bzw. gebrochene Feder auf die Funktionsweise aus?
   d) Erklären Sie die Notwendigkeit der Bohrungen „3“.

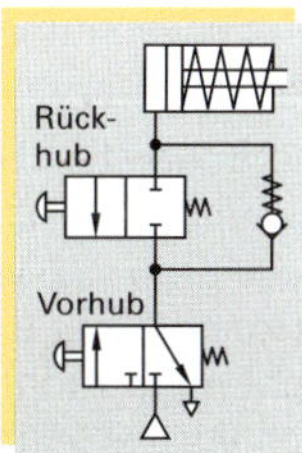

Bild 4

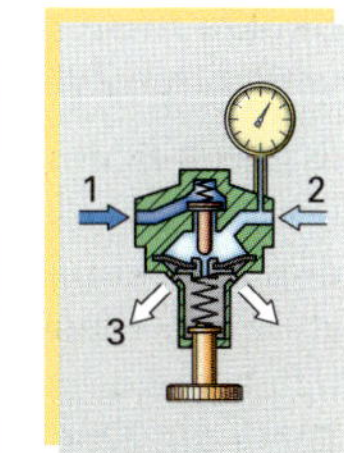

Bild 5

10.4.6 Grundschaltungen

Müssen komplexere Schaltungen entworfen werden, so sind Kenntnisse über die unterschiedlichen Eigenschaften der pneumatischen Elemente unerlässliche Voraussetzungen. So sollten die konstruktiven Unterschiede (z. B. Schieber- und Sitzventile) und die daraus resultierenden Eigenheiten wie Umschaltverhalten (schleichend oder sprungartig) bekannt sein. Weiterhin sind die Eigenschaften der Ventile hinsichtlich Betätigungsart, Betätigungskraft und Durchströmverhalten wichtige Voraussetzungen für den Aufbau von funktionsfähigen Schaltungen. Die Analyse verschiedenster Schaltpläne zeigt, dass sie sich immer wieder aus den folgenden Grundschaltungen zusammensetzen.

10.4.6.1 Einfacher Vor- und Rücklauf bei Zylindern

Eine der elementarsten Aufgaben in der Pneumatik ist es, einen Zylinder (einfach- oder doppeltwirkend) aus- und wieder einfahren zu lassen. Hierzu gibt es die verschiedensten Möglichkeiten.

Direkte Ansteuerung eines einfachwirkenden Zylinders

Der Zylinder 1A1 fährt bei Betätigung des 3/2-Wegeventils 1S1 aus. Wird 1S1 nicht betätigt, so fährt 1A1 durch die Feder in 1S1 wieder ein; d. h., der Zylinder erreicht nur seine vordere Endlage, wenn für die Zeitdauer des Ausfahrens 1S1 betätigt ist **(Bild 1)**.

Die direkte Ansteuerung sollte nur gewählt werden, wenn kein zu großes Zylindervolumen vorliegt und der Schaltvorgang nur von einem Signalglied aus gesteuert wird. Sie ist allerdings kostengünstiger als die indirekte Ansteuerung, da man nur ein 3/2-Wegeventil braucht.

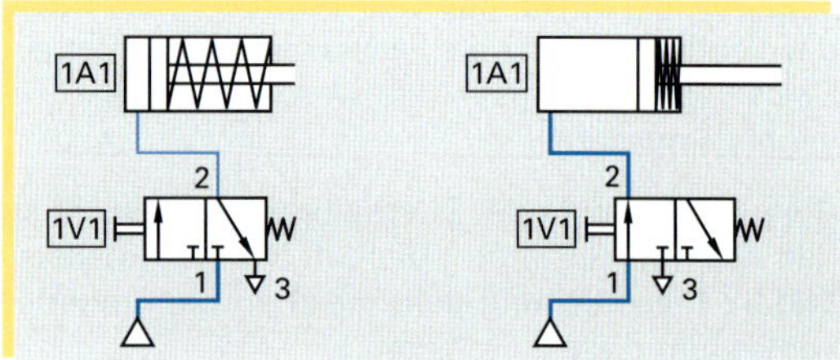

Bild 1: Direkte Ansteuerung eines einfach wirkenden Zylinders

Indirekte Ansteuerung eines einfach wirkenden Zylinders

Diese Steuerung **(Bild 2)** hat die gleiche Funktionsweise wie die obige, wobei hier ein druckbetätigtes 3/2-Wegeventil als Stellglied zusätzlich eingebaut ist. Die indirekte Ansteuerung bringt vor allem bei großvolumigen Zylindern Vorteile, da das Signalglied 1S1 klein dimensioniert werden kann (somit Gewinn an Handlichkeit und kurze Schaltzeiten). Nur das Stellglied 1V1 (auch Leistungsventil genannt) ist den Zylinderabmessungen und Durchflussmengen anzupassen. Des Weiteren kann man mit kleinen Signalleitungen von 1S1 nach 1V1 arbeiten. Es sind dann lediglich die kurzen Zuleitungen zum Stellglied 1V1 den Zylinderkenndaten entsprechend zu dimensionieren. Diese kurzen Strecken haben den Vorteil, dass der Totraum entsprechend klein wird und sich damit auch der Luftverbrauch minimiert.

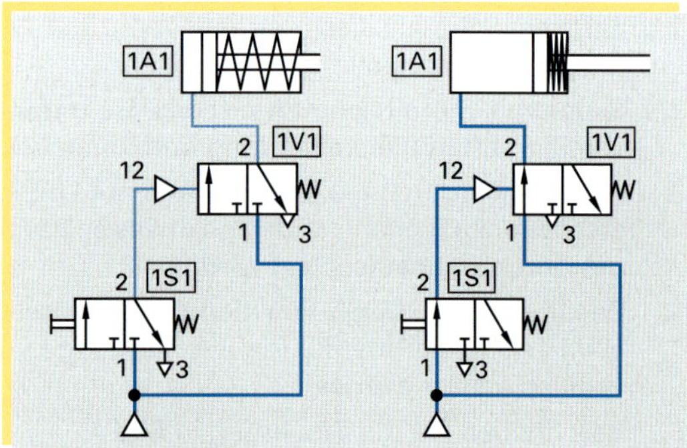

Bild 2: Indirekte Ansteuerung eines einfach wirkenden Zylinders

Direkte Ansteuerung eines doppelt wirkenden Zylinders

In **Bild 3** fährt der Zylinder 1A1 bei Betätigung des 5/2-Wegeventils aus und durch Umschalten wieder ein. Hier könnte auch ein 4/2-Ventil zum Einsatz kommen. Dieses wird nur über einen Ausgang entlüftet und es ist nicht mehr möglich, wie beim 5/2-Ventil die Abluft von Vor- und Rücklauf getrennt zu erfassen.

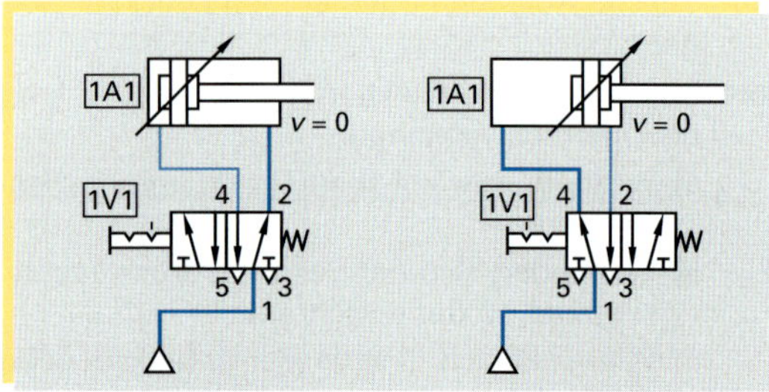

Bild 3: Direkte Ansteuerung eines doppelt wirkenden Zylinders

Im Unterschied zum einfach wirkenden Zylinder braucht der doppelt wirkende für den Vor- und den Rückhub je eine Druckbeaufschlagung. Dadurch muss das zugehörige Stellglied zwei gesteuerte Druckluftausgänge besitzen. Das am häufigsten eingesetzte Stellglied ist ein 5/2-Wegeventil. Es besitzt 2 Arbeitsleitungen (2; 4), 2 Entlüftungen (3; 5) und einen Anschluss zur Druckluftzufuhr (1). In der einen Schaltstellung strömt Luft von 1 → 2 und es wird über 4 → 5 entlüftet. In der anderen strömt Luft von 1 → 4, es wird über 2 → 3 entlüftet. Je nach Betätigungsart ergeben sich mehrere Möglichkeiten der Ansteuerung. Grundsätzlich besteht auch die Möglichkeit, den Vor- und Rücklauf mit zwei getrennten 3/2-Wegeventilen zu steuern, wobei hierbei aber Signalüberschneidungen (siehe auch Kapitel 10.4.6.6) beachtet werden müssen.

Indirekte Ansteuerung eines doppelt wirkenden Zylinders

Der Zylinder 1A1 in **Bild 1a** fährt aus, wenn das Signalglied 1S1 betätigt ist und nach Loslassen von 1S1 wieder ein. Auch hier fährt der Zylinder nur ganz aus, wenn für die Dauer des Ausfahrens 1S1 betätigt ist. Die grundsätzlichen Vor- und Nachteile für die direkte und indirekte Ansteuerungen sind die gleichen wie die beim einfach wirkenden Zylinder.

Zu der Steuerung in **Bild 1b** gibt es keine direkte Alternative. Der Zylinder 1A1 fährt bei Betätigung von 1S1 bis zur Endlage aus und nur bei Betätigung von 1S2 wieder ein. Man nennt diese Art der Ansteuerung auch Impulssteuerung, da für das Stellglied 1V1 nur ein kurzer Druckimpuls zur Umsteuerung genügt. Diese Ventilart wird auch Speicherventil genannt, weil das Signal zur Umsteuerung nur als Impuls anstehen muss und danach das Ventil diese Stellung speichert.

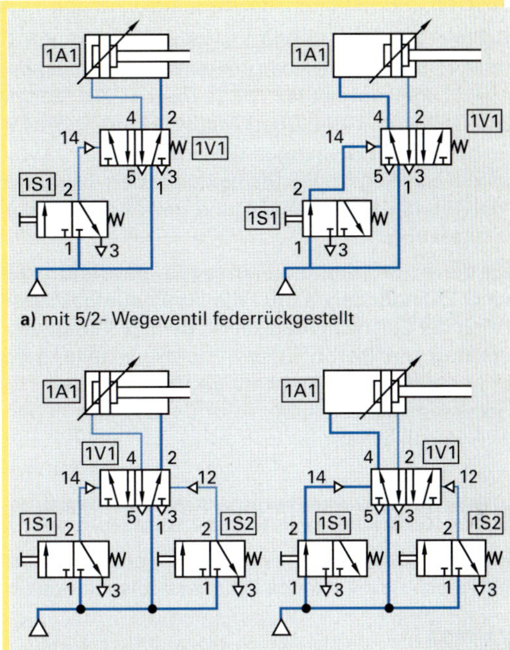

a) mit 5/2- Wegeventil federrückgestellt

b) mit 5/2- Wegeventil; Impulsventil

Bild 1: Indirekte Ansteuerung eines doppelt wirkenden Zylinders

Beispiel: Ein vorhandener Handarbeitsplatz **(Bild 2)** soll teilweise automatisiert werden. In ein Werkstück mit einer Bohrung wird mittels eines doppelt wirkenden Zylinders eine Buchse eingepresst. Das Ausfahren des Zylinders geschieht durch Betätigung eines Tasters. Das Einfahren soll automatisch nach Erreichen der vorderen Endlage stattfinden. Die Zuführung der Buchsen und Werkstücke geschieht von Hand. Diese Ausführung der Steuerung entspricht nicht den Sicherheitsvorschriften. Zur Sicherheitssteigerung müssen noch weitere Bedingungen, auf die später eingegangen wird, eingebaut werden.

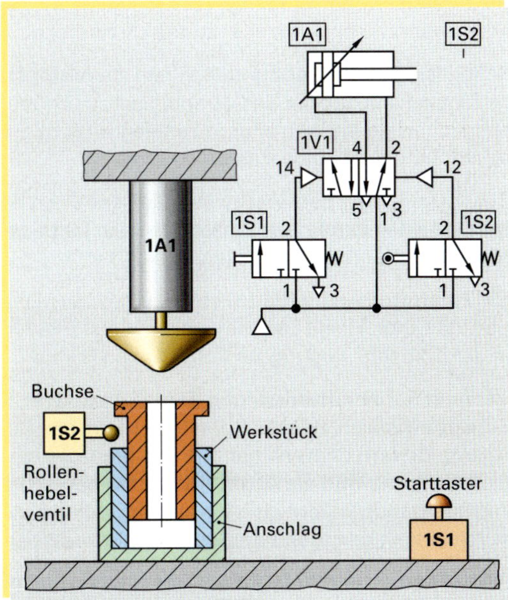

Bild 2: Einpressvorrichtung

In **Bild 2** zeigt sich das Speicherverhalten des 5/2-Ventils 1V1. Wird 1S1 bis zum Erreichen der Endlage betätigt, so stehen am 5/2-Ventil 1V1 auf beiden Seiten die Drücke zum Umsteuern an. Eine Umsteuerung kann erst erfolgen, wenn 1S1 losgelassen wird. Das 5/2-Impulsventil ist also ein Speicher mit dominantem Verhalten für das zuerst ankommende Signal.

Fixieren und Anhalten in Zwischenstellungen

Bei der Schaltung in **Bild 1** ist es möglich, durch Tippbetrieb sowohl im Vor- (mit 1S1) als auch im Rückhub (mit 1S2) den Zylinder in beliebigen Lagen anzuhalten und zu fixieren. Als Stellglied kommt hier ein 5/3-Wegeventil mit Sperr-Mittelstellung zum Einsatz. Die beiden anderen Schaltstellungen des Stellgliedes sind die gleichen wie bei einem 5/2-Wegeventil. Die beiden Federn bringen das nicht betätigte Ventil in die Mittelstellung und gewährleisten somit eine definierte Nullstellung.

Zu dieser Schaltung ist zu sagen, dass die exakte Positionierung einer Zylinderstange mit Hilfe der Pneumatik wegen der Kompressibilität der Luft nicht möglich ist. Beim 5/3-Wegeventil mit Sperr-Ruhestellung wird der Zylinder in der Ruhestellung von 1V1 fixiert; d.h. er ist nicht verschiebbar. Benutzt man ein 5/3-Wegeventil mit Schwimm-Ruhestellung, so ist der Zylinder in der Ruhestellung von 1V1 verschiebbar.

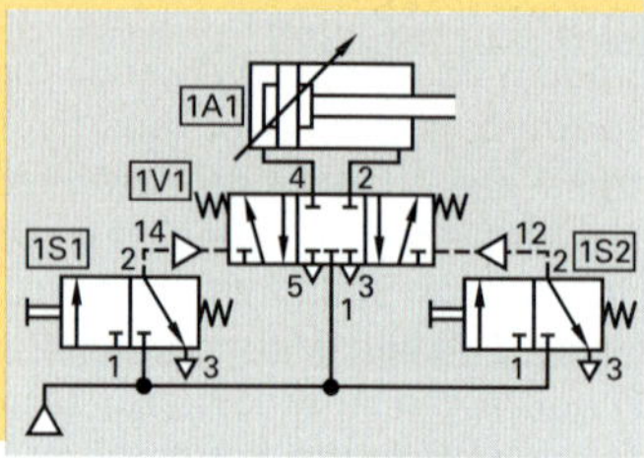

Bild 1: Fixieren und Anhalten

10.4.6.2 Geschwindigkeitsbeeinflussung

In vielen praktischen Anwendungen muss die Aus- und/oder die Einfahrgeschwindigkeit des Zylinders einstellbar sein.

Beispiel: Die Aufgabe von S. 429 wird so erweitert, dass die Ausfahrgeschwindigkeit des Zylinders einstellbar und die Einfahrgeschwindigkeit möglichst groß ist **(Bild 2)**.

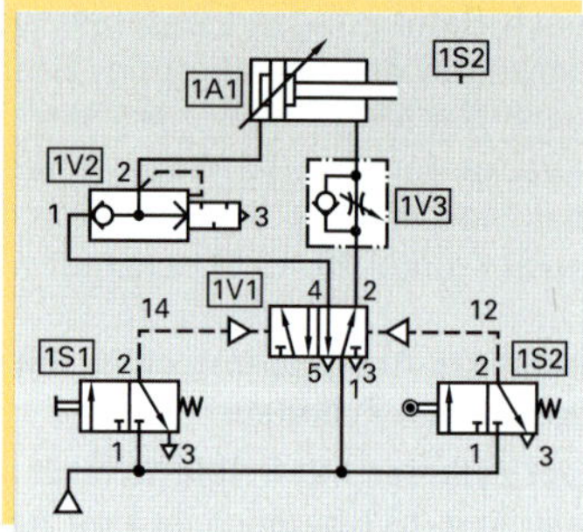

Bild 2: Einpressvorrichtung

Die Beispielaufgabe zeigt, dass es grundsätzlich zwei verschiedene Möglichkeiten gibt, die Geschwindigkeit zu beeinflussen. Einerseits wird versucht, die Kolbengeschwindigkeit möglichst **groß** zu machen, während andererseits die Geschwindigkeit **zu verringern** ist.

Schnellentlüftungsventile stellen rein steuerungstechnisch die einzige Möglichkeit dar, die Geschwindigkeit zu erhöhen. Sollte dies nicht ausreichen, so müssen andere Ventile (mit größeren Anschlussquerschnitten) eingebaut werden.

Zur Verringerung der Geschwindigkeit kommen hauptsächlich **Drosselrückschlagventile** zum Einsatz. Je nach Einbaustelle unterscheidet man Abluft- und Zuluftdrosselung.

Die **Zuluftdrosselung (Bild 3)** sollte möglichst nicht angewendet werden, da schon kleine Lastschwankungen starke Unregelmäßigkeiten in der Kolbenbewegung zur Folge haben können.

Wird mit der **Abluftdrosselung (Bild 3)** gearbeitet, so bewegt sich der Kolben zwischen zwei Luftpolstern (dem der Zuluft und dem der Abluft). Er wird dadurch geführt und bewegt sich gleichmäßig. Aus diesem Grund wird die Abluftdrosselung bevorzugt angewendet. Bei kurzhubigen Zylindern ist die Abluftdrosselung nicht anwendbar, da sich hier kein genügend großes Luftpolster aufbauen kann.

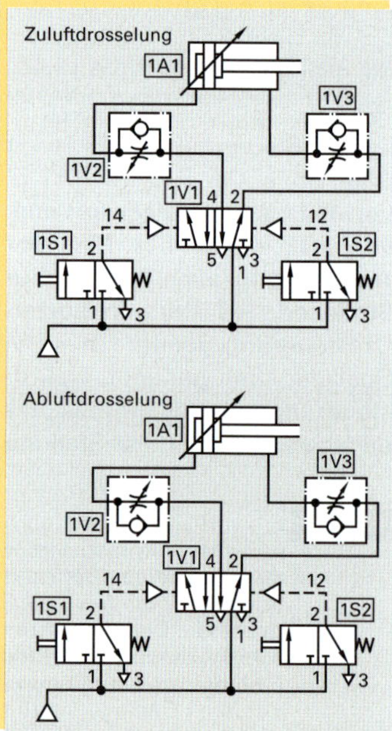

Bild 3: Zu- und Abluftdrosselung

Bei einfachwirkenden Zylindern kann der Vorhub nur durch die Zuluft gedrosselt werden, während der Rückhub durch Abluft gedrosselt wird **(Bild 4)**. Weiterhin besteht die Möglichkeit, auch Geschwindigkeitsänderungen während des Hubes zu erreichen. In **Bild 1** auf der nächsten Seite fährt der Kolben zuerst mit Maximalgeschwindigkeit aus, bei Betätigung des Drosselrückschlagventils wird die Abluft gedrosselt und somit die Ausfahrgeschwindigkeit reduziert. Der Rückhub erfolgt mit Maximalgeschwindigkeit.

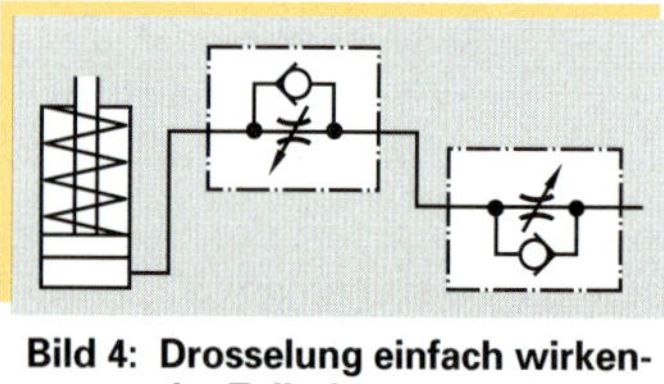

Bild 4: Drosselung einfach wirkender Zylinder

Arbeitsauftrag:

1. Beurteilen Sie, ob das Fixieren und Anhalten eines doppelt wirkenden Zylinders mit zwei 3/2-Wegeventilen Sinn macht?
2. Entwerfen Sie einen Schaltplan für einen einfach wirkender Zylinder, der mit einem 5/2-Wegeventil gesteuert werden soll.
3. Erläutern Sie, ob sich die Kolbenstange in nebenstehendem **Bild** in der Ausgangsstellung bewegen lässt. Wie verhält sich die Kolbenstange bei Schalterbetätigung?

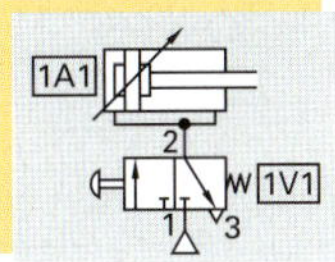

4. Warum baut man die Drossel zur Steuerung der Kolbengeschwindigkeit nicht vor dem Stellglied, sondern nach dem Stellglied ein?
5. Skizzieren Sie eine Schaltung, in der ein doppelt wirkender Zylinder bis zur Mitte seines Vorhubes mit reduzierter und ab der Mitte mit maximaler Geschwindigkeit ausfährt. Präsentieren Sie Ihre Lösung und vergleichen Sie unterschiedliche Lösungsansätze.
6. Die Druckluft muss in einer Leitung in beiden Richtungen gedrosselt werden. Es stehen aber nur Drosselrückschlagventile zur Verfügung. Zeichnen Sie den Schaltplan.
7. Entwerfen Sie für folgendes Problem einen Schaltplan: Ein Motor mit Rechts- und Linkslauf soll von Hand gesteuert werden. Bei Nichtbetätigung des Ventils muss die Bewegung des Motors blockiert sein.

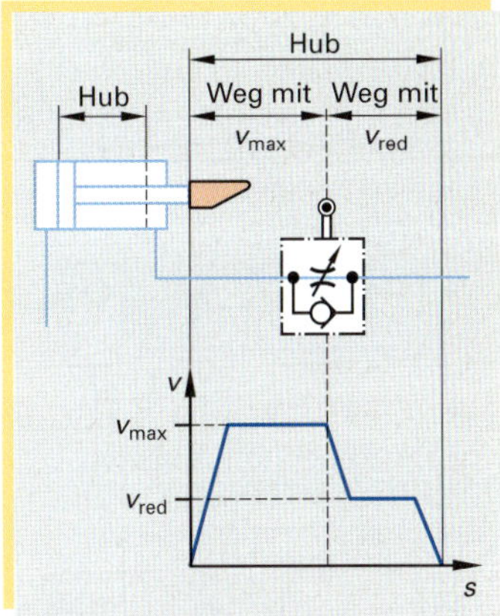

Bild 1: Geschwindigkeitsbeeinflussung

Tabelle 1: Identität

Schaltalgebra	Logikplan	Wertetabelle
Funktionsgleichung E1 = A1 E1 gleich A1	E1 [=] A1	E1 A1 0 0 1 1

10.4.6.3 Verknüpfung von Signalen

In komplexeren Steuerungsanlagen gibt es sehr häufig mehrere Bedingungen, die erfüllt sein müssen, um ein Arbeitsglied anzusprechen. So darf z. B. ein Spannzylinder erst dann ausfahren, wenn zwei Taster gleichzeitig betätigt sind, ein Teil in der Spannstation liegt, das Schutzgitter geschlossen ist etc. Das Stellglied (z. B. 5/2-Wegeventil) zu diesem Zylinder hat aber nur je einen Anschluss zum Umsteuern. Dies bedeutet, dass die notwendigen Signale zur Umsteuerung logisch zusammengefasst werden müssen. Man unterscheidet vier Grundverknüpfungen:

- IDENTITÄT
- NEGATION
- UND
- ODER

(siehe auch Kapitel 10.2).

Mit Hilfe dieser Grundverknüpfungen lassen sich sämtliche komplexeren logischen Verknüpfungen zusammenstellen. Die Identität ist schon auf Seite 429 vorgestellt worden. Sie bedeutet, dass bei Anstehen eines Einssignals ein Ausgang gesetzt wird **(Tabelle 1)**.

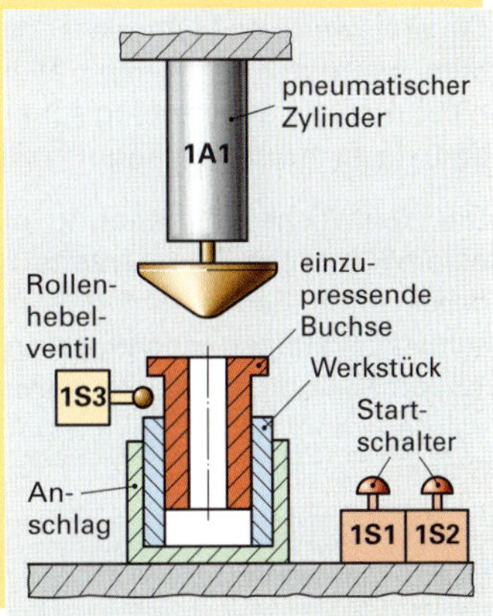

Bild 2: Einpressvorrichtung

UND-Verknüpfung

Beispiel: Der Anschlag für die Aufnahme des Werkstückes zum Einpressen der Buchse ist geändert worden. Es muss gewährleistet sein, dass der Werker beim Einpressen der Buchse die Hände außerhalb des Gefahrenbereiches hat. Deswegen darf der doppelt wirkende Zylinder nur ausfahren, wenn zwei Schalter S1 und S2 gleichzeitig gedrückt sind **(Bild 3)**.

Die logische Grundbedingung lautet, dass am Ausgang A1 nur dann ein Einssignal anliegt, wenn an beiden Eingangssignalen E1 und E2 auch ein Einssignal ansteht **(Tabelle 2)**.

Tabelle 2: UND-Verknüpfung

Schaltalgebra	Logikplan	Wertetabelle
Funktionsgleichung $E1 \wedge E2 = A1$ E1 UND E2 gleich A1 $\wedge$ Zeichen für die UND-Verknüpfung	E1, E2 [&] A1	E1 E2 A1 0 0 0 1 0 0 0 1 0 1 1 1

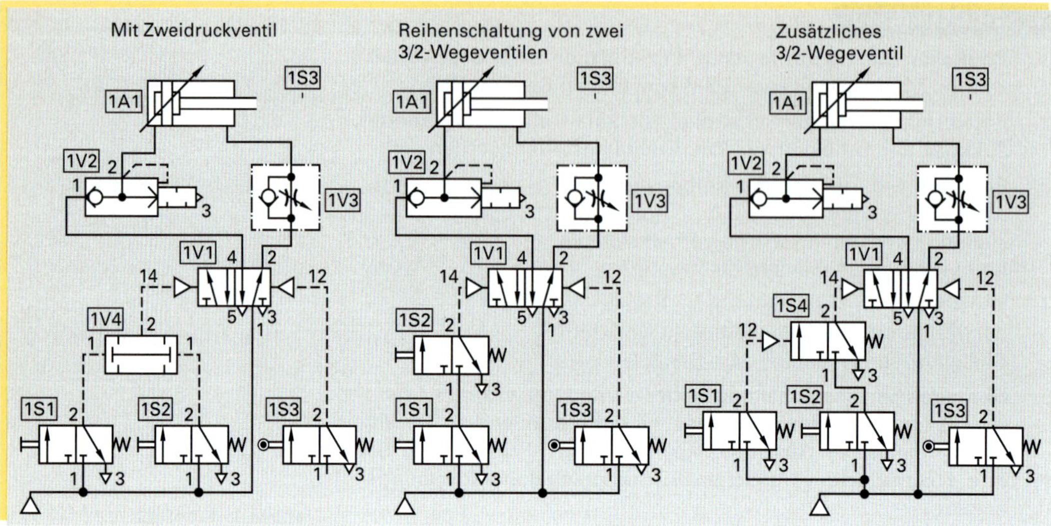

Bild 1: UND-Verknüpfung

Durch den Einsatz des so genannten **Zweidruckventils** (auch UND-Ventil genannt) werden die beiden Signale von 1S1 und 1S2 logisch so zusammengefasst, dass das Stellglied 1V1 nur dann umschaltet, wenn 1S1 **UND** 1S2 betätigt sind. Hier können die Signale von 1S1 und 1S2 noch in anderen Signalverknüpfungen verarbeitet werden. Allerdings kommt am Ausgang des Zweidruckventils immer das schwächere und langsamere der beiden vorhandenen Eingangssignale an.

Die preiswerteste Methode ist die Reihenschaltung von zwei 3/2-Ventilen. Hierdurch kann dann allerdings das Eingangssignal von 1S2 nicht mehr in anderen logischen Verknüpfungen eingearbeitet werden, da es nur bei Betätigung von 1S1 Energie hat.

Die zusätzliche Verwendung eines druckbetätigten 3/2-Ventils ist einerseits teuer. Andererseits besitzt diese alle Vorteile der Zweidruckventil-Lösung und gewährleistet zusätzlich, dass bei unterschiedlich starken Eingangssignalen das schwächere am Anschluss 12 von 1S4 und das stärkere am Anschluss 1 von 1S4 angeschlossen werden kann. So erscheint am Ausgang von 1S4 immer das stärkere Signal.

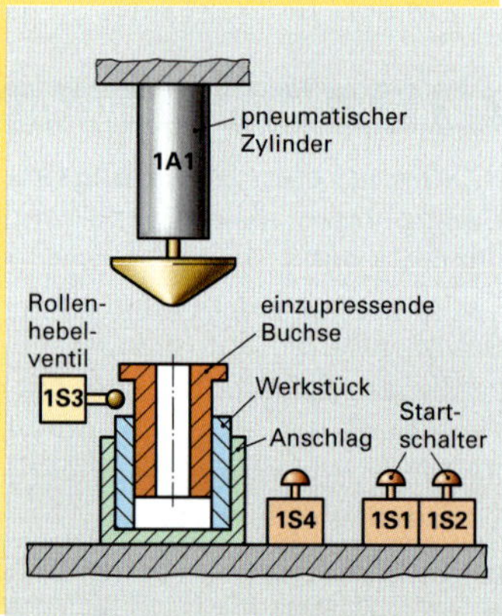

Bild 2: Einpressvorrichtung

ODER-Verknüpfung

Beispiel: Die Aufgabenstellung muss weiter ausgebaut werden, da sich konstruktive Probleme am Grenztaster 1S3 für die Rückfahrt ergaben. Dieser Grenztaster löste häufig trotz Erreichen der Endlage nicht aus. Da der Taster schwer zugänglich ist, war es sehr aufwändig, den Zylinder wieder einfahren zu lassen. Es soll nun ein weiterer Taster zugeschaltet werden, von dem aus der Zylinder auch zum Einfahren gebracht werden kann; d. h. 1S3 oder 1S4 lassen den Zylinder 1A1 einfahren **(Bild 2)**.

Die logische Grundbedingung lautet, dass am Ausgang A1 dann ein Einssignal anliegt, wenn entweder an E1 ODER E2 ODER an beiden Eingangssignalen ein Einssignal ansteht **(Tabelle 1)**.

Für das obige Beispiel (ODER-Verknüpfung) ergeben sich konstruktiv zwei Lösungsmöglichkeiten, die auf der nächsten Seite beschrieben sind.

Tabelle 1: UND-Verknüpfung

Schaltalgebra	Logikplan	Wertetabelle
Funktionsgleichung E1 ∨ E2 = A1 E1 oder E2 gleich A1 ∨ Zeichen für ODER-Verknüpfung	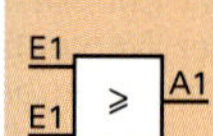	E1 E2 A1 0 0 0 1 0 1 0 1 1 1 1 1

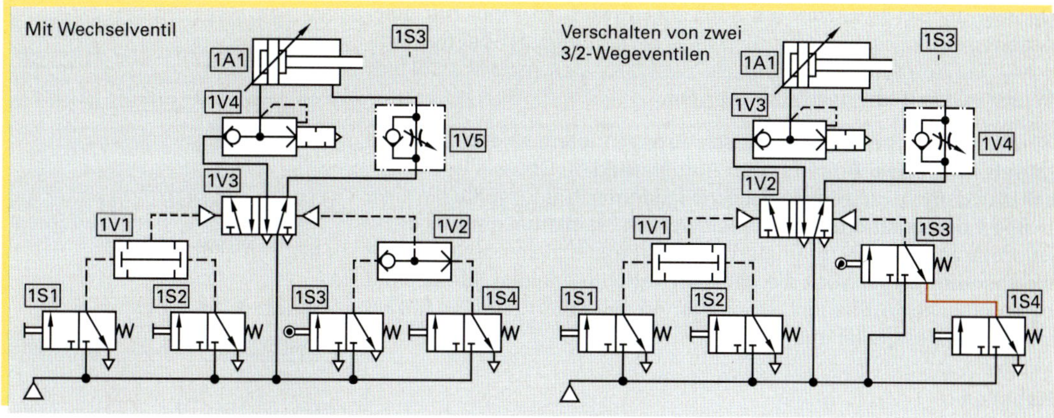

Bild 1: Verschiedene Lösungsmöglichkeiten einer ODER-Verknüpfung

Durch den Einsatz des sog. **Wechselventils** (auch ODER-Ventil genannt) werden die beiden Signale von 1S3 und 1S4 so zusammengefasst, dass das Stellglied 1V1 dann umschaltet, wenn 1S3 ODER 1S4 betätigt sind. In dieser Lösungsvariante können die Signale von 1S3 und 1S4 noch in anderen Signalverknüpfungen verarbeitet werden.

Das Verschalten von zwei 3/2-Ventilen stellt eine weitere grundsätzliche Lösungsvariante dar, die gerätetechnisch billiger ist. Sie hat aber auch den Nachteil, dass das Signal von 1S4 an die Entlüftung von 1S3 angeschlossen werden muss. Dies erfordert, dass an 1S3 der Schalldämpfer ab- und eine Verschlauchungsmöglichkeit angebaut werden muss. Auch steht 1S3 nicht für andere Signalverknüpfungen zur Verfügung. Würde das Signal von 1S3 nach dem Ventil für andere Signalverknüpfungen abgegriffen, so brächte dies Probleme mit sich, da an dieser Stelle nicht eindeutig gewährleistet ist, ob das Signal von 1S3 oder von 1S4 kommt.

Mehrfach UND/Mehrfach ODER

Wie weiter oben schon angedeutet, entspricht die reine Zweihandlösung noch nicht den heutigen Sicherheitsbestimmungen.

Beispiel: Die Aufgabenstellung soll weiter ausgebaut werden. Der Zylinder 1A1 darf nur ausfahren, wenn er in der hinteren Endlage (1S5) ist und wenn – wie bisher – zwei Schalter 1S1 und 1S2 betätigt sind. Außerdem wird für Linkshänder ein weiterer Handtaster 1S6 benötigt, der ebenfalls wie 1S4 das Zurückfahren des Zylinders gewährleistet, wenn 1S2 hängt. 1S6 soll nur auf der anderen Seite von 1S4 liegen, damit der Linkshänder nicht ständig umgreifen muss.

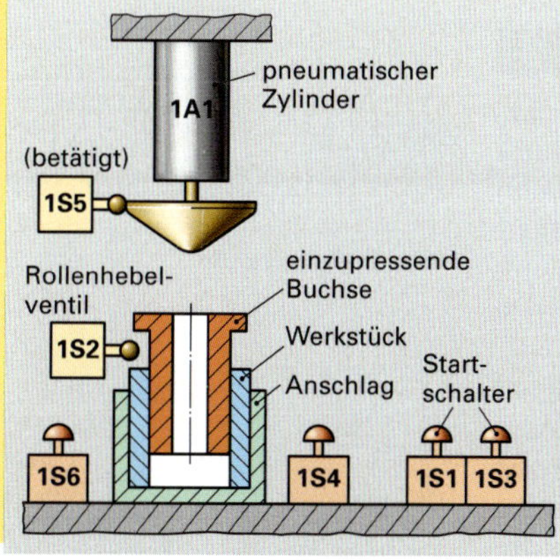

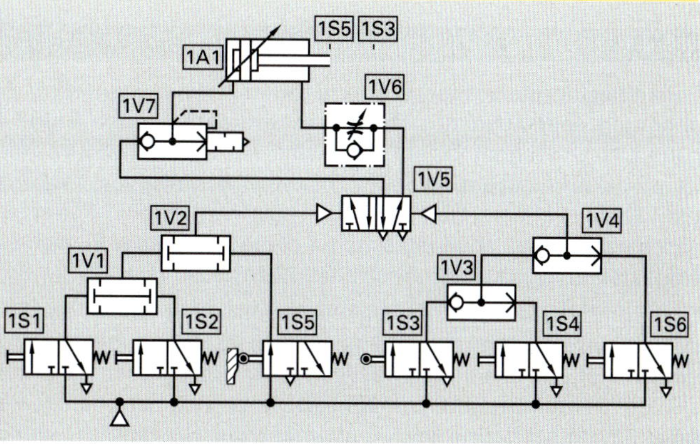

Bild 2: Mehrfach UND / ODER

Da sowohl das Wechsel- als auch das Zweidruckventil nur zwei Anschlussmöglichkeiten für Eingänge haben, müssen bei der logischen Verknüpfung von mehr als zwei Signalen mehrere solcher Ventile wie in **Bild 1** geschaltet werden.

Sind mehr als drei Signale logisch zu verknüpfen, so ergeben sich grundsätzlich zwei Arten für den Aufbau **(Bild 1)**. Obwohl beide Verschaltungsmöglichkeiten logisch völlig identisch sind, sollte die linke in **Bild 1** demonstrierte Art gewählt werden, da hierbei gewährleistet ist, dass alle Eingangssignale durch ungefähr gleich viele Ventile strömen und damit auch die gleichen Verluste erleiden. Ein absolut symmetrischer Aufbau ist allerdings nur bei einer geraden Anzahl von Eingangssignalen möglich.

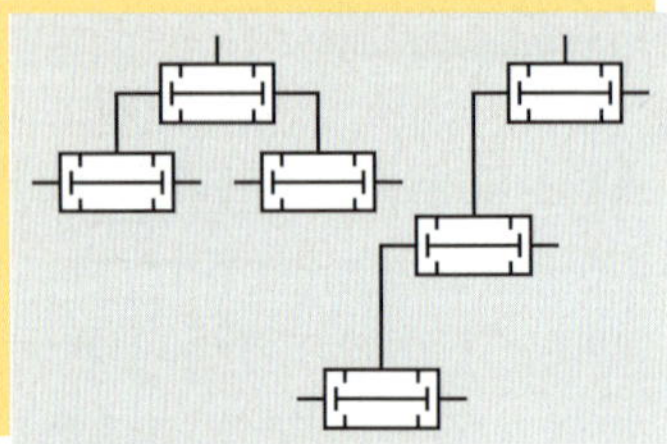

Bild 1: Mehrfach UND

Tabelle 1: Negation

Schaltalgebra	Logikplan	Wertetabelle
Funktionsgleichung $\overline{E1}$ = A1 E1 nicht gleich A1 oder E1 = $\overline{A1}$ E1 = gleich nicht A1	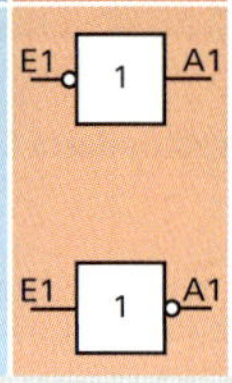	E1 | A1: 0 | 1; 1 | 0

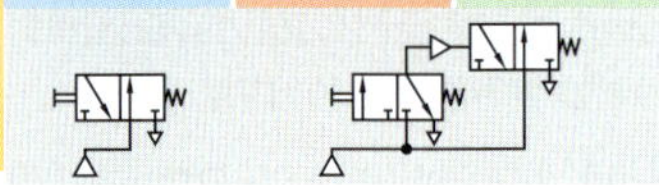

Negation

Die vierte Grundverknüpfung ist die Negation. Die logische Grundbedingung lautet, dass am Ausgang A1 nur dann ein Einssignal vorhanden ist, wenn am Eingang E1 kein Einssignal ansteht (und umgekehrt) **(Tabelle 1)**.

In der Pneumatik wird diese Grundverknüpfung fast immer mit einem 3/2-Wegeventil mit Durchfluss-Ruhestellung realisiert. Die Ansteuerung erfolgt direkt oder indirekt.

Arbeitsauftrag:

1. Zeichnen Sie einen Schaltplan für einen doppelt wirkenden Zylinder mit folgenden Aus- und Einfahrbedingungen:
   (E1 und E2) oder (E3 und $\overline{E4}$) = Vorhub
   E5 oder E6 = Rückhub
2. Ein doppelt wirkender Zylinder soll bei Knopfdruck auf einen Schalter so lange ein- und wieder ausfahren bis der Schalter nicht mehr betätigt ist. Zeichnen Sie den Schaltplan.
3. Wieso macht es keinen Sinn, eine ODER-Verknüpfung von zwei Eingangssignalen durch eine T-Verbindung der beiden Ausgänge der 3/2-Signalglieder zu realisieren?
4. Wie kann die UND-Verknüpfung auch mit zwei 3/2-Wegeventilen realisiert werden?
5. Zeichnen Sie die Wertetabelle
   a) E1 oder E2 = A1
   b) E1 oder E2 und $\overline{E3}$ = A1
6. Beschreiben Sie nebenstehendes Bild in Worten.
7. Erläutern Sie welches der zwei Eingangssignale am Ausgang des Zweidruckventils bzw. Wechselventils ankommt, wenn
   a) die beiden Eingangssignale zeitlich versetzt ankommen;
   b) die beiden Eingangssignale unterschiedlichen Druck haben.

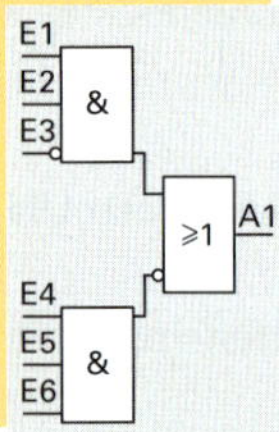

10.4.6.4 Druckabhängige Steuerungen

Sollen bestimmte Vorgänge oder Größen in einer Steuerung druckabhängig sein, wird das **Druckzuschaltventil** – auch **Folgeventil** genannt – verwendet. Da am Folgeventil keine Entlüftung vorhanden ist, wird das Folgeventil in der Praxis mit einem Wegventil kombiniert **(Bild 2)**. Je nachdem, ob das kombinierte Wegventil in Ruhestellung geschlossen oder offen ist, schaltet diese Einheit bei Erreichen des eingestellten Druckes am Anschluss 12 zu oder ab.

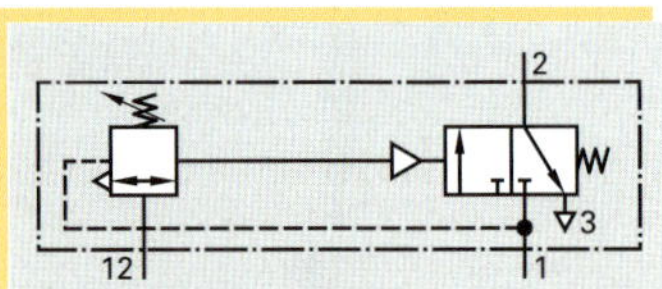

Bild 2: Folgeventil

Eine Sonderbauart stellt das **Vakuumschaltventil (Bild 3)** dar. Sobald das Vakuum (Unterdruck) am Anschluss 12 den eingestellten Wert erreicht hat, schaltet das kombinierte Wegventil. Dieses Ventil kommt z.B. bei Vakuumsaugern zum Einsatz, wenn erst bei Erreichen eines bestimmten Unterdruckes – entspricht der Saugkraft – weitergeschaltet werden darf.

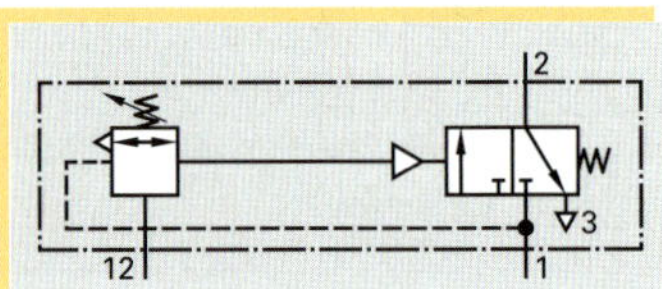

Bild 3: Vakuumschaltventil

Beispiel: Die Aufgabenstellung soll weiter ausgebaut werden. Der Zylinder 1A1 soll bei Erreichen der vorderen Endlage und bei Erreichen eines bestimmten einstellbaren Druckes, der ein wenig unterhalb des Anlagendruckes liegt, zurückfahren **(Bild 1)**.

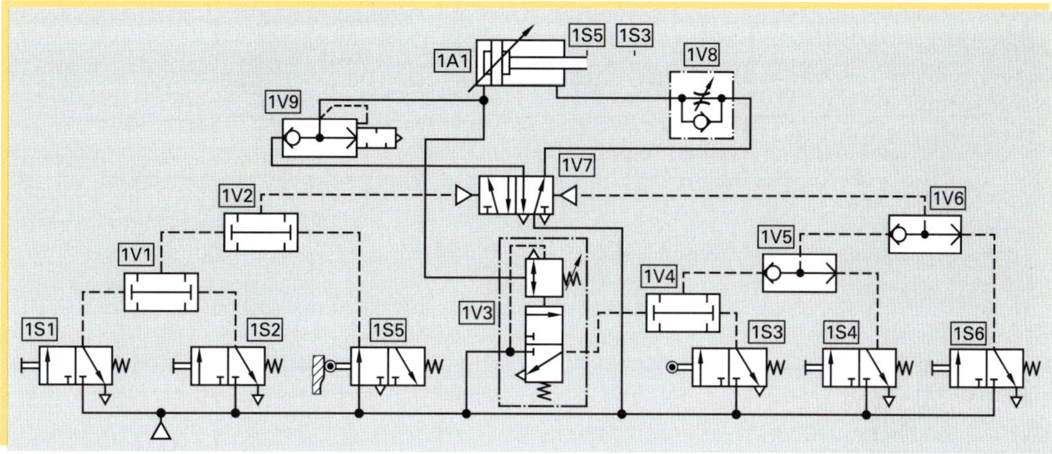

Bild 1: Druckabhängige Steuerung

In der Steuerung in **Bild 1** baut sich der maximale Druck im Zylinder 1A1 erst bei Erreichen der vorderen Endlage auf. Um sicher zu stellen, dass die Endlage auch erreicht ist, wird sie zusätzlich über den Grenztaster 1S3 abgefragt. Somit fährt der Zylinder 1A1 automatisch wieder ein, wenn der Anpressdruck und die vordere Endlage erreicht ist, oder wenn 1S4 oder 1S6 gedrückt werden. Hierdurch wird gewährleistet, dass der Zylinder 1A1 immer mit der gleichen Kraft das Werkstück aus der Aufgabenstellung einpresst.

Folgeventile – ohne kombiniertes Wegeventil – werden einerseits auch als Druckbegrenzungsventile eingesetzt. Bei Erreichen des zulässigen Maximaldruckes bläst das Ventil ins Freie ab. Andererseits kommen sie auch als reine Druckregelventile zum Einsatz **(Bild 2)**.

Es bleibt anzumerken, dass der einzustellende Schaltdruck beim Folgeventil immer kleiner oder höchstens gleich dem Arbeitsdruck sein kann.

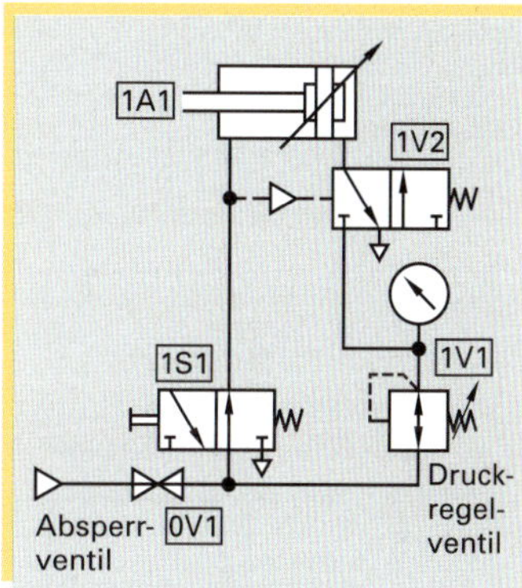

Bild 2: Druckbegrenzung

10.4.6.5 Schaltverzögerung

Grundsätzlich setzen sich pneumatische Zeitglieder aus Wegeventilen, Drosselrückschlagventilen und einem kleinen Luftbehälter zusammen **(Bild 3 und 4)**. Sobald der Druck im Behältervolumen dem erforderlichen Schaltdruck zur Umsteuerung des Wegeventils entspricht, wird umgeschaltet. Die Zeit zum Druckaufbau im Behältervolumen wird über das Drosselrückschlagventil eingestellt. Ein solches Zeitglied ist bei fast allen Herstellern als feste Kombination im Lieferspektrum enthalten. Deswegen wird es in Schaltplänen mit einer strichpunktierten Linie gekennzeichnet. Je nach Kombination der Bauteile kann man unterschiedliche Zeitverhalten erzeugen **(Bild 1, Seite 436)**.

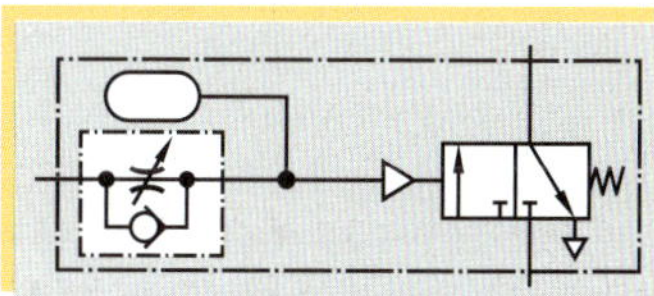

Bild 3: Verzögerungsventil, in Ruhestellung gesperrt

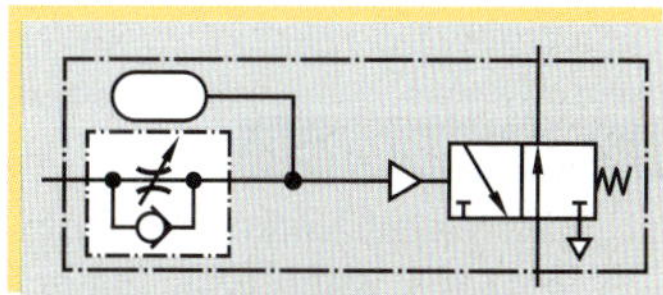

Bild 4: Verzögerungsventil, in Ruhestellung geöffnet

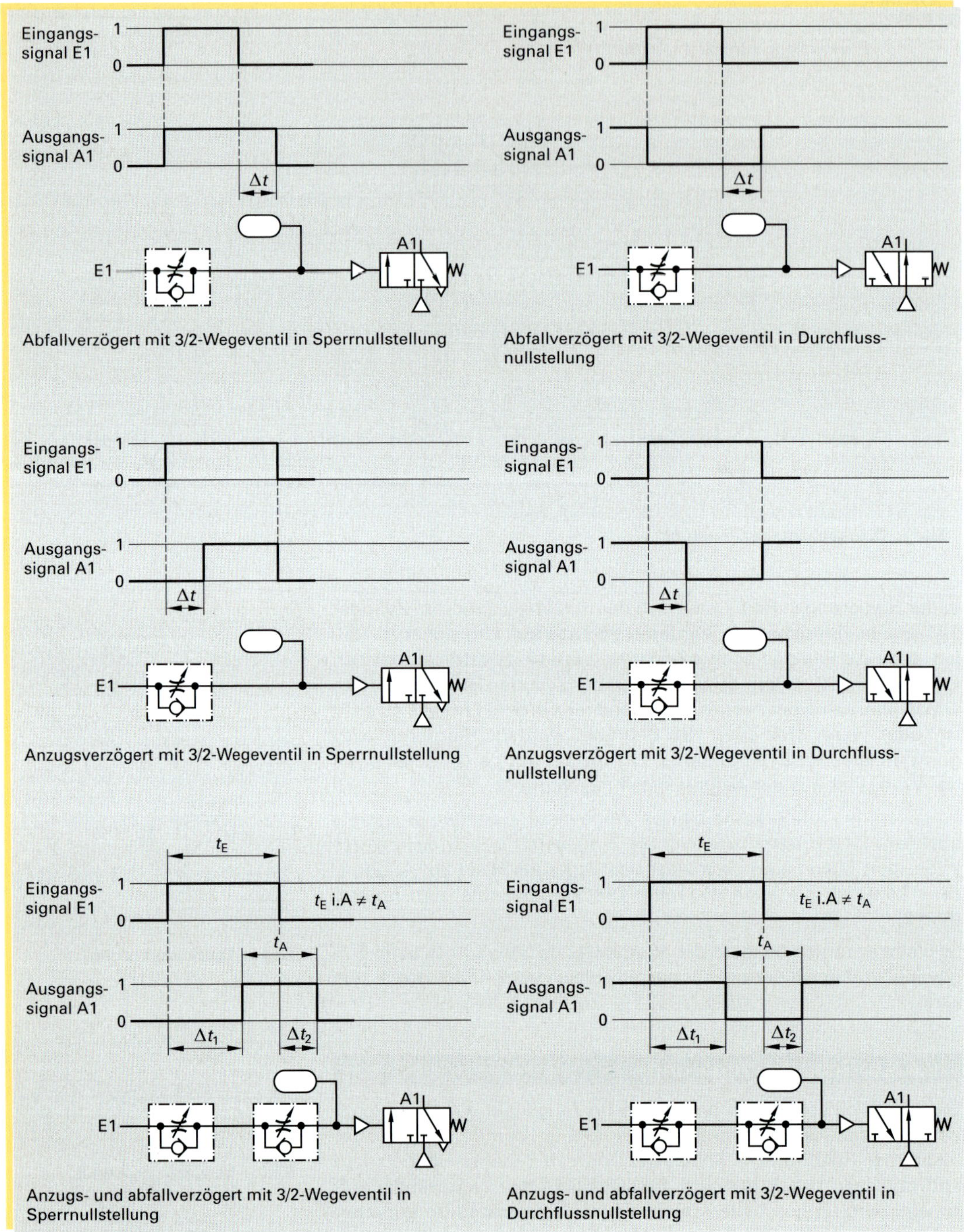

Bild 1: Verschiedene Schaltverzögerungen

Arbeitsauftrag:

Ein doppelt wirkender Zylinder, der in einer Klebepresse zwei zu klebende Teile aufeinanderpresst, fährt aus, wenn zwei Taster S1 und S2 betätigt sind. Nach Erreichen der vorderen Endlage (die Endlage muss abgefragt werden) fährt er automatisch nach 10 s bis 20 s (Zeit einstellbar) wieder ein. Entwerfen Sie den Schaltplan. Diskutieren Sie verschiedene Lösungsmöglichkeiten.

Ein weiteres pneumatisches Zeitglied, welches aus einem Drosselrückschlagventil, einem Speicher und zwei 3/2-Wegeventilen konstruiert werden kann **(Bild 1)**, dient zur **Signalverkürzung.** Die Schaltung zur **Signalverlängerung** entspricht der abfallverzögerten Schaltung.

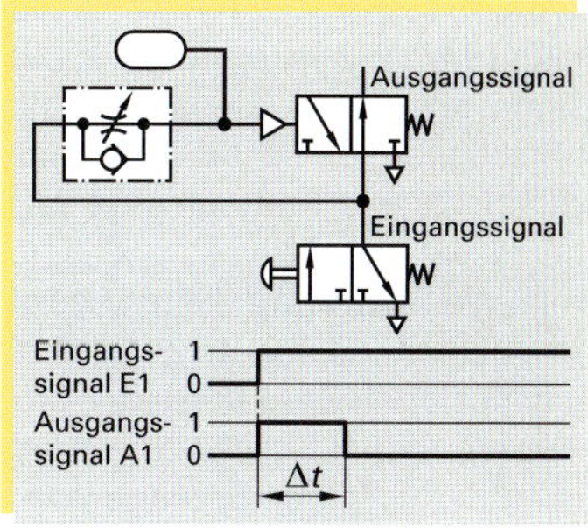

Bild 1: Signalverkürzung

Beispiel: Das Beispiel soll so erweitert werden, dass die bisherige Zweihandsteuerung ausgebaut wird. Der Zylinder 1A1 darf jetzt nur noch ausfahren, wenn beide Schalter 1S1 und 1S2 gleichzeitig innerhalb von 0,5 Sekunden gedrückt werden.

Damit sollen unerlaubte Manipulationen zur Taktverkürzung unterbunden werden **(Bild 2)**.

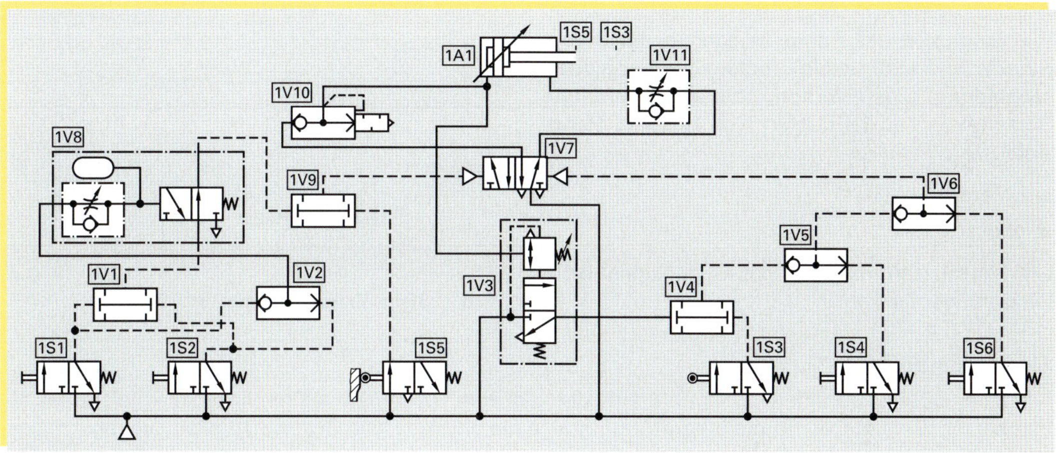

Bild 2: Beispiel zur Signalverkürzung

10.4.6.6 Signalüberschneidung

Arbeiten in einer Steuerung mehrere Zylinder und sollen diese Zylinder abhängig voneinander ein- bzw. ausfahren, je nachdem welche Endlage der eine oder andere erreicht hat, so kann es zu Signalüberschneidungen kommen.

Beispiel: Ein Zylinder 1A1 soll ausfahren, wenn er sich in der hinteren Endlage befindet und der Starttaster S1 gedrückt ist. Bei Erreichen der vorderen Endlage soll Zylinder 2A1 ausfahren, der wiederum bei Erreichen seiner vorderen Endlage sofort wieder zurückzieht. Ist der Zylinder 2A1 eingefahren, fährt auch Zylinder 1A1 wieder ein. (Kurzschreibweise: 1A1+, 2A1+, 2A1–, 1A1–).

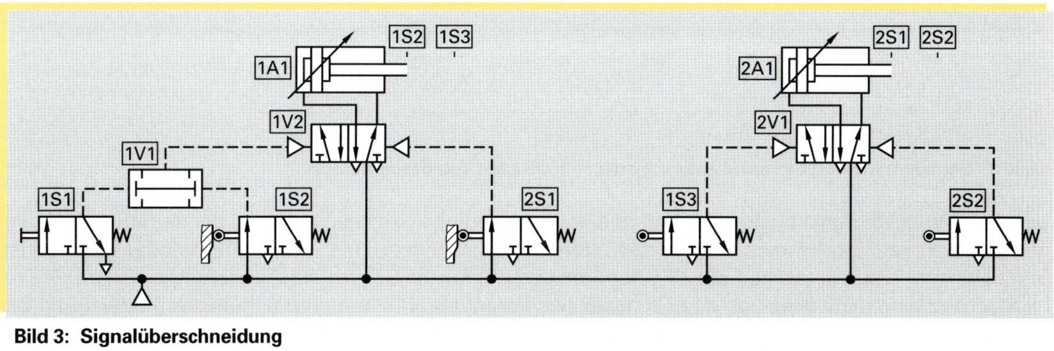

Bild 3: Signalüberschneidung

Wird 1S1 gedrückt und ist 1A1 in der hinteren Endlage (d.h. 1S2 ist betätigt), so steht ein Umschaltsignal an 1V2 an. Dieses Stellglied kann aber nicht umschalten, da schon ein Signal von 2S1 (betätigt durch hintere Endlage von 2A1) ansteht und da beide Signale gleich „stark" sind **(Bild 1)**. Simuliert man die Steuerung weiter, so zeigt sich eine weitere Überschneidung an 2V1. Ist 1A1 ausgefahren, so erzeugt er – wie gefordert – am Rollenhebelventil 1S3 ein Signal für 2A1 zum Ausfahren. Beim Erreichen der vorderen Endlage von 2A1 wird 2S2 zum Einfahren von 2A1 betätigt und damit soll das Umschalten von 2V1 erreicht werden. Auch dieses Umschalten kann nicht erfolgen, da das Signal von 1S3 noch ansteht **(Bild 2)**.

Hier zeigt sich das immer wieder in der Steuerungstechnik auftretende Problem der **Signalüberschneidung**. Dies erfordert, dass nicht benötigte Signale von z.B. betätigten Grenztastern, Handtastern.

- unterdrückt oder
- abgeschaltet

werden müssen, da sonst das Gegensignal nicht wirksam werden kann.

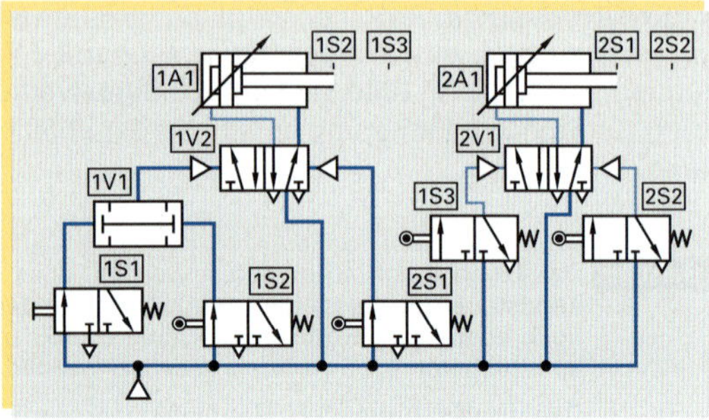

Bild 1: Signalüberschneidung an 1V2

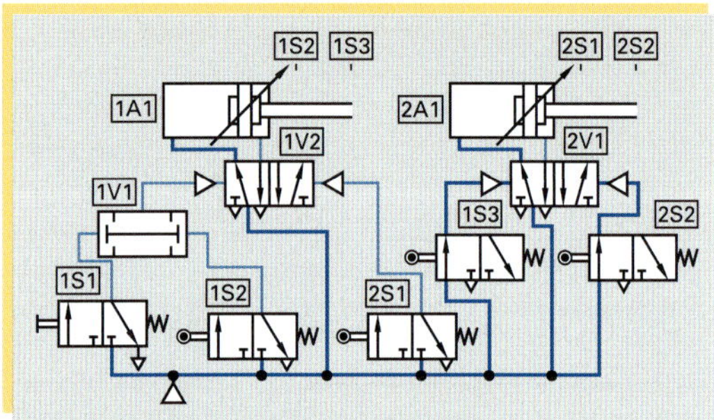

Bild 2: Signalüberschneidung an 2V1

Signalunterdrückung

Normalerweise ist bei einem 5/2-Impulsventil die Kraft zum Umsteuern auf der linken die gleiche wie auf der rechten Seite. Bei der Signalunterdrückung wird die physikalische Gesetzmäßigkeit ausgenutzt, dass unterschiedliche Drücke auf gleichen Flächen unterschiedliche Kräfte erzeugen oder man erzeugt bei gleichem Druck mit verschieden großen Flächen unterschiedliche Kräfte. Dadurch kann ein bereits anstehendes Signal durch ein stärkeres unterdrückt werden.

Zur Erzeugung unterschiedlicher Drücke werden Druckregelventile, die den Druck nach dem Ventil verringern, eingebaut **(Bild 3)**. Um unterschiedliche Kräfte bei gleichem Druck zu erzeugen, kommen spezielle Ventile, die unterschiedlich große Steuerflächen haben, zum Einsatz **(Bild 3)**.

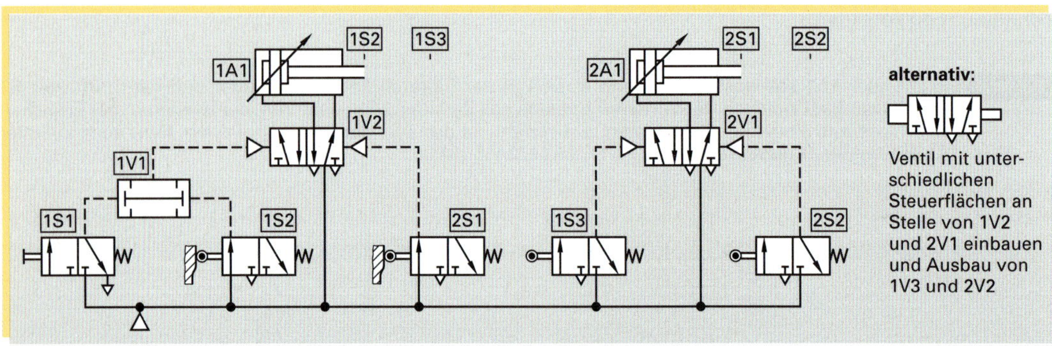

Bild 3: Signalunterdrückung durch unterschiedliche Kräfte auf den Steuerkolben

Logisch sind beide Funktionsarten gleich. Sie haben allerdings den Nachteil, dass bei dauernd anstehenden „schwachen" Signal nach Wegfall des „starken" Signals doch das „schwache" wieder wirksam ist. Diese Variante bietet im obigen Beispiel nur eine Lösung für die Signalüberschneidung an 2V1. Das Problem an 1V2 wird nicht beseitigt, da es zu einer oszillierenden, d.h. hin- und hergehenden Bewegung des Zylinders 1A1 kommt und die Steuerung nicht wie gewünscht funktioniert.

Signalabschaltung

Bei der **gerätetechnischen** Abschaltung wird ein Kurzimpulsgeber mit mechanischer Signalabschaltung eingesetzt. Ein solches Ventil ist nicht in den Endlagen, sondern nur in der Mitte des Schaltweges betätigt. Der Einsatz eines solchen Ventils kann bei zu hohen Betätigungsgeschwindigkeiten zu Problemen führen, da es nicht schaltet. Auch ist das Signal nach der Betätigung nicht mehr vorhanden und kann somit nicht mehr mit anderen Signalen verknüpft werden. Grundsätzlich würde das obige Beispiel mit solchen Ventilen funktionieren. Bei der **schaltungstechnischen** Signalabschaltung unterscheidet man die folgenden drei Prinzipien:

Die Version mit den **Tastrollen mit Leerrücklauf** stellt die schaltungstechnisch einfachste Möglichkeit der Signalabschaltung dar **(Bild 1).** Die Tastrollen mit Leerrücklauf arbeiten nur in einer Betätigungsrichtung (im Schaltplan angezeigt). Diese Lösungsvariante findet man häufig nur noch in älteren Anlagen, da die Leerrücklaufrolle störanfällig ist. Des weiteren kann die Tastrolle nicht exakt in der jeweiligen Endlage angebracht werden, sondern muss immer vor Erreichen der jeweiligen Endlage fixiert werden. Dies hat zur Folge, dass das Ventil in der Endlage wieder frei ist und somit keine Möglichkeit besteht, das Signal weiterzuverwenden.

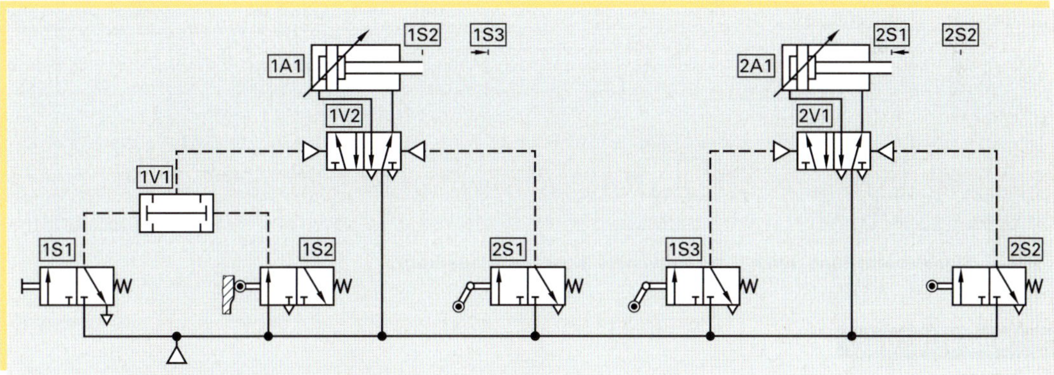

Bild 1: Signalabschaltung durch Tastrollen mit Leerrücklauf

Bei der **Signalabschaltung durch Signalverkürzung (Bild 2)** werden die von 1S3 und 2S1 anstehenden Signale durch den Einbau je eines pneumatischen Zeitgliedes zur Signalverkürzung nicht mehr dauerhaft an das Stellglied weitergeben. Die Signale von 1S3 und 2S1 werden je nach Drosselung verkürzt. Im Vergleich zur Lösung mit Tastrollen ist diese Variante teurer dafür aber auch nicht störanfällig.

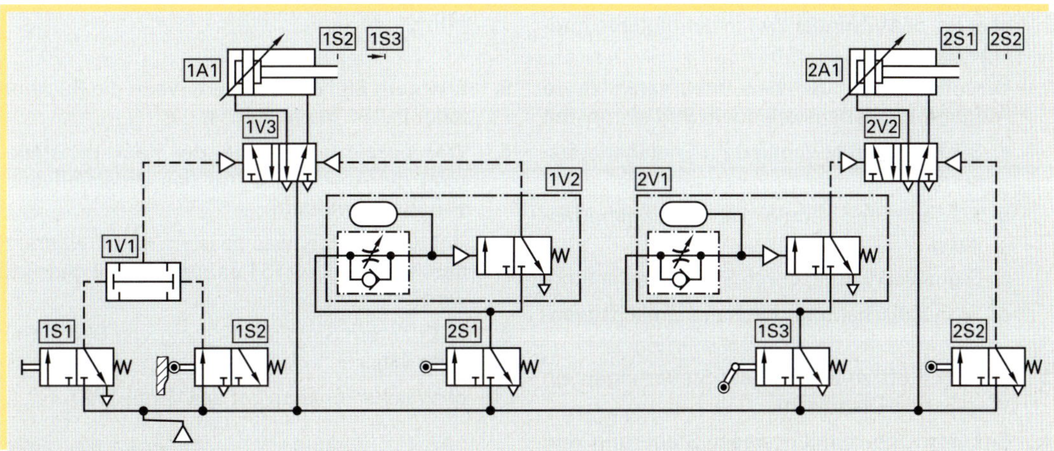

Bild 2: Signalabschaltung durch Signalverkürzung

Die **Signalabschaltung durch Umschaltventile** – auch **Kaskadensteuerung** genannt – **(Bild 1)** ist die in der Praxis am häufigsten gebrauchte Lösung. Das Umschaltventil 0V1 be- oder entlüftet die Verteilerstränge und schaltet dadurch die Stellglieder 1V2 und 2V1.

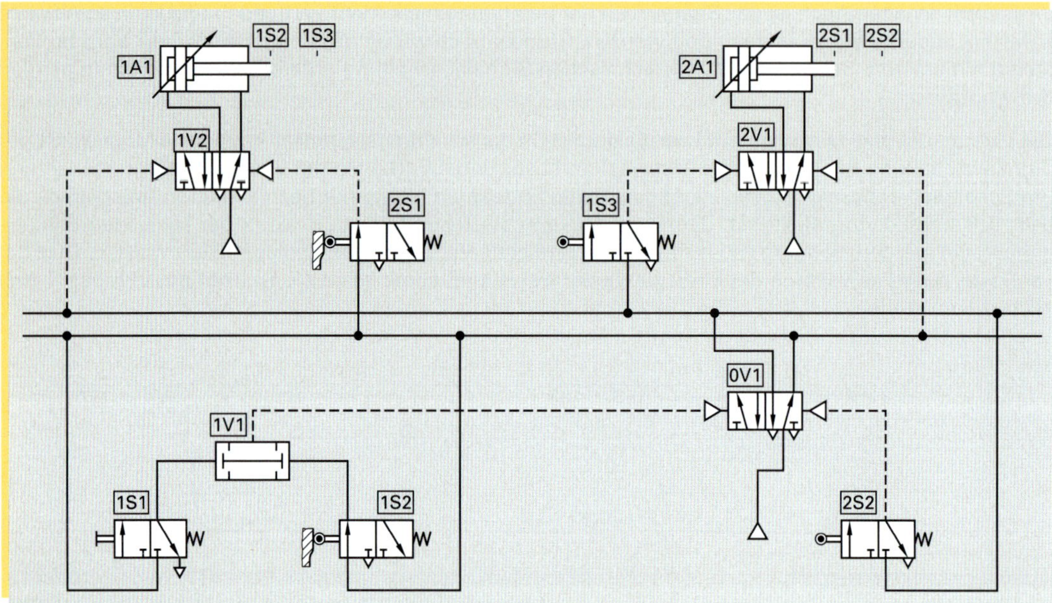

Bild 1: Signalabschaltung durch Umschaltventile (Kaskadensteuerung)

Arbeitsauftrag:

1. Folgende pneumatische Steuerung mit dem Ablauf

   1A1+ 1A1– 2A1+ 2A–

   soll aufgebaut werden.

   Der Zylinder 1A1 fährt nach Betätigung des Startschalters 1S1 aus, allerdings muss gewährleistet sein, dass sich der Zylinder 2A1 in der hinteren Endlage befindet. Weiterhin darf der Zylinder 1A1 nur zurückziehen, wenn sicher ist, dass Zylinder 2A1 in der hinteren Endlage ist.

2. Vervollständigen Sie den Pneumatikplan zu Aufgabe 1 in nebenstehendem **Bild** einmal mit
   a) 3/2-Rollenhebel-Ventilen zur Endlagenerfassung.
   b) 3/2-Tastrollen-Ventile zur Endlagenerfassung.
   c) Signalverkürzung durch Signalabschaltung.
   d) Signalabschaltung durch ein Umschaltventil.

3. Zeichnen Sie zu jeder dieser Steuerungen ein Weg-Schritt-Diagramm.

4. Erläutern Sie mithilfe dieser Steuerung den Begriff Signalüberschneidung.

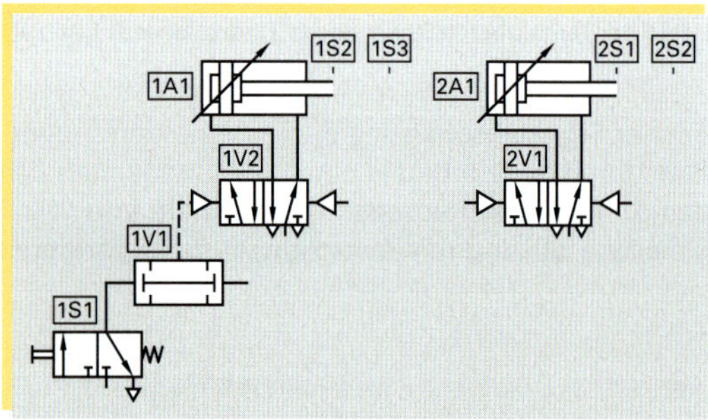

5. Erläutern Sie, was passiert, wenn die Rückholfeder in 1S1 gebrochen ist.

6. Was passiert, wenn bei der Kaskadensteuerung die Anschlüsse für das Umschaltventil vertauscht werden?

7. Analysieren Sie, was passiert, wenn während des Arbeitszyklus 1S1 unbeabsichtigt gedrückt wird?

8. a) Erläutern Sie die Schaltung von **Bild 2, Seite 435.**
   b) Welche Funktion hat das Ventil 1V2?

10.5 Elektropneumatik

In der Industrie kommt häufig eine Kombination von Elektrik und Pneumatik, die so genannte **Elektropneumatik** zum Einsatz. Hierbei übernimmt die Pneumatik den Leistungsteil einer Steuerung, während mit Hilfe von elektrischen Signalen (häufig mit 24 V Gleichspannung) und deren logischen Verknüpfungen der Signalteil gestaltet wird. Geeignete Bauteile verknüpfen die beiden Energiekreise miteinander. Diese Ventile werden auch EP-Wandler (**E**lektro-**P**neumatik-Wandler) genannt.

Bild 1: EP-Bauelemente

10.5.1 Bauteile in elektropneumatischen Anlagen

Die im Leistungsteil verwendeten pneumatischen Teile wie Zylinder und Drossel- und Sperrventile sind im Kapitel Pneumatik schon besprochen. An dieser Stelle erfolgt ein Überblick über die elektrischen **(Bild 1)** und elektropneumatischen Bauteile und deren Funktionsweise.

10.5.1.1 Elektrische Eingabeelemente

Sie öffnen bzw. schließen in einem Stromkreis den Stromfluss zu einem Verbraucher. Es gibt sie in den Betätigungsarten **Stellschalter** und **Tastschalter** und in den Bauvarianten **Öffner, Schließer** und **Wechsler (Bild 2).** Beim Stellschalter sind die beiden Schaltstellungen mechanisch verriegelt, somit bleibt eine Schaltstellung bis zur erneuten Betätigung des Schalters erhalten. Der Taster öffnet bzw. schließt nur für die Dauer der Betätigung. Beim Schließer ist der Stromkreis im unbetätigten Zustand unterbrochen, während beim Öffner der Stromkreis im unbetätigten Zustand geschlossen ist. Der Wechsler vereinigt sowohl die Funktion eines Öffners als auch die eines Schließers in einem Gerät. Setzt man den Wechsler ein, um mit einer Betätigung einen ersten Stromkreis zu schließen und einen zweiten zu öffnen, so ist zu beachten, dass beim Umschalten beide Stromkreise kurzzeitig unterbrochen sind.

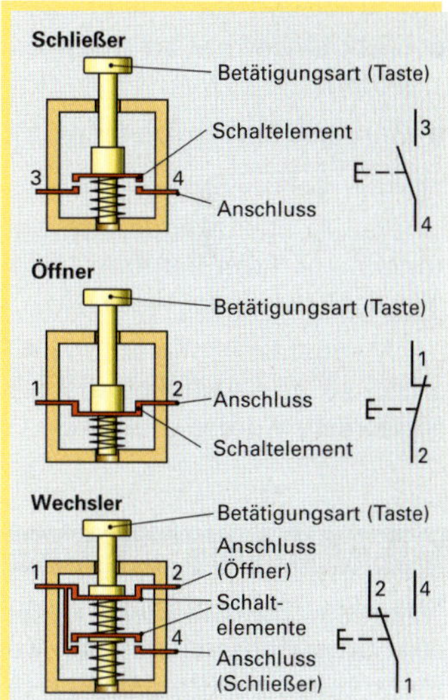

Bild 2: Elektrische Eingabeelemente

10.5.1.2 Sensoren

Sollen Informationen über den Zustand von Bauteilen an die Steuerung weitergegeben werden (z.B. Werkstück in Spannvorrichtung eingelegt, Zylinder in Endlage, Materialerkennung, Überwachung von Druck und Füllstand), werden häufig Sensoren eingesetzt. Diese basieren auf unterschiedlichen Messprinzipien, deren ausführliche Beschreibung – und weitere Sensoren – findet man in Kapitel 10.7.

Ein **mechanischer Grenztaster (Bild 3)** wird eingesetzt, wenn das Erreichen einer bestimmten Position eines Werkstückes oder Maschinenteils an die Steuerung signalisiert werden muss. Der Grenztaster ist meist als Wechsler ausgelegt, damit er die Funktionen Öffnen, Schließen und Wechseln von Stromkreisen ausführen kann.

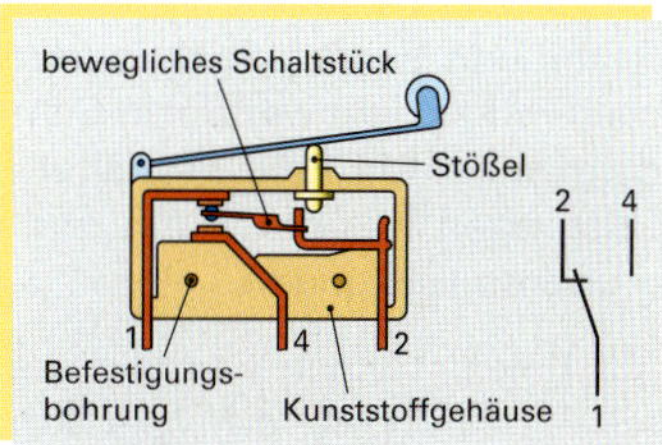

Bild 3: Grenztaster

Druckschalter (Bild 4) öffnen, schließen oder wechseln bei Erreichen eines voreingestellten Druckes Stromkreise. Der Eingangsdruck wirkt auf eine Kolbenfläche und erzeugt eine Druckkraft. Dieser Druckkraft wirkt eine durch eine Feder einstellbare Kraft entgegen. Ist die Druckkraft größer als die Federkraft, wird der Kontakt betätigt. Neuere Bauformen sind **Membrandruckschalter,** die elektronisch schalten.

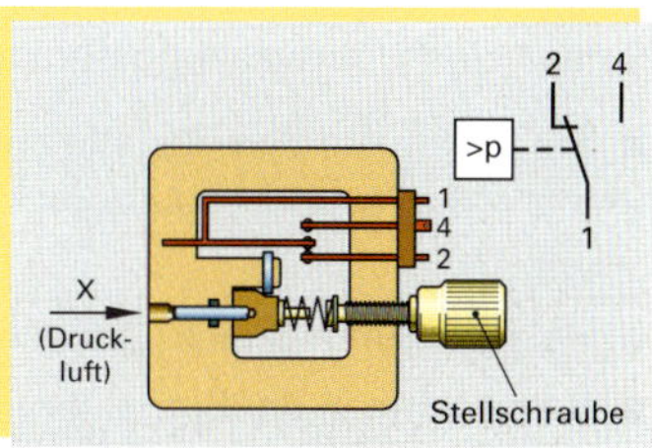

Bild 4: Druckschalter

Berührungslose, magnetische Näherungsschalter, auch **Reedkontakte (Bild 1)** genannt, werden sehr häufig eingesetzt, um die Endlagen von Zylindern abzufragen. Meist ist direkt am Gehäuse des Reedkontaktes eine Leuchtdiode angebracht, die den Schaltzustand des Kontaktes anzeigt. Wichtige Eigenschaften sind:

- Sie benötigen – im Gegensatz zu mechanischen Grenztastern – keine Betätigungskraft
- Kurze Schaltzeit von ca. 0,2 ms
- Wartungsfreiheit
- Hohe Lebensdauer
- Begrenzte Ansprechempfindlichkeit
- Nicht einsetzbar an Orten mit starken Magnetfeldern
- Geringes Einbauvolumen

Tritt ein äußerer Magnet in das Wirkungsfeld der inneren Kontaktzungen, bewegen sich diese und können – je nach Bauform – einen Stromkreis öffnen, schließen oder wechseln.

Der Magnet ist häufig schon im Kolbenboden integriert, so dass lediglich die Reedkontakte außen angebracht werden müssen.

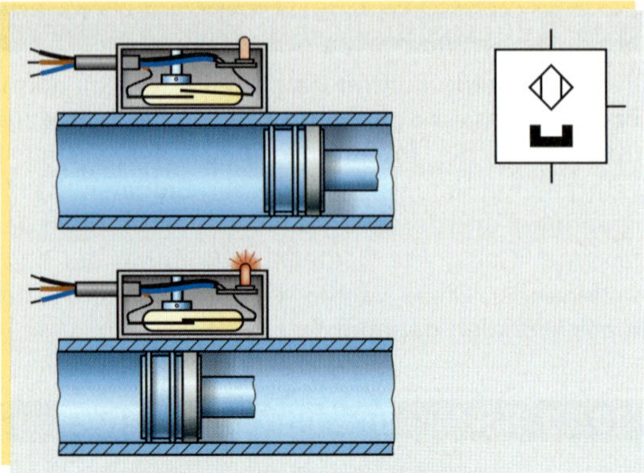

Bild 1: Magnetischer Näherungsschalter (Reedkontakt)

10.5.1.3 Relais und Schütz

Relais bzw. Schütze **(Bild 2)** sind beides Schalter mit elektromagnetisch betätigten Kontakten. Fließt ein Strom durch die Erregerspule (Anschlüsse A1 und A2), so wird der bewegliche Anker angezogen und die Kontakte betätigt. Wird der Stromdurchfluss an der Erregerspule unterbrochen, stellt eine Feder den Anker wieder in die Ausgangsstellung.

Relais und Schütze funktionieren nach dem gleichen Prinzip und werden in Schaltplänen identisch dargestellt. Mit Relais schaltet man relativ kleine Leistungen (bis ca. 1 kW) und mit Schützen die größeren Leistungen.

Mit Relais können Stromkreise potenzialfrei geschaltet werden; d.h. die Kontakte können in Stromkreisen mit unterschiedlichen Potenzialen angeschlossen sein.

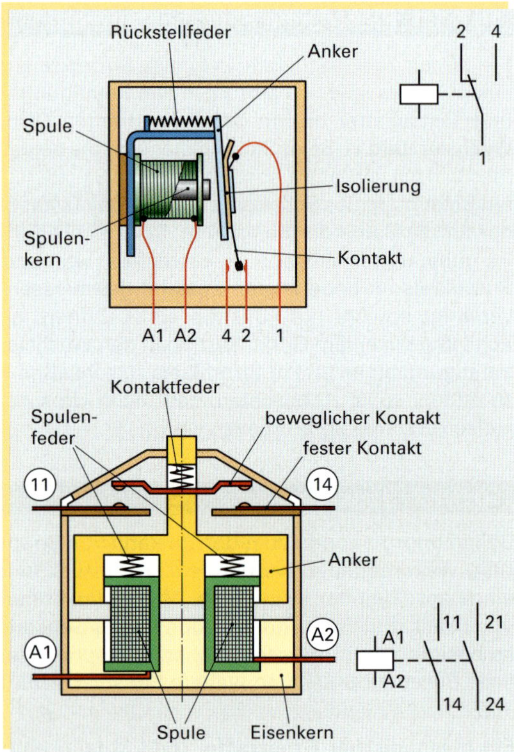

Bild 2: Relais bzw. Schütz

Relais werden für unterschiedliche Regelungs-, Steuer- und Überwachungsfunktionen eingesetzt:

- Sie stellen die Schnittstelle zwischen Signal- und Leistungsteil dar
- Bei Relais können unterschiedliche Spannungspotenziale für Signal- und Leistungsteil verwendet werden
- Relais können Gleich- und Wechselspannung trennen
- Relais können der Signalvervielfachung dienen
- Relais können Signale verzögern (Zeitrelais).

Je nach Bauart weisen Relais eine unterschiedliche Anzahl von Öffnern und/oder Schließern und/oder Wechslern aus. Die Anschlussbezeichnungen **(Bild 1)** am Relais sind genormt:

- Die Spulenanschlüsse für den Erregerstrom erhalten die Bezeichnung A1 und A2.
- Das Relais an sich wird mit K1, K2, K3 usw. bezeichnet.
- Vom Relais geschalteten Kontakte werden in Schaltplänen ebenfalls mit K1, K2 usw. bezeichnet.
- Die Schaltkontakte bei Relais werden durch zweistellige Kennziffern gekennzeichnet, wobei die erste Stelle (Ordnungsziffer) zur Durchnummerierung dient. Die zweite Stelle (Funktionsziffer) gibt die Art des Kontaktes an.

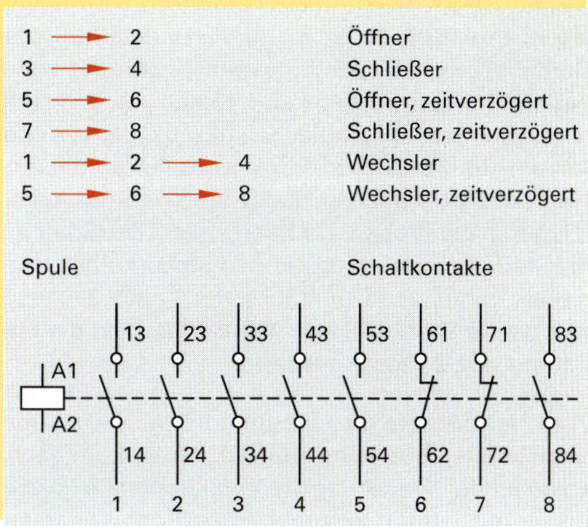

Bild 1: Anschlussbezeichnungen

10.5.1.4 Magnetventile

Magnetventile sind elektropneumatische Wandler und bilden somit die Schnittstelle zwischen dem pneumatischen und dem elektrischen Teil einer Steuerung. Sie bestehen aus einer Magnetspule (das elektrische Schaltelement) und einem Pneumatikventil. Fließt durch die Magnetspule ein elektrischer Strom, wird ein elektromagnetisches Feld aufgebaut, das den Spulenanker bewegt. Dieser Spulenanker ist mit dem Ventilstößel verbunden, der den Luftdurchfluss steuert, indem er Schieber oder Ventilstößel bewegt und so die Schaltstellung verändert.

Beim 3/2-Wegeventil mit Federrückstellung in **Bild 2** ist in der Grundstellung kein Durchfluss von 1 nach 2. Erst durch das Erregen der Magnetspule wird über den Anker der Ventilstößel nach oben gezogen und gibt den Durchfluss von 1 nach 2 frei. Weiterhin wird die Entlüftungsbohrung 3 im Anker von der oberen Dichtung abgesperrt. Fließt kein Strom mehr durch die Spule geht der Anker nach unten und sperrt den Durchfluss von 1 nach 2; gleichzeitig kann dann von 3 nach 2 entlüftet werden. Die Handhilfsbetätigung ist durch einen drehbaren Exzenter, der auf den Ankerflansch wirkt, ausgeführt.

Auch in der Elektropneumatik finden sich Ventile mit Vorsteuerung. Dies hat den Vorteil, dass die Magnetspule klein dimensioniert werden kann. Damit einher geht ein geringer Stromverbrauch und somit eine geringe Leistungsaufnahme. **Bild 3** zeigt das Funktionsprinzip. Ein elektrisches Signal betätigt den Anker, dieser wiederum öffnet das Vorsteuerventil und dies gibt den Druck auf den Steuerkolben zum Umschalten des Ventils frei.

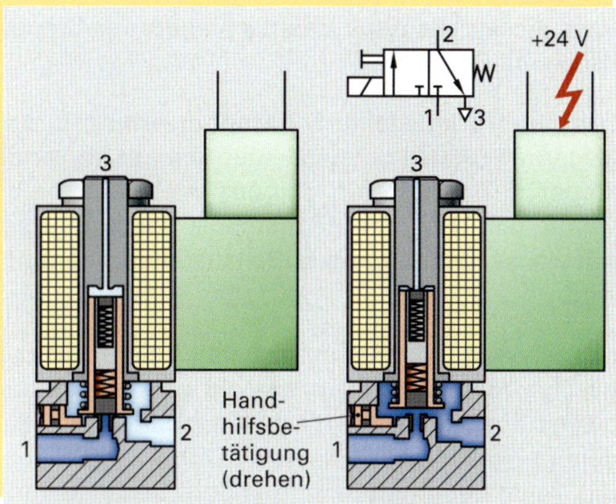

Bild 2: Elektromagnetische Betätigung

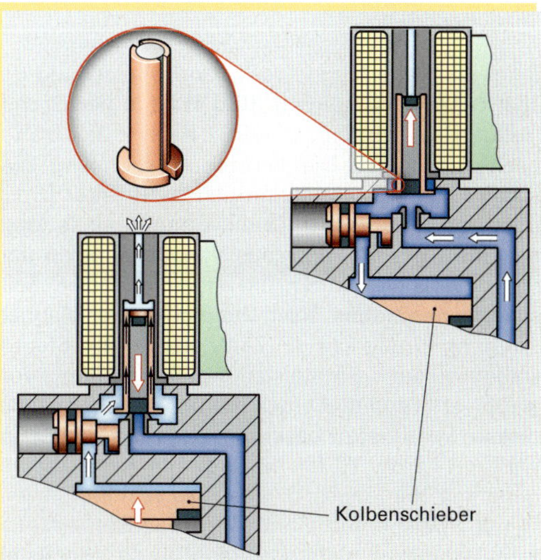

Bild 3: Vorsteuerung

Beim 3/2-federrückgestellten Magnetventil mit Vorsteuerung **(Bild 1)** ist in der Grundstellung der Durchfluss von 1 nach 2 gesperrt, während von 3 nach 2 entlüftet werden kann. Der Druck an 1 steht sowohl an der Zuhaltefläche links als auch vor der Ankerdichtung an. Durch Erregen der Magnetspule wird der Anker nach links gezogen und die Ankerdichtung abgehoben. Dadurch strömt Druckluft auf die Steuerfläche und drückt den Steuerkolben nach rechts. Damit wird Durchfluss von 1 nach 2 erzeugt (die zweite Schaltstellung des Ventils) und die Entlüftung von 3 nach 1 gesperrt.

Wird das Steuersignal weggenommen, wird über die Rückstellfeder und den an der Zuhaltefläche anstehenden Druck der Steuerkolben nach links in die Grundstellung verschoben und das Vorsteuerventil entlüftet über eine Bohrung im Anker über den Anschluss 82. Die Handhilfsbetätigung hebt mechanisch die Ankerdichtung an und ermöglicht über diesen Weg das Beaufschlagen der Steuerfläche mit Druckluft.

Das federrückgestellte 5/2-Magnetventil mit Vorsteuerung **(Bild 2)** unterscheidet sich nur im Ventilkörper (5/2-Ventil) von obigem Ventil. Für beide Ventile gilt, dass die Magnetspule solange erregt sein muss, wie die zweite Schaltstellung benötigt wird.

Das 5/2-Wege-Magnetimpulsventil **(Bild 3)** hat das gleiche Vorsteuerprinzip wie die vorigen Ventile, besitzt aber keine definierte Grundstellung. Hier genügt ein kurzer Impuls für die Magnetspule, um das Ventil dauerhaft in eine andere Schaltstellung zu bringen. Auch bei diesem Ventil ist – ähnlich wie beim pneumatischen Impulsventil – beim Einbau darauf zu achten, in welcher Schaltstellung sich das Ventil befindet.

Beim 5/3-Wege-Magnetventil (in Ruhestellung gesperrt) mit Vorsteuerung **(Bild 4)** ist in der Grundstellung der Durchfluss von 1 nach 2 und von 1 nach 4 gesperrt. Die Verbindungsbohrung zwischen beiden Ankerdichtungen steht unter Druck über den Anschluss 1. Durch Erregen eines Magnetventils greift wieder das Vorsteuerprinzip und der Steuerkolben wird in die entsprechende Schaltstellung geschoben. Nach Wegnahme der Magneterregung ermöglicht die Zentrierfeder am Steuerkolben wieder die Mittelstellung. Das betätigte Vorsteuerventil entlüftet entweder über 82 oder 84. Bei diesem Ventil ist zu beachten, dass das Steuersignal für Y1 bzw. Y2 für die gesamte Arbeitsbewegung anstehen muss; dies ist also kein Impulsventil mit Speicherverhalten. Wird das Steuersignal weggenommen, geht das Ventil in die Mittelstellung.

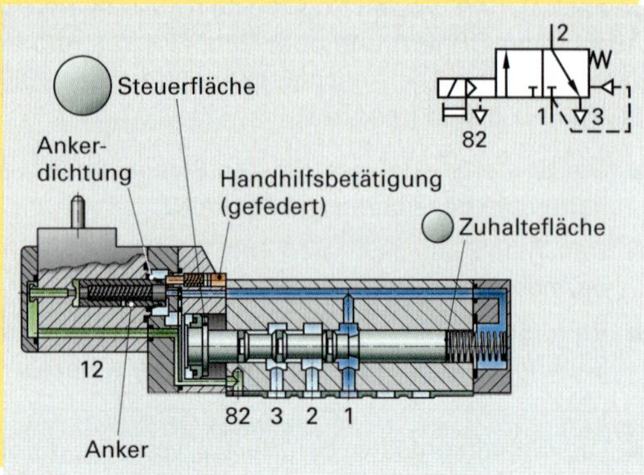

Bild 1: 3/2-Magnetventil; federrückgestellt und vorgesteuert

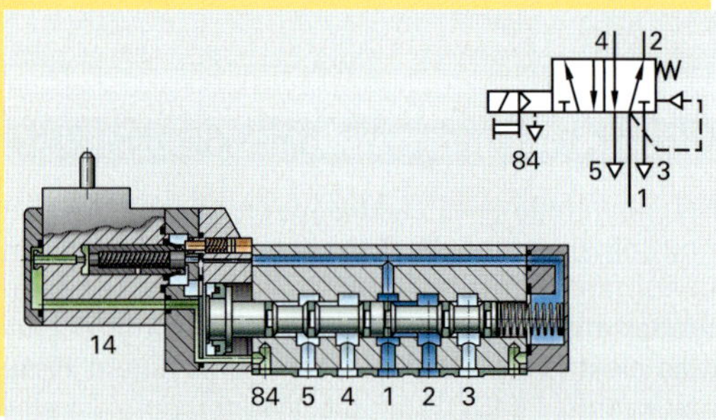

Bild 2: 5/2-Magnetventil; federrückgestellt und vorgesteuert

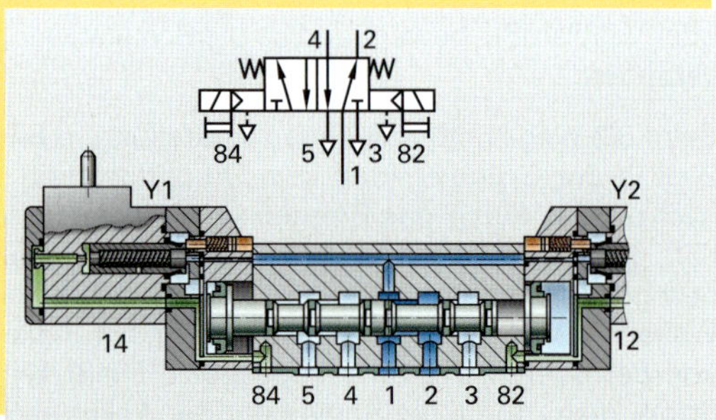

Bild 3: 5/2-Magnetimpulsventil mit Vorsteuerung

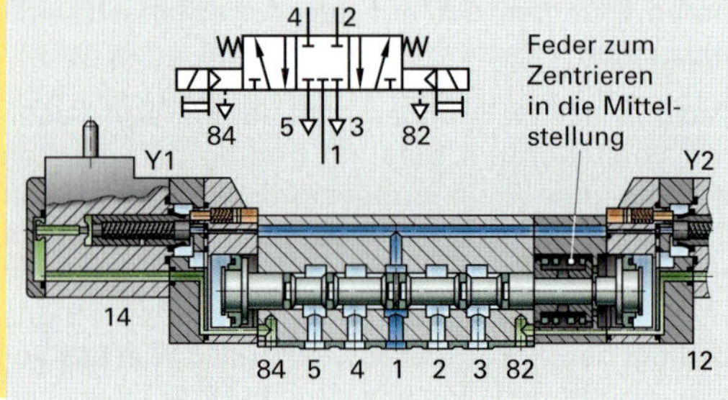

Bild 4: 5/3-Magnetventil mit Vorsteuerung

10.5.2 Grundschaltungen

Ebenso wie in der Pneumatik gibt es auch in der Elektropneumatik Grundschaltungen, aus denen komplexere Schaltungen zusammengesetzt werden können. Auch hier gilt wieder für den Entwurf dieser Schaltungen, dass das Wissen über die Funktion und die Eigenschaften der eingesetzten Bauteile vorhanden sein muss, um eine funktionierende und sichere Steuerung zu entwerfen.

10.5.2.1 Vor- und Rücklauf bei Zylindern

Im Gegensatz zur Pneumatik wird hier nicht mehr auf die direkte Ansteuerung eingegangen, da in der Praxis fast ausschließlich die indirekte mit Hilfe eines Relais verwendet wird. Dies hat den Vorteil, dass das Schaltsignal des Relais in mehrere Strompfade weitergeleitet werden kann.

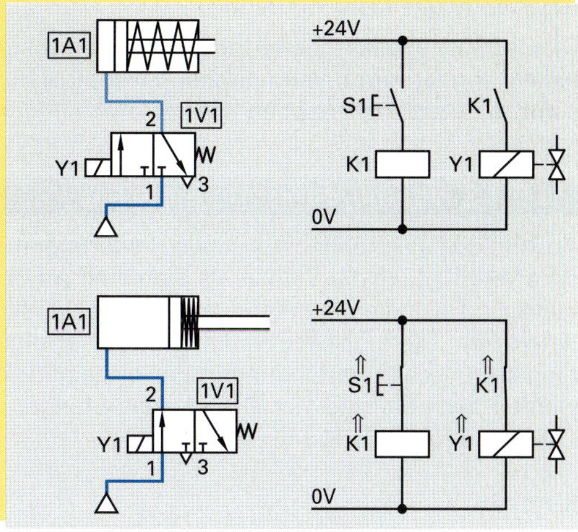

Bild 1: Einfach wirkender Zylinder mit 3/2-Magnetventil; federrückgestellt

Einfachwirkender Zylinder

Bei Betätigung des Tasters S1 **(Bild 1)** wird das Relais K1 aktiviert und schaltet somit den Relaiskontakt im Strompfad 2, der wiederum das Magnetventil Y1 am Stellglied 1V1 betätigt und das 3/2-Wegventil zum Umsteuern bringt. Der Zylinder 1A1 fährt bei Betätigung von S1 aus und erreicht nur dann seine Endlage, wenn S1 für die Dauer des Ausfahrens betätigt wird.

Doppeltwirkender Zylinder

Auch hier ergeben sich – ähnlich wie in der Pneumatik – mehrere Möglichkeiten der Ansteuerung, da der doppelt wirkende Zylinder durch ein Stellglied mit zwei gesteuerten Druckluftausgängen angesprochen wird. Der Zylinder 1A1 fährt in **Bild 2 oben** nur dann ganz aus, wenn der Taster S1 für die Zeit des Ausfahrens gedrückt ist.

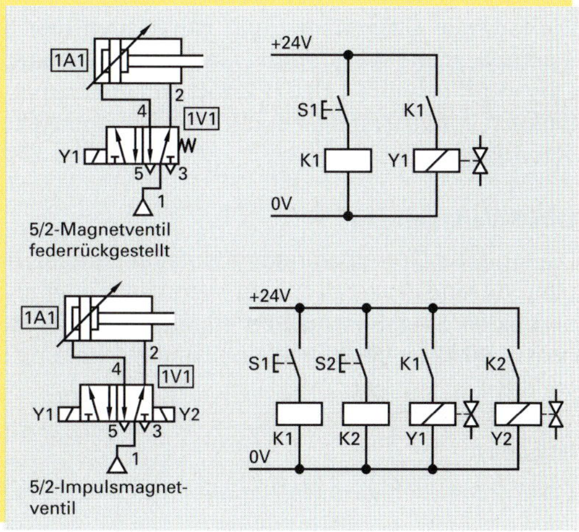

Bild 2: Doppelt wirkender Zylinder

Der Zylinder 1A1 in **Bild 2 unten** fährt bei Impulsbetätigung von S1 ganz aus und danach bei kurzzeitiger Betätigung von S2 wieder ein. Das 5/2-Wegeventil 1V1 ist ein Speicherventil. Ein nur kurzer elektrischer Impuls genügt, um das Ventil umzusteuern, da das Ventil nach dem Impuls die Schaltstellung speichert. Ist S1 allerdings noch betätigt, wenn S2 betätigt wird, so sind beide Magnetspulen Y1 und Y2 aktiviert und das Ventil 1V1 kann nicht umsteuern. Das Impulsventil 1V1 ist somit ein Speicher mit dominantem Verhalten für das zuerst ankommende Signal.

Fixieren und Anhalten in Zwischenstellungen

Hier kann durch Tippbetrieb auf Taster S1 (Vorhub) oder Taster S2 (Rückhub) der Zylinder innerhalb seines Hubbereiches angehalten werden **(Bild 3)**.

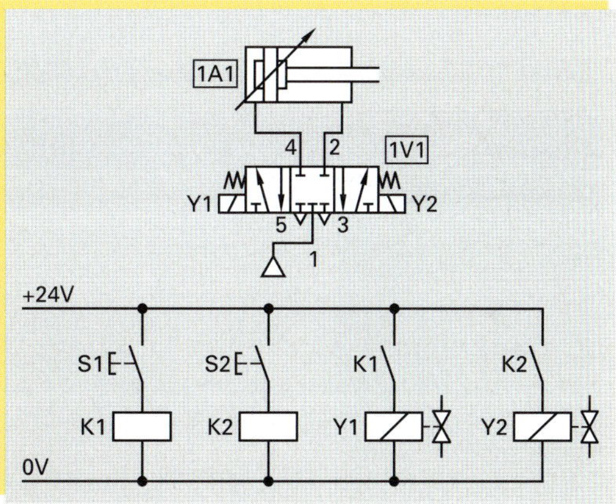

Bild 3: Doppelt wirkender Zylinder mit 5/3-Magnetventil

Geschwindigkeitsbeeinflussung

Die Geschwindigkeitsbeeinflussung erfolgt nicht im elektrischen Signalteil, sondern im pneumatischen Leistungsteil **(Bild 1)**. Es gelten somit die gleichen Aussagen wie im Kapitel Pneumatik.

10.5.2.2 Verknüpfung von Signalen

Auch in den elektropneumatischen Steuerungen geschieht die logische Verknüpfung der Signale im Signalteil. Im Gegensatz zur Pneumatik sind hier allerdings keine zusätzlichen Ventile (z. B. UND-Ventil) notwendig. Die logischen Verknüpfungen erfolgen über die schaltungstechnischen Verbindungen der einzelnen Signalelemente. Es werden auch hier die vier Grundverknüpfungen IDENTITÄT, UND, ODER und NEGATION unterschieden.

Identität

Bei Anstehen eines Einssignals (S1 bzw. S2 betätigt) wird ein Ausgang gesetzt **(Bild 1)**.

UND-Verknüpfung

Die logische Grundbedingung lautet auch hier allgemein, dass an einem Ausgang A1 nur dann ein Einssignal anliegt, wenn an beiden Eingangssignalen E1 UND E2 auch ein Einssignal ansteht. Im Stromlaufplan in **Bild 2** ist dies durch eine Reihenschaltung von S1 und S2 verwirklicht.

ODER-Verknüpfung

Die logische Grundbedingung lautet allgemein, dass an einem Ausgang A1 ein Einssignal anliegt, wenn entweder an E1 ODER E2 ODER an beiden Eingangssignalen ein Einssignal ansteht. Im Stromlaufplan in **Bild 2** ist dies durch eine Parallelschaltung von S3 und S4 verwirklicht.

Negation

Elektrotechnisch wird die Negation durch einen Öffner realisiert.

Eine Zusammenfassung der Grundverknüpfungen zeigt **Tabelle 1**.

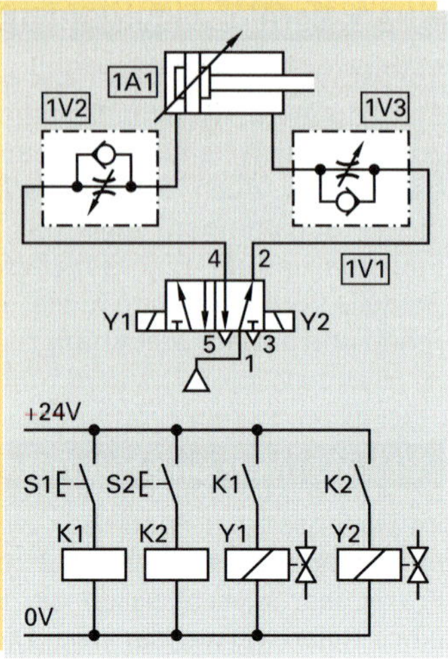

Bild 1: Geschwindigkeitsbeeinflussung

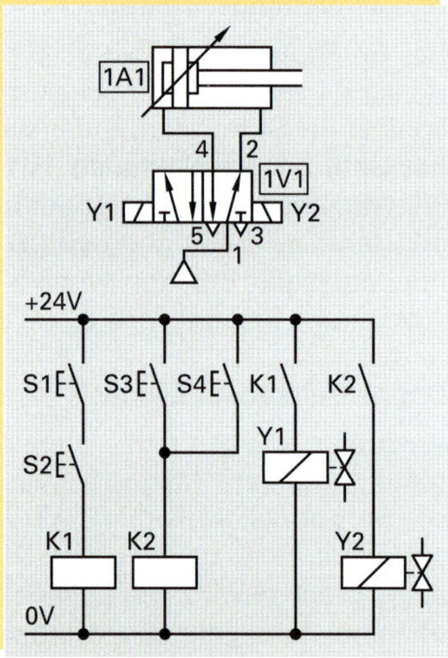

Bild 2: UND- bzw. ODER-Verknüpfung

Tabelle 1: Zusammenfassung der Grundverknüpfungen

Erläuterung \ Verknüpfung	IDENTITÄT	UND	ODER	NICHT
Logikplan	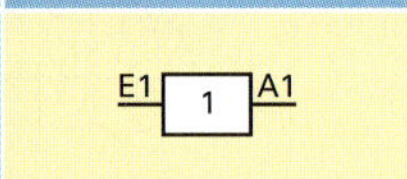	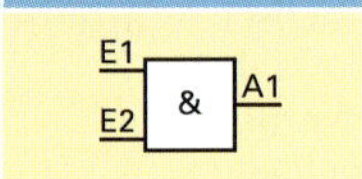	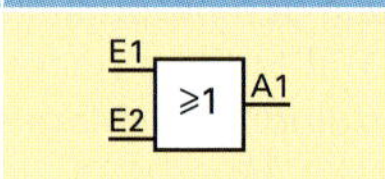	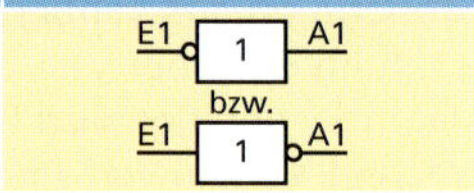
Schaltung	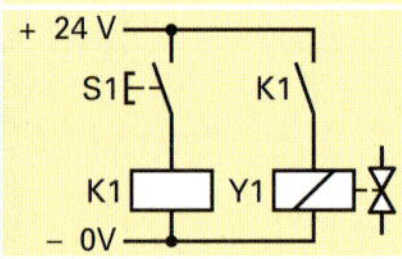	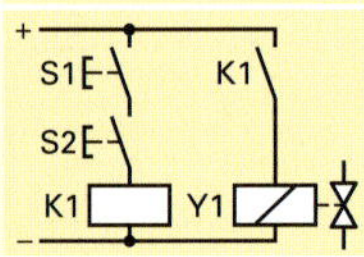	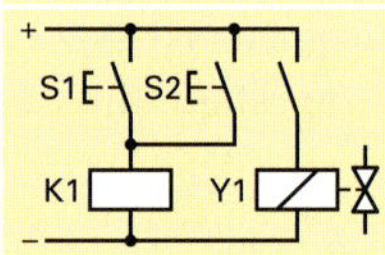	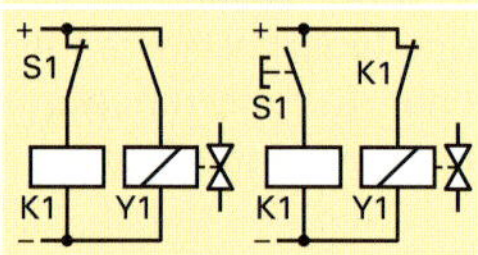
Impulsdiagramm	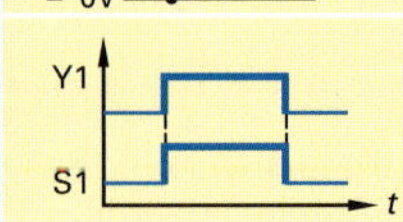	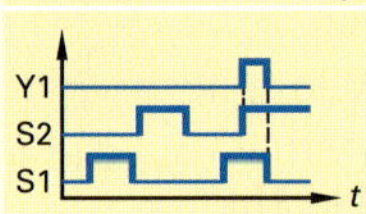	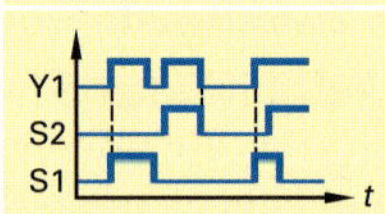	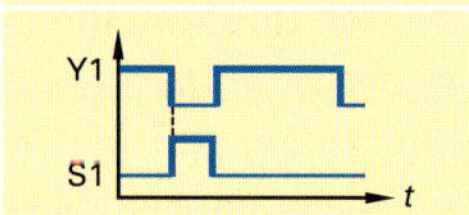

Mehrfach UND/Mehrfach ODER

Sind mehrere Signalglieder logisch mit und/oder zu verknüpfen, so geschieht dies durch weitere Reihen- bzw. Parallelschaltungen.

Beispiel: Der Zylinder darf nur ausfahren, wenn er in der hinteren Endlage (S5) ist und wenn S1 und S2 betätigt sind. Außerdem wird für Linkshänder ein weiterer Handtaster S6 benötigt, der ebenfalls wie S4 das Zurückfahren des Zylinders gewährleistet, wenn S3 hängt. S6 soll nur auf der anderen Seite von S4 liegen, damit der Linkshänder nicht ständig umgreifen muss. Des weiteren soll die Ausfahrgeschwindigkeit des Zylinders einstellbar und die Einfahrgeschwindigkeit möglichst groß sein.

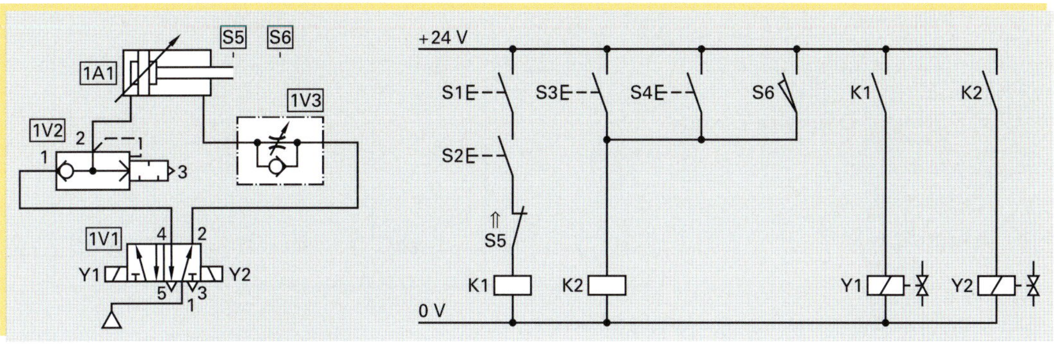

Bild 1: Mehrfach UND/Mehrfach ODER

Bei der Reihenschaltung von mehreren Signalgliedern, die selbst Leistung verbrauchen (z.B. Reedkontakte, Sensoren), ist zu beachten, dass die Summe der Spannungsabfälle an den einzelnen Signalgliedern das Relais noch schalten lässt. Bei der Parallelschaltung von mehreren Signalgliedern, die selbst Leistung verbrauchen, ist zu beachten, dass die Summe der Ströme nicht das nachfolgende Relais beschädigt. Handelt es sich bei den Signalgliedern um Taster oder Schalter, ist der Spannungsabfall an diesen Bauteilen so gering, dass obige Auswirkungen vernachlässigt werden können. In diesem Zusammenhang ist es ebenfalls wichtig, ob die Sensoren als 2-Draht- oder 3-Draht-Sensoren ausgeführt sind.

Arbeitsauftrag:

1. Skizzieren Sie einen elektropneumatischen Schaltplan für einen einfach wirkenden Zylinder, der bei gleichzeitiger Betätigung von zwei Schaltern ausfährt und selbstständig wieder einfährt.
2. Skizzieren Sie für den im nebenstehenden Bild gegebenen Logikplan den Stromlaufplan.

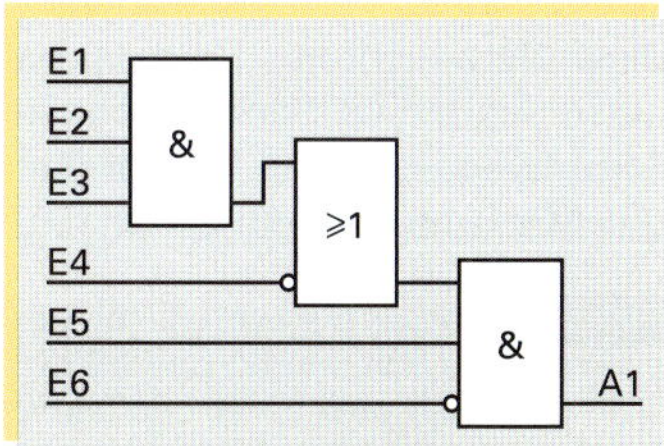

3. a) Führen Sie in Ihrem Elektropneumatik-Labor einen Versuch zur Ermittlung der minimalen Schaltspannung eines Relais durch.
   b) Vergleichen Sie diesen Wert mit dem des Herstellers.
4. Ermitteln Sie von Relais aus Ihrem Labor die maximale Stromaufnahme.
5. Wie wirkt sich die Parallelschaltung von mehreren Verbrauchern auf den Gesamtwiderstand in diesen Strompfaden aus?
6. Ein Schieber einer Abfüllanlage wird durch einen doppeltwirkenden Zylinder betätigt. Der Abfülltrichter öffnet sich, wenn der Zylinder einfährt und der Taster „Füllen“ gedrückt, ein Behälter unter dem Silo steht (S2) und der Taster zur Gewichtskontrolle (S3) nicht betätigt ist. Zeichnen Sie den Logikplan, die Funktionstabelle und den Schaltplan (pneumatisch und elektrisch).

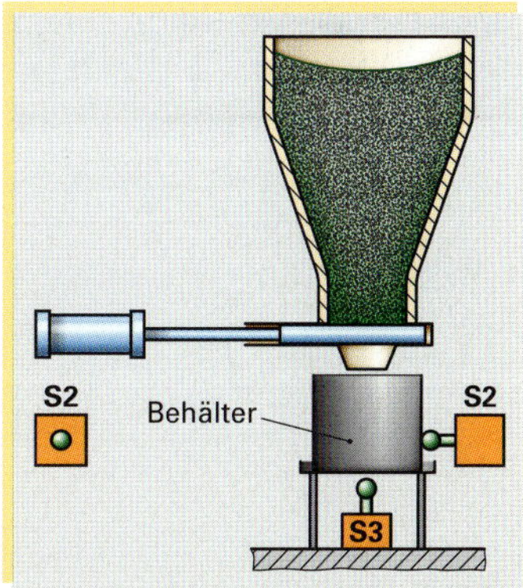

7. Zeichnen Sie den Schaltplan aus **Bild 1** mit 3-Draht-Sensoren für S5 und S3.

Druckabhängige Steuerungen

Werden in elektropneumatischen Schaltungen pneumatische Signale (hier der Druck) in elektrische umgewandelt, bedient man sich so genannter Druckschalter.

Beispiel: Das Beispiel soll so ausgebaut werden, dass der Zylinder 1A1 erst bei Erreichen der vorderen Endlage und bei Erreichen eines bestimmten einstellbaren Druckes, der ein wenig unterhalb des Anlagendruckes liegt, zurückfährt (siehe **Bild 2**).

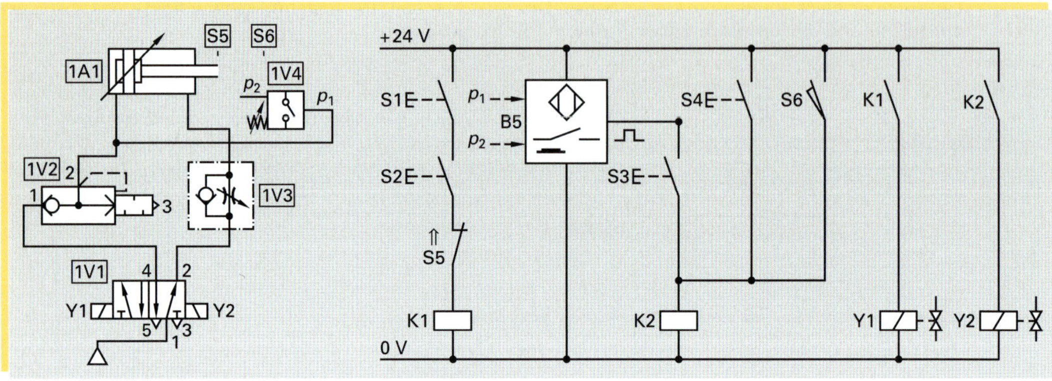

Bild 1: Druckabhängige elektropneumatische Steuerung

10.5.2.3 Schaltverzögerung

Zeitglieder in elektropneumatischen Schaltungen werden über **abfall-** und **anzugverzögerte** Relais realisiert.

Der Strom fließt innerhalb über einen einstellbaren Widerstand R1 und lädt einen Kondensator C auf. Ist dessen Schaltspannung erreicht, so schaltet das Relais. Die Diode D sperrt nur in eine Richtung, so dass der Strom von A1 über R1 fließen kann. Die Zeit, die der Kondensator zum Aufladen bis zur Schaltspannung braucht, wird über den Widerstand R1 eingestellt. Diese Zeit nennt man **Ansprech-** bzw. **Anzugverzögerung (Bild 2).**

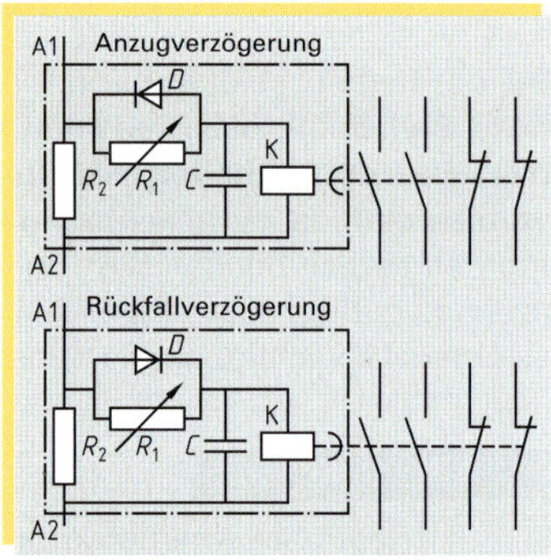

Bild 2: Schaltverzögerung

Bei der **Abfall-** bzw. **Rückfallverzögerung (Bild 2)** sperrt die Diode in die andere Richtung. Damit schaltet das Relais sofort nach Strombeaufschlagung und der Kondensator C lädt sich auf. Nach Öffnen des Stromweges von A1 entlädt der Kondensator C über den einstellbaren Widerstand R1 und hält dadurch das Magnetfeld in der Spule eine gewisse Zeit aufrecht.

Beispiel: Im Beispiel wird die bisherige Zweihandlösung ausgebaut. Der Zylinder darf nur noch ausfahren, wenn beide Schalter S1 und S2 gleichzeitig innerhalb von 0,5 Sekunden gedrückt werden. Damit sollen unerlaubte Manipulationen zur Taktverkürzung unterbunden werden **(Bild 3)**.

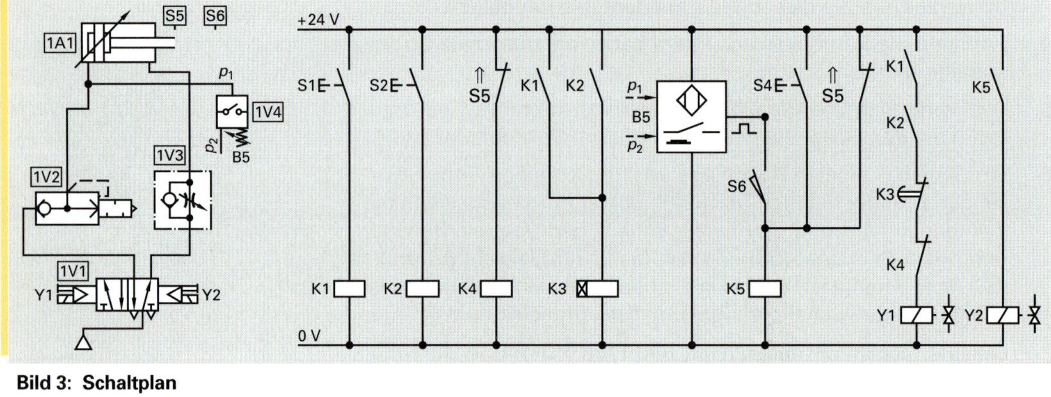

Bild 3: Schaltplan

Auch in der Elektro-Pneumatik ergeben sich wieder – ähnlich wie in der Pneumatik – durch Kombination von Ansprech- und Rückfallverzögerung mit jeweils Öffnern oder Schließern unterschiedliche Verzögerungsverhalten.

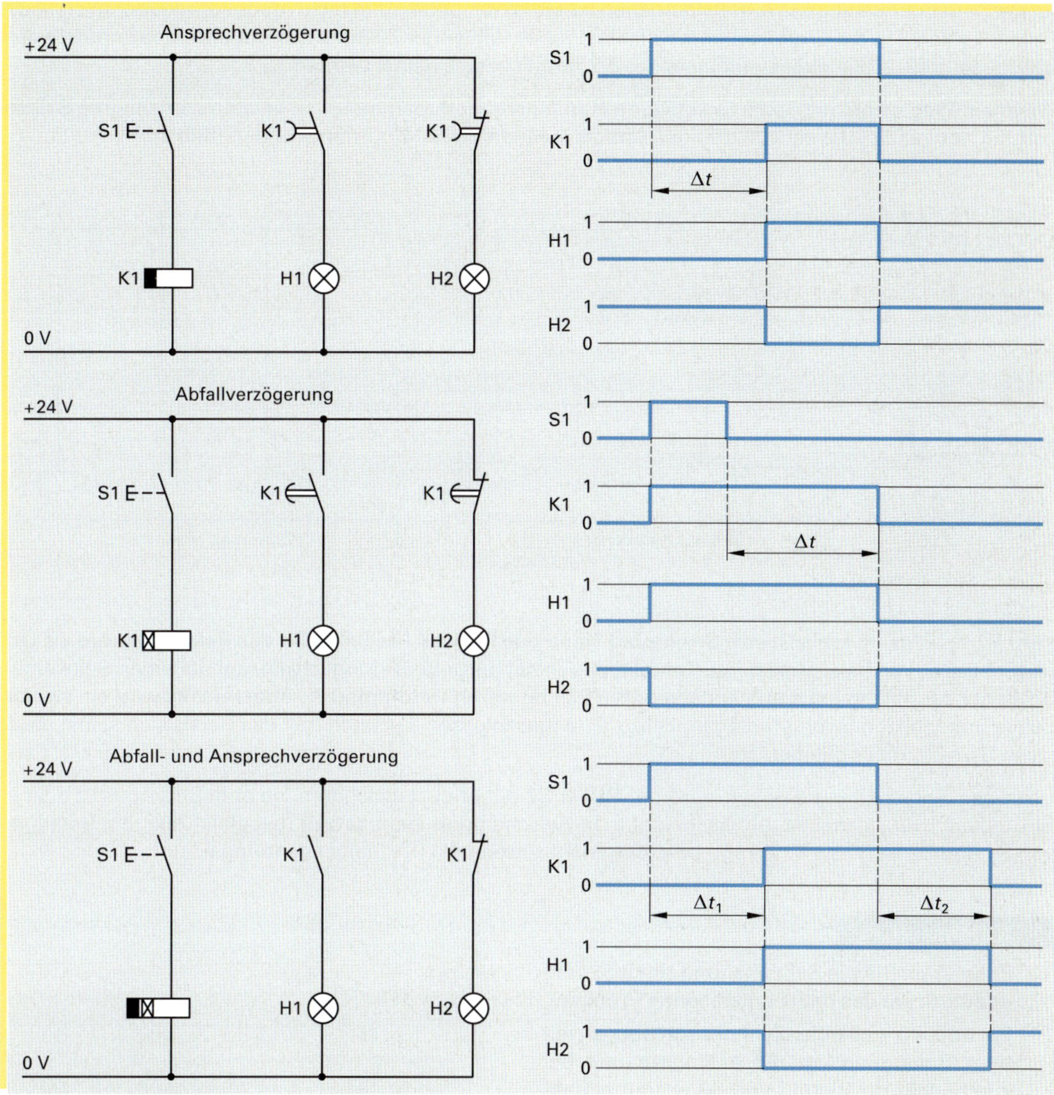

Bild 1: Unterschiedliche Verzögerungsverhalten

Arbeitsauftrag:

1. Erklären Sie die Wirkungsweise eines RC-Gliedes.
2. Skizzieren Sie einen elektropneumatischen Schaltplan für einen doppelt wirkenden Zylinder, der nur bei gleichzeitiger Betätigung von zwei Schaltern S1 und S2 ausfährt. Nach Erreichen der vorderen Endlage zieht der Zylinder nach 10 s selbstständig zurück. Der Rückhub kann auch von einem Schalter S3 ausgelöst werden.
3. Erklären Sie nebenstehende Schaltzeichen nach DIN.

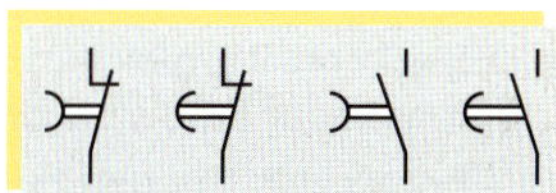

4. Erläutern Sie, wie in der Elektropneumatik Anzug- und Abfallverzögerungen realisiert werden.

10.5.2.4 Selbsthaltung

Häufig müssen in elektropneumatischen Steuerungen Impulssignale in Dauersignale umgewandelt werden. Gerade bei Magnetventilen mit Federrückstellung ist dies notwendig, da der Umsteuervorgang nur für die Dauer der Betätigung aufrecht erhalten bleibt. Ist die Betätigung nicht mehr vorhanden, so stellt die Feder das Ventil in die Grundstellung. Soll ein doppelt wirkender Zylinder nur mittels eines Impulses ein- bzw. ausfahren, so kann dies mithilfe eines 5/2-Impulsventils gelöst werden.

Wenn ein Wegeventil mit Federrückstellung zum Einsatz kommen muss, so ist eine so genannte **Selbsthaltung** notwendig, die den kurzzeitigen Impuls in einen Dauerimpuls umwandelt **(Bild 1)**.

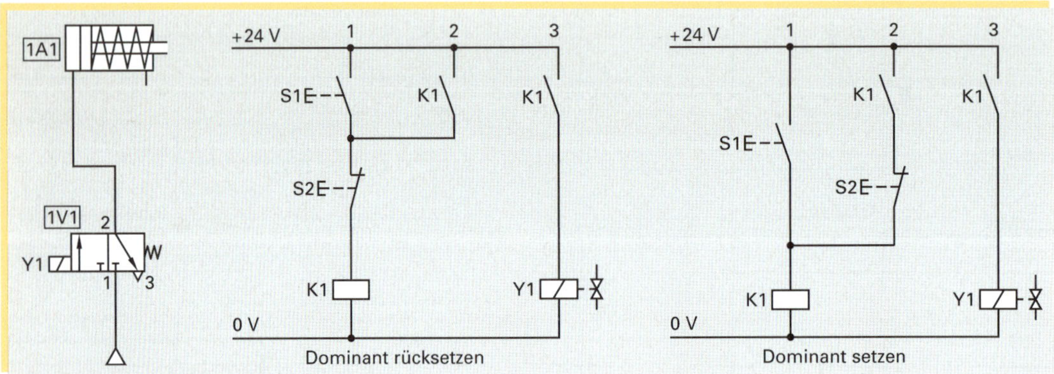

Bild 1: Selbsthaltung

Wird S1 betätigt, so schließt sich Strompfad 1 und das Relais K1 schaltet. Da das Relais mehrere als Öffner/Schließer/Wechsler ausgelegte Kontaktbahnen hat, besteht die Möglichkeit, auf der einen Seite einen Schließer zur Betätigung des Magnetventils Y1 zu benutzen (Strompfad 3). Andererseits wird ein zweiter Schließerkontakt in Strompfad 2 parallel zu S1 angeschlossen. Dadurch hält das Relais sich selbst, auch wenn S1 nicht mehr betätigt ist.

Um diese Selbsthaltung zu lösen, wird der Öffner S2 benötigt. Je nachdem, ob er in Strompfad 2 oder in Strompfad 1 verschaltet ist, unterscheidet man zwischen **dominant setzen** (bei gleichzeitigem Betätigen von S1 und S2 ist Relais K1 erregt) bzw. **dominant rücksetzen** (K1 bleibt spannungslos).

Arbeitsauftrag:

1. Entwickeln Sie die Selbsthaltung ohne S2 und erläutern Sie das dabei entstehende Problem.
2. Ein doppelt wirkender Zylinder soll bei kurzzeitiger Betätigung von S1 ausfahren und bei kurzzeitiger Betätigung von S2 wieder einfahren. Lösen Sie die Aufgabe einmal mit und einmal ohne Selbsthaltung. Begründen Sie, ob ein Bediener im Normalbetrieb einen Unterschied zwischen beiden Steuerungen feststellen kann. Vergleichen Sie das Notaus-Verhalten beider Steuerungen.
3. Entwickeln Sie den Funktionsplan (Logikplan) einer Selbsthaltung „dominant setzen" und einer mit „dominant rücksetzen".
4. Erstellen Sie den Logikplan für die rechts abgebildete Steuerung.
5. Erstellen Sie die Steuerung für den nebenstehenden Logikplan.

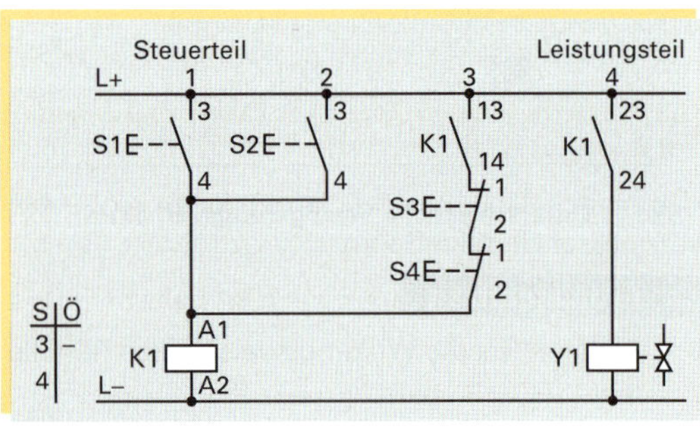

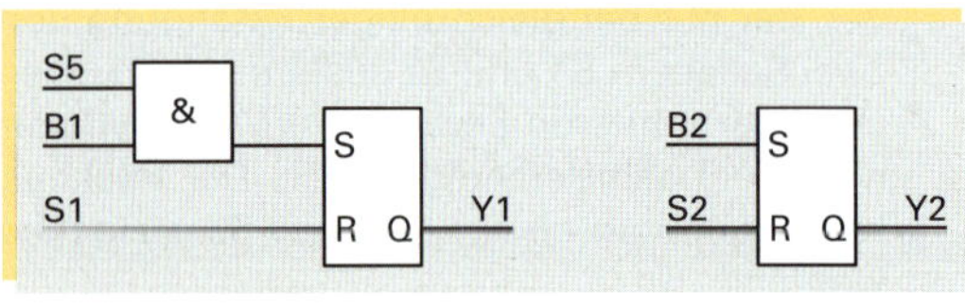

10.6 Hydraulische Steuerungen

In der Hydraulik (griech. hydor = Wasser, Flüssigkeit) werden zum Erzeugen von Kräften, Bewegungen oder Drehmomenten Flüssigkeiten (Fluide) – meist Öle – benutzt, welche dabei unter hohem Druck stehen. Dabei können sowohl lineare als auch rotierende Bewegungen erzeugt werden. Die übertragene Energie wird geregelt oder gesteuert. Die durch den hohen Druck entstehenden großen Kräfte bzw. Drehmomente werden hauptsächlich im Leistungsteil der Steuerungen bzw. Regelungen eingesetzt. Im Steuerungsteil kommen mechanische oder elektrische Komponenten zum Einsatz.

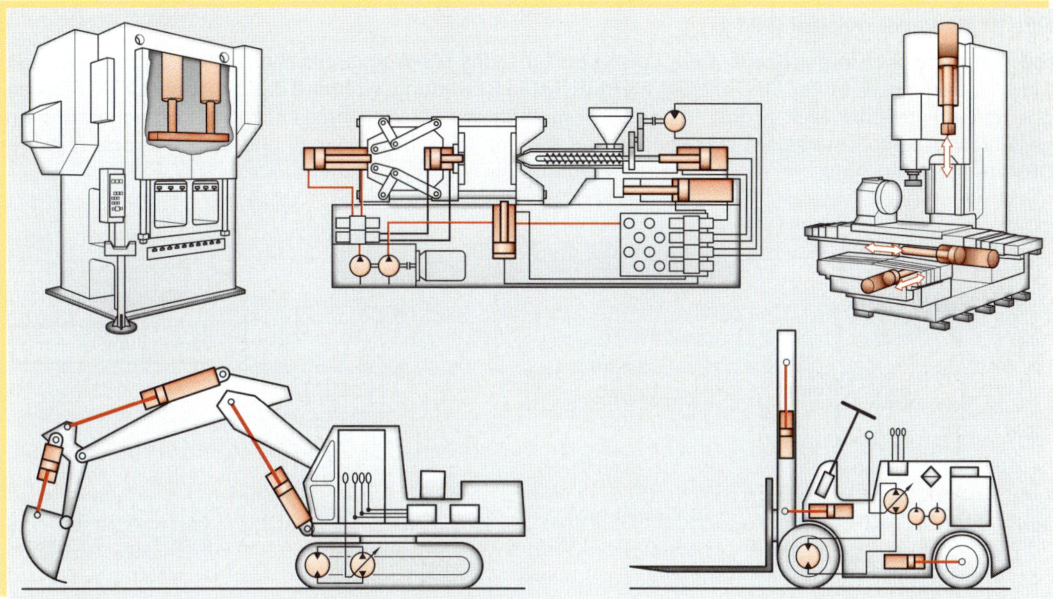

Bild 1: Anwendungsbeispiele für den Einsatz von Hydraulik

Bei Werkzeugmaschinen wird die Hydraulik zum Spannen von Werkstücken bzw. Werkzeugen (z. B. Spritzgusswerkzeuge in Spritzgießmaschinen) und bei Vorschubsteuerungen sowie bei Spindelantrieben genutzt. Ein weiterer großer Verbreitungsbereich der Hydraulik findet sich bei Pressen (siehe Kap. 14). Bei Land- und Baumaschinen wird die Hydraulik zum Fahrantrieb, zum Heben und zum Greifen benutzt **(Bild 1)**. Die Flugzeughydraulik nimmt eine Sonderstellung ein und hat wegen ihres hohen technischen Standards einen eigenen Zweig entwickelt.

Vorteile

- Durch die hohen Drücke entstehen große Kräfte auf kleinem Raum
- Die Druckübertragung erfolgt nahezu verlustfrei
- Hydraulische Bauteile sind überlastsicher; d. h. eine hohe Belastung ist auch im Stillstand möglich
- Geschwindigkeiten sind stufenlos einstellbar
- Gleichförmige Bewegungen sind wegen der geringen Kompressibilität des Öls möglich
- Sehr genaue Positioniermöglichkeit (± 1 µm)

Nachteile

- Durch den hohen Druck des Öls entstehen Unfallgefahren
- Entstehung von Lärm durch Pumpen und Schaltgeräusche
- Durch austretendes Lecköl entsteht Brandgefahr und Umweltverschmutzung
- Geringere Kolbengeschwindigkeiten als in der Pneumatik
- Temperaturabhängigkeit der Viskosität (Fließeigenschaft) des Öls
- Begrenzte Energiespeicherungsmöglichkeit (durch Gas z. B. in Blasenspeicher)

10.6.1 Hydraulische Kreisläufe

Anders als in der Pneumatik, wo die Luft nach ihrer Arbeitsverrichtung über Schalldämpfer in die Umgebung abgeführt wird, muss sich in der Hydraulik das Fluid in einem Kreislauf bewegen. Von einer Speisepumpe wird es über Schlauchleitungen und Ventile zu den Aktoren (Zylinder oder Motoren) geführt, um von da aus wieder in einen Tank zurückzufließen. In einer hydraulischen Anlage wird von einer Pumpe (Druckerzeugung) mechanische Energie in hydraulische umgewandelt. Diese hydraulische Energie wird zum Aktor transportiert und dort wieder in mechanische Arbeit umgewandelt. Man unterscheidet zwei verschiedene Ausführungen des hydraulischen Kreislaufes.

Offener Hydraulikkreislauf (Bild 1)

Die Pumpe fördert in der Kreuz- bzw. Parallelstellung des 5/3-Wegventils Hydrauliköl unter Druck zum Aktor (Zylinder bzw. Motor) und erzeugt hierdurch eine Bewegung, während das drucklose Öl im Rücklauf über einen Filter zum Tank strömt. In der Mittelstellung des 5/3-Wegventils öffnet bei Erreichen des eingestellten Maximaldruckes am Druckbegrenzungsventil (DBV) dieses Ventil und das Öl strömt über das DBV zurück in den Tank.

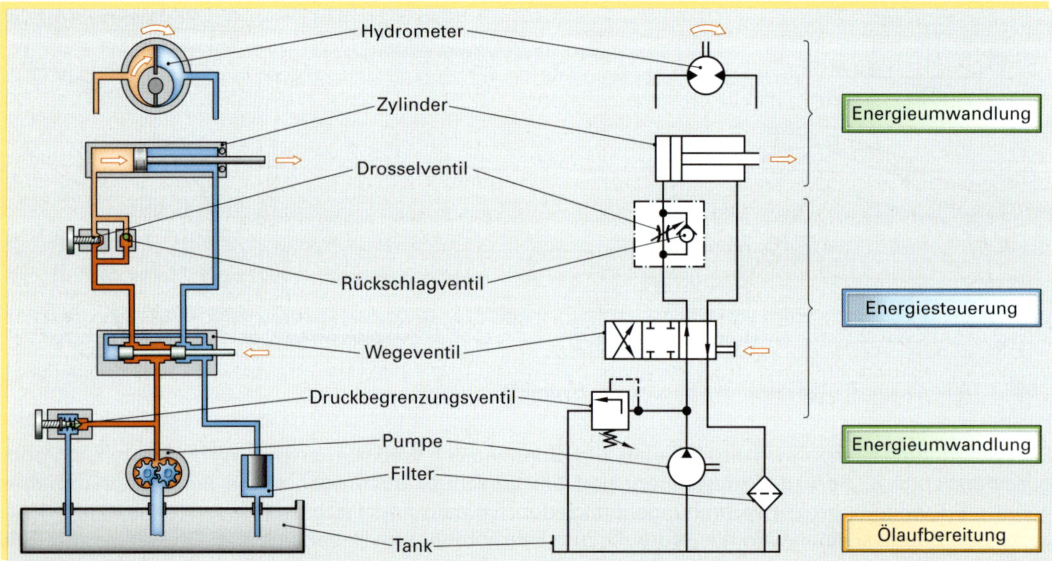

Bild 1: Hydraulikanlage

Druckerzeugerstationen sind sehr häufig zugekaufte Fertigbauteile für eine Hydraulikanlage und schon herstellerseitig mit einem Druckbegrenzungsventil zum Schutze ausgerüstet. Schaltet man nun der Druckerzeugerstation mit integriertem DBV ein zweites DBV parallel **(Bild 2)**, kann man mit dem integrierten DBV den maximal zulässigen Anlagendruck einstellen, während über das äußere DBV der Arbeitsdruck vorgegeben werden kann. Der Arbeitsdruck ist somit immer kleiner gleich dem Maximaldruck in der Druckerzeugerstation. Am Manometer 1 kann der Druck, der durch die äußere Last entsteht, abgelesen werden, während am Manometer 2 der Druck, der durch den Fließwiderstand beim Ölumlauf entsteht, ersichtlich ist.

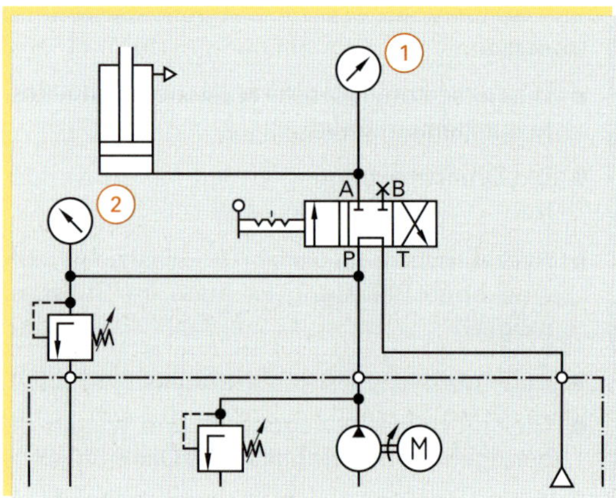

Bild 2: Pumpenumlaufschaltung

Geschlossener Hydraulikkreislauf

Geschlossene Hydraulikkreisläufe **(Bild 1)** finden sich häufig bei rotatorisch wirkenden Aktoren (z. B. Motoren). Der Volumenstrom – und damit die Fließrichtung – ist schnell umzusteuern. Zur Steuerung von Hydraulikzylindern mit ungleichen Kolbenflächen eignet sich diese Kreislaufart nicht, da die unterschiedlichen Fluidmengen beim Vor- bzw. Rücklauf im Kreislauf nicht gut ausgeglichen werden können.

Bild 1 zeigt das grundlegende Funktionsprinzip. Die Pumpe erzeugt einen Fluidkreislauf, der den Motor antreibt. Bei Überschreiten des Anlagendruckes öffnet das Druckbegrenzungsventil und das Hydrauliköl strömt im kleinen Kreislauf. Ein Rückschlagventil sichert die Fließrichtung. Diese Lösung ist nicht praxisgerecht, da hiermit die Ölverluste nicht ausgeglichen werden können.

Eine Verbesserung bringt hier der Einbau einer zusätzlichen Pumpe **(Nr. 3, Bild 2),** die Öl über einen Filter in den Hauptkreis drücken kann. Sie gleicht entstandene Leckageverluste aus. Mithilfe des DBV 1 wird der Arbeitsdruck im Hauptkreis eingestellt, während das DBV 2 den Lieferdruck der Speisepumpe (3) in den Hauptkreis regelt.

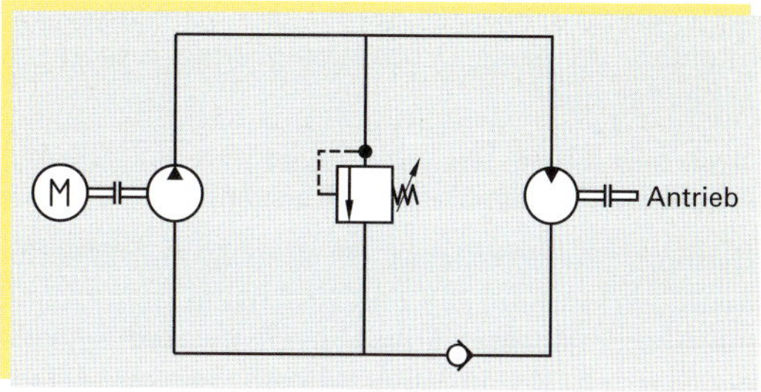

Bild 1: Geschlossener Hydraulikkreislauf

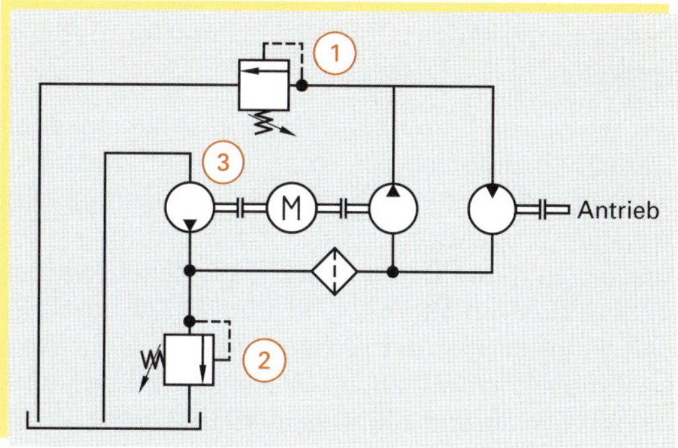

Bild 2: Geschlossener Hydraulikkreislauf mit Speisepumpe

10.6.2 Hydraulikflüssigkeiten

Die strömungsfreie Funktion, die Lebensdauer und die Wirtschaftlichkeit einer Hydraulikanlage hängt sehr stark von der Auswahl der Hydraulikflüssigkeit ab.

Druckflüssigkeiten in hydraulischen Anlagen müssen unterschiedliche Aufgaben erfüllen und bestimmten Anforderungen genügen:

- Übertragung der Druckenergie von der Pumpe zum Arbeitsglied (Motor, Zylinder)
- Übertragung der Signale zur Steuerung von Ventilen
- Schmierung der beweglichen Hydraulikbauteile (z. B. Kolben, Schiebergleitflächen)
- Ausgleich der Temperaturunterschiede im Hydrauliksystem
- Schutz der Hydraulikbauteile vor Korrosion
- Forttragen von Verunreinigungen (Abrieb), Wasser und Luft zum Filter bzw. Tank
- Minderung von Druckstößen, die bei Schaltvorgängen entstehen
- Luftabscheidung ermöglichen
- Keine Schaumbildung

Diesen Anforderungen muss die Druckflüssigkeit bei sehr verschiedenen Drücken, Temperaturen und Fließgeschwindigkeiten über einen möglichst langen Zeitraum gerecht werden.

Am häufigsten kommen Druckflüssigkeiten auf der Basis von Mineralölen, die man als Hydrauliköle bezeichnet, zum Einsatz. Neben diesen Hydraulikölen finden sich in Bereichen mit erhöhter Brandgefahr (z. B. im Bergbau unter Tage, Druckgussmaschinen, Schmiedepressen, Walzstrassen) so genannte **schwer entflammbare Druckflüssigkeiten,** die sich – bzw. der Hydraulikdampf – bei Leckagen oder Leitungsbrüchen nicht an stark erhitzten Anlagenteilen entzünden können.

Zunehmend kommen auch **umweltschonende, biologisch abbaubare Druckflüssigkeiten** zum Einsatz (z. B. bei mobilen Hydraulikaggregaten in der Land- und Forstwirtschaft). Hier ist im Leckagefall keine Kontaminierung (Verunreinigung) der Umwelt zu befürchten, da diese Druckflüssigkeiten biologisch abbaubar sind.

Nach DIN 51524 Teil 1 bis 3 gliedern sich die **Hydrauliköle (Tabelle 1)** in drei Klassen.

Hydrauliköle der Klasse **HL** sind Mineralöle mit Zusatzwirkstoffen, die den Korrosionsschutz und die Alterungsbeständigkeit erhöhen. Hydrauliköle der Klasse **HLP** sind Mineralöle wie aus der Klasse HL, wobei hier noch zusätzlich durch weitere Additive der Verschleißschutz erhöht ist. Öle der Klasse **HV** haben gegenüber Ölen der Klasse HLP durch Zusätze ein verbessertes Viskositäts-Temperaturverhalten.

Bei schwer entflammbaren **Hydraulikflüssigkeiten (Tabelle 2)** unterscheidet man wasserhaltige und wasserfreie, synthetische Druckflüssigkeiten (d.h. künstlich hergestellt, kein Naturprodukt). Die schwer entflammbaren Druckflüssigkeiten werden in den VDMA-Blättern 24317 und 24320 beschrieben. Flüssigkeiten der Klasse **HFA** sind Öl in Wasser-Emulsionen mit einem Wassergehalt von 80% bis 98%, während die Klasse **HFB** Wasser in Öl-Emulsionen sind mit einem Wassergehalt von 40%.

Glykol-Wasser-Gemische mit einem Wassergehalt zwischen 35% und 55% bilden die Klasse **HFC.** Wasserfreie Flüssigkeiten, die synthetisch auf der Basis von Phosphorestern oder chlorierten Kohlenwasserstoffen hergestellt werden, bilden die Klasse **HFD.**

Aufgrund des gestiegenen Umweltbewusstseins und behördlicher Auflagen bieten immer mehr Hersteller von Hydraulikflüssigkeiten biologisch abbaubare Druckflüssigkeiten an **(Tabelle 3).** Man unterscheidet drei Klassen.

Die Klasse der **HPG**-Flüssigkeiten sind wasserfrei und werden künstlich aus Polyglykolen hergestellt. Ihre Eigenschaften sind ähnlich denen der Hydrauliköle. Sie sind nicht mit diesen Mineralölen mischbar.

Tabelle 1: Hydrauliköle

Bezeichnung	Anwendungsbereiche
HL	Anlagen, in denen hohe thermische Beanspruchungen auftreten oder Korrosion durch Wasserzutritt möglich ist.
HLP	wie HL-Öl, außerdem für Anlagen, in denen bauart- oder betriebsbedingt eine höhere Mischreibung auftritt.
HV	wie HLP-Öl, Einsatz bei stark wechselnden und tiefen Umgebungstemperaturen.

Tabelle 2: Schwer entflammbare Hydraulikflüssigkeiten

Bezeichnung	VDMA-Einheitsblatt Nr.	Zusammensetzung	Wassergehalt in %
HFA	24 320	Öl-Wasser-Emulsion	80...98
HFB	24 317	Wasser-Öl-Emulsion	40
HFC	24 317	wässrige Lösungen, z.B. Wasser-Glykol	35...55
HFD	24 317	wasserfreie Flüssigkeit, z.B. Phosphatester	0...0,1

Tabelle 3: Biologisch abbaubare Hydraulikflüssigkeiten

Bezeichnung	Eigenschaften
HPG	Künstlich hergestellt (aus Polyglykolen), wasserfrei und biologisch abbaubar. Ähnliche Eigenschaften wie Hydraulikflüssigkeiten auf Mineralölbasis; nicht mit Mineralöl mischbar.
HTG	Auf der Basis pflanzlicher Öle (z.B. Rapsöl) hergestellt, biologisch gut abbaubar, nicht wasserlöslich, mit Mineralöl mischbar, eingeschränkter Temperatureinsatzbereich und eingeschränkte Alterungsbeständigkeit im Vergleich zu Mineralölen.
HT	Künstlich hergestellt (synthetische Ester), biologisch bestens abbaubar, nicht wasserlöslich. Ähnliche Eigenschaften wie Hydraulikflüssigkeiten auf Mineralölbasis.

Bei den Flüssigkeiten der **HTG**-Klasse bilden pflanzliche Öle (z.B. Rapsöl) die Basis. Sie sind mit Hydraulikölen der Klasse HL, HLP und HV mischbar, wodurch sich aber die biologische Abbaubarkeit reduziert. Wasserunlösliche, künstlich auf Esterbasis hergestellte Druckflüssigkeiten finden sich in der Klasse **HT.** Sie sind ebenfalls biologisch bestens abbaubar. Die Flüssigkeiten der Kategorien HPG, HTG und HT sind alle als **nicht wassergefährdend** (früher Wassergefährdungsklasse 0) eingestuft.

Hydraulik-Öle altern unter dem Einfluss von chemischen Veränderungen, die durch hohe Temperaturen und die katalytische Wirkung von Metallen entsteht. Verunreinigungen durch Wasser, Rost, Abrieb, Staub etc. fördern ebenfalls diesen Alterungsprozess.

Untersuchungen zeigen, dass viele Ausfälle von hydraulischen Anlagen auf Benutzung einer falschen Druckflüssigkeit oder schlechte Qualität der Druckflüssigkeit (z.B. zu alt) zurückzuführen sind. Aus diesem Grund sollten die Empfehlungen der Hersteller von Hydraulikbauteilen bzw. -anlagen für die Auswahl und Wartung der richtigen Hydraulikflüssigkeit beachtet werden.

Viskosität

Die wohl wichtigste Kenngröße einer Hydraulikflüssigkeit ist die kinematische Viskosität ν. Unter dieser versteht man die Zähflüssigkeit oder Gießbarkeit der Flüssigkeit. Die Viskosität kann mit Hilfe eines Kugelviskosimeters **(Bild 1)** ermittelt werden. Hierbei wird die „Fallzeit“ ermittelt, die eine genormte Kugel braucht, um eine bestimmte Fallhöhe in der zu messenden Flüssigkeit, zu durchrollen (Schiefstehen des Fallrohres). Die hierbei ermittelte Zeit ist proportional zur dynamischen Viskosität η

$$[\eta] = \text{Pa} \cdot \text{s} = \text{N} \cdot \text{s/m}^2.$$

Daraus errechnet sich die kinematische Viskosität zu

$$\text{kin. Visk.} = \frac{\text{dyn. Viskosität}}{\text{Dichte}} \quad \text{bzw. } \nu = \frac{\eta}{\varrho} \qquad [\nu] = \text{m}^2\text{/s}$$

Sie gibt somit Auskunft über die innere Reibung, die beim Fließen überwunden werden muss. Je höher die kinematische Viskosität, desto zähflüssiger ist die Hydraulikflüssigkeit. Es werden nach DIN sechs Viskositätsklassen für Hydraulikflüssigkeiten unterschieden **(Tabelle 1)**.

Bild 1: Viskosimeter

Hydraulikflüssigkeiten mit zu niedriger Viskosität (zu dünnflüssig) erhöhen die Leckageverluste und bilden einen zu dünnen Schmierfilm, der den Verschleiß fördert. Flüssigkeiten mit großer Viskosität (dickflüssig) führen durch die große innere Reibung an Drosselstellen zu Druckverlusten. Auch erschweren sie das Abscheiden von Luftblasen und es kann deshalb eher zu Kavitation (s. Seite 459) kommen.

Die Viskosität von Hydraulikflüssigkeiten ist sehr stark druck- und temperaturabhängig **(Bild 2)**. Dies ist beim praktischen Einsatz zu berücksichtigen.

Tabelle 1: Viskositätsklassen

ISO-Viskositätsklassen	kinematische Viskosität (mm²/s) bei 40° max.	min.
ISO VG 10	9,0	11,0
ISO VG 22	19,8	24,2
ISO VG 32	28,8	35,2
ISO VG 46	41,4	50,6
ISO VG 68	61,2	74,8
ISO VG 100	90,0	110,0

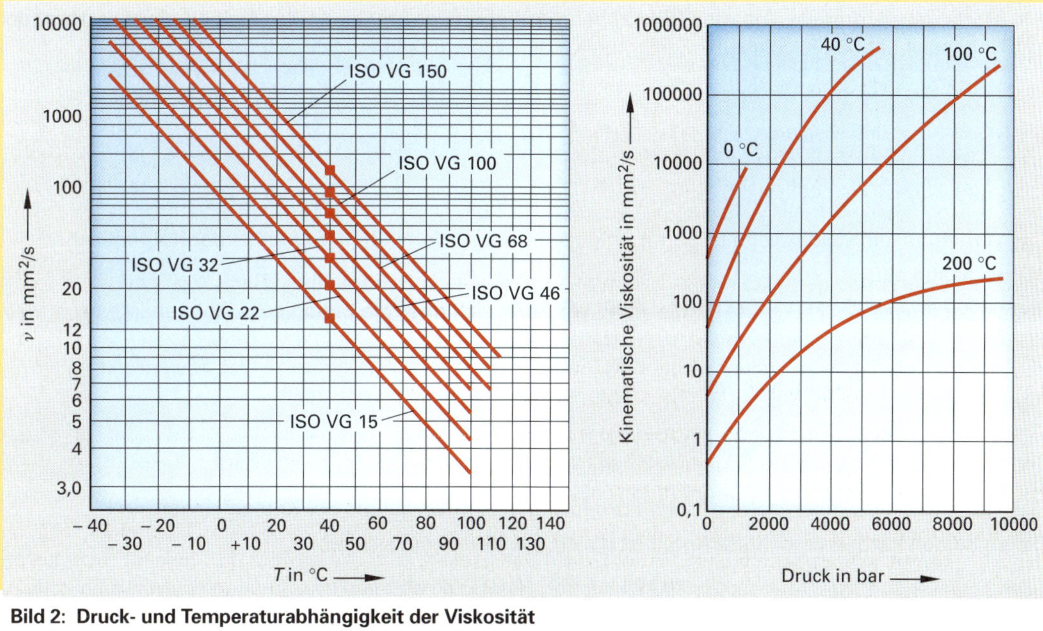

Bild 2: Druck- und Temperaturabhängigkeit der Viskosität

Neben der Viskosität gibt es noch weitere wichtige Eigenschaften von Hydraulikflüssigkeiten, die im praktischen Einsatz eine Rolle spielen.

Bei großen Drücken kann die **Kompressibilität** (Volumenverringerung infolge des hohen Druckes) der Hydraulikflüssigkeit nicht mehr vernachlässigt werden. Es treten dadurch z.B. Ungenauigkeiten beim Positionieren oder bei Steuer- und Regelaufgaben auf. Das **spezifische Gewicht** der Flüssigkeit spielt beim Ansaugen aus dem Tank eine Rolle (je größer die Dichte, desto geringer die mögliche Ansaughöhe). Steht die Druckflüssigkeit im Betrieb unter hoher Temperatur, so ist die Volumenzunahme durch diese Temperaturerhöhung nicht zu vernachlässigen. Die **Schmierfähigkeit** und das **Luftabscheidevermögen** von Hydraulikölen sind ebenfalls zu beachten.

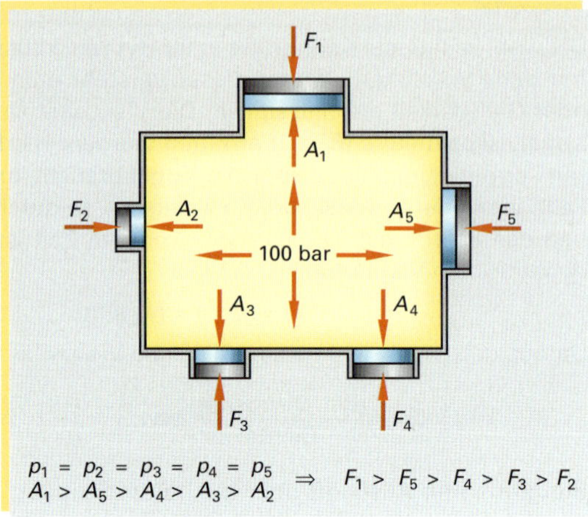

Bild 1: Gesetz von PASCAL

Physikalische Grundlagen

> Der Druck in einem geschlossenen System **(Bild 1)** ist an allen Stellen gleich (Gesetz von PASCAL).

Nach der Gleichung

$$\text{Druck} = \frac{\text{Kraft}}{\text{Fläche}} \text{ bzw. } p = \frac{F}{A} \qquad [p] = \text{N/m}^2$$

können somit bei gleichem Innendruck durch unterschiedlich große Flächen unterschiedlich große Kräfte erzeugt werden **(Bild 1)**.

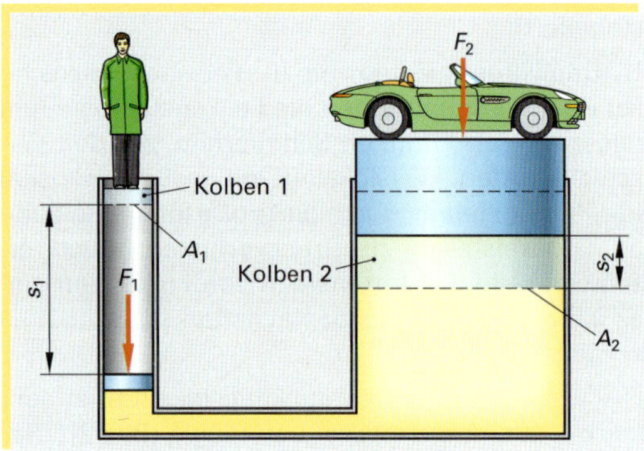

Bild 2: Hydraulischer Wagenheber

Nach diesem Prinzip lassen sich mit kleinen Kräften große Lasten bewegen (z.B. hydraulischr Wagenheber). Da das verdrängte Volumen **(Bild 2)** beim Anheben der Last an beiden Kolben gleich ist, ergeben sich ungleiche Längen für die zurückgelegten Kolbenwege. Es gilt:

$$V_1 = V_2$$

$$\Rightarrow s_1 \cdot A_1 = s_2 \cdot A_2$$

$$\Rightarrow \frac{s_1}{s_2} = \frac{A_2}{A_1}$$

Das Verhältnis der Kolbenwege ist somit umgekehrt proportional dem Verhältnis der Kolbenflächen.

Für die Kräfte gilt:

$$F_1 = p_1 \cdot A_1 \text{ und } F_2 = p_2 \cdot A_2$$

$$\text{mit } p_1 = p_2$$

$$\text{ergibt sich zu } \frac{F_1}{A_1} = \frac{F_2}{A_2}$$

$$\text{bzw. } \frac{F_1}{F_2} = \frac{A_1}{A_2}$$

Das Verhältnis der Kolbenkräfte ist damit proportional zum Verhältnis der Kolbenflächen.

Die an beiden Kolben verrichtete Arbeit ist gleich. Sie berechnet sich zu:

$$\text{Arbeit} = \text{Kraft} \cdot \text{Weg bzw. } W = F \cdot s$$

$$[W] = 1\ \text{Nm} = 1\ \text{J (Joule)}$$

Eine weitere wichtige Kenngröße in Hydraulikanlagen ist der Volumenstrom q_v. Er beschreibt das in einer Zeiteinheit strömende Volumen **(Bild 1)**.

$$q_v = \frac{V}{t} \qquad [q_v] = m^3/s$$

Bei einem Zylinder lässt sich somit die Kolbengeschwindigkeit über den Volumenstrom berechnen **(Bild 2)**.

für das Kolbenvolumen gilt: $V = A \cdot s$

somit ergibt sich: $q_v = \frac{A \cdot s}{t} = A \cdot \frac{s}{t}$

bzw. $q_v = A \cdot v$

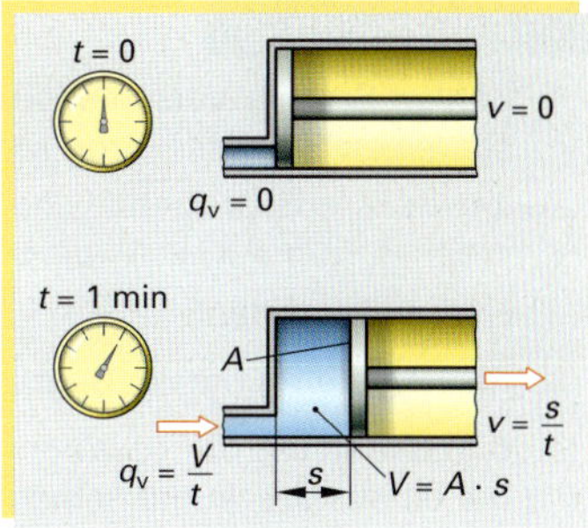

Bild 1: Volumenstrom

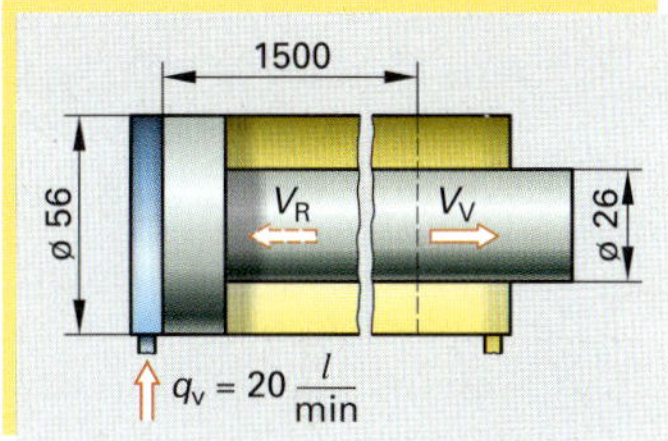

Bild 2: Kolbengeschwindigkeit

Beispiel: Ein Hydraulikzylinder **(Bild 2)** wird von einer Hydraulikpumpe versorgt, die einen Volumenstrom von q_v = 20 l/min liefert.

Berechnen Sie:
a) Die Vorlauf- und Rücklaufgeschwindigkeit
b) Die Vorlauf- und Rücklaufzeit.

Lösung: $A_{aus} = \frac{d^2 \cdot \pi}{4} = \frac{56^2\ mm^2 \cdot \pi}{4} = 2463\ mm^2 = 0{,}246\ dm^2$

$$q_v = A_{aus} \cdot v_{aus} \Rightarrow v_{aus} = \frac{q_v}{A_{aus}} = \frac{20\,\frac{dm^3}{min}}{0{,}246\ dm^2} \qquad \Rightarrow v_{aus} = 81{,}3\,\frac{dm}{min} = 8{,}13\,\frac{m}{min}$$

$$A_{ein} = \frac{(D^2 - d^2) \cdot \pi}{4} = \frac{(56^2 - 26^2) \cdot \pi}{4}\ mm^2 = 1932{,}1\ mm^2 \qquad \Rightarrow v_{ein} = 103{,}5\,\frac{dm}{min} = 10{,}4\,\frac{m}{min}$$

$$v_{aus,ein} = \frac{s_{Hub}}{t_{aus,ein}} \Rightarrow t_{aus,ein} = \frac{s_{Hub}}{v_{aus,ein}} \qquad \Rightarrow t_{aus} = \frac{1{,}5\ m}{8{,}13\,\frac{m}{min}} \qquad \Rightarrow t_{aus} = 0{,}185\ min = 11{,}1\ s$$

$$\Rightarrow t_{ein} = \frac{1{,}5\ m}{10{,}4\,\frac{m}{min}} \qquad \Rightarrow t_{ein} = 0{,}144\ min = 8{,}7\ s$$

Beispiel: Welcher Volumenstrom ist an der Pumpe einzustellen, wenn ein Zylinder mit d = 100 mm mit 10 m/min ausfahren soll?

Lösung: $A_{aus} = \frac{d^2 \cdot \pi}{4} = \frac{100^2 \cdot mm^2 \cdot \pi}{4} = 7857\ mm^2 = 0{,}785\ dm^2$

$$q_v = A \cdot v = 0{,}785\ dm^2 \cdot 100\,\frac{dm}{min} = 78{,}5\,\frac{dm^3}{min} \quad \Rightarrow \quad q_v = 78{,}5\,\frac{\ell}{min}$$

Für eine Flüssigkeit, die durch unterschiedliche Querschnitte strömt, gilt die so genannte **Kontinuitätsgleichung (Bild 3)**.

> Der Volumenstrom einer Flüssigkeit, die durch ein Rohr mit unterschiedlichen Durchmessern strömt, ist an jedem Querschnitt gleich. Die Strömungsgeschwindigkeiten sind somit unterschiedlich.

Dies ist insbesondere zu beachten, da hierdurch die Strömungsgeschwindigkeit im Zylinder (großer Durchmesser) und in der Zuleitung (kleiner Durchmesser) sehr unterschiedlich sein können. Dies muss bei der Dimensionierung der Zuleitung beachtet werden, da die maximale Strömungsgeschwindigkeit im engsten Querschnitt nicht überschritten werden darf.

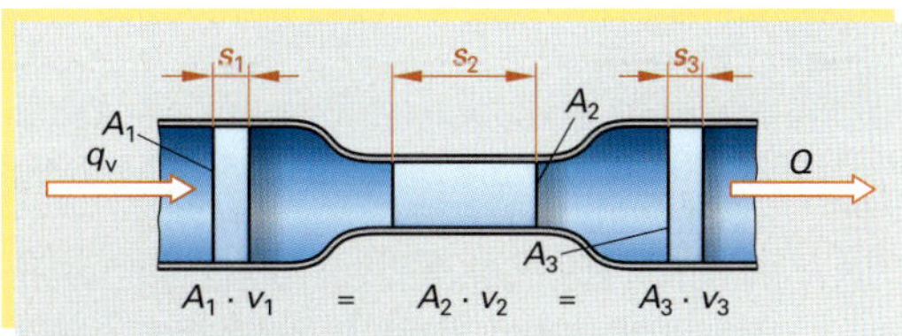

Bild 3: Kontinuitätsgleichung

Arbeitsauftrag:

1. Zählen Sie vier verschiedene Hydraulikanwendungen aus Ihrem betrieblichen Umfeld auf und beschreiben Sie diese Ihren Mitschülern näher. Ermitteln Sie in Ihrer Firma die technologischen Daten zu diesen Anwendungen wie z.B. Anlagendruck, Zylinderkraft, Pumpenart.
2. Erklären und beschreiben Sie den Unterschied zwischen einem geschlossenen und einem offenen Hydraulikkreislauf.
3. Recherchieren Sie die Begriffe „Wassergefährdungsklasse“ und „biologisch abbaubar“.
4. Berechnen Sie die Volumenänderung einer Hydraulikflüssigkeit (E = 1,4 · 10^4 bar) bei einem Druckunterschied von 300 bar und einem Ausgangsvolumen von 1 l. Wie groß ist die Wegungenauigkeit bei einem Zylinder mit d_i = 80 mm? $$\Delta V = V_0 \cdot \frac{1}{E} \cdot \Delta p$$
5. a) Wie groß ist die Kraft, die man an einem hydraulischen Wagenheber (D = 40 mm und d = 5 mm bei einem Öldruck von 8 bar) beim Reifenwechsel aufbringen muss, wenn das Auto insgesamt eine Masse von 1800 kg besitzt und an der Ansatzstelle des Wagenhebers 40% der Gesamtmasse des Autos gehoben werden müssen?
   b) Wie groß ist der Weg, den man pumpen muss, um die Last 15 cm anzuheben?
6. Eine Hydraulikpumpe liefert einen einstellbaren Volumenstrom von q_v = 30 … 40 l/min. Die Anwendung verlangt eine Kolbengeschwindigkeit von 5 m/min. Sie haben Zylinder mit Innendurchmesser d_1 = 80 mm; d_2 = 90 mm usw. bis d_5 = 120 mm zur Verfügung.
   a) Begründen Sie, welchen Zylinder Sie auswählen.
   b) Wie muss dann der Volumenstrom eingestellt werden?
   c) Überprüfen Sie, ob es noch andere Zylindermöglichkeiten gibt, diese konstruktiven Vorgaben zu erreichen.
7. Welcher Volumenstrom muss an einer Hydraulikpumpe eingestellt werden, damit ein Hydraulikzylinder mit dem Innendurchmesser von 80 mm eine Ausfahrgeschwindigkeit von 105 m/min erreicht?
8. Ein Zylinder mit D = 70 mm (Kolbenstangendurchmesser d = 20 mm) wird von einer Pumpe versorgt, die einen Volumenstrom von q_v = 20 l/min liefert. Berechnen Sie für einen Hub von 400 mm:
   a) die Vorlaufgeschwindigkeit
   b) die Rücklaufgeschwindigkeit
   c) die Vorlaufzeit
   d) die Rücklaufzeit
9. Das in **Bild 1** skizzierte hydraulische System ist aus zwei Pumpen aufgebaut. Bei der Eilgangbewegung des Zylinders sind beide Pumpen im Betrieb und bei der Vorschubbewegung nur die Pumpe 1. ($q_{v,pumpe1}$ = 7 l/min und $q_{v,pumpe2}$ = 22 l/min). Berechnen Sie:
   a) Die Eilganggeschwindigkeit.
   b) Die Vorschubgeschwindigkeit.
   c) Die Rücklaufgeschwindigkeit, wenn beide Pumpen in Betrieb sind und die Rücklaufgeschwindigkeit, wenn nur die Pumpe 2 in Betrieb ist.
   d) Die Zeiten für einen kompletten Vor- und Rückhub jeweils mit den Rücklaufgeschwindigkeiten aus c).
   e) Wie groß ist die Zeitersparnis in Prozent bzw. in Stunden im Jahr bei 1000 Takten in der Woche?
10. An einer Hydraulikanlage mit einer Pumpe (q_v = 300 l/min) ist eine Rohrleitung mit dem Innendurchmesser d = 50 mm defekt. Auf Lager sind nur noch Rohre mit d = 25, 35, 40, 60 und 80 mm. (Kolbendurchmesser D = 200 mm, Kolbenstangendurchmesser d = 100 mm)
    a) Wie groß ist die Ausfahrgeschwindigkeit des Kolbens?
    b) Wie groß war die Strömungsgeschwindigkeit beim Ausfahren und Einfahren im alten Rohr?
    c) Welches Rohr dürfen Sie benutzen, wenn die Strömungsgeschwindigkeit im Rohr zwischen 2 m/s und 3 m/s liegen muss?

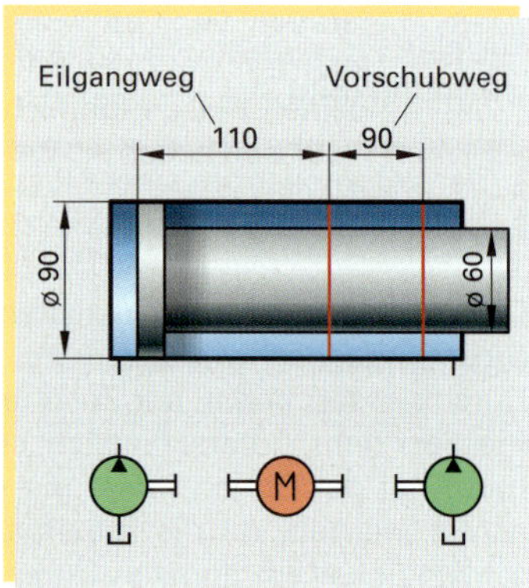

Bild 1: Hydrauliksystem

10.6.3 Hydraulikpumpen und -motoren

Hydromotoren und Pumpen sind hydraulische Bauelemente, in denen mechanische Energie in hydraulische (oder umgekehrt) umgewandelt wird. Man unterscheidet sie hinsichtlich

- der Anzahl der Drehrichtungen (eine oder zwei Drehrichtungen)
- des Verdrängungsvolumens (konstantes Volumen oder verstellbares)
- der Bauart (Zahnrad-, Flügelzellen-, Radialkolbenpumpe etc.)
- der Drehzahl (Schnellläufer mit 1000 1/min bis 4000 1/min oder Langsamläufer mit 50 1/min bis 500 1/min

Viele Pumpen könnten ohne konstruktive Veränderungen auch als Motoren betrieben werden, allerdings sind sowohl die Pumpen als auch die Motoren zur Wirkungsgradverbesserung jeweils leicht modifiziert, so dass dies in der Praxis selten geschieht. Die Darstellung von Pumpen und Motoren in Schaltplänen ist genormt **(Tabelle 1)**.

Tabelle 1: Sinnbilder für Hydraulikpumpen und -motoren

Benennung		Sinnbild
Hydropumpe mit konstantem Verdrängungsvolumen	mit einer Stromrichtung	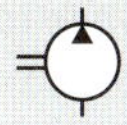
	mit zwei Stromrichtungen	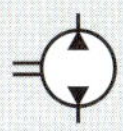
Hydropumpe mit veränderlichem Verdrängungsvolumen	mit einer Stromrichtung	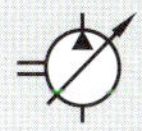
	mit zwei Stromrichtungen	
Hydromotor mit konstantem Verdrängungsvolumen	mit einer Stromrichtung	
	mit zwei Stromrichtungen	
Hydromotor mit veränderlichem Verdrängungsvolumen	mit einer Stromrichtung	
	mit zwei Stromrichtungen	
Hydrostatisches Getriebe	reversierbar[1]	

Kenngrößen

Das **Förder-** oder **Schluck-** oder **Verdrängungsvolumen V (Bild 1)** gibt das transportierte Volumen pro Umdrehung an. Bei Verstellpumpen bzw. -motoren ist dieser Wert variabel.

Muss die Pumpe die Hydraulikflüssigkeit von oberhalb aus einem Tank ansaugen, ist ein entsprechender Unterdruck auf der Saugseite notwendig. Dieser Unterdruck ist abhängig von der Saughöhe und dem spezifischen Gewicht des Öls. Gängige Werte liegen im Bereich von 0,7 bar bis 0,8 bar absolut.

Beim Unterschreiten des Unterdruckes kann es zu **Kavitationserscheinungen** mit entsprechender Geräuschentwicklung, unruhigem Pumpenlauf und nicht zuletzt zu Beschädigungen der Pumpe kommen.

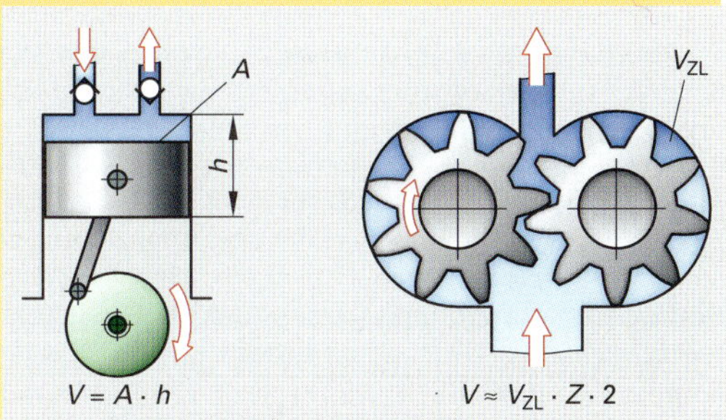

Bild 1: Fördervolumen

Unter **Kavitation** versteht man folgenden Vorgang. Durch den zu großen Unterdruck auf der Saugseite lösen sich im Öl gebundene Gase zu kleinen Blasen (ähnlich wie beim Öffnen einer Sprudelflasche). Diese Blasen haben ein wesentlich größeres Volumen als vorher als Flüssigkeit und verschlechtern die Strömungseigenschaften. So verringern sie z. B. den Förderstrom und verschlechtern dadurch den Wirkungsgrad. Weiterhin brechen diese Dampfblasen bei steigendem Druck auf der Druckseite wieder schlagartig zusammen (Implosion), was zu örtlich sehr hohen Druckspitzen führt. Diese Beanspruchung greift den Pumpenwerkstoff an, zernarbt und zerklüftet ihn – bis hin zu schwammartigen Aushöhlungen **(Bild 2)**. Das Problem der Kavitation tritt nicht nur bei Pumpen auf. Es macht sich auch bei Schiffsschrauben, Flugzeugpropellern oder Rohrkrümmungen bemerkbar.

Bild 2: Kavitations-Schaden

[1] reversierbar = umkehrbar

Eine weitere wichtige Kenngröße ist der **Betriebsdruck,** für den die Pumpe bzw. der Motor ausgelegt ist. Es werden die folgenden drei Drücke unterschieden **(Bild 1).**

- **Spitzendruck p_{spitze}**; er darf nur kurzzeitig vorkommen, z.B. kurz vor dem Ansprechen eines Druckbegrenzungsventils.
- **Höchstdruck $p_{höchst}$**; er sollte möglichst nicht überschritten werden und auch nur eine bestimmte maximal zulässige Zeit anliegen
- **Dauerdruck p_{dauer}**, dies ist der Nenndruck bzw. -druckbereich, für den die Pumpe bzw. der Motor vom Hersteller ausgelegt worden ist.

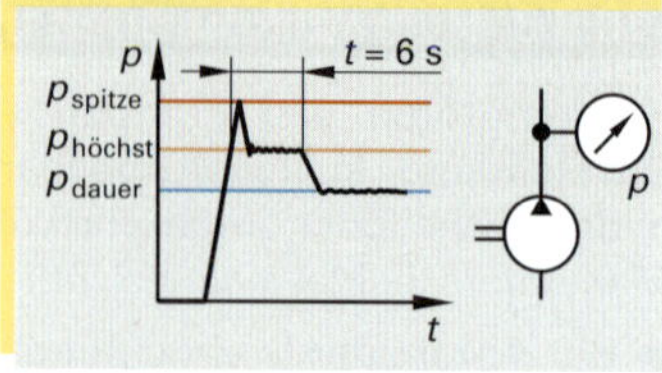

Bild 1: Betriebsdrücke

Da sowohl bei den Pumpen als auch bei den Motoren Energien umgewandelt werden, entstehen Verluste. Diese werden durch **Wirkungsgrade** beschrieben.

In Herstellerunterlagen finden sich drei Wirkungsgrade:

- Der **volumetrische Wirkungsgrad η_v** ist eine Kenngröße für innere und äußere Leckverluste.
- Der **hydraulisch-mechanische Wirkungsgrad η_{hm}** beschreibt die Reibungsverluste.
- Der **Gesamtwirkungsgrad η_t** fasst beide Wirkungsgrade zusammen.

Es gilt folgender Zusammenhang:

$$\eta_t = \eta_v \cdot \eta_{hm}$$

Die Hersteller stellen die Werte der Wirkungsgrade meist in Graphiken dar, weil sie von verschiedenen Betriebsparametern (z.B. Drehzahl, Druck, Viskosität, Hubvolumen) abhängig sind **(Bild 2).**

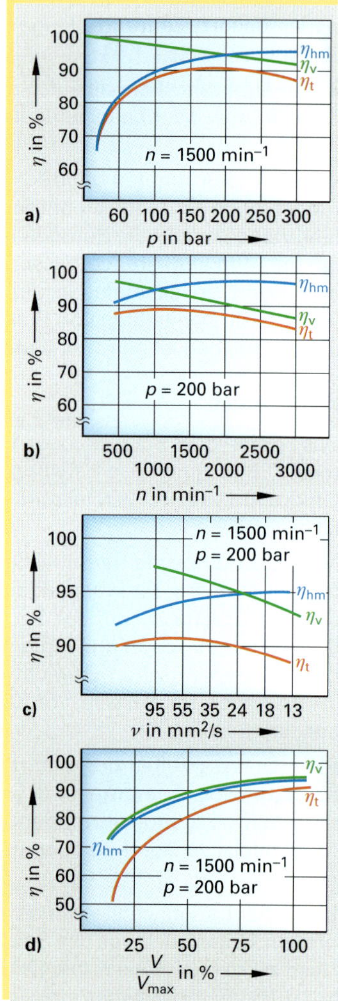

Bild 2: Abhängigkeiten des Wirkungsgrades

So steigt – für eine bestimmte Drehzahl – der hydraulisch-mechanische Wirkungsgrad mit steigendem Druck degressiv an, während der volumetrische Wirkungsgrad mit steigendem Druck fast linear fällt. Der Gesamtwirkungsgrad steigt bis zu einem Maximalwert an und fällt danach wieder ab. Der Gesamtwirkungsgrad liegt zwischen ca. 65% bis 90% **(Bild 2a).**

Bild 2b zeigt die Abhängigkeit des Wirkungsgrades von der Drehzahl bei konstantem Druck. Das Maximum des Gesamtwirkungsgrades liegt bei ca. 1000 min^{-1}, während er davor und danach abfällt.

Bild 2c zeigt die Abhängigkeit des Wirkungsgrades von der Viskosität bei konstantem Druck und konstanter Drehzahl. Hier liegt das Maximum des Gesamtwirkungsgrades bei einer Viskosität von ca. 55 mm^2/s und wird davor und danach kleiner. Die Schwankungen, denen der Wirkungsgrad unterworfen ist, liegen im Bereich 88% bis 90%.

Bild 2d zeigt den Wirkungsgrad einer Verstellpumpe in Abhängigkeit vom Hubvolumen bei konstanter Drehzahl und konstantem Druck. Alle Wirkungsgrade steigen degressiv bis das Fördervolumen dem maximal möglichen entspricht (100%).

Einige Pumpen bzw. Motoren besitzen Anschlüsse, um das anfallende Lecköl aus dem Gehäuse abzuführen. Dieses Lecköl sollte möglichst drucklos zum Tank zurückgeführt werden, um in der Pumpe nicht durch einen „Gegendruck" zu zusätzlichen Verlusten zu führen. Viele Hersteller schreiben einen maximalen Rückstaudruck von ca. 2 bar absolut, d.h. 1 bar Überdruck vor **(Bild 3).**

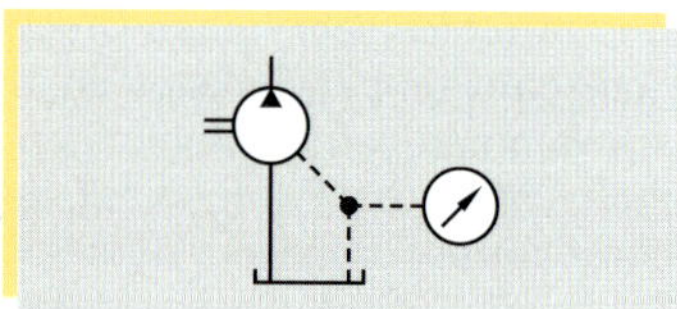

Bild 3: Abfuhr von Lecköl

Sonstige Kenngrößen zur Auslegung von Pumpen und Motoren sind

- der **Volumenstrom q_v**
- die **Drehzahl n**
- das **Drehmoment M**
- der **Druck p_e (Überdruck)**
- die **Leistung P (Bild 1).**

In die Formeln zur Berechnung der Kenngrößen wird der jeweils zu beachtende Wirkungsgrad mit eingearbeitet. Der Wirkungsgrad ist – je nach dem, ob die Formel für die Pumpe oder für den Motor gilt – entsprechend der allgemeinen Wirkungsgraddefinition

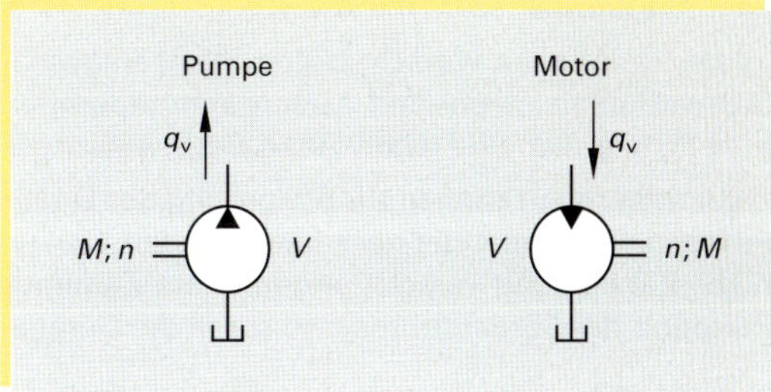

Bild 1: Kenngrößen

$$\eta = \frac{\text{abgeführte Energie bzw. Leistung}}{\text{zugeführte Energie bzw. Leistung}}$$

einzusetzen. Dies hat zur Folge, dass sich die Formeln **(Bild 2)** zur Berechnung von Hydraulikpumpen und Hydraulikmotoren unterscheiden müssen. Nimmt man z.B. die Leistungs-Formel $P = p \cdot q_v$, ergibt sich für die Pumpe folgender Zusammenhang:

Die zugeführte Antriebsleistung ist P und $p \cdot q_v$ die Abtriebsleistung. Somit ist der Wirkungsgrad

$$\eta_t = \frac{p_e \cdot q_v}{P} \Rightarrow \text{daraus ergibt sich folgende Beziehung für die Pumpe } P = \frac{p_e \cdot q_v}{\eta_t}$$

Für den Motor ist die zugeführte Antriebsleistung $p \cdot q_v$ und die Abtriebsleistung P. Somit ergibt sich hier

$$\eta_t = \frac{P}{p_e \cdot q_v} \Rightarrow \text{daraus ergibt sich folgende Beziehung für den Motor } P = p_e \cdot q_v \cdot \eta_t$$

In fast allen Herstellerkatalogen werden die Formeln zur Berechnung der oben beschriebenen Kenngrößen angegeben. Hierbei ist zu beachten, ob es sich um Größengleichungen oder um Zahlenwertgleichungen handelt **(Bild 2)**.

Pumpe		**Motor**	
	$q_v = n \cdot V \cdot \eta_v$		$q_v = \frac{n \cdot V}{\eta_v}$
bzw.	$q_v = n \cdot V \cdot \eta_v \cdot 10^{-5}$	bzw.	$q_v = \frac{n \cdot V}{\eta_v} \cdot 10^{-1}$
	$p_e = \frac{M}{V} \cdot \eta_{hm}$		$p_e = \frac{M}{V \cdot \eta_{hm}}$
bzw.	$p_e = \frac{M \cdot \eta_{hm}}{V \cdot 1{,}95}$	bzw.	$p_e = \frac{M \cdot 10^4}{V \cdot \eta_{hm} \cdot 1{,}59}$
	$P = \frac{p_e \cdot q_v}{6 \cdot \eta_t}$		$P = \frac{p_e \cdot q_v \cdot \eta_t}{6}$
bzw.	$P = \frac{p_e \cdot q_v}{6 \cdot \eta_t}$	bzw.	$P = \frac{p_e \cdot q_v \cdot \eta_t}{6} \cdot 10^{-4}$
Größengleichung, d.h. Einheiten sind vom „Benutzer" zu klären, z.B. SI-Einheiten.		Zahlenwertgleichung, d.h. Einheiten sind vorgegeben: $[p]$ = bar; $[n]$ = 1/min; $[\eta]$ = %; $[V]$ = cm³/U; $[q_v]$ = l/min; $[P]$ = KW; $[M]$ = Nm.	

Bild 2: Berechnung der Kenngrößen

Weitere wichtige Merkmale für Hydraulikpumpen bzw. -motoren sind:

- die Laufruhe
- die Baugröße
- die Lebensdauer
- die Notlaufeigenschaften

Zahnradpumpen bzw. -motoren

In den Zahnlücken wird Druckflüssigkeit eingeschlossen und vom Saug- zum Druckanschluss gefördert. Sie werden als Innen- und Außenzahnradpumpen gebaut **(Bild 1)**. Dieser Konstantpumpentyp ist preisgünstig hat aber eine relativ hohe Geräuschentwicklung.

Zahnradpumpen können zur Steigerung des Druckes „in Reihe" angeordnet werden, d.h., dass bis zu drei Pumpen hintereinander geschaltet werden. DUO-Pumpen sind Zahnradpumpen, bei denen zwei um eine halbe Zahnteilung versetzt angeordnete Zahnradpaare verwendet werden. Dadurch verringert sich die Pulsation des Förderstroms und somit die Geräuschentwicklung der Pumpe erheblich.

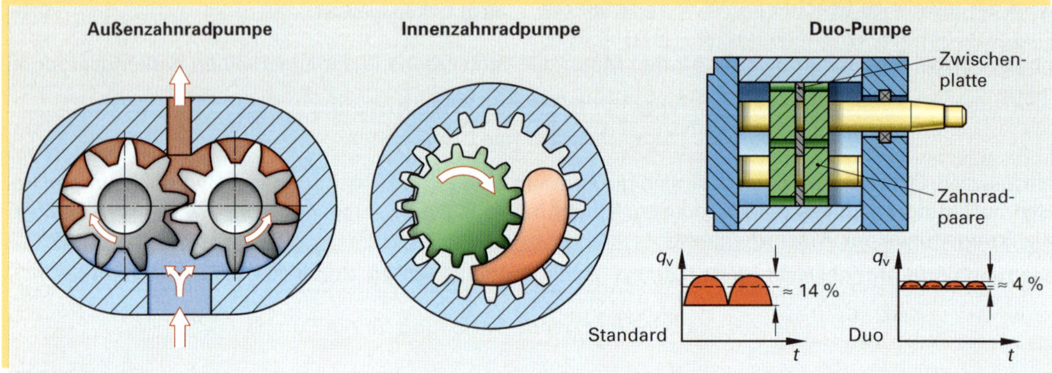

Bild 1: Zahnradpumpen

Radialkolbenpumpen

Die Drehbewegung der Antriebswelle wird über eine Kupplung auf den Zylinderstern übertragen. Dieser rotiert um einen im Gehäuse fest sitzenden Wellenstumpf. Die radial angeordneten Kolben sind beweglich an Gleitschuhen befestigt und können sich auf dem nicht rotierenden Hubring bewegen. Dreht sich der Zylinderstern, führen die Kolben eine Hubbewegung aus, wobei die Hublänge abhängig von der Exzentrizität zwischen Zylinderstern und Hubring ist. Über die beiden gegenüberliegenden Stellkolben kann die Exzentrizität der Pumpe verstellt werden.

Die Radialkolbenpumpe ist somit eine Verstellpumpe. Verstellpumpen haben gegenüber Konstantpumpen den Vorteil, dass sie an den veränderlichen Förderstrom- und Druckbedarf der Verbraucher angepasst werden können. Die Hersteller bieten hierzu je nach Einsatzbereich verschiedene Steuer- bzw. Regeleinrichtungen für die Radialkolbenpumpe an **(Bild 2)**.

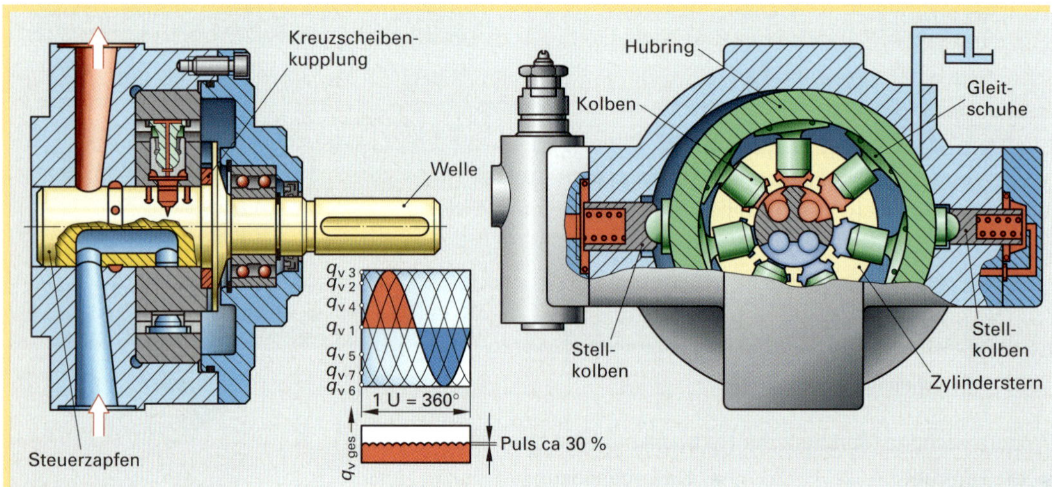

Bild 2: Radialkolbenpumpe

Axialkolbenpumpen und -motoren

Prinzipiell sind hier Kolben zur Druckerzeugung parallel zur Drehachse einer Zylindertrommel angeordnet, wobei die Antriebsdrehbewegung in einen Kolbenhub umgesetzt wird. Es werden drei Konstruktionsprinzipien unterschieden, wobei sich jede dieser Konstruktionen sowohl für den Pump- als auch für den Motorbetrieb eignet.

Bei der **Schrägscheibenpumpe (Bild 1)** dreht die Antriebswelle die Zylindertrommel. Die Kolben bewegen sich über Gleitschuhe oder ein Axiallager auf der feststehenden Schrägscheibe. Der Hub der Kolben bzw. der Förderstrom ist über den Verstellwinkel der Schrägscheibe einstellbar. Je größer der Winkel, desto größer der Hub der Kolben und somit auch die Fördermenge. Eine feststehende Steuerplatte ordnet die Förderströme der Kolben entweder dem Druck- oder dem Sauganschluss zu.

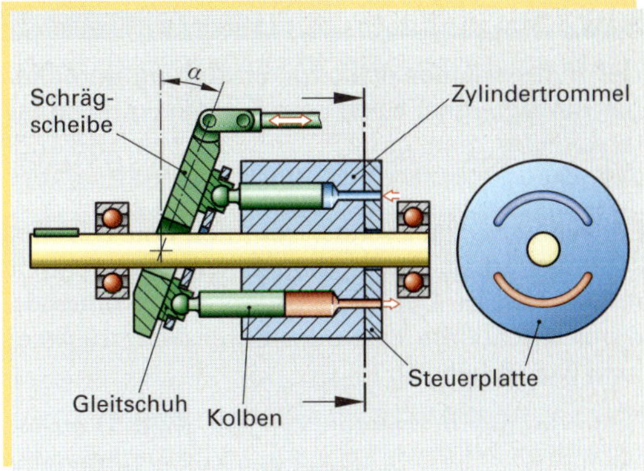

Bild 1: Schrägscheibenpumpe

Bei der **Schrägachsenpumpe (Bild 2)** ist die Zylindertrommel über ein Kugel- oder Kardangelenk mit der Antriebswelle verbunden. Da die Zylindertrommel aus der Achse der Antriebswelle geschwenkt ist, entstehen bei sich drehender Welle Hubbewegungen der Kolben. Das Fördervolumen ändert sich mit dem Schwenkwinkel. Hier gilt ebenso, dass bei Vergrößerung des Schwenkwinkels der Kolbenhub und somit auch der Förderstrom größer werden. Auch hier erfolgt die Zuordnung der Kolben zur Druck- bzw. Saugseite durch eine feststehende Steuerscheibe.

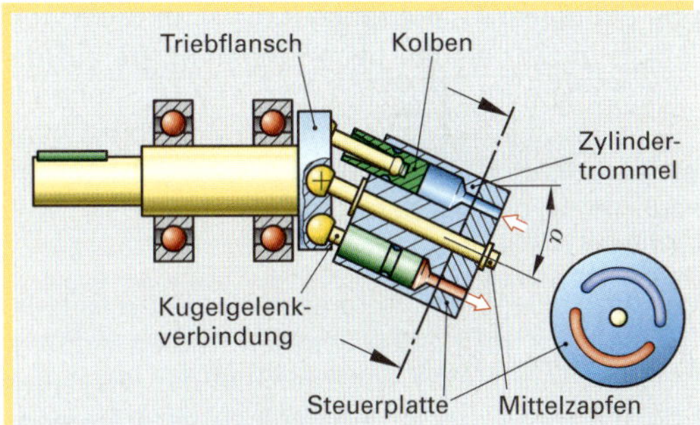

Bild 2: Schrägachsenpumpe

Bei der **Taumelscheibenpumpe (Bild 3)** treibt die Antriebswelle eine Taumelscheibe, die wiederum über ein Axiallager die Kolben in der nicht rotierenden Zylindertrommel betätigt. Bei diesem Prinzip ist keine Steuerscheibe notwendig, da die Zylindertrommel nicht rotiert. Der Winkel der Taumelscheibe kann nicht verstellt werden, wodurch diese Pumpenart eine Konstantpumpe ist.

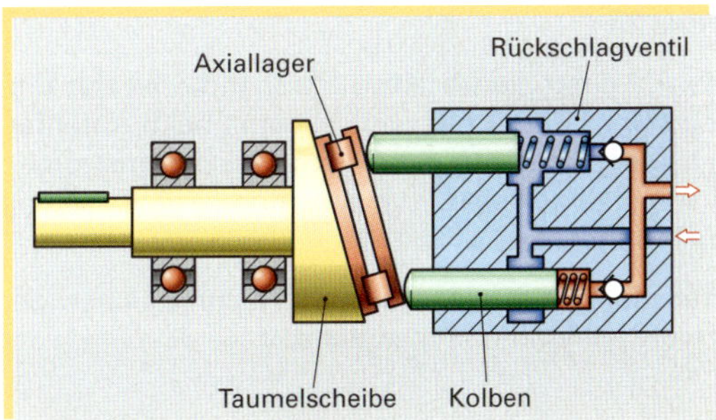

Bild 3: Taumelscheibenpumpe

Flügelzellenpumpen

Ein angetriebener Rotor mit am Umfang radial angeordneten Schlitzen, in denen Flügel geführt werden, dreht sich exzentrisch in einem kreisförmigen Ring. Diese Flügel werden durch die Fliehkraft beim Drehen und durch die Druckbeaufschlagung nach außen gegen den Hubring gedrückt. Die Exzentrizität – und somit das Fördervolumen – ist verstellbar. Die Trennung der Saug- von der Druckseite geschieht über Steuerschlitze in den stirnseitigen Steuerplatten.

Zusammenfassend sei erwähnt, dass faktisch alle Hydropumpen bzw. -motoren nach dem Verdrängerprinzip arbeiten. Kaum eine andere Gruppe hydraulischer Aggregate wird in einer solchen Konstruktionsvielfalt wie die Pumpen bzw. Motoren hergestellt. Jedes dieser Konstruktionsprinzipien hat Vor- und Nachteile.

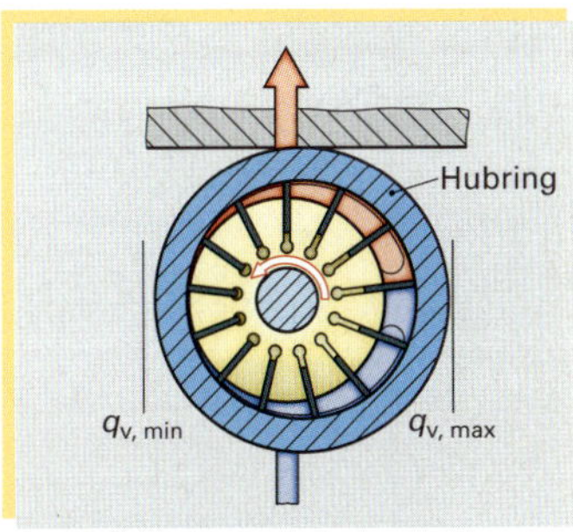

Bild 4: Flügelzellenpumpe

10.6.4 Hydraulikzylinder

Der Hydrozylinder dient zur Erzeugung geradliniger Bewegungen. Nach dem Funktionsprinzip unterscheidet man einfach und doppelt wirkende Zylinder.

Einfach wirkende Zylinder kommen dort zum Einsatz, wo Arbeit nur in einer Bewegungsrichtung erforderlich ist. Die Rückstellung erfolgt entweder durch die äußere Last oder durch Federrückstellung **(vgl. Tabelle 1)**.

Beim doppelt wirkenden Zylinder **(Bild 1)** strömt beim Ausfahren Drucköl auf den Kolbenboden und schiebt den Kolben aus. Das drucklose Öl auf der Kolbenstangenseite wird dabei in den Tank zurückgefördert. Beim Einfahren kehrt sich der Vorgang um. Bei dieser Ausführung ist die Kraft beim Ausfahren größer als die beim Einfahren, da auf der Kolbenstangenseite die zur Verfügung stehende Fläche um die Querschnittsfläche der Kolbenstange verringert ist. Die Ausfahr- bzw. Einfahrkraft kann bei Hydrozylindern über den gesamten Hub konstant gehalten werden.

Um das schlagartige Aufprallen des Kolbens beim Hubende zu vermeiden, werden Endlagendämpfungen benutzt. Kurz vor Erreichen der jeweiligen Endlage muss das in den Tank zu verdrängende Ölvolumen über eine Drossel entweichen. Je nach konstruktiver Auslegung dieser Drosselstelle ergeben sich unterschiedliche Dämpfungsverhalten **(Bild 2)**.

Eine weitere konstruktive Maßnahme ist der Einbau eines Rückschlagventils, damit beim Anfahren aus der Dämpfung das Öl ungehindert einströmen kann und nicht den „Umweg" über die Drosselung nehmen muss.

Tabelle 1 zeigt die genormten Schaltzeichen der Hydrozylinder für Schaltpläne.

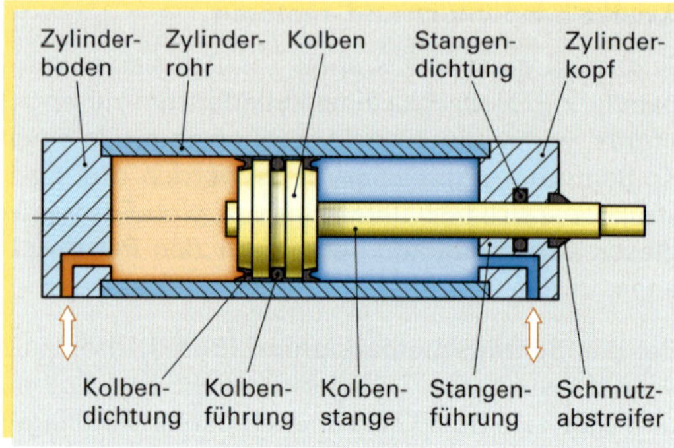

Bild 1: Doppelt wirkender Zylinder

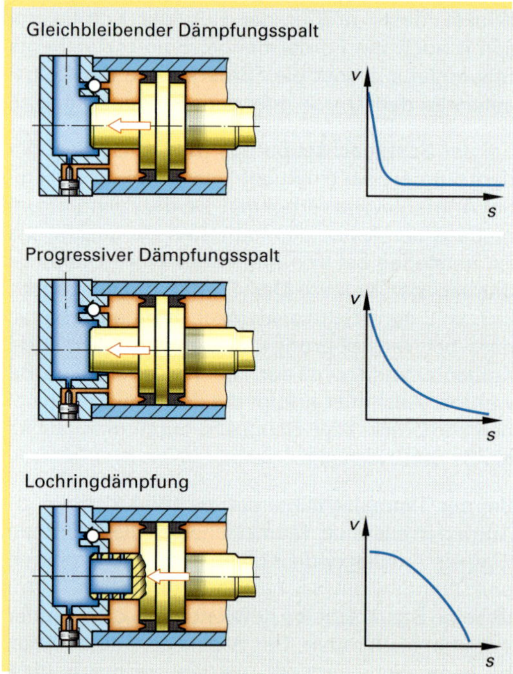

Bild 2: Endlagendämpfung

Tabelle 1: Schaltzeichen für Hydrozylinder

Benennung	Sinnbild	Merkmale	Benennung	Sinnbild	Merkmale
Plungerzylinder	A	Kraftwirkung nur in einer Richtung Kolben und Stange haben gleichen Durchmesser Bsp.: Radbremszylinder	Gleichgangzylinder mit zweiseitiger Kolbenstange	A B	Gleiche Flächen in beiden Wirkrichtungen Bsp.: Lenkungszylinder
Einfach wirkender Zylinder mit einseitiger Kolbenstange	A	Kraftwirkung nur in einer Richtung Rückstellung durch äußere Kraft	Teleskopzylinder	A	Kurze Bauform bei langem Hub Bsp.: Lkw-Kipper
Doppelt wirkender Zylinder mit einseitiger Kolbenstange	A B	Kraftwirkung in beiden Richtungen Ungleiche Flächen Häufigste Bauform	Sonderzylinder	A B C	Mehrere wirksame Flächen für Eilgang, Arbeitsgang Bsp.: Pressen

Zylinderberechnung

Die **Kraft F_{zyl}**, die ein Hydrozylinder aufbringen soll, muss mindestens gleich der Summe der äußeren Beanspruchungen sein. Beim Heben von Massen sind die äußeren Lasten (Gewichtskraft F_g), die Reibkraft F_R, die beim Bewegen der äußeren Last entsteht, und die Trägheitskraft F_a, die beim Beschleunigen der äußeren Last entsteht, zu beachten (Anmerkung: Bei kleinen Beschleunigungen – d. h. Geschwindigkeitsänderung pro Zeiteinheit – kann die Trägheitskraft vernachlässigt werden). Es ergibt sich somit:

$$F_{zyl} \geq F_g + F_R + F_a \qquad [F] = \mathrm{N}$$

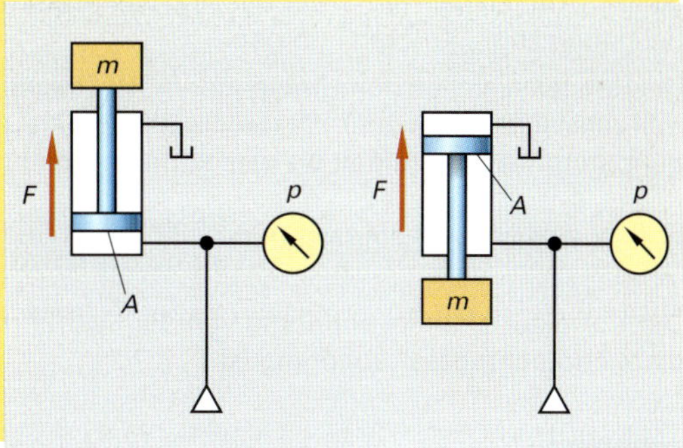

Bild 1: Kräfte am Zylinder

Verrechnet man die inneren Reibungsverluste im Zylinder über den **hydraulisch-mechanischen Wirkungsgrad η_{hm}**, so ergibt sich der mindest vorhandene **Überdruck p_e** (bei gegebenen Zylinderabmessungen) bzw. die mindest vorhandene **Kolbenfläche A** (bei gegebenem Druck) zu:

Größengleichungen	Zahlenwertgleichungen	
$p_e > \dfrac{F_{zyl}}{A \cdot \eta_{hm}}$	$p_e > \dfrac{F_{zyl}}{A \cdot \eta_{hm}} \cdot 10^{-4}$	$A > \dfrac{F_{zyl}}{p_e \cdot \eta_{hm}} \cdot 10^{-4}$
bzw.	mit $A = \dfrac{d^2 \cdot \pi}{4} \cdot 10^{-2}$	$d = \sqrt{\dfrac{4\,A}{\pi}}$
$A > \dfrac{F_{zyl}}{p_e \cdot \eta_{hm}}$	$[p]$ = bar, $[A]$ = cm², $[F]$ = kN, $[\eta_{hm}]$ = %	$[d]$ = mm

Bild 2: Zylinderberechnung

Man beachte auch hier wieder, dass es sich auf der linken Seite um so genannte Größengleichungen handelt. Der Anwender muss eine Einheitenkontrolle bei der Berechnung vornehmen bzw. darf ohne Kontrolle nur SI-Einheiten einsetzen. Auf der rechten Seite handelt es sich um sog. Zahlenwertgleichungen. Diese sind z. B. vom Hersteller vorgegebene Gleichungen, in die nur die angegebenen Einheiten eingesetzt werden dürfen, da nur dann das Ergebnis in der gewünschten Einheit entsteht. Weiterhin ist zu beachten, dass die Kolbenfläche bei manchen Hydrozylindern auf der Kolbenstangenseite kleiner als auf der Kolbenbodenseite ist.

Der beim Bewegen des Kolbens entstehende Volumenstrom q_v und die Verfahrgeschwindigkeit des Kolbens berechnen sich nach folgenden Formeln:

Größengleichung	Zahlenwertgleichung
$q_v = A \cdot v$	$q_v = A \cdot v \cdot 10^{-1}$ $A = \dfrac{d^2 \cdot \pi}{4} \cdot 10^{-2}$ $[d]$ = mm, $[A]$ = cm², $[q_v]$ = l/min, $[v]$ = m/min

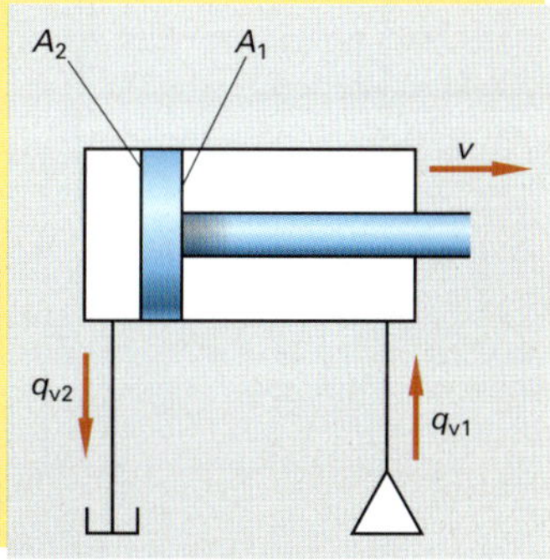

Bild 3: Volumenstrom

Zu beachten ist, dass bei Zylindern mit einseitiger Kolbenstange (d. h. ungleichen Kolbenflächen links und rechts), der Einfahr- und der Ausfahrvolumenstrom ungleich sind.

Je nach Einbau der Hydrozylinder sind **Knickbelastungen** zu beachten, da lange und schlanke Bauteile bei Belastung zum „Knicken" neigen.

Die Hersteller stellen dem Anwender meist Diagramme zur Verfügung, mit deren Hilfe entweder die maximal zulässige Länge oder die maximal zulässige Zylinderkraft oder der mindest notwendige Kolbenstangendurchmesser ermittelt werden kann. In Anlehnung an die EULERschen Knickfälle gilt:

$$\text{möglicher Zylinderhub} = \frac{\text{freie Knicklänge}}{\text{Korrekturfaktor}} \quad \text{bzw.:} \quad h = \frac{l_k}{K} \qquad [h] = \text{mm};\ [l_k] = \text{mm};\ [K] = 1$$

Der Korrekturfaktor ist abhängig von der Lastführung **(Bild 1)**, während die freie Knicklänge vom Kolbenstangendurchmesser abhängig ist.

Beispiel 1: Ein Hydrozylinder mit beidseitiger Fußbefestigung und einem Kolbenstangendurchmesser von d = 70 mm soll mit einer Zylinderkraft von 80 kN ausfahren. Dabei wird die Last einseitig geführt. Ermitteln Sie die maximal zulässige Hublänge für diesen Zylinder.

Lösung: Aus dem zu diesem Zylinder gehörenden Diagramm wird für bei einer Zylinderkraft von 80 kN eine Knicklänge von 3000 mm abgelesen. Diese Knicklänge muss entsprechend der Befestigungsart und der Lastführung korrigiert werden (Diagramm 2). Hier erhält man einen Korrekturfaktor von K = 2. Somit ergibt sich ein zulässiger Hub von 1500 mm.

Beispiel 2: Ein Hydrozylinder soll mit 10 kN ausfahren. Der konstruktiv notwendige Hub h beträgt 1000 mm. Der Zylinder ist gelenkig befestigt und die Last wird einseitig geführt. Welcher Kolbenstangendurchmesser ist zu wählen?

Lösung: Befestigungsart und Lastführung ergeben mit Diagramm 2 einen Korrekturfaktor von K = 4. Somit muss ein Zylinder mindestens eine freie Knicklänge l_k = 4 · K = 4000 mm besitzen. Mit Hilfe des Diagrammes ergibt sich bei einer Kraft von 10 kN und einer freien Knicklänge von 4000 mm ein Kolbenstangendurchmesser zwischen 45 mm und 56 mm. Aus Sicherheitsgründen wird ein Kolbenstangendurchmesser von d = 56 mm gewählt.

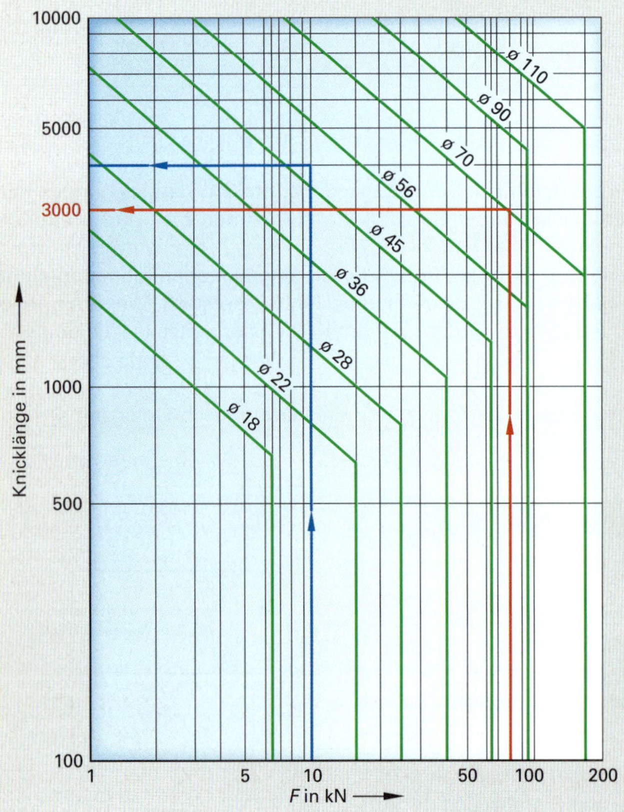

Befestigungsart Lastführung	Korrekturfaktor K
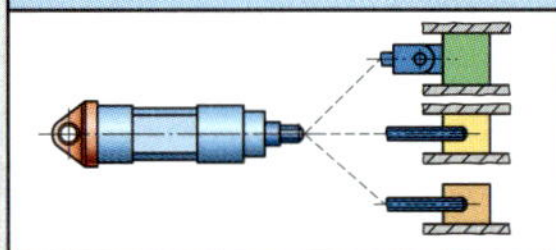	2
	1,5
	4
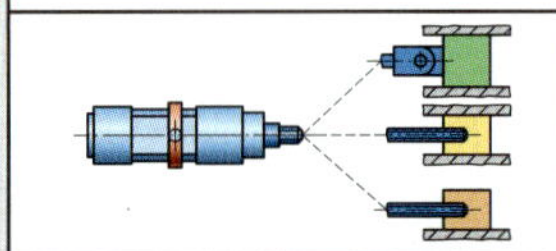	1,5
	1
	3
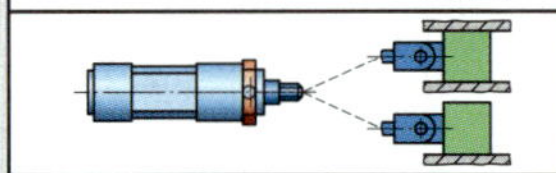	1
	2
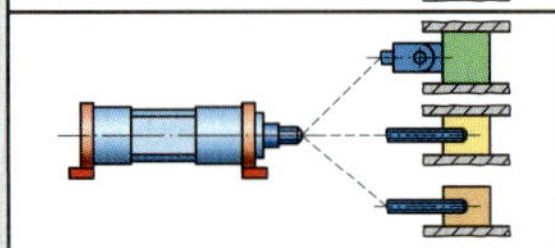	0,7
	0,5
	2
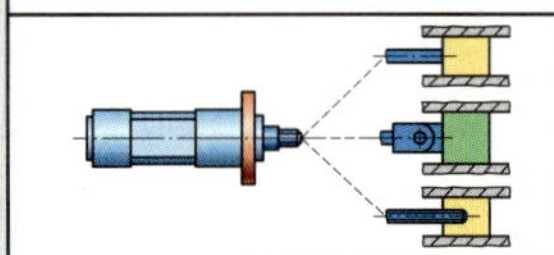	0,5
	0,7
	2
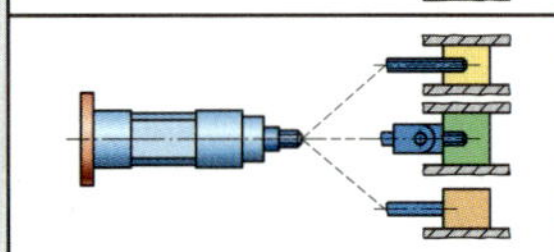	1
	1,5
	4

Bild 1: Diagramm zur Berechnung von Knickbelastungen bei Hydrozylindern

Hydrozylinder bewegen häufig große Massen mit entsprechender Geschwindigkeit. Hat der Zylinder eine Endlagendämpfung, werden diese Massen dadurch abgebremst. Die kinetische Energie, die hierbei verzögert wird, darf die zulässige **Dämpfungskapazität** nicht überschreiten. Auch hier bieten die Hersteller Diagramme zur Kontrolle der einzuhaltenden Werte an.

Sind die Bewegungsgeschwindigkeiten der Hydrozylinder kleiner als 0,1 m/s, kann grundsätzlich ohne Dämpfung gearbeitet werden. Im Bereich zwischen 0,1 m/s und 0,3 m/s ist eine Dämpfung notwendig. Liegen die Geschwindigkeiten höher als 0,3 m/s, müssen zusätzliche Maßnahmen (z.B. Absenken der Geschwindigkeit kurz vor Erreichen der Endlage) ergriffen werden. Für die Endlagendämpfung ist ein Druckbegrenzungsventil notwendig **(Bild 1)**.

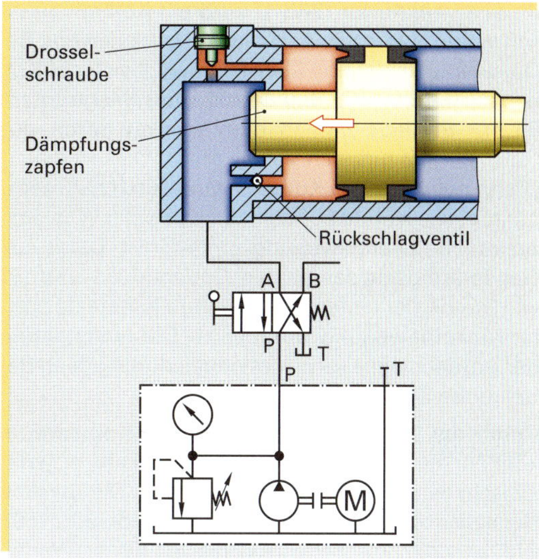

Bild 1: Endlagendämpfung

Dichtungen **(Bild 2)** sind für den Wirkungsgrad einer Hydraulikanlage von großer Bedeutung, da es ihre Aufgabe ist, Leckölverluste zu vermeiden. Diese Leckölverluste haben Druckverluste und somit Leistungsverluste zur Folge. Man unterscheidet:

- **statische Dichtungen** dichten ruhende Teile ab
- **dynamische Dichtungen** befinden sich zwischen sich bewegenden Teilen.

Für die Verbindung von Zylinderrohr und Zylinderkopf bzw. -boden werden je nach verlangtem Betriebsdruck, Preis und den vorhandenen Montagemöglichkeiten unterschiedliche Techniken angewandt **(Bild 2)**.

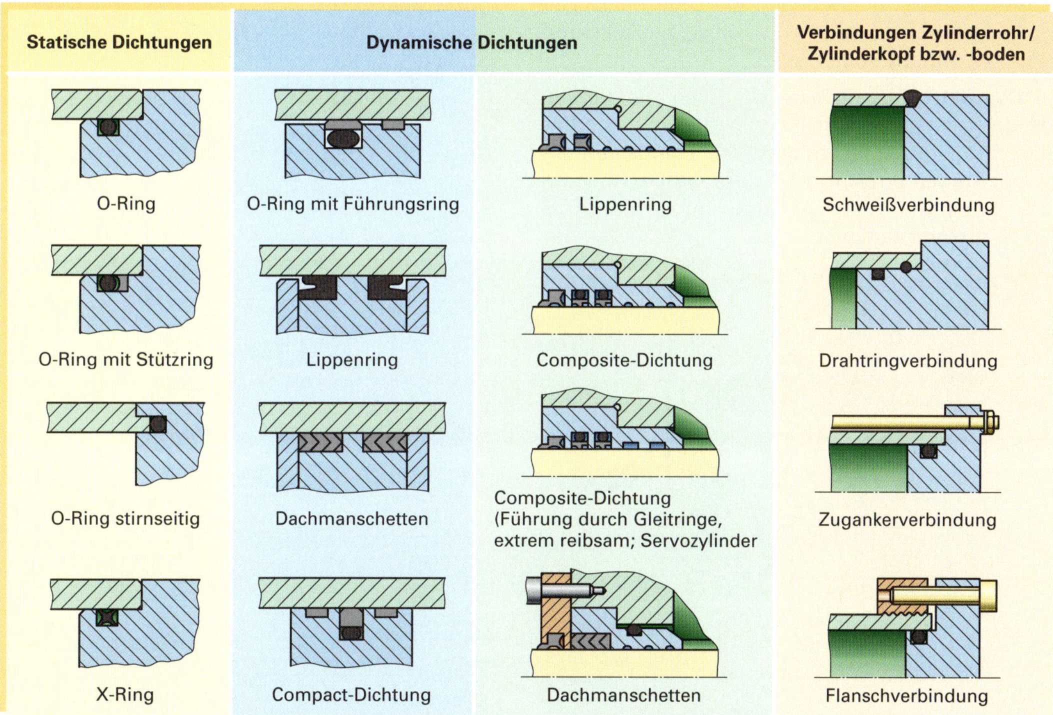

Bild 2: Zylinderdichtungen und -verbindungen

Im **Schwenkmotor (Bild 1)** wird ein Kolben – ähnlich einem Hydrozylinder – durch Druck bewegt. Bei Druckbeaufschlagung über A1 bewegt sich der Kolben zur Endlage E2 (bei Druckbeaufschlagung auf B1 zur Endlage E1), in dem er sich durch das Gewinde G2 um sich selbst dreht. Diese Linear-/Drehbewegung des Kolbens wird durch ein mehrgängiges Gewinde auf der Antriebswelle W in eine zusätzliche Drehbewegung umgeformt. Durch die Gegenläufigkeit der beiden Gewinde G1 und G2 wird somit der einfache Kolbenhub in eine doppelte Winkelbewegung umgesetzt. Die Nullstellung der Antriebswelle kann individuell durch Lösen der Schraube S1 eingestellt werden.

Durch die sehr gute Abdichtung im Kolbenraum können die Schwenkmotoren unter Last in jeder Zwischenstellung eingehalten werden. Die meisten Hersteller bieten Standarddrehwinkel von 90°, 180°, 270° und 360° an. Drehwinkel, die von diesen Werten abweichen, werden durch Variieren der Standardbaulänge erreicht. Dabei wird vom nächstgrößeren Standard-Drehwinkel ausgegangen und der Hubbereich auf den gewünschten Drehwinkel reduziert.

Schwenkmotoren kommen dort zum Einsatz, wo schwere Lasten gedreht werden müssen **(Bild 2)**.

Bei hohen Massenkräften werden die Schwenkmotoren mit Endlagendämpfung ausgeführt **(Bild 3)**. Kurz vor Erreichen der Endlage verschließt der Kolben nacheinander Bohrungen. Nachdem alle Bohrungen zugedeckt sind, kann die Druckflüssigkeit nur noch durch die Bohrung Q mit der einstellbaren Drosselschraube abfließen.

In der Standardbauweise ist durch die beiden gegenläufigen Gewinde ein minimales Spiel erforderlich. Durch einen hydraulisch eingespannten Doppelkolben erreicht man, dass die Gewinde an das jeweilige Gegenstück angelegt werden. Das Spiel ist somit eliminiert.

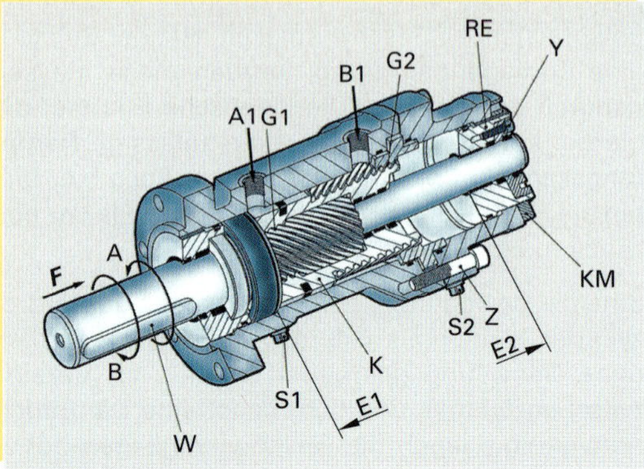

Bild 1: Schwenkmotor

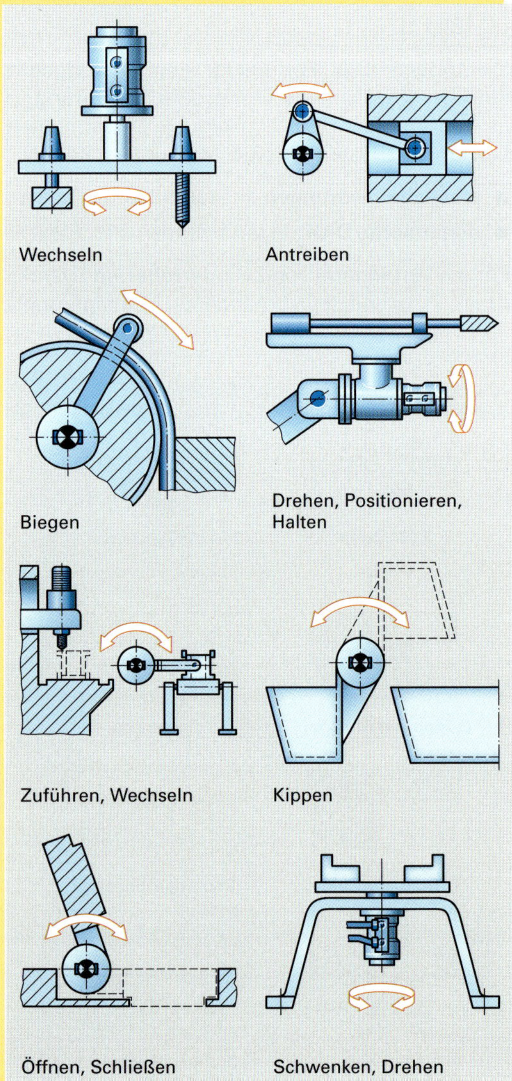

Bild 2: Anwendungen

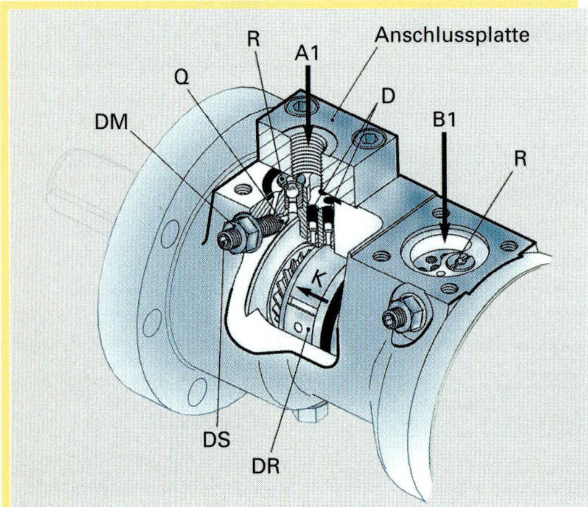

Bild 3: Endlagendämpfung

Arbeitsauftrag:

1. Warum ist die Ausfahrgeschwindigkeit beim Teleskopzylinder nicht über den ganzen Hub konstant? Zeichnen Sie ein prinzipielles Geschwindigkeits-Hub-Diagramm.
2. Erläutern Sie die Funktionsweise eines Schwenkmotors.
3. Erläutern Sie die v-s-Diagramme bei der Endlagendämpfung.
4. Erläutern Sie das Funktionsprinzip eines Druckübersetzers. Recherchieren Sie (z.B. Schulbibliothek, Internet) nach einem Hersteller und stellen Sie an einer ausgeführten Konstruktion ein Rechenbeispiel vor.
5. Erläutern Sie den Unterschied zwischen Antrieben mit Konstantpumpen und Antrieben mit Verstellpumpen.
6. Ein E-Motor mit einem Wirkungsgrad von 90% hat eine Leistungsaufnahme von 0,8 kW aus dem Netz. Er treibt eine Hydropumpe mit einem Wirkungsgrad von 87% an.
   a) Welche Leistung gibt die Ölpumpe ab?
   b) Wie groß ist der Volumenstrom bei 60bar?
7. Erklären Sie den Begriff Kavitation.
8. Eine Zahnradpumpe habe folgende Zahnabmessungen:
   Zähnezahl $z_1 = z_2 = 12$; Modul $m = 3$ mm;
   Zahnbreite $b = 18$ mm; Drehzahl $n = 1600$ 1/min
   a) Wie groß ist der näherungsweise Volumenstrom **(Bild 1)** $V_{ges} \approx V_z \cdot z$
   b) Wie groß ist der exakte Volumenstrom $V = b \cdot \pi \cdot a\,(d_k - a)$
   d_k = Kopfkreisdurchmesser; a = Achsabstand
9. Erläutern Sie die Funktionsweise des Sonderzylinders in **Tabelle 1, Seite 464.** Entwickeln Sie eine dazu passende Schaltung.
10. Überführen Sie die Größengleichungen aus diesem Kapitel mit Hilfe der SI-Einheiten in die Zahlenwertgleichungen bei der Zylinderberechnungen und zeigen Sie hiermit die Richtigkeit der angegebenen Umrechnungsfaktoren.
11. Ein Hydrozylinder mit vorderer Flanschbefestigung und einem Kolbenstangendurchmesser von $d = 56$ mm soll mit einer Zylinderkraft von 30 kN ausfahren. Dabei wird die Last einseitig geführt. Ermitteln Sie die maximal zulässige Hublänge für diesen Zylinder.
12. Ein Hydrozylinder soll mit 20 kN ausfahren. Der konstruktiv notwendige Hub h beträgt 500 mm. Der Zylinder ist hinten mit einem Flansch befestigt und die Last wird einseitig geführt. Mit welcher maximalen Zylinderkraft kann bei einem Kolbenstangendurchmesser $d = 56$ mm gerechnet werden?
13. Für eine Axialkolbenpumpe **(Bild 2)** seinen folgende Werte gegeben:
    Kolbenanzahl $i = 9$
    Druck $p_e = 50$ bar; Drehzahl $n = 1400$ 1/min;
    Volumenstrom $q_v = 150$ l/min; Wirkungsgrad 80%
    a) Wie groß ist die vom Elektromotor zuzuführende Leistung?
    b) Wie groß ist der erforderliche Schwenkwinkel α, wenn der Lochkreisdurchmesser $d_L = 140$ mm beträgt?

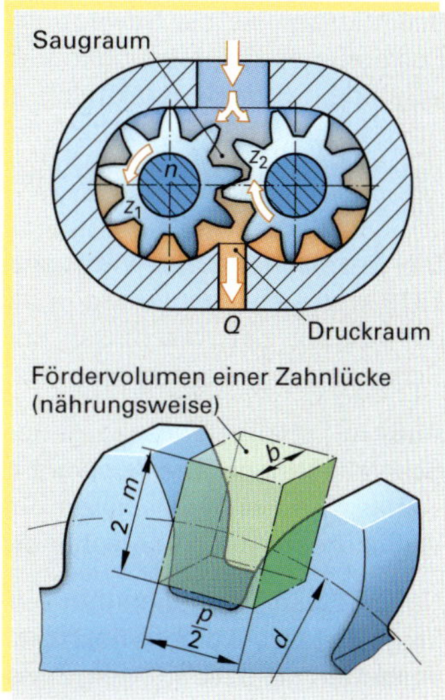

Bild 1

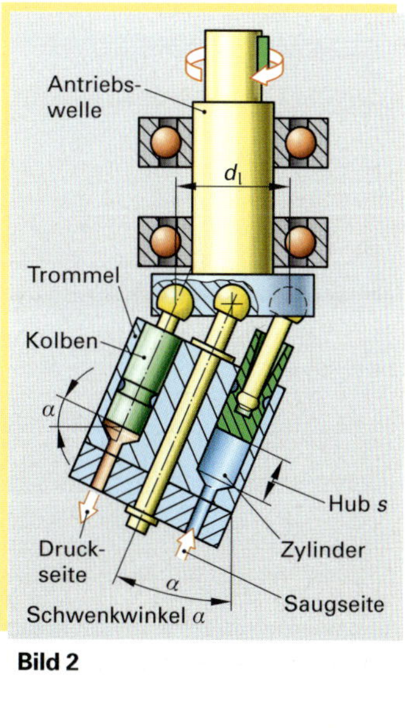

Bild 2

10.6.5 Hydraulik-Ventile

Ventile in Hydraulikanlagen dienen zur Steuerung des Energieflusses. Ferner regeln bzw. steuern sie den Druck, den Volumenstrom (und somit die Strömungsgeschwindigkeit) und die Strömungsrichtung des Hydraulikfluides. Man unterscheidet, je nach Aufgabenstellung innerhalb der Hydraulikanlage, vier Ventilarten **(Bild 1)**.

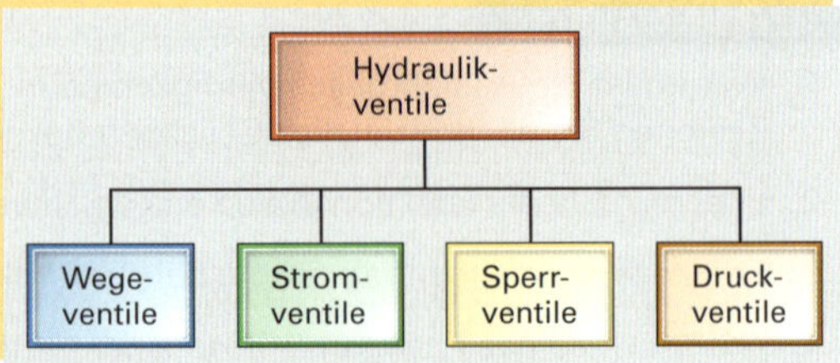

Bild 1: Übersicht Hydraulikventile

10.6.5.1 Wegeventile

Wegeventile steuern die Strömungsrichtung der Druckflüssigkeit, indem sie wechselnd hydraulische Leitungen sperren bzw. freigeben. Hierdurch beeinflussen sie die Bewegungsrichtung und das Positionieren der Arbeitsglieder. Sie wandeln bzw. verstärken Signale (elektrisch, pneumatisch oder manuell) und bilden als Stellglied die Schnittstelle zwischen Signal- und Leistungsteil in der Steuerung.

Die Bezeichnung der Wegventile nach DIN ISO 1219 setzt sich – genau wie in der Pneumatik – aus der Angabe der Anschlüsse und der Angabe der Schaltstellungen zusammen **(Bild 2)**.

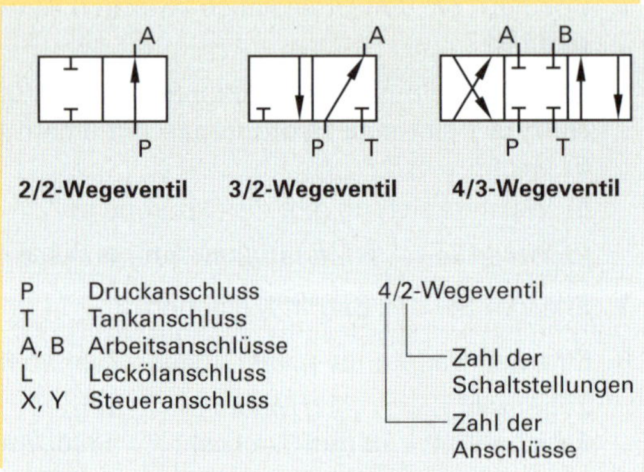

Bild 2: Benennung von Wegeventilen

Äußere Schaltbefehle (so genannte Betätigungen) bringen die Wegeventile in ihre unterschiedlichen Schaltstellungen. Die Auswahl der Betätigungsart **(Tabelle 1)** richtet sich nach der Aufgabe des Wegeventils. Die Hersteller bieten entsprechend den praktischen Anforderungen vielfältigste Varianten von Ventilkörpern mit entsprechenden Betätigungen an.

Neben diesen so genannten binären Wegeventilen, die immer eine ganzzahlige Anzahl von Schaltstellungen besitzen, gibt es noch die stetig arbeitenden Wegeventile, die so genannten **Proportional-** und **Servoventile,** die beliebig viele Zwischenstellungen aufweisen. Diese Ventilart wird hier nicht behandelt.

Tabelle 1: Wegeventile und Betätigungen

Wegeventile	Betätigungen	
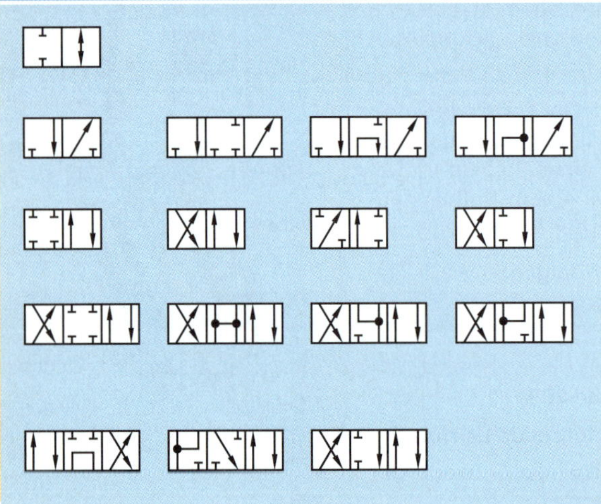	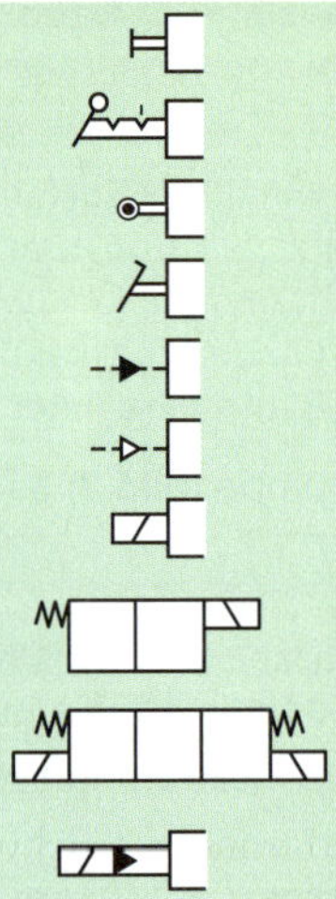	manuell allgemein Handhebel mit Rastung Rollenstößel Pedal hydraulisch pneumatisch elektromagnetisch Federrückstellung und Elektromagnet Federzentrierung und Elektromagnet Vorgesteuert, elektrisch gesteuert, hydraulisch betätigt

Nach der Bauart unterteilt man Wegeventile in Sitz- und Schieberventile, wobei die Schieberventile wieder in Längs- und Drehschieberventile unterteilt werden **(Bild 1)**.

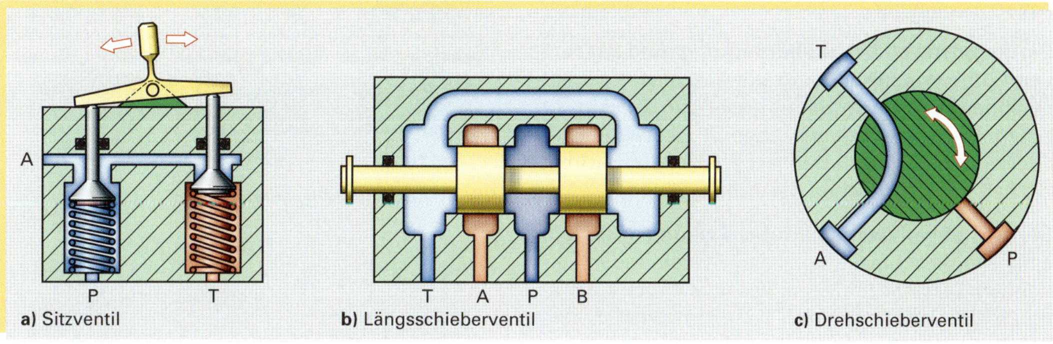

Bild 1: Verschiedene Bauarten von Wegeventilen

Das Dichtelement bei einem **Sitzventil (Bild 1a)** ist entweder eine Kugel, ein Kegel oder ein Teller. Sitzventile können wegen ihrer Bauart höchstens drei Wege öffnen bzw. schließen. Deshalb muss ein Sitzventil, welches mehr als drei Wege steuert, immer aus mehreren Steuerelementen zusammengebaut werden.

Beim **Längsschieberventil (Bild 1b)** bewegt sich ein Ventilschieber (Ventilkolben) mit unterschiedlichen Durchmessern in einem Gehäuse mit mehreren Ringnuten. Je nach Position des Schiebers werden unterschiedliche Verknüpfungen zwischen den Anschlüssen frei bzw. geschlossen.

An einem Längsschieberventil können unterschiedliche Durchflussrichtungen mit dem gleichen Gehäuse erzeugt werden, in dem die Schiebergeometrie variiert wird **(Bild 2)**. Dies lässt die Herstellungskosten sinken.

Bei einem **Drehschieberventil (Bild 1c)** dreht sich ein (oder mehrere) Kolben in einer Bohrung und gibt je nach Stellung bestimmte Wege frei bzw. schließt bestimmte Wege.

Tabelle 1 zeigt einen Vergleich zwischen Schieber- und Sitzprinzip.

Tabelle 1: Vergleich Schieber- und Sitzprinzip

Schieberprinzip	Sitzprinzip
Leckölstrom	dichtschließend
schmutzempfindlich	schmutzunempfindlich
einfacher Aufbau auch von Mehrstellungsventilen	aufwändiger Aufbau von Mehrstellungsventilen
Druck ausgeglichen	Druckausgleich muss geschaffen werden
großer Betätigungsweg	kurzer Betätigungsweg

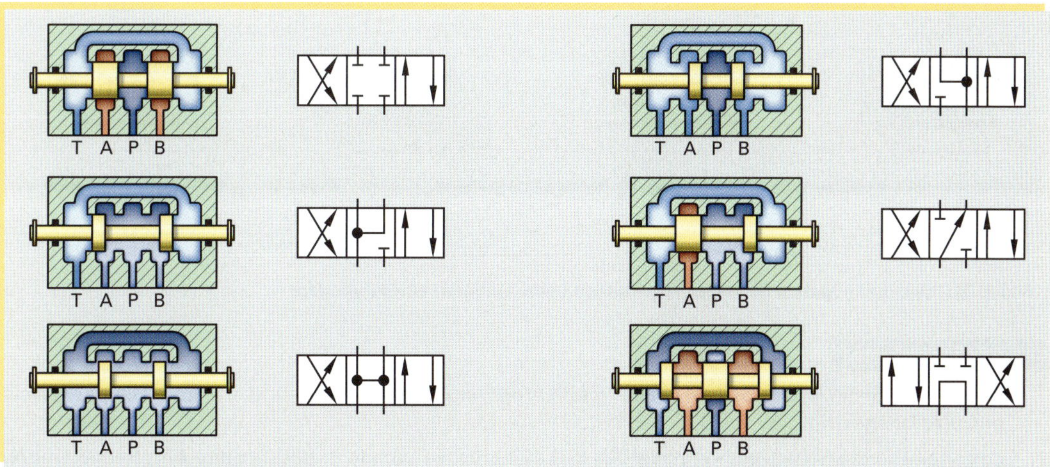

Bild 2: Steuerschieber-Varianten

Eine wichtige Kenngröße bei den Schieberventilen ist die **Kolbenüberdeckung (Bild 1)**. Sie bestimmt neben der Leckölrate maßgeblich des Schaltverhalten des Ventils.

Bei der **positiven Schaltüberdeckung (Bild 2a)** sind beim Umschalten kurzzeitig alle Anschlüsse gegeneinander abgesperrt. Somit bricht der Druck nicht zusammen; es entstehen aber Druckspitzen, der Druckaufbau erfolgt schlagartig und somit erfolgt ein heftiges Ansprechen der Arbeitsglieder.

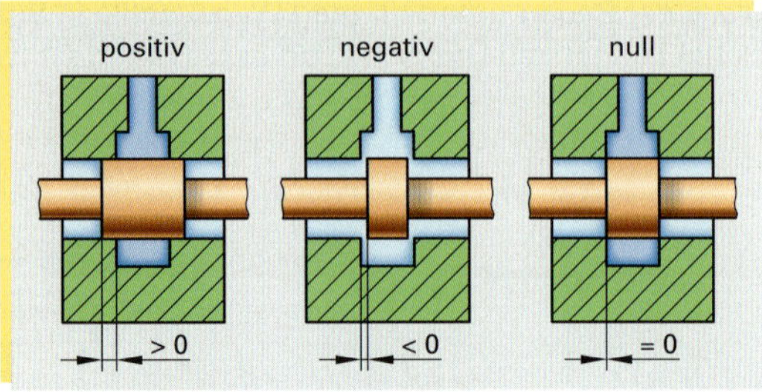

Bild 1: Kolbenüberdeckungen

Bei der **negativen Schaltüberdeckung (Bild 2b)** sind alle Anschlüsse kurzzeitig miteinander verbunden. Dies hat zur Folge, dass der Druck kurzzeitig abfällt. Somit kann sich beim Umschalten eine Last bewegen. Es entstehen aber keine Druckspitzen und Schaltschläge beim Umschalten.

Die **Nullüberdeckung** ist für schnelles Schalten und kurze Schaltwege wichtig. Bei der **Druckvoröffnung (Bild 2c)** werden zuerst Pumpe und Zulauf verbunden, bevor der Ablauf zum Tank öffnet. Bei der **Ablaufvoröffnung (Bild 2d)** wird zuerst der Ablauf des Arbeitsgliedes zum Tank entlastet, bevor Zulauf und Pumpe verbunden werden.

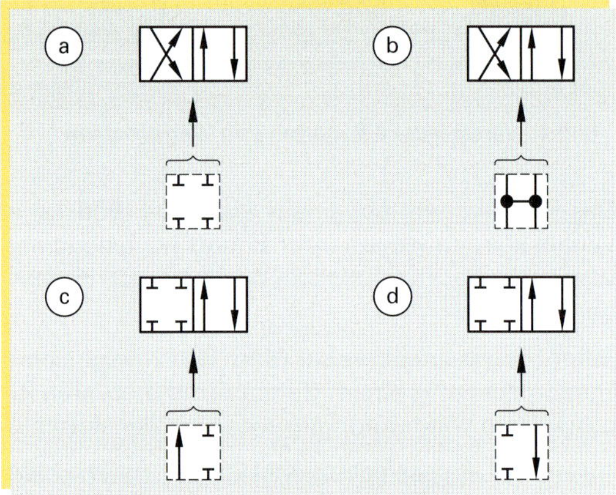

Bild 2: Verschiedene Schaltüberdeckungen

Bild 3a zeigt eine negative Schaltüberdeckung am Beispiel eines 3/2-Wegeventils. Der Durchfluss von P nach A wird schon geöffnet, obwohl zwischen A und T die Verbindung noch offen ist. Somit sind kurzzeitig alle Anschlüsse miteinander verbunden. In der Endstellung ist P nach A geöffnet und A nach T geschlossen. Hierdurch wird beim Umschalten entlastet und durch den weichen Druckaufbau erfolgt ein sanftes Anfahren.

In **Bild 3b** wird der Anschluss von P nach A erst geöffnet, wenn der Durchfluss von A nach T geschlossen ist. Dies hat zur Folge, dass der Druck sofort auf den Zylinder wirkt (hartes Anfahren).

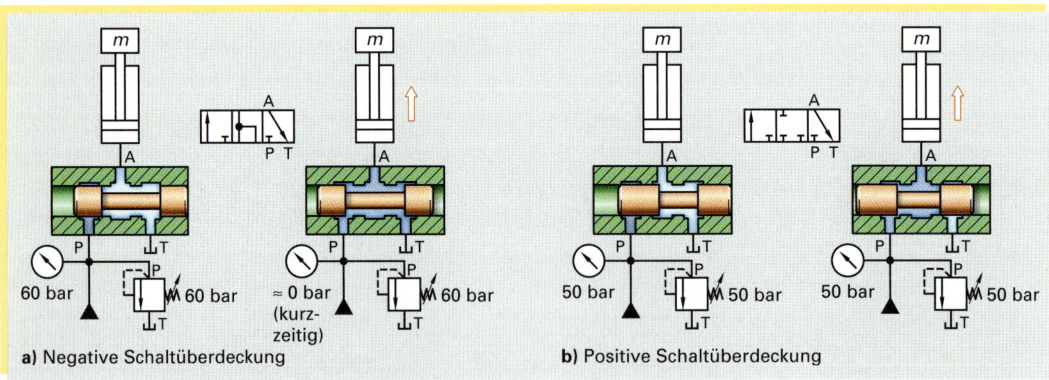

Bild 3: Positive und negative Schaltüberdeckungen beim Anfahren eines Zylinders

Arbeitsauftrag:

1. Bezeichnen Sie in **Bild 2, Seite 471** alle Ventilkörper nach DIN ISO 1219 und erläutern Sie das jeweilige Funktionsprinzip.
2. Zeichnen Sie die Schaltzeichen nach DIN ISO 1219 für die Ventile in **Bild 1, Seite 471.** Recherchieren Sie – z. B. im Internet – ein 4/3-Wegventil als Drehschieberventil.

10.6.5.2 Druckventile

Druckventile haben in Hydraulikanlagen die Aufgabe, den Druck in der gesamten Anlage bzw. in Teilbereichen davon einzustellen. In diesen Ventilen wird der Volumenstrom des Hydraulikfluides durch einen engen Spalt geleitet und hierdurch gedrosselt. Dadurch entsteht vor und hinter der Drosselstelle ein Druckunterschied. Diese Ventile haben je nach Bauart unterschiedliche Funktionen in einer Hydraulikanlage **(Bild 1)**.

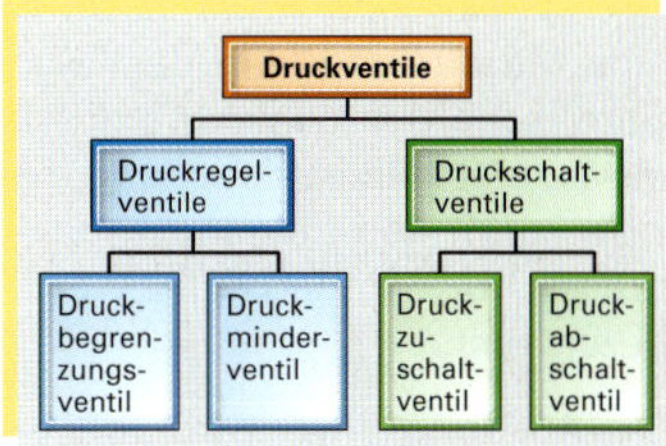

Bild 1: Überblick Druckventile

Das **Druckbegrenzungsventil (DBV)** ist im Ruhezustand geschlossen **(Bild 2)**. Übersteigt die vom Eingangsdruck erzeugte Kraft auf den Ventilkörper die entgegengesetzt wirkende Federkraft, öffnet das Ventil und Druckflüssigkeit strömt zum Tank. Da die Federkraft einstellbar ist, kann somit auch der Druck, bei dem das Ventil öffnet, verändert werden. DBVs kommen als Sicherheitsventile, als Gegenhalteventile (Entgegenwirken von Massenträgheiten bei ziehenden Lasten) und als Bremsventile (Verhindern von Druckspitzen durch Massenträgheitskräfte beim Sperren eines Wegeventils) zum Einsatz. Zur Vermeidung von Druckschwingungen werden häufig Dämpfungskolben oder Drosseln in ein DBV eingebaut.

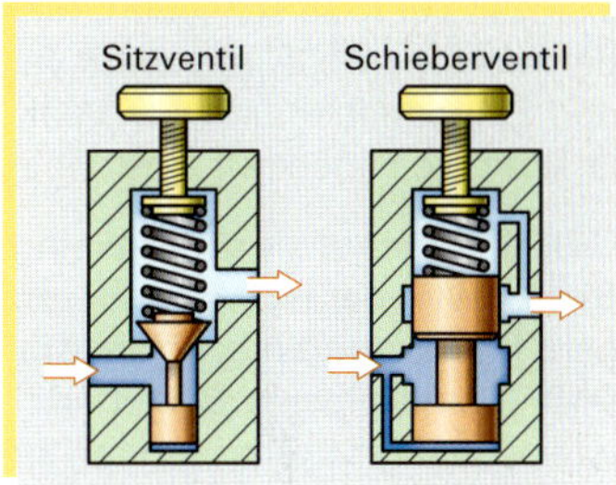

Bild 2: Druckbegrenzungsventil

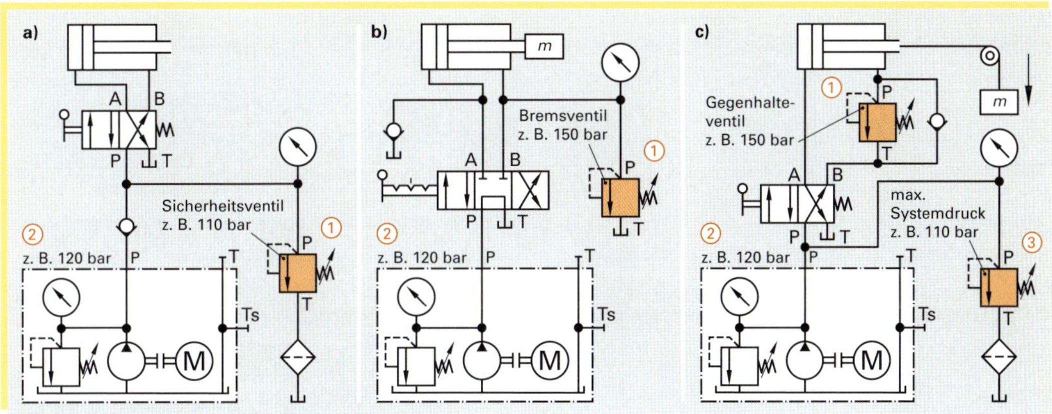

Bild 3: Anwendung von Druckbegrenzungsventilen

In **Bild 3a** baut sich im Hydraulikkreislauf nach Erreichen der vorderen oder hinteren Endlage des Zylinders der maximal zulässige Druck auf. Ist dieser Druck erreicht, öffnet das DBV 1 und der gesamte Förderstrom fließt zum Tank. Das DBV 2 in der Druckerzeugerstation ist ein Sicherheitsventil, welches den Maximaldruck in der Druckerzeugerstation bestimmt. Das DBV 1 in der Anlage regelt immer auf einen kleineren Druck (110 bar) als das DBV 2 in der Druckerzeugerstation (120 bar).

Wird in der Schaltung in **Bild 3b** während des Ausfahrens plötzlich das 4/3-Wegeventil in die Mittelstellung umgeschaltet, entsteht durch die Masse *m* eine große Massenträgheitskraft, die einen entsprechend hohen Druck in der Ablaufseite des Hydrozylinders erzeugt. Um diese Druckspitze abzufangen, ist das DBV 1 eingebaut worden, welches bei Erreichen des einstellbaren „Maximal-Spitzendruckes“ (im Beispiel 150 bar) die Verbindung zum Tank öffnet und somit den gefährlichen Druck ableitet. DBV 2 überwacht den Maximaldruck in der Druckerzeugerstation (hier 120 bar).

In **Bild 3c** erzeugt die Masse *m* beim Ausfahren eine zusätzliche Kraft, die den Kolben in die vordere Endlage zieht. Durch das DBV 1 wird auf der Ablaufseite des Zylinders ein Gegendruck erzeugt (hier 15 bar), um eine unkontrollierte Bewegung zu verhindern. Das Überwinden dieses Gegendruckes bedeutet allerdings einen Leistungsverlust. Beim Einfahren des Zylinders wird das DBV durch das Rückschlagventil umgangen. DBV 2 regelt den Maximaldruck der Druckerzeugerstation (120 bar) und DBV 3 den maximalen Systemdruck (110 bar).

Das **Druckminderventil** ist im Ruhezustand geöffnet **(Bild 1)**. Über eine Messleitung wird der Druck hinter dem Ventil, der gegen die Stirnfläche des Schiebers drückt, erfasst. Ist die Druckkraft größer als die einstellbare Federkraft, schließt das Ventil. Dieses Ventil reduziert somit den Eingangsdruck auf einen einstellbaren Ausgangsdruck. Druckminderventile werden häufig auch als Druckregelventile bezeichnet.

Der Ausgangsdruck wird über eine Steuerleitung auf die Stirnfläche des Steuerkolbens gegeben. Hier erzeugt dieser Druck eine Gegenkraft zur Federkraft. Übersteigt die Druckkraft die Federkraft, beginnt sich das Ventil zu schließen. Hierdurch verringert sich der Druck auf der Ausgangsseite und somit verkleinert sich auch die Druckkraft auf den Steuerkolben und das Ventil öffnet wieder. Der Ausgangsdruck ist über die Federkraft einstellbar.

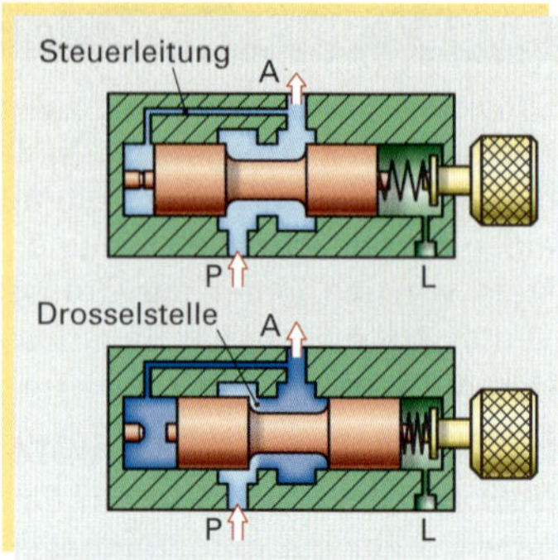

Bild 1: Druckminderventil

Druckminderventile werden eingesetzt, wenn in einer Anlage unterschiedliche Drücke benötigt werden In **Bild 2a** wird der Hydromotor mit dem über das DBV 2 einzustellenden Systemdruck (z. B. 120 bar) betrieben. Das Einfahren bzw. die Kraft in der hinteren Endlage des Zylinders ist über das Druckminderventil DMV 3 einstellbar (z. B. 80 bar). Bei geschlossenem DMV 3 führen Kraftschwankungen von F_{zug} zu unerwünschten Druckerhöhungen am Ausgang A. Durch Einbau eines DBV **(Bild 2b)** können diese Druckerhöhungen abgebaut werden. Eine weitere Lösungsmöglichkeit, diese Druckerhöhungen zu vermeiden, ist die Verwendung eines 3-Wege-Druckregelventils **(Bild 2c)**.

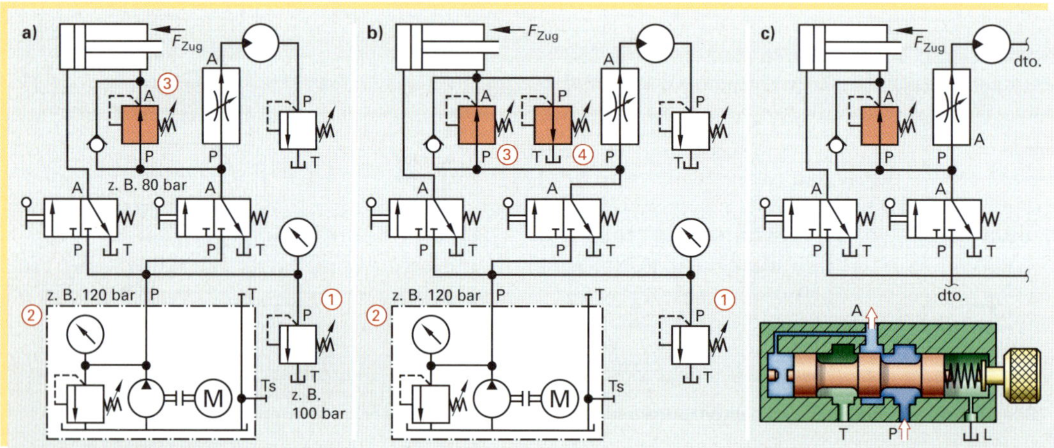

Bild 2: Druckminderung

Druckzuschaltventile (auch **Folgeventile** genannt) sind im Ruhezustand geschlossen. Es werden die beiden folgenden Bauformen unterschieden:

Beim **intern gesteuerten** Ventil (bzw. **eigengesteuerten** Ventil) **(Bild 3a)** wirkt der Druck am Anschluss A auf einen Kolben, der sich bei Erreichen des über die Federkraft einstellbaren Druckes anhebt, und die Verbindung von A nach B freigibt.

Beim **extern gesteuerten** Ventil (auch fremdgesteuertes Ventil genannt) **(Bild 3b)** wird der Steuerdruck aus einem fremden Hydraulikkreis entnommen. Auch hier wird beim Erreichen des einstellbaren Druckes die Verbindung von A nach B freigegeben. Dies nutzt man, um nach einem ersten Schritt einen weiteren folgen zu lassen.

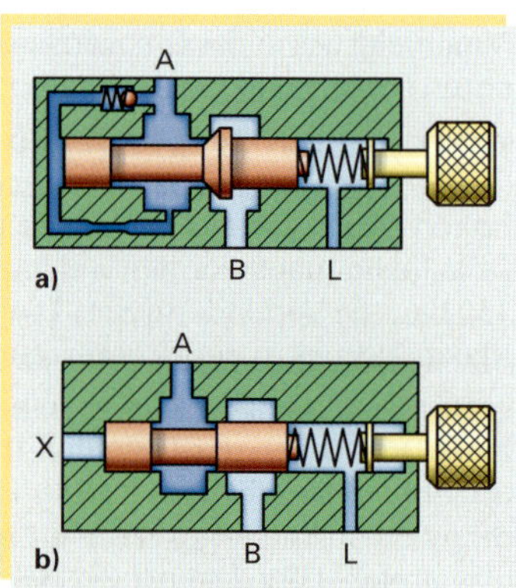

Bild 3: Druckzuschaltventil

Druckabschaltventile sind in Ruhestellung geschlossen und fördern beim Erreichen des einstellbaren Druckes einen Volumenstrom drucklos zum Tank. Gerätetechnisch handelt es sich um ein fremdgesteuertes Zuschaltventil, wobei hier der Ausgang A an die Tankleitung angeschlossen wird **(Bild 3, Seite 474)**. In **Bild 1** fördert die Niederdruckpumpe drucklos zum Tank, wenn ein bestimmter, einstellbarer Systemdruck erreicht ist.

Sowohl die Druckab- als auch die Druckzuschaltventile gibt es mit interner als auch externer Leckölabführung.

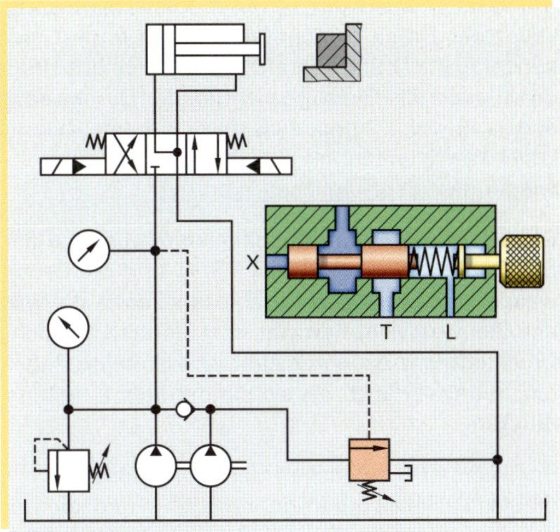

Bild 1: Druckabschaltventil

10.6.5.3 Strom- und Sperrventile

Stromventile kommen dann zum Einsatz, wenn die Geschwindigkeit eines Zylinders oder die Drehzahl eines Motors zu verringern sind. Diese beiden Merkmale sind jeweils vom Volumenstrom abhängig, der somit entsprechend reduziert werden muss. Die Verringerung des Durchflussquerschnittes im Stromventil bewirkt eine Druckerhöhung vor dem Ventil.

Konstruktiv unterscheidet man bei Stromventilen **Blenden-** und **Drosselventile (Bild 2)**, wobei Blendenventile viskositätsunabhängiger aber auch teurer in der Herstellung sind.

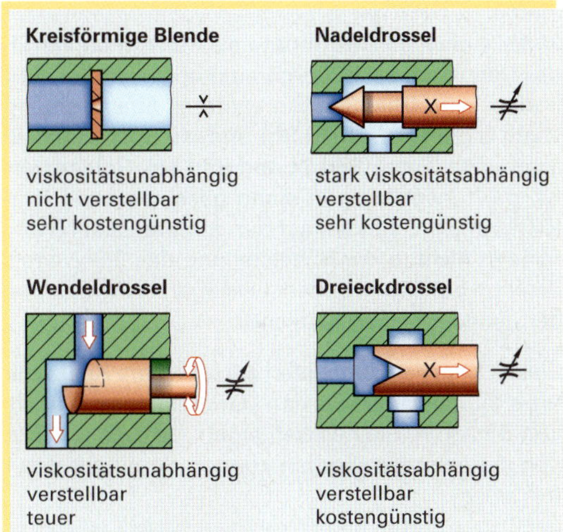

Bild 2: Drosselbauarten

Steht zum Druckaufbau eine Pumpe mit konstantem Fördervolumen (siehe Kap. 10.6.3) zur Verfügung, so öffnet die Druckerhöhung vor dem Stromventil ein DBV und der Lieferüberschuss der Pumpe fließt zum Tank **(Bild 3)**. Belastungsänderungen vom Verbraucher führen zu Druckschwankungen und somit zur Änderung der Druckdifferenz vor und nach dem Drosselventil. Dadurch ändert sich der Volumenstrom zum Verbraucher und auch dessen Geschwindigkeit.

Drosselventile eignen sich somit nicht zum Einstellen eines konstanten Volumenstromes bei sich ändernder Last. An einer Verstellpumpe kann die am Stromventil entstehende Druckdifferenz zur Regelung des Volumenstromes an der Pumpe direkt herangezogen werden.

Ist ein gleichbleibender Volumenstrom trotz wechselnder Belastung gefordert, kommt ein Stromregelventil zum Einsatz **(Bild 1, Seite 476)**. Das Ventil besitzt eine Druckwaage (auch Regeldrossel genannt), die die Druckdifferenz $\Delta p = p_1 - p_2$ an der einstellbaren Blende konstant hält. Die Druckwaage wird an den gleichgroßen Stirnseiten mit den Drücken p_1 (vor der Messdrossel) und p_2 (nach der Messdrossel) beaufschlagt. Da p_2 kleiner als p_1 ist, muss die Druckwaage auf der Seite von p_2 durch eine Federkraft unterstützt werden, damit sie sich im Gleichgewicht befindet.

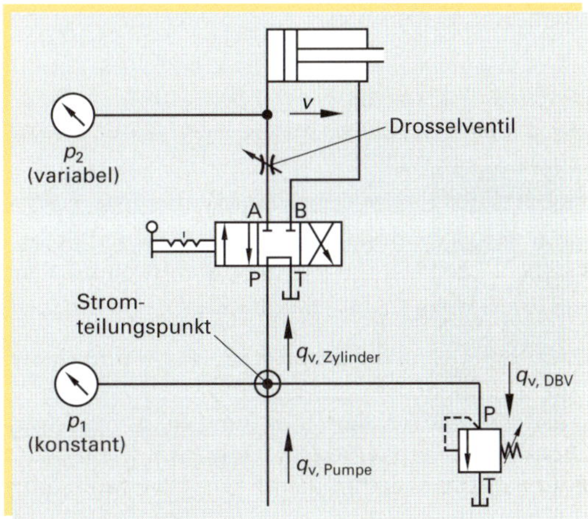

Bild 3: Drosselung

Erhöht sich der Druck p_3 durch Lastschwankung, steigt der Druck p_2 ebenfalls. Somit ändert sich kurzzeitig die Druckdifferenz Δp. Da sich aber hierdurch auch das Gleichgewicht an der Druckwaage ändert ($F_2 > F_1$), öffnet sich diese solange, bis die Druckwaage wieder im Gleichgewicht ist, bzw. Δp wieder den ursprünglichen Wert hat.

Sinkt der Druck p_3 am Ausgang, wird auch Δp kleiner. Dadurch wird F_2 kleiner als F_1 und die Druckwaage verkleinert den Durchlass solange bis wieder Gleichgewicht herrscht und die ursprüngliche Druckdifferenz Δp hergestellt ist. Die selbe Regelfunktion greift auch bei sich ändernden Eingangsdrücken.

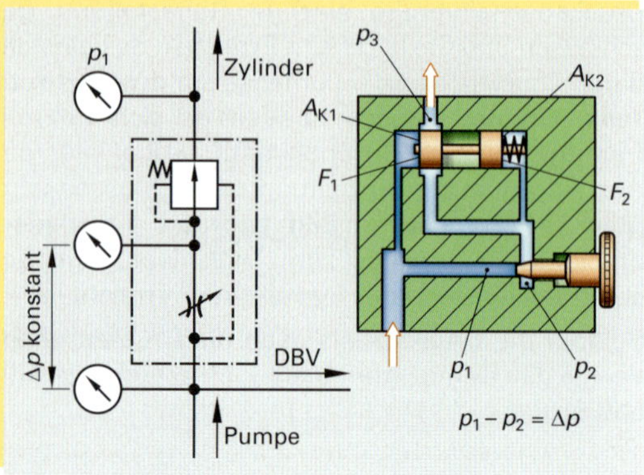

Bild 1: Druckwaage

Sperrventile ermöglichen den Durchfluss der Hydraulikflüssigkeit nur in einer Richtung und sperren den Durchfluss in der Gegenrichtung. Da die Ventile leckölfrei schließen müssen, werden sie in Sitzbauweise in der Bauart Kegel-, Kugel-, Patronen- oder Tellerventil gebaut.

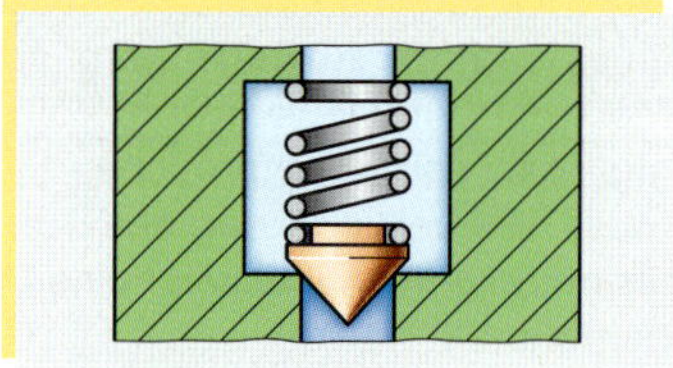
Bild 2: Rückschlagventil

In der einfachen Ausführung als **Rückschlagventil (Bild 3)** verhindert das Ventil, dass z.B. durch eine absinkende Last eine Pumpe angetrieben wird **(Bild 3a)**. Ein weiteres Einsatzgebiet ist als Nachsaugventil bei Pressen **(Bild 3b)** und als Sperrventil zur Umgehung verschmutzter Filter **(Bild 3c und Bild 3e)**. Solche Ventile kommen auch bei der Einspeisung in einen geschlossenen Kreislauf zum Einsatz **(Bild 3d)**. Ein Zylinder, auf den äußere Lasten wirken, kann im Allgemeinen nicht in der Mittelstellung des 5/3-Wegeventils fest in einer Position gehalten werden. Leckagen im Ventil führen dazu, dass sich der Zylinder bewegt (kriecht).

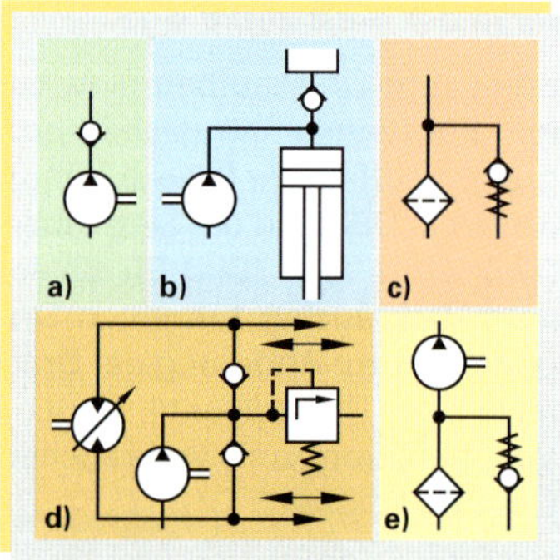

Bild 3: Anwendungen

Dieses Kriechen vermeiden **entsperrbare Rückschlagventile (Bild 4a)**. Sie erlauben einerseits den Durchfluss von A nach B und sperren ihn von B nach A. Sie besitzen einen zusätzlichen Steueranschluss über den sie entsperrt werden können damit sie den Durchfluss wieder freigeben.

Will man eine Absperrung eines Verbrauchers in beide Bewegungsrichtungen erzielen, wird ein entsperrbares Doppelrückschlagventil eingesetzt **(Bild 4b)**.

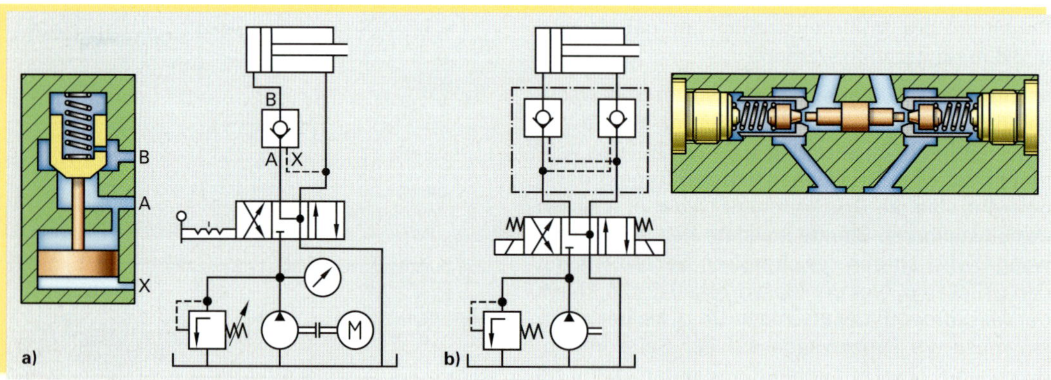

Bild 4: Entsperrbare Rückschlagventile

Beim **Drosselrückschlagventil (Bild 1)** wird der Durchfluss von A nach B gedrosselt. Hierdurch wird der Volumenstrom zum Arbeitselement reduziert und somit auch dessen Bewegungsgeschwindigkeit. In der Gegenrichtung (B nach A) findet keine Drosselung statt, da das Rückschlagventil den gesamten Querschnitt freigibt.

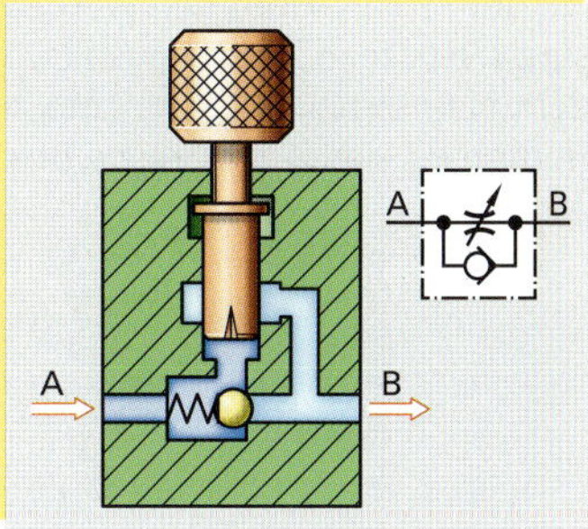

Bild 1: Drosselrückschlagventil

10.6.5.1 Zubehör

Schläuche bzw. Rohre verbinden die einzelnen Hydraulikaggregate untereinander. Um die Strömungsverluste möglichst gering zu halten, sollte die Strömungsgeschwindigkeit bestimmte Werte nicht überschreiten **(Tabelle 1)**.

Tabelle 1: Maximale Strömungsgeschwindigkeit

bis 50 bar Betriebsdruck:	4,0 m/s
bis 100 bar Betriebsdruck:	4,5 m/s
bis 150 bar Betriebsdruck:	5,0 m/s
bis 200 bar Betriebsdruck:	5,5 m/s
bis 300 bar Betriebsdruck:	6,0 m/s

Die Kontinuitätsgleichung beschreibt den Zusammenhang zwischen dem Volumenstrom q_v und der Strömungsgeschwindigkeit v.

$$q_v = A \cdot v \qquad [q_v] = \mathrm{m^3/s}; \qquad [A] = \mathrm{m^2}; \qquad [v] = \mathrm{m/s}$$

Daraus ergibt sich die zulässige Strömungsgeschwindigkeit

$$v = \frac{q_v}{6 \cdot d^2 \cdot \frac{\pi}{4}} \cdot 10^2 \qquad \text{(Größengleichung!)}$$

$[d] = \mathrm{mm}$; $[q_v] = \mathrm{l/min}$; $[v] = \mathrm{m/s}$

Schlauchleitungen sind flexible Leitungsverbindungen, die insbesondere zwischen beweglichen Geräten zum Einsatz kommen **(Bild 2)**. Die Schlauchseele besteht aus Neopren, synthetischem Gummi oder Teflon während der Druckträger eine Geflechteinlage aus Stahldraht und/oder Polyester oder Rayon ist. Die Geflechteinlage kann mehrlagig sein. Die Oberdecke ist aus abriebfestem Material (z.B. Gummi). Die Verbindungen zu Geräten werden über Armaturen am Schlauchende hergestellt **(Bild 3)**. Schlauchleitungen werden mit Armaturen oder untereinander durch Verschraubungen bzw. Schnellverschlusskupplungen verbunden. Nach DIN 24950 unterscheidet man Schraub-, Rohr-, Flansch-, Ring-, Kupplungs- und Bundanschlüsse.

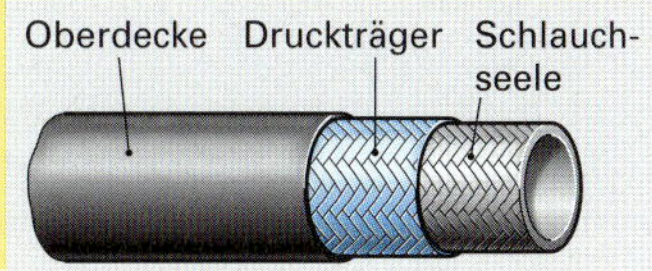

Bild 2: Hydraulikschlauch

Beim Einbau ist zu beachten, dass die richtige Länge verwendet wird, die Schläuche nicht auf Zug beansprucht werden und die Biegeradien genügend groß sind **(Bild 4)**.

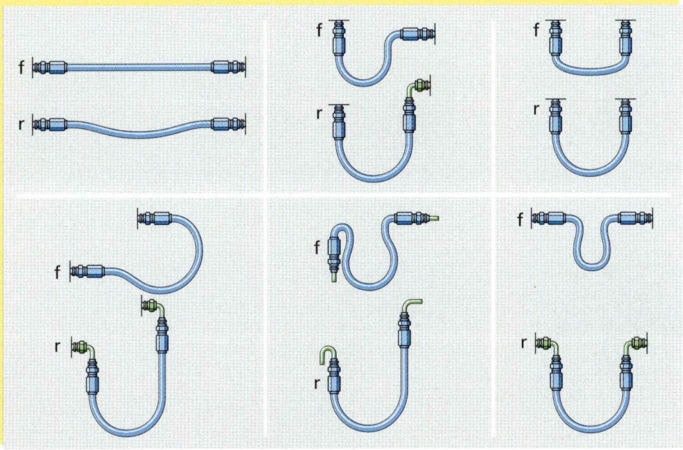

Bild 4: Einbau von Hydraulikschläuchen

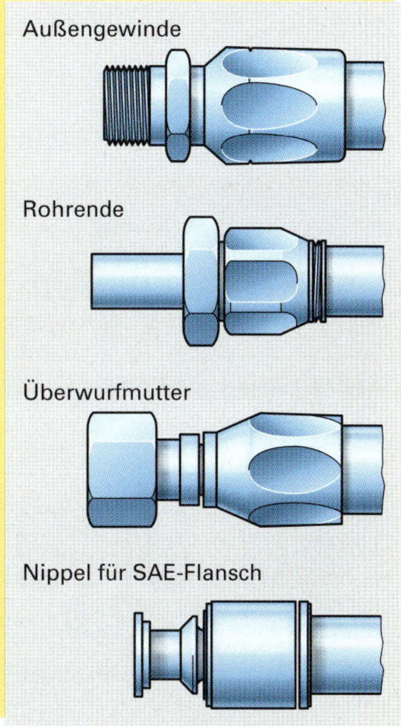

Bild 3: Schlaucharmaturen

Für starre Verbindungen werden nahtlos gezogene Präzisionsrohre nach DIN 2391 eingesetzt. Die zulässigen Drücke in Abhängigkeit von der Wandstärke sind in DIN 2445 definiert **(Tabelle 1)**. Hier wird neben dem Nenndruck p_{nom} der maximal zulässige Druck p_{max} angegeben. Der Berstdruck beträgt bei diesen Rohren ca. das 2- bis 3fache des Nenndruckes.

Tabelle 1: Drücke an Hydraulikrohren

p_{nom} = 100 bar p_{max} = 145 bar		p_{nom} = 160 bar p_{max} = 205 bar		p_{nom} = 250 bar p_{max} = 295 bar		p_{nom} = 320 bar p_{max} = 365 bar		p_{nom} = 400 bar p_{max} = 445 bar	
D	s	D	s	D	s	D	s	D	s
6	1	6	1	6	1	6	1	6	1,5
8	1	8	1	8	1,5	8	1,5	8	2
10	1	10	1	10	1,5	10	1,5	10	2
12	1	12	1,5	12	2	12	2	12	2,5
16	1,5	16	1,5	16	2	16	2,5	16	3
20	1,5	20	2	20	2,5	20	3	20	4
25	2	25	2,5	25	3	25	4	25	5
30	2,5	30	3	30	4	30	5	30	6
38	3	38	4	38	5	38	6	38	8
50	4	50	5	50	6	50	8	50	10

Für die feste Verbindung von Rohren mit Hydraulikaggregaten existieren verschiedene Konstruktionsprinzipien **(Bild 1a bis 1d)**. Ist eine Verbindung zwischen einem ruhenden und einem drehbaren Teil gefordert, werden Drehverbindungen **(Bild 1e)** eingesetzt. Müssen bestimmte Baugruppen häufig getrennt und wieder verbunden werden (z. B. Mobilhydraulik), bieten sich Schnellverschlusskupplungen mit oder ohne Rückschlagventil an **(Bild 1f)**. Das Rückschlagventil ermöglicht das Verbinden ohne Auslaufen der Druckflüssigkeit. Eine Übersicht über diese Verbindungen liefert DIN 3850. Für Leitungsverknüpfungen existieren ebenfalls eine Vielzahl von Varianten **(Bild 2)**.

Weitere wichtige Zubehörteile in einer Hydraulikanlage sind Entlüftungsventile **(Bild 3)** sowie Druck- und Volumenstrommessgeräte.

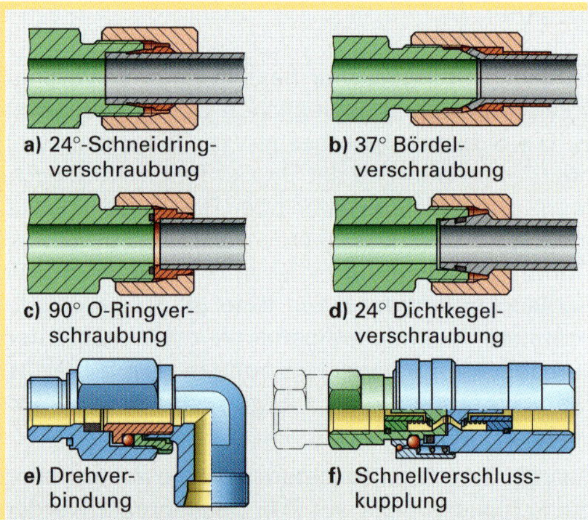

Bild 1: Rohrverschraubungen

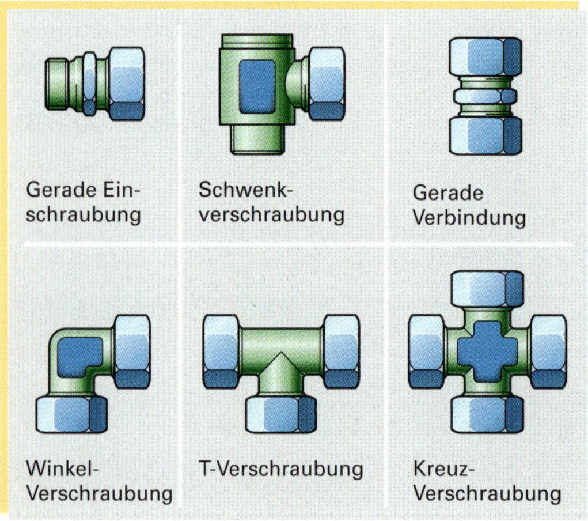

Bild 2: Leitungsverbindungen

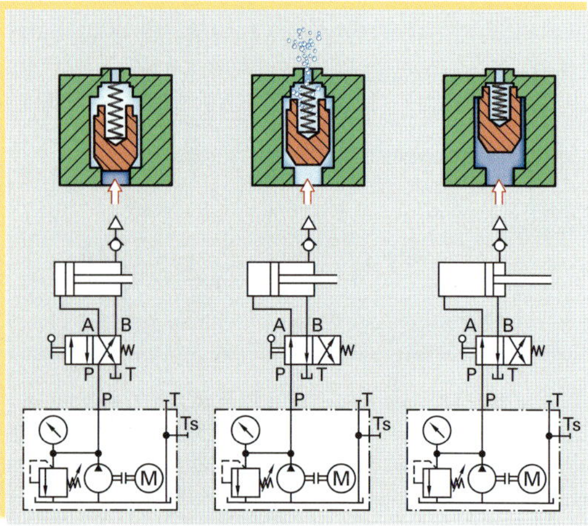

Bild 3: Entlüftungventile

10.7 Sensoren

10.7.1 Bedeutung von Sensoren

Die in der Automatisierung eingesetzten Geräte zur steuerungstechnischen Realisierung von Prozessabläufen wie Hardware-, Software-SPS oder Mikrocontroller, können ihre Aufgabe nur erfüllen, wenn sie zuverlässig mit den erforderlichen Prozessdaten, also mit Informationen wie z. B. Temperatur, zurückgelegtem Weg, oder Winkelgeschwindigkeit versorgt werden.

> Sensoren liefern Prozessinformationen zur Steuerung und Regelung von Prozessabläufen **(Bild 1)**.

Bild 1: Positionserfassung eines Hängeförder-Systems durch Sensoren

Prozessinformationen aus Produktionsabläufen der Verfahrenstechnik oder anderen automatisierten Bereichen liegen meist nicht als elektrische Größen, sondern als Wegabstand, Winkel, Druck oder Füllstand, also als physikalische Größe vor. Damit Prozesse überhaupt automatisch ablaufen können, müssen diese physikalischen Größen messtechnisch erfasst werden.

> Sensoren erfassen nichtelektrische physikalische Größen und wandeln sie in elektrische Größen wie z. B. Spannung um. Eine häufig verwendete Größe ist auch der elektrische Strom (z. B. 4 mA ... 20 mA).

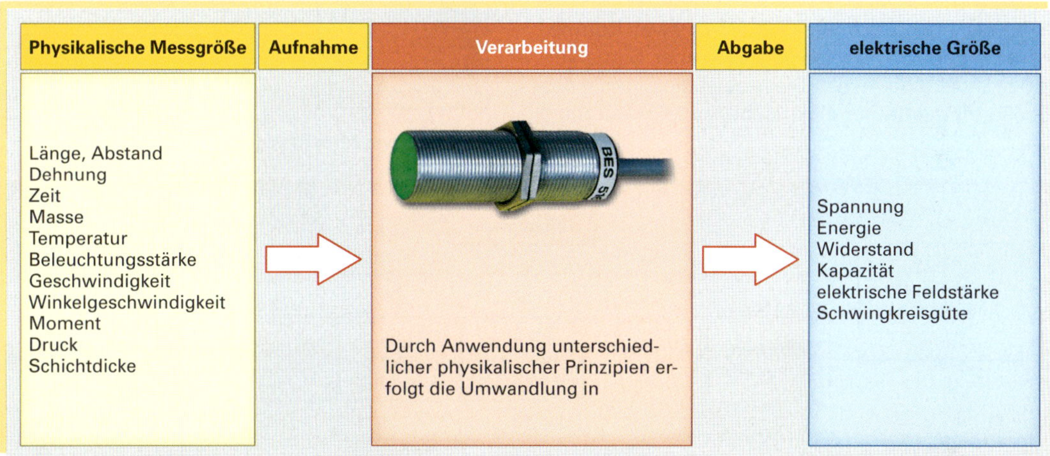

Bild 2: Umwandlung von Prozessmessgrößen

Beispiel: Messen einer nichtelektrischen physikalischen Größe

Messaufgabe:	In einer Tankanlage **(Bild 3)** ist die Temperatur der Flüssigkeit im Tank zu messen.
Messobjekt:	Flüssigkeit
Messgröße:	Temperatur der Flüssigkeit
Physikalisches Prinzip:	Temperaturabhängigkeit des ohmschen Widerstandes *R* (Messfühler) eines Metalls.

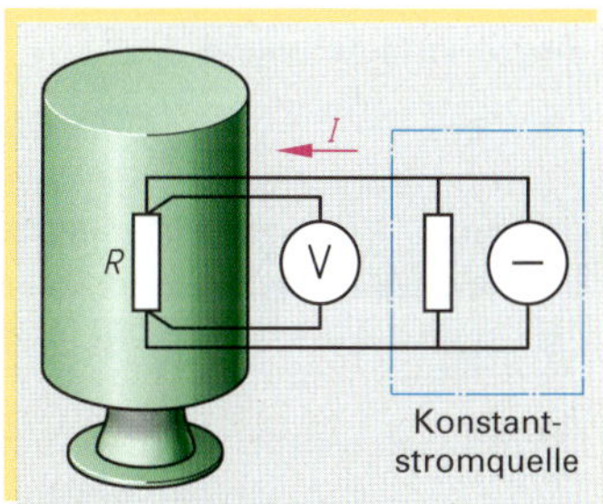

Bild 3: Messwerterfassung

Realisierung des Prinzips:

Erfassung des Spannungsabfalls über dem Widerstand R, der unabhängig von seinem Widerstandswert immer vom gleichen Strom durchflossen wird.

Der Messwertaufnehmer **(Bild 1)** besteht aus dem Messfühler und der Anpass- Elektronik.

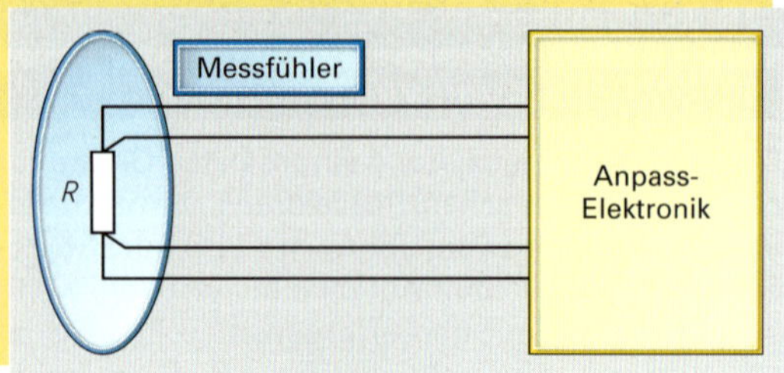

Bild 1: Messwertaufnehmer

Arten von Messfühlern

Zur Erfassung der verschiedenen physikalischen Prozessgrößen werden folgende zwei Arten von Messfühlern eingesetzt: **Passive Messfühler** sind Impedanzen in Form von ohmschem Widerstand, Induktivität, Kapazität oder Kombinationen davon, die von der zu erfassenden Messgröße verändert werden **(Bild 2)**.

Passive Messfühler benötigen eine Hilfsenergie zur Erzeugung eines elektrischen Signals.

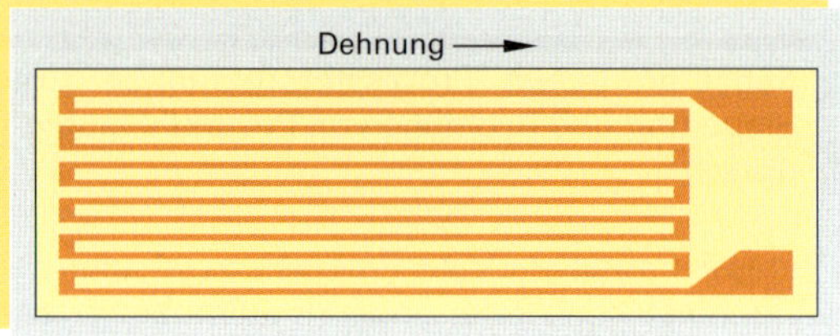

Bild 2: Passiver Messfühler, Dehnungsmessstreifen

Aktive Messfühler formen erfasste nichtelektrische physikalische Größen direkt in elektrische Signale um **(Bild 3)**.

Aktive Messfühler sind Energiewandler, die keine Hilfsenergie benötigen.

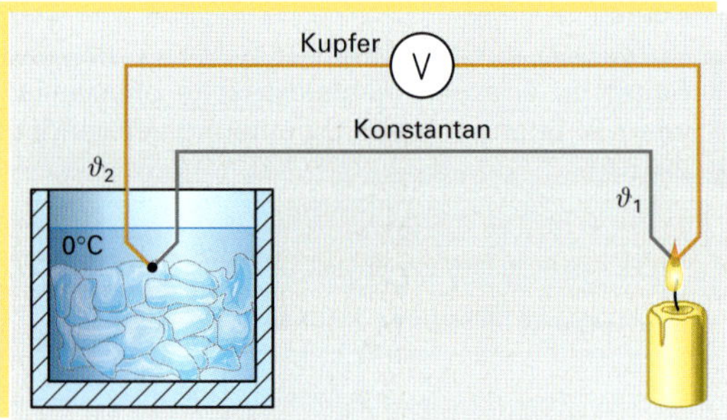

Bild 3: Aktiver Messfühler, Thermoelement

Prinzipiell bestehen Sensoren aus zwei Komponenten, dem Sensorelement und einer Signalverarbeitungskomponente. Diese setzt die Signale des Sensorelementes in elektrische Ausgangssignale um.

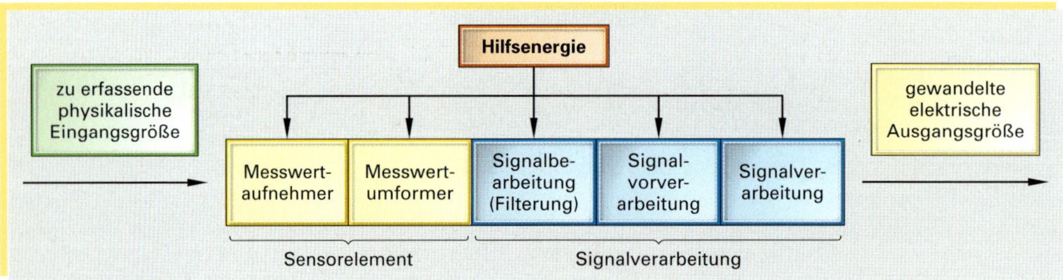

Bild 4: Sensoraufbau

Begriffserläuterungen

Sensor:	Andere Bezeichnungen sind Messwertaufnehmer, Messfühler, Detektor, Messwandler, Messumformer oder Messwertgeber
Initiator:	Näherungsschalter
Näherungsschalter:	Sensor, der nur ein Schaltsignal erzeugt
Sensorelement:	Dies ist der Teil eines Sensors, der die Messgröße erfasst, jedoch keine Signalaufbereitung durchführt
Multisensorsystem:	Ein Sensorsystem besteht aus mehreren gleichartigen oder verschiedenen Sensoren oder Sensorelementen, die gemeinsam eine Aufgabe lösen. So wird z. B. ein Multisensorsystem zur Erfassung von Werkzeugformen eingesetzt.

Übersicht binärer Sensoren

In **Bild 2, Seite 479** wurden verschiedene nichtelektrische Größen aufgelistet, die durch Sensoren erfasst werden können. In mechatronischen Systemen muss z.B. festgestellt werden, ob ein Objekt eine bestimmte Distanz unterschritten hat, was einer groben Distanzmessung gleichkommt, oder ob eine Flüssigkeit in einem Behälter ein bestimmtes Niveau überschritten hat. Andererseits ist aber auch zu überprüfen, ob ein Gewinde geschnitten wurde, oder ob die Schneidwerkzeuge in einer CNC-Maschine nicht abgebrochen oder ausgebrochen sind. Zur Erfassung all dieser verschiedenen Informationen dienen Sensoren. Sie können grob eingeteilt werden in:

- Binäre Sensoren (Ausgangssignal, Schaltsignal EIN/AUS; Spannung 0 V/24 V; Strom 0 mA/20 mA)
- Digitale Sensoren (zahlenmäßiges Erfassen von Wegstrecken, z.B. inkrementale Wegsensoren)
- Analoge Sensoren (Erfassung von zeitabhängigen Größen wie Temperatur, Druck, Dickenmessung)

Tabelle 1: Übersicht einiger binärer Sensoren

Sensortyp	Berührungslos arbeitend	Physikalisches Prinzip	Was wird erfasst, gemessen?
Grenztaster	nein, taktil[1]	Kontakt über Hebelsystem	Distanz, Niveau, Druck
Induktiver Sensor	ja	Sensor erzeugt magnetisches Streufeld. Elektrisch leitendes Material das in dieses Feld gelangt, beeinflusst das Magnetfeld und löst Schaltvorgang aus.	Distanz von Objekten über- oder unterschritten.
Kapazitiver Sensor	ja	Sensor erzeugt elektrisches Streufeld. Abhängig von der Dielektrizitätskonstante ε_r des Objektes das in das Streufeld gelangt, ändert sich die Kapazität des Sensorelementes, wodurch ein Schaltvorgang ausgelöst wird. Kapazitive Sensoren reagieren auch auf Metalle.	Distanz von Objekten über- oder unterschritten, Detektieren, ob ein Objekt in einem begrenzten Raum vorhanden ist, Detektieren, ob ein Metall vorhanden ist.
Optoelektronische Sensoren - Einweglicht-Schranke, - Reflexionslicht-Schranke - Reflexionslicht-Taster	ja	Unterbrechung des Lichtstrahls bei Lichtschranken; Erfassung der Lichtmenge die vom Objekt reflektiert wird bei Lichttastern.	Erkennung ob Objekt in einem bestimmten Raum vorhanden, Distanz von Objekten über- oder unterschritten, Niveau erreicht, Werkstück bearbeitet, z.B. Bohrung vorhanden.
Ultraschallsensor	ja	Durch Aussendung eines kurzen Schallimpulses, der vom Objekt reflektiert wird kann durch Messung der Schalllaufzeit die Objektdistanz berechnet werden.	Erkennung ob Objekt in einem bestimmten Raum vorhanden, Distanz von Objekten über- oder unterschritten, Niveau erreicht.
Passiv Infrarot-Melder	ja	Erfassung der Toleranz der Wärmestrahlung eines Objektes und Auswertung.	Erkennen, ob Objekt innerhalb des Erfassungsbereichs.

Auffallend ist, dass alle hier aufgelisteten Sensoren bis auf den mechanischen Grenztaster, berührungslos arbeiten. Dieser mechanische Schalter hat jedoch in industriellen Anlagen immer noch große Bedeutung, da er viele Vorteile aufweist. So ist er vergleichsweise preiswert und unbeeinflussbar durch Fremdfelder. Da er keine Hilfsenergie benötigt, ist er überall einsetzbar.

10.7.2 Mechanische Grenztaster (Positionsschalter)

Mechanisch betätigte Grenztaster sind binär arbeitende Schalter. Sie werden eingesetzt bei Aufzügen, Kränen, Werkzeug- und Arbeitsmaschinen, Etagenpressen, Holzbearbeitungsmaschinen, Bandanlagen, usw.

[1] taktil (lat.) = das Tasten, berühren

Ausführungsarten:

- Leichte Ausführung für den Einsatz in Räumen mit geringer Staubentwicklung wie z. B. in Druckern, Kopierern **(Bild 1)**.
- Gekapselte Ausführung für den Maschinen- und Anlagenbau. Bei dieser Art ist das Schaltelement bei allen Typen gleich, es ändert sich nur das Betätigungselement **(Bild 2)**.

Eigenschaften:

- Schalten Gleich- und Wechselstrom unterschiedlicher Spannung bei kleinsten bis größten Leistungen.
- Sie haben eine hundertprozentige galvanische Trennung.
- Sie sind preisgünstiger als berührungslos arbeitende Sensoren.

Bild 1: **Grenztaster**

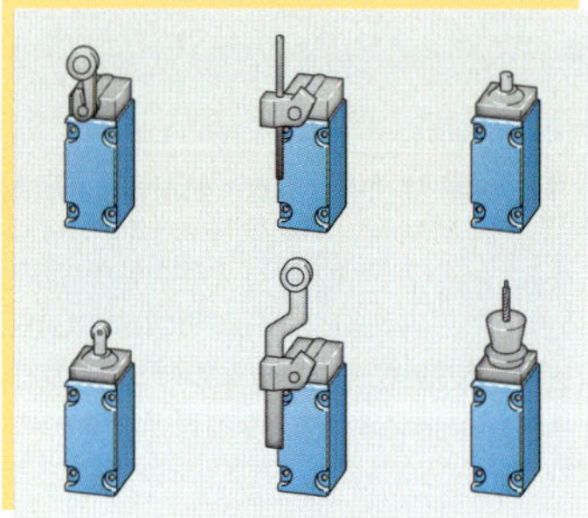

Bild 2: **Gekapselte Ausführung mit diversen Betätigungselementen**

Reproduzierbarkeit des Schaltpunktes

Dies ist ein Maß für die Genauigkeit des Öffnens bzw. Schließens des Kontaktes einschließlich des mechanischen Systems bei wiederholtem Schalten. Die Reproduzierbarkeit ist bei mechanischen Grenztastern besser als bei jedem berührungslos arbeitenden Initiator.

Betätigung des Grenztasters

Die Betätigung erfolgt über mechanische Vorrichtungen. Dabei ist auf den richtigen Anfahrwinkel und auf die maximal zulässige Anfahrgeschwindigkeit zu achten **(Bild 3)**.

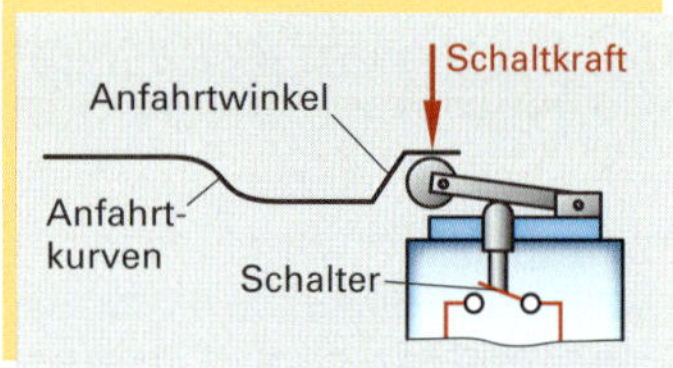

Bild 3: **Anfahrwinkel**

Kontaktprellen

Alle mechanischen Schalter prellen. Das bedeutet, dass das Schaltelement eines Grenztasters beim Schließvorgang mehrmals öffnet und schließt. Ursache hierfür ist die Federwirkung der Kontakte **(Bild 4)**. Zum direkten Ansteuern von Relais spielt das Prellen keine Rolle. Da eine SPS am Eingang über Filter mit einer Zeitkonstanten von 5 ms…20 ms verfügt und die Prellzeit von Grenztastern weit unter 5 ms liegt, können sie bedenkenlos an die Eingänge der SPS angeschlossen werden. Bei Zählereingängen einer SPS jedoch führt Kontaktprellen zu Zählfehlern.

Häufigster Einsatz der Grenztaster

Oft wird er als **Endabschalter** eingesetzt. Ein Objekt wird pneumatisch, elektromechanisch oder hydraulisch bewegt, der Grenztaster muss beim Erreichen einer bestimmten Position für STOPP sorgen.

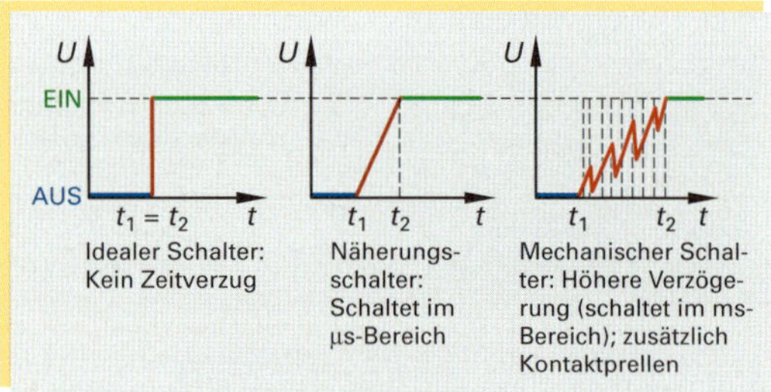

Bild 4: **Prellfreies und prellbehaftetes Schalten**

Bei Maschinen, z. B. Portal-Krananlagen, bei denen personengefährliche Situationen entstehen können (Überfahren einer Endposition), dienen mechanische Grenztaster als **Sicherheitsschalter (Bild 5)**. Der Grenztaster wird dann meist direkt in den Stromkreis der personengefährdenden Stellglieder eingebaut.

Dabei ist zu beachten:

> Die Trennung bei Einphasensystemen erfolgt immer zweipolig.
>
> Die Trennung bei Dreiphasensystemen erfolgt immer dreipolig.

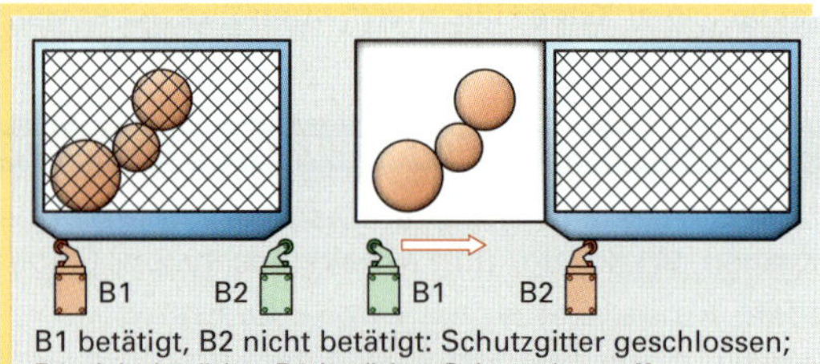

Bild 5: **Anwendungsbeispiel: Grenztaster**

Statt Grenztaster können auch sicherheitsgerichtete, induktive oder optische Initiatoren mit entsprechender Auswerteeinheit eingesetzt werden.

10.7.3 Induktive Sensoren (Näherungsschalter)

Induktive Sensoren in Form von Initiatoren sind berührungslos arbeitende elektronische Schalter. Sie werden benutzt um Metalle und Graphit zu detektieren. Eingesetzt werden sie u.a. zur Drehzahlüberwachung und Drehzahlmessung **(Bild 1)**, zur Endlagenerfassung und für Impulsabgriffe an rotierenden Maschinen.

Bild 1: **Drehzahlmessung mit Schlitzsensor**

Funktionsprinzip

Eine Spule, die Teil eines Oszillators ist, erzeugt ein hochfrequentes magnetisches Streufeld. Kommt ein elektrisch und/oder magnetisch leitendes Objekt ins Streufeld, entstehen Wirbelströme im Objekt, die einen Güteverlust des Schwingkreises hervorrufen. Bei ferromagnetischen Werkstoffen sind es Ummagnetisierungs- und Wirbelstromverluste, die den Güteverlust bewirken. Befindet sich das Objekt außerhalb der kritischen Reichweite, schwingt der Oszillator mit großer Amplitude. Wird die kritische Distanz unterschritten, verringert sich die Schwingungsamplitude. Dieser Einbruch der Amplitude (Bedämpfung des Sensors) wird in einer Schaltstufe erkannt und in der Endstufe des Sensors in ein definiertes Signal umgesetzt **(Bild 2)**.

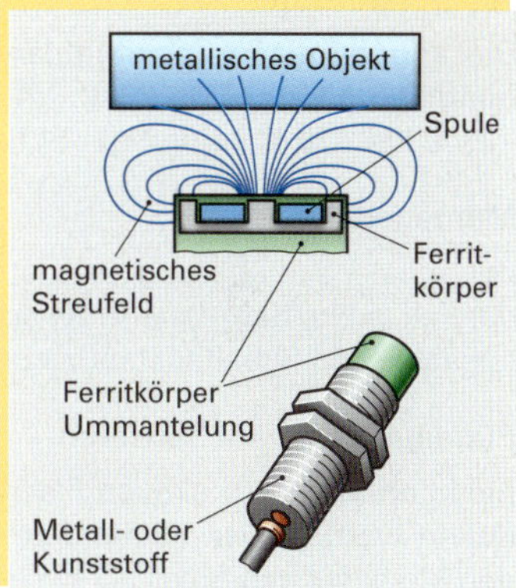

Bild 2: **Arbeitsweise des induktiven Sensors**

Schaltabstände

Die Wirbelstromverluste sind vom spezifischen Widerstand und der Permeabilität des zu erfassenden Objektes, dessen Geometrie (Fläche, Dicke) und von der Oszillatorfrequenz abhängig. Weiterhin ist der Bemessungsschaltabstand von der Induktivität der Spule, die sich hinter der aktiven Fläche befindet, abhängig. Somit besteht ein Zusammenhang zwischen Bauform und Schaltabstand **(Bild 3)**.

Faustformel:
Maximal erreichbarer Schaltabstand ≙ halber Sensordurchmesser.

Der Nennschaltabstand Bemessungsschaltabstand (s_n) ist eine Gerätegröße, bei der Exemplarstreuungen und äußere Einflüsse nicht berücksichtigt werden. In den Auswahltabellen wird nur er angegeben.

Der Realschaltabstand (s_r) wird ermittelt bei festgelegten Temperatur- (23 °C + 5 °C) und Versorgungsbedingungen. Er berücksichtigt die Serienstreuungen. Es gilt: $0{,}9 \cdot s_n \leq s_r \leq 1{,}1 \cdot s_n$.

Der Nutzschaltabstand (s_u) ist innerhalb eines zulässigen Spannungs- (85 %...110 % der Bemessungsbetriebsspannung) und Temperaturbereiches (–25 °C...70 °C) gewährleistet.
Es gilt: $0{,}81 \cdot s_n \leq s_u \leq 1{,}21 \cdot s_n$.

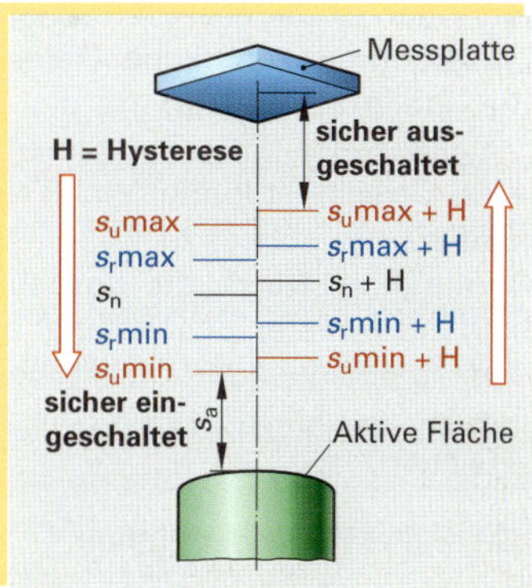

Bild 3: **Schaltabstände**

> s_a wird als gesicherter Schaltabstand bezeichnet. Es ist der Abstand, innerhalb dessen der Sensor mit 100 % Sicherheit schaltet.

10.7.4 Korrekturfaktoren

Alle Angaben zu Schaltabständen induktiver Sensoren basieren auf Betätigungselementen aus E 320 (St37) mit festgelegten Abmessungen (DIN EN 50010). Elemente aus anderen Werkstoffen führen ebenso zu Schaltabstandsveränderungen wie nicht normgerechte Abmessungen (Kantenlänge, Materialdicke). Die Angabe fester Korrekturfaktoren für bestimmte Werkstoffe ist nicht sachgerecht. Alle Metalle weisen einen Toleranzbereich auf. Ursache hierfür sind die Eigenschaften des Oszillators (Schwingfrequenz) und die des bedämpfenden Werkstoffs (Reinheitsgrad, Struktur, Geometrie, **Bild 4**).

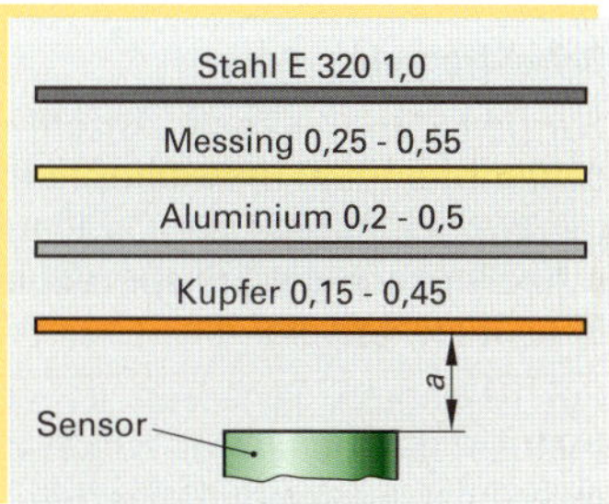

Bild 4: **Reduktionsfaktoren**

Beeinflussung des Schaltpunktes durch Bedämpfung

Die von Herstellern angegebenen Werte für s_n gelten für die Bewegung der Messplatte in axialer Richtung. Für radiales Nähern ist der Schaltabstand aus speziellen Kurven, die für jeden Sensortyp existieren, abzulesen **(Bild 1)**.

Die y-Achse gibt den Abstand des Schaltpunktes von der aktiven Fläche an. Da bei radialer Näherung der Schaltvorgang bidirektional ausgelöst werden kann, sind die Kurven an der y-Achse gespiegelt.

Beispiel: Durchlaufende Teile auf einem Transportband werden mit einem induktiven Sensor (d der aktiven Fläche = 20 mm, s_n = 15 mm) bei s = 5 mm erfasst. **Bild 2** zeigt die Anfahrkurven des verwendeten Sensors. Einschaltwert: bei 7,6 mm, Ausschaltwert: bei 7,85 mm

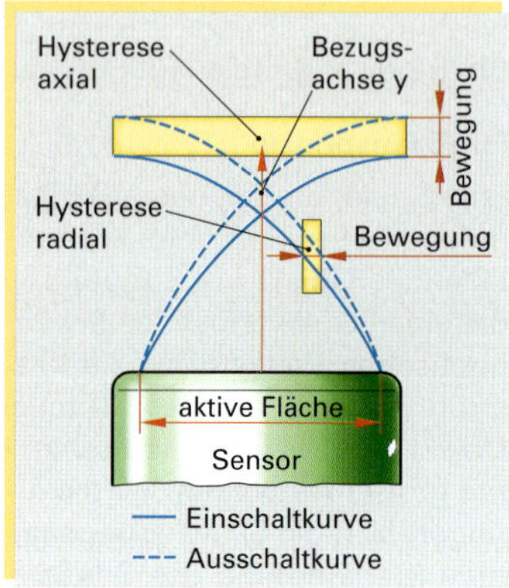

Bild 1: Anfahrkurven

Temperaturdrift

Die angegebenen Schaltabstände beziehen sich auf eine Umgebungstemperatur von 20 °C. Im zulässigen Temperaturbereich von −25 °C bis +70 °C variiert der Schaltabstand maximal um ± 10 %.

Montagehinweise

Bei radialer Annäherung, dies ist in mehr als 90 % aller Applikationen der Fall, sollte der Abstand zwischen Sensor und Objekt ca. 50 % des tatsächlichen Schaltabstandes betragen.

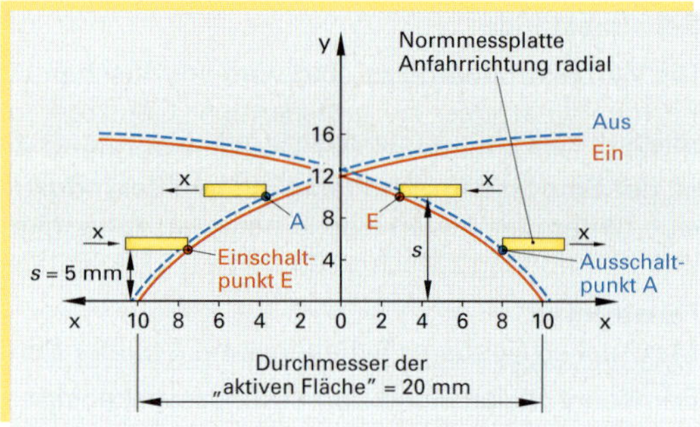

Bild 2: Hysterese, Ein- und Ausschaltwerte

Bündig einbaubare Sensoren

Sie können bis zur aktiven Fläche in Metall eingelassen werden. Der Abstand zu gegenüberliegenden Metallflächen muss ≥ 3 s_n sein. Die Distanz zwischen zwei Sensoren soll ≥ D sein **(Bild 3)**.

Nichtbündig einbaubare Sensoren

Mit ihnen ist ein größerer Schaltabstand (bei gleicher Baugröße) erreichbar (keine Vorbedämpfung). Sie haben im Bereich um die aktive Fläche kein Metallgehäuse (Erkennungsmerkmal). Um den aktiven Bereich ist immer eine Freizone vorzusehen **(Bild 4)**.

Anmerkung: Durch die Vorbedämpfung ist deshalb ein höherer Schaltabstand erzielbar, weil in dem zu erkennenden Objekt weniger Energie umgesetzt werden muss um die Schaltschwelle zu erreichen.

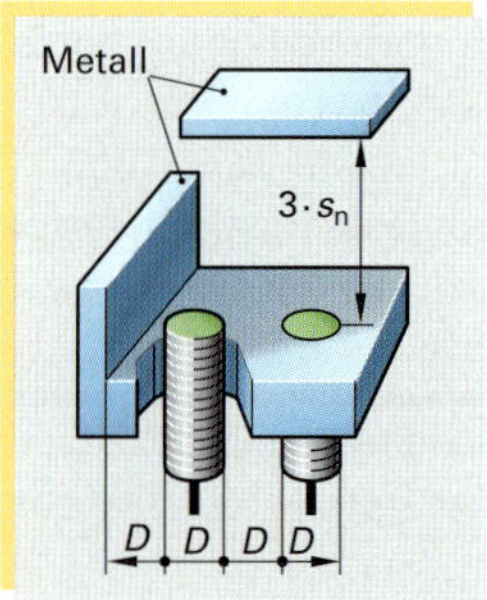

Bild 3: Bündiger Einbau

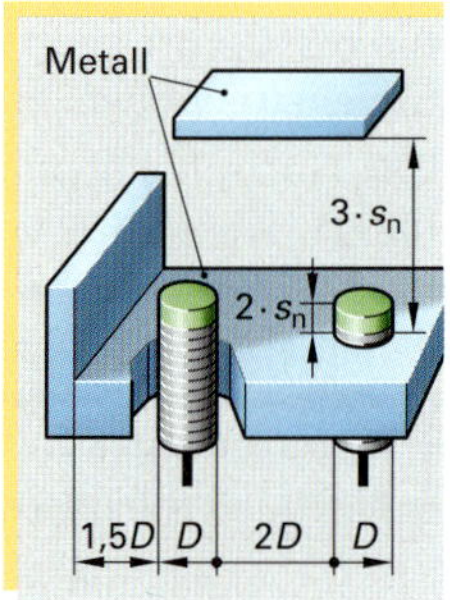

Bild 4: Nichtbündiger Einbau

Gegenüberliegender Einbau

Bei allen induktiven Sensoren ist der Mindestabstand von ≥ 3D zwischen den aktiven Flächen einzuhalten.

Schaltfrequenz

Sie gibt die maximale Anzahl der Wechsel vom bedämpften zum unbedämpften Zustand je Sekunde an. Je höher die Oszillatorfrequenz, desto schneller kann der Sensor reagieren; je größer der Sensor, desto tiefer die Schaltfrequenz

Bei bewegten Sensoren ist vor allem das Anschlusskabel gefährdet. Knickbewegungen sollten möglichst vermieden werden. Die Montage im Schlauch ist die bessere Variante **(Bild 5)**.

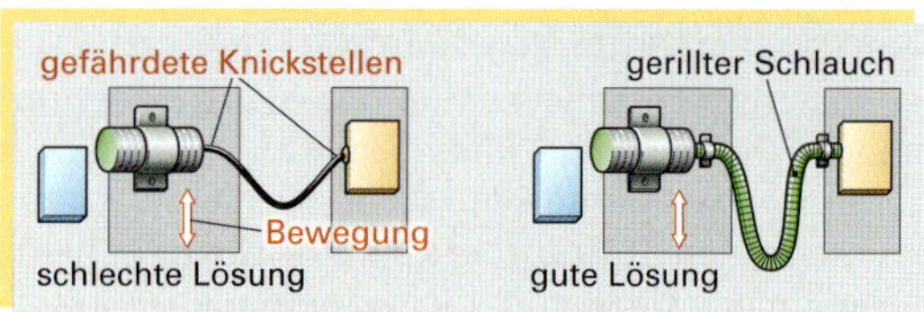

Bild 5: Montagehinweis bei beweglichen Sensoren

Vor- und Nachteile des induktiven Sensors

Vorteile:

- Hohe Zuverlässigkeit bei seltenem und häufigem Schalten
- Hohe Betätigungsgeschwindigkeit (bis 5 kHz)
- Arbeitet berührungslos, keine Rückwirkungen auf das Objekt
- Größte Verschmutzung durch nichtmetallisches Material wie Staub, Feuchtigkeit hat keinen Einfluss auf die Schaltgenauigkeit
- In Zweidrahttechnik herstellbar, da der Stromverbrauch sehr gering ist
- Preisgünstig im Vergleich z. B. zu optischen Sensoren
- Hohe Messgenauigkeit möglich (< 0,01mm)

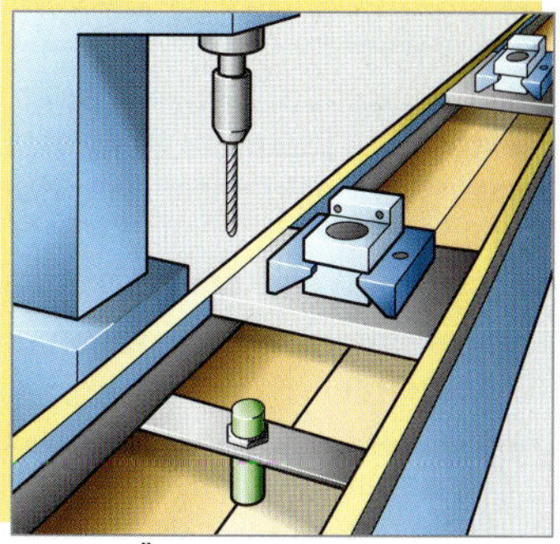

Bild 1: Überwachung automatischer Fertigungsstraßen

Nachteile

- Es können nur Metalle und Graphit detektiert werden
- Es lassen sich nur kleine Objektdistanzen realisieren

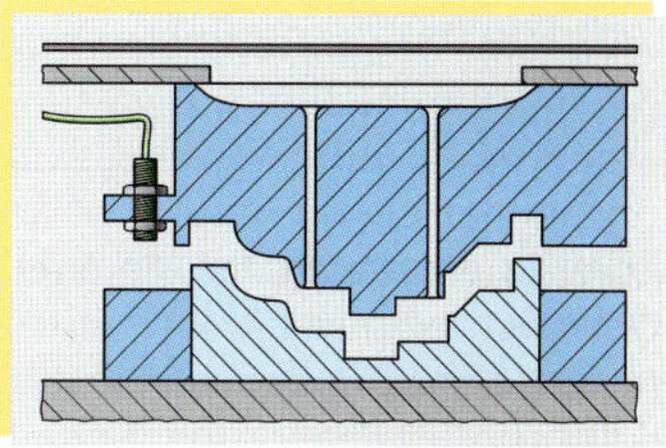

Bild 2: Einsatz in Gefahrenzonen

Anwendungsbeispiele für induktive Sensoren

- Überwachung automatischer Fertigungsstraßen **(Bild 1)**
  - Arbeitsschrittkontrolle
  - Werkstückpositionierung
  - Zählen und Aussortieren von metallischen Objekten
- Bewegungs- und Positionsüberwachung **(Bild 2)**
  - mechanische Positionskontrolle
  - Drehzahlmessung
  - Rotationserkennung
  - Nullpunktsüberwachung (Roboter)

Magnetinduktive Sensoren

Dies sind spezielle induktive Sensoren, die Bewegungsvorgänge von pneumatischen Zylindern erkennen und die Position der Kolbenstellung exakt erfassen **(Bild 3)**.

Die Sensoren werden direkt auf den Zylinderkörper montiert. Durch die Gehäusewand aus nicht magnetischem Material lösen sie bei Annäherung des Dauermagnetrings im Kolben ein Ausgangssignal aus. Diese Sensoren zeichnen sich durch eine hohe Schaltpunktsgenauigkeit ±0,1 mm (U_B und T_U = const.) aus.

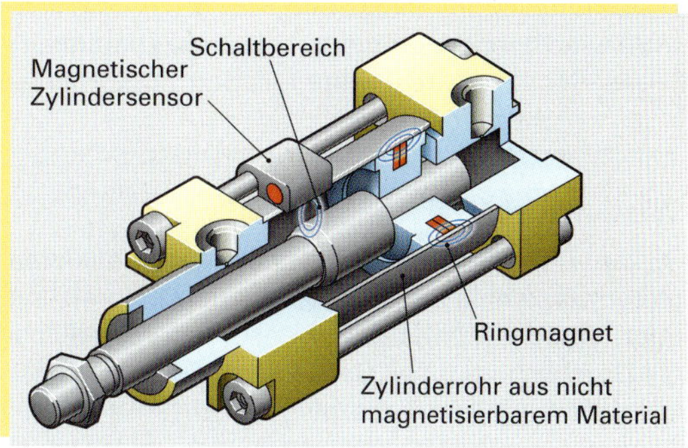

Bild 3: Einsatz magnetinduktiver Sensoren

Elektrische Kennwerte für Sensoren

- Gleichspannungssensoren 24V DC
  - Spannungsbereiche 10 V ... 30 V; 10 V ... 60 V; 5 V ... 60 V
- Wechselspannungsversorgung 115 V ... 230 V AC
  - Spannungsbereich 98 V ... 253 V AC
  - Frequenz 48 Hz ... 62 Hz
- Allspannungssensoren
  - Spannungsbereiche 10 V ... 30 V DC; 24 V ... 240 V AC

Siehe auch Kapitel 10.7.8 Spannungsversorgung und Lastanschluss.

Arbeitsauftrag:

1. Erklären Sie die Funktionsweise des induktiven Sensors.
2. Auf welche Materialien spricht er an?
3. Wie lautet die Faustformel für den Schaltabstand?
4. Für welchen Werkstoff gilt s_n? Was geschieht bei Verwendung von Messing oder Kupfer?
5. Was bedeutet bündiger Einbau? Welche Abstände sind einzuhalten?
6. Wann ist in einer Anwendung zwingend ein mechanischer Grenztaster vorgeschrieben?
7. Nennen Sie weitere Beispiele für den Einsatz von Sicherheitsgrenztastern.

10.7.4 Kapazitive Sensoren

Beim kapazitiven Sensor bildet ein Kondensator ein weiträumiges elektrisches Streufeld **(Bild 1)**. Dieser Kondensator ist Bestandteil eines Schwingkreises. Der RC-Oszillator beginnt zu schwingen, sobald ein Objekt in das Streufeld gelangt. Die Auswerte-Elektronik des Sensors registriert dies und der Sensorausgang schaltet.

Der Schaltvorgang wird durch die Kapazitätserhöhung des Objektes hervorgerufen.

Der kapazitive Sensor reagiert auf alle Materialien mit ausreichend großer Dielektrizitätskonstante und auf Metall (siehe **Übersicht**).

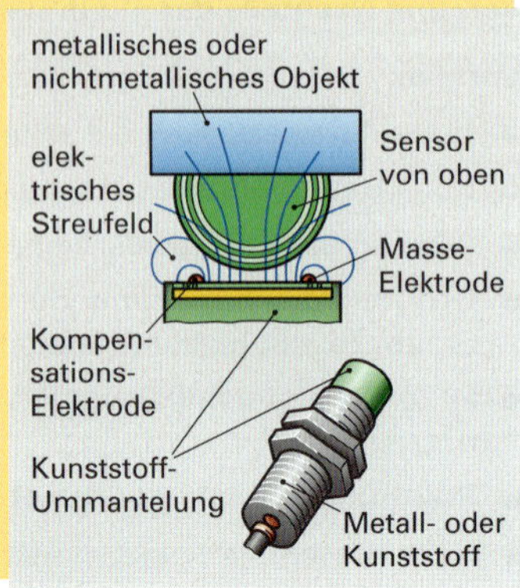

Bild 1: Aufbau

Reproduzierbarkeit des Schaltpunktes

Wird ein Gegenstand axial zur aktiven Fläche bewegt, nimmt die Kapazitätsänderung umgekehrt proportional zum Abstand zu **(Bild 2)**. Die Kapazitätsänderung ist äußert gering, da sie von der Zusammensetzung des Materials als auch von der Oberflächenbeschaffenheit und der Materialtemperatur abhängt. Daher kann nicht mit einer so guten Reproduzierbarkeit des Schaltpunktes wie bei induktiven Sensoren gerechnet werden.

Übersicht: Erfassbare Materialien

- Metall
- fast alle Kunststoffe
- Fette, Öle
- alle wasserhaltigen Stoffe (Lebensmittel)
- alle Alkoholarten, Lösungsmittel
- Glas, Keramik

Der Einsatz des kapazitiven Sensors liegt im Schalterbereich, da hierbei an die Genauigkeit des Schaltpunktes keine großen Ansprüche gestellt werden.

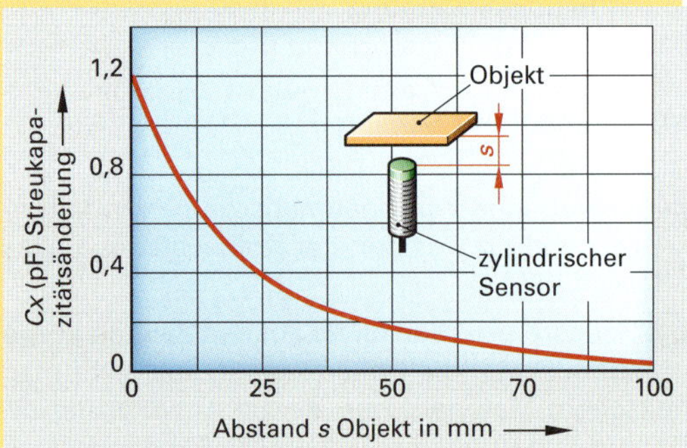

Bild 2: Kapazitätsänderung infolge s

Verschmutzung

Da kapazitive Sensoren auf fast alle Materialien reagieren, kann eine Benetzung, Betauung, Vereisung, oder ähnliche Einflüsse auf der Sensoroberfläche ein Durchschalten des Sensors bewirken. Um dies zu vermeiden sind kapazitive Sensoren mit einer Kompensationselektrode ausgerüstet, so dass nahe an der aktiven Fläche ein feldfreier Bereich entsteht. In diesem können sich Objekte befinden, ohne vom Sensor detektiert zu werden. In der Praxis gelingt dies nicht vollständig, aber ein unerwünschtes Schalten wird so weitgehend verhindert.

Schaltabstände

Bei induktiven Sensoren kann eine Aussage über Normabstände gemacht werden. Bei kapazitiven Sensoren ist dies schwieriger, da der Werkstoffaktor von der relativen Dielektrizitätskonstante ε_r beeinflusst ist und diese variiert. **Bei Metallen** haben kapazitive Sensoren die beste Empfindlichkeit. Ist das leitende Objekt mit der Masse der Sensoren verbunden, so steigt die Empfindlichkeit nochmals an, d.h. der Schaltabstand vergrößert sich.

Bei **nicht leitenden** Objekten ändert sich die Kapazität proportional zu ε_r und zum Abstand zur aktiven Fläche. Sie wird nie größer als bei Metallen.

Tabelle 1: Reduktionsfaktoren

Material	Korrekturfaktor
Wasser	1,0
Alkohol	0,75
Keramik	0,6
Glas	0,5
PVC	0,45
Eis	0,3
Öl	0,28

Tabelle 1 zeigt die Reduktionsfaktoren verschiedener Materialien bei geerdeter Platte.

Einbauart

Alle kapazitiven Sensoren sind für bündigen Einbau in beliebigen Materialien zugelassen.

Einstellhinweise

Die Mehrzahl kapazitiver Sensoren besitzt ein Einstellpotentiometer **(Bild 1)** zur Justage des Schaltabstandes **(Tabelle 1)**. Der Grundabgleich erfolgt auf 0,7 bis 0,8 · s_n. Bei Objekten mit schwacher Beeinflussung (Papier, Glas) kann die Empfindlichkeit durch Rechtsdrehen des Potentiometers erhöht werden.

Achtung! Bei zu empfindlicher Einstellung kann bereits durch Änderung der Umgebungsbedingungen (Temperatur, Luftfeuchte, Verschmutzung) der Sensor durchschalten, oder er bleibt nach einmaliger Betätigung durchgeschaltet.

Vor- und Nachteile kapazitiver Sensoren

Vorteile:

- Erfasst nahezu alle Materialien, bei Metall ist seine Empfindlichkeit am größten.
- Hohe Zuverlässigkeit bei häufigem oder seltenem Schalten.
- Kein Kontaktprellen bei Transistorausgang.
- Betätigungsgeschwindigkeit größer als bei mechanischen Tastern. Da die maximale Reichweite induktiver Sensoren bei 100 mm, bei kapazitiven Sensoren bei 40 mm liegt, ist die Betätigungsgeschwindigkeit bei beiden gleich schnell.
- Durch Kompensation hat Verschmutzung direkt auf der aktiven Oberfläche des Sensors wenig Einfluss.
- In Zweileitertechnik herstellbar (NAMUR-Sensor für EX-Breich), da der Stromverbrauch sehr gering ist (NAMUR = Normenarbeitsgemeinschaft für Mess- und Regelungstechnik der chemischen Industrie).

Nachteile:

- Er ist teurer als induktive Sensoren (kleine Stückzahl).
- Die Objektdistanz ist größer als bei induktiven Sensoren, jedoch kleiner als bei optischen Sensoren.
- Es lassen sich nicht so kleine Sensoren herstellen wie bei induktiven Sensoren, da wegen der Kapazität eine bestimmte minimale Sensorfläche nötig ist.

Typische Einsatzgebiete

- Berührungslose Füllstandsmessung **(Bild 2)**. Durch die Verpackung hindurch wird festgestellt, ob die Flasche gefüllt ist.
- Erfassung von Schüttgut oder Granulat **(Bild 3)**.
- Bandrissüberwachung. Solange eine Papier- oder Kunststoff-Folie nicht reißt, schwingt der Oszillator des Sensors. Reißt die Folie, ist die Kapazität zu gering und demzufolge schwingt der Oszillator nicht **(Bild 4)**.

Arbeitsauftrag:

1. Erklären Sie die Funktionsweise des kapazitiven Sensors.
2. Welche Materialien erkennt er?
3. Welcher Unterschied besteht bei der Erfassungsdistanz einer dünnen oder dicken Kunststofffolie?
4. Geben Sie die Erfassungsdistanz eines kapazitiven Sensors als M12- und M30-Typ an.

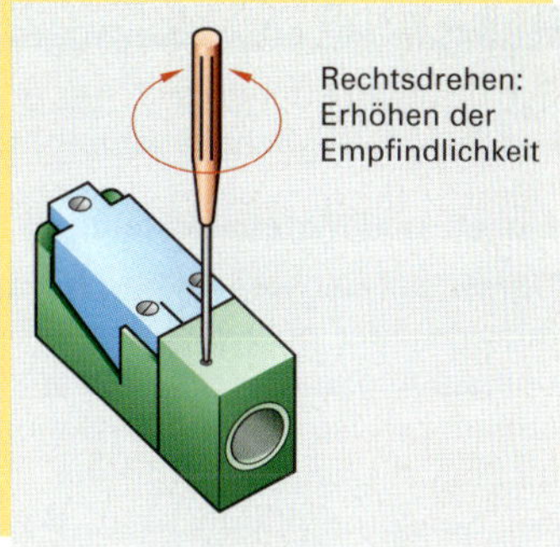

Bild 1: Empfindlichkeitseinstellung

Tabelle 1: Schaltabstände

Sensor ∅	bündiger Einbau	nicht bündiger Einbau
M12	4 mm	
M18	8 mm	bis 10 mm
M30	15 mm	bis 30 mm

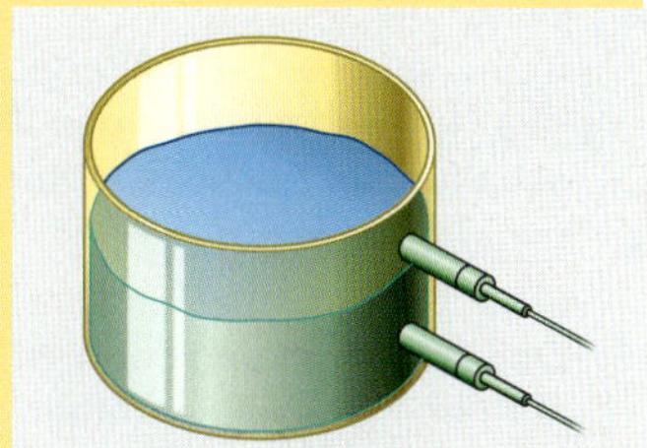

Bild 2: Füllstandsmessung

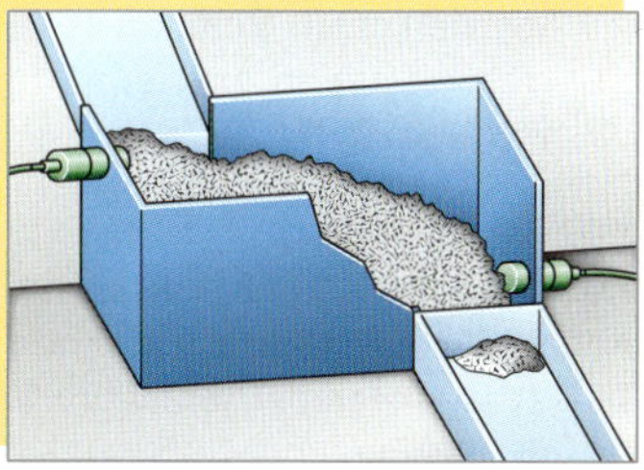

Bild 3: Granulaterfassung

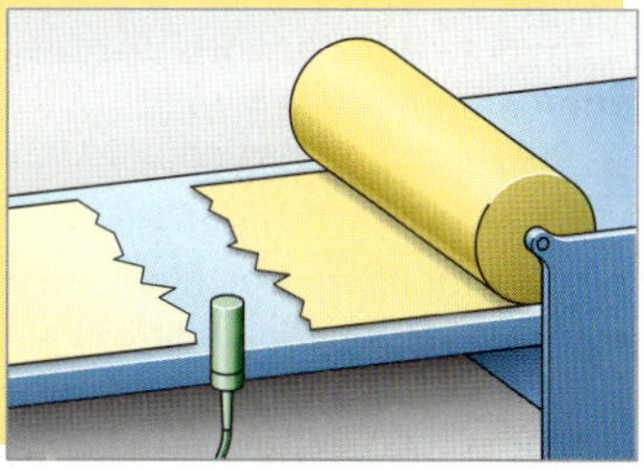

Bild 4: Bandrissüberwachung

10.7.5 Ultraschall-Sensoren

Schallwellen können sich nur ausbreiten, wenn ein Medium (Gas, Flüssigkeit oder festes Material) vorhanden ist. Die Schallausbreitungsgeschwindigkeit beträgt etwa 340 m/s.

Einsatz und Materialerkennung

Ultraschall-Sensoren sind „Alleskönner". Ob feste, flüssige oder pulverförmige Objekte, alle werden unabhängig von Farbe, Transparenz und Beschaffenheit präzise erkannt. Entscheidend ist die richtige Einjustierung des Objektes und die Anpassung der Sensorempfindlichkeit. Bevorzugt eingesetzt werden sie, wo große Reichweiten und hohe Genauigkeit gefordert werden. Bei staubigen und dunstigen Arbeitsbedingungen sind sie oft die einzige Alternative.

Anmerkung: Ultraschall-Sensoren haben Schwierigkeiten bei der Erkennung von Schaum.

Erfassungsbereich

Der Ultraschall wird vom Sensor keulenförmig abgestrahlt. Objekte werden nur innerhalb dieser Keule bei radialem oder axialem Eintauchen erfasst. Die Keule ist in mehrere Bereiche eingeteilt **(Bild 1)**:

- Blindzone
  In ihr kann kein Objekt erfasst werden (wegen des Nachschwingens des Wandlers nach Abschaltung der Sendespannung)
- Erfassungsbereich
  Dies ist der auswertbare Bereich, in dem Objekte erfasst und der Abstand zwischen Sensor und Zielobjekt ermittelt wird.
- Schaltfenster
  Bei einigen Sensoren können Fenstergrenzen innerhalb des Erfassungsbereiches definiert werden. Der Schaltausgang wird nur dann gesetzt, wenn sich ein Objekt innerhalb des Fensters befindet.

Funktionsarten

Der Ultraschall-Sensor wertet zum einen die Laufzeit des Schalls **(Bild 2)** zwischen Senden und Empfangen aus (Tastbetrieb), zum anderen kontrolliert er, ob das gesendete Signal empfangen wurde (Schrankenbetrieb).

Schrankenbetrieb

Beim Schrankenbetrieb werden folgende Betriebsarten unterschieden:

- Die Einweg-Schranke
  Gegenüberliegend sind Sender und Empfänger montiert. Der Ausgang wird aktiv, wenn ein Objekt den Schallstrahl unterbricht. Mit der Einweg-Schranke wird eine hohe Reichweite erreicht. Sie ist direkt mit der Einweg-Lichtschranke vergleichbar **(Bild 3)**.

Übersicht 1: Schallbereiche

- Infraschall bis 20 Hz; Wahrnehmung über Körper
- Hörbereich bis etwa 18 kHz; Hörbereich
- Ultraschall, Ausbreitung in Luft bis etwa 1 MHz
- Ultraschall-Sensor, Arbeitsfrequenz bis 400 kHz; Ultraschall ist vom Menschen nicht wahrnehmbar

Übersicht 2: Vorzüge

- objektunabhängige Materialerfassung
- Entfernungsmessung von 6cm bis 15m
- Abtastung von Objektkonturen
- Anwendung bei optisch schwer erfassbaren Materialien wie dünne Folien, glasklares Material
- geeignet für raue Umgebung (Dunst, Staub, Nebel)

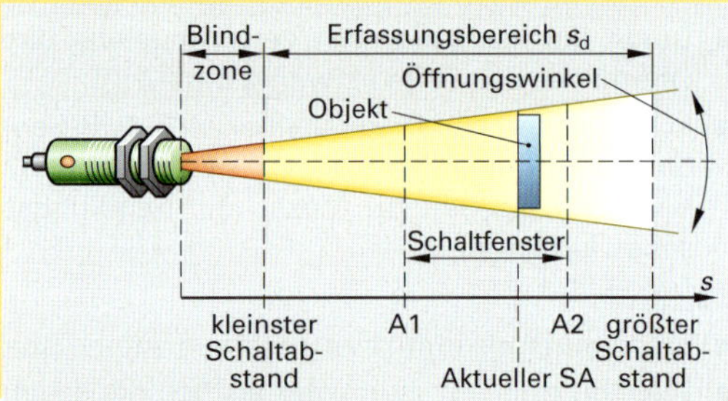

Bild 1: Erfassungsbereich

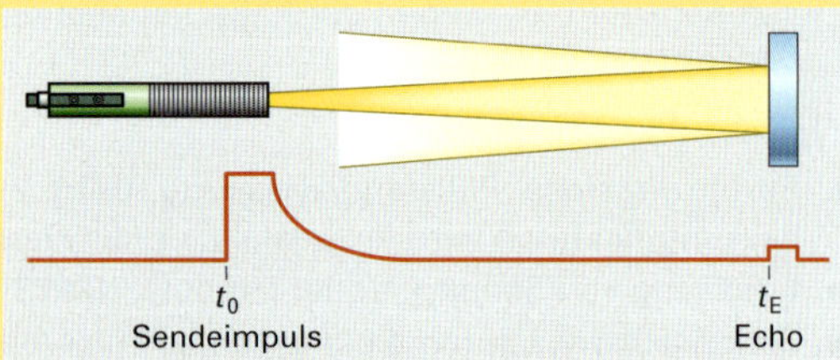

Bild 2: Sendeimpuls und Echo, Laufzeit

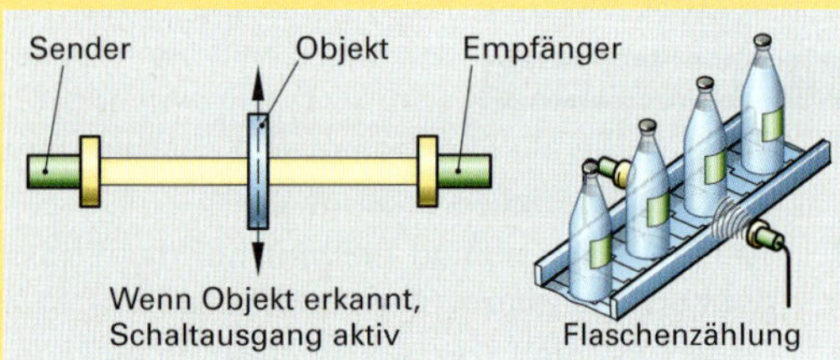

Bild 3: Einweg-Schranke

- Die Reflexionsschranke

  Im Fensterbetrieb wird der Sensor so eingestellt, dass der festmontierte Reflektor (z. B. eine Blechfahne) innerhalb des Fensters liegt. Der Sensor liefert ein Signal, sobald das Objekt den Reflektor vollständig abdeckt **(Bild 1)**.

  Einsatz: Bei der Abtastung von Schaumstoff und Objekten mit unregelmäßigen Oberflächen.

- Reflexionstaster (Näherungsschalter)
  Er nützt die Hintergrundausblendung aus **(Bild 2)**. Der Schaltausgang wird aktiv, sobald sich das Objekt innerhalb des eingestellten Schaltabstandes befindet.

  Anwendung: Anwesenheitskontrolle, Zählung von Objekten auf Förderbändern.

  Hinweis: Der Reflexionstaster kann im Fensterbetrieb als auch zur Vordergrundausblendung eingesetzt werden. Mit dieser Ausblendung können Störkanten, die in den Vordergrund des Erfassungsbereichs hineinragen, ausgeblendet werden **(Bild 3)**.

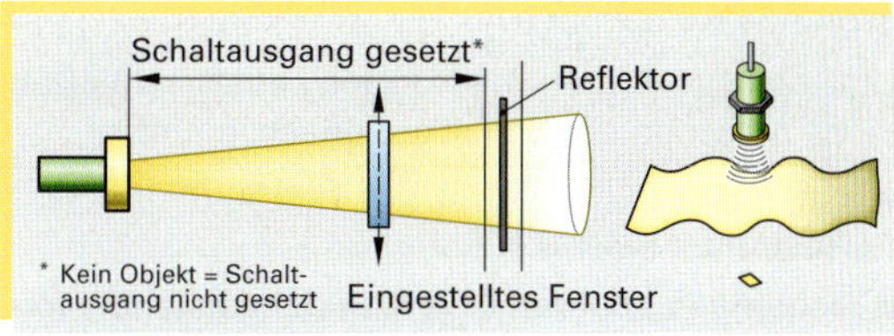

Bild 1: Reflexions-Schranke

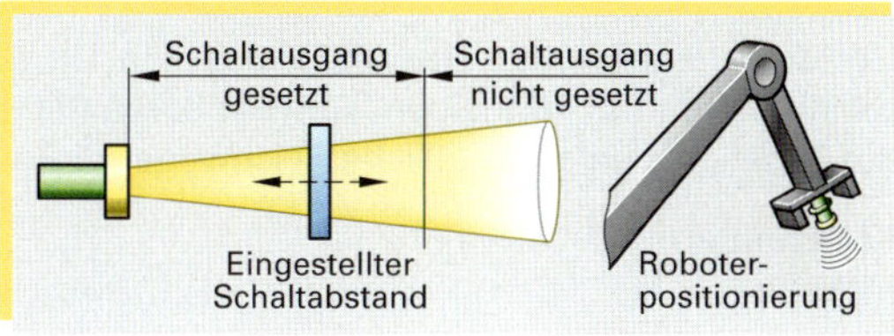

Bild 2: Reflexions-Taster

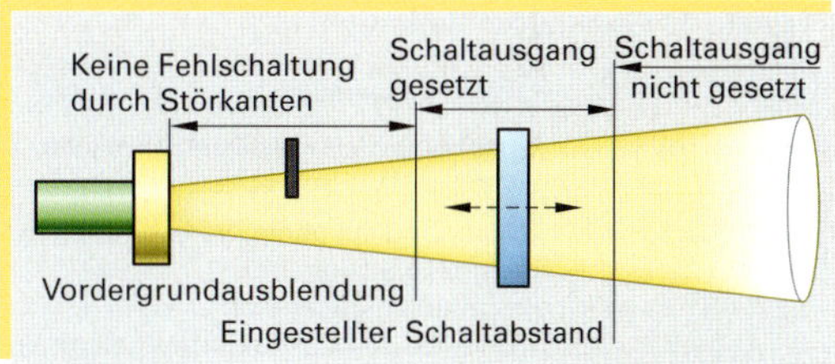

Bild 3: Reflexions-Taster mit Vordergrundausblendung

Analoge Abstandsmessung

Die Laufzeit der Schallimpulse ist das Maß für den Abstand zum Objekt. Der Sensor arbeitet im Tastbetrieb. Die gemessene Entfernung wird als abstandsproportionale Spannung (0 V…10 V) oder als abstandsproportionaler Strom (4 mA…20 mA) ausgegeben. Über ein Potentiometer oder die Teach-in-Taste kann der Anwender die Steilheit der Ausgangskurve verändern **(Bild 4)**. Alle Ultraschallsensoren mit analoger Abstandsmessung können auch mit Vordergrundausblendung kombiniert werden.

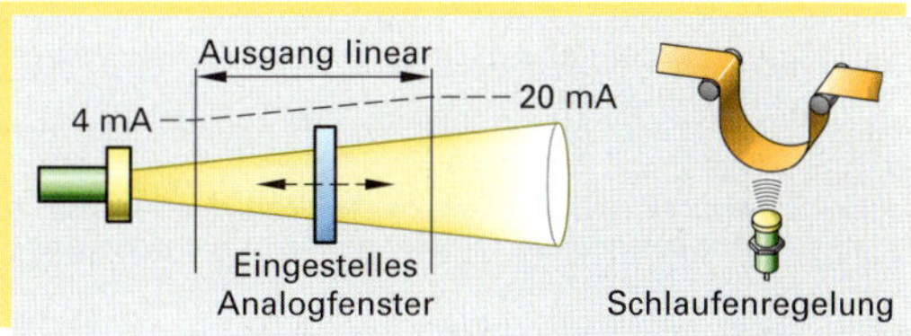

Bild 4: Analoger Ausgangssensor mit Stromausgang

Objekterkennung

Beste Reflexion des Schalls wird erreicht, wenn der Sensor so ausgerichtet ist, dass die Schallwellen möglichst senkrecht auf das Objekt treffen. Ab einem bestimmten Grenzwinkel **(Bild 5)** wird der Schall total weggespiegelt, der Sensor erhält kein auswertbares Echosignal. Ist der Neigungswinkel kleiner als der Grenzwinkel, muss die maximale Reichweite des Sensors experimentell ermittelt werden. Schallabsorbierende Objekte wie Schaumgummi, Gewebe und Materialien mit rauen oder porösen Oberflächen (wie z. B. Sand) reflektieren den Schall diffus und reduzieren den Erfassungsbereich. Watte und ähnliche Stoffe sind kaum bis nicht abtastbar.

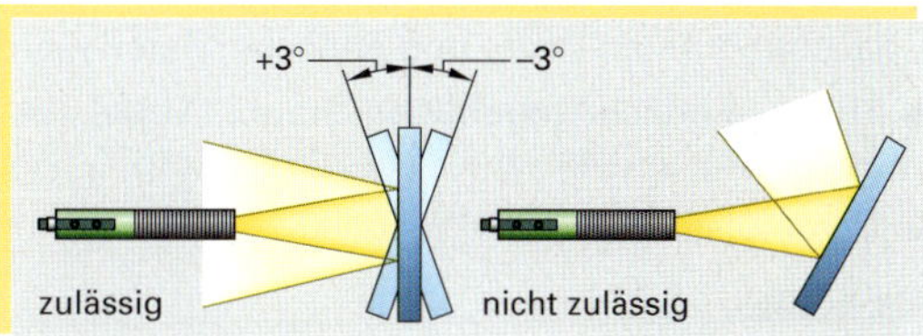

Bild 5: Grenzwinkel

Einbaurichtlinien

Schallsensoren sind so zu montieren, dass sich keine Materialien auf der Wandleroberfläche ansetzen können. Die Reichweite wird dadurch erheblich vermindert.

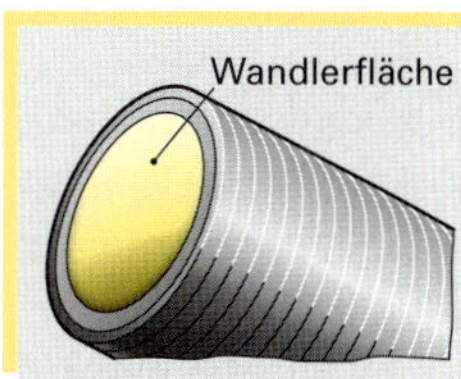

Bild 6: Wandlerfläche

Störende Reflexionen

Um nichtgewollte Reflexionen auszuschließen, muss zwischen der Schaltkeulenachse und:

- einer parallelen Wand ein Freiraum mit dem Abstand x **(Bild 1)**
- beliebigen anderen Objekten der Abstand y freigehalten werden.

Dabei sind x und y vom Erfassungsbereich abhängig.

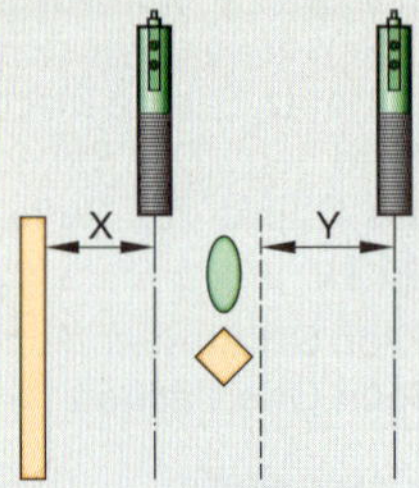

Erfassungsbereich [cm]	X [cm]	Y [cm]
6 - 30	> 3	> 6
20 - 130	> 15	> 30
40 - 300	> 30	> 60
60 - 600	> 40	> 80
80 - 1000	> 70	> 150

Bild 1: Abstände

Um eine gegenseitige Beeinflussung von Ultraschallsensoren zu vermeiden, sind Sensoren mit unterschiedlicher Wandlerfrequenz einzusetzen, was in der Regel eine unterschiedliche Reichweite zur Folge hat.

Befestigung

Bei der Montage sind Gummiringe zu verwenden, damit sich bei der Abstrahlung des Schallimpulses die Schwingungen nicht auf die Befestigung übertragen können. Ein dünnes schwingungsfähiges Blech kann ein Objekt vortäuschen, wenn der Sensor auf Empfang geschaltet hat.

Tabelle 1: Gegenüberstellung

	Ultraschallsensoren	Optische Sensoren
Schaltpunkt	Unabhängig von Materialoberfläche, Farbe, Lichtintensität und optischen Kontrasten.	Abhängig von Materialoberfläche, Farbe, Lichtintensität und optischen Kontrasten (nur Lichttaster).
Empfindlichkeit	Unempfindlich gegen Verschmutzung, dadurch wartungsfrei. Empfindlich gegenüber: – Änderungen der Umgebungstemperatur – Änderungen in der Dichte des Mediums z. B. Hochdruck → Änderung der Schaltgeschwindigkeit; sie wird höher	Empfindlich gegen Verschmutzung, nicht wartungsfrei. Bei Nebel (höhere Dichte des Medium) kann ein optischer Sensor ausfallen.
Genauigkeit[1]	> 1 mm	> 0,25 mm
Schaltfrequenz	Liegt bei 8 Hz	Liegt bei 1000 Hz
Beeinflussung durch	Luftturbulenzen (bei $v > 20$ m/s) und Lufttemperatur.	Keine Beeinflussung durch Luft und Temperatur.

[1] Bei Schallsensoren ist die Zeit entscheidend, die ein Objekt mindestens im Erfassungsbereich eines Sensors sein muss, um sicher erkannt zu werden. Diese Zeit wird Reaktionszeit genannt und liegt reichweitenabhängig im Bereich von 35 ms bis 500 ms.

Vor- und Nachteile von Ultraschall-Sensoren

Vorteile:

- Vollständige materialunabhängige Abtastung, ausgenommen Watte und ähnliche Materialien
- Unempfindlich gegenüber Staub, Nebel, Beleuchtung und extremer Verschmutzung
- Echte Distanzmessung möglich

Nachteile:

- Verglichen mit optischen, induktiven und kapazitiven Sensoren langsam
- Haben einen höheren „Stromverbrauch" als optische und einen wesentlich höheren als induktive und kapazitive Sensoren
- In der Regel kein Betrieb in explosionsgefährdeten Räumen möglich
- Keine sehr heißen Objekte abtastbar wegen Schallbrechung an den Luftschichten (Turbulenzen)

Arbeitsauftrag:

1. Mit welchem Sensortyp kann der Ultraschall-Sensor am besten verglichen werden?
2. Erklären Sie, warum ein Ultraschall-Sensor einen Blindbereich aufweist.
3. Was versteht man unter dem Fensterbetrieb?
4. Nennen Sie zwei physikalische Größen, die den aufgenommenen Messwert des Sensors beeinflussen können.
5. Wodurch können störende Schallreflexionen verursacht werden?
6. Was ist bei der Montage von Ultraschall-Sensoren zu beachten?
7. Welchen Abstand muss ein Ultraschall-Sensor mit dem Erfassungsbereich von 40 cm bis 300 cm von einer parallelen Wand haben?

10.7.7 Optische Sensoren

Ein optischer Sensor reagiert auf Veränderungen der empfangenen Lichtmenge. Ein Lichtstrahl wird von der Sendediode ausgesandt und von dem zu erfassenden Objekt unterbrochen (Einweglichtschranke) oder zum Empfänger zurück reflektiert (Reflexionslichtschranke, -taster) Die Änderung der empfangenen Lichtintensität führt zur Betätigung des Schaltausganges **(Bild 1)**.

Physikalische Grundlagen

Licht besteht aus elektromagnetischen Wellen, die sich von der Quelle nach allen Seiten ausbreiten, im Vakuum mit Lichtgeschwindigkeit (300 000 km/s). Optische Sensoren arbeiten sowohl mit sichtbarem Licht im Bereich von 400 nm bis 800 nm Wellenlänge, als auch mit Infrarotlicht von 800 nm bis 1000 nm Wellenlänge **(Bild 2)**.

Beim Licht unterscheidet man folgende Reflexionsarten **(Bild 3)**:

- Spiegelung

  Fällt Licht auf eine Oberfläche mit Spiegelcharakter (z. B. hochpolierte Fläche), wird der Lichtstrahl unter dem gleichen Winkel, wie er zur Senkrechten der Spiegeloberfläche auftrifft, reflektiert.

- Tripelreflexion

  Der Tripelreflektor reflektiert den einfallenden Lichtstrahl parallel versetzt zur Lichtquelle zurück.

- Diffuse Reflexion

  Ist die Oberfläche eines Objektes uneben oder rau, wird der auftreffende Lichtstrahl in alle Richtungen reflektiert. Der Reflexionsverlust ist um so höher, je matter und dunkler die Fläche ist.

- Lichtbrechung

  Tritt ein Lichtstrahl von einem optischen dünneren Medium n in ein optisch dichteres Medium n', so wird der Lichtstrahl vom Lot weg gebrochen (und umgekehrt) **(Bild 4)**.

- Totalreflexion

  Ein Lichtstrahl, der auf eine Grenzfläche von zwei Medien mit unterschiedlichem Brechungsindex trifft, wird vollständig reflektiert, wenn der Einfallswinkel einen bestimmten Grenzwert nicht übersteigt **(Bild 5)**.

- Polarisation

  Fällt unpolarisiertes (in alle Richtungen schwingendes) Licht auf einen Polarisationsfilter, so kann nur das Licht passieren, das in Polarisationsrichtung schwingt.

Bild 1: Arten optischer Sensoren

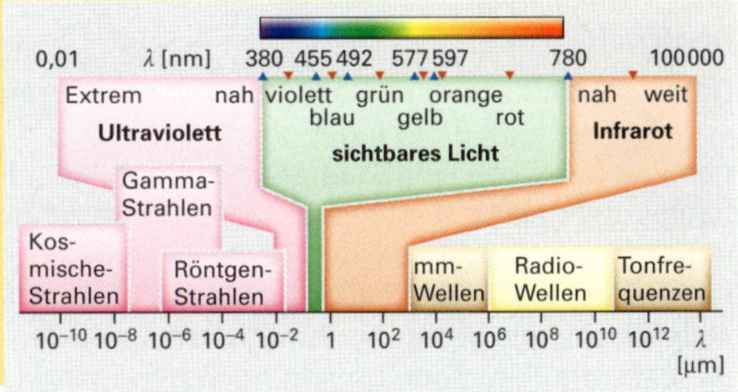

Bild 2: Elektromagnetische Wellen, Licht

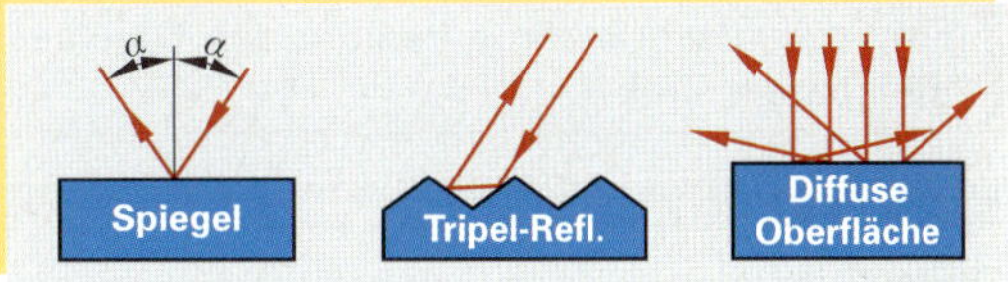

Bild 3: Reflexionsarten

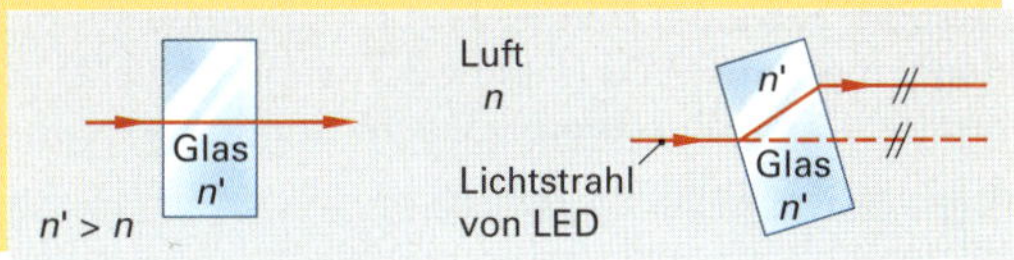

Bild 4: Lichtbrechung

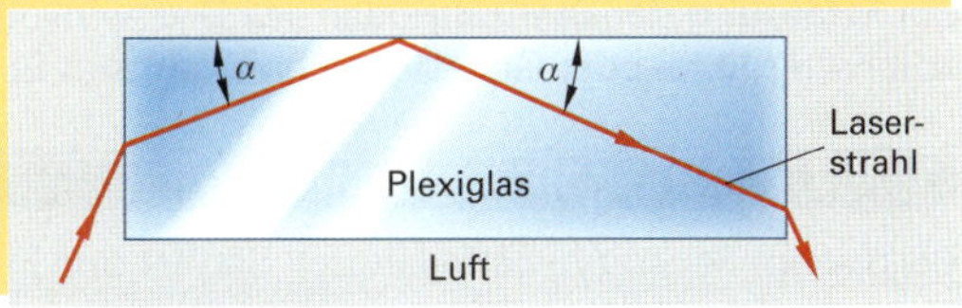

Bild 5: Totalreflexion

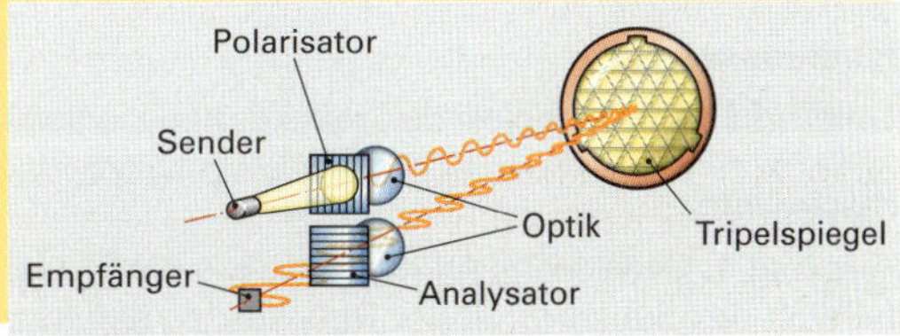

Bild 6: Polarisation

10.7.7.1 Einweg-Lichtschranke

Sender und Empfänger befinden sich in zwei separaten, einander gegenüberliegenden Gehäusen. Wird der Lichtstrahl zwischen Sender und Empfänger unterbrochen, erzeugt der Empfänger ein Schaltsignal.

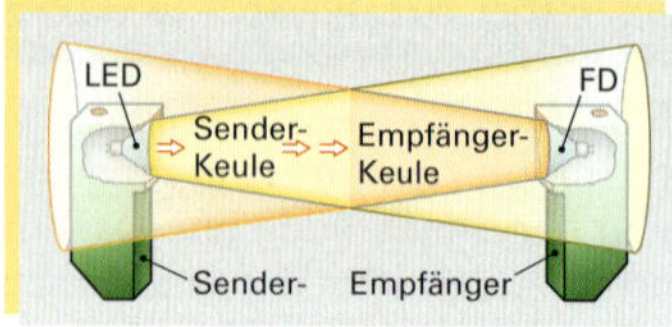

Bild 1: Einweglichtschranke

Funktionsweise

Sender und Empfänger bilden jeweils eine Keule. Je schmaler die Sendekeule, desto größer wird die überbrückbare Distanz, also die Reichweite. Da sich die Keulen zum Erfassen von Objekten überdecken müssen, ist die genaue Justierung von Sender und Empfänger um so schwieriger, je schmaler die Keulen sind **(Bild 1)**.

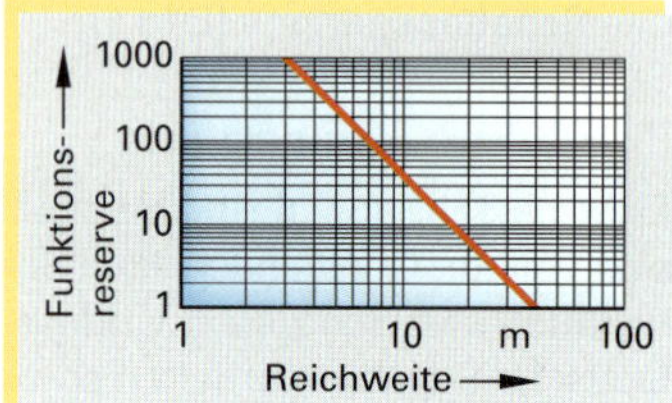

Bild 2: Reichweitenkurve

Reichweite

Damit die Lichtschranke exakt arbeitet, muss immer genügend Licht vom Sender zum Empfänger gelangen. In den technischen Unterlagen von Sensoren sind Diagramme abgebildet, die den Zusammenhang von Funktionsreserve und Reichweite zeigen. Aus **Bild 2** ist zu entnehmen, dass z.B. bei der Reichweite von 4m der Empfänger 500 mal mehr Licht erhält, als er für das sichere Schalten benötigt. Bei 40 m Reichweite besitzt die **Funktionsreserve** den Wert 1 was bedeutet, dass die Fotodiode gerade noch genügend Licht zum einwandfreien Schalten empfängt. Voraussetzung hierfür sind saubere Linsen und optimale Ausrichtung von Sender und Empfänger.

> Einweglichtschranken erkennen alle Objekte, sofern sie nicht transparent sind.

Bild 3: Gefährdungsbereich abgesichert durch Lichtvorhang

Spezielle Einsatzbereiche

Dürfen Personen in einen Gefährdungsbereich weder eintreten noch hineinreichen, so können diese Bereiche durch Einweglichtschranken oder Lichtvorhänge gesichert werden **(Bild 3)**. Bei Lichtvorhängen, die aus einer Sende- und Empfangsleiste bestehen, sind in der Regel mehrere LEDs (mehr oder weniger dicht) untereinander angeordnet. Diese einzelnen LEDs im Sender werden getaktet angesteuert. Zuerst sendet die oberste LED einen Lichtimpuls aus und es wird geprüft, ob die zugehörige Fotodiode einen Empfangsimpuls erhält. Dann kommt die zweite LED an die Reihe usw. Erhalten alle Fotodioden einen Impuls, befindet sich kein Objekt im Lichtvorhang.

Bild 4: Drehzahlerfassung

Zur **Erfassung der Drehzahl** oder des Drehwinkels eines Zahnrades kommen Mikro- oder Gabellichtschranken zum Einsatz **(Bild 4)**.

10.7.7.2 Reflexionslichtschranke

Bei diesem Sensortyp befinden sich Sender und Empfänger in einem Gehäuse. Der Reflektor (kann auch eine Folie sein) der gegenüberliegend auf der optischen Achse montiert ist, reflektiert das ausgestrahlte Licht zurück zum Sender **(Bild 5)**.

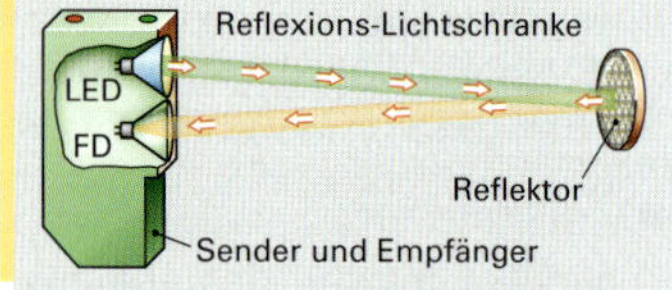

Bild 5: Reflexionslichtschranke

Funktionsweise

Unterbricht ein Tastobjekt den reflektierten Lichtstrahl, so bewirkt dies eine Änderung des Ausgangssignals.

Reichweite

Aus **Bild 1, Seite 493** geht hervor, dass die Funktionsreserve bei kleiner Distanz gegen Null geht (Blindbereich des Sensors). Ist der Reflektor zu nahe vor dem Sensor montiert, wird zu wenig Licht zum Empfänger reflektiert. Auffallend ist auch die nicht allzu große Funktionsreserve der Reflexionslichtschranke.

Beim Einsatz von Reflexionslichtschranken sind folgende Punkte zu beachten:

- Beachtung des optimalen Abstandes von Sensor und Tripelspiegel; (0,2 m…1 m bei Funktionsreservekurve nach **Bild 1**). Das zu erfassende Objekt darf nicht im Blindbereich angeordnet sein, dort kann es nicht detektiert werden.
- Das zu erfassende Objekt darf nicht kleiner als der Reflektor-Durchmesser sein. Andernfalls wird Licht reflektiert; der Sensor schaltet nicht **(Bild 2)**.
- Bei spiegelnden Objekten sollten Polarisationsfilter verwendet werden, oder der Sensor ist so zu montieren, dass er schräg zum spiegelnden Objekt steht. Somit kann das reflektierte Licht die Reflexionslichtschranke nicht beeinflussen **(Bild 3)**.
- Der große Vorteil liegt in der einfachen Montage da der Reflektor nicht senkrecht zum Sensor stehen muss. Es sind Winkelabweichungen bis zu ±45° realisierbar.

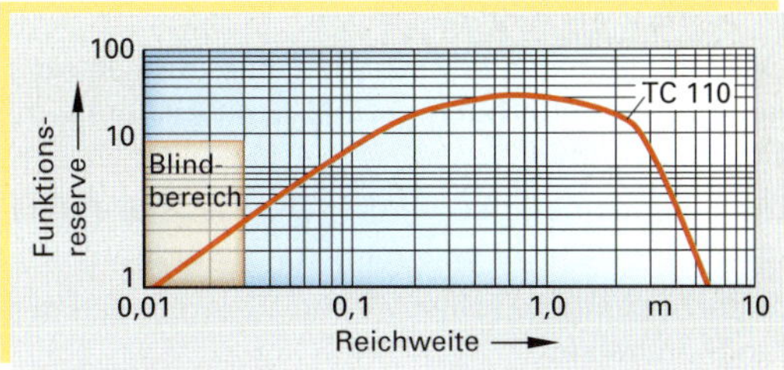

Bild 1: Reichweite

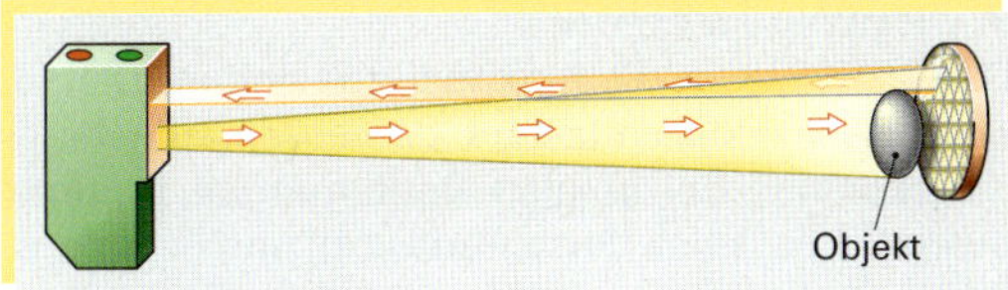

Bild 2: Objekt zu klein

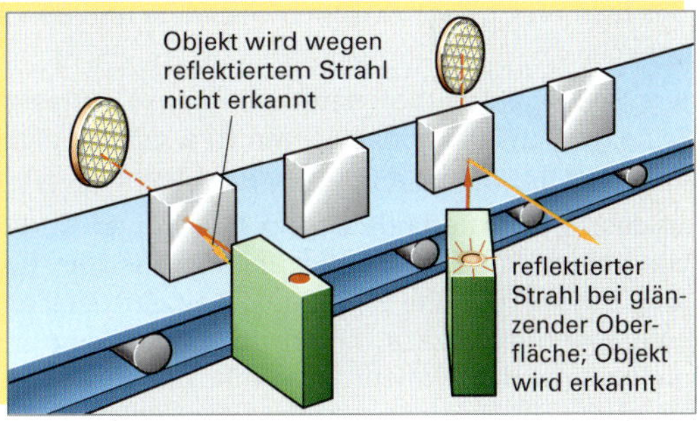

Bild 3: Richtige Justage

Reflexionslichtschranke mit Polarisationsfilter

Sollen spiegelnde Objekte durch eine Reflexionslichtschranke erfasst werden, müssen Polarisationsfilter eingesetzt werden. Diese sind um jeweils 90° versetzt in Sende- und Empfangsoptik untergebracht **(Bild 4)**.

Funktionsweise

Vom Sender ausgehendes Licht schwingt nach Durchlauf des Polarisationsfilters nur in horizontaler Ebene. Die Empfängeroptik kann nur Licht in vertikaler Schwingungsebene aufnehmen, da der zweite Polarisationsfilter um 90° gedreht ist. Für diese Drehung sorgt der Tripelspiegel. Ideal spiegelnde Objekte drehen die Polarisationsebene um 180°, so dass die horizontale Schwingungsebene erhalten bleibt. Solches Licht sperrt das zweite Filter. Damit wird das spiegelnde Objekt sicher erkannt.

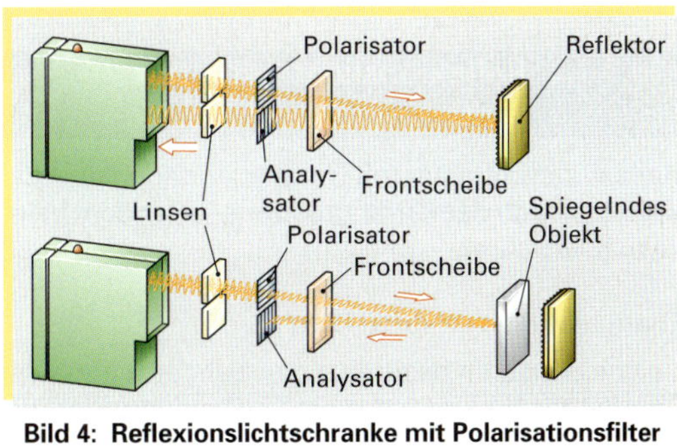

Bild 4: Reflexionslichtschranke mit Polarisationsfilter

10.7.7.3 Reflexionslichttaster

Sender und Empfänger befinden sich wie bei der Reflexionslichtschranke in einem Gehäuse. Dieser Sensortyp wertet die diffuse Reflexion an der Oberfläche eines Objektes aus. Überschreitet die reflektierte Lichtmenge eine bestimmte Intensität, schaltet der Sensor. Mit einem Potentiometer (Stellschraube am Sensor) ist die Empfindlichkeit variierbar **(Bild 5)**.

Der reflektierte Lichtstrom hängt ab von:

- der Objektdistanz
- der Objektoberfläche (hell, dunkel, glänzend, rau)
- der Objektgröße
- der Einstellung der optimalen Empfindlichkeit

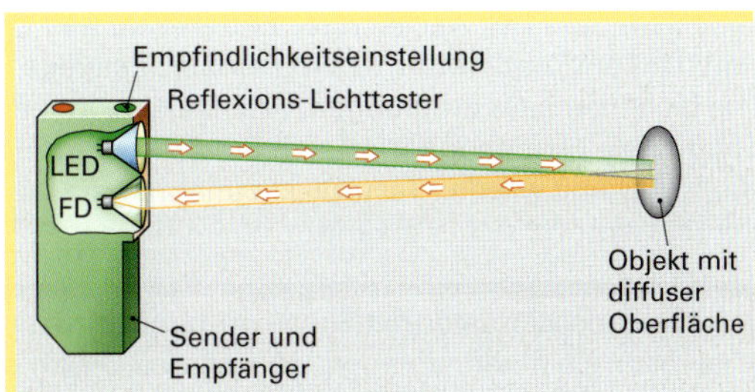

Bild 5: Reflexionslichttaster

Diese wird wie folgt eingestellt:

Die Potentiometer so verdrehen, dass das Objekt in geforderter Entfernung gerade noch erkannt wird, Stellung V1 **(Bild 1)**.

Die Potentiometer so verdrehen, dass der Hintergrund gerade nicht erkannt wird, Stellung V2.

Mittenstellung zwischen V1 und V2 ergibt den besten Störabstand.

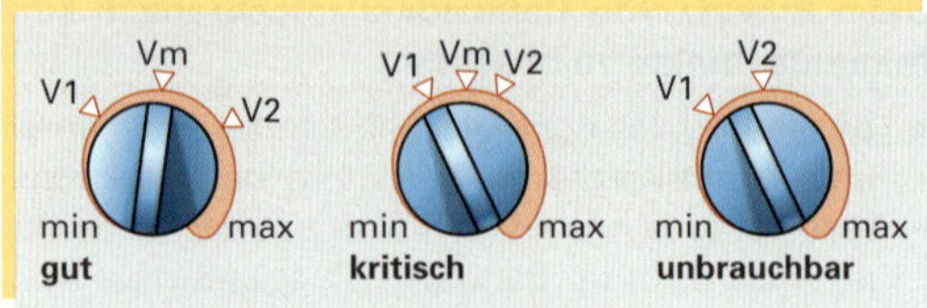

Bild 1: Empfindlichkeitseinstellung

Definitionen:

- Tastweite T_W **(Bild 2)**

Die Tastweite ist die maximal erreichbare Distanz eines Reflexionslichttasters, gemessen auf weißes Kodakpapier, bei idealen Bedingungen (optimal ausgerichtet, keine Verschmutzung) und Funktionsreservefaktor 1,5.

- Tastbereich

Der Tastbereich liegt zwischen Tastweite und Blindbereich.

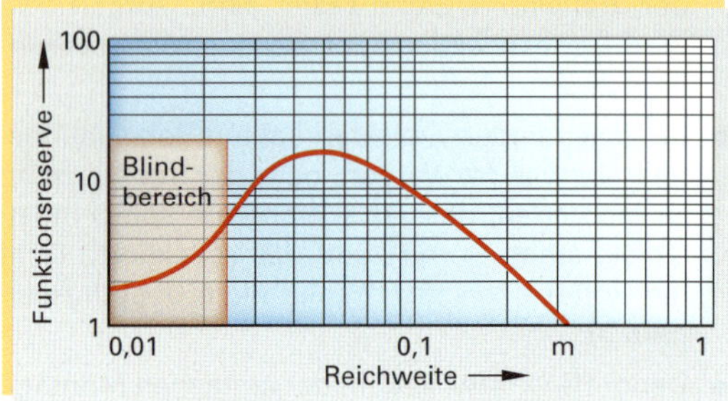

Bild 2: Reichweite

Aus **Bild 2** geht hervor, dass mit einem Lichttaster keine großen Funktionsreserven zu erreichen sind. Seine Reichweite liegt unter einem Meter.

Ist das zu detektierende Objekt zu klein, so ist der von seiner Oberfläche reflektierte Lichtstrom gering. Es ist eine hohe Empfindlichkeit einzustellen. Eine eventuell hellere Hintergrundfläche kann im ungünstigsten Fall mehr Licht reflektieren als das kleine Objekt. Ein solcher Lichttaster ist dann nicht einsetzbar. Für eine solche Applikation ist ein Lichttaster mit Hintergrundausblendung einzusetzen.

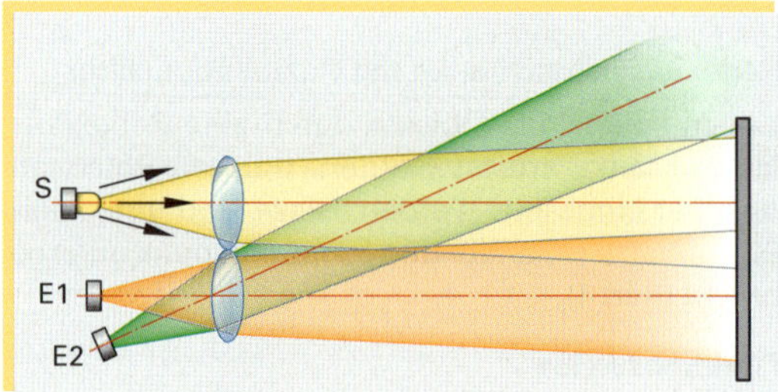

Bild 3: Triangulationsverfahren

10.7.7.4 Reflexionslichttaster mit Hintergrundausblendung

Reflexionslichttaster mit Hintergrundausblendung arbeiten nach dem Triangulations- oder dem Winkellichtverfahren.

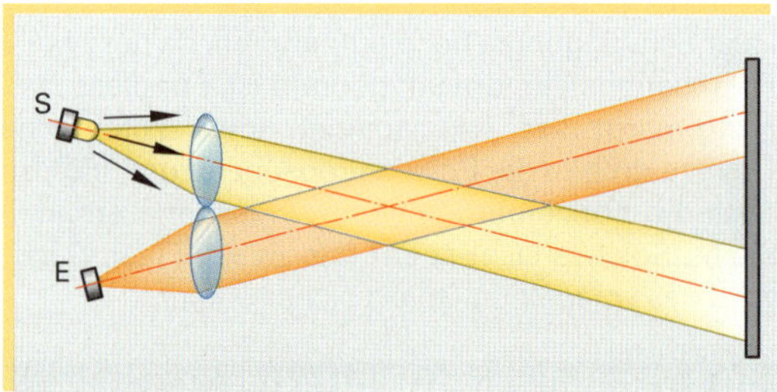

Bild 4: Winkellichtverfahren

Triangulationsverfahren (Bild 3)

Solche Sensoren besitzen einen Sender S und zwei Empfänger (E1 und E2) in einem Gehäuse. Sie werten sowohl die Intensität des reflektierten Lichtstrahles als auch den Einfallswinkel zwischen den Empfängern aus. Die Empfänger E1 und E2 sind so einzustellen, dass bei wachsender Entfernung des Objektes die von E1 empfangene Lichtmenge zunimmt und die von E2 abnimmt. Als maximale Tastweite ist der Punkt definiert, von dem aus E1 und E2 die gleiche Lichtintensität empfangen. Alle Objekte innerhalb dieser Tastweite werden sicher erfasst, außerhalb befindliche werden ignoriert. Ein Einstellrad am Sensor gestattet den Winkel zwischen E1 und E2 zu verdrehen. Damit werden Tastobjekte unabhängig von Größe, Farbe, Oberfläche selbst bei einem nahen hellen Hintergrund sicher erkannt.

Reflexionslichttaster mit Hintergrundausblendung erkennen nicht nur ein Objekt in ihrem Strahlenbereich, sie erkennen auch, ob sich das Objekt an der richtigen Stelle befindet. Somit ist dieser Sensor auch zur Abstandsmessung geeignet.

Winkellichtverfahren (Bild 4, Seite 494)

Eine Linse vor der Sendediode erzeugt einen sehr kleinen, intensiven Brennpunkt in einem bestimmten Abstand vom Sensor. Das vom Objekt reflektierte Licht wird ausgewertet.

Winkellicht-Taster eignen sich besonders gut zum Erfassen von kleinen Objekten, zur Bestimmung von Kanten oder zur Positionierung von durchsichtigen Materialien. Das zu erfassende Objekt darf aber den Schärfentiefebereich des Sensors nicht verlassen **(Bild 1)**.

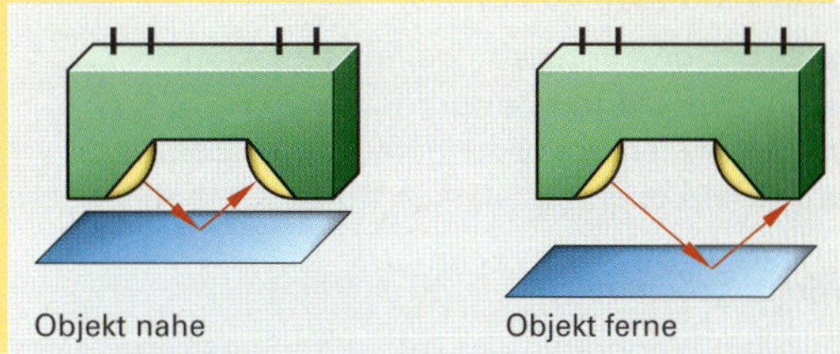

Bild 1: Erfassung kleiner Objekte mit Hilfe des Winkellichtverfahrens

Tastweitenreduktion

Da Farben Licht unterschiedlich reflektieren, muss die Tastweite von Reflexionslichttastern in Abhängigkeit von Objektabstand und Objektfarbe reduziert werden. **Bild 2** zeigt einen Taster mit 300 mm Nenntastweite. Weißes Papier kann im Abstand von 300 mm erfasst werden. Graues Papier erfährt eine Reduktion der Tastweite von 14 mm und schwarzes Papier eine von 18 mm.

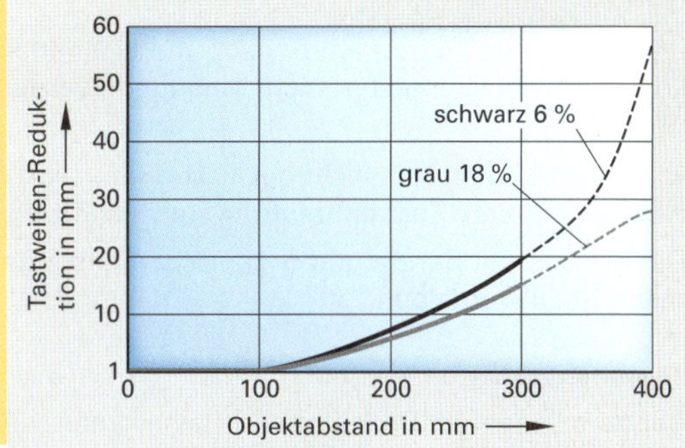

Bild 2: Reichweitenreduktion

10.7.7.5 Sensoren mit Lichtwellenleiter (LWL)

Die Lichtleiter sind entweder an den Sensor anschraubbar oder sie bilden mit dem Sensor eine Einheit. Diese Sensoren können als Einweg- oder Reflexionslichttaster eingesetzt werden. Die Länge der Lichtleiter ist für jede Applikation individuell festlegbar **(Bild 3)**.

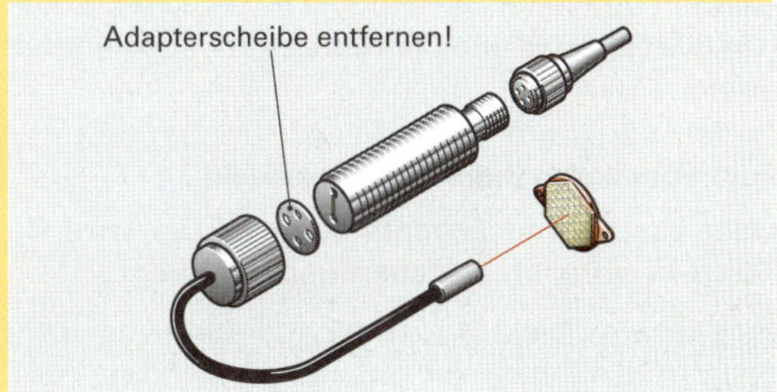

Bild 3: Sensor mit LWL

Lichtwellenleiter sind lichtdurchlässige Fasern aus Glas oder Kunststoff, die das eingeleitete Licht übertragen **(Bild 4)**. Das Licht folgt dabei der Form des Lichtleiters, auch wenn dieser gekrümmt ist. Dies geschieht durch Totalreflexion **(Bild 5)**. Das optisch „dichtere" Medium ist die Faser (Kern n), das „dünnere" die Ummantelung (n').

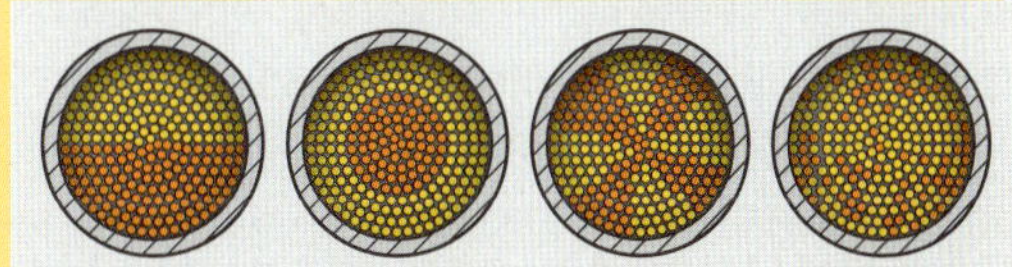

Bild 4: LWL-Querschnitt

Glasfaser-LWL

Sie bestehen aus einem Bündel von bis zu 2000 Einzelfasern mit 50 µm Durchmesser. Die einzelnen Fasern können unterschiedlich auf die Sende- und Empfangsoptik verteilt sein. Nach der Anzahl der zur Verfügung stehenden Fasern kann ein entsprechend großer Lichtbündelquerschnitt übertragen werden. Damit erhöht oder verkleinert sich die am Lichtleiterende erreichte Reichweite.

Kunststoff-LWL

Sie bestehen aus je einer einzelnen ca. 1 mm... 2 mm dicken Faser für Sender und Empfänger. Bei gleicher Flexibilität weisen sie einen kleineren Biegeradius als Glasfaser-LWL auf. Jedoch sind ihre optischen Eigenschaften infolge größerer Dämpfung schlechter. Ein weiterer Vorteil gegenüber Glasfaser ist ihre problemlos häufige Biegsamkeit.

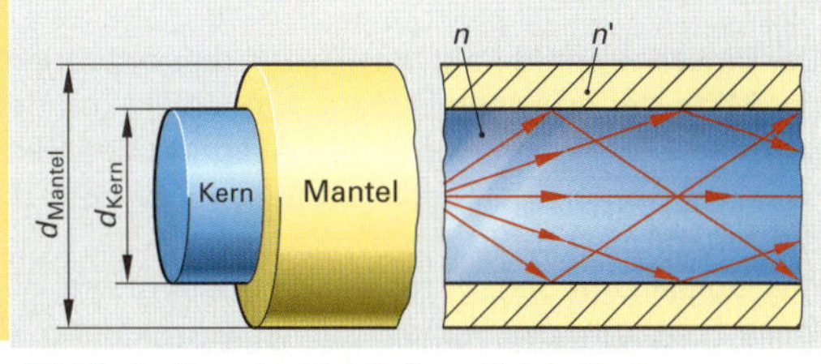

Bild 5: Aufbau des Lichtleiters; Totalreflexion

Anwendungen von LWL

- Erfassung von sehr kleinen Objekten
- Einsatz bei Temperaturen bis 300 °C
- Einsatz in explosionsgefährdeten Räumen
- in Bereichen mit starken magnetischen Feldern

Montagehinweise

Für den Biegeradius ist folgende Faustregel einzuhalten:

Der Biegeradius sollte den 10fachen Außendurchmesser der Ummantelung nicht unterschreiten **(Bild 2)**.

Im Bereich von 15 mm am Sensor und Lichtleiterkopf darf der Lichtleiter nicht gebogen werden **(Bild 3)**.

Kunststoff LWL dürfen nicht geknickt oder verdrillt werden. Extreme Zugkräfte führen zur Zerstörung.

Der Kontakt mit Benzin und organischen Lösungsmittel ist zu vermeiden.

Teach-IN-Verfahren

Bei verschiedenen Reflexionslichttastertypen wie auch bei Einweg- und Reflexionslichtschranken erfolgt die Einstellung der Schaltpunkte per „Teach-IN". Der Lichttaster z.B. „lernt" die Tastweite, so dass ein optimaler Schaltpunkt in Bezug auf Erkennen des Objektes und der Hintergrundausblendung erfolgt.

Funktionsweise (herstellerspezifisch)

Über Tasten und Leuchtdioden (LEDs) wird der Teach-IN-Vorgang gesteuert und angezeigt.

Soll z.B. ein Objekt in 10 mm Entfernung vom Lichttaster und 60 mm vor der reflektierenden Wand detektiert werden, so wird das Objekt im Abstand von 10 mm vor dem Sensor platziert und die „SET"-Taste kurz gedrückt. Der Lichttaster merkt sich die reflektierte Lichtmenge (Signalpegel S1).

Das Objekt wird entfernt und erneut die „SET"-Taste betätigt, die Lichtmenge des Hintergrundes S2 wird erfasst.

Durch diese beiden Messungen hat der Mikroprozessor des Sensors folgende Punkte festgelegt:

- den Einschaltpunkt
- die Hysterese

Der **Einschaltpunkt** liegt bei 40 mm, dies entspricht der Mitte der erfassten Distanz. Ein Objekt mit der gleichen Oberfläche würde den Ausgang des Sensors durchschalten, jedoch mit blinkender LED, da die Funktionsreserve noch nicht ausreicht. Wird das Objekt zum Sensor hin verschoben, bis ca. 50% des Signalpegels S1 erreicht sind, geht die LED auf Dauerlicht, d.h. der Signalpegel ist ausreichend. Wird das Objekt ca. 6 mm nach rechts bewegt, schaltet der Sensor aus.

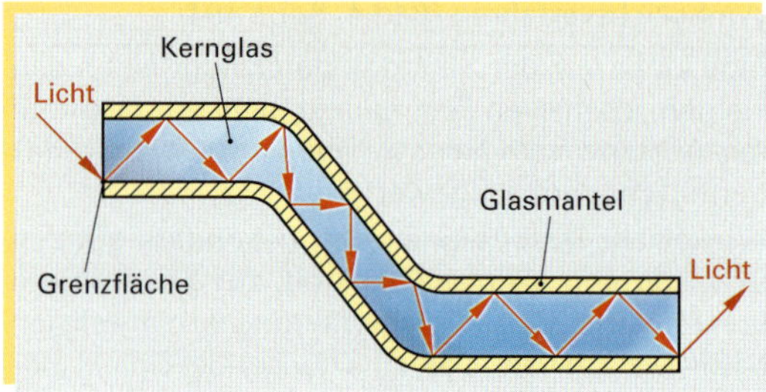

Bild 1: Lichtreflexion im LWL

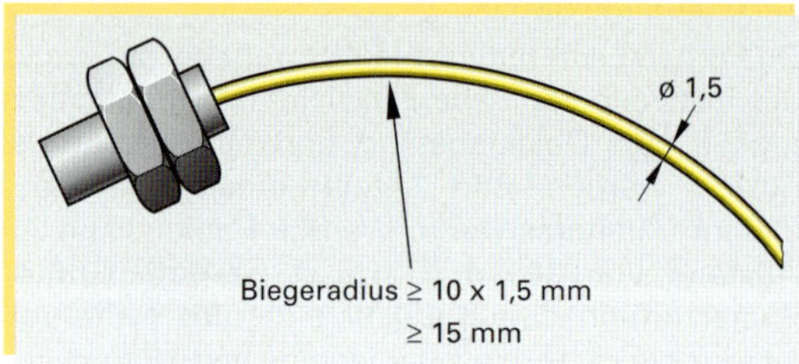

Bild 2: Biegeradius

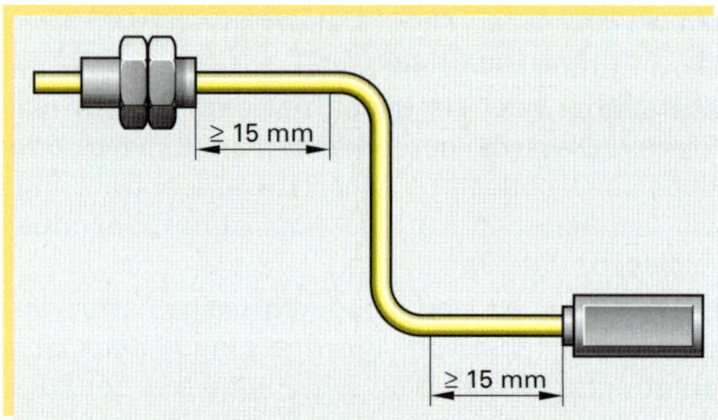

Bild 3: Entfernung Biegeort

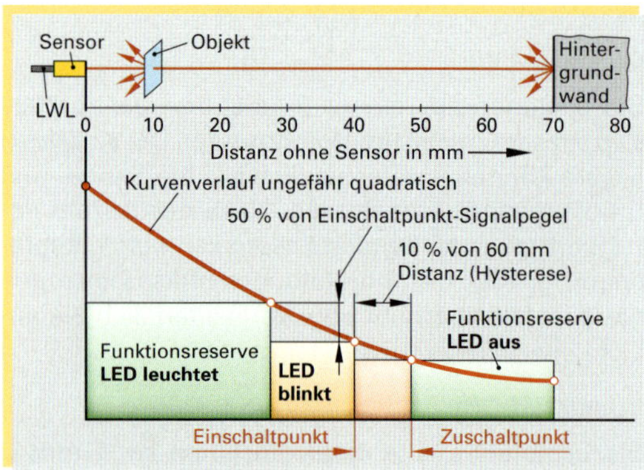

Bild 4: Teach-IN-Verfahren

Die **Hysterese** (Wegdifferenz zwischen Ein- und Ausschaltpunkt eines Sensors) berechnet der Sensor selbst optimal. Er legt den Ausschaltpunkt bei ca. 10% der Distanz von Objekt und Wand, also 6 mm fest.

Mit diesen berechneten Punkten besitzt der Sensor einen optimalen Störabstand. Somit ist gewährleistet, dass bis zu einem gewissen Verschmutzungsgrad der Optik der Sensor das Objekt immer noch eindeutig erkennt.

Liegen die beiden Einlernpositionen zu dicht nebeneinander, so blinkt die LED. Dies soll dem Anwender signalisieren, dass die Signalreserve bezüglich des Arbeitspunktes keine 50% beträgt.

10.7.7.6 Elektronik von optischen Sensoren

Das **Bild 1** zeigt den prinzipiellen Aufbau eines Sensors. Die dargestellte Ausgangsstufe gilt für alle Initiatortypen, unabhängig vom physikalischen Prinzip, wenn sie in NPN-Technik ausgeführt sind.

Funktionsbeschreibung

Über V1 (Verpolungsschutzdiode) werden Ausgangstransistor V4 und Sensor-Chip mit Spannung versorgt. Erhält die Fotodiode genügend Licht, schaltet V4 durch. Die Last, z.B. ein Relais wird an Spannung gelegt. Die Z-Diode V2 dient als Überspannungsschutz für den Transistor. Die Zustandsanzeige meldet durch Dauerlicht, dass der Strahlengang nicht unterbrochen ist und die Funktionsreserve mindestens den Faktor 1,5 hat. Durch Blinken wird signalisiert, dass der Strahlengang nicht unterbrochen ist, jedoch die Funktionsreserve zu klein ist. Die Zustandsanzeige erlischt sobald der Strahlengang unterbrochen ist.

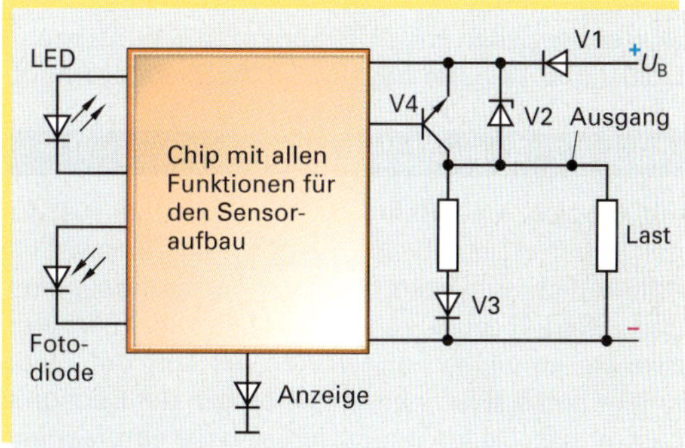

Bild 1: Elektronischer Aufbau eines Sensors

Anwendungshinweise

In der Praxis sind oft sehr kleine Objekte mit großer Geschwindigkeit zu erfassen. Damit ergeben sich kurze Verweilzeiten der Objekte im Lichtstrahl. Eine sichere Objekterkennung erfordert eine hohe Pulsfrequenz (Abtastrate) des Sensors. Typisch bei Transistorausgängen sind Frequenzen bis 1 kHz, spezielle optische Sensoren haben solche bis zu 10 kHz.

> Hohe Erfassungsgeschwindigkeit geht immer zu Lasten der Signalintensität. Damit sinkt bei steigender Anfahrgeschwindigkeit die Erfassungsdistanz.

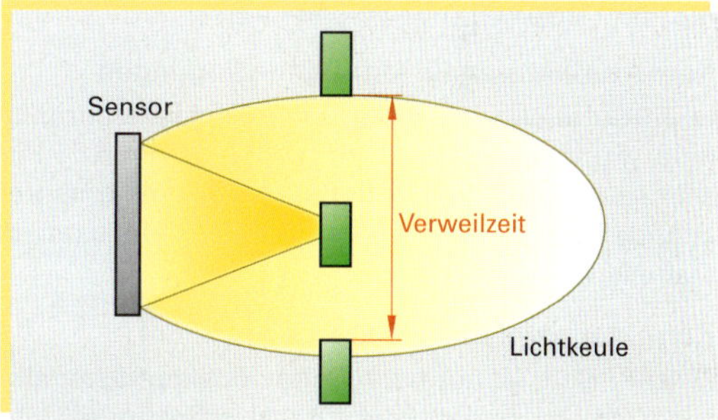

Bild 2: Verweilzeit

Schaltungsarten

Grundsätzlich werden zwei Schaltungsarten unterschieden:

- Hellschaltung

Diese Schaltung ist immer dann anzuwenden, wenn im weitesten Sinne ein Stopp ausgelöst werden muss, wenn sich z.B. ein Schlitten in Endposition befindet, oder wenn eine bestimmte Füllhöhe erreicht ist.

- Dunkelschaltung

Diese Schaltung kommt zum Einsatz, wenn im weitesten Sinne ein Einschaltvorgang auszulösen ist wie z.B. der Start eines Förderbandes beim Beladen.

Tabelle 1: Hellschaltung, Ausgangsverhalten

Lichtempfänger	Last (Verbraucher)
beleuchtet	eingeschaltet
unbeleuchtet	ausgeschaltet

Tabelle 2: Dunkelschaltung, Ausgangsverhalten

Lichtempfänger	Last (Verbraucher)
beleuchtet	ausgeschaltet
unbeleuchtet	eingeschaltet

Vorausfallanzeige (entspricht der Funktionsreserve)

In der Regel kann geringfügige Verschmutzung optischer Sensoren zur Verringerung der Reichweite oder zur Funktionsbeeinträchtigung führen. Bevor es jedoch zu dieser kommt, meldet dies die Vorausfallanzeige (wenn verfügbar) durch eine rot blinkende LED. Durch rechtzeitige Maßnahmen wie Putzen kann diese Beeinträchtigung verhindert werden.

Wiederholgenauigkeit, Reproduzierbarkeit

Tritt ein Objekt in den Lichtkegel des Sensors ein, so soll dieser immer an der gleichen Stelle schalten. Die Lichtschranke leistet dies sehr genau, wenn die Linse nicht verschmutzt ist. Ist in Applikationen eine hohe Wiederholgenauigkeit gefordert, sind Reflexionslichtschranken nur bedingt geeignet, Reflexionslichttaster ohne Hintergrundausblendung sind zu vermeiden, da bereits leichte Verschmutzung den Schaltpunkt verschiebt. In der Regel können Änderungen der Umgebungstemperatur ebenso wie Netzschwankungen den Schaltpunkt beeinflussen. Eine hohe Reproduzierbarkeit wird durch Lichtleiter erreicht.

Einsatz bei Explosionsgefahr

Explosionsgefährdete Bereiche sind Zonen, in denen Gasgemische auftreten. Durch Funken kann es zur Explosion kommen. Optische Sensoren sind für diese Bereiche wegen ihrer Stromaufnahme ungeeignet (außer speziellen NAMUR-Sensoren[1]). Führt man Lichtleiter in den gefährdeten Bereich und montiert die Lichtschranke außerhalb, so ist ihr Einsatz erlaubt.

10.7.7.7 Auswahlkriterien

Für Einweg- und Reflexionslichtschranken ist für den sicheren Betrieb eine gewisse Funktionsreserve erforderlich. Bei Tastern ohne Hintergrundausblendung **(Bild 1)** muss genügend Licht reflektiert werden. Da an vielen Einsatzorten die Luft mit Staub und Öl belastet ist, werden die Linsen der Sensoren beschmutzt. Dadurch reduziert sich die empfangene Lichtmenge, was zur Funktionsbeeinträchtigung der Sensoren führt (s. Vorausfallanzeige). Daher sind Korrekturfaktoren zu berücksichtigen.

Korrekturfaktoren für Umweltbedingungen

In staubfreier Umgebung soll die Lichtschranke eine Funktionsreserve von 1,5 besitzen. Für schmutzige Umgebung sind Sensoren mit entsprechender Funktionsreserve (Faktor) einzusetzen **(Tabelle 1)**.

Korrekturfaktoren für Material(reflexion)

Dieser Faktor ist nur beim Reflexionslichttaster einzusetzen, da er das vom Objekt reflektierte Licht auswertet **(Tabelle 2)**.

Hinweis:

Der Material-Reduktionsfaktor gilt nicht für Taster nach dem Triangulationsverfahren. Hier muss die Tastweitenreduzierung an einem dunklen Objekt abgeklärt werden.

Dimensionierungsbeispiel

Eine Reflex-Lichttaster soll in einer Distanz von ca. 50 mm in leicht staubiger Umgebung Holzpaletten sicher erkennen. Der Hintergrund reflektiert kaum.

Auswahl Taster-Typ:

Es genügt ein Taster ohne Hintergrundausblendung.

Funktionsreserve

Funktionsreserve 20 bedeutet, dass der Sensor 20 mal mehr Licht empfängt, als für seine einwandfreie Funktion nötig wäre.

Funktionsreserve =
Faktor Umwelt × Faktor Material

Tabelle 1: Korrekturfaktoren für Umwelt

Faktoren Umwelt	Verschmutzung auf Linse und Reflektor durch Dunst, Staub, Ölfilm
1,5	staubfrei
5	leicht staubig, ölig; Reinigung regelmäßig
10	ziemlich staubig, ölig, sichtbare Verschmutzung; Reinigung bei Bedarf
50	starke Verschmutzung, Reinigung selten bis nicht

Tabelle 2: Korrekturfaktoren für Material

Faktor	Material
1	Testkarte Kodak
1,5	Zeitung bedruckt
4,5	Holzpaletten sauber
0,6	Aluminium unbehandelt

Bild 1: Reflexionslichttaster

[1] NAMUR = Normenarbeitsgemeinschaft für Mess- und Regelungstechnik

Berechnung der minimalen Funktionsreserve:

Bedingungen: leicht staubige Umgebung,
zu erkennendes Material: saubere Holzplatten,
Funktionsreserve = 5 × 4,5 = 22,5 **(siehe Tabelle 1 und 2, Seite 498)**

Aus dem Datenblatt **(Bild 1)** des gewählten Sensors wird bei 50 mm eine Funktionsreserve von 30 abgelesen. Damit ist der Sensor für die Anwendung gut geeignet.

Ein weiteres Auswahlkriterium ist der Erfassungsbereich. Er gibt Aufschluss über den Abstand zwischen Objekt und aktiver Fläche des Sensors, der einen Signalwechsel an seinem Ausgang verursacht.

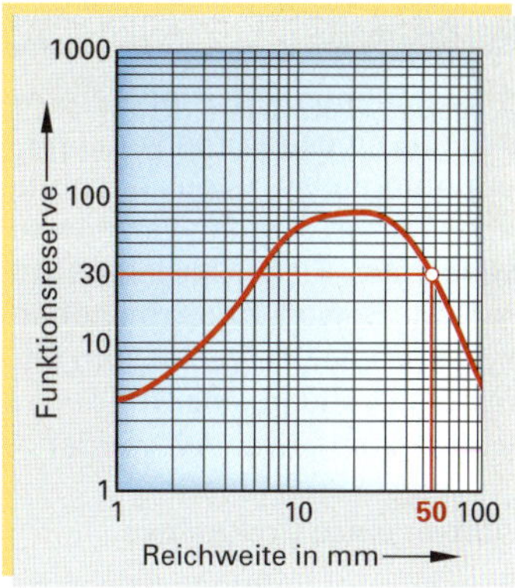

Bild 1: Datenblatt

Begriffsklärungen (Bild 2)

Der **Bemessungsschaltabstand s_n** ist eine Schaltabstandskenngröße ohne Berücksichtigung von Fertigungstoleranzen, Exemplarstreuungen und äußeren Einflüssen, wie z. B. Temperatur und Spannung.

Die **Blindzone** ist der Bereich, zwischen aktiver Fläche und Mindestabstand, in dem ein Objekt nicht erkannt werden kann.

Der **Erfassungsbereich s_d** ist der Raum, in dem der Schaltabstand eines optischen Sensors zur Normmessplatte eingestellt werden kann.

Der **Nutzschaltabstand s_u** ist der zulässige Schaltabstand innerhalb festgelegter Spannungs- und Temperaturgrenzen.

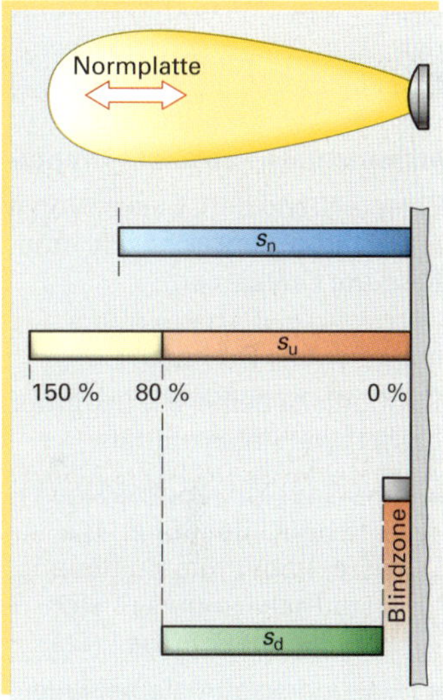

Bild 2: s_n, s_d, s_u

Vor- und Nachteile optischer Sensoren

Vorteile:

- In Schalterausführung arbeiten optische Sensoren rückwirkungsfrei, materialunabhängig und über große Entfernungen
- Sie arbeiten verschleißfrei, solange die Grenzdaten eingehalten werden
- Alle optische Sensoren erzeugen prellfreie Ausgangssignale

Nachteile:

- Zum Betrieb ist Hilfsenergie notwendig
- Fremdlicht und Verschmutzung aller Art können zu Fehlschaltungen führen
- Sie sind in der Regel wesentlich teurer als beispielsweise mechanische Schalter

Arbeitsauftrag:

1. In welche Grundtypen werden die Opto-Sensoren eingeteilt?
2. Mit welchem Sensortyp lässt sich die größte Reichweite erzielen?
3. Warum werden Reflexionslichtschranken mit Polarisationsfilter ausgestattet?
4. Nennen Sie besondere Eigenschaften von Einweg-Lichtschranken.
5. Wie werden Reflexionslichttaster justiert?
6. Erklären Sie die Funktionsweise der Hintergrundausblendung?
7. Welche Arten von Lichtwellenleiter gibt es? Nennen Sie ihre besonderen Eigenschaften.
8. Was bedeutet Hell- bzw. Dunkelschaltung?
9. Welche Einflüsse können optische Sensoren in ihrer Funktionsweise stören?
10. **Bild 3** zeigt die optische Erfassung eines Objektes. Welches optische Prinzip wird hierbei angewandt?

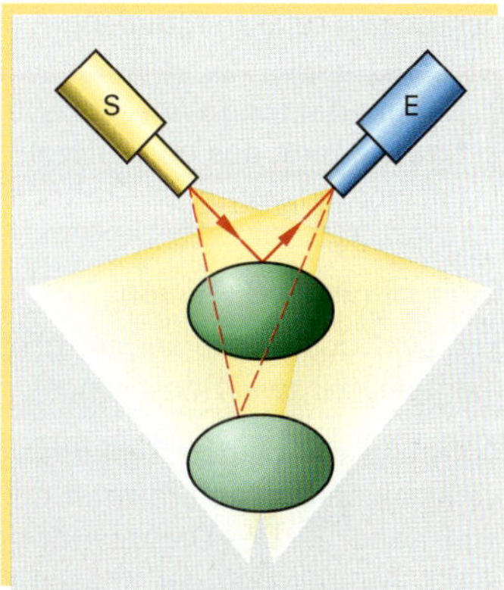

Bild 3: Optische Objekterfassung

10.7.8 Drehgeber als Sensoren zur Weg- und Winkelmessung

Informationen, ob „Roboterarme“ ihren vorgeschriebenen Bahnen folgen, ob Werkzeuge ihre Arbeitsposition eingenommen oder ob Transportvorrichtungen ihre Endposition erreicht haben, sind notwendig, um Automatisierungseinrichtungen zu steuern. Sind fest vorgegebene Endlagen oder Referenzpunkte zu überwachen, werden vorzugsweise induktive bzw. kapazitive Näherungsschalter oder optische Sensoren verwendet. Sind translatorische (Translation, lat. = geradlinig fortschreitende Bewegung) und/oder rotatorische Bewegungen mit hoher Genauigkeit und in kurzer Zeit zu erfassen, kommen elektronische Messsysteme wie Drehgeber zum Einsatz. Fast jede lineare Bewegung ist mit einer Drehbewegung (Vorschub mit der Drehung einer Antriebswelle) verknüpft. So kann nahezu jede lineare Bewegung in eine Drehbewegung umgewandelt werden, so dass Drehgeber auch zur Wegmessung eingesetzt werden.

Aufbau eines Drehgebers

Eine Infrarot-Sendediode sendet Licht auf eine Inkrementalscheibe. Eine Optik bündelt diese Strahlen in einen parallelen Lichtstrahl. Dieser durchdringt eine Gitterblende und das Strichgitter der Impulsscheibe. Die hinter der Impulsscheibe liegenden Fotodioden erzeugen einen der Lichtintensität proportionalen Strom, welcher sinusförmig ist. Mit nachgeschalteter Elektronik werden die sinusförmigen Signale in Rechtecksignale umgewandelt. Beim Absolutdrehgeber muss eine Codewandlung durchgeführt werden. Die Ausgangstreiberschaltung bereitet die Signale für 5 V und 24 V auf.

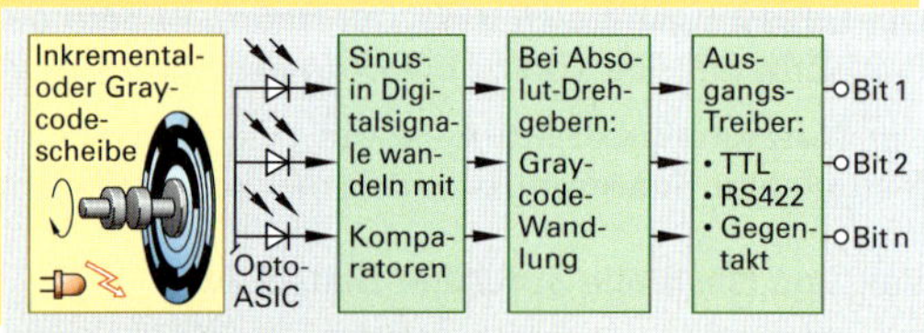

Bild 1: Aufbau eines Drehgebers

Inkrementale – absolute Drehgeber

Entsprechend dem Einsatz von Mess- und Auswerteverfahren unterscheidet man inkrementale und absolute Drehgeber.

Tabelle 1: Drehgeber

Inkremental	Absolut	
Gibt Impulse aus, die mit einer SPS oder einem Zähler erfasst werden können.	Zu jeder Winkelstellung, d. h. zu jedem Schritt der Winkeldrehung wird ein codierter Zahlenwert (Datenwort) in binärer Form ausgegeben. In einer SPS kann dieses Datenwort weiter verarbeitet werden.	
	Singelturn gibt die absolute Position der Drehbewegung aus.	**Multiturn** gibt zusätzlich zur absoluten Position der Drehbewegung die Anzahl der Umdrehungen aus.

Inkrementale Drehgeber

Die Codierscheibe bei inkrementalen Drehgebern besitzt zwei Abtastspuren:

- Eine Spur mit regelmäßigen Hell-Dunkel-Feldern (Strichen). Je höher die Anzahl der Striche, desto höher die Auflösung des Drehgebers, desto mehr Impulse liefert der Geber pro Umdrehung der Scheibe.
- Eine Indexspur, die bei jeder Umdrehung einen einzigen Impuls erzeugt **(Bild 2)**.

Mit einem Sensor kann man die Anzahl der Pulse pro Zeiteinheit und damit die Drehzahl einer Welle errechnen. Es ist jedoch nicht möglich, die Drehrichtung zu erfassen **(Bild 3)**.

> Der überfahrene Winkel bzw. die zurückgelegte Strecke kann aus der Pulszahl nur dann ermittelt werden, wenn die Drehrichtung bekannt ist.

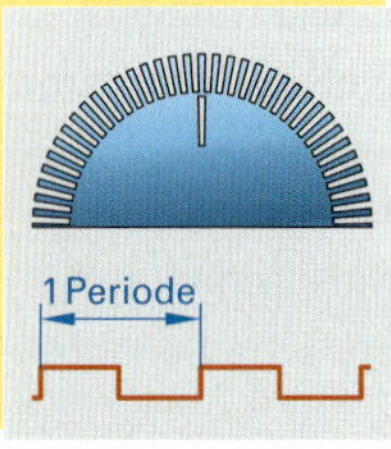

Bild 2: Inkrementalscheibe

$$W_A = \frac{360°}{\text{Pulszahl (PZ)}}$$

PZ: Anzahl der Striche

n: Drehzahl der Antriebswelle (min^{-1})

$$n = \frac{f}{PZ} \cdot 60$$

f: Frequenz

Bild 3: Winkelauflösung W_A

Drehrichtungserkennung

Zur Drehrichtungserkennung benötigt ein Inkrementalgeber zwei Sensoren.

Aufgrund der beiden Sensoren werden zwei Ausgangssignale geliefert; man spricht von Kanal A und Kanal B. Die Drehrichtung einer Welle wird durch Auswertung der Phasenlage dieser Signale erkannt.

Vorwärtsdrehung: Hierbei bezieht man sich auf die positive Flanke von Kanal A. Diese tritt auf, wenn Kanal B den Signalzustand Null hat.

Rückwärtsdrehung: Diese positive Flanke von Kanal B wird nun ausgewertet **(Bild 1).**

Durch die Phasenverschiebung der beiden Kanäle ist es möglich, die Drehrichtung zu erkennen.

Eine weitere Variante der Drehrichtungserkennung erfolgt durch die **XOR-Verknüpfung.** Dabei bezieht man sich auf die positive Flanke von Kanal A. **A XOR B = 1 → vorwärts; A XOR B = 0 → rückwärts.**

Bei inkrementalen Drehgebern sind heute bei einer Scheibe von 40 mm Durchmesser maximal 5000 Striche auf dem Umfang möglich. Bei einer Vierfachauflösung (Ausnutzung der steigenden und fallenden Flanke beider Kanäle zur Impulserzeugung) wird eine Umdrehung in 360°/20 000 aufgelöst, was einem Winkel von 0,018° entspricht **(Bild 2).**

Die Auflösung darf nicht mit der Genauigkeit verwechselt werden. Die Genauigkeit eines Inkrementalgebers ist von der Maßhaltigkeit der Strichbreite und des Strichabstandes abhängig (Toleranzen von 10 % sind üblich).

Maximale zulässige Drehzahl

Die Grenzfrequenz von Drehgebern ist abhängig von der Impulszahl pro Umdrehung, von der verwendeten Elektronik im Geber und der nachgeschalteten Auswerte-Elektronik. Da eine SPS selten Frequenzen über 300 kHz verarbeitet, sollte die Ausgangsfrequenz von Inkrementalgebern auf entsprechende Zähler angepasst sein. Bei 5000 Pulsen/Umdrehung und einer zulässigen Ausgangsfrequenz von 300 kHz ergibt sich eine Drehzahl der Welle von 3600 min^{-1} **(Formel s. Bild 3, Seite 500).**

Absolut-Drehgeber (Bild 3)

Inkrementalgeber verlieren ihre Information beim Ausfall der Versorgungsspannung. Bei Spannungsrückkehr bzw. beim Einschalten muss in einer Initialisierungsphase eine Referenzmarke angefahren werden. Dies ist auch beim Starten eines Roboters zu beobachten, der zuerst einmal langsam seine Achsen in die so genannte „Home-Position" bewegt. Dadurch werden die entsprechenden Zähler der Inkrementalgeber initialisiert. Der Absolut-Drehgeber braucht keine Initialisierungsfahrt. Er gibt nach dem Einschalten der Spannung den absoluten Drehwinkel, d.h. die Position aus, in der er momentan steht. Das Ausgangssignal liegt in digitaler Form vor. Der Singleturn-Drehgeber hat bis zu 13 Bit/Spuren (1 Bit = 1 Kanal). Multiturn-Absolut-Drehgeber haben bis zu 25 Bit (13 Bit für die Position innerhalb der Umdrehung, 12 Bit für die Anzahl der Umdrehungen).

Häufig verwendet wird der Gray-Code **(Bild 4).** Er ist einschrittig, d.h. beim Übergang von einem zum benachbarten Zustand ändert sich immer nur ein Bit. Dadurch werden Fehlinterpretationen durch Zwischenstände vermieden.

Arbeitsauftrag:

1. Warum haben Inkrementalgeber meist zwei Ausgänge mit Impulsfolgen?
2. Erklären Sie den Unterschied zwischen Inkremental- und Absolut-Drehgeber.
3. Was zeichnet den Gray-Code aus?
4. Die Auflösung eines Drehgebers beträgt 2500. Was bedeutet dies?

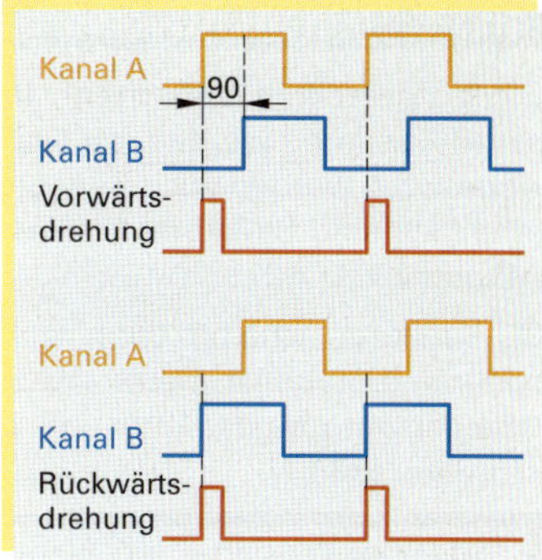

Bild 1: Drehrichtungserkennung

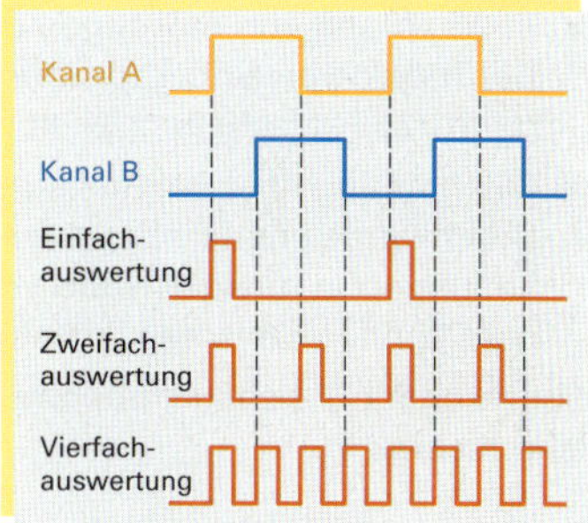

Bild 2: Auswertungen

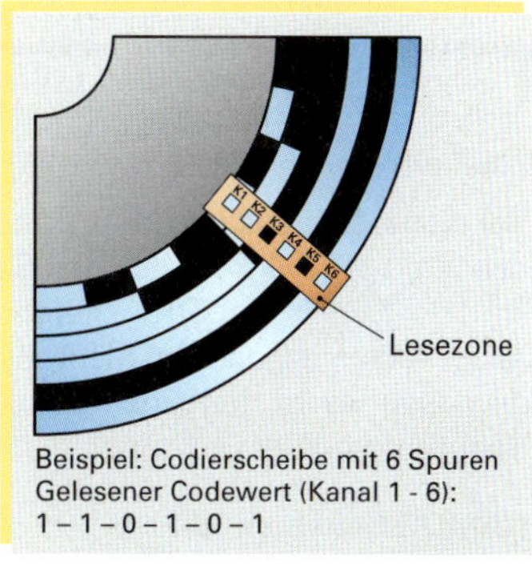

Bild 3: Spuren Absolutdrehgeber

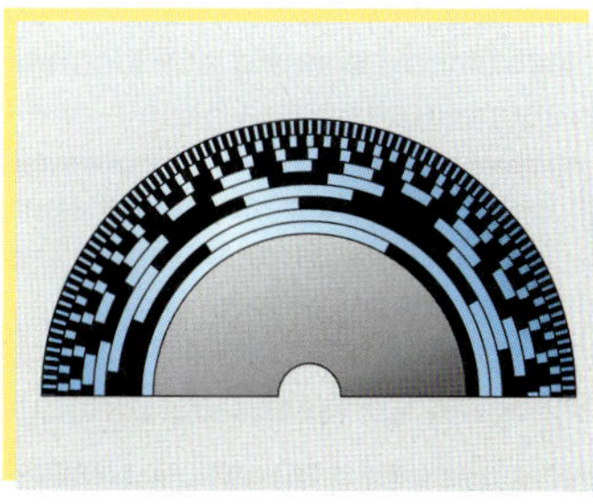

Bild 4: Codescheibe Gray-Code

10.7.9 Spannungsversorgung und Lastanschluss

Die vorgestellten optischen-, induktiven-, kapazitiven- und Ultraschall-Sensoren werden mit Gleichspannung von 24 V DC versorgt. Angeboten werden auch Sensoren für 12 V DC und 48 V DC. Ebenso erhältlich sind Sensoren für Wechselspannung von 24 V AC, 110 V AC und 230 V AC.

DC-Sensoren schalten dann reproduzierbar exakt, wenn die Speisespannung stabil ist. Damit AC-Sensoren exakt arbeiten, dürfen die Oberschwingungen 10% von der Grundschwingung nicht überschreiten **(Bild 1)**.

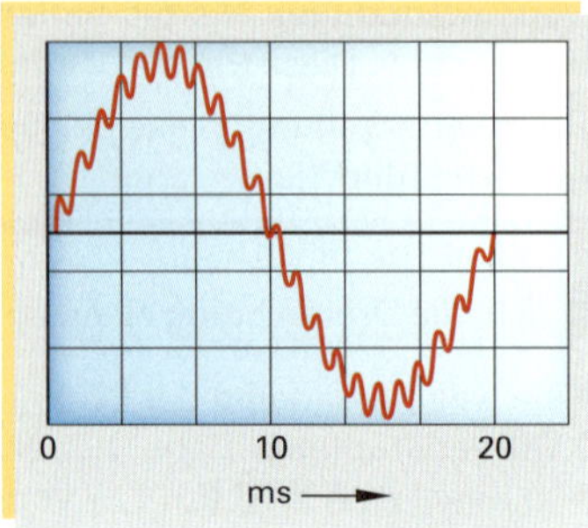

Bild 1: Wechselspannung mit Oberschwingungen

> Sensoren können mit Gleich- und Wechselspannung betrieben werden.

Elektromagnetische Beeinflussung

- Einkopplung von Störungen über das Sensorfeld
  Bei induktiven und kapazitiven Sensoren kann es durch Funkgeräte zu Fehlschaltungen kommen
- Einkopplung über die Speisung
  Durch lange ungeschirmte Sensorleitungen in Kabelkanälen oder Leitungen in direkter Nähe von Starkstromkabeln (Schweißanlagen) können Sensoren zu Fehlschaltungen veranlasst werden.

Sensoren für Gleichspannungsversorgung gibt es in Zwei- und Dreileitertechnik.

Dreileitertechnik (Normalfall)

Die Ausgangsschaltung zur Lastansteuerung ist für obengenannte Sensortypen gleich. Unterschieden werden NPN- und PNP-Schaltungen **(Bild 2)**.

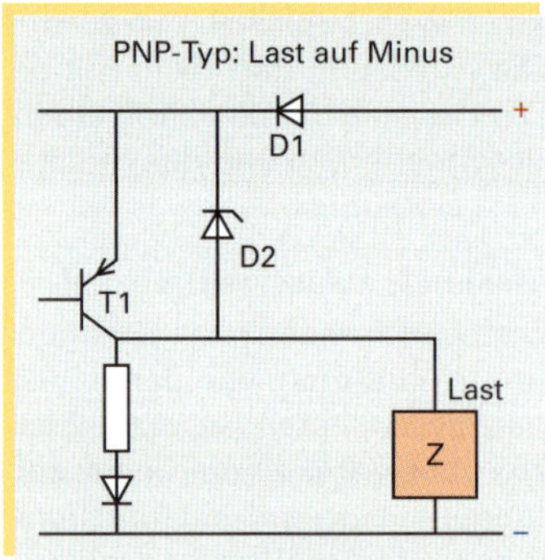

Bild 2: Dreileitertechnik

> Beim NPN-Typ wird die Last nach plus geschaltet.

Zweileitertechnik (Bild 3)

Bei dieser Technik wird der Sensor in Reihe zur Last geschaltet. Zu beachten ist die Polarität des Sensors. Über die beiden Leitungen wird der Sensor mit Strom versorgt und das Schaltsignal übertragen. Anzumerken ist, dass im nichtgeschalteten Zustand der Sensor einen gewissen Strom zieht und im durchgeschalteten Zustand an ihm eine Spannung abfällt.

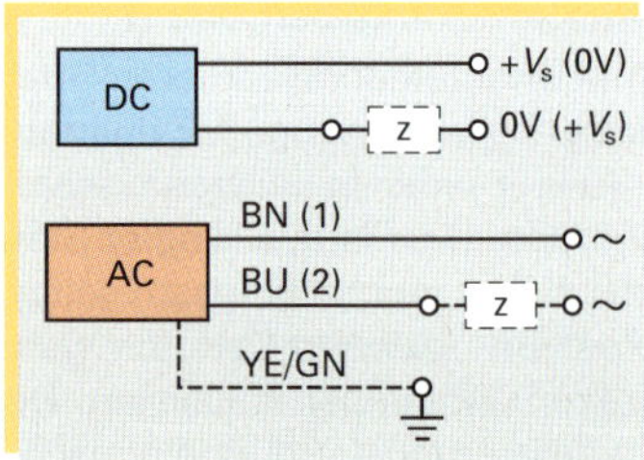

Bild 3: Zweileitertechnik DC / AC

NAMUR Sensoren (Bild 4)

Lediglich induktive und kapazitive Sensoren werden in NAMUR-Technik ausgeführt (Normenarbeitsgemeinschaft für Mess- und Regelungstechnik der chemischen Industrie). Diese Technik wird in explosionsgefährdeten Zonen eingesetzt, da dort Stromstärken bzw. elektrische Leistung auf kleinste Werte zu begrenzen sind. Hierfür stehen eigensichere Schaltverstärker bzw. Interfaces zur Verfügung.

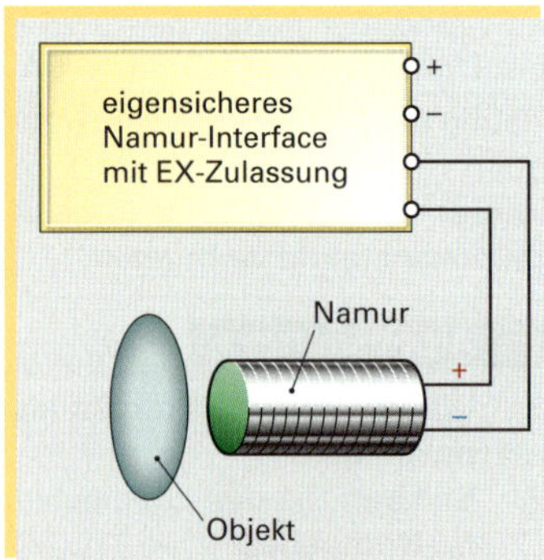

Bild 4: Namur-Sensor in Zweileitertechnik

> Ein Stromkreis ist eigensicher, wenn sein Energiegehalt keinen zündfähigen Funken für explosionsgefährdete Gasgemische hervorrufen kann.

Sensoren für Wechselspannungsversorgung

Am häufigsten wird die 2-Draht-Technik angewendet, wobei die Last über ein Relais geschaltet wird **(Bild 1, Seite 503)**.

Lastanschaltung

- Öffner- und Schließerfunktion
  Für induktive und kapazitive Sensoren gelten folgende Übereinkünfte:

  Schließerfunktion NO (normally open)
  Der Sensor ist unbedämpft, kein Objekt befindet sich vor der aktiven Fläche. Der Ausgang offen.

  Öffnerfunktion NC (normally closed)
  Bei unbedämpftem Sensor ist der Ausgang geschlossen, der Sensor ist leitend.
- Bei optischen Sensoren spricht man von Hell- und Dunkelschaltung (s. Kapitel opt. Sensoren).
- Bei Ultraschall-Sensoren werden keine speziellen Begriffe für das Ausgangsverhalten definiert. Ihr Ausgang kann durchgeschaltet sein, wenn ein Objekt erfasst ist, oder umgekehrt.

Zwei- Drei- und Vierleiter-Technik

- Zweileiter-Technik
  Wird nur bei induktiven und kapazitiven Sensoren angewendet.
- Dreileiter-Technik
  Die Last kann Massebezug (PNP- Ausgang) oder Plusbezug (NPN- Ausgang) haben.
- Vierleiter-Technik
  Dies sind Sensoren mit zwei Ausgängen, wobei einer NC-, der andere NO-Verhalten besitzt. Sie werden in NPN- und in PNP Version angeboten.

Anmerkung:

Unter Beachtung von Bereitschaftsverzögerungen, Gesamtspannungsfall und Leerlaufstrom können mit induktiven bzw. kapazitiven Näherungsschaltern, Lichtschranken und Ultraschallsensoren logische UND- (Reihenschaltung) bzw. ODER- (Parallelschaltung) Verknüpfungen realisiert werden, falls keine Steuerlogik wie SPS vorhanden ist.

Die Praxis hat gezeigt, dass je nach Sensortyp maximal 20 bis 30 Sensoren in Dreileitertechnik parallel geschaltet werden können. Jedoch lassen sich je nach Typ maximal nur 5 bis 10 Sensoren in Reihe schalten.

Bei der Zweileitertechnik können je nach Typ maximal 5 bis 10 Sensoren parallel geschaltet werden. Eine Reihenschaltung ist nicht zu empfehlen (eventuell 2 bis 3 Sensoren).

Gründe:

Bei der Parallelschaltung addieren sich die Restströme der Sensoren im nichtgeschalteten Zustand.

In der Reihenschaltung addieren sich die Spannungsfälle von 1V bis 2,5V je Sensor. Es ist darauf zu achten, dass die Last noch einwandfrei arbeiten kann.

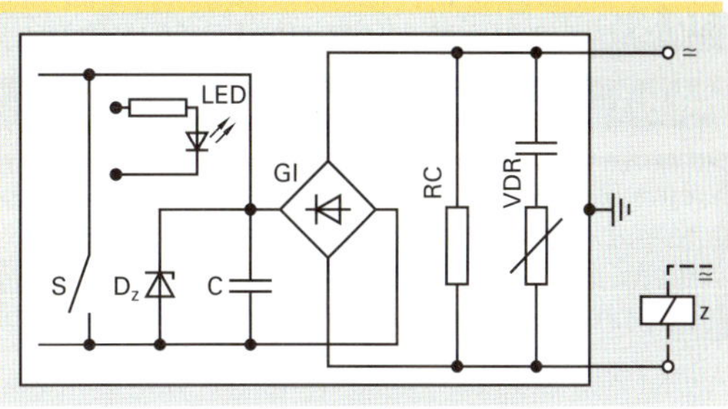

Bild 1: 2-Draht-Technik mit Relaisausgang

NO-Schließerfunktion; immer dann anwenden, wenn ein Start auszulösen ist.

NC-Öffnerfunktion; anzuwenden, wenn ein Stopp auszulösen ist.

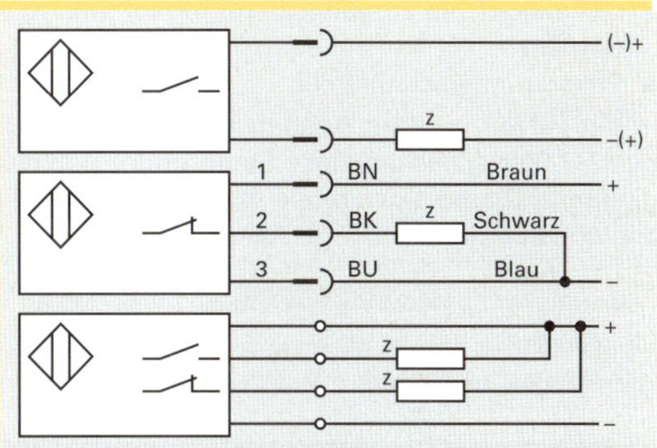

Bild 2: 2-, 3-, 4-Leitertechnik

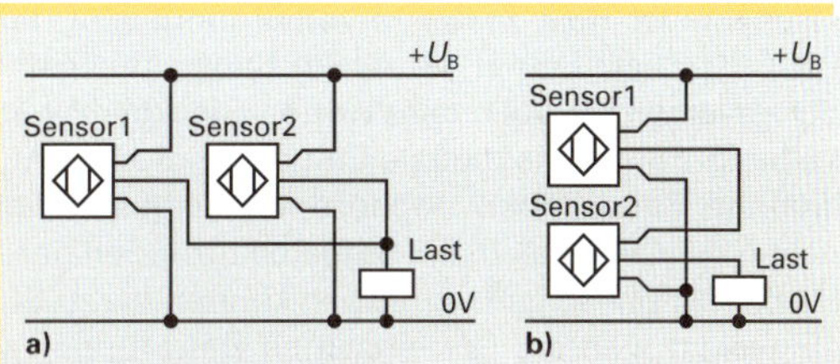

Bild 3: a) Parallelschaltung
b) Reihenschaltung Dreileitertechnik

Arbeitsauftrag:

1. Erläutern Sie die Abkürzungen NC und NO.
2. Ein Opto-Sensor ist hellschaltend, was bedeutet dies?
3. Welche Sensoren können als NAMUR-Sensoren angewandt werden und warum?
4. Skizzieren Sie eine Parallelschaltung von Sensoren in Zwei-Leitertechnik.

10.8 Speicherprogrammierbare Steuerungen SPS

10.8.1 Aufbau und Funktionsweise

Eine SPS nimmt Signale von Sensoren, Tastern, Endschaltern, Lichtschranken oder Inkrementalgebern auf, wertet diese aus, verknüpft sie mittels SPS-Programm, schaltet entsprechend Aktoren und meldet Prozesszustände.

Sie ist das Steuerungselement, das den Betriebsablauf einer Maschine einleitet, überwacht, beeinflusst und definiert beendet. Da die SPS ein mikroprozessorgesteuertes System ist, ist das SPS-Programm zwar fest gespeichert, kann aber jederzeit editiert werden. Durch Hard- und Systemsoftware wird ein strenges EVA-Prinzip **(Bild 1)** realisiert.

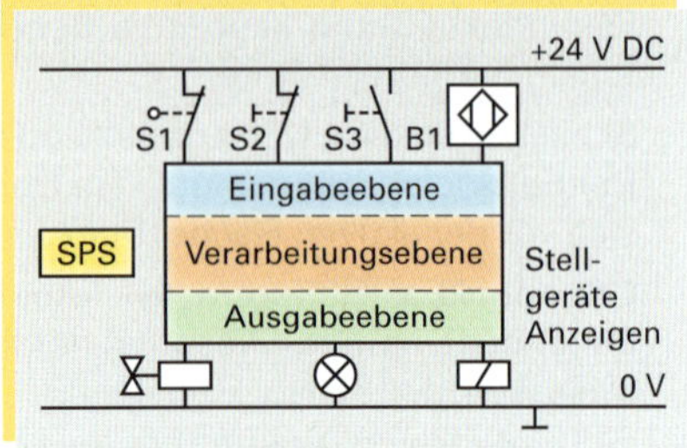

Bild 1: EVA Prinzip der SPS

10.8.1.1 Kompakte SPS-Steuerungen

Solche Kleinsteuerungen vereinigen sämtliche Hardwarekomponenten **(Bild 2)** in einem Gehäuse. Die Signalverbindungen zur Außenwelt bestehen durch:

- Ausgangs- und Eingangsklemmen für analoge- und digitale Signale
- Programmierschnittstelle

In der zurzeit größten Ausbaustufe (7 Erweiterungsbaugruppen, S7-300) erreichen diese Steuerungen 128 digitale Eingänge (Input) DI und 120 digitale Ausgänge (Output) DO sowie 28 analoge Ein- und 7 analoge Ausgänge.

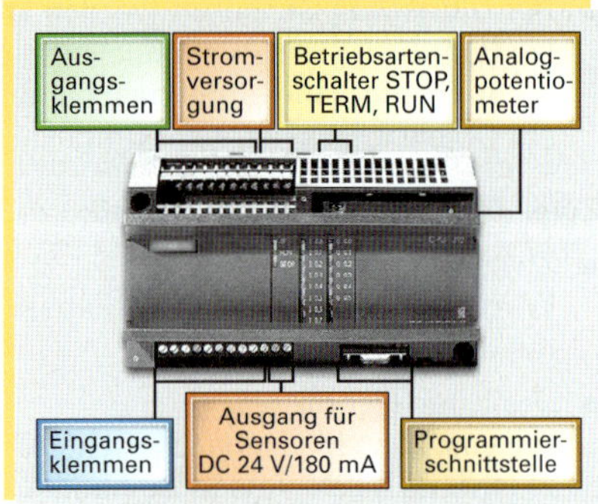

Bild 2: Kompakt SPS

Versorgung	DC 24 V	AC 100 V bis 230 V
Eingänge	DC 24 V	DC 24 V
Ausgänge	DC 24 V	Relais

10.8.1.2 Modular aufgebaute SPS-Steuerungen

Prinzipiell sind solche SPS wie folgt aufgebaut: Auf einer Profilschiene ist links die Stromversorgungsbaugruppe montiert. Die CPU steckt immer als zweite Baugruppe rechts neben der Stromversorgung. Ab dem dritten Steckplatz werden die Signalbaugruppen wie digitale Eingänge, digitale Ausgänge oder analoge Baugruppen angeordnet. Insgesamt dürfen rechts neben der CPU maximal 8 Signalbaugruppen gesteckt werden. Durch Erweiterungsbaugruppen können bis zu 64 Baugruppen eingesetzt werden. Die einzelnen Baugruppen werden über den internen Bus miteinander verbunden **(Bild 3)**.

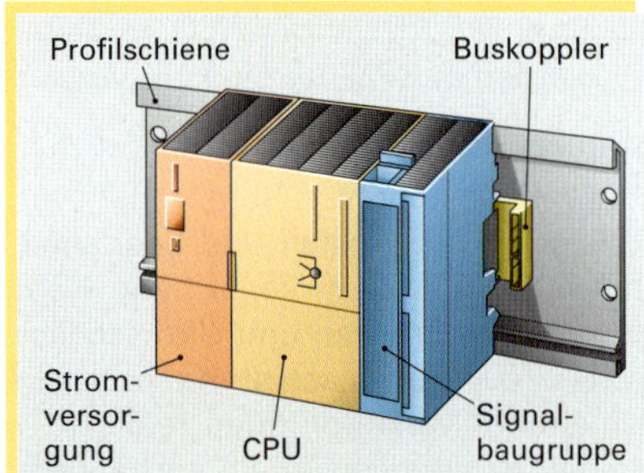

Bild 3: Modulare SPS

10.8.1.3 Industrie PC (Slot-SPS)

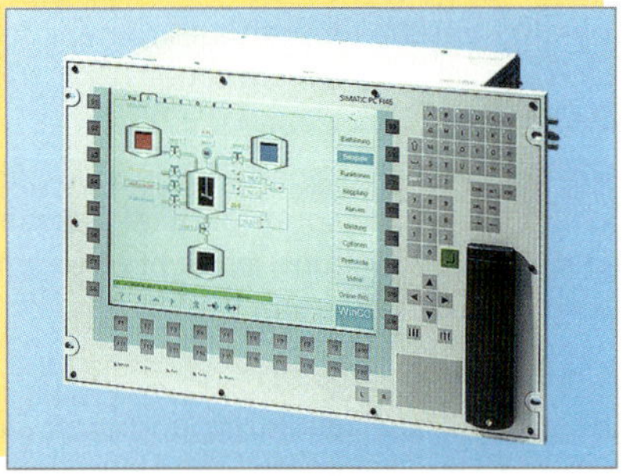
Bild 4: Industrie PC

Industrie-PCs (IPC) kommen immer dann zum Einsatz, wenn besondere **Umgebungsbedingungen** herrschen. Hierzu gehören u.a. Staub, Schmutz und Vibration. Sie sind in Slot- CPU-Technik mit TFT-Displays ausgeführt. Je nach Bedienkonzept werden IPCs mit Maussensoren oder Touchscreen ausgestattet. Sie können jederzeit mit PCI-Slots erweitert werden. Eine integrierte Managementsoftware überwacht und protokolliert wichtige Betriebszustände und schützt das System. Eine Slot-SPS ist eine Einsteckkarte für den IPC. Diese Karte stellt eine komplette SPS-CPU dar, mit eigener Firmware und Anwenderspeicher. Zum Prozess hin existiert ein Feldbusanschluss; zum PC hin arbeitet die SPS mit Hilfe eines dual-ported RAM (Speicher mit wahlfreiem Zugriff von beiden Seiten).

10.8.1.4 Soft-SPS

Unter dem Begriff Soft-SPS ist ein firmenspezifisches Software-Tool zu verstehen. Ziel ist die Bereitstellung SPS-typischer Systemdienste auf spezifischen (IPC)- oder Standard-Hardwareplattformen. Für den Einsatz solcher Soft-SPS besteht ein unmittelbarer Zusammenhang zur Projektgröße. Im Anlagenbau wird wie bisher auf bewährte Industriekomponenten wie Hardware-SPSen gesetzt. Bei Kleinanlagen und Kleinmaschinen kommen in der Regel Soft-SPSen zum Einsatz.

10.8.1.5 Verdrahtung der SPS

Verdrahten Sie nur im spannungslosen Zustand!

Die CPU wird meist an eine Spannungsquelle mit 24 V DC angeschlossen. Hierzu dient ein Verbindungskamm zur Stromversorgungsbaugruppe. Diese ist an eine Spannungsquelle mit 230 V AC oder 120 V AC anzuschließen (einstellbar an der Stromversorgung). Damit in der CPU gespeicherte Programme (RAM-Speicher) bei Ausfall der Versorgungsspannung nicht verloren gehen, besitzt jede CPU eine Pufferbatterie. Über eine Programmierschnittstelle erfolgt der Datenaustausch zwischen Programmiergerät und CPU **(Bild 2)**.

10.8.1.6 Die CPU (Central Processing Unit)

Die **Zentralbaugruppe (Bild 3)** besteht aus einem Mikroprozessor, verschiedenen Speicherbereichen und einem Systembus, der alle Teile verbindet. Das **Anwenderprogramm** steht sowohl im Ladespeicher als auch im Arbeitsspeicher. Der **Ladespeicher** ist als zusteckbare Memory Card oder als fest integrierter Arbeitsspeicher ausgeführt. In ihm befindet sich das gesamte Anwenderprogramm einschließlich der Baugruppenkonfiguration und der Baugruppenparameter. Der **Arbeitsspeicher,** ein schneller RAM-Speicher, enthält die ablaufrelevanten Teile des Anwenderprogramms, wie den Programmcode und die Anwenderdaten. Der **Systemspeicher** enthält die Variablen, die vom Programm angesprochen werden. Die Variablen (Operanden) sind zu Bereichen (Operandenbereiche) zusammengefasst. Die CPU hat folgende Bereiche:

- **Eingänge** (E); sind das Prozessabbild der Digitaleingabebaugruppen
- **Ausgänge** (A); sind das Prozessabbild der Digitalausgabebaugruppen
- **Merker** (M) sind Informationsspeicher, die im gesamten Programm ansprechbar sind
- **Zeitfunktionen** (T), sind Zeitglieder, zur Realisierung von Überwachungs- und Wartezeiten
- **Zählfunktionen** (Z), sind Softwarezähler; ihre Zählrichtung ist vorwärts oder rückwärts
- **temporäre Lokaldaten** (L), dienen als dynamische Zwischenspeicher während der Bausteinbearbeitung

Hinweis: Die Buchstaben in den Klammern sind die Kurzzeichen der entsprechenden Operanden.

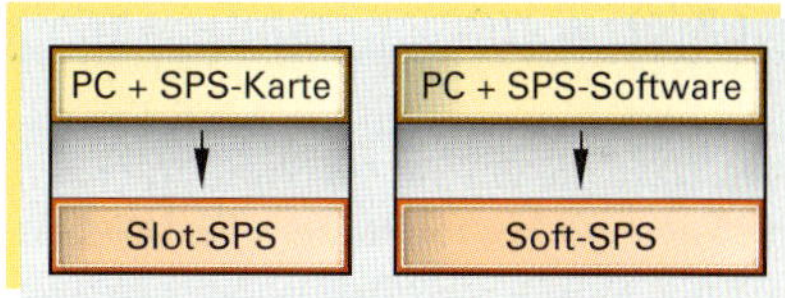

Bild 1: Unterschied Slot- Soft-SPS

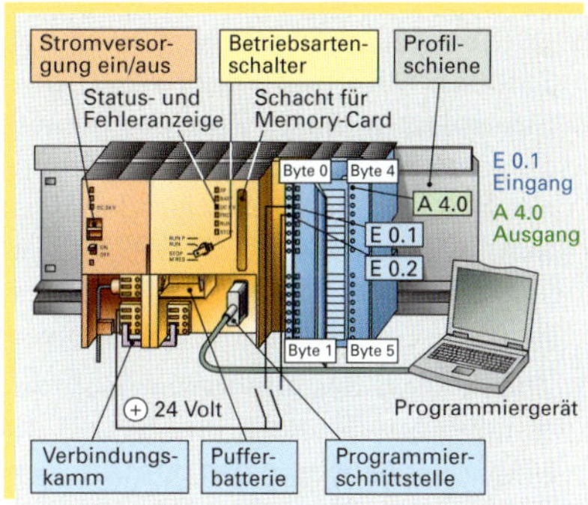

Bild 2: Modularer Aufbau einer SPS

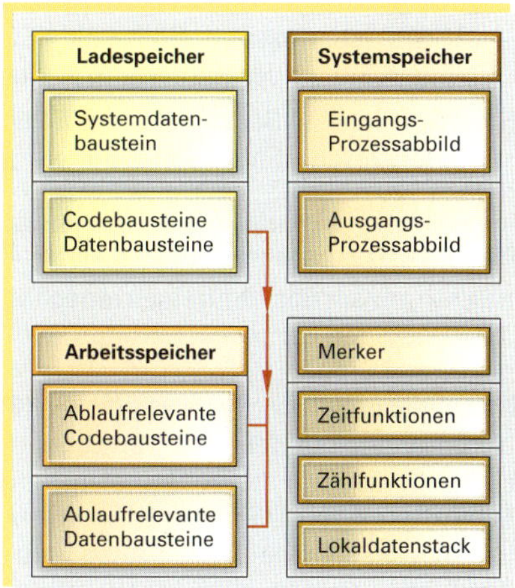

Bild 3: Zentralbaugruppe

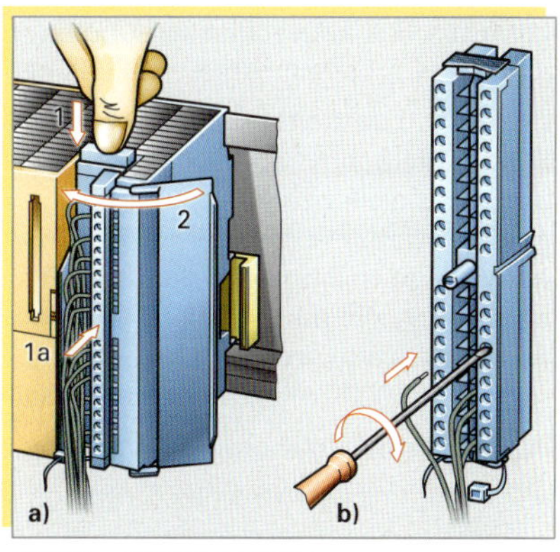

Bild 4: a) Digitale Einbaugruppe mit 16 Eingängen
b) Frontstecker mit 32 Eingängen

10.8.1.7 Programm in CPU laden; urlöschen

Das Laden des Anwenderprogramms in die CPU der SPS setzt voraus, dass die Online-Verbindung Programmiergerät – SPS hergestellt ist. Dies wird in folgendem Beispiel der S7-300 dargestellt **(Bild 1)**:

1. Einschalten der Netzspannung am ON/OFF-Schalter der Stromversorgung. Die Diode (rot) an der CPU leuchtet.
2. Der Betriebsartenschalter muss auf „STOP" stehen; die LED „STOP" leuchtet rot. Nun wird der Betriebsartenschalter in die Stellung MRES (memory reset) gedreht und für mindestens drei Sekunden in dieser Stellung gehalten, bis die LED „STOP" langsam rot blinkt. Den Betriebsartenschalter wieder loslassen und nach spätestens drei Sekunden wieder in die Stellung MRES drehen. Blinkt die LED „STOP" nun schneller, wird die CPU urgelöscht. Falls die LED „STOP" nicht entsprechend schneller blinkt, muss der beschriebene Vorgang wiederholt werden.
3. Zum Laden des Anwenderprogramms muss der Betriebsartenschalter auf der Position „STOP" stehen. Mit Hilfe des Firmware-Managers kann nun das geschriebene Programm in die CPU transferiert werden.
4. Steht der Betriebsartenschalter in der Position „RUN-P" und die CPU ist betriebsbereit, so leuchtet die LED „RUN" grün, die LED „STOP" ist erloschen. Sollte die LED „STOP" weiter rot leuchten, liegt ein Fehler vor (Behebung s. Diagnosepuffer).
5. Sollen einzelne Bausteine in die CPU übertragen werden, muss der Betriebsartenschalter entweder auf „RUN-P" oder „STOP" stehen.

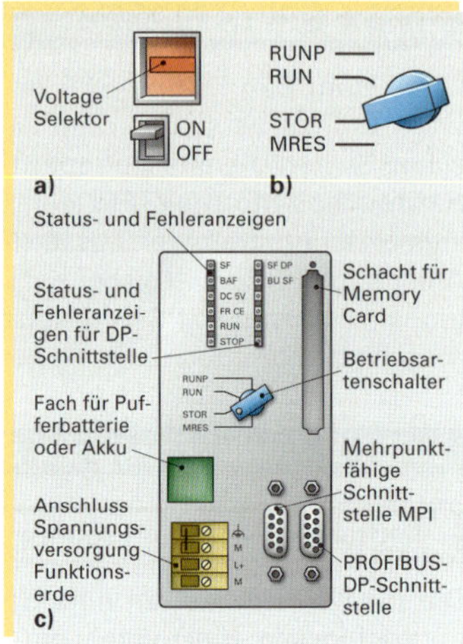

Bild 1: a) Netzspannungsschalter b) Betriebsartenschalter c) Elemente der CPU

10.8.1.8 Zyklische Bearbeitung des Programmes

Hierfür muss der Betriebsartenschalter (S7-300) in der Stellung „RUN" stehen. Zunächst lädt das Betriebssystem das Prozessabbild der Digital-Eingänge in die CPU. Das Prozessabbild ist ein bestimmter Speicherbereich im Systemspeicher **(Bild 2, Seite 505)**, in dem die Eingänge mit den aktuellen Signalzuständen des Prozesses abgelegt sind. Mit diesen Signalzuständen, also dem PAE arbeitet nun das Anwenderprogramm und verändert Signalzustände im Prozessabbild der Digital-Ausgänge (PAA). Sodann überträgt das Betriebssystem die Signalzustände des Ausgangsprozessabbildes zu den Ausgangsbaugruppen. Erst jetzt wird der Prozess mit den erarbeiteten Daten versorgt. Damit ist ein Programmzyklus abgeschlossen und ein neuer mit der Aktualisierung des Eingangsprozessabbildes beginnt **(Bild 2)**.

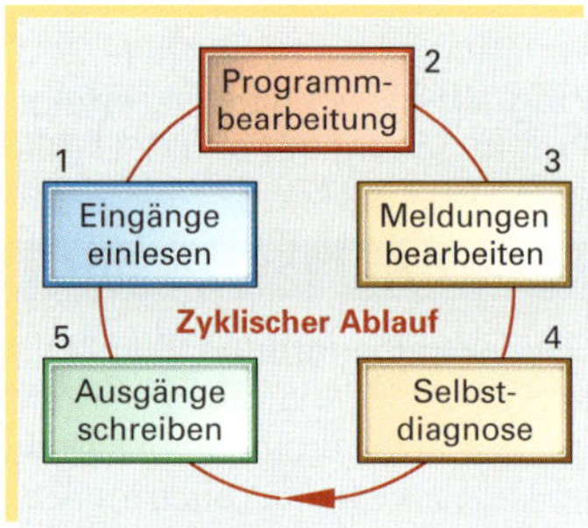

Bild 2: Bearbeitung des Anwenderprogramms

Die SPS bearbeitet das Anwenderprogramm seriell, d.h. Schritt für Schritt ab, beginnend mit der ersten Anweisung. Nachdem die letzte Anweisung ausgeführt ist, beginnt das Programm wieder von neuem. Pro Anweisung benötigt die CPU nur wenige millionstel Sekunden. Als **Zykluszeit** wird die Zeit bezeichnet, die die CPU benötigt um alle Anweisungen des Anwenderprogramms zu bearbeiten (Reaktionszeit ist max. zwei Zykluszeiten, s. Bild 3). Die Zykluszeit ist ein Qualitätsmerkmal der SPS. Das Kriterium sind 1000 Zeilen Anweisungsliste eines Anwenderprogramms.

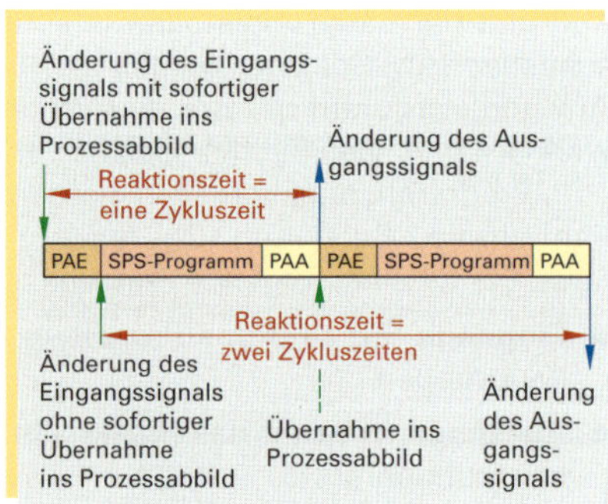

Bild 3: Reaktionszeit

Während die Verarbeitung läuft, kann auf keine Änderung der Eingänge reagiert werden, denn:

- der Signalzustand eines Eingangs ist über einen Programmzyklus gleich. Wenn sich ein Bit auf einer Eingabebaugruppe ändert, wird dies am Anfang des nächsten Programmzyklus übernommen.
- ein mehrfacher Signalwechsel eines Ausgangs während eines Programmzyklus wirkt sich nicht auf das Bit auf der Ausgangsbaugruppe aus, da Ausgänge erst am Ende der Verarbeitung geschaltet werden.

Die Reaktionszeit (RZ) einer SPS wird maßgeblich von der Zykluszeit bestimmt **(Bild 3, Seite 506)**.

Die Reaktionszeit setzt sich zusammen aus:

- ein oder zwei Zykluszeiten (abhängig von der Signaländerung eines Eingangs und der Prozessabbildaktualisierung
- der Verzögerungszeit für die Eingabebaugruppe (beträgt ca. 3 ms um Störsignale zu filtern)
- der Schaltverzögerung der Ausgabebaugruppe

RZ = Filterzeit am Eingang + 1 bzw. 2 mal Zykluszeit + Schaltzeit der Ausgabebaugruppe

Wie bereits erwähnt, enthält das Prozessabbild das Abbild der Digitaleingabe- und Digitalausgabe-Baugruppen und gliedert sich entsprechend in das Prozessabbild der Eingänge und das Prozessabbild der Ausgänge. Das Eingangs-Prozessabbild wird über den Operandenbereich Eingänge E angesprochen, das Ausgangs-Prozessabbild über den Operandenbereich Ausgänge A. Über die Eingänge und die Ausgänge wird eine Produktionsmaschine oder ein Prozess gesteuert.

10.8.1.9 Eingänge; Eingabebaugruppe

Ein Eingang ist das Abbild eines Bits auf der Digitaleingabe-Baugruppe. Das Betriebssystem der CPU kopiert in jedem Programmzyklus vor der Programmbearbeitung den Signalzustand von der Baugruppe zum Eingangs-Prozessabbild. Somit gelangen die Eingangssignale über die Eingangsbaugruppe in die CPU der SPS. Zur Einhaltung der Toleranz der „0" und „1" Pegel der Eingangssignale sowie zum Schutz der CPU besitzt jeder digitale Eingang Filter, Optokoppler zur galvanischen Trennung und Schwellwertschalter zur Signalaufbereitung **(Bild 1)**. Ferner besitzen die Eingabebaugruppen für Gleichspannungssignale Dioden als Verpolungsschutz, für Wechselspannungssignale sind Gleichrichterschaltungen integriert.

10.8.1.10 Ausgänge, Ausgangsbaugruppe

Ein Ausgang bildet das entsprechende Bit auf der Digitalausgabe-Baugruppe ab. Das Setzen eines Ausgangs ist gleichbedeutend mit dem Setzen des entsprechenden Bits auf der Baugruppe. Ist das Bit gesetzt, leuchtet die dazugehörige Leuchtdiode. Das Kopieren der Signalzustände des Ausgangs-Prozessabbildes erfolgt durch das Betriebssystem der CPU. Die Ausgangsbaugruppe stellt die Verbindung zum Prozess her. Einerseits werden Aktoren und Stellglieder des Prozesses wie z.B. Ventile (24 V/500 mA) ein- bzw. ausgeschaltet, andererseits schützen Optokoppler in der Ausgangsbaugruppe diese selbst und damit die CPU (galvanische Trennung von SPS und Prozess). Somit können auftretende Kurzschlüsse in der Aktorik die SPS nicht zerstören **(Bild 3)**.

Anmerkung: Aus sicherheitstechnischen Gründen schalten die Ausgangsbaugruppen alle Ausgänge aus, wenn bei Störung der regelmäßige Programmzyklus ausbleibt. Nach Ablauf einer Zykluszeit werden somit SPS und Prozess getrennt. Dadurch werden gefährliche Betriebszustände im Prozess verhindert.

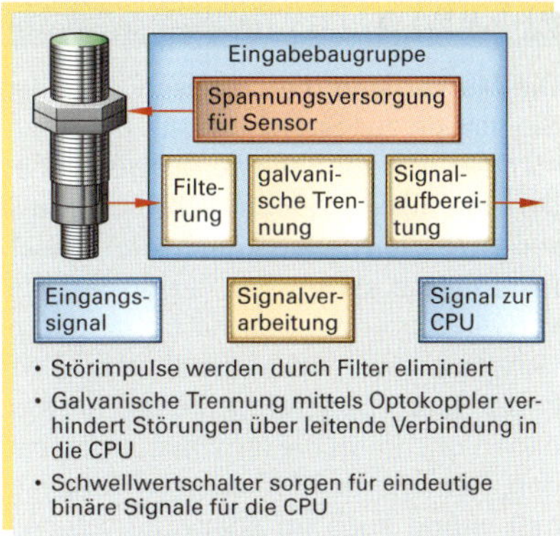

Bild 1: Eingabebaugruppe einer SPS

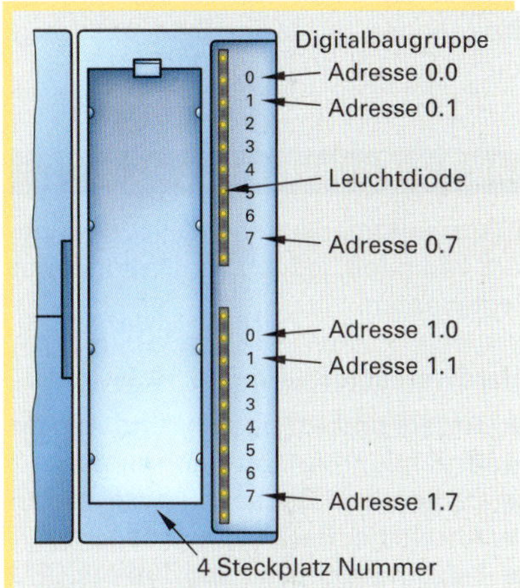

Bild 2: Adress-Nummerierung

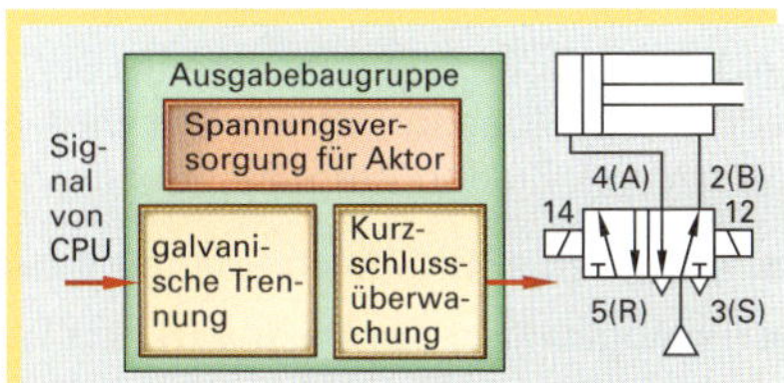

Bild 3: Ausgabebaugruppe einer SPS

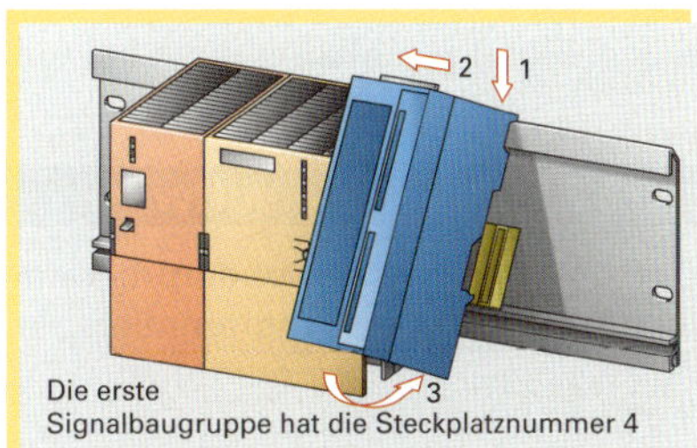

Bild 4: Montage einer Signalbaugruppe Die erste Signalbaugruppe hat die Steckplatznummer 4

10.8.1.11 Merker

Die Merker sind die „Hilfsschütze" der Steuerung. Sie dienen zur Speicherung von binären Signalzuständen und können wie Ausgänge behandelt werden; sie führen jedoch nicht nach außen zum Prozess. Da die Merker im Systemspeicher der CPU liegen, sind sie immer verfügbar. Die Anzahl der verwendbaren Merker ist abhängig von der CPU. Verwendet werden Merker, wenn Zwischenergebnisse über Bausteingrenzen hinweg Gültigkeit haben und in mehreren Bausteinen bearbeitet werden. Remanente Merker sind Merker, die ihren Signalzustand auch im spannungslosen Zustand der SPS beibehalten. Taktmerker haben ein Puls-Pausen-Verhältnis von 1:1 und ändern sich periodisch. Sie können mittels Zeitfunktionen generiert werden bzw. liegen in einem Byte mit festgelegten Frequenzen (z. B. 10 Hz, 5 Hz, 2,5 Hz) vor.

Arbeitsauftrag:

1. Welche Baugruppen gehören zur Grundausstattung einer SPS?
2. Welche Arten von SPS-Typen gibt es?
3. Welche Aufgabe übernehmen Optokoppler in der Ausgabebaugruppe?
4. Die SPS arbeitet zyklisch, was bedeutet dies?
5. Erläutern Sie den Begriff „Zykluszeit" der SPS.
6. Worin unterscheiden sich Soft- und Hardware-SPS?
7. Erläutern Sie den Begriff „Prozessabbild".
8. Was verstehen Sie unter Reaktionszeit?
9. Die Bearbeitung einer Anweisung heutiger SPS beträgt 0,5 µs. Wie oft wird ein Programm mit 1000 Zeilen Anwenderprogramm durchlaufen?

10.8.2 Projektierung

Ein zu automatisierender Prozess untergliedert sich in viele Teilbereiche und Teilprozesse, die miteinander verknüpft, jedoch voneinander unabhängig sind. Eine Applikation kann in folgende Teilaufgaben zerlegt werden:

Hardwareanforderungen, -Auswahl:

- Anzahl und Art der Ein- und Ausgänge
- Anzahl und Art der Baugruppen
- Bedien- und Beobachtungssysteme
- Anzahl der Racks (Baugruppenträger)
- Leistungsfähigkeit und Typ der CPU

Softwareanforderungen:

- Programmstruktur
- Programm- und Projektdokumentation
- Datenhaltung für die Applikation
- Konfigurationsdaten

10.8.2.1 Betriebssystem-Software

Jede CPU verfügt über ihr eigenes Betriebssystem wodurch ihr autonomes Arbeiten ermöglicht wird. Sie gehört zum SPS-Lieferumfang. Zu den Aufgaben gehören:

- Anlauf einer SPS nach Spannungswiederkehr
- Ermöglichung des Datenverkehrs mit anderen Baugruppen
- Organisation des freiprogrammierbaren Speichers der CPU (RAM-Speicher)
- Überwachung von Hard- und Software
- Einleitung von Maßnahmen bei Auftreten von Fehlern

10.8.2.2 Anwendersoftware

Zu Erstellung des Anwenderprogramms stehen die in **Bild 1 und 2** dargestellten Programmiersprachen zu Verfügung. Die Anweisungen zum Programmieren in **AWL** muss der Anwender kennen. Informationen über Syntax und Funktionalität kann er der Online-Hilfe der Software entnehmen. Ein **KOP**-Programm besteht aus einzelnen KOP-Elementen, die in Reihe oder parallel zueinander angeordnet sind.

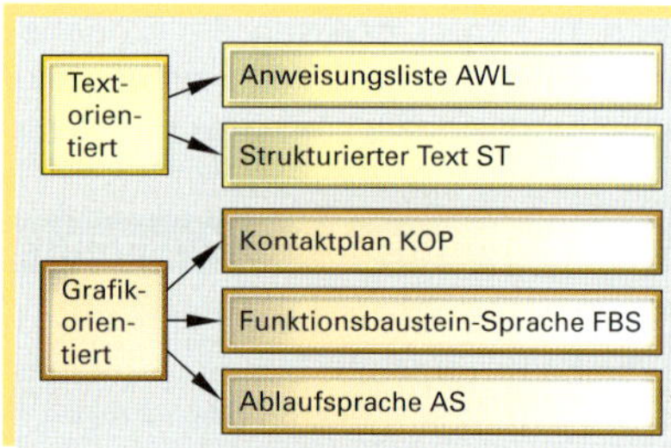

Bild 1: Programmiersprachen (IEC 61131-3)

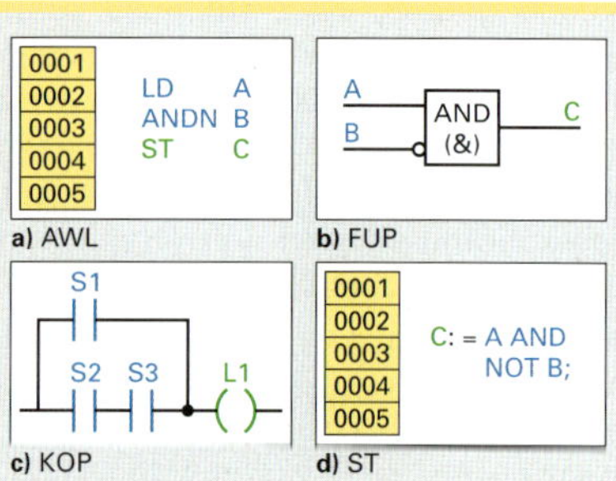

Bild 2: Programmiersprachen

Bei der **Funktionsbausteinsprache FBS,** auch **Funktionsplan FUP** genannt, werden die genormten grafischen Funktionssymbole verwendet **(Bild 2, Seite 508).**

Die **Ablaufsprache (AS)** ist ein grafisches Programm-Tool. Mit Hilfe von Schritten (Aktionen) und Übergangsbedingungen (Transitionen) lassen sich ablauforientierte Problemstellungen lösen. Das Weiterschalten von einem zum nachfolgenden Schritt erfolgt in Abhängigkeit von Bedingungen. Hinter den einzelnen Schritten können sich komplexe Aktionen verbergen, die in einer beliebigen anderen SPS-Programmiersprache formuliert sind. Ein besonderes Merkmal der AS ist die mögliche Parallelisierung von Abläufen mit vollständig unabhängigen Zweigen sowie mit Synchronisationspunkten **(Bild 1).**

Eine Hochsprachen-Programmierung in Pascal oder C ist durch den **Strukturierten Text (ST)** gegeben **(Bild 2, Seite 508).**

Hinweis: Nicht alle SPS-Systeme unterstützen die fünf genannten Programmiersprachen.

10.8.2.3 Programmstruktur

Um einen zu automatisierenden Prozess überschaubar zu gestalten, gliedert man diesen in kleine abgeschlossene Teilprozesse. Einerseits erleichtert dies die Projektierung, andererseits können die Teilprozesse auch von mehreren Personen gleichzeitig programmiert werden. Folglich vereinfachen sich die Programmtests sowie der Service und die Wartung.

> Der gesamte Automatisierungsprozess muss in verschiedene Teilaufgaben zerlegt werden.

Jede dieser Teilaufgaben stellt an das Automatisierungssystem bestimmte Hard- und Softwareanforderungen.

Projekte dienen dazu, die bei der Erstellung einer Automatisierungslösung anfallenden Daten und Programme geordnet abzulegen. Die in einem Projekt zusammengefassten Daten sind insbesondere:

- Konfigurationsdaten vom Hardwareaufbau, sowie Parametrierungsdaten für die verwendeten Baugruppen
- Projektierungsdaten für die Kommunikation über Netze
- Programme für programmierbare Baugruppen

> Hauptaufgabe bei der Erstellung eines Projektes sind:
> - Erfassen von Daten
> - Programmerstellung

Am Beispiel eines marktüblichen industriellen SPS-Systems soll die Vorgehensweise einer Projektierung exemplarisch erläutert werden. Daten werden in einem Projekt in Form von **Objekten** abgelegt. Die Objekte sind innerhalb eines Projektes in einer Baumstruktur (Projekthierarchie) angeordnet (ähnlich der Windows-Oberfläche). Das **Projektfenster** auf dem Bildschirm ist zweigeteilt. In der linken Hälfte wird die Baumstruktur des Projektes dargestellt; in der rechten Hälfte wird der Inhalt des links markierten Objektes in der gewählten Ansicht angezeigt (große Symbole, keine Symbole, Liste oder Details). An der Spitze der Objekthierarchie steht hier das Objekt „S7_Pro1" als Symbol für das gesamte Projekt **(Bilder 2 und 3).**

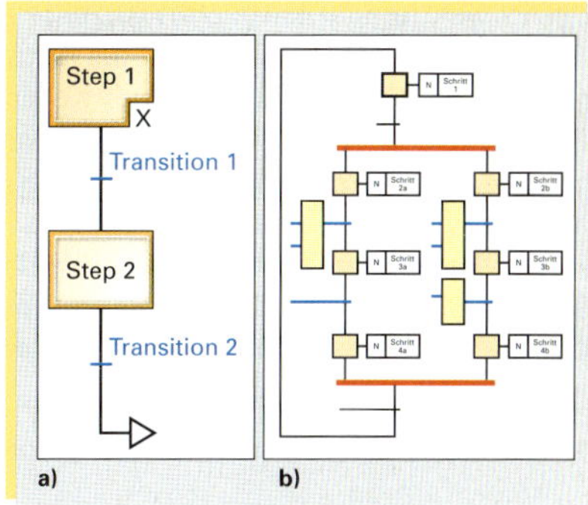

Bild 1: Programmiersprachen:
a) lineares AS
b) verzweigtes AS

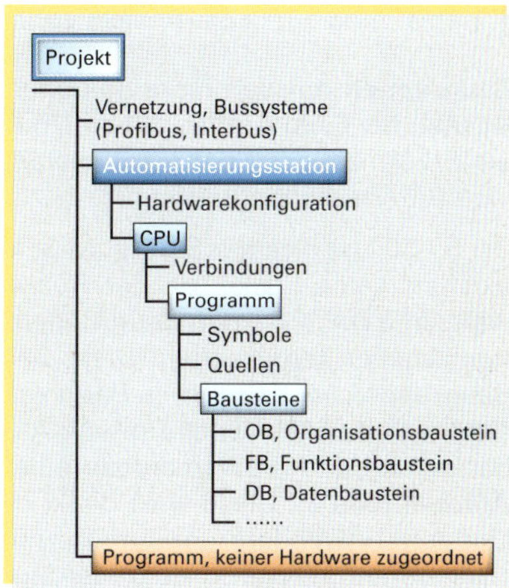

Bild 2: Programmhierarchie

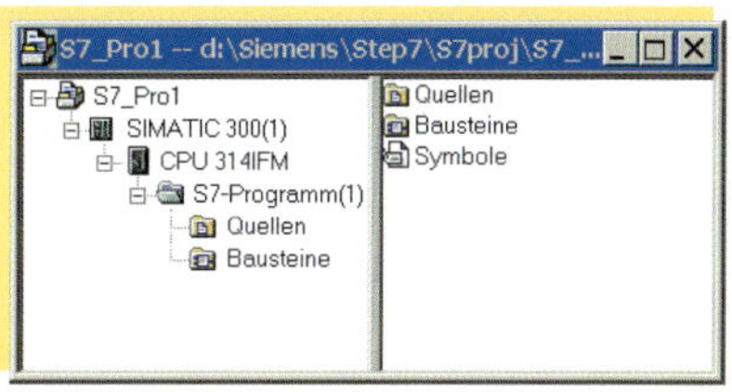

Bild 3: Projektfenster

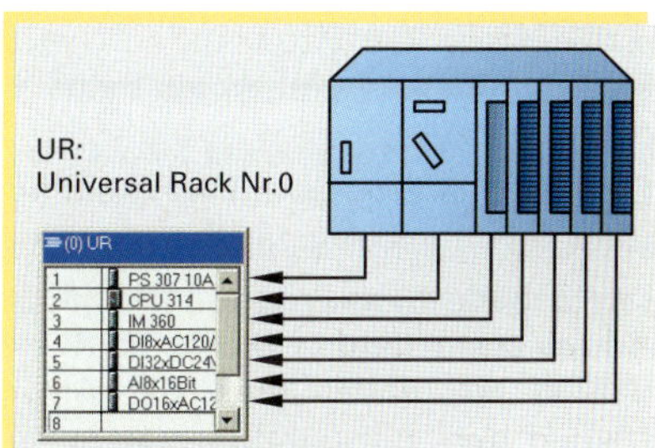

Bild 4: Konfigurationstabelle Baugruppenträger

Das Projektfenster kann zum Anzeigen der Projekteigenschaften benutzt werden und dient als Ordner für Netze (Projektieren von Netzen), Stationen (zum Konfigurieren der Hardware) sowie für S7-Programme (zur Software-Erstellung). Die enthaltenen Objekte werden rechts im Projektfenster angezeigt, wenn das Projektsymbol markiert ist. Die Objekte an der Spitze der Hierarchie (dazu gehören neben den Projekten auch Bibliotheken) bilden die Einstiegspunkte in Dialogfeldern zur Auswahl von Objekten. Zum **Konfigurieren** einer Station sind zwei Schritte vorzunehmen:

1. Markieren der Hardware-Komponenten im Fenster Hardware Katalog.
2. Ziehen der ausgewählten Komponente per „Drag&Drop" in das Stationsfenster **(Bild 1)**.

> Das Konfigurieren der Hardware und das Projektieren von Netzen sind nur in der Ansicht „offline" durchführbar.

Baugruppen müssen lückenlos aneinandergereiht werden. **Ausnahme**: Beim Aufbau mit einem Baugruppenträger muss ein Steckplatz der Konfigurationstabelle frei bleiben (reserviert für Anschaltbaugruppe).

Bei S7-300 ist dies der Steckplatz 3. Im tatsächlichen Aufbau existiert keine Lücke, da der Rückwandbus unterbrochen wäre. In STEP 7 werden Baugruppenträger durch Konfigurationstabellen repräsentiert. Diese haben so viele Zeilen wie Baugruppen auf dem realen Baugruppenträger steckbar sind **(Bild 4, Seite 509)**. Jeder Ein- und Ausgang einer Baugruppe hat durch den Hardwareaufbau eine vorgegebene **absolute Adresse (Bild 3)**. Diese wird direkt d.h. absolut angegeben. Um dem Anwenderprogramm mitzuteilen, dass ein Eingang UND verknüpft werden soll, ist eine **Steueranweisung** zu schreiben. Diese besteht aus einem **Operationsteil** und einem **Operandenteil (Bild 2)**.

> Der Operationsteil gibt an, welche Operation mit der Anweisung durchgeführt wird. UND-ODER-Verknüpfungen sind z.B. Operationen. Der Operandenteil gliedert sich in den Kennzeichenteil und den Parameterteil. Operanden sind Ein- und Ausgänge, Merker, Zähler, Zeiten, Datenbausteine oder Funktionsbausteine.

E 1.5 bedeutet: Eingangsbit Nr. 5 im Byte Nr.1
A 4.3 bedeutet: Ausgangsbit Nr. 3 im Byte Nr. 4
FB 21 bedeutet: Funktionsbaustein Nr. 21

Digitaloperanden gibt es als Byte-, Wort- oder Doppelwortoperanden.

Die absolute Programmierung sollte man nutzen, wenn nur wenige Ein- und Ausgänge angesprochen werden.

Die Lesbarkeit von Programmen steigt, wenn die **symbolische Adressierung (Bild 4)** (Motor_VOR) statt der Absolutadressen (A20.5) verwendet wird. Der Anwender bestimmt einen Namen bzw. ein Symbol, das er einer absoluten Adresse zuordnet. Hierbei wird unterschieden zwischen globalen und bausteinlokalen Symbolen.

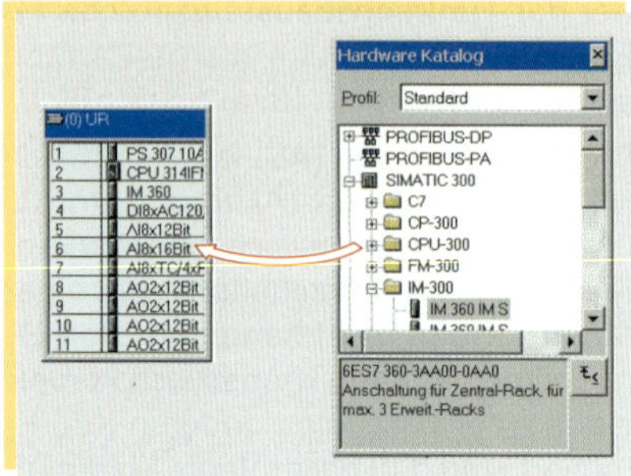

Bild 1: Konfigurieren einer Station

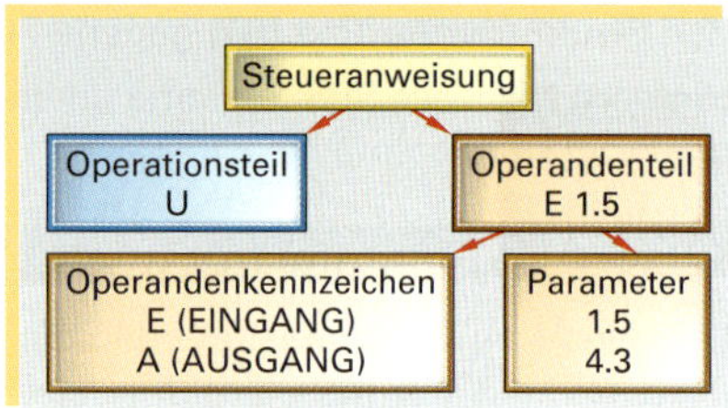

Bild 2: Steueranweisung

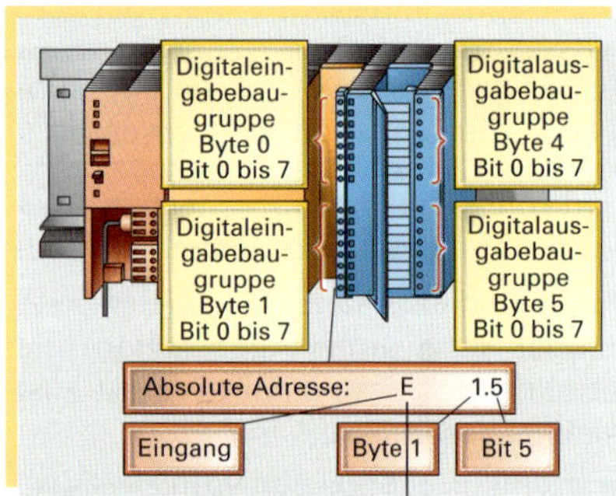

Bild 3: Absolute Adresse

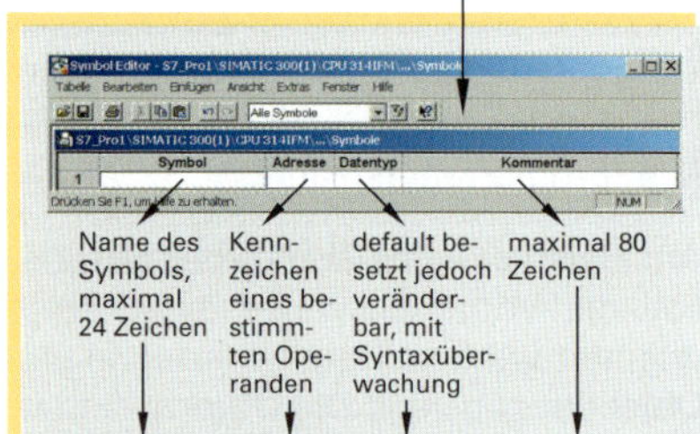

Symbol	Adresse	Datentyp	Symbol
MOTOR_VOR	A20.5	BOOL	Motor läuft vorwärts
ZAEHLEN	FC18	FC18	Flaschen zählen
ANLAGE_EIN	E0.0	BOOL	Anlage einschalten
ANZEIGE_EIN	A8.0	BOOL	Anzeige: Anlage ist „Ein"
M_VORW	E0.4	BOOL	Taster: Motor vorwärts

Bild 4. Struktur der Symboltabelle

Ein globales Symbol ist im gesamten Anwenderprogramm bekannt und hat in allen Bausteinen die gleiche Bedeutung. Globale Symbole werden in der Symboltabelle definiert. Die Symboltabelle wird automatisch beim Anlegen eines Programms erzeugt. Lokale Symbole sind nur innerhalb eines Bausteines gültig. Das gleiche Symbol, die gleiche Variable kann in einem anderen Baustein mit anderer Bedeutung genutzt werden. Die Namen für die Lokaldaten werden im Deklarationsteil des entsprechenden Bausteines festgelegt.

Hinweis: Mehrdeutige Symbole sind graphisch (Farbe, Schriftart) hervorgehoben und müssen nachbearbeitet werden, so dass die Symbolik eindeutig ist. Die Symboltabelle kann auch mit einem Tabelleneditor (Excel) erstellt und in die Symboltabelle importiert werden.

Datentypen legen die Eigenschaften von Daten fest, d.h. die Darstellung des Inhalts, den zulässigen Wertebereich und die möglichen Operationen. So stellt z.B. eine Variable vom **Datentyp BOOL** ein Bit dar. Das **Anwenderprogramm** kann als *lineares Programm,* als *gegliedertes Programm* oder als *strukturiertes Programm* programmiert sein. Ein **lineares Programm (Bild 1a)** hat eine einfache Struktur (ohne Verzweigungen). Ein einziger Programmbaustein (Organisationsbaustein OB1) enthält alle Anweisungen des Programms. Das Programm wird in jedem CPU-Zyklus zeilenweise abgearbeitet.

Ein **gegliedertes Programm (Bild 1b)** ist in Bausteine aufgeteilt, wobei jeder Baustein die Lösung einer Teilaufgabe enthält. Der Organisationsbaustein OB1 enthält Anweisungen, die die anderen Bausteine in einer definierten Reihenfolge aufrufen. Ein **strukturiertes Programm (Bild 2)** enthält Bausteine mit Parametern, so genannte parametrierbare Bausteine. Diese Bausteine sind so ausgelegt, dass sie universell einsetzbar sind. Werden z.B. in einem zu steuernden Prozess ähnliche oder identische Funktionen mehrfach eingesetzt, wird dafür eine allgemeingültige Lösung in einen parametrierbaren Baustein geschrieben. Ruft nun das Programm (z.B. durch den OB1) diesen Baustein zur Bearbeitung auf, so wird dieser durch den jeweils aktuellen Parametersatz versorgt.

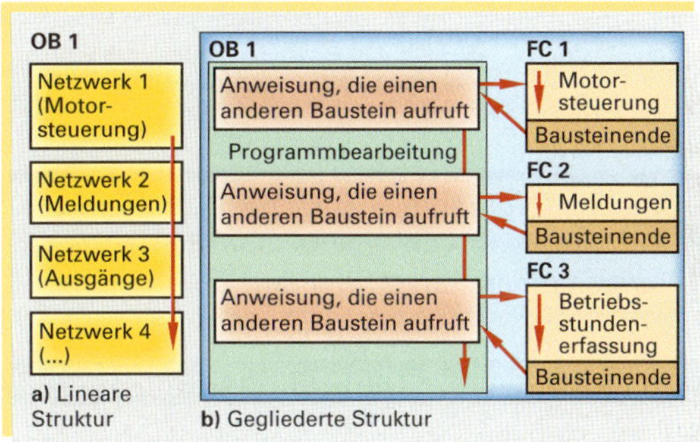

Bild 1: Anwenderprogramm a) Lineare Struktur b) Gegliederte Struktur

Die Firmware stellt folgende Bausteintypen zur Strukturierung eines Programms zur Verfügung:

- **Organisationsbausteine (OB)**
Sie bilden die Schnittstelle zwischen dem Anwenderprogramm und dem Betriebssystem. Der OB1 sorgt für die zyklische Abarbeitung des Hauptprogramms. Andere OBs werden bei speziellen Ereignissen (Alarmen) aufgerufen.

- **Funktionsbausteine (FB)**
Sie sind parametrierbare Programmbausteine denen beim Aufruf ein Variablenspeicher zugewiesen wird. Dieser liegt in einem Datenbaustein.

- **Funktionen (FC)**
Funktionen sind parametrierbare Programmbausteine ohne eigenen Datenbereich (Gedächtnis). SFCs sind vorprogrammierte, getestete Funktionen und im Betriebssystem der CPU integriert.

- **Datenbausteine (DB)**
Sie enthalten die Daten (feste, variable), die von Programmbausteinen weiter verarbeitet werden können **(Bild 3)**.

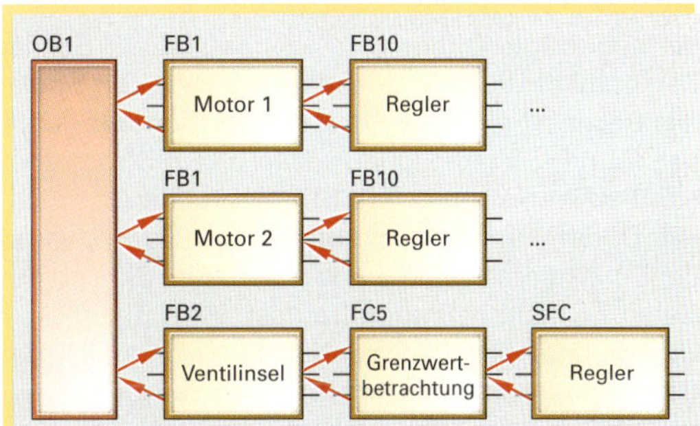

Bild 2: Strukturiertes Anwenderprogramm

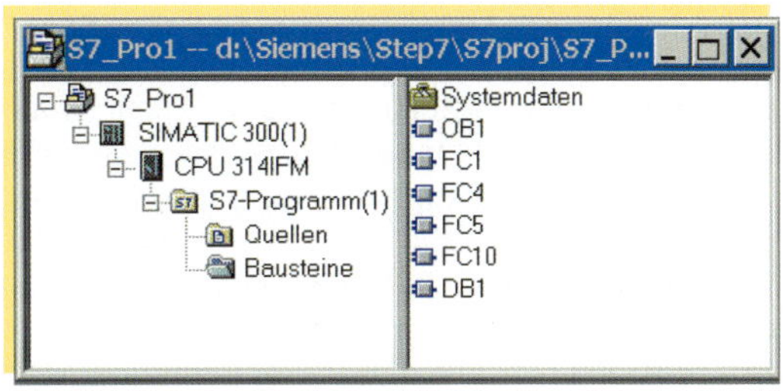

Bild 3: Programmbausteine

10.8.3 Grundfunktionen

Jede Programmiersprache hat Funktionen, die eine Basisfunktionalität darstellen.

Tabelle 1: Basisfunktionen

Basisfunktionen	FUP	KOP
Binäre Verknüpfungen UND; ODER; NICHT; IDENTITÄT	logische Bausteine &	Reihen- bzw. Parallelschaltung von Operanden
Speicherfunktionen	Zuweisung =	Spule (S)
	Speicher-Box; Konnektoren, Flankenauswertung	
Zeitfunktionen	Zeitfunktionen können gestartet, rückgesetzt und abgefragt werden	
Zählfunktionen	setzen und rücksetzen; vorwärts und rückwärts zählen; Abfragen einer Zählfunktion	

Mit der Programmiersprache **KOP** kann die SPS auf Basis von Schütz- und Relais-Steuerungen programmiert werden.

10.8.3.1 Schließerkontakt; Öffnerkontakt

Mit diesen beiden Kontakttypen werden Binäroperanden, deren Adresse über dem Kontakt steht, abgefragt. Ein Schließerkontakt (Kontakt geschlossen → Strom fließt) entspricht der Abfrage des Binäroperanden auf Signalzustand „1" **(Bild 1)**. Führt der abgefragte Operand „1"-Signal, ist der Schließerkontakt aktiviert und es fließt Strom. Die Spule, das Relais ist angesteuert. Ist der Geber (E4) geöffnet, führt E 1.4 „0"-Signal, so fließt kein Strom über den Schließerkontakt. Die Spule schaltet sich nicht ein. Durch einen Öffnerkontakt fließt Strom, wenn der Binäroperator „0"-Signal führt **(Bild 2)**, also der Geber E5 nicht betätigt (offen) ist. Wird der Öffnerkontakt betätigt („1"-Signal an E5), öffnet sich der Öffnerkontakt und das Relais fällt ab. Ein Öffnerkontakt fragt den Eingang auf Signalzustand „0" ab.

10.8.3.2 Binäre Verknüpfungen

Der Funktionsplan (FUP) stellt binäre Funktionen wie UND (NAND) zur Verfügung. Alle Funktionen können (theoretisch) beliebig viele Funktionseingänge aufweisen. Die Anzahl dieser Funktionen ist begrenzt durch die Länge eines Bausteines und durch die Größe des Arbeitsspeichers der CPU. Bevor die Funktionen die Signalzustände miteinander verknüpfen, werden die Binäroperanden an den Eingängen abgefragt. Diese Abfrage kann nach Signalzustand „1" oder „0" erfolgen **(Bild 3)**.

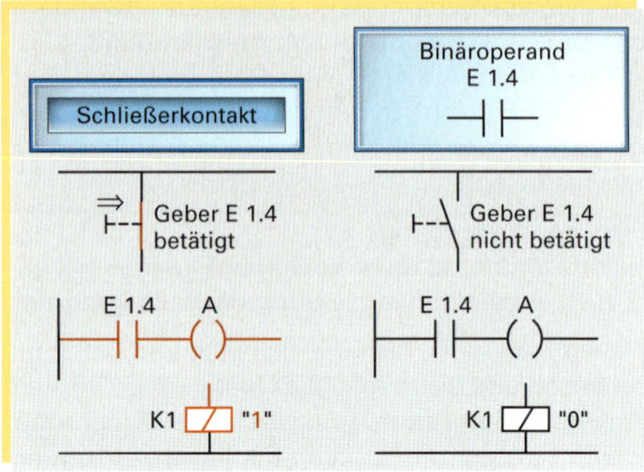

Bild 1: Arbeitsweise eines Schließerkontakts

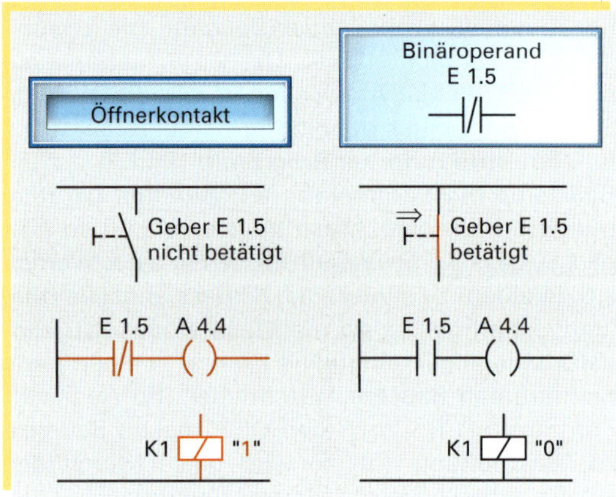

Bild 2: Arbeitsweise eines Öffnerkontaktes

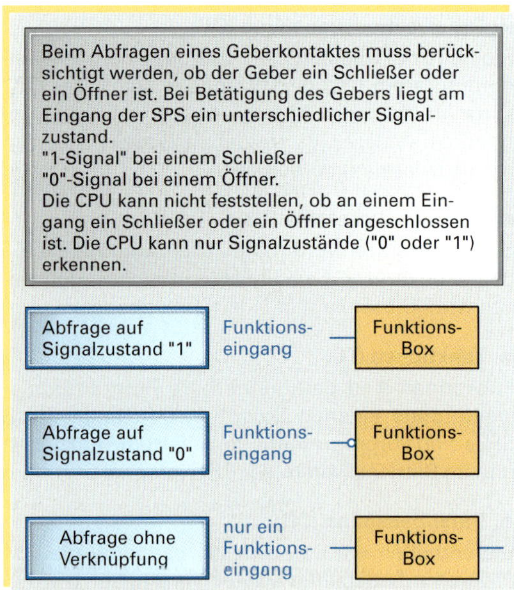

Bild 3: Abfrage binärer Verknüpfungen

10.8.3.3 UND-Funktion

Die UND-Funktion verknüpft zwei (oder mehr) binäre Signalzustände miteinander und liefert als Verknüpfungsergebnis „1“, wenn beide (alle) Eingangszustände gleichzeitig „1“ sind. Führt nur ein Eingangssignal eine „0“, so liefert die UND-Funktion das Verknüpfungsergebnis „0“.

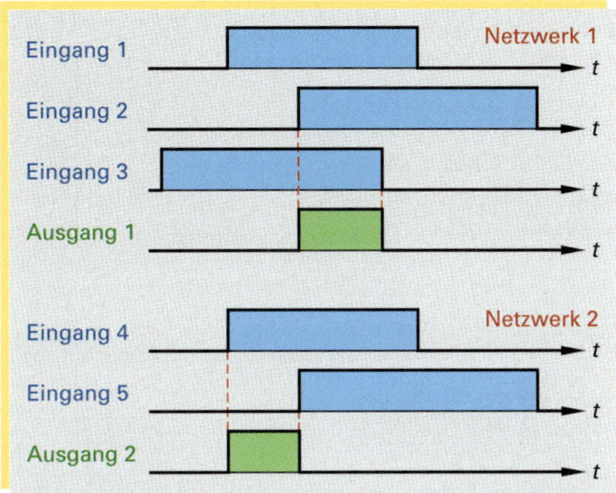

> Die UND-Funktion entspricht einer Reihenschaltung. Die Kontakte sind hintereinander angeordnet. Es fließt Strom zur Spule, wenn alle Kontakte geschlossen sind.

Bild 1: Funktionsbox mit Zuweisung

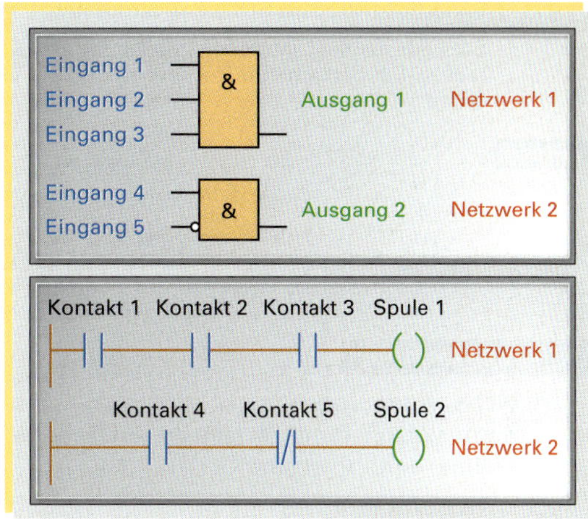

Bild 2: UND-Funktion als FUP und KOP

10.8.3.4 ODER-Funktion

Die ODER-Funktion verknüpft zwei (oder mehr) binäre Zustände miteinander und liefert als Verknüpfungsergebnis „1“, wenn mindestens ein Abfrageergebnis „1“ ist.

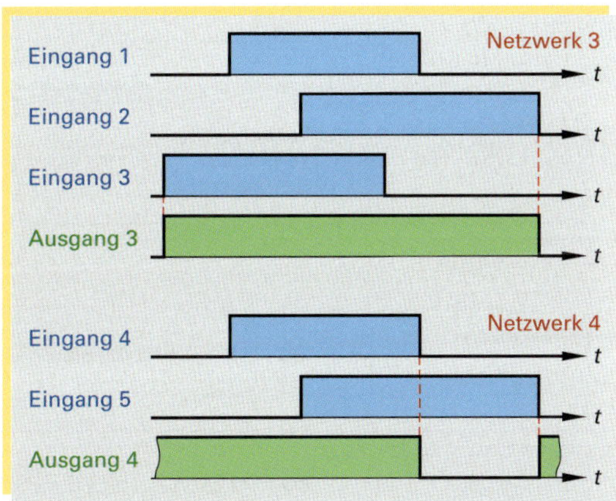

> Die ODER-Funktion entspricht einer Parallelschaltung. Die Kontakte liegen parallel zueinander. Zur Spule fließt Strom, wenn einer der Kontakte geschlossen ist.

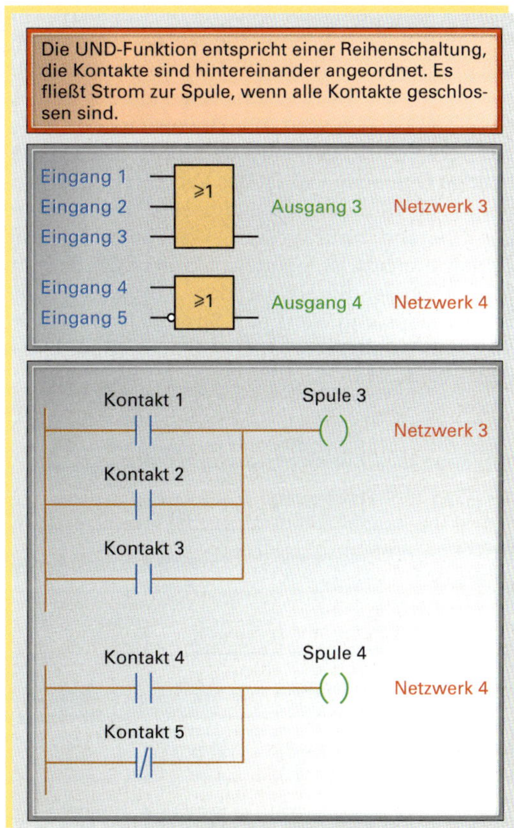

Bild 3: ODER-Funktion als FUP und KOP

Beispiel: Durch eine Linearachse werden Werkstücke positioniert. Eine pneumatische Z-Achse nimmt mittels Greifer Werkstücke auf, die Linearachse verfährt sie in die gewünschte Position. Sowohl die Endlagen der Z-Achse als auch der Lineareinheit sind abzufragen. Dabei dürfen die Endschalter paarweise nicht gleichzeitig betätigt sein. Andernfalls wird die Fehlermeldung „Endschalter Fehler“ ausgegeben (s. Technologieschema).

Geben Sie die Lösung als KOP- und FSB/FUP-Programm an. Die Endschalter sind als Schließer verdrahtet.

E1: Endschalter Lineareinheit links; E2: Endschalter Lineareinheit rechts; E3: Endschalter Z-Achse oben; E4: Endschalter Z-Achse unten.

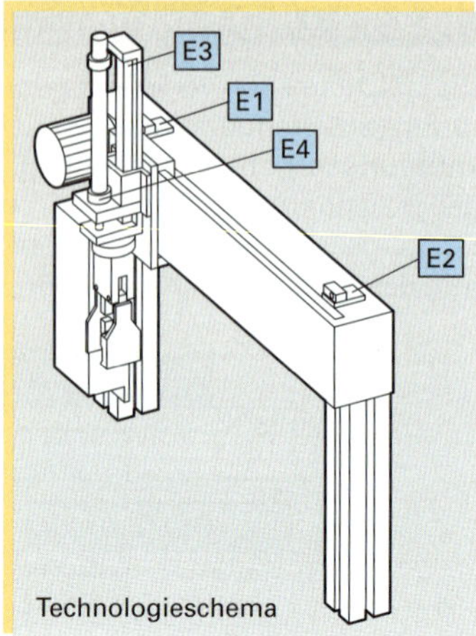

Lösung:

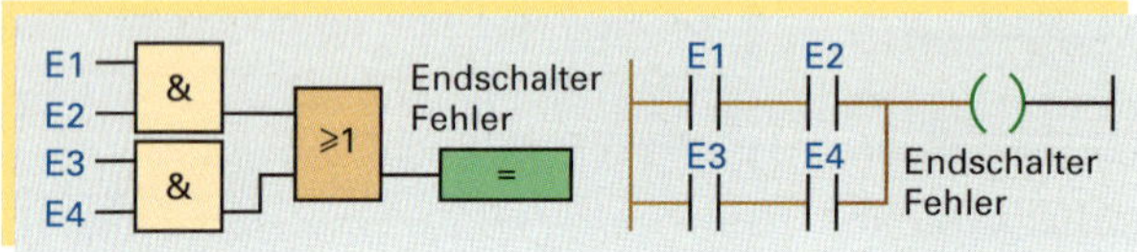

Arbeitsauftrag:

Welche Änderungen sind im obigen Programm vorzunehmen, wenn die Endschalter als Öffner verdrahtet sind?

10.8.3.5 Speicherfunktionen

Die Speicherfunktionen werden im KOP mit der Reihen- und Parallelschaltung von Kontakten, im FUP mit binären Verknüpfungen verwendet. Mit ihrer Hilfe werden in der CPU Verknüpfungsergebnisse gebildet, die die Signalzustände der Binäroperanden beeinflussen. Die **Zuweisungsbox** weist das Verknüpfungsergebnis dem über der Box stehenden Operanden zu. Ist das Verknüpfungsergebnis „1“ so wird der Operand gesetzt, bei „0“ wird der Operand zurückgesetzt. Was beim FUP die Zuweisungsbox ist, entspricht beim KOP der einfachen Spule. Sie bildet den Abschluss eines Strompfades und weist den Stromfluss dem über der Spule stehenden Operanden zu **(Bild 1 und Bild 1, Seite 515)**.

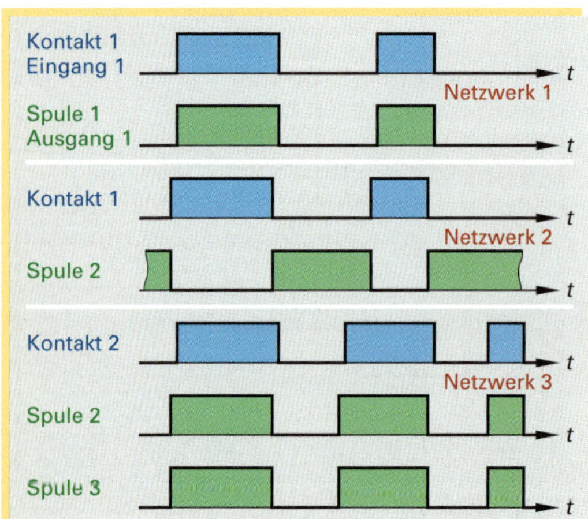

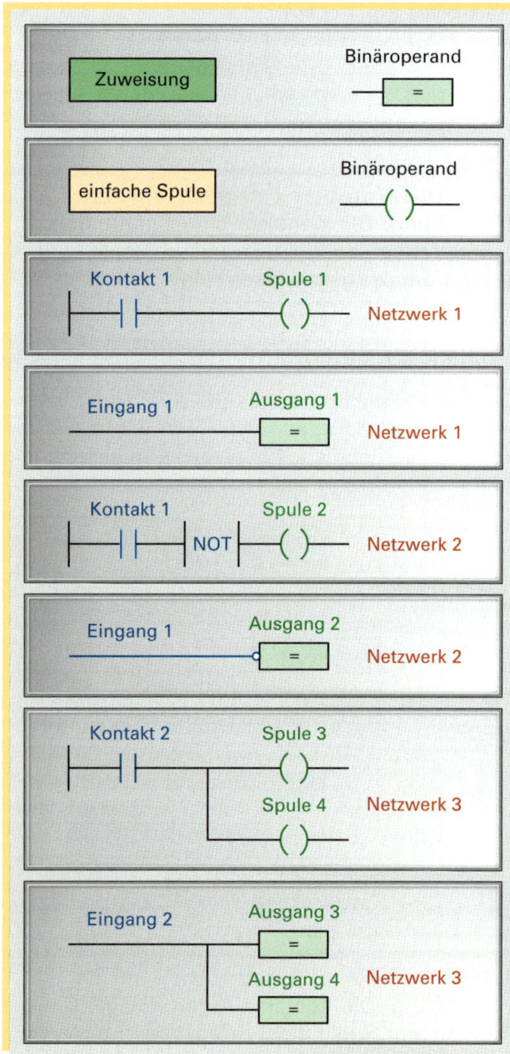

Bild 1: Speicherfunktion (Ausgang, Spule)

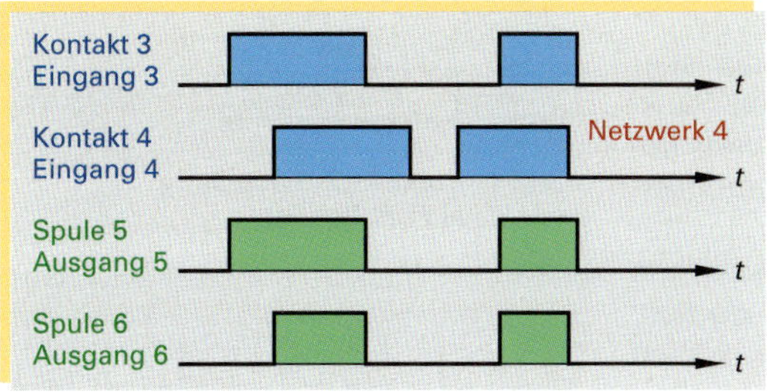

Die SR- und RS-Speicherfunktion (Bilder 2 und 3)

In dieser Speicherfunktion sind die Funktionen Setzen (S) und Rücksetzten (R) zusammengefasst. Der gemeinsame Binäroperand steht über dem Speicher. Am Ausgang A des Speichers steht der Signalzustand des Operanden an, der dem Speicher zugeordnet ist. Die Speicherfunktion gibt es in zwei Ausführungen, als **SR-Speicher** und als **RS-Speicher**. Beim SR-Speicher ist der Rücksetzeingang vorrangig. Dies bedeutet, der Speicher ist oder bleibt zurückgesetzt, wenn am Setz- und Rücksetzeingang gleichzeitig ein „1"-Signal anliegt.

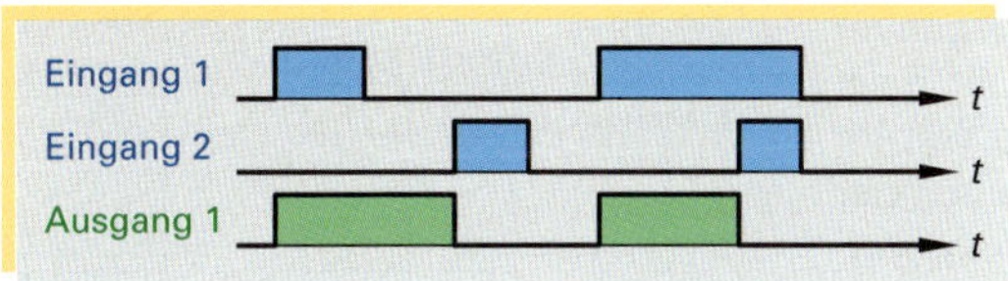

Der Setzeingang ist beim RS-Speicher vorrangig d.h. die Speicherfunktion ist oder bleibt gesetzt, wenn beide Eingänge ein „1"-Signal führen.

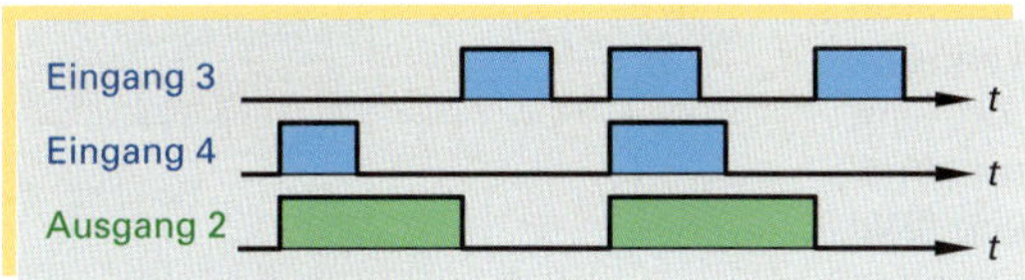

Vorrangiges Setzen wird verwendet bei Störmeldespeicher, wenn trotz einer Quittierung am Rücksetzeingang die noch aktuelle Störmeldung am Setzeingang weiterhin ansteht. Sonst bildet der RS-Speicher die Ausnahme. **Vorrangiges Rücksetzen** ist die vorrangig eingesetzte Speicherung, da der zurückgesetzte Signalzustand („0") der sichere bzw. „ungefährlichere" Zustand ist.

Arbeitsauftrag:

1. Mit welcher Eingangskombination führt Ausgang 4 (Bild 4) „1"-Signal? Wie kann dieser Zustand in ein „0"-Signal geändert werden?
2. Vervollständigen Sie nebenstehendes Impulsdiagramm für das Beispiel in **Bild 4,** indem Sie das Ausgangssignal an A4 skizzieren.

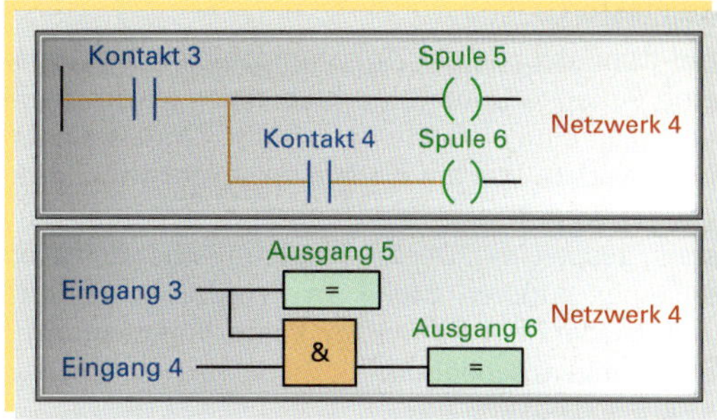

Bild 1: Speicherfunktion (Ausgang, Spule)

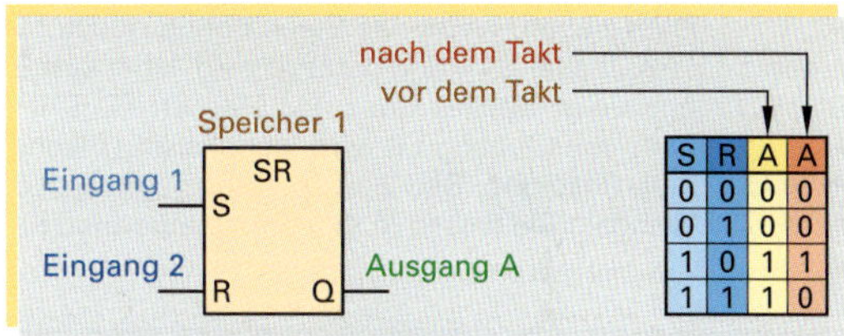

Bild 2: SR-Speicherfunktion

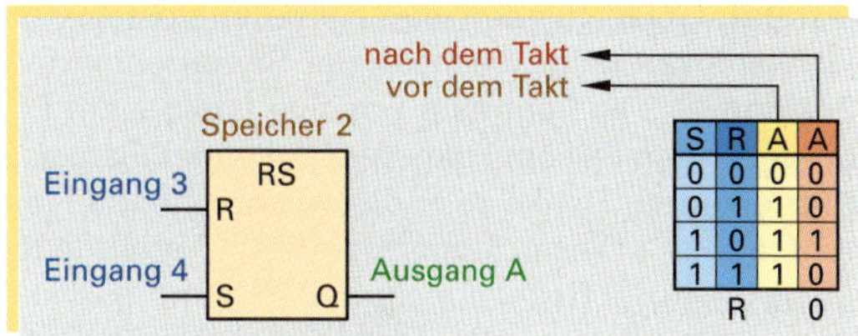

Bild 3: RS-Speicherfunktion

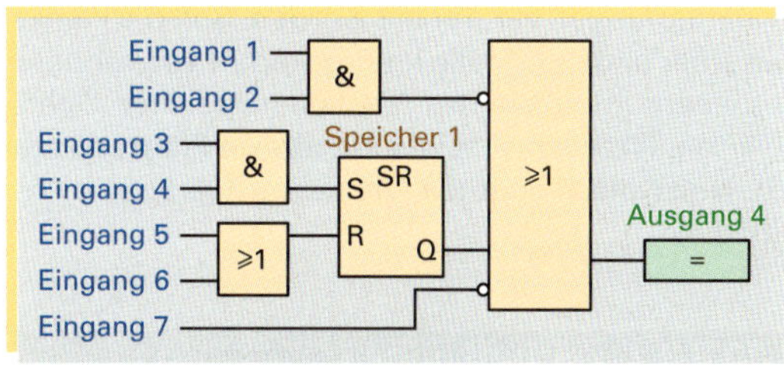

Bild 4: Beispiel zum SR-Speicher

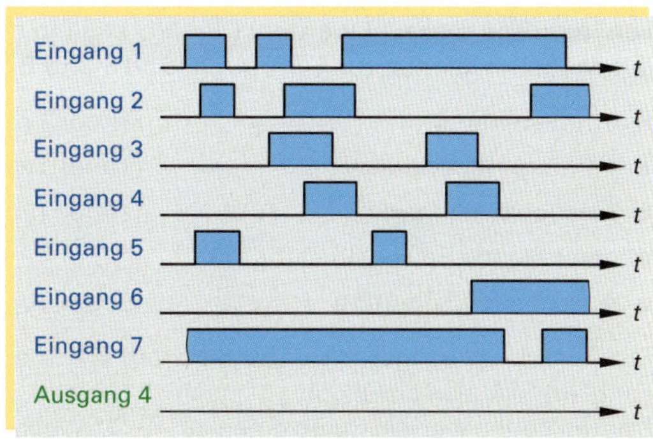

Konnektoren

Der Konnektor ist ein Zwischenspeicher. Im Kontaktplan ist er eine einfache Spule innerhalb eines Strompfades, im Funktionsplan eine einfache Speicherbox innerhalb einer Verknüpfung **(Bild 1)**. Das am Konnektor anstehende Verknüpfungsergebnis wird in dem Binäroperand, der über dem Konnektor steht, gespeichert. Der Binäroperand über dem Konnektor kann an einer anderen Stelle im Programm abgefragt werden. Jedoch darf ein Konnektor keine Verknüpfung bzw. keinen Strompfad abschließen.

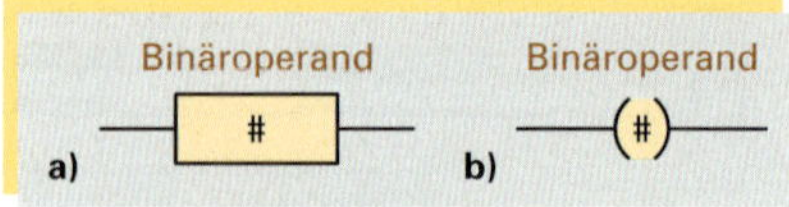

Bild 1: Konnektor-Darstellung a) FUP, b) KOP

Beispiel: Mit Hilfe zweier Lichtschranken L1 und L2 wird die Lage eines Blechstreifens in einer Tiefziehpresse überprüft. Ein Initiator I3 prüft ob Blech vorhanden ist. Die Tiefziehpresse soll einen Napf ziehen, wenn das Blech richtig positioniert ist und ein Fußschalter S4 ≙ (E4) betätigt wird. Über den Eingang E5 soll angezeigt werden dass der Blechstreifen in Position liegt; über den Eingang E6 wird signalisiert „Blechstreifen außerhalb Position". **Bild 2** zeigt eine mögliche Lösung im KOP. Wandeln Sie diesen in den entsprechenden FUP um.

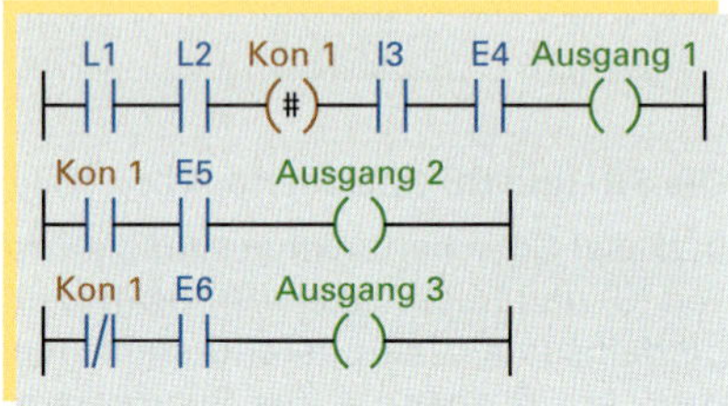

Bild 2: KOP Pressensteuerung

10.8.3.6 Flankenauswertung

Eine Flankenauswertung erfasst die Änderung eines Signalzustandes. Unterschieden wird zwischen positiver und negativer Flankenerkennung. Wechselt der Signalzustand von „0" nach Zustand „1", so liegt eine positive (steigende) Flanke vor. Im umgekehrten Fall eine negative (fallende) Flanke. Eine von der CPU erkannte Flanke setzt die entsprechende Flankenauswertung auf „1". Dieser Signalzustand „1" steht jedoch nur kurzfristig an, in der Regel nur einen Bearbeitungszyklus lang, denn im nächsten Zyklus erkennt die CPU keine Flanke und die Auswertung wird auf „0"-Signal zurückgesetzt. Das Ergebnis einer Flankenauswertung kann direkt mit nachfolgenden binären Verknüpfungen verarbeitet werden. Soll die Flankenerkennung an einer anderen Stelle im Programm verwendet werden, wird es einem Impulsmerker (Zwischenspeicher, Operanden) zugewiesen. Netzwerk 1 zeigt eine direkte Flankenauswertung **(Bild 3)**. Netzwerk 2 zeigt die Flankenauswertung eines Operanden **(Bild 4)**.

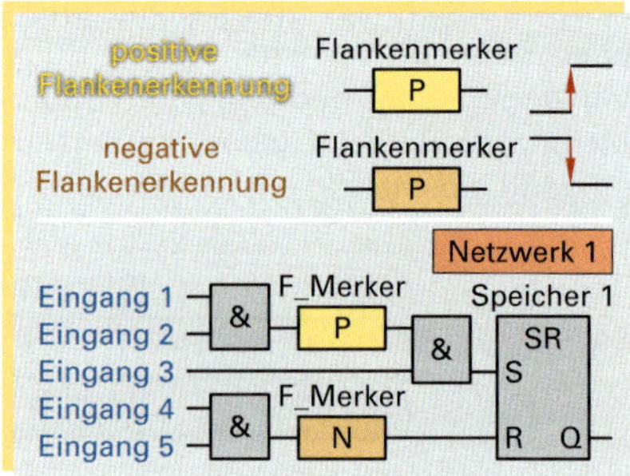

Bild 3: Flankenerkennung des Verknüpfungsergebnisses

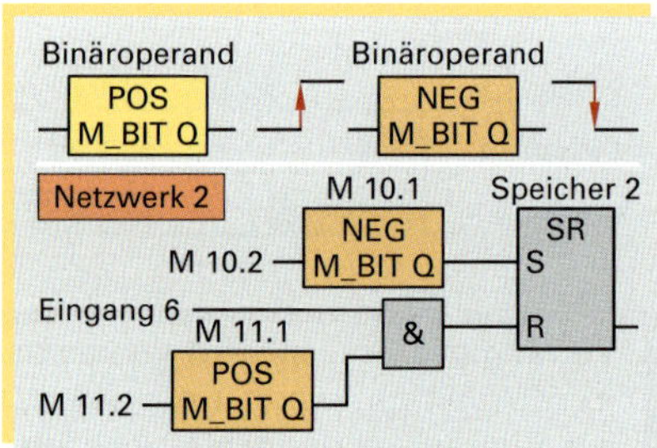

Bild 4: Flankenerkennung eines Operanden

10.8.3.7 Zeitfunktionen

Mit Hilfe der Zeitfunktionen können Warte- und Überwachungszeiten, Messungen einer Zeitspanne oder die Bildung von Impulsen realisiert werden. Die CPU stellt in der Regel folgende Zeitfunktionen zur Verfügung **(Bild 5 und Bild 1, S. 517)**:

- Impulsbildung (Timer Typ SI)
- Verlängerter Impuls (Timer Typ SV)
- Einschaltverzögerung (Timer Typ SE)
- speichernde Einschaltverzögerung (Timer Typ SS)
- Ausschaltverzögerung (Timer Typ SA)

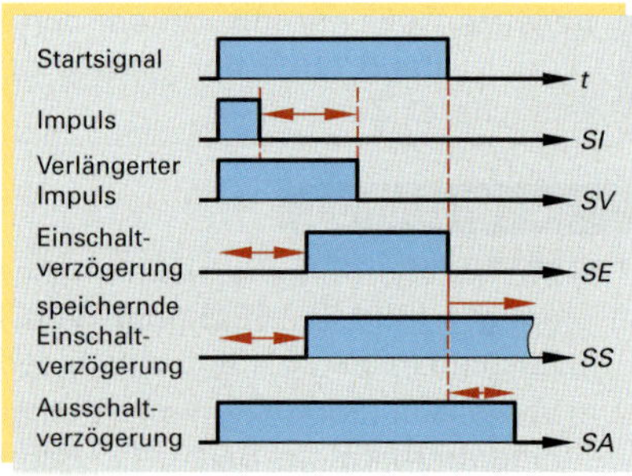

Bild 5: Zeitfunktionen

Die Ausschaltverzögerung wird gestartet, wenn an ihrem Eingang ein Signalwechsel von „1" nach „0" erfolgt. Alle anderen Zeitfunktionen werden durch einen „0" → „1" Wechsel gestartet.

Zeitverhalten als Einschaltverzögerung

Bild 2 zeigt das Verhalten der Zeitfunktion. S ist der Starteingang, R der Rücksetzeingang, Ti die interne Zeit des Timers und Q der Status am Timerausgang. Gestartet wird der Timer mit einem „1"-Signal an S. Der Q-Ausgang liefert Signalzustand „1", wenn die interne Zeit (einstellbar an TW) abgelaufen ist und an S noch der Signalzustand „1" ansteht. Wechselt an S das Signal von „1" nach „0" bei laufender interner Zeit, stoppt die Zeitfunktion und Q liefert „0"-Signal (2). Ein „1"-Signal an R bei laufender internen Zeit (3) setzt die Zeitfunktion zurück (Q = „0"), auch wenn an S „1"-Signal anliegt. Ein „1"-Signal an R bei nicht mehr laufender internen Zeit (4) setzt die Zeitfunktion zurück (Q = „0").

Beispiel: Zur Steuerung von Mischanlagen werden häufig Zeitverzögerungen benötigt. So soll z.B. die Heizung beim Mischvorgang für 15 Minuten eingeschaltet werden (Simulation 30 s), nachdem der „Taster Steuerung ein" betätigt wurde (Merker M 50.0 = „1") und der Mischbehälter gefüllt ist (Initiator B1 = E0.5 = „0" Öffnerfunktion). **Bild 3** zeit das Programm.

Hinweis: Die mit ... versehenen Ein- und Ausgänge müssen nicht unbedingt belegt werden.

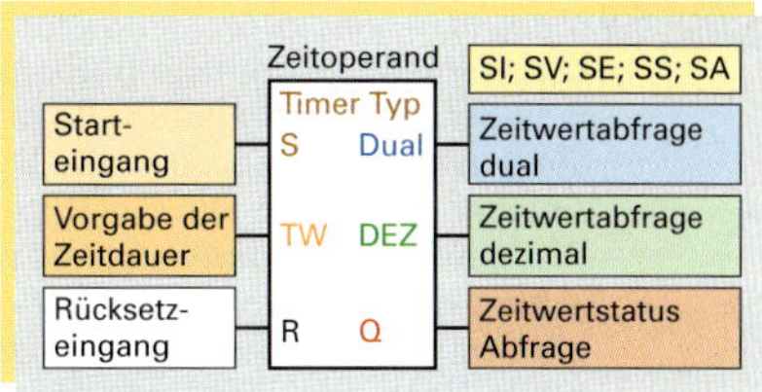

Bild 1: Zeitfunktionsblock

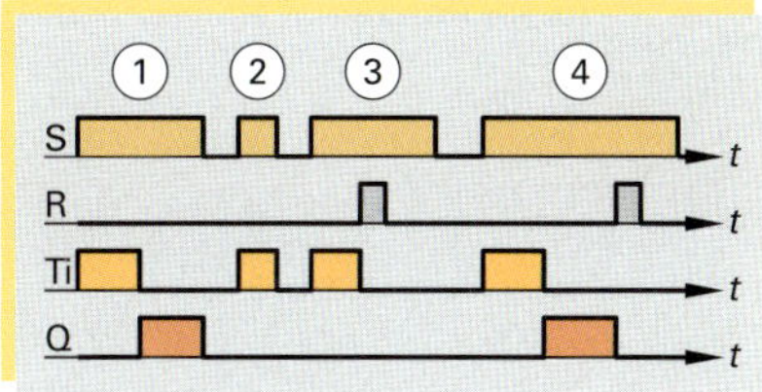

Bild 2: Zeitdiagramm Einschaltverzögerung

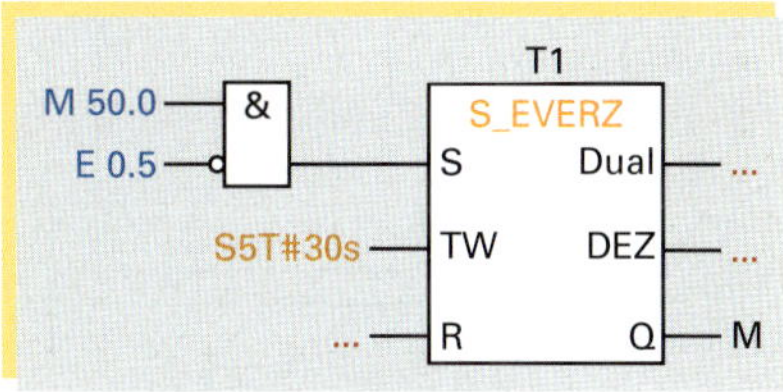

Bild 3: Programmausschnitt mit Einschaltverzögerung

10.8.3.8 Zählfunktionen (Bild 4)

Mit den Zählfunktionen kann vorwärts oder rückwärts gezählt werden. Ebenso lässt sich der Zählwert auf einen bestimmten Anfangswert einstellen oder löschen. Die Abfrage der Zählfunktion erfolgt über den Zählerstatus an Q (Zählwert Null oder nicht Null) oder über den aktuellen Zählwert der einmal dual codiert am Ausgang DUAL, oder BCD-codiert an DEZ ansteht.

Bei der Programmierung einer Zählfunktion müssen nicht alle Ein- bzw. Ausgänge benutzt werden. Es genügen die Operationen die z.B. für einen Rückwärtszähler notwendig sind. Dies sind das Setzen (S) auf einen Anfangszählwert, das Rückwärtszählen (ZR) und die Abfrage des Zählerstatus (Q). Ein Zähler wird durch eine positive Flanke am S-Eingang gesetzt. Dadurch übernimmt die Zählfunktion den am ZW-Eingang stehenden Wert (Wertebereich 0 bis 999). Mit einem „1"-Signal an R wird der Zähler zurückgesetzt und damit auch der Zählwert auf Null gesetzt. Die Zählfunktion zählt vorwärts wenn an ZV ein „0" → „1" Wechsel stattfindet. Jede weitere positive Flanke erhöht den Zählwert um eine Einheit, bis der obere Wert 999 erreicht ist. Jede weitere positive Flanke bleibt unberücksichtig. Ein Übertrag findet nicht statt **(Bild 5)**.

Ein Zähler zählt rückwärts, wenn an ZR ein positiver Flankenwechsel stattfindet. Jeder Wechsel verringert den an ZW eingestellten Wert um eine Einheit. Ist die Grenze Null erreicht, zeigt jede weitere Flanke keine Wirkung mehr. Ein Zählen mit negativen Zahlen findet nicht statt. An Q wird der Zählstatus abgefragt.

Q führt „1"-Signal, wenn der aktuelle Zählwert größer als Null ist. Q führt „0"-Signal wenn der aktuelle Zählwert Null ist. Die Ausgänge DUAL und DEZ stellen den aktuellen Zahlenwert zum Zeitpunkt der Abfrage im jeweiligen Code zur Verfügung. Die Ein- und Ausgänge R; DUAL; DEZ brauchen nicht beschaltet zu werden.

Zählfunktionen

Zeichen	Datentyp	Beschreibung
ZV	BOOL	vorwärts
ZR	BOOL	rückwärts
S	BOOL	Setzeingang
ZW	WORD	Vorgabe des Zählwertes
R	BOOL	rücksetzen
DUAL	Word	Zählwert aktuell
DEZ	Word	Zählwert aktuell
Q	BOOL	Zählstatus

Bild 4: Zählfunktion

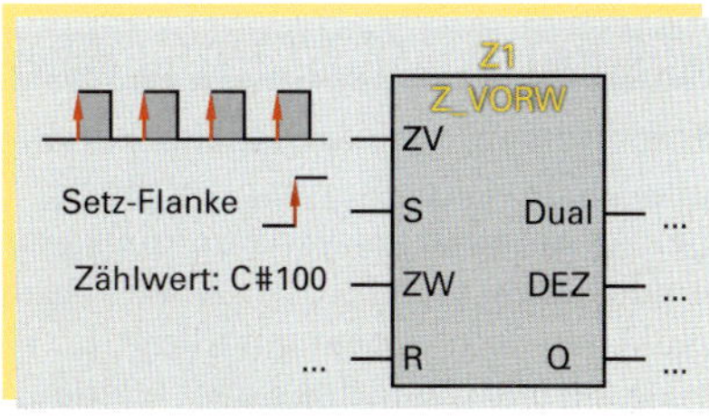

Bild 5: Vorwärtszähler Z1

Beispiel: Mit einem Vereinzelungssystem **(Bild 1)** werden Werkstücke mit einem doppelt wirkenden Zylinder aus dem Fallmagazin geschoben. Die Lineareinheit transportiert die Werkstücke zur Ablage (Rutsche). Da die Rutsche nur fünf Werkstücke aufnehmen kann, sind diese zu zählen. Schreiben Sie ein SPS-Programm, das die Vereinzelung ansteuert und die Ausschübe zählt. Nach fünf Vereinzelungen stoppt der Prozess (Rutsche voll). Der Vorgang kann erneut gestartet werden, wenn die Rutsche leer ist und der Starttaster betätigt wird. Geben Sie für ihr Programm eine Symboltabelle an.

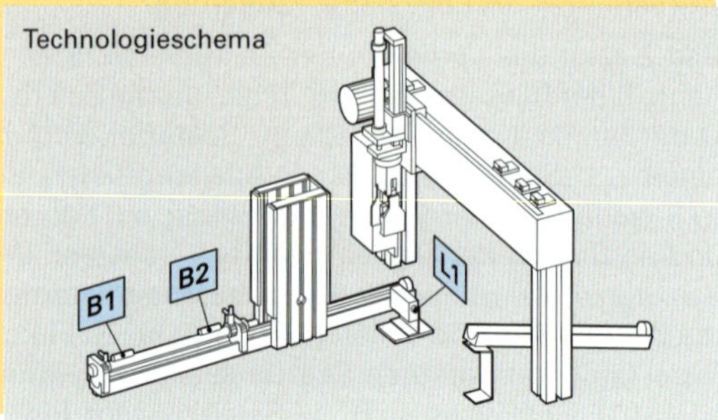

Bild 1: Vereinzelungssystem

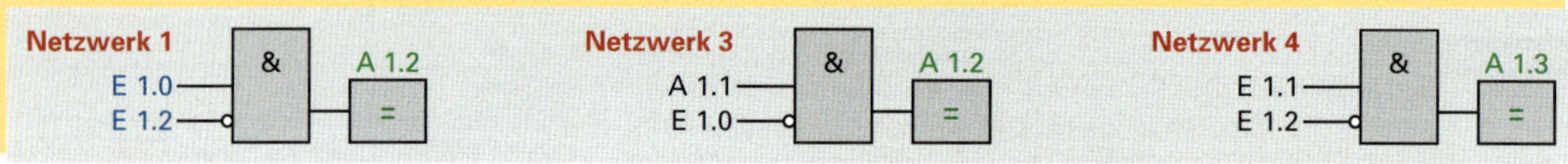

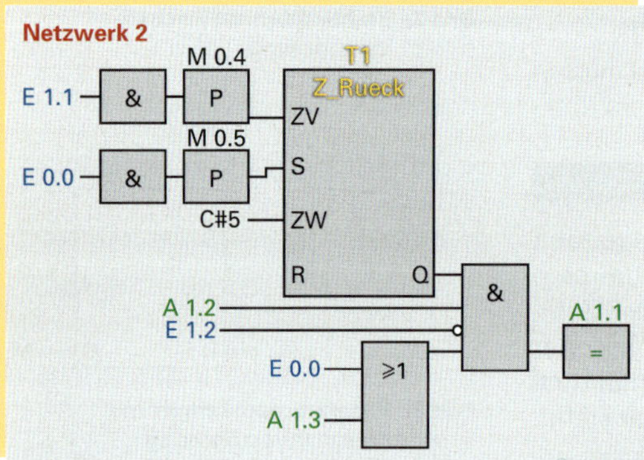

Tabelle 1: Symboltabelle

Symbol	Adresse	Datentyp	Kommentar
B1	E 1.0	BOOL	Z1 hintere Endlage
B2	E 1.1	BOOL	Z1 vordere Endlage
L1	E 1.2	BOOL	Lichtschranke
S1	E 0.0	BOOL	Starttaster
Z1	A 1.0	BOOL	Zylinder 1 ausfahren
Z1	A 1.1	BOOL	Zylinder 1 einfahren
H1	A 1.2	BOOL	Anlage betriebsbereit
H2	A 1.3	BOOL	Werkstück entnehmen

Erläuterung:
Netzwerk 1 Anlage betriebsbereit H1 leuchtet
Netzwerk 2 Automatisches Zählen und Vereinzeln
Netzwerk 3 Zylinder fährt zurück
Netzwerk 4 Werkstück entnehmen H2 leuchtet

10.8.3.9 Vergleichsfunktionen

Beim Einsatz von Zählern wird häufig der eingestellte Zählerstand benötigt um weitere Steuerfunktionen auszulösen. Hierzu dienen Vergleichsfunktionen, die zwei digitale Variable miteinander vergleichen. Dabei können die in **Übersicht 1** dargestellten Paare von numerischen Werten verglichen werden:

Ergibt der Vergleich die Aussage „wahr", so liefert der Vergleicher „1"-Signal, ansonsten „0". Verglichen werden die Eingänge IN1 und IN2 entsprechend folgender Vergleichsart:

Der in **Tabelle 2** abgebildete Vergleicher (CMP) vergleicht Festpunktzahlen (I) auf der Basis von 16 Bit auf Gleichheit (==).

Hinweis: Der Ausgang eines Vergleichers muss immer beschaltet werden. Die angelegten Variablen müssen den gleichen Datentyp aufweisen wie die Eingänge.

Übersicht 1: Numerische Werte

I	Ganze Zahlen vergleichen (auf Basis 16-Bit Festpunktzahl)
D	Ganze Zahlen vergleichen (auf Basis 32-Bit Festpunktzahl)
R	Gleitpunktzahlen vergleichen (auf 32-Bit Realzahlenbasis)

Tabelle 2: Vergleichsarten

	Q = 1 wenn
==	IN1 ist gleich IN2
<>	IN1 ist ungleich IN2
>	IN1 ist größer als IN2
<	IN1 ist kleiner als IN2
>=	IN1 ist größer gleich IN2
<=	IN1 ist kleiner gleich IN2

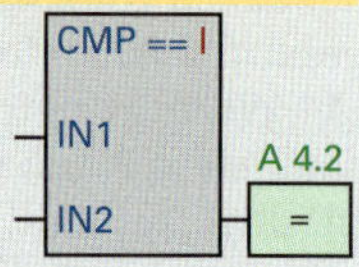

Vergleicher

10.8.3.10 Ablaufsteuerung

Steuerungen mit vorwiegend kombinatorischen Funktionen oder Zeitfunktionen ohne zwangsläufig schrittweisen Ablauf bezeichnet man als Verknüpfungssteuerungen. Viele zu steuernde Prozesse erfordern einen Ablauf, der einer definierten zeitlichen Reihenfolge unterliegt. So darf z. B. ein Bewegungsvorgang erst dann eingeleitet werden, wenn zuvor ein anderer beendet ist (Förderanlagen). In Verknüpfungssteuerungen wird

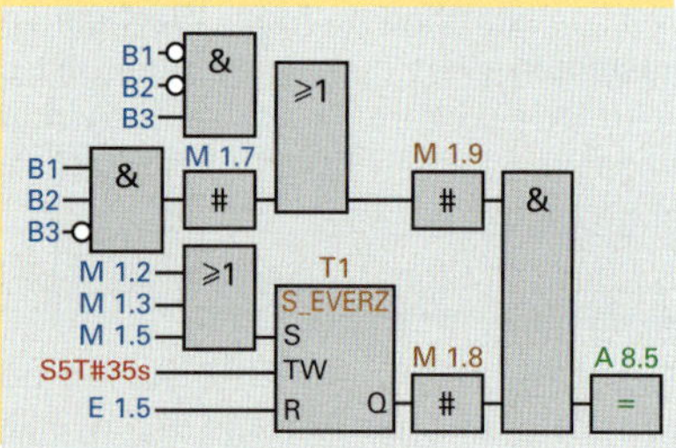

Bild 2: Verknüpfungssteuerung (Schachteltiefe 5)

dies durch entsprechende Verriegelungsbedingungen im Programm gelöst. Ab einer gewissen „Verschachtelungstiefe" werden jedoch diese Programme sehr unübersichtlich. Im Fehlerfall sind daher Serviceeinsätze sehr zeitintensiv **(Bild 2, Seite 518)**.

Eine **Ablaufsteuerung** ist eine Steuerung, die zwangsläufig schrittweise abläuft. Der zu steuernde Prozess ist somit in Teilfunktionen, so genannte Schritte, zu zerlegen. Dadurch wird das Anwenderprogramm logisch strukturiert und das Zusammenwirken der Teilfunktionen kann übersichtlich und anschaulich dargestellt werden. Ein typisches Beispiel einer Ablaufsteuerung ist eine Fördereinrichtung **(Bild 1)**. Ist der Transportwagen in Position A (B1 = „0") und wird der Starttaster betätigt, wird der Wagen mit Füllgut von Silo A beladen. Das Füllventil Y1 ist hierfür 6 Sekunden geöffnet. Nach Ablauf der Füllzeit (Y1 geschlossen) fährt der Wagen nach Position B. Bei Erreichen der Position B (Meldung von B2) wird der Wagen angehalten und mit Füllgut aus Silo B beladen. Das Füllventil wird für 4 Sekunden geöffnet. Nach Ablauf dieser Zeit (Y2 geschlossen) fährt der Wagen nach Position C. B3 meldet das Erreichen, der Wagen wird gestoppt und entleert. Hierfür ist eine Vorrichtung am Transportwagen für 12 Sekunden aktiv. Nach Ablauf der Entleerzeit schließt die Vorrichtung, der Wagen fährt zurück in Position A, Meldung durch B1. Nach einem erneuten Startbefehl wiederholt sich der Prozesszyklus.

Wie das Beispiel zeigt, sind für das Weiterschalten in den programmmäßig nächsten Schritt, so genannte **Weiterschaltbedingungen** (Transitionen) erforderlich. Schritte und Transitionen sind durch Wirkungslinien miteinander verbunden. Sind die Transitionen nur von Signalen aus dem Prozess abhängig, nennt man die Ablaufsteuerung prozessgeführt. In zeitgeführten Steuerungen sind die Transitionen von der Zeit abhängig.

Ablaufsteuerungen sind **prozessgeführt,** wenn die Weiterschaltbedingungen von Signalen des zu steuernden Prozesses abhängen. Bei **zeitgeführten** Ablaufsteuerungen sind die Weiterschaltbedingungen nur von der Zeit (Zeitglieder, Zeitwalzen) abhängig (vgl. Kap. 10.1.2).

Beide Formen der Ablaufsteuerung kommen nur selten getrennt vor. Wichtigster Teil einer Ablaufsteuerung ist die **Ablaufkette**. Sie gliedert das Programm in einzelne, zwangsläufig aufeinander folgende **Schritte,** wobei jedem Schritt ein **Schrittmerker** (SR-Speicher) zugeordnet ist. Den Schritten sind Befehle zugewiesen, deren Ausführung durch entsprechende Weiterschaltbedingungen bestimmt wird **(Bild 3)**.

Rechts neben dem Schrittsymbol sind die zugehörigen **Befehlsfelder** angegeben, die **Aktionen** hervorrufen **(Bild 4)**. Befehle sind entweder aktiv, wenn der Schritt aktiv ist (nicht gespeichert) oder bleiben über mehrere Schritte aktiv (gespeichert). Aktionen steuern die Stellgeräte, Merker usw. abhängig von der Ablaufkette an.

Ablaufsteuerungen ermöglichen eine übersichtliche, strukturierte Darstellung des Anwenderprogramms und bieten damit

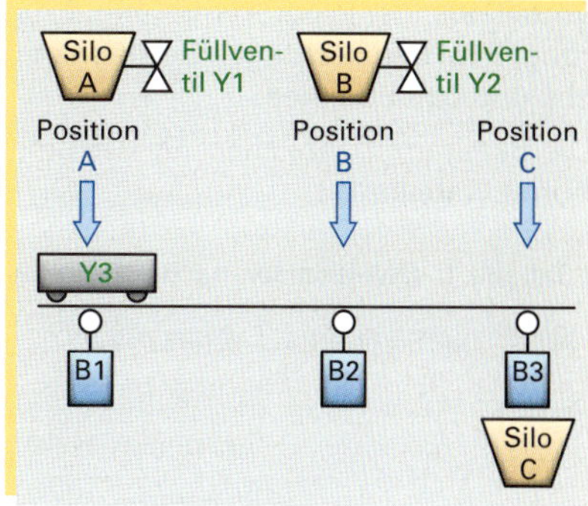

Bild 1: Fördereinrichtung

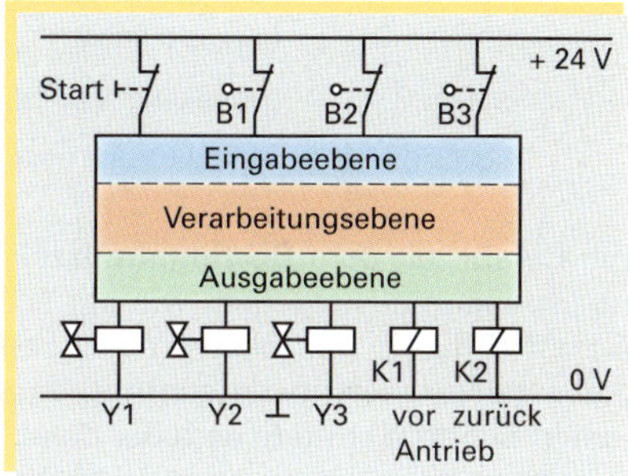

Bild 2: Beschaltung der SPS

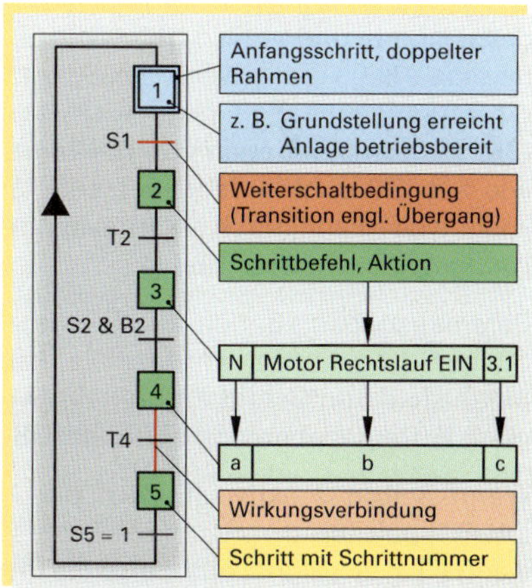

Bild 3: Ablaufkette

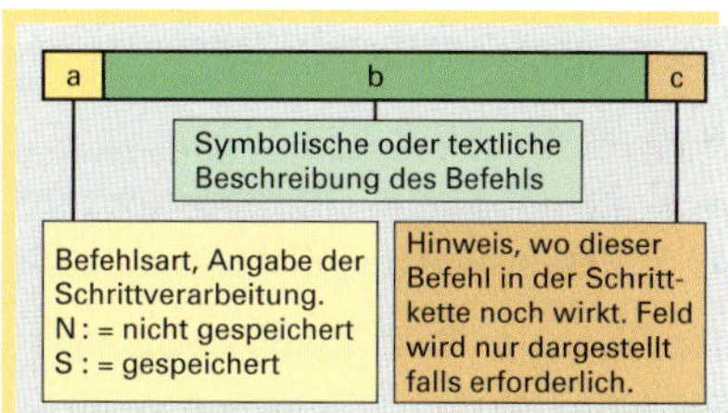

Bild 4: Befehlsfeld

Vorteile bei der Programmierung, Programmänderung, Funktionstestung, Inbetriebnahme, Fehlersuche und beim Service.

Die Bestimmungszeichen für die Befehle sind genormt **(Tabelle 1)**.

Tabelle 1: Befehlsarten nach ICE (Auswahl)

Bestimmungszeichen	Erläuterung
N	nicht gespeichert
S	Setzen gespeichert
R	Rücksetzen von S-Befehlen
D	zeitverzögert
L	zeitbegrenzt
P	Impuls (Flanke)
SD	gespeichert und zeitverzögert
DS	verzögert und gespeichert

Ein Befehl mit dem **Bestimmungszeichen N** wird nur so lange ausgegeben, wie der entsprechende Schritt aktiv ist. Das Bestimmungszeichen **S** (setzen = gespeichert) wirkt schrittübergreifend. Von einem Schritt (Schritt 5) wird der Befehl speichernd gesetzt und von einem anderen (Schritt 9) zurückgesetzt. Als Speicher dient ein SR-Speicher **(Bild 1)**. Mit **D** (delay) wird ein nicht gespeicherter, zeitverzögerter Befehl gekennzeichnet **(Bild 2)**. Der nicht gespeicherte und zeitlich begrenzte Befehl **L** schaltet eine Aktion aktiv, wenn der Schritt gesetzt und die angegebene Zeit noch nicht abgelaufen ist **(Bild 3)**. **Kombinationen** von Bestimmungszeichen wie z.B. **SD** sind in **Tabelle 1** erläutert; ihre Wirkungsweise kann durch entsprechende Funktionen nachgebildet werden **(Bild 4)**.

Befehlausgaben können durch zusätzliche Bedingungen beeinflusst werden. So kann z.B. das Befehlsfeld von Schritt 2 durch die weitere **Bedingung F** (freigabebedingt) abhängen **(Bild 6)**.

Wenn Schritt 2 aktiv ist, wird die Aktion Ventil „AUF" speichernd vorbereitet aber erst ausgeführt, wenn E1.2 „1"-Signal führt, also die Freigabe erteilt ist **(Bild 5)**.

Im Feld C des Befehlsfeldes **(Bild 4, Seite 519)** werden Befehlsrückmeldungen eingetragen. Nach DIN 40719 werden folgende Zeichen verwendet:

- A Befehl ausgegeben
- R Befehl ausgeführt (response control)
- X Befehlswirkung nicht erreicht (Störung)

Die Transition 2.1R **(Bild 7)** bedeutet:

Bei ausgeführtem Öffnen von Ventil 1 wird Schritt 3 gesetzt und Schritt 2 zurückgesetzt.

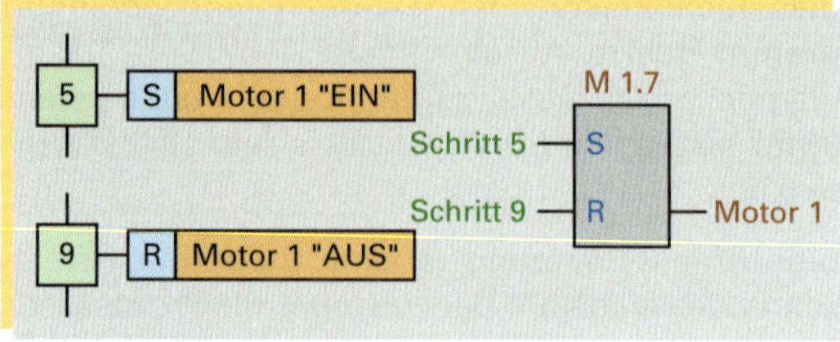

Bild 1: Befehls S (speichernd gesetzt)

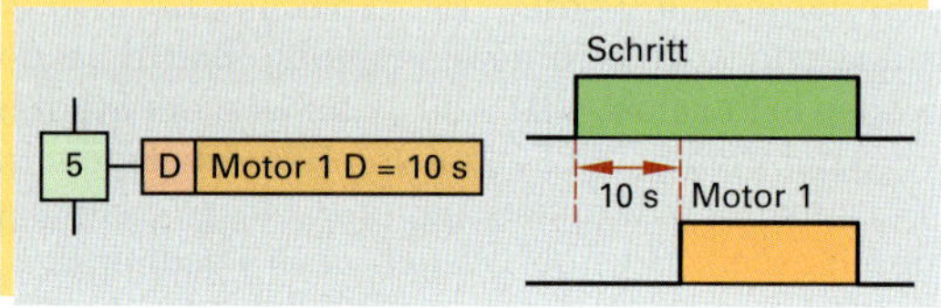

Bild 2: Befehl D (zeitverzögert)

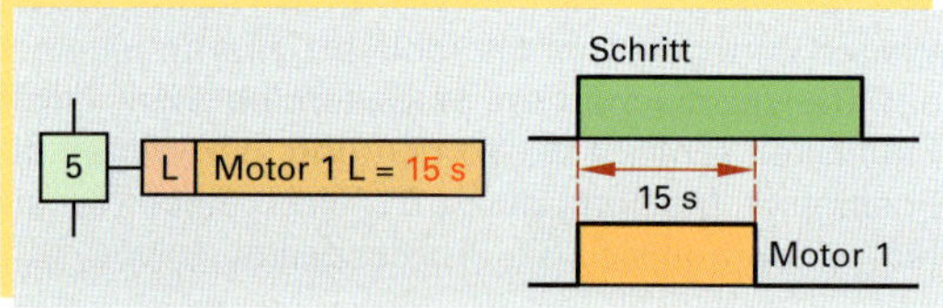

Bild 3: Befehl L

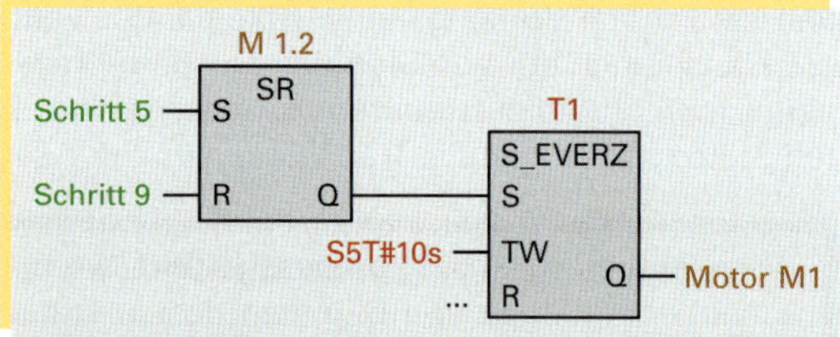

Bild 4: Nachbildung eines SD-Befehls

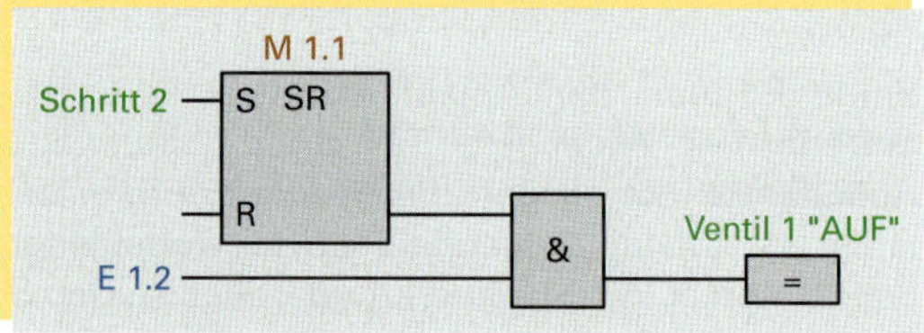

Bild 5: Zusätzliche Freigabe einer Aktion

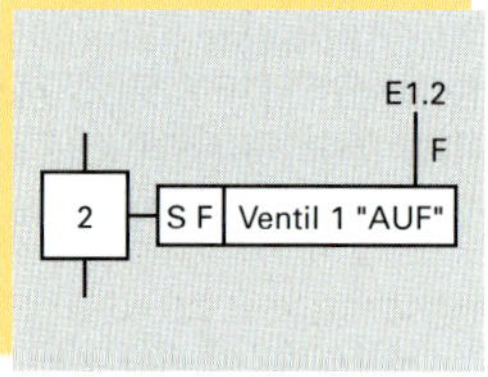

Bild 6: Bedingung F

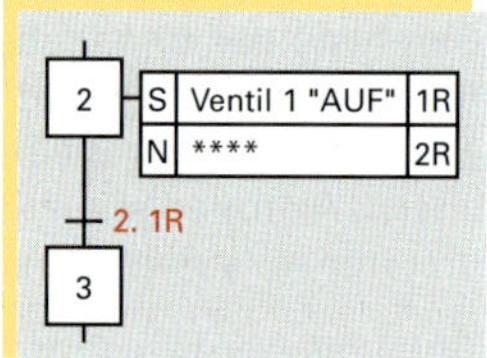

Bild 7: Transition

10.8.4.1 Prozessüberwachung mit SPS-Programmen (Befehl Fehlerrückmeldung)

In der Regel werden SPS-Programme so geschrieben, dass Störmeldungen durch die SPS dann ausgegeben bzw. angezeigt werden, wenn in einem gesteuerten Prozess innerhalb eines vordefinierten Zeitintervalls keine Rückmeldung erfolgt. Dies soll an folgendem Beispiel verdeutlicht werden:

Ein Zylinder dessen Endlagen mittels Reedkontakte (B1 und B2) erfasst werden wird durch ein Pneumatikventil von SPS-Ausgängen gesteuert **(Bild 1)**. Die Verfahrzeiten des Zylinders von B1 nach B2 und von B2 nach B1 werden als gleich angenommen. Das Ventil wird durch den Schritt 5 der Schrittkette angesteuert. Die Transition T6 um den Schritt 6 zu aktivieren ist abhängig vom Erreichen der Endlage B2 des Zylinders.

Erreicht der Zylinder die Endlage B2 nicht in dem vorgegebenen Zeitintervall, dann liegt eine Störung vor.

Mögliche Ursachen können sein:

- Luftversorgung unterbrochen
- Zylinder kann mechanisch wegen Hindernis nicht ganz ausfahren
- Reedkontakt defekt
- Signalleitung vom Reedkontakt zur SPS unterbrochen
- Ventil rückt trotz korrekter Ansteuerung und ausreichender Luftversorgung nicht ein (Verschmutzung oder Abnutzung des Ventilinneren)

Der Befehl erfolgt gespeichert und zeitverzögert (SD), d. h. die Aktion wird erst gespeichert und nach Verstreichen der definierten Zeit ausgeführt **(Bild 2)**.

Ein Beispiel für die Fehlerrückmeldung ist die Indexierung von Werkstückträgern durch einen Pneumatikzylinder. Diese Indexierung ist oft durch fertigungsbedingte Maßgenauigkeit erforderlich.

Wird z. B. eine Werkstückpalette über ein Fördersystem in eine Bestückungsposition gebracht, so ist es oft nötig diese Palette, durch einen an der Kolbenstange angebrachten Konus, in eine genaue Position zu bringen, um ihn dann automatisiert bestücken zu können. Da es im Fehlerfall des Zylinders zu erheblichen mechanischen Zerstörungen kommen könnte, (z. B.: Palette nicht indexiert; Kollision mit Bestückungsgreifer) ist es in manchen Fällen nötig, solch einen Zylinder auf Fehlfunktionen seitens des Automatisierungsprogramms zu überprüfen um eine prozesssichere Funktion einer Produktionsanlage zu gewährleisten **(Bild 4)**.

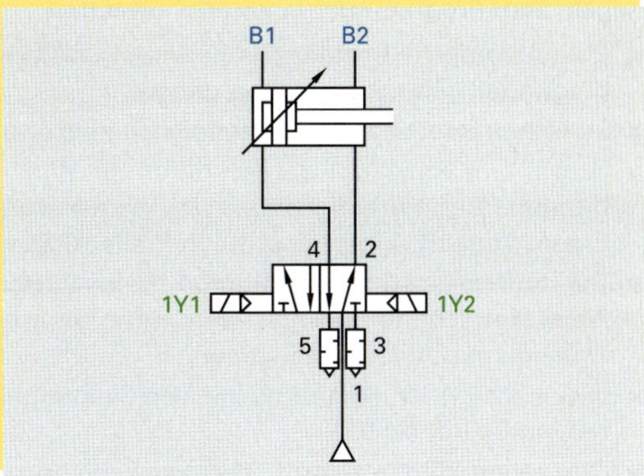

Bild 1: Zylinder gesteuert durch Impulsventil

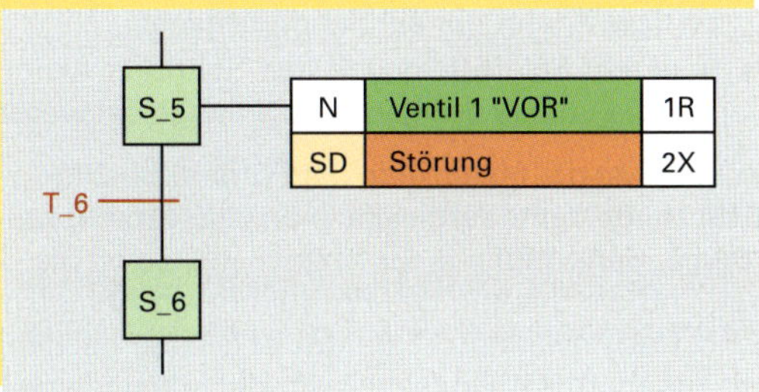

Bild 2: Teil einer Schrittkette

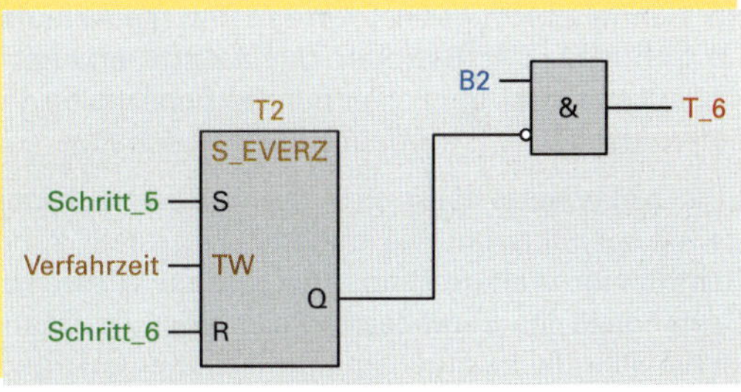

Bild 3: Bildung der Transition T_6

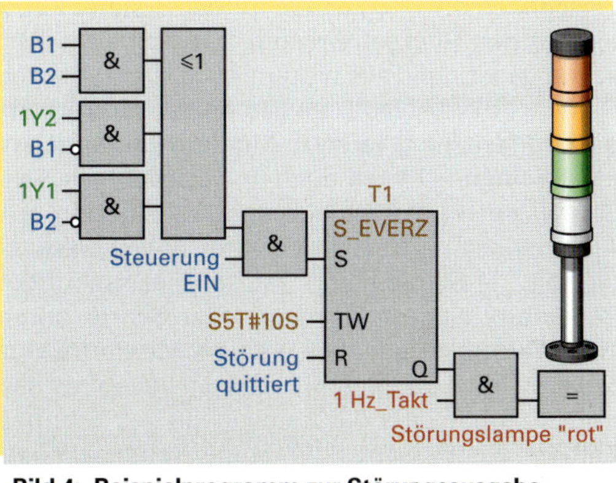

Bild 4: Beispielprogramm zur Störungsausgabe

Regeln zum Programmieren von Ablaufketten

- Eine Ablaufkette besteht aus Schritten und Weiterschaltbedingungen (Transitionen/Übergänge).
- Zwischen zwei Schritten befindet sich eine Transition.
- Schritt und Transition werden durch die Wirkungslinie verbunden. Der Wirkungsablauf ist immer von oben nach unten. Abweichungen sind durch Pfeile zu kennzeichnen.
- Der Anfangsschritt ist zu Beginn (beim Einschalten) einer Ablaufkette ohne Bedingungen aktiv. Er muss nicht am Anfang einer Ablaufkette stehen.
- In linearen Ablaufketten (keine Verzweigungen) ist immer nur ein Schritt aktiv.
- Der nachfolgende Schritt wird aktiv, wenn der vorherige bereits aktiv UND die Transition erfüllt ist. Der vorherige Schritt bereitet also den nachfolgenden Schritt vor.
- Der nachfolgende Schritt setzt den vorherigen Schritt zurück so dass immer nur ein Schritt aktiv ist.
- In einem Befehlsfeld sind den Schritten Aktionen zugeordnet, die vom jeweiligen Schritt ausgelöst werden.

In **Bild 1** ist die Ablaufkette der Fördereinrichtung **(Bild 2, Seite 519)** dargestellt. Vergleicht man die Verknüpfungssteuerung **(Bild 2, Seite 518)** mit der Ablaufkette, so ist die Übersichtlichkeit und die Struktur des Programms in Ablaufsprache auffallend. Das Anwenderprogramm ist leichter nachvollziehbar und die zugehörige Ablaufkette lässt klar erkennen welche Aufgabe das Steuerungsprogramm erfüllt. Verständlich wird nun auch, weshalb ein Fehler recht schnell gefunden werden kann. Führt z.B. die Weiterschaltbedingung B2 „0"-Signal (False), so kann der Schritt 2 nicht gesetzt werden und die Ablaufkette verharrt im Schritt 1. Der Betreuer der Anlage erkennt anhand der Ablaufkette, dass der Fehler bei den Endschaltern zu suchen ist, sofern der Taster S1 ordnungsgemäß schaltet.

Eine Ablaufkette lässt sich durch **übergeordnete Eingänge** gezielt beeinflussen. Wie im **Bild 2** dargestellt, können zu jedem Schritt vier weitere Eingänge führen. Diese Eingänge sind Bestandteil des Betriebsartenteils einer Applikation. Dadurch ist die Schrittkette und damit die Aktionen übergeordnet beeinflussbar. Diese Eingänge sind auf dem Bedienpult der Anlage. Über den Eingang **„Rücksetzen"** (mit „1"-Signal) lassen sich alle Schrittmerker (bis auf den Startschritt) zurücksetzen. Beim Einschalten der SPS können für den ersten Zyklus mit „1"-Signal auf den Rücksetzeingang („Einschaltmerker") der Startschritt gesetzt und alle weiteren Schritte zurückgesetzt werden. Damit wird die Ablaufkette des Anwenderprogramms gezielt in die Grundstellung versetzt. Mit dem Eingang **„Weiterschalten mit Bedingung"** kann man einen beliebigen Schritt (mit „0"-Signal) sperren, obwohl seine Transitionen erfüllt sind. Im Automatikbetrieb (s. Betriebsartenteil) ist dieser Eingang ständig mit „1"-Signal belegt. Ist der Einzelschrittbetrieb auf der Bedienbox eingestellt, muss jeder Schritt durch Betätigung eines Tasters freigegeben werden. Mit dem Eingang **„Weiterschalten ohne Bedingung"** wird ein beliebiger nächster Schritt aktiviert, ohne dass die Transitionen des Schrittes erfüllt sind. Mithilfe des Eingangs **„Freigabe Befehlsausgabe"** kann die Befehlsausgabe gesperrt werden.

Tabelle 1: Symboltabelle

Symbol	Adresse	Datentyp	Kommentar
S1	E 1.0	BOOL	Anlage EIN; Schließer
B1	E 1.1	BOOL	Endschalter Pos A Öffner
B2	E 1.2	BOOL	Endschalter Pos B Öffner
B3	E 1.3	BOOL	Endschalter Pos C Öffner
Y1	A 1.1	BOOL	Ventil Silo A
Y2	A 1.2	BOOL	Ventil Silo B
Y3	A 1.3	BOOL	Ventil Wagen entleeren
K1	A 1.4	BOOL	Motorwagen nach rechts
K2	?	?	?

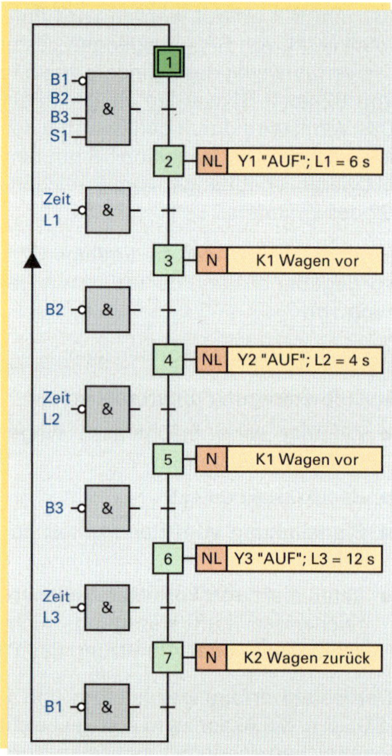

Bild 1: Ablaufkette der Fördereinrichtung

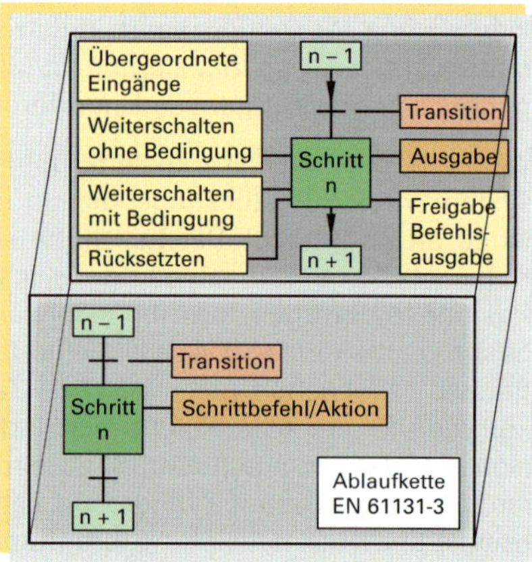

Bild 2: Ablaufkette mit übergeordneten Eingängen

Realisierung des Eingangsparameters Rücksetzen

Der übergeordnete Eingangsparameter Rücksetzen setzt alle Schritte einer Ablaufkette zurück; nur der Anfangsschritt der Kette wird aktiv geschaltet. Diesen Vorgang nennt man Initialisierung der Ablaufkette. Er wird zu Beginn der Inbetriebnahme der Applikation durchgeführt. **Bild 1** zeigt die Realisierung des Rücksetzens einer Ablaufkette die mit SR-Speichergliedern aufgebaut ist. Es wird deutlich, dass über die ODER-Verknüpfung am Setzeingang des ersten Schrittes dieser aktiv wird, sobald an Rücksetzen ein „1"-Signal anliegt. Alle weiteren Schritte der Kette werden zurückgesetzt. Des Weiteren kann der Parameter Rücksetzen auch auf die Befehlsausgabe sowie das Rücksetzen von Zeitgliedern verwendet werden.

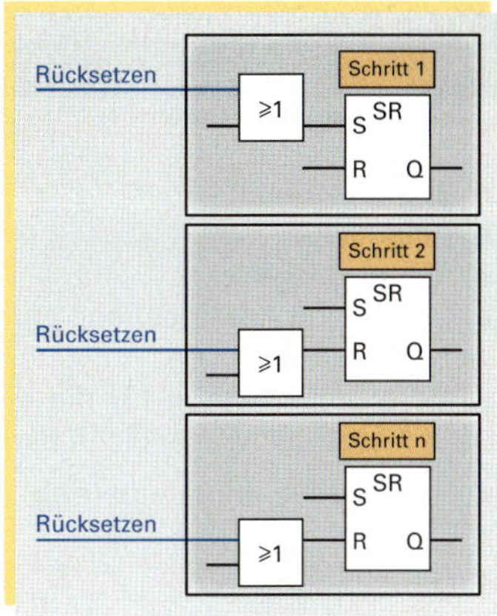

Bild 1: Parameter Rücksetzen

Weiterschalten mit Bedingungen

Der Eingangsparameter Weiterschalten mit Bedingungen setzt voraus, dass alle Weiterschaltbedingungen erfüllt sind UND (Verknüpfung) der Parameter „Weiterschalten mit Bedingung" ein „1"-Signal führt. Sind diese Bedingungen erfüllt, wird von Schritt n nach Schritt n+1,also zum nächsten Schritt geschaltet **(Bild 2).** Ebenso lässt sich aber auch mit „0"-Signal über diesen Eingang das Weiterschalten zum nächsten Schritt sperren, obwohl die Weiterschaltbedingungen erfüllt sind.

Für die Betriebsart Automatikbetrieb muss dieser Parameter dauerhaft mit „1"-Signal belegt sein.

Für die Betriebsart Einzelschrittbetrieb muss jeder einzelne Schritt über diesen Parameter freigegeben werden (siehe Betriebsarten).

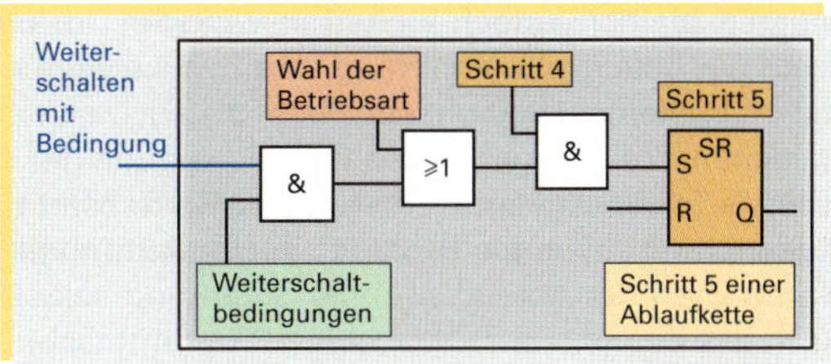

Bild 2: Parameter Weiterschalten mit Bedingung

Weiterschalten ohne Bedingungen (Bild 3)

Mit diesem Eingangsparameter wird in der Ablaufkette nur der nächste Schritt aktiviert, ohne Berücksichtigung der Weiterschaltbedingungen. So kann bei der Inbetriebnahme einer Applikation jeder Schritt gezielt angesprochen und getestet werden. Hierzu gibt man ein Impulssignal auf den Parametereingang. Zweckmäßig ist dieser Eingang auch, wenn z.B. durch eine Störung die Schrittkette an irgendeiner Stelle unterbrochen wurde und nach Schadensbehebung die Applikation in Grundstellung, d.h. mit Schritt 1 starten muss. Hierzu schaltet der Anlagenbediener in den Handbetrieb und taktet die Schrittkette mit „1"-Signal am Parametereingang Weiterschalten ohne Bedingung in den Startschritt.

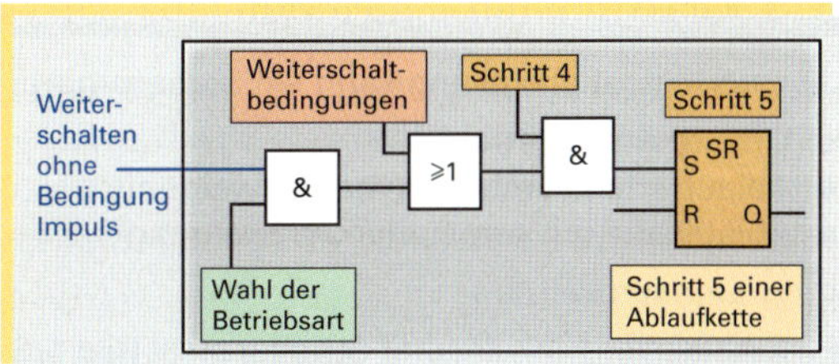

Bild 3: Parameter Weiterschalten ohne Bedingung

Freigabe der Befehlsausgabe

Die Aktoren bzw. die Stellglieder werden im Allgemeinen nicht direkt von den Schritten angesteuert sondern vom Ausgabe-Speicher, insbesondere wenn das Feld a der Befehlsausgabe mit S belegt ist. Andererseits muss auch die Möglichkeit bestehen, ein Stellglied zu aktivieren ohne dass der Aktionsbefehl vom entsprechenden Schritt gesetzt wird. Dies wird durch ein „1"-Signal an Freigabe Befehlsausgabe erreicht **(Bild 4).**

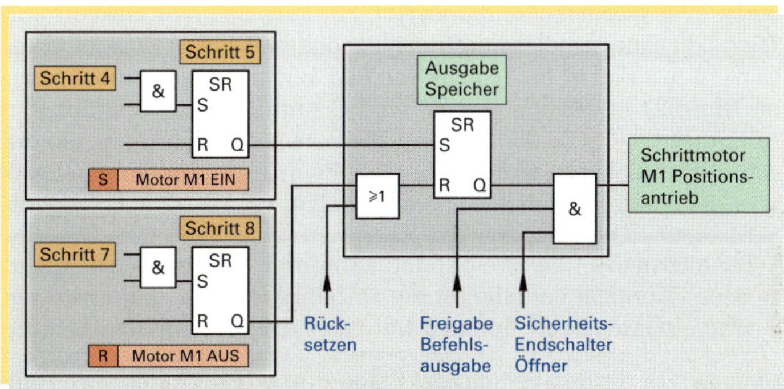

Bild 4: Parameter Freigabe Befehlsausgabe

10.8.4.2 Betriebsarten von Ablaufsteuerungen

Ablaufsteuerungen lassen sich in die Teile:

- Betriebsarten
- Ablaufkette
- Befehlsausgabe
- Melde- und Anzeigeebene unterteilen **(Bild 1)**.

Im Betriebsartenteil des Anwenderprogramms werden die Bedingungen für die einzelnen Betriebsarten festgelegt. Wesentliche Betriebsarten sind:

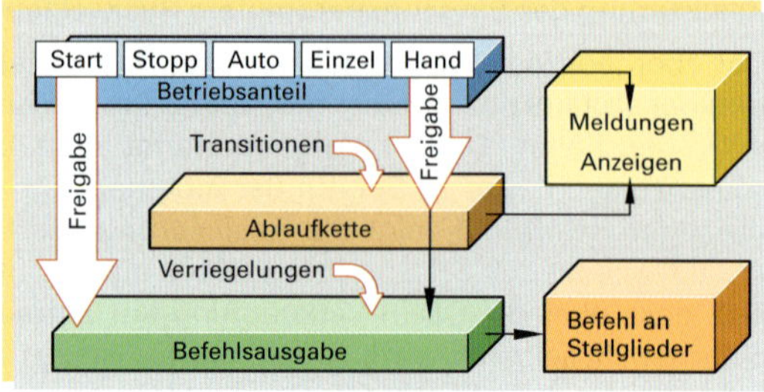

Bild 1: Teile einer Ablaufsteuerung

- Handbetrieb (Einrichtbetrieb)
- Einzelschrittbetrieb
- Automatikbetrieb.

Bei **Handbetrieb** können die einzelnen Stellglieder über den entsprechenden Schritt und den dazugehörigen Schrittbefehl, unabhängig vom Programm, von Hand aktiviert werden. Die Sicherheitsverriegelungen bleiben jedoch weiterhin wirksam. Im **Einzelschrittbetrieb** wird die Ablaufkette von Hand schrittweise weitergeschaltet. Hierfür ist im Bedienfeld sowohl ein Taster als auch eine Schrittanzeige vorgesehen. Die dazugehörigen Befehle können nur durch die Freigabe mittels Taster aktiviert werden. Diese Betriebsart erleichtert die Inbetriebnahme sowie die Fehlersuche. Im **Automatikbetrieb** durchläuft (nach Start der Ablaufkette) die Steuerung selbstständig, ohne Eingriff des Bedieners, die einzelnen Programmschritte. Die Stellgeräte werden von den einzelnen Schritten der Ablaufkette angesteuert.

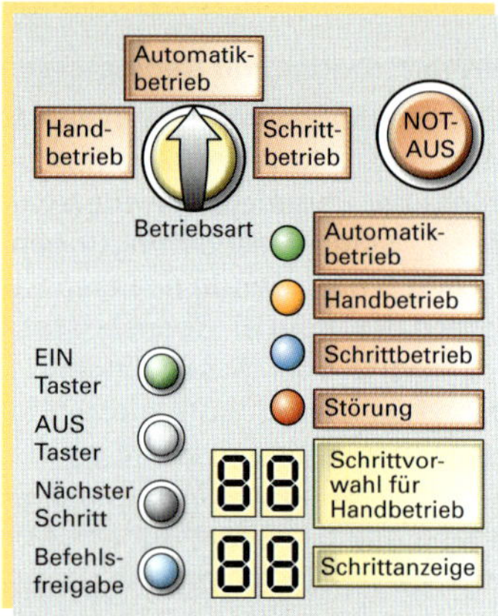

Bild 2: Steuerbox (Beispiel)

10.8.4.3 Grundformen von Ablaufsteuerungen

Je nach Aufgabenstellung kann ein Steuerprogramm als:

- Lineare Ablaufkette
- Ablaufkette mit alternativer Verzweigung
- Ablaufkette mit simultaner Verzweigung

programmiert werden.

Eine Ablaufkette mit linearer Struktur stellt **Bild 1, Seite 520** dar. Merkmal einer linearen Ablaufkette ist, dass jedem Schritt nur eine Transition folgt und jede Transition durch einen Schritt freigegeben wird.

Eine **alternative Verzweigung** ist eine **ODER-Verzweigung.** Mit der ODER-Verzweigung kann in der Ablaufkette eine Gabelung in mehrere Zweige vorgenommen werden. Bei der Abarbeitung der Kette kann aber während eines Programmlaufes nur ein Zweig durchlaufen werden (Alternative). Der Beginn einer Zweigauswahl (Sequenz) wird durch eine Waagerechte dargestellt. Für jede Sequenz existiert eine Transition. Eine gemeinsame Transition oberhalb dieser Waagerechten ist nicht zulässig. Ist im Beispiel von **Bild 3** Schritt 4 aktiv und Transition T8 erfüllt („1"-Signal = true) wird Schritt 8 gesetzt und Schritt 4 zurückgesetzt. Die beiden anderen alternativen Zweige können in diesem Zyklus nicht abgearbeitet werden. Beim Zusammenführen alternativer Pfade müssen die Transitionen über der Waagerechten positioniert sein (TA; TB; TC). Danach folgt direkt der nächste Schritt, hier Schritt 11.

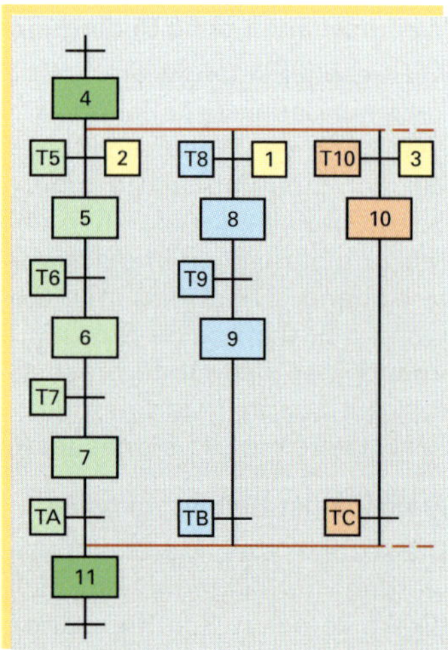

Bild 3: Alternative Verzweigung

> Bei alternativen Verzweigungen ist immer nur genau ein Pfad des Steuerprogramms aktiv. Erfolgt keine Prioritätenvergabe für die einzelnen Zweige, dann wird der erste am weitesten links stehende Weg eingeschlagen. In **Bild 3** wäre dies die Kette mit den Schritten 5; 6; 7.

Hinweis: Für die Bearbeitung der Pfade können **Prioritäten** vom Anwender definiert werden. Die Pfade erhalten dann Zahlen. Der Pfad mit der niedrigsten Ziffer hat die höchste Priorität.

Einen Sonderfall der Alternativverzweigung stellt die **Schleifenstruktur** dar. Hierbei führen ein oder mehrere Pfade zu einem Vorgänger-Schritt zurück. Der Programmfluss **(Bild 1)** von Schritt 5 nach Schritt 3 erfolgt, wenn der Schritt 5 gesetzt ist und die Transition TA true ist. Auf diese Weise können die Schritte 3, 4 und 5 wiederholt werden. Ist Schritt 5 aktiv und Transition T6 wahr, wird Schritt 6 gesetzt und Schritt 5 zurückgesetzt. Ein Rücksprung nach Schritt 3 findet nicht statt. Mit Hilfe der alternativen Verzweigung können auch Sprungbefehle ausgeführt werden. **Bild 2** zeigt, wie Schritte in einer Ablaufkette zu überspringen sind. Ist Schritt 2 gesetzt und die Transition TB true, wird Schritt 6 gesetzt und Schritt 2 zurückgesetzt. Damit werden die Schritte 3, 4, und 5 übersprungen.

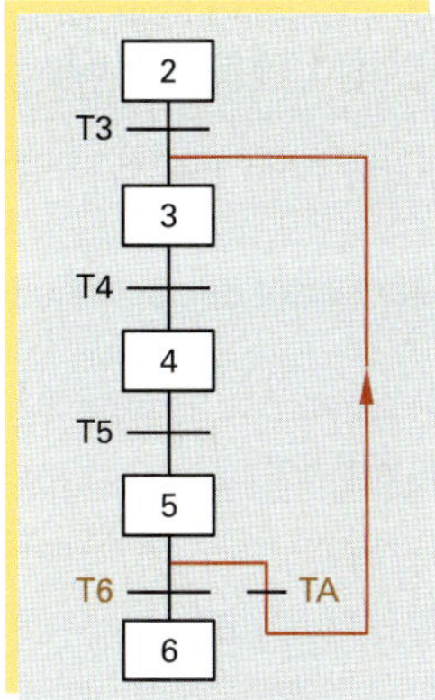

Bild 1: Alternative Schleife

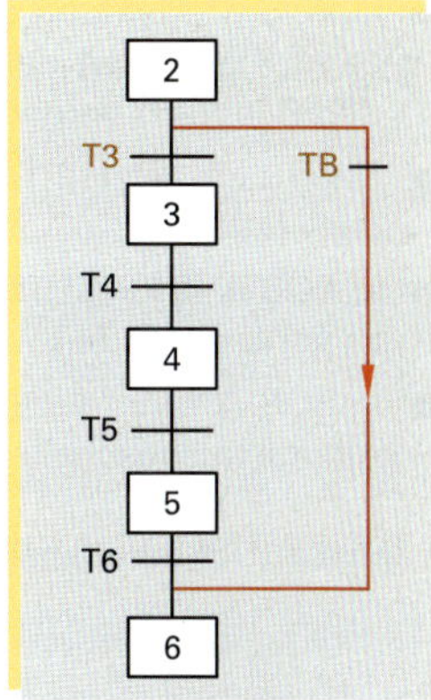

Bild 2: Alternativer Sprung

Eine **simultane** Verzweigung ist eine UND-Verzweigung (parallele Verzweigung), dargestellt in **Bild 3.** Sie wird durch eine Doppellinie und eine gemeinsame Transition über dieser Linie eingeleitet. Ist Schritt 4 gesetzt und die Transition TC ist erfüllt, dann werden die Schritte 5, 8 und 10 gleichzeitig gesetzt. Schritt 4 wird zurückgesetzt, wenn die Schritte 5, 8 und 10 auch tatsächlich gesetzt sind. Die einzelnen Pfade der parallelen Verzweigung werden gleichzeitig, jedoch unabhängig voneinander durchlaufen. Die Zusammenführung der parallelen Pfade wird ebenfalls durch eine Doppellinie gekennzeichnet, wobei die Transition immer unterhalb dieser Linie liegt. Die parallele Zusammenführung stellt eine Synchronisation dar. Erst wenn alle Pfade vollständig abgearbeitet sind und die nachfolgende Transition erfüllt ist, erfolgt der Übergang zum nächsten Schritt. In Bild 3 bedeutet dies: Sind die Schritte 7, 9 und 10 aktiv und ist die Transition T11 erfüllt, wird Schritt 11 gesetzt. Schritt 11 setzt seinerseits die Schritte 7, 9 und 10 zurück.

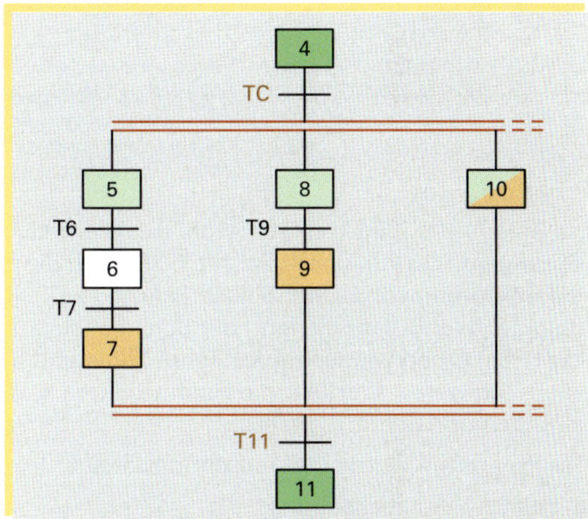

Bild 3: Simultane Verzweigung

Hinweis: Die aufgezeigten Grundformen der Ablaufsteuerung können auch untereinander gemischt werden. So kann z.B. eine parallele Verzweigung eine ODER-Verzweigung beinhalten.

Beispiel: Ein Transportband transportiert Maschinenteile zu einem Spritzautomaten. Die Spritzpistole wird durch die Zweiachsbewegung eines motorgesteuerten Schlittens bewegt. Durch die Motoransteuerung kann der Schlitten mit zwei unterschiedlichen, konstanten Geschwindigkeiten verfahren werden **(siehe Tabelle 1).**

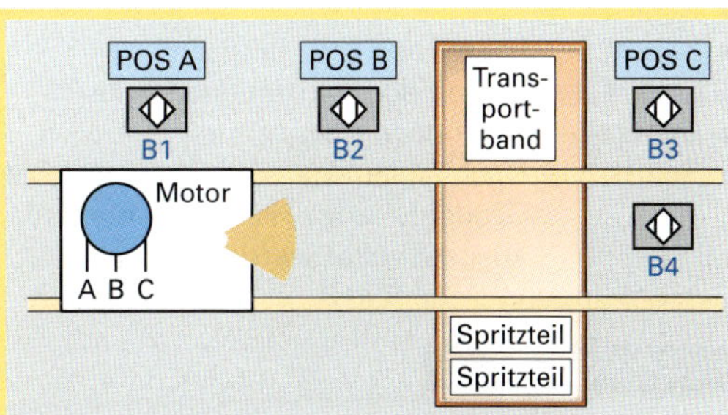

Bild 4: Technologie-Schema Spritzautomat

Nach folgenden Vorgaben ist der Motor anzusteuern:

- Aus der Grundstellung (Position A) wird der Schlitten bewegt.
- Ist der Schlitten in POS A und wird der Start-Taster S1 (Schließer) betätigt, so ist der Spritzautomat betriebsbereit.
- Meldet B4, dass ein zu spritzendes Teil vorhanden ist, fährt der Schlitten „schnell" nach rechts.

Tabelle 1: Bewegungsanweisungen

Bewegungsrichtung und Geschwindigkeit	Pluspol an Anschluss	Minuspol an Anschluss
rechts, langsam	A	C
rechts, schnell	A	B
links, langsam	C	A
links, schnell	B	C

- In POS B (Meldung B2 = „1"-Signal) beginnt der Spritzvorgang. Dazu fährt der Schlitten zwischen den Positionen B und C je nach Vorgabe in „langsamer" Fahrt hin und her.
- Nach dem letzten Durchlauf fährt der Schlitten „schnell" nach links.
- In POS A (B1 = „1"-Signal) wartet der Schlitten auf ein neu zu spritzendes Teil.
- In POS A kann durch Betätigen des Tasters S2 (Öffner) die Anlage ausgeschaltet werden **(Bild 1)**.

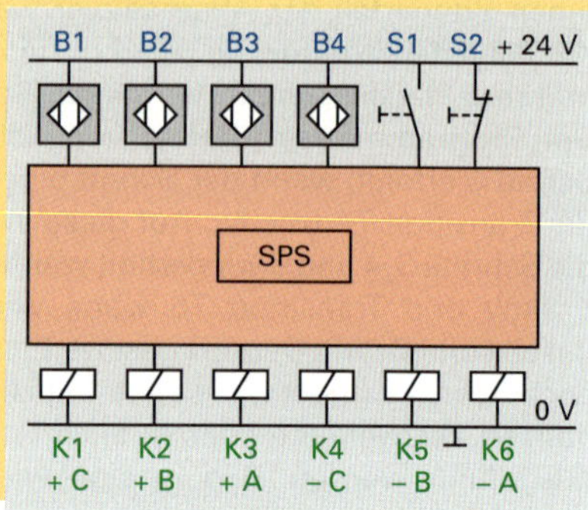

Bild 1: Verdrahtung

Tabelle 1: Symboltabelle

Symbol	Adresse	Datentyp	Kommentar
B1	E 1.0	BOOL	Initiator POS A
B2	E 1.1	BOOL	Initiator POS B
B3	E 1.2	BOOL	Initiator POS C
B4	E 1.3	BOOL	Initiator Spritzteil in POS
S1	E 1.4	BOOL	EIN-Taster
S2	E 1.5	BOOL	AUS-Taster
K1	A 2.1	BOOL	Motor-Plus-Anschluss C
K2	A 2.2	BOOL	Motor-Plus-Anschluss B
K3	A 2.3	BOOL	Motor-Plus-Anschluss A
K4	A 2.4	BOOL	Motor-Minus-Anschluss C
K5	A 2.5	BOOL	Motor-Minus-Anschluss B
K6	A 2.6	BOOL	Motor-Minus-Anschluss A

Die Ablaufkette **(Bild 2)** zeigt sowohl die Alternativverzweigung (Sprung von Schritt 4 nach Schritt 7) als auch die Kettenschleife (Rücksprung von Schritt 6 nach Schritt 3 z.B.). Ist die Bedingung Zählwert > 0 erfüllt, fährt der Schlitten ständig von POS B nach POS C und wieder zurück. Beim Zählstand 0 ist die Transition Zählwert = 0 erfüllt, die Schritte 5 und 6 werden übersprungen und Schritt 7 gesetzt.

Das Programm wurde in 8 Teilschritte zerlegt.

- Schritt 1 → Initialisierung
- Schritt 2 → Fahrt nach rechts schnell
- Schritt 3 → Fahrt nach rechts langsam
- Schritt 4 → Zählen der Fahrten nach rechts
- Schritt 5 → Fahrt nach links langsam
- Schritt 6 → Zählen der Fahrten nach links
- Schritt 7 → Fahrt nach links schnell
- Schritt 8 → Nach Ablauf der Zeit T1 ist der Schlitten in der Grundstellung. Hier kann die Anlage durch S2 ausgeschaltet werden.

Merkerbelegung siehe **Bild 3**.

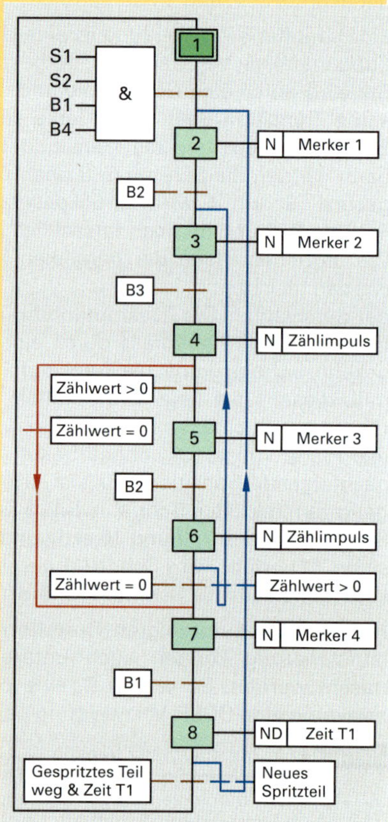

Bild 2: Ablaufkette

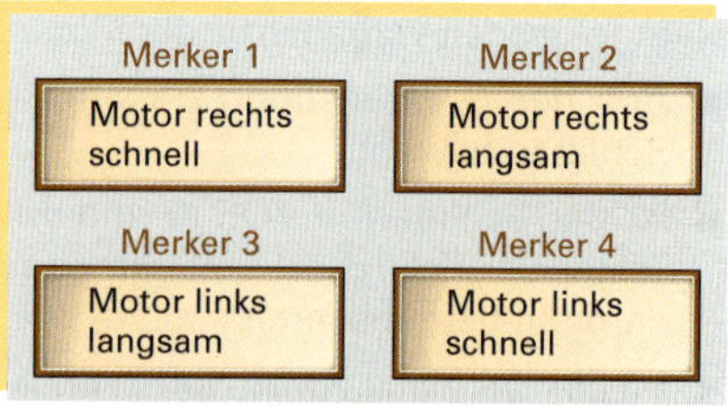

Bild 3: Merkerbelegung

Arbeitsauftrag:

1. Ändern Sie die Ablaufkette so ab, dass über einen Wahlschalter die Möglichkeit besteht die angelieferten Teile in zwei verschiedenen Farben zu spritzen. Die Reversierbewegungen (Wiederholungen) des Schlittens sind unterschiedlich, da die eine Farbe besser deckt als die zweite. Die Wartezeit T1 soll bei beiden Spritzvorgängen unverändert bleiben. (Lösungshinweis: Simultanverzweigung)
2. Wie viele Schritte können in einer linearen Kette gleichzeitig gesetzt sein?
3. Wann wird von einem Schritt auf den nächsten weitergeschaltet?

10.8.5 Funktionale Sicherheit von Steuerungen

In vielen Anwendungsbereichen wie Maschinen- und Fördertechnik werden Systemen und Komponenten der Automatisierungstechnik (z. B. Sensoren, Lichtvorhänge) sicherheitsrelevante Aufgaben (wie z. B. Überwachung von Gefahrenzonen u. a.) übertragen. Somit hängt das Leben und die Gesundheit der Bedienpersonen wie auch die Unversehrtheit von Anlagegütern und der Umwelt von der ordnungsgemäßen Funktion dieser Systeme und Komponenten ab. Daher ist jede Maschinensteuerung mit einem gewissen Fehlerrisiko behaftet, was ursächlich auf menschliches Fehlverhalten und/oder auf technisches Versagen zurückzuführen ist.

Gefahren an Maschinen und in Anlagen entstehen bei:

- Einrichten der Maschine
- Änderungen im Fertigungsprozess
- Reinigungsarbeiten
- Ausbildung von Bedienpersonal
- Wartung der Maschine bzw. Anlage
- Normalbetrieb

Maßnahmen zur Sicherheit (relativer Begriff: Risiko, das nach Ausführung der Schutzmaßnahmen verbleibt) sind unter dem:

- Technischen Aspekt (wie funktioniert die Sicherheitsmaßnahme?)
- Rechtlichen Aspekt (welche Sicherheitsvorschriften sind einzuhalten?)

zu sehen.

Folgend werden nur einige technische Aspekte im Hinblick auf Speicherprogrammierbare Steuerungen und Verdrahtung betrachtet. Darüber hinaus wird auf die einschlägige Literatur sowie auf Normen und EU-Richtlinien verwiesen.

Bild 1: NOT-AUS-Befehlsgerät verrastend mit Sicherheitsschloss

Farbkennzeichnung für Drucktaster und Leuchtmelder

Um das Zusammenwirken Mensch-Maschine zu erleichtern sind Schalter, Taster und Leuchtmelder farblich eindeutig gekennzeichnet, wobei jeder Farbe eine konkrete Bedeutung zugeordnet ist **(siehe Tabelle 1)**. Dadurch wird gewährleistet, dass die Sicherheit des Bedienpersonals erhöht und die Bedienung und Erhaltung der Anlagen erleichtert werden.

Tabelle 1: Farben für Drucktaster und ihre Bedeutung

Farbe	Bedeutung	Erklärung	Anwendungsbeispiele
ROT	Notfall	bei gefährlichem Zustand oder im Notfall betätigen	NOT-AUS Einleitung von NOT-AUS-Funktionen bedingt für STOP/AUS
GELB	Anormal	bei anormalem Zustand betätigen	Eingriff, um anormalen Zustand zu unterdrücken. Eingriff, um einen unterbrochenen automatischen Ablauf wieder zu starten.
GRÜN	Sicher	bei sicherer Bedienung betätigen oder im normalen Zustand vorzubereiten	START/EIN hierfür jedoch bevorzugt Weiß
BLAU	Zwingend	bei Zustand betätigen, der zwingende Handlung erfordert	Rückstellfunktion
WEISS	keine spezielle Bedeutung zugeordnet	für allgemeine Einleitung von Funktionen außer NOT-AUS (siehe auch Anmerkung)	START/EIN (bevorzugt) STOP/AUS
GRAU			START/EIN STOP/AUS
SCHWARZ			START/EIN STOP/AUS (bevorzugt)

Anmerkung: Wird eine zusätzliche Maßnahme der Kennzeichnung (z. B. Struktur, Form, Lage) zum Kennzeichen von Drucktaster-Bedienteilen verwendet, dürfen dieselben Farben WEISS, GRAU oder SCHWARZ für verschiedene Funktionen verwendet werden wie z. B. WEISS für START/EIN- und STOP/AUS-Bedienteile.

Bild 2: NOT-AUS-Befehlsgerät verrastend

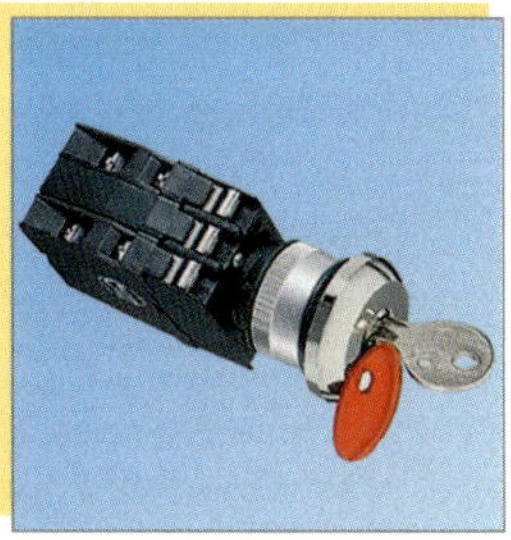
Bild 3: Sicherheitsschloss (mit Schlüsselüberwachung)

Hinweis: Die entsprechenden Normen findet man in EN 60204-1 (VDE 0113 Teil 1) Stand: 06.1993.

Tabelle 1: Farben für Leuchtmelder und ihre Bedeutung

Farbe	Bedeutung	Erklärung	Handlung durch den Bediener	Anwendungsbeispiele
ROT	Notfall	gefährlicher Zustand	Sofortige Handlung um auf gefährlichen Zustand zu reagieren; z.B. durch Betätigung von NOT-AUS	Druck, Temperatur außerhalb sicherer Grenzen; Spannungsfall; Spannungszusammenbruch; Überfahren einer Stop-Position
GELB	Anormal	anormaler Zustand; bevorstehender kritischer Zustand	Überwachen und/oder Eingreifen (z.B. durch Wiederherstellen der beabsichtigten Funktion)	Druck/Temperatur übersteigt normale Bereiche, Auslösen einer Schutzeinrichtung
GRÜN	Sicher	normaler Zustand	optional	Druck/Temperatur innerhalb normaler Bereiche, Ermächtigung erforderlich
BLAU	Zwingend	Anzeige eines Zustandes, der Handlung durch den Bediener erfordert	zwingende Handlung	Anweisung, vorgegebene Werte einzugeben
WEISS	Neutral	Andere Zustände, darf verwendet werden, wenn Zweifel über die Anwendung von ROT, GELB, GRÜN	Überwachen	Allgemeine Informationen

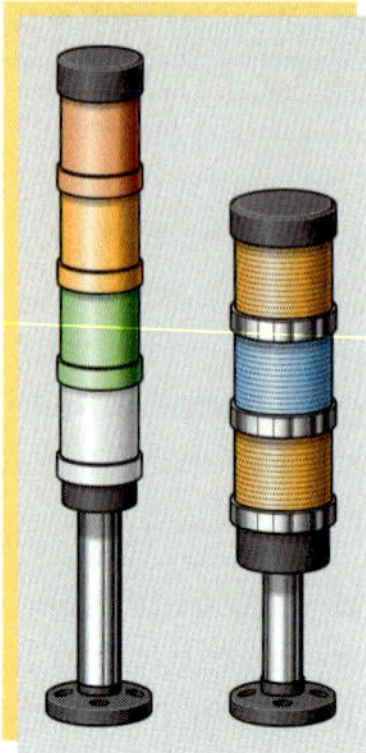

Bild 1: Akustische und visuelle Melde- und Signaleinrichtung

NOT-AUS

NOT-AUS ist eine Handlung, die dazu bestimmt ist, die Versorgung mit elektrischer Energie zu einer ganzen Installation oder zu einem Teil davon abzuschalten, falls ein Risiko für einen elektrischen Schlag oder ein anderes Risiko elektrischen Ursprungs besteht.

Ein Ausschalten im Notfall ist vorzusehen, wo:

- Schutz gegen direktes Berühren (z.B. an Schaltgeräten) nur durch Abstand oder Hindernisse erreicht wird
- Es die Möglichkeit anderer Gefährdungen oder Beschädigungen durch elektrische Energie wie z.B. Drehbewegungen gibt

Bild 2: Einbauleuchten

Geräte für NOT-AUS (Bilder 1 und 2. Seite 527)

- Bei einem Schalten der Kontakte eines NOT-AUS-Gerätes, auch bei einer nur kurzen Betätigung, muss das Befehlsgerät zwangsweise verrasten.
- Es darf nicht möglich sein, dass die Maschine, Anlage von einem entfernten Hauptbedienstand wieder gestartet wird, ohne dass die Gefahr vorher beseitigt wurde. Die Notschalteinrichtung muss **vor Ort** durch eine **bewusste Handlung wieder entriegelt** werden.

Bild 3: Leuchtmelder

Zwangsgeführte Kontaktelemente (Bild 4)

Kombinationen von n Schließer- und m Öffner-Kontaktelementen, die mechanisch so miteinander verbunden sind, dass sie nicht gleichzeitig geschlossen sein können.

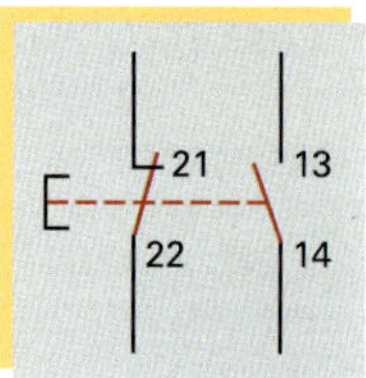

Bild 4: Taster mit zwangsgeführten Kontakten

Zwangsöffnung

Öffnungsbewegung, die sicherstellt, dass die Hauptkontakte eines Schaltgerätes die Offenstellung erreicht haben, wenn das Bedienteil in AUS-Stellung steht. Dabei darf die Kontakttrennung nicht über federnde Teile (z.B. einer Feder) erreicht werden. Zwangsöffnung (EN 60947) wird in allen Sicherheitskreisen gefordert. Die Notwendigkeit der Zwangsöffnung der Öffnerkontakte in NOT-Situationen ist bei NOT-AUS-Befehlsgeräten zwingend vorgeschrieben (Ruhestromprinzip) **(Bild 5).**

Ruhestromprinzip

Solange der Ruhestrom fließen kann, ist kein gefährdeter Eingriff erfolgt (Schutztür geschlossen). Die Unterbrechung des Ruhestromes lässt eine Betätigung eines Schaltkontaktes erkennen (Öffnen eines Endschalters) oder signalisiert einen Drahtbruch. Drahtbruchsicherheit liegt vor, wenn Einschaltbefehle durch Schließer und Ausschaltbefehle durch Öffner erfolgen.

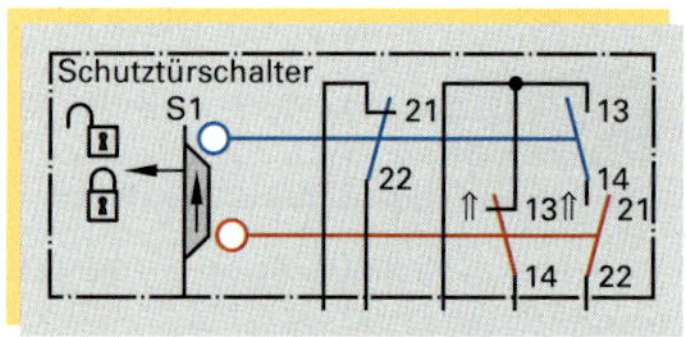

Bild 5: Zwangsöffnung durch Schutztürschalter

Positionsschalter sind Hilfsstromschalter. Sie werden für Stellungsüberwachungen von Schutzeinrichtungen an Arbeitsmaschinen oder als Wegfühler eingesetzt. Aufgrund ihrer Betätigungsart unterscheidet man mechanische Positionsschalter sowie Näherungsschalter induktiver, kapazitiver und optischer Art. Positionsschalter die in sicherheitsbezogenen Stromkreisen eingesetzt werden, müssen über zwangsöffnende Kontakte verfügen **(Bild 1)**.

Bild 1: Positionsschalter a) ohne Zuhaltung b) mit Zuhaltung

Sicherheitsrelevante (-bezogene) Steuerungsfunktionen sind Steuerungsfunktionen, die durch ein sicherheitsrelevantes Steuerungssystem ausgeführt werden, um einen sicheren Zustand einer Maschine zu erhalten oder das Entstehen gefährlicher Zustände zu vermeiden.

Betätigen von NOT-AUS-Geräten

NOT-AUS-Befehlsgeräte müssen bei Betätigung den Sicherheitskreis fehlersicher unterbrechen. Dies hat ausschließlich mit Öffnerkontakten zu erfolgen. Ein automatischer Wiederanlauf einer Maschine darf nicht erfolgen, deshalb erfolgt eine Zwangsverrastung am NOT-AUS-Befehlsgerät.

In SPS-gesteuerten Anlagen müssen sicherheitsrelevante Steuerungsfunktionen unabhängig von der SPS verdrahtet werden. Zusätzlich werden die Schaltzustände von z. B. Sicherheitsverriegelungen oder Hilfsstromschaltern an die SPS gemeldet.

Farbliche Kennzeichnung von Leitungen

Die Kennzeichnung von Leitern ist durch die Norm EN 60204 festgelegt. Die Norm lässt jedoch große Spielräume zu. Sie schreibt vor, dass die Leiter an jedem Anschluss in Übereinstimmung mit der technischen Dokumentation identifizierbar sein müssen. Ferner wird vorgeschlagen, dass statt vieler Farben für die Innenverdrahtung einer Maschine eine einheitliche Farbe verwendet werden soll.

- **Schwarz** für Hauptstromkreise (Wechsel- und Gleichstrom)
- **Rot** für Steuerstromkreise (Wechselstrom)
- **Blau** für Steuerstromkreise (Gleichstrom)
- **Orange** für Verriegelungsstromkreise, die von einer externen Stromquelle versorgt werden.

Kennzeichnung Schutzleiter (bindend vorgeschrieben)

Bei farblicher Kennzeichnung muss es die Zweifarbenkombination gelb/grün über die gesamte Leiterlänge sein. Diese Farbkennzeichnung ist ausschließlich dem Schutzleiter vorbehalten.

Kennzeichnung Neutralleiter

Enthält ein Stromkreis einen farblich gekennzeichneten Neutralleiter, muss die Farbe Hellblau verwendet werden. Hellblau darf nicht zur Kennzeichnung von anderen Leitern verwendet werden, wenn die Gefahr der Verwechslung besteht.

Programmierbare Sicherheitssteuerungen

Mit dem Bussystem AS-Interface Safty at Work können sichere Daten und Standarddaten gemeinsam über die gelbe AS-Interface-Leitung übertragen werden. Bestehende Applikationen können um sicherheitsrelevante Funktionen erweitert werden. Für sichere Anwendungen werden zwei zusätzliche Komponenten benötigt: Ein **Sicherheitsmonitor** und **sichere Slaves (Bild 2)**.

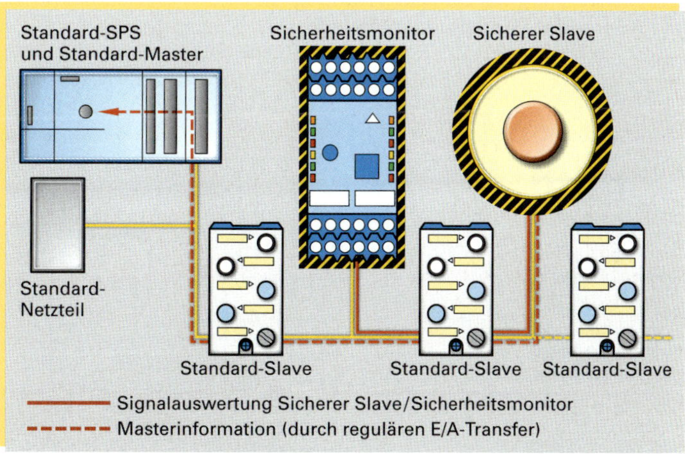

Bild 2: AS-Interface Safty at Work mit Standard Slaves, sicherem Slave und Sicherheitsmonitor

Grundlage für die sichere Datenübertragung ist ein dynamisiertes sicheres Übertragungsprotokoll zwischen dem Sicherheitsmonitor und den sicheren Slaves. In jedem Slave, also auch in den „sicheren" ist eine Codetabelle hinterlegt, so dass der Master diese eindeutig identifizieren kann. Beim ersten Hochfahren eines sicheren Netzes erkennt der Sicherheitsmonitor die sicheren Slaves und speichert die zugehörigen slavespezifischen Codetabellen. Einerseits überwacht der Sicherheitsmonitor die Codesignale von den sicheren Slaves, andererseits überprüft er ständig die korrekte Datenübertragung pro Zyklus zwischen beiden Systemen. Weicht ein gesendeter Codewert vom im Sicherheitsmonitor gespeicherten Wert ab, oder findet eine Zeitüberschreitung statt, so erfolgt am Sicherheitsmonitor die sichere Abschaltung über (2-kanalig ausgeführte) Freischaltkreise.

Für gezieltes Abschalten ist der Codewert „0" reserviert. Wird z.B. ein NOT-AUS-Befehlsgerät betätigt, wird ein „0"-Signal an den Sicherheitsmonitor gesendet, worauf dieser eine sichere Abschaltung über den entsprechenden Freigabekreis vornimmt. Da der AS-Interface-Master zyklisch abfragt, bekommt er und die SPS lediglich die Informationen mitgeteilt. Dadurch kann eine zusätzliche Auswertung der Informationen durch die SPS zu Diagnosezwecken über die entsprechende Maschinensteuerung erfolgen.

Der Sicherheitsmonitor

Der Sicherheitsmonitor ist das Kernstück von Safty at Work **(Bild 3 und 4)**. Die Konfiguration einer sicheren Applikation erfolgt mit einem PC und entsprechender Software. Hierbei können verschiedene anwendungsspezifische Betriebsmodi ausgewählt werden. Dies sind z.B. NOT-AUS-Funktionen, Zuhaltung, Zweihandbedienung sowie die Auswahl von Stopp-Kategorie 0 oder 1. Um die AS-Interface-Diagnosemöglichkeiten voll ausschöpfen zu können, kann der Sicherheitsmonitor wahlweise auch mit AS-Interface-Adresse betrieben werden.

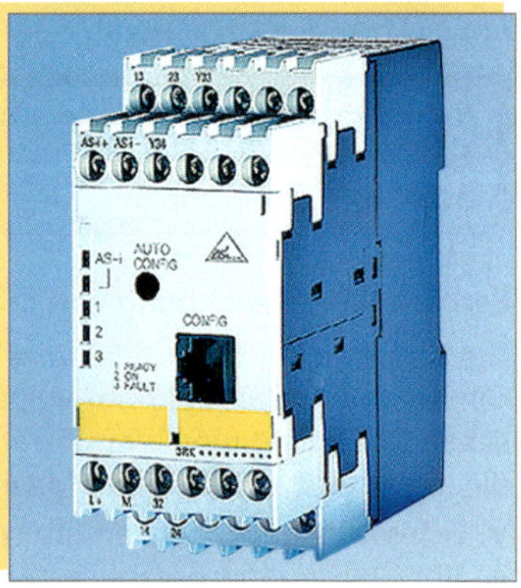

Bild 1: Sicherheitsmonitor

Stopp-Kategorie 0

Ungesteuertes Stillsetzen durch sofortige Abschaltung der Energie zu den Maschinenantriebselementen.

Stopp-Kategorie-1

Gesteuertes Stillsetzen, Energiezufuhr wird erst dann unterbrochen, wenn Stillstand erreicht ist.

Sicherheitsgerichtete Kommunikation kann mit den in **Bild 2** abgebildeten Schaltelementen erfolgen. Für den Positionsschalter gibt es eine spezielle Anschaltbaugruppe. Die Komponenten für die Sicherheitsfunktionen müssen nicht mehr konventionell verdrahtet werden. Auch Lichtgitter und Lichtvorhänge können sicherheitsgerichtet am AS-Interface angebunden werden.

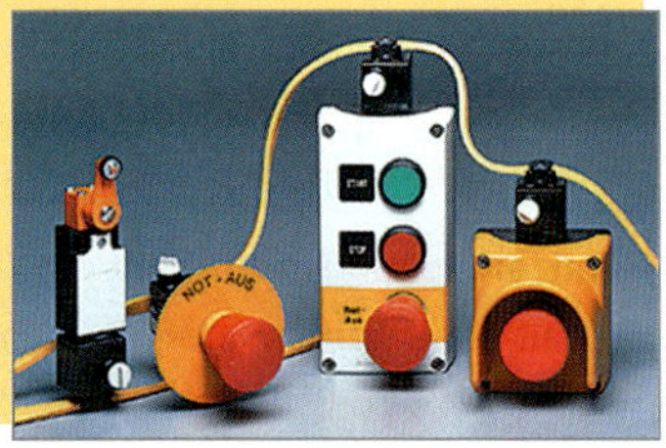

Bild 2: Sichere Slaves

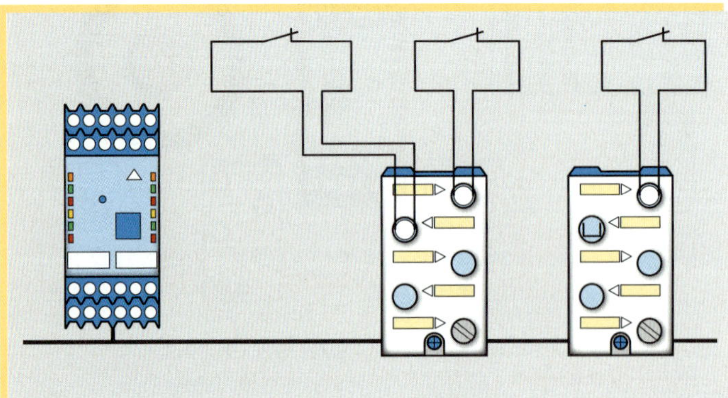

Bild 4: Sicherheitsmonitor mit sicheren Modulen

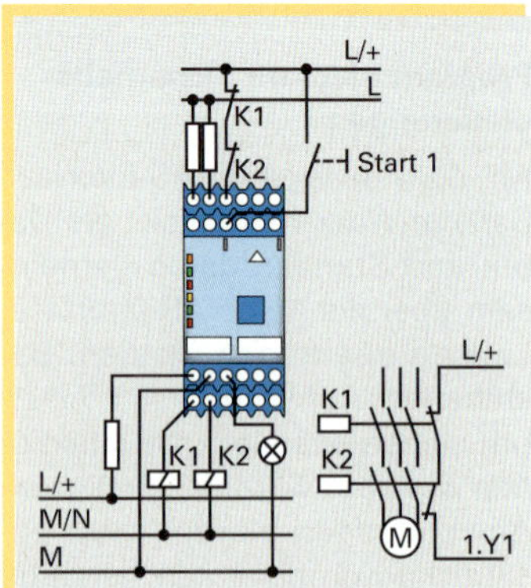

Bild 3: Sicherheitsmonitor mit einem Freigabekreis

11 Regelungstechnik

11.1 Grundbegriffe

Die Begriffe **Steuern** und **Regeln** werden sowohl im täglichen Sprachgebrauch als auch in Verbindung mit technischen Vorgängen häufig verwendet. Der Unterschied wurde in Kapitel 10.1 bereits ausführlich erläutert.

In der Steuerungs- und Regelungstechnik werden die Zusammenhänge zwischen den einzelnen Komponenten mit Hilfe des sog. Wirkungsplans dargestellt. Auch diese wurden in Kapitel 10.1 schon geklärt.

Bild 1 zeigt den Wirkungsplan einer Regelung in einer etwas anderen Darstellung als in Kapitel 10.1.

Betrachtet man beispielsweise die Temperaturregelung eines Lötbads ergibt sich folgender Wirkungsplan. Die zu regelnde Größe, die sog. **Regelgröße *x*** (hier Temperatur des Lötzinns) wird über einen Sensor mit der **Führungsgröße *w*** (dem Sollwert, hier gewünschte Temperatur des Lötzinns) verglichen.

So lange keine Störung auftritt ist die Rückführgröße identisch mit der Führungsgröße. Damit ist die **Regeldifferenz *e*** gleich 0. Als Regeldifferenz wird die Differenz zwischen Führungsgröße und Rückführgröße bezeichnet. Wird die Regelgröße aufgrund einer **Störgröße** *z* verändert (hier Abkühlung der Lötzinntemperatur) entsteht eine Regeldifferenz. Über das Regelglied und die Stelleinrichtung wird die **Stellgröße *y*** erzeugt. Diese wirkt auf die Regelstrecke so ein, dass die Regelgröße wieder gleich der Führungsgröße wird.

Der zu regelnde Prozess wird als **Regelstrecke** bezeichnet. Im Falle des oben beschriebenen Lötbads handelt es sich um das Zusammenspiel zwischen der Heizeinrichtung, deren Eingangssignal die Stellgröße y ist, der Regelgröße und der möglichen Störgrößen.

> Eine Regelung hat immer einen geschlossenen Wirkungsweg.
>
> Eine Steuerung hat immer einen offenen Wirkungsweg.

Im Folgenden wird, wie meistens in der Regelungstechnik üblich, der vereinfachte Wirkungsplan betrachtet **(Bild 2)**. Hier wird nur die Regeleinrichtung, d.h. die Zusammenfassung von Regelglied und Stelleinrichtung betrachtet. Der Sensor bzw. Messumformer wird außer acht gelassen.

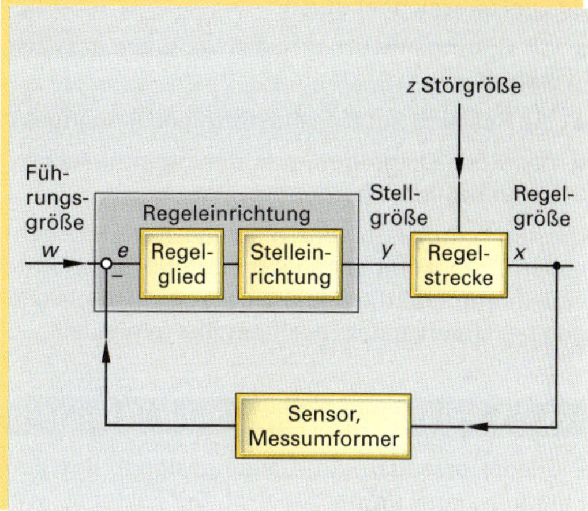

Bild 1: Wirkungsplan einer Regelung

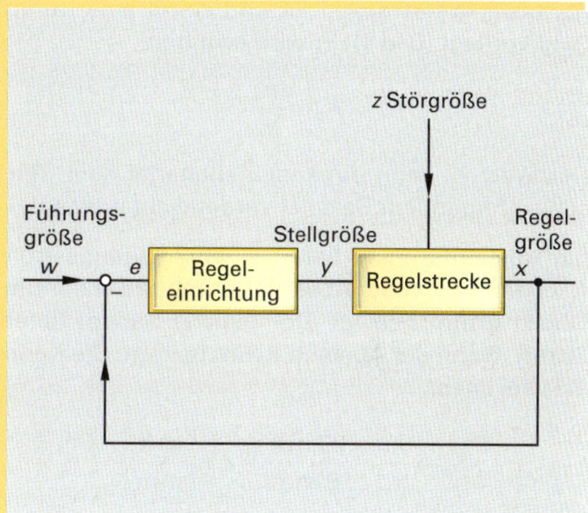

Bild 2: Vereinfachter Wirkungsplan einer Regelung

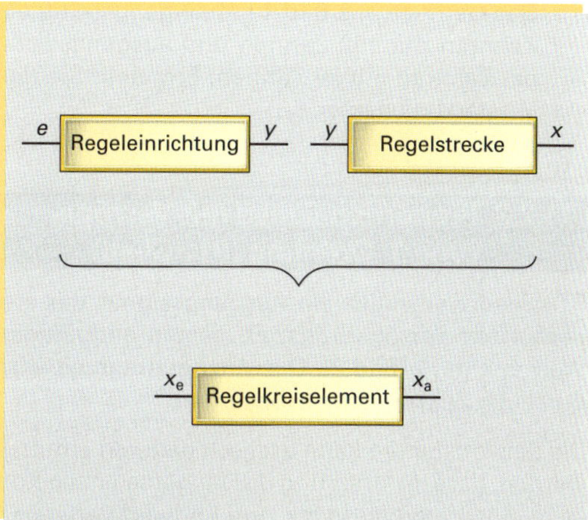

Bild 3: Regelkreiselement

11.2 Regelkreiselemente

Ein Regelkreiselement **(Bild 3, Seite 531)**, d.h. sowohl die Regeleinrichtung als auch die Regelstrecke, werden gekennzeichnet durch:

- die Sprungantwort, d.h. das Verhalten am Ausgang, wenn am Eingang eine sprungförmige Änderung auftritt,
- die Reaktion auf ein sinusförmiges Eingangssignal und
- das Bode-Diagramm, d.h. die logarithmische Darstellung des Amplitudenverhältnisses und der Phasenverschiebung.

Die Regeleinrichtung und die Regelstrecke lassen sich im Allgemeinen durch die im Folgenden beschriebenen Grundkomponenten oder durch deren Kombination beschreiben. Sehr häufig bestehen die Regeleinrichtung und die Regelstrecke aus den gleichen Grundkomponenten. Deshalb werden sie in den folgenden Unterkapiteln auch parallel behandelt.

11.2.1 Proportionalglied ohne Verzögerung (P-Glied)

P-Glieder erzeugen ein Ausgangssignal, das dem Eingangssignal proportional ist. Der Faktor K_P, welcher den Ausgangswert mit dem Eingangswert verknüpft, wird Verstärkungsfaktor genannt. Dies gilt auch, wenn $K_P < 1$ ist und somit eine Dämpfung vorliegt **(Bild 1)**. Er wird ermittelt:

$$K_p = \frac{x_a}{x_e}$$

Der Wert K_P kann dimensionsbehaftet sein. Dies soll an folgendem Beispiel verdeutlicht werden:

Ein Abstandssensor liefert einen Ausgangsstrom $I_A = 0$ mA, wenn der Abstand zwischen Sensor und Objekt 0 mm beträgt. Der gleiche Sensor liefert 20 mA, wenn der Abstand 8 mm beträgt. Die Kennlinie sei linear.

$$K_p = \frac{x_a}{x_e} = \frac{20\ \text{mA}}{8\ \text{mm}} = 2{,}5 \left[\frac{\text{mA}}{\text{mm}}\right]$$

Arbeitsauftrag:

Das Getriebe aus **Bild 1** hat eingangsseitig ein Zahnrad mit 150 Zähnen und ausgangsseitig ein Zahnrad mit 50 Zähnen. Ermitteln Sie den Verstärkungsfaktor K_P.

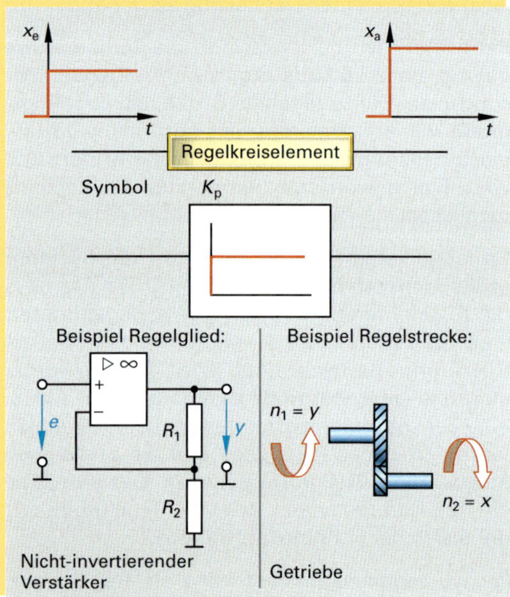

Bild 1: P-Glied

11.2.2 Proportionalglied mit Verzögerung 1. Ordnung (PT_1-Glied)

PT_1-Glieder erzeugen ein Ausgangssignal, das erst nach einer Verzögerungszeit seinen endgültigen Wert annimmt **(Bild 2)**. Die Verzögerungszeit wird durch die Zeitkonstante τ bestimmt.

Die Zeitkonstante τ kann grafisch dadurch ermittelt werden, dass im Ursprung die Tangente an die Kurve angelegt und diese bis zum Endwert verlängert wird. An dem Schnittpunkt zwischen Tangente und

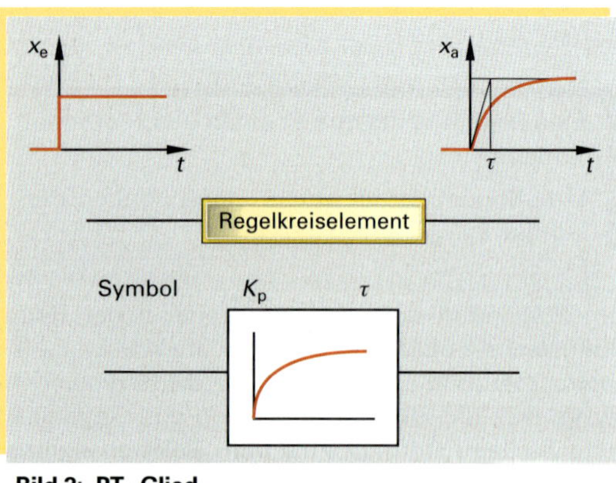

Bild 2: PT_1-Glied

Endwert kann die Zeitkonstante abgelesen werden. In der Praxis kann davon ausgegangen werden, dass der Endwert nach ca. $5 \cdot \tau$ erreicht wird.

Der Verstärkungsfaktor K_P wird, wie beim P-Glied, ermittelt indem man den Endwert zu dem Eingangswert ins Verhältnis setzt.

> PT_1-Glieder werden nicht als Regelglieder eingesetzt, kommen aber als Regelstrecke häufig vor.

Der Zusammenhang zwischen Eingang und Ausgang wird über eine Exponentialfunktion beschrieben.

$$x_a = K_p \cdot \left(1 - e^{-\frac{t}{\tau}}\right) \cdot x_e$$

Am Beispiel des RC-Gliedes in **Bild 1** wird τ wie folgt bestimmt:

$$\tau = R \cdot C$$

Neben der Zeitkonstanten enthalten PT_1-Glieder immer einen Energiespeicher. Beispiele aus der Praxis, wo PT_1-Glieder vorkommen, sind der Druckbehälter aus **Bild 1** oder Temperaturänderungen in Härteöfen bzw. Zinnbädern.

11.2.3 Proportionalglied mit Verzögerung 2. Ordnung (PT_2-Glied)

Ein PT_2-Glied besteht aus zwei in Reihe geschalteten Energiespeichern. Dies können sowohl zwei gleichartige Energiespeicher, wie z. B. zwei in Reihe geschaltete RC-Glieder oder zwei in Reihe geschaltete Druckbehälter, als auch zwei unterschiedliche Energiespeicher sein. Die Sprungantwort eines PT_2-Glieds ist in **Bild 2** dargestellt, Beispiele dafür zeigt **Bild 3**.

> PT_2-Glieder kommen in der Praxis nur als Regelstrecken vor.

Besteht eine Regelstrecke aus zwei in Reihe geschalteten, gleichartigen Energiespeichern, wird sie als Reihenschaltung zweier PT_1-Glieder dargestellt. Diese können durchaus unterschiedliche Zeitkonstanten haben.

Das Verhalten eines PT_2-Gliedes soll anhand eines Reihenschwingkreises nach **Bild 3** verdeutlicht werden. Es fällt auf, dass die Sprungantwort einen anderen Kurvenverlauf haben kann, als das Symbol für das PT_2-Glied **(siehe Bild 1 nächste Seite)**.

Die Sprungantwort eines ungedämpften Reihenschwingkreises ($R = 0\ \Omega$) ist eine sinusförmige Schwingung. Da in diesem idealen Reihenschwingkreis keinerlei Verluste auftreten, bleibt die

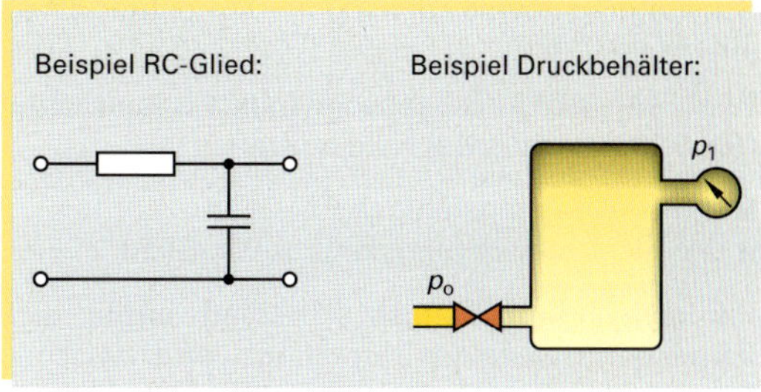

Bild 1: Beispiele PT_1-Glieder

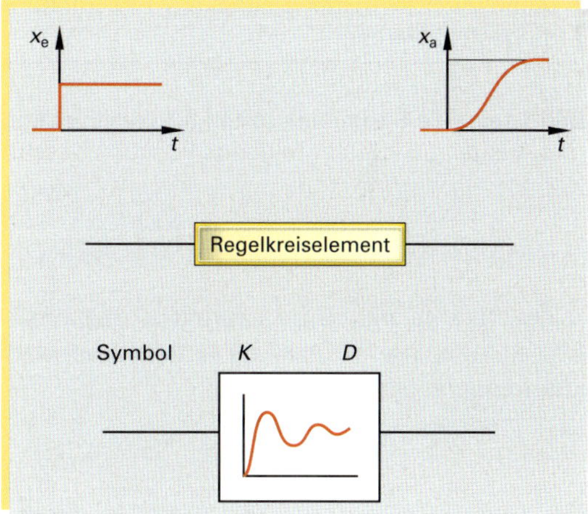

Bild 2: PT_2-Glied

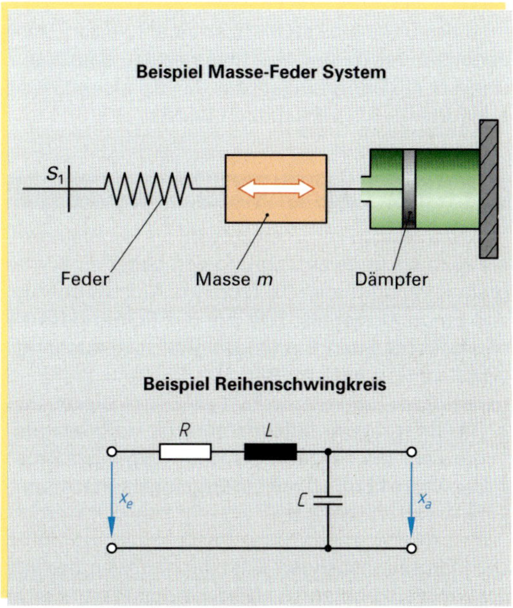

Bild 3: Beispiele PT_2-Glieder

Schwingung mit gleichbleibender Amplitude erhalten.

Wird ein realer Reihenschwingkreis betrachtet ($R \neq 0\ \Omega$), können zwei Fälle auftreten:

- ein schwingungsfähiges PT_2-Glied
- ein nicht schwingungsfähiges PT_2-Glied

Ein schwingungsfähiges PT_2-Glied ergibt sich immer dann, wenn der Dämpfungswert D zwischen 0 und 1 liegt. Bei Dämpfungswerten > 1 ergibt sich ein nicht schwingungsfähiges PT_2 Glied.

Ein nicht schwingungsfähiges PT_2-Glied kann durch zwei in Reihe geschaltete PT_1-Glieder dargestellt werden.

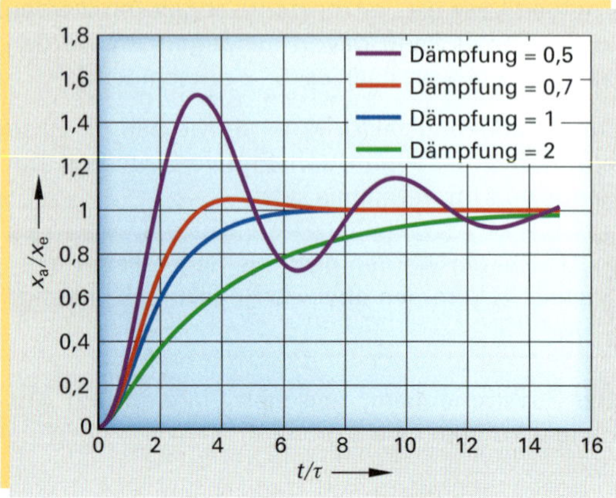

Bild 1: Sprungantworten eines PT_2-Gliedes

Bild 1 zeigt die Sprungantworten für verschiedene Dämpfungswerte. Der Zusammenhang zwischen Ein- und Ausgang wird über folgende Funktion beschrieben:

$$x_a = K\left(1 - \frac{e^{-D\omega_0 t}}{\sqrt{1-D^2}} \sin\sqrt{1-D^2} \cdot \omega_0 t - \varphi\right) \cdot x_e$$

Hierbei ist K der Proportionalitätsfaktor, D die Dämpfung, ω_0 die Kennkreisfrequenz und φ der Phasenverschiebungswinkel. Im Falle eines Reihenschwingkreises berechnen sich die Dämpfung und die Kennkreisfrequenz wie folgt:

$$\omega_0 = \frac{1}{\sqrt{LC}}; \qquad D = \frac{1}{2} \cdot R \cdot \sqrt{\frac{C}{L}}$$

Der Proportionalitätsfaktor bestimmt sich aus dem Verhältnis von Ausgangsgröße x_a zu Eingangsgröße x_e, wenn das System seinen eingeschwungenen Zustand erreicht hat. Bei diesen Werten handelt es sich um die Kenngrößen, die im Symbol in **Bild 2** auf der vorigen Seite angegeben wurden.

Das PT_2-Glied hat in der Regelungstechnik eine besondere Bedeutung. Wenn irgendwie möglich versucht man das Regelkreiselement so zu entwerfen, dass es sich wie ein schwingungsfähiges PT_2-Glied verhält. Jedoch muss darauf geachtet werden, dass das Überschwingen nicht zu groß ausfällt. In der Praxis hat sich z. B. ein Dämpfungsfaktor $D = 0{,}7$ als optimal erwiesen, wenn als maximale Amplitude der gewünschte Endwert +5% vorgegeben wurde.

11.2.4 Integralglied (I-Glied)

I-Glieder **(Bild 2)** kommen sowohl als Regelstrecken als auch als Regeleinrichtung vor. Unter einer Integration versteht man die laufende Aufsummierung des Eingangssignals. Das hat zur Folge, dass bei einem konstanten Eingangssignal das Ausgangssignal stetig zunimmt **(Bild 2)**.

Die Integrationszeitkonstante ist definiert als die Zeit, die vergeht, bis das Ausgangssignal den Wert 1 hat, wenn das Eingangssignal ebenfalls den Wert 1 hat.

Der Integrationsbeiwert K_I ist der Kehrwert der Integrationszeitkonstanten. Dies ist der Wert, der im Symbol angegeben wird.

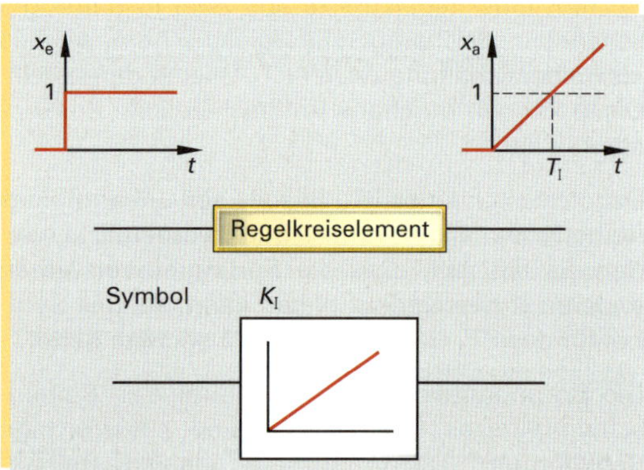

Bild 2: I-Glied

Der mathematische Zusammenhang zwischen Ausgang und Eingang lautet wie folgt:

$$x_a(t) = K_I \cdot \int x_e(t)dt$$

In dem Fall, dass $x_e(t)$ = konstant ist ergibt sich:

$$x_a = K_I \cdot x_e \cdot t$$

Beispiele für Regelstrecken mit I-Verhalten sind die Füllhöhe und der Vorschubantrieb. Im ersten Beispiel würde der Füllstand stetig steigen, wenn der Tank über eine Zuleitung mit konstantem Durchfluss befüllt werden würde **(Bild 1)**. Der Schlitten des Vorschubantriebes bewegt sich mit konstanter Geschwindigkeit, wenn die Motordrehzahl konstant ist. Der Weg nimmt stetig zu.

Regeleinrichtungen mit I-Verhalten werden immer dann eingesetzt, wenn nach erfolgter Regelung keine Regelabweichung gewünscht ist.

Arbeitsauftrag:

Ermitteln Sie den Integrationsbeiwert K_I für einen Tank mit einer quadratischen Grundfläche von 1 m², wenn dieser mit einem konstanten Durchfluss von 5 l/s befüllt wird.

11.2.5 Differenzierglied (D-Glied)

D-Glieder liefern ein Ausgangssignal, das der Steigung des Eingangssignals proportional ist. Wäre das Eingangssignal stetig ansteigend, so hätte dies am Ausgang ein konstantes Ausgangssignal zur Folge **(Bild 2)**. Die Sprungantwort ist nur ein kurzer Impuls zum Zeitpunkt des Auftretens des Sprungs. Ansonsten ist die Steigung des Eingangssignals 0 und somit auch das Ausgangssignal 0. Der Zusammenhang zwischen Ausgang und Eingang lautet wie folgt:

$$x_a(t) = K_D \cdot \frac{\Delta x_e(t)}{\Delta t}$$

Der Wert K_D wird Differenzierbeiwert genannt.

Als Regelstrecke kommt das D-Verhalten praktisch nicht vor. Als Regeleinrichtung wird das D-Verhalten verwendet, wenn es notwendig ist besonders schnell auf eine Änderung der Regelabweichung zu reagieren. Allerdings werden sie nur in Verbindung mit P-Reglern oder PI-Reglern eingesetzt, da bei einer konstanten Regelabweichung bei reinem D-Verhalten keine Regelung stattfindet.

Arbeitsauftrag:

Eine Geschwindigkeitsänderung von 10 m/s bewirkt eine Stromänderung von 5 mA/s. Ermitteln Sie den Differenzierbeiwert.

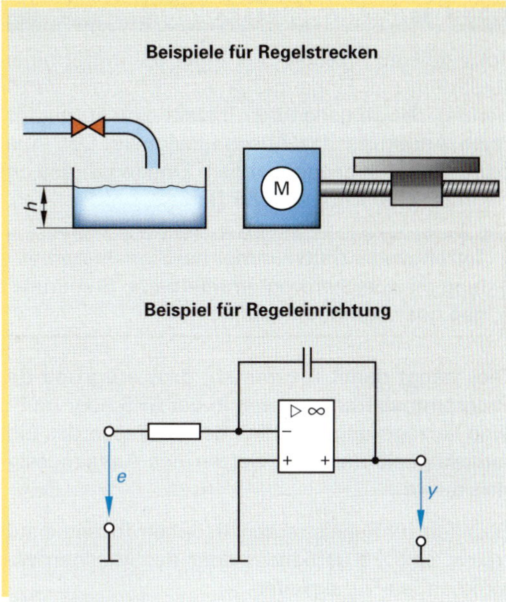

Bild 1: I-Glied

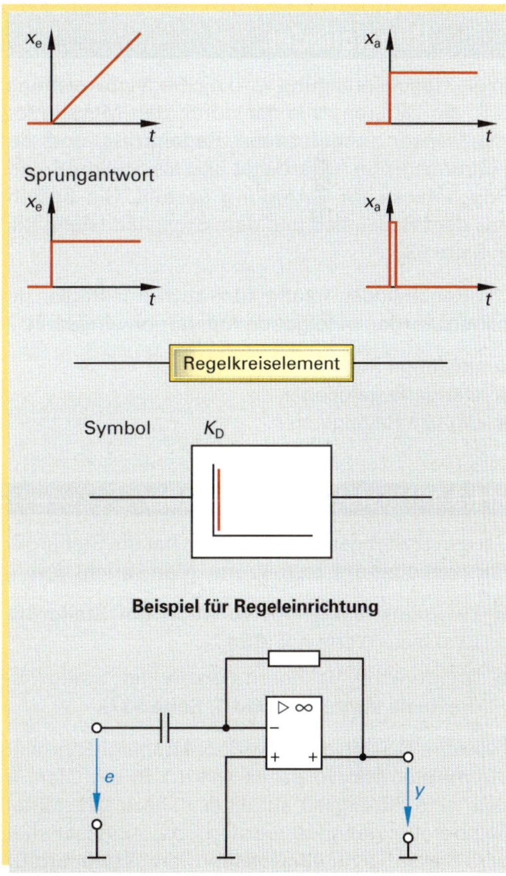

Bild 2: D-Glied

11.2.6 Totzeitglied (Tt-Glied)

Totzeitglieder erzeugen bei einer sprungförmigen Änderung des Eingangssignals nach einer Verzögerung, der so genannten Totzeit, eine sprungförmige Änderung des Ausgangssignals. Das Ausgangssignal ist gegenüber dem Eingangssignal um die Totzeit verschoben **(Bild 1)**.

Totzeitglieder treten immer bei Signalverarbeitung mit speicherprogrammierbaren Steuerungen oder Computern auf.

Dies hängt damit zusammen, dass aufgrund der Programmabarbeitungszeit in der SPS oder im PC eine Verzögerung zwischen dem Einlesen des Eingangssignals und dem Setzen des Ausgangssignals auftritt.

Beispiele für Regelstrecken, in denen Totzeiten auftreten, sind Förderbänder oder das Mischen von strömenden Flüssigkeiten.

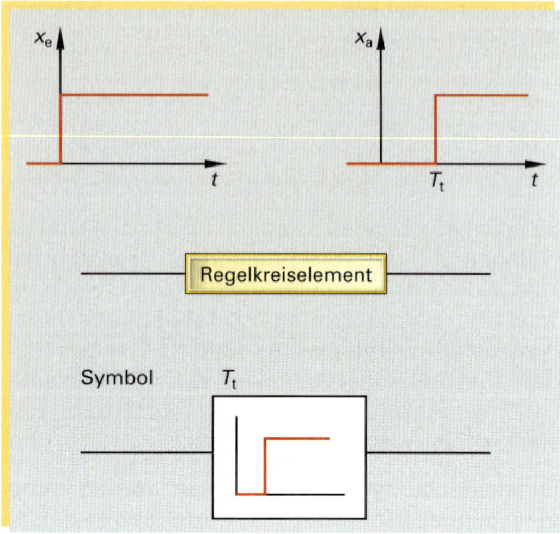

Bild 1: Totzeitglied

11.3 Regeleinrichtungen und Regelglieder

In der Regeleinrichtung wird die Regelabweichung, d.h. die Differenz aus der durch den Messumformer/Sensor umgeformten Regelgröße und der Führungsgröße, verarbeitet und als Stellgröße der Regelstrecke zur Verfügung gestellt. Sie besteht aus dem Regelglied und dem Stellglied **(siehe Bild 1, Seite 531)**.

Die Regelglieder, häufig kurz auch nur Regler genannt, werden in folgende Kategorien eingeteilt:

- unstetige Regelglieder
- stetige Regelglieder
- digitale Regelglieder

11.3.1 Unstetige Regelglieder

Bei den unstetigen Regelgliedern hat die Stellgröße nur zwei oder drei feste Werte. Man spricht von

- Zweipunktregelgliedern, wenn die Stellgröße zwei feste Werte hat **(Bild 2)**.
- Dreipunktregelgliedern, wenn die Stellgröße drei feste Werte hat **(Bild 1, Seite 537)**.

Typische Beispiele für Zweipunktregelglieder sind die meisten Heizvorgänge. Wird z.B. ein Ofen, in dem eine Flüssigkeit auf einer nahezu konstanten Temperatur gehalten werden soll, eingeschaltet, wird dieser bis zur eingestellten Temperatur erhitzt. Wird die Temperatur erreicht, wird der Ofen ausge-

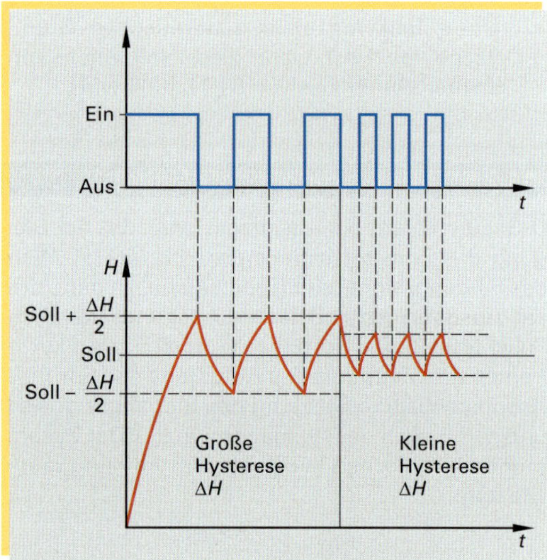

Bild 2: Kennlinie eines Zweipunkt-Regelgliedes

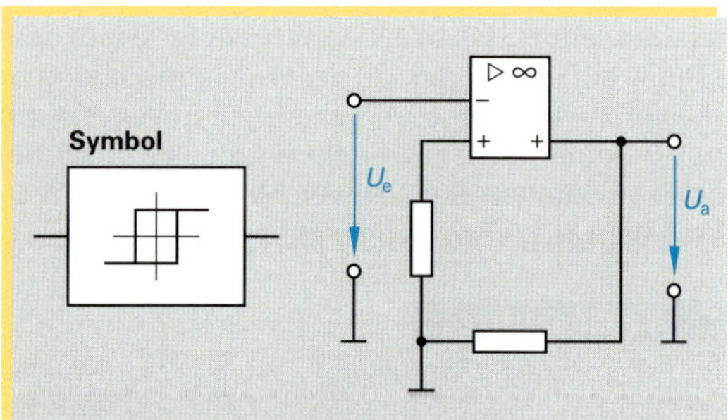

Bild 3: Zweipunktregelglied

schaltet. Die Temperatur der Flüssigkeit sinkt, bis ein anderer, darunter liegender Wert unterschritten wird. Daraufhin wird die Flüssigkeit wieder aufgeheizt.

Zweipunktregelglieder weisen grundsätzlich eine Schaltdifferenz (Hysterese) auf.

Ist die Hysterese groß, schaltet das Regelglied seltener, ist die Hysterese klein schaltet das Regelglied häufiger **(Bild 2, Seite 536)**. **Bild 3** auf **Seite 536** zeigt das Symbol und den prinzipiellen Aufbau.

Ein Beispiel für einen Dreipunkt-Regler ist eine Klimaanlage. Diese kennt die Zustände heizen, aus und kühlen. Auch Dreipunktregler weisen für jeden Schaltzustand eine Schaltdifferenz auf **(Bild 1)**.

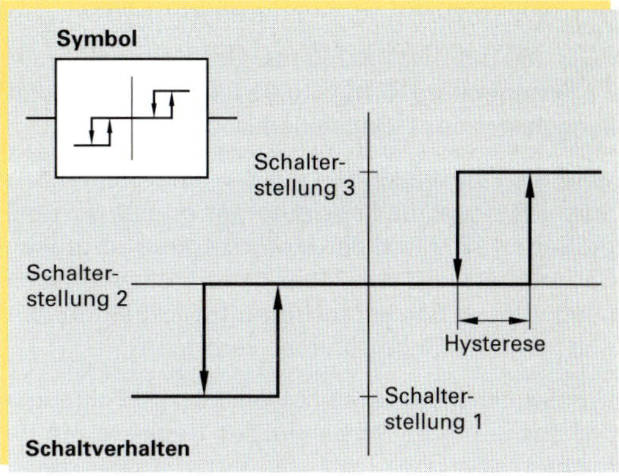

Bild 1: Dreipunktregelglied

11.3.2 Stetige Regelglieder

Stetige Regelglieder weisen kein Schaltverhalten und damit auch keine Hysterese auf.

Bei stetigen Regelgliedern hat jede Änderung der Regeldifferenz eine Änderung der Stellgröße zur Folge.

Sie bestehen aus den Grundkomponenten

- P-Glied (P-Regler)
- I-Glied (I-Regler)
- D-Glied (D-Regler)

oder deren Kombinationen

- PI-Regler, der Kombination aus P- und I-Glied
- PD-Regler, der Kombination aus P- und D-Glied
- PID-Regler, der Kombination aus P-, I- und D-Glied

P- und PD-Regelglieder haben den Nachteil, dass sie eine Regelabweichung verursachen.

Dies soll anhand des folgenden Beispiels verdeutlicht werden:

Bild 2 zeigt den prinzipiellen Aufbau einer Drehzahlregelung. Durch ein Potentiometer wird dem Gleichstrommotor über die Regeleinrichtung die Führungsgröße *w* zugeführt. Mittels Tachogenerator wird die aktuelle Drehzahl in eine Spannung gewandelt und ebenfalls der Regeleinrichtung zugeführt. Als Regelglied soll hier ein P-Regler eingesetzt sein.

Den dazugehörigen Wirkungsplan zeigt das **Bild 3**. Der Motor verhält sich wie ein PT_1-Glied. Der Tachogenerator wandelt die Eingangsdrehzahl proportional in eine Spannung um. Damit besitzt er ein P-Verhalten.

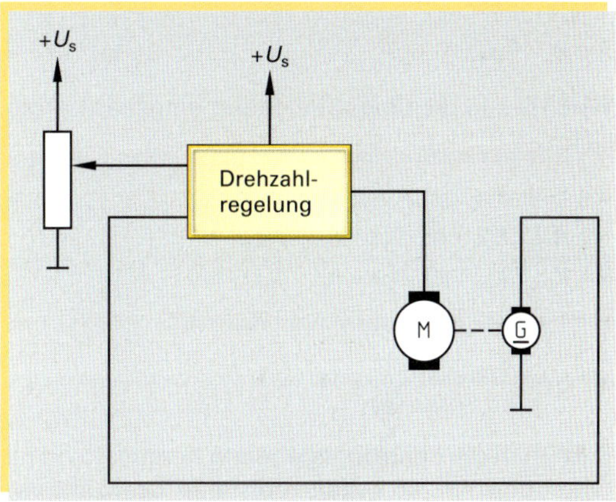

Bild 2: Beispiel Drehzahlregelung

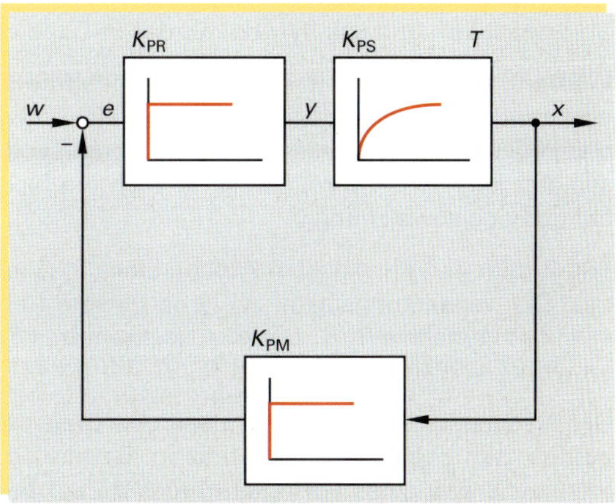

Bild 3: Wirkungsplan der Drehzahlregelung

Die Kenndaten des Gleichstrommotors sind:

K_{PS} = 100 min⁻¹/V; T = 250 ms. Das Kenndatum des Tachogenerators ist K_{PM} = 0,01 V/min⁻¹, der Verstärkungsfaktor des P-Regelgliedes ist K_{PR} = 2.

Wird die Führungsgröße auf 6 V eingestellt, ist im ersten Moment die Regeldifferenz e = 6 V, die Stellgröße y = 12 V und der Motor beginnt zu drehen. Dadurch erzeugt der Tachogenerator eine Spannung, die der Regeleinrichtung zurückgeführt wird und somit die Regeldifferenz verringert.

Um das Ganze zu vereinfachen wird im Folgenden nur das statische Verhalten des Regelkreises betrachtet.

In diesem Fall ist

$$x = K_{PS} \cdot y = K_{PS} \cdot K_{PR} \cdot e$$

Weiterhin ist

$$e = w - K_{PM} \cdot x$$

Wird dies in die obige Gleichung eingesetzt ergibt sich:

$$x = K_{PS} \cdot K_{PR} \cdot (w - K_{PM} \cdot x)$$

$$x = K_{PS} \cdot K_{PR} \cdot w - K_{PS} \cdot K_{PR} \cdot K_{PM} \cdot x$$

$$x + K_{PS} \cdot K_{PR} \cdot K_{PM} \cdot x = K_{PS} \cdot K_{PR} \cdot w$$

$$x \cdot (1 + K_{PS} \cdot K_{PR} \cdot K_{PM}) = K_{PS} \cdot K_{PR} \cdot w$$

$$x = \frac{K_{PS} \cdot K_{PR}}{1 + K_{PS} \cdot K_{PR} \cdot K_{PM}} \cdot w$$

Setzt man die oben angegebenen Kennwerte in die Gleichung ein, so erhält man eine Drehzahl von 400 min⁻¹. Würde der Motor ohne Regelkreis betrieben werden, so würde sich bei einer Eingangsspannung von 6 V eine Drehzahl von 600 min⁻¹ einstellen. In diesem Beispiel erzeugt das P-Regelglied eine Regelabweichung von 200 min⁻¹.

Das Problem der bleibenden Regelabweichung wird durch das **PI-Glied** gelöst. **Bild 1** zeigt die Sprungantwort und das Symbol für das PI-Glied.

Während beim P-Glied immer eine Regeldifferenz vorhanden sein muss, sorgt der integrale Anteil des PI-Gliedes dafür, dass die Regeldifferenz vollständig ausgeregelt wird. Damit ist auch die bleibende Regelabweichung 0.

Bild 2 zeigt den prinzipiellen Aufbau eines PI-Gliedes. Der Verstärkungsfaktor K_P ist in diesem Beispiel das Verhältnis R_2/R_1. Die sog. Nachregelzeit T_n errechnet sich aus dem Produkt $R_1 \cdot C$.

Der Nachteil des I-Anteils ist, dass das Gesamtsystem zum Schwingen neigen kann. Bei der Dimensionierung eines PI-Reglers muss darauf besonders geachtet werden.

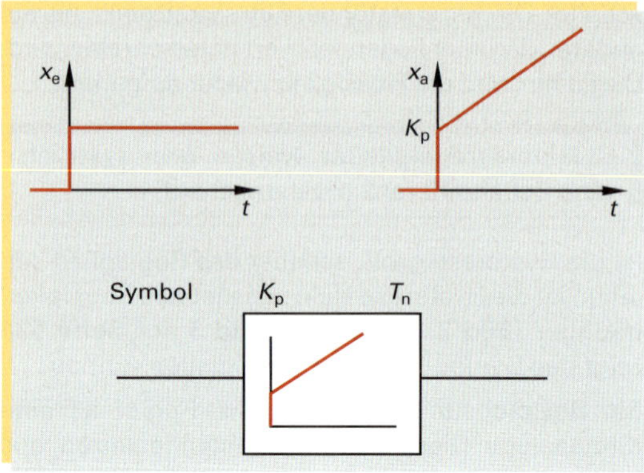

Bild 1: PI-Glied

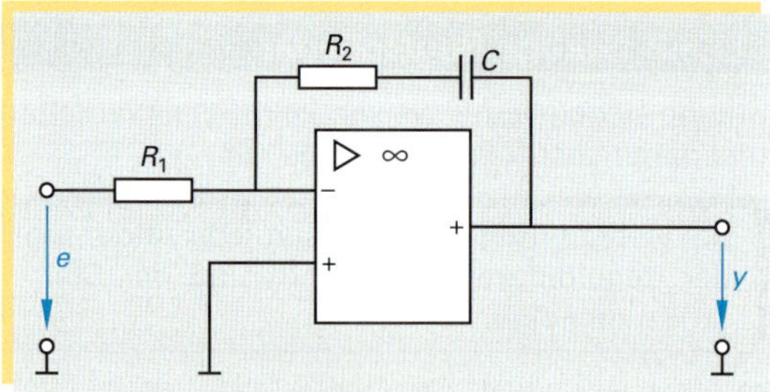

Bild 2: Beispiel für ein PI-Glied

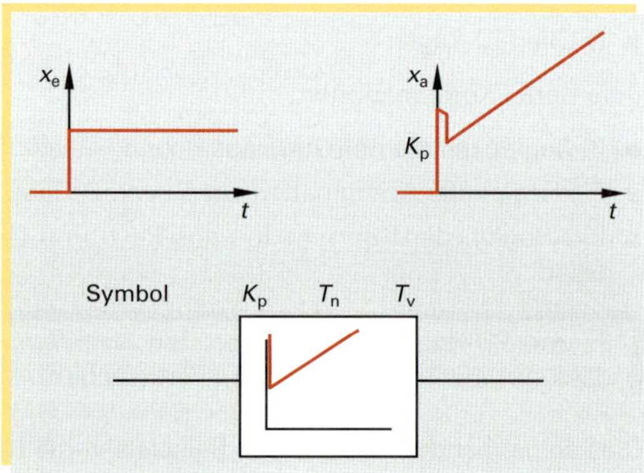

Bild 3: PID-Glied

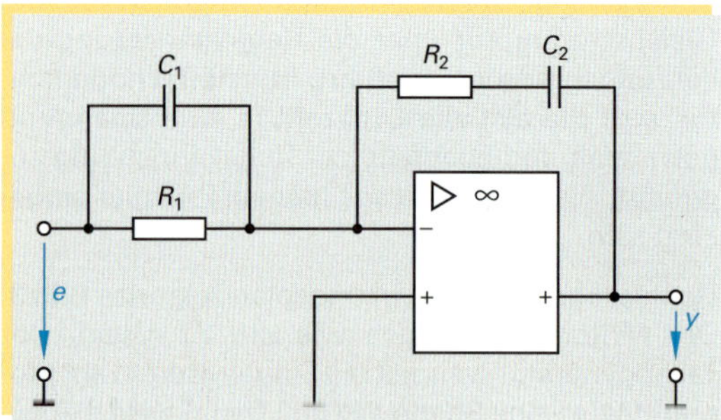

Bild 4: Beispiel für ein PID-Glied

PI-Regler können langsam sein. Damit das Ausregeln der Regelabweichung schnell vonstatten geht, kann ein D-Anteil hinzugefügt werden. Die Sprungantwort und das Symbol für das PID-Glied ist in **Bild 3** und ein Beispiel in **Bild 4** auf der vorigen Seite dargestellt.

Die Kennwerte des PID-Gliedes werden wie folgt berechnet:

- $K_P = R_2/R_1$
- $T_n = R_1 \cdot C_2$
- $T_v = R_2 \cdot C_1$

Bei PID-Gliedern müssen 3 Parameter berechnet und eingestellt werden, was einen gewissen Aufwand bedeutet. Allerdings sind PID-Regler universell einsetzbar. Auch hier muss, wie beim PI-Regler, auf die Stabilität des Gesamtsystems geachtet werden.

11.3.3 Digitale Regelglieder

Werden die Prozessgrößen mit einer speicherprogrammierbaren Steuerung, Mikrocontrollern o. Ä. erfasst und verarbeitet, muss die Ausgangsgröße vor der Verarbeitung von einer analogen in eine digitale Größe gewandelt werden.

Dazu wird die analoge Größe abgetastet und in diskreten Stufen aufgeteilt **(Bild 1)**. Man spricht in diesem Zusammenhang von **Wertdiskretisierung.** Je kleiner ein Digitalisierungsschritt ist, desto genauer wird das System aber der Rechenaufwand steigt ebenfalls.

Diese Abtastung geschieht in bestimmten, konstanten Zeitintervallen. Das Signal wird zum Abtastzeitpunkt gewandelt und bis zum nächsten Abtastzeitpunkt konstant gehalten.

Die Abtastzeit T_A sollte möglichst klein sein.

Die Abtastung bewirkt, wie in **Bild 1** gezeigt wird, eine Zeitverschiebung in Höhe der halben Abtastzeit. Allerdings kann die Abtastzeit nur in bestimmten Grenzen beeinflusst werden, da sie von der Programmabarbeitungszeit der SPS, des Controllers usw. abhängt **(Bild 2)**. Diese wiederum ist abhängig von der Rechengeschwindigkeit des Controllers, dem verwendeten Regelalgorithmus und von der Anzahl der zu betreibenden Regler.

Die durch die Abtastung auftretende Totzeit wirkt sich negativ auf die Stabilität des Regelkreises aus.

Je größer die Totzeit wird, desto eher neigt der Regelkreis zum Schwingen.

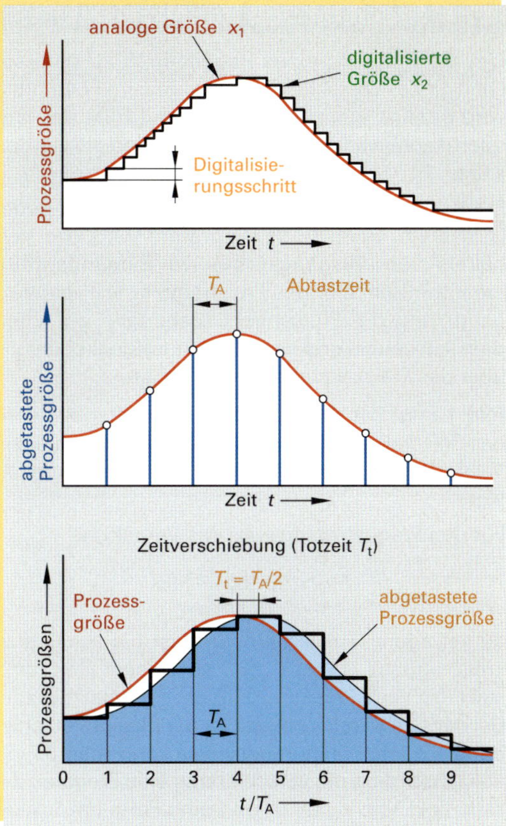

Bild 1: Digitalisierung und Abtastung eines analogen Prozesssignals

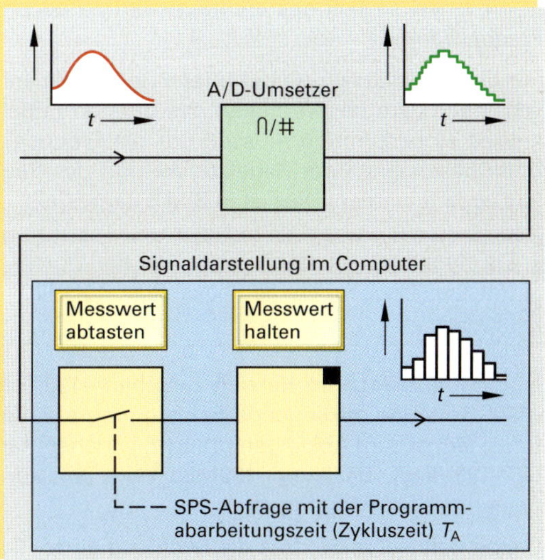

Bild 2: Wirkungsplan für Prozesssignale, die digital verarbeitet werden

11.4 Stabilität von Regelkreisen

Um die Stabilität eines Regelkreises zu untersuchen gibt es verschiedene Verfahren. Im Folgenden wird gezeigt, wie ein Regelkreis mit Hilfe des Frequenzkennlinien-Verfahrens dimensioniert werden kann.

Die Basis dieses Verfahrens beruht auf dem Bode-Diagramm. Beim Bode-Diagramm wird das Verhältnis von Ausgangsgröße zu Eingangsgröße logarithmisch über der Kreisfrequenz ω (Frequenzgang) und die Phasenverschiebung φ zwischen dem Ausgangs- und dem Eingangssignal ebenfalls über der Kreisfrequenz ω aufgetragen.

Bild 1 zeigt das Bode-Diagramm der Regelstrecke des Beispiels aus Kap. 11.3.2. Allerdings ist hier als Verstärkungsfaktor $K = K_{PS} \cdot K_{PM} = 1$ zugrunde gelegt.

Für den Frequenzgang wird das Verhältnis

$$F(\omega) = 20 \cdot \log \frac{x_a}{x_e} [\text{dB}]$$

aufgetragen. Dieses Verhältnis ist bis zur Grenzkreisfrequenz ω_g ca. 0 dB. Ab diesem Zeitpunkt sinkt das Verhältnis um 20 dB pro Frequenzdekade. Bei der Grenzkreisfrequenz ist die Phasenverschiebung $\varphi = -45°$. Näherungsweise kann man davon ausgehen, dass die Verschiebung eine Frequenzdekade links von ω_g ca. 0° und eine Frequenzdekade rechts von ω_g ca. –90° beträgt. Dies ist das typische Verhalten eines PT_1-Gliedes.

Bild 2 zeigt die Frequenzkennlinie eines PI-Reglers. Dort ist $K_P = 2$ und $T_n = 250$ ms. Für sehr hohe ω-Werte wirkt beim PI-Regler nur noch der P-Anteil. Dieser ist hier 20 log K_P = 6 [dB]. Bis zum Wert $\omega_g = 1/T_n = 4\ s^{-1}$ fällt das Verhältnis um 20 dB pro Frequenzdekade.

Für die Stabilität ist nun der offene Regelkreis entscheidend. Um das Verhalten des offenen Regelkreises zu bestimmen müssen nur die Frequenz- und Phasengänge der Regelstrecke und des Reglers addiert werden. Dies ist in **Bild 3** dargestellt.

> Ein Regelkreis ist stabil, wenn bei der Durchtrittskreisfrequenz ω_d die Phasenlage $\varphi > -120°$ beträgt.

Ist die Phasenlage im Bereich zwischen –120° bis –180°, tritt eine abklingende Schwingung auf, die umso länger zum Abklingen braucht, je näher man bei –180° liegt. Bei exakt –180° stellt sich eine kontinuierliche Schwingung ein.

Dieses Beispiel zeigt, dass die Regelung einer PT_1-Strecke mit einem PI-Regler vollkommen unproblematisch ist.

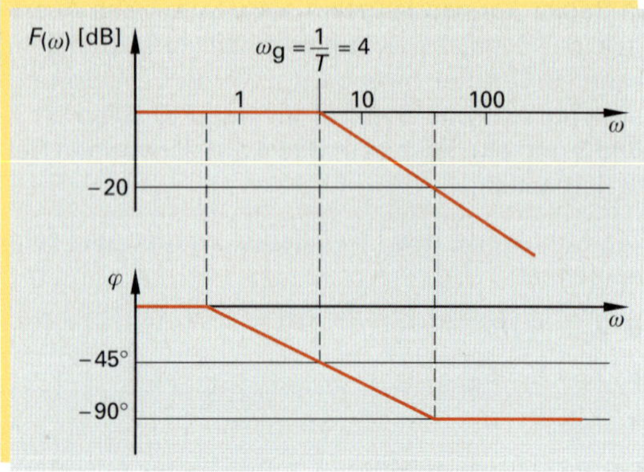

Bild 1: Frequenzkennlinie der Regelstrecke

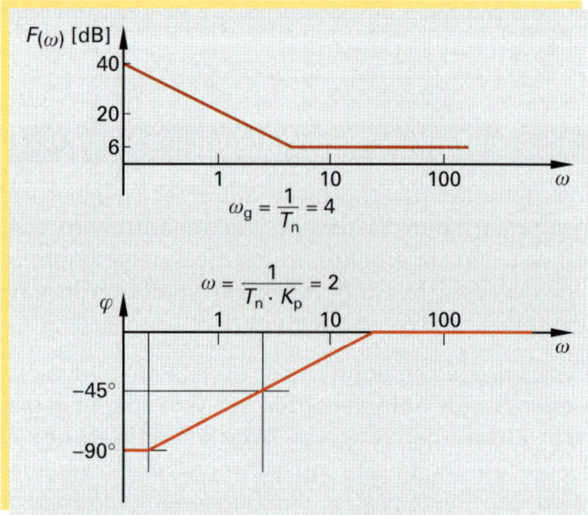

Bild 2: Frequenzkennlinie des Reglers

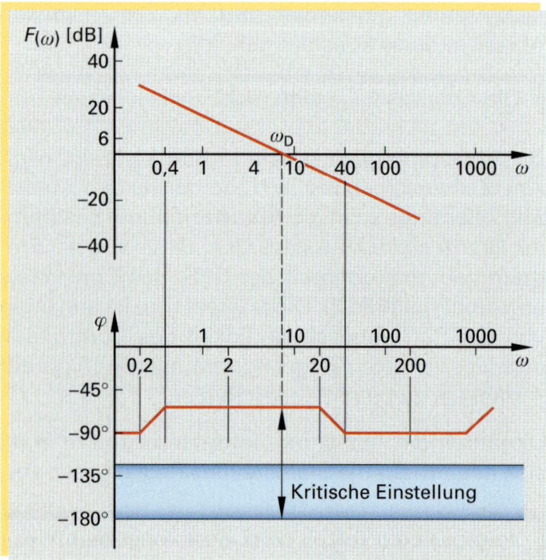

Bild 3: Frequenzkennlinie des offenen Regelkreises

12 Bussysteme in der Automatisierungstechnik

In vielen Bereichen des täglichen Lebens werden heute Informationen elektronisch ausgetauscht. Das kann z. B. am Geldautomaten der Fall sein, wo der aktuelle Kontostand angezeigt wird, aber auch im Supermarkt oder am heimischen PC. In all diesen Fällen müssen elektronische Geräte miteinander kommunizieren, d. h. Daten austauschen.

Diese Form der Kommunikation findet man auch im industriellen Bereich. Hier müssen z. B. Sensorsignale an eine Steuerung (SPS) übertragen werden. Diese Signale werden von der SPS verarbeitet. Die daraus resultierenden Ausgangssignale werden an die Aktoren übertragen. Dies soll nach Möglichkeit über ein Bussystem geschehen. Den Vorteil von Bussystemen am Beispiel des Aktuator-Sensor Interface (AS-i) zeigt das nebenstehende **Bild 1**.

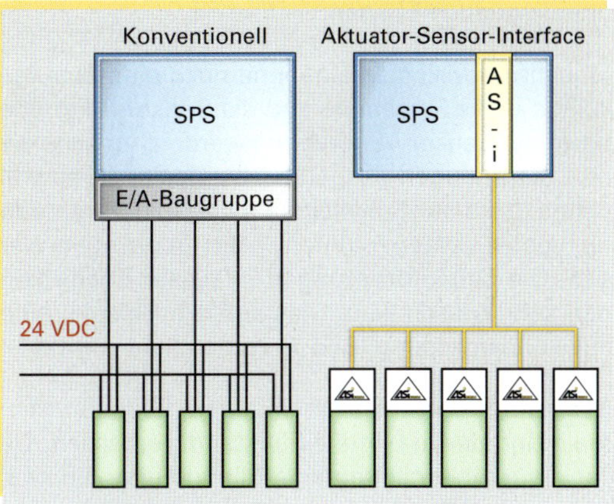

Bild 1: Vergleich konventionelle Verdrahtung mit Bussystem

Bei der konventionellen Verdrahtung muss jedes Sensorsignal einzeln auf den richtigen Eingangspunkt der SPS aufgelegt werden. Weiterhin muss jeder Sensor extern mit Energie versorgt werden. Dies bedeutet einen erheblichen Verdrahtungsaufwand. Werden alle Signale über eine gemeinsame Leitung übertragen und gleichzeitig noch die Energieversorgung, wird dieser Verdrahtungsaufwand erheblich reduziert. Weiterhin werden für Sensoren die Eingangskarten und für Aktoren die Ausgangskarten der SPS eingespart. Diese werden durch eine so genannte Anschaltbaugruppe ersetzt.

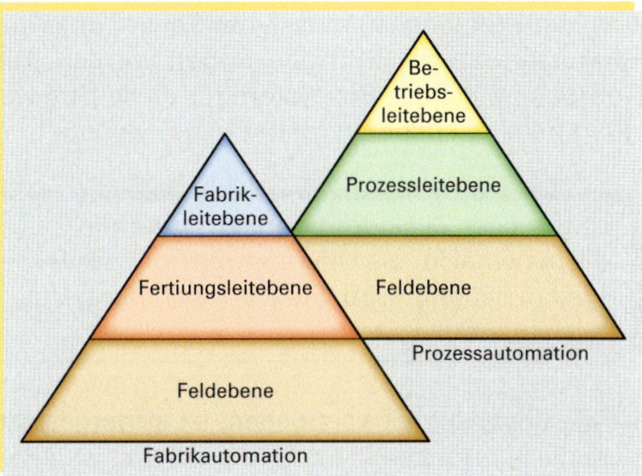

Bild 2: Automatisierungshierarchie

Für einen industriellen Fertigungs- oder Produktionsprozess ist es jedoch nicht ausreichend, nur die Sensoren und Aktoren über ein Bussystem miteinander zu verbinden. So müssen z. B. verschiedene Fertigungszellen Daten miteinander austauschen, es müssen SPS-Programme übertragen, Betriebsdaten erfasst, Konstruktionszeichnungen erstellt und gespeichert, Lagerbestände erfasst und verwaltet werden usw. All diese Aufgaben können nicht mit einem einzigen Bussystem bewältigt werden. Aus diesem Grund wurde eine sog. Automatisierungshierarchie eingeführt.

Bild 2 zeigt, dass es für unterschiedliche Einsatzbereiche der Bussysteme verschiedene Benennungen der Ebenen gibt. So spricht man in der Fabrikautomation in der obersten Ebene von der **Fabrikleitebene,** während in der Prozessautomation von der **Betriebsleitebene** gesprochen wird. In diesen Ebenen werden sehr große Datenmengen, jedoch absolut zeitunkritisch übertragen. D. h., dass die Zeit, die für die Übertragung benötigt wird, kein Rolle spielt. Dort kommen sehr häufig Bussysteme aus der Bürokommunikation zum Einsatz.

In der **Fertigungs-/Prozessleitebene** werden z. B. Betriebsdaten, größere SPS- oder CNC-Programme übertragen. Es spielt für den Gesamtprozess keine Rolle, ob die Übertragung eines SPS-Programms 0,5 s, 1 s oder 2 s benötigt.

In der **Feldebene** werden komplexere Sensoren bzw. Aktoren angeschlossen. Es handelt sich hier um Geräte, die wenige Bytes an Daten übertragen. Dies können Informationen für Antriebe, Stellungsregler, aber auch komplexere Sensoren sein. Manchmal können es aber auch kleinere SPS-Programme sein. In dieser Ebene ist es wichtig zu wissen, wie lange eine Datenübertragung tatsächlich dauert, d.h. die Zeitanforderungen sind hier größer, als in den darüber liegenden Ebenen.

Manchmal wird die Feldebene noch einmal aufgesplittet in die Feldebene und die Sensor-/Aktorebene. In der Sensor-/Aktorebene werden nur sehr kleine Datenmengen ausgetauscht. Das kann so weit gehen, dass nur Schaltsignale von Initiatoren oder für Ventile (Datenvolumen 1 Bit) übertragen werden. Die Zeitanforderungen in dieser Ebene können sehr kritisch sein. Dies soll am Beispiel einer Füllstandsmessung **(Bild 1)** verdeutlicht werden:

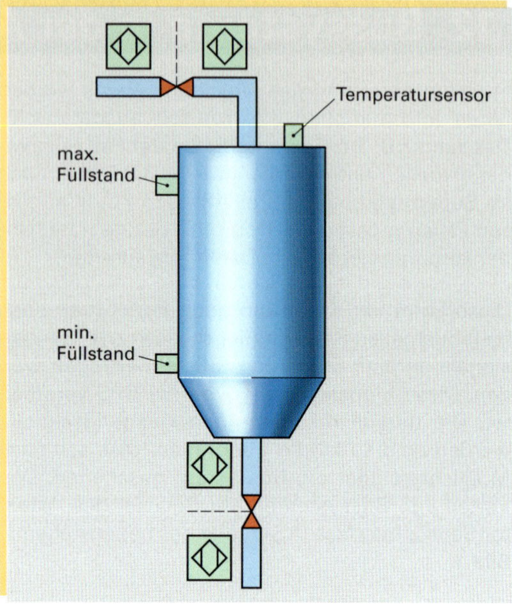

Bild 1: Beispiel Füllstandsmessung

In einem Prozess werden in einem Tank der minimale und der maximale Füllstand gemessen. Der Tank wird über ein Ventil gefüllt und über ein zweites entleert. Betrachtet werden soll die Erfassung des maximalen Füllstandes. Wird der Tank befüllt und der maximale Füllstand wird erreicht, erkennt dies der Sensor „Max. Füllstand". Diese Information, die 1 Bit lang ist, muss vom Sensor über das Bussystem an die SPS übertragen werden. Die Zeitspanne, die das Bussystem für diese Übertragung maximal benötigt, nennt man Zykluszeit.

> Unter einer **Zykluszeit** versteht man die Zeit, die maximal für die Übertragung über das Bussystem benötigt wird. Sie wird auch Buszykluszeit genannt.

Ist die Buszykluszeit verstrichen, ist sichergestellt, dass die Information in der SPS verfügbar ist. Allerdings ist diese Information noch nicht verarbeitet. Dazu muss nun berücksichtigt werden, wie die SPS die Information verarbeitet. Dies soll im **Bild 2** dargestellt werden.

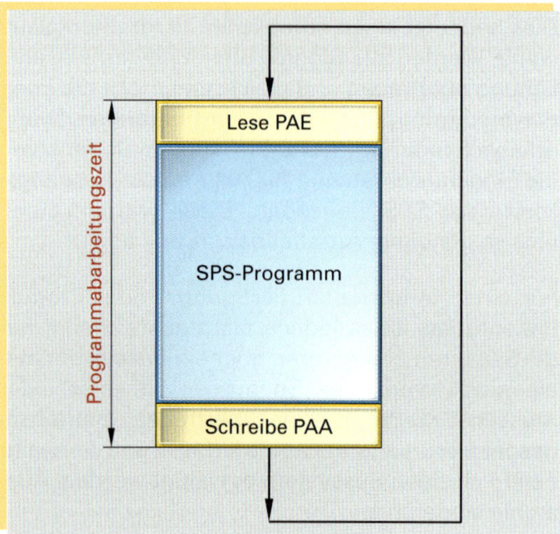

Bild 2: Arbeitsweise einer SPS

Eine SPS liest zu einem bestimmten Zeitpunkt das Prozessabbild der Eingänge, kurz PAE, ein. Anschließend verarbeitet das SPS-Programm die gelesene Information. Am Ende des SPS-Zyklus schreibt die SPS die ermittelten Ausgangsdaten in das Prozessabbild der Ausgänge, kurz PAA. Anschließend beginnt, nach einer kurzen Pause, der SPS-Zyklus von vorne. Bei dem beschriebenen Vorgang handelt es sich um eine Standardprogrammierung der SPS, das bedeutet, das z.B. eine Interruptprogrammierung o.Ä. nicht berücksichtigt wird.

In diesem Beispiel wird nun der ungünstigste Fall betrachtet. Die Information, dass der maximale Füllstand erreicht ist, erreicht die SPS unmittelbar nachdem das PAE gelesen wurde. Das bedeutet, dass im aktuellen SPS-Zyklus diese Information nicht verarbeitet wird. Im darauf folgenden SPS-Zyklus erkennt die SPS, dass der maximale Füllstand erreicht ist und ermittelt, dass das Ventil zu schließen ist. Diese Information wird in das PAA geschrieben.

Nun muss diese Information über das Bussystem an das Ventil übertragen werden. Dazu wird nochmals, unter den ungünstigsten Bedingungen, ein Buszyklus benötigt.

Wird dies alles zusammengezählt spricht man von der **elektronischen Reaktionszeit.** Diese setzt sich wie folgt zusammen:

$$T_{R'} = T_{Bus} + 2 \cdot T_{SPS} + T_{bus}$$

mit $T_{R'}$ = elektronische Reaktionszeit
T_{Bus} = Buszykluszeit
T_{SPS} = Programmabarbeitungszeit der SPS

Die Programmabarbeitungszeit der SPS ist abhängig von der SPS selbst, von der Länge des SPS-Programms und von der Komplexität des Programms. Moderne SPSen erreichen auch bei längeren und komplexeren Programmen durchaus Abarbeitungszeiten von 10 ms bis 20 ms. Wenn man zu dem Beispiel zurück geht und von einer Buszykluszeit von 5 ms und einer Programmabarbeitungszeit von 15 ms ausgeht ergibt sich die elektronische Reaktionszeit zu 40 ms.

Um die tatsächliche Reaktionszeit zu ermitteln müssen noch die Verzögerungen durch den Sensor und durch das Ventil berücksichtigt werden.

Berührt die Flüssigkeit in dem Beispiel das Sensorelement des Sensors „Max. Füllstand" verstreicht z.B. eine gewisse Zeit, bis dies vom Sensor verarbeitet und an seiner Schnittstelle als elektronisches Signal (Schaltsignal) zur Verfügung steht. Ebenso dauert es eine gewisse Zeit, bis das Ventil die Information „Ventil schließen" tatsächlich verarbeitet und ausgeführt hat (hauptsächlich mechanische Verzögerungszeiten). Das bedeutet, dass sich die tatsächliche Reaktionszeit T_R aus der Reaktionszeit des Sensors plus der elektronische Reaktionszeit $T_{R'}$ plus der Reaktionszeit des Ventils zusammensetzt.

Der Zusammenhang soll durch das folgende **Bild 1** nochmals verdeutlicht werden:

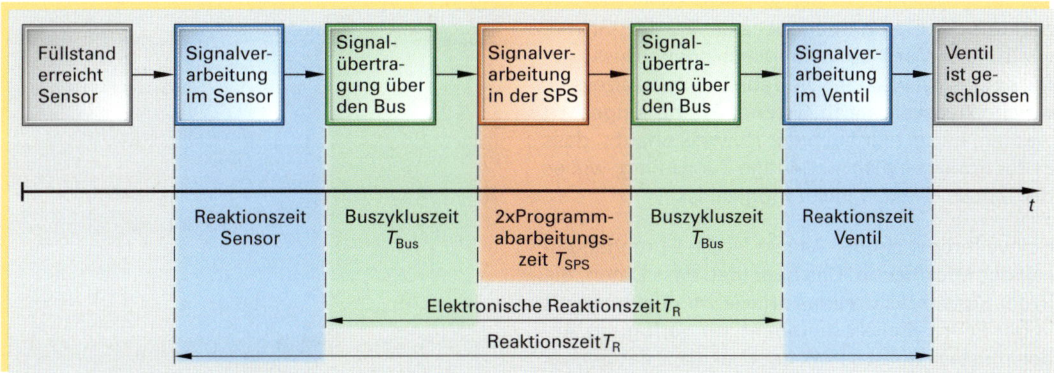

Bild 1: Reaktionszeitermittlung

Ist die Reaktionszeit z.B. 100 ms und der Durchfluss durch das Rohrleitungssystem bekannt, kann man aufgrund der geometrischen Abmessungen des Tanks ermitteln, wie schnell der Füllstand steigt. Geht man einmal davon aus, dass der Füllstand in 100 ms um 10 cm steigt, dann wird in der Praxis der Sensor „Max. Füllstand" so justiert, dass er den maximalen Füllstand 10 cm unterhalb des tatsächlichen maximalen Füllstands meldet. Wäre die Reaktionszeit 200 ms, würde der Sensor so justiert werden, dass er 20 cm unterhalb des maximalen Füllstands anspricht.

Mit diesem Beispiel soll folgendes verdeutlicht werden:

- Es ist sehr wichtig, speziell in der Sensor-/Aktorebene, die Reaktionszeit des Systems zu kennen.
- Die Reaktionszeit muss berechenbar sein. Voraussetzung dafür ist, dass das Zeitverhalten jeder Komponente, die bei der Reaktionszeit eine Rolle spielt, bekannt und berechenbar ist. Das gilt auch für das Bussystem und das SPS-Programm. Im Zusammenhang mit dem Bussystem spricht man von einem

deterministischen Bussystem, wenn das Zeitverhalten berechenbar ist. Es gibt durchaus Bussysteme am Markt, die kein deterministisches Verhalten aufweisen und damit keine berechenbare Zykluszeit besitzen.

- Die Buszykluszeit muss meistens nicht extrem kurz sein, da sie nur eine von verschiedenen Komponenten ist, die die Reaktionszeit bestimmen. Wichtig ist nur, dass die Buszykluszeit berechenbar ist. So wird in dem Beispiel ein Überlaufen des Fasses einfach dadurch verhindert, dass der Sensor „Max. Füllstand" so justiert wird, dass er den maximalen Füllstand unterhalb des tatsächlichen maximalen Füllstandes meldet.

Man spricht von einem **deterministischen Bussystem,** wenn die Buszykluszeit berechenbar ist.

In den verschiedenen Hierarchieebenen gibt es sehr unterschiedliche Anforderungen an das Bussystem. So haben wir festgestellt, dass z. B. in der Fabrik- bzw. Betriebsleitebene sehr große Datenmengen zeitunkritisch übertragen werden müssen, während in der Sensor-/Aktorebene sehr kleine, zeitkritische Datenmengen übertragen werden.

Je höher man in der Automatisierungshierarchie steigt, desto größer werden die zu übertragenden Datenmengen und desto zeitunkritischer wird die Übertragung.

Es gibt heutzutage kein Bussystem, das die Probleme der Fabrik- bzw. Betriebsleitebene (große, zeitunkritische Datenmengen) ebenso gut lösen kann, wie die Probleme der Sensor-/Aktorebene (kleine, zeitkritische Datenmengen). Das ist der Grund, warum am Markt so viele verschiedene Bussysteme eingesetzt werden. Die **Tabelle 1** soll aufzeigen, welche Bussysteme in welcher Ebene eingesetzt werden. Es sei hier auch der Hinweis erlaubt, dass in der Praxis eine so eindeutige Zuordnung, wie es die Tabelle darstellt, nicht möglich ist.

Tabelle 1: Zuordnung Bussysteme – Hierarchieebenen

Ebene	Bussysteme
Fabrik-/Betriebsleitebene	Ethernet TCP/IP Manufacturing Automation Protocol (MAP) Technical Office Protocol (TOP)
Fertigungs-/Prozessleitebene	Industrial Ethernet
Feldebene	PROFIBUS-DP PROFIBUS-PA InterBus Controller Area Network (CAN)
Sensor-/Aktorebene	AS-Interface (AS-i) InterBus Loop

Ein weiterer wichtiger Aspekt ist die Durchgängigkeit der Information. Das bedeutet, dass Daten, die in der Sensor-/Aktorebene erfasst werden durchaus in der Fabrik-/Betriebsleitebene zur Verfügung stehen müssen. So ist es z.B. denkbar, dass der Sensor „Min. Füllstand" in dem Beispiel „Füllstandsmessung erkennt, dass die Flüssigkeit zur Neige geht. Dies kann durch alle Ebenen hindurch der Fabrik-/Betriebsleitebene gemeldet werden. Dort wiederum gibt es eine Abteilung, die Produktionsplanung und Steuerung (PPS) heißt. Diese Abteilung ist verantwortlich dafür, dass das richtige Material zum richtigen Zeitpunkt in der richtigen Menge am richtigen Ort ist. Das bedeutet, dass diese Abteilung eine Bestellung auslösen muss, wenn die Flüssigkeit zur Neige geht.

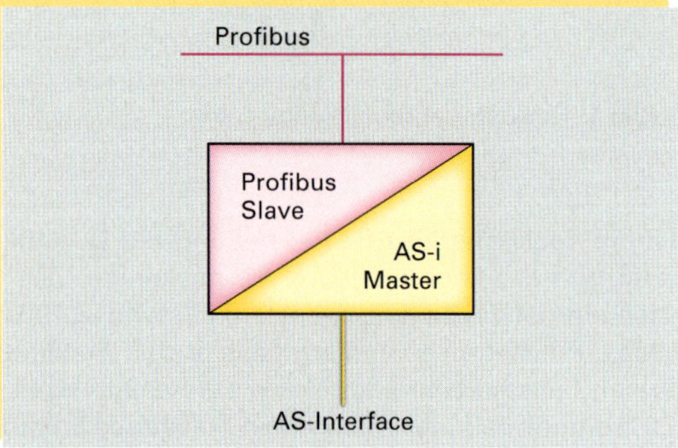

Bild 1: Gateway

Diese Durchgängigkeit kann mit so genannten Gateways erreicht werden **(Bild 1)**.

Gateways sind Geräte, die die Schnittstellen zwischen zwei unterschiedlichen Bussystemen realisieren.

So ist z. B. das AS-i/PROFIBUS-Gateway auf der AS-i-Seite der so genannte Master, während es auf der PROFIBUS-Seite einen PROFIBUS-Slave darstellt. Das bedeutet, dass es Daten, die es vom PROFIBUS bekommt an die AS-i-Aktoren überträgt und Daten, die es von AS-i-Slaves empfängt über PROFIBUS an die Steuerung überträgt.

Aber auch SPSen können als Gateways fungieren. Wird in einen Slot der SPS eine Anschaltung des Busses X und in einen anderen Slot die Anschaltung des Busses Y eingebaut, braucht nur noch ein SPS Programm geschrieben werden, das den Austausch zwischen den verschiedenen Anschaltungen realisiert. Ist z. B. eine PROFIBUS-Anschaltung und eine Ethernet Anschaltung in einer SPS vorhanden, können Daten, die über PROFIBUS an die SPS übertragen werden, mittels SPS-Programm an die Ethernet Anschaltung übertragen werden und stehen somit am Ethernet zur Verfügung. Da Ethernet ein Bussystem ist, das heute noch vorwiegend in der Bürokommunikation eingesetzt wird, ist somit die Verbindung zwischen der industriellen und der Bürokommunikation geschaffen.

Man kann dies auch mittels PC lösen. Ist eine PROFIBUS-PC-Karte vorhanden und besitzt der PC eine Netzwerkkarte oder ein Modem, steht der Weg zum Ethernet (Bürokommunikation) oder auch zum Internet offen. Damit könne Prozessdaten, die an einem beliebigen Ort der Welt erfasst werden, an jedem anderen Ort der Welt abgefragt werden.

Arbeitsauftrag:

Gegeben sind folgende Größen:
Sensorverzögerung 1 ms; Buszykluszeit 5 ms; Programmabarbeitungszeit 20 ms;
Aktorverzögerung 100 ms.
Ermitteln Sie die Reaktionszeit des Systems.

12.1 Kommunikationsmodell

Unabhängig davon, ob Menschen oder Maschinen miteinander kommunizieren, müssen verschiedene Kommunikationsregeln aufgestellt und eingehalten werden. Trifft sich z. B. eine Gruppe von Menschen, muss festgelegt sein, zu welchem Zeitpunkt wer sprechen darf. Normalerweise hören dann die anderen Gruppenmitglieder zu. Weiterhin muss die Sprache definiert sein usw. In der Automatisierungstechnik ist dies ganz genauso. Ein Modell von vielen, das alles regelt, was für die elektronische Kommunikation notwendig ist, ist das ISO/OSI-Referenzmodell[1)] auch 7-Schichten-Modell genannt.

Industrielle Kommunikationssysteme sind, bis auf ganz wenige Ausnahmen, nach dem ISO/OSI-Referenzmodell organisiert.

Tabelle 1: Das 7-Schichten-Modell

Schicht	Bezeichnung	Beispiel
7	Anwendung	Dienste
6	Darstellung	Datenstrukturen
5	Sitzung	Interface zur Nutzung logischer Kanäle
4	Transport	Bereitstellung logischer Kanäle
3	Netzwerk	Netzwerkverwaltung
2	Datenverbindung	Verknüpfungs-steuerung
		Medienzugriffs-steuerung
1	Physik	Elektronik

Die **Anwendungsschicht** ist die Schnittstelle zur eigentlichen Anwendung und stellt dieser so genannte Dienste zur Verfügung. Um diese Darstellung nicht zu abstrakt werden zu lassen, soll dies anhand eines Textverarbeitungsprogramms (z. B. Word) dargestellt werden.

In einem solchen Textverarbeitungsprogramm gibt es einen Button, auf dem ein Drucker zu sehen ist. Wenn man mit der Maus auf diesen Button klickt, wird das aktuelle Dokument ausgedruckt. Das bedeutet, die Anwendung „Autor eines Textes“ ruft den Dienst „Drucke das aktuelle Dokument aus“ auf. Alles was für den eigentlichen Druckvorgang notwendig ist, bleibt dem Verfasser verborgen, es ist unsichtbar. Dies wurde bei der Installation des Druckers festgelegt. D. h. die Anwendungsschicht tauscht nach oben ihre Daten nur mit der Anwendung aus.

1) ISO/OSI: **I**nternational **O**rganisation for **S**tandardisation/**O**pen **S**ystem **I**nterconnection

Nach unten kommuniziert die Anwendungsschicht nur mit der **Darstellungsschicht.** In dieser Schicht ist beispielsweise festgelegt, ob es sich bei dem verwendeten Drucker um einen Postscriptdrucker oder einen anderen Druckertyp handelt.

Die **Sitzungs-, Transport** und **Netzwerkschicht** regeln den Datenaustausch über ein komplexes Netzwerk. Ist der PC, auf dem das Dokument geschrieben wird, am Netzwerk A und der Drucker am Netzwerk B angeschlossen, sorgen diese drei Schichten dafür, dass die Daten fehlerfrei zwischen den verschiedenen Netzwerken ausgetauscht werden. Weiterhin sorgen diese Schichten dafür, dass die Daten in kleine Datenpakete zerlegt werden, so dass die darunter liegenden Schichten diese handhaben können (eine 1 MByte große Datei wird mittels mehrerer Datenpakete z. B. über das Internet übertragen).

Die **Datenverbindungsschicht** sorgt dafür, dass die einzelnen Datenpakete gesichert werden (Verknüpfungssteuerung) und regelt den Zugriff auf das Übertragungsmedium, den so genannten Buszugriff (Medienzugriffssteuerung).

Die **physikalische Schicht** stellt die eigentliche elektrische Anschaltung an das Übertragungsmedium dar. Hier werden z. B. die elektrischen Kennwerte der Schnittstelle definiert.

Hat nun das auszudruckende Dokument alle Schichten von oben nach unten durchlaufen, wird es über die Leitung übertragen. Der Drucker empfängt die Signale und die empfangenen Daten durchlaufen nun diese Schichten im Drucker von unten nach oben. Am Ende (Anwendung) steht das ausgedruckte Dokument.

Bei den Feldbussystemen sind in der Regel nur die Schichten 1, 2 und 7 vorhanden. Das bedeutet zum Einen, dass Feldbussysteme niemals so komplex sind, dass eine Netzwerkverwaltung (Schichten 3–6) notwendig ist. Das bedeutet aber auch, dass die Anwendungsschicht ihre Daten direkt mit der Datenverbindungsschicht austauschen muss. Dies wird mittels eines Application Layer Interfaces (ALI) realisiert. Manche Feldbussysteme verzichten sogar noch auf die Schicht 7 (z. B. CAN).

Der Vorteil dieses Schichtenmodells soll anhand zweier Beispiele verdeutlicht werden.

Wird z. B. an einem PC eine RS485-Schnittstelle benötigt, kann z. B. eine RS232-Schnittstellenkarte entfernt und statt dessen eine RS485-Schnittstellenkarte eingebaut werden. Das Einzige, worauf bei diesem Austausch geachtet werden muss ist, dass die Übergabeschnittstellen zwischen der CPU des PCs und der Schnittstellenkarte (Adresse, Interrupts) die gleichen bleiben, d. h. die neue RS485 wird unter diesen Voraussetzung von den PC Programmen über COM1 bis 4 (je nach Adresse und Interrupt) angesprochen.

Über dieses Prinzip können Bussysteme unterschiedliche Übertragungsmedien verwenden. So können z. B. der PROFIBUS als auch der InterBus ihre Daten sowohl über Kupferkabel als auch über Lichtwellenleiter (LWL) übertragen. In diesen Fällen wird die RS485 bzw. RS422 Schnittstelle durch ein optisches Interface ersetzt.

12.2 Topologien

Die Art und Weise, wie man die Teilnehmer miteinander verbindet nennt man Topologie. Im Wesentlichen gibt es in der Feldbustechnologie 4 Topologien

- Linientopologie
- Baumtopologie
- Ringtopologie
- Sterntopologie

Im Folgenden soll auf die verschiedenen Topologien kurz eingegangen werden.

Bei der Linientopologie **(Bild 1)** teilen sich alle Teilnehmer das Übertragungsmedium. Jeder Teilnehmer kann an jeden anderen Teilnehmer Daten über-

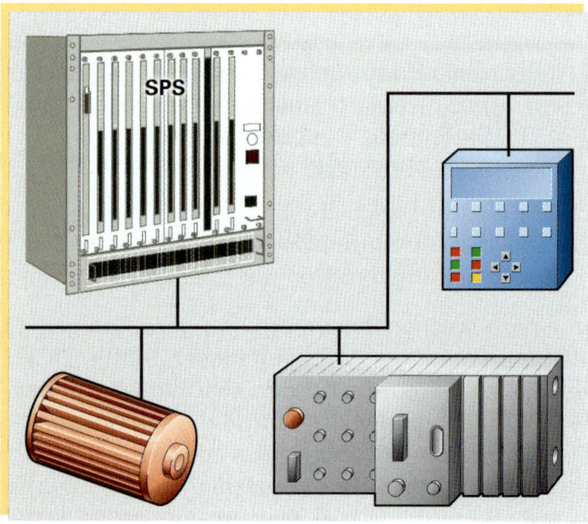

Bild 1: Linientopologie

tragen. Voraussetzung dafür ist, dass jeder Teilnehmer eine eindeutige Adresse besitzt. Diese Adresse darf an einem Bussystem, das eine solche Struktur verwendet, niemals doppelt vorkommen. Bussysteme, die die Linientopologie verwenden sind z.B. der PROFIBUS und das AS-Interface. Später wird erläutert, dass AS-i auch andere Topologien zulässt.

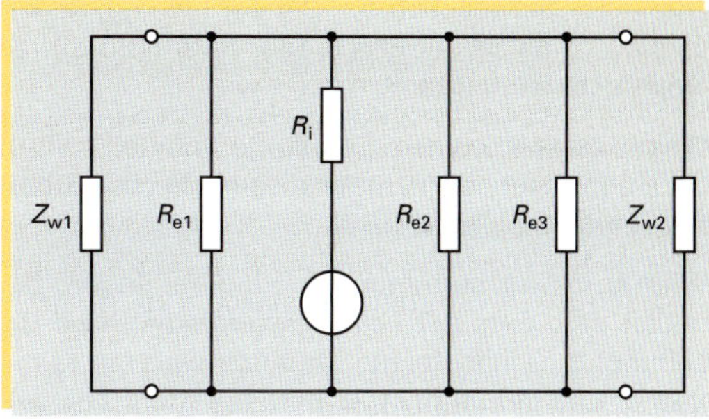

Bild 1: Sender/Empfänger Verhalten

Bei der Linientopologie ist auf die folgenden Punkte zu achten.

Die Anzahl der Busteilnehmer, die an einer Busleitung (Segment) betrieben werden können ist begrenzt. Üblicherweise werden an einem Segment bis zu 32 Teilnehmer betrieben. Dies resultiert aus der verwendeten Übertragungsphysik der RS485-Schnittstelle.

Der aktuelle Sender stellt im Prinzip nichts anderes dar als eine Spannungsquelle mit einem definierten Innenwiderstand. Da zu keinem Zeitpunkt bekannt ist, welcher Teilnehmer als nächstes angesprochen wird, müssen alle die laufende Übertragung mithören. Das bedeutet, dass sie eine Last für die Quelle darstellen.

Erschwerend kommt hinzu, dass das Bussystem in Linientopologie, mit Ausnahme des AS-Interface, an beiden Leitungsenden mit einem Abschlusswiderstand (Z_w in **Bild 1**) versehen werden müssen. Auch diese Busabschlusswiderstände belasten die Quelle. Betrachtet man nun die RS485 Schnittstelle kann man zeigen, dass bei genau 32 Teilnehmern Leistungsanpassung herrscht. Werden mehr als 32 Teilnehmer angeschlossen kann folgendes passieren:

Liegen der Sender und der Empfänger weit auseinander sinkt aufgrund der zu hohen Quellenbelastung die Ausgangsspannung des Senders. Weiterhin steigt der Spannungsabfall über der Übertragungsleitung. Dies kann dazu führen, dass die Eingangsspannung an weit entfernten Teilnehmern so klein ist, dass diese das Eingangssignal nicht mehr akzeptieren. Damit ist die Kommunikation unterbrochen.

Ist ein Bussystem in der Lage, mehr als 32 Teilnehmer zu adressieren, und werden mehr als 32 Teilnehmer betrieben müssen Repeater eingesetzt werden.

Repeater arbeiten praktisch wie Verstärkerbausteine, die das eingehende Signal empfangen, verstärken und galvanisch getrennt am Ausgang wieder senden. Dieses Prinzip funktioniert in beide Richtungen.

Bei Bussystemen in Linientopologie gibt es einen Zusammenhang zwischen Leitungslänge und Übertragungsrate.

Die meisten Bussysteme verwenden zur Darstellung einer logischen 0 bzw. einer logischen 1 rechteckförmige Signale. Die Leitung, die die Teilnehmer miteinander verbindet, stellt einen Widerstand, eine Induktivität, eine Kapazität und einen Ableitwert dar. Um das Ganze zu vereinfachen, ist in **Bild 2** die Induktivität und der Ableitwert vernachlässigt. Damit stellt die Leitung ein RC-Glied dar.

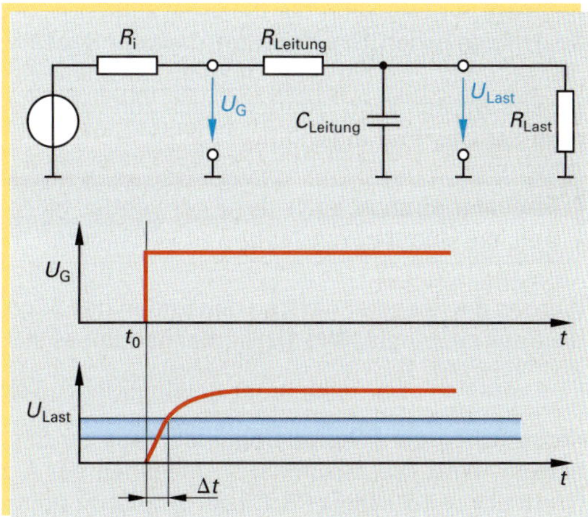

Bild 2: Zusammenhang Übertragungsrate/Leitungslänge

Erzeugt der Sender einen Wechsel von logisch 0 auf logisch 1, d.h. ein rechteckförmiges Spannungssignal, empfangen die Teilnehmer ein Signal, das der Aufladekurve eines Kondensators entspricht. Jede elektrische Schnittstelle definiert einen Spannungsbereich für die Logische 0 und einen anderen für die logische 1. Wird nun ein solcher Potenzialwechsel vom Sender erzeugt, dauert es die Zeit Δt bis der Empfänger diesen Potenzialwechsel erkennen kann.

Diese Zeit Δt muss dem Empfänger mindestens zur Verfügung stehen, damit er diesen Wechsel überhaupt erkennen kann.

Wird nun die Übertragungsleitung verlängert, bedeutet das, dass der Leitungswiderstand und die Leitungskapazität steigen. Dadurch wird die Kurve flacher und der Empfänger benötigt mehr Zeit den Potenzialwechsel zu erkennen. Das bedeutet, dass die Übertragungsrate niedriger werden muss.

Dieses, für eine Linientopologie typische Verhalten, soll am Beispiel des PROFIBUS nochmals verdeutlicht werden. Die **Tabelle 1** zeigt den Zusammenhang von Leitungslänge und Übertragungsrate beim PROFIBUS.

Werden Repeater zur Leitungsverlängerung eingesetzt, kann jedes Leitungssegment die maximale Länge in Abhängigkeit der Übertragungsrate haben.

Da sich bei der Linientopologie alle Teilnehmer ein gemeinsames Übertragungsmedium teilen, muss festgelegt werden, zu welchem Zeitpunkt welcher Teilnehmer Daten übertragen darf. Den Mechanismus, der dies festlegt, nennt man Buszugriffsverfahren.

Über das Buszugriffsverfahren wird festgelegt, ob ein Bussystem deterministisch ist, d.h. eine berechenbare Zykluszeit besitzt, oder nicht. Verschiedene Buszugriffsverfahren werden zu einem späteren Zeitpunkt erläutert.

Auf Seite 547 wurden die Repeater angesprochen. Werden diese an den Leitungsenden eingebaut, kann ein neues Segment eröffnet werden. Jedes Segment für sich kann die maximal zulässige Leitungslänge haben. Das bedeutet, dass der Repeater nicht nur zur Erhöhung der Teilnehmerzahlen eingesetzt werden kann, sondern auch zur Verlängerung der Übertragungsleitung.

Repeater können auch dazu verwendet werden, die Übertragungsleitung zu verlängern.

Tabelle 1: PROFIBUS

Übertragungsrate [kBit/s]	Max. Leitungslänge je Segment [m]
9,6...93,75	1200
187,5	1000
500	400
1500	200
3000, ..., 12000	100

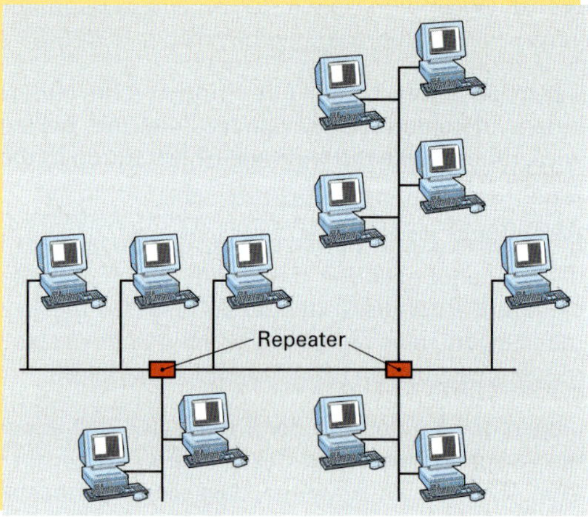

Bild 1: Baumtopologie

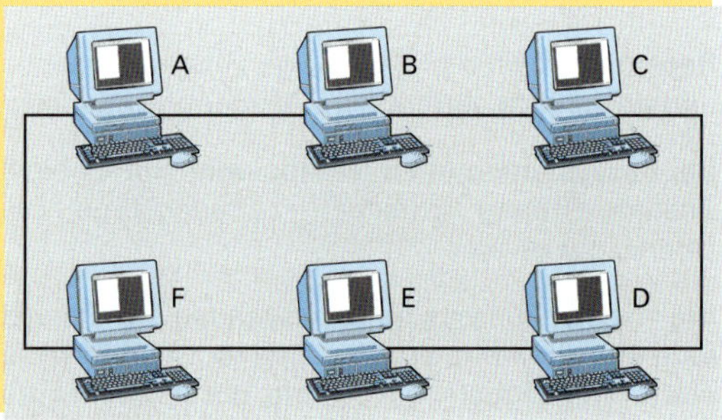

Bild 2: Ringtopologie

Werden die Repeater nicht an den Enden des Segments montiert sondern irgendwo dazwischen, entsteht die Baumtopologie **(Bild 1)**. Hierbei handelt es sich nur um eine Erweiterung der Linientopologie.

Eine weitere Form, Teilnehmer miteinander zu verbinden, ist die Ringtopologie **(Bild 2)**.

Kennzeichen der Ringtopologie ist, dass zwischen zwei Teilnehmern eine Punkt-zu-Punkt-Verbindung besteht. Wird eine Nachricht vom Teilnehmer A zum Teilnehmer D geschickt, sendet Teilnehmer A die Nachricht an Teilnehmer B. Dieser empfängt sie, verstärkt sie und sendet sie an Teilnehmer C. Teilnehmer C reicht die Nachricht dann an den eigentlichen Empfänger weiter. Aus Gründen der Datensicherheit sendet Teilnehmer D die Nachricht über Teilnehmer E und F zurück an den Sender.

Der Sender vergleicht nun das gesendete mit dem empfangenen Telegramm. Wenn beide identisch sind kann er sicher sein, dass die Nachricht korrekt bei Teilnehmer D angekommen ist.

Aus dieser Beschreibung kann man erkennen, dass jeder Teilnehmer als Repeater arbeitet. Ein Vorteil der Ringtopologie ist, dass die Teilnehmerzahl theoretisch nicht beschränkt ist und dass die Netzausdehnung sehr groß sein kann.

Probleme bereitet allerdings das Fehlerverhalten. Fällt in **Bild 2, Seite 548,** ein Teilnehmer aus oder wird die Leitung unterbrochen fällt die Kommunikation komplett aus. Aus diesem Grund werden Bussysteme in Ringtopologie sehr häufig mit redundanten[1] Ringen ausgestattet, das bedeutet, dass die Übertragungsleitung doppelt vorhanden ist.

Ein Feldbussystem, das diese Topologie benutzt ist der InterBus. An einem InterBus können theoretisch bis zu 512 Teilnehmer bei einem Ringumfang von 12,8 km betrieben werden. Allerdings ist die Übertragungsleitung nicht redundant ausgelegt. Wie das Problem des Verhaltens bei Fehlern beim InterBus gelöst ist, wird zu einem späteren Zeitpunkt erläutert.

Der Vollständigkeit halber sei erwähnt, dass es noch eine Sterntopologie gibt. Diese hat zurzeit bei den Feldbussystemen keine Bedeutung und wird aus diesem Grund hier nicht behandelt.

12.3 Übertragungsmedien

In der Feldbustechnologie werden vorwiegend zwei Übertragungsmedien verwendet:

- Kupferkabel
- Lichtwellenleiter

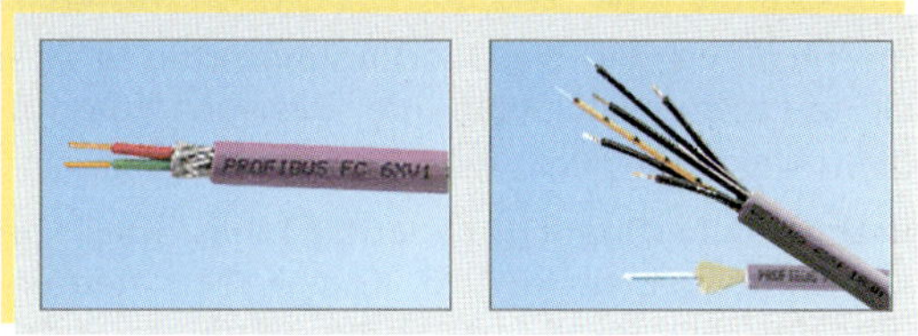

Bild 1: Leitungstypen

Kupferkabel wird meistens in Form einer verdrillten, geschirmten 2-Draht-Leitung (Shielded Twisted Pair, STP) eingesetzt. Das Datensignal wird dann als Spannungsdifferenzsignal zwischen den beiden Adern dargestellt. Die Verwendung des Spannungsdifferenzsignals und die Schirmung sollen verhindern, dass elektromagnetische Felder die Datenübertragung stören.

Solche elektromagnetischen Störungen werden z.B. von Starkstromleitungen, Frequenzumrichtern, Schweißrobotern, Handys u.a. erzeugt. Es muss verhindert werden, dass solche in der Praxis vorkommenden Felder die Datenübertragung negativ beeinflussen.

Bei dem Verlegen der Leitung ist darauf zu achten, dass der Schirm exakt mit der Erdungsklemme verbunden ist.

Werden vorkonfektionierte Kabel eingesetzt, ist der Schirm mit dem metallischen Mantel des Steckers verbunden. Üblicherweise werden 9-polige SUB-D-Verbindungen verwendet. Innerhalb des Gerätes wird dann die Verbindung zur Erde hergestellt. Werden die Kabel selbst konfektioniert, muss darauf geachtet werden, dass die Stecker/Buchsen intern eine Verbindung vom Schirm zum Mantel des Steckers/der Buchse haben. Werden dann die vom Steckerhersteller vorgegebenen Längen für die Abisolierung eingehalten, ist eine saubere Erdung problemlos möglich.

Die Erdung des Schirms ist wegen der elektromagnetischen Verträglichkeit (EMV) notwendig. Diese Erdung hat zur Folge, dass speziell bei weit ausgedehnten Systemen (z.B. zwischen zwei Gebäuden) Potenzialausgleichsleiter verlegt werden müssen. Es kann passieren, dass die Erdpotenziale in zwei Gebäuden unterschiedlich sind. Ist dies der Fall und ist kein Potenzialausgleichsleiter verlegt, fließt ein Ausgleichsstrom über den Schirm. Für diese hohen Ströme ist der Schirm nicht ausgelegt, so dass das Kabel regelrecht verglühen kann. Manche Bussysteme gestatten aus diesem Grund nur die Erdung des Schirms an einem Leitungsende oder schreiben am zweiten Leitungsende eine kapazitive Erdung vor. Wird nur an einem Leitungsende geerdet ist der EMV-Schutz schlechter als bei der Erdung an beiden Enden. Wird an einem Ende hart und am zweiten kapazitiv geerdet, ist der EMV-Schutz besser als bei der

[1] Redundanz, lat. redundare = im Überfluss vorhanden

Erdung an nur einem Ende, aber schlechter, als der Schutz bei der Erdung an beiden Enden. Kupferkabel findet man in Verbindung mit allen vorhin beschriebenen Topologien.

Lichtwellenleiter werden häufig dann eingesetzt, wenn es Probleme mit

- EMV Schutz
- Potenzialverschiebungen bei fehlendem Potenzialausgleich
- Großen Leitungslängen

gibt.

Heute gibt es viele unterschiedliche Lichtwellenleiter am Markt. Es muss unterschieden werden zwischen Glas- und Kunststofflichtwellenleitern. Bei den Glaslichtwellenleitern gibt es sog. Monomode- und Multimodefasern. All diese Lichtwellenleiter unterscheiden sich hinsichtlich der erreichbaren Leitungslängen. Lichtwellenleiter unterliegen keinen praxisrelevanten Einschränkungen hinsichtlich der Übertagungsrate. Allerdings sind sie, speziell wenn sie für große Leitungslängen ausgelegt sind, erheblich teurer als Kupferkabel.

Werden Lichtwellenleiter in der Feldbustechnologie eingesetzt, geschieht dies üblicherweise in der Ringtopologie. Dadurch wird die Verbindungstechnik relativ einfach, da die Teilnehmer nur über eine Punkt-zu-Punkt Verbindung miteinander verbunden sind.

12.4 Übertragungsarten

Prinzipiell werden die Übertragungsarten in zwei Gruppen unterschieden, die Basisbandübertragung und die Breitbandübertragung **(Bild 1)**.

Breitbandübertragung bedeutet, dass über ein Übertragungsmedium (z.B. Koax-Kabel) mehrere Signale gleichzeitig übertragen werden. Die bekanntesten Einsatzbereiche der Breitbandübertragung sind das Kabelfernsehen und die Telefonübertragung. Die Breitbandübertragung wird im Bereich der Feldbussysteme nicht eingesetzt, da die Komponenten relativ komplex und teuer sind.

Basisbandübertragung bedeutet, dass zu einem Zeitpunkt nur ein Signal über das Übertragungsmedium übertragen wird. Damit blockiert eine laufende Datenübertragung alle anderen Teilnehmer, die an dieses Übertragungsmedium angeschlossen sind.

Bei der Basisbandübertragung kann man die Daten synchron **(Bild 2)** oder asynchron **(Bild 3)** übertragen. Synchron bedeutet in diesem Zusammenhang, dass der Sender und der Empfänger synchron zueinander laufen. Voraussetzung dafür ist, dass ein Synchronisierungssignal (Taktinformation) mit übertragen wird. Dieses Problem wird häufig dadurch gelöst, dass eine Taktinformation in das Datensignal „eingearbeitet“ ist. Diese Form der Übertragung wird z.B. vom PROFIBUS-PA verwendet.

Der Vorteil der synchronen Datenübertragung besteht darin, dass, nachdem Sender und Empfänger synchronisiert wurden, beliebig viele Bytes übertragen werden können, ohne dass eine weitere Synchronisation notwendig ist.

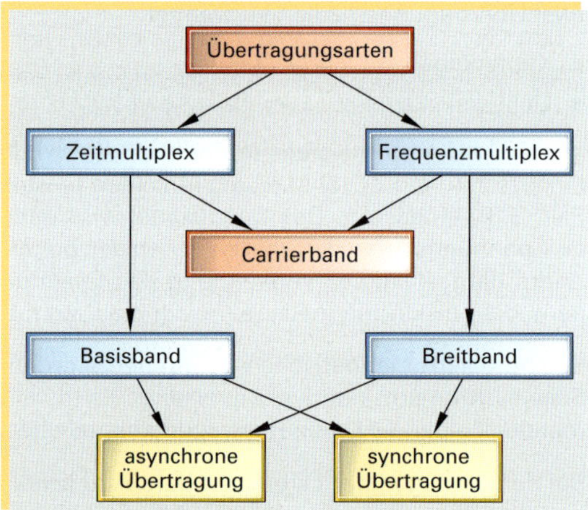

Bild 1: Übertragungsarten

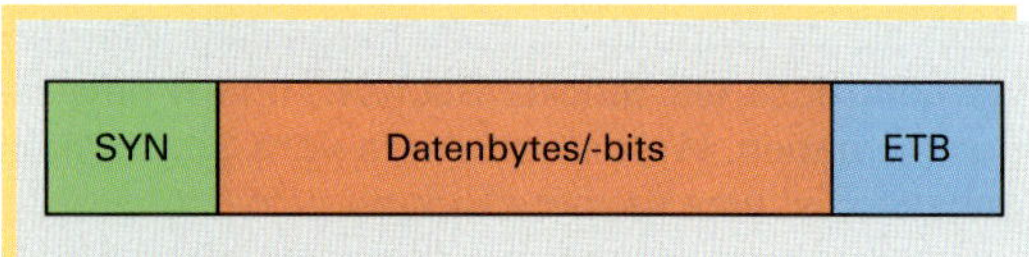

Bild 2: Synchroner Zeichenrahmen

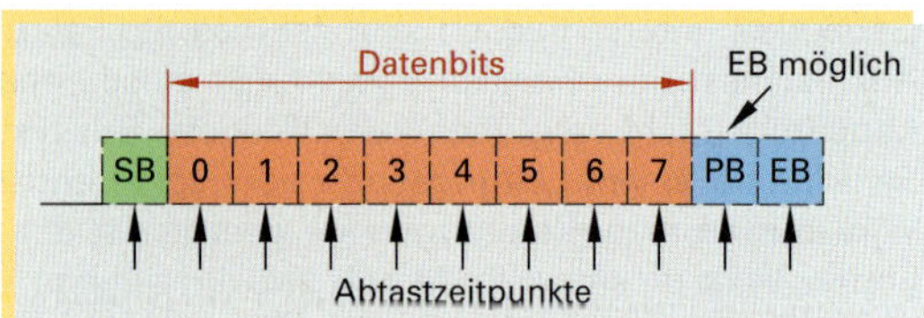

Bild 3: Asynchroner Zeichenrahmen (UART-Character)

Bei der asynchronen Datenübertragung fehlt die Taktinformation. Damit müssen der Sender und der Empfänger in regelmäßigen Abständen neu synchronisiert werden. Dies geschieht dadurch, dass ein Informationsbyte (8 Bit) von einem Startbit (SB), einem Endebit (EB) und i.d.R. einem Paritätsbit (PB) umrahmt sind. Diesen Zeichenrahmen nennt man UART-Character.

Der Ruhezustand bei einer asynchronen Übertragung ist definiert und entspricht einem logischen Zustand (z. B. logisch 0). Das Startbit hätte in diesem Beispiel immer den Zustand logisch 1. Damit entsteht immer eine Flanke. Diese Flanke wird vom Empfänger erkannt und damit weiß dieser, dass ein neues Byte übertragen wird.

Voraussetzung dafür, dass die asynchrone Übertragung funktioniert ist, dass Sender und Empfänger auf die gleiche Übertragungsrate (Baudrate, Anzahl der Bits pro Sekunde) eingestellt sind. Damit kennt der Empfänger auch die sog. Bitzeit (= 1/Baudrate). Der Empfänger tastet das Startbit in der Bitmitte ab. Wird der UART Character verwendet, weiß der Empfänger, dass 9 Datenbits folgen müssen, nämlich die 8 Datenbits und das Paritätsbit. Das letzte, das Endebit muss dem Ruhezustand logisch 0 auf der Übertragungsleitung entsprechen. Ist dies der Fall, hat der Empfänger ein Datenbyte korrekt empfangen und ist, nach einer kurzen Pause, bereit für den Empfang des nächsten Datenbytes.

Die asynchrone Übertragung in Verbindung mit dem UART-Character wird z.B. bei PROFIBUS-DP verwendet. Der Vorteil ist, dass man die Taktinformation nicht mitübertragen muss, der Nachteil liegt darin, dass ein übertragenes Datenbyte aus 11 Bit besteht. Vergleicht man also die synchrone und die asynchrone Datenübertragung müssen bei der synchronen Übertragung bei der gleichen Anzahl von Datenbytes weniger Bits übertragen werden, als bei der asynchronen Datenübertragung. Die synchrone Übertragung ist bei gleicher Baudrate schneller und damit effektiver.

12.5 Buszugriffsverfahren

Unter einem Buszugriffsverfahren versteht man die Festlegung, welcher Teilnehmer zu welchem Zeitpunkt auf das Übertragungsmedium zugreifen darf.

Prinzipiell gibt es wieder zwei Gruppen von Zugriffsverfahren, die sog. kontrollierten und die so genannten zufälligen Buszugriffsverfahren **(Bild 1)**. Bei den **kontrollierten Zugriffsverfahren** steht vor dem Beginn der Übertragung eindeutig fest, wer die Sendeberechtigung besitzt. Alle anderen Teilnehmer, die keine Sendeberechtigung besitzen, müssen der laufenden Übertragung zuhören. Im Folgenden werden das Master/Slave-Verfahren, das Token Prinzip und das hybride Zugriffsverfahren **(Bild 2)** erläutert, die alle zu den kontrollierten Zugriffsverfahren gehören.

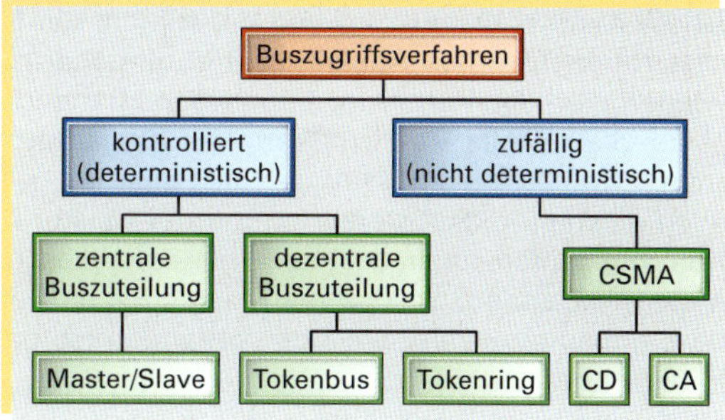

Bild 1: Übersicht Buszugriffsverfahren

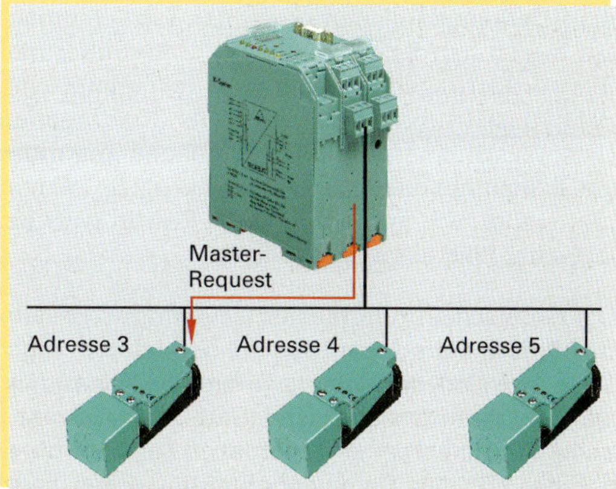

Bild 2: Master/Slave-Prinzip

Bei den **zufälligen Zugriffsverfahren** hört ein sendewilliger Teilnehmer die Datenleitung ab. Stellt er fest, dass die Leitung frei ist überträgt er sofort, falls die Leitung belegt ist versucht er es zu einem späteren Zeitpunkt noch einmal. Da zu keinem Zeitpunkt bekannt ist, ob die Übertragungsleitung frei ist oder nicht, kann auch keine Übertragungszeit und damit keine Zykluszeit berechnet werden. Feldbussysteme, die ein zufälliges Buszugriffsverfahren verwenden, sind in der Regel nicht deterministisch. Unter bestimmten Voraussetzungen gibt es jedoch Ausnahmen.

Bussysteme die ein solches zufälliges Verfahren verwenden sind der CAN Bus und das Ethernet. Die dort verwendeten Mechanismen heißen CSMA/CA bzw. CSMA/CD. Hierbei steht CS für Carrier Sense (Abtastung des Trägermediums) und MA für Multiple Access (mehrfacher Zugriff). Diese beiden Verfahren werden später genauer erläutert.

12.5.1 Master/Slave-Verfahren

Bei diesem Verfahren gibt es genau einen Teilnehmer, der die Kommunikation über die Leitung steuert; den sog. Master. Der Master schickt ein Aufforderungstelegramm, den sog. Master Request an genau einen Slave. In diesem Master Request überträgt er gleichzeitig Daten an den Slave. Der angesprochene, und nur dieser, Slave antwortet auf diesen Master Request mit der so genannten Slave Response. In dem Antworttelegramm werden die vom Master angeforderten Daten vom Slave an den Master geschickt. Hat der Master das Antworttelegramm erhalten, fordert er die Daten vom nächsten Slave an. Wenn er alle Slaves abgefragt hat, fängt er wieder von vorne an.

Voraussetzung dafür, dass dieses Verfahren einwandfrei funktioniert ist, dass jeder Teilnehmer eine eindeutige Adresse besitzt. Diese Adresse muss dem Master und jedem Slave während der Inbetriebnahme mitgeteilt werden. Eine Ausnahme bildet hier das AS-i-System, wo der Master keine Adresse besitzt. Bei diesem Verfahren ist es nicht möglich, dass mehrere Teilnehmer mit der gleichen Adresse an der gleichen Übertragungsleitung betrieben werden.

Da bekannt ist, wie viele Teilnehmer der Master abzufragen hat, wie viele Ein- und Ausgangsbytes jeder Slave überträgt und mit welcher Übertragungsrate (Baudrate) dies geschieht, kann hier relativ einfach die Zykluszeit berechnet werden. Ein Bussystem, das nach dem Master/Slave-Verfahren arbeitet, ist in der Regel deterministisch (auch hier gibt es Ausnahmen).

Ein Master muss in der Lage sein zu erkennen, ob ein Slave ausgefallen ist und wenn ja, muss er dies melden. Schickt der Master an einen Slave ein Telegramm und es folgt keine Antwort, genauer gesagt, ist die Antwort nicht rechtzeitig da, erkennt der Master daran, dass der Slave ausgefallen ist. Feldbussysteme melden den Ausfall nicht unmittelbar nach dem ersten fehlerhaften Telegramm, sondern sie wiederholen den Kommunikationsversuch mehrfach (z. B. bei AS-Interface 6-mal). Sollte der angesprochene Slave jedes Mal nicht korrekt oder gar nicht geantwortet haben wird er aus der zyklischen Kommunikation ausgeschlossen und als fehlerhaft gemeldet. Wird der fehlerhafte Slave ausgetauscht, wird auch dies automatisch erkannt und der Master nimmt den Slave automatisch wieder in die zyklische Kommunikation auf. In der Praxis bedeutet dies, dass am Slave maximal die Adresse eingestellt werden muss, alles andere erledigt der Master. Bei dem AS-Interface System braucht unter der Voraussetzung, dass genau ein Fehler am Bus vorhanden ist, gar nichts gemacht werden. Der Master adressiert den Slave automatisch.

12.5.2 Das Token-Prinzip

Unter einem Token versteht man eine kurze Nachricht. Derjenige Teilnehmer, der das Token momentan besitzt hat die Berechtigung, Daten über den Bus zu übertragen. Alle anderen Teilnehmer sind dann passiv und empfangen die übertragenen Daten. Nach einer zu parametrierenden Zeit muss der Teilnehmer das Token an den nächsten Teilnehmer weiterreichen. Nach diesem Prinzip wird ein logischer Ring aufgebaut **(Bild 1)**.

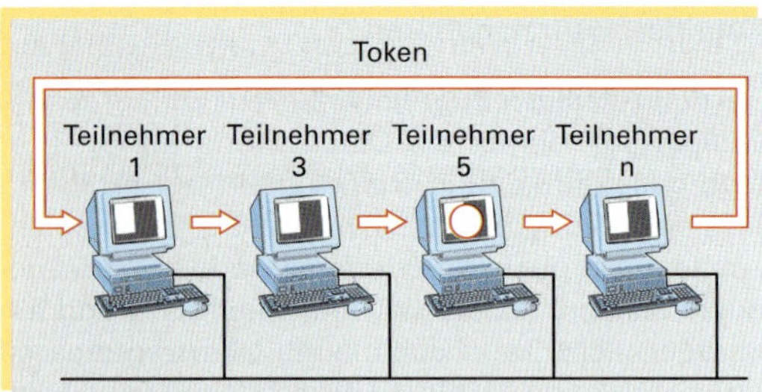

Bild 1: Token-Prinzip

Der Unterschied zum Master/Slave-Prinzip besteht darin, dass beim Token Bus nur Teilnehmer angeschlossen sind, die in der Lage sind die Kommunikation auf dem Bus zu steuern. Beim Master/Slave-Prinzip kann dies nur der Master. Dadurch bekommt beim Token Bus ein Teilnehmer, der Daten von einem anderen Teilnehmer anfordert auch keine unmittelbare Antwort wie beim Master/Slave-Prinzip. Der Teilnehmer, von dem Daten angefordert wurden, speichert diese Anforderung und antwortet, wenn er selbst das Token besitzt.

Reine Tokensysteme sind in der industriellen Automatisierungstechnik sehr selten. Was häufiger angetroffen wird ist eine Mischung aus dem Token-Prinzip und dem Master/Slave-Prinzip.

Diese Mischung wird auch hybrides Zugriffsverfahren genannt **(Bild 1)**.

Dabei handelt es sich um ein System, an das mehrere Master und mehrere Slaves angeschlossen sind.

Der Master, der das Token besitzt, organisiert den Datenaustausch mit den Slaves nach dem Master/Slave-Prinzip.

Ist der Datenaustausch beendet gibt er das Token an den nächsten Master weiter. Der wiederum kommuniziert mittels des Master/Slaves-Prinzips mit den Slaves.

Bild 1: Hybrides Zugriffsverfahren

Dieses Verfahren wird z. B. beim PROFIBUS eingesetzt. Der PROFIBUS kennt zwei unterschiedliche Klassen von Mastern, der so genannten Master Klasse 1 und Master Klasse 2. Die Master unterschiedlicher Klassen werden z. B. in der Prozessautomation wie folgt eingesetzt:

Der Master Klasse 1 ist verantwortlich für den Austausch der Ein- und Ausgangsdaten. Dieser ist in der Regel in die Steuerung integriert. In **Bild 1** ist dies der Master 1. Der Master Klasse 2 kann z. B. für Visualisierungszwecke oder zum Einstellen von Messbereichen, Grenzwerten o. Ä. verwendet werden. Dieser wird in **Bild 1** durch den Master 2 dargestellt.

Normalerweise sind die Master heute so intelligent, dass sie den Anschluss eines neuen Masters automatisch erkennen und mit diesem das Token-Handling ohne Eingriff von außen vereinbaren. In der Praxis bedeutet dies, dass z. B. ein Handprogrammiergerät mit integriertem Klasse 2 Master jederzeit an den PROFIBUS angeschlossen werden kann und damit Einstellungen an den PROFIBUS-Teilnehmern verändert werden können.

12.5.3 Das CSMA-Verfahren

Das Kürzel CSMA steht für *Carrier Sense Multiple Access*. Dabei hört ein sendewilliger Teilnehmer die gemeinsame Busleitung ab *(Carrier Sense)* und sendet sofort, falls diese nicht belegt ist. Sollte die Busleitung durch einen anderen Teilnehmer belegt sein, stellt der sendewillige Teilnehmer seinen Sendewunsch zurück und versucht zu einem späteren Zeitpunkt erneut die Daten zu übertragen *(Multiple Access)*. Da ein Teilnehmer nur dann auf die Übertragungsleitung zugreift, wenn er Daten übertragen will, kann im voraus nicht bestimmt werden, welcher Teilnehmer sendet. Damit handelt es sich um ein zufälliges Buszugriffsverfahren. Da auch nicht sichergestellt ist, dass die Busleitung frei ist, wenn ein Sendewunsch besteht, kann auch keine maximale Zeit garantiert werden, innerhalb derer die Daten übertragen werden. Damit ist dieses Verfahren nicht deterministisch und besitzt damit keine berechenbare Zykluszeit.

Es existieren zwei Varianten, den erneuten Buszugriff nach einem gescheiterten Versuch zu regeln:

Bei Variante 1 zieht sich die sendewillige Station für eine zufällig gewählte Zeit zurück und versucht dann den erneuten Zugriff. Ist die Busleitung immer noch oder schon wieder belegt, zieht sich der Teilnehmer erneut für eine zufällig gewählte Zeit zurück, die aber länger als die vorherige Periode ist. Hierbei tritt das Problem auf, dass u. U. ein sendewilliger Teilnehmer sehr lange warten muss, bis er ein freies Trägermedium vorfindet. Das Problem wird um so größer, je stärker das Bussystem ausgelastet ist. Diese Variante wird z. B. von dem in der Bürokommunikation eingesetzten Ethernet verwendet.

Bei Variante 2 hört ein sendewilliger Teilnehmer das Trägermedium ständig ab und sendet sofort, nachdem die laufende Kommunikation abgeschlossen ist. Dadurch entstehen keine Wartezeiten. Hierbei kann es jedoch passieren, dass zwei Sender gleichzeitig mit der Sendung beginnen, da sie beide während der vorherigen Sendung versucht haben, auf den Bus zuzugreifen. Dies hat zur Folge, dass die Sendungen kollidieren und sich gegenseitig zerstören. Ohne Zusatzmaßnahmen würde dies erst erkannt werden, wenn der Empfänger die übertragenen Daten auf Fehler überprüft. Damit ist der Bus für die gesamte Zeit der sich überlagernden Übertragungen belegt und kann nicht anderweitig genutzt werden, die Effizienz sinkt.

Dieses Problem tritt auch bei Variante 1 auf, wenn zwei Teilnehmer quasi gleichzeitig den Bus abhören, ihn für frei befinden und mit der Sendung beginnen. Auch hier gilt, dass mit steigender Busauslastung die Wahrscheinlichkeit einer Kollision steigt.

Kollisionen können bei dem CSMA Verfahren nicht vermieden werden. Deshalb müssen sie erkannt werden. Prinzipiell funktioniert die Kollisionserkennung folgendermaßen: Der aktuelle Sender vergleicht die gesendeten mit den empfangenen Daten. Unterscheiden sich diese voneinander, ist es zur Kollision gekommen und die Übertragung wird sofort eingestellt. Dieses Verfahren nennt man Collision Detection, oder kurz CSMA/CD.

Nach der Kollisionserkennung überträgt der Teilnehmer, der die Kollision erkannt hat, ein kurzes Störsignal (jam). Mit diesem Signal informiert er alle anderen Teilnehmer über die erkannte Kollision. Alle sendewilligen Teilnehmer stellen dann ihre Sendung für eine zufällige Zeitdauer zurück und versuchen später erneut den Zugriff.

12.5.4 CSMA/CA

Bei diesem Verfahren hört ein sendewilliger Teilnehmer das Trägermedium wie bei CSMA/CD ab und beginnt die Übertragung, wenn das Medium frei ist. Ist es belegt, wird die laufende Übertragung abgewartet und unmittelbar im Anschluss daran mit der Sendung begonnen, wobei die Sendung ständig überwacht wird. Sollten zwei Teilnehmer gleichzeitig mit der Sendung beginnen, sind Prioritäten vergeben, so dass sich der Teilnehmer mit der niedrigeren Priorität zurückzieht, d.h. seine Übertragung abbricht, da er nicht mehr seine eigene Sendung empfangen hat. Damit wird eine Kollision vermieden (Collision Avoidance, CA).

Ein Telegramm beginnt immer mit der Kennzeichnung des Übertragungsbeginns. Diese Information ist für alle sendewilligen Teilnehmer gleich, so dass sich zwei gleichzeitig auf der Übertragungsleitung befindende Sendungen nicht gegenseitig beeinflussen. Es kann die eigene Adresse des Senders, der so genannte Identifier, folgen. Definiert man einen logischen Zustand als dominant, z.B. „0", den anderen als rezessiv, dominiert der Teilnehmer mit der niedrigeren Adresse. Der Teilnehmer mit der höheren Adresse bricht die Sendung ab und versucht, seine Daten im Anschluss an die jetzt laufende Übertragung zu senden.

Voraussetzung für die Funktionsfähigkeit ist, dass alle Teilnehmer zum gleichen Zeitpunkt das gleiche Bit abtasten. Signallaufzeiten auf der Leitung dürfen keine Rolle spielen.

Diese Verfahren ist von seiner Grundkonzeption her nicht deterministisch. Jedoch kann durch entsprechende Software erreicht werden, dass sich ein CSMA/CA-basiertes System deterministisch verhält. Ein Beispiel dafür ist das DeviceNet, das auf CAN basiert. CAN nutzt das CSMA/CA-Verfahren; DeviceNet setzt den CAN-Chip als Kommunikationschip ein. Bei DeviceNet kann ein so genannter Poll I/O-Modus gewählt werden, der eine maximale, berechenbare Zykluszeit garantiert.

12.6 Datensicherheit

Für die Automatisierungstechnik ist die sichere Übertragung von Prozessdaten von entscheidender Bedeutung. In industrieller Umgebung kann es jedoch passieren, dass Daten aufgrund von EMV-Störungen o.Ä. verfälscht werden. Um fehlerhafte Telegramme erkennen zu können werden so genannte Datensicherungsmechanismen eingesetzt. Diese dienen ausschließlich dazu Fehler zu erkennen, nicht sie zu korrigieren. Es ist viel einfacher,

Datenbyte								PB
1	0	0	1	0	1	0	1	0
0	1	0	0	1	0	0	1	1
0	0	1	1	0	1	1	0	0
1	0	1	0	0	1	0	0	1
0	1	0	0	1	1	1	0	0

Bild 1: Blocksicherung

schneller und billiger ein fehlerhaftes Telegramm zu verwerfen und die Daten erneut anzufordern.

Um solche fehlerhaften Telegramme zu erkennen gibt es prinzipiell drei Möglichkeiten:

- Die Signalüberwachung (wird bei z. B. AS-i eingesetzt)
- Die Blocksicherung (wird z. B. bei PROFIBUS eingesetzt, **Bild 1, Seite 554**)
- Das Cyclic Redundancy Check-Verfahren, kurz CRC-Check (wird z. B. bei InterBus eingesetzt)

Auf die erste Variante, die Signalüberwachung, wird im Kapitel AS-Interface eingegangen.

Blocksicherung bedeutet, dass jedes Datenbyte durch ein Paritätsbit gesichert wird. Es wird z. B. festgelegt, dass die Summe aller logischen „1" gerade sein muss (siehe auch asynchrone Übertragung).

Das bedeutet, wenn im Datenbyte eine gerade Anzahl „1" vorhanden ist, so ist das Paritätsbit „0", ist sie ungerade dann ist das Paritätsbit „1". Mit diesem einfachen Mechanismus lässt sich mit hundertprozentiger Sicherheit feststellen, ob ein Bit fehlerhaft ist.

Sind jedoch zwei Bit fehlerhaft, kann dies nicht mehr erkannt werden. Die Maßeinheit, die diesen Zusammenhang anzeigt nennt man Hamming-Distanz Hd. Unter der Hamming-Distanz versteht man die Anzahl der 100%ig erkennbaren Fehler plus 1. Mit einem Paritätsbit wird die Hamming-Distanz von 2 erreicht.

Führt man diese Überwachung nicht nur in der Zeile sondern auch noch in der Spalte durch, spricht man von einer Blocksicherung. In **Bild 1, Seite 554,** wäre z. B. die letzte Zeile das Sicherungswort. Diese wird z. B. bei PROFIBUS eingesetzt. Mit der Blocksicherung wird die Hamming-Distanz von 4 erreicht. Damit werden bis zu drei fehlerhafte Bits im Telegramm mit hundertprozentiger Sicherheit erkannt.

Der CRC-Check

Bei diesem Verfahren wird das zu übertragende Telegramm als Zahl interpretiert. Diese wird durch eine vorher genau definierte andere Zahl, das so genannte Polynom, geteilt. Bei einer Division entsteht ein Rest. So ist beispielsweise 14 : 3 = 4 Rest 2. Dieser Rest wird zur Datensicherheit hinten an das Telegramm angehängt. Nachdem der Empfänger beides erhalten hat zieht er vom Wert des Telegramms den Wert des Restes (der als Sicherungswort übertragen wurde) ab. In unserem Beispiel würde er 14 – 2 = 12 rechnen. Diese neue Zahl wird durch das gleiche Polynom geteilt. Der Rest, der dann entsteht muss 0 sein, hier 12 : 3 = 4 Rest 0.

Mit solchen CRC-Checks kann man, je nach Polynom, Hamming-Distanzen von 4 oder 6 erreichen. Chips, die dieses Verfahren realisieren, können fertig gekauft werden.

12.7 AS-Interface

AS-Interface ist, wie der InterBus, der PROFIBUS, CAN und viele andere Bussysteme, ein so genanntes offenes Bussystem. Das bedeutet, dass man AS-i-Produkte von vielen Anbietern und nicht nur von einem bekommen kann. Weiterhin ist gewährleistet, dass das Bussystem einwandfrei funktioniert, auch wenn man Produkte verschiedener Anbieter an diesem Bus betreibt (Interoperabilität, interoperability). Wird ein Produkt durch ein baugleiches Produkt eines anderen Anbieters ersetzt, so funktioniert auch dieses (Austauschbarkeit, interchangeability).

12.7.1 AS-Interface-Funktionsprinzip

AS-Interface ist ein System, das hauptsächlich für Geräte entwickelt wurde, die ein sehr geringes Datenvolumen übertragen. Darunter zählen z. B. Initiatoren, Schalter und Ventile. Eine Übertragung von Analogwerten ist aber dennoch möglich.

AS-Interface ist ein Master/Slave-System. Ein Master kann, wenn er nach der Spezifikation 2.0 oder niedriger arbeitet, bis zu 31 Slaves verwalten. Die neue AS-Interface-Spezifikation 2.11 wird in einem gesonderten Kapitel behandelt. Jeder dieser 31 Slaves stellt genau 4 Bit Daten zur Verfügung.

AS-Interface kennt so genannte intelligente Slaves, darunter versteht man Sensoren oder Aktoren mit integrierter AS-i-Schnittstelle, und so genannte Module. Module bilden die Schnittstelle zwischen dem AS-i-System und Standardsensoren bzw. Standardaktoren **(Bild 1)**.

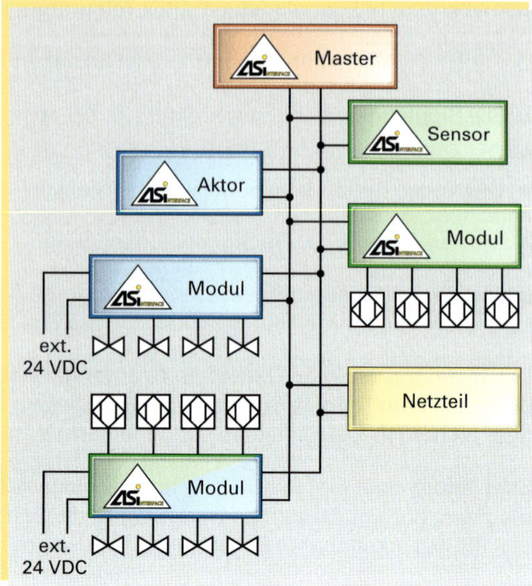

Bild 1: AS-Interface-Struktur

Betrachten wir zB. einmal einen AS-i-Sensor **(Bild 2)**. Dieser liefert, wie schon gesagt, genau 4 Bit Daten. Hier ist z.B. festgelegt, dass das niederwertigste Bit (LSB = least significant bit) D0 immer das Schaltsignal ist. Das Datenbit D1 entspricht immer einem Warnsignal, sofern dieses vom Sensor unterstützt wird. Dieses Warnsignal kann z.B. eine Vorausfallanzeige (s. Kapitel „Sensorik") sein. Das bedeutet, dass der Sensor eine Warnung sendet, bevor er ausfällt. Dies ist z.B. bei optoelektronischen Sensoren sinnvoll, die eine verschmutzte Optik melden oder bei induktiven Sensoren, die eine Dejustage anzeigen. Damit kann das Problem beseitigt werden, bevor der Sensor, und damit die Anlage, ausfällt. Das Datenbit D2 beinhaltet eine Bereitschaftsanzeige, wenn diese Funktion von dem Sensor unterstützt wird. Wird bei einem induktiven Sensor nur die Sensorspule abgeschert, hat dieser einen definierten Ausgangszustand (Schalter offen oder geschlossen). Es ist jedoch nicht bekannt, ob dieses dem aktuellen Status der Anwendung entspricht oder aufgrund eines Fehlers (hier abgescherte Spule) auftritt. Durch das Datenbit D2 kann nun abgefragt werden, ob es sich bei dem Signal um einen Prozesszustand oder um ein Signal handelt, das auf einem Fehler beruht. Das Datenbit D3 ist eine Aufforderung zum Selbsttest.

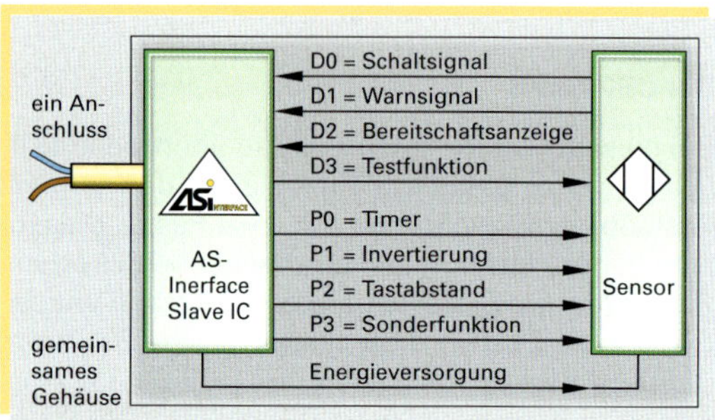

Bild 2: AS-i Sensor-Profil

Zusätzlich zu den 4 Datenbits unterstützt ein AS-i-Slave 4 Parameterbits. Bei Sensoren ist das Parameterbit P1 immer die Umschaltung zwischen Öffner- und Schließerverhalten. Die anderen 3 Parameterbits können eine Vielzahl unterschiedlicher Funktionen beinhalten, die normalerweise vom Sensortyp und seinem Einsatzgebiet abhängig sind.

Nach dem gleichen Prinzip arbeiten Aktoren, die den AS-i-Chip integriert haben.

Werden nur intelligente AS-i-Teilnehmer eingesetzt, kann man 31 Slaves an einem Master betreiben. Das bedeutet, dass über die AS-i-Leitung 31 Schaltsignale, 31 Warnsignale usw. übertragen werden können. Dadurch ist das Einsparungspotenzial bezüglich der Hardware eher als gering einzustufen. Wird der Master z.B. direkt in der SPS als Einschubkarte betrieben, werden durch einen Master 4 Eingangskarten oder 4 Ausgangskarten oder eine Mischung aus beiden eingespart. Dies ist der Grund, dass in der Praxis sehr häufig sog. AS-i-Module eingesetzt werden. Dabei handelt es sich um Geräte, die die Schnittstelle zwischen einem Standardsensor bzw. einem Standardaktor und der AS-i-Übertragungsleitung bereitstellen **(siehe Bild 1)**.

Der AS-i-Slave ist also in das Modul integriert und nur das Modul benötigt eine Adresse. Damit stellt auch ein Modul im ersten Schritt genau 4 Bit Daten zur Verfügung. Diese 4 Bit können jetzt allerdings ausschließlich für Signale verwendet werden. So können z.B. an ein Eingangsmodul 4 Standardsensoren angeschlossen werden. In diesem Fall spricht man auch von einem 4E-Modul. Im Bild 1 sind die Eingangsmodule grün gekennzeichnet. Das gleiche Prinzip kann auch auf Ausgänge angewendet werden.

Dann spricht man von einem 4A-Modul. Weiterhin gibt es auch Mischformen solcher Module, z.B. 2EA-Modul mit 2 Eingängen und 2 Ausgängen.

Da AS-Interface ein Master/Slave-System ist, kann man im Masteraufruf Ausgangsdaten an einen bestimmten Slave und in der Antwort von diesem Slave Eingangsdaten übertragen. Damit können mit einem Modul und nur einer AS-i-Adresse bis zu 4 Bit Eingangsdaten und 4 Bit Ausgangsdaten übertragen werden. In diesem Fall spricht man von einem 4EA-Modul.

Würde eine Anlage ausschließlich mit 4EA-Modulen betrieben werden, könnte man 4 · 31 = 124 Bit Eingangsdaten und 4 · 31 = 124 Bit Ausgangsdaten mit einem einzigen AS-i-Master verwalten. Dies entspricht dem Maximalausbau eines AS-Interface-Systems nach Spezifikation 2.0 oder niedriger.

Über die zweiadrige AS-i-Leitung werden die Daten und die Energieversorgung gleichzeitig übertragen. Aus diesem Grunde ist in **Bild 1, Seite 556,** ein Netzteil an die Übertragungsleitung angeschlossen. Es handelt sich hier um ein spezielles AS-i-Netzteil.

Es gibt zwei Gründe, warum hier ein spezielles Netzteil einzusetzen ist:

1. Um die Energieversorgung und die Daten gleichzeitig übertragen zu können, wird eine Gleichspannung zur Energieversorgung eingesetzt. Dieser Gleichspannung ist ein Wechselspannungssignal überlagert. Dieses Wechselspannungssignal stellt das Datensignal dar. Würde man ein Standardnetzteil einsetzen, würde dieses die überlagerte Wechselspannung „herausregeln". Dies ist bei AS-Interface nicht erlaubt. Um dies zu verhindern, ist ein spezielles Entkoppelnetzwerk in das AS-i-Netzteil integriert.

2. Standardnetzteile haben normalerweise eine Ausgangsspannung von 24 VDC. Würde man das Netzteil am Anfang einer AS-i-Leitung anschließen, könnte es passieren, dass der Spannungsabfall entlang der AS-i-Leitung so groß ist, dass die Eingangsspannung für den letzten Teilnehmer nicht mehr ausreichend wäre. Um diesen Spannungsabfall zu kompensieren haben die AS-i-Netzteile eine Ausgangsspannung von ca. 30,5 V DC.

Auch wenn der Spannungsabfall über der AS-i-Leitung durch die höhere Ausgangsspannung in gewissen Grenzen kompensiert wird, sollte man darauf achten, diesen so niedrig wie möglich zu halten. Dies wird am einfachsten dadurch erreicht, dass man das AS-i-Netzteil dort an die Übertragungsleitung anschließt, wo die höchste Stromaufnahme zu erwarten ist.

Ein AS-i-Netzteil kann an einer beliebigen Stelle an die AS-i-Übertragungsleitung angeschlossen werden. Es sollte jedoch nach Möglichkeit dort angeschlossen werden, wo die höchste Stromaufnahme aus der AS-i-Leitung zu erwarten ist.

AS-i-Netzteile liefern, je nach Ausführung, einen Versorgungsstrom zwischen 2 A und 8 A. Wenn man im Extremfall 124 Aktoren über Module an einem AS-i-Strang betreibt, reichen selbst 8 A nicht aus, um alle diese Aktoren zu versorgen. Deshalb werden Aktoren normalerweise extern versorgt. Diese externe 24 V DC-Versorgung wird an ein Modul mit Ausgängen angeschlossen. Das Modul selbst wird aus AS-i heraus gespeist und schaltet die externe Versorgung auf die Aktoren. Auf die Verdrahtungstechnik wird zu einem späteren Zeitpunkt eingegangen.

Es ist nicht möglich zwei AS-i-Netzteile an einer AS-i-Übertragungsleitung zu betreiben.

AS-Interface lässt eine Leitungslänge von 100 m zu. Die Topologie ist dabei relativ beliebig. Nur die Ringtopologie sollte vermieden werden. AS-i wird ohne Busabschlusswiderstände betrieben. Dies ist der Grund dafür, warum die Leitungslänge relativ kurz ist.

Durch die relativ freie Topologie können Stichleitungen überall dort gesetzt werden, wo sie notwendig und sinnvoll sind. Auch ein Stich von einer Stichleitung ist möglich. Bei der Installation einer AS-i-Anlage muss nur darauf geachtet werden, dass die Summe aller AS-i-Übertragungsleitungen die 100 m nicht überschreitet. Nicht zu berücksichtigen ist die Leitungslänge zwischen einem Modul und einem Standardsensor/-aktor.

Die Leitungslänge kann durch Repeater vergrößert werden. Jedoch wird mit jedem Repeater auch immer ein zusätzliches AS-i-Netzteil benötigt. AS-i erlaubt maximal zwei Repeater in Reihe. Eine andere Lösungsmöglichkeit wird zu einem späteren Zeitpunkt erläutert.

12.7.2 AS-Interface-Verkabelung

Die größte Stärke von AS-Interface ist seine Verkabelungstechnik. Als Übertragungsleitung kann eine nicht geschirmte, verdrillte 2-Draht-Leitung verwendet werden. Jedoch hat man den größten Nutzen, wenn man die AS-i-typische Flachleitung einsetzt.

Der Vorteil der Flachleitung besteht darin, dass Arbeiten wie das Abisolieren, das Anbringen von Aderendhülsen usw. komplett entfällt. Bei der AS-i-Flachleitung handelt es sich um ein zweiadriges, nicht verdrilltes Kabel, dessen Profil in der AS-i-Spezifikation genau definiert ist **(Bild 1)**.

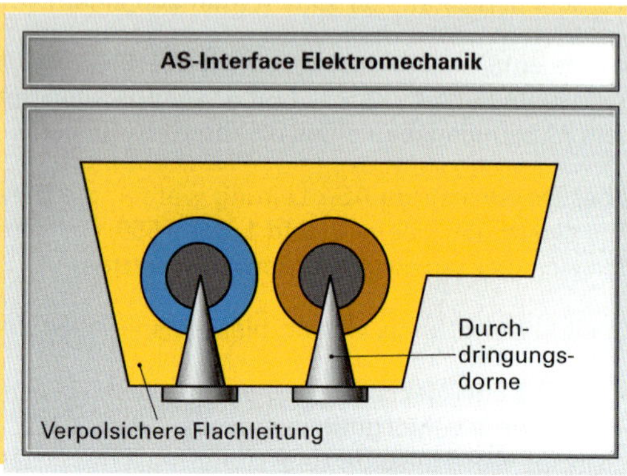

Bild 1: AS-Interface-Elektromechanik

Die AS-i-Leitung wird in einen Leitungskorb **(siehe Bild 2)** eingelegt. Durch das Profil wird ein Verpolen verhindert. Bei Modulen kann sich dieser Leitungskorb im Modulunterteil befinden. Wird das Moduloberteil auf das Unterteil aufgeschraubt wird der Leitungskorb mit dem eingelegten Kabel nach unten gedrückt und in der neuen Position fixiert. Durch dieses nach unten Drücken durchdringen Dorne die Isolation der Flachleitung und stellen somit automatisch den Kontakt zur Litze in der Flachleitung her **(Bild 2)**.

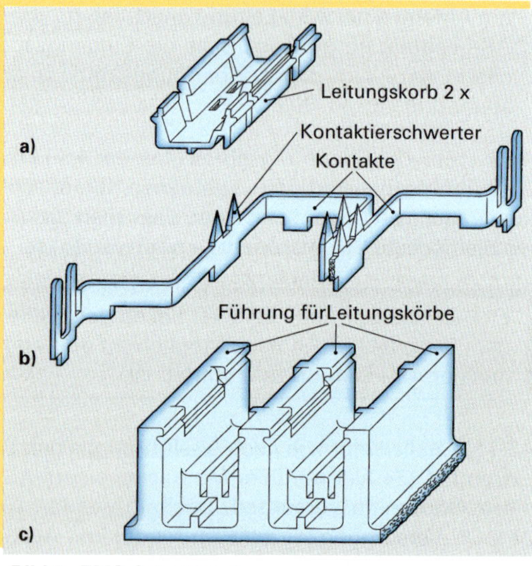

Bild 2: EMS-Schnittstelle

Dieses hier beschriebene Prinzip nennt man bei AS-Interface die elektromechanische Schnittstelle, kurz EMS. Üblicherweise ist die AS-i-Leitung gelb. Eine solche EMS-Schnittstelle kann, da sie zwei AS-i-Anschlüsse besitzt, auch gleich als Verteiler eingesetzt werden.

Das gleiche Prinzip der Durchdringungstechnik wird auch für die externe 24-VDC-Versorgung angewendet. Die Versorgungsleitung ist dann schwarz. Die Schnittstelle, die den zusätzlichen Anschluss der 24-VDC-Versorgung erlaubt, nennt man erweiterte elektromechanische Schnittstelle, kurz EEMS.

Eine weitere Besonderheit der Flachleitung ist die sog. Selbstheilung. Wird ein über die EMS-Schnittstelle hergestellter Kontakt wieder geöffnet, schließt sich die gelbe/schwarze Isolation der Flachleitung selbstständig. Nach dem Öffnen der Verbindung ist die alte Kontaktierungsstelle mindestens IP65, d.h. gegen Staub und Spritzwasser geschützt.

In **Bild 1** sind die einzelnen Adern der AS-i-Leitung farblich gekennzeichnet. Braun steht für die Leitung AS-i +; Blau für die Leitung AS-i –.

Bild 3 zeigt das Ersatzschaltbild des Entkoppelnetzwerkes, das im AS-i-Netzteil integriert ist.

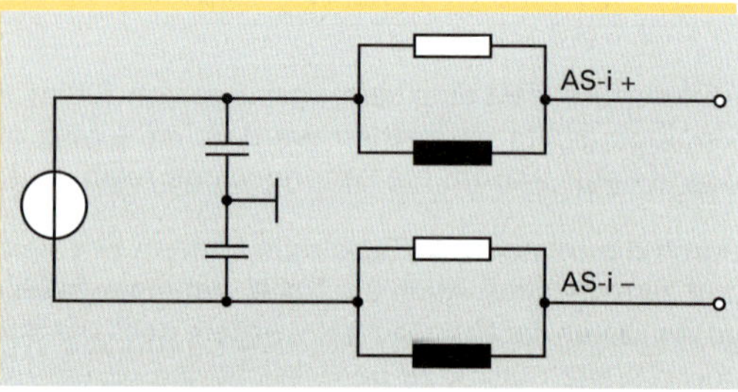

Bild 3: Das Entkoppelnetzwerk

Exakter betrachtet wird das Datensignal an den Spulen dieses Entkoppelnetzwerks erzeugt. Ein AS-i-Sender hebt den Strom auf der AS-i-Leitung an bzw. senkt ihn ab. Dadurch entsteht an den Spulen des Entkoppelnetzwerks das AS-i-typische Spannungssignal ($u_L = -L \cdot \Delta i / \Delta t$).

Wird die Leitung AS-i – (blaue Leitung) an Masse angeschlossen, wird der untere Zweig des Entkoppelnetzwerks kurz geschlossen. Damit kann es passieren, dass die Kommunikation zusammenbricht.

Es ist nicht erlaubt, die Leitung AS-i – an ein externes Massepotenzial anzuschließen.

Werden Sensoren oder Aktoren, z.B. Ventilinseln, mit integrierter AS-i-Schnittstelle, so genannte intelligente Sensoren/Aktoren, angeschlossen, gibt es auch hier unterschiedliche Möglichkeiten, diese AS-i-Teilnehmer direkt an die Flachleitung anzuschließen. Eine Möglichkeit zeigt **Bild 1**.

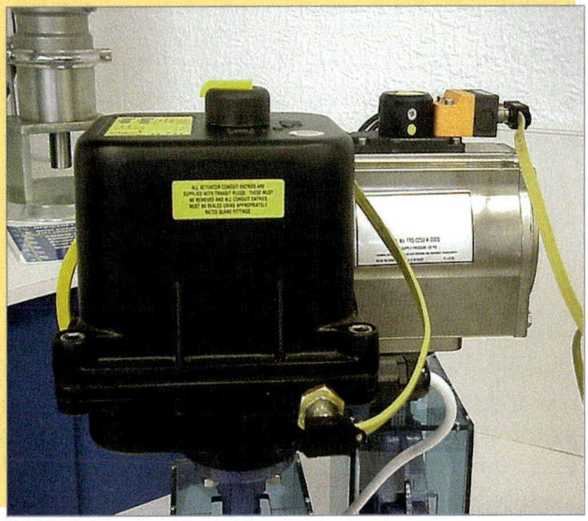
Bild 1: Anschluss intelligenter AS-i-Teilnehmer

Standardsensoren und Standardaktoren werden meistens über M8-, M12-Schraubverbindungen oder PG-Verschraubungen in Verbindung mit Käfigzugfederklemmen an die Module angeschlossen. In manchen Fällen sind auch nur einfache Klemmen vorhanden. Dies findet man z.B. dann, wenn das Modul in einem Schaltschrank oder Verteilerkasten eingesetzt werden soll.

Bild 2: Übersicht Modulbauformen

12.7.3 Inbetriebnahme einer AS-Interface-Anlage

Für die Inbetriebnahme einer AS-Interface-Anlage ist es unerheblich, ob mit einem AS-i-Master oder mit einem Gateway zu einem anderen Bussystem gearbeitet wird.

In der Praxis werden sehr häufig Module **(Bild 1)** eingesetzt. Die Inbetriebnahme von AS-Interface gestaltet sich dann wie folgt:

- Zuerst werden die Modulunterteile am Einsatzort montiert.
- Anschließend wird die AS-Interface-Flachleitung verlegt.
- Werden intelligente Slaves eingesetzt, wird hier der Adapter, falls erforderlich, zwischen AS-i-Flachleitung und Slave montiert.
- Anschließend müssen die AS-i-Slaves adressiert werden.

Dabei ist folgendes zu beachten:

Fabrikneue AS-Interface-Slaves sind auf die Adresse 0 voradressiert. Ausnahmen können hier Produkte sein, die mehr als einen integrierten AS-i-Slave haben (z.B. Ventilinseln mit 8 oder 16 Ventilen, AS-i-Absolutwertgeber). Dann ist die Voradressierung dem Datenblatt zu entnehmen.

Das bedeutet, dass zu Beginn der Inbetriebnahme viele AS-i-Slaves mit Adresse 0 vorhanden sind. Aufgrund der Tatsache, dass AS-i ein Master/Slave-System ist, ist es nicht möglich, sofort alle Slaves an die AS-i-Übertragungsleitung anzuschließen, da der Master dann nicht mehr zwischen den einzelnen Slaves mit gleicher Adresse unterscheiden kann.

AS-Interface-Slaves können auf verschiedene Weisen adressiert werden:

- Verwendung von Tasten, die am Master angebracht sind
- Verwendung einer Konfigurationssoftware
- Verwendung eines Adressiergeräts

Die ersten beiden Möglichkeiten bedeuten, dass ein Slave mit Adresse 0 an die AS-i-Leitung angeschlossen wird. Anschließend wird die Adresse über die Taster des Masters oder die Konfigurationssoftware geändert. Erst danach kann der nächste AS-i-Slave mit Adresse 0 an die Übertragungsleitung angeschlossen werden. Dies ist in der Praxis ein sehr aufwendiges Verfahren und wird in der Regel nicht angewendet.

Manche Konfigurationssoftwarepakete unterstützen einen sog. Adressierungsassistenten. Dann muss zuerst die AS-i-Konfiguration in der Software erstellt und abgespeichert werden. Danach wird die Konfiguration von der Software an den Master übertragen (download). Anschließend wird der Adressierungsassistent gestartet. In der Regel werden dann die Slaves mit Adresse 0 nacheinander, beginnend mit der niedrigsten zu vergebenden Adresse an die AS-i-Leitung angeschlossen. Erkennt der Adressierungsassistent einen Slave mit Adresse 0, überprüft er, ob es sich um den richtigen handelt. Wenn ja, wird dieser automatisch auf die neue Adresse umadressiert.

Am häufigsten wird jedoch das Adressiergerät eingesetzt. Mit Hilfe dieses Adressiergerätes ist es möglich die AS-i-Slaves vor dem Einbau auf die richtige Adresse zu programmieren. Über das Adressiergerät kann es jedoch passieren, dass eine Adresse mehrfach an einen AS-i-Strang vergeben wird. Die Adressiergeräte merken sich nicht, welche Adressen schon vergeben und welche noch frei sind.

Sind alle Adressen eingestellt und alle Slaves an die AS-i-Übertragungsleitung angeschlossen worden, kann die Spannung eingeschaltet werden. Nachdem der AS-i-Master hoch gelaufen ist, wird er einen Konfigurationsfehler melden. Dies liegt daran, dass dieser, sofern er noch fabrikneu ist, noch keine Konfiguration gespeichert hat. Im nächsten Schritt muss dies nachgeholt werden.

Bild 1: AS-Interface-Adressiergerät

Die meisten Master bieten dafür eine Funktion an, mit der die aktuelle Konfiguration, d.h. die Konfiguration, die momentan vorhanden ist, als so genannte Sollkonfiguration gespeichert wird. Dies geschieht i.d.R. über einen Tastendruck.

Im AS-i-Master wird gespeichert, welche Slaves vorhanden sein sollten (die so genannte Sollkonfiguration) und welche Slaves tatsächlich vorhanden sind (die aktuelle oder Istkonfiguration). Über einen Vergleich dieser Informationen erkennt der Master, welche Slaves

- fehlen bzw. defekt sind
- zu viel vorhanden sind
- falschen Typs angeschlossen sind.

Um den letzten Punkt erkennen zu können, braucht der Master einige Zusatzinformationen. In jedem Slave wird ein so genannter Identifikationscode und eine so genannte E/A-Konfiguration permanent gespeichert. Dies wird während der Produktion des Slaves gemacht und ist durch den Anwender nicht veränderbar. Der Identifikationscode beschreibt, um welchen Typ von AS-i-Slave es sich handelt (z.B. 1_{hex} = AS-i-Sensor, 0_{hex} = Modul). Die EA-Konfiguration beschreibt, wie der Datenport zwischen dem AS-i-Slave und dem eigentlichen Gerät arbeitet. Oben wurden am Beispiel des AS-i-Sensorprofils die Bedeutung der Datenbits zwischen dem AS-i-Slave (dem Chip) und dem eigentlichen Sensor beschrieben.

Wird z.B. ein 4EA-Modul eingesetzt, werden die vier AS-i-Datenbits sowohl als Eingangs- als auch als Ausgangsbit verwendet. Wird beispielsweise an eine Adresse, an der ein 2EA-Modul vorhanden sein sollte (Sollkonfiguration) ein 4EA-Modul angeschlossen (Istkonfiguration), erkennt dies der Master an den unterschiedlichen EA-Konfigurationen und gibt eine Fehlermeldung aus. Diese wird z.B. dann am Display in Form der Adresse, die fehlerhaft ist, angezeigt. Weiterhin können mit dem falsch angeschlossenen 4EA-Modul keine Daten ausgetauscht werden, es sei denn, man speichert das neue Modul in der Sollkonfiguration ab.

Wie schon erwähnt, kann ein AS-Interface-Master bis zu 31 Slaves verwalten. Nach der Inbetriebnahme darf kein Slave mit Adresse 0 am Bus vorhanden sein. Damit muss die Adresse 0 im laufenden Betrieb immer frei sein. Dies wird bei AS-Interface für die automatische Adressprogrammierung genutzt.

Fällt im laufenden Betrieb genau ein Slave aus, erkennt dies der Master automatisch. Aufgrund der gespeicherten Sollkonfiguration weiß der Master, an welcher Adresse welcher Typ von AS-Interface-Slave fehlt.

Wird nun der defekte Slave vom Bus getrennt und ein neuer Slave mit Adresse 0 an den Bus angeschlossen, erkennt dies der Master automatisch. Er vergleicht den Identifikationscode des neuen Slaves (Adresse 0) mit dem Identifikationscode des fehlenden Slaves. Sind beide Informationen identisch, vergleicht er die EA-Konfiguration beider Slaves. Sind auch diese identisch, adressiert er automatisch den Slave mit Adresse 0 auf die fehlende Adresse um.

In der Praxis bedeutet dies, dass der defekte Slave nur abmontiert und der neue Slave nur angeschlossen werden muss. Alles andere erledigt das System automatisch. Diesen Vorgang nennt man automatische Adressprogrammierung.

Die automatische Adressprogrammierung funktioniert nur bei genau einem fehlerhaften Slave.

Tritt mehr als ein Fehler gleichzeitig auf, müssen die Slaves, mit Ausnahme des Letzten, von Hand adressiert werden (z.B. durch das Adressiergerät).

Als letzter Punkt für die Inbetriebnahme bleibt noch die Parametereinstellung. Über AS-i-Parameter können verschiedene Slave-Funktionen geändert werden. Z.B. kann bei AS-i-Sensoren über das Parameterbit P1 eine Umschaltung zwischen Öffner- und Schließerverhalten erreicht werden. Diese Parameter können nur mittels Software verändert werden. Eine Änderung z.B. über das Adressiergerät ist nicht möglich, da die Parameterwerte flüchtig im AS-i-Slave gespeichert werden. Wird die Verbindung zwischen dem Adressiergerät und dem AS-i-Slave getrennt, sind die Parametereinstellungen verloren.

12.7.4 Strukturen einer AS-Interface-Anlage

Die Produktvielfalt an AS-Interface-Slaves ist sehr groß. Aber auch bei den Mastern bzw. Gateways gibt es eine Vielzahl von unterschiedlichen Typen, die sich u.a. in ihrem Einsatzbereich unterscheiden.

Der wohl bekannteste Mastertyp ist die Einschubkarte in eine SPS. Solche AS-Interface-Master werden z.B. von Siemens, Moeller, Bosch und vielen anderen SPS Herstellern angeboten. Der AS-i-Master stellt hier die Verbindung zwischen dem AS-Interface und dem Rückwandbus der SPS her.

Da die Länge der AS-Interface Übertragungsleitung auf 100 m begrenzt ist, kann es bei dieser, in **Bild 1** dargestellten Struktur, Probleme mit der Leitungslänge geben. Der Grund dafür ist, dass der Ab-

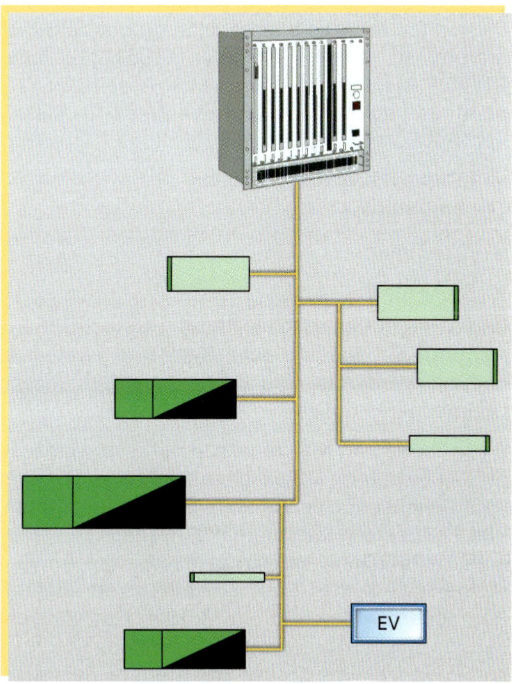

Bild 1: AS-Interface Struktur 1

stand zwischen der SPS und damit zwischen dem AS-i-Master und der Applikation durchaus 50 m betragen kann. Diese Entfernung geht für die eigentliche Anwendung verloren.

Einige Hersteller bieten so genannte Extender an. Diese Extender stellen eine Art Repeater dar, mit der Einschränkung, dass zwischen dem Extender und der SPS kein AS-i-Slave angeschlossen werden darf. Allerdings wird für die Strecke SPS-Extender auch kein zusätzliches AS-i-Netzteil benötigt.

In eine solche SPS können durchaus mehrere AS-i-Master integriert werden. Dabei ist, wie schon gesagt, der Leitungslänge besondere Aufmerksamkeit zu widmen.

Nach der gleichen Struktur arbeiten so genannte PC-Master. Dabei handelt es sich um Master, die in einen ISA-Slot oder PCI-Slot eines PCs eingebaut werden. Sowohl für SPSen als auch für PCs gibt es Doppelmaster. Das bedeutet, dass auf einer Einschubkarte/Platine zwei AS-i-Master untergebracht sind.

Eine weitere Möglichkeit eine AS-Interface-Anlage aufzubauen bieten die reinen AS-Interface-Master.

Diese werden in erster Linie für so genannte Stand-Alone-Applikationen eingesetzt. Sie besitzen eine RS232-, RS422- oder RS485-Schnittstelle, über die diese Master konfiguriert werden können. Weiterhin besitzen sie eine SPS-Funktionalität. Das bedeutet, dass mit diesen Mastern die komplette SPS ersetzt wird, das SPS-Programm läuft im AS-i-Master. Die Programmiersprache für das SPS-Programm ist, je nach Anbieter, IEC61131-2 oder STEP5®. Manchmal ist auch eine Assembler-Programmierung möglich. Typische Werte für Master mit SPS-Funktionalität sind:

- 16 kByte Programmspeicher
- 8 kByte Merker
- 1024 Timer
- 1024 Zähler

In der Regel beherrschen diese „Kleinst-SPSen“ nicht nur Bit- sondern auch Byte- und Wortverarbeitung. Weiterhin sind kleinere mathematische Operationen möglich.

Diese Typen von Master werden im IP20-Gehäuse für den Einsatz im Schaltschrank und im IP65- oder IP67-Gehäuse für den Einsatz im Feld angeboten. **Bild 1** zeigt einen Master im IP67-Gehäuse. Einsatzgebiet sind kleine, in sich geschlossene Anwendungen, die keinen Datenaustausch mit anderen Komponenten durchführen müssen bzw. Anwendungen, die von ihrem zu verarbeitenden Datenvolumen so klein sind, dass AS-Interface ausreicht, um diese Anwendung zu steuern.

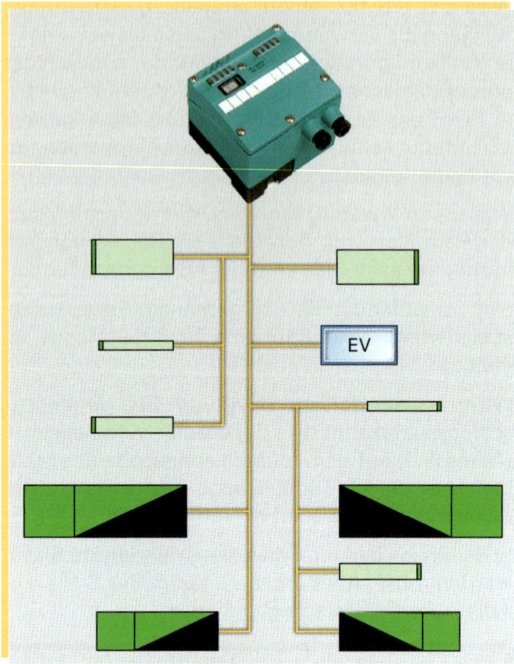

Bild 1: AS-Interface Struktur 2

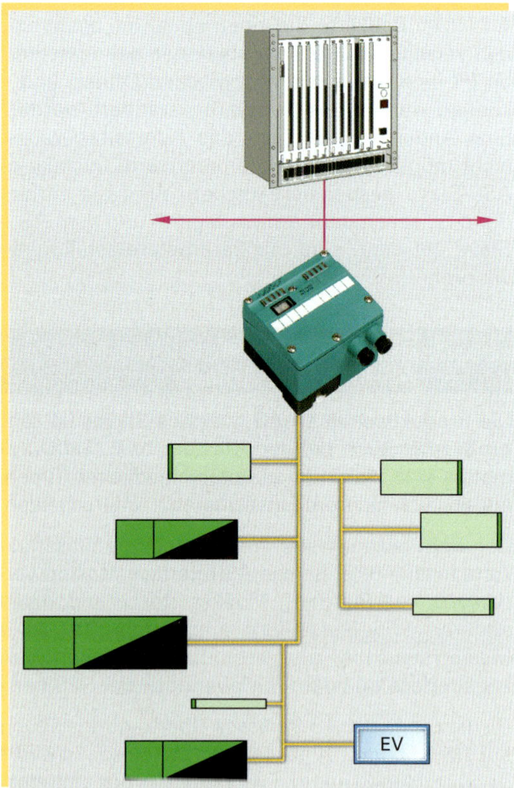

Bild 2: AS-Interface Struktur 3

Die letzte Möglichkeit bieten Gateways **(siehe Bild 2, Seite 562)**. AS-Interface-Gateways gibt es zu den unterschiedlichsten Bussystemen, z.B. InterBus, PROFIBUS, CAN und viele andere. Auf der AS-i-Seite verhalten sie sich wie ein AS-Interface-Master, während sie sich auf der anderen Seite wie ein „normaler" Slave des übergeordneten Bussystems verhalten. Am übergeordneten Bus können durchaus mehrere solcher AS-i-Gateways angeschlossen werden. Natürlich können an diesem übergeordneten Bus auch beliebige andere Komponenten angeschlossen werden.

Gateways gibt es ebenfalls im IP20-Gehäuse, wie auch in IP65- oder IP67-Gehäusen. Speziell im letzten Fall kann die Leitungslängenproblematik wie folgt gelöst werden:

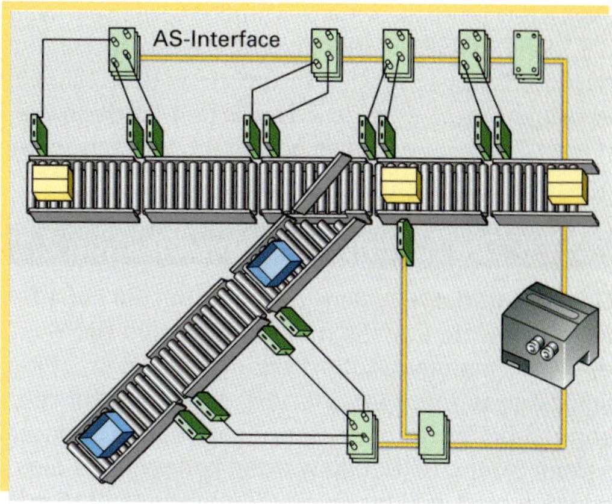

Bild 1: Beispiel Fördersystem 1

Man montiert das Gateway so nah wie möglich am Einsatzort, um die AS-i-Leitungslänge so kurz wie möglich zu halten. Die großen Entfernungen werden dann über das übergeordnete Bussystem überbrückt.

Mit Hilfe solcher Gateways können Anlagen auch modularisiert werden. Dies soll am Beispiel eines Fördersystems kurz erläutert werden.

Betrachtet man z.B. ein Fördersystem, so besteht dies aus verschiedenen Komponenten (Module). Solche Module können z.B. eine Weiche, ein Verteiler, eine Kurve sein. An einem Fördersystem sind hauptsächlich binäre Informationen, wie z.B. Objekt anwesend ja/nein, Motor an/aus, zu übertragen **(Bild 1)**.

All diese binären Informationen können über AS-Interface übertragen werden. Als AS-i-Master wird ein Gateway, z.B. zum PROFIBUS oder zum InterBus eingesetzt.

Die Inbetriebnahme eines AS-Interface-Segments kann schon während der Produktion geschehen. Damit stehen alle binären Ein- und Ausgangsdaten am Ausgang des Gateways zur Verfügung.

Werden jetzt die einzelnen Komponenten zusammengeschaltet, braucht nur noch der Slave namens AS-i-Gateway am übergeordneten System in Betrieb genommen zu werden. Alle anderen Informationen sind durch die Inbetriebnahme des AS-i-Stranges schon erledigt **(Bild 2)**.

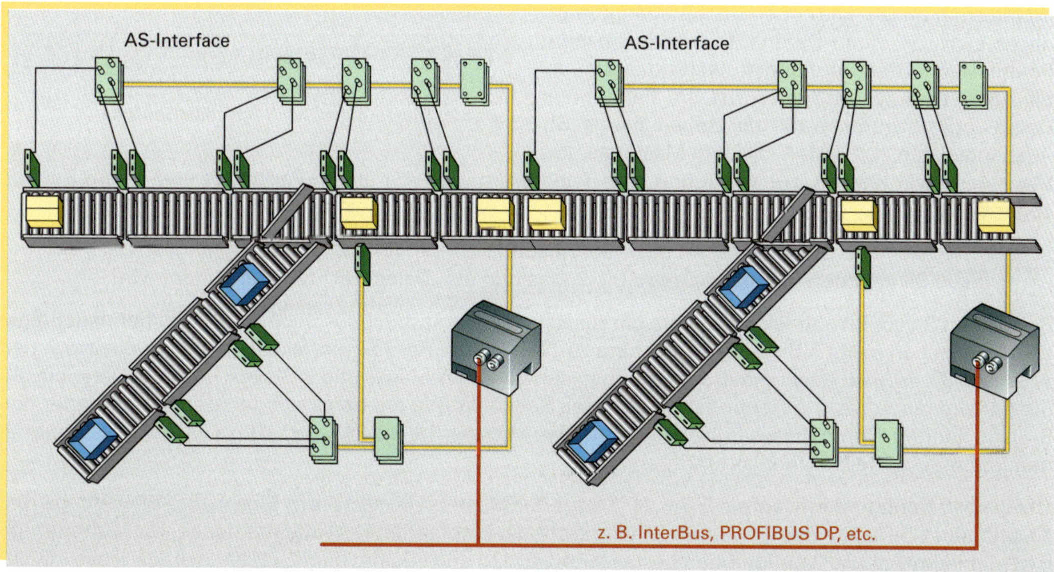

Bild 2: Beispiel Fördersystem 2

Weiterhin ist dieses System ausgesprochen flexibel. Setzt der Anwender eines solchen Fördersystems z. B. den PROFIBUS-DP ein, wird das entsprechende Gateway verwendet. Wird in einem anderen Fall z. B. der InterBus verwendet, braucht nur das Gateway getauscht zu werden und die Daten stehen auch am InterBus bereit. Einzige Zusatzarbeit ist dann die Speicherung der aktuellen AS-i-Konfiguration in dem neuen Gateway und dies geschieht, wie schon erläutert wurde, mittels Knopfdruck.

12.7.5 Die AS-Interface-Spezifikation 2.11

Das AS-Interface-System wurde durch die neue Spezifikation erheblich in seinem Funktionsumfang erweitert. So wurde u. a. die maximale Anzahl der Teilnehmer auf 62 erhöht, es wurden Funktionen integriert, die eine Analogwertübertragung nach dem „Plug 'n' Play"-Prinzip ermöglichen und die Diagnosemöglichkeiten wurden erhöht. Voraussetzung für die Akzeptanz einer solchen Erweiterung ist die Abwärtskompatibilität zur alten Spezifikation, das bedeutet, dass „neue" und „alte" Produkte an einem gemeinsamen Strang betrieben werden können. Wie dies funktioniert, und welche Einschränkungen dadurch entstanden sind, soll im Folgenden untersucht werden.

Erweiterung auf 62 Teilnehmer

AS-Interface arbeitet mit genau einem Telegramm für den Masteraufruf und einem weiteren Telegramm für die Slaveantwort. Die Struktur dieser Telegramme durfte nicht verändert werden, wenn die Kompatibilität erhalten werden sollte. Um zu verstehen, wie mit dem gleichen Telegramm nun doppelt so viele Teilnehmer adressiert werden können, soll dieses Telegramm analysiert werden.

Bild 1 zeigt den Masteraufruf nach der alten Spezifikation. Nach dem Startbit folgt das Steuerbit, das kennzeichnet, ob Daten bzw. Parameter oder ob Konfigurationsdaten übertragen werden sollen. Dem Steuerbit folgt die angesprochene Adresse. Mit 5 Bit können 32 verschiedene Adressen dargestellt werden, wobei die Adresse 0, wie schon erläutert, eine besondere Bedeutung besitzt.

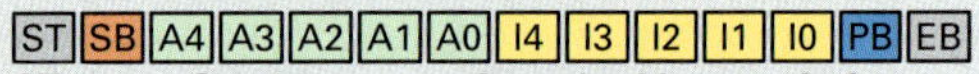

ST	Startbit	Start des Masteraufrufes (immer "0")
SB	Steuerbit "0":	Daten oder Parameterübertragung
	Steuerbit "1":	Konfigurationsaufruf
A0 ... A4	Adresse 00_{hex}:	Nulladresse für Slaves ohne Betriebsadresse
	01_{hex} ... $1F_{hex}$:	mögliche AS-i Slaveadressen
I0 ... I4	Informationsteil:	SB = "0", I4 = "1": 4 Bit Daten SB = "0", I4 = "0": 4 Bit Parameter SB = "1": 5 Bit Konfigurationsaufruf
PB	Paritätsbit:	Gerade Parität aller Bit ohne Endbit
EB	Endbit:	Ende des Masteraufrufs

Bild 1: Masteraufruf nach Spezifikation 2.0

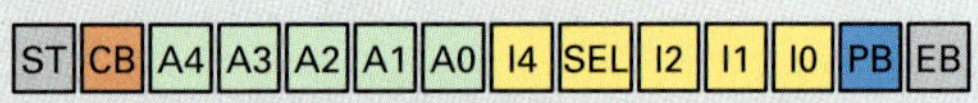

Bild 2: Masteraufruf nach Spezifikation 2.11

Im Informationsteil wird über das Bit I4 angezeigt, ob es sich um einen Datenaufruf oder um eine Parameterübertragung handelt, wenn das Steuerbit zuvor eine „0" enthalten hat. Im Falle eines Daten- oder Parameteraufrufs stehen hier 4 Bit Ausgangsdaten, d. h. Daten, die vom Master an den Slave geschickt werden, zur Verfügung. Das Telegramm wird mit einem Paritätsbit und einem Endebit abgeschlossen.

Schaut man sich nun das Telegramm nach Spezifikation 2.11 an **(Bild 2)**, so stellt man fest, dass sich nur ein einziges Bit geändert hat, nämlich das Bit I3, das nun als „Select-Bit" SEL verwendet wird.

Bei diesem Select-Bit handelt es sich um ein zusätzliches Adressbit. Bei AS-Interface nach der neuen Spezifikation stehen somit 6 Bit zur Adressierung zur Verfügung. Bei AS-Interface wird jedoch nicht von den Adressen 33, 34, usw. gesprochen sondern man spricht von A-Slaves und B-Slaves. Über die Datenbits A0 bis A4 wird die Adresse gekennzeichnet und das Select-Bit gibt an, ob es sich um den A-Slave oder den B-Slave handelt. Durch dieses Prinzip sind nur die Adressen 1A bis 31A und 1B bis 31B belegbar, womit man auf max. 62 Teilnehmer kommt.

Über einen Konfigurationsaufruf (SB = „1") fragt der Master z. B. nach dem Einschalten der Anlage den ID- und den I/O-Code eines Slaves ab. Er vergleicht die empfangenen Werte mit denen, die während der Inbetriebnahme als Sollkonfiguration gespeichert wurden und erkennt damit, ob der richtige Slave mit der richtigen Adresse angeschlossen wurde.

Die Konsequenz daraus ist, dass neue Slaves mit Ausgängen nur noch max. 3 Ausgangsdatenbits besitzen können. Auf die Slaveantwort hat das Ganze gar keinen Einfluss. Diese besteht weiterhin aus einem Startbit, 4 Datenbits, einem Paritäts- und einem Endebit **(Bild 1)**.

Somit kann ein Master nach neuer Spezifikation max. $4 \cdot 62 = 248$ Eingangsdatenbits und $3 \cdot 62 = 186$ Ausgangsdatenbits verwalten.

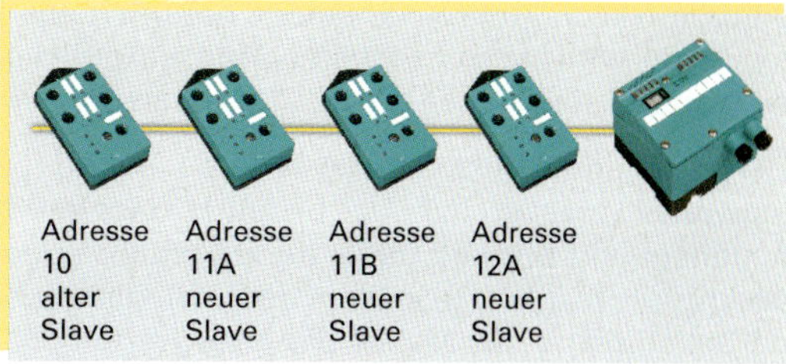

Bild 1: Kommunikationszyklus nach Spezifikation 2.11

Wird ein alter Slave an einen neuen Master angeschlossen belegt dieser alte Slave zwei Adressen, nämlich die eingestellte A- und die B-Adresse. Der alte Slave interpretiert das SEL-Bit als Datenbit und kann somit immer noch 4 Ausgangsdatenbits besitzen.

Der Kommunikationszyklus bei einem gemischten System, bestehend aus alten und neuen Slaves mit einem neuen Master, sieht wie folgt aus:

Im ersten Zyklus fragt der neue Master die Adressen 10, 11A und 12A ab. Im darauffolgenden Zyklus werden die Daten der Slaves 10, 11B und, damit die Zykluszeit konstant bleibt, 12A abgefragt. Danach folgt wieder 10, 11A und 12A. Die Intelligenz, zu erkennen, ob ein alter Slave oder ein neuer Slave an die Adresse x angeschlossen ist und, falls es sich um einen Neuen handelt, ob die A- und die B-Adresse oder nur eine von beiden belegt ist, ist im Master hinterlegt.

Wird ein Slave nach Spezifikation 2.0 an einem Master nach Spezifikation 2.11 betrieben, beträgt die Zykluszeit maximal 5 ms. Wird nur die A-Adresse oder nur die B-Adresse belegt, beträgt die maximale Zykluszeit ebenfalls 5 ms. Nur wenn beide Adressmöglichkeiten belegt sind, beträgt die Zykluszeit maximal 10 ms.

Die Unterscheidung „alter" und „neuer" Slave geschieht über den Identifikationscode. Neue Slaves, die die A/B-Adressierung unterstützen, haben den ID-Code A_{hex}. Damit tritt allerdings das Problem auf, dass ohne weitere Identifikationsmerkmale ein AS-i-Sensor nicht von einem AS-i-Modul unterschieden werden kann. Aus diesem Grund wurden in der neuen Spezifikation 2.11 neue Identifikationscodes eingeführt, der ID1- und der ID2-Code.

Im ID2-Code steht nun bei neuen Slaves, um welche Art von Slave es sich handelt (Modul, Sensor, Aktor, etc.). Der ID1-Code ist beschreibbar. Darin speichert der Slave z. B. ob er die A- oder die B-Adresse besitzt.

Analogwertübertragung über AS-Interface

Eine Übertragung von Analogwerten über AS-Interface war schon immer möglich, jedoch sehr umständlich und relativ langsam. Die neue Spezifikation hat nun die Analogwertübertragung erheblich vereinfacht **(Bild 2)**.

Auch für Slaves, die einen Analogwert übertragen, stehen in der AS-Interface Slaveantwort nur 4 Bit Daten zur Verfügung. Da ein „digitalisierter Analogwert" normalerweise 12 oder 16 Bit umfasst, müssen diese Daten über mehrere AS-Interface-Zyklen übertragen werden.

Das Problem dabei ist, dass im Eingangs- bzw. Ausgangsdatenfeld des Masters auch nur 4 Bit für jeden AS-i-Slave zur Verfügung stehen. Das bedeutet, immer wenn der Master z. B. von einem analogen Sensor einen Teil der Daten empfangen hat, muss er diese Daten erst einmal in einen anderen Bereich „retten", bevor er einen neuen Datenteil

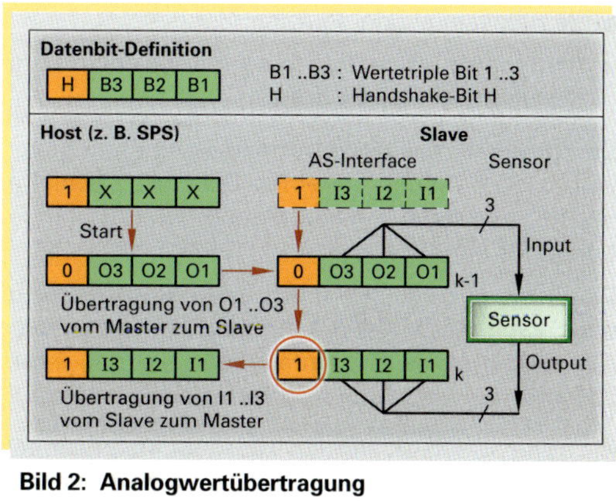

Bild 2: Analogwertübertragung

anfordern kann. Um zu verhindern, dass ein neuer Datenteil einen alten überschreibt, bevor dieser gerettet wurde, wird ein so genannter Handshake-Bit verwendet, über das die Analogwertübertragung gesteuert wurde. Damit stehen nur noch drei Datenbit pro Telegramm für die Analogübertragung zur Verfügung.

Der so genannte Host, d. h. die SPS oder der PC fordern den Slave auf, sich auf die Übertragung des Analogwertes vorzubereiten. Das bedeutet, dass der Slave seinen aktuellen Wert in einem Zwischenspeicher hinterlegt und einfriert. Hat er diese Aufgabe erledigt, invertiert er das Handshake-Bit I3. Durch die Invertierung (= Umkehrung) erkennt der Host, dass die Arbeit erledigt wurde und fragt nun das erste Wertetripel ab. Empfängt der Master das erste Wertetripel, so muss dies in einen Zwischenspeicher gerettet werden. Hat der Master dieses erledigt, fordert er das zweite Wertetripel an. Der Slave erkennt die Anforderung des neuen Tripels daran, dass das Handshake-Bit, verglichen mit dem vorherigen Telegramm, genau den entgegengesetzten Zustand hat. Ist dies nicht der Fall überträgt er das alte Tripel.

Um nach diesem Prinzip einen 16-Bit-Analogwert zu übertragen sind 7 Zyklen notwendig. In der alten Spezifikation musste dies durch die SPS oder den PC realisiert werden und damit durch den Anwender programmiert werden. Master, die das neue Analogprofil unterstützen haben diese Funktionalität integriert. Sie erkennen über den ID-Code und die E/A-Konfiguration, dass es sich um einen analogen Slave handelt und speichern den kompletten Analogwert in einem separaten Bereich ab, wo er von der SPS, dem PC oder dem übergeordneten Bussystem abgefragt werden kann.

Das Prinzip der Analogwertübertragung ist allerdings erhalten geblieben. Somit muss für Analogwerte mit einer erheblich höheren Zykluszeit gerechnet werden als 5 ms bzw. 10 ms.

Weitere AS-Interface Entwicklungen

AS-Interface ist hauptsächlich für die Übertragung binärer Schaltsignale entwickelt worden. Eine Analogwertübertragung ist allerdings möglich. In der Praxis tritt immer wieder die Frage auf, ob es nicht möglich ist, so genannte sicherheitsgerichtete Signale wie z. B. Notaus, über AS-Interface zu übertragen. Das Problem in der Praxis ist, dass heute unterschiedliche Verdrahtungskonzepte für Standard- und sicherheitsgerichtete Signale eingesetzt werden müssen, wenn Bussysteme verwendet werden.

Für AS-Interface wird es so genannte sicherheitsgerichtete Slaves geben, die für die Übertragung von Notaussignalen geeignet sind. Ein spezieller Monitor wird die Kommunikation zwischen den sicherheitsgerichteten Slaves und dem Master überwachen und im Fehlerfall die Anlage in den sicheren Zustand versetzen. Dieser Monitor wird für das Erreichen bestimmter Schutzklassen verantwortlich sein.

12.8 InterBus

Das InterBus-System ist in einer Ringtopologie aufgebaut und besteht aus vier verschiedenen Komponenten:

- dem Fernbus
- dem Fernbusstich oder Installationsfernbus
- dem Lokalbus oder Peripheriebus
- dem InterBus Loop, auch als Aktor/Sensor Loop bezeichnet

Der InterBus arbeitet als verteiltes Schieberegister, wobei jeder Teilnehmer einen Teil dieses Schieberegisters darstellt und komplett in den Ring eingebunden ist.

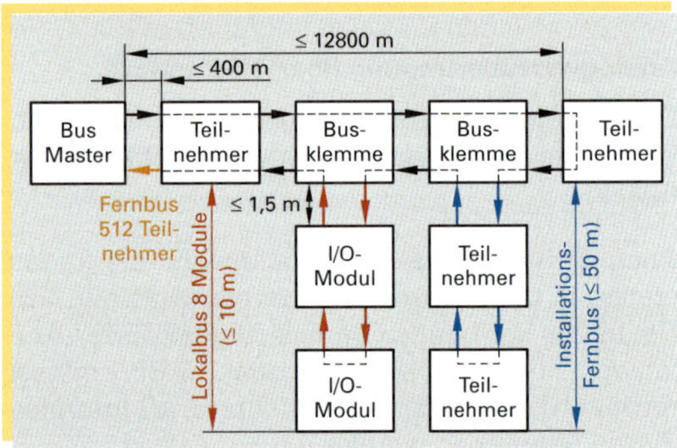

Bild 1: Struktur eines InterBus

Der Fernbus dient der Überbrückung großer Entfernungen. Der Abstand zwischen zwei Fernbusteilnehmern kann bis zu 400 m betragen. Theoretisch können bis zu 512 Fernbusteilnehmer betrieben werden. Allerdings ist die Gesamtausdehnung des InterBus bei Verwendung von Kupferkabeln auf 12,8 km beschränkt.

Mit Hilfe von Busklemmen kann ein Installationsfernbus bzw. ein Fernbusstich oder ein Lokalbus bzw. Peripheriebus eröffnet werden.

Der Fernbusstich unterscheidet sich vom Fernbus in folgenden Punkten:

- Beim Fernbusstich gibt es keine galvanische Trennung zwischen Eingang und Ausgang. Aus diesem Grund ist die Länge eines Fernbusstichs auf 50 m begrenzt.
- In das Übertragungskabel des Fernbusstichs sind zwei Leitungen für die Energieversorgung integriert. Das bedeutet, dass nur die Busklemme mit einem Netzteil verbunden werden muss. Alle anderen Teilnehmer des Fernbusstichs werden von der Busklemme versorgt.

Der Lokalbus ist eine Komponente, die speziell für den Einsatz in einem Schaltschrank konzipiert wurde. Die Gesamtausdehnung beträgt 10 m, die max. Anzahl der Teilnehmer ist 8. Werden mehr Installationsbusteilnehmer benötigt, müssen mehrere Busklemmen eingesetzt werden.

Der InterBus-Loop ist dem AS-Interface sehr ähnlich. Die Ausdehnung beträgt, wie bei AS-Interface, 100 m und es wird ebenfalls eine Schneid-/Klemmtechnik für die Kontaktierung verwendet.

Die Datenübertragung über den InterBus wird von der Busanschaltung gesteuert. Man spricht hier nicht von einem Busmaster, da der InterBus kein Master/Slave-Prinzip verwendet.

Der InterBus stellt ein verteiltes Schieberegister dar. Jeder Teilnehmer, inkl. der Busanschaltung, ist eine Komponente dieses Schieberegisters.

Wird eine InterBus-Anwendung eingeschaltet, ermittelt die Busanschaltung in einem so genannten Identifikationszyklus, wie viel Daten jeder Teilnehmer zur Verfügung stellt. In dem Beispiel sind dies zwei Worte (4 Byte oder 32 Bit) für den Teilnehmer 1 und Teilnehmer 3 und ein Wort für den Teilnehmer 2. Die gleiche Datenmenge wird innerhalb der Busanschaltung nachgebildet. Zusätzlich stellt die Busanschaltung ein weiteres Wort, das Loop Back-Wort, zur Verfügung.

Aufgrund dieses Mechanismus weiß die Busanschaltung wie viel Daten im Feld verteilt sind (hier 5 Worte), wie viele Teilnehmer angeschlossen sind (hier 3) und wie viele Daten jeder einzelne Teilnehmer verarbeitet. Damit ist auch bekannt, wo innerhalb des Schieberegisters die Daten abgelegt sind. Dies soll an einem Beispiel verdeutlicht werden:

Zu Beginn des Datenaustauschzyklus steht das Loop Back-Wort am Anfang des Schieberegisters innerhalb der Busanschaltung (hier rot dargestellt). Dahinter stehen die Daten, die von der Busanschaltung an die Teilnehmer übertragen werden sollen

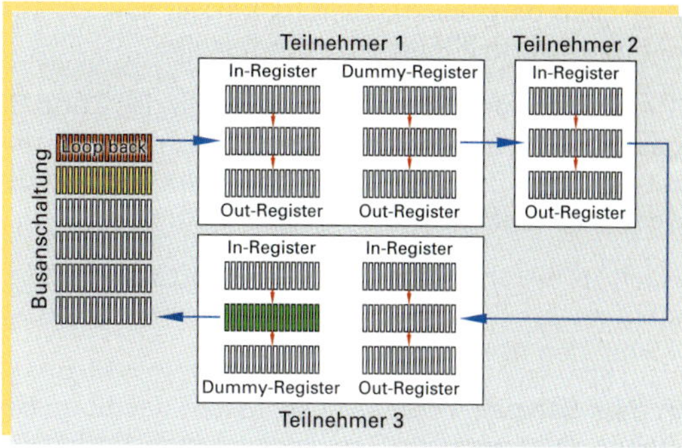

Bild 1: Beginn des Datenaustauschzyklus

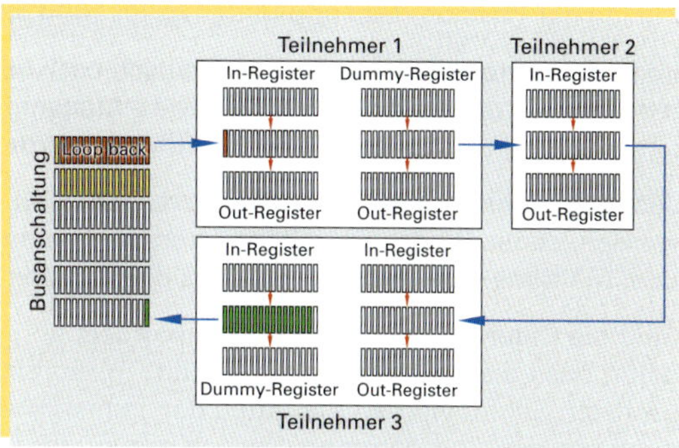

Bild 2: Datenaustauschzyklus nach einem Takt

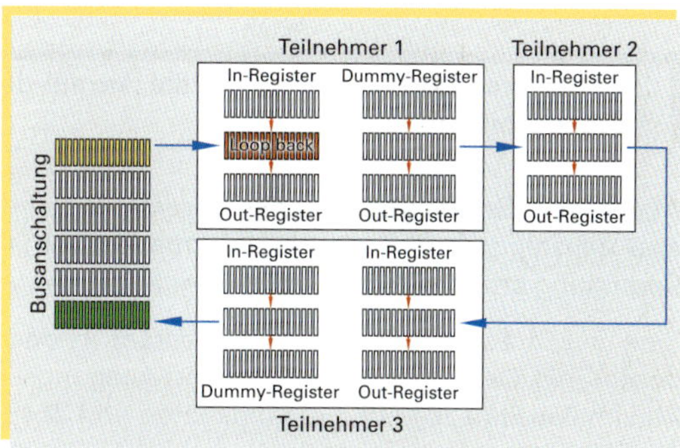

Bild 3: Datenaustauschzyklus nach 16 Takten

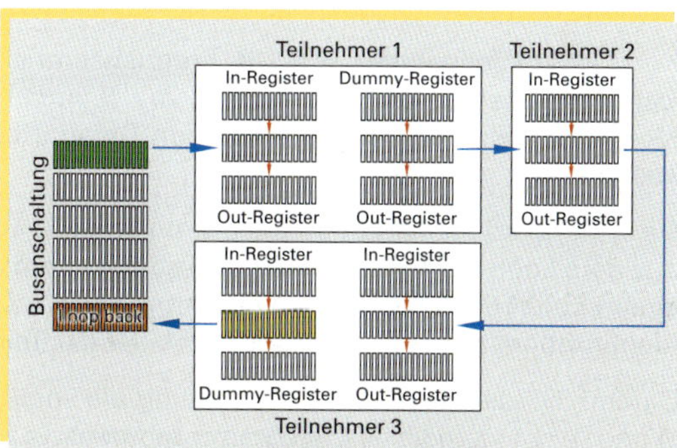

Bild 4: Datenaustauschzyklus nach 96 Takten

(hier gelb dargestellt). Hierbei handelt es sich um Ausgangsdaten. Die Eingangsdaten sind in den Teilnehmern verteilt (hier grün dargestellt).

Mit dem ersten Takt wird das erste Bit des Loop Back-Wortes in das erste Bit des Teilnehmers 1 „hineingeschoben". Gleichzeitig wandert das erste Bit der Ausgangsdaten an die Position, wo vorher das letzte Bit des Loop Back-Wortes war und das erste Bit der Eingangsdaten wandert an die Stelle des letzten Bits der Ausgangsdaten **(Bild 1, Seite 567)**.

Nach 16 Takten ist das Loop Back Wort komplett in den Teilnehmer 1 gewandert, das Ausgangsdatenwort steht an der Stelle des Loop Back-Wortes und das Eingangsdatenwort ist schon in der Busanschaltung vorhanden **(Bild 2, Seite 567)**.

In dem Beispiel muss nach 96 Takten das Loop Back-Wort komplett im letzten Wort der Busanschaltung stehen. Dies wird aus Datensicherheitsgründen von der Busanschaltung überprüft. Ist dies der Fall, steht das Ausgangsdatenwort, das zu Beginn des Datenaustauschzyklus direkt hinter dem Loop Back-Wort stand (dort steht es immer noch), nun im letzten Wort des Teilnehmers 3. Das Eingangsdatenwort steht nun an der Position des Loop Back-Wortes **(Bild 3, Seite 567)**.

Im **Bild 4, Seite 567,** ist der Datenaustausch nach 96 Takten abgeschlossen. Das Loop Back-Wort ist im letzten Register der Busanschaltung, jedes Ausgangsdatenbit ist an die Teilnehmer und jedes Eingangsdatenbit an die Busanschaltung übertragen worden.

Jeder Teilnehmer kann aufgrund seiner Position innerhalb des Schieberegisters eindeutig identifiziert werden. Jedes Bit des Schieberegisters kann eindeutig einem bestimmten Teilnehmer zugeordnet werden. Die Konsequenz daraus ist, dass die Teilnehmer nicht adressiert werden müssen.

Sind die Daten komplett übertragen worden, sorgt die Busanschaltung mithilfe eines speziellen Signals dafür, dass diese von den Teilnehmern in die Eingangsregister (In-Register) übernommen werden. Im nächsten Schritt werden die Daten der Teilnehmer vom Ausgangsregister (Out-Register) in das Übertragungsregister übernommen. Danach erfolgt der nächste Datenaustauschzyklus.

Dieses Prinzip funktioniert nur dann, wenn in jedem Teilnehmer die Menge der Eingangsdaten gleich der Menge der Ausgangsdaten ist.

In jedem InterBus-Teilnehmer ist die Anzahl der Eingangsbits immer identisch mit der Anzahl der Ausgangsbits.

Aus diesem Grund enthalten die Teilnehmer 1 und 3 so genannte „Dummy-Register". Hierbei handelt es sich um Register, die keinerlei Information enthalten und nur deshalb vorhanden sind, damit die o.g. Bedingung erfüllt wird.

Eine Beschränkung des InterBus besteht in der Länge des Schieberegisters. Dieses ist auf 4096 Bit beschränkt. Da die Anzahl der Ein- und Ausgangsbit immer gleich groß sein muss bedeutet dies, dass bei Maximalausbau 2048 Bit Eingangsdaten und 2048 Bit Ausgangsdaten übertragen werden können.

Der InterBus ist für den schnellen Datenaustausch konzipiert. Bei Vollausbau und einer Datenübertragungsrate von 500 kBd beträgt die Zykluszeit ca. 7,2 ms. Mittlerweile sind auch Übertragungsraten bis zu 2 MBd möglich. Dadurch werden Zykluszeiten unterhalb von 2 ms erreicht.

Komplexere Teilnehmer, wie z.B. Frequenzumrichter, Antriebe, benötigen zusätzlich zu den zyklischen Daten so genannte Parameterwerte, die z.B. nur einmal beim Hochlaufen der Anlage übertragen werden. Man spricht hier auch von azyklischen Daten. Der InterBus unterstützt auch diesen azyklischen Datenaustausch.

Das Prinzip soll anhand der Telegrammstruktur kurz erläutert werden. Ein InterBus-Telegramm besteht aus dem Loop Back-Wort, den Prozessdaten, dem Datensicherungsteil FCS (Frame Check Sequence) und einem Kontrollteil. Benötigt ein Teilnehmer azyklische Daten, teilt er dies der Busanschaltung während des Identifikationszyklus mit. Weiterhin meldet der Teilnehmer, wie viele Parameterworte er benötigt.

Daraufhin reserviert die Busanschaltung die entsprechende Anzahl von Worten, dies können 1, 2, oder 4 Worte sein, innerhalb des Telegrammrahmens. In **Bild 1, Seite 567,** benötigt z.B. der Teilnehmer 3 ein Wort Parameterdaten.

Müssen nun Parameterwerte an den Teilnehmer 3 übertragen werden, schreibt die Steuerung diese Daten an die reservierte Stelle. Sie beginnt mit einem Header, das bedeutet mit einer Ankündigung, dass in den darauffolgenden Zyklen Parameterdaten übertragen werden. Diese wird dann im darauf folgenden Datenaustauschzyklus übertragen.

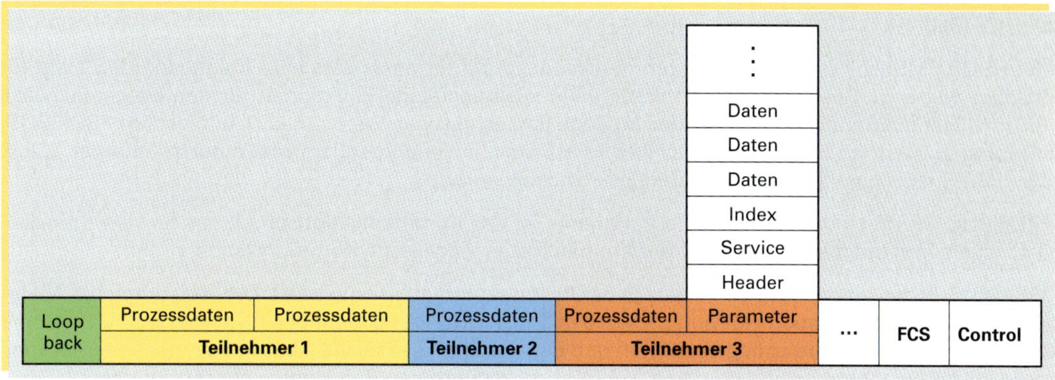

Bild 1: Telegrammstruktur des InterBus

Anschließend werden die Befehle und Daten über mehrere Zyklen verteilt übertragen. Die vom Parameterwort belegten Worte gehen als Platz für Prozessdaten verloren.

Der InterBus weist, was die Fehlererkennung anbelangt, ein interessantes Feature auf: Am Ende der Prozessdaten steht der Datensicherungsteil, die Frame Check Sequence. Hierbei handelt es sich um das Ergebnis eines CRC-Checks. Dieser CRC-Check wird am Eingang eines jeden Teilnehmers durchgeführt.

Ist das Telegramm z.B. beim Teilnehmer 2 noch korrekt, aber bei Teilnehmer 3 fehlerhaft, liegt das Problem wahrscheinlich auf der Übertragungsstrecke von Teilnehmer 2 nach Teilnehmer 3. Damit können z.B. Fehler, die aufgrund von EMV-Problemen entstehen, relativ leicht lokalisiert werden.

Tritt auf der Übertragungsstrecke zwischen zwei Teilnehmern ein Leitungsbruch oder Kurzschluss auf, so ist der InterBus in der Lage dies zu erkennen, den Ort zu ermitteln und, falls gewünscht, den defekten Teil aus dem Kommunikationszyklus auszuschließen.

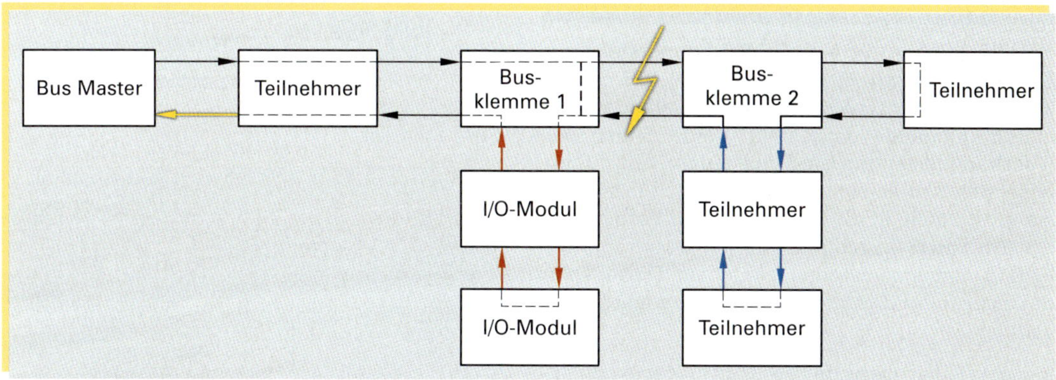

Bild 2: Fehlerbehandlung

In **Bild 2** ist kurz dargestellt, wie dies prinzipiell funktioniert. Die Busklemme 1 hat erkannt, dass die Leitung zur Busklemme 2 unterbrochen ist. Daraufhin schließt die Busklemme 1 ihren Ausgang „kurz". Damit sind alle Teilnehmer rechts von dem Kurzschluss aus dem Kommunikationszyklus ausgeschlossen.

12.9 PROFIBUS

PROFIBUS bietet in Abhängigkeit des Einsatzbereiches drei verschiedene Kommunikationsprofile an:

- PROFIBUS-FMS
- PROFIBUS-DP
- PROFIBUS-PA

PROFIBUS-FMS ist das universelle Kommunikationsprofil für anspruchsvolle Aufgaben. FMS steht für **F**ieldbus **M**essage **S**pecification und bietet viele leistungsfähige Funktionen für den Datenaustausch von intelligenten Geräten untereinander. Im Zuge der technischen Weiterentwicklung verliert PROFIBUS-FMS immer mehr an Bedeutung. PROFIBUS-FMS wird in zunehmendem Maße durch Ethernet TCP/IP bzw. PROFInet, ein auf Ethernet basierendes Protokoll, ersetzt.

PROFIBUS-DP, DP steht für **D**ezentrale **P**eripherie, ist das Kommunikationsprofil, das für den schnellen Datenaustausch optimiert ist. Dies ist das am häufigsten eingesetzte Kommunikationsprofil.

PROFIBUS-PA ist speziell für den Einsatz in der Prozessautomation entwickelt. Dies soll durch die Abkürzung PA, **P**rozess**a**utomation verdeutlicht werden. PROFIBUS-PA verwendet eine spezielle Physik gemäß IEC 61158-2, die die Übertragung von Daten und Energie über die gleiche Leitung erlaubt. Weiterhin kann diese Physik eigensicher sein und damit in explosionsgefährdeten Bereichen eingesetzt werden.

Bild 1 zeigt die PROFIBUS Anwendungsgebiete.

Über PROFIBUS-DP werden Ein- und Ausgangsdaten binärer und analoger Sensoren und Aktoren übertragen. Der PROFIBUS-Master ist üblicherweise in eine SPS integriert. Es besteht die Möglichkeit, über ein Gateway das AS-Interface an PROFIBUS-DP anzuschließen.

Zurzeit gibt es keinen PROFIBUS-PA-Master. Ein PROFIBUS-PA-Segment wird über einen so genannten Segmentkoppler eröffnet. Die genauen Aufgaben und Zusammenhänge werden später noch erläutert.

Weiterhin besteht die Möglichkeit, PROFIBUS-DP über die SPS oder einen PC oder ein Prozessleitsystem (PLS) mit der nächst höheren Ebene zu verbinden.

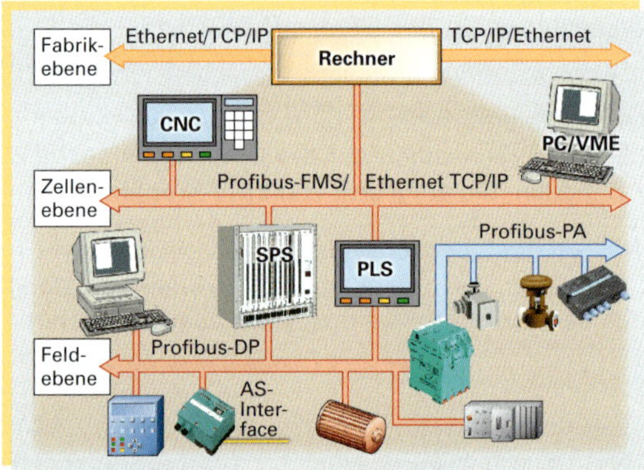

Bild 1: PROFIBUS-Anwendungsgebiete

12.9.1 PROFIBUS-DP

PROFIBUS-DP nutzt eine RS485-Schnittstelle zur Datenübertragung. In **Tabelle 1, Seite 576,** ist der Zusammenhang zwischen Leitungslänge und Übertragungsrate dargestellt. Beide Enden der Übertragungsleitung sind mit einem Abschlusswiderstand zu versehen. Dieser Abschlusswiderstand ist häufig in die Stecker, die zur Verbindung der PROFIBUS-Teilnehmer mit der Übertragungsleitung verwendet werden, eingebaut. Dieser kann dann über einen Schalter am Gehäuse zugeschaltet werden.

In vielen Fällen muss das PROFIBUS-Kabel konfektioniert, d.h. der Stecker selbst moniert werden. Dazu wird ein sehr komfortables System, das Fast Connect genannt wird, angeboten.

Wird ein solches Kabel konfektioniert, muss darauf geachtet werden, dass die Abisoliermaße genau eingehalten werden.

Bild 2: PROFIBUS-Kabel

Um dies zu gewährleisten gibt es ein Werkzeug, an dem man zuerst die Länge des abzuisolierenden Stückes abmisst. Anschließend wird das Kabel in das Werkzeug eingeklemmt und das Werkzeug vier mal um das Kabel gedreht. Wird nun das Werkzeug vom Kabel abgezogen, ist das Kabel komplett und mit den korrekten Maßen abisoliert.

Voraussetzung für ein einwandfreies Funktionieren ist, dass das Kabel exakt rund ist. Dies wird durch die Verwendung von eigens für diese Technologie entwickeltem Kabel erreicht.

Bild 1: Abisolierwerkzeug

Die Verwendung von Lichtwellenleitern ist ebenfalls möglich.

PROFIBUS-Teilnehmer können sehr unterschiedlich sein. Die kleinste übertragbare Informationsmenge ist 1 Byte, die größte Informationsmenge besteht aus 244 Byte Eingangs- und 244 Byte Ausgangsdaten pro Slave. Weiterhin unterstützt PROFIBUS eine Vielzahl an Funktionen. Dem PROFIBUS-Master muss während der Konfiguration mitgeteilt werden, wie groß die zu übertragende Datenmenge für jeden Slave ist und welche Funktionen genutzt bzw. unterstützt werden und welche nicht.

Bild 2: Steckerkonfektionierung

Diese Informationen stehen in der so genannten **G**eräte-**S**tamm-**D**aten-Datei, kurz GSD-Datei. Jeder Anbieter eines PROFIBUS-Slaves muss diese GSD-Datei zur Verfügung stellen. In dieser GSD-Datei sind alle PROFIBUS-spezifischen Funktionen und Eigenschaften eines Slaves enthalten. Es handelt sich um eine Art elektronisches Datenblatt.

Wird ein PROFIBUS-Slave zum ersten mal eingesetzt, muss die GSD-Datei in das Konfigurationswerkzeug integriert werden. Dazu werden in der Software entsprechende Funktionen angeboten. Nachdem die GSD-Datei integriert wurde, „kennt" die Software den neuen Slave und dieser kann, unabhängig vom Hersteller der Software oder vom Hersteller des Slaves, mit dieser Software in Betrieb genommen werden.

Für die Inbetriebnahme eines PROFIBUS-Systems müssen aus Sicht der Kommunikation folgende Arbeitsschritte durchgeführt werden:

- Setzen der PROFIBUS-Adresse für alle Master und alle Slaves. Dies geschieht über DIP-Schalter, Drehschalter, Taster o.Ä. Die Masteradresse wird häufig über die Konfigurationssoftware gesetzt.
- Über die Konfigurationssoftware festlegen, welcher PROFIBUS-Slave wie viele Eingangs- und Ausgangsdaten überträgt. Weiterhin wird über die Konfigurationssoftware festgelegt, mit welchen slavespezifischen Parametern der PROFIBUS-Slave arbeiten soll.

Dies soll an einem Beispiel verdeutlicht werden. Bei einem Absolutwertgeber kann über diese Parameter eingestellt werden, wie viele verschiedene Positionen pro Umdrehung erfasst werden sollen, ob der Wert sich erhöht, wenn sich die Welle im Uhrzeigersinn dreht oder wenn sie sich gegen den Uhrzeigersinn dreht usw.

Diese Parameterwerte werden **User-Parameter** genannt. Die Grundeinstellung bekommt die Konfigurationssoftware aus der GSD-Datei. Werden diese Grundeinstellungen verändert, werden die User-Parameterwerte im PROFIBUS-Master gespeichert. Fällt z.B. der Absolutwertgeber aus und muss getauscht werden, passiert Folgendes:

Vor dem Einbau wird die PROFIBUS-Adresse des defekten Gebers an dem neuen Geber eingestellt. Anschließend wird der Geber eingebaut und an die PROFIBUS-Übertragungsleitung angeschlossen. Wird der Geber im laufenden Betrieb gewechselt, erkennt der PROFIBUS-Master automatisch den „neuen" Teilnehmer. Er überprüft, ob es sich um den richtigen handelt. Ist dies der Fall, überträgt der PROFIBUS-Master die User-Parameter an den Slave. Damit ist gewährleistet, dass der Slave automatisch mit den richtigen Einstellungen arbeitet.

Wird der Austausch bei stillstehender Anlage vorgenommen, erkennt der PROFIBUS-Master den neuen Slave nach dem Wiederanlauf und überträgt die User-Parameter.

In der letzten Zeit gab es bei PROFIBUS-DP zwei Weiterentwicklungen:

1. PROFIBUS-DPV1

   In erster Linie beinhaltet diese Erweiterung die azyklische Kommunikation über PROFIBUS-DP. PROFIBUS-DP ist ein Bussystem, das nur eine zyklische Kommunikation unterstützt. Sehr viele Geräte müssen manchmal im laufenden Betrieb umparametriert werden. Dazu ist es sinnvoll, die Parameterwerte nur dann zu übertragen, wenn es notwendig ist (azyklisch), während die Prozessdaten ständig, d.h. zyklisch übertragen werden. Um eine solche azyklische Kommunikation zu ermöglichen, ist es notwendig, dass entweder der Master Klasse 1 oder ein Master Klasse 2 und der Slave selbst diese Funktionalität unterstützt.

2. PROFIBUS-DPV2

   Für manche Anwendungen in der Antriebstechnik ist es notwendig, dass mehrere Antriebe synchron zueinander laufen. Bei solchen Applikationen kann es in Verbindung mit PROFIBUS zu Problemen kommen, da allein schon durch das Master/Slave-System eine Verzögerung zwischen zwei Antrieben entsteht. In der Vergangenheit wurde dieses Problem mit Hilfe eines speziellen PROFIBUS-Betriebsmodus gelöst, dem so genannten Sync-Mode. Dieser hatte jedoch den Nachteil, dass die Synchronisierung mehrere PROFIBUS-Zyklen in Anspruch nahm und dass dies für viele Anwendungen zu langsam war.

Dieses Problem wird durch die Erweiterung PROFIBUS-DPV2 gelöst. Über PROFIBS-DPV2 können Antriebe leicht synchronisiert werden. Voraussetzung ist auch hier, dass die Funktionalität von allen notwendigen PROFIBUS-Teilnehmern unterstützt wird.

12.9.2 PROFIBUS-PA

Eine PROFIBUS-PA-Struktur zeigt **Bild 1.**

PROFIBUS-PA läuft nur in Verbindung mit PROFIBUS-DP. Der PROFIBUS-DP-Master ist gleichzeitig der Master für die PROFIBUS-PA-Feldgeräte. Die Schnittstelle zwischen PROFIBUS-DP und PROFIBUS-PA wird durch den Segmentkoppler gebildet.

Der Segmentkoppler übernimmt hierbei folgende Funktionen, die im Folgenden erläutert werden:

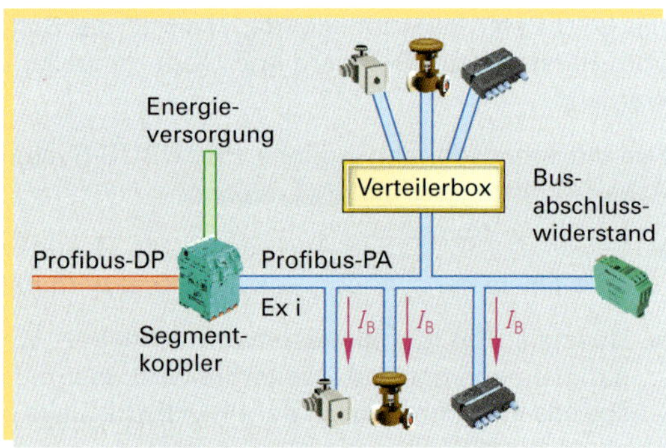

Bild 1: PROFIBUS-PA-Struktur

- Anpassung der Übertragungsphysik. Bei den heute verfügbaren Segmentkopplern muss auf der PROFIBUS-DP-Seite eine RS485-Schnittstelle verfügbar sein. PROFIBUS-PA verwendet eine Physik gemäß IEC 61158-2.
- Anpassung der Übertragungsgeschwindigkeit. Moderne Segmentkoppler erlauben auf der PROFIBUS-DP-Seite alle Übertragungsraten zwischen 9,6 kBit/s bis 12 Mbit/s. Auf der PROFIBUS-PA-Seite ist eine Übertragungsrate von 31,25 kBit/s festgeschrieben.
- Anpassung von asynchroner Übertragung des PROFIBUS-DP auf synchrone Übertragung des PROFIBUS-PA.
- Aufschalten der Versorgungsspannung auf die PROFIBUS-PA-Übertragungsleitung.
- Energiebegrenzung gemäß des Explosionsschutzes durch Eigensicherheit, falls die PROFIBUS-PA-Übertragungsleitung in explosionsgefährdeten Bereichen verlegt wird.

PROFIBUS-PA verwendet eine spezielle Übertragungsphysik gemäß IEC 61158-2. Diese basiert auf einer Manchester-Kodierung. Das bedeutet, dass der logische Zustand „0“ oder „1“ durch die Flanke in der Bitmitte dargestellt wird. Eine negative Flanke bedeutet logisch „1“, eine positive Flanke logisch „0“.

Werden zwei gleiche logische Zustände nacheinander übertragen, muss vor dem 2. und jedem nachfolgenden Bit am Anfang des Bits eine positive Flanke gesendet werden, wenn es sich um logische „1“ handelt bzw. eine negative Flanke, wenn mehrere logische „0“ übertragen werden. Dies zeigt **Bild 1.**

Dadurch wird erreicht, dass das Datensignal keinerlei Gleichstromkomponenten enthält. In jedem Bit ist eine positive Amplitude und eine negative Amplitude enthalten und beide sind gleich groß. Diese Gleichstromfreiheit ist die Voraussetzung dafür, dass über die gleiche Leitung zusätzlich Energie übertragen werden kann.

In **Bild 1** beträgt der Versorgungsstrom 90 mA und ist dort als Mittelwert gekennzeichnet. Segmentkoppler stellen für Anwendungen, die nicht im explosionsgefährdeten Bereich stattfinden, einen maximalen Versorgungsstrom von 400 mA und eine Versorgungsspannung von 24 V zur Verfügung. Bei Anwendungen im explosionsgefährdeten Bereich sind diese Werte auf 100 mA und ca. 13 V reduziert.

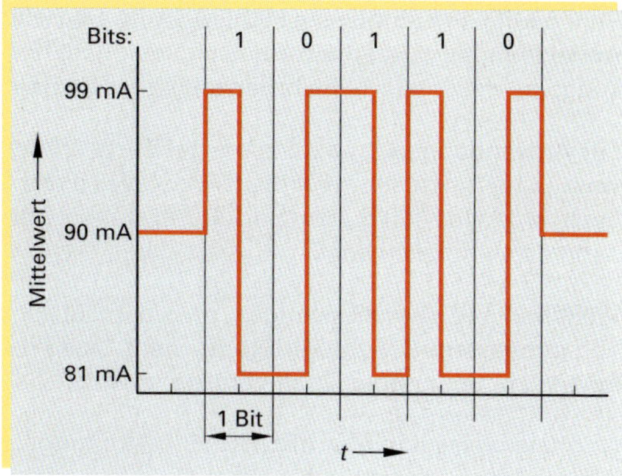

Bild 1: Übertragungsphysik gem. IEC 61158-2

Die Norm, die dieser Physik zugrunde liegt, schreibt eine Übertragungsrate von 31,25 kBd vor. Um die Datenübertragung schneller zu realisieren wird eine synchrone Datenübertragung eingesetzt. Das Prinzip wurde im Kapitel 12.4 erläutert.

Es gibt heute zwei Arten von Segmentkopplern:

1. transparente Segmentkoppler
2. nicht transparente Segmentkoppler

Bei transparenten Segmentkopplern werden die Telegramme vom Segmentkoppler ohne den Inhalt zu verändern „durchgereicht“. Dadurch hat der PROFIBUS-DP Master das Gefühl, mit einem PROFIBUS-DP Slave zu kommunizieren. Diese Transparenz hat folgende Vorteile:

- Der Segmentkoppler ist aus Sicht des PROFIBUS-DP-Masters unsichtbar und braucht deshalb nicht konfiguriert und parametriert zu werden. Der Einbau funktioniert nach dem „Plug and Play“-Prinzip. Der Segmentkoppler besitzt auch keine PROFIBUS-Adresse.
- Man kann von der PROFIBUS-DP-Seite direkt mit einem PROFIBUS-PA-Slave kommunizieren. Dies ist besonders in der Prozessautomation wichtig, da sich die PROFIBUS-PA-Slaves sehr häufig im explosionsgefährdeten Bereich befinden und der Prozesszustand z.B. an einem Master Klasse 2 visualisiert werden muss oder wo im laufenden Betrieb Parameterworte verändert werden müssen.
- Jeder PROFIBUS-PA-Slave kann bis zu 244 Byte Eingangs- und 244 Byte Ausgangsdaten übertragen.

Dies ist bei einem nicht transparenten Segmentkoppler nicht der Fall. Der Hauptunterschied liegt darin, dass ein nicht transparenter Segmentkoppler eine PROFIBUS-DP-Adresse besitzt und als PROFIBUS-DP-Slave behandelt wird. Damit ist die Gesamtdatenmenge, die von einem PROFIBUS-PA übertragen werden kann, auf 244 Byte Eingangs- und Ausgangsdaten begrenzt. Werden mehr Daten benötigt, muss ein weiterer Segmentkoppler eingesetzt werden.

Da der nicht transparente Segmentkoppler eine PROFIBUS-DP-Adresse besitzt muss er auch konfiguriert und parametriert werden, er ist nicht unsichtbar. Jedoch hat dies den Vorteil, dass über eine PROFIBUS-DP-Adresse Daten mehrerer PROFIBUS-PA-Slaves übertragen werden können. Dies ist besonders dann vorteilhaft, wenn viele PROFIBUS-PA-Slaves mit sehr kleinen Datenmengen, z.B. 1, 2 oder 4 Byte betrieben werden sollen.

Besondere Beachtung muss der Dimensionierung eines PROFIBUS-PA-Segments gewidmet werden. Segmentkoppler begrenzen den Versorgungsstrom auf 400 mA bzw. 100 mA.

Die PROFIBUS-PA-Teilnehmer können aus der PROFIBUS-PA-Übertragungsleitung gespeist werden.

> Jeder PROFIBUS-PA-Teilnehmer muss mindestens 10 mA Versorgungsstrom aus der Übertragungsleitung entnehmen.

Sehr häufig entnehmen die PROFIBUS-PA-Slaves mehr als 10 mA Strom aus der Übertragungsleitung. Bei Anwendungen ausserhalb eines explosionsgefährdeten Bereiches hat das normalerweise keine Auswirkung, die maximale Teilnehmerzahl ist auf 32 begrenzt.

Für Anwendungen im explosionsgefährdeten Bereich bedeutet dies, dass die Teilnehmerzahl reduziert wird. Entnehmen alle PROFIBUS-PA-Slaves exakt 10 mA Versorgungsstrom können 10 Teilnehmer betrieben werden, da 100 mA zur Verfügung stehen. Entnimmt jeder Teilnehmer 12,5 mA reduziert sich die Teilnehmerzahl folglich auf 8.

Weiterhin ist zu berücksichtigen, dass dem letzten PROFIBUS-PA-Teilnehmer eine Versorgungsspannung von mindestens 9 V zur Verfügung steht. Das Problem besteht hier darin, dass durch die Übertragungsleitung ein Spannungsabfall verursacht wird.

Normalerweise darf eine PROFIBUS-PA-Leitung für Anwendungen ausserhalb eines explosionsgefährdeten Bereichs 1900 m lang sein. Innerhalb eines solchen Bereichs darf sie noch 1000 m lang sein. Unter ungünstigen Bedingungen, z.B. alle PROFIBUS-PA-Teilnehmer sind am Leitungsende angeschlossen, kann es passieren, dass die maximalen Leitungslängen nicht erreicht werden können.

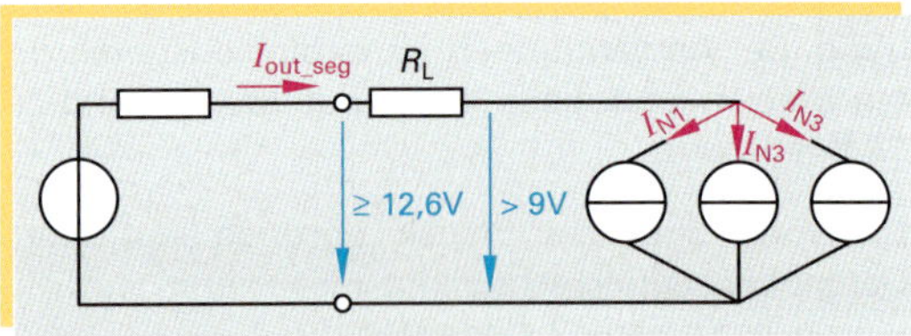

Bild 1: Bestimmung der minimalen Leitungslänge

Dies soll an einem Beispiel verdeutlicht werden:

Ein Segmentkoppler mit 100 mA Versorgungsstrom liefert minimal 12,6 V Klemmenspannung. Dieser ist in **Bild 1** als Spannungquelle dargestellt. Ein PROFIBUS-PA-Slave verhält sich wie eine Stromsenke mit konstanter Stromaufnahme. Sind alle Teilnehmer am Leitungsende angeschlossen und beträgt die Stromaufnahme insgesamt 100 mA soll die maximale Leitungslänge bestimmt werden.

Eine PROFIBUS-PA-Übertragungsleitung hat typischerweise einen Widerstandsbelag (= längenbezogener Widerstandswert) von 44 Ω/km. Es darf über der Übertragungsleitung nur eine Spannung von 3,6 V abfallen. Bei einem Stromfluss von 100 mA darf der Leitungswiderstand 36 Ω betragen. Über den Dreisatz kann nun bestimmt werden, dass die Leitung $\frac{36\ \Omega}{44\ \Omega/\text{km}} = 0{,}818$ km lang sein darf, damit die Bedingung, dass am Leitungsende 9 V zur Verfügung stehen müssen, eingehalten wird.

Wird der PROFIBUS-PA in einem explosionsgefährdeten Bereich eingesetzt, muss ein Nachweis der Eigensicherheit geführt werden. Das bedeutet, dass nachgewiesen werden muss, dass die Energiemenge, die max. im Fehlerfall frei werden kann, geringer ist, als die Energie, die zum Zünden des umgebenden Gases notwendig ist.

Um diesen Nachweis so einfach wie möglich zu gestalten wurde das so genannte FISCO-Modell entwickelt. FISCO steht für **F**ieldbus **I**ntrinsically **S**afe **Co**ncept.

Für jedes Gerät, das im explosionsgefährdeten Bereich eingesetzt wird muss eine Baumusterprüfbescheinigung vorliegen. Diese wird vom Hersteller dem Anwender zur Verfügung gestellt. In dieser Baumusterprüfbescheinigung ist enthalten die maximal zulässige Eingangsspannung U_i, der maximal zulässige Eingangsstrom I_i und die maximal zulässige Eingangsleistung P_i.

Das Gleiche gilt für den Segmentkoppler. Hier sind in der Baumusterprüfbescheinigung, die maximale Ausgangsspannung U_o, der maximale Ausgangstrom I_o und die maximale Ausgangsleistung P_o angegeben.

Diese dort angegebenen Werte werden von einem unabhängigen, zugelassenen Institut, z. B. der Physikalisch Technischen Bundesanstalt PTB oder dem TÜV ermittelt, gemessen für den Fall, dass bis zu zwei Fehler gleichzeitig auftreten.

Wird nun der PROFIBUS-PA im explosionsgefährdeten Bereich eingesetzt, müssen folgende drei Bedingungen erfüllt sein:

1. Jeder PROFIBUS-PA-Teilnehmer, der im explosionsgefährdeten Bereich eingesetzt wird, muss nach dem FISCO-Modell zertifiziert sein. Dies wird explizit in der Baumusterprüfbescheinigung erwähnt.
2. Der Segmentkoppler muss nach dem FISCO-Modell zertifiziert sein. Auch hier wird dies explizit in der Baumusterprüfbescheinigung erwähnt.
3. Das verwendete Übertragungskabel muss folgende Kennwerte einhalten:
   - Leitungswiderstand R': 15 Ω/km ... 150 Ω/km
   - Induktivitätsbelag L': 0,4 mH/km ... 1 mH/km
   - Kapazitätsbelag C': 80 nF/km ... 200 nF/km

Diese Werte sind dem Datenblatt des Kabels zu entnehmen oder vom Lieferanten zu erfragen.

Sind die obigen Bedingungen erfüllt, müssen folgende Beziehungen gelten:

$$U_o \leq U_i$$
$$I_o \leq I_i$$
$$P_o \leq P_i$$

Dieser Vergleich muss schriftlich niedergelegt sein. Damit ist es sehr einfach, einen solchen Nachweis zu führen.

Die Verantwortung, dass die Spannungs-, Strom- und Leistungskennwerte eingehalten werden liegt beim Hersteller. Die Verantwortung, dass die Kennwerte zusammenpassen liegt beim Betreiber der Anlage.

Zusammenfassung

Die in den Kapiteln 12.7 bis 12.9 beschriebenen Feldbussysteme stellen nur einen kleinen Teil der am Markt verfügbaren Systeme dar. Die dort beschriebenen Feldbussysteme werden fast ausschließlich in der Fabrikautomatisierung oder in der Prozessautomatisierung eingesetzt.

Ein wichtiges, hier nicht beschriebenes Feldbussystem ist z. B. das **C**ontroller **A**rea **N**etwork (CAN). Der CAN-Bus, der ursprünglich aus der Automobilindustrie kommt, wird häufig in Anlagen mit kleiner räumlicher Ausdehnung, wie z. B. Werkzeugmaschinen eingesetzt. In der Automobilindustrie wird er speziell im Kraftfahrzeug selbst verwendet.

Den CAN-Bus gibt es in sehr vielen verschiedenen Ausprägungen, z. B. CANopen, CANrho, CAN Kingdom. Die einzelnen Ausprägungen sind untereinander nicht kompatibel. Dies hängt damit zusammen, dass der CAN-Bus im ISO-Referenzmodell nur in den Schichten 1 und 2 definiert ist. Dort sind die verschiedenen Varianten identisch. In der Schicht 7 unterscheiden sie sich jedoch voneinander.

Der CAN-Bus verwendet das Zugriffsverfahren CSMA/CA und ist deshalb in seiner Ursprungsform nicht deterministisch. Jedoch kann über die Schicht 7 ein Master/Slave-System programmiert werden und damit auch der CAN-Bus deterministisch gestaltet werden. Dies erfordert allerdings von Seiten der Hersteller einen gewissen Programmieraufwand. Dieser Mehraufwand wird dadurch kompensiert, dass der CAN-Chip selbst sehr kostengünstig ist. Feldbussysteme wie z. B. das DeviceNet oder Sercos basieren auf dem CAN-Bus.

Es würde den Rahmen dieses Buches sprengen, wenn man auf alle diese Varianten eingehen würde.

Die folgende **Tabelle** vergleicht einige Kenngrößen der Feldbussysteme, auch wenn diese in den vorherigen Kapiteln kaum oder gar nicht zur Sprache kamen.

Tabelle 1: Übersicht

	AS-Interface	InterBus	CAN	PROFIBUS-DP	PROFIBUS-PA	FOUNDATION Fieldbus H1-Bus
Topologie	Linie/Baum	Ring	Linie	Linie	Linie mit Stichleitungen	Linie mit Stichleitungen
Leitungslänge ohne Repeater	100 m	bis 12,8 km	1 km bei 50 kBd; 40 m bei 1 MBd	1,2 km (93,75 KBd) 400 m (500 kBd) 200 m (1,5 MBd) 100 m (12 MBd)	1900 m bzw. 1000 m bei Ex-Anwendungen	1900 m bzw. 1000 m bei Ex-Anwendungen
Datenvolumen	4 Bit Eingang + 4 Bit Ausgang (3 Bit Ausgang nach Spez. 2.11) pro Slave	512 Byte pro System	8 Byte pro Telegramm	244 Byte Eingang + 244 Byte Ausgang pro Slave	244 Byte Eingang + 244 Byte Ausgang pro Slave	max. 276 Byte pro Teilnehmer
max. Teilnehmerzahl	62	512	unbegrenzt	126	126	240
Übertragungsrate	167 kBd	500 kBd, 2 MBd	50 kBd bis 1 MBd	9,6 kBd bis 12 MBd	31,25 kBd	31,25 kBd
Übertragungsverfahren	asynchron	synchron	synchron	asynchron	synchron	synchron
Buszugriffsverfahren	Master/Slave	verteiltes Schieberegister	CSMA/CA	Hybrides Zugriffsverfahren	Hybrides Zugriffsverfahren	Busarbitrierung
Physikalische Schicht	30 VDC, 8 A (Versorgung); 3 V_{SS} bis 8 V_{SS} (Datensignal)	RS422 (Fernbus); TTL (Peripheriebus)	RS485 (modifiziert)	RS485	IEC 61158-2	IEC 61158-2

Arbeitsauftrag:

1. Eine Anlage soll mit AS-Interface automatisiert werden. Es sollen Standardsensoren und -aktoren eingesetzt werden, die über Module mit dem Master verbunden werden. Eine Analogübertragung ist nicht notwendig. Die Anlage besteht aus 150 binären Sensoren und 75 binären Aktoren.

   Wie viele Module werden mindestens benötigt?

   Wie viele AS-Interface-Master werden für diese Anlage benötigt, wenn

   a) Master der Spezifikation 2.0 eingesetzt werden?

   b) Master der Spezifikation 2.11 eingesetzt werden?

2. Bei der oben beschriebenen Anlage hat jeder Sensor eine maximale Versorgungsstromaufnahme von 15 mA und jeder Aktor wird mit 80 mA aus der AS-Interface-Leitung gespeist. Jedes Modul hat zusätzlich eine Stromaufnahme von 20 mA. Kann die Anlage mit der oben bestimmten Anzahl von AS-Interface-Mastern nach Spezifikation 2.0 bzw. 2.11 betrieben werden? Begründen Sie Ihre Entscheidung.

3. Erläutern Sie, wie die InterBus-Anschaltbaugruppe Fehlerorte lokalisiert.

4. An einem InterBus werden folgende Komponenten betrieben:

   a) 3 Teilnehmer mit jeweils einem Eingangswort (16 Bit),

   b) 2 Teilnehmer mit jeweils einem Eingangs- und einem Ausgangswort,

   c) 4 Teilnehmer mit 8 Bit Ausgangsdaten.

   Wie viele Datenbytes werden in einem InterBus-Zyklus übertragen?

13 Mechatronische Systeme

Komplexe mechatronische Systeme sind in der Regel Kombinationen aus mechatronischen Teilsystemen. Sie zeichnen sich in überwiegendem Maße durch die Verbindung mehrerer Gerätetechniken aus. Im koordinierten Zusammenwirken der unterschiedlichen Techniken liegt die Problematik komplexer mechatronischer Systeme. So ist es zwingend erforderlich, dass der Mechatroniker alle an einem System beteiligten Gerätetechniken separat und in ihrer Verzahnung mit anderen beherrscht. Am Beispiel einer Laborpresse **(Bild 1)** soll dies verdeutlicht werden. Diese Laborpresse dient zum Herstellen von Pressteilen aus Kunststoff, Gummi u. a. in geringer Stückzahl. Die Verpressung kann heiß oder kalt erfolgen.

13.1 Teilsysteme des mechatronischen Systems

Die Laborpresse besteht aus einem stabilen **mechanischen Teilsystem,** das in vielen Bearbeitungsgängen hergestellt wurde (Gießen, Zerspanen, Fügen usw.) Diese werden nur zu einem Teil vom Mechatroniker selbst ausgeführt, viele Arbeitsgänge vor allem das Gießen und die Zerspanung wurden von „Zulieferern" in anderen Firmen oder anderen Abteilungen durchgeführt. Der Mechatroniker baut die einzeln oder in Baugruppen angelieferten mechanischen Teile zusammen und überprüft die mechanische Funktionsfähigkeit. Dabei sind im Besonderen die Verfahren des Fügens (siehe Kapitel 7) fachgerecht anzuwenden.

Die Aufgabe des mechanischen Systems besteht vor allem darin, die anderen Teilsysteme zu tragen sowie die entstehenden Kräfte aufzunehmen und an die Wirkstelle weiterzuleiten.

Erzeugt werden diese Kräfte in einem **hydraulischen Teilsystem.** Dieses Teilsystem übernimmt sowohl die Funktion der Energiewandlung von elektrischer Energie in Bewegungsenergie als auch die Funktion des Energietransportes mit Hilfe der Hydraulikleitungen. Im Rahmen der Steuerung der Arbeitszyklen wird auch die Aufgabe der Informationswandlung und des Informationstransportes bewältigt. Hier ist vor allem die sachgerechte Umsetzung der in den Hydraulikplänen geforderten Verbindungen und Anschlüsse vom Mechatroniker gefordert. Dies setzt, wie mehrfach schon erwähnt, die Fähigkeit voraus, Hydraulikpläne lesen und interpretieren zu können.

Aufgabe des **elektropneumatischen Teilsystems** der hydraulischen Presse ist es, die erforderlichen Schutzmaßnahmen gegen unsachgemäße Bedienung, wie z. B. den pneumatisch betriebenen Schutzschirm sowie die automatische Bereitstellung von Kühlplatten, zu ermöglichen. Ebenso wie beim hydraulischen Teilsystem ist auch hier das Verständnis für die Dokumentationsunterlagen von größter Bedeutung. Die pneumatischen Elemente müssen sorgfältig montiert, elektrisch und pneumatisch verbunden sowie justiert werden.

Das **elektrische Teilsystem** übernimmt hauptsächlich Funktionen der Umwandlung, der Verknüpfung, des Transportes und der Speicherung der Signale und Energien. Es umfasst Elemente der Leistungs- und der Signalebene. Dafür sind sowohl Kenntnisse in allen Bereichen der Elektrotechnik als auch der SPS-Technik erforderlich.

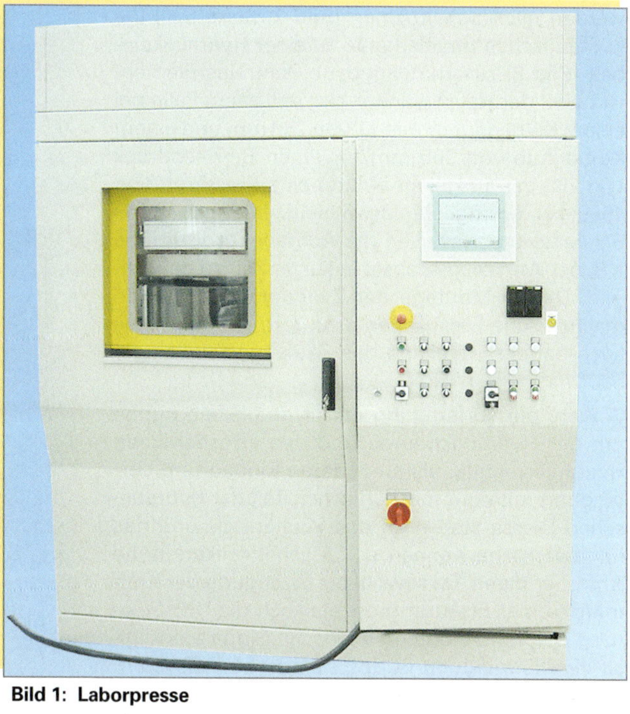

Bild 1: Laborpresse

13.2 Die Komponenten des mechatronischen Systems

Die einzelnen Komponenten eines mechatronischen Systems und deren Zusammenwirken sind am besten an Hand der Beschreibung des Entstehungsprozesses erkennbar. Grundlage für den Zusammenbau durch den Mechatroniker sind, wie bereits beschrieben, umfangreiche Pläne und Zeichnungen.

13.2.1 Das mechanische Teilsystem

Kernstück der hydraulischen Presse sind die obere und die untere Druckplatte, die im Endzustand die Presswerkzeuge aufnehmen. Abhängig vom späteren Einsatz können sie in heizbarer, kühlbarer oder wärmetechnisch unbeeinflusster Version erforderlich sein. Sie werden von den vier Führungssäulen, die auf der Bodenplatte montiert werden, in vertikaler Richtung beweglich aufgenommen und getragen **(Bild 1)**. An ihnen findet auch die Ankopplung der hydraulischen Kraft- und Arbeitselemente statt. Alle die genannten Elemente stehen dem Mechatroniker in vorgefertigtem Zustand als Bauelemente oder Baugruppen zur Verfügung. Er ist in diesem Falle ausschließlich für die **fachgerechte Montage** nach Zeichnung **(Bild 1, Seite 579)** verantwortlich.

13.2.2 Das hydraulische Teilsystem

Parallel zur mechanischen Fertigung und Montage werden nach Schaltplänen **(Bild 1, Seite 580)** die hydraulischen Bauelemente zu einer Hydraulikeinheit **(Bild 2)** zusammengebaut. Zentrales Element ist dabei der Hauptzylinder, der in diesem Falle bei einem Kolbendurchmesser von 280 mm und einem Kolbenhub von 300 mm für einen Betriebsdruck von 260 bar ausgelegt ist und eine Presskraft von 1600 kN ermöglicht. Zwei seitlich angebrachte Schließzylinder erfüllen die Aufgabe, große Hübe z. B. bei Werkzeugwechsel in kurzer Zeit zu bewältigen. Da die Montage der Zylinder überwiegend mechanische Fertigkeiten erfordert, werden diese auch bei der Erstellung des Säulengestells eingebaut.

Sowohl die Vorfertigung der Hydraulikbaugruppe mit der Hydraulikpumpe und den erforderlichen Hydraulikventilen als auch deren Einbau und Verbindung mit dem mechanischen Teil der hydraulischen Presse stellen an das Verständnis und das handwerkliche Können des Mechatronikers hohe Anforderungen. Da sowohl die Erzeugung der Kraft mittels eines Elektromotors als auch die Umsteuerung der Ventile durch elektrische Signale erfolgt, ist eine Einbindung in das elektrische Teilsystem erforderlich.

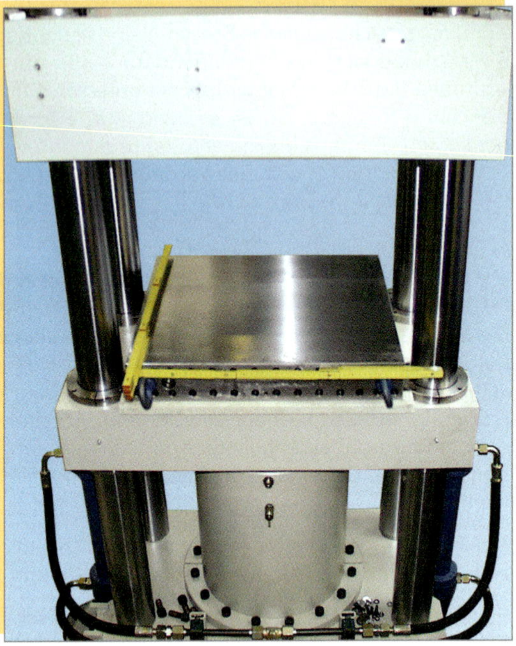

Bild 1: Säulen mit Hauptzylinder

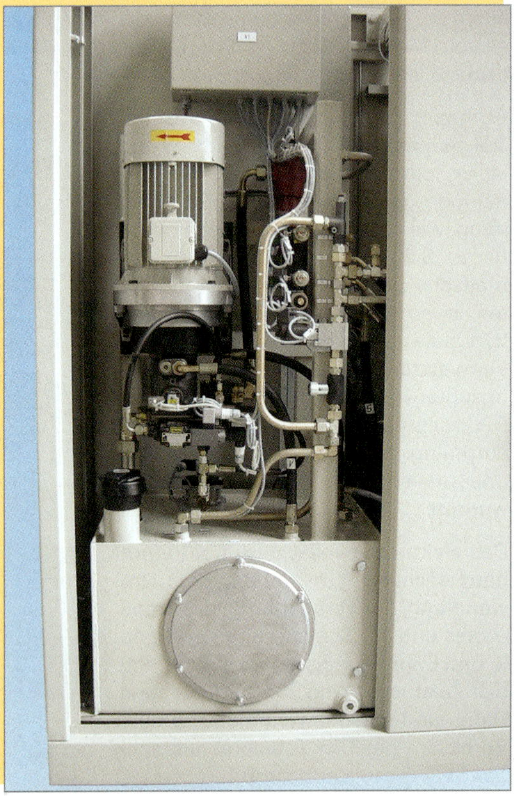

Bild 2: Hydraulikanlage

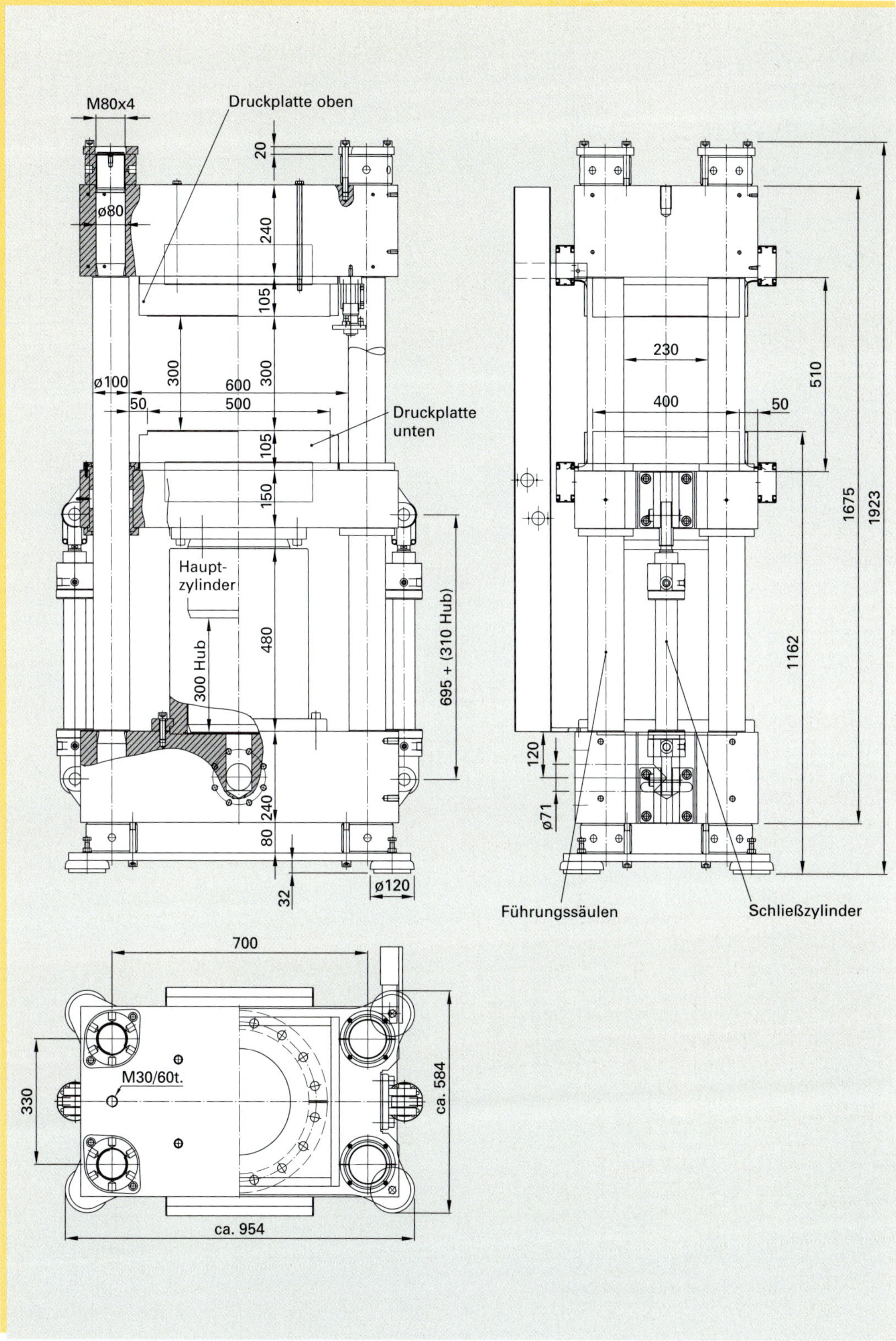

Bild 1: Mechanischer Aufbau des Säulengestells (Auszug)

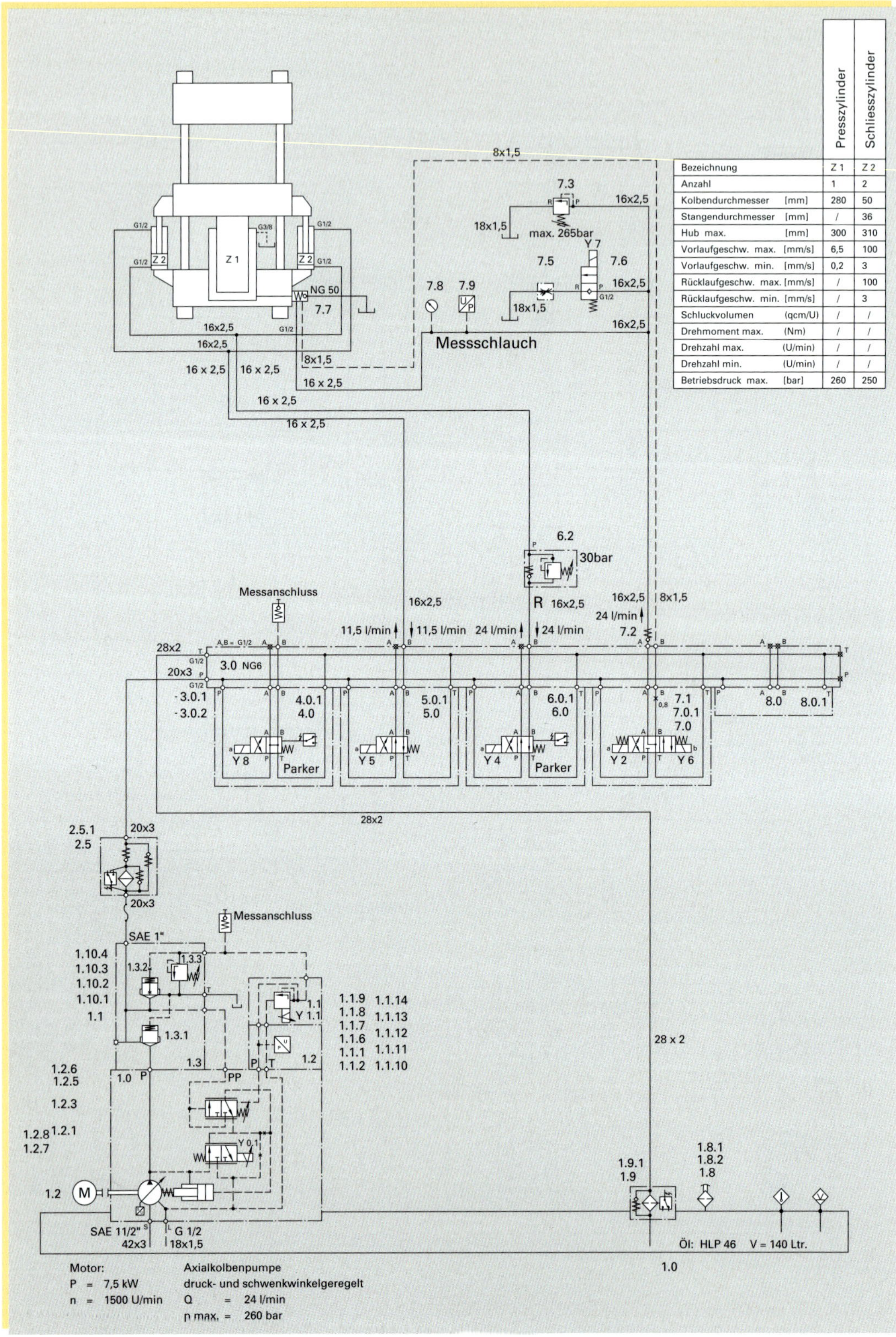

	Presszylinder	Schliesszylinder
Bezeichnung	Z 1	Z 2
Anzahl	1	2
Kolbendurchmesser [mm]	280	50
Stangendurchmesser [mm]	/	36
Hub max. [mm]	300	310
Vorlaufgeschw. max. [mm/s]	6,5	100
Vorlaufgeschw. min. [mm/s]	0,2	3
Rücklaufgeschw. max. [mm/s]	/	100
Rücklaufgeschw. min. [mm/s]	/	3
Schluckvolumen (qcm/U)	/	/
Drehmoment max. (Nm)	/	/
Drehzahl max. (U/min)	/	/
Drehzahl min. (U/min)	/	/
Betriebsdruck max. [bar]	260	250

Bild 1: Hydraulikplan für Presse (Auszug)

13.2.3 Das pneumatische Teilsystem

Die Aufgaben des pneumatischen Teilsystems im vorliegenden Falle sind auf das Öffnen und Schließen des Schutzgitters sowie das Bewegen der KT-Halterung (KT: Kurztakt) beschränkt. Pneumatische Elemente müssen dem Pneumatikplan **(Bild 1)** entsprechend montiert und mit Pneumatikschläuchen verbunden werden. Hierbei sind die Anschlussbezeichnungen exakt einzuhalten. Da das Auslösen der Zylinderbewegungen ausschließlich durch elektromechanische Taster erfolgt, ist auch hier eine Einbindung in das elektrische Teilsystem notwendig.

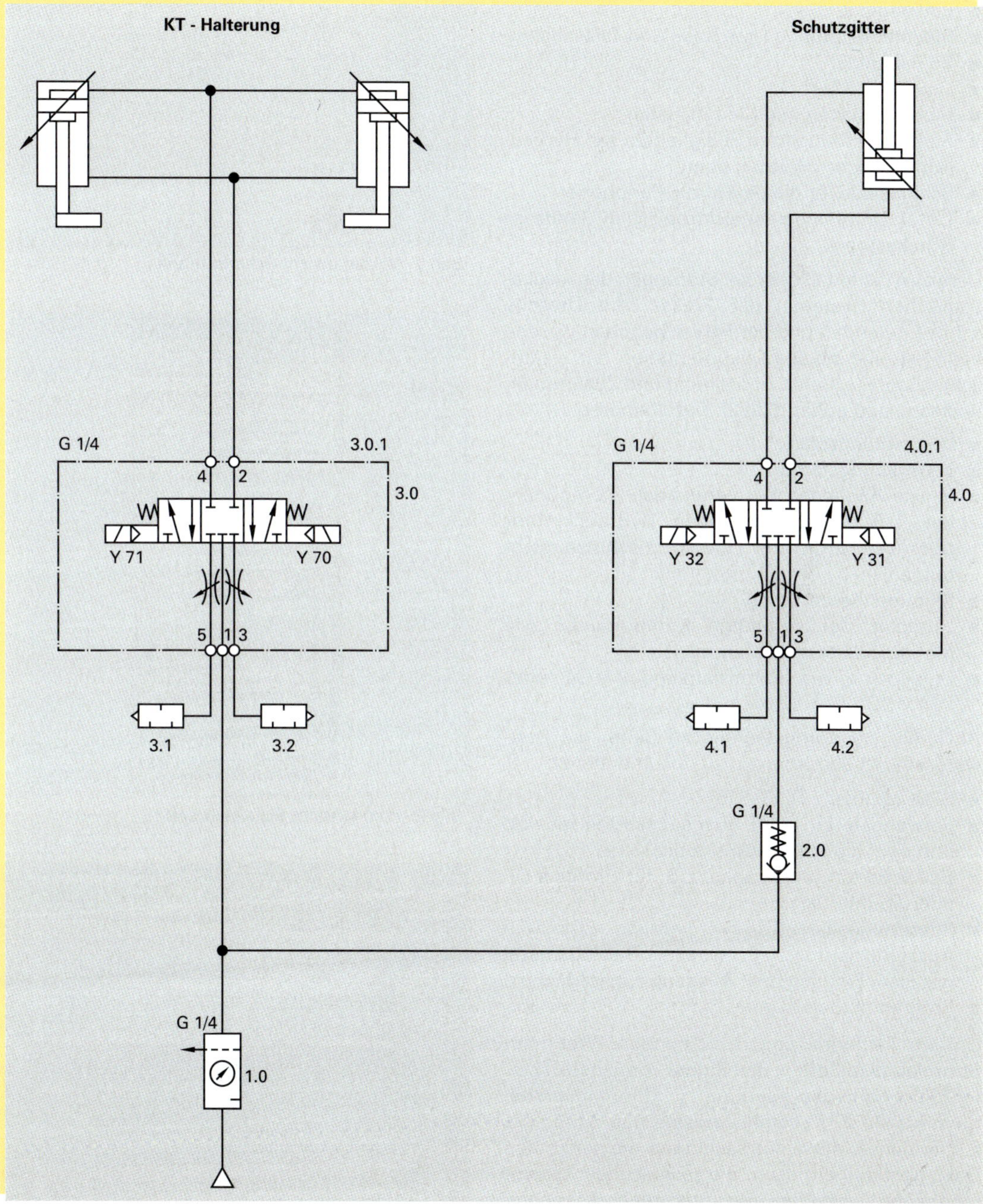

Bild 1: Auszug aus dem Pneumatikplan

13.2.4 Das elektrische Teilsystem

Die Informationsverarbeitung in mechatronischen Systemen wird durch eine an Bewegungsabläufe fest angebundene Verarbeitung von Messdaten und Erzeugung von Eingriffsdaten (z.B. NOT-AUS) bestimmt. Das Zentrum der Informationsverarbeitung der Presse bildet der Schaltschrank **(Bild 1)**.

Im Schaltschrank eingebaut sind:

- Bediengerät
- Steuereinrichtungen wie Rast- und Tastschalter
- Signalmelder
- Linienschreiber
- Montageplatten und Klemmleisten
- Steckverbindungen zu Stellgliedern wie Hydraulikmotor oder „Heizung oben"
- Schnittstelle für die dezentrale Peripherie
- Lüfter zur Kühlung der elektronischen Geräte im Schaltschrank

Damit im Fehlerfall oder bei Störungen des mechatronischen Systems, der Presse, die Ursache schnell gefunden und der Fehler behoben werden kann, ist eine präzise Dokumentation der elektrischen Bauteile, deren Anordnung und Zusammenwirken unabdingbar **(Bild 2)**. Dazu gehören:

- Verdrahtungsplan
- Verdrahtungsfarben
- Exakte Angaben über verwendete Komponenten (z.B. Leistungsangaben Hydraulikmotor oder Nennstrom der Überstromschutzeinrichtungen)
- Klemmenbeschriftung
- Lageplan der verbauten Komponenten wie Montageplatte oder Klemmleiste X7
- Detailpläne wie Potenzialpläne 0 V DC oder +24 V DC

Auch die steuerungstechnische Seite, die Softwareseite, ist ebenso exakt zu dokumentieren:

- SPS-Typ (hier z.B. S7-315)
- Verwendete Ein- und Ausgangskarten (analog und/oder digital), Steckplatz der Karte
- Spezialkarten (Buskoppler, z.B. für Profibus DP oder AS-Interface)
- Zuordnungsliste (Querverweisliste, Liste, die Auskunft darüber gibt, welches Betriebsmittel welchem Eingang bzw. Ausgang zugeordnet ist)
- Programm (Schrittkette, PAP)

Um im Fehlerfall sagen zu können: Wenn im Stromlaufplan Seite x das Signal von jenem Thermofühler an der Klemme y (Montageplatte, Klemmleiste X7) ansteht, müsste das Schütz K1 z.B. anziehen, muss der Fachmann die genannten Dokumentationen lesen, die technischen Zusammenhänge verstehen und interpretieren können **(Bild 3)**.

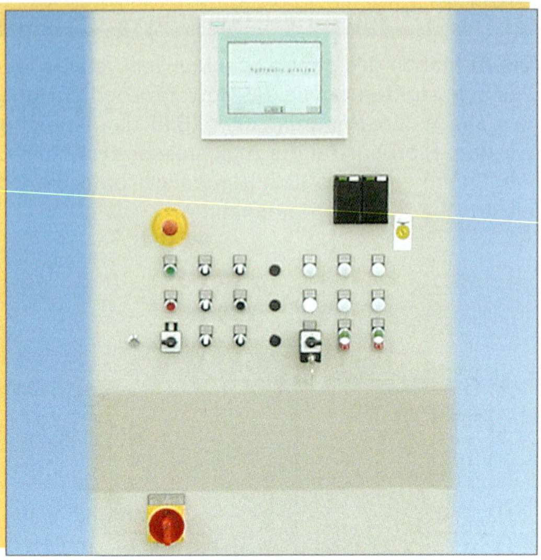

Bild 1: Vorderansicht Schaltschrank

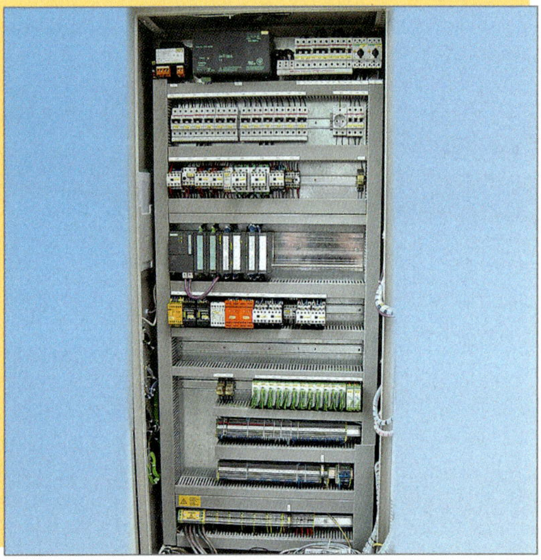

Bild 2: Innenansicht Schaltschrank

Bild 3: Detailansicht Montageplatte

Anhand von Originalplänen soll ein Einblick in den elektrotechnischen Teil der Mechatronik gegeben werden.

Um bei der Vielzahl von verlegten Leitungen den Überblick bewahren zu können, werden im Schaltschrank unterschiedliche Farben beim Auflegen auf die Klemmleisten verwendet **(Bild 3, Seite 582, und Tabelle 1)**.

Tabelle 1: Verdrahtungsfarben

Farbe	Verwendung
schwarz	400 V Hauptstromkreis
blau	N-Leiter
rot	230 V Steuerspannung
blau	+24 V Steuerspannung
grau	Geräteeinspeisung
violett / braun	Analoge Ausgänge
grün	Analoge Eingänge
orange	Fremdspannung

Der Schaltschrank ist in verschiedenen Etagen aufgebaut **(Tabelle 2)**. Für ihn (Ss) als auch für den Klemmenkasten (Kk) der dezentralen Peripherie existieren Lagepläne für **(Bild 1)**:

Klemmleisten:

- X0 = Klemmen 400 V AC (Ss)
- X1 = Klemmen 230 V AC (Ss)
- X2 = Klemmen +24 V DC (Ss)
- X7 = Klemmen dezentrale Peripherie (Kk)
- X8 = Schutzeinrichtungen (Kk)
- X9 = Kontaktschutzleiste (Kk)

Steckverbindungen am Schaltschrank:

- SX1 = Motor
- SX2/SX3 = Heizung oben
- SX4/SX5 = Heizung unten
- SX7 = Hydraulik; überwachte Ventile
- SX8 = Schutzeinrichtung
- SX9 = Endschalter Presse
- SX10 = Busleitung

Der Klemmenkasten **(Bild 2)** der dezentralen Peripherie ist direkt über dem Pressenmotor platziert. In ihm ist die Steuerung der Schutzeinrichtung für die Presse wie auch die Koppelbaugruppe (ProfiBus) zur SPS untergebracht.

Vorteile der Dezentralisierung:

- deutlich geringerer Teile- und Materialbedarf z.B. für Kabel und Kabeltrassen; vorkonfektionierte Leitungen können zum Einsatz kommen
- große Flexibilität bei Anpassungen und Erweiterungen der Anlage
- keine lange Fehlersuche bei Montage, Inbetriebnahme oder im Servicefall durch umfangreiche Diagnosefunktionen

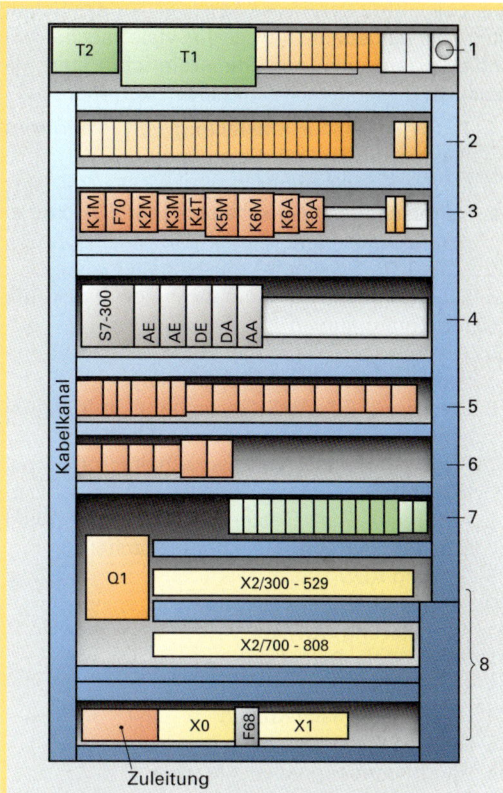

Bild 1: Schaltschrank mit Montageplatte

Tabelle 2: Etagen des Schaltschranks

Etage	Elemente/Bauteile
1	Steuertransformatoren T1; T2
1/2	Überstromschutzorgane
3	Leistungsschütze für Motor
4	SPS-Aufbau
5/6	Steuerschütze/Relais
7	Temperaturspannungswandler Temperaturüberwachung
8	Klemmleisten

Bild 2: Klemmkasten dezentrale Peripherie

Das Steuerpult der Presse ist in der Tür des Schaltschranks eingebaut. Typisch für viele mechatronische Systeme sind die Steuereinrichtungen, die auch bei dieser Presse zum Einsatz kommen.

1 Touch Panel; zur Einstellung von Programm-Parametern wie z.B. Einstellung des Wegeprofils des Pressenhubs
2 Hauptschalter (Rastschalter) zum Einschalten der Pressenanlage
3 NOT-AUS (Schlagpilz) -Rastschalter
4 Linienschreiber zur Aufnahme von Druck- und Temperaturkurven
5 Wahlschalter: Einrichten Hand- oder Automatikbetrieb (Schlüssel-Rastschalter)
6 Steuerung EIN/AUS (Tastschalter mit Signalleuchte)
7 Presse-Motor EIN/AUS (Tastschalter mit Signalleuchte)
8 Automatik-Start (Taster); hierfür muss Wahlschalter 5 auf Automatikbetrieb stehen
9 Störung AUS
10 Schutzgitter schließen/öffnen
11 KT-Halterung AUF/AB
12 Presse schließen/öffnen
13 Kühlen von Hand
14 Heizung EIN nach Kühlen
15 Heizung EIN/AUS
16 Handbetrieb Signalleuchte weiß
17 Signalleuchte Einrichten
18 Signalleuchte Automatik
19 Signalleuchte Ausblasen
20 Heizen 21 Kühlen

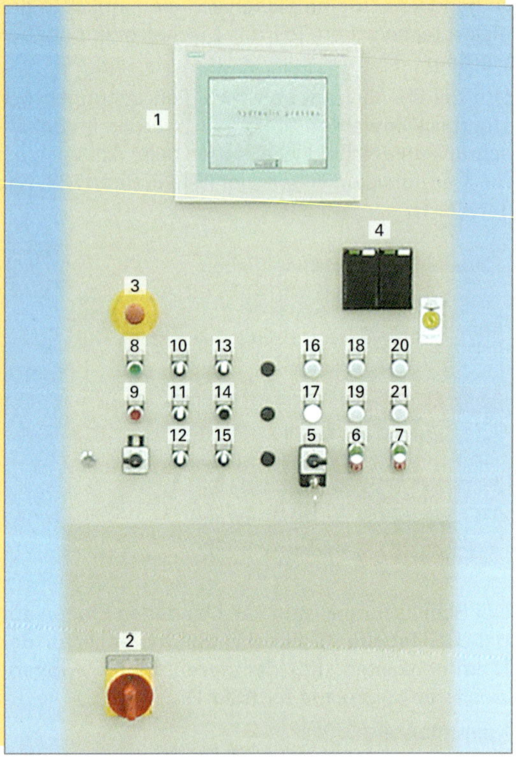

Bild 1: Steuertafel der Presse

Komponenten im Schaltschrank

Auf der Etage 1 **(Tabelle 2, Seite 583)** des Schaltschranks sind die Transformatoren T1 und T2 montiert. Transformator 1, ausgestattet mit Gleichrichtersatz, stellt die 24 V Gleichspannung (DC) zur Verfügung. An der Sekundärseite von Transformator T2 **(Bild 2)** wird die Steuerspannung abgegriffen. T2 muss eingesetzt werden, da der Hydraulikantrieb eine Bemessungsleistung von mehr als 3 kW aufweist.

Bild 2: Steuertrafo T1

Steuertransformatoren werden in der Regel zwischen zwei Außenleiter (L1 und L2) angeschlossen. Dadurch sind sie unabhängig vom Netzsystem einsetzbar. Auf der Sekundärseite können die Steuerstromkreise einseitig geerdet oder ungeerdet (aber dann mit Isolationsüberwachung) betrieben werden. Q4 **(Bild 3)** stellt einen Motorschutzschalter (zweipolige Darstellung) mit thermischer Auslösung zum Schutz der Motorwicklung (Überlastschutz) und magnetischer Auslösung (Kurzschlussschutz) dar. Als Leitungsschutzschalter wird „F67" bezeichnet. Sie sind Schutzeinrichtungen, die man nach einer Auslösung wieder einschalten kann. Der Transformator ist einseitig geerdet.

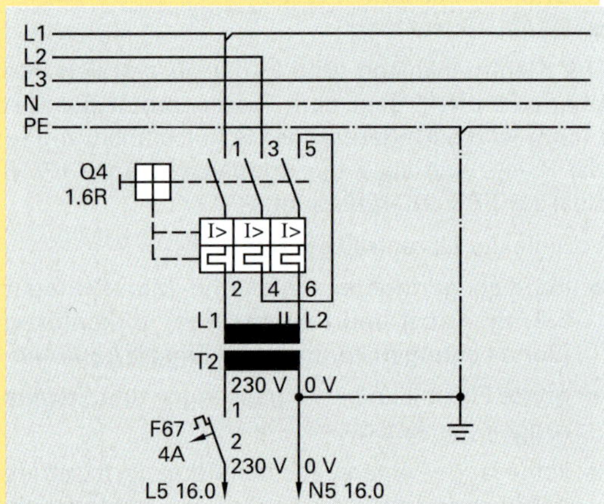

Bild 3: Steuertrafo T1 mit Überstromschutzorgan

Auswahlkriterien der Überstromschutzorgane für Steuerstromkreise:

- Der **Bemessungsstrom** ist auf die Belastbarkeit der Hilfsschaltglieder abzustimmen, so dass ein Verschweißen der Schaltkontakte verhindert wird (Herstellerangaben beachten).
- Die Abschaltzeit bei Kurzschluss muss unter einer Sekunde liegen, sonst könnten undefinierte Steuerungszustände eintreten.
- Selektivität muss gewährleistet sein; die Primärseite des Transformators T2 ist mit Q4 und die Sekundärseite mit F 67 gesichert. Diese Überstromschutzorgane müssen selektiv zueinander sein, damit nur der eventuell fehlerbehaftete Steuerkreis abgeschaltet wird.

Der **Hydraulikantrieb** erfolgt über Lastschütze und wird über Stern-Dreieck-Anlauf eingeschaltet (**Bild 1;** K1M, K2M, K3M). Schütze sind elektromagnetische Schalter mit Rückstellkraft, die mit geringer Hilfsenergie Laststromkreise mehrpolig schließen und öffnen können. Grundsätzlich werden Schütze in Haupt- und Hilfsschütze eingeteilt.

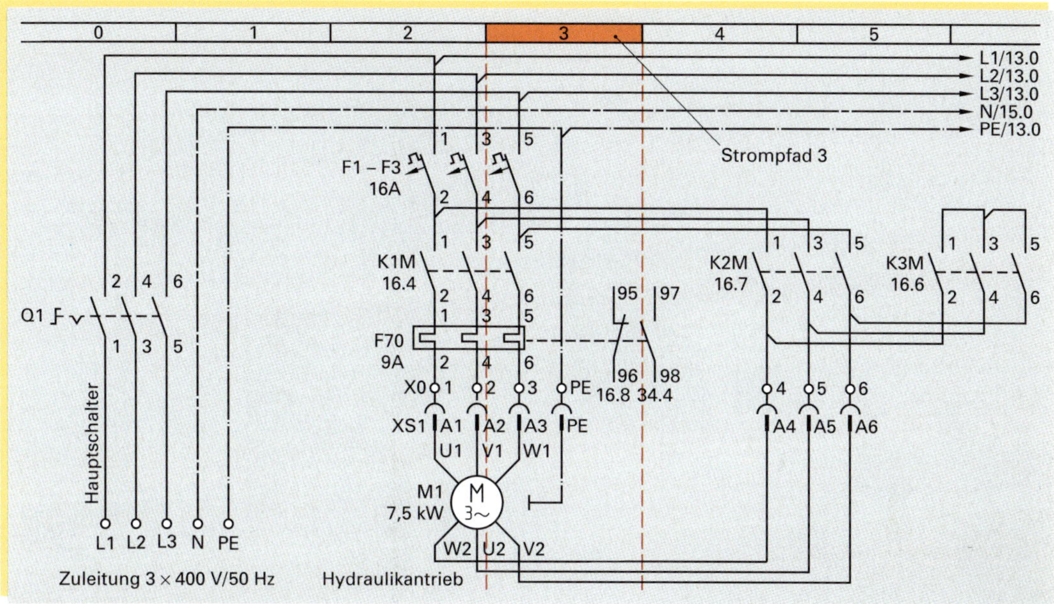

Bild 1: Schaltplan Hydraulikantrieb

Hauptschütze (Kennzeichen Q), Lastschütze dienen zum Ein-, Aus-, und Umschalten (Stern-Dreieck-Anlauf) des Laststromkreises (Motor M1 **Bild 1**). Sie verfügen über Hauptschaltglieder, die den Laststrom schalten, und über eine unterschiedliche Anzahl von Hilfsschaltgliedern für logische Verknüpfungen und Speicherung (Selbsthaltung).

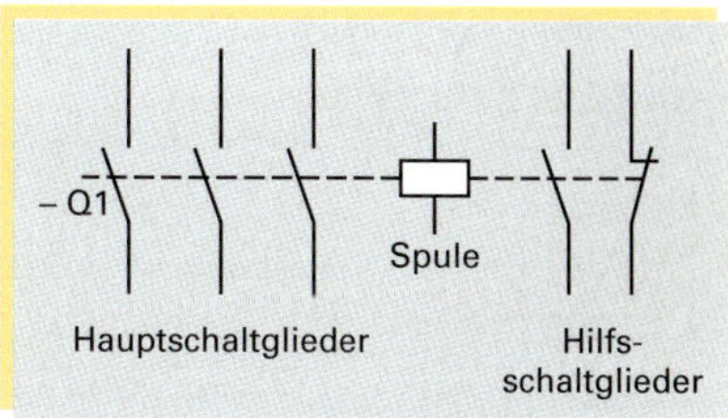

Bild 2: Hauptschütz

Anschlussbezeichnung von Schützen

Die Schützspule trägt die Kennzeichnung A1, A2; die Hauptschaltglieder die Bezeichnung 1-2; 3-4; 5-6. Die Hilfsschaltglieder sind mit Ziffern belegt. Dabei kennzeichnet die:

- erste Ziffer die Positionsnummer 1, 2, 3 usw.
- zweite Ziffer einen Öffnerkontakt 1-2 oder einen Schließerkontakt 3-4. So bedeutet z.B. die Kontaktbezeichnung 21-22: Hilfsschaltglied Position 1 Öffnerkontakt **(Bild 3)**.

Hilfsschütze dienen zur Bildung von logischen Verknüpfungen. Sie eignen sich nicht zum Schalten von Lastströmen. Daher haben sie keine Hauptschaltglieder, aber eine relativ große Anzahl von Hilfsschaltgliedern.

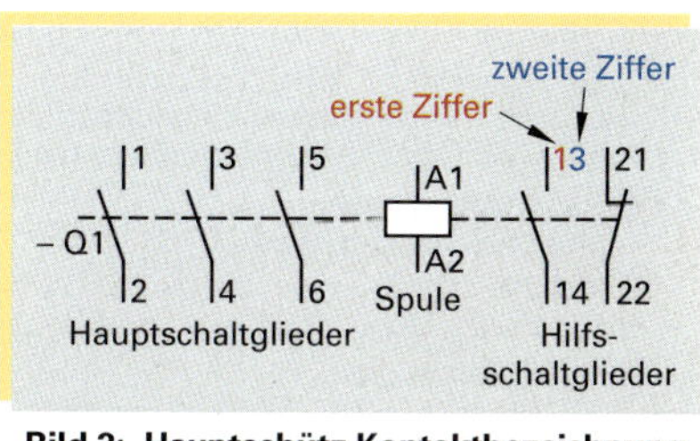

Bild 3: Hauptschütz Kontaktbezeichnung

Für Schütze zum Schalten von Motoren **(Bild 1)** stehen zwei Arten des Magnetantriebes zur Verfügung:

- konventioneller Antrieb; hierbei wird die Magnetspule direkt über die Anschlüsse A1/A2 mit der Steuerspannung ein- und ausgeschaltet
- elektronischer Antrieb; die Magnetspule wird durch eine vorgeschaltete Steuerelektronik gezielt mit dem benötigten Leistungsbedarf für sicheres Schalten und Halten versorgt.

Schütze sind sowohl mit AC (40 bis 60 Hz) als auch mit DC ansteuerbar. Sie werden mit verschiedenem Zubehör vom Hersteller geliefert **(Bild 2)**.

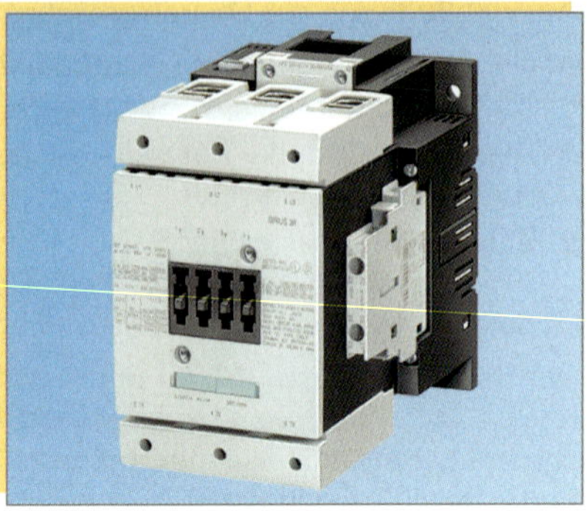

Bild 1: Schütz 3-polig

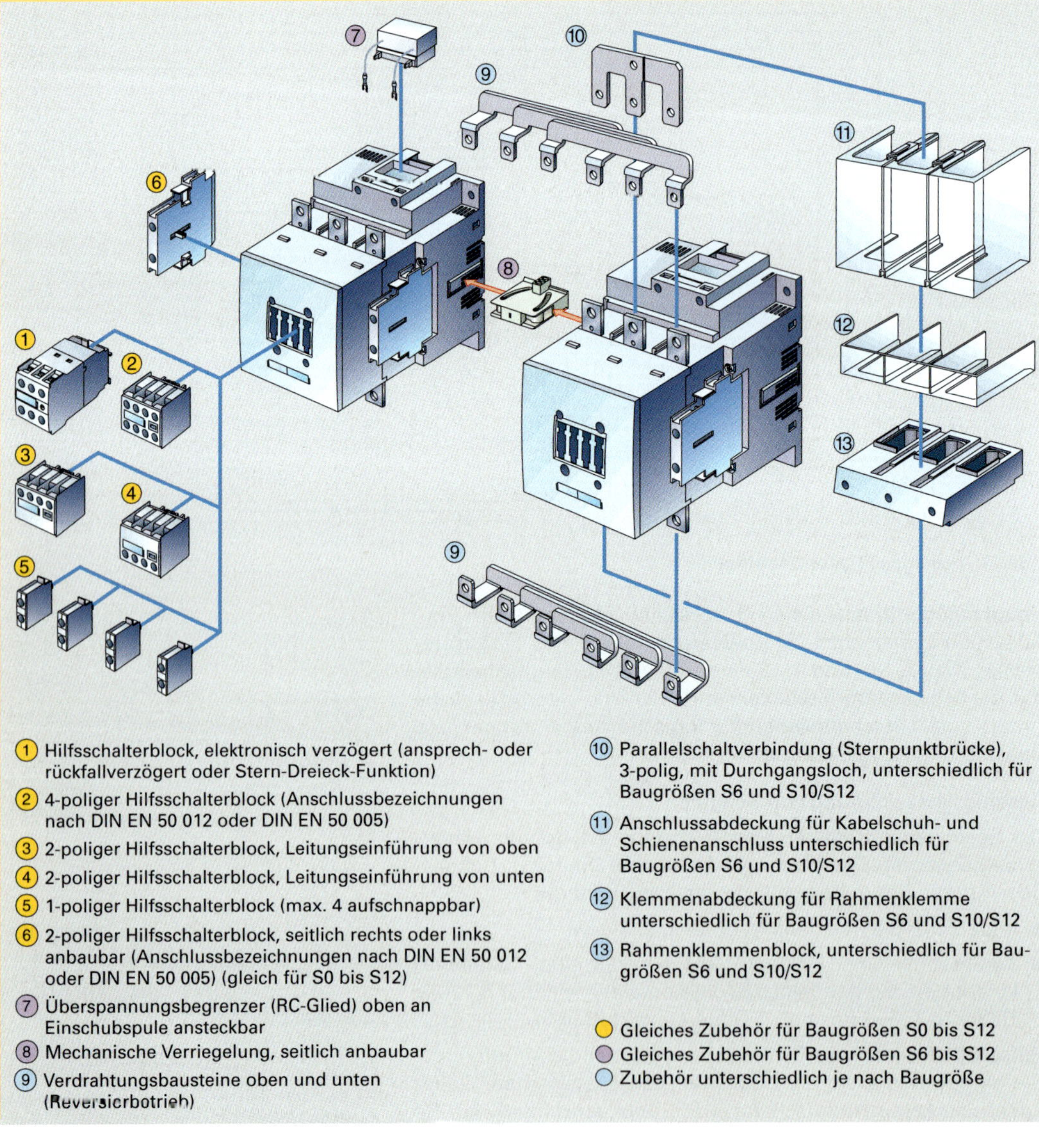

(1) Hilfsschalterblock, elektronisch verzögert (ansprech- oder rückfallverzögert oder Stern-Dreieck-Funktion)
(2) 4-poliger Hilfsschalterblock (Anschlussbezeichnungen nach DIN EN 50 012 oder DIN EN 50 005)
(3) 2-poliger Hilfsschalterblock, Leitungseinführung von oben
(4) 2-poliger Hilfsschalterblock, Leitungseinführung von unten
(5) 1-poliger Hilfsschalterblock (max. 4 aufschnappbar)
(6) 2-poliger Hilfsschalterblock, seitlich rechts oder links anbaubar (Anschlussbezeichnungen nach DIN EN 50 012 oder DIN EN 50 005) (gleich für S0 bis S12)
(7) Überspannungsbegrenzer (RC-Glied) oben an Einschubspule ansteckbar
(8) Mechanische Verriegelung, seitlich anbaubar
(9) Verdrahtungsbausteine oben und unten (Reversierbetrieb)
(10) Parallelschaltverbindung (Sternpunktbrücke), 3-polig, mit Durchgangsloch, unterschiedlich für Baugrößen S6 und S10/S12
(11) Anschlussabdeckung für Kabelschuh- und Schienenanschluss unterschiedlich für Baugrößen S6 und S10/S12
(12) Klemmenabdeckung für Rahmenklemme unterschiedlich für Baugrößen S6 und S10/S12
(13) Rahmenklemmenblock, unterschiedlich für Baugrößen S6 und S10/S12

- Gleiches Zubehör für Baugrößen S0 bis S12
- Gleiches Zubehör für Baugrößen S6 bis S12
- Zubehör unterschiedlich je nach Baugröße

Bild 2: Motorschütz mit Zubehör (Beispiele)

Stern-Dreieck-Anlassverfahren des Hydraulikantriebs

Da der Hydraulikantrieb einen Anlassstrom IA ≤ 60 A hat, kann der Motor über die Stern-Dreieck-Anlassschaltung angefahren werden. Aus diesem Grunde besteht die Wicklung des Motors M1 aus drei voneinander getrennten Wicklungssträngen, die in Stern- oder Dreieckschaltung miteinander verbunden werden können **(Bild 1)**. In **Sternschaltung** beträgt die **Stromaufnahme** des Motors nur **ein Drittel** der Stromaufnahme in Dreieckschaltung. Dadurch wird aber auch in Kauf genommen, dass in der Sternschaltung auch das Drehmoment nur ein Drittel des Momentes bei Dreieckschaltung beträgt. Ebenso verringert sich auch die Leistung des Motors in der Sternschaltung auf ein Drittel der Leistung bei Dreieckschaltung. Daher muss man vor Einsatz des Stern-Dreieck-Anlassverfahrens prüfen, ob das stark herabgesetzte Anzugsmoment ausreicht, um die Arbeitsmaschine, den Hydraulikantrieb darüber anlaufen zu lassen.

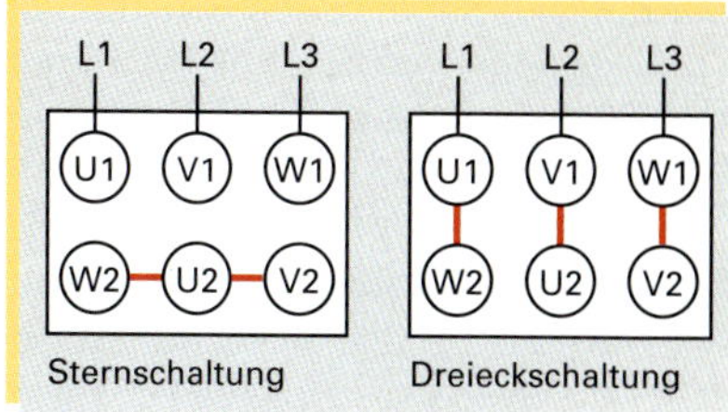

Bild 1: Stern-Dreieck-Schaltung

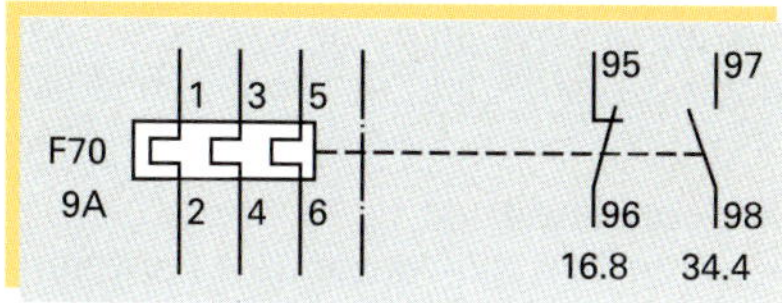

Bild 2: Motorschutzrelais

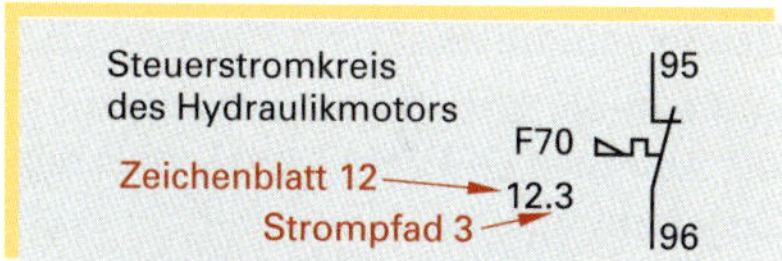

Bild 3: Öffnerkontakt des Motorschutzrelais

Anlassvorgang

Zunächst werden die Ständerwicklungen W2, U2 und V2 des Motors in Stern geschaltet **(Bild 1)**. In **Bild 1, Seite 585** zieht das Schütz K3M an. Sodann zieht das Netzschütz K1M an, der Motor befindet sich in der Anlaufphase. Mit dem Einschalten des Sternschützes wird die Zeitverzögerung gestartet (Zeitrelais K4T **Bild 4**). Ist die Zeit dieser Verzögerung abgelaufen, wird das Sternschütz ausgeschaltet und das Dreieckschütz eingeschaltet. In **Bild 1, Seite 585** zieht das Schütz K2M an. Der Motor gibt nun seine volle Nennleistung ab.

Das Motorschutzrelais F 70 **(Bild 2 und Bild 1, Seite 585)** besitzt eine thermische Auslöseeinrichtung. Dieses Überstromrelais entspricht in seiner Arbeitsweise der des Motorschutzschalters und wird auf den Nennstrom des zu schützenden Motors eingestellt. Den Kurzschlussschutz übernehmen die Leitungsschutzschalter F1 bis F3 **(Bild 1, Seite 585)**. Spricht das Motorschutzrelais an, wird der Steuerkreis der Schütze (K1M– K3M), die den Hydraulikantrieb schalten, unterbrochen **(Bild 3)**. Die Schütze (K1M und K2M) fallen ab und der Motor wird vom Netz getrennt.

Bei Stern-Dreieck Anlassverfahren von Drehstrommotoren:

- reduzieren sich in der Sternschaltung Anlaufstrom, Drehmoment und Leistung auf ein Drittel der Werte der Dreieckschaltung
- dürfen Stern- und Dreieckschütz niemals gleichzeitig anziehen; die Folge wäre ein dreipoliger Kurzschluss. Sternschütz K3M und Dreieckschütz K2M sind gegeneinander zu verriegeln
- und müssen stets für die Netzspannung in Dreieckschaltung ausgelegt sein. Die niedrigste Spannungsangabe auf dem Leistungsschild des Motors muss der Netzspannung entsprechen
- ist der Motorschutz auf den Wert 0,578-mal I_N (I nenn) einzustellen

Strompfade und Kontaktspiegel

Die schaltungstechnischen Unterlagen der Presse sind in Strompfade aufgeteilt **(Bild 3, Seite 588)**. In **Bild 1, Seite 585** sind z. B. nur die Schützkontakte von K1M dargestellt, die Schützspule fehlt. In Stromlaufplänen in aufgelöster Darstellung ist es üblich, Spule und Kontakte eines Schützes getrennt darzustellen. Sie werden in den Strompfaden platziert, in denen sie wirksam sind. Daher erhalten die Betriebsmittel wie auch die Schaltglieder dieser Betriebsmittel die gleiche Kennzeichnung. Aufgrund dieses Sachverhaltes kann leicht festgestellt werden, in welchen Strompfaden die Schaltglieder zu finden sind und zu welchem Schütz sie z. B. gehören. Die einzelnen Strompfade sind nummeriert, wodurch eine gute Übersichtlichkeit der schaltungstechnischen Unterlagen erreicht wird.

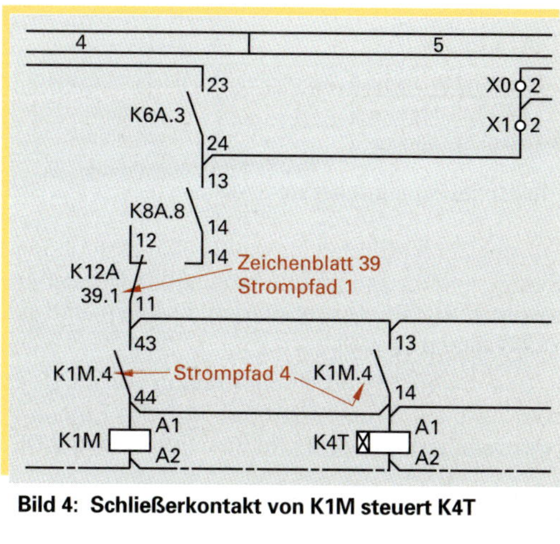

Bild 4: Schließerkontakt von K1M steuert K4T

Der Kontaktspiegel bezieht sich immer auf das Betriebsmittel, unter dem er sich befindet. **Bild 1** zeigt den Kontaktspiegel von Schütz K1M. Daraus ist zu entnehmen, dass die Hauptkontakte des Schützes K1M auf Blatt 12 im Strompfad 2 und 3 liegen. Die Schließerkontakte 13, 14 und 43, 44 sind in der vorliegenden Schaltplanseite im Strompfad 5 und 4 zu finden.

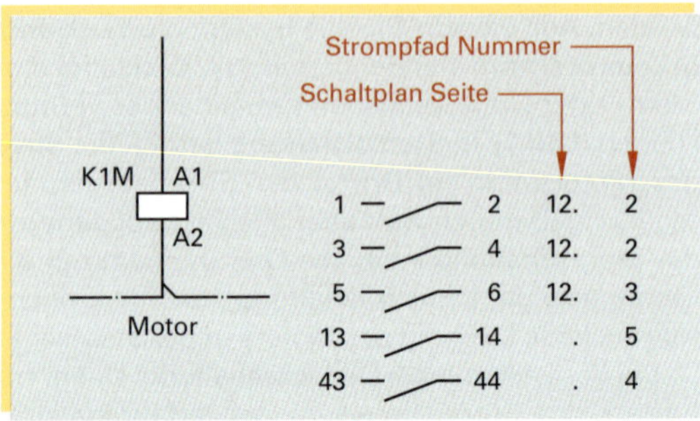

Bild 1: Kontaktspiegel von K1M

Die **Klemmleisten (Bild 1, Seite 583)** sind Bestandteil des Verbindungsplans. In ihm werden Leitungsverbindungen zwischen Betriebsmittel einer Anlage, wie hier der Presse, dargestellt. Die einzelnen Adern werden zu Leitungsbündeln zusammengefasst, wobei jedes Ende einer Leitungsader mit einer Zielangabe versehen ist. Die Klemmen jeder Klemmleiste X werden fortlaufend durchnummeriert.

X7.3 bedeutet:

Klemmleiste X7 – dezentrale Peripherie Klemme 3

Bild 2 verdeutlicht, dass die Klemmenbezeichnung der gleichen Leitungsader für jede Klemmleiste eindeutig sein muss.

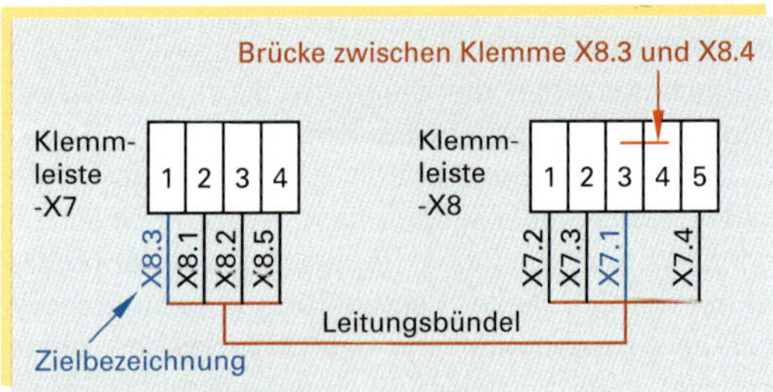

Bild 2: Klemmleisten

Anhand der beschriebenen Schaltungsunterlagen, der Kenntnis und dem Verständnis der technischen Zusammenhänge, können in der Produktion Montagearbeiten parallel durchgeführt werden. Während ein Techniker die Montageplatte bestückt, kann ein anderer die Leitungsbündel verlegen, ein dritter ist z. B. mit dem Klemmkasten der dezentralen Peripherie beschäftigt.

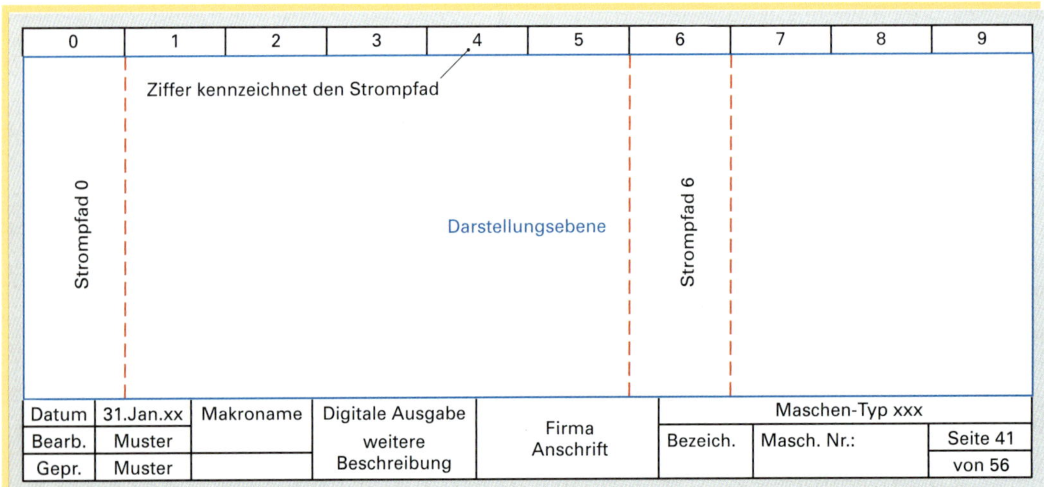

Bild 3: Zeichnungsblatt zur Erstellung technischer Schaltungsunterlagen

Für das Zurechtfinden in technischen Unterlagen ist die Angabe der Seiten- und Pfadnummer unabdingbar. Nur anhand dieser Nummern sind die Schaltungsunterlagen zu lesen und bei der Fehlersuche wegweisend **(Bild 3)**.

In **Bild 4** wird z. B. durch die Angabe von 18.2/L 64– 0 V DC angegeben, dass auf Seite 18 Strompfad 2 das Potenzial L64– durch einen Netztrafo gebildet wird und dem Potenzial 0 V DC entspricht.

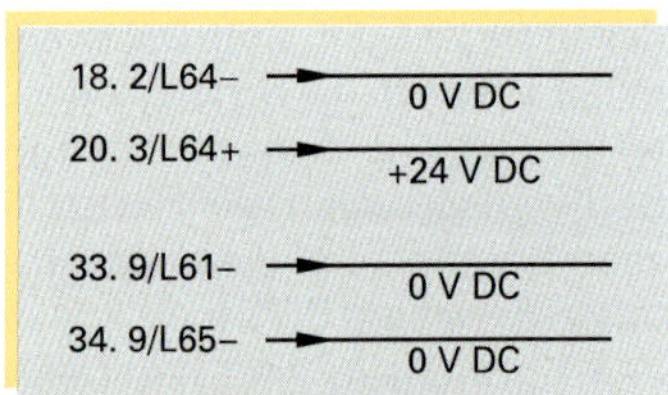

Bild 4: Darstellung der Strompfad- und Blattnummer

Wie in **Bild 1, Seite 582** ersichtlich, befindet sich auf der 4. Etage im Schaltschrank die SPS (Typ S7-300).

Die genaue Anordnung der CPU als auch der verwendeten Ein- und Ausgabebaugruppen dürfen in den schaltungstechnischen Unterlagen nicht fehlen. **Bild 2** zeigt die Anordnung der verwendeten Ein- und Ausgangskarten wie auch die Nummer des Steckplatzes, an der sich die Karte befindet. Dies ist einerseits für die Verdrahtung außerordentlich wichtig, andererseits ist auch aus der Abbildung zu entnehmen, wie die Adressierung der Baugruppe vorzunehmen ist. In **Bild 1** ist der Eintrag E8.0 – E11.7 zu erkennen.

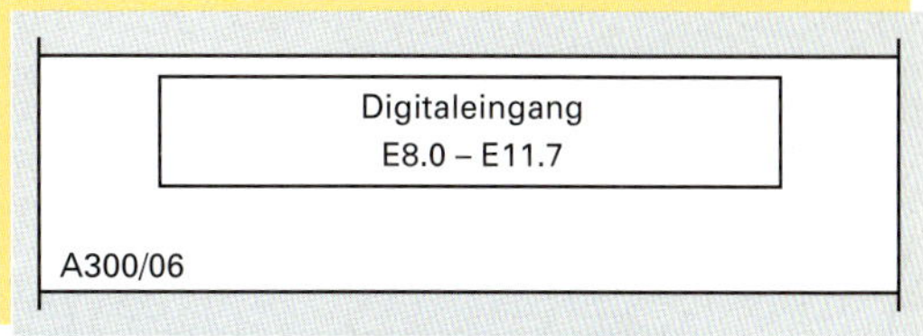

Bild 1: Bestückung Steckplatz 6/S7-300

Erläuterung:

- E steht für Eingang
- die erste Zahl gibt die Bytenummer an, hier z. B. die Ziffer 8
- die zweite Zahl steht für die Bitnummer, hier z. B. 0

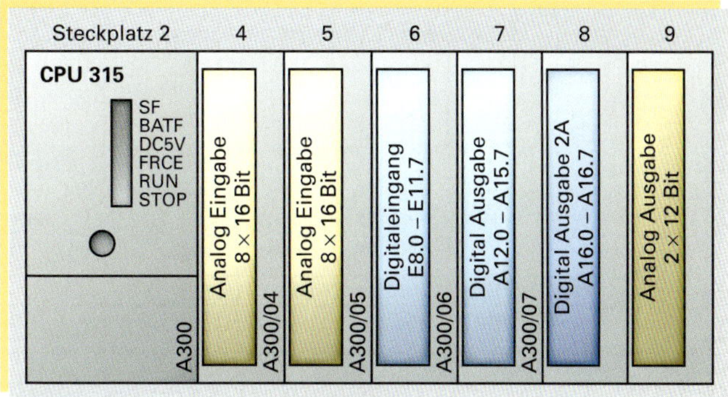

Bild 2: Aufbau der SPS; Steckplätze

Folglich verfügt die hier verbaute digitale Eingabebaugruppe über 32 digitale Eingänge mit der Adressierung:

- E8.0 bis E8.7 E9.0 bis E9.7
- E10.0 bis E10.7 E11.0 bis E11.7

Entsprechendes gilt für die anderen hier verwendeten Baugruppen.

Bild 3 zeigt den (typischen) Anschluss einer SPS an ein 400-V-Netz.

- Klemme X0 → Netzanschluss
- Q1.0/35A → Hauptschalter (EIN/AUS) Belastbarkeit 35 A
- Q1.1 → Schutzschalter mit thermischer (Überlastungsschutz) und magnetischer (Kurzschluss-Schutz) Auslösung. Seine Charakteristik (Strom-Zeit-Kennlinie) ist auf das Netzteil T1.0 abzustimmen
- T1.0 → Netzteil (SITOP) 360–500 V AC → 24 V DC/20 A (Wandlung von Wechselspannung in Gleichspannung)
- F1.0 und F1.2 → Leitungsschutzschalter 4A Typ C
- L+ M (Masse) → Spannungsversorgung
- PE → Erde (Leitung Gelb/Grün)

Hinweis:

Laut Unterlagen des Herstellers von SITOP kann eingangsseitig statt eines Schutzschalters auch ein Leitungsschutzschalter vorgesehen werden.

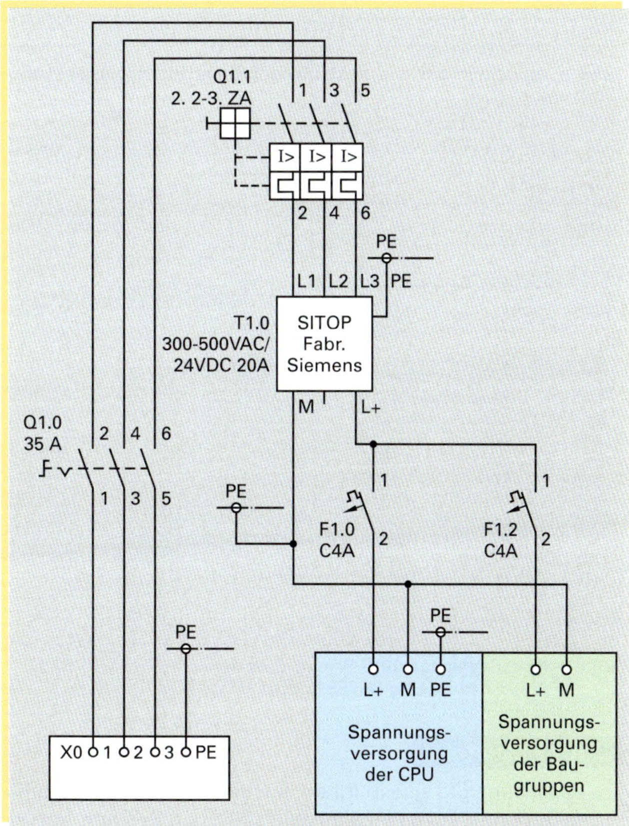

Bild 3: Spannungsversorgung der SPS

Die Abbildungen **(Bild 2, Bild 3)** zeigen einen Programmausschnitt aus dem SPS-Programm der Pressensteuerung. **Bild 2** zeigt den Programmausschnitt in Kontaktplandarstellung; **Bild 3** zeigt die Umsetzung der Kontaktplandarstellung in die Funktionsplandarstellung.

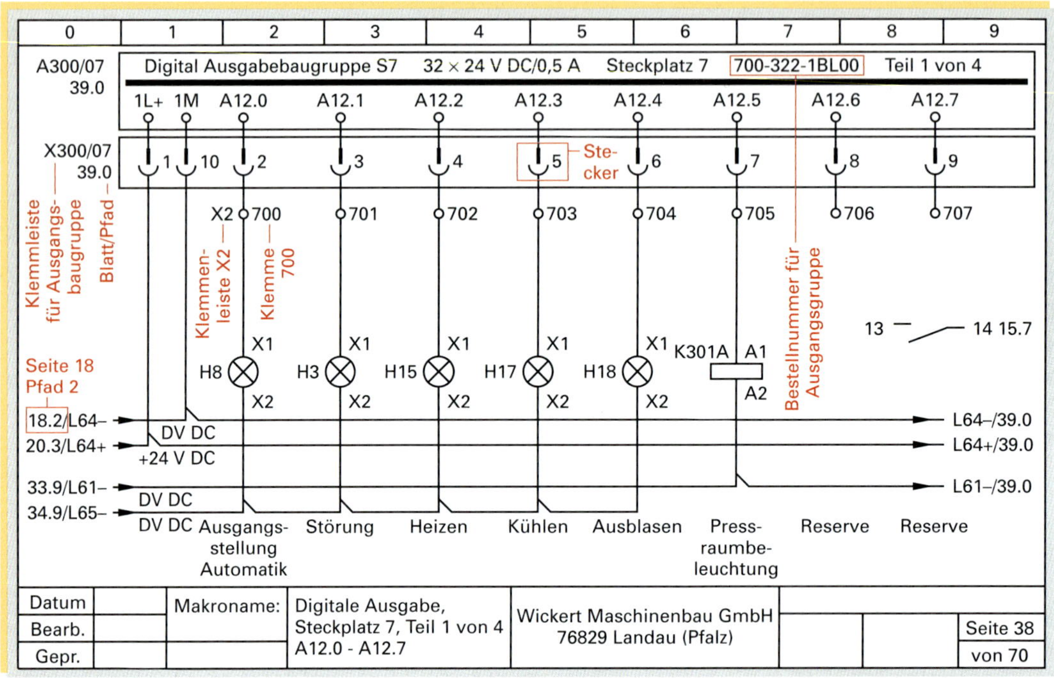

Bild 1: Ausschnitt aus den elektrotechnischen Unterlagen der Laborpresse

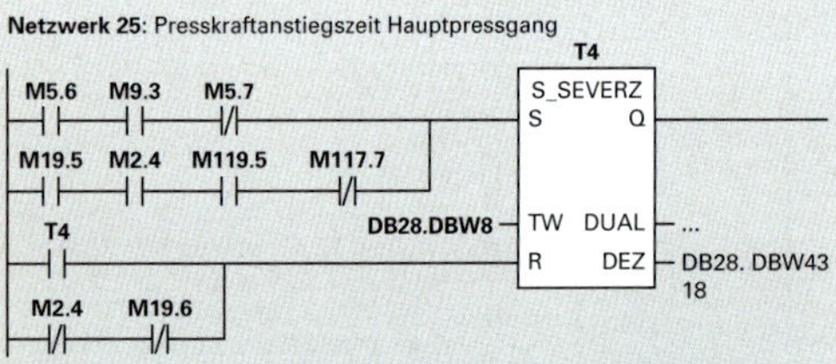

Merker	Beschreibung
M5.6	Presse schließen
M9.3	Druckaufbaugeschwindigkeit/ Druck bis Hochdruck
M5.7	Start Zeiten bei ca. 30 bar
T4	Zeit Presskraft aufbau
M19.5	Betriebsart Hand angewählt
M2.4	Presse schließen in Hand
M119.5	Druckaufbaugeschwindigkeit ist aktiv
M117.7	Pressdruck HD erreicht bzw. Drucknachsetzten Ein (1.-5. VPS)
DB28.DBW8	T4 Sollwert Presskraftaufbauzeit in Sek.
T4	Zeit Presskraftaufbau
M2.4	Presse schließen in Hand
M19.6	Betriebsart Automatik angewählt

Bild 2: Kontaktplan des SPS-Programms der Pressensteuerung (Ausschnitt)

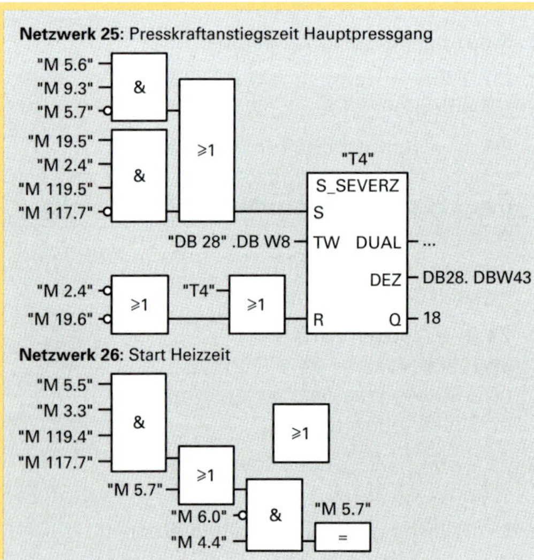

Bild 3: Umsetzung des Kontaktplans in den entsprechenden Funktionsplan

Arbeitsauftrag:

Beschaffen Sie sich in Ihrem Ausbildungsbetrieb nach Rücksprache mit Ihrem Ausbilder alle technischen Unterlagen eines mechatronischen Systems und sichten Sie diese. Erstellen Sie einen Arbeitsplan für die Montage dieses Systems.

14 Montage, Inbetriebnahme und Instandhaltung mechatronischer Systeme

Unter der **Montage** versteht man alle Tätigkeiten, die erforderlich sind um aus Einzelteilen und vorgefertigten (vormontierten) Baugruppen funktionsfähige Systeme zu erhalten.

Im Bereich der Mechatronik können dies, abhängig von den Gegebenheiten des jeweiligen Betriebes, sehr unterschiedliche Tätigkeiten sein. So werden neben den rein mechanischen Verbindungsarbeiten vor allem auch pneumatische, hydraulische und elektrische Arbeitsaufgaben mit dem Begriff Montage umschrieben.

Die Hauptaufgaben der Montage im Bereich der Mechatronik sind:

- Das Fügen von Bauteilen
- Das Prüfen und Justieren

14.1 Die Montagetätigkeit Fügen

Durch Fügen werden Werkstücke oder Baugruppen an den „Fügestellen" miteinander verbunden. Nach der Wirkweise (s. Kapitel 7.6) wird dabei grundsätzlich unterschieden in:

- Formschlüssige Verbindungen
- Kraftschlüssige Verbindungen
- Stoffschlüssige Verbindungen

14.1.1 Formschlüssige Verbindungen

Formschlüssigkeit tritt überall dort auf, wo die beiden zu verbindenden Teile zumindest teilweise dieselben Konturen besitzen, so dass eine Kraftübertragung durch den Formschluss möglich ist. Beispiele dafür sind Passfeder- und Keilwellenverbindungen wie sie z. B. beim Aufbringen von Zahnrädern auf Wellen verwendet werden, Klauenkupplungen **(Bild 1)**, Stift und Bolzenverbindungen für die Übertragung von Drehmomenten und Passschrauben- sowie Nietverbindungen, die häufig bei ebenen Flächen verwendet werden.

Neben den genannten Funktionseinheiten zum formschlüssigen Fügen wird auch bei **Schnappverschlüssen** dieses Prinzip angewandt **(Bild 2)**. Dabei wird die Elastizität von Werkstoffen ausgenutzt. Kugel- oder hakenförmige Teile greifen in die entsprechend ausgeformte Gegenform und verhaken sich dann in der gewünschten Position **(Bild 3)**.

Bild 1: Formschlüssige Klauenkupplung

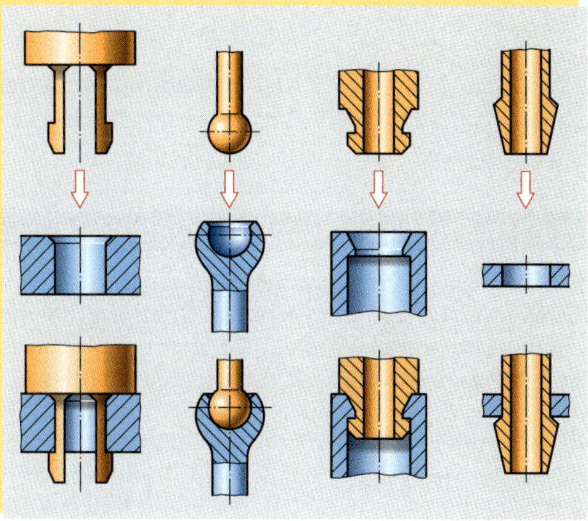

Bild 2: Schnappverschlüsse

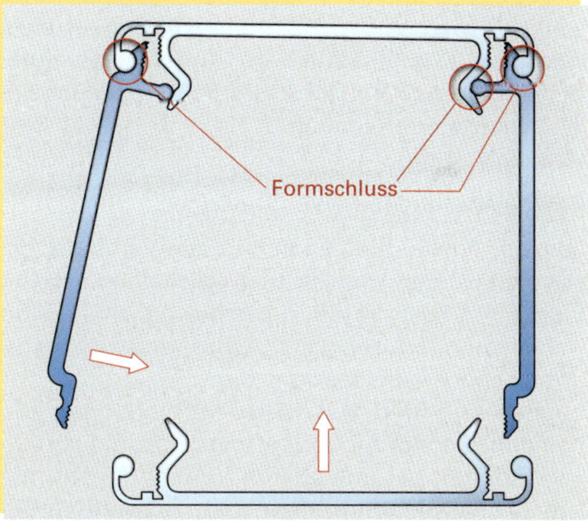

Bild 3: Anwendung von Schnappverschlüssen

14.1.2 Kraftschlüssige Verbindungen

Beim Aufeinanderpressen von Werkstücken entstehen Reibungskräfte. Diese werden bei kraftschlüssigen Verbindungen, wie z. B. bei der Profilmontage **(Bild 1)** zur Übertragung von Kräften und Momenten ausgenutzt.

Bei starren Körpern ist die Größe der Reibungskraft F_R abhängig von der Normalkraft F_N und der Reibungszahl μ. Als Normalkraft wird der Anteil der Kraft bezeichnet, der senkrecht auf die Berührungsfläche trifft. Die Reibungszahl μ (siehe Tabellenbuch) ist ein Erfahrungswert, der die Materialkombination, die Oberflächenbeschaffenheit, den Schmierzustand und die Reibungsart berücksichtigt. Bei der Reibungsart wird unterschieden in Haftreibung, z. B. bei festen Verbindungen **(Bild 1)**, Gleitreibung, z. B. bei Führungsbahnen, und Rollreibung, z. B. bei Kugelumlaufspindeln.

Reibungskraft = Reibungszahl · Normalkraft

$$F_R = \mu \cdot F_N$$

Die Reibungskraft wirkt der Bewegung entgegen (siehe auch Kapitel 6).

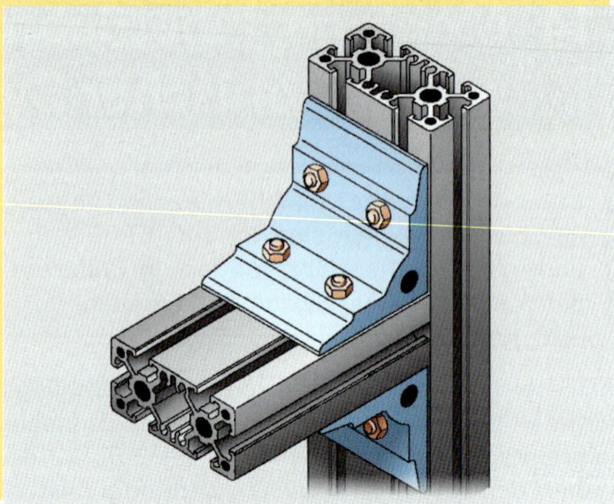

Bild 1: Kraftschlüssige Verbindung

Bild 2: Stoffschluss durch Weichlöten

14.1.3 Stoffschlüssige Verbindungen

Stoffschlüssige Verbindungen werden durch Löten, Schweißen oder Kleben erreicht. Dabei werden die zu verbindenden Werkstücke durch Adhäsions- und Kohasionskräfte zusammengehalten **(Bild 2)**.

Sehr häufig kommen bei der Montage von Bauteilen auch Kombinationen der Verbindungsprinzipien zum Einsatz. So ist z. B. bei der in **Bild 3** abgebildeten Profilverbindung über das hakenförmige Verbindungselement ein Formschluss gegeben, die endgültige Stabilität wird jedoch über den Kraftschluss zwischen den Berührungsflächen erreicht. Auch die Kombination von Kraftschluss durch Schrauben und Stoffschluss durch Kleben ist eine oft benutzte Kombination.

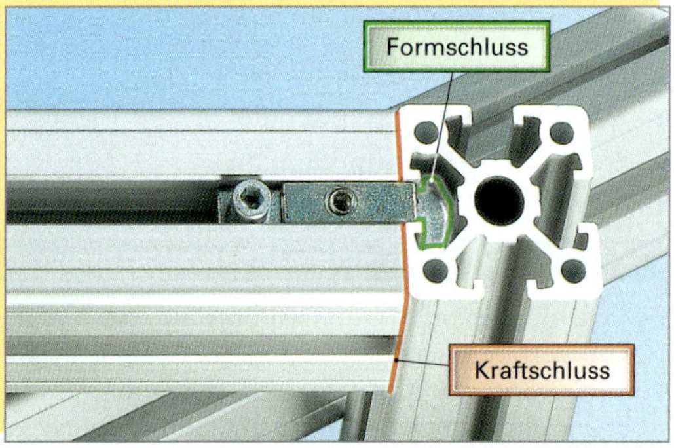

Bild 3: Formschluss und Kraftschluss

Bewegliche und feste Verbindungen

Je nach Anwendung kann von den Verbindungen erwartet werden, dass sie **beweglich** oder **fest** sind. Eine Führungsrolle z. B. muss beweglich auf einer Achse montiert sein, die Achse dagegen muss unbeweglich also fest mit dem Trägerprofil verbunden sein **(Bild 4)**. **Lösbare** Verbindungen können ohne Zerstörung zerlegt werden (z. B. Schraubverbindung), bei **unlösbaren** Verbindungen müssen die Verbindungstellen (z. B. Schweißverbindung) zerstört werden (siehe auch Kapitel 6).

Bild 4: Bewegliche Verbindung

14.2 Montagetätigkeit Prüfen und Justieren

Entsprechend der vielen unterschiedlichen Fügemöglichkeiten und -anwendungsfälle im Bereich der Mechatronik können auch die Erfordernisse an die Montagetätigkeit Prüfen und Justieren sehr verschieden sein. Im Bereich der reinen Mechanik sind dies Funktionsprüfungen wie Leichtgängigkeit, Stabilität u.a. Die Dichtheit der Leitungen, das Vorhandensein von Hydraulikflüssigkeit, die Überprüfung der Höhe des erforderlichen Betriebsdruckes und die Justierung von Zylindern und Endschaltern sind Beispiele für die Prüf- und Justiertätigkeiten in der Hydraulik und Pneumatik. Die Höhe und die Art der eingespeisten Spannung für Haupt- und Steuerstromkreis, die richtige Bestückung mit Sicherungen, die Verkabelung, die Parametrierung der Sensoren u.a. sind Prüf- und Justieraufgaben aus dem Elektrobereich.

Grundsätzlich können die Prüf- und Justiertätigkeiten vor, während und nach der Montage anfallen.

14.2.1 Prüftätigkeiten vor der Montage

Vor der Montage müssen die zu montierenden Bauteile geprüft werden auf:

- Vollzähligkeit: entsprechend den Anweisungen der Stückliste oder Montageanweisung
- Vollständigkeit und Funktionsfähigkeit: Zusammengesetzte Bauteile wie Kupplungen, Getriebe, Ventilblöcke etc. müssen auf fehlerfreie Funktion untersucht werden.
- Zustand und Sauberkeit: Die verwendeten Bauteile dürfen nicht verschmutzt, gealtert (Keilriemen, Dichtungen usw.), verschlissen, korrodiert, defekt oder beschädigt sein.
- Identität: die Identität der Bauteile muss zweifelsfrei feststehen. Es muss Übereinstimmung mit der Stückliste, Lieferschein o.Ä. bestehen.
- Form- und Maßhaltigkeit: die wichtigsten Maß- und Formvorgaben, vor allem an Kontakstellen, müssen überprüft werden.
- Werkzeuge: sie müssen auf ihre Tauglichkeit und Funktionstüchtigkeit untersucht werden.
- Hilfsstoffe und Zusatzstoffe: Klebstoffe, Dichtstoffe, Schmierstoff u.a. müssen auf Eignung und Alterungsgrad untersucht werden.

14.2.2 Prüftätigkeiten während der Montage

Während der Montage muss überprüft werden, dass die neu montierten Teile und Baugruppen ihre zugedachte Funktion fehlerfrei erfüllen und somit der Gesamtfunktion zuträglich sind. Es sind vor allem zu prüfen z.B.:

- Die Leichtgängigkeit von Bauteilen, die sich später bewegen müssen wie z.B. Wellen, Spindeln und Schlitten.
- Der Sitz von Verbindungen, die belastet werden muss auf die Belastbarkeit hin überprüft werden.
- Die Maßhaltigkeit und Lagen von Bauteilen und Baugruppen, die durch die Montage entstanden sind.
- Der Sitz von Verdrahtungen, Verschlauchungen und Verrohrungen ist zu prüfen auf Kontaktfähigkeit bzw. Dichtheit.

14.2.3 Prüftätigkeiten nach der Montage

Nach der Montage muss geprüft werden, ob die Montage erfolgreich durchgeführt wurde. Im Einzelnen ist dies:

- Vollständige Verwendung der einzelnen Bauteile und Baugruppen.
- Korrekte Ausführung der einzelnen Verbindungen.
- Betriebsmittel (Hydrauliköl, Schmierstoffe u.a.) im Bedarfsfall in der geforderten Menge auffüllen.
- Dichtheit von Gehäusen, Rohr- und Schlauchverbindungen überprüfen.
- Elektrische Installation auf Sicherheit prüfen.
- Softwareinstallation überprüfen.

Vor der Aufstellung und Installation von mechatronischen Anlagen und Maschinen muss der Ort, an dem das System betrieben werden soll, überprüft werden:

- Sind alle notwendigen Sicherheitsmaßnahmen durchführbar?
- Gehen von der Anlage Emissionen (z.B. Lärm, Dämpfe) aus, die an dem geplanten Ort nicht erlaubt sind?
- Werden Mindestabstände zu anderen Maschinen und Fluchtwegen eingehalten?
- Sind die Bedingungen am Aufstellort wie Staubentwicklung, Erschütterungen, Temperatur, Feuchtigkeit u.a. für den Betrieb der Anlage mit allen verwendeten Bauteilen und Werkstoffen geeignet?
- Sind die Standfestigkeit und Tragfähigkeit des Bodens, der Wände, der Stützen und Träger gesichert?
- Ist die Energieversorgung (elektr. Spannung, elektr. Leistung, Druckluftversorgung etc.) vorhanden?

Arbeitsauftrag:

Die im nebenstehenden Technologieschema dargestellte Kontrollstation **(Bild 1)** soll zur Erkennung von unterschiedlichen Materialien eingesetzt werden. Die würfelförmigen Werkstücke werden dazu von einem Sauggreifer von einer definierten Position abgeholt und zur Erkennung abgelegt. Nach der Erkennung wird der Würfel, je nach Werkstoff, zur Ausschussrutsche transportiert

Erstellen Sie einen Plan, welche mechanischen, pneumatischen und elektrischen Prüfungen und Justierungen nach der Vormontage in der Werkstatt vorgenommen werden können.

Entwickeln Sie die dazugehörige Checkliste.

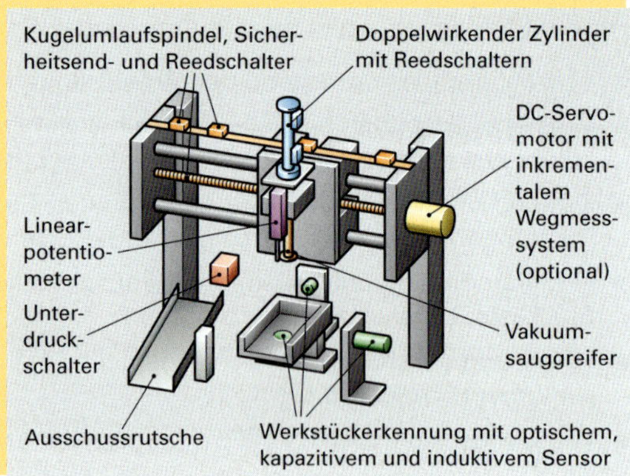

Bild 1: Kontrollstation

14.3 Montageplanung

Eine effiziente Montageplanung beginnt bereits bei der Konstruktion eines Produktes. Die Gestaltung der einzelnen Teile sollte unter Montagegesichtspunkten so erfolgen, dass sie einfach, sicher und schnell zusammengebaut und ebenso wieder demontiert werden können **(Bild 2)**. Hauptziele einer montagegerechten Konstruktion sind:

- Verringerung der Teilezahl
- Reduzierung der Fügerichtungen
- Vermeidung von biegeschlaffen Teilen (z.B. Kabeln) vor allem bei automatisierter Fertigung
- Begrenzung der Produktvarianten
- Einfügen von Positionier- und Justierhilfen (z.B. Fasen und Anschläge)

Bei der Neukonstruktion von Großserien ist die montage- und demontagegerechte Konstruktion neben der fertigungs- und der recyclinggerechten Konstruktion schon weit verbreitet, bei dem Entwurf von Einzelanlagen ist sie jedoch noch nicht in ausreichendem Maße berücksichtigt.

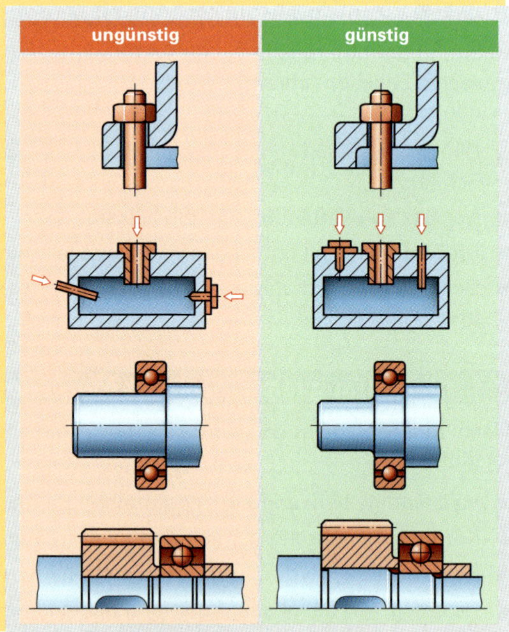

Bild 2: Konstruktive Maßnahmen der Montagegerechtheit

14.3.1 Der Montageplan

Im Montageplan sind alle für die Montage erforderlichen Zeichnungen und Anweisungen zur Montagedurchführung enthalten.

Grundlage für die Montageplanung ist die Kenntnis der Struktur des zu montierenden Systemes. Sie ist am einfachsten aus den Zusammenbauzeichnungen, perspektivischen Ansichten oder Explosionszeichnungen zu entnehmen. Daraus sind die Fügestellen und die Teilfunktionen und damit unter Beachtung verschiedener Regeln **(Bild 1)** auch eine logische Reihenfolge der Montage zu ermitteln.

Bei der Festlegung der Montagefolge muss geklärt werden, wie und mit welchen Werkzeugen oder Hilfsmitteln die Teile miteinander verbunden werden. Darüberhinaus sind im Montageplan auch die Funktions- und Lageprüfungen, die vom Montierenden durchzuführen sind, festzulegen.

Montagepläne können verbal, meist in Tabellenform, oder in Form von Bildern oder Zeichnungen mit Legenden erstellt werden.

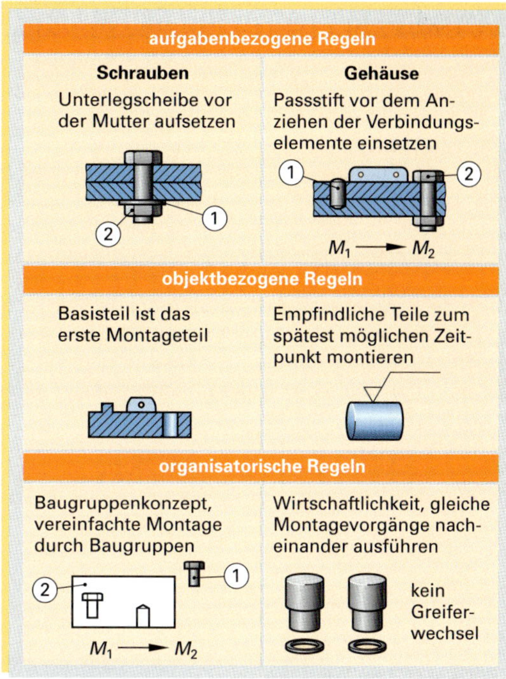

Bild 1: Beispiele für Montageregeln

14.3.2 Beispiel eines Montageplanes

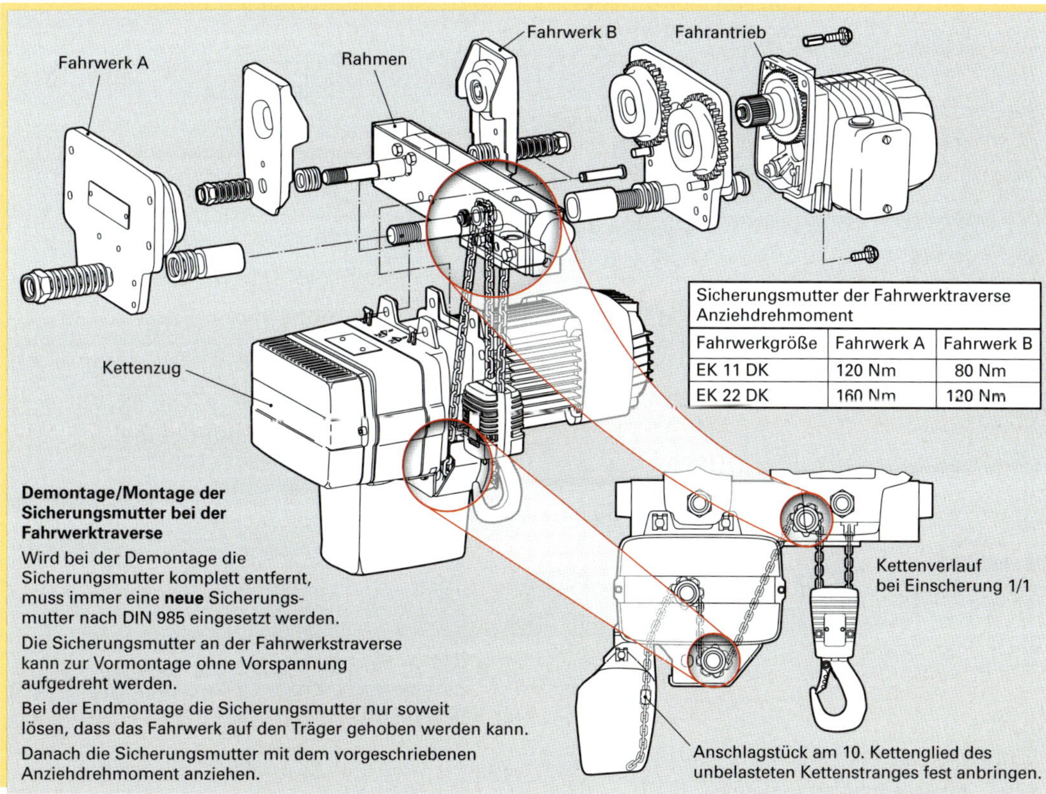

Sicherungsmutter der Fahrwerktraverse Anziehdrehmoment		
Fahrwerkgröße	Fahrwerk A	Fahrwerk B
EK 11 DK	120 Nm	80 Nm
EK 22 DK	160 Nm	120 Nm

Demontage/Montage der Sicherungsmutter bei der Fahrwerktraverse

Wird bei der Demontage die Sicherungsmutter komplett entfernt, muss immer eine **neue** Sicherungsmutter nach DIN 985 eingesetzt werden.

Die Sicherungsmutter an der Fahrwerkstraverse kann zur Vormontage ohne Vorspannung aufgedreht werden.

Bei der Endmontage die Sicherungsmutter nur soweit lösen, dass das Fahrwerk auf den Träger gehoben werden kann.

Danach die Sicherungsmutter mit dem vorgeschriebenen Anziehdrehmoment anziehen.

14.4 Organisationsformen der Montage

Die Montage von Einzelteilen und Baugruppen kann manuell, mechanisiert, teil- oder vollautomatisiert erfolgen. Unabhängig davon ist eine Unterscheidung in Einzel- und Reihen- bzw. Fließmontage üblich.

Einzelstücke oder Kleinserien werden meist in Einzelmontage gefertigt. Einzelmontage liegt dann vor, wenn alle Montagevorgänge für eine Baugruppe oder ein komplettes System an einem Platz vorgenommen werden, so wie es beispielsweise bei der Getriebemontage oder der Montage eines Handhabungsgerätes denkbar ist. Dabei können durchaus mehrere solcher Einzelmontageplätze, auf denen identische oder unterschiedliche Baugruppen oder Systeme gefertigt werden, parallel bestehen.

Wird die Montagetätigkeit in mehrere Teilverrichtungen gegliedert, die in einer zeitlichen Abhängigkeit zueinander stehen, so spricht man von Reihen- oder Fließmontage. Zur Umsetzung dieser Montageorganisation sind Roboter, Handhabungsgeräte, Magazine, Ordnungs- oder Vereinzelungsgeräte, Pressen u.a. mit Hilfe von Fördereinrichtungen zu Linien, Ringen, Karrees oder vermaschten Netzen **(Bild 1)** verbunden.

Mechatroniker sind in vielen Fällen Nutzer dieser Einrichtungen, häufig sind sie aber auch für die Projektierung, die Montage und die Wartung solcher Anlagen verantwortlich.

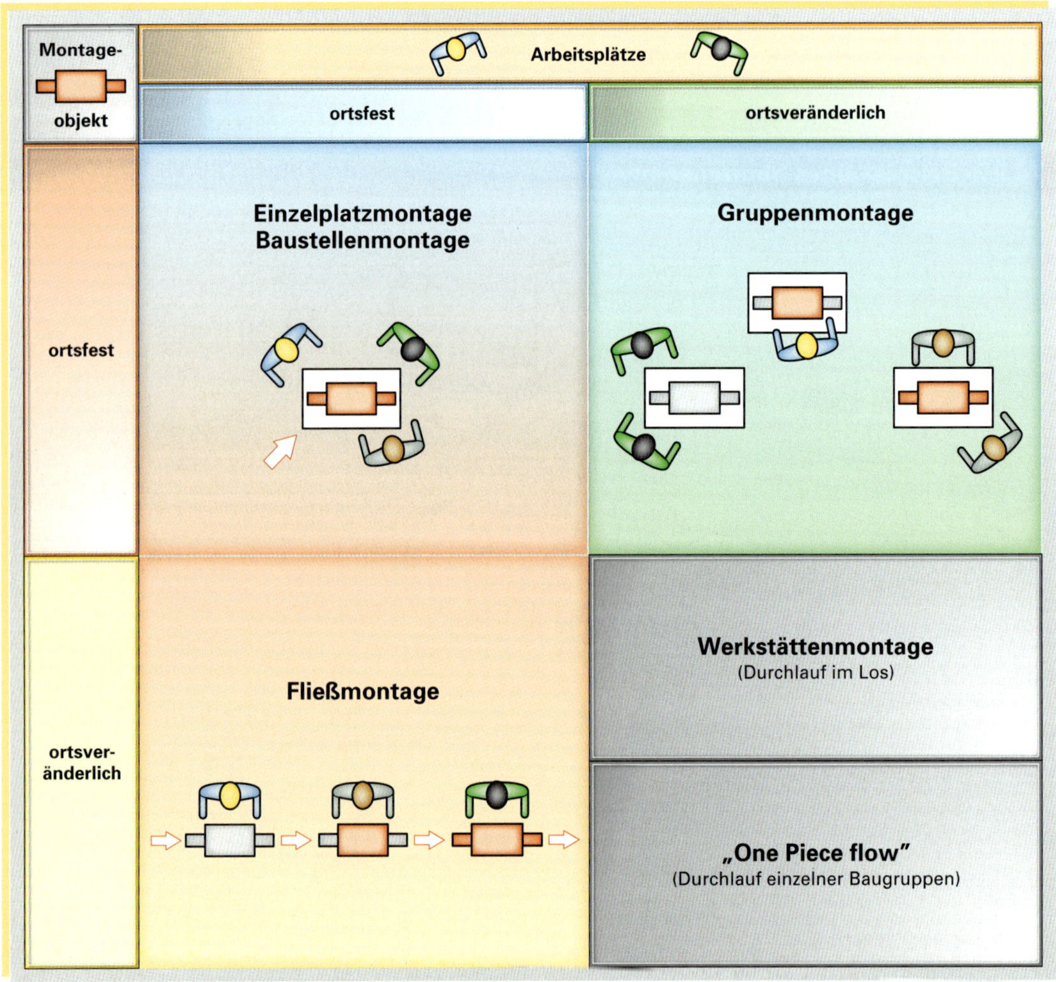

Bild 1: Montageorganisationsformen

Die flexibelste Form der Automatisierung stellt das vermaschte Netz dar. Auf ihm können ohne aufwendige Umrüstarbeiten unterschiedliche Produkte in wechselnder Reihenfolge und unterschiedlicher Stückzahl montiert werden.

Dabei werden die Werkstücke in der Regel auf einen Werkstückträger, der über Fördereinrichtungen zu den einzelnen Stationen befördert wird, platziert. Dazu ist es erfoderlich, dass die Produktdaten über das transportierte Werkstück, die Daten der durchgeführten Montageschritte und die Prüf- bzw. Messdaten erfasst und gespeichert werden. Die Materialzuführung erfolgt entweder geordnet in Kisten oder Magazinen auf Vorrat, oder abhängig vom jeweils zu montierendem System auf Bedarf.

Als Beispiel für eine solche flexible, hoch automatisierte Montage soll hier die Montageeinrichtung für einen Pkw oder Lkw genannt werden. Daran ist gut erkennbar, dass neben der reinen Organisation des Montageablaufes vor allem auch eine optimal organisierte und koordinierte Logistikplanung (Nachschub z.B. an vorgesehenen Getrieben, Motoren, Gehäuseteilen) erforderlich ist.

Bild 1: Blick auf Montageanlage

14.5 Montagebeispiele

Das Produktspektrum, mit dem Mechatroniker konfrontiert werden ist, wie mehrfach schon erwähnt, ungeheuer groß. Es reicht von kleinen elektromechanischen Systemen wie z.B. einem Handhabungsgerät in der Feinwerktechnik bis zu großen Montagestraßen in der Fahrzeugindustrie. Entsprechend sind auch die Montagehinweise der zu montierenden Systeme oder Teilsysteme ganz unterschiedlich.

Allen gemeinsam ist jedoch, dass sie unbedingt einzuhalten sind, um möglichst Schaden an Menschen (Monteure und Benutzer) sowie an Systemen zu verhindern und einen reibungslosen und funktionsgerechten Betrieb zu garantieren.

Allgemeine Hinweise in Montageanleitungen

Die Montage von Mechatronischen Systemen oder Teilsystemen darf nur von **geschultem Personal** durchgeführt werden. Dies erfordert qualifizierte Kenntnisse von mechanischen, pneumatischen, hydraulischen und elektrischen Zusammenhängen und die Fähigkeit sowie die Bereitschaft zum genauen Studium der Montageunterlagen und zur Einhaltung der vorgeschriebenen Sicherheitsmaßnahmen.

Hinweise zum Transport

Vor dem Aufstellen oder der Montage ist die Verpackung auf ihre ordnungsgemäße Funktion zu überprüfen. Schäden, die durch defekte Verpackungen entstanden sind, müssen unverzüglich dem Transporteur bzw. dem Hersteller gemeldet werden. Die gelieferten Systeme sind auf Vollständigkeit zu überprüfen. Bei größeren Anlagen sind die Hinweise zur Beförderung zu beachten **(Bild 1),** da eine unsachgemäße Befördung zum Montageort durch falsche Hebezeuge oder falsche Befestigung zu starken Beschädigungen führen kann. Dabei ist vor allem auch die Tragfähigkeit der Hebezeuge zu beachten. Häufig werden vom Hersteller genaue Detailangaben zur möglichen Befestigungsart gemacht **(Bild 1).**

Hinweise zum Aufstellort

Je nach Größe und Art des Systemes muss der Aufstellort gegebenenfalls mit Hilfe des Architekten auf Standfestigkeit und Ebenheit überprüft werden. Für die Ausrichtung werden häufig justierbare Stellfüße verwendet **(Bild 2).** Es ist unbedingt darauf zu achten, dass die Anlagen und Systeme nach ihrer Aufstellung mechanisch nicht unter Spannung stehen, da andernfalls Einschränkungen in der Funktion auftreten können.

Versorgungs- und Medienanschlüsse

Die erforderlichen Versorgungssysteme wie Strom- und Wasserversorgung, Druckluft u.a. müssen vorhanden sein. Der Anschluss muss unter Berücksichtigung der Montageanweisungen und der jeweiligen Standards und Richtlinien erfolgen **(Bild 3).**

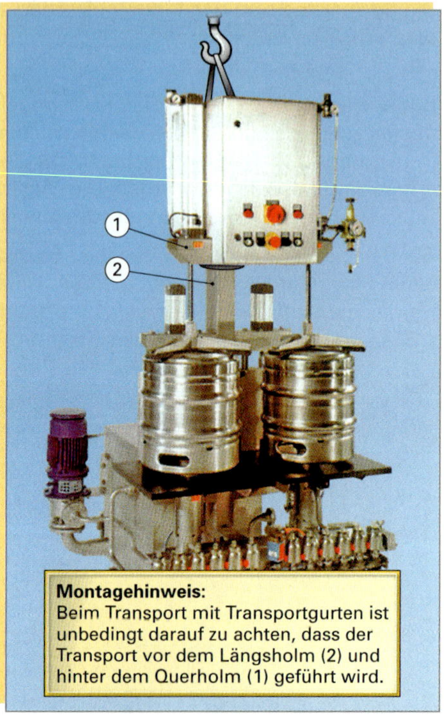

Bild 1: Transporthinweis

Bild 2: Justierbarer Fuß

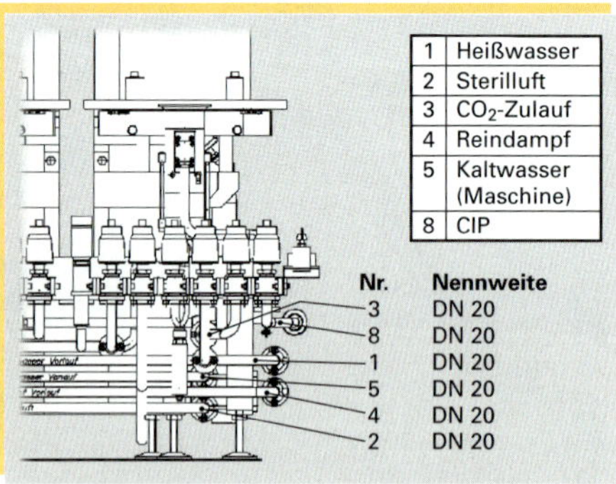

Bild 3: Montageanweisung für Medienanschlüsse

14.5.1 Beispiel für Montageplan eines elektropneumatischen Ventilblockes auf DIN-Schiene

1. Hintere Nase der Station (B) in die DIN-Schiene einhaken.
2. In Pfeilrichtung (C) Sation nach unten drücken, bis die Station hörbar auf der DIN-Schiene einrastet. Station auf der DIN-Schiene ausrichten.
3. Das Zusammenfügen einzelner Einzelanschlussplatten (1) erfolgt durch Aneinanderpressen bis die Verbindungselemente hörbar einrasten. Durch weiteres Zusammenfügen der Einzelanschlussplatten auf die gewünschte Anzahl an Stationen ausbauen.
4. Öffnen des Kabelkanals der Stationen.
5. Vorverdrahtete Anschlussplatte durch Aneinanderpressen an die Station anfügen. Die Verbindungselemente müssen hörbar einrasten. Darauf achten, dass durch das Aneinanderpressen die Kabel der Anschlussplatte nicht gequetscht werden.
6. Plug-In-Stecker der Anschlussplatte gemäß der Kabelmarkierung (A) in die jeweilige Station einfügen. Die Station Nr. 1 ist die erste Station nach der Anschlussplatte. Darauf achten, dass die Plug-In-Stecker in der richtigen Richtung eingefügt werden (A).
7. Kabel in den Kabelkanal der Station einlegen und den Kabelkanal verschließen. Darauf achten, dass durch das Einlegen bzw. durch das Verschließen die Kabel nicht gequetscht werden.
8. Versorgungsstation (2) durch Aneinanderpressen an die Station auf der U-Seite bzw. D-Seite für die Version ohne D-Sub-Stecker anfügen. Die Verbindungselemente müssen hörbar einrasten. Darauf achten, dass durch das Aneinanderpressen die Kabel der Anschlussplatte nicht gequetscht werden.
9. Endplatte rechts (3) auf DIN-Schiene aufsetzen und an Station durch Aneinanderpressen anfügen, bis die Verbindungselemente hörbar einrasten. Feststellschraube (D) mit 1,4 Nm anziehen.
10. Endplatte links (4) auf DIN-Schiene aufsetzen und an Station durch Aneinanderpressen anfügen, bis Verbindungselemente hörbar einrasten. Darauf achten, dass durch das Aneinanderpressen die Kabel nicht gequetscht werden.
11. Station von Hand zusammenpressen und Feststellschraube (D) mit 1,4 Nm anziehen.
12. Ventil auf Station aufsetzen. Dasrauf achten, dass die Dichtung frei von Fremdkörpern und in der richtigen Lage aufliegt.
13. Ventil nach unten drücken und Befestigungsschraube (5) vorläufig anziehen. Danach gegenüberliegende und vorherige Befestigungsschraube mit dem in der Tabelle angegebenen Anzugsmoment nachziehen.
14. Um die Dichtheit der Ventilanschlussplatte zu gewährleisten, muss vor dem Anschließen der Druckluftversorgung darauf geachtet werden, dass kein Spalt zwischen den Stationen vorhanden ist.

Die Arbeitsschritte 4, 5, 6 und 7 entfallen bei Anschlussplattenversion ohne Sub-D-Stecker.

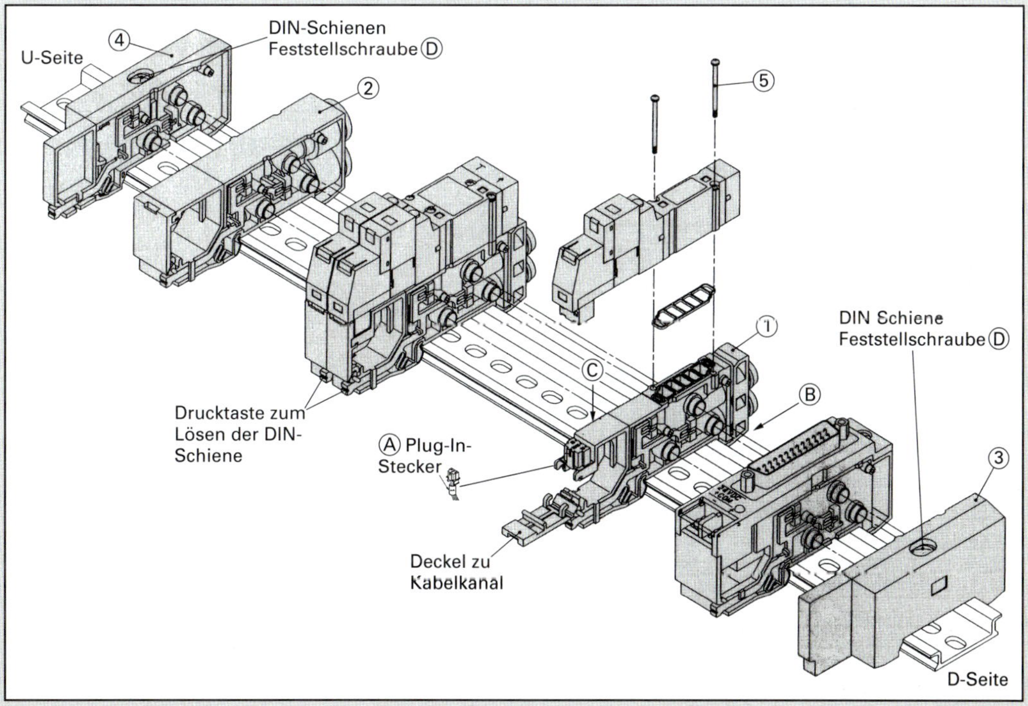

14.5.2 Auszug aus dem Montageplan eines Handlinggerätes zur Realisierung von Handhabungslösungen an Spritzgussmaschinen

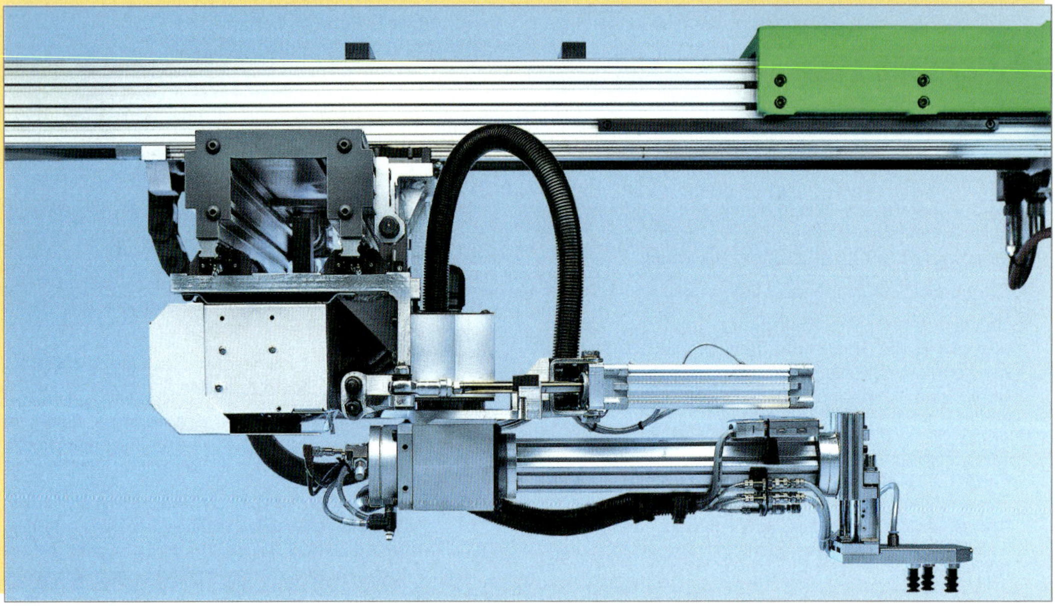

Das abgebildete Handlinggerät dient der einfachen Entnahme von Spritzgussteilen aus Spritzgussmaschinen. Es stellt ein mechatronisches Gerät dar, das aus mechanischen, elektropneumatischen und elektrischen Teilsystemen besteht. Die Geräte werden in einer Montagehalle von Mechatronikern montiert und einer vielfältigen Funktionsprüfung unterzogen. Die einzelnen Montagevorgänge sind exakt dokumentiert und müssen genau eingehalten und bestätigt werden. Aufgrund des Umfanges der Montageunterlagen ist im Rahmen dieses Buches nur ein beispielhafter, auszugsweiser Einblick möglich:

a) Mechanische Montage

Sicherheit am Montageplatz:

- Durch das Bearbeiten der Alu-Profile können scharfe Kanten entstehen. Beim Transportieren sind deshalb Schutzhandschuhe sowie Sicherheitsschuhe zu tragen.
- Die zu verarbeitenden Teile sind ordnungsgemäß (siehe Montagevorrichtungen) anzuhängen, Werkzeuge und Materialien sind optisch auf Beschädigungen zu prüfen.

Sauberkeit am Arbeitsplatz:

- Die durch die Bearbeitung entstehenden Späne sind zu entfernen um eine Beschädigung der empfindlichen Montageteile zu verhindern.
- Die Arbeitsflächen sind sauber zu halten, gelagerte Teile sind gegen Staub und Ablagerungen abzudecken.

Montagevoraussetzungen:

Zur Montage sind das Maschinenblatt, die Montageliste (mechanisch) und die Zeichnungen mit Stücklisten erforderlich.

Montagehilfsmittel (Auszug):

- Montagevorrichtung Nr. XYZ_1 zur Montage der Linearführung
- Montagevorrichtung Nr. XYZ_2 zur Einstellung der C-Achsenbewegung **(Bild 1)**

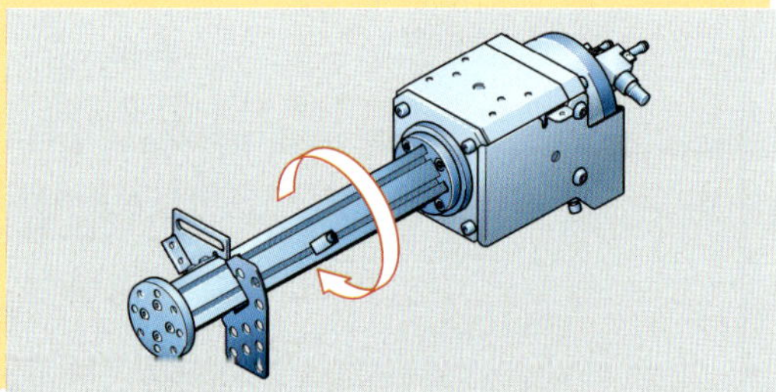

Bild 1: Montagevorrichtung für C-Achse

Montagewerkstoffe (Auszug)

- Zum Abschmieren der Laufwagen **(Bild 1)** wird Montagefett (Fa. ZYX) verwendet
- Die Drosseln **(Bild 2)** werden mit silikonhaltigem Öl behandelt.

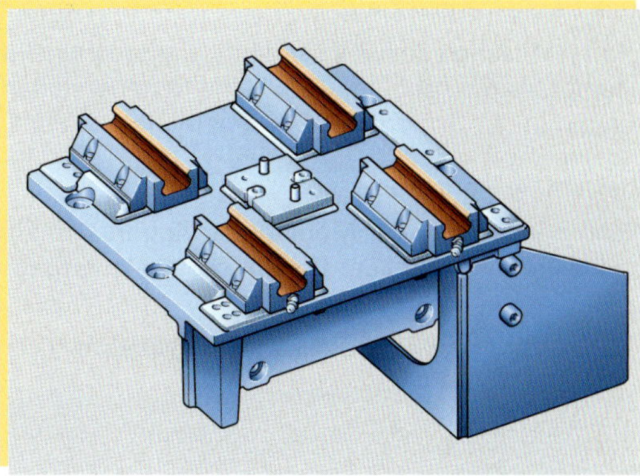

Bild 1: Schmierstelle Laufwagen

Montage der Z-Achse

Bei der Befestigung des Halters **(Bilder 3 und 4)** am Alu-Profil ist unbedingt die Anzugsreihenfolge der Schrauben einzuhalten, damit ein Verkanten verhindert wird. Das Anzugsmoment beträgt einheitlich 43 Nm.

18	19	20	13
16	17	10	14
12	1	2	3
4	5	6	7
8	9		

Zum Befestigen der Führungsschienen wird die erste Schiene mittels Spannvorrichtung angezogen, die Zweite mit einer Messuhr ($\pm 5/100$) zur ersten montiert.

In dieser Art und Weise wird die Montage aller Baugruppen und Einzelteile beschrieben. Verwendete Werkzeuge und Hilfsstoffe werden genannt, Montagepositionen werden beschrieben oder sind den Zeichnungen zu entnehmen.

Bild 2: Schmierstelle Drosseln

b) Elektrische Montage

Aufgabe der Elektromontage im vorliegenden Fall ist es hauptsächlich, die mechanisch montierten, elektrischen oder elektropneumatischen Bauteile zu justieren und elektrisch an den Schaltschrank anzuschließen. Da alle Anschlusskabel vorkonfektioniert sind, muss der Mechatroniker die im Schaltplan vorgesehenen Anschlüsse durchführen. Ihm obliegt es auch, die Anlage auf ihre Funktion zu überprüfen. Auch hier soll auszugsweise ein Einblick in die zur Verfügung stehenden Montageunterlagen und -vorschriften gegeben werden:

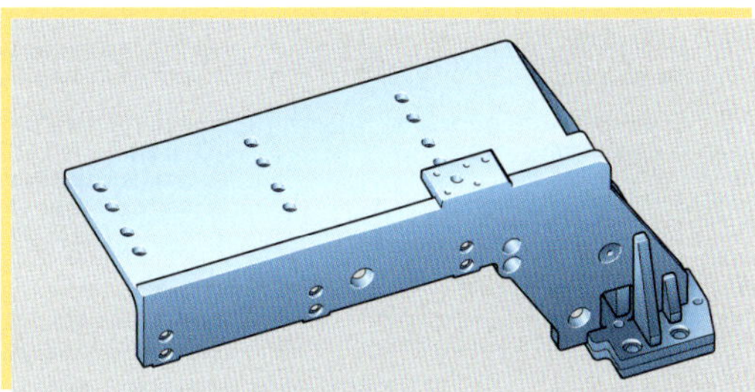

Bild 3: Halterbefestigung

Endlagenanschläge und Sensoren justieren

Jeder Sensor muss sicher schalten. Um einen möglichst großen Verfahrweg zu ermöglichen, müssen diese äußerst knapp montiert werden. Es ist darauf zu achten, dass die Zylinder immer gedämpft in die Endlage fahren. Niemals darf der mechanische Anschlag des Zylinders benutzt werden, da sich dies negativ auf die Lebensdauer auswirken würde.

Für die Überprüfung der Funktion muss der Pneumatikdruck auf 6 bar (siehe Digitalanzeige im Schaltschrank) eingestellt werden. Die eingestellten und justierten Endanschläge, Endschalter und Drosseln sind zu versiegeln.

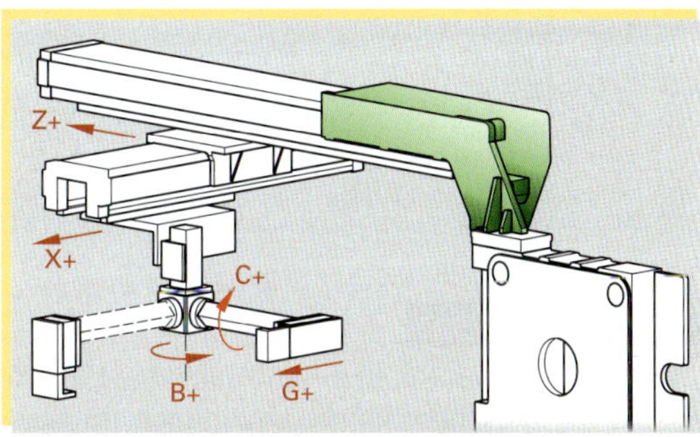

Bild 4: Bewegungsachsen des Multilifters

Elektrische Verdrahtung

Die elektrischen Anschlüsse sind entsprechend den Schaltplänen XYZ_2 durchzuführen. Dabei ist vor allem darauf zu achten, dass keine Scheuerstellen an Kabeln und Leitungen entstehen können. Die Leitungen in der Schleppkette dürfen nicht gespannt sein.

Elektrische Abnahme

Nach Beendigung der Montage erfolgt die Abnahme und Funktionskontrolle des Hubliftes. Hierbei wird nach einem Abnahmeprotokoll **(Tabelle 1)** vorgegangen.

Tabelle 1: Abnahmeprotokoll (auszugsweise)

Nr. *no.*	Funktion *Function*	Bemerkungen, Vorgaben *Remarks, procedure*	Funktion überprüft bzw. Wert eingestellt *Function tested resp. value adjusted* ☒ nicht vorhanden *not applicable* ☑ ausgeführt *done*
1.	Ventilatoren *Fans*	Drehrichtung überprüfen *Test direction of rotation*	☐
2.	Motorschutzschalter einstellen *Adjust motor overload switch*	Motornennstrom, Tol. + 10 % *Nominal motor current, tol. + 10 %*	☐
3.	Spannung am Netzgerät *Voltage on power unit*	Hilfsmittel: SN 121.681 *Aux. devices PN 121.681* +5,1 V Tol. +0,025 V / −0,01 V +15 V Tol. +/−0,1 V −15 V Tol. +/−0,1 V Nach Überprüfung u. Abgleichung der Spannungen, Stopfen anbringen und inkl. der Frontblechschrauben versiegeln. *After inspecting and calibrating the voltages, mount plugs and seal front panel incl. screws.*	☐ ☐ ☐ ☐
4.	Spannung am Kühlwasserverteiler *Voltage on cooling water distributor*	Prüfgerät: SN 522.150 *Test device PN 522.150* U_{soll} = 5,1 V Tol. +0,1 V / −0,05 V U_{nom} = 5,1 V Tol. +0,1 V / −0,05 V	☐
5.	Zubehör-Disketten *Diskette accessories*	2 Anwenderprogrammdisketten formatiert *formatted user program diskettes* ☐ Programmdiskette(n) (Boot) *program diskette(s)* ☐ Systemdiskette(n) *system diskette(s)*	☐
6.	Steuerung booten *Boot controller*	Programm-/Systemdisketten einlesen *Read in program system diskette(s)*	☐
7.	Maschinenausrüstung *Machine equipment*	Nach RKAB (Elektrokomponenten) *According to RKAB (electric components)*	☐
8.	Vollständigkeit *Completeness*	Nach Maschinenblatt (Elektrokomponenten) *According to machine sheet (electric components)*	☐
9.	Software-Konfiguration *software configuration*	Festwerte, Festfunktionen, Schnittstellen, I/O- und Regelkarten nach Maschinenblatt *Constants, fixed functions, interfaces, I/O and regulation cards according to machine sheet*	☐
10.	Systemdiskette schreiben *Write system diskette*		☐
11.	Not-Aus-Strecke *Emergency shut-down circuit*	Funktionsprüfung aller Not-Aus-Schalter *Function test of all emergency shut-down switches*	☐
12.	Sicherheitsstrecke *Safety circuit*	Funktionsprüfung aller Schutzeinrichtungen *Function test of all overload devices*	☐
13.	Lochblechschieber *Perforated sliding cover*	Funktionsprüfung *Function test*	☐
14.	Trennebene *Parting line*	Funktionsprüfung *Function test*	☐
15.	Vorbereitung für ext. Handhabungsgerät *Preparation for ext. handling device*	S132 und S131 A/B prüfen *Test S132 and S131 A/B*	☐
16.	Werzeuglageüberwachung *Mould position monitoring*	Schalter S141 betätigen *Actuate switch S141* Prüfstecker SN 519.237 *Test connector PN 519.237*	☐

Arbeitsauftrag:

Recherchieren Sie in Ihrem Ausbildungsbetrieb nach Montageanweisungen und arbeiten Sie diese durch. Tauschen Sie die Unterlagen im Klassenverband aus. Beachten Sie dabei die Geheimhaltungsbedingungen in Ihrem Betrieb. Lassen Sie sich im Zweifelsfall die Genehmigung erteilen.

14.6 Arbeitssicherheit bei der Montage

Von Maschinen und Anlagen gehen eine Vielzahl von Gefahren aus **(Bild 1)**. Durch geeignete Arbeitsschutzmaßnahmen können Arbeitsunfälle, Berufskrankheiten und Gesundheitsgefahren verhindert werden.

Gefahren entstehen durch:

- Stolperstellen, defekte Bauteile, ungeeignete Gerüste, Podeste und Leitern
- Zu schwache oder defekte Hebezeuge und Anschlagmittel
- Körperliche Anstrengung durch Heben, Halten und Tragen von Lasten
- Arbeiten in Zwangshaltung
- Fehlende Absperrungen
- Physikalische, chemische und biologische Einwirkungen (z.B. Lärm, Dämpfe)
- Unzureichende Sachkunde im Umgang mit Gefahrstoffen
- Psychische Belastungen durch Termindruck, ungenaue Aufgabenbeschreibung, große Verantwortung, fehlende Erfahrung, unerwartete Störungen, mangelnde Kommunikation u.a.

Gefährdete Personen sind:

- Monteure beim Aufbau der Maschine
- Inbetriebnehmer beim Anfahren einer Maschine
- Werker beim Arbeiten und Produzieren
- Instandhalter bei der Wartung der Maschine

Bild 1: Unfallgefahren im Betrieb

14.6.1 Vorbeugende Sicherheitsmaßnahmen bei der Arbeit an Maschinen, Anlagen und mechatronischen Systemen

Jeder Mitarbeiter eines Betriebes kann durch sein Verhalten erheblich zur Erhöhung der Arbeitssicherheit beitragen **(Bild 2)**.

Vorsorge gegen Gefahren:

- Einhalten der Sicherheitsvorschriften durch Beachtung der Verbotszeichen und Warnzeichen **(Bild 2 und Bild 1, Seite 604)**
- Anwenden der Sicherheitsmaßnahmen wie das Tragen von Schutzkleidung, das Erstellen von Gerüsten u.a.
- Für Ordnung und Sauberkeit sorgen
- Defekte Werkzeuge und Hilfsmittel aussondern
- Diszipliniertes und umsichtiges Vorgehen
- Vorausschauendes, gefahrenbewusstes Verhalten
- Exakte Analyse des Arbeitsauftrages
- Genaue Planung des Arbeitsablaufes
- Intensive Kommunikation
- Verbindliche Absprachen

Die Unfallverhütungsvorschriften (UVV) werden von den Trägern der Unfallversicherungen jeder gewerblichen Branche wie z.B. den Berufsgenos-

Sicherheit am Arbeitsplatz

- Arbeiten Sie sicher und umsichtig.
- Nutzen Sie die passive Sicherheit und achten Sie auf:

- Beachten Sie Verbote, z. B. Alkoholverbot, Rauchverbot, Zutrittsverbot.
- Melden bzw. beseitigen Sie Sicherheitsmängel oder Gefahrenzustände sofort.
- Benutzen Sie nicht ohne Befugnis Betriebseinrichtungen, Arbeitsgeräte oder Arbeitsmittel.
- Halten Sie Ordnung am Arbeitsplatz.

Bild 2: Sicherheitshinweise im Betrieb

senschaften, erarbeitet und vom zuständigen Bundesministerium genehmigt.

In den UVVs werden Forderungen an:

- Betriebliche Einrichtungen
- Arbeitsschutzorganisation im Betrieb
- Anwender von Arbeitsverfahren
- Aufgaben und Verhaltensweisen der Mitarbeiter

formuliert. Sie sind verbindlich und müssen für die Mitarbeiter zugänglich sein. Verstöße dagegen können mit hohen Geldbußen bestraft werden.

Personen, die mit elektrischen Betriebsmitteln in Kontakt kommen, unterliegen zusätzlich besonderen Anforderungen. Nach DIN 0105 T1 werden sie in die drei Gruppen

- Elektrofachkraft
- Fachkraft für festgelegte Tätigkeiten
- Elektrotechnisch unterwiesene Personen

eingeteilt.

Mechatroniker und Mechatronikerinnen sind Elektrofachkräfte. Sie tragen die Verantwortung für Entscheidungen und Maßnahmen für die Sicherheit von Personen und Anlagen und übernehmen die Führungsverantwortung für Laien und unterwiesene Personen.

14.6.2 Maßnahmen bei einem Arbeitsunfall

Sollte es trotz Einhalten aller Sicherheitsvorschriften und Maßnahmen zur Unfallverhütung doch zu einem Unfall kommen, müssen folgende Punkte eingehalten werden:

- Ruhe bewahren
- Erkennen, was geschehen ist und welche Verletzungen vorliegen könnten
- Abschätzen, ob weitere Gefahren drohen (z.B. Explosionsgefahr) und welche Maßnahmen ergriffen werden müssen
- Besonnen und entschlossen Handeln beim Abschalten von Maschinen, Absichern der Unfallstelle, Rettung der Verunglückten, Hilfeholen durch Notruf, Erste Hilfe Leisten, u. a. m.

Sind mehrere Helfer an der Unfallstelle, so müssen die Aufgaben aufgeteilt werden. Dabei sollte jeder die Aufgabe übernehmen, die seinen besonderen Fähigkeiten entspricht. An ersten Stelle stehen dabei immer:

- Der Notruf unter exakter Angabe des Unfallortes (wo), des Herganges (was), der Anzahl der Verletzten (wieviele) und der Art der Verletzung (wie)

Bild 1: Hinweiszeichen auf Gefahren und auf Verhaltensregeln bei Gefahr (Auszug)

- Die Versorgung der Verunglückten durch:
  - Fortbringen aus der direkten Gefahrenzone (z. B. bei Brandgefahr)
  - Atemkontrolle und Atemspende
  - Drehen in die stabile Seitenlage bei vorhandener Atmung
  - Abdrücken (Druckverband) bei starken Blutungen
  - Herstellen der Schocklage (Beine hoch) bei Schock **(Tabelle 1)**.

Tabelle 1: Erste-Hilfe-Maßnahmen

Symptom	Maßnahme
Atem-/Kreislaufstillstand	Atemspende/Herzdruckmassage
Bewusstlosigkeit	Stabile Seitenlage
Kreislaufschwäche/Schock	Beine hochlagern, beruhigen
Starke Blutungen	Druckverband
Verbrennungen	Flammen mit Decken o. Ä. löschen – Wasser

14.6.3 Brandschutz und Maßnahmen im Brandfalle

Eine ganz besondere Form der Gefährdung besteht durch Brand, da dieser sich rasch auch auf umliegende Räume und angrenzende Gebäude ausbreiten kann und somit eine noch größere Gefahr für Leben und Material mit sich bringt. Die Gefahr, dass bei Montage- und Instandsetzungsarbeiten ein Brand entsteht, ist vergleichsweise groß. Besonderes Augenmerk gilt deshalb dem vorbeugenden Brandschutz.

Die drei Voraussetzungen für einen Brand sind:

- Luftsauerstoff
- Hitze, Zündfunke oder Zündflamme
- Brennstoff

Wird der Brandstelle eine dieser drei Voraussetzungen entzogen oder nicht zur Verfügung gestellt, so erlischt ein Brand bzw. kommt erst gar nicht zustande.

Ursachen für Brände am Arbeitsplatz können sein:

- Überhitzte Lager
- Überlastete Lager
- Unachtsamkeit beim Umgang mit brennbaren Stoffen, z. B. beim Schweißen
- Fahrlässiges Verhalten bei der Arbeit oder in den Arbeitspausen, z. B. beim Entsorgen brennender Zigaretten

Durch vorsorgenden Brandschutz wird versucht die Entstehung eines Brandes zu verhindern bzw. beim Ausbrechen eines Brandes diesen einzudämmen.

Vorsorgende Brandschutzmaßnahmen sind:

- Das Aufstellen von Feuerwachen bei feuergefährdeten Arbeiten wie Schweißen, Löten, Trennschneiden u. a.
- Feuerlöscher bereithalten und regelmäßig warten
- Rauchmelder installieren
- Feuerschutztüren und Rauchklappen kontrollieren
- Fluchtwege kennzeichnen und offenhalten

Verhalten im Brandfalle:

- Beim Entdecken eines Brandes im Entstehen kann ein Löschversuch sinnvoll sein
- Kann der Brand nicht gelöscht werden, muss der Brandraum verlassen werden. Die Türen werden geschlossen aber nicht verriegelt
- Notruf zur Feuerwehr wird veranlasst (wer, wo, was, wie viele)
- Personen, die sich im oder um das Gebäude herum befinden informieren und zum Verlassen anhalten

14.6.4 Umgang mit Gefahrstoffen

Bei der Montage, Inbetriebnahme und Wartung von Anlagen und Maschinen ist in manchen Fällen der Umgang mit gefährlichen Stoffen nicht zu vermeiden. Nach der **Gefahrstoffverordnung** werden alle Stoffe als Gefahrstoffe bezeichnet, die mindestens eine der folgenden Eigenschaften besitzen:

- Explosionsgefährlich (z.B. Sprengstoffe)
- Brandfördernd (z.B. Sauerstoff zum Schweißen)
- Hoch- oder leichtentzündlich (z.B. Lösemittel)
- Giftig (z.B. Lacke, Chemikalien)
- Ätzend oder reizend (z.B. Säuren u. Laugen)
- Fruchtschädigend oder erbgutverändernd (z.B. Pflanzenschutzmittel, Schädlingsbekämpfungsmittel)
- Krebserzeugend (z.B. Benzol, Holzstäube)
- Umweltgefährlich (z.B. Blei, Cadmium, Altöl)
- Gesundheitschädlich (z.B. Lösemittel in Klebern)
- Sensibilsierend (z.B. Formaldehyd, Nickel)

Tabelle 2: Gefahrstoffe

Kennbuchstabe, Gefahrensymbol, -bezeichnung	Gefährlichkeitsmerkmale	Kennbuchstabe, Gefahrensymbol, -bezeichnung	Gefährlichkeitsmerkmale
T+ Sehr giftig	Gesundheitsschäden erheblichen Ausmaßes, sogar tödlich T = Toxic	O Brandfördernd	Können brennbare Stoffe entzünden, Brände fördern, Löschen erschweren O = Oxidizing
Xn Mindergiftig	Gesundheitsschädlich T = Toxic	F Leichtentzündlich	Gase, die mit Luft einen Zündbereich haben; Flüssigkeiten mit Flammtemperatur < 0 °C und Siedetemperatur < 35 °C F = Flammable
C Ätzend	Gesundheitsschäden geringeren Ausmaßes X = Andreaskreuz n = noxious	T mit R 45 Krebserzeugend	Selbstentzündende Stoffe, leichtentzündl. feste Stoffe, Flüssigkeiten mit Flammtemp. < 21 °C. Mit Luft explosionsfähige Gemische. F = Flammable
E Explosionsgefährlich	Geräte und lebendes Gewebe werden zerstört C = Corrosive	T mit R 47 Bei Schwangerschaft fruchtschädigend	Stoffe, die beim Menschen erfahrungsgemäß bösartige Geschwulste verursachen R 45: Kann Krebs erzeugen T = Toxic

Gefahrstoffe müssen ordnungsgemäß verpackt sein. Ihre Verpackung muss exakte Angaben zum Inhalt und Hersteller sowie Gefahrenhinweise und Sicherheitsratschläge enthalten **(Bild 1 und Tabelle 2)**. Neben der Kennzeichnung ist auch das Sicherheitsdatenblatt, das jedem Gefahrstoff beiliegen muss, eine wichtige Informationsquelle.

Tabelle 1: Gefährdung durch Arbeitsstoffe (Auswahl)

Art	Inhaltsstoffe	Gefährdung
Farben, Lacke	Lösungsmittel, Toluol, Xylol	Atembeschwerden, Kopfschmerz, Allergien
Hydrauliköl	PBC, Benzol, Nitosamine	Krebserregend, Allergien
Isoliermat.	Asbest	Krebserregend
Klebstoff	Lösungsmittel	Atembeschwerden, Kopfschmerz, Allergien
Lösungsmittel	PER Perchlorethylen	Leber- und Nierenschäden
Schneidöl	Ölaerosole	Allergien

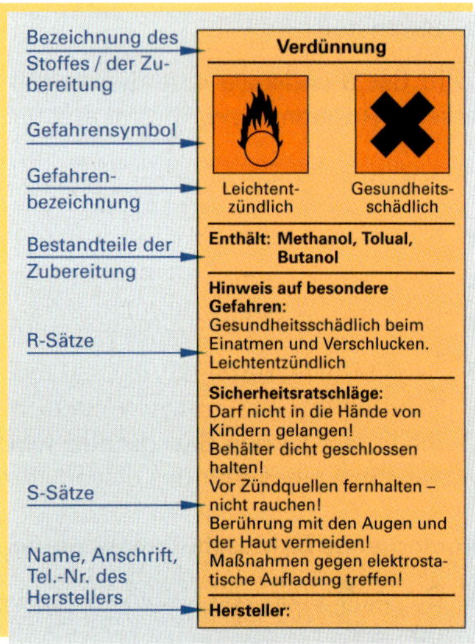

Bild 1: Kennzeichnung von Gefahrstoffen

14.6.5 Richtlinien für die Maschinensicherheit

Seit dem 1.1.1995 gelten für den Bau und den Betrieb von Maschinen in der Europäischen Gemeinschaft einheitliche Sicherheitsvorschriften. Der Hersteller von Bauteilen, Maschinen oder Anlagen bestätigt mit dem Anbringen des CE-Zeichens, dass diese Maschine die Sicherheits- und Gesundheitsanforderungen der **EG-Maschinenrichtlinie** erfüllt.

Ziele der Vorschriften:

- Sicherheit schon bei der Entwicklung der Maschinen und Systeme berücksichtigen
- Gefahrenstellen durch Schutzeinrichtungen sichern
- Gefahren in der Bedienungsanleitung herausstellen.

14.7 Inbetriebnahme

In aller Regel ist die Inbetriebnahme von Geräten, Maschinen und Anlagen die letzte Phase im Entstehungszyklus eines Produktes **(Bild 1)**.

> Unter der Inbetriebnahme versteht man die Überführung einer Anlage aus dem Ruhezustand in den Betriebszustand.
>
> Zur Inbetriebnahme zählen alle Tätigkeit, die zum Ingangsetzen von zuvor montierten Systemen erforderlich sind.

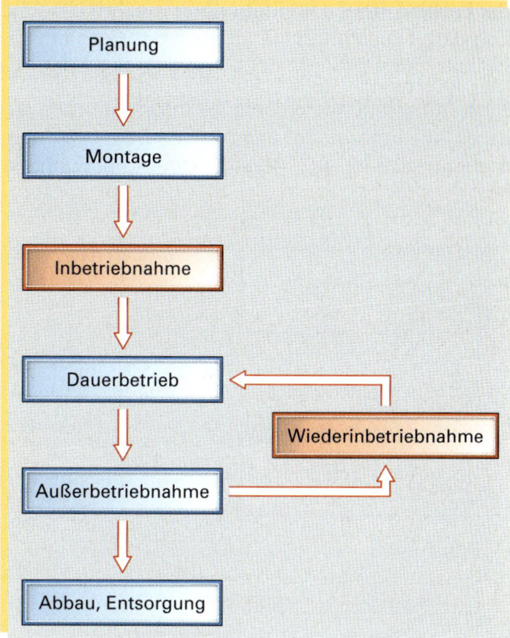

Bild 1: Lebenszyklus von Geräten und Anlagen

Dabei ist grundsätzlich zu unterscheiden, ob es sich um eine Erstinbetriebnahme oder eine Wiederinbetriebnahme handelt.

Bei der **Erstinbetriebnahme** wird davon ausgegangen, dass das komplette System mit all seinen Subsystemen erstmalig in den Betriebszustand versetzt wird. Dies schließt nicht aus, dass für einzelne Subsysteme wie z. B. Hydraulikaggregate, Motoren u. a. bereits Teilinbetriebnahmen erfolgten.

Die Wiederüberführung des Systemes vom Ruhezustand in den Betriebszustand wird durch eine **Wiederinbetriebnahme** realisiert. Wiederinbetriebnahmen in diesem Sinne sind erforderlich, wenn Systeme aufgrund massiver Störungen betriebsunfähig geworden sind und durch Instandsetzungsarbeiten wieder funktionsfähig gemacht wurden. Das bloße Einschalten einer zuvor abgeschalteten Werkzeugmaschine z. B. wird somit nicht als Wiederinbetriebnahme bezeichnet. Bei verfahrenstechnischen Anlagen wie sie etwa in der chemischen Industrie benutzt werden wird dagegen auch diese Aktion als Wiederinbetriebnahme bezeichnet, da sie einen ungleich höheren Aufwand erfordert.

14.7.1 Besonderheiten der Inbetriebnahme

Lässt man die Außerbetriebnahme und den Abbau von Systemen außer Betracht, so stellt die Inbetriebnahme den Abschluss, also die letzte Phase eines Projektes dar. Mit der Inbetriebnahme kommt für alle Beteiligten die „Stunde der Wahrheit“, d. h. es wird der Nachweis erbracht, ob die in den davor liegenden Phasen erbrachten Leistungen erfolgreich waren. Sie unterliegt deshalb auch bestimmten Besonderheiten **(Übersicht 1)**.

Übersicht 1: Besonderheiten der Inbetriebnahme

- das Mechatronische System ist bis auf einige Restpunkte fertig montiert
- die Inbetriebnahme ist die Schnittstelle zwischen Auftraggeber und Auftragnehmer
- je nach System kann die Inbetriebnahme auch für den Mechatroniker „Neuland“ sein.
- Bei der Inbetriebnahme werden in der Regel erstmals alle beteiligten Komponenten in ihrer Wechselwirkung auf ihre Funktionsfähigkeit geprüft.
- Die Inbetriebnahme ist durch ein hohes Maß an Unwägbarkeiten, wie z. B. Teilausfall von Geräten, Ausfall von Medien, Unfähigkeit des Bedienpersonals, belastet.
- Bei der Inbetriebnahme wird die Bedienung des Systemes an fremdes Personal übergeben, das in der Handhabung geschult werden muss.

Da der Mechatroniker im Gegensatz z. B. zum Industriemechaniker oder zum Elektroanlageninstallateur die gesamten Anlagen inklusive aller mechanischen, elektrischen, pneumatischen, hydraulischen und elektronischen Bauelemente und Subsysteme in Betrieb nehmen muss, sind von ihm umfassende Kenntnis aller beteiligten Teildisziplinen gefordert.

Die Inbetriebnahme ist von einigen Faktoren abhängig **(Bild 1)**. Dabei spielen vor allem die Planung und die Entwicklung eine große Rolle. Umfangreiche Untersuchungen im Anlagenbau zeigten, dass über 60% der Probleme bei der Inbetriebnahme ihre Ursachen in der Planung und Entwicklung der Systeme haben. Eng damit zusammen hängt auch das Problem der Dokumentation.

Für den Mechatroniker, der die Inbetriebnahme durchführt, ist es unerlässlich, dass er über alle das System betreffende technische Informationen verfügt. Das bedeutet aber auch, dass er in der Lage sein muss, alle Formen der technischen Dokumentation wie Prinzipskizzen, technische Zeichnungen, Zusammenbauzeichnungen, Ablaufdiagramme, Funktionsdiagramme u.a. lesen zu können.

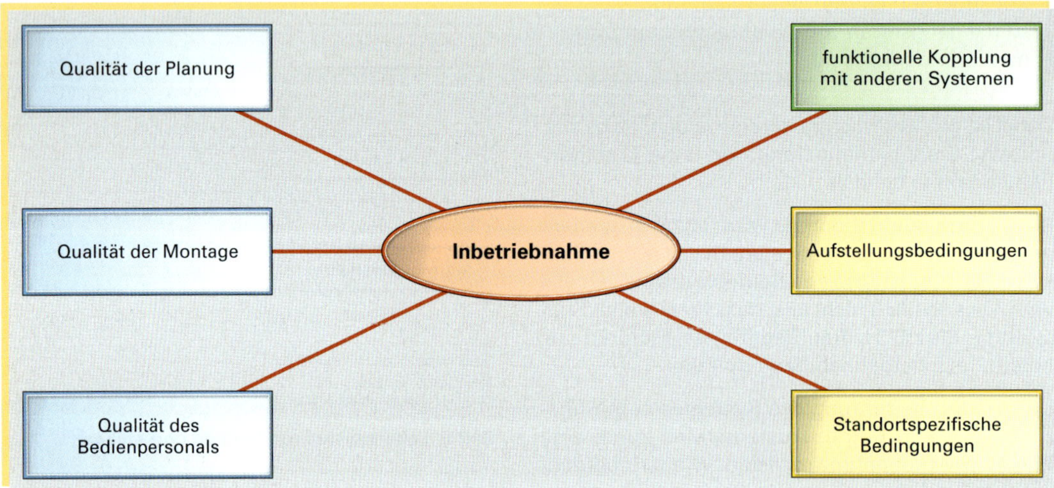

Bild 1: Faktoren, die die Inbetriebnahme beeinflussen

Wie in **Bild 1** schon dargestellt, sind der Phase der Inbetriebnahme andere Phasen des Produktentstehungszyklus vorangestellt, die die Inbetriebnahme wesentlich beeinflussen können. So ist, ähnlich wie bei der Montage, auch eine reibungslose Inbetriebnahme durch geeignete, konstruktive Maßnahmen schon in der Planungsphase beeinflussbar. Dazu zählen vor allem:

- die Vermeidung von Fehlerqellen z.B. durch falsche Auswahl von Sensoren o. Ä.
- die freie Zugänglichkeit zu allen Justage-, Einstellmöglichkeiten und Messmöglichkeiten
- die Vermeidung von Unfallquellen wie scharfkantige Stellen, Scherstellen u.a.

Bei allen Tätigkeiten, die die Inbetriebnahme betreffen ist von den ausführenden Personen strikt auf die Einhaltung der jeweiligen Vorschriften zur Unfallverhütung zu achten. Die Beachtung der entsprechenden VDE- und UVV-Vorschriften muss seit 1995 jeder Systemhersteller durch CE-Kennzeichnung seiner Geräte bestätigen. Er dokumentiert damit, dass die gültige Maschinenrichtlinie eingehalten wurde. Dies gilt natürlich auch für alle Zulieferer von Geräten und Teilsystemen. Die Einhaltung dieser Vorschrift ist bei der Inbetriebnahme durch den Mechatroniker zu überprüfen. Zugelieferte Teilsysteme, die das CE-Zeichen nicht führen dürfen von ihm nicht eingebaut werden.

Generell ist die Inbetriebnahme durch eine ganze Reihe von DIN-Vorschriften sowie VDE- und VDI-Richtlinien geregelt. Die wichtigsten davon sind auf der Folgeseite aufgeführt.

Bild 2: Geprüfte Sicherheit

Neben der Realisierung der eigentlichen Gerätefunktion müssen die Hersteller auch geeignete Maßnahmen zur Unfallverhütung vorsehen, andererseits müssen auch die Betreiber den Betriebs- und Sicherheitszustand ihrer elektromechanischen und mechatronischen Systeme durch geeignete Maßnahmen selbst überwachen. Diese Erkenntnis führte erstmals 1943 zur Aufstellung von Unfallverhütungsmaßnahmen, die letzendlich auch die Grundlage für das „Vorschriftenwerk der Berufsgenossenschaften" (VBG4) waren. So hat u.a. nach diesen Regeln „... der Unternehmer dafür zu sorgen, dass elektrische Anlagen und Betriebsmittel nur von einer Elektrofachkraft (Mechatroniker sind Elektrofachkräfte) oder unter der Leitung und Aufsicht einer Elektrofachkraft den elektrotechnischen Regeln entsprechend errichtet, geändert und instandgehalten werden" (§ 3 Abs.1). Im Verbund mit dem VDE, dem VDI und DIN entstand im Laufe der Zeit ein umfangreiches Regelwerk, das bei strikter Einhaltung ein hohes Maß an Sicherheit garantiert **(Bild 1)**.

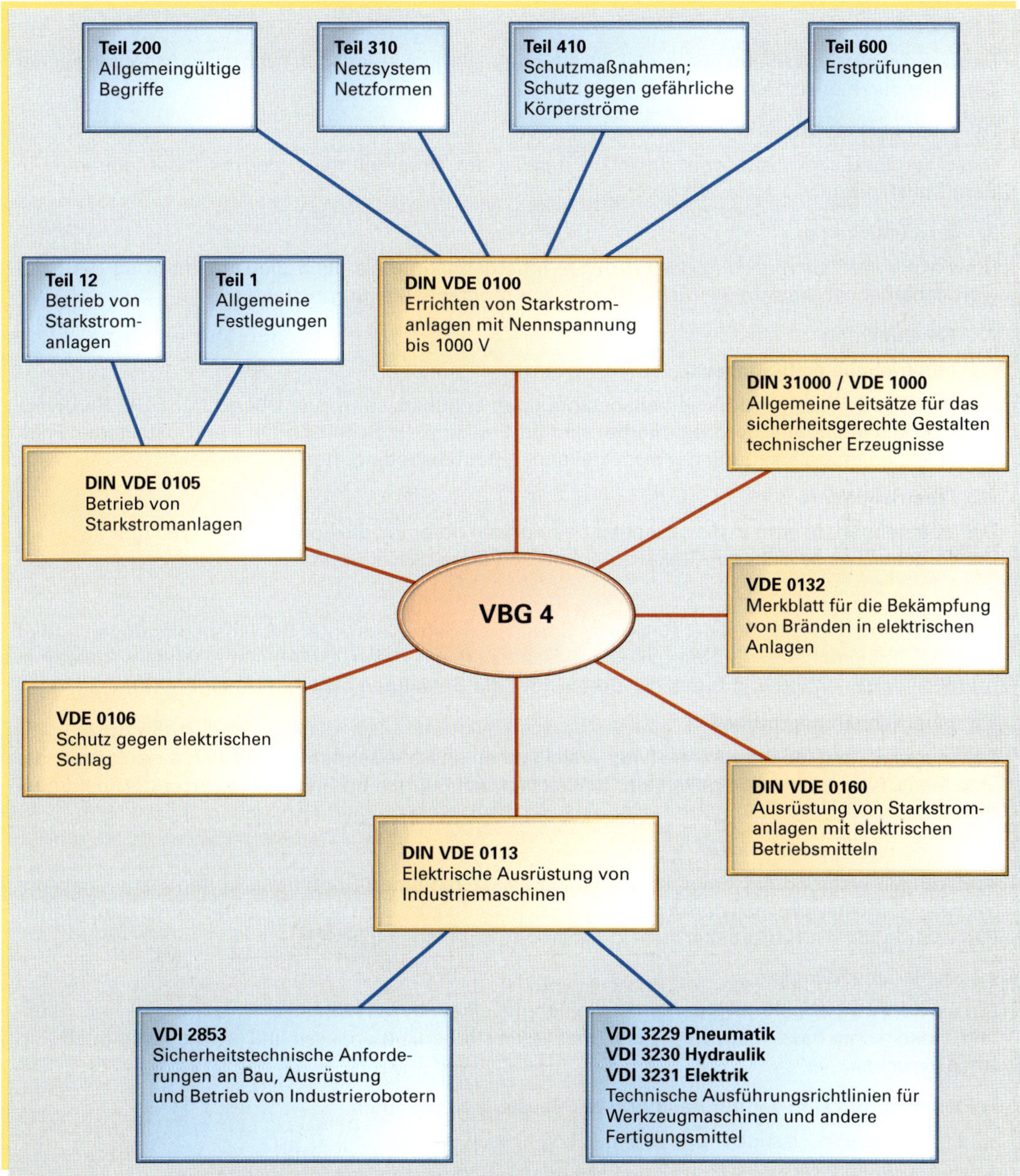

Bild 1: Wichtige Vorschriften, die bei der Inbetriebnahme zu beachten sind

14.7.2 Grundsätzliches zum Verfahren der Inbetriebnahme

Die störungsfreie Inbetriebnahme setzt voraus, dass diese systematisch und den Vorschriften entsprechend durchgeführt wird. Abhängig vom jeweiligen System können dabei verschiedene Methoden zur Anwendung kommen. Häufig greifen Firmen dabei auf das Mittel der Checkliste oder eines Ablaufdiagrammes zurück. Diese dienen dem Mechatroniker bei der Inbetriebnahme als Leitschnur. Sie garantieren einen vollständigen und sinnvollen Verlauf der Tätigkeiten und dienen gleichzeitig als Dokumentationshilfe bei autretenden Problemen und Schwachstellen.

Im Folgenden sind beispielhaft die Verfahrensweise und eine Checkliste für die Inbetriebnahme einer verfahrenstechnischen Anlage abgebildet.

1. Zweck

Diese Verfahrensanweisung beschreibt die Inbetriebnahme von Anlagen nach deren Montage auf der Baustelle durch unser Personal.

2. Geltungsbereich

Diese Verfahrensanweisung gilt für jeden Bereich des Unternehmens, der mit Inbetriebnahme in Berührung kommt.

3. Zuständigkeiten

Sowohl für die Durchführung der Hardware-Inbetriebnahme als auch die Durchführung der Software-Inbetriebnahme sind die Mechatroniker der Montageabteilung zuständig.

4. Beschreibung

4.1 Inbetriebnahme (Kaltcheck)

Wenn es die Betriebs- und Sicherheitsbedingungen erlauben, kann eine Überprüfung der Hardware (Kaltcheck) durchgeführt werden. Hierbei wird die Funktion der Schaltschränke und installierten Feldgeräte ohne Berücksichtigung der einzustellenden Betriebsbedingungen überprüft.

4.2 Inbetriebnahme

Die Inbetriebnahme wird in Anwesenheit des Kunden unter Produktionsbedingungen durchgeführt. Die Vorgehensweise ist in der Checkliste-Inbetriebnahme beschrieben.

4.3 Abnahme

Nach dem erfolgreichen Test der Anlage im Beisein des Betreibers unter Betriebsbedingungen erfolgt die Abnahme und damit die Übergabe der Anlage an den Kunden. Die Abnahme wird im Abnahmeprotokoll dokumentiert und durch die Unterschrift der Beteiligten bestätigt (Anlage YXZ).

4.4 Inbetriebnahmeprotokoll

Der Montage- und Inbetriebnahmeleiter erstellt einen abschließenden Bericht und eine Restpunkteliste. Diese Aufzeichnungen gelten als Qualitätsaufzeichnungen und werden im Projektordner abgelegt.

4.5 Änderungen und Zusätze

Änderungen während der Inbetriebnahme werden durch einen Rot-Eintrag in den Plänen gekennzeichnet. Ein Exemplar mit den Änderungsvermerken bleibt vor Ort im Schaltschrank, den zweiten Plänesatz erhält der Projektleiter zur Aktualisierung der Originalpläne.

4.6 Fehler und Mängel

Die bei der Inbetriebnahme auftretenden Fehler und erkennbaren Mängel sind, falls möglich, zu beheben. Unabhängig davon sind sie in einer „Fehlerliste" zu dokumentieren und auf die Fehlerquelle hin zu untersuchen.

Folgende Punkte sind vor der Räumung der Baustelle zu beachten:

- die Baustelle muss sauber und ordentlich verlassen werden
- Überprüfung der Vollständigkeit von Material und Werkzeug im Montagefahrzeug

Beispiel einer Checkliste für die Inbetriebnahme einer verfahrenstechnischen Anlage

Kunde: Datum:

Vorbedingungen

- Vor der Inbetriebnahme alle Sicherungen und Sicherungsautomaten ausschalten
- Überprüfen, ob alle Feldkabel angeschlossen sind (keine ungesicherten Leitungsenden)
- Eingangsspannung an den Einspeiseklemmen überprüfen

01	Drehfeld an Einspeiseklemmen geprüft? (immer Rechtsdrehfeld)	☐ Ja	☐ Nein
02	Stromkreise für Geräte einzeln nach Stromlaufplan geprüft?	☐ Ja	☐ Nein
03	Licht- und Steckdosenkreise einzeln nach Stromlaufplan geprüft?	☐ Ja	☐ Nein
04	Kraftsteckdosenkreise nach Stromlaufplan geprüft? (immer Rechtsdrehfeld)	☐ Ja	☐ Nein
05	Spannungsversorgung 24 V DC in Betrieb genommen und Ladespannung am Ladegerät auf Batterienennspannung eingestellt?	☐ Ja	☐ Nein
06	Messkreise- und Messsignale nach Stromlaufplan auf Funktion geprüft?	☐ Ja	☐ Nein
07	Potenzialausgleich fachgerecht installiert? (Querschnitt; Leiteranschluss)	☐ Ja	☐ Nein
08	Beschriftung des Potenzialausgleichs geprüft? (Beschriftunsstreifen; Potschienenbeschriftung PAS 01; Einzeladerbeschriftung mit Scotch-Beschriftungsband)	☐ Ja	☐ Nein
09	Geräte im Schaltschrank und Anlage nach Schaltplan eindeutig beschriftet?	☐ Ja	☐ Nein
10	Korrekte Kabelführung und Einführungen an elektrischen Betriebsmitteln und Schaltschränken?	☐ Ja	☐ Nein
11	Ex(i)-Kabel und Kanäle blau gekennzeichnet?	☐ Ja	☐ Nein
12	Kabel nach Kabelliste eindeutig beschriftet?	☐ Ja	☐ Nein
13	Gasdichte Durchführung fachgerecht eingebaut?	☐ Ja	☐ Nein
14	Einspeisungs- und Batteriepolabdeckungen vorhanden?	☐ Ja	☐ Nein
15	Messkreise und Signale überprüft? (Druckmesskoffer, PT100-Simulator, Impulsgeber)	☐ Ja	☐ Nein
16	Endprüfung nach VDE 0100 Teil 610 durchgeführt?	☐ Ja	☐ Nein
17	Aktuelle Dokumentation im Schrank vorhanden?	☐ Ja	☐ Nein
18	Zweitausführung der aktuelle Dokumentation für Sachbearbeiter(in) vorhanden?	☐ Ja	☐ Nein
19	Schaltschrank und Anlage gereinigt?	☐ Ja	☐ Nein
20	Schrank und Anlage fotografiert?	☐ Ja	☐ Nein
21	Übergabe an den Kunden?	☐ Ja	☐ Nein
22	Test der Anlage unter Betriebsbedingungen?	☐ Ja	☐ Nein
23	Abnahmeprotokoll erstellt?	☐ Ja	☐ Nein
24	Restarbeitenliste ausgefüllt?	☐ Ja	☐ Nein

14.7.3 Inbetriebnahme pneumatischer und elektropneumatischer Anlagen

Bei der Inbetriebnahme pneumatischer Anlagen besteht vor allem die Gefahr, dass die Zylinder fehlerhafte Bewegungen durchführen, die für den Benutzer große Unfallrisiken beinhalten. Aus diesem Grunde wird folgende, allgemeine Vorgehensweise empfohlen:

Vor der Benutzung:

- Überprüfung der technischen Daten der Anlage wie Spannung des Steuerstromkreises, Spannung der Leistungsstromkreise, pneumatischer Druck.
- Einbau der Geräte überprüfen.
- Rohrleitungen und ihre Anschlüsse prüfen.

Durchführung der Inbetriebnahme:

- Anlage drucklos schalten.
- Grundstellung der Arbeitselemente nach Plan kontrollieren.
- Position der Impulsventile überprüfen und gegebenenfalls von Hand regulieren.
- Die für die Kolbengeschwindigkeit zuständigen Drosselventile schließen.
- Die Anlage langsam mit dem vorgesehenen Arbeitsdruck versehen.
- Bei reinen Pneumatikanlagen testen der Ablauffolge in Einzelschritten (ohne Werkstücke).
- Falls erforderlich, Nachjustieren der Endschalter.
- Bei elektropneumatischen Anlagen kann die Abfolge zunächst ohne den Elektroteil durch Regulierung mit der Handhilfsbetätigung erfolgen.
- Bereitstellung der elektrischen Spannungen.
- Überprüfung des korrekten, kompletten Ablaufes ohne Werkstück.
- Probelauf mit Werkstück.
- Gegebenenfalls Übergabe der Anlage an den Benutzer.

> Bei der Inbetriebnahme dürfen sich die Hände nicht im Hubbereich der Zylinder befinden, da auch kleine Zylinder Verletzungen hervorrufen können. Müssen Endschalter zu Testzwecken betätigt werden, so muss dies mit einem geeigneten Werkzeug erfolgen.

Diese Vorgehensweise ist für den „Normalfall" vorgesehen. Im Einzelfall können andere, systemeigene Vorschriften für die Inbetriebnahme gelten. Diese sind dann unbedingt und uneingeschränkt einzuhalten.

14.7.4 Inbetriebnahme hydraulischer und elektrohydraulischer Anlagen

Da bei hydraulischen Anlagen durch die hohen Kräfte und den höheren Druck das Unfallrisiko noch höher ist als bei pneumatischen Anlagen, ist auch hier eine systematische Vorgehensweise bei der Inbetriebnahme unverzichtbar.

Vor der Benutzung:

- Überprüfung der technischen Daten der Anlage wie Spannung des Steuerstromkreises, Spannung des Leistungsstromkreises, Druck.
- Überprüfung des Geräteeinbaus.
- Kontrolle der Anschlüsse.
- Kontrolle der Lage der Rohrleitungen anhand des Planes.
- Kontrolle der Spannungsfreiheit, Befestigungen und Biegeradien der Rohre, vor allem bei flexiblen Leitungen.

- Überprüfung der Leckleitungen
- Überprüfung der Absicherung der beweglichen Teile nach der UVV
- Kontrolle von Ölbehälter, Filter und Saugleitungen auf Schmutz
- Überprüfung der Förderrichtung der Pumpen

Befüllen der Anlage:

- Vor dem Befüllen der Anlage müssen die Ventile ihren Funktionen entsprechend geöffnet oder geschlossen werden.
- Beim Einfüllen ist auf die Sauberkeit der Gefäße zu achten. Es muss verhindert werden, dass Wasser in die Anlage gelangt.
- Strom- und Drosselventile sollen geöffnet werden, damit das Befüllen erleichtert wird.
- Es darf nur die vom Hersteller geforderte Druckflüssigkeit mit der vorgeschriebenen Viskosität eingefüllt werden.

Inbetriebnahme

- Vor dem Anlauf des Motors müssen die Ventile in der Ansaugleitung in Arbeitsstellung stehen.
- Axialkolbenpumpen benötigen zum ordnungsmäßigen Betrieb einen ölgefüllten Innenraum. Sie sind deshalb bei der Erstinbetriebnahme mit Öl zu füllen.
- Vor der Maximalbelastung sollte die Anlage im Leerlaufbetrieb ca. 1...4 Stunden betrieben werden. Dabei muss eine Kontrolle von Druck, Ölstand, Pumpentemperatur, Motortemperatur, Temperatur der Flüssigkeit und eine Überprüfung auf Leckstellen erfolgen
- Die Einstellung des Druckes am Sicherheitsventil muss nach den Herstellerangaben erfolgen und möglichst verplombt werden.
- Das Hydrauliksystem ist nach Anlauf der Pumpe zu entlüften. Eine Entlüftung hat nochmals nach Erreichen der Betriebstemperatur zu erfolgen.
- Nach dem Erreichen des Betriebszustandes erfolgt die Überprüfung der Funktion der Anlage. Die Vorgehensweise entspricht dabei der Vorgehensweise wie sie zur Inbetriebnahme von pneumatischen Anlagen beschrieben wurde (s. Seite 612).
- Bei der Funktionüberprüfung ist die gesamte Anlage auf Leckstellen zu überprüfen.
- Funktionsstörungen und Leckstellen sind genau zu dokumentieren.

14.7.5 Inbetriebnahme elektrischer Maschinen

Elektrische Maschinen sind im Bereich der Mechatronik immer Subsysteme von gesamten Anlagen. Sie werden deshalb in der Regel vor der Montage vom Hersteller bereits umfassenden Prüfungen unterzogen. Bei diesen Prüfungen müssen sie den Nachweis erbringen, dass sie alle geforderten Leistungen auch erbringen.

Bei der Inbetriebnahme sind im Normalfall deshalb folgenden Schritte vorzunehmen:

- Überprüfung der Netze für Haupt- und Steuerstromkreis
- Überprüfung der Verkabelung
- Kontrolle und Einsetzen der Sicherungen
- Zuschaltung der Spannung
- Überprüfung der anliegenden Spannung
- Kontrolle des Drehfeldsinnes
- Überprüfung der Schutzmaßnahmen

- Sichtkontrolle der Bürsten und Bürstenhalter
- Überprüfung der Kühlsysteme
- Kontrolle, ob alle vorgeschriebenen Richtlinien eingehalten wurden

14.7.6 Inbetriebnahme von SPS

Die speicherprogrammierbare Steuerung kann endgültig nur im Betriebszustand der Anlage überprüft werden. Zwar kann der grundsätzliche Ablauf anhand von Simulationsprogrammen getestet werden, dies ist aber keine hundertprozentige Garantie für die Funktionsfähigkeit unter Arbeitsbedingungen. Gleichwohl verringert sich der Inbetriebnahmeaufwand durch die vorherige Simulation erheblich (siehe auch Kapitel 10.8).

Vor dem Anlegen der Spannung an die SPS müssen folgende Fragen geklärt sein:

- stimmen Gerätespannung und Netzspannung überein?
- Stimmen die Anschlüsse der Stromversorgung?
- Wurde der Schutzleiter richtig angeschlossen?
- Bestehen keine leitenden Verbindungen zwischen Haupt- und Steuerstromkreis

14.7.7 Fehler bei der Inbetriebnahme von mechatronischen Systemen

> Als Fehler wird die Nichterfüllung von mindestens einer Anforderung an die Steuerung bezeichnet. Fehler sind die Ursachen für Störungen oder Ausfälle eines mechatronischen Systemes.

Da mechatronische Systeme fast immer Kombinationen aus verschiedenen Gerätetechniken sind, können die auftretenden Fehler recht unterschiedlich sein. Die Vorgehensweise bei auftretenden Inbetriebnahmefehlern ist folgendermaßen:

1. Fehlererkennung → 2. Fehlereingrenzung (Analyse) → 3. Fehlerbehebung

Die Fehlererkennung ist in den meisten Fällen noch recht einfach, da wie oben beschrieben, mindestens eine Anforderung nicht erfüllt wird.

Die Fehlereingrenzung dagegen ist oft recht schwierig. Mögliche Fehlerquellen können dabei in den einzelnen Geräten und Baugruppen (z.B. Funktionsunfähigkeit von Wegeventilen oder Defekte in mechanische Bauteilen), im fehlerhaften Einbau (z.B. falsche Durchlassrichtung bei Sperrventilen), im fehlerhaften Verbinden der einzelnen Elemente, in der Verdrahtung (z.B. Drahtbruch), in der falschen Justierung von Sensoren u.a. liegen.

Im Wesentlichen lassen sie sich auf drei Ursachen zurückführen:

- Bauteilfehler
- Montagefehler
- Inbetriebnahmefehler

Bei der Fehlereingrenzung muss systematisch vorgegangen werden. Sind diese Fehler offensichtlich, so sind sie durch unsere Sinnesorgane erkennbar. Ein pfeifendes Lager z.B. lässt sich durch unser Gehör lokalisieren, Schmorstellen in Verkabelungen sind zu riechen oder durch die Rauchentwicklung zu sehen und auch Öl-Leckstellen oder undichte Pneumatikanschlüsse sind zu sehen oder zu hören.

Überall dort wo die Fehlerquellen nicht durch unsere Sinnesorgane wahrnehmbar sind ist die Zuhilfenahme aller zur Verfügung stehenden technischen Unterlagen unerlässlich: So können Programmablaufpläne, Funktionspläne, Funktionsdiagramme und Schaltpläne wirksame Unterstützung geben bei der Eingrenzung des Fehlers. Anhand eines Funktionsdiagrammes z. B. kann der Signalverlauf in einer Steuerung sehr gut beobachtet werden.

Fehler sind immer mit Kosten und häufig auch mit Gefahren für Anlagen und Menschen verbunden. Sie müssen aus diesen Gründen möglichst vermieden werden, treten aber trotz großer Sorgfalt auch bei der Inbetriebnahme immer wieder auf.

Beispiel: In **Bild 1** ist das Funktionsdiagramm für die Anlage zur Werkstückerkennung abgebildet. Die Anlage arbeitet bis zu Schritt 7 fehlerfrei. Die Verfolgung des Signalverlaufes ergibt, dass die Fehlerquelle im Schritt 7 liegt. Da der Saugzylinder die Aus- und Einfahrbewegung in den Schritten 2...4 bereits fehlerlos vollzogen hat, ist es unwahrscheinlich, dass ein mechanischer Fehler im Zylinder oder dem dazugehörigen Stellglied vorliegt. Die Ursache für das Nichtausfahren liegt im Unterdruckschalter S0.12 oder dessen Umgebung.

Dieses Beispiel zeigt, wie mit Hilfe geeigneter Pläne Fehler lokalisiert werden können. Die Lokalisierung der Fehlerquelle ist somit möglich, die exakte Ursache des Fehlverhaltens muss jedoch erst noch bestimmt werden. Dabei ist die Messtechnik ein wichtiges Hilfsmittel. Bei mechanischen Systemen werden Temperaturen und Kräfte, bei hydraulischen und pneumatischen Sytemen die Drücke bzw. die Druckdifferenzen und bei elektronischen und elektrischen Systemen Spannungen und Ströme gemessen und zur Fehlereingrenzung benutzt.

Messtechnische Fehlerdiagnose

Der Einsatz von messtechnischen Geräten hilft bei der Diagnose und Lokalisierung von Fehlern. Für die verschiedenen Gerätetechniken kommen unterschiedliche Messgeräte zum Einsatz.

In der **Pneumatik** sind es hauptsächlich Manometer, **(Bild 2)** und Druckschalter **(Bild 3)**, die zur Fehlersuche geeignet sind.

Manometer zeigen den Druck an. Mit ihnen kann relativ einfach festgestellt werden, ob ein Druck anliegt bzw. ob die Höhe des Druckes für die Funktionserfüllung ausreicht. Durch die meist flexible Verschlauchung von Pneumatikanlagen ist der Einbau von Monometern recht einfach.

Durch **Druckschalter** werden pneumatische Drücke in elektrische Signale umgewandelt. Bei der Fehlersuche kann durch den Druckschalter das Ansteigen bzw. Absinken eines Druckes beobachtet werden und die jeweiligen Auswirkungen auf den Steuerungsablauf verfolgt werden.

Druckschalter und Manometer dienen auch in **hydraulischen Anlagen** zur Fehlersuche. Der Einsatz ist dabei durch die feste Verrohrung der meisten Anlagen nicht so einfach zu realisieren. Aus diesem Grunde sind an den sensiblen Stellen von Hydraulikanlagen durch den Konstrukteur bereits Messanschlüsse (vgl. Inbetriebnahmegerechte Konstruktion) vorgesehen.

Neben Druckschalter und Manometer dienen in der Hydraulik vor allem Messgeräte zur Anzeige des Füllstandes und der Temperatur der Fehlersuche

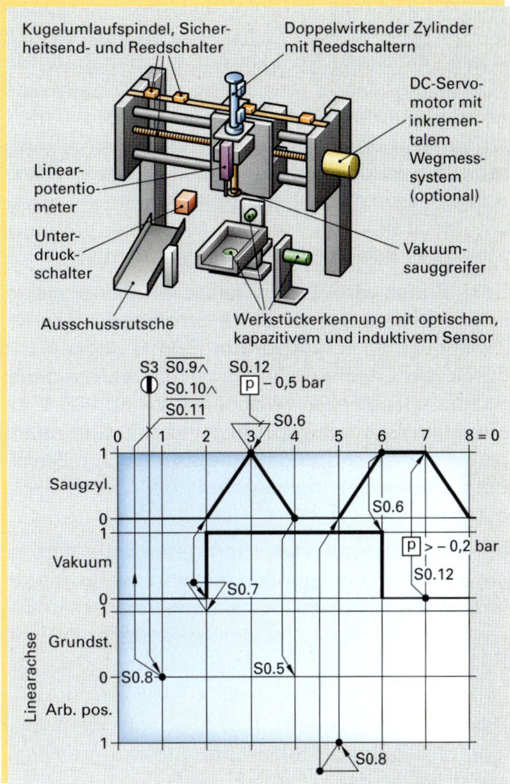

Bild 1: Technologieschema und Funktionsdiagramm

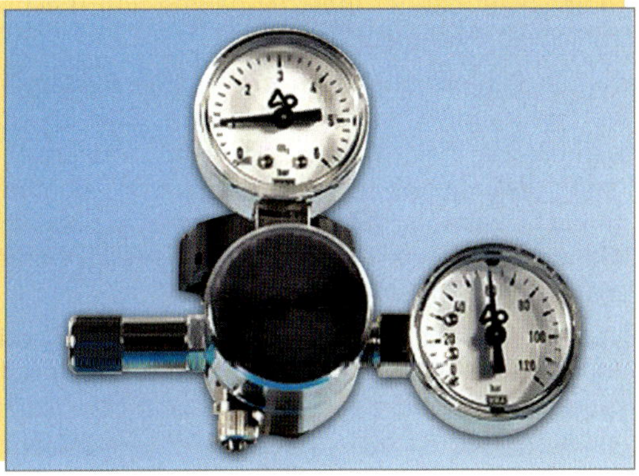

Bild 2: Manometer

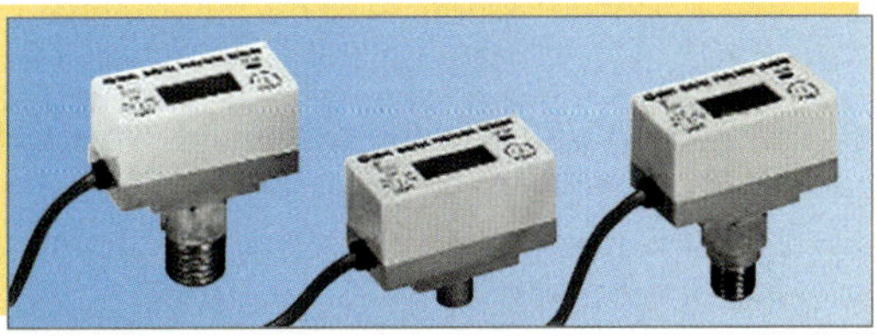

Bild 3: Druckschalter (pneumatisch)

und vor allem zur Fehlervermeidung. So müssen sowohl bei zu hoher Öltemperatur als auch zu niedrigem Ölfüllstand Maßnahmen zur Behebung der Mängel ergriffen werden. Im Gegensatz zur Mechanik, Hydraulik und Pneumatik lassen sich die meisten Fehler in der Elektrotechnik und Elektronik nicht optisch oder akustisch erkennen. Zu ihrer Erkennung müssen deshalb geeignete Geräte eingesetzt werden. Dabei müssen zunächst die Vorgänge Messen und Prüfen unterschieden werden.

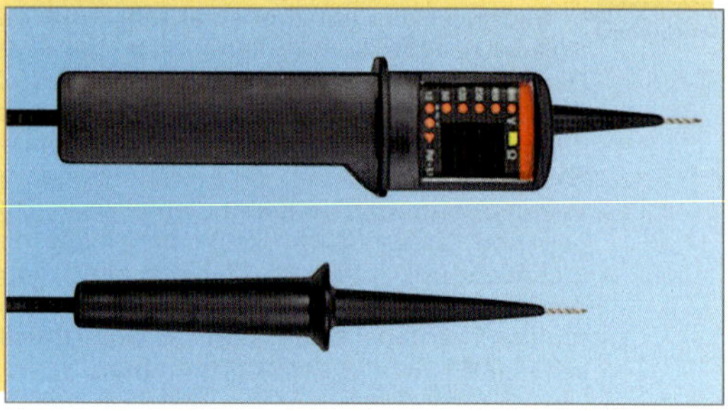
Bild 1: Zweipoliger Spannungsprüfer

Beim **Prüfen** wird das Vorhandensein einer elektrischen Spannung oder eines Stromes festgestellt. **Zweipolige Spannungsprüfer (Bild 1)** zeigen dabei durch ein Leuchtdiodensignal ein vorhandenes Spannungspotenzial zwischen 6 V und 400 V an. **Einpolige Spannungsprüfer** sind mit Glimmlampen versehen und sind für die Anzeige von Gleich- oder Wechselspannungen von 100 V...250 V vorgesehen.

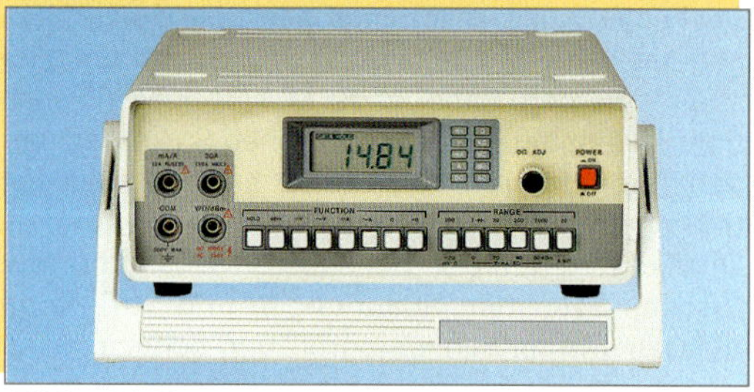

Bild 2: Vielfachmessgerät

Mit **Durchgangsprüfern** kann geprüft werden, ob ein leitender Durchgang zwischen zwei Positionen vorhanden ist. Beim Messen elektrischer Größen wird nicht nur das Vorhandensein sondern auch die Höhe der zu messenden Größe ermittelt. Dazu stehen unterschiedliche Messgeräte zur Verfügung.

Das **Vielfachmessgerät (Bild 2)** erlaubt wahlweise eine Messung von Spannung, Strom und Widerstand. Neben der zu messenden Größe muss dabei auch der geeignete Messbereich festgelegt werden. Durch ihre leichte Handhabung sind Vielfachmessgeräte ein sehr geeignetes Werkzeug für die Fehlersuche bei der Inbetriebnahme von mechatronischen Systemen.

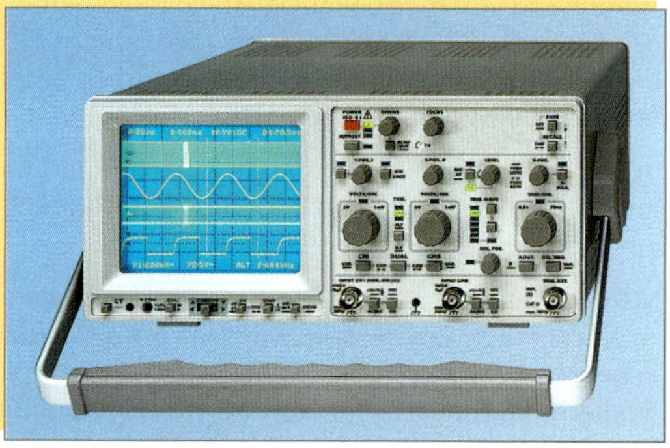
Bild 3: Oszilloskop

Bei der Fehlersuche in elektronischen Systemen werden hauptsächlich **Oszilloskope (Bild 3)** verwendet. Mit ihnen können periodisch wiederkehrende Spannungs- und Stromkurven sichtbar gemacht werden. Mit dem Zweikanaloszilloskop können zwei Kurven übereinander angezeigt werden. Das Digitalspeicher-Oszilloskop ermöglicht die Speicherung von Kurvenverläufen.

Neben den beschriebenen Verfahren und Hilfsmitteln zur Fehlersuche bei der Inbetriebnahme gibt es noch eine Reihe anderer Möglichkeiten, Fehler zu finden und ihre Behebung in die Wege zu leiten. Da diese jedoch auch bei der Instandsetzung eine maßgebliche Rolle spielen, werden sie auch dort erläutert (siehe Kapitel 14.8.5).

Arbeitsauftrag:

1. Erläutern Sie den Begriff Inbetriebnahme.
2. Von welchen Faktoren wird die Inbetriebnahme von mechatronischen Systemen beeinflusst?
3. Beschreiben Sie den grundsätzlichen Ablauf der Inbetriebnahme von mechatronischen Systemen.
4. Erstellen Sie für die Inbetriebnahme einer elektropneumatischen Zweizylindersteuerung eine „Inbetriebnahmecheckliste".
5. Zählen Sie wesentliche Punkte der Inbetriebnahme von pneumatischen, hydraulischen, elektrischen und SPS-Systemen auf.
6. Welche Fehler können bei der Inbetriebnahme auftreten?

14.8 Instandhaltung von mechatronischen Systemen

Alle mechatronischen Systeme unterliegen wie alle Maschinen und Anlagen während ihrer Lebensdauer einer gewissen Abnutzung bzw. einem Verschleiß durch Alterung, Ermüdung, Korrosion u. a. Wird dies nicht in ausreichendem Maße beachtet, so können diese Erscheinungen zu Störungen und Ausfällen führen. Im Normalfall ist dies mit beträchtlichen Kosten verbunden. Zur Vermeidung der Störungen und Ausfälle wird deshalb versucht durch geeignete Maßnahmen die Systeme „instandzuhalten“.

Unter der Instandhaltung versteht man alle Maßnahmen zur Bewahrung und Wiederherstellung des Sollzustandes sowie zur Feststellung und Beurteilung des Istzustandes von technischen Mitteln eines Systemes (vgl. DIN 31051).

Diese Maßnahmen zur Instandhaltung umfassen im Wesentlichen die drei Teilgebiete Wartung, Inspektion und Instandsetzung:

INSTANDHALTUNG

WARTUNG	INSPEKTION	INSTANDSETZUNG
Maßnahmen zur Bewahrung des SOLL-Zustandes	Maßnahmen zur Feststellung und Beurteilung des IST-Zustandes	Maßnahmen zur Wiederherstellung des IST-Zustandes

14.8.1 Verlauf der Systemausfallrate

Beobachtet man mechatronische Systeme über einen längeren Zeitraum, so stellt man fest, dass immer wieder Ausfälle auftreten. Diese gehen meist auf folgende Ursachen zurück:

- fehlerhafte Materialien oder Fertigung
- Bedienungs- oder Betriebsfehler
- Verschleiß von Bauelementen oder -gruppen

Nur in wenigen Fällen ist es bisher gelungen, die Zuverlässigkeit von Systemen und ihrer Baugruppen so zu steigern, dass diese als ausfallfrei gelten. In der Raumfahrttechnik und im Flugzeugbau sind die Fortschritte diesbezüglich am Größten.

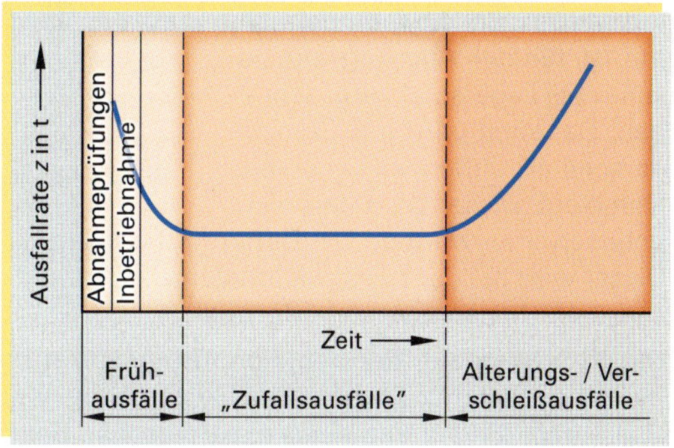

Bild 1: Badewannenkurve

Das Ausfallverhalten von mechatronischen Systemen ist nicht allgemeingültig zu beschreiben. Ähnlich wie bei allen anderen Maschinen- und Anlagen ist aber auch hier eine Kurve mit einer „Badewannencharakteristik“ zu beobachten **(Bild 1)**. Dabei sind drei Phasen zu erkennen:

- Phase der Frühausfälle
- Phase der Zufallsausfälle
- Phase der Alterungs- und Verschleißausfälle

Von Frühausfällen sind meist solche Bauelemente oder Systeme betroffen, bei denen so genannte „Kinderkrankheiten“ auftreten. Diese können durch unsachgemäße Montage, Fehler bei der Materialauswahl o. Ä. verursacht sein. In dieser Phase ist normalerweise eine Abnahme der Ausfallrate und somit eine Zunahme der Zuverlässigkeit zu verzeichnen. Bei werkstofftechnisch anspruchsvollen Bauelemente wie z. B. Halbleitern wird zur Verhinderung eines Frühausfalles häufig ein „Burn-in“-Test gemacht, bei dem die Bauelmente höheren Belastungen unterzogen werden.

Die Phase der Zufallsausfälle ist gekennzeichnet durch eine annähernd konstante Ausfallrate. Zeitpunkt und Ursache des Ausfalles sind dabei absolut zufällig. Diese Phase deckt den überwiegenden Bereich der Lebensdauer eines Systemes ab und ist in der Regel nicht beeinflussbar.

Verschleißausfälle nehmen mit zunehmender Lebensdauer zu. Wie der Name schon sagt, ist der Verschleiß einzelner Bauteile die Ursache dafür. Beeinflussen lassen sich die Verschleißausfälle am Besten durch regelmäßige Wartungs- und Instandhaltungsmaßnahmen. Statistisch gesehen müssen dabei die Wartungsintervalle mit zunehmender Lebensdauer kürzer werden.

Abnutzungsvorrat von Bauteilen

Die Abnutzung von Bauteilen lässt sich grafisch darstellen. Daraus lässt sich der für die Instandhaltung sehr wichtige „Abnutzungsvorrat" ableiten und ebenfalls grafisch darstellen. Dabei wird unterstellt, dass zum Zeitpunkt der Inbetriebnahme das Element voll funktionsfähig ist und für eine gewisse, nicht zu verhindernde Abnutzung vorgesorgt wurde, indem ein bestimmter Vorrat an Abnutzungsmöglichkeiten eingebaut wurde. Somit ist gewährleistet, dass auch beim Abweichen vom idealen Sollzustand die Funktionsfähigkeit vorhanden ist. Am Beispiel eines Gleitlagers kann dies erläutert werden: Bei der Inbetriebnahme ist für die Alterung ein bestimmtes Lagerspiel vorgeschrieben. Daneben wird ein Grenzlagerspiel als äußerstes Lagerspiel festgelegt. Dieser Wert darf nicht unterschritten werden. Die Differenz zwischen diesen beiden Werten ist der Abnutzungsvorrat **(Bild 1)**. Dieser wird bei der Konstruktion vorgesehen und ist bei der Inbetriebnahme vorhanden. Ist er erschöpft, so ist eine Instandsetzung erforderlich.

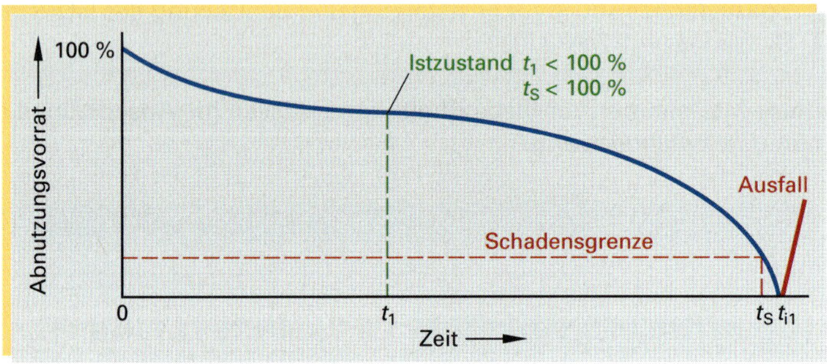

Bild 1: Abnutzungsvorrat für Wälzlager

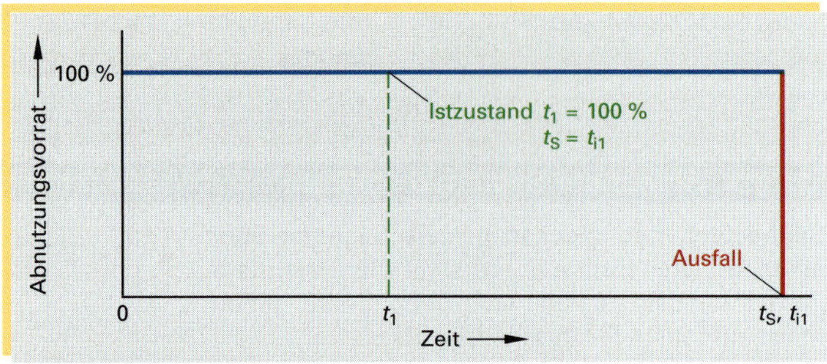

Bild 2: Abnutzungsvorrat für elektronisches Bauteil

Der Kurvenverlauf, der den Abnutzungsvorrat beschreibt, ist für die vielen unterschiedlichen Bauelemente, die bei mechatronischen Systemen verwendet werden, sehr unterschiedlich. An den Kurven des Wälzlagers **(Bild 1)** und eines elektronischen Bauteiles **(Bild 2)** wird dies verdeutlicht. Ist bei den mechanischen Bauteilen häufig ein Kurvenverlauf wie in **Bild 1** dargestellt zu beobachten, so ist für elektronische Bauteile eher ein plötzlicher Totalausfall charakteristisch.

14.8.2 Instandhaltungstrategien

Die Instandhaltungsmaßnahmen in Betrieben unterliegen wie alle anderen Bereiche den Zielen der Wirtschaftlichkeit. Grundsätzlich kann die Wirtschaftlichkeit abhängen von dem System oder der Maschine selbst, von der Qualität des zur Verfügung stehenden Personals und der Strategie (Vorgehensweise) bei der Instandhaltung. Bei der Instandhaltung wird zwischen vier verschiedenen Vorgehensweisen unterschieden:

- vorbeugende Instandhaltung
- Ausfallbedingte Instandhaltung
- Zustandsabhängige Instandhaltung
- Qualitätsichernde Instandhaltung

Bei der **vorbeugenden Instandhaltung** wird unabängig vom Istzustand der Anlage nach einer bestimmten Laufzeit oder zu einem bestimmten Termin eine Instandhaltungsmaßnahme durchgeführt. Dies hat zum Vorteil, dass die Maßnahmen gut planbar sind und die Zahl der unvorhersehbaren Ausfälle reduziert werden kann. Nachteilig ist, dass kaum Daten über die Ausfallraten gesammelt werden können, die Lebensdauer diverser Bauteile nicht genutzt wird und dadurch relativ hohe Kosten anfallen können.

Ausfallbedingte Instandhaltungsmaßnahmen werden erst dann ergriffen, wenn ein System oder Teile davon ausgefallen sind. Ein Vorteil ist vor allem, dass die volle Lebensdauer der Teile ausgenutzt wird. Als nachteilig wirken sich überraschende und unvorhersehbare Ausfälle aus, die eventuell sehr hohe Ausfallkosten verursachen und entsprechend qualifiziertes Personal, wie z. B. Mechatroniker, in „Bereitschaft" erfordern.

Regelmäßige Inspektionsvorgänge sind die Grundlage für die **zustandsabhängige Instandhaltung**. Abhängig vom jeweiligen IST-Zustand, der bei der Inspektion festgestellt wird, werden weitere Instandhaltungsmaßnahmen geplant und durchgeführt. Auch dadurch kann die Lebensdauer von Bauteilen und Systemen gut ausgenutzt werden und die Verfügbarkeit der Anlage wird gesichert. Die anfallenden Inspektionskosten und der Bedarf an qualifiziertem Personal zur technischen Diagnostik wirken sich nachteilig auf die Gesamtbeurteilung aus.

14.8.3 Die Wartung als vorbeugende Instandhaltungsmaßnahme

Die Wartung von mechatronischen Systemen dient der Vorbeugung von Fehlern und damit der Verhinderung von Ausfällen.

Es sind im überwiegenden Maße die mechanischen Teile eines Systemes, die hohem Verschleiß und großer Belastung ausgesetzt sind, und die deshalb gewartet werden müssen. Die erforderlichen Arbeiten werden in periodischen Abständen nach Wartungsplänen durchgeführt. Dies sind Arbeiten zur Pflege der Systeme und zum Austausch von Verschleißteilen, Schmierstoffen, Betriebsmittel u. a. Wartungsarbeiten müssen von den Personen, die sie durchführen, in Wartungslisten dokumentiert werden. Sie können abhängig sein von einem Zeitzyklus, der Betriebsdauer oder der Anzahl der vollzogenen Arbeitsgänge.

Wartungsplan- für Kettengetriebe der Montagezelle XYZ

Datum: *24.09.02* Ausstellender: *Obermeier*

Auszuführende Arbeiten	Verantwortlicher	i.O	n.i.O	Zyklus	Datum Handzeichen
Äußeren Zustand prüfen	Teamleiter	☒	☐	1/4 jährlich	
Zustand der Schmierung prüfen	Teamleiter	☒	☐	1/4 jährlich	
Zustand der Kette auf Abnutzung prüfen	Teamleiter	☒	☐	1/4 jährlich	
Kettenlänge prüfen	Teamleiter	☒	☐	1/2 jährlich	
Kettenspannung prüfen	Teamleiter	☐	☒	1/2 jährlich	
Zustand der Kettenräder	Teamleiter	☒	☐	1/2 jährlich	
Lage der Kettenräder zueinander	Teamleiter	☒	☐	1/2 jährlich	
Zustand der Schutzeinrichtung	Sicherheitsbeauftragter	☒	☐	monatlich	

Anmerkungen:

1. *Kettenspannung bei nächster Inspektion nachstellen*
2.
3.

Bild 1: Auszug aus einer Wartungsliste

Die Wartung kann in folgende Maßnahmen unterteilt werden:

- Reinigen: Entfernen von Fremdkörpern, Verunreinigungen und Hilfsstoffen durch Saugen, Scheuern, Verwendung von Lösungsmitteln u. a.
- Konservieren: Schutzmaßnahmen gegen Einflüsse von außen wie Rost, Schmutz u. a. durch Einfetten, Lackieren, Folienüberzug
- Schmieren: Erhalten der Gleitfähigkeit durch Zuführung von Schmierstoffen an die Schmierstelle
- Ergänzen: Auffüllen von Hilfsstoffen wie z. B. Auffüllen von Getriebeöl
- Auswechseln: Ausstauschen von Kleinteilen und Hilfsstoffen wie z. B. Dichtungswechsel, Ölwechsel, Filterwechsel u. a.
- Nachstellen: Justieren von einstellbaren Teilen mit dem Ziel der Beseitigung von Abweichungen.

Kleinere oder standartisierte Anlagen wie Kompressoren, Werkzeugmaschinen u.Ä. können nach einem bestimmten Plan vom Bedienpersonal gewartet werden. Komplexe mechatronische Systeme werden in der Regel von ausgebildeten Fachkräften gewartet. Dabei sind sowohl die Wartungspläne der Zulieferer von Subsystemen als auch die Pläne der gesamten Anlage, die vom Anlagenbauer erstellt werden müssen, einzuhalten. **Bild 1** zeigt Auszüge aus einem Wartungsplan für eine CNC-Drehmaschine.

Wartungsplan CNC-Drehmaschine

2j j h v m w t	Maschinenteil	zu prüfen
	Antrieb	
h	Motor, Hauptantrieb	Laufruhe, Geräusche, Temperatur (Handwärme)
h	Riemenscheiben	Sitz, Rundlauf, Profil
v	Poly-V-Riemen	Zustand, Spannung
h	Drehzahlgetriebe (2-stufig)	Laufruhe, Temperatur
	Spindelstock	
h	Drehspindel	Laufruhe, Planlauf,Temperatur, Radialspiel vorn und hinten, Axialspiel, Zustand der Futteraufnahme
	Maschinengestell	
j	Bett	Ausrichten
h	Führungsbahnen	Verschleiß, Spiel, Reinigen, Schmieren
w	Führungsbahnabdeckung	Zustand, Reinigen, Schmieren
	Kreuzschlitten	
h	Führungen	Verschleiß, Spiel, Reinigen, Schmieren
v	Abstreifer	Verschleiß, Reinigen, Wechsel
h	Spindel mit Mutter für Langs- und Planantrieb	Zustand, Sauberkeit, Spiel, Schmierung
h	Zahnriemen	Zustand, Spannung
2j	Zahnscheiben	Verschleiß (Kantenausbruch)
	Revolver	
j	Revolver	Zustand, Reinigen, Dichtheit
v	Schnellwechsel-Werkzeugspanner	Reinigen, Fetten

Schmierplan

	1	2	3	4	5	6	7
	3 - 4x						
(Uhr)	8	8	50	2500	2500	8	50
DIN	CG68	HLP 32			—	CG68	
ISO	G68	HM32			—	G68	
V(dm³)	—	60			—	3	

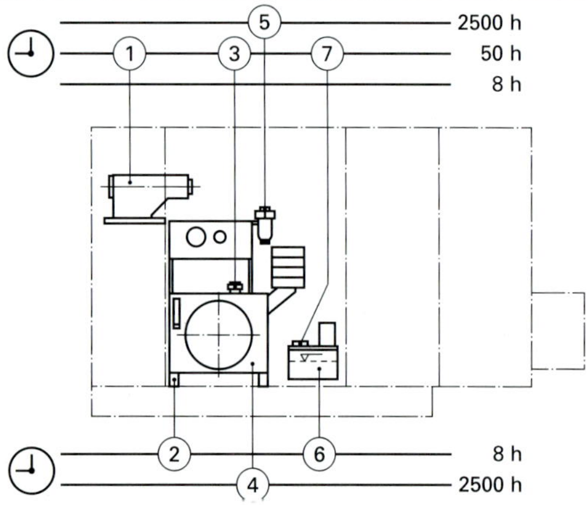

Bild 1: Wartungsplan für eine CNC-Fräsmaschine

14.8.4 Die Inspektion als Maßnahme zur Ausfallverhütung

Ziel der Inspektion ist das rechtzeitige Erkennen von Verschleiß und Abnutzung.

Sie wird bei mechatronischen Systemen ähnlich wie bei Pkws normalerweise in zyklischen Abständen durchgeführt. Die durchzuführenden Arbeiten müssen den jeweiligen Inspektionsplänen und Checklisten entnommen und nach ihrer Erledigung dokumentiert werden.

Inspektionen erfüllen im Wesentlichen zwei Aufgaben. Durch sie soll der Istzustand 1. überprüft und 2. bewertet werden **(Bild 1)**.

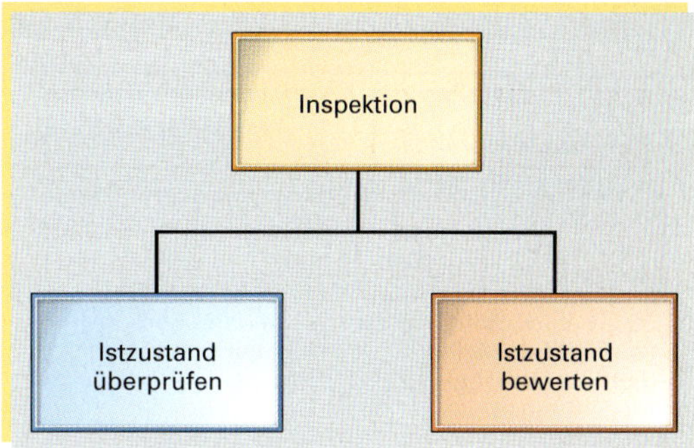

Bild 1: Aufgaben der Inspektion

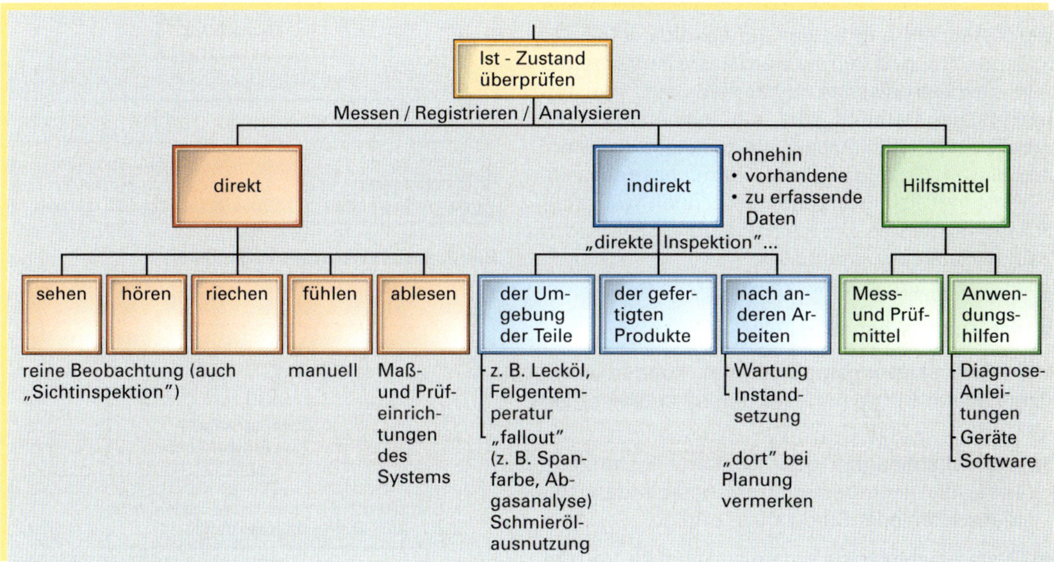

Bild 2: Überprüfung des Istzustandes

Die Überprüfung kann auf verschiedene Arten erfolgen **(Bild 2)**. Als **direkt** werden alle Verfahren bezeichnet, bei denen der zu prüfende Gegenstand durch subjektive Überprüfungen mit Hilfe der Sinnesorgane oder durch objektive Kontrollen mittels Auswertung von Messvorgängen unmittelbar einer Prüfung unterzogen wird. Die Analyse von Lagergeräuschen oder Verbrennungsgerüchen bzw. das Kontrollieren von Spannungen oder Drücken sind Beispiele für diese Art der Überprüfung.

Die Begutachtung der Qualität der gefertigten Produkte oder das Beobachten von Leckstellen sind Beispiele für die **indirekte** Überprüfung von Systemen. Bei dieser Form der Überprüfung sind es nicht die Systeme selbst sondern Bauteile von ihnen bzw. auf ihnen produzierte Teile, die „indirekt" auf eine Störung hinweisen können, die überprüft werden.

Die durch subjekte Beobachtung oder objektive Messungen ermittelten Istzustände müssen im Anschluss durch den Instandhalter bewertet werden **(Bild 1, Seite 622)**. Dabei geht es vor allem darum, ob Unregelmäßigkeiten wie z. B. Schwingungen, Druckdifferenzen, Spannungabfälle u. a. vorliegen, die die zulässigen Toleranzen oder kritischen Grenzen überschreiten. Auch muss bei der Bewertung entschieden we den, ob diese Unregelmäßigkeiten zufällige oder systematische Ursachen haben. Das Ergebnis d Bewertung der Überprüfungsergebnisse ist in der Regel ein Bericht über den Befund der Anlage, in d die Maßnahmen zur Behebung von Störungen enthalten sind.

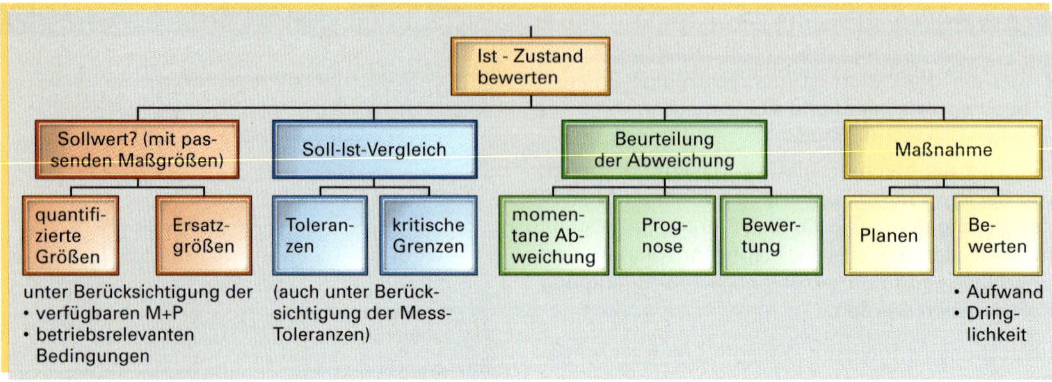

Bild 1: Bewertung des Istzustandes

14.8.5 Die Instandsetzung

Die Instandsetzung ist der aufwendigste Teil der Instandhaltung. Durch sie werden die Ausfallzeiten von mechatronischen Systemen am meisten beeinflusst. Dadurch sind die Instandsetzungsarbeiten zwangsläufig auch am kostenintensivsten. Aus diesem Grunde wird man immer bestrebt sein, die Instandsetzungsarbeiten so schnell wie möglich durchzuführen. Die Instandsetzung lässt sich in zwei Maßnahmen unterteilen:

- das Ausbessern
- das Austauschen **(Bild 2)**

Die Instandsetzungsmaßnahmen können nach dem Zeitpunkt ihres Anlasses untergliedert werden in:

- **Intervallabhängige** oder **geplante** Instandsetzung, die nach bestimmten Zeitabläufen, Betriebszeiten oder Stückzahlen erfolgt
- **Zustandsabhängige** Instandsetzung, die von der Bewertung des IST-Zustandes abhängt
- **Ausfallbedingte** Instandsetzung, die beim Ausfall des Systemes oder Teilen davon erforderlich wird
- **Vorbereitete** Instandsetzung ist Instandsetzung, die nach Art und Umfang geplant, aber noch nicht durchgeführt wurde

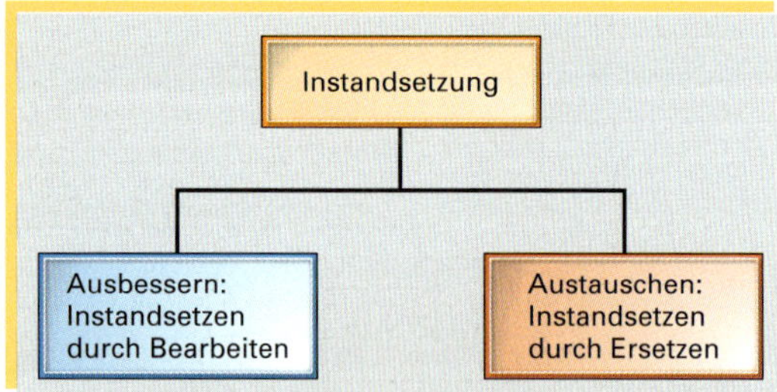

Bild 2: Instandsetzungsmaßnahmen

14.8.6 Fehlersuche als Grundlage der Instandsetzung

...olg einer Instandsetzungsmaßnahme ist von ...tematischen Ergründung und Diagnose ...quellen abhängig. Diese kann mit Hilfe ...länen **(Bild 3)**, computerunterstützter ...rammen oder der Aufstellung eines ...folgen. Unabhängig vom verwen... oder Verfahren ist auch hier die

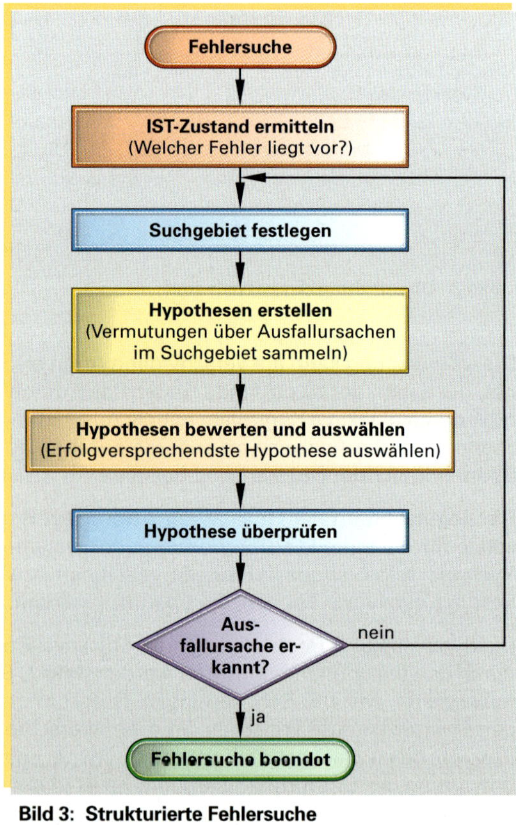

Bild 3: Strukturierte Fehlersuche

Kenntnis aller üblichen Kommunikations- und Dokumentationsmittel durch den Instandhalter, also den Mechatroniker, erforderlich.

Aufstellen eines Fehlerbaumes

Das Aufstellen eines Fehlerbaumes ist ein hilfreiches Mittel beim systematischen Aufspüren von Fehlerquellen. Dabei wird das mechatronische System in ein möglichst wirklichkeitsnahes Modell übertragen Die Regeln für die Modellerstellung sind in DIN 25 424 Teil 1 genormt. Die verwendeten Bildzeichen entsprechen dabei weitgehend den Symbolen, wie sie in der Digitaltechnik (siehe Kapitel 10.2) verwendet werden **(Bild 1)**.

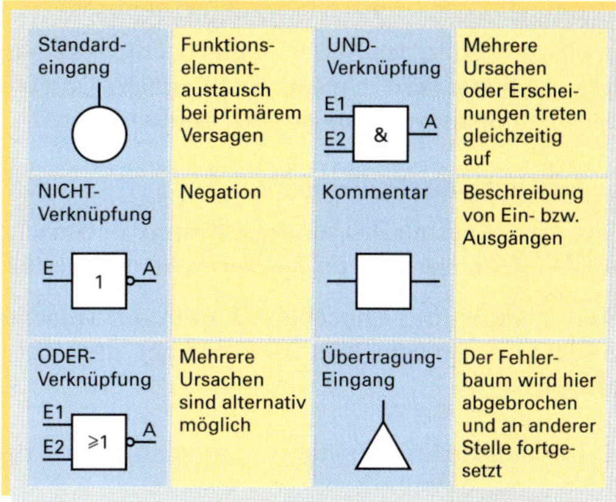

Bild 1: Bildzeichen für Fehlerbaum (Auswahl)

Analyseschritte:

a) Detaillierte Untersuchung mit Hilfe einer Systemanalyse. Dabei werden die Systemfunktionen, die Umgebungsbedingungen, die Hilfsquellen, die Systemkomponenten und das Zusammenwirken untersucht. Wie bei der Behandlung des Themas „Technische Systeme" (Kapitel 6.1) bereits behandelt, genügt die „Black-box-Methode"

b) Das „unerwünschte Ereignis" (der Fehler) wird definiert und Überlegungen zur Art des Ausfalles von System oder Systemkomponenten werden angestellt.

c) Der Fehlerbaum wird erstellt. Die Erstellung erfolgt ausgehend von dem unerwünschten Ereignis. Die möglichen Ausfälle werden in Kommentarrechtecke eingetragen und logisch verknüpft. Für jede mögliche Ausfallart erfolgt eine Analyse.

d) Die Ergebnisse aus dem Fehlerbaum werden ausgewertet und einer Lösung zugeführt.

Erstellung eines Fehlerbaumes am Beispiel einer hydraulischen Spannvorrichtung an einer CNC-Drehmaschine:

a) Systemanalyse:

Das Werkstückspannsystem **(Bild 2)** arbeitet nach zwei Prinzipien:

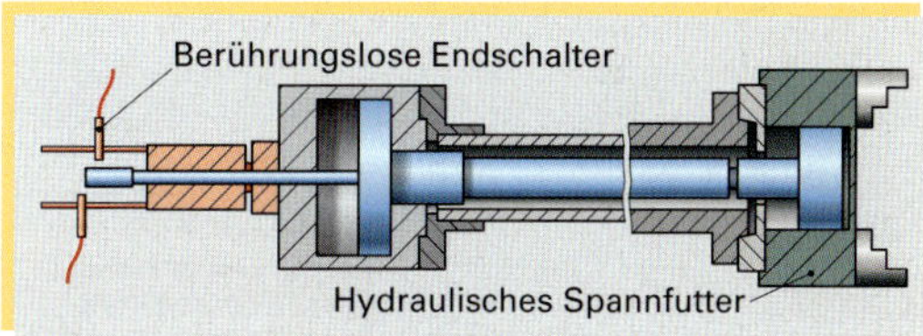

Bild 2: Prinzipskizze Spannvorrichtung

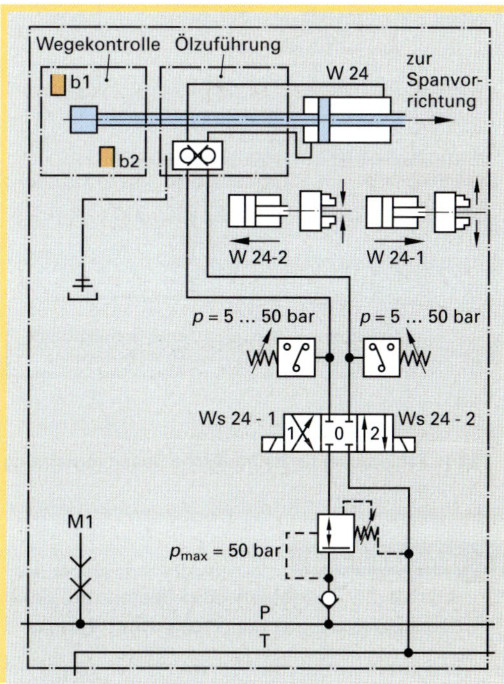

Bild 3: Hydraulikplan (Ausschnitt)

1. Bei eingelegtem Werkstück fahren die hydraulisch bewegten Spannbacken gegen das Werkstück. Dadurch wird über die Hydraulikpumpe ein einstellbar hoher Spanndruck aufgebaut. Durch Druckregelventile wird dieser in der erforderlichen Höhe gehalten.
2. Ist kein Werkstück oder ein zu kleines Werkstück eingelegt, muss der Weg der Spannbacken über den Verfahrweg des Spannkolbens begrenzt werden **(Bild 3)**. Dieser wird über zwei berührungslos arbeitende Endschalter (kapazitive Sensoren) abgefragt.

b) Definition des „unerwünschten Ereignisses“:

Die Begrenzung des Spannweges bei nicht eingespanntem oder zu kleinem Werkstück erfolgt nicht. Der Spannzylinder fährt in die hintere Endlage. Dort wird ein hoher hydraulischer Druck aufgebaut, ohne dass dieser zu Spannzwecken genutzt werden kann.

c) Erstellung des Fehlerbaumes:

Der unerwünschte Druckaufbau kann zwei Ursachen haben: 1. Ein Versagen des Endschalters oder 2. ein Ausfall der Elektronik. Im zweiten Falle müsste die Erstellung eines separaten Fehlerbaumes erfolgen.

Das Versagen des Endschalters kann auf Verschmutzung, einen Justierfehler oder einen Bauteildefekt zurückzuführen sein, was zur Folge hat, dass der Kolben gegen die Endlage fährt und der Druckaufbau erfolgt.

d) Der defekte Endschalter wird ausgebaut und durch einen neuen ersetzt.

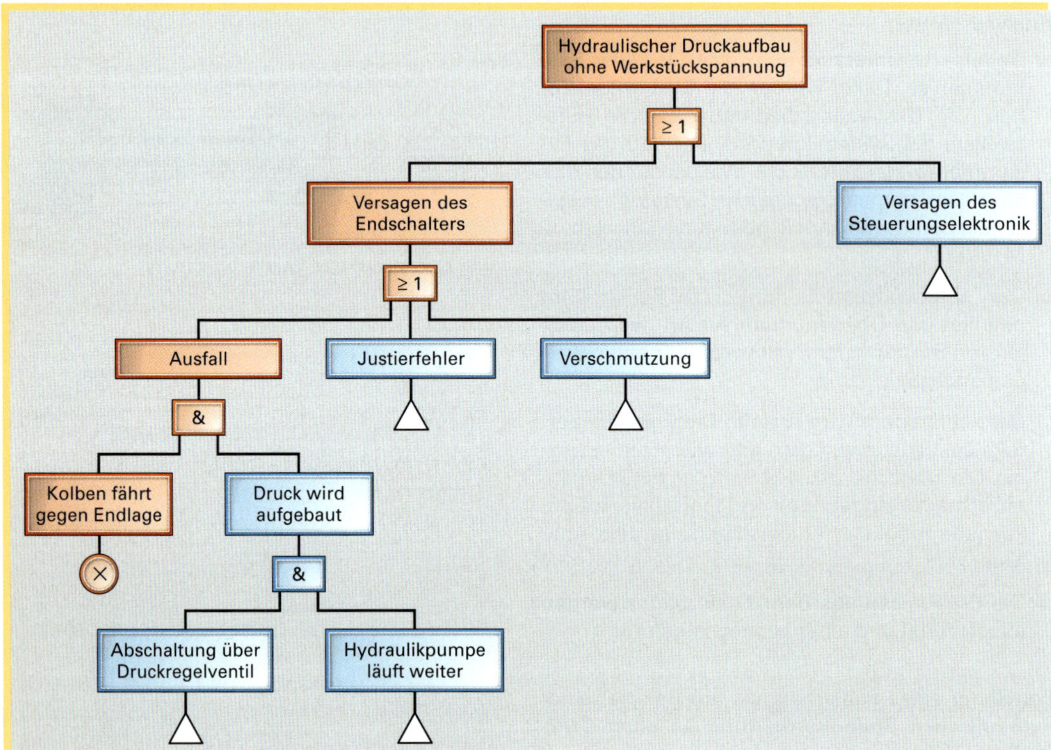

Bild 1: Fehlerbaum für hydraulische Spannvorrichtung

Arbeitsauftrag:

1. Welche drei Teilgebiete sind Bestandteil der Instandhaltung?
2. Erläutern Sie die Inhalte dieser drei Gebiete.
3. Beschreiben Sie die Abschnitte der so genannten „Badewannenkurve“, die aus der Instandhaltung bekannt ist.
4. Recherchieren Sie Beispiele in Ihrem Ausbildungsbetrieb zu den Phasen Frühausfall, Zufallsausfall und Verschleißausfall.
5. Beschreiben Sie die unterschiedlichen Instandhaltungsstrategien.
6. Suchen Sie in Ihrem Betrieb einen Wartungsplan und interpretieren Sie diesen.

Bildquellenverzeichnis

ADIRO Automatisierungstechnik GmbH, Limburgstraße 40, 73734 Esslingen/Berkheim
ARBURG GmbH + Co, Arthur-Hehl-Straße, 72290 Loßburg
AS-International Association, Zum Taubengraben 52, 63571 Gelnhausen
Bahco Druckluft-Hydraulikwerkzeuge, Martener Hellweg 60, 44379 Dortmund
BAUER Profiltechnik GmbH, Ländelstraße 45, 74382 Neckarwestheim
Baumer electric, Hummelstrasse 17, CH 8500 Frauenfeld (Schweiz)
Boge Kompressoren, Lechtermannshaof 26, 33739 Bielefeld
Bosch Rexroth AG, Marie-Theresien-Straße, 97816 Lohr am Main
Carl Mahr Holding GmbH, Brauweg 38, 37073 Göttingen
Carl Zeiss Industrielle Messtechnik GmbH, Carl-Zeiss-Straße 22, 73447 Oberkochen
CEROBEAR GmbH, Kaiserstraße 100, 52134 Herzogenrath
Deckel Maho Gildemeister Vertriebs und Service GmbH, Gildemeisterstraße 60, 33689 Bielefeld
Demag Cranes & Components GmbH, Postfach 67, 58286 Wetter
Dr. Johannes Heidenhain GmbH, Dr.-Johannes-Heidenhain-Straße 5, 83301 Traunreut
Eckhart GmbH, Gewerbegebiet Wallroth, 36381 Schlüchtern
EFS-GmbH, Landturmstraße 15, 74226 Nordheim
FAG Kugelfischer Schäfer AG, Georg-Schäfer-Straße 30, 97421 Schweinfurt
Felastec GmbH, Brüggliweg 18, CH 3073 Gümlingen/Bern
Festo AG & Co, Ruiter Straße 82, 73734 Esslingen
FlexLink Systems GmbH, Schumannstraße 155, 63069 Offenbach
Ford Werk AG, Henry-Ford-Straße 1, 50725 Köln
Gebhard Balluff GmbH & Co, Gartenstraße 21–25, 73765 Neuhausen 7 Filder
Grünenwald Präzisionsmechanik und Apparatebau AG, Fochenmattweg 12, CH-8624 Grüt-Gossau ZH
Hänchen Hydraulik GmbH, Brunnwiesenstraße 3, 73760 Ostfildern
Harmonic Drive AG, Hoenbergstraße 14, 65555 Limburg an der Lahn
Heckert Werkzeugmaschinen GmbH, Otto-Schmerbach-Straße 15/17, 09117 Chemnitz
HEPCO Linearsysteme, Postfach 11 30, 90531 Feucht
Hüller Hille GmbH, Steige 61, 74821 Mosbach
Ifm electronic gmbh, Teichstraße 4, 45127 Essen
INA-Schaeffler KG, Industriestraße 1–3, 91074 Herzogenaurach (Germany)
Index Werke GmbH & Co. KG, Plochinger Straße 92, 73730 Esslingen
item Industrietechnik und Maschinenbau GmbH, Friedenstraße 107–109, 42699 Solingen
Kelch GmbH + Co., Wiesenstraße 64, 73614 Schorndorf
KHS Till GmbH, Kapellenstraße 47–49, 65830 Kriftel
KUKA Roboter GmbH, Blücherstraße 144, 86165 Augsburg
Liebherr Verzahntechnik GmbH, Kaufbeurer Straße 141, 87437 Kempten
LVD GmbH, Europastraße 3, 77933 Lahr
Mannesmann DEMAG, Weissacher Straße 1, 70499 Stuttgart
MPV Microlab GmbH, Römerring 1, 74821 Mosbach
Museé d'art et d'histoire, Esplanade Léopold-Robert 1, CH 2001 Neuchâtel
Pepperl + Fuchs, Königsberger Allee 87, 6800 Mannheim 31
Phoenix Contact GmbH & Co, Flachsmarktstraße 8–28, 32825 Blomberg

PROFIBUS International, Haid-und-Neu-Straße 7, 76131 Karlsruhe
R. & S. Keller GmbH, Vorm Eichholz 2, 42119 Wuppertal
Renishaw GmbH, Karl-Benz-Straße 12, 72124 Pliezhausen
SCHÜCO Internatiol KG, In der Lake 2, 33829 Borgholzhausen
SCHUNK GmbH & Co. KG, Bahnhofstraße 106–134, 74348 Lauffen am Neckar
SEW-EURODRIVE GmbH & Co KG, Ernst-Blickle-Straße 41, 76646 Bruchsal
Sibos AG, Riedstraße 18, CH-6343 Rotkreuz
Sick AG, Sebastian-Kneipp-Straße 1, 70183 Waldkirch
Siemens AG Automation and Drives, Vogelweiherstraße 1–15, 90441 Nürnberg
Siemens Aktiengesellschaft, Postfach 3240, 91050 Erlangen
Sitec Aerospace GmbH, Brunnenweg 38, 83666 Waakirchen
SMC Pneumatik GmbH, Boschring 13–15, 63329 Egelsbach
Sommer-automatic GmbH & Co. KG, Humboldtstraße 32–36, 75334 Straubenhardt
Spinner Werkzeugmaschinenfabrik GmbH, Postfach 1220, 82051 Sauerlach
THK GmbH, Huber-Wollenberg-Straße, 40878 Ratingen
Thyssen Henschel Industrietechnik GmbH, Henschelplatz 1, 34127 Kassel
Traub Drehmaschinen GmbH, Hauffstraße 4, 73262 Reichenbach
Turck GmbH & Co. KG, 45466 Mühlheim an der Ruhr
Tyco Valves and Controls Distribution (UK) Ltd., Wellheads Terrace, Dyce, Aberdeen, AB 21 7G, Scotland
Weihbrecht Lasertechnik GmbH, Frankenstraße 1, 74549 Wolpertshausen
Wickert Maschinenbau GmbH, Wollmesheimer Höhe 2, 76829 Landau

Sachwortverzeichnis